KB262476

KAMUS BAHASA
KOREA · INDONESIA

文柄植 監修

머 리 말

21세기의 문턱에 선 오늘날의 지구인은 세계는 하나라는 면제를 안고
있다. 여기에 언어는 가장 먼저 넘어야 할 장벽 일 수 밖에 없다. 한나라의
언어를 이해하는 것은 그 나라의 역사, 지리, 사회, 종교, 풍습 등 이 모든
것을 이해하고, 그 문화의 향기를 맡는 것이라 할 수 있을 것이다.

문화라는 것이 나라와 나라간에 교류되는 데는 필연코 언어라는 다리
를 건너야 한다는 것은 다시 말할 필요도 없을 것이다.

본인은 이 언어의 다리를 놓는 과정에서 토목 기사(土木技師)가 다리를
건조할 때 많은 사람의 생명을 생각해야 하듯이, 이 언어가 지닌 맑은 바
구실을 하고 의미를 잘못 전달하는 오류를 범하지 않으려고 사명감으로
임했음을 자부한다.

그러나 아직 미흡한 점이 많이 있음을 솔직히 시인한다.

이는 독자들의 성원 아래 판이 거듭되면서 수정, 보완을 하려한다. 이
책이 나오기까지 도와주신 분들은 다음과 같다.

감 수 : 成 明 濟 (P.T. SEHO LINDO 대표이사)
번 역 : EDI EDWAR (번역사/PROFESSIONAL TRANSLATOR.)
교 정 : Ir. CHRISTINA RUSHARTATI (Institut pertanian Bogor 출)
컴퓨터 : 김 홍 기 (한국 COMPUTER 대표)
　　　　설 혜 윤 (자카르타 한국 국제학교)
자 료 : AHMAD JABIDI, MOHAMAD AENI, RUSWANDI.

그리고 무엇 보다도 집필작업에 정성으로 편의를 제공해 주신 薛景文
씨와 그 가족분들에게 뜨거운 감사를 드리고 재정지원을 해주신 최상학
(주, 롯데기공 기술이사), 황성환(내무부 사무관), 강근수(한국화재보험 울
산소장), 장영철(다모정 대표), 김경철(배신과 추억대표) 여러분들에게 깊은
감사를 드린다.

1994. 5

文 柄 植

개정판을 내면서

처음 이 사전이 출간(出刊)되었을 때 여러 사람들로부터 많은 질문을 받았다. 이 사전이 인도네시아 교민(僑民) 역사 근 40년만에 처음 발간된 것이고, 오랫동안 기다려왔기 때문일 것이다. 더욱이 인니어 비전공자로서 발간한 사전이란 점에 의아심을 솔직히 물어오곤 했던 것이다.

설명이 장황 할 수 밖에 없었기에 초판의 머리말에서도 언급을 피했던 것인데, 이제 개정판을 내면서 다소나마 그 답변으로 덧붙여 볼까한다. 종래의 외국어 사전들이 영어나 일어 사전을 단순히 번역하는 방법을 채택한 것이 많았기 때문에 현장감의 결여나 의미전달의 경직성으로 간혹 그 낱말이 지닌 본래의 기능을 상실하는 오류를 범하곤 했는데, 이 사전은 현지 지식인들의 협조로 서적을 토대로하여 직접 그 뜻과 역할을 되새겨 넣은 것이 본인의 의지였다.

현지인 인도네시아어 전공 교수, 학생, 지식인, 특히 전문 용어 부분은 관계 기관에 일일이 전화나 방문을 해야 하는 사례도 있었으며, 참고 서적도 되도록 인-인 사전을 위주로하여 오차를 줄이기 위해 최대한 노력을 다했다. 이러한 맥락에서 본 개정판은 초판의 미흡한 점을 다시한번 보완하여 독자 여러분들의 편의를 최대한 도모하려는 뜻이다.

특히 이 개정판은 도서출판 문예림의 호의로 국내에서 새옷을 입혀 선보이게 되었으니 더욱 다행한 일이다.

2001. 1. 10

文 柄 植

가	갸	거	겨	고	교	구	규	그	기	끼	ㄱ
1	36	36	46	62	93	97	116	117	131	142	
나	냐	너	녀	노	뇨	누	뉴	느	니		ㄴ
153	—	171	—	174	—	183	187	187	190		
다	댜	더	뎌	도	됴	두	듀	드	디	ㄸ	ㄷ
191	—	218	—	221	—	239	244	244	251	251	
라	랴	러	려	로	료	루	류	르	리		ㄹ
261	—	262	—	263	—	264	264	264	264		
마	먀	머	며	모	묘	무	뮤	므	미		ㅁ
267	—	290	294	301	311	312	—	330	330		
바	뱌	버	벼	보	뵤	부	뷰	브	비	ㅃ	ㅂ
343	—	370	377	384	—	396	—	421	422	432	
사	샤	서	셔	소	쇼	수	슈	스	시	씨	ㅅ
437	474	474	497	497	513	514	533	533	538	561	
아	야	어	여	오	요	우	유	으	이		ㅇ
567	584	594	607	632	647	652	670	683	693		
자	쟈	저	져	조	죠	주	쥬	즈	지	ㅉ	ㅈ
725	—	751	—	790	—	803	—	818	821	841	
차	챠	처	쳐	초	쵸	추	츄	츠	치		ㅊ
845	—	854	866	866	—	874	—	884	885		
카	캬	커	켜	코	쿄	쿠	큐	크	키		ㅋ
893	—	895	895	896	—	898	899	899	900		
타	탸	터	텨	토	툐	투	튜	트	티		ㅌ
903	—	912	—	914	—	920	923	923	926		
파	퍄	퍼	펴	포	표	푸	퓨	프	피		ㅍ
927	934	934	936	942	946	948	952	952	954		
하	햐	허	혀	호	효	후	휴	흐	히		ㅎ
957	980	981	985	990	1010	1010	1015	1018	1022		

일 러 두 기

A.표제어
(1).표제어는 고딕 활자로 표시하고 한자에서 온 말은 한자를 표기 하였으며
  우리말과 한자가 병기(倂記)된 것은 한자와 「-」를 표기하였다.
       (보기) 안주인(-主人), 상스럽다(常-)
(2).접두사,접미사 및 어미(語尾)로 쓰이는 표제어는 각기 그 앞뒤에 「…」
  를 붙였다.
       (보기) …부(附), …도록,   부(副)…

B.역어
(1).우리말 명사의 의미가 더 상세하게 설명 될 수 없는것은 이태릭체로 표
  기했다.
       (보기) 김치 <gim/chi> *gimchi*
            간디스토마 <gan/di/seu/tho/ma> *Distoma hepaticum*
            바둑<ba/duk>   *baduk*

C.기호의 용법
(1).『 』의 용법.
     학술어,전문용어 등을 표시할때
       (보기) 매기 <me/gi> 『魚』lele; limbat
(2).( ) 의 용법.
     표제어 또는 용례의 뜻을 설명하거나 용법상의 설명을 필요로 할때
       (보기) 명성(明星) <myeong/seong> (샛별) bintang fajar
                                 (인기인) bintang(aktor)
(3).[   ] 의 용법.
     표제어와 함께 쓰이는 다른 낱말의 경우
       (보기) 몸 <mom>   ~이 큰[작은] bertubuh besar [kecil]
(4).「 ; 」 의 용법.
     역어와 역어사이.
       (보기) 몹시<mob/si> sangat; terlampau; amat.
(5).「 , 」 의 용법.
     a). 뜻이 다르게 쓰이는 역어와 역어 사이
       (보기) 명궁(名弓)<myeong/gung> panah yang sangat bagus,jago
                                 panah.
   b). 문장 가운데에서 일반적인 쉼표로서
       (보기) 범<beom> ~의 굴에 들어가야 ~의 새끼를 잡는다 Siapa
                      berani, akan mendapat.
(6).~의 용법.
     표제어와 일치한다.
       (보기) 반격(反擊) <ban/gyeok> serangan balasan ~하다 mela-
                      kukan serangan balasan.

(7). ☞ 의 용법.

　다음의 항을 보라.

　　　　(보기) 하나님 <ha/na/nim>   ☞   하느님.

(8). 「 ＝ 」 의 용법.

　다음 것과 같다.

　　　　(보기) 청렴(淸廉) <cheong/nyeom>   ～결백＝청렴.

(9). 「 / 」 의 용법

　앞의 낱말이나 뒤의 낱말을 같은 뜻으로 사용 할 수 있다

　　　　(보기) 사무(社務) <sa/mu>   urusan/pekerjaan kantor.

전 문 용 어
TERMINOLOGI

『建』	建築(bangunan)	『俗』	俗語(bahasa pasaran)
『經』	經濟(ekonomi)	『冶』	冶金(keteknikan logam)
『工』	工業(industri)	『野』	野球(bisbol)
『鑛』	鑛物(pertambangan)	『藥』	藥學(ilmu medis)
『敎』	敎育(pendidikan)	『魚』	魚類(ikan)
『軍』	軍事(tentara/prajurit)	『言』	言語學(ilmu bahasa)
『基』	基督敎(kristen)	『倫』	倫理學(etika)
『幾』	幾何(geometri)	『醫』	醫學(ilmu kedokteran)
『論』	論理學(ilmu logika)	『理』	物理學(fisika)
『農』	農業(pertanian)	『印』	印刷(percetakan)
『動』	動物學(ilmu hewan)	『鳥』	鳥類(burung)
『文』	文法(tata bahasa)	『宗』	宗敎(agama)
『法』	法律(hukum)	『證』	證券(saham)
『寫』	寫眞(fotografi)	『地』	地理(geografi)
『商』	商業(perdagangan)	『天』	天文學(astronomi)
『生』	生物學(biologi)	『哲』	哲學(filsafat)
『船』	造船(perkapalan)	『鐵』	鐵道(perkereta-apian)
『聖』	聖經(injil)	『貝』	貝類(kerang-kerangan)
『數』	數學(matematika)	『海』	海事(navigasi)
『解』	解剖學(ilmu bedah)	『解』	解剖學(ilmu bedah)
『心』	心理學(ilmu jiwa/fisiolog)	『化』	化學(ilmu kimia)
『樂』	音樂(musik)	『拳』	拳鬪(tinju)
『梵』	梵語(istilah budhis)	『蹴』	蹴球(sepak bola)
『口』	口語(bahasa lisan)		

PENDAHULUAN

A. Kata Kepala.

(1). Kata kepala yang berasal dari bahasa Cina dilengkapi dengan huruf kanji sedangkan kata persenyawaan bahasa Korea asli dan Cina yang sebagian huruf kanjinya tidak ada ditandai dengan 「-」.
  Contoh: 안주인(- 主人), 상스럽다(常 -)

(2). Kata sebelum dan sesudah kata depan/akhir yang tidak ditulis ditandai dengan 「...」
  Contoh: ...부(附), ...도록, 부(副)...

B. Terjemahan.

(1). Kata yang sudah lazim dalam bahasa asalnya dan nama ilmiah dicetak dalam huruf miring.
  Contoh: 김치 <gim/chi>   *gimchi*
     간디스토마<gan/di/seu/tho/ma>   *Distoma hepaticum*
     바둑<ba/duk>   *baduk*

C. Penggunaan Simbol.

(1). 『 』 Menandai lambang terminologi yang digunakan sebagai keterangan penjelas dari kata tersebut.
  Contoh : 매기 <mae/gi> 『 』 lele; limbat.

(2). ( ) Mengapit keterangan penjelas yang berhubungan dengan kata di depan atau dibelakangnya.
  Contoh : 명성(明星)<myeong/seong> (샛별) bintang(yang bersinar)
             (인기인) bintang(aktor)

(3). [ ] Mengapit kata lain yang dihubungkan dengan kata kepala.
  Contoh : 몸 <mom>   ~ 이 큰[적은] bertubuh besar[kecil]

(4). ;   Memisahkan sinonim arti.
  Contoh : 몹시 <mob/si> sangat; terlampau; amat.

(5). ,   a. Memisahkan arti lainnya yang agak berbeda.
  Contoh : 명궁 <myeong/gung> panah yang bagus, jago panah.

b. Digunakan sebagai tanda jeda dalam kalimat.

    Contoh : 범 <beom> ～ 의 굴에 들어가야 ～의 새끼를 잡는다 Siapa berani, akan mendapat.

(6). ～ Digunakan sebagai pengganti kata kepala.

    Contoh: 번역 <beon/yeok> penerjemahan. ～ 하다 menerjemahkan.

       공보 <gong/bu> pelajaran. ～ 하다 belajar.

(7). ☞ : Lihat.

    Contoh : 하나님 <ha/na/nim> ☞ 하느님.

(8). = : Sama dengan.

    Contoh : 청렴(청렴) <cheong/nyeom> ～결백＝청념

(9). / Menyatakan bahwa kata yang sebelah menyebelah kurung dapat dipakai salah satunya tanpa perubahan arti.

    Contoh : 사무(社務) <sa/mu> urusan/pekerjaan kantor.

D. Pengucapan.

    a.Pengucapan *hanggeu*l yang dilatinkan adalah menurut bunyi bahasa Indonesia.

    b.Suku kata pengucapan dipisahkan dengan garis miring 「 / 」

    Contoh : 가까워지다 <ga/ka/wo/ji/da> mendekat.

E. ABJAD HURUF KOREA

Abjad huruf Korea adalah 24 buah, yaitu 10 vokal dan 14 Konsonan

(1). Huruf Hidup (Vokal)

ㅏ	ㅑ	ㅓ	ㅕ	ㅗ	ㅛ	ㅜ	ㅠ	ㅡ	ㅣ
a	ya	eo	yeo	o	yo	u	yu	eui	i

Gabungan Vokal :

ㅐ	ㅒ	ㅔ	ㅖ	ㅘ	ㅙ	ㅚ	ㅝ	ㅞ	ㅟ
ae	yae	e	ye	wa	wae	oe	wo	we	wi

ㅢ
eui

(2). Huruf Mati (Konsonan)

ㄱ	ㄴ	ㄷ	ㄹ	ㅁ	ㅂ	ㅅ	ㅇ	ㅈ	ㅊ
g/K	n	d/t	r/l	m	b	s/t	-/ng	j/t	ch/t

ㅋ	ㅌ	ㅍ	ㅎ
kh	th/t	f	h/t

Konsonan Ganda Sama:

ㄲ	ㄸ	ㅃ	ㅆ	ㅉ
k	t	p	ss/t	c/t

Konsonan Ganda Final Berbeda :

ㄱㅅ	ㄴㅈ	ㄴㅎ	ㄹㅂ	ㄹㅌ
k	n	n	b	th

ㄹㅍ	ㄹㅎ	ㅂㅅ	ㄹㅅ	
f	l	p	l	

F. Suku Kata

가	갸	거	겨	고	교	구	규	그	기
ga	gya	geo	gyeo	go	gyo	gu	gyu	geu	gi

개	걔	게	계	과	괘	괴	궈	궤	귀
gae	gyae	ge	gye	gwa	gwae	goe	gwo	gwe	gwi

긔
geui

나	냐	너	녀	노	뇨	누	뉴	느	니
na	nya	neo	nyeo	no	nyo	nu	nyu	neu	ni

내	냬	네	녜	놔	놰	뇌	눠	눼	뉘
nae	nyae	ne	nye	nwa	nwae	noe	nwo	nwe	nwi

늬
neui

다	댜	더	뎌	도	됴	두	듀	드	디
da	dya	deo	dyeo	do	dyo	du	dyu	deu	di

대	댸	데	뎨	돠	돼	되	둬	뒈	뒤
dae	dyae	de	dye	dwa	dwae	doe	dwo	dwe	dwi

디
deui

라	랴	러	려	로	료	루	류	르	리
ra	rya	reo	ryeo	ro	ryo	ru	ryu	reu	ri

래	럐	레	례	롸	뢔	뢰	뤄	뤠	뤼
rae	ryae	re	rye	rwa	rwae	roe	rwo	rwe	rwi

릐
reui

마	먀	머	며	모	묘	무	뮤	므	미
ma	mya	meo	myeo	mo	myo	mu	myu	meu	mi

매	먜	메	몌	뫄	뫠	뫼	뭐	뭬	뮈
mae	myae	me	mye	mwa	mwae	moe	mwo	mwe	mwi

믜
meui

바	뱌	버	벼	보	뵤	부	뷰	브	비
ba	bya	beo	byeo	bo	byo	bu	byu	beu	bi

배	뱨	베	볘	봐	봬	뵈	붜	붸	뷔
bae	byae	be	bye	bwa	bwae	boe	bwo	bwe	bwi

븨
beui

사	샤	서	셔	소	쇼	수	슈	스	시
sa	sya	seo	syeo	so	syo	su	syu	seu	si

새	섀	세	셰	솨	쇄	쇠	쉬	쉐	쉬
sae	syae	se	sye	swa	swae	soe	swo	swe	swi

싀
seui

아	야	어	여	오	요	우	유	으	이
a	ya	eo	yeo	o	yo	u	yu	eu	i

애	얘	에	예	와	왜	외	워	웨	위
ae	yae	e	ye	wa	wae	oe	wo	we	wi

의
eui

자	쟈	저	져	조	죠	주	쥬	즈	지
ja	jya	jeo	jyeo	jo	jyo	ju	jyu	jeu	ji
재	쟤	제	졔	좌	좨	죄	줘	줴	쥐
jae	jyae	je	jye	jwa	jwae	joe	jwo	jwe	jwi

즤
jeui

차	챠	처	쳐	초	쵸	추	츄	츠	치
cha	chya	cheo	chyeo	cho	chyo	chu	chyu	cheu	chi

채	챼	체	쳬	촤	쵀	최	취	췌	취
chae	chyae	che	chye	chwa	chwae	choe	chwo	chwe	chwi

츼
cheui

카	캬	커	켜	코	쿄	쿠	큐	크	키
kha	khya	keo	khyeo	kho	khyo	khu	khyu	kheu	khi

캐	컈	케	켸	콰	쾌	킈	쿼	퀘	퀴
khae	khyae	khe	khye	khwa	khwae	khoe	kwo	kwe	kwi

킈
keui

타	탸	터	텨	토	툐	투	튜	트	티
tha	thya	theo	thyeo	tho	thyo	thu	thyu	theu	thi

태	턔	테	톄	톼	퇘	퇴	퉈	퉤	튀
thae	thyae	the	thye	thwa	thwae	thoe	thwo	thwe	thwi

틔
theui

파	퍄	퍼	펴	포	표	푸	퓨	프	피
fa	fya	feo	fyeo	fo	fyo	fu	fyu	feu	fi

패	퍠	페	폐	퐈	퐤	푀	풔	풰	퓌
fae	fyae	fe	fye	fwa	fwae	foe	fwo	fwe	fwi

픠
feui

하	햐	허	혀	호	효	후	휴	흐	히
ha	hya	heo	hyeo	ho	hyo	hu	hyu	heui	hi

해	햬	헤	혜	화	홰	회	훠	훼	휘
hae	hyae	he	hye	hwa	hwae	hoe	hwo	hwe	hwi

희	heui

Tabel : Alih Aksara Pertemuan Dua Konsonan.

Awal Akhir	ㅇ G	ㄱ N	ㄴ D	ㄷ R	ㄹ M	ㅁ B	ㅂ S	ㅅ J	ㅈ CH	ㅊ KH	ㅋ TH	ㅌ F	ㅍ H	ㅎ
ㄱ K	g	g	ngn	kt	ngn	ngm	kb	ks	kj	kch	kkh	kth	kf	k
ㄴ N	n	ng(k)	nn	nd(t)	ll	nm	nb(p)	ns	nj	nch	nkh	nth	nf	h
ㄹ L	r	lg(k)	ll	lt(d)	ll	lm	lb(p)	ls	lj	lch	lkh	lth	lf	rh
ㅁ M	m	mg	mn	md(t)	mn	mm	mb(p)	ms	mj	mch	mkh	mth	mf	mh
ㅂ B	b	bg	mn	bt	mn	mm	bb	bs	bj	bch	bkh	bth	bf	b
ㅇ NG	ng	ngg	ngn	ngd	ngn	ngm	ngb	ngs	ngj	ngch	ngkh	ngth	ngf	ngh

Contoh Pemakaian Tabel:

국민 : akhir ㄱ , awal ㅁ   dibaca *gung/min.*

감로 : akhir ㅁ , awal ㄹ   dibaca *gam/no*

납량 : akhir ㅂ , awal ㄹ   dibaca *nam/nyang*

건립 : akhir ㄴ , awal ㄹ   dibaca *geol/lib*

KAMUS
KOREA-INDONESIA

가<ga> sisi; tepi; pinggir; tubir. 강 ~ pinggir sungai. 바닷~ pantai. 연못 ~ pinggir kolam.

가(可)<ga> cukup bagus; baik; benar. ~히 dengan mudah. ~히 짐작할 수 있다 Dapat dibayangkan dengan mudah bahwa ...

가(加)<ga> ☞ 가(加)하다.

가…(假)<ga> sementara; temporer. ~계약 kontrak sementara. ~계정 (計定) perkiraan sementara.

…가(街)<ga> jalan; lebuh. 3~ jalan nomor 3. 유흥~ tempat bersenang-senang.

가가대소(呵呵大笑)<ga/ga/dae/so> ~하다 tertawa riang; tertawa terbahak-bahak.

가가호호(家家戶戶)<ga/ga/ho/ho> tiap rumah; dari rumah ke rumah.

가감(加減)<ga/gam> ~하다 menambah dan (atau) mengurangi; menyesuaikan. ~승제(乘除) keempat spesi (penambahan, pengurangan, perkalian dan pembagian).

가건물(假建物)<ga/geon/mul> bangunan/rumah sementara; pondok.

가건축(假建築)<ga/geon/chuk> ☞ 가건물.

가게<ga/ge> toko. ~를 보다 menjaga toko. ~를 내다 membuka toko; memulai usaha. ~를 닫다 menutup toko; mengakhiri usaha. 구멍 ~ toko kecil; warung; kedai; lepau.

가격(價格)<ga/gyeok> harga; nilai. 일정한 ~으로 dengan harga pasti; dengan harga mati. ~인상 kenaikan harga. ~절하 potongan harga; diskon. ~표 daftar harga. ~표기 label harga. ~표기 우편물 benda pos dengan harga tertera. 도매 ~ harga grosir. 생산자 ~ harga produsen. 소매 ~ harga eceran. 소비자 ~ harga konsumen. 시장 ~ harga pasar. 정찰 ~ harga bersih. 최저 ~ harga dasar. 통제 ~ harga dikontrol; harga terkendali. 판매 ~ harga jual. ~ 변동 fluktuasi harga.

가결(可決)<ga/gyeol> persetujuan; penerimaan; pelulusan. ~하다 menyetujui; menerima; meluluskan. 원 안대로 ~하다 menyetujui (rancangan undang-undang) sebagaimana yang diusulkan. 거수로 ~하다 memutuskan dengan mengangkat tangan.

가결의(假決議)<ga/gyeol/eui> keputusan sementara; resolusi sementara.

가경(佳景)<ga/gyeong> pemandangan bagus; panorama yang indah; pemandangan yang menakjubkan.

가경(佳境)<ga/gyeong> bagian yang menarik/menakjubkan; klimaks. 얘기는 ~에 들어 간다 Cerita sampai pada bagian klimaks.

가계(家系)<ga/gye> garis keturunan;silsilah/asal-usul. ~도 silsilah keluarga; pohon keluarga.

가계(家計)<ga/gye> anggaran rumah tangga; anggaran keluarga. ~부 catatan (buku) anggaran rumah tangga. ~부를 적다 mencatat anggaran rumah tangga. ~비 biaya rumah tangga.

가곡(歌曲)<ga/gok> lagu; nyanyian; tembang. ~집(集) kumpulan lagu-lagu.

가공(加工)＜ga/gong＞　pengolahan; pemrosesan; prosesing　～하다 mengolah; mengerjakan; mempro- ses. ～ 무역 perdagangan pemro- sesan. 위탁 ～ 무역 perdagangan pengolahan konsinyasi. ～ 식품 makanan olahan/jadi. ～ 품 ba- rang olahan/hasil olahan.

가공(可恐)＜ga/gong＞ ～ 할 me- nakutkan; mengerikan. ～ 할 만한 적 musuh yang menakutkan.

가공(架空)＜ga/gong＞ ① ～의 ti- dak nyata; maya; khayal. ～의 인 물 orang dalam khayalan. ② ～ 의 aerial ; udara; atas. ～삭도 (索道) kabel udara.

가공사(假工事)＜ga/gong/sa＞ peker- jaan konstruksi sementara (rancang- an konstruksi).

가관(可觀)＜ga/gwan＞ ～이다 tam- pak bagus. 경치가 ～이다 berpe- mandangan bagus.

가교(架橋)＜ga/gyo＞ ～하다 mem- bangun jembatan. ～ 공사 pe- kerjaan jembatan.

가교(假橋)＜ga/gyo＞ jembatan se- mentara.

가구(家口)＜ga/gu＞ keluarga ; ru- mah tangga. ～수 jumlah kelu- arga. ～주 kepala keluarga.

가구(家具)＜ga/gu＞ perabotan; per- lengkapan rumah; mebel. ～ 한 세 트 seperangkat perabot rumah tangga; satu set mebel. ～ 상 toko mebel; pedagang mebel. ～장이 pembuat mebel. ～점 toko mebel.

가규(家規)＜ga/gyu＞ peraturan ru- mah tangga.

가금(家禽)＜ga/geum＞ unggas pia- raan; ternak unggas ; ayam dan itik. ～을 기르다 beternak unggas.

가급적(可及的)＜ga/geub/jeok＞ se- …mungkin; sedapatnya. ～속히 secepat mungkin. ～ 이면 kalau mungkin; jika memungkinkan.

가까스로＜ga/ka/seu/ro＞ dengan su- lit ; secara sempit ; paling-paling. ～도망 치다 lolos dengan sukar. ～제 시간에 대다 tepat waktu

dengan susah payah.

가까워지다＜ga/ka/wo/ji/da＞ (때.거 리가) mendekat; mendekati, (사이 가) berteman; bersahabat. 완성에 ～ mendekati penyelesaian; hampir rampung. 종말에 ～ mendekati akhir.

가까이＜ga/ka/i＞ dekat; akrab; san- ding. ～하다 berteman (dengan); bersanding. ～가다 mendekatkan; mendekati; menghampiri. 술을 ～ 하다 berteman dengan minuman. 나쁜 벗들을 ～하지 말아라 Menja- uhkan diri dari teman yang jahat.

가깝다＜ga/kab/ta＞ dekat; hampir; ramah; intim; bersahabat; akrab; erat. 가깝디 ～ sangat dekat. 원 숭이는 사람에 ～ Monyet dekat de- ngan manusia.

가꾸다＜ga/ku/da＞ memelihara; membudidayakan, berdandan ; ber- hias.

가꾸로＜ga/ku/ro＞ ☞ 거꾸로.

가끔＜ga/keum＞ kadang-kadang; sekali-sekali ; terkadang ; kadang- kala. ～ 들르다 kadang-kadang mampir.

가나다＜ga/na/da＞ abjad Korea. ～ 순으로 하다 menyusun menurut abjad.

가나오나＜ga/na/o/na＞ selalu; se- tiap saat; terus menerus. ～그는 말썽을 일으킨다 Dia selalu menja- di pengacau.

가난＜ga/nan＞ kemiskinan; kepapa- an; kehinaan. ～하다 miskin; papa merana; hina. 몹시 ～한사람 o- rang yang sangat miskin. ～한 집 에 태어나다 lahir miskin. 찢어지게 ～하다 miskin sekali. ～하게 살다 hidup dalam kemiskinan. ～해지다 menjadi miskin; jatuh miskin.

가난뱅이＜ga/nan/baeng/i＞ orang miskin; kaum miskin ; menjadi melarat

가납(嘉納)＜ga/nab＞ penerimaan; persetujuan; penghargaan. ～하다 menerima dengan senang hati; menyetujui; menghargai.

가내(家內)＜ga/nae＞ keluarga; rumah tangga. ~공업 industri rumah tangga. ~제절 seluruh keluarga.

가냘프다＜ga/nyal/feu/da＞ langsing; ramping; ceking. 몸이 ~ berbadan langsing.

가늠＜ga/neum＞ tebakan; perkiraan; taksiran. ~보다 menduga; memperkirakan; menaksir; menimbang.

가늠쇠＜ga/neum/soe＞ pejera.

가능(可能)＜ga/neung＞ ~한 mungkin; dalam kisaran kemungkinan. ~하다면 kalau mungkin; jika dapat; bilamana mungkin. ~한 한 빨리 secepat mungkin. ~한 범위 내에서 sebanyak (sejauh) mungkin. ~성 kemungkinan.

가다＜ga/da＞ ① pergi; berkunjung; berangkat; mengunjungi. ...로 ~; ..을 타고 ~ pergi dengan (kereta api,bus). 걸어 ~ berjalan kaki. 미국에 ~ pergi ke Amerika. 여수까지 ~ pergi sampai Yeosu. 하루 20 마일을 ~ berjalan sejauh dua puluh mil sehari. ② lewat; berlalu. 시간이 ~ waktu telah lewat (berlalu). ③ (죽다) mati; wafat; meninggal; mangkat. ④ padam. 전깃불이 ~ lampu listrik padam. ⑤ tahan ; bertahan. 구두가 오래 ~ sepatu tahan lama. ⑥ hilang (cita rasa); menjadi tawar/hambar; menjadi masam. 맥주 맛이 ~ bir menjadi tawar. ⑦ (들다) memerlukan; membutuhkan; diperlukan. ⑧ (값 어치) berharga ; bernilai.

가다가＜ga/da/ga＞ kadang-kadang; sekali-sekali.

가다듬다＜ga/da/deum/ta＞ menguasai diri; menenangkan diri.

가닥＜ga/dak＞ helai; utas. 실 한 ~ seutas benang. 세 ~으로 꼰 밧줄 tali dari tiga untai. 한 ~의 희망 secercah harapan.

가담(加擔)＜ga/dam＞ ~하다 ikut serta dalam; berpartisipasi; melebur-

kan diri; berpihak dengan.

가당(可當)＜ga/dang＞ ~하다 beralasan; masuk akal; wajar.

가당(加糖)＜ga/dang＞ ~한 manis; digulai. ~ 분유 susu bubuk manis. ~연유(煉乳) susu kental manis.

가당찮다(可當-)＜ga/dang/chan/tha＞ tidak beralasan; tidak masuk akal; mustahil; muskil.

가도(家道)＜ga/do＞ moral keluarga.

가도(街道)＜ga/do＞ jalan raya; jalan. 경인(京仁)~ jalan raya Gyeong-In.

가동(稼動)＜ga/dong＞ operasi; kerja. ~하다 mengoperasikan; menjalankan. ~을 시작[중단]하다 memulai [menghentikan] operasi. ~ 중이다 sedang bekerja; beroperasi. ~률(率) persentase kapasitas operasi. 완전 ~ operasi penuh. 주야 ~ operasi/ kerja siang malam.

가동성(可動性)＜ga/dong/seong＞ mobilitas/mobilitet.

가두(街頭)＜ga/du＞ sudut jalan; persimpangan jalan , jalan. ~데모 (시위) unjuk rasa di jalan. ~선전 propaganda di jalan. ~연설 kampanye di jalan. ~풍경 pertunjukan/ adegan di jalan.

가두다＜ga/du/da＞ mengurung; memenjarakan.

가두리＜ga/du/ri＞ karamba apung; jala apung.

가드＜ga/deu＞ pengawal; penjaga.

가드락거리다＜ga/deu/rak/geo/ri/da＞ menyombong.

가득＜ga/deuk＞ penuh; penuh sesak. ~하다 penuh (dengan). 한 잔 ~ segelas penuh. ~채우다(차다) mengisi (terisi) penuh. 컵에 ~ 붓다 mengisi cangkir sampai penuh. 사람들로 ~차 있다 penuh sesak dengan orang.

가뜩＜ga/teuk＞ ① ☞ 가득. ② ☞ 가뜩이나.

가뜩이나＜ga/teuk/i/na＞ menambah; selain itu; disamping itu; lebih jauh. ~곤란한데 menambah penderitaan orang.

가뜬하다＜ga/teun/hada＞　ringan; segar

가라앉다＜ga/ra/an/ta＞　① tenggelam ; terpuruk; menyelam; terbenam; karam. 물속으로 ~ menyelam di bawah air. ② (고요해지다) menjadi tenang/diam; (풍파가) reda; mereda. 바람이 ~ angin reda. ③ (마음.성질이) menjadi tenang; tenang. ④ (부기.고통등이) berkurang; susut.

가라앉히다＜ga/ra/an/chi/da＞　① menenggelamkan; menyelamkan ; merendam; membenamkan. 배를 ~ menenggelamkan kapal. ② menenangkan diri; menyabarkan. 노여움을 ~ menenangkan kemarahan orang. ③ meredakan; mengurangi. 고통을 ~ mengurangi sakit. ④ merukunkan;mendamaikan. 싸움을 ~ mendamaikan pertengkaran (긴장된)정세를 ~ mendinginkan/meredakan situasi

가락＜ga/rak＞　① (음조) kunci nada; lagam; lagu; gaya; langgam; melodi. ② tempo; irama ~에 맞춰 dengan tempo.

가락＜ga/rak＞　① (방추) kumparan (gelondong). ② batang 한 ~ sebatang …

가락국수＜ga/rak/guk/su＞　mi terigu; mi Korea. ~집 warung mi.

가락지＜ga/rak/ci＞　cincin kembar; cincin.

가랑니＜ga/rang/ni＞　anak kutu; kelemumu.

가랑비＜ga/rang/bi＞　gerimis ; hujan renai-renai; hujan rintik-rintik. ~가 내리다 Gerimis turun.

가랑이＜ga/rang/i＞　selangkangan; pangkal paha. ~를 벌리다 mementangkan kedua kaki; mengangkang.

가랑잎＜ga/rang/nif＞　daun mati (layu)

가래＜ga/rae＞　sekop; pencedok. ~질 penyekopan. ~질하다 menyekop.

가래＜ga/rae＞　dahak; rahak ; riak. ~를 뱉다 berdahak; beriak.

가래침＜ga/rae/chim＞　ludah; liur. ~을 뱉다 berludah.

가량(假量)＜ga/ryang＞　☞ 어림. ~없다 tidak masuk akal; mustahil. 네 말이 ~없다 Cerita anda tidak masuk akal.

가량(假量)＜ga/ryang＞　kira-kira; kurang lebih; sekitar. 30 명 ~ kira-kira 30 orang. 2개월~ kira-kira 2 bulan. 1마일 ~ sekitar satu mil. 예순살 ~의 노인 lelaki tua umur 60 tahunan. 두시간 ~ 지나면 kira-kira dua jam lebih.

가량가량하다＜ga/ryang/ga/ryang/hada＞　langsing; ramping.

가려(佳麗)＜ga/ryeo＞　~한 cantik; menarik.

가련하다(可憐-)＜ga/ryeon/hada＞　menyedihkan; mengibakan; malang.

가렴(苛斂)＜ga/ryeom＞　pemerasan. ~하다 memeras

가렵다＜ga/ryeob/ta＞　gatal. 온 몸이 ~ Sekujur tubuh gatal semua.

가령(假令)＜ga/ryeong＞　walaupun; anggaplah bahwa. ~ 그것이 그렇다 치더라도 anggaplah hal itu benar. ~그가 그렇게 말했다 치더라도 Walaupun dia berkata begitu.

가로＜ga/ro＞　lebarnya. ~의 memanjang (sejajar). ~2피트 lebarnya dua kaki. ~쓰다 menulis berjajar. 줄을 ~치다 menggambar garis sejajar; menarik garis sejajar. ~놓다 meletakkan sejajar; menempatkan sejajar. ~놓이다 terletak sejajar.

가로(街路)＜ga/ro＞　jalan. ~ 등 lampu jalan. ~수(樹) pohon pinggir jalan. ~청소부 penyapu (tukang sapu) jalan.

가로닫이＜ga/ro/da/ji＞　pintu geser; pintu geser.

가로막다＜ga/ro/mak/ta＞　menghalangi; menghambat; merintangi. 길을 ~ menghalangi jalan.

가로막히다＜ga/ro/ma/khi/da＞　dihalangi; dirintangi.

가로세로＜ga/ro/se/ro＞ lebar dan panjang.

가로쓰기＜ga/ro/sseu/gi＞ menulis dari kiri ke kanan.

가로차다＜ga/ro/cha/da＞ merenggut; merampas.

가로채다＜ga/ro/chae/da＞ merampas.

가료(加療)＜ga/ryo＞ pengobatan dokter; perawatan medis.

가루＜ga/ru＞ bubuk; serbuk; butir-butir halus; tepung. ～로 만들다 (빻다) menggiling menjadi bubuk; membubuk; mengulek; memirik; melumatkan. ～(로 된) 비누 sabun bubuk. ～우유 susu bubuk. ～ 음식 makanan tepung.

가루약(-藥)＜ga/ru/yak＞ obat bubuk (puyer); obat serbuk.

가르다＜ga/reu/da＞ ① membagi; menceraikan; memisahkan; menjarakkan; membagi-bagikan. 다섯으로 ～ membagi menjadi lima bagian. 이익을 반반으로 ～ membagi keuntungan separuh-separuh 부부의 의를 ～ menceraikan suami dari istrinya. ② memilah ; menyortir. 크게 둘로～ memisahkan kedalam dua kelompok besar. ③ (판단.구별) membedakan; memperbedakan.

가르마＜ga/reu/ma＞ ～를 타다 menyibak (membagi) rambut.

가르치다＜ga/reu/chi/da＞ mengajar; mendidik; mengasuh;menyuluhi. 수학을 ～ mengajar matematika. 수영을 ～ mengajar berenang. 피아노를 ～ mengajar piano.

가르침＜ga/reu/chim＞ petunjuk; pengajaran; nasihat; ajaran. 소크라테스의 ～ ajaran Socrates. ～을 받다 mendapat pengajaran (dari); diajar (oleh).

가름하다＜ga/reum/hada＞ membagi; memisahkan; memperbedakan.

가리가리＜ga/ri/ga/ri＞ berkeping-keping. ～찢다 merobek menjadi berkeping-keping.

가리다＜ga/ri/da＞ ① (선택) memilih; membagi-bagi; menyortir; memilah; memotong-motong. ② pilih-pilih (rewel). 음식을 ～ pilih-pilih pada makanan. ③ membedakan. 시비를 ～ membedakan yang benar dari yang salah. ④ membereskan rekening (masalah). 빚을 ～ melunasi hutang. ⑤ (낯을) malu-malu (anak-anak).

가리다＜ga/ri/da＞ ① menutup; mengudungkan; melindungi; menyelubungi; menabiri. 눈을 ～ menutup mata(dengan kain/sapu tangan). 얼굴을 ～ menutup muka (dengan kedua tangan). ② (간막다) menyekat; memisahkan.

가리마＜ga/ri/ma＞ ☞ 가르마.

가리키다＜ga/ri/khi/da＞ menunjukkan. 방향을 ～ menunjukkan arah.

가마＜ga/ma＞ pusar-pusar; pusar kepala.

가마＜ga/ma＞ ☞ 가마솥.

가마＜ga/ma＞ tandu; kursi; usungan; pelangkin. ～꾼 pembawa joli (tandu).

가마(니)＜ga/ma (ni)＞ karung.

가마솥＜ga/ma/soth＞ periuk; ketel. 증기 ～ ketel uap.

가만가만＜ga/man/ga/man＞ diam-diam ; sembunyi-sembunyi; dengan hati-hati; dengan lembut.

가만히＜ga/ma/ni＞ ① diam-diam; sembunyi-sembunyi; secara rahasia. ～남의 얼굴을 살피다 menilik muka orang diam-diam; menyelidiki muka orang diam-diam. ～집을 빠져나오다 menyelinap keluar rumah. ② diam; dengan tenang; dengan hati-hati. ～놓다 meletakkan dengan hati-hati. ～있다 tetap diam. ～누워 있다 berbaring diam. 그런 모욕에 ～있진 않겠다 Saya tidak tahan dengan penghinaan yang demikian.

가망(可望)＜ga/mang＞ harapan; prospektus; asa. ～없는 tiada harapan. 성공할 ～이 있다 ada harapan untuk berhasil; ada harapan sukses.

가맣다＜ga/mat/tha＞ ① (검다)hitam/gelap. ② (멀다) jauh. ☞ 까맣다.

가매장(假埋葬) <ga/mae/jang> penguburan sementara. ~하다 mengubur sementara.

가맹(加盟) <ga/maeng> pergabungan; keikutsertaan; persekutuan; aliansi; afiliasi. ~하다 bergabung dengan; mengambil bagian/ikut serta dalam. ~국 peserta penandatangan. ~자 rekan; anggota; peserta; partisipan.

가면(假面) <ga/myeon> topeng; kedok ~을 쓰다 memakai topeng; berkedok. ~을 벗다 membuka topeng. ~을 벗기다 membukakan topeng; menyingkap kedok. ~극 sandiwara topeng.

가면허(假免許) <ga/myeon/heo> surat izin sementara.

가명(家名) <ga/myeong> nama keluarga (gelaran). ~을 더럽히다 mencemarkan nama keluarga.

가명(假名) <ga/myeong> nama samaran; alias; julukan. ~으로 dengan nama samaran.

가묘(家廟) <ga/myo> kuburan keluarga.

가무(歌舞) <ga/mu> nyanyian dan tarian.

가무스름하다 <ga/mu/seu/reum/hada> kehitam-hitaman; kegelap-gelapan.

가문(家門) <ga/mun> marga; silsilah keluarga; kaum kerabat; sanak saudara. ~의 영예 kebanggaan bagi keluarga. ~이 좋은[나쁜] keturunan tinggi [rendah]. 좋은 ~에 태어나다 berasal dari keturunan (keluarga) baik-baik.

가문서(假文書) <ga/mun/seo> dokumen palsu.

가물 <ga/mul> ☞ 가뭄.

가물가물 <ga/mul/ga/mul> samar-samar; remang-remang.

가물거리다 <ga/mul/geo/ri/da> ① (불빛이) kelap-kelip; berkedap-kedip. ② (희미하다.정신이) suram.

가물다 <ga/mul/da> (musim) kemarau

가물들다 <ga/mul/deul/da> kemarau tiba; mengalami kekeringan; paceklik

가물음 <ga/mul/eum> ☞ 가뭄.

가물치 <ga/mul/chi> 『魚』 sejenis belut.

가뭄 <ga/mum> kemarau; kekeringan.

가뭇하다 <ga/mut/hada> gelap.

가미(加味) <ga/mi> ~하다 menambah rasa; membumbui.

가발(假髮) <ga/bal> rambut palsu; wig.

가방 <ga/bang> tas; koper; uncang. ~에 넣다 mengisikan ke koper. 손 ~ tas tangan.

가법(加法) <ga/peob> ☞ 덧셈.

가법(家法) <ga/beob> norma keluarga.

가벼이, 가볍게 <ga/byeo/i, ga/byeob/ge> ringan; buru-buru. ~ 보아 넘기다 mengabaikan; meremehkan. ~ 행동하다 bertindak buru-buru. ~ 나무라다 memberi teguran ringan ; menegur ringan. 형량을 ~ 하다 memperingan hukuman

가변(可變) <ga/byeon> ketidaktetapan; keperubahan, variabel. ~ 비용 biaya variabel (tidak tetap). ~ 익(翼) sayap variabel (tidak tetap). ~ 자본 modal variabel (tidak tetap). ~ 저항기 tahanan tidak tetap. ~ 전압 발전기 generator tegangan tidak tetap.

가볍다 <ga/byeob/ta> ① ringan; enteng. 가볍디 ~ seringan bulu. 체중이 ~ ringan bobotnya. ② (경미) remeh; tidak penting; sepele. ③ (수월) sederhana; mudah; ringan. ④ (식사등) ringan; tidak berat; sederhana. ⑤ buru-buru; tanpa pikir. 입이 ~ ringan lidah; ceplas ceplos.

가보(家寶) <ga/bo> harta (pusaka) keluarga; harta peninggalan; warisan.

가봉(加俸) <ga/bong> tunjangan tambahan. 연공(年功) ~ tunjangan

dinas lama. 특별 ~ bayaran tam-
bahan/ khusus.
가봉(假縫)＜ga/bong＞　~하다 men-
jelujur; menghempet.
가부(可否)＜ga/bu＞ benar atau sa-
lah; kesesuaian; pro dan kontra.
~간 benar atau salah. ~를 논 하
다 berdebat baik atau tidak.
투표로 ~를 결정하다 memutuskan
dengan pemungutan suara.
가분수(假分數)＜ga/bun/su＞『數』 pe-
cahan pembilang besar.
가분하다＜ga/pun/hada＞　　　ringan;
segar.
가불(假拂)＜ga/bul＞　　　peminjaman
gaji. ~하다 meminjam gaji. ~
받다 menerima peminjaman gaji.
~금(金) uang peminjaman gaji.
가불가(可不可)＜ga/bul/ga＞ ☞ 가부
(可否).
가붓하다＜ga/put/hada＞ ringan; se-
gar.
가사(家事)＜ga/sa＞ urusan rumah
tangga; perkeluargaan. ~를 처리
하다 mengelola rumah tangga;
membereskan urusan rumah tangga.
~에 얽매여 있다 dibebani dengan
urusan rumah tangga; terbelenggu
urusan rumah tangga.
가사(假死)＜ga/sa＞ pingsan; mati
suri. ~ 상태에 있다 dalam ke-
adaan pingsan.
가사(袈裟)＜ga/sa＞ jubah.
가사(歌詞)＜ga/sa＞ syair lagu.
가산(加算)＜ga/san＞　~하다　me-
nambahkan. 이자를 ~하다 mema-
sukkan bunga uang. ~기 mesin
hitung. ~세 pajak tambahan.
가산(家産)＜ga/san＞ kekayaan ke-
luarga. ~을 탕진하다 memboros-
kan kekayaan.
가산호(假珊瑚)＜ga/san/ho＞　　karang
tiruan/imitasi.
가상(假想)＜ga/sang＞　　angan-angan;
khayalan; anggapan; imajinasi. ~
하다 membayangkan; mengandai-
kan; mengumpamakan. ~적인
khayal; dugaan; hipotesis. ~의 적
(敵) musuh khayalan/pura-pura.

가상(假像)＜ga/sang＞　pseudomorph/
bentuk semu.
가새표(-標)＜ga/sae/fyo＞　tanda si-
lang; sebuah tanda silang (X).
가석방(假釋放)＜ga/seok/bang＞
pembebasan bersyarat. ~하다
membebaskan secara bersyarat. ~
되다 dibebaskan dengan bersyarat.
가석하다(可惜-)＜ga/seok/hada＞ di-
sesalkan; menyedihkan; disayang-
kan.
가선(架線)＜ga/seon＞　　pemasangan
kawat/kabel.
가설(架設＜ga/seol＞　~하다 mem-
bangun; memasang; merentang. ~
공사 pekerjaan bangunan/pema-
sangan. ~비 biaya pemasangan
가설(假設)＜ga/seol＞ ① ~의 se-
mentara. ~교(橋)[극장] jemba-
tan[teater] sementara. ② per-
kiraan; anggapan; hipotesis. ~의
menurut perkiraan (anggapan);
hipotetis.
가설(假說)＜ga/seol＞『論』 hipotesis;
dugaan; asumsi; patokan duga. ~
적인 menurut perkiraan; hipotesis.
가성(苛性)＜ga/seong＞　　kaustisitas.
~ 석회(石灰) larutan kapur. ~
소다(알카리) soda api; soda kaus-
tik. ~ 칼리 garam abu (soda
abu).
가성(假性)＜ga/seong＞　~의 palsu;
semu. ~ 근시 rabun semu. ~콜
레라 kolera semu.
가성(假聲)＜ga/seong＞ suara palsu
(dibuat-buat). ~을 내다 meniru
suara.
가세(加勢)＜ga/se＞　~하다 meno-
long; membantu; mendukung.
가세(家勢)＜ga/se＞ peruntungan ke-
luarga. ~가 기울었다 Peruntungan
keluarga turun.
가소(可塑)＜ga/so＞　~의 plastik.
~물(物) benda plastik; barang
plastik. ~성(性) kekenyalan; plas-
tisitas. ~제 pengenyal.
가속(加速)＜ga/sok＞　　percepatan;
akselarasi. ~적으로 dengan
kecepatan yang meningkat. ~이

붙다 mempercepat. ~계 peng-ukur kecepatan. ~ 운동 gerakan yang dipercepat. ~ 장치 alat untuk mempercepat; pedal gas.
가속(家屬)＜ga/sok＞ rumah tangga; keluarga luas.
가속도(加速度)＜ga/sok/do＞ ☞ 가속(加速).
가솔린＜ga/sol/lin＞ bensin; minyak gas.
가수(歌手)＜ga/su＞ penyanyi; biduan; pelagu.
가수금(假受金)＜ga/su/geum＞ penerimaan uang muka. 계약에 의한 ~ penerimaan uang muka oleh kontrak.
가수분해(加水分解)＜ga/su/bun/hae＞ 『化』 hidrolisis.
가수요(假需要)＜ga/su/yo＞ permintaan spekulasi; permintaan imajiner.
가스＜ga/seu＞ gas; hawa; uap. 배에 ~가 차다 kembung di perut. ~관(管) pipa gas. ~등 lampu gas. ~레인지 kompor gas. ~요금 harga gas. ~ 중독 keracunan gas.
가슴＜ga/seum＞ dada; hati. ~이 뭉클해지다 tertusuk hati ~이 뛰다 berdebar-debar. ~이 설레다 merasa deg-degan. ~이 후련하여지다 merasa lega.
가슴앓이＜ga/seum/a/ri＞『醫』 gangguan hati; penyakit hati
가습(加濕)＜ga/seub＞ proses pelembaban. ~하다 melembabkan. ~기 alat pelembab (udara)
가시＜ga/si＞ duri; onak; susuh; cucuk. ~많은 berduri. ~가 목에 걸리다 tersedak; terselak di kerongkongan. 손에 ~가 박이다 tangan tertusuk duri. ~나무 semak berduri. ~나무 울타리 pagar (tumbuhan) berduri. ~ 덤불[밭] semak berduri ~ 밭 길 jalan yang penuh onak dan duri.
가시광선(可視光線)＜ga/si/gwang/se/on＞ sinar tampak.
가시철(-鐵)＜ga/si/cheol＞ kawat du-

ri; kawat berduri. ~망 pagar kawat berduri.
가식(假飾)＜ga/sik＞ kepalsuan; kepura-puraan; buatan; tiruan. ~하다 berpura-pura; main sandiwara. ~적(인) bersifat munafik; palsu; pura-pura. ~이 없는 tidak berpura-pura; tidak dibuat-buat; asli.
가십＜ga/sib＞ mengumpat; menyebarkan kabar burung (gosip). ~난(欄) kolom gosip.
가압(加壓)＜ga/ab＞ penekanan udara.
가압류(假押留)＜ga/ab/nyu＞ penahanan/penyegelan sementara. ~하다 menyegel sementara.
가야금(伽倻琴)＜ga/ya/geum＞ kayagum ; kecapi Korea.
가약(佳約)＜ga/yak＞ janji sehidup semati. ☞ 백년가약.
가언(假言)論』＜ga/eon＞ (kata) pengandaian ~적 menurut keadaan; pengandaian. ~ 명제 dalil pengandaian/hipotesis.
가업(家業)＜ga/eob＞ usaha keluarga. ~을 잇다 meneruskan usaha keluarga.
가연(可燃)＜ga/yeon＞ ~성 kemudahan untuk terbakar (menyala) ; kombusibilitas. ~성의 mudah terbakar. ~물 benda yang mudah terbakar.
가열(加熱)＜ga/yeol＞ ~하다 memanaskan. ~ 분해 penguraian dengan jalan memanaskan. ~ 시험 uji pemanasan.
가엾다＜ga/yeob/ta＞ patut dikasihani; miskin; sedih (menyedihkan); menderita; merana
가영업(假營業)＜ga/yeong/eob＞ usaha sementara; mata pencaharian sementara.
가오리＜ga/o/ri＞『魚』＜ga/o/ri＞ pari berduri; pari tohok.
가옥(家屋)＜ga/ok＞ rumah; bangunan. ~의 매매에 종 사하다 berusaha di bidang perumahan.. ~ 관리비(費) ongkos pengelolaan rumah. ~ 대장 register rumah. ~

세 pajak rumah.

가옥(假玉) < ga/ok > mutiara imitasi (tiruan).

가외(加外) < ga/oe > tambahan; ekstra. ~ 사람 anggota tambahan. ~ 일을 하다 melakukan pekerjaan tambahan.

가요(歌謠) < ga/yo > lagu populer. ~곡 melodi lagu populer.

가용(可溶) < ga/yong > ~물 benda yang mudah larut (dalam air). ~성 kelarutan. ~성의 mudah larut.

가용(可鎔) < ga/yong > ~물 benda yang mudah melebur. ~성 keleburan. ~성의 mudah lebur.

가용(家用) < ga/yong > penggunaan rumah tangga; kebutuhan rumah tangga (keluarga).

가운(家運) < ga/un > peruntungan keluarga.

가운 < ga/un > gaun; baju perempuan; seragam. 대학생의 ~ seragam kuliah.

가운데 < ga/un/de > ① tengah; pusat; pusar; jantung; bagian dalam; perlengkapan dalam. ~에 가리마를 타다 membagi rambut di bagian tengah. ~를 잡다 memegang di bagian tengahnya. ~로 들어가 주십시오 Silahkan maju ke tengah. ② di antara. 그 ~서 어느것이든 다섯개만 골라라 memilih lima dari banyak pilihan. ③ (...하는 중) tengah; selagi. 가난한 생활 ~ selagi hidup miskin.

가운뎃손가락 < ga/un/de/son/ka/rak > jari tengah; jari hantu; jari malang; jari panjang; jari mati.

가위 < ga/wi > gunting; gunting besar; catuk rambut. ~한 자루 satu gunting. ~질 pengguntingan (pemotongan).

가위 < ga/wi > mimpi buruk. ~ 눌리다 bermimpi buruk.

가위(可謂) < ga/wi > memang; memang benar; sungguh.

가윗날 < ga/wit/nal > ☞ 추석

가을 < ga/eul > musim gugur; musim rontok. ~ 경치 pemandangan musim gugur. ~ 바람 angin musim gugur. ~보리 barlei musim gugur. 늦 ~ akhir musim gugur. 초 ~ awal musim gugur.

가이드 < ga/i/deu > pemandu turis, buku panduan wisata.

가인(佳人) < ga/in > wanita cantik; orang cantik; wanita molek. ~ 박명(薄命) orang cantik berumur pendek.

가일(佳日) < ga/il > hari baik; hari yang menguntungkan.

가일층(加一層) < ga/il/cheung > masih; lebih banyak.

가입(加入) < ga/ib > ~하다 masuk; memasuki; bergabung; menjadi anggota. ~금 bea masuk. ~신청 permohonan berlangganan. ~자 anggota; pelanggan

가장(家長) < ga/jang > kepala keluarga; tungganai rumah; tuan rumah. ~ 제도 patriakal (paham garis keturunan Bapak).

가장(家藏) < ga/jang > harta benda keluarga. ~ 집물 perabot rumah tangga.

가장(假葬) < ga/jang > penguburan sementara. ~하다 mengubur sementara.

가장(假裝) < ga/jang > ① penyamaran; penyaruan. ~하다 menyamar; menyaru; berkedok; bertopeng. ~하여 dalam penyamaran. 여자로 ~하다 menyaru sebagai wanita. ~ 행렬 parade pakaian yang aneh-aneh. ~ 무도회 pesta topeng ② kepura-puraan; simulasi; samaran. ~하다 berpura-pura; berlagak; mendalihkan; bersandiwara; icak-icak. ...을 ~하여 menutup-nutupi; menyembunyikan 양민으로 ~ 하다 berlagak sebagai warga negara yang baik. 우정을 ~하다 berpura-pura sebagai teman.

가장 < ga/jang > paling. ~ 쉬운 방법 metode yang paling mudah; metode yang paling gampang.

가장자리 < ga/jang/ja/ri > tepi; pinggir.

가재＜ga/jae＞『動』udang karang. ～걸음 치다 membuat kemajuan yang sangat lambat; beringsut-ingsut; membuat langkah mundur.

가재(家財)＜ga/jae＞ barang-barang rumah tangga; perabot dan hiasan.

가전(家傳)＜ga/jeon＞ ～의 warisan; hak milik. ～의 보물 pusaka keluarga; warisan keluarga.

가전제품(家電製品)＜ga/jeon/je/fum＞ peralatan listrik rumah tangga.

가절(佳節)＜ga/jeol＞ hari baik; waktu baik; masa jaya.

가정(苛政)＜ga/jeong＞ pemerintahan otoriter.

가정(家政)＜ga/jeong＞ pengelolaan rumah tangga. ～과 jurusan ekonomi rumah tangga/pengelolaan rumah tangga. ～부 pramuwisma; pembantu rumah tangga.

가정(家庭)＜ga/jeong＞ keluarga; rumah tangga. ～을 갖다 berkeluarga; memulai rumah tangga; berumah tangga. ～교사 guru privat; tutor. ～교사를 두다 mempekerjakan tutor. ～교사를 하다 mengajar di rumah. ～교육 pendidikan rumah. ～난(欄) kolom keluarga. ～방문 kunjungan keluarga. ～방문하다 bersilaturahmi; singgah-menyinggahi. ～부인 ibu rumah tangga. ～불화 pertengkaran keluarga/suami isteri. ～생활 kehidupan rumah tangga. ～의(醫) dokter keluarga. ～환경 lingkungan rumah tangga.

가정(假定)＜ga/jeong＞ asumsi; hipotesis; pengandaian. ～하다 mengandaikan; mengasumsikan; menganggap. …이라 ～하여 dengan asumsi…

가정법원(家庭法院)＜ga/jeong/beob/won＞ pengadilan keluarga.

가정부(假政府)＜ga/jeong/bu＞ pemerintahan sementara.

가제.＜ga/je＞ kain kasa;perban. 수독 ～ kain kasa suci hama.

가져가다＜ga/jyeo/ga/da＞ memba-wa pergi; membawa serta.

가져오다＜ga/jyeo/o/da＞ membawa datang.

가조(- 調)＜ga/jo＞『樂』nada A.

가조약(假條約)＜ga/jo/yak＞ perjanjian sementara; fakta sementara. ～을 맺다 menandatangani perjanjian sementara.

가조인(假調印)＜ga/jo/in＞ tanda tangan awal; tanda tangan sementara. ～하다 membubuhi tanda tangan sementara/awal.

가족(家族)＜ga/jok＞ keluarga; sanak saudara; batih. 6인～ keluarga yang terdiri dari 6 orang. ～동반의 여행 wisata keluarga. ～계획 Keluarga Berencana. ～구성 pembinaan keluarga. ～묘지 pemakaman keluarga. ～수당 tunjangan keluarga. ～제도 sistem keluarga. ～탕 kamar mandi keluarga. ～회의 rapat keluarga.

가주거(假住居)＜ga/ju/geo＞ tempat tinggal/kediaman sementara.

가주소(假住所)＜ga/ju/so＞ kediaman/ alamat sementara.

가죽＜ga/juk＞ kulit. ～(제)의 (dari) kulit. ～을 벗기다 menguliti; melapah. ～을 무두질하다 menyamak. ～부대 tas kulit. ～숫돌 asahan kulit. ～잠바 jaket kulit. ～장갑 sarung tangan kulit. ～표지 sampul kulit.

가죽나무＜ga/juk/na/mu＞『植』pohon surga; ailantus.

가중(加重)＜ga/jung＞ ① ～하다 memboboti. ～평균 rata-rata terbobot. ② ～하다 memperberat. 형(刑)을 ～하다 memperberat hukuman.

가증(可憎)＜ga/jeung＞ ～하다 menjijikkan; memuakkan. ～스럽게 dengan menjijikan.

가증서(假證書)＜ga/jeung/seo＞ sertifikat sementara.

가지＜ga/ji＞ cabang; jipang ; carang. ～를 뻗다 memanjangkan cabang. ～를 꺾다 mematahkan cabang. ～를 치다 memangkas

cabang-cabang; meranting.
가지＜ga/ji＞ 『植』 terong; terung.
가지＜ga/ji＞ jenis; macam. ~ ~의 beragam; bermacam-macam. ~각색의 serba-serbi; bermacam-macam. 세~ tiga jenis; tiga macam.
가지다＜ga/ji/da＞ ① (손에 쥐다) membawa. ② mempunyai; memiliki; mengandung. 어떤 뜻을~ mengandung arti. ③ (임신) mengandung; bunting; hamil.
가지런하다＜ga/ji/reon/hada＞ seragam. 키가~ sama tinggi.
가지치다＜ga/ji/chi/da＞ memotong cabang.
가집행(假執行)＜ga/ji/faeng＞ 『法』 hukuman sementara. ~하다 menghukum sementara.
가짓말＜ga/jit/mal＞ ☞ 거짓말.
가짜(假 -)＜ga/ca＞ tiruan; imitasi; barang palsu. ~의 lancung; tiruan. ~다이아 intan palsu. ~대령 kolonel gadungan. ~미치광이 orang gila pura-pura. ~ 수표 cek palsu. ~박사학위 gelar doktor palsu.
가차없다(假借 -)＜ga/cha/eob/ta＞ tiada ampun; tiada belas kasihan. ~없이 tanpa ampun.
가책(呵責)＜ga/chaek＞ siksaan. 양심의 ~을 받다 merasa sangat menyesal sekali.
가처분(假處分)＜ga/cheo/bun＞ penguasaan sementara. ~하다 membuat penguasaan sementara. ~ 신청을 하다 memohon penguasaan sementara.
가처분소득(可處分所得)＜ga/cheo/bun/so/deuk＞ pendapatan yang dapat dibelanjakan.
가청(可聽)＜ga/cheong＞ ~거리 jarak pendengaran. ~범위 luas jangkauan pendengaran.
가축(家畜)＜ga/chuk＞ hewan ternak; hewan piaraan. ~을 치다 beternak; memelihara ternak. ~병원 rumah sakit hewan. ~사료 makanan ternak; pakan ternak. ~우

리 kandang hewan ternak.
가출(家出)＜ga/chul＞ ~하다 lari dari rumah; kabur dari rumah. ~소녀[소년] gadis [pemuda] yang kabur dari rumah. ~인 orang yang kabur.
가출옥(假出獄)＜ga/chul/ok＞ pembebasan bersyarat. ~하다 dilepaskan/dibebaskan dengan syarat. ~시키다 membebaskan bersyarat. ~자 orang yang dibebaskan bersyarat.
가치(價値)＜ga/chi＞ nilai; harga. ~있는 bernilai; berharga; berguna; bermanfaat. ~없는 tidak berharga; tidak bernilai. ~관 pandangan terhadap nilai-nilai; rasa nilai. ~판단 evaluasi; penilaian. 실용(이용)~ nilai manfaat; nilai guna. 영양(營養)~ nilai nutrisi; nilai gizi.
가친(家親)＜ga/chin＞ ayahanda.
가칠하다＜ga/chil/hada＞ ☞ 거칠하다.
가칭(假稱)＜ga/ching＞ penandaan/penamaan sementara.
가탄(可歎)＜ga/than＞ ~하다 disesalkan; disayangkan. ~할 일 urusan yang patut disayangkan.
가택(家宅)＜ga/thaek＞ rumah tinggal. ~수색 penggeledahan rumah; razia rumah; pemeriksaan rumah. ~수색하다 menggeledah rumah. ~수색을 당하다 digeledah rumah. ~침입하다 masuk rumah orang tanpa ijin; menyatroni.
가톨릭교(- 敎)＜ga/thol/lik/gyo＞ ☞ 카톨릭교.
가통(可痛)＜ga/thong＞ ~하다 tercela; patut disesalkan.
가파르다＜ga/fa/reu/da＞ curam; terjal.
가표(加標)＜ga/fyo＞ tanda tambah; tanda plus.
가표(可票)＜ga/fyo＞ suara setuju. ~를 던지다 memberikan suara setuju.
가풍(家風)＜ga/fung＞ tradisi keluarga; adat istiadat keluarga.

가필(加筆)＜ga/fil＞　～하다 menyelaras kalimat.

가하다(可 -)＜ga/hada＞ benar; betul; masuk akal; baik.

가하다(加 -)＜ga/hada＞ ① menambah; menjumlahkan. 원금에 이자를~ menambahkan bunga ke pokok. ② memberi. 압력을~ menekan. 일격을~ memukul sekali. 열을~ memanaskan. ③ meningkatkan; menaikkan. 속도를 ~ mempercepat.

가학(加虐)＜ga/hak＞ salah perlakuan; kekejaman.

가합(可合)＜ga/hab＞ ～하다 masuk akal; rasional; wajar.

가해(加害)＜ga/hae＞ ① kerusakan; bahaya; kerugian. ～하다 merusak; membahayakan; menimbulkan kerugian. ② penghancuran; perusakan; pengrusakan; pembunuhan. ～하다 bersekongkol untuk merusak. ～자 perusak; penghancur; pemusnah.

가호(加護)＜ga/ho＞ perlindungan Tuhan; bimbingan Tuhan; penjagaan Tuhan. 신명의 ～로 atas perlindungan Tuhan. 신의 ～를 빌다 memohon perlindungan Tuhan.

가혹(苛酷)＜ga/hok＞ kekejaman; kebengisan; kesadisan. ～하다 kejam; kasar; tanpa ampun; bengis; sadis. ～하게 dengan kejam; dengan bengis; dengan sadis. ～한 말 ucapan yang sadis. ～한 벌 hukuman yang sadis. ～한 짓 tindakan yang sadis.

가화(佳話)＜ga/hwa＞ cerita yang bagus.

가훈(家訓)＜ga/hun＞ norma keluarga.

가희(歌姬)＜ga/heui＞ biduanita; penyanyi wanita.

각(各)＜gak＞ setiap; masing-masing.

각(角)＜gak＞ ① tanduk; cula. ~도장 stempel yang terbuat dari tanduk. ② (모퉁이) sudut; belokan; tikungan. ③ (사각) segi.

④ sudut. ～거리 besar sudut (derajat). 내[외]~ sudut dalam [luar].

각가지(各-)＜gak/ga/ji＞ aneka rupa; aneka ragam. ～의 berbagai macam; beraneka ragam.

각각(各各)＜gak/gak＞ secara terpisah; masing-masing; satu-satu; sendiri-sendiri. ～의 tiap; saban; tiap-tiap; setiap.

각각으로(刻刻-)＜gak/gak/eu/ro＞ setiap saat.

각개(各個)＜gak/gae＞ masing-masing; satu demi satu. ～격파 mengalahkan satu persatu. ～교련 berbaris satu per satu.

각개인(各個人)＜gak/gae/in＞ setiap orang; masing-masing orang. ～의 소유품 milik masing-masing.

각계(各界)＜gak/gye＞ berbagai lapangan kehidupan. ～각층의 dari berbagai kedudukan sosial. ～각층의 명사 orang-orang terkemuka dari berbagai kedudukan sosial.

각고(刻苦)＜gak/go＞ kerja keras. ～하다 bekerja keras. ～정려하여 berkat giat bekerja; hanya dengan giat bekerja.

각골난망(刻骨難忘)＜gak/gol/nan/mang＞ ～하다 terukir dalam ingatan; tidak terlupakan.

각광(脚光)＜gak/gwang＞ lampu panggung. ～을 받다 disorot lampu (terbayang).

각국(各國)＜gak/guk＞ setiap negeri; berbagai negara; semua negara. 세계~ negara-negara di dunia.

각기(脚氣)＜gak/gi＞ beri-beri. ～에 걸리다 terserang penyakit beri-beri; kena penyakit beri-beri.

각기(各其)＜gak/gi＞ setiap; tiap-tiap; masing-masing. 제~ cara masing-masing.

각기둥(角 -)＜gak/gi/dung＞ 『數』 prisma (matematika).

각도(角度)＜gak/do＞ sudut; ukuran sudut; derajat sudut. ～를 재다 mengukur sudut. 모든 ～에서 검토하다 menyelidiki dari berbagai sudut. ～기 busur derajat.

각등(角燈)＜gak/deung＞ lentera tangan segi empat.

각로(脚爐)＜gang/no＞ penghangat kaki.

각론(各論)＜gang/non＞ pembahasan terperinci; diskusi mendalam. ～으로 들어가다 menjadi berlarut-larut (mendalam). 해부학 ～ anatomi khusus.

각료(閣僚)＜gang/nyo＞ menteri-menteri kabinet; anggota kabinet. ～급 회담 konferensi tingkat menteri. ～회의 sidang kabinet. 주요 ～ menteri-menteri kunci dalam kabinet.

각막(角膜)＜gang/mak＞ 『解』 kornea mata; selaput bening. ～염(炎) keratitis; radang kornea. ～이식(移植) transplantasi kornea; pencangkokan kornea.

각목(角木)＜gang/mok＞ tongkat kayu persegi.

각박(刻薄)＜gak/bak＞ ～하다 tak punya hati; kejam; keras. ～한 세상 dunia yang kejam; masa-masa sulit.

각반(脚絆)＜gak/ban＞ pembungkus kaki; kaos kaki; bengkap; setiwel.

각방(各方), 각방면(各方面)＜gak/bang, gak/bang/myeon＞ semua arah. 사회～ segala hal dan kondisi manusia, semua golongan masyarakat.

각별하다(各別-)＜gak/byeol/hada＞ ① (특별) istimewa; utama; khusus. ② (깍듯하다) sopan; santun.

각본(脚本)＜gak/bon＞ naskah drama; skenario. ～작가 penulis naskah drama; dramawan.

각부(各部)＜gak/bu＞ ① setiap bagian; setiap departemen. ～장관 menteri setiap departemen. ② ☞ 각부분.

각부분(各部分)＜gak/bu/bun＞ setiap bagian; masing-masing bagian; semua bagian.

각사탕(角砂糖)＜gak/sa/thang＞ gula petak/cetak.

각색(各色)＜gak/saek＞ ① segala macam; versi. 각양～의 beragam; berbagai; segala macam...; berbagai jenis. ② (빛깔) berbagai warna; setiap warna.

각색(脚色)＜gak/saek＞ dramatisasi; pendramaan; penyaduran. ～하다 mendramatisir; menyadur. ～가 pendramatisir; penyadur.

각서(覺書)＜gak/seo＞ surat peringatan; surat keterangan resmi; nota. ～의 교환 pertukaran nota.

각선미(脚線美)＜gak/seon/mi＞ kemolekan garis kaki. ～있는 berkaki molek.

각설(却說)＜gak/seol＞ ① ～하다 kembali ke pokok pembicaraan; menyingkatkan (cerita). ② (부사적) kini; singkat cerita.

각섬석(角閃石)＜gak/seom/seok＞ 『鑛』 amfibol.

각성(覺醒)＜gak/seong＞ kesadaran; kebangunan; disilusi (terbuka mata terhadap kenyataan). ～하다 sadar; bangun; terbuka mata (terhadap kenyataan). ～시키다 menyadarkan; membuka mata. ～제 perangsang; stimulan

각속도(角速度)＜gak/sok/do＞ kecepatan sudut (kecepatan anguler).

각양(各樣)＜gak/yang＞ ～(각색)의 berbagai; beragam; segala macam; berbagai-bagai; berjenis-jenis; pelbagai. 사람의 마음은～각색이다 Begitu banyak orang, begitu banyak pemikiran.

각오(覺悟)＜ga/go＞ kesiapan; ketetapan hati; kesiap-siagaan; kesediaan; kesanggupan. ～하다 siap; bersiap; bersiap-siaga; bersigap. 노여움 살 것을 ～하고 말하다 mengatakan sudah siap menerima kemarahan. 그것은 ～ 한 바다 Hal itu (saya) sudah siap sedia.

각운(脚韻)＜ga/gun＞ pantun.

각위(各位)＜ga/gwi＞ setiap orang; semua; tuan. 관계자～ tertuju kepada yang berkepentingan. 회원～에게 bagi anggota.

각의(閣議)＜ga/geui＞ sidang kabi-

net. ~를 열다 membuka sidang kabinet. 정례[임시]~ sidang kabinet biasa [istimewa].
각인(各人)＜gak/in＞ setiap orang.
각일각(刻一刻)＜gak/il/gak＞ ☞ 시시각각.
각자(各自)＜gak/ca＞ setiap; masing-masing; sendiri-sendiri. ~의 masing-masing; sendiri-sendiri.
각재(角材)＜gak/jae＞ kayu persegi; tiang persegi.
각적(角笛)＜gak/jeok＞ terompet; selompret; sangkakala.
각조(各條)＜gak/jo＞ setiap regu; semua regu.
각종(各種)＜gak/jong＞ segala macam; berbagai jenis; serba aneka.
각주(角柱)＜gak/ju＞ tiang persegi; prisma.
각주(脚註)＜gak/ju＞ catatan kaki. ~를 달다 memberikan catatan kaki.
각지(各地)＜gak/ji＞ setiap tempat; berbagai tempat; disemua bagian negara. 세계~로부터 dari segala penjuru dunia.
각질(角質)＜gak/jil＞ ketandukan (keadaan mengandung zat tanduk), keratin; kitin. ~층(層) lapisan yang mengandung zat tanduk.
각처(各處)＜gak/cheo＞ setiap tempat; berbagai tempat. ~에(의) di-setiap tempat; di mana saja; dimana-mana.
각추(角錐)＜gak/chu＞ 『數』 piramid.
각축(角逐)＜gak/chuk＞ persaingan; perlombaan; kompetisi. ~(전)을 벌이다 bersaing; bertanding; berlomba. ~장 arena kompetisi; lapangan pertandingan.
각층(各層)＜gak/cheung＞ setiap kelas (masyarakat); setiap lapisan. 각계~의 (dari) segala kedudukan sosial. 각계~의 명사 orang-orang terhormat dari semua lapisan masyarakat.
각파(各派)＜gak/fa＞ setiap partai; setiap fraksi; semua sektor.
각판(刻板)＜gak/fan＞ kayu cetakan.

~본 buku yang dicetak dengan kayu berukir.
각필(閣筆)＜gak/fil＞ ~하다 berhenti menulis/mengarang; meletakkan pena.
각하(却下)＜gak/ha＞ ☞ 기각(棄却).
각항(各項)＜gak/hang＞ setiap item [setiap paragraf]; setiap klausa.
각혈(喀血)＜gak/hyeol＞ ☞ 객혈(喀血).
각형(角形)＜gak/hyeong＞ bentuk persegi.
간＜gan＞ cita rasa; rasa asin; kesedapan. ~을 치다 menggarami; memberi garam. ~보다 mencicip; merasakan. ~이 맞다 bercita rasa; sedap. ~이 싱겁다 kurang asin; kurang garam; hambar.
간(肝)＜gan＞ ① hati; lever. ~경변(증) sirosis hati. ② keberanian; ketabahan. ~이 큰 berani; tabah. ~이 콩알만 해지다 kecut hati ketakutan.
간(間)＜gan＞ ① (길이) satu kan (= 5,965 kaki). ② (면적) ☞ 칸. ③ ☞ 칸살.
…간(間)＜gan＞ selama; jangka waktu; dari … sampai; antara; selang. 형제~ hubungan saudara (laki-laki); beradik-kakak. 형제~의 싸움 pertengkaran antar saudara. 3일~에 dalam tiga hari. 친구~에 di antara sahabat; di antara teman.
간간이(間間 -)＜gan/gan/i＞ kadang-kadang; sewaktu-waktu; sekali-kali. ~소나기가 오겠습니다 sewaktu-waktu akan turun hujan.
간격(間隔)＜gang/gyeok＞ jarak; ruang; selang; interval; antara. 5미터의 ~을 두고 pada selang 5 meter; berantara 5 meter; pada jarak 5 meter.
간결(簡潔)＜gan/gyeol＞ keringkasan; kesingkatan. ~하다 singkat; ringkas. ~히 dengan singkat; dengan ringkas ~한 설명 penjelasan singkat.
간계(奸計)＜gan/gye＞ rencana jahat; muslihat; tipu daya; kelicikan;

akal bulus.

간고(艱苦) <gan/go> kesukaran; kesengsaraan; kemelaratan; penderitaan.

간곡(懇曲) <gan/gok> ~하다 sungguh-sungguh ingin.

간과(干戈) <gan/gwa> senjata; persenjataan.

간과(看過) <gan/gwa> ~하다 mengabaikan; melewatkan; melalaikan.

간교(奸巧) <gan/gyo> ~한 lihai; pintar busuk; ulung; cerdik; licik.

간구(艱苟) <gan/gu> kemiskinan; kemelaratan. ☞ 빈곤.

간국 <gan/guk> air garam. ~에 절이다 merendam dalam air garam; mengacar.

간균(桿菌) <gan/gyun> basil; kuman; bakteri.

간극(間隙) <gan/geuk> celah; senjang; gap.

간기능검사(肝機能檢査) <gan/gi/neung/geom/sa> pemeriksaan fungsi hati.

간디스토마(肝-) <gan/di/seu/tho/ma> cacing hati; *Distoma hepaticum.*

간난(艱難) <gan/nan> kesengsaraan; kemelaratan. ~신고(辛苦)하다 mengalami pahit getir kehidupan; mengalami kesukaran hidup.

간능(幹能) <gan/neung> kemampuan; kelihaian.

간단(間斷) <gan/dan> ~없는 berkesinambungan; terus-menerus; tak putus-putusnya. ~없이 secara berkesinambungan; dengan terus-menerus; dengan tidak putus-putusnya.

간단(簡單) <gan/tan> keringkasan; kesederhanaan; kesingkatan; kesumiran. ~한 ringkas; sederhana; singkat; sumir; pandak. ~한 편지 surat yang singkat. ~히 dengan ringkas; secara singkat; secara sederhana. ~히 말하다 berbicara dengan singkat.

간담(肝膽) <gan/dam> ① (간과 쓸개) hati dan empedu. ② (속마음) hati yang paling dalam; lubuk hati.

~을 서늘케하다 mendinginkan hati; mengecutkan hati. ~이 서늘해지다 tercengang; terperanjat; ketakutan.

간담(懇談) <gan/dam> pembicaraan biasa; obrolan. ~하다 mengobrol; beromong-omong; berbicara dengan akrab. ~회 pertemuan sosial.

간데족족 <gan/de/jok/jok> di mana-mana; kemanapun pergi

간도(間道) <gan/do> jalan potong; jalan pintas; jalan lintas.

간독(奸毒) <gan/dok> kekejian; kebusukan; kejahatan.

간독(懇篤) <gan/dok> ~하다 baik; ramah; peramah; bersahabat.

간두지세(竿頭之勢) <gan/du/ji/se> keadaan yang paling gawat.

간드러지다 <gan/deu/reo/ji/da> menarik; mempesona.

간략(簡略) <gal/lyak> kesederhanaan; keringkasan. ~한 sederhana; ringkas; suntuk; sontok. ~히 dengan sederhana; dengan ringkas; secara singkat; sepintas lalu. ~한 기사 artikel ringkas; uraian ringkas. ~한 보고 laporan singkat; laporan ringkas. ~하게 하다 membuat sederhana; menyederhanakan; meringkaskan; menyingkatkan.

간만(干滿) <gan/man> pasang dan surut; menggenang dan menyurut. ~의 차 kisaran pasang.

간망(懇望) <gan/mang> permohonan yang mendesak; solisitasi; permintaan yang sungguh-sungguh. ~하다 memohon dengan sangat; memohon(untuk).

간명(簡明) <gan/myeong> keringkasan; kecekatan; kesingkatan. ~한 ringkas; singkat; pendek dan jelas.

간물 <gan/mul> air asin; air garam.

간물(奸物) <gan/mul> penjahat; bajingan.

간물(乾物) <gan/mul> barang-barang kering; perbekalan kering;

bahan makanan.　~상(商) grosir; penjual bahan makanan.
간밤<gan/bam> kemarin malam; malam tadi; tadi malam.
간병(看病)<gan/byeong> pengasuhan; perawatan.
간부(奸婦)<gan/bu> wanita nakal; sundal; gendak
간부(姦夫)<gan/bu> pezina; kekasih gelap; orang yang bermukah.
간부(姦婦)<gan/bu> pezina perempuan; kekasih gelap (perempuan).
간부(幹部)<gan/bu> anggota terkemuka; eksekutif; para pemimpin; para kepala.　~회 rapat eksekutif; rapat pimpinan.　~후보생 kadet; kadet perwira.
간사(奸邪)<gan/sa> pengkhianatan; kejahatan; kekejian; kecurangan.　~한(스러운) jahat; khianat; curang; keji.　~한 사람 orang jahat.
간사(奸詐)<gan/sa> kelicikan; kelihaian; akal bulus; tipu muslihat.　~한(스러운) licik; lihai; licin; curang; culas; lengit ; pandai menipu.　~한 놈 orang yang licik; orang yang lihai.
간사(幹事)<gan/sa> menejer, sekretaris.　~장 sekretaris jendral. 원내 ~ sekretaris eksekutif (partai).
간살(間 -)<gan/sal>　☞ 칸살.
간상(奸商)<gan/sang> pedagang yang tidak jujur; pedagang yang curang; pencatut.　~배 kelompok pencatut.
간상균(桿狀菌)<gan/sang/gyun> basil; kuman.
간색(看色)<gan/saek> pengambilan sampel, sampel; contoh.
간색(間色)<gan/saek> warna campuran (warna sekunder).
간석지(干潟地)<gan/seok/ji> pantai kering; lahan pasang; pantai pada waktu air surut.
간선(幹線)<gan/seon> jalur utama; jalur pokok.　~도로 jalan arteri; jalan utama; jalan raya.
간섭(干涉)<gan/seob> interferensi;

intervensi; usikan; gangguan; campur tangan.　~하다 campur tangan (dalam); mencampuri; menimbrung; mengusik; menceletuk.　~을 받다 dicampur tangani. 무력 ~ intervensi militer; pendudukan militer. 선거 ~ campur tangan pejabat dalam pemilihan.
간성(干城)<gan/seong> pembela; pelindung.
간세포(間細胞)<gan/se/fo> sel interstisial.
간소(簡素)<gan/so> kesederhanaan.　~한 sederhana; ugahari.　~한 식사 makanan sederhana.　~화 penyederhanaan.　~화하다 menyederhanakan; menyumirkan; memendekkan.
간솔(簡率)<gan/sol>　~한 terus terang; mudah dimengerti; langsung dan mudah dipahami; lugas.
간수(- 水)<gan/su> air asin; air garam.
간수(看守)<gan/su> penjaga; sipir; penjaga penjara.　~장 sipir kepala. 건널목~ penjaga pintu kereta api. 산림 ~ penjaga hutan.
간수하다<gan/su/hada> memelihara; menjaga.
간식(間食)<gan/sik> makan antara dua waktu makan; makanan kecil.　~하다 makan antara dua waktu makan; ngopi.
간신(奸臣)<gan/sin> abdi yang jahat.
간신(諫臣)<gan/sin> abdi yang setia.
간신히(艱辛 -)<gan/si/ni> dengan susah payah; dengan sulit.　~살아가다 hidup dengan susah payah.
간악(奸惡)<ga/nak> pengkhianatan; kekejian; kejahatan.　~한 jahat; khianat; keji; bangsat.
간암(肝癌)<ga/nam> kanker hati.
간언(諫言)<ga/neon> saran; usulan.
간염(肝炎)<gan/yeom>『醫』 hepatitis (penyakit radang hati).　~예방접종 suntikan anti hepatitis (sun-

tikan anti radang hati). 전염성~ hepatitis menular. 혈청~ serum hepatitis.

간요(肝要)＜gan/nyo＞ arti penting; kepentingan; kebutuhan. ~하다 penting; vital; esensial/hakiki.

간원(懇願)＜gan/won＞ permohonan; permintaan yang mendesak; rekes; surat lamaran. ~하다 memohon; meminta dengan sungguh-sungguh.

간위(奸僞)＜gan/wi＞ tipu muslihat; tipu daya; akal bulus.

간유(肝油)＜gan/yu＞ minyak ikan. ~드롭스 gula-gula minyak ikan

간음(姦淫)＜gan/eum＞ perzinahan; penyelewengan; hubungan gelap; persundalan. ~하다 berzina; menyeleweng; menggendaki; bermukah. ~죄 kejahatan perzinahan.

간이(簡易)＜gan/i＞ kesederhanaan; kemudahan; kesahajaan ~하다 sederhana; mudah; praktis. ~생활 hidup bersahaja; kehidupan yang sederhana. ~숙박소 rumah penginapan pekerja; asrama umum. ~식당 tempat makan sederhana; bufet. ~재판소 pengadilan. ~주택 rumah sederhana; gubuk; pondok.

간자(間者)＜gan/ja＞ ☞ 간첩.

간작(間作)＜gan/jak＞ penanaman sela; tumpangsari. ~하다 menanam sebagai tanaman sela. ~물 tanaman sela.

간장(- 醬)＜gan/jang＞ kecap asin.

간장(肝腸)＜gan/jang＞ hati dan usus; hati; kalbu; sanubari. ~을 녹이다 meluluhkan hati.

간장(肝臟)＜gan/jang＞ 『解』 hati; limpa. ~디스토마 Distomatosis; penyakit busuk hati. ~병 gangguan hati. ~염 ☞ 간염(肝炎).

간재(奸才)＜gan/jae＞ kelihaian; kelicikan, orang licik.

간적(奸賊)＜gan/jeok＞ pengkhianat; pemberontak; penjahat; bangsat; bajingan.

간절(懇切)＜gan/jeol＞ ~하다 sungguh-sungguh; ingin sekali; berhasrat besar; tulus. ~한 부탁 permintaan yang sungguh-sungguh; permintaan yang tulus. ~한 소원 keinginan yang sungguh-sungguh; hasrat yang tulus. ~히 dengan sungguh-sungguh; dengan tulus. ~히 부탁하다 memohon dengan sungguh-sungguh. ~히 권(勸)하다 memaksa; mendesak dengan kuat.

간접(間接)＜gan/jeob＞ ~의 tidak langsung; tangan kedua. ~적으로 secara tidak langsung; melalui tangan kedua. ~으로 듣다 mendengar secara tidak langsung; mendapat kabar dari tangan kedua. ~목적어 obyek tidak langsung. ~선거 pemilihan tidak langsung. ~세 pajak tidak langsung. ~화법 penceritaan [pembicaraan] tidak langsung.

간조(干潮)＜gan/jo＞ air surut; air dangkal.

간주(看做)＜gan/ju＞ ~하다 mempertimbangkan; mengira; menganggap; menilik; berpikir. 해결된 것으로 ~하다 menganggap sebagaimana mestinya. 침묵을 승낙으로 ~하다 menganggap diam sebagai tanda setuju.

간주곡(間奏曲)＜gan/ju/gok＞ 『樂』 selingan; intermeso.

간지(干支)＜gan/ji＞ siklus 12 tahun.

간지(奸智)＜gan/ji＞ kelicikan; tipu muslihat; akal bulus; tipu daya.

간지럼＜gan/ji/reom＞ ~타다 mudah geli; peka terhadap hal yang menggelikan. ~태우다 menggelitik.

간지럽다＜gan/ji/reob/ta＞ ① geli. 발이~ kaki saya geli. ② (마음이) (merasa) malu.

간직하다＜gan/jik/hada＞ menyimpan. 가슴 속에 깊이 ~해 두다 menyimpan dalam hati.

간질(癎疾)＜gan/jil＞ 『醫』 epilepsi; sawan; ayan; pitam babi; sampu pening. ~환자 penderita epilepsi; orang ayan.

간질이다＜gan/jil/i/da＞ menggelitik;

merangsang rasa geli; menggelikan; menggilik-ngilik(i); menggelitiki. 겨드랑 밑을~ menggelitik di bawah ketiak.

간책(奸策)＜gan/chaek＞ rencana jahat; muslihat licik. ~을 부리다 membuat rencana jahat.

간척(干拓)＜gan/cheok＞ reklamasi; pengurukan lahan. ~하다 mereklamasi; menguruk lahan. ~사업 proyek reklamasi lahan. ~지(地) tanah garapan dari reklamasi; lahan urukan.

간첩(間諜)＜gan/cheob＞ mata-mata; spion; penyelidik. ~단 kelompok mata-mata. ~신고 laporan tentang tersangka spionase. ~행위 spionase; pemata-mataan. ~활동 kegiatan spionase. 무장~ agen spionase bersenjata. 이중~ agen ganda.

간청(懇請)＜gan/cheong＞ permohonan; permintaan; idaman; hasrat; rayuan. ~하다 memohon dengan sangat; meminta dengan sungguh-sungguh; mempersudikan; meminta supaya ...; memohon. ~에 의하여 atas permintaan.

간추리다＜gan/chu/ri/da＞ meringkaskan; menyingkatkan; menyimpulkan.

간취(看取)＜gan/chwi＞ ~하다 menyalami; merasa; melihat; mengetahui. 나는 그의 간계를 ~했다 Saya mengetahui kelicikannya.

간친(懇親)＜gan/chin＞ ~회 pertemuan sosial; pertemuan masyarakat.

간통(姦通)＜gan/thong＞ perzinahan; hubungan gelap; penyelewengan. ~하다 berzinah; menyeleweng; melakukan hubungan terlarang; bermukah. ~죄(罪) zinah; kejahatan perzinahan.

간특(奸慝)＜gan/theuk＞ kejahatan; kelicikan; tipu muslihat. ~한 licik; penuh muslihat.

간파(看破)＜gan/fa＞ ~하다 menyelami; membaca; mengetahui.

동기를 ~하다 menyelami motif.

간편(簡便)＜gan/fyeon＞ ~하다 sederhana; mudah. ~한 방법 metode yang mudah (sederhana).

간품(看品)＜gan/fum＞ ~하다 memeriksa; mengambil contoh.

간하다(諫 -)＜gan/hada＞ menyarankan; memberi usulan.

간행(刊行)＜gan/haeng＞ publikasi; penerbitan. ~하다 menerbitkan; mengeluarkan. ~물 barang terbitan.

간헐(間歇)＜gan/heol＞ kadang-kadang; sebentar-sebentar. ~적(으로) (dengan) sebentar-sebentar. ~열 (熱) demam sebentar-sebentar; demam berselang. ~천 air mancur panas; geiser.

간호(看護)＜gan/ho＞ perawatan. ~하다 merawat. ~법 seni perawatan. ~병(兵) tentara paramedis. ~조무사 pertolongan perawat. ~사 perawat rumah sakit. 수~사 juru rawat kepala. 수습~사 perawat dalam masa percobaan (pra-basioner). ~학교 Sekolah Pendidikan Juru Rawat (SPPK).

간혹(間或)＜gan/hok＞ kadang-kadang; sewaktu-waktu; sekali-sekali; kadangkala; ada kalanya. ~있는 (bersifat) kadang-kadang/jarang. ~오는 손님 pengunjung kasual; pengunjung sewaktu-waktu; pengunjung insidental.

갇히다＜gat/chi/da＞ terikat; terkungkung; terkurung ; terpenjara.

갈겨먹다＜gal/gyeo/meok/ta＞ merampas.

갈겨쓰다＜gal/gyeo/sseu/da＞ tulisan cakar ayam.

갈구하다(渴求 -)＜gal/gu/hada＞ sangat mengharapkan; sangat mendambakan; haus (akan).

갈근(葛根)＜gal/geun＞ akar ararut.

갈기＜gal/gi＞ bulu tengkuk; surai; jambul; gombak; kuncung. ~있는 짐승 binatang buas bersurai.

갈기갈기＜gal/gi/gal/gi＞ menjadi robek-robekan; berkeping-keping.

~찢다 mencabik-cabikkan; mengo-yak-ngoyakkan.
갈기다＜gal/gi/da＞ memukul; me-nampar; menonjok. 따귀를~ me-nampar pipi. 채찍으로~ mencam-buk; mendera. 호되게~ memukul dengan keras.
갈다＜gal/da＞ (땅을) membajak; meluku; menenggala.
갈다＜gal/da＞ memperbarui; meng-ganti; mengubah; menukar. 구두 뒤축을~ mengesol kembali sepatu. 이름을~ menukar nama; mengganti nama.
갈다＜gal/da＞ ① mengasah; me-najamkan; mengikir; mempertajam. 칼을~ mengasah pisau; menajam-kan pisau. 면도칼을~ mengasah pisau cukur. ② mengkilapkan; memoles; menggosok. 금강석을~ memotong [menggosok] intan. ③ menggosok; mengikir; memangur; mematar. 먹을~ menggosok tinta batang. ④ menggerus; menggi-ling; menggilas; menumbuk; melu-matkan 옥수수를~ menggiling jagung. ⑤ (이를) menggertakkan gigi.
갈대＜gal/tae＞ 『植』 gelagah; pe-lumpung; buluh. ~많은 berbuluh. 여자의 마음은 ~와 같다 Hati wanita mudah berubah(seperti ge-lagah). ~발 tirai buluh; kerai. ~밭 ☞ 갈밭.
갈등(葛藤)＜gal/teung＞ komplikasi; kesulitan; kesukaran; perselisihan. ~을 일으키다 menimbulkan kesu-karan; melahirkan perselisihan.
갈라서다＜gal/la/seo/da＞ berpisah; putus (hubungan); bercerai. 아내와 ~ bercerai dengan istri.
갈라지다＜gal/la/ji/da＞ ① membe-lah; membagi; memecah; memo-tong. 둘로~ membagi dua. ② berpisah; terbagi; berselisih; memi-sah; menjauhkan diri; berpecah; bercerai. 여러 파로~ terbagi ke dalam beberapa faksi. ③ (분가, 분리) mencabang; memisah; berca-

bang.
갈래＜gal/lae＞ cabang; bagian; fak-si. 두 ~길 persimpangan jalan. 세~진 bercabang tiga. ~지다 ber cabang.
갈륨＜gal/lyum＞ 『化』 galium (Ga).
갈리다＜gal/li/da＞ ① mengubah-kan; menukarkan; menggantikan. 구두창을~ mengesolkan kembali sepatu. ② (자리를) digantikan.
갈리다＜gal/li/da＞ (칼 따위를) me-najamkan; ditajamkan; diasah.
갈리다＜gal/li/da＞ (가루로) meng-gilingkan; menyuruh giling; meng-geruskan.
갈리다＜gal/li/da＞ terbagi; pecah; dibagi. 두패로~ dibagi kedalam dua kelompok.
갈리다＜gal/li/da＞ (논밭을) memba-jakkan.
갈림길＜gal/lim/gil＞ jalan cabang; kelokan; simpang jalan. 생의 ~에 서다 berdiri di simpang jalan kehi-dupan.
갈마＜gal/ma＞ karma (梵).
갈망(渴望)＜gal/mang＞ ~하다 ke-rinduan panjang; keinginan yang sangat; hasrat yang besar. 지적 (智的)~ kehausan intelektual/ilmu pengetahuan.
갈매기＜gal/mae/gi＞ 『鳥』 camar laut; burung simbang.
갈미＜gal/mi＞ 『動』 mentimun laut.
갈밭＜gal/bath＞ lahan gelagah; la-han purun; lahan buluh.
갈보＜gal/bo＞ perempuan sundal; pelacur; wanita tuna susila (WTS); perempuan jalanan; kupu-kupu ma-lam. ~노릇을 하다 hidup di ja-lanan; hidup sebagai pelacur. ~집 rumah pelacuran; rumah bordir.
갈분(葛粉)＜gal/bun＞ pati ararut; sagu betawi.
갈색(褐色)＜gal/saek＞ warna coke-lat. ~인종 ras sawo matang.
갈수(渴水)＜gal/su＞ kekurangan air. ~기 musim kemarau; musim kering
갈수록＜gal/su/rok＞ kian lama; se-

makin lama. 날이~ ketika hari-hari berlalu; makin hari makin.
갈아내다 <gal/a/nae/da> mengganti; menukar; memperbarui.
갈아대다 <gal/a/dae/da> mengganti; memperbarui; menukar. 우산대를 ~ mengganti tangkai payung.
갈아붙이다 <gal/a/bu/chi/da> ① (분할 때) menggertakkan gigi. ② (새것으로) menempelkan dengan yang baru.
갈아입다 <gal/a/ib/ta> mengganti baju.
갈아타다 <gal/a/tha/da> berganti/pindah kendaraan. 목포행으로~ pindah ke kereta api jurusan Mogpo.
갈증(渴症) <gal/jeung> haus; dahaga. ~이 나다 merasa haus; merasa dahaga. ~을 풀다 melepas haus; menawarkan dahaga.
갈진(渴盡) <gal/jin> kelelahan; keletihan; kepayahan; keausan. ~하다 lelah; letih; aus.
갈참나무 <gal/cham/na/mu> 『植』 pohon ek putih.
갈채(喝采) <gal/chae> sorak-sorai; tepukan; tepuk tangan; sorakan; semarai ; sorak semarai. ~하다 bertepuk tangan; memberikan tepuk tangan/sorakan. 우뢰 같은~ gemuruh tepuk tangan.
갈철광(褐鐵鑛) <gal/cheol/gwang> 『鑛』 limonthe (sejenis tumbuhan).
갈취(喝取) <gal/chwi> ~하다 memeras dengan ancaman.
갈치 <gal/chi> ikan pipih panjang.
갈퀴 <gal/khwi> penggaruk. ~로 긁어 모으다 meraup.
갈탄(褐炭) <gal/than> batu bara cokelat; lignit.
갈팡질팡 <gal/fang/jil/fang> kebingungan. ~하다 merasa kebingungan; mengolak-alik(kan).
갈포(葛布) <gal/fo> kain ramiko.
갈피 <gal/fi> ruang antar lipatan; sela; sela-sela. 책~속에 사진을 끼워 두다 menyisipkan foto diantara

lembaran buku. ~잡을 수 없다 tidak dapat menangkap arti.
갉다 <gak/da> menggerogoti;menggigit; menggerumis; mengunggis.
갉아먹다 <gal/ga/meok/ta> ① (이로) menggerogoti; mengerkah; mengerumit; mengerat; mengunggis. ② (재물을) memeras/menggerogoti (milik orang lain).
갉작거리다 <gak/jak/geo/ri/da> menggerogoti; mengerkah.
갉죽거리다 <gak/juk/geo/ri/da> ☞ 갉작거리다.
감 <gam> 『植』 kesemek. ~나무 pohon kesemek.
감 <gam> (재료) bahan; material. ~이 좋은 berbahan halus; berbahan bagus.
감(減) <gam> pengurangan; pemotongan; reduksi ☞ 감하다.
감(感) <gam> perasaan; kesan. 5~ lima indera; panca indera. 제6~ indera keenam. ...(한)~을주다 memberikan kesan... ; berkesan...
감가(減價) <gam/ka> pengurangan harga; pemotongan harga. ~하다 memotong harga. ~상각(償却) depresiasi; penyusutan.
감각(感覺) <gam/gak> rasa; perasaan; sensasi; cita; indera. 미적(美的) ~ rasa keindahan. ~적 peka; sensitif; sensual. ~이 없는 mati rasa; tidak berasa; lumpuh; layuh; tepok. ~을 잃다 menjadi mati rasa. ~이 날카롭다 [둔하다] memiliki perasaan yang tajam [tumpul]. ~기관 panca indera; alat indera. ~력 sensibilitas; daya kepekaan. ~론(論) sensasionalisme; sensualisme. ~마비 lumpuh indera perasa (sensory paralysis). ~신경『生』 saraf perasa. ~중추 saraf pusat. 색채~ rasa warna; sensasi warna.
감감하다 <gam/gam/hada> ① tidak tahu kabarnya. 그 후 소식이 ~(감감 무소식이다) Saya belum mendengar kabar dari dia sejak itu. ② lama sebelum. 내가 그의 학식.

을 따라 가려면 아직~ Masih butuh waktu lama agar saya memiliki pengetahuan sebanyak dia. ③ (기억이) lupa sama sekali.

감개(感慨)＜gam/gae＞ emosi yang dalam; emosional. ~무량하다 penuh dengan emosi.

감격(感激)＜gam/gyeok＞ keharuan; rawan; emosi yang dalam. ~하다 sangat tersentuh; sangat terkesan. ~적인 장면 adegan yang menyentuh. ~시키다 mengesankan; memberikan kesan yang mendalam; merawankan. ~의 눈물을 흘리다 berlinang air mata.

감관(感官)＜gam/gwan＞ ☞ 감각 기관.

감광(感光)＜gam/gwang＞ eksposur; sensitisasi; kesensitifan; pencahayaan. ~하다 diekspos (terhadap cahaya). ~시키다 mengekspos. ~계 alat pengukur kepekaan (sensitometer). ~막(필름) film peka cahaya. ~제(劑) sensitisizer (pembuat peka) ~지(紙) kertas peka cahaya. ~판(板) lempeng peka cahaya.

감국(甘菊)＜gam/guk＞ 『植』 bunga krisan musim dingin.

감군(減軍)＜gam/gun＞ pengurangan personil militer. ~하다 mengurangi angkatan bersenjata.

감금(監禁)＜gam/geum＞ pemenjaraan; penyekapan; penawanan. ~하다 memenjarakan; menawan; menyekap; mengurung. 불법~ penahanan ilegal.

감기(感氣)＜gam/gi＞ demam; masuk angin. ~에 걸리다 sedang masuk angin. ~로 누워 있다 mendapat demam; masuk angin. 기침~ demam batuk. 유행성~ salesma; flu. 코~ pilek. ~약 obat masuk angin.

감기다＜gam/gi/da＞ ① (넝쿨 따위가) melilit; memutar; menggulung. ② (감게 하다) menyuruh putar.

감기다＜gam/gi/da＞ menutup mata (orang lain).

감기다＜gam/gi/da＞ memandikan; mencucikan. 어린애 머리를 ~ mencucikan rambut bayi; mengeramas bayi.

감내(堪耐)＜gam/nae＞ ~하다 tahan; sabar.

감다＜gam/ta＞ (눈을) menutup (mata); memejamkan.

감다＜gam/ta＞ mencuci; membasuh. 머리를~ mencuci rambut.

감다＜gam/ta＞ (실 따위를) memutar; menggulung; memuntal memilin; memuntir; mengganti; memintal. 시계 태엽을~ memutar spiral jam. 목에 붕대를~ membebat leher.

감당(堪當)＜gam/dang＞ ~하다 berkemampuan (untuk). 적을 ~해 내다 berkemampuan melawan musuh. ~하지 못하다 tidak berkemampuan (untuk).

감도(感度)＜gam/do＞ daya sensitibilitas. ~가 좋다 daya sensitibilitas baik.

감독(監督)＜gam/dok＞ pengawasan; penyeliaan; direksi; inspeksi; kontrol;pemimpin laksanawan; ~하다 mengawasi; mengontrol; men(t)adbirkan. ...의~하에 dibawah pengawasan... ~관 penyelia; inspekstur; sinder; penilik. ~관청 pejabat yang berwenang. 영화~ sutradara film. 현장~ pengawas lapangan; penyelia lapangan.

감동(感動)＜gam/dong＞ kesan; kepiluan; keharuan; keibaan. ~하다 terkesan (dengan, oleh); tersentuh; iba; haru. ~시키다 mengesankan; memilukan hati; mengharukan; mengibakan. 크게 ~하다 sangat terkesan; terharu; tersentuh.

감득(感得)＜gam/deuk＞ ~하다 menyadari.

감등(減等)＜gam/deung＞ ~하다 menurunkan.

감량(減量)＜gam/nyang＞ kehilangan berat; penurunan dalam berat(jumlah). ~하다 mengurangi jumlah; mengurangi berat.

감로(甘露)<gam/no> madu. ~주 minuman yang manis/lezat.

감루(感淚)<gam/nu> air mata bahagia (bersyukur).

감리(監理)<gam/ni> pengawasan; penyeliaan. ~하다 mengawasi; menyelia.

감리교(監理敎)<gam/ni/gyo> metodisme. ~신자 metodis. ~회 Gereja Metodis; Gereja Injili.

감마선(- 線)<gam/ma/seon> 『理』 sinar gamma.

감면(減免)<gam/myeon> (pengurangan dan) pemotongan. ~하다 memotong; mengurangi.

감명(感銘)<gam/myeong> kesan mendalam; impresi. ~하다 sangat terkesan (tergerak; terharu). ~시키다 mengesankan (orang).

감미(甘味)<gam/mi> rasa manis. ~롭다 manis. ~료 bahan pemanis; pemanis.

감방(監房)<gam/pang> sel; bui; penjara; kurungan. ~에 처넣다 memasukkan (orang) ke dalam sel (bui); memenjarakan.

감배(減配)<gam/bae> ~하다 mengurangi deviden; mengurangi jatah.

감법(減法)<gam/peob> 『數』 cara pengurangan (angka).

감별(鑑別)<gam/byeol> diskriminasi; pembedaan ~하다 membedakan.

감복(感服)<gam/bok> kekaguman. ~하다 mengagumi. ~할 만한 mengagumkan. ~시키다 membuat kagum

감봉(減俸)<gam/bong> pemotongan gaji/bayaran. ~하다 memotongi gaji. ~당하다 dipotong gaji.

감사(感謝)<gam/sa> terima kasih; rasa syukur. ~하다 berterima kasih; bersyukur. ~의 표시로서 sebagai tanda syukur (terima kasih). ~장 surat ucapan terima kasih (penghargaan).

감사(監事)<gam/sa> inspektur penyelia; pengawas; auditor; kontro-

감사(監査)<gam/sa> pemeriksaan. ~하다 memeriksa. ~역 auditor. ~원(장) badan pengurus audit dan inspeksi.

감산(減算)<gam/san> 『數』 pengurangan.

감산(減産)<gam/san> pengurangan produksi. ~하다 mengurangi produksi.

감상(感傷)<gam/sang> perasaan halus; sentimen; perasaan berlebih-lebihan. ~적인 sentimentil. ~적으로 되다 menjadi sentimentil; penuh perasaan. ~주의 sentimentalisme. ~주의자 sentimentalis.

감상(感想)<gam/sang> kesan. ~을 말하다 menyatakan kesan. ~담 komentar; pernyataan kesan. ~문 uraian kesan seseorang.

감상(鑑賞)<gam/sang> penilaian. ~하다 menilai; menimbang; mengapresiasi. ~력 daya apresiasi. 음악 ~ menilai musik. 명화 ~회 pertunjukan istimewa film berbobot.

감색(紺色)<gam/saek> biru tua.

감성(感性)<gam/seong> kepekaan; perasaan.

감세(減稅)<gam/se> pengurangan pajak; pemotongan pajak. ~하다 mengurangi/memotong pajak.

감소(減少)<gam/so> penurunan (dalam populasi); pengurangan; penyusutan. ~하다 menurunkan; mengurangi. ~되고 있다 berkurang.

감속(減速)<gam/sok> pengurangan kecepatan. ~장치 peralatan pengurangan kecepatan.

감손(減損)<gam/son> pengurangan; penyusutan; penurunan.

감쇄(減殺)<gam/swae> ~하다 memperkecil; mengurangi.

감수(甘受)<gam/su> ~하다 menerima dengan rela. 모욕을 ~하다 sabar walau dihina; menelan kehinaan.

감수(減水)<gam/su> kekurangan air. ~하다 berkurang; menyu-

sut.
감수(減收)＜gam/su＞ penghasilan berkurang.
감수(減數)＜gam/su＞ 『數』 pengurangan (pengecilan). ～ 분열 『生』 pembelahan reduksi; meosis.
감수(監修)＜gam/su＞ pengawasan. ～하다 disusun di bawah pengawasan. ～자 pemimpin redaksi; penyelia; editor kepala.
감수성(感受性)＜gam/su/seong＞ kerentanan; kepekaan. ～이 강한 peka (terhadap); rentan (terhadap).
감시(監視)＜gam/si＞ pengawasan; pengamatan; sambang; patroli. ～ 하다 mengawasi; mengamati; menyelia; bersambang. ～하에 두다 menempatkan di bawah pengawasan; ～기구 organisasi pengawas. ～병(兵) tentara pengawas. ～원 penjaga.
감식(減食)＜gam/sik＞ pengurangan makanan; diet. ～하다 berdiet; mengurangi makan. ～요법(療法) penyembuhan dengan metode diet.
감식(鑑識)＜gam/sik＞ penilaian; penghargaan. ～하다 menilai; melihat perbedaan; menghargai. ～가 juri; penilai. 범죄 [지문] ～ identifikasi kejahatan [sidik jari]. 시경 ～과(課) Seksi Identifikasi Kantor Polisi Metropolitan.
감실거리다＜gam/sil/geo/ri/da＞ berkelap-kelip.
감싸다＜gam/ssa/da＞ melingkupi; melingkungi; menyelubungi; melindungi.
감안(勘案)＜gam/an＞ ～하다 mengingat akan; memperhitungkan; mempertimbangkan.
감액(減額)＜gam/aek＞ pengurangan; pemotongan; penurunan. ～하다 mengurangi; memotong; menurunkan.
감언(甘言)＜gam/eon＞ bujuk rayu. ～으로 속이다 membohongi (menipu) dengan bujuk rayu/perkataan manis. ～이설로 꾀다 merayu dengan perkataan manis.

감연히(敢然-)＜gam/yeon/hi＞ dengan berani. ～ 일어나다 berdiri dengan berani.
감염(感染)＜gam/yeom＞ infeksi; penularan. ～하다, ～되다 terinfeksi; tertular; ketularan. ～성의 menular.
감옥(監獄)＜gam/ok＞ penjara; kurungan; bui; sel. ～살이 hidup di penjara. ～살이하다 hidup di penjara; menjalani hukuman.
감우(甘雨)＜gam/u＞ hujan yang dinanti-nanti ☞ 단비.
감원(減員)＜gam/won＞ pengurangan staf/personil. ～하다 mengurangi personil. ～ 선풍 pengurangan personil besar-besaran.
감은(感恩)＜gam/eun＞ rasa syukur/ terima kasih (atas kebaikan).
감읍(感泣)＜gam/eub＞ ～하다 terharu sampai menangis; keluar air mata karena bersyukur.
감응(感應)＜gam/eung＞ imbasan; induksi; pengaruh; simpati; ilham. ～하다 menyebabkan; bersimpati dengan. ～ 변색 pewarnaan yang simpatik. ～ 유전 pewarisan sifat dari bapak ke anak-anaknya. ～ 전기 [전류] arus listrik induksi. ～ 코일 kumparan induksi.
감자＜gam/ja＞ kentang; gembili.
감자(甘蔗)＜gam/ja＞ ☞ 사탕수수. ～당(糖) gula tebu; sukrosa.
감자(減資)＜gam/ja＞ pengurangan modal. ～하다 mengurangi modal.
감작(減作)＜gam/jak＞ panen yang berkurang (menurun).
감전(感電)＜gam/jeon＞ (menerima) kejutan listrik; pelistrikan. ～하다 kesetrum listrik; menerima kejutan listrik. ～되어 죽다 mati kesetrum listrik. ～사(死) elektrokusi.
감점(減點)＜gam/jeom＞ nilai kurang. ～하다 memberikan nilai kurang. ～을 당하다 mendapat nilai kurang.
감정(感情)＜gam/jeong＞ perasaan; emosi. ～적인(으로) dengan perasaan. ～을 자극하다 menggugah

perasaan; merangsang emosi.. ~을 해치다 menyakiti perasaan.
감정(憾情)<gam/jeong> perasaan tidak enak; sentimen; dendam; emosi. ~을 사다 menimbulkan dendam pada orang. ~(이) 나다 tidak enak hati (tidak senang). ~을 품다 mendendam.
감정(鑑定)<gam/jeong> ① penilaian; pendapat pakar; penaksiran. ~하다 menilai; menaksir. 필적을 ~하다 menilai tulisan tangan. 술맛을 ~하다 mencicipi minuman (keras). 정신 ~ uji psikiater. ② penaksiran; taksiran(harga). ~하다 menilai; menaksir. 허위 ~을 하다 memberi penaksiran yang salah. ~가격 harga taksiran; nilai yang ditaksir. ③ (소송의) ~하다 nasihat hukum memberi nasihat hukum.
감정가(鑑定家)<gam/jeong/ga> penilai; juru/ahli taksir.
감정인(鑑定人)<gam/jeong/in> ① ☞ 감정가(鑑定家). ② 『法』 saksi ahli.
감죄(減罪)<gam/joe> remisi; pengurangan hukuman. ~하다 mengurangi hukuman.
감주(甘酒)<gam/ju> minuman manis ☞ 단술.
감지(感知)<gam/ji> persepsi; pandangan/pengertian. ~하다 menghayati; meresapi; merasa; menyadari. ~장치 『電子』 sensor.
감지덕지(感之德之)<gam/ji/deok/ji> ~하다 bersyukur.
감찰(監察)<gam/chal> inpeksi; pemeriksaan. ~하다 menginpeksi; memeriksa. ~감 『軍』 inspekstur.
감찰(鑑札)<gam/chal> surat ijin. ~을 내주다[내다] memberi [mendapat] surat ijin. ~료 ongkos/biaya surat ijin. 영업~ surat ijin usaha (dagang).
감초(甘草)<gam/cho> 『植』 semacam pohon yang akarnya manis. 약방의 ~ orang [barang] yang sangat dibutuhkan.

감촉(感觸)<gam/chok> rabaan; sentuhan; rasa. ~하다 meraba; merasai; merasa melalui indera. ~이 부드럽다 terasa lembut.
감추다<gam/chu/da> menyembunyikan; menyamarkan; merahasiakan. 몸을~ menyembunyikan diri. 나이를[감정을]~ menyembunyikan [perasaan] umur. 행방을 ~ menyembunyikan arah pergi. 눈물을 ~ menyembunyikan air mata.
감축(減縮)<gam/chuk> pengurangan. ~하다 mengurangi; menurunkan.
감축(感祝)<gam/chuk> ~하다 merayakan dengan gembira.
감칠맛<gam/chil/mat> rasa enak; lezat; nikmat.
감탄(感歎)<gam/than> kekaguman; ketakjuban. ~하다 mengagumi; mentakjubi. ~할 만한 mengagumkan. ~문 kalimat seru. ~부호 tanda seru. ~사 interjeksi; seruan; kata seru.
감퇴(減退)<gam/thoe> kemunduran; penurunan; kehilangan. ~하다 menurun; merosot; menyurut. 기억력~ pikun; daya ingat menurun. 식욕~ kehilangan nafsu makan. 정력~ penurunan energi.
감투<gam/thu> ① (모자) topi rambut kuda yang dulu dipakai orang biasa. ② jabatan penting. ~를 쓰다 memangku jabatan penting. ~싸움 perjuangan untuk mendapatkan kedudukan penting.
감투(敢鬪)<gam/thu> ~하다 berjuang/bertempur dengan berani. ~상 hadiah atas perjuangan yang gagah berani. ~정신 semangat berjuang.
감하다(減 -)<gam/hada> mengurangi. 값을~ menurunkan/mengurangi harga. 형(刑)을~ mengurangi hukuman.
감행(敢行)<gam/haeng> ~하다 melaksanakan dengan berani (tegas).
감형(減刑)<gam/hyeong> pengu-

rangan hukuman; remisi. ~하다 mengurangi hukuman.

감호처분(監護處分)＜gam/ho/cheo/bun＞ hukuman percobaan.

감화(感化)＜gam/hwa＞ pengaruh; pembaruan (moral). ~하다 mempengaruhi; mengilhami; mengubah.

감회(感懷)＜gam/hoe＞ kesan; kenangan.

감흥(感興)＜gam/heung＞ minat; kesenangan. ~을 자아내다 menimbulkan minat.

감히(敢 -)＜gam/hi＞ dengan lancang. ~ ...하다 lancang (berbuat).

갑(甲)＜gab＞ yang pertama; kelas"A".

갑(匣)＜gab＞ kotak; bungkus; pak. 담배 한~ sebungkus.

갑(岬)＜gab＞ tanjung; jazirah; semenanjung.

갑각(甲殼)＜gab/gak＞ cangkang; kulit keras; rumah (siput). ~류(類)『動』 Crustacea.

갑갑증(- 症)＜gab/gab/jeung＞ rasa sempit/sesak.

갑갑하다＜gab/gab/hada＞ merasa sesak. 가슴이~ merasa sesak di dada.

갑근세(甲勤稅)＜gab/geun/se＞ pajak pendapatan; pajak penghasilan. 월급에서 ~를 공제하다 mengurangi pajak pendapatan dari gaji.

갑년(甲年)＜gab/nyeon＞ ulang tahun ke 61.

갑문(閘門)＜gab/mun＞ pintu air; pintu banjir.

갑부(甲富)＜gab/bu＞ orang terkaya; milyuner; raja uang.

갑상선(甲狀腺)＜gab/sang/seon＞『醫』 kelenjar tiroid; kelenjar gondok. ~비대(肥大) pembengkakan kelenjar tiroid; gondok. ~염 tiroiditis; radang kelenjar gondok. ~호르몬 tiroksin; hormon kelenjar gondok.

갑옷(甲 -)＜gab/ot＞ baju besi; lemena.

갑자기＜gab/ca/gi＞ tiba-tiba; mendadak; serta merta. ~병에 걸리다 jatuh sakit tiba-tiba. ~해고하다 memberhentikan tanpa pemberitahuan.

갑작스럽다＜gab/jak/seu/reob/ta＞ tiba-tiba; mendadak; tidak terduga.

갑작스레＜gab/jak/seu/re＞ secara tiba-tiba.

갑절＜gab/jeol＞ ☞ 배(倍).

갑종(甲種)＜gab/jong＞ kelas A; tingkat A; tingkat pertama. ~합격자 lulusan ujian tentara kelas A.

갑주(甲冑)＜gab/ju＞ topi baja.

갑충(甲蟲)＜gab/chung＞ 『蟲』 kumbang.

갑판(甲板)＜gab/fan＞ dek; geladak; peraka. ~에 나가다 keluar ke geladak ~사관 perwira geladak. ~승강구 lubang pintu dek. ~장 bosman; serang.

갑피(甲皮)＜gab/fi＞ punggung sepatu.

값＜gab＞ harga; biaya; nilai; tarif. 엄청난 ~ harga yang terlalu tinggi. 알맞은~ harga pantas; harga yang wajar. ~나가는 mahal. ~(이) 싼 murah. ~지다 bernilai; berharga. ~치르다 membayar harga (untuk). ~이 오르다[내리다] naik [turun] harga. ~을 올리다[내리다] menaikkan [menurunkan] harga. ~을 좀더 깎아 주세요 Turunkan harganya sedikit lagi.

값어치＜gab/eo/chi＞ nilai; harga.

갓＜gat＞ topi tinggi Korea (dibuat dari rambut kuda).

갓＜gat＞ ① (masih) baru. ~지은 밥 nasi masih panas dari panci. ~구운 빵 roti masih panas dari oven. ~사 온 책 buku yang baru dibeli. ~결혼한 부부 pengantin baru. ② baru ~스물이다 baru umur 20 tahun.

갓난아이, 갓난애＜gat/nan/a/i, gat/nan/ae＞ bayi baru lahir; bayi merah; orok.

강(江)＜gang＞ sungai; bengawan; kali; batang air. ~건너(에) (di)seberang sungai. ~을 따라 sepanjang sungai. ~을 건너다 menyeberang sungai. ~을 거슬러 올라[내려]가다 menghulu [menghilir] sungai. ~바닥 dasar sungai. ~어귀 muara sungai. ~줄기 arah aliran sungai.

…강(强)＜gang＞ kuat; sedikit lebih. 5할~ sedikit lebih 50 %.

강가(江 -)＜gang/ka＞ tepi (pinggir) sungai.

강간(强姦)＜gang/gan＞ perkosaan; pelanggaran; penggagahan. ~하다 memperkosa; melanggar; menggagahi. ~미수 percobaan perkosaan. ~범 pemerkosa. ~죄 kejahatan perkosaan.

강건(剛健)＜gang/geon＞ ketangguhan; kejantanan. ~한 tangguh (kuat); jantan.

강건(强健)＜gang/geon＞ ketegapan; kesehatan. ~한 tegap; sehat; kuat; keras.

강경(强硬)＜gang/gyeong＞ ~한 tegas; kuat; tegap; keras; teguh. ~히 dengan kuat; dengan tegas; dengan keras. ~한 결의문 resolusi tegas. ~한 태도를 취하다 bersikap tegas. ~노선 garis keras. ~수단 tindakan tegas. ~파 aliran keras.

강계(疆界)＜gang/gye＞ perbatasan negara.

강고(强固)＜gang/go＞ ~한 kuat; stabil.

강관(鋼管)＜gang/gwan＞ pipa baja.

강괴(鋼塊)＜gang/goe＞ batangan baja.

강구(講究)＜gang/gu＞ ~하다 mempertimbangkan.

강국(强國)＜gang/guk＞ negara kuat. 5대~ Lima negara kuat.

강권(强勸)＜gang/kwon＞ ~하다 menggiatkan; mendesak; memaksa.

강권(强權)＜gang/kwon＞ kekuasaan sewenang-wenang. ~을 발동하다 berkuasa sewenang-wenang. ~발동 pelaksanaan kekuasaan yang sewenang-wenang. ~정치 politik kekuasaan.

강기(綱紀)＜gang/gi＞ ☞ 기강(紀綱).

강기슭(江 -)＜gang/gi/seuk＞ pinggir sungai; tepian sungai.

강낭콩＜gang/nang/khong＞ 『植』 kacang buncis.

강녕(康寧)＜gang/nyeong＞ kesehatan dan perdamaian.

강단(講壇)＜gang/dan＞ mimbar; podium. ~에 서다 berdiri di mimbar; mengajar di sekolah.

강당(講堂)＜gang/dang＞ aula; gedung pertemuan; mendapa; pendapa; auditorium.

강대(强大)＜gang/dae＞ ~하다 berkuasa besar; adidaya; kuat. ~국 negara kuat; negara adidaya.

강도(强度)＜gang/do＞ tingkat kekuatan; kehebatan.

강도(强盜)＜gang/do＞ perampok; pembegal; garong. ~질 perampokan; perampasan. ~질하다 merampok; menjarah; menggarong. 권총~ perampok berpistol. 무장[복면] ~ perampok bersenjata [bertopeng]. 살인~(죄) (kejahatan) perampokan dan pembunuhan. 3인조~ trio perampok.

강독(講讀)＜gang/dok＞ bacaan; literatur.

강동하다＜gang/dong/hada＞ pendek; cebol; kate.

강둑(江 -)＜gang/tuk＞ tanggul sungai; tepian; tebing sungai.

강등(降等)＜gang/deung＞ penurunan pangkat; degradasi ~하다 menurunkan; menurunkan pangkat; merendahkan.

강력(强力)＜gang/nyeok＞ ~하다 kuat. ~범(犯) kejahatan dengan tindak kekerasan.

강렬(强烈)＜gang/nyeol＞ ~한 keras; kuat. ~한 색채 warna yang mencolok. ~한 냄새 bau yang keras; bau yang menyengat.

강령(綱領)＜gang/nyeong＞ ikhtisar; ringkasan; singkatan; pokok-pokok pikiran. 10대~ 10 program pokok.

강론(講論)＜gang/non＞ kuliah; ceramah; khotbah; pidato. ~하다

memberi kuliah; berceramah.

강림(降臨)＜gang/nim＞ turun dari Surga; Kedatangan. ～하다 turun dari Surga.

강매(強買)＜gang/mae＞ ～하다 memaksa beli.

강매(強賣)＜gang/mae＞ ～하다 memaksa jual.

강목(綱目)＜gang/mok＞ ① (분류의) kira-kira dan rinci. ② (요점) intisari.

강물(江 -)＜gang/mul＞ air sungai. ～이 붇다 air sungai naik.

강바람(江-)＜gang/ba/ram＞ angin sungai.

강박(強迫)＜gang/bak＞ pemaksaan; ketegangan. ～관념 kompleks ketakutan; obsesi. ～관념에 사로잡히다 menderita obsesi.

강변(江邊)＜gang/byeon＞ tepi sungai; pinggir sungai ～도로 jalan pinggir sungai.

강변(強辯)＜gang/byeon＞ dalih yang bertele-tele. ～하다 berdalih bertele-tele.

강병(強兵)＜gang/byeong＞ tentara yang kuat; angkatan bersenjata yang kuat/tangguh. 부국～ negara kaya dengan angkatan bersenjata yang kuat.

강보(襁褓)＜gang/bo＞ kain bedong bayi. 아기를 ～에 싸다 membungkus bayi dengan kain bedong; membedong bayi.

강사(講士)＜gang/sa＞ pembicara; dosen; penceramah.

강사(講師)＜gang/sa＞ dosen; pengajar. 인도네시아 대학교～ dosen di Universitas Indonesia. 시간[전임]～ dosen honorer [tetap].

강삭(鋼索)＜gang/sak＞ kabel/kawat besi. ～철도 kereta kabel.

강산(江山)＜gang/san＞ sungai dan gunung.

강새암＜gang/sae/am＞ cemburu buta; hasad; jelus; keirian; ～하다 terbakar oleh cemburu.

강생(降生)＜gang/saeng＞ inkarnasi; kelahiran kembali. ～하다 lahir kembali; mengalami inkarnasi.

강선(鋼線)＜gang/seon＞ kawat baja.

강설(降雪)＜gang/seol＞ salju yang turun. ～량 jumlah salju yang turun.

강설(講設)＜gang/seol＞ ceramah; penjelasan; penerangan. ～하다 berceramah; menjelaskan; memberi penerangan.

강성(強盛)＜gang/seong＞ ～한 kuat.

강세(降世)＜gang/se＞ inkarnasi; advent. ～하다 dilahirkan kembali.

강세(強勢)＜gang/se＞ penekanan; aksen, keadaan menguat. ～를 두다 memberi penekanan; menguat.

강속구(強速球)＜gang/sok/gu＞ 『野』 bola cepat (kencang); bola keras. ～투수 pelempar bola kuat.

강수(降水)＜gang/su＞ curah hujan. ～량 jumlah curah hujan.

강습(強襲)＜gang/seub＞ ～하다 menyerang dengan keras.

강습(講習)＜gang/seub＞ pelatihan singkat; kursus kilat. ～하다 memberi pelatihan singkat; memberi kursus kilat. ～을받다 mendapat pelatihan/kursus singkat. ～생 siswa peserta kursus. ～소 sekolah pelatihan. 여름[겨울]～회 sekolah musim panas [dingin].

강시(僵屍)＜gang/si＞ bangkai orang yang mati beku.

강신술(降神術)＜gang/sin/sul＞ spiritualisme.

강심(江心)＜gang/sim＞ jantung sungai.

강심제(強心劑)＜gang/sim/je＞ perangsang jantung; kardiak.

강아지＜gang/a/ji＞ anak anjing.

강안＜gang/an＞ tepi sungai; pinggir sungai.

강압(強壓)＜gang/ab＞ penindasan; kelaliman; kebengisan; kekejaman. ～하다 menindas. ～적 bengis; kejam; lalim. ～수단 tindakan kejam (penindasan). ～정책 kebijakan tangan besi.

강약(強弱)＜gang/yak＞ kekuatan

dan kelemahan.
강어귀(江 -)＜gang/eo/gwi＞ muara sungai; kuala; mulut sungai.
강연(講演)＜gang/yeon＞ ceramah; kuliah; pidato. ～하다 berceramah; berpidato. ～회 pertemuan ceramah. 공개～ kuliah umum. 라디오～ pidato radio. 시국 ～ ceramah mengenai keadaan sekarang.
강옥(鋼玉), 강옥석(鋼玉石)＜gang/ok, gang/ok/ seok＞『鑛』 tambang intan.
강온(強穩)＜gang/on＞ kekerasan dan kelunakan. ～양면 정책 kebijakan lunak dan keras. ～양파 dua aliran elang dan merpati.
강요(強要)＜gang/yo＞ pemerasan; pemaksaan. ～하다 menuntut; memaksa; mengharuskan; memeras. 아무에게 …을 ～하다 memaksa seseorang berbuat…
강요(綱要)＜gang/yo＞ unsur; garis besar.
강우(降雨)＜gang/u＞ curah hujan. ～기 musim hujan. ～량(量) jumlah curah hujan. 서울의 연 ～량 curah hujan tahunan di Seoul. ～전선 muka hujan. 인공～ hujan buatan.
강음(強音)＜gang/eum＞ penekanan suara. ～부 aksen.
강음(強飮)＜gang/eum＞ ～하다 memaksa minum.
강의(剛毅)＜gang/eui＞ keteguhan hati.
강의(講義)＜gang/eui＞ ceramah (kuliah); penjelasan; sarasehan; pidato penerangan. ～하다 memberi ceramah (kuliah); mengajar; berkuliah. ～를 빼먹다 tidak hadir kuliah. 문법 ～ kuliah mengenai tata bahasa.
강의록(講義錄)＜gang/eui/rok＞ kursus surat menyurat.
강인(強靭)＜gang/in＞ ～하다 tangguh; tegar; teguh. ～한 의지 semangat yang kuat; semangat baja; kemauan keras. ～성 kekuatan; kekerasan; solidaritas.

강자(強者)＜gang/ja＞ orang kuat. ～와 약자 orang yang kuat dan lemah.
강장(強壯)＜gang/jang＞ ～한 kuat; kekar. ～제(劑) obat perangsang; obat kuat; tonik. ～제 주사를 맞다 mendapat suntikan tonikum.
강장동물(腔腸動物)＜gang/jang/dong/mul＞ ubur-ubur.
강정제(強精劑)＜gang/jeong/je＞ obat kuat.
강재(鋼材)＜gang/jae＞ baja (bahan); baja gulung.
강적(強敵)＜gang/jeok＞ musuh besar.
강점(強占)＜gang/jeom＞ ～하다 merebut; merampas; menduduki dengan paksa.
강점(強點)＜gang/ceom＞ kelebihan; keunggulan. 그의 ～은 …하다는 점이다 Kekuatannya terletak dalam …; Keunggulannya terletak dalam…
강제(強制)＜gang/je＞ paksaan; kekerasan. ～하다 memaksa; memepet(kan) ; mendesak. ～적인 wajib; terpaksa. ～적으로 dengan paksaan; dengan kekerasan. ～노동 pekerja paksa. ～송환 pemulangan ke negara asal dengan paksaan; deportasi; pengusiran dari suatu negara. ～수용소 kamp konsentrasi. ～집행 eksekusi paksa.
강조(強調)＜gang/jo＞ penekanan; penegasan. ～하다 mengutamakan; mementingkan; menitik beratkan; menekankan. 저축의 필요성을～하다 menekankan perlunya tabungan. 방화[방범]～주간 minggu penanggulangan kebakaran [kejahatan].
강좌(講座)＜gang/jwa＞ kursus; kuliah. ～를 개설하다 mendirikan (membuka) kursus. 라디오 영어～ kursus bahasa Inggris melalui radio. .
강주정(-酒酊)＜gang/ju/jeong＞ mabuk pura-pura. ～하다 berpura-pura mabuk.
강직(剛直)＜gang/jik＞ ～하다 ju-

jur; tidak korupsi. ~한 사람 o-rang yang punya integritas (kete-guhan) moral).
강직(强直)＜gang/jik＞ kekakuan (☞ 경직). ~경련(痙攣) tetanus.
강진(强震)＜gang/jin＞ gempa bumi; lindu; lini.
강짜＜gang/ca＞ cemburu buta. ~부리다 memperlihatkan kecemburuan.
강철(鋼鐵)＜gang/cheol＞ baja; waja; besi keras; besi kurasani; kelu-li. ~같은 의지 kemauan baja. ~판 pelat baja.
강청(强請)＜gang/cheong＞ tuntutan paksa. ~하다 menuntut dengan paksa.
강촌(江村)＜gang/chon＞ desa di pinggir sungai.
강추위＜gang/chu/wi＞ cuaca yang dingin sekali.
강타(强打)＜gang/tha＞ pukulan keras ; bogem; tumbukan; tamparan; tiam. ~하다 memukul keras; meninju; menumbuk; menabok; menggocoh; menghantam; menampar. ~를 퍼붓다 menghujani dengan pukulan keras. ~자『野』 pemukul kuat.
강탄(降誕)＜gang/than＞ kelahiran. ~하다 dilahirkan; dilahirkan kembali.
강탈(强奪)＜gang/thal＞ perampasan; perampokan; penggarongan; penjarahan. ~하다 merampas; merampok; merebut; menjarah; menyamun. ~자 perampok; perampas; penjarah.
강토(疆土)＜gang/tho＞ wilayah kekuasaan; wilayah; negara.
강판(鋼板)＜gang/fan＞ pelat baja; lembaran baja.
강판(薑板)＜gang/fan＞ parut; kukuran; pangur.
강평(講評)＜gang/fyeong＞ kritikan; tinjauan. ~하다 mengkritik; meninjau.
강포(强暴)＜gang/fo＞ kejam; ganas.
강풍(强風)＜gang/fung＞ angin kencang; embusan taufan. ~주의보

peringatan akan terjadi badai/angin kencang.
강하(降下)＜gang/ha＞ guguran; jatuhan. ~하다 turun; gugur; jatuh. 기온의 ~ penurunan suhu. ~물 jatuhan (radio aktif). 급~ menukik.
강하다(剛-)＜gang/hada＞ pejal; padat; solid.
강하다(强-)＜gang/hada＞ kuat; bertenaga.
강행(强行)＜gang/haeng＞ pemaksaan; pelaksanaan keras. ~하다 memaksa. 저물가 정책을 ~하다 melaksanakan kebijakan harga murah.
강행군(强行軍)＜gang/haeng/gun＞ baris-berbaris terpaksa. ~하다 melaksanakan baris berbaris terpaksa.
강호(强豪)＜gang/ho＞ veteran; purnawirawan.
강화(强化)＜gang/hwa＞ ~하다 memperkuat; memperkukuh; menegapkan; mengkonsolidasikan. 내각[국방]을~하다 memperkuat kabinet [pertahanan nasional]. ~식품 makanan yang diperkaya (vitamin). 전력(戰力)~ penguatan angkatan perang.
강화(講和)＜gang/hwa＞ perdamaian; perundingan damai. ~하다 berdamai dengan. 굴욕적인~ perdamaian yang menghina. ~를 맺다 mengadakan perdamaian dengan. ~조건 syarat-syarat perdamaian. ~조약[회의] perjanjian [konferensi] perdamain. ~협상[제의] perundingan [usulan] perdamaian. 단독 [전면]~ perdamaian tersendiri [menyeluruh].
갖…＜gat＞ ~바치 pembuat sepatu. ~신 sepatu kulit. ~옷 kain yang ada bulu binatang.
갖은＜ga/jeun＞ setiap (kemungkinan). ~고생 segala macam (jenis) penderitaan/kesukaran. ~수단 setiap cara/sarana yang tersedia; semua cara/sarana yang memungkinkan.

갖추다＜gat/chu/da＞ (구비) ada (bakat); memiliki; diberkahi; (준비) menyiapkan; melengkapi; siap. 위엄을~ punya harga diri. 상식을~ memiliki pikiran yang sehat. 준비를~ bersiap sedia(untuk); membuat persiapan. 상품을~ menyiapkan barang-barang sebagai persediaan. 가구 일체를~ menyiapkan perabotan lengkap.

같다＜gat/tha＞ ① sama (mirip). 똑~ sangat mirip; sama saja. 거의~ hampir sama. 그것은 내 가방과~ Tas itu sama dengan tas kepunyaanku. ② sama ; seragam; sepadan. 자네와 나와는 키가 거의 ~ anda kira-kira setinggi saya. ③ serupa; seperti. 새것이나~ sebagus yang baru. 꼭 ~ persis sama. 사형 선고와~ sama dengan vonis hukuman mati. ④ sama; setara; sejajar; sederajat. 기원이~ mempunyai asal yang sama (dengan). ⑤ tidak berubah. 성미는 젊었을 때와~ Dia tetap sama sifatnya seperti ketika masih muda. ⑥ kelihatan. 장사꾼~ kelihatan seperti pedagang. 비가 올 것~ Kelihatannya akan hujan. ⑦ (가정) seandainya.

같이＜gat/chi＞ ① seperti; demikian juga. 여느때와~ seperti biasanya. 말씀 하시는 바와~ seperti kata anda. 이와~하여 dengan demikian. 의견을~하다 mempunyai pandangan yang sama. ② bersama. ~살다 tinggal bersama. ~자다 setempat tidur; tidur bersama. 자리를 ~하다 duduk bersama. 행동을 ~하다 berbuat sama dengan. 운명[기쁨]을 ~하다 berbagi [kesenangan] nasib. 식사를 ~하다 makan bersama.

같이하다＜ga/chi/hada＞ ☞ 같이.

같잖다＜gat/can/tha＞ tidak berharga; tidak berguna.

갚다＜gaf/ta＞ ① mengembalikan; melunasi. 빚을~ membayar utang. ② (물어주다) mengganti rugi. ③

menebus. 죄를~ menebus dosa ④ mengembalikan; membalas; menghadiahi. 공을 ~ membalas jasa. 은혜를 원수로 ~ membalas kejahatan dengan kebaikan. ⑤ balas dendam. 아버지를 죽인 원수를 ~ membalas dendam atas pembunuhan ayahnya.

개＜gae＞ pantai.

개＜gae＞ 『動』 anjing. ~의 tentang anjing. ~ 같은 seperti anjing. ~를 기르다 memelihara anjing.

개(箇)＜gae＞ satuan (buah, potong dsb). 사과 세 ~ tiga buah apel. 비누 두 ~ dua potong sabun.

개가(改嫁)＜gae/ga＞ pernikahan/perkawinan lagi(wanita). ~하다 menikah lagi; kawin lagi(wanita).

개가(凱歌)＜gae/ga＞ lagu kemenangan. 현대 과학의~ kemenangan ilmu modern. ~를 올리다 nyanyian kemenangan.

개각(改閣)＜gae/gak＞ pergantian kabinet. ~하다 mengganti kabinet. ~을 단행하다 melaksanakan resafel kabinet.

개간(改刊)＜gae/gan＞ revisi (perbaikan). ~하다 mencetak kembali; menerbitkan edisi perbaikan.

개간(開墾)＜gae/gan＞ cocok tanam; pembukaan lahan; perhumaan; perladangan. ~하다 bercocok tanam; membuka lahan; berhuma; berladang. ~지 huma; ladang; kebun; lahan tani. ~ 사업 pekerjaan pembukaan lahan. 산림 ~ membuka hutan. 미~지 tanah sebelum menjadi huma.

개값＜gae/kab＞ ~으로 dengan sangat murah. ~으로 팔다 menjual dengan sangat murah.

개강(開講)＜gae/gang＞ ~하다 memulai kuliah; membuka kuliah.

개개(箇箇)＜gae/gae＞ ~의 individu; pribadi; diri sendiri.

개개다＜gae/gae/da＞ (송해하다) mengalami kerugian; (손해뵈다) mendatangkan kerugian.

개고(改稿)＜gae/go＞ penulisan ulang naskah/manuskrip; naskah yang ditulis kembali. ～하다 menulis kembali naskah; menyadur.

개고기＜gae/go/gi＞ ① (사람) orang nakal. ② (고기) daging anjing.

개골창＜gae/gol/chang＞ selokan.

개과(改過)＜gae/gwa＞ ～하다 bertobat.

개관(開館)＜gae/gwan＞ pembukaan; peresmian. ～하다 membuka (gedung). ～식(式) upacara pembukaan. ～식을 하다 meresmikan gedung.

개관(槪觀)＜gae/gwan＞ survei umum. ～하다 survei; menyurvei.

개괄(槪括)＜gae/gwal＞ ringkasan; ikhtisar; rekapitulasi. ～하다 meringkas; merampat papan; memangkas kata. ～적인 umum; dengan ringkas. ～해서 말하면 kalau bicara secara umum.

개교(開校)＜gae/gyo＞ ～하다 membuka sekolah. ～식 upacara pembukaan sekolah.

개구리＜gae/gu/ri＞ katak; kodok. 우물안의 ～ seperti katak dalam tempurung. 식용 ～ kodok yang dapat dimakan.

개구쟁이＜gae/gu/jaeng/i＞ anak lelaki nakal. ～짓 kenakalan.

개국(開國)＜gae/guk＞ ～하다 mendirikan negara; membuka negeri untuk hubungan luar negeri. ～주의 kebijakan pintu terbuka.

개그＜gae/geu＞ lawakan. ～맨 pelawak.

개근(皆勤)＜gae/geun＞ kehadiran yang teratur. ～하다 hadir dengan teratur. ～상 hadiah karena teratur hadir. ～자 orang yang tidak pernah kelewatan satu hari pun.

개기(皆旣)＜gae/gi＞ 『天』 gerhana total. ～ 일[월]식 gerhana matahari [bulan] total.

개꿈＜gae/kum＞ mimpi bohong.

개나리＜gae/na/ri＞ 『植』 semacam bunga.

개념(槪念)＜gae/nyeom＞ gagasan umum; konsep; paham; pendapat; pikiran. ～적 konsepsional. ～작용 konsepsi; pikiran; saran; ide. 기본 ～ pemikiran fundamental.

개다＜gae/da＞ (날씨 안개 따위가) menjadi terang; menyingsing (kabut).

개다＜gae/da＞ meremas; menghancurkan; melenyeh; menguli. 진흙을 ～ menguli tanah liat.

개다＜gae/da＞ melipat. 옷을 ～ melipat baju. 이부자리를～ melipat selimut.

개돼지＜gae/dwae/ji＞ ～ 같은 사람 orang kejam.

개떡＜gae/teok＞ roti kukus.

개떡같다＜gae/teok/gat/tha＞ tidak berguna; sampah.

개똥벌레＜gae/tong/beol/le＞ 『蟲』 kunang-kunang; kelak-kelik; kelap-kelip; kelemayar.

개략(槪略)＜gae/ryak＞ (memberi) garis besar; ringkasan; nukilan.

개량(改良)＜gae/ryang＞ perbaikan; peningkatan; pembetulan. ～하다 memperbaiki; memenda; membetulkan. ～의 여지 ruang untuk perbaikan. ～종 bibit unggul. ～형 model yang telah diperbaiki. 사회 ～ pembaruan sosial.

개런티＜gae/reon/thi＞ garansi (jaminan).

개론(槪論)＜gae/ron＞ pengantar; perkenalan. ～하다 mengenalkan; memperkenalkan.

개막(開幕)＜gae/mak＞ ～하다 menaikkan layar; memulai pertunjukan. ～식 upacara pembukaan.

개머리＜gae/meo/ri＞ popor ; tangkai ; gagang. ～판 gagang senapan; popor ; tangkai bedil.

개명(改名)＜gae/myeong＞ pergantian nama. ～하다 mengubah nama; mengganti nama.

개문(開門)＜gae/mun＞ ～하다 membuka gerbang; membuka pintu. ～ 발차(發車) keberangkatan dengan pintu terbuka.

개미 <gae/mi> 『蟲』 semut; geramang. ~떼 sekawanan semut. ~마을 koloni pemungut sampah. ~핥기 『動』 trenggiling.

개미핥기 <gae/mi/hal/ki> 『動』 trenggiling (pemakan semut).

개미허리 <gae/mi/heo/ri> pinggang ramping. ~의 여인 wanita berpinggang ramping.

개발(開發) <gae/bal> pengembangan; eksploitasi. ~하다 mengeksploitasi; mengembangkan; mengusahakan. ~ 금융 [사업] kredit [usaha] pembangunan. ~도상국 negara berkembang. 저~국 bangsa terbelakang; negara miskin.

개발계획(開發計劃) <gae/bal/gye/ho-ek> proyek (program, rencana) pembangunan.

개방(開放) <gae/bang> ~하다 membuka diri. ~적(인) berhati terbuka. 문호~주의 kebijakan pintu terbuka.

개벽(開闢) <gae/byeok> penciptaan. ~ 이래 sejak permulaan dunia.

개변(改變) <gae/byeon> pembaruan. ~하다 mengadakan pembaruan.

개별(個別) <gae/byeol> ~적(으로) (secara) individu. ~ 심사 sekrining individu.

개복수술(開腹手術) <gae/bok/su/sul> 『醫』 ventrotomi; laparatomi.

개봉(開封) <gae/bong> pelepasan perdana; pembukaan. ~하다 memutar perdana(filem) ~ 영화 film yang baru diedarkan. ~관 bioskop pemutar perdana.

개비 <gae/bi> potongan (kayu); batang; tongkat. 성냥~ batang korek api.

개비(改備) <gae/bi> ~하다 memperbarui; mengganti (A dengan B).

개산(概算) <gae/san> perhitungan kasar; taksiran; penaksiran. ~하다 menaksir; mengira-ngira.

개살구 <gae/sal/gu> 『植』 aberikos. 빛좋은 ~다 tidak sebagus rupanya.

개새끼 <gae/sae/ki> anak anjing, haram jadah.

개서(改書) <gae/seo> menulis kembali; menyalin. ~하다 memperbarui (cek dagang). ~어음 cek dagang yang diperbarui.

개선(改善) <gae/seon> perbaikan; peningkatan. ~하다 memperbaiki; meningkatkan. 생활의 ~ perbaikan hidup. 노동 조건의~을 외치다 menuntut untuk perbaikan kondisi kerja.

개선(改選) <gae/seon> pemilihan kembali (ulang). ~하다 memilih kembali.

개선(凱旋) <gae/seon> kembali (pulang) dengan kemenangan. ~하다 pulang (kembali) dengan kemenangan. ~가 lagu kemenangan. ~군(軍) tentara yang menang; pasukan yang kembali. ~ 장군 jenderal yang menang.

개설(開設) <gae/seol> pembukaan. ~하다 membuka. 신용장을 ~하다 membuka L/C.

개설(概說) <gae/seol> ringkasan; rangkuman. ~하다 membuat garis besar.

개성(個性) <gae/seong> sifat individu (perorangan); kepribadian; karakter. ~을 존중하다 menghargai kepribadian.

개소(個所) <gae/so> tempat, bagian. 수~에 침수되다 banjir di beberapa tempat.

개소리 <gae/so/ri> omong kosong.

개수(改修) <gae/su> perbaikan. ~하다 memperbaiki. 하천 ~공사 perbaikan solokan.

개수(概數) <gae/su> bilangan bulat; angka pembulatan.

개수작(- 酬酌) <gae/su/jak> omong kosong.

개술(概述) <gae/sul> ~하다 meringkaskan; memberi garis besar.

개시(開市) <gae/si> ① ~하다 membuka pasar. ② ~하다 menjual pertama hari itu .

개시(開始) <gae/si> awal; mulai; pembukaan. ~하다 mengawali; membuka; memulai; bermula; ~

부터 dari permulaan. 교섭을 ~하
다 membuka perundingan. 영업을
~하다 memulai usaha (bisnis).
개신(改新)<gae/sin> pembaruan;
renovasi. ~하다 memperbarui.
개심(改心)<gae/sim> ~하다 mem-
perbaiki diri; membuka lembaran
baru.
개악(改惡)<gae/ak> keadaan mem-
buruk. ~하다 membuat semakin
buruk; memburuk.
개안(開眼)<gae/an> pemulihan
pandangan. ~수술 operasi pemu-
lihan pandangan mata; operasi ma-
ta.
개업(開業)<gae/eob> ~하다 me-
mulai usaha (bisnis). ~대매출
penjualan permulaan (penglaris).
~의(醫) dokter praktek.
개역(改易)<gae/yeok> perubahan.
개역(改譯)<gae/yeok> penerjemah-
an kembali; revisi; perbaikan. ~
하다 menerjemahkan kembali; me-
revisi; memperbaiki. ~판 versi
yang diperbaiki; edisi perbaikan.
개연성(蓋然性)<gae/yeon/seong>
kemungkinan; peluang.
개오(開悟)<gae/o> kesadaran spi-
ritual; kesadaran rohani. ~하다
sadar secara spiritual.
개요(槪要)<gae/yo> garis besar;
ringkasan; ijmal; nukilan; ikhtisar.
개운하다<gae/un/hada> merasa se-
gar kembali; lega.
개울<gae/ul> anak sungai kecil;
bandar; aliran air; parit.
개원(改元)<gae/won> perubahan
zaman.
개원(開院)<gae/won> ~하다
membuka majelis nasional; mem-
bentuk majelis (dewan) nasional;
membuka rumah sakit.
개의(介意)<gae/eui> ~하다 me-
mikirkan; mengambil hati. ~치
않다 tidak menaruh perhatian;
mengabaikan.
개인(改印)<gae/in> ~하다 meng-
ubah stempel.
개인(個人)<gae/in> individu; pri-

badi; oknum; perseorangan. ~의,
~적(으로) (secara) perorangan;
(secara) pribadi. ~자격으로 dalam
kapasitas pribadi. 내 ~의견 으로
는 menurut pendapat saya pribadi.
~교수[경영] pelajaran privat [pe-
rusahaan swasta]. ~문제 urusan
pribadi. ~소득 penghasilan per-
orangan. ~숭배 pemujaan indivi-
du; kultus individu. ~전 pameran
tunggal. ~주의 individualisme.
개인전(個人戰)<gae/in/jeon> seri
turnamen perorangan/tunggal.
개입(介入)<gae/ib> intervensi;
campur tangan. ~하다 mencampuri
(dalam perselisihan).
개작(改作)<gae/jak> saduran. ~
하다 menyadur; mengubah cerita.
~자 adaptor; penyadur.
개장(改葬)<gae/jang> penguburan/
pemakaman kembali. ~하다 me-
ngubur kembali.
개장(改裝)<gae/jang> perubahan
model. ~하다 mengubah model.
개장(開場)<gae/jang> ~하다
membuka. ~식 upacara pembuka-
an.
개장(국)<gae/jang(guk)> kaldu da-
ging anjing.
개재(介在)<gae/jae> posisi antara.
~하다 terletak di antara; mene-
ngahi
개전(改悛)<gae/jeon> penyesalan.
~하다 bertobat; menyesal. ~의
빛[정]이 뚜렷하다 menunjukkan pe-
nyesalan yang tulus.
개전(開戰)<gae/jeon> pernyataan
perang. ~하다 memulai perang;
menyatakan perang.
개점(開店)<gae/jeom> ~하다
membuka toko.
개정(改正)<gae/jeong> perbaikan;
revisi; amandemen. ~하다 mem-
perbaiki; merevisi; meninjau kem-
bali. ~세율 pajak yang direvisi.
~시간표[정가] jadwal [harga] yang
telah diubah/diperbaiki. ~안 ren-
cana yang telah diubah/diperbaiki.
조약~ perbaikan/perubahan perjan-

jian.
개정(改定) <gae/jeong> perubahan. ～하다 mengubah.
개정(改訂) <gae/jeong> perbaikan; revisi; peninjauan kembali. ～하다 memperbaiki; membetulkan; mengoreksi. ～증보판 edisi yang diperbaiki dan diperluas. ～판 edisi yang direvisi.
개정(開廷) <gae/jeong> ～하다 membuka sidang pengadilan. ～중이다 sedang mengadili.
개제(改題) <gae/je> ～하다 mengubah judul buku.
개조(改造) <gae/jo> penyusunan kembali; rekonstruksi; pemulihan; pengaturan kembali. ～하다 menyusun kembali; merekonstruksi; memulihkan; mengatur kembali. 사회를 ～하다 merekonstruksi masyarakat; memulihkan tatanan soal.
개조(開祖) <gae/jo> pendiri sebuah sekte.
개종(改宗) <gae/jong> peralihan agama; konversi. ～하다 beralih agama; berganti agama. ～자 orang yang masuk agama lain; orang yang beralih agama.
개종(開宗) <gae/jong> ～하다 mendirikan sekte .
개죽음 <gae/ju/geum> kematian sia-sia (tidak berguna). ～하다 mati sia-sia; mati konyol; mati modar.
개중(個中) <gae/jung> ～에는 di antara mereka. ～에는 반대자도 있었다 Di antara mereka ada juga yang tidak setuju.
개진(開陳) <gae/jin> ～하다 menyatakan pendapat.
개집 <gae/jib> kandang anjing.
개차반 <gae/cha/ban> kotoran.
개착(開鑿) <gae/chak> penggalian. ～하다 menggali.
개찬(改竄) <gae/chan> ～하다 mengubah kalimat.
개찰(改札) <gae/chal> pemeriksaan karcis. ～하다 memeriksa karcis.

～구 pintu pemeriksaan karcis.
개척(開拓) <gae/cheok> pembukaan lahan; reklamasi; eksploitasi; perintisan. ～하다 membuka lahan untuk bercocok tanam; memelopori; merintis. 시장을 ～하다 membuka (mencari) pasar baru. 자원을 ～하다 mengeksploitasi (mengembangkan) sumberdaya alam. ～사업 pekerjaan reklamasi/pengurukan lahan. ～자 pionir; pembuka jalan; perintis; pelopor; pemandu. ～자 정신 semangat pionir. ～지 lahan urukan. 미～지 lahan yang belum digarap.
개천(開川) <gae/cheon> parit; saluran
개천절(開天節) <gae/cheon/jeol> Hari Pendirian Nasional (Korea).
개청(開廳) <gae/cheong> inagurasi; peresmian; pembukaan. ～하다 meresmikan; membuka (kantor pemerintahan).
개체(個體) <gae/che> individu; perseorangan. ～발생 『生』 ontogeni.
개최(開催) <gae/choe> ～하다 membuka; mengadakan; menyelenggarakan. ～중이다 sedang buka. ～지 tempat pertemuan.
개축(改築) <gae/chuk> pembangunan kembali; renovasi; perbaikan. ～하다 membangun kembali. ～공사 pekerjaan pembangunan kembali.
개칠(改漆) <gae/chil> ～하다 mencat ulang; mengecat ulang.
개칭(改稱) <gae/ching> ～하다 mengubah nama.
개탄(慨嘆) <gae/than> ～하다 menyesal; meratap; mengeluh; berkeluh-kesah. ～할 만한 menyedihkan; patut disesalkan; disayangkan; tercela.
개통(開通) <gae/thong> pembukaan untuk lalu lintas. ～하다 dibuka untuk lalu lintas. ～식 upacara pembukaan.
개판(改版) <gae/fan> 『印』 revisi;

perbaikan; edisi perbaikan. ~하다 memperbaiki; merevisi; menerbitkan edisi baru (yang direvisi).

개펄 <gae/feol> tanah pasang surut.

개편(改編) <gae/fyeon> reorganisasi; penyusunan kembali. ~하다 mereorganisasi; menyusun kembali. 내각~ resafel kabinet.

개평(槪評) <gae/fyeong> tinjauan umum (komentar umum). ~하다 memberikan komentar umum.

개평방(開平方) <gae/fyeong/bang> 『數』 evolusi; penarikan akar kuadrat. ~하다 mencari akar kuadrat; menarik akar kuadrat.

개폐(改廢) <gae/fye> ~하다 mengubah.

개폐(開閉) <gae/fye> pembukaan dan penutupan. ~하다 membuka dan menutup. ~교 jembatan tarik; jembatan jungkatan; jembatan angkat. ~기 kenop.

개표(開票) <gae/fyo> perhitungan suara. ~하다 menghitung suara; membuka kotak suara. ~소 tempat penghitungan suara. ~소 참관인(人) saksi penghitungan suara. ~종사원 orang yang menghitung suara.

개학(開學) <gae/hak> permulaan sekolah. ~하다 mulai sekolah.

개함(開函) <gae/ham> pembukaan kotak suara. ~하다 membuka kotak suara.

개항(開港) <gae/hang> ~하다 membuka pelabuhan (untuk perdagangan luar negeri). ~장 pelabuhan terbuka.

개헌(改憲) <gae/heon> perbaikan konstitusi. ~하다 memperbaiki (mengubah) konstitusi. ~안 rencana untuk mengubah konstitusi.

개혁(改革) <gae/hyeok> pembaruan; reformasi; inovasi. ~하다 memperbarui. ~자 pembaharu; inovator.

개화(開化) <gae/hwa> ~하다 beradab; berbudaya. ~된 국민 bang-

sa yang beradab; bangsa yang berbudaya.

개화(開花) <gae/hwa> pengembangan; pemekaran. ~하다 mekar; kembang; berkembang. ~기 musim berbunga.

개황(概況) <gae/hwang> keadaan umum ; keadaan (situasi) normal. 일기~ keadaan cuaca.

개회(開會) <gae/hoe> ~하다 membuka sidang. ~를 선언하다 mengumumkan sidang dibuka. ~사 pidato pembukaan sidang. ~식 upacara pembukaan sidang.

객(客) <gaek> ☞ 손님.

객고(客苦) <gaek/go> kelelahan karena perjalanan; kecapekan; kelelahan. ~에 지치다 lelah karena perjalanan.

객관(客觀) <gaek/gwan> pandangan objektif. ~적(的)(으로) (secara) objektif. ~식 시험 tes objektif. ~식 문제 pertanyaan objektif.

객년(客年) <gaek/nyeon> tahun lalu.

객담(客談) <gaek/dam> pembicaraan sia-sia (tidak berguna).

객담(喀痰) <gaek/dam> pengeluaran dahak waktu batuk. ~검사 pemeriksaan ludah (air liur).

객비(客費) <gaek/bi> pengeluaran (biaya) ekstra.

객사(客死) <gaek/sa> ~하다 meninggal di perantauan. 런던에서 ~하다 meninggal di London.

객석(客席) <gaek/seok> tempat duduk untuk tamu; kursi tamu.

객선(客船) <gaek/seon> kapal penumpang.

객소리 <gaek/so/ri> pembicaraan sia-sia. ~하다 omong kosong.

객식구(客食口) <gaek/sik/ku> orang yang menumpang.

객실(客室) <gaek/sil> kamar tamu; kamar penumpang; pengajangan; kamar penginapan.

객원(客員) <gaek/won> anggota tamu. ~교수 dosen tamu.

객적다 <gaek/jeok/ta> tidak perlu;

tidak berguna (sia-sia).
객주(客主)＜gaek/ju＞ (agen) pedagang komisioner.
객지(客地)＜gaek/ji＞ tanah asing; negeri asing.
객차(客車)＜gaek/cha＞ gerbong (kereta api) penumpang.
객토(客土)＜gaek/tho＞ tanah yang dibawa dari tempat lain (untuk memperbaiki tanah).
객향(客鄕)＜gaek/hyang＞ kampung lain; negeri asing.
객혈(喀血)＜gaek/hyeol＞ haemoptisis; penyemburan darah. ～하다 muntah darah; batuk darah.
갤런＜gael/leon＞ galon.
갱(坑)＜gaeng＞ lubang; terowongan; ruang bawah gedung konser.
갱＜gaeng＞ gerombolan penjahat; gangster. ～영화 film gangster.
갱내(坑內)＜gaeng/nae＞ dalam lubang/galian; dalam tambang. ～궤도 rel (jalur) terowongan. ～근로자 pekerja terowongan; pekerja tambang. ～작업 pekerjaan bawah tanah. ～폭발[화재] ledakan [kebakaran] tambang.
갱년기(更年期)＜gaeng/nyeon/gi＞ masa uzur; menopause. ～장애 kelainan menopause.
갱도(坑道)＜gaeng/do＞ gang; terowongan; jalan tambang.
갱목(坑木)＜gaeng/mok＞ tiang dalam pertambangan.
갱부(坑夫)＜gaeng/bu＞ penambang (pekerja tambang).
갱생(更生)＜gaeng/saeng＞ rehabilitasi; hidup baru. ～하다 memulai hidup baru. ～원(院) pusat rehabilitasi. 자력～ rehabilitasi mandiri.
갱신(更新)＜gaeng/sin＞ pembaruan. ～하다 memperbarui. (☞ 경신). 계약을 ～하다 memperbarui kontrak.
갱의실(更衣室)＜gaeng/eui/sil＞ kamar ganti.
갱지(更紙)＜gaeng/ji＞ kertas buram.

갸륵하다＜gya/reuk/hada＞ terpuji.
약금(醵金)＜gyak/geum＞ sumbangan; bantuan. ～하다 menyumbang (memberi) uang; mengumpulkan dana.
약출(醵出)＜gyak/chul＞ ～하다 menyumbang; menjadi donatur.
거간(居間)＜geo/gan＞ ① (행위) usaha makelar/pialang/ broker. ～하다 bekerja sebagai makelar; bertindak sebagai perantara. ② = 거간꾼. ～꾼 makelar; tengkulak; perantara; talang.
거개(擧皆)＜geo/gae＞ sebagian besar.
거거익심(去去益甚)＜geo/geo/ik/sim＞ ～하다 semakin buruk.
거구(巨軀)＜geo/gu＞ tubuh raksasa; badan yang tinggi besar. ～의 사나이 laki-laki bertubuh raksasa.
거국(擧國)＜geo/guk＞ seluruh negeri. ～적(인) seluruh negeri; nasional. ～적으로 secara nasional. ～일치 kesatuan nasional (bangsa).
거금(巨金)＜geo/geum＞ uang banyak; sejumlah besar uang.
거금(距今)＜geo/geum＞ yang lalu. ～500년전 500 tahun yang lalu.
거기＜geo/gi＞ ① tempat itu; disana; di situ. ～서(기다려라) (tunggu) di sana. ② (sejauh) itu. ～까지는 좋았으나… Sejauh itu benar, tapi… ～까지는 인정한다 sejauh itu saya akui.
거꾸러뜨리다＜geo/ku/reo/teu/ri/da＞ menjungkirkan; menjungkalkan, menumbangkan, membunuh.
거꾸러지다＜geo/ku/reo/ji/da＞ jatuh terjungkir; tertungging; tertunggik; terjungkal. 앞으로～ jatuh tersungkur ke depan.
거꾸로＜geo/ku/ro＞ terbalik; sungsang; tunggang langgang; sungsang kalak. ～하다 membalikkan; menyungsang. 빗자루를 ～세우다 meletakkan sapu terbalik. ～떨어지다 jatuh jungkir balik; jatuh tunggang langgang.
거나하다＜geo/na/hada＞ setengah

mabuk.

거닐다 < geo/nil/da > berjalan-jalan; berkeluyuran. 공원을~ berjalan-jalan keliling taman.

거대(巨大) < geo/dae > ~한 besar; megah; raksasa; mentereng. ~한 건물 bangunan megah.

거덜거덜하다 < geo/deol/geo/deol/ha-da > goyang; goyah; reyot.

거덜나다 < geo/deol/na/da > rusak; bangkrut.

거동(擧動) < geo/dong > kelakuan; tingkah laku; perilaku. ~이 수상하다는 이유로 dengan alasan ting-kah laku yang mencurigakan.

거두(巨頭) < geo/du > pemimpin; o-rang terkemuka. ~회담 Konferensi Tingkat Tinggi.

거두다 < geo/du/da > ① mengum-pulkan; memungut; memanen. 세금을~ memungut pajak. 곡식을~ memanen tanaman. ② mempe-roleh; mendapat. 승리를~ mem-peroleh kemenangan. 좋은 성과를 ~ memperoleh hasil yang bagus sekali. ③ menjaga; mengurus. 아이들을~ menjaga/mengurus a-nak-anak. ④ mati. 숨을~ meng-hembuskan nafas yang terakhir.

거두절미(去頭截尾) < geo/du/jeol/mi > ① (자르다) ~하다 memo-tong kepala dan ekor. ② (요약) ~하다 meringkaskan.

거드름 < geo/deu/reum > sikap som-bong; keangkuhan; kecongkakan. ~스러운 sombong; angkuh. ~피우며 dengan sombong. ~부리다 bertindak angkuh.

…거든 < geo/deun > ① jika; bila. 그를 만나~ 오라고 전해라 Jika kamu bertemu dia, katakan pada-nya agar menghubungi saya. ② sungguh. 비가 오기는 많이 왔~ Hujan turun lebat, sungguh. ③ (더구나) lebih-lebih.

거들 < geo/deul > korset.

거들다 < geo/deul/da > menolong; membantu.

거들떠보다 < geo/deul/teo/bo/da >

menaruh perhatian; memperhati-kan).

거듭 < geo/deub > lagi; berulang-ulang; bolak-balik; wanti-wanti. ~하다 mengulang. ~되는 berulang; serangkaian. 판을 ~하다 terbit dalam beberapa edisi.

거듭나다 < geo/deub/na/da > dilahir-kan lagi.

거래(去來) < geo/rae > transaksi; perdagangan; jual-beli; perniagaan. ~하다 berdagang; berjual-beli. berniaga. ~소 pertukaran. 증권 ~소 pasar modal. ~액 jumlah jual beli. ~은행 bank transaksi. ~처 langganan. 돈~ transaksi uang. 부정[불법]~ transaksi tidak sah. 신용~ jual beli kredit; tran-saksi kredit. 현금[현물, 선물]~ jual beli tunai [di tempat, dimuka].

거론(擧論) < geo/ron > ~하다 mem-bahas masalah.

거룩하다 < geo/ruk/hada > suci; ku-dus.

거룻배 < geo/rut/bae > sampan; pe-rahu; biduk; sekoci; kolek; jukung; selup; belongkang; tongkang.

거류(居留) < geo/ryu > pemukiman. ~하다 tinggal; menetap; bermu-kim. ~민 penghuni; pemukim. ~민단 kelompok pemukim.

거르다 < geo/reu/da > (여과) mena-pis; menyaring; menyerkai; menga-yak.

거르다 < geo/reu/da > berselang; meloncati; mengabaikan. 점심을~ berpuasa makan siang.

거름 < geo/reum > pupuk; kompos; rabuk; rabuk hijau. ~주다 me-mupuk.

거리 < geo/ri > jalan; lebuh. ~의 여자 gadis jalanan.

거리 < geo/ri > bahan; penyebab. 웃음~ bahan tertawaan. 걱정~ penyebab kecemasan.

거리(距離) < geo/ri > jarak. ~가 있다 jauh. ~감 rasa jarak. 직선~ jarak garis lurus.

거리끼다 < keo/ri/ki/da > takut (me-

lakukan); ragu-ragu; bimbang.
거마비(車馬費)＜geo/ma/bi＞ ongkos jalan; biaya angkutan.
거만(巨萬)＜geo/man＞ ~의 부를 쌓다 menjadi jutawan.
거만(倨慢)＜geo/man＞ ~하다 sombong; angkuh ~을 빼다 menyombongkan diri.
거머리＜geo/meo/ri＞ ① 『動』 lintah; pacet. ② (사람) lintah darah.
거머쥐다＜geo/meo/jwi/da＞ merebut; meraih.
거멀못＜geo/meol/mot＞ siku-siku; kuda-kuda.
거멓다＜geo/meot/tha＞ hitam pekat.
거목(巨木)＜geo/mok＞ pohon yang besar sekali.
거무스름하다＜geo/mu/seu/reum/ha/da＞ kegelap-gelapan; kehitam-hitaman.
거무죽죽하다＜geo/mu/juk/juk/ha/da＞ gelap; kehitam-hitaman.
거문고＜geo/mun/go＞ kecapi Korea; harpa Korea.
거물(巨物)＜geo/mul＞ tokoh terkemuka; pemuka; pentolan; pembesar. 당대의 ~ tokoh zaman kini. 재계의 ~ tokoh terkemuka dalam ekonomi. 정계의 ~ tokoh terkemuka dalam politik.
거미＜geo/mi＞ laba-laba; kawa-kawa. ~줄 benang laba-laba; sawang; galagasi. ~집 sarang laba-laba; sawang.
거미줄치다＜geo/mi/jul/chi/da＞ membuat jaring.
거반(居半)＜geo/ban＞ ☞ 거의.
거병(擧兵)＜geo/byeong＞ ~하다 menyiagakan (tentara).
거보(巨步)＜geo/bo＞ ~를 내딛다 membuat langkah raksasa; melangkah lebar.
거부(巨富)＜geo/bu＞ orang yang kaya sekali; milyuner; multijutawan
거부(拒否)＜geo/bu＞ pengingkaran; penolakan; penyangkalan; penampikan. ~하다 mengingkari; menolak; mungkir; tidak mengaku; memveto; menampik; menyangkal.

~권 veto; pernyataan menolak keputusan. ~반응 reaksi penolakan.
거북＜geo/buk＞ kura-kura, penyu (laut); abali; kambar; kambau; katung.
거북선(- 船)＜geo/buk/seon＞ kapal perang dari besi pertama di dunia yang berbentuk kura-kura (dibuat oleh Lee Sun Sin, menteri/panglima angkatan laut Korea).
거북하다＜geo/buk/hada＞ merasa tidak enak badan. 입장이 ~ pada kedudukan yang canggung.
거비(巨費)＜geo/bi＞ pengeluaran yang sangat besar; biaya yang besar.
거사(擧事)＜geo/sa＞ ~하다 melakukan hal yang besar (melakukan pemberontakan).
거상(巨商)＜geo/sang＞ saudagar/pedagang kaya.
거상(巨像)＜geo/sang＞ patung raksasa.
거상(居喪)＜geo/sang＞ ~하다 berkabung/berduka cita; berbelasungkawa. ~을 입다 sedang berkabung (berduka cita).
거석(巨石)＜geo/seok＞ batu besar. ~문화 kebudayaan megalitik; kebudayaan batu besar.
거성(巨星)＜geo/seong＞ bintang besar. 문단의 ~ penulis besar; sastrawan besar.
거세(去勢)＜geo/se＞ ① kebiri; pengebirian. ~하다 mengebiri; mengasim; menyidai. ~한 소 sapi kebiri. ② (세력 제거) pelemahan. ~하다 melemahkan.
거세다＜geo/se/da＞ kasar; keras.
거소(居所)＜geo/so＞ tempat tinggal; rumah.
거수(擧手)＜geo/su＞ ~하다 mengacungkan (mengangkat) tangan; menunjuk ke atas. ~경례 hormat militer. ~경례하다 menyentuh topi. ~기 stempel karet (orang yang ikut-ikutan setuju). ~표결 ambil suara dengan mengacungkan tangan.

거스르다＜geo/seu/reu/da＞ ① menentang. 뜻을~ menentang kemauan orang lain. 시대의 조류를 ~ menentang arus zaman. ② (잔돈을) memberikan kembalian.

거스름돈＜geo/seu/reum/don＞ uang kembali; sisa uang; uang kecil; kembalian. ~을 받다 mendapatkan kembalian. ~을 주다 memberikan kembalian.

거슴츠레하다＜geo/seum/cheu/re/ha/da＞ mata mengantuk.

거시적(巨視的)＜geo/si/jeok＞ makroskopis. ~으로 보다 memandang secara luas.

거실(居室)＜geo/sil＞ kamar sendiri; ruang tamu.

거액(巨額)＜geo/aek＞ jumlah yang besar sekali (uang). ~에 달하다 mencapai jumlah yang besar sekali.

거역(拒逆)＜geo/yeok＞ ~하다 tidak patuh; menentang perintah; balela; membantah.

거울＜geo/ul＞ ① cermin; kaca. ~을 보다 bercermin; berkaca. ② cermin; pola; model. ...을 ~로 삼다 meneladani; mencontoh; meniru...

거위＜geo/wi＞ 『鳥』 angsa; soang; sowang.

거위＜geo/wi＞ cacing besar. ☞ 회, 회충.

거의＜geo/eui＞ hampir; sedikit; hampir tidak; lebih kurang; nyaris. ~다 hampir semua; sebagian besar. ~불가능하다 hampir tidak mungkin; hampir mustahil. 그것을 믿는 사람은 ~없다 Hampir tidak seorangpun mempercayai hal itu.

거인(巨人)＜geo/in＞ raksasa; orang besar; gergasi; danawa.

거장(巨匠)＜geo/jang＞ seniman besar; maestro.

거저＜geo/jeo＞ gratis; tidak bayar. ~일하다 bekerja tanpa dibayar.

거저먹기＜geo/jeo/meok/gi＞ pekerjaan [tugas] mudah/gampang. 그것은 ~다 Itu pekerjaan gampang.

거적＜geo/jeok＞ tikar; samir. ~을 깔다 menggelar tikar.

거절(拒絶)＜geo/jeol＞ penolakan; penyangkalan; penampikan; keingkaran. ~하다 menolak; mencegah; menangkal; memungkiri; menampik; menyangkal; mengingkari. 딱~하다 menolak mentah-mentah. ~증서『法』 surat protes/sanggahan.

거점(據點)＜geo/ceom＞ posisi; kedudukan. 군사~ posisi yang strategis; kedudukan yang strategis.

거족(巨族)＜geo/jok＞ keluarga yang kuat (berpengaruh); marga yang terkemuka.

거족(擧族)＜geo/jok＞ ~적 nasional. ~적으로 secara nasional.

거주(居住)＜geo/ju＞ tempat tinggal/rumah; kediaman. ~하다 tinggal; bercokol; bertempat tinggal; menetap; berdomisili; bermukim. ~권 hak penghunian. ~자 penghuni; residen. ~증명서 sertifikat rumah (tempat tinggal).

거죽＜geo/juk＞ muka; permukaan; penampakan.

거증(擧證)＜geo/jeung＞ ~하다 mencari fakta; mencari bukti. ~책임 tanggung jawab untuk memberikan bukti yang memuaskan.

거지＜geo/ji＞ pengemis; peminta-minta. ~근성 jiwa pengemis; jiwa rendah/hina.

거지반(居之半)＜geo/ji/ban＞ ☞ 거의.

거짓＜geo/jit＞ kebohongan; kecurangan; kedustaan; kepura-puraan; kepalsuan. ~의 bohong; dusta; pura-pura; palsu; gadungan. ~웃음 senyum pura-pura. ~울음 air mata buaya; air mata pura-pura.

거짓말＜geo/jit/mal＞ kebohongan; kedustaan; cerita bohong; dongengan. ~하다 berbohong; berdusta; mengada-ngada; membohong. ~의 palsu. ~같은 이야기 cerita yang seperti bohong. 새빨간[속이 들여다뵈는, 그럴듯한]~ kebohongan yang nyata [kentara, tidak kentara].

~장이 pembohong; pendusta; tukang bohong. ~탐지기 alat pendeteksi kebohongan.

거짓이름 <geo/jit/i/reum> nama palsu.

거찰(巨刹) <geo/chal> candi agung; kuil agung; katedral.

거창 <geo/chang> ~한 akbar; besar; kolosal. ~한 계획 rencana besar.

거처(去處) <geo/cheo> tujuan perjalanan; arah pergi.

거처(居處) <geo/cheo> rumah; tempat tinggal. ~하다 tinggal; bertempat; berkediaman. ~를 정하다 mendapat tempat tinggal. 임시~ tempat tinggal sementara.

거취(去就) <geo/chwi> sikap. ~를 정하다 menentukan sikap; memutuskan sikap. ~를 망설이다 tidak dapat memutuskan sikap.

거치(据置) <geo/chi> ~하다 menangguhkan. 3년~이다 menangguhkan tiga tahun. ~기간 masa penangguhan; masa tenggang. ~예금 deposito (tabungan) tetap.

거치다 <geo/chi/da> lewat; singgah.

거칠다 <geo/chil/da> kasar; keras. 숨결이~ bernapas dengan keras (sulit); sesak napas; tersengal-sengal.

거칠하다 <geo/chil/hada> kelihatan kurus dan cekung; kelihatan kurus kerempeng.

거침 <geo/chim> ~없이 tanpa keraguan.

거탄(巨彈) <geo/than> ① (탄환) peluru besar. ② (비유적) hit (meledak).

거포(巨砲) <geo/fo> meriam; kanon; senjata berat.

거푸 <geo/fu> lagi dan lagi; terus-terusan.

거푸집 <geo/fu/jib> cetakan; tuangan.

거품 <geo/fum> gelembung; busa; kekam; kempungan; ruap. ~이 이는 berbusa. ~이 일다 berbusa; berbuih; bergelembung; merobok; meruok; meruap. 물 ~이 되다 jadi sia-sia. 맥주~ buih bir. 비누 ~ busa sabun.

거한(巨漢) <geo/han> manusia raksasa; orang yang bertubuh raksasa.

거함(巨艦) <geo/ham> kapal induk.

거행(擧行) <geo/haeng> pertunjukan; perayaan. ~하다 menyelenggarakan/mengadakan (resepsi).

걱정 <geok/jeong> ① kecemasan; was-was; rasa khawatir; kekalutan; kebimbangan; kemasygulan. ~하다 merasa cemas (khawatir); bergelisah; menggelisahkan; mencemaskan (☞ 근심). ~을 끼치다 menyulitkan/menyusahkan; merepotkan. ~으로 병이 되다 menjadi sakit karena khawatir. ~거리 penyebab rasa khawatir; hal yang menimbulkan kekhawatiran. ② (나무람) celaan; teguran. ~하다 memarahi; mencela; menegur. ~듣다 menerima teguran.

건(巾) <geon> ① ☞ 두건(頭巾). ② kopiyah; peci; tutup kepala; kerudung.

건(件) <geon> urusan; perkara; hal; persoalan; masalah.

건(腱) <geon> 『解』 urat daging; otot. 아킬레스~ urat daging tumit; otot achilles.

건…(乾) <geon> yang dikeringkan.

건각(健脚) <geon/gak> kaki (tungkai) yang kuat.

건강(健康) <geon/gang> kesehatan. ~하다 sehat. ~에 좋은[나쁜] baik [buruk] bagi kesehatan. ~에 조심하다 menjaga kesehatan dengan baik. ~진단 pemeriksaan kesehatan. ~체 badan yang sehat.

건강미(健康美) <geon/gang/mi> kecantikan yang sehat.

건강상태(健康狀態) <geon/gang/sang/thae> kondisi kesehatan.

건건하다 <geon/geon/hada> agak asin; keasin-asinan.

건국(建國) <geon/guk> pendirian negara. ~하다 mendirikan negara.　~공로 훈장 Bintang Jasa untuk Pendirian Nasional.　~기념일 Hari Pendirian Nasional.

건너 <geon/neo> seberang.　~편에 di sisi seberang.　강 ~에 di seberang sungai.　~뛰다 meloncati.　미국으로 ~가다 pergi menyeberang ke Amerika.

건너다 <geon/neo/da> menyeberang; mengarungi; melintasi.

건널목 <geon/neol/mok> penyeberangan (kereta api).　~지기 penjaga palang kereta api.

건네다 <geon/ne/da>　① (건너게 하다) melewati.　② (주다) menyerahkan; menerimakan; menguluri; menyerahkan; menyodorkan

건네주다 <geon/ne/ju/da>　☞ 건네다.

건달(乾達) <geon/dal> orang tak bermoral; pencangak; berandal.

건답(乾畓) <geon/dab> huma; ladang padi; tipar.

건더기 <geon/deo/gi> bahan-bahan sup; potongan daging [sayuran] dalam sup.

건드레하다 <geon/deu/re/hada> teler; sempoyongan.

건드리다 <geon/deu/ri/da> menyentuh; menjamah; menyenggol.

건들거리다 <geon/deul/geo/ri/da> bertiup lembut; melambai-lambai; berayun-ayun.

건류(乾溜) <geon/nyu> penyulingan/destilasi kering; karbonisasi.　~하다 mengeringkan dengan penyulingan/destilasi.

건립(建立) <geol/lib>　~하다 membangun; mendirikan.

…건마는 <geon/ma/neun> tetapi; meskipun.　생각은 있~ 돈이 없네 Saya ingin itu, tetapi saya tidak punya uang untuk mendapatkannya.

건망(健忘) <geon/mang> kemudahlupaan; daya ingat jelek.　~증 amnesia.　~증이 심하다 berdaya ingat jelek; pelupa.

건물(建物) <geon/mul> bangunan; gedung; wisma; bina.　목조~ bangunan kayu.

건반(鍵盤) <geon/ban> papan tombol.　~악기 instrumen pencet.

건방지다 <geon/bang/ji/da> congkak; sombong.

건배(乾杯) <geon/bae> sulang; toast.　☞ 축배(祝杯).

건빵(乾 -) <geon/pang> biskuit; paung; roti kering.

건사하다 <geon/sa/hada>　① (일거리를) mengawasi; memelihara.　② (수습) mengatur; mengelola.　③ (간수) menyimpan; menyisihkan.

건선거(乾船渠) <geon/seon/geo> galangan kapal; dok.

건설(建設) <geon/seol> konstruksi; pendirian; pembinaan; pembangunan.　~하다 mendirikan; membangun.　~적 konstruktif; bersifat membangun.　~공사 pekerjaan konstruksi.　~부 Departemen Pekerjaan Umum.　~용지 situs bangunan.

건성(乾性) <geon/seong>　~의 kering.　~유(油) minyak pengering.

건성 <geon/seong> tanpa tujuan; dengan linglung; dengan setengah hati; dengan acuh tak acuh.　~(으로)듣다 mendengarkan dengan acuh tak acuh.

건수(件數) <keon/su> 도난~ angka kasus pencurian.

건습(乾濕) <geon/seub>　~계(計) psikrometer.

건시(乾柿) <geon/si> kesemak kering.

건실(健實) <geon/sil>　~하다 mantap; stabil; handal.　~하게 dengan mantap.　~한 사람 orang yang stabil; orang yang handal.

건아(健兒) <geon/a> anak muda yang sehat; pemuda sehat.

건어(乾魚) <geon/eo> ikan kering; ikan asin.

건위(健胃) <geon/wi>　~제(劑) obat lambung.

건의로(乾 -) <geon/eui/ro> tanpa alasan; tanpa sebab.

건의(建議) <geon/eui> usulan; saran; anjuran. ~하다 mengusul-kan;menganjurkan; mengemukakan. ~서 surat peringatan. ~안 usul; mosi. ~자 orang yang mengusul-kan; pengusul.

건장(健壯)＜geon/jang＞ ~한 kuat; teguh; bedegap; gagah. ~한 체격 perawakan yang kekar.

건재(建材)＜geon/jae＞ bahan ba-ngunan. ~상 toko bahan bangun-an.

건재(健在)＜geon/jae＞ ~하다 se-hat (dalam keadaan sehat).

건재(乾材)＜geon/jae＞ tanaman obat-obatan kering.

건전(健全)＜geon/jeon＞ ~하다 se-hat; bugar. ~한 사상 ide/gagasan yang sehat. ~한 신체에 ~한 정신 Dalam badan yang sehat ter-dapat jiwa yang waras.

건전지(乾電池)＜geon/jeon/ji＞ bate-rai; batere.

건조(建造)＜geon/jo＞ pembangunan; konstruksi. ~하다 membangun. ~중이다 sedang dibangun. ~물 bangunan.

건조(乾燥)＜geon/jo＞ ~한 kering. ~무미한 hambar; tawar. ~시키다 mengeringkan; menjemur; mema-naskan. ~기(期) musim kering; musim kemarau. ~기(機) pe-ngering; peti pengering. ~실 ru-ang pengeringan. ~제 bahan pe-ngering. 이상~주의보 peringatan cuaca kering

건주정(乾酒酊)＜geon/ju/jeong＞ ~하다 berpura-pura mabuk.

건지다＜geon/ji/da＞ ① (물에서) membawa keluar dari air. ② me-nyelamatkan (dari); menolong. 목숨을~ menyelamatkan nyawa; menyelamatkan diri dari maut. ③ menebus kerugian. 밑천을~ me-nebus modal.

건초(乾草)＜geon/cho＞ rumput ke-ring.

건축(建築)＜geon/chuk＞ kontruksi; pembangunan; pendirian; penegak-an. ~하다 membangun; mendiri-

kan; menegakkan. ~중 sedang dibangun. ~가 arsitek; ahli ba-ngunan. ~공사 pekerjaan kons-truksi. ~물 bangunan. ~비 [재료] biaya [bahan] bangunan. ~양식 gaya arsitektur. ~업자 pem-bangun; pendiri gedung; kontrak-tor/pemborong bangunan.

건투(健鬪)＜geon/thu＞ pertempuran yang baik; usaha yang keras. ~하다 bertempur dengan baik; ber-usaha dengan keras.

건평(建坪)＜geon/fyeong＞ luas lan-tai.

건폐율(建蔽率)＜geon/fye/yul＞ rasio bangunan dengan tanah.

건포(乾脯)＜geon/fo＞ dendeng.

건포도(乾葡萄)＜geon/fo/do＞ kismis; anggur kering; zahib.

건필(健筆)＜geon/fil＞ berbakat me-nulis. ~을 휘두르다 mengarang (menulis) dengan mudah. ~가(家) penulis produktif (prolifik).

건함(建艦)＜geon/ham＞ konstruksi kapal perang.

걷다＜geot/ta＞ ① (걷어올리다) menggulung (lengan baju); me-nyingsingkan. ② membuang; me-nyingkirkan (☞ 걷어치우다). 천막을~ membongkar tenda.

걷다＜geot/ta＞ (발로) berjalan; me-langkah.

걷어차다＜geot/eo/cha/da＞ menen-dang dengan keras; mendepak.

걷어치우다＜geot/eo/chi/u/da＞ ① (치우다) menyingkirkan; memindah-kan; membuang. ② berhenti. 하던 일을~ berhenti kerja; meninggal-kan pekerjaan.

걷히다＜geot/chi/da＞ ① menying-sing; menjadi cerah. 안개가~ kabut menyingsing. ② (돈 따위가) dikumpulkan; dipunguti.

걸걸하다(傑傑-)＜geol/geol/hada＞ berhati terbuka; lapang dada.

걸다＜geol/da＞ ① (땅이) subur ② (식성이) tidak berpantang. ③ (언사가) bermulut kotor.

걸다＜geol/da＞ ① menggantung;

meranggitkan; menggandulkan; menggayutkan. 간판을~ meng-gantungkan papan merek. 못에~ menggantungkan pada pasak. ② (올가미를) memasang (perangkap, jerat). ③ menggusarkan. 싸움을 ~ memicu pertengkaran. ④ membayar; memberi; bertaruh. 계약금을~ memberi uang muka. ⑤ (목숨을) bertaruh (jiwa); menyabung (nyawa). ⑥ (말을) berbicara (kepada). ⑦ (전화를) menelepon (kepada). ⑧ (문고리를) mengunci; mengatupkan; menutup. ⑨ (발동을) menyalakan (mesin). ⑩ (장치) memasang.

걸러 <geol/leo> berselang. 하루[이틀]~ berselang satu [dua] hari. 5피트~ berselang lima kaki. ~뛰다 meloncati; mengabaikan.

걸레 <geol/le> kain pel; kain lap. ~질하다 mengepel.

걸리다 <geol/li/da> ① (매달림) tergantung; bergantung. ② (걸려 안 떨어지다) tersangkut; kesangsang. ③ (병에) jatuh sakit. ④ tertangkap. 교통 순경에게~ tertangkap oleh polisi lalu lintas. ⑤ (저촉) menentang/melanggar hukum. ⑥ (빠지다) terlibat (dalam); tersangkut (dalam). ⑦ (시간이) makan/menghabiskan (waktu). ⑧ (마음에) membebani pikiran. ⑨ (작동) menyalakan; menghidupkan.

걸리다 <geol/li/da> (걷게하다) menyuruh berjalan kaki.

걸림돌 <geol/lim/tol> batu sandungan; tanggul jalan (polisi tidur).

걸맞다 <geol/mat/ta> cocok (untuk); sesuai(dengan).

걸머잡다 <geol/meo/jab/ta> mencengkeram.

걸머지다 <geol/meo/ji/da> ① (등에, 책임을) memikul; menanggung. ② (빚을) menanggung/dibebani (hutang).

걸메다 <geol/me/da> memikul; menanggung.

걸물(傑物) <geol/mul> orang besar;

tokoh terkemuka.

걸상(- 床) <geol/sang> kursi.

걸쇠 <geol/soe> pengunci.

걸식(乞食) <geol/sik> ~하다 mengemis; meminta-minta.

걸신(乞神) <geol/sin> ~들리다 rakus; lahap. ~들린 듯이 dengan rakus; dengan lahap.

걸음 <geo/reum> langkah; tindak; jangkah. ~이 빠른[느린] berkaki cepat [lambat]. 한~한~ selangkah demi selangkah; bertahap. ~이 빠르다 [느리다] cepat [lambat] langkah. ~을 재촉하다 mempercepat langkah. ~걸이 sikap berjalan. 첫~ langkah pertama.

걸음마 <geo/reum/ma> ~를 하다 tertatih-tatih.

걸음발 <geo/reum/pal> ~타다 mulai tertatih-tatih.

…걸이 <geo/ri> kapstok; tempat gantungan pada dinding (pintu). 모자~ gantungan (kapstok) topi. 옷~ gantungan (kapstok) baju.

걸인(乞人) <geo/rin> pengemis; gelandangan; orang tuna wisma; gembel. ☞ 거지.

걸작(傑作) <geol/cak> karya agung; karya besar; karangan utama.

걸출(傑出) <geol/chul> ~한 terkemuka; terpandang. ~한 인물 tokoh terpandang ; orang besar.

걸치다 <geol/chi/da> ① (건너 걸치다) meletakkan (menempatkan) di atas. ② menaruh (sesuatu) di atas. 수건을 어깨에~ menyampirkan handuk di pundak. ③ mengenakan. 외투를~ mengenakan baju luar.

걸터앉다 <geol/theo/an/ta> duduk (di atas); menunggang; mencelepak; mengangkangi.

걸핏하면 <geol/fit/ha/myeon> terlalu sering. ~울다 mudah menangis; cengeng.

검(劍) <geom> pedang.

검객(劍客) <geom/gaek> jago pedang.

검거(檢擧) <geom/geo> penangkapan; penahanan. ~하다 menang-kapi; menahan. 일제히 ~하다 menangkapi semuanya.

검누렇다 <geom/nu/reot/tha> kuning tua.

검다 <geom/ta> hitam; gelap. 검디~ hitam pekat.

검댕 <geom/daeng> jelaga; sulang; sulang lampu. ~투성이의 berjelaga. ~이 앉다 jadi hitam karena jelaga.

검도(劍道) <geom/do> (seni) bermain pedang/anggar.

검둥이 <geom/dung/i> orang berkulit gelap; orang hitam

검량(檢量) <geom/nyang> penimbangan. ~기 timbangan; alat timbang. ~료 ongkos timbang.

검류계(檢流計) <geom/nyu/gye> 『電』 galvanometer; galvanoskop.

검무(劍舞) <geom/mu> tarian pedang; pencak.

검문(檢問) <geom/mun> pemeriksaan. ~하다 memeriksa (orang yang lewat). ~소(所) tempat pemeriksaan. 불심~ pemeriksaan/penanyaan tiba-tiba.

검박(檢朴) <geom/bak> ~한 sederhana.

검버섯 <geom/beo/seot> bercak gelap (pada kulit orang tua).

검변(檢便) <geom/byeon> uji tinja; skatoskopi.

검부러기 <geom/bu/reo/gi> sisa rumput (daun) kering.

검불 <geom/bul> daun-daun mati; rumput kering/ mati.

검붉다 <geom/buk/ta> merah tua.

검사(檢事) <geom/sa> jaksa; penuntut umum. 부장~ jaksa kepala.

검사(檢查) <geom/sa> inspeksi; pemeriksaan; penilikan; verifikasi; penelaahan; penyelidikan. ~하다 memeriksa; menguji; mengetes; mengusut; meneliti. ~관 penguji; opseter; kontrolir; inspektur. ~소 tempat inspeksi; tempat pemeriksaan. 체력~ pemeriksaan (uji) fisik.

검산(檢算) <geom/san> ~하다 me-

meriksa rekening/perhitungan.

검색(檢索) <geom/saek> penggeledahan. ~하다 menggeledah.

검소(儉素) <geom/so> ~하다 sederhana; bersahaja. ~한 옷차림을 하다 berpakaian biasa/sehari-hari. ~하게 살다 hidup sederhana; hidup bersahaja.

검속(檢束) <geom/sok> pengurungan; pembatasan; penahanan. ~하다 mengurung; menahan.

검수기(檢水器) <geom/su/gi> pengukur (meteran) air.

검술(劍術) <geom/sul> permainan pedang (anggar); keahlian memainkan pedang (anggar).

검숭검숭 <geom/sung/geom/sung> ~하다 kehitam-hitaman.

검시(檢屍) <geom/si> autopsi; pemeriksaan mayat; pembedahan mayat. ~하다 memeriksa mayat. ~관 pemeriksa mayat; koroner.

검안(檢眼) <geom/an> pemeriksaan mata. ~하다 memeriksa mata. ~을 받다 memeriksakan mata. ~경(鏡) oftalmoskop.

검약(儉約) <geom/yak> hemat; penghematan. ~하다 menghemat (uang); berhemat.

검역(檢疫) <geom/yeok> karantina. ~하다 mengkarantinakan; membarak. ~관 petugas karantina.

검열(檢閱) <geom/yeol> penyensoran; pemeriksaan; penelaahan. ~하다 menyensor;memeriksa; menelaah; menyelidiki; membredel; menginspeksi. ~을 받다 disensor; mendapat penyensoran. ~관 penyensor; pemeriksa; inspektur. ~필 Lulus sensor; Telah Disensor. 사전[사후]~ pra [pasca] sensor. 신문~ sensor pers.

검온기(檢溫器) <geom/on/gi> termometer klinik.

검은자위 <geom/eun/ja/wi> iris mata.

검인(檢印) <geom/in> cap (tanda) persetujuan.

검인정(檢認定) <geom/in/jeong>

~교과서 buku bacaan resmi. 문교부 ~필(畢) Disetujui oleh Menteri Pendidikan.

검전기(檢電器) < geom/jeon/gi > elektroskop.

검정 < geom/jeong > hitam.

검정(檢定) < geom/jeong > memberikan persetujuan (sanksi) resmi. ~하다 menyetujui. ~고시 ujian kualifikasi. ~료 ongkos otorisasi. ~필 disetujui oleh.

검증(檢證) < geom/jeung > pemeriksaan (terjadinya kejahatan); verifikasi; tahkik; tasdik; pernyataan (pengakuan). ~하다 memeriksa; menasdikkan; menyatakan sah. 현장~ pemeriksaan di tempat kejadian.

검진(檢診) < geom/jin > pemeriksaan kesehatan. ~하다 memeriksa kesehatan. 집단~ pemeriksaan kesehatan kelompok.

검찰(檢札) < geom/chal > pemeriksaan karcis. ~을 받다 diperiksakan karcis. ~원 pemeriksa karcis/kondektur.

검찰(檢察) < geom/chal > ~관 jaksa; penuntut umum. ~당국 wewenang jaksa. ~청 kejaksaan. ~총장 Jaksa Agung.

검출(檢出) < geom/chul > 『化』 analisa; penyelidikan; pelacakan; pendeteksian. ~하다 mendeteksi; menganalisa.

검침(檢針) < geom/chim > pemeriksaan meteran. ~하다 memeriksa meteran. ~원 petugas pemeriksa meteran (gas air).

검토(檢討) < geom/tho > pemeriksaan; penyelidikan; peninjauan. ~하다 memeriksa; menyelidiki; meneliti; mengusut. 재~ penyelidikan kembali; pemeriksaan kembali; peninjauan ulang.

검파(檢波) < geom/fa > pendeteksian. ~하다 mendeteksi. (광석) ~기 detektor (kristal).

검푸르다 < geom/fu/reu/da > biru tua; biru gelap.

겁(怯) < geob > sifat pengecut; lasian; kepengecutan; kekecutan; ketakutan. ~많은 pengecut; kecut; gamang; berhati tungau. ~결에 dalam ketakutan. ~(이) 나다 tercekam oleh rasa takut. ~내다 takut kepada. ~을 집어먹다 ketakutan. ~장이 penakut (pengecut); darah bali; penggemang; kecut hati; pelasi.

겁간(劫姦) < geob/gan > perkosaan; kekerasan.

겁탈(劫奪) < geob/thal > perkosaan. ~하다 memperkosa; menggagahi.

것 < geot > benda; barang. 새~ barang yang baru; yang baru. 이~ ini; yang ini. 저~ itu; yang itu. 볼~ yang berharga dilihat. 내~ punya saya.

겅둥하다 < geong/dung/hada > agak pendek.

겉 < geoth > muka; wajah; permukaan; rupa; penampilan. ~으로는 lahiriah (di permukaan). ~을 보고 판단하다 menilai dari rupanya. ~을 꾸미다 merancang perwajahan.

겉… < geoth > tidak terkelupas; utuh. ~곡식 gabah; atah.

겉… < geoth > bagian (kulit) luar. ~꺼풀 kulit; sekam. ~대 tangkai luar. ~싸개 penutup luar; pembungkus. ~잎 daun luar.

겉가량(-假量) < geoth/ga/ryang > perhitungan kasar; kira-kira; taksiran.

겉날리다 < geoth/nal/li/da > melakukan dengan ceroboh.

겉늙다 < geoth/neuk/ta > kelihatan lebih tua dari umurnya.

겉돌다 < geoth/dol/da > (바퀴가) berputar sendiri; menggelincir. (사람이) menyisih dari kelompok.

겉말 < geoth/mal > basa-basi.

겉면(- 面) < geoth/myeon > permukaan; wajah; bentuk luar.

겉모양(-貌樣) < geoth/mo/yang > penampilan(luar); semu; rupa luar.

겉보기 < geoth/bo/gi > ☞ 겉모양.

~에는 secara lahiriah; kelihatan-nya.

겉보리 <geoth/bo/ri> barlei yang tidak terkelupas.

겉봉(- 封) <geoth/bong> amplop. ~을 쓰다 menulis alamat di amplop.

겉잡다 <geoth/jab/ta> membuat perhitungan kasar; menaksir; mengira-ngira.

겉장 <geoth/jang> halaman muka; halaman depan.

겉짐작 <geoth/jim/jak> taksiran kasar.

겉치레 <geoth/chi/re> ~하다 memperagakan.

겉치장(- 治粧) <geoth/chi/jang> peragaan. ~하다 memperagakan.

게 <ge> 『動』 kepiting. ~의 집게발 capit. ~걸음 rayapan menyisi; rayapan kepiting. ~걸음 치다 berjalan menyisi. ~딱지 kulit (cangkang) kepiting.

게거품 <ge/geo/fum> busa kepiting, busa; buih.

게걸 <ge/geol> rakus (pada makanan). ~스럽다 rakus; lahap. ~들(리)다 nafsu makan besar.

게검스럽다 <ge/geom/seu/reob/ta> ☞ 게걸스럽다.

게다가 <ge/da/ga> lebih-lebih; tambahan pula; lagi pula; disamping; arkian; lebih-lebih lagi.

게르만 <ge/reu/man> Jerman. ~ 민족 ras Jerman.

게릴라 <ge/ril/la> gerilya. ~대원 anggota gerilya. ~전 perang gerilya. ~전술 taktik gerilya.

게시(揭示) <ge/si> pemberitahuan; pengumuman, pelakat; surat pengumunan. ~하다 memasang pemberitahuan; memasang pengumuman ~판 papan pengumuman.

게양(揭揚) <ge/yang> ~하다 mengibarkan; menaikkan (bendera).

게우다 <ge/u/da> muntah; keluar kembali.

게으르다 <ge/eu/reu/da> malas; lamban.

게으름 <ge/eu/reum> kemalasan; kelambanan; pelengahan. ~부리다 [피우다] bermalas-malasan. ~뱅이 pemalas; perlenteh; perlintih; pelasuh; pelalai.

게을리하다 <ge/eul/li/hada> melalaikan; melupakan; mengabaikan; menyia-nyiakan; melengahkan.

게이지 <ge/i/ji> pengukur.

게임 <ge/im> permainan; pertandingan (☞ 경기). ~하다 mengadakan permainan; bertanding. ~세트 pertandingan usai. 실내~ permainan dalam ruangan.

게장(- 醬) <ge/jang> ① (간장) saus kedele (kecap) untuk mengawetkan kepiting. ② ☞ 게젓.

게재(揭載) <ge/jae> ~하다 menerbitkan. ~금지 larangan terbit; larangan pers.

게젓 <ge/jeot> asinan kepiting.

겨 <gyeo> sekam; dedak. ~죽 bubur dedak. 쌀~ dedak beras.

겨냥 <gyeo/nyang> ① sasaran. ~하다 membidikkan; menenok; memitar; menghadapkan; menatar; mengincar. ~대다 mencari sasaran; membidik. ~이 빗나가다 meleset; tidak mengenai sasaran ② ukuran. ~하다 mengukur. ~도 sketsa (kasar).

겨누다 <gyeo/nu/da> ① membidik kepada; incer; mengincer; mengarahkan; mengincar; mengacu; memitar. 권총을 가슴에~ menodongkan pistol ke dada. ② (대보다) membandingkan.

겨드랑(이) <gyeo/deu/rang(i)> ① ketiak; ketek; kelek. ~에 끼다 mengempit. ~털 bulu ketiak. ② (옷의) lubang lengan pada pakaian.

겨레 <gyeo/re> turunan dari nenek moyang yang sama; bangsa. 한~ satu bangsa.

겨루다 <gyeo/ru/da> bersaing dengan; bertanding; berlomba-lomba; berpolemik; bertarung. 학력을~ bersaing dalam pengetahuan.

겨룰 <gyeo/reul> waktu luang (kosong). ...할 ~이 없다 tidak ada waktu luang (untuk).

겨우 <gyeo/u> hampir tidak; dengan sukar. ~스무살 된 여자 가다 yang baru 20 tahun. ~살아가다 hidup senin-kamis; hidup dengan sukar.

겨우내 <gyeo/u/nae> sepanjang musim dingin.

겨울 <gyeo/ul> musim dingin. ~방학 liburan musim dingin. ~옷 pakaian musim dingin. ~철 waktu musim dingin.

겨자 <gyeo/ja> kelor; moster. ~채 selada moster.

격(格) <gyeok> pangkat; status; kedudukan. ~이 다르다 berasal dari kelas yang berbeda. ~이 오르다[내리다] naik [turun] pangkat. ~을 올리다 menaikkan pangkat.

격감(激減) <gyeok/gam> penurunan tajam; penurunan drastis. ~하다 menurun dengan tajam.

격나다(隔 -) <gyeok/na/da> menjadi asing (dari); menjadi jauh.

격납고(格納庫) <gyeok/nab/go> hanggar.

격년(隔年) <gyeok/nyeon> ~으로 setiap dua tahun.

격노(激怒) <gyeok/no> kemarahan hebat; kemurkaan; kegeraman. ~하다 murka; geram.

격돌(激突) <gyeok/dol> tabrakan. ~하다 menabrak.

격동(激動) <gyeok/tong> gegaran; kegemparan. ~하다 gempar; geger. 정계를 ~시키다 menggoncang dunia politik.

격랑(激浪) <gyeong/nang> ombak besar; ombak berbadai.

격려(激勵) <gyeok/nyeo> pengobaran semangat; pembangkitan semangat. ~하다 memberi semangat; menyemangati; menggirangkan; menggiatkan. ~의 말 kata-kata yang membangkitkan semangat.

격렬(激烈) <gyeong/nyeol> ~한 (하게) (dengan) keras; (dengan) beringas; (dengan) galak; (dengan) ta-

jam; (dengan) ketat. ~한 경쟁 pertandingan/persaingan yang ketat.

격론(激論) <gyeong/non> perdebatan yang seru. ~하다 berdebat/bertengkar dengan seru.

격류(激流) <gyeong/nyu> arus deras. ~에 휩쓸리다 hanyut oleh arus deras.

격리(隔離) <gyeong/ni> isolasi; pengasingan; pemencilan; pingitan; karantina. ~하다 memisahkan; mengisolasi; mengasingkan; memencilkan. 환자를 ~하다 mengisolasi pasien. ~병실[병동] ruang [bangsal] isolasi.

격막(隔膜) <gyeok/mak> diafragma.

격멸(擊滅) <gyeok/myeol> penghancuran; pembasmian. ~하다 menghancurkan; membasmi.

격무(激務) <gyeok/mu> kerja keras. ~에 지치다 capai karena kerja keras. ~로 쓰러지다 rebah karena terlalu banyak kerja.

격문(檄文) <gyeok/mun> (mengeluarkan) manifesto; deklarasi.

격발(激發) <gyeok/bal> ledakan (emosi). ~하다 meledak.

격발(擊發) <gyeok/bal> pemicu. ~신관 sumbu pemicu; sumbu mesiu. ~장치 kunci pemicu.

격벽(隔壁) <gyeok/byeok> dinding penyekat. 방수 ~ dinding kedap air.

격변(激變) <gyeok/byeon> perubahan yang tiba-tiba. ~하다 mengalami perubahan yang tiba-tiba. 사회의 ~ perubahan masyarakat yang cepat.

격분(激忿) <gyeok/bun> kemarahan hebat; kemurkaan. ~하다 berang; murka; marah hebat.

격상(格上) <gyeok/sang> ~하다 menaikkan posisi/jabatan.

격상(激賞) <gyeok/sang> ☞ 격찬.

격세(隔世) <gyeok/se> dunia yang sangat berbeda. ~지감이 있다 merasa ada dunia yang berbeda. ~유전 atavisme; reversi.

격심(激甚) <gyeok/sim> ~한 ekstrem; sangat; parah.　~한 추위 dingin sekali; sangat dingin.　~한 경쟁 persaingan yang sangat ketat.

격앙(激昻)＜gyeok/ang＞ kemurkaan; kemarahan.　~하다 murka; naik darah; meradang.

격언(格言)＜gyeok/eon＞ peribahasa; bidal; pepatah; petitih.

격외(格外)＜gyeok/oe＞ ~의 luar biasa; hebat.

격원(隔遠)＜gyeok/won＞ ~하다 jalan yang panjang; jalan jauh.

격월(隔月)＜gyeok/wol＞ ~로 berselang satu bulan.

격의(隔意)＜gyeok/eui＞ ~없는 [없이] dengan terus terang.　~없이 얘기하다 berbicara terus terang.

격일(隔日)＜gyeo/gil＞ ~로 dua hari sekali; berselang satu hari. ~제로 근무하다 bekerja dua hari sekali.

격자(格子)＜gyeok/ja＞ kisi-kisi; terali; jerejak; jeruji.　~창 jendela berkisi.

격전(激戰)＜gyeok/jeon＞ pertempuran sengit; pertandingan yang seru. ~하다 bertempur dengan sengit. ~지 medan perang yang sengit.

격절(隔絶)＜gyeok/jeol＞ ~하다 dipisahkan dari.

격정(激情)＜gyeok/jeong＞ berahi; sangat mengasihi.

격조(格調)＜gyeok/jo＞ irama; ritme; tempo.　~높은 berbudi halus; beradab; sopan.

격조(隔阻)＜gyeok/jo＞ ~하다 lalai menyurati.

격주(隔週)＜gyeok/ju＞ ~의 dua mingguan; dwi mingguan.　~로 setiap dua minggu.

격증(激增)＜gyeok/jeung＞ kenaikan yang tajam.　~하다 naik secara tiba-tiba; naik dengan tajam.

격지다(隔 -)＜gyeok/ji/da＞ renggang menjadi jauh.

격진(激震)＜gyeok/jin＞ gempa bumi yang keras.

격차(格差.隔差)＜gyeok/cha＞ selisih; kelainan; perbedaan.　~를 없

애다 menghilangkan [membuat] perbedaan.

격찬(激讚)＜gyeok/chan＞ pujian yang tinggi; pujian selangit.　~하다 memuji-muji; melambungkan; memuji setinggi langit.

격추(擊墜)＜gyeok/chu＞ ~하다 merontokkan; menembak jatuh.

격침(擊沈)＜gyeok/chim＞ ~하다 (menyerang dan) menenggelamkan (kapal).

격통(激痛)＜gyeok/thong＞ rasa sakit/nyeri yang parah.

격퇴(擊退)＜gyeok/thoe＞ ~하다 memukul mundur; menghalau.

격투(格鬪)＜gyeok/thu＞ pergulatan; perkelahian; pergocohan; pergumulan.　~하다 bergulat; memumpuh; memukul; meninju; bergocoh; berkelahi.

격파(擊破)＜gyeok/fa＞ ~하다 mengalahkan; mengepruk.

격하(格下)＜gyeok/ha＞ degradasi; penurunan.　~하다 menurunkan.

격하다(隔-)＜gyeok/hada＞ membuat interval; membuat selang.

격하다(激-)＜gyeok/hada＞ marah sekali.

격화(激化)＜gyeok/hwa＞ ~하다 menjadi semakin marah.

겪다＜gyeok/ta＞ ① mengalami; menderita; menjalani. 어려움을~ mengalami kesukaran. 갖은 고초를 ~ mengalami berbagai macam kesusahan. ② menerima; menjamu. 손님을~ menerima tamu; menjamu tamu.

견(絹)＜gyeon＞ sutera.

견갑(肩胛)＜gyeon/gab＞ bahu.　~골 tulang belikat; tulang lembusir; skapula.

견고(堅固)＜gyeon/go＞ ~한 kuat; mantap; tabah; kukuh.　~한 진지 benteng yang kuat.　~히 하다 memperkuat.

견디다＜gyeon/di/da＞ ① menempuh; menderita; menahan. 시련에 ~ tahan uji; tabah; manda(h). 어려움을~ tahan (menghadapi) kesu-

litan. ② tahan . 불에~ tahan api. 10년의 사용에~ tahan selama 10 tahun.
견딜성(- 性) <gyeon/dil/seong> daya tahan; ketahanan; ketekunan.
견문(見聞) <gyeon/mun> pengalaman. ~하다 mengalami. ~을 넓히다 memperkaya pengalaman; memperbanyak pengalaman. ~이 넓다 [좁다] berpengetahuan luas [sempit].
견물생심(見物生心) <gyeon/mul/saeng/sim> Melihat adalah menginginkan.
견방적(絹紡績) <gyeon/bang/jeok> pemintalan sutera.
견방직(絹紡織) <gyeon/bang/jik> penenunan sutera.
견본(見本) <gyeon/pon> patron; suri; teladan; pola; contoh. ~대로 sama dengan contoh.
견본(絹本) <gyeon/bon> kain sutera.
견사(絹絲) <gyeon/sa> benang sutera.
견습(見習) <gyeon/seub> magang; latihan kerja. ☞ 수습(修習).
견식(見識) <gyeon/sik> pandangan; pendapat; ketajaman pandangan. ~이 있는 사람 orang yang dapat mengenali; orang yang berpandangan tajam. ~이 넓다 berpandangan luas; memiliki pandangan yang luas.
견실하다(堅實-) <gyeon/sil/hada> mantap ; solid.
견우성(牽牛星) <gyeon/u/seong> 『天』 Altair.
견원(犬猿) <gyeon/won> ~지간이다 hubungannya seperti anjing dan kucing; berseteru.
견인(牽引) <gyeon/in> penarikan; penghelaan; penderekan. ~하다 menarik; menghela. ~력 kapasitas tarikan/helaan; gaya tarik. ~차 mobil derek.
견인(堅忍) <gyeon/in> keteguhan hati; kegigihan. ~불발(不拔)의 gigih.

견장(肩章) <gyeon/jang> opelet (tali bahu).
견적(見積) <gyeon/jeok> taksiran; dugaan. ~하다 membuat perhitungan (perkiraan); menaksir; menduga. ~을 내다 = 견적하다. ~가격 nilai taksiran. ~서 lembar perhitungan/taksiran. 과대[과소]~ penaksiran terlalu tinggi [rendah].
견제(牽制) <gyeon/je> ~하다 mengekang; mencegah. 서로 ~하다 saling mengekangi. ~구(球) bola pengecoh.
견제품(絹製品) <gyeon/je/fum> barang-barang sutera.
견주다 <gyeon/ju/da> mempertandingkan; memperlawankan; memperbandingkan.
견지 <gyeon/ji> roda pancing. ~질 하다 memancing dengan roda pemutar.
견지(見地) <gyeon/ji> sudut pandang; segi; sudut; aspek; faset.
견지(堅持) <gyeon/ji> ~하다 memegang teguh.
견직물(絹織物) <gyeon/jik/mul> kain sutera; limar.
견학(見學) <gyeon/hak> inspeksi; penyelidikan. ~하다 mengunjungi (tempat)untuk diteliti; menginspeksi.
견해(見解) <gyeon/hae> pendapat; pandangan; pikiran; pertimbangan. ~를 같이[달리]하다 sependapat [tidak sependapat]. ~차 beda pendapat; selisih paham.
결 <gyeol> ① (나무. 피부 따위의) butiran; tekstur. ~이 고운 berbutiran halus (bertekstur halus); halus (kulit). ② (우연히) hasil yang kebetulan. 잠 ~에 dalam tidur. ③ ☞ 물결, 숨결, 성결, 결기.
결가부좌(結跏趺坐) <gyeol/ga/bu/jwa> 『佛』 duduk bersila.
결강(缺講) <gyeol/gang> ~하다 tidak masuk kuliah; membolos.
결격(缺格) <gyeol/gyeok> diskualifikasi. ~자 orang yang didiskualifikasi.
결과(結果) <gyeol/gwa> hasil; aki-

bat; efek; konsekuensi. ...의～ se-
bagai akibat dari... . ...(한) ～가
되다 berakibat...
결국(結局)＜gyeol/guk＞ akhirnya;
pada akhirnya; dalam jangka pan-
jang; lama-kelamaan; lambat laun.
～에 가서는 pada akhirnya.
결근(缺勤)＜gyeol/geun＞ ketidak-
hadiran. ～하다 membolos; absen;
tidak hadir. ～계 laporan ketidak-
hadiran (absensi). ～자 orang
yang tidak hadir. 무단～ tidak ha-
dir tanpa pemberitahuan.
결단(決斷)＜gyeol/tan＞ keputusan;
penentuan; penetapan. ～하다 me-
mutuskan; bertekad. ～코 bagai-
manapun tidak. ～력이 강한 사람
orang yang pasti(teguh). ～성이 있
다[없다] mantap [ragu-ragu]. ～을
내리다 mencapai keputusan bulat
(pasti).
결단(結團)＜gyeol/tan＞ ～식 upa-
cara pembentukan tim.
결딴＜gyeol/tan＞ ～나다 gagal;
rusak; jatuh; bangkrut; hancur. ～
내다 menggagalkan; merusak;
membawa kejatuhan (bangkrut);
menghancurkan.
결렬(決裂)＜gyeol/lyeol＞ perpecah-
an. ～하다 pecah. 협상의～ ga-
galnya perundingan.
결례(缺禮)＜gyeol/lye＞ tidak mem-
punyai rasa hormat; kurang etika.
결론(結論)＜gyeol/lon＞ kesimpulan;
iktisar; simpulan; natijah; bulat
kata. ～하다 menyimpulkan. ～으
로서 sebagai kesimpulan; sebagai
penutup... . ～에 도달하다 sampai
pada kesimpulan.
결리다＜gyeol/li/da＞ merasa sakit/
nyeri.
결막(結膜)＜gyeol/mak＞ selaput
mata. ～염『醫』sakit radang sela-
put mata.
결말(結末)＜gyeol/mal＞ kesudahan;
akibat; kesimpulan; penyelesaian.
～나다 beres; selesai; sampai pada
kesimpulan. ～이 안나다 tetap
belum beres. ～내다 [짓다] mena-

rik kesimpulan; mengakhiri; me-
nyimpulkan.
결박(結縛)＜gyeol/bak＞ ～하다[짓
다] mengikat. 범인을 ～하다
mengikat penjahat.
결백(潔白)＜gyeol/baek＞ kesucian;
kemurnian; ketulusan; kejujuran.
～하다 suci; murni; tulus; jujur;
bersih/tidak berdosa.
결번(缺番)＜gyeol/beon＞ nomor
yang hilang. 4번은～이다 nomor
empat tidak terdapat dalam daftar.
결벽(潔癖)＜gyeol/byeok＞ ～한 sa-
ngat pemilih; tidak mudah puas.
결별(訣別)＜gyeol/byeol＞ ～하다
berpisah.
결부(結付)＜gyeol/bu＞ ～하다
menghubungkan (A) dengan (B).
양자를 밀접히 ～시키다 menghu-
bungkan keduanya lebih dekat satu
sama lain.
결빙(結氷)＜gyeol/bing＞ pembeku-
an. ～하다 membeku. ～기(期)
masa dingin/beku.
결사(決死)＜gyeol/sa＞ ～적 mati-
matian. ～의 각오로 dengan
semangat hidup atau mati. ～투쟁
하다 berjuang mati-matian. ～대
pasukan berani mati.
결사(結社)＜gyeol/sa＞ asosiasi/per-
kumpulan. ～의 자유 kebebasan
berkumpul. 비밀～ perkumpulan
rahasia.
결산(決算)＜gyeol/san＞ penyelesai-
an (pemberesan) rekening; tutup ta-
hun; tutup buku. ～하다 menyele-
saikan (membereskan) rekening/
pembukuan. ～기 masa penyele-
saian. ～보고 lembaran rekening.
～일 hari penyelesaian.
결석(缺席)＜gyeol/seok＞ ketidak-
hadiran; kemangkiran; ketidakmun-
culan. ～하다 membolos; tidak
hadir; absen. ～계 laporan tidak
hadir (absensi). ～자 orang yang
tidak hadir. ～재판 penghukuman
tanpa kehadiran. 병 [무단]～ tidak
hadir karena sakit [tanpa permisi].
결석(結石)＜gyeol/seok＞ 『醫』cal-

culus; batu (dalam kandung kencing/empedu.

결선(決選) <gyeol/seon> pemungutan suara akhir. ~투표 kartu suara terakhir.

결성(結成) <gyeol/seong> ~하다 mengorganisir; membentuk. ~식 upacara inagurasi; upacara pembentukan.

결속(結束) <gyeol/sok> persatuan; kombinasi; kesatuan. ~하다 menyatukan. ~하여 dalam suatu kesatuan. ~이 안되다 bersatu; gagal bersatu. ~을 강화(強化)하다 memperkuat kesatuan.

결손(缺損) <gyeol/son> kerugian; defisit; kekurangan; saldo rugi. ~을 메우다 menutup kerugian. ~액 jumlah kerugian. ~처분 penyelesaian kerugian.

결승(決勝) <gyeol/seung> hasil akhir; simpulan. ~전 pertandingan final. ~점[선] garis [titik] finish/akhir. 준~전 semifinalis.

결식(缺食) <gyeol/sik> ~하다 berpuasa; tidak makan siang. ~아동 murid yang tidak makan siang.

결실(結實) <gyeol/sil> ~하다 berhasil; berbuah. ~기 musim berbuah; masa berhasil.

결심(決心) <gyeol/sim> penentuan; resolusi; ketetapan; ketentuan; keputusan; bulat kata; tekad. ~하다 memutuskan; membulatkan hati; bertekad. 굳은~ resolusi yang tegas ; tekad yang kuat. ~이 서지 않다 tidak dapat diputuskan; dilema.

결심(決審) <gyeol/sim> keputusan sidang. ~하다 memutuskan sidang.

결여(缺如) <gyeo/ryeo> kekurangan ~하다 kurang.

결연(決然) <gyeo/ryeon> ~한 teguh hati; tabah. ~히 dengan tabah. ~한 태도 sikap yang tabah/teguh.

결연(結緣) <gyeo/ryeon> ~하다 membentuk hubungan (dengan). 자

매~ pembentukan ikatan persaudaraan (perempuan).

결원(缺員) <gyeol/won> lowongan. ~을 보충하다 mengisi lowongan.

결의(決意) <gyeol/eui> tekad (☞결심). ~를 굳히다 memperkuat tekad. ~를 새로이 하다 memperbarui tekad.

결의(決議) <gyeol/eui> resolusi; tekad; penalti; titik kata; ketetapan; ketentuan; keputusan; bulat kata. ~하다 memutuskan; menetapkan. ~기관 organ/badan pemberi suara. ~사항 artikel resolusi. ~안[문] rancangan [perjanjian] resolusi.

결의(結義) <gyeol/eui> ~하다 bersumpah (menjadi saudara). ~형제 saudara angkat.

결재(決裁) <gyeol/jae> persetujuan. ~하다 memutuskan; menyetujui. ~를 맡다 mendapat persetujuan. ~권 hak memutuskan.

결전(決戰) <gyeol/jeon> pertempuran yang menentukan; pertandingan yang menentukan. ~하다 bertempur dalam pertempuran yang menentukan.

결점(缺點) <gyeol/ceom> kesalahan; cacat; kerusakan; cela . ~이 있는 bercacat. ~이 없는 tanpa cela/cacat; nirmala. ~을 찾다 mencari kesalahan.

결정(決定) <gyeol/jeong> keputusan; penentuan. ~하다 menentukan; menetapkan; memutuskan. ~적(으로) (dengan) pasti. ~권 kekuasaan yang menentukan. ~적 순간 saat yang menentukan; saat genting. ~타 『野』 pukulan yang menentukan; pukulan kemenangan. ~판 edisi akhir/final.

결정(結晶) <gyeol/jeong> kristalisasi; penghabluran. ~하다 menghablurkan (ke dalam). 노력의~ buah usaha. ~학 kristolografi.

결제(決濟) <gyeol/ce> penyelesaian; pemberesan. ~하다 menyelesaikan (membereskan) rekening. ~자금 dana penyelesaian; biaya penyelesaian. 대차(貸借)~ penyele-saian rekening.

결집(結集)<gyeol/jib> ~하다 mengkonsentrasikan; menghimpun.

결코(決 -)<gyeol/kho> sama sekali tidak.

결탁(結托)<gyeol/thak> ~하다 berkomplot; bersekongkol. ...과 ~하여 dalam persekongkolan (dengan).

결투(決鬪)<gyeol/thu> duel; perta-rungan; perang tanding. ~를 신청하다 menantang (seseorang) untuk duel.

결판(決判)<gyeol/fan> ~내다 me-nyelesaikan (membereskan). ~나다 terselesaikan (dibereskan).

결핍(缺乏)<gyeol/fib> kekurangan. ~하다 berkekurangan. ~증 pe-nyakit kekurangan.

결하다(決 -)<gyeol/hada> memu-tuskan. 승부를~ memutuskan per-lombaan.

결함(缺陷)<gyeol/ham> kerusakan; cacat; kesalahan. ~이 있는 rusak (cacat). 성격의~ cacat dalam si-fat; bercacat. ~을 드러내다 mem-perlihatkan kelemahan/kecacatan.

결합(結合)<gyeol/hab> persatuan; kombinasi; persilangan; perhubung-an; gabungan; senyawa; uni; se-rikat; ikatan. ~하다 bersatu de-ngan; bertaut; membaurkan; ber-ganding; memadu.

결항(缺航)<gyeol/hang> penang-guhan; penundaan. ~하다 mem-batalkan pelayaran (penerbangan).

결핵(結核)<gyeol/haek> tuberkulo-sa (TBC); penyakit paru-paru. ~성의 tuberkulus. ~균 baksil tu-berkulos. ~예방 pencegahan tu-berkulosis. ~요양소 sanatorium bagi pasien TBC. ~환자 pasien TBC.

결행(決行)<gyeol/haeng> ~하다 melaksanakan; mengambil langkah yang pasti.

결혼(結婚)<gyeol/hon> pernikahan; perkawinan. ~하다 menikah; naik pelamin; menjadi pengantin. ~시키다 menikahkan; mengawinkan. ~을 신청하다 meminang; me-lamar. ~을 승낙하다 menerima pinangan. ~상담소 kantor urusan agama (KUA). ~생활 kehidupan setelah menikah. ~피로연 jamu-an/pesta pernikahan. 연애~ per-kawinan atas dasar cinta/suka sama suka. 중매~ perkawinan yang di-jodohkan.

결혼사기(結婚詐欺)<gyeol/hon/sa/gi> penipuan pernikahan. ~꾼 penipu pernikahan.

결후(結喉)<gyeol/hu> jakun.

겸(兼) <gyeom> dan; selain itu; bersamaan; merangkap; lagipula. 수상 ~외상 Perdana Menteri me-rangkap Menteri Luar Negeri. 거실 ~침실 kamar tamu merangkap kamar tidur. 사업도 할~ 관광도 할~ dengan tujuan bisnis dan wisata.

겸무(兼務)<gyeom/mu> ~하다 merangkap.

겸비(兼備)<gyeom/bi> ~하다 menggabungkan (satu benda dengan yang lain). 재색 ~의 keduanya cantik dan cerdas.

겸사겸사<gyeom/sa/gyeom/sa> sebagian ... dan sebagian ...; pada waktu yang sama. 볼일 유흥~ sebagian untuk bisnis dan sebagian untuk hiburan.

겸상(兼床)<gyeom/sang> meja ma-kan untuk dua orang. ~하다 ma-kan berdua satu meja.

겸손(謙遜)<gyeom/son> kesederha-naan. ~하다 bersikap sederhana; merendah. ~하게 dengan keseder-hanaan.

겸양(謙讓)<gyeom/yang> keseder-hanaan; kerendahan hati. ~지덕 kebajikan kerendahan hati.

겸업(兼業)<gyeom/eob> usaha rangkap. ~하다 berusaha rang-kap. ~농가 petani usaha rangkap.

겸연쩍다(慊然 -)<gyeom/yeon/ceok/ta> agak malu; merasa canggung.

겸용(兼用) < gyeom/yong > pemakaian kombinasi (gabungan). ~하다 memakai (benda) baik sebagai … dan… . ~이 되다 berguna baik sebagai… dan…

겸유(兼有) < gyeom/yu > ~하다 memiliki keduanya.

겸임(兼任) < gyeom/im > (memegang) jabatan rangkap. 문교부 장관을 ~하다 merangkap Menteri Pendidikan.

겸직(兼職) < gyeom/jik > jabatan rangkap. ~하다 memegang jabatan tambahan; merangkap jabatan.

겸하다(兼 -) < gyeom/hada > merangkap.

겸허(謙虛) < gyeom/heo > ~한 rendah hati; sederhana. ~하게 dengan cara yang sederhana.

겹 < gyeob > lipat; lapis. 두~ dua lipat (lapis). 여러 ~ banyak lapis.

겹겹이 < gyeob/gyeob/i > lapis demi lapis. ~쌓여 있다 menumpuk-numpuk. ~둘러싸다 mengepung berlapis-lapis.

겹다 < gyeob/ta > (힘에 부치다) tidak dapat dikuasai; diluar kemampuan.

겹옷 < gyeob/ot > pakaian berlapis; pakaian tebal.

겹창(- 窓) < gyeob/chang > jendela dobel/ganda.

겹치다 < gyeob/chi/da > ① (…을) menumpuk. ② bertumpuk; tumpang tindih. 불행에 불행이 ~ mengalami kemalangan beruntun.

경…(輕) < gyeong > ringan; enteng. ~공업[음악] industri [musik] ringan.

…경(頃) < gyeong > kira-kira; sekitar. 3시 ~ kira-kira pukul tiga. 월말 ~에 sekitar akhir bulan.

경각(頃刻) < gyeong/gak > sesaat; seketika. ~에 dalam sesaat.

경각(傾角) < gyeong/gak > sudut kemiringan.

경각심(警覺心) < gyeong/gak/sim > kesadaran. ~을 불러 일으키다 membangkitkan kesadaran.

경감(輕減) < gyeong/gam > ~하다 mengurangi; menurunkan.

경감(警監) < gyeong/gam > inspektur polisi.

경거(輕擧) < gyeong/geo > tindakan yang buru-buru; tindakan yang sembrono; kesemberonoan. ~(망동)하다 bertindak buru-buru; berlaku sembrono/gegabah.

경건(敬虔) < gyeong/geon > kesolehan; kesucian; kepatuhan. ~하다 sabar-tawakal (soleh); patuh (taat).

경계(境界) < gyeong/gye > batas; sempadan; demarkasi (untuk negara dan propinsi). ~선 garis batas/ sempadan. ~표 batu batas; tonggak; tiang; patok.

경계(警戒) < gyeong/gye > penjagaan ketat (jaga-jaga); kewaspadaan. ~하다 menjaga; mengawal; berjaga; mewaspadai. ~경보 tanda bahaya perlindungan. ~망 barisan penjaga polisi. ~망을 펴[뚫]다 memasang [menyelinap melalui] penjagaan (polisi). ~색 warna tanda bahaya.

경고(警告) < gyeong/go > peringatan. ~하다 mengingati; mensinyalir; memperingatkan.

경골(脛骨) < gyeong/gol > tulang kaki. ~동맥 arteri tulang kaki.

경골(硬骨) < gyeong/gol > ① tulang keras. ~어(漁) tulang kerangka (sejenis ikan). ② sifat yang kaku. ~한(漢) orang yang bersifat kaku.

경골(頸骨) < gyeong/gol > tulang leher.

경공업(輕工業) < gyeong/gong/eob > industri ringan.

경과(經過) < gyeong/gwa > ① kemajuan; perkembangan. 수술후~ kemajuan setelah operasi. ~가 양호하다 membaik (setelah operasi); menunjukkan kemajuan yang memuaskan. ② berlalunya; habisnya masa berlaku ~하다 berlalu; habis masa berlaku. 시간의 ~에 따라 ketika waktu berlalu; dengan berlalunya waktu..

경관(景觀) < gyeong/gwan > peman-

dangan; tamasya. 일대~ pemandangan yang luar biasa.
경관(警官)＜gyeong/gwan＞ polisi pria (wanita); petugas keamanan; penjaga keamanan.
경구(硬球)＜gyeong/gu＞ bola keras.
경구(經口)＜gyeong/gu＞ ~의 oral; tentang mulut. ~감염 infeksi mulut. ~피임약 kontrasepsi oral; pil.
경구(警句)＜gyeung/gu＞ aphorisme.
경구개(硬口蓋)＜gyeong/gu/gae＞ langit-langit keras.
경국(傾國)＜gyeong/guk＞ ~지색 wanita cantik tiada tandingan; wanita tercantik.
경금속(輕金屬)＜gyeong/geum/sok＞ logam ringan.
경기(景氣)＜gyeong/gi＞ kondisi usaha. ~가좋다 [나쁘다] kondisi usaha baik [buruk]. ~순환 siklus kondisi usaha. ~침체 kemandekan; stagnasi. ~회복 kondisi usaha membaik. ~후퇴[변동] resesi [fluktuasi] usaha/industri.
경기(競技)＜gyeong/gi＞ permainan; pertandingan; perlombaan; pacuan; kompetisi. ~하다 bertanding ~에 이기다[지다] menang [kalah] bertanding. ~대회 pertemuan atletik. ~장 lapangan; arena; gelanggang; stadion. 학교 대항~ pertandingan antar sekolah.
경기관총(輕機關銃)＜gyeong/gi/gwan/chong＞ senjata ringan.
경기구(輕氣球)＜gyeong/gi/gu＞ balon terbang.
경내(境內)＜gyeong/nae＞ daerah (kompleks).
경뇌막(硬腦膜)＜gyeong/noe/mak＞ 『解』selaput otak.
경대(鏡臺)＜gyeong/dae＞ meja rias.
경도(硬度)＜gyeong/do＞ kekerasan; kepadatan. ~계 ukuran (meteran) kekerasan.
경도(經度)＜gyeong/do＞ (월경) datang bulan; haid; mens.
경도(經度)＜gyeong/do＞ (지구상의) garis bujur.
경도(傾度)＜gyeong/do＞ kemiring

an.
경동맥(頸動脈)＜gyeong/dong/maek＞ 『解』pembuluh darah karotid.
경락(經絡)＜gyeong/nak＞ pembuluh darah; arteri.
경락(競落)＜gyeong/nak＞ ~하다 membuat penawaran yang berhasil. ~인 penawar yang berhasil.
경량(輕量)＜gyeong/nyang＞ ringan. ~급[권투선수] [petinju] kelas ringan.
경력(經歷)＜gyeong/nyeok＞ karir; riwayat hidup; riwayat kerja. ~소개 pengenalan biografi. ~이 좋다 [나쁘다] karir yang baik [buruk]. 무대~ karir panggung.
경련(痙攣)＜gyeong/nyeon＞ sawan; ular-ularan; gerenyet; ganjat; setip; denyut; getar; kejang. ~성의 kejang sporadis. ~이 일어나다 menderita kejang.
경례(敬禮)＜gyeong/nye＞ hormat; pernyataan hormat; sembah; tabik; takzim. ~하다 memberi hormat; bertabik. ~에 답하다 membalas penghormatan.
경로(敬老)＜gyeong/no＞ penghormatan kepada yang lebih tua (senior). ~회 pertemuan untuk menghargai yang tua.
경로(經路)＜gyeong/no＞ ① (길순서) rute; arah. ② saluran; arah; tahap; proses. 발달의~ proses pertumbuhan. 비밀 ~를 통해 melalui saluran rahasia.
경륜(競輪)＜gyeong/nyun＞ sepeda. ~선수 pembalap sepeda.
경리(經理)＜gyeong/ni＞ akuntansi. ~에 밝다 ahli dalam akuntansi. ~과 bagian akuntansi. ~사무 usaha akuntan. ~학교 sekolah akuntansi.
경마(競馬)＜gyeong/ma＞ balapan kuda; pacuan kuda. ~광 penggemar balapan kuda. ~기수 penunggang kuda balap; joki. ~말; kuda balap ~장 jalur pacuan; jalur balap.

경망(輕妄)＜gyeong/mang＞ ～하다 ～스럽다 kasar; kurang ajar; tidak sopan. ～한짓 perbuatan yang tidak sopan/kurang ajar.

경매(競賣)＜gyeong/mae＞ lelang. ～하다 melelang. ～에 부치다＝경매하다/ ～에 부쳐지다 dilelang. ～인 juru lelang; tukang lelang. ～장 ruang lelang.

경멸(輕蔑)＜gyeong/myeol＞ penghinaan; cercaan; caci-maki; cemoohan. ～하다 menghina; menistakan; mencaci; mendaifkan; mendayus. ～할만한 hina; keji; buruk.

경모(敬慕)＜gyeong/mo＞ ～하다 mengagumi; mencintai dan menghargai; memuja; menghormati.

경무(警務)＜gyeong/mu＞ urusan polisi; administrasi polisi.

경무관(警務官)＜gyeong/mu/gwan＞ Inspektur Jenderal.

경미(輕微)＜gyeong/mi＞ ～한 sedikit; ringan; sepele.

경박(輕薄)＜gyeong/bak＞ ～하다 plin-plan. ～한 사람 orang yang bersifat plin-plan.

경백(敬白)＜gyeong/baek＞ hormat kami.

경범죄(輕犯罪)＜gyeong/beom/joe＞ pelanggaran kecil. ～처벌법 (위반) hukum pelanggaran kecil.

경보(競步)＜gyeong/bo＞ (스포츠) perlombaan jalan cepat. ～선수 pejalan cepat.

경보(警報)＜gyeong/bo＞ alarm; peringatan; sinyal; titir; isyarat. ～를 발하다 memberi peringatan. ～기 isyarat tanda bahaya (alarm). ～해제 Semua aman; pencabutan tanda bahaya. 경계～ tanda bahaya perlindungan. 공습～ tanda bahaya serangan udara. 폭풍～ peringatan akan datang badai.

경복(敬服)＜gyeong/bok＞ ～하다 mengagumi; menghargai.

경부(京釜)＜gyeong/bu＞ Seoul dan Busan. ～고속 도로 jalan tol Seoul-Busan. ～선 kereta api Seoul-Busan.

경부(頸部)＜gyeong/bu＞ bagian leher.

경비(經費)＜gyeong/bi＞ biaya; pembelanjaan; ongkos. ～관계로 karena ongkos; alasan keuangan. ～를 줄이다 menghemat; mengurangi pengeluaran. ～절약[절감] pengurangan belanja; penghematan. 제(諸)～ ongkos semua; ongkos eksploitasi.

경비(警備)＜gyeong/bi＞ pertahanan; penjagaan. ～하다 bertahan; menjaga. ～병[원] penjaga; centeng; jagabaya; opas. ～대 garnisun; bayangkara; bayangkari; pasukan penjaga. 국경 [해안] ～대 pasukan penjaga perbatasan [pantai].

경사(傾斜)＜gyeong/sa＞ kemiringan; penurunan; landaian; lereng. ～지다 miring; landai; menanjak; menganjur ke atas; condong. 가파른 [완만한]～ lereng yang curam [landai]. ～도 gradien; kemiringan. ～면 bidang miring; sisi miring.

경사(慶事)＜gyeong/sa＞ peristiwa bahagia. ～스러운 bahagia.

경사(警査)＜gyeong/sa＞ sersan polisi.

경상(經常)＜gyeong/sang＞ ～비(費) biaya kerja; biaya operasi; ongkos garap. ～세입[세출] penghasilan [pengeluaran] biasa. ～예산 anggaran kerja.

경상(輕傷)＜gyeong/sang＞ luka kecil (ringan). ～을 입다 mendapat/ mengalami luka ringan. ～자 orang yang luka ringan.

경석(輕石)＜gyeong/seok＞ 『鑛』 batu apung.

경선(經線)＜gyeong/seon＞ garis bujur.

경성(硬性)＜gyeong/seong＞ kekerasan.

경솔(輕率)＜gyeong/sol＞ ～하다 semberono; tergesa-gesa; tanpa pikir. ～히 dengan buru-buru; dengan sembarangan; dengan semberono. ～한 짓(을 하다) (melakukan) tindakan terburu-buru; bertindak sembarangan/tanpa pikir.

경수(硬水)＜gyeong/su＞ air keras; air kaku.

경수(輕水)＜gyeong/su＞ air lunak (ringan); air sadah. ~로(爐) reaktor air ringan; reaktor air sadah.

경승(景勝)＜gyeong/seung＞ pemandangan yang indah (seperti dalam lukisan). ~지 tempat indah/permai.

경시(輕視)＜gyeong/si＞ ~하다 mengabaikan; tidak mengindahkan; mengemudiankan; menyepelekan. 문제를 ~하다 menyepelekan suatu perkara.

경식(硬式)＜gyeong/sik＞ ~의 keras; kaku.

경식(輕食)＜gyeong/sik＞ makanan kecil. ~당 kedai kopi.

경신(更新)＜gyeong/sin＞ pembaruan. ~하다 memperbarui. 계약[세계기록]을 ~하다 memperbarui kontrak [rekor dunia].

경신(敬神)＜gyeong/sin＞ kesalehan; ketaatan; kepatuhan.

경악(驚愕)＜gyeong/ak＞ keheranan; kekejutan; kekaguman; ketakjuban. ~하다 heran; tercengang.

경앙(景仰)＜gyeong/ang＞ ~하다 memuja; mengagumi.

경애(敬愛)＜gyeong/ae＞ penghargaan kasih sayang; takrim; hormat. ~하다 mencintai dan menghargai. ~하는 yang terhormat.

경어(敬語)＜gyeong/eo＞ pernyataan hormat; ungkapan hormat.

경역(境域)＜gyeong/yeok＞ batas/perbatasan kota.

경연(慶宴)＜gyeong/yeon＞ pesta.

경연(競演)＜gyeong/yeon＞ kontes; pertandingan. ~하다 bertanding. 음악~회 kontes musik.

경염(競艶)＜gyeong/yeom＞ ~대회 kontes kecantikan.

경영(經營)＜gyeong/yeong＞ manajemen; pengelolaan; administrasi; tata laksana. ~하다 mengelola; menjalankan; mengurus. ~난에 빠지다 mengalami kesulitan keuangan. ~자 manajer; pengelola; pemimpin. ~학(과) fakultas [jurusan] administrasi bisnis. ~합리화 rasionalisasi bisnis. 다각~ manajemen ganda.

경영(競泳)＜gyeong/yeong＞ perlombaan renang. ~대회 pertemuan renang.

경우(境遇)＜gyeong/u＞ peristiwa; keadaan; situasi. …한 ~에는 jaga-jaga; kalau-kalau. 그런 ~에는 dalam kasus yang demikian. 어떤 ~에도 pada keadaan bagaimanapun. ~에 따라서는 sesuai dengan keadaan.

경운기(耕耘機)＜gyeong/un/gi＞ mesin pertanian; mesin pengolah tanah.

경위(涇渭)＜gyeong/wi＞ baik dan jahat. ~에 어긋나다 tidak beralasan. ~에 어긋난짓 tindakan tidak terpuji.

경위(經緯)＜gyeong/wi＞ ① garis bujur dan garis lintang. ~의(儀) teodolit; altzimut. ② (날과 씨) garis membujur dan melintang. ③ (전말) rincian.

경위(警衛)＜gyeong/wi＞ letnan polisi.

경유(經由)＜gyeong/yu＞ ~하다 mampir; singgah. 을 ~하여 melalui; lewat.

경유(輕油)＜gyeong/yu＞ solar.

경유(鯨油)＜gyeong/yu＞ minyak ikan paus.

경음악(輕音樂)＜gyeong/eum/ak＞ musik instrumen. ~작곡가 pengubah musik instrumen (komposer).

경의(敬意)＜gyeong/eui＞ penghargaan; ruadat; taslim; persalaman; pemberian hormat; takzim; sewaka. ~를 표하다 menghargai; menyembah; memberi hormat.

경이(驚異)＜gyeong/i＞ mukjizat; keajaiban. ~적 ajaib; luar biasa; hebat ~의 눈으로 보다 memandang takjub.

경인(京仁)＜gyeong/in＞ Seoul dan

Incheon. ~고속도로 jalan tol Seoul-Incheon. ~지방 daerah Seoul-Incheon.

경작(耕作)<gyeong/jak> pertanian; pertanaman; perladangan. ~하다 bercocok tanam; bertani ~에 (부) 적합한 ditanami (tidak ditanami). ~물 hasil pertanian. ~지 tanah yang ditanami.

경장(更張)<gyeong/jang> pembaruan; renovasi; inovasi; reformasi. 갑오~ pembaharuan politik tahun 1894.

경장(輕裝)<gyeong/jang> ~하다 berpakaian ringkas.

경장(警長)<gyeong/jang> patroli polisi senior.

경쟁(競爭)<gyeong/jaeng> persaingan; perlombaan; kompetisi. ~하다 bersaing; menyaingi; beradu. ~심 semangat bersaing. ~상품 barang-barang yang harganya bersaing; barang kompetitif. ~율 tingkat persaingan. ~자 saingan; lawan. ~터 arena pertandingan. 과당~ persaingan yang melampaui batas. 군비~ perlombaan senjata.

경쟁가격(競爭價格)<gyeong/jaeng/ga/gyeok> harga bersaing.

경쟁력(競爭力)<gyeong/jaeng/nyeok> daya saing. ~을 약화시키다[기르다] melemahkan [meningkatkan] daya saing.

경쟁시험(競爭試驗)<gyeong/jaeng/si/heom> ujian kompetitif.

경적(輕敵)<gyeong/jeok> ~하다 meremehkan musuh.

경적(警笛)<gyeong/jeok> peluit tanda bahaya; sempritan; tuter; klakson; sirene. ~을 울리다 membunyikan peluit tanda bahaya; meng(k)elakson; menuter.

경전(經典)<gyeong/jeon> kitab suci.

경절(慶節)<gyeong/jeol> hari perayaan.

경정(更訂)<gyeong/jeong> ~하다 memperbaiki; merevisi.

경제(經濟)<gyeong/je> ① ekonomi; perekonomian. ~의 ekonomis. ~적(으로) secara ekonomi. ~적 난국 kesulitan ekonomi. ~개발 pembangunan ekonomi. ~개발 5개년 계획 Rencana Pembangunan Ekonomi Lima Tahun. ~관념 rasa ekonomi. ~기획원 Badan Perencana Ekonomi. ~문제 masalah ekonomi. ~봉쇄 blokade ekonomi. ~상태 keadaan ekonomi; kondisi ekonomi. ~성장 laju pertumbuhan ekonomi; tingkat pertumbuhan ekonomi. ~학(과) Fakultas Ekonomi. ② hemat; penghematan. ~적 ekonomis (hemat). 시간[노력]의~ penghematan waktu [tenaga]. ~가 되다 hemat; ekonomis.

경제계(經濟界)<gyeong/je/gye> siklus keuangan; dunia ekonomi.

경제공황(經濟恐慌)<gyeong/je/gong/hwang> krisis ekonomi.

경제권(經濟圈)<gyeong/je/gwon> blok ekonomi.

경제난(經濟欄)<gyeong/je/nan> kolom keuangan; kolom ekonomi.

경제대국(經濟大國)<gyeong/je/dae/guk> negara berekonomi maju.

경제력(經濟力)<gyeong/je/ryeok> kekuatan ekonomi.

경제면(經濟面)<gyeong/je/myeon> halaman keuangan; warta ekonomi.

경제사범(經濟事犯)<gyeong/je/sa/beom> pelanggaran ekonomi; kejahatan ekonomi, pelanggar ekonomi; penjahat ekonomi.

경제원조(經濟援助)<gyeong/je/won/jo> dukungan keuangan; bantuan ekonomi. ~계획 program bantuan ekonomi.

경제위기(經濟危機)<gyeong/je/wi/gi> krisis ekonomi/keuangan; resesi.

경제윤리(經濟倫理)<gyeong/je/yul/li> etika ekonomi. ~강령 undang-undang/kode etik ekonomi. ~위원회 Komisi Etik Ekonomi.

경제인(經濟人)<gyeong/je/in>

pengusaha. 전국~연합회 Federasi Industri.

경제전(經濟戰) <gyeong/je/jeon> perang ekonomi.

경제정책(經濟政策) <gyeong/je/jeong/chaek> kebijakan ekonomi.

경제제재(經濟制裁) <gyeong/je/je/jae> sanksi ekonomi.

경제질서(經濟秩序) <gyeong/je/jil/seo> tatanan ekonomi.

경제통계(經濟統計) <gyeong/je/thong/gye> statistik ekonomi.

경제행위(經濟行爲) <gyeong/je/haeng/wi> tindakan [kegiatan] ekonomi.

경제협력(經濟協力) <gyeong/je/hyeob/nyeok> kerjasama ekonomi. ~개발기구 Organisasi Kerjasama dan Pengembangan Ekonomi.

경제회복(經濟回復) <gyeong/je/hoe/bok> pemulihan ekonomi.

경조(競漕) <gyeong/jo> perlombaan kapal (perahu).

경조비(慶弔費) <gyeong/jo/bi> sumbangan dukacita.

경종(警鍾) <gyeong/jong> bel tanda bahaya. ~을 울리다 membunyikan bel tanda bahaya.

경죄(輕罪) <gyeong/joe> kejahatan kecil.

경주(傾注) <gyeong/ju> ~하다 membaktikan diri; memusatkan pada. ...에 정력을 ~하다 memusatkan tenaga pada ....

경주(競走) <gyeong/ju> balapan; perlombaan; pacuan. ~에 이기다[지다] menang [kalah] berlomba.

경중(輕重) <gyeong/jung> arti penting relatif; bobot relatif.

경증(輕症) <gyeong/ceung> penyakit ringan. ~환자 orang yang sakit ringan.

경지(耕地) <gyeong/ji> lahan yang ditanami. ~면적 luas lahan yang ditanami. ~정리 pengaturan lahan pertanian.

경지(境地) <gyeong/ji> ① keadaan. ...의 ~에 이르다 mencapai keadaan ... ② wilayah/daerah.

새로운 ~를 개척하다 membuka daerah baru.

경직(勁直) <gyeong/jik> ~하다 kuat; kukuh; tegap.

경직(硬直) <gyeong/jik> ~하다 mengaku; menjadi kaku. 사후(死後)~ kejang mayat.

경진(輕震) <gyeong/jin> getaran.

경질(更迭) <gyeong/jil> perubahan; mutasi. ~하다 mengadakan perubahan/perombakan. 내각의~ perubahan kabinet; perombakan kabinet.

경질(硬質) <gyeong/jil> ~의 keras. ~유리 [고무] kaca [kulit] yang keras.

경찰(警察) <gyeong/chal> (angkatan) kepolisian. ~에 알리다[고발하다] melapor [memberi informasi] kepada polisi. ~에 자수하다 menyerahkan diri kepada polisi. ~견 anjing polisi. ~관 perwira polisi; polisi. ~대학 akademi kepolisian; PTIK [Perguruan Tinggi Ilmu Kepolisian]. ~봉 pentungan polisi. ~서장 kepala polisi. ~청 administrasi polisi nasional. (서울특별시) 지방~청 administrasi polisi propinsi (Seoul).

경척(鯨尺) <gyeong/cheok> ukuran baju (pakaian).

경천동지(驚天動地) <gyeong/cheon/dong/ji> ~하다 mengejutkan dunia.

경첩 <gyeong/cheob> engsel; sekeri. ~이 빠지다 lepas engsel.

경첩(輕捷) <gyeong/cheob> ~한 ringan dan cekatan.

경청(傾聽) <gyeong/cheong> ~하다 mendengarkan; mempedulikan; mengindahkan; meladeni; mencamkan. ~할 만하다 patut didengarkan.

경축(慶祝) <gyeong/chuk> perayaan; ucapan selamat. ~하다 mengucapkan selamat; merayakan. ~일 liburan nasional. ~행사 perayaan.

경치(景致) <gyeong/chi> pemandangan; keindahan alam; tamasya

~좋은 곳 pemandangan indah. 시골~ pemandangan pedesaan.

경칭(敬稱) < gyeong/ching > gelar kehormatan; mandalika.

경쾌(輕快) < gyeong/khwae > ~한 ringan (hati). ~하게 dengan ringan hati.

경탄(驚歎) < gyeong/than > kekaguman; keheranan. ~하다 kagum; mengagumi. ~할 만한 hebat; luar biasa; mengagumkan.

경품(景品) < gyeong/fum > hadiah; bingkisan. ~권 kupon hadiah.

경풍(輕風) < gyeong/fung > angin sepoi-sepoi.

경하(慶賀) < gyeong/ha > ucapan selamat; tahniah ~하다 mengucapkan selamat.

경하다(輕 -) < gyeong/hada > ringan, buru-buru, kurang ajar.

경합(競合) < gyeong/hab > persaingan; perlombaan. ~하다 bersaing; berlomba. 심한~ persaingan keras (sengit). ~범(犯) pelanggaran persaingan.

경합금(輕合金) < gyeong/hab/geum > logam campuran ringan.

경향(京鄕) < gyeong/hyang > ibu kota dan bagian negara lainnya; kota besar dan kota kecil.

경향(傾向) < gyeong/hyang > kecenderungan; kecondongan. ...한~ 이 있다 cenderung (untuk).

경험(經驗) < gyeong/heom > pengalaman. ~하다 mengalami; menjalani; menempuh; mengenyam. ~이 있는 berpengalaman; kawakan. ...~이 있다 mempunyai pengalaman dalam...; berpengalaman dalam... . ~을 쌓다 menimba pengalaman (kerja). ~을 살리다 memanfaatkan pengalaman dengan baik. ~과학 ilmu empiri. ~담 riwayat pengalaman kerja. ~론 empirisme. ~자 orang yang berpengalaman.

경혈(經穴) < gyeong/hyeol > 『漢醫』 pembuluh darah.

경호(警護) < gyeong/ho > pengawalan; konvoi. ~하다 mengawal. ...의 ~하에 dibawah pengawalan... . ~를 맡다 bertindak sebagai pengawal. ~원 tukang pukul; penjaga keamanan.

경화(硬化) < gyeong/hwa > pengerasan (pembuluh darah); sklerosis. ~하다 mengeras.

경화(硬貨) < gyeong/hwa > uang yang nilainya tetap.

경황(景況) < gyeong/hwang > ~없다 terlalu sibuk.

곁 < gyeoth > sisi; tepi. ~에 disamping; disebelah; dekat. 바로 ~에 hampir dekat. ~에 두다 menyimpan dalam jangkauan.

계(戒) < gye > ① (훈계) ajaran; aturan. ② (계율) ajaran Budha.

계(計) < gye > ① (총계) jumlah. ② (계기) meteran; ukuran. 온도~ termometer 우량~ meteran/pengukur hujan. ③ (계략) skema.

계(係) < gye > bagian (di kantor). 출납~ bagian kasir.

계(契) < gye > arisan. ~에 들다 masuk arisan.

...계(系) < gye > sistem; garis keluarga; garis keturunan; faksi; klik; partai. 한국~미국인 orang Amerika keturunan Korea.

...계(界) < gye > lingkungan; masyarakat; kalangan; dunia. 동물~ dunia fauna. 문학~ dunia kesusasteraan. 실업~ lingkungan bisnis. 독서~ masyarakat pembaca.

계간(季刊) < gye/gan > penerbitan kuartalan. ~지 majalah kuartalan.

계간(鷄姦) < gye/gan > sodomi.

계고(戒告) < gye/go > ~하다 memberi peringatan; memperingatkan.

계곡(溪谷) < gye/gok > lembah; celah gunung; lembang; tubir; ngarai.

계급(階級) < gye/geub > kelas; kasta; kedudukan; martabat; pangkat; derajat. ~을 형성[타파]하다 membentuk [menghapus] kelas. ~투쟁[의식] pertikaian [kesadaran] kelas. 무산~ proletariat 유산~ kelas

무산~ proletariat 유산~ kelas borjuis. 지배~ kelas yang memerintah/berkuasa.

계기(計器) <gye/gi> ukuran; penduga. ~비행[착륙] penerbangan [pendaratan] instrumen. ~판 panel instrumen.

계기(契機) <gye/gi> saat; kesempatan; ketika. 이것을 ~로 mengambil kesempatan ini.

계단(階段) <gye/dan> tangga; anak tangga; jenjang; petala; undak. ~을 오르다 [내리다] naik [turun] tangga. 나선식~ tangga spiral.

계도(系圖) <gye/do> geneologi; silsilah; pohon keluarga.

계도(啓導) <gye/do> bimbingan; arahan; pimpinan; tuntunan. ~하다 membimbing; mengarahkan; memimpin; menuntun.

계란(鷄卵) <gye/ran> telur ayam; endok. ☞ 달걀. ~지『寫』 kertas cetak foto.

계략(計略) <gye/ryak> tipu; tepok; muslihat; piuh pilin; akal bulus. ~에 능한 사람 orang yang penuh muslihat. ~을 꾸미다 merancang muslihat.

계량(計量) <gye/ryang> ~하다 mengukur; menimbang. ~기 meteran; penduga; alat pengukur.

계량경제학(計量經濟學) <gye/ryang/gyeong/je/hak> ekonometrik.

계류(繫留) <gye/ryu> tambatan. ~하다 menambatkan; merapat; berlabuh dekat. ~기구(氣球) balon terbang. ~탑 tiang penambatan.

계리사(計理士) <gye/ri/sa> ☞ 공인회계사

계명(戒名) <gye/myeong> nama Budhis.

계명(誡命) <gye/myeong> 『宗』 firman Tuhan; wahyu. 십~ sepuluh firman Tuhan.

계모(繼母) <gye/mo> ibu tiri; mak tiri.

계몽(啓蒙) <gye/mong> penerangan; pendidikan; penyuluhan. ~하다 menerangkan; menyuluh(i); memberi penerangan. ~적 bersifat menerangkan, dasar-dasar. 국민~ 운동 kampanye pendidikan massa. 농촌~운동 kampanye penyuluhan desa.

계발(啓發) <gye/bal> pembinaan; penerangan; penyuluhan. ~하다 membina; menyuluh; memberi penerangan /penyuluhan.

계보(系譜) <gye/bo> silsilah; geneologi; asal-usul; riwayat. 한국 문학의 ~ geneologi kesusasteraan Korea.

계부(季父) <gye/bu> paman; mamak.

계부(繼父) <gye/bu> ayah tiri.

계사(鷄舍) <gye/sa> kandang ayam. 닭을 ~에넣다 mengandangkan ayam; memasukkan ayam kekandang.

계산(計算) <gye/san> perhitungan; rekenan; hisab; kalkulasi. ~하다 menghitung; mereken menjumlahkan; mengkalkulasi. ~이 느리다 lambat dalam berhitung. ~에 넣다 memperhitungkan; memasukkan dalam perhitungan (pertimbangan). ~을 잘못하다 salah hitung. ~서 rekening tagihan. ~척 mistar hitung; mistar geser. 전자~기 kalkulator elektronik; mesin hitung.

계상(計上) <gye/sang> ~하다 menambah; menjumlah.

계선(繫船) <gye/seon> tambatan; penambatan, (배)kapal yang ditambat. ~하다 menambat kapal. ~료 ongkos [ruang] dermaga.

계속(繼續) <gye/sok> kelanjutan; kelangsungan. ~하다 melanjutkan; melangsungkan; meneruskan. ~적인 terus-menerus; berkelanjutan; berkesinambungan. ~하여 berturut-turut; berangkai-rangkai; berendeng-rendeng; beruntun-runtun; bertubi-tubi. ~범(犯)[비(費)] kejahatan [pengeluaran] berlanjut. ~사업 proyek yang dilanjutkan.

계수(季嫂) < gye/su > ipar perempu-an.

계수(計數) < gye/su > perhitungan. ~하다 menghitung. ~기 mesin hitung.

계수(係數) < gye/su > 『數』 koefisien.

계승(繼承) < gye/seung > pengganti-an; pewarisan. ~하다 mengganti-kan; mewarisi. ~자 pengganti tahta; pewaris.

계시(計時) < gye/si > pencatatan wak-tu. ~하다 mencatat waktu. ~원 (員) penjaga waktu. 전자 ~ pencatat waktu elektronik.

계시(啓示) < gye/si > wahyu; petun-juk; ajaran Tuhan; ilham. ~하다 mewahyukan. 신의 ~ wahyu Tu-han; firman Tuhan.

계시다 < gye/si/da > ada.

계씨(季氏) < gye/ssi > adik lelaki an-da(nya).

계약(契約) < gye/yak > kontrak; per-janjian; akad; hubaya; persetujuan; waadah; pakta. ~하다 membuat kontrak; berakad. ~을 어기다 melanggar kontrak. ~고 besar kontrak. ~금 jaminan kontrak. ~기한 masa kontrak. ~서 kon-trak tertulis; polis; surat perjanjian. ~위반 pelanggaran kontrak. ~자 kontraktor; anemer; pemborong.

계약액(契約額) < gye/yak/aek > be-sarnya kontrak; jumlah kontrak.

계약이민(契約移民) < gye/yak/i/min > imigran kontrak.

계약자(契約者) < gye/yak/ja > pihak yang membuat kontrak.

계약조항(契約條項) < gye/yak/jo/ha-ng > ketentuan kontrak; klausa kontrak.

계엄(戒嚴) < gye/eom > penjagaan terhadap bahaya. ~령 keadaan darurat. ~령을 해제하다 menca-but keadaan darurat. ~사령관 penguasa darurat perang.

계열(系列) < gye/yeol > ① ordo; tingkat. ② golongan; partai. 기업 의~화(化) sistimatisasi perusahaan. ~회사 perusahaan afiliasi.

계원(係員) < gye/won > pegawai bia-sa. 접수 ~ resepsionis.

계원(契員) < gye/won > anggota ke-lompok simpan pinjam.

계율(戒律) < gye/yul > firman Tu-han; hukum agama; ajaran Budha.

계인(契印) < gye/in > segel/stempel perjanjian. ~하다 menstempel perjanjian.

계장(係長) < gye/jang > kepala regu; pegawai kepala.

계절(季節) < gye/jeol > musim. ~의 musiman. ~풍 angin muson.

계정(計定) < gye/jeong > perkiraan; rekening. ...의 ~에 넣다 mema-sukkan ke perkiraan/ rekening. 당좌 [대체] ~ rekening koran [pin-dahan].

계좌(計座) < gye/jwa > rekening. (은행에)~를 트다 membuka reke-ning(di bank). 대체 저금~ re-kening transfer; rekening pindahan.

계주경기(繼走競技) < gye/ju/gyeong/gi > (perlombaan) lari estafet.

계집 < gye/jib > ① perempuan; wanita. ~아이 anak gadis; anak perempuan. ~종 pembantu pe-rempuan. ② istri. ~자식 istri dan anak-anak. ~질 percabulan; penyelewengan.

계책(計策) < gye/chaek > desain; skema; rancangan. ~을 쓰다 me-makai skema; memakai desain.

계체량(計體量) < gye/che/ryang > be-rat badan ideal ~통과에 실패하다 gagal mencapai berat badan yang ideal.

계층(階層) < gye/cheung > kelas; ke-las sosial; kaum; lapisan sosial; go-longan; derajat; tingkatan; kalang-an. 모든 ~의 사람 orang-orang dari setiap golongan. 고[저]소득~ golongan berpenghasilan tinggi [rendah].

계통(系統) < gye/thong > sistem; su-sur galur; tata susun. ~적 siste-matis. ~적으로 dengan sistematis; secara sistematis. ~을 세우다 membuat sistematis; mengorganisir.

소화기[신경, 근육] ~ sistem pencernaan [saraf, otot]. 지휘[명령] ~ saluran [rantai] komando.
계통(繼統)＜gye/thong＞ ~하다 berhasil ke tahta.
계피(桂皮)＜gye/fi＞ kayu manis; akasia. ~가루 bubuk kayu manis; bubuk akasia.
계획(計劃)＜gye/hoek＞ rencana; proyek; program; rancangan; niat; maksud. ~하다 berencana; berancang; menyusunkan; meniatkan; merancang. ~적인 sengaja; direncanakan. ~적으로 dengan sengaja. ~을 실행하다 melaksanakan rencana. ~을 세우다 membuat rencana. ~경제 ekonomi terencana; ekonomi berancangan. 도시~ perencanaan kota. 5개년~ rencana pembangunan lima tahun (REPELITA).
고(高)＜go＞ jumlah; volume; tinggi. 매상~ jumlah yang terjual.
고(故)＜go＞ almarhum; mendiang. ~ A씨 almarhum bapak A.
고가(古歌)＜go/ga＞ lagu-lagu (nyanyian) lama; lagu baheula.
고가(故家)＜go/ga＞ keluarga dari orang terkemuka lama.
고가(高架)＜go/ka＞ ~선 kabel udara. ~철도 kereta layang.
고가(高價)＜go/ka＞ harga tinggi. ~의 mahal. ~로 팔다 menjual (barang) dengan harga tinggi. ~품 barang mahal
고각포(高角砲)＜go/gak/fo＞ senapan bersudut tinggi.
고갈(枯渴)＜go/gal＞ ① ~하다 mengering. ② ~하다 habis; kering.
고개＜go/gae＞ ① tengkuk; kepala. ~를 가로젓다 berkata "tidak". ~를 들다 mencangak; mendongak. ~를 들지 못하다 tidak kuasa mengangkat muka (karena malu). ② lereng (gunung). ~를 넘다 melewati lereng. ~턱 puncak lereng. ③ puncak. 50 ~를 넘다 melewati puncak usia 50 tahun. 물

가가 ~를 숙였다 harga mulai menurun.
고객(顧客)＜go/gaek＞ pelanggan; pemesan; pembelanja; nasabah; relasi; langganan. ~이 많다 mempunyai banyak pelanggan.
고견(高見)＜go/gyeon＞ ① (남의 의견) pendapat [pandangan] anda. ② (뛰어난 의견) pendapat yang baik sekali; pandangan yang bagus.
고결(高潔)＜go/gyeol＞ ~하다 suci. ~한 사람 orang yang bersifat suci (baik); orang suci.
고고(孤高)＜go/go＞ ~하다 hidup menyendiri; hidup menyepi. ~한 생활 kehidupan penyendirian/penyepian.
고고학(考古學)＜go/go/hak＞ arkeologi (ilmu purbakala). ~의 kepurbakalaan. ~상으로 secara kepurbakalaan. ~자 ahli purbakala (arkeolog).
고골(枯骨)＜go/gol＞ kerangka.
고공(高空)＜go/gong＞ langit yang tinggi; elevasi yang tinggi. ~에 tinggi di langit. ~을 날다 terbang di ketinggian... ~비행 terbang [penerbangan] tinggi.
고과(考課)＜go/gwa＞ pertimbangan jasa. ~표 laporan bisnis.
고관(高官)＜go/gwan＞ pejabat tinggi; pembesar.
고교(高校)＜go/gyo＞ Sekolah Menengah Atas (SMA). ~내신성적 raport Sekolah Menengah Atas. ~생 siswa Sekolah Menengah Atas.
고구마＜go/gu/ma＞ ubi jalar.
고국(故國)＜go/guk＞ tanah air; nusa. ~을 그리다 merindukan tanah air.
고군(孤軍)＜go/gun＞ pasukan tiada harapan. ~분투하다 bertempur sendiri (tanpa bantuan).
고궁(古宮)＜go/gung＞ istana kuno.
고귀(高貴)＜go/gwi＞ ~한 bangsawan; berbangsa; jalal; syarif; mulia; agung; terhormat; kemala. ~한 집안에서 태어나다 lahir di

keluarga bangsawan (raja).

고금(古今)＜go/geum＞ zaman kuno dan modern. ～에 유례(類例)없는 belum pernah terjadi sebelumnya. ～을 통하여 sepanjang zaman.

고급(高級)＜go/geub＞ ～의 kelas/ tingkat tinggi; terkemuka; senior. ～공무원 pejabat tinggi; pegawai tinggi. ～장교 perwira berpangkat tinggi. ～차(車) mobil mewah. ～품 barang-barang berkualitas tinggi.

고급(高給)＜go/geub＞ gaji tinggi. ～사원 pegawai/karyawan bergaji tinggi.

고기＜go/gi＞ ① daging. ～한점 sepotong daging. 다진～ daging cincang. ② ikan. ～잡이 nelayan; pemukat; pemancing.

고기밥＜go/gi/bab＞ ① ☞ 미끼. ② (먹이) pakan; makanan ternak.

고기압(高氣壓)＜go/gi/ab＞ tekanan atmosfer tinggi. 대륙성～ tekanan tinggi benua/kontinental.

고깝다＜go/kab/ta＞ menjijikkan.

고난(苦難)＜go/nan＞ duka cita; penderitaan; kesengsaraan; pahit getir; musakat. ～을 겪다 mengalami kesengsaraan. ～을 극복하다 mengatasi kesulitan.

고뇌(苦惱)＜go/noe＞ penderitaan; kesusahan.

고니＜go/ni＞ 『鳥』 angsa.

고다＜go/da＞ ① merebus sampai lunak. 쇠고기를 흐무러지게 ～ merebus daging sapi sampai lunak. ② menyuling(minuman keras). 소주를～ menyuling arak.

고단하다＜go/dan/hada＞ lelah; terkuras; letih.

고달이＜go/da/ri＞ segulung (tali).

고달프다＜go/dal/feu/da＞ lelah sekali; terkuras; kehabisan tenaga.

고담(古談)＜go/dam＞ cerita lama; cerita rakyat.

고대(古代)＜go/dae＞ zaman kuno; zaman kawi; zaman tandun; purbakala. ～의 kuno; antik; bahari; purba; lama. ～로부터 dari zaman kuno. ～사 sejarah kuno. ～인 orang kuno.

고대(苦待)＜go/dae＞ ～하다 menunggu dengan tidak sabar; merindukan; menunggu-nunggu. ～하던 소식 berita yang telah lama ditunggu.

고대＜go/dae＞ barusan; baru saja.

고대광실(高大廣室)＜go/dae/gwang/sil＞ rumah besar.

고도(古都)＜go/do＞ kota kuno; bekas ibu kota.

고도(孤島)＜go/do＞ pulau terpencil.

고도(高度)＜go/do＞ ① ketinggian. 600 미터의～를 유지하다 mempertahankan ketinggian 600 meter. ～계(計) ukuran ketinggian; pengukur ketinggian. ～비행 penerbangan tinggi. ② tingkat [kekuatan] tinggi. ～의 tinggi; berkekuatan tinggi; maju (peradaban). ～경제성장 pertumbuhan ekonomi yang tinggi.

고독(孤獨)＜go/dok＞ penyendirian; kelengangan; kesunyian; kesepian. ～하다 terpencil; sunyi; sepi; lengang. ～한 생활을 보내다 menjalani hidup yang kesepian; hidup kesepian.

고동＜go/dong＞ ① knop; kran. ～을 틀다 [잠그다] membuka [menutup] kran. ② peluit uap; sirine. ～을 울리다 meniup peluit. ③ (요점) faktor penentu; bagian penting.

고동(鼓動)＜go/dong＞ denyutan; debaran. ～하다 berdetak; endutendutan; berdenyut; berdebar.

고동맥(股動脈)＜go/dong/maek＞ arteri femoral; arteri paha.

고동색(古銅色)＜go/dong/saek＞ cokelat tua; coklat kemerah-merahan.

고되다＜go/doe/da＞ sulit (menahan); menyakitkan.

고둥＜go/dung＞ 『貝』 siput; kerang spiral.

고들고들＜go/deul/go/deul＞ ～한 kering dan keras.

고등(高等)＜go/deung＞ ～의 kelas (tingkat) tinggi; tinggi. ～교육 orang berpendidikan tinggi; intelektual. ~군법 회의 mahkamah militer umum. ~동물 hewan tingkat tinggi. ~법원 pengadilan tinggi; mahkamah tinggi. ~수학 matematika lanjut. ~식물(植物) tanaman tingkat tinggi. ~학교 Sekolah Menengah Atas (SMA).

고등어 ＜go/deung/eo＞ 『魚』 ikan kembung; pelata; ikan talang.

고딕 ＜go/dik＞ Gotik. ~식 건축 arsitektur Gotik. ~체 tipe Gotik.

고라니 ＜go/ra/ni＞ 『動』 rusa besar.

고락(苦樂) ＜go/rak＞ kegembiraan dan kesedihan; suka duka. ~을 같이하다 berbagi suka dan duka.

고랑 ＜go/rang＞ borgol; pasung; belenggu; kongkong. ~을 채우다 memborgol; membelenggu.

고랑 ＜go/rang＞ alur; jajaran; galur; palung. ~을 짓다 membuat alur.

고랑창 ＜go/rang/chang＞ alur dalam sempit; selokan.

고래 ＜go/rae＞ 『動』 (ikan) paus; lodan; ikan raya; ikan nun. ~기름 minyak ikan paus. ~수염 tulang ikan paus. ~작살 harpun; garpu pelontar. ~잡이 penangkapan ikan paus.

고래(古來) ＜go/rae＞ ~의 tua (kuno). ~로 dari zaman kuno.

고래고래 ＜go/rae/go/rae＞ dengan keras; dengan lantang. ~ 소리지르다 berteriak dengan keras

고래등 ＜go/rae/deung＞ ~같은 agung.

고량(高粱) ＜go/ryang＞ 『植』 barlei. ~주(酒) minuman keras dari barlei.

고려(考慮) ＜go/ryeo＞ pertimbangan; pemikiran; perhitungan. ~하다 mempertimbangkan; memperhitungkan; memikirkan. 충분히 ~하여 setelah dipertimbangkan. ~에 넣다[안넣다] mempertimbangkan [tidak mempertimbangkan]. ~중이다 dalam pertimbangan.

고려(顧慮) ＜go/ryeo＞ kepedulian; pertimbangan. ~하다 mengang-

gap; menghargai; mempertimbangkan.

고려자기(高麗瓷器) ＜go/ryeo/ja/gi＞ keramik/porselen Goryeo.

고령(高齡) ＜go/ryeong＞ umur sudah tua; usia lanjut. ~으로 죽다 mati pada usia tua. ~자 orang yang sudah tua; manula.

고령토(高嶺土) ＜go/ryeong/tho＞ kaolin; tanah liat.

고로(古老) ＜go/ro＞ tetua; kamitua; orang yang sudah tua. 마을의 ~ sesepuh/ kamitua desa.

고로(高爐) ＜go/ro＞ tungku bakar/ tanur peleburan besi.

고로(故 -) ＜go/ro＞ jadi; maka; sebab itu. ☞ 그러므로.

고료(稿料) ＜go/ryo＞ honor untuk naskah. ~생활자 penulis komersial.

고루 ＜go/ru＞ sama rata. ~나누다 membagi sama rata.

고루(固陋) ＜go/ru＞ ~한 sempit pandangan; konservatif; kolot.

고루(高樓) ＜go/ru＞ gedung/bangunan tinggi.

고르다 ＜go/reu/da＞ sama; serupa; mirip.

고르다 ＜go/reu/da＞ ① meratakan; mendatarkan. 땅을~ meratakan tanah. ② memilih. 잘[잘못]~ membuat pilihan yang bagus [buruk].

고름 ＜go/reum＞ nanah. ~이 생기다 bernanah. ~을 짜다 mengeluarkan (memencet) nanah.

고리 ＜go/ri＞ cincin; gulungan; gelang. ~를 만들다 membentuk cincin; membentuk gulungan.

고리(高利) ＜go/ri＞ bunga tinggi; riba. ~로 pada tingkat bunga yang tinggi. ~대금업 riba yang sangat tinggi. ~대금업자 lintah darat. ~채(債) pinjaman berbunga tinggi.

고릴라 ＜go/ril/la＞ 『動』 gorila.

고립(孤立) ＜go/rib＞ isolasi; penyendirian; keasingan; kepencilan; pengasingan; pengisolasian. ~하다

diisolasi; diisolir.　～한 terisolasi; terasing. 국제적～ isolasi internasional.　～주의 isolasionisme.　～파 isolasionis.

고마움＜go/ma/um＞　(감사)rasa terima kasih, (가치)nilai; harga. 돈의 ～을 알다 tahu nilai uang. 그는 돈의 ～을 모른다 Dia tidak tahu nilai uang.

고막(鼓膜)＜go/mak＞ gendang telinga; anak telinga; gendang pendengar.　～염(炎) radang gendang telinga.

고맙다＜go/mab/ta＞ berterima kasih; bersyukur; Terima kasih!.

고매(高邁)＜go/mae＞　～하다 bangsawan.

고명(古名)＜go/myeong＞ nama lama.

고명(高名)＜go/myeong＞ ① (명성) ketenaran; permuliaan; keharuman; kemasyhuran; kemuliaan; keterkenalan. ② (경어) nama anda.

고명딸＜go/myeong/tal＞ satu-satunya anak putri diantara banyak putra.

고모(姑母)＜go/mo＞ tante (bibi). ～부 paman (oom).

고목(古木)＜go/mok＞ pohon tua.

고목(枯木)＜go/mok＞ pohon mati.

고무(鼓舞)＜go/mu＞ dorongan (semangat).　～하다 memberi semangat; menggelorakan; menyemangatkan; menjiwai; memberanikan; memotori. 사기를 ～하다 meningkatkan semangat.

고무＜go/mu＞ karet; penghapus. ～창을 댄 bersol karet.　～공 bola karet.　～나무 pohon karet.　～신 sepatu karet.　～제품 barang-barang karet.　～줄 tali karet.　～풀 lem karet. 생～ karet mentah. 인조～ karet sintetis. 재생～ karet yang didaur ulang.

고문(古文)＜go/mun＞ karangan kuno.　～체 gaya karangan kuno.

고문(拷問)＜go/mun＞ penyiksaan; penganiayaan; hukuman; rajaman.　～하다 menyiksa; menghukum; menganiaya; menyakiti.　～대 tempat penyiksaan.

고문(顧問)＜go/mun＞ penasihat; penimbang; mufti. 군사～단 kelompok penasihat militer. 기술～ penasihat teknis. 법률～ penasihat hukum.　～변호사 pengacara.

고물＜go/mul＞ tepung (dari kacang dan lain-lain)untuk kue beras.

고물＜go/mul＞ buritan kapal.　～에 di buritan kapal.

고물(古物)＜go/mul＞　① ☞ 골동품. ② barang bekas; barang loakan.　～상 pedagang barang bekas; tukang loak.　～시장 pasar barang bekas.

고물딱지＜go/mul/tak/ji＞ barang bekas.

고미(苦味)＜go/mi＞ rasa pahit; kepahitan.

고민(苦悶)＜go/min＞ kemeranaan.　～하다 merana. 사랑의～ kemeranaan cinta.

고발(告發)＜go/bal＞ tuntutan; dakwaan; gugatan; tuduhan.　～하다 menuntut; mendakwa. ...의 ～에 따라(서) sesuai dengan laporan/pengaduan. 방화범으로 ～하다 menuntut karena pembakaran.　～자 penuntut.　～장 surat pengaduan.

고배(苦杯)＜go/bae＞ pil pahit.　～를 마시다 menelan pil pahit.

고백(告白)＜go/baek＞ pengakuan;　～하다 mengaku; berikrar; mengakui. 죄상을 ～하다 mengakui kesalahan.

고별(告別)＜go/byeol＞ pamitan;mohon diri; minta izin.　～하다 mengucapkan selamat jalan; berpamitan.　～사 ucapan selamat jalan ; pidato perpisahan.　～식 upacara perpisahan.　～연주회 konser perpisahan.

고병(古兵)＜go/byeong＞ veteran.

고본(古本)＜go/bon＞ buku bekas.　～상(商) toko buku bekas.

고본(稿本)＜go/bon＞ naskah; manuskrip.

고봉(高峰)＜go/bong＞ puncak tinggi.　~준령　puncak gunung yang tinggi dan curam.

고봉(高捧)＜go/bong＞　setumpuk…; ukuran penuh.

고부(告訃)＜go/bu＞　☞ 부고.

고부(姑婦)＜go/bu＞　ibu mertua dan menantu perempuan.

고분(古墳)＜go/bun＞　kuburan tua. ~을 발굴하다 menggali kuburan tua.

고분고분＜go/bun/go/bun＞　dengan patuh. ~하다 patuh; penurut.

고분자(高分子)＜go/bun/ja＞　molekul rantai/polimer. ~화합물 senyawa polimer.

고비＜go/bi＞　klimaks; kritis; kemelut; gawat. ~를 넘다 melampaui kritis.

고비＜go/bi＞　berkas surat; tempat surat.

고비＜go/bi＞　『植』pakis/paku berbunga; pimping.

고비사막(-沙漠)＜go/bi/sa/mak＞　padang pasir Gobi; gurun Gobi.

고삐＜go/pi＞　tali kekang; kili-kili; tali kendali. ~를 당기다 mengencangkan tali kekang. ~를 늦추다 mengendorkan tali kekang.

고사(古史)＜go/sa＞　sejarah kuno.

고사(古事)＜go/sa＞　kejadian/peristiwa kuno.

고사(考査)＜go/sa＞　pertimbangan; pengujian; tes. ~하다 menguji. 본 ~ ujian akhir. 학력 ~ tes prestasi.

고사(固辭)＜go/sa＞　~하다 menolak dengan positif.

고사(枯死)＜go/sa＞　~하다 layu.

고사(故事)＜go/sa＞　fakta sejarah; kenyataan sejarah. ~를 인용하다 menyinggung peristiwa sejarah.

고사(高射)＜go/sa＞　~기관총 senapan mesin anti pesawat udara. ~포 senapan anti pesawat udara. ~포부대 pasukan anti pesawat udara.

고사리＜go/sa/ri＞　『植』pohon pakis; paku-pakuan.

고사장(考査場)＜go/sa/jang＞　tempat ujian.

고사하고(姑捨 -)＜go/sa/ha/go＞　alih-alih(kan); jangankan; jangan dikata. 걷는것은 ~앉을수도없다 Jangankan berjalan, duduk pun tak dapat.

고산(高山)＜go/san＞　pegunungan tinggi. ~의 alpen. ~병(病) penyakit gunung. ~식물 tanaman Alpen.

고살(故殺)＜go/sal＞　pembunuhan gelap.

고상(高尚)＜go/sang＞　~하다 agung; mulia; tinggi; anggun; ningrat; berbudi halus. ~한 취미 selera yang tinggi. ~한 인격 sifat bangsawan; kebangsawanan.

고색(古色)＜go/saek＞　warna antik.

고생(苦生)＜go/saeng＞　kesengsaraan; kesulitan; penderitaan; prihatin. ~하다 mengalami kesengsaraan. ~스러운 sengsara; menyedihkan. ~길에 들다 jatuh ke dalam kemalangan. 가난으로 ~하다 menderita kemiskinan. ~을 같이 하다 berbagi kesengsaraan. ~살이 hidup sengsara.

고생대(古生代)＜go/saeng/dae＞　『地』zaman Palaeozoik. ~의 Palaeozoik.

고생물(苦生物)＜go/saeng/mul＞　hewan dan tanaman yang punah. ~학 palaentologi. (~학자 ahli palaentologi; palaentolog).

고서(古書)＜go/seo＞　buku tua/kuno.

고성(古城)＜go/seong＞　kastil (puri) kuno; kota kuno.

고성(孤城)＜go/seong＞　puri yang tersendiri.

고성(高聲)＜go/seong＞　suara keras. ~으로 dengan keras. ~방가(放歌)하다 menyanyi dengan suara keras.

고성능(高性能)＜go/seong/neung＞　kinerja yang tinggi. ~의 sangat efisien. ~수신기 pesawat penerima dengan ketelitian tinggi. ~폭약 bahan peledak kuat (TNT). ~중식로(增殖爐) reaktor pembiak cepat (FBR).

고소(告訴)＜go/so＞　gugatan; tuntuttutan; dakwaan; tuduhan. ~하다 menggugat; menuntut; menuduh. ~를 수리[기각, 취하]하다 menerima [menolak; menarik] gugatan. 사기로 ~당하다 dituduh menipu/ curang. ~인 penuduh; pendakwa; penggugat.

고소(苦笑) < go/so > senyum pahit. ~하다 tersenyum pahit.

고소(高所) < go/so > dataran tinggi; ketinggian. ~ 고포증 akrophobia/ gamang; takut jatuh dari tempat tinggi.

고소득층(高所得層) < go/so/deuk/cheung > golongan berpenghasilan tinggi. ☞ 고액소득자.

고소원(固所願) < go/so/won > kehendak/keinginan yang sungguh- sungguh.

고소하다 < go/so/hada > ① (맛 냄새가) aroma minyak wijen. ② (남의 일이) senang (melihat kesalahan orang lain).

고속(古俗) < go/sok > adat kuno; adat lama.

고속(高速) < go/sok > kecepatan tinggi. ~도로 jalan raya bebas hambatan (untuk kecepatan tinggi); jalan tol. ~버스 bis ekspres/ cepat. ~화(化)도로 jalan semi ekspres.

고수(固守) < go/su > ~하다 berpegang teguh (pada); bersikukuh (pada); memegang teguh.

고수(鼓手) < go/su > penabuh genderang; tukang tambur; juru gendang.

고수머리 < go/su/meo/ri > rambut keriting/ikal.

고수부지(高水敷地) < go/su/bu/ji > tanah teras pada sungai.

고스란히 < go/seu/ran/hi > sebagaimana adanya; kesemuanya; seluruhnya; utuh. ~그대로 있다 tetap sebagaimana adanya.

고슴도치 < go/seum/do/chi > 『動』 andak.

고승(高僧) < go/seung > pendeta tinggi; pendeta piawai.

고시(告示) < go/si > pengumuman; pemberitahuan; maklumat. ~하다 mengumumkan; memaklumatkan; ~가격 harga resmi. ~판 papan pengumuman.

고시(考試) < go/si > ujian. 고등[보통]~ ujian pegawai sipil tinggi [biasa]. 국가 ~ ujian negara.

고실(鼓室) < go/sil > gendang telinga.

고심(苦心) < go/sim > kerja keras; daya upaya; susah payah. ~하다 bekerja keras; bersusah payah. ~하여 dengan kerja keras. ~참담하다 bekerja membanting tulang. ~담 riwayat pengalaman sedih seseorang.

고아(古雅) < go/a > ~하다 antik dan anggun; klasik.

고아(孤兒) < go/a > yatim piatu. ~가 되다 menjadi yatim piatu. ~원 rumah yatim piatu/panti asuhan. 전쟁~ yatim piatu akibat perang.

고아(高雅) < go/a > ~한 anggun; halus.

고안(考案) < go/an > ide; rencana; rancangan. ~하다 merencanakan; merancang. ~자 perancang.

고압(高壓) < go/ab > tegangan tinggi; tekanan tinggi, pemaksaan. ~적 paksaan. ~적으로 dengan memaksa. ~선 kabel tegangan tinggi. ~수단 tindakan keras

고액(高額) < go/aek > jumlah besar (uang). ~권 uang besar/nominal. ~납세자 pembayar pajak tinggi. ~소득자 golongan penghasilan tinggi.

고약(膏藥) < go/yak > plester; salep.

고약하다 < go/yak/hada > jahat; jelek.

고양이 < go/yang/i > kucing; meong. ~새끼 anak kucing.

고어(古語) < go/eo > ujar-ujar kuno.

고언(苦言) < go/eon > nasihat pahit. ~을 하다 memberikan nasehat yang pahit.

고역(苦役) < go/yeok > kerja keras.

~을 치르다 bekerja keras; memeras keringat.

고열(高熱) <go/yeol> demam/suhu tinggi.

고옥(古屋) <go/ok> rumah tua; bangunan kuno.

고온(高溫) <go/on> suhu tinggi. ~계(計) pirometer; pengukur api.

고요하다 <go/yo/hada> diam; sepi; tenang; ranap.

고용(雇用) <go/yong> pengkerjaan; pengupahan; penggajian. ~하다 mempekerjakan; menggaji; mengupah. ~주 majikan; atasan; pengusaha; tauke; induk semang.

고용(雇傭) <go/yong> kerja. ~하다 dipekerjakan. ~계약 kontrak kerja. ~살이 hidup sebagai pekerja/buruh. ~인 pekerja. ~조건 kondisi tenaga kerja. 완전~ kerja penuh.

고원(高原) <go/won> dataran tinggi. ~지대 daratan tinggi.

고원(高遠) <go/won> ~하다 tinggi; bangsawan.

고원(雇員) <go/won> pegawai [kecil].

고위(高位) <go/wi> pangkat tinggi; paterana. ~관리 pejabat pemerintah berpangkat tinggi. ~성직자 pemuka agama.

고위도(高緯度) <go/wi/do> garis lintang tinggi.

고유(固有) <go/yu> ~의 istimewa (khusus); khas. 동양 ~의 풍속 keistimewaan adat timur. ~명사 kata benda nama diri.

고율(高率) <go/yul> tingkat yang tinggi. ~의 이자 tingkat/suku bunga yang tinggi. ~관세 tarif tinggi. ~배당 tingkat deviden yang tinggi.

고을 <go/eul> kampung; pedusunan.

고음(高音) <go/eum> suara tinggi. ~부『樂』 soprano.

고읍(古邑) <go/eub> kota tua/kuno.

고의(故意) <go/eui> maksud; tujuan; kesengajaan. ~의 sengaja; terniat; termaksud. ~로 dengan sengaja; disengaja; memang diniatkan. ~가 아닌 tidak sengaja; tidak terniat; tidak termasuk.

고의(高誼) <go/eui> persahabatan akrab.

고이 <go/i> ① (곱게) dengan cantik; dengan anggun. ② dengan damai; dengan tenang, dengan hati-hati. ~잠들다 meninggal dengan damai. ~다루다 menangani dengan hati-hati.

고인(故人) <go/in> almarhum; orang yang telah meninggal. ~이 되다 mati; meninggal; wafat.

고인돌 <go/in/dol> dolmen.

고자(告者) <go/ja> ~질하다 melaporkan. ~쟁이 pengadu; pelapor.

고자(鼓子) <go/ja> lemah syahwat; impoten.

고자세(高姿勢) <go/ja/se> sikap angkuh. ~로 나오다 berkelakuan angkuh.

고작 <go/jak> paling banyak; paling baik; paling-paling. ~20세 밖에안된다 Dia paling banyak berumur 20 tahun.

고장 <go/jang> sentra produksi; daerah. 말의~ daerah kuda. 사과의(본)~ daerah apel. 그~팀 tim tuan rumah.

고장(故障) <go/jang> gangguan; kerusakan. ~나다 menjadi rusak. 기관의~ gangguan mesin. ~(이)난 차 mobil yang rusak.

고저(高低) <go/jeo> ketidakmerataan; fluktuasi; penggelombangan. ~있는 naik turun; berfluktuasi.

고적(古蹟) <go/jeok> peninggalan sejarah; tempat bersejarah.

고적(孤寂) <go/jeok> kesepian. ~하다 kesepian.

고적대(鼓笛隊) <go/jeok/dae> drum band. ~장 mayoret.

고적운(高積雲) <go/jeok/un> altokumulus (awan).

고전(古典) <go/jeon> buku klasik; klasik. ~적 klasik. ~미 kecantikan klasik. ~주의 klasikisme.

고전(古錢)＜go/jeon＞ mata uang kuno. ～수집가 kolektor mata uang kuno.

고전(苦戰)＜go/jeon＞ pertandingan yang ketat; pertempuran yang sengit. ～하다 bertanding ketat; bertempur sengit.

고정(固定)＜go/jeong＞ ～하다 menetapkan; ditetapkan. ～관념 ☞ 고착 관념 / ～급(給) gaji tetap. ～적(수입) penghasilan tetap. ～손님 pelanggan tetap. ～자본 modal tetap. ～자산 harta tidak bergerak; harta tetap.

고제(古制)＜go/je＞ sistem lama.

고조(高潮)＜go/jo＞ pasang naik; klimaks; kulminasi. ～된 장면 klimaks. ～최 ～에 달하다 mencapai klimaks. ～서(緖) garis air tinggi; garis pasang.

고주망태＜go/ju/mang/thae＞ mabuk berat. ～가 되다 menjadi mabuk berat.

고주파(高周波)＜go/ju/fa＞ 『理』 frekuensi tinggi. ～전류 arus frekuensi tinggi.

고증(考證)＜go/jeung＞ penelitian; riset; penyelidikan. ～하다 meneliti; menyelidiki. ～학(學) metodologi riset sejarah.

고지(告知)＜go/ji＞ pemberitahuan; maklumat. ～하다 memberi tahu; memaklumatkan. (납세)～서 surat pemberitahuan (pajak).

고지(高地)＜go/ji＞ dataran tinggi.

고지기(庫 -)＜go/ji/gi＞ penjaga gudang.

고지대(高地帶)＜go/ji/dae＞ kawasan perbukitan. ～의 주민 penduduk kawasan perbukitan.

고지식하다＜go/ji/sik/hada＞ lugu; sederhana dan jujur.

고질(痼疾)＜go/jil＞ penyakit kronis/idapan. ～환자 penderita penyakit kronis.

고집(固執)＜go/jib＞ kekeraskepalaan; kefanatikan; kekukuhan. ～하다 berpegang teguh (pada); berkukuh (dalam). ～센 keras kepala; tegar hati; kukuh; fanatik; kepala batu. 자기 설을 ～하다 berpegang teguh pada pendapatnya. ～불통 kekeraskepalaan/kefanatikan yang ekstrim. ～장이 orang yang keras kepala; orang yang kepala batu.

고차방정식(高次方程式)＜go/cha/bang/jeong/jik＞ 『數』 persamaan pangkat tinggi.

고착(固着)＜go/chak＞ ～하다 melekat; menempel pada; melengket; berpegang teguh (pada). ～관념 ide/gagasan tetap.

고찰(古利)＜go/chal＞ candi kuno/tua.

고찰(考察)＜go/chal＞ penelitian; penelaahan; penyelidikan. ～하다 meneliti; menelaah; menyelidiki. 사회 문제에 관한～ penelitian masalah sosial.

고참(古參)＜go/cham＞ veteran; senior. ～의 senior. ～병 tentara veteran.

고창(高唱)＜go/chang＞ ～하다 menyanyi dengan keras; (주창) membela.

고철(古鐵)＜go/cheol＞ besi tua.

고체(古體)＜go/che＞ gaya kuno.

고체(固體)＜go/che＞ benda padat; zat padat. ～의 padat. ～화(化)하다 memadatkan. ～연료 bahan bakar padat.

고초(苦楚)＜go/cho＞ kesengsaraan; penderitaan; cobaan. ～를 겪다 menderita; mengalami cobaan.

고총(古塚)＜go/chong＞ makam tua.

고추＜go/chu＞ cabe; lada merah. ～잠자리 capung merah. ～장 pasta cabe; cabe giling.

고충(苦衷)＜go/chung＞ kesulitan; dilema; kesusahan; posisi yang sulit. ～을 알아주다 memahami kesulitan orang.

고취(鼓吹)＜go/chwi＞ penggeloraan; pemompaan (semangat). ～하다 menggelorakan; memompa (semangat). 애국심을 ～하다 memompa semangat patriotisme.

고층(高層)＜go/cheung＞ lantai atas;

lapisan atas. ~건물 bangunan tinggi. ~기류 udara lapisan atas. ~운(雲) altostratus.

고치＜go/chi＞ kepompong (sutera). 빈~ kepompong kosong. ~에서 실을 잣다 memintal benang sutera dari kepompong.

고치다＜go/chi/da＞ ① menyembuhkan; memulihkan. 환자의병을 ~ menyembuhkan pasien dari sakit. ② memperbaiki; mereparasi. 기계[구두]를~ memperbaiki mesin [sepatu]. ③ memperbaiki. 나쁜 버릇을~ memperbaiki perbuatan yang buruk. ④ membetulkan; membenarkan. 틀린 데를~ membetulkan kesalahan/kekeliruan. ⑤ mengubah; mengganti. 예정표를~ mengubah jadwal. ⑥ (번역) menerjemahkan.

고칭(古稱)＜go/ching＞ nama lama; nama kuno.

고탑(古塔)＜go/thab＞ menara tua; pagoda kuno.

고태(古態)＜go/thae＞ keadaan/rupa barang yang sudah tua; rupa yang antik.

고토(苦土)＜go/tho＞ 『化』 magnesium. ~운모(雲母) 『鑛』 biotit.

고통(苦痛)＜go/thong＞ penderitaan; kesengsaraan; kepedihan; kedukaan. ~스러운 menyakitkan; menyusahkan; sukar; perih; pahit; sembiluan; susah hati. 심한~ sangat menderita. ~을 느끼다 merasa/menderita sakit. ~을 참다 menahan sakit. ~을 주다 menyakitkan; menyengsarakan; melukai. ~을 덜다 meredakan sakit.

고풍(古風)＜go/fung＞ gaya antik.

고프다＜go/feu/da＞ lapar. 배가~ merasa lapar.

고하(高下)＜go/ha＞ pangkat; mutu; naik turun; fluktuasi .

고하다(告 -)＜go/hada＞ memberitahu; mengumumkan. 종언(終焉)을 ~ berakhir. …에게 작별을~ mengucapkan selamat berpisah. 일반에게~ mengumumkan kepada masyarakat.

고학(苦學)＜go/hak＞ ~하다 bersekolah sambil bekerja. ~생 siswa yang mandiri.

고함(高喊)＜go/ham＞ teriakan; sorakan; pekik; gerontang; gertak. ~지르다[치다] memekik; menyengap; menggerung; berkaok; berteriak.

고해(苦海)＜go/hae＞ dunia manusia yang pahit.

고행(苦行)＜go/haeng＞ tapa. ~하다 bertapa. ~자 pertapa; resi; jahid.

고향(故鄕)＜go/hyang＞ tanah tumpah darah; kampung halaman. 제2의~ kampung halaman kedua. ~을 그리워하다 rindu kampung halaman. ~에 돌아가다 kembali ke kampung halaman. ~방문 kunjungan ke kampung halaman.

고현학(考現學)＜go/hyeon/hak＞ penelitian terhadap fenomena modern.

고혈(膏血)＜go/hyeol＞ keringat dan darah. 백성(百姓)의 ~을 빨다[짜내다] menghisap darah rakyat.

고혈압(高血壓)＜go/hyeol/ab＞ tekanan darah tinggi; hipertensi. ~증 gejala darah tinggi. ~환자 penderita darah tinggi.

고형(固形)＜go/hyeong＞ kepadatan. ~의 padat. ~화하다 memadatkan. ~물[체] benda padat; padatan.

고혼(孤魂)＜go/hon＞ roh sendirian. 수중 ~이 되다 mati tenggelam di laut.

고화(古畵)＜go/hwa＞ lukisan kuno.

고환(睾丸)＜go/hwan＞ buah pelir; kelendir. ~염(炎) radang buah pelir. 부(副)~ epidimis.

고희(古稀)＜go/heui＞ usia 70 tahun. 연세가~에 이르다 mencapai umur 70 tahun.

곡(曲)＜gok＞ nada; musik.

곡(哭)＜gok＞ ratapan ☞ 곡하다.

곡가(穀價)＜gok/ga＞ harga biji-bijian.

곡괭이＜gok/gwaeng/i＞ cangkul; pacul.

곡구(曲球)＜gok/gu＞　『野』 bola lengkung.

곡기(穀氣)＜gok/gi＞ makanan. ~를 끊다 berpuasa.

곡류(曲流)＜gok/ryu＞ sungai yang berkelok-kelok.

곡류(穀類)＜gok/ryu＞ biji-bijian; serelia.

곡률(曲率)＜gok/ryul＞ kelengkungan. 공간~ kelengkungan ruang.

곡마(曲馬)＜gok/ma＞ sirkus. ~단 rombongan sirkus.

곡목(曲目)＜gok/mok＞ programa lagu.

곡물(穀物)＜gok/mul＞ biji-bijian; serelia. ~시장 pasar biji-bijian. ~ 장수 pedagang biji-bijian. ~창고 gudang biji-bijian.

곡보(曲譜)＜gok/bo＞ ☞ 악보(樂譜).

곡사(曲射)＜gok/sa＞ tembakan sudut tinggi. ~포 senapan sudut tinggi; howitzer.

곡선(曲線)＜gok/seon＞ kurva; garis lengkung. ~의 melengkung. ~미 kecantikan garis lengkung.

곡성(哭聲)＜gok/seong＞ tangisan; ratapan.

곡식(穀食)＜gok/sik＞ biji-bijian; serelia.

곡예(曲藝)＜gok/ye＞ pertunjukan akrobat. ~사 penambul; pemain akrobat. 공중~ pertunjukan akrobat udara.

곡절(曲折)＜gok/jeol＞ ① alasan. 무슨~인지 untuk suatu alasan yang tidak diketahui. 여러가지~이 있어서 karena banyak alasan. ② komplikasi; kerumitan, naik turun. 인생의 파란~ naik turun kehidupan.

곡조(曲調)＜gok/jo＞ nada; melodi; langgam; lagu ~에 안 맞는 노래 nyanyian sumbang. 한 ~부르다 menyanyikan sebuah lagu.

곡창(穀倉)＜gok/chang＞ ① (창고) gudang biji-bijian. ② (많이 나는 데) lumbung.

곡척(曲尺)＜gok/cheok＞ pengukur logam; siku-siku tukang kayu.

곡하다(哭 -)＜gok/hada＞ ratapan.

곡해(曲解)＜gok/hae＞ kesalahtafsiran; distorsi makna. ~하다 salah tanggap; salah mengerti; salah menafsirkan.

곡향(穀鄕)＜gok/hyang＞ lumbung.

곤경(困境)＜gon/gyeong＞ posisi yang sulit; kesulitan; kesusahan; kesukaran ~에 빠지다 jatuh kedalam kesulitan.

곤궁(困窮)＜gon/gung＞ kemiskinan; kesengsaraan; kemelaratan ~한 miskin; melarat ~한 사람들 kaum miskin.

곤두박이다＜gon/du/bak/i/da＞ jatuh terjerembab; terjungkal; terjungkir.

곤두박이치다＜gon/du/bak/i/chi/da＞ jatuh kepala dulu; terjungkal; terjungkir.

곤두서다＜gon/du/seo/da＞ tegak; tegak bulu roma.

곤두세우다＜gon/du/se/u/da＞ menyeramkan; menegakkan bulu roma.

곤드라지다＜gon/deu/ra/ji/da＞ jatuh tidur. 술에 취해 ~ tertidur mabuk.

곤드레만드레＜gon/deu/re/man/deu/re＞ mabuk berat ~가 되다 jadi mabuk berat.

곤란(困難)＜gon/ran＞ kesulitan; kesukaran; kepelikan; kesusahan. ~한 sulit; sukar sekali; sarit; kempunan ~한 처지 kedudukan sulit ~을 극복하다 mengatasi kesulitan ~을 받다 tertimpa kesulitan; mendapat kesulitan. 생활이 ~하다 hidup susah 재정~ kesulitan keuangan.

곤룡포(袞龍袍)＜gon/ryong/fo＞ jubah kerajaan.

곤봉(棍棒)＜gon/bong＞ gada; tembung; belantan; pentungan; ganden; kayu pemukul; cokmar ~ 체조 olah raga gada.

곤욕(困辱)＜gon/yok＞ penghinaan yang pahit. ~을 당하다 menanggung penghinaan yang pahit.

곤장(棍杖)＜gon/jang＞ pentungan. ~을 안기다 mementung.

곤죽＜gon/juk＞ ① (진창) lumpur. ② (뒤범벅) kotoran.

곤충(昆蟲)＜gon/chung＞ serangga ~채집 peng(k)oleksian serangga ~학 entomologi (ilmu tentang serangga). ~학자 ahli serangga.

곤핍(困乏)＜gon/fib＞ ~한 lelah; capek.

곤하다(困 -)＜gon/hada＞ lelah; capek; terkuras. 몹시~ sangat lelah.

곧＜got＞ ① seketika; segera. 지금~ sekarang juga 식사가 끝나자 ~ segera setelah makan malam ~…하다 mengerjakan sesuatu tanpa ditunda ~돌아오겠다 Saya akan kembali segera. ② dengan mudah ~배울 수 mudah belajar. ③ (즉) yakni; yaitu.

곧다＜got/da＞ ① (물건이) lurus. ② (마음이) jujur; lurus hati.

곧바로＜got/ba/ro＞ langsung; terus; lantas; lanjut ~집에 돌아가다 langsung pulang ke rumah.

곧이곧대로＜got/i/got/dae/ro＞ terus terang; dengan jujur. ~말하다 mengatakan terus terang.

곧이듣다＜got/i/deut/da＞ menanggapi sungguh-sungguh; mempercayai. 농담을~ menanggapi gurauan dengan serius.

곧잘＜got/jal＞ agak baik. 책을~ 읽다 membaca buku dengan baik.

곧장＜got/jang＞ langsung; lantas; terus; lanjut. ~집으로 돌아가다 langsung pulang. 그 길로~떠나다 berangkat tanpa ditunda.

골＜gol＞ sumsum; benak.

골＜gol＞ cengkal sepatu.

골＜gol＞ kemarahan. ~이나다 marah ~나게 하다 membuat marah; menggusarkan. ~내다 menjadi marah; hilang kesabaran. 좀처럼~을 안 내다 tidak cepat marah; sabar.

골＜gol＞ gol; gawang. ~라인[포스트] garis [tiang] gawang. ~키퍼 penjaga gawang.

골간(骨幹)＜gol/gan＞ kerangka; pokok; intisari.

골격(骨格)＜gol/gyeok＞ kerangka; perawakan; bengkarak. ~이 건장한 사람 orang yang berperawakan kekar.

골고루＜gol/go/ru＞ ☞ 고루.

골골하다＜gol/gol/hada＞ menderita penyakit kronis.

골다＜gol/da＞ mendengkur. 드렁드렁 코를~ mendengkur dengan keras.

골동(骨董),골동품(骨董品)＜gol/dong, gol/dong/fum＞ barang antik; barang kuno; barang purbakala.

골든아워＜gol/deun/a/wo＞ waktu puncak; jam pemirsaan puncak.

골똘하다＜gol/tol/hada＞ asyik; bertekun (dalam). 공부에~ asyik belajar. 사업에~ asyik berusaha.

골라잡다＜gol/la/jab/da＞ memilih.

골마루＜gol/ma/ru＞ beranda belakang.

골막(骨膜)＜gol/mak＞ 『解』 periosteum; selaput perut. ~염(炎)『醫』 radang periosteum.

골머리＜gol/meo/ri＞ otak; kepala. ~를 앓다 terganggu pikiran.

골목＜gol/mok＞ gang; lorong. ~대장 jago jalanan. 뒷~ jalan belakang. 막다른~ gang buntu.

골몰(汨沒)＜gol/mol＞ keasyikan. ~하다 asyik (dalam). 일에~하다 asyik dalam pekerjaan.

골반(骨盤)＜gol/ban＞ 『解』 pelvis (tulang pinggul).

골병들다＜gol/byeong/deul/da＞ terluka di dalam.

골분(骨粉)＜gol/bun＞ bubuk tulang. ~비료 pupuk tulang.

골상(骨相)＜gol/sang＞ fisiognomi. ~학 frenologi. (~학자 frenolog).

골수(骨髓)＜gol/su＞ sumsum; empulur; benak. ~에 사무치다 menusuk hati. ~염『醫』 osteomilitis; radang sumsum tulang.

골육(骨肉)＜gol/yuk＞ darah daging sendiri; saudara sendiri. ~상잔 perselisihan antar saudara.

골자(骨子)＜gol/ja＞ inti/pokok; sari pati; bagian terpenting 문제의 ~

inti/pokok persoalan.
골절(骨折)＜gol/jeol＞ patah tulang
～하다 menderita patah tulang.
골질(骨質)＜gol/jil＞ jaringan tulang.
골짜기＜gol/ca/gi＞ lembah; lebak;
ngarai; lembang.
골창＜gol/chang＞ ☞ 고랑창.
골치＜gol/chi＞ pusing; sakit kepala
～아픈 문제 pertanyaan yang su-
kar/memusingkan. ～앓다 tergang-
gu; gelisah. ～가 아프다 menderi-
ta sakit kepala; kepala sakit.
골패(骨牌)＜gol/fae＞ domino.
골프＜gol/feu＞ golf. ～를 치다
bermain golf. ～장(場) lapangan
golf. ～채[공] tongkat [bola] golf.
곪다＜gom/da＞ bernanah; bernu-
kak; membacah. 종기가～ bisul
bernanah.
곯다＜gol/ta＞ ① (덜차다) tetap ti-
dak terisi; kosong. ② (배가) la-
par.
곯다＜gol/ta＞ ① (썩다) membu-
suk. ② (엉걸들다) terluka di da-
lam.
곯리다＜gol/ri/da＞ ① (그릇을)
mengisi kurang dari ukuran penuh.
② (배를) melaparkan.
곯리다＜gol/ri/da＞ ① (썩이다)
membusukkan. ② (해롭히다) me-
lukai orang.
곯아떨어지다＜gol/a/teol/eo/ji/da＞
minum sampai tertidur; tidur bang-
kai.
곰＜gom＞ ① 『動』 beruang. ～
가죽 kulit beruang ～새끼 anak
beruang. ② (사람) telat mikir;
orang tolol.
곰곰＜gom/gom＞ dengan hati-hati;
dengan cermat. ～생각하다 memi-
kirkan dengan hati-hati/cermat.
곰국＜gom/guk＞ sup daging kental.
곰방대＜gom/bang/dae＞ pipa (tem-
bakau) pendek.
곰배팔이＜gom/bae/fal/i＞ orang ca-
cat lengan.
곰보＜gom/bo＞ orang bopeng.
곰살갑다＜gom/sal/gab/ta＞ murah
hati; berpikiran luas.

곰탕(- 湯)＜gom/thang＞ ① ☞ 곰
국. ② (밥을 넣은) sup daging dan
nasi.
곰팡(이)＜gom/fang(i)＞ jamur; la-
puk. ～내 나는 berjamur; lapuk;
jamuran; apek. ～나다[슬다] men-
jadi lapuk; menjadi apek; menjadi
jamuran.
곱＜gob＞ ganda; dobel; jamak;
lipat; rangkap; kali. ☞ 곱하다.
곱다＜gob/ta＞ cantik; bagus; lem-
but (hati).
곱다＜gob/ta＞ kaku kedinginan;
kebas. 추워서 손발이～ kaki dan
tangan kaku kedinginan.
곱다랗다＜gob/da/rat/tha＞ ① (아
름답다) sangat cantik. ② (고스란
하다) utuh.
곱배기＜gob/bae/gi＞ ① (술) gelas
dobel minuman keras. ② (두번 거
듭) dobel/dua kali.
곱사등이＜gob/sa/deung/i＞ bung-
kuk; bongkok.
곱살스럽다＜gob/sal/seu/reob/ta＞
cantik; lembut (hati).
곱셈＜gob/sem＞ perkalian; peng-
gandaan. ～하다 mengalikan;
menggandakan.
곱슬곱슬하다＜gob/seul/gob/seul/ha-
da＞ keriting; ikal.
곱쟁이＜gob/jaeng/i＞ dobel; ganda.
곱절＜gob/jeol＞ penggandaan;
pengalian. ～하다 mengalikan;
menggandakan. 두～ dua kali;
rangkap dua. 두～의양[수] dua
kali sebanyak.
곱치다＜gob/chi/da＞ ① (곱절하다)
mengalikan dua. ② (둘로 접다)
melipat dua.
곱하다＜gob/hada＞ mengalikan. 3
에 2를～ mengalikan 3 dengan 2.
곳＜got＞ tempat; posisi; keduduk-
an; lokalitas. 안전한～ tempat
aman. 숨을～ tempat sembunyi.
～ ～에 di sini dan di sana. 가는
～ ～마다 di mana-mana.
곳간(- 間)＜got/gan＞ gudang. ～차
mobil boks.
공＜gong＞ bola. ～을 차다 menen-

dang bola; menyepak bola.　~을 튀기다 memantulkan bola.　~을 던지다 melempar bola.

공(公) <gong>　① masalah umum; perkara umum.　~과 사를 구별하다 menarik garis antara masalah umum dan pribadi.　② pangeran.　에딘버러 ~ the Duke of Edinburgh.

공(功) <gong> jasa.　특히 ~이 있는 사람 orang yang sangat berjasa.　~을 세우다 melakukan/berbuat jasa.　~들이다 berusaha dengan ikhlas.

공(空) <gong> nol.

공 <gong> gong.　~이 울렸다 gong berbunyi.

공가(空家) <gong/ga> rumah kosong.

공간(空間) <gong/gan> kamar kosong; ruang kosong; tempat kosong.　~적 spasial.　무한한 ~ ruang tidak terbatas.　시간과 ~을 초월하다 mengabaikan waktu dan ruang.　~예술 seni ruang.

공갈(恐喝) <gong/gal> ancaman; intimidasi; todongan; pemerasan.　~하다 mengancam; memeras.　~하여 돈을 빼앗다 memeras uang.

공감(共感) <gong/gam> simpati.　~하다 bersimpati.　~을 불러 일으키다 menimbulkan simpati.　~을 얻다 mendapat simpati.

공개(公開) <gong/gae>　~하다 membuka untuk umum; menawarkan saham untuk umum.　~된 terbuka (bagi umum).　주식(株式)의 ~ penawaran saham untuk umum.　~석상에서 dipublik.　~회의 rapat terbuka.　일반~ pembukaan untuk masyarakat umum.

공개념(公概念) <gong/gae/nyeom> konsep umum.　토지의 ~ konsep umum tentang pemilikan tanah.

공개방송(公開放送) <gong/gae/bang/song> siaran terbuka; siaran untuk umum.

공개입찰(公開入札) <gong/gae/ib/chal> penawaran umum; penawaran

terbuka.

공것(空 -) <gong/keot> pemberian; barang yang gratis.

공격(攻擊) <gong/gyeok> serangan.　~하다 menyerang.　~개시 기간 waktu serangan; jam H.　~군 pasukan penyerang.　~정신 semangat menyerang.　기습~ serangan kejutan.　총~ serangan umum.

공경(恭敬) <gong/gyeong> penghargaan; penghormatan.　~하다 menghargai.　~할 만한 terhormat.　어른을 ~하다 menghormati yang lebih tua.

공고(工高) <gong/go> Sekolah Teknik Menengah (STM).

공고(公告) <gong/go> pengumuman; pemberitahuan; maklumat.　~하다 mengumumkan; menyiarkan; memberitahukan secara resmi; memaklumatkan.

공고(鞏固) <gong/go>　~한 kuat; kokoh.　~한 유대 ikatan yang kuat.

공골차다 <gong/gol/cha/da> ☞ 옹골차다.

공공(公共) <gong/gong>　~의 umum; masyarakat; negara.　~단체 badan pemerintahan; badan umum.　~복지 kesejahteraan masyarakat; kesejahteraan umum.　~사업 perusahaan negara.　~심 semangat pengabdian masyarakat.　~요금 tarif perusahaan negara.　~위생 [시설, 재산] kesehatan [sarana, milik] masyarakat/umum.

공공기관(公共機關) <gong/gong/gi/gwan> lembaga umum.

공공기업체(公共企業體) <gong/gong/gi/eob/che> perusahaan negara; badan usaha milik negara.

공공생활(公共生活) <gong/gong/sae/ng/hwal> kehidupan komunal.

공공심(公共心) <gong/gong/sim> semangat pengabdian masyarakat.

공공연(公公然) <gong/gong/yeon>　~한 terbuka; umum.　~히 secara terbuka.　~한 비밀 rahasia yang terbuka.　~한 사실 perkara yang sudah diketahui secara umum.

공공용(公共用)＜gong/gong/yong＞ milik masyarakat; milik umum.

공과(工科)＜gong/kwa＞ jurusan teknik. ~대학 institut teknologi.

공과(公課)＜gong/gwa＞ pajak masyarakat. ~금(金) =공과 .

공과(功過)＜gong/gwa＞ jasa dan cela.

공관(公館)＜gong/gwan＞ kediaman resmi; rumah dinas. 재외~ kantor diplomat dan konsul Korea di luar negeri. ~장 회의 sidang pimpinan misi diplomatik.

공교롭다(工巧 -)＜gong/gyo/rob/ta＞ tidak terduga; tidak diharapkan.

공구(工具)＜gong/gu＞ alat; perabot. ~점 pemasok suku cadang mesin. 기계~ alat mesin.

공구(工區)＜gong/gu＞ 『建』 bagian pekerjaan.

공군(空軍)＜gong/gun＞ angkatan udara. ~기지 pangkalan udara. ~력 kekuatan udara. ~사관 학교 akademi angkatan udara. ~작전[부대] operasi [satuan] udara. 한국 ~ Angkatan Udara Republik Korea.

공권(公權)＜gong/kwon＞ hak-hak sipil; kewarganegaraan. ~박탈[정지] pencabutan [penghapusan] hak-hak sipil.

공권(空券)＜gong/kwon＞ tangan kosong. (적수) ~으로 dengan tangan kosong.

공극(空隙)＜gong/geuk＞ lubang; celah.

공금(公金)＜gong/geum＞ dana masyarakat. ~을 횡령하다 menggelapkan dana masyarakat.

공급(供給)＜gong/geub＞ pasokan; persediaan. ~하다 memasok ; memberi; menyuplai. ~을 받다 dipasok; disuplai. ~자(者) pemasok. ~원(源) sumber pasokan; sumber suplai.

공기＜gong/gi＞ permainan dengan melempar batu. ~놀다 bermain jack.

공기(工期)＜gong/gi＞ 『建』 jangka kerja.

공기(公器)＜gong/gi＞ badan (lembaga) umum.

공기(空氣)＜gong/gi＞ udara; atmosfir; angin. 탁한 ~ udara kotor. 좌중의~ suasana pertemuan (rapat). ~오염 polusi udara; pencemaran udara. ~전염 infeksi udara. ~제동기[압착기] rem [kompresor] angin. ~총 senapan angin.

공기(空器)＜gong/gi＞ ① (빈그릇) mangkuk kosong. ② mangkuk nasi. 밥 한~ semangkuk nasi.

공기업(公企業)＜gong/gi/eob＞ perusahaan negara; proyek pemerintah.

공납(公納)＜gong/nab＞ pajak masyarakat; uang sekolah. ~금 = 공납.

공납(貢納)＜gong/nab＞ ~하다 membayar upeti.

공단(工團)＜gong/dan＞ ☞ 공업단지.

공단(公團)＜gong/dan＞ perusahaan umum.

공담(公談)＜gong/dam＞ pembicaraan resmi.

공당(公黨)＜gong/dang＞ partai politik.

공대(恭待)＜gong/dae＞ ~하다 menerima dengan sopan; memperlakukan dengan hormat.

공대공(空對空)＜gong/dae/gong＞ (peluru kendali) udara ke udara.

공대지(空對地)＜gong/dae/ji＞ udara ke darat.

공덕(公德)＜gong/deok＞ moral masyarakat. ~심 semangat masyarakat.

공덕(功德)＜gong/deok＞ amal; perbuatan bajik. ~을 쌓다 beramal; berbuat kebajikan.

공도(公道)＜gong/do＞ (도로)jalan raya; jalan umum,(정의) keadilan. ~를 밟다 bertindak dengan adil.

공돈＜gong/ton＞ penghasilan tanpa dicari; uang yang didapat dengan mudah. ~은 오래 못간다 Mudah

datang mudah pergi.
공동(共同)＜gong/dong＞　～의 u-mum; gabungan; bersama; bersatu. ～으로 secara bersama/gabungan. ～의 이익을 위하여 untuk manfaat bersama. ～의 적 musuh bersama. ～경영 operasi gabungan. ～묘지 pemakaman umum. ～성명 (mengeluarkan) pernyataan bersama. ～작전 operasi gabungan. ～재산 milik bersama [umum]. ～전화 telepon umum. ～제작 produksi bersama. ～출자(出資) penanaman modal gabungan. ～취사장 dapur umum.
공동(空洞)＜gong/dong＞ gua.
공동생활(共同生活)＜gong/dong/saeng/hwal＞ kehidupan bersama/komunal. ～하다 hidup bersama-sama.
공동연구(共同研究)＜gong/dong/yeon/gu＞ riset bersama. ～하다 mengadakan penelitian/riset bersama.
공동체(共同體)＜gong/dong/che＞ masyarakat komunal; komunitas.
공떡(空 -)＜gong/teok＞ rejeki nomplok; durian runtuh.
공락(攻落)＜gong/nak＞ ～하다 menduduki.
공란(空欄)＜gang/nan＞ ruang kosong; blanko. ～에 기입하다 mengisi ruang kosong dalam lembaran; mengisi blanko.
공람(共覽)＜gong/nam＞ ～하다 menyerahkan pada pemeriksaan umum.
공랭식(空冷式)＜gong/naeng/sik＞ ～의 (mesin) berpendingin udara.
공략(攻略)＜gong/nyak＞ serbuan; serangan; pendudukan; penaklukan. ～하다 menyerbu; menawan; menduduki; menaklukkan.
공로(公路)＜gong/no＞ jalan raya; jalan umum.
공로(功勞)＜gong/no＞ jasa; bakti; amal ☞ 공(功). ～에 의하여 atas (pengakuan) jasa. ～자 orang yang berjasa. ～주(株)『商』 saham bo-nus.

공로(空路)＜gong/no＞ rute udara. ～로 dengan pesawat udara.
공론(公論)＜gong/non＞ pendapat umum; konsesus.
공론(空論)＜gong/non＞ teori yang muluk-muluk; teori kosong; doktrinerisme. ～가 doktriner. 탁상～ teori di atas kertas.
공룡(恐龍)＜gong/nyong＞ dinosaurus.
공률(工率)＜gong/nyul＞ laju produksi; tingkat produksi.
공리(公吏)＜gong/ni＞ pegawai negeri.
공리(公利)＜gong/ni＞ kesejahteraan masyarakat.
공리(功利)＜gong/ni＞ kegunaan; kemanfaatan. ～적 bermanfaat. ～주의 utilitarianisme. ～주의자 pengguna.
공립(公立)＜gong/nib＞ ～의 umum; negeri. ～학교 sekolah umum; sekolah negeri.
공매(公賣)＜gong/mae＞ pelelangan umum. ～하다 menjual lelang. ～에 부치다 melelang. ～ 처분 penjualan dengan lelang.
공매(空賣)＜gong/mae＞ 『證』 penjualan cepat/murah; obral. ～하다 menjual cepat (murah); mengobral.
공명(公明)＜gong/myeong＞ keadilan; kejujuran; keterbukaan. ～정대한 adil; jujur; terbuka. ～선거 pemilihan yang bersih.
공명(功名)＜gong/myeong＞ kemenonjolan; kemasyhuran. ～을 세우다 menonjolkan diri. ～심 aspirasi; ambisi.
공명(共鳴)＜gong/myeong＞ simpati. ～하다 merasa simpati; bersimpati. ～자 simpatisan.
공모(公募)＜gong/mo＞ penawaran masyarakat; penawaran umum; pelangganan umum. ～하다 menawarkan bagi umum. 주식을 ～하다 menawarkan saham bagi masyarakat.
공모(共謀)＜gong/mo＞ komplotan;

persekongkolan. ~하다 berkomplot; bersekongkol; bermufakat. ~자 anggota komplotan.

공무(工務)＜gong/mu＞ pekerjaan rekayasa. ~국(局) kantor rekayasa.

공무(公務)＜gong/mu＞ tugas resmi. ~로 dalam tugas/urusan resmi. ~원 pegawai negeri; hamba negara; pejabat. ~원법 hukum kepegawaian. ~재해 보상 ganti rugi kecelakaan dalam tugas.

공문(公文)＜gong/mun＞ dokumen resmi. ~서 위조 pemalsuan dokumen resmi.

공물(公物)＜gong/mul＞ milik negara.

공물(供物)＜gong/mul＞ sesaji; sesajen; persembahan.

공물(貢物)＜gong/mul＞ upeti; pembayaran upeti.

공민(公民)＜gong/min＞ warga negara. ~교육 pendidikan kewarganegaraan. ~권 kewarganegaraan; hak kewarganegaraan. ~권을 박탈하다 menghapus hak kewarganegaraan.

공박(攻駁)＜gong/bak＞ penyangkalan; bantahan; serangan. ~하다 membantah; menyangkal.

공방(攻防)＜gong/bang＞ penyerangan dan pertahanan. ~전 pertempuran menyerang dan bertahan.

공방(空房)＜gong/bang＞ kamar kosong.

공배수(公倍數)＜gong/bae/su＞ 『數』 faktor persekutuan. 최소~ faktor persekutuan terkecil.

공백(空白)＜gong/baek＞ ruang kosong; celah. ~을 메우다 mengisi ruang kosong; mengisi celah.

공범(共犯)＜gong/beom＞ keterlibatan dalam kejahatan; persekongkolan. ~자 kaki tangan; komplot; kawan berbuat; antek; anak buah.

공법(工法)＜gong/peob＞ metode konstruksi.

공법(公法)＜gong/peob＞ hukum publik. ~학자 ahli hukum publik.

국제~ hukum internasional.

공병(工兵)＜gong/byeong＞ tentara zeni. ~대 korps tentara zeni; pasukan zeni.

공보(公報)＜gong/bo＞ laporan resmi; komunike ~실[국] kantor penerangan masyarakat. 미국~원 Dinas Penerangan Amerika Serikat.

공보처(公報處)＜gong/bo/cheo＞ Departemen Penerangan.

공복(空腹)＜gong/bok＞ kelaparan; perut kosong. ~에 dengan perut kosong; sebelum makan.

공부(工夫)＜gong/bu＞ pelajaran. ~하다 belajar ~를 잘하다 [못하다] pintar [bodoh] dalam belajar. ~방 kamar belajar. 시험~ belajar untuk ujian.

공분모(公分母)＜gong/bun/mo＞ 『數』 penyebut (dalam angka pecahan).

공비(工費)＜gong/bi＞ biaya konstruksi.

공비(公費)＜gong/bi＞ biaya publik.

공비(共匪)＜gong/bi＞ gerilya merah. 무장~ gerilya merah bersenjata.

공사(工事)＜gong/sa＞ pekerjaan konstruksi; pembangunan. ~하다 membangun; melaksanakan pekerjaan konstruksi. ~비 biaya konstruksi. ~입찰 penawaran untuk konstruksi. ~장 tempat/lokasi bangunan. 개축[수리, 증축]~ pekerjaan pembangunan kembali [perbaikan, perluasan]. 날림~ konstruksi yang jelek. 부정~ pekerjaan yang curang. 토목~ pekerjaan dasar.

공사(公司)＜gong/sa＞ perusahaan.

공사(公私)＜gong/sa＞ perkara dinas dan pribadi. ~ 간에 baik resmi maupun pribadi. ~를 구별하다 memisahkan kepentingan dinas dan pribadi.

공사(公社)＜gong/sa＞ perusahaan umum; perusahaan negara.

공사(公使)＜gong/sa＞ duta. ~관 kedutaan. ~관원 staf kedutaan.

공사(公事)＜gong/sa＞ perkara umum; masalah dinas.

공사채(公社債)＜gong/sa/chae＞ surat obligasi. ～시장 pasar obligasi. ～투자신탁 trust penanaman modal obligasi terbuka.

공산(公算)＜gong/san＞ kemungkinan. ...할 ～이크다 Ada kemungkinan besar bahwa...

공산(共産)＜gong/san＞ milik bersama. ～당(黨) Partai Komunis. ～당원[주의자] orang komunis. ～주의 komunisme/faham komunis. ～주의의 komunistik. ～진영 kamp komunis. ～화(化) komunisasi. ～화하다 mengkomuniskan.

공산권(共産圈)＜gong/san/gwon＞ blok komunis. ～제국(諸國) negara blok komunis. 비(非)～제국 negara-negara diluar blok komunis.

공산품(工産品)＜gong/san/fum＞ barang-barang industri (produk).

공상(工商)＜gong/sang＞ industri dan perdagangan.

공상(公傷)＜gong/sang＞ luka yang diderita waktu tugas.

공상(空想)＜gong/sang＞ lamunan; khayalan; angan-angan. ～하다 melamun; mengkhayal; menggantang asap. ～적 khayal. ～에 잠기다 tenggelam dalam khayalan. ～가(家) pengkhayal. ～과학소설 fiksi ilmiah.

공생(共生)＜gong/saeng＞ 『生』 simbiosis; komensalisme. ～동물[식물] komensalisme.

공서양속(公序良俗)＜gong/seo/yang/sok＞『法』＞ tatanan dan adat istiadat masyarakat yang baik.

공석(公席)＜gong/seok＞ ① pertemuan masyarakat. ～에서 dipertemuan masyarakat. ② (공무보는 자리) kedudukan resmi.

공석(空席)＜gong/seok＞ kedudukan yang lowong; lowongan. ～을 채우다 mengisi lowongan.

공선(公選)＜gong/seon＞ pemilihan umum. ～하다 memilih dengan suara terbanyak; memvoting. ～시장 walikota yang dipilih rakyat.

공설(公設)＜gong/seol＞ ～의 publik; umum. ～시장 pasar umum.

공세(攻勢)＜gong/se＞ serangan [agresi]. ～를 취하다 mengambil tindakan opensip. 외교[평화] ～ serangan [perdamaian] diplomatik.

공소(公訴)＜gong/so＞ 『法』 tuduhan; dakwaan. ～하다 mendakwa; menuduh. ～사실 tuduhan. ～장 tuduhan/dakwaan tertulis.

공손(恭遜)＜gong/son＞ ～한 sopan; hormat. ～히 dengan sopan; dengan hormat.

공수(攻守)＜gong/su＞ penyerangan dan pertahanan. ～동맹 persekutuan penyerangan dan pertahanan.

공수(空手)＜gong/su＞ ☞ 빈손.

공수(空輸)＜gong/su＞ transpor udara; angkutan udara. ～하다 mengangkut melalui udara. ～부대 satuan pasukan udara. ～작전 operasi udara. ～화물 pengiriman udara.

공수병(恐水病)＜gong/su/pyeong＞ 『醫』 hidropobia; rabies. ～예방주사 pencacaran anti rabies.

공수표(空手票)＜gong/su/fyo＞ rekening fiktif; cek kosong. ～를 떼다 membuat cek kosong; membuat promes kosong.

공술(空 -)＜gong/sul＞ minuman keras gratis.

공습(空襲)＜gong/seub＞ serangan udara. ～하다 melakukan serangan udara. ～경보 tanda bahaya serangan udara. ～경보를 해제하다 membunyikan tanda aman.

공시(公示)＜gong/si＞ pengumuman kepada masyarakat. ～하다 mengumumkan secara luas. ～최고(催告)『法』 panggilan resmi.

공식(公式)＜gong/sik＞ rumus; formalitas; hukum; patokan; kaidah. ～의 resmi. ～으로 dengan resmi; secara resmi. ～발표 pengumuman resmi; komunike. ～방문 kunjungan resmi. ～화(化) formulasi/perumusan.

공신(功臣)＜gong/sin＞ pendukung

yang berjasa.
공신력(公信力) <gong/sin/nyeok> kepercayaan masyarakat; kepercayaan umum.
공안(公安) <gong/an> perdamaian (dan ketertiban) masyarakat. ~을 유지 하다 menjaga perdamaian masyarakat. ~경찰 polisi keamanan.
공알 <gong/al> itil; klitoris.
공액(共 -) <gong/aek> ~각(점, 호(弧))『機』 sudut [titik; lengkungan] penghubung.
공약(公約) <gong/yak> janji kepada masyarakat. ~하다 berjanji kepada rakyat. 선거 때의~을 지키다 memenuhi janji kampanye.
공약수(公約數) <gong/yak/su> faktor persekutuan. 최대~ faktor persekutuan terbesar.
공양(供養) <gong/yang> ~하다 berdekah. ~미 beras/nasi sedekahan
공언(公言) <gong/eon> pernyataan; deklarasi. ~하다 menyatakan secara terbuka.
공업(工業) <gong/eob> industri. ~의 industri; teknik. ~용의 untuk penggunaan/tujuan industri. ~가 industriawan. ~계 dunia industri. ~고등학교 Sekolah Menengah Teknik. ~국(國) negara industri. ~규격 standar industri. ~단지 kompleks industri; kawasan industri. ~용수 air industri. ~지대 daerah industri. ~화(化) industrialisasi. ~화하다 mengindustrialisasikan. 석유화학~ industri petrokimia. 철강 ~ industri besi dan baja.
공여(供與) <gong/yeo> hadiah; pemberian; anugerah. ~하다 menganugerahkan; menghadiahi.
공역(共譯) <gong/yeok> penerjemahan bersama.
공연(公演) <gong/yeon> pertunjukan umum. ~하다 mempertunjukkan; mengadakan pertunjukan. 위문 ~ pertunjukan hiburan.
공연(共演) <gong/yeon> ~하다

bermain bersama. ~자 aktor pembantu.
공연(空然) <gong/yeon> ~한 sia-sia; percuma. ~히 tidak ada tujuan; tidak berguna.
공염불(空念佛) <gong/yeom/bul> ungkapan yang jujur tetapi kosong. ~에 그치다 berakhir dengan omong kosong.
공영(公營) <gong/yeong> pengelolaan oleh negara. ~하다 menempatkan dibawah pengelolaan negara/pemerintah.
공영(共榮) <gong/yeong> kemakmuran bersama.
공영(共營) <gong/yeong> manajemen bersama. ~하다 beroperasi bersama.
공예(工藝) <gong/ye> seni keterampilan; seni kerajinan. ~의 industri; teknik. ~가(家) pengrajin. ~미술 seni terapan. ~품 barang kerajinan. ~학교 sekolah kerajinan industri
공용(公用) <gong/yong> penggunaan umum. ~으로 secara umum. ~어(語) bahasa resmi.
공용(共用) <gong/yong> pemakaian/penggunaan bersama. ~하다 memakai bersama. ~의 untuk pemakaian bersama. ~전(栓) air minum/ledeng bersama.
공원(工員) <gong/won> pekerja/karyawan (pabrik).
공원(公園) <gong/won> taman. 국립 ~ taman nasional.
공위(空位) <gong/wi> ① (빈) lowongan; kedudukan yang lowong. ② (실권없는) posisi hanya nama saja (tanpa kerja).
공유(公有) <gong/yu> pemilikan bersama; pemilikan oleh umum. ~의 dimiliki bersama. ~물[재산] milik masyarakat; milik umum. ~지 tanah negara.
공유(共有) <gong/yu> pemilikan bersama. ~하다 memiliki bersama. ~의 dimiliki bersama. ~물 milik bersama. ~지 tanah bersa-

ma.

공으로(空 -)<gong/eu/ro> bebas (tanpa bayar); gratis. ~얻다[일하다] mendapat [bekerja] tanpa dibayar.

공의(公醫)<gong/eui> dokter praktek umum.

공이<gong/i> jarum pemukul peluru. ~로 찧다 memukul peluru.

공익(公益)<gong/ik> kepentingan umum; faedah umum. ~단체[사업] perusahaan [fasilitas] umum. ~우선 mengutamakan kepentingan umum.

공익(共益)<gong/ik> keuntungan bersama; manfaat bersama.

공인(公人)<gong/in> tokoh masyarakat.

공인(公認)<gong/in> pengesahan; peresmian; pengakuan sah. ~하다 memberi wewenang; mengakui; mengesahkan. ~의 diakui; resmi; disetujui. ~을 받다 mendapat persetujuan resmi. ~기록 catatan resmi. ~후보자 calon yang diakui.

공인수(公因數)<gong/in/su> 『數』 faktor persekutuan.

공일(空日)<gong/il> hari Minggu.

공임(工賃)<gong/im> upah. ~을 올리다[줄이다] menaikkan [menurunkan] upah.

공자(公子)<gong/ja> bangsawan muda/pangeran.

공자(孔子)<gong/ja> Kong Hu Cu.

공작(工作)<gong/jak> pekerjaan; konstruksi; aktivitas; manuver. ~하다 bekerja; membuat; membangun. 준비~을 하다 meratakan jalan. ~기계(機械) peralatan mesin. ~대 meja kerja. ~실 bengkel. ~창 arsenal; gudang senjata. ~품 barang kerajinan. 정치~ manuver politik. 지하~ kegiatan bawah tanah.

공작(孔雀)<gong/jak> 『鳥』 merak. ~석 malasit.

공작(公爵)<gong/jak> pangeran; duke. ~부인 puteri; duchess.

공작금(工作金)<gong/jak/geum> dana operasi.

공장(工匠)<gong/jang> tukang; pengrajin.

공장(工場)<gong/jang> pabrik; perusahaan; kerajinan; industri. ~관리 manajemen pabrik; pengelolaan pabrik. ~장[감독] manajer [pengawas] pabrik. ~지대(地帶) daerah pabrik. ~폐수 limbah industri. 유리~ pabrik kaca. 조립~ pabrik perakitan. ~폐쇄[휴업] penutupan pabrik.

공장도(工場渡)<gong/jang/do> 『商』 eks-pabrik. ~가격 harga pabrik.

공저(共著)<gong/jeo> karya bersama. ~자 penulis karya bersama.

공적(公的)<gong/ceok> umum; resmi. ~으로 dengan resmi; secara formal.

공적(公敵)<gong/jeok> musuh masyarakat. 인류의~ musuh manusia.

공적(功績)<gong/jeok> perbuatan berjasa; jasa. ~을 세우다 berjasa besar; berbuat jasa.

공전(工錢)<gong/jeon> upah. ☞ 공임.

공전(公轉)<gong/jeon> 『天』 revolusi. ~하다 mengadakan revolusi.

공전(空前)<gong/jeon> ~의 belum pernah ada sebelumnya. ~절후의 yang pertama dan mungkin yang penghabisan. ~의기록 catatan sepanjang waktu.

공정(工程)<gong/jeong> kemajuan kerja; proses kerja. ~관리 pengendalian proses.

공정(公正)<gong/jeong> keadilan; kebenaran. ~한 adil; berbudi; jujur; tulus; ikhlas. ~한 처리 kesepakatan yang adil. ~증서 surat notaris. ~상거래 위원회 Komisi perdagangan Adil.

공정(公定)<gong/jeong> ~의 resmi; sah. ~가격 harga resmi. ~환율 nilai tukar resmi; kurs resmi.

공정대(空挺隊)<gong/jeong/dae> pasukan udara; pasukan para.

공제(控除)＜gong/je＞ pengurangan. ～하다 mengurangi; mengurangkan. ～액(額) jumlah yang dikurangkan. 기초～(액) jumlah keringanan pajak dasar.

공존(共存)＜gong/jon＞ koeksistensi; keberadaan bersama. ～하다 berada bersama; hidup bersama. ～공영 hidup dan kemakmuran bersama. 평화적～ hidup berdampingan yang damai.

공죄(功罪)＜gong/joe＞ jasa dan cela.

공주(公主)＜gong/ju＞ Pangeran kerajaan; Galuh; Puteri.

공준(公準)＜gong/jun＞ 『數』postulat

공중(公衆)＜gong/jung＞ umum; masyarakat. ～의 umum, publik. ～앞에서 di hadapan umum. ～의 이익 kepentingan umum. ～도덕 moralitas masyarakat. ～목욕탕 pemandian umum. ～변소 kakus/ WC umum. ～위생 kesehatan masyarakat. ～전화(電話) telepon umum.

공중(空中)＜gong/jung＞ ～의 udara. ～에 di udara (langit). ～그네 akrobatik udara. ～급유 pengisian bahan bakar di udara. ～보급 angkutan udara. ～분해 penyebaran di udara. ～선(線) kabel udara. ～수송 layanan/transportasi udara. ～전 pertempuran udara. ～질소 nitrogen atmosfir. ～활주(滑走) pesawat peluncur (layang).

공중감시(空中監視)＜gong/jung/gam/ si＞ pengawasan udara.

공중납치(空中拉致)＜gong/jung/nab/ chi＞ pembajakan pesawat udara. ～하다 membajak pesawat. ～범 pembajak.

공중제비(空中-)＜gong/jung/je/bi＞ jungkir balik. ～를 하다 jatuh jungkir balik.

공증인(公證人)＜gong/jeung/in＞ notaris.

공지(空地)＜gong/ji＞ tanah kosong; tempat kosong.

공지(公知)＜gong/ji＞ pengetahuan umum. ～의 diketahui secara luas. ～사항 pengumuman resmi.

공직(公職)＜gong/jik＞ dinas pemerintah. ～에있다 bekerja di kantor pemerintah. ～생활 kehidupan pegawai negeri. ～추방(追放) keluar dari dinas pemerintah.

공직자(公職者)＜gong/jik/ja＞ pegawai negeri. ～사회 masyarakat birokrasi. ～윤리법 kode etik pegawai negeri.

공차(公差)＜gong/cha＞ perbedaan umum; allowance; toleransi.

공차(空車)＜gong/cha＞ mobil kosong. ～타다 mendapat tumpangan cuma-cuma.

공창(公娼)＜gong/chang＞ WTS izin; prostitusi berizin.

공채(公債)＜gong/chae＞ pinjaman masyarakat obligasi. ～시장 pasar obligasi. 무이자～ obligasi pasif. 장기～ obligasi pemerintah jangka panjang. 정리～ obligasi/pinjaman masyarakat yang dikonsolidasi.

공책(空冊)＜gong/chaek＞ buku catatan; notes.

공처가(恐妻家)＜gong/cheo/ga＞ suami yang dikuasai istrinya.

공천(公薦)＜gong/cheon＞ pencalonan umum. ～하다 mencalonkan secara umum. 후보자를～하다 mengajukan sebagai calon resmi.

공첩(公牒)＜gong/cheob＞ pengiriman resmi.

공청(公廳)＜gong/cheong＞ kantor negeri.

공청회(公聽會)＜gong/cheong/hoe＞ (mengadakan) dengar pendapat.

공출(供出)＜gong/chul＞ pengiriman. ～하다 mengirim. ～할당 alokasi kuota pengiriman.

공치다(空 -)＜gong/chi/da＞ tidak berhasil; gagal.

공치사(功致辭)＜gong/chi/sa＞ kebanggaan terhadap diri sendiri; pemujian diri sendiri. ～하다 memuji diri sendiri; membanggakan diri.

공칭(公稱)＜gong/ching＞ ～의 no-

minal. ~자본금 modal nominal.
공탁(供託)＜gong/thak＞ ~하다 menaruh; menyimpan. ~금(金) uang deposito. ~물 deposit; barang yang di simpan. ~소 kantor deposito. ~자 deposan; penyimpan.
공터(空 -)＜gong/theo＞ tempat kosong; ruang terbuka.
공통(共通)＜gong/thong＞ ~의 umum. ~의 이해 kepentingan umum. ~점이 있다 mempunyai persamaan. ~어 bahasa pengantar.
공판(公判)＜gong/fan＞ pengadilan. ~에 부치다 membawa (kasus) ke pengadilan. ~을 열다 membuka sidang pengadilan. ~정 pengadilan.
공판장(共販場)＜gong/fan/jang＞ pasar bersama.
공편(共編)＜gong/fyeon＞ karya bersama.
공평(公平)＜gong/fyeong＞ keadilan. ~한 adil; tidak pilih kasih; tidak memihak. ~히 dengan adil. ~무사 permainan yang adil; permainan yang jujur; ketidakmemihakkan.
공평(公評)＜gong/fyeong＞ pendapat umum.
공포(公布)＜gong/fo＞ ~하다 menyebarluaskan; mempublikasikan; menyiarkan.
공포(空胞)＜gong/fo＞ 『生』vakuola.
공포(空砲)＜gong/fo＞ peluru kosong. ~를 쏘다 menembakkan peluru kosong.
공포(恐怖)＜gong/fo＞ rasa takut; teror; kepanikan; kecemasan. ~에 사로잡히다 tercekam rasa takut. ~의 빛을 보이다 kelihatan takut. ~관념 perasaan takut; komplek ketakutan. ~심=공포/ ~정치 terorisme. ~증 pobia.
공폭(空爆)＜go/fok＞ pemboman udara.
공표(公表)＜go/fyo＞ pengumuman resmi; maklumat; proklamasi; publikasi. ~하다 mengumumkan dengan resmi; mempublisir; mengan resmi; mempublisir; me-

maklumatkan. ~되다 diumumkan.
공하신년(恭賀新年)＜gong/ha/sin/nyeon＞ Selamat Tahun Baru.
공학(工學)＜gong/hak＞ ilmu teknik; keteknikan ~사 [박사] sarjana [doktor] bidang keteknikan.
공한(公翰), 공함(公函)＜gong/han, gong/ham＞ surat resmi.
공한지(空閑地)＜gong/han/ji＞ tanah kosong. ☞ 공지(空地).
공항(空港)＜gong/hang＞ lapangan (pelabuhan) udara. ~출입국 관리소 [세관] kantor imigrasi [bea cukai] bandara. 국제~ bandara internasional.
공해(公海)＜gong/hae＞ laut terbuka; laut lepas. ~어업 perikanan laut.
공해(公害)＜gong/hae＞ polusi; pencemaran. ~가 없는 bebas polusi; bebas pencemaran. ~를 제거하다 menghilangkan pencemaran. ~대책 tindakan anti pencemaran. ~문제 masalah pencemaran lingkungan. 병~ penyakit yang disebabkan polusi. 산업~ polusi industri; pencemaran industri.
공허(空虛)＜gong/heo＞ ~한 kosong; hampa; hana. ~한 느낌이 들다 merasa hampa. ~감 rasa kehampaan.
공헌(貢獻)＜gong/heon＞ sumbangan; sumbangsih. ~하다 menyumbang; memberi sumbangan.
공화(共和)＜gong/hwa＞ ~의 republik. ~국 negara republik. ~당 partai republik. ~제(制) republikanisme.
공황(恐慌)＜gong/hwang＞ kepanikan; krisis. ~을 가져오다 menimbulkan kepanikan. ~을 이겨내다 melampaui krisis. 금융~ krisis keuangan.
공회(公會)＜gong/hoe＞ rapat umum. ~당 balai desa.
공효(功效)＜gong/hyo＞ pengaruh. ☞ 보람.
공훈(功勳)＜gong/hun＞ jasa. ~을 세우다 melakukan jasa; berbuat ja-

sa.
공휴일(公休日) < gong/hyu/il > liburan resmi.
…곶 < got > tanjung.
곶감 < kok/gam > kesemek kering.
과(科) < kwa > jurusan; fakultas, keluarga, pasukan. 고양이~ keluarga kucing. 보병~ pasukan infanteri. 영문~ jurusan Bahasa Inggris.
과(課) < kwa > seksi; bagian; pelajaran. 제2~ pelajaran 2. ~원 staf seksi. ~장 kepala seksi. 인사~ seksi personalia.
과 < gwa > dan; dengan; terhadap (melawan); dari. 손~발 tangan dan kaki. 그사람~같이 가다 pergi dengan dia. 남~ 관계를 끊다 putus dengan seseorang.
과감(果敢) < gwa/gam > ~한 berani; tetap hati; tegas.
과객(過客) < gwa/gaek > orang lewat.
과거(科擧) < gwa/geo > ujian pegawai negeri.
과거(過去) < gwa/geo > masa lampau; waktu lampau. ~의 lewat; lampau; yang dahulu/silam. ~분사 kata kerja selesai lampau. ~완료 waktu selesai lampau. ~지사 peristiwa yang sudah lewat/ lampau.
과격(過激) < gwa/gyeok > ~한 berlebihan; ekstrem. ~한 수단 tindakan drastis. ~분자 unsur radikal. ~주의 ekstremisme. ~파 aliran ekstrem radikal.
과공(過恭) < gwa/gong > ~한 terlalu hormat. ~은 비례이다 tidak baik terlalu hormat.
과꽃 < gwa/kot > 『植』 aster Cina.
과남풀 < gwa/nam/ful > 『植』 bunga gentian.
과납(過納) < gwa/nab > ~하다 membayar berlebihan. ~액 jumlah yang dibayarkan berlebihan.
과녁 < gwa/nyeok > sasaran. ~에 맞(히)다 mengenai sasaran. ~을 빗맞히다 tidak mengenai sasaran;

luput. ~빼기 sisi yang tepat berlawanan.
과년(瓜年) < gwa/nyeon > usia belasan tahun.
과년(過年) < gwa/nyeon > ~한 melampaui umur menikah. ~한 처녀 perawan tua.
과년도(過年度) < gwa/nyeon/do > tahun finansial yang lampau.
과념(過念) < gwa/nyeom > ~하다 khawatir berlebihan; was-was.
과다(過多) < gwa/da > kelebihan; kelimpahan. ~한 berlebihan; berlimpah; terlalu banyak. ~청구 permintaan yang berlebihan. 공급 ~ kelebihan persediaan.
과단(果斷) < gwa/dan > tindakan cepat; resolusi. ~한 menentukan; cepat; pasti. ~성(性) kepenentuan. ~성 있는 사람 orang yang bersifat pasti. ~성이 없다 tidak ada keputusan.
과당(果糖) < gwa/dang > gula buah; fruktosa.
과당(過當) < gwa/dang > ~한 berlebihan. ~경쟁 persaingan yang berlebihan.
과대(過大) < gwa/dae > ~한 〔하게〕 [secara] berlebihan; teramat sangat. ~평가하다 menaksir terlalu tinggi.
과대(誇大) < gwa/dae > hal melebih-lebihkan. ~하다 melebih-lebihkan. ~망상(증) megalomania; kelainan yang menganggap diri orang besar dan mulia. ~망상에 빠지다 tenggelam dalam angan-angan.
과도(果刀) < gwa/do > pisau buah.
과도(過度) < gwa/do > kelebihan; ekses; keterlaluan; kesangatan. ~한 berlebihan. ~하게 secara berlebihan; terlalu; terlampau.
과도(過渡) < gwa/do > ~ 내각 〔정부〕 kabinet [pemerintah] interim. ~현상 fenomena sementara.
과도기(過渡期) < gwa/do/gi > masa transisi; masa perubahan.
과두정치(寡頭政治) < gwa/du/jeong/ chi > pemerintahan oleh kelompok kecil; oligarki.

과려(過慮)＜gwa/ryeo＞　~하다 sangat prihatin.

과로(過勞)＜gwa/ro＞ capek yang berlebihan.　~하다 sangat capek.

과료(科料)＜gwa/ryo＞ denda.　~에 처하다 menjatuhkan denda.

과립(顆粒)＜gwa/rib＞ granul/butir kecil.　~모양의 granular (berbentuk butiran).

과목(果木)＜gwa/mok＞ pohon buah.

과목(科目)＜gwa/mok＞ mata pelajaran.　시험~ mata pelajaran yang diuji.

과묵(寡黙)＜gwa/muk＞ sifat pendiam.　~한 pendiam.

과물(果物)＜gwa/mul＞ buah.　~전 toko buah.

과민(過敏)＜gwa/min＞ ~한 tipis telinga; terlalu peka/over sensitif.

과밀(過密)＜gwa/mil＞ kepadatan yang berlebihan; penduduk terlalu padat.　~도시 kota yang berpenduduk terlalu padat.

과반(過半)＜gwa/ban＞ sebagian besar; mayoritas.

과반(過般)＜gwa/ban＞ beberapa waktu yang lalu; suatu hari.

과반수(過半數)＜gwa/ban/su＞ mayoritas; bagian besar.　~를 차지하다 memegang (suara) mayoritas. 절대 ~ mayoritas mutlak.

과병(寡兵)＜gwa/byeong＞ tentara yang sedikit; kekuatan yang tidak memadai.

과보(果報)＜gwa/bo＞ retribusi.　☞인과응보.

과부(寡婦)＜gwa/bu＞ janda.　~로 사는여자 perempuan yang hidup menjanda.　~가 되다 kehilangan suami; menjadi janda.

과부족(過不足)＜gwa/bu/jok＞ kelebihan dan kekurangan.　~없이 tidak berlebihan ataupun kekurangan.

과분(過分)＜gwa/bun＞ ~한 berlebihan; tidak pada tempatnya.　~한 영광 kehormatan yang bukan haknya.

과산화(過酸化)＜gwa/san/hwa＞ ~망간 mangan dioksida.　~물 peroksida.　~수소 hidrogen peroksida.　~작용 peroksidasi.

과세(過歲)＜gwa/se＞ ~하다 menyambut/merayakan tahun baru.

과세(課税)＜gwa/se＞ pajak.　~하다 menarik pajak; memajaki.　~율 tingkat/besarnya pajak.　~품 barang yang dikenakan pajak. 누진 ~ pajak progresif. 인정~ pajak pilihan. 중(重)~ perpajakan berat.

과소(過小)＜gwa/so＞ ~한 terlalu kecil.

과소(過少)＜gwa/so＞ ~한 terlalu sedikit.　~평가하다 meremehkan; mengecilkan.

과소(寡少)＜gwa/so＞ ~한 sedikit.

과소비(過消費)＜gwa/so/bi＞ konsumsi yang melampaui batas.

과속(過速)＜gwa/sok＞ kecepatan yang melampaui batas.　~으로 달리다 memacu melampaui batas kecepatan.　~차량(車輛) kendaraan yang melampaui batas kecepatan.

과수(果樹)＜gwa/su＞ pohon buah.　~원 kebun buah-buahan.　~재배 budidaya buah-buahan.

과시(誇示)＜gwa/si＞ ~하다 memamerkan; menunjukan; memperagakan.

과식(過食)＜gwa/sik＞ ~하다 makan kebanyakan.

과신(過信)＜gwa/sin＞ ~하다 terlalu percaya. 자기 실력을 ~하다 menilai kemampuan diri terlalu tinggi.

과실(果實)＜gwa/sil＞ buah.　~을 따다 memetik buah.　~을 맺다 berbuah.　~상 toko buah.　~주(酒) anggur buah.

과실(過失)＜gwa/sil＞ ① kesalahan; kekeliruan; sumbah langkah; kesesatan.　~을 저지르다 membuat kesalahan. ② kecelakaan.　~치사 pembunuhan karena kecelakaan. ③ kelalaian.　~범(犯) pelanggaran karena kelalaian.

과액(寡額)＜gwa/aek＞ jumlah sedikit.

과언(過言)＜gwa/eon＞ bicara berlebihan; hal melebih-lebihkan. …이라 해도 ~이 아니다 Tidaklah berlebihan bila dikatakan bahwa ….

과업(課業)＜gwa/eob＞ ① (학업) pelajaran. ② tugas kewajiban. ~을 맡기다 mempercayakan untuk suatu tugas. ~을 완수하다 melaksanakan tugas.

과연(果然)＜gwa/yeon＞ memang; sungguh-sungguh; seperti yang diduga. ~그는 거기 있었다 Sungguh, dia disana.

과열(過熱)＜gwa/yeol＞ ~하다 memanaskan berlebihan. ~된경제 ekonomi yang terlalu panas.

과오(過誤)＜gwa/o＞ kesalahan. ~를 깨닫다 menyadari. ~를 저지르다 membuat kesalahan.

과외(課外)＜gwa/oe＞ ~의 ekstra-kurikuler. ~공부 belajar luar sekolah. ~수업 pelajaran luar sekolah. ~활동 kegiatan ekstrakurikuler.

과욕(過慾)＜gwa/yok＞ keserakahan; ketamakan; kerakusan. ~을 부리다 tamak; rakus; serakah.

과욕(寡慾)＜gwa/yok＞ ~한 tidak mementingkan diri sendiri.

과용(過用)＜gwa/yong＞ ~하다 membelanjakan (uang) berlebihan; memboroskan.

과원(課員)＜gwa/won＞ anggota staf seksi.

과유불급(過猶不及)＜gwa/yu/bul/geub＞ Terlalu banyak sama buruknya dengan terlalu sedikit.

과음(過淫)＜gwa/eum＞ persetubuhan yang berlebihan. ~하다 bersetubuh berlebihan

과음(過飮)＜gwa/eum＞ minum yang berlebihan. ~하다 minum berlebihan; minum terlalu banyak.

과인산(過燐酸)＜gwa/in/san＞ 『化』 asam perfosforat. ~비료 pupuk superfosfat.

과일＜gwa/il＞ ☞ 과실(果實).

과잉(過剩)＜gwa/ing＞ kelebihan; kongesti; ekses. 생산~ produksi yang berlebihan. 인구~ penduduk yang berlebihan.

과자(菓子)＜gwa/ja＞ makanan kecil; kue-kue; kembang gula.

과장(誇張)＜gwa/jang＞ ~하다 melebih-lebihkan; membesar-besarkan; mengada-ada.

과장(課長)＜gwa/jang＞ kepala seksi; kepala bagian. ~대리 pejabat kepala seksi.

과정(過程)＜gwa/jeong＞ proses. 생산~ proses produksi.

과정(課程)＜gwa/jeong＞ kurikulum; mata pelajaran.

과제(課題)＜gwa/je＞ tema; subyek, tugas latihan; PR. ~를 주다 memberi pekerjaan rumah(PR).

과주(果酒)＜gwa/ju＞ anggur buah.

과중(過重)＜gwa/jung＞ ~한 terlalu berat. ~한 노동 bekerja terlalu berat. ~한 짐 kelebihan beban.

과즙(果汁)＜gwa/jeub＞ sari buah; juice.

과찬(過讚)＜gwa/chan＞ ~하다 terlalu memuji.

과태금(過怠金),과태료(過怠料)＜gwa/thae/geum, gwa/thae/ryo＞ denda atas kelalaian.

과표(課標)＜gwa/fyo＞ standar penaksiran pajak. ~액 jumlah yang kena pajak.

과하다(過 -)＜gwa/hada＞ berlebihan; tidak pada tempatnya. 농담이 ~ bergurau berlebihan.

과하다(課 -)＜gwa/hada＞ mengenakan; menugaskan; menaksir. 세금을~ memajaki; mengenakan pajak. 숙제를 ~ memberi tugas rumah.

과학(科學)＜gwa/hak＞ ilmu pengetahuan; sains. ~화하다 mengilmiahkan. ~적(으로) (secara) ilmiah. ~기술 ilmu pengetahuan dan teknologi. ~자 ilmuwan. ~전[무기] perang [senjata] teknologi. 응용[자연, 사회] ~ ilmu terapan [alam, sosial]. 한국~ 기술 연구소 Lembaga Ilmu Pengetahuan dan Teknologi Korea.

과히(過 -)＜gwa/hi＞ terlalu banyak.

~걱정 마라 Tenanglah!; Jangan terlalu khawatir. ~좋지 않다 tidak terlalu baik.

곽향(藿香)<gwak/hyang> 『植』 pohon betoni.

관(冠)<gwan> topi bulu kuda.

관(棺)<gwan> peti mati; peti mayat; keranda.

관(管)<gwan> pipa; pembuluh; selang.

관(館)<gwan> ① (푸주) toko daging. ② (요정) restoran tempat bersenang-senang.

관(觀)<gwan> pandangan. 사회~ pandangan tentang kehidupan masyarakat. 세계~ pandangan terhadap dunia.

관(貫)<gwan> satu gwan = 3.75 kg.

관개(灌漑)<gwan/gae> irigasi; pengairan. ~하다 mengairi; menggenangi. ~공사 pekerjaan irigasi. ~용수 air irigasi.

관객(觀客)<gwan/gaek> penonton; pesasir.

관건(關鍵)<gwan/keon> ① (문빗장) baut; palang pintu. ② kunci. 문제의 ~ kunci jawaban pertanyaan. ...해결의 ~을 쥐다 memegang kunci jawaban penyelesaian.

관계(官界)<gwan/gye> dunia kepegawaian. ~쇄신 pembaruan kepegawaian.

관계(關係)<gwan/gye> ① hubungan; pertalian; perhubungan; perkariban. ~하다 bertalian(dengan); berhubungan(dengan); berkerabat(dengan).. ~하고 있다 berkaitan dengan. ...와 ~가 있다 [없다] ada [tidak ada] hubungan dengan. ~를 끊다 memutuskan hubungan dengan. ~대명사 kata ganti penghubung. ~법규 undang-undang dan peraturan terkait. ② keikutsertaan; keterlibatan. ~하다 ikut serta; terlibat(dalam). 경영에 ~하다 ikut serta dalam manajemen/pengelolaan. ~기관 badan/agen yang bersangkutan. ~자 o-

rang yang bersangkutan; kelompok/partai yang berkepentingan. ③ pengaruh. ~하다 mempengaruhi. ~가 크다 mempunyai pengaruh kuat (terhadap).

관공(官公)<gwan/gong> ~리 pegawai negeri. ~서 kantor pemerintah dan umum lainnya.

관광(觀光)<gwan/gwang> wisata; pelancongan; turne; tamasya. ~하다 berwisata; melancong. ~객 pelancong; turis; wisatawan. ~버스 bis wisata. ~사업 industri pariwisata. ~시설 fasilitas pariwisata; sarana pariwisata. ~여행 perjalanan wisata; tur wisata. ~여행을 하다 mengadakan tur wisata; mengadakan perjalanan wisata. ~지〔단, 호텔, 선〕 daerah tujuan [kelompok, hotel, kapal] wisata. ~코스 rute wisatawan.

관광시즌(觀光-)<gwan/gwang/si/jeun> musim wisatawan; musim turis.

관구(管區)<gwan/gu> kawedanan; kabupaten.

관군(官軍)<gwan/gun> tentara pemerintah; tentara kerajaan.

관권(官權)<gwan/kwon> wewenang/kekuasaan pemerintah.

관극(觀劇)<gwan/geuk> ~하다 menonton pertunjukan sandiwara.

관급(官給)<gwan/geub> suplai/pasokan pemerintah. ~품(品) barang yang disuplai oleh pemerintah.

관기(官紀)<gwan/gi> disiplin pegawai. ~문란 pelanggaran disiplin. ~숙정 pelaksanaan (keras) disiplin pegawai.

관내(管內)<gwan/nae> ~를(에) (dalam) yuridiksi: (dalam) wilayah hukum. ~를 순시하다 menginspeksi wilayah.

관념(觀念)<gwan/nyeom> ① rasa. 시간 ~이 없다 tidak ada rasa waktu; suka membuang-buang waktu. 도의~ rasa moral. 의무〔책임〕 ~ rasa tanggung jawab. ② ide; gagasan. ~적인 ideal (bagus terpuji). 추상적 ~ gagasan abstrak. ~의 유희 hanya abstraksi. ~론 idealisme; paham; ajaran; doktrin.

관능(官能) <gwan/neung> indera (rasa); fungsi fisik. ~적인 fungsional; sensual. ~주의 sensualisme.

관대(款待) <gwan/dae> penyambutan yang hangat. ~하다 menyambut dengan hangat.

관대(寬大) <gwan/dae> kemurahan hati; toleransi. ~한 murah hati; toleran. ~히 dengan murah hati. ~한 태도 sikap murah hati. ~한 처분 mengurus dengan lemah lembut. ~한 처분을 탄원하다 mengharap kemurahan hati.

관등(官等) <gwan/deung> pangkat resmi. ~성명 pangkat dan nama resmi.

관등(觀燈) <gwan/deung> perayaan hari lahir Budha.

관람(觀覽) <gwal/lam> tontonan. ~하다 menonton ~객 pirsawan ~권 karcis tontonan ~료 uang masuk ~석 tempat duduk penonton.

관련(關聯) <gwal/lyeon> hubungan; sangkut paut. ~하다 berhubungan dengan; berkaitan dengan. …과~하여 sehubungan dengan…

관례(冠禮) <gwal/lye> perayaan ulang tahun.

관례(慣例) <gwal/lye> adat istiadat; tata krama; tata susila; pranata; aturan. ~에 따라 sesuai dengan adat istiadat. ~에 따르다 mengikuti adat istiadat.

관록(官祿) <gwal/lok> gaji dari pemerintah.

관록(貫祿) <gwal/lok> wibawa. ~이붙다 mempunyai wibawa.

관료(官僚) <gwal/lyo> birokrasi. ~적인 birokratik. ~주의 birokratikisme.

관류하다(貫流-) <gwal/lyu/hada> mengalir melalui.

관리(官吏) <gwal/li> pegawai negeri. ~가 되다 menjadi pegawai negeri.

관리(管理) <gwal/li> manajemen; administrasi; pengendalian/pengawasan. ~하다 mengatur; mengelola; mengurus; memelihara. ~인〔자〕 manager; pengawas; pelaksana. ~직 kedudukan administratif. 생산〔노무〕~ manajemen produksi [personalia].

관립(官立) <gwal/lib> ~의 pemerintah (negeri). ~학교 sekolah negeri.

관망(觀望) <gwan/mang> ~하다 mengamati. 형세를 ~하다 mengamati jalannya peristiwa. ~적 태도를 취하다 bersikap menunggu.

관명(官命) <gwan/myeong> perintah pemerintah.

관목(灌木) <gwan/mok> semak-semak.

관문(關門) <gwan/mun> rintangan; pintu gerbang. ~을 통과하다 melewati rintangan, lulus ujian.

관문서(官文書) <gwan/mun/seo> dokumen resmi.

관물(官物) <gwan/mul> milik negara; barang yang disuplai oleh pemerintah.

관민(官民) <gwan/min> pejabat dan rakyat. ~이 협력하여 dengan usaha bersama antara pemerintah dan rakyat.

관변(官邊) <gwan/byeon> lingkungan pemerintahan.

관보(官報) <gwan/bo> lembaran negara.

관복(官服) <gwan/bok> seragam resmi.

관비(官費) <gwan/bi> biaya oleh negara; biaya pemerintah. ~로 atas biaya pemerintah. ~유학생 mahasiswa yang dikirim ke luar negeri oleh pemerintah.

관사(官舍) <gwan/sa> kediaman resmi; rumah dinas.

관사(冠詞) <gwan/sa> kata sandang; kata penyerta. 정〔부정〕~ kata sandang tertentu [tak tentu].

관상(冠狀) <gwan/sang> ~의 koroner. ~동맥〔정맥〕 arteri

[vena] jantung.
관상(管狀)＜gwan/sang＞　～의 tu-
buler; tubulus; berbentuk tubula.
～의 물건 tabung.
관상(觀相)＜gwan/sang＞　penafsiran
prenologi.　～을 보다　meramal.
～술 psiognomi.　～장이 psiogno-
mis; ahli firasat.
관상(觀象)＜gwan/sang＞　pengamat-
an/observasi meteorologi.　～대
stasiun observasi meteorologi.　중
앙～대 kantor/balai meteorologi pu-
sat.
관상(觀賞)＜gwan/sang＞　　～하다
mengagumi; menikmati; menyena-
ngi.　～식물 tanaman hias.　～어
(魚) ikan hias.
관서(官署)＜gwan/seo＞　kantor pe-
merintah.
관선(官選)＜gwan/seon＞　～의 dipi-
lih/diangkat oleh pemerintah.　～이
사 direktur yang dipilih peme-
rintah.
관설(官設)＜gwan/seol＞　～의 di-
dirikan pemerintah.
관성(慣性)＜gwan/seong＞　『理』 ke-
lembaman.　～능률 momen kelem-
baman.　～의 법칙 hukum kelem-
baman.
관세(關稅)＜gwan/se＞　bea cukai;
duane; pabean.　～법 hukum pa-
bean.　～장벽 hambatan tarif.　～
청 Kantor Administrasi Bea Cukai.
보호～ tarif protektif.　수입[수출]～
bea impor [ekspor].　통과～ tarif
transit.
관세음보살(觀世音菩薩)＜gwan/se/
eum/bo/sal＞　dewi pengampun o-
rang Budha.
관솔＜gwan/sol＞ bonggol pohon pi-
nus.
관수(官需)＜gwan/su＞　permintaan
resmi/pemerintah.　～물자 pasokan
untuk pemerintah.
관습(慣習)＜gwan/seub＞　adat isti-
adat; kebiasaan; kelaziman.　～적
menurut adat; biasa.　사회의～ hu-
kum masyarakat.　～법 hukum
adat.

관심(關心)＜gwan/sim＞　kepedulian;
minat; kepentingan.　…에 ～을 갖다
tertarik (berminat) dengan … 에 ～
이 없다 tidak peduli dengan.　～사
masalah kepentingan.　공동[상호]～
사 masalah kepentingan bersama.
관아(官衙)＜gwan/a＞　kantor peme-
rintah.
관악(管樂)＜gwan/ak＞　musik tiup.
～기 alat musik tiup.
관업(官業)＜gwan/eob＞　perusahaan
negara.
관여(關與)＜gwan/yeo＞　keikutserta-
an; partisipasi.　～하다 ikut serta.
관영(官營)＜gwan/yeong＞　☞ 국영
(國營).
관용(官用)＜gwan/yong＞ urusan di-
nas; pemakaian dinas/pemerintah.
～으로 dalam urusan resmi/dinas;
untuk penggunaan resmi.
관용(寬容)＜gwan/yong＞　toleransi;
kerukunan.　～하다 bertoleransi;
bertenggang rasa.　～의 정신 jiwa
toleransi.
관용(慣用)＜gwan/yong＞　pemakaian
umum.　～의 umum.　～어구 ung-
kapan idiom; ungkapan yang umum
dipakai.
관원(官員)＜gwan/won＞　pegawai
negeri.
관유(官有)＜gwan/yu＞　milik nega-
ra.　☞ 국유(國有).
관인(官印)＜gwan/in＞　cap resmi;
stempel resmi; stempel pemerintah.
～을 찍다 mengecapkan stempel
resmi ; membubuhi cap resmi.
관인(寬仁)＜gwan/in＞　kemurahan
hati.
관자놀이(貫子-)＜gwan/ja/no/ri＞　pe-
lipis.
관작(官爵)＜gwan/jak＞ pangkat res-
mi; jabatan dan pangkat.　～을 주
다 memberi pangkat resmi.
관장(管掌)＜gwan/jang＞　pengelola-
an; manajemen.　～하다 meng-
elola.　～업무 bisnis dalam tang-
gung jawab.
관장(館長)＜gwan/jang＞　pengawas;
direktur; pemimpin; ketua.

관재(管財) < gwan/jae > pengelolaan harta/kekayaan. ~하다 mengelola harta/kekayaan; menempatkan dibawah pengelolaan. ~국 biro pengelola kekayaan negara. ~인 pengelola.

관저(官邸) < gwan/jeo > kediaman resmi; istana. 대통령~ kediaman resmi presiden.

관전(觀戰) < gwan/jeon > ~하다 mengawasi pertandingan. ~기(記) penulisan hasil pengawasan.

관절(關節) < gwan/jeol > 『解』 sendi/ sambungan. ~의 sendi. ~염 peradangan sendi.

관점(觀點) < gwan/ceom > segi pandangan; aspek; faset; sudut pandang. 이 ~에서 dari sudut pandang ini. ~이 다르다 mempunyai pandangan yang berbeda.

관제(官制) < gwan/je > organisasi pemerintahan; peraturan resmi.

관제(官製) < gwan/je > ~의 buatan pemerintah. ~데모 unjuk rasa yang didalangi pemerintah. ~엽서 kartu pos.

관제(管制) < gwan/je > pengawasan; pengendalian. ~탑 menara pengawasan. 등화~ pengendalian sinar; black out. 보도~ sensor berita.

관조(觀照) < gwan/jo > semadi; meditasi. ~하다 bersemadi.

관중(觀衆) < gwan/jung > penonton.

관직(官職) < gwan/jik > dinas pemerintah. ~에 있다 dalam dinas pemerintah.

관찰(觀察) < gwan/chal > observasi; survei; pengamatan. ~하다 mengobservasi; memperhatikan; meneliti; mengamat-amati. ~력 daya observasi. ~안(眼) mata pengamat.

관찰사(觀察使) < gwan/chal/sa > 『史』 gubernur (propinsi).

관철(貫徹) < gwan/cheol > prestasi; pelaksanaan. ~하다 melaksanakan. 목적을~하다 merealisasikan; melaksanakan; mewujudkan.

관청(官廳) < gwan/cheong > kantor pemerintah; dinas pemerintah; kantor; jawatan. 관계~ pejabat yang berwenang. 주무~ pejabat yang berkompeten.

관측(觀測) < gwan/cheuk > pengamatan/observasi; survei. ~하다 mengamati; meninjau; mengadakan pengamatan. 희망적~ berpikir berdasarkan keinginan sendiri. ~기구 balon pengamat. ~소 observatori/lembaga pengamatan. ~자 petugas pengamatan.

관통(貫通) < gwan/thong > penembusan; penyusupan. ~하다 menembus; menyusup; menjebol; mengenai; melubangi. ~총상(銃傷) luka tembus peluru. 총알이 ~하다 tertembak tembus.

관포(管鮑) < gwan/fo > ~지교(交) persahabatan Damon dan Pythias.

관하(管下) < gwan/ha > ~의[에] dalam yuridiksi/ pengawasan.

관하다(關 -) < gwan/hada > ① sehubungan dengan. …에 관하여 tentang; mengenai. …에 관한 한 sejauh berhubungan dengan itu. ~ 그 점에 관해서 dalam hubungan itu. 철학에 관한 책 buku tentang filsafat. ② menyinggung kehormatan. 명예에 관한 문제 masalah yang menyinggung kehormatan.

관학(官學) < gwan/hak > sekolah negeri.

관할(管轄) < gwan/hal > yurisdiksi; pengawasan; wilayah hukum; propinsi. ~하다 mempunyai/melaksanakan yuridiksi; mengawasi; mengatur. …의 ~에 속하다 berada dalam wilayah hukum… . ~관청 pejabat yang terkait. ~구역 yuridiksi wilayah. ~권 yuridiksi; kekuasaan; kehakiman. ~다툼 perselisihan yuridiksi/wilayah hukum. ~서(署) kantor polisi yang bersangkutan.

관행(慣行) < gwan/haeng > praktek yang biasa/ kebiasaan. ~의 adat istiadat. 국제적~ praktek internasional.

관향(貫鄕) <gwan/hyang> rumah nenek moyang di kampung halaman.

관허(官許) <gwan/heo> izin pemerintah. ~의 diizinkan. ~요금 biaya surat izin.

관헌(官憲) <gwan/heon> pejabat; otoriter.

관현(管絃) <gwan/hyeon> alat tiup dan petik. ~악 musik orkes. ~악의 반주 diiringi orkes. ~악단 orkestra.

관혼상제(冠婚喪祭) <gwan/hon/sang/je> upacara perayaan.

관후(寬厚) <gwan/hu> ~한 murah hati; liberal. ~장자 orang yang bermurah hati.

괄대(恝待) <gwal/tae> ~하다 menyambut dengan dingin; memperlakukan dengan dingin.

괄시(恝視) <gwal/si> ~하다 memperlakukan dengan dingin.

괄호(括弧) <gwal/ho> tanda kurung. ~속에 넣다 menyisipkan kalimat/memberi tanda kurung.

광 <gwang> gudang; kandang; gudang bawah tanah; lumbung padi; rangkiang.

광(光) <gwang> kilap; kemilau. ~내다 mengkilap.

광(廣) <gwang> luas; luasan.

광(鑛) <gwang> lubang; tambang; terowongan tambang. 철 ~ bijih besi.

...광(狂) <gwang> gila; maniak. 댄스~ gila dansa; maniak dansa. 영화 [야구]~ penggemar berat film [bisbol].

광각(光角) <gwang/gak> 『理』 sudut optik.

광각(光覺) <gwang/gak> kepekaan cahaya; sensasi sinar.

광각렌즈(廣角-) <gwang/gak/ren/jeu> lensa bersudut lebar.

광갱(鑛坑) <gwang/gaeng> pertambangan.

광견(狂犬) <gwang/gyeon> anjing gila. ~병 rabies; penyakit anjing gila. ~병에 걸리다 tertular rabies.

광경(光景) <gwang/gyeong> tontonan; pemandangan. 슬픈~ pemandangan yang menyedihkan. 참담한 ~ tontonan yang sangat menyedihkan.

광고(廣告) <gwang/go> iklan; pariwara; advertensi; reklame. ~하다 memasang iklan; mengiklankan ~란 kolom iklan. ~료 tarif iklan. ~방송 siaran komersial; siaran iklan. ~삐라 surat selebaran. ~탑 menara iklan. 사망~ pemberitahuan kematian. 제품~ iklan produk.

광공업(鑛工業) <gwang/gong/eob> industri pertambangan dan pabrik.

광구(鑛區) <gwang/gu> kawasan pertambangan

광기(狂氣) <gwang/ki> kegilaan. ~의 gila.

광나다(光 -) <gwang/na/da> berkilau; mengkilat.

광년(光年) <gwang/nyeon> 『天』 tahun cahaya.

광대 <gwang/dae> aktor/aktris akrobatik.

광대(廣大) <gwang/dae> ~한 sangat luas. ~무변한 luas dan tidak terbatas.

광대뼈 <gwang/dae/pyeo> tulang pipi. ~가 나온 사람 orang yang tulang pipinya menonjol.

광도(光度) <gwang/do> 『理』 intensitas cahaya. ~계 fotometer.

광독(鑛毒) <gwang/dok> pencemaran tambang. ~의 피해 kerusakan karena pencemaran tambang.

광란(狂亂) <gwang/nan> kegilaan. ~하다 jadi gila.

광력(光力) <gwang/nyeok> 『理』 daya penerangan. ~계『寫』 aktinometer.

광막(廣漠) <gwang/mak> ~한 sangat luas. ~한 땅 tanah yang luas

광망(光芒) <gwang/mang> berkas sinar/cahaya.

광맥(鑛脈)＜gwang/maek＞ urat mineral. ～을 찾아내다 mencari urat mineral.

광명(光明)＜gwang/myeong＞ sinar; harapan; masa depan cerah; cahaya; kilau gemerlap; nur. 한 줄기의～ secercah harapan. 새로운 ～을 주다 memberikan harapan baru.

광목(廣木)＜gwang/mok＞ kain katun.

광물(鑛物)＜gwang/mul＞ mineral; barang tambang. ～의 mineral. ～계 kerajaan mineral. ～질 bahan mineral. ～학 mineralogi; ilmu pelikan.

광범(廣汎)＜gwang/beom＞ ～한 luas; lebar. ～한 개혁 pembaruan berjangkauan jauh. ～한 영향을 주다 memberi pengaruh berdampak luas/berjangkauan jauh.

광범위(廣範圍)＜gwang/beom/wi＞ ruang lingkup yang luas; jangkauan yang luas; sangat luas. ～에 걸치다 meliputi daerah yang luas. ☞ 광범.

광복(光復)＜gwang/bok＞ pemulihan kemerdekaan. ～하다 memperoleh kemerdekaan. ～절 Hari Kemerdekaan Korea.

광부(鑛夫)＜gwang/bu＞ pekerja tambang; penggali.

광분열(光分裂)＜gwang/bun/yeol＞ 『理』 fotofisi.

광산(鑛山)＜gwang/san＞ tambang; galian. ～공학 ilmu teknik pertambangan. ～기사 insinyur/ahli pertambangan. ～노동자 penambang. ～업 industri pertambangan. ～채굴권 konsesi pertambangan. ～측량(술) survei pertambangan.

광산(鑛産)＜gwang/san＞ produk mineral. ～지 daerah mineral.

광상곡(狂想曲)＜gwang/sang/gok＞ rapsodi.

광석(鑛石)＜gwang/seok＞ mineral; kristal; barang tambang. ～검파기 detektor kristal; alat pendeteksi kristal.

광선(光線)＜gwang/seon＞ sinar; kirana. ～분석 analisa spektrum. ～요법 fototerapi. ～조절기『寫』 diagfragma iris. 굴절 [반사]～ sinar bias [pantul]. 살인～ sinar maut. 엑스～ sinar X (Rontgen). 태양～ sinar matahari.

광섬유(光纖維)＜gwang/seom/yu＞ serat optik.

광속(光束)＜gwang/sok＞ seberkas sinar. ～발산도 cahaya yang berkilauan.

광속(光速)＜gwang/sok＞ kecepatan cahaya.

광수(鑛水)＜gwang/su＞ air mineral.

광신(狂信)＜gwang/sin＞ kefanatikan. ～적 fanatik. ～자 orang yang fanatik.

광심(光心)＜gwang/sim＞ 『理』 pusat optik; fokus.

광야(曠野)＜gwang/ya＞ dataran liar; padang rumput.

광양자(光量子)＜gwang/yang/ja＞ 『理』 foton; kuantum cahaya.

광언(狂言)＜gwang/eon＞ omongan gila.

광업(鑛業)＜gwang/eob＞ industri pertambangan. ～가 pengusaha tambang. ～권 hak menambang. ～소 kantor stasiun pertambangan.

광역(廣域)＜gwang/yeok＞ daerah yang luas. ～수사 mencari di daerah yang luas. ～지방 의회 선거 pemilihan lokal unit yang besar.

광열(光熱)＜gwang/yeol＞ cahaya dan panas. ～비 biaya pemanas/bahan bakar dan listrik.

광영(光榮)＜gwang/yeong＞ kecemerlangan; kegemilangan. ☞ 영광.

광우리장수＜gwang/u/ri/jang/su＞ penjaja/pedagang asongan.

광원(光源)＜gwang/won＞ sumber cahaya.

광원(廣遠)＜gwang/won＞ ～한 jauh dan luas.

광유(鑛油)＜gwang/yu＞ minyak mineral.

광음(光陰)＜gwang/eum＞ waktu. ～이 여류(如流)하다 Waktu berlalu

bagai anak panah.
광의(廣義)＜gwang/eui＞ arti yang luas. ~로해석하다 menafsirkan dalam arti yang luas.
광인(狂人)＜gwang/in＞ orang gila; orang yang kurang waras.
광자(光子)＜gwang/ja＞ 『理』 foton; kuantum cahaya.
광장(廣場)＜gwang/jang＞ ruang terbuka; plaza; alun-alun; lapangan.
광재(鑛滓)＜gwang/jae＞ buangan tambang.
광적(狂的)＜gwang/jeok＞ gila.
광전(光電)＜gwang/jeon＞ 『電』 fotoelektrositas. ~자 fotoelektron.
광점(光點)＜gwang/ceom＞ titik cahaya.
광주(鑛主)＜gwang/ju＞ pemilik tambang.
광주리＜gwang/ju/ri＞ besek; rantang; kembut; kerau; bakul.
광증(狂症)＜gwang/jeung＞ kegilaan. ~을 일으키다 menjadi gila.
광채(光彩)＜gwang/chae＞ keberkilauan. ~가 나다 cemerlang; berkilauan. ~를 발하다 bersinar.
광천(鑛泉)＜gwang/cheon＞ mata air mineral; sumur mineral.
광체(光體)＜gwang/che＞ benda bercahaya.
광치다＜gwang/chi/da＞ omong besar.
광태(狂態)＜gwang/thae＞ perbuatan seperti gila. ~를 부리다 berbuat seperti gila.
광택(光澤)＜gwang/thaek＞ bersinar; semarak; berseri-seri. ~있는 berkilauan; kemilau. ~을 내다 mengkilapkan; mencalak; merengas.
광파(光波)＜gwang/fa＞ 『理』 gelombang cahaya.
광폭(廣幅)＜gwang/fok＞ keluasan yang besar. ~의 keluasan penuh.
광풍(狂風)＜gwang/fung＞ angin kencang.
광학(光學)＜gwang/hak＞ ilmu optik. ~기계 alat optik. ~병기 senjata optik.
광화학(光化學)＜gwang/hwa/hak＞

『理』 fotokimia.
광활＜gwang/hwal＞ keluasan; kelapangan; keleluasaan. ~한 luas; lapang; lebar.
광휘(光輝)＜gwang/hwi＞ kecemerlangan; kesemarakan; kemegahan.
광희(狂喜)＜gwang/heui＞ kegembiraan yang meluap-luap/liar. ~하다 gembira berlebih-lebihan.
괘념(掛念)＜gwae/nyeom＞ ~하다 mengkhawatirkan.
괘도(掛圖)＜gwae/do＞ peta dinding.
괘력(掛曆)＜gwae/ryeok＞ kalender dinding.
괘선(罫線)＜gwae/seon＞ garis grafik.
괘씸하다＜gwae/ssim/hada＞ paradam. 괘씸한 짓 kelakuan paradam.
괘종(掛鐘)＜gwae/jong＞ jam dinding.
괘지(罫紙)＜gwae/ji＞ kertas bergaris (grafik).
괜찮다＜gwaen/chan/tha＞ ① baik; boleh; boleh juga; tidak jadi apa-apa. 맛이~ rasanya enak; rasanya boleh juga. ② tidak peduli; tidak keberatan. 비가 와도~ Tidak peduli turun hujan. 나는~ Saya tidak keberatan.
괜히＜gwaen/hi＞ ☞ 공연히.
괭이＜gwaeng/i＞ cangkul; pacul.
괴괴하다＜goe/goe/hada＞ diam.
괴금(塊金)＜goe/geum＞ bongkahan emas; nugget.
괴다＜goe/da＞ tidak mengalir (air).
괴다＜goe/da＞ meragi; mengalami peragian (tapai).
괴다＜goe/da＞ menyangga; menyokong; mendukung; mengganjal; menopang.
괴담(怪談)＜goe/dam＞ cerita hantu.
괴도(怪盜)＜goe/do＞ pencuri misterius/phantom.
괴란(壞亂)＜goe/ran＞ korupsi; subversi. ~하다 merusak; menghancurkan; mengkorupkan.
괴력(怪力)＜goe/ryeok＞ kekuatan yang luar biasa.

괴로움＜goe/ro/um＞ kesedihan; kesulitan; penderitaan. 삶의～ kesulitan hidup. 마음의～ kesedihan hati.

괴로워하다＜goe/ro/wo/hada＞ menderita; makan hati.

괴롭다＜goe/rob/ta＞ menyakitkan; menyedihkan.

괴롭히다＜goe/rob/fi/da＞ menyiksa; menganiaya; menyakiti; mengganggu. 적을～ mengganggu musuh. 제 마음을～ berkhawatir sendiri.

괴멸(壞滅)＜goe/myeol＞ penghancuran; pembasmian. ～하다 dihancurkan; dibasmi. ～시키다 menghancurkan; membinasakan; membasmi.

괴문(怪聞)＜goe/mun＞ skandal.

괴물(怪物)＜goe/mul＞ monster; rahu.

괴벽(乖僻)＜goe/byeok＞ keanehan; keganjilan. ☞ 괴퍅.

괴변(怪變)＜goe/byeon＞ peristiwa/kejadian aneh.

괴사(怪事)＜goe/sa＞ (kasus) misterius.

괴상(怪常)＜goe/sang＞ ～한 aneh; ganjil. ～한 일 benda/hal yang aneh. ～하게 여기다 kiranya aneh bahwa…

괴상(塊狀)＜goe/sang＞ ～의 masif; pejal. ～암(岩) batu masif; batu pejal.

괴수(怪獸)＜goe/su＞ monster; rahu.

괴수(魁首)＜goe/su＞ pemimpin.

괴위(魁偉)＜goe/wi＞ ～한 memerintahkan.

괴이(怪異)＜goe/i＞ ～한 misterius; aneh; ganjil; asing.

괴질(怪疾)＜goe/jil＞ penyakit aneh; penyakit yang tidak dikenal.

괴짜(怪 -)＜goe/ca＞ orang aneh/eksentrik.

괴팍＜goe/fak＞ ～한[스러운] eksentrik; janggal; aneh. ～한 사람 orang berpikiran aneh; perengus-rengus. ～한 성미 bersifat cerewet.

괴한(怪漢)＜goe/han＞ orang yang mencurigakan.

굄돌＜goem/tol＞ tanggul batu.

굉음(轟音)＜goeng/eum＞ suara gemuruh; lebuk-debuk. ～을 내다 membuat suara gemuruh; bergemuruh.

굉장(宏壯)＜goeng/jang＞ ～한 agung; hebat; terlebih; terlampau; megah. ～히 dengan sangat; kelewat; terlalu hebat. ～한 건축물 bangunan yang megah. ～한 부자 orang yang sangat kaya. ～히 가난하다 terlalu miskin. ～히 덥다 sangat panas. ～히 아름답다 cantik rupawan.

교(敎)＜gyo＞ ☞ 종교(宗敎).

교가(校歌)＜gyo/ga＞ lagu sekolah.

교각(橋脚)＜gyo/gak＞ tiang jembatan.

교감(校監)＜gyo/gam＞ wakil kepala sekolah; guru kepala.

교감신경(交感神經)＜gyo/gam/sin/gyeong＞ saraf simpatetis.

교갑(膠匣)＜gyo/gab＞ kapsul.

교골(交骨)＜gyo/gol＞ 『解』 tulang pinggul.

교과(敎科)＜gyo/kwa＞ jadwal pelajaran; kurikulum. ～서 buku pegangan.

교관(敎官)＜gyo/gwan＞ instruktur; staf pengajar.

교구(敎具)＜gyo/gu＞ perlengkapan belajar-mengajar.

교구(敎區)＜gyo/gu＞ paroki gereja; vikariat. ～민 anggota jema'at.

교권(敎權)＜gyo/gwon＞ kewenangan pendidikan. ～확립 penetapan wewenang pendidikan.

교규(敎規)＜gyo/gyu＞ peraturan sekolah.

교기(校紀)＜gyo/gi＞ disiplin sekolah.

교기(校旗)＜gyo/gi＞ bendera/panji sekolah.

교내(校內)＜gyo/nae＞ ～의 antar kelas. ～운동대회 pertandingan atletik antar kelas.

교단(敎團)＜gyo/dan＞ badan keagamaan; persaudaraan.

교단(敎壇) < gyo/dan > mimbar sekolah; jabatan guru. ~에 서다 berdiri di mimbar sekolah; menjadi guru. ~생활 kehidupan guru.

교당(敎堂) < gyo/dang > gereja; candi/kuil; katedral; mesjid.

교대(交代) < gyo/dae > pertukaran; pergantian; pergiliran. ~하다 berganti; bertukar; bergilir. ~로 secara bergilir; berencel-encel; secara bergantian. 주야~로 bergilir siang-malam. 3~로 일하다 bekerja dalam tiga shif/giliran. ~시간 waktu pertukaran; waktu pergiliran. ~원 orang yang bergilir. 2~제 sistem dua shift; sistem dua gilir. ~조업 pekerjaan/operasi bergilir.

교도(敎徒) < gyo/do > orang yang percaya; penganut agama.

교도(敎導) < gyo/do > bimbingan; pengajaran; pelatihan; penyuluhan. ~하다 mengajar; membimbing; melatih. ~민주주의 demokrasi terpimpin.

교도(矯導) < gyo/do > ~관 sipir penjara. ~소 penjara; bui. ~소에 들어가다 masuk penjara; dipenjarakan.

교두보(橋頭堡) < gyo/du/bo > pangkalan jembatan; pangkalan terdepan. ~를 확보[구축]하다 mengamankan [membangun] pangkalan.

교란(攪亂) < gyo/ran > gangguan; risauan; usikan; pengacauan. ~하다 mengganggu; mengusik; mengacau.

교량(橋梁) < gyo/ryang > jembatan; teritis; titian; sirat. ~을 가설하다 membangun jembatan. ~공사 pekerjaan jembatan.

교련(敎鍊) < gyo/ryeon > latihan militer. ~하다 melatih. ~교관 instruktur latihan 집총~ latihan senjata.

교류(交流) < gyo/ryu > saling tukar; pertukaran. 한미문화~ pertukaran kebudayaan antara Korea dan Amerika. 인사~ saling tukar personil. ~발전기 generator AC.

교리(敎理) < gyo/ri > doktrin; kepercayaan; dogma; ajaran. ~문답 katekisme.

교린(交隣) < gyo/rin > hubungan negara-negara bertetangga. ~정책 kebijakan bertetangga yang baik.

교만(驕慢) < gyo/man > kebanggaan; keangkuhan; kesombongan. ~한 bangga; berlagak-lagak; bersombong-sombong.

교목(喬木) < gyo/mok > pohon tinggi; pohon hutan. ~대(帶) kawasan hutan.

교묘(巧妙) < gyo/myo > ~한 cerdik; licik; licin. ~하게 dengan cerdik. ~한 수단 tipuan licin/licik. ~하게 속이다 memainkan tipuan yang cerdik.

교무(敎務) < gyo/mu > ① urusan sekolah. ~과 bagian pengajaran. ~주임 kepala urusan sekolah. ② (교회) urusan agama.

교문(校門) < gyo/mun > gerbang sekolah. ~을 나서다 lulus.

교미(交尾) < gyo/mi > kopulasi; persetubuhan. ~하다 berkopulasi; bersetubuh; bersenggama. ~기(期) musim kawin.

교배(交配) < gyo/bae > perkawinan silang; pembuahan silang. ~하다 menyilangkan; mengawinsilangkan.

교복(校服) < gyo/bok > seragam sekolah.

교본(敎本) < gyo/bon > buku pegangan; kitab; bacaan; literatur.

교부(交付) < gyo/bu > pengiriman; hadiah. ~하다 mengirim. 통지서를 ~하다 melayani dengan pemberitahuan.

교분(交分) < gyo/bun > persahabatan. ~이 두텁다 berteman akrab.

교빙(交聘) < gyo/bing > ~하다 bertukar kunjungan.

교사(巧詐) < gyo/sa > ~스러운 licik; licin.

교사(校舍) < gyo/sa > gedung sekolah. 가(假)~ gedung sekolah sementara.

교사(敎師) < gyo/sa > guru; instruktur; guru pelatih; pendidik; dosen.

~자격증 ijasah guru. 여~ guru perempuan. 영어~ guru Bahasa Inggris.

교사(敎唆)＜gyo/sa＞ hasutan. ~하다 menghasut. ~자 penghasut. …의~로 atas hasutan…

교사(驕奢)＜gyo/sa＞ kemewahan.

교살(絞殺)＜gyo/sal＞ pencekikan. ~하다 membunuh dengan mencekik.

교서(敎書)＜gyo/seo＞ pesan; amanat. 연두~ amanat presiden di tahun baru. 특별~ pesan khusus.

교섭(交涉)＜gyo/seob＞ ① perundingan; permufakatan; pembicaraan. ~하다 berunding. ~중이다 dalam perundingan. ~단계에 있다 dalam tahap perundingan. 예비~ perundingan pendahuluan. ② (관계) relasi; koneksi; hubungan.

교수(敎授)＜gyo/su＞ pengajaran; nasehat; dosen. ~하다 mengajar; mempelajarkan. ~법 metode mengajar; pedadogik; seni mendidik; ilmu pengajaran. ~요목 garis besar program pengajaran. ~회 dewan/rapat fakultas. 개인~ pelajaran privat. 부~ lektor kepala. 조~ lektor.

교수(絞首)＜gyo/su＞ penggantungan; pencekikan. ~하다 menggantung; mencekik. ~대 tiang gantungan; tonggak gantungan. ~형 hukuman gantung.

교습(敎習)＜gyo/seub＞ pelatihan; pengajaran. ~하다 melatih; mengajar. ~을 받다 mendapat pelatihan/pendidikan. ~소 sekolah pelatihan. 피아노~ pelajaran piano.

교시(敎示)＜gyo/si＞ pengajaran. ~하다 mengajar.

교신(交信)＜gyo/sin＞ komunikasi. ~하다 berkomunikasi (dengan).

교실(敎室)＜gyo/sil＞ ruang kelas; ruang; kamar. 콩나물~ ruang kelas yang terlalu sesak.

교양(敎養)＜gyo/yang＞ sila; adab; ahlak. ~(이) 있는 beradab; berahlak; bersila. ~과목 pelajaran akhlak.

교역(交易)＜gyo/yeok＞ perdagangan; barter. ~하다 berdagang; melakukan barter.

교역자(敎役者)＜gyo/yeok/ja＞ pekerja agama.

교외(郊外)＜gyo/oe＞ daerah pinggiran kota. ~생활 kehidupan di daerah pinggiran kota.

교외(校外)＜gyo/oe＞ ~의[에] luar sekolah. ~생 siswa jarak jauh. ~활동 kegiatan sekolah jarak jauh/sekolah terbuka.

교우(交友)＜gyo/u＞ persahabatan; kawan; rekan. ~관계 hubungan persahabatan. ~관계를 조사하다 menyelidiki hubungan persahabatan.

교우(校友)＜gyo/u＞ teman sekolah; alumni. ~회 perhimpunan siswa; himpunan alumni.

교우(敎友)＜gyo/u＞ umat (Islam, Kristen, Budha, Hindu); penganut.

교원(敎員)＜gyo/won＞ guru; instruktur; tenaga pengajar. ~이되다 mengajar. ~양성소 kursus pendidikan guru; sekolah pelatihan guru.

교유(交遊)＜gyo/yu＞ persahabatan; pergaulan. ~하다 berteman (dengan).

교육(敎育)＜gyo/yuk＞ pendidikan. ~하다 mendidik; mencerdaskan; membimbing. ~받은 berpendidikan. ~받지못한 tidak berpendidikan. ~을 잘받은 terpelajar; intelek. ~감 penilik sekolah. ~계 dunia pendidikan; bidang pengajaran. ~공무원 pegawai Departemen Pendidikan dan Kebudayaan. ~과정 mata pelajaran/kuliah. ~기관 lembaga pendidikan. ~대학 sekolah guru. ~비(費) biaya pendidikan. ~시설 [행정] fasilitas [administrasi] pendidikan. ~영화 film pendidikan. ~위원회 rapat sekolah. ~자 pendidik. ~제도 sistem sekolah. 기술~ pendidikan teknik.

교육부(敎育部)＜gyo/yuk/bu＞ Departemen Pendidikan dan Kebudayaan.

교의(交誼) < gyo/eui > hubungan bersahabat; persahabatan.

교의(校醫) < gyo/eui > dokter sekolah.

교인(教人) < gyo/in > umat; pengikut; penganut.

교자상(交子床) < gyo/ja/sang > meja besar (gaya Korea).

교장(校長) < gyo/jang > kepala sekolah.

교장(校葬) < gyo/jang > pemakaman sekolah.

교재(教材) < gyo/jae > bahan pengajaran.

교전(交戰) < gyo/jeon > perang; aksi; permusuhan; pertempuran. ~하다 berperang; bertempur. ~국 negara-negara yang berperang; pihak yang berperang. ~상태 pernyataan perang.

교점(交點) < gyo/ceom > titik perpotongan.

교접(交接) < gyo/jeob > hubungan kelamin; persetubuhan; jima(k). ~하다 melakukan hubungan kelamin; bersetubuh; bersenggama.

교정(校正) < gyo/jeong > pembetulan proof; bukti cetakan. ~하다 membetulkan; memeriksa proof; membaca bukti cetakan. ~쇄(刷) percobaan cetak lepas; lembar bukti cetakan. ~원 korektor; pemeriksa bukti cetakan. ~필(畢) bukti cetakan yang sudah dikoreksi.

교정(校訂) < gyo/jeong > Revisi. ~하다 memperbaiki; merevisi. ~판(版) edisi perbaikan/edisi revisi.

교정(校庭) < gyo/jeong > halaman sekolah; kampus.

교정(教程) < gyo/jeong > buku pegangan.

교정(矯正) < gyo/jeong > perbaikan; koreksi. ~하다 mengoreksi; memperbaiki. ~법 cara perbaikan; metode koreksi.

교제(交際) < gyo/je > hubungan (baik); perbauran; kontak; pertemuan. ~하다 berhubungan dengan; ber-

kenalan dengan; bergaul; bersahabat. ~상 karena sahabat. ~가 넓다 mempunyai banyak hubungan sosial; berkenalan banyak. ~를 넓히다 memperluas/memperbanyak kenalan. ~를 끊다 putus hubungan dengan. ~가 orang yang mudah bergaul. ~범위 lingkungan teman/kenalan. ~비 pengeluaran/biaya sosial.

교조(教祖) < gyo/jo > pendiri agama.

교조주의(教條主義) < gyo/jo/ju/eui > doktrinisme. ~자 doktrinis/pembuat doktrin; pembawa ajaran.

교주(教主) < gyo/ju > pendiri agama; pendiri sekte.

교지(校地) < gyo/ji > lokasi sekolah.

교지(教旨) < gyo/ji > ajaran; doktrin.

교직(交織) < gyo/jik > kain tenun campuran; sutera; kain rayon. 면모~ setengah wol; kain wol kapas.

교직(教職) < gyo/jik > profesi mengajar. ~에 있다 menjadi guru. ~원 staf pengajar.

교차(交叉) < gyo/cha > persimpangan; persilangan; perpotongan. ~하다 menyilang/memotong; bersimpangan. ~로 perempatan; persimpangan; simpang empat. ~승인 pengakuan silang; pengakuan kedua belah pihak. ~점 titik perpotongan; titik persimpangan.

교착(交錯) < gyo/chak > komplikasi; campuran. ~하다 rumit. 명암(明暗)의 ~ campuran sinar dan naungan; campuran sinar dan bayangan.

교착(膠着) < gyo/chak > pelekatan; kebuntuan. ~하다 melekat. ~상태 jalan buntu. ~상태에 있다 di jalan buntu. ~상태에 빠지다 jatuh kejalan buntu.

교체(交替) < gyo/che > penggantian; pertukaran; peralihan; perubahan. ~하다 mengganti; menukar. 내각의 ~ penggantian kabinet.

교칙(校則) < gyo/chik > peraturan sekolah.

교칙(教則) < gyo/chik > peraturan mengajar.

교탁(敎卓) < gyo/thak > meja guru.
교태(嬌態) < gyo/thae > kegenitan; kekenesan. ~를 부리다 menjadi genit; keletah; bergaya; banyak tingkah; kenes.
교통(交通) < gyo/thong > lalu lintas; komunikasi; perhubungan. ~을 차단하다 memutuskan hubungan/komunikasi. ~규칙 peraturan lalu lintas. ~기관 sarana transportasi; sarana pengangkutan. ~난 kemacetan lalu lintas. ~도덕 tata tertib lalulintas. ~량 kepadatan lalu lintas. ~마비 kelumpuhan lalu lintas. ~망 jaringan lalu lintas. ~방해 penghalang lalu lintas. ~부 Departemen Perhubungan. ~비 biaya lalu lintas. ~사고 kecelakaan lalu lintas. ~순경 polisi lalu lintas. ~신호 rambu-rambu lalu lintas. ~신호를 무시하다 mengabaikan rambu-rambu lalu lintas. ~안전 keamanan lalu lintas. ~위반 pelanggaran lalu lintas. ~위반자 pelanggar lalu lintas. ~정리 pengendalian lalu lintas; pengawasan lalu lintas. ~지옥 kekacauan lalu lintas. ~체증 kemacetan lalu lintas.
교파(敎派) < gyo/fa > kaum (agama); sekte.
교편(敎鞭) < gyo/fyeon > pengajaran. ~을 잡다 mengajar di sekolah.
교포(僑胞) < gyo/fo > orang Korea yang tinggal di luar negeri.
교풍(校風) < gyo/fung > tata tertib sekolah.
교합(交合) < gyo/hab > hubungan kelamin.
교향(交響) < gyo/hyang > ~곡 simfoni. ~시 syair simfoni. ~악= 교향곡 (~악단 orkes simfoni)
교화(敎化) < gyo/hwa > pendidikan; penerangan; penyuluhan. ~하다 mendidik; memberi penerangan; menyuluh.
교환(交換) < gyo/hwan > pertukaran; penggantian; jual beli. ~하다 menukar; saling tukar; menukarkan. …과~으로 sebagai balasan untuk; sebagai tukaran untuk… ~가격[가치] harga [nilai] tukar. ~교수 [학생] profesor [mahasiswa] pertukaran. ~소 kantor penerimaan cek antar bank. ~수 wanita operator telepon; operator telepon. ~조건 syarat pertukaran. ~품 barang pertukaran. ~국 kantor pusat telepon. ~대 papan penghubung telepon.
교환(交歡.交驩) < gyo/hwan > pertukaran kunjungan. ~하다 saling bertandang. ~경기 pertandingan lawatan.
교활(狡猾) < gyo/hwal > ~한 licik; licin; curang; culas. ~한 수단 tipuan licin. ~하게 굴다 bertindak licik/licin.
교황(敎皇) < gyo/hwang > Sri Paus. ~의 kepausan ~사절 utusan/delegasi Apostolik. ~청 Vatikan.
교회(敎會) < gyo/hoe > gereja. ~에 가다 pergi ke gereja. ~당 gereja; katedral.
교훈(校訓) < gyo/hun > ajaran sekolah; disiplin sekolah.
교훈(敎訓) < gyo/hun > ajaran; anjuran. ~적 instruktif. ~을 얻다 belajar/mendapat pelajaran. ~을 주다 mengajar, memberitahu; memberi pelajaran.
구(句) < gu > ungkapan; anak kalimat; artikel; bait; frase.
구(區) < gu > ① (시의) daerah; wilayah. ② bagian/blok. 선거~ daerah/wilayah pemilihan.
구(球) < gu > (공) bola, (구체) bola dunia; globe,(전구 따위) bola lampu, (라디오 따위) tabung. 4~식 수신기 radio bertabung empat.
구(九) < gu > sembilan. 제~ kesembilan.
구…(舊) < gu > mantan; bekas. ~사상 pendapat kuno. ~정치인 mantan negarawan; mantan politikus.
구가(謳歌) < gu/ga > ~하다 memuja; mengagungkan. 인생을 ~하다

menyanyikan kegembiraan hidup. 자유를 ~하다 menyanyikan pujian kemerdekaan.

구각(舊殼)＜gu/gak＞ ~을 벗다 melanggar/membuang tradisi.

구간(舊刊)＜gu/gan＞ nomor lama; edisi lama.

구강(口腔)＜gu/gang＞ mulut; rongga mulut. ~외과 bedah mulut. ~위생 kebersihan/higiene mulut.

구개(口蓋)＜gu/gae＞ 『解』 langit-langit mulut. ~의 tentang langit-langit. ~골 tulang langit-langit. ~음 suara langit-langit; bunyi palatal. 연[경]~ langit-langit lunak [keras].

구걸(求乞)＜gu/geol＞ minta-minta. ~하다 meminta-minta; mengemis. 집집마다~하며 다니다 mengemis dari pintu ke pintu.

구경＜gu/gyeong＞ ~하다 melihat (sandiwara); menonton (pertandingan); melihat-lihat; mengunjungi (museum). ~스럽다 patut dilihat/ditonton. 연극을[영화를] ~하다 menonton sandiwara [film]. 시내를 ~하다 melihat-lihat kota. ~거리 bahan tertawaan; obyek yang menggelikan. ~감[거리] tontonan. ~꾼 penonton.

구경(口徑)＜gu/gyeong＞ kaliber. ~8인치포 senapan kaliber 8 inci.

구경(究竟)＜gu/gyeong＞ ① (필경) keseluruhan; dalam jangka panjang; akhirnya. ② (궁극) akhir.

구곡(舊穀)＜gu/gok＞ bijian yang telah lama disimpan.

구관(舊館)＜gu/gwan＞ bangunan tua.

구관조(九官鳥)＜gu/gwan/jo＞ 『鳥』 beo; tiung.

구교(舊交)＜gu/gyo＞ perkenalan lama; persahabatan lama.

구교(舊敎)＜gu/gyo＞ katolikisme; gereja katolik. ~도 katolik Roma.

구구(九九)＜gu/gu＞ hukum perkalian (pergandaan). ~표(表) daftar darab; daftar kali-kalian.

구국(救國)＜gu/guk＞ penyelamatan negara. ~운동 menyelamatkan pergerakan nasional.

구균(球菌)＜gu/gyun＞ mikrokokus.

구근(球根)＜gu/geun＞ umbi; benggol. ~식물 tanaman berumbi.

구금(拘禁)＜gu/geum＞ penahanan; pengurungan; pemenjaraan. ~하다 menahan; mengurung; memenjarakan. ~되다 ditahan; dipenjara; dikurung.

구급(救急)＜gu/geub＞ pertolongan pertama. ~의 darurat; pertolongan pertama. ~상자[약, 치료] kotak [obat, perawatan] pertolongan pertama. ~차 ambulans. ~환자(患者) orang yang mendapat pertolongan pertama; kasus darurat.

구기(球技)＜gu/gi＞ main bola. ~장 ☞ 구장(球場).

구기다＜gu/gi/da＞ mengerunyutkan; mengumalkan; mengerut.

구기자(枸杞子)＜gu/gi/ja＞ 『植』 anggur pengikat perkawinan Cina.

구김살＜gu/gim/sal＞ lipatan; tekukan; kerut; lipat-lipatan. ~을 펴다 melicinkan kerutan.

구깃구깃하다＜gu/git/gu/git/hada＞ kusut; berkerut.

구난(救難)＜gu/nan＞ penyelamatan; pertolongan. ~선 kapal yang diselamatkan. ~작업 pekerjaan penyelamatan.

구내(構內)＜gu/nae＞ dalam pekarangan. ~식당 kantin dalam pekarangan.

구년(舊年)＜gu/nyeon＞ tahun lalu.

구더기＜gu/deo/gi＞ belatung; bernga. ~가 들끓다 terkena belatung; berbelatung.

구덩이＜gu/deong/i＞ lubang; rongga.

구도(求道)＜gu/do＞ mencari kebenaran. ~자(者) pencari kebenaran.

구도(構圖)＜gu/do＞ perencanaan; komposisi.

구도(舊都)＜gu/do＞ ibukota lama; tempat pemerintahan kuno.

구독(購讀)＜gu/dok＞ perlangganan;

hal berlangganan.　~하다 berlang-ganan; berabodemen.　~을 신청하다 mohon berlangganan.　~료 harga langganan; uang langganan.　~자 orang yang berlangganan; pembaca.

구두<gu/du> sepatu.　~한 켤레 sepasang sepatu.　~를 벗다 menanggalkan sepatu; melepas sepatu.　~를 신다 mengenakan sepatu; memakai sepatu.　~를 맞추다 menempahkan sepasang sepatu.　~를 닦다 menyemir sepatu.　~골 cengkal sepatu.　~닦이 anak penyemir sepatu.　~수선 perbaikan sepatu.　~약 semir sepatu.　~장이 pembuat sepatu.　~주걱 pengiah sepatu.　~창 sol sepatu.

구두(口頭)<gu/du>　~의 lisan.　~로 secara lisan　~로 전달하다 berpesan secara lisan.　~변론(法) penjelasan lisan.　~선(禪) slogan kosong. 한낱 ~선에 그치다 menjadi slogan kosong.

구두(句讀)<gu/du> tanda baca.

구두쇠<gu/du/soe> orang pelit/kikir.

구들장<gu/deul/cang> potongan batu pipih untuk lantai kamar di-Korea; ubin batu.

구라파(歐羅巴)<gu/ra/fa> ☞ 유럽.

구락부(俱樂部)<gu/rak/bu> ☞ 클럽.

구랍(舊臘)<gu/rab> Desember lalu; akhir tahun lalu.

구래(舊來)<gu/rae>　~의 tua; kuno; tradisional.　~의 누습 adat kuno yang jelek.

구렁<gu/reong> lubang; rongga. 절망(絶望)의 ~ (텅이) tenggelam kedalam keputusasaan.

구렁이<gu/reong/i> ular besar; ular naga.　~담 넘어가듯 하다 mewujudkan keinginan dengan cara tidak kentara.

구레나룻<gu/ret/na/ru> cambang; godek.

구력(舊曆)<gu/ryeok> kalender tua /kalender bulan.

구령(口令)<gu/ryeong> komando; aba-aba.　~하다 memberi aba-aba; meng(k)omandokan.

구류(拘留)<gu/ryu> penahanan; pengurungan.　~하다 menahan; mengurung. 10일간의~처분을 받다 diputus hukuman 10 hari kurungan/penahanan.

구르다<gu/reu/da> menggelinding; berguling-guling; berhumbalang. 굴러들어오다 jatuh ketangan.

구르다<gu/reu/da> menghentakkan kaki dengan tidak sabar.

구름<gu/reum> awan; mega; kabut.　~없는 tidak berawan.　~낀 berawan; mendung.　~사이 menembus/membelah awan.　~에 덮이다 tertutup awan.　~위에 솟다 membumbung di atas awan.　~한 점 없다 tidak berawan; cerah.

구름다리<gu/reum/da/ri> titian; jembatan gantung.

구릉(丘陵)<gu/reung> bukit; gigir gunung.　~지대 daerah berbukit.

구리<gu/ri> tembaga; tambera. 구릿빛의 berwarna tembaga.　~를 입히다 melapisi dengan tembaga.　~철사 kawat tembaga.

구리다<gu/ri/da> ① busuk; menyengat. 구린내 bau busuk; bau menyegat. ② mencurigakan; kotor; rendah; hina. 제밑이 ~ ada sesuatu dalam suara hati.

구매(購買)<gu/mae> pembelian.　~하다 membeli.　~력 daya beli.　~자 pembeli.　~조합 koperasi.

구멍<gu/meong> lubang; kolong; tembuk; ungkak. 바늘~ lubang jarum; lubang yang dibuat jarum.　~을 뚫다 membuat lubang; membor lubang.

구멍가게<gu/meong/ga/ge> toko kecil; warung.

구면(球面)<gu/myeon> 『數』 permukaan bulat.　~기하학 geometri bulat.　~삼각형 segitiga lingkaran.

구면(舊面)<gu/myeon> kenalan lama.

구명(究明)<gu/myeong>　~하다

meneliti; menyelidiki.
구명(救命) < gu/myeong > penyelamatan. ~대(帶) ikat pinggang penyelamat; sabuk pengaman. ~대(袋) pelampung berenang. ~동의(胴衣) jaket pelampung. ~정 sekoci penyelamat.
구명(舊名) < gu/myeong > nama lama.
구문(構文) < gu/mun > struktur kalimat; susunan kalimat. ~법 ilmu bentuk kalimat.
구문(舊聞) < gu/mun > cerita lama; berita basi.
구미(口味) < gu/mi > nafsu makan; selera. ~를 돋우다 [가당기다] membangkitkan nafsu makan. ~가 없다 tidak ada nafsu makan.
구미(歐美) < gu/mi > Eropa dan Amerika. ~의 mengenai Eropa dan Amerika/Barat. ~인 orang Eropa dan orang Amerika; orang Barat. ~제국 negara-negara Barat.
구박(驅迫) < gu/bak > perlakuan dingin (kasar,kejam). ~하다 memperlakukan dengan dingin; memperlakukan dengan kejam; menggencet.
구배(勾配) < gu/bae > lereng; kemiringan. ☞ 물배.
구변(口辯) < gu/byeon > ~이 좋다 mempunyai lidah yang fasih. ~이 좋은 사람 pembicara yang fasih.
구별(區別) < gu/byeol > perbedaan; pembedaan. ~하다 membedakan; memperbedakan. ...의 ~ 없이 tanpa perbedaan.
구보(驅步) < gu/bo > lari. ~로 berlari; lari kencang.
구복(口腹) < gu/bok > mulut dan perut. ~지계(計) mata penghidupan; mata pencaharian.
구부러뜨리다 < gu/bu/reo/teu/ri/da > membengkokkan; melengkungkan.
구부러지다 < gu/bu/reo/ji/da > membengkok; melengkung; membengkong.
구부리다 < gu/bu/ri/da > membung-

kuk. 허리를~ membungkukkan diri.
구부스름하다 < gu/bu/seu/reum/ha/da > agak bengkok.
구부정하다 < gu/bu/jeong/hada > ☞ 구부스름하다.
구분(區分) < gu/bun > pembagian; penggolongan; bagian. ~하다 membagi; menggolongkan.
구불구불 < gu/bul/gu/bul > ~한 berputar; liut-liat; bengkang-bengkung.
구불텅구불텅 < gu/bul/theong/gu/bul/theong > ~한 berputar-putar; meliuk-liuk.
구비(具備) < gu/bi > ~하다 mempunyai; memiliki; dilengkapi (dengan). 모든 조건을 ~하다 memenuhi semua syarat. ~서류 dokumen yang diperlukan.
구사(驅使) < gu/sa > ~하다 memerintah seenaknya; menguasai sepenuhnya.
구사상(舊思想) < gu/sa/sang > pikiran kuno; pendapat kuno.
구사일생(九死一生) < gu/sa/il/saeng > lolos dari lubang jarum. ~하다 nyaris mati. ~으로 dengan cara lolos dari lubang jarum.
구상(求償) < gu/sang > ~무역 perdagangan kompensasi/imbal-beli.
구상(具象) < gu/sang > ~적 konkrit. ~적으로 secara konkrit. ~개념 konsep yang konkrit.
구상(構想) < gu/sang > rencana; konsepsi; plot. 소설의~ plot novel ~을 가다듬다 merapikan plot.
구색(具色) < gu/saek > bermacam-macam; beragam. ~을 갖추다 melengkapi dengan berbagai macam.
구석 < gu/seok > pojok; sudut; penjuru. ~에 di pojok; di sudut. ~~에 di setiap celah dan sudut 자리 tempat duduk pojok.
구석기(舊石器) < gu/seok/gi > palaeolith. ~시대 Zaman Batu Lama.
구석지다 < gu/seok/ji/da > terpisah; menyendiri.

구설(口舌)＜gu/seol＞ kata-kata ce-laan; kata-kata cemoohan.. ～을 듣다 mendengar kata-kata celaan. ～수 sial dikata-katai.

구성(構成)＜gu/seong＞ pembentukan; penyusunan; pengubahan. ～하다 menyusun; mengubah; membentuk. 문장의～ penyusunan kalimat. 범죄를 ～하다 melakukan kejahatan. ～분자 komponen; pembentuk ～비(比)『統』 perbandingan komponen; nisbah komponen. 문장 ～법 ilmu kalimat; sintaksis.

구세(救世)＜gu/se＞ penyelamatan (dunia). ～주 Juru Selamat; Mahdi. ～군 pasukan penyelamat.

구세계(舊世界)＜gu/se/gye＞ Dunia Lama; Benua Lama.

구세대(舊世代)＜gu/se/dae＞ generasi lama.

구속(拘束)＜gu/sok＞ pembatasan; pengekangan; penahanan; pengurungan. ～하다 membatasi; mengekang; menahan; mengurung. ～받다 diikat; dikekang. ～받지 않는 bebas. ～력 daya ikat; daya pengikatan. ～영장 surat penangkapan/penahanan.

구속(球速)＜gu/sok＞ 『野』 kecepatan bola yang dilempar. ～이 있다 melempar bola dengan cepat.

구수하다＜gu/su/hada＞ lezat; sedap; nikmat; enak.

구술(口述)＜gu/sul＞ pernyataan lisan; imla. ～하다 menyatakan secara lisan; mengimla ～의 lisan; oral; verbal. ～서 catatan verbal.

구슬＜gu/seul＞ merjan; manik-manik. ～백 tas bertatah/manik-manik.

구슬땀＜gu/seul/tam＞ tetesan keringat. ～을 흘리며 일하다 bekerja dengan keringat bercucuran.

구슬리다＜gu/seul/li/da＞ membujuk.

구슬프다＜gu/seul/feu/da＞ sedih; mengharukan; menyentuh; merawankan. 구슬픈 노래 lagu sedih.

구습(舊習)＜gu/seub＞ adat kuno.

～을 고수하다 berpegang teguh pada adat lama.

구시대(舊時代)＜gu/si/dae＞ zaman kuno. ～의 정치인 politikus aliran kuno/ortodok.

구시렁거리다＜gu/si/reong/geo/ri/da＞ terus mengomel.

구식(舊式)＜gu/sik＞ gaya kuno. ～의 kuno; kolot; lama. ～ 사람 orang bergaya kuno.

구실＜gu/sil＞ fungsi; tugas; peranan; lakon. 중요한 ～을 하다 memainkan peranan penting. 제 ～을 하다 melaksanakan tugas.

구실＜gu/sil＞ pajak; bea.

구실(口實)＜gu/sil＞ alasan; dalih. ...을 ～로 하여 dengan alasan... ～을 만들다 membuat alasan; mencari-cari alasan.

구심(求心)＜gu/sim＞ ～적(으로) (secara) sentripetal. ～력 daya sentripetal.

구심(球心)＜gu/sim＞ pusat lingkaran.

구심(球審)＜gu/sim＞ 『野』 wasit bola.

구십(九十)＜gu/sib＞ sembilan puluh. 제～ kesembilan puluh.

구아야콜＜gu/a/ya/khol＞ 『藥』 guaiakol.

구아주(歐亞洲)＜gu/a/ju＞ Eropa dan Asia; Eurasia. ～의 orang Eropa dan Asia; Eurasian.

구악(舊惡)＜gu/ak＞ kejahatan lama. ～을 들추다 menyingkap kejahatan lama. ～을 일소하다 membersihkan nama baik dari kejahatan lama.

구애(求愛)＜gu/ae＞ percumbuan. ～하다 berkasih-kasihan; bercumbu.

구애(拘碍)＜gu/ae＞ ～하다 berpegang teguh; berkukuh; berteliti. ～하지 않고 dengan bebas. 사소한 일에 ～하다 teliti tentang perkara sepele.

구약성서(舊約聖書)＜gu/yak/seong/seo＞ kitab perjanjian lama; Taurat; hukum nabi Musa.

구어(口語)＜gu/eo＞ bahasa percakapan; bahasa lisan. ～의 percakapan; pergaulan. ～로 dalam bahasa pergaulan/percakapan. ～체 gaya bahasa pergaulan/ percakapan.

구역(區域)＜gu/yeok＞ batas; perbatasan. 담당[순찰]～ daerah tugas.

구역(嘔逆)＜gu/yeok＞ mual; nausca. ～나다 merasa mual. ～질 mual; nausca; mabuk. ～질나는 memabukkan; memualkan.

구연(口演)＜gu/yeon＞ cerita lisan ～하다 bercerita.

구연(舊緣)＜gu/yeon＞ hubungan lama.

구연산(枸櫞酸)＜gu/yeon/san＞ 『化』 asam limau; asam sitrat.

구옥(舊屋)＜gu/ok＞ rumah tua.

구우(舊友)＜gu/u＞ teman lama; sahabat lama.

구운석고(-石膏)＜gu/un/seok/go＞ dempul kering.

구워지다＜gu/wo/ji/da＞ dipanggang; diasapi; dibakar. 설～ belum matang.

구원(久遠)＜gu/won＞ keabadian; kekekalan. ～한 abadi; kekal.

구원(救援)＜gu/won＞ penyelamatan. ～하다 menyelamatkan. ～대 regu penyelamat. ～병[군] pasukan penyelamat.

구원(舊怨)＜gu/won＞ dendam lama.

구월(九月)＜gu/wol＞ September.

구유＜gu/yu＞ tempat makan ternak; lawak-lawak; palung.

구의(舊誼)＜gu/eui＞ sahabat lama.

구이＜gu/i＞ daging panggang. 돼지고기～ daging babi panggang. 생선～ ikan panggang dengan garam. 통닭～ ayam panggang.

구인(求人)＜gu/in＞ ～하다 menawarkan pekerjaan; mencari pegawai. ～광고 iklan mencari tenaga kerja. ～난(難) kesulitan mencari tenaga kerja. ～난(欄) kolom lowongan kerja.

구인(拘引)＜gu/in＞ penahanan. ～하다 menahan.

구일(九日)＜gu/il＞ ① (초아흐레) hari kesembilan. ② (9일간) sembilan hari.

구입(購入)＜gu/ib＞ pembelian. ～하다 membeli; berbelanja. ～원가 harga pembelian. ～자 pembeli. 대량 ～자 pembeli besar; pembeli borongan.

구작(舊作)＜gu/jak＞ pekerjaan lama.

구잠함(驅潛艦)＜gu/jam/ham＞ pemburu kapal selam.

구장(球場)＜gu/jang＞ lapangan bola.

구저분하다＜gu/jeo/bun/hada＞ ☞ 구접스럽다.

구적(求積)＜gu/jeok＞ 『數』 perhitungan luas dan isinya. ～법 stereometri.

구전(口傳)＜gu/jeon＞ tradisi lisan; legenda. ～하다 menceritakan secara lisan.

구전(口錢)＜gu/jeon＞ biaya makelar; komisi. ～을 받다 menerima komisi. 매입[매출]～ komisi pembelian [penjualan].

구절(句節)＜gu/jeol＞ kalimat dan anak kalimat.

구절양장(九折羊腸)＜gu/jeol/yang/jang＞ jalan berputar/berbelok-belok.

구절초(九節草)＜gu/jeol/cho＞ 『植』 bunga krisan Siberia.

구접스럽다＜gu/jeob/seu/reob/ta＞ kotor; rendah; gembel; hina.

구정(舊正)＜gu/jeong＞ Hari Tahun Baru Cina.

구정(舊情)＜gu/jeong＞ persahabatan lama; kasih sayang lama. ～을 새로이 하다 memperbaharui persahabatan lama.

구정물＜gu/jeong/mul＞ air kotor; air limbah.

구제(救濟)＜gu/je＞ pertolongan; bantuan. ～하다 menolong; membantu. ～할 수 없는 tidak tertolong. 빈민을 ～하다 menolong kaum miskin. ～기금 dana pertolongan. ～사업 usaha pertolongan. ～책 tindakan penyelamatan/pertolongan.

구제(驅除)＜gu/je＞ pemusnahan;

pemberantasan.　～하다 memusnah-kan; memberantas.　해충을 ～하다 memberantas serangga.

구제도(舊制度)＜gu/je/do＞　sistim lama/dulu.

구조(救助)＜gu/jo＞　penyelamatan; bantuan.　～하다 menyelamatkan; menolong; membantu; meringan-kan.　인명을 ～하다 menyelamat-kan jiwa.　～를 청하다 minta tolong.　～대 regu penyelamat.　～선 kapal penyelamat.　～신호 me-nyiarkan (membuat) tanda SOS.　～원 penyelamat.　～작업 operasi penyelamatan.

구조(構造)＜gu/jo＞　struktur; kons-truksi; bangunan; susunan; organi-sasi.　～의 struktural.　사회의 ～ organisasi masyarakat (ormas).　인체의 ～ struktur tubuh manusia.　～식『化』rumus struktural.　～언어학 ilmu bahasa struktural.　산업(産業)～ struktur industri.

구좌(口座)＜gu/jwa＞　rekening ☞ 계좌.

구주(救主)＜gu/ju＞　☞ 구세주(救世主).

구주(歐洲)＜gu/ju＞　Eropa. ☞ 유럽.

구주(舊株)＜gu/ju＞　『證』saham la-ma.

구중궁궐(九重宮闕)＜gu/jung/gung/gwol＞　Istana Raja; Keraton.

구중중하다＜gu/jung/jung/hada＞　ba-sah; lembab.

구직(求職)＜gu/jik＞　pencarian ker-ja.　～하다 mencari kerja.　～광고 iklan pencarian kerja.　～광고란 kolom lowongan kerja.　～광고를 내다 mengiklankan lowongan kerja.　～자 pencari kerja; pelamar.

구질구질하다＜gu/jil/gu/jil/hada＞　① ☞ 구중중하다. ② (지저분) kotor. ③ (언행이) hina; rendah.

구차(苟且)＜gu/cha＞　～하다, ～스럽다 sangat miskin.　～한 목숨 ke-hidupan yang hina.　살림이 ～하다 dalam kemiskinan.　남에게 ～한 소리를 하다 meminta belas kasihan orang.

구창(口瘡)＜gu/chang＞　nyeri di mulut; sariawan.

구척장신(九尺長身)＜gu/cheok/jang/sin＞　manusia raksasa.

구천(九泉)＜gu/cheon＞　akhirat.

구체(具體)＜gu/che＞　kepastian; ke-nyataan.　～적(으로) dengan pasti.　～적으로 말하면 berbicara dengan pasti.　～화하다 mewujudkan.

구체제(舊體制)＜gu/che/je＞　sistem/struktur lama.

구축(構築)＜gu/chuk＞　～하다 mem-bangun; mendirikan.

구축(驅逐)＜gu/chuk＞　～하다 me-ngusir; mengenyahkan; menghalau.　～함 kapal perusak.

구출(救出)＜gu/chul＞　penyelamatan.　～하다 menyelamatkan.　～작업 operasi penyelamatan.

구충(驅蟲)＜gu/chung＞　～약, ～제 insektisida.

구취(口臭)＜gu/chwi＞　napas bau.

구치(臼齒)＜gu/chi＞　gigi geraham.

구치(拘置)＜gu/chi＞　penahanan; pe-ngurungan; pemenjaraan.　～하다 menahan; mengurung; memenjara-kan.　～소 rumah penjara; sel; bui; rumah tahanan.

구칭(舊稱)＜gu/ching＞　nama lama.

구타(毆打)＜gu/tha＞　pukulan; se-rangan; labrakan.　～하다 melab-rak; menyerang; memukul.

구태(舊態)＜gu/thae＞　～의연하다 tetap tidak berubah (sebagaimana adanya).

구태여＜gu/thae/yeo＞　dengan se-ngaja.　～갈 필요는 없다 Kamu tidak perlu susah-susah pergi.　～반대하지 않는다 Saya tidak berani menentang itu.

구토(嘔吐)＜gu/tho＞　muntah.　～하다 muntah.　～설사 muntah berak.　～제 obat muntah.

구파(舊派)＜gu/fa＞　aliran lama.

구판(舊版)＜gu/fan＞　edisi lama; terbitan lama.

구푸리다＜gu/fu/ri/da＞　membung-kuk. 몸을～ membungkukkan ba-dan.

구풍(颶風)＜gu/fung＞　angin topan; angin prahara.

구하다(求 -)＜gu/hada＞　① (얻다) mendapat; membeli.　② mencari; meminta. 셋집을~ mencari rumah untuk disewa. 행복을~ mencari kebahagiaan.

구하다(救-)＜gu/hada＞　menyelamatkan. 인명을~ menyelamatkan jiwa orang; menyelamatkan dari kematian..

구현(具現)＜gu/hyeon＞　penjelmaan. ~하다 menjelmakan; mewujudkan; merealisir.

구형(求刑)＜gu/hyeong＞　tuntutan. ~하다 menuntut.사형[징역 2년]을 ~하다 menuntut hukuman mati [dua tahun penjara].

구형(矩形)＜gu/hyeong＞　empat persegi panjang. ~의 berbangun empat persegi panjang.

구형(球形)＜gu/hyeong＞　bentuk bola/bulat; bulatan. ~의 bulat.

구형(舊型)＜gu/hyeong＞　model lama. ~의 kuno.

구호(口號)＜gu/ho＞　slogan; moto; semboyan. ...이란 ~를 내걸고 dengan slogan... . 선거~ slogan pemilu.

구호(救護)＜gu/ho＞　penyelamatan; bantuan. ~하다 menyelamatkan; memberikan bantuan. ~금 dana penyelamatan. ~물자 perbekalan penyelamat. ~미 beras bantuan darurat. ~소(所) pos pertolongan pertama.

구혼(求婚)＜gu/hon＞　pinangan; lamaran. ~하다 meminang; melamar. ~을 승낙[거절]하다 menerima [menolak] pinangan orang. ~광고 iklan pernikahan. ~자 peminang.

구황(救荒)＜gu/hwang＞　~하다 menyelamatkan (penderita) dari kelaparan.

구획(區劃)＜gu/hoek＞　bagian; batas. ~하다 membagi; membatasi. ~정리 pengaturan blok. 행정~ daerah [batas] pemerintahan.

국＜guk＞　kaldu; sup. ~을 먹다 [마시다] makan [minum] sup. ~거리 bahan-bahan sup. ~말이 sup campur nasi.

국가(國家)＜guk/ka＞　negara; negeri. ~적 nasional. ~경제 ekonomi nasional ~공무원 pegawai negeri. ~과학기술 자문회의 Dewan Penasehat Ilmu Pengetahuan dan Teknologi Nasional. ~관념 semangat nasionalisme. ~관리 pengendalian/pengawasan pemerintahan. ~기관 alat negara. ~보상 pampasan negara. ~보안법 Undang Undang Keamanan Nasional. ~사회[자본]주의 sosialisme [kapitalisme] negara. ~시험 ujian negara. ~안전 기획부 Badan Perencanaan Keamanan Nasional. ~주의 nasionalisme.

국가(國歌)＜guk/ga＞　lagu kebangsaan.

국경(國境)＜guk/kyeong＞　perbatasan nasional. 사랑엔 ~이 없다 Cinta tidak mengenal perbatasan. ~경비대[분쟁, 선] garnisun [pertengkaran, garis] perbatasan.

국경일(國慶日)＜guk/gyeong/il＞　hari libur nasional.

국고(國庫)＜guk/ko＞　perbendaharaan (nasional); kas negara. ~금 dana nasional. ~보조 subsidi negara. ~부담 pembiayaan dari perbendaharaan negara. ~수입 penerimaan negara.

국교(國交)＜guk/gyo＞　hubungan diplomatik. ~를 맺다 mengadakan hubungan diplomatik(dengan). ~단절[회복] pemulihan [pemutusan] hubungan diplomatik.

국교(國敎)＜guk/gyo＞　agama negara. 영국 ~회 ☞ 성공회.

국군(國軍)＜guk/kun＞　angkatan bersenjata negara. ~의 날 Hari Angkatan Bersenjata.

국권(國權)＜guk/kwon＞　kedaulatan nasional. ~을 신장(伸張)하다 mengembangkan kedaulatan nasional.

국그릇＜guk/geu/reut＞　mangkuk

sup.

국기(國技) < guk/ki > olah raga nasional.

국기(國旗) < guk/ki > bendera kebangsaan. ~를 게양하다 mengibarkan/menaikkan bendera nasional. ~게양식 upacara pengibaran/penaikan bendera kebangsaan. 미국~ bendera kebangsaan Amerika. 영국~ bendera kebangsaan Inggris Raya.

국난(國難) < gung/nan > krisis nasional. ~을 구하다 menyelamatkan krisis nasional.

국내(國內) < gung/nae > dalam negeri. ~의 dalam negeri. ~에 di dalam negeri. ~문제 urusan dalam negeri. ~법 Undang-Undang Negara. ~선 pelayanan penerbangan dalam negeri. ~수요 permintaan kebutuhan dalam negeri. ~우편 pos dalam negeri.

국도(國道) < guk/do > jalan negara.

국란(國亂) < gung/nan > perang saudara.

국량(局量) < gung/nyang > kaliber; kemampuan; bakat.

국력(國力) < gung/nyeok > kekuatan nasional. ~을 기르다[증진하다] membangun [meningkatkan] kekuatan nasional.

국록(國祿) < guk/nok > gaji pegawai negeri. ~을 먹다 makan gaji.

국론(國論) < gung/non > pendapat umum. ~을 통일하다 menyatukan pendapat umum.

국리(國利) < gung/ni > ~민복을 도모하다 meningkatkan kepentingan nasional dan kesejahteraan rakyat.

국립(國立) < gung/nib > nasional. ~극장 [공원] teater [taman] nasional. ~묘지 pemakaman nasional.

국면(局面) < gung/myeon > situasi; aspek; segi; tingkatan; fase; derajat. ~을 타개하다 menyelamatkan situasi ~이 일변하다 memasuki fase baru.

국명(國名) < gung/myeong > nama negara.

국모(國母) < gung/mo > permaisuri; ratu.

국무(國務) < gung/mu > urusan negara. ~성 departemen negara. ~위원 anggota kabinet. ~장관 Menteri Negara. ~총리 Perdana Menteri. ~회의 sidang kabinet.

국문(國文) < gung/mun > kesusasteraan nasional; bahasa kebangsaan. ~법 tata bahasa Korea. ~학과 jurusan kesusasteraan Korea. ~학자 sarjana kesusasteraan Korea.

국물 < gung/mul > air sup.

국민(國民) < gung/min > bangsa; rakyat; penduduk negara; publik; warga negara. ~의 nasional; kebangsaan; kerakyatan. ~감정[정신] rasa [semangat] kebangsaan. ~개병(주의) (sistem) wajib militer menyeluruh. ~군 milisi. ~대회 rapat umum; rapat masal. ~병 peserta milisi. ~소득 pendapatan nasional. ~운동 gerakan/kampanye nasional. ~의례 upacara nasional. ~장 pemakaman negara. ~총생산 Produk Nasional Bruto (GNP). ~투표 plebisit; referendum.

국민학교(國民學校) < gung/min/hak/gyo > Sekolah Dasar. ~학생 murid Sekolah Dasar.

국방(國防) < guk/pang > pertahanan nasional. ~부 Departemen Pertahanan dan Keamanan. ~비(費) pengeluaran pertahanan nasional. ~색 hijau tua. ~자원 sumber daya pertahanan nasional. 자주~ pertahanan nasional mandiri.

국번(局番) < guk/beon > nomor kantor telepon; nomor pertukaran.

국법(國法) < guk/beob > undang-undang nasional; undang-undang negara. ~으로 menurut hukum.

국보(國寶) < guk/bo > pusaka nasional. ~적 존재 aset nasional; aset negara.

국부(局部) < guk/bu > bagian. ~적 (으로) sebagian; setempat. ~화하다 melokalisir. ~마취 pembiusan

lokal.
국부(國父) < guk/bu > bapak negara.
국부(國府) < guk/bu > Cina Nasionalis; Taiwan.
국부(國富) < guk/bu > kekayaan nasional.
국비(國費) < guk/bi > biaya negara. ~로 atas biaya negara. ~유학생 mahasiswa penerima beasiswa dari pemerintah. ~장학생 siswa penerima beasiswa dari pemerintah.
국빈(國賓) < guk/bin > tamu negara. ~대우를 하다 memperlakukan sebagai tamu negara.
국사(國史) < guk/sa > sejarah nasional; sejarah Korea.
국사(國事) < guk/sa > urusan nasional ~를 논하다 membahas urusan negara. ~범 pelanggar politik.
국산(國産) < guk/san > produksi dalam negeri. ~의 buatan dalam negeri. ~자동차 mobil buatan dalam negeri. ~품 barang buatan dalam negeri. ~품 장려 menggalakkan pemakaian produk dalam negeri.
국상(國喪) < guk/sang > perkabungan nasional.
국새(國璽) < guk/sae > segel negara.
국선변호인(國選辯護人) < guk/seon/byeon/ho/in > pengacara yang ditunjuk pengadilan. ~을 대다 menugaskan pengacara.
국세(局勢) < guk/se > aspek (dari perkara); fase; situasi. ~가 일변하다 masuk ke dalam fase baru.
국세(國稅) < guk/se > pajak nasional; pajak negeri. ~청 Kantor Administrasi Pajak Negara.
국세(國勢) < guk/se > keadaan negara/nasional. ~조사 pengambilan sensus; perhitungan cacah. ~조사원 pelaksana sensus/cacah. ~조사를 행하다 menyensus; mencacah.
국소(局所) < guk/so > ☞ 국부(局部).
국수 < guk/su > mi; bakmi.
국수주의(國粹主義) < guk/su/ju/eui >

ultra nasionalisme.
국시(國是) < guk/si > kebijakan nasional/negara.
국악(國樂) < gu/gak > musik tradisional. 국립 ~원 Institut Musik Klasik Nasional.
국어(國語) < gu/geo > bahasa nasional; bahasa kebangsaan. 2개~의 berbahasa dua. ~교사 guru bahasa nasional. ~독본 buku bahasa nasional.
국영(國營) < gu/gyeong > pengelolaan oleh negara; ~의 dikelola oleh negara. ~화하다 menasionalisasikan. ~기업 Badan Usaha Milik Negara (BUMN).
국왕(國王) < gu/gwang > monarki; kerajaan.
국외(局外) < gu/goe > ~의 luar; luar negeri. ~자 orang luar. ~중립 netralisme; kenetralan. ~중립국 negara netral.
국외(國外) < gu/goe > ~에서[로] di [ke] luar negeri. ~로 추방하다 mengusir keluar negeri.
국운(國運) < gu/gun > nasib nasional; nasib negara. ~의 성쇠 kemakmuran dan kemunduran negara. ~을 걸다 mempertaruhkan nasib nasional.
국위(國威) < gu/gwi > prestise nasional; citra nasional. ~를 떨치다 meningkatkan prestise nasional; meningkatkan citra nasional.
국유(國有) < gu/gyu > ~의 (milik) negara/pemerintah. ~림[철도] hutan [kereta api] negara. ~재산 milik/aset nasional. ~지 tanah negara.
국유치(局留置) < gu/gyu/chi > *poste restante*; pengiriman atas bea negara. ~전보 telegram yang dikirim di kantor.
국유화(國有化) < gu/gyu/hwa > nasioalisasi. ~하다 menasionalisasikan.
국으로 < guk/eu/ro > sesuai dengan kemampuan. ~가만히 있다 menjaga dalam batas.

국은(國恩)＜gu/geun＞ (h)utang kepada negara.

국자＜guk/ca＞ penyerok; sibur; serok.

국장(局長)＜guk/cang＞ kepala biro.

국장(國葬)＜guk/cang＞ pemakaman negara.

국장(國章)＜guk/cang＞ lambang negara.

국적(國籍)＜guk/ceok＞ kewarganegaraan/kebangsaan. ~불명의 kapal yang tidak diketahui kebangsaannya. ~을 취득 [상실]하다 mendapat [kehilangan] kewarganegaraan. ~불명기(機) pesawat yang tidak dikenal. ~상실 denasionalisasi.

국전(國展)＜guk/ceon＞ pameran seni nasional.

국정(國政)＜guk/ceong＞ pemerintahan; masalah negara. ~에 참여하다 ikut serta dalam pemerintahan. ~감사 pengawasan pemerintahan.

국정(國定)＜guk/ceong＞ ~의 diwajibkan negara. ~교과서 buku pegangan yang diwajibkan.

국정(國情)＜guk/ceong＞ keadaan urusan dalam negeri.

국제(國際)＜guk/ce＞ ~적(인) internasional. ~적으로 secara internasional; secara universal. ~견본시 Pameran Dagang Internasional. ~결제 은행 Bank International. ~결혼 pernikahan antar bangsa. ~도시 kota kosmopolitan; kota internasional. ~법 hukum internasional. ~부흥 개발 은행 Bank International untuk Pembangunan dan Pengembangan (IBRD). ~분쟁 perselisihan internasional. ~수지 neraca pembayaran internasional. ~어[문제, 정세] bahasa [masalah, situasi] internasional. ~연합 Perserikatan Bangsa-Bangsa (PBB). ~연합 안전보장이사회 Dewan Keamanan PBB. ~의원 Perhimpunan Parlemen Antar Negara. ~전화 pelayanan telepon internasional. ~통화 기금 Dana Moneter Internasional (IMF). ~해사 위성 지구국 stasiun bumi satelit perairan internasional.

국채(國債)＜guk/chae＞ utang negara; obligasi. ~를 모집[상환]하다 mengumpulkan [menebus] obligasi.

국책(國策)＜guk/chaek＞ kebijakan nasional/negara. ~에 따라 sesuai dengan garis kebijakan nasional. ~은행 bank yang dikelola pemerintah. ~회사 perusahaan yang dikelola pemerintah.

국체(國體)＜guk/che＞ konstitusi nasional; struktur nasional; olah raga nasional.

국치(國恥)＜guk/chi＞ ~일 Hari Humiliasi Nasional.

국태민안(國泰民安)＜guk/thae/min/an＞ kemakmuran nasional dan kesejahteraan rakyat.

국토(國土)＜guk/tho＞ tanah negara; wilayah negara. ~를 개발하다 mengusahakan tanah negara. ~개발 pengembangan tanah negara. ~개발 계획 program pengembangan tanah negara. ~방위 pertahanan nasional. ~보전 integritas teritorial/wilayah.

국한(局限)＜gu/khan＞ lokalisasi; pembatasan. ~하다 membatasi; melokalisir.

국헌(國憲)＜gu/kheon＞ Konstitusi Nasional; UndangUndang Dasar. ~을 준수하다 menghargai Konstitusi Nasional.

국호(國號)＜gu/kho＞ nama negara.

국화(國花)＜gu/khwa＞ bunga nasional.

국화(菊花)＜gu/khwa＞ bunga krisan.

국회(國會)＜gu/khoe＞ badan legislatif; Dewan Perwakilan Rakyat (DPR). ~도서관[법] perpustakaan [Undang-Undang] Dewan Perwakilan Rakyat. ~사무처 sekretariat Dewan Perwakilan Rakyat. ~의사당 gedung DPR. ~의원 anggota Dewan Perwakilan Rakyat.

군(君)＜gun＞ anda.

군(軍)＜gun＞ angkatan darat; angkatan; pasukan; tentara. 제1 야전 ~ tentara garis depan.

군(郡)＜gun＞ kabupaten; daerah.

군가(軍歌)＜gun/ga＞ lagu tentara.

군것＜gun/geot＞ mubazir.

군것질＜gun/geot/cil＞ makan makanan kecil. ~하다 membelanjakan uangnya untuk makanan kecil.

군경(軍警)＜gun/gyeong＞ militer dan polisi.

군계(群鷄)＜gun/gye＞ ~의 일학(一鶴) permata di atas timbunan tahi ayam.

군고구마＜gun/go/gu/ma＞ ubi manis bakar.

군관구(軍管區)＜gun/gwan/gu＞ distrik militer.

군국(軍國)＜gun/guk＞ ~주의 militerisme. ~주의자 militeris.

군기(軍紀)＜gun/gi＞ disiplin militer. ~를 유지[문란하게]하다 mempertahankan [melanggar] disiplin militer.

군기(軍旗)＜gun/gi＞ bendera militer.

군기(軍機)＜gun/gi＞ rahasia militer. ~누설 kebocoran rahasia militer.

군납(軍納)＜gun/nab＞ pemasokan barang dan jasa untuk tentara. ~업자 pemasok barang-barang militer. ~회사 perusahaan yang dikontrak untuk memasok tentara.

군단(軍團)＜gun/dan＞ korps angkatan darat.

군대(軍隊)＜gun/dae＞ tentara; angkatan darat; militer. ~에 입대하다 masuk tentara ~생활 kehidupan tentara.

군더더기＜gun/deo/deo/gi＞ mubazir.

군데＜gun/de＞ tempat. ~ ~ di sana-sini; sporadis.

군도(軍刀)＜gun/do＞ pedang tentara.

군도(群島)＜gun/do＞ kepulauan; nusantara. 인도네시아~ kepulauan Indonesia.

군란(軍亂)＜gul/lan＞ pemberontak-

an tentara.

군략(軍略)＜gul/lyak＞ strategi. ~가 ahli strategi; ahli taktik.

군량(軍糧)＜gul/lyang＞ ransum militer.

군령(軍令)＜gul/lyeong＞ komando militer.

군마(軍馬)＜gun/ma＞ kuda militer/perang; kavaleri.

군매점(軍賣店)＜gun/mae/jeom＞ kantin.

군모(軍帽)＜gun/mo＞ peci militer; baret militer.

군목(軍牧)＜gun/mok＞ 『軍』 pendeta tentara.

군무(軍務)＜gun/mu＞ dinas militer; kelaskaran.

군문(軍門)＜gun/mun＞ ketentaraan. ~에 들어가다 masuk dinas militer/ketentaraan.

군민(軍民)＜gun/min＞ militer dan rakyat.

군번(軍番)＜gun/beon＞ NRP militer.

군벌(軍閥)＜gun/beol＞ klik militer. ~정치 pemerintahan militer.

군법(軍法)＜gun/peob＞ undang-undang (hukum) militer. ~회의 mahkamah militer. ~회의에 회부하다 diadili di mahkamah militer.

군복(軍服)＜gun/bok＞ seragam dinas militer.

군부(軍部)＜gun/bu＞ ketentaraan; lingkungan tentara.

군비(軍備)＜gun/bi＞ kesiapan militer. ~경쟁 perlombaan senjata. ~철폐 perlucutan senjata. ~축소[확장] pengurangan [pengembangan] persenjataan.

군비(軍費)＜gun/bi＞ pengeluaran militer.

군빵＜gun/pang＞ roti panggang; roti bakar.

군사(軍士)＜gun/sa＞ pasukan; pangkat; tentara.

군사(軍使)＜gun/sa＞ utusan militer.

군사(軍事)＜gun/sa＞ urusan militer. ~상의 militer. ~상의 목적으로 untuk tujuan militer. ~고문단

kelompok penasehat militer. ~기지 pangkalan militer. ~동맹 aliansi militer; persekutuan militer. ~분계선 garis demarkasi militer. ~원조[우편] bantuan [pos] militer. ~행동 aksi militer. ~훈련 latihan militer.

군사력(軍事力) <gun/sa/ryeok> kekuatan militer.

군사령관(軍司令官) <gun/sa/ryeong/gwan> komandan militer.

군사령부(軍司令部) <gun/sa/ryeong/bu> markas besar; markas komando.

군색(窘塞) <gun/saek> ~하다 miskin; canggung. ~한 변명 alasan canggung.

군서(群棲) <gun/seo> kehidupan berkelompok. ~하다 hidup secara kelompok.

군세(軍勢) <gun/se> jumlah tentara; kekuatan militer.

군소(群小) <gun/so> kecil. ~정당 partai politik kecil.

군소리 <gun/so/ri> ① kata-kata kosong. ~하다 omong kosong; membual. ② ☞ 헛소리.

군속(軍屬) <gun/sok> pegawai sipil.

군수(軍需) <gun/su> ~공장 pabrik senjata. ~산업 industri militer. ~품 [물자] perbekalan perang; amunisi; mesiu.

군신(君臣) <gun/sin> penguasa dan rakyat.

군신(軍神) <gun/sin> dewa perang; Mars.

군악(軍樂) <gu/nak> musik militer. ~대 band militer.

군영(軍營) <gu/nyeong> pangkalan militer.

군왕(君王) <gu/nwang> raja. 승즉 ~이오 패즉 역적 Yang menang selalu benar, yang kalah selalu salah.

군용(軍用) <gu/nyong> penggunaan [tujuan] militer. ~견 anjing tentara. ~기 pesawat tempur. ~도로 jalan tentara. ~열차 kereta api tentara.

군웅(群雄) <gu/nung> pemimpin-pemimpin (baron). 활거~ persaingan pemimpin-pemimpin.

군원(軍援) <gu/nwon> bantuan militer.

군율(軍律) <gu/nyul> hukum militer.

군음식(- 飲食) <gun/eum/sik> makanan ekstra; makanan kecil.

군의(軍醫) <gun/eui> dokter militer. ~관[장교] perwira kesehatan/dokter.

군인(軍人) <gun/in> prajurit; tentara. ~다운 seperti prajurit. ~부양 가족 tanggungan personil militer. ~생활 kehidupan militer. ~출신 mantan prajurit. 직업~ prajurit profesional.

군자(君子) <gun/ja> orang bijaksana.

군자금(軍資金) <gun/ja/geum> dana perang.

군장(軍裝) <gun/jang> seragam/perlengkapan militer.

군장(軍葬) <gun/jang> pemakaman militer.

군적(軍籍) <gun/jeok> daftar militer.

군정(軍政) <gun/jeong> persyaratan militer.

군제(軍制) <gun/je> sistem militer.

군주(君主) <gun/ju> monarki; penguasa; kepala negara; raja. ~국 monarki; kesultanan; kerajaan. ~정체 monarkisme.

군중(群衆) <gun/jung> gerombolan orang; massa. ~심리 psikologi massa.

군진(軍陣) <gun/jin> pangkalan militer.

군집(群集) <gun/jib> ~하다 berkumpul; berdesak-desakan; berkerumun.

군축(軍縮) <gun/chuk> pengurangan persenjataan. ~하다 mengurangi persenjataan. ~회의 konferensi perlucutan senjata.

군침 <gun/chim> air ludah yang berlebihan; air selera. ~을 흘리다

meliur; berliur.
군턱 <gun/theok> dagu ganda.
군함(軍艦) <gun/ham> kapal perang. ~기(旗) bendera kapal perang.
군항(軍港) <gun/hang> pelabuhan angkatan laut.
군호(軍號) <gun/ho> sandi.
군화(軍靴) <gun/hwa> sepatu militer.
군후(君侯) <gun/hu> bangsawan (feodal).
굳건하다 <gu/keon/hada> teguh; mantap; kawi.
굳다 <gut/da> keras; teguh.
굳다 <gut/da> menjadi kaku; membeku; mengeras.
굳세다 <gut/se/da> teguh; kuat; kaku; gigih.
굳이 <gu/ki> bersikeras; dengan pasti. ~사양하다 menolak dengan pasti.
굳히다 <gu/chi/da> mengeraskan; memperkuat; mengakukan. 결심을 ~ memperkuat tekad.
굴 <gul> 『貝』 kerang. ~껍질 kulit kerang. ~양식장 peternakan kerang.
굴(窟) <gul> ① (짐승의) sarang binatang. ② (동혈) gua. ③ (터널) terowongan.
굴곡(屈曲) <gul/gok> kelak-kelok. ~하다 bengkok; berkelak-kelok. ~부 belokan; bengkokan. ~선 garis berkelok-kelok. ~작용 pembengkokan.
굴다 <gul/da> bertingkah laku; berlaku. 고맙게~ berlaku baik; memperlakukan dengan baik.
굴뚝 <gul/tuk> cerobong asap; cerocok; semprong. ~청소 menyapu/membersihkan cerobong asap.
굴뚝새 <gul/tuk/sae> 『鳥』 sejenis burung penyanyi.
굴렁쇠 <gul/leong/soe> simpai/lingkar roda; gading-gading.
굴레 <gul/le> tali kekang; kendali. ~를 씌우다 mengekang; mengen-

dalikan. ~를 벗다 melepas kekang.
굴리다 <gul/li/da> ① (굴러가게) menggelindingkan. ② (한구성에) melempar ke sisi. ③ (돈을) meminjamkan. ④ menjalankan (usaha). 버스를~ menjalankan usaha bis. ⑤ (깎다) membulatkan (sisi yang tajam).
굴복(屈服) <gul/bok> penyerahan; kepasrahan. ~하다 menyerah; mengalah. ~시키다 menyuruh orang menyerah.
굴욕(屈辱) <gul/yok> penghinaan; keaiban. ~적 hina. ~을 주다 menghina. ~을 참다 menanggung aib.
굴절(屈折) <gul/ceol> pembiasan; refraksi. ~하다 membias. ~광선 sinar bias. ~렌즈 lensa pembias. ~률 indeks bias.
굴젓 <gul/jeot> kerang asin.
굴지(屈指) <gul/ci> ~의 utama; terkemuka. ~의 실업가 pengusaha terkemuka.
굴진(掘進) <gul/cin> ~하다 menggangsir.
굴착(掘鑿) <gul/chak> ~하다 menggali (untuk mengambil sesuatu). ~기 penggali.
굴하다(屈 -) <gul/hada> membengkokkan; menundukkan.
굵다 <gul/ta> besar; tebal.
굵기다 <gum/gi/da> melaparkan.
굶다 <gum/ta> puasa.
굶주리다 <gum/ju/ri/da> kehausan; kerinduan. 사랑에~ rindu/haus akan cinta; haus kasih sayang.
굼뜨다 <gum/teu/da> lambat; lamban. 일에~ lamban dalam kerja; berlamban-lamban bekerja.
굼벵이 <gum/beng/i> ① (벌레) ulat (belatung). ② (사람) pusung; tolol; bodoh.
굼틀거리다 <gum/theul/geo/ri/da> meliuk-liuk.
굽 <gub> ① kuku binatang (kuda, sapi dsb). 갈라진~ kuku belah. 말발~ 소리 suara tapal kuda. ②

hak (sepatu). ~이 높은[낮은] 구두 sepatu berhak tinggi [rendah]. ③ (그릇의) kaki (gelas).

굽다<gub/ta> bengkok; melentur; berkeluk.] 허리가~ bungkuk.

굽다<gub/ta> memanggang; membakar; menggarang; menyalai.

굽실거리다<gub/sil/geo/ri/da> menunduk; membungkuk; berjongkok. 상사에게~ menunduk kepada atasan.

굽어보다<gu/beo/bo/da> melihat ke bawah; memandang kebawah; memandang rendah. 골짜기를~ melihat ke bawah lembah.

굽이<gu/bi> belokan; kurva. ~마다 di setiap belokan. ~흐르는 물 sungai yang berkelok-kelok. 물~ belokan sungai.

굽이치다<gub/i/chi/da> memutar; membelok; menggelinding; berombak-ombak.

굽히다<gu/fi/da> membengkokkan; menyurukkan; melenturkan; menekuk. 무릎을~ bertekuk lutut; menekuk lutut. 지조를~ menyimpang dari prinsip.

굿<gut> ritual saman.

굿바이히트<gut/ba/i/hi/theu> 『野』 pukulan akhir permainan.

굿보다<gut/bo/da> menonton ritual saman.

굿하다<gut/hada> mengusir hantu.

궁(宮)<gung> istana.

궁경(窮境)<gung/gyeong> ① (가난) keadaan sulit/sempit. ② ☞ 궁지.

궁궐(宮闕)<gung/gwol> istana raja; sentana.

궁극(窮極)<gung/geuk> keakhiran. ~의 akhir. ~의 목적 tujuan akhir. ~에 가서는 pada akhirnya; dalam jangka panjang; dalam analisa akhir.

궁금하다<gung/geum/hada> harap-harap cemas. (아무의)소식이~ harap-harap cemas mendengar kabar.

궁기(窮氣)<gung/ki> ~가 낀 kelihatan miskin; tampak miskin.

궁끼다(窮 -)<gung/ki/da> dalam keadaan sulit.

궁내(宮內)<gung/nae> dalam istana.

궁녀(宮女)<gung/nyeo> dayang; dayang-dayang.

궁노루<gung/no/ru> kijang kesturi; jebat.

궁도(弓道)<gung/do> panahan.

궁둥이<gung/dung/i> pantat; pinggul. ~가 무겁다 malas; berat pantat ~가 질기다 kebiasaan bermalas- malasan. 여자 ~를 쫓아다니다 menguntit seorang gadis.

궁륭(穹隆)<gung/nyung> kubah.

궁리(窮理)<gung/ni> pertimbangan. ~하다 mempertimbangkan. ...할 ~를 하다 mempertimbangkan cara mengerjakan...

궁박(窮迫)<gung/bak> ~하다 miskin.

궁벽(窮僻)<gung/byeok> ~한 jauh; terpencil. ~한 곳 tempat yang terpencil.

궁상(弓狀)<gung/sang> lengkungan; busur. ~의 berbentuk busur; membusur; melengkung.

궁상(窮狀)<gung/sang> keadaan yang menyedihkan. ~스러운[맞은] kelihatan miskin/menyedihkan. ~떨다 pura-pura miskin; berlaku seperti orang miskin.

궁서(窮鼠)<gung/seo> tikus yang terpojok. ~는 오히려 고양이를 문다(俗談) Tikus terpojok adalah musuh yang berbahaya.

궁수(弓手)<gung/su> pemanah.

궁술(弓術)<gung/sul> kepandaian memanah. ~대회 pertandingan panahan.

궁시(弓矢)<gung/si> busur dan anak panah.

궁여지책(窮餘之策)<gung/yeo/ji/chaek> cara terakhir; tindakan terakhir.

궁전(宮殿)<gung/jeon> istana raja; keraton ~버킹검 ~ istana Buckingham.

궁정(宮廷),궁중(宮中)<gung/jeong,

gung/jung> keraton.

궁중요리(宮中料理) <gung/jung/yo/ri> masakan istana raja.

궁지(窮地) <gung/ji> situasi yang sulit; dilema; keadaan yang sukar. ~에 빠지다 jatuh kedalam kesulitan. ~에 몰리다 didorong ke dalam situasi yang sukar; dipojokkan. ~에 몰아넣다 memojokkan; mendorong kedalam situasi yang sulit.

궁핍(窮乏) <gung/fib> ~한 miskin; papa; sengsara; melarat. ~한 생활 hidup miskin.

궁하다(窮 -) <gung/hada> dalam kemiskinan; miskin; dalam posisi sulit; dalam dilema. 돈에~ terdesak oleh uang; kepepet. 대답에 ~ kesulitan menjawab.

궁합(宮合) <gung/hab> pencocokan jodoh. ~이 (안)맞다 cocok (tidak cocok).

궁형(弓形) <gung/hyeong> busur; lengkungan; bentuk bulan sabit. ~의 lengkung.

궂기다 <gut/gi/da> ① (일이) salah; keliru; gagal. ② (상사나다) mati.

궂다 <gut/da> ① buruk; jelek. 심술~ bertabiat nakal. ② (날씨가) buruk (cuaca).

권(勸) <gwon> rekomendasi; anjuran; saran; dorongan. 친구의 ~으로 atas nasehat dari teman.

권(卷) <gwon> ① volume; jilid 제일~ volume pertama; jilid pertama. ② (종이의) dua puluh lembar kertas Korea.

권고(勸告) <gwong/go> nasihat; ajaran baik; saran; anjuran; teguran; peringatan. ~하다 menasihati; memperingatkan; menganjurkan. 의사의 ~로 atas nasihat/anjuran dokter. 사직을 ~하다 menganjurkan untuk mengundurkan diri. ~문 nasihat tertulis. ~안(案) rekomendasi.

권내(圈內) <gwon/nae> ~에 dalam lingkungan/lingkaran. 당선~에 있다 dalam batas kemungkinan/pilihan.

권농(勸農) <gwon/nong> ~하다 mendorong/meningkatkan pertanian.

권능(權能) <gwon/neung> wewenang; kekuasaan; kedaulatan.

권도(權道) <gwon/do> kejituan/kecerdikan politik; kebijakan yang disesuaikan dengan keadaan.

권두(卷頭) <gwon/du> ~사[언] prakata; kata pengantar.

권력(權力) <gwol/yeok> kekuasaan; wewenang; pengaruh; kekuatan. ~있는 kuat; berpengaruh; berkuasa. ~가 orang yang berkuasa/berpengaruh. ~욕 keinginan/kehendak untuk berkuasa. ~투쟁 perjuangan untuk kekuasaan; rebutan kekuasaan.

권리(權利) <gwol/ri> hak; tuntutan. ~를 행사[남용]하다 melaksanakan [menyalahgunakan] hak. ~가 있다 punya hak; berhak (atas). ~를 침해하다 melanggar hak; makan hak. ~금 premi.

권말(卷末) <gwon/mal> akhir sebuah buku; penutup.

권면(勸勉) <gwon/myeon> ~하다 menegur/memperingatkan; mendorong.

권모(權謀) <gwon/mo> tipuan; muslihat. ~에 능하다 penuh tipu muslihat. ~가 penipu ~술수 penipuan. ~술수를 쓰다 cara penipuan.

권불십년(權不十年) <gwon/bul/sib/nyeon> Ada pasang ada surut.

권선(捲線) <gwon/seon> kumparan; gulungan, penggulungan. ~기 mesin penggulung.

권선징악(勸善懲惡) <gwon/seon/jing/ak> pujian bagi kebajikan dan celaan bagi kejahatan. ~하다 menghadiahi yang baik dan menghukum yang jahat.

권세(權勢) <gwon/se> wewenang; pengaruh; kekuasaan. ~부리다 melaksanakan kekuasaan (terhadap) ~욕 haus kekuasaan.

권속(眷屬) <gwon/sok> ① keluarga. 일가~ seluruh/segenap keluar-ga; sanak saudara. ② (아내) istri saya.

권솔(眷率) <gwon/sol> keluarga; anggota keluarga.

권업(勸業) <gwon/eob> ~하다 mendorong/menggalakkan industri.

권외(圈外) <gwon/oe> ~에 di luar lingkaran/lingkungan. 당선~로 떨어지다 di luar batas ke-mungkinan/pilihan. 대기~ angkasa luar.

권위(權威) <gwon/wi> wewenang; kekuasaan; kedudukan. ~있는 berwenang; berkuasa; otoriter.

권유(勸誘) <gwon/yu> bujukan; se-ruan; ajakan; undangan. ~하다 membujuk; mengajak; mengundang; menyeru. 기부를 ~하다 membu-juk untuk berlangganan. 가입을 ~하다 mengajak bergabung. ~원 (員) penjaja; pembujuk; pengun-dang.

권익(權益) <gwon/ik> hak dan ke-pentingan.

권장(勸奬) <gwon/jang> ~하다 mendorong; mendesak; menganjur-kan.

권적운(卷積雲) <gwon/jeok/un> awan sirokumulus.

권좌(權座) <gwon/jwa> posisi ke-kuasaan/wewenang.

권척(卷尺) <gwon/cheok> pengukur pita.

권총(拳銃) <gwon/chong> pistol; revolver. ~강도 perampok ber-senjatakan pistol. 6연발~ pistol/revolver berpeluru enam.

권축(卷軸) <gwon/chuk> gulungan; rol.

권층운(卷層雲 <gwon/cheung/un> awan sirostratus.

권태(倦怠) <gwon/thae> kejemuan. ~를 느끼다 merasa jemu. ~기 (期) masa kejemuan.

권투(拳鬪) <gwon/thu> olah raga tinju. ~계 dunia tinju. ~선수 petinju. ~시합 pertandingan tinju. ~장 gelanggang tinju; ring.

권하다(勸-) <gwon/hada> ① meng-anjurkan.; menyarankan. 책을~ menganjurkan buku. ② meminta; menasihati; membujuk. ...하지 않도록 ~ menasihati jangan... . 회에 들라고~ meminta masuk perkum-pulan; meminta bergabung. ③ mengundang; menawarkan. 담배를 [술을]~ menawarkan rokok [mi-numan keras].

권한(權限) <gwon/han> wewenang; kekuasaan; wibawa; kedaulatan. ~밖의 tidak berkuasa; tidak ber-wenang. ~내[외]에 didalam [luar] kekuasaan seseorang; dalam [di-luar] kewenangan. ~을 부여하다 memberi kuasa; mewakilkan; me-limpahkan kekuasaan. ~대행 pen-jabat (presiden). ~쟁의 perten-tangan kekuasaan.

궐기(蹶起) <gwol/gi> ~하다 bang-kit. ~대회 rapat umum; rapat masa.

궐내(闕內) <gwol/nae> istana raja.

궐련 <gwol/ryeon> rokok. ~갑 kotak rokok.

궐석(闕席) <gwol/seok> ☞ 결석.

궐위(闕位) <gwol/wi> lowongan. ~하다 menjadi kosong/lowong.

궤(櫃) <gwe> kopor; kempu.

궤도(軌道) <gwe/do> orbit; ling-karan; jalur. ~에 오르다 meng-orbit; masuk ke orbit. ~비행 pe-nerbangan orbit.

궤멸(潰滅) <gwe/myeol> pembina-saan; pembasmian; keruntuhan; pe-naklukan. ~하다 ditaklukkan; di-hancurkan.

궤변(詭辯) <gwe/byeon> paradoks. ~을 농하다 bicara paradoks. ~가 orang yang selalu berparadoks.

궤양(潰瘍) <gwe/yang> 『醫』 tukak; abses; barah; bubul; pekung; bo-rok. 위~ tukak lambung; borok lambung.

궤짝(櫃 -) <gwe/cak> kotak ☞ 상자.

귀 <gwi> telinga; kuping; pende-ngaran. ~에 손을 대고 dengan

tangan menutup telinga. ~가 멀다 [밝다] telinga pekak [tajam].   ~에 익다 kenal suara. (한쪽) ~가 안 들리다 tidak dapat mendengar (satu telinga). …이 ~에 들어가다 sampai ke telinga.

귀(句)＜gwi＞ ☞ 구(句).

귀가(歸家)＜gwi/ga＞ kembali ke rumah; pulang. ~하다 pulang. ~가 늦다 pulang terlambat.

귀감(龜鑑)＜gwi/gam＞ model; pola; teladan. 군인의 ~ tentara teladan.

귀갑(龜甲)＜gwi/gab＞ kulit kura-kura.

귀거칠다＜gwi/geo/chil/da＞ tidak sedap di kuping.

귀걸이＜gwi/geol/i＞ anting-anting.

귀결(歸結)＜gwi/gyeol＞ kesimpulan; hasil; akibat/ konsekuensi. 당연한 ~로서 sebagai konsekuensi alamiah. ~짓다 menyimpulkan.

귀경(歸京)＜gwi/gyeong＞ ~하다 kembali ke Seoul; pulang ke Seoul.

귀고리＜gwi/go/ri＞ anting; subang kecil.

귀골(貴骨)＜gwi/gol＞ orang keturunan bangsawan.

귀공자(貴公子)＜gwi/gong/ja＞ bangsawan muda (laki-laki). ~다운 seperti/mirip bangsawan.

귀국(貴國)＜gwi/guk＞ negara anda (yang tercinta).

귀국(歸國)＜gwi/guk＞ ~하다 kembali ke tanah air; pulang ke kampung halaman. ~길에 오르다 berangkat pulang.

귀금속(貴金屬)＜gwi/geum/sok＞ logam mulia; permata; batu berharga; manikam. ~상 pedagang logam mulia; tukang emas; toko emas dan permata.

귀나다＜gwi/na/da＞ tidak teratur; berbeda pendapat; tidak cocok satu sama lainnya.

귀납(歸納)＜gwi/nab＞ induksi ~하다 menginduksi (A dari B); menggeneralisir. ~적(으로) (secara) induktif; a posteriori. ~적 추리 penalaran induktif; inferensi induktif.

~법 metode induksi.

귀농(歸農)＜gwi/nong＞ ~하다 kembali ke pertanian. ~운동 gerakan "kembali ke tanah".

귀담아듣다＜gwi/dam/a/deut/da＞ mendengar dengan penuh perhatian.

귀동냥＜gwi/dong/nyang＞ pengetahuan yang didapat dari mendengar. ~하다 belajar dari mendengar.

귀동자(貴童子)＜gwi/dong/ja＞ anak lelaki tercinta; anak emas.

귀두(龜頭)＜gwi/du＞ 『解』 ujung penis/zakar. ~염 balanitis.

귀둥대둥＜gwi/dung/dae/dung＞ dengan serampangan; dengan membabi buta; dengan tanpa pikir.

귀때＜gwi/tae＞ corot; mulut teko; mulut ceret. ~항아리 teko dengan mulutnya.

귀뚜라미＜gwi/tu/ra/mi＞ jangkerik; riang-riang; gangsir. ~가 울다 jangkerik mengkirik.

귀뜨다＜gwi/teu/da＞ (bayi) mulai mendengar untuk pertama kali.

귀뜨이다＜gwi/teu/i/da＞ tertarik perhatian pada.

귀띔＜gwi/teuim＞ isyarat; kode; tanda. ~하다 mengisyaratkan; memberi kode/isyarat.

귀로(歸路)＜gwi/ro＞ perjalanan pulang. ~에 오르다 berangkat ke rumah; pulang.

귀리＜gwi/ri＞ gandum. 탄~ tepung gandum.

귀머거리＜gwi/meo/geo/ri＞ orang tuli/ pekak; tuna rungu.

귀먹다＜gwi/meok/da＞ menjadi tuli.

귀물(貴物)＜gwi/mul＞ benda berharga; barang langka.

귀밑＜gwi/mith＞ pangkal telinga. ~까지빨개지다 merah sampai pangkal telinga.

귀밝다＜gwi/bak/ta＞ bertelinga tajam; berpendengaran tajam.

귀부인(貴婦人)＜gwi/bu/in＞ wanita terhormat; wanita bangsawan. ~다운 seperti wanita terhomat.

귀빈(貴賓)＜gwi/bin＞ tamu kehormatan; tamu agung. ~석[실] tempat duduk [kamar] yang disediakan untuk tamu istimewa; tempat duduk [kamar] VIP.

귀뿌리 <gwi/pu/ri> pangkal telinga.

귀사(貴社) <gwi/sa> perusahan anda (yang terhormat).

귀서(貴書) <gwi/seo> surat anda (yang berharga).

귀설다 <gwi/seol/da> tidak biasa; asing.

귀성(歸省) <gwi/seong> pulang kampung/mudik. ~하다 kembali ke kampung. ~객 orang-orang yang pulang kampung; pemudik.

귀소본능(歸巢本能) <gwi/so/bon/neung> naluri untuk pulang.

귀속(歸屬) <gwi/sok> pengembalian; pemulangan; kepunyaan. ~하다 kembali pada; terpulang; menjadi milik.

귀순(歸順) <gwi/sun> pembelotan. ~하다 membelot. ~병 tentara yang membelot; tentara pembelot. ~자 pembelot.

귀신(鬼神) <gwi/sin> roh yang gentayangan; hantu; memedi. ~같다 gaib; supernatural. ~도 모른다 Tidak seorangpun tahu.

귀아프다 <gwi/a/feu/da> bosan; jemu.

귀양 <gwi/yang> pengasingan; pembuangan. ~살다 hidup di pengasingan. ~(을) 가다 pergi ke pengasingan. ~보내다 mengasingkan; mengusir; mengirim ke pengasingan. ~살이 kehidupan di pengasingan.

귀엣말 <gwi/et/mal> bisikan. ~하다 berbisik.

귀여겨듣다 <gwi/yeo/gyeo/deut/da> mendengarkan dengan penuh perhatian.

귀여리다 <gwi/yeo/ri/da> mudah percaya.

귀염 <gwi/yeom> rasa sayang. ~받다 dicintai; disayangi. ~성 pesona; daya tarik.

귀엽다 <gwi/yeob/ta> cantik lucu.

귀영(歸營) <gwi/yeong> ~하다 kembali ke barak. ~시간 waktu kembali ke barak.

귀이개 <gwi/i/gae> korek telinga; korek kuping.

귀인(貴人) <gwi/in> bangsawan; orang yang terkemuka; orang terpandang.

귀일(歸一) <gwi/il> ~하다 bersatu; bergabung menjadi satu.

귀임(歸任) <gwi/im> ~하다 kembali ke pos.

귀잠 <gwi/jam> tidur yang nyenyak. ~들다 tidur dengan nyenyak.

귀재(鬼才) <gwi/jae> orang yang sangat jenius; bakat yang istimewa.

귀접스럽다 <gwi/jeob/seu/reob/ta> ① (더럽다) kotor. ② (천하다) hina; keji; nista.

귀접이 <gwi/jeo/bi> membulatkan pinggiran.

귀족(貴族) <gwi/jok> kebangsawanan; priyayi. ~의 bangsawan; menak; ningrat; berdarah biru. ~계급 kelas aristokrat/bangsawan. ~정치 aristokrasi; keningratan.

귀중(貴中) <gwi/jung> yang terhormat. A상회~ yang terhormat A&Co. 서울대학교~ Kepada yang terhormat Universitas Nasional Seoul.

귀중(貴重) <gwi/jung> ~한 berharga; terpandang; terhormat; indah. ~품 barang berharga; mata benda.

귀중중하다 <gwi/jung/jung/hada> kotor; tidak rapi.

귀지 <gwi/ji> lilin telinga; kopok; lendir telinga.

귀지(貴地) <gwi/ji> tempat/daerah anda.

귀지(貴紙) <gwi/ji> surat kabar anda (yang berharga). ~를 통하여 melalui media kolom anda.

귀지(貴誌) <gwi/ji> majalah anda (yang berharga).

귀질기다 <gwi/jil/gi/da> tidak cepat tanggap; lambat memahami.

귀착(歸着) < gwi/chak > ① ~하다 kembali. ② ~하다 sampai pada (kesimpulan); menghasilkan. 토론의 ~점 kesimpulan logis dari suatu argumen.

귀찮다 < gwi/chan/tha > merepotkan; menyusahkan.

귀천(貴賤) < gwi/cheon > tinggi dan rendah; bangsawan dan jelata. ~의 차별없이 tidak memandang pangkat; tinggi dan rendah sama saja.

귀청 < gwi/cheong > gendang telinga. ~이 터질 듯한 memekakkan telinga; memecahkan gendang telinga.

귀체(貴體) < gwi/che > anda; kesehatan anda.

귀추(歸趨) < gwi/chu > kecenderungan; akibat; konsekuensi. 당연한 ~로서 sebagai konsekuensi alamiah.

귀퉁이 < gwi/thung/i > pojok; sudut.

귀틀 < gwi/theul > ~집 gubuk balok; kabin balok.

귀하(貴下) < gwi/ha > Bapak; Ibu; Tuan/Nyonya; Nona.

귀하다(貴 -) < gwi/hada > ① (드물다) jarang; tidak biasa/luar biasa; langka. ② (고귀) bangsawan; terhormat; mulia. ③ (귀엽다) cantik; manis; sayang; menimbulkan rasa sayang.

귀한(貴翰) < gwi/han > surat anda (yang berharga).

귀함(歸艦) < gwi/ham > ~하다 kembali ke kapal perang.

귀항(歸航) < gwi/hang > perjalanan pulang/kembali. ~하다 berlayar pulang.

귀항(歸港) < gwi/hang > ~하다 kembali ke pelabuhan.

귀향(歸鄕) < gwi/hyang > pulang/kembali ke rumah. ~하다 pulang. ~활동 kegiatan di daerah pemilihan.

귀화(歸化) < gwi/hwa > naturalisasi; pewarganegaraan. ~하다 dijadikan warga negara. ~인[민] warga negara yang telah menerima kewarga-negaraan.

귀환(歸還) < gwi/hwan > ~하다 kembali. ~병 prajurit yang pulang. ~자 orang yang kembali/pulang.

귀휴(歸休) < gwi/hyu > membebastugaskan sebelum habis masa dinasnya. ~병 prajurit yang sedang cuti. (일시)~제도『經』 sistem pembebastugasan sementara.

귓결 < gwit/gyeol > ~에 (듣다) (mendengar) secara kebetulan.

귓구멍 < gwit/gu/meong > lubang telinga.

귓등 < gwit/deung > belakang telinga. ~으로 듣다 tidak mendengar dengan cermat.

귓바퀴 < gwit/ba/khwi > daun telinga.

귓밥 < gwit/pab > (ketebalan) cuping telinga.

귓불 < gwit/bul > cuping telinga.

귓속말 < gwit/sok/mal > ~로 dengan berbisik.

귓전 < gwit/ceon > ~에 didekat telinga.

귓집 < gwit/jib > pembekap telinga.

규격(規格) < gyu/gyeok > ukuran; standar. ~화하다 menstandardisasikan; membakukan. ~통일 standarisasi; pembakuan; penstandaran. ~품 barang standar.

규명(糾明) < gyu/meong > pemeriksaan yang teliti. ~하다 memeriksa dengan teliti. 죄상을 ~하다 memeriksa/menyelidiki kesalahan.

규모(規模) < gyu/mo > ① struktur; skala; ruang lingkup. 대[소]~로 pada skala besar [kecil]. ② batas anggaran 돈을 ~ 있게 쓰다 membelanjakan uang dalam batas anggaran; membelanjakan uang secara efektif.

규방(閨房) < gyu/bang > ruang duduk wanita.

규범(規範) < gyu/beom > peraturan; norma; pola; tandang-tandang; uger; ketentuan. ~적 법칙 hukum adat.

규사(硅砂)＜gyu/sa＞ 『鑛』 silika.
규산(硅酸)＜gyu/san＞ 『化』 asam silika. ～염 silikat.
규석(硅石)＜gyu/seok＞ 『鑛』 silika.
규소(硅素)＜gyu/so＞ 『化』 silikon. ～수지 damar.
규수(閨秀)＜gyu/su＞ perawan. ～시인 penyair wanita. ～작가 penulis wanita. ～화가 pelukis wanita.
규약(規約)＜gyu/yak＞ ① (규정) peraturan; aturan; regulasi. ② perjanjian; akad; fakta. ～을 맺다 mengadakan perjanjian dengan.
규율(規律)＜gyu/yul＞ disiplin; peraturan; syariat. ～있는 berdisiplin; teratur; sistematis. ～없는 tidak teratur. ～있게 dalam urutan yang baik; dengan sistematis ～을 지키다[어기다] mematuhi [melanggar] peraturan.
규정(規定)＜gyu/jeong＞ peraturan. ～하다 menetapkan peraturan. ～대로[에 따라] menurut peraturan; sesuai dengan peraturan. ～요금 biaya standar; biaya yang sesuai dengan peraturan. 통행 ～ peraturan lalu lintas.
규정(規程)＜gyu/jeong＞ peraturan resmi; undang-undang; ketentuan. 직·무～ peraturan yang menetapkan tugas/kewajiban staf.
규제(規制)＜gyu/je＞ pengaturan; pengendalian; pembatasan. ～하다 mengatur; mengendalikan; membatasi. 교통～ pengendalian lalu lintas.
규조(珪藻)＜gyu/jo＞ 『植』 diatome. ～토(土) tanah diatome.
규중(閨中)＜gyu/jung＞ ～처녀 puteri.
규칙(規則)＜gyu/chik＞ peraturan; norma; tatanan. ～적(으로) dengan teratur. ～동사 kata kerja teratur. ～서 prospektus ～위반 pelanggaran peraturan.
규탄(糾彈)＜gyu/than＞ (pen)celaan; ～하다 mencela. 정부를 ～하다 mencela pemerintah.

규토(硅土)＜gyu/tho＞ silika.
규폐(증)(硅肺(症))＜gyu/fye(jeung)＞ silikosis; penyakit batu. ～환자 penderita silikosis.
규합(糾合)＜gyu/hab＞ ～하다 berkumpul. 동지를 ～하다 menghimpun semangat kekeluargaan.
규화(硅化)＜gyu/hwa＞ silifikasi. ～물(物) silisida.
균(菌)＜gyun＞ basil; bakteri; kuman. ～배양 kultur bakteri.
균등(均等)＜gyun/deung＞ kesamaan; keseragaman. ～한 sama; seragam; sama rata. 기회～ kesamaan kesempatan.
균류(菌類)＜gyun/nyu＞ jamur; fungi. ～학(學) fungologi(ilmu tentang jamur).
균배(均配)＜gyun/bae＞ ～하다 membagi sama; membagi rata.
균분(均分)＜gyun/bun＞ pembagian yang sama ～하다 membagi sama; menyamakan; meratakan.
균열(龜裂)＜gyun/yeol＞ keretakan. ～하다 retak.
균일(均一)＜gyun/il＞ keseragaman kesamaan. ～한 seragam; sama; rata; terbagi sama. 백원～ tarif yang seragam sebesar 100 won. ～요금[운임] ongkos seragam.
균점(均霑)＜gyun/jeom＞ pembagian yang sama. ～하다 berandil (dalam); memiliki andil yang sama; mendapat bagian yang sama.
균질(均質)＜gyun/jil＞ homogenitas. ～로(爐) reaktor homogen. ～체(體) bahan homogen.
균형(均衡)＜gyun/hyeong＞ keseimbangan. 세력의～ keseimbangan kekuatan. ～이 잡힌 seimbang ～을 유지하다[잃다] menjaga [kehilangan] keseimbangan. ～예산 anggaran berimbang.
귤(橘)＜gyul＞ jeruk. ～껍질을 벗기다 mengupas jeruk. ～밭 kebun jeruk.
그＜geu＞ orang itu (laki-laki); dia laki-laki). ～의 (punya) dia; …nya.

그<geu> itu. ~날 hari itu. ~때 waktu itu. ~같이 dengan demikian; dengan begitu.

그건그렇고<geu/geon/geu/reot/ko> omong-omong.

그것<geu/geot> itu; yang itu.

그곳<geu/got> tempat itu. ~에 di sana.

그글피<geu/geul/fi> tiga hari setelah besok.

그까짓<geu/ka/jit> demikian; begitu remeh; begitu sepele. ~일로 걱정 마라 Jangan khawatir pada hal yang begitu remeh.

그끄러께<geu/keu/reo/ke> tiga tahun yang lalu.

그끄저께<geu/keu/jeo/ke> tiga hari yang lalu; dua hari sebelum kemarin.

그나마<geu/na/ma> bahkan itu. ~없다 Bahkan yang itu pun hilang.

그냥<geu/nyang> sebagaimana adanya; hanya ~두다 membiarkan sebagaimana adanya. ~울고만 있다 tidak melakukan apa-apa kecuali menangis.

그네<geu/ne> ayunan; gandulan; dondang; buaian. ~를 타다 berayun.

그네들<geu/ne/deul> mereka (subyek); mereka (obyek). ~의 mereka (posesif).

그녀<geu/yeo> dia (perempuan-subyek); ia. ~의[를, 에게] dia (perempuan) [obyek, posesif].

그느르다<geu/neu/reu/da> menjaga; mengurus.

그늘<geu/neul> ① naungan; bayangan. 나무~ naungan pohon. ② perlindungan. 부모~에서 자라다 besar di bawah naungan orang tua. ③ belakang (panggung). ~에 숨어서 sembunyi di bayangan.

그늘지다<geu/neul/ji/da> berbayang-bayang.

그다지<geu/da/ji> begitu banyak; sangat; begitu ~좋아하지 않다 tidak begitu suka. ~춥지 않다 ti-

dak begitu dingin.

그대<geu/dae> anda. ~들 anda-anda; anda sekalian.

그대로<geu/dae/ro> sebagaimana adanya; hanya. ~내버려 두다 membiarkan sebagaimana adanya. ~있다 tetap utuh.

그동안<geu/dong/an> selama ini (itu). ~안녕하셨는지요? Apa kabar anda selama ini?

그득하다<geu/deuk/hada> penuh.

그들<geu/deul> mereka (subyek). ~의 mereka (posesif). ~에게 mereka (obyek).

그들먹하다<geu/deul/meok/hada> hampir penuh.

그따위<geu/ta/wi> yang demikian. ~모자 topi yang demikian.

그라비아<geu/ra/bi/a> 『印』 gambar negatif. ~인쇄의 그림 gambar dari foto negatif.

그라운드<geu/ra/un/deu> lapangan bola.

그랑프리<geu/rang/feu/ri> grand-prix.

그래<geu/rae> ya; baiklah.

그래<geu/rae> baik. ~어떻단 말인가? Jadi apa?; Lalu bagaimana?.

그래도<geu/rae/do> walaupun; tetapi; akan tetapi.

그래서<geu/rae/seo> jadi; lalu; nah; baiklah. ~어떻게 되었나? Jadi bagaimana?

그래야<geu/rae/ya> harus begitu.

그래프<geu/rae/feu> grafik. ~용지 kertas grafik.

그랜드<geu/raen/deu> ~오페라 opera akbar. ~피아노 piano besar.

그램<geu/raem> gram.

그러께<geu/reo/ke> dua tahun lalu.

그러나<geu/reo/na> tetapi; masih; namun; akan tetapi.

그러나저러나<geu/reo/na/jeo/reo/na> bagaimanapun; bagaimanapun juga.

그러넣다<geu/reo/neot/tha> memasukkan.

그러니까 <geu/reo/ni/ka> jadi; untuk alasan ini; karena itu.

그러담다 <geu/reo/dam/ta> mengumpulkan ke dalam.

그러면 <geu/reo/myeon> jika demikian; kalau begitu.

그러모으다 <geu/reo/mo/eu/da> mengumpulkan.

그러므로 <geu/reo/meu/ro> karena itu; sehingga; mentang; mangka; maka sesudah.

그러잡다 <geu/reo/jab/da> memegang.

그러저러하다 <geu/reo/jeo/reo/ha/da> begini dan begitu.

그러쥐다 <geu/reo/jwi/da> menangkap; meraih.

그러하다 <geu/reo/hada> demikian; begitu. ☞ 그렇게/그러한사람.

그럭저럭 <geu/reok/jeo/reok> entah bagaimana.

그런 <geu/reon> demikian ;begitu. ☞ 그러하다.

그런고로 <geu/reon/go/ro> karena itu; oleh karena itu. ☞ 그러므로.

그런데 <geu/reon/de> tetapi; namun; padahal.

그런즉 <geu/reon/jeuk> karena itu; maka.

그럴듯하다 <geu/reol/deut/hada> ☞ 그럴싸하다.

그럴법하다 <geu/reol/beob/hada> mungkin.

그럴싸하다 <geu/reol/ssa/hada> kedengarannya masuk akal.

그럼 <geu/reom> ya; tentu; kalau demikian/begitu.

그렁그렁하다 <geu/reong/geu/reong/hada> air mata menggenang.

그렇게 <geu/reot/ge> begitu (banyak); sebanyak itu; sebegitu. ~까지 sampai sebanyak itu.

그렇고말고 <geu/reot/go/mal/go> sungguh; tentu.

그렇다 <geu/reot/tha> begitu; demikian. ~고하더라도 sekalipun demikian. ~면 jika demikian; kalau begitu.

그렇듯이 <geu/reot/theu/si> begitu (banyak).

그렇지 <geu/reot/chi> ya; itu benar.

그로기 <geu/ro/gi> ~상태의 grogi. ~상태가되다 menjadi grogi.

그로스 <geu/ro/seu> satu gros (12 lusin).

그로테스크 <geu/ro/the/seu/kheu> ~한 aneh sekali; fantastis.

그루 <geu/ru> tunggul; pohon. 한 ~의 소나무 satu pohon pinus. ~터기 tunggul; tunggak.

그루 <geu/ru> tanaman pangan. ~갈이 dua kali tanam dalam setahun.

그룹 <geu/rub> kelompok. ~을 이루어 dalam kelompok. ~활동 kegiatan kelompok.

그르다 <geu/reu/da> ① (틀리다,옳지 않다) salah. ② (무망) tiada harapan.

그르치다 <geu/reu/chi/da> merusak; menggagalkan. ~계획을~ merusak rencana. 판단을~ membuat kesalahan dalam penilaian. 일생을~ gagal dalam hidup.

그릇 <geu/reut> ① bejana; wadah; mangkok. 물 한~ secangkir air. ② kaliber; kemampuan. ~이 크다 [작다] orang yang berkemampuan besar [kecil].

그릇 <geu/reut> secara salah; mukhalafah. ~생각하다 salah perhitungan; salah paham.

그릇되다 <geu/reut/doe/da> jadi salah; gagal.

그리 <geu/ri> jadi. ☞ 그렇게.

그리니지 <geu/ri/ni/ci> Greenwich. ~표준시 waktu Greenwich.

그리다 <geu/ri/da> gambar; lukisan. 산수(山水)를 ~ melukis pemandangan. 마음에~ membayangkan. 지도를~ menggambar peta.

그리다 <geu/ri/da> rindu. ☞ 그리워하다.

그리마 <geu/ri/ma> 『動』 kelabang/lipan rumah.

그리스 <geu/ri/seu> Yunani. ~의 tentang Yunani. ~말 bahasa Yu-

nani.　~사람 orang Yunani.
그리스도 < geu/ri/seu/do >　☞ 크리스트.
그리움 < geu/ri/um > kerinduan; kasih sayang; nostalgia.
그리워하다 < geu/ri/wo/hada > rindu; teragak-agak.
그린란드 < geu/rin/ran/deu > Greenland.
그릴 < geu/ril > ruang makan.
그림 < geu/rim > gambar; lukisan; patung; arca. ~같은 seperti lukisan. 피카소의 ~ lukisan karya Picasso. ~물감 cat minyak; cat air; zat warna. ~엽서 kartu pos bergambar. ~책 buku bergambar.
그림자 < geu/rim/ja > bayangan; refleksi; citra. 장지에 비친 사람~ bayangan orang di pintu kertas. ~를 던지다 membuat bayangan (pada). ~를 감추다 menyembunyikan diri; menghilang.
그립다 < geu/rib/ta > rindu; merasa rindu; merasa kangen.
그만 < geu/man > ① hanya sebegitu, Cukuplah; Berhentilah. ~울어라 Jangan menangis lagi.② begitu; segera setelah. 나를보더니 ~ 달아났다 Dia kabur begitu melihat saya.
그만그만하다 < geu/man/geu/man/hada > hampir sama.
그만두다 < geu/man/du/da > ① berhenti. 장사를~ berhenti dagang/bisnis. 학교를~ berhenti sekolah. ② mengundurkan diri; berhenti. 회사를~ mengundurkan diri dari perusahaan.
그만저만하다 < geu/man/jeo/man/hada > kira-kira sama; kurang lebih.
그만큼 < geu/man/kheum > sejauh itu.
그만하다 < geu/man/hada > ① (정도) hampir (kira-kira) sama. ② (크기,수량 등이) kira-kira (sama banyaknya). ③ (중지하다) berhenti.
그맘때 < geu/mam/tae > kira-kira/sekitar waktu itu.

그물 < geu/mul > jaring; saukan; jala kecil. ~에 걸리다 terperangkap (tertangkap) dalam jaring; terjaring. ~을 뜨다 membuat jaring; merajut. ~을 치다 memasang jaring. ~코 simpul jaring; mata jala. 새 ~ jaring burung.
그믐 < geu/meum > ~날 akhir bulan. ~밤 malam terakhir bulan itu. ~께 sekitar akhir bulan. 섣달 ~ malam tahun baru.
그밖 < geu/bak > sisanya; yang lain; disamping itu. ~에 selain; lebih-lebih; disisi lainnya.
그사이 < geu/sa/i > sementara itu.
그슬리다 < geu/seul/li/da > membakar; menghanguskan; memanggang.
그악스럽다 < geu/ak/seu/reob/da > berlebihan; terlalu rajin; *ngoyo*.
그악하다 < geu/ak/hada > ☞ 그악스럽다.
그야말로 < geu/ya/mal/lo > sungguh.
그예 < geu/ye > akhirnya.
그윽하다 < geu/euk/hada > ① (고요하다) dalam dan sepi. ② (생각이) dalam; mendalam.
그을다 < geu/eul/da > berjelaga; gosong, terbakar matahari.
그을음 < geu/eul/eum > jelaga; arang pagu; arang para. ~이 앉다[끼다] berjelaga
그저께 < geu/jeo/ke > kemarin dulu. ~밤 malam lalu.
그전(- 前) < geu/jeon > waktu lampau; masa lampau. ~의 lama; dulu; dahulu. ~에는 dahulu.
그제야 < geu/je/ya > hanya bila.
그중(- 中) < geu/jung > ① (그것중) diantara yang lain. ② yang paling. ~좋다[나쁘다] yang terbaik [terburuk].
그지없다 < geu/ji/eob/ta > tiada akhir; tiada batas.
그치다 < geu/chi/da > berhenti; berakhir; usai.
그토록 < geu/tho/rok > ☞ 그렇게.
그후(- 後) < geu/hu > setelah itu; sejak itu; kemudian; lalu.
극(極) < geuk > ① kutub. ~지방

daerah kutub. ② puncak. 영화(榮華)의 ~ puncak kemenangan. …의 ~에 달하다 mencapai puncak.

극(劇)＜geuk＞ drama; sandiwara; lakon; tonil. ~적(으로) (secara) dramatis. ~을 공연하다 mementaskan sandiwara; mempertunjukkan sandiwara. ~을 연출하다 membawakan sandiwara. ~영화 sandiwara film; film drama. 교훈(敎訓)~ sandiwara moral.

극광(極光)＜geuk/gwang＞ aurora; cahaya kutub.

극구(極口)＜geuk/gu＞ ~찬양하다 memuji setinggi langit.

극권(極圈)＜geuk/gwon＞ lingkaran kutub. 북[남]~ lingkaran kutub utara [selatan].

극기(克己)＜geuk/gi＞ pengendalian diri; riadat; rialat; mawas diri. ~하다 menahan nafsu. ~심 semangat menahan nafsu.

극난(極難)＜geuk/nan＞ ~한 sangat sulit.

극단(極端)＜geuk/dan＞ ekstrem. ~의[적인] ekstrem; berlebihan. ~으로 secara ekstim; secara berlebihan. ~적인 예 kasus ekstrem. ~으로 흐르다 pergi terlalu jauh. ~론 pandangan/pendapat yang ekstrem ~론자 ekstremis.

극단(劇團)＜geuk/dan＞ kelompok drama; paguyuban. 지방 순회~ drama keliling.

극단(劇壇)＜geuk/dan＞ panggung; dunia teater.

극대(極大)＜geuk/dae＞ maksimum. ~치 nilai maksimum.

극도(極度)＜geuk/do＞ ekstrem ~의 terbanyak; maksimum ekstrem; radikal. ~로 sehabis-habisnya; secara ekstrem. ~에 달하다 mencapai maksimum (ekstrem).

극동(極東)＜geuk/dong＞ Timur Jauh. ~문제 masalah kawasan Timur Jauh.

극락(極樂)＜geung/nak＞ surga; Firdaus; Nirwana. ~왕생(하다) mati dengan tenang. ~조 burung sur-

ga; burung dewata.

극력(極力)＜geung/yeok＞ dengan gigih. ~부인하다 mengingkari (mungkir) dengan gigih.

극렬분자(極烈分子)＜geuk/nyeol/bun/ja＞ radikal; ekstremis.

극론(極論)＜geung/non/＞ argumen yang ekstrem. ~하다 membuat argumen yang ekstrem.

극미(極微)＜geuk/mi＞ ~한 mikroskopis; atomis.

극복(克服)＜geuk/bok＞ penaklukan; penanggulangan. ~하다 menaklukkan; menanggulangi; mengatasi.

극본(劇本)＜geuk/bon＞ ☞ 각본(脚本).

극북(極北)＜geuk/buk＞ kutub utara; utara jauh.

극비(極秘)＜geuk/bi＞ kerahasiaan yang ketat. ~로 하다 merahasiakan dengan ketat.

극빈(極貧)＜geuk/bin＞ kemiskinan yang sangat parah. ~한 sangat miskin. ~자 orang miskin.

극상(極上)＜geuk/sang＞ ~의 terbaik; paling baik. ~품(品) barang dengan mutu sangat baik.

극서(極署)＜geuk/seo＞ panas terik.

극성(極盛)＜geuk/seong＞ ~스러운 tergila-gila; tidak sabaran. ~부리다 menjadi terlalu ekstrem.

극소(極小)＜geuk/so＞ minimum; terkecil. ~한 paling kecil. ~량 minimum yang tidak dapat diperkecil lagi. ~수(數) jumlah minimum. ~치 nilai minimum.

극심(極甚)＜geuk/sim＞ ~한 ekstrem; sangat; parah.

극악(極惡)＜geuk/ak＞ ~한 bengis; keji.

극약(劇藥)＜geuk/yak＞ racun yang mematikan.

극언(極言)＜geuk/eon＞ ~하다 bicara ekstrem.

극영화(劇映畵)＜geuk/yeong/hwa＞ film drama.

극우(極右)＜geuk/u＞ kelompok ekstrem kanan; golongan ultra kanan. ~의 ultranasionalistik. ~파 sayap

kanan yang ekstrem.
극작(劇作)＜geuk/jak＞ penulisan naskah drama.　～하다 menulis naskah drama.　～가 penulis drama.
극장(劇場)＜geuk/jang＞ teater; gedung sandiwara; rumah komidi.
극점(極點)＜geuk/jeom＞ titik ekstrem.
극좌(極左)＜geuk/jwa＞ ekstrem kiri.　～의 ultra kiri.　～파 golongan ekstrem kiri.
극지(極地)＜geuk/ji＞ kutub; daerah kutub.　～탐험 ekspedisi kutub.
극진(極盡)＜geuk/jin＞ ～한 sangat ramah.　～히 dengan ramah.　～한 대접 penyambutan yang ramah.　～히 사랑하다 sangat mencintai.
극초단파(極超短波)＜geuk/cho/dan/fa＞ gelombang mikro.
극치(極致)＜geuk/chi＞ puncak; pemuncak.　미의 ～ kecantikan yang sempurna [ideal].
극통(劇痛)＜geuk/thong＞ rasa sakit yang parah.
극피동물(棘皮動物)＜geuk/fi/dong/mul＞『動』ekinoderma.
극한(極限)＜geuk/han＞ batas; limit.　～에 달하다 mencapai batas/limit.　～상황 situasi yang ekstrem.　～치『數』nilai pembatas.　～투쟁 berjuang sampai titik darah penghabisan.
극한(極寒)＜geuk/han＞ sangat dingin.
극형(極刑)＜geuk/hyeong＞ hukuman maksimum.　～에 처하다 menjatuhi hukuman maksimum.
극히(極 -)＜geuk/khi＞ sangat vital/penting.
근(斤)＜geun＞ *geun* (= 0,6 kilogram).
근(根)＜geun＞ mata bintil; bintitan.
근(根)＜geun＞『數』akar radikal.　평방 [입방]～ akar kuadrat [pangkat tiga].
근간(近刊)＜geun/gan＞ penerbitan terbaru; edisi terbaru.　～서(書) terbitan terbaru.　～예고 pemberi-

tahuan buku-buku yang dalam preparasi.
근간(近間)＜geun/gan＞ segera; tidak lama; dalam beberapa hari.
근간(根幹)＜geun/gan＞ akar dan batang, basis, pokok pikiran.　～을 이루다 membuat pokok-pokok pikiran.
근거(根據)＜geun/geo＞ dasar; landasan; basis.　～가 있는 berdasar.　～가 없는 tidak berdasar.　～지 pangkalan; basis (operasi).
근거리(近距離)＜geun/goe/ri＞ jarak pendek.　～에 있다 ada dekat.
근검(勤儉)＜geun/geom＞ hemat.　～한 berhemat.　～저축 penghematan dan tabungan.
근경(近景)＜geun/gyeong＞ pandangan dekat.
근경(根莖)＜geun/gyeong＞『植』rhizoma; akar tinggal.
근계(謹啓)＜geun/gye＞ dengan hormat.
근고(近古)＜geun/go＞ zaman modern awal.　～사 sejarah zaman modern awal.
근골(筋骨)＜geun/gol＞ tulang dan otot.　～이 억센 berotot.
근교(近郊)＜geun/gyo＞ pinggiran kota; daerah pinggiran kota.　～에 di pinggiran kota; di luar kota.
근근이(僅僅-)＜geun/geun/i＞ dengan susah payah.　～살아가다 hidup dengan susah payah.
근근하다＜geun/geun/hada＞ berasa asin (air).
근근하다＜geun/geun/hada＞ merasa gatal.
근기(根氣)＜geun/gi＞ ketabahan; ketetapan hati.　～있는 sabar; tabah.　～있게 dengan sabar; dengan tabah.　～가 없다 kurang sabar; kurang tabah.
근기(根基)＜geun/gi＞ dasar; fondasi.
근년(近年)＜geun/nyeon＞ tahun-tahun belakangan ini.　～에 dalam tahun belakangan ini.
근농(勤農)＜geun/nong＞ usaha tani

yang aktif.

근대<geun/dae> 『植』 bit sayur.

근대(近代)<geun/dae> zaman modern/terbaru. ~의 modern; mutakhir. ~적인 modernistik. ~사[영어] sejarah modern [Inggris]. ~화 modernisasi.

근대다<geun/dae/da> merepotkan; mengganggu; menggoda.

근덕거리다<geun/deok/geo/ri/da> menjadi goyang.

근동(近東)<geun/dong> Timur Dekat.

근들거리다<geun/deul/geo/ri/da> bergoyang.

근래(近來)<geun/rae> waktu belakangan; waktu akhir-akhir ini. ~의 belakangan; baru-baru ini; akhir-akhir ini. ~에 dalam waktu belakangan ini.

근량(斤量)<geun/nyang> ☞ 근수.

근력(筋力)<geun/nyeok> kekuatan otot; kekuatan fisik. ☞ 기력(氣力).

근로(勤勞)<geul/lo> kerja; perburuhan. ~하다 bekerja; memburuh. ~계급 [대중] kelas [massa] pekerja. ~기준법 Undang-Undang Standar Perburuhan. ~봉사 pelayanan buruh. ~소득 penghasilan yang diterima.

근류(根瘤)<geun/nyu> ~ 박테리아 bakteri bonggol akar.

근린(近隣)<geul/lin> ☞ 근처.

근면(勤勉)<geun/myeon> kerajinan; ketekunan. ~한 rajin; giat; tekun.

근모(根毛)<geun/mo> 『植』 bulu akar.

근무(勤務)<geun/mu> tugas; pekerjaan; dinas. ~하다 bertugas; bekerja; berdinas. ~성적 kondite kerja. ~처 tempat bekerja. ~태도 kerajinan. 시간외~ lembur. 육상 [해상] ~ dinas pantai (laut).

근무시간(勤務時間)<geun/mu/si/gan> jam-jam kerja; waktu kerja.

근무연한(勤務年限)<geun/mu/yeon/han> masa dinas.

근무자(勤務者)<geun/mu/ja> para pekerja; masa pekerja.

근무조건(勤務條件)<geun/mu/jo/keon> kondisi/ syarat-syarat kerja.

근방(近方)<geun/bang> ☞ 근처.

근배(謹拜)<geun/bae> Hormat kami; Hormat saya.

근본(根本)<geun/bon> dasar; asal mula; asal muasal; sumber; akar. ~적(으로) (secara) mendasar; (secara) menyeluruh. ~을 거슬러 캐다 menelusuri sampai ke asal. ~을 밝히다 sampai pada akarnya. ~문제 masalah yang mendasar.

근사(近似)<geun/sa> ~한 mendekati; hampir sama. ~치(値) nilai/ jumlah pendekatan.

근성(根性)<geun/seong> sifat; watak. ~이 나쁜 bersifat buruk. 상인~ jiwa pedagang.

근세(近世)<geun/se> zaman modern. ☞ 근대. ~사 sejarah modern.

근소(僅少)<geun/so> ~한 sedikit; kurang. ~한 차로 이기다 menang tipis.

근속(勤續)<geun/sok> dinas berkesinambungan. ~하다 berdinas berkesinambungan. ~수당 tunjangan berdinas lama. ~연한 lamanya berdinas seseorang. ~자(者) orang yang berdinas lama. 20년 ~자 orang yang berdinas dua puluh tahun terus menerus.

근수(斤數)<geun/su> berat (dinyatakan dalam *geun*.

근수(根數)<geun/su> 『數』 akar (untuk angka). 부진(不盡)~ akar tak terbatas.

근시(近視)<geun/si> myopia; mata dekat; rabun senja; lamur. ~의 menderita myopia; bermata dekat; bermata lamur. ~안경(眼鏡) kacamata untuk penderita myopia. 가성~ pseudomiopia.

근신(近臣)<geun/sin> kaki tangan; orang kepercayaan.

근신(謹愼)<geun/sin> ~하다 bertingkah laku baik; berkelakuan baik. ~의 뜻을 표하다 menunjukkan penyesalan.

근실(勤實)＜geun/sil＞　～한 rajin.

근실거리다＜geun/sil/geo/ri/da＞　kegatalan; merasa gatal.

근심＜geun/sim＞ kekhawatiran; kecemasan; kegelisahan; kerisauan. ～하다 mengkhawatirkan; mencemaskan; merisaukan.

근엄(謹嚴)＜geun/eom＞　keseriusan. ～한 sungguh-sungguh; serius. ～한 태도 sikap serius.

근염(筋炎)＜geun/yeom＞『醫』miositis; sakit bahu.

근왕(勤王)＜geun/wang＞　kesetiaan. ～의 setia.

근원(根源)＜geun/won＞ asal; sumber; lembaga; biang; pokok; pangkal; tampang; permulaan. 모든 사회악의～ akar dari semua kejahatan sosial. ～을 캐다 menelusuri sampai ke asalnya.

근위(近衛)＜geun/wi＞　～대(隊) pengawal kerajaan.

근육(筋肉)＜geun/yuk＞ otot; urat daging. ～의 mengenai otot/urat daging. ～노동 kerja kasar; kerja fisik. ～노동자 pekerja kasar. ～주사 suntikan intramuskuler.

근인(近因)＜geun/in＞　penyebab yang cepat.

근일(近日)＜geun/il＞ segera.

근일점(近日點)＜geul/il/jeom＞ perihelion (titik terdekat dari matahari).

근자(近者)＜geun/ja＞　～에 baru-baru ini; belakangan ini.

근작(近作), 근저(近著)＜geun/jak. geun/jeo＞ karya terbaru.

근저(根底　根底)＜geun/jeo＞ dasar; pangkal; asal mula ～를 이루다 membentuk dasar.

근저당(根抵當)＜geun/jeo/dang＞ jaminan/kolateral tetap.

근절(根絕)＜geun/jeol＞ pemberantasan; pembinasaan; pemusnahan. ～하다 memusnahkan; memberantas. ～되다 diberantas; dimusnahkan.

근점(近點)＜geun/jeom＞ titik terdekat; perihelion.

근접(近接)＜geun/jeob＞ pendekatan. ～하다 mendekati. ～한 berdekatan.

근정(謹呈)＜geun/jeong＞ persembahan. ～하다 memberi; mempersembahkan.

근제(謹製)＜geun/je＞ pembuatan yang cermat. ～하다 dibuat/disiapkan dengan cermat.

근지럽다＜geun/ji/reob/da＞　☞ 간지럽다.

근지점(近地點)＜geun/ji/jeom＞『天』perigium (titik terdekat dengan bumi).

근직(謹直)＜geun/jik＞　～한 setia.

근질거리다＜geun/jil/geo/ri/da＞ merasa geli/gatal.

근착(近着)＜geun/chak＞ kedatangan terbaru. ～의 외국 신문 koran luar negeri yang baru sampai.

근처(近處)＜geun/cheo＞ sekeliling; sekitar. ～에 di sekitar; dekat.

근청(謹聽)＜geun/cheong＞　～하다 mendengarkan dengan penuh perhatian.

근치(根治)＜geun/chi＞ penyembuhan total; pencabutan penyakit sampai ke akar-akarnya. ～하다 menyembuhkan secara total. ～가 어렵다 sulit sembuh secara total.

근친(近親)＜geun/chin＞ hubungan dekat; kerabat dekat. ～결혼 pernikahan antara kerabat dekat. ～상간(相姦) pernikahan saudara sekandung; incest.

근친(覲親)＜geun/chin＞ kunjungan pengantin wanita ke orang tuanya. ～하다 mengadakan kunjungan pertama setelah pernikahan.

근태(勤怠)＜geun/thae＞ kerajinan dan/atau kemalasan.

근하(謹賀)＜geun/ha＞　～신년 Selamat Tahun Baru.

근해(近海)＜geun/hae＞ perairan sekitar; laut yang berdekatan; pantai. ～어 ikan pantai. ～어업 perikanan pantai. ～항로 pelayaran pantai.

근화(近火)＜geun/hwa＞ kebakaran.

di dekat.

근황(近況) < geun/hwang > keadaan sekarang.

글 < geul > karangan; buah pena; prosa kalimat; gaya. 쉬운 ~로 쓰다 menulis dalam gaya yang mudah. ~을 모르다 buta huruf. ~짓기 komposisi.

글겅이 < geul/geong/i > penggaruk kuda. ~질 penggarukan.

글귀 < geul/gwi > kata-kata; terminologi; frase; istilah; anak kalimat.

글동무 < geul/dong/mu > teman sekolah.

글라디올러스 < geul/la/di/ol/leo/seu > 『植』 gladiol.

글라스 < geul/la/seu > gelas.

글라이더 < geul/la/i/deo > pesawat luncur.

글래머걸 < geul/lae/meo/geol > gadis yang glamor.

글러브 < geul/leo/beu > 『野』 sarung tangan.

글러지다 < geul/leo/ji/da > gagal.

글루타민산(-酸) < geul/lu/tha/min/san > asam glutamat. ~소다 monosodium glutamat; vetsin; moto; penyedap rasa.

글리세린 < geul/li/se/rin > 『化』 gliserin.

글리코겐 < geul/li/kho/gen > 『化』 glikogen.

글방(- 房) < geul/pang > sekolah swasta.

글썽글썽 < geul/sseong/geul/sseong > ~하다 air mata menggenang; hampir menangis.

글씨 < geul/ssi > tulisan tangan. ~를 잘[못] 쓰다 menulis dengan baik [jelek]. ~를 가르치다 mengajar menulis.

글월 < geul/wol > kalimat; surat.

글자(- 字) < geul/ca > huruf; aksara; abjad.

글재주 < geul/jae/ju > bakat sastra. ~가 있다 berbakat menulis.

글제(- 題) < geul/je > subjek/pokok; tema.

글피 < geul/fi > dua hari setelah besok; hari setelah lusa.

긁다 < geuk/ta > ① (피부를) menggaruk; menggores. ② (그러모으다) mengumpulkan. ③ (감정 비위를) menjengkelkan; mengejek.

긁어먹다 < geul/geo/meok/da > ① (이로) menggerogoti. ② (재물을) memeras; menggerogoti. ☞ 착취.

긁적거리다 < geuk/ceok/geo/ri/da > menggores; mencorat-coret.

긁히다 < geuk/khi/da > dicakar.

금 < geum > harga. 적당한 ~ harga yang pantas. ~보다, ~을 놓다 menawarkan harga. ~나다 (harganya) disetujui.

금 < geum > ① (접은 자국) lipatan; kerutan. ② garis; guratan. ~긋다 menggambar garis. ③ sumbing; retak. ~을 내다 takik. ~이 가다 retak. ~이 간 것 barang yang retak.

금(金) < geum > ① emas; (Au). ~의 (terbuat dari)emas. 18~의 시계 jam emas 18 karat. ~을 입히다 melapisi emas. ~반지 cincin emas. ~종이 kertas sepuhan. ② (금속물) logam; perangkat keras.

금강력(金剛力) < geum/gang/nyeok > kekuatan Hercules.

금강사(金剛砂) < geum/gang/sa > bubuk amril.

금강산(金剛山) < geum/gang/san > Gunung Geumgang (di Korea Utara). ~도 식후경 Memandang gunung Geumgang juga setelah makan.

금강석(金剛石) < geum/gang/seok > intan; johar; jauhar. ~을 갈다 mengasah intan; menggosok intan.

금계(禁界) < geum/gye > daerah terlarang.

금계랍(金鷄蠟) < geum/gye/rab >

『藥』kina.
금고(金庫)＜geum/go＞　①lemari besi; brankas; peti besi.　~털이 pembongkaran lemari besi; pembongkaran brankas.　②(국고금 취급소) perbendaharaan; kantor kas.
금고(禁錮)＜geum/go＞ pengurungan; pemenjaraan.　~형에 처하다 memenjarakan; mengurung.
금관(金冠)＜geum/gwan＞ mahkota emas.
금관악기(金管樂器)＜geum/gwan/ak/gi＞ alat musik tiup.
금광(金鑛)＜geum/gwang＞ tambang emas; bijih emas.
금괴(金塊)＜geum/goe＞ emas batangan; lantakan emas.
금권(金權)＜geum/gwon＞ kekuasaan uang; pengaruh uang.　~정치 plutokrasi.
금궤(金櫃)＜geum/gwe＞ kotak uang; kotak tabungan.
금기(禁忌)＜geum/gi＞ tabu; kontraindikasi.
금남(禁男)＜geum/man＞　~의 집 rumah tanpa lelaki.
금년(今年)＜geum/nyeon＞ tahun ini. ☞올해.
금니(金 -)＜geum/ni＞ gigi emas.　~박이 orang bergigi emas.
금단(禁斷)＜geum/dan＞　~하다 melarang.　~의 terlarang; tabu.　~의 열매 buah larangan; buah khuldi.
금도(襟度)＜geum/do＞ kemurahan hati.
금도금(金鍍金)＜geum/do/geum＞ penyepuhan.　~하다 melapisi dengan emas; menyepuh.　~한 sepuhan emas.
금란지계(金蘭之契)＜geum/ran/ji/gye＞ persahabatan Damon dan Pythias.
금력(金力)＜geum/nyeok＞ kekuasaan uang.　~으로 dengan kekuasaan uang.　~만능 dengan uang semua bisa.　~정치 plutokrasi.
금렵(禁獵)＜geum/nyeob＞ larangan berburu.　~기 masa dilarang berburu.　~지구(地區) suaka margasatwa.
금령(禁令)＜geum/nyeong＞ pelarangan.　~을 내리다 mengeluarkan larangan.　~을 풀다 mencabut larangan.
금리(金利)＜geum/ni＞ bunga; suku bunga.　~를 올리다 [내리다] menaikkan [menurunkan] suku bunga.
금맥(金脈)＜geum/maek＞ urat emas.
금메달(金 -)＜geum/me/dal＞ medali emas.　~을 따다 memenangkan medali emas.
금명간(今明間)＜geum/myeong/gan＞ hari ini atau besok; dalam beberapa hari.
금물(禁物)＜geum/mul＞ tabu; larangan; hal yang di larang.
금박(金箔)＜geum/bak＞ tatahan emas; emas kerjang.　~입히기[박기] penyepuhan emas; pengemasan.
금발(金髮)＜geum/bal＞ rambut emas.　~의 pirang.
금방(今方)＜geum/pang＞ ☞방금(方今).
금방(金房)＜geum/bang＞ toko mas.
금번(今番)＜geum/beon＞ waktu ini; kini; akhir-akhir ini; belakangan ini.
금법(禁法)＜geum/beob＞ hukum larangan.
금보다＜geum/bo/da＞ membuat penilaian; menilai; memberi harga; menghargakan.
금본위(金本位)＜geum/bon/wi＞ standar emas.　~국 negara pemakai standar emas.　~기준 dasar emas.　~제 =금본위.
금분(金粉)＜geum/bun＞ debu emas; emas urai; serbuk emas.

금불(● 佛)＜geum/bul＞　arca/patung emas Budha.

금붕어(金 -)＜geum/bung/eo＞ ikan mas koki.　～장수 pedagang ikan mas koki.

금붙이(金-)＜geum/bu/chi＞ barang yang dibuat dari emas.

금비(金肥)＜geum/bi＞ pupuk kimia; pupuk buatan.

금사(金絲)＜geum/sa＞ benang emas.

금상(金像)＜geum/sang＞ patung/arca emas.

금상(今上)＜geum/sang＞ raja (kaisar) yang sekarang.

금상첨화(錦上添花)＜geum/sang/cheom/hwa＞ ～하다 menambah kilauan kepada yang sudah cemerlang; memperindah yang sudah cantik.

금새＜geum/sae＞ harga barang.

금색(金色)＜geum/saek＞ warna emas.　～의 keemasan.

금서(禁書)＜geum/seo＞ buku yang dilarang.

금석(今昔)＜geum/seok＞ yang lalu dan yang sekarang.　～지감을 금할 수 없다 terpana dengan perubahan waktu.

금석(金石)＜geum/seok＞ mineral dan batu.　～지약(約) janji yang sungguh-sungguh.　～문 tulisan/ inskripsi monumen.　～학 epigrafi.

금설(金屑)＜geum/seol＞ debu emas.

금성(金星)＜geum/seong＞　① venus; bintang fajar; kejora.　② bintang emas.

금성철벽(金城鐵壁)＜geum/seong/cheol/byeok＞ benteng; kubu.

금세공(金細工)＜geum/se/gong＞ kerajinan emas.　～장이 tukang/ pande emas.

금속(金屬)＜geum/sok＞ logam.　～ 의 logam.　～가공 pengolahan/ pemrosesan logam.　～공 pekerja logam.　～공업 industri logam.

～공학 keteknikan logam.　～원소 unsur logam.　～제품 barang-barang logam.

금수(禁輸)＜geum/su＞ embargo/larangan ekspor [impor].　～하다 mengenakan embargo.　～품 barang gelap; barang selundupan.

금수(禽獸)＜geum/su＞ burung dan binatang buas.　～와 같은 seperti binatang buas.　～와 다를 바 없다 tidak lebih baik dari binatang buas.

금수(錦繡)＜geum/su＞　～강산 tanah dengan pemandangan yang indah; Korea.

금슬(琴瑟)＜geum/seul＞　～이 좋다 hidup dalam perkawinan yang harmonis.

금시(今始)＜geum/si＞　～ 초문이다 belum pernah mendengar sebelumnya.　～ 초견(初見) melihat untuk pertama kalinya.

금시계(金時計)＜geum/si/gye＞ jam emas.

금식(禁食)＜geum/sik＞ puasa; siam; saum.　～하다 berpuasa.　～일 hari puasa.

금실(金 -)＜geum/sil＞ benang mas; benang makau.

금싸라기(金-)＜geum/ssa/ra/gi＞ benda yang sangat bernilai.　～땅 tanah sangat tinggi nilainya.

금압(禁壓)＜geum/ab＞ larangan keras.　～하다 melarang keras.

금액(金額)＜geum/aek＞ sejumlah uang.　큰[적은] ～ sejumlah uang yang besar [kecil].

금야(今夜)＜geum/ya＞ malam ini.

금어(禁漁)＜geum/eo＞ larangan menangkap ikan/memancing.　～기 masa dilarang memancing.　～구 (역) suaka laut.

금언(金言)＜geum/eon＞ kata-kata mutiara; peribahasa; petitih.

금연(禁煙)＜geum/yeon＞ larangan merokok.　～하다 melarang merokok; berhenti merokok.　~일 hari tanpa merokok.

금요일(金曜日)＜geum/yo/il＞ Jum'at.

금욕(禁慾)＜geum/yok＞ pertarakan; pemantangan; pengendalian nafsu. ~하다 berpantang; mengendalikan nafsu.　~주의 faham pertarakan. ~주의자 orang yang bertarak.　~생활 hidup menjauhkan diri dari nafsu duniawi.

금월(今月)＜geum/wol＞ ☞ 이달.

금융(金融)＜geum/yung＞ keuangan; perbankan;peredaran/sirkulasi uang. ~계 dunia keuangan.　~ 공황 krisis keuangan.　~ 기관 badan perbankan; lembaga keuangan.　~ 긴축 정책 kebijakan uang ketat.　~시장 pasar uang.　~업 usaha perbankan; bisnis keuangan.　~ 여신 panjar pinjaman.　~ 정책 kebijakan keuangan.　~ 핍박 pengetatan uang.

금융거래실명제(金融去來實名制)＜geum/yung/geo/rae/sil/myeong/je＞ sistem transaksi keuangan dengan nama sebenarnya.

금융경색(金融梗塞)＜geum/yung/gyeong/saek＞ situasi/ pasar uang ketat.

금융부조리(金融不條理)＜geum/yung/bu/jo/ri＞ praktek menyimpang di bank.

금융사고(金融事故)＜geum/yung/sa/go＞ kejahatan perbankan.

금융조작(金融造作)＜geum/yung/jo/jak＞ manipulasi pasar uang.

금융특혜(金融特惠)＜geum/yung/theuk/hye＞ pinjaman istimewa.

금은(金銀)＜geum/eun＞ emas dan perak.　~보배 uang dan barang berharga; harta.

금의환향(錦衣還鄕)＜geum/eui/hwan/hyang＞　~하다 pulang sarat dengan kesuksesan.

금일(今日)＜geum/il＞ ☞ 오늘.

금일봉(金一封)＜geum/il/bong＞ menghadiahi uang; memberi hadiah uang.　~을 주다 berhuruf emas.

금자(金字)＜geum/ja＞ huruf (bersepuh) emas.　~의 huruf emas.

금자탑(金子塔)＜geum/ja/thab＞ karya yang monumental; piramid.　~을 세우다 membuat karya yang monumental.

금잔(金盞)＜geum/jan＞ piala emas.

금잔화(金盞花)＜geum/jan/hwa＞ 『植』 bunga marigold.

금잡인(禁雜人)＜geum/jab/in＞　~하다 melarang masuk orang yang tidak berkepentingan.

금장식(金粧飾)＜geum/jang/sik＞ dekorasi keemasan.

금전(金錢)＜geum/jeon＞ uang; duit.　~상의 moneter; keuangan.　~ 등록기 mesin hitung.　~ 출납계원 kasir; bendahara.　~ 출납부 buku kas; buku keuangan.

금제(禁制)＜geum/je＞ larangan; tabu; pamali; haram.　~의 terlarang.　여인 ~의 tertutup untuk wanita.　~품 barang terlarang.

금족(禁足)＜geum/jok＞ pengurungan.　~하다 mengurung dalam rumah.　~령(令) perintah diam.

금주(今週)＜geum/ju＞ minggu ini. ~ 중에 dalam minggu ini.

금주(禁酒)＜geum/ju＞ pantangan minum minuman keras.　~하다 pantang/menjauhkan diri dari minuman keras.　~가(家) orang yang pantang minum (minuman keras).　~법 undang-undang larangan minuman.　~ 운동 kampanye anti minuman keras.

금준비(金準備)＜geum/jun/bi＞ cadangan emas.

금중(禁中)＜geum/jung＞ istana raja.

금지(金紙)＜geum/ji＞ kertas berwarna keemasan.

금지(禁止)＜geum/ji＞ larangan; cegahan; haram; pantang.　～하다 melarang.　～ 구역 daerah larangan.　～령 perintah larangan; pelarangan.　상연 ～ larangan pertunjukan.　판매 ～ larangan penjualan.　수출입 ～ 품목 barang-barang dalam daftar larangan

금지옥엽(金枝玉葉)＜geum/ji/ok/yeob＞ anak emas.　～으로 자라나다 dibesarkan seperti anak emas.

금지조항(禁止條項)＜geum/ji/jo/hang＞ klausa pelarangan.

금지처분(禁止處分)＜geum/ji/cheo/bun＞ tindakan terlarang.

금지환(金指環)＜geum/ji/hwan＞ cincin emas.

금치산(禁治産)＜geum/chi/san＞ ketidakmampuan.　～자 orang yang tidak mampu/tidak cakap.

금침(衾枕)＜geum/chim＞ tempat tidur yang sangat bagus.

금테(金 -)＜geum/the＞ pinggiran emas.　～ 안경 kaca mata berpinggir emas; kaca mata berbingkai emas.

금패(金牌)＜geum/fae＞ medali emas.　～를 받다 dihadiahi medali emas; mendapat medali emas.

금품(金品)＜geum/fum＞ uang dan barang berharga.　～을 주다 memberi hadiah (sogokan/suap) dengan uang dan barang berharga.

금하다＜geum/hada＞　① ☞ 금지하다.　② (억제) menekan; menindas; mencegah; melarang; mengharamkan.　③ (절제) memantangkan.　술을 ～ memantangkan minuman keras.

금혼식(金婚式)＜geum/hon/sik＞ kawin emas.

금화(金貨)＜geum/hwa＞ uang emas; mata uang emas.

금환식(金環蝕)＜geum/hwan/sik＞ 『天』 lingkaran (cincin) gerhana matahari.

금회(今回)＜geum/hoe＞ waktu ini; kini. ☞ 이번.

금후(今後)＜geum/hu＞ setelah ini; kemudian; dimasa datang.　～의 yang akan datang; mendatang.　～ 계속하여 dari sekarang seterusnya.　～ 5년 내지 10년은 selama lima atau sepuluh tahun dari sekarang.

급(急)＜geub＞ bahaya; keadaan darurat; kritis.　～을 요하는 mendesak.　～을 알리다 membunyikan tanda bahaya; memberitahukan keadaan darurat.

급(級)＜geub＞ kelas; tingkat; pangkat.　대사 ～회담 konferensi tingkat duta besar.　1년 ～ kelas tahun pertama.　～이 오르다 naik tingkat.

급각도(急角度)＜geub/gak/to＞ sudut tajam; sudut lancip.　～로 dengan tajam; dengan belokan tiba-tiba.

급강하(急降下)＜geub/gang/ha＞ penurunan cepat/dengan tiba-tiba; penukikan.　～하다 turun tiba-tiba; menukik.　～ 폭격 pengeboman dengan menukik.　～폭격기 pesawat pengebom.

급거(急遽)＜geub/geo＞ dengan buru-buru; dengan tergesa-gesa.　～ 상경하다 buru-buru ke Seoul.

급격(急激)＜geub/gyeok＞　～한 cepat; tiba-tiba; radikal; tajam.　～히 dengan cepat; dengan tiba-tiba; dengan tajam.　～한 변화 perubahan tiba-tiba/radikal.

급격(急擊)＜geub/gyeok＞ serangan tiba-tiba.　～하다 menyerang dengan tiba-tiba.

급경사(急傾斜)＜geub/gyeong/sa＞ lereng curam; lereng terjal.

급고(急告)＜geub/go＞ pengumuman mendesak/sangat penting.　～하다 memberi pengumuman mendesak.

급기야(及其也)＜geub/gi/ya＞ akhirnya; pada akhirnya.

급등(急騰)＜geub/teung＞ kenaikan

yang tiba-tiba; loncatan. ~하다 naik dengan tiba-tiba; membumbung.

급락(及落)< geub/nak > berhasil atau gagal.

급락(急落)< geub/nak > penurunan tiba-tiba; penurunan tajam; anjlok. ~하다 menurun dengan tiba-tiba.

급료(給料)< geub/nyo > bayaran; gaji; upah. (☞ 봉급, 임금). ~일 hari gajian.

급류(急流)< geub/nyu > arus yang cepat; riam; serasah.

급무(急務)< geub/mu > kebutuhan mendesak. 초미(焦眉)의 ~ kebutuhan waktu yang mendesak.

급박(急迫)< geub/bak > ~하다 mendesak; urgen. ~한 mendesak. ~해지다 menjadi kritis.

급변(急變)< geub/byeon > perubahan/ belokan yang tiba-tiba. ~하다 berubah dengan tiba-tiba. ~하는 세계 정세 situasi dunia yang berubah dengan cepat.

급병(急病)< geub/byeong > (serangan) penyakit yang tiba- tiba/mendadak. ~ 환자 kasus mendesak/darurat.

급보(急報)< geub/bo > pesan yang mendesak. ~하다 mengirim pesan yang mendesak.

급부(給付)< geub/bu > pembayaran; pemberian. ~하다 membayar; memberi. ~금 keuntungan uang. 반대 ~ presentasi balik.

급비(給費)< geub/bi > penyediaan biaya.

급사(急死)< geub/sa > kematian tiba-tiba; kematian mendadak. ~하다 mati dengan tiba-tiba; mati mendadak.

급사(急使)< geub/sa > utusan kilat.

급사(給仕)< geub/sa > ① ☞ 사환. ② (호텔의) pelayan; pesuruh.

급사면(急斜面)< geub/sa/myeon > lereng yang curam; lereng terjal.

급살맞다(急煞-)< geub/sal/mat/ta > mati mendadak.

급상승(急上昇)< geub/sang/seung > kenaikan yang tiba-tiba. ~하다 melesat ke atas; naik dengan tiba-tiba.

급선무(急先務)< geub/seon/mu > urusan yang sangat mendesak.

급선봉(急先鋒)< geub/seon/bong > pemimpin; pemuka.

급성(急性)< geub/seong > ~의 gawat; akut. ~이 되다 menjadi akut/gawat. ~ 맹장염 radang usus buntu yang akut. ~병 kasus/penyakit yang gawat.

급성장(急成長)< geub/seong/jang > pertumbuhan cepat. ~하다 tumbuh dengan cepat.

급소(急所)< geub/so > titik/bagian yang vital. ~를 맞다 terpukul di bagian yang vital. ~를 찌르다 memukul di bagian yang vital.

급속(急速)< geub/sok > kesegaran. ~한 cepat; gancang; lancar; kencang; deras. ~히 dengan cepat; dengan segera; banter.

급송(急送)< geub/song > ~하다 mengirim dengan cepat; mengantar barang dengan cepat.

급수(給水)< geub/su > suplai air. ~하다 menyuplai/memasok air. ~관[차] pipa [mobil tangki] air. ~전[栓] hidran. 시간 ~ suplai air berjangka.

급수(級數)< geub/su > 『數』 deret. 산술 [기하] ~ deret hitung [ukur].

급습(急襲)< geub/seub > serangan tiba-tiba; razia. ~하다 menyerang tiba-tiba; menggeledah.

급승(急昇)< geub/seung > ☞ 급상승.

급식(給食)< geub/sik > persediaan makanan. ~하다 menyediakan makanan; meransum.

급여(給與)< geub/yeo > tunjangan;

pembayaran; upah. ~하다 memberi tunjangan; memberi upah; membayar.
급용(急用)<geub/yong> urusan yang mendesak.
급우(級友)<geub/u> teman sekelas.
급유(給油)<geub/yu> suplai minyak, pengisian bahan bakar. ~하다 mengisi bahan bakar. ~기 pesawat tanker. ~소 pompa/ stasiun bensin.
급작스럽다<geub/jak/seu/reob/ta> tiba-tiba; tak terduga.
급전(急轉)<geub/ceon> perubahan tiba-tiba; perubahan mendadak. ~하다 berubah dengan tiba-tiba. ~직하로 seketika.
급전(急錢)<geub/jeon> uang yang dibutuhkan sangat mendesak.
급전환(急轉換)<geub/jeon/hwan> perubahan tiba-tiba.
급정거(急停車)<geub/jeong/geo> penyetopan tiba-tiba. ~하다 menghentikan tiba-tiba.
급제(及第)<geub/je> ~하다 lulus ujian.
급조(急造)<geub/jo> ~하다 membangun dengan segera.
급증(急症)<geub/jeung> penyakit yang tiba-tiba; penyakit mendadak.
급증(急增)<geub/jeung> ~하다 meningkat/naik dengan cepat. ~하는 교통량 lalu lintas yang meningkat dengan cepat.
급진(急進)<geub/jin> kemajuan cepat. ~하다 maju dengan cepat. ~적 radikal; ekstrem. ~ 분자 unsur radikal. ~ 사상 gagasan radikal. ~파 aliran radikal/ ekstremis.
급커브(急 -)<geub/kheo/beu> lengkungan/belokan tajam; tikungan yang tajam. ~를 틀다 membelok dengan tajam.
급템포(急 -)<geub/them/fo> tempo yang cepat. ~의 bertempo cepat. ~로 dengan tempo yang cepat.
급파(急派)<geub/fa> pengiriman kilat. ~하다 mengirim (utusan).
급하다(急 -)<geub/hada> (다급하다) mendesak; (바쁘다) sibuk; (빠르다) cepat; segera; (성급하다) tidak sabaran; (가파르다) curam; terjal (커브가) tajam; (병세가) gawat; kritis; (소변) kebelet. 시간이 ~ diburu waktu; waktu mendesak.
급항(急航)<geub/hang> pelayaran segera. ~하다 berlayar segera(ke).
급행(急行)<geub/haeng> ekspres; cepat; segera. ~하다 buru-buru (ke); berangkat segera(ke). ~으로 가다 pergi dengan buru-buru. 현장으로 ~하다 buru-buru ke tempat kejadian. ~권 karcis ekspres. ~버스 bis cepat; bis ekspres. ~ 요금 ongkos/biaya ekspres.
급환(急患)<geub/hwan> kasus darurat.
긋다<geut/da> menggambar; menarik (garis). 선을 ~ menggambar garis; menggaris.
긍정(肯定)<geung/jeong> pengesahan; penyetujuan. ~하다 mengiyakan; menyetujui; mengesahkan. ~적 bersifat menyetujui; afirmatif. ~도 부정도 않다 tidak menyatakan setuju atau tidak setuju.
긍지(矜持)<geung/ji> kebanggaan; harga diri.
긍휼(矜恤)<geung/hyul> ~하다 kasihan; merasa kasihan (akan).
기(氣)<gi> ① (정기) jiwa, inti-sari, roh. ② (원기.기력) kekuatan; tenaga. ③ (의기.기세) semangat; hati. ~가 나서 karena naik semangat. ~가 죽다 patah semangat; patah hati. ~를못펴다 .

kurang semangat. ④ (온힘) sege-nap tenaga. ☞ 기쓰다. ⑤ (기미) rasa; sentuhan. 시장 ~ rasa lapar. 익살 ~가 있다 ada sentuhan humor.

기(記) <gi> catatan.

기(期) <gi> tanggal, periode, angkatan. 2~생 siswa angkatan kedua.

기(旗) <gi> bendera; panji. ~를 올리다[내리다] menaikkan [menurunkan] bendera.

기…(幾) <gi> beberapa. ~천의 ribuan; beberapa ribu

기각(棄却) <gi/gak> penolakan. ~하다 menolak. 소(訴)를 ~하다 menolak gugatan.

기간(基幹) <gi/gan> inti. ~ 산업 industri kunci.

기간(旣刊) <gi/gan> ~의 sudah pernah diterbitkan.

기간(期間) <gi/gan> termin; masa/kurun. 일정한 ~내에 dalam kurun waktu tertentu.

기갈(飢渴) <gi/gal> kelaparan dan kehausan.

기갑부대(機甲部隊) <gi/gab/bu/dae> unit panser.

기강(紀綱) <gi/gang> disiplin pegawai. ~을 바로 잡다 meningkatkan/memperketat disiplin.

기개(氣概) <gi/gae> semangat. ~있는 bersemangat tinggi. ~를 보이다 memperlihatkan semangat. ~가 없다 tidak punya semangat.

기거(起居) <gi/geo> kehidupan sehari-hari. ~를 같이하다 tinggal bersama. ~동작 kelakuan dan tingkah laku sehari-hari.

기결(旣決) <gi/gyeol> ~의 diputuskan; dihukum. ~수 narapidana yang sudah diputuskan hukumannya.

기경(起耕) <gi/gyeong> ~하다 menanami lahan.

기계(器械) <gi/gye> alat; peralatan; perkakas. ~ 체조 senam alat. 의료 ~ alat-alat kesehatan.

기계(機械) <gi/gye> mesin; permesinan. ~적(인) mekanis. ~적으로 secara otomatis. ~로 만든 buatan mesin. ~공 montir; juru mesin. ~ 공업 industri mesin. ~ 공장[제작소] pabrik [bengkel] mesin. ~ 공학 keteknikan mesin. ~ 기사 insinyur mesin. ~ 수리공 montir mesin. ~ 조립공 perakit; orang yang melakukan perakitan.

기계화(機械化) <gi/gye/hwa> mekanisasi. ~하다 memakai/menggunakan mesin; memekanisir. ~ 농업 pertanian yang dimekanisir.

기고(寄稿) <gi/go> sumbangan/kontribusi (tulisan). ~하다 menyumbang (tulisan).

기고만장(氣高萬丈) <gi/go/man/jang> ~하다 meledak dengan kemarahan, besar hati dengan kebanggaan.

기골(氣骨) <gi/gol> semangat dan berani.

기공(起工) <gi/gong> ~하다 memulai konstruksi/ pembangunan.

기공(技工) <gi/gong> teknisi; ahli. 치과 ~ ahli gigi.

기공(氣孔) <gi/gong> 『植』 pori-pori.

기관(汽管) <gi/gwan> pipa uap.

기관(汽罐) <gi/gwan> perebus uap; boiler. ~실 ruang boiler.

기관(奇觀) <gi/gwan> pemandangan yang spektakuler. ~을 이루다 menyuguhkan pemandangan yang spektakuler.

기관(氣管) <gi/gwan> 『解』 tenggorokan; trakea.

기관(器官) <gi/gwan> organ tubuh. 감각 ~ indera. 호흡 ~ organ pernapasan.

기관(機關) <gi/gwan> mesin; organ; lembaga; sarana; badan. ~고 bangsal mesin. ~단총 senapan mesin. ~사(士) insinyur; ahli mesin; juru mesin. ~실 ruang mesin. ~장 kepala bagian mesin. ~지(紙) badan persuratkabaran. ~차(車) lokomotif; kepala kereta api.　~총(銃) senapan mesin.　교육 ~ lembaga pendidikan.　교통 [운수] ~ sarana angkutan.　중기 ~ mesin uap.　집행 ~ badan pelaksana.

기관지(氣管支) <gi/gwan/ji>　bronkus.　~염『醫』 bronkhitis (radang cabang tenggorokan).

기괴(奇怪) <gi/goe>　~한　aneh. ~ 망측한 luar biasa.

기교(技巧) <gi/gyo>　seni; teknik; trik.

기구(氣球) <gi/gu>　balon terbang. ~를 띄우다 menerbangkan balon.

기구(崎嶇) <gi/gu>　~한　celaka; sial; malang; tidak menentu.　~한 생애 hidup yang tidak menentu.

기구(器具) <gi/gu>　peralatan; perkakas; perlengkapan; perabot.　전기 ~ alat bertenaga listrik.

기구(機構) <gi/gu>　struktur; mekanisme;　sistem.　~를　개혁하다 mengorganisir kembali sistim.　국제 ~ organisasi internasinal.　당(黨)~ alat partai.

기권(氣圈) <gi/gwon> atmosfer.

기권(棄權) <gi/gwon>　abstensi (suara blanko).　~하다 memberi (memilih) suara blanko.　~율 tingkat abstensi; angka abstensi.　~자 orang yang abstain; pemilih suara blanko.

기근(氣根) <gi/geun>　『植』　akar tunjang; akar bahar.

기근(飢饉) <gi/geun>　kelaparan; kekurangan; paceklik.　물 ~ kekurangan air.

기금(基金) <gi/geum>　dana; yayasan.　~을 설정 〔모집(募集)〕하다 mendirikan [mengumpulkan] dana/ yayasan.　공동 ~ dompet umum. 국제 통화 ~ Dana Moneter Internasional (IMF).

기급하다(氣急-) <gi/geub/hada>　ketakutan tiba-tiba.

기기(器機) <gi/gi> mesin dan peralatan.

기기묘묘(奇奇妙妙) <gi/gi/myo/ myo>　~하다 sangat ajaib dan indah.

기꺼이 <gi/keo/i>　dengan senang hati.　~ 승낙하다 bersedia dengan senang hati.

기껍다 <gi/keob/da>　gembira; senang; bahagia. ☞ 기쁘다.

기껏 <gi/keot>　① terbanyak; paling banyak; se...mungkin.　~ 애쓰다 berbuat sebaik-baiknya.　② sebanyak-banyak; paling-paling.　~해야 1마일 paling jauh satu mil.

기념(記念) <gi/nyeom>　peringatan. ~하다 memperingati.　~의 bersifat peringatan.　...~으로 dalam memperingati...　~물 souvenir; tanda mata; cindera mata.　~비 monumen; tanda peringatan.　~ 사진 foto tanda mata.　~식 upacara peringatan.　~ 우표 perangko peringatan.　~일(日) hari peringatan. ~제 peringatan; hari jadi.

기능(技能) <gi/neung>　keterampilan; kemampuan.　~이 뛰어나다 sangat terampil.　~공 teknisi.　~ 교육 [훈련] pendidikan [pelatihan] teknik.　~ 올림픽 olimpiade keterampilan.

기능(機能) <gi/neung>　fungsi.　~적 fungsional.　~을 하다 berfungsi.　~ 장애 gangguan fungsi. 소화 ~ fungsi pencernaan.

기다 <gi/da> merayap; merangkak.

기다랗다 <gi/da/rat/tha>　panjang.

기다리다 <gi/da/ri/da>　menunggu; mengharapkan; menantikan.　기회를 ~ menunggu kesempatan.

기담(奇談) <gi/dam> cerita aneh.

기대(期待) <gi/dae>　pengharapan; perkiraan.　~하다 mengharapkan; nyana; berharapan.　...을 ~하고 dengan harapan...　~에 반하여 bertentangan dengan harapan.　~에 부응하다 [어긋나다] memenuhi [tidak memenuhi] harapan.

기대다 <gi/dae/da>　① bersandar (pada).　② mengandalkan pada; menggantungkan (pada).

기도(企圖) <gi/do> rencana; disain; proyek; rancangan.　~하다 me-

rencanakan; merancang.
기도(祈禱) ＜gi/do＞　sembahyang. ~하다 bersembahyang.
기도(氣道) ＜gi/do＞ ventilasi; lubang angin.
기독교(基督敎) ＜gi/dok/gyo＞ ke-kristenan; agama Kristen. ~의 bersifat kristen. ~를 믿다 menjadi orang Kristen. ~도 orang Kris-ten; kaum Nasrani; umat Kristen. ~ 사회주의 sosialisme Kristen. ~ 여자 청년회 Perhimpunan Pemudi Kristen (YWCA). ~ 청년회 Per-himpunan Pemuda Kristen (YM-CA). ~ 회 Gereja Kristen.
기동(起動) ＜gi/dong＞ ① ☞ 시동(始動). ② (운신) gerakan. ~하다 menggerak.
기동(機動) ＜gi/dong＞ ~ 경찰 po-lisi anti huru hara. ~력 kemam-puan gerak cepat. ~부대 pasukan gerak cepat. ~성 mobilitas. ~연습 [훈련] manuver. ~작전 operasi gerak cepat. ~타격대(隊) pasukan siap tempur.
기둥 ＜gi/dung＞ ① tiang; tonggak; pancang. ~을 세우다 memancang-kan tiang; memancang. ② galati. ③ tonggak; penyangga (orang). 나라의 ~ tiang negara.
기둥서방 ＜gi/dung/seo/bang＞ lelaki simpanan; gigolo.
기득(旣得) ＜gi/deuk＞ ~의 sudah diperoleh. ~권 hak yang diper-oleh.
기라성(綺羅星) ＜gi/ra/seong＞ ~같은 고관들 sekumpulan (pawai) o-rang terkemuka.
기량(技倆) ＜gi/ryang＞ kemampuan; bakat; keterampilan. ~을 기르다 meningkatkan kemampuan.
기러기 ＜gi/reo/gi＞ 『鳥』angsa liar.
기력(氣力) ＜gi/ryeok＞ ① energi; semangat; kekuatan. ~이 왕성한 kuat; energik. ② tekanan udara.
기로(岐路) ＜gi/ro＞ persimpangan jalan. 인생의 ~에 서다 berdiri di persimpangan jalan kehidupan.
기록(記錄) ＜gi/rok＞ rekor; catatan;

dokumen; arsip; kronikel. ~하다 mencatat; mendaftarkan; menulis-kan. ~을 깨뜨리는 (pemecahan) rekor. ~을 깨뜨리다 memecahkan rekor. (신)~을 세우다 membuat rekor (baru); menciptakan rekor. 득점을 ~하다 mempertahankan rekor. ~계원 pencatat skor. ~보유자 pemegang rekor. ~영화 film dokumenter.
기뢰(機雷) ＜gi/roe＞ 『軍』 ranjau. ~를 부설하다 memasang ranjau. ~밭 ladang ranjau. 부동 ~ ran-jau terapung.
기류(氣流) ＜gi/ryu＞ arus udara; a-liran hawa; angin. 난(亂)~ tur-bulensi (udara). 악(惡)~ arus u-dara yang berbahaya.
기류(寄留) ＜gi/ryu＞ kediaman se-mentara. ~하다 tinggal sementa-ra. ~계 laporan kediaman semen-tara. ~지 tempat kediaman se-mentara.
기르다 ＜gi/reu/da＞ ① membesar-kan; memelihara; membina. 모유로 ~ meneteki. 인재를 ~ mem-bina orang yang berkemampuan. ② menanam; membudidayakan; membiakkan; memelihara. 가축을 ~ memelihara ternak; beternak. ③ menanamkan; membina. 도의심을 ~ menanamkan rasa moral. ④ (버릇을) membentuk (kebiasaan). ⑤ (수염.머리) menumbuhkan; me-melihara.
기름 ＜gi/reum＞ minyak; lemak; gemuk. ~기 lemak; berminyak.
기름지다 ＜gi/reum/ji/da＞ ① ber-lemak; berminyak; bergajih. ② (땅이) subur; kaya; produktif.
기름틀 ＜gi/reum/theul＞ pemeras minyak.
기름하다 ＜gi/reum/hada＞ agak pan-jang.
기리다 ＜gi/ri/da＞ memuji; menga-gumi.
기린(麒麟) ＜gi/rin＞ 『動』 jerapah. ~아(兒) orang yang bernasib sangat bagus.

기립(起立)<gi/rib> bangkit, Berdiri!. ~하다 berdiri. ~ 투표pemungutan suara dengan berdiri.

기마(騎馬)<gi/ma> naik kuda. ~ 순경 polisi berkuda.

기막히다(氣 -)<gi/ma/khi/da> (숨막히다) merasa tercekik (놀랍다, 어이없다) tercengang; terpukau; terpana.

기만(欺瞞)<gi/man> penipuan; kecurangan; kebohongan; kedustaan. ~하다 menipu; membohongi; mengakali; berkilah; mencurangi. ~적 penuh tipuan.

기명(記名)<gi/myeong> tanda tangan; registrasi. ~하다 menandatangani; meregistrasi. ~ 날인하다 menandatangani dan mencap. ~(무 ~) 투표 suara terbuka [tertutup].

기묘(奇妙)<gi/myo> ~한 aneh; janggal; ganjil.

기문(奇聞)<gi/mun> cerita yang ganjil.

기물(器物)<gi/mul> peralatan rumah tangga; perabotan.

기미<gi/mi> bintik-bintik hitam/tahi lalat. ~가 끼다 berbintik hitam; bertahi lalat.

기미(氣味)<gi/mi> ① bau dan rasa. ② sentuhan; rasa.

기미(幾微)<gi/mi> ☞ 낌새.

기민(機敏)<gi/min> ~한 cepat; segera. ~하게 dengan segera. ~한 동작 tindakan cepat.

기밀(氣密)<gi/mil> ~의 kedap udara; kedap gas. ~실 ruang kedap udara.

기밀(機密)<gi/mil> kerahasiaan; rahasia. ~의 rahasia. ~누설 kebocoran informasi rahasia. ~서류 [문서] dokumen rahasia. ~비 dana rahasia.

기박(奇薄)<gi/bak> ~한 tidak beruntung; sial. ~한 팔자를 타고 나다 lahir di bawah bintang ketidakberuntungan.

기반(基盤)<gi/ban> dasar; landasan. ~을 이루다 membentuk dasar/landasan. ~을 굳히다 memadatkan tumpuan kaki.

기발(奇拔)<gi/bal> ~한 cemerlang. ~한 도안 rancangan yang cemerlang. ~한 생각 buah pikiran yang cemerlang.

기백(氣魄)<gi/baek> semangat; jiwa.

기범선(機帆船)<gi/beom/seon> kapal motor.

기법(技法)<gi/peob> teknik. ~을 배우다 belajar teknik.

기별(寄別)<gi/byeol> informasi; pemberitahuan. ~하다 memberitahu.

기병(起兵)<gi/byeong> ~하다 menyiagakan tentara.

기병(騎兵)<gi/byeong> pasukan berkuda; kavaleri.

기보(旣報)<gi/bo> laporan terdahulu. ~ 한 바와 같이 seperti yang dilaporkan sebelumnya.

기보법(記譜法)<gi/bo/beob> 『樂』 not musik.

기복(起伏)<gi/bok> naik dan turun; menggelombang. ~하다 naik dan jatuh.

기본(基本)<gi/bon> dasar; atas; prinsip. ~적인 dasar; mendasar. ~이 되는 것 dasar dasar. ~ 계획 rencana induk; master plan. ~급 upah dasar; gaji pokok. ~단위 unit standar. ~요금 tarif awal/dasar. ~적 인권 hak asasi yang mendasar. ~형 pola dasar.

기부(寄附)<gi/bu> sumbangan; derma. ~하다 menyumbang; menderma; ~를 모으다 mengumpulkan sumbangan. ~금 sumbangan; sokongan. ~자 penyumbang; donatur.

기분(氣分)<gi/bun> perasaan; suasana hati; mood. ~이 좋다 merasa sehat/baik; tenang; lapang dada; lega. ~이 좋지않다 merasa tidak enak hati. ~ 상하다 merasa sakit hati. ~이 안나다 tidak bergairah. ~ 전환 penggalihan suasana hati. ~ 전환을 하다 me-

nyegarkan diri; menghibur diri.
기불(既拂)＜gi/bul＞ ～의 lunas.
기쁘다＜gi/peu/da＞ senang; bahagia.
기쁨＜gi/peum＞ kegembiraan; kesenangan. ～을 참을 수 없다 tidak dapat menahan kegembiraannya.
기사(技師)＜gi/sa＞ insinyur; teknisi. 건축 ～ arsitek. 토목 [광산] ～ insinyur sipil [pertambangan].
기사(記事)＜gi/sa＞ ① berita; kabar. ～ 금지 larangan pers. 특종 ～ berita istimewa. ② (서술) uraian; artikel.
기사(騎士)＜gi/sa＞ kesatria berkuda; penunggang kuda. ～도 moral kesatria.
기사회생(起死回生)＜gi/sa/hoe/saeng＞ penghidupan kembali. ～하다 menghidupkan kembali.
기산(起算)＜gi/san＞ ～하다 menghitung; mengukur. ～일 tanggal permulaan perhitungan.
기상(奇想)＜gi/sang＞ buah pikiran/gagasan yang hebat. ～ 천외의 fantastis; hebat.
기상(起床)＜gi/sang＞ ～하다 bangun. ～ 나 팔 terompet bangun pagi. ～ 시간 waktu bangun.
기상(氣象)＜gi/sang＞ cuaca. ～ 관측 pengamatan cuaca. ～관측 위성 satelit cuaca. ～대 stasiun meteorologi; stasiun pengamat cuaca. ～도 peta cuaca. ～ 통보 berita cuaca. ～학 meteorologi.
기상(氣像)＜gi/sang＞ sifat; pembawaan; watak; tabiat.
기색(氣色)＜gi/saek＞ air muka. 노한 ～ (air) muka yang marah. ～이 변하다 berubah warna air muka.
기색(基色)＜gi/saek＞ (삼원색) tiga warna primer.
기생(寄生)＜gi/saeng＞ parasitisme. ～하다 parasit (pada). ～ 생물[충, 식물] parasit.
기선(汽船)＜gi/seon＞ kapal uap. ～으로 dengan kapal uap. 정기 ～ pelayaran reguler.
기선(機先)＜gi/seon＞ ～을 제하다 [잡다] mendahului.
기성(氣盛)＜gi/seong＞ ～하다 dengan semangat tinggi.
기성(既成)＜gi/seong＞ ～의 jadi; yang ada; mapan. ～ 도덕 prinsip moral yang sudah mapan. ～복(服) pakaian jadi. ～세대 generasi yang sudah mapan. ～정당 partai politik yang ada.
기세(氣勢)＜gi/se＞ semangat. ～가 오르다 bersemangat tinggi. ～를 올리다 membangkitkan semangat. ～를 꺾다 mematahkan semangat.
기소(起訴)＜gi/so＞ tuntutan; tuduhan; gugatan.. ～하다 menuntut; menggugat ～장 surat tuntutan. 불～ 처분 pencabutan perkara. 불～ 처분하다 mencabut perkara; membatalkan gugatan.
기소유예(起訴猶豫)＜gi/so/yu/ye＞ 『法』 penundaan dakwaan. ～하다 menunda pendakwaan.
기수(奇數)＜gi/su＞ ☞ 홀수.
기수(基數)＜gi/su＞ bilangan pokok; bilangan kardinal.
기수(旗手)＜gi/su＞ pembawa bendera.
기수(機首)＜gi/su＞ moncong/hidung (pesawat). ～를 남으로 돌리다 mengarah selatan; memutar hidung keselatan.
기수(騎手)＜gi/su＞ penunggang kuda; joki.
기숙(寄宿)＜gi/suk＞ ～하다 mondok; indekos. ～사 asrama. ～생 mahasiswa yang mondok.
기술(技術)＜gi/sul＞ teknik; teknologi; pengetahuan teknik; keterampilan. ～적인 teknis. ～상 secara teknis. ～상의 어려움 kesulitan teknis. ～ 원조 bantuan teknis. ～자 ahli teknis; insinyur. ～ 혁신 pembaruan teknis.
기술(奇術)＜gi/sul＞ ☞ 요술.
기술(記述)＜gi/sul＞ uraian; gambaran; deskripsi. ～하다 menguraikan; menggambarkan; memerikan. ～적 deskriptif.
기술개발(技術開發)＜gi/sul/gae/bal＞

pengembangan teknis.

기술격차(技術隔差)＜gi/sul/gyeok/cha＞ kesenjangan teknologi.

기술도입(技術導入)＜gi/sul/do/ib＞ introduksi teknis.

기술이전(技術移轉)＜gi/sul/i/jeon＞ alih teknologi.

기술인력(技術人力)＜gi/sul/in/lyeok＞ tenaga teknis/terampil. 될 수 있는 대로 많은 ~을 양성하다 melatih tenaga kerja terampil sebanyak mungkin.

기술제휴(技術提携)＜gi/sul/je/hyu＞ kerjasama teknik.

기술집약산업(技術集約産業)＜gi/sul/jib/yak/san/eob＞ industri padat modal; industri berteknologi tinggi.

기술축적(技術蓄積)＜gi/sul/chuk/jeok＞ akumulasi teknologi.

기슭＜gi/seul＞ kaki/dasar; tepi.

기습(奇習)＜gi/seub＞ adat yang aneh.

기습(奇襲)＜gi/seub＞ serangan mendadak. ~하다 melancarkan serangan mendadak.

기승(氣勝)＜gi/seung＞ ~한 [스러운] tegar hati; tabah.

기승전결(起承轉結)＜gi/seung/jeon/gyeol＞ 『文學』empat tahap komposisi (pengenalan, pengembangan tema, konversi, dan penyimpulan.

기신호(旗信號)＜gi/sin/ho＞ sinyal bendera; semafur.

기실(其實)＜gi/sil＞ ~은 sebenarnya; kenyataannya; sesungguhnya.

기아(棄兒)＜gi/a＞ meninggalkan anak; anak terlantar.

기아(飢餓)＜gi/a＞ kelaparan. ~에 허덕이다 terdesak oleh kelaparan.

기악(器樂)＜gi/ak＞ musik instrumentalia.

기안(起案)＜gi/an＞ konsep. ~하다 membuat konsep.

기암괴석(奇岩怪石)＜gi/am/goe/seok＞ batu berbentuk aneh.

기압(氣壓)＜gi/ab＞ tekanan atmosfir/udara. ~계 barometer. ~골 lembang di antara tekanan atmosfir.

기약(期約)＜gi/yak＞ janji; sumpah. ~하다 berjanji; bersumpah.

기약분수(既約分數)＜gi/yak/bun/su＞ 『數』pecahan sederhana.

기어이(期於 -)＜gi/eo/i＞ dengan cara apapun; bagaimanapun.

기억(記憶)＜gi/eok＞ ingatan. ~하다 mengingat. ~할 만한 yang dapat diperingati; dapat dikenang. 내 ~으로는 sejauh saya dapat mengingat. 또렷이 ~하다 ingat dengan terang. ~에 새롭다 segar dalam ingatan. ~력 daya ingat. ~력이 좋다 [나쁘다] mempunyai ingatan yang baik [jelek]. ~법 seni mengingat. ~상실증(症) amnesia.

기업(企業)＜gi/eob＞ perusahaan; industri. ~의 합리화 rasionalisasi industri. ~화(化)하다 mengindustrialisasikan; mengkomersilkan. ~가 pengusaha; usahawan. ~농 pertanian yang berorientasi pasar. ~연합 kartel. ~진단 konsultasi manajemen. ~합동 trust. 부실 ~ perusahaan yang bangkrut.

기업공개(企業公開)＜gi/eob/gong/gae＞ penawaran saham untuk umum; go public. ~를 권장하다 mendorong (perusahaan) go public.

기업윤리(企業倫理)＜gi/eob/yul/ri＞ etika bisnis; etika perusahaan.

기여(其餘)＜gi/yeo＞ sisanya; yang lain.

기여(寄與)＜gi/yeo＞ sumbangan; iuran. ~하다 menyumbang; menyumbangkan.

기역(其亦)＜gi/yeok＞ ☞ 역시.

기연(奇緣)＜gi/yeon＞ takdir hubungan yang aneh.

기염(氣焰)＜gi/yeom＞ omongan besar. ~을 토하다 omong besar.

기예(氣銳)＜gi/ye＞ ~의 bersemangat; energik. 신진 ~의 muda dan bersemangat.

기온(氣溫)＜gi/on＞ suhu (atmosfer). ~의 변화 perubahan suhu.

기와＜gi/wa＞ genteng. ~가마 dapur pembakaran genteng. ~공장 pabrik genteng. ~지붕 atap gen-

teng.　~집 rumah beratap genteng.
기왕(既往)＜gi/wang＞ terlanjur.　~의 sudah terlanjur.
기외(其外)＜gi/oe＞ sisanya; selain.
기용(起用)＜gi/yong＞ pengangkatan; penunjukan.　~하다 mengangkat; menunjuk.
기우(杞憂)＜gi/u＞ kekhawatiran yang tidak berdasar/beralasan.
기우(奇遇)＜gi/u＞ pertemuan yang tak terduga.　~하다 bertemu secara tidak terduga.
기우(祈雨)＜gi/u＞ sembahyang minta hujan.　~하다 bersembahyang minta hujan.　~제 kebaktian untuk mendatangkan hujan.
기우듬하다＜gi/u/deum/hada＞ agak miring; condong.　왼쪽으로　~ agak miring kiri.
기우뚱거리다＜gi/u/thung/geo/ri/da＞ bergoyang dari sisi ke sisi.
기운＜gi/un＞　① kekuatan ; tenaga.　~이 나다 [줄다] mendapat [berkurang] kekuatan.　~내다 mengeluarkan kekuatan; mengerahkan tenaga.　~이 세다 kuat.　~이 빠지다 kehabisan tenaga.　② daya hidup; semangat; vitalitas; energi.　~찬 energetik.　~을 내다 membangkitkan semangat.　~을 북돋우다 menguatkan.　③ rasa; sentuhan.　감기 ~ rasa influensa.　술 ~이 있다 dibawah pengaruh minuman keras; rasa mabuk.　~이 돌다 bercorak merah.　(약 따위) ~이 빨리 퍼지다 berpengaruh segera.
기운(氣運)＜gi/un＞ kecenderungan.　…의 ~이 고조되다 menunjukkan kecenderungan kuat untuk (melakukan).
기운(機運)＜gi/un＞　① (운수) keberuntungan.　② (기회) kesempatan; peluang.
기울＜gi/ul＞ dedak.　~죽 tepung campuran.
기울다＜gi/ul/da＞　① (경사) miring; mencondong (ke).　② menurun; jatuh.　운(運)이 ~ peruntungannya turun; bintangnya turun.　③

(해.달이) tenggelam; menurun.　④ cenderung (untuk); condong (ke).　공산주의로 ~ berpihak kepada komunisme.
기울어뜨리다＜gi/ul/eo/teu/ri/da＞ memiringkan; menjatuhkan; menjungkirkan.
기울어지다＜gi/ul/eo/ji/da＞　① miring; condong.　한쪽 으로 ~ miring ke satu sisi.　② (해.달이) tenggelam.　③ (경향) cenderung; berpihak.
기울이다＜gi/ul/i/da＞　① miring; bengkok; menyendeng; berkiblat.　고개를 ~ memiringkan kepalanya.　술잔을 ~ minum minuman keras.　귀를 ~ mendengarkan.　② mencurahkan(tenaga,pikiran,perhatian); berkonsentrasi(untuk).　공부에 정력을 ~ berkonsentrasi pada pelajaran/sekolah.
기웃거리다＜gi/ut/geo/ri/da＞ mengintip; mengintai.
기웃하다＜gi/ut/hada＞ agak miring.
기원(技員)＜gi/won＞ ahli mesin pembantu; operator.
기원(祈願)＜gi/won＞ doa; permohonan.　~하다 berdoa; memohon.　~문 kalimat doa.
기원(紀元)＜gi/won＞ zaman; era.　~전 500년 500 B.C lima ratus tahun sebelum masehi (500 SM).　☞ 서기.신기원.
기원(起源)＜gi/won＞ asal-usul; permulaan; pangkal.　~하다 berasal (dari).
기율(紀律)＜gi/yul＞ ☞ 규율.
기음문자(記音文字)＜gi/eum/mun/ja＞ huruf-huruf fonetik.
기이(奇異)＜gi/i＞ ~한 aneh; ganjil.
기인(奇人)＜gi/in＞ orang aneh/eksentrik.
기인(起因)＜gi/in＞ ~하다 disebabkan oleh.
기인(基因)＜gi/in＞ sebab mendasar.　~하다 pada dasarnya disebabkan (oleh).
기일(忌日)＜gi/il＞ peringatan hari wafatnya (seseorang).

기일(期日)＜gi/il＞ tanggal yang sudah ditetapkan; batas waktu.　~을 지키다 menjaga batas waktu.

기입(記入)＜gi/ib＞ pengisian dalam buku; pembukuan.　~하다 mengisi dalam buku; membukukan.　장부에 ~하다 memasukkan kedalam buku kas.　~누락 tidak masuk buku.

기자(記者)＜gi/ja＞ wartawan.　~단 [클럽] korps [klub] wartawan.　~석 galeri pers.　~ 회견 konferensi pers.　~회견을 하다 menemui pers.　수습 ~ reporter muda.

기장＜gi/jang＞ 『植』 jawawut.

기장＜gi/jang＞ panjang ☞ 길이.

기장(記章)＜gi/jang＞ tanda jasa; lencana.

기장(記帳)＜gi/jang＞ ~하다 masuk pembukuan.

기장(機長)＜gi/jang＞ kapten (pesawat).

기재(奇才)＜gi/jae＞ orang jenius.

기재(記載)＜gi/jae＞ pencatatan.　~하다 mencatat.　~ 사항 item yang dicatat.　허위 ~ catatan palsu.

기재(器材.機材)＜gi/jae＞ peralatan dan bahan.

기저(基底)＜gi/jeo＞ dasar; fondasi.

기저귀＜gi/jeo/gwi＞ popok; bedong (bayi); gurita.　~를 채우다 mengenakan popok pada bayi; membedong.

기적(汽笛)＜gi/jeok＞ suara kereta api.

기적(奇蹟)＜gi/jeok＞ keajaiban; keanehan; keganjilan; mukjizat.　~적 (으로) (secara) ajaib/aneh/ganjil/ luar biasa.　~적으로 살아나다 lolos dari maut oleh keajaiban.

기전(起電)＜gi/jeon＞ pembangkitan listrik.　~기(機) elektro motor.　~력 daya elektro motor.

기절(氣絶)＜gi/jeol＞ pingsan.　~하 다 jatuh pingsan.

기점(起點)＜gi/ceom＞ titik mulai.

기점(基點)＜gi/ceom＞ titik kardinal.

기정(旣定)＜gi/jeong＞ ~의 yang telah ditetapkan; yang telah mapan.　~ 방침 program/rencana yang telah ditetapkan.　~ 사실 fakta yang mapan; fait accompli.

기제(忌祭)＜gi/je＞ kebaktian yang diadakan pada peringatan kematian.

기제(旣濟)＜gi/je＞ ~의 lunas; impas.

기조(基調)＜gi/jo＞ dasar pikiran; garis pokok; intisari/tema. …의 ~ 를 이루다 membuat garis-garis pokok.　~ 연설 pidato pokok/dasar/utama.　경제 ~ kondisi ekonomi dasar.

기존(旣存)＜gi/jon＞ ~의 yang ada.　~ 시설 fasilitas yang ada.

기종(氣腫)＜gi/jong＞ 『醫』 empisema.　폐(肺) ~ empisema paru-paru.

기준(基準)＜gi/jun＞ standar; dasar.　~의 (upah) dasar.　~ 가격 harga dasar.　~량 norma.　~ 시세 tarif dasar.　~점[선, 면] titik [garis, bidang] dasar.

기중(忌中)＜gi/jung＞ (dalam) berkabung.

기중기(起重機)＜gi/jung/gi＞ derek; dongkrak.

기증(寄贈)＜gi/jeung＞ pendermaan; pemberian sumbangan.　~하다 menyumbang; menghibahkan; berderma.　~자 penyumbang.　~품 barang sumbangan.

기지(基地)＜gi/ji＞ pangkalan.　~촌 kota perkemahan militer.　작전 ~ pangkalan operasi.　항공 ~ pangkalan udara.

기지개＜gi/ji/gae＞ geliat; kuliat.　~켜다 menggeliat.

기진(氣盡)＜gi/jin＞ ~ 맥진하다 lelah sekali.

기질(氣質)＜gi/jil＞ sifat; tabiat; perangai; watak.　학생 ~ semangat siswa.

기차(汽車)＜gi/cha＞ kereta api; sepur.　~로 dengan kereta api.　목포행 [발(發)] ~ kereta api ke [dari] Mokpo.　~를 타다 naik kereta api.　~에서 내리다 turun dari kereta api.　~를 놓치다 [시간에 대다] ketinggalan [mengejar] ke

reta api.　~시간표 jadwal kereta.
~ 운임 ongkos kereta api.　상행
[하행] ~ kereta yang ke [dari] ibu
kota.
기척 <gi/cheok> tanda; petunjuk.
기체(氣體) <gi/che> gas; uap.　~
의 bersifat gas.　~화하다 menjadi-
kan gas; menguapkan.　~연료 ba-
han bakar gas.
기체(機體) <gi/che> badan pesawat;
kerangka pesawat.
기초(起草) <gi/cho> konsep.　~하
다 membuat konsep; mengonsep.
~위원(회) panitia pembuat konsep.
~자 pembuat konsep.
기초(基礎) <gi/cho> dasar; landas-
an.　~부터 배우다 belajar dari
dasar.　~ 공사 kerja dasar.　~
공제 deduksi dasar.　~ 과목[학과]
pelajaran [mata ajaran] dasar.　~
산업 industri kunci.　~지식 penge-
tahuan dasar.　~훈련 latihan da-
sar.
기총(機銃) <gi/chong> senapan me-
sin.　~소사 penembakan dengan
senapan mesin.　~ 소사하다 mem-
berondong.
기축통화(基軸通貨) <gi/chuk/thong/
hwa> mata uang penting.
기치(旗幟) <gi/chi> bendera; panji.
~를 선명히 하다 menegaskan si-
kap.
기침 <gi/chim>　batuk.　~하다
(terserang) batuk. 잔 ~ batuk ri-
ngan.　~약 obat batuk.
기침(起枕) <gi/chim>　☞　기상(起
床).
기타(其他) <gi/tha>　yang lain; si-
sanya; dan sebagainya.
기타 <gi/tha> gitar.　~ 연주가 gi-
taris (pemain gitar).
기탁(寄託) <gi/thak> penitipan.　~
하다 menitipkan.　~자 orang yang
dititipi; penyimpan.　~ 증서 serti-
fikat penyimpan.
기탄(忌憚) <gi/than>　kebimbangan;
keragu-raguan.　~없는 tanpa ragu-
ragu.　~없이 dengan tanpa ragu-
ragu; dengan terus terang.

기통(氣筒) <gi/thong> silinder.　6~
엔진[차] mesin [mobil] 6 silinder.
기특(奇特) <gi/theuk>　~한 terpu-
ji.　~한　행동 perbuatan terpuji.
~한 마음씨 hati yang terpuji.
기틀 <gi/theul> titik kunci; pokok/
inti (masalah).
기펴다(氣 -) <gi/fyeo/da>　merasa
lega; hidup semangat.
기포(氣泡) <gi/fo> gelembung.
기포(氣胞) <gi/fo> 『動』kantung u-
dara.
기폭제(起爆劑) <gi/fok/je>　pemicu
(revolusi). 혁명의 ~가 되다 men-
jadi pemicu revolusi.
기표(記票) <gi/fyo>　pemungutan
suara.　~하다 memberi suara.　~
소 bilik pemberian suara.
기품(氣品) <gi/fum> gengsi.　~ 있
는 bergengsi.
기품(氣稟) <gi/fum>　sifat dan se-
mangat.
기풍(氣風) <gi/fung>　sifat; watak.
국민의 ~ sifat/watak suatu bangsa.
기피(忌避) <gi/fi> penolakan; peng-
elakkan;　penghindaran.　~하다
menghindar; menolak; mengelak.
~ 신청 mosi penolakan.　~ 인물
『外交』persona non grata.　~자
orang yang menghindar dari dinas.
기필(期必) <gi/fil>　~코 pasti.
기하(幾何) <gi/ha>　geometri; ilmu
ukur.　~학적(으로) (secara) geo-
metris.　~ 급수 deret ukur.　~학
자 ahli geometri. 평면[해석]　~
geometri bidang [analitis]
기하다(期 -) <gi/ha/da>　☞ 기대하
다 (약속하다)berjanji; (정하다) me-
netapkan.
기한(期限) <gi/han>　masa; jangka
waktu;　batas waktu.　~부의[로]
dengan batas waktu.　~이 지나다
habis　masa　berlaku.　~만료
kedaluarsa; habisnya masa berla-
ku. 지불 ~ waktu pembayaran.
기한(飢寒) <gi/han>　kelaparan dan
kedinginan.
기함(旗艦) <gi/ham> kapal bendera;
kapal komando.

기합(氣合)＜gi/hab＞ teriakan.　~을 넣다 berteriak kepada (seseorang). ~술 seni hipnotis dengan teriakan/daya kemauan.

기행(奇行)＜gi/haeng＞ tingkah laku/kelakuan aneh.

기행(紀行)＜gi/haeng＞ catatan perjalanan.　~문 uraian perjalanan.

기형(畸形)＜gi/hyeong＞ cacat rupa. ~의 cacat rupa.　~아 anak yang cacat rupa.

기호(記號)＜gi/ho＞ tanda; lambang; kode; simbol.　~를 붙이다 menandai.

기호(嗜好)＜gi/ho＞ selera.　~에 맞다 sesuai/cocok dengan selera.　~품 barang-barang kesukaan.

기혼(旣婚)＜gi/hon＞　~의 sudah menikah.　~자 orang yang sudah menikah.

기화(奇貨)＜gi/hwa＞　~로 하여 mengambil keuntungan (dari).

기화(氣化)＜gi/hwa＞ penguapan. ~하다 menguap.　~기 alat/mesin penguap.　~폭탄 bom peledak bahan bakar gas.

기회(機會)＜gi/hoe＞ kesempatan; peluang. 절호의 ~ peluang emas. ~ 균등 주의 prinsip kesempatan sama.　~주의 oportunisme.　~주의자 oportunis.

기획(企劃)＜gi/hoek＞ perencanaan; proyek; rancangan pekerjaan.　~하다 membuat rencana; merancang. ~ 관리 perencanaan dan manajemen.　~ 관리실 bagian perencanaan dan manajemen.　~부 bagian perencanaan.　~ 조정실 kantor perencanaan dan kordinasi.

기후(氣候)＜gi/hu＞ iklim; cuaca. 온화한 [해양성, 대륙성] ~ iklim sedang [bahari, benua].

긴급(緊急)＜gin/geub＞ darurat.　~한 mendesak; urgen.　~ 동의 gerakan yang mendesak.　~ 명령 perintah darurat.　~ 사태 keadaan darurat.　~ 조치 tindakan darurat.

긴맛＜gin/mat＞『貝』cangkang remis.

긴밀(緊密)＜gin/mil＞　~한 akrab.

긴박(緊迫)＜gin/bak＞ ketegangan; kegentingan.　~한 정세 situasi tegang.　~한 국제관계 hubungan internasional yang tegang.

긴요(緊要)＜gin/yo＞　~한 sangat penting.

긴장(緊張)＜gin/jang＞ ketegangan. ~하다 tegang; genting.　~한 tegang; genting.　~상태 situasi tegang.

긴축(緊縮)＜gin/chuk＞ ekonomi ketat; pengurangan; penyusutan.　~하다 menghemat; mengurangi; menyusuti.　~생활 hidup yang hemat. ~ 예산 [재정] anggaran ketat; anggaran yang dikurangi.　~ 정책(政策) kebijakan uang ketat.

긴축경영(緊縮經營)＜gin/chuk/gyeong/yeong＞ pengelolaan hemat anggaran.

긴하다(緊 -)＜gin/hada＞ kebutuhan yang penting.

긷다＜git/da＞ mengisap; memompa. 우물물을 ~ mengisap air dari sumur.

길＜gil＞ depa

길＜gil＞ ① (윤) pemolesan; pengilapan. ② (숙련) ketrampilan. ③ (짐승 등의) kejinakan; penjinakan.

길＜gil＞ ① jalan. 가는 ~에 dalam perjalanan.　~을 잃다 kesasar.　~을 잘못 들다 ambil jalan salah.　~을 묻다[가르쳐주다] menanyakan [menunjukan] jalan.　~을 양보하다[터주다] memberi jalan.　~을 막다 menghalangi jalan; mendepang. ② (여정(旅程)) perjalanan. ③ (방법) cara; jalan. 피할 ~ cara melarikan diri. ④ (도덕) prinsip moral.

길＜gil＞ kelas; tingkat. 웃~ tingkat yang lebih tinggi.

길가＜gil/ka＞ pinggir jalan; tepi jalan.

길거리＜gil/keo/ri＞ jalan.　~를 쏘다니다 berkeliaran dijalan.

길길이＜gil/gi/ri＞ ① tinggi.　~쌓다 menumpuk tinggi. ② sangat;

amat. 성이나서 ~ 뛰다 sangat marah.

길년(吉年)<gil/nyeon> tahun baik.

길눈<gil/nun> rasa. ~이 밝다[어둡다]) mempunyai rasa arah yang baik [buruk].

길다<gil/da> panjang.

길드<gil/deu> serikat kerja. ~ 사회주의 sosialisme serikat kerja.

길들다<gil/deul/da> ① (동물이) menjadi jinak. ② (윤나다) mengkilap. ③ (익숙) terbiasa.

길들이다<gil/deu/ri/da> ① (동물을) menjinakkan. ② (윤나게) membuat mengkilap. ③ (익숙하게) membiasakan.

길래<gil/lae> lama.

길목<gil/mok> ① (길모퉁이) sudut jalan. ② (요소) posisi penting; titik kunci.

길몽(吉夢)<gil/mong> mimpi baik.

길보(吉報)<gil/bo> kabar baik.

길손<gil/son> pelancong.

길운(吉運)<gil/un> keberuntungan.

길이<gi/ri> panjang. 무릎 ~의 panjang sampai lutut. ~가 2미터이다 dua meter panjangnya.

길이<gi/ri> lama; selamanya; abadi.

길일(吉日)<gil/il> hari mujur.

길조(吉兆)<gil/co> pertanda baik.

길짐승<gil/jim/seung> binatang merayap.

길쭉길쭉<gil/cuk/gil/cuk> ~한 kepanjang-panjangan.

길하다(吉 -)<gil/hada> mujur; beruntung.

길흉(吉凶)<gil/hyung> nasib baik atau buruk; peruntungan. ~을 점치다 meramalkan nasib orang.

김<gim> *gim* (sejenis rumput laut). ~ 양식 budidaya *gim*.

김<gim> uap. ~ 빠진 hambar. ~내다[나다] beruap.

김<gim> gulma. ~매다 menyiangi gulma.

김<gim> ① kesempatan. ...하는 ~에 ketika; selagi. 온 ~에 ketika saya ke sini 생각난 ~에 selagi saya teringat hal itu. ② pengaruh. 홧 ~에 dalam pengaruh kemarahan. 술 ~에 di bawah pengaruh minuman.

김장<gim/jang> sayuran yang diacarkan (untuk musim dingin). ~하다 mengasamkan (mengacar) sayuran untuk musim dingin.

김치<gim/chi> sayuran yang diasamkan/acar; *gimchi*.

깁<gib> kain sutera yang agak kasar.

깁다<gib/ta> menjahit. 옷을 ~ menambal baju. 해진 곳을 ~ menjahit sobekan.

깁스<gib/seu> 『醫』 gips. ~를 하다 memakai gips.

깃<git> krah baju; leher baju. 세운 [접은] ~ krah yang tegak [rebah]. (외투) ~을 세우다 menegakkan krah.

깃<git> ① bulu. ~이 난[달린] berbulu. ~솔 sikat bulu. ~펜 pena bulu. ② (살깃) bulu (anak panah).

깃<git> jerami alas kandang kuda. ~주다 membuat alas kandang dengan jerami.

깃대(旗 -)<git/tae> tiang bendera.

깃들이다<git/deul/i/da> (membuat) sarang; sangkar.

깃발(旗 -)<git/pal> bendera; panji.

깊다<gif/ta> ① (깊이가) dalam. ② (빽빽) tebal; lebat. ③ (정도가) dalam ; kuat; (관계가) akrab. ④ (생각이) mendalam. ⑤ (잠이) nyenyak. ⑥ (밤이) larut.

깊숙하다<gif/suk/hada> dalam.

깊이<gi/fi> kedalaman. ~ 6피트(이다) dalam enam kali. ~를 재다 menjajaki kedalaman.

까놓다<ka/not/tha> membuka hati; terus terang.

까다<ka/da> mengatakan; menceritakan. 뻥을 ~ mengatakan kebohongan.

까다<ka/da> ① (껍질을) mengupas; mengobak; menguliti. ② menetaskan; mengeramkan. 병아리

를 ～ menetaskan anak ayam.
까다＜ka/da＞ (비관) mengutuk.
까다＜ka/da＞ (제하다) memotong.
까다롭다＜ka/da/rob/tha＞ ① (성미가) terlalu berpilih-pilih; tidak mudah puas; rewel. ② (일.문제가) sulit; rumit; sukar; susah.
까닥거리다＜ka/dak/geo/ri/da＞ mengangguk.
까닭＜ka/dak＞ alasan; karena; lantaran; musabab. 무슨 ～으로 mengapa. ～없이 tanpa ada alasan. 무슨 ～인지 untuk suatu alasan atau yang lainnya. ～이 있어 untuk alasan tertentu.
까딱＜ka/tak＞ ～하면 nyaris. ～하면 자동차에 칠 뻔했다 Saya nyaris tergilas mobil.
까마귀＜ka/ma/gwi＞ 『鳥』 burung gagak; gaok; sambangan.
까마아득하다＜ka/ma/a/deuk/hada＞ jauh sekali.
까막눈이＜ka/mak/nun/i＞ orang buta huruf.
까맣다＜ka/mat/tha＞ ① (멀다) jauh. ② (빛깔이) hitam pekat.
까먹다＜ka/meok/ta＞ ① (까서 먹다) mengupas (kulit) dan makan. ② (밑천을) memboroskan/membuang-buang (waktu/uang). ③ (잊다) melupakan.
까무러치다＜ka/mu/reo/chi/da＞ pingsan. 놀라서 ～ pingsan karena kaget.
까발리다＜ka/bal/li/da＞ membuka; membeberkan.
까부르다＜ka/bu/reu/da＞ menampi; mengirai.
까불다＜ka/bul/da＞ ① (행동) membanyol. ② (물건을) menampi.
까불이＜ka/bu/ri＞ anak yang suka membanyol.
까지＜ka/ji＞ ① sampai; hingga. 아침 부터 저녁 ～ dari pagi sampai malam. 다음달 ～ sampai bulan depan. 그때 ～ sampai saat itu. 칠십～ 살다 hidup sampai umur tujuh puluh tahun. ② sejauh; sehingga. 서울～ pergi sampai/sejauh

Seoul. 제 5장～ 읽다 membaca sampai bab lima. ③ sampai-sampai. 빚 ～ 지다 sampai-sampai membuat utang. 도둑질 ～하다 sampai-sampai mencuri.
까치＜ka/chi＞ 『鳥』 burung beo. ～ 설날 malam tahun baru.
깍듯하다＜kak/deut/hada＞ sopan.
깍정이＜kak/jeong/i＞ orang pelit; kikir.
깍지＜kak/ci＞ kulit.
깎다＜kak/ta＞ ① (값을) memotong; meng(k)orting(harga). ② memotong; memangkas. 머리를 짧게 ～ memotong pendek rambut. ③ mengupas; menguliti; menajamkan. 사과[배]를 ～ mengupas apel [pir]. ④ (삭감) mengurangi/memotong(anggaran).
깐깐하다＜kan/kan/hada＞ ① (성질이) terlalu berpilih-pilih; tidak mudah puas; rewel. ② (차지다) rewel dan kaku.
깐보다＜kan/bo/da＞ menduga hati.
깔개＜kal/gae＞ sufrah; lambaran.
깔깔＜kal/kal＞ ～ 웃다 [대다] tertawa keras.
깔깔하다＜kal/kal/hada＞ ① (마음이) bersih dan suci. ② (감촉이) kasar.
깔끔하다＜kal/keum/hada＞ rapi dan bersih; apik dan teratur. 옷 맵시가 ～ berpakaian rapi.
깔다＜kal/da＞ ① membentangkan. 요를 ～ membentangkan selimut. 자갈을 ～ menyebarkan kerikil. ② (깔고 앉다) menduduki; menindas. ③ (돈상품을) meminjam-minjamkan.
깔때기＜kal/tae/gi＞ corong.
깔리다＜kal/li/da＞ ① terbentang. ② (밑에) tertindih; diduduki.
깔보다＜kal/bo/da＞ memandang rendah kepada.
깜깜하다＜kam/kam/hada＞ gelap katup.
깜박거리다＜kam/bak/geo/ri/da＞ berkelap-kelip; berkedap-kedip.
깜박이다＜kam/bak/i/da＞ ☞ 깜박거

리다.
깜빡＜kam/pak＞ sesaat. ～ 잊다 lupa untuk sesaat.
깜짝＜kam/cak＞ ～ 놀라다 heran; terkejut; terperanjat. 아이구 ～이야！ Astagafirullah！; Astaga！.
깜찍스럽다＜kam/cik/seu/reob/da＞ mungil.
깜찍하다＜kam/cik/hada＞ ☞ 깜찍스럽다.
깡그리＜kang/geu/ri＞ semua; keseluruhan.
깡통＜kang/thong＞ kaleng kosong; kaleng. ～ 따개 pembuka kaleng.
깡패＜kang/fae＞ perusuh; bajingan. ～의 세계 dunia bajingan.
깨＜kae＞ ① wijen. ☞ 참깨, 들깨. ② biji wijen. ～ 소금 wijen goreng/sangrai.
깨끗이＜kae/keu/chi＞ ① dengan bersih/rapi. ～하다 membersihkan/merapikan. ② (dengan) bersih; (dengan) baik. ～지다 dihapus dengan baik. ～살다 menjalani kehidupan yang jujur. ③ bersih; seluruhnya. 빚을 ～갚다 membayar utang seluruhnya.
깨끗하다＜kae/keut/hada＞ ① (청결함) bersih; murni. ② (결백) suci; bersih; tidak berdosa. ③ (심신이) baik; segar.
깨나다＜kae/na/da＞ kembali sadar.
깨다＜kae/da＞ ① jaga/bangun; mendusin; sadar. 잠이 ～ bangun dari tidurnya. ② (술이) sadar (dari mabuk). ③ (각성) membuka mata; sadar. ④ ☞ 깨우다.
깨다＜kae/da＞ ① memecah; menghancurkan. 그릇[침묵]을 ～ memecahkan piring [kesunyian]. ② memutuskan; merusak; menggagalkan. 혼담을 ～ memutuskan tali perkawinan. 흥을 ～ merusak kegembiraan.
깨다＜kae/da＞ menetaskan; memecahkan.
깨닫다＜kae/dat/ta＞ menginsyafi; menyadari. 진리를 ～ melihat kebenaran. 제 잘못을 ～ menyadari kesalahan. 위험을 ～ menyadari bahaya. 제 결점을 ～ menyadari kekurangannya.
깨뜨리다＜kae/teu/ri/da＞ pecah. ☞ 깨다.
깨물다＜kae/mul/da＞ menggigit; mengunyah.
깨알＜kae/al＞ biji wijen. ～ 같은 글씨로 (menulis) dalam huruf-huruf mikro.
깨우다＜kae/u/da＞ membangunkan.
깨우치다＜kae/u/chi/da＞ terjaga; sadar.
깨지다＜kae/ji/da＞ ① pecah; rusak; potong; belah; retak. ② (일이) gagal; putus. ③ (흥 따위) dirusak(kegembiraan). ④ (상처나다) luka.
깨치다＜kae/chi/da＞ menguasai; memahami; mengerti. 한글을 ～ menguasai bahasa Korea.
깩＜kaek＞ ～ 소리치다 berteriak.
깽깽＜kaeng/kaeng＞ ～울다 menyalak; menggonggong.
꺼내다＜keo/nae/da＞ ① mengeluarkan. 주머니에서 …을 ～ mengeluarkan dari saku. ② mengemukakan. 문제를 ～ mengutarakan masalah.
꺼덕꺼덕＜keo/deok/keo/deok＞ ～하다 kering; lembab.
꺼리다＜keo/ri/da＞ ① tidak suka; tabu. ② menghindar; mengelakkan. 남의 눈을 ～ takut dilihat/ketahuan. ③ (주저) ragu-ragu; bimbang.
꺼림(칙)하다＜keo/rim/(chik)/hada＞ keki; ketidakrelaan; udang dalam tangguk.
꺼멓다＜keo/meot/tha＞ hitam gelap.
꺼지다＜keo/ji/da＞ ① (불이) mati; tidak menyala; sirap. ② (거품이) memecah (buih). ③ tenggelam; memecah. 얼음이 ～ es memecah.
꺼풀＜keo/ful＞ kulit; mantel; gelang. 눈～ kelopak mata.
꺽다리＜keok/da/ri＞ orang tinggi.
꺽다＜keok/da＞ ① memetik; mematahkan; menggontes; menggen-

tas. 꽃을~ memetik bunga. 붓을
~ berhenti menulis. 나뭇가지를~
mematahkan cabang. ② (접다)
melipat. ③ memutar. 차의핸들을
~ memutar kemudi. ④ meme-
cahkan; menghancurkan; mematah-
kan. 사기를~ mematahkan sema-
ngat. ⑤ (고집을) menundukkan.
⑥ mengalahkan. 상대방을~
mengalahkan seseorang.
꺾쇠＜keok/soe＞ paku siku; klam.
꺾어지다＜keo/keo/ji/da＞ pecah;
rusak; terkepak; terlipat.
꺾이다＜keo/ki/da＞ ① (부러지다)
pecah. ② (접히다) berlipat; ter-
lipat. ③ (방향이) membengkok;
membelok. ④ tunduk (pada). 금
력에~ tunduk pada uang.
껄껄＜keol/keol＞ ~웃다 tertawa
keras.
껄껄하다＜keol/keol/hada＞ kasar;
kesat; bangkar.
껄끄럽다＜keol/keu/reob/ta＞ kasar.
껌＜keom＞ permen karet. ~을 씹
다 mengunyah permen karet.
껌껌하다＜keom/keom/hada＞ gelap
gulita; gelap pekat; kelam (hati).
껍데기＜keob/te/gi＞ kulit; selu-
bung. ☞ 껍질.
껍질＜keob/jil＞ kulit. 바나나~
kulit pisang. ~을벗기다 menguliti;
mengupas.
…껏＜keot＞ se…mungkin. 힘~
semampu mungkin. 성의~ dengan
setulusnya. 양~ 먹다 makan se-
kenyang mungkin.
껑충＜keong/chung＞ selompatan.
께＜ke＞ (에게) ke; kepada; untuk;
oleh. 아버님~온 편지 surat untuk
ayah saya.
…께＜ke＞ kira-kira; menjelang;
dekat; sekitar. 그믐~ menjelang
akhir bulan. 정거장~ dekat sta-
siun.
께죽거리다＜ke/juk/geo/ri/da＞ me-
ngeluh; menggerutu.
껴안다＜kyeo/an/da＞ berpelukan.
꼭~ memeluk dengan kencang.
껴입다＜kyeo/ib/da＞ merangkap ba-

ju.
꼬다＜ko/da＞ ① menjalin; mengi-
kal; mengepang; mengganti ;
memulas; memilin. 새끼를~ men-
jalin tambang jerami. ② (몸을)
menggeliat.
꼬들꼬들＜ko/deul/ko/deul＞ ~한
kering dan keras; direbus keras.
꼬락서니＜ko/rak/seo/ni＞ ☞ 꼴.
꼬리＜ko/ri＞ ekor; buntut. ~를
물고(잇달아) satu demi satu. ~
(를) 치다 mengibaskan ekor. ~가
잡히다 memberi petunjuk (kepada
polisi); terlacak.
꼬리표(-票)＜ko/ri/fyo＞ etiket; la-
bel. ~를 달다 memasang etiket.
꼬마＜ko/ma＞ anak lelaki; kanak-
kanak; anak kecil. ~자동차 mobil
mini. ~전구 bola lampu miniatur;
lampu kecil.
꼬바기,꼬박＜ko/ba/gi, ko/bak＞ ke-
seluruhan; sepenuhnya. ~이틀
dua hari penuh. ~뜬눈으로 밤을
째우다 tidak tidur sekejappun se-
panjang malam.
꼬박꼬박＜ko/bak/ko/bak＞ tanpa
kegagalan; tanpa kelalaian. 세금을
~ 내다 membayar pajak secara
teratur.
꼬부라지다＜ko/bu/ra/ji/da＞ beng-
kok; bungkuk. 늙어 허리가~
bungkuk karena semakin tua.
꼬부랑하다＜ko/bu/rang/hada＞ ber-
belok-belok.
꼬부리다＜ko/bu/ri/da＞ membung-
kuk.
꼬불꼬불＜ko/bul/ko/bul＞ ~한
berbelit-belit; banyak seluk beluk.
꼬이다＜ko/i/da＞ ① (실.끈 등이)
melilit; terjerat; terbelit. ② (일이)
mengalami kemunduran/ kemerosot-
an; salah langkah. ③ (마음이)
menjadi tidak jujur/bengkok.
꼬장꼬장하다＜ko/jang/ko/jang/ha-
da＞ sifat yang tegas.
꼬집다＜ko/jib/ta＞ ① (살을) mem-
beri cubitan; mencubit. ② (비꼼)
menyindir; membuat ucapan sinis.
꼬챙이＜ko/chaeng/i＞ tusuk; cocok.

~에 꿰다 menusuk; mencocok.
꼬치＜ko/chi＞　① sate.　② ☞ 꼬챙이.
꼬치꼬치＜ko/chi/ko/chi＞　~마르다 kurus kering.　~캐묻다 bertanya melit-melit.
꼬투리＜ko/thu/ri＞　① (깍지) kulit biji; polong; seludang.　② (꽁초) puntung rokok.　③ (발단) asal mu-asal; pokok pangkal; penyebab.
꼭＜kok＞　① kencang; rapat.　문을~닫다 menutup rapat pintu; menutup pintu rapat-rapat..　~쥐다 memegang erat.　② pas.　~끼는 모자 topi yang pas.　③ tepat; pas.　~맞는 뚜껑 tutup yang kencang. (옷 등이)~맞다 pas sekali (pakaian dan sebagainya)　.　④ (dengan) tepat; persis.　~세 시간 tepat tiga jam.　~같다 persis sama (saja); sembabat　.　⑤ pasti; tentu; mesti.　~출석하다 hadir tanpa alpa.　~하다 yakin.　⑥ (흡사) persis seperti; seolah-olah.　☞ 마치.
꼭꼭＜kok/kok＞　☞ 꼭 ①.　~묶다 mengikat dengan kencang; mengikat erat-erat.
꼭대기＜kok/dae/gi＞ puncak.
꼭두각시＜kok/du/gak/si＞ wayang; boneka.
꼭두새벽＜kok/du/sae/byeok＞ terbit fajar.　~에 pada waktu terbit fajar.
꼭두서니＜kok/du/seo/ni＞　『植』 rumput benggala.
꼭뒤지르다＜kok/dwi/ji/reu/da＞ mencegah.
꼭지＜kok/ci＞　① kran.　수도 ~를 틀다[잠그다] membuka [menutup] kran air.　② (뚜껑의) tombol　③ (식물의) batang; gagang; tangkai.
꼲다＜kon/tha＞ memberi nilai.
꼴＜kol＞ bentuk; penampilan; keadaan; kondisi.　~사나운 ceroboh; gegabah.　세모~ bentuk segitiga.
꼴＜kol＞ hijauan (makanan ternak); pakan.
...꼴＜kol＞ pada tingkat (harga).
꼴깍꼴깍＜kol/kak/kol/kak＞ ceguk-

ceguk.
꼴뚜기＜kol/tu/gi＞　『動』 gurita; ikan mangsi.
꼴불견(- 不見)＜kol/bul/gyeon＞　~이다 gegabah; ceroboh.
꼴찌＜kol/ci＞ yang terakhir; paling buncit.　~에서 둘째 yang kedua dari terakhir.　~이다 yang paling akhir.
꼼꼼하다＜kom/kom/hada＞ teliti; rapi; cermat; sempurna.
꼼짝＜kom/cak＞　~도 않다 tetap tidak bergerak; tidak bergerak seincipun.　~못하다 tidak dapat bergerak sama sekali; tidak goyah sedikitpun; dikuasai.　~못하게 하다 mendebatjatuhkan; mengekang.
꼽다＜kob/ta＞ menghitung (dengan jari).　날짜를~ menghitung hari-hari.
꼽재기＜kob/jae/gi＞　① (때) kotoran; selekeh.　② (작은 사물) sedikit; remeh.
꼽추＜kob/chu＞　☞ 곱사등이.
꼿꼿하다＜kot/kot/hada＞ tegak; lurus; kejur.
꽁무니＜kong/mu/ni＞ bagian belakang; pantat; ekor.　~빼다 mencoba lari; cabut ekor.　여자 ~를 따라다니다 membayangi seorang wanita; menguntit seorang wanita.
꽁지＜kong/ji＞ ekor.
꽁초(- 草)＜kong/cho＞ puntung rokok.
꽁치＜kong/chi＞　『漁』 sejenis ikan air tawar.
꽁하다＜kong/hada＞ introvet dan berpikiran sempit.
꽂다＜kot/ta＞ menancapkan; memancang; menempelkan; menyisipkan; menusuk; mencocok; mencoblos.　장식핀을 머리에~ menyisipkan peniti pada rambut.　병에 꽃을 ~ menancapkan bunga di vas; menaruh bunga di vas.
꽂을대＜kot/eul/tae＞ tongkat pembersih.
꽂히다＜kot/chi/da＞ terpancang; tertancap; ditancapkan; disisipkan.

꽃<kot> ① bunga; puspa; kembang; kesuma. ~의 tentang bunga. ~다운 seperti bunga. ~파는 아가씨 gadis penjual bunga. ~피다 mekar; berkembang. ~가루 tepung sari. ~가지 tangkai berbunga. ~구경 tamasya bunga. ~나무 pohon yang berbunga. ~놀이 wisata bunga. ~다발 seikat bunga; bunga rampai; karangan bunga. ~동산 kebun bunga. ~무늬[시계] pola [jam] bunga. ~받침 kelopak bunga. ~봉오리 tunas bunga; kuntum; kuncup. ~송이 bunga mawar. ~재배 budidaya bunga. ~꽃을 따지 마시오. Dilarang memetik bunga ② (미인.명물) bunga; kebanggaan.

꽃꽂이<kot/kot/chi> merangkai bunga; tata puspa. ~회 perkumpulan merangkai bunga.

꽃밭<kot/bath> kebun bunga.

꽃병<kot/pyeong> vas (bunga); jambangan.

꽃샘<kot/saem> masa dingin tiba-tiba dalam musim bunga; dingin musim semi.

꽃술<kot/sul> benang sari.

꽃식물(- 植物)<kot/sik/mul> ☞ 현화식물.

꽃잎<kot/nif> daun bunga; petal.

꽈리<kwa/ri> 『植』 ceri tanah.

꽉<kwak> ① ☞ 꼭. ② dengan ketat; dengan rapat; dengan padat; dengan penuh. ~차다 dipaksa sampai penuh; dijejali; berjejal-jejal; gembung. ③ ☞ 꾹.

꽐꽐<kwal/kwal> mendesau.

꽝<kwang> berdebam. 문을 ~닫다 membanting pintu.

꽤<kwae> cukup; cukup baik. ~잘 하다 melakukan cukup baik. ~좋다 [힘들다] cukup baik [keras].

꽥<kwaek> ~지르다 berteriak.

꾀<koe> akal; akal-akalan; trik; muslihat. ~많은 사람 orang yang panjang akal. ~부리다 memakai akal-akalan/muslihat. ~에 넘어가다 terperangkap. ~쓰다 memakai tipuan.

꾀꼬리<koe/ko/ri> 『鳥』 burung bulbul Korea.

꾀다<koe/da> mengerumun; berkerumun.

꾀다<koe/da> menggoda; memperdayakan. 여자를~ menggoda wanita.

꾀병(- 病)<koe/byeong> sakit pura-pura. ~부리다 berpura-pura sakit.

꾀보<koe/bo> orang yang penuh tipu muslihat.

꾀이다<koe/i/da> tergoda; terpikat; terpancing; digoda.

꾀잠<koe/jam> tidur pura-pura. ~자다 pura-pura tertidur.

꾀죄(죄)하다<koe/joe/(joe)/hada> acak-acakan; kotor; gembel.

꾀하다<koe/hada> ① merancang; mencoba; merencanakan; berkomplot. 반란을~ berkomplot untuk memberontak. ② mencari; bermaksud. 사리를~ mencari kepentingan sendiri.

꾐<koem> godaan. ~에 빠지다 jatuh kedalam godaan.

꾸다<kuda> impian; mimpi. ☞ 꿈 꾸다.

꾸다<ku/da> meminjam.

꾸들꾸들<ku/deul/ku/deul> ~한 kering dan keras.

…꾸러기<ku/reo/gi> orang yang berlebihan dalam…. 장난~ orang yang nakal; anak bandel.

꾸러미<ku/reo/mi> bungkusan; pak; bal; paket; buntel.

꾸리다<ku/ri/da> ① membungkus; mengemasi; membenahi. 짐을 다시 ~ mengemasi kembali barang-barang. ② berbenah; berkemas-kemas; bersiap sedia.

꾸무럭거리다<ku/mu/reok/geo/ri/da> berlengah-lengah; onyak-anyik; mengeluyur; membuang-buang waktu.

꾸물거리다<ku/mul/geo/ri/da> ☞ 꾸무럭거리다.

꾸미다<ku/mi/da> ① menghiasi;

mendandani; mendekor. 얼굴을 곱게 ~ berdandan; bersolek. ② (가장) berpura-pura. ③ (조작) membuat-buat; mengarang-ngarang; merancang. ④ membentuk; mengorganisir; mendirikan. 가정을 ~ mendirikan rumah tangga. 정원을 ~ menata kebun. ⑤ membuat. (계약서를)두 통~ membuat kontrak dalam duplikat .

꾸밈 <ku/mim> ~없는 sederhana; naif; lugu; sewajarnya.

꾸벅거리다 <ku/beok/geo/ri/da> mengangguk-angguk.

꾸벅이다 <ku/beo/gi/da> ☞ 꾸벅거리다.

꾸부러뜨리다 <ku/bu/reo/teu/ri/da> ☞ 구부러뜨리다.

꾸준하다 <ku/jun/hada> tekun.

꾸지람 <ku/ji/ram> teguran. ~하다 menegur. ~듣다 ditegur.

꾸짖다 <ku/jit/ta> menegur; memarahi; menjewer. 되게[가볍게]~ menegur dengan keras [ringan].

꿀 <kul> madu; manisan lebah.

꿀꿀 <kul/kul> ~거리다 menguik.

꿀떡 <kul/teok> ~삼키다 meneguk sekaligus.

꿀물 <kul/mul> air madu.

꿀벌 <kul/beol> tawon madu.

꿇다 <kul/tha> berlutut. …앞에 무릎을~ menekuk lutut dihadapan…

꿇어앉다 <kul/eo/an/tha> duduk di atas lutut; bersimpuh.

꿈 <kum> impian; khayalan; bayangan; rasian. 들어맞는[개] ~ impian nyata [remeh]. 불길한~ mimpi buruk. ~의 세계 dunia impian. ~같은 seperti mimpi. 젊은 시절의~ khayalan romantis masa muda. ~에서 깨어나다 sadar dari mimpi. ~자리 가 좋다[사납다] bermimpi bagus [buruk]. …을 ~에 보다 memimpikan (seseorang); mengkhayalkan.

꿈결 <kum/kyeol> ~같은 seperti mimpi. ~같이 bagaikan mimpi.

꿈꾸다 <kum/ku/da> ① (잠을 자면서) bermimpi. ② memimpikan. 미래의 작가를~ memimpikan jadi pengarang.

꿈실거리다 <kum/sil/geo/ri/da> merayap.

꿈지럭거리다 <kum/ji/reok/geo/ri/da> bergerak dengan lamban.

꿈쩍없다 <kum/ceok/eob/ta> tetap tidak bergerak; tidak gentar; tetap tegar.

꿈틀거리다 <kum/theul/geo/ri/da> ☞ 굼틀거리다.

�꿋꿋하다 <kut/kut/hada> tegar; kuat; kaku; lurus; tegak.

꿍꿍 <kung/kung> ~앓다 mengerang

꿍꿍이셈,꿍꿍이속 <kung/kung/i/sem, kung/kung/i/sok> maksud tersembunyi. ~이 있다 ada rencana tersembunyi dalam pikiran.

꿩 <kwong> 『鳥』 burung merak.

꿰다 <kwe/da> meloloskan benda lewat. 바늘에 실을~ meloloskan benang lewat jarum.

꿰뚫다 <kwe/tul/tha> ① (관통하다) menembus; menerobos; mendobrak; meresap. ② (정통) berpengalaman dalam.

꿰뜨리다 <kwe/teu/ri/da> pecah.

꿰매다 <kwe/mae/da> ① menjahit. 해진[터진] 데를~ menjahit yang sobek; menisik. 상처를 두 바늘~ membuat dua jahitan pada luka. ② (깁다) menambal.

꿰미 <kwe/mi> tali; senar.

뀌다 <kwi/da> kentut.

끄나풀 <keu/na/ful> ① (끈) (seutas) tali. ② (앞잡이) kaki tangan; alat.

끄다 <keu/da> ① meniup padam; memadamkan. 불을 ~ memadamkan api. 촛불을 ~ meniup padam lilin. ② mematikan. 엔진을 ~ mematikan mesin

끄덕거리다 <keu/deok/geo/ri/da> mengangguk.

끄덕이다 <keu/deo/gi/da> ☞ 끄덕거리다.

끄덩이 <keu/deong/i> (머리) ~를 잡다 menjambak.

끄떡 <keu/teok> ~없[않]다 tidak bergerak seincipun.

끄르다 <keu/reu/da> membuka (simpul/ikatan); menghorak; menguraikan; melonggarkan. 단추를 ~ membuka kancing.

끄르륵거리다 <keu/reu/reuk/geo/ri/da> bersendawa.

끄무러지다 <keu/mu/reo/ji/da> menjadi mendung.

끄무레하다 <keu/mu/re/hada> berawan; mendung.

끄물거리다 <keu/mul/geo/ri/da> menjadi cerah dan mendung; tidak tentu/berubah-ubah.

끄물끄물 <keu/mul/keu/mul> ~한 tidak diam; lincah.

끄집다 <keu/jib/da> mengambil.

끄집어내다 <keu/jib/eo/nae/da> membetot; mengungkit; mengegoli; mengeluarkan.

끄트러기 <keu/theu/reo/gi> pecahan.

끄트머리 <keu/theu/meo/ri> ① (맨끝) ujung. ② (실마리) petunjuk.

끈 <keun> tali; benang; tambang.

끈기(- 氣) <keun/gi> kekentalan; viskositas.

끈끈이 <keun/keun/i> perekat burung; pulut; getah.

끈끈하다 <keun/keun/hada> ① (끈적임) lengket. ② (검질김) liat.

끈덕지다, 끈질기다 <keun/deok/ji/da, keun/jil/gi/da> liat; alot.

끈적거리다 <keun/jeok/geo/ri/da> lengket; lekat.

끈적끈적 <keun/jeok/keun/jeok> ~한 lengket; berlekat; bergetah.

끈적이다 <keun/jeok/i/da> ☞ 끈적거리다.

끊다 <keun/tha> ① (자르다) memotong; mengerat ② (중단.차단) menghentikan. ③ memutuskan. 교제(交際)를~ memutuskan persahabatan. ④ berhenti; mengharamkan. 술을~ berhenti minum. ⑤ (목숨을) bunuh diri. ⑥ (사다) membeli. ⑦ (발행) menarik cek.

끊어지다 <keun/eo/ji/da> ① (절단됨) potong; putus. ② (중단.차단됨) terputus. ③ (관계 등이) putus dengan. ④ (기한이) kadaluarsa. ⑤ (목숨이) mati; habis.

끊임없다 <keu/nim/eob/ta> berulang-ulang; terus-menerus.

끌 <keul> pahat; bilah besi.

끌끌하다 <keul/keul/hada> bersih dan suci.

끌다 <keul/da> ① menarik; menyentak; merengkuh; menyeret. 아무의 소매를~ menarik lengan baju. ② (지연) menangguhkan. ③ memikat; menarik hati. 손님을~ memikat pelanggan; 주의를~ menarik perhatian. 인기를~ memperoleh popularitas. ④ memimpin; membimbing. 노인의 손을 ~ membimbing tangan seorang orang tua. ⑤ (끌어들이다) menyalurkan (air ke dalam); memasang.

끌러지다 <keul/leo/ji/da> lepas.

끌리다 <keul/li/da> ① terjajar; terjajar. 치마가~ rok terjajar di tanah. ② (연행) dibawa (ke polisi); diseret (ke kantor polisi). ③ (마음이) terpikat.

끌밋하다 <keul/mit/hada> cakap; ganteng.

끌방망이 <keul/bang/mang/i> palu pahat.

끌어내다 <keul/eo/nae/da> mengeluarkan; membetot; menarik.

끌어내리다 <keul/eo/nae/ri/da> menarik turun; menarik ke bawah.

끌어넣다 <keul/eo/neot/tha> ☞ 끌어들이다.

끌어당기다 <keul/eo/dang/gi/da> menarik lebih dekat; menghela; menyeret; menjujut. ☞ 끌다.

끌어대다 <keul/eo/dae/da> ① (돈을) meminjam uang. ② mengutip. 전례를 ~ mengutip yang terdahulu. .

끌어들이다 <keul/eo/deu/ri/da> ① (안으로) menarik (ke dalam). ② (자기편에) menarik orang(ke pihaknya); mempersangkutkan ; melibatkan. 사업에 자본가를 menarik

pemilik modal; menarik investor.
끌어안다 <keul/eo/an/ta> memeluk; merangkul; mengelut.
끌어올리다 <keul/eo/ol/ri/da> mencabut; menarik ke atas; menyelamatkan.
끓다 <keul/tha> ① (물이) mendidih; menggelegak. ② (마음이) terbakar (hati). ③ (배가) bunyi kruyak-kruyuk. ④ (가래가) bersuara cegukan; menceguk. ⑤ dikerumuni. 파리가~ dikerumuni lalat.
끓이다 <keu/ri/da> ① (끓게 하다) merebus (air); memanaskan. ② memasak; mengentim; merebus. 밥을~ memasak/merebus nasi. 국을~ memasak sup. ③ (속태우다) khawatir; cemas.
끔벅거리다 <keum/beok/geo/ri/da> ☞ 깜박거리다.
끔찍하다 <keum/cik/hada> ① (참혹) menyilukan; menggiriskan; mengerikan. ② (극진) sangat baik hati.
끙끙 <keung/keung> ~앓다 mengerang; merintih.
끝 <keuth> ① ujung. 혀~ ujung lidah. ~에서 ~까지 dari ujung ke ujung. ② akhir; batas; ujung. ~없는 tiada akhir; tiada batas; abadi. ③ kesimpulan; akhir. ~의 terakhir. ~으로 akhirnya. ~까지 sampai akhir. ~이 나다 berakhir. ④ akhirnya; akibatnya. 오랜 병 ~에 setelah sakit yang lama.
끝끝내 <keuth/keuth/nae> sampai akhirnya. ~ 반대하다 tidak setuju sampai akhir.
끝나다 <keuth/na/da> (sampai) akhirnya; selesai; berakhir. 실패로~ berakibat gagal; berakhir dengan kegagalan.
끝내다 <keuh/nae/da> menyelesaikan; merampungkan.
끝돈 <keuth/don> sisa (yang harus dibayar).
끝마감 <keuth/ma/gam> penyelesaian; penutupan; perampungan; kesimpulan. ~하다 menyelesai-

kan; merampungkan; menutup; menyimpulkan.
끝맺다 <keuth/maet/ta> ☞ 끝내다.
끝물 <keuth/mul> hasil terakhir dari musim.
끝수(- 數) <keuth/su> pecahan sisa. ~를 버리다 mengabaikan pecahan sisa.
끝장 <keuth/jang> akhir; kesimpulan; kesudahan. ~나다 berakhir. ~내다 mengakhiri; menyudahi.
끝전(- 錢) <keuth/jeon> ☞ 끝돈.
끝판 <keuth/fan> tahap yang terakhir; babak/ronde terakhir.
끼니 <ki/ni> makanan. ~때 waktu makan. ~를 거르다 melewatkan waktu makan.
끼다 <ki/da> ① menggantung (kabut); membungkus; meliputi. 구름이 [안개가]~ menjadi berawan [mengabut]. ② (때 따위가) mengumpul; menjadi kotor.
끼다 <ki/da> ① ☞ 끼이다. ② ☞ 끼우다. ③ memakai; mengenakan. 장갑을 ~ memakai sarung tangan. 안경을 ~ memakai kacamata. ④ (팔짱을) melipat (tangan); bersedekap. ⑤ (옆구리에) mengempit. ⑥ ikut serta. 일행에 ~ ikut pesta dalam kelompok. ⑦ (따라서) sepanjang. ⑧ dibantu oleh; dibeking. 권력을~ ada orang yang berpengaruh dibelakang.
끼룩거리다 <ki/ruk/geo/ri/da> meluruskan leher.
…끼리 <ki/ri> diantara mereka sendiri; diantara kita sendiri. 저희 ~ 싸우다 bertengkar diantara mereka sendiri.
끼리끼리 <ki/ri/ki/ri> masing-masing kelompok; kelompok demi kelompok.
끼어팔기 <ki/eo/fal/gi> penjualan produk terkait.
끼얹다 <ki/eon/ta> menuangkan; menyiramkan; menciprat; memercikkan 등에 물을~ memercikkan air pada punggung orang.
끼우다 <ki/u/da> menyusukkan;

mengisikan; menyisipkan. 창에 유리를~ mengisikan kaca jendela.
끼이다＜ki/i/da＞ terselat; menyelit; menyisip; ketat. 잇새에~ terselat di antara gigi.
끼치다＜ki/chi/da＞ ① 소름이~ merinding. ② menyebabkan; menimbulkan. 폐를~ menganggu; menyusahkan.

끽소리＜kik/so/ri＞ ~못하다 tidak dapat menyatakan apapun. ~못하게 하다 mendiamkan; membuat terdiam.
낄낄＜kil/kil＞ ~거리다 tertawa terkekeh-kekeh.
낌새＜kim/sae＞ isyarat. ~를 (알아)채다 mendapat isyarat.

나<na> saya; saya sendiri. ~의 ku; (kepunyaan)saya. ~에게 [를] saya (obyek). ~의 것 kepunyaan saya (posesif). ~로서는 bagi saya; menurut saya.

나가다<na/ga/da> ① pergi keluar; keluar. 뜰로~ keluar ke kebun. ② menghadiri. 강의에~ menghadiri ceramah/kuliah. ③ bekerja(di). 신문사에 ~ bekerja di kantor surat kabar. ④ ikut serta; berpartisipasi. 올림픽에 ~ ikut serta dalam olimpiade. ⑤ mencalonkan diri (untuk). 대통령 선거에~ mencalonkan diri sebagai Presiden. ⑥ terjual. 잘 ~ laris terjual. ⑦ (지출) di bayar. ⑧ berharga; berbobot. 무게가 [값이] 55파운드 ~ berbobot lima puluh lima pound. ⑨ meninggalkan. 집을 ~ meninggalkan rumah. ⑩ memasuki. 정계에 ~ memasuki karier politik. ⑪ rusak; usang. 불이 ~ lampu (listrik) padam. 구두 뒤축이 ~ hak sepatu rusak.

나가떨어지다<na/ga/teol/eo/ji/da> ① jatuh telentang. 한 방에 ~ jatuh telentang dengan sekali pukul. ② (녹초가 되다) usang; aus.

나가자빠지다<na/ga/ja/pa/ji/da> ① ☞ 나가떨어지다. ② mungkir; ingkar. 약속을 이행 않고 ~ ingkar janji; mengingkari janji.

나귀<na/gwi> keledai.

나그네<na/geu/ne> kelana; pelancong; pengembara; tamu.

나굿나굿하다<na/geut/na/geut/ha/da> lembut; gemulai; lentur.

…나기<na/gi> pribumi. 서울~ pribumi Seoul.

나나니벌<na/na/ni/beol> 『蟲』 ketiketi; bangbung; buang; gala; kelulut.

나날이<na/nal/i> setiap hari.

나누다<na/nu/da> ① membagi 다섯으로~ membagi ke dalam lima bagian. ② (분배) membagibagikan. ③ membedakan; mengklasifikasi. 세 항목으로 ~ meng klasifikasi ke dalam tiga bagian. ④ membagi; berbagi. 점심을 ~ makan siang bersama. 기쁨을 ~ berbagi kesenangan.

나누이다<na/nu/i/da> terbagi.

나눗셈<na/nut/sem> pembagian; ~하다 membagi.

나다<na/da> ① (출생) dilahirkan; lahir. ② tumbuh. 어린애 이가~ anak yang baru tumbuh gigi. ③ menghasilkan. 이익이~ menghasilkan keuntungan. ④ (살림을) membangun keluarga terpisah. ⑤ (끝장이) berakhir. ⑥ 냄새 ~ membaui; mencium. 맛이 ~ merasai; mencicipi. 이름이~ menjadi terkenal. 병이 ~ jatuh sakit. 성이 ~ menjadi marah. 눈물이 ~ air mata mengalir. 땀이 ~ . berkeringat. 신문에 ~ muncul di surat kabar. 탄로(綻露) ~ ditemukan. 새 길이 ~ jalan baru dibuka. 소문이 ~ kabar burung tersebar.

나다니다<na/da/ni/da> pergi keliling.

나들이<na/deul/i> bepergian. ~옷 pakaian untuk bepergian.

나라<na/ra> ① negara; kerajaan; negeri; tanah air; bangsa. ~를 위하여 untuk negara; demi negara. ~님 raja. ② dunia. 꿈~ tanah impian. 달 ~ dunia bulan.

나락(奈落)<na/rak> neraka. ~으로 떨어지다 jatuh ke dalam lubang tanpa dasar.

나란히<na/ra/nhi> berbaris; berderet; bersisian. ~서다 berdiri dalam barisan. ~앉다 duduk ber-

dampingan.
나래 <na/rae> perata tanah.
나력 <na/ryeok> 『醫』 ☞ 연주창.
나루 <na/ru> kapal penyeberangan.
~터 penyeberangan.
나르다 <na/reu/da> membawa; mengangkut.
나르시(시)즘 <na/reu/si(si)/jeum> 『心』 kecintaan pada diri sendiri; narkisme.
나른하다 <na/reun/hada> lelah; lemah; lesu.
나리 <na/ri> tuan.
나리 <na/ri> 『植』 bunga bakung.
나머지 <na/meo/ji> ① sisa; saldo. ~의 yang tersisa. ~없이 keseluruhan. ② kelebihan; luapan. 기쁜~ dalam luapan kegembiraan.
나무 <na/mu> ① pohon. ~그늘 naungan pohon. ② kayu; balok. ~의 [로된] kayu (adjektif). ~못 paku kayu; pasak; pating; pasak. ~상자 kotak kayu. ~토막 sepotong kayu; tual; sekerat kayu. ~때기 pecahan/serpihan kayu. ③ kayu api. ~하다 mengumpulkan kayu api. ~꾼 penebang kayu. ~장수 pedagang kayu api.
나무라다 <na/mu/ra/da> menegur; mengata-ngatai; mengagak-agihkan; menjatuhkan kesalahan; menjewer.
나무람 <na/mu/ram> teguran; jeweran.
나무아미타불(南無阿彌陀佛) <na/mu/a/mi/tha/bul> Selamatkan kami, Budha pengampun.
나물 <na/mul> lalapan; daun muda.
나방 <na/bang> 『蟲』 laron.
나변(那邊) <na/byeon> ~에 di-mana (gerangan); apa (gerangan). 진의가 ~에 있는가 Apa tujuan yang sebenarnya dari ini?.
나병(癩病) <na/byeong> 『醫』 lepra; kusta; dangkung. ~에 걸려 있다 sakit lepra. ~원 rumah sakit lepra. ~환자 penderita lepra; penderita kusta.
나부(裸婦) <na/bu> perempuan telanjang.

나부끼다 <na/bu/ki/da> berkibar. 깃발이 바람에 ~ bendera berkibar di udara.
나부랭이 <na/bu/raeng/i> kepingan; serpihan.
나불거리다 <na/bul/geo/ri/da> (나부끼다); berkibar-kibar;(입을) mengoceh.
나비 <na/bi> kupu-kupu; rama-rama. ~넥타이 dasi kupu-kupu. ~매듭 kancing dasi.
나쁘다 <na/peu/da> ① jahat; jelek; buruk; hina; keji; busuk; membahayakan. 눈에~ membahayakan bagi mata. 위가~ mempunyai perut yang lemah. 기억력이 ~ mempunyai ingatan yang buruk. ② (모자라다) tidak cukup; tidak puas.
나삐 <na/pi> buruk; tidak memuaskan. ~여기지 말게 jangan ambil hati.
나사(螺絲) <na/sa> ① sekrup; baut. ~로 죄다 mengencangkan sekrup. ~를 돌리다 [늦추다] memutar [melonggarkan] sekrup. ~돌리개 obeng; pemutar sekrup. ~송곳 jara; gurdi; penggerek. 수~ sekrup bagian luar. 암~ sekrup bagian dalam. ② (나선) spiral.
나사(羅紗) <na/sa> kain wool. ~상 pedagang wool.
나사 <na/sa> Badan Ruang Angkasa dan Penerbangan Nasional (NASA).
나상(裸像) <na/sang> gambar telanjang.
나서다 <na/seo/da> ① keluar; mengemukakan (diri); tampil ; memasuki; terjun(ke). 줄에서 ~ keluar garis. 교문을 ~ keluar kampus. 실업계에 ~ terjun ke dunia usaha. 정계에 ~ memasuki karier politik. ② (간섭) nimbrung; ikut campur. ③ dapat; muncul. 일자리가 ~ dapat pekerjaan.
나신(裸身) <na/sin> ☞ 나체.
나아가다 <na/a/ga/da> ① maju. 한 걸음 ~ maju selangkah. ②

maju; meningkat. 영어 진도가 ~ ada kemajuan dalam bahasa Inggris. 순조로이 ~ berjalan dengan lancar. ③ (좋아지다) berubah untuk yang lebih baik.
나아지다＜na/a/ji/da＞ menjadi lebih baik.
나약(儒弱)＜na/yak＞ kelembekan; kelemahan. ~한 malas; lemah; lembek; kendur. ~한 국민 orang-orang yang lemah/kurang semangat.
나열(羅列)＜na/yeol＞ ~하다 mengatur dalam barisan.
나오다＜na/o/da＞ ① muncul; tampil; timbul; keluar. 무대에 ~ tampil di atas panggung. 나쁜 버릇이~ kebiasaan buruk muncul keluar. ② meninggalkan. 집을 ~ meninggalkan rumah. ③ (음식이) dihidangkan. ④ (태도) mengambil (sikap). ⑤ (생기다) mendapat (uang). ⑥ (실리다) muncul dalam. ⑦ (출판되다) diterbitkan. ⑧ (흐르다) mengalir. ⑨ (졸업) lulus/tamat (dari). ⑩ (싹이) bertunas. ⑪ (돌출) menonjol. ⑫ (문제가) (soal) keluar (dalam ujian). ⑬ menjulur keluar. 이불에서 발이~ kaki menjulur keluar selimut. ⑭ (산출) dihasilkan. ⑮ (통하다) mengarah ke. ⑯ ikut serta; masuk. 정계에 ~ memasuki karier politik. ⑰ (석방) dilepas; dibebaskan.
나이＜na/i＞ umur; usia. ~지긋한 umur tua; usia lanjut. ~탓으로 karena umur tua. ~순으로 menurut umur. ~에 비해 (tampak muda) untuk umurnya. ~를 먹다 menjadi lebih tua.
나이드라짓＜na/i/deu/ra/jit＞ 『藥』 nyadrazid.
나이배기＜na/i/bae/gi＞ orang yang lebih tua dari rupanya.
나이테＜na/i/the＞ cincin tahunan; lingkaran tahunan.
나이트＜na/i/theu＞ malam. ~가운 gaun malam. ~캡 topi malam.

~클럽 klub malam.
나이프＜na/i/feu＞ pisau.
나인(內人)＜na/in＞ dayang.
나일론＜na/il/lon＞ nilon.
나잇값＜na/it/kab＞ tingkah laku yang selaras dengan umur.
나전어(羅甸語)＜na/jeon/eo＞ bahasa Latin. ☞ 라틴.
나절＜na/jeol＞ setengah hari. 반~ setengah hari.
나중＜na/jung＞ ~에 nanti; kemudian; dibelakang hari; kelak. ~것 yang belakangan.
나지막하다＜na/ji/mak/hada＞ agak rendah; suara rendah.
나직하다＜na/jik/hada＞ ☞ 나지막하다.
나체(裸體)＜na/che＞ badan telanjang. ~의 telanjang; bugil. ~미 kecantikan badaniah. ~주의 nudisme. ~화 (gambar) telanjang. 반 ~ setengah telanjang.
나치스＜na/chi/seu＞ orang Nazi. ~의 Nazi.
나침반(羅針盤)＜na/chim/fan＞ kompas; pedoman.
나타나다＜na/tha/na/da＞ ① keluar; muncul; timbul; tampil; kelihatan. 현장에~ muncul di tempat kejadian. ② terlihat. 얼굴에~ terlihat dalam mukanya. ③ (시야에) kelihatan (dalam pandangan). ④ ketahuan. 본성이~ ketahuan sifatnya. ⑤ (언급된) menyebutkan. ⑥ (알려지다) jadi terkenal.
나타내다＜na/tha/nae/da＞ ① memperlihatkan; menunjukkan; menyatakan diri; membentang-beberkan. 성격을~ memperlihatkan sifat. ② (노출) menyingkapkan; membuka; memperlihatkan. ③ (표현) menyatakan. ④ (대표) mewakili. ⑤ (상징) melambangkan. 두각을~ menonjolkan diri.
나태(懶怠)＜na/thae＞ kemalasan; kelambanan. ~한 malas; lamban.
나토＜na/tho＞ Pakta Pertahanan Atlantik Utara (NATO).
나트륨＜na/theu/ryum＞ natrium

(Na).

나팔(喇叭)<na/fal> terompet; selompret; serunai; klarinet. ~을 불다 meniup terompet. ~수 peniup terompet.

나팔거리다<na/fal/geo/ri/da> ☞ 나풀거리다.

나팔관(喇叭管)<na/fal/gwan> 『解』 oviduk (saluran telur). ~염 『醫』 salpingitis (radang saluran telur).

나포(拿捕)<na/fo> penangkapan. ~하다 menangkap; menawan; menahan. ~선 (船) kapal yang tertangkap; kapal rampasan.

나폴리<na/fol/li> Napoli.

나푼거리다<na/fun/geo/ri/da> berkibar; melambai-lambai.

나풀거리다<na/ful/geo/ri/da> ☞ 나푼거리다.

나프타<na/feu/tha> nafta. ~분해 degradasi nafta.

나프탈렌<na/feu/thal/len> 『化』 naftalen.

나흗날<na/heut/nal> tanggal empat bulan ini.

나흘<na/heul> ① (네날) empat hari. ② ☞ 나흗날.

낙(樂)<nak> kegembiraan; kebahagian; harapan; keenakan; kesedapan; kenikmatan; kesenangan. …을 ~으로 삼다 senang (pada); menggantungkan harapan pada. 자식을 ~으로 삼다 hidup demi anaknya.

낙관(落款)<nak/gwan> tanda tangan si penulis [pelukis]. ~하다 menandatangani. ~이 없는 tidak ditandatangani.

낙관(樂觀)<nak/gwan> optimisme; pandangan yang optimis. ~하다 optimis; berpandangan optimis. ~적 optimis. ~을 불허하다 tidak meyakinkan sedikitpun. ~론 optimisme. ~론자 orang yang optimistis.

낙농(酪農)<nak/nong> (peternakan) sapi perah. ~가 peternak sapi perah. ~장 peternakan sapi perah. ~제품 produk sapi perah; susu.

낙담(落膽)<nak/tam> kekecewaan. ~하다 dikecewakan; kecewa. ~시키다 mengecewakan.

낙도(落島)<nak/to> pulau terpencil.

낙뢰(落雷)<nang/noe> halilintar; petir; petus. ~하다 petir menyambar.

낙루(落淚)<nang/nu> ~하다 menumpahkan air mata; menangis.

낙마(落馬)<nang/ma> ~하다 jatuh dari kuda; terlempar dari kuda.

낙망(落望)<nang/mang> putus asa; kecewa. ☞ 실망, 낙담.

낙반(落磐)<nak/ban> pingsan.

낙방(落榜)<nak/bang> ~하다 gagal dalam ujian.

낙상(落傷)<nak/sang> luka akibat jatuh. ~하다 terluka karena jatuh.

낙서(落書)<nak/seo> corat-coret. ~하다 mencorat-coret. 벽에 ~하다 mencorat-coret di dinding.

낙석(落石)<nak/seok> ~주의 Awas Jatuhan Batu.

낙선(落選)<nak/seon> kekalahan (dalam pemilihan); penolakan. ~하다 kalah (dalam pemilihan). ~자 calon yang tidak berhasil. ~작 karya yang ditolak.

낙성(落成)<nak/seong> penyelesaian; perampungan. ~하다 dirampungkan. ~식 upacara inagurasi.

낙수물(落水 -)<nak/su/mul> tetes hujan. ~소리 bunyi tetesan hujan.

낙승(樂勝)<nak/seung> kemenangan yang mudah. ~하다 mendapat kemenangan yang mudah; menang mudah.

낙심(落心)<nak/sim> kekecewaan. ~하다 kecewa; tawar hati.

낙엽(落葉)<nak/yeob> daun-daun yang gugur. ~이 지다 rontok daun-daunnya. ~색 coklat kekuningan.

낙오(落伍)<nak/o> kegagalan; ketinggalan. ~하다 tertinggal. ~자 orang yang gagal. 인생의 ~자가 되다 gagal dalam kehidupan.

낙원(樂園)<nak/won> surga; firdaus; nirwana; darul; jalal.　지상의 ~ surga dunia.

낙인(烙印)＜nak/in＞　cap; tanda. ~을 찍다 mengecap; memberi tanda. ~이 찍히다 dicap.

낙자(落字)＜nak/ja＞ kata yang hilang.

낙제(落第)＜nak/je＞ kegagalan dalam ujian. ~하다 gagal dalam ujian; tidak lulus; tinggal kelas. ~생 siswa yang gagal. ~점 nilai yang gagal.

낙조(落照)＜nak/jo＞ matahari yang tenggelam.

낙지＜nak/ji＞ 『動』 gurita.

낙진(落塵)＜nak/jin＞ jatuhan. 방사성 ~ jatuhan radioaktif.

낙착(落着)＜nak/chak＞ penyelesaian; kesimpulan; pemutusan. ~하다 diselesaikan; diputuskan. ~짓다 menyelesaikan; memutuskan.

낙찰(落札)＜nak/chal＞ kemenangan kontrak; penawaran yang berhasil. ~하다 mendapat/memenangkan kontrak. ~가격 harga penawaran. ~인 penawar yang berhasil.

낙천(樂天)＜nak/cheon＞ ~적 optimistik. ~가 orang yang optimis. ~주의 paham optimis. ~주의자 penganut faham optimis.

낙천자(落薦者)＜nak/cheon/ja＞ pelamar (calon) yang tidak berhasil.

낙타(駱駝)＜nak/tha＞ 『動』 unta. ~직(織) mohair. ~털 bulu unta. 단봉~ unta Arab.

낙태(落胎)＜nak/thae＞ aborsi; pengguguran kandungan. ~하다 mengalami keguguran; menggugurkan kandungan. ~수술 pengguguran kandungan dengan pembedahan. ~약 obat aborsi. 인공~ aborsi buatan; pengguguran yang disengaja.

낙토(樂土)＜nak/tho＞ surga; nirwana.

낙하(落下)＜nak/ha＞ kejatuhan; guguran. ~하다 jatuh; merosot; turun; terjun. ~지점 titik jatuh.

낙하산(落下傘)＜nak/ha/san＞ para-

sut (payung). ~으로 내리다 terjun dengan payung. ~병 penerjun. ~부대 pasukan para.

낙향(落鄕)＜nak/hyang＞ perpindahan ke desa. ~하다 pindah ke desa; mudik.

낙화(落花)＜nak/hwa＞ gugur bunga; bunga yang gugur. ~하다 bunga berguguran

낙화생(落花生)＜nak/hwa/saeng＞ ☞ 땅콩.

낙후(落後)＜nak/hu＞ ~하다 tertinggal di belakang.

낚다＜nak/ta＞ (고기를)memancing; mengail, (유혹)memikat; menggoda. 강에서 고기를 ~ memancing ikan di sungai. 여자를~ memikat seorang wanita.

낚시＜nak/si＞ kail; pancing. ~가다 pergi mancing. ~꾼 pemancing; pengail. ~찌 pelampung. ~터 tempat mancing.

난(亂)＜nan＞ perang; pemberontakan. ~을 일으키다 membangkitkan perang; memulai pemberontakan.

난(欄)＜nan＞ ① kolom. 가십~ kolom gosip. ② kolom; isian. 등기 번호의~ kolom nomor pendaftaran.

난(難)＜nan＞ kesulitan; sulit; sukar. ~문제 soal yang sulit. 식량~ kesulitan bahan pangan. 주택~ kekurangan perumahan.

난가(亂家)＜nan/ga＞ keluarga dalam kekalutan.

난간(欄干)＜nan/gan＞ jeruji; birai; langkan.

난감(難堪)＜nan/gam＞ ~하다 tidak tertahankan.

난공불락(難攻不落)＜nan/gong/bul/lak＞ ~의 tidak dapat direbut. ~의 요새 benteng yang tidak dapat direbut.

난공사(難工事)＜nan/gong/sa＞ pekerjaan konstruksi yang sulit.

난관(難關)＜nan/gwan＞ rintangan; kesulitan; hambatan. ~을 돌파하다 mengatasi kesulitan.

난국(難局)＜nan/guk＞ situasi yang

sulit; krisis. ~에 봉착하다 dihadapkan pada situasi yang sulit. ~을 타개하다 memecahkan kebuntuan; mencari jalan keluar dari situasi yang sulit.

난군(亂軍)＜nan/gun＞ tentara yang terusir.

난기류(亂氣流)＜nan/gi/ryu＞ 『氣』 aliran udara.

난대(暖帶)＜nan/dae＞ daerah subtropis; kawasan beriklim sedang.

난도질(亂刀 -)＜nan/do/jil＞ pencincangan. ~하다 memotong-motong jadi berkeping-keping; mencincang.

난독(亂讀)＜nan/dok＞ pembacaan yang tidak teratur. ~하다 membaca buku acak-acakan.

난동(亂動)＜nan/dong＞ pergolakan. ~을 부리다 menimbulkan pergolakan.

난로(煖爐)＜nal/lo＞ perapian. ~를 피우다 menyalakan perapian. ~를 쬐다 berdiang. 석유~ pemanas minyak. 전기~ pemanas listrik.

난류(暖流)＜nal/lyu＞ arus hangat.

난리(亂離)＜nan/li＞ perang; pemberontakan; pergolakan.

난립(亂立)＜nal/lib＞ ~하다 dibanjiri oleh (calon-calon).

난맥(亂脈)＜nan/maek＞ kekacauan; kemelut. ~에 빠지다 jatuh kedalam kekacauan.

난무(亂舞)＜nan/mu＞ ~하다 menari dengan liar.

난문제(難問題)＜nan/mun/je＞ soal yang sukar.

난민(難民)＜nan/min＞ korban bencana ; pengungsi. ~수용소 pusat penampungan pengungsi.

난바다＜nan/ba/da＞ laut lepas.

난반사(亂反射)＜nan/ban/sa＞ 『理』 pantulan tersebar.

난발(亂髮)＜nan/bal＞ rambut acak-acakan.

난방(煖房)＜nan/bang＞ ① pemanasan; pemanas. ~장치 alat pemanas. ② (방) kamar berpemanas.

난방비(煖房費)＜nan/bang/bi＞ biaya pemanasan.

난방시설(暖房施設)＜nan/bang/si/seol＞ peralatan pemanas. ~을 하다 memasang pemanas.

난백(卵白)＜nan/baek＞ putih telur; albumen.

난봉＜nan/bong＞ percabulan. ~부리다 hidup cabul. ~나다 menjalani hidup cabul. ~꾼 pencangak.

난사(亂射)＜nan/sa＞ tembakan membabi buta. ~하다 menembak dengan membabi buta.

난사(難事)＜nan/sa＞ hal yang sulit.

난사람＜nan/sa/ram＞ orang yang terkemuka.

난산(難産)＜nan/san＞ kelahiran yang sulit. ~하다 melahirkan dengan sulit.

난색(難色)＜nan/saek＞ ketidaksetujuan; ketidaksediaan. ~을 보이다 memperlihatkan ketidaksetujuan.

난생(卵生)＜nan/saeng＞ ~동물 hewan yang bertelur/ovipar.

난생처음＜nan/saeng/cheo/eum＞ pertama kali dalam hidup

난세(亂世)＜nan/se＞ masa pergolakan; masa kacau.

난세포(卵細胞)＜nan/se/fo＞ 『生』 sel telur.

난센스＜nan/sen/seu＞ omong kosong.

난소(卵巢)＜nan/so＞ 『解』 indung telur/ovarium. ~염 『醫』 radang indung telur. ~적출(摘出) pembuangan indung telur.

난수표(亂數表)＜nan/su/fyo＞ daftar angka acak.

난시(亂時)＜nan/si＞ masa kacau; masa bergolak.

난시(亂視)＜nan/si＞ 『醫』 astigmatisme. ~의 astigmatis (sejenis penyakit mata).

난이(難易)＜nan/i＞ kesulitan atau kemudahan. ~도(度) tingkat kesulitan.

난입(亂入)＜nan/ib＞ satron. ~하다 menyatroni. ~자 penyatron; penyelonong.

난자(卵子)＜nan/ja＞ (난소)sel telur.

난자(亂刺)＜nan/ja＞　～하다 menikam dengan kejam.

난잡(亂雜)＜nan/jab＞ kekacauan; huru-hara; kerusuhan; kekalapan. ～한 kacau; kusut; kepot; rancu; campur aduk; centang-perenang. ～하게 dalam kekacauan; kocar-kacir.

난장판(亂場 -)＜nan/jang/fan＞ adegan kekacauan. ～이 되다 menjadi kacau.

난쟁이＜nan/jaeng/i＞ orang kate/cebol; orang pendek/kerdil.

난전(亂戰)＜nan/jeon＞ pertarungan yang kacau; pertempuran membabi buta.

난점(難點)＜nan/ceom＞ titik yang sulit.

난제(難題)＜nan/je＞ masalah sulit.

난조(亂調)＜nan/jo＞ kekacauan; ketidakteraturan. ～를 보이다 kehilangan kendali. ～에 빠지다 jatuh dalam kesusahan/kekacauan.

난중(亂中)＜nan/jung＞ masa perang; tengah-tengah perang. ～에 dalam perang; ditengah-tengah perang. ～일기 Catatan Harian Perang (judul buku).

난중지난(難中之難)＜nan/jung/ji/nan＞ yang paling sulit dari semua hal. ～사(事) hal yang paling sukar dikerjakan.

난처(難處)＜nan/cheo＞ ～한 sulit; sukar; kempunan. ～한 입장에 있다 dalam posisi sulit.

난청(難聽)＜nan/cheong＞ kesulitan mendengar. ～지역(地域) daerah terhalang (untuk menangkap siaran tv/radio).

난초(蘭草)＜nan/cho＞ bunga anggrek.

난측(難測)＜nan/cheuk＞ ～한 tidak pasti.

난층운(亂層雲)＜nan/cheung/un＞ awan nimbostratus.

난치(難治)＜nan/chi＞ kesukaran untuk disembuhkan. ～의 sukar disembuhkan; fatal.

난타(亂打)＜nan/tha＞ pukulan bertubi-tubi. ～하다 memukul bertubi-tubi.

난투(亂鬪)＜nan/thu＞ pergulatan sengit; pergulatan; pergumulan. ～극 adegan kekerasan.

난파(難破)＜nan/fa＞ kecelakaan kapal. ～하다 karam. ～선 kapal yang karam.

난폭(亂暴)＜nan/fok＞ kekerasan; kebuasan; kegarangan. ～하다 keras; kasar; buas; garang. ～한 짓을 하다 melakukan kekerasan.

난필(亂筆)＜nan/fil＞ tulisan cakar ayam. ～을 용서하십시오 Mohon maaf atas tulisan saya yang jelek.

난항(難航)＜nan/hang＞ pelayaran/penerbangan yang sulit. ～하다 mengalami pelayaran yang sulit/sukar.

난해(難解)＜nan/hae＞ ～한 susah dimengerti; berbelit-belit; ruwet; sulit; rumit.

난행(亂行)＜nan/haeng＞ percabulan; rogol-merogol; penyelewengan. ～하다 hidup tidak senonoh/cabul; menyeleweng.

난형난제(難兄難弟)＜nan/hyeong/nan/je＞ ～다 sukar memilih diantara keduanya.

난황(卵黃)＜nan/hwang＞ kuning telur. ～의 deutomik; sifat kuning telur.

낟＜nat＞ ～가리 timbunan jerami. ～알 butiran; biji-bijian.

날＜nal＞ ① hari; tanggal; waktu. 어느 ～ suatu hari. ～마다 setiap hari. ～로 ～로 hari demi hari. ～을 보내다 melewatkan hari-hari. ～을 받다 menetapkan tanggal. ～이 저물다 hari menjadi gelap ～이 밝다 terbit fajar. ② ketika; pada waktu. 성공하는 ～에는 ketika berhasil. 완성하는 ～에는 pada waktu penyelesaian pekerjaan. ☞ 날씨.

날＜nal＞ pinggir; mata pisau; mata beliung. ～을 세우다 menajamkan. ～서다 ditajamkan.

날＜nal＞ pembengkokan; penyimpangan.

날...<nal> mentah. ~것 makanan mentah. ~계란 telur mentah. ~고기 daging (ikan) mentah.

날강도(- 强盜)<nal/gang/do> pemeras; perampok tidak kenal malu.

날개<nal/gae> sayap; kepak. ~있는 [달린] bersayap; berkepak. ~돋치듯 팔리다 menjual dengan laris.

날다<nal/da> ① terbang; diterbangkan. 높이 ~ terbang tinggi. ② (빨리 가다) pergi buru-buru.

날다<nal/da> ① (색이) pucat; pudar. ② (냄새가) kehilangan bau.

날다<nal/da> merajut.

날뛰다<nal/twi/da> berkinja-kinja; melonjak-lonjak; meloncat-loncat; menuok; menggalak. 좋아 ~ melompat-lompat kegirangan. 성이 나서 ~ mencak-mencak.

날래다<nal/lae/da> cepat; cekatan; gesit.

날려보내다<nal/lyeo/bo/nae/da> menerbangkan; melepaskan.

날렵하다<nal/lyeob/hada> cepat; gesit.

날로<nal/lo> ① hari demi hari. ~ 나아지다 semakin baik hari demi hari. ② mentah. ~ 먹다 makan mentah.

날름<nal/leum> dengan cepat.

날름거리다<nal/leum/geo/ri/da> menjulurkan (lidah) keluar masuk. 뱀이 혀를 ~ lidah ular terjulur keluar masuk.

날리다<nal/li/da> ① menerbangkan. 연을 ~ menerbangkan layangan. ② (재산을) ▷ 날려보내다, 까불리다. ③ membuat terkenal; memasyhurkan. 이름을 ~ membuat nama jadi terkenal; mendapatkan kemasyhuran. ④ (일을) bekerja gagal.

날림<nal/lim> pekerjaan serampangan. ~ 공사 pekerjaan buru-buru.

날밤새우다<nal/bam/sae/u/da> be-

gadang; berjaga sepanjang malam.

날벼락<nal/byeo/rak> kemarahan yang tidak beralasan.

날삯<nal/sak> upah harian. ~꾼 buruh harian.

날샐녘<nal/sael/nyeokh> fajar.

날실<nal/sil> benang kusut.

날쌔다<nal/ssae/da> cepat; gesit; aktif; tangkas.

날씨<nal/ssi> cuaca. 좋은~ cuaca bagus. 궂은~ cuaca buruk. ~가 좋으면 jika cuaca bagus.

날씬하다<nal/ssin/hada> langsing; ramping.

날염(捺染)<nal/yeom> percetakan (tekstil); rakam. ~하다 mencetak; mencapkan; merakamkan; menera. ~기(機) mesin rakam.

날인(捺印)<nal/in> segel; cap. ~하다 menyegel; mencap; membubuhkan. ~자 penyegel; pengecap.

날조(捏造)<nal/co> pemalsuan. ~하다 melancung; memalsukan. ~기사 laporan dibuat-buat.

날짐승<nal/jim/seung> unggas.

날짜<nal/ca> tanggal; tarikh. ~가 없는 tak bertanggal. ~를 매기다 memberi tanggal.

날치기<nal/chi/gi> penjambretan, penjambret. ~하다 menjambret. ~를 당하다 dijambret; kena jambret.

날카롭다<nal/kha/rob/ta> tajam; runcing.

날품<nal/fum> pekerjaan harian. ~을 팔다 bekerja harian. ~ 팔이꾼 buruh harian.

낡다<nak/ta> tua; bekas; usang; aus; susut.

남<nam> orang lain. 아무 관계 없는 ~ orang yang tidak ada hubungan apapun. ~ 모르는 rahasia. ~ 몰래 secara rahasia. ~같이 대하다 memperlakukan seperti orang lain. ~보다야 일가가 낫다 Darah lebih kental dari pada air.

남(男)<nam> ① (사내) orang lelaki. ② (자식) anak lelaki; putra.

남(南)<nam> selatan. ~의 (bagi-

an) selatan.　~으로 ke selatan. ~으로 가다 pergi ke selatan.
남(藍)<nam>　~색[빛] biru tua.
남구(南歐)<nam/gu>　☞ 남유럽.
남국(南國)<nam/guk> negara-negara selatan.
남극(南極)<nam/geuk> kutub selatan.　~의 antartik; tentang kutub selatan.　~광(光) sinar kutub selatan.　~ 대륙[권,해] benua [lingkaran, samudra] Antartika.　~성 bintang kutub selatan.　~ 탐험 ekspedisi Antartika.
남근(男根)<nam/geun> zakar; pelir.
남기다<nam/gida>　① meninggalkan; menyisakan.　발자국을 ~ meninggalkan jejak kaki.　이름을 후세에 ~ meninggalkan nama pada keturunan.　② membuat/mendapat keuntungan.　천 원 ~ mendapat keuntungan 1000 won.　많이 ~ mendapat keuntungan besar.
남김없이<nam/gim/eob/si> keseluruhan; tanpa kecuali.　한 사람~ sampai orang terakhir.
남남동(南南東)<nam/nam/dong> selatan tenggara.
남남서(南南西)<nam/nam/seo> selatan-barat daya.
남녀(男女)<nan/nyeo> lelaki dan perempuan.　~ 노소 할 것 없이 tanpa melihat jenis kelamin maupun umur.　~ 공학 pendidikan anak lelaki dan perempuan bersama.　~ 동권 [관계] kesamaan [hubungan] antar jenis kelamin.　~ 유별 pembedaan antar jenis kelamin.　~추니 banci; wadam; wandu.
남녘(南-)<nam/nyeokh> selatan.　~에 di selatan.
남다<nam/ta>　① tinggal; sisa; tersisa. 집에 ~ tinggal di rumah. 이름이 ~ dikenang (nama).　② (이익이) menghasilkan keuntungan; mendatangkan laba.
남다르다<nam/da/reu/da> istimewa; khas; ganjil.

남단(南端)<nam/dan> ujung bagian selatan.
남달리<nam/dal/li> secara luar biasa; secara istimewa.　~노력하다 bekerja lebih keras dari pada yang lain.　~키가 크다 sangat tinggi.
남대문(南大門)<nam/dae/mun> gerbang selatan (Seoul).
남동(南東)<nam/dong> tenggara.　~풍 angin tenggara.
남동생(男同生)<nam/dong/saeng> adik lelaki.
남루(襤褸)<nam/ru> kain tua; kain rombeng.　~한 gembel; compang-camping.
남매(男妹)<nam/mae> saudara lelaki dan perempuan.
남모르다<nam/mo/reu/da> tersembunyi; rahasia.
남미(南美)<nam/mi> Amerika Selatan (Latin).　~의 berkenaan dengan Amerika Selatan.
남반구(南半球)<nam/ban/gu> belahan bumi selatan.
남발(濫發)<nam/bal> pengeluaran yang berlebihan.　~하다 mengeluarkan berlebihan.　지폐의 ~ pengeluaran mata uang yang berlebihan.
남방(南方)<nam/bang> selatan.　~ 의 bagian selatan.　~샤쓰 kemeja.
남벌(濫伐)<nam/beol> penebangan hutan sembarangan.　~하다 menebang pohon sembarangan.
남복(男服)<nam/bok> pakaian pria; busana pria.
남부(南部)<nam/bu> daerah bagian selatan.　~제주 Negara-negara Bagian Selatan.
남부끄럽다<nam/bu/keu/reob/ta> merasa malu.
남북(南北)<nam/buk> selatan dan utara.　~ 경제 회담 konferensi ekonomi Korea Utara-Selatan.　~ 국회 회담 konferensi parlemen utara-selatan.　~ 대화 dialog utara-selatan.　~ 적십자 회담 pembicaraan/konferensi Palang Merah Uta-

ra-Selatan.　~전쟁 perang saudara.
~조절 위원회 Komite Koordinasi
Utara-Selatan.　~체육 회담 perte-
muan olah raga antara Korea Utara
dan Selatan.　~통일 reunifikasi
(Korea) Utara dan Selatan.　~한
교차 승인 pengakuan timbal balik
Korea Selatan dan Utara.　~협력
kerjasama Utara-Selatan.　~협상
perundingan Utara-Selatan.
남비＜nam/bi＞　☞ 냄비.
남빙양(南氷洋)＜nam/bing/yang＞
『地』Samudra Antartika.
남상(男相)＜nam/sang＞ wajah yang
tidak keibuan; perempuan dengan
rupa kelelakian.
남새＜nam/sae＞ sayuran.　~밭 ke-
bun sayur.
남색(男色)＜nam/saek＞　semburit;
sodomi.
남색(藍色)＜nam/saek＞ biru tua.
남생이＜nam/saeng/i＞ kura-kura.
남서(南西)＜nam/seo＞　barat daya.
~풍 angin barat daya.
남성(男性)＜nam/seong＞ jenis kela-
min laki-laki.　~적 jantan; berani;
gagah.　~같은 kelelaki-lakian.　~
미 kecantikan maskulin.
남성(男聲)＜nam/seong＞ suara laki-
laki.　~4 중합창 kuartet pria.　~
합창 paduan suara pria.
남십자성(南十字星)＜nam/sib/ca/
seong＞ bintang pari.
남아(男兒)＜na/ma＞　anak lelaki;
putera.
남아메리카(南 -)＜nam/a/me/ri/kha＞
Amerika Selatan.
남아프리카(南-)＜nam/a/feu/ri/kha＞
Afrika Selatan.　~의 berkenaan
dengan Afrika Selatan.　~공화국
Republik Afrika Selatan.
남양(南洋)＜nam/yang＞ laut sela-
tan.　~군도 kepulauan laut selatan.
남용(濫用)＜nam/yong＞　penyalah-
gunaan.　~하다 menyalahgunakan;
memakai tidak semestinya.　직권을
~ 하다 menyalahgunakan jabatan.
남우(男優)＜nam/u＞ aktor; pelaku.
남우세＜nam/u/se＞　menderita ce-

moohan orang lain.　~하다 me-
nertawakan diri sendiri.　~ 스럽다
memalukan.
남위(南緯)＜nam/wi＞ lintang sela-
tan.　~20도 30분 상에 garis lin-
tang selatan 20 derajat 30 menit.
남유럽(南 -)＜nam/yu/reob＞　Eropa
Selatan.
남의눈＜nam/eui/nun＞ mata orang.
~을 피하다 menghindari tatapan
orang.
남의살같다＜nam/eui/sal/gath/tha＞
kebas.
남의집살다＜nam/eui/jib/sal/da＞ be-
kerja sebagai pembantu rumah
tangga; bekerja sebagai pramuwis-
ma.
남자(男子)＜nam/ja＞ laki-laki; pria;
lelaki.　~의 sifat laki-laki.　~다
운 jantan.　~옷 pakaian lelaki.
~용 untuk lelaki.
남작(男爵)＜nam/jak＞　baron(gelar
bangsawan di Inggris.　~부인
baronis (perempuan).
남작(濫作)＜nam/jak＞　produksi
yang berlebihan.　~하다 mempro-
duksi berlebihan.
남장(男裝)＜nam/jang＞　perhiasan
pria; dandanan pria.　~하다 ber-
dandan seperti pria.　~미인 ke in-
dahan dandanan pria.
남정네(男丁-)＜nam/jeong/ne＞　go-
longan lelaki; suami-suami.
남존여비(男尊女卑)＜nam/jon/yeo/
bi＞ dominasi laki-laki atas perem-
puan.
남지나해(南支那海)＜nam/ji/na/hae＞
Laut Cina Selatan.
남진(南進)＜nam/jin＞ ekspansi ke
selatan.　~하다 maju ke selatan;
melakukan ekspansi ke selatan.　~
정책 kebijakan ekspansi ke selatan.
남짓 ＜nam/jit＞　~한 sedikit lebih
(di atas).　1년 ~ sedikit lebih se-
tahun.
남쪽(南-)＜nam/cok＞ bagian sela-
tan; daksina.　☞ 남(南)
남침(南侵)＜nam/chim＞　~하다 me-
nyerbu ke selatan.　북괴의 ~ pe-

nyerbuan Korea Utara ke selatan.
남탕(男湯)＜nam/thang＞ pemandian umum bagian pria.
남태평양(南太平洋)＜nam/thae/fyeong/yang＞ pasifik selatan
남파(南派)＜nam/fa＞ ~하다 mengirim ke selatan. ~간첩 agen mata-mata yang dikirim (oleh utara) ke selatan.
남편(男便)＜nam/fyeon＞ suami; laki. ~있는 bersuami.
남포＜nam/fo＞ dinamit. ~질하다 mendinamit.
남포＜nam/fo＞ lampu; lampu minyak tanah; kandil; pelita; togok. ~의 등피[심지, 갓] corong [sumbu, tutup] lampu.
남풍(南風)＜nam/fung＞ angin selatan.
남하(南下)＜nam/ha＞ ~하다 datang ke selatan; pergi ke selatan.
남한(南韓)＜nam/han＞ Korea Selatan.
남해(南海)＜nam/hae＞ laut selatan.
남해안(南海岸)＜nam/hae/an＞ pantai selatan.
남행(南行)＜nam/haeng＞ ~하다 pergi ke selatan. ~열차 kereta api jurusan selatan.
남향(南向)＜nam/hyang＞ ~의 menghadap ke selatan. ~집 rumah yang menghadap ke selatan.
남회귀선(南回歸線)＜nam/hoe/gwi/seon＞ garis balik Capricorn; garis balik sartan.
남획(濫獲)＜nam/hoek＞ penangkapan ikan yang berlebihan. ~하다 menangkap ikan secara sembarangan.
납＜nab＞ timah hitam; timbel.
납(蠟)＜nab＞ lilin. ~세공 kerajinan lilin. ~인형 boneka/patung lilin.
납금(納金)＜nab/geum＞ pembayaran; uang yang dibayarkan; bayaran. ~하다 membayar.
납기(納期)＜nab/gi＞ tempo pembayaran. 세금의 ~ tempo pembayaran pajak.

납득(納得)＜nab/deuk＞ pengertian; pemahaman. ~하다 mengerti; memahami. ~하기 어려운 tidak meyakinkan; sukar dipahami. ~시키다 meyakinkan orang.
납땜＜nab/taem＞ pateri; solderan. ~하다 memateri; menyolder. ~인두 besi pateri/solderan.
납량(納凉)＜nab/ryang＞ ~하다 menikmati udara sejuk. ~객 pencari udara sejuk. ~특집 (프로) program khusus malam musim panas.
납본(納本)＜nab/bon＞ ~하다 memberikan contoh salinan untuk penyensoran.
납부(納付)＜nab/bu＞ pembayaran; penyetoran. ~하다 membayar; menyetor. ~자 pembayar; penyetor. 분할 ~ pembayaran yang dicicil.
납북(拉北)＜nab/buk＞ penculikan ke utara. ~되다 diculik ke utara. ~어부 nelayan yang diculik ke Korea Utara.
납석(蠟石)＜nab/seok＞ 『鑛』 agalmatolit.
납세(納税)＜nab/se＞ pembayaran pajak. ~하다 membayar pajak. ~고지서 surat-surat pajak; dokumen pajak. ~액 jumlah pajak. (고액) ~자 pembayar pajak (tinggi). ~필 Pajak Telah Dibayar; Lunas Pajak. ~필증 sertifikat pembayaran pajak.
납신거리다＜nab/sin/geo/ri/da＞ menggoceh; berceloteh.
납입(納入)＜nab/ib＞ ~하다 membayar. ~금 uang yang harus dibayarkan. ~품 persediaan.
납작＜nab/jak＞ rata; datar; dengan gerakan cepat. ~엎드리다 rebah dengan gerakan cepat; bertiarap. ~보리 barlei giling. ~코 hidung pesek.
납작하다＜nab/jak/hada＞ rata; kempis; tepos; penyek; pipih; pesek; lepek; tumpul; gepeng; papak.
납지(蠟紙)＜nab/ji＞ kertas lilin;

kertas telor.
납치(拉致)<nab/chi> penculikan; pembajakan. ~하다 menculik; membajak. ~되다 dibajak; diculik. ~범 penculik; pembajak.
납품(納品)<nab/fum> pemasokan barang. ~하다 memasok. ~업자 pemasok.
납회(納會)<nab/hoe> pertemuan terakhir tahun ini.
낫<nat> sabit; arit.
낫다 <nat/ta> lebih baik; melebihi. 아버지보다~ melebihi ayahnya.
낫다<nat/ta> sembuh; pulih; sehat. 병이 ~ penyakit sembuh; sembuh dari sakit. 감기가 ~ sembuh dari influensa.
낭군(郎君)<nang/gun> suami (saya); sayangku.
낭독(朗讀)<nang/dok> penyuaraan; deklamasi; pembacaan. ~하다 melafalkan; mengucapkan. 시를 ~ 하다 membaca sajak.
낭떠러지 <nang/teo/reo/ji> tebing; terumbu.
낭랑(朗朗)<nang/nang> ~한 nyaring; sonor; merdu; mersik.
낭만(浪漫)<nang/man> ~적 romantis. ~주의 romantisme. ~주의자 orang yang romantis.
낭보(朗報)<nang/bo> berita baik.
낭비(浪費)<nang/bi> keborosan; pemborosan; polah-polah; kemewahan; keroyalan. ~하다 membuang-buang; menyia-nyiakan; mengobralkan; memboroskan. ~적 terbuang (sia-sia); tersia-sia. 시간의 ~ menyia-nyiakan waktu. ~벽 kebiasaan boros. ~벽이 있다 punya kebiasaan boros; berkebiasaan boros. ~자 pemboros.
낭설(浪說)<nang/seol> kabar burung ; desas desus; kabar angin. ~을 퍼뜨리다 menyebarkan kabar burung. ~을 믿다 mempercayai kabar burung.
낭성(狼星)<nang/seong> 『天』 bintang anjing; Sirius.
낭송(朗誦)<nang/song> pembacaan.

~하다 bernalam; bersajak; bersyair; bermandah.
낭자<nang/ja> sekepang rambut.
낭자(狼藉)<nang/ja> kekacauan. ~하다 kacau balau. 유혈이 ~하다 bergelimang darah.
낭패(狼狽)<nang/fae> kegagalan. ~하다 gagal; frustasi.
낭하(廊下)<nang/ha> selasar; serambi; beranda; peron; koridor. ☞ 복도.
낮<nat> siang; siang hari. ~에 di siang hari. ~말은 새가 듣고 밤말은 쥐가 듣는다 Dinding punya telinga.
낮다<nat/ta> rendah; hina.
낮은음자리표<nat/eun/eum/ja/ri/fyo> 『樂』 kunci F.
낮잠 <nat/jam> tidur siang. ~자다 tidur siang.
낮차(- 車)<nat/cha> kereta api siang hari.
낮추다<nat/chu/da> menurunkan; merendahkan; melorotkan. 값을 ~ menurunkan harga. 정도를 ~ menurunkan standar.
낮추보다<nat/chu/bo/da> memandang rendah; meremehkan.
낮춤말<nat/chum/mal> bahasa kasar (bahasa yang digunakan kepada orang yang kedudukannya lebih rendah atau yang lebih muda)
낯<nat> ① wajah; rupa; roman. 성난 ~(으로) (dengan) roman marah. ~을 씻다 mencuci muka/ wajah. ② muka; kehormatan. ~을 세워 주다 menyelamatkan muka. ~이 깍이다 kehilangan muka/ nama baik. 그러면 내 ~이 선다 Hal itu akan menyelamatkan muka saya.
낯가죽<nat/ka/juk> ~ 두꺼운 tebal muka.
낯간지럽다<nat/gan/ji/reob/ta> malu.
낯두껍다<nat/tu/keob/ta> tebal muka; tidak tahu malu.
낯바닥<nat/pa/dak> muka; wajah.
낯부끄럽다<nat/bu/keu/reob/ta>

malu.
낯붉히다＜nat/bul/khi/da＞ marah; muka merah karena marah (malu).
낯설다＜nat/seol/da＞ tidak kenal; asing.
낯없다＜nat/eob/ta＞ malu sendiri.
낯익다＜nat/ik/ta＞ kenal (dengan).
낯짝＜nat/cak＞ ☞ 낯바닥.
낱개＜nath/gae＞ potongan. ～로 팔다 menjual dalam potongan.
낱낱이＜nath/na/chi＞ satu demi satu. ～캐묻다 bertanya secara rinci. ～ 이름을 들다 menyebutkan nama satu demi satu.
낱돈＜nath/ton＞ uang kecil/ receh.
낱말＜nath/mal＞ kata; kosa kata.
낳다＜nat/tha＞ memintal; menenun; merajut.
낳다＜nat/tha＞ ① melahirkan; beranak. 사내 아이를 ～ melahirkan anak lelaki. ② menghasilkan. 이자를 ～ menghasilkan bunga.
내＜nae＞ saya (posesif); saya (subyek); saya (resesif). ～것 (kepunyaan) saya.
내＜nae＞ kali.
내＜nae＞ asap; bau.
내…(來)＜nae＞ berikut; mendatang. ～주 minggu mendatang.
…내＜nae＞ sepanjang; keseluruhan. 하룻밤～ semalam suntuk. 일년～ sepanjang tahun.
…내(內)＜nae＞ dalam. 기한 ～에 dalam masa ….
내가다＜nae/ga/da＞ membawa.
내각(內角)＜nae/gak＞ 『幾』 sudut dalam.
내각(內閣)＜nae/gak＞ kabinet; pemerintahan. 처칠 ～ kabinet Churchill. ～을 조직하다 membentuk kabinet; menyusun kabinet. ～개편 perubahan kabinet. ～수반 perdana menteri. ～책임제 pemerintah/kabinet parlementer. ～총사직 pengunduran diri umum kabinet. 연립 ～ kabinet koalisi.
내갈기다＜nae/gal/gi/da＞ tulisan cakar ayam.
내객(來客)＜nae/gaek＞ pelancong.

내걸다＜nae/geol/da＞ ① mengibarkan; menggantung. 간판을～ menggantung papan nama. ② mempertaruhkan. 생명을～ mempertaruhkan jiwa.
내경(內徑)＜nae/gyeong＞ garis tengah bagian dalam.
내과(內科)＜nae/gwa＞ bagian perawatan dalam; bagian internis. ～의(醫) ahli penyakit dalam; dokter spesialis penyakit dalam. ～치료 pengobatan dalam. ～환자 pasien bagian perawatan dalam.
내구(耐久)＜nae/gu＞ ketahanan. ～력(성) daya tahan. ～력 테스트 uji ketahanan. ～력이 있는 tahan lama. ～재 barang-barang yang tahan lama.
내국(內國)＜nae/guk＞ dalam negeri. ～의 domestik; dalam negeri. ～세 pajak dalam negeri. ～우편 pos dalam negeri. ～인 pribumi. ～환(換) valuta dalam negeri. ～환 어음 rekening dalam negeri.
내규(內規)＜nae/gyu＞ peraturan intern.
내근(內勤)＜nae/geun＞ tugas dalam. ～하다 bertugas dalam (kantor). ～기자 wartawan tugas dalam. ～경관 polisi tugas dalam.
내기＜nae/gi＞ perjudian; pertaruhan; taruhan. ～하다 bertaruh (pada). ～에 이기다 menang taruhan. (돈)～ 바둑을 두다 bermain *badug* dengan taruhan (uang).
내내＜nae/nae＞ sepanjang; suntuk. 1년 ～ sepanjang tahun. 하룻밤 ～ semalam suntuk.
내내년(來來年)＜nae/nae/nyeon＞ tahun setelah tahun depan.
내내월(來來月)＜nae/nae/wol＞ bulan setelah bulan depan.
내년(來年)＜nae/nyeon＞ tahun depan; tahun mendatang. ～봄 musim semi yang akan datang. ～이맘 때 kira-kira waktu ini tahun depan.
내놓다＜nae/not/tha＞ memperlihatkan; mengeluarkan; mengemuka-

kan; melepaskan; menyumbang; menyajikan (☞ 내다). 창 밖으로 머리를~ menjulurkan kepala keluar jendela. 죄수를~ melepaskan/ membebaskan tawanan. 팔려고~ menjajakan untuk dijual. 집을~ menjual rumah. 젖가슴을~ bertelanjang dada. 술(마실것)을~ menghidangkan minuman. 생명을 ~ mempertaruhkan jiwa. (갇힌) 개를~ melepaskan anjing. 거액의 돈을~ menyumbang sejumlah besar uang.

내다 <nae/da> ① mengeluarkan. 호주머니에서~ mengeluarkan dari saku. ② mengerahkan; membangkitkan. 전속력을~ mengerahkan kecepatan penuh. 용기를~ membangkitkan keberanian. ③ memberi; mengeposkan; mengirimkan; membeberkan; menerbitkan; mengumumkan. 문제를~ memberi pertanyaan. 편지를~ mengeposkan surat. 원서를~ mengirim surat lamaran. 신문에~ membeberkan (berita) kepada pers. ④ membuka. 가게를~ membuka toko. 길을~ membuka jalan. 구멍(창문)을~ memasang jendela. ⑤ menyajikan; menawarkan; menyuguhkan. 차를~ menawarkan teh. 한턱 ~ menjamu. ⑥ menghasilkan; menyebarkan. 인재(人材)를~ menghasilkan orang-orang pandai. 사상자를~ menderita kecelakaan. ⑦ (소리를) mengeluarkan (suara; sinar; debu). ⑧ menanamkan (uang); membayar; menyumbangkan. 수업료를~ membayar uang sekolah. ⑨ (시간을) menyempatkan/meluangkan (waktu). ⑩ mengambil. 빚(여권)을~ mengambil pinjaman (paspor). ⑪. menjual. 곡식을~ menjual biji-bijian.

내다보다 <nae/da/bo/da> melihat ke luar, memandang ke depan; meramalkan. 창 밖을~ memandang keluar jendela. 앞일을~ memandang ke masa depan; meramalkan

masa depan.

내닫다 <nae/dat/ta> melejit kedepan.

내달(來-) <nae/dal> bulan depan.

내담(來談) <nae/dam> ~하다 bertatap muka; berwawancara. 본인 직접 ~할 것 melamar sendiri.

내던지다 <nae/deon/ji/da> ① (밖으로) melempar keluar; membuang. ② meninggalkan; menyerahkan. 지위를~ menyerahkan jabatan. 사표를~ menyerahkan surat pengunduran diri.

내도(來到) <nae/do> ~하다 datang; tiba.

내동댕이치다 <nae/dong/daeng/i/chi/da> ☞ 내던지다.

내두르다 <nae/du/reu/da> 손을~ melambaikan tangan.

내디디다 <nae/di/di/da> melangkah ke depan; maju; mulai. 인생의 첫 발을 잘못~ membuat permulaan yang salah dalam hidup.

내락(內諾) <nae/rak> ijin informal/ tidak resmi. ~하다 memberikan ijin tidak resmi. ~을 얻다 mendapat ijin pribadi.

내란(內亂) <nae/ran> perang sipil. ~을 일으키다 membangkitkan pemberontakan. ~죄 hukuman perang sipil.

내려가다 <nae/ryeo/ga/da> turun; menurun; merendah. 언덕을~ turun bukit. 기온이 영하로~ turun di bawah nol.

내려놓다 <nae/ryeo/not/ta> meletakkan; membaringkan. 남비를~ mengangkat panci dari api.

내려다보다 <nae/ryeo/da/bo/da> ① (밑을) memandang ke bawah. ② (얕보다) memandang rendah; mengabaikan.

내려앉다 <nae/ryeo/an/ta> turun kedudukan; jatuh pangkat; runtuh; ambruk.

내려오다 <nae/ryeo/o/da> turun.

내려지다 <nae/ryeo/ji/da> turun; jatuh.

내려치다 <nae/ryeo/chi/da> memukul ke bawah. 책상을 주먹으로~ memukul meja dengan tinjunya.

내력(來歷)＜nae/ryeok＞ ① riwayat; karir. ~을 캐다 merunut sampai ke asalnya. ② ☞ 내림.

내륙(內陸)＜nae/ryuk＞ pedalaman. ~지방 daerah pedalaman.

내리＜nae/ri＞ ① ke bawah. ~불다 bertiup ke bawah. ~차다 menendang ke bawah. ② terus menerus; berkesinambungan. ~사흘 selama tiga hari berturut-turut. 비가~오다 hujan terus.

내리긋다＜nae/ri/geut/ta＞ menggambar; menarik garis ke bawah.

내리깎다＜nae/ri/kak/ta＞ menurunkan harga.

내리깔다＜nae/ri/kal/da＞ memicingkan mata.

내리다＜nae/ri/da＞ ① turun; rontok; merontok; gugur; luruh; tanggal; berjatuhan; lepas. 연단에서~ turun dari mimbar. ② (먹은 것이) dicerna; turun. ③ (부기 따위가) susut; berkurang; mengurus. ④ (신이) kemasukan (setan). ⑤ (뿌리가) berakar.

내리다＜nae/ri/da＞ ① menurunkan. 선반에서 책을~ menurunkan buku dari rak. 커튼을~ menurunkan korden. 차에서 짐을~ mengambil bungkusan dari mobil. 불에서 냄비를~ mengangkat panci dari api. ② (하사) memberi; menganugerahi. ③ (판결을) memberi-(keputusan).

내리막＜nae/ri/mak＞ ① lereng menurun; penurunan. ~길 jalan menurun. ② surutnya; penurunan. ~길의 복서 petinju yang popularitasnya turun. 인생의~ surutnya kehidupan; masa usia senja. 더위도 이제 ~이다 panasnya turun.

내리찌다＜nae/ri/coe/da＞ memancar(cahaya).

내림＜nae/rim＞ pewarisan; penurunan. 책을 좋아하는 것은 우리 집의 ~일세 cinta buku sudah menjadi tradisi turun-temurun keluarga kami

내림(來臨)＜nae/rim＞ kehadiran. ~하다 menghadiri; hadir (di).

내림세(- 勢)＜nae/rim/se＞ kecenderungan turun.

내막(內幕)＜nae/mak＞ fakta dari dalam. ~을 잘알고 있다 jadi diketahui. ~얘기 cerita orang dalam.

내막(內膜)＜nae/mak＞ 『解』 selaput pelapis.

내면(內面)＜nae/myeon＞ bagian dalam; batin; interim ~적(으로) (secara) batiniah/inernal. ~관찰 pandangan dari dalam. ~묘사 uraian bagian dalam. ~생활 kehidupan batin.

내몰다＜nae/mol/da＞ mengusir.

내몰리다＜nae/mol/li/da＞ diusir; dikeluarkan.

내무(內務)＜nae/mu＞ urusan dalam negeri. ~반 barak; markas. ~부(성) Departemen Dalam Negeri. ~장관 Menteri Dalam Negeri.

내밀(內密)＜nae/mil＞ ~한 rahasia. ~히 dengan rahasia; secara rahasia.

내밀다＜nae/mil/da＞① menonjol; menjulur; menyembul; mencuat; menjorok.② menyodorkan; mengulur; mendorong.

내밀리다＜nae/mil/li/da＞ didorong keluar.

내밀힘＜nae/mil/him＞ dorongan.

내방(來訪)＜nae/bang＞ kunjungan. ~하다 mengunjungi.

내뱉다＜nae/baeth/ta＞ meludah; membura.

내버려두다＜nae/beo/ryeo/du/da＞ membiarkan (sesuatu) sebagaimana adanya; meninggalkan sendiri. 제 마음대로 하게 ~ membiarkan pada putusannya.

내버리다＜nae/beo/ri/da＞ meninggalkan; membuang.

내보내다＜nae/bo/nae/da＞ ① mengirim. 척후를~ mengirim pengintai. ② (해고) memecat.

내복(內服)＜nae/bok＞ ① ☞ 속옷 ② penggunaan dalam. ~하다

메nggunakan untuk di dalam. ~약 obat dalam.
내부(內部)<nae/bu> bagian dalam. ~의 dalam. ~에 di dalam. ~분열 perpecahan di dalam. ~사람 orang dalam. ~사정 urusan dalam.
내분(內紛)<nae/bun> pertengkaran dalam/intern.
내분비(內分泌)<nae/bun/bi> sekresi bagian dalam. ~선 kelenjar bagian dalam. ~액 sekresi dalam.
내빈(來賓)<nae/bin> tamu. ~석 tempat duduk untuk tamu. ~실(室) ruang resepsi.
내빼다<nae/pae/da> kabur; melarikan diri. ☞ 달아나다.
내뿜다<nae/pum/ta> memancarkan; menyembur; memancur.
내사(內査)<nae/sa> penyelidikan rahasia. ~하다 menyelidiki secara rahasia.
내상(內相)<nae/sang> ☞ 내무 장관(內務長官).
내색<nae/saek> penampakan emosi. ~하다 menunjukkan emosi. ~도 않다 tidak menunjukkan emosi.
내생(來生)<nae/saeng> kehidupan yang akan datang; kehidupan setelah mati.
내선(內線)<nae/seon> jaringan (kabel) dalam; saluran dalam.
내성(內省)<nae/seong> mawas diri/introspeksi diri. ~하다 bermawas diri; berintrospeksi. ~적 bersifat mawas diri. ~적인 사람 introvet.
내성(耐性)<nae/seong> toleransi; resistensi. ~균 bakteri yang resisten.
내세(來世)<nae/se> kehidupan yang akan datang; dunia akhirat.
내세우다<nae/se/u/da> ① memberikan dukungan; mendukung. 후보자를~ mendukung calon. ② mempertahankan. ...한 주장을~ mempertahankan bahwa ... 이런 사실을 이유로~ memberi fakta sebagai alasan.
내수(內需)<nae/su> permintaan dalam negeri. ~용 원자재 bahan mentah untuk kebutuhan dalam negeri.
내수면(內水面)<nae/su/myeon> perairan darat. ~어업 perikanan darat; perikanan air tawar.
내쉬다<nae/swi/da> mengembuskan napas; menapaskan.
내습(來襲)<nae/seub> serangan; penyerangan. ~하다 menyerang.
내습(耐濕)<nae/seub> ~의 tahan basah; tahan lembab.
내시(內示)<nae/si> pengumuman tidak resmi. ~하다 mengumumkan dengan tidak resmi.
내시(內侍)<nae/si> orang kebiri; kasim.
내시경(內視鏡)<nae/si/gyeong> 『醫』endoskop. ~검사(법) endoskopi.
내신(內申)<nae/sin> laporan tidak resmi. ~하다 melaporkan secara tidak resmi. ~서 laporan sekolah; rapor sekolah.
내신(來信)<nae/sin> pesan.
내신성적(內申成績)<nae/sin/seong/jeok> rapor Sekolah Menengah Atas; rapor SMA.
내실(內室)<nae/sil> kamar bagian dalam; ruang wanita.
내실(內實)<nae/sil> ~을 기하다 mementingkan isi.
내심(內心)<nae/sim> kata hati; lubuk hati. ~으로 secara batiniah.
내야(內野)<nae/ya> 『野』lapangan dalam (bisbol). ~수 pemain lapangan dalam (base ball).
내약(內約)<nae/yak> ~하다 membuat perjanjian pribadi.
내역(內譯)<nae/yeok> perincian; rincian.
내연(內緣)<nae/yeon> pernikahan di bawah tangan. ~의 처 isteri simpanan; isteri gelap.
내연(內燃)<nae/yeon> pembakaran dalam. ~기관 mesin pembakaran dalam.

내열(耐熱)＜nae/yeol＞　～의 tahan panas.　～시험 uji ketahanan panas.

내오다＜nae/o/da＞　mengeluarkan; membawa keluar.

내왕(來往)＜nae/wang＞　kedatangan dan kepergian; lalu lintas.　～하다 datang dan pergi.　☞ 왕래.

내외(內外)＜nae/oe＞　suami dan isteri; pasangan.

내외(內外)＜nae/oe＞　① dalam dan luar; dalam dan luar negeri.　～동포 saudara sebangsa di dalam dan di luar negeri.　～정세 kondisi dalam dan luar negeri.　② beberapa; kira-kira; sekitar.　일 주일～ kira-kira seminggu.

내외하다(內外-)＜nae/oe/hada＞ menjaga jarak (antara pria dan wanita).

내용(內用)＜nae/yong＞　penggunaan dalam; pemakaian dalam.　☞ 내복.

내용(內容)＜nae/yong＞　isi; muatan; kandungan; volume.　편지～ isi surat.　사건의～ rincian kasus.　형식과～ bentuk dan isi.　～증명 sertifikat isi.　～증명 우편 pos bersertifikat isi.

내용연수(耐用年數)＜nae/yong/yeon/su＞ masa pakai; tahun pakai.

내우(內憂)＜nae/u＞　kesulitan dalam negeri.　～외환 kesulitan baik dalam negeri maupun luar negeri; kesulitan dari dalam dan luar.

내원(來援)＜nae/won＞　bantuan; pertolongan.　～을 요청하다 meminta datang dan menolong.

내월(來月)＜nae/wol＞　bulan depan.

내유(來遊)＜nae/yu＞　～하다 mengunjungi.

내응(內應)＜nae/eung＞　☞ 내통(內通).

내의(內衣)＜nae/eui＞　baju dalam; pakaian dalam; singlet.

내의(內意)＜nae/eui＞　maksud; pendapat.　～를 알아채다 membaca maksud.

내의(來意)＜nae/eui＞　tujuan kunjungan/kedatangan.

내이(內耳)＜nae/i＞　telinga bagian dalam.　～염 peradangan telinga bagian dalam.

내일(來日)＜nae/il＞　besok.　～아침[밤] besok pagi [malam].　～의 한국 masa depan Korea.

내자(內子)＜nae/ja＞　isteri saya.

내자(內資)＜nae/ja＞　modal/dana dalam negeri.　～동원 mobilisasi modal lokal.

내장(內粧)＜nae/jang＞　dekorasi dalam; dekorasi interior.　～공사 『建』 pekerjaan bagian dalam.

내장(內障)＜nae/jang＞　『醫』 katarak.

내장(內臟)＜nae/jang＞　organ dalam; usus.　～질환 penyakit dalam.

내재(內在)＜nae/jae＞　『哲』 batin.　～적 ada dalam batin.

내적(內的)＜nae/ceok＞　batiniah.　～생활 kehidupan batiniah.

내전(內戰)＜nae/jeon＞　perang saudara; perang sipil.

내전(來電)＜nae/jeon＞　panggilan telepon; telegram; pesan.

내접(內接)＜nae/jeob＞　～하다 menyinggung bagian dalam.　～원(圓) lingkaran dalam.

내정(內定)＜nae/jeong＞　keputusan tidak resmi.　～하다 memutuskan secara tidak resmi.　～되다 diatur secara tidak resmi.

내정(內政)＜nae/jeong＞　administrasi dalam negeri.　～간섭 campur tangan (asing) dalam urusan dalam negeri.

내정(內庭)＜nae/jeong＞　halaman dalam.

내정(內情)＜nae/jeong＞　urusan dalam; urusan intern.　～에 밝다 familier dengan masalah-masalah intern.

내조(內助)＜nae/jo＞　bantuan isteri.　～하다 membantu suami.　～의 덕택[공]으로 dengan bantuan isteri.

내종(內從)＜nae/jong＞　saudara sepupu dari bibi pihak ayah.

내주(來週)＜nae/ju＞　minggu depan.　～의 오늘 hari ini minggu depan.

내주다 ＜nae/ju/da＞ memasrahkan; menyerahkan; mendaulatkan.
내주장(內主張) ＜nae/ju/jang＞ pemerintahan bawahan. ~하다 menguasai suami. 그 집은~이다 Isteri adalah penguasa di rumah itu.
내지(內地) ＜nae/ji＞ pedalaman; dalam negeri. ~인 pribumi; orang pedalaman.
내지(乃至) ＜nae/ji＞ dari ... ke ...; antara ... dan ....
내진(內診) ＜nae/jin＞ pemeriksaan dalam. ~하다 mengadakan pemeriksaan dalam.
내진(來診) ＜nae/jin＞ ~을 청하다 memanggil dokter.
내진(耐震) ＜nae/jin＞ ~의 tahan gempa. ~가옥 bangunan tahan gempa.
내쫓기다 ＜nae/cot/ki/da＞ dikeluarkan; dipecat.
내쫓다 ＜nae/cot/ta＞ ① (밖으로) mengeluarkan; mengincitkan. ② (해고) memecat; menceraikan.
내착(來着) ＜nae/chak＞ kedatangan. ~하다 datang.
내채(內債) ＜nae/chae＞ pinjaman dalam negeri.
내처 ＜nae/cheo＞ bergantian. ~일 하다 terus bekerja.
내출혈(內出血) ＜nae/chul/hyeol＞ 『醫』 pendarahan dalam. ~을 일으키다 berdarah di dalam.
내치(內治) ＜nae/chi＞ ① (내정) administrasi dalam negeri. ② (내과치료) pengobatan/perawatan dalam.
내치다 ＜nae/chi/da＞ menolak; mengeluarkan.
내키다 ＜nae/khi/da＞ sudi; berkenan; mau; suka.
내키다 ＜nae/khi/da＞ membuang lebih jauh.
내탐(內探) ＜nae/tham＞ penyelidikan rahasia. ~하다 melakukan penyelidikan rahasia/pribadi.
내통(內通) ＜nae/thong＞ komunikasi rahasia; pengkhianatan. ~하다 berkomunikasi diam-diam (dengan); berkhianat. ~자 pengkhianatan.

내포(內包) ＜nae/fo＞ 『論』 konotasi. ~하다 berisi; melibatkan; berkonotasi.
내피(內皮) ＜nae/fi＞ 『解』 endotelium.
내핍(耐乏) ＜nae/fib＞ ~하다 hidup bersahaya; hidup sederhana ~생활 kehidupan yang sederhana. ~생활을 하다 menjalani hidup yang sederhana.
내한(耐寒) ＜nae/han＞ ~의 tahan dingin. ~식물 tanaman kuat/keras. ~행군 latihan berbaris agar tahan cuaca dingin.
내한(來韓) ＜nae/han＞ kunjungan ke Korea. ~하다 mengunjungi Korea.
내항(內港) ＜nae/hang＞ pelabuhan dalam negeri.
내항(內項) ＜nae/hang＞ 『數』 rata-rata.
내항(來航) ＜nae/hang＞ ~하다 bepergian dengan pesawat.
내항선(內航船) ＜nae/hang/seon＞ pelayaran dalam negeri.
내해(內海) ＜nae/hae＞ laut dalam daratan.
내향(內向) ＜nae/hyang＞ ~적인 사람 introvet. ~성 『心』 introversi.
내홍(內訌) ＜nae/hong＞ kesulitan dalam negeri; perselisihan dalam negeri.
내화(內貨) ＜nae/hwa＞ mata uang lokal.
내화(耐火) ＜nae/hwa＞ ~의 tahan api. ~벽돌 bata tahan api. ~재(材) bahan tahan api.
내환(內患) ＜nae/hwan＞ ① isteri sakit. ② ☞ 내우.
내후년(來後年) ＜nae/hu/nyeon＞ tiga tahun kemudian.
냄비 ＜naem/bi＞ panci; periuk. ~뚜껑 tutup panci; tutup periuk.
냄새 ＜naem/sae＞ bau; aroma; odor. ~나다 berbau; mengeluarkan bau. ~가 좋다[나쁘다] bau harum [busuk]. ~맡다 mencium; membaui.
냅다 ＜naeb/ta＞ berasap.

냅다＜naeb/ta＞ dengan keras; se-kencang-kencangnya. ～ 달아나다 kabur sekencang-kencangnya.

냅킨＜naeb/khin＞ serbet; kain pe-nyeka.

냇가＜naet/ka＞ tepi sungai.

냇내＜naet/nae＞ bau asap; sangit; angit.

냉(冷)＜naeng＞ ① (대하증) kepu-tihan. ② (몸의) badan kedinginan.

냉…(冷)＜naeng＞ dingin. ～커피 kopi es; kopi dingin.

냉각(冷却)＜naeng/gak＞ pendingin-an. ～하다 mendinginkan. ～기 lemari es; mesin pendingin. ～기 간 masa hangat.

냉국(冷 -)＜naeng/guk＞ sup yang di buat dingin; sup dingin.

냉기(冷氣)＜naeng/gi＞ dingin; hawa dingin.

냉난방(冷暖房)＜naen/nan/bang＞ pengaturan suhu udara, pengatur suhu udara. ～완비 Ber AC

냉담(冷淡)＜naeng/dam＞ kedingin-an; ketidakpedulian; ketidakacuhan. ～한 dingin; masa bodoh; tak acuh. ～하게 dengan dingin; de-ngan acuh tak acuh.

냉대(冷待)＜naeng/dae＞ ☞ 푸대접.

냉동(冷凍)＜naeng/dong＞ pembeku-an; pendinginan. ～하다 membe-kukan; mendinginkan. ～기 pen-dingin; lemari es; kulkas. ～선 perahu pendingin. ～식품 makanan beku. ～어 ikan beku.

냉랭하다(冷冷-)＜naeng/naeng/ha da＞ dingin; tidak peduli; masa bodoh.

냉방(冷房)＜naeng/bang＞ ruangan berpendingin. ～장치 pendingin udara; sistem pendingin.

냉소(冷笑)＜naeng/so＞ senyum di-ngin; cemoohan; cibiran; sinisme. ～하다 mencemoohkan.

냉수(冷水)＜naeng/su＞ air dingin. ～스럽다 hambar; tawar. ～마찰 dilap dengan handuk dingin/basah. ～욕 mandi air dingin.

냉습(冷濕)＜naeng/seub＞ ～한 di-ngin dan lembab.

냉엄(冷嚴)＜naeng/eom＞ ～한 ke-jam. ～한 현실 kenyataan hidup yang kejam.

냉이＜naeng/i＞ 『植』 kantung gem-bala.

냉장(冷藏)＜naeng/jang＞ penyim-panan dingin; ruangan pendingin. ～하다 menyimpan dalam ruang pendingin. ～고 lemari es; lemari pendingin; kulkas. ～차 mobil pendingin.

냉전(冷戰)＜naeng/jeon＞ perang di-ngin.

냉정(冷情)＜naeng/jeong＞ ～한 ti-dak berperasaan; berhati dingin; kejam.

냉정(冷靜)＜naeng/jeong＞ ketenang-an. ～한 tenang. ～히 dengan te-nang. ～을 잃다 lupa diri.

냉차(冷茶)＜naeng/cha＞ teh es; teh dingin.

냉철(冷徹)＜naeng/cheol＞ ～한 ber-kepala dingin.

냉큼＜naeng/kheum＞ segera; seke-tika; dengan cepat.

냉하다(冷 -)＜naeng/hada＞ dingin.

냉한(冷汗)＜naeng/han＞ keringat dingin.

냉해(冷害)＜naeng/hae＞ kerusakan akibat cuaca dingin.

냉혈(冷血)＜naeng/hyeol＞ darah di-ngin; kesadisan; kekejaman. ～의 berdarah (berhati) dingin. ～동물 binatang berdarah dingin. ～한(漢) orang yang berhati dingin.

냉혹(冷酷)＜naeng/hok＞ kekejaman. ～한 kejam; berhati dingin.

너＜neo＞ kamu; anda; engkau. ～ 의 kamu (posesif). ～에게 kamu (obyek).

너구리＜neo/gu/ri＞ 『動』 anjing mu-sang.

너그러이＜neo/geu/reo/i＞ dengan murah hati. ～용서하다 memaaf-kan dengan ikhlas. ～봐주다 meng-abaikan (kesalahan orang).

너그럽다＜neo/geu/reob/ta＞ murah hati. 너그럽게 ☞ 너그러이/너그러운

태도.
너나없이 <neo/na/eob/si> ~모두 semua; setiap orang.
너더분하다 <neo/deo/bun/hada> kacau; acak-acakan; berantakan.
너덕너덕 <neo/deok/neo/deok> ~기운 bertambal-tambal.
너덜너덜 <neo/deol/neo/deol> ~한 bekas; usang.
너덧 <neo/deot> kira-kira empat.
너르다 <neo/reu/da> lebar; luas.
너머 <neo/meo> sisi yang berlawanan; sisi lain. 산~에 di sisi yang lain dari gunung. 어깨 ~로 di atas bahu.
너무 <neo/mu> terlalu (banyak); terlampau; kelewat; berlebihan. ~진하다 terlalu kental.
너비 <neo/bi> lebar. ~가 넓[좁]다 lebar [sempit]. ~가 5피트다 lebar lima kaki.
너새 <neo/sae> 『鳥』 burung rajawali besar; bustard.
너울가지 <neo/ul/ga/ji> sosiabilitas.
너울거리다 <neo/ul/geo/ri/da> melambai-lambai; beralun-alun; mengombak.
너울너울 <neo/ul/neo/ul> alunan; pengombakan.
너저분하다 <neo/jeo/bun/hada> kacau; berantakan.
너절하다 <neo/jeol/hada> kacau berantakan; morat-marit; berjabar-jabir.
너털웃음 <neo/theol/u/seum> tertawa terbahak-bahak.
너펄거리다 <neo/feol/geo/ri/da> melambai-lambai; berkibar-kibar.
너풀거리다 <neo/ful/geo/ri/da> ☞ 너펄거리다.
너희 <neo/heui> kamu; kalian.
넉넉하다 <neok/neok/hada> cukup. 살림이 ~ kaya. 시간이 ~ punya banyak waktu; waktu cukup. 치수가 ~ ukuran cukup.
넉살스럽다 <neok/sal/seu/reob/ta> ☞ 넉살좋다.
넉살좋다 <neok/sal/jot/tha> tidak tahu malu; tebal muka.

넋 <neok> jiwa; nyawa; roh. ~을 잃고 dengan linglung. ~을 잃다 linglung. ~을 위로하다 berdoa untuk ketenangan arwah yang pergi.
넋두리 <neok/tu/ri> ~하다 mengeluhkan; menggerutu.
넌더리 <neon/deo/ri> ~나다 muak; jemu; sirik. ~대다 membuat muak; membuat jemu.
넌센스 <neon/sen/seu> ☞ 난센스.
넌지시 <neon/ji/si> dengan menyindir. ~말하다 menyindir. ~경고하다 memberi peringatan dengan menyindir.
널 <neol> ① papan. ~다리 jembatan kayu. ~마루 lantai kayu. ~판장 pagar papan. ② (관) peti mati; keranda ③ (널뛰기의) papan jungkat-jangkit.
널다 <neol/da> membentangkan; menampirkan; menyampaikan; menyediakan; menggantungkan.
널따랗다 <neol/ta/rat/tha> luas.
널뛰기 <neol/twi/gi> jungkat-jungkit.
널뛰다 <neol/twi/da> bermain jungkat-jungkit.
널리 <neol/li> dengan luas; jauh dan luas. ~세상에 알려지다 dikenal di seluruh dunia.
널리다 <neol/li/da> memperluas; membentangkan, berserakan.
널빤지 <neol/pan/ji> papan; pelang.
널찍하다 <neol/cik/hada> ☞ 널따랗다.
넓다 <neob/ta> ① (폭 넓이가) luas; lebar; lapang. ② (마음이) berhati lapang; berdada lapang.
넓이 <neo/bi> lebar; ukuran luas; keluasan.
넓이뛰기 <neol/bi/twi/gi> lompat jauh. 제자리~ lompat jauh tanpa awalan.
넓적다리 <neob/ceok/da/ri> paha.
넓적하다 <neob/ceok/hada> rata (dan luas).
넓히다 <neol/fi/da> memperluas; memperkembangkan. 운동장을~

memperluas lapangan. 지식을~ memperluas pengetahuan.
넘겨다보다＜neom/gyeo/da/bo/da＞ melihat dengan iri; mengirikan.
넘겨씌우다＜neom/gyeo/sseui/u/da＞ menyalahkan orang lain.
넘겨잡다＜neom/gyeo/jab/ta＞ menduga; mengira.
넘겨주다＜neom/gyeo/ju/da＞ ☞ 넘기다.
넘겨짚다＜neom/gyeo/jif/ta＞ menebak.
넘기다＜neom/gi/da＞ ① menyerahkan. 범인을 경찰에~ menyerahkan penjahat kepada polisi. 다음 사람에게~ menyampaikan kepada orang berikut. ② (넘어뜨리다) melempar. ③ melewati. 기한을~ melewati masa tertentu. ④ (이월) memindahtuliskan.
넘다＜neom/ta＞ ① menyeberangi; melintasi 산을 ~ melintasi gunung. ② (초과) melampaui; melebihi; melewati. ③ (범람) mengalir berlebihan.
넘버＜neom/beo＞ nomor. ~링 mesin pemberi nomor. ~원 nomor satu.
넘보다＜neom/bo/da＞ memandang rendah; meremehkan.
넘실거리다＜neom/sil/geo/ri/da＞ bergulung-gulung; menggelombang; beralun-alun.
넘어가다＜neom/eo/ga/da＞ ① (지나가다) melangkahi; melampaui; melalui; melewati. ② (해 달이) tenggelam. ③ (남의 소유로) jatuh ke tangan ...; jatuh ke .... ④ jatuh ke dalam. 계략에~ jatuh ke dalam perangkap. ⑤ (쓰러지다) rebah; jatuh. ⑥ (음식이) ditelan.
넘어뜨리다＜neom/eo/teu/ri/da＞ ① (넘어지게하다) menjatuhkan; menumbangkan; rebah; jatuh; runtuh. ② (지우다) mengalahkan. ③ (전복) menggulingkan.
넘어서다＜neom/eo/seo/da＞ melampaui; melewati; melintasi. 어려운 고비를~ melewati masa sulit.

넘어오다＜neo/meo/o/da＞ ① (오다) datang melintasi. ② (제 차지로) kembali ke tangan.
넘어지다＜neo/meo/ji/da＞ jatuh; merosot; roboh; runtuh. (돌에)걸려 ~ terantuk; kesandung batu.
넘치다＜neom/chi/da＞ ① meluap; melimpah; melimpah ruah; penuh ruah. 기쁨에~ penuh kegembiraan; kegembiraan meluap. ② (초과) berlebihan.
넙치＜neob/chi＞ ikan pipih; halibut.
넝마＜neong/ma＞ kain tua; kain rombeng; pakaian bekas. ~장수 pedagang kain rombeng; pedagang pakaian bekas. ~주이 pemulung pakaian bekas.
넣다＜neot/tha＞ ① memasukkan; mengisi. 커피에 우유를 ~ memasukkan susu ke dalam kopi. 주머니에 손을~ memasukkan tangan ke dalam saku. 이불에 솜을~ mengisi kasur dengan kapas. ② mengirim; memasukkan. 학교에~ mengirim/memasukkan anak ke sekolah. ③ (포함) termasuk; terhitung.
네＜ne＞ ① kamu; anda. ~가 잘 못했다 kamu yang salah. ② anda (posesif). ~아들 putra anda.
네＜ne＞ empat.
...네＜ne＞ 우리 ~ kami (subyek). 그~ mereka (subyek). 옥동이~ keluarga Ogdong.
네거리＜ne/geo/ri＞ perempatan jalan.
네까짓＜ne/ka/jit＞ ~놈[년] makhluk seperti kamu.
네댓＜ne/daet＞ empat atau lima; beberapa. ~새 beberapa hari.
네덜란드＜ne/deol/lan/deu＞ Belanda. ~말 bahasa Belanda. ~사람 orang Belanda.
네모＜ne/mo＞ persegi. ~난 empat sudut. ~꼴 bangun segi empat.
네발짐승＜ne/bal/jim/seung＞ binatang berkaki empat.

네쌍동이(-雙童-)＜ne/ssang/dong/i＞ anak kembar empat.

네온＜ne/on＞『化』 neon (ne). ~사인 lampu neon.

네째＜ne/cae＞ keempat.

네커치프＜ne/kheo/chi/feu＞ sal; setangan leher.

네크리스＜ne/kheu/li/seu＞ kalung.

네트＜ne/theu＞ jaring; rajut; jaring-jaring. ~워크 jaringan.

네팔＜ne/fal＞ Nepal. ~의 mengenai Nepal. ~말 bahasa Nepal. ~사람 orang Nepal.

네활개＜ne/hwal/gae＞ ~치다 jalan berlagak.

넥타이＜nek/tha/i＞ dasi. ~핀 peniti dasi. 나비 ~ dasi pita; dasi kupu-kupu.

넷＜net＞ empat.

년＜nyeon＞ sandal.

년(年)＜nyeon＞ tahun; sanat.

녘＜nyeokh＞ ke arah; menjelang. 해뜰~ menjelang fajar. 동~ arah timur.

노＜no＞ tali; tambang.

노(櫓)＜no＞ dayung. ~를 젓다 mendayung; mengayuh.

노…(老)＜no＞ tua; kuno; lama. ~신사 lelaki tua terhormat.

노간주나무＜no/gan/ju/na/mu＞『植』 nama tanaman.

노경(老境)＜no/gyeong＞ uzur; lanjut usia. ~에 들다 mulai menua.

노고(勞苦)＜no/go＞ kerja keras.

노곤(勞困)＜no/gon＞ ~한 lelah; lunglai; lemah.

노골(露骨)＜no/gol＞ ~적(的)(으로) (dengan) terus terang.

노구(老軀)＜no/gu＞ tubuh tua. ~를 이끌고 walaupun umurnya tua.

노기(怒氣)＜no/gi＞ rasa marah. ~등등하다 murka. ~충천하다 mendidih karena marah.

노끈＜no/keun＞ tali; tambang.

노년(老年)＜no/nyeon＞ umur tua. ~기 masa tua.

노농(勞農)＜no/nong＞ buruh tani. ~당 partai buruh tani.

노느다＜no/neu/da＞ ☞ 나누다.

노닐다＜no/nil/da＞ berjalan-jalan.

노다지＜no/da/ji＞ bonansa; tambang emas kaya. ~를 캐다 menggali bonansa.

노닥거리다＜no/dak/geo/ri/da＞ terus mengobrol.

노닥이다＜no/dak/i/da＞ ☞ 노닥거리다.

노대(露臺)＜no/dae＞『建』 galeri; pelantaran.

노대가(老大家)＜no/dae/ga＞ ahli tua.

노대국(老大國)＜no/dae/guk＞ negara besar yang menua.

노도(怒濤)＜no/do＞ gelombang besar.

노독(路毒)＜no/dok＞ kelelahan karena perjalanan. ~을 풀다 melepaskan lelah setelah perjalanan.

노동(勞動)＜no/dong＞ kerja kasar; kerja keras; kerja fisik. ~하다 bekerja; bekerja keras; memburuh. ~당(黨) partai buruh; serikat buruh. ~당원 anggota partai buruh. ~력 tenaga manusia; tenaga kerja. ~문제 masalah tenaga kerja. ~법 Undang-Undang Perburuhan. ~시간 jam kerja. ~시장 bursa tenaga kerja. ~운동 gerakan buruh. ~인구 angkatan kerja. ~자 buruh; karyawan; pekerja pria; pekerja. ~자계급 kelas/kaum buruh. ~쟁의 kesulitan-kesulitan dalam bidang perburuhan. ~절 hari buruh. ~조건 kondisi kerja. ~조합 serikat kerja. ~청 kantor urusan tenaga kerja. ~환경 lingkungan kerja. 강제~ kerja paksa. 육체 [정신] ~ kerja fisik [pikiran]. 중~ kerja berat.

노랑＜no/rang＞ kuning.

노랑이＜no/rang/i＞ ① (노란 것) barang yang berwarna kuning. ② (인색한 이) orang pelit/kikir.

노랗다＜no/rat/tha＞ kuning.

노래＜no/rae＞ nyanyian; lagu. ~하다 menyanyikan sebuah lagu; berdendang; melagukan; berlagu. ~를 잘하다 pintar menyanyi. 피아

노에 맞춰~하다 menyanyi dengan diiringi piano. ~자랑 perlombaan menyanyi amatir.

노략질(擄掠-)＜no/ryak/jil＞ perampasan; penjarahan; pencurian. ~하다 mencuri; merampas; menjarah.

노려보다＜no/ryeo/bo/da＞ membelalak; melotot; menjublek.

노력(努力)＜no/ryeok＞ usaha keras; jerih payah. ~하다 berusaha keras. 피눈물 나는~ berusaha keras; berjuang dengan darah dan air mata. 끊임없이 ~하다 gigih/tekun dalam berusaha. ~가 pekerja yang ulet. ~상 pemberian hadiah sebagai penghargaan atas usaha.

노력(勞力)＜no/ryeok＞ kerja; usaha; upaya. ~하다 berusaha; bekerja. ~이 드는일 kerja yang membutuhkan banyak tenaga kerja. ~을 제공하다 menawarkan kerja.

노련(老鍊)＜no/ryeon＞ ~한 berpengalaman; pacak; mahir; pandai; terampil. ~한 선수 pemain yang berpengalaman. ~한 솜씨 keterampilan yang tinggi. ~가 pakar; veteran; bekas prajurit.

노령(老齡)＜no/ryeong＞ umur tua; umur lanjut.

노루＜no/ru＞ kijang.

노루발장도리＜no/ru/bal/jang/do/ri＞ palu cakar; kuku kambing.

노루잠＜no/ru/jam＞ tidur kucing; tidur sebentar-sebentar.

노르스름하다＜no/reu/seu/reum/ha/da＞ kekuning-kuningan.

노르웨이＜no/reu/we/i＞ Norwegia. ~의 (사람) orang Norwegia.

노른자(위)＜no/reun/ja(wi)＞ kuning telur.

노름＜no/reum＞ perjudian; pertaruhan; hasar. ~하다 berjudi; bertaruh; mengkopyok ~꾼 pejudi; pemain judi. ~판 tempat perjudian.

노릇＜no/reut＞ bagian; peranan; tugas; fungsi. 선생 ~ pekerjaan mengajar; mengajar. 바보 ~을 하다 main bodoh. 간사 ~을 하다 berperan sebagai manajer.

노리개＜no/ri/gae＞ perhiasan kecil; mainan; main-mainan.

노리다＜no/ri/da＞ ① (냄새가) angit; menyengat. ② (다랍다) kikir; pelit.

노리다＜no/ri/da＞ mengincar; mengarah; mengintai. 기회를 ~ mengincar kesempatan. 이 익을 ~ mengarah keuntungan. 목숨을 ~ mengincar nyawa.

노망(老妄)＜no/mang＞ pikun; uzur. ~하다 menjadi pikun; menjadi lemah karena usia tua.

노면(路面)＜no/myeon＞ permukaan jalan. ~포장 pengaspalan jalan.

노모(老母)＜no/mo＞ ibu yang sudah tua.

노목(老木)＜no/mok＞ pohon tua.

노무(勞務)＜no/mu＞ tenaga kerja. ~관리 manajemen personalia. ~자 pekerja; buruh.

노발대발(怒發大發)＜no/bal/dae/bal＞ ~하다 murka; marah besar.

노방(路傍), 노변(路邊)＜no/bang, no/byeon＞ sisi jalan; pinggir jalan.

노벨＜no/bel＞ ~상 hadiah Nobel. ~상 수상자 pemenang hadiah Nobel; penerima hadiah Nobel. ~평화상 hadiah Nobel untuk perdamaian.

노병(老兵)＜no/byeong＞ tentara tua; veteran perang.

노병(老病)＜no/byeong＞ sakit uzur/usia tua.

노복(奴僕)＜no/bok＞ pelayan laki-laki; bujang.

노부(老父)＜no/bu＞ ayah yang sudah tua.

노부모(老父母)＜no/bu/mo＞ orang tua yang sudah lanjut usia.

노비(奴婢)＜no/bi＞ pelayan pria dan wanita; pelayan rumah.

노비(路費)＜no/bi＞ biaya perjalanan.

노사(勞使)＜no/sa＞ majikan dan pekerja; majikan dan buruh. ~관계 hubungan antara pekerja dan majikan. ~분쟁 pertengkaran majikan dan pekerja. ~협의회 perundingan antara majikan dan pekerja. ~협조 kerja sama/harmonisasi antara majikan dan pekerja.

노상＜no/sang＞ selalu; sepanjang waktu.

노상(路上)＜no/sang＞ ~에서 di pinggir jalan; di jalan. ~강도 penodongan di jalan. ~ 강도짓을 하다 melakukan perampokan di jalan raya; menodong di jalan.

노새＜no/sae＞ 『動』 bagal.

노색(怒色)＜no/saek＞ roman marah.

노선(路線)＜no/seon＞ rute; trayek; jurusan; garis. 강경~ garis keras; haluan keras. 버스~ rute pelayanan bus; trayek bus. 정치~ garis haluan politik.

노성(怒聲)＜no/seong＞ suara marah.

노소(老少)＜no/so＞ muda dan tua; berumur dan remaja. ~를 막론하고 tanpa perbedaan usia.

노송(老松)＜no/song＞ pohon cemara tua; pohon pinus tua.

노쇠(老衰)＜no/soe＞ tua renta; rungkuh; tua bangka. ~하다 menjadi tua renta. ~기(期) masa tua.

노숙(老熟)＜no/suk＞ ~하다 mencapai kedewasaan; dewasa; matang; berpengalaman.

노숙(露宿)＜no/suk＞ berkemah di alam terbuka. ~하다 tidur di udara terbuka; berkemah.

노스탤지어＜no/seu/thael/ji/eo＞ kenangan; kerinduan.

노심초사(勞心焦思)＜no/sim/cho/sa＞ ~하다 gelisah; khawatir.

노아＜no/a＞ Nabi Nuh. ~의 홍수 banjir besar Nabi Nuh. ~의 방주(方舟) bahtera Nabi Nuh; kapal Nabi Nuh.

노안(老眼)＜no/an＞ 『醫』 presbiopi; mata tua; rabun. ~의 presbiopis. ~이 되다 menjadi rabun karena usia tua. ~경 kacamata untuk orang tua; kacamata plus.

노약(老弱)＜no/yak＞ ~자 orang tua.

노어(露語)＜no/eo＞ bahasa Rusia.

노여움＜no/yeo/um＞ kemarahan; kejengkelan; kedongkolan. ~을 사다 membangkitkan kemarahan; memancing kemarahan.

노여워하다＜no/yeo/wo/hada＞ merasa terluka; mendongkol; merasa tersinggung.

노역(勞役)＜no/yeok＞ kerja keras. ~하다 bekerja keras.

노염＜no/yeom＞ marah; sakit hati; gusar. ~을 사다 membangkitkan kegusaran; membangkitkan kemarahan. ~타다 mudah tersinggung.

노엽다＜no/yeob/ta＞ tidak enak perasaan; marah; terluka hati.

노영(露營)＜no/yeong＞ ☞ 야영(野營).

노예(奴隷)＜no/ye＞ budak; sahaya; hamba. ~같은 seperti budak. ~근성 jiwa budak. ~매매 perdagangan budak. ~해방 pembebasan/kemerdekaan budak.

노옹(老翁)＜no/ong＞ lelaki tua.

노유(老幼)＜no/yu＞ tua muda.

노이로제＜no/i/ro/je＞ sakit saraf; neurosis. ~환자 penderita sakit urat saraf; penderita neurosis.

노익장(老益壯)＜no/ik/jang＞ ~을 자랑하다 membanggakan tenaga tua yang kuat.

노인(老人)＜no/in＞ orang tua; manula; orang lanjut usia. 대한 ~회 perhimpunan warga negara senior Korea. ~병 penyakit geriatrik; penyakit lanjut usia. ~학 gerontologia; ilmu mengenai usia lanjut.

노인복지(老人福祉)＜no/in/bok/ji＞ kesejahteraan manula.

노일(露日)＜no/il＞ ~의 Jepang-Rusia.

노임(勞賃)＜no/im＞ upah. ~인상 [인하] kenaikan [penurunan] upah. ~투쟁 perjuangan (kenaikan) upah. 기본~ upah dasar. 실질[명목]~ upah bersih [nominal]. 최저 [최고] ~ upah minimum [maksimum].

노자(老子)＜no/ja＞ Lao-tsze.　~사상 Taoisme.

노자(勞資)＜no/ja＞ ☞ 노사(勞使).

노자(路資)＜no/ja＞ biaya perjalanan; ongkos perjalanan.

노장(老壯)＜no/jang＞ ~파 kelompok tua; anggota lama.

노장(老將)＜no/jang＞ veteran. ~선수 pemain veteran.

노적가리(露積-)＜no/jeok/ga/ri＞ tumpukan padi.

노점(露店)＜no/jeom＞ kios kaki lima; kios pinggir jalan. ~가(街) tempat pedagang kaki lima.

노점(露點)＜no/jeom＞ 『理』 titik embun.

노점상(露店商)＜no/jeom/sang＞ pedagang kaki lima.

노정(路程)＜no/jeong＞ jarak; trayek; rute. ~표 daftar rencana perjalanan.

노조(勞組)＜no/jo＞ serikat kerja; perkumpulan/serikat dagang (☞ 노동 조합). ~간부 para pimpinan serikat buruh. ~원 anggota serikat buruh.

노처녀(老處女)＜no//cheo/nyeo＞ perawan/gadis tua.

노천(露天)＜no/cheon＞ (udara) terbuka. ~굴(掘) tambang terbuka. ~극장 teater terbuka.

노총각(老總角)＜no/chong/gak＞ bujang tua.

노출(露出)＜no/chul＞ pembukaan; pencahayaan; eksposur. ~하다 membuka; menyenter. ~된 telanjang; bertelanjang; berembang; terwedar. ~계『寫』meteran cahaya pada alat pemotret. ~시간 waktu eksposur. ~증 eksibionisme.

노친(老親)＜no/chin＞ orang tua yang lanjut usia.

노크＜no/kheu＞ ketukan. ~하다 mengetuk.

노타이(셔츠)＜no/tha/i(syeo/cheu)＞ kemeja dengan leher terbuka.

노트＜no/theu＞『海』knot (ukuran kecepatan kapal).

노트＜no/theu＞ catatan; buku catatan. ~하다 mencatat.

노티(老-)＜no/thi＞ tanda-tanda ketuaan; kelihatan tua. ~가 나다 kelihatan lebih tua dari usianya.

노파(老婆)＜no/fa＞ wanita tua. ~심 kekhawatiran menjadi tua yang berlebihan.

노폐(老廢)＜no/fye＞ kadaluarsa; tidak terpakai/habis masa pakai. ~하다 dibuang; tidak dipakai. ~물 barang yang habis masa pakai; barang bekas.

노폭(路幅)＜no/fok＞ lebar jalan.

노하다(怒 -)＜no/hada＞ menjadi marah; menjadi sakit hati; menggila.

노형(老兄)＜no/hyeong＞ anda.

노호(怒號)＜no/ho＞ raung; raungan marah. ~하다 meraung.

노화(老化)＜no/hwa＞ penuaan. ~현상 gejala usia tua/uzur.

노환(老患)＜no/hwan＞ kelemahan umur tua; sakit tua.

노획＜no/hoek＞ penangkapan. ~하다 menangkap; meraih; merampas; menjarah; menawan. ~물 barang rampasan.

노후(老朽)＜no/hu＞ ~한 tua; aus; usang; kuno; barang yang tak berguna; rombengan; kadaluarsa. ~선박 [차량] kapal [mobil] tua. ~시설 peralatan yang sudah tua.

노후(老後)＜no/hu＞ hari tua; masa tua. ~의 낙 pelipur di hari tua.

녹(祿)＜nok＞ gaji. ~을 먹다 menerima gaji; makan gaji.

녹(綠)＜nok＞ tahi besi; sanga; karat; karah (☞ 동록). ~슨 karatan. ~슬다 berkarat.

녹각(鹿角)＜nok/gak＞ tanduk rusa/kijang.

녹나무＜nok/na/mu＞『植』karas; kayu gaharu; pohon champor.

녹내장(綠內障)＜nok/nae/jang＞ 『醫』glaukoma.

녹다＜nok/ta＞ ① (물체가) larut; hancur; luluh; menjadi cair; lebur. ② (주색.잡기에) kecanduan; kasmaran; tertawan hati. ③ (좌절)

patah hati; putus asa. ④ (몸이) menjadi hangat.

녹다운<nok/da/un> *knock-down*. ~시키다 memukul jatuh.

녹두(綠豆)<nok/du> kacang hijau. ~묵 sele (selai) kacang hijau.

녹말(綠末)<nok/mal> pati; kanji; tajin. ~질(質)의 yang mengandung zat tepung/berpati.

녹변(綠便)<nok/byeon> berak hijau.

녹비(鹿 -)<nok/bi> kulit rusa.

녹색(綠色)<nok/saek> hijau.

녹신녹신하다<nok/sin/nok/sin/ha-da> halus; lembut; elastis; luwes.

녹실녹실하다<nok/sil/nok/sil/hada> ☞ 녹신녹신하다.

녹아웃<nok/a/ut> *knock-out*; KO. ~시키다 memukul roboh; memukul KO.

녹엽(綠葉)<nok/yeob> daun hijau.

녹용(鹿茸)<nok/yong> tanduk rusa muda.

녹음(綠陰)<nok/eum> naungan di bawah pohon; bayangan pohon.

녹음(錄音)<nok/eum> ~하다 merekam; merekamkan. ~ 방송하다 menyiarkan rekaman. ~기 tape recorder; alat perekam. ~실 ruang rekaman. ~재생 playback. ~ 테이프 pita rekaman. ~판 piringan hitam. 가두(街頭)~ rekaman di jalan. 동시~ perekaman langsung (gambar dan suara).

녹이다<nok/i/da> ① (녹게함) melarutkan; mencairkan; meleburkan; meluluhkan. ② (뇌쇄하다) mempesonakan; memikat; menarik hati. ③ (몸을) menghangatkan badan.

녹지(綠地)<nok/ji> jalur hijau. ~대 sabuk [zona] hijau.

녹진녹진하다<nok/jin/nok/jin/hada> halus dan lembab.

녹차(綠茶)<nok/cha> teh hijau.

녹초<nok/cho> ~가 되다 terkuras; sangat letih.

녹화(綠化)<nok/hwa> penghutanan (kembali); aforestasi. ~하다 menanam pohon. ~운동 kampanye penanaman pohon.

녹화(錄畵)<nok/hwa> perekaman. ~하다 merekam pada video. ~방송 film siaran televisi.

논<non> sawah. ~도랑 selokan di sawah; tali air.

논(論)<non> pendapat; diskusi; debat; kritikan; karangan; risalat; pembicaraan. ☞ ...론(論), 논하다.

논갈이<non/gal/i> membajak; meluku; menenggala. ~하다 membajak [meluku] sawah.

논객(論客)<non/gaek> kritikus; kontroversialis.

논거(論據)<non/geo> dasar pendapat (argumen). ~가 확실하다 (memiliki) dasar pendapat yang pasti. ...의 ~가 되다 memberikan pendapat untuk ... .

논고(論告)<non/go> pidato jaksa/penuntut; penuntutan. 김검사의 ~는 준엄했다 pidato jaksa Kim pedas dan tajam.

논공(論功)<non/gong> ~하다 mempertimbangkan jasa; menilai dinas/ konduite. ~ 행상 penghargaan atas jasa-jasa (seseorang). ~행상하다 menghadiahkan sesuai dengan jasa; menganugerahkan penghargaan.

논난(論難)<non/nan> ☞ 논란.

논농사(- 農事)<non/nong/sa> budidaya padi. ~하다 mengerjakan sawah.

논다<non/da> ☞ 나누다.

논다니<non/da/ni> wanita sundal; pelacur.

논두렁<non/tu/reong> pematang sawah; tanggul sawah. ~길 jalan pematang.

논란(論難)<non/nan> kecaman; celaan; tuduhan; tuntutan; pengaduan. ~하다 mengecam; mencela; melaporkan; mengadukan.

논리(論理)<non/ni> logika. ~적 (으로) (secara) logis; (secara) dialektis. ~학 ilmu logika; ilmu mantik. ~학자 ahli logika; ahli mantik.

논문(論文)＜non/mun＞ tesis; disertasi; artikel; paper/makalah. ～집 kumpulan risalah. 박사～ disertasi doktor. 졸업～ tesis kelulusan; skripsi.

논문서(- 文書)＜non/mun/seo＞ sertifikat hak milik sawah.

논물＜non/mul＞ air sawah. ～을 대다 mengairi sawah.

논박(論駁)＜non/bak＞ pembantahan; penyangkalan; pencelaan. ～하다 menyangkal; menyerang; mencelakan; membantah.

논법(論法)＜non/peob＞ pemikiran; pertimbangan. 삼단～ silogisme.

논봉(論鋒)＜non/bong＞ (kekuatan) sebuah argumen/pendapat. 예리한 ～ argumen yang tajam.

논설(論說)＜non/seol＞ artikel; karangan; tajuk rencana. ～란(欄) kolom editorial; kolom tajuk rencana. ～위원 pemimpin redaksi.

논술(論述)＜non/sul＞ statemen; pernyataan. ～하다 memberikan statemen/pernyataan; menyatakan.

논외(論外)＜non/oe＞ ～의 diluar masalah.

논의(論議)＜non/eui＞ diskusi; argumen; perdebatan. ～하다 membahas; mendiskusikan; memperdebatkan; memperbincangkan. ～중이다 dalam diskusi. ～할 여지가 없다 tidak perlu diperdebatkan.

논자(論者)＜non/ja＞ penulis; advokad; pembela.

논쟁(論爭)＜non/jaeng＞ perselisihan; pertikaian; percekcokan; pertengkaran. ～하다 bertikai; berselisih; bercekcok; bertengkar.

논전(論戰)＜non/jeon＞ perang kata-kata; perang pendapat; adu mulut. ☞ 논쟁.

논점(論點)＜non/ceom＞ pokok isu (dalam permasalahan; dalam diskusi).

논제(論題)＜non/je＞ pokok diskusi; tema; topik.

논조(論調)＜non/jo＞ nada argumen. 신문의 ～ komentar pers.

논죄(論罪)＜non/joe＞ ～하다 mengecam.

논증(論證)＜non/jeung＞ tahkik; penunjukan bukti. ～하다 membeberkan bukti; mentahkik.

논지(論旨)＜non/ji＞ tema; pokok pikiran; dasar cerita; subyek; tajuk; topik. ～를 명백히 하다 menjernihkan pokok permasalahan.

논평(論評)＜non/fyeong＞ kritikan; ulasan; tanggapan/komentar. ～하다 mengkomentari; mengupas; membahas; mengkritik.

논픽션＜non/fik/syeon＞ cerita yang sesungguhnya; non fiksi. ～작가 pengarang non fiksi.

논하다(論 -)＜non/hada＞ berdiskusi; berbicara (tentang); membahas.

놀＜nol＞ senja. 저녁～ senja kala.

놀＜nol＞ gelombang besar; ombak besar. ～치다 mengombak; menggelombang.

놀다＜nol/da＞ ① (유희) bermain-main. ② (휴식) beristirahat; berhenti bekerja. ③ (유흥) bersukaria; bergembira ria. ④ (움직임) longgar.

놀라다＜nol/la/da＞ ① (경악) terperanjat; terkejut; kaget. ② kagum. 아무의 용기에 ～ kagum pada keberanian/keteguhan hati.

놀라움＜nol/la/um＞ kekaguman; keheranan; kekagetan.

놀랍다＜nol/lab/ta＞ mengagumkan; sungguh-sungguh mengagumkan; mengejutkan; mengherankan.

놀래다＜nol/lae/da＞ mengagetkan; mengherankan; menggara; membuat kejutan.

놀리다＜nol/li/da＞ ① (조롱) mencemooh; memperolok; mengejek; mencibirkan; mengolok-olok(kan). ② (놀게하다) membiarkan bermain; (쉬게하다) memberi libur. 공장을 ～ membiarkan pabrik menganggur. ③ (움직임) menjalankan; menggerakkan; mengoperasikan.

놀림＜nol/lim＞ tertawaan; ejekan; penghinaan; kecimus. ～감[거리]

sasaran ejekan; bahan olok-olokan; gamit-gamitan. ~감이 되다 ditertawakan; menjadi bahan olok-olokan; menjadi sasaran ejekan/gamit-gamitan.

놀아나다<nol/a/na/da> mulai menyeleweng; jatuh kejalan hitam.

놀아먹다<nol/a/meok/ta> hidup menyeleweng/sesat; hidup menjangak.

놀이<nol/i> permainan; olah raga; liburan; rekreasi/pelengah waktu; rekreasi. ~꾼 orang yang bersuka ria; orang yang berpiknik. ~터 lapangan bermain; tempat beristirahat (liburan).

놈<nom> orang laki-laki; pria (kata makian).

놈팡이<nom/fang/i> gelandangan; orang yang bermalas-malasan; (건달) pacar.

놋<not> kuningan. ~빛의 warna kuningan. ~그릇 bejana kuningan. ~세공 kerajinan kuningan. ~점 toko barang kuningan.

놋쇠<not/soe> ☞ 놋.

농(弄)<nong> lelucon; senda gurau; olok-olok. (반)~으로 setengah bergurau.

농(膿)<nong> nanah. ☞ 고름.

농(籠)<nong> peti; kopor; kotak pakaian.

농가(農家)<nong/ga> rumah petani.

농간(弄奸)<nong/gan> akal muslihat; kelicikan; tipu daya. ~(을)부리다 menggunakan akal muslihat pada yang lain; menjalankan rencana jahat.

농경(農耕)<nong/gyeong> perkebunan/pertanian.

농공(農工)<nong/gong> pertanian dan industri.

농과(農科)<nong/kwa> fakultas pertanian. ~대학 institut pertanian.

농구(農具)<nong/gu> peralatan pertanian; perkakas pertanian.

농구(籠球)<nong/gu> bola basket; bola keranjang. ~선수 pemain bola basket.

농군(農軍)<nong/gun> petani.

농기(農期)<nong/gi> musim tanam.

농기구(農機具)<nong/gi/gu> mesin dan peralatan pertanian.

농노(農奴)<nong/no> buruh pengolah tanah.

농담(弄談)<nong/dam> lelucon; senda gurau; kelakar; canda; ejekan. ~하다 membuat lelucon; berseloroh; bersenda gurau; berjenaka; berkocak-kocak; berkelakar. ~으로 untuk melucu; untuk lelucon. ~은 그만하고 berhenti bersenda gurau dan … .

농도(濃度)<nong/do> kepekatan (warna); kekentalan (sayur sup); konsentrasi. ~계 densito meter.

농떼이<nong/theng/i> pemalas; sedikit kerja.

농락(籠絡)<nong/nak> ~하다 menyandiwarakan; mempermainkan. 남자에게 ~당하다 Jatuh menjadi mangsa nafsu laki-laki.

농림(農林)<nong/nim> pertanian dan kehutanan.

농막(農幕)<nong/mak> pondok petani.

농무(農務)<nong/mu> urusan pertanian.

농무(濃霧)<nong/mu> kabut tebal; halimun. ~경보 [주의보] peringatan adanya kabut tebal.

농민(農民)<nong/min> kaum petani; kaum tani. ~보조금 subsidi pertanian.

농번기(農繁期)<nong/beon/gi> musim tanam.

농본주의(農本主義)<nong/bon/ju/eui> fisiokresi; prinsip mengutamakan pertanian.

농부(農夫)<nong/bu> petani; peladang; pesawah; pekebun.

농사(農事)<nong/sa> pertanian; perkebunan; penanaman; tanam-menanam. ~하다[짓다] bertani; bercocok tanam; mengerjakan lahan.

~시험장 balai percobaan pertanian; kebun percobaan.

농산물(農産物) <nong/san/mul> hasil pertanian; hasil tani; hasil bumi. ~가격 harga hasil pertanian.

농수산(農水産) <nong/su/san> pertanian dan perikanan. ~물 hasil pertanian dan perikanan. ~부 departemen pertanian dan perikanan.

농아(聾啞) <nong/a> tuli; pekak dan bisu; kelu. ~학교 sekolah tuli bisu.

농악(農樂) <nong/ak> instrumen musik petani. ~대 orkes petani.

농액(濃液) <nong/aek> cairan pekat; cairan kental.

농약(農藥) <nong/yak> bahan kimia pertanian.

농어 <nong/eo> 『漁』ikan bandeng laut; semacam ikan berwarna merah.

농어촌(農漁村) <nong/eo/chon> desa tani.

농업(農業) <nong/eob> pertanian; usaha tani. ~국[정책] negara [kebijakan] agraris/pertanian. ~기술 teknik pertanian. ~인구 populasi tani. ~학교 sekolah pertanian. ~협동조합 kerja sama masyarakat petani; rukun tani. 집약~ pertanian intensif. 보고르 ~ 연구소 Institut Pertanian Bogor.

농예(農藝) <nong/ye> pertanian. ~화학 ilmu kimia yang berhubungan dengan pertanian; ilmu kimia ertanian.

농우(農牛) <nong/u> lembu pembajak (sawah).

농원(農園) <nong/won> perkebunan.

농익다(濃 -) <nong/ik/ta> terlalu masak; terlalu matang.

농작(農作) <nong/jak> usaha tani. ~물 hasil pertanian; panen.

농장(農場) <nong/jang> perkebunan; kebun budidaya; ladang; usaha tani. 집단~ pertanian kolektif.

농정(農政) <nong/jeong> kebijakan

pertanian.

농지(農地) <nong/ji> tanah pertanian. ~개량 perbaikan tanah pertanian. ~개혁 reformasi agraria. ~제도 sistem pertanian.

농지거리(弄 -) <nong/ji/keo/ri> senda gurau.

농촌(農村) <nong/chon> desa pertanian; pedesaan. ~개량 pembaruan pedesaan. ~문제 masalah pedesaan.

농축(濃縮) <nong/chuk> pemekatan; pengkonsentrasian; pengetalan. ~하다 mengkonsentrasikan; memperkaya; mengentalkan; memekatkan. ~ 우라늄 uranium yang telah dipertinggi kadarnya.

농토(農土) <nong/tho> sawah; tanah pertanian; ladang; tegal; huma; kebun; persawahan; perladangan.

농학(農學) <nong/hak> ilmu pertanian. ~과 fakultas pertanian. ~사 [박사] sarjana [doktor] bidang pertanian.

농한기(農閑期) <nong/han/gi> masa tidak bertani.

농후(濃厚) <nong/hu> ~한 kental (cairan, warna).

높낮이 <nof/na/ji> tinggi rendah; keadaan tidak rata; bergelombang.

높다 <nof/ta> ① (장소.높이) tinggi. ② tinggi; luhur. 뜻이 ~ tinggi angan-angan. ③ (음성) tinggi(suara). ④ tinggi; mahal. 물가가 ~ Harga-harga mahal; Harga-harga tinggi. ⑤ (비율.도수가) kuat; tinggi.

높다랗다 <nof/ta/rat/tha> sangat tinggi.

높이 <no/fi> ketinggian. ~가 5미터이다 ketinggian lima meter; tinggi 5 meter. 하늘~ (날다) (terbang)tinggi di angkasa. ~쳐들다 mengangkat tinggi.

높이다 <no/fi/da> (높이) meninggikan; (질) memperbaiki; meningkatkan; (자존심) mempermuliakan. 담을~ meninggikan tembok. 질을~ meningkatkan mutu.

높이뛰기 <no/fi/twi/gi> loncat ting-gi. 장대~ lompat galah. 제자리 ~ loncat tinggi tanpa ancang-ancang.

높직하다 <nof/jik/hada> cukup tinggi.

놓다 <not/tha> ① meletakkan; menaruh; menempatkan. 책상 위에~ meletakkan di atas meja. ② melepaskan; membebaskan. 잡은 손을 ~ melepaskan pegangan. ③ membangun; mendirikan; memasang. 전화를 ~ memasang telepon. 강에 다리를~ membangun jembatan di atas sungai. ④ (총포를) menembakkan; mematikan. ⑤ (불을) membakar. ⑥ (마음을) menentramkan; membuat jadi merasa lega hati. ⑦ (주판을) menggunakan. ⑧ menyuntikkan; memberikan suntikan. 침을~ menjarumi; menerapkan tusuk jarum. ⑨ (자수) menyulam. ⑩ (사람을) mengirim (orang). ⑪ membiarkan. 문을 열어~ membiarkan pintu terbuka.

놓아두다 <no/a/du/da> membiarkan sendiri.

놓아먹다 <no/a/meok/ta> tumbuh liar.

놓아먹이다 <no/a/meok/i/da> mengembalakan.

놓아주다 <no/a/ju/da> melepaskan (burung); membebaskan (tawanan).

놓이다 <no/i/da> ① (얹히다) di taruh; ditempatkan; diletakkan. ② (마음이) menjadi tenteram; merasa lega; merasa bebas.

놓치다 <not/chi/da> terlepas dari pegangan; jatuh; gagal menangkap; membiarkan pergi; membiarkan melarikan diri; melepaskan (kesempatan).

뇌(腦) <noe> otak; pemikiran. ~의 otak. ~의 손상 kerusakan otak. ~병원 rumah sakit jiwa. ~작용 aksi otak.

뇌격(雷擊) <noe/gyeok> ~하다 menyerang dengan terpedo; men-terpedo. ~기 pembom terpedo.

뇌관(雷管) <noe/gwan> sumbu mesiu; detonator. ~장치 pasangan detonator.

뇌까리다 <noe/ka/ri/da> sesumbar; bersumbar.

뇌다 <noe/da> sesumbar.

뇌리(腦裡) <noe/ri> ~에 떠오르다 terlintas dalam pikiran. ~에서 떠나지 않다 membayang-bayang dalam ingatan.

뇌막(腦膜) <noe/mak> 『醫』 selaput otak. ~염 radang selaput otak; penyakit otak.

뇌물(賂物) <noe/mul> uang sogok; uang suap; uang sorok; uang semir. ~을 주다 (쓰다) menyogok; menyuap; memberi uang suap. ~을 먹다 makan sogokan.

뇌병(腦病) <noe/byeong> penyakit otak.

뇌병원(腦病院) <noe/byeong/won> rumah sakit jiwa (RSJ).

뇌빈혈(腦貧血) <noe/bin/hyeol> 『醫』 serangan anemia otak.

뇌사(腦死) <noe/sa> kematian otak.

뇌성(雷聲) <noe/seong> suara guruh; halilintar; petir; geledek; petus.

뇌쇄(惱殺) <noe/swae> ~하다 mengagumkan; mempesonakan; menarik hati; memikat.

뇌수술(腦手術) <noe/su/sul> pembedahan otak; bedah otak (saraf). ~하다 melakukan operasi pada otak.

뇌신경(腦神經) <noe/sin/gyeong> saraf kepala (otak). ~의과 bagian bedah saraf.

뇌염(腦炎) <noe/yeom> radang otak; encephalitis.

뇌염경보(腦炎警報) <noe/yeom/gyeong/bo> peringatan terhadap berjangkitnya penyakit radang otak (Jepang).

뇌염모기(腦炎-) <noe/yeom/mo/gi> nyamuk culex.

뇌염증세(腦炎症勢) <noe/yeom/jeung/se> gejala-gejala radang pada otak.

뇌염환자(腦炎患者)＜noe/yeom/hwan/ja＞ penderita radang otak. ～로 확인되다 dikonfirmasikan penderita radang otak.

뇌우(雷雨)＜noe/u＞ hujan angin ribut disertai petir dan guruh.

뇌일혈(腦溢血)＜noe/il/hyeol＞ 『醫』 pendarahan otak. 을 일으키다 mengalami pendarahan otak.

뇌장애(腦障碍)＜noe/jang/ae＞ gangguan otak; kerusakan otak. ～를 일으키다 menderita gangguan otak

뇌전(雷電)＜noe/jeon＞ halilintar; petir; geledek.

뇌조(雷鳥)＜noe/jo＞ ptarmigan.

뇌종양(腦腫瘍)＜noe/jong/yang＞ tumor otak.

뇌진탕(腦震蕩)＜noe/jin/thang＞ 『醫』 gegar otak.

뇌척수(腦脊髓)＜noe/cheok/su＞ ～막염 『醫』 radang cairan otak.

뇌출혈(腦出血)＜noe/chul/hyeol＞ pendarahan otak.

뇌충혈(腦充血)＜noe/chung/hyeol＞ 『醫』 penyumbatan aliran darah karena terjadi penyempitan pembuluh darah; adanya darah dalam jumlah berlebihan dalam jaringan otak.

뇌파(腦波)＜noe/fa＞ 『醫』 gelombang otak. ～검사 tes gelombang otak.

뇌하수체(腦下垂體)＜noe/ha/su/che＞ kelenjar pituitari.

뇌혈전(腦血栓)＜noe/hyeol/ceon＞ penyumbatan pembuluh darah pada otak karena pembekuan darah atau adanya udara.

누(累)＜nu＞ kesulitan; keterlibatan; kejahatan. ～를 끼치다 membawa kesulitan (bagi); melibatkan.

누(樓)＜nu＞ menara.

누(壘)＜nu＞ 『野』 bidai (dalam bisbol).

누가(累加)＜nu/ga＞ ～하다 meningkat dengan penambahan secara berturut-turut; berakumulasi.

누각(樓閣)＜nu/gak＞ menara; kastil istana. 공중 ～ khayalan kosong.

누계(累計)＜nu/gye＞ jumlah; kumpulan; total. ～하다 menjumlahkan.

누구＜nu/gu＞ ① (의문) siapa; siapa (punya); siapa (obyek). ② (부정(不定)) seseorang; siapapun; barang siapa; apa saja.

누그러뜨리다＜nu/geu/reo/teu/ri/da＞ melembutkan; menyurutkan; meredakan.

누그러지다＜nu/geu/reo/ji/da＞ lunak; melemah; mereda; berkurang; surut.

누글누글하다＜nu/geul/nu/geul/ha/da＞ lunak; lembek; liat.

누긋하다＜nu/geut/hada＞ lembut; tenang; kalem.

누기(漏氣)＜nu/gi＞ kelembaban. ～찬 basah; lembab.

누나＜nu/na＞ kakak perempuan.

누년(屢年)＜nu/nyeon＞ beberapa tahun berturut-turut.

누누이(屢屢 -)＜nu/nu/i＞ berkali-kali; berulang-ulang.

누다＜nu/da＞ mengosongkan isi perut; buang air.

누대(屢代)＜nu/dae＞ generasi yang turun temurun berturut-turut. ～에 걸쳐 dari generasi ke generasi.

누더기＜nu/deo/gi＞ kain buruk; sobekan kain buruk. ～를 걸친 사람 orang yang memakai kain compang-camping.

누덕누덕＜nu/deok/nu/deok＞ bertambal-tambal. ～깁다 seadanya; tambal sulam; tambalan.

누드＜nu/deu＞ bugil; telanjang. ～사진 foto telanjang.

누락(漏落)＜nu/rak＞ penghilangan; ～하다 menghilangkan(beberapa kata).

누란(累卵)＜nu/ran＞ ～의 위기 dekat dengan bahaya.

누렇다＜nu/reot/tha＞ kuning keemasan.

누룩＜nu/ruk＞ ragi; malt.

누룽지＜nu/rung/ji＞ kerak nasi; nasi hangus.

누르다＜nu/reu/da＞ kekuning-kuningan; pucat.

누르다＜nu/reu/da＞ ① (내리누름) menekan; menindih. 돌로 ~ menggunakan batu sebagai pemberat. ② (억제) menekan; menguasai; menindas; mengalahkan; menundukkan.

누르스름하다＜nu/reu/seu/reum/ha-da＞ kekuning-kuningan.

누릇누릇하다＜nu/reut/nu/reut/ha-da＞ kuning; bintik kuning.

누리＜nu/ri＞ dunia.

누리다＜nu/ri/da＞ bau; bau tengik. ☞ 노리다.

누리다＜nu/ri/da＞ menikmati; dikaruniai. 건강을 ~ menikmati kesehatan yang baik. 장수를 ~ menikmati umur panjang.

누명(陋名)＜nu/myeong＞ ~을 쓰다 dituduh keliru; dirusak nama. ~을 씻다 membersihkan nama baik.

누범(累犯)＜nu/beom＞ pelanggaran berulang. ~자 pelanggar lama.

누비＜nu/bi＞ pelapisan. ~ 이불 selimut kapas. ~옷 pakaian yang dilapisi.

누선(淚腺)＜nu/seon＞ kelenjar air mata.

누설(漏泄)＜nu/seol＞ kebocoran; pembocoran. ~하다 membocorkan. 기밀을 ~하다 membocorkan rahasia. 군기 ~ pembocoran rahasia militer.

누수(漏水)＜nu/su＞ tirisan air.

누습(陋習)＜nu/seub＞ kebiasaan buruk.

누습(漏濕)＜nu/seub＞ ~한 lembab; basah.

누승(累乘)＜nu/seung＞ 『數』 involusi.

누실(漏失)＜nu/sil＞ ~하다 kehilangan; rugi.

누심(壘審)＜nu/sim＞ 『野』 wasit bidai.

누에＜nu/e＞ ulat sutera. ~를 치다 memelihara/membudidayakan ulat sutera. ~ 고치 kepompong. ~ 나방 ngengat ulat sutera. ~똥 [씨] telur ulat sutera.

누옥(陋屋)＜nu/ok＞ rumah yang sederhana; (pondok, gubuk).

누워떡먹기＜nu/wo/teok/meok/ki＞ tugas yang ringan/mudah.

누워먹다＜nu/wo/meok/ta＞ hidup bermalas-malasan.

누이＜nu/i＞ saudara perempuan; kakak perempuan; adik perempuan.

누이다＜nu/i/da＞ ① ☞ 눕히다. ② (대소변을) menyuruh (anak) kencing. ③ (피륙을) merebus (kulit).

누적(累積)＜nu/jeok＞ penumpukan; pengumpulan; penghimpunan; penimbunan. ~하다 menumpuk; mengumpulkan; menghimpun; menimbun. ~된 서류 tumpukan kertas (di atas meja).

누전(漏電)＜nu/jeon＞ hubungan pendek. ~하다 berhubungan pendek; konslet. ~에 의한 화재 kebakaran karena konslet.

누지다＜nu/ji/da＞ lembab; basah.

누진(累進)＜nu/jin＞ kenaikan pangkat (tingkat) secara bertahap. ~적 (으로) secara bertahap. ~(과)세 pajak progresif.

누차(屢次)＜nu/cha＞ berulangkali; berulang-ulang.

누추(陋醜)＜nu/chu＞ ~한 kotor; dekil; gembel; jorok.

누출(漏出)＜nu/chul＞ ~하다 bocor; tiris.

눅눅하다＜nuk/nuk/hada＞ lembab. 눅눅한 빵 roti yang lembek.

눅다＜nuk/ta＞ (값이) turun harga; (날씨가) menghangat (cuaca).

눅다＜nuk/ta＞ lunak dan encer; lembek (adonan); lunak (sifat).

눅신눅신하다＜nuk/sin/nuk/sin/ha-da＞ lunak; fleksibel; liat; kenyal; lembek.

눅실눅실하다＜nuk/sil/nuk/sil/hada＞ ☞ 눅신눅신하다.

눅이다＜nuk/i/da＞ ① (부드럽게) melunakkan; memperlunak. ② (마음을) menenangkan; meredakan (kemarahan). ③ (촉촉이) membasahkan; melembabkan.

녹지다 <nuk/ji/da> melunak; menjadi ramah.

녹진녹진하다 <nuk/jin/nuk/jin/hada> lunak dan lengket.

눈 <nun> ① 『解』 mata. ~이 큰 [푸른] bermata [biru] besar. ~ 깜짝할 사이 dalam sekejab mata. ~이 아프다 sakit mata. ~을 뜨다 [감다] membuka [menutup] mata. ~에 티가들다 kemasukan debu di mata. ~에 선하다 terbayang-bayang di mata. 돈에 ~이 어두워지다 dibutakan oleh uang. ~에 들다 menyenangkan hati. ~ 밖에 나다 tidak menyenangkan hati. ② pandangan; mata. 부러운 ~으로 보다 melihat dengan pandangan iri. ③ penglihatan. ~이 좋다 [나쁘다] memiliki penglihatan yang baik [buruk]. ④ perhatian; pengawasan. ~을 속여[~에 띄지 않게] menyilap mata. ~에 띄다[~을 끌다] menarik perhatian; atraktif. ⑤ sudut pandang. 서양 사람의 ~으로 보면 dari sudut pandang Barat. ⑥ mata (ahli); penilaian. 전문가의 ~ penilaian ahli; mata pakar. ~이 높은 selera tinggi. 사람을 보는 ~이 있다 ada mata untuk (menilai) sifat orang.

눈 <nun> ① skala; timbangan. 저울 ~을 속이다 menipu timbangan. ② (나무의 싹) tunas; pucuk; taruk; kecambah. ~트다 bertunas; berkuncup; berkecambah; bertaruk. ③ mata rajut; jahitan/tisikan. ~이 성긴 [촘촘한] mata rajut lebar [halus].

눈 <nun> salju; hujan salju. ~길 jalan bersalju. ~을 이고 있는 diselimuti salju. ~같이 흰 putih seperti salju. ~을 맞다 kena salju. ~을 털다 mengetuk jatuh salju (dari mantel). ~에 갇히다 terkurung salju. ~이 온다 salju turun.

눈가리개 <nun/ga/ri/gae> pembalut mata. ~를 하다 membalut mata.

눈가림 <nun/ga/rim> penipuan; muslihat; kecurangan. ~하다 memperdayakan; menyembunyikan; menutupi. ~으로 일하다 bekerja dengan curang.

눈감다 <nun/gam/ta> ① (눈을) memejamkan mata; menutup mata. ② (죽다) meninggal; menghembuskan napas terakhir.

눈감아주다 <nun/gam/a/ju/da> mengabaikan; membiarkan.

눈겨룸 <nun/gyeo/rum> main tatap-tatapan mata.

눈결 <nun/gyeol> sekilas.

눈곱 <nun/kob> tahi mata. ~이 끼다 bertahi mata. 양심이라곤 ~ 만큼도 없다 tidak memiliki kesadaran setahi matapun.

눈곱자기 <nun/kob/ja/gi> ☞ 눈곱.

눈구멍 <nun/ku/meong> 『解』 lekuk mata; rongga mata.

눈구석 <nun/ku/seok> sudut mata.

눈금 <nun/keum> skala (tanda). ~을 매기다 menandai dengan skala; menskala.

눈기이다 <nun/gi/i/da> menipu; berbuat curang.

눈꺼풀 <nun/keo/ful> kelopak mata; pelupuk mata.

눈꼴사납다 <nun/kol/sa/nab/da> menjijikkan; tidak sedap dipandang mata.

눈높다 <nun/nof/ta> mata tinggi; selera tinggi.

눈대중 <nun/tae/jung> perkiraan kasar. ~하다 mengukur (memperkirakan) dengan mata.

눈독 <nun/tok> ~을 들이다 menaruh perhatian.

눈동자(- 瞳子) <nun/tong/ja> pupil mata; anak mata.

눈두덩 <nun/tu/deong> alis. ~이 붓다 bermata bengkak.

눈딱부리 <nun/tak/pu/ri> mata yang melotot.

눈뜨다 <nun/teu/da> ① (눈을) membuka mata; bangun. ② (깨닫다) sadar; terbuka mata (akan).

눈뜬장님 <nun/teun/jang/nim> orang yang buta huruf; tuna aksa-

ra.
눈띄다＜nun/teui/da＞ tampak; kelihatan; menarik perhatian.
눈망울＜nun/mang/ul＞ bola mata.
눈맞다＜nun/mat/ta＞ jatuh cinta satu sama lain.
눈맞추다＜nun/mat/chu/da＞ saling memandang satu sama lain; bermain mata.
눈매, 눈맵시＜nun/mae, nun/maeb/si＞ pandangan mata. 사랑스런운 ～ mata yang mempesona.
눈멀다＜nun/meol/da＞ menjadi buta; buta; kehilangan penglihatan; dibutakan (oleh).
눈물＜nun/mul＞ air mata. ～겨운 이야기 cerita yang menyedihkan. ～에 젖은 얼굴 wajah yang berlinang air mata. ～이 나다 air mata berlinang. ～어리다 air mata menggenang; mata berkaca-kaca. ～짓다 menangis; menge-luarkan air mata. ～을 흘리다 berurai air mata. ～을 닦다 mengusap air mata. ～을 보이다 memperlihatkan mata yang sendu. ～을 자아내다 memancing air mata; memancing tangis; mengundang tangis. ～을 참다 menahan air mata.
눈바람＜nun/ba/ram＞ angin dan salju; badai salju.
눈발서다＜nun/pal/seo/da＞ terancam salju.
눈방울＜nun/pang/ul＞ bola mata yang terbelalak.
눈병(- 病)＜nun/byeong＞ penyakit mata; gangguan mata.
눈보라＜nun/bo/ra＞ topan/badai salju.
눈부시다＜nun/bu/si/da＞ ① menyilaukan; bersinar-sinar; mencorong. 눈부시게 희다 putih menyilaukan. ② (빛나다) cemerlang; brilian.
눈빛＜nun/pit＞ sinar mata; sorot mata. 애원하는 듯한 ～ sinar mata memohon.
눈사람＜nun/sa/ram＞ orang-orangan salju. ～처럼 커지다 [불어나다]

membesar seperti bola salju.
눈사태(- 沙汰)＜nun/sa/thae＞ longsoran salju.
눈살＜nun/sal＞ ～을 찌푸리다 mengernyitkan alis.
눈석임＜nun/seo/kim＞ pencairan; pelelehan. ～하다 menjadi cair; meleleh. ～물 air salju.
눈설다＜nun/seol/da＞ tidak akrab; asing.
눈속이다＜nun/sok/i/da＞ melemparkan abu di mata; menipu; memperdaya.
눈속임＜nun/sok/im＞ penipuan; tipu daya.
눈송이＜nun/song/i＞ kepingan salju.
눈시울＜nun/si/ul＞ ～이 뜨거워지다 (menjadi) panas di mata.
눈싸움＜nun/ssa/um＞ perang-perangan bola salju.
눈썰미＜nun/sseol/mi＞ ～가 있다 [없다] cepat [lambat] belajar sesuatu.
눈썹＜nun/sseob＞ alis mata. 굵은 ～ alis mata yang tebal. ～을 그리다 pensil alis.
눈알＜nun/al＞ bola mata; biji mata.
눈앞＜nun/af＞ depan mata. ～에서 di depan mata; dihadapan... ～에 닥치다 dalam jangkauan.
눈어림＜nun/eo/rim＞ ☞ 눈대중.
눈엣가시＜nun/et/ga/si＞ penyakit mata; nyeri di mata.
눈여겨보다＜nun/yeo/gyeo/bo/da＞ mengamati dengan cermat; memperhatikan baik-baik; melihat dengan teliti.
눈요기(- 療飢)＜nun/yo/gi＞ ～하다 cuci mata.
눈익다＜nun/ik/ta＞ akrab; familier.
눈인사(- 人事)＜nun/in/sa＞ ☞ 목례.
눈자위＜nun/ja/wi＞ lingkaran mata.
눈정기(-精氣)＜nun/jeong/gi＞ kerlipan mata; kerdipan mata.
눈주다＜nun/ju/da＞ mengedipkan mata (pada); mengejapkan mata (pada).

눈짓＜nut/cit＞ kerdipan; kejapan. ~하다 mengedip (pada); mengejapkan mata (pada).

눈초리＜nun/cho/ri＞ ekor mata; sudut mata.

눈총기(- 聰氣)＜nun/chong/gi＞ ~가 있다 memiliki ingatan yang sangat kuat.

눈치＜nun/chi＞ ~보다 mempelajari kesenangan (seseorang); membaca air muka orang; membaca situasi. ~채다 menjadi tahu; menyadari; menyangka; menduga; merasa; mencurigai. ~채이다 menimbulkan (membangkitkan) kecurigaan; dicurigai. ~가 빠르다 cerdas; cepat tanggap. ~가 없다 tidak tanggap.

눈치레＜nun/chi/re＞ penampilan semata. ~로 untuk penampilan semata.

눈코뜰새없다＜nun/kho/theul/sae/eob/ta＞ sangat sibuk.

눌러＜nul/leo＞ bergantian; berangkai; bertalian; berurut-urutan. ~앉다 tetap tinggal; tetap dalam jabatan.

눌리다＜nul/li/da＞ ditekan; dipaksa.

눌리다＜nul/li/da＞ terbakar; hangus.

눌변(訥辯)＜nul/byeon＞ gagap dalam bicara.

눌어붙다＜nu/roe/buth/ta＞ ① (타서) gosong dan melekat. ② (한군데에) tetap tinggal.

눌은밥＜nu/reun/bab＞ nasi yang hangus; nasi yang gosong.

눌하다(訥 -)＜nul/hada＞ kegagapan; berbicara dengan gagap.

눕다＜nub/ta＞ merebahkan diri; berbaring. 쭉 뻗고 ~ tidur merentangkan badan. 자리에 ~ berbaring di tempat tidur.

눕히다＜nu/fi/da＞ membaringkan. 자리에 ~ membaringkan di tempat tidur.

뉘＜nwi＞ antah; gabah.

뉘＜nwi＞ siapa (kepunyaan).

뉘앙스＜nwi/ang/seu＞ nuansa. 말의 ~ bayangan perbedaan dalam makna (ungkapan).

뉘엿거리다＜nwi/yeot/geo/ri/da＞ ① (해가) hampir tenggelam; hampir terbenam. ② (뱃속이) merasa mual/ nausea.

뉘우치다＜nwi/u/chi/da＞ menyesali. 잘못을 ~ menyesali kesalahan; menyesali kekeliruan.

뉴기니＜nyu/gi/ni＞ (Papua) Nugini.

뉴스＜nyu/seu＞ berita. ~ 방송 siaran warta berita. ~ 밸류 nilai berita. ~영화 film warta berita. ~해설 komentar/ulasan berita. ~해설자 komentator berita.

뉴욕＜nyu/yok＞ New York. ~사람 orang New York.

뉴질랜드＜nyu/jil/laen/deu＞ Selandia Baru. ~사람 orang Selandia Baru.

뉴트론＜nyu/theu/ron＞ 『理』 netron.

뉴페이스＜nyu/fei/seu＞ muka baru.

느글거리다＜neu/geul/geo/ri/da＞ merasa mabok; merasa mual.

느긋하다＜neu/geut/hada＞ puas (dengan); merasa lega.

느끼다＜neu/ki/da＞ ① merasa; menjadi tahu; sadar (akan). 고통[공복]을 ~ merasa sakit [lapar]. 불편을 ~ merasa tidak enak (untuk). 어려움을 ~ merasa kesulitan. ② terkesan; tersentuh (oleh). 비애를 ~ merasa sedih. ③ ☞ 흐느끼다

느끼하다＜neu/ki/hada＞ terlalu berlemak.

느낌＜neu/kim＞ kesan; perasaan; sentuhan. …한 ~을 주다 memberi kesan; mengesankan. ☞ 감탄사, 감탄부호.

느닷없이＜neu/dat/eob/i＞ mendadak; tiba-tiba; tiba-tiba saja; dengan tidak diduga-duga; tanpa pemberitahuan. ~덤벼들다 menerkam dengan tiba-tiba; menerjang dengan tiba-tiba.

느른하다＜neu/reun/hada＞ lemah; lesu; tidak bersemangat. ☞ 나른하

다.
느릅나무 < neu/reub/na/mu > 『植』 pohon elm.
느리광이 < neu/ri/gwang/i > orang yang terlambat; pencorot.
느리다 < neu/ri/da > ① (움직임이) lambat; telat mikir. ② (짜임새가) lepas; longgar; goyah.
느릿느릿 < neu/rit/neu/rit > pelan-pelan; lambat laun.
느슨하다 < neu/seun/hada > kendur; longgar.
느지감치 < neu/ji/gam/chi > lebih lambat dari biasanya.
느지막이 < neu/ji/mak/i > ☞ 느지감치.
느지막하다 < neu/ji/mak/hada > agak lebih lambat.
느직하다 < neu/jik/hada > ① ☞ 느지막하다. ② ☞ 느슨하다.
느치 < neu/chi > 『蟲』 kadel.
느티나무 < neu/thi/na/mu > 『植』 pohon zelkova.
늑간(肋間) < neuk/gan > ~ 신경통 nyeri diantara tulang rusuk.
늑골(肋骨) < neuk/gol > tulang rusuk; iga.
늑대 < neuk/tae > serigala; jakal.
늑막(肋膜) < neuk/mak > selaput paru-paru. ~염 birsam; radang selaput paru-paru.
늑장부리다 < neuk/jang/bu/ri/da > membuang-buang waktu; berlambat-lambat; menyanbalewa. ~가 기회를 놓치다 menyia-nyiakan kesempatan.
늘 < neul > ☞ 언제나.
늘그막 < neul/geu/mak > ~에 tahun-tahun terakhir kehidupan; masa senja.
늘다 < neul/da > ① naik; bertambah; meningkat. 10 이 ~ naik sepuluh. 회원이 ~ bertambah anggota. 체중이 ~ naik berat badan. ② maju; meningkat. 영어가 ~ membuat kemajuan dalam bahasa Inggris.
늘름 < neul/leum > dengan cepat. ☞ 날름.

늘리다 < neul/li/da > menambah; menaikkan; memperbanyak; memperbesar. 인원을 ~ menambah personil. 복용량을 ~ menaikkan dosis; menambah dosis.
늘비하다 < neul/bi/hada > dideretkan; dijajarkan.
늘썽하다 < neul/sseong/hada > kasar; longgar (tenunan).
늘씬하다 < neul/ssin/hada > langsing; ramping. 키가 늘씬한 미인 gadis cantik; ramping bagai bunga bakung.
늘어가다 < neu/reo/ga/da > bertambah terus.
늘어나다 < neu/reo/na/da > ① berkembang; memanjang; molor; memuai. 고무줄이 ~ gelang karet memuai. ② bertambah; naik.
늘어놓다 < neu/reo/not/da > ① (배열) mengatur; menyusun; menjajarkan; memperagakan. ② (산란) berserakan; berantakan. ③ (열거) menyebutkan satu demi satu; mendaftarkan.
늘어서다 < neu/reo/seo/da > berdiri dalam barisan; berbaris. 두 줄로 ~ berbaris dua-dua. 배급을 타려고 죽 ~ membuat antrian untuk menunggu pembagian ransum.
늘어지다 < neu/reo/ji/da > ① (길어지다) memperpanjang; memanjang. ② (처지다) menggantung; menguntai; menjuntai. ③ (몸이) terkulai; terkulai lesu. ④ (팔자가) hidup dalam kesenangan.
늘쩍지근하다 < neul/ceok/ji/geun/hada > merasa lelah.
늘컹거리다 < neul/kheong/geo/ri/da > basah melampai.
늘큰거리다 < neul/kheun/geo/ri/da > ☞ 늘컹거리다.
늙다 < neuk/ta > bertambah tua; menua.
늙다리 < neuk/ta/ri > jompo; tua.
늙수그레하다 < neuk/su/geu/re/hada > hampir tua; ketua-tuaan.
늙어빠지다 < neul/keo/pa/ji/da > tua bangka.

늙은이＜neul/geun/i＞ orang tua.
늠름하다(凜凜-)＜neum/reum/hada＞ gagah; berwibawa; bermartabat.
능(陵)＜neung＞ makam raja yang besar dan indah.
능(稜)＜neung＞ sudut; tepi.
능가(凌駕)＜neung/ga＞ ～하다 mengungguli; mengalahkan; melewati; melebihi. 젊은이를 ～하다 melebihi yang muda.
능갈치다＜neung/gal/chi/da＞ cerdik; pintar.
능구렁이＜neung/gu/reong/i＞ ① (뱀) ular berbintik kuning. ② (사람) orang jahat/licik.
능글능글하다＜neung/geul/neung/geul/hada＞ pintar busuk; cerdik; lihai.
능금＜neung/geum＞ apel.
능동(能動)＜neung/dong＞ ～적 atas kemauan sendiri; aktif. ～태 『文』 bentuk aktif.
능란(能爛)＜neung/nan＞ ～한 mahir; pandai; cakap; ahli. ～하게 dengan cerdik; dengan mahir; dengan bijaksana. 말솜씨가 ～하다 fasih berbicara.
능력(能力)＜neung/yeok＞ kemampuan; kecakapan; kesanggupan. ～있는 dapat; mampu. ...할 ～이 있다 dapat melakukan ...; mampu melakukan. ～ 상실자 orang yang kurang cakap. ～별 학급 편성 pengelompokan menurut kecakapan. ～자 orang yang mahir. 생산 ～ kemampuan produktif. 지불 ～ kesanggupan melunasi utang.
능률(能率)＜neung/ryul＞ ketepatgunaan; efisiensi. ～적 efisien; tepat guna. 비 ～적 tidak efisien. ～을 올리다 [낮추다] meningkatkan [menurunkan] efisiensi. ～급(給) pembayaran efisiensi. ～ 저하 [증진] penurunan [peningkatan; perbaikan] efisiensi.
능멸(凌蔑)＜neung/myeol＞ ～하다 mencela; menghina; memandang rendah.
능변(能辯)＜neung/byeon＞ kefasihan lidah. ～의 pandai berbicara;

fasih lidah. ～가 orang yang pandai berpidato; orang yang fasih berbicara; pembicaraan yang fasih.
능사(能事)＜neung/sa＞ pekerjaan yang cocok. 돈을 모으는 것만이 ～가 아니다 Mengumpulkan uang bukanlah segala-galanya.
능선(稜線)＜neung/seon＞ garis punggung gunung.
능소능대(能小能大)＜neung/so/neung/dae＞ ～한 dapat menyesuaikan diri; cakap dalam berbagai hal; serba bisa.
능수(能手)＜neung/su＞ kemampuan; kesanggupan; kecakapan; ahli; pakar; veteran.
능숙(能熟)＜neung/suk＞ keterampilan; kecakapan. ～한 terampil; mahir; berpengalaman. ～해지다 menjadi terampil; memperoleh pengalaman.
능욕(凌辱)＜neung/yok＞ perkosaan. ～하다 memperkosa; menggagahi. ～ 당하다 diperkosa; digagahi.
능준하다＜neung/jun/hada＞ cukup; memadai.
능지기(陵 -)＜neung/ji/gi＞ penjaga makam keluarga kerajaan; penjaga makam agung.
능지처참(陵遲處斬)＜neung/ji/cheo/cham＞ ～하다 memenggal dan membuntungi.
능청＜neung/cheong＞ penyembunyian; akal bulus; tipu muslihat. ～떨다[부리다] menyembunyikan; pura-pura tidak berdosa. ～이 orang yang lihai; orang yang licik.
능청거리다＜neung/cheong/geo/ri/da＞ melentur.
능청스럽다＜neung/cheong/seu/reob/ta＞ cerdik; lihai; pandai berpura-pura.
능통(能通)＜neung/thong＞ ～하다 mahir; pandai; cakap. ...에 ～하다 mahir; pakar; ahli.
능하다(能 -)＜neung/hada＞ mahir; pandai; pakar; ahli. 영어에 ～ mahir dalam bahasa Inggris; ahli dalam bahasa Inggris.

능히(能-) <neung/hi> dengan baik; dengan mudah; dengan cakap; dengan bagus. ~ 할 수 있다 dapat melakukan dengan mudah; sanggup menghadapi; tidak keberatan untuk melakukan.

늦… <neut> terlambat; telat. ~가을 musim gugur lanjut; menjelang akhir musim gugur.

늦다 <neut/ta> ① terlambat; telat; ketinggalan; lambat; keduluan. 열차에 ~ ketinggalan kereta api. 5분 ~ terlambat lima menit. ② (느슨하다) longgar; kendur.

늦더위 <neut/deo/wi> panas menjelang akhir musim panas.

늦되다 <neut/doe/da> terlambat dewasa; terlambat matang.

늦바람 <neut/pa/ram> ① (바람) angin sepoi-sepoi di sore hari. ② pengumbaran nafsu di usia tua; penyelewengan di usia tua. ~나다 mengumbar nafsu di usia tua.

늦배 <neut/bae> terlambat lahir.

늦복(- 福) <neut/bok> kebahagiaan di hari tua.

늦잠 <neut/cam> bangun pagi kesiangan; tidur pagi. ~자다 bangun terlambat; bangun siang. ~장이 [꾸러기] orang yang sering bangun kesiangan.

늦장마 <neut/cang/ma> hujan di akhir musim panas.

늦추다 <neut/chu/da> ① mengendurkan; memperlambat; menurunkan. 고삐를 ~ mengendurkan tali

kekang. 경계를 ~ mengendurkan kewaspadaan. 속도를 ~ menurunkan kecepatan. ② menangguhkan; menunda. 마감날짜를 이틀 ~ menunda saat terakhir untuk memasukkan berita selama dua hari; menunda *deadline* selama dua hari.

늦추위 <neut/chu/wi> dingin setelah musim dingin.

늪 <neuf> rawa; paya; tanah berlumpur.

니그로 <ni/geu/ro> orang negro; orang berkulit hitam. ~의 negro.

니스 <ni/seu> pernis; minyak rengas. ~ 칠하다 mempernis.

니카라과 <ni/kha/ra/gwa> Nikaragua. ~의 berkenaan dengan Nikaragua.

니켈 <ni/khel> nikel. ~입힌 dilapisi nikel; berlapis nikel.

니코틴 <ni/kho/thin> nikotin. ~중독 nikotinisme.

니크롬선(-線) <ni/kheu/rom/seon> kabel nikrom.

니트로글리세린 <ni/theu/ro/geul/li/se/rin> 『化』 nitrogliserin.

니트웨어 <ni/theu/we/eo> pakaian hasil rajutan.

니힐 <ni/hil> nihil. ~ 리스트 nihilis. ~리즘 nihilisme.

님 <nim> Tuan ; Bapak; Nona; Nyonya. 사장 ~ Bapak Direktur. 선생 ~ Tuan; Pak. 임금 ~ Sribaginda.

닢 <nif> sekeping (koin).

다＜da＞ semua; segalanya; setiap orang; sama sekali. 둘 ～ kedua-duanya. ～먹다 memakan habis; makan semua. ～알다 mengetahui segalanya.

다가놓다＜da/ga/not/tha＞ menempatkan lebih dekat; mendekatkan.

다가붙다＜da/ga/buth/ta＞ menempel lebih rapat.

다가서다＜da/ga/seo/da＞ berdiri lebih dekat; mendekat.

다가앉다＜da/ga/an/ta＞ duduk lebih dekat.

다가오다＜da/ga/o/da＞ mendekat. 종말이 ～ kiamat mendekat.

다각(多角)＜da/gak＞ ～적 bersegi banyak. ～경영 menajemen ganda. ～무역 perdagangan multilateral. ～형『數』segi banyak. ～형의 bidang segi banyak.

다갈색(茶褐色)＜da/gal/saek＞ warna coklat kekuning-kuningan. ～의 coklat kekuning-kuningan.

다감(多感)＜da/gam＞ ～한 peka; perasa. ～한 시인 penyajak yang penuh gairah.

다과(多寡)＜da/gwa＞ banyak dan [atau] sedikit; jumlah.

다과(茶菓)＜da/gwa＞ teh dan kue. ～회 jamuan teh; seperangkat jamuan teh.

다관(茶罐)＜da/gwan＞ teko teh.

다구(茶具)＜da/gu＞ alat-alat jamuan teh.

다국적(多國籍)＜da/guk/ceok＞ ～기업 perusahaan multinasional.

다국적군(多國籍軍)＜da/guk/ceok/gun＞ pasukan koalisi; pasukan multinasional.

다그다＜da/geu/da＞ mendorong; mendesak.

다그치다＜da/geu/chi/da＞ ① ☞ 다그다. ② (감정.행동) menekan; me-

maksa.

다급하다＜da/geub/hada＞ darurat; mendesak; urgen.

다난(多難)＜da/nan＞ ～하다 penuh kesusahan; penuh kesulitan; penuh kesukaran. ～한 해 tahun kerusuhan. 국가 ～한 때(에) krisis nasional.

다녀가다＜da/nyeo/ga/da＞ mampir; singgah.

다녀오다＜da/nyeo/o/da＞ kembali; pulang.

다년(多年)＜da/nyeon＞ bertahun-tahun. ～간 selama bertahun-tahun. ～생 식물 tanaman tahunan.

다뇨증(多尿症)＜da/nyo/ceung＞ 『醫』polyuria (komplikasi ginjal dan hipertensi).

다능(多能)＜da/neung＞ ～한 serba bisa; cakap dalam berbagai hal.

다니다＜da/ni/da＞ datang dan pergi; pergi dan kembali; pulang pergi; menghadiri; mengunjungi. 자주 ～ mengunjungi berulang kali. 학교에 ～ bersekolah. 회사에 ～ bekerja di sebuah perusahaan.

다다르다＜da/da/reu/da＞ tiba; mencapai; sampai (pada; di).

다다미＜da/da/mi＞ matras jerami Jepang. ～를 깔다 menggelar matras jerami.

다다익선(多多益善)＜da/da/ik/seon＞ Makin banyak makin baik.

다닥다닥＜da/dak/da/dak＞ berhimpitan; berdesak-desakan; bergerombol.

다닥뜨리다＜da/dak/teu/ri/da＞ ☞ 다닥치다.

다달이＜da/da/ri＞ setiap bulan; bulanan.

다대(多大)＜da/dae＞ ～한 banyak; besar; berat; sungguh-sungguh; serius. ～한 손해 rugi besar.

다독(多讀)＜da/dok＞　～하다 membaca banyak; banyak membaca. ～가 orang yang banyak membaca.

다듬다＜da/deum/ta＞　① menata. 머리를 ~ menata rambut. ② (관상수를) memangkas; menata (kebun). ③ (땅바닥을) meratakan; mendatarkan (tanah).

다라지다＜da/ra/ji/da＞ berani; tidak kenal takut; hati singa.

다락＜da/rak＞ loteng; para-para.

다락같다＜da/rak/gath/tha＞ sangat tinggi; sangat mahal. 물가가 ~ Harga-harga sangat tinggi.

다람쥐＜da/ram/jwi＞ 『動』 tupai; bajing.

다랍다＜da/rab/ta＞ ① ☞ 더럽다. ② (인색) kikir; pelit; bakhil.

다랑어(-魚)＜da/rang/eo＞ ikan tuna.

다래끼＜da/rae/ki＞ (바구니)keranjang ikan, (눈병)timbil (dimata).

다량(多量)＜da/ryang＞ jumlah besar. ～으로 berlimpah-limpah; dalam jumlah besar.

다루다＜da/ru/da＞ ① (처리.대우) menangani; mengurus; mengelola; memperlakukan. ② (가죽을) menghaluskan; menyamak.

다르다＜da/reu/da＞ berbeda (dari); berlainan; lain; tidak sama.

다름아닌＜da/reum/a/nin＞ tidak lain hanya; tidak lebih dari.

다름없다＜da/reum/eob/ta＞ tidak berbeda; sama; serupa.

다리＜da/ri＞ kaki; tungkai.

다리＜da/ri＞ jembatan. ～를 놓다 membangun jembatan; memasang jembatan; menjembatani. 돌 ~ jembatan batu. 홍예~ jembatan lengkung.

다리＜da/ri＞ bagian dalam rambut palsu.

다리다＜da/ri/da＞ menyeterika.

다리미＜da/ri/mi＞ seterikaan. ～질하다 menyeterika. 전기[증기] ~ seterikaan listrik [uap].

다림질＜da/rim/jil＞ penyeterikaan. ～하다 menyeterika.

다릿돌＜da/rit/tol＞ batu loncatan.

다만＜da/man＞ hanya; belaka; melulu; bagaimanapun; asalkan.

다망(多忙)＜da/mang＞ kesibukan; tekanan kerja. ～하다 sibuk. 공무 ～하여 karena desakan urusan kantor.

다모작(多毛作)＜da/mo/jak＞ tumpang sari

다목적(多目的)＜do/mok/ceok＞ ～댐 bendungan serba guna.

다문(多聞)＜da/mun＞ ～박식 kaya informasi dan berpengetahuan luas.

다물다＜da/mul/da＞ mengunci; menutup. 입을 꼭 ~ tutup mulut; tetap bungkam.

다발＜da/bal＞ seikat. 꽃 한 ~ seikat bunga.

다방(茶房)＜da/bang＞ kedai teh; warung kopi. ~ 레지 pramusaji kedai teh. ~ 마담 manajer wanita kedai teh.

다방면(多方面)＜da/bang/myeon＞ ～의 serba bisa; beragam; berisi banyak; berbagai; serbaneka. ～으로 dalam berbagai lapangan [arah].

다변(多邊)＜da/byeon＞ ～적 multilateral. 수출 시장의 ～화 diversifikasi pasar ekspor. ~ 외교 diplomasi multilateral. ～형(形) segi banyak.

다변(多辯)＜da/byeon＞ kecerewetan. ～의 suka berbicara; cerewet; gatal mulut.

다병(多病)＜da/byeong＞ ～한 lemah; sakit-sakitan.

다복(多福)＜da/bok＞ ～하다 sangat gembira; sangat bahagia.

다부지다＜da/bu/ji/da＞ kukuh; tekun; tegas; keras.

다분(多分)＜da/bun＞ ～히 banyak; dalam ukuran/jumlah besar.

다붙다＜da/buth/ta＞ merapat.

다붙이다＜da/bu/ci/da＞ merapatkan.

다비(茶毘)＜da/bi＞ 『佛』 pembakaran mayat; kremasi. ～하다 membakar mayat; mengkremasi.

다사(多事)＜da/sa＞ ～한 sibuk; penuh kejadiaan. ～스러운 suka ikut campur. ～다난 kesibukan.

다산(多産)＜da/san＞　～의 produktif; subur.　～부 wanita yang subur.

다섯＜da/seot＞ lima.　～째 kelima.　～배(의) berlipat lima.

다소(多少)＜da/so＞　(많고 적음)jumlah; kuantitas, (얼마간))sedikit.

다소곳하다＜da/so/got/hada＞ penurut; taat.

다수(多數)＜da/su＞ sejumlah besar; kebanyakan; mayoritas; sebagian besar.　～결 keputusan dengan suara terbanyak/mayoritas.　～결로 정하다 memutuskan dengan suara terbanyak.　～당 partai mayoritas.　～표 pluralitas. 절대 ～ mayoritas mutlak.　～대표제 sistim perwakilan mayoritas.

다수확(多收穫)＜da/su/hwak＞　～의 berhasil banyak; berproduksi tinggi.　～ 품종 varietas berproduksi tinggi.

다스＜da/seu＞ selusin. 12 ～ satu gross. 5 ～ lima lusin.　～로 팔다 menjual per lusin.

다스리다＜da/seu/ri/da＞　① (통치)memerintah; mengurus; mengelola.　② (바로잡다) mengatur; menata.　③ (통제) mengawasi; mengendalikan; mengatur.　④ (병을) merawat; menyembuhkan.　⑤ (죄를) menghukum; membawa ke pengadilan; mengadili.

다스하다＜da/seu/hada＞ agak hangat.

다습하다(多濕-)＜da/seub/hada＞ lembab.

다시＜da/si＞ lagi; berulangkali; sekali lagi; berkali-kali; berulang-ulang; sekali-kali.　～ 없는 hanya; satu-satunya.　～없는 기회 kesempatan emas; kesempatan tiada duanya.

…다시피＜da/si/fi＞ seperti; sebagaimana; hampir; nyaris; hampir-hampir. 보시[아시] ～ sebagaimana yang kamu lihat [ketahui]. 멸망하～ 되다 hampir punah.

다식(茶食)＜da/sik＞　～하다 makan banyak; makan berlebihan.　～가 orang yang makannya banyak; orang yang gembul.

다식(多識)＜da/sik＞ pengetahuan yang luas.

다신교(多神敎)＜da/sin/gyo＞ politeisme.　～도 politeis; penganut politeisme.

다실(茶室)＜da/sil＞ ☞ 다방.

다액(多額)＜da/aek＞ jumlah yang besar.

다양(多樣)＜da/yang＞　～하다 beragam; bermacam-macam; beraneka ragam.　～ 화하다 mendiversifikasi; menganekaragamkan.　～성 keserbaragaman; diversitas; multiplisitas.

다언(多言)＜da/eon＞　～의 banyak bicara; banyak mulut; cerewet.

다염기산(多鹽基酸)＜da/yeom/gi/san＞ 『化』 asam polibasa; asam berbasa banyak.

다예(多藝)＜da/ye＞ keserbabisaan (dalam seni)

다우존스식(- 式)＜da/u/jon/seu/sik＞ 『證』 ～평균 주가 rata-rata Dow-Jones (di pasar bursa Seoul)

다운＜da/un＞ 『拳』 kejatuhan.　～되다 jatuh; menjadi jatuh.　～ 시키다 memukul jatuh; menjatuhkan.

다원(多元)＜da/won＞ pluralisme.　～적 jamak.　～론 pluralisme.　～화 multipluralisme.

다윈＜da/win＞ Darwin.　～설 paham Darwin.

다음＜da/eum＞ berikut.　～의＝다음/ ～날 hari berikutnya.　～달[해] bulan [tahun] berikutnya.　～에 berikutnya; kelak; nanti hari.　～월요일 Senin depan.　～가다 urutan kedua; peringkat kedua.

다음(多音)＜da/eum＞　～자(字) polifon.　～절 suku kata banyak/ polinom.

다음다음＜da/eum/da/eum＞ setelah berikut.　～날 lusa.

다의(多義)＜da/eui＞ polisemi; banyak arti.　～의 berarti banyak.　～어(語) kata yang berarti banyak.

다이너마이트＜da/i/neo/ma/i/theu＞ dinamit.　～로 폭파하다 mendina-

mit; meledakkan dengan dinamit.
다이빙＜da/i/bing＞ penyelaman.
다이아＜da/i/a＞ ① ☞ 다이 아몬 드. ② (운행표) jadwal kereta api.
다이아나＜da/i/a/na＞ 『羅神』 Diana.
다이아몬드＜da/i/a/mon/deu＞ intan; berlian.
다이아진＜da/i/a/cin＞ 『藥』 diazine; sulfadiazine.
다이얼＜da/i/eol＞ tombol penyetel. ~을 돌리다 memutar tombol penyetel. ~ 113번을 돌리다 memutar no. 113.
다이얼로그＜da/i/eol/lo/geu＞ dialog; percakapan
다이오드＜da/i/o/deu＞ 『電子』 dioda.
다작(多作)＜da/jak＞ ~하다 menulis banyak karya. ~의 banyak karya. ~가(家) pengarang berkarya banyak.
다잡다＜da/jab/ta＞ mengawasi dengan teliti; menerapkan kontrol yang ketat.
다재(多才)＜da/jae＞ bakat yang banyak; serba bisa. ~한 serba bisa; berbakat banyak. ~한 사람 orang yang serba bisa; orang yang berbakat banyak.
다정(多情)＜da/jeong＞ ~한 (berhati) ramah/hangat; penuh kasih sayang; baik hati. ~다한 [다감]한 emosional; sentimentil. ~히 dengan hangat; dengan penuh kasih sayang; dengan akrab. ~한 친구 teman karib.
다정자(茶亭子)＜da/jeong/ja＞ meja teh.
다조(- 調)＜da/jo＞ 『樂』 C; nada C.
다족류(多足類)＜da/jok/nyu＞ 『動』 hewan berkaki banyak; miriapoda.
다지다＜da/ji/da＞ ① (단단하게) mengeraskan. ② (고기를) mengiris; mencincang; memotong-motong. ③ (다짐받다) menekan (orang) untuk memberi jawaban yang pasti; memastikan.
다짐＜da/jim＞ jawaban yang pasti; janji; sumpah; jaminan; garansi. ~하다 meyakinkan; memberi janji; bersumpah; berjanji. ~받다 mendapat jaminan dari; mendapat jawaban yang pasti
다짜고짜로＜da/ca/go/ca/ro＞ tanpa pemberitahuan; dengan tiba-tiba. ~ 사람을 치다 memukul orang dengan tiba-tiba.
다채(多彩)＜da/chae＞ ~롭다 berwarna-warni; beraneka. ~로운 행사 even beraneka warna.
다처(多妻)＜da/cheo＞ banyak istri. 일부 ~ poligami.
다치다＜da/chi/da＞ terluka. 다리를 ~ luka di kaki. 자동차에 ~ luka akibat kecelakaan mobil
다큐멘터리＜da/khyu/men/theo/ri＞ ~ 영화 film dokumenter.
다크호스＜da/kheu/ho/seu＞ kuda hitam.
다투다＜da/thu/da＞ berselisih (dengan); bersaing; berlomba; bertengkar. 권력[우승]을 ~ bersaing mencapai kekuasaan [dominasi].
다툼＜da/thum＞ perselisihan; perbedaan pendapat; percekcokan; pertengkaran.
다하다＜da/ha/da＞ (끝나다) habis; berakhir ; selesai.
다하다＜da/ha/da＞ ① menghabiskan; memakai habis. 최선을 ~ melakukan sebisa mungkin. 힘을 ~ mengerahkan tenaga sepenuhnya. ② menyelesaikan; merampungkan; menuntaskan. 일을 ~ menyelesaikan pekerjaan. 본분을 ~ menyelesaikan tugas. 사명을 ~ menyelesaikan misi.
다항식(多項式)＜da/hang/sik＞ 『數』 persamaan polinominal.
다행(多幸)＜da/haeng＞ nasib baik; nasib mujur. ~하다 mujur; bahagia; beruntung. ~히 dengan mujur; oleh nasib baik; untunglah.
다혈질(多血質)＜da/hyeol/cil＞ watak panas. ~의 berdarah panas; berwatak panas. ~인 사람 orang yang berwatak panas.

다홍(- 紅)＜da/hong＞ merah tua. ~치마 rok merah tua.

닥닥＜dak/dak＞ ~긁다 menggaruk-garuk.

닥뜨리다＜dak/teu/ri/da＞ berjumpa; bertemu.

닥치다＜dak/chi/da＞ mendekat; menjelang.

닥터＜dak/theo＞ dokter.

닦다＜dak/da＞ ① memoles; meng-asah; mengkilapkan; melicinkan. 구두를 ~ mengkilapkan sepatu. ② mencuci; menyikat; menyapu. 이를 ~ menyikat gigi. 걸레로 ~ menyapu lantai. 눈물을 ~ menghapus air mata. ③ meng-asah melatih. 기술을 ~ melatih keterampilan. ④ meratakan; men-datarkan. 터를 ~ meratakan ta-nah. ⑤ (셈을) mengimpas; melu-nasi.

닦달질하다＜dak/dal/jil/hada＞ me-marahi; memberi pelajaran; meng-introgasi.

닦아세우다＜dak/a/se/u/da＞ ☞ 닦달질하다

닦음질＜dak/eum/jil＞ pembersihan; penyapuan.

닦이다＜da/ki/da＞ ① (닦음을 당하다) disapu; dibersihkan; dipoles. ② (홀닦이다) diinterogasi dengan keras.

단＜dan＞ bungkusan; ikat; berkas; bundel. ~ 짓다 membungkus; membundel; mengikat.

단(段)＜dan＞ ① (지적 단위) satu *dan* (0.245 acres = 4072 m2). ② kolom. 삼~ 표제 judul tiga kolom. ③ tingkat; kelas; pering-kat; level. 바둑 9~ *dan* kesembil-an *badug*. ~수가 틀리다 tidak se-kelas. ④ (층계) tangga; lantai.

단(壇)＜dan＞ mimbar; panggung; altar.

단(斷)＜dan＞ keputusan; keputusan pengadilan. ~을 내리다 membuat putusan terakhir.

단(單)＜dan＞ hanya (satu). ~ 한번 hanya sekali.

단(但)＜dan＞ tetapi; bagaimanapun; asalkan … .

단(團)＜dan＞ badan; kesatuan; ke-lompok; partai; tim; gerombolan; pasukan; korps. 외교 ~ korps diplomatik. 관광~ kelompok wi-satawan.

단가(單價)＜dan/ka＞ harga satuan. ~ 50원으로 50 won sepotong. 생산 ~ harga produksi satuan.

단가(團歌)＜dan/ga＞ lagu resmi perkumpulan.

단가(檀家)＜dan/ga＞ 『佛』 anggota jemaat.

단강(鍛鋼)＜dan/gang＞ baja tempa.

단거리(短距離)＜dan/geo/ri＞ jarak pendek; jangkauan pendek. ~ 경주 perlombaan jarak pendek; lari jarak pendek. ~선수 pelari jarak pen-dek. ~탄도 미사일 roket balistik jarak pendek (RBJP).

단검(短劍)＜dan/geom＞ golok pen-dek.

단견(短見)＜dan/gyeon＞ pandangan sempit; pandangan picik.

단결(團結)＜dan/gyeol＞ kesatuan; persatuan; solidaritas. ~하다 mempersatukan; menggabungkan. ~권 hak berorganisasi; ~력 ke-kuatan kombinasi. ~심 semangat kerja sama.

단결에＜dan/gyeol/e＞ mumpung pa-nas; sebelum kesempatan meng-hilang. 쇠뿔도 ~ 빼랬다 Tem-palah sementara besinya masih pa-nas.

단경(短徑)＜dan/gyeong＞ 『幾』 sum-bu minor.

단경(斷經)＜dan/gyeong＞ 『漢醫』 menopause; berhentinya haid secara alamiah. ~하다 mengalami meno-pause. ~기(期) masa (saat) meno-pause.

단경기(端境期)＜dan/gyeong/gi＞ masa hasil yang baru.

단계(段階)＜dan/gye＞ taraf; lang-kah; tingkatan; tahap. 최종 ~ ta-hap terakhir.

단골＜dan/gol＞ langganan; pengun-

jung tetap/teratur; langganan tetap.
단과대학(單科大學)＜dan/kwa/dae/hak＞ akademi; sekolah tinggi.
단교(斷交)＜dan/gyo＞ pemutusan hubungan. ～하다 memutuskan hubungan. 경제 ～ pemutusan hubungan ekonomi.
단구(短軀)＜dan/gu＞ perawakan pendek.
단궤(單軌)＜dan/gwe＞ rel tunggal. ～철도 kereta api satu rel.
단근질＜dan/geun/jil＞ penyiksaan dengan besi panas. ～하다 menyiksa dengan besi panas.
단기(短期)＜dan/gi＞ (waktu) jangka pendek. ～의 jangka pendek. ～ 강습 kursus jangka pendek; kursus kilat. ～대부 pinjaman jangka pendek.
단기(單機)＜dan/gi＞ pesawat tunggal.
단기(單騎)＜dan/gi＞ penunggang tunggal.
단기(團旗)＜dan/gi＞ bendera organisasi.
단내＜dan/nae＞ bau hangus; bau terbakar; bau gosong.
단념(斷念)＜dan/nyeom＞ ～하다 melepaskan harapan; putus harapan. 출세를 ～하다 putus harapan untuk sukses.
단단하다＜dan/dan/hada＞ keras; padat; kuat; ketat; tegas.
단대목(單 -)＜dan/dae/mok＞ titik kritis; titik genting.
단도(短刀)＜dan/do＞ golok; pedang pendek.
단도직입(單刀直入)＜dan/do/jik/ib＞ ～적(으로) terus terang; (secara) langsung; (secara) terus terang.
단독(丹毒)＜dan/dok＞『醫』 api luka. ～성의 erisipelatus.
단독(單獨)＜dan/dok＞ ～적(으로) (secara) terpisah; (secara) perseorangan; (secara) bebas. ～강화 perdamaian terpisah. ～범 pelanggar tunggal; pelanggaran tunggal. ～행위 tindakan independen (perseorangan). ～회견 wawancara eks-

klusif.
단두대(斷頭臺)＜dan/du/dae＞ alat pancung. ～의 이슬로 사라지다 mati di alat pancung.
단락(段落)＜dal/nak＞ akhir paragraf; pasal; penutup; kesimpulan. ～을 짓다 menyimpulkan; menyelesaikan; membuat kesimpulan.
단락(短絡)＜dan/rak＞『電』 hubungan singkat.
단란(團欒)＜dal/nan＞ ～하다 bahagia; harmonis; rukun dan damai. ～한 가정 생활 kehidupan rumah tangga yang bahagia.
단량체(單量體)＜dan/yang/che＞『化』 monomer.
단련(鍛鍊)＜dal/yeon＞ ① penempaan; pengerasan. ～하다 menempa besi. ② pelatihan; penempaan; penggemblengan. ～하다 melatih; menggembleng. 심신을 ～하다 menggembleng fisik dan mental.
단리(單利)＜dal/ri＞『經』 bunga uang sederhana.
단막(單幕)＜dan/mak＞ satu babak. ～극 drama satu babak.
단말마(斷末魔)＜dan/mal/ma＞ saat-saat akhir. ～의 고통 sekarat.
단맛＜dan/mat＞ kemanisan; rasa manis.
단면(斷面)＜dan/myeon＞ penampang; bagian; belahan, fase. 사회 생활의 ～ fase kehidupan sosial. ～도 pandangan satu penampang. 수평 [종, 횡, 수직] ～ belahan mendatar [memanjang, melintang, tegak].
단명(短命)＜dan/myeong＞ kehidupan yang singkat. ～한 hidup singkat; berumur pendek. 재사(才士) ～ orang jenius hidup singkat.
단모음(單母音)＜dan/mo/eum＞ vokal tunggal.
단무지＜dan/mu/ji＞ acar lobak manis.
단문(短文)＜dan/mun＞ kalimat pendek.
단문(單文)＜dan/mun＞『文』 kalimat sederhana.

단물＜dan/mul＞　① (단수) air tawar.　② (맛이 단) air manis.　③ saripati; yang terbaik.　~을 빨아먹다 mengisap saripati; mengambil yang terbaik.　④ (연수) air lunak.

단물나다＜dan/mul/na/da＞ usang.

단박＜dan/bak＞ segera; dengan segera; dalam sekejab; seketika.

단발(單發)＜dan/bal＞ ① satu tembakan.　~에 dengan satu tembakan.　~총 pemuat tunggal.　② mesin tunggal.　~기 pesawat bermesin tunggal.

단발(短髮)＜dan/bal＞ rambut pendek; cepak.

단발(斷髮)＜dan/bal＞ rambut di bob.　~하다 memotong pendek rambut.　~ 미인 wanita cantik dengan rambut di bob.

단방(單放)＜dan/bang＞ ① ☞ 단발(單發).　② ☞ 단번(單番).

단백(蛋白)＜dan/baek＞ albumin; putih telur.　~뇨증(尿症) albuminuria.　~석(石)『鑛』oval; bulat telur.　~질 protein; albumen.　동물성[식물성] ~질 protein hewani [nabati].

단번(單番)＜dan/beon＞ ~에 dengan sekali...; dengan mudah.

단벌(單 -)＜dan/beol＞ pakaian satu-satunya.　~신사 orang yang tidak memiliki pakaian salin.

단병(短兵)＜dan/byeong＞ ~접전 pertempuran jarak dekat; pertempuran satu lawan satu.

단본위제(單本位制)＜dan/bon/wi/je＞ 『經』monometalisme; sistim standar tunggal.

단봉낙타(單峰駱駝)＜dan/bong/nak/tha＞ 『動』unta berpunuk satu.

단분수(單分數)＜dan/bun/su＞ 『數』pecahan sederhana.

단비＜dan/bi＞ hujan yang dinanti-nanti.

단비(單比)＜dan/bi＞ 『數』rasio/nisbah sederhana.

단비례(單比例)＜dan/bi/rye＞ 『數』perbandingan sederhana.

단산(斷産)＜dan/san＞ ~하다 berhenti melahirkan.

단상(壇上)＜dan/sang＞ ~에 di mimbar.　~에 서다 berdiri di mimbar.

단색(單色)＜dan/saek＞ ~의 monokromatik; satu warna.　~광 sinar monokromatik.　~화(畵) lukisan satu warna.

단서(但書)＜dan/seo＞ syarat; klausa; persyaratan.　~가 붙은 bersyarat.

단서(端緒)＜dan/seo＞ kelahiran; asal-usul; permulaan; langkah awal; kunci rahasia; petunjuk.　문제 해결의 ~ petunjuk [kunci] untuk pemecahan masalah.　~를 잡다 mendapat petunjuk/kunci pemecahan masalah.

단선(單線)＜dan/seon＞ ① (한 줄) garis tunggal.　② jalur tunggal.　~철도 kereta api jalur tunggal.

단선(斷線)＜dan/seon＞ pemutusan hubungan.　~하다 kawat/kabel terputus.

단성(單性)＜dan/seong＞ 『生』satu jenis kelamin; uniseksualitas.　~생식 monogenesis.　~화(花) bunga sejenis.

단세(單税)＜dan/se＞ pajak tunggal.

단세포(單細胞)＜dan/se/fo＞ 『生』bersel satu.　~동물 [식물] hewan [tumbuhan] bersel satu.

단소(短小)＜dan/so＞ ~한 pendek dan kecil.

단속(團束)＜dan/sok＞ pengawasan; pengaturan; pimpinan; disiplin; pengendalian.　~하다 mengatur; mengurus; mengawasi; mengendalikan.

단속(斷續)＜dan/sok＞ ~적인 selang-seling.　~ 적으로 nyala dan mati.　~기 perintang.

단속곳＜dan/sok/kot＞ baju dalam; rok dalam.

단수(斷水)＜dan/su＞ pemutusan suplai air.　~하다 memutus suplai air.

단수(單數)＜dan/su＞ 『文』tunggal.　~의 tunggal; singular.

단순(單純)＜dan/sun＞ kesederhana-an. ～하다 sederhana. ～히 bela-ka; hanya. ～하게[화]하다 menye-derhanakan. ～개념 konsep seder-hana.

단숨에(單 -)＜dan/su/me＞ dengan sekali… ～ 마시다 minum de-ngan sekali tenggak.

단시간(短時間)＜dan/si/gan＞ waktu singkat; jangka pendek.

단시일(短時日)＜dan/si/il＞ ～에 da-lam waktu singkat; dalam sehari.

단식(單式)＜dan/sik＞『數』persama-an sederhana; perhitungan sederha-na.

단식(斷食)＜dan/sik＞ puasa. ～하다 berpuasa. ～일[요법] hari [metode penyembuhan dengan] pua-sa. ～투쟁 mogok makan.

단신(單身)＜dan/sin＞ sendiri. ～여행하다 bepergian sendiri.

단신(短信)＜dan/sin＞ surat (catatan, pesan, berita) singkat.

단심제(單審制)＜dan/sim/je＞ sistem pengadilan tunggal.

단아(端雅)＜dan/a＞ ～한 anggun; elegan.

단안(斷案)＜dan/an＞ keputusan; ke-simpulan; putusan akhir; kata putus. ～을 내리다 membuat putus-an (akhir); mengambil keputusan.

단애(斷崖)＜dan/ae＞ karang curam; karang. ～절벽 karang yang amat curam.

단어(單語)＜dan/eo＞ kata; perben-daharaan kata. ～집(集) kumpulan kata; kamus kecil. 기본 ～ perbendaharaan kata basis.

단언(斷言)＜dan/eon＞ pengesahan; deklarasi; pernyataan. ～하다 me-ngesahkan; mengumumkan; menya-takan pengakuan.

단역(端役)＜dan/yeok＞ figuran; pe-ran kecil.

단연(斷然)＜dan/yeon＞ dengan te-gas; dengan pasti; secara positif; dengan mutlak. ～ 제일이다 se-jauh ini merupakan yang terbaik. ～ 유리하다 memiliki keuntungan yang pasti.

단연(斷煙)＜dan/yeon＞ ～하다 ber-henti merokok

단엽(單葉)＜dan/yeob＞『植』daun tunggal; berdaun tunggal. ～식물 tumbuhan berdaun tunggal. ～비행기 monoplane; pesawat bersayap tunggal.

단원(單元)＜dan/won＞ unit.

단원(團員)＜dan/won＞ anggota.

단원제(單院制)＜dan/won/je＞ sistim kamar tunggal.

단위(單位)＜dan/wi＞ satuan; unit; denominasi. 기본 ～ satuan stan-dar. 화폐 ～ unit moneter.

단음(短音)＜dan/eum＞ bunyi pen-dek; suara pendek. ～계『樂』ska-la minor.

단음(單音)＜dan/eum＞ bunyi tung-gal.

단음(斷飮)＜dan/eum＞ ☞ 단주(斷酒).

단일(單一)＜dan/il＞ ～의 tunggal; sendiri; unik; sederhana; satu-satunya. ～후보 calon tunggal.

단자(短資)＜dan/ja＞ pinjaman jang-ka pendek. ～시장 pasar pinjaman jangka pendek. ～회사 lembaga pembiayaan jangka pendek.

단작(單作)＜dan/jak＞ penanaman satu jenis. ～지대 lahan penanam-an satu jenis.

단잠＜dan/jam＞ tidur pulas/nye-nyak.

단장(丹粧)＜dan/jang＞ ～하다 ber-dandan; mempercantik diri.

단장(短杖)＜dan/jang＞ tongkat.

단장(團長)＜dan/jang＞ komandan; kepala; pimpinan.

단적(端的)＜dan/ceok＞ ～으로 se-cara terus terang; secara langsung; secara datar. ～으로 말하면 terus terang saja.

단전(丹田)＜dan/jeon＞ abdomen (perut bagian bawah). ～에 힘을 주다 mengencangkan perut.

단전(斷電)＜dan/jeon＞ ～하다 me-mutus hubungan listrik. ～일(日) hari tanpa listrik.

단절(斷絕)<dan/jeol> pemutusan; interupsi; pemusnahan. ~하다 memisahkan; memutuskan. ~되다 menjadi musnah; menjadi terputus. 국교 ~ pemutusan hubungan diplomatik.

단점(短點)<dan/ceom> titik lemah; cacat; kekurangan; kelemahan.

단정(短艇)<dan/jeong> perahu.

단정(端正)<dan/jeong> ~하다 baik; pantas; tampan; rapi. ~히 sepatutnya; dengan baik; dengan rapi; dengan sepantasnya. ~치 못한 tidak rapi; berantakan.

단정(斷定)<dan/jeong> ~하다.. menyimpulkan; memutuskan; menimbang.

단조(單調)<dan/jo> sifat yang monoton. ~롭다 monoton; menjemukan; membosankan. ~로운 빛깔 warna suram.

단조(短調)<dan/jo> 『樂』 (kunci) minor.

단종(斷種)<dan/jong> pengebirian; pensterilan; pemandulan.

단좌(端坐)<dan/jwa> ~식 tempat duduk tunggal. ~식 비행기 mobil atau kapal terbang untuk seorang.

단죄(斷罪)<dan/joe> pengadilan atas kejahatan; penghukuman. ~하다 menghukum.

단주(斷酒)<dan/ju> ~하다 berhenti minum minuman keras.

단지<dan/ji> kendi; periuk.

단지(團地)<dan/ji> kawasan (perumahan, industri). 공업 ~ kawasan industri.

단지(斷指)<dan/ji> ~하다 memotong jari.

단지(但只)<dan/ji> belaka; melulu; hanya.

단짝<dan/cak> teman karib/intim; teman sekamar.

단철(鍛鐵)<dab/cheol> besi tempa.

단청(丹靑)<dan/cheong> ① (색채) warna biru dan merah. ② (그림) gambar (lukisan) dengan banyak warna dan disain.

단체(單體)<dan/che> 『化』 bahan sederhana.

단체(團體)<dan/che> kelompok; organisasi; perkumpulan; korps; team; badan. ~를 조직[해산]하다 mendirikan [membubarkan] organisasi. ~경기 pertandingan kelompok; pertandingan tim. ~교섭(권) hak tawar menawar kolektif. ~생활 kehidupan kelompok. ~여행 wisata kelompok. ~정신 semangat kelompok; semangat korps. ~할인 potongan (pembelian) partai besar. ~행동 kegiatan kelompok/gotong royong.

단총(短銃)<dan/chong> pistol; revolver. 기관 ~ senapan semi otomatis.

단추<dan/chu> kancing baju; kancing kemeja. ~를 채우다 mengancingkan baju. ~를 끄르다 melepaskan kancing baju. ~를 달다 menjahitkan kancing (pada jas). 커프스 ~ kancing mansyet.

단축(短縮)<dan/chuk> pemotongan; pemendekan; pengurangan. ~하다 mengurangi; memendekkan; memotong; meringkaskan. 시간을 ~하다 menghemat waktu. 학년을 ~하다 mempersingkat tahun ajaran. 조업 ~ pengurangan operasi. ~어 singkatan.

단출하다<dan/chul/hada> keluarga kecil; sederhana.

단층(單層)<dan/cheung> ~의 berlantai satu; satu tingkat. ~집 rumah berlantai satu.

단침(短針)<dan/chim> jarum pendek.

단칭(單稱)<dan/ching> ~의 tunggal. ~명제 『論』 proposisi tunggal.

단칸(單 -)<dan/khan> kamar tunggal. ~살림, ~살이 tinggal di kamar tunggal.

단칼(單 -)<dan/khal> dengan sekali tebas.

단타(單打)<dan/tha> 『野』 pukulan tunggal.

단타(短打)<dan/tha> 『野』 pemukulan pendek. ~를 치다 memukul pendek.

단파(短波)<dan/fa> gelombang pendek. ~방송 siaran gelombang pendek. ~수신[송신]기 penerima [pengirim] gelombang pendek.

단판(單 -)<dan/fan> satu babak. ~에 dalam satu babak. ~승부 permainan satu babak.

단팥죽<dan/fath/cuk> bubur kacang merah manis

단편(短篇)<dan/fyeon> ~소설 cerita pendek; cerpen. ~소설집 kumpulan cerita pendek. ~영화 film pendek.

단편(斷片)<dan/fyeon> potongan; kutipan. ~적 bersifat kutipan.

단평(短評)<dan/fyeong> komentar (pendapat,kritikan) pendek. 시사 ~ komentar singkat tentang kejadian terbaru.

단풍(丹楓)<dan/fung> ① (나무) (pohon) mapel. ② (잎) daun-daun (kuning) merah; warna-warni musim gugur. ~들다 menjadi merah (kuning, merah tua). ~구경 가다 pergi melihat-lihat pohon mapel.

단합(團合)<dan/hab> persatuan; kesatuan. ~하다 menyatukan; menggabungkan. ~대회 rapat akbar memperkuat persatuan. ☞ 단결.

단항식(單項式)<dan/hang/sik> 『數』 persamaan monomial; persamaan pangkat satu.

단행(單行)<dan/haeng> ~범 『法』 pelanggaran tunggal. ~법 peraturan khusus. ~본 buku sejilid.

단행(斷行)<dan/haeng> ~하다 menyelesaikan; mengambil langkah pasti.

단호(斷乎)<dan/ho> ~한 tegas; menentukan; pasti. ~히 dengan tegas; dengan pasti. ~한 조처(措處)를 취하다 mengambil tindakan tegas.

단화(短靴)<dan/hwa> sepatu.

닫다<dat/ta> lari.

닫다<dat/ta> menutup. 쾅 ~ membanting (pintu).

닫치다<dat/chi/da> menutup.

닫히다<dat/chi/da> tertutup; ditutup. (문이) 저절로 ~ tertutup dengan sendirinya. 잘 안 ~ sukar ditutup.

달<dal> ① bulan. ~세계 dunia bulan. ~의 여신 Diana. ~없는 밤 malam tak berbulan. ~이 차다 [이즈러지다] bulan penuh [menyusut]. 전전 ~ dua bulan yang lalu. ~마다 tiap bulan; bulanan. 큰 [작은] ~ bulan ganjil [genap]. ~수가 차지 않은 아이 bayi prematur; bayi lahir dini.

달걀<dal/gyal> telur. ~모양의 berbentuk telur. ~의 흰자위 [노른자] putih [kuning] telur. ~껍질 kulit telur. 반숙의 [날, 갓난] ~ telur separuh matang [mentah, baru]. ~빛 warna kuning terang. ~을 깨다 memecahkan telur.

달게굴다<dal/ge/gul/da> mengusik; menggoda; merepotkan.

달견(達見)<dal/gyeon> pandangan yang jauh ke depan.

달관(達觀)<dal/gwan> pandangan yang luas; pandangan yang filosofis. ~하다 berpandangan filosofis/panjang.

달구<dal/gu> penumbuk tanah; pengeras tanah. ~질 tanah yang dikeraskan. ~질하다 menumbuk/mengeraskan tanah.

달구다<dal/gu/da> memanaskan. ~ 번철을 memanaskan penggorengan/kuali.

달구지<dal/gu/ji> pedati besar.

달그락거리다<dal/geu/rak/geo/ri/da> gemerincing; berkelenting.

달그랑거리다<dal/geu/rang/geo/ri/da> gemerincing; berkelenting; berkelentang.

달다<dal/da> ① manis; bergula. 맛이 ~ rasa manis. ② (입맛이) lezat; nikmat; manis.

달다<dal/da> ① membara; menjadi sangat panas. 쇠가 ~ besi

membara. 빨갛게 ~ panas membara. ② (너무 익다) direbus kering. ③ (마음타다) tidak sabaran.
달다<dal/da> ① memasang. 문에 종을 ~ memasang bel di pintu. 샤쓰에 단추를 ~ memasang kancing di baju. 전화를 ~ memasang telepon. ② (걸다) menggantung tanda. ③ mengenakan; memakai. 메달을 ~ mengenakan medali/tanda jasa. ④ (올리다) memasang/mengibarkan (bendera). ⑤ mencantumkan. 외상을 ~ mencantumkan ke dalam rekening kredit.
달다<dal/da> menimbang. 저울로 ~ menimbang dengan neraca.
달단<dal/dan> Tartar. ~인 orang Tartar.
달라다<dal/la/da> meminta; memohon.
달라붙다<dal/la/buth/da> menempel; melekat; menggelayut.
달라지다<dal/la/ji/da> mengalami perubahan; berubah.
달랑거리다<dal/lang/geo/ri/da> gemerincing; berkelenting.
달래<dal/lae> 『植』 rocambole liar.
달래다<dal/lae/da> membujuk; menghibur; menghilangkan duka hati. 우는 어린애를 ~ membujuk anak yang menangis. 시름을 술로 ~ menghilangkan duka cita dengan minuman.
달러<tal/leo> dollar. ~ 박스 brankas.
달려들다<dal/lyeo/deul/da> menyerang; menyerbu; menerkam.
달력(- 歷)<dal/lyeok> kalender; almanak.
달로켓<dal/ro/khet> roket bulan. ~의 발사 meluncurkan roket bulan.
달리<dal/li> (다르게)secara berbeda, (특수하게)dalam cara yang berbeda; dengan cara lain,(따로) secara terpisah, (각별히)secara khusus. ~하다 berbeda. 생각했던 것과는~ bertolak belakang dengan

harapan. 견해를 ~하다 berbeda pendapat.
달리기<dal/li/gi> perlombaan; balapan; pacuan. ~에서 이기다 menang perlombaan. ~ 선수 pelari; peserta perlombaan.
달리다<dal/li/da> (부족) ☞ 딸리다.
달리다<dal/li/da> (기운이) loyo; lemah; letih, (눈이)kuyu; berat(mata).
달리다<dal/li/da> (질주)berlari kencang, (몰다) melarikan; memacu; membalap.
달리다<dal/li/da> ① (…에 걸려서) tergantung; menggantung. ② terpasang; dipasangi. 전등이 ~ dipasangi lampu listrik. ③ (여하에) tergantung pada.
달리아<dal/li/a> 『植』 bunga dahlia.
달마(達磨)<dal/ma> *dharma*.
달맞이<dal/ma/ji> ~하다 memandang bulan purnama pertama.
달무리<dal/mu/ri> cincin di sekeliling bulan; kandang bulan.
달문(達文)<dal/mun> karangan yang di tulis dengan jelas (gamblang).
달밤<dal/pam> malam terang bulan.
달변(達辯)<dal/byeon> kefasihan; kelancaran berbicara. ~의 fasih; lancar berbicara.
달빛<dal/pit> sinar bulan. ~을 받고 dalam sinar bulan.
달성(達成)<dal/seong> pencapaian; penunaian. ~하다 mencapai; mewujudkan; melaksanakan; menunaikan. 목적을 ~하다 mencapai tujuan; menunaikan maksud.
달아나다<da/ra/na/da> ① lari; kabur; minggat; melarikan diri. …을 가지고 ~ melarikan … ② (달려가다) lari; bergegas-gegas(ke).
달아매다<da/ra/mae/da> menggantung.
달아보다<da/ra/bo/da> ① (무게를) menimbang. ② (사람을) menguji.

달아오르다＜da/ra/o/reu/da＞　mera-dang; merasa panas.

달음(박)질＜da/reum(bak)jil＞　lari. ~하다 berlari.

달의(達意)＜dal/eui＞ kecerdasan.

달이다＜da/ri/da＞　menggodok; merebus. 약을 ~ menggodok obat.

달인(達人)＜da/rin＞ ahli (dalam); pakar (dalam).

달짝지근하다＜dal/cak/ji/geun/hada＞ agak manis; kemanis-manisan.

달창나다＜dal/chang/na/da＞ usang; habis; aus.

달치다＜dal/chi/da＞ memanaskan berlebihan; menjadi terlalu panas; merebus kering.

달카닥거리다＜dal/kha/dak/geo/ri/da＞ berdentingan.

달칵거리다＜dal/khak/geo/ri/da＞ ☞ 달카닥거리다.

달콤하다＜dal/khom/hada＞ manis.

달통(達通)＜dal/thong＞ ~하다 ahli dalam … .

달팽이＜dal/faeng/i＞ 『動』 keong; siput. ~ 걸음으로 dengan kecepatan keong; selambat keong.

달포＜dal/fo＞ sedikit lebih sebulan.

달품＜dal/fum＞ pekerjaan yang dibayar bulanan.

달필(達筆)＜dal/fil＞ tangan terampil. ~이다 menulis dengan bagus.

달하다(達 -)＜dal/hada＞ ① (목적 등을) mencapai; mewujudkan. ② mencapai; memenuhi. 수준에 ~ mencapai level. ③ sampai; mencapai. 5백만원에 ~ mencapai lima juta (won).

닭＜dak＞ ayam. ~을 치다 memelihara ayam. ~이 울다 ayam berkokok. ~고기 daging ayam. ~어리 keranjang ayam. ~(의)장… kandang ayam; sangkar ayam.

닮다＜dam/ta＞ menyerupai; mirip. 많이 ~ sangat mirip (seseorang).

닳다＜dal/ta＞ ① (마멸) usang; bekas. ② (국물이) direbus sampai kering.

닳리다＜dal/ri/da＞ (해뜨리다) me-makai sampai usang; (국물을) me-rebus sampai kering.

담＜dam＞ tembok; pagar; penyekat; sawar. ~을 두르다 mendirikan tembok; memagari.

담(痰)＜dam＞ lendir; dahak; rahak.

담(膽)＜dam＞ empedu; nyali. ~이 큰 bernyali besar; berani. ~이 작은 bernyali kecil; penakut.

담갈색(淡褐色)＜dam/gal/saek＞ warna cokelat muda.

담결석(膽結石)＜dam/gyeol/seok＞ ☞ 담석(膽石).

담그다＜dam/geu/da＞ ① (물에) merendam; mencelup(kan); memandikan. ② (김치 등) mengasamkan (sayuran); mengasinkan; mengacar. ③ (술을) membuat minuman keras.

담기다＜dam/gi/da＞ diisi; dihidangkan; dibotolkan.

담낭(膽囊)＜dam/nang＞ 『解』 kandung empedu. ~관 saluran kantung cairan tubuh.

담다＜dam/ta＞ ① memasukkan; mengisi. 광주리에 ~ memasukkan ke dalam keranjang. ② (입에) menggunakan bahasa kasar. ③ ☞ 담그다.

담담하다(淡淡-)＜dam/dam/hada＞ tidak peduli; tidak tertarik (berminat); tak acuh.

담당(擔當)＜dam/dang＞ tugas. ~하다 bertugas. ~ 검사 jaksa yang bertugas. ~ 구역 daerah tugas. ~ 업무 [사무] urusan yang menjadi tugas. ~자 orang yang bertugas dalam … .

담대(膽大)＜dam/dae＞ ~한 berani; tidak kenal takut.

담력(膽力)＜dam/yeok＞ keberanian. ~이 있는 ada keberanian. ~없는 tidak ada keberanian. ~을 기르다 menanamkan keberanian.

담록색(淡綠色)＜dam/nok/saek＞ hijau muda (pucat).

담론(談論)＜dam/non＞ pembicaraan; diskusi; argumen.

담박(淡泊)＜dam/bak＞ ~한 acuh tak acuh; tidak perduli; cuek; terus terang; sederhana. ~한 사람 orang yang tidak banyak kehendak; orang yang berhati terbuka.

담방거리다 ＜dam/bang/geo/ri/da＞ ☞ 덤벙거리다.

담배＜dam/bae＞ tembakau; rokok; sigaret. 씹는 ~ tembakau sugi. ~를 피우다 mengisap (rokok); merokok. ~꽁초 puntung rokok. ~쌈지 kantung tembakau. ~설대 batang bambu pipa. 생 ~ rokok yang menyala sendiri. 파이프 ~ tembakau pipa.

담백(淡白)＜dam/baek＞ ☞ 담박(淡泊).

담벼락＜dam/pyeo/rak＞ permukaan dinding.

담보(擔保)＜dam/bo＞ ① penjaminan; pertanggungan; asuransi. ~하다 menjamin; mengasuransikan; mempertanggungkan. ② jaminan; hipotek; gadai(an). ~로 넣다 [잡히다] memberi jaminan. ~를 잡다 menerima jaminan. ~권 hak jaminan. ~금 uang jaminan. ~대부 pinjaman dengan jaminan. ~물 barang jaminan; boroh; gadaian; tanggungan. ~물권 hak riil yang di dapat dengan jalan pinjaman.

담비＜dam/bi＞ 『動』 musang kecil; keluai; kukus.

담뿍＜dam/puk＞ penuh; banyak. 물을 ~ 붓다 menuangkan air sampai penuh. ☞ 듬뿍.

담색(淡色)＜dam/saek＞ warna muda; warna terang.

담석(膽石)＜dam/seok＞ 『醫』 batu empedu. ~증 cholelithiasis.

담세(擔稅)＜dam/se＞ ~력 kemampuan membayar pajak. ~자 pembayar pajak.

담소(談笑)＜dam/so＞ ~하다 mengobrol ; mengoceh; berceloteh; bercengkerama; berkecek-kecek.

담수(淡水)＜dam/su＞ air tawar. ~어[호] ikan [danau] air tawar.

담수(湛水)＜dam/su＞ ~하다 berisi air; mengandung air.

담쌓다＜dam/ssat/tha＞ ① (두르다)

memagari; membangun tembok. ② (관계를 끊다) memutuskan hubungan(dengan).

담요＜dam/yo＞ selimut.

담임(擔任)＜da/nim＞ tugas; tanggung jawab. ~하다 bertugas; mengajar. ~교사 guru wali kelas. ~반 kelas dibawah tanggung jawab.

담쟁이＜dam/jaeng/i＞ 『植』 tanaman rambat.

담즙(膽汁)＜dam/jeub＞ empedu; nyali; kuaya. ~질 bersifat lekas marah.

담차다(膽 -)＜dam/cha/da＞ berani; berhati tabah.

담청색(淡靑色)＜dam/cheong/saek＞ biru muda; nilakandi.

담판(談判)＜dam/fan＞ perundingan; negosiasi; pembicaraan. ~하다 berunding; bernegosiasi.

담합(談合)＜dam/hab＞ konsultasi; mufakat (sebelum penawaran). ~하다 berkonsultasi dengan. ~에 의해 atas persetujuan bersama. 입찰에 관해 ~하다 berunding pada waktu penawaran.

담홍색(淡紅色)＜dam/hong/saek＞ merah muda; anyelir.

담화(談話)＜dam/hwa＞ percakapan; pembicaraan; pernyataan. ~하다 berbicara; bercakap-cakap; mengadakan pembicaraan. ~문(文) pernyataan resmi.

담황색(淡黃色)＜dam/hwang/saek＞ kuning jeruk; kuning langsat; pingai.

답(答)＜dab＞ jawaban; solusi; pemecahan (☞ 답하다). ~을 내다. memberi jawaban.

답곡(畓穀)＜dab/gok＞ gabah dari sawah.

답농(畓農)＜dab/nong＞ budidaya padi.

…답다＜dab/ta＞ seperti.

답답하다(畓畓 -)＜dab/dab/hada＞ ① menyesakkan; sesak; mencekik; rapat; ketat. 가슴이 ~ merasa sesak dalam dada. ② (사람됨이) picik pandangan. ③ (속타다) tertekan.

답례(答禮)<dam/nye> (반문에 대한) kunjungan balasan. (인사에 대한) penghormatan balasan.

답배(答拜)<dab/bae> ~하다 menghormati kembali; membalas penghormatan.

답변(答辯)<dab/byeon> jawaban; penjelasan; pembelaan. ~하다 menjawab; menjelaskan; membela diri.

답보(踏步)<dab/bo> jalan di tempat; kemandekan. ~하다 berjalan di tempat; mandek.

답사(踏査)<dab/sa> survei; eksplorasi; penyelidikan lapangan. ~하다 mengeksplorasi; menyelidiki; mensurvei. 현지 ~ penyelidikan lapangan. ~대 rombongan penyelidik.

답서(答書)<dab/seo> ☞ 답장(答狀).

답습(踏襲)<dab/seub> ~하다 mengikuti jejak (seseorang).

답신(答申)<dab/sin> ~하다 menyerahkan laporan; melaporkan. ~서 laporan.

답안(答案)<dab/an> kertas kerja; kertas ujian. ~을 내다 menyerahkan kertas kerja. 영어 ~ kertas kerja dalam bahasa Inggris.

답장(答狀)<dab/cang> jawaban; balasan. ~하다 menjawab surat; membalas surat.

답전(答電)<dab/jeon> telegram balasan. ~하다 menjawab (membalas) telegram.

답지(遝至)<dab/ji> ~하다 berduyun-duyun; membanjir; membludak. 주문이 ~하다 mendapat pesanan yang membanjir.

답하다(答 -)<dab/hada> menjawab (pertanyaan); membalas; menanggapi.

닷...<dat> lima. ~말 lima *mal*.

닷새<dat/sae> ① (닷샛날) hari kelima. ② (다섯날) lima hari.

당(黨)<dang> partai; fraksi; golongan. ~을 조직하다 membentuk

partai. ~간부 dewan pimpinan partai. ~기관 aparat partai. ~대회 rapat umum partai.

당...(當)<dang> ini; kini; sekarang; itu; yang dipermasalahkan. ~역(驛) stasiun ini. ~ 20세 berumur dua puluh tahun tahun ini.

당고모(堂姑母)<dang/go/mo> keponakan perempuan kakek dari pihak saudara lelakinya.

당과(糖菓)<dang/gwa> kembang gula; gula-gula.

당구(撞球)<dang/gu> bilyar; bola sodok. ~를 하다 bermain bilyar. ~대 meja bilyar. ~봉 tongkat bilyar. ~장 rumah bilyar.

당국(當局)<dang/guk> yang berwenang; penguasa. ~의 명에 의하여 atas perintah dari yang berwajib/berwenang. ~자 pejabat yang berwenang.

당권(黨權)<dang/gwon> hegemoni partai.

당규(黨規)<dang/gyu> peraturan partai.

당근<dang/geun> 『植』 wortel.

당금(當今)<dang/geum> sekarang; kini.

당기(黨期)<dang/gi> periode ini; masa kini.

당기(黨紀)<dang/gi> disiplin partai.

당기다<dang/gi/da> (끌어) menarik; menghela; mencabut; mencemat; menggaet.

당기다<dang/gi/da> (입맛) merangsang.

당나귀<dang/na/gwi> keledai.

당년(當年)<dang/nyeon> tahun ini.

당뇨병(糖尿病)<dang/nyo/pyeong> 『醫』 penyakit kencing manis; penyakit gula; diabetes. ~환자 penderita kencing manis.

당닭(唐 -)<dang/dak> ayam kate; ayam beroga; ayam hutan.

당당(堂堂)<dang/dang> ~한 gagah; riah. ~히 dengan gagah; ~한 풍채 penampilan yang gagah. ~히 싸우다 bertanding dengan gagah.

당대(當代)＜dang/dae＞ (한평생) masa hidup.

당도(當到)＜dang/do＞ ～하다 sampai (pada); mencapai; mendapat.

당돌(唐突)＜dang/dol＞ ～한 lancang; kasar. ～히 dengan kasar; dengan lancang.

당락(當落)＜dang/nak＞ hasil pemilihan; keberhasilan (atau kegagalan) dalam pemilihan.

당략(黨略)＜dang/yak＞ kebijakan partai.

당량(當量)＜dang/yang＞ 『理.化』 ekuivalensi.

당론(黨論)＜dang/non＞ opini partai.

당류(糖類)＜dang/yu＞ gula; sakaroid.

당리(黨利)＜dang/ni＞ kepentingan partai.

당면(唐麵)＜dang/myeon＞ mi cina; permiseli cina.

당면(當面)＜dang/myeon＞ ～하다 menghadapi. ～한 mendesak; penting; urgen. ～한 문제 masalah yang mendesak.

당목(唐木)＜dang/mok＞ kain katun halus.

당무(黨務)＜dang/mu＞ urusan partai.

당밀(糖蜜)＜dang/mil＞ molase; tengguli; air gula; kinca; sirup.

당번(當番)＜dang/beon＞ yang sedang bertugas, (사람))orang yang bertugas. ～하다 sedang bertugas.

당부(當否)＜dang/bu＞ benar atau salah; keadilan; kepantasan.

당부하다＜dang/bu/hada＞ beramanat; mengamanatkan.

당분(糖分)＜dang/bun＞ kandungan gula; kadar gula. ～을 함유하다 mengandung gula. ～ 측정기 sakarometer; alat pengukur kadar gula.

당분간(當分間)＜dang/bun/gan＞ buat sementara; untuk beberapa lama.

당비(黨費)＜dang/bi＞ pengeluaran partai.

당사(當事)＜dang/sa＞ ～국 negara yang bersangkutan. ～자 orang yang bersangkutan.

당선(當選)＜dang/seon＞ ～하다 memenangi (pemilihan); terpilih; menang hadiah. ～ 권내에 있다 ada dalam lingkup kemenangan. ～소설 novel pemenang hadiah. ～자 calon yang berhasil; calon yang terpilih. 무투표 ～ terpilih (menang)tanpa pemungutan suara.

당세(當世)＜dang/se＞ waktu kini.

당세(黨勢)＜dang/se＞ pengaruh partai; kekuatan partai; citra partai. ～를 확장하다 memperluas pengaruh partai.

당수(黨首)＜dang/su＞ pemimpin partai.

당숙(堂叔)＜dang/suk＞ sepupu lelaki dari ayah.

당시(唐詩)＜dang/si＞ syair dari zaman Tang.

당시(當時)＜dang/si＞ pada masa itu; pada waktu itu; kala itu. .

당시(黨是)＜dang/si＞ prinsip partai.

당신(當身)＜dang/sin＞ anda; kamu; engkau; dikau (kekasih).

당야(當夜)＜dang/ya＞ malam itu.

당연(當然)＜dang/yeon＞ ～한 beralasan; maklum; wajar; masuk akal; pantas. ～히 sewajarnya; sepantasnya; semestinya. ～한 결과 hasil yang wajar. ～한 권리 hak yang tidak diragukan; hak yang semestinya. ～한 의무 tugas yang tidak terelakkan. ～한 일 hal yang wajar. 이치[사리]상 ～하다 sudah semestinya. ～하게 여기다 menganggap sudah semestinya (bahwa).

당원(黨員)＜dang/won＞ anggota partai; pengikut partai. ～이 되다 menjadi anggota partai. ～명부 daftar anggota partai. 평 ～ anggota biasa.

당원질(糖原質)＜dang/won/jil＞ 『化』 glikogen.

당월(當月)＜dang/wol＞ ① ☞ 이달. ② (그달) bulan itu.

당의(糖衣)＜dang/eui＞ pelapisan gula. ～의 berlapis gula. ～정

kapsul lapis gula.
당의(黨議)＜dang/eui＞　(회의)dewan partai; (결의)keputusan partai,(강령) kebijakan partai.
당인(黨人)＜dang/in＞　☞ 당원(黨員).
당일(當日)＜dang/il＞　hari itu.
당일치기(當日-)＜dang/il/chi/gi＞　~ 여행을 하다 mengadakan perjalanan sehari.
당자(當者)＜dang/ja＞　orang yang bersangkutan.
당장(當場)＜dang/jang＞　segera; seketika; ditempat; waktu itu juga.
당쟁(黨爭)＜dang/jaeng＞　perselisihan partai; pertengkaran partai. ~ 을 일삼다 terlibat dalam pertengkaran partai.
당적(黨籍)＜dang/jeok＞　register partai.
당정협의(黨政協議)＜dang/jeong/hyeob/eui＞　rapat partai berkuasa-pemerintah; rapat konsultasi partai berkuasa dan kabinet.
당좌(當座)＜dang/jwa＞　~ 를 트다 membuka rekening koran. ~ 계정 rekening koran. ~ 대부금 pinjaman rekening koran. ~ 예금 simpanan rekening koran. ~ 잔고 neraca rekening koran.
당지(當地)＜dang/ji＞　tempat ini; di sini.
당지다＜dang/ji/da＞　ditekan dan diperkeras; menjadi keras.
당직(當直)＜dang/jik＞　yang sedang tugas (jaga). ~ 하다 sedang tugas (jaga). ~ 원 orang yang sedang bertugas. ~ 의사 dokter jaga. ~ 장교 perwira jaga.
당직(黨職)＜dang/jik＞　jabatan dalam partai. ~ 개편 reorganisasi hirarki partai; reorganisasi jabatan dalam partai. ~ 자 eksekutif partai.
당질(堂姪)＜dang/jil＞　putra saudara sepupu lelaki.
당질(糖質)＜dang/jal＞　kegulaan; sakarinitas; 『化』 glusida.
당차다＜dang/cha/da＞　pendek tetapi kuat; pendek gempal.

당착(撞着)＜dang/chak＞　kontradiksi; konflik; pertentangan. ~ 하다 berlawanan; bertentangan. ☞ 자가당착.
당찮다＜dang/chan/tha＞　tidak beralasan; tidak pantas; tidak layak.
당첨(當籤)＜dang/cheom＞　~ 하다 menang (meraih) hadiah. ~ 번호 nomor yang menang. ~ 자 pemenang (peraih) hadiah.
당초(當初)＜dang/cho＞　~ 의 awal; pertama. ~ 에 pada awalnya; pada mulanya. ~ 부터 dari semula; sejak awal.
당칙(黨則)＜dang/chik＞　peraturan partai.
당파(黨派)＜dang/fa＞　partai; faksi. ~ 심 semangat kepartaian. ~ 를 만들다 membentuk partai/faksi. ~ 로 갈리다 terbagi kedalam faksi-faksi. ~ 싸움 perselisihan aliran partai; pertengkaran partai. 초 ~ 외교 diplomasi supra partai.
당폐(黨弊)＜dang/fye＞　kejahatan partai. ~ 를 없애다 mengeliminasi/menghilangkan kejahatan partai.
당하다(當 -)＜dang/hada＞　① (사리에) beralasan; masuk akal. ② kena; mengalami; menanggung; menderita; mendapat. 불행을 ~ mengalami bencana. ~ 사고를 ~ mendapat kecelakaan. ③ dihadapkan pada. 난국에 ~ dihadapkan pada situasi sulit. ④ (속다) ditipu; diperdaya.
당해(當該)＜dang/hae＞　yang terkait; yang berkompeten. ~ 관청 [관헌] instansi yang terkait.
당혹(當惑)＜dang/hok＞　~ 하다 gugup; bingung dan kaget; tercengang.
당황(唐慌)＜dang/hwang＞　~ 하다 gelagapan. ~ 하여 dengan gelagapan. ~ 케 하다 membuat gelagapan.
닻＜dat＞　jangkar; sauh. ~ 을 내리다 [주다] menurunkan sauh; melemparkan jangkar; berjangkar; berlabuh. ~ 을 감다 mengangkat

sauh. ~가지 lengan sauh/jangkar. ~줄 tali cemat. ~혀 daun sauh.

닿다 <dat/tha> ① sampai (di). ~무사히 sampai dengan selamat. ② mencapai; menjangkau; menyentuh. 바닥에 ~ menyentuh lantai/dasar.

닿소리 <dat/so/ri> konsonan; huruf mati.

대 <dae> 『植』 bambu; buluh; aur. ~로 만든 terbuat dari bambu. (성격이) ~쪽 같은 사람 orang yang bersifat terus terang; orang yang lurus hati. ~나무 세공 kerajinan bambu. ~마디 ruas bambu. ~바구니 keranjang bambu. ~발 krai bambu. ~밭 ladang bambu ~울 [칼, 지팡이] pagar [pisau, tongkat] bambu.

대 <dae> ① batang; tangkai; hulu. ~가 약하다 berlutut lemah; berhati lemah. 저울~ batang timbangan. 펜~ tangkai pena. ② pipa (tembakau). 담배 한 ~ 피우다 mengisap pipa (rokok). ③ pukulan. 한 ~에 dengan sekali pukul.

대(大) <dae> keagungan; kebesaran; besar; agung. ~ 서울 Seoul Raya. ~손해 kerugian besar. 실물 ~ ukuran sebenarnya; sebesar aslinya.

대(代) <dae> (시대) waktu; zaman; generasi; usia; (요금) biaya; bea 10~의 사람 anak belasan tahun. 제2~ 왕 raja kedua. ~를 잇다 menggantikan; melanjutkan; meneruskan.

대(隊) <dae> unit; kesatuan; korps; badan; kelompok.

대(對) <dae> ① ☞ 짝. ② lawan; lawan kata. ③ lawan; versus; melawan; banding. 서울 ~ 부산 경기 pertandingan Seoul lawan Busan. ④ ~2의 스코어 kedudukan (skor) 4 lawan 2. ~ 전차포 senapan anti tank. ~미 정책(政策) kebijakan terhadap Amerika Serikat.

대(臺) <dae> ① (받침.걸이) penyangga; kiap; rak; meja kecil. ②

발동기 3~ tiga buah motor. ③ tingkat; level. 만원~에 달하다 mencapai tingkat 10.000 won.

…대(帶) <dae> zona; sabuk; kawasan. 한~ zona/kawasan dingin.

대가(大家) <dae/ga> ① orang yang terkemuka. 음악의 ~ pemusik besar; musisi terkemuka. 문단의 ~ penulis terkemuka. ② (큰집안) keluarga terpandang.

대가(貸家) <dae/ga> rumah sewa; rumah kontrakan.

대가(代價) <dae/ka> imbalan; upah; ongkos. ~를 치르다 membayar ongkos. 어떤 ~를 치르다 berapapun ongkosnya. ☞ 값.

대가리 <dae/ga/ri> kepala. 생선 ~ kepala ikan.

대가족(大家族) <dae/ga/jok> keluarga besar. ~제도 sistem keluarga besar.

대각(大覺) <dae/gak> ~하다 mendapat pencerahan rohani.

대각(對角) <dae/gak> 『幾』 sudut yang berlawanan. ~선 garis diagonal.

대각거리다 <dae/gak/geo/ri/da> bunyi berkeresek.

대간첩(對間諜) <dae/gan/cheob> ~작전 operasi anti spionase.

대갈(大喝) <dae/gal> ~하다 berteriak. ~ 일성(一聲)하다 berteriak lantang.

대강(大綱) <dae/gang> garis besar; secara umum; secara kasar; hampir. ~ 설명하다 menjelaskan secara umum. ~ 끝나다 hampir selesai; hampir rampung.

대개(大概) <dae/gae> garis besar; pada umumnya; secara garis besar; pada galibnya; praktis; hampir. ~다 hampir semua; praktis seluruhnya. ~의 경우 dalam kebanyakan kasus; pada umumnya.

대개념(大概念) <dae/gae/nyeom> 『論』 konsep utama.

대거(大擧) <dae/geo> pada skala besar; dalam jumlah besar.

대검(帶劍) <dae/geom> menyandang pedang.

대검찰청(大檢察廳)＜dae/geom/chal/cheong＞ Kantor Kejaksaan Agung.

대견하다＜dae/gyeon/hada＞ memuaskan; memberi kepuasan/kebahagiaan.

대결(對決)＜dae/gyeol＞ konfrontasi; perselisihan; pertikaian. ～하다 berkonfrontasi; berselisih; bertikai. ～시키다 mempersuakan; memperhadapkan; mengkonfrontasikan.

대경(大驚)＜dae/gyeong＞ ～하다 sangat kaget; sangat terkejut. ～실색하다 pucat pasi karena terkejut.

대계(大系)＜dae/gye＞ garis besar.

대계(大計)＜dae/gye＞ kebijakan jangka panjang. 국가의 백년 ～ kebijakan negara jangka panjang.

대공＜dae/gong＞ 『建』 tiang utama; tiang gantung.

대공(大攻)＜dae/gong＞ jasa besar. ～을 세우다 membuat jasa besar.

대공(對空)＜dae/gong＞ anti (pesawat) udara. ～레이다 radar pelacak udara. ～포화 meriam anti pesawat udara.

대과(大過)＜dae/kwa＞ kesalahan besar.

대과거(大過去)＜dae/gwa/geo＞ 『文』 waktu lampau selesai.

대관(大官)＜dae/gwan＞ pejabat tinggi.

대관(大觀)＜dae/gwan＞ pandangan umum (menyeluruh).

대관(戴冠)＜dae/gwan＞ penobatan; pelantikan raja. ～식 upacara penobatan.

대관절(大關節)＜dae/gwan/jeol＞ gerangan.

대구루루＜dae/gu/ru/ru＞ ～ 굴리다 menggelindingkan.

대국(大局)＜dae/guk＞ situasi (keadaan) umum. ～적으로는 secara keseluruhan. ～적 견지에서 보면 tinjauan secara keseluruhan.

대국(大國)＜dae/guk＞ negara besar; adidaya.

대국(對局)＜dae/guk＞ pertandingan; permainan. ～하다 bermain catur

(dengan).

대군(大君)＜dae/gun＞ pangeran.

대군(大軍)＜dae/gun＞ (kekuatan) militer yang besar.

대굴대굴＜dae/gul/dae/gul＞ ～ 구르다 bergelinding terus menerus.

대권(大圈)＜dae/kwon＞ lingkaran besar. ～ 항로 jalur lingkaran besar.

대권(大權)＜dae/gwon＞ kedaulatan.

대궐(大闕)＜dae/gwol＞ istana raja; kraton; puri. ～같은 집 rumah besar seperti istana.

대규모(大規模)＜dae/gyu/mo＞ ukuran besar; skala besar. ～의 ukuran besar; ekstensif; luas. ～로 dalam ukuran besar; dalam skala besar.

대그락거리다＜dae/geu/rak/geo/ri/da＞ berkeresek.

대금(大金)＜dae/geum＞ jumlah uang yang besar; sejumlah besar uang.

대금(大禁)＜dae/geum＞ larangan keras.

대금(代金)＜dae/geum＞ harga; uang; biaya.

대금(貸金)＜dae/geum＞ pinjaman. ～업 usaha peminjaman uang.

대기(大氣)＜dae/gi＞ udara; angkasa. ～권 atmosfir ～압(력) tekanan atmosfir; tekanan udara. ～오염 pencemaran udara.

대기(大器)＜dae/gi＞ (그릇) mangkuk besar; (인재) bakat besar. ～만성 orang berbakat terlambat dewasa.

대기(待機)＜dae/gi＞ tunggu kesempatan. ～하다 melihat dan menunggu kesempatan. 항상 ～하고 있다 selalu waspada; selalu bersiaga. ～ 자세에 있다 dalam keadaan siap/waspada.

대기발령(待機發令)＜dae/gi/bal/nyeong＞ penempatan dalam daftar tunggu. ～되다 ditempatkan dalam daftar tunggu.

대기상태(待機狀態)＜dae/gi/sang/thae＞ keadaan siap.

대기업(大企業)＜dae/gi/eob＞ perusahaan besar.

대길(大吉)＜dae/gil＞ untung besar.

대꾸＜dae/ku＞ ☞ 말대꾸.

대난(大難)＜dae/nan＞ kesialan/kemalangan yang besar; krisis.

대남(對南)＜dae/nam＞ ~의 melawan selatan. ~공작 operasi-operasi melawan selatan.

대납(代納)＜dae/nab＞ penalangan. ~하다 menalangi.

대낮＜dae/nat＞ siang hari; tengah hari; buntar bayang-bayang.

대내(對內)＜dae/nae＞ ~적 dalam negeri; domestik. ~ 정책 kebijakan dalam negeri.

대농(大農)＜dae/nong＞ pertanian skala besar.

대뇌(大腦)＜dae/noe＞ serebrum; otak. ~막 selaput/membran otak.

대다＜dae/da＞ ① mengenakan; memakaikan; menyentuh. 상처에 가제를 ~ memakaikan perban pada luka. 손을 ~ menyentuh; meraba. 손을 안~ membiarkan utuh/tak tersentuh. ② membandingkan dengan; membuat perbandingan (dengan). 길이를 ~ membandingkan panjang. ③ campur tangan. 정치에 손을 ~ campur tangan dalam politik. ④ menyediakan dengan. 학비를 ~ menyediakan siswa dengan biaya sekolah. ⑤ menghela. 배를 해안에 ~ menghela perahu ke pantai. ⑥ memberi tahu. 증거를 ~ memberikan bukti. 핑계를 ~ memaafkan diri sendiri. ⑦ mengairi. 논에 물을 ~ mengairi sawah. ⑧ (연결.대면) menghubungkan dengan yang lain.

대다＜dae/da＞ 떠들어 ~ gaduh ribut. 먹어 ~ melahap. (바람이) 불어 ~ bertiup keras.

대다수(大多數)＜dae/da/su＞ mayoritas; kebanyakan; bagian terbanyak. ~를 점하다 mempertahankan mayoritas.

대단＜dae/dan＞ ~한 jumlah besar; hebat; luar biasa; serius. ~히 sangat; amat; terlalu. ~찮은 tidak begitu penting; remeh.

대단원(大團圓)＜dae/dan/won＞ akhir; grand final.

대담(大膽)＜dae/dam＞ ~한 berani; tak gentar. ~하게 dengan berani. ~하게도 ...하다 cukup berani untuk ... .

대담(對談)＜dae/dam＞ percakapan; perbincangan. ~하다 bercakap-cakap; berbincang-bincang.

대답(對答)＜dae/dab＞ jawaban; respon; tanggapan. ~하다 menjawab.

대대(大隊)＜dae/dae＞ batalyon. ~장 komandan batalyon.

대대(代代)＜dae/dae＞ ~로 dari generasi ke generasi; turun-temurun.

대대적(大大的)＜dae/dae/jeok＞ besar-besaran; skala besar. ~으로 secara besar-besaran; dalam skala besar.

대도(大道)＜dae/do＞ jalan raya, prinsip utama.

대도시(大都市)＜dae/do/si＞ kota besar.

대독(代讀)＜dae/dok＞ pembacaan untuk orang lain. ~하다 membaca untuk orang lain.

대동(大同)＜dae/dong＞ ~ 소이하다 praktis sama; hampir sama. ~단결 kesatuan; serikat.

대동(帶同)＜dae/dong＞ ~하다 mengajak (seseorang); ditemani.

대동맥(大動脈)＜dae/dong/maek＞ 『解』 arteri utama; aorta. ~염 aortitis.

대두(大豆)＜dae/du＞ kacang kedelai. ☞ 콩.

대들다＜dae/deul/da＞ menentang; menyanggah.

대들보(大 -)＜dae/deul/po＞ kayu palang; soko guru; galang; penyangga.

대등(對等)＜dae/deung＞ kesamaan. ~한 sama; setaraf. ~하게 dengan sama.

대뜸＜dae/teum＞ segera; seketika.

대란(大亂)＜dae/ran＞ kekacauan

besar.

대략(大略)＜dae/ryak＞ garis besar; ringkasan; nukilan. ～을 말하다 menjelaskan secara garis besar. ～다음과 같다 Dapat di ringkas sebagai berikut.

대량(大量)＜dae/ryang＞ jumlah besar; masal. ～생산 produksi masal. ～소비 konsumsi masal. ～주문 pesanan besar. ～학살 pembunuhan masal. ～관매 penjualan dalam jumlah besar.

대령(待令)＜dae/ryeong＞ ～하다 menunggu perintah.

대령(大領)＜dae/ryeong＞ kolonel; kapten (udara).

대례(大禮)＜dae/rye＞ upacara perkawinan.

대로(大怒)＜dae/no＞ kemurkaan; kemarahan ～하다 marah besar; murka.

대로(大路)＜dae/ro＞ jalan besar; jalan raya.

대로＜dae/ro＞ ① menurut; seperti; sesuai dengan . 예기한 ～ seperti yang diharapkan. 규칙 ～ menurut peraturan. 법률 ～ sesuai dengan hukum. ② segera. 도착하는 ～ segera setelah tiba; pada waktu datang. 형편이 닿는 ～ sesegera mungkin.

대롱＜dae/rong＞ tabung bambu.

대롱거리다＜dae/rong/geo/ri/da＞ berayun.

대류(對流)＜dae/ryu＞ arus konveksi.

대륙(大陸)＜dae/ryuk＞ benua. ～적 kontinental. ～간 탄도탄 peluru kendali antar benua (ICBM). ～붕(棚) lempengan benua. ～성 기후 iklim benua; hawa darat.

대리(代理)＜dae/ri＞ kuasa penuh; wikalat; pemangku; wali; agensi. ～하다 bertindak untuk (atas); mewakili. ～의 Y.M.D. [yang menjalankan jabatan]; pemangku jabatan. …의 ～로 atas nama ～인(人) juru kuasa; agen tunggal; badal; wali; mandataris. ～점(店) agen; keagenan; perwakilan; kantor perwakilan. 독점 ～점 agen tunggal.

대리석(大理石)＜dae/ri/seok＞ marmer; pelinggam; batu pualam.

대립(對立)＜dae/rib＞ oposisi; konfrontasi; pertentangan; konflik. ～하다 melawan; menentang; memusuhi. ～적인 lawan; rival; saingan.

대마(大麻)＜dae/ma＞ 『植』 ganja. ～로 만든 dari ganja. ～유 minyak biji ganja. ～인(仁) biji ganja. ～초 marijuana. ～초 흡연자 perokok ganja/marijuana.

대마루＜dae/ma/ru＞ bubungan (wuwungan) atap.

대만(臺灣)＜dae/man＞ Taiwan; Formusa. ～의 berkenaan dengan Taiwan. ～사람 orang Taiwan.

대만원(大滿員)＜dae/man/won＞ penuh sesak. ～이다 penuh sesak (dengan)

대망(大望)＜dae/mang＞ ambisi besar; gairah; aspirasi. ～을 품은 ambisius.

대망(待望)＜dae/mang＞ ～하다 sangat menantikan; sangat mengharapkan. ～의 diharapkan; dinanti-nantikan.

대매출(大賣出)＜dae/mae/chul＞ penawaran khusus.

대맥(大麥)＜dae/maek＞ barlei. ☞ 보리.

대머리＜dae/meo/ri＞ kepala botak; gundul. ～지다 menjadi botak.

대면(對面)＜dae/myeon＞ temu muka; tatap muka. ～하다 bertemu muka; bertatap muka. 첫 ～을 하다 bertemu muka untuk pertamakalinya

대명(待命)＜dae/myeong＞ hal menunggu perintah.

대명사(代名詞)＜dae/myeong/sa＞ kata ganti. 관계[지시, 인칭, 의문] ～ kata ganti penghubung [penunjuk, orang, tanya].

대모(代母)＜dae/mo＞ ibu Baptis.

대모집(大募集)＜dae/mo/jib＞ peng-

kerjaan besar. 남녀 공원 ~ dicari tenaga kerja dalam jumlah besar.
대목 ＜dae/mok＞ (시기) periode yang paling sibuk/ramai, (부분) bagian. 섣달 ~ masa ramai pada akhir tahun. 어려운 ~ bagian yang sulit.
대목(大木)＜dae/mok＞ ☞ 목수.
대문(大門)＜dae/mun＞ gerbang depan (utama).
대문자(大文字)＜dae/mun/ca＞ huruf besar. ~로 쓰다 menulis dalam huruf besar.
대문장(大文章)＜dae/mun/jang＞ karangan agung; sastrawan besar.
대물(代物)＜dae/mul＞ pengganti. ~변제 pembayaran sebagai pengganti.
대물리다(代 -)＜dae/mul/li/da＞ mewariskan. 손자에게 재산을 ~ mewariskan harta kepada cucunya.
대미(對美)＜dae/mi＞ ~무역 perdagangan dengan Amerika. ~정책 kebijakan terhadap Amerika.
대민(對民)＜dae/min＞ ~봉사 활동 pelayanan untuk kesejahteraan umum. ~ 사업 proyek untuk rakyat.
대받다＜dae/bat/ta＞ berlawanan; bertentangan.
대번(에)＜dae/beon(e)＞ segera; selirik; sepintas lalu; sekali pandang.
대범(大凡)＜dae/beom＞ ~한 liberal; berjiwa besar; berdada lapang.
대법관(大法官)＜dae/beob/kwan＞ keadilan Mahkamah Agung.
대법원(大法院)＜dae/beob/won＞ Mahkamah Agung. ~장 Ketua Mahkamah Agung.
대변(大便)＜dae/byeon＞ tahi; najis besar. ~을 보다 berak; pergi ke jamban (kakus).
대변(大變)＜dae/byeon＞ kesulitan serius; masalah serius.
대변(代辯)＜dae/byeon＞ ~하다 berbicara untuk (orang lain); mewakili bicara. ~자[인] juru bicara; ujung lidah.
대변(貸邊)＜dae/byeon＞ lajur kre-

dit. ~에 기입하다 memasukkan kelajur kredit. ~ 계정 perkiraan kredit.
대변(對邊)＜dae/byeon＞ 『數』 sisi yang berlawanan.
대별(大別)＜dae/byeol＞ ~하다 menggolongkan secara kasar; membuat golongan/klasifikasi umum.
대병(大兵)＜dae/byeong＞ ☞ 대군(大軍).
대보(大寶)＜dae/bo＞ ① (보물) harta bernilai besar. ② (옥새) stempel kerajaan.
대보다＜dae/bo/da＞ membandingkan (A dengan B).
대보름(大 -)＜dae/bo/reum＞ tanggal 15 Januari penanggalan bulan.
대본(大本)＜dae/bon＞ prinsip dasar; landasan.
대본(貸本)＜dae/bon＞ ☞ 세책(貰冊).
대본(臺本)＜dae/bon＞ naskah sandiwara (film); skenario; naskah opera.
대부(代父)＜dae/bu＞ bapak baptis.
대부(貸付)＜dae/bu＞ peminjaman. ~하다 meminjamkan; memberi pinjaman. ~금 uang pinjaman. 당좌 ~ pinjaman yang kapan saja dapat ditagih. 신용 ~ pinjaman kredit; pinjaman tanpa boroh. 장[단]기 ~ pinjaman jangka panjang [pendek].
대부분(大部分)＜dae/bu/bun＞ kebanyakan; bagian terbanyak; mayoritas; sebagian besar; untuk sebagian besar.
대부인(大夫人)＜dae/bu/in＞ ibumu(nya) yang terhormat.
대분수(帶分數)＜dae/bun/su＞ 『數』 pecahan.
대불(大佛)＜dae/bul＞ patung Budha yang besar.
대비(大妃)＜dae/bi＞ ibu suri.
대비(對比)＜dae/bi＞ perbandingan; kontras. ~하다 membandingkan.
대비(對備)＜dae/bi＞ persiapan. ~하다 bersiap; membuat persiapan (untuk); menyediakan (untuk). 만

일에 ~하다 bersiap untuk keadaan darurat. 적습에 ~하다 bersiap (berjaga-jaga) terhadap serangan musuh.

대사(大事)＜dae/sa＞ perkara penting, upacara pernikahan.

대사(大使)＜dae/sa＞ duta besar; utusan penting. 대리 ~ kuasa. 순회 ~ duta keliling. 주미 한국 ~ duta besar Korea untuk Amerika Serikat.

대사(大師)＜dae/sa＞ pendeta agung Budha.

대사(大赦)＜dae/sa＞ ☞ 일반사면.

대사(大寫)＜dae/sa＞ gambar dekat; close-up.

대사(臺詞)＜dae/sa＞ pembicaraan (dalam skenario). ~를 말하다 berbicara bagiannya. ~를 잊다 lupa pembicaraan bagiannya; lupa dialog.

대사관(大使館)＜dae/sa/gwan＞ kedutaan besar. ~원 (anggota) staf kedutaan. ~참사관 anggota dewan kedutaan besar. 미국 ~ kedutaan besar Amerika. 주미 한국 ~ kedutaan besar Korea di Amerika.

대사무실(貸事務室)＜dae/sa/mu/sil＞ kantor untuk disewakan.

대사업(大事業)＜dae/sa/eob＞ perusahaan besar.

대상(大祥)＜dae/sang＞ hari peringatan kematian tahun kedua.

대상(代償)＜dae/sang＞ ① ganti rugi; kompensasi. ...의 ~으로 sebagai ganti rugi.

대상(隊商)＜dae/sang＞ kafilah; karavan.

대상(對象)＜dae/sang＞ tujuan; sasaran.

대서(大書)＜dae/seo＞ ~ 특필하다 menulis dalam huruf yang besar.

대서(代書)＜dae/seo＞ ~하다 menulis untuk orang lain.

대서양(大西洋)＜dae/seo/yang＞ 『地』 samudra Atlantik. ~의 Atlantik. ~헌장 piagam Atlantik.

대석(臺石)＜dae/seok＞ batu sendi; umpak.

대선(大船)＜dae/seon＞ kapal besar; kapal induk.

대설(大雪)＜dae/seol＞ salju lebat.

대성(大成)＜dae/seong＞ ~하다 memperoleh keagungan/kebesaran.

대성(大聖)＜dae/seong＞ orang suci yang agung.

대성(大聲)＜dae/seong＞ suara keras; teriakan. ~ 질호(疾呼)하다 berpidato dengan berapi-api. ~ 통곡하다 menangis dengan keras; menggerung-gerung.

대성황(大盛況)＜dae/seong/hwang＞ kemakmuran; keberhasilan besar. ~을 이루다 makmur.

대세(大勢)＜dae/se＞ situasi umum; kecenderungan umum. 세계의 ~ situasi internasional. ~에 좇다 [역행하다] sesuai [berlawanan] dengan arus.

대소(大小)＜dae/so＞ ukuran besar dan kecil; ukuran. ~의 besar dan [atau] kecil; berbagai ukuran. ~에 따라 sesuai dengan ukuran.

대소(大笑)＜dae/so＞ ~하다 tertawa terbahak-bahak.

대소동(大騷動)＜dae/so/dong＞ keributan; hiruk-pikuk; huru-hara; kekacauan.

대소변(大小便)＜dae/so/byeon＞ air kencing dan tahi.

대소수(帶小數)＜dae/so/su＞ 『數』 desimal campuran.

대속(代贖)＜dae/sok＞ penebusan.

대손(貸損)＜dae/son＞ hutang yang dikemplang; hutang yang tidak dapat dibayar.

대수(大數)＜dae/su＞ ① (큰수) jumlah besar/banyak. ② (대운) untung besar.

대수(代數)＜dae/su＞ Aljabar. ~식(式) persaman Aljabar. ~학자 ahli Aljabar.

대수(對數)＜dae/su＞ 『數』 logaritma. ~표 tabel logaritma.

대수롭다＜dae/su/rob/ta＞ penting; berharga.

대수술(大手術)＜dae/su/sul＞ operasi besar 성공적인 ~ operasi yang

berhasil.

대숲 <dae/suf> hutan bambu.

대승(大勝) <dae/seung> ~하다 mendapat kemenangan besar; menang besar.

대승리(大勝利) <dae/seung/ni> kemenangan besar.

대식(大食) <dae/sik> ~하다 makan banyak; makan besar. ~가 jago gembul; jago makan.

대신(大臣) <dae/sin> menteri

대신(代身) <dae/sin> sebagai ganti …. ~하다 mengganti(kan); mengoper; mengambil alih. 가스 ~ 전기를 쓰다 memakai listrik sebagai ganti gas. 자기 ~ 사람을 보내다 mengirim wakil. 비싼 ~ 오래간다 walaupun sedikit mahal tetapi lama memakainya. 그 ~ 내일은 자네가 한턱내야 해 Sebagai balasan, kamu harus traktir saya besok.

대실(貸室) <dae/sil> kamar untuk sewa.

대안(代案) <dae/an> rencana alternatif. ~을 제시하다 membuat rencana (tindakan) alternatif.

대액(大厄) <dae/aek> bencana besar.

대양(大洋) <dae/yang> samudera; lautan; segara. ~의 Oseanik. ~도(島) kepulauan oseanik. ~주(洲) Oseania. ~주의 berkenaan dengan Oseania. ~학 oseanografi. ~항로선 kapal yang berlayar di samudra.

대어(大魚) <dae/eo> ikan besar.

대어(大漁) <dae/eo> tangkapan besar (bagus).

대언(大言) <dae/eon> omong besar; bualan. ~ 장담하다 beromong besar; membual.

대업(大業) <dae/eob> prestasi besar.

대여(貸與) <dae/yeo> pinjaman; peminjaman. ~하다 meminjamkan; meminjami. ~금 pinjaman ~ 장학금 beasiswa pinjaman.

대여섯 <dae/yeo/seot> lima atau enam; beberapa.

대역(大役) <dae/yeok> tugas penting; misi penting; peran penting. ~을 맡다 melaksanakan tugas penting.

대역(大逆) <dae/yeok> pelanggaran besar. ~죄(罪) dosa pelanggaran besar.

대역(代役) <dae/yeok> penggantian; subsitusi; aktor (aktris) pengganti. ~을 하다 memainkan peranan (orang lain).

대열(隊列) <dae/yeol> barisan; formasi. ~을 짓다 membentuk barisan. ~을 지어 dalam barisan; dalam formasi.

대엿새 <dae/yeot/sae> lima atau enam hari; beberapa hari.

대오(大悟) <dae/o> kesadaran rohani. ~하다 mendapat kesadaran rohani; mendapat pencerahan.

대오(隊伍) <dae/o> ☞ 대열(隊列).

대오다 <dae/o/da> sampai tepat waktu.

대왕(大王) <dae/wang> raja agung; maha raja. 알렉산더 ~ Iskandar Agung.

대외(對外) <dae/oe> ~의 luar negeri; eksternal; luar. ~무역 perdagangan luar negeri. ~방송 siaran luar negeri. ~원조 bantuan luar negeri. ~정책 kebijakan luar negeri.

대요(大要) <dae/yo> garis besar; ringkasan; prinsip umum. ~를 설명하다 menjelaskan garis besar.

대용(代用) <dae/yong> penggantian. ~하다 mengganti(kan). …의 ~이 되다 berguna sebagai … ~품 barang pengganti; ganti.

대용(貸用) <dae/yong> ~하다 mengambil pinjaman; meminjam.

대우(大雨) <dae/u> hujan besar; hujan lebat.

대우(待遇) <dae/u> perlakuan; penyambutan; resepsi; gaji/upah. ~하다 memperlakukan; menyambut; menggaji/membayar upah. ~가 좋다 membayar upah [memperlakukan] dengan baik. 신사 ~를 하다 memperlakukan sebagai lelaki terhormat. ~개선 perbaikan kondisi kerja; kenaikan upah.

대운(大運)＜dae/un＞ peruntungan besar; nasib baik.

대웅전(大雄殿)＜dae/ung/jeon＞ candi (wihara) utama.

대원(大願)＜dae/won＞ hasrat yang tulus; keinginan yang sungguh-sungguh.

대원수(大元帥)＜dae/won/su＞ generalissimo.

대원칙(大原則)＜dae/won/chik＞ prinsip luas.

대위(大尉)＜dae/wi＞ kapten.

대음(大飮)＜dae/eum＞ ~하다 minum banyak (minuman keras).

대응(對應)＜dae/eung＞ ~하다 (맞먹다) sepadan(dengan); setanding (dengan). (대항.대처) berhadapan dengan; menentang. ~책 tindakan balasan.

대의(大意)＜dae/eui＞ ringkasan; ikhtisar; gagasan umum; garis besar.

대의(大義)＜dae/eui＞ tugas besar; kewajiban moral. ~를 위하여 untuk tugas besar.

대이름씨(代-)＜dae/i/reum/ssi＞ ☞ 대명사.

대인(大人)＜dae/in＞ ayah anda yang terhormat.

대인(對人)＜dae/in＞ ~ 관계 hubungan pribadi. ~방어 pertahanan orang ke orang.

대인기(大人氣)＜dae/in/ki＞ sukses besar; popularitas besar. ~이다 sangat terkenal; sangat populer.

대인물(大人物)＜dae/in/mul＞ orang besar; orang terkenal.

대일(對日)＜dae/il＞ ~감정 sentimen terhadap Jepang. ~관계 [무역] hubungan [perdagangan] dengan Jepang.

대임(大任)＜dae/im＞ tugas besar; misi penting ~을 맡다 melaksanakan tugas besar. ~을 맡기다 mempercayakan dengan tugas pen-

ting.

대자대비(大慈大悲)＜dae/ja/dae/bi＞ Maha Pengampun dan Pengasih.

대자보(大字報)＜dae/ja/bo＞ poster besar; poster dinding.

대자연(大自然)＜dae/ja/yeon＞ alam raya; alam semesta.

대작(大作)＜dae/jak＞ karya besar; karya agung.

대작(代作)＜dae/jak＞ ① ~하다 mengarang untuk orang lain. ~자 pengarang untuk orang lain. ② ☞ 대파(代播).

대작(對酌)＜dae/jak＞ ~하다 minum bersama; bertukar cangkir.

대잠(對潛)＜dae/jam＞ ~미사일 peluru kendali anti kapal selam. ~초계기 pesawat anti kapal selam.

대장(大將)＜dae/jang＞ jenderal; marsekal; laksamana.

대장(大腸)＜dae/jang＞ usus besar. ~균 basilus usus besar; bakteri usus besar.. ~염(炎) radang usus besar. ~ 카타르 radang selaput lendir.

대장(隊長)＜dae/jang＞ komandan pasukan; kapten; pemimpin.

대장(臺帳)＜dae/jang＞ buku besar; buku kas induk; catatan untuk pertanahan.

대장간(- 間)＜dae/jang/kan＞ bengkel pande besi.

대장경(大藏經)＜dae/jang/gyeong＞ 『佛』 kumpulan lengkap Kitab Budha (Sutra).

대장부(大丈夫)＜dae/jang/bu＞ laki-laki pemberani/jantan. ~답게 굴라 bersikaplah jantan.

대장장이＜dae/jang/jang/i＞ pandai besi; tukang besi.

대적(大敵)＜dae/jeok＞ musuh besar.

대적(對敵)＜dae/jeok＞ ~하다 bermusuhan(dengan); bersaing; berlawanan(dengan), setanding.

대전(大全)＜dae/jeon＞ karya lengkap.

대전(大典)＜dae/jeon＞ upacara kenegaraan.

대전(大戰)＜dae/jeon＞ perang besar; perang dunia. 구라파 ～ perang besar Eropa 제2차 세계 ～ Perang Dunia Kedua.

대전(帶電)＜dae/jeon＞ 『理』 elektrifikasi; pemuatan listrik. ～체 benda bermuatan listrik.

대전(對戰)＜dae/jeon＞ ～하다 bertanding; bersaing; bertempur. ～시키다 mempertandingkan. ～료 bayaran pertandingan.

대전제(大前提)＜dae/jeon/je＞ dasar pemikiran utama.

대전차(對戰車)＜dae/jeon/cha＞ anti tank. ～포 meriam anti tank.

대점포(貸店鋪)＜dae/jeom/fo＞ toko untuk disewakan.

대접＜dae/jeob＞ mangkuk sup.

대접(待接)＜dae/jeob＞ resepsi; penjamuan; penyambutan. ～하다 menyambut; menghibur; menjamu; melayani; mentraktir; menyajikan. 극진히 ～하다 memberi sambutan hangat.

대제(大祭)＜dae/je＞ perayaan akbar.

대조(大潮)＜dae/jo＞ pasang naik; pasang purnama.

대조(對照)＜dae/jo＞ perbandingan; pemadanan. ～하다 membandingkan; memadankan.

대좌(對坐)＜dae/jwa＞ ～하다 duduk berhadapan; duduk berhadapan muka.

대죄(大罪)＜dae/joe＞ kejahatan/pelanggaran besar.

대죄(待罪)＜dae/joe＞ ～하다 menunggu kepastian resmi tentang hukuman.

대주(大酒)＜dae/ju＞ ～가 peminum berat.

대주(貸主)＜dae/ju＞ pemberi pinjaman; kreditor.

대주교(大主敎)＜dae/ju/gyo＞ Uskup Agung.

대주다＜dae/ju/da＞ memasok; menyediakan; memberi; menyuplai.

대중＜dae/jung＞ taksiran; perhitungan kasar; terkaan; standar. ～ 하다 [잡다] membuat taksiran/ perhitungan kasar; menetapkan standar. ～없다 sukar untuk diramalkan; tidak pasti.

대중(大衆)＜dae/jung＞ khalayak ramai; massa; umum. ～문학 literatur populer. ～식당 rumah makan umum. ～요금 harga umum. ～운동 gerakan massal. ～작가[잡지] penulis [majalah] populer. ～화 populerisasi. ～화하다 mempopulerkan. 근로 ～ massa pekerja.

대중(對中)＜dae/jung＞ ～관계 hubungan dengan Cina.

대증(對症)＜dae/jeung＞ ～요법 pengobatan simtomatik.

대지(大地)＜dae/ji＞ bumi.

대지(大志)＜dae/ji＞ ambisi; aspirasi.

대지(垈地)＜dae/ji＞ situs bangunan; lokasi bangunan.

대지(臺紙)＜dae/ji＞ kardus; karton; kertas tebal.

대지(臺地)＜dae/ji＞ ketinggian; dataran tinggi.

대지(貸地)＜dae/ji＞ tanah untuk sewa.

대지(對地)＜dae/ji＞ ～공격 serangan darat.

대지주(大地主)＜dae/ji/ju＞ pemilik tanah besar; tuan tanah.

대진(對陣)＜dae/jin＞ ～하다 mempertandingkan. ～표 daftar pertandingan.

대질(對質)＜dae/jil＞ konfrontasi. ～시키다 memperhadapkan; mengkonfrontasi.

대짜(大 -)＜dae/ca＞ yang besar. ～못 paku yang besar.

대차(大差)＜dae/cha＞ perbedaan besar. …과 ～ 없다 tidak banyak berbeda dengan …; hampir sama dengan … .

대차(貸借)＜dae/cha＞ pinjaman. ～계정 perkiraan debitor dan kreditor. ～관계 hubungan keuangan. ～ 관계가 있다 ada perhitungan yang harus dibereskan (dengan).

~ 대조표 lembar perkiraan.
대찰(大刹) <dae/chal> candi agung.
대책(對策) <dae/chaek> tindakan balasan. ~을 강구하다 mempertimbangkan tindakan (rencana) balasan.
대처(帶妻) <dae/cheo> ~승 pendeta Budha yang menikah.
대처(對處) <dae/cheo> ~하다 menanggulangi; mengatasi.
대첩(大捷) <dae/cheob> kemenangan besar. ~하다 menang besar.
대청(大廳) <dae/cheong> gedung utama.
대청소(大淸掃) <dae/cheong/so> pembersihan menyeluruh rumah.
대체(大體) <dae/che> (개요) garis besar; ringkasan; (요점) bagian penting; (도대체) gerangan. ~적인 umum; utama; kasar. ~로 umumnya; secara keseluruhan. ~로 말하여 terus terang; berbicara secara umum. ~넌 누구냐 Siapa gerangan kamu?
대체(代替) <dae/che> ~하다 mengganti(kan). ~물『法』 pengganti.
대체(對替) <dae/che> pemindahan; transfer. ~하다 memindahkan; mentransfer. ~계정 rekening transfer. ~전표 surat (slip) pemindahan.
대추 <dae/chu> kurma Cina. ~나무 pohon kurma Cina.
대출(貸出) <dae/chul> peminjaman, pinjaman. ~하다 meminjamkan. 책을 ~하다 meminjam buku dari perpustakaan. ~금 uang pinjaman. 부당 ~ pinjaman tidak syah.
대충(代充) <dae/chung> ~하다 melengkapi dengan pengganti.
대충 <dae/chung> secara kasar; kira-kira; lebih kurang. ~어림하다 membuat taksiran kasar. ~설명하다 menjelaskan dengan singkat.
대충자금(對充資金) <dae/chung/ja/geum> dana imbangan.
대취(大醉) <dae/chwi> ~하다 mabuk berat.

대치(對峙) <dae/chi> ~하다 berdiri berhadapan muka dengan.
대타(代打) <dae/tha> 『野』 pemukulan ganti (istilah dalam bisbol). ~로 나가다 memukul ganti untuk … ~자 pengganti memukul.
대통령(大統領) <dae/thong/nyeong> presiden. ~의 presidensial. ~관저 Istana Presiden. ~교서 Amanat Presiden. ~부인 ibu Negara. ~선거 [입후보자] pemilihan [calon] presiden. ~특별 보좌관 Pembantu Khusus Presiden.
대통령권한대행(大統領權限代行) <dae/thong/ryeong/gwon/han/dae/haeng> pejabat sementara presiden.
대퇴(大腿) <dae/thoe> 『解』 paha. ~골(骨) tulang paha; femur. ~부 daerah paha.
대파(大破) <dae/fa> ~하다 rusak parah.
대판(大 -) <dae/fan> ~싸우다 bertengkar sengit (dengan); berkelahi sengit.
대판(大版) <dae/fan> ukuran besar.
대패 <dae/fae> ketam; serut; penarah. ~질하다 mengetam; menyerut.
대패(大敗) <dae/fae> ~하다 kalah habis-habisan.
대포(大砲) <dae/fo> meriam; bedil; pekatu, kebohongan (besar). ~를 놓다 menembakkan meriam, berbohong besar.
대폭(大幅) <dae/fok> dengan tajam. ~적인 besar; substansial. ~삭감 pemotongan tajam. ~인상 kenaikan tajam.
대표(代表) <dae/fyo> wakil; delegasi; utusan. ~하다 mewakili; mengatasnamakan. ~적인 mewakili; tipikal; representatif; khas(전형적). …을 ~하여 atas nama… 무역 ~부 misi dagang. ~를 보내다 mengirim delegasi.
대풍(大風) <dae/fung> angin kencang(keras, besar).
대풍(大豊) <dae/fung> panen raya.

대피(待避)＜dae/fi＞　～하다 berteduh; berlindung; bernaung. ～선 jalan pinggir. ～호 tenda pelindung; lubang perlindungan.
대필(代筆)＜dae/fil＞ ☞ 대서(代書).
대하(大河)＜dae/ha＞ sungai besar. ~ 소설 buku hikayat.
대하(帶下)＜dae/ha＞ buangan (dari rahim). ～증(症) penyakit keputihan.
대하다(對 -)＜dae/hada＞ berhadaphadapan; menerima; menjamu. 밥상을 ~ duduk di depan meja makan. 친절하게 ~ menyambut dengan hangat.
대학(大學)＜dae/hak＞ universitas; perguruan tinggi. ～의 자유 kebebasan akademis. ～생 mahasiswa. ～원 sekolah pasca sarjana. ～입학 예비 고사 ujian pendahuluan masuk perguruan tinggi. ～ 총장 rektor. ～ 출신 sarjana; lulusan perguruan tinggi. ～ 학장 dekan. 초급 ~ akademi.
대학자(大學者)＜dae/hak/ca＞ sarjana besar.
대한(大旱)＜dae/han＞kemarau yang parah.
대한(大韓)＜dae/han＞ ～ 무역 진흥 공사 Asosiasi Promosi Perdagang Korea(KOTRA). ～민국 Republik Korea. ～사람 orang Korea. ～상공회의소 Kamar Dagang dan Industri Korea. ～ 적십자사 Palang Merah Nasional Korea. ～해협 Selat Korea.
대함(大艦)＜dae/ham＞ kapal perang besar
대합(大蛤)＜dae/hab＞ 『貝』 kerang (tiram). ～구이 daging kerang panggang di dalam cangkang. ～찜 daging kerang kukus di dalam cangkang.
대합실(待合室)＜dae/hab/sil＞ ruang tunggu.
대항(對抗)＜dae/hang＞ perlawanan; oposisi. ～하다 melawan; menentang. ～시키다 mengadu. ～경기 pertandingan; turnamen. ～책 tin-

dakan balasan.
대해(大害)＜dae/hae＞ celaka besar.
대해(大海)＜dae/hae＞ samudra; lautan. ～의 일속(一粟) setetes air di samudra.
대행(代行)＜dae/haeng＞ pelaksanaan untuk orang lain. ～하다 melaksanakan untuk orang lain. ～ 기관 Agen; badan perwakilan. ～ 업무 usaha agensi. 대통령 권한 ~ Pejabat Presiden. 수출[수입] ～업자 agen ekspor [impor].
대헌장(大憲章)＜dae/heon/jang＞ Magna Charta.
대형(大形)＜dae/hyeong＞ ukuran besar. ～의 berukuran besar.
대형(隊形)＜dae/hyeong＞ formasi; urutan. 전투 ~ formasi perang (pertempuran).
대화(大火)＜dae/hwa＞ kebakaran besar.
대화(對話)＜dae/hwa＞ percakapan; dialog. ～하다 berbicara (dengan seseorang); beromong-omong; bercakap-cakap; bersapa-sapaan. ～극 sandiwara dialog. 남북 ~ dialog Utara-Selatan.
대회(大會)＜dae/hoe＞ rapat umum; rapat akbar; rapat massa. ～를 열다 membuka rapat akbar; menyelenggarakan rapat akbar. 국민 ~ rapat massal.
대흉(大凶)＜dae/hyung＞ panen yang sangat buruk; nasib yang sangat buruk; pertanda buruk.
댁(宅)＜daek＞ rumah anda.
댁내(宅內)＜daek/nae＞ keluarga anda.
댁대구루루＜daek/dae/gu/ru/ru＞ ～ 구르다 menggelinding.
댄서＜taen/seo＞ penari; gadis penari.
댄스＜taen/seu＞ tari; tarian; dansa. ～하다 menari; berdansa. ～ 교습소 sekolah tari. ～ 파티 pesta tari; pesta dansa. ～홀 gedung tari.
댐＜taem＞ dam; bendungan; tanggul; tambak. ～을 만들다 membangun bendungan. 다목적 ~ ben-

dungan serbaguna.

댓…<daet> kira-kira lima. ~ 번 kira-kira lima kaki.

댓돌(臺 -)<daet/dol> batu sendi/tumpuan.

댓바람<daet/ba/ram> sekali pukul; segera; seketika. 일을 ~에 해치우다 menyelesaikan pekerjaan sekali pukul.

댕그랑거리다<daeng/geu/rang/geo/ri/da> berdenting.

댕기<daeng/gi> pita kuncir.

댕기다<daeng/gi/da> (불을) menyalakan; menghidupkan.

더<deo> lebih. ~한층 lebih banyak. 그만큼 ~ sebanyak yang tadi. 조금만 ~ sedikit lagi. 더욱 ~ lagi dan lagi. ~많이 lebih banyak.

더가다<deo/ga/da> melampaui; melebihi.

더군다나<deo/gun/da/na> selain; lebih-lebih; lebih jauh.

더덕더덕<deo/deok/deo/deok> bergerombol.

더듬거리다<deo/deum/geo/ri/da> meraba-raba; menggerayang; mengganggu.

더듬다<deo/deum/ta> ① (손으로) menggerayangi; merogoh-rogoh. ② meraba-raba. 길을 ~ meraba-raba jalan (dalam gelap). 기억을 ~ mencoba mengingat. ③ (말을) menggagap.

더듬이<deo/deu/mi> 『動』 sungut; tentakel.

더디다<deo/di/da> lambat. 일손이 ~ lambat dalam pekerjaan.

…더라도<deo/ra/do> bahkan; walaupun. 설령 농담이라하 ~ bahkan dalam bergurau. 설령 그렇 ~ walaupun demikian.

더러<deo/reo> beberapa; agak; sedikit; kadang-kadang.

더러<deo/reo> ke; ke arah. 나는 그 ~ 나가라고 했다 Saya menyuruh dia keluar.

더러워지다<deo/reo/wo/ji/da> menjadi kotor; bercomot; bergeli-

mang(an).

더럭<deo/reok> seketika; tiba-tiba. 겁이 ~ 나다 takut tiba-tiba.

더럭더럭<deo/reok/deo/reok> dengan keras kepala. ~ 조르다 menyusahkan (orang untuk).

더럼타다<deo/reom/tha/da> mudah kotor.

더럽다<deo/reob/ta> kotor; hina; kikir; pelit. 돈에 ~ pelit dalam soal uang.

더럽히다<deo/reo/fi/da> mengotori; menodai; menyelekahi; mencemari. (여자가) 몸을 ~ kehilangan keperawanan/kesucian.

더미<deo/mi> tumpukan; onggokan; timbunan. 쓰레기 ~ timbunan sampah.

더미씌우다<do/mi/sseui/u/da> memindahkan (tanggung jawab) ke pundak orang lain.

더벅머리<deo/beok/meo/ri> rambut kusut.

더부룩하다<deo/bu/ruk/hada> tebal; lebat. 수염이 ~ berjambang lebat.

더부살이<deo/bu/sa/ri> pembantu (pelayan) yang nginap (menumpang).

더불어<deo/bul/eo> bersama; dengan. ~ 즐기다 menikmati bersama.

더블<deo/beul> ganda. ~되다 berganda. ~ 베드 tempat tidur ganda. ~ 플레이 『野』 permainan ganda.

더블유시<deo/beul/yu/si> jamban (kakus).

더빙<deo/bing> 『暎, TV』 pengisian suara (TV); dubbing.

더뻑거리다<deo/peok/geo/rida> berkelakuan (bertindak) terburu nafsu.

더욱<deo/uk> lagi; lebih; malahan. ~ 중대한 것은 apa yang lebih penting. ~ (더) 적어지다 semakin kurang (sedikit). ~ 좋다 [나쁘다] jauh lebih baik [buruk].

더욱이<deo/u/gi> selain; lebih

jauh; lagi pula.

더위 <deo/wi> panas; cuaca panas; gerah. ~를 식히다 menghilangkan/meredakan gerah. ~먹다 kena panas. ~타다 peka terhadap panas.

더치다 <deo/chi/da> menjadi semakin buruk.

더펄개 <deo/feol/gae> anjing berbulu lebat.

더펄거리다 <deo/feol/geo/ri/da> berkibar-kibar.

더펄머리 <deo/feol/meo/ri> rambut tebal.

더하다 <deo/hada> menambah(kan); menaikkan. 3에 4를 ~ menambah 4 ke 3. 병세가 ~ sakit semakin parah. 추위가 ~ semakin dingin. 속력을 ~ mempercepat.

더하다 <deo/hada> lebih banyak. 크기가 ~ lebih besar. 수에 있어서 ~ melebihi jumlah.

더할나위없다 <deo/hal/na/wi/eob/ta> sempurna.

덕(德) <deok> pribudi; kebaikan hati; budi. ~이 높은 사람 orang yang berpribudi tinggi. …의 ~으로 atas kebaikan dari …; atas budi baik … .

덕망(德望) <deok/mang> pengaruh moral. ~가 orang yang bermoral tinggi.

덕분(德分) <deok/bun> ☞ 덕택.

덕성(德性) <deok/seong> sifat moral. ~스럽다 berbudi baik.

덕적덕적, 덕지덕지 <deok/jeok/deok/jeok, deok/ji/deok/ji> dalam lapisan tebal. 때가 ~ 끼다 diliputi daki yang tebal.

덕택(德澤) <deok/thaek> dukungan. …의 ~으로 terima kasih kepada …; atas budi baik … .

덕행(德行) <deok/haeng> amal baik; perilaku yang baik.

던지다 <deon/ji/da> melempar; melontar; melanting; memberi (suara). 공을 ~ melempar bola. 깨끗한 한 표를 ~ memberi suara jujur.

덜 <deol> tidak lengkap, kurang.

~ 마른 setengah kering. ~익은 setengah matang.

덜거덕거리다 <deol/geo/deok/geo/ri/da> berderik; bunyi gemeretak; menggerodak.

덜다 <deol/da> ① memperingan; mengurangi; meredakan; menyelamatkan. 수고를 ~ menyelamatkan orang dari kesulitan. 고통을 ~ meredakan rasa sakit. ② mengurangi; mengurangkan. 세 개를 ~ mengurangi tiga.

덜덜 <deol/deol> ~떨다 gemetar; menggigil.

덜되다 <deol/doe/da> ① (미완성) tidak lengkap; belum selesai, belum matang. ② (사람이) pelonco.

덜렁거리다 <deol/reong/geo/ri/da> berdenting-denting; berkerontangan; berlaku sembrono.

덜미 <deol/mi> ☞ 뒷덜미. ~ 잡이하다 memegang orang pada kuduknya.

덜커덕거리다 <deol/kheo/deok/geo/ri/da> berderik; berderik-derik.

덜커덩거리다 <deol/kheo/deong/geo/ri/da> ☞ 덜커덕거리다.

덜컥 <deol/kheok> ① tiba-tiba; tak terduga; mendadak. ~죽다 mati mendadak. ② (소리) berkeletukan.

덤 <deom> ① (추가) ekstra; tambahan. ② (바둑) halangan; rintangan.

덤덤하다 <deom/deom/hada> membisu.

덤벙거리다 <deom/beong/geo/ri/da> bertindak sembrono.

덤불 <deom/pul> semak; belukar.

덤비다 <deom/bi/da> ① (달려들다) menerkam. ② (서둘다) buru-buru; tergesa-gesa.

덤프카 <deom/feu/kha> truk sampah.

덤핑 <deom/fing> 『經』 dumping. ~하다 mendumping. ~방지 관세 pajak anti dumping. ~전 perang penurunan harga; perang dumping.

덥다 <deob/da> panas; hangat; merasa panas. 몸이 ~ sakit demam; badan panas.

덥석 <deob/seok> dengan cepat; dengan tiba-tiba; dengan ketat. 손을 ~ 쥐다 mencekal tangan orang dengan tiba-tiba. ~물다 mencaplok.

덧 <deot> waktu pendek/singkat. 어느~ sebelum orang tahu.

덧나다 <deot/na/da> ① (병이) semakin memburuk. ② (성나다) tersinggung.

덧내다 <deot/nae/da> membuat semakin buruk.

덧니 <deot/ni> gigi berdempet. ~가 나다 keluar gigi berdempet. ~박이 orang gigi berdempet.

덧문(- 門) <deot/mun> pintu bagian luar.

덧붙이다 <deot/bu/chi/da> menambahkan; menyusuri; memberi tambahan; melampiri.

덧셈 <deot/sem> penjumlahan. ~하다 menjumlahkan angka. ~표 tanda tambah.

덧신 <deot/sin> sepatu luar.

덩굴 <deong/gul> sulur; julai. ~손 『植』 ujung sulur.

덩그렇다 <deong/geu/reot/tha> tinggi dan besar; mengesankan; kelihatan kosong.

덩달다 <deong/dal/da> ikut menyusul.

덩실거리다 <deong/sil/geo/ri/da> menari-nari.

덩어리,덩이 <deong/eo/ri, deong/i> bungkahan; potongan; keratan; bingkahan; gumpalan; bungkalan. ~지다 membungkah. 얼음 ~ sebungkah es. 흙 ~ gumpalan tanah.

덫 <deot> perangkap; jerat; jebakan. ~을 놓다 memasang perangkap; memasang jebakan. ~에 걸리다 terperangkap; terjeblos; kejeblos; terjebak.

덮개 <deof/gae> tutup; hijah; tirai; gebar; selongsong; tudung; penyungkup; tekap; cadar.

덮다 <deof/ta> menutupi; menye-longsongi; menyelungkupi; meliput-(i); menyelubungi. 책을 ~ menutup buku.

덮어놓고 <deo/feo/not/ko> tanpa alasan. ~ 치다 memukul tanpa alasan.

덮어두다 <deo/feo/du/da> mengacuhkan; tidak mempedulikan.

덮어씌우다 <deof/eo/sseui/u/da> ① (가림) menutupi; menudungi. ② (죄를) membebani kesalahan.

덮이다 <deo/fi/da> diliputi; disungkup; ditutupi; dibungkus. 눈에 ~ diliputi salju.

덮치기 <deof/chi/gi> jaring penangkap burung yang besar.

덮치다 <deof/chi/da> ① (겹쳐누름) tumpang tindih. ② bertumpuk-tumpuk. 불행이 ~ kemalangan datang silih berganti.

데 <de> tempat; kejadian; kasus.

데구루루,데굴데굴 <de/gu/ru/ru, de/gul/de/gul> ~ 구르다 bergelinding terus.

데꺽 <de/keok> seketika. ~ 해결하다 menyelesaikan (membereskan) di tempat.

데다 <de/da> ① terbakar. 손을 ~ terbakar tangannya. ② (혼나다) mendapat pengalaman pahit.

데드볼 <de/deu/bol> 『野』 bola mati.

데려가다 <de/ryeo/ga/da> mengajak pergi.

데려오다 <de/ryeo/o/da> membawa serta.

데릴사위 <de/ril/sa/wi> menantu lelaki yang dibawa kedalam keluarga.

데모 <de/mo> unjuk rasa; demonstrasi. ~하다 berdemonstrasi; melakukan unjuk rasa. ~대 kelompok pengunjuk rasa/demonstran. 가두 ~ unjuk rasa dijalan.

데모크라시 <de/mo/kheu/ra/si> demokrasi.

데모행진(- 行進) <de/mo/haeng/jin> parade demonstrasi. ~을 하다 mengadakan parade demonstrasi.

데상＜det/ssang＞ sketsa (kasar).

데시＜de/si＞　~리터 desiliter.　~미터 desimeter (dm).

데억지다＜de/eok/ji/da＞ terlalu besar (banyak).

데우다＜de/u/da＞ menghangatkan; memeram; menyangai; memanasi.

데이비스컵＜de/i/bi/seu/kheob＞ 『테니스』 piala Davis.

데이터＜de/i/theo＞ data.　~처리장치 mesin pengolah data.

데이트＜de/i/theu＞ kencan.　~하다 berkencan (dengan).

데치다＜de/chi/da＞ memasak setengah matang.

데카＜de/kha＞　~리터 dekaliter (10 liter).　~미터 dekameter (10 meter).

데카당＜de/kha/dang＞ kemerosotan; dekadensi.

데크＜de/kheu＞ dek; peron.

덴마크＜den/ma/kheu＞ Denmark.　~의 berkenaan dengan Denmark.　~사람 orang Denmark.

델리킷＜del/li/khit＞　~한 sulit dan ganjil.

델린저현상(-現象)＜del/lin/jeo/hyeon/sang＞ 『物』 fenomena Dellinger.

델터＜del/theo＞ 『地』 Delta.　~상(狀)의 Delta.　~지대 [평야] tanah [dataran] delta.

뎅그렁거리다＜deng/geu/reong/geo/ri/da＞ gemerincing.

도(度)＜do＞　① derajat.　60~ enam puluh derajat.　② tingkat; ukuran.　~를 지나치다 berlebih-lebihan.　③ (회수) kali.

도(道)＜do＞ propinsi.　경기~ propinsi Gyeng-Gi.　~(립)의 (dibangun oleh) propinsi.　~지사 gubernur.

도(道)＜do＞ ajaran; doktrin, kebenaran.

도＜do＞ 『樂』 do (nada do).

도＜do＞　① (및, …도…도) dan; juga; baik…maupun …; tidak … dan juga tidak … ② bahkan; pun. 지금~ bahkan sekarang. 작별 인사~ 없이 mengucapkan selamat tinggalpun tidak. ③ (비록 …이라

도) walaupun; meskipun.

도가니＜do/ga/ni＞ wadah peleburan logam; kui. 흥분의 ~로 변하다 berubah jadi sangat gembira.

도강(渡江)＜do/gang＞　~하다 menyeberang sungai.

도개교(跳開橋)＜do/gae/gyo＞ jembatan angkat; jembatan tarik.

도검(刀劍)＜do/geom＞ pedang.

도계(道界)＜do/gye＞ batas propinsi.

도공(刀工)＜do/gong＞ pembuat pedang; pande besi.

도공(陶工)＜do/gong＞ pembuat keramik; pengrajin tembikar.

도관(導管)＜do/gwan＞ pipa.

도교(道敎)＜do/gyo＞ Taoisme.

도구(道具)＜do/gu＞　① (공구) perkakas; alat; perabot; perlengkapan.　② (방편) sarana; batu pijakan.　③ alat; kaki tangan. 사람을 ~로 사용하다 memperalat; menggunakan sebagai kaki tangan.

도구(渡歐)＜do/gu＞　~하다 pergi ke Eropa.

도국(島國)＜do/guk＞ negara pulau.　~근성 insularisme.

도굴(盜掘)＜do/gul＞　~하다 menjarah kuburan.　~범 penjarah kuburan.

도금(鍍金)＜do/geum＞ penyepuhan.　~하다 menyepuh. 동을 은으로 ~하다 menyepuh tembaga dengan perak. 전기~ penyepuhan listrik.

도급(都給)＜do/geub＞ kerja borongan.　~ 맡다 memborong.　~ 주다 memberi borongan/kontrak. 일괄~ 계약 kontrak dengan basis siap pakai.

도기(陶器)＜do/gi＞ tembikar; porselen; barang kumanga.　~상 toko keramik.

도깨비＜do/kae/bi＞ hantu; setan; momok.

도깨비불＜do/kae/bi/bul＞ api jin (hantu).

도꼬마리＜do/ko/ma/ri＞ 『植』 tanaman berduri.

도끼＜do/ki＞ kapak; beliung.　~자루 tangkai kapak.　~질 pemakaian

kapak. ~질하다 memakai kapak; mengapak.

도난(盜難)<do/nan> perampokan. ~당하다 dirampok; dicuri. ~경보기 tanda bahaya (alarm) pencuri. ~품 barang-barang curian.

도내(道內)<do/nae> ~의[에] [di] dalam satu propinsi.

도넛<do/neot> donat.

도달(到達)<do/dal> kedatangan. ~하다 sampai (di); tiba (di) 결론에 ~하다 sampai pada kesimpulan.

도당(徒黨)<do/dang> golongan; faksi; klik. ~을 짓다 berkelompok bersama; membentuk liga (faksi, klik).

도대체(都大體)<do/dae/che> gerangan; agaknya; barangkali.

도덕(道德)<do/deok> moralitas; kesusilaan; kesopanan; akhlak. ~상[적으로] secara moral. ~가 moralis. ~교육 pendidikan moral; pendidikan akhlak. ~심 rasa moral. ~율 hukum moral; kode etik.

도덕재무장운동(道德再武裝運動)<do/deok/jae/mu/jang/un/dong> gerakan mempersenjatai kembali moral.

도도록하다<do/do/rok/hada> bengkak; gembung; cembung.

도도하다<do/do/hada> sombong; angkuh.

도도하다(滔滔 -)<do/do/hada> ① (변설이) fasih; lancar berbicara.

도둑<do/duk> ~맞다 kena curi; kecurian. ~놈 perampok; pencuri. ~질 pencurian; perampokan. ~질하다 mencuri; merampok; menjarah.

도드라지다<do/deu/ra/ji/da> ① (형용사적) bengkak; menjendol. ② (자동사적) menonjol; terkemuka.

도드미<do/deu/mi> teka-teki.

도떼기시장(-市場)<do/te/gi/si/jang> pasar terbuka; pasar loak.

도락(道樂)<do/rak> hobi; kegemaran. ...을 ~으로 삼다 melakukan sebagai hobi (untuk kesenangan).

도란거리다<do/ran/geo/ri/da> ☞ 두런거리다.

도랑<do/rang> selokan; terusan; got. ~을 치다 menguras selokan. ~창 selokan; saluran pembuangan/penguras.

도랑치마<do/rang/chi/ma> rok mini; rok pendek.

도래(到來)<do/rae> kedatangan. ~하다 datang.

도래(渡來)<do/rae> ~하다 mengunjungi.

도량(度量)<do/ryang> kemurahan hati. ~이 큰 murah hati. ~이 좁은 sempit hati; berjiwa sempit.

도량(跳梁)<do/ryang> ~하다 galak.

도량형(度量衡)<do/ryang/hyeong> berat dan ukuran. ~기 takaran; sukatan. ~표 tabel berat dan ukuran.

도려내다<do/ryeo/nae/da> menyayati; membuang.

도련님<do/ryeon/nim> anak muda (pemuda); pemuda yang belum menikah; adik ipar laki-laki.

도령<do/ryeong> pemuda yang belum menikah.

도로(徒勞)<do/ro> ~에 그치다 menjadi sia-sia.

도로(道路)<do/ro> jalan; jalan raya. ~공사 perbaikan jalan. ~표지 rambu-rambu jalan. 유료 ~ jalan tol; jalan bebas hambatan. 한국 ~ 공사 Perusahaan Jalan Raya Korea.

도로<do/ro> mundur lagi. ~ 주다 mengembalikan. ~ 가다 [오다] pergi [datang] lagi.

도로아미타불(-阿彌陀佛)<do/ro/ami/tha/bul> ~이 되다 menjadi sia-sia.

...도록<do/rok> ① kepada; agar; supaya. ...지 않~ (agar) supaya tidak. 나에게 ...하~ 그가 말했다 Dianjurkan kepada saya bahwa saya boleh ... ② sampai. 밤늦~ sampai jauh malam. ③ se... mungkin. 되~ 빨리 secepat mungkin.

도롱뇽 ＜do/rong/nyong＞ 『動』 salamander.

도롱이 ＜do/rong/i＞ jas hujan jerami.

도료(塗料) ＜do/ryo＞ cat. ～분무기 penyemprot cat. 발광 ～ cat bersinar.

도루묵 ＜do/ru/muk＞ 『魚』 semacam ikan.

도륙(屠戮) ＜do/ryuk＞ ～하다 membantai.

도르다 ＜do/reu/da＞ (분배) membagikan; menyebarkan; mengantarkan. 신문을 ～ mengantarkan surat kabar. 초대장을 ～ menyebarkan undangan.

도르다 ＜do/reu/da＞ (융통) meminjam. 돈을 ～ meminjam uang.

도르래 ＜do/reu/rae＞ katrol; korek.

도르르 ＜do/reu/reu＞ bergulung.

도리 ＜do/ri＞ 『建』 balok; tiang.

도리(道理) ＜do/ri＞ ① ☞ 사리(事理). ② cara; sarana; rencana; tindakan. 딴 ～가 없다 tidak ada pilihan. 기다릴 수밖에 다른 ～가 없다 Tidak ada yang dapat kita lakukan, kecuali menunggu. ③ kewajiban. 자식의 ～ kewajiban selaku anak.

도리깨 ＜do/ri/khae＞ perontokan (padi).

도리다 ＜do/ri/da＞ memenggal; mengiris; menyayat.

도리어 ＜do/ri/eo＞ sebaliknya.

도리질 ＜do/ri/jil＞ ① ～하다 menggoyang-goyangkan (anak). ② ～하다 menggelengkan kepala; berkata "tidak".

도립(倒立) ＜do/rib＞ berdiri pada kepala dan kaki. ～하다 berdiri di atas tangan (kepala).

도립(道立) ＜do/rib＞ ～의 provinsi. ～병원 rumah sakit proppinsi.

도마 ＜do/ma＞ papan potong; talenan.

도마뱀 ＜do/ma/baem＞ 『動』 cecak; tokek; kadal; bengkarung.

도막 ＜do/mak＞ ☞ 토막.

도망(逃亡) ＜do/mang＞ lari (dari dinas ketentaraan, penjara). ～치다 [하다] melarikan diri; lari; kabur; melakukan desersi. ～치게 하다 membuat orang melarikan diri. 무사히 ～하다 berhasil lari. ～병 tentara yang lari; desertir. ～자[꾼] pelarian; buronan.

도맡다 ＜do/math/ta＞ melaksanakan sendiri.

도매(都賣) ＜do/mae＞ grosir; penjualan partai besar. ～하다 menjual dalam partai besar. ～물가(지수) (indeks) harga grosir. ～상 perdagangan grosir. ～시세 harga grosir.

도면(圖面) ＜do/myeon＞ gambar; sketsa (bangunan). 건축 ～ cetak biru.

도모(圖謀) ＜do/mo＞ ～하다 ☞ 꾀하다.

도무지 ＜do/mu/ji＞ sama sekali. ～개의치 않다 tidak perduli sama sekali. ～알 수 없다 tidak dapat mengerti sama sekali.

도미(掉尾) ＜do/mi＞ usaha terakhir.

도미(渡美) ＜do/mi＞ ～하다 mengunjungi (pergi ke) Amerika. ～유학 melanjutkan sekolah ke Amerika.

도미노 ＜do/mi/no＞ domino. ～이론 teori "domino".

도민(島民) ＜do/min＞ penduduk pulau.

도민(道民) ＜do/min＞ penduduk pribumi propinsi.

도박(賭博) ＜do/bak＞ perjudian; judi. ～하다 berjudi. ～꾼 penjudi. ～상습자 penjudi berat. ～장 rumah judi; kasino. 사기 ～ perjudian yang curang.

도발(挑發) ＜do/bal＞ ～하다 menimbulkan (keingintahuan); merangsang (kemarahan); sugestif. ～적인 provokatif; sugestif; sensasional.

도배(塗褙) ＜do/bae＞ penempelan kertas di tembok dan langit-langit. ～하다 menempelkan kertas di dinding. ～장이 tukang tempel kertas. ～지(紙) kertas dinding.

도버해협(-海峽)＜do/beo/hae/hyeob＞ Selat Dover.

도벌(盜伐)＜do/beol＞ ～하다 menebang pohon secara gelap; mencuri kayu.

도범(盜犯)＜do/beom＞ pencurian.

도법(圖法)＜do/peob＞ metode gambar bangunan. 평면 [투영] ～ gambar datar [proyeksi].

도벽(盜癖)＜do/byeok＞ kebiasaan mencuri; kleptomania. ～이 있다 kleptomaniak,

도벽(塗壁)＜do/byeok＞ penurapan. ～하다 menurap dinding.

도별(道別)＜do/byeol＞ ～의 per propinsi. ～인구표 grafik penduduk per propinsi.

도보(徒步)＜do/bo＞ jalan kaki; berjalan. ～로 dengan jalan kaki. ～경주 lomba jalan cepat. ～여행 berjalan-jalan.

도부(到付)＜do/bu＞ ～치다 menjajakan.

도불(渡佛)＜do/bul＞ kunjungan ke Perancis. ～하다 mengunjungi (pergi ke) Perancis.

도사(道士)＜do/sa＞ pengikut Tao.

도사리＜do/sa/ri＞ ① (과일) buah jatuh yang mentah. ② (잡풀) gulma yang tumbuh di persemaian padi.

도사리다＜do/sa/ri/da＞ duduk bersilang kaki.

도산(倒産)＜do/san＞ ① kebangkrutan; kepailitan (☞ 파산). 그 회사는 ～했다 perusahaan itu bangkrut. ②『醫』keturunan silang.

도살(屠殺)＜do/sal＞ penyembelihan; pemotongan; penjagalan. ～하다 menyembelih. ～자 tukang daging. ～장 rumah potong hewan.

도상(圖上)＜do/sang＞ ～작전 permainan perang; taktik di atas peta.

도색(桃色)＜do/saek＞ warna merah jambon. ～의 merah jambon. ～영화 film sex; film biru. ～유희 masalah cinta/asmara. ～잡지 majalah porno.

도서(島嶼)＜do/seo＞ pulau-pulau; kepulauan.

도서(圖書)＜do/seo＞ buku-buku. ～관 perpustakaan. 국립 중앙 ～관 Perpustakaan Pusat Nasional. ～관장 kepala perpustakaan. ～관학 ilmu perpustakaan. ～목록 katalog buku. ～실 ruang baca. 대학 ～관 perpustakaan universitas. 신간 ～ buku-buku baru.

도선(渡船)＜do/seon＞ kapal penyeberangan; feri. ～장 tempat penyeberangan (kapal).

도선(導船)＜do/seon＞ pemanduan kapal. ～하다 memandu. ～사 pemandu kapal.

도선(導線)＜do/seon＞ kawat penghantar.

도수(度數)＜do/su＞ ① frekwensi. (전화의) ～요금 tarif pesan. ～제 sistim tarif pesan. ② derajat (tingkat). ～가 높은 안경 kaca mata kuat (tebal). ③ kadar. ～가 높은 위스키 wiski berkadar alkohol tinggi.

도수(徒手)＜do/su＞ ～ 공권(空拳) 으로 dengan tangan kosong. ～체조 senam bebas.

도수장(屠獸場)＜do/sut/cang＞ rumah potong hewan.

도승(道僧)＜do/seung＞ pendeta Budha yang mendapat pencerahan.

도시(都市)＜do/si＞ kota. ～ 계획 perencanaan kota. ～ 국가 negara kota. ～ 생활 kehidupan kota. ～생활자 penduduk kota; orang kota.

도시(都是)＜do/si＞ ☞ 도무지.

도시(圖示)＜do/si＞ ～하다 melukiskan; menggambarkan; mengilustrasikan.

도시락＜do/si/rak＞ kotak makan siang. ～을 먹다 makan siang.

도시재개발사업계획(都市再開發事業計劃)＜do/si/jae/gae/bal/sa/eob/gye/hoek＞ program pembaruan penduduk kota padat.

도식(徒食)＜do/sik＞ ～하다 hidup bermalas-malasan.

도식(圖式)＜do/sik＞ diagram; grafik; skema. ～으로 나타내다 me-

nunjukkan dengan diagram.
도심(都心)<do/sim> ~지대 dae-rah tengah kota.
도안(圖案)<do/an> rancangan; sketsa; rangka. ~을 만들다 me-rancang; membuat rancangan. ~화하다 mendisain. ~가 peran-cang.
도야(陶冶)<do/ya> pembinaan; pengembangan; pembentukan. ~하다 membina; mengembangkan; membentuk. 인격 ~ pembinaan sifat.
도약(跳躍)<do/yak> lompatan; lon-catan. ~하다 melompat. ~판 papan lompat.
도열(堵列)<do/yeol> ~하다 ber-baris.
도열병(稻熱病)<do/yeol/pyeong> hawar padi.
도영(渡英)<do/yeong> kunjungan ke Inggris. ~하다 pergi ke Ing-gris.
도예(陶藝)<do/ye> seni keramik. ~가 pembuat keramik/periuk. ~술 teknik keramik.
도와주다<do/wa/ju/da> membantu; memberikan pertolongan.
도외시(度外視)<do/eo/si> ~하다 mengacuhkan; mengabaikan.
도요(새)<do/yo> 『鳥』 burung ber-kik.
도용(盜用)<do/yong> ~하다 men-curi; mencatut; menggelapkan (u-ang).
도우(屠牛)<do/u> sapi potong.
도움<do/um> bantuan. ~을 청하다 minta bantuan. ~이 되다 sa-ngat membantu (berguna).
도원경(桃源境)<do/won/gyeong> Shangrila.
도읍(都邑)<do/eub> ibu kota.
도의(道義)<do/eui> moral. ~적 책임 kewajiban moral. ~심 rasa moral.
도이치<do/i/chi> Jerman. ☞ 독일.
도일(渡日)<do/il> kunjungan ke Jepang. ~하다 mengunjungi (per-gi ke) Jepang.

도입(導入)<do/ib> ~하다 mema-sukan (barang/modal dll).
도자기(陶瓷器)<do/ja/gi> keramik ~공 tukang keramik.
도장(道場)<do/jang> gedung olah raga; gimnasium.
도장(塗裝)<do/jang> ~하다 me-lapisi dengan cat. ~공사 peng-ecatan.
도장(圖章)<do/jang> segel; perang-ko; teraan; cap; stempel. ~을 찍다 menyegel. ~을 파다 mengukir stempel. ~포 toko mengukir stempel.
도저히(到底 -)<do/jeo/hi> (tidak dapat) bagaimanapun juga. …은 ~있을 수 없다 Bagaimanapun ju-ga tidak mungkin … .
도적(盜賊)<do/jeok> ☞ 도둑.
도전(挑戰)<do/jeon> tantangan. ~하다 menantang (seseorang). ~적 penuh tantangan; menantang. ~에 응하다 menerima tantangan.
도전(盜電)<do/jeon> ~하다 men-curi listrik.
도전(導電)<do/jeon> konduksi lis-trik; penghantaran listrik. ~체(體) konduktor listrik; penghantar listrik.
도정(道程)<do/jeong> rencana per-jalanan.
도제(徒弟)<do/je> murid pertu-kangan.
도주(逃走)<do/ju> ☞ 도망.
도중(途中)<do/jung> ~에 di per-jalanan; di tengah jalan. ~ 일박하다 menginap semalam di perja-lanan. ~ 하차하다 berhenti di perjalanan.
도지다<do/ji/da> ① (심하다) eks-trim; parah. ② (단단하다) keras.
도지다<do/ji/da> menjadi lebih buruk; memburuk.
도지사(道知事)<do/ji/sa> gubernur (propinsi).
도착(到着)<do/chak> ~하다 sam-pai; tiba. ~ 순(順)으로 dalam urutan kedatangan. ~하는 대로 pada waktu kedatangan. ~불 pembayaran waktu sampai/diterima.

역 [항] stasiun [pelabuhan] kedatangan.

도착(倒錯)＜do/chak＞ penyimpangan. 성 ~자 penyimpangan seksual.

도처(到處)＜do/cheo＞ ~에(서) dimana-mana.

도청(盜聽)＜do/cheong＞ ~하다 menyadap. ~ 기(器) mikrofon tersembunyi. ~ 사건 skandal penyadapan. ~자 penyadap.

도청(道廳)＜do/cheong＞ kantor propinsi. ~ 소재지 kedudukan pemerintah propinsi.

도체(導體)＜do/che＞ 『理』 medium; konduktor/penghantar. 양[불량] ~ penghantar yang baik [buruk].

도축(屠畜)＜do/chuk＞ penyembelihan; rumah potong. ~업 usaha rumah potong.

도취(陶醉)＜do/chwi＞ kemabukan. ~하다 mabuk kepayang; tertarik hatinya. 자기~ kecintaan pada diri sendiri.

도치(倒置)＜do/chi＞ ~하다 membalikkan. ~법 pembalikan; inversi.

도큐멘터리＜do/kyu/men/theo/ri＞ ☞ 다큐멘터리.

도크＜do/kheu＞ dok (galangan kapal). ~에 넣다 memasukkan ke dok. 부(浮) [건(乾)]~ dok terapung [kering].

도킹＜do/khing＞ pengaitan. ~시 키다 mengaitkan (pesawat ruang angkasa).

도탄(塗炭)＜do/than＞ kesengsaraan. ~에 빠지다 jatuh dalam kesengsaraan.

도태(陶汰)＜do/thae＞ seleksi. ~하 다 menyeleksi. 자연 [인위] ~ seleksi alam [buatan].

도토(陶土)＜do/tho＞ lempung; tanah liat.

도토리＜do/tho/ri＞ buah (biji) pohon ek. 개밥에 ~ orang buangan. ~ 깍정이 kulit buah ek.

도통(都統)＜do/thong＞ keseluruhan; sama sekali.

도통(道通)＜do/thong＞ ~하다 men-

dapat pencerahan.

도포(塗布)＜do/fo＞ ~하다 mengoleskan; memakai (salep).

도포(道袍)＜do/fo＞ jubah Korea.

도표(道標)＜do/fyo＞ pos penunjuk; pos tanda.

도표(圖表)＜do/fyo＞ diagram; grafik; peta. ~로 나타내다 mendiagramkan; menyatakan dalam bentuk diagram.

도품(盜品)＜do/fum＞ barang curian.

도피(逃避)＜do/fi＞ pelarian. ~하 다 lari(dari); melarikan diri(dari). ~생활 kehidupan pelarian dari dunia. ~주의 eskapisme. ~행 perjalanan melarikan diri. 현실 ~ lari dari kenyataan.

도하(都下)＜do/ha＞ ~의[에] [dl] ibu kota.

도하(渡河)＜do/ha＞ ☞ 도강(渡江). ~작전 operasi penyeberangan sungai.

도학(道學)＜do/hak＞ etika; filsafat moral. ~자 moralis.

도합(都合)＜do/hab＞ jumlah keseluruhan; jumlah total.

도항(渡航)＜do/hang＞ pelayaran; penjelajahan. ~하다 berlayar. ~ 자 penumpang. ~중 sedang berlayar.

도해(圖解)＜do/hoe＞ diagram; ilustrasi. ~하다 melukiskan (dalam diagram).

도형(圖形)＜do/hyeong＞ gambar; diagram. 입체 ~ gambar jelas.

도홍색(桃紅色)＜do/hong/saek＞ (warna) ros; merah jambon.

도화(桃花)＜do/hwa＞ bunga persik.

도화(圖畵)＜do/hwa＞ gambar. ~ 지 kertas gambar.

도화선(導火線)＜do/hwa/seon＞ sumbu; tali api; pemicu, penyebab. ~ 이 되다 menjadi pemicu, menjadi penyebab; menimbulkan.

도회(都會)＜do/hoe＞ ☞ 도시(都市).

독＜dok＞ kendi; tempayan; gentong; guci; gayung; bejana air; tajau. ~안에 든 쥐다 seperti tikus dalam perangkap. 밑 빠진 ~에 물 붓기 Seperti menuangkan air ke tempayan bocor.

독(毒)＜dok＞ racun; bisa; bahaya. ~이 있는 beracun; berbisa; membahayakan. ~을 마시다 [먹이다]. minum [memberi] racun.

독가스(毒 -)＜dok/ka/seu＞ gas racun. ~ 마스크 topeng gas. ~탄 bom gas racun.

독감(毒感)＜dok/gam＞ influensa; flu; pilek; demam; selesma. ~에 걸리다 kena influensa.

독거(獨居)＜dok/geo＞ kehidupan menyendiri. ~하다 tinggal sendiri; hidup sendiri.

독경(讀經)＜dok/gyeong＞ nyanyian ayat-ayat kitab Budha. ~하다 menyanyikan ayat-ayat kitab Budha.

독과점(獨寡占)＜dok/kwa/jeom＞ monopoli dan oligopoli. ~ 품목 barang-barang monopoli dan oligopoli.

독기(毒氣)＜dok/gi＞ sifat beracun/jahat. ~있는 beracun; jahat.

독나방(毒 -)＜dok/na/bang＞ ngengat berekor coklat.

독농가(篤農家)＜dok/nong/ga＞ petani yang rajin.

독단(獨斷)＜dok/tan＞ keputusan sewenang-wenang; kesewenang-wenangan; kejemawaan. ~적 sewenang-wenang; dogmatis. ~(적)으로 dengan sewenang-wenang.

독두(禿頭)＜dok/du＞ ☞ 대머리. ~병(病) alopesia.

독려(督勵)＜dong/nyeo＞ dorongan. ~하다 mendorong; memberi semangat.

독력(獨力)＜dong/nyeok＞ ~으로 dengan usaha sendiri.

독립(獨立)＜dong/nib＞ kemerdekaan; kemandirian; pemisahan. ~하다 merdeka; bebas; mandiri. ~가옥 rumah terpisah. ~국 negara merdeka. ~기념일 hari kemerdekaan. ~심 semangat kemandirian. ~운동 gerakan kemerdekaan. ~정신 semangat kemerdekaan nasi-

onal. ~채산제 sistim akutansi mandiri.

독립자영(獨立自營)＜dong/nib/ja/yeong＞ manajemen mandiri. ~하다 mengelola secara mandiri.

독립자존(獨立自存)＜dong/nib/ja/jon＞ kemerdekaan dan keberadaan diri. ~하다 memenuhi kebutuhan sendiri.

독립자활(獨立自活)＜dong/nib/ja/hwal＞ kemandirian. ~하다 mandiri.

독무대(獨舞臺)＜dong/mu/dae＞ ~이다 menguasai medan; tanpa lawan.

독물(毒物)＜dong/mul＞ bahan beracun.

독방(獨房)＜dok/pang＞ kamar untuk satu orang. ~ 감금 kurungan tersendiri.

독백(獨白)＜dok/paek＞ monolog. ~하다 berbicara sendiri.

독보(獨步)＜dok/bo＞ ~적인 unik; tanpa padanan.

독본(讀本)＜dok/bon＞ bacaan; literatur. 영어 ~ bacaan bahasa Inggris.

독부(毒婦)＜dok/bu＞ perempuan jahat.

독불(獨佛)＜dok/bul＞ ~의 (hubungan) Perancis-Jerman.

독불장군(獨不將軍)＜dok/pul/jang/gun＞ orang yang keras kepala; pembangkang.

독사(毒蛇)＜dok/sa＞ ular berbisa.

독살(毒殺)＜dok/sal＞ peracunan. ~하다 meracuni. ~자 pembuat racun.

독생자(獨生者)＜dok/saeng/ja＞ Jesus Kristus; Isa Almasih.

독서(讀書)＜dok/seo＞ ~하다 membaca. ~를 즐기다 gemar membaca. ~가 orang yang banyak membaca. ~계(界) dunia bacaan. ~력 kemampuan membaca. ~주간 pekan buku.

독선(獨善)＜dok/seon＞ kebajikan diri. ~적 bajik diri.

독설(毒舌)＜dok/seol＞ lidah tajam.

~가(家)다 orang yang berlidah tajam. ~을 퍼붓다 berbicara menyakitkan.
독성(毒性)<dok/seong> sifat beracun. ~의 beracun.
독소(毒素)<dok/so> zat beracun. 항(抗) ~ anti racun.
독수(毒手)<dok/su> cara keji. ... 의 ~에 걸리다 menjadi korban ....
독수공방(獨守空房)<dok/su/gong/bang> ~하다 hidup kesepian karena suaminya jauh; hidup sendiri.
독수리(禿-)<dok/su/ri> 『鳥』 elang; rajawali; garuda; burung buas.
독순술(讀脣術)<dok/sun/sul> pembacaan bibir. ~로 해독하다 membaca bibir.
독습(獨習)<dok/seub> ☞ 독학, 자습.
독시(毒矢)<dok/si> anak panah beracun.
독식(獨食)<dok/sik> ~하다 memonopoli.
독신(獨身)<dok/sin> ~의 tidak menikah. ~으로 살다 hidup sendiri; hidup membujang. ~생활 kehidupan sendirian; kehidupan membujang. ~자 bujangan; orang yang hidup sendirian.
독신(篤信)<dok/sin> ~하다 percaya dengan sungguh-sungguh.
독실(篤實)<dok/sil> ~하다 lurus; setia; taat.
독심술(讀心術)<dok/sim/sul> pembacaan pikiran; telepati.
독아(毒牙)<dok/a> ~에 걸리다 menjadi korban.
독액(毒液)<dok/aek> bisa; cairan beracun.
독약(毒藥)<dok/yak> racun; tuba; bisa. ~을 먹다 minum racun. ~을 먹이다 meracuni (seseorang).
독어(獨語)<dok/eo> ☞ 독일어.
독연(獨演)<dok/yeon> (mengadakan) pertunjukan solo.
독염(毒焰)<dok/yeom> (nyala) api beracun.
독영(獨英)<dok/yeong> ~의 hubungan Inggris-Jerman.

독일(獨逸)<dok/il> negara Jerman. ~의 tentang Jerman. ~어(語) bahasa Jerman. ~인 orang Jerman. 서부 [동부] ~ Jerman Barat [Timur].
독자(獨子)<dok/ca> satu-satunya anak lelaki; putra tunggal.
독자(獨自)<dok/ca> ~의 asli; khas; pribadi; unik. ~성 individualistis; originalitas.
독자(讀者)<dok/ca> pembaca; khalayak pembaca. ~가 많다 memiliki sirkulasi yang besar. ~난 kolom pembaca. ~층 kelas pembaca.
독재(獨裁)<dok/cae> kediktatoran. ~적 kekuasaan tanpa terbatas; diktatorial. ~자 autokrat; diktator. ~정치 pemerintahan diktator. ~정치를 펴다 memaksakan kekuasaan satu orang. ~주의 kekuasaan sewenang-wenang.
독전(督戰)<dok/jeon> ~하다 memaksa prajurit berperang (lebih) keras.
독점(獨占)<dok/ceom> monopoli. ~하다 memonopoli. ~적 monopolistis; ekslusif. ~가격 harga monopoli. ~사업 perusahaan monopoli. ~욕 keinginan untuk memiliki sendiri. ~자 pemilik tunggal. ~판매 penjualan ekslusif.
독종(毒種)<dok/cong> orang yang galak, binatang buas.
독주(毒酒)<dok/ju> ① (독한) minuman keras yang kuat. ② (독을 탄) minuman keras beracun.
독주(獨走)<dok/ju> ~하다 meninggalkan yang lain jauh di belakang.
독주(獨奏)<dok/ju> solo; tunggal. ~하다 bermain solo. ~곡 lagu/nyanyian solo. ~자 soloeis; penyanyi solo. ~회 pertunjukan solo. 피아노 ~회 permainan piano tunggal/solo.
독지(篤志)<dok/ji> derma; amal; sedekah. ~가 penderma.
독직(瀆職)<dok/jik> korupsi; pe-

nyuapan. ~ 공무원 pejabat korup. ~ 사건 skandal korupsi; kasus suap.

독차지(獨 -) <dok/cha/ji> ~하다 mengambil semua untuk sendiri; memonopoli. 아무의 사랑을 ~하다 memonopoli cinta seseorang.

독창(獨唱) <dok/chang> nyanyian tunggal; lagu tunggal. ~하다 menyanyi solo. ~자 penyanyi solo. ~회 pertunjukan solo.

독창(獨創) <dok/chang> orisinalitis. ~적 orisinil; kreatif. ~력 bakat kreatif; orisinalitas. ~력을 기르다 mengembangkan bakat orisinalitas. ~성(性) orisinalitas.

독채(獨 -) <dok/chae> rumah terpisah; rumah sendiri.

독초(毒草) <dok/cho> rumput beracun.

독촉(督促) <dok/chok> pendesakan; penagihan. ~하다 mendesak; menagih. ~장 surat tagihan.

독충(毒蟲) <dok/chung> serangga beracun.

독침(毒針) <dok/chim> sengat beracun; jarum beracun.

독탕(獨湯) <dok/thang> kamar mandi pribadi. ~하다 mandi di kamar mandi pribadi.

독특(獨特) <dok/theuk> ~한 khas; istimewa; unik.

독파(讀破) <dok/fa> ~하다 membaca sampai selesai.

독판치다(獨 -) <dok/fan/chi/da> ☞ 독장치다.

독하다(毒-) <do/kha/da> ① (유독) beracun; berbisa. ② (술.담배가) keras (minuman keras). ③ (모질다) keji; jahat. ④ (굳세다) tegar; kuat.

독학(獨學) <do/khak> belajar sendiri. ~하다 mengajar diri sendiri; belajar sendiri. ~한 사람 orang yang belajar sendiri.

독학(篤學) <do/khak> gemar belajar.

독항(獨航) <do/khang> ~선(船) kapal ikan mandiri.

독행(篤行) <do/khaeng> amal baik.

독행(獨行) <do/khaeng> ~하다 bertindak sendiri.

독혈(毒血) <do/khyeol> darah buruk [jahat]. ~증(症) 『醫』 toksaemia.

독회(讀會) <do/hoe> bacaan. 제1[2, 3] ~ bacaan pertama [kedua; ketiga].

독후감(讀後感) <do/khu/gam> kesan tentang sebuah buku.

돈 <don> uang; emas; uang tunai. 많은[적은] ~ sejumlah besar [kecil] uang. 부정한 ~ uang haram. ~ 있는 beruang. ~으로 살 수 없는 tiada ternilai. ~이 많이 들다 mahal. ~을 벌다 mencari uang. 물건을 ~으로 만들다 membuat barang jadi uang. ~을 내다 membayar untuk; menyumbang uang kepada; menanamkan uang. ~에 눈이 어둡다 buta oleh uang. ~을 물 쓰듯하다 memboroskan uang seperti air. ~이면 안 되는 일이없다 Ada uang semua bisa.

돈 <don> satu *don* (= 0,135 ons, 3,7565 gram).

돈 <ton> ton ☞ 톤. ~수(數) tonase. 미터 ~ ton metrik.

돈구멍 <don/gu/meong> sumber pendapatan.

돈궤(- 櫃) <don/gwe> peti uang.

돈꿰미 <don/kwe/mi> tali; tambang.

돈냥(- 兩) <don/nyang> ~깨나 벌다 mengumpulkan keuntungan kecil.

돈놀이 <don/no/ri> usaha peminjaman uang. ~하다 menjalankan usaha peminjaman uang.

돈독(敦篤) <don/tok> ketulusan hati. ☞ 돈후.

돈맛 <don/mat> ~ 알다 [들이다] tahu nilai uang.

돈벌이 <don/peo/ri> cari uang. ~하다 mencari uang. ~가 되는 일 pekerjaan yang menguntungkan. ~를 잘하다 pandai mencari uang.

돈복(- 福) <don/pok> keberuntungan dengan uang.

돈아(豚兒) <don/a> putra saya.

돈육(豚肉) <don/yuk> daging babi.

돈절(頓絶) <don/jeol> ~하다 terputus tiba-tiba.

돈주머니 <don/cu/meo/ni> kantong uang.

돈줄 <don/cul> sumber uang. ~이 떨어지다 kehilangan dukungan keuangan.

돈지갑(- 紙匣) <don/ci/gab> dompet.

돈키호테 <don/khi/ho/the> Don Quixote. ~식의 gaya Don Quixote.

돈푼 <don/fun> sedikit uang. ~깨나 있다 ada sedikit uang.

돈피 <don/fi> kulit rase.

돋구다 <dot/ku/da> merangsang; menggoda; membangkitkan. 미각[식욕]을 ~ mengoda/merangsang selera.

돋다 <dot/ta> ① (해가) terbit. ② (싹이) bertunas; keluar. ③ (종기 따위가) muncul; keluar; tumbuh.

돋보기 <dot/po/gi> kacamata untuk orang tua; kaca pembesar.

돋보이다 <dot/bo/i/da> kelihatan lebih baik.

돋우다 <do/du/da> ① (심지를) menaikkan (sumbu). ② menaikkan; meninggikan. 목청을 ~ menaikkan (meninggikan) suaranya. ③ menjengkelkan; menyakitkan hati. 남의 부아를 ~ menjengkelkan seseorang. ④ (일으키다) menimbulkan (keingintahuan). ⑤ mendorong semangat. 사기를 ~ meninggikan moral (pasukan). ⑥ (충동이다) menghasut.

돋치다 <dot/chi/da> tumbuh; bertunas. 날개가 ~ tumbuh sayap; laku dengan laris.

돌 <dol> ① ulang tahun pertama seorang bayi. ② hari jadi. 해방 열 ~ 기념식 Ulang Tahun Kemerdekaan ke-10.

돌 <dol> 『鑛』 batu. ~을 깐 diratakan dengan batu ~많은 berbatu;

berbatu-batu.

돌개바람 <dol/gae/ba/ram> pusaran angin.

돌격(突擊) <dol/gyeok> sergapan; penyergapan. ~하다 menyergap. ~대 pasukan buru sergap.

돌계단(- 階段) <dol/gye/dan> ☞ 돌층계.

돌계집 <dol/gye/jib> perempuan mandul.

돌고래 <dol/go/rae> 『動』 ikan lumba-lumba.

돌기(突起) <dol/gi> tonjolan. ~하다 menonjol.

돌날 <dol/nal> ☞ 돌.

돌다 <dol/da> ① belok; berbelok; berkeliling; berputar; berpusar; berbentan. 오른 쪽으로 ~ belok kanan. 뱅뱅 ~ berputar-putar (berkeliling). ② (순회) mengadakan tur; mengelilingi. 호남 지방을 ~ mengadakan tur di daerah Honam. ③ berkeliling. 곳을 ~ berkeliling semenanjung. ④ (약.술 따위가) berpengaruh. ⑤ (소문이) beredar. ⑥ (융통) beredar (uang). ⑦ (눈이) merasa pening. ⑧ (소생) pulih. ⑨ (머리가) hilang ingatan/pikiran. ⑩ (전염병이) menular.

돌다리 <dol/da/ri> jembatan batu. ~도 두드려 보고 건너다 sangat hati-hati.

돌담 <dol/dam> dinding batu.

돌대가리 <dol/dae/ga/ri> orang bodoh.

돌덩이 <dol/teong/i> sepotong batu.

돌도끼 <dol/do/ki> kapak batu.

돌돌 <dol/dol> 종이를 ~ 말다 menggulung selembar kertas.

돌돌하다 <dol/dol/hada> pandai; cemerlang; cerdik.

돌라주다 <dol/la/ju/da> membagikan; membagi-bagikan.

돌려보다 <dol/lyeo/bo/da> mengedarkan.

돌려쓰다 <dol/lyeo/sseu/da> meminjam.

돌려주다 <dol/lyeo/ju/da> ① (반환)

mengembalikan; memulangkan. ② (융통함) meminjamkan.

돌리다＜dol/li/da＞ ① (고비.위기를 넘기다) melalui saat-saat kritis. ② (회생) pulih. ③ (융통) meminjamkan; meminjam.

돌리다＜dol/li/da＞ ① merubah; mengalihkan. 눈을 ～ mengalihkan mata (pandangan). 마음을 ～ merubah pikiran. 화제를 ～ merubah pokok pembicaraan. ② memutar. 핸들을 ～ memutar setir/kemudi. 팽이를 ～ memutar gasing. ③ (넘기다.보내다) memindahkan; menyerahkan; meneruskan. 자동차를 사무실로 ～ mengirimkan mobil ke kantor. 행운의 편지를 ～ meneruskan surat berantai. ④ menggerakkan; menjalankan. 기계를 ～ menjalankan mesin. ⑤ 농담으로 ～ memperlakukan sebagai senda gurau. 백지로 ～ membawa ke nol.

돌리다＜dol/li/da＞ mengasalkan; menganggap berasal (dari); menghubungkan.. 성공을 행운으로 ～ menganggap keberhasilan sebagai suatu kemujuran.

돌림＜dol/lim＞ ① (교대) putar; giliran. ② ☞ 돌림병.

돌림감기(-感氣)＜dol/lim/gam/gi＞ influensa; flu (pilek).

돌림병(- 病)＜dol/lim/pyeong＞ penyakit menular.

돌멘＜dol/men＞ 『考古』 batu prasejarah yang melintang di atas tiang batu; dolmen.

돌멩이＜dol/meng/i＞ batu kecil. ～ 질하다 melemparkan batu.

돌무더기＜dol/mu/deo/gi＞ setumpuk batu.

돌발(突發)＜dol/bal＞ wabah; ledakan (penyakit); ketiba-tibaan; ketidak terdugaan. ～하다 terjadi tiba-tiba. ～적(으로) secara tiba-tiba/tidak terduga. ～ 사건 kecelakaan (kejadian) yang tidak dapat diramalkan; kecelakaan tak terduga.

돌변(突變)＜dol/byeon＞ ～하다 ber-ubah tiba-tiba.

돌보다＜dol/bo/da＞ menjaga; merawat; mengurus; membimbing. 환자를 ～ merawat pasien.

돌부리＜dol/pu/ri＞ batu sandungan; batu penarung. ～에 채여 넘어지다 terantuk batu.

돌부처＜dol/bu/cheo＞ patung Budha dari batu.

돌비(- 碑)＜dol/bi＞ tugu batu.

돌비늘＜dol/bi/neul＞ 『鑛』 mika.

돌솜＜dol/som＞ 『鑛』 asbes.

돌아가다＜do/ra/ga/da＞ ① kembali; berganti arah; pulang; balik. 온 길을 ～ kembali ke langkahnya. 제자리로 ～ kembali ke tempat duduk. ② (우회) mengambil jalan memutar (keliling). ③ kembali. 정상상태로 ～ kembali normal. ④ berakibat. 수포로 ～ menjadi gagal; berakibat gagal. ⑤ (책임 따위가) jatuh (ke dalam); menghubungkan dengan. ⑥ (죽다) mati. ⑦ (되어가다) berkembang.

돌아눕다＜do/ra/nub/ta＞ tidur menunggingi.

돌아다니다＜do/ra/da/ni/da＞ ① berkeliling. 연설하며 ～ berkeliling mengadakan pidato (ceramah). ② (퍼키다) menyebar.

돌아보다＜do/ra/bo/da＞ ① (뒤를) menoleh kembali. ② (회상) melihat ke belakang (masa lampau); berefleksi. ③ ☞ 돌보다.

돌아서다＜do/ra/seo/da＞ ① (뒤로) membelakangi; membalikan badan. ② (등지다) putus hubungan dengan. ③ (병세가) mulai pulih.

돌아앉다＜do/ra/an/ta＞ duduk membelakang.

돌아오다＜do/ra/o/da＞ ① kembali; pulang. 회사에서 ～ pulang dari kantor. ② datang lagi. 차례가 ～ giliran datang. ③ (책임 따위가) menimpakan. ④ (회복) pulih; sembuh.

돌알＜dol/ral＞ lensa kristal.

돌연(突然)＜dol/yeon＞ dengan tiba-tiba; secara tidak terduga; se-

konyong-konyong; mendadak. ~
한 tiba-tiba. ~변이 mutasi.
돌이키다<do/ri/khi/da> ① (고개
를) menolehkan muka; melihat ke
belakang; melihat ke masa lampau.
② (원상회복) kembali; sembuh.
③ (재고) menimbang kembali; me-
mikirkan lagi.
돌입(突入)<do/rib> ~하다 meng-
hambur kedalam.
돌잔치<dol/jan/chi> perayaan hari
lahir bayi yang pertama.
돌장이<dol/cang/i> bayi berumur
setahun.
돌절구<dol/jeol/gu> penumbuk (u-
lekan) batu.
돌제(突提)<dol/je> dermaga.
돌진(突進)<dol/cin> serangan. ~
하다 menyerang.
돌출(突出)<dol/chul> tonjolan;
penjorokan. ~하다 menonjol kelu-
ar; menjorok. ~부 bagian yang
menonjol; bagian yang menjorok.
돌층계(-層階)<dol/cheung/gye>
tangga batu.
돌파(突破)<dol/fa> ~하다 lolos;
lulus (ujian); melampaui; mengata-
si. 천원대를 ~하다 memecah
tingkat 1,000 *won*. 난관을 ~하다
mengatasi kesulitan.
돌팔매<dol/fal/mae> batu lempar-
an. ~질하다 melempar batu.
돌팔이<dol/fa/ri> pedagang keli-
ling. ~선생 guru yang jelek, ~
의사 dokter gadungan.
돌풍(突風)<dol/fung> hembusan
angin.
돌피<dol/fi>『植』 rumput halam-
an.
돕다<dob/ta> ① (조력) membantu;
menolong; mendukung. ② (구조)
menyelamatkan. ③ (이바지) me-
nyumbang (kepada).
돗바늘<dot/ba/neul> jarum besar.
돗자리<dot/ca/ri> tikar. ~를 깔
다 menggelar tikar.
동 <dong> seikat.
동<dong> ① serangkaian (alasan).
~이 닿는 koheren; konsisten. ②

kurun; periode; jangka waktu. ☞
동안뜨다. ③ (옷의) ban pinggir
baju.
동(東)<dong> timur. ~의 bagian
timur. ~에 [으로] di [ke] timur.
동(洞)<dong> kelurahan. ~ 사무
소 kantor kelurahan.
동(銅)<dong> tembaga; loyang.
동(同)<dong> yang sama; yang se-
hubungan.
동가식서가숙(東家食西家宿)<dong/
ga/sik/seo/ga/suk> pengembara;
pengembaraan. ~하다 hidup seba-
gai pengembara.
동감(同感)<dong/gam> pendapat
yang sama; simpati; perasaan yang
sama. ~이다 setuju; berperasaan
sama.
동갑(同甲)<dong/gab> ~이다 se-
baya; sepantaran.
동강<dong/gang> sekeping; sepo-
tong. ~나다 pecah menjadi ber-
keping-keping. ~치마 rok pen-
dek.
동개<dong/gae> tempat anak pa-
nah.
동거(同居)<dong/geo> ~하다 ting-
gal bersama; menumpang. ~인
orang yang menumpang.
동격(同格)<dong/kyeok> pangkat
sama.
동결(凍結)<dong/gyeol> pembeku-
an. ~하다 membeku. ~을 해제
하다 mencairkan; melelehkan. 임
금 ~(정책) (kebijakan) pembekuan
upah. 자산 ~ pembekuan aset.
동경(東經)<dong/gyeong> bujur ti-
mur. ~ 20도 40분 20⁰40'BT.
동경(憧憬)<dong/gyeong> rindu;
kangen. ~하다 merindukan.
동계(冬季)<dong/gye> musim di-
ngin. ~방학 [휴가] liburan musim
dingin. ~ 올림픽 Olimpiade Mu-
sim Dingin.
동계(同系)<dong/gye> ~의 kera-
bat; sanak keluarga. ~회사 peru-
sahaan keluarga.
동계(動悸)<dong/gye> palpitasi;
pulsasi. ~하다 berdebar-debar;

berdenyut.

동고동락(同苦同樂)＜dong/go/dong/nak＞ ～하다 membagi suka dan duka.

동공(瞳孔)＜dong/gong＞ pupil mata; anak mata. ～확대 [수축] pembesaran [pengecilan] pupil mata.

동광(銅鑛)＜dong/gwang＞ bijih tembaga; tambang tembaga.

동구(東歐)＜dong/gu＞ Eropa Timur.

동구(洞口)＜dong/gu＞ ～밖 daerah pinggiran desa.

동국(同國)＜dong/guk＞ negara yang sama/bersangkutan. ～인 orang senegeri (satu tanah air).

동굴(洞窟)＜dong/gul＞ gua. ～탐험 penjelajahan gua. ～학 ilmu tentang gua.

동궁(東宮)＜dong/gung＞ putra mahkota; istana putra mahkota.

동권(同權)＜dong/kwon＞ kesamaan; hak yang sama. 남녀 ～ persamaan jenis kelamin; hak yang sama untuk lelaki dan perempuan. ～주의 feminisme.

동그라미＜dong/geu/ra/mi＞ lingkaran. ～를 그리다 [만들다] menggambar [membuat] lingkaran. ～표 simbol lingkaran.

동그라지다＜dong/geu/ra/ji/da＞ terantuk (jatuh).

동그랗다＜dong/geu/rat/da＞ bulatan (bundaran).

동그스름하다＜dong/geu/seu/reum/hada＞ agak bundar.

동글다＜dong/geul/da＞ ☞ 동그랗다.

동급(同級)＜dong/keub＞ kelas yang sama. ～생 teman sekelas.

동기(冬期)＜dong/gi＞ masa musim dingin.

동기(同氣)＜dong/gi＞ saudara lelaki; saudara perempuan. ～간 hubungan saudara kandung. ～간의 우애 cinta persaudaraan.

동기(同期)＜dong/gi＞ kurun waktu yang sama. ～생이다 sekelas; tamat dalam tahun yang sama.

동기(動機)＜dong/gi＞ motif; dorongan hati; sebab; asal-mula; sebab karena; alasan; pendorong. 범죄의 ～ motif kejahatan. ～론 『倫』 motifisme.

동기(銅器)＜dong/gi＞ bejana tembaga. ～시대 zaman perunggu.

동나다＜dong/na/da＞ kehabisan (persediaan). 석유가 ～ kehabisan minyak tanah.

동나무＜dong/na/mu＞ kayu bakar kecil.

동남(東南)＜don/nam＞ tenggara. ～의 bagian tenggara. ～ 아시아 Asia Tenggara. ～풍 angin tenggara.

동냥＜dong/nyang＞ ～하다 meminta; mengemis. ～아치 pengemis. ～질 perbuatan mengemis.

동네(洞 -)＜dong/ne＞ desa. ～사람 orang desa.

동년(同年)＜dong/nyeon＞ tahun yang sama; umur yang sama; sebaya.

동녘(東 -)＜dong/nyeokh＞ timur.

동단(東端)＜dong/dan＞ ujung bagian timur.

동댕이치다＜dong/daeng/i/chi/da＞ mencampakkan; membuang.

동동＜dong/dong＞ ① ～뜨다 terapung; terbawa arus. ② ～구르다 menghentak-hentakkan kaki ke lantai.

동등(同等)＜dong/deung＞ ～하다 kesamaan; terbagi sama; ekuivalen; setara; sederajat; seimbang; padanan. ～히 dengan sama. ～히 하다 menyamakan.

동떨어지다＜dong/teol/eo/ji/da＞ jauh terpisah; sangat berbeda.

동란(動亂)＜dong/nan＞ perang.

동량(棟梁)＜dong/yang＞ ～ 지재(之材) tiang negara.

동력(動力)＜dong/yeok＞ daya penggerak. ～계 dinamometer. ～선 kapal mesin. ～자원부 Kementrian Energi dan Sumber Daya.

동렬(同列)＜dong/yeol＞ tingkat yang sama.

동료(同僚)＜dong/nyo＞ rekan; teman sekerja; konco; kolega; sejawat; sahabat.

동류(同類)＜dong/nyu＞ kelas yang sama.

동리(洞里)＜dong/ni＞ desa. ☞ 동네.

동마루(棟 -)＜dong/ma/ru＞ bubungan; atap genteng.

동막이＜dong/ma/gi＞ ～하다 menambak.

동맥(動脈)＜dong/maek＞ 『解』 arteri (pembuluh nadi); urat nadi. ～의 mengenai arteri. ～ 경화증 pengerasan arteri; arterisklerosis. ～류 (瘤) anerisme. 대～ arteri utama.

동맹(同盟)＜dong/maeng＞ persekutuan; aliansi; perserikatan; sekutu; liga; lini; ikatan. ～하다 bersekutu (dengan); bersatu; bergabung. ～국 negara sekutu. ～군 pasukan (tentara) sekutu. ～ 파업 pemogokan. ～ 휴학 pemogokan sekolah.

동메달(銅 -)＜dong/me/dal＞ medali perunggu.

동면(冬眠)＜dong/myeon＞ keadaan tidur musim dingin; hibernasi. ～하다 tidur dimusim dingin. ～ 동물 binatang yang tidur di musim dingin.

동명(同名)＜dong/myeong＞ nama yang sama. ～ 이인(異人) orang yang berbeda dengan nama yang sama.

동명사(動名詞)＜dong/myeong/sa＞ 『文』 gerund.

동무＜dong/mu＞ teman; handai; kawan; sahabat. ☞ 친구. 길 ～ teman seperjalanan.

동문(同文)＜dong/mun＞ naskah yang sama. 이하 ～ dan seterusnya; dan sebagainya.

동문(同門)＜dong/mun＞ teman sekolah (kuliah); alumni. ～회 himpunan alumni.

동문서답(東問西答)＜dong/mun/seo/dab＞ jawaban yang tidak sesuai/tidak relevan. ～하다 memberi jawaban yang tidak sesuai/tidak relevan.

동문수학(同門受學)＜dong/mun/su/hak＞ ～하다 belajar pada guru yang sama.

동물(動物)＜dong/mul＞ binatang; satwa; fauna; hewan. ～적 [성의] hewani; ～계 dunia hewan; dunia fauna. ～성 단백질 protein hewani ～성 식품 makanan hewani. ～원 (園) kebun binatang. ～학 zoologi. ～학자 ahli kehewanan; ahli ilmu hewan. 육식 [초식] ～ hewan karnivora [herbivora]. 태생 ～ hewan vivivora.

동민(洞民)＜dong/min＞ orang (penduduk) kelurahan.

동반(同伴)＜dong/ban＞ ～하다 pergi dengan; mengikutsertakan; diiringi(oleh); ditemani(oleh) ～자 pengiring.

동반구(東半球)＜dong/ban/gu＞ belahan bumi bagian timur.

동반자살(同伴自殺)＜dong/ban/ja/sal＞ bunuh diri bersama. 모자 ～ bunuh diri masal ibu dan anak-anaknya.

동방(東方)＜dong/bang＞ ketimuran. ～의 timur.

동방(洞房)＜dong/bang＞ ～ 화촉 bermalam pengantin.

동병(同病)＜dong/byeong＞ penyakit yang sama. ～ 상련(相憐)한다 ikut sedih jika teman mengalami kesedihan.

동병(動兵)＜dong/byeong＞ ～하다 memobilisasi (tentara).

동복(冬服)＜dong/bok＞ pakaian musim dingin.

동복(同腹)＜dong/bok＞ ～의 tentang rahim/kandungan. ～형제 [자매] saudara [saudari] tiri seibu.

동봉(同封)＜dong/bong＞ ～하다 melampirkan (surat). ～한 편지 surat terlampir. ～해 보내다 mengirim dalam amplop yang sama; mengirim sebagai lampiran. ～서류 lampiran.

동부＜dong/bu＞ 『植』 kara; polong.

동부(東部)＜dong/bu＞ daerah bagian timur.

동부인(同夫人)＜dong/bu/in＞ ~하다 pergi keluar dengan istri; membawa serta istri.

동북(東北)＜dong/buk＞ timur laut. ~의 bagian timur laut. ~동 timur timur laut. ~풍 angin timur laut.

동분모(同分母)＜dong/bun/mo＞ 『數』 penyebut yang sama.

동분서주(東奔西走)＜dong/bun/seo/ju＞ ~하다 menyibukkan diri (dengan).

동사(同事)＜dong/sa＞ ~하다 mengadakan usaha (dengan); menjalin rekanan usaha (dengan).

동사(凍死)＜dong/sa＞ ~하다 mati beku.

동사(動詞)＜dong/sa＞ kata kerja. ~의 verbal. 규칙 [불규칙] ~ kata kerja teratur [tidak teratur]. 완전 [불완전] ~ kata kerja lengkap [tidak lengkap]. ~자[타] kata kerja intransitif [transitif].

동사무소(洞事務所)＜dong/sa/mu/so＞ kantor kelurahan.

동산＜dong/san＞ kebun. 꽃 ~ kebun bunga.

동산(動産)＜dong/san＞ harta bergerak.

동상(同上)＜dong/sang＞ sama seperti di atas; idem dito.

동상(銅像)＜dong/sang＞ patung perunggu. ~을 세우다 mendirikan patung perunggu.

동색(同色)＜dong/saek＞ warna sama.

동생(同生)＜dong/saeng＞ adik lelaki (perempuan).

동서(同書)＜dong/seo＞ buku yang sama.

동서(同壻)＜dong/seo＞ ① (자매간의 남편) ipar lelaki. ② (형제건의 아내) ipar perempuan.

동서(同棲)＜dong/seo＞ hidup bersama. ~하다 hidup bersama (dengan). ~하는 사람 orang yang hidup bersama.

동서(東西)＜dong/seo＞ timur dan barat. ~고금 sepanjang masa dan semua negara. ~남북 (keempat) titik kardinal. ~ 남북도 가리지 못하다 tidak tahu tangan yang kanan dari yang kiri.

동석(同席)＜dong/seok＞ ~하다 duduk bersama dengan (seseorang). 우연히 ~하다 kebetulan hadir. ~자 hadirin.

동선(同船)＜dong/seon＞ naik kapal yang sama. ~하다 berlayar dalam satu kapal yang sama. ~자 teman sekapal.

동선(銅線)＜dong/seon＞ kawat tembaga.

동설(同說)＜dong/seol＞ pandangan yang sama; pendapat yang sama.

동성(同性)＜dong/seong＞ ① kelamin yang sama. ~의 homosek. ~ (연)애 hubungan sejenis. ② homogenitas (persamaan jenis). ~의 sama jenis (seragam).

동성(同姓)＜dong/seong＞ nama keluarga yang sama. ~ 동명인 orang yang bernama keluarga dan pribadi yang sama. ~ 동본 nama keluarga dan asal keluarga yang sama.

동소(同所)＜dong/so＞ tempat yang sama.

동소체(同素體)＜dong/so/che＞ 『化』 alotropi.

동수(同數)＜dong/su＞ jumlah yang sama. ~의 sama banyak. 찬부 ~의 투표 mendapat suara yang sama. 가부 ~인 경우에는 dalam kasus suara yang sama.

동숙(同宿)＜dong/suk＞ ~하다 menginap di hotel yang sama; menginap di rumah yang sama. ~자 teman sepenginapan.

동승(同乘)＜dong/seung＞ ~하다 naik bersama. ~자 teman seperjalanan.

동시(同時)＜dong/si＞ waktu yang sama. ~의 serentak; bersama-sama; sekalian. ~에 pada waktu yang sama; dengan serentak. ~

통역 penafsiran serentak. ~ 통역
사 penterjemah simultan.
동시(同視)＜dong/si＞ ① ☞ 동일시.
② ~하다 memperlakukan sama.
동시(童詩)＜dong/si＞ syair anak-
anak.
동시녹음(同時錄音)＜dong/si/nok/
eum＞ perekaman serentak. ~하다
merekam serentak. ~촬영 syuting
perekaman serentak.
동시대(同時代)＜dong/si/dae＞ masa
sama; sezaman. ~의 sebaya (de-
ngan). ~의 사람 orang sezaman.
~의 작가 penulis sezaman.
동식물(動植物)＜dong/sik/mul＞ ta-
naman dan binatang; flora dan fau-
na.
동실(同室)＜dong/sil＞ kamar bersa-
ma. ~자 teman sekamar.
동실동실＜dong/sil/dong/sil＞ ☞ 둥
실둥실.
동심(同心)＜dong/sim＞ ① pikiran
yang sama. 두 사람은 ~ 일체다
keduanya praktis berpikiran sama.
~협력 kerja sama yang harmonis.
② konsentrisitas; kepemusatan. ~
원 lingkaran pusat.
동심(童心)＜dong/sim＞ pikiran a-
nak-anak. ~으로 돌아가다 kemba-
li jadi anak-anak. ~을 좀먹다
merusak kesucian pikiran anak-
anak.
동아(東亞)＜dong/a＞ Asia Timur.
동아줄＜dong/at/cul＞ tambang tebal
dan tahan lama.
동안＜dong/an＞ ① interval (se-
lang). 일정한 ~을 두고 pada se-
lang yang teratur. ② waktu; pe-
riode. 오랫 ~ waktu yang lama.
잠깐 ~ sebentar.
동안(東岸)＜dong/an＞ pantai timur.
동안(童顔)＜dong/an＞ wajah keka-
nak-kanakan ~의 berwajah keka-
nak-kanakan.
동액(同額)＜dong/aek＞ jumlah yang
sama.
동양(東洋)＜dong/yang＞ Timur;
Ketimuran. ~ 문명[문화] peradab-
an [kebudayaan] Timur. ~사람

orang timur. ~사상 orientalisme.
~학 ilmu Ketimuran. ~학자 ahli
Ketimuran. ~화 lukisan Timur.
동업(同業)＜dong/eob＞ ① usaha
yang sama; profesi yang sama. ~
자 orang dengan usaha yang sama.
~조합 serikat dagang. ② ~하다
menjalankan usaha bersama/kemit-
raan. ~자 mitra/rekanan usaha.
동여매다＜dong/yeo/mae/da＞ meng-
ikat; mengencangkan.
동역학(動力學)＜dong/yeo/khak＞
『理』 kinetik.
동요(動搖)＜dong/yo＞ gemetaran;
goncangan; goyangan; kelut (me-
lut); kerusuhan hati; huru-hara; je-
ri; kehiru-pikukkan. ~하다 geme-
tar; bergoncang; rusuh. 사상의 ~
kerusuhan pikiran. 정계의 ~ ke-
rusuhan politik. ~하지 않고 de-
ngan tenang. ~를 일의키다 me-
nyebabkan kegelisahan.
동요(童謠)＜dong/yo＞ nyanyian a-
nak-anak.
동우(同友)＜dong/u＞ teman-teman
sepikiran/sehaluan.
동원(動員)＜dong/won＞ mobilisasi.
~하다 memobilsasi. ~계획 ren-
cana mobilisasi. ~령 perintah
mobilisasi. 강제 ~ mobilisasi wa-
jib.
동월(同月)＜dong/wol＞ bulan yang
sama.
동위(同位)＜dong/wi＞ ~의 koor-
dinat. ~각 sudut yang sesuai. ~
원소 isotop. 방사성 ~ 원소 radio-
isotop.
동음(同音)＜dong/eum＞ suara yang
sama; homofoni. ~어 homonim;
homopon. ~ 이의어(異議語) ho-
monim.
동의(同意)＜dong/eui＞ perkena(an);
kesepakatan; persetujuan. ~하다
menyetujui; mengijinkan. ~를 얻
다 mendapat persetujuan.
동의(同議)＜dong/eui＞ sinonim; ke-
samaan arti. ~의 sama arti. ~
어 sinonim.
동의(胴依)＜dong/eui＞ jaket rompi.

동의(動議) <dong/eui> mosi. ~하다 mengajukan mosi. ~를 철회하다 menarik mosi. ~를 가결하다 menerima mosi. 긴급 ~ mosi darurat.

동이 <dong/i> kendi. 물 ~ kendi air.

동이다 <dong/i/da> memaut; mengikat.

동인(同人) <dong/in> ① anggota; kolega; sejawat. ~ 잡지 majalah anggota(sastra). ② (같은 사람) orang yang sama. ③ (그 사람) orang yang bersangkutan.

동인(動因) <dong/in> motif; penyebab.

동인도(東印度) <dong/in/do> Hindia Timur. ~의 berhubungan dengan India Timur.

동일(同一) <dong/il> kesamaan; identitas. ~한 sama; identik (dengan).

동일(同日) <dong/il> hari yang sama.

동일시(同一視) <dong/il/si> ~하다 mengidentifikasi A dengan B.

동자(童子) <dong/ja> anak.

동작(動作) <dong/jak> tindakan; gerak; langkah; tingkah; perbuatan. ~이 빠르다 [느리다] cepat [lambat] dalam tindakan.

동장(洞長) <dong/jang> kepala kelurahan.

동적(動的) <dong/ceok> dinamis.

동전(銅錢) <dong/jeon> kepeng; gepeng; kobang. ~ 한푼 없다 tidak punya uang sesenpun.

동절(冬節) <dong/jeol> masa musim dingin.

동점(同點) <dong/ceom> ~이 되다 menjadi seri. ~으로 끝나다 berakhir seri.

동정(同情) <dong/jeong> simpati; syafakat; belas kasihan. ~하다 bersimpati. ~하여 karena simpati. ~심 perasaan simpatik. ~자 orang yang bersimpati. ~표 suara simpati.

동정(童貞) <dong/jeong> kepera-
wanan; kesucian. ~을 지키다 [잃다] menjaga [kehilangan] kesucian. ~녀 perawan; Perawan Suci.

동정(動靜) <dong/jeong> gerakan; perkembangan; situasi. 정계의 ~ perkembangan politik.

동제(銅製) <dong/je> ~의 (terbuat dari)tembaga. ~품 barang-barang tembaga.

동조(同調) <dong/jo> ~하다 mengikuti langkah; bersisian (dengan). ~자 orang yang bersimpati.

동족(同族) <dong/jok> sebangsa; senegeri; sesuku; sedarah. ~ 결혼 endogami. ~ 상잔(相殘) perang saudara. ~애 cinta persaudaraan.

동종(同宗) <dong/jong> darah (keluarga) yang sama; sekte yang sama.

동종(同種) <dong/jong> jenis yang sama.

동주(同舟) <dong/ju> 오월(吳越) ~ musuh besar dalam kapal yang sama.

동지(冬至) <dong/ji> titik balik matahari musim dingin.

동지(同志) <dong/ji> kawan; teman; kawan seperjuangan.

동진(東進) <dong/jin> ~하다 bergerak (berbaris) ke timur.

동질(同質) <dong/jil> mutu yang sama; homogenitas. ~의 homogen; bermutu sama.

동쪽(東-) <dong/cok> bagian timur; timur. ~의 timur. ~으로 ke timur.

동차(同次) <dong/cha> 『數』 ~의 homogen. ~식 persamaan homogen.

동창(同窓) <dong/chang> teman sekolah. ~회 himpunan alumni.

동체(胴體) <dong/che> badan (pesawat) ~ 착륙 pendaratan perut; pendaratan darurat.

동체(動體) <dong/che> 『理』 zat alir; cairan.

동치(同値) <dong/chi> 『數』 ekuivalen.

동치미 <dong/chi/mi> acar lobak.

동침(- 鍼)<dong/chim> jarum besar.

동침(同寢)<dong/chim> ~하다 tidur setempat tidur; seketiduran.

동태(凍太)<dong/thae> ikan polak beku.

동태(動態)<dong/thae> mutasi penduduk. ~ 통계 statistik mutasi penduduk.

동통(疼痛)<dong/thong> rasa sakit (nyeri).

동트다<dong/theu/da> terbit fajar; fajar.

동티나다<dong/thi/na/da> ① (앙얼입다) menderita kutukan dewa bumi. ② (잘못되다) mengalami kesulitan.

동판(銅版)<dong/fan> lempeng tembaga. ~인쇄 (cetakan) plat tembaga.

동편(東便)<dong/fyeon> sisi bagian timur.

동포(同胞)<dong/fo> teman setanah air; saudara sebangsa; sekampung; sedaerah. ~애 cinta saudara sebangsa.

동풍(東風)<dong/fung> angin timur. 마이(馬耳) ~이다 menulikan telinga (terhadap nasehat).

동하다(動 -)<dong/hada> ① (움직이다) bergerak; berguncang. ② (마음이) terpengaruh; tergoda; terhasut.

동학(同學)<dong/hak> teman sekuliah.

동해(東海)<dong/hae> laut timur.

동해(凍害)<dong/hae> kerusakan akibat dingin.

동해안(東海岸)<dong/hae/an> pantai timur.

동행(同行)<dong/haeng> ~하다 pergi bersama; ikut serta; menemani. ~자 [인] teman seperjalanan.

동향(同鄉)<dong/hyang> ~인 orang dari kota yang sama.

동향(東向)<dong/hyang> menghadap ke timur. ~집 rumah yang menghadap ke timur.

동향(動向)<dong/hyang> kecenderungan. 여론의 ~ kecenderungan pendapat masyarakat. 경제계의 ~ kecenderungan ekonomi.

동혈(洞穴)<dong/hyeol> gua; cerak.

동형(同型)<dong/hyeong> jenis (pola) yang sama.

동호(同好)<dong/ho> ~자 orang-orang yang tertarik pada hal yang sama.

동화(同化)<dong/hwa> asimilasi; pemaduan; percampuran. ~하다 beraksimilasi. ~작용=동화.

동화(動畫)<dong/hwa> animasi; film animasi.

동화(童話)<dong/hwa> dongeng anak-anak. ~극 permainan anak-anak.

동활자(銅活字)<dong/hwal/ca> huruf tembaga.

동회(洞會)<dong/hoe> kantor kelurahan. ☞ 동사무소.

돛<dot> layar; kanvas. ~을 올리다 [내리다] menaikkan [menurunkan] layar. ~(단) 배 kapal layar. ~대 tiang layar.

돼지<dwae/ji> ① babi. ~를 치다 memelihara babi. ~고기 daging babi. ~우리 kandang babi. ② (사람) orang seperti babi.

되<doe> doe = 2 liter. ~를 속이다 memberi timbangan kurang.

되…<doe> kembali; mundur. ~찾다 mendapatkan kembali. ~묻다 menanyakan kembali.

되는대로<doe/neun/dae/ro> secara serampangan. ~ 지껄이다 berbicara ngalor-ngidul.

되다<doe/da> ① (질지 않다) keras. ② (벅차다) keras. ③ (심하다) keras; berat; parah. ④ (켕기다) ketat; kencang.

되다<doe/da> ukuran.

되다<doe/da> ① menjadi; tumbuh. 부자가 ~ menjadi kaya 어른이 ~ tumbuh dewasa. 버릇이 ~ menjadi kebiasaan. 빨갛게 ~ menjadi marah. ② mulai; menjadi 좋아하게 ~ mulai menyukai. ③ ter-

diri dari; berisi; terbuat dari. 활동
의 원동력이 ~ berisi pokok utama
kegiatan seseorang. ④ tumbuh.
농사가 잘 ~ mendapat panen yang
baik. ⑤ berlangsung; berjalan.
일이 잘 ~ berjalan dengan baik.
준비가 ~ siap. ⑥ terbukti;
ternyata. 거짓말이 ~ ternyata
palsu. 정말이 ~ ternyata benar.
⑦ (수량이) berjumlah. berjumlah
sampai. ⑧ bertindak sebagai;
berguna sebagai. 걸상이 ~
berguna sebagai tempat duduk. ⑨
melewati. ...한지 5 년이 ~
sekarang sudah lima tahun sejak ...
⑩ mencapai. 16세가 ~ mencapai
umur enam belas tahun. ⑪ (계절
이) datang. ⑫ (가능) dapat;
bisa; mungkin.
되도록＜doe/do/rok＞ se...mungkin.
~ 많이 sebanyak mungkin.
되돌아가다＜doe/do/ra/ga/da＞ kem-
bali. 중간에서 ~ kembali seteng-
ah jalan.
되돌아오다＜doe/do/ra/o/da＞ kem-
bali.
되롱거리다＜doe/rong/geo/ri/da＞
berayun.
되룽거리다＜doe/rung/geo/ri/da＞
mengangkat kepalanya tinggi-tinggi.
되묻다＜doe/mut/ta＞ menanya ba-
lik.
되바라지다＜doe/ba/ra/ji/da＞ ① (그
릇따위) berpikiran sempit. ② (까
지다) dewasa sebelum waktunya.
되새기다＜doe/sae/gi/da＞ (음식을)
memamah; mengunyah-ngunyah;
memamah biak, (소등이) mere-
nung.
되씌우다＜doe/sseui/u/da＞ menya-
lahkan orang lain.
되씹다＜doe/ssib/da＞ mengulangi
bicara.
되어가다＜doe/eo/ga/da＞ ① ber-
langsung; berjalan. 잘 ~ berlang-
sung dengan baik. ② (물건이) di-
selesaikan; dirampungkan.
되지못하다＜doe/ji/mot/hada＞ tidak
berharga; remeh.

되질＜doe/jil＞ pengukuran. ~하다
mengukur.
되짚어＜doe/ji/feo＞ balik; memba-
lik.
되풀이하다＜doe/fu/ri/hada＞ meng-
ulangi.
된밥＜doen/bab＞ nasi keras.
된소리＜doen/so/ri＞ suara kuat (ㄲ,
ㅆ, ㅃ, ㄸ, ㅉ dll).
된장(- 醬)＜doen/jang＞ tauco. ~
국 sop tauco; toenjang.
된장찌개＜doen/jang/ci/gae＞ *toen-
jang cige.*
됨됨이＜doem/doe/mi＞ sifat sese-
orang; karakter; kepribadian.
됫박＜doet/bak/＞ doe (mangkuk
takaran dari labu).
됫박질＜doet/bak/jil＞ ~하다 me-
nakar dengan mangkuk labu.
두(頭)＜du＞ 소 70 ~ tujuh puluh
ekor sapi.
두＜du＞ dua. ~가지 dua macam.
~배 ganda. ~번 dua kali.
두각(頭角)＜du/gak＞ menonjolkan
diri.
두개골(頭蓋骨)＜du/gae/gol＞ teng-
korak kepala.
두건(頭巾)＜du/geon＞ kerudung
berkabung.
두견(杜鵑)＜du/gyeon＞ ① ☞ 소쩍
새. ② ☞ 진달래.
두고두고＜du/go/du/go＞ selamanya;
bertahun-tahun.
두골(頭骨)＜du/gol＞ tengkorak ke-
pala.
두근거리다＜du/geun/geo/ri/da＞
berdebar-debar; berdegup-degup.
두근두근＜du/geun/du/geun＞ berde-
baran. 가슴이 ~하다 hati ber-
debar-debar.
두꺼비＜du/keo/bi＞ 『動』katak be-
tung. ~집 kotak sekering.
두껍다＜du/keob/da＞ tebal; berat.
두께＜du/ke＞ ketebalan. ~가 5
인치다 lima inci tebalnya.
두뇌(頭腦)＜du/noe＞ otak; benak.
~가 명석한 사람 orang yang ber-
otak terang.
두뇌집단(頭腦集團)＜du/noe/jib/

tan> sekelompok pemikir.
두다<du/da> ① (놓다) menaruh; menyimpan; meletakkan. ② memelihara; mempekerjakan. 첩을 ~ memelihara gundik 하녀를 ~ mempekerjakan pembantu. 가정 교사를 ~ mempekerjakan guru privat. ③ menaruh; menempatkan. 보초를 ~ menempatkan penjaga. ④ (사이를) menyisakan. ⑤ menaruh; menyimpan. 마음을 ~ menaruh hati. 염두에 ~ menaruh dalam pikiran. ⑥ mengisi. 이불에 솜을 ~ mengisi selimut dengan kapas. ⑦ (바둑.장기를) main (catur). ⑧ mendirikan; membangun. 각 대학에 도서관을 ~ mendirikan perpustakaan di setiap universitas. ⑨ (뒤에 남김) meninggalkan.
두더지<du/deo/ji> 『動』 tikus mondok.
두덜거리다<du/deol/geo/ri/da> ☞ 투덜거리다.
두둑하다<du/duk/hada> tebal; berat.
두둔하다<du/dun/hada> berpihak dengan; melindungi.
두드러지다<du/deu/reo/ji/da> ① (내밀다) menonjol; menjendol; mencuat. ② (뚜렷함) terkemuka.
두드리다<du/deu/ri/da> mengetuk; mengetok. 문을 ~ mengetuk pintu. 가볍게 ~ mengetuk lambat-lambat. 세게 ~ mengetuk keras-keras.
두들기다<du/deul/gi/da> memukul; mengetuk.
두런거리다<du/reon/geo/ri/da> saling berbisik; berbisik-bisik; kasak-kusuk.
두렁<du/reong> galengan; pematang.
두레<du/re> kincir gayung (dipakai untuk mengairi). ~질하다 mengairi dengan kincir gayung.
두레박<du/re/bak> ember sumur. ~질하다 menimba (menarik) air dengan ember. ~줄 tambang (tali) sumur.

두려움<du/ryeo/um> rasa takut; kekhawatiran; ketakutan; kecemasan. ~으로 [때문에] karena takut.
두려워하다<du/ryeo/wo/hada> takut pada. 병날까 ~ takut jatuh sakit. 몹시 ~ sangat takut (pada).
두렵다<du/ryeob/ta> takut (akan).
두령(頭領)<du/ryeong> pemimpin; atasan.
두루<du/ru> secara universil; tanpa pengecualian; keseluruhan; secara merata. 전국을 ~ 돌아다니다 berkeliling ke seluruh negeri.
두루마기<du/ru/ma/gi> jas Korea.
두루마리<du/ru/ma/ri> segulung. ~구름 kumulus gulung.
두루뭉수리<du/ru/mung/su/ri> benda yang tidak beraturan, orang yang tidak berguna.
두루미<du/ru/mi> 『鳥』 burung bangau. 재 ~ bangau berkuduk putih. 흑 ~ bangau berjambul.
두루치기<du/ru/chi/gi> memakai untuk berbagai tujuan (maksud).
두르다<du/reu/da> ① (둘러쓰기) mengelilingi; melingkupi. ② (돌리다) memutar. ③ (손아귀에) mengendalikan; menguasai. ④ (변통) berusaha untuk.
두리번거리다<du/ri/beon/geo/ri/da> melihat keliling.
두마음<du/ma/eum> perbuatan bermuka dua. ~을 품다 bermuka dua.
두말<du/mal> ~할 것 없이 tentu saja. ~ 않다 tidak berkeberatan; tidak mengeluh.
두메<du/me> desa terpencil di gunung. ~에 살다 tinggal di desa terpencil.
두목(頭目)<du/mok> kepala; atasan; pemimpin.
두문불출(杜門不出)<du/mun/bul/chul> ~하다 tetap tinggal di rumah.
두문자(頭文字)<du/mun/ca> huruf besar; huruf pertama.
두발(頭髮)<du/bal> rambut (kepala).

두벌갈이＜du/beol/ga/ri＞ pengerjaan tanah yang kedua kali. ～하다 mengerjakan tanah yang kedua kali.

두부(豆腐)＜du/bu＞ tahu. ～ 한모 sepotong tahu.

두부(頭部)＜du/bu＞ kepala. ～의 berkenaan dengan kepala.

두상(頭上)＜du/sang＞ ～에 di atas kepala.

두서(頭書)＜du/seo＞ tulisan di atas. ～의 seperti tersebut di atas.

두서(頭緒)＜du/seo＞ ～없는 tidak berurutan; tidak berketentuan.

두서너, 두서넛＜du/seo/neo, du/seo/neot＞ dua atau tiga; beberapa.

두세,두셋＜du/se,du/set＞ dua atau tiga; beberapa.

두어, 두엇＜du/eo, du/eot＞ kira-kira dua; sedikit.

두엄＜du/eom＞ pupuk kandang.

두절(杜絶)＜du/jeol＞ ～하다 berhenti; terhenti; terputus.

두텁다＜du/theob/da＞ hangat; akrab.

두통(頭痛)＜du/thong＞ sakit kepala; pening; puyeng; pusing; mumet. ～거리 hal yang memusingkan; penyebab kekhawatiran.

두툴두툴하다＜du/thul/u/thul/hada＞ tidak rata; kasar.

두툼하다＜du/thum/hada＞ agak tebal.

둑＜duk＞ tanggul; galangan; penahan air; tebing. ～을 쌓다 membangun tanggul.

둔각(鈍角)＜dun/gak＞ 『幾』 sudut tumpul.

둔감(鈍感)＜dun/gam＞ ～한 bebal; dungu.

둔갑(遁甲)＜dun/gab＞ ～하다 berubah wujud (menjadi); menjelma (jadi).

둔기(鈍器)＜dun/gi＞ senjata tumpul.

둔덕＜dun/deok＞ dataran tinggi; tanah tinggi; bukit.

둔부(臀部)＜dun/bu＞ pinggul; panggul.

둔사(遁辭)＜dun/sa＞ dalih; alasan.

둔세(遁世)＜dun/se＞ ～하다 mengasingkan diri dari dunia.

둔재(鈍才)＜dun/jae＞ kebodohan. ～의 bodoh.

둔전(屯田)＜dun/jeon＞ tanah pertanian yang diusahakan oleh tentara.

둔주(遁走)＜dun/ju＞ ～하다 lari; kabur. ～곡『樂』. ☞ 푸가.

둔질(鈍質)＜dun/jil＞ ～의 dungu.

둔탁(鈍濁)＜dun/thak＞ ～하다 serak; parau; garau. ～한 소리 suara parau.

둔필(鈍筆)＜dun/fil＞ tulisan tangan jelek.

둔하다(鈍 -)＜dun/hada＞ bodoh; lambat; lamban.

둘＜dul＞ dua. ～도 없는 unik; tidak ada duanya. ～ 다 keduaduanya. ～씩 dua-dua; sekali dua. ～씩 걸러 setiap tiga.

둘둘＜dul/dul＞ ～ 감다 melilitkan tali.

둘러대다＜dul/leo/dae/da＞ ① (끄며대다) membuat alasan; berdalih. ② (변통) memakai untuk sementara.

둘러막다＜dul/leo/mak/ta＞ memagari; mengurung.

둘러보다＜dul/leo/bo/da＞ melihat-lihat; ; meninjau.

둘러서다＜dul/leo/seo/da＞ berdiri dalam lingkaran.

둘러싸다＜dul/leo/ssa/da＞ mengelilingi; melingkupi; melingkungi; menyelubungi; melingkari. 난로를 ～ mengelilingi pemanas.

둘러쌓다＜dul/leo/ssat/tha＞ menumpuk benda-benda dalam lingkaran.

둘러쓰다＜dul/leo/sseu/da＞ ① (머리에) memakai di kepala; melilitkan di kepala. ② (몸에) memakai disekeliling badan. ③ (변통) meminjam (uang, barang).

둘러앉다＜dul/leo/an/ta＞ duduk dalam lingkaran.

둘러치다＜dul/leo/chi/da＞ ① mengelilingi. 담을 ～ mengelilingi dengan tembok. ② (내던지다) melempar dengan keras.

둘레<dul/le> keliling; selilit. ~에 di sekitar. ~3 피트 keliling tiga kaki.

둘레둘레<dul/le/dul/le> ~ 둘러보다 melihat keliling/sekitar.

둘리다<dul/li/da> dikelilingi; dilingkupi.

둘째<dul/cae> (tempat) kedua; nomor dua. ~로 di tempat kedua. ~의 kedua; sekunder.

둘하다<dul/hada> bodoh; bebal; dungu.

둥<dung> suara genderang. ☞ 둥둥.

둥<dung> 자는 ~ 마는 ~하다 setengah tertidur.

둥글대<dung/geul/tae> kayu lonjong untuk meratakan beras di takaran.

둥그렇다<dung/geu/reot/ta> bulat; bundar.

둥그스름하다<dung/geu/seu/reom/hada> agak bulat.

둥근톱<dung/geun/thob> gergaji bulat.

둥글다<dung/geul/da> bulat; bundar.

둥글둥글<dung/geul/dung/geul> ~한 bundar, mulus, tulus hati; baik hati.

둥둥<dung/dung> suara genderang.

둥실둥실<dung/sil/dung/sil> menari-nari; melonjak-lonjak.

둥우리<dung/u/ri> keranjang.

둥지<dung/ji> sarang.

뒈지다<dwe/ji/da> mampus.

뒤<dwi> ① belakang; bagian belakang; bokong. ~의 belakang. ~에[로] di[ke]belakang. ~에서 di bagian belakang; di belakang, di belakang punggung, secara rahasia. ~로 부터 dari belakang. ~로 물러나다 melangkah kebelakang. ~에 남다 tinggal di belakang. ~로 돌아 Balik kanan! ② (장래) masa depan. ③ ~에 nanti; kemudian; berikut. 사오일 ~에 setelah beberapa hari. ④ ~를 따르다 mengikuti; membayangi. ⑤ ~를 잇다 meneruskan; melanjutkan. ⑥ tahi; berak; tinja. ~가 마렵다 mau buang hajat; mau ke belakang. ⑦ dukungan. ~를 밀어 주다 memberi dukungan.

뒤껼<dwi/kyeoth> kebun belakang; pekarangan belakang.

뒤꿈치<dwi/kum/chi> tumit.

뒤끓다<dwi/keul/tha> ① (끓다) mendidih; menggelegak. ② (소란) hiruk pikuk. ③ (여럿이) berkerumun.

뒤끝<dwi/keuth> hasil akhir; penutup.

뒤넘다<dwi/neom/ta> jatuh ke belakang; terjengkang.

뒤늦다<dwi/neut/ta> terlambat; telat.

뒤대다<dwi/dae/da> memasok; menyediakan.

뒤덮다<dwi/deof/ta> meliputi; menyelubungi; mengerudungi.

뒤덮이다<dwi/deo/fi/da> tertutup; terselubung.

뒤돌아보다<dwi/dol/a/bo/da> menoleh ke belakang; membalik.

뒤떨어지다<dwi/teol/eo/ji/da> tertinggal di belakang; terbelakang. 경주에서 ~ tertinggal di belakang dalam perlombaan. 문화가 ~ terbelakang dalam peradaban.

뒤뚱거리다<dwi/tung/geo/ri/da> terhuyung-huyung; sempoyongan.

뒤뚱뒤뚱<dwi/tung/dwi/tung> dengan terhuyung-huyung; dengan sempoyongan. ~걷다 berjalan dengan sempoyongan.

뒤뜰<dwi/teul> kebun (halaman) belakang.

뒤란<dwi/ran> rumah belakang.

뒤룩거리다<dwi/ruk/geo/ri/da> mendelik (memandang dengan marah).

뒤룽거리다<dwi/rung/geo/ri/da> berayun.

뒤미처<dwi/mi/cheo> segera setelah.

뒤바꾸다<dwi/ba/ku/da> membalikan; menyunsangkan..

뒤바뀌다＜dwi/ba/kwi/da＞ terbalik; sungsang.

뒤밟다＜dwi/bab/ta＞ mengikuti jejak; membayangi.

뒤버무리다＜dwi/beo/mu/ri/da＞ mencampur; mencampuradukkan.

뒤범벅＜dwi/beom/beok＞ ～ 되다 bercampur aduk; kacau. ～을 만들다 mencampur-adukkan.

뒤보다＜dwi/bo/da＞ buang hajat; pergi ke belakang.

뒤보다＜dwi/bo/da＞ salah lihat; salah baca; salah tafsir.

뒤보아주다＜dwi/bo/a/ju/da＞ ☞ 돌보다.

뒤서다＜dwi/seo/da＞ tertinggal di belakang.

뒤섞다＜dwi/seok/ta＞ mencampur aduk; mengaduk.

뒤섞이다＜dwi/seok/ki/da＞ bercampur aduk; tercampur aduk.

뒤숭숭하다＜dwi/sung/sung/hada＞ bingung; gelisah. 마음이 ～ merasa gelisah (bingung).

뒤엉키다＜dwi/eong/khi/da＞ kusut.

뒤엎다＜dwi/eof/ta＞ menunggingkan; membalikkan; menelungkupkan.

뒤웅박＜dwi/ung/bak＞ labu.

뒤적거리다＜dwi/jeok/geo/ri/da＞ mengaduk-aduk; membolak-balik.

뒤적이다＜dwi/jeok/i/da＞ ☞ 뒤적거리다.

뒤져내다＜dwi/jeo/nae/da＞ mengobrak-abrik; mengaduk-aduk; mencari-cari.

뒤져보다＜dwi/jyeo/bo/da＞ mencari; mengaduk-aduk.

뒤주＜dwi/ju＞ peti beras.

뒤죽박죽＜dwi/juk/bak/juk＞ ～으로 kacau; kacau balau.

뒤쥐＜dwi/jwi＞ 『動』 tikus kesturi.

뒤지(- 紙)＜dwi/ji＞ kertas toilet.

뒤지다＜dwi/ji/da＞ mencari; mengaduk-aduk; membolak-balik.

뒤지다＜dwi/ji/da＞ terbelakang; tertinggal. 유행에 ～ ketinggalan mode.

뒤집다＜dwi/jib/ta＞ ① (겉을) membalikkan bagian dalam keluar, menjungkirbalikkan. ② (순서를) membalikkan (urutan). ③ (혼란시키다) membingungkan; mengacaukan.

뒤집어쓰다＜dwi/ji/beo/sseu/da＞ ① (온몸에) menuangkan air sendiri. ② (이불 따위를) menarik (selimut) ③ (죄,책임을) mengakui kesalahan orang lain.

뒤집어엎다＜dwi/ji/beo/eof/ta＞ mengacaukan; membalikkan; membingungkan.

뒤집히다＜dwi/ji/fi/da＞ kacau; bingung; terbalik.

뒤쫓다＜dwi/cot/ta＞ mengejar; memburu; melacak.

뒤채＜dwi/chae＞ rumah belakang; sayap belakang.

뒤처리(- 處理)＜dwi/cheo/ri＞ penyelesaian (suatu perkara); pemberesan. ～하다 menyelesaikan (suatu perkara); membereskan.

뒤척거리다＜dwi/cheok/geo/ri/da＞ golak-golek.

뒤축＜dwi/chuk＞ tumit. ～이 높은 [낮은] 신 sepatu bertumit tinggi [rendah].

뒤치다꺼리＜dwi/chi/da/keo/ri＞ ① penjagaan; perawatan. ～하다 menjaga; merawat. ② ☞ 뒤처리, 뒷수습.

뒤탈＜dwi/thal＞ kesulitan di belakang hari. ～이 두려워서 karena takut kesulitan dikemudian hari. ～이 없도록 untuk mencegah kesulitan di belakang hari. ～이 없도록 하다 tidak meninggalkan benih kesulitan di belakang hari.

뒤통수＜dwi/thong/su＞ daerah belakang kepala.

뒤틀다＜dwi/theul/da＞ ① (비틀다) memutir; memelintir. ② (일을) menggagalkan; merintangi; menghalangi; melencengkan (rencana).

뒤틀리다＜dwi/theul/li/da＞ ① (비틀어지다) melintir; meleding; menjadi bengkok. ② (일이) gagal; melenceng (rencana).

뒤흔들다＜dwi/heun/deul/da＞ ① (삼물을) menggoncangkan keras-keras. ② (마음을) meresahkan; menggoncangkan.

뒷간＜dwit/kan＞ jamban; kakus; kamar kecil.

뒷거래(- 去來)＜dwit/geo/rae＞ perdagangan (usaha) gelap.

뒷걸음치다＜dwit/geol/eum/chi/da＞ mundur (ketakutan).

뒷골목＜dwit/kol/mok＞ jalan belakang; jalan pintas; gang.

뒷공론(- 公論)＜dwit/gong/non＞ fitnah; kabar burung; gosip; umpat. ～하다 memfitnah; mengumpat.

뒷구멍＜dwit/ku/meong＞ pintu belakang; jalan belakang; cara tidak syah. ～으로 입학하다 masuk(perguruan tinggi)dengan cara tidak syah/lewat pintu belakang.

뒷굽＜dwit/kub＞ kuku belakang hewan.

뒷길＜dwit/gil＞ jalan belakang.

뒷날＜dwit/nal＞ hari-hari mendatang; kemudian hari.

뒷다리＜dwit/da/ri＞ kaki belakang.

뒷담당(-擔當)＜dwit/dam/dang＞ pemberesan (penyelesaian) perkara. ～하다 membereskan.

뒷덜미＜dwit/deol/mi＞ tengkuk belakang leher. ～를 잡다 memegang tengkuk.

뒷돈＜dwit/ton＞ uang suap; modal tambahan; dana taruhan.

뒷동산＜dwit/dong/san＞ bukit di belakang … .

뒷말＜dwit/mal＞ fitnah.

뒷맛＜dwit/mat＞ rasa yang tertinggal; *after taste*. ～이 좋다[나쁘다] meninggalkan rasa enak [tidak enak].

뒷모습(- 貌襲)＜dwit/mo/seub＞ ☞ 뒷모양.

뒷모양(-貌樣)＜dwit/mo/yang＞ pandangan belakang; bentuk dari belakang.

뒷문(- 門)＜dwit/mun＞ gerbang(pintu) belakang.

뒷물＜dwit/mul＞ ～하다 pribadi; mencuci aurat.

뒷바라지＜dwit/ba/ra/ji＞ perawatan; pemeliharaan; penjagaan. ～하다 merawat; menjaga.

뒷바퀴＜dwit/ba/khwi＞ roda belakang.

뒷받침＜dwit/bat/chim＞ dukungan. ～하다 mendukung.

뒷발＜dwit/bal＞ ① (발) kaki belakang. ② ～질하다 menyepak dengan tumit.

뒷보증(- 保證)＜dwit/bo/jeung＞ ～하다 memberi bukti belakang; menyokong.

뒷북치다＜dwit/buk/chi/da＞ ribut-ribut setelah sesuatu terjadi.

뒷소문(- 所聞)＜dwit/so/mun＞ gosip tentang kejadian yang sudah lewat.

뒷손가락질＜dwit/son/ka/rak/jil＞ ～받다 menjadi sasaran cemoohan masyarakat.

뒷수습(- 收拾)＜dwit/su/seub＞ penyelesaian perkara. 사건의 ～을 하다 menyelesaikan perkara.

뒷이야기＜dwit/i/ya/gi＞ lanjutan cerita.

뒷일＜dwit/nil＞ akibat suatu peristiwa.

뒷자리＜dwit/ja/ri＞ tempat duduk belakang.

뒷조사(- 調査)＜dwit/jo/sa＞ penyelidikan rahasia. ～하다 menyelidiki secara rahasia.

뒷짐＜dwit/jim＞ ～지다 bertepuk tangan di belakang punggung. ～결박 지우다 mengikat tangan seseorang di belakang punggungnya.

뒹굴다＜dwing/gul/da＞ ① (누워서) menggelinding. ② (놀다) bermain-main; mengeluyur.

듀스＜dyu/seu＞ [테니스] jus (*deuce*). ～가 되다 menjadi jus.

듀엣＜dyu/et＞ 『樂』 duet.

드나들다＜deu/na/deul/da＞ ① (출입) keluar masuk; sering mengunjungi. ② (들쭉날쭉) bertakuk.

드넓다＜deu/neob/ta＞ luas menyolok.

드높다＜deu/nof/ta＞ tinggi menyolok.

드디어 <deu/di/eo> akhirnya.

드라마 <deu/ra/ma> drama; sandiwara. 라디오 ~ sandiwara radio.

드라이 <deu/ra/i> kering. ~아이스 es kering. ~클리닝 pencucian kering.

드라이버 <deu/ra/i/beo> sopir.

드라이브 <deu/ra/i/beu> berkendaraan. ~하다 berkendaraan (ke).

드러나다 <deu/reo/na/da> ① terungkap; muncul. 표면에 ~ muncul ke permukaan. ② (발견) diketemukan; tersingkap.

드러내다 <deu/reo/nae/da> ① (나타내다) memperlihatkan; menunjukkan. ② mengungkap; membuka; menyingkapkan. 비밀을 ~ membongkar rahasia. 본성을 ~ menunjukkan sifat asli.

드러눕다 <deu/reo/nub/ta> membaringkan diri.

드럼 <deu/reom> drum; tong.

드렁드렁 <deu/reong/deu/reong> ~ 코를 골다 mendengkur dengan keras.

드레스 <deu/re/seu> gaun; baju perempuan. ~메이커 pembuat gaun/ baju perempuan.

드롭스 <deu/rob/seu> kembang gula cincin.

드르렁거리다 <deu/reu/reong/geo/ri/ da> mengorok dengan keras.

드르르 <deu/reu/reu> ① (미끄럽게) dengan licin; dengan mulus. ② (떠는 모양) gemetar. ③ (막힘없이) dengan lancar; dengan mudah.

드리다 <deu/ri/da> (주다) memberi.

드리다 <deu/ri/da> (꼬다) menjalin; mengepang.

드리다 <deu/ri/da> (방.마루 따위를) membuat/membangun(kamar).

드리다 <deu/ri/da> (가게문을) menutup (toko).

드리다 <deu/ri/da> (곡식을) menampi (padi).

드리다 <deu/ri/da> membiarkan. 알려 ~ membiarkan orang tahu.

드리블 <deu/ri/beul> 『競』 dribel.

드릴 <deu/ril> mencekam. ~을 느끼다 merasa tercekam.

드림셈 <deu/rim/sem> ☞ 분납(分 納).

드문드문 <deu/mun/deu/mun> ① sekali-kali; kadang-kadang. ~ 찾아오다 datang sekali-kali. ② berselang; berjarak. 나무를 ~ 심다 menanam pohon dengan berselang.

드물다 <deu/mul/da> jarang; langka.

드새다 <deu/sae/da> menginap (di losmen).

드세다 <deu/se/da> sangat kuat; berpengaruh.

득(得) <deuk> keuntungan; bunga; laba. ~보다 mendapat keuntungan; mendapat laba.

득남(得男) <deuk/nam> ~하다 melahirkan anak lelaki.

득녀(得女) <deuk/nyeo> ~하다 melahirkan anak perempuan.

득명(得名) <deuk/myeong> ~하다 mendapat nama; termasyhur.

득병(得病) <deuk/pyeong> ~하다 jatuh sakit

득세(得勢) <deuk/se> ~하다 mendapat pengaruh.

득승(得勝) <deuk/seung> ~하다 mendapat kemenangan.

득실(得失) <deuk/sil> manfaat dan mudarat; keuntungan dan kerugian. ~이 상반(相半)하다 Keuntungan dan kerugian hampir sama.

득의(得意) <deuk/eui> ① kebanggaan. ~ 만면하여 dengan bangga. ② kemakmuran; kejayaaan. ~의 시절에 masa jaya.

득점(得點) <deuk/ceom> nilai; angka; skor; ponten. ~하다 mendapat nilai. ~표 papan skor.

득책(得策) <deuk/chaek> kebijakan yang baik; rencana terbaik. ~이 다 bijaksana.

득표(得票) <deuk/fyo> jumlah suara yang diperoleh. ~하다 mendapat suara.

...든 ＜deun＞ ...atau; apakah ... atau. ☞ ...든지.

든든하다 ＜deun/deun/hada＞ ① (굳세다) kuat; tegar. ② (미덥다) dapat dipercaya; meyakinkan; dapat diandalkan. ③ (배가) perut kenyang.

든부자난거지(-富者-) ＜deun/bu/ja/nan/geo/ji＞ orang yang kelihatan miskin tetapi sebenarnya kaya.

...든지 ＜deun/ji＞ ...atau; apakah ... atau. 좋～ 나빠～ baik atau buruk. 너～ 나～ kamu atau saya.

듣다 ＜deut/ta＞ ① mendengar; menguping; mendengarkan. 연설을 ～ mendengarkan pidato. 잘못～ salah dengar. 무심코 ～ mendengar secara kebetulan. 강의를 ～ menghadiri kuliah. ② menerima; mendapat. 꾸지람 ～ mendapat marah; dimarahi. ③ mematuhi; menaati. 충고를 ～ mematuhi nasehat. 부모의 말을 ～ mematuhi orang tua. ④ (효험있다) mujarab; jitu, bekerja (rem).

듣다 ＜deut/ta＞ (떨어지다) menetes.

들 ＜deul＞ ① (들판) tanah lapang; (전답) ladang; (평야) dataran. ② tumbuh liar. ～장미 mawar liar; mawar hutan.

들 ＜deul＞ dan seterusnya; dan (atau) semacam nya. ☞ 따위.

...들 ＜deul＞ jamak. 여학생～ gadis-gadis yang bersekolah. 우리～ kami.

들것 ＜deul/keot＞ usungan.

들고뛰다 ＜deul/go/twi/da＞ kabur; lari.

들국화(-菊花) ＜deul/guk/hwa＞ 『植』 bunga krisan liar.

들기름 ＜deul/ki/reum＞ minyak perila.

들깨 ＜deul/kae＞ 『植』 *Perilla trutescens*.

들끓다 ＜deul/keul/tha＞ ① (떼지어) dikerumuni. ② (소란) hiruk-pikuk.

들녘 ＜deul/nyeokh＞ dataran; lapangan terbuka.

들놀이 ＜deul/no/ri＞ piknik; jalan-jalan.

들다 ＜deul/da＞ ① (날씨가) terang; reda. ② (땀이) berhenti.

들다 ＜deul/da＞ (칼날이) memotong (baik). 잘 ～ memotong dengan baik; tajam.

들다 ＜deul/da＞ (나이가) tumbuh; bertambah tua.

들다 ＜deul/da＞ ① memegang. 펜을 ～ menulis; memegang pena. ② memberi (contoh); mengemukakan (fakta); mengutip. 이유를 ～ memberi alasan. 증거를 ～ memberi bukti. ③ mengangkat. 손을 ～ mengangkat tangan. ④ (음식을) makan; minum.

들다 ＜deul/da＞ ① masuk; tinggal. 자리에 ～ masuk peraduan. 새집에 ～ tinggal di rumah baru. ② (가입.참여) masuk (klub). ③ datang 풍년 [흉년]이 ～ mendapat panen bagus [jelek]. 장마가 ～ musim hujan datang. ④ (물이) diwarnai; dicelup. ⑤ (버릇 등이) jadi (kebiasaan). ⑥ (마음에) puas (senang) dengan. ⑦ (포함) berisi; termasuk. ⑧ (소요) memerlukan; membutuhkan. ⑨ (병이) menderita (sakit). ⑩ memasuki. 도둑이 ～ pencuri memasuki (rumah). ⑪ (햇빛이) bersinar. ⑫ 정신이 ～ sadar; siuman.

들들 ＜deul/deul＞ ～ 볶다 menggongseng. ～ 뒤지다 mengaduk-aduk; mengobrak-abrik (mencari sesuatu). ～타다 menggiling (gandum).

들뜨다 ＜deul/teu/da＞ ① (틈이) mengkerut lepas. ② (살이) pucat dan bengkak. ③ (마음이) gelisah.

들락날락하다 ＜deul/lak/nal/rak/ha/da＞ keluar masuk berulang kali.

들랑거리다 ＜deul/lang/geo/ri/da＞ masuk dan keluar.

들러리 ＜deul/leo/ri＞ (실랑의) pendamping pengantin pria; (신부의) gadis pendamping pengantin; pagar ayu. ～ 서다 berdiri sebagai pendamping pengantin.

들러붙다 <deul/leo/buth/ta> menempel. 찰싹 ~ menempel kencang pada.

들려주다 <deul/lyeo/ju/da> memberitahu; menceritakan; membacakan; bernyanyi (untuk).

들르다 <deul/leu/da> mampir; menyamperi; bertandang; berkunjung; singgah (di); melawat.

들리다 <deul/li/da> ① (소리가) terdengar; dapat didengar. ② (소문이) dikatakan; sampai ke telinga.

들리다 <deul/ri/da> ① (병이) menderita; terserang. ② (귀신이) kesurupan.

들리다 <deul/li/da> ① (올려지다) di angkat. ② (들게하다) menyuruh angkat.

들먹거리다 <deul/meok/geo/ri/da> ① (움직이다) naik dan turun; menaikkan dan menurunkan. ② (마음이) menjadi gelisah.

들먹이다 <deul/meo/gi/da> ☞ 들먹거리다.

들보 <deul/po> 『建』 balok penopang.

들볶다 <deuil/bok/ta> mengganggu; mengongseng; kejam (kepada). 며느리를 ~ kejam kepada menantu perempuan.

들부수다 <deul/bu/su/da> memecahkan benda menjadi berkeping-keping; meremukkan.

들새 <deul/sae> unggas liar.

들소 <deul/so> sapi liar; banteng.

들손 <deul/son> pegangan.

들숨 <deul/sum> penghirupan.

들썩거리다 <deul/sseok/geo/ri/da> ☞ 들먹거리다.

들썩이다 <deul/sseok/i/da> ☞ 들먹거리다.

들어가다 <deu/reo/ga/da> ① masuk. 몰래 ~ menyelinap ke dalam (kamar). 앞 [뒷]문으로 ~ masuk lewat pintu depan [belakang]. ② masuk klub 학교[회사]에 ~ masuk sekolah [perusahaan]. 실업계에 ~ masuk dunia usaha. ③ me-

nerobos. 뚫고 ~ menembus; merasuk. ④ (비용이) dibelanjakan. ⑤ mencekung; menjadi cekung. 배가 고파 눈이 ~ mata jadi cekung karena kelaparan.

들어내다 <deu/reo/nae/da> ① (내놓다) membawa keluar. ② (내쫓다) mengeluarkan; mengusir.

들어맞다 <deu/reo/mat/ta> jadi kenyataan; kena; benar; pas. 꼭 ~ pas dengan sempurna. 꿈이 [예언이] ~ impian [ramalan] jadi kenyataan.

들어먹다 <deu/reo/meok/ta> ① menghambur-hambur. 도박으로 [술로] 전재산을 ~ menghambur-hamburkan harta untuk judi [minuman keras]. ② (남의 것을) mengantongi; menggelapkan

들어붓다 <deu/reo/but/ta> ① (비가) turun dengan lebat. ② (그릇에) menuangkan ke dalam. ③ (술을) minum banyak.

들어서다 <deu/reo/seo/da> ① (안쪽으로) masuk. ② (꽉 차다) penuh (dengan). ③ (자리에) menggantikan.

들어오다 <deu/reo/o/da> ① (안으로) masuk; memasuki; melangkah masuk. ② (수입이) menerima; mendapat. ③ (입사.입회) masuk; dipekerjakan.

들어주다 <deu/reo/ju/da> meluluskan; mengabulkan; mengijinkan; memperkenankan; menyetujui. 소원을 ~ mengabulkan keinginan seseorang.

들어차다 <deu/reo/cha/da> bergerombol. 꽉 ~ berjejal-jejal.

들엉기다 <deul/eong/ki/da> memadat; mengental.

들여가다 <deul/yeo/ga/da> ① (안으로) membawa masuk. ② (사다) membeli; mendapat.

들여놓다 <deul/yeo/not/tha> ① (발을) melangkah (ke dalam); menginjakkan kaki (ke). ② (물건을) membawa masuk. ③ (사들이다) memasukkan; membeli.

들여다보다 < deul/yeo/da/bo/da > ① (속을) mengintip; mengincar. ② (자세히) menatap. ③ (들르다) menengok; mengunjungi.

들여다보이다 < deul/yeo/da/bo/i/da > tembus pandang; kentara.

들여보내다 < deul/yeo/bo/nae/da > menyuruh masuk.

들은풍월(-風月) < deul/eun/fung/wol > belajar dengan mendengar.

…들이 < deu/ri > berisi. 2병 ~ 상자 kotak berisi dua botol. 2리터 ~ 병 botol dua liter.

들이다 < deu/ri/da > ① (안으로) mengijinkan masuk. ② (비용을) membelanjakan. ③ memakai; mempekerjakan. 가정교사를 ~ mempekerjakan guru panggilan untuk anak. ④ (맛을) ada selera/keinginan (untuk). ⑤ (길을) menjinakkan; melatih. ⑥ (물감을) mewarnai. ⑦ (땀을) menyejukkan diri; mengambil nafas.

들이닥치다 < deu/ri/dak/chi/da > datang buru-buru.

들이대다 < deu/ri/dae/da > ① (대들다) menentang; menyanggah. ② menodongkan 권총을 ~ menodongkan pistol. ③ mengemukakan; menunjukkan. 증거를 ~ mengemukakan/menunjukkan bukti (dihadapan orang).

들이마시다 < deu/ri/ma/si/da > menghirup; bernapas; mereguk.

들이밀다 < deu/ri/mil/da > mendorong ke dalam.

들이밀리다 < deu/ri/mil/ri/da > terdorong ke dalam.

들이받다 < deu/ri/bat/ta > menabrak; melanggar; menumbuk. 차가 담을 ~ menabrak mobil ke tembok.

들이붙다 < deu/ri/bul/da > memukul dengan keras.

들이붓다 < deu/ri/but/ta > menuang ke dalam.

들이빨다 < deu/ri/pal/da > menghisap.

들이쉬다 < deu/ri/swi//da > menghirup.

들이치다 < deu/ri/chi/da > menyapu ke dalam (kamar). 비가 ~ hujan menyapu masuk.

들이치다 < deu/ri/chi/da > menyerang.

들이켜다 < deu/ri/khyeo/da > mereguk; meneguk.

들쥐 < deul/jwi > 『動』 tikus sawah; tikus huma.

들짐승 < deul/jim/seung > binatang liar.

들쩍지근하다 < deul/ceok/ji/geun/ha-da > kemanis-manisan.

들쭉나무 < deul/cuk/na/mu > 『植』 arbei.

들쭉날쭉하다 < deul/cuk/nal/cuk/ha-da > bertakik; bertakuk.

들차다 < deul/cha/da > sehat jasmani dan rohani.

들창(- 窓) < deul/chang > jendela kecil.

들창코(- 窓 -) < deul/chang/kho > hidung mencuat ke atas.

들추다 < deul/chu/da > ① (뒤지다) mencari-cari; mengaduk-aduk. ② (폭로) membeberkan; mengungkap.

들추어내다 < deul/chu/eo/nae/da > membuka; mengungkap. melucuti.

들치기 < deul/chi/gi > penjambretan, penjambret. ~하다 menjambret. ~ 상습범 penjambret yang sudah menjadi kebiasaan.

들키다 < deul/khi/da > ketahuan; tertangkap basah.

들통(-筒) < deul/thong > ember.

들판 < deul/fan > lapangan; dataran; lapangan hijau.

듬뿍 < deum/puk > banyak; penuh.

듬뿍듬뿍 < deum/puk/deum/puk > (beberapa) banyak.

듬성듬성 < deum/seong/deum/seong > jarang (tipis).

듯이 < deu/si > seperti; bagai; seolah-olah. 자기 아들 사랑하~ 사랑하다 menyayangi seperti anak sendiri.

듯하다 < deut/hada > kelihatan/tampaknya. 비가 올 ~ Kelihatannya akan hujan.

등 <deung> belakang; punggung. 의자의 ~ punggung kursi; belakang kursi. ~을 보이다 membalikkan ekor; membalikkan punggung.

등(等) <deung> ① tingkat; peringkat. 1~ peringkat pertama. ☞ 등급. ② ☞ 따위.

등(燈) <deung> lampu; lentera; belencong.

등(藤) <deung> 『植』 rotan. ~의자 kursi rotan.

등가(等價) <deung/ka> 『化』 ekuivalensi. ~량 ekuivalen.

등각(等角) <deung/gak> 『幾』 sudut-sudut yang sama. ~3 각형 segitiga sama sisi.

등갓(燈 -) <deung/gat> tudung lampu.

등거리 <deung/geo/ri> kemeja tanpa lengan; rompi.

등거리(等距離) <deung/geo/ri> jarak sama ~ 외교 diplomasi berjarak sama.

등겨 <deong/gyeo> dedak.

등고선(等高線) <deong/go/seon> garis kontur.

등골 <deong/kol> garis tulang belakang. ~이 오싹하다 merasa dingin merayap di tulang punggung.

등과(登科) <deung/gwa> ~하다 lulus ujian pegawai negeri atas (tinggi).

등교(登校) <deung/gyo> ~하다 bersekolah.

등귀(騰貴) <deung/gwi> kenaikan; apresiasi. ~하다 naik; maju. 달러의 ~ apresiasi dollar.

등극(登極) <deung/geuk> ~하다 naik tahta.

등급(等級) <deung/geub> kelas; tingkat; pangkat; taraf; derajat; mutu; kualitas. ~을 매기다 menggolong-golongkan; memeringkat.

등기(登記) <deung/gi> pendaftaran; pencatatan. ~하다 mendaftar; mencatat. ~ 우편으로 dengan pos tercatat. 미 ~의 belum tercatat.

~료 uang pendaftaran. ~부 register. ~소 kantor pendaftaran. ~ 편지 surat tercatat. ~필 Terdaftar. 가 ~ pendaftaran sementara.

등꽃(藤 -) <deung/kot> bunga wisteri/rotan.

등나무(藤 -) <deung/na/mu> 『植』 rotan. ~덩굴 sulur rotan.

등단(登壇) <deung/dan> ~하다 naik ke mimbar.

등대(燈臺) <deung/dae> mercusuar; lampu laut. ~선 kapal suar. ~지기 penjaga mercusuar.

등덜미 <deung/deol/mi> bagian atas punggung.

등등(等等) <deung/deung> dsb; dan sebagainya; dll.

등락(騰落) <deung/nak> naik-turun; fluktuasi.

등록(登錄) <deung/nok> pendaftaran; pembukuan; pencatatan; registrasi. ~하다 mendaftar. ~금 uang kuliah. ~료[세] ongkos [pajak] pendaftaran. ~부 buku pendaftaran. ~상표 merk dagang terdaftar. ~인 pendaftar. ~필 terdaftar. 의장 ~ pendaftaran rancangan/disain. 주민 ~ pendaftaran penduduk. 금전 ~기 mesin kas.

등마루 <deung/ma/ru> ruas tulang belakang

등반(登攀) <deung/ban> pemanjatan; pendakian. ~하다 memanjat; mendaki. ~대 kelompok pendaki gunung. 히말라야 ~대 ekspedisi Himalaya.

등변(等邊) <deung/byeon> 『幾』 sisi sama. ~ 삼각형 segitiga sama sisi.

등본(謄本) <deung/bon> salinan yang telah disahkan; duplikat.

등분(等分) <deung/bun> ~하다 membagi sama. 2 ~ bagi dua.

등불(燈 -) <deung/pul> lampu.

등비(等比) <deung/bi> 『數』 perbandingan yang sama. ~ 급수 deret ukur.

등뼈 <deung/pyeo> tulang belakang.

등사(謄寫)＜deung/sa＞ penyalinan; pembuatan stensilan. ～하다 menyalin; merekam; menstensil. ～원지 kertas stensil. ～판 mimeografi.

등산(登山)＜deung/san＞ pendakian gunung; naik gunung. ～하다 mendaki gunung. ～가 pendaki gunung. ～대 rombongan pendaki gunung. ～지팡이 tongkat untuk mendaki gunung. ～화 sepatu pendakian gunung.

등세공(藤細工)＜deung/se/gong＞ kerajinan rotan. ～품 barang kerajinan rotan.

등속(等速)＜deung/sok＞ 『理』 kecepatan seragam. ～운동 gerakan seragam.

등속(等屬)＜deung/sok＞ dan sebagainya; dsb.

등수(等數)＜deung/su＞ tingkat; pangkat; peringkat; jumlah yang sama.

등식(等式)＜deung/sik＞ 『數』 persamaan.

등신(等身)＜deung/sin＞ ukuran hidup; ukuran sebenarnya. ～상 patung ukuran sebenarnya.

등신(等神)＜deung/sin＞ orang tolol; orang bodoh. ～ 같은 ketololan; seperti bodoh.

등심(燈心)＜deung/sim＞ sumbu lampu.

등압선(等壓線)＜deung/ab/seon＞ isobar; garis isobar.

등에＜deung/e＞ 『蟲』 lalat kuda; lalat ternak.

등온(等溫)＜deung/on＞ ～의 isotermal. ～선 『地』 garis isotermal.

등외(等外)＜deung/oe＞ pelari yang kalah. ～가 되다 gagal menang. ～품 barang yang apkir.

등용(登用)＜deung/yong＞ pengangkatan; penunjukan. ～하다 mengangkat; menunjuk.

등용(燈用)＜deung/yong＞ ～ 가스 gas sinar.

등용문(登龍門)＜deung/yong/mun＞ gerbang keberhasilan.

등위(等位)＜deung/wi＞ pangkat; tingkat; peringkat.

등유(燈油)＜deung/yu＞ minyak lampu; minyak tanah.

등잔(燈盞)＜deung/jan＞ tempat minyak lampu. ～불 sinar lampu.

등장(登場)＜deung/jang＞ kemunculan. ～하다 muncul/tampil (ke atas pentas). 신무기의 ～ kemunculan senjata baru. ～인물 peran. 리어왕 ～ Tampil King Lear.

등재(登載)＜deung/jae＞ ～하다 mencatat.

등정(登頂)＜deung/jeong＞ ～하다 mencapai (menaklukkan) puncak.

등정(登程)＜deung/jeong＞ keberangkatan ～하다 berangkat; melakukan perjalanan.

등줄기＜deung/cul/ki＞ garis tulang belakang.

등지다＜deung/ji/da＞ ① berbalik melawan; putus hubungan (dengan). 서로 ～ berselisih dengan. ② (등 뒤에 두다) menyandarkan punggungnya pada.

등짐＜deung/cim＞ gendongan; buntalan di punggung. ～장수 penjaja.

등차(等差)＜deung/cha＞ ～수열[급수] 『數』 deret ukur [hitung].

등청(登廳)＜deung/cheong＞ masuk kerja (dinas). ～하다 berdinas.

등촉(燈燭)＜deung/chok＞ sinar lampu dan sinar lilin.

등치다＜deung/chi/da＞ ① (치다) menepuk (orang) pada punggungnya. ② (빼앗다) memeras uang dengan ancaman.

등피(燈皮)＜deung/fi＞ semprong lampu.

등하불명(燈下不明)＜deung/ha/bul/myeong＞ Di bawah lampu selalu gelap (Orang harus pergi keluar negeri untuk mendapat berita negerinya).

등한(等閑)＜deung/han＞ ～히 하다 mengabaikan; meremehkan.

등화(燈火)＜deung/hwa＞ sinar; penerangan. ～ 가친지절 musim

yang baik untuk membaca. ~ 관제 pemutusan penerangan/listrik. ~신호 memberi tanda dengan sinar senter.

디기탈리스 <di/gi/thal/li/seu> 『藥』 daun-daun obat penguat jantung.

디데이 <di/de/i> hari H.

디디다 <di/di/da> menginjak; berjegak; menapak; memijak. 외국 땅을 ~ menginjak tanah asing.

디딤돌 <di/dim/tol> batu injakan (loncatan).

디럭스 <di/reok/seu> mewah. ~ 판(版) edisi mewah. ~ 호텔 hotel mewah.

디렉터 <di/rek/theo> direktur.

디스카운트 <di/seu/kha/un/theu> potongan harga; diskon.

디스코테크 <di/seu/kho/the/kheu> diskotik.

디스크 <di/seu/kheu> piringan hitam. ~ 자키 joki piringan hitam; DJ.

디스토마 <di/seu/tho/ma> distoma. 간(肝) ~ *Distoma hepatikum*; cacing hati.

디아스타아제 <di/a/seu/tha/a/je> 『化』 diastase.

디자이너 <di/ja/i/neo> perancang; disainer. 공업 [실내 장식] ~ perancang industri [interior].

디자인 <di/ja/in> rancangan; pola; disain; perancangan. ~하다 merancang (pakaian).

디저트 <di/jeo/theu> pencuci mulut; tambul.

디젤 <di/jel> ~기관 mesin diesel. ~ 기관차 lokomotif diesel (listrik).

디지털 <di/ji/theol> ~ 시계 [계산기] jam [kalkulator] digital.

디프테리아 <di/feu/the/ri/a> dipteria. ~ 혈청 serum anti dipteria.

디플레(이션) <di/feul/re/(i/syeon)> deflasi. ~정책 kebijakan deflasi.

딜레마 <di/le/ma> (menjadi) dilema. ~에 빠뜨리다 memaksa (orang) ke dalam dilema.

따갑다 <ta/gab/ta> panas yang tidak tertahankan; menusuk.

따귀 <ta/gwi> ~ 때리다 menampar pada pipi.

따끈따끈 <ta/keun/ta/keun> ~한 panas.

따끔하다 <ta/keum/hada> ① (쑤시다) menusuk. ② (호되다) tajam; pedas.

따다 <ta/da> ① (잡아 떼다) memetik. ② (종기를) memencet; (깡통을) membuka (tutup). ③ (발췌) memungut; mengutip; mengikuti; mencontohi. ④ mendapat; memenangkan; memperoleh. 만점을 ~ mendapat nilai penuh (lulus). 학위를 ~ memperoleh gelar. 돈을 ~ memenangkan uang (dalam judi).

따다 <ta/da> pura-pura keluar; pura-pura tidak ada.

따다 <ta/da> berbeda.

따돌리다 <ta/dol/li/da> ☞ 따다.

따뜻하다 <ta/teut/hada> (온도가) hangat; suam, (정이) hangat; ramah; baik hati.

따라가다 <ta/ra/ga/da> pergi bersama; mengiringi. ☞ 따르다.

따라붙다 <ta/ra/but/ta> menyusul; mengejar; mengintil.

따라서 <ta/ra/seo> ① sesuai dengan. 국법에 ~ sesuai dengan hukum nasional. 관습에 ~ sesuai dengan kebiasaan. 지시에 ~ sesuai dengan perintah. ② menurut; begitu. 능력에 ~ menurut kemampuan. 문명이 발달함에 ~ menurut kemajuan peradaban. ③ sepanjang; dengan. 강둑을 ~ sepanjang tepian sungai. 아버지를 ~ dengan ayahnya. ④ (그러므로) karena itu; sehingga; dengan demikian.

따라오다 <ta/ra/o/da> datang dengan; disertai; ditemani; menemani. ☞ 따르다.

따라잡다 <ta/ra/jab/ta> ☞ 따라붙다.

따라지목숨 <ta/ra/ji/mok/sum> hidup yang pahit (sial).

따로 <ta/ro> terpisah; tambahan; khusus. ~ 두다 menyisihkan. ~

10만 원의 수입이 있다 berpenghasilan tambahan 1000.000 won. ~ 살다 hidup terpisah. ~ 말할 것이 없다 tidak ada apa-apa yang khusus untuk disebutkan.
따르다＜ta/reu/da＞ ① (수행) mengikuti; menemani. ② menyertai; pergi dengan; disertai. 여러 곤란이 ~ disertai berbagai kesulitan. ③ mengikuti; mencontohi. 남의 예에 ~ mengikuti contoh orang lain. ④ patut; ikut; mematuhi; mengikuti. 충고에 ~ mengikuti nasehat (seseorang). ⑤ (겨루다) sama; sepadan untuk. ⑥ menyukai/mengasihi. 그녀를 친엄마 처럼 ~ mengasihinya seperti ibu kandung.
따르다＜ta/reu/da＞ menuangkan.
따르르＜ta/reu/reu＞ ~ 구르다 menggulung dengan cepat. ~울리 다 berdering.
따름＜ta/reum＞ hanya; semata-mata. …일[할] ~이다 hanya saja
따분하다＜ta/bun/hada＞ ① (느른함) lesu. ② (지루함.맥빠짐) membosankan.
따오기＜ta/o/gi＞ 『鳥』 burung ibis berjambul.
따옴표(- 標)＜ta/om/fyo＞ tanda kutip.
따위＜ta/wi＞ ① …dan semacamnya; semacam … 네 ~ macam kamu. ② (등등) dan sebagainya; dan lain-lain.
따지다＜ta/ji/da＞ ① (수를) menghitung; mengkalkulasi. ② (시비) membedakan; memperbedakan; menyelidiki.
딱＜tak＞ ① lebar. 입을 ~ 벌리 고 dengan mulut terbuka lebar. ② tepat; ketat; pas. ~ 맞는 옷 jas luar yang pas. ③ dengan kuat (tegar). ~ 버티다 berdiri tegar; menentang (seseorang). ④ bulat-bulat; mentah-mentah. ~ 거절하다 menolak bulat-bulat (mentah-mentah). ⑤ hanya. ~ 한 번 hanya sekali. ⑥ (소리) gemeretak.

딱다구리＜tak/da/gu/ri＞ 『鳥』 burung pelatuk.
딱딱＜tak/tak＞ bergemeretak.
딱딱거리다＜tak/tak/geo/ri/da＞ berbicara dengan keras; membentak.
딱딱하다＜tak/tak/hada＞ keras; padat; kaku; formal.
딱바라지다＜tak/ba/ra/ji/da＞ pendek gemuk.
딱부리 ＜tak/pu/ri＞ orang bermata udang.
딱새＜tak/sae＞ 『鳥』 sejenis burung (Renstart).
딱성냥＜tak/seong/nyang＞ korek api gores.
딱정벌레＜tak/jeong/beol/le＞ ① (갑 충) kumbang. ② 『蟲』 kumbang tanah.
딱지＜tak/ji＞ keropeng; cangkang. ~가 앉다 bentuk-bentuk keropeng (pada).
딱지＜tak/ji＞ ① (라벨) label; (우 표) perangko; (꼬리표) etiket. ~ 가 붙은 terkenal jelek. ② (놀이 딱지) kartu. ③ (주차 위반의) stiker.
딱지＜tak/ji＞ penolakan. ~를 놓 다 menolak. ~ 맞다 ditolak.
딱총(- 銃)＜tak/chong＞ petasan; mercon.
딱하다＜tak/hada＞ ① (가엾다) mengibakan; menyedihkan. ② (난 처) sukar; sulit.
딴＜tan＞ lain; berbeda. ~것 yang lain. ~데 tempat yang lain. ~ 방법 cara lain.
딴꽃가루받이＜tan/kot/ka/ru/ba/ji＞ 『植』 pembuahan silang.
딴딴하다＜tan/tan/hada＞ keras; padat. ☞ 단단하다.
딴마음＜tan/ma/eum＞ maksud lain; maksud tersembunyi. ~이 있다. punya motif tersembunyi. ~이 없 다 tidak punya motif tersembunyi.
딴말＜tan/mal＞ ucapan yang tidak selaras; bercabang lidah.
딴머리＜tan/meo/ri＞ rambut palsu.
딴사람＜tan/sa/ram＞ (다른 사람) orang yang berbeda; orang lain, (새

사람) orang yang sangat berubah. 그는 아주 ～이 되었다 Dia jadi orang lain sekarang.

딴살림하다＜tan/sal/lim/hada＞ hidup terpisah.

딴생각＜tan/saeng/gak＞ maksud lain.

딴소리＜tan/so/ri＞ ucapan yang tidak selaras. ☞ 딴말.

딴은＜tan/eun＞ ① sungguh-sungguh; betul-betul; memang. ～은 말이오 memang anda benar. ② bagi; menurut. 내 ～ menurut saya; bagi saya.

딴전부리다＜tan/jeon/bu/ri/da＞ membuat pernyataan yang tidak sesuai (relevan); berpura-pura tidak berdosa.

딴판＜tan/fan＞ ～이다 sangat berbeda. ～이 되다 berubah seluruhnya.

딸＜tal＞ anak perempuan.

딸가닥거리다＜tal/ga/dak/geo/ri/da＞ berderak-derik.

딸각거리다＜tal/gak/geo/ri/da＞ ☞ 딸가닥거리다.

딸기＜tal/gi＞ 『植』 murbei. ～밭 kebun murbei.

딸꾹질＜tal/kuk/jil＞ kecegukan. ～하다 cegak-ceguk.

딸랑거리다＜tal/lang/geo/ri/da＞ bunyi gemerincing.

딸리다＜tal/li/da＞ ① (부속) kepunyaan; terikat pada. ② lebih lemah dari; tidak cukup. 돈이 ～ kekurangan dana. 역량이 ～ diluar kemampuan seseorang.

땀＜tam＞ keringat; peluh. ～ 흘리는 berkeringat. 손에 ～을 쥐고 dengan berkeringat di tangan. ～ 흘리다 berkeringat. ～내다 berkeringat. ～빼다 mengalami waktu sulit. 구슬 ～ manik-manik keringat.

땀내＜tam/nae＞ bau keringat. ～가 나는 옷 pakaian berbau keringat.

땀띠＜tam/ti＞ biang keringat. ～약 obat biang keringat.

땅＜tang＞ ① tanah. ～을 파다 menggali tanah. ～에 떨어지다 jatuh ke tanah. ② wilayah; lahan; tanah. ～을 갈다 menanami tanah (lahan). 한국 ～을 밟다 menginjak tanah Korea. 이국 ～에서 죽다 mati di tanah asing. ～임자 pemilik tanah; pemilik lahan.

땅＜tang＞ bunyi letusan; bang.

땅가뢰＜tang/ga/roe＞ 『蟲』 kumbang panas.

땅강아지＜tang/gang/a/ji＞ 『蟲』 orang-orang.

땅거미＜tang/keo/mi＞ 『動』 laba-laba tanah.

땅거미＜tang/geo/mi＞ senja kala. ～질 때 waktu senja. ～가 내리다 semakin gelap.

땅꽈리＜tang/kwa/ri＞ 『植』 buah ceri tanah.

땅꾼＜tang/kun＞ penangkap ular.

땅덩이＜tang/teong/i＞ lahan; bumi; tanah; wilayah.

땅딸막하다＜tang/tal/mak/hada＞ pendek; gemuk.

땅딸보＜tang/tal/bo＞ orang pendek gemuk.

땅땅거리다＜tang/tang/geo/ri/da＞ ① (큰소리치다) bicara besar; omong besar. ② ☞ 떵떵거리다.

땅뙈기＜tang/twae/gi＞ sebidang tanah.

땅마지기＜tang/ma/ji/gi＞ beberapa are tanah.

땅바닥＜tang/ba/dak＞ tanah gundul. ～에 앉다 berjongkok di atas tanah gundul.

땅버들＜tang/beo/deul＞ 『植』 pohon salam.

땅벌＜tang/beol＞ 『蟲』 tawon penggali.

땅벌레＜tang/beol/le＞ 『蟲』 kumbang tanah.

땅사기꾼＜tang/sa/gi/kun＞ makelar tanah palsu.

땅울림＜tang/ul/lim＞ gempa bumi.

땅꽁＜tang/kong＞ kacang tanah; kacang goreng.

땅투기＜tang/thu/gi＞ spekulasi tanah.

땋다 < tat/tha > mengepang; menganyam.

때 < tae > ① waktu; jam; saat; ketika. 점심 ~ waktu makan siang. ~를 어기지 않고 tepat waktu; pada waktunya. ~ 늦은 [늦게] terlambat; telat. (매일) 이맘 ~에 saat ini. 이제 잘 ~다 Sudah waktunya bagimu untuk pergi tidur. ② peristiwa; kejadian. 위급 존망의 ~ krisis. 실패했을 ~에는 Jaga-jaga kalau saya gagal. ③ kesempatan; peluang, musim; waktu; masa. ~ 아닌 (hujan) diluar musim. ~를 못 만난 영웅 jenius yang tidak dihargai. ~를 기다리다 menunggu waktu. ~를 놓치다 kehilangan kesempatan. ④ hari itu; waktu itu; masa itu. 그 ~ pada waktu itu. 내가 런던에 있었을 ~ ketika saya di London. 학교에 다니던 ~에 pada masa sekolah. ⑤ makan. ~를 거르다 berpuasa.

때 < tae > kotoran; kecemaran; selekeh; noda. ~(가)묻다 menjadi kotor. ~빼다 [씻다] mencuci kotoran (membuang kotoran).

때가다 < tae/ga/da > ditangkap; ditahan.

때구루루 < tae/gu/ru/ru > ~ 구르다 menggulung.

때굴때굴 < tae/gul/tae/gul > ~ 굴리다 menggulung berkali-kali.

때깔 < tae/kal > bentuk dan warna.

때다 < tae/da > ditangkap; ditahan.

때다 < tae/da > membakar. 불을 ~ membuat api. 석탄 [장작]을 ~ membakar arang batu [kayu].

때때로 < tae/tae/ro > sekali-sekali; kadang-kadang; ada kalanya. ~ 방문하다 mengunjungi sekali-kali.

때때옷 < tae/tae/ot > pakaian berwarna-warni untuk anak-anak.

때리다 < tae/ri/da > memukul; menampar; menimbuk; menepuk; menepik; menghantam. 얼굴을 ~ menampar wajah.

때마침 < tae/ma/chim > tepat waktu.

때문 < tae/mun > ~에 karena; disebabkan oleh; gara-gara; akibat; oleh karena. 부주의 ~에 karena kecerobohan. 전쟁 ~에 disebabkan oleh perang. 그 ~에 karena itu.

때우다 < tae/u/da > ① (깁다) menambal; mematri. ② (넘기다) mengganti; mensubsitusi.

땔나무 < tael/na/mu > kayu bakar.

땜 < taem > ☞ 땜질.

땜납 < taem/nab > solder; patri.

땜인두 < taem/in/du > besi solder.

땜장이 < taem/jang/i > tukang solder; tukang patri.

땜질 < taem/jil > penyolderan; pematrian. ~하다 menyolder; mematri.

땡감 < taeng/gam > buah kesemak mentah dan berkerut.

땡그랑거리다 < taeng/geu/rang/geo/ri/da > berdenting.

땡땡 < taeng/taeng > ding-dong; kerincing; lening.

땡땡하다 < taeng/taeng/hada > penuh; ketat.

땡잡다 < taeng/jab/da > mendapat pukulan mujur; menang jackpot.

떠거머리 < teo/keo/meo/ri > ~ 처녀[총각] perawan [jejaka] tua berkuncir.

떠나다 < teo/na/da > ① berangkat; pergi; meninggalkan. 서울을 ~ meninggalkan Seoul. 부산으로 ~ berangkat ke Busan. 세상을 ~ mati; wafat; meninggal. ② berhenti; mengundurkan diri; meletakkan. 직을 ~ meletakkan jabatan.

떠내다 < teo/nae/da > mencakup; menyentongkan; mencedok.

떠다니다 < teo/da/ni/da > terombang-ambing; terapung-apung.

떠다밀다 < teo/da/mil/da > ① (밀다) mendorong; menembus. ② (넘기다) menggantikan tugas kepada (kepada orang lain); menimpakan (kesalahan pada orang lain).

떠돌다 < teo/dol/da > mengapung; terapung-apung; terombang-ambung; terombang-ambing.

떠돌이 <teo/do/ri> pengembara; musafir; kelana; petualang. ~별 『天』 planet.

떠들다 <teo/deul/da> ① (큰소리로) membuat kegaduhan; bergembar-gembor; geger. ② (술렁거리다) bertengkar.

떠들썩하다 <teo/deul/sseok/hada> gaduh; ribut.

떠들어대다 <teo/deul/eo/dae/da> membuat kekacauan; membuat huru-hara.

떠듬거리다 <teo/deum/geo/ri/da> ☞ 더듬거리다.

떠듬적거리다 <teo/deum/jeok/geo/ri/da> ☞ 더듬거리다.

떠름하다 <teo/reum/hada> ① (맛이) sedikit kelat. ② (내키지 않다) merasa seram.

떠맡기다 <teo/mat/gi/da> menyerahkan (masalah) kepada orang lain. 억지로 ~ memaksa.

떠맡다 <teo/math/ta> mengoper; mengambil alih. 빚을 ~ memikul hutang. 책임을 ~ mengambil alih/menerima tanggung jawab.

떠받들다 <teo/bat/teul/da> ① (쳐들다) mengangkat. ② (공경) menyungkumkan; (추대) menghormati; memuja. ③ (소중히) sangat mengasihi.

떠받치다 <teo/bat/chi/da> mendukung; menyangga.

떠버리 <teo/beo/ri> pembual; pengoceh.

떠벌리다 <teo/beol/ri/da> ① (과장) berbicara besar; omong besar. ② (크게 차리다) membuat (sesuatu) dalam ukuran besar.

떠보다 <teo/bo/da> ① (무게를) menimbang. ② (속을) merasa; menduga. ③ (인품을) mengukur (orang).

떠오르다 <teo/o/reu/da> ① (물위에) terapung; naik ke permukaan; timbul; mengambang. ② (생각이) timbul dalam pikiran. ③ (얼굴에) terbayang di mata. ④ (수사선상에) kelihatan (seperti orang yang

dicurigai).

떡 <teok> apam. 가래 ~ apam bulat panjang.

떡 <teok> ~ 버티다 berdiri tegak menantang. 입을 ~ 벌리고 dengan mulut terbuka lebar.

떡갈나무 <teok/gal/na/mu> 『植』 pohon ek.

떡국 <teok/guk> sup apam bulat.

떡밥 <teok/bab> umpan pasta.

떡방아 <teok/bang/a> penggilingan tepung beras. ~를 찧다 menumbuk beras menjadi tepung.

떡잎 <teok/nif> daun bibit; tunas. 될성부른 나무는 ~부터 알아본다 Jenius akan menunjukkan dirinya pada usia muda.

떨거덕거리다 <teol/geo/deok/geo/ri/da> berderik.

떨거럭거리다 <teol/geo/reok/geo/ri/da> ☞ 떨거덕거리다.

떨거지 <teol/geo/ji> sanak keluarga.

떨그렁거리다 <teol/geu/reong/geo/ri/da> berdenting.

떨기 <teol/gi> tandan. 한 ~ 꽃 bunga tunggal.

떨다 <teol/da> ① (붙은 것을) membersihkan; mengenyahkan debu. ② (곡식을) merontokkan. ③ (몽땅) mengosongkan. ④ (팔다 남은 것을) menjual habis. ⑤ memperlihatkan. 애교를 ~ obral senyum. 수다를 ~ menggoyangkan lidah. 엄살 ~ pura-pura kesakitan.

떨다 <teol/da> gemetar; bergidik; bergoyang; mengeletar; menggigil; gemeletuk.

떨리다 <teol/li/da> ① (떨어지다) disapu; disikat; digoyangkan. ② (쫓겨나다) dipecat.

떨리다 <teol/li/da> gemetar; bergetar.

떨어뜨리다 <teol/eo/teu/ri/da> ① menjatuhkan. 컵을 ~ menjatuhkan cangkir. ② mengurangi; menurunkan. 값 [속력]을 ~ mengurangi harga [kecepatan]. ③ menurunkan; menjatuhkan. (일이) 인기를 ～ menurunkan popularitas. 계급을 ～ menurunkan pangkat. ④ mengurangi; menurunkan. 품질을 ～ menurunkan mutu. ⑤ (함락) menduduki. ⑥ (해뜨리다) memakai sampai habis/usang. ⑦ lepas; turun. 지갑을 ～ jatuh dompet. ⑧ (불합격) ditolak; tidak lulus.

떨어지다＜teol/eo/ji/da＞ ① jatuh; terperosot; melosot; tersungkur. 쿵 ～ jatuh berdebug. 나무에서 ～ jatuh dari pohon. ② (붙은 다) jatuh; ambruk. ③ tertinggal; tersisa. 이문이 많이 ～ menghasilkan banyak keuntungan. ④ tertinggal di belakang. 경주에서 ～ tertinggal di belakang dalam perlombaan. 비행술이 서양에 ～ tertinggal dari Barat dalam teknik penerbangan. ⑤ jatuh; turun; berkurang. 값이 ～ turun harga. ⑥ berkurang; menurun. 가치가 ～ berkurang nilainya. 인기가 ～ kehilangan popularitas. ⑦ lebih rendah (buruk). 품질이 ～ lebih jelek mutunya. ⑧ (해지다) usang; kadaluarsa. ⑨ kehabisan. 용돈이 ～ kehabisan uang saku. 식량이 ～ kehabisan makanan. ⑩ (숨이) menghembuskan napas yang terakhir; mati. ⑪ menghilangkan. 감기가 ～ menghilangkan influenza. ⑫ (거리.간격) jauh (dari). ⑬ (갈라짐) terpisah. ⑭ (함락) jatuh ke tangan musuh. ⑮ gagal. 3 표 차로～ kalah hanya tiga suara. ⑯ (수중.술책에) jatuh ke dalam.

떨이＜teo/ri＞ barang-barang untuk penjualan habis.

떨치다＜teol/chi/da＞ ① (명성을) menjadi terkenal; termashyur. 이름을 ～ mendapat nama; mendapatkan kemasyhuran. ② (흔들어서) mengenyahkan; menyapu lepas.

떫다＜teob/da＞ kelat; kesat.

떳떳하다＜teot/teot/hada＞ adil; jujur.

떵떵거리다＜teong/teong/geo/ri/da＞

hidup dalam kemewahan (gemerlapan).

떼＜te＞ kumpulan; rombongan; gerombolan; kawanan. ～를 지어(서) dalam gerombolan.

떼＜te＞ tanah rumput; lempeng rumput. ～를 뜨다 memotong rumput. ～를 입히다 memasang lempeng rumput.

떼＜te＞ (무리) rakit.

떼＜te＞ tuntutan yang tidak mungkin. ～쓰다 meminta yang tidak mungkin.

떼구루루＜te/gu/ru/ru＞ ☞ 떼굴떼굴.

떼굴떼굴＜te/gul/te/gul＞ ～ 구르다 menggelinding-gelinding.

떼다＜te/da＞ ① (붙은 것을) menanggalkan. ② memisahkan; meluangkan. 행간(行間)을 ～ memberi ruang antara garis-garis. ③ (봉한것을) membuka segel. ④ mengurangi (dari); mengambil. 봉급에서 ～ mengurangi bayaran orang. ⑤ (절연(絕緣)) memutuskan hubungan dengan seseorang. ⑥ (거절) menolak. ⑦ (수표 따위를) menarik cek.

떼다＜te/da＞ tidak bayar hutang; mengemplang.

떼먹다＜te/meok/ta＞ ☞ 떼어먹다.

떼새＜te/sae＞ ① 『鳥』 burung plover. ② (새의 떼) kawanan burung.

떼어놓다＜te/eo/not/tha＞ menarik terpisah; menceraikan; memisahkan; melerai.

떼어먹다＜te/eo/meok/ta＞ menggelapkan (uang); ngemplang (hutang).

떼어버리다＜te/eo/beo/ri/da＞ ☞ 떼다.

떼치다＜te/chi/da＞(물리치다) menolak; meronta-ronta (melepaskan diri),(거절하다) menolak.

뗏목(- 木)＜tet/mok＞ rakit. ～꾼 tukang rakit.

뗏장＜tet/cang＞ tanah rumput.

뗑그렁거리다＜teng/geu/reong/geo/ri/da＞ berdenting.

또 <to>　① lagi; sekali lagi.　~ 한번 sekali lagi.　~ 하나의 yang lain.　② juga; maupun; begitupun. 나도 ~ 가지고 있다 begitupun saya.　③ dan; lebih-lebih; selain itu.

또는 <to/neun> maupun; barangkali; atau; atawa.

또다시 <to/da/si> lagi; sekali lagi. ~하다 melakukan lagi.

또랑또랑 <to/rang/to/rang>　~한 cerah; terang; jelas.

또래 <to/rae> kira-kira sama umurnya; sepantaran.

또렷하다 <to/ryeot/hada> jelas; cerah; nyaring; nyata.　☞ 뚜렷하다.

또한 <to/han> juga; selain; lebih-lebih; pada waktu yang sama.

똑 <tok> berdetak.

똑 <tok> tepat.　~같다 tepat sama; identik.　~같이 tepat seperti; sama; demikian pula.

똑딱거리다 <tok/tak/geo/ri/da> bunyi tik-tuk.

똑딱선(- 船) <tok/tak/seon> perahu motor.

똑똑 <tok/tok>　① ketukan. 문(門)을 ~ 두드리다 mengetuk pintu.　② (부러지는) derik/kertakan (jari tangan).　③ (물이) bunyi tik-tik.

똑똑하다 <tok/tok/hada>　① (영리) cemerlang; cerdik; pandai; cerdas.　② (분명) jelas; kentara; gamblang; terang.

똑똑히 <tok/tok/hi> dengan jelas; dengan terus terang.　~ 굴다 dengan bijaksana.

똑바로 <tok/ba/ro> dalam garis lurus; lurus; lempang; tegak; tepat; serenjang.

똘똘 <tol/tol>　~말다 menggulung.

똘똘하다 <tol/tol/hada> pandai; cemerlang; tajam; cerdik.

똥 <tong> tahi; tinja; cirit; najis; ampas; kotoran.　~을 푸다 mencedok tinja.　~ 푸는 사람 orang yang mencedok tinja.　~ 마렵다 merasa mau buang hajat. 얼굴에 ~ 칠하다 menjelekkan nama orang; melemparkan tahi kemuka orang.

똥값 <tong/kab> harga murah.　~으로 팔다 menjual dengan harga sangat murah.

똥거름 <tong/geo/reum> pupuk kandang; tinja.

똥구멍 <tong/ku/meong> dubur.　~이 찢어지게 가난하다 sangat miskin.

똥끝타다 <tong/keut/tha/da> merasa sangat khawatir.

똥누다 <tong/nu/da> buang hajat.

똥똥하다 <tong/tong/hada> montok; sintal.

똥싸개 <tong/ssa/gae> bayi.

똥싸다 <tong/ssa/da>　①☞ 똥누다.　② (혼나다) takut sekali.

뙤약볕 <toe/yak/byeot> sinar matahari yang membakar.　~을 쬐다 berjemur di terik matahari.

뚜껑 <tu/keong> tutup; sumbat; sungkup; kelubung; sahap; sangai; tukap.　~을 덮다 menutup; memasang tutup.　~을 열다 membuka tutup.

뚜렷하다 <tu/ryeot/hada> menyolok; nyata; menonjol; kentara.

뚜장이 <tu/jang/i> mucikari; alku.

뚝 <tuk>　① tiba-tiba.　~ 그치다 berhenti tiba-tiba.　② (떨어지는 소리) berdebuk.　③ (꺾는 소리) berderik.

뚝딱거리다 <tuk/tak/geo/ri/da>　① (소리가) bunyi tik-tak.　② (가슴이) berdenyut.

뚝뚝 <tuk/tuk>　① (물방울 소리) bunyi tik-tik; bunyi tetesan.　② (부러짐) bunyi meletik.

뚝뚝하다 <tuk/tuk/hada>　① (애교가 없다) tidak ramah; ketus.　② (굳다) kaku.

뚝배기 <tuk/bae/gi> mangkok tanah.

뚝심 <tuk/sim> daya tahan.

뚫다 <tul/tha>① mengebor; melubangi; menembus; mencoblos, ② menemukan(cara).

뚫리다 <tul/li/da> dibor; dilubangi; dicoblos; ditembus.

뚫어지다 < tu/reo/ji/da >　berlubang; bolong; menjadi bolong.

뚱뚱보 < tung/tung/bo >　orang gemuk; orang gendut.

뚱뚱하다 < tung/tung/hada >　gemuk; tambun.

뚱보 < tung/po >　① (뚱한사람) orang pendiam.　② ☞ 뚱뚱보.

뚱하다 < tung/hada >　pendiam; kalem.

뛰놀다 < twi/nol/da >　riang gembira.

뛰다 < twi/da >　☞ 튀다.

뛰다 < twi/da >　① melompat; melambung; melonjak-lonjak; melompat-lompat. 좋아서 경중경중 ~ melonjak-lonjak (menari-nari) kegirangan.　② (거르다) meloncati; melewati (pada waktu membaca).　③ berjungkat-jangkit. 널을 ~ bermain jungkat-jangkit.

뛰어가다 < twi/eo/ga/da >　kabur; minggat; pergi lari; melarikan diri.

뛰어나가다 < twi/eo/na/ga/da >　melejit; lari keluar.

뛰어나다 < twi/eo/na/da >　lebih unggul; melebihi; melampaui.

뛰어내리다 < twi/eo/nae/ri/da >　melompat turun. 달리는 차에서 ~ melompat turun dari mobil.

뛰어넘다 < twi/eo/neom/ta >　① melompati. 담장을 ~ melompati pagar.　② ☞ 뛰다.

뛰어다니다 < twi/eo/da/ni/da >　melompat-lompat; bersekedidi; berjengkek; berjingkik.

뛰어들다 < twi/eo/deul/da >　terjun; mencemplung; melompat turun ke bawah; mencebur; memukik; merunjak.

뛰어오다 < twi/eo/o/da >　lari; berlari datang.

뛰어오르다 < twi/eo/o/reu/da >　melompat ke atas; melambung; menaik; meninggi.

뜀 < twim >　lompat; jingkat.

뜀뛰기 < twim/twi/gi >　『競』 (olah raga) lompat tanpa awalan. ~ 선수 pelompat. ~운동 latihan melompat. ~판 papan lompat.

뜀틀 < twim/theul >　kuda-kuda. ~을 뛰어넘다 melompat di atas kuda-kuda.

뜨개질 < teu/gae/jil >　rajut; perajutan. ~하다 merajut. ~ 바늘 jarum rajut.

뜨겁다 < teu/geob/ta >　panas yang membakar; panas terik.

뜨끈뜨끈한 < teu/keun/teu/keun/han >　hangat; panas.

뜨끔거리다 < teu/keum/geo/ri/da >　☞ 뜨끔하다.

뜨끔하다 < teu/keum/hada >　menyengat.

뜨내기 < teu/nae/gi >　① pengembara, tenaga kerja tidak tetap. ~손님 pelanggan tidak tetap. ~장사 usaha tidak tetap/sewaktu waktu.　② (일) pekerjaan tidak tetap; pekerjaan sementara.

뜨다 < teu/da >　① (느리다) lambat; telat mikir; lamban.　② (입이) pendiam.　③ (칼날이) tumpul; majal; tidak tajam.　④ (비탈이) landai.

뜨다 < teu/da >　① (물.하늘에) mengapung; terapung.　② (해.달이) naik; membumbung; terbit.　③ (사이가) jauh.　④ (빌려준 것 따위) kembali terlambat (barang-barang yang dipinjamkan).

뜨다 < teu/da >　① (썩다) menjadi basi; menjadi berjamur.　② (얼굴이) menjadi pucat.

뜨다 < teu/da >　(뜸을) membakar luka untuk menghilangkan zat racun.

뜨다 < teu/da >　(자리를) meninggalkan(tempat duduk); pindah (dari).

뜨다 < teu/da >　(물 따위를) menyendok; menimba; mengeruk; mengaut; meraup.

뜨다 < teu/da >　(눈을) membuka (mata); membelalak; bangun.

뜨다 < teu/da >　(실로) merajut; menenun.

뜨다 < teu/da >　(본을) menyalin; meniru.

뜨뜻하다 < teu/teut/hada >　hangat; panas.

뜨물 <teu/mul> air bekas cucian beras.

뜨음하다 <teum/eum/hada> ☞ 뜸하다.

뜨이다 <teu/i/da> ① (눈이) terbuka; sadar. ② (발견) terlihat; menarik perhatian.

뜬구름 <teun/gu/reum> ~ 같은 인생 hidup yang fana.

뜬눈 <teun/nun> ~으로 새우다 bergadang sepanjang malam.

뜬소문(- 所聞) <teun/so/mun> kabar angin.

뜯기다 <teut/gi/da> ① (빼앗기다) dipaksa; diperas. ② (물리다) digigit. ③ (마소에 풀을 먹임) merumput.

뜯다 <teut/da> ① (분리.분해) memecahkan; melerai; menceraikan; mencabut. ② (악기를) memetik. ③ (얻다) minta uang; memaksa; memeras.

뜯어내다 <teu/deo/nae/da> ① (붙은 것을) melepas. ② (분해) menguraikan; membongkar mesin. ③ (금품 등을) memeras.

뜯어말리다 <teu/deo/mal/li/da> melerai.

뜯어먹다 <teu/deo/meok/ta> ① (붙은 것을) mengerogoti. ② (...를 졸라대서) memeras.

뜯어벌이다 <teu/deo/beol/li/da> ① (벌여 놓다) membongkar (mesin). ② (이야기를) menguraikan; berbicara panjang lebar.

뜯어보다 <teu/deo/bo/da> ① (살펴보다) mengamati dengan hati-hati. ② (읽다) membaca dengan mendetil. ③ (봉 한 것을) membuka.

뜰 <teul> kebun halaman; pelataran; pekarangan.

뜸 <teum> pembakaran luka. ~ 뜨다 membakar (kulit) dengan moksa.

뜸부기 <teum/bu/gi> 『鳥』 unggas air.

뜸질 <teum/jil> pembakaran moksa.

뜸하다 <teum/hada> tidak sering.

뜻 <teut> ① (의지) maksud; kehendak; hasrat; tujuan; ambisi. 큰 ~ ambisi tinggi. ~대로 sebagaimana yang diharapkan. ~을 두다 bermaksud; berambisi. ~을 이루다 mencapai tujuan/maksud; mewujudkan ambisi. ② arti; makna. ~이 통하지 않는 말 pembicaraan yang tidak berarti. ~ 있는 눈짓 tatapan yang bermakna.

뜻맞다 <teut/mat/ta> sepikiran.

뜻밖 <teut/pak> ~의 tidak terduga; tahu-tahu; mengejutkan. ~에 dengan tidak terduga. ~에 하게 되다 berkesempatan untuk (melakukan).

뜻하다 <teut/hada> berencana; bermaksud; berharap.

띄다 <teui/da> menarik perhatian.

띄어쓰다 <teui/eo/sseu/da> menulis dengan membuat spasi diantara kata-kata.

띄엄띄엄 <teui/eom/teui/eom> selang-seling; dengan jarang; secara sporadis.

띄우다 <teui/u/da> ① (물위에) mengapungkan (di air)). ② memperlihatkan. 웃음을 ~ memperlihatkan senyuman. ③ (훈김으로) meragikan. ④ (사이를) memberi ruang antara. ⑤ (편지 따위를) mengirim.

띠 <ti> ikat pinggang; sabuk; ikat. 가죽 ~ sabuk kulit. ~를 매다 mengikat sabuk. ~를 끄르다 melepaskan sabuk. 머리 ~ (memakai) ikat kepala.

띠 <ti> 『植』 semacam buluh.

띠다 <ti/da> ① mengenakan; memakai. 띠를 ~ memakai sabuk. ② (지니다) menyandang (senjata). ③ menyandang/memikul 중요한 사명(使命)을 ~ memikul tugas penting; dipercayakan untuk suatu tugas penting.

띠앗머리 <ti/at/meo/ri> kasih sayang persaudaraan.

띵하다 <ting/hada> 머리가 ~ sakit kepala yang nyeri sekali.

…ㄹ 것같다＜l/geot/gat/ta＞　①（추측） kelihatan (seperti); tampak (seperti); agaknya. ②（막…할 것 같다） hampir-hampir; terancam.

…ㄹ 망정＜r/mang/jeong＞ walaupun; meskipun demikian.

…ㄹ 바에＜l/ba/e＞ jika … sama sekali.

…ㄹ 뿐더러＜l/pun/deo/reo＞ tidak hanya … tetapi juga…

…ㄹ 수록＜l/su/rok＞ semakin … semakin … .

…ㄹ 수없다＜l/su/eob/da＞ tidak dapat; tidak mampu. ☞ 수 없다.

…ㄹ 지＜l/ji＞ apa (… atau tidak).

…ㄹ 지도모르다＜r/ji/do/mo/reu/da＞ barang kali; boleh jadi.

…ㄹ 지라도＜l/ji/ra/do＞ tetapi; walaupun; bagaimanapun; sekalipun.

…ㄹ 지어다＜l/ji/eo/da＞ tentu saja; sememangnya; memang demikian.

…ㄹ 지언정＜l/ji/eon/jeong＞ walaupun.

…ㄹ 진대＜l/jin/dae＞ seandainya.

라＜ra＞『樂』 la (6).

…라고＜ra/go＞ 들어오~ 해라 Suruh dia masuk.

라도＜ra/do＞ pun; walaupun … . 어린애 ~ walaupun seorang anak. 어느 것이 ~ yang mana saja. 어디 ~ dimanapun.

라돈＜ra/don＞『化』 radon (Rn).

라듐＜ra/dyum＞ radium (Ra). ~ 광천 [요법] penyemprotan [perlakuan] radium. ~ 방사능 radioaktivitas.

라드＜la/deu＞ ~유(油) minyak lemak hewan.

라디에이터＜ra/di/e/i/theo＞ radiator.

라디오＜ra/di/o＞ radio. ~를 틀다 [끄다] menghidupkan [mematikan] radio. ~를 듣다 mendengarkan radio. ~ 방송 siaran radio. ~

수신기 penerima (pesawat) radio. ~중계 relai; siaran langsung. ~체조 senam radio. ~ 해설자 komentator radio.

라르고＜la/reu/go＞『樂』 pelan dan lembut.

라마＜la/ma＞ pendeta lama. ~교 Lamaisme. ~교도 pengikut lama. ~ 사원 biara lama.

라면＜ra/myeon＞ mie instant.

라야(만)＜ra/ya(man)＞ hanya; sendiri. 너 ~ kamu sendiri (hanya kamu).

라오스＜la/o/seu＞ Laos. ~의 tentang Laos. ~사람 orang Laos.

라우드스피커＜la/u/deu/seu/fi/kheo＞ pengeras suara.

라운드＜ra/un/deu＞『拳』 ronde. 10 ~의 권투 시합 pertandingan tinju sepuluh ronde.

라이노타이프＜la/i/no/tha/i/feu＞ 『印』 alat pengatur huruf percetakan.

라이닝＜ra/i/ning＞『幾』 kompas.

라이든병(-瓶)＜la/i/deun/byeong＞ 『理』 botol Leyden.

라이벌＜ra/i/beol＞ lawan; saingan. ~ 의식 semangat bersaing.

라이선스＜la/i/seon/seu＞ surat ijin; lisensi.

라이스카레＜ra/i/seu/kha/re＞ kari dan nasi; nasi kari.

라이온＜la/i/on＞ singa.

라이온스클럽＜la/i/on/seu/kheul/reob＞ Lions Club.

라이카＜la/i/kha＞ (kamera) leika.

라이터＜la/i/theo＞ pemantik api. ~를 켜다 menyalakan korek. ~돌 batu korek.

라이트＜la/i/theu＞ lampu (mobil). ~를 켜다[끄다] menyalakan [mematikan] lampu.

라이트급(- 級)＜la/i/theu/keub＞ ~ 선수(選手)『拳』 kelas ringan.

라이트윙＜ra/i/theu/wing＞『蹴』 sayap kanan.

라이트필더＜ra/i/theu/fil/deo＞ 『野』 penangkap dan pelempar bola kanan.

라이트필드＜ra/i/theu/fil/deu＞ 『野』 lapangan kanan.

라이플총(-銃)＜ra/i/feul/chong＞ bedil (senapan).

라인＜la/in＞ garis. ~을 긋다 menarik garis.

라인강(- 江)＜ra/in/gang＞ sungai Rhine.

라인업＜la/in/eob＞ susunan (barisan).

라일락＜ra/il/lak＞ 『植』 sejenis bunga bungur.

라임라이트＜la/im/la/i/theu＞ lampu panggung.

라조(- 調)＜ra/jo＞ 『樂』 D (musik).

라켓＜ra/khet＞ raket.

라틴＜la/thin＞ Latin. ~어 bahasa Latin. ~ 민족 ras (bangsa) Latin.

…락말락＜rak/mal/lak＞ hampir-hampir tidak. 비행기가 보일 ~하다 pesawat itu hampir-hampir tidak kelihatan.

란제리＜ran/je/ri＞ pakaian dalam wanita.

랑데부＜rang/de/bu＞ rendevu; kencan. ~하다 berkencan (dengan).

래커＜lae/kheo＞ laka.

램프＜laem/feu＞ lampu. 석유 ~ lampu minyak.

랩＜laeb＞ lintasan. ~ 타임 waktu lintasan.

랩소디＜raeb/so/di＞ 『樂』 kidung (rapsodi).

랭킹＜raeng/khing＞ peringkat. ~ 1위를 차지하다 mendapat peringkat pertama.

러너＜reo/neo＞ pelari.

러닝＜reo/ning＞ perlombaan lari. ~ 샤쓰 baju dalam tanpa lengan; baju lari.

러닝메이트＜reo/ning/me/i/theu＞ teman sepencalonan.

러버＜reo/beo＞ karet.

러브＜leo/beu＞ cinta. ~ 레터 su-

rat cinta. ~신 adegan cinta.

러셀＜reo/sel＞ bajak salju Russel.

러시아＜reo/si/a＞ Rusia. ~의 tentang Rusia. ~말 bahasa Rusia. ~ 사람 orang rusia.

러시아워＜reo/si/a/wo＞ jam-jam sibuk.

러키＜leo/khi＞ keberuntungan. ~세븐 angka tujuh; angka keberuntungan.

럭비＜reok/bi＞ Rugby.

런던＜leon/deon＞ London. ~ 사람 [나기] orang [pribumi]London.

런치＜leon/chi＞ makan siang.

럼(주)(- (酒))＜reom/(ju)＞ rum (minuman keras).

레귤러＜re/gyul/leo＞ ① biasa tetap. ~ 멤버 anggota biasa (tetap). ② (정선수) pemain tetap.

레그혼＜le/geu/hon＞ ayam leghorn.

레닌＜le/nin＞ Lenin. ~ 주의 Leninisme.

레디메이드＜re/di/me/i/deu＞ siap pakai; jadi.

레모네이드＜le/mo/ne/i/deu＞ limun.

레몬＜le/mon＞ (jeruk) lemon. ~ 수 pohon lemon. ~즙 [주스] sari lemon.

레벨＜le/bel＞ tingkat. ~이 높다 [낮다] pada tingkat tinggi [rendah].

레스비언＜le/seu/bi/eon＞ lesbian.

레스터런트＜re/seu/theo/reon/theu＞ restauran.

레슨＜le/seun＞ pelajaran. 피아노 ~ pelajaran piano.

레슬링＜re/seul/ling＞ gulat. ~선 수 pegulat.

레용＜re/yong＞ rayon; sutera buatan.

레이＜le/i＞ kalung bunga. ~를 목에 걸다 mengalungi bunga.

레이더＜re/i/deo＞ radar. ~ 장치 sistim (instalasi) radar.

레이디＜le/i/di＞ wanita. ~퍼스트 wanita dulu.

레이스＜re/i/seu＞ perlombaan.

레이스＜le/i/seu＞ renda. ~를 달다 menghiasi dengan renda.

레이저＜le/i/jeo＞ laser. ~광선

sinar laser.

레인코트＜re/in/kho/theu＞ jas hujan.

레일＜re/il＞ rel; jalan kerata api. ~을 깔다 memasang rel.

레저＜le/jeo＞ kulit; kulit hitam.

레저＜le/jeo＞ pelesiran. ~붐 bum pelesiran. ~산업 industri pelesiran.

레지＜re/ji＞ pramusaji warung teh.

레지스탕스＜re/ji/seu/thang/seu＞ perlawanan. ~운동 gerakan perlawanan.

레지스터＜re/ji/seu/theo＞ mesin kas.

레커차(- 車)＜re/kheo/cha＞ mobil derek.

레코드＜re/kho/deu＞ ① (기록) rekor. ② rekaman gramapun; piringan hitam. ~를 틀다 memainkan gramapun. ~ 콘서트 konser rekaman.

레크리에이션＜re/kheu/ri/e/i/syeon＞ rekreasi.

레테르＜re/the/reu＞ label. ~를 붙이다 memberi label (botol); melabel.

레토르트＜re/tho/reu/theu＞ 『化』 tabung kimia.

레퍼리＜re/feo/ri＞ wasit.

레퍼터리＜re/feo/theo/ri＞ repertoire (daftar lagu-lagu, judul sandiwara, opera dsb yang akan disajikan oleh pemain musik, perbendaharaan lagu).

렌즈＜len/jeu＞ lensa. ~를 맞추다 menyetel lensa. 오목 [볼록] ~ lensa cekung [cembung].

렌치＜ren/chi＞ kunci Inggris.

렌트카＜ren/theu/kha＞ mobil sewa.

...려고＜ryeo/go＞ untuk. 책을 사 ~ untuk membeli buku.

로＜ro＞ ① karena; akibat. 부주의 ~ karena kecerobohan. ② per; dengan. 다스~ 팔다 menjual per lusin. 26을 둘~ 나누다 membagi 26 dengan 2. ③ dari. 벽돌~ 지은 집 rumah yang dibuat dari bata. ④ dengan; pada; dalam. 기차~

dengan kereta api. 도보~ dengan jalan kaki. 영어 ~ dalam bahasa Inggris. ⑤ dengan; dari. 목소리 ~ 알다 mengenal dari suara. ⑥ ke; dalam; pada; untuk; ke arah. 여수 ~ 향하다 berangkat ke Yeoso. 프랑스~ 가다 pergi ke Perancis. ⑦ sebagai; untuk. 대표~ sebagai wakil. 맏이 [천재]~ 태어나다 dilahirkan sebagai yang paling tua [jenius].

로고스＜lo/go/seu＞ 『哲』 ilmu.

로그＜lo/geu＞ 『數』 logaritma.

로드쇼＜ro/deu/syo＞ pertunjukan jalanan.

로드워크＜ro/deu/wo/kheu＞ pekerjaan jalan.

로랜＜lo/raen＞ bantuan navigasi jarak jauh (LORAN).

로마＜ro/ma＞ Roma. ~는 하루 아침에 이루어진 것이 아니다 Roma tidak dibangun dalam sehari. ~ 가톨릭교 Katolik Roma. ~ 교황청 Vatikan. ~ 숫자 angka Romawi. ~자 huruf Romawi.

로마네스크＜ro/ma/ne/seu/kheu＞ (gaya) Romawi.

로맨스＜ro/maen/seu＞ roman; kisah cinta.

로맨티시즘＜ro/maen/thi/si/jeum＞ romantisme.

로맨틱＜ro/maen/thik＞ romantisme.

로봇＜ro/bot＞ robot. ~ 조종의 dikendalikan robot. ~장관 menteri robot.

로비＜lo/bi＞ lobi; lounge.

로서＜ro/seo＞ sebagai; bagi; dalam kedudukan sebagai ... 학자~ sebagai seorang sarjana. 나~는 bagi saya.

로션＜lo/syeon＞ air pembersih; losion. 헤어 ~ pembersih (losion) rambut.

로스트＜ro/seu/theu＞ daging sapi (babi) panggang.

로열티＜ro/yeol/thi＞ royalti.

로이드안경(-眼鏡)＜ro/i/deu/an/gyeong＞ kaca mata berbingkai tanduk.

로이얼＜ro/i/eol＞　～ 복스 panggung kehormatan.　～ 젤리 royal jelly (makanan untuk ratu lebah).

로이터＜ro/i/theo＞ Reuter.　～ 통신사 kantor berita Reuter.

로컬＜lo/kheol＞ setempat (lokal).　～ 뉴스 berita setempat (lokal).

로케이션＜lo/khe/i/syeon＞ lokasi.　～ 가다 pergi (ke) lokasi.　～ 중이다 berlokasi (di).

로켓＜ro/khet＞ roket.　～포[탄, 비행기] senapan [bom, pesawat] roket. 3[다(多)] 단식 ～ roket tiga tingkat [multi tingkat].　역추진 ～ roket pendorong balik.

로큰롤＜ro/kheun/rol＞ rock'n' roll.

로터리＜ro/theo/ri＞ rotari.　～클럽 Rotary Club.

로테이션＜ro/the/i/syeon＞ rotasi; perputaran.

로프＜ro/feu＞ tali; tambang.　～웨이 jalan tali.

로힐＜ro/hil＞ sepatu bertumit tinggi.

록＜rok＞ ROK (The Republic of Korea).

론＜lon＞ pinjaman.

…론(論)＜ron＞ teori; opini/pendapat; esei. 문학 ～ esei sastra.

롤러＜rol/leo＞ roda.　～ 스케이트 sepatu roda.

롱런＜long/reon＞ jangka panjang.

뢴트겐＜roen/theu/gen＞ sinar rontgen; sinar X.　～사진 radiograf; foto sinar X.　～ 사진을 찍다 mengambil foto sinar X.

루브르＜lu/beu/reu＞ (musium) Louvre.

루블＜ru/beul＞ Rubel (mata uang Rusia).

루비＜ru/bi＞ delima.　～반지 cincin batu delima.

루안다＜ru/an/da＞ Rwanda.　～의 tentang Rwanda.　～ 공화국 Republik Rwanda.　～ 사람 orang Rwanda.

루주＜ru/ju＞ lipstik; gincu.　～를 바르다 memakai lipstik.

루트＜ru/theu＞ rute; saluran. 판매 [정상, 불법] ～ rute penjualan [resmi; tidak resmi].

루피＜ru/fi＞ rupe (mata uang India).

룩색＜ruk/saek＞ ransel.

룩스＜luk/seu＞ luks.

룰＜rul＞ peraturan.　～에 어긋나다 melanggar peraturan.

룰렛＜rul/let＞ rolet.

룸＜rum＞ kamar.　～ 서비스 pelayanan kamar.

룸바＜rum/ba＞ rumba.

룸펜＜rum/fen＞ petualang; gelandangan; pengangguran.　～ 생활 hoboisme.

류머티즘＜ryu/meo/thi/jeum＞ 『植』 rematik (encok).

르네상스＜reu/ne/sang/seu＞ Renaissance.

르포르타주＜reu/fo/reu/tha/ju＞ laporan; reportase.

리골레토＜ri/gol/le/tho＞ 『樂』 rigoleto.

리그＜li/geu＞ liga.　～전 turnamen liga.

리더＜li/deo＞ pemimpin.

리드＜li/deu＞ memimpin.　～하다 jadi pemimpin.

리듬＜ri/deum＞ irama; ritme; tempo.　～에 맞추어 sesuai dengan irama.

리라＜li/ra＞ lira (mata uang Italia).

리릭＜li/rik＞ lirik.

리바이벌＜ri/ba/i/beol＞ kebangkitan kembali.　～붐 bom kebangkitan kembali.

리버럴＜li/beu/reol＞　～한 liberal.　～리즘 liberalisme.　～리스트 liberalis.

리버티＜li/beo/thi＞ kemerdekaan; bebas.

리벳＜ri/bet＞ paku keliling; paku batu; paku sumbat.

리보핵산(-核酸)＜ri/bo/haek/san＞ asam ribonukleat (RNA).

리본＜ri/bon＞ pita.

리볼버＜ri/bol/beo＞ Revolver (pistol).

리사이틀＜ri/sa/i/theul＞ pertunjukan

~을 열다 mengadakan pertunjukan piano.
리셉션 <ri/seb/syeon> resepsi. ~을 열다 mengadakan resepsi.
리스트 <li/seu/theu> daftar. ~에 올리다 memasukkan kedalam daftar.
리시버 <ri/si/beo> penerima (radio).
리어카 <ri/eo/kha> kereta dorong.
리얼 <ri/eol> ~한 nyata; riil. ~리즘 realisme.
리치 <ri/chi> ~가 길다 memiliki jangkauan panjang.
리터 <li/theo> liter.
리턴매치 <ri/theon/mae/chi> pertandingan ulang.
리트머스 <li/theu/meo/seu> ~시험지 kertas litmus.
리포트 <ri/fo/theu> laporan.
리프트 <li/feu/theu> lift.

리허설 <ri/heo/seol> gladiresik.
린네르 <lin/ne/reu> linen.
린스 <rin/seu> bilasan. ~로 헹구다 memakai pembilas.
린치 <rin/chi> main hakim sendiri.
릴 <ril> katrol. ~낚싯대 pancing katrol.
릴레이 <ril/le/i> (perlombaan) estafet (400 meter).
립스틱 <lib/seu/thik> gincu bibir.
링 <ring> ① ring tinju. ~사이드 sisi ring. ② (반지) cincin.
링게르 <ring/ge/reu> ~주사 suntikan larutan Ringer.
링크 <ring/kheu> 『經』 mata rantai. ~제(制) sistem mata rantai. ~제로하다 menempatkan pada sistem mata rantai.
링크 <ring/kheu> ① (스케이트장) lapangan es. ② (골프장) lapangan golf.

마＜ma＞『植』ketela rambat; ubi jalar.

마(魔)＜ma＞ setan; iblis; roh jahat. ～의 걸널목 persimpangan jalan kereta api yang fatal. ～가 끼다 kemasukan (digoda) setan; kesuruppan.

마(碼)＜ma＞ yard. ～로 팔다 menjual per yard.

…마(魔)＜ma＞ kesetanan; diabolis. 살인～ pembunuh yang kesetanan.

마가린＜ma/ga/rin＞ margarin; mentega. 식물성 ～ mentega nabati.

마가복음(-福音)＜ma/ga/bok/eum＞ ＞『聖』Injil Mark.

마각(馬脚)＜ma/gak＞ ～을 드러내다 memperlihatkan sifat asli; memperlihatkan belangnya.

마감＜ma/gam＞ penutupan. ～하다 menutup. ～날 hari penutupan; deadline. ～시간 jam tutup.

마개＜ma/gae＞ sumbat; penyumbat; tutup. ～를 뽑다 membuka sumbat /tutup. ～를 하다 menyumbat; menutup. ～뽑이 pembuka botol; katorek.

마고자＜ma/go/ja＞ jas luar; mantel luar; jubah.

마구(馬具)＜ma/gu＞ perlengkapan (perabot) kuda; pakaian kuda.

마구(馬廄)＜ma/gu＞ ☞ 마구간.

마구＜ma/gu＞ dengan membabi buta; dengan bebas;dengan boros. ～지껄이다 berbicara tanpa arah ; ngalor-ngidul.비가 ～ 쏟아지다 hujan lebat sekali. 돈을 ～쓰다 memboroskan uang; menghamburkan uang

마구간(馬廄間)＜ma/gu/kan＞ kandang kuda; istal. ～에 넣다 mengandangkan (kuda).

마구리＜ma/gu/ri＞ potongan-potongan akhir/ujung.

마구잡이＜ma/gu/jab/i＞ tindakan membabi buta, penangkapan ikan (perburuan) yang tidak pandang bulu.

마굴(魔窟)＜ma/gul＞ ① (마귀의) sarang setan. ② (악한의) sarang penjahat/penyamun. ③ (창녀의) rumah bordil; rumah pelacuran.

마권(馬券)＜ma/kwon＞ tiket pari matuel; tiket pool (balapan kuda). ～을 사다 membeli tiket pool (balapan kuda).

마귀(魔鬼)＜ma/gwi＞ iblis; setan; roh jahat. ～ 할멈 tukang tenung; nenek sihir.

마그나카르타＜ma/geu/na/kha/reu/tha＞ Magna C(h)arta; Great Charter (piagam agung).

마그네사이트＜ma/geu/ne/sa/i/theu＞ 『鑛』＞ magnesit.

마그네슘＜ma/geu/ne/syum＞ 『化』 magnesium (Mg).

마그네시아＜ma/geu/ne/si/a＞ 『化』 magnesia. 황산～ magnesium sul fat.

마나님＜ma/na/nim＞ nyonya tua; perempuan tua; nyonya.

마냥＜ma/nyang＞ sepenuhnya; sebanyak yang diinginkan; sepuasnya. ～ 즐기다 menikmati sepenuh hati.

마네킹＜ma/ne/khing＞ manekin ～ 걸 gadis manekin.

마녀(魔女)＜ma/nyeo＞ tukang sihir.

마누라 ＜ma/nu/ra＞ isteri.

마늘＜ma/neul＞ 『植』bawang putih. ～ 냄새가 나는 bau bawang putih.

마닐라＜ma/nil/la＞ Manila. ～ 삼 [지] rami [kertas] Manila.

마님＜ma/nim＞ nyonya; madam.

마다＜ma/da＞ setiap; masing-masing; pada selang …; bilamana. 5분 ～ setiap lima menit; pada selang lima menit. 해 ～ setiap tahun.

마담＜ma/dam＞ madam; hostes; pelayan bar wanita. 다방 ～ manajer wanita coffee shop.

마당＜ma/dang＞ halaman; pekarangan. 뒷 ～ halaman belakang. 앞 ～ halaman depan.

마당발＜ma/dang/bal＞ kaki datar; kaki bebek.

마당질＜ma/dang/jil＞ penggilingan; penumbukan. ～하다 menggiling; menumbuk.

마대(麻袋)＜ma/dae＞ karung goni (karung dari jute).

마도로스＜ma/do/ro/seu＞ pelaut. ～ 파 이프 pipa tembakau.

마돈나＜ma/don/na＞ perawan suci.

마드무아젤＜ma/deu/mu/a/jel＞ mademoiselle.

마들가리＜ma/deul/ga/ri＞ ranting/cabang-cabang yang mati.

마들다(魔-)＜ma/deul/da＞ dikuasai oleh setan; kesurupan.

마디＜ma/di＞ ① (뼈의) persambungan; persendian; (생긴 마디) tombol; sendi; ruas. ② (말 따위의) frase; bagian (yang dikutip dari buku atau pidato).

마디다＜ma/di/da＞ tahan lama; awet.

마땅하다＜ma/tang/hada＞ ① sesuai; patut; layak; wajar; masuk akal; rasional. 마땅한 집 rumah yang layak. ② pantas; patut (menerima); harus; seyogyanya; sepantasnya. 벌을 받아 ～ patut menerima hukuman.

마뜩하다＜ma/teuk/hada＞ memuaskan; dapat disetujui; dapat diterima (aksepbel).

마라톤＜ma/ra/thon＞ lomba maraton. ～ 선수 pelari maraton.

마량(馬糧)＜ma/ryang＞ pakan ternak; pakan hijauan (rumput).

마력(馬力)＜ma/ryeok＞ daya kuda. 50 ～의 발동기 motor berdaya 50 h.p. ...의 ～이 있다 memiliki kapasitas ....

마력(魔力)＜ma/ryeok＞ kekuatan magis; magis; guna-guna.

마련(磨鍊)＜ma/ryeon＞ ～하다 menyiapkan. 돈을 ～하다 mengusahakan uang (dana).

마렵다＜ma/ryeob/ta＞ kebelet; merasakan desakan untuk buang air.

마로니에＜ma/ro/ni/e＞ 『植』 berangan kuda (sejenis pohon).

마루＜ma/ru＞ ① lantai. ～방 ruang berlantai papan. ～를 놓다 memasang lantai (rumah). ② (산. 지붕의) puncak; perabung.

마루터기,마루턱＜ma/ru/theo/gi, ma/ru/theok＞ puncak.

마르다＜ma/reu/da＞ ① (물이) mengering; kering; (시들다) meranggas. 우물이 ～ sumur mengering. ② menjadi kurus. 마른 사람 orang kurus. ③ (목이) haus.

마르다＜ma/reu/da＞ memotong (pakaian). 마르는 법 potongan; pemotongan.

마르크＜ma/reu/kheu＞ (독일 화폐) mark.

마르크스＜ma/reu/kheu/seu＞ (Karl) Mark. ～주의 Marxisme/ajaran Karl Mark.

마른걸레＜ma/reun/geol/le＞ kain pel kering.

마른기침＜ma/reun/gi/chim＞ batuk kering.

마른버짐＜ma/reu/beo/jim＞ psoriasis(sejenis penyakit kulit kronis).

마른옴＜ma/reun/om＞ gatal; kudis.

마른일＜ma/reun/il＞ menjahit dan (atau) menenun; pekerjaan rumah wanita (pekerjaan yang tidak membasahkan tangan).

마른하늘＜ma/reun/ha/neul＞ langit cerah; langit biru. ～에 날벼락 "petir disiang bolong".

마른행주＜ma/reun/haeng/ju＞ serbet; serbet meja.

마름＜ma/reum＞『植』 berangan air.

마름모꼴＜ma/reum/mo/kol＞ belah ketupat; bentuk intan.

마름쇠＜ma/reum/soe＞ caltrap (sejenis pohon).

마름질＜ma/reum/jil＞ pemotongan. ～하다 memotong (pakaian).

마리＜ma/ri＞ ekor. 강아지 다섯 ~ lima ekor anak anjing. 소 두 ~ dua ekor sapi.

마리아＜ma/ri/a＞ Bunda Maria.

마리화나＜ma/ri/hwa/na＞ mariyuana.

마마(媽媽)＜ma/ma＞ Yang Mulia; Baginda.

마마(媽媽)＜ma/ma＞ cacar. 마맛자국 bopeng; burik.

마멸(磨滅)＜ma/myeol＞ pengikisan; abrasi. ~하다 dikikis; usang.

마못＜ma/mot＞『動』 marmot.

마무르다＜ma/mu/reu/da＞ ① (일을) menyelesaikan; merampungkan; menyimpulkan. ② (가장자리를) meminggir; mengelim.

마무리＜ma/mu/ri＞ (sentuhan) akhir; kesudahan; penghabisan. ~하다 mengakhiri; menyelesaikan.

마바리＜ma/ba/ri＞ kuda beban. ~꾼 kusir kuda beban.

마법(魔法)＜ma/beob＞ ☞ 마술(魔術).

마부(馬夫)＜ma/bu＞ kusir delman; sais.

마분(馬糞)＜ma/bun＞ tahi kuda; pupuk kandang. ~지 karton; kardus; kertas tebal.

마비(麻痺)＜ma/bi＞ lumpuh; kekakuan; anastesia. ~되다 menjadi lumpuh; menjadi kaku/kebas. ~시키다 mengakukan; melumpuhkan; mengebaskan. 소아~ lumpuh masa kanak-kanak. 심장~ gagal jantung.

마사지＜ma/sa/ji＞ pijitan; pemijatan. ~하다 memijat; mengurut; memijit. ~사 ahli pijat. 전기 ~ pijatan listrik.

마사회(馬事會)＜ma/sa/hoe＞ 한국 ~ Asosiasi Perkudaan Korea.

마상이＜ma/sang/i＞ perahu kanu; jongkong.

마성(魔性)＜ma/seong＞ perihal kesetanan.

마손(磨損)＜ma/son＞ susut gesek; abrasi; pengikisan.

마수(魔手)＜ma/su＞ tangan setan; pengaruh jahat. ~를 뻗치다 berusaha mengorbankan. ~에 걸리다 jatuh menjadi korban...

마수걸다＜ma/su/geol/da＞ menjual pertama kali.

마수걸이＜ma/su/keo/ri＞ penjualan pertama pada hari itu; transaksi pertama. ~하다 menjual pertama kali; mendapat "penglaris".

마술(馬術)＜ma/sul＞ kepandaian menunggang kuda; seni menunggang kuda ~ 경기 pacuan kuda.

마술(魔術)＜ma/sul＞ magis; ilmu hitam; sihir. ~을 쓰다 mempraktekkan ilmu hitam/sulap/sihir. ~사 penyihir; tukang sulap; ahli ilmu hitam.

마스카라＜ma/seu/kha/ra＞ maskara; celak; pantis; penghitam alis.

마스코트＜ma/seu/kho/theu＞ maskot (keberuntungan).

마스크＜ma/seu/kheu＞ topeng; kedok; masker; respirator; penutup muka. ~를 쓰다 memakai topeng; memakai masker; bertopeng; berkedok. 산소 ~ masker oksigen.

마스터＜ma/seu/theo＞ penguasaan, ahli. ~하다 menguasai (bahasa Inggris).

마스터베이션＜ma/seu/theo/be/i/syeon＞ masturbasi; merancap.

마스터키＜ma/seu/theo/khi＞ kunci master.

마스터플랜＜ma/seu/theo/feul/laen＞ rencana induk; masterplan.

마스트＜ma/seu/theu＞ tiang (kapal).

마시다＜ma/si/da＞ ① minum; mereguk; menelan. 물[술]을 ~ minum air [anggur]. 차를 ~ minum teh; mereguk teh. 우유를 ~ minum susu. ② (기체를) menghirup(udara).

마약(痲藥)＜ma/yak＞ narkotik; obat perangsang. ~ 단속 pemeriksaan narkotik/ obat terlarang; uji doping. ~ 단속법 Hukum Pengendalian Narkotik. ~ 중독[밀매]자 pecandu [pengedar] obat terlarang.

마왕(魔王)＜ma/wang＞ Setan; Pangeran Kegelapan.

마요네즈＜ma/yo/ne/jeu＞ mayonis (nama saos selada dari telor, minyak dan cuka).

마운드＜ma/un/deu＞『野』＞ bidai (bisbol). ～에 서다 berdiri di bidai.

마을＜ma/eul＞ desa; kampung; dukuh. ～ 사람들 warga desa; warga kampung. ～가다 mengunjungi tetangga.

마음＜ma/eum＞ ① hati; mentalitas; kalbu; sanubari; batin. ～ 속으로 dalam hati. ～의 양식 santapan rohani. ～의 자세 sikap mental. ～이 넓은 murah hati; liberal; berpikiran luas; lapang hati. ～이 좁은 picik; berpikiran sempit. ～에 걸리다 membebani pikiran. ～을 합치다 menyatukan; bertindak selaras dengan… ～이 맞다 seperasaan; sangat cocok satu sama lain; sehati. ② hati; perasaan. 불안한 ～ perasaan khawatir/cemas. ～이 변(變)하다 berubah hati. ～을 끌다 tertarik hati; terpikat. ③ pemikiran; pertimbangan; simpati. ～이 좋다 baik hati. ～이 나쁘다 busuk hati. ④ pikiran; perhatian; minat; kepedulian. ～에 두다 mau; menghiraukan; perduli; memperhatikan. ～이 편하다 tentram hati. ⑤ keinginan; niat; kemauan. ～이 있다 gemar (melakukan); tertarik (dengan). ～ 먹어서 안되는 일 없다 Dimana ada kemauan, disana ada jalan. ⑥ suasana hati; mood. ～에 드는 집 rumah yang dimaui. ～이 내키지 않다 tidak berkeinginan (untuk melakukan); sungkan.

마음가짐＜ma/eum/ga/jim＞ sikap mental; keadaan pikiran; tekad.

마음결＜ma/eum/gyeol＞ watak; pembawaan; sifat.

마음껏＜ma/eum/keot＞ sepuas-puasnya; sepuas hati. ～ 즐기다 menikmati sepuas-puasnya.

마음놓다＜ma/eum/not/tha＞ merasa lega.

마음대로＜ma/eum/dae/ro＞ semaunya; dengan bebas; semau-maunya; sesuka hati. ～하다 melakukan semau-maunya; melakukan sesuka hati. ～ 해라 Lakukan sesuai dengan keinginan anda!; Terserah anda!

마음먹다＜ma/eum/meok/ta＞ ① menetapkan; menentukan; berketetapan; memutuskan. 굳게 ～ ditetapkan dengan tegas. ② bermaksud untuk; berencana; berharap. 하려고 ～ merencanakan (bermaksud) untuk (melakukan).

마음보＜ma/eum/bo＞ watak; sifat. ～ 고약한 berwatak buruk/jelek.

마음속＜ma/eum/sok＞ lubuk hati. ～을 떠보다 menduga-duga isi hati seseorang.

마음씨＜ma/eum/ssi＞ watak; sifat. ～ 고운 baik hati; berhati lembut.

마음에들다＜ma/eum/e/deul/da＞ puas (dengan); memuaskan.

마음졸이다＜ma/eum/jo/ri/da＞ khawatir (tentang); mencemaskan.

마이너스＜ma/i/neo/seu＞ kekurangan; minus. ～가 되다 merugi; mengalami kerugian/kehilangan.

마이동풍(馬耳東風)＜ma/i/dong/fung＞ ～이다 berpura-pura tuli; menulikan telinga (untuk).

마이신＜ma/i/sin＞ streptomisin.

마이크로＜ma/i/kheu/ro＞ mikro. … ～ 버스 minibus; mikrobus. ～ 필름 mikrofilm.

마이크(로폰)＜ma/i/kheu/(ro/fon)＞ mikrofon; corong radio. ～ 공포증 penyakit ketakutan terhadap mikropon.

마일＜ma/il＞ mil. 1시간에 4～ 가다 mencapai 4 mil dalam satu jam. 시속 60～로 달리다 memacu (dengan kecepatan) 60 mil per jam. ～수 jarak dalam mil; jumlah mil.

마작(麻雀)＜ma/jak＞ ～하다 bermain mahjong.

마장＜ma/jang＞ ri. 반 ～ setengah ri (10ri＝ 4km).

마장(馬場)＜ma/jang＞ (방목장)lahan

merumput untuk kuda, (경마장)jalur balap.

마저 <ma/jeo> keseluruhannya; bahkan; juga; selama.

마적(馬賊) <ma/jeok> bandit berkuda.

마전 <ma/jeon> pemutihan. ~하다 memutihkan.

마제(馬蹄) <ma/je> ☞ 말굽.

마조(-調) <ma/jo> 『樂』 nada E.

마조히즘 <ma/jo/hi/jeum> 『醫』 Masokisme.

마주 <ma/ju> berlawanan; berhadapan. ~ 대하다 berhadapan satu sama lain. ~ 앉다 duduk berhadapan dengan. ~ 놓다 memasang (menyusun) berlawanan satu sama lain.

마주치다 <ma/ju/chi/da> ① ☞ 부딪치다. ② (만나다) bertemu tiba-tiba; berpapasan; berjumpa; berpapakan.

마중 <ma/jung> resepsi; penyambutan. ~하다 menerima; menyambut. 역으로 ~ 나가다 pergi menjemput di stasiun.

마중물 <ma/jung/mul> air pemancing. ~을 붓다 mengisi air pemancing.

마지기 <ma/ji/gi> lahan yang cukup untuk menanam satu mal benih; satu majigi (= 500 m2).

마지막 <ma/ji/mak> akhir; kesimpulan. ~으로 akhirnya; pada akhirnya. ~까지 sampai pada akhirnya. ~ 수단 cara terakhir.

마지못하다 <ma/ji/mot/hada> terpaksa. 마지못하여 dengan enggan; dengan setengah hati.

마지않다 <ma/ji/an/tha> terima kasih tak terhingga. 감사해~ berterima kasih yang tak terhingga.

마진 <ma/jin> marjin (dari laba).

마질 <ma/jil> ~하다 mengukur dengan mal.

마차(馬車) <ma/cha> kereta; bendi; delman.

마찬가지 <ma/chan/ga/ji> ~의 sama; mirip. ~로 demikian pula;

sama-sama; sama halnya.

마찰(摩擦) <ma/chal> (문지름.비빔) penggosokan; penggesekan, (알력) perpecahan; perselisihan. ~하다 menggosokkan(pada); menggesek.

마천루(摩天樓) <ma/cheon/ru> pencakar langit.

마추다 <ma/chu/da> memesan (pakaian); menempah. 양복을 ~ menempah pakaian.

마춤 <ma/chum> ~옷 pakaian tempahan.

마취(痲醉) <ma/chwi> pembiusan; narkotisme. ~하다 membius (dengan narkose). ~약 [제] anestetik; narkotik; obat lali. ~ 전문의(醫) dokter ahli anastetik. 국부 [전신] ~ pembiusan lokal [umum].

마치 <ma/chi> ① palu kecil. ~질 penempaan; pemartilan. ② ☞ 망치.

마치 <ma/chi> seolah-olah; tampak seperti; seakan-akan. ~ 미친 사람 같다 tampak seperti orang gila.

마치다 <ma/chi/da> menyelesaikan; menamatkan. 학업을 ~ menamatkan sekolah.

마침 <ma/chim> tepat pada waktunya; untunglah. ~ 그때 sesaat kemudian; tepat pada saat itu.

마침내 <ma/chim/nae> pada akhirnya; akhirnya.

마침표(-標) <ma/chim/fyo> titik; titik akhir.

마카로니 <ma/kha/ro/ni> makaroni.

마케팅 <ma/khe/ting> pemasaran. ~ 리서치 riset pemasaran.

마켓 <ma/khet> pasar. ~ 셰어 pangsa pasar.

마크 <ma/kheu> tanda; cap; label.

마키아벨리즘 <ma/khi/a/bel/ri/jeum> Machiavellisme; ajaran Machiavelli.

마태복음(-福音) <ma/thae/bok/eum> >『聖』> Injil Matthew.

마티네 <ma/thi/ne> matine.

마파람 <ma/fa/ram> angin selatan; angin haluan.

마포(麻布) <ma/fo> kain rami; ma-

jong.
마하<ma/ha>『理』 kecepatan suara (mach). ~ 3으로 날다 terbang dengan kecepatan 3 mach.
마호가니<ma/ho/ga/ni> mahogani; mahoni.
마호메트교<ma/ho/me/theu/gyo> ☞ 회교.
마흔<ma/heun> empat puluh.
막(幕)<mak> ① tirai; layar. ~을 올리다 mengangkat layar; memulai pertunjukkan. ~이 오르다 [내리다] layar naik [turun]. ② adegan. 제2 ~ 제3 장 act 2, scene 3. ③ (작은 집) pondok. ④ akhir. 전쟁의 ~을 내리다 mengakhiri perang.
막(膜)<mak>『解』 selaput; membran. ~ 같은 (모양의) berbentuk membran.
막<mak> baru saja; barusan. ~ ...하려 하다 baru saja akan ....
막<mak> ☞ 마구.
막간(幕間)<mak/gan> intermisi; selingan. ~극 interlude [jeda].
막강(莫強)<mak/gang> ~한 berkuasa; sangat besar; sangat kuat.
막걸리<mak/geol/li> makgeolri (sejenis minuman keras Korea).
막내<mak/nae> anak bungsu. ~아들 putra bungsu.
막노동(-勞動)<mak/no/dong> ☞ 막일.
막다<mak/ta> ① menyumbat; menutup. 쥐구멍을 ~ menyumbat lubang tikus. ② memblokir; menghambat; menghalangi. 길을 ~ memblokir jalan; menghalangi.. 바람을 ~ menghalangi angin. ③ (방어) membela; melindungi; menghentikan; mencegah; melarang. 적을 ~ merintangi musuh. 전염을 ~ mencegah infeksi. ④ menyekat; memisahkan. 칸을 ~ menyekat ruangan.
막다르다<mak/da/reu/da> sampai pada ujung jalan; sampai pada jalan buntu.
막대(莫大)<mak/dae> ~한 besar; sangat besar. ~한 비용 pengeluaran yang sangat besar.
막대기<mak/tae/gi> tongkat; galah.
막동이<mak/dong/i> putra bungsu.
막되다<mak/doe/da> kasar; tidak sopan/lancang.
막론(莫論)<mak/non> ...을 ~하고 tidak pandang ... 남여 노소를 막론하고 가야 한다 harus pergi tidak pandang bulu.
막료(幕僚)<mak/nyo> staf; perwira staff.
막막하다(寞寞-)<mak/mak/hada> sunyi sepi; suram.
막막하다(漠漠-)<mak/mak/hada> sangat luas; tidak terbatas.
막말<mak/mal> omongan kasar. ~하다 berbicara kasar (serampangan).
막무가내(幕無可奈)<mak/mu/ga/nae> ~로 dengan keras kepala; dengan kukuh.
막바지<mak/ba/ji> puncak (gunung); penghabisan sekali; klimaks; saat terakhir.
막벌이<mak/beo/ri> ~하다 bekerja sebagai buruh harian ~꾼 buruh harian.
막사(幕舍)<mak/sa> barak; asrama sementara.
막살이<mak/sa/ri> hidup pas-pasan.
막상<mak/sang> sesungguhnya; memang; sebenarnya. ~ 일이 닥치면 bila sungguh berhadapan.
막상막하(莫上莫下)<mak/sang/ma/ka> ~의 setanding; sepadan; seimbang. ~의 경기 permainan yang seimbang.
막심하다(莫甚-)<mak/sim/hada> sangat; bukan main. 후회가 ~하다 sangat menyesal.
막역(莫逆)<mak/yeok> ~한 intim; akrab. ~한 친구 teman akrab.
막연하다(漠然-)<mak/yeon/hada> samar-samar; tidak jelas; kabur. 막연히 말하다 berbicara secara

samar-samar.

막일<mak/il> pekerjaan kasar (berat). ~하다 bekerja kasar. ~꾼 buruh kasar.

막자<mak/ja> penumbuk obat. ~사발 lumpang.

막중(莫重)<mak/jung> ~하다 sangat penting; sangat berharga.

막차(-車)<mak/cha> kendaraan terakhir (kereta api, bus).

막판<mak/fan> putaran akhir; adegan akhir; saat terakhir [saat kritis].

막후(幕後)<ma/ku> ~ 인물 orang di belakang layar.

막히다<ma/khi/da> tersumbat; terhenti; terhalang. 말이 ~ terdiam. 길이 ~ jalan itu diblokir. 하수도가 ~ saluran air tersumbat.

만(卍)<man> lambang Budha; Swastika.

만(滿)<man> penuh; keseluruhan. ~ 5일간 selama lima hari penuh.

만(灣)<man> teluk.

만(萬)<man> sepuluh ribu; miriad. 수십 ~ ratusan ribu; beratus-ratus ribu.

만<man> setelah. 닷새 ~에 pada hari kelima; setelah hari kelima.

만<man> ① hanya saja; semata-mata; cuma. 한 번~ hanya satu. 한 번~ 더 cuma satu kali lagi. 이번 ~은 untuk sekali ini. 밥~ 먹다 hanya makan nasi. ② sama … dengan. 내 키가 너 ~ 하다 saya sama tinggi dengan kamu. ③ begitu remeh; sedemikian kecil. 그 ~ 일로 성낼 것은 없네 jangan sakit hati dengan perkara remeh itu.

만가(輓歌)<man/ga> elegi; nyanyian sedih; lagu pada waktu pemakaman.

만감(萬感)<man/gam> luapan emosi.

만강(滿腔)<man/gang> ~의 dengan sungguh-sungguh; setulus hati.

만경(萬頃)<man/gyeong> ~ 창파 keluasan air yang tak terhingga.

만고(萬古))<man/go> ~ 불변의 abadi; kekal. ~ 불후의 kekal; abadi. ~ 풍상(을 다 겪다) (mengalami) segala macam kesengsaraan. ~의 영웅 pahlawan segala jaman.

만곡(灣曲)<man/gok> ~하다 melengkung; membengkok.

만국(萬國)<man/guk> mancanegara. ~ 박람회 pameran internasional. ~기(旗) bendera negara-negara.

만금(萬金)<man/geum> jumlah uang yang sangat besar.

만기(滿期)<man/gi> ~가 되다 jatuh tempo; mature [masak]; habis masa berlakunya. ~일 tanggal kadaluarsa; hari jatuh tempo.

만끽(滿喫)<man/kik> ~하다 menikmati sepenuhnya; memiliki cukup .

만나다<man/na/da> ① bertemu; berjumpa. 우연히 ~ berjumpa secara kebetulan. ② mengalami; kena. 화를 ~ mengalami bencana. 소나기를 ~ terperangkap hujan.

만난(萬難)<man/nan> ~을 무릅쓰고 tidak boleh tidak (biar berapa mahalpun); apapun resikonya.

만년(晩年)<man/nyeon> ~에 dalam tahun-tahun terakhir; masa tua.

만년(萬年)<man/nyeon> keabadian; sepuluh ribu tahun. ~설(雪) salju abadi. ~필 pulpen.

만능(萬能)<man/neung> ~의 berkuasa besar. ~ 선수 pemain serba bisa. ~ 후보 kandidat yang selalu gagal.

만단(萬端)<man/dan> ~의 준비가 되었다 segala sesuatunya tersedia.

만담(漫談)<man/dam> dialog komik. ~하다 bercakap-cakap (seperti dalam komik). ~가(家) komedian; (pasangan) pedialog komik.

만당(滿堂)<man/dang> ☞ 만장.

만대(萬代)<man/dae> segala zaman. ~에 untuk segala zaman;

untuk selama-lamanya.

만돌린 <man/dol/lin> 『樂』mandolin.

만동(晩冬) <man/dong> musim dingin lanjut.

만두(饅頭) <man/du> gorengan tepung yang diisi dengan daging cincang.

만득(晩得) <man/deuk> ~하다 melahirkan anak dalam usia lanjut.

만들다 <man/deul/da> ① membuat; menyiapkan (makanan); membikin. 나무로 책상을 ~ membuat meja belajar dari kayu. 쌀로 술을 ~ membuat anggur dari beras. ② menyusun. 서류[계약서]를 ~ menyusun dokumen [surat kontrak]. ③ membuat; membangun. 길을 ~ membangun jalan. 공원을 ~ membangun pabrik. ④ mendirikan; membentuk. 회사를 ~ mendirikan perusahaan. 클럽을 ~ mendirikan klub. ⑤ membuat; mengarang. 만들어 낸 이야기 cerita yang dibuat-buat (dikarang-karang). ⑥ (창조) menciptakan. ⑦ membuat; mengumpulkan. 재산을 ~ mengumpulkan kekayaan. 기금을 ~ menggali dana; mengumpulkan dana.

만듦새 <man/deum/sae> potongan; gaya; keterampilan.

만료(滿了) <mal/yo> ~하다 habis waktunya; purna. 임기 ~ habis masa jabatan.

만루(滿壘) <mal/lu> 『野』 fullbase (dalam bisbol). ~ 홈런 grandslam.

만류(挽留) <mal/yu> ~하다 menahan; menegah. 소매를 잡고 ~하다 menahan pada lengan baju. 싸우지 말라고 ~를 하다 melerai dari bertengkar.

만류(灣流) <mal/yu> Arus Teluk.

만리(萬里) <mal/li> ~장성 tembok besar Cina.

만만(滿滿) <man/man> ~하다 penuh (dengan). 패기[자신] ~하다 penuh ambisi [kepercayaan diri].

만만하다 <man/man/hada> (다루기

가) mudah; gampang.

만면(滿面) <man/myeon> muka keseluruhannya; seantero wajah. ~에 미소를 띠우고 tersenyum seantero wajah. 회색이 ~하여 dengan muka berseri-seri.

만무(萬無) <man/mu> ~하다 tidak dapat; tidak mungkin; jangan ditanya lagi. 그럴 리가 ~하다 Hal itu tidak mungkin.

만문(漫文) <man/mun> ☞ 만필.

만물(萬物) <man/mul> segala benda; segala hal; semua mahluk. ~박사(博士) orang yang berpengetahuan luas; kamus berjalan. ~상(商) warung serba ada.

만민(萬民) <man/min> seluruh rakyat. ~법(法) jus gentium.

만반(萬般) <man/ban> ~의 semua; setiap. ~의 준비를 갖추다 menyiapkan sepenuhnya.

만발(滿發) <man/bal> ~하다 mekar sepenuhnya; menjadi mekar.

만방(萬方) <man/bang> segala arah.

만방(萬邦) <man/bang> negara-negara di dunia.

만백성(萬百姓) <man/baek/seong> seluruh rakyat.

만병(萬病) <man/byeong> segala jenis penyakit. ~ 통치약 obat untuk segala jenis penyakit; panacea.

만보(漫步) <man/bo> berjalan-jalan; berkeluyuran.

만복(萬福) <man/bok> segala macam untung baik; keberuntungan yang sangat besar.

만복(滿腹) <man/bok> kenyang.

만부당(萬不當) <man/bu/dang> ~하다 tidak adil sama sekali; tidak benar; tidak masuk akal; tidak layak.

만분지일(萬分之-) <man/bun/ji/il> satu dalam sepuluh ribu; sepersepuluh ribu.

만사(萬事) <man/sa> segala sesuatu; segalanya ; semuanya. . ~ 태평하다 masa bodoh. ~가 여의하다 Segala sesuatunya berjalan lan-

car.
만사형통(萬事亨通)＜man/sa/hyeong/thong＞ ～하다 segala sesuatunya berjalan lancar; semuanya memberikan harapan; segala sesuatunya memberikan harapan..
만삭(滿朔)＜man/sak＞ (bulan) parturiensi; ～하다 datang saat melahirkan; saat melahirkan tiba. ～ 의 부인 ibu yang telah datang saat melahirkan.
만산(滿山)＜man/san＞ seantero pegunungan.
만상(萬象)＜man/sang＞ segala sesuatunya di alam semesta.
만생종(晩生種)＜man/saeng/jong＞ keragaman masak lanjut.
만석꾼(萬石-)＜man/seok/kun＞ tuan tanah kaya; jutawan.
만성(晩成)＜man/seong＞ ～하다 terlambat jadi; lambat berkembang. 대기 ～ Seorang jenius lambat berkembang.
만성(慢性)＜man/seong＞『醫』 kronisitas ;keparahan. ～의(적) kronis. ～병[환자] penyakit kronis [invalid]. ～ 위장병 inveterata dispepsia. ～ 인플레 inflasi kronis.
만세(萬世)＜man/se＞ sepanjang masa; semua generasi; (영겁) abadi.
만세(萬歲)＜man/se＞ ① ☞ 만세(萬世). ～력(曆) almanak abadi. ② sorak; Hidup!. ～를 삼창하다 memberikan tiga kali sorak.
만속(蠻俗)＜man/sok＞ kebiasaan atau tradisi barbar.
만수(萬壽)＜man/su＞ longevitas. ～ 무강(無康) sehat dan berumur panjang. ～ 무강하다 menikmati usia panjang.
만시(晩時)＜man/si＞ ～ 지탄(歎) penyesalan yang terlambat.
만신(滿身)＜man/sin＞ sekujur tubuh. ～창이다 luka sekujur tubuh.
만심(慢心)＜man/sim＞ kebanggaan diri. ～하다 bangga; sombong.
만안(萬安)＜man/an＞ perdamaian; kesejahteraan; kesehatan.
만약(萬若)＜man/yak＞ jika; apabila; bila; kecuali. ～ 그것이 사실이라면 bila hal itu benar.
만연(漫然)＜man/yeon＞ ～한 acak; tidak tentu; serampangan. ～히 dengan serampangan; dengan acak.
만연(蔓延)＜man/yeon＞ ～하다 tersebar; terdapat; lazim terdapat.
만용(蠻勇)＜man/yong＞ keberanian yang membabi buta; kenekatan. ～을 부리다 memperlihatkan kenekatan.
만우절(萬愚節)＜man/u/jeol＞ Hari Bohong 1 April.
만원(滿員)＜man/won＞ penuh. ～이다 penuh sesak (dengan). ～ 버스 bus yang penuh sesak.
만월(滿月)＜man/wol＞ bulan purnama.
만유(萬有)＜man/yu＞ alam semesta. ～ 인력 gravitasi universal. ～ 인력의 법칙 hukum gravitasi.
만인(萬人)＜man/in＞ setiap orang; semua orang.
만인(蠻人)＜man/in＞ biadab; barbarian.
만일(萬一)＜man/il＞ apabila; jika; dalam keadaan … kalau; asalkan; jika kiranya. ～의 경우에는 bila terjadi sesuatu; dalam keadaan darurat. ～의 경우의 대책 tindakan darurat.
만자(卍字)＜man/ja＞ swastika; salib berkait; gammadia. ～창(窓) bingkai jendela berbentuk swastika.
만장(萬丈)＜man/jang＞ ～의 기염을 토하다 omong besar; membual.
만장(輓章)＜man/jang＞ nyanyian pada waktu pemakaman; elegi.
만장(滿場)＜man/jang＞ hadirin keseluruhannya; keseluruhan anggota dewan. ～일치로 dengan suara; bulat. ～의 갈채를 받다 mendapat tepukan dari hadiran keseluruhannya.
만재(滿載)＜man/jae＞ ～하다 dimuati penuh; bermuatan penuh; diisi;dipadati; dibebani. ～ 흘수선(吃水線) garis plimsol; garis beban (air).

만적거리다＜man/jeok/geo/ri/da＞ ☞ 만지작거리다.

만전(萬全)＜man/jeon＞ ~의 semua aman ~을 기하다 mengamankan sepenuhnya.

만점(滿點)＜man/ceom＞ nilai/angka sempurna. ~을 따다 mendapat nilai sempurna. ~이다 sempurna; memuaskan.

만져보다＜ma/jyeo/bo/da＞ menyentuh; merasakan; meraba.

만조(滿潮)＜man/jo＞ pasang penuh; muka air tinggi. ~시에 pada pasang penuh.

만족(滿足)＜man/jok＞ kepuasan. ~하다 puas (dengan); senang (dengan); jenuh; kenyang; puas; lega. ~할 만한 yang memuaskan; yang menyenangkan. ~히 dengan memuaskan; dengan baik; dengan sempurna. ~시키다 memuaskan; memberikan (seseorang) kepuasan; menyenangkan. ~감 perasaan puas. 자기 ~ kepuasan diri.

만종(晚鐘)＜man/jong＞ lonceng malam.

만좌(滿座)＜man/jwa＞ dewan keseluruhannya; hadirin keseluruhannya. ~ 중에 di tengah-tengah hadirin keseluruhannya.

만주(滿洲)＜man/ju＞ Manchuria. ~인 orang Manchu. ~어 bahasa Manchu.

만지다＜man/ji/da＞ meraba; memegang; menyentuh; merasa. 손으로 ~ menyentuh dengan tangan.

만지작거리다＜man/ji/jak/geo/ri/da＞ menggeranyang; mengutak-atik.

만질만질하다＜man/jil/man/jil/hada＞ lunak; lembut.

만찬(晚餐)＜man/chan＞ makan malam. ~회 jamuan makan malam.

만천하(滿天下)＜man/cheon/ha＞ dunia keseluruhan. ~에 secara universal; di seluruh dunia; seantero negara; ke seluruh negara.

만초(蔓草)＜man/cho＞ tanaman menjalar; tanaman yang memanjat.

만추(晚秋)＜man/chu＞ musim gugur lanjut.

만춘(晚春)＜man/chun＞ musim semi lanjut.

만취(漫醉.滿醉)＜man/chwi＞ ~하다 mabuk berat.

만큼＜man/kheum＞ sedemikian; begitu banyak hingga; cukup; karena; dari sudut. 그 ~ sedemikian banyak sehingga (dengan). 얼마 ~ berapa banyak; sejauh mana. 때가 때인 ~ dari segi waktu. 얼마 ~의 beberapa; sejumlah; sebanyak.

만태(萬態)＜man/thae＞ berbagai fase. 인생 ~ berbagai fase kehidupan.

만판＜man/fan＞ secara keseluruhan; seluruhnya; sepenuhnya; sepenuh hati.

만평(漫評)＜man/fyeong＞ kritikan yang ngawur. 시사 ~ tanggapan yang ngawur tentang kejadian-kejadian hangat.

만하(晚夏)＜man/ha＞ musim panas lanjut.

만하다 ＜man/hada＞ ① cukup. 나이가 일하기 좋을 ~ cukup usia untuk bekerja secara efisien. ② berharga; pantas; patut. 칭찬할 ~ patut mendapat imbalan.

…만하다＜man/hada＞ seukuran dengan; sama besarnya (dengan). 크기가 네 것 ~ sama besarnya dengan punya kamu; sebesar punya anda.

만학(晚學)＜man/hak＞ ~하다 belajar pada usia lanjut. ~자 orang yang belajar pada usia lanjut.

만행(蠻行)＜man/haeng＞ kebuasan; kebrutalan; keganasan.

만혼(晚婚)＜man/hon＞ perkawinan yang terlambat. ~하다 kawin terlambat.

만화(漫畵)＜man/hwa＞ kartun; komik; karikatur. ~가 karikaturis (pembuat karikatur); kartunis; pembuat komik. ~ 영화 film kartun; kartun animasi. ~ 책 [잡지] buku [majalah] komik. 불량 ~ buku komik murahan.

만화경(萬華鏡) <man/hwa/gyeong> kaleidoskop.

만화방창(萬化方暢) <man/hwa/bang/chang> pertumbuhan yang rimbun dalam musim semi. ~하다 segalanya tumbuh dengan rimbun [dalam musim semi].

만회(挽回) <man/hoe> pemulihan; restorasi. ~하다 menutupi; memulihkan; mengganti. ~할 수 없는 tidak dapat dipulihkan; tidak dapat disembuhkan. ~책(策) sarana pemulihan.

많다 <man/tha> banyak; memadai; seringkali; melimpah. 돈이 ~ memiliki banyak uang. 볼일이 ~ banyak hal untuk dilakukan. 강에는 잉어가 ~ Di sungai banyak ikan karper.

맏 <mat> lahir pertama; yang tertua; sulung. ~아들 putra tertua; putra sulung. ~형 abang sulung.

맏물 <mat/mul> panen pertama; buah pertama.

맏배 <mat/bae> anak pertama (hewan). ~돼지 anak pertama babi. ~병아리 anak ayam yang pertama kali menetas; pitik pertama.

맏사위 <mat/sa/wi> suami puteri tertua.

맏상제(- 喪制) <mat/sang/je> putera tertua dari almarhum; orang yang berkabung pertama.

맏손자(-孫子) <mat/son/ja> cucu laki-laki pertama.

맏이 <ma/ji> putera tertua.

말 <mal> kuda. 마차 ~ kuda bendi; kuda delman. 수 ~ kuda jantan. 암~ kuda betina. 조랑 ~ kuda poni. 짐싣는 ~ kuda beban. ~을 타다 menunggang kuda. ~을 타고 가다 pergi menunggang kuda.

말 <mal> mal (= 18 liter).

말 <mal> ① bahasa; pengucapan; kata; dialek. 서울~ dialek Seoul. 시골~ dialek lokal; dialek setempat. 표준~ bahasa baku. ② percakapan; pembicaran; pernyataan.

~없이 diam; tanpa sepatah katapun. ~이 많다 cerewet; banyak omong. ~이 적다 pendiam. ~이 서투르다 pembicara yang jelek; menggugu. ~을 걸다 menyapa. ~을 잘하다 fasih.

말 <mal> 『植』 sejenis gulma.

말 <mal> (장기.윷의)buah catur.

…말 <mal> (末) (끝) akhir; penghujung; puncak; kesudahan.

말갈기 <mal/gal/gi> surai; bulu tengkuk kuda.

말갛다 <mal/gat/tha> jernih; bersih; bening.

말거머리 <mal/geo/meo/ri> 『動』 lintah kuda.

말경(末境) <mal/gyeong> akhir; penutup; usia senja.

말고삐 <mal/go/pi> tali kekang; kendali.

말공대(- 恭待) <mal/gong/dae> pidato kehormatan. ~하다 berpidato (sebagai kehormatan).

말괄량이 <mal/gwal/ryang/i> anak perempuan yang kelaki-lakian.

말구종(- 驅從) <mal/gu/jong> tukang kuda (orang yang mengurus kuda).

말굴레 <mal/gul/re> tali kekang.

말굽 <mal/gub> sepatu kuda; tapal kuda (ladam). ~소리 suara sepatu kuda. ~ 자석 magnit ladam; besi berani berbentuk tapal kuda. ~을 박다 memasang sepatu kuda.

말귀 <mal/gwi> makna dari apa yang dikatakan. ~를 못알아 듣다 tidak memahami apa yang dibicarakan orang.

말기(末期) <mal/gi> tahap terakhir; akhir; penutup. ~적 증상이다 memperlihatkan tanda-tanda keruntuhan.

말꼬리 <mal/ko/ri> ~를 잡다 menangkap ujung kata.

말꼬투리 <mal/ko/thu/ri> ☞ 말꼬리.

말끄러미 <mal/keu/reo/mi> ☞ 물끄러미.

말끔 <mal/keum> secara lengkap;

keseluruhannya; secara menyeluruh; secara total. 빚을 ~히청산하다 melunasi hutang.

말끔하다 <mal/keum/hada> bersih; rapi; apik.

말끔히 <mal/keum/hi> dengan bersih; dengan rapi; dengan apik. 방을 ~ 치우다 membenahi kamar dengan rapi; membereskan kamar dengan rapi. 얼굴을 ~ 씻다 membasuh muka dengan bersih. 마당을 ~ 쓸다 menyapu halaman dengan bersih.

말끝 <mal/keuth> ujung pembicaraan; ujung kata; (어미) akhiran. ~을 흐리다 menyamarkan ujung pembicaraan. ~ 마다 그 소리다 Dia tidak pernah buka mulut tanpa mengatakan itu.

말나다 <mal/na/da> ① (이야기에 오르다) dibawa kedalam percakapan; dibicarakan; dikemukakan; diusulkan; (소문이)digosipkan. ② (비밀이) diungkapkan; dikemukakan; dibocorkan (rahasia).

말내다 <mal/nae/da> ① (얘기삼아) mulai berbicara tentang …; membawa ke dalam percakapan; mulai membicarakan. ② (비밀을) mengungkapkan; mengemukakan; menyatakan.

말년(末年) <mal/nyeon> ① (일생의) masa lanjut usia; tahun-tahun terakhir kehidupan. ② (말엽) tahun-tahun terakhir ;hari-hari terakhir.

말눈치 <mal/nun/chi> isyarat. ~를모르다 tidak dapat menangkap isyarat; tidak memahami isyarat. 사직 할 듯한~ 다 mengisyaratkan pengunduran diri. ~ 가 빠르다 cepat menangkap isyarat.

말다 <mal/da> (둘둘) menggulungkan; melinting. 두루마리를~ menggulung kertas. 담배 를~ melinting rokok.

말다 <mal/da> (물에) memasukkan (makanan) ke dalam sup; mencampur (makanan) dengan kuah. 밥을 국에~ mencampurkan nasi kedalam sup.

말다 <mal/da> (그만두다) berhenti; tidak meneruskan; meninggalkan; menelantarkan. 일을 하다가 ~ meninggalkan pekerjaan; membiarkan pekerjaan terbengkalai.

말다 <mal/da> ① (금지) jangan; hindari. 가지 말라 Jangan pergi. ② (필경 …되다) mengakhiri; menyudahi.

말다툼 <mal/da/thum> pertengkaran mulut; percekcokan; adu mulut. ~하다 bertengkar mulut (dengan); beradu mulut (dengan); bercekcok (dengan). ~ 은 종종 드잡이로 변한다 Adu mulut seringkali diikuti oleh perkelahian. 그와 하찮은 일로 ~하였다 Dia bertengkar tentang hal yang sepele.

말단(末端) <mal/dan> akhir; ujung; bawahan; yang paling rendah. ~의 terminal; akhir; rendahan. ~ 공무원 pegawai rendah. ~ 기관 badan paling rendah. ~ 기구 bagian terendah; unit terkecil. ~ 사원 pekerja bawahan; karyawan rendah.

말대꾸(-對-) <mal/dae/ku> sanggahan; sangkalan; timpalan. ~하다 membalas jawab; menyanggah; menyangkal.

말대답(-對答) <mal/dae/dab> sanggahan; sangkalan. ~하다 menyanggah; menyangkal; membalas jawab. 어른한테 ~해서는 못쓴다. Kamu seyogianya jangan menyanggah yang lebih tua.

말더듬다 <mal/deo/deum/ta> ☞ 더듬다, 더듬거리다.

말더듬이 <mal/deo/deu/mi> penggagap; orang gagap. ~ 교정기 artikulator.

말똥가리 <mal/tong/ga/ri> 『鳥』 elang besar; buzzard.

말똥말똥(mal/tong/mal/tong> dengan mata tak berkejab. ~처다보다 menatap dengan mata tidak berkejab.

말뚝＜mal/tuk＞ tiang; pancang; patok; tonggak.

말라깽이＜mal/la/kaeng/i＞ rangka hidup; orang yang kurus sekali.

말라리아＜mal/la/ri/a＞『醫』 malaria. ~열 penyakit malaria.

말라빠지다＜mal/la/pa/ji/da＞ menjadi kurus; kehilangan daging.

말랑말랑하다＜mal/rang/mal/rang/ha/da＞ lembut; lunak; elastis [lentur].

말레이＜mal/le/i＞ Melayu. ~말 bahasa Melayu. ~ 반도 Semenanjung Malaysia. ~인종 suku bangsa Melayu.

말려들다＜mal/ryeo/deul/da＞ tersangkut (dalam); terlibat (dalam). 전쟁[분쟁]에 ~ terlibat dalam perang (kesulitan).

말로(末路)＜mal/lo＞ hari terakhir; akhir (karir seseorang). 영웅의 ~ hari terakhir seorang pahlawan.

말리(茉莉)＜mal/li＞『植』 jasmine; melati.

말리다＜mal/li/da＞ menggulung; mengeriting; menggelung.

말리다＜mal/li/da＞ mengeringkan. 불에 ~ melayukan; mengeringkan diatas api.

말리다＜mal/li/da＞ mencegah (seseorang untuk melakukan); menghentikan. 싸움을 ~ menghentikan pertengkaran; mendamaikan; melerai.

말림＜mal/lim＞ konservasi (perlindungan) hutan. ~갓 hutan lindung.

말마디＜mal/ma/di＞ frase; pembicaraan; ungkapan. 그 사람 ~께나 할 줄 안다 Dia pembicara yang sangat baik.

말막음＜mal/mak/eum＞ ~하다 mendiamkan; menyuruh diam.

말머리＜mal/meo/ri＞ ~를 돌리다 mengalihkan pokok pembicaran.

말먹이＜mal/meo/gi＞ pakan ternak; jerami; rumput.

말몰이꾼＜mal/mo/ri/kun＞ sais; kusir.

말문(-門)＜mal/mun＞ ~이 막히다 diam; terpukau; terpana; terdiam.

말미＜mal/mi＞ cuti; perlop. ~를 얻다 mendapat cuti. ~를 주다 memberikan cuti.

말미(末尾)＜mal/mi＞ ujung.

말미암다＜mal/mi/am/ta＞ timbul dari; berasal dari; disebabkan oleh; akibat.

말미잘＜mal/mi/jal＞『動』 anemon laut.

말버릇＜mal/beo/reut＞ cara berbicara; lagam; ungkapan favorit (seseorang).

말버짐＜mal/beo/jim＞ psoriasis (sejenis penyakit kulit).

말벌＜mal/beol＞『蟲』 lalat kerbau; lalat kuda; bangbung.

말벗＜mal/beot＞ teman; teman berbincang. ~이 되다 menemani.

말복(末伏)＜mal/bok＞ fase terakhir hari-hari panas.

말본＜mal/bon＞ ☞ 문법.

말불버섯(mal/bul/beo/seot＞『植』 puffball (jamur beracun).

말살(抹殺)＜mal/sal＞ penghapusan; pencoretan; pembasmian. ~하다 menghapus; mencoret; membasmi.

말상(-相)＜mal/sang＞ muka yang sangat panjang. ~이다 bermuka panjang; bermuka kuda.

말석(末席)＜mal/seok＞ kedudukan terendah.

말세(末世)＜mal/se＞ abad degenerasi; akhir dunia.

말소(抹消)＜mal/so＞ penghapusan; pencabutan; pembatalan. ~하다 menghapus; mencoret. 등기의 ~ pencabutan pendaftaran.

말소리＜mal/so/ri＞ suara kata. ~가 들리다 mendengar pembicaraan.

말솜씨＜mal/som/ssi＞ kemampuan berbicara; kefasihan. ~가 좋다 fasih.

말수(-數)＜mal/su＞ ~가 적은 pendiam; kalem.

말승냥이＜mal/seung/nyang/i＞ ① (이리) serigala. ② (키큰 사람) orang tinggi/jangkung.

말실수(-失手)＜mal/sil/su＞ keseleo

lidah.　~하다 keseleo lidah.

말썽 <mal/sseong> kesukaran; keluhan; pertengkaran.　~부리다 mengomel; menimbulkan kesukaran; mengarahkan kepada pertengkaran.　~거리 sumber kesulitan/pertengkaran.　~꾸러기, ~꾼 orang yang menimbulkan pertengkaran; penggerutu; peribut; tukang kacau.

말쑥하다 <mal/ssuk/hada> apik; rapih.

말씨 <mal/ssi> tutur kata; lagam bicara; bahasa. 점잖은 ~ gaya bahasa yang baik.　~가 상스럽다 kasar; lancang mulut.

말씹조개 <mal/ssib/jo/gae> 『貝』 remis air tawar.

말아니다 <mal/a/ni/da> ① (언어도단) tidak rasional; naif. ② (형편이) dalam bentuk yang sangat buruk; sangat malang; sangat sengsara.

말안되다 <mal/an/doe/da> naif; tidak rasional; bertentangan dengan logika.

말없이 <mal/eob/si> dengan diam; tanpa komentar; tanpa mengatakan apapun.

말엽(末葉) <mal/yeob> akhir; penutup.

말오줌나무 <mal/o/jum/na/mu> 『植』 pohon elder.

말일(末日) <ma/ril> hari terakhir.

말재기 <mal/jae/gi> penggosip.

말재주 <mal/jae/ju> bakat berbicara; kefasihan.　~있는 fasih.

말조심(-操心) <mal/jo/sim> ~하다 hati-hati bicara.

말주변 <mal/ju/byeon> kefasihan.　~이있는 fasih.　~이 좋다 silat kata; silat lidah; fasih lidah.　~이 없다 pembicara yang buruk.

말직(末職) <mal/jik> kedudukan rendah; kedudukan yang tidak berarti; jabatan terendah.

말질 <mal/jil> pertengkaran; adu mulut.　~하다 bertengkar [dengan]; beradu mulut.

말짱하다 <mal/cang/hada> sempurna; tak bercacat; tak bernoda.　정신이 ~ berpikiran jernih.

말참견(-參見) <mal/cham/gyeon>　~하다 turut campur; nimbrung.

말채찍 <mal/chae/cik> cemeti kuda.

말초(末梢) <mal/cho>　~적 remeh; perkara kecil; 『解』 distal.　~ 신경 sistim syarat periferal; saraf periferal.

말총 <mal/chong> surai; rambut kuda.

말치레 <mal/chi/re>　~하다 menggunakan kata yang muluk-muluk; merayu; menyatakan hal-hal yang indah.

말캉말캉하다 <mal/khang/mal/khang/hada> lemah; lembut; lunak.

말투 <mal/thu> cara bicara; logat; aksen; gaya. 야비한~ gaya bicara kasar.

말판 <mal/fan> *gameboard*.

말편자 <mal/fyeon/ja> sepatu kuda; ladam; tapal kuda.

말하다 <mal/hada> berbicara (tentang); berhubungan; berbincang-bincang; mengatakan; mengemukakan; mengucapkan. 간단히 [자세히] ~ mengemukakan secara ringkas [rinci]. 좋게 [나쁘게] ~ memuji [mencela; menjelek-jelekkan].

맑다 <mak/ta> ① (물이) jernih; bersih; murni; bening (air). ② (날씨가) baik; cerah (cuaca). ③ (마음이) murni; bersih; tulus (hati). ④ (청빈) bersih; jujur.

맘보 <mam/bo> mambo.　~바지 celana mambo.

맙소사 <mab/so/sa> Oh,..Tidak! Tuhan yang Maha Pengampun.

맛 <mat> ① cita rasa; rasa.　~이 좋은 enak; sedap; lezat.　~없는 tidak enak; tidak sedap. 아무 ~도 없는 tidak berasa.　~이 변하다 menjadi asam/basi. ② mencicipi; merasakan.　~을 알다 mengetahui; mengalami.

맛깔스럽다＜mat/kal/seu/reob/da＞ membangkitkan selera.

맛나다＜mat/na/da＞ ① (맛있다) sedap; enak; lezat. ② (맛이 나다) enak; rasa.

맛난이＜mat/na/ni＞ bumbu; penyedap rasa.

맛들다＜mat/deul/da＞ masak; bercita rasa; menjadi sedap.

맛들이다＜mat/deul/i/da＞ ① (재미 붙이다) memiliki rasa ... ② (맛들게 하다) menyedapkan; membubuhi.

맛맛으로＜mat/mat/eu/ro＞ sesuai selera. ～ 골라 먹이라 Silahkan pilih sesuai selera.

맛배기＜mat/pae/gi＞ pesanan khusus.

맛보다＜mat/bo/da＞ mencicipi; mencoba rasa ...; mengalami; mencobai. 인생의 쓰라림을 ～ mengalami pahit getirnya kehidupan.

맛없다＜mat/eob/ta＞ ① (맛이 없다) tidak terasa; hambar; tawar. ② (재미없다) kering; tidak menarik.

맛있다＜mat/it/ta＞ enak; lezat.

맛적다＜mat/ceok/ta＞ tidak bercita rasa; tawar; hambar; tidak menarik.

망(望)＜mang＞ ① mengawasi; menjaga; mewaspadai. ～보다 berjaga-jaga ② ☞ 망일.

망(網)＜mang＞ ① (그물) jaring; jaringan. ② jaringan kerja. 철도 [통신, 방송]～ jaringan rel kereta api [komunikasi; radio].

망각(忘却)＜mang/gak＞ ～하다 lalai; melalaikan(tanggung jawab).

망간＜mang/gan＞『化』mangan[Mn].

망거(妄擧)＜mang/geo＞ tindakan yang ceroboh.

망건(網巾)＜mang/geon＞ ikat kepala dari surai kuda.

망고＜mang/go＞『植』mangga.

망국(亡國)＜mang/guk＞ keruntuhan nasional; keruntuhan bangsa; negara yang runtuh. ～적(인) mengancam keutuhan negara. ～ 지한(之恨) ratapan keruntuhan nasional.

망그러뜨리다＜mang/geu/reo/teu/ri/da＞ memecahkan; menghancurkan; merusak.

망그러지다＜mang/geu/reo/ji/da＞ pecah; rusak; kacau; hilang bentuk.

망극(罔極)＜mang/geuk＞ ～하다 tidak terhingga besarnya; tenggelam dalam kedukaan. 얼마나 ～하십니까 Saya simpati dengan kamu.

망나니＜mang/na/ni＞ ① (사형 집행인) algojo. ② (못된 사람) bandit; penjahat.

망년회(忘年會)＜mang/nyeon/hoe＞ pesta akhir tahun.

망대(望臺)＜man/dae＞ ☞ 망루.

망동(妄動)＜mang/dong＞ tindakan ceroboh; tindakan sembrono. ～하다 bertindak ceroboh. 경거 ～ prilaku sembrono.

망둥이＜mang/dung/i＞ 『魚』 ikan gobi.

망라(網羅)＜mang/na＞ ～하다 melibatkan; terdiri dari; mengandung; mencakup; menghimpun; mengumpulkan. 총 ～ 한 ekshaustif; komprehensif (menyeluruh).

망령(亡靈)＜mang/nyeong＞ sukma orang yang meninggal.

망령(妄靈)＜mang/nyeong＞ kemamaian; senilitas. ～되다 kekanak-kanakan; berlaku ketololan. ～들다 dalam masa kemamaian; dalam masa kanak-kanak kedua. ～ 부리다 berlaku seperti anak-anak.

망루(望樓)＜mang/ru＞ menara pengawas.

망막(網膜)＜mang/mak＞『解』 retina. ～ 검시경 retinoskop; skiaskop/ ～염『醫』retinitis; radang retina.

망망(茫茫)＜mang/mang＞ ～하다 sangat luas; tidak terhingga luasnya; tidak terbatas. ～ 대해 keluasan air yang tidak terhingga.

망명(亡命)＜mang/myeong＞ suaka politik. ～하다 mencari suaka. ～생활을 하다 hidup dalam pengungsian/ suaka. 정치적 ～을 요구하다 minta suaka politik. ～객

pelarian; pelarian politik; pencari suaka. ~ 정권 rejim yang terasing; rejim pelarian.

망발(妄發) <mang/bal> kata-kata yang ngawur; pernyataan yang ngawur. ~하다 berbicara asal bunyi; membuat pernyataan yang tidak berbobot.

망부(亡父) <mang/bu> almarhum bapak.

망부(亡夫) <mang/bu> almarhum suami.

망사(網紗) <mang/sa> kain kasa tipis.

망상(妄想) <mang/sang> khayalan yang fantastis; delusi; fantasi; angan-angan. ~에 빠지다 tenggelam dalam khayalan. 과대 ~광(狂)[증] megalomania. 피해 ~증 persekusimania [kegilaan merasa dikejar-kejar].

망설이다 <mang/seo/ri/da> ragu-ragu; bimbang; tidak dapat memutuskan dengan pasti. 갈까 말까 ~ tidak dapat memutuskan apakah pergi atau tidak.

망신(亡身) <mang/sin> aib; malu; hina. ~하다 membuat aib diri sendiri. ~시키다 menghina; memberi malu.

망실(亡失) <mang/sil> kehilangan. ~하다 hilang.

망아지 <mang/a/ji> anak kuda; kuda kecil.

망양지탄(望洋之歎) <mang/yang/ji/than> keluh kesah ketidakberdayaan; perasaan tidak berdaya.

망언(妄言) <mang/eon> kata-kata yang ngawur; ngaco-belo. ~하다 membuat pernyataan yang naif. ~ 다사(多謝) "Mohon maaf yang sebesar-besarnya atas kritikan saya".

망연(茫然) <mang/yeon> ① ~히 dengan bengong; dengan ternganga-nganga. ~히 bengong; bingung. ~ 자실하다 tertegun; terpana; tegak terdiam; heran. ② ☞ 아득하다.

망외(望外) <mang/oe> ~의 tidak diharapkan; tidak terduga; tidak disangka.

망울 <mang/ul> ① (덩어리) buncak; tunas. ② 『醫』 buncak limpa yang membengkak; limfadenamo.

망원가늠자(望遠-) <mang/won/ga/neu m/ja> 『理』 pandangan teleskopik.

망원경(望遠鏡) <mang/won/gyeong> teleskop; kaca pembesar. ~으로 보다 melihat (bintang) melalui teleskop. 천체(天體) [반사] ~ teleskop astronomi [refleksi].

망원렌즈(望遠-) <mang/won/ren/je u> lensa telefoto.

망원사진(望遠寫眞) <mang/won/sa/ji n> telefotograf. ~기 kamera telefoto.

망월(望月) <mang/wol> purnama.

망인(亡人) <mang/in> almarhum.

망일(望日) <mang/il> hari bulan purnama.

망제(亡弟) <mang/je> almarhum adik (laki-laki).

망조(亡兆) <mang/co> pertanda keruntuhan; alamat keruntuhan. ~가 들다 menunjukkan pertanda keruntuhan.

망종(亡種) <mang/jong> bajingan; manusia tak berguna.

망중한(忙中閑) <mang/jung/han> istirahat sejenak dalam jam-jam sibuk.

망집(妄執) <mang/jib> obsesi; delusi yang mendalam.

망처(亡妻) <mang/cheo> almarhumah istri.

망측(罔測) <mang/cheuk> ~하다 naif; hina; kurang ajar; jelek; buruk.

망치 <mang/chi> palu; martil kecil; godam. ~질 pemaluan. ~질 하다 memartil; memalu.

망치다 <mang/chi/da> merusak; menghancurkan; mencelakakan. 신세를 ~ membuat kegagalan dalam hidup; mencelakakan diri sendiri.

망태기(網-) <mang/thae/gi> tas jala (kantung jala).

망토 <mang/tho> mantel; selubung;

mantel pendek.

망하다(亡-) <mang/hada> ① (멸망) jatuh; rusak. ② (어렵다) sukar ditangani; (좋지않다) jelek; buruk.

망향(望鄕) <mang/hyang> kerinduan pada kampung halaman; nostalgia. ~병에 걸리다 rindu pada kampung halaman.

맞… <mat> ☞ 마주. ~보다 memandang satu sama lain.

맞고소(-告訴) <mat/go/so> aksi balas; tindakan balasan. ~하다 menggugat balik.

맞꼭지각(-角) <mat/kok/ji/gak> 『數』 sudut tegak lurus.

맞다 <mat/ta> ① benar; tepat. 꼭 ~ tepat benar; benar sekali. ② (어울림) cocok (dengan); selaras (dengan); sejodoh (dengan). ③ sesuai; cocok; pas; memenuhi. (몸에) 꼭 ~ sangat pas. 마음에 ~ sesuai dengan selera. ④ sesuai (dengan); setuju (dengan); selaras. 사리에 ~ jelas dan masuk akal. 박자에 ~ [안~] setala/selaras [tidak setala/selaras]. ⑤ (적중함) mengenai; mengena; menjadi nyata.

맞다 <mat/ta> ① menerima; menyambut; menjemput. 반가이 ~ menyambut; memberi salam. 정거에서 ~ menyambut di stasiun. ② mengundang; mempertunangkan; mempekerjakan. 아내를 ~ mengambil istri. 전문가를 ~ mempekerjakan pakar/ ahli. ③ 새해를 ~ menyambut tahun baru. 생일을 ~ memperingati ulang tahun. ④ (비바람 등) ber(hujan, angin-angin). ⑤ terpukul; dipukul; ditembak/tertembak. 머리를 ~ terpukul kepala; kena pukul kepala. ⑥ mendapat; mengalami; kena. 도둑을 ~ kecurian; kena curi. 야단 ~ kena marah. 퇴짜를 ~ ditolak; kena tolak. ⑦ (주사를) mendapat; terkena.

맞닥뜨리다 <mat/tak/teu/ri/da> dihadapkan(dengan); dikonfrontasikan.

맞당기다 <mat/dang/gi/da> (saling) menarik satu sama lain.

맞닿다 <mat/dat/tha> saling menyentuh; bersentuhan; bertamu.

맞대하다(-對-) <mat/dae/hada> berhadap-hadapan; bertemu satu sama lain.

맞돈 <mat/ton> tunai; pembayaran tunai. ~으로 사다 [팔다] membeli [menjual] dengan tunai.

맞들다 <mat/deul/da> mengangkat bersama-sama.

맞물다 <mat/mul/da> makan satu sama lain (tentang gigi roda dsb); menyangkup.

맞물리다 <mat/mul/ri/da> menjadi segigi.

맞바꾸다 <mat/ba/ku/da> mempertukarkan; saling; barter.

맞바람 <mat/ba/ram> angin buritan; angin mati.

맞벌이 <mat/beo/ri> ~하다 bekerja mencari nafkah. ~가정 keluarga pendapatan ganda.

맞보기 <mat/bo/gi> kacamata biasa/ kacamata datar.

맞부딪치다 <mat/bu/dit/chi/da> bertubrukan; bertumburan. ☞ 충돌.

맞붙다 <mat/buth/ta> bergulat (dengan); bergelut (dengan).

맞붙이다 <mat/bu/chi/da> merekat; menggabungkan; menyatukan; mempertautkan; memperhubungkan mempertemukan.

맞상대(-相對) <mat/sang/dae> perkelahian satu lawan satu.

맞서다 <mat/seo/da> berhadapan satu sama lain; bertentangan.

맞선 <mat/seon> ~보다 bertemu satu sama lain sebelum menikah; temu ahad.

맞소송(-訴訟) <mat/so/song> aksi balas; tindakan balasan.

맛쇠 <mat/soe> kunci duplikat; kunci pass; kunci induk.

맞수(-手) <mat/su> lawan setanding.

맞은편 <ma/jeun/fyeon> sisi yang berlawanan; pihak yang berlawanan. ~에 berlawanan; pada sisi yang berlawanan.

맞이하다＜ma/ji/hada＞ ☞ 맞다.

맞잡다＜mat/jab/ta＞ memegang bersama-sama; bekerja sama; bergotong royong.

맞잡이＜mat/ja/bi＞ sebanding; sepadan; setara.

맞장구치다＜mat/jang/gu/chi/da＞ setuju dengan; sesuai dengan.

맞적수(-敵手)＜mat/jeok/su＞ ☞ 맞수.

맞절하다＜mat/jeol/hada＞ membungkuk satu sama lain.

맞추다＜mat/chu/da＞ ① (짜맞춤) merakit; memasangkan. ② menyesuaikan; menyetel. 시계를 ~ menyetel jam. ③ (대조) membandingkan.

맞춤법(-法)＜mat/chum/peob＞ sistem ejaan; ortografi.

맞춤법통일안(-法統-案)＜mat/chum/peob/thong/il/an＞ konsep untuk sistem ejaan buku (standar). 현행 ~ sistem ejaan sekarang; sistem ejaan yang berlaku.

맞흥정＜mat/heung/jeong＞ ~하다 melakukan tawar menawar langsung.

맞히다＜mat/chi/da＞ ① (알아맞히다) menerka dengan benar; memberikan jawaban yang benar. ② (명중) mengenai; kena. ③ mengekspos. 비를 ~ menempatkan dalam hujan. ④ 주사를 ~ menginjeksi(kan).

맡기다＜math/gi/da＞ ① menitipkan; menyimpan; menyetorkan. 돈을 은행에 ~ menyimpan/menaruh uang di bank. 짐을 ~ menyimpan/barang-barang/bagasi. ② mempercayakan; membebani. 임무를 ~ membebani (seseorang) dengan sebuah tugas. 운을 하늘에 ~ mempercayakan pada peluang [nasib baik, Tuhan].

맡다＜math/ta＞ ① dipercayakan; dititipi. ② memikul; menanggung; mengurus; memelihara. 5학년반을 ~ bertanggung jawab atas kelas

lima. ③ memperoleh; mendapatkan; menerima

맡다＜math/ta＞ ① (냄새를) membaui; mencium. ② (낌새를) mencium (adanya pemufakatan rahasia).

매＜mae＞ cambuk; rangket; pecut; cemeti (☞ 매맞다). ~를 때리다 mencambuk; memecut; mendera; merangket.

매＜mae＞ batu penggilingan.

매＜mae＞ 『鳥』 elang ~사냥 olah raga berburu dengan elang.

매…(每)＜mae＞ setiap; tiap-tiap; masing-masing; saban. ~일요일 setiap hari Minggu.

매가(賣家)＜mae/ga＞ rumah yang akan dijual.

매가(買價)＜mae/ga＞ harga pembelian; harga beli.

매가(賣價)＜mae/ga＞ harga jual. 이것을 ~의 반으로 드리죠 Saya tawarkan barang ini setengah harga jual.

매각(賣却)＜mae/gak＞ obral; penjualan obral. ~하다 mengobral; menjual dengan obral. ~공고 pemberitahuan pelelangan umum.

매개＜mae/gae＞ ~(를)보다 mengamati perkembangan.

매개(每箇)＜mae/gae＞ setiap potong; sepotong/potongan.

매개(媒介)＜mae/gae＞ mediasi; pelantaraan; pengantara. ~하다 mengantarai; memediasi; membawa (benih). …의 ~로 melalui …; oleh. ~자 pembawa/carrier; perantara.

매개념(媒概念)＜mae/gae/nyeom＞ 『論』 konsep pertengahan.

매거(枚擧)＜mae/geo＞ ~하다 membilang; menyebutkan satu per satu. 이루다 ~할 수 없다 terlalu banyak untuk disebutkan satu per satu.

매관매직(賣官賣職)＜mae/gwan/mae/jik＞ ~하다 jual beli jabatan.

매국(賣國)＜mae/guk＞ pengkhianatan terhadap negara. ~노 pengkhianat negara; penjual negara.

매기(每期)＜mae/gi＞ setiap masa (setiap periode).

매기(買氣)＜mae/gi＞ kecenderungan pembelian.

매기다＜mae/gi/da＞ menghargakan; mengenakan(harga); menawar; menilai; mengklasifikasikan; memberi label(harga).

매끄럽다＜mae/keu/reob/ta＞ mulus; licin.

매끈…＜mae/keun＞ ☞ 미끈…

매나니＜mae/na/ni＞ tangan kosong. ～로 dengan tangan kosong. ～로 사업을 시작하다 memulai usaha dengan modal dengkul; memulai usaha dengan tangan kosong.

매너＜mae/neo＞ kebiasaan; cara; adat.

매너리즘＜mae/neo/ri/jeum＞ lagak; tingkah.

매년(每年)＜mae/nyeon＞ setiap tahun. ～의 tahunan.

매니저＜mae/ni/jeo＞ manajer; pengelola.

매니큐어＜mae/ni/khyu/eo＞ cat kuku (manicure). ～하다 mengecat kuku; memakai cat kuku.

매다＜mae/da＞ mengikat; menambat(kan); menalikan; gantung diri. 구두끈을 ～ mengikat tali sepatu.

매다＜mae/da＞ mencabut; menyiangi.

매달＜mae/dal＞(每 -) setiap bulan. ～의 bulanan.

매달다＜mae/dal/da＞ ① (달아맴) menggantungkan. ② mengikat diri (pada pekerjaan); menggantungkan (hidup). 회사에 목숨을 ～ menggantungkan hidup pada perusahaan.

매달리다＜mae/dal/ri/da＞ ① (늘어짐) tergantung; menjuntai; berayun-ayun; berserunda; bergantung. ② (붙잡다) melekat; menggantungkan (pada tambang). ③ (의지) tergantung pada …; mengandalkan pada.

매도(罵倒)＜mae/do＞ ～하다 mencela terang-terangan; mengadukan.

매도(賣渡)＜mae/do＞ ～하다 men-

jual; menawarkan; bernegosiasi. ～인 penjual. ～ 증서 daftar pembelian.

매독(梅毒)＜mae/dok＞ penyakit sipilis; penyakit raja singa. ～성의 sipilitis. ～ 환자 penderita sipilis; pasien sipilis.

매듭＜mae/deub＞ simpul; ikatan; simpulan; bundelan; buhul. ～을 맺다 [풀다] membuat [mengurai] simpul.

매듭짓다＜mae/deub/jit/ta＞ menyelesaikan; menuntaskan; merampungkan; mengakhiri. 일을 ～ menyelesaikan pekerjaan/tugas. 연구를 ～ merampungkan penelitian. 협상을 ～ membawa perundingan ke-akhir yang sukses.

매력(魅力)＜mae/ryeok＞ daya tarik; keelokan; kecantikan; kemolekan. ～있는 menarik; elok; molek. 성적 ～ daya tarik seks.

매립(埋立)＜mae/rib＞ pengurukan. ～하다 menguruk. ～공사 pekerjaan pengurukan. ～지 lahan urukan; tanah urukan.

매만지다＜mae/man/ji/da＞ melicinkan; memangkas, mengandam, membabat.

매맞다＜mae/mat/ta＞ dipukul; dicambuk; dipecut.

매매(賣買)＜mae/mae＞ perdagangan; perniagaan; jual beli. ～하다 berdagang; memperdagangkan; berjual-beli. ～ 계약을 맺다 membuat kontrak jual beli. 견본 ～ penjualan dengan contoh. 위탁 ～ jual beli konsinyasi.

매머드＜mae/meo/deu＞ mamut (sejenis gajah besar yang hidup dalam zaman purba). ～ 기업 perusahaan raksasa.

매명(賣名)＜mae/myeong＞ pengiklanan diri sendiri. ～하다 mengiklankan diri sendiri; mencari publisitas. ～가 orang yang mengiklankan diri sendiri.

매몰(埋沒)＜mae/mol＞ ～하다 menguburkan. ～되다 dikuburkan.

매몰스럽다＜mae/mol/seu/reob/ta＞ bengis; lalim; tawar hati; kejam; tidak berbelas kasihan.

매몰차다＜mae/mol/cha/da＞ ☞ 매몰스럽다.

매무시＜mae/mu/si＞ dandanan. ~하다 berdandan. ~가 단정하다 dandanan rapi dan apik.

매문(賣文)＜mae/mun＞ karya sastra picisan.

매물(賣物)＜mae/mul＞ barang dagangan. ~로 내놓다 menawarkan untuk dijual.

매미＜mae/mi＞ cengkerik; jangkerik; riang-riang. ~소리 suara jengkerik.

매번(每番)＜mae/beon＞ setiap waktu; setiap saat; seringkali; selalu.

매복(埋伏)＜mae/bok＞ ~하다 bersembunyi dalam semak; mengendap.

매부(妹夫)＜mae/bu＞ ipar laki-laki; suami saudara perempuan.

매부리＜mae/bu/ri＞ pemiara burung elang.

매부리＜mae/bu/ri＞ paruh elang. ~코 hidung (yang bengkok seperti) paruh elang.

매사(每事)＜mae/sa＞ setiap hal; setiap perkara. ~에 dalam segala sesuatu; dalam segala hal.

매상(買上)＜mae/sang＞ ~하다 membeli. ~ 가격 harga pembelian (pemerintah).

매상(賣上)＜mae/sang＞ penjualan. 그날의 ~ penjualan hari itu. ~ 액 jumlah yang dijual; penjualan; hasil penjualan; pendapatan (sebuah toko). ~ 장부 [전표] buku penjualan [slip penjualan].

매석(賣惜)＜mae/seok＞ ketidakinginan untuk menjual. ~하다 tidak ingin menjual; tidak mau dijual.

매설(埋設)＜mae/seol＞ ~하다 meletakkan di bawah tanah; memendam dalam tanah.

매섭다＜mae/seob/ta＞ hebat; tajam; parah; kasar; kejam.

매수(買收)＜mae/su＞ ~하다 membeli; menyogok; menyuap.

매수(買受)＜mae/su＞ ~하다 membeli; mendapatkan dengan membeli. ~인 pembeli.

매스게임＜mae/seu/ge/im＞ pertunjukan massa; pertunjukan kelompok.

매스미디어＜mae/seu/mi/di/eo＞ media massa.

매스커뮤니케이션＜mae/seu/kheo/myu/ni/khe/i/syeon＞ komunikasi massa; jurnalisme.

매시(每詩)＜mae/si＞ setiap jam; per jam.

매식(買食)＜mae/sik＞ ~하다 makan di luar; makan di restoran.

매실(梅實)＜mae/sil＞ kimis; buah zahib.

매씨(妹氏)＜mae/ssi＞ saudara perempuanmu (dia; dsb).

매암돌다＜mae/am/dol/da＞ berputar; memutar badan.

매암돌리다＜mae/am/dol/ri/da＞ memutar (seseorang).

매약(賣約)＜mae/yak＞ kontrak penjualan; perjanjian penjualan. ~하다 menyelesaikan tawar menawar; membuat kontrak penjualan; mencapai kesepakatan jual beli.

매약(賣藥)＜mae/yak＞ obat paten; obat bermerek. ~하다 menjual obat paten; menjual obat bermerek.

매양(每-)＜mae/yang＞ selalu; setiap waktu.

매연(媒煙)＜mae/yeon＞ jelaga; sulang; asap. ~이 많은 berjelaga; bersulang. ~ 공해 polusi asap; pencemaran asap. ~ 차량 kendaraan yang mengeluarkan asap berbahaya.

매우＜mae/u＞ sangat (banyak); sangat besar. ~ 덥다 sangat panas.

매운탕(-湯)＜mae/un/thang＞ gulai sempedas.

매월(每月)＜mae/wol＞ setiap bulan; bulanan.

매음(賣淫)＜mae/eum＞ pelacuran;

prostitusi. ~하다 melacurkan diri; melakukan prostitusi/pelacuran. ~녀 pelacur. ~녀가 되다 hidup di jalanan; menjadi pelacur.

매이다＜mae/i/da＞ terikat; tertambat.

매인(每人)＜mae/in＞ setiap orang; tiap-tiap orang. ~당 per orang; per kepala; perkapita; untuk tiap orang.

매일(每日)＜mae/il＞ tiap hari. ~의 setiap hari; harian; sehari-hari. ~의 일 pekerjaan harian; pekerjaan sehari-hari. ~ 같이 hampir setiap hari.

매일반＜mae/il/ban＞ ☞ 매한가지.

매입(買入)＜mae/ib＞ pembelian; pengadaan. ~하다 membeli. ~원가 harga pembelian; harga beli.

매장(埋葬)＜mae/jang＞ ① pemakaman; penguburan. ~하다 menguburkan; mengebumikan; memakamkan. ~ 신고 laporan penguburan/pemakaman. ~지 pekuburan; tempat pemakaman. ② (사회적) pengasingan dari masyarakat. ~하다 mengasingkan dari masyarakat.

매장(埋藏)＜mae/jang＞ ~하다 terpendam dalam tanah. ~량 cadangan dalam tanah.

매장(賣場)＜mae/jang＞ kios; toko; kedai.

매점(買占)＜mae/jeom＞ pemborongan barang ; penimbunan barang ~ 하다 menimbun barang; memborong.

매점(賣店)＜mae/jeom＞ kios; kedai kecil; kantin. 역의 ~ kantin stasiun. ~을 내다 mendirikan kios.

매정스럽다＜mae/jeong/seu/reob/ta＞ tidak berperasaan; tawar hati; dingin; lalim.

매정하다＜mae/jeong/hada＞ ☞ 매정스럽다.

매제(妹弟)＜mae/je＞ suami adik perempuan; adik ipar.

매주(每週)＜mae/ju＞ setiap minggu; mingguan; per minggu.

매주(買主)＜mae/ju＞ pembeli.

매주(賣主)＜mae/ju＞ penjual.

매직＜mae/jik＞ ilmu gaib; ilmu sihir. ~ 아이 mata yang memiliki kekuatan gaib; mata sihir/mata gaib. ~ 유리 kaca satu arah. ~ 잉크 tinta magis.

매진(賣盡)＜mae/jin＞ penjualan habis. ~하다 menjual habis. ~되다 terjual habis.

매진(邁進)＜mae/jin＞ ~하다 meneruskan; berusaha (terus); berjalan terus.

매질＜mae/jil＞ penderaan; pencambukan. ~하다 mencambuk; memecut; mendera..

매질(媒質)＜ma/jil＞『理』medium.

매체(媒體)＜mae/che＞ medium (jamak; media). 광고 ~ media periklanan. 대중 ~ media massa.

매축(埋築)＜mae/chuk＞ pengurukan tanah. ~ 하다 menguruk. ~ 지 lahan urukan.

매춘(賣春)＜mae/chun＞ ☞ 매음.

매출(賣出)＜mae/chul＞ penjualan obral. ~하다 menjual (habis); mengobral. ~ 가격 harga penawaran.

매치＜mae/chi＞ pertandingan.

매캐하다＜mae/khae/hada＞ berasap; berjelaga; berlumut.

매콤하다＜mae/khom/hada＞ agak pedas.

매큼하다＜mae/kheum/hada＞ ☞ 매콤하다.

매트＜mae/theu＞ tikar.

매트리스＜mae/theu/ri/seu＞ kasur; tilam; matras.

매파(- 派)＜mae/fa＞ aliran garis keras.

매팔자(- 八字)＜mae/fal/ja＞ gaya hidup yang bebas dan santai.

매표(賣票)＜mae/fyo＞ ~ 구(口) jendela karcis. ~소 loket.

매품(賣品)＜mae/fum＞ barang-barang yang akan dijual; barang dagangan; mata dagangan.

매한가지＜mae/han/ga/ji＞ sama saja; banyak kesamaan. …나 ~다

sama seperti; tidak lebih dari.

매형(妹兄)＜mae/hyeong＞ suami kakak perempuan; kakak ipar.

매호(每戶)＜mae/ho＞ setiap rumah (tangga)

매혹(魅惑)＜mae/hok＞ pemikatan; pemeletan. ～하다 memikat; menarik (hati); memberahikan; menawan. ～적 menarik; penuh daya tarik; mempesona; rupawan; menggiurkan; merangsang. ～되다 terpikat; tertarik; gugur hati; gandrung; kepincut ; jatuh hati.

맥(脈)＜maek＞ denyut; pulsa. ～을 짚어 보다 merasakan denyut (nadi). ～이 뛰다 berdenyut.

맥락(脈絡)＜maek/nak＞ ① (혈맥) (sistem) pembuluh vena. ② (사물의) perhubungan; pertalian; koherensi.

맥류(麥類)＜maek/nyu＞ gandum hitam.

맥박(脈搏)＜maek/bak＞ denyutan; denyut nadi. ～계(計) pulsimeter (alat pengukur denyut); sfigrometer. ～수 frekwensi denyut.

맥보다(脈-)＜maek/bo/da＞ ① (맥박을) merasakan denyut. ② (남의 의중을) menjajaki.

맥빠지다(脈-)＜maek/pa/ji/da＞ ① (기운없다) terkuras; habis tenaga. ② (낙심) kecewa.

맥아(麥芽)＜maek/a＞ ☞ 엿기름. ～당 maltosa; gula malt.

맥없다(脈 -)＜maek/eob/ta＞ ① (기운없다) lemah; loyo; tidak bersemangat; lesu. ② (이유없다) tanpa alasan; tidak beralasan.

맥작(麥作)＜maek/jak＞ budidaya barlei ; penanaman barlei.

맥적다＜maek/jeok/ta＞ ① (따분하다) menjemukan; mengesalkan. ② (낯없다) dipermalukan; malu sendiri.

맥주(麥酒)＜maek/ju＞ bir. 김빠진 ～ bir hambar; bir tawar. ～한 잔 하다 minum (segelas) air. ～집[홀] gudang bir. 생 ～ bir yang di ambil dari tahang; bir kran.

맥추(麥秋)＜maek/chu＞ musim panen jelai.

맥풀리다(脈-)＜maek/ful/ri/da＞ ☞ 맥빠지다.

맨＜maen＞ penuh dengan ...; tidak ada apapun selain ... ～ 꼴찌 (yang) terakhir sekali; (yang) paling akhir. ～ 먼저 pada awal sekali; pada awal-awal. ～ 거짓말이다 penuh kebohongan/dusta.

맨...＜maen＞ telanjang; kosong; polos. ～ 바닥 lantai telanjang. ～손 tangan kosong; tangan telanjang.

맨꽁무니＜maen/kong/mu/ni＞ ☞ 맨손, 매나니.

맨나중＜maen/na/jung＞ (yang) terakhir sekali; penghujung. ～의 akhir; terminal. ～에 pada akhirnya; akhirnya.

맨둥맨둥하다＜maen/dung/maen/dung/hada＞ gundul; telanjang.

맨뒤＜maen/dwi＞ (yang) paling akhir; penghujung.

맨땅＜maen/tang＞ tanah kosong.

맨머리＜maen/meo/ri＞ kepala botak; gundul; kepala telanjang.

맨먼저＜maen/meon/jeo＞ paling awal; permulaan; pertama-tama.

맨몸＜maen/mom＞ ① (알몸) badan telanjang. ② (무일푼) tangan hampa; bokek; tidak punya uang sama sekali.

맨발＜maen/bal＞ kaki telanjang; kaki ayam. ～의 berkaki telanjang. ～로 dengan kaki telanjang.

맨밥＜maen/bab＞ nasi yang disajikan tanpa hidangan lainnya.

맨션＜maen/syeon＞ apartemen kelas atas.

맨손＜maen/son＞ tangan kosong.

맨송맨송하다＜maen/song/maen/song/hada＞ tidak berambut; botak; gundul.

맨숭맨숭하다＜maen/sung/maen/sung/hada＞ ☞ 맨송맨송하다.

맨아래＜maen/a/rae＞ yang paling dasar; dasar terbawah. ～의 paling bawah; paling dasar.

맨앞＜maen/af＞ yang terdepan ; yang paling muka. ~ 의 terdepan. ~ 에 di kepala; pada ujung depan.

맨위＜maen/wi＞ puncak ~ 에 di puncak ….

맨입＜maen/ib＞ ~ 으로 dengan perut kosong.

맨주먹＜maen/ju/meok＞ ☞ 맨손, 빈주먹, 매나니.

맨투맨＜maen/thu/maen＞ ~ 방어 pertahanan orang perorang.

맨홀＜maen/hol＞ lubang got. ~뚜껑 penutup lubang got.

맬서스＜mael/seo/seu＞ Malthus. ~ 주의 Faham Malthus; Malthusianisme.

맵다＜maeb/ta＞ pedas; tajam.

맵시＜maeb/si＞ perawakan; bentuk tubuh; potongan. ~ 있는 gagah; berperawakan bagus. 옷 ~ potongan pakaian.

맷돌＜maet/tol＞ batu gilingan; gilingan tangan; cobek. ~ 질하다 menggiling biji-bijian dengan batu gilingan.

맹격(猛擊)＜maeng/gyeok＞ pukulan keras; serangan yang ganas.

맹견(猛犬)＜maeng/gyeon＞ anjing galak. ~ 주의 Awas Anjing Galak.

맹공격(猛攻擊)＜maeng/gong/gyeok＞ serangan yang ganas. ~하다 menyerang dengan ganas.

맹그로브＜maeng/geu/ro/beu＞『植』 bakau.

맹금(猛禽)＜maeng/geum＞ ~류 burung pemangsa; burung buas.

맹꽁이＜maeng/kong/i＞『動』 kodok bundar kecil, kepala/otak udang. ~ 자물쇠 kunci gantung.

맹도견(盲導犬)＜maeng/do/gyeon＞ anjing penuntun.

맹독(猛毒)＜maeng/dok＞ racun yang mematikan. ~이 있다 sangat beracun; beracun yang mematikan.

맹랑하다(孟浪-)＜maeng/nang/hada＞ keliru; tidak beralasan; tidak berdasar.

맹렬(猛烈)＜maeng/nyeol＞ ~한 galak; keras; hebat; kasar. ~히 dengan keras; dengan galak. ~한 반대 oposisi yang kuat; saingan yang kuat.

맹목(盲目)＜maeng/mok＞ ~적(으로) (dengan) membuta. ~ 적인 사랑[모방] cinta [taklid] buta.

맹물＜maeng/mul＞ ① (물) air tawar. ② (사람) orang dungu.

맹방(盟邦)＜maeng/bang＞ sekutu.

맹성(猛省)＜maeng/seong＞ refleksi yang sungguh-sungguh; pencerminan diri yang sungguh-sungguh. ~하다 merefleksikan (diri) dengan sungguh-sungguh. ~ 을 촉구하다 mendesak untuk mempertimbangkan kembali dengan sungguh-sungguh.

맹세＜maeng/se＞ sumpah; ikrar; janji. ~하다 bersumpah; mengangkat sumpah; berikrar. ~ 코 atas kehormatan saya; dengan nama Allah. ~를 지키다 [어기다] memegang [melanggar] sumpah.

맹수(猛獸)＜maeng/su＞ binatang buas. ~사냥 perburuan binatang buas.

맹습(猛襲)＜maeng/seub＞ serangan yang ganas. ~ 하다 menyerang dengan ganas.

맹아(盲啞)＜maeng/a＞ ~학교 sekolah tuna netra dan tuna rungu.

맹약(盟約)＜maeng/yak＞ perjanjian; pakta; persekutuan; konfederasi; liga; ikrar.

맹연습(猛練習)＜maeng/yeon/seub＞ ~하다 berlatih dengan keras; melakukan latihan yang keras.

맹위(猛威)＜maeng/wi＞ keganasan; kedahsyatan. ~를 떨치다 mengganas.

맹인(盲人)＜maeng/in＞ ☞ 소경.

맹장(盲腸)＜maeng/jang＞ usus buntu; apendiks; umbai cacing. ~ 수술을 받다 mengalami operasi usus buntu. ~ 염 apendisitis; radang apendiks.

맹장(猛將)＜maeng/jang＞ jenderal yang gagah berani; pejuang veter-

an.
맹점(盲點)＜maeng/ceom＞　celah/lubang-lubang (hukum); kelemahan (hukum). 법의 ~을 찌르다 menembus celah hukum.
맹종(盲從)＜maeng/jong＞　~하다 mengikuti (mematuhi) secara membuta; bertaklid buta.
맹주(盟主)＜maeng/ju＞　pemimpin (persekutuan); adidaya.
맹진(猛進)＜maeng/jin＞　~하다 melejit ke depan; berlari ke depan.
맹추＜maeng/chu＞　bebal; dungu; tebal kening.
맹타(猛打)＜maeng/tha＞　pukulan yang keras.
맹탕＜maeng/thang＞　sup encer, orang dungu.
맹폭(盲爆)＜maeng/fok＞　pemboman membabi buta. ~하다 membom/menjatuhkan bom dengan membabi buta.
맹폭(猛爆)＜maeng/fok＞　pembom gencar; pemboman berat. ~하다 membom/menjatuhkan bom dengan gencar.
맹풍(猛風)＜maeng/fung＞　angin keras; angin ribut.
맹학교(盲學校)＜maeng/hak/gyo＞　Sekolah Tuna Netra.
맹호(猛虎)＜maeng/ho＞　macan/harimau yang buas.
맹활동(猛活動)＜maeng/hwal/tong＞　aktivitas penuh. ~하다 dalam aktivitas penuh.
맹휴(盟休)＜maeng/hyu＞　pemogokan; mogok sekolah. ☞ 동맹휴교.
맺다＜maet/ta＞　① (끈.매듭을) mengikat; menalikan; membuat simpul/ikatan. ② (끝내다) menyelesaikan; mengakhiri; menyimpulkan (pidato). ③ mengikat; berhubungan. 관계를 ~ mengikat hubungan. 부부 인연을 ~ mengikat hubungan suami-istri. ④ (계약.흥정 따위) membuat (kontrak); menutup (tawar menawar). ⑤ (열매를) berbuah; berbiji. ⑥ (원한을) memupuk; memelihara (dendam).

맺히다＜maet/chi/da＞　① (매듭이) diikat. ② (열매가) berbuah; berbiji. ③ (원한이) terpendam (dendam). ④ terbentuk. 이슬이 ~ embun terbentuk; berembun.
머금다＜meo/geum/ta＞　① (입에) menahan air dalam mulut. ② (마음에) memendam (dalam hati). ③ 눈물을 ~ bergenang air mata. 이슬을 ~ berembun. 웃음을 ~ mengulum senyum.
멀루＜meo/ru＞『植』 anggur liar.
머리＜meo/ri＞　① kepala; hulu. ~가 아프다 sakit kepala. ② otak; kepala. ~를 쓰다 menggunakan otak. ~가 좋다 memiliki pikiran yang jernih. ③ rambut. ~를 감다 mencuci rambut. ~를 깎다 memotong rambut. ④ puncak. 기둥 ~ puncak tiang.
머리끝＜meo/ri/keuth＞　mahkota kepala. ~에서 발끝까지 dari ujung rambut sampai ujung kaki. ~이 쭈뼛해지다 tegak bulu roma; merasa takut yang amat sangat.
머리띠＜meo/ri/ti＞　ikat kepala; ban kepala; bondu.
머리말＜meo/ri/mal＞　kata pengantar; prawancana; prakata.
머리맡＜meo/ri/math＞　~에 disisi tempat tidur.
머리채＜meo/ri/chae＞　kepang rambut yang panjang.
머리카락＜meo/ri/kha/rak＞　rambut.
머리털＜meo/ri/theol＞　rambut; surai; bulu tengkuk. ~이 곤두서게 하다 mendirikan bulu roma; membuat takut.
머리핀＜meo/ri/fin＞　jepitan rambut; tusuk konde.
머릿기름＜meo/rit/gi/reum＞　minyak rambut; pomade.
머릿수(-數)＜meo/rit/su＞　jumlah orang; hitungan kepala.
머무르다＜meo/mu/reu/da＞　tinggal; singgah; berdiam; tetap. 현직에 ~ tetap dalam jabatan sekarang.
머무적거리다＜meo/mu/jeok/geo/ri/da＞ ☞ 머뭇거리다.

머무적머무적 ＜meo/mu/jeok/meo/mu/jeok＞ dengan ragu-ragu; dengan bimbang; dengan gugup.

머뭇거리다 ＜meo/mut/geo/ri/da＞ meragu; bimbang; terbata-bata; berkata dengan gagap.

머슴 ＜meo/seum＞ buruh tani. ～살이 kehidupan buruh tani. ～살이(를) 하다 bekerja sebagai buruh tani.

머쓱하다 ＜meo/sseuk/hada＞ ① (키가) kurus dan tinggi. ② (기가 죽다) patah semangat; murung; tawar hati.

머큐로크롬 ＜meo/khyu/ro/kheu/rom＞ merkurokrom.

머큐리 ＜meo/khyu/ri＞ merkuri; air raksa.

머플러 ＜meo/feul/reo＞ selendang leher yang tebal; penyegap suara.

먹구름 ＜meok/gu/reum＞ awan gelap (awan hitam).

먹다 ＜meok/ta＞ ① makan; menyantap; bersantap. 다 ～ menyantap habis. 약을～ minum obat. ② (생계 유지) hidup (dengan); mendapatkan nafkah (dengan). ③ (담배를) merokok; mengudut. ④ 뇌물을 ～ makan suap. ⑤ (욕을) dimarahi; mendapat marah; mendapat makian. ⑥ (마음을) memutuskan. ⑦ (겁을) takut; gentar. ⑧ (나이를) menua; dimakan usia. ⑨ (벌레가) dimakan ngengat. ⑩ (이문) menerima; memperoleh; mendapat. ⑪ (더위를) dipengaruhi oleh panas; dimakan panas. ⑫ (판돈.상금을) memenangkan (hadiah). ⑬ (한대) mendapat pukulan; dipukul. ⑭ (녹을) makan gaji.

먹다 ＜meok/ta＞ ① (귀가) menjadi tuli; menjadi sukar mendengar. ② (날이 들다)) terpotong dengan baik. ③ (물감.풀이) tercelup dengan baik; terwarnai dengan baik. ④ biaya; ongkos; dibelanjakan. 돈이 많이 ～ mahal; makan ongkos banyak.

먹먹하다 ＜meok/meok/hada＞ (귀가) ditulikan(oleh); tuli(oleh). 시끄러운 소리에 귀가 tuli oleh suara yang gaduh.

먹성 ＜meok/seong＞ ～이 좋다 berselera makan baik.

먹음새 ＜meok/eum/sae＞ tata cara makan; tata krama dalam bersantap.

먹음직스럽다 ＜meok/eum/jik/seu/reob/ta＞ tampak lezat; menggiurkan/membangkitkan selera.

먹음직하다 ＜meok/eum/jik/hada＞ ☞ 먹음직스럽다.

먹이 ＜meo/gi＞ makanan; pakan; makanan ternak; umpan. ...의 ～가 되다 menjadi makanan (bagi); menjadi mangsa (bagi). ～를 찾다 mencari mangsa; mencari makan.

먹이다 ＜meo/gi/da＞ ① memberi makan (minum); mengumpani. 젖을 ～ meneteki; menyusui. ② (가축을) memelihara; membesarkan. ③ (부양) menyokong (keluarga). ④ (뇌물을) menyogok; menyuap. ⑤ (때리다) memberikan (pukulan); memukul. ⑥ (겁 따위) menakuti; menakut-nakuti. ⑦ (물감을) mencelup; menganji.

먹자판 ＜meok/ca/pan＞ pesta pora; pesta makan.

먹줄 ＜meok/cul＞ benang peninta; benang arang.

먹칠(-漆) ＜meok/chil＞ ～하다 mencoreng arang di muka.

먹통(-筒) ＜meok/thong＞ kotak tinta tukang kayu.

먹히다 ＜meo/khi/da＞ dimakan; dirampas.

먼나라 ＜meon/na/ra＞ negeri-negeri jauh.

먼눈 ＜meon/nun＞ ① mata yang buta. ② pandangan jauh.

먼데 ＜meon/de＞ ① (변소) kamar kecil; kakus. ② (먼곳) tempat yang jauh; perjalanan panjang.

먼동 ＜meon/dong＞ ～ 트다 terbit fajar. ～ 이 트기 전에 sebelum terbit fajar.

먼로주의(-主義) ＜meon/no/ju/eui＞ doktrin/ajaran Monroe.

먼발치기 ＜meon/bal/chi/gi＞ tempat yang jauh.

먼빛으로 ＜meon/bit/seu/ro＞ dari kejauhan.

먼저 ＜meon/jeo＞ ① (앞서) pertama kali; lebih dahulu ② (우선) pertama-tama; terutama sekali; di-atas segalanya. ③ terlebih dahulu. 돈을 ~ 치르다 membayar terlebih dahulu. ④ sebelumnya. ~ 말한 바와 같이 sebagaimana yang dikemukakan sebelumnya.

먼지 ＜meon/ji＞ debu; abu; abuk. ~ 투성이의 berdebu. ~를 털다 membersihkan debu. ~ 떨이 alat pembersih debu.

멀거니 ＜meol/geo/ni＞ dengan bengong; dengan ternganga-nganga.

멀겋다 ＜meol/geot/tha＞ encer.

멀끔하다 ＜meol/keum/hada＞ bersih; rapi; apik.

멀다 ＜meol/da＞ ① (거리가) jauh (jarak). ② (시간적으로) jauh; lama (waktu). ③ (관계가) jauh (hubungan).

멀다 ＜meol/da＞ kehilangan penglihatan; menjadi buta; dibutakan.

멀떠구니 ＜meol/teo/gu/ni＞ 『鳥』 tembolok.

멀뚱멀뚱 ＜meol/tung/meol/tung＞ dengan bengong.

멀리 ＜meol/li＞ jauh; dalam suatu jarak; panjang jaraknya. ~서 dari jauh; dari kejauhan. ~하다 menjauhkan (diri); menjauhi.

멀미 ＜meol/mi＞ ① (배.수레의) mual. ~하다 merasa mual; merasa nausea. ② (넌더리남) tidak suka; muak; jemu. ~하다 [나다] merasa muak; merasa jemu.

멀쑥하다 ＜meol/ssuk/hada＞ ① (키가) kurus dan tinggi. ② (묽다) encer. ③ ☞ 말쑥하다.

멀어지다 ＜meol/eo/ji/da＞ menjauhi; pergi jauh; menghindar.

멀쩡하다 ＜meol/ceong/hada＞ ① (온전) tidak tercela; tidak ternoda;

murni; sempurna; waras. ② (뻔뻔하다) kurang ajar; tidak bermalu; tidak punya malu. ③ (부당) absurd; tidak berdasar; tidak beralasan.

멀찌막하다 ＜meol/ci/mak/hada＞ cukup jauh; agak jauh.

멀찍멀찍 ＜meol/cik/meol/cik＞ terpisah jauh.

멀찍하다 ＜meol/cik/hada＞ ☞ 멀찌막하다.

멈추다 ＜meom/chu/da＞ berhenti; terhenti; kandas; mandek; menghentikan. 비가 ~ hujan berhenti; hujan reda. 차를 ~ menghentikan mobil.

멈칫거리다 ＜meom/chit/geo/ri/da＞ ragu-ragu; bimbang; menyurut; mundur; menarik diri.

멈칫하다 ＜meom/chit/hada＞ berhenti dengan tiba-tiba; mengundurkan diri.

멋 ＜meot＞ ① kepesolekan. (☞ 멋지다, 멋없다). ~ 있는 perlente; bergaya; apik. ~ 으로 untuk penampilan; untuk berlagak. ~ (을) 부리다[내다] berpakaian menurut mode; berpakaian dengan apik. ② selera; cita rasa; kesenangan. ~ 을 알다 menyenangi ...; menyukai ...; memiliki selera ...; menghargai. ~ 을 모르다 tidak berselera ...; tidak menyenangi ...; tidak menghargai. ③ hal ikhwal; kondisi; keadaan; alasan. ~도 모르고 tidak tahu situasi;tidak tahu mengapa.

멋대로 ＜meot/dae/ro＞ sesukanya; semaunya; sekehendak hati; seenaknya. ~ 굴다[하다] berbuat semaunya ; berbuat sekehendak hati.

멋들어지다 ＜meot/deul/eo/ji/da＞ manis; cakap; gaya; menarik; bagus; tampan.

멋없다 ＜meot/eob/ta＞ tidak menarik; tidak bercita rasa; tidak gaya; tidak cakap.

멋쟁이 ＜meot/jaeng/i＞ orang yang pesolek; orang yang perlente.

멋적다＜meot/ceok/ta＞ canggung; kikuk.

멋지다＜meot/ji/da＞ (ber)gaya; cakap; gagah; perlente; apik; tampan.

멍＜meong＞ ① (맺힌 피) memar; luka memar; binjul; lebam. ~들다 menjadi biru lebam; lebam-lebam. ② (일의 탈) hambatan yang serius; kemunduran yang serius. ~들다 mengalami hambatan yang serius; mengalami kemunduran yang serius; memburuk.

멍석＜meong/seok＞ tikar jerami; lapik.

멍에＜meong/e＞ kuk.

멍울＜meong/ul＞ ☞ 망울.

멍청이＜meong/cheong/i＞ orang dungu; orang bebal; orang tolol.

멍청하다＜meong/cheong/hada＞ bodoh; tolol.

멍텅구리＜meong/theong/gu/ri＞ orang tolol; orang idiot.

멍하다＜meong/hada＞ dengan bengong; ternganga-nganga; terlongong-longong.

메＜me＞ penggebuk; pendera.

메가사이클＜me/ga/sa/i/kheul＞ megasikel (mc).

메가톤＜me/ga/thon＞ megaton (mt). ~급의 dalam kisaran megaton.

메가폰＜me/ga/fon＞ megafon; alat pengeras suara. ~을 잡다 mengarahkan produksi film.

메기＜me/gi＞『魚』 ikan lele; limbat.

메기다＜me/gi/da＞ (화살을) memasang.

메뉴＜me/nyu＞ menu; daftar makanan.

메다＜me/da＞ tersumbat; terhalang; tercekik; 목이 ~ merasa tercekik. 코가 ~ hidung tersumbat.

메다＜me/da＞ memanggul; memikul; membawa di bahu.

메달＜me/dal＞ medali. 금~ 수상자 pemenang medali emas; peraih medali emas.

메들리＜me/deul/li＞ rampai-rampai; medlei.

메뚜기＜me/tu/gi＞ 『蟲』 belalang; pelesit; walang.

메리야스＜me/ri/ya/seu＞ barang-barang yang dirajut; barang rajutan; baju rajutan. ~공장 pabrik perajutan ~기계 mesin perajut; alat perajut.

메린스＜me/rin/seu＞ kain muslin; kain merinos.

메마르다＜me/ma/reu/da＞ kering; tidak subur; gersang; mandul.

메모＜me/mo＞ memo; memorandum; catatan. ~를 적다 membuat memo; membuat catatan/nota. ~지 kertas memo. ~장 buku catatan kecil; bloknot.

메밀＜me/mil＞ sejenis gandum. ~국수 mi gandum. ~묵 selei gandum.

메부수수하다＜me/bu/su/su/hada＞ kikuk; canggung; tidak bisa membawa diri.

메숲지다＜me/suf/ji/da＞ tebal; rimbun; lebat.

메스＜me/seu＞ pisau bedah; skalpel. ~를 가하다 membedah (unsur yang jelek).

메스껍다＜me/seu/keob/ta＞ ① (역겹다) merasa mual (nausea). ② ☞ 아니꼽다.

메슥거리다＜me/seuk/geo/ri/da＞ merasa mual; merasa mau muntah; merasa nausea.

메슥메슥하다＜me/seuk/me/seuk/ha/da＞ ☞ 메스껍다.

메시아＜me/si/a＞ Isa Almasih.

메시지＜me/si/ji＞ pesan; wasiat; amanat. ~를 남기다 meninggalkan pesan.

메신저＜me/sin/jeo＞ pembawa pesan; utusan.

메아리＜me/a/ri＞ gema; gaung; kumandang. ~치다 bergema; bergaung; membahana; berkumandang.

메어치다＜me/eo/chi/da＞ membanting.

메우다＜me/u/da＞ ① mengisi memenuhi; menguruk; menimbun; menutup. 틈을 ~ mengisi celah. 여백을 ~ mengisi ruang kosong.

결원을 ~ mengisi lowongan. ② menggantikan; mengimpas; menutupi. 결손을 ~ mengimpas kerugian; menutupi kerugian. ③ menyimpai; memberi lingkaran pinggir. 통에 테를 ~ menyimpai tong; memberi lingkaran pinggir tong.

메이커 <me/i/kheo> pembuat (barang). (일류) ~제품 barang yang dibuat oleh pembuat yang terkenal; merek ternama.

메이크업 <me/i/kheu/eob> dandanan muka. ~하다 memakai dandanan muka.

메조소프라노 <me/jo/so/feu/ra/no> 『樂』 mezzosoprano.

메주 <me/ju> kedelai yang difermentasikan. 재주가 ~ 다 kurang berbakat.

메지다 <me/ji/da> non glutinus; tidak lengket; tidak pulen.

메질 <me/jil> ~하다 memalu; memukul dengan palu.

메추라기, 메추리 <me/chu/ra/gi, me/c hu/ri> 『鳥』 burung puyuh.

메카 <me/kha> Mekah; tanah suci Mekah.

메커니즘 <me/kheo/ni/jeum> mekanisme; cara kerja.

메타놀 <me/tha/nol> 『化』 metanol; metil alkohol.

메탄 <me/than> 『化』 metan. ~가 스 gas metan; gas rayap.

메탈 <me/thal> metal; logam.

메테나민 <me/the/na/min> 『藥』 metan amina.

메토헤모글로빈 <me/tho/he/mo/geul/l o/bin> 『化』 metohemoglobin.

메트로놈 <me/theu/ro/nom> 『樂』 metronoma (alat pengukur irama/ cepat lambatnya musik).

메틸알코올 <me/thil/al/kho/ol> metanol; metil alkohol.

멕시코 <mek/si/kho> Meksiko. ~ 의 berkenaan dengan Meksiko. ~ 사람 orang Meksiko.

멘델 <men/del> ~법칙 hukum Mendel.

멘셰비키 <men/sye/bi/khi> Menshevik.

멘스 <men/seu> haid; mens; datang bulan. ☞ 월경

멘탈테스트 <men/thal/the/seu/theu> uji mental.

멜대 <mel/dae> kutub pembawa.

멜로드라마 <mel/lo/deu/ra/ma> melodrama; sandiwara sedih.

멜로디 <mel/lo/di> melodi.

멜론 <mel/lon> melon.

멜빵 <mel/pang> tali sandang; sabuk sandang.

멤버 <mem/beo> anggota.

멥쌀 <meb/ssal> beras yang tidak lengket; beras berai.

멧누에 <met/nu/e> 『蟲』 ulat sutera hutan; tussah.

멧닭 <met/dak> 『鳥』 meliwis hitam; ayam jago hitam; ayam betina hitam.

멧돼지 <met/dwae/ji> 『動』 babi hutan; celeng.

멧부리 <met/bu/ri> puncak.

멧새 <met/sae> 『鳥』 meadow bunting (sejenis burung padang rumput).

멧종다리 <met/jong/da/ri> 『鳥』 sejenis burung pegunungan.

며느리 <myeo/neu/ri> isteri anak laki-laki; menantu perempuan. ~ 를 보다 mengawinkan anak lelaki.

며느리발톱 <myeo/neu/ri/bal/thob> 『動鳥』 susuh; jalu; taji.

며칠 <myeo/chil> hari apa; berapa hari; beberapa hari. ~동안 selama beberapa hari. 오늘이 ~인가 Tanggal berapakah sekarang?

멱 <myeok> tenggorokan; kerongkongan. ~따다 menyembelih; memotong tenggorokan.

멱 <myeok> ☞ 미역.

멱(冪) <myeok> 『數』 > kekuasaan. ~수 eksponen.

멱미레 <myeok/mi/re> gelambir.

멱살 <myeok/sal> kerongkongan; leher. ~잡다[들다] mencekam leher; memegang pada kerah baju.

멱서리 <myeok/seo/ri> kantung jerami.

멱씨름＜myeok/ssi/reum＞　　～하다 saling memegang leher; mencekik satu sama lain.

면(面)＜myeon＞　①（얼굴）muka. ②☞체면. ③（표면）permukaan; sisi; faset. ④ aspek; fase; segi sisi. 재정～에서 dari segi keuangan. 모든～에서 dari segala segi. ⑤（지면(紙面)）halaman.

면(面)＜myeon＞ kecamatan.

면(綿)＜myeon＞ katun; kapas. ☞ 무명.

…면＜myeon＞ jika; apabila; bila; seandainya. 비가 오～ bila hujan turun.

면경(面鏡)＜myeon/gyeong＞ cermin tangan; cermin kecil.

면관(免官)＜myeon/gwan＞ ☞ 면직 (免職).

면구스럽다(面灸 -)＜myeon/gu/seu/re ob/ta＞ tersipu-sipu; malu; merasa canggung/kikuk.

면담(面談)＜myeon/dam＞ wawancara; pembicaraan. ～하다 berwawancara; berbicara secara pribadi.

면대(面對)＜myeon/dae＞　～하다 bertemu muka; berhadapan satu sama lain. 하여 muka dengan muka; berhadap-hadapan.

면도(面刀)＜myeon/do＞ cukur. ～하다 bercukur; mencukur muka sendiri; mencukur muka (di salon). (안전) ～칼 pisau cukur.

면려(勉勵)＜myeon/nyeo＞　～하다 bekerja keras; giat.

면류(麵類)＜myeon/nyu＞ mi; permiselli; misoa.

면류관(冕流冠)＜myeol/lyu/gwan＞ mahkota.

면면(綿綿)＜myeon/myeon＞　～한 berkesinambungan; tidak berakhir; terus menerus. ～히 tanpa berhenti; tanpa istirahat.

면모(面貌)＜myeon/mo＞ muka; paras; wajah; penampakan. ～를 일신하다 merubah penampakan; berubah sama sekali. ～를 되찾다 kembali ke kondisi terdahulu; kembali ke keadaan semula.

면목(面目)＜myeon/mok＞ muka; paras; wajah; penampakan; kehormatan. ～을 잃다 kehilangan muka. ～을 유지하다[세우다] menyelamatkan muka [kehormatan]. ～ 없다 kehilangan muka. ～을 일신하다 berubah sama sekali; berubah secara radikal.

면밀(綿密)＜myeon/mil＞　～한 ketat; teliti; cermat; hati-hati. ～히 dengan teliti; dengan cermat; dengan seksama. ～한 검사 pemeriksaan yang teliti; penyelidikan yang ketat.

면바르다(面 -)＜myeon/ba/reu/da＞ datar; rata; potong bersih.

면박(面駁)＜myeon/bak＞　～하다 menuding muka (menyalahkan) orang.

면방적(綿紡績)＜myeon/bang/jeok＞ pemintalan kapas. ～기 mesin pemintal.

면벽(面壁)＜myeon/byeok＞『佛』 meditasi menghadap tembok.

면부득(免不得)＜myeon/bu/deuk＞ ～하다 tak terelakkan; tidak dapat dihindarkan.

면사(免死)＜myeon/sa＞　～하다 luput (diselamatkan) darikematian.

면사(綿絲)＜myeon/sa＞ benang katun.

면사무소(面事務所)＜myeon/sa/mu/ so＞ kantor kecamatan.

면사포(面紗布)＜myeon/sa/fo＞ tudung penganten. ～를 쓰다 menikah; memakai tudung penganten; naik pelaminan.

면상(面上)＜myeon/sang＞ muka.

면상(面相)＜myeon/sang＞ air muka; wajah; paras.

…면서＜myeon/seo＞　① sambil; dengan. 웃으～ dengan senyum; tersenyum. 책을 읽으～ 걷다 berjalan sambil membaca. ② meskipun; walaupun; meskipun demikian. 나쁜 일인 줄 알～ Meskipun saya tahu bahwa hal itu salah.

면서기(面書記)＜myeon/seo/gi＞ pegawai kecamatan.

면세(免稅)＜myeon/se＞ pembebasan pajak. ～하다 membebaskan dari pajak. ～점(點) batas pembebasan pajak. ～품(品) barang bebas pajak.

면소(免訴)＜myeon/so＞ pembebasan(tahanan). ～하다 membebaskan. ～되다 dibebaskan.

면식(面識)＜myeon/sik＞ perkenalan. ～이 있다 diperkenalkan; mengenal; berkenalan.

면양(緬羊)＜myeon/yang＞ domba; biri-biri.

면역(免役)＜myeo/nyeok＞ pembebas tugasan dari dinas pegawai negeri (militer).

면역(免疫)＜myeo/nyeok＞ imunitas; kekebalan. ～이 되다 menjadi kebal; menjadi immun. ～이 되게 하다 mengebalkan; mengimunisasi. ～주사 inokulasi/penyuntikan (protektif). ～학 imunologi (ilmu yang mempelajari tentang sistim kekebalan tubuh).

면장(免狀)＜myeon/cang＞ surat izin /lisensi. 수입～ surat izin impor.

면장(面長)＜myeon/jang＞ camat.

면적(面積)＜myeon/jeok＞ area; luas. ～을 차지하다 meliputi area (luas). 경작～ area yang ditanami.

면전(面前)＜myeon/jeon＞ ～에서 dihadapan; di depan; di muka 내 ～에서 di depan saya; di hadapan saya.

면접(面接)＜myeon/jeob＞ wawancara; tanya jawab. ～하다 berwawancara; mengadakan wawancara. ～시험 ujian lisan; test wawancara.

면제(免除)＜myeon/je＞ pembebasan; penghapusan. ～하다 membebaskan; membebas tugaskan. 징집[병역]이～되다 dibebaskan dari dinas militer. 일부[전부]～ pembebasan sebagian [total]. 입학금～ pembebasan uang masuk sekolah.

면제품(綿製品)＜myeon/je/fum＞ barang-barang dari katun/kapas.

면종복배(面從腹背)＜myeon/jong/bok/bae＞ Di depan muka taat, di belakang khianat; ciuman Judas.

면지(面紙)＜myeon/ji＞ halaman kosong pada awal (dan akhir) buku.

면직(免職)＜myeon/jik＞ pemecatan; pemberhentian (dari jabatan). ～하다 memecat; memberhentikan. ～되다 dipecat; diberhentikan.

면직물(綿織物)＜myeon/jik/mul＞ tenunan katun; kain kapas.

면책(免責)＜myeon/chaek＞ pembebasan/pelepasan dari tanggung jawab/kewajiban. ～ 조항 klausa pembebasan.

면책(面責)＜myeon/chaek＞ celaan di depan muka. ～하다 mencela di depan muka.

면치레(面 -)＜myeon/chi/re＞ ～하다 menjaga penampilan.

면포(綿布)＜myeon/fo＞ kain katun; bahan katun.

면하다(免-)＜myeon/hada＞ ① (벗어남) bebas (dari); dibebaskan (dari); pulih (dari). ② (회피) menghindari; mengelakkan. ③ (모면) terhindar (dari); lolos (dari); diselamatkan (dari). ④ (면제) bebas (dari); dibebaskan (dari), kebal terhadap. 병역을～ bebas dari dinas militer.

면하다(面-)＜myeon/hada＞ menghadap.

면학(勉學)＜myeo/nak＞ belajar; sekolah. ～하다 belajar; menuntut ilmu. ～분위기를 조성하다 menciptakan suasana akademis.

면허(免許)＜myeo/neo＞ izin; lisensi. ～있는[없는] berlisensi/berizin [tidak berizin]. ～를 얻다 mendapat lisensi; mendapatkan ijin. ～중(證) ijin mengemudi (SIM).

면화(棉花)＜myeo/nwa＞ ☞ 목화(木花).

면회(面會)＜myeo/noe＞ wawancara; interview. ～하다 bertemu; berwawancara; bertatap muka; menghadap; menemui. ～를 청하다 meminta untuk berwawancara; meminta kesempatan untuk wawancara. ～를 사절하다 menolak menerima tamu. (작업중) ~사절 Wawancara Tidak Diperkenankan (Selama Jam Kerja); Tidak Terima Tamu. ~시간 jam kunjungan; jam bertamu.

멸공(滅共)〈myeol/gong〉 pembasmian komunisme; penghancuran komunisme. ~정신 semangat pembasmian komunis.

멸구〈myeol/gu〉 『蟲』 belalang daun.

멸균(滅菌)〈myeol/gyun) ☞ 살균(殺菌).

멸망(滅亡)〈myeol/mang〉 keruntuhan; kejatuhan; kemusnahan; kematian. ~하다 hancur; runtuh; musnah; binasa; hilang; lenyap.

멸문(滅門)〈myeol/mun〉 ~지화 (之禍) bencana yang melenyapkan keseluruhan anggota keluarga.

멸사봉공(滅私奉公)〈myeol/sa/bong/gong〉 pengorbanan/pengabdian tanpa pamrih kepada negara.

멸시(蔑視)〈myeol/si〉 pengabaian; cercaan; cibiran; pelecehan (☞ 경멸). ~하다 mengabaikan; memandang rendah; melecehkan. ~받다 diabaikan; dipandang rendah; dianggap sepi; dilecehkan.

멸절(滅絕)〈myeol/ceol〉 pemusnahan; pembasmian.

멸족(滅族) 〈myeol/cok〉 ~하다 memusnahkan; menewaskan keseluruhan anggota keluarga.

멸종(滅種)〈myeol/cong〉 ~하다 memusnahkan (bibit); dimusnahkan; menjadi punah.

멸치〈myeol/chi〉『魚』 ikan teri (haring). ~젓 ikan teri asin.

멸하다(滅-)〈myeol/hada〉 menghancurkan; memusnahkan; membinasakan.

명〈myeong〉 katun; kapas.

명(命)〈myeong〉 ① ☞ 명령. 당국의 ~에 의하여 atas perintah yang berwenang. ②(jangka waktu) hidup seseorang; takdir. 제 ~에 죽다 meninggal secara alamiah.

명(銘)〈myeong〉 prasasti, motto.

명(名)〈myeong〉 orang. 20~ dua puluh orang.

명…(名)〈myeong〉 hebat; besar; terkemuka. ~배우 aktor bintang; aktor terkemuka.

명가(名家)〈myeong/ga〉 keluarga terkemuka; keluarga terhormat, orang terkemuka.

명가수(名歌手)〈myeong/ga/su〉 penyanyi terkenal.

명검(名劍)〈myeong/geom〉 pedagang terkenal.

명경(明鏡)〈myeong/gyeong〉 kaca yang jelas; kaca tak bernoda.

명계(冥界)〈myeong/gye) ☞ 명도(冥途).

명곡(名曲)〈myeong/gok〉 musik terkenal.

명공(名工)〈myeong/gong〉 pengrajin terampil; seniman ahli.

명관(名官)〈myeong/gwan〉 gubernur ternama.

명관(鳴管)〈myeong/gwan〉 『鳥』 saluran udara pada burung.

명구(名句)〈myeong/gu〉 ucapan terkenal; pepatah terkenal; ujar-ujar terkenal.

명군(明君)〈myeong/gun〉 raja yang bijaksana.

명궁(名弓)〈myeong/gung〉 pemanah yang ahli, panah ternama.

명금(鳴禽)〈myeong/geum〉 burung penyanyi.

명기(明記)〈myeong/gi〉 ~하다 menyatakan dengan jelas; memerinci.

명년(明年)〈myeong/nyeon〉 tahun depan.

명단(名單)〈myeong/dan〉 daftar nama-nama.

명단(明斷)〈myeong/dan〉 ~을 내리다 memberikan pengadilan yang adil.

명담(名談)〈myeong/dam〉 ucapan yang bijaksana.

명답(名答)〈myeong/dab〉 jawaban yang pintar (tepat).

명답(明答)〈myeong/dab〉 jawaban yang pasti.

명당(名堂)＜myeong/dang＞　　①（대궐의）ruang pertemuan raja.　②（묏자리）tempat yang tepat untuk kuburan.

명도(名刀)＜myeong/do＞　　pedang terkenal.

명도(明度)＜myeong/do＞　　luminositas.

명도(明渡)＜myeong/do＞　　evakuasi; pengosongan.　～하다 mengosongkan rumah.　～를 요구하다 meminta untuk mengosongkan rumah.（가옥의）～소송 gugatan pengusiran.

명도(冥途)＜myeong/do＞　『佛』alam barzah; alam kubur.

명랑(明朗)＜myeong/nang＞　　～한 gembira; ceria.　～하게 하다, ～해지다 menggembirakan.

명령(命令)＜myeong/yeong＞　perintah; instruksi.　～하다 memerintahkan; memberi perintah.　～적(으로)（secara）perintah.　～조로 berbicara dengan nada memerintah.　～에 따르다 melaksanakan perintah.　～대로 하다 melakukan sesuai dengan apa yang diperintahkan.　～법『文』bentuk perintah.

명론(名論)＜myeong/non＞　pendapat yang sangat baik; argumen yang meyakinkan.

명료(明瞭)＜myeong/yo＞　　～한[하게] dengan jelas.　～하게 하다 membuat jelas; menjelaskan.

명리(名利)＜myeong/ni＞　　kemasyhuran dan kekayaan.　～를 좇다 berusaha mendapatkan kemasyhuran dan kekayaan.

명마(名馬)＜myeong/ma＞　　kuda yang baik.

명망(名望)＜myeong/mang＞　reputasi; popularitas; kemasyhuran; nama baik.　～가 orang yang mempunyai reputasi tinggi; orang termasyhur.

명맥(命脈)＜myeong/maek＞　hidup; keberadaan.　～을 유지하다 mempertahankan hidup.　겨우 ～을 유지하다 hidup dengan susah payah.

명멸(明滅)＜myeong/myeol＞　　～하다 berkelap-kelip.　～신호(信號) tanda yang berkelip-kelip.

명명(命名)＜myeong/myeong＞　　～하다 memberi nama; menggelari; membabtis.　～식 upacara pemberian nama/pembabtisan.

명명백백(明明白白)＜myeong/myeong/baek/baek＞　　～한 sejelas siang hari; sangat jelas/terang.

명모(明眸)＜myeong/mo＞　　mata yang cemerlang.

명목(名目)＜myeong/mok＞　　nama; gelar.　～상의 nominal; nama saja.　～가격 harga nominal.　～임금 upah nominal.

명문(名文)＜myeong/mun＞　　sastra yang bernilai; karangan yang bagus.　～가 ahli gaya.

명문(名門)＜myeong/mun＞　keluarga yang terpandang.　～교 sekolah yang terkenal.

명문(明文)＜myeong/mun＞　ketetapan yang tersurat.　법률에 ～화되어 있다 dinyatakan dengan jelas dalam undang-undang.

명물(名物＜meyong/mul＞　（산물）hasil istimewa produk khas, kekhasan; khasiat; keistimewaan,（사람）tokoh terkemuka; orang yang terpandang.

명미(明媚)＜myeong/mi＞　　～한 indah; permai.

명민(明敏)＜myeong/min＞　　～하다 bijaksana; cerdas; cerdik.

명반(明礬)＜myeong/ban＞　　tawas.　～석 batu tawas.

명백(明白)＜myeong/baek＞　　～하다 jelas; tampak; kelihatan; timbul; nyata; maya; terang; jernih.　～히 dengan jelas.

명복(冥福)＜myeong/bok＞　kebahagian di akherat/di dunia lain.　～을 빌다 berdoa untuk kebahagian di akherat.

명부(名簿)＜myeong/bu＞ daftar nama-nama.　～를 만들다 membuat daftar nama.　선거인～ buku daftar pemilih.　회원～ daftar keanggotaan.

명부(冥府)＜myeong/bu＞ dunia lain; akherat.

명분(名分)＜myeong/bun＞ kewajiban moral; pembenaran moral. ~이 서는 dapat dibenarkan; dapat dipertanggungjawabkan secara moral. ~이 안서는 tidak dapat dibenarkan; tidak dapat dipertanggung jawabkan secara moral. ~을 세우다 membuat kewajiban moral.

명사(名士)＜myeong/sa＞ orang yang terpandang; orang yang terkemuka.

명사(名飼)＜myeong/sa＞ 『文』 kata benda.

명산(名山)＜myeong/san＞ gunung terkenal.

명산(名産)＜myeong/san＞ hasil yang istimewa/terkenal.

명상(瞑想)＜myeong/sang＞ meditasi; semedi. ~하다 bermeditasi; tepekur. ~적인 yang bersifat meditasi. ~에 잠기다 tenggelam dalam meditasi.

명색(名色)＜myeong/saek＞ nama saja. ☞ 명목.

명석(明晳)＜myeong/seok＞ ~하다 terang; jernih. 두뇌가 ~하다 pikiran yang jernih.

명성(名聲)＜myeong/seong＞ kemasyhuran; popularitas. ~을 얻다 menjadi tenar/terkenal; mendapat kemasyhuran. ~을 높이다 [더럽히다] menaikkan [merusak] reputasi/nama baik seseorang.

명성(明星)＜myeong/seong＞ ① (샛별) bintang fajar; Lucifer. ② (인기인) bintang (aktor).

명세(明細)＜myeong/se＞ rincian; uraian. ~서 perhitungan terperinci; spesifikasi. (선적~서 spesifikasi pengiriman. 지출~서 rekening pengeluaran.

명소(名所)＜myeong/so＞ tempat yang terkenal; tempat yang indah. ~를 구경하다 melihat-lihat pemandangan tempat yang terkenal.

명수(名手)＜myeong/su＞ ahli (dalam); mahir (dalam); pakar. 사격의 ~ jago tembak.

명수(命數)＜myeong/su＞ hidup seseorang; takdir.

명승(名勝)＜myeong/seung＞ ~고적 monumen yang indah dan bersejarah. ~지 tempat yang bersejarah.

명승(名僧)＜myeong/seung＞ imam besar; pendeta agung.

명시(明示)＜myeong/si＞ ~하다 menerangkan; menunjukkan dengan jelas. ~적(으로) (dengan) tegas; (secara) eksplisit.

명실(名實)＜myeong/sil＞ ~공히 baik nama maupun kenyataan. ~상부하다 sesuai dengan namanya.

명심(銘心)＜myeong/sim＞ ~하다 mengingat dengan baik; menyimpan dalam hati.

명안(名案)＜myeong/an＞ ide/gagasan yang cemerlang; rencana yang bagus.

명암(明暗)＜myeong/am＞ cahaya dan kegelapan. 인생의 ~양면(兩面) sisi gelap dan terang kehidupan. ~법 metode bayangan.

명약관화(明若觀火)＜myeong/yak/gwan/hwa＞ ~하다 jelas; terang.

명언(名言)＜myeong/eon＞ pepatah yang bijak.

명언(明言)＜myeong/eon＞ ~하다 mengemukakan secara tegas; menyatakan secara tersirat.

명역(名譯)＜myeong/yeok＞ terjemahan yang bagus.

명연기(名演技)＜myeong/yeon/gi＞ penampilan yang bagus; akting yang baik.

명예(名譽)＜myeong/ye＞ kehormatan; keharuman nama; kemasyhuran. ~로운 yang terhormat. ~를 걸고 demi kehormatan. ~를 얻다 mendapat kehormatan. ~로 여기다 menganggap sebagai suatu kehormatan. ~가 되다 menjadi kehormatan/kebanggaan. ~를 더럽히다 menimbulkan aib. ~교수 guru besar kehormatan. ~심민[직, 회장] warga negara [kedudukan, ketua]

kehormatan. ~심 ambisi; cinta ketenaran/popularitas. ~ 훼손죄 hukuman fitnah.
명왕성(冥王星)＜myeong/wang/seong＞ Pluto.
명우(名優)＜myeong/u＞ aktor besar; bintang terkenal.
명운(命運)＜myeong/un＞ nasib.
명월(明月)＜myeong/wol＞ bulan purnama.
명의(名義)＜myeong/eui＞ nama. ~상의 pada namanya saja; nominal. ...의 ~로 atas nama (seseorang). 아내의 ~로 바꾸다 memindahkan atas nama istri. ~도용 penggunaan nama orang lain secara tidak sah. ~변경 balik nama.
명의(名醫)＜myeong/eui＞ dokter yang terkenal.
명인(名人)＜myeong/in＞ ahli; pakar.
명일(名日)＜myeong/il＞ hari libur nasional; hari besar nasional.
명일(明日)＜myeong/il＞ besok; esok.
명작(名作)＜myeong/jak＞ karya besar; karya agung.
명장(名匠)＜myeong/jang＞ tukang; ahli; juru.
명장(名將)＜myeong/jang＞ jenderal yang terkenal.
명재경각(命在頃刻)＜myeong/jae/gyeong/gak＞ berada ambang kematian.
명저(名著)＜myeong/jeo＞ buku yang baik; karya yang baik.
명절(名節)＜myeong/jeol＞ hari raya nasional. ~기분 suasana hari raya.
명정(酩酊)＜myeong/jeong＞ kemabukan; keadaan mabuk. ☞ 취하다.
명제(命題)＜myeong/je＞『論』dalil; proposisi.
명조(明朝)＜myeong/jo＞ ① besok pagi. ② ＝ 명조체.
명주(明紬)＜myeong/ju＞ sutra; tenunan sutra; kain sutra. ~실 benang sutra.
명주(銘酒)＜myeong/ju＞ minuman

keras merek terkenal.
명중(命中)＜myeong/jung＞ kena; sangkil. ~하다 mengena; tepat sasaran. ~하지 않다 tidak mengenai sasaran; tidak kena; luput. ~탄(憚) tembakan tepat sasaran.
명찰(名札)＜myeong/chal＞ pelat nama.
명창(名唱)＜myeong/chang＞ penyanyi yang terkenal.
명철(明哲)＜myeong/cheol＞ kecerdasan; kebijaksanaan. ~하다 bijaksana; pintar.
명추(明秋)＜myeong/chu＞ musim rontok yang berikutnya.
명춘(明春)＜myeong/chun＞ musim semi yang berikutnya.
명치＜myeong/chi＞ pusar.
명칭(名稱)＜myeong/ching＞ nama; sebutan; panggilan; gelar; titel.
명콤비(名-)＜myeong/khom/bi＞ kombinasi yang ideal; pasangan yang serasi.
명쾌(明快)＜myeong/khwae＞ ~한 terang; jelas.
명태(明太)＜myeong/thae＞『魚』ikan polok Alaska.
명필(名筆)＜myeong/fil＞ tulisan tangan yang baik.
명하다(命-)＜myeong/hada＞ ① ☞ 명령하다. ② (임명) mengangkat; menunjuk; menugaskan.
명함(名啣)＜myeong/ham＞ kartu nama. ~을 내다 membuat kartu nama ~판(사진) pas photo.
명현(名賢)＜myeong/hyeon＞ orang bijak.
명화(名畵)＜myeong/hwa＞ lukisan terkenal, film terkenal.
명확(明確)＜myeong/hwak＞ ~한 nyata; jelas; akurat. ~하게 dengan jelas; dengan akurat.
몇＜myeot＞ berapa; beberapa. ~개 berapa buah. ~년(年) berapa tahun. ~번 berapa kali. ~사람 berapa orang. ~살 berapa umur. ~시 jam berapa. ~번씩이나 sering. ~살이지 Berapa umurmu? ~시입니까 Jam berapa sekarang?

몇몇 <myeot/myeot> beberapa; berbilang.

모 <mo> ① sudut; penjuru; pojok. ~가 난 bersudut; bersiku. ② ☞ 모서리. ③ kekakuan; angularitas. ~(가) 나다 kaku; bersifat kasar. ~ 나지 않다 bersifat lembut. ④ sisi.여러 ~로 dalam berbagai (banyak) jalan. ~로 눕다 berbaring menyisi.

모 <mo> bibit padi; semaian (☞ 모내다). ~를 심다 memindah tanamkan bibit padi.

모(某) <mo> seseorang; orang tertentu ~처 suatu tempat; tempat yang tertentu. 김 ~ (金某) seseorang yang bernama Kim.

모 <mo> sepotong.

모가치 <mo/ga/chi> bagian seseorang. ☞ 몫.

모개 <mo/gae> ~로 (membeli) secara borongan. ~흥정 jual beli borongan.

모경(暮景) <mo/gyeong> pemandangan sore hari.

모계(母系) <mo/gye> garis keturunan ibu; pihak ibu.

모계(謀計) <mo/gye> siasat.

모골(毛骨) <mo/gol> ~이 송연하다 ngeri; berdiri bulu roma.

모공(毛孔) <mo/gong> pori-pori.

모관(毛管) <mo/gwan> tabung kapiler. ~작용 aksi kapiler. ~현상 gejala kapiler.

모교(母校) <mo/gyo> almamater.

모국(母國) <mo/guk> tanah air; tanah tumpah darah; persada. ~어 (語) bahasa ibu; bahasa sehari-hari.

모국(某國) <mo/guk> suatu negeri.

모권(母權) <mo/gwon> otoritas ibu; hak ibu.

모근(毛根) <mo/geun> akar rambut. ~이식 implantasi rambut.

모금(募金) <mo/geum> pemungutan sumbangan; pengumpulan dana. ~하다 mencari dana. ~운동 gerakan pengumpulan dana. 가두 ~ pungutan sumbangan di jalan.

모금 <mo/geum> seteguk; seisapan.

모기 <mo/gi> nyamuk; rengit. ~소리로 dengan suara samar-samar. ~에 물리다 digigit nyamuk. ~장 kelambu. ~향 obat nyamuk.

모깃불 <mo/git/bul> pengasapan nyamuk.

모나코 <mo/na/kho> Monako. ~공국(公國) Kerajaan Monako.

모내기 <mo/nae/gi> pindah tanam padi. ~철 musim menanam padi.

모내다 <mo/nae/da> ① (벼의 모를) memindah tanamkan. ② (각 (角)을) membuat persegi; menyegikan.

모녀(母女) <mo/nyeo> ibu dan anak perempuan.

모노레일 <mo/no/re/il> kereta api rel tunggal.

모노타이프 <mo/no/tha/i/feu> mesin huruf per huruf.

모놀로그 <mo/nol/lo/geu> bicara sendiri; monolog.

모니터 <mo/ni/theo> pamantauan; monitor. ~제 sistem pemantauan.

모닝코트 <mo/ning/kho/theu> baju pagi hari.

모닥불 <mo/dak/bul> api di tempat terbuka; api unggun. ~을 피우다 menyalakan api unggun.

모더니즘 <mo/deo/ni/jeum> moderniasi.

모던 <mo/deon> modern. ~걸 gadis modern.

모데라토 <mo/de/ra/tho> >『樂』 moderato; sedang.

모델 <mo/del> model. ~이 되다 menjadi model. 사진 ~ fotomodel. 패션 ~ peragawati.

모독(冒瀆) <mo/dok> pemitnahan. ~하다 memfitnah.

모두 <mo/du> semuanya; bersama; seluruhnya; semesta; segenap; sekalian. 우리 셋이 ~ kita bertiga.

모두(冒頭) <mo/du> permulaan; pendahuluan. ~진술 kata pendahuluan.

모두뜀 <mo/du/twim> melompat dengan dua kaki.

모든 <mo/deun> semua; seluruh;

segenap; semesta; tiap; para.　~점에서 semua titik; semua hal.
모들뜨기＜mo/deul/teu/gi＞　orang yang bermata juling.
모뜨다＜mo/teu/da＞　meniru; mencontoh; menyalin.
모라토리엄＜mo/ra/tho/ri/eom＞　penandaan.
모락모락＜mo/rak/mo/rak＞　☞ 무럭무럭.
모란(牡丹)＜mo/ran＞　pohon peoni.
모랄＜mo/ral＞　moral.
모래＜mo/rae＞　pasir.　~가 많은 berpasir.　~장난을 하다 bermain pasir.　~ 땅 tanah berpasir.　~먼지 debu pasir.　~밭 kebun berpasir.　~ 벌판 daratan pasir.　~사장 [톱] pantai yang berpasir.　~시계 jam pasir.　~주머니 kantung pasir.　~ 찜질 mandi pasir.　~채취장 galian pasir.　~언덕 bukit pasir.
모래집＜mo/rae/jib＞　selaput yang membungkus bayi dalam kandungan; amnion.　~물 air ketuban.
모략(謀略)＜mo/ryak＞　rencana jahat; tipu muslihat; strategi.　~을 꾸미다 merencanakan tipu muslihat/strategi.　~선전 propaganda yang strategis.
모레＜mo/re＞　lusa.
모로＜mo/ro＞　secara diagonal; dengan meminggir.
모로코＜mo/ro/kho＞　Maroko.　~의 berkenaan dengan Maroko.
모롱이＜mo/rong/i＞　jalan punggung bukit.
모루＜mo/ru＞　landasan; paron.　~채 palu; martil.
모르다＜mo/reu/da＞　① tidak tahu. 모른 체하다 pura-pura tidak tahu. 글을~ buta huruf. 할 바를 ~ tidak tahu apa yang mau dilakukan. 전혀 ~ tidak tahu menahu. ② tidak mengerti. 시를~ tidak mengerti puisi. 중요성을 ~ tidak mengetahui betapa pentingnya. 돈을~ tidak tahu nilai uang. ③ tidak sadar; tidak menyadari; tidak

merasa. 창피를 ~ tidak tahu malu. ④ (기억못함) tidak ingat. ⑤ tidak ada hubungan dengan; tidak berpengalaman. 세상을 ~ tidak mengetahui tentang dunia.
모르모트＜mo/reu/mo/the＞　『動』 marmot.
모르몬교(-敎)＜mo/reu/mon/gyo＞　Marmonisme.　~도 orang Mormon.
모르스＜mo/reu/seu＞　~부호 kode (huruf) morse.
모르타르＜mo/reu/tha/reu＞　adukan semen.
모르핀＜mo/reu/fin＞　morfin.　~중독 morfinisme.
모름지기＜mo/reum/ji/gi＞　dengan sendirinya; sudah semestinya.
모리(謀利)＜mo/ri＞　pencatutan.　~하다 mencatut.　~배 tukang catut; pencatut.
모리타니아＜mo/ri/tha/ni/a＞　Mauritania.　~의 berkenaan dengan Mauritania.　~사람 orang Mauritania.
모면(謀免)＜mo/myeon＞　~하다 lolos dari (kematian). 위기를 ~하다 lolos dari krisis.
모멸(侮蔑)＜mo/myeol＞　(menganggap) rendah.　☞ 경멸.
모모(某某)＜mo/mo＞　polan; si anu.
모모한(某某-)＜mo/mo/han＞　terkenal.　~인사 orang yang terpandang (terkenal).
모물(毛物)＜mo/mul＞　pakaian bulu binatang.　~전 toko/penjual pakaian bulu binatang.
모반(母班)＜mo/ban＞　tanda lahir.
모반(謀叛)＜mo/ban＞　pemberontakan; pengacauan.　~하다 merencanakan pemberontakan.　~자(者) pemberontak.　~죄 pengkhianatan.
모발(毛髮)＜mo/bal＞　rambut.　~영양제 obat penguat rambut/penyubur rambut.
모방(模倣)＜mo/bang＞　tiruan; jadi-jadian; imitasi; palsu.　~하다 meniru; mencontoh; menjiplak .　~본능 naluri meniru.　~ 예술 benda

seni tiruan. ~자 peniru; penjiplak.

모범(模範)＜mo/beom＞ model; contoh; teladan; standar. ~적 khas; corak. …을 ~으로 삼다 meniru contoh. ~을 보이다 memberi contoh. ~생 mahasiswa (pelajar) teladan. ~수 tahanan teladan. ~시민 warga negara teladan. ~운전사 [공무원] sopir [pegawai negeri] teladan.

모병(募兵)＜mo/byeong＞ penerimaan tenaga baru. ~하다 menerima tenaga baru.

모사(毛絲)＜mo/sa＞ ☞ 털실.

모사(模寫)＜mo/sa＞ peniruan; penyalinan; salinan. ~하다 menyalin; meniru; mereproduksi.

모사(謀士)＜mo/sa＞ ahli siasat.

모사(謀事)＜mo/sa＞ ~하다 merencanakan siasat; merancang strategi.

모살(謀殺)＜mo/sal＞ ~하다 membunuh berencana. ~미수 percobaan pembunuhan. ~미수범 pelanggar percobaan pembunuhan.

모상(母喪)＜mo/sang＞ kematian ibu.

모새＜mo/sae＞ pasir.

모색(暮色)＜mo/saek＞ senja; sore hari; senja kelabu.

모색(模索)＜mo/saek＞ ~하다 meraba-raba. 암중 ~ meraba dalam kegelapan.

모새약(毛生藥)＜mo/sae/yak＞ penumbuh rambut; penyubur rambut.

모서리＜mo/seo/ri＞ sudut; pojok. ~를 훑다 membulatkan sudut.

모선(母船)＜mo/seon＞ kapal induk.

모성(母性)＜mo/seong＞ keibuan. ~애 kasih sayang ibu.

모세＜mo/se＞『聖』 Musa.

모세관(毛細管)＜mo/se/gwan＞ pembuluh/pipa kapiler. ~현상 aksi (fenomena) kapiler.

모세혈관(毛細血管)＜mo/se/hyeol/gwan＞『解』 pembuluh kapiler.

모션＜mo/syeon＞ gerakan.

모손(耗損)＜mo/son＞ ☞ 손모(損耗).

모순(矛盾)＜mo/sun＞ kontradiksi. ~되다 berkontradiksi; bertentangan.

모숨＜mo/sum＞ seikat; serangkai.

모스크＜mo/seu/kheu＞ masjid.

모스크바＜mo/seu/kheu/ba＞ Moskow.

모슬린＜mo/seul/lin＞ kain tipis untuk gorden/tirai; kain muslin.

모습(模襲)＜mo/seub＞ penampilan; citra; wajah; jejak. 걷는~ bentuk berjalan (dari). 옛~ wajah dulu. 어릴 때~ wajah dimasa kanak-kanak; wajah kanak-kanak. ~을 나타내다 muncul; menampilkan diri.

모시＜mo/si＞ kain rami. ~옷 pakaian dari kain rami.

모시다＜mo/si/da＞ ① melayani. 부모를 ~ melayani orang tua. ② menunjukkan; menyilahkan; membimbing; menemani. 손님을 방으로 ~ mengiring tamu ke ruangan. ③ (받들다) mengagungkan. ④ (추대) memperlakukan (seseorang) sebagai.

모시류(毛翅類)＜mo/si/ryu＞『蟲』 serangga bersayap empat; *trichoptera*.

모시조개＜mo/si/jo/gae＞『貝』 sejenis kerang.

모시항라(-亢羅)＜mo/si/hang/na＞ kain rami tenunan longgar.

모씨(某氏)＜mo/ssi＞ orang tertentu; si polan; si anu.

모양(模樣)＜mo/yang＞ bentuk; penampilan; lagam; kondisi. ~이 좋은 berbentuk bagus. ~사나운 tidak berbentuk; jelek. …한 ~이다 tampak seperti …; kelihatan seperti … …할 ~이다 kelihatan akan … …하는 ~이다 kelihatan sedang ….

모어(母語)＜mo/eo＞ bahasa ibu; bahasa sehari-hari.

모여들다＜mo/yeo/deul/da＞ berduyun-duyun masuk.

모역(謀逆)＜mo/yeok＞ pemberontakan. ~하다 memberontak.

모옥(茅屋)＜mo/ok＞ pondok yang beratap rumbia/ilalang.

모욕(侮辱)＜mo/yok＞ ejekan; hina-an; fitnah; umpat; cemooh; celaan. ~하다 mengejek; menghina; mengejikan; melecehkan. ~ 적인 언사 ucapan /perkataan yang mengejek. ~을 당하다 diejek; difitnah; dihina. 갖은 ~을 주다 melontarkan/menimpakan fitnah terhadap … 법정 ~죄 penghinaan pengadilan.

모유(母乳)＜mo/yu＞ air susu ibu (ASI). ~로 자란 아이 anak yang dibesarkan dengan air susu ibu. ~로 기르다 menyusui; meneteki.

모으다＜mo/eu/da＞ ① mengumpulkan; mengerahkan; menghimpun. 자금을 ~ mengumpulkan dana; mencari dana. 재료를 ~ mengumpulkan bahan-bahan. ② memusatkan pada; mencurahkan pada. 주의를 …에~ memusatkan perhatiannya pada …. ③ mengumpulkan; menyisihkan. 돈을 ~ mengumpulkan uang.

모음(母音)＜mo/eum＞ huruf hidup; vokal. ~ 변화[조화] gradasi [harmoni] vokal. 기본 ~ huruf hidup yang pokok/utama. 이중~ diftong/bunyi rangkap.

모의(模擬)＜mo/eui＞ ~의 imitasi; tiruan. ~국회 parlemen gadungan. ~시험 ujian uji coba.

모의(謀議)＜mo/eui＞ komplotan; permufakatan; kongkalingkong. ~하다 berkomplot.

모이＜mo/i＞ pakan; makanan hewan. ~를 주다 memberi makan (hewan).

모이다＜mo/i/da＞ ① (몰려듦) berkumpul; berkerubung; berkerumun; berhimpun; bergerombol. ② bertemu/berkumpul; berhimpun. 모두 ~ bertemu/berkumpul semuanya. ③ (집중) berpusat pada; berkonsentrasi pada. ④ (축적) dikumpulkan; dihimpun.

모인(某人)＜mo/in＞ seseorang; si polan.

모일(某日)＜mo/il＞ suatu hari.

모임＜mo/im＞ pertemuan; rapat; sidang, perjamuan.

모자(母子)＜mo/ja＞ ibu dan anak.

모자(帽子)＜mo/ja＞ topi; kerpus; peci; songkok; kopiah; capiau; ketopong; ketu; baret. ~를 쓰지않고 tidak bertopi. ~를 쓰다[벗다] memakai [melepaskan] topi. ~걸이 rak topi; sangkutan topi. ~상(商) toko topi; pedagang topi.

모자라다＜mo/ja/ra/da＞ ① kekurangan; tidak cukup; tidak memadai. 원기가 ~ kurang energi/tenaga. ② (우둔) bodoh.

모자이크＜mo/ja/i/kheu＞ mosaik; kepingan batu.

모정(母情)＜mo/jeong＞ kasih sayang ibu.

모정(慕情)＜mo/jeong＞ kerinduan; sayang; cinta.

모젤권총(-拳銃)＜mo/jel/gwon/cong＞ senapan Mauser.

모조(模造)＜mo/jo＞ tiruan; imitasi; bikinan; reproduksi; palsu; salinan. ~하다 meniru. ~의 tiruan; tidak tulen; palsu. ~품 barang tiruan; barang imitasi.

모조리＜mo/jo/ri＞ semua; serba; segala; keseluruhan; tanpa pengecualian. ~ 가져가다 mengambil semuanya. ~ 검거하다 mengadakan penahanan secara keseluruhan. 전답을 ~팔아 치우다 menjual semua sawah ladang.

모조지(模造紙)＜mo/jo/ji＞ kertas tebal.

모종＜mo/jong＞ semaian; bibit. ~하다 [내다] menyemai [memindah tanamkan]. ~삽 sekop.

모종(某種)＜mo/jong＞ jenis tertentu. ~의 tertentu. ~의 이유로 karena alasan tertentu.

모주＜mo/ju＞ pemabuk; peminum. 꾼 [망태] =모주.

모주(母酒)＜mo/ju＞ ampas minuman keras.

모지다＜mo/ji/da＞ (모양새가) bersegi; bersiku-siku;tirus, (언행이) kaku; kasar, (일이) keras; sukar.

모지라지다＜mo/ji/ra/ji/da＞　aus; usang; tumpul.

모지락스럽다＜mo/ji/rak/seu/reob/ta＞ kejam; kasar; bengis.

모지랑비＜mo/ji/rang/bi＞ sapu usang.

모직(毛織)＜mo/jik＞ ～의 (terbuat dari) wool. ～물 bahan-bahan wool. ～상 pedagang wool.

모진목숨＜mo/jin/mok/sum＞ kehidupan yang keras.

모진바람＜mo/jin/ba/ram＞ angin yang keras.

모질다＜mo/jil/da＞ ① (독함) beku hati. ② (배겨냄) keras kepala. ③ (날씨 따위) tajam; menggigit; dingin sekali.

모집(募集)＜mo/jib＞ perekrutan; undangan, pengiklanan. ～하다 mengumpulkan, mengundang; merekrut. 회원을 ～하다 mengumpulkan anggota. ～광고 iklan lowongan kerja. 학생 ～ iklan penerimaan siswa.

모착하다＜mo/chak/hada＞ pendek dan gempal.

모처(某處)＜mo/cheo＞ suatu tempat.

모처럼＜mo/cheo/reom＞ ditunggu lama; ditunggu-tunggu. ～의 휴일 hari libur yang ditunggu-tunggu. ～ 찾아오다 datang setelah ditunggu lama.

모체(母體)＜mo/che＞ tubuh induk. ～전염 perpindahan turun-temurun.

모춤＜mo/chum＞ seikat bibit padi.

모친(母親)＜mo/chin＞ ibu; ibunda; mama; mami; inang; mak. ～상 kematian ibu.

모탕＜mo/thang＞ talenan.

모태(母胎)＜mo/thae＞ kandungan ibu.

모터＜mo/theo＞ mesin motor. ～보트 kapal mesin; spitbot. ～사이클 sepeda motor.

모토＜mo/tho＞ semboyan; motto. ...을 ～로 하다 menjadikan ... sebagai motto.

모퉁이＜mo/thung/i＞ sudut; penjuru; pojok; pelosok; jorong. ～집 rumah di pojok.

모티브＜mo/thi/beu＞ motif.

모판(-板)＜mo/fan＞ persemaian.

모포(毛布)＜mo/fo＞ selimut; kemul.

모표(帽標)＜mo/fyo＞ lencana topi.

모피(毛皮)＜mo/fi＞ bulu binatang; kulit binatang. ～상 pedagang pakaian bulu. ～외투 mantel bulu.

모필(毛筆)＜mo/fil＞ kuas; mopit. ～화 gambar/lukisan kuas.

모하메드＜mo/ha/me/deu＞ Nabi Muhammad. ～교 ☞ 회교.

모함(母艦)＜mo/ham＞ kapal induk. 잠수 ～ kapal induk pembawa kapal selam.

모함(謀陷)＜mo/ham＞ ～하다 memfitnah; mengumpat.

모항(母港)＜mo/hang＞ pelabuhan asal.

모해(謀害)＜mo/hae＞ ～하다 berencana jahat.

모험(冒險)＜mo/heom＞ petualangan; pengelanaan. ～하다 bertualang; mengambil resiko. ～적인 berbahaya/beresiko; bersifat petualangan. 목숨을 건 ～을 하다 mempertaruhkan hidup. ～가 petualang. ～담 cerita petualangan. ～심 jiwa/semangat kepetualangan. ～주의 adventurisme.

모형(母型)＜mo/hyeong＞ 『印』 acuan; bentukan; cetakan.

모형(模型)＜mo/hyeong＞ model; patron; pola. ～ 비행기 pesawat model. ～ 지도 peta gambar timbul.

모호(模湖)＜mo/ho＞ ～한 kabur; tidak jelas; samar; tidak nyata; tidak terbedakan.

모회사(母會社)＜mo/hoe/sa＞ perusahaan induk.

목＜mok＞ ① leher; tengkuk. ～이 굵은 [가는] berleher buntak [jenjang]. ～을 길게 늘이다 mengulurkan leher. ～을 조르다 mencekik leher. ② ☞ 목구멍. ③ (길 등의) leher; posisi kunci (dijalan).

목(目)＜mok＞ hal; soal; item.

목가(牧歌)＜mok/ga＞ nyanyian/la-gu-lagu daerah. ～적 pedusunan.

목각(木刻)＜mok/kak＞ ukiran kayu. ～인형 boneka kayu; golek. ～활자 huruf/aksara kayu.

목간(沐間)＜mok/kan＞ kamar mandi;mandi. ～하다 mandi.

목걸이＜mok/geo/ri＞ kalung.

목검(木劍)＜mok/geom＞ pedang ka-yu.

목격(目擊)＜mok/gyeok＞ ～하다 menyaksikan; melihat dengan mata kepala sendiri. ～자 saksi mata. ～자의 이야기 laporan saksi mata.

목고리＜mok/ko/ri＞ ban leher. ～를 달다 mengenakan ban leher; mengikat leher (anjing).

목골(木骨)＜mok/kol＞ ～구조『建』 rangka kayu.

목공(木工)＜mok/kong＞ tukang ka-yu. ～소 kilang kayu; pertukang-an.

목관(木管)＜mok/gwan＞ ～악기 alat tiup dari kayu.

목구멍＜mok/gu/meong＞ tenggorok-an; kerongkongan. ～이 아프다 sakit tenggorokan/leher. ～이 포도청 Perut tidak kenal kompromi.

목금(木琴)＜mok/geum＞ 『樂』 seje-nis gambang.

목기(木器)＜mok/gi＞ peralatan yang terbuat dari kayu; barang-barang kayu.

목다리(木-)＜mok/da/ri＞ penopang; tongkat ketiak. ～로 걷다 berjalan memakai tongkat ketiak.

목단(牧丹)＜mok/dan＞ ☞ 모란.

목대잡다＜mok/dae/jab/da＞ menga-wasi; mengarahkan.

목덜미＜mok/deol/mi＞ tengkuk; ku-duk. ～를 잡다 mencengkram tengkuk.

목도＜mok/to＞ pikulan. ～꾼 pem-bawa bawa pikulan.

목도(木刀)＜mok/to＞ ☞ 목검(木劍).

목도(目睹)＜mok/to＞ ☞ 목격(目擊).

목도리＜mok/do/ri＞ sal; tutup le-her; mafela.

목돈＜mok/don＞ uang dalam jum-lah besar.

목둘림＜mok/dol/lim＞ penyakit tenggorokan yang menular.

목동(牧童)＜mok/dong＞ penggem-bala; tukang angon.

목례(目禮)＜mok/nye＞ anggukan. ～하 다 mengangguk.

목로(木爐)＜mok/no＞ stand minum-an; kedai minum. ～주점 kedai minuman keras.

목록(目錄)＜mok/nok＞ ① daftar; jadwal; tabel; katalog. ～을 만들다 membuat daftar. ② (차례) daf-tar isi.

목마(木馬)＜mok/ma＞ kuda kayu; kuda-kuda lompat. ～를 뛰어넘다 melompati kuda-kudaan. 회전 ～ kuda putar (komidi putar).

목마르다＜mok/ma/reu/da＞ ① (갈중) haus; dahaga. ② (갈망) haus; ingin.

목말＜mok/mal＞ ～타다 dibopong di bahu.

목매달다＜mok/mae/dal/da＞ meng-gantung; menggantung diri.

목메다＜mok/me/da＞ tercekik.

목면(木棉)＜mok/myeon＞ ① 『植』 tanaman/tumbuhan kapas. ② (목화) kapas mentah; bahan kapas. ③ (무명) kain katun.

목민(牧民)＜mok/min＞ ～하다 me-mimpin orang. ～관 gubernur.

목발(木-)＜mok/bal＞ ☞ 목다리.

목불인견(目不忍見)＜mok/bul/in/gyeon＞ ～이다 tidak sanggup melihat; tidak kuasa melihat.

목사(牧師)＜mok/sa＞ pendeta. 김 ～님 pendeta Kim. ～가 되다 menjadi pendeta.

목상(木像)＜mok/sang＞ patung ka-yu.

목석(木石)＜mok/seok＞ pohon-po-hon dan batu-batuan. ～같은 tanpa jantung /hati; tidak berperasaan. ～이 아니다 terdiri dari daging dan darah.

목선(木船)＜mok/seon＞ kapal/sampan kayu.

목성(木星)＜mok/seong＞『天』 Jupiter.

목세공(木細工)＜mok/se/gong＞ pertukangan; pekerjaan perkayuan; perkayuan.

목소리＜mok/so/ri＞ suara. 큰 [작은, 굵은, 가는] ~ suara keras [rendah, dalam, nyaring]. 떠는 ~로 dengan suara bergetar. ~를 높이다 [낮추다] menaikkan [merendahkan] suara.

목수(木手)＜mok/su＞ tukang kayu. ~일 pekerjaan perkayuan.

목숨＜mok/sum＞ hidup; nyawa. ~이 있는 한 selagi hidup. ~을 건 masalah hidup dan mati; taruhan nyawa. ~을 건지다[바치다] menyelamatkan [memberikan] hidup.

목쉬다＜mok/swi/da＞ menjadi serak/parau.

목양(牧羊)＜mok/yang＞ peternakan domba. ~자 peternak domba; pengembala domba.

목양말(木洋襪)＜mok/yang/mal＞ kaus kaki katun.

목요일(木曜日)＜mok/yo/il＞ (hari) Kamis.

목욕(沐浴)＜mok/yok＞ mandi. ~하다 mandi. ~시키다 memandikan (anak). ~재계하다 mandi suci; menyucikan diri. ~물 air mandi. ~실 kamar mandi. ~탕 tempat mandi. ~통 bak mandi.

목자(牧者)＜mok/ja＞ ① (목양자) gembala. ② (성직자) gembala/pendeta.

목자르다＜mok/ja/reu/da＞ ① (목베다) memenggal/memotong leher. ② (해고) memecat; memberhentikan.

목잠(木簪)＜mok/jam＞ jepit rambut kayu.

목잠기다＜mok/jam/gi/da＞ menjadi parau; serak; terlalu serak untuk berbicara.

목장(牧場)＜mok/cang＞padang rumput; pastura; padang penggembalaan; ranch. ~을 경영하다 mengelola peternakan; beternak. ~주인 peternak; pemilik ranch.

목장갑(木掌匣)＜mok/cang/gab＞ sarung tangan kerja dari katun.

목재(木材)＜mok/jae＞ kayu; kayu gelondongan. ~상(商) pedagang kayu gelondongan.

목적(目的)＜mok/jeok＞ tujuan; sasaran; target. ~하다 bermaksud (untuk); bertujuan (untuk). ...할 ~으로 dengan tujuan(untuk).... ~을 정하다 menentukan tujuan; menetapkan tujuan. ~을 달성하다 mencapai tujuan. ~격(格) 『文』 obyektif; akusatif. ~론 teleologi. ~물 tujuan; sasaran. ~어 『文』 obyek. ~지 tempat tujuan.

목전(目前)＜mok/jeon＞ ~의 depan mata. ...의 ~에서 di depan mata. ~에 닥치다 sudah di depan mata.

목정＜mok/jeong＞ anak tekak.

목정(木精)＜mok/jeong＞ ☞ 메틸알코올.

목정강이＜mok/jeong/gang/i＞ tulang leher.

목젖＜mok/jeot＞ anak tekak.

목제(木製)＜mok/je＞ ~의 (terbuat) dari kayu. ~품(品) barang-barang dari kayu.

목조(木造)＜mok/jo＞ ~의 (dibangun dari) kayu. ~건물(建物) bangunan/ rumah kayu.

목질(木質)＜mok/jil＞ ~의 berkayu. ~부(部) bagian-bagian yang berkayu. ~섬유 serat kayu. ~소(素)『化』 lignin. ~조직 lignum; jaringan kayu.

목차(目次)＜mok/cha＞ daftar isi.

목책(木柵)＜mok/chaek＞ pagar kayu.

목첩(目睫)＜mok/cheob＞ ~지간에 박두하다 sudah sangat dekat.

목청＜mok/cheong＞ suara. ~껏 suara yang paling keras. ~을 돋우다 meninggikan suara.

목초(牧草)＜mok/cho＞ rumput. ~지 lapangan rumput.

목축(牧畜)＜mok/chuk＞ peternakan sapi. ～하다 berternak sapi. ～업 usaha peternakan sapi (～업자 peternak).

목측(目測)＜mok/cheuk＞ pengukuran dengan mata. ～하다 mengukur melalui mata/penglihatan. ～거리 jarak yang diukur melalui mata/penglihatan.

목침(木枕)＜mok/chim＞ bantal kayu.

목타르(木-)＜mok/tha/reu＞ getah kayu.

목탁(木鐸)＜mok/thak＞ kentongan, (교도자) penyuluh (masyarakat). 사회의 ～ pemimpin masyarakat.

목탄(木炭)＜mok/than＞ arang; karbon. ～차(車) mobil bermesin karbon. ～화 lukisan/gambar arang.

목판(木板)＜mok/fan＞ baki kayu.

목판(木版)＜mok/fan＞ ukiran kayu. ～술 pengukiran kayu. ～화(畵) gambar dari ukiran kayu.

목표(目標)＜mok/fyo＞ target; tujuan; sasaran; objek. ～하다 bertujuan(untuk); menargetkan: menuju ke. ～에 달하다 mencapai target (tujuan). ～연도 tahun sasaran. ～지점 titik sasaran. 공격 ～ target serangan.

목피(木皮)＜mok/fi＞ kulit kayu.

목하(目下)＜mo/kha＞ sekarang; kini. ☞ 현재.

목형(木型)＜mok/hyeong＞ pola kayu.

목화(木花)＜mo/khwa＞ (tanaman) kapas; wool kapas. ～씨를 빼다 memisahkan biji kapas. ～송이 bunga kapas. ～씨 biji kapas.

몫＜mok＞ bagian; jatah; panggu; porsi; saham. 내 ～ bagian saya. 한 ～끼다 memiliki andil (dalam). 한 ～주다 memberikan bagian(nya) pada.

몫몫이＜mok/mok/khi＞ bagian masing-masing. ～ 나누다 membagi ke dalam bagian-bagian.

몬순＜mon/sun＞ musim hujan lebat; tengkujuh.

몰각(沒却)＜mol/gak＞ ～하다 mengabaikan; melupakan.

몰강스럽다＜mol/gang/seu/reob/ta＞ ☞ 모지락스럽다.

몰골＜mol/gol＞ ketidak berbentukan. ～ 사납다 tidak berbentuk; berbentuk jelek.

몰교섭(沒交涉)＜mol/gyo/seob＞ ～하다 tidak ada hubungan apa-apa dengan.

몰년(歿年)＜mol/nyeon＞ umur wafat; umur meninggal.

몰다＜mol/da＞ ① (차.말 둥을) mengendarai; menjalankan; mengemudikan; memacu (kuda). ② (뒤쫓다) mengejar; menyusul; mencari. ③ menyudutkan; memojokkan. 궁지에 ～ membuat orang terpojok; memojokkan orang. ④ (죄인 따위로) menuduh.

몰두(沒頭)＜mol/tu＞ ～하다 bertekun; asyik dalam … .

몰라보다＜mol/la/bo/da＞ tidak dapat mengenali.

몰락(沒落)＜mol/lak＞ kejatuhan; kerobohan; kebangkrutan. ～하다 bangkrut; roboh; jatuh.

몰래＜mol/lae＞ secara rahasia; diam-diam; sembunyi-sembunyi.

몰려가다＜mol/lyeo/ga/da＞ ① (떼지어) bergerombol(ke); berduyunduyun(ke). ② (쫓겨) dihalau.

몰려나다＜mol/lyeo/na/da＞ ① (쫓겨나다) dikeluarkan; diusir. ② (떼지어 나가다) keluar bergerombol.

몰려다니다＜mol/lyeo/da/ni/da＞ ① (떼지어) bergerak secara kelompok; berkerumun-kerumun. ② (쫓겨) diusir; dibubarkan.

몰려들다＜mol/lyeo/deul/da＞ ① (쫓기어) dihalau masuk. ② (떼지어) bergerombol masuk.

몰려오다＜mol/lyeo/o/da＞ ① (떼지어) berjubel masuk. ② (쫓겨) diusir balik.

몰리다＜mol/li/da＞ ① (쫓기다) dikejar. ② (일에) dipaksa; ditekan. ③ (돈에) terdesak (uang).

몰리브덴＜mol/li/beu/den＞『化』Mo-

libdenum.
몰매 <mol/mae>　☞ 뭇매.
몰박다 <mol/bak/ta>　mengumpul-kan disatu tempat; menyetempat-kan.
몰사(沒死) <mol/sa>　~하다 dibas-mi; dimusnahkan.
몰살(沒殺) <mol/sal>　pembantaian; pembasmian sampai keakar-akar-nya. ~하다 memusnahkan; mem-bantai secara total; membasmi.
몰상식(沒常識) <mol/sang/sik>　~한 tidak sesuai dengan akal sehat/akal budi.
몰수(沒收) <mol/su>　penyitaan; pembeslahan; perampasan. ~하다 menyita; merampas; membeslah. ~당하다 disita. ~물 barang sita-an.
몰식자(沒食子) <mol/sik/ja>　empe-du. ~산 asam empedu.
몰아 <mol/a>　semuanya sekaligus; keseluruhan; borongan; batangan. ~지불하다 membayar semuanya/se-kaligus. ~(서)사다 membeli bo-rongan; memborong.
몰아(沒我) <mol/a>　pengosongan diri. ☞ 무아(無我).
몰아가다 <mol/a/ga/da>　menggi-ring.
몰아내다 <mo/ra/nae/da> mengusir.
몰아넣다 <mo/ra/neot/tha>　menggi-ring/memaksa/mendorong masuk; menyudutkan.
몰아대다 <mo/ra/dae/da>　(막해댐) memaki-maki,(재촉) memaksa; me-nekan.
몰아들이다 <mo/ra/deu/ri/da> menggiring masuk.
몰아받다 <mo/ra/bat/ta>　menerima/mendapat sekaligus.
몰아붙이다 <mo/ra/bu/chi/da>　me-nempatkan semua pada satu sisi.
몰아세우다 <mo/ra/se/u/da>　me-maksa; menekan.
몰아주다 <mo/ra/ju/da>　membayar sekaligus.
몰아치다 <mo/ra/chi/da>　① (한군데로) menempatkan semua pada

satu sisi. ② (일을) mengerjakan dengan cepat; mengerjakan dengan terburu-buru.
몰염치(沒廉恥) <mol/yeom/chi>　☞ 파렴치.
몰이 <mo/ri> pengejaran; pemburu-an. ~하다 mengejar; memburu. ~꾼 penghalau.
몰이해(沒理解) <mo/ri/hae>　~한 tidak berpengertian.
몰인정(沒人情) <mo/rin/jeong>　~한 tidak berperikemanusiaan.
몰입(沒入) <mo/rib>　~하다 asyik (dalam); bertekun (dalam).
몰지각(沒知覺) <mol/ji/gak>　~한 tidak bijaksana.
몰하다(歿-) <mol/ha/da>　meninggal dunia; mangkat; mati.
몰후(沒後) <mol/hu>　~에 setelah kematian.
몸 <mom>　① tubuh; raga; jasma-ni; fisik; badan; awak; jasad; wa-dag. ~이 큰 [작은] berbadan/bertubuh besar [kecil]. ~에 좋다 [나쁘다] baik [jelek] bagi tubuh. ~을 녹이다 menghangatkan tubuh; berdiang. ~을 팔다 menjual diri. ② (몸통) tubuh; badan. ③ status/kedudukan. 종의 ~ status budak.
몸 <mom>　(월경) haid; mens. ~하다 sedang haid/mens.
몸가짐 <mom/ga/jim> tingkah laku; perilaku; sikap. ~이 얌전하다 berkelakuan baik; bertindak pantas.
몸나다 <mom/na/da> bertambah ge-muk.
몸단속(-團束) <mom/dan/sok>　~하다 mempersenjatai diri/memper-siapkan diri.
몸단장(-丹粧) <mom/dan/jang>　~하다 berpakaian; berdandan.
몸뚱이 <mom/tung/i> perawakan badan. ~가 크다 berperawakan be-sar.
몸매 <mom/mae> bentuk badan.
몸부림 <mom/bu/rim>　~ 치다 menggelepar-gelepar; bergerak se-kuat-kuatnya; meronta-ronta.
몸살 <mom/sal>　~나다 menderita

karena kelelahan.

몸서리＜mom/seo/ri＞　～치다 ge-metar; menggigil. ～쳐지는 [나는] mengerikan.

몸소＜mom/so＞ sendiri; secara pri-badi.

몸수색(-搜索)＜mom/su/saek＞ peng-geledahan badan. ～하다 meng-geledah badan.

몸져눕다＜mom/jyeo/nub/ta＞ ter-baring di tempat tidur.

몸조리(-調理)＜mom/jo/ri＞ ～하다 memulihkan kesehatan.

몸조심(-操心)＜mom/jo/sim＞ pen-jagaan kesehatan. ～하다 menjaga diri.

몸종＜mom/cong＞ budak pribadi.

몸짓＜mom/jit＞ gerak; isyarat. ～하다 membuat isyarat.

몸채＜mom/chae＞ bagian utama rumah.

몸치장(-治粧)＜mom/chi/jang＞ dan-dan diri. ～하다 mendandani diri; berhias diri.

몸통＜mom/thong＞ jasad badan; jasmani; tubuh; fisik; raga.

몸풀다＜mom/ful/da＞ ① (분만) melahirkan (bayi). ② (피로를) melepas lelah.

몸피＜mom/fi＞ badan; bentuk ba-dan; perawakan. ～가 큰 사람 o-rang gemuk.

몹시＜mob/si＞ sangat; terlampau; terlalu; amat; kelewat; teramat.

몹쓸＜mob/sseul＞ kejahatan; jahat. ～놈 Si jahat. ～짓 perbuatan ja-hat. ～감기 pilek berat.

못＜mot＞ kolam; tebat; telaga; ba-long.

못＜mot＞ (박는) paku; susuk; pa-sak besi; penyemat besi; pantek; paku semat. ～을 박다 [빼다] me-macak [mencabut] paku.

못＜mot＞ bagian kulit yang tebal; ketuat; risu. 발바닥에 ～이 생기다 penebalan kulit pada kaki. 귀에 ～이 박히다 jemu/bosan/muak men-dengar sesuatu.

못＜mot＞ (불가 불능) tidak bisa;

tidak pernah; tidak akan. ～보다 tidak dapat lihat. ～가겠다 Saya tidak bisa pergi.

못걸이＜mot/geo/ri＞ rak pakaian.

못나다＜mot/na/da＞ ① (용모가) jelek. ②(어리석다) bodoh.

못내＜mot/nae＞ tidak terkira-kira; tak terhitung; selalu. ～그리워하다 rindu selalu. 이별을 ～아쉬워하다 sangat sedih berpisah dari.

못되다＜mot/doe/da＞ ① (미달) di-bawah; kurang dari. ② (악하다) jahat; keji.

못마땅하다＜mot/ma/tang/hada＞ ti-dak memuaskan.

못박이다＜mot/bak/i/da＞ ① (손 발에) kena kalkus. ② (가슴속에) tertanam (dalam hati); terluka (ha-ti). ③ (그 자리에) tertancap; ter-pancang.

못본체하다＜mot/bon/che/hada＞ pu-ra-pura tidak melihat; menga-baikan.

못뽑이＜mot/po/bi＞ penjepit; alat pencabut paku.

못살게굴다＜mot/sal/ge/gul/da＞ menggoda; mengusik.

못생기다＜mot/saeng/gl/da＞ kurang menarik; jelek; mesum; kotor; lecak.

못쓰다＜mot/sseu/da＞ tidak bergu-na; buruk.

못자리＜mot/ja/ri＞ persemaian pa-di.

못주다＜mot/ju/da＞ (menusuk) pa-ku.

못지않다＜mot/ji/an/tha＞ sama baiknya dengan… . 누구 ～ tidak kurang dengan siapapun.

못질＜mot/jil＞ pemakuan. ～하다 memaku.

못하다＜mot/hada＞ (질 양이) tidak sebaik…; lebih jelek dari… . 보기에 …만 ～ kelihatannya kurang se-banding dengan…

못하다＜mot/hada＞ (불능) tidak dapat; gagal. 가지 ～ tidak dapat pergi.

몽고(蒙古)＜mong/go＞ Mongolia.

~의 berkenaan dengan Mongol. ~사람 orang Mongol. ~어(語) bahasa Mongol.

몽구리＜mong/gu/ri＞ (까까머리) kepala gundul.

몽글몽글하다＜mong/geul/mong/geul/hada＞ lembut; lunak.

몽당비＜mong/dang/bi＞ sapu lusuh.

몽당치마＜mong/dang/chi/ma＞ rok pendek.

몽둥이＜mong/dung/i＞ tongkat; pentungan. ~찜(질) [세례] pementungan; pemukulan dengan tongkat/pentungan.

몽땅＜mong/thang＞ seluruhnya; serba; semua(nya); segalanya.

몽똑하다＜mong/tok/hada＞ ☞ 뭉뚝하다.

몽롱(朦朧)＜mong/nong＞ ~한 remang-remang; samar-samar; ilam-ilam; sayub-sayub; suram. ~하게 secara samar. 의식이 ~해지다 ingatan mengabur.

몽매(蒙昧)＜mong/mae＞ ~한 biadab.

몽매(夢寐)＜mong/mae＞ ~간에도 잊지 못하다 tidak lupa bahkan dalam mimpi.

몽상(夢想)＜mong/sang＞ mimpi; khayal; bayangan; angan-angan. ~하다 bermimpi; berkhayal. ~가 pemimpi; penghayal.

몽설(夢泄)＜mong/seol＞ mimpi basah. ☞ 유정(遺精).

몽실몽실＜mong/sil/mong/sil＞ montok; sintal; padat. ~하다 jadi montok.

몽유병(夢遊病)＜mong/yu/pyeong＞ tidur sambil berjalan. ~자 orang yang tidur sambil jalan.

몽진(蒙塵)＜mong/jin＞ ~하다 lari dari istana.

몽타주＜mong/tha/ju＞ montase ~사진 gambar montase.

몽탕몽탕＜mong/thang/mong/thang＞ ~자르다 memotong dalam potongan-potongan.

몽혼(朦昏)＜mong/hon＞ ☞ 마취(痲醉).

뫼＜moe＞ kuburan; pusara. ~를 쓰다 menguburkan (di).

묘(墓)＜myo＞ kuburan; pusara.

묘(卯)＜myo＞ kelinci. ~년 tahun kelinci.

묘(妙)＜myo＞ misteri; keanehan, ketrampilan; keahlian. ~를 터득하고 있다 ahli (dalam).

묘계(妙計)＜myo/gye＞ ☞ 묘책.

묘기(妙技)＜myo/gi＞ keterampilan yang bagus sekali. ~를 보이다 menampilkan prestasinya. 공중 ~ akrobatik udara.

묘령(妙齡)＜myo/ryeong＞ masa muda; pubertas. ~의 anak muda.

묘막(墓幕)＜myo/mak＞ pondok di dekat kuburan.

묘목(苗木)＜myo/mok＞ pohon muda; anak pohon; bibit.

묘미(妙味)＜myo/mi＞ daya tarik; pesona ~를 맛보다 menikmati pesona (kecantikan) … .

묘방(妙方)＜myo/bang＞ resep yang mujarab.

묘법(妙法)＜myo/peob＞ cara yang bagus sekali; cara rahasia.

묘비(墓碑)＜myo/bi＞ batu nisan; batu kubur.

묘사(描寫)＜myo/sa＞ deskripsi; gambaran; pelukisan; ilustrasi. ~하다 menggambarkan. 인물~ gambaran karakter.

묘상(苗床)＜myo/sang＞ penyemaian; pembibitan.

묘소(墓所)＜myo/so＞ pekuburan.

묘수(妙手)＜myo/su＞ (솜씨) ketangkasan yang bagus sekali; kemahiran. (바둑 등의) langkah yang bagus.

묘안(妙案)＜myo/an＞ gagasan yang cemerlang; ide yang bagus. ~을 생각해 내다 menemukan ide yang bagus.

묘안석(猫眼石)＜myo/an/seok＞『鑛』 biduri; mata kucing.

묘약(妙藥)＜myo/yak＞ obat yang mujarab. 두통의~ obat yang mujarab untuk sakit kepala.

묘역(墓域)＜myo/yeok＞ pekuburan.

묘연(杳然)＜myo/yeon＞ ～한 ter-pencil; jauh; tidak diketahui. 그의 행방은 아직도 ～하다 Tempat-nya masih belum diketahui.

묘지(墓地)＜myo/ji＞ pekuburan; pemakaman. 공동～ pemakaman umum. 공원～ taman makam.

묘지(墓誌)＜myo/ji＞ ～명(銘) tulisan di batu nisan.

묘지기(墓-)＜myo/ji/gi＞ penjaga kuburan; kuncen.

묘책(妙策)＜myo/chaek＞ rencana yang bagus.

묘판(苗板)＜myo/fan＞ ☞ 못자리.

묘포(苗圃)＜myo/fo＞ (tempat) penyemaian/pembibitan.

묘하다(妙-)＜myo/hada＞ aneh; misteri; ganjil; ajaib.

묘혈(墓穴)＜myo/hyeol＞ liang kubur. 스스로 ～을 파다 menggali kuburan sendiri.

무＜mu＞ lobak. ～김치 gimchi lobak. ～채 irisan lobak.

무＜mu＞『醫』 pembengkakan tulang.

무(武)＜mu＞ seni bela diri; kekuatan militer; masalah militer.

무(無)＜mu＞ tidak ada; nihil.

무가내(無可奈)＜mu/ga/nae＞ ～다 tidak tahu apa yang harus dilakukan.

무가내하(無可奈何)＜mu/ga/nae/ha＞ ☞ 무가내.

무가치(無價値)＜mu/ga/chi＞ ～한 tidak berharga; tidak bernilai.

무간(無間)＜mu/gan＞ ～한 erat; dekat. ～하게 지내다 bersahabat erat dengan.

무간섭(無干涉)＜mu/gan/seob＞ tidak campur tangan; non intervensi. ～주의 kebijakan non intervensi/tidak ikut campur.

무감각(無感覺)＜mu/gam/gak＞ ～한 tidak berperasaan; apatetik; tidak berasa; kebas.

무강(無疆)＜mu/gang＞ ～한 tidak terbatas.

무개(無蓋)＜mu/gae＞ ～의 terbuka. ～화차 gerobak terbuka.

무거리＜mu/geo/ri＞ antah; sekam.

무겁＜mu/geob＞ gundukan di belakang target.

무겁다＜＞ berat. 머리가 ～ merasa berat di kepala

무게＜mu/ge＞ (중량) berat; bobot; beban; (중요) arti penting; (위음) martabat. ～가 있는 berat; bermartabat. (사람이) ～가 없는 kurang martabat. ～를 달다 menimbang.

무결근(無缺勤)＜mu/gyeol/geun＞ ☞ 무결석.

무결석(無缺席)＜mu/gyeol/seok＞ kehadiran tetap.

무경쟁(無競爭)＜mu/gyeong/jaeng＞ ～의 [으로] tanpa tandingan [saingan]

무경험(無經驗)＜mu/gyeong/heom＞ ～의 tidak berpengalaman; belum terlatih.

무계획(無計劃)＜mu/gye/hoek＞ ～한 tanpa rencana.

무고(無故)＜mu/go＞ ～하다 aman; tidak ada masalah.

무고(無辜)＜mu/go＞ ～한 tidak bersalah; tidak berdosa. ～한 백성 yang tidak berdosa.

무고(誣告)＜mu/go＞ tuduhan palsu; fitnah. ～하다 membuat tuduhan palsu. ～자 orang yang membuat tuduhan palsu. ～죄 fitnah.

무곡(舞曲)＜mu/gok＞ musik dansa.

무골충(無骨蟲)＜mu/gol/chung＞ hewan kecil tak bertulang.

무골호인(無骨好人)＜mu/gol/ho/in＞ orang yang sangat baik; orang yang kelewat baik.

무공(武功)＜mu/gong＞ jasa militer yang luar biasa. ～을 세우다 membuat jasa militer yang luar biasa.

무과실(無過失)＜mu/gwa/sil＞ ～책임 pertanggungjawaban tanpa cacat.

무관(武官)＜mu/gwan＞ perwira militer. 대사관부 ～ atase militer.

무관(無冠)＜mu/gwan＞ ～의 제왕(帝王) raja tanpa mahkota.

무관(無關)＜mu/gwan＞ ☞ 무관계.

무관계(無關係) <mu/gwan/gye>　　~하다 tidak ada hubungan (dengan).

무관심(無關心) <mu/gwan/sim> ketidakpedulian; ketidakacuhan.　~하다 tidak peduli; tidak acuh; apati.

무교육(無敎育) <mu/gyo/yuk>　~의 tidak berpendidikan; tidak berbudaya.　~자 orang yang tidak berpendidikan.

무구(無垢) <mu/gu>　~한 bersih; tanpa cacat; murni.

무국적(無國籍) <mu/guk/jeok> kehilangan kewarganegaraannya.　~피난민 pengungsi yang kehilangan kewarganegraan.　~자 orang yang didenasionalisasikan.

무궁(無窮) <mu/gung>　~한 kekal; baka; tidak ada akhirnya.　~무진한 tidak terbatas.

무궁화(無窮花) <mu/gung/hwa> 『植』> bunga raya sharon (bunga nasional Korea).

무궤도(無軌道) <mu/gwe/do>　~의 tidak berjalur; tidak berencana/sembrono.　~한 생활 hidup yang sembrono/tidak berencana.　~전차 trem listrik; bis listrik.

무균(無菌) <mu/gyun>　『醫』 keadaan bebas bakteri.　~의 bebas kuman/bakteri.　~우유 susu bebas kuman.

무극(無極) <mu/geuk>『化』 ~ 분자 [결합] molekul [persenyawaan] non polar.

무근(無根) <mu/geun>　~의 tidak berdasar.　~지설 kabar angin tak berdasar.

무급(無給) <mu/geub>　~의 tidak dibayar.　~으로 일하다 kerja tanpa bayar.　~휴가 hari libur tanpa bayar.

무기(武器) <mu/gi> senjata.　~를 들다 mengangkat senjata; memberontak.　~를 버리다 meletakkan senjata.　~고 gudang senjata.

무기(無期) <mu/gi>　~의 tidak terbatas.　~연기 penundaan yang tidak terbatas.　~징역 hukuman seumur hidup.　~ 징역수(囚) narapidana seumur hidup.

무기(無機) <mu/gi>　~의 mineral; anorganik.　~물 [화학] zat [kimia] anorganik.　~산(酸) asam mineral.　~화합물 senyawa anorganik.

무기력(無氣力) <mu/gi/ryeok>　~한 tidak ada semangat; letai.

무기명(無記名) <mu/gi/myeong>　~의 tidak bernama.　~식의 cara tanpa nama.　~예금 tabungan yang tidak bernama.　~투표 pemilihan secara rahasia.

무기한(無期限) <mu/gi/han>　~으로 batas waktu yang tidak ditentukan.

무꾸리 <mu/ku/ri> dukun.　~하다 menanyakan dukun.

무난(無難) <mu/nan>　~한 mudah; gampang; aman.　~히 dengan mudah; tanpa kesulitan.　~히 이기다 memenangkan pertandingan dengan mudah.

무남독녀(無男獨女) <mu/nam/dok/nyeo> putri satu-satunya; putri tunggal.

무너뜨리다 <mu/neo/teu/ri/da> menghancurkan; membongkar; memecahkan; meruntuhkan.

무너지다 <mu/neo/ji/da> hancur; runtuh; rusak; runtuh; binasa; ambruk; roboh; rebah.

무능(無能) <mu/neung>　~한 tidak ada kemampuan.

무능력(無能力) <mu/neung/nyeok> ketidakmampuan; ketidakcakapan.　~자(者) orang yang tidak punya kemampuan.

무늬 <mu/neui> pola; corak.　~없는 polos; tidak bercorak.

무단(武斷) <mu/dan>　~정치 pemerintahan militer.　~주의 militerisme.

무단(無斷) <mu/dan>　~히 tanpa pemberitahuan.　~결석 absen tanpa pemberitahuan.　~사용 pemakaian secara tidak sah.

무담보(無擔保) <mu/dam/bo>　~의 tanpa jaminan.　~로 돈을 빌려주다 meminjamkan uang tanpa jaminan. ~대부금 pinjaman tanpa jaminan.

무당(巫堂)＜mu/dang＞ dukun; tukang ramal. ~이 제굿못하고 소경이 저 죽을 날 모른다 Tukang ramal tidak dapat meramal dirinya sendiri. ~서방 suami peramal/dukun.

무당(無糖)＜mu/dang＞ ~연유 susu kental.

무당벌레＜mudang/beol/le＞ kumbang kecil.

무대(舞臺)＜mu/dae＞ panggung pentas; ruang lingkup. ~인이 되다 naik ke panggung. 첫 ~를 밟다 manggung pertama kali. ~극 [감독] drama [sutradara] panggung. ~장치 latar belakang panggung. 활동 ~ ruang lingkup kegiatan.

무더기＜mu/deo/gi＞ tumpukan; onggokan; timbunan. ~해고 pemberhentian massal. ~로 쌓이다 ditumpuk tinggi. 한 ~얼마로 팔다 menjual secara besar-besaran.

무더위＜mu/deo/wi＞ panas yang lembab.

무던하다＜mu/deon/hada＞ ① (사람이) dermawan; murah hati. ② (정도가) memuaskan.

무던히＜mu/deo/ni＞ dengan sungguh-sungguh. ~애를 쓰다 berusaha dengan sungguh-sungguh.

무덤＜mu/deom＞ kuburan.

무덥다＜mu/deob/ta＞ panas dan pengab.

무도(無道)＜mu/do＞ ~한 tidak berperikemanusiaan; kejam. ~한 짓을 하다 berlaku kejam.

무도(舞蹈)＜mu/do＞ tarian; dansa. ~하다 menari; berdansa. ~곡 musik dansa. ~실 ruangan dansa; tempat dansa. ~회 pesta dansa.

무독(無毒)＜mu/dok＞ ~한 tidak berbahaya; tidak beracun.

무두장이＜mu/du/jang/i＞ tukang samak kulit.

무두질＜mu/du/jil＞ penyamakan. ~하다 menyamak.

무드＜mu/deu＞ suasana hati; mood. ~를 조성하다 menciptakan suasana. ~음악 musik mood.

무득점(無得點)＜mu/deuk/ceom＞ ~의 tanpa angka.

무디다＜mu/di/da＞ ① (성질 머리 따위) (otak) tumpul; bebal. ② (말씨가) kasar (bicara). ③ (칼날이) tumpul; muntul

무뚝뚝하다＜mu/tuk/tuk/hada＞ ketus; kasar.

무량(無量)＜mu/ryang＞ ~한 tidak terukur; tidak terhingga.

무럭무럭＜mu/reok/mu/reok＞ ① (빨리) dengan cepat/pesat. ② (김 따위가) mengepul-ngepul.

무려(無慮)＜mu/ryeo＞ sebanyak; kira-kira; sekitar; tidak kurang dari.

무력(武力)＜mu/ryeok＞ kekuatan militer; kekuatan senjata. ~으로 dengan kekerasan; dengan kekuatan senjata. ~에 호소하다 menggunakan kekerasan. ~간섭 intervensi melalui senjata; intervensi militer. ~외교(外交) diplomasi kekuatan senjata.

무력(無力)＜mu/ryeok＞ ~한 tidak berdaya.

무렵＜mu/ryeob＞ (대) waktu; saat; (쯤) kira-kira; sekitar; mendekati. 해질 ~에 mendekati sore. 그 ~에 pada saat itu.

무례(無禮)＜mu/rye＞ ~한 kasar; lancang; kurang sopan; gegabah; kurang ajar.

무뢰한(無賴漢)＜mu/roe/han＞ bangsat; bajingan.

무료(無料)＜mu/ryo＞ ~의[로] [dengan] gratis/cuma-cuma. ~관람[입장]권 tiket gratis (bioskop dll). ~봉사 pelayanan gratis. ~숙박소 [진료] penginapan [klinik] gratis. ~승차권 tiket gratis (pesawat, kereta api dll).

무료(無聊)＜mu/ryo＞ rasa bosan; kejemuan. ~한 membosankan. ~함을 달래다 mengatasi kebosanan.

무루(無漏)＜mu/ru＞ tanpa kecuali.

무르녹다＜mu/reu/nok/ta＞ ① (익다) matang; masak. ② (녹음이)

merindang; mendalam. ③ (때가) matang (sampai waktunya).
무르다＜mu/reu/da＞　①　(물건이) lembut; lunak. ②　(약하다) lemah.
무르다＜mu/reu/da＞　(돈. 물품을) mengembalikan barang dan minta kembali uangnya; membatalkan pembelian.
무르익다＜mu/reu/ik/ta＞　menjadi matang.
무릅쓰다＜mu/reub/sseu/da＞　menantang; menghadapi; mempertaruhkan. 폭풍우를~ menantang badai. 생명의 위험을~ mempertaruhkan hidup.
무릇＜mu/reut＞　『植』 sejenis bawang (bahan obat batuk).
무릇＜mu/reut＞　secara umum; menurut biasanya; pada umumnya. ~사람이란 것 orang pada umumnya; semua orang.
무릎＜mu/reuf＞　lutut; keharibaan; pangkuan. ~깊이의 setinggi lutut. ~을 꿇다 berlutut. ~관절[마디] tulang sendi lutut.
무릎맞춤＜mu/reuf/mat/chum＞　▷ 대질(對質).
무리＜mu/ri＞　(한패) kumpulan; golongan; kelompok; partai; regu; rombongan.
무리＜mu/ri＞　(해 달의) lingkaran cahaya; korona.
무리(無理)＜mu/ri＞　①　~한 tidak masuk akal; tidak wajar; mustahil; muskil. ~한 요구 tuntutan yang tidak masuk akal. ~한 운동 latihan yang melewati batas. ~하게 dengan paksa; dengan memforsir. ~가 없는 biasa; normal; wajar. ~한 짓을 하다 mencoba sesuatu diluar kemampuan. 너무 ~를 하다 terlalu memforsir tenaga. ②『數』 ~의 irasional. ~수 [식, 방정식] bilangan [rumus persamaan] irasional.
무릿매＜mu/rit/mae＞　umban batu. ~질하다 melemparkan batu dengan umban.
무마(撫摩)＜mu/ma＞　①　~하다

menepuk-nepuk; membelai-belai. ②　~하다 menenangkan.
무망중(無妄中)＜mu/mang/jung＞　tidak diharapkan; tidak disadari.
무맥증(無脈症)＜mu/maek/ceung＞『醫』＞ denyut nadi yang melemah.
무면허(無免許)＜mu/myeon/heo＞　~의 tanpa ijin. ~운전사 [의사] pengemudi [dokter] tanpa ijin.
무명＜mu/myeong＞　katun; kain katun. ~옷 [실] pakaian [benang] katun.
무명(無名)＜mu/myeong＞　~의 tanpa nama. ~용사의 묘 Makam Pahlawan Tanpa Nama. ~작가 penulis tidak terkenal.
무명씨(無名氏)＜mu/myeong/ssi＞　orang yang tidak punya nama; orang tak dikenal.
무명조개＜mu/myeong/jo/gae＞『貝』 kerang.
무명지(無名指)＜mu/myeong/ji＞　jari manis.
무모(無毛)＜mu/mo＞　~의 tidak berambut; botak. ~증 『醫』 penyakit rontok rambut.
무모(無謀)＜mu/mo＞　~하다 kurang pikir; gegabah; ceroboh. ~하게 dengan ceroboh.
무문근(無紋筋)＜mu/mun/geun＞『解』 otot licin.
무미(無味)＜mu/mi＞　~한 hambar. ~건조한 kering; membosankan/tidak menarik.
무반동총(無反動銃)＜mu/ban/dong/chong＞『軍』 senapan yang tidak memantul.
무반주(無伴奏)＜mu/ban/ju＞　~의 tidak diiringi.
무방(無妨)＜mu/bang＞　~하다 tidak membahayakan; tidak masalah; tidak apa-apa; tidak ada halangan. 그렇게 해도 ~하다 Kamu boleh melakukannya.
무방비(無防備)＜mu/bang/bi＞　~의 tanpa perlindungan/pertahanan; terbuka. ~도시 kota yang terbuka; kota tanpa benteng.
무배당(無配當)＜mu/bae/dang＞　~의

tanpa deviden. ~주(株) pembayaran tanpa dividen.
무벌점(無罰點)＜mu/beol/ceom＞ ~이다 bersih dari angka hukuman.
무법(無法)＜mu/beob＞ ~한 tidak sah; tidak menurut hukum. ~자 bandit; bajingan. ~천지 dunia (negara) tanpa hukum/anarkis.
무변(無邊)＜mu/byeon＞ ~의 tidak terbatas; tidak terhingga. ~대해(大海) samudera luas tak terhingga.
무변화(無變化)＜mu/byeon/hwa＞ ketidakberubahan; monotomi.
무병(無病)＜mu/byeong＞ ~하다 sehat.
무보수(無報酬)＜mu/bo/su＞ ~의 tanpa bayar. ~로 dengan tanpa bayar.
무분별(無分別)＜mu/bun/byeol＞ ~한 tanpa pikir; sembrono.
무불간섭(無不干涉)＜mu/bul/gan/seob＞ campur tangan yang tidak bijaksana. ~하다 selalu turut campur.
무비(無比)＜mu/bi＞ ~한 tanpa bandingan; tanpa tandingan; tak berpadan. 당대 ~의 tak berpadan diantara sebaya.
무비판(無批判)＜mu/bi/fan＞ ~적 (으로) (secara)tidak kritis; (dengan) tanpa menilai/menghakimi.
무사(武士)＜mu/sa＞ pahlawan; kesatria.
무사(無私)＜mu/sa＞ ~한 tidak mementingkan diri. 공평 ~한 adil dan benar.
무사(無事)＜mu/sa＞ keselamatan; kedamaian. ~한 selamat; aman; damai. ~히 dengan selamat/aman. ~히 지내다 hidup dengan damai/tenang. ~히 해결되다 sampai pada kesimpulan yang memuaskan.
무사고(無事故)＜mu/sa/go＞ ~의 bebas kecelakaan. ~비행 terbang tanpa kecelakaan.
무사마귀＜mu/sa/ma/gwi＞ kutil.
무사분주(無事奔走) ＜mu/sa/bun/ju＞ ~하다 sibuk tak karuan.

무사안일(無事安逸)＜mu/sa/an/il＞ ~주의 prinsip mengutamakan keselamatan.
무사태평(無事泰平) ＜mu/sa/thae/fyeong＞ ~하다 adem ayem; tenang; damai.
무산(無産)＜mu/san＞ ~의 tanpa harta; jelata. ~계급 rakyat jelata; kaum marhaen. ~자 proletar.
무산(霧散)＜mu/san＞ ~하다 menghalau.
무상(無上)＜mu/sang＞ ~의 yang paling tinggi; perdana; terbaik; ideal. ~의 영광 kehormatan tertinggi.
무상(無常)＜mu/sang＞ kesementaraan; kefanaan. ~한 sementara; fana.
무상(無償)＜mu/sang＞ ~의 [으로] (dengan) gratis/cuma-cuma. ~계약 kontrak sepihak. ~교부 『證』 pengiriman tanpa kompensasi. ~대부 pinjaman tanpa bunga. ~배급 pembagian secara gratis. ~원조 hibah. ~주(株) deviden saham (tanpa konpensasi).
무상출입(無常出入)＜mu/sang/chul/ib＞ ~하다 keluar masuk dengan bebas.
무색(- 色)＜mu/saek＞ warna celup. ~옷 pakaian yang dicelup.
무색(無色)＜mu/saek＞ ① ~의 polos; tanpa warna; akromatik. ② ~하다 malu; merasa malu. ~케 하다 mempermalukan (seseorang).
무생물(無生物)＜mu/saeng/mul＞ benda mati. ~계(界) alam benda mati (anorganik). ~학 ilmu tentang benda mati.
무서리＜mu/seo/ri＞ embun beku pertama.
무서움＜mu/seo/um＞ ketakutan; kecemasan. ~을 타다 gampang takut. ~을 모르다 tidak kenal rasa takut. ~을 참다 menahan ketakutan.
무서워하다＜mu/seo/wo/hada＞ takut.
무선(無線)＜mu/seon＞ tanpa kabel.

~기사 operator tanpa kabel. ~방송 penyiaran melalui radio. ~전신 telegraf; telegram. ~전신국 stasiun telegraf; kantor telepon. ~조종 pengontrol tanpa kabel.

무선철(無線綴)<mu/seon/cheol> penjilidan tanpa dijahit.

무섭다<mu/seob/ta> ① menakutkan; mengerikan. 무서운 병 penyakit yang mengerikan. ② (사납다) ganas; buas. ③ (두렵다) takut; ketakutan.

무성(茂盛)<mu/seong> ~한 rimbun; lebat.

무성(無性)<mu/seong> ~의 tanpa kelamin. ~생식 pembuahan aseksual.

무성(無聲)<mu/seong> ~의 diam; tak bersuara. ~영화 film bisu. ~음 bunyi tanpa suara.

무성의(無誠意)<mu/seong/eui> ketidaksungguhan; ketidaktulusan. ~한 tidak tulus.

무세(無税)<mu/se> ~의 bebas pajak. ~품(品). ☞ 면세품, 비과세품.

무소<mu/so> badak.

무소득(無所得)<mu/so/deuk> ~하다 tidak memperoleh apa-apa.

무소부지(無所不知)<mu/so/bu/ji> ~하다 Maha Tahu.

무소불능(無所不能)<mu/so/bul/neung> ~ Maha Kuasa.

무소속(無所屬)<mu/so/sok> ~의 tidak terikat; netral. ~의원 anggota dewan non partai.

무소식(無消息)<mu/so/sik> ~이다 tiada kabar. ~이 희소식 Tiada kabar adalah kabar baik.

무쇠<mu/soe> besi tua.

무수(無數)<mu/su> ~한 tak terhitung; bertaburan. ~히 tanpa jumlah.

무수리<mu/su/ri> angsa marabon.

무숙자(無宿者)<mu/suk/ca> orang gelandangan.

무순(無順)<mu/sun> ketidakteraturan; (단서로) "Tidak dalam urutan".

무술(武術)<mu/sul> seni bela diri.

무슨<mu/seun> apa; jenis apa; macam apa. ~일로 tentang apa. ~까닭에 mengapa; kenapa. ~일이 있더라도 bagaimanapun.

무승부(無勝負)<mu/seung/bu> seri. ~가 되다 menjadi seri; berakhir seri.

무시(無視)<mu/si> ~하다 mengabaikan; melengahkan; menyia-nyiakan. ..을 ~하고 dengan mengabaikan …

무시로(無時-)<mu/si/ro> kapan saja.

무시무시하다<mu/si/mu/si/hada> mengerikan; menakutkan.

무시험(無試驗)<mu/si/heom> tanpa ujian.

무식(無識)<mu/sik> ketidaktahuan; kebodohan. ~한 buta huruf; tidak berpengetahuan. ~쟁이 orang yang tidak berpengetahuan.

무신경(無神經)<mu/sin/gyeong> ~한 tidak berperasaan; tidak sensitif; apatis.

무신론(無神論)<mu/sin/ron> atheisme. ~적(인) atheis. ~자 orang yang atheis.

무실점(無失點)<mu/sil/ceom> ~으로 tanpa kehilangan angka.

무심(無心)<mu/sim> ~하다 tidak peduli; tidak acuh; apatis. ~코 dengan tak acuh; dengan tanpa pikir. ~코한 말 ucapan yang tanpa pikir.

무심결(無心-)<mu/sim/gyeol> ~에 dengan tidak sengaja; dengan tidak disadari.

무쌍(無雙)<mu/ssang> ~한 tanpa tandingan; tanpa bandingan.

무아(無我)<mu/a> pengosongan diri. ~의 경지에 달하다 mencapai tingkat pengosongan diri yang sempurna. ~경 kondisi pengosongan diri.

무악(無樂)<mu/ak> musik dansa.

무안(無顔)<mu/an> ~하다 malu. ~(을) 주다 mempermalukan; memberi malu.

무어<mu/eo> ① Kenapa!; Mengapa!; Apa! ~동생이 죽었다고 Apa!, adik meninggal? ~괜찮아 tidak apa-apa. ② ya; apa. ③ ☞ 무엇.

무어라<mu/eo/ra> ~하든 apapun yang dia katakan; bagaimanapun. ~말할 수 없다 tidak terlukiskan; tidak terucapkan.

무언(無言)<mu/eon> kebisuan; keheningan. ~의 diam; membisu. ~중(에) diam-diam. ~극 pantomin; pertunjukan bisu.

무엄(無嚴)<mu/eom> ~한 lancang. ~하게도...하다 dengan lancang.

무엇<mu/eot> apa. ~이든 apa saja; apapun. ~보다도 diatas semuanya. ~하러 untuk apa.

무역(貿易)<mu/yeok> perdagangan; perniagaan. ~하다 berdagang. ~경쟁국 saingan berdagang. ~량 volume perdagangan. ~박람회[풍(風)] pameran perdagangan. ~상 pedagang. ~수지 keseimbangan perdagangan. ~품(品) barang dagangan. ~협정 persetujuan perdagangan. ~회사 perusahaan dagang. 대미~ perdagangan Korea dan Amerika.

무역관리(貿易菅理)<mu/yeok/gwal/li> manajemen perdagangan luar negeri.

무역마찰(貿易摩擦)<mu/yeok/ma/chal> friksi/perselisihan perdagangan.

무역역조(貿易逆調)<mu/yeok/yeok/co> perdagangan yang tidak seimbang.

무역장벽(貿易障壁)<mu/yeok/jang/byeok> hambatan perdagangan.

무역정책(貿易政策)<mu/yeok/jeong/chaek> kebijakan perdagangan.

무역항(貿易港)<mu/yeok/hang> pelabuhan dagang.

무연(無煙)<mu/yeon> ~의 tidak berasap. ~탄 antrasit. ~화약 mesiu tak berasap.

무연(無鉛)<mu/yeon> ~가솔린 bensin tanpa asap.

무연고(無緣故)<mu/yeon/go> ~의 tanpa sanak saudara; sebatangkara. ~분묘 kuburan yang tanpa pemilik.

무예(武藝)<mu/ye> ☞ 무술.

무욕(無慾)<mu/yok> ~한 tidak mementingkan diri sendiri.

무용(武勇)<mu/yong> keberanian; kepahlawanan.. ~담 cerita tentang kepahlawanan/keberanian.

무용(無用)<mu/yong> ~의 tidak berguna; tidak penting. ~지물 sesuatu yang tidak berguna. ~자 출입 금지 "Dilarang masuk bagi yang tidak berpentingan".

무용(舞踊)<mu/yong> tarian; dansa. ~하다 berdansa; menari. ~단 kelompok dansa. 민속~ tarian rakyat/daerah.

무우<mu/u> ☞ 무.

무운(武運)<mu/un> nasib baik dalam perang.

무운(無韻)<mu/un> ~의 tidak berirama; datar.

무위(武威)<mu/wi> prestise/kebanggaan militer.

무위(無爲)<mu/wi> kemalasan. ~의 생활 kehidupan bermalas-malasan. ~도식하다 hidup bermalas-malasan/santai.

무의무탁(無依無託)<mu/eui/mu/thak> ~하다 tidak ada rumah untuk kembali; tidak ada tempat bersandar.

무의미(無意味)<mu/eui/mi> ~한 tidak berarti; tidak bermakna; kosong.

무의식(無意識)<mu/eui/sik> ketidaksadaran; ketidaksengajaan.. ~적(으로) (secara) tidak sadar; (secara) tidak sengaja.

무의촌(無醫村)<mu/eui/chon> kampung yang tidak ada dokternya.

무이자(無利子)<mu/i/ja> ~의[로] tanpa bunga. ~공채 obligasi tanpa bunga.

무익(無益)<mu/ik> ~한 tidak berguna; sia-sia. 백해 ~하다 lebih banyak mudarat dari manfaat.

무인(武人)＜mu/in＞ pemberani; tentara/serdadu.

무인(拇印)＜mu/in＞ cap jempol.

무인(無人)＜mu/in＞ ～비행기 pesawat tanpa pilot. ～위성 satelit tanpa manusia.

무인도(無人島)＜mu/in/do＞ pulau kosong; pulau tak berpenduduk.

무인지경(無人之境)＜mu/in/ji/gyeong＞ daerah tak berpenduduk.

무일푼(無一―)＜mu/il/fun＞ ～이다 tidak punya uang sepeserpun.

무임(無賃)＜mu/im＞ ～으로 cuma-cuma; gratis. ～승차(乘車)를 하다 naik gratis. ～승차권 tiket gratis.

무임소(無任所)＜mu/im/so＞ ～의 tanpa portfolio. ～장관(長官) menteri tanpa portfolio.

무자각(無自覺)＜mu/ja/gak＞ ～한 tidak sadar; apatis; tidak peka.

무자격(無資格)＜mu/ja/gyeok＞ diskualifikasi; ketidakcakapan. ～의 tidak memenuhi syarat. ～교원 guru yang tidak memenuhi syarat.

무자력(無資力)＜mu/ja/ryeok＞ kurang dana/modal.

무자맥질＜mu/ja/maek/jil＞ penyelaman. ～하다 menyelam.

무자본(無資本)＜mu/ja/bon＞ ～으로 tanpa modal.

무자비(無慈悲)＜mu/ja/bi＞ ～한 kejam; tanpa kasihan; kasar; garang; galak; ganas; bengis; lalim. ～한 짓을 하다 melakukan hal yang kejam.

무자식(無子息)＜mu/ja/sik＞ ～하다 tidak punya anak; tidak punya keturunan.

무자위＜mu/ja/wi＞ pompa.

무작위(無作爲)＜mu/jak/wi＞ ～(표본)추출 penarikan contoh secara acak.

무작정(無酌定)＜mu/jak/jeong＞ ～한 sembrono; gegabah. ～하고 secara sembrono; dengan gegabah.

무장(武將)＜mu/jang＞ jenderal.

무장(武裝)＜mu/jang＞ persenjataan. ～하다 mempersenjatai. ～한 bersenjata. ～간첩 mata-mata bersenjata. ～간첩선 kapal pengintai bersenjata. ～봉기 konflik bersenjata. ～중립 netralitas persenjataan. ～해제 pelucutan senjata. ～화(化) militerisasi.

무장지졸(無將之卒)＜mu/jang/ji/jol＞ angkatan bersenjata tanpa pimpinan.

무재(無才)＜mu/jae＞ ～무능한 tidak sanggup; tidak cakap.

무저항(無抵抗)＜mu/jeo/hang＞ tidak ada perlawanan; pasif; tidak aktif. ～주의 prinsip tanpa perlawanan.

무적(無敵)＜mu/jeok＞ ～의 tak terkalahkan. ～함대 armada yang tak terkalahkan.

무적자(無籍者)＜mu/jeok/ja＞ orang tanpa tempat tinggal yang terdaftar; tuna wisma.

무전(無電)＜mu/jeon＞ telegrap; tanpa kabel. ～장치 peralatan telegrap. ～유도 장치 sistem pembicaraan tanpa kabel.

무전(無錢)＜mu/jeon＞ ～취식하다 makan dan minum tanpa bayar; makan minum gratis. ～여행 perjalanan tanpa uang.

무절제(無節制)＜mu/jeol/je＞ ～하다 tanpa kontrol.

무정(無情)＜mu/jeong＞ ～한 tidak berperasaan.

무정거(無停車)＜mu/jeong/geo＞ ～의 tanpa berhenti.

무정견(無定見)＜mu/jeong/gyeon＞ ～한 tanpa pendirian.

무정란(無精卵)＜mu/jeong/nan＞ telur yang tidak dibuahi.

무정부(無政府)＜mu/jeong/bu＞ anarki. ～의 anarkis. ～상태에 있다 dalam kondisi rusuh (anarki). ～주의 anarkisme. ～주의자 penganut faham anarki.

무정형(無定型)＜mu/jeong/hyeong＞ ～의 tidak berbentuk. ～수정(水晶) kwarsa tidak berbentuk.

무제(無題)＜mu/je＞ tanpa gelar.

무제한(無制限)＜mu/je/han＞ ～의 tanpa batas. ～으로 tanpa pembatasan; dengan bebas.

무조건(無條件)＜mu/jo/keon＞ ～의

tanpa syarat. ~으로 dengan tanpa syarat. ~항복 penyerahan tanpa syarat.
무족(無足)<mu/jok> ☞ 무지(無肢).
무좀<mu/jom> penyakit kutu air; galegata.
무종교(無宗敎)<mu/jong/gyo> ~의 tidak beragama. ~자 orang yang tidak beragama/athteis.
무죄(無罪)<mu/joe> ketidakbersalahan. ~의 tidak bersalah. ~를 선고하다 memutuskan tidak bersalah. ~석방 pembebasan.
무주의(無主義)<mu/ju/eui> ~의 tanpa tujuan tertentu.
무주정(無酒精)<mu/ju/jeong> ~음료 minuman tanpa alkohol; minuman ringan.
무주택(無住宅)<mu/ju/thaek> 서민(층) massa yang tidak punya rumah sendiri. ~자 orang yang tidak punya rumah sendiri.
무중력(無重力)<mu/jung/ryeok> (keadaan) tanpa berat.
무증거(無證據)<mu/jeung/geo> tanpa bukti.
무지(無知)<mu/ji> ketidaktahuan; kebodohan. ~한 tidak berpengetahuan. ~몽매한 백성 rakyat yang tidak berpengetahuan.
무지(無肢)<mu/ji> ~의 apoda; tidak berkaki.
무지각(無知覺)<mu/ji/gak> ketidakbijaksanaan. ~한 tidak bijaksana.
무지개<mu/ji/gae> pelangi; bianglala; benang raja; ular danau. ~빛 warna pelangi.
무지근하다<mu/ji/geun/hada> rasa capai.
무지러지다<mu/ji/reo/ji/da> lusuh; usang.
무지렁이<mu/ji/reong/i> bebal.
무지막지(無知莫知)<mu/ji/mak/ji> ~한 kasar dan kejam.
무지몰각(無知沒覺)<mu/ji/mul/gak> ~한 tidak punya pikiran dan tidak punya pengetahuan.
무직(無職)<mu/jik> ~의 menganggur. ~자 penganggur.

무진장(無盡藏)<mu/jin/jang> ~의 tidak ada habis-habisnya.
무질서(無秩序)<mu/jil/seo> huru-hara; kerusuhan; kisruh. ~한 rusuh; kalang kabut; kacau.
무찌르다<mu/ci/reu/da> mengalahkan; menyerang.
무차별(無差別)<mu/cha/byeol> indiskriminasi. ~의[한] tanpa pembedaan; tanpa pilih bulu.
무착륙(無着陸)<mu/chak/yuk> ~의 tanpa berhenti. ~비행을 하다 terbang tanpa berhenti.
무참(無斬)<mu/cham> ~하다 merasa sangat malu.
무참(無慘)<mu/cham> ~한 kejam; tanpa ampun; buas.
무채색(無彩色)<mu/chae /saek> warna akromatis.
무책임(無責任)<mu/chae/gim> ~한 tidak bertanggung jawab. ~하게 dengan tidak bertanggung jawab.
무척<mu/cheok> sangat banyak.
무척추동물(無脊椎動物)<mu/cheok/chu/dong/mul> hewan yang tidak bertulang belakang.
무취(無臭)<mu/chwi> ~의 tidak berbau.
무취미(無趣味)<mu/chwi/mi> ~한 tidak menarik.
무치다<mu/chi/da> membumbui. 나물을~ membumbui sayuran.
무탈(無脫)<mu/thal> ~한 sehat.
무턱대고<mu/theok/dae/go> dengan sembrono; awur-awuran.
무테(無-)<mu/the> ~의 tanpa bingkai. ~안경 kacamata tanpa bingkai.
무통(無痛)<mu/thong> ~의 tanpa rasa sakit. ~분만 kelahiran tanpa rasa sakit.
무투표(無投標)<mu/thu/fyo> ~로 tanpa pemungutan suara. ~당선 menang tanpa pemungutan suara. ~당선지구 daerah menang tanpa pemungutan suara.
무표정(無表情)<mu/fyo/jeong> ~한 tanpa ekspresi.
무풍(無風)<mu/fung> ~의 tidak

ada angin. ~대 daerah angin mati. ~상태 situasi tenang.
무학(無學)＜mu/hak＞ ketiadaan pendidikan. ~의 tidak ada pendidikan.
무한(無限)＜mu/han＞ ketidakterhinggaan. ~한 tidak terhingga; tidak berakhir; kekal. ~량의 tanpa batas; tak terhitung. ~정의 tanpa batas; tak terhingga. ~궤도(차) traktor yang bannya bergigi. ~급수 deret tak terhingga. ~대(소) tidak terhingga. ~책임(사원) anggota dengan tanggungjawab tak terbatas.
무해(無害)＜mu/hae＞ ~한 tidak berbahaya. ~무익한 tidak berbahaya dan tidak berguna. 인축(人畜) ~ tidak berbahaya untuk manusia dan hewan.
무허가(無許可)＜mu/heo/ga＞ ~의 tanpa izin; liar. ~건물 [판자집] bangunan [gubuk] liar.
무혈(無血)＜mu/hyeol＞ ~혁명 [점령] revolusi [pendudukan] tanpa pertumpahan darah.
무협(武俠)＜mu/hyeob＞ kekesatriaan; kepahlawanan.
무형(無形)＜mu/hyeol＞ ~의 (추상적) abstrak; tidak berwujud; maya; (정신적) moral; jiwa. ~문화재 warisan budaya yang tidak berwujud. ~재산 harta tak berwujud.
무화과(無花果)＜mu/hwa/gwa＞ buah ara. ~나무 pohon ara.
무효(無效)＜mu/hyo＞ ketidakberlakuan; ketidaksyahan. ~의 tidak berlaku; batal; tidak syah. ~가되다 menjadi batal. ~로 하다 membatalkan. ~투표 pemungutan suara yang tidak sah.
무훈(武勳)＜mu/hun＞ jasa/dinas militer istimewa. ☞ 무공(武功).
무휴(無休)＜mu/hyu＞ ~이다 tidak ada hari libur. 연중(年中) ~ buka sepanjang tahun.
무희(舞姬)＜mu/heui＞ penari.
묵＜muk＞ selai (khas Korea). 도

토리 ~ selai dari buah atau biji pohon ek.
묵객(墨客)＜muk/gaek＞ seniman.
묵계(黙契)＜muk/gye＞ tahu sama tahu. ~하다 setuju secara diam-diam.
묵과(黙過)＜muk/gwa＞ pengabaian. ~하다 mengabaikan.
묵낙(黙諾)＜muk/nak＞ persetujuan secara diam-diam. ~하다 setuju dengan diam-diam.
묵념(黙念)＜muk/nyeom＞ ① doa diam. ~하다 berdoa dengan diam; mengheningkan cipta. ② ☞ 묵상.
묵다＜muk/ta＞ ① tinggal; menginap. 호텔에 ~ menginap di hotel. ② (오래되다) menjadi tua.
묵도(黙禱)＜muk/do＞ ☞ 묵념 1.
묵독(黙讀)＜muk/dok＞ ~하다 membaca dalam hati.
묵례(黙禮)＜muk/rye＞ anggukan. ~하다 menunduk; mengangguk.
묵묵(黙黙)＜muk/muk＞ ~한 diam; tenang. ~히 dengan tenang/diam.
묵비권(黙秘權)＜muk/bi/kwon＞ hak untuk berdiam diri.
묵살(黙殺)＜muk/sal＞ ~하다 mengabaikan. 의안(議案)을 ~하다 mengabaikan/ menolak usulan.
묵상(黙想)＜muk/sang＞ meditasi; semedi. ~하다 bermeditasi.
묵새기다＜muk/sae/gi/da＞ tinggal dalam waktu yang lama.
묵수(墨守)＜muk/su＞ ☞ 고수(固守).
묵시(黙示)＜muk/si＞ ① wahyu. ~하다 mewahyukan. ~록 『聖』 buku wahyu. ② (명시에 대한) implikasi. ~하다 menyatakan secara tidak langsung; menyatakan secara tersirat. ~적 implisit; tersirat.
묵시(黙視)＜muk/si＞ ~하다 mengabaikan.
묵은해＜mu/keun/hae＞ tahun lalu.
묵인(黙認)＜muk/in＞ persetujuan secara diam-diam. ~하다 mengijinkan secara diam-diam; menyetujui secara diam-diam.
묵주(黙珠)＜muk/ju＞『카톨릭』 tas-

bih; rosario. 『카톨릭』
묵지(墨紙)＜muk/ji＞ kertas karbon.
묵직하다＜muk/jik/hada＞ berat.
묵척(墨尺)＜muk/cheok＞ garis penintaan tukang kayu.
묵화(墨畵)＜muk/hwa＞ lukisan dengan tinta cina.
묶다＜muk/ta＞ mengikat; memunjut; memaut; menambat(kan); mengebat.
묶음＜mu/keum＞ ikat; kelompok; bundel; rangkaian; buntel. ～으로 만들다 membundel; membuat dalam ikatan.
문(文)＜mun＞ ① 『文』 kalimat. ② pengetahuan. ～은 무보다 강하다 pena lebih berkuasa daripada pedang.
문(門)＜mun＞ ① gerbang; pintu; lawang. ② (분류상) filum; divisi.
문(問)＜mun＞ ☞ 문제 제1～ problema yang pertama.
문간(門間)＜mun/kan＞ pintu; tempat masuk.
문갑(文匣)＜mun/gab＞ lemari kecil.
문경지교(刎頸之交)＜mun/gyeong/ji/gyo＞ persahabatan seumur hidup; sahabat sehidup semati.
문고(文庫)＜mun/go＞ ① (서류 넣는) rak buku. ② (서고) perpustakaan.
문고리(門 -)＜mun/go/ri＞ bel pintu.
문공부(文公部)＜mun/gong/bu＞ ☞ 문화부.
문과(文科)＜mun/kwa＞ jurusan sastra. ～대학 fakultas sastra.
문관(文官)＜mun/gwan＞ pegawai sipil.
문교(文敎)＜mun/gyo＞ pendidikan; masalah pendidikan. ～당국 yang berwenang dalam pendidikan. ～행정 administrasi pendidikan.
문구(文句)＜mun/gu＞ frase; kata-kata; ungkapan.
문구멍(門 -)＜mun/ku/meong＞ lobang pintu.
문기둥(門 -)＜mun/gi/dung＞ tonggak pintu pagar.
문단(文壇)＜mun/dan＞ dunia kesu-

sasteraan; dunai tulis-menulis.
문단속(門團束)＜mun/dan/sok＞ ～하다 mengunci pintu.
문답(問答)＜mun/dab＞ tanya jawab; dialog. ～하다 mengadakan tanya jawab. ～식으로 dalam bentuk tanya jawab. ～식 교수 katekismus.
문대다＜mun/dae/da＞ menggosok. ☞ 문자르다.
문둥병(-炳)＜mun/dung/pyeong＞ kusta; lepra. ☞ 나병, 한센병.
문둥이＜mun/dung/i＞ penderita kusta; lepra.
문드러지다＜mun/deu/reo/ji/da＞ memborok; menukak.
문득,문뜩＜mun/deuk,mun/teuk＞ tiba-tiba; dengan tak terduga.
문란(紊亂)＜mul/lan＞ ketidakteraturan; kekacauan. ～하다 tidak teratur; kacau. 관기 ～ pelanggaran disiplin pegawai. 풍기～ pelanggaran moral masyarakat.
문례(文例)＜mun/ye＞ contoh kalimat.
문리(文理)＜mul/li＞ ① (문맥) konteks; jalan pemikiran. ② (문과와 이과) kesusasteraan dan ilmu pengetahuan. ～과대학 Fakultas Budaya dan Ilmu Pengetahuan.
문맥(文脈)＜mun/maek＞ konteks. ～상의 kontekstual.
문맹(文盲)＜mun/maeng＞ tuna aksara; sara; buta huruf. ～율 angka buta huruf. ～퇴치 pemberantasan buta huruf; perang melawan buta huruf.
문면(文面)＜mun/myeon＞ isi surat. ～에 의하면 sesuai dengan isi surat.
문명(文明)＜mun/myeong＞ peradaban; kebudayaan. ～한 beradab; berbudaya. ～의 이기 fasilitas peradaban. ～국 negara yang berbudaya. ～시대 zaman beradab. ～인 orang yang terpelajar. 기계～ kemajuan dalam bidang mekanik.
문무(文武)＜mun/mu＞ pengetahuan dan kekuatan; pena dan pedang.

~겸전(兼全)하다 menguasai pengetahuan dan kekuatan. ~ 백관 pegawai sipil dan militer.

문문하다＜mun/mun/hada＞ ① (부드럽다) lembut. ② (우섭다) murahan; gampangan.

문물(文物)＜mun/mul＞ peradaban; kebudayaan. 서양의 ~ Peradaban Barat.

문밖(門-)＜mun/bak＞ ① (문의 바깥) luar rumah. ~의 diluar. ② luar kota; pinggiran kota. ~에 살다 tinggal di luar kota.

문방구(文房具)＜mun/bang/gu＞ alat-alat tulis. ~점 toko alat-alat tulis.

문벌(門閥)＜mun/beol＞ garis keturunan; keluarga terkemuka.

문법(文法)＜mun/peob＞ tata bahasa; pramasastra; nahu; gramatika. ~적(으로) dipandang dari sudut tata bahasa. ~학자 ahli tata bahasa.

문병(問病)＜mun/byeong＞ besuk; kunjungan ke orang sakit. ~하다 menengok/mengunjungi orang sakit; membesuk.

문부(文簿)＜mun/bu＞ dokumen.

문빗장(門-)＜mun/bit/cang＞ palang pintu.

문사(文士)＜mun/sa＞ penulis; sastrawan.

문살(門-)＜mun/sal＞ rangka pintu sorong kertas.

문상(問喪)＜mun/sang＞ ☞ 조상(弔喪).

문서(文書)＜mun/seo＞ dokumen; surat menyurat; tulisan; naskah; arsip. ~로 secara tertulis. ~과 bagian arsip. ~위조 memalsukan dokumen.

문선(文選)＜mun/seon＞ antologi; bunga rampai; pemilihan huruf. ~하다 memilih karangan; memilih huruf. ~공 pemilih huruf.

문소리(門-)＜mun/so/ri＞ suara pintu (dibuka); ketukan dipintu.

문수(文數)＜mun/su＞ ukuran sepatu.

문신(文身)＜mun/sin＞ rajah; tato. ~하다 merajah; membuat tato.

문안(門-)＜mu/nan＞ ① (문의 안) dalam ruang. ② (성내) dalam tembok kota; dalam kota.

문안(文案)＜mu/nan＞ konsep; draf; bagan. ~을 작성하다 membuat konsep/bagan/draft.

문안(問安)＜mu/nan＞ penanyaan keamanan/keadaan. ~하다 menanyakan tentang keamanan/keadaan.

문어(文魚)＜mu/neo＞『動』gurita.

문어(文語)＜mu/neo＞ bahasa tulisan. ~체 gaya penulisan.

문예(文藝)＜mu/nye＞ seni dan sastra. ~기자[난] penulis [kolom] sastra. ~부흥 kebangunan kembali. ~비평 kritik sastra. ~작품 [영화] karya [film] sastra.

문외한(門外漢)＜mu/neo/han＞ orang awan.

문우(文友)＜mu/nu＞ sahabat pena.

문원(文苑)＜mun/won＞ dunia kesusasteraan.

문의(文義)＜mun/eui＞ arti/makna tulisan; isi surat.

문의(問議)＜mun/eui＞ penyelidikan; penanyaan. ~하다 menyelidiki; menanyakan; bertanya. ~체 referensi.

문인(文人)＜mu/nin＞ penulis; sastrawan; pujangga; pengarang; penyair. ~극 pertunjukan teater oleh penyair. ~ 협회 Asosiasi Sastrawan.

문인(門人)＜mu/nin＞ murid; pengikut.

문자(文字)＜mun/ja＞ ① (글자) huruf; aksara; abjad; alfabet. ~그대로 secara harfiah. ~반(盤) lempeng jam; muka (arloji). ② (구숙어) ungkapan frase.

문자새(門 -)＜mun/ca/sae＞ pintu dan jendela.

문장(文章)＜mun/jang＞ kalimat; tulisan; karangan. ~론 [구성법] sintaksis; ilmu kalimat.

문장부(門-)＜mun/jang/bu＞ poros/sumbu pintu.

문재(文才)＜mun/jae＞ bakat kesusasteraan.

문적(文籍)＜mun/jeok　(mun/jeok)＞
☞ 문덕(문덕).
문전(文典)＜mun/jeon＞　buku　tata
bahasa.
문전(門前)＜mun/jeon＞　~에 di de-
pan gerbang; di pintu.　~걸식하다
keluar　meminta-minta.　~성시를
이루다 penuh oleh tamu.
문제(問題)＜mun/je＞　perkara; hal;
urusan; topik; masalah; persoalan;
pertanyaan.　~가 안되다 tidak per-
lu ditanya lagi; tidak mungkin;
mustahil.　~를 야기하다 menim-
bulkan masalah; menimbulkan per-
kara.　~아 [작] anak [film, no-
vel] berproblem/bermasalah.　~점
hal yang diperkarakan.　금전 ~
masalah uang; perkara uang.　영어
~ pertanyaan/soal dalam bahasa
Inggris.
문제화(問題化)＜mun/je/hwa＞　~하
다 menjadi isu/pokok persoalan.
문조(文鳥)＜mun/jo＞『鳥』burung
pipit.
문죄(問罪)＜mun/joe＞　~하다 me-
nuduh seseorang melakukan keja-
hatan.
문중(門中)＜mun/jung＞　sanak sau-
dara; keluarga; marga.
문지기(門 -)　＜mun/ji/gi＞ penjaga
pintu.
문지도리(門 -)＜mun/ji/do/ri＞ eng-
sel pintu.
문지르다＜mun/ji/reu/da＞　menggo-
sok; mengaruk; menggeret; mem-
barut; mengerik.
문지방(門地枋)＜mun/ci/bang＞　am-
bang pintu.
문집(文集)＜mun/jib＞　kumpulan
karya sastra pilihan; antologi;
bunga rampai.
문짝(門 -)＜mun/cak＞ daun pintu.
문채(文彩)＜mun/chae＞ ① ☞ 무늬.
② (광채) warna yang indah.
문책(文責)＜mun/chaek＞　tanggung
jawab penyusunan kata pada
artikel; paramasastra.
문책(問責)＜mun/chaek＞　~하다
menanyakan tanggung jawab.

문체(文體)＜mun/che＞ gaya bahasa;
gaya penulisan.　간결[화려]한 ~
gaya ringkas [berbunga-bunga].　쉬
운 ~로 dengan gaya biasa (datar).
독자적인 ~를만들어내다 membuat
gaya sendiri.
문초(問招)＜mun/cho＞　penyelidik-
an.　~하다 menyelidiki; memerik-
sa.　~를 받다 diperiksa (oleh po-
lisi).
문치(文治)＜mun/chi＞　pemerintahan
sipil.
문치(門齒)＜mun/chi＞ gigi seri/ma-
nis/pengiris.
문치적거리다＜mun/chi/jeok/geo/ri/
da＞ ragu-ragu; bimbang.
문턱(門 -)＜mun/theok＞ ambang pin-
tu.　~이 닳도록 (mengunjungi) ber-
ulang kali; sering kali.　~을 넘어
서다 melewati (melangkahi) am-
bang pintu.
문투(文套)＜mun/thu＞ gaya bahasa;
gaya penulisan.
문틀(門 -)＜mun/theul＞　kusen pin-
tu.
문패(門牌)＜mun/fae＞　pelat nama
(dipintu).
문필(文筆)＜mun/fil＞　seni sastra;
kesusasteraan.　~로 먹고 살다
hidup dari mengarang; hidup dari
pena.　~가 penulis; pengarang;
sastrawan.　~업 profesi penulis;
profesi kepengarangan.
문하(門下)＜mun/ha＞　~생 murid
(pengikut).
문학(文學)＜mun/hak＞ kepustakaan;
literatur.　~의 [적] berkenaan de-
ngan kesusasteraan; tulis menulis.
~계 dunia kesusasteraan; dunia tu-
lis menulis.　~박사 Doctor of Li-
terature.　~사 Bachelor of Arts
(BA).　~자(者) penulis; sastrawan.
~작품 karya sastra.　~청년 penu-
lis muda; sastrawan muda; penga-
rang muda.　대중[고전] pustaka/li-
teratur populer [klasik].
문헌(文獻)＜mun/heon＞ pustaka/bu-
ku; booklet; selebaran; catatan; do-
kumen.　~을 조사하다 merujuk

pada dokumen. 참고 ~ daftar pustaka; bibliografi.

문형(文型)＜mu/nyeong＞ pola kalimat.

문호(文豪)＜mu/no＞ penulis besar; sastrawan besar.

문호(門戸)＜mu/no＞ pintu. ~ 개방주의 prinsip (kebijakan) pintu terbuka.

문화(文化)＜mu/nwa＞ kebudayaan; peradaban. ~적 kultural; budaya. ~부 Kementrian Kebudayaan. ~생활 kehidupan budaya. ~유산 pewarisan budaya. ~인 orang yang berbudaya. ~재(財) aset/kekayaan budaya. ~주택 rumah modern (rumah masa kini). ~협정 kesepakatan/perjanjian budaya. ~훈장 penghargaan atas jasa-jasa dalam bidang kebudayaan; Medali Budaya.

문후(問候)＜mu/nu＞ ~하다 menghormati; menghargai.

묻다＜mut/ta＞ menguburkan; menanam; memendam; menguruk.

묻다＜mut/ta＞ ternoda; tercemar.

묻다＜mut/ta＞ menanyakan; menyelidiki; menanyai.

묻히다＜mu/chi/da＞ mengotori; menodai; mencemari. 옷에 흙을 ~ mengotori baju dengan tanah. 신발에 흙을~ kena lumpur pada sepatu.

묻히다＜mu/chi/da＞ dikubur/ditimbun.

물＜mul＞ ① air. 화초에 ~을 주다 mengairi/menyirami bunga (tanaman). ~을 타다 mengencerkan; mencampur dengan air. ~에 빠져 죽다 mati tenggelam. ② banjir; genangan. ~이 나다 digenangi; dibanjiri.

물＜mul＞ warna celupan (☞ 물들다, 물들이다). 검정 ~을 들이다 mencelup (jadi) hitam; mewarnai/mencat hitam. ~이 날다 warna memudar.

물＜mul＞ ☞ 첫물.

물가＜mul/ka＞ sisi/tepi perairan; pantai.

물가(物價)＜mul/ka＞ harga (mata dagangan/komoditas). ~가 오르다 harga naik. ~가 내리다 harga turun; harga jatuh. ~고 harga komoditas yang tinggi. ~상승 [하락] naik [turun] harga. ~수준 tingkat harga. ~의 등귀[상승] kenaikan [kemajuan] dalam harga. ~통제 kendali harga. ~파동 naik turun/fluktuasi harga.

물가대책(物價對策)＜mul/ka/dae/chaek＞ kebijakan harga komoditi.

물가안정(物價安定)＜mul/ka/an/jeong＞ stabilisasi harga; kestabilan harga komoditi 튼튼한 ~에 바탕을 둔 지속적인 경제 성장을 추구하다 memacu pertumbuhan ekonomi yang berkelanjutan berdasarkan landasan stabilisasi harga yang kuat. ~선 zona stabilisasi harga.

물가지수(物價指數)＜mul/ka/ji/su＞ indeks harga.

물가체계(物價體系)＜mul/ka/che/gye＞ struktur (sistim) harga.

물갈래＜mul/gal/rae＞ anak sungai.

물감＜mul/kam＞ zat pewarna; bahan celupan.

물개＜mul/kae＞『動』anjing laut.

물거리＜mul/geo/ri＞ cabang-cabang yang mati; kayu bakar.

물거미＜mul/geo/mi＞『蟲』laba-laba air.

물거품＜mul/geo/fum＞ buih; gelembung; busa. ~이 되다 berakhir bagai asap; terbukti gagal; berakhir sia-sia.

물건(物件)＜mul/geon＞ benda; barang-barang; benda mati.

물걸레＜mul/geol/re＞ kain pel basah. ~질하다 mengepel dengan kain pel basah.

물것＜mul/keot＞ serangga penggigit.

물결＜mul/kyeol＞ ombak; ombak besar; alun gelombang. 속세의 거친 ~ ombak badai kehidupan. ~을 헤치고 나아가다 membajak ombak; menempuh gelombang kehidupan.　~에 떠다니다 hanyut di atas gelombang; terombang-ambing.

물결치다 <mul/kyeol/chi/da> bergerak bergelombang; bergulung-gulung; berombak-ombak.

물경(勿驚) <mul/gyeong> mengejutkan; mencengangkan; mengherankan. 빚이 ~...원이다 hutang membengkak sampai pada jumlah yang mencengangkan.

물계(物-) <mul/gye> harga sekarang; harga pasar.

물고기 <mul/go/gi> ikan.

물고늘어지다 <mul/go/neul/eo/ji/da> ① (입으로) menggigit. ② (끝까지) berpegang teguh (pada).

물고동 <mul/go/dong> kran; kunci kran. ~을 틀다 membuka [menutup] kran.

물곬 <mul/kol> drainase; pengaliran air.

물구나무서다 <mul/gu/na/mu/seo/da> berdiri bertumpu pada tangan (dan kepala).

물구덩이 <mul/gu/deong/i> kolam; genangan (lumpur).

물굽이 <mul/gu/bi> belokan aliran; belokan aliran sungai.

물권(物權) <mul/kwon> hak riil. ~법 hukum riil.

물귀신 <mul/gwi/sin> siluman air; hantu air; setan air. ~이 되다 mati tenggelam.

물금(-金) <mul/geum> 『化』 amalgam; logam campuran.

물긋하다 <mul/geut/hada> encer.

물기 <mul/ki> cairan; air. ~있는 basah; lembab.

물기름 <mul/gi/reum> minyak rambut.

물길 <mul/kil> aliran air (terusan; anak sungai; sungai).

물까마귀 <mul/ka/ma/gwi> 『鳥』 sejenis burung air.

물꼬 <mul/ko> pintu air; pintu pengaman banjir.

물끄러미 <mul/keu/reo/mi> menatap (dengan mata tak berkedip). 얼굴을 ~ 쳐다보다 menatap muka orang dengan tak berkedip.

물난리(- 亂離) <mul/nal/li> ① bencana banjir. ~를 겪다 mengalami bencana banjir. ② (식수단) kekurangan air.

물납(物納) <mul/nab> pembayaran dengan barang atau hasil bumi. ~세(稅) pajak dengan barang. ☞ 현물세(現物稅).

물너울 <mul/neo/ul> gelombang besar; ombak yang melambung.

물놀이 <mul/no/ri> ① (물결침) ~하다 beriak; merenyuk; meriak. ② liburan pantai. ~가다 pergi berenang; pergi berliburan ke pantai.

물다 <mul/da> membayar; menggantirugi.

물다 <mul/da> membusuk; menjadi rusak.

물다 <mul/da> ① (깨물다) menggigit; memagut; mematuk; mencatuk. ② (입에) mengulum; menggondol (dengan mulut). ③ (벌레가) menggigit; menyengat. ④ (톱니바퀴 등이) menyangkup (roda gigi).

물덤벙술덤벙 <mul/deom/beong/sul/deom/beong> dengan membabi buta; dengan membuta/tanpa tujuan.

물독 <mul/tok> setoples air.

물두부(-豆腐) <mul/du/bu> dadih kacang.

물들다 <mul/deul/da> ① (빛깔이) dicelup; diwarnai. ② (감염(感染)) dicemari; dipengaruhi.

물들이다 <mul/deu/ri/da> mencelup; meninta; mengecat; mengelir. 검게 ~ mencelup (jadi) hitam; mengelir hitam.

물딱총(- 銃) <mul/tak/chong> pistol air.

물때 <mul/tae> (물의) daki air.

물때 <mul/tae> (조수의) jam pasang; pasang naik.

물똥 <mul/tong> ☞ 물찌똥.

물똥싸움하다 <mul/tong/ssa/um/ha/da> memercikkan air satu sama

lain.

물량(物量)＜mul/lyang＞ jumlah materi/kekayaan　～작전으로 dengan keunggulan materi/kekayaan.

물러가다＜mul/leo/ga/da＞ cuti; perlop; mengambil cuti; pensiun.

물러나다＜mul/leo/na/da＞ mengundurkan diri; pensiun; berhenti.

물러서다＜mul/leo/seo/da＞ mundur; menarik kembali; menghela surut; meninggalkan; meletakkan (jabatan).

물러앉다＜mul/leo/an/ta＞ ① (뒤에 앉다) menggeser tempat duduk ke belakang. ② (지위에서) pensiun; berhenti; bebas tugas (meletakkan jabatan).

물러오다＜mul/leo/o/da＞ mengundurkan diri; menarik diri.

물러지다＜mul/leo/ji/da＞ melunak; menjadi lebih lunak.

물렁물렁하다＜mul/reong/mul/reong/hada＞ lunak; lembut; empuk.

물렁하다＜mul/leong/hada＞ ① (푹 익어서) terlampau matang/masak; lunak. ② (성질이) berhati lemah.

물레＜mul/re＞ roda pemintal.

물레방아＜mul/le/bang/a＞ kincir air; gilingan air.

물레새＜mul/le/sae＞『鳥』sejenis burung hutan.

물려받다＜mul/lyeo/bat/ta＞ mewarisi; mengambil alih; mendapatkan dengan pemindahan hak; mendapat pusaka; memusakai.

물려주다＜mul/lyeo/ju/da＞ mewariskan; memusakakan; menurunkan.

물려지내다＜mul/lyeo/ji/nae/da＞ bergantung pada kemurahan hati orang; (berada) dalam genggaman orang.

물력(物力)＜mul/lyeok＞ kekuasaan harta; kekuatan materi.

물론(勿論)＜mul/lon＞ tentu saja; apalagi; jangan dikatai (lagi). 그는 영어는 ～프랑스어도 한다 Dia menguasai bahasa Perancis, apalagi bahasa Inggris.

물리(物理)＜mul/li＞ ① (이치) hukum alam. ② ☞ 물리학 ～적인 fisik. ～요법 fisioterapi. ～화학 kimia fisik.

물리다＜mul/li/da＞(싫증나다) jemu; bosan; muak; kesal; kesal hati; dongkol.

물리다＜mul/li/da＞ ① (연기) menunda; menangguhkan; mengundurkan. ② (옮기다) memindahkan; mengalihkan; memundurkan. ③ ☞ 물려주다.

물리다＜mul/li/da＞ (치우다) membersihkan; menyingkirkan.

물리다＜mul/li/da＞ (푹 익힘) memasak lunak (empuk).

물리다＜mul/li/da＞ ① (동물,벌레에) digigit. ② (재갈을) mengekang (kuda); menyumbat mulut orang (dengan).

물리다＜mul/li/da＞ (돈을) mengkompensasi; menggantirugi.

물리다＜mul/li/da＞ (치우다) menyingkirkan; membereskan; mengangkat. 상을～ menyingkirkan meja.

물리치다＜mul/li/chi/da＞ menolak; menampik; menggagalkan; menahan serangan; mengatasi; mencegah.

물리학(物理學)＜mul/li/hak＞ (ilmu) fisika; ilmu alam. ～(상)의 fisis (bersifat fisika). ～자 ahli fisika. 응용 [이론] ～ fisika terapan [teori]. 핵～ fisika nuklir. 지구～ geofisik.

물마루＜mul/ma/ru＞ puncak gelombang; kepala air.

물만두(-饅頭)＜mul/man/du＞ ravioli rebus.

물망(物望)＜mul/mang＞ harapan umum; harapan khalayak. ～에 오르다 diharapkan secara luas; diharapkan oleh khalayak.

물매＜mul/mae＞ lereng; kemiringan; bagian miring. ～가 싼 지붕 atap berlereng curam.

물매＜mul/mae＞ penderaan keras. ～맞다 didera/dicambuk dengan keras.

물멀미＜mul/meol/mi＞ mabuk laut.

물명(物名)＜mul/myeong＞ nama barang-barang.

물목(物目)＜mul/mok＞ daftar barang; katalog.

물문(- 門)＜mul/mun＞ pintu banjir; pintu air (pengaman banjir).

물물교환(物物交換)＜mul/mul/gyo/hwan＞ barter (tukar menukar barang). ～하다 melakukan barter; mempertukarkan barang.

물밀다＜mul/mil/da＞ naik; pasang; menggenang; menggelombang.

물방아＜mul/bang/a＞ ① (방아) penggilingan air; kincir air; lesung air. ② (방아두레박) gayung kincir air.

물방울＜mul/pang/ul＞ tetesan air; setetes air.

물뱀＜mul/baem＞ ular laut; ular air.

물베개＜mul/be/gae＞ bantal air (bantal yang diisi air).

물벼락＜mul/byeo/rak＞ ～맞다 tersiram.

물벼룩＜mul/byeo/ruk＞ 『動』 kutu air.

물병(- 瓶)＜mul/pyeong＞ botol air.

물보라＜mul/bo/ra＞ percikan air.

물불＜mul/bul＞ ～을 안 가리다 melintasi api dan air; menempuh segala rintangan.

물비누＜mul/bi/nu＞ sabun cair; sabun lunak.

물산(物産)＜mul/san＞ produk; hasil; hasil bumi. ～의 집산지 pusat pendistribusian hasil bumi. ～이 풍부하다 kaya dalam produk. ～회사 perusahaan (penghasil) produk.

물살＜mul/sal＞ arus air. ～이 세다 arus air deras sekali.

물상(物象)＜mul/sang＞ ① (사물) obyek; benda. ② (현장) fenomena materi. ③ (교과) pelajaran ilmu alam.

물새＜mul/sae＞ ① (수금(水禽)) burung air; unggas air. ② ☞ 쇠새.

물색하다(物色-)＜mul/saek/hada＞ mencari; memburu; memilih; memilih dengan teliti.

물샐틈없다＜mul/sael/theum/eob/ta＞ ① (틈이 없다) kedap air. ② (완벽) kedap air; kedap udara; ketat/rapat.

물세례(- 洗禮)＜mul/se/rye＞ ① pembabtisan dengan efusi. ② ☞ 물벼락.

물소＜mul/so＞『動』 kerbau; munding.

물수건(-手巾)＜mul/su/geon＞ (h)anduk basah.

물시계(-時計)＜mul/si/gye＞ ① (시계) jam air; klepsi dra. ② (수도계량기) meteran air.

물실호기(勿失好機)＜mul/sil/ho/gi＞ ～하다 jangan sia-siakan kesempatan.

물심(物心)＜mul/sim＞ ～양면으로 baik secara materi maupun moral.

물싸움＜mul/ssa/um＞ pertengkaran air hak pemakaian air; pertengkaran saluran air. ～하다 bertengkar tentang hak atas air.

물써다＜mul/sseo/da＞ air surut.

물쑥＜mu/ssuk＞『植』 artemisia.

물쓰듯하다＜mul/sseu/deut/hada＞ membelanjakan uang seperti air; menghambur-hamburkan uang.

물씬하다＜mul/ssin/hada＞ lunak; lembut; berbau menyengat/amis.

물안경(-眼鏡)＜mu/ran/gyeong＞ kaca mata renang.

물약(-藥)＜mul/yak＞ obat cair.

물어내다＜mu/reo/nae/da＞ ① (퍼뜨리다) membuka rahasia dapur. ② (변상) membayar; mengganti (kerugian); mengimpaskan; mengganti rugi.

물어떼다＜mu/reo/te/da＞ menyobek dengan gigi; menggerogoti; menggigit lepas; mengerumit.

물어뜯다＜mu/reo/teut/ta＞ menyobek dengan gigi; menggerogoti; mengerumit.

물어보다＜mu/reo/bo/da＞ menanyakan; menyelidiki; melakukan penyelidikan.

물어주다＜mu/reo/ju/da＞ ☞ 물어내다.

물역(物役)＜mul/yeok＞ bahan bangunan.

물엿＜mul/yeot＞ selai barlei.

물오르다＜mul/o/reu/da＞ merembes naik; keluar dari kemiskinan; menjadi lebih baik dari sebelumnya.

물오리＜mul/o/ri＞『鳥』itik liar; belibis.

물욕(物慾)＜mul/yok＞ nafsu duniawi; hasrat/keinginan duniawi.

물유리(-琉璃)＜mul/yu/ri＞ gelas air.

물음＜mu/reum＞ pertanyaan. ～표 tanda tanya.

물의(物議)＜mul/eui＞ gugatan umum; celaan umum; kritik umum. ～를 자아내다 [일으키다] menyebabkan pembahasan umum; menimbulkan skandal (kritikan tajam).

물잇구럭하다＜mul/it/ku/reok/hada＞ membayar lunas (kerugian); melunasi (hutang).

물자(物資)＜mul/ca＞ barang-barang; mata dagangan; komoditi; bahan (baku); sumber daya. ～ 공급 suplai barang-barang. 생활 ～ keperluan sehari-hari.

물자동차(-自動車)＜mul/ja/dong/cha＞ ① (살수차) (mobil) penyiram jalan. ② ☞ 급수차(給水車).

물장구＜mul/cang/gu＞ sepak-sepakan air. ～차다 [질하다] menyepak-nyepak air.

물장난＜mul/jang/nan＞ ～치다 bercimpang-cimpung dalam air; barbur.

물적(物的)＜mul/ceok＞ fisik; materi. ～증거 bukti fisik; bukti nyata.

물정(物情)＜mul/ceong＞ perasaan umum. 세상 ～을 모르다 mengabaikan dunia di sekeliling.

물주(物主)＜mul/cu＞ pemberi modal/penyandang dana; bandar.

물줄기＜mul/cul/gi＞ aliran air; semburan air.

물질(物質)＜mul/cil＞ zat; substansi. ～적(인) materi fisik. ～계 dunia materi; dunia fisik; dunia kebendaan. ～대사『生』metabolis-

me. ～명사 kata benda nyata. ～문명 peradaban kebendaan; peradaban materi. ～주의 materialisme (faham kebendaan).

물집＜mul/cib＞ tempat pencelupan (toko tempat mencelup/mencat pakaian dll).

물집＜mul/cib＞ lepuh (air); pupuk. ～잡히다 mengalami lepuh; melepuh.

물쩡(물쩡)하다＜mul/ceong/(mul/ceong)/hada＞ lemah semangat; berhati lemah.

물차(-車)＜mul/cha＞ mobil tangki; mobil penyiram jalan.

물참나무＜mul/cham/na/mu＞ 『植』pohon ek Jepang.

물체(物體)＜mul/che＞ tubuh; benda; jasad; bahan; materi.

물초＜mul/cho＞ ～하다 basah sampai-sampai ke kulit; basah kuyup. ～가 되다 ＝ 물초하다.

물총새＜mul/chong/sae＞ 『鳥』(burung) pekakak; burung udang.

물컥＜mul/kheok＞ berbau menyengat.

물컹이＜mul/kheong/i＞ orang yang lembek/lemah.

물컹하다＜mul/kheong/hada＞ lembek; lunak.

물크러지다＜mul/kheu/reo/ji/da＞ membusuk; mengurai.

물통＜mul/thong＞ ember air.

물표(物標)＜mul/fyo＞ tiket; resu barang/etiket.

물품(物品)＜mul/fum＞ barang-barang; komoditi. ～세(稅) pajak komoditi.

물화(物貨)＜mul/hwa＞ barang-barang; komoditi; barang dagangan.

묽다＜muk/ta＞ ① (농도) encer. ② (사람이) (berhati) lemah.

뭇＜mut＞ (뮤음) buntalan; bungkusan; bundel.

뭇＜mut＞ banyak; jumlah besar. ～사람 khalayak ramai; orang banyak.

뭇매＜mut/mae＞ pemukulan bertubi-tubi; pengeroyokan. ～맞다

mendapat hujan pukulan dan tendangan.

뭇발길 <mut/bal/kil> hujan tendangan; tendangan bertubi-tubi.

뭇방치기 <mut/bang/chi/gi> nimbrung; menyelonong; ikut campur.

뭇소리 <mut/so/ri> banyak suara; cemoohan dan olok-olokan.

뭇시선(- 視線) <mut/si/seon> tatapan umum; mata khalayak.

뭇입 <mut/ib> cemoohan orang banyak; celaan dan olok-olokan.

뭉개다 <mung/gae/da> ① (으깨다) meremukkan; melumatkan. ② (일을) tidak mengetahui apa yang harus dilakukan.

뭉게구름 <mung/ge/gu/reum> awan kumulus.

뭉게뭉게 <mung/ge/mung/ge> padat; tebal; dalam awan tebal.

뭉그러뜨리다 <mung/geu/reo/teu/ri/da> menghancurkan; melumpuhkan; merusakkan; membinasakan.

뭉그러지다 <mung/geu/reo/ji/da> ambruk; runtuh; roboh; jatuh.

뭉굿하다 <mung/geut/hada> lemah lembut; ramah; baik; mudah; gampang.

뭉뚝하다 <mung/tuk/hada> tumpul; majal.

뭉뚱그리다 <mung/tung/geu/ri/da> membungkus dengan serampangan/ceroboh.

뭉실뭉실하다 <mung/sil/mung/sil/hada> montok; padat; sintal.

뭉치 <mung/chi> segumpal; sebungkah; serangkai; seikat; setumpuk; segepok.

뭉치다 <mung/chi/da> ① (덩이지다) menggumpalkan. ② membuat gumpalan. 눈을 ~ membuat bola salju. ③ (단결) menyatu; bersatu; bergabung. 굳게 ~ bersatu dengan kuat.

뭉클뭉클하다 <mung/kheul/mung/kheul/hada> tidak halus; menggumpal; kental.

뭉클하다 <mung/kheul/hada> ① (먹은 것이) merasa kekenyangan; merasa berat di perut. ② (가슴이) merasa adanya gumpalan di kerongkongan.

뭉키다 <mung/khi/da> menggumpal; menggumpalkan. 단단히 ~ membentuk gumpalan yang keras.

뭉텅이 <mung/theong/i> gumpalan; kumpulan; massa.

뭉툭하다 <mung/thuk/hada> tumpul; majal; tidak tajam; dempak; tidak runcing.

뭍 <muth> darat; daratan.

뭐 <mwo> ☞ 무어.

…므로 <meu/ro> (di)karena(kan); karena. 몸이 약하 ~ dikarenakan kesehatan yang rapuh.

미(美) <mi> kecantikan; keelokan; kemolekan; keindahan; kebagusan; kepermaian. 자연의 ~ keindahan alam.

미가(米價) <mi/ga> harga beras. ~정책 kebijakan harga beras.

미가공(未加工) <mi/ga/gong> ~의 mentah; baku; kasar; belum diproses/diolah.

미각(味覺) <mi/gak> cita rasa selera. ~신경 saraf pengecap.

미간(未刊) <mi/gan> ~의 belum diterbitkan.

미간(眉間) <mi/gan> alis; kening. ~을 찌푸리다 menggerakkan alis.

미간지(未墾地) <mi/gan/ji> lahan/tanah yang belum/diusahakan (ditanami).

미개(未開) <mi/gae> ~한 tidak beradab; biadab; liar; barbar. ~민족 suku bangsa yang (masih) biadab. ~지 daerah terbelakang.

미개간(未開墾) <mi/gae/gan> ~의 belum diusahakan; belum ditanami.

미개발(未開發) <mi/gae/bal> ~의 belum dikembangkan; belum diusahakan; belum ditanami.

미개척(未開拓) <mi/gae/cheok> ~의 belum dikembangkan; belum diusahakan; liar. ~분야 ladang yang belum dieksplorasi/diselidiki. ~지 lahan yang belum dikembangkan/diusahakan; tanah perawan.

미거(美擧)＜mi/geo＞ tindakan terpuji; usaha yang patut dihargai.

미결(未決)＜mi/gyeol＞ ~의 belum diputus kan; belum pasti/tetap; belum diselesaikan. ~감 rumah tahanan sementara. ~구류 penahanan sementara sebelum keputusan pengadilan. ~문제 persoalan yang belum terpecahkan; masalah yang belum terselesaikan. ~수 tahanan yang menunggu keputusan pengadilan. ~안 perkara yang belum diputuskan.

미결산(未決算)＜mi/gyeol/san＞ ~의 belum tetap; belum diselesaikan; berubah-ubah.

미결제(未決濟)＜mi/gyeol/ce＞ ~의 belum dilunasi; belum selesai.

미곡(米穀)＜mi/gok＞ beras. ~보유량 beras dalam stok/persediaan. ~상 pedagang beras. ~연도 tahun panen; musim panen.

미골(尾骨)＜mi/gol＞ 『解』 tulang tungging/sulbi.

미공인(未公認)＜mi/gong/in＞ ~의 belum diakui secara resmi; tidak resmi. ☞ 비공인(非公認).

미관(美觀)＜mi/gwan＞ pemandangan yang indah; tontonan yang indah. ~을 이루다 menyuguhkan tontonan yang menarik. ~을 해치다 merusak keindahan.

미관(味官)＜mi/gwan＞ organ perasa; alat (tubuh) perasa.

미관(微官)＜mi/gwan＞ jabatan rendah; pejabat/pegawai rendah.

미교육(未敎育)＜mi/gyo/yuk＞ ~의 tidak terlatih; belum terlatih.

미구(未久)＜mi/gu＞ ~에 tidak lama; segera.

미국(美國)＜mi/guk＞ Amerika Serikat. ~의 berkenaan dengan Amerika. ~화하다 menjadi seperti Amerika; meng-Amerika. ~국기 bendera Amerika. ~어(語) bahasa Inggris Amerika. ~인(人) orang Amerika (Yankee).

미군(美軍)＜mi/gun＞ angkatan bersenjata Amerika (US army). ~점령지 daerah yang diduduki oleh Amerika.

미궁(迷宮)＜mi/gung＞ misteri; susunan yang membingungkan.; labirin. ~에 빠지다 diselimuti misteri.

미균(微菌)＜mi/gyun＞ ☞ 세균.

미그＜mi/geu＞ jet tempur MIG.

미급(未及)＜mi/geub＞ ~하다 tidak mencukupi; mengecewakan; tidak memenuhi; bukan tandingan (dari).

미기(美技)＜mi/gi＞ permainan yang baik.

미꾸라지＜mi/ku/ra/ji＞ ikan lumpur.

미끄러지다＜mi/keu/reo/ji/da＞ meluncur; tergelincir; menggelincir; menyelusuh; gagal dalam ujian.

미끄럼＜mi/keu/reom＞ peluncuran. ~(을) 타다 meluncur. ~대 tempat meluncur.

미끄럽다＜mi/keu/reob/ta＞ licin; berlanyau; mulus; halus.

미끈미끈＜mi/keun/mi/keun＞ ~한 licin; berlanyau.

미끈하다＜mi/keun/hada＞ halus; sedap dipandang; cakap; mulus.

미끼＜mi/ki＞ ① umpan. 낚시에 ~를 달다 mengumpani mata kail. ② umpan; pemikat; iming-imingan. ~에 걸려들다 terpikat; terbujuk.

미나리＜mi/na/ri＞『植』 peterseli (daun sup) Jepang.

미남(美男)＜mi/nam＞ orang tampan/cakap; adonis.

미납(未納)＜mi/nab＞ ~의 menunggak. ~금 (jumlah) tunggakkan. ~자 orang yang menunggak; penunggak. ~처분 hukuman/denda untuk kelalaian membayar.

미네랄＜mi/ne/ral＞ mineral. ~워터 air mineral.

미녀(美女)＜mi/nyeo＞ wanita cantik; gadis cantik. 절세의 ~ wanita dengan kecantikan tiada tara; wanita yang sangat jelita.

미니＜mi/ni＞ mini. ~스커트 rok mini. ~카메라 kamera mini.

미니어처＜mi/ni/eo/cheo＞ miniatur;

bentuk kecil.

미다<mi/da> (구멍을 내다) mengoyak; koyak.

미다<mi/da> (따돌리다) membiarkan diluar; (dalam dingin); tidak ingin ditemani.

미닫이<mi/da/ji> pintu geser/sorong.

미담(美談)<mi/dam> cerita yang bagus; anekdot yang bagus.

미덕(美德)<mi/deok> kebajikan; kebaikan; sifat baik; sifat terpuji.

미덥다<mi/deob/ta> dapat diandalkan; dapat dipercaya.

미동(微動)<mi/dong> getaran; goyangan kecil. ~도 않다 tidak bergoyang sedikitpun; berdiri teguh seperti batu karang.

미두(米豆)<mi/du> spekulasi dalam beras. ~장 pasar beras.

미등(尾燈)<mi/deung> lampu belakang.

미들<mi/deul> ~급의(kelas) menengah; (kelas) ringan utama. ~급 선수 (petinju) kelas menengah.

미디<mi/di> rok tanggung; baju tanggung.

미라<mi/ra> ☞ 미이라.

미란(靡爛)<mi/ran> ~하다 radang; memborok; membusuk; membisul. ~성 가스 gas beracun yang menyebabkan iritasi; gas moster.

미래(未來)<mi/rae> masa datang; waktu yang akan datang; masa depan. ~의 mendatang; yang akan datang. ~에 di masa datang. ~사(事) kejadian-kejadiam masa datang; kejadian-kejadian mendatang. ~상 bayangan tentang masa yang akan datang. ~시제『文』 "the future tense". ~파 futurisme; ahli futurologi. ~학 futurologi.

미량(微量)<mi/ryang> sejumlah yang sangat kecil; mikro. ~분석 analis mikro; analisis renik. ~측정기 mikrodetektor (alat pendeteksi renik).

미려(美麗)<mi/ryeo> kecantikan; kemolekan; kejelitaan. ~한 cantik; molek; jelita.

미력(微力)<mi/ryeok> kemampuan yang rendah/kurang. ~을 다하다 melakukan apa yang dapat dikerjakan.

미련<mi/ryeon> kebodohan; ketololan. ~한 bebal; tolol; bodoh. ~퉁이 [장이] orang bebal; orang bodoh.

미련(未練)<mi/ryeon> kasih sayang yang tetap hidup. ~이 있다 menyembelawa; sesal yang tidak putus-putusnya.

미로(迷路)<mi/ro> jaringan jalan yang ruwet; simpang siur; labirin.

미루다<mi/ru/da> ① (연기) menunda; menangguhkan; mengulur waktu; mengundurkan. ② (전가) menimpakan (kesalahan pada seseorang). ③ (헤아리다) menduga; mengambil kesimpulan; menilai (dari).

미루적거리다<mi/ru/jeok/geo/ri/da> memperpanjang; menunda; memanjangkan.

미리<mi/ri> sebelumnya; dimuka; terdahulu; terlebih dahulu.

미립자(微粒子)<mi/rib/ca> sel darah. ~의 korpuskuler; berbentuk sel darah. ~필름 selaput halus.

미만(未滿)<mi/man> ~의 dibawah; kurang dari … .

미만(彌漫)<mi/man> ~하다 meliputi; melingkupi.

미망(迷妄)<mi/mang> ilusi; khayalan; maya; angan-angan. ~설(說) ilusionisme.

미망인(未亡人)<mi/mang/in> janda. ~이 되다 menjadi janda. 전쟁 ~ janda perang (wanita yang suaminya meninggal dalam perang).

미명(未明)<mi/myeong> ~에 pada waktu fajar.

미명(美名)<mi/myeong> 의 ~아래 dengan berdalih.

미모(美貌)<mi/mo> kecantikan; kemolekan; keelokan. ~의 cantik; elok; tampan.

미목(眉目)＜mi/mok＞　paras; roman. ~이 수려하다 memiliki paras yang tampan; berparas tampan

미몽(迷夢)＜mi/mong＞ ilusi; khayalan; angan-angan. ~에서 깨어나다 membuka mata; terjaga dari mimpi.

미묘(美妙)＜mi/myo＞ ~한 bagus sekali; baik sekali; elok; elegan.

미묘(微妙)＜mi/myo＞ ~한 halus (tidak kentara).

미문(美文)＜mi/mun＞ prosa yang elegan.

미물(微物)＜mi/mul＞ ① (하찮 것) barang yang sepele. ② (미생물) mikroorganisme/jasad renik; mikroba/kuman.

미미(美味)＜mi/mi＞ kelezatan; citarasa yang baik. ~의 enak; lezat; sedap.

미미(微微)＜mi/mi＞ ~한 sedikit; kecil; enteng; tidak berarti; ringan.

미발표(未發表)＜mi/bal/fyo＞ belum diterbitkan.

미복(美服)＜mi/bok＞ pakaian bagus; busana yang bagus.

미복(微服)＜mi/bok＞ penyamaran. ~으로 dengan menyamar/menyaru; dalam penyamaran.

미본토(美本土)＜mi/bon/tho＞ Amerika Serikat Kontinental. ~의[에(있는)] di/dari Amerika Serikat.

미봉(彌縫)＜mi/bong＞ ~하다 bertindak sementara. ~책 tindakan sementara.

미부(尾部)＜mi/bu＞ ekor; buntut.

미분(微分)＜mi/bun＞ 『數』 kalkulus diferensial. ~하다 memperbedakan; membedakan; menurunkan (dalam; kalkulus). ~방정식 persamaan diferensial; persamaan turunan.

미분자(微分子)＜mi/bun/ja＞ molekul: atom.

미불(未拂)＜mi/bul＞ ~의 belum dibayar. ~잔금 tunggakan.

미불(美拂)＜mi/bul＞ dollar Amerika.

미불입(未拂-)＜mi/bul/ib＞ ~의 be-lum dilunasi. ~주(株) [자본금] saham [modal] yang belum dibayar.

미비(未備)＜mi/bi＞ ~한 tidak mencukupi; tidak memenuhi; tidak sempurna; cacat. ~한 점 kecacatan.

미쁘다＜mi/peu/da＞ dapat diandalkan; dapat dipercaya.

미사(美辭)＜mi/sa＞ kata-kata berbunga; kata-kata (bahasa) yang muluk-muluk. ~여구를 늘어놓다 menyusun segala macam kata-kata berbunga/muluk.

미사＜mi/sa＞ misa. ~를 올리다 mengucapkan (membaca) misa. 진혼 ~ misa do'a (untuk orang yang meninggal).

미사일＜mi/sa/il＞ peluru kendali. 공대공 ~ peluru kendali udara ke udara. 지대공 ~ peluru kendali darat ke darat.

미산지(米産地)＜mi/san/ji＞ daerah penghasilan beras; daerah beras.

미삼(尾蔘)＜mi/sam＞ akar ginseng.

미상(未詳)＜mi/sang＞ ~한[의] tidak diketahui; tidak dikenal. 작자 ~의 anonim; tidak dikenal; tidak beridentitas.

미상불(未嘗不)＜mi/sang/bul＞ sesungguhnya; memang; tentu saja.

미상환(未償還)＜mi/sang/hwan＞ ~의 belum kembali (uang). ~액(額) jumlah yang tidak dapat dipertanggung-jawabkan.

미색(米色)＜mi/saek＞ kuning muda.

미색(美色)＜mi/saek＞ perempuan cantik; perempuan jelita; perempuan yang molek.

미생물(微生物)＜mi/saeng/mul＞ mikroorganisme; jasad renik; mikroba. ~학 mikrobiologi. ~학자 ahli mikrobiologi.

미성(未成)＜mi/seong＞ ~의 tidak selesai; belum selesai; tidak rampung.

미성(美聲)＜mi/seong＞ suara yang merdu.

미성년(未成年)＜mi/seong/nyeon＞

yang belum dewasa. ~이다 di-
bawah umur; belum dewasa. ~범
죄 kenakalan remaja. ~자 orang
yang belum dewasa; anak dibawah
umur.

미세(微細)＜mi/se＞ ~한 halus;
rinci; kecil.

미세스＜mi/se/seu＞ perempuan yang
sudah menikah; nyonya.

미션스쿨＜mi/syeon/seu/khol＞ seko-
lah misi; sekolah pengabar Injil.

미소(美蘇)＜mi/so＞ ~의 Amerika-
Soviet.

미소(微小)＜mi/so＞ ~한 sangat
kecil; halus; renik; mikroskopis.

미소(微少)＜mi/so＞ ~한 sangat
sedikit; tidak berarti; hampir tidak
ada.

미소(微笑)＜mi/so＞ senyuman; se-
nyum. ~하다 tersenyum. ~를
띄우고 dengan tersenyum.

미소년(美少年)＜mi/so/nyeon＞ anak
muda yang tampan; adonis.

미송(美松)＜mi/song＞ 『植』 pinus
oregon.

미수＜mi/su＞ sagun Korea (sejenis
penganan Korea).

미수(未收)＜mi/su＞ ~의 tagihan.
~금 uang tagihan.

미수(未遂)＜mi/su＞ ~의 percoba-
an. ~로그치다 gagal dalam usaha
percobaan. ~범(犯) kejahatan be-
rupa usaha percobaan (pembunuhan
dll). 살인 ~ usaha percobaan
pembunuhan. 자살 ~ usaha per-
cobaan bunuh diri.

미수교국(未修交國)＜mi/su/gyo/
guk＞ negara dengan mana belum
ada hubungan diplomatik.

미숙(未熟)＜mi/suk＞ ① (덜익음)
~한 belum masak; hijau; belum
matang. ② (익숙지 못함) ~한 be-
lum berpengalaman; tidak terampil;
masih hijau; pelonco.

미숙련(未熟鍊)＜mi/suk/ryeon＞ ~
의 tidak terampil; tidak mahir. ~
공 pekerja tidak terampil; tenaga
kerja tidak terampil.

미술(美術)＜mi/sul＞ seni. ~적인

artistik (bernilai seni). ~가 seni-
man. ~관 museum seni (galeri
seni). ~대학 akademi seni; seko-
lah tinggi seni. ~전람회 pameran
seni. ~품 karya seni. ~학교 se-
kolah seni.

미술공예(美術工藝)＜mi/sul/gong/
ye＞ barang-barang kerajinan ber-
nilai seni; seni kerajinan.

미스＜mi/seu＞ ① (호칭) nona.
② (미혼녀) perempuan yang belum
menikah; gadis.

미스＜mi/seu＞ kekeliruan; kesalah-
an. ~ 프린트 salah cetak.

미스터＜mi/seu/theo＞ tuan.

미스터리＜mi/seu/theo/ri＞ (cerita)
misteri.

미스테이크＜mi/seu/the/i/kheu＞ ke-
keliruan; kesalahan.

미시즈＜mi/si/jeu＞ Ny. (nyonya).

미식(米食)＜mi/sik＞ makanan be-
ras. ~하다 makan beras.

미식(美食)＜mi/sik＞ epikurisme.
~하다 makan makanan yang ter-
pilih. ~가 orang yang pemilih.

미식축구(美式蹴球)＜mi/sik/chuk/
gu＞ sepak bola Amerika.

미신(迷信)＜mi/sin＞ takhyul/taha-
yul; ketahayulan. ~적인 bertak-
hayul; fanatik. ~가 orang yang
percaya pada takhayul.

미심(未審)＜mi/sim＞ ~한 [쩍은]
meragukan; dapat dipertanyakan;
menyangsikan; mencurigakan. ~
한 점 hal yang mencurigakan (me-
ragukan). ~쩍은 듯이 secara
mencurigakan.

미아(迷兒)＜mi/a＞ anak yang ter-
sesat; anak yang hilang. ~가 되
다 hilang; tersasar. ~ 보호소 ru-
mah untuk tersasar.

미안(未安)＜mi/an＞ ~하다 me-
nyesal; penuh sesal. ~한 생각이
들다 merasa menyesal; menyesal.
~합니다마는 Maafkan saya,tapi…

미안(美顔)＜mi/an＞ ~수 lulur ke-
cantikan. ~술(術) perawatan ke-
cantikan.

미약(微弱)＜mi/yak＞ ~한 lemah.

미양(微恙)＜mi/yang＞ kurang enak badan; sakit; demam.

미어(美語)＜mi/eo＞ bahasa Inggris Amerika.

미어뜨리다＜mi/eo/teu/ri/da＞ merobek; menyobek.

미어지다＜mi/eo/ji/da＞ sobek.

미역＜mi/yeok＞ mandi; renang; berenang; turun ke air. ～감다 berenang; mandi dalam air.

미연(未然)＜mi/yeon＞ ～에 sebelum terjadi; sebelumnya. ～에 방지하다 mencegah sebelum terjadi.

미열(微熱)＜mi/yeol＞ demam; kurang enak badan; demam puyuh.

미온(微溫)＜mi/on＞ ～적인 hangat-hangat tahi ayam; suam-suam kuku; setengah hati.

미완(未完), 미완성(未完成)＜mi/wan, mi/wan/seong＞ ～의 belum selesai; belum lengkap; tidak selesai. ～교향악 simfoni yang belum selesai.

미용(美容)＜mi/yong＞ ～사 ahli kecantikan. ～술 pemeliharaan kecantikan; mesase muka. ～식 menu untuk kecantikan. ～원 salon kecantikan. ～체조 senam kecantikan; senam kebugaran..

미욱하다＜mi/uk/ha/da＞ bodoh; dungu.

미움＜mi/um＞ kebencian; rasa benci. ～(을) 받다 dibenci.

미워하다＜mi/wo/ha/da＞ benci; membenci; merasa benci.

미음(米飮)＜mi/eum＞ bubur beras.

미의식(美意識)＜mi/eui/sik＞ rasa estetika; rasa keindahan.

미이라＜mi/i/ra＞ mumi (mayat yang diawetkan/dibalsem). ～로 만들다 menjadi mumi.

미익(尾翼)＜mi/ik＞ ekor (pesawat).

미인(美人)＜mi/in＞ ①(가인) gadis cantik. ～계 muslihat dengan perempuan cantik sebagai umpan; siasat bunga. ～계를 쓰다 bermuslihat dengan perempuan cantik sebagai umpan; memakai siasat bunga. ～대회 kontes kecantikan. ② (미

국인) orang Amerika (Yankee).

미작(米作)＜mi/jak＞ panen beras; budidaya padi. ～지대 daerah/distrik penghasil beras.

미장(美粧)＜mi/jang＞ pemeliharaan kecantikan; perawatan kecantikan. ～원 salon kecantikan.

미장(美裝)＜mi/jang＞ baju bagus; pakaian bagus. ～하다 berpakaian bagus/rapi.

미장이＜mi/jang/i＞ tukang plester.

미저골(尾低骨)＜mi/jeo/gol＞ 『解』 tulang tungging/sulbi.

미적(美的)＜mi/ceok＞ esteti; estetis. ～ 감각 rasa estetis; perasaan estetika.

미적거리다＜mi/jeok/geo/ri/da＞ ① (밀다) bergerak maju sedikit demi sedikit. ② (연기) menunda dari hari kehari; menangguhkan.

미적분(微積分)＜mi/jeok/bun＞ perhitungan diferensial dan integral.

미적지근하다＜mi/jeok/ji/geun/ha/da＞ hangat-hangat kuku; setengah hati.

미전(美展)＜mi/jeon＞ ☞ 미술관람회.

미점(美點)＜mi/ceom＞ keuntungan; faedah.

미정(未定)＜mi/jeong＞ ～의 belum diputuskan; belum tetap/pasti; belum diselesaikan. ～이다 tidak diputuskan.

미제(未濟)＜mi/je＞ ～의 belum diselesaikan; belum dilunasi.

미제(美製)＜mi/je＞ ～의 buatan Amerika.

미제품(未製品)＜mi/je/fum＞ barang yang belum selesai (produk yang belum selesai).

미조(美爪)＜mi/jo＞ ～사(師) orang yang memelihara/merawat kuku. ～술(術) perawatan kaki dan tangan.

미주(美酒)＜mi/ju＞ anggur yang sangat baik.

미주(美洲)＜mi/ju＞ benua Amerika.

미주알고주알＜mi/ju/al/go/ju/al＞ dengan selidik.

미중(美中)＜mi/jung＞ ~의 (hubungan) Cina-Amerika.

미증유(未曾有)＜mi/jeung/yu＞ ~의 belum pernah terjadi sebelumnya; belum pernah terdengar.

미지(未知)＜mi/ji＞ ~의 tidak diketahui. ~수 jumlah yang tidak diketahui.

미지근하다＜mi/ji/geun/hada＞ ☞ 미적지근하다.

미진(未盡)＜mi/jin＞ ~하다 tidak lengkap; tidak selesai/belum selesai; tidak memuaskan.

미진(微震)＜mi/jin＞ getaran bumi; gempa bumi ringan.

미착(未着)＜mi/chak＞ ~의 belum sampai; belum dikirim/diantarkan. ~품 barang-barang yang belum diantarkan.

미착수(未着手)＜mi/chak/su＞ ~의 belum mulai.

미채(迷彩)＜mi/cae＞ kamuflase; penyamaran; pengabuan mata.

미처＜mi/cheo＞ sejauh ini; sampai sekarang; sampai kini.

미천(微賤)＜mi/cheon＞ ~한 rendah; hina; tidak jelas; dina.

미추(美醜)＜mi/chu＞ kecantikan atau keburukan; penampilan pribadi.

미추룸하다＜mi/chu/rum/hada＞ sehat dan cantik.

미취(微醉)＜mi/chwi＞ mabuk ringan.

미취학(未就學)＜mi/chwi/hak＞ ~의 pra sekolah. ~아동 anak pra sekolah; anak usia pra sekolah.

미치광이＜mi/chi/gwang/i＞ orang gila; maniak. ~의 gila; sinting; sakit ingatan.

미치다＜mi/chi/da＞ ① (정신이) gila; menjadi gila. ② gila ; tergila-gila. 계집에 ~ tergila-gila dengan seorang wanita.

미치다＜mi/chi/da＞ ① (이르다) mencapai; memenuhi (standar); berjumlah …; berkisar (sekitar); meliputi; mencakup. ② (영향을) menimbulkan (pengaruh); menye-

babkan.

미칭(美稱)＜mi/ching＞ pelembut; ungkapan pelembut; eufimisme.

미크론＜mi/kheu/ron＞ mikron. 밀리 ~ milimikron .

미타(彌陀)＜mi/tha＞ Amitabha.

미태(媚態)＜mi/thae＞ kegenitan. ~를 부리다 genit; keletah.

미터＜mi/theo＞ ① meter. ~법 sistem metrik. ② (계량이) meteran.

미투리＜mi/thu/ri＞ sepatu rami.

미풍(美風)＜mi/fung＞ adat/kebiasaan yang baik. ~양속 adat istiadat; moral umum.

미풍(微風)＜mi/fung＞ angin sepoi-sepoi; angin silir semilir; angin siliran.

미필(未畢)＜mi/fil＞ ~의 belum selesai; belum terpenuhi.

미필적고의(未必的故意)＜mi/fil/jeok/go/eui＞ 『法』 kelalaian yang disengaja; pengabaian yang disengaja.

미학(美學)＜mi/hak＞ estetika. ~의 estetik; estetis. ~자 ahli estetika.

미해결(未解決)＜mi/hae/gyeol＞ ~의 belum terpecahkan; belum pasti/tentu; belum diputus kan.

미행(尾行)＜mi/haeng＞ ~하다 membayangi; membuntuti; menguntit. ~을 당하다 diikuti; dibuntuti. ~자 orang yang membuntuti.

미행(美行)＜mi/haeng＞ perilaku yang terpuji; tindakan yang terpuji.

미행(微行)＜mi/haeng＞ perjalanan menyamar. ~하다 melakukan kunjungan pribadi; bepergian dengan menyamar.

미혹(迷惑)＜mi/hok＞ (미망) angan-angan; ilusi; delusi; (헤맴) kebingungan; keraguan. ~하다 (그릇된 길에) kesasar; (여자에게) lupa diri; tergila-gila; (헤맴) bingung.

미혼(未婚)＜mi/hon＞ ~의 tidak kawin; belum kawin; gadis/bujang. ~모(母) ibu yang tidak menikah. ~자 orang yang tidak menikah.

미화(美化)＜mi/hwa＞ pencantikan; pemolekan; pengelokan. ~하다 mempercantik; membuat cantik/indah. 도시 ~운동 gerakan memperindah kota; gerakan mempercantik kota.

미화(美貨)<mi/hwa> [mata] uang Amerika; dollar Amerika.

미확인(未確認)<mi/hwak/in> ~보도 berita dari sumber yang tidak dapat dikonfirmasikan. ~비행물체 benda terbang tak dikenal; piring terbang (UFO).

미흡(未洽)<mi/heub> ~한 tidak mencukupi; tidak memadai; tidak memuaskan.

미희(美姬)<mi/heui> gadis jelita; gadis cantik.

믹서<mik/seo> alat pencampur; adukan; mikser.

민가(民家)<min/ga> rumah pribadi.

민간(民間)<min/gan> ~의 pribadi; swasta; sipil. ~기업 [사업] perusahaan [usaha] pribadi. ~방송 siaran komersil (swasta). ~외교 diplomasi orang ke orang ; diplomasi antar pribadi. ~인 orang swasta; sipil. ~항공 penerbangan swasta/sipil. ~회사 perusahaan swasta.

민감(敏感)<min/gam> ~한 peka (terhadap); sensitif (terhadap). 열 ~ peka terhadap panas. ~한 사람 orang yang peka.

민국(民國)<min/guk> republik; negara republik.

민권(民權)<min/kwon> hak sipil; hak-hak rakyat. ~을 옹호[신장]하다 mempertahankan [mengembangkan] hak-hak rakyat.

민단(民團)<min/dan> kerja sama pemukiman; perhimpunan penduduk Korea di Jepang.

민도(民度)<min/do> kondisi [standar budaya] rakyat.

민둥민둥하다<min/dung/min/dung/hada> gundul; tandus; tidak berpohon.

민둥산(- 山)<min/dung/san> bukit tandus; bukit yang gundul; bukit yang gersang.

민들레<min/deul/le>『植』dandelion

민란(民亂)<mil/nan> kerusuhan; huru-hara; keributan; pemberontakkan.

민망(民望)<min/mang> kepercayaan umum; pengharapan umum.

민망(憫惘)<min/mang> ~하다 malu; menyesal; menyedihkan.

민머리<min/meo/ri> kepala gundul; kepala botak.

민며느리<min/myeo/neu/ri> seorang gadis yang dibesarkan dalam rumah seseorang sebagai calon isteri anak laki-lakinya.

민물<min/mul> air segar; air tawar. ~의 limnetis. ~고기 ikan air tawar.

민박(民泊)<min/bak> ~하다 menginap di rumpeng. ~집 rumpeng (rumah pribadi yang sewaktu-waktu menerima tamu/berfungsi sebagai penginapan).

민방(民放)<min/bang> ☞ 민간방송.

민방위(民防衛)<min/bang/wi> pertahanan sipil (HANSIP). ~대 satuan/korps pertahanan sipil. ~훈련 pelatihan pertahanan sipil.

민법(民法)<min/peob> hukum sipil; hukum perdata. ~학자 sarjana hukum perdata.

민병(民兵)<min/byeong> milisi; wamil (wajib militer). ~대 korps wajib militer.

민복(民福)<min/bok> kesejahteraan rakyat; kesejahteraan nasional.

민본주의(民本主義)<min/bon/ju/eui> demokrasi.

민사(民事)<min/sa> ~소송 gugatan sipil (pengaduan perkara sipil). ~재관 pengadilan sipil.

민생(民生)<min/saeng> kehidupan umum.

민선(民選)<min/seon> ~의 dipilih oleh rakyat. ~의원 wakil yang dipilih oleh rakyat (melalui pemilu); wakil rakyat.

민속(民俗)<min/sok> adat istiadat daerah. ~박물관 museum daerah.

~촌 taman mini budaya daerah. ~학 ilmu tentang adat-istiadat daerah.

민속무용(民俗舞踊)＜min/sok/mu/yong＞ tarian daerah. ~가 penari tarian daerah.

민속(敏速)＜min/sok＞ ☞ 민활.

민수(民需)＜min/su＞ permintaan swasta. ~산업 industri swasta; perusahaan swasta.

민숭민숭하다＜min/sung/min/sung/hada＞ gundul; tandus; botak.

민심(民心)＜min/sim＞ perasaan umum. ~의 동요 keresahan masyarakat. ~을 거역하다 bertentangan dengan perasaan umum.

민약설(民約說)＜min/yak/seol＞ teori kontrak sosial.

민영(民營)＜min/yeong＞ ~의 swasta; dikelola secara swasta/pribadi. ~으로 하다 menyerahkan kepada badan usaha swasta. ~이다 di bawah pengelolaan swasta. ~아파트 rumah susun yang dibangun oleh swasta.

민예(民藝)＜min/ye＞ kerajinan rakyat; seni rakyat. ~품 barang-barang kerajinan rakyat.

민완(敏腕)＜min/wan＞ kemampuan; kecakapan. ~의 mampu; cakap; mahir. ~가 orang berkemampuan (tinggi); orang yang cakap/mahir.

민요(民謠)＜min/yo＞ lagu rakyat; balada. ~가수 (가락) penyanyi lagu rakyat.

민요(民擾)＜min/yo＞ ☞ 민란.

민원(民怨)＜min/won＞ kemarahan [keluhan] umum. ~을 사다 mengundang kemarahan umum.

민원(民願)＜min/won＞ permohonan sipil. ~사무 administrasi urusan sipil. ~상담소 saluran untuk petisi sipil. ~창구 kantor urusan sipil.

민유(民有)＜min/yu＞ ~의 milik pribadi; milik swasta. ~지 tanah pribadi/swasta.

민의(民意)＜min/eui＞ kehendak rakyat; opini publik; apini umum.

민재(民載)＜min/jae＞ ☞ 민사재판.

민정(民政)＜min/jeong＞ pemerintahan sipil. ~을 펴다 menempatkan di bawah pemerintahan sipil.

민정(民情)＜min/jeong＞ ① (정상) kondisi (kehidupan) rakyat. ② ☞ 민심.

민족(民族)＜min/jok＞ ras; rakyat; bangsa. ~성 karakteristik rasial; ciri-ciri rasial. ~운동 gerakan nasional. ~자결 penentuan (nasib) sendiri suku bangsa/ras. ~자본 modal nasional. ~정신 semangat nasional; semangat kebangsaan. ~주의 nasionalisme (faham kebangsaan). ~통일 연구원 lembaga penelitian untuk unifikasi nasional (di Korea). ~학(學) etnologi (ilmu tentang bangsa-bangsa).

민족감정(民族感情)＜min/jok/gam/jeong＞ sentimen nasional.

민족문제(民族問題)＜min/jok/mun/je＞ masalah rasial.

민족문화(民族文化)＜min/jok/mun/hwa＞ kebudayaan nasional.

민주(民主)＜min/ju＞ demokrasi. ~적 demokratis. ~화하다 demokratisasi. ~당 partai demokrasi. ~주의 demokrasi. ~주의자 demokrat. ~회복 pemulihan demokrasi.

민주공화국(民主共和國)＜min/ju/gong/hwa/guk＞ republik demokrasi.

민주국(民主國)＜min/ju/guk＞ negara demokrasi.

민주제도(民主制度)＜min/ju/je/do＞ sistim yang demokratis.

민중(民衆)＜min/jung＞ massa; khalayak ramai. ~화하다 mempopulerkan. ~심리 psikologi massa. ~예술 seni populer. ~운동 gerakan rakyat.

민첩(敏捷)＜min/cheob＞ ~한 cepat; cekatan; gesit; tangkas. 행동이 ~하다 gesit dalam tindakan.

민통선(民統線)＜min/thong/seon＞ garis larangan pertanian (di Korea).

민툿하다＜min/theut/hada＞ rata dan licin.

민폐(民弊)＜min/fye＞ gangguan

umum. ~를 끼치다 menimbulkan gangguan umum.

민활(敏活) <min/hwal> ~한 cepat; aktif; laju; segera.

믿다 <mit/ta> ① percaya; mempercayai; menerima sebagai kebenaran; takin. 남의 말을 그대로~ percaya apa yang dikatakan orang lain. ② (신불을) percaya; iman.

믿음 <mit/eum> kepercayaan; keimanan; keyakinan. ~이 두터운 taat; saleh; beriman. ~이 없는 ingkar; kafir; tidak beriman.

믿음성(-性) <mit/eum/seong> keandalan; ketergantungan. ~ 있는 dapat diandalkan; dapat dipercaya.

믿음직하다 <mit/eum/jik/hada> dapat diandalkan; dapat dipercaya; meyakinkan; penuh harapan; menjanjikan.

밀 <mil> (소맥) gandum.

밀 <mil> (밀랍의) lilin kuning; lilin tawon; malam. ~로 만든 dari lilin. ~을 먹이다 melilinkan; memberi lilin.

밀가루 <mil/ka/ru> tepung gandum; terigu.

밀감(蜜柑) <mil/gam> 『植』 jeruk mandarin.

밀계(密計) <mil/gye> rencana rahasia; plot; rancangan. ~를 꾸미다 merencanakan secara rahasia.

밀고(密告) <mil/go> informasi (rahasia). ~하다 memberi informasi; menghianati. ~자 informan; pemberi informasi.

밀국수 <mil/guk/su> mi terigu.

밀기울 <mil/ki/ul> antah gandum.

밀다 <mil/da> ① (떠다밀다) mendorong; menyorong; menolak; mendorong; menyodok. ② menarah; mengetam; mencukur. 수염을 ~ mencukur kumis. ③ ☞ 미루다.

밀담(密談) <mil/tam> pembicaraan rahasia.

밀도(密度) <mil/to> kepadatan; densitas. ~측정 densimeter. 인구 ~ kepadatan penduduk.

밀도살(密屠殺) <mil/do/sal> penyembelihan gelap. ~하다 menyembelih (sapi) dengan gelap.

밀랍(蜜蠟) <mil/rab> lilin tawon malam.

밀렵(密獵) <mil/lyeob> pemburu gelap. ~하다 berburu tanpa ijin. ~자 pemburu gelap.

밀리 <mil/li> ~그램 miligram. ~리터 mililiter. ~미터 mili meter.

밀리다 <mil/li/da> ① (일이) tertunda. ② (지불이) ditunggak. ③ (떼밀리다) digosok keluar. ④ (내밀리다) didorong kebelakang; didesak mengundurkan diri.

밀림(密林) <mil/lim> hutan yang lebat; rimba raya.

밀막다 <mil/mak/ta> menolak dengan dalih (tertentu).

밀매(密賣) <mil/mae> penjualan gelap. ~하다 menjual secara gelap; menyelundupkan. ~자 penjual gelap.

밀매매(密賣買) <mil/mae/mae> perdagangan gelap; jual beli gelap.

밀매음(密賣淫) <mil/mae/eum> ~하다 melakukan prostitusi secara gelap. ~녀(女) pelacur liar.

밀모(密謀) <mil/mo> ☞ 음모(陰謀).

밀무역(密貿易) <mil/mu/yeok> penyelundupan. ~하다 menyelundup.

밀물 <mil/mul> pasang naik.

밀보리 <mil/bo/ri> gandum hitam; gandum dan jelai.

밀봉(密封) <mil/bong> ~하다 menutup/menyegel rapat-rapat; merekatkan. ~교육 latihan rahasia.

밀봉(蜜蜂) <mil/bong> tawon; lebah madu.

밀사(密使) <mil/sa> utusan rahasia; agen rahasia.

밀생(密生) <mil/saeng> ~하다 tambah gemuk.

밀서(密書) <mil/seo> surat (pesan) rahasia.

밀선(密船) <mil/seon> kapal/perahu penyelundupan.

밀수(密輸)＜mil/su＞　penyelundupan. ～하다 menyelundupkan. ～단 kelompok penyelundup. ～선 kapal penyelundupan. ～자 penyelundup. ～품 barang selundupan.

밀수입(密輸入)＜mil/su/ib＞　penyelundupan (kedalam negeri). ～하다 menyelundupkan ke dalam negeri; mengimpor secara ilegal.

밀수출(密輸出)＜mil/su/chul＞　penyelundupan (keluar negeri). ～하다 menyelundupkan ke luar negeri.

밀실(密室)＜mil/sil＞　ruang (kamar) rahasia.

밀약(密約)＜mil/yak＞　kesepakatan (perjanjian) rahasia. ～을 맺다 membuat kesepakatan rahasia.

밀어(密漁)＜mil/eo＞　penangkapan ikan secara gelap. ～하다 menangkap ikan secara gelap. ～자 penangkap ikan gelap.

밀월(蜜月)＜mil/wol＞　～여행 bulan madu.

밀의(密議)＜mil/eui＞　konferensi/ pertemuan gelap.

밀입국(密入國)＜mil/ib/guk＞　～하다 masuk secara tidak sah.

밀접(密接)＜mil/ceob＞　～한 akrab; rapat; intim. ～한 관계가 있다 berhubungan akrab.

밀정(密偵)＜mil/ceong＞　mata-mata; agen rahasia; penyelidik.

밀조(密造)＜mil/co＞　～하다 membuat minuman keras secara gelap.

밀주(密酒)＜mil/cu＞　minuman keras yang dibuat secara gelap; minuman keras buatan sendiri. ～업자 pembuat minuman keras gelap.

밀집(密集)＜mil/cib＞　～하다 berkerumun; berkerubung.

밀짚＜mil/jif＞　jerami gandum (jelai). ～모자 topi jerami.

밀착(密着)＜mil/chak＞　～하다 melekat; menempu; menyelunut. ～인화『寫』 percetakan kontak.

밀초＜mil/cho＞　lilin.

밀치다＜mil/chi/da＞　mendorong.

밀크＜mil/kheu＞　susu; susu kental. ～셰이크 susu kocok. ～홀 warung susu.

밀탐(密探)＜mil/tham＞　～하다 memata-matai; menyelidiki (secara rahasia).

밀통(密通)＜mil/thong＞　① komunikasi rahasia. ～하다 berkomunikasi secara rahasia; berkhianat. ～자 pengkhianat. ② hubungan gelap; penyelewengan. ～하다 berhubungan gelap (dengan); berbuat serong (dengan); menyeleweng (dengan).

밀폐(密閉)＜mil/fye＞　～하다 menutup dengan rapat-rapat; membuat kedap udara.

밀항(密航)＜mil/hang＞　penyelundupan; naik kapal secara gelap. ～하다 menyelundup masuk. ～자 penyelundup(naik kapal).

밀행(密行)＜mil/haeng＞　～하다 aksi rahasia.

밀회(密會)＜mil/hoe＞　randevu; pertemuan rahasia. ～하다 bertemu secara rahasia; bertemu diam-diam. ～장소 tempat pertemuan rahasia.

밉다＜mib/ta＞　menjijikkan; penuh benci; menimbulkan benci.

밉살스럽다＜mib/sal/seu/reob/ta＞　menimbulkan benci; menjengkelkan.

밋밋하다＜mit/mit/hada＞　panjang dan ramping; lurus dan mulus.

밍밍하다＜ming/ming/hada＞　hambar; tawar; ambar; encer.

밍크＜ming/kheu＞　『動』 cerpelai; bulu; cerpelai. ～외투 mantel bulu cerpelai.

및＜mit＞　baik … maupun …; dan juga.

밑＜mith＞　① bawah; dasar; pangkal; kaki. ～의 bawahan; rendahan. ～에(의) bawah; dibawah. ～으로(의) arah bawah. ～으로부터 dari bawah. ② (근본) akar; asal. ③ (음부) kemaluan; aurat. ④ (바닥) dasar.

밑각(-角)＜mith/kak＞　『數』 sudut alas.

밑그림 <mith/geu/rim> sketsa kasar; draft.
밑돌다 <mith/dol/da> lebih rendah; lebih kurang.
밑동 <mith/dong> akar; pangkal; dasar.
밑면(- 面) <mith/myeon> alas.
밑바닥 <mith/ba/dak> dasar; alas; telapak/tapak.
밑바탕 <mith/ba/thang> (근저) landasan; dasar; (본성)watak asli.

밑받침 <mith/bat/chim> tatakan untuk menulis; ganjal.
밑변(- 邊) <mith/byeon> 『數』 alas; basis
밑지다 <mith/ji/da> rugi; menderita kerugian; tidak dapat menutupi biaya.
밑창 <mith/cang> tapak; telapak.
밑천 <mith/cheon> modal; dana; kapital; pokok. ~을 들이다 menanam uang (dalam).

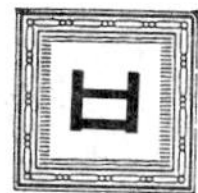

...ㅂ 시다 <b/si/da> mari. 갑시다 Mari kita pergi.

바 <ba> tambang; tali.

바 <ba> bar; rumah minum. ~호스테스 pelayan bar.

바 <ba> batang. 밀리 ~ millibar.

바 <ba> apa. 그가 말하는 ~ apa yang dikatakannya.

바가지 <ba/ga/ji> ① (그릇) gayung. ② menjual terlalu mahal. ~를 쓰다 membayar melebihi yang biasa; membayar terlalu tinggi. ~ 씌우다 menghargai terlalu tinggi. ~요금 harga yang melebihi biasa; harga yang terlalu tinggi.

바가지긁다 <ba/ga/ji/geuk/ta> mengomel; membengkeng.

바각거리다 <ba/gak/geo/ri/da> membuat bunyi bergeresek.

바겐세일 <ba/gen/se/il> penjualan tawar menawar.

바구니 <ba/gu/ni> keranjang; keruntung; ketiding; kambut; ambung. 장 ~ keranjang belanjaan.

바구미 <ba/gu/mi> 『蟲』 kumbang penggerek padi.

바그르르 <ba/geu/reu/reu> ① ☞ 바글바글. ② (거품이) pembusaan.

바글바글 <ba/geul/ba/geul> ~끓다 mendidih; menggelegak.

바깥 <ba/kath> luar; bagian luar. ~의 luar; bagian luar; sebelah luar. ~에(서) di udara terbuka; di luar. ~양반 suami.

바께쓰 <ba/ke/sseu> ember; timba; gayung.

바꾸다 <ba/ku/da> ① mengganti; memperbaharui; menukarkan. 물건을 돈으로 ~ mengkonversikan (menukarkan) barang ke dalam uang. ② merubah; menukar; mengubah; mengkonversi. 방향을 ~ merubah arah.

바뀌다 <ba/kwi/da> dirubah; dire-

visi. ☞ 변하다.

바나나 <ba/na/na> pisang. ~껍질 kulit pisang.

바느질 <ba/neu/jil> jahit menjahit. ~하다 menjahit. ~품을 팔다 menjual barang jahitan.

바늘 <ba/neul> jarum; kail; jarum jam. ~방석에 앉은 것 같다 merasa sangat gugup. ~에 실을 꿰다 memasang benang pada jarum; membenangi jarum. (상처를) 여섯 ~ 꿰매다 mendapat enam jahitan. ~겨레 bantalan jarum. ~귀 lubang jarum.

바다 <ba/da> laut; samudra. ~로 나가다 melaut; berlayar. 불~ lautan api.

바다표범 <ba/da/fyo/beom> 『動』 anjing laut.

바닥 <ba/dak> ① lantai; dasar. 마룻 ~에서 자다 berbaring di atas lantai. ② dasar; alas; tapak. ③ akhir; penutup. ☞ 바닥나다. ④ kawasan yang padat; daerah yang ramai sekali. 장~ pasar yang ramai. 종로 ~ distrik Jongno.

바닥나다 <ba/dak/na/da> habis; habis dari persediaan.

바닥보다 <ba/dak/bo/da> ☞ 바닥나다.

바닥짐 <ba/dak/jim> tolak bara; balas; pemberat.

바닷가 <ba/dat/ka> pantai; pinggir laut.

바닷물 <ba/dat/mul> air laut. ~고기 ikan laut.

바닷새 <ba/dat/sae> burung-burung laut; burung-burung perairan.

바둥거리다 <ba/dong/geo/ri/da> meronta-ronta; mengais-ngais; menggeliat; menggelepar.

바둑 <ba/duk> baduk. ~을 두다 bermain baduk. ~돌 biji baduk. ~판 papan baduk.

바둑무늬 < ba/duk/mu/neui >　　~의 belang.

바둑이 < ba/du/gi >　anjing belang putih dan hitam.

바라다 < ba/ra/da >　① (예기.기대) mengharapkan.　② (소원함) ingin; mau; berharap; menginginkan; berkehendak; berhasrat.　③ (간원.부탁) memohon; meminta.

바라보다 < ba/ra/bo/da >　melihat; memandang; menonton; menatap; menyaksikan; meninjau.

바라보이다 < ba/ra/bo/i/da >　terlihat; kelihatan.

바라지 < ba/ra/ji >　pemeliharaan; perawatan.　~하다 memelihara; merawat; menjaga.

바라크 < ba/ra/kheu >　barak; pondok; gubuk.

바락바락 < ba/rak/ba/rak >　mati-matian; dengan susah payah.　~기를 쓰다 melakukan usaha mati-matian.

바람 < ba/ram >　① angin; angin topan; angin jujut; arus angin.　~이 있는[없는] berangin [tidak berangin].　~방향이 바뀌다 arah angin berubah.　~이 잘 통하다 banyak udara masuk; berventilasi baik.　저녁 ~을 쐬다 menikmati kesejukan malam.　~에 쐬다 berangin-angin; makan angin.　~이 일다(자다) angin bertiup [reda].　찬 ~ angin dingin.　② penyelewengan.　~나다 menyeleweng.　~난 menyeleweng.　~장이 penyeleweng; pria [wanita] yang berganti-ganti pasangan; mata keranjang.　③ (풍) bual.

바람 < ba/ram >　~에.　① bersama dengan; sehubungan dengan; sebagai akibat dari.　일어나는 ~에 karena berdiri.　떠드는 ~에 karena hiruk-pikuk.　② 샤쓰 ~으로 (memakai kemeja) berlengan pendek; tidak memakai jas.

바람개비 < ba/ram/gae/bi >　baling-baling; gada-gada (penunjuk arah angin).

바람결 < ba/ram/gyeol >　kabar angin; kabar burung; desas-desus; selentingan.

바람둥이 < ba/ram/dung/i >　① (풍장이) penyombong; pembual.　② (바람잡이) pencagak.

바람막이 < ba/ram/ma/gi >　kasa angin; pelindung dari angin.

바람맞다 < ba/ram/mat/ta >　dibodohi; dibohongi.

바람벽(- 璧) < ba/ram/byeok >　dinding; tembok.

바람직하다 < ba/ram/jik/hada >　diinginkan; dianjurkan; dikehendaki.

바래다 < ba/rae/da >　① (변색) pudar; memudar; luntur (hilang warnanya).　② (표백) memutihkan; memucatkan; menggelentang.

바래다 < ba/rae/da >　melepas pulang.

바로 < ba/ro >　① dengan benar; dengan jujur; dengan tepat; dengan sebenar-benarnya; langsung.　~말하다 mengatakan kebenaran.　~집으로 가다 pulang langsung ke rumah.　~알아맞추다 menerka dengan benar; menduga dengan tepat.　~이 옷에 살다 tinggal berdekatan.　~이 근처에서 그를 보았다 Saya melihat dia tepat sekitar-kitar sana.　② (구령) "Lihat depan"!

바로미터 < ba/ro/mi/theo >　barometer (alat pengukur tekanan udara).

바로잡다 < ba/ro/jab/ta >　① (굽은 것을) meluruskan.　② (교정) membenarkan; membetulkan; memperbaiki.

바륨 < ba/ryum >　『化』 barium (Ba).

바르다 < ba/reu/da >　① (곧다) lurus.　② (정당.참되다) benar; adil; jujur; tulus.

바르다 < ba/reu/da >　① (붙이다) menempelkan; merekatkan; melekatkan; memplester; menurap; melepa.　② (칠하다) mengecat/mencat; memakai kan; menggosokkan/memoleskan.　고약을 ~ mengoleskan salep; memakaikan salep.

바르다 < ba/reu/da >　(발라내다) mengupas; menguliti; membuka; melepaskan; menulangi.

바르샤바＜ba/reu/sya/ba＞ Warsawa. ～조약 Pakta Warsawa.

바른길＜ba/reun/gil＞ jalan yang lurus; jalur yang benar.

바른말＜ba/reun/mal＞ kata yang masuk akal (benar); pembicaraan yang jujur/apa adanya. ～하다 berbicara secara rasional (berbicara apa adanya).

바리＜ba/ri＞ muatan; beban.

바리캉＜ba/ri/khang＞ penjepit rambut; jepitan rambut.

바리케이드＜ba/ri/khe/i/deu＞ barikade; rintangan; perintang. ～를 치다 membuat barikade/rintangan. ～를 돌파하다 menerobos barikade/rintangan.

바리콘＜ba/ri/khon＞ kondensor variabel.

바리톤＜ba/ri/thon＞ 『樂』 bariton; penyanyi bariton; suara bariton.

바바리코트＜ba/ba/ri/kho/theu＞ mantel bulu burberry.

바베큐＜ba/be/khyu＞ barbecue.

바벨＜ba/bel＞ 『聖』 ～탑 Menara Babel.

바보＜ba/bo＞ tolol; bodoh; pandir; idiot; dungu. ～같은 ketololan. ～같은 소리를 하다 berbicara ketolol-tololan.

바빌로니아＜ba/bil/lo/nia＞ Babilonia. ～사람 orang Babilonia.

바쁘다＜ba/peu/da＞ sibuk; repot. 시험 준비에 ～ sibuk mempersiapkan untuk ujian.

바삐＜ba/pi/＞ dengan repot/sibuk; dengan tergesa-gesa; dengan seketika. 한시 ～ tanpa penundaan sesaatpun/sekejappun.

바삭거리다＜ba/sak/geo/ri/da＞ desir; desau; gercik; gersak.

바소＜ba/so＞ lanset.

바소쿠리＜ba/so/khu/ri＞ keranjang anyaman.

바수다＜ba/su/da＞ ☞ 부수다.

바스락거리다＜ba/seu/rak/geo/ri/da＞ desir; desau; gersik; gersak.

바스러뜨리다＜ba/seu/reo/teu/ri/da＞ meremukkan; menghancurkan; memecahkan.

바스러지다＜ba/seu/reo/ji/da＞ pecah; remuk; hancur.

바심＜ba/sim＞ (타작) pengirikan; perontokan gabah.

바심＜ba/sim＞ ～하다 (재목의) mengetam (melicinkan) kayu.

바싹＜ba/ssak＞ ① (바삭) getas. ☞ 바삭… ② (mengering) sama sekali. ～ 말라붙은 우물 sumur yang mengering sama sekali. ～마른 입술 bibir yang kering. ③ erat; dengan rapat; dengan ketat/erat; dengan kencang. 나사를 ～죄다 menyekrup dengan kencang.

바야흐로＜ba/ya/heu/ro＞ ～…하려 하다 akan (melakukan).

…바에야＜ba/e/ya＞ sama sekali; daripada. 이왕 그만둘 ～ jika engkau menyerah sama sekali. 항복할 ～ 죽겠다 saya lebih baik mati dari pada menyerah.

바위＜ba/wi＞ batu; tebing batu. ～가 많은 berbatu-batu. ～너설 tepi/pinggir batu yang tajam.

바위옷＜ba/wi/ot＞ 『植』 lumut batu-batuan.

바이러스＜ba/i/reo/seu＞ 『醫』 virus. ～병의 bersifat virus. ～가 원인인 [에 기인하는] disebabkan oleh virus.

바이블＜ba/i/beul＞ Bibel.

바이스＜ba/i/seu＞ catok.

바이올린＜ba/i/ol/lin＞ biola. ～주자 pemain biola.

바자＜ba/ja＞ ～울 pagar bambu.

바자＜ba/ja＞ bazar (amal). ～를 열다 membuka bazar; mengadakan bazar.

바자위다＜ba/ja/wi/da＞ kikir; pelit; lokek; bakhil.

바제도병(-病)＜ba/je/do/pyeong＞ penyakit Basedow.

바조(- 調)＜ba/jo＞ 『樂』 F mayor; F minor.

바주카포(- 砲)＜ba/ju/kha/fo＞ bazoka.

바지＜ba/ji＞ celana panjang; pan-

talon; sarwal.
바지저고리＜ba/ji/jeo/go/ri＞　baju dan celana panjang, orang udik.
바짝＜ba/cak＞　☞ 바싹.
바치다＜ba/chi/da＞　memberikan; menyerahkan; mentahbiskan; mengabdikan; membaktikan. 일생을 ~ mengabdikan hidup (pada).
바치다＜ba/chi/da＞ (즐기다) kecanduan (terhadap).
바칠루스＜ba/chil/lu/seu＞ 『生』 basilus (jamak: basili).
바캉스＜ba/khang/seu＞　liburan; prei.
바퀴＜ba/khwi＞ 『蟲』 coro; lipas; kecoa; jere; kecoak.
바퀴＜ba/khwi＞ roda; putaran. 한 ~돌다 berputar satu kali. ~살 jari-jari; ruji. ~자국 bekas roda; jejak roda. 앞[뒷] ~ roda depan [belakang].
바탕＜ba/thang＞ dasar; landasan; basis; watak; (keadaan) jasmani.
바터＜ba/theo＞ barter; tukar menukar. ~무역(貿易) perdagangan barter/tukar menukar. ~제(制) sistem barter/tukar menukar.
바텐(더)＜ba/then(deo)＞ bartender.
바통＜ba/thong＞ tongkat komando; baton. ~을 넘기다 menyerahkan tongkat komando. ~을 넘겨받다 menerima tongkat komando; mengambil-alih tugas.
바투＜ba/thu＞ ketat; rapat.
바특하다＜ba/theuk/hada＞ kental.
바티칸＜ba/thi/khan＞ Vatikan.
박＜bak＞ 『植』 labu; kundur.
박격포(迫擊砲)＜bak/gyeok/fo＞ mortir; tomong; meriam kecil.
박다＜bak/ta＞ (못 따위를) menancapkan; memalu; memacak.
박다＜bak/ta＞ (찍다, 인쇄) mengambil (gambar); mencetak.
박다＜bak/ta＞ menjahit. 재봉틀로 ~ menjahit dengan mesin jahit.
박대(薄待)＜bak/dae＞ ☞ 냉대.
박덕(薄德)＜bak/deok＞ kurang berperibudi.
박두(迫頭)＜bak/du＞ ~하다 men-

desak; dekat; sebentar lagi.
박락(剝落)＜bak/nak＞ ~하다 mengelupas.
박람(博覽)＜bak/nam＞ ~회 pameran; pekan raya. ~회장 area pameran; arena pekan raya.
박래(舶來)＜bak/nae＞ ☞ 외래(外來).
박력(迫力)＜bak/nyeok＞ daya; kekuatan; intensitas. ~있는 kuat; meyakinkan.
박론(駁論)＜bak/non＞ sangkalan; pembuktian kesalahan. ☞ 반박.
박리(薄利)＜bak/ni＞ keuntungan kecil. ~다매 keuntungan yang kecil dan pengembalian yang cepat. ~다매주의 kebijakan pengembalian yang cepat.
박멸(撲滅)＜bak/myeol＞ ~하다 membasmi; memusnahkan; menyapu habis; menghapuskan.
박명(薄命)＜bak/myeong＞ ~한 tidak beruntung; tidak mujur; sial; malang. 가인(佳人) ~ kecantikan dan keberuntungan jarang bergandengan tangan.
박물(博物)＜bak/mul＞ ~관 museum. ~군자 orang yang berpengetahuan luas. ~학 sejarah alam. (~학자 naturalis; penyelidik alam).
박박＜bak/bak＞ dengan keras; dengan kuat.
박복(薄福)＜bak/bok＞ kemalangan; kesedihan; nasib malang. ~한 malang; sial; tidak mujur.
박봉(薄俸)＜bak/bong＞ gaji yang kecil; upah yang kecil. ~으로 생활하다 hidup dengan gaji yang kecil.
박사(博士)＜bak/sa＞ doktor (Dr). ~논문 desertasi. ~학위 gelar doktor. (~학위를 따다 mengambil gelar doktor). 만물 ~ orang yang berpengetahuan luas.
박살(撲殺)＜bak/sal＞ ~하다 memukul sampai mati. ~내다 menghancurkan; meremukkan; memecahkan; merusakkan.

박색(薄色)＜bak/saek＞ paras yang jelek; roman yang tidak cakap.
박수＜bak/su＞ dukun sihir laki-laki.
박수(拍手)＜bak/su＞ tepuk tangan. ~하다 bertepuk tangan. 우뢰 같은 ~ tepuk tangan yang gemuruh. ~갈채 sorakan; tepuk tangan. (~갈채하다 memberikan tepuk tangan dan sorakan).
박식(博識)＜bak/sik＞ pengetahuan. ~한 terpelajar; berpengetahuan luas; berilmu.
박신거리다＜bak/sin/geo/ri/da＞ berdesak-desak; berkerumun; berjejal-jejal.
박애(博愛)＜bak/ae＞ filantropi; kedermawanan; kecintaan terhadap sesama manusia; perikemanusiaan. ~의 dermawan; murah hati; suka menderma; cinta sesama manusia. ~주의 filantropisme (faham kecintaan sesama manusia; faham kedermawanan).
박약(薄弱)＜bak/yak＞ ~한 lemah. 의지 ~한 tekad/keinginan yang lemah.
박음질＜bak/eum/jil＞ jahit menjahit; jahitan; jahitan mesin jahit.
박이다＜bak/i/da＞ ① (찍게 하다) mencetakkan; dipotret. ② (속에) terlekat; tertanam; terpatri. ③ (배다) menjadi kebiasaan; kecanduan.
박자(拍子)＜bak/ca＞ tempo; ritme; irama; derap; matra. ~를 맞추다 menempokan; memberi tempo/irama. ~를 맞추어 seirama.
박작거리다＜bak/cak/geo/ri/da＞ penuh sesak; ramai (berjalan).
박장대소(拍掌大笑)＜bak/cang/dae/so＞ tepuk tangan bercampur tawa; tempik-sorak. ~하다 tertawa sambil bertepuk tangan; bertempik sorai.
박재(薄才)＜bak/jae＞ tidak berkemampuan; tidak cakap.
박절(迫切)＜bak/jeol＞ ☞ 박정(薄情).
박정(薄情)＜bak/jeong＞ ~한 berhati dingin; tidak berperasaan; acuh

tak acuh; kejam.
박제(剝製)＜bak/je＞ burung (hewan) isian/sumpalan. ~하다 menyumpal; mengisi (kulit hewan). ~한 di sumpal; diisi. ~사(師) ahli taksidermi; pakar taksidermi. ~술(術) taksidermi (kepandaian mengisi kulit binatang dengan kapas sehingga tampak seperti hidup).
박쥐＜bak/jwi＞ 『動』 kelelawar; kalong; keluang; kampret.
박쥐구실＜bak/jwi/gu/sil＞ oportunisme.
박쥐우산(-雨傘)＜bak/jwi/u/san＞ payung.
박진(迫眞)＜bak/jin＞ keadaan/sifat seperti yang sebenarnya. ~감 있는 berasa seperti sebenarnya. ~감 있다 merasakan seperti sebenarnya.
박차(拍車)＜bak/cha＞ penggertak; sungga. ~를 가하다 memacu (kuda).
박차다＜bak/cha/da＞ menendang pergi; menolak mentah-mentah.
박처(薄妻)＜bak/cheo＞ ~하다 memperlakukan istri dengan dingin (dengan kejam).
박치기＜bak/chi/gi＞ tandukan; sundulan. ~하다 menanduk; menyundul.
박탈하다(剝奪 -)＜bak/thal/hada＞ ☞ 빼앗다.
박테리아＜bak/the/ri/a＞ bakteri; kuman; baksil.
박토(薄土)＜bak/tho＞ tanah yang tandus; tanah yang tidak subur; tanah gersang.
박하(薄荷)＜bak/ha＞ 『植』 pepermin. ~담배 rokok bermentol. ~유 minyak pepermin.
박하다(薄 -)＜bak/hada＞ picik; kikir; pelit; tidak berperasaan. 인심이 ~ hati tidak ramah. 점수가 ~ keras/pelit dalam penilaian.
박학(博學)＜bak/hak＞ pengetahuan yang luas. ~의 terpelajar; berpengetahuan luas.
박해(迫害)＜bak/hae＞ penyiksaan; penganiayaan; penindasan. ~하다

menganiaya; menyiksa; menindas. ~자 penganiaya; penindas.
박히다＜bak/hi/da＞ terpatri; terpancang; tercetak.
밖＜bak＞ ① ☞ 바깥. ② yang lainnya; sisanya; kecuali. 그 ~에 lagi pula; tambahan; disamping itu. 그 ~의 사람들 orang-orang yang lainnya.
반(半)＜ban＞ ① setengah; separuh/separo; perdua. 1 다스 ~ satu setengah lusin; satu lusin setengah. 3시 ~ pukul 3 lewat 30 menit; pukul setengah empat. ~ 병 setengah botol. ~ 시간 setengah jam. 1시간 ~ satu jam setengah; satu setengah jam. ~마일 setengah mil. ~으로 가르다 membagi dua; memarokan; memaruhkan. …의 ~쯤 setengah dari; separuh dari. ② sebagian; separuh. ~숙의 direbus setengah masak. ~은 농으로 setengah bergurau; setengah berolok-olok.
반(班)＜ban＞ kelas; partai; tim; seksi; regu; perangkat.
반…(反)＜ban＞ anti; melawan; memusuhi. ~제국주의 anti inferialisme.
반가공품(半加工品)＜ban/ga/gong/fum＞ barang setengah jadi; barang separuh jadi.
반가워하다＜ban/ga/wo/hada＞ gembira; senang.
반가이＜ban/ga/i＞ dengan gembira; dengan senang; dengan girang.
반감(反感)＜ban/gam＞ antipati; perasaan benci. ~을 품다 memendam rasa benci. ~을 사다 mengundang kebencian/antipati;menyakitkan hati. ~을 보이다 menunjukkan rasa benci.
반감(半減)＜ban/gam＞ ~하다 mengurangi separuh.
반갑다＜ban/gab/ta＞ gembira; senang; bahagia; girang; riang.
반값(半 -)＜ban/kab＞ setengah harga; separuh harga. ~으로 pada separuh harga; dengan setengah

harga.
반걸음(半-)＜ban/geo/reum＞ setengah langkah.
반격(反擊)＜ban/gyeok＞ serangan balasan. ~하다 melakukan serangan balasan; menyerang balik; menangkis serangan.
반경(半徑)＜ban/gyeong＞ radius; garis tengah. …의 ~내에 dalam radius…
반골(叛骨)＜ban/gol＞ ~의 pantang mundur. ~정신 semangat pantang mundur.
반공(反共)＜ban/gong＞ anti komunisme. ~의 (bersifat) anti komunis. ~운동 gerakan anti komunis.
반공일(半空日)＜ban/gong/il＞ Sabtu.
반관반민(半官半民)＜ban/gwan/ban/min＞ ~의 semi pemerintah.
반구(半球)＜ban/gu＞ hemisfir; belahan bumi.
반군(叛軍)＜ban/gun＞ tentara pemberontak.
반기(反旗)＜ban/gi＞ ~를 들다 memberontak; mengangkat senjata.
반기(半旗)＜ban/gi＞ bendera setengah tiang. ~를 걸다 menaikkan bendera setengah tiang.
반기(半期)＜ban/gi＞ ~의 semi tahunan; semester. 4~ kuartal. 상 [하] ~ semester pertama [kedua]. ~ 결산 perhitungan setengah tahunan.
반기다＜ban/gi/da＞ senang; gembira; girang.
반나마(半 -)＜ban/na/ma＞ lebih dari setengah.
반나절(半 -)＜ban/na/jeol＞ setengah hari.
반나체(半裸體)＜ban/na/che＞ ~의 setengah telanjang.
반납(返納)＜ban/nab＞ ~하다 mengembalikan; memulangkan.
반년(半年)＜ban/nyeon＞ setengah tahun. ~마다 setengah tahunan; setiap enam bulan.
반달(半 -)＜ban/dal＞ ① (반개월) setengah bulan. ② (달의) bulan

separuh.
반대(反對)<ban/dae> ① perlawanan; pertentangan; oposisi; keberatan. ~하다 menentang; melawan; membantah; menyangkal. ~의 berlawanan; bertentangan. …에 ~ 하여 melawan; menentang; bertentangan. …에 ~이다 ditentang; dilawan. ~당 (partai) oposisi. ~ 신문 『法』 pemeriksaan silang. ~ 운동 gerakan perlawanan. ~자 lawan; saingan; oponen; penentang. ② kebalikan; lawan. ~의 berlawanan; bertentangan. ~로 sebaliknya …; bertentangan dengan itu …; jalan lainnya. ~급부 balas budi. ~어 antonim; lawan kata.
반도(半島)<ban/do> semenanjung; jazirah. ~의 berupa semenanjung/ jazirah.
반도(叛徒)<ban/do> pemberontak; pembangkang.
반도체(半導體)<ban/do/che> semi konduktor.
반독(反獨)<ban/dok> ~의 anti Jerman.
반동(反動)<ban/dong> reaksi; rekoil; usaha melawan (menentang). ~하다 bereaksi; memberi reaksi. ~적인 reaksioner. ~분자 unsur-unsur reaksioner. ~주의자 orang-orang reaksioner.
반드럽다<ban/deu/reob/ta> licin mengkilap.
반드르르<ban/deu/reu/reu> ~한 licin; mengkilap.
반드시<ban/deu/si> tentu saja; pasti/tentu; bagaimanapun; selalu; dengan sendirinya; tidak dapat dihindari. ~…하다 yakin (untuk). ~…은 아니다 tidak selalu …; tidak selalu…
반들거리다<ban/deul/geo/ri/da> mengkilap.
반듯하다<ban/dut/hada> lurus; persegi dan rata; tidak bercacat; terhormat.
반등(反騰)<ban/deung> kenaikan yang reaksioner. ~하다 melam-

bung (dalam harga). 주가의 급 ~ kenaikan reaksioner harga saham.
반딧불<ban/dit/bul> cahaya kunang-kunang.
반락(反落)<ban/nak> penurunan yang reaksioner (dalam harga saham). ~하다 turun (jatuh) sebagai reaksi. 급~ kemerosotan yang tajam.
반란(反亂)<bal/ran> pemberontakan. ~을 일으키다 memberontak; mengangkat senjata. ~군 tentara pemberontak (tentara pembangkang). ~자 pemberontak.
반려(伴侶)<bal/ryeo> teman; rekan; sahabat. 인생의 ~자 teman hidup (isteri/ suami).
반려(返戾)<bal/ryeo> ~하다 mengembalikan; memulangkan.
반론(反論)<bal/non> argumen balasan; sangkalan; bantahan. ~하다 menyangkal; membantah; mendebat; membahas.
반말(半 -)<ban/mal> bahasa kasar/ pergaulan.
반면(反面)<ban/myeon> kebalikan; sisi lain. ~에 sebaliknya pada sisi lain.
반면(半面)<ban/myeon> satu sisi; setengah wajah; profil; raut muka. ~상(像) siluet.
반모음(半母音)<ban/mo/eum> semi vokal.
반목(反目)<ban/mok> antagonisme; permusuhan; perseturuan; perselisihan; pertikaian; percekcokan. ~하다 bermusuhan; berseteru; bertikai.
반문(反問)<ban/mun> ~하다 menanya balik.
반문(斑紋)<ban/mun> bintik; noda; selekeh; bercak.
반물<ban/mul> biru tua; indigo.
반미(反美)<ban/mi> ~의 anti Amerika.
반미치광이(半-)<ban/mi/chi/gwang/ i> orang yang setengah sinting.
반바지(半 -)<ban/ba/ji> celana tanggung.

반박(反駁)＜ban/bak＞ pembantahan; penyangkalan; pertentangan; kontradiksi. ～하다 membantah; menyangkal; menjawab dengan pedas; memusuhi.

반반(半半)＜ban/ban＞ ～(으로) setengah-setengah; separo-separo.

반반하다＜ban/ban/hada＞ ① (바닥이) mulus; rata; halus; tarah; licin. ② tampang yang bagus; halus; tampan; cantik. 얼굴이 ～ memiliki muka yang tampan (cantik). ③ (지체가) terhormat; baik-baik. 집안이 ～ berasal dari keluarga terhormat/baik-baik.

반발(反撥)＜ban/bal＞ penolakan. ～하다 menolak; memukul mundur. ～력 kekuatan/daya penolakan.

반백(半白)＜ban/baek＞ ～의 beruban; berambut ubanan.

반벙어리(半-)＜ban/beong/eo/ri＞ setengah bisu.

반병신(半病身)＜ban/byeong/sin＞ ① (불구자) setengah pincang; setengah lumpuh. ② ☞ 반편이.

반복(反復)＜ban/bok＞ perulangan; pengulangan. ～하다 mengulang. ～하여 dengan berulang kali; bolak-balik.

반분(半分)＜ban/bun＞ ～하다 membagi dua; memaro/memaruh.

반비(反比)＜ban/bi＞ nisbah timbal balik; perbandingan terbalik.

반비례(反比例)＜ban/bi/rye＞ ～하다 berbanding terbalik.

반사(反射)＜ban/sa＞ pencerminan; refleksi; pemantulan; refleks. ～하다 memantulkan. ～경 cermin pemantul; reflektor. ～광[열] sinar [panas] pantul. ～운동 gerakan refleks. ～작용 tindakan refleks.

반사식(反射式)＜ban/sa/sik＞ ～스토브 pemanas tenaga surya.

반사회적(反社會的)＜ban/sa/hoe/jeok＞ anti sosial. ～집단[행위] kelompok [tindakan] anti sosial.

반삭(半朔)＜ban/sak＞ setengah bulan; satu semester.

반상(飯床)＜ban/sang＞ seperangkat peralatan meja; seperangkat peralatan makan minum.

반색하다＜ban/saek/hada＞ menunjukkan kegirangan yang besar; gembira sekali; sangat riang.

반생(半生)＜ban/saeng＞ ① setengah baya. ② setengah mati.

반석(盤石)＜ban/seok＞ batu sendi. ～같은[같이] sekeras batu sendi.

반성(反省)＜ban/seong＞ refleksi/pencerminan diri; penelaahan diri. ～하다 bercermin; mempertimbangkan kembali; menelaah kembali. ～을 촉구하다 meminta untuk mempertimbangkan kembali.

반세기(半世紀)＜ban/se/gi＞ setengah abad.

반소(反蘇)＜ban/so＞ ～의 anti Soviet.

반소(半燒)＜ban/so＞ ～한 setengah terbakar.

반소매(半-)＜ban/so/mae＞ setengah lengan; separuh lengan.

반송(返送)＜ban/song＞ ～하다 mengembalikan; memulangkan.

반송장(半-)＜ban/song/jang＞ orang yang separuh mati.

반수(半數)＜ban/su＞ setengah dari jumlah.

반숙(半熟)＜ban/suk＞ ～의 setengah masak; separuh matang. ～란(卵) telur separuh masak.

반시간(半時間)＜ban/si/gan＞ setengah jam.

반식민지(半植民地)＜ban/sik/min/ji＞ ～국가 negara semi kolonial; negara setengah terjajah.

반신(半身)＜ban/sin＞ separuh badan. ～상 (potret) setengah badan. ～불수 hemiplegia.

반신(返信)＜ban/sin＞ jawaban; sahutan; balasan. ～료 perangko balasan.

반신반의(半信半疑)＜ban/sin/ban/eui＞ ～하다 bimbang; ragu-ragu.

반심(叛心)＜ban/sim＞ pikiran yang khianat; pikiran yang curang.

반액(半額)＜ban/aek＞ setengah jumlah (total, harga, ongkos). ～으로

pada setengah harga; dengan separuh harga. ~으로 하다 membuat potongan 50 persen.

반양자(反陽子) <ban/yang/ja> 『理』 anti proton.

반어(反語) <ban/eo> ironi; ejekan halus. ~적(으로) (secara) ironis.

반역(叛逆) <ban/yeok> pemberontakan; pengkhianatan; pembangkangan. ~하다 memberontak; membangkang. ~자 pemberontak; pengkhianat; pembangkang.

반영(反映) <ban/yeong> refleksi; pencerminan; bayangan; gambaran. ~하다 mencerminkan; tercermin.

반영(反英) <ban/yeong> ~의 anti Inggris.

반영구적(半永久的) <ban/yeong/gu/jeok> semi permanen; setengah beton.

반올림(半 -) <ban/ol/lim> ~하다 menggenapkan; menggenapi.

반원(半圓) <ban/won> setengah lingkaran. ~(형)의 berbangun setengah lingkaran.

반월(半月) <ban/wol> bulan separuh. ~(형)의 (berbentuk) sabit.

반유대 <ban/yu/dae> ~의 anti Yahudi; anti Semit.

반유동체(半流動體) <ban/yu/dong/che> setengah cair; semi cairan.

반음(半音) <ban/eum> 『樂』 setengah ketukan. ~ 올리다[낮추다] meninggikan [merendahkan] (suara).

반응(反應) <ban/eung> reaksi; respon; efek. ~하다 bereaksi(terhadap); berespon(terhadap). ~을 보이다 menunjukkan reaksi/respon. ~이 있다 menimbulkan efek; berakibat.

반의반(半 -半) <ban/eui/ban> seperempat; satu perempat.

반의식(半意識) <ban/eui/sik> 『心』 kebawahsadaran. ~적 bawah sadar; setengah sadar.

반의어(反意語) <ban/eui/eo> antonim; lawan kata.

반일(反日) <ban/il> ~의 anti Je-

pang.

반입(搬入) <ban/ib> ~하다 memasukkan; membawa masuk.

반자 <ban/ja> langit-langit; plafon. ~지(紙) kertas plafon.

반작거리다 <ban/jak/geo/ri/da> ☞ 반짝거리다.

반작용(反作用) <ban/jak/yong> reaksi. ~하다 bereaksi (terhadap).

반장(班長) <ban/jang> ketua RT; mandor/pengawas; ketua kelas.

반장화(半長靴) <ban/jang/hwa> setengah lars; semi but.

반전(反戰) <ban/jeon> ~의 anti perang. ~론[주의] pasifisme (faham anti perang). ~론[주의]자 orang yang anti perang. ~운동 gerakan anti perang.

반전(反轉) <ban/jeon> ~하다 berbalik.

반절(半折) <ban/jeol> pelipatan dua. ~하다 melipat dua. ~지 sehelai kertas yang dilipat dua.

반점(斑點) <ban/ceom> bintik; becak; bercak; noda; belang. ~이 있는 berbintik; berbecak; berbercak.

반정(反正) <ban/jeong> restorasi; renovasi; pembaharuan; perbaikan; pemugaran.

반정부(反政府) <ban/jeong/bu> ~의 anti pemerintah.

반제국주의(反帝國主義) <ban/je/guk/ju/eui> anti penjajahan; anti imperialis. ~적 anti imperialistis.

반제품(半製品) <ban/je/fum> barang setengah jadi.

반주(伴奏) <ban/ju> pengiringan. ~하다 mengiringi. ...의 ~로 dengan diiringi(oleh). 피아노 ~로 (bernyanyi) dengan iringan piano. ~자 pengiring.

반주(飯酒) <ban/ju> minuman (keras) yang dikonsumsi pada waktu makan.

반죽 <ban/juk> ~하다 mengadoni; menguli; meremas; meramas.

반죽음(半 -) <ban/juk/eum> mati suri; separuh mati. ~하다 hampir

terbunuh; hampir mati.

반증(反證)＜ban/jeung＞ bukti sangkalan. ～을 들다 menyangkal; mengemukakan bukti sangkalan.

반지(半紙)＜ban/ji＞ kertas tulis Cina.

반지(斑指)＜ban/ji＞ cincin.

반지랍다＜ban/ji/rab/ta＞ licin; halus; mengkilap.

반지르르＜ban/ji/reu/reu＞ dengan mengkilap; secara mengkilap.

반지름(半 -)＜ban/ji/reum＞ ☞ 반경(半徑).

반직업적(半職業的)＜ban/jik/eob/ceok＞ semi profesional.

반짇고리＜ban/jit/go/ri＞ kotak jarum.

반질거리다＜ban/jil/geo/ri/da＞ ① mengkilap; halus; licin. ② lihai; licin; licik; pintar busuk.

반질반질＜ban/jil/ban/jil＞ ～한 mengkilap; halus; licin.

반짝거리다＜ban/cak/geo/ri/da＞ bercahaya; berkilau; bergemerlap; bersinar-sinar; berbinar.

반짝이다＜ban/cak/i/da＞ ☞ 반짝거리다.

반쪽(半 -)＜ban/cok＞ setengah; separuh.

반찬(飯饌)＜ban/chan＞ lauk; laukpauk. ～가게 toko bahan makanan; toko pangan.

반창고(絆瘡膏)＜ban/chang/go＞ plaster; plester. ～를 붙이다 menempelkan plester.

반체제(反體制)＜ban/che/je＞ anti kemapanan. ～ 인사 orang yang anti kemapanan; disiden (orang yang berbeda pendapat).

반추(反芻)＜ban/chu＞ pemamah biakan; ruminansi. ～하다 memamah biak. ～동물 hewan yang memamah biak.

반출(搬出)＜ban/chul＞ ～하다 membawa keluar; mengeluarkan.

반취(半醉)＜ban/chwi＞ ～하다 setengah mabuk.

반칙(反則)＜ban/chik＞ kecurangan; pelanggaran peraturan (hukum). ～하다 melanggar hukum. ～이다 bertentangan dengan peraturan.

반타작(半打作)＜ban/tha/jak＞ 『農』 pembagian hasil panen separuh-paruh dengan pemilik tanah; paruhan/paroan. ～하다 berbagi hasil sama rata.

반토(礬土)＜ban/tho＞ 『化』 alumunium (Al).

반투명(半透明)＜ban/thu/myeong＞ ～의 setengah tembus cahaya.

반편(半偏), 반편이(半偏-)＜ban/fyeon, ban/fyeon/i＞ tolol; bego.

반포(頒布)＜ban/fo＞ ～하다 mengedarkan; menyebarluaskan; menyebarkan; (공포)mengumumkan; memaklumatkan.

반품(返品)＜ban/fum＞ barang-barang yang dikembalikan. ～하다 mengembalikan (barang). ～사절 Barang yang telah dibeli tidak dapat dikembalikan.

반하다＜ban/hada＞ ☞ 번하다.

반하다＜ban/hada＞ jatuh cinta; jatuh hati, terpesona.

반하다(反-)＜ban/hada＞ bertentangan dengan; menentang; melanggar.

반항(反抗)＜ban/hang＞ perlawanan; resistensi; penentangan; oposisi. ～하다 menentang; melawan; memberontak. ～적인 (sikap) menentang/memberontak.

반향(反響)＜ban/hyang＞ gema; gaung; kumandang. ～하다 bergema; menggema; berkumandang. ～을 일으키다 menimbulkan gaung; menimbulkan sensasi. ～이 있다 mendapatkan respon; bergema.

반혁명(反革命)＜ban/hyeok/myeong＞ kontra revolusi. ～적 anti revolusioner.

반환(返還)＜ban/hwan＞ pengembalian; pemulangan; pemulihan. ～하다 mengembalikan; memulangkan; memulihkan.

받다＜bat/ta＞ ① menerima; mendapat; beroleh; mencapai. 교육을 ～ mendapatkan pendidikan; dididik (di). 환영을 ～ mendapat sambutan/ucapan selamat datang. ② mendapat; mengalami; menderita. 손해를 ~ menderita/mengalami kerugian. 혐의를 ~ menderita kecurigaan; dicurigai. ③ mendapat; menjalani; mengalami. 치료를 ~ mendapat perawatan medis. 문초를 ~ mendapat pemeriksaan. ④ menangkap; menerima. 공을 ~ menangkap bola. ⑤ (우산을) memasang (payung). ⑥ (뿔.머리로) menunduk; menyundul. ⑦ bermandikan. 햇볕을 ~ bermandikan sinar matahari. ⑧ (아기) melahirkan. ⑨ (응답) menjawab. 전화를 ~ menjawab panggilan telepon; mendapat panggilan.

받들다 <bat/deul/da> ① (추대) mengangkat (seseorang sebagai...). ② (지지) mendukung; menyokong; membantu; mematuhi. ③ (공경) menghormati; menghargai. ④ (받쳐듦) mengangkat.

받들어총 <bat/deul/eo/chong> angkat senjata.

받아들이다 <bat/a/deul/i/da> menerima; menyetujui; memenuhi; mengabulkan.

받아쓰기 <bat/a/sseu/gi> pendiktean; pengimlaan.

받아쓰다 <bat/a/sseu/da> mencatat (apa yang didiktekan).

받을어음 <bat/eul/eo/eum> 『商』 bilyet.

받치다 <bat/chi/da> ① (괴다) menyangga; menopang; mengganjal. ② (먹은 것이) mengganjal di perut. ③ (우산따위를) memegang di atas kepala.

받침대 <bat/chim/dae> topangan; penyangga; penunjang.

받히다 <ba/chi/da> ditanduk; disundul.

발 <bal> kaki. ~을 멈추다 berhenti. ~을 맞추다 menyesuaikan langkah. ~을 헛디디다 salah langkah.

발 <bal> kerai bambu.

발 <bal> depa; sedepa.

발(跋) <bal> epilog; penutup dari suatu tulisan.

발(發) <bal> ① 오전 10시~열차 [급행] kereta api [ekspres] pukul 10.00 pagi. 6월 10일 목포~의배 kapal yang meninggalkan Moppo pada tanggal 10 Juni. ②. berondongan; tembakan. 탄약 1만 ~ berondongan 10.000 peluru.

발가락 <bal/ka/rak> jari kaki.

발가벗다 <bal/ga/beot/ta> ☞ 벌거벗다.

발가숭이 <bal/ga/sung/i> ☞ 벌거숭이.

발각(發覺) <bal/gak> ~되다 tersingkap; ketahuan; kelihatan.

발간(發刊) <bal/gan> penerbitan; publikasi. ~하다 mempublikasi; menerbitkan.

발갛다 <bal/gat/tha> merah terang.

발개지다 <bal/gae/ji/da> memerah; menjadi merah. 얼굴이 ~ muka menjadi merah; muka memerah.

발걸음 <bal/geol/eum> langkah; gaya berjalan. ~을 재촉하다 mempercepat langkah.

발견(發見) <bal/gyeon> penemuan. ~하다 menemukan. ~자 penemu.

발광(發光) <bal/gwang> radiasi; pemancaran sinar/penyinaran. ~하다 bersinar; memancarkan cahaya. ~체 benda yang bercahaya. ~도료 cat yang mengkilat.

발광(發狂) <bal/gwang> ~하다 menjadi gila; menjadi sinting. ~케 하다 mendorong (menjadi) gila; membuat jadi gila.

발구르다 <bal/gu/reu/da> menghentak-hentakkan kaki(dengan tidak sabar).

발군(拔群) <bal/gun> ~의 istimewa; luar biasa.

발굴(發掘) <bal/gul> penggalian. ~하다 menggali.

발그레하다 <bal/geu/re/hada> kemerah-merahan

발그스름하다 <bal/geu/seu/reum/ha/da> ☞ 발그레하다.

발급(發給) <bal/geub> ~하다 me-

ngeluarkan; menerbitkan.　여권을
~하다 mengeluarkan paspor.
발긋발긋＜bal/geut/bal/geut＞　~한
berbintik-bintik merah.
발기(勃起)＜bal/gi＞　ereksi; pene-
gangan.　~하다 tegang; mengaku;
menegang.　~가 안되다 menjadi
impoten/lemah syahwat.　~력 감퇴
impotensi/lemah syahwat.
발기(發起)＜bal/gi＞　proyeksi; sa-
ran; usul/proposal.　~하다 meng-
usulkan; menyarankan; mengajukan
usulan. ...의 ~로 atas saran.　~
인 proyektor; promotor.
발기다＜bal/gi/da＞　merobek-robek;
menyobek; mengoyak-ngoyak.
발길＜bal/kil＞　~이 잦다 mengun-
jungi berulangkali.　~을 돌리다
berbalik; memutar langkah.
발길질＜bal/ki/jil＞　tendangan; se-
pakkan.　~하다 menendang; me-
nyepak.
발꿈치＜bal/kum/chi＞　tumit.
발끈＜bal/keun＞　☞ 불끈.
발끝＜bal/keuth＞　ujung jari kaki;
jari kaki.
발단(發端)＜bal/dan＞　awal; permu-
laan; asal mula; pangkal.　사건의
~ asal muasal perkara.
발달(發達)＜bal/dal＞　perkembang-
an; pertumbuhan; kemajuan.　~하
다 berkembang; tumbuh; maju.　학
문[과학]의 ~ kemajuan belajar [il-
mu pengetahuan]. 도시의　~ per-
tumbuhan kota.
발돋움＜bal/do/dum＞　~하다 ber-
diri pada ujung jari kaki.
발동(發動)＜bal/dong＞　operasi; pe-
laksanaan; pemberlakuan.　~하다
memberlakukan (hukum/undang-un-
dang); menjalankan; melaksanakan.
발동기(發動機)＜bal/tong/gi＞　motor;
mesin.　~선 motor boat; kapal
motor.
발뒤꿈치,발뒤축＜bal/dwi/kum/chi,
bal/dwi/chuk＞ tumit.
발등＜bal/teung＞ punggung kaki.
발딱＜bal/tak＞　~ 일어나다 me-
lompat bangun.　~ 자빠지다 jatuh

pada punggung.
발딱거리다＜bal/tak/geo/ri/da＞　ber-
debar; berdenyut.
발라내다＜bal/la/nae/da＞　menguliti;
membersihkan; menulangi.　생선
뼈를 ~ menulangi ikan.
발라맞추다＜bal/la/mat/chu/da＞
merayu; membujuk;　menyanjung;
memuji-muji.
발랄(潑剌)＜bal/lal＞　~한　segar;
lincah; bersemangat.
발레＜bal/le＞ balet.
발레리나＜bal/le/ri/na＞ penari balet
wanita; balerina.
발령(發令)＜bal/lyeong＞　pemberita-
huan pengangkatan resmi.　~하다
memberitahukan pengangkatan.　~
을 받다 menerima pemberitahuan
pengangkatan resmi.
발론(發論)＜bal/lon＞　proposal;
usulan; usulan mosi.　~하다
mengusulkan;　mengajukan　mosi.
~자 pengusul/pengaju mosi;　orang
kelompok yang mengajukan usulan/
mosi.
발맞다＜bal/mat/da＞ selangkah; se-
derap.
발맞추다＜bal/mat/chu/da＞　menya-
makan langkah; menyelaraskan.
발매＜bal/mae＞　penebangan hutan;
deforestasi.　~하다 menebang (po-
hon).
발매(發賣)＜bal/mae＞　~하다 men-
jual.　~ 중 dijual.
발명(發明)＜bal/myeong＞　penemu-
an; ciptaan.　~하다 menemukan;
merancang; menciptakan. 신 ~의
baru ditemukan.　~가　penemu.
~품(品) penemuan; (barang) pe-
nemuan.
발목＜bal/mok＞　pergelangan kaki.
~잡히다 terikat pergelangan kaki.
발밑＜bal/mith＞　~에 di bawah
kaki.　~에도못 따라가다　bukan
tandingan.
발바닥＜bal/pa/dak＞ telapak kaki.
발바리＜bal/ba/ri＞ anjing spaniel.
발버둥이치다＜bal/beo/dung/i/chi/
da＞ mencakar-cakar; menendang-

nendang; melakukan usaha yang sia-sia.

발버둥질치다 ＜bal/beo/dung/jil/chi/da＞ ☞ 발버둥이치다.

발병(發病) ＜bal/pyeong＞ ～하다 jatuh sakit.

발본(拔本) ＜bal/bon＞ pencabutan. ～하다 mencabut. ～색원(塞源)하다 mencabut sampai ke akar-akarnya.

발부리 ＜bal/pu/ri＞ ujung jari kaki. ～를 돌에 채다 tersandung pada batu.

발분(發憤) ＜bal/bun＞ ～하다 dirangsang; distimulasi. ～망식(忘食)하다 menyerahkan diri bulat-bulat (kepada).

발뺌 ＜bal/paem＞ penghindaran; pengelakan; pemaafan diri sendiri. ～하다 memaafkan diri sendiri.

발사(發射) ＜bal/sa＞ penembakan; peluncuran. ～하다 menembak; meluncurkan. ～ 장치 [대] alat [landasan] peluncuran.

발산(發散) ＜bal/san＞ pemancaran; penyinaran. ～하다 memancar; menyorot; bersinar.

발상(發想) ＜bal/sang＞ 『樂』 ekspresi.

발상지(發祥地) ＜bal/sang/ji＞ tempat kelahiran (agama dll).

발생(發生) ＜bal/saeng＞ kejadian; kemunculan; pertumbuhan; pembangkitan. ～하다 terjadi; muncul; berkembang; berawal. 사건의 ～ terjadinya suatu peristiwa. 콜레라의 ～ ledakan penyakit kolera. ～학 genetika.

발설(發說) ＜bal/seol＞ ～하다 membuka rahasia; mengungkapkan; memberitahukan; membocorkan.

발성(發聲) ＜bal/seong＞ ucapan; ungkapan. ～하다 berucap; mengucapkan; memanjatkan; melahirkan (perasaan). ～ 기관 organ suara; alat-alat pembentukan suara. ～ 법(法) vokalisasi. ～영화 film bersuara.

발소리 ＜bal/so/ri＞ (suara) langkah kaki. ～를 죽이고 dengan langkah mengendap-endap.

발송(發送) ＜bal/song＞ ～하다 mengirim; mengirimkan. ～역 stasiun pengirim. ～인 pengirim.

발신(發信) ＜bal/sin＞ ～하다 mengirimkan. ～국 kantor pengirim. ～음 nada pilih. ～인 alamat yang dituju; orang yang dikirimi; si tertuju/si alamat. ～지 tempat pengiriman.

발아(發芽) ＜bal/a＞ ～하다 bertunas; berkecambah.

발악(發惡) ＜bal/ak＞ ～하다 menyumpah dan mengutuk; mencerca; memaki-maki. 최후의 ～ pertempuran terakhir.

발안(發案) ＜bal/an＞ saran; proposal; mosi. ～하다 menyarankan; mengusulkan; mengajukan mosi. ～자 pengaju usul; pemrasaran.

발암(發癌) ＜bal/am＞ ～성의 karsinogenik/penyebab kanker. ～물질 karsinogen; zat penyebab kanker.

발언(發言) ＜bal/eon＞ ucapan; pembicaraan. ～하다 berbicara; mengemukakan (pendapat); berucap; menyebutkan; mengatakan; menyatakan. ～을 취소(取消)하다 menarik kata-kata; menarik ucapan. ～권 hak untuk berbicara; hak untuk menyatakan pendapat. ～자 pembicara.

발연(發煙) ＜bal/yeon＞ ～탄 [폭탄] bom asap.

발열(發熱) ＜bal/yeol＞ ① pembangkitan panas. ～하다 membangkitkan/menghasilkan panas. ～량 nilai kalori. ② ～하다 terserang demam.

발원(發源) ＜bal/won＞ ～하다 bersumber (dari); berhulu (dari); berasal (dari); muncul (dari); timbul (dari).

발원(發願) ＜bal/won＞ ～하다 memanjatkan do'a.

발육(發育) ＜bal/yuk＞ pertumbuhan; perkembangan. ～하다 tumbuh berkembang. ～이 불완전한 tidak berkembang; kerdil.　~이　빠르다 [늦다] tumbuh dengan pesat [lambat].　~기 periode pertumbuhan.

발음(發音)＜bal/eum＞　pengucapan; pelafalan.　~하다 mengucapkan; melafalkan.　잘못 ~하다 salah melafalkan.　~기관 alat pembentukan suara; organ suara.　~기호 simbul fonem.　~학 fonetik (ilmu tentang fonem).

발의(發議)＜bal/eui＞　saran; usulan; proposal; mosi.　~하다 menyarankan; mengusulkan; mengajukan mosi.　…의 ~로 atas saran/usul(dari).　~권 inisiatif; hak mengajukan usul.

발인(發靷)＜bal/in＞　~하다 membawa peti jenazah keluar rumah.

발자국＜bal/ca/guk＞　jejak kaki; tanda telapak kaki.　~을 남기다 meninggalkan jejak kaki.

발자귀＜bal/ca/gwi＞ jejak kaki.

발자취＜bal/ja/chwi＞　① ☞ 발자국.　② jejak; jalur (bekas roda).

발작(發作)＜bal/cak＞　setip; ganjat; sawan.　~하다 terserang sawan; kena setip/kejang.

발장단(- 長短)＜bal/jang/dan＞　~치다 menempo dengan hentakan kaki; memberi tempo dengan hentakan kaki.

발전(發展)＜bal/jeon＞　perkembangan; pertumbuhan.　~하다 berkembang; maju; tumbuh.　공업의 ~ pertumbuhan industri.　사업을 ~시키다 mengembangkan usaha/bisnis.　~적 해소 pembubaran untuk yang lebih baik.　~성 kemungkinan/peluang.

발전(發電)＜bal/jeon＞　pembangkitan tenaga listrik.　~하다 membangkitkan tenaga listrik.　~기 pembangkit tenaga listrik; generator.　~소 stasiun pembangkit tenaga listrik.

발정(發情)＜bal/jeong＞　ketertarikan seksual; birahi.　~하다 dalam (masa) birahi.　~기 (umur) pubertas; musim kawin.　~호르몬 hormon estrogen; hormon seks pria/jantan.

발족(發足)＜bal/cok＞　pembukaan.　~하다 memulai; membuka.

발주(發住)＜bal/cu＞　pemesanan.　~하다 (memberi) pesanan.

발진(發疹)＜bal/cin＞　『醫』 erupsi.　~하다 memekar.　~성의 eruptif.　~티푸스 tipus eruptif; serangan tipus yang amat cepat/berkembang luas.

발진(發進)＜bal/cin＞ keberangkatan.

발진기(發振器)＜bal/cin/gi＞　『電』 oscilator.

발차(發車)＜bal/cha＞ pemberangkatan.　~하다 berangkat.　~계원 juru lepas kereta api.　~시간 waktu pemberangkatan.　~신호 sinyal pemberangkatan.

발착(發着)＜bal/chak＞　keberangkatan dan kedatangan.　~하다 berangkat dan datang.　~시간표 jadwal keberangkatan dan kedatangan.

발췌(拔萃)＜bal/chwe＞　penyarian; seleksi/pemilihan; petikan; nukilan; kutipan; ikhtisar.　~하다 memilih; menyarikan; mengikhtisarkan.　~곡(曲) instrumentalia pilihan.

발치＜bal/chi＞　arah kaki (tempat tidur).

발칙하다＜bal/chik/hada＞　① (버릇없다) kasar; bertabiat buruk.　② (괘씸하다) tidak dapat diampuni; membangkitkan benci.

발칵＜bal/khak＞　tiba-tiba saja; dengan tiba-tiba.

발칸＜bal/khan＞　~반도 semenanjung Balkan.

발코니＜bal/kho/ni＞ balkon.

발탁(拔擢)＜bal/thak＞　~하다 memilih; menyeleksi.

발톱＜bal/thob＞ kuku jari kaki; cakar; talon.

발틱해(- 海)＜bal/thik/hae＞　laut Baltik.

발파(發破)＜bal/fa＞　~하다 meledakkan.　~공 peledak; bahan peledak.

발판(- 板)＜bal/fan＞　① (비계의) pemijak kaki; pedal; injakan; anak tangga.　② (기반 거점) pijakan.

~을 얻다 mendapat pijakan. ③ (수단) batu pijakan; batu loncatan.

발포(發布) <bal/fo> pengumuman; penyebaran; penyebarluasan. ~하다 mengumumkan; memberitahukan; memproklamirkan.

발포(發泡) <bal/fo> pembusaan. ~하다 busa; buih. ~스티롤 busa stirol (styropocim). ~제 zat pembusa.

발포(發砲) <bal/fo> ~하다 menembak. ~사건 insiden penembakan.

발표(發表) <bal/fyo> pengumuman; pernyataan; publikasi; pemberitahuan. ~하다 mengumumkan; memberitahukan; mempublikasikan; memaklumatkan. 연구를 ~하다 mempublikasikan hasil penelitian. 미 ~작품 karya yang belum dipublikasikan.

발하다(發 -) <bal/hada> ① (빛 열 등을) memancarkan; mengemisikan; menyinarkan. ② (명령 등을) mengeluarkan; menerbitkan; mempublikasi; memaklumatkan. 명령을 ~ mengeluarkan perintah. ③ (출발) berangkat; pergi. ④ (기원) berasal (dari); timbul/muncul (dari).

발한(發汗) <bal/han> ~하다 berkeringat; berpeluh. ~제 diaforetik.

발행(發行) <bal/haeng> ① publikasi; penerbitan. ~하다 mempublikasikan; menerbitkan. 매월[월 2 회]~의 잡지 majalah bulanan [setengah bulanan]. ~금지 pelarangan publikasi. ~부수 sirkulasi. ~소 kantor penerbitan. ~인 penerbit. ② (어음등) penarikan; pengeluaran; penerbitan. ~하다 menarik rekening. ~인 penarik rekening. ~일 tanggal penerbitan. ③ pengedaran. ~하다 mengedarkan. ~가격 harga edaran. ~고 jumlah edaran.

발화(發火) <bal/hwa> ~하다 menyalakan. ~장치 perangkat penyala/pembakar. ~점 titik nyala. 자

연 ~ pembakaran spontan.

발회(發會) <bal/hoe> pembukaan sidang; sidang pertama. ~하다 membuka persidangan. ~식 upacara pembukaan.

발효(發效) <bal/hyo> pemberlakuan; efektifasi. ~하다 menjadi berlaku/efektif.

발효(發酵) <bal/hyo> peragian; fermentasi. ~하다 beragi. ~시키다 meragikan. ~소 ragi.

발휘(發揮) <bal/hwi> ~하다 mempertunjukkan; memperagakan. 수완을 ~하다 memperagakan kemampuan.

밝기 <bak/gi> kekilauan; luminositas.

밝다 <bak/ta> ① (환하다) terang; cerah; bercahaya; temerang. ② familier dengan; banyak tahu (tentang). 미국 사정에 ~ banyak tahu tentang masalah-masalah Amerika. ③ tajam 귀가 ~ bertelinga tajam. ④ (성격.사정이) cerah; riang. ⑤ (공명) bersih; jujur.

밝다 <bak/ta> fajar.

밝을녘 <bal/geul/yeokh> fajar menyingsing.

밝히다 <bal/khi/da> ① (불을) menyoroti; menyinari; menerangi; menyuluhi. ② (분명히) memperjelas/menjernihkan (masalah). 신불을 ~ membuktikan jati diri. ③ (밤새움) begadang sepanjang malam.

밟다 <bab/ta> ① menginjak; merencah; menginjak-injak. 보리를 ~ merencah barlei. ② menginjakan kaki. 이국 땅을 ~ menginjakkan kaki di tanah asing. ③ (경험) naik panggung; bermain sandiwara. ④ melengkapi (persyaratan); menyelesaikan. 무대를 ~ menyelesaikan kursus reguler. 정규 과정을 ~ ⑤ (뒤를) mengikuti; membayangi; mengekor.

밟히다 <bal/khi/da> diinjak.

밤 <bam> ① malam hari. ~에 di malam hari. ~의 서울 Seoul malam hari. ~거리의 여인

kupu-kupu malam; perempuan jalanan. ~마다 setiap malam. ~늦게(까지) (sampai) jauh malam; semalam suntuk. 얘기로 ~을 새우다 bercakap-cakap semalam suntuk. ~경치 adegan malam. ② malam. 모짜르트의 ~ malam Mozard

밤＜bam＞ 『植』 berangan. ~나무 pohon berangan. ~색(의) coklat berangan.

밤길＜bam/kil＞ perjalanan dimalam hari.

밤낚시＜bam/nak/si＞ mancing malam hari. ~하다 pergi mancing di malam hari. ~꾼 pemancing malam hari.

밤낮＜bam/nat＞ siang malam; selalu; setiap saat.

밤눈＜bam/nun＞ ~이 어둡다 buta malam.

밤도와＜bam/do/wa＞ sepanjang malam; semalam suntuk.

밤바＜bam/ba＞ bemper.

밤바람＜bam/pa/ram＞ angin malam.

밤비＜bam/pi＞ hujan malam.

밤사이＜bam/sa/i＞ pada malam hari.

밤새도록＜bam/sae/do/rok＞ sepanjang malam.

밤새(우)다＜bam/sae(u)/da＞ jaga semalam suntuk.

밤새움하다＜bam/sae/um/hada＞ begadang semalam suntuk.

밤소경＜bam/so/gyeong＞ orang yang buta malam.

밤손님＜bam/son/nim＞ maling di malam hari.

밤송이＜bam/song/i＞ buah berangan.

밤안개＜bam/an/gae＞ kabut malam.

밤알＜bam/al＞ biji berangan.

밤이슬＜bam/i/seul＞ embun malam.

밤일＜ba/mil＞ kerja malam.

밤잠＜bam/cam＞ tidur malam.

밤중(- 中)＜bam/cung＞ tengah malam. ~에 pada tengah malam.

밤차(- 車)＜bam/cha＞ kereta api malam.

밤참＜bam/cham＞ makan malam.

밤톨＜bam/thol＞ ~만하다 sebesar biji berangan.

밤하늘＜bam/ha/neul＞ langit malam.

밥＜bab＞ ① nasi. ~을 짓다 memasak nasi; bertanak. ② makan; makanan. ~을 먹다 makan malam. ③ pakan; mangsa; korban. 돼지~ pakan babi. …의 ~이 되다 menjadi mangsa…

밥값＜bab/kab＞ biaya makanan.

밥그릇＜bab/geu/reut＞ mangkok nasi.

밥맛＜bab/mat＞ cita rasa nasi; nafsu makan.

밥보자(- 保子), 밥보자기(- 保子 -)＜bab/bo/ja, bab/bo/ja/gi＞ tudung saji dari kain.

밥상(- 床)＜bab/sang＞ meja makan. ~을 치우다 [차리다] membereskan [menyiapkan] meja makan.

밥솥＜bab/soth＞ periuk nasi. 전기 ~ panci nasi listrik.

밥술＜bab/sul＞ beberapa sendok nasi; sendok nasi.

밥알＜ba/bal＞ butiran nasi.

밥장사하다＜bab/jang/sa/hada＞ berjualan nasi; mengusahakan rumah makan.

밥장수＜bab/jang/su＞ orang yang jualan nasi.

밥주걱＜bab/ju/geok＞ centong nasi.

밥줄＜bab/cul＞ mata pencaharian. ~이 끊어지다 kehilangan kerja; kehilangan mata pencaharian.

밥집＜bab/jib＞ rumah makan.

밥짓다＜bab/jit/ta＞ menanak nasi; menyiapkan makanan; bertanak.

밥통(- 桶)＜bab/thong＞ ① (그릇) wadah nasi. ② ☞ 위(胃). ③ ☞ 밥벌레, 바보.

밥투정하다＜bab/thu/jeong/hada＞ menggerutu tentang makanan.

밥풀＜bab/ful＞ ① (풀) lem nasi. ② (바알) butiran nasi.

밧줄＜bat/cul＞ tambang (tali). 세 가닥으로꼰 ~ tambang tiga pilin. ~로 당기다 menarik dengan tambang.　～을 당기다　menarik (menghela) tambang.　～을 타고 내려오다 menuruni tambang.

방(房)＜bang＞ kamar; bilik.　자기 ～ kamar sendiri.　양지바른 ～ kamar yang banyak kena sinar matahari.　～이 셋 있는 집 rumah berkamar tiga.　～을 빌다[세놓다] menyewa [menyewakan] kamar.

방(榜)＜bang＞ daftar calon yang berhasil, pemberitahuan umum.

방(放)＜bang＞ tembakan.

…방(方)＜bang＞ dengan alamat (d/a).　김씨 ～ 유씨 Mr. Yu dengan alamat (d/a) Mr. Kim.

방갈로＜bang/gal/lo＞ bungala; bungalow.

방값＜bang/kab＞ sewa kamar.

방계(傍系)＜bang/gye＞ ～의 turunan; subsidier.　～ 회사 anak perusahaan.

방공(防空)＜bang/gong＞ pertahanan udara.　～ 연습[훈련] latihan anti serangan udara [pertahanan udara].　～호 lubang perlindungan.

방과(放課)＜bang/gwa＞ bubaran kelas.　～후 setelah (jam) sekolah; habis sekolah.

방관(傍觀)＜bang/gwan＞ ～하다 duduk sebagai penonton.　～적 태도를 취하다 mengambil sikap sebagai penonton.　～자 penonton.

방광(膀胱)＜bang/gwang＞ kandung kencing.　～염(炎)『醫』radang kandung kencing.

방귀＜bang/gwi＞ kentut; buang angin.　～뀌다 kentut.

방그레＜bang/geu/re＞ ～웃다 tersenyum.

방글[방긋]거리다＜bang/geul[bang/geut]/geo/ri/da＞ tersenyum (bayi).

방금(方今)＜bang/geum＞ barusan; baru saja.

방놓다(房 -)＜bang/not/ta＞ membangun kamar.

방뇨(放尿)＜bang/nyo＞ kencing; buang air kecil.　～하다 buang air kecil; kencing.

방담(放談)＜bang/dam＞ pembicara-

an bebas.

방대(尨大)＜bang/dae＞ ～한 besar.　～한 계획 rencana skala besar.

방도(方途)＜bang/do＞ cara; tindakan; jalan.

방독(防毒)＜bang/dok＞ ～ 마스크[면] topeng anti gas; topeng gas.

방랑(放浪)＜bang/rang＞ ～하다 mengembara; bertualang.　～객[자] pengembara; musafir; pengelana.　～벽 kebiasaan mengembara.　～생활 hidup mengembara.

방략(方略)＜bang/nyak＞ kebijakan; strategi; cara/jalan.

방류(放流)＜bang/nyu＞ ～하다 menyalurkan (air); menanami (sungai) dengan (ikan).

방망이＜bang/mang/i＞ pentungan; tongkat pemukul; kayu pemukul.

방매(放賣)＜bang/mae＞ penjualan.　～하다 menawarkan penjualan.

방면(方面)＜bang/myeon＞ ① arah; wilayah.　제주 ～ wilayah Jeju.　② (분야) bidang.

방면(放免)＜bang/myeon＞ ～하다 membebaskan; meloloskan; melepaskan.　훈계(訓戒) ～ membebaskan setelah ditegur.

방명(芳名)＜bang/myeong＞ nama anda (yang terhormat).　～록 daftar nama-nama; buku tamu.

방목(放牧)＜bang/mok＞ ～하다 menggembalakan; membawa ke padang rumput.　～지(地) padang pengembalaan; padang rumput.

방문(房門)＜bang/mun＞ pintu kamar.

방문(訪問)＜bang/mun＞ kunjungan; lawatan.　～하다 mengunjungi; bertandang; berkunjung; melawat.　～받다 menerima kunjungan; dikunjungi.　～객 tamu; pengunjung; pelawat.　～ 외교 diplomasi dengan kunjungan.　공식 ～ kunjungan resmi; kunjungan kenegaraan.

방문단(訪問團)＜bang/mun/dan＞ rombongan pengujung; rombongan wisatawan.

방물장수＜bang/mul/jang/su＞ penjaja barang hiasan.

방미(訪美)＜bang/mi＞ kunjungan ke Amerika Serikat. ～ 길에 오르다 berangkat ke Amerika.

방바닥(房 -)＜bang/ba/dak＞ lantai kamar.

방방곡곡(坊坊曲曲)＜bang/bang/gok/gok＞ ～에서 segala penjuru negeri.

방범(防犯)＜bang/beom＞ penanggulangan kejahatan. ～대원 penjaga (malam). ～주간 pekan penanggulangan kesehatan.

방법(方法)＜bang/beob＞ cara; metode; upaya; ikhtiar; jalan; strategi; sistem; langkah; tindakan. 최선의 ～ metode (cara) terbaik. ...하는 ～ bagaimana caranya. ～론 metodologi. 교육 ～ metode mengajar.

방벽(防壁)＜bang/byeok＞ tembok pelindung.

방부(防腐)＜bang/bu＞ antiseptis. ～제 antiseptis; bahan pengawet.

방불(彷佛)＜bang/bul＞ ～하다 sangat mirip. ～케 하다 mengingatkan akan.

방비(防備)＜bang/bi＞ pertahanan. ～하다 mempertahankan. 무～도시 kota terbuka; kota tanpa pertahanan.

방사(房事)＜bang/sa＞ hubungan kelamin. ～를 삼가다 mengendalikan nafsu nafsu syahwat.

방사(放射)＜bang/sa＞ radiasi; emisi; penyinaran. ～하다 memancar. ～성 radioaktivitas. 성 동위 원소 radioisotop. ～성 물질 zat radioaktip. ～선 sinar radial; sinar X. ～선치료의(醫) ahli radiologi. ～선 요법 radioterapi. ～선 의학 radio terapetik.

방사능(放射能)＜bang/sa/neung＞ radioaktivitas. ～낙진 [비, 구름) jatuhan [hujan, awan] radioaktip. 인공 ～ radio aktif buatan.

방사림(防沙林)＜bang/sa/rim＞ pohon-pohon yang ditanam untuk mencegah perpindahan pasir.

방생(放生)＜bang/saeng＞ 『佛』 pelepasan hewan-hewan tangkapan.

방석(方席)＜bang/seok＞ bantal kursi.

방성대곡(放聲大哭)＜bang/seong/dae/gok＞ ～하다 menangis dengan keras dan sedih; meratap.

방세(房貰)＜bang/se＞ sewa kamar. ～를 올리다 menaikkan sewa kamar.

방세간(房 -)＜bang/se/gan＞ perabotan.

방송(放送)＜bang/song＞ siaran; penyiaran. ～하다 menyiarkan; mencorongkan; memancarkan. ～중이다 di udara (mengudara). ～국 stasiun penyiaran. ～극 drama radio (TV). ～기자 wartawan radio (TV). ～망 jaringan radio (TV). ～방해 gangguan siaran. ～실 studio (radio TV). ～통신 대학 universitas terbuka. ～프로 acara radio (tv). 상업 ～ siaran komersil. 생 ～ siaran langsung. 해외 ～ siaran luar negeri.

방수(防水)＜bang/su＞ ～의 tahan air; kedap air. ～제[포] barang [kain] tahan air. ～화(靴) sepatu karet.

방수로(放水路)＜bang/su/ro＞ saluran pembuangan.

방습(防濕)＜bang/seub＞ ～의 tahan lembab.

방식(方式)＜bang/sik＞ formula; pola; acuan; model; gaya; metode. 사고 ～ cara berfikir. 생활 ～ gaya hidup.

방식제(防蝕劑)＜bang/sik/je＞ anti karat.

방실거리다＜bang/sil/geo/ri/da＞ tersenyum (manis).

방심(放心)＜bang/sim＞ ～하다 lengah; lalai; ceroboh; tidak siap. ～하고 있는 틈에 pada saat lengah.

방아＜bang/a＞ penggilingan. 물～ kincir air.

방아쇠＜bang/a/soe＞ pelatuk; picu. ～를 당기다 menarik picu/pelatuk.

방안(方案)＜bang/an＞ rencana; ske-

ma; program. ~을 세우다 meng-
gambar rencana.
방안지(方眼紙)<bang/an/ji>　kertas
grafik.
방약무인(榜若無人)<bang/yak/mu/
in>　~한 congkak; sombong.
방어(防禦)<bang/eo>　pertahanan.
~하다 mempertahankan; bertahan.
선수권을 ~하다 mempertahankan
gelar. ~전 pertandingan memper-
tahankan gelar. 대인[지역] ~
『競』 pertahanan satu lawan satu
[zona]. 최종 ~선 garis pertahanan
terakhir. 공격은 최상의 ~ Me-
nyerang adalah pertahanan yang
terbaik.
방언(方言)<bang/eon>　dialek; lo-
gat; aksen; gaya. ~ 연구[학] dia-
legtologi.
방역(防疫)<bang/yeok>　pencegahan
epidemik/wabah. ~대책 tindakan
anti epidemik. ~대책을 세우다
mengambil tindakan pencegahan
terhadap epidemik.
방연광(方鉛鑛)<bang/yeon/gwang>
『鑛』 biji timah.
방열(防熱)<bang/yeol>　~복(服)
baju tahan panas.
방영(放映)<bang/yeong>　penyiaran
dengan TV. ~하다 menyiarkan
dengan TV.
방울<bang/ul>　① genta; kleneng-
an. ~소리 gemerincing kleneng-
an. ② setetes. ~~ (떨어지다)
(jatuh) dalam tetesan.
방울새<bang/ul/sae> 『鳥』 kutilang
hijau.
방위(方位)<bang/wi>　arah; penjuru
angin; mata angin; pedoman. ~각
sudut asimut.
방위(防衛)<bang/wi>　pertahanan;
perlindungan; pembelaan. ~하다
mempertahankan; membela. ~산
업 industri pertahanan. ~성금
sumbangan dana pertahanan nasio-
nal.. ~세 pajak pertahanan. ~소
집 mobilisasi pertahanan.
방음(防音)<bang/eum>　~의 ke-
dap suara. ~실 kamar kedap

suara. ~장치(裝置) peredam sua-
ra.
방임(放任)<bang/im>　~하다 mem-
biarkan sendiri; tidak campur ta-
ngan. ~주의 kebijakan membiar-
kan sendiri; kebijakan tidak campur
tangan.
방자(放恣)<bang/ja>　~한 som-
bong.
방적(紡績)<bang/jeok>　pemintalan;
pintal. ~견사 sutera pintal. ~공
pemintal. ~공업 industri pemin-
talan. ~공장 [기계, 회사] pabrik
[mesin, perusahaan] pemintalan.
방전(放電)<bang/jeon>　pembuang-
an muatan listrik. ~하다 membu-
ang muatan listrik.
방점(傍點)<bang/ceom>　titik (tan-
da) samping.
방정(方正)<bang/jeong>　~하다
baik; lurus. 품행이 ~한 사람
orang yang berkelakuan baik.
방정식(方程式)<bang/jeong/sik>
persamaan. 1[2,3]차 ~ persamaan
sederhana [kwadrat; pangkat tiga].
방제(防除)<bang/je>　pencegahan
perkembangbiakan dan pemberan-
tasan.
방조(幇助)<bang/jo>　bantuan/perto-
longan (dalam kejahatan). ~하다
membantu (dalam kejahatan). ~자
penolong dalam kejahatan.
방조제(防潮堤)<bang/jo/je>　tanggul
air pasang.
방종(放縱)<bang/jong>　percabulan.
~한 jangak; pujur; cabul.
방주(方舟)<bang/ju>　bahtera; ka-
pal. 노아의 ~ bahtera Nabi Nuh.
방주(旁註)<bang/ju>　catatan ping-
gir; catatan kaki.
방죽(防 -)<bang/juk> ☞ 둑.
방증(傍證)<bang/jeung> bukti tidak
langsung.
방지(防止)<bang/ji>　pencegahan.
~하다 mencegah; menangkal. ~
책 tindakan pencegahan. ~책 ke-
bijakan anti inflasi. 전쟁 ~책 ke-
bijakan anti perang.
방직(紡織)<bang/jik> pintal dan te-

nun. ~(공)업 industri tekstil. ~공장 pabrik pemintalan.

방책(方策)＜bang/chaek＞ rencana; skema; upaya; akal; ikhtiar; kebijakan. 최선의 ~ kebijakan terbaik. 현명한 ~ rencana yang bijaksana.

방책(防柵)＜bang/chaek＞ pagar pancang; barikade; palang; sogang; jojol.

방첩(防諜)＜bang/cheob＞ anti (kontra) spionase. ~부대 Korps Kontra Intelijen.

방청(傍聽)＜bang/cheong＞ ~하다 menghadiri; mengunjungi. ~권(券) tiket masuk. ~석 tempat duduk hadirin/pengunjung. ~인 hadirin; pengunjung.

방추(紡錘)＜bang/chu＞ kumparan. ~형(의) berbentuk kumparan.

방축(放逐)＜bang/chuk＞ ~하다 mengusir; mendeportasikan.

방축가공(防縮加工)＜bang/chuk/ga/gong＞ ~한 anti kerut.

방출(放出)＜bang/chul＞ pengeluaran; pelepasan. ~하다 mengeluarkan. 정부(보유)미의 ~ pelepasan beras pemerintah. ~물자 barang (komoditi) yang dikeluarkan.

방충제(防蟲劑)＜bang/chung/je＞ insektisida.

방취(防臭)＜bang/chwi＞ ~제(劑) penghilang bau.

방치(放置)＜bang/chi＞ ~하다 membiarkan sendiri; mengabaikan.

방침(方針)＜bang/chim＞ kebijakan; pedoman; petunjuk; ancer-ancer; prinsip; rencana. 시정[영업] ~ kebijakan administrasi [usaha]. 행동 ~ rencana tindakan.

방탄(防彈)＜bang/than＞ ~의 tahan peluru. ~조끼[유리] rompi [kaca] tahan peluru.

방탕(放蕩)＜bang/thang＞ perbuatan menjangak. ~하다 jangak; cabul; pujur. ~생활 hidup menjangak. ~자 penjangak

방파제(防波堤)＜bang/fa/je＞ tembok pemecah gelombang; cerucuk.

방패(防牌)＜bang/fae＞ tameng; perisai. ...을 ~삼아 bertamengkan...

방편(方便)＜bang/fyeon＞ upaya; akal; ikhtiar. 일시적 ~ upaya sementara.

방풍(防風)＜bang/fung＞ ~림(林) sabuk pelindung; hutan penahan angin.

방학(放學)＜bang/hak＞ liburan sekolah. ~하다 libur/pakansi sekolah. 겨울 ~ liburan musim dingin.

방한(防寒)＜bang/han＞ perlindungan terhadap hawa angin. ~모 topi musim dingin. ~복 pakaian musim dingin. ~화(靴) sepatu musim dingin.

방한(訪韓)＜bang/han＞ kunjungan ke Korea. ~하다 mengunjungi Korea. ~경제 사절단 misi ekonomi ke Korea.

방해(妨害)＜bang/hae＞ halangan; gangguan; rintangan; interupsi. ~하다 menghalangi; menahan; merintangi; menghalang-halangi. ~물 penghalang; penyekat; penghambat. 교통 ~ hambatan lalu lintas. 의사(議事) ~ taktik halangan. 치안 ~ gangguan ketentraman masyarakat.

방해석(方解石)＜bang/hae/seok＞ 『鑛』 kapur.

방향(方向)＜bang/hyang＞ arah; tujuan; haluan; jurusan. ~을 전환하다 mengubah arah. ~감각 rasa arah. ~탐지기 alat pendeteksi arah.

방향(芳香)＜bang/hyang＞ wewangian; bau harum; keharuman; kewangian. ~제(劑) aromatik.

방형(方形)＜bang/hyeong＞ segi empat. ~의 persegi empat.

방호(防護)＜bang/ho＞ perlindungan. ~하다 melindungi.

방화(防火)＜bang/hwa＞ pencegahan/penanggulangan kebakaran. ~시설 sarana penanggulangan kebakaran.

방화(邦畵)＜bang/hwa＞ film nasional.

방화(放火)＜bang/hwa＞ pembakaran

rumah.　~하다 membakar (rumah).　~광(狂) maniak api.　~범(犯) pembakar; tukang sundut; penunu.　~죄 pembakaran rumah yang disengaja.

방황(彷徨)＜bang/hwang＞ pengembaraan.　~하다 mengembara; berpetualang; berkelana; merantau.

밭＜bath＞ ladang; kebun; tegal; huma.　배추 ~ ladang kobis.　옥수수 ~ ladang jagung.　채소 ~ kebun sayur.

밭갈이＜bath/ga/ri＞ pengerjaan tanah; cocok tanam.　~하다 mengerjakan tanah ; bercocok tanam.

밭고랑＜bath/go/rang＞ alur.

밭곡식(- 穀食)＜bath/gok/sik＞ bijian lahan kering.

밭농사(- 農事)＜bath/nong/sa＞ pertanian lahan kering.

밭다＜bath/ta＞ ① (인색) pelit; kikir.　② (가깝다) dekat; sangat rapat.

밭다＜bath/ta＞ menyaring; mengayak.

밭도랑＜bath/do/rang＞ selokan di antara kebun.

밭두둑＜bath/du/duk＞ galengan/pematang kebun.

밭둑＜bath/duk＞ ☞ 밭두둑.

밭벼＜bath/byeo＞ padi ladang.

밭은기침＜ba/theun/gi/chim＞ batuk kering.

밭이랑＜bath/i/rang＞ galengan di kebun.

밭일＜bath/il＞ berkebun.　~하다 berkebun.

배＜bae＞ ① perut.　~가 나온 perut buncit.　~가 아프다 sakit perut.　재 ~만 불리다 memperkaya diri sendiri.　② (맘속) hati.　③ ~가 아프다 iri hati.　④ peranakan; kandungan.　~가 부르다 mengandung; hamil.

배＜bae＞ kapal; keling; perahu; sampan; lambu; jung-jung.　~로 dengan kapal.　~를 타다 naik kapal.　~에서 내리다 turun kapal.

배＜bae＞ buah per.

배(胚)＜bae＞『植』 janin; mudigah; embrio.

배(倍)＜bae＞ ① penggandaan.　~의 ganda.　~로 하다[되다] menggandakan.　② kali; lipat.　한 ~반 satu setengah kali.　…의 3~의 양 tiga kali sebanyak... .　3~ tiga kali.　4 ~ empat kali.

배가(倍加)＜bae/ga＞　~하다 menggandakan; melipatgandakan.　노력을 ~하다 menggandakan usaha.

배갈＜bae/gal＞ minuman keras Cina.

배겨나다＜bae/gyeo/na/da＞ menahan dengan tabah.

배격(排擊)＜bae/gyeok＞　~하다 menolak; mengusir.

배경(背景)＜bae/gyeong＞ ① latar belakang.　② setting; dekor; latar belakang.　~음악 musik latar belakang (pengiring).　③ dukungan; pendukung.　유력한 ~ dukungan yang kuat.　정치적 ~ dukungan politik.　~이 없다 tidak ada dukungan.

배고프다＜bae/go/feu/da＞ lapar.

배곯다＜bae/gol/tha＞ perut kosong.

배관(配管)＜bae/gwan＞ pemasangan pipa.　~공(工) tukang ledeng.　~공사 pekerjaan pipa.

배교(背敎)＜bae/gyo＞ murtad.　~자 orang murtad.

배구(排球)＜bae/gu＞『競』 bola voli.

배금(拜金)＜bae/geum＞　~주의 Mammonisme.　~주의자 Mammonis (penganut Mammonisme).

배급(配給)＜bae/geub＞ distribusi; pencatuan.　~하다 mendistribusikan; mencatukan; merangsum.　~소 pusat distribusi.　~쌀 [품] beras [barang] jatah/rangsum.　~제(도) sistim distribusi.　~통장 buku rangsum.　~표 karcis rangsum.

배기(排氣)＜bae/gi＞　~가스 gas buangan.　~관 pipa pembuang gas.　~량 kapasitas buang(mesin).

배기다＜bae/gi/da＞ menderita; menanggung.

배기다＜bae/gi/da＞ (마치다) mengganjal; rasa terganjal.

배꼽 <bae/kob> pusar. ~이 빠지도록 웃다 tertawa terpingkal-pingkal.

배낭(胚囊) <bae/nang> 『植』 kantong embrio; megaspora.

배낭(背囊) <bae/nang> ransel.

배내옷 <bae/nae/ot> bedong bayi.

배냇니 <bae/naet/ni> gigi susu.

배냇병신(-病身) <bae/naet/byeong/sin> pincang sejak lahir.

배뇨(排尿) <bae/nyo> kencing. ~하다 kencing; buang air kecil.

배니싱크림 <bae/ni/sing/kheu/rim> krim penghilang.

배다 <bae/da> (잉태) rapat; kedap.

배다 <bae/da> hamil; mengandung. 애를 ~ mengandung anak. 새끼를 ~ bunting.

배다 <bae/da> ① (스미다) merembes. ② (익숙) terbiasa. 일이 손에 ~ terampil.

배다르다 <bae/da/reu/da> lahir dari ibu berbeda.

배다리 <bae/da/ri> jembatan ponton.

배달(倍達) <bae/dal> ~민족 ras Korea.

배달(配達) <bae/dal> pengantaran; pengiriman. ~하다 mengantar; mengirim; menyampaikan. ~료 ongkos pengantar/pengiriman. ~부 [원] pengantar; pembawa. ~중 명서 tanda terima pengantaran. ~처 tujuan pengiriman. 무료 ~ pengiriman bebas. 시내 ~ pengiriman lokal. 특별 ~ pengiriman khusus.

배당(配當) <bae/dang> pembagian deviden. ~하다 membagikan deviden. ~금 dividen; untung sero. (특별 ~금 bonus; dividen khusus). ~율 besar deviden. 가(假) [적립] ~ deviden interim [komulatif]. 무 [주식] ~ tidak ada deviden [deviden saham].

배드민턴 <bae/deu/min/theon> bulu tangkis; badminton.

배란(排卵) <bae/ran> ovulasi. ~하다 berovulasi.

배려(配慮) <bae/ryeo> pertimbangan. ~하다 mempertimbangkan. 세심한 ~ pertimbangan yang bijaksana.

배럴 <bae/reol> barel.

배레(拜禮) <bae/rye> ~하다 bersoja; membungkuk hormat.

배맞다 <bae/mat/ta> berzinah; bermukah.

배면(背面) <bae/myeon> belakang. ~공격 serangan belakang.

배반(背反, 背叛) <bae/ban> pengkhianatan; pendurhakaan; pembelotan. ~하다 berkhianat; mengkhianati; mendurhakai. 친구를 ~하다 berkhianat terhadap teman. 남자를 ~하다 berkhianat terhadap laki-laki. 나라를 ~하다 berkhianat terhadap negara. ~자 pembelot; penghianat.

배반(胚盤) <bae/ban> 『動』 cakram kuman.

배본(配本) <bae/bon> pembagian buku-buku; pengiriman buku. ~하다 membagikan buku-buku; mengirim buku.

배부(配付) <bae/bu> penyebaran; pengedaran. ~하다 mengedarkan; menyebarluaskan.

배부르다 <bae/bu/reu/da> perut kenyang.

배분(配分) <bae/bun> pembagian. ~하다 membagi-bagikan; memarih; menjatahi.

배불뚝이 <bae/bul/tu/gi> orang berperut gendut.

배상(賠償) <bae/sang> penggantian kerugian; pampasan. ~하다 mengganti rugi; memampas; membayar denda. ~을 요구하다 menuntut ganti rugi. ~금 uang ganti rugi. 현물[금전] ~ ganti rugi barang [uang].

배색(配色) <bae/saek> pencampuran warna.

배서(背書) <bae/seo> pengesahan; penandatanganan; pengabsahan. ~하다 menandatangani; mengabsah-

kan; mengesahkan. ~인 penanda-
tangan. 피 ~인 orang yang diberi
kuasa.
배석(陪席)＜bae/seok＞　　~하다
mendampingi (atasan). ~자 pen-
damping. ~판사 hakim anggota.
배선(配船)＜bae/seon＞　~하다 me-
nempatkan (menugaskan) kapal (da-
lam jalur pelayaran).
배선(配線)＜bae/seon＞　pemasangan
kawat/kabel. ~하다　memasang
kawat (rumah). 전기 ~ kawat lis-
trik.
배설(排泄)＜bae/seol＞　pembuangan
kotoran; ekskresi. ~하다 mem-
buang kotoran. ~기관 organ pem-
buangan. ~물 tinja; kotoran; tahi.
배설(排雪)＜bae/seol＞ ☞ 제설.
배속(配屬)＜bae/sok＞　　penugasan.
~하다 menugaskan. ~되다 ditu-
gaskan. ~ 장교 perwira militer
yang ditugaskan (di sekolah).
배수(拜受)＜bae/su＞　~하다 mene-
rima.
배수(配水)＜bae/su＞　　~하다 me-
masok air. ~관(管) pipa saluran.
~지(池) reservoir distribusi.
배수(倍數)＜bae/su＞ 『數』 perkalian.
공~ perkalian biasa.
배수(排水)＜bae/su＞　　pembuangan
(air); pengurasan. ~하다 mem-
buang; menguras. ~관(管) pipa
pembuangan; pipa kuras. ~량
kapasitas pengurasan. 이 배의 ~
량은 2만톤이다 kapasitas penguras-
an dua puluh ribu ton. ~펌프
pompa pembuangan.
배수진(背水陣)＜bae/su/jin＞　~을
치다 bertempur dengan punggung
menghadap tembok (laut); memba-
kar jembatan di belakang.
배신(背信)＜bae/sin＞　　pengkhianat-
an. ~하다 berkhianat; menghiana-
ti kepercayaan. ~자 pengkhianat.
~행위 penghianatan kepercayaan;
pelanggaran amanah.
배심(陪審)＜bae/sim＞　　pengadilan
oleh juri. ~원 juri. ~원석 tem-
pat duduk juri. ~제도 sistim juri.

배알＜bae/al＞ usus. ☞ 창자.
배알(拜謁)＜bae/al＞ audensi; temu
muka. ~하다 beraudensi; bertemu
muka.
배앓이＜bae/a/ri＞ mulas (perut).
배액(倍額)＜bae/aek＞　　menggganda-
kan jumlahnya (harganya).
배양(培養)＜bae/yang＞　pembiakan.
~하다 membiakkan. 세균을 ~하
다 membiakkan bakteri. ~기(基)
media biakan; media kultur. ~액
(液) cairan biakan. 인공 ~ kultur
buatan; biakan buatan. 조직 ~
kultur jaringan.
배역(配役)＜bae/yeok＞ para pelaku.
~을 정하다 menetapkan peran.
배열(排列)＜bae/yeol＞ ~하다 meng-
atur; menyusun.
배영(背泳)＜bae/yeong＞ gaya pung-
gung (berenang).
배외(排外)＜bae/oe＞　　~의　anti
luar negeri. ~사상 faham anti
luar negeri.
배우(俳優)＜bae/u＞　aktor; pelaku;
pemeran; pelakon. ~가 되다
menjadi aktor (aktris). ~학교 se-
kolah peran. 영화[연극] ~ aktor
film [panggung]. 인기 ~ aktor
terkenal. 주연 ~ aktor utama.
배우다＜bae/u/da＞ belajar; berlatih;
mempelajari. 철저히 ~ belajar
menyeluruh. 피아노를 ~ belajar
piano. 차 운전을 ~ belajar
mengemudikan mobil.
배우자(配偶子)＜bae/u/ja＞ 『生』 ga-
met.
배우자(配偶者)＜bae/u/ja＞　　teman
hidup; jodoh; pasangan. ~공제
potongan pajak untuk isteri.
배움＜bae/um＞ belajar. ~의 길
belajar. ~터 sekolah.
배웅＜bae/ung＞ pelepasan. ~하다
melepaskan. ~나가다 pergi mele-
paskan.
배율(倍率)＜bae/yul＞ pembesaran.
배은망덕(背恩忘德)＜bae/eun/mang/
deok＞ ~하다 tidak tahu terima
kasih; tidak bersyukur. ~한 사람
orang yang tidak tahu terimakasih.

배일(排日)＜bae/il＞　~의 anti Jepang.

배임(背任)＜bae/im＞ pelanggaran kepercayaan/tugas. ~행위 tindakan pelanggaran tugas.

배자(褙子)＜bae/ja＞ rompi.

배전(倍前)＜bae/jeon＞　~의 digandakan lagi; lebih dari sebelumnya.

배전(配電)＜bae/jeon＞　~하다 menyalurkan listrik; mendistribusikan daya. ~반(盤) papan tombol; papan hubungan. ~선 kabel pelayanan. ~소 [회사] stasiun [perusahaan] distribusi tenaga listrik.

배점(配點)＜bae/ceom＞　~하다 memberi nilai.

배정(配定)＜bae/jeong＞ penugasan. ~하다 menugaskan.

배제(排除)＜bae/je＞ peniadaan; penyingkiran; penghapusan. ~하다 menyingkirkan; meniadakan; menyisihkan; mengesampingkan. 정실을 ~하다 menyingkirkan pilih kasih.

배죽거리다＜bae/juk/geo/ri/da＞　☞ 비죽거리다.

배지＜baet/ci＞ lencana; lambang. ~를 달다 memakai lencana.

배짱＜bae/cang＞ keberanian. ~센 berani kuat. ~없는 malu; takut; berhati lemah; berhati anak ayam.

배차(配車)＜bae/cha＞ alokasi mobil. ~하다 mengalokasikan mobil. ~계[원] orang yang mengalokasikan mobil. (택시의) ~사무소 kantor alokasi mobil.

배척(排斥)＜bae/cheok＞ pemboikotan; penolakan; boikot. ~하다 menolak; memboikot. 일본 상품에 대한 ~ boikot terhadap barang-barang Jepang. ~운동 kampanye pemboikotan.

배추＜bae/chu＞ kobis. ~김치 acar kobis.

배출(排出)＜bae/chul＞　~하다 membuang; mengeluarkan; keluar. ~관 pipa pembuangan asap (knalpot). ~구 lubang keluar.

배출(輩出)＜bae/chul＞　~하다 menghasilkan dalam jumlah banyak.

배치(背馳)＜bae/chi＞　~하다 berlawanan; bertentangan.

배치(配置)＜bae/chi＞ pengaturan; penempatan; penyusunan. ~하다 mengatur; menempatkan. ~계획 rencana blok. ~도『機』 rencana pengaturan. 부대 ~ penempatan pasukan. 인원 ~ penempatan orang.

배타(排他)＜bae/tha＞ penyingkiran. ~적 eksklusif. ~주의 eksklusivisme.

배탈＜bae/thal＞ gangguan perut. ~나다 menderita sakit perut.

배태(胚胎)＜bae/thae＞　~하다 berasal dari; hamil.

배터리＜bae/theo/ri＞ batere.

배트＜bae/theu＞『野』pemukul bisbol.

배팅＜bae/thing＞　『野』 pemukulan bola. ~오더 perintah memukul.

배편(- 便)＜bae/fyeon＞ jasa pengapalan (pengiriman). ~으로 dengan kapal; melalui laut.

배포(配布)＜bae/fo＞ distribusi; pembagian; penyebaran. ~하다 membagikan; menyebarkan.

배포(排布)＜bae/fo＞ angan-angan. ~가 크다 angan-angan besar.

배필(配匹)＜bae/fil＞ pasangan hidup. 천생 ~ pasangan suami isteri yang serasi.

배합(配合)＜bae/hab＞ pemaduan; kombinasi; penggabungan; pencampuran. ~하다 menggabungkan; menjodohkan; menyerasikan. 색의 ~ pemaduan warna. ~비료 pupuk senyawa. ~사료 pakan campuran.

배혁(背革)＜bae/hyeok＞ sampul kulit. ~제본 penjilidan sampul kulit.

배화교(拜火教)＜bae/hwa/gyo＞ agama pemujaan api; zoroastrianisme.

배회(徘徊)＜bae/hoe＞　~하다 bergelandang.

배후(背後)＜bae/hu＞ belakang; dukungan. ~에서 조종하다 mendalangi. ~인물 [조종자] dalang; orang di belakang layar.

백(白)<baek> putih.

백(百)<baek> seratus. ~번 seratus kali. ~번째(의) keseratus. 수~명 ratusan orang.

백계(白系)<baek/gye> ~러시아인(人) orang Rusia putih.

백계(百計)<baek/gye> segala usaha. ~무책 ketidakberdayaan; tumpat.

백곡(百穀)<baek/gok> segala macam bijian.

백골(白骨)<baek/gol> tengkorak. ~난망이다 tak dapat dilupakan; sangat bersyukur.

백곰(白 -)<baek/gom> beruang putih (kutub).

백과사전(百科辭典)<baek/gwa/sa/jeon> ensiklopedia. ~적(인) ensiklopedik.

백관(百官)<baek/gwan> semua pejabat pemerintah.

백구(白鷗)<baek/gu> burung camar putih.

백군(白軍)<baek/gun> tim putih.

백금(白金)<baek/geum> emas putih; platina; mas kodok; logam putih.

백기(白旗)<baek/ki> bendera putih. ~를 들다 mengibarkan bendera putih.

백납(白 -)<baek/nab> 『醫』 vitilago; leukoderma. ~먹다 menderita leukoderma.

백내장(白內障)<baek/nae/jang> 『醫』 katarak.

백년(百年)<baek/nyeon> seratus tahun. ~제(祭) ulang tahun ke seratus. (국가)~ 대계 kebijakan jangka panjang.

백년가약(百年佳約)<baek/nyeon/ga/yak> ikatan pernikahan. ~을 맺다 menjadi suami isteri dalam kesenangan atau kesengsaraan.

백년해로(百年偕老)<baek/nyeon/hae/ro> ~하다 menjadi tua bersama dalam pernikahan.

백대하(白帶下)<baek/dae/ha> 『醫』

keputihan.

백랍(白蠟)<baeng/nab> lilin putih.

백러시아(白 -)<baek/reo/si/a> Rusia putih.

백로(白鷺)<baeng/no> 『鳥』 bangau putih; kuntul.

백마(白馬)<baek/ma> kuda putih.

백만(百萬)<baek/man> sejuta. ~분의 sepersejuta. ~장자 jutawan; milyuner.

백면서생(白面書生)<baek/myeon/seo/saeng> kutu buku.

백모(伯母)<baek/mo> tante; bibi.

백묵(白墨)<baek/muk> ☞ 분필(粉筆).

백문불여일견(百聞不如一見)<baek/mun/bul/yeo/il/gyeon> Melihat lebih baik dari mendengar seratus kali.

백미(白米)<baek/mi> beras sosoh (gosok).

백미(白眉)<baek/mi> karya agung; karya terbaik.

백미러<baek/mi/reo> kaca spion.

백반(白飯)<baek/ban> nasi putih.

백반(白礬)<baek/ban> tawas.

백발(白髮)<baek/bal> rambut putih; uban. ~의 beruban. ~이 되다 menjadi ubanan. ~노인(老人) orang tua ubanan.

백발백중(百發百中)<baek/bal/baek/jung> ~하다 tidak pernah meleset sasaran.

백방(百方)<baek/bang> segala cara. ~으로 노력하다 melakukan segala cara.

백배(百拜)<baek/bae> ~사죄(謝罪)하다 mohon maaf sebesar-besarnya.

백배(百倍)<baek/bae> seratus kali. ~하다 meningkat seratus kali lipat. 그 소식을 듣고 용기 ~했다 Berita itu mengilhami kami dengan keberanian baru.

백병전(白兵戰)<baek/byeong/jeon> perkelahian satu lawan satu. ~을 벌이다 berkelahi satu lawan satu.

백부(伯父)<baek/bu> paman.

백분(白粉)<baek/bun> bedak muka; pupur.

백분(百分)＜baek/bun＞　～하다 membagi bagian. ～의 십 sepuluh persen. ～율[비] persentase; perseratus.

백사(白沙)＜baek/sa＞ pasir putih. ～장 pantai pasir putih.

백삼(白蔘)＜baek/sam＞ ginseng putih.

백색(白色)＜baek/saek＞ warna putih. ～인종 ras kulit putih. ～테러 teror siang bolong.

백서(白書)＜baek/seo＞ buku putih. 경제[외교] ～ buku putih ekonomi [diplomatik].

백설(白雪)＜baek/seol＞ salju. ～같을 seperti salju. ～로 덮인 산 gunung yang terliput salju.

백설탕(白雪糖)＜baek/seol/thang＞ gula putih.

백성(百姓)＜baek/seong＞ rakyat.

백수(百獸)＜baek/su＞ ～의 왕 raja binatang buas.

백수건달(白手乾達)＜baek/su/geon/dal＞ gelandangan; pengangguran.

백숙(白熟)＜baek/suk＞ sup daging.

백신＜baek/sin＞ 『醫』 vaksin. ～주사 injeksi vaksin. (～ 주사를 놓다 vaksinasi). 생 ～ vaksin hidup.

백씨(伯氏)＜baek/ssi＞ kakak lelaki sulung; abang sulung.

백악(白堊)＜baek/ak＞ kapur. ～관 Gedung Putih. ～기『地』 Periode Kapur. ～질 semen putih; semen kapur.

백안시(白眼視)＜baek/an/si＞ ～하다 melihat dengan dingin; meremehkan; mengerutkan alis.

백야(白夜)＜baek/ya＞ malam putih.

백약(百藥)＜baek/yak＞ segala macam obat. ～이 무효하다 Segala macam obat tidak mujarab.

백양(白羊)＜baek/yang＞ domba putih. ～궁『天』 Aries.

백양(白楊)＜baek/yang＞ 『植』 pohon aspen putih.

백연(白鉛)＜baek/yeon＞ timah putih. ～광 timah karbonat.

백열(白熱)＜baek/yeol＞ nyala putih. ～전 perkelahian sengit. ～(전)등 lampu pijar.

백옥(白玉)＜baek/ok＞ jade putih.

백운(白雲)＜baek/un＞ awan putih.

백운모(白雲母)＜baek/un/mo＞ 『鑛』 mika putih.

백의(白衣)＜baek/eui＞ pakaian (jubah) putih. ～민족 bangsa berpakaian putih (orang Korea). ～천사 malaikat berpakaian putih; perawat berpakaian putih.

백인(白人)＜baek/in＞ orang kulit putih. ～에 의한 지배 dominasi kulit putih. ～여자 wanita kulit putih. ～종 ras kulit putih.

백인(白刃)＜baek/in＞ pedang telanjang.

백일(百日)＜baek/il＞ ulang tahun bayi keseratus hari. ～기도 sembahyang seratus hari. ～잔치 perayaan bayi umur seratus hari. ～재(齋) kebaktian (selamatan) hari keseratus wafat.

백일몽(白日夢)＜baek/il/mong＞ lamunan; mimpi siang bolong; khayalan; fantasi.

백일장(白日場)＜baek/il/cang＞ perlombaan mengarang. 주부～ perlombaan mengarang untuk ibu-ibu rumah tangga.

백일초(百日草)＜baek/il/cho＞ 『植』 bunga aster.

백일해(百日咳)＜baek/il/hae＞ batuk kering.

백일홍(百日紅)＜baek/il/hong＞ 『植』 pacar belanda.

백작(伯爵)＜baek/jak＞ gelar bangsawan lelaki. ～부인 gelar bangsawan perempuan.

백장＜baek/cang＞ tukang daging.

백전노장(百戰老將)＜baek/jeon/no/jang＞ veteran.

백전백승(百戰百勝)＜baek/jeon/baek/seung＞ ～하다 memenangkan setiap pertempuran.

백절불굴(百折不屈)＜baek/jeol/bul/gul＞ ～의 tidak kenal lelah. ～의 정신 semangat yang tidak kenal lelah.

백점(百點)＜baek/ceom＞ nilai sera-

tus. 영어에서 ~ 받다 mendapat nilai penuh (A) untuk bahasa Inggris.
백조(白鳥)＜baek/jo＞ angsa.
백주(白晝)＜baek/ju＞ ~에 pada siang hari.
백중(伯仲)＜baek/jung＞ ~하다 hampir sama dengan; sebanding.
백지(白紙)＜baek/ji＞ kertas kosong; blanko. ~ 답안을 내다 menyerahkan kertas blanko. ~(상태)로 돌리다 kembali kertas kosong; mulai dari awal lagi. ~ 위임장 mandat blanko; surat kekuasaan penuh.
백지도(白地圖)＜baek/ji/do＞ peta buta.
백차(白車)＜baek/cha＞ mobil patroli (polisi).
백척간두(百尺竿頭)＜baek/cheok/gan/du＞ ~에 서다 berdiri di ujung tanduk.
백청(白淸)＜baek/cheong＞ madu putih bermutu tinggi.
백출(百出)＜baek/chul＞ ~하다 timbul beraneka ragam. 의견이 ~하다 timbul beraneka ragam pendapat.
백치(白痴)＜baek/chi＞ idiot.
백토(白土)＜baek/tho＞ tanah liat putih.
백통(白銅)＜baek/thong＞ nikel. ~ 돈[전] mata uang nikel.
백팔십도(百八十度)＜baek/fal/sib/do＞ ~ 전환(轉換)하다 melakukan putar balik sempurna.
백퍼센트(百-)＜baek/feo/sen/theu＞ 100% (seratus persen). 효과 ~의 100% mujarab (manjur).
백포도주(白葡萄酒)＜baek/fo/do/ju＞ minuman anggur putih.
백합(百合)＜baek/hab＞ bunga lili.
백해무익(百害無益)＜baek/hae/mu/ik＞ ~하다 sangat berbahaya; lebih banyak mudarat dari pada manfaat.
백핸드＜baek/haen/deu＞ 『테니스』 pukulan backhand.
백혈(白血)＜baek/hyeol＞ ~구 sel darah putih. ~병 leukemia.

백형(伯兄)＜baek/hyeong＞ abang sulung.
백화(百花)＜baek/hwa＞ segala jenis bunga. ~가 만발한 penuh dengan berbagai jenis bunga.
백화점(百貨店)＜baek/hwa/jeom＞ toko serba ada.
밴대질＜baen/dae/jil＞ hubungan seks antar wanita; lesbianisme.
밴댕이＜baen/daeng/i＞ 『魚』 ikan haring yang bermata besar.
밴드＜baen/deu＞ ① (혁대) ikat pinggang; sabuk. ② band musik; kelompok musik. ~마스터 pemimpin kelompok musik. ~맨 pemain band. 재즈 ~ kelompok musik jazz.
밴조＜baen/jo＞ 『樂』 banjo.
밴텀급(-級)＜baen/theom/geub＞ kelas bantam. ~ 선수 petinju kelas bantam.
밸런스＜bael/leon/seu＞ keseimbangan. ~가 잡힌 seimbang.
밸브＜bael/beu＞ klep; katup; pentil. ~ 장치 piranti katup. ~콕 klep kran.
뱀＜baem＞ ular. ~ 가죽 kulit ular. ~허물 kelongsong kulit ular.
뱀딸기＜baem/tal/gi＞ 『植』 murbei India.
뱀장어(- 長魚)＜baem/jang/eo＞ 『魚』 belut; lindung; ikan moa.
뱃고동＜baet/go/dong＞ bunyi pluit kapal.
뱃길＜baet/kil＞ jalan kapal. ~로 가다 pergi dengan kapal.
뱃노래＜baet/no/rae＞ nyanyian kelasi (pelaut).
뱃놀이＜baet/no/ri＞ ~하다 bersampan-sampan. ~가다 pergi bersampan-sampan.
뱃대끔＜baet/dae/keum＞ ikat pinggang; amben.
뱃덧＜baet/deot＞ gangguan perut.
뱃머리＜baet/meo/ri＞ haluan kapal. ~를 돌리다 mengarahkan haluan (ke).
뱃멀미＜baet/meol/mi＞ mabuk laut. ~하다 menderita mabuk laut.

뱃사공(- 沙工) ＜baet/sa/gong＞ tukang perahu.

뱃사람 ＜baet/sa/ram＞ pelaut; kelasi; marinir; materos.

뱃삯 ＜baet/sak＞ ongkos kapal/pelayaran.

뱃속 ＜baet/sok＞ ① (복부) perut. ② pikiran; hati; maksud. ~이 검은 berhati jahat.

뱃심 ＜baet/sim＞ ~좋다 tidak tahu malu dan tamak.

뱃전 ＜baet/jeon＞ sisi perahu; lambung kapal.

뱃짐 ＜baet/jim＞ muatan kapal.

뱅뱅 ＜baeng/baeng＞ berputar-putar.

뱉다 ＜bae/tha＞ ① berludah; meludah. 가래를 ~ berbatuk dahak. ② (물건을) muntah.

버걱걱리다 ＜beo/geok/geok/ri/da＞ berkeresek.

버겁다 ＜beo/geb/da＞ terlalu besar untuk ditangani; diluar kendali.

버글버글 ＜beo/geul/beo/geul＞ ~ 끓다 mendidih; menggelegak.

버금 ＜beo/geum＞ ~가다 kedua dari; ditempat kedua.

버너 ＜beo/neo＞ pembakar. 가스 ~ pembakar gas.

버둥거리다 ＜beo/dung/geo/ri/da＞ meronta; menggelepar-gelepar.

버드나무 ＜beo/deu/na/mu＞ pohon willow.

버들 ＜beo/deul＞ wilow.

버들옷 ＜beo/deul/ot＞ 『植』 tumbuhan euphorbia.

버라이어티쇼 ＜beo/ra/i/eo/thi/syo＞ pertunjukan serbaneka.

버럭 ＜beo/reok＞ dengan tiba-tiba. ~소리를 지르다 berteriak (menjerit) dengan tiba-tiba. ~화를 내다 meledak kemarahannya.

버릇 ＜beo/reut＞ ① kebiasaan. 고치기 힘든 ~ kebiasaan yang mendarah daging. ~이 되다 sudah menjadi kebiasaan. ~이 생기다 menjadi kebiasaan. ~을 고치다 menghilangkan (memperbaiki) kebiasaan. ...하는 ~이 있다 mempunyai kebiasaan melakukan... . ②

keganjilan; kekhasan. 말 ~ cara berbicara seseorang yang ganjil/khas. ③ sikap; tingkah laku. ~없다 berkelakuan buruk; beradat buruk. ~없이 dengan kurang adat; dengan lancang. ~ 없는 아이 anak yang tak tahu adat. ~을 가르치다 mengajar adat.

버릇하다 ＜beo/reut/hada＞ membiasakan. 술을 먹어 ~ membiasakan minum minuman keras. 일찍 일어나 ~ membiasakan diri bangun pagi-pagi.

버리다 ＜beo/ri/da＞ ① melempar; membuang. 음식[폐물]을 ~ membuang makanan [sampah]. ② meninggalkan; menelantarkan. 지위를 ~ meninggalkan kedudukan. 처자를 ~ menelantarkan anak dan istri. ③ memanjakan; merusak. 아이를 ~ memanjakan anak. 위장을 ~ melukai perut.

버리다 ＜beo/ri/da＞ menghabiskan; meludeskan. 다읽어 ~ membaca sampai habis. 다 써~ menghabiskan (uang). 다 먹어~ memakan habis.

버마 ＜beo/ma＞ Burma. ~사람 orang Burma. ~어 bahasa Burma.

버무리다 ＜beo/mu/ri/da＞ mencampur. 나물을 ~ mencampurkan selada.

버석거리다 ＜beo/seok/geo/ri/da＞ desir; desau.

버선 ＜beo/seon＞ kaos kaki Korea (yang lama).

버섯 ＜beo/seot＞ 『植』 jamur; cendawan. ~을 따다 mengumpulkan (memetik) jamur. ~구름 awan jamur. ~ 재배자 penanam (petani) jamur.

버스 ＜beo/seu＞ bis. ~로 가다 pergi naik bis. ~노선 rute bis. ~ 안내양 kondektur bis perempuan. ~ 운전사 supir bis. ~요금 ongkos bis; tarif bis. 관광 ~ bis pariwisata. 통근 ~ bis pegawai/karyawan. 통학~ bis sekolah.

버스럭거리다 <beo/seu/reok/geo/ri/da> ☞ 버석거리다.

버썩 <beo/sseok> ☞ 바싹.

버저 <beo/jeo> bel. ~를 누르다 membunyikan bel; mengebel.

버젓하다 <beo/jeot/hada> jujur dan lurus hati.

버짐 <beo/jim> kurap; kadas.

버찌 <beo/ci> buah ceri. ~씨 biji ceri.

버클 <beo/kheul> gesper; timang; ketimang.

버터 <beo/theo> mentega. 빵에 ~를 바르다 mengoleskan mentega diatas roti.

버터플라이 <beo/theo/feul/la/i> (수영법) renang gaya kupu-kupu.

버티다 <beo/thi/da> ① menunjang; menyangga; menopang. 기둥으로 ~ menopang dengan tonggak. ② bertahan; berkukuh. 끝까지 ~ bertahan sampai akhir. ③ (견뎌내다) menahan; menanggung.

버팀목(- 木) <beo/thim/mok> penopang; penyangga.

벅적거리다 <beok/jeok/geo/ri/da> berkerumun (penuh sesak).

벅차다 <beok/cha/da> ① diluar kemampuan. 이 일은 내게 ~ tugas ini diluar kemampuan saya. ② (가슴이) terlalu penuh.

번(番) <beon> ① (숙직) tugas malam; jaga malam. ② kali. 여러 ~ berkali-kali.

번갈아 <beon/ga/ra> berselang-seling; bergiliran; berganti-ganti; bertukar-tukar.

번개 <beon/gae> kilat. ~같이 secepat kilat; dalam sekejap. ~가 번쩍하다 cahaya kilat; pancaran kilat.

번거롭다 <beon/geo/rob/ta> menyusahkan; rumit.

번뇌(煩惱) <beon/noe> kesengsaraan; hasrat duniawi; nafsu. ~에 시달리다 tergoda oleh hasrat duniawi.

번다(煩多) <beon/da> ~한 menyusahkan.

번데기 <beon/de/gi> pupa; kepompong.

번득거리다,번득이다 <beon/deuk/geo/ri/da, beon/deuk/i/da> berkilau; mengilau; bercahaya.

번들다(番 -) <beon/deul/da> bertugas; berjaga.

번듯하다 <beon/deut/hada> rata; seimbang.

번롱(飜弄) <beon/nong> ~하다 mengolok-olok; mempermainkan. ~당하다 diperolok-olok.

번민(煩悶) <beon/min> kesengsaraan; penderitaan; kecemasan. ~하다 sengsara; cemas/khawatir.

번번이(番番 -) <beon/beo/ni> setiap waktu; kapanpun; selalu.

번복(飜覆) <beon/bok> ~하다 berubah; berbalik, merubah.

번서다(番 -) <beon/seo/da> berjaga; bertugas.

번성(蕃盛) <beon/seong> ~하다 tumbuh subur; berkembang biak.

번성(繁盛) <beon/seong> kemakmuran; kejayaan. ~하다 makmur; berjaya.

번식(繁殖) <beon/sik> perkembangbiakan; pembiakan. ~하다 berkembang biak. ~기 musim kawin; musim berbiak. ~력 daya perkembangbiakan; kesuburan. 인공~ pembiakan buatan.

번안(飜案) <beon/an> ① (안건의) perubahan (rencana). ~하다 merubah; mengubah. ② penyaduran. ~하다 menyadur. ~소설 cerita saduran.

번역(飜譯) <beon/yeok> penerjemahan; interprestasi; penafsiran. ~하다 menterjemahkan. 틀린~ salah terjemahan. ~을 잘하다 mahir menerjemahkan; penterjemah yang baik. ~권 hak penerjemahan. ~저[물] terjemahan; salinan. ~자 penterjemah; penafsir.

번영(繁榮) <beon/yeong> kemakmuran; kesejahteraan. ~하다 berkembang; makmur; sejahtera. 국가의 ~ kesejahteraan nasional.

번의(飜意)＜beon/eui＞　～하다 merubah pikiran (keputusan).

번잡(煩雜)＜beon/jab＞　～하다 ramai; rumit; sukar; menyusahkan; penuh sesak.　～한 거리 jalan yang penuh sesak.

번쩍거리다＜beon/jeok/geo/ri/da＞ berkilau.

번지(番地)＜beon/ji＞ nomor rumah.

번지다＜beon/ji/da＞　① (잉크 등이) menyebar; menyelekeh; mengembang.　② (확대) berkembang.　③ (옮아가다) menyebar; menular.

번지르르＜beon/ji/reu/reu＞　～한 mengkilap.

번쩍＜beon/ceok＞　① dengan mudah; dengan gampang.　큰돌을 ～ 들어올리다 mengangkat batu besar dengan mudah.　상대자를 ～ 들어올리다 mengangkat lawan dengan mudah.　② (빛이) dengan kilatan.　～하다 berkilat.　③ tiba-tiba.　귀가 ～ 뜨이다 sangat tertarik (oleh).

번쩍거리다, 번쩍이다＜beon/ceok/geo/ri/da, beon/ceok/i/da＞　berkilau; mengeridip; mengikat; berkelip-kelip; berkilauan.

번창(繁昌)＜beon/chang＞　kemakmuran; kejayaan; kesejahteraan; kemajuan.　～한 makmur; sejahtera; maju.

번호(番號)＜beon/ho＞　nomor; angka.　～순(으로) dalam urutan nomor.　～를 매기다 [달다] menomori.　～표 [패] tiket [plat] nomor.

번화(繁華)＜beon/hwa＞　～한 ramai.　～ 해지다 menjadi ramai.　～가(街) pusat pertokoan; pusat hiburan.

벋다＜beot/da＞　☞ 뻗다.

벋대다＜beot/dae/da＞　menahan; melawan.　☞ 버티다.

벋디디다＜beot/di/di/da＞　① (힘주어) berpijak (berdiri) kuat.　② (금 밖으로) melangkah keluar.

벋서다＜beot/seo/da＞　melawan; menentang.

벌＜beol＞ dataran; lapangan.　황량한 ～ alam liar; padang belantara.

벌＜beol＞『蟲』 tawon; lebah.　～(의) 떼 sekawanan lebah.　～에 쏘이다 disengat lebah.

벌＜beol＞ setelan; perangkat.　찻잔 한 ～ seperangkat alat minum teh.

벌(罰)＜beol＞ hukuman.　～하다[주다] menghukum.　～로서 sebagai hukuman.　～을 받다 dihukum; menerima hukuman.　～을 면하다 lolos dari hukuman.

벌개지다＜beol/gae/ji/da＞　berubah merah; memerah.

벌거벗다＜beol/geo/beot/ta＞　telanjang; membuka pakaian.

벌거숭이＜beol/geo/sung/i＞　badan telanjang.　～의 telanjang.　～산 gunung gundul.

벌겋다＜beol/geot/tha＞ merah.

벌그스름하다＜beol/geu/seu/reum/hada＞ kemerah-merahan.

벌금(罰金)＜beol/geum＞ denda.　～을 과하다 mendenda; menjatuhkan denda.　～을 물다 didenda; kena denda.　～형『法』 hukuman denda.

벌꺽＜beol/keok＞ tiba-tiba.

벌끈＜beol/keun＞　① ☞ 불끈.　② (시끄러운 모양) dalam kegaduhan.

벌노랑이＜beol/no/rang/i＞　『植』 tumbuhan berdaun tiga.

벌다＜beol/da＞　(사이가) merenggang.

벌다＜beol/da＞ memperoleh; mendapat.　돈을～ mendapat uang; memperoleh uang.　생활비를 [용돈을] ～ mendapat nafkah [uang saku].

벌떡＜beol/teok＞ tiba-tiba.　☞ 발딱.

벌떡거리다＜beol/teok/geo/ri/da＞　① (가슴이) berdebar-debar; berdenyut-denyut.　② (물을) mereguk; meneguk; menenggak; mengelogok.

벌렁거리다＜beol/leong/geo/ri/da＞　bertindak dengan tangkas.

벌레＜beol/le＞　① ulat; ngengat; kutu.　～먹은 이 gigi berulat.　～먹은 berulat.　～ 먹은 사과 apel berulat.　～가 먹다 dimakan ulat.　② 공부 ～ siswa yang rajin.　책 ～ kutu buku.

빌룩거리다,빌름거리다＜beol/luk/geo/ri/da, beol/leum/geo/ri/da＞ kembang kempis.
빌리다＜beol/li/da＞ ① membuka. 입을 딱 ~ membuka mulut lebar-lebar; menganga. ② merenggangkan; memperlebar; merentangkan. 다리를 ~ merenggangkan kaki. 팔을 ~ merentangkan lengan.
빌린춤＜beol/lin/chum＞ ~이라 Sekali merengkuh dayung berpantang pulang ke dermaga.
벌목(伐木)＜beol/mok＞ penebangan. ~하다 menebang. ~기(期) [작업] musim [operasi] penebangan. ~꾼 penebang kayu.
벌벌＜beol/beol＞ ~떨다 gemetar.
벌써＜beol/sseo＞ ① (이미) sudah; telah. ② (오래전) dahulu kala.
벌쓰다(罰 -)＜beol/sseu/da＞ dihukum; kena setrap.
벌씌우다(罰-)＜beol/sseui/u/da＞ menghukum.
벌어먹다＜beo/reo/meok/ta＞ mencari nafkah.
벌어지다＜beo/reo/ji/da＞ ① melebar. 틈이 ~ senjang melebar. ② tumbuh besar dan kuat. 어깨가 딱 ~ berbahu lebar. ③ (일.씨움 등이) terjadi; berlangsung.
벌이＜beo/ri＞ pencaharian; pekerjaan. ~하다 bekerja ; mencari nafkah. ~하러 가다 pergi bekerja. ~가 좋다 [나쁘다] berpenghasilan baik [rendah]. ~를 잘하다 mendatangkan penghasilan yang baik.
벌이다＜beol/li/da＞ ① mulai; memulai; mengadakan. 사업을 ~ memulai usaha. 전쟁을 ~ memulai perang. 잔치를 ~ mengadakan pesta/jamuan. ② (물건을) mengatur; menyusun; menata.
벌점(罰點)＜beol/ceom＞ nilai kurang/hukuman.
벌족(閥族)＜beol/cok＞ ☞ 족벌.
벌주(罰酒)＜beol/cu＞ anggur hukuman.
벌집＜beol/cib＞ sarang lebah/tabuhan. ~을 건드리지 말라 jangan pukul sarang tabuhan.

벌채(伐採)＜beol/chae＞ penebangan. ~하다 menebang. 산림을 ~하다 menebang hutan. ~면적 daerah terbuka.
벌초(伐草)＜beol/cho＞ ~하다 membersihkan makam; mencabuti rumput-rumput diatas makam.
벌충하다＜beol/chung/hada＞ melengkapi; mencukupi; menokok; menebus (kerugian).
벌칙(罰則)＜beol/chik＞ aturan hukuman. ~규정 pasal-pasal hukuman.
벌컥＜beol/kheok＞ ☞ 벌꺽.
벌통(- 桶)＜beol/thong＞ sarang lebah/tabuhan.
벌판＜beol/fan＞ lapangan; dataran; alam bebas. 눈~ dataran salju; padang salju.
범＜beom＞ harimau; macan. 새끼 ~ anak harimau. 자는 ~ 코침 주기 Jangan ganggu harimau yang sedang tidur. ~의 굴에 들어가야 ~의 새끼를 잡는다 Siapa berani, akan mendapat.
범…(汎)＜beom＞ seluruh; Pan. ~민족대회 musyawarah nasional. ~아시아 Asia seluruhnya; Pan Asia. ~아시아주의 Pan Asianisme. ~유럽 Pan Eropa.
…범(犯)＜beom＞ pelanggaran. 파렴치 ~ penjahat biadab.
범국민(汎國民)＜beom/guk/min＞ ~적인 Pan nasional. ~ 운동 (運動) kampanye seluruh negeri; gerakan nasional.
범나비＜beom/na/bi＞ 『蟲』 kupu-kupu macan.
범람(氾濫)＜beom/nam＞ ~하다 banjir. ~하기 쉬운 강 sungai rawan banjir.
범례(凡例)＜beom/nye＞ uraian pendahuluan; catatan penjelasan.
범미(汎美)＜beom/mi＞ Pan Amerika. ~주의 Pan-Amerikanisme. ~회의 konferensi Pan-Amerika.
범백(凡百)＜beom/baek＞ ① (사물의) semua benda. ② (언행) sikap;

perilaku; prilaku sehari-hari.

범벅＜beom/beok＞ campuran; urut-urutan.　～(이) 되다 bercampur aduk.

범법(犯法)＜beom/beob＞ pelanggaran hukum.　～하다 melanggar hukum.　～자 pelanggar hukum.　～행위 melanggar hukum.

범부(凡夫)＜beom/bu＞ orang biasa; orang awam.

범사(凡事)＜beom/sa＞　① (모든 일) semua hal. ② (평범사) hal biasa.

범상(凡常)＜beom/sang＞　～한 biasa; rata-rata.　～치 않은 luar biasa.

범선(帆船)＜beom/seon＞ kapal layar.

범속(凡俗)＜beom/sok＞ kekasaran; kerendahan.　～한 kasar; rendah; vulgar.

범신교(汎神敎)＜beom/sin/gyo＞ panteisme.

범신론(汎神論)＜beom/sin/non＞　☞ 범신교.

범아랍(汎 -)＜beom/a/rab＞ Pan-Arab.　～주의 Pan-Arabisme.

범안(凡眼)＜beom/an＞ kecerdasan rata-rata; mata awam.

범위(範圍)＜beom/wi＞ ruang lingkup; cakupan; kisaran; batasan.　～내[외]에 dalam [diluar] batas/ruang lingkup. 내가 아는 ～로는 sepanjang yang saya ketahui. 활동[세력] ～ ruang lingkup kegiatan [pengaruh].

범의(犯意)＜beom/eui＞ niat jahat.　～를 인정하다 menyadari niat jahat.

범인(凡人)＜beom/in＞ orang biasa.

범인(犯人)＜beom/in＞ penjahat; pelanggar.　～을 은닉하다 menyembunyikan penjahat.　～수색 pemburuan penjahat.　～인도 협정 perjanjian bilateral ekstradisi penjahat.

범재(凡才)＜beom/jae＞ (orang) kemampuan biasa; mediokritas.

범절(凡節)＜beom/jeol＞ etiket.

범죄(犯罪)＜beom/joe＞ kejahatan.　～의 tentang kejahatan; kriminal.　～를 저지르다 melakukan kejahatan.　～와의 전쟁 perang terhadap kejahatan dan kekerasan.　～ 소설 [예방] novel [penanggulangan] kejahatan.　～수사 penyelidikan kejahatan.　～조직 sindikat kejahatan.　～현장 adegan kejahatan.　～유형 [발생율] jenis [angka] kejahatan.　소년～ kejahatan (kenakalan) remaja. (전쟁) ～자 penjahat (perang).

범주(範疇)＜beom/ju＞ kategori.　～에 들다 termasuk kategori … .

범천(왕)(梵天)(王)＜beom/cheon/(wang)＞ Brahma.

범칙(犯則)＜beom/chik＞ pelanggaran.　～하다 melanggar.　～물자 barang-barang tidak sah; barang-barang selundupan.

범칭(汎稱)＜beom/ching＞ nama umum.

범태평양(汎太平洋)＜beom/thae/fyeong/yang＞ Pan-Pasifik.　～회의 Konferensi Pan Pasifik.

범포(帆布)＜beom/fo＞ kanvas; kain layar.

범하다(犯 -)＜beom/hada＞ melakukan (kejahatan); melanggar; menggagahi; memperkosa. 죄를 ～ melakukan kejahatan (dosa). 과오를 ～ melakukan kesalahan (kekeliruan).

범행(犯行)＜beom/haeng＞ kejahatan; pelanggaran.　～을 자백[부인]하다 mengakui [mengingkari] kejahatan.　～ 현장 adegan kejahatan.

법(法)＜beob＞　① hukum; kode; peraturan.　～의 정신 semangat hukum.　～에 어긋난 tidak syah; ilegal.　～을 지키다 [어기다] mematuhi [melanggar] hukum.　～에 호소하다 memohon keadilan; memohon penyelesaian secara hukum. 특별 ～ hukum khusus. ② metode; cara; teknik; seni. 교수 ～ metode mengajar; seni mengajar. 수영～ cara berenang; teknik berenang. ③ (도리) pembenaran; alasan,(예법)etiket. ④ 『文』 mood kata ker-

ja. 가정 ~ mood pengandaian.
법과(法科)＜beob/kwa＞ fakultas hukum. ~ 대학 sekolah tinggi hukum. ~ 출신 lulusan fakultas hukum. ~ 학생 mahasiswa fakultas hukum.
법관(法官)＜beob/gwan＞ aparat hukum.
법규(法規)＜beob/gyu＞ peraturan hukum. 현행 ~(를 무시하다) (mengabaikan) hukum yang berlaku.
법도(法度)＜beob/to＞ hukum; peraturan.
법랑(琺瑯)＜beom/nang＞ email (porselin). ~을 입힌 dilapisi email. ~철기 barang logam yang diberi lapisan email.
법령(法令)＜beom/nyeong＞ hukum; ordonansi; undang-undang. ~집(集) kitab undang-undang.
법률(法律)＜beom/nyul＞ undang-undang; hukum. (☞법). ~의 legal; yuridis. ~상 secara hukum. …을 금하는 ~ undang-undang pelarangan … ~을 제정하다 memberlakukan hukum/undang-undang; mengundang-undangkan. ~가 aparat hukum. ~고문 penasehat hukum. ~사무소 kantor bantuan hukum. ~상담 nasehat hukum. ~위반 pelanggaran hukum. ~학 juris prudensi; ilmu hukum.
법리(法理)＜beom/ni＞ prinsip hukum; kaidah hukum. ~학 juris prudensi; ilmu hukum. (~학자 ahli hukum).
법망(法網)＜beom/mang＞ jaringan hukum. ~에 걸리다 jatuh ke dalam jaringan hukum. ~을 피하다 menghindari hukum.
법명(法名)＜beom/myeong＞ 『佛』 nama Budha.
법무(法務)＜beom/mu＞ perkara hukum. ~관 petugas hukum; aparat hukum. ~부 [장관] Departemen [Menteri] Kehakiman.
법문(法門)＜beom/mun＞ ~에 들다 memeluk agama Budha.

법복(法服)＜beob/bok＞ jubah hakim; toga, jubah pendeta Budha.
법사(法師)＜beob/sa＞ pendeta Budha.
법석＜beob/seok＞ kegaduhan; keributan. ~하다 gaduh; ribut. ~떨다 membuat suara ribut (gaduh).
법식(法式)＜beob/sik＞ rumusan; formula; metode; proses; formalitas. ~에 따르다 [어긋나다] mengikuti [menyalahi] formalitas.
법안(法案)＜beob/an＞ rancangan undang-undang. ~을 제출 [가결, 부결]하다 mengajukan [menerima, menolak] rancangan undang-undang
법어(法語)＜beob/eo＞ ujar-ujar Budha.
법열(法悅)＜beob/yeol＞ ① (즐거움) keasyikan. ② (종교적) keasyikan beragama.
법원(法院)＜beob/won＞ pengadilan. 가정 ~ pengadilan keluarga. 고등 ~ pengadilan tinggi. 관할 ~ pengadilan yang berkompeten. 대 ~ Mahkamah Agung. 민사 [형사] ~ pengadilan perdata [pidana]. 상고 ~ pengadilan banding. 지방 ~ pengadilan negeri.
법의(法衣)＜beob/eui＞ ☞ 법복.
법의학(法醫學)＜beob/eui/hak＞ juris prudensi medis; kedokteran forensik. ~의 tentang kedokteran forensik. ~자 ahli forensik.
법인(法人)＜beob/in＞ badan hukum. ~ 조직으로하다 menjadikan badan hukum. ~세 pajak badan usaha. ~소득 penghasilan perusahaan.
법적(法的)＜beob/ceok＞ (menurut) hukum. ~ 근거(根據) dasar hukum. ~으로는 secara hukum. ~ 조치를 취하다 mengambil tindakan hukum. ~하자 cacat hukum.
법전(法典)＜beob/jeon＞ kode hukum.
법정(法廷)＜beob/ceong＞ pengadilan. ~에서 di pengadilan. ~에서다 berdiri di pengadilan. ~투쟁 perjuangan di pengadilan.
법정(法定)＜beob/ceong＞ ~의 le-

gal; sah; resmi. ~ 가격 [전염병] harga [epidemik] resmi. ~ 대리인 wakil resmi. ~ 상속인 pewaris secara hukum. ~화폐 penawaran resmi.

법제(法制) <beob/je> sistim perundang-undangan; sistim hukum.

법조(法曹) <beob/jo> petugas hukum. ~계 dunia hukum.

법치(法治) <beob/chi> pemerintahan konstitusi. ~국가 negara konstitusi. ~사회 masyarakat hukum.

법칙(法則) <beob/chik> hukum; peraturan. 자연~ hukum alam.

법통(法統) <beob/thong> tradisi agama.

법하다 <beob/hada> mungkin; boleh jadi. 그런일도 있을 ~ Hal itu juga mungkin.

법학(法學) <beob/hak> ilmu hukum. ~도 mahasiswa hukum. ~박사 doktor ilmu hukum. ~부 departemen hukum. ~사 sarjana hukum (SH). ~자 ahli hukum. ~통론 [개론] garis besar hukum; dasar-dasar hukum.

법화(法貨) <beob/hwa> penawaran/ tender yang syah.

법회(法會) <beob/hoe> misa (kebaktian) Budha.

벗 <beot> teman; kawan. 책을 ~ 삼다 berteman buku.

벗겨지다 <beot/gyeo/ji/da> melepaskan.

벗기다 <beot/gi/da> ① (껍질 따위를) mengupas. ② melepaskan; menanggalkan. 옷을 ~ menanggalkan pakaian. ③ menyingkirkan; mengambil (tutup); membuka. 위선자의 가면을 ~ membuka kemunafikan.

벗나가다 <peot/na/ga/da> menyimpang (dari); melenceng.

벗다 <beot/ta> melepaskan; membuka; menanggalkan. 모자를 [안경을] ~ melepaskan topi [kaca mata]. 옷을 ~ melepaskan pakaian. 장갑을 ~ membuka sarung tangan.

벗다 <beot/ta> (벗어짐) mengupas.

벗어나다 <beo/seo/na/da> ① keluar dari (kesulitan); lolos dari; lepas dari. 가난 에서 ~ mengatasi kemiskinan. 질곡 에서 ~ lolos dari kesulitan. ② berlawanan dengan. 예의에 ~ bertentangan dengan etiket; menyimpang (dari). ③ (눈밖에나다) tidak disenangi.

벗어던지다 <beot/eo/deon/ji/da> ☞ 벗어버리다.

벗어버리다 <beot/eo/beo/ri/da> menanggalkan; melepaskan.

벗어지다 <beot/eo/ji/da> ① (옷.신 따위가) lepas; tanggal; terkelupas. ② (머리가) menjadi botak.

벗하다 <beot/hada> berteman dengan; bersahabat dengan. 자연을 ~ hidup dengan alam; bersahabat dengan alam.

벙거지 <beong/geo/ji> topi laken; topi.

벙글거리다, 벙긋거리다 <beong/geul/geo/ri/da, beong/geut/geo/ri/da> tersenyum; berseri-seri.

벙긋하다 <beong/geut/hada> ☞ 방긋하다.

벙벙하다 <beong/beong/hada> bengong. 어안이 ~ sangat bengong.

벙실거리다 <beong/sil/geo/ri/da> tersenyum.

벙어리 <beong/eo/ri> ① orang bisu tuli. ~의 bisu. ② (저금통) celengan; tabung pekak.

벚꽃 <beot/kot> bunga ceri. ~놀이 가다 pergi melihat-lihat bunga ceri.

벚나무 <beot/na/mu> 『植』 pohon ceri.

베 <be> kain rami (삼베).

베가톤 <be/ga/thon> ~폭탄 bom begaton.

베개 <be/gae> bantal. 팔 ~를 베다 membuat bantal lengan.

베갯머리 <be/gaet/meo/ri> arah kepala tempat tidur.

베끼다 <be/ki/da> menyalin; membuat salinan. (공)책을 ~ menyalin buku (tulis).

베네수엘라 <be/ne/su/el/la> Venezuela.　~의 berkenaan dengan Venezuela.

베넬룩스＜be/nel/luk/seu＞　Benelux (Belgia, Belanda dan Luxemburg).

베니스＜be/ni/seu＞　Venesia.　~의 상인 "Saudagar dari Venesia".

베니어판(- 板)＜be/ni/eo/fan＞　kayu lapis.

베다＜be/da＞　(베개를) meletakkan kepala di atas bantal.

베다＜be/da＞　(날붙이로) memotong; mencincang; mengiris; menetak; membabat; menggergaji.　손가락을 ~ teriris jari tangan.　목을 ~ memenggal kepala.

베드＜be/deu＞　tempat tidur.　~신 adegan di tempat tidur.

베들레헴＜be/deul/le/hem＞　Bethlehem.

베란다＜be/ran/da＞　beranda.

베레모(- 帽)＜be/re/mo＞　peci baret.

베르사이유＜be/reu/sa/i/yu＞　Versailles.

베를린＜be/reul/lin＞　Berlin.　~봉쇄 [장벽] blokade [tembok] Berlin.

베링＜be/ring＞　~해[해협] laut [selat] Bering.

베물다＜be/mul/da＞　menggigit (buah dsb).

베스트＜be/seu/theu＞　terbaik.　~셀러 buku terlaris.

베어내다＜be/eo/nae/da＞　memotong lepas.

베어링＜be/eo/ring＞　『機』 bantalan poros.　볼~ gotri; pelor.

베어먹다＜be/eo/meok/ta＞　memotong dan memakan.　케이크를 ~ mengiris kue untuk dimakan.

베어버리다＜be/eo/beo/ri/da＞　memotong buang.

베옷＜be/ot＞　baju rami.

베이비＜be/i/bi＞　bayi.　~ 카메라 kamera mini.

베이스＜be/i/seu＞　『樂』 bas.

베이스＜be/i/seu＞　① bidai (base).　~를 밟다 menginjak base.　~볼 bisbol.　② dasar.　임금~ upah dasar (pokok).

베이스캠프＜be/i/seu/khaem/feu＞　『登山』 pangkalan (base camp).

베이컨＜be/i/kheon＞　lemak babi.

베이킹파우더＜be/i/khing/fa/u/deo＞　bubuk pengembang roti.

베일＜be/il＞　cadar.　~을 벗기다 membuka cadar.　~을 쓰다 memakai cadar.

베짱이＜be/cang/i＞　『蟲』 belalang.

베타＜be/tha＞　beta; (β).　~선 [입자] sinar [partikel] beta.

베테랑＜be/the/rang＞　veteran; pakar.

베트남＜be/theu/nam＞　Vietnam.　~어 bahasa Vietnam.

베틀＜be/theul＞　perkakas tenun.

베풀다＜be/ful/da＞　① memberi.　은혜를 ~ memberi pertolongan (pada seseorang).　자선을 ~ memberi sedekah/derma.　② (잔치 등을) mengadakan (pesta).

벡터＜bek/theo＞　『數.理』 vektor.

벤젠＜ben/jen＞　『化』 benzen; benzol.

벤진＜ben/jin＞　『化』 bensin.

벤치＜ben/chi＞　bangku.

벨＜bel＞　bel; bel pintu.　~을 울리다 [누르다] membunyikan [memencet] bel.

벨기에＜bel/gi/e＞　Belgia.　~사람 orang Belgia.

벨벳＜bel/bet＞　beludru.

벨트＜bel/theu＞　sabuk.　~를 매다 menalikan sabuk.　~콘베이어 ban berjalan.　안전 ~ sabuk pengaman.

벼＜byeo＞　tanaman padi.　~를 심다 menanam padi.　~베기 penuaian padi.

벼농사(- 農事)＜byeo/nong/sa＞　pertanian padi.　~하다 bercocok tanam padi.

벼락＜byeo/rak＞　halilintar; petir.　~같은 bergemuruh.　~맞다 disambar geledek.

벼락감투＜byeo/rak/gam/thu＞　jabatan/kedudukan dikatrol.

벼락부자(-富者)＜byeo/rak/bu/ja＞　orang kaya baru (OKB).　~가 되

다 menjadi kaya mendadak.
벼락치기 <byeo/rak/chi/gi> persiap-an buru-buru. ~의 disiapkan dengan buru-buru. ~ 공사로 지은 집 gedung yang dibangun dengan buru-buru.
벼락치다 <byeo/rak/chi/da> disambar petir.
벼랑 <byeo/rang> tebing.
벼룩 <byeo/ruk> kutu. ~에 물리다[시달리다] digigit [disiksa] kutu.
벼르다 <byeo/reu/da> ① (분배) membagi sama rata. ② (꾀하다) bertekad kuat; merencanakan. 기회를 ~ menanti (menunggu) kesempatan.
벼리다 <byeo/ri/da> mempertajam; mengasah.
벼슬 <byeo/seul> kedudukan/jabatan di pemerintahan. ~하다 memasuki dinas pemerintahan; mendapat jabatan. ~을 그만두다 berhenti dari jabatan; mengundurkan diri dari dinas pemerintahan. ~아치 pegawai negeri.
벼훑이 <byeo/hul/chi> mesin pengirik padi.
벽(壁) <byeok> dinding ; tembok. ~을 바르다 menambal dinding (tembok). ~에 부딪치다 terbentur tembok; buntu. ~ 시계 jam dinding.
벽(癖) <byeok> ☞ 버릇.
벽공(碧空) <byeok/gong> langit biru.
벽난로(壁煖爐) <byeok/nal/no> tempat perapian.
벽돌(壁 -) <byeok/tol> bata. ~을 굽다 membakar bata. ~을 쌓다 memasang bata. ~공 pembuat bata, pemasang bata. ~ 공장 pabrik bata. ~집 [담] rumah [tembok] bata. 내화 ~ bata tahan api.
벽두(劈頭) <byeok/du> pembukaan; permulaan. ~에 pada permulaan sekali. ~부터 dari permulaan; sejak semula.
벽력(霹靂) <byeok/nyeok> ☞ 벽락. 청천 ~ petir di siang bolong.

벽로(壁爐) <byeok/no> perapian.
벽보(壁報) <byeok/bo> poster; plakat. ~를 붙이다 memasang poster.
벽성(僻姓) <byeok/seong> nama keluarga yang jarang (tidak umum).
벽시계(壁時計) <byeok/si/gye> jam dinding.
벽신문(壁新聞) <byeok/sin/mun> koran dinding.
벽안(碧眼) <byeok/an> ~의 bermata biru.
벽옥(碧玉) <byeok/ok> permata jasper.
벽장(壁欌) <byeok/jang> lemari dinding.
벽장코 <byeok/jang/kho> hidung pesek.
벽지(僻地) <byeok/ji> daerah terpencil. ~교육 pendidikan daerah terpencil.
벽지(壁紙) <byeok/ji> kertas dinding.
벽창호(碧昌-) <byeok/chang/ho> orang yang keras kepala.
벽촌(僻村) <byeok/chon> desa terpencil.
벽해(碧海) <byeok/hae> laut biru.
벽화(壁畵) <byeok/hwa> lukisan dinding. ~가 pelukis lukisan dinding.
변 <byeon> (곁말) jargon.
변(便) <byeon> berak; tahi. 된 [묽은] ~ tahi keras [lembek].
변(邊) <byeon> ① 『數』 sisi. ② (가장자리) pinggir; sisi; tepi.
변(邊) <byeon> (한자의) huruf sisi (huruf Cina)
변(邊) <byeon> (변리) suku bunga.
변(變) <byeon> (재앙) kecelakaan; bencana. ~을 당하다 mendapat kecelakaan.
변격(變格) <byeon/gyeok> ① (변격 활용) konjugasi; tidak beraturan. ② ☞ 변칙.
변경(邊境) <byeon/gyeong> daerah perbatasan.
변경(變更) <byeon/gyeong> perubahan; modifikasi. ~하다 meru-

bah.

변계(邊界)＜byeon/gye＞ ☞ 변경(邊境).

변고(變故)＜byeon/go＞ kecelakaan.

변기(便器)＜byeon/gi＞ pispot.

변덕(變德)＜byeon/deok＞ perubahan pikiran yang tiba-tiba. ～스러운 mudah berubah pikiran. ～부리다 bertingkah laku selalu berubah. ～장이 [꾸러기] orang yang suka berubah pikiran.

변돈(邊 -)＜byeon/don＞ uang yang dipinjamkan dengan bunga.

변동(變動)＜byeon/dong＞ perubahan; fluktuasi; naik turun. ～하다 merubah. 물가의 ～ naik turun harga. ～ 환율제 sistim nilai tukar mengambang. 대～ perubahan radikal.

변두리(邊-)＜byeon/du/ri＞ ① daerah pinggiran. 서울 ～에 di daerah pinggiran kota Seoul. ～에 살다 tinggal dipinggiran kota. ② (가장자리) perbatasan.

변란(變亂)＜byeol/nan＞ kerusuhan masyarakat.

변론(辯論)＜byeol/non＞ pembahasan; perdebatan; pembelaan. ～하다 membahas; berdebat; membela. ～가 pendebat.

변류기(變流器)＜byeol/nyu/gi＞ 『電』 pengubah; konverter.

변리(邊利)＜byeol/ni＞ ☞ 변(邊).

변명(辨明)＜byeon/myeong＞ alasan. ～하다 mencari alasan; beralasan.

변모(變貌)＜byeon/mo＞ transfigurasi. ～하다 mengalami perubahan menyeluruh.

변모없다＜byeon/mo/eob/ta＞ ① (무뚝뚝하다) tidak ramah. ② (변통성없다) tidak dapat beradaptasi.

변박(辯駁)＜byeon/bak＞ penyangkalan. ～하다 menyangkal.

변방(邊方)＜byeon/bang＞ ☞ 변경(邊境).

변변하다＜byeon/byeon/hada＞ ganteng; tampan.

변복(變服)＜byeon/bok＞ penyamaran. ～하다 menyamar. ～으로 dalam samaran.

변비(便秘)＜byeon/bi＞ sembelit. ～에 걸리다 mengalami sembelit. ～ 증＝변비.

변사(辯士)＜byeon/sa＞ ① (연설하는) pembicara. ② (무성영화의) pembicara film bisu.

변사(變死)＜byeon/sa＞ kematian yang tidak alamiah. ～하다 mati secara tidak alamiah. ～자 orang yang mati kecelakaan.

변상(辨償)＜byeon/sang＞ kompensasi; penggantian kerugian. ～하다 memberi kompensasi/ganti rugi; mengganti rugi. ～금 uang ganti rugi.

변색(變色)＜byeon/saek＞ perubahan warna. ～하다 berubah warna.

변설(辯舌)＜byeon/seol＞ kefasihan. ～가 pembicara yang fasih; ahli pidato.

변성(變成)＜byeon/seong＞ regenerasi. ～하다 meregenerasi. ～작용 aksi perubahan bentuk; metamorfisma.

변성(變性)＜byeon/seong＞ kemerosotan. ～하다 merosot.

변성(變聲)＜byeon/seong＞ ～하다 perubahan suara. ～기 pubertas.

변성명(變姓名)＜byeon/seong/myeong＞ ～하다 merubah nama.

변소(便所)＜byeon/so＞ toilet. ～에 가다 pergi ke toilet. 바깥 ～ kamar kecil di luar rumah. 수세식 ～ kakus dengan sistim siram otomatis.

변수(變數)＜byeon/su＞ 『數』 perubah; variabel.

변스럽다(變-)＜byeon/seu/reob/ta＞ aneh; ganjil.

변신(變身)＜byeon/sin＞ ～하다 menyamar; menyaru.

변심(變心)＜byeon/sim＞ perubah pikiran. ～하다 merubah pikiran.

변압(變壓)＜byeon/ab＞ 『電』 transformasi. ～하다 mentransformasi. ～기 alat yang dapat merubah arus listrik; transformer.

변위(變位)＜byeon/wi＞ 『理』 pemindahan. ～전류(電流) pemindahan arus.

변이(變異)＜byeo/ni＞ 『生』 variasi. 돌연 ～(설) teori mutasi.

변장(變裝)＜byeon/jang＞ samaran. ～하다 menyamar. ...으로 ～하고 dengan menyamar .

변재(辯才)＜byeon/jae＞ bakat (keahlian) berpidato. ～가 있는 pandai bicara; fasih. ～가 없다 tidak fasih berbicara.

변전(變轉)＜byeon/jeon＞ perubahan; mutasi. ～하다 berubah. ～무상한 selalu berubah.

변전소(變電所)＜byeon/jeon/so＞ substasiun transformer.

변절(變節)＜byeon/jeol＞ pengkhianatan; pembelotan. ～하다 berkhianat; membelot. ～자 orang yang membelot; pengkhianat; orang yang berkhianat.

변제(辨濟)＜byeon/je＞ pembayaran kembali. ～하다 membayar kembali.

변조(變造)＜byeon/jo＞ pengubahan; pemalsuan. ～하다 mengubah; memalsukan. ～어음 cek palsu. ～자 pemalsu. ～지폐 uang palsu.

변조(變調)＜byeon/jo＞ 『樂』 variasi; modulasi; iregulasi; abnormalitas. 주파수 ～ frekwensi modulasi. 진폭 ～ amplitudo mudulasi.

변종(變種)＜byeon/jong＞ varitas; mutasi.

변주곡(變奏曲)＜byeon/ju/gok＞ 『樂』 variasi.

변죽(邊-)＜byeon/juk＞ pinggiran. ～을 울리다 memberi isyarat.

변증법(辨證法)＜byeon/jeung/peob＞ dialektika. ～적 dialektis. ～적 유물론 meteriolisme dialektis.

변지(邊地)＜byeon/ji＞ daerah terpencil. ☞ 벽지(僻地).

변질(變質)＜byeon/jil＞ perubahan mutu, kemerosotan (akhlak). ～하다 berubah mutu; memburuk; mengalami degenerasi; merosot. ～자 orang yang mengalami kemerosotan akhlak/moral.

변천(變遷)＜byeon/cheon＞ perubahan; transisi; naik turun (kehidupan). ～하다 berubah; mengalami perubahan. 시대의 ～ perubahan zaman.

변칙(變則)＜byeon/chik＞ ketidakteraturan ; anomali. ～적 tidak teratur; ireguler.

변칭＜byeon/ching＞ (바꿈) perubahan nama; penggantian nama, (이름) nama yang diganti.

변태(變態)＜byeon/thae＞ ① ketidaknormalan; abnormalitas; anomali. ～적인 tidak normal. ～심리[성욕] mentalitas [seksualitas] abnormal. ② 『生』 metamorfosis. ③ (변형) transformasi; perubahan bentuk.

변통(變通)＜byeon/thong＞ keserbabisaan; keserbagunaan; adaptabitas; fleksibilitas; manajemen; penyesuaian. ～하다 mengatur; menyesuaikan; mengakomodasi. 임시 ～ 수 penyesuaian/penggantian sementara.

변하다(變 -)＜byeon/hada＞ berubah. 태도가 아주～ mengalami perubahan sikap yang menyeluruh. 마음이 ～ berubah pikiran/hati. 얼굴빛이 ～ berubah warna muka; air muka berubah. 맛이 ～ berubah rasa.

변함없다(變 -)＜byeon/ham/eob/ta＞ tidak berubah; tidak menunjukkan perubahan.

변혁(變革)＜byeon/hyeok＞ perubahan; reformasi; revolusi. ～하다 berubah; berevolusi.

변형(變形)＜byeon/hyeong＞ perubahan; modifikasi. ～하다 merubah bentuk barang; memodifikasi.

변호(辯護)＜byeon/ho＞ pembelaan. ～하다 membela. ～료 ongkos pengacara/pembela. ～의뢰인 klien. ～인 pembela; penasehat hukum. (～인단 dewan penasehat hukum. 국선 ～인 pengacara yang ditunjuk oleh pengadilan). ～권 hak pembelaan; hak untuk mendapatkan pembelaan.

변호사(辯護士)＜byeon/ho/sa＞　peng-acara. ~의 자격을 따다 mendapat pengakuan sebagai pengacara; dia-kui sebagai pengacara. ~ 개업을 하고 있다 praktek pengacara. ~ 사무소[회] kantor [asosiasi] penga-cara. 고문 ~ penasehat hukum.

변화(變化)＜byeon/hwa＞ perubahan. ~하다 merubah. ~없는 tidak ada perubahan. ~가많은 penuh peru-bahan. 정세 [일기]의 ~ perubahan situasi politik [cuaca].

변환(變換)＜byeon/hwan＞ ~하다 merubah; mengubah.

별＜byeol＞ bintang. ~빛 cahaya bintang. ~같은 seperti bintang. ~이 반짝이다 bintang berkelap-kelip.

별개(別個)＜byeol/gae＞ ~의 lain; beda; khusus.

별거(別居)＜byeol/geo＞ pisah ran-jang. ~하다 berpisah ranjang. ~중인 아내 istri yang pisah ran-jang. ~수당 tunjangan uang yang diberi suami kepada mantan istrinya.

별것(別 -)＜byeol/geot＞ sesuatu yang ganjil; sesuatu yang lain.

별고(別故)＜byeol/go＞ sesuatu yang salah; masalah; kecelakaan. ~없다 baik. ~없이 지내다 baik-baik saja.

별관(別館)＜byeol/gwan＞ ruangan tambahan; perluasan.

별궁(別宮)＜byeol/gung＞ istana yang terpisah; istana tambahan.

별기(別記)＜byeol/gi＞ ~와 같이 seperti disebutkan pada bagian lain.

별꼴(別 -)＜byeol/kol＞ hal/orang yang menjijikkan. ~다 보겠다 Alangkah jijiknya!

별나다(別 -)＜byeol/na/da＞ aneh; ganjil.

별다르다(別-)＜byeol/da/reu/da＞ janggal; tidak biasa.

별당(別堂)＜byeol/tang＞ rumah tambahan.

별도(別途)＜byeol/to＞ ~의 khu-sus. ~지출 pembiayaan khusus.

별도리(別道理)＜byeol/do/ri＞ cara yang lebih baik; pilihan; alternatif. ~없다 tidak ada pilihan lain.

별똥＜byeol/tong＞ meteor; bintang jatuh.

별로(別 -)＜byeol/lo＞ secara khu-sus; khususnya. ~할 일도 없다 Tidak ada hal khusus yang akan saya lakukan.

별말(別 -)＜byeol/mal＞ ~다 한다 omong kosong

별말씀(別 -)＜byeol/mal/sseum＞ ~다 하십니다 Tidak apa-apa; Jangan bicara demikian.

별명(別名)＜byeol/myeong＞ nama lain. ~을 붙이다 memberi nama kecil. 스미스란 ~ 으로 통하다 nama lainnya Smith.

별문제(別問題)＜byeol/mun/je＞ soal lain; masalah yang berbeda. …은 ~로 하고 disamping itu, diluar itu. 그것은 ~이다 Itu soal lain; Itu lain lagi ceritanya.

별미(別味)＜byeol/mi＞ rasa yang istimewa.

별반(別般)＜byeol/ban＞ ☞ 변로.

별별(別別)＜byeol/byeol＞ berbagai macam; beraneka ragam. ~사람 segala macam orang. ~일 segala macam hal.

별사람(別 -)＜byeol/sa/ram＞ orang aneh. ~다 보겠다 saya belum pernah lihat orang yang seaneh itu.

별석(別席)＜byeol/seok＞ tempat du-duk khusus.

별세(別世)＜byeol/se＞ kematian. ~하다 mati; meninggal.

별세계(別世界)＜byeol/se/gye＞ du-nia lain.

별소리(別 -)＜byeol/so/ri＞ ☞ 별말.

별수(別數)＜byeol/su＞ keberuntung-an yang istimewa; cara yang isti-mewa. 이젠 ~ 없다 sekarang ti-dak ada cara untuk itu

별스럽다(別 -)＜byeol/seu/reob/ta＞ ☞ 별나다.

별식(別食)＜byeol/sik＞ menu khu-sus.

별실(別室)＜byeol/sil＞ kamar yang

lain; kamar terpisah.

별안간(瞥眼間)＜byeol/an/gan＞ tiba-tiba; mendadak. ～죽다 mati secara tiba-tiba; mati mendadak.

별일(別 -)＜byeol/il＞ sesuatu yang salah; sesuatu apa; masalah; kecelakaan. ～없이 dengan selamat.

별자리＜byeol/ja/ri＞『天』 konstelasi (perbintangan).

별장(別莊)＜byeol/cang＞ villa; rumah peristirahatan.

별종(別種)＜byeol/cong＞ jenis istimewa.

별지(別紙)＜byeol/ci＞ ☞ 별첨.

별차(別差)＜byeol/cha＞ perbedaan. ～없다 tidak ada perbedaan.

별찬(別饌)＜byeol/chan＞ hidangan istimewa.

별책(別冊)＜byeol/chaek＞ buku lampiran. ～부록 penambahan buku lampiran.

별천지(別天地)＜byeol/cheon/ji＞ ☞ 별세계.

별첨(別添)＜byeol/cheom＞ lembaran terpisah/tambahan; lampiran. ～과 같이 seperti terlampir.

별칭(別稱)＜byeol/ching＞ atas nama.

별표(- 標)＜byeol/fyo＞ tanda bintang.

별표(別表)＜byeol/fyo＞ daftar yang terlampir. ～양식 formulir yang terlampir.

별항(別項)＜byeol/hang＞ paragraf terpisah.

별행(別行)＜byeol/haeng＞ baris terpisah.

별호(別號)＜byeol/ho＞ nama samaran/panggilan.

볍씨＜byeob/ssi＞ biji padi.

볏＜byeot＞ balung; jengger.

볏가리＜byeot/ga/ri＞ tumpukan padi.

볏단＜byeot/dan＞ seikat padi.

볏섬＜byeot/seom＞ segoni padi.

볏짚＜byeot/jif＞ jerami padi.

병(丙)＜byeong＞ kelas tiga; kwalitet C.

병(病)＜byeong＞ penyakit; ganggu-

an. ～난 sakit; tidak sehat. ～때문에 karena sakit. 가벼운[불치의] ～ penyakit yang ringan [tidak tersembuhkan]. ～들다[에 걸리다] jatuh sakit. ～에 걸리기 쉽다 mudah terkena penyakit. ～이 낫다 sembuh; pulih. ～으로 죽다 mati sakit. ～문안(問安) menjenguk orang sakit; bezuk.

병(瓶)＜byeong＞ botol. 맥주 한 ～ sebotol bir. ～에 담다 membotolkan. ～에 담은 botolan.

병가(病暇)＜byeong/ga＞ cuti sakit.

병결(病缺)＜byeong/gyeol＞ absen karena sakit.

병고(病苦)＜byeong/go＞ penderitaan akibat penyakit. ～에 시달리다 menderita karena penyakit.

병구(病軀)＜byeong/gu＞ tubuh yang sakit. ～를 무릅쓰고 walaupun dia sakit.

병구완(病 -)＜byeong/gu/wan＞ perawatan; pemeliharaan. ～하다 merawat.

병권(兵權)＜byeong/kwon＞ kekuasaan militer.

병균(病菌)＜byeong/gyun＞ virus; benih penyakit. ...의 ～을 발견하다 mengisolasi virus.

병기(兵器)＜byeong/gi＞ persenjataan; senjata. ～고 gudang persenjataan. ～창 pabrik senjata.

병나다(病 -)＜byeong/na/da＞ ① ☞ 병들다. ② (탈이) memburuk; kacau; rusak.

병내다(病 -)＜byeong/nae/da＞ ① (병을) menyebabkan sakit. ② (탈을 내다) merusak.

병단(兵團)＜byeong/dan＞ kesatuan tentara; korps tentara.

병독(病毒)＜byeong/dok＞ bibit penyakit; virus.

병동(病棟)＜byeong/dong＞ bangsal. 격리 ～ bangsal isolasi.

병들다(病 -)＜byeong/deul/da＞ jatuh sakit.

병란(兵亂)＜byeong/nan＞ perang; pergolakan.

병략(兵略)＜byeong/nyak＞ strategi;

taktik; siasat.

병력(兵力) <byeong/nyeok> kekuatan militer. 10만의 ～ kekuatan militer 100.000 orang.

병렬(竝列) <byeong/nyeol> ～하다 berderet; berbaris. ～회로 rangkaian paralel.

병리(病理) <byeong/ni> ～학 patologi; ilmu penyakit. ～학상의 patologis. ～학자 patolog; ahli patologi. ～해부학 anatomi patologi.

병립(竝立) <byeong/nib> ～하다 berdiri berdampingan.

병마(兵馬) <byeong/ma> urusan militer; ketentaraan.

병마(病魔) <byeong/ma> ～가 덮치다 jatuh sakit; terserang penyakit. ～에 시달리다 menderita penyakit.

병마개(瓶 -) <byeong/ma/gae> tutup botol; sumbat botol; gabus botol. ～를 뽑다 mencabut sumbat; membuka botol. ～로막다 menutup botol.

병명(病名) <byeong/myeong> nama penyakit.

병무(兵務) <byeong/mu> urusan militer/ketentaraan. ～소집 panggilan wajib militer. ～청 Dinas Tentara.

병법(兵法) <byeong/peob> strategi; taktik; siasat. ～가 ahli strategi (taktik).

병사(兵士) <byeong/sa> prajurit; serdadu; tentara.

병사(兵舍) <byeong/sa> barak; asrama tentara.

병사(兵事) <byeong/sa> urusan militer. ～계원 sekretaris eksekutif urusan militer.

병사(病死) <byeong/sa> kematian akibat sakit. ～하다 mati sakit.

병살(倂殺) <byeong/sal> 『野』 double play (istilah bisbol).

병상(病床) <byeong/sang> tempat tidur orang sakit; ranjang pasien. ～일지 catatan harian klinis.

병상(病狀) <byeong/sang> kondisi pasien.

병색(病色) <byeong/saek> ～이 보이다 kelihatan sakit.

병서(兵書) <byeong/seo> buku tentang taktik (strategi) perang.

병석(病席) <byeong/seok> tempat tidur (orang) sakit. ～에 있다 sakit di tempat tidur.

병선(兵船) <byeong/seon> kapal perang.

병세(病勢) <byeong/se> keadaan penyakit (pasien). ～가 악화[호전]하다 kondisi memburuk [membaik].

병술(瓶 -) <byeong/sul> minuman keras botolan.

병신(病身) <byeong/sin> ① orang cacat. ～을 만들다 mencacatkan; membuat cacat. ～이 되다 menjadi cacat. ② (물건) barang yang cacat. ③ orang bodoh. ～ 노릇을 하다 berlaku seperti orang tolol.

병실(病室) <byeong/sil> kamar sakit; ruangan rumah sakit.

병아리 <byeong/a/ri> anak ayam; pitik. ～를 까다 menetaskan anak ayam. ～ 감별사 penentu jenis kelamin anak ayam.

병약(病弱) <byeong/yak> ～한 sakit-sakitan.

병역(兵役) <byeong/yeok> dinas militer. ～기피자 orang yang menghindari dinas militer. ～ 면제 pembebasan dari dinas militer. ～ 미필자 orang yang belum menyelesaikan dinas militer.

병영(兵營) <byeong/yeong> barak; asrama.

병용(倂用) <byeong/yong> ～하다 memakai bersamaan; menggunakan serentak.

병원(兵員) <byeong/won> personil militer; tentara; serdadu.

병원(病院) <byeong/won> rumah sakit. ～에 입원하다 [시키다] masuk [memasukkan ke] rumah sakit. ～에 다니다 berobat jalan. ～선 kapal rumah sakit; rumah sakit terapung. ～장 direktur rumah sakit. ～차(車) ambulans.

병원(病源) <byeong/won> penyebab penyakit. ～균 kuman penyakit;

baksil; virus. ~체 organ patogenik. ~학 etiologi.
병인(病因)＜byeong/in＞ penyebab penyakit; faktor etiologis.
병자(病者)＜byeong/ja＞ orang sakit; pasien.
병적(兵籍)＜byeong/ceok＞ catatan dinas militer. ~부 buku catatan dinas militer.
병적(病的)＜byeong/jeok＞ tidak waras; kelainan. ~으로 secara tidak waras.
병조림(瓶 -)＜byeong/jo/rim＞ pembotolan. ~하다 membotolkan.
병존(竝存)＜byeong/jon＞ koeksistensi; keberadaan bersama. ~하다 terdapat bersama-sama (dengan); berada bersama (dengan); hidup bersama (dengan).
병졸(兵卒)＜byeong/jol＞ prajurit; tentara.
병종(丙種)＜byeong/jong＞ kelas (tingkat) tiga.
병중(病中)＜byeong/jung＞ selama sakit; pada waktu sakit. ~이다 sakit ditempat tidur.
병증(病症)＜byeong/ceung＞ sifat suatu penyakit.
병진(竝進)＜byeong/jin＞ ~하다 maju bersama; maju serentak.
병집(病 -)＜byeong/jib＞ kebiasaan buruk.
병참(兵站)＜byeong/cham＞ perbekalan; logistik. ~감 jenderal intendan. ~기지 markas perbekalan. ~부 bagian perbekalan. ~사령부 komando pendukung logistik. ~선 jalur suplai. ~장교 intendan.
병창(竝唱)＜byeong/chang＞ ~하다 menyanyi bersama (dalam paduan suara).
병충해(病蟲害)＜byeong/chung/hae＞ rusak akibat hawar dan serangga berbahaya.
병폐(病弊)＜byeong/fye＞ praktek penyelewengan/kejahatan.
병풍(屏風)＜byeong/fung＞ tirai lipat. 여섯폭 ~(을 치다) (memasang) tirai lipat enam.

병합(倂合)＜byeong/hab＞ ☞ 합병.
병행(竝行)＜byeong/haeng＞ ~하다 bergandengan.
병화(兵火)＜byeong/hwa＞ ~에 파괴되다 dibumihanguskan; dimusnahkan dengan api (dalam perang).
병환(病患)＜byeong/hwan＞ penyakit.
병후(病後)＜byeong/hu＞ ~의 sesudah sembuh. ~의 조섭 setelah dirawat.
볕＜byeoth＞ sinar matahari; sinar surya. ~이 들다 sinar matahari masuk. ~에 말리다 menjemur; mengeringkan di sinar matahari. ~에 타다 terbakar sinar matahari. ~에 쬐다 mengeskpos terhadap sinar matahari; menjemur. ~을 쬐다 berjemur sinar matahari.
보(保)＜bo＞ jaminan; keamanan; pemberi jaminan. ~서다 menjamin. ~를 세우다 dijamin; mendapat jaminan.
보(洑)＜bo＞ waduk untuk irigasi.
보(褓)＜bo＞ ☞ 보자기.
보(步)＜bo＞ langkah; jangkah.
…보(補)＜bo＞ pembantu (asisten). 서기 ~ juru tulis pembantu. 차관 ~ asisten Menteri Muda.
보각(補角)＜bo/gak＞ 『幾』 sudut pelengkap.
보감(寶鑑)＜bo/gam＞ buku penuntun.
보강(補強)＜bo/gang＞ ~하다 memperkuat. ~공사 pekerjaan memperkuat.
보강(補講)＜bo/gang＞ kuliah pelengkap; kuliah tambahan.
보건(保健)＜bo/geon＞ (pemeliharaan) kesehatan; sanitasi. ~사회부 Kementrian Kesehatan dan Sosial. ~소 pusat (balai) kesehatan; PUSKESMAS. 세계 ~ 기구(機構) Organisasi Kesehatan Sedunia (WHO).
보검(寶劍)＜bo/geom＞ pedang pusaka.
보결(補缺)＜bo/gyeol＞ pelengkap; pengganti. ~의 pelengkap.
보고(報告)＜bo/go＞ laporan; infor

masi; berita; kabar. ~하다 mela-
porkan; mewartakan. ~서 surat
laporan. ~자 wartawan; pelapor.
보고(寶庫)＜bo/go＞ gudang harta.
보관(保管)＜bo/gwan＞ perwalian;
penyimpanan; penitipan. ~하다
menyimpan (benda untuk). ~물
barang yang dititipkan. ~료 ong-
kos penitipan. ~인 penyimpan.
보국(報國)＜bo/guk＞ jasa patriotik;
patriotisme.
보궐(補闕) ＜bo/gwol＞ ~선거 pe-
milihan khusus.
보균자(保菌者)＜bo/gyun/ja＞ pem-
bawa kuman; penular.
보글보글＜bo/geul/bo/geul＞ ~끓다
merebus.
보금자리＜bo/geum/ja/ri＞ sarang;
sangkar. 사랑의 ~ sarang cinta.
보급(普及)＜bo/geub＞ penyebaran;
popularisasi. ~하다 menyebarkan;
mempopulerkan. ~소 agen pen-
distribusi. ~판 edisi populer (mu-
rah).
보급(補給)＜bo/geub＞ pemasokan;
suplai. ~하다 memasok; menyup-
lai. ~관『軍』 intendan. ~기지[
로,선] pangkalan [rute, kapal]
pemasok perbekalan.
보기＜bo/gi＞ contoh; umpama; iba-
rat.
보기＜bo/gi＞ cara memandang. 내
가 ~에는 menurut pendapat saya.
~에 따라서는 menurut cara pan-
dang tertentu.
보내다＜bo/nae/da＞ ① mengirim;
mengeposkan; memberi. 책을~
mengirim buku (kepada). 편지를
~ mengirim surat. 찬사를 ~
memberi pujian. ② mengutus. 심
부름 ~ mengutus suruhan. 부르러
~ memanggil (dokter). ③ (이별)
mengantar/melepaskan(tamu). ④
시간을 ~ melewatkan waktu.
보너스＜bo/neo/seu＞ bonus.
보늬＜bo/neui＞ sabut.
보다＜bo/da＞ ① melihat; meman-
dang (kepada); menyaksikan. 얼핏
~ melirik; memandang selayang.

뚫어지게 ~ menatap. 잘~ me-
mandang dengan baik. 몰래 ~
mencuri pandang; mengintip. ②
(관찰) mengamati. ③ menonton
텔레비젼을 ~ menonton televisi.
④ membaca; melihat. 신문을 ~
membaca surat kabar. ⑤ meme-
riksa. 답안을 ~ memeriksa kertas
ujian.. 환자를 ~ memeriksa pa-
sien. ⑥ membaca; meramalkan.
손금을 ~ membaca garis tangan;
meramalkan nasib. ⑦ menaksir;
menawarkan (harga). 손해를 만 원
으로 ~ menaksir kerugian sekitar
10.000 won. ⑧ merawat. 아기를
~ merawat bayi; mengasuh bayi.
집을 ~ menjaga rumah. 사무를
~ menjalankan usaha (bisnis). ⑨
mencoba. 양복을 입어 ~ menco-
ba jas (pakaian) baru. 자전거를 타
~ mencoba naik sepeda. ⑩ me-
nempuh (ujian). ⑪ (대소변을) me-
menuhi hajat. ⑫ mendapat (anak).
사위를 ~ mengambil menantu. ⑬
mengalami; menderita. 손해를 ~
menderita kerugian. 이익을 ~
mendapat keuntungan. 재미를 ~
bersenang-senang.
보다＜bo/da＞ sepertinya; tampak-
nya; saya kira. 그 사람이 아픈가
~ Kelihatannya dia sakit. 그가 벌
써 왔는 가 ~ Saya kira dia sudah
datang.
보다＜bo/da＞ daripada; lebih (ba-
ik); lebih…daripada… ~ 정확하
게 말하면 lebih tepatnya; bicara le-
bih tepatnya. ~ 낫다 [못하다] le-
bih unggul [buruk]. 목숨~ 이름을
중히여기다 Kehormatan lebih pen-
ting daripada nyawa.
보다못해＜bo/da/mot/hae＞ tidak bi-
sa tinggal diam.
보답(報答)＜bo/dab＞ balas budi;
imbalan; ganjaran. ~하다 memba-
las kebaikan; membalas budi. 노력
에 ~하다 menghadiahi (seseorang)
untuk pekerjaannya.
보도(步道)＜bo/do＞ trotoar. 횡단
~ (tempat) penyeberangan pejalan

kaki.

보도(報道)＜bo/do＞ laporan; berita; informasi. ～하다 melaporkan; memberitahu; menginformasikan. 신문 ～에 의하면 menurut berita surat kabar. ～관제 larangan surat kabar. ～기관 media massa. ～진 rombongan wartawan.

보도(輔導)＜bo/do＞ bimbingan; pengarahan. ～하다 memimpin; membimbing; mengarahkan. 직업 [학생] ～ bimbingan kejuruan [siswa].

보동보동＜bo/dong/bo/dong＞ ～한 montok.

보드랍다＜bo/deu/rab/ta＞ lembut; halus; mulus.

보드카＜bo/deu/kha＞ vodka.

보들보들하다＜bo/deul/bo/deul/ha/da＞ lembut; lunak.

보디＜bo/di＞ badan; raga. ～블로『拳』 pukulan badan. ～빌딩 bina raga. ～가드 pengawal pribadi; tukang pukul.

보따리(褓 -)＜bo/ta/ri＞ bungkusan. ～장수 penjaja keliling.

보라＜bo/ra＞ ☞ 보랏빛.

보람＜bo/ram＞ guna; manfaat; hasil. ～있는 berguna; efektif. ～없는 tidak berguna; sia-sia. ～있는 생활 hidup yang bermanfaat. ～없이 dengan sia-sia. ～이 있다 berguna.

보랏빛＜bo/rat/pit＞ warna ungu; lembayung. 연 ～ ungu muda.

보로통하다＜bo/ro/thong/hada＞ ① (종기가) bengkak. ② (성나서) suram; merengut.

보료＜bo/ryo＞ kasur Korea.

보루(堡壘)＜bo/ru＞ benteng; kubu.

보류(保留)＜bo/ryu＞ penangguhan. ～하다 menangguhkan.

보르네오＜bo/reu/ne/o＞ Kalimantan. ～의 berkenaan dengan Kalimantan.

보름＜bo/reum＞ ① (15일) lima belas hari. ② tanggal lima belas (penanggalan bulan). ～달 bulan purnama.

보리＜bo/ri＞ barlei. ～ 타작하다 mengirik barlei. ～농사 pertanian barlei. ～밥 nasi barlei. ～발 ladang barlei. ～차 teh barlei.

보링＜bo/ring＞ pengeboran.

보모(保姆)＜bo/mo＞ pengasuh anak-anak. 유치원의 ～ guru taman kanak-kanak.

보무(步武)＜bo/mu＞ ～당당히 dalam barisan teratur.

보무라지,보물＜bo/mu/ra/ji,bo/mul＞ robekan kertas (kain) kecil-kecil. 실 ～ potongan-potongan kecil benang.

보물(寶物)＜bo/mul＞ harta benda. ～선(船) [섬] kapal [pulau] harta karun. ～찾기 mencari (memburu) harta karun.

보배＜bo/bae＞ harta; barang berharga.

보병(步兵)＜bo/byeong＞ infantri; pasukan jalan. ～연대 [학교] resimen [sekolah] infanteri.

보복(報復)＜bo/bok＞ pembalasan dendam. ～하다 membalas dendam. ～적 balas dendam.

보부상(褓負商)＜bo/bu/sang＞ penjaja (penjual keliling). ～을 하다 menjajakan.

보사위원회(保社委員會)＜bo/sa/wi/won/hoe＞ Komite Urusan Sosial Majelis Nasional.

보살(菩薩)＜bo/sal＞ 『佛』 bodhisatwa; orang suci Budha.

보살피다＜bo/sal/fi/da＞ merawat; menjaga; melindungi; mengurus.

보상(報償)＜bo/sang＞ ganti rugi; penebusan; penggantian. ～하다 mengganti rugi.

보상(補償)＜bo/sang＞ ganti rugi; kompensasi. ～하다 mengganti rugi; mengkompensasi. ～금 uang ganti rugi; uang kompensasi. 수출 ～ kompensasi ekspor.

보색(補色)＜bo/saek＞ warna pelengkap.

보석(保釋)＜bo/seok＞ ～하다 membebaskan atas jaminan. ～ 중이다 atas jaminan. ～되다 dibebaskan dengan jaminan. ~금 uang jaminan. 병~ jaminan sakit.

보석(寶石)＜bo/seok＞ permata; batu berharga; mustika; intan; manikam; ratna; geliga; gemala. ~류 [세공] jenis-jenis [kerajinan] permata. ~상 pedagang toko permata.

보선(保線)＜bo/seon＞ pemeliharaan jalan. ~공 tukang pelihara jalan. ~공사 pekerjaan pemeliharaan jalan.

보세(保稅)＜bo/se＞ pajak tangguhan kontrak olah. ~가공 (수출) (ekspor) pengolahan kontrak. ~공장 [창고] pabrik [gudang] kontrak olah. ~화물 barang kontrak olah.

보송보송하다＜bo/song/bo/song/ha/da＞ kering.

보수(保守)＜bo/su＞ konservatisme. ~적 konservatif. ~당(黨) partai konservatif. ~세력 kekuatan konservatif. ~주의 faham konservatif. ~진영 kubu konservatif.

보수(報酬)＜bo/su＞ pembayaran gaji/imbalan. ...의 ~로 sebagai imbalan. 무 ~ 로 tanpa upah; tanpa imbalan. ~를 주다 membayar upah; mengimbali. ~를 받다 menerima imbalan.

보수(補修)＜bo/su＞ ~하다 memperbaiki. ~공사 pekerjaan perbaikan.

보수계(步數計)＜bo/su/gye＞ pedometer.

보스＜bo/seu＞ pemimpin (atasan); bos.

보슬보슬＜bo/seul/bo/seul＞ rintik-rintik.

보슬비＜bo/seul/bi＞ gerimis; hujan rintik-rintik.

보습(補習)＜bo/seub＞ pekerjaan pelengkap. ~하다 melengkapi.

보시(布施)＜bo/si＞ derma.

보시기＜bo/si/gi＞ mangkok kecil.

보신(保身)＜bo/sin＞ bela diri.

보신(補身)＜bo/sin＞ ~하다 menguatkan badan dengan minum tonikum. ~탕 sop daging anjing.

보쌈김치(褓-)＜bo/ssam/gim/chi＞ gimchi yang dibungkus dalam daun kol seperti bundel.

보아란듯이＜bo/a/ran/deu/si＞ untuk pamer; untuk penampilan.

보아주다＜bo/a/ju/da＞ menjaga; merawat; membantu.

보안(保安)＜bo/an＞ pemeliharaan keamanan masyarakat. ~과 bagian keamanan masyarakat. ~관 kepala polisi daerah. ~림(林) hutan lindung.

보안사범(保安事犯)＜bo/an/sa/beom＞ gerombolan pengacau keamanan (GPK).

보안요원(保安要員)＜bo/an/yo/won＞ personil penjaga keamanan.

보약(補藥)＜bo/yak＞ tonikum.

보양(保養)＜bo/yang＞ pemeliharaan kesehatan. ~하다 menjaga kesehatan. ~소 rumah sakit pemulihan. ~지 wilayah kesehatan.

보양(補陽)＜bo/yang＞ ~하다 memperkuat daya kejantanan.

보얗다＜bo/ya/tha＞ ① keputih-putihan. 살결이 ~ mempunyai kulit seputih mutiara. ② (연기. 안개가) kabut.

보어(補語)＜bo/eo＞ 『文』 pelengkap 목적격 ~ pelengkap penderita

보여주다＜bo/yeo/ju/da＞ memperlihatkan; memunculkan; menampakkan.

보온(保溫)＜bo/on＞ ~하다 menjaga hangat. ~병 termos.

보완(補完)＜bo/wan＞ pelengkap. ~하다 melengkapi.

보우(保佑)＜bo/u＞ ~하다 melindungi; membantu.

보위(寶位)＜bo/wi＞ tahta; mahkota.

보유(保有)＜bo/yu＞ ~하다 memegang; menyimpan; mempertahankan; mencadangkan. 금 ~고 cadangan emas. 기록 ~자 pemegang rekor. 정부 ~미 beras cadangan pemerintah.

보유스름하다＜bo/yu/seu/reum/ha/da＞ keputih-putihan.

보육(保育)＜bo/yuk＞ ~하다 merawat. ~원 sekolah perawat.

보은(報恩) <bo/eun> balas budi. ~하다 membalas kebaikan orang; membalas budi.

보이 <bo/i> pelayan. ~장 pelayan kepala.

보이다 <bo/i/da> memperlihatkan; menunjukkan; memperagakan; memamerkan. 실력을 ~ memperlihatkan kemampuan.

보이다 <bo/i/da> ① (눈에) terlihat. ② kelihatan; tampak. 슬퍼~ kelihatan sedih.

보이스카우트 <bo/i/seu/kha/u/theu> pramuka.

보이콧 <bo/i/khot> (gerakan) boikot. ~하다 memboikot.

보일러 <bo/il/leo> 『機』 perebus; boiler.

보자기 <bo/ja/gi> kain pembungkus.

보잘것없다 <bo/jal/geot/eob/ta> ☞ 하치않다.

보장(保障) <bo/jang> jaminan; tanggungan. ~하다 menjamin. 사회 ~ jaminan sosial. 상호 안전 ~ 조약 perjanjian jaminan bersama. 집단 ~ jaminan kolektif.

보전(保全) <bo/jeon> integritas; keutuhan; pelestarian. ~하다 melestarikan. 영토~ integritas teritorial; keutuhan wilayah.

보조(步調) <bo/jo> langkah. ~를 맞추다 bertindak selaras dengan. ~가 맞지 않다 bertindak tidak selaras dengan.

보조(補助) <bo/jo> bantuan; tunjangan. ~하다 membantu; memberi tunjangan. ~의 pelengkap. ~금 uang subsidi/bantuan. ~원 anggota pelengkap. ~자 pendukung; asisten; penolong. ~ 탱크 tangki cadangan. ~ 화폐 uang logam subsidier.

보조개 <bo/jo/gae> lesung pipit. ~있는 berlesung pipit.

보족(補足) <bo/jok> ~하다 melengkapi; menambah.

보존(保存) <bo/jon> pengawetan; penyimpanan. ~하다 mengawet-kan; melestarikan; memelihara; melindungi; menyelamatkan.

보좌(補佐) <bo/jwa> bantuan; pembantu; asisten; wakil. ~하다 membantu. ~인[관] asisten (pembantu).

보증(保證) <bo/jeung> jaminan; garansi; tanggungan; cagaran; boroh; beban. ~하다 menjamin; mengasuransikan. ~서다 memberi jaminan. 신원을 ~하다 menjamin untuk seseorang. 품질을 ~하다 menjamin kebagusan mutu. ~금 uang jaminan. ~부(付) dijamin. ~서 surat jaminan. ~수표 cek bersertifikat. ~인 penjamin; pemberi referensi.

보지 <bo/ji> vulva; kemaluan wanita.

보지(保持) <bo/ji> ~하다 mempertahankan; memegang.

보직(補職) <bo/jik> penugasan untuk suatu posisi. ~되다 ditugaskan untuk suatu posisi.

보짱 <bo/cang> hati; pikiran; niat.

보채다 <bo/chae/da> jengkel; gusar.

보청기(補聽器) <bo/cheong/gi> alat bantu pendengaran.

보초(步哨) <bo/cho> penjagaan; pengawalan; penungguan. ~서다 berjaga. ~를 세우다 menempatkan penjagaan. ~병 pengawal. ~선 garis penjagaan.

보충(補充) <bo/chung> pelengkap; tambahan; penggenap. ~하다 melengkapi; mengisi; mengganti; mengkonpensir. ~의 pelengkap. ~ 계획 acara pengganti. ~대 cadangan. ~병 tentara cadangan. ~ 수업 pelajaran pelengkapan (tambahan).

보칙(補則) <bo/chik> peraturan tambahan.

보크사이트 <bo/kheu/sa/i/theu> 『鑛』 bauksit.

보태다 <bo/thae/da> ① menokok; melengkapi. 모자람을 ~ menambahi kekurangan. ② (가산) menambah.

보통(普通)＜bo/thong＞ biasanya; lazimnya.　～의 biasa; umum; awam; wajar; lumrah.　～교육 pendidikan umum.　～명사 kata benda umum.　～사람 orang awam.　～선거 pilihan umum.　～우편 pos biasa.　～예금 tabungan biasa.

보통내기＜bo/thong/nae/gi＞ orang biasa.

보퉁이(褓 -)＜bo/thung/i＞ bungkusan; paket.

보트＜bo/theu＞ kapal; perahu.　～레이스 perlombaan kapal (perahu).　～선수 pendayung.

보편(普遍)＜bo/fyeon＞ ～적(으로) (secara) universal; (secara) umum.　～성 kemutlakan; universalitas.　～타당성 berlaku secara universal.

보폭(步幅)＜bo/fok＞ langkah.

보표(譜表)＜bo/fyo＞ 『樂』 tangga nada.

보풀＜bo/ful＞ ～이 인 kusut.

보풀다＜bo/ful/da＞ menjadi kusut.

보풀리다＜bo/ful/li/da＞ mengusutkan.

보풀보풀＜bo/ful/bo/ful＞ ～하다 berkusut-kusut.

보필(輔弼)＜bo/fil＞ asistensi (ke atasan)　～하다 membantu; memberikan asistensi.

보하다(補-)＜bo/hada＞ mengangkat; menunjuk; menugaskan.

보학(譜學)＜bo/hak＞ geneologi.

보합(保合)＜bo/hab＞ 『經』 kestabilan; kemantapan; keseimbangan.　～하다 stabil. 시세는 ～ 상태이다 harga-harga stabil.

보행(步行)＜bo/haeng＞ ～하다 berjalan kaki.　～자 pejalan kaki.

보험(保險)＜bo/heom＞ ① (보증) jaminan; tanggungan; boroh. ② asuransi; pertanggungan.　～에 들다 masuk asuransi; diasuransikan.　～을 해약하다 membatalkan pertanggungan.　～계약자 orang yang diasuransikan.　～금 uang asuransi. (～금 수취인 orang (ahli waris)

yang menerima uang asuransi).　～료 premi.　～업자 penjamin (penanggung).　～외무원 pegawai pencari nasabah (klien). 생명 [상해, 실업, 화재, 해상, 자동차] ～ asuransi jiwa [kecelakaan, pengangguran, kebakaran, kecelakaan kenderaan).　～가격 nilai asuransi; nilai pertanggungan.　～물 barang yang diasuransikan.

보헤미아＜bo/he/mi/a＞ Bohemia.

보헤미안＜bo/he/mi/an＞ orang Bohemia.

보혈(補血)＜bo/hyeol＞ ～제 Haematik.

보호(保護)＜bo/ho＞ perlindungan; naungan; suaka; perwalian; penghindaran.　～하다 melindungi; menjaga; menaungi; menyelamatkan; merawat; membela. …의 ～하에 dalam perlindungan.　～관세 tarif perlindungan (penjagaan).　～관찰 dalam hukuman percobaan.　～무역 perdagangan yang dilindungi.　～색 (色) warna pelindung.　～자 pelindung; penaung; pengasuh; pamong; pembimbing; pendidik; pemelihara; pembela.

보훈(報勳)＜bo/hun＞ ～병원 Rumah Sakit Tentara.　～처 Badan Urusan Pejuang dan Veteran.

복＜bok＞ 『魚』 ikan gembung.　～의 독 tetrotoksin.

복(伏)＜bok＞ pertengahan musim panas (hari-hari terpanas).

복(福)＜bok＞ kebahagiaan; berkat; restu.　～된 bahagia.　～을 받다 diberkati; direstui. 새해에 ～ 많이 받으십시오 selamat Tahun Baru.

복각(伏角)＜bok/gak＞ 『理』 arah kompas.

복간(復刊)＜bok/gan＞ penerbitan kembali.　～하다 menerbitkan kembali.

복강(腹腔)＜bok/gang＞ rongga perut.　～임신 kebuntingan abdominal.

복걸(伏乞)＜bok/geol＞ ～하다 bersujud dan memohon.

복고(復古)＜bok/go＞ restorasi; kebangkitan kembali (gaya kuno). ～조(調) suasana kebangkitan kembali (gaya kuno). ～주의 reaksionisme.

복교(復校)＜bok/gyo＞ pengembalian ke sekolah. ～하다 dikembalikan ke sekolah.

복구(復舊)＜bok/gu＞ perbaikan; rehabilitasi; pemugaran. ～하다 dipulihkan ke kondisi normal; direhabilitasi; dipugar. ～공사 pekerjaan pemugaran/perbaikan.

복권(復權)＜bok/gwon＞ pemulihan kembali hak; rehabilitasi hak.. ～하다 dipulihkan kembali haknya.

복권(福券)＜bok/gwon＞ karcis lotre; karcis undian. ～에 당첨되다 menang lotre; menang undian. ～추첨 lotre; undian.

복귀(復歸)＜bok/gwi＞ ～하다 mengembalikan; memulangkan.

복대기＜bok/dae/gi＞ ampas; terak; ampas bijih.

복대기다＜bok/dae/gi/da＞ ribut; gaduh.

복대기치다＜bok/dae/gi/chi/da＞ ☞ 복대기다.

복더위(伏 -)＜bok/deo/wi＞ gelombang panas selama pertengahan musim panas.

복덕(福德)＜bok/deok＞ ～방 usaha makelar tanah dan bangunan.

복도(複道)＜bok/to＞ koridor.

복리(福利)＜bong/ni＞ ☞ 복지.

복리(複利)＜bong/ni＞ bunga majemuk; bunga berbunga. ～로 계산하다 memperhitungkan dengan bunga majemuk. ～법 metode bunga majemuk

복마전(伏魔殿)＜bong/ma/jeon＞ kekacauan hebat. 정계의 ～ kekacauan dunia politik.

복막(腹膜)＜bong/mak＞ peritonium; selaput perut. ～염 radang selaput perut.

복망(伏望)＜bong/mang＞ ～하다 sangat ingin.

복면(覆面)＜bong/myeon＞ cadar; topeng; kedok. ～하다 memakai topeng; bertopeng. ～의 bertopeng. ～을 벗다 membuka topeng. ～강도 perampok bertopeng.

복명(復命)＜bong/myeong＞ ～하다 melaporkan (hasil tugas). ～서(書) laporan.

복모음(複母音)＜bong/mo/eum＞ 『文』 diftong; vokal rangkap.

복무(服務)＜bong/mu＞ dinas. ～하다 berdinas. ～규정 peraturan dinas. ～연한 masa dinas.

복문(複文)＜bong/mun＞ kalimat kompleks; kalimat majemuk.

복받치다＜bok/bat/chi/da＞ penuh (emosi).

복배(腹背)＜bok/bae＞ muka dan belakang.

복병(伏兵)＜bok/byeong＞ penghadangan (perangkap). ～을 두다[만나다] memasang [jatuh ke dalam] penghadangan.

복본위제(複本位制)＜bok/bon/wi/je＞ sistem standar ganda.

복부(腹部)＜bok/bu＞ perut. ～수술 operasi perut.

복부인(福夫人)＜bok/bu/in＞ ibu rumah tangga kaya yang mengejar keuntungan spekulasi.

복비례(複比例)＜bok/bi/rye＞ 『數』 perbandingan majemuk.

복사(複寫)＜bok/sa＞ reproduksi; salinan. ～하다 mereproduksi; menyalin. ～지 duplikator. ～용잉크 [종이] tinta [kertas] kopi/penyalin. ～지 kertas karbon.

복사(輻射)＜bok/sa＞ radiasi; pancaran. ～하다 beradiasi; memancar. ～선 sinar radiasi. ～열 panas radiasi. ～체 radiator (pemancar panas).

복사뼈＜bok/sa/pyeo＞ tulang pergelangan.

복상(服喪)＜bok/sang＞ ～하다 berkabung.

복색(服色)＜bok/saek＞ warna dan gaya pakaian seragam.

복서＜bok/seo＞ petinju.

복선(伏線)＜bok/seon＞ ～을 깔다 memberi isyarat apa yang harus di-

ikuti.
복선(複線)＜bok/seon＞ (jalan) dua jalur. ～으로 하다 memakai jalur ganda. ～공사 penjaluran ganda.
복성스럽다＜bok/seong/seu/reob/ta＞ muka manis.
복소수(複素數)＜bok/so/su＞ angka kompleks.
복수(復讐)＜bok/su＞ pembalasan dendam; tuntutan darah. ～하다 membalas dendam. ～심(에 불타다) (terbakar dengan) pikiran balas dendam. ～자 orang yang balas dendam; pembalas dendam. ～전 pertempuran balas dendam.
복수(服水)＜bok/su＞ 『醫』 busung perut.
복수(複數)＜bok/su＞ angka jamak. ～의 jamak. ～명사 benda jamak.
복술(卜術)＜bok/sul＞ seni ramalan.
복숭아＜bok/sung/a＞ persik.
복스＜bok/seu＞ kotak.
복스럽다(福-)＜bok/seu/reob/ta＞ muka berseri.
복슬복슬하다＜bok/seul/bok/seul/ha/da＞ berbulu kusut.
복습(復習)＜bok/seub＞ pengulangan pelajaran. ～하다 mengulangi pelajaran.
복시(複視)＜bok/si＞ 『醫』 diplopia; pandangan ganda. ～의 diplotik.
복식(服飾)＜bok/sik＞ pakaian dan perhiasannya.
복식(複式)＜bok/sik＞ ～의 ganda; jamak; rangkap. ～부기 pembukuan sistim rangkap. ～투표 pemberian suara ganda. ～펌프 pompa ganda.
복식호흡(腹式呼吸)＜bok/sik/ho/heub＞ pernapasan perut.
복싱＜bok/sing＞ tinju. 섀도～ tinju bayangan.
복안(腹案)＜bok/an＞ gagasan; ide.
복약(服藥)＜bok/yak＞ ～하다 minum obat.
복어(- 魚)＜bok/eo＞ ☞ 복.
복역(服役)＜bok/yeok＞ hukuman penjara. ～하다 menjalani hukuman. ～기간 masa hukuman.

복연(復緣)＜bok/yeon＞ ～하다 rujuk kembali antara isteri (suami).
복엽(複葉)＜bok/yeob＞ 『植』 daun majemuk. ～비행기 pesawat terbang dua sayap.
복용(服用)＜bok/yong＞ hal minum obat, penggunaan dalam. ～하다 minum obat. ～량 dosis.
복원(復元)＜bok/won＞ pemulihan. ～하다 dipulihkan kembali seperti keadaan semula. ～력 『機』 daya stabilisasi.
복원(復員)＜bok/won＞ demobilisasi. ～하다 dimobilisir.
복위(復位)＜bok/wi＞ pemulihan; pengembalian; perbaikan; restorasi. ～하다 dikembalikan (ke tahta).
복음(福音)＜bok/eum＞ berita gembira dari Isa Almasih. ～교회(教會) gereja Injil. ～서 ke empat kitab Injil.
복음(複音)＜bok/eum＞ suara majemuk.
복자(覆字)＜bok/ca＞ asteris; tanda bintang.
복작거리다＜bok/cak/geo/ri/da＞ ☞ 북적거리다.
복잡(複雜)＜bok/cab＞ komplikasi; keruwetan; kerumitan. ～하다 rumit; ruwet. ～기괴한 rumit dan sulit dilayani. ～한 기계 mesin yang rumit.
복장(服裝)＜bok/cang＞ pakaian; kostum. ～은 자유 pakaian bebas. ～검사 pemeriksaan pakaian.
복적(復籍)＜bok/jeok＞ ～하다 kembali ketempat asalnya (keluarganya).
복제(服制)＜bok/je＞ peraturan (sistim) pakaian; seragam.
복제(複製)＜bok/je＞ reproduksi; pencetakan kembali; duplikasi, (복제물) salinan; duplikat. ～하다 mereproduksi. ～화 lukisan reproduksi. 불허～ Dilarang Mereproduksi.
복종(服從)＜bok/cong＞ kepatuhan; kepasrahan; ketaatan. ～하다 mematuhi; menuruti.

복죄(服罪) <bok/joe> ~하다 meng-aku salah.

복지(福祉) <bok/ji> kesejahteraan masyarakat. ~국가 negara yang sejahtera. ~사업 pekerjaan kese-jahteraan. ~시설 fasilitas kesejah-teraan.

복직(復職) <bok/jik> penjabatan kembali. ~하다 diangkat kembali.

복창(復唱) <bok/chang> ~하다 mengulangi; menghapal.

복채(卜債) <bok/chae> ongkos tu-kang ramal.

복첨(福籤) <bok/cheom> lotere; un-dian. ~을 뽑다 mencabut lotere/undian.

복통(腹痛) <bok/thong> (menderita) sakit perut; mulas.

복판 <bok/fan> pertengahan; pusat; jantung. ~의 tengah; pusat. ~에 di tengah; di tengah-tengah.

복합(複合) <bo/khab> ~의 senya-wa; komposit; kompleks. ~개념 konsep yang kompleks. ~어 kata majemuk.

복합기업(複合企業) <bo/khab/gi/eob> konglomerat.

복합비료(複合肥料) <bo/khab/bi/ryo> pupuk senyawa.

복합체(複合體) <bo/khab/che> (ba-dan) kompleks.

복화술(腹話術) <bo/khwa/sul> ber-bicara pakai perut.

복활차(復滑車) <bo/khwal/cha> kat-rol majemuk; tokal.

볶다 <bok/ta> ① (불에) menggo-seng; menggongseng; menggoreng; menyelarkan; menyanya. ② (들볶다) mengejek; menggoda; meng-ganggu.

볶아대다 <bo/ka/dae/da> terus mengganggu.

볶아치다 <bo/ka/chi/da> bergegas-gegas.

볶음 <bo/keum> ① (볶으기) pe-manggangan; pembakaran. ② ma-kanan panggang. ~밥 nasi go-reng. 닭 ~ ayam panggang yang dipotong-potong.

볶이다 <bo/ki/da> digoda; digang-gu.

본(本) <pon> ① (본보기) contoh; model; teladan. ② pola. 종이로 ~을 뜨다 membuat pola dari ker-tas. ③ (본관) asal muasal keluar-ga.

본…(本) <bon> ini; sekarang; uta-ma; sejati; biasa.

본가(本家) <bon/ga> ① (본집) ke-luarga utama. ② (친정) rumah ga-dang.

본값(本 -) <bon/kab> harga pokok. ~에 팔다 menjual dengan harga pokok. ~을 건지다 menutupi bia-ya.

본거(本據) <bon/geo> markas be-sar.

본건(本件) <bon/keon> urusan ini.

본격(本格) <bon/kyeok> ~적 se-benarnya. ~적으로 dengan sung-guh-sungguh. ~적인 여름 musim panas sebenarnya.

본견(本絹) <bon/gyeon> sutera; se-jati.

본고장(本 -) <bon/go/jang> tempat asal; pusat; habitat.

본과(本科) <bon/kwa> kursus regu-ler. ~생 siswa reguler.

본관(本官) <bon/gwan> pejabat yang sekarang.

본관(本貫) <bon/gwan> asal muasal keluarga.

본관(本管) <bon/gwan> (pipa) uta-ma.

본관(本館) <bon/gwan> gedung u-tama.

본교(本校) <bon/gyo> sekolah ini (kami).

본국(本局) <bon/guk> kantor pusat.

본국(本國) <bon/guk> tanah tumpah darah. ~정부 pemerintahan dalam negeri.

본남편(本男便) <bon/nam/fyeon> mantan suami; suami secara hu-kum.

본능(本能) <bon/neung> naluri. ~적(으로) secara naluri.

본대(本隊) <bon/dae> badan utama;

kekuatan utama.

본댁(本宅)<bon/daek> ① rumah induk. ② isteri tua.

본데<bon/de> disiplin; sikap yang baik. ~ 있다 [없다] keturunan baik-baik [jelek]; berperilaku baik [buruk].

본드<bon/deu> perekat.

본디(本 -)<bon/di> asalnya; asal mulanya; secara alami.

본때(本 -)<bon/tae> ① contoh; model. ~ 있다 sebagai contoh. ② pelajaran; peringatan; contoh. ~ 를 보이다 membuat contoh.

본뜨다(本 -)<bon/teu/da> mengikuti contoh; mencontoh dari model.

본뜻(本 -)<bon/teut> maksud sebenarnya; makna asli. ~을 이루다 mencapai tujuan.

본래(本來)<bol/lae> asalnya; terutama; pada hakekatnya; pada dasarnya. ~의 asli; penting; wajar; sebagaimana adanya; sejati.

본론(本論)<bol/lon> masalah pokok (utama). ~으로 들어가다 meneruskan ke masalah pokok.

본루(本壘)<bol/lu> pangkalan operasi.

본류(本流)<bol/lyu> arus utama; ibu sungai.

본명(本名)<bon/myeong> nama sejati.

본무대(本舞臺)<bon/mu/dae> panggung utama.

본문(本文)<bon/mun> pokok (surat); warkat; induk karangan; naskah.

본밑천(本 -)<bon/mith/cheon> dana; modal.

본바닥(本 -)<bon/ba/dak> tempat asal; pusat.

본바탕(本 -)<bon/ba/thang> inti; dasar; esensi; watak asli. ~이 정직한 jujur dari pembawaannya.

본받다(本 -)<bon/bat/ta> mengikuti contoh; meneladani; mencontoh; meniru.

본보기(本 -)<bon/bo/gi> contoh. ~로 삼다 memakai contoh.

본봉(本俸)<bon/bong> gaji tetap; gaji pokok.

본부(本部)<bon/bu> markas besar; kantor pusat.

본분(本分)<bon/bun> tugas; peranan; kewajiban; fungsi. ~을 다하다 melaksanakan tugas seseorang.

본사(本社)<bon/sa> kantor pusat.

본산(本山)<bon/san> candi (kelenteng) utama.

본새(本 -)<bon/sae> rupa; gaya; tampang. ~가 곱다 tampan; cakap; ganteng.

본색(本色)<bon/saek> watak asli. ~을 드러내다 menunjukkan watak asli.

본서(本署)<bon/seo> kantor polisi pusat.

본선(本船)<bon/seon> kapal ini; kapal induk. ~ 인도(引導) (harga) barang sampai diatas kapal.

본선(本線)<bon/seon> jalur utama.

본성(本性)<bon/seong> sifat asli; perangai; kodrat; tabiat; tingkah laku. ☞ 본색.

본시(本是)<bon/si> asalnya; memangnya.

본심(本心)<bon/sim> maksud/kehendak sebenarnya; isi hati. ~으로는 yang sesungguhnya.

본안(本案)<bon/an> usul (rencana) ini.

본업(本業)<bon/eob> pekerjaan utama (pokok).

본연(本然)<bon/yeon> ~의 alami; wajar; inhern.

본위(本位)<bon/wi> standar; baku; dasar. 자기 ~의 mementingkan diri sendiri. ~화폐 uang standar. 금~ standar emas. 품질~ Mengutamakan mutu.

본의(本意)<bon/eui> kemauan; maksud sebenarnya; niat sesungguhnya. ~아니게 bertentangan dengan kemauan.

본인(本人)<bon/in> orang yang bersangkutan.

본적(本籍)<bon/jeok> kampung halaman.

본전(本錢)＜bon/jeon＞ modal; pokok.

본점(本店)＜bon/jeom＞ kantor (toko) pusat.

본제(本題)＜bon/je＞ pokok pembicaraan. ～로 돌아가서 kembali ke pokok pembicaraan kita.

본지(本旨)＜bon/ji＞ tujuan sebenarnya.

본지(本紙)＜bon/ji＞ makalah ini (kami).

본지(本誌)＜bon/ji＞ jurnal (majalah) ini.

본직(本職)＜bon/jik＞ ① (본업) pekerjaan (profesi) tetap; usaha pokok. ② (관리의 자칭) saya; punya saya; saya sendiri.

본질(本質)＜bon/jil＞ hakekat; substansi. ～적 esensial; hakiki. ～적 으로 pada hakekatnya.

본집(本 -)＜bon/jib＞ rumah sendiri.

본처(本妻)＜bon/cheo＞ istri syah.

본체(本體)＜bon/che＞ bentuk asli, anasir; substansi. ～론 ontologi.

본초(本草)＜bon/cho＞ tanaman obat-obatan (jamu). ～가(家) ahli tanaman obat (jamu).

본초자오선(本初子午線)＜bon/cho/ja/o/seon＞ khatulistiwa.

본토(本土)＜bon/tho＞ daratan utama. ～박이 penduduk asli; aborigin. 중국～ daratan Cina.

본회담(本會談)＜bon/hoe/dam＞ konferensi utama.

본회의(本會議)＜bon/hoe/eui＞ sidang utama.

볼＜bol＞ ① (뺨의 복판) pipi. ② (넓이) lebar.

볼＜bol＞ bola.

볼가심＜bol/ga/sim＞ ～하다 makan sesuap nasi untuk mengatasi lapar.

볼기＜bol/gi＞ pantat. ～를 때리다[치다] menepuk pantat. ～맞다 ditepuk (pantat).

볼꼴사납다＜bol/kol/sa/nap/ta＞ jelek; hina.

볼록＜bol/lok＞ ～거리다 kembang

kempis. ～하다 cembung. ～ 거울 [렌즈, 면] cermin [lensa; permukaan] cembung.

볼륨＜bol/lyum＞ volume; isi. ～이 있는 kamba; mengambil tempat banyak. ～을 높이다 membesarkan volume.

볼리비아＜bol/li/bi/a＞ Bolivia. ～의 berkenaan dengan Bolivia. ～사람 orang Bolivia.

볼링＜bol/ling＞ bowling; bola gelinding. ～장 tempat bowling.

볼만하다＜bol/man/hada＞ ① (방관) tinggal sebagai penonton. ② (볼가치가 있다) tontonan bagus.

볼멘소리＜bol/men/so/ri＞ ucapan yang ketus. ～로 dengan nada marah; dengan ketus. ～로 대답하다 menjawab dengan ketus.

볼모＜bol/mo＞ ① (물건) jaminan; tanggungan; boroh. ② sandera; tawanan. ～로 잡다 menahan sebagai sandera. ～로 잡히다 ditahan sebagai sandera.

볼셰비즘＜bol/sye/bi/jeum＞ Bolsevisme.

볼셰비키＜bol/sye/bi/khi＞ Bolsevik.

볼썽사납다＜bol/sseong/sa/nap/ta＞ canggung; jelek.

볼일＜bol/il＞ urusan; bisnis, (심부름) suruhan. ～이 있다 ada urusan. ～이 없다 tidak ada urusan; tidak ada yang harus dilakukan. ～ 보다 melaksanakan urusan. ～을 다 마치다 menyelesaikan semua urusan. 급한 ～ urusan yang mendesak.

볼장＜bol/cang＞ ～다 보다 berakhir dengan gagal.

볼트＜bol/theu＞ 『電』 volt; voltase; tegangan listrik. ～미터 volt meter; alat pengukur tegangan listrik.

볼트＜bol/theu＞ 『機』 baut; mur; pasak; sekrup.

볼펜＜bol/fen＞ bolpoin; pena.

볼품＜bol/fum＞ penampilan; rupa. ～이 좋다 berpenampilan bagus/baik.

볼호령(-號令)＜bol/ho/ryeong＞ bentakan. ~하다 membentak.

봄＜bom＞ ① musim semi. ~의 musim semi (bunga). 이른 [늦은] ~에 awal [akhir] musim semi. ~ 농사(農事) tanaman musim semi. ~누에 ulat sutera musim semi. ~ 아지랑이 kabut musim semi. ~옷 pakaian musim semi. ② (청춘) masa puncak (dalam hidup).

봄갈이＜bom/ga/ri＞ pengolahan tanah musim semi.

봄날＜bom/nal＞ hari musim semi; cuaca musim semi.

봄내＜bom/nae＞ seluruh (seantero) musim semi.

봄눈＜bol/nun＞ salju musim semi.

봄맞이꽃＜bom/mat/i/kot＞ 『植』 melati gunung.

봄바람＜bom/ba/ram＞ angin musim semi.

봄보리＜bom/bo/ri＞ barlei yang ditebar musim semi.

봄비＜bom/bi＞ hujan musim semi.

봄빛＜bom/bit＞ ① pemandangan musim semi. ② suasana musim semi.

봄새＜bom/sae＞ waktu musim semi.

봄철＜bom/cheol＞ musim semi.

봄추위＜bom/chu/wi＞ dingin yang berpasangan dengan musim semi.

봄타다＜bom/tha/da＞ menderita demam musim semi.

봅슬레이＜bob/seul/le/i＞ kereta salju.

봇도랑(洑 -)＜bot/do/rang＞ selokan (saluran) irigasi.

봇물(洑 -)＜bot/mul＞ air waduk (reservoir).

봇짐(褓 -)＜bot/jim＞ bungkusan; buntelan. ~장수 penjaja; pedagang asongan.

봉(封)＜bong＞ pembungkus kertas. 약 한~ sebungkus obat.

봉(鳳)＜bong＞ ① ☞ 봉황. ② (만만한) korban.

봉건(封建)＜bong/geon＞ feodalisme; sistem feodal. ~적 feodal. ~사상 gagasan (ide) feodalistis. ~시대 jaman feodal. ~주의 feodalisme; faham feodal.

봉고도(棒高跳)＜bong/go/do＞ lompat galah.

봉급(俸給)＜bong/geub＞ gaji; bayaran; upah. ~이 오르다 [내리다] naik [turun] gaji. ~이 많다 [적다] gaji besar [kecil]. ~을 타다 mendapat gaji (300.000 won sebulan dari perusahaan). ~을 올리다 menaikkan gaji. ~ 생활자 orang gajian. ~일 hari gajian.

봉기(蜂起)＜bong/gi＞ pemberontakan. ~하다 memberontak.

봉납(奉納)＜bong/nab＞ ~하다 mengabdi.

봉돌＜bong/dol＞ bandulan pemberat jala (pancing).

봉두난발(蓬頭亂髮)＜bong/du/nan/bal＞ rambut kusut.

봉랍(封蠟)＜bong/nab＞ lilin (lak) penutup.

봉박다＜bong/bak/ta＞ penyumbat lubang.

봉방(蜂房)＜bong/bang＞ sarang madu.

봉변(逢變)＜bong/byeon＞ ① ~하다 dihina; mendapat pengalaman pahit. ② ~하다 mendapat kecelakaan.

봉분(封墳)＜bong/bun＞ ~하다 gundukan.

봉사(奉仕)＜bong/sa＞ pelayanan. ~하다 melayani; mengabdi. ~ 가격으로 제공 dijual dengan harga murah sekali. ~료 persenan. ~품 penawaran. 사회~ pelayanan sosial.

봉서(封書)＜bong/seo＞ surat yang disegel (dilak).

봉선화(鳳仙花)＜bong/seon/hwa＞ bunga balsam.

봉쇄(封鎖)＜bong/swae＞ blokade; rintangan; hambatan; pemblokiran. ~하다 memblokade (pelabuhan); menghalangi (jalan); membekukan (aset). ~를 풀다 mengangkat blokade. 경제~ blokade ekonomi. 해상~ blokade angkatan laut

(laut).
봉숭아<bong/sung/a> ☞ 봉선화.
봉양(奉養)<bong/yang> ～하다 menyokong orangtua; melayani orangtua.
봉오리<bong/o/ri> tunas. (☞ 꽃봉으리). ～가지다 bertunas.
봉욕(逢辱)<bong/yok> ♪ ～하다 mendapat penghinaan.
봉우리<bong/u/ri> puncak.
봉인(封印)<bong/in> segel; penyegelan. ～하다 menyegel. ～한 disegel; tersegel.
봉접(蜂蝶)<bong/jeob> lebah (tawon) dan kupu-kupu.
봉제(縫製)<bong/je> jahit menjahit. ～공 tukang jahit; penjahit. ～공장 pabrik pakaian. ～품 hasil (produk) jahitan.
봉지(封紙)<bong/ji> kantong kertas. 약 한～ sebungkus jamu.
봉직(奉職)<bong/jik> ～하다 bertugas; berdinas.
봉착(逢着)<bong/chak> ～하다 dihadapkan pada. 난관에 ～하다 dihadapkan pada kesulitan.
봉창<bong/chang> ～하다 menutupi (kerugian).
봉창(封窓)<bong/chang> ① (봉한 창) jendela yang direkat. ② (구멍만 낸) lubang di dinding.
봉토(封土)<bong/tho> tanah timbunan.
봉투(封套)<bong/thu> amplop; sampul; pembungkus. 편지～ amplop surat.
봉피(封皮)<bong/fi> amplop sampul.
봉하다(封 -)<bong/hada> ① (붙이다) mengelem; menutup rapat-rapat. ② (다물다) menutup (mulut seseorang). ③ (봉토를) menimbuni. ④ (작위를) menganugerahkan gelar kebangsawanan.
봉함(封緘)<bong/ham> segel; penyegelan. ～하다 menyegel (surat). ～엽서 kartu surat (kartu pos).
봉합(縫合)<bong/hab> 『醫』 jahitan

(luka). ～하다 menjahit.
봉화(烽火)<bong/hwa> api tanda (sinyal) bunga api; kembang api; mercusuar. ～를 올리다 menyalakan sinyal api. ～대, ～둑 mercusuar tanda lalu lintas laut.
봉황(鳳凰)<bong/hwang> burung merak Cina.
봐하니<bwa/ha/ni> sejauh yang saya amati.
뵙다<boeb/ta> menyambangi.
부(否)<bu> tidak; bukan.
부(部)<bu> ① (부분) bagian. ② (분과 내각의) departemen; biro. ③ (서적의) salinan (buku) jilid.
부(富)<bu> kekayaan.
부(賦)<bu> prosa (puisi).
부…(副)<bu> pembantu (asisten); wakil. ～시장 wakil wali kota. ～영사 wakil konsul. ～주장 wakil kapten (olah raga). ～지배인 asisten manajer. ～지사 pembantu gubernur (residen). ～통령 wakil presiden.
…부(附)<bu> ① (날짜) tertanggal. ② termasuk ke dalam. 대사관 ～ 육[해]군무관 atase militer untuk kedutaan.
부가(附加)<bu/ga> ～하다 menambah; melampirkan. ～적 tambahan. ～가치세 pajak pertambahan nilai (PPn). ～물 tambahan; lampiran. ～세(稅) pajak tambahan.
부각(浮刻)<bu/gak> ～하다 timbul. ～되다 menjadi timbul. ～시키다 menimbulkan.
부감(俯瞰)<bu/gam> ～하다 melihat dari atas. ～도(圖) pandangan dari atas.
부강(富強)<bu/gang> kekayaan dan kekuasaan.
부걱거리다<bu/geok/geo/ri/da> bergelombang; berbusa.
부결(否決)<bu/gyeol> penolakan. ～하다 menolak.
부계(父系)<bu/gye> garis ayah.
부고(訃告)<bu/go> berita duka cita.

부과(賦課)＜bu/gwa＞ ~하다 membebani/mengenakan pajak. ~금 uang pajak. ~액 taksiran pajak. ~징수 penaksiran dan pemungutan. 자동 ~제(制) perpajakan dengan sistim penjadwalan.

부관(副官)＜bu/gwan＞ ajudan. 고급 ~ ajudan jenderal. 전속 ~ ajudan pribadi.

부교(浮橋)＜bu/gyo＞ jembatan ponton.

부교재(副敎材)＜bu/gyo/jae＞ buku pegangan pelengkap.

부국(富國)＜bu/guk＞ negara kaya. ~강병책 tindakan untuk mensejahterakan dan memperkuat negeri.

부군(夫君)＜bu/gun＞ suami.

부권(父權)＜bu/gwon＞ hak ayah.

부권(夫權)＜bu/gwon＞ hak suami.

부귀(富貴)＜bu/gwi＞ kekayaan dan kemasyhuran. ~영화 kekayaan dan kemakmuran. (~영화를 누리다 hidup bergemerlapan).

부그르르＜bu/geu/reu/reu＞ ~끓다 berdesis. ~일다 menggelembung.

부근(附近)＜bu/geun＞ daerah sekitar. ~의 yang berdekatan. ~에 di dekat.

부글거리다＜bu/geul/geo/ri/da＞ mendidih; menggelembung; membusa.

부금(賦金)＜bu/geum＞ cicilan; premi.

부기(附記)＜bu/gi＞ catatan tambahan; apendiks. ~하다 menambahkan.

부기(浮氣)＜bu/gi＞ pembengkakan (kulit). ~가 빠지다 bengkak mengempas.

부기(簿記)＜bu/gi＞ tata buku. 단식[복식] ~ tata buku tunggal [rangkap].

부끄럼＜bu/keu/reom＞ ① malu. ~을 알다 [모르다] [tidak] punya malu. ② rasa malu. ~타다 malu-malu.

부끄럽다＜bu/keu/reob/ta＞ memalukan.

부나비＜bu/na/bi＞ 『蟲』 ngengat.

부낭(浮囊)＜bu/nang＞ ① ☞ 부레. ② (구명용) pelampung. ③ (수영용) ban dalam; benen.

부녀(父女)＜bu/nyeo＞ ayah dan puterinya.

부녀자(婦女子)＜bu/nyeo/ja＞ perempuan.

부농(富農)＜bu/nong＞ petani kaya.

부닥치다＜bu/dak/chi/da＞ kena; menghadapi; dihadapkan pada.

부단(不斷)＜bu/dan＞ ~한 terus menerus; berkesinambungan. ~한 노력 usaha yang berkesinambungan.

부담(負擔)＜bu/dam＞ beban; tanggung jawab. ~하다 menanggung (biaya); memikul (beban). ~을 주다 membebani; mengenakan biaya. ~액 andil; bagian.

부당(不當)＜bu/dang＞ ~한 tidak adil; tidak jujur; curang. ~한 값 harga yang tidak pantas. ~한 요구 permintaan (pasar) yang berlebihan. ~이득 keuntungan yang berlebihan. ~해고 pemecatan yang tidak adil.

부대(附帶)＜bu/dae＞ ~의 insidental; sekunder; serap. ~결의 resolusi pelengkap. ~사업 perusahaan sekunder. ~조건 kondisi kolateral.

부대(負袋)＜bu/dae＞ kantong goni; karung. 밀가루 한~ sekarung terigu.

부대(浮袋)＜bu/dae＞ ☞ 부낭.

부대(部隊)＜bu/dae＞ unit; kesatuan; korps; legiun. ~장 komandan. 기동~ satuan tugas. 외인~ legiun asing. 전투 ~ satuan tempur; unit tempur.

부대(富大)＜bu/dae＞ ~한 gemuk; montok.

부대끼다＜bu/dae/ki/da＞ diganggu; dirundung; dibengkengi. 빚쟁이에 ~ diganggu oleh pemberi utang.

부덕(不德)＜bu/deok＞ tidak berperibudi. 모두 내 ~의 소치이다 Semua ini salah saya.

부덕(婦德)＜bu/deok＞ kepribudian wanita.

부도(不渡)＜bu/do＞ ditolak; tidak berlaku (cek). ~를 내다 menolak cek. ~어음 [수표] bilyet [cek] kosong.

부도(婦道)＜bu/do＞ tugas perempuan.

부도덕(不道德)＜bu/do/deok＞ immoralitas. ~한 tidak bermoral. ~한 행동 kelakuan tidak bermoral.

부도체(不導體)＜bu/do/che＞ non konduktor.

부동(不同)＜bu/dong＞ ~한 tidak sama; tidak teratur.

부동(不動)＜bu/dong＞ ~의 tegar; kuat. ~자세 postur yang kokoh.

부동(浮動)＜bu/dong＞ ~하다 mengambang; berfluktuasi. ~주(株) saham mengambang. ~표(票) suara mengambang; massa mengambang.

부동산(不動産)＜bu/dong/san＞ harta tidak bergerak; tanah dan bangunan. ~(소개) 업자 makelar tanah dan bangunan. ~투기 spekulasi tanah dan bangunan.

부동액(不凍液)＜bu/dong/aek＞ anti beku.

부동항(不凍港)＜bu/dong/hang＞ pelabuhan bebas es.

부두(埠頭)＜bu/du＞ dermaga; pangkalan. ~인부 kuli bongkar muat; kuli pelabuhan.

부둥키다＜bu/dung/khi/da＞ memeluk dengan kencang; mendekap erat.

부드럽다＜bu/deu/reob/ta＞ lembut. 마음씨가 ~ mempunyai hati lembut.

부득부득＜bu/deuk/bu/deuk＞ dengan keras kepala.

부득불(不得不)＜bu/deuk/bul＞ tak terelakkan; terpaksa. …~하다 dipaksa (melakukan).

부득이(不得已)＜bu/deu/gi＞ bertentangan dengan kemauan seseorang. ~한 tidak dapat dihindari. ~…하다 berkewajiban/terpaksa (melakukan).

부들부들＜bu/deul/bu/deul＞ ~떨다 gemetar; menggigil.

부들부들하다＜bu/deul/bu/deul/ha/da＞ sangat lembut.

부듯하다＜bu/deut/hada＞ ① (꼭 맞다) kencang; ketat; erat. ② (꼭 차다) penuh; ketat. ③ (가슴이) meluap (kebanggaan).

부등(不等)＜bu/deung＞ ketidaksamaan ~의 tidak sama. ~식 pertidaksamaan. ~호 tanda pertidaksamaan.

부등변(不等邊)＜bu/deung/byeon＞ ~의 (segitiga) tidak sama kaki.

부등속(不等速)＜bu/deung/sok＞ ~운동『理』 gerakan tidak seragam (dipercepat).

부디＜bu/di＞ ① dengan segala cara (jalan); apapun caranya; bagaimanapun caranya. ~오십시오 Datanglah, bagaimanapun caranya. ② (바라건대) (jika anda) sudi.

부딪다＜bu/dit/ta＞ mendampar.

부딪뜨리다＜bu/dit/teu/ri/da＞ membenturkan; menabrakkan.

부딪치다＜bu/dit/chi/da＞ menabrak; bertumburan; menerjang; melanggar.

부딪히다＜bu/di/chi/da＞ terbentur; tertabrak; tertumbur.

부뚜막＜bu/tu/mak＞ api (pembakaran) dapur.

부라리다＜bu/ra/ri/da＞ menatap.

부락(部落)＜bu/rak＞ desa; kampung. ~민 orang desa.

부란(孵卵)＜bu/ran＞ inkubasi; penetasan. ~기(器) inkubator; mesin penetas.

부랑(浮浪)＜bu/rang＞ ~아 bajingan; perisau. ~자 bajingan.

부랴부랴＜bu/rya/bu/rya＞ sangat buru-buru. ~달려가다 buru-buru ke (tempat kejadian).

부러＜bu/reo＞ dengan sengaja.

부러뜨리다＜bu/reo/teu/ri/da＞ memecahkan.

부러워하다＜bu/reo/wo/hada＞ iri hati; cemburu.

부러지다＜bu/reo/ji/da＞ pecah; rusak.

부럽다＜bu/reob/ta＞ mengirikan.
부레＜bu/re＞ kantong udara.
부려먹다＜bu/ryeo/meok/ta＞ ☞ 부리다. 막 ~ mempekerjakeraskan.
부력(浮力)＜bu/ryeok＞ 『理』 daya apung. ~계(計) pengukur daya apung.
부력(富力)＜bu/ryeok＞ kekayaan; sumberdaya; keuangan.
부령(部令)＜bu/ryeong＞ ordonansi departemen.
부록(附錄)＜bu/rok＞ tambahan; lampiran; pelengkap (untuk majalah).
부루말＜bu/ru/mal＞ kuda putih.
부루퉁하다＜bu/ru/thung/hada＞ muka muram; masam; agak marah; merengus; geram.
부룩소＜bu/ruk/so＞ sapi jantan kecil.
부류(部類)＜bu/ryu＞ kelas; jenis; golongan; kategori. ...의 ~에 들다 termasuk golongan ... .
부르다＜bu/reu/da＞ ① (배가) kenyang. ② (임신하여) hamil. ③ (중배가) gendut.
부르다＜bu/reu/da＞ ① memanggil; menyuruh datang; mengajak; menghimbau. 이름을 ~ memanggil nama. ② menyebut; menamai; mengistilahkan. ...라고 ~ disebut ... . ③ (청하다.소환) mengundang; meminta. ④ menawarkan (harga). 값을 싸게~ memasang harga rendah. ⑤ (노래를) menyanyikan (lagu). ⑥ (외치다) berteriak. 만세를 ~ berteriak "Hidup!"
부르르＜bu/reu/reu＞ ~떨다 gemetar (karena takut); menggigil (kedinginan).
부르조아＜bu/reu/jo/a＞ Borjuis. ~취미 selera Borjuis.
부르쥐다＜bu/reu/jwi/da＞ mengepalkan (tinju).
부르짖다＜bu/reu/jit/ta＞ ① (외치다) berteriak. ② (창도(唱導)) menuntut. 개혁을~ menuntut reformasi/pembaruan.
부르트다＜bu/reu/theu/da＞ mele-

puh.
부릅뜨다＜bu/reub/teu/da＞ mendelik; melotot.
부리＜bu/ri＞ ① (새의) paruh; catok; sudu. ② (물건의) ujung runcing.
부리나케＜bu/ri/na/khe＞ dengan buru-buru. ~ 도망가다 kabur (lari) dengan buru-buru.
부리다＜bu/ri/da＞ ① mempekerjakan. 사람을 심하게 ~ mempekerjakan orang dengan keras; mempekerjakeraskan orang. ② menjalankan; mengoperasikan. 기계를 ~ menjalankan (mengoperasikan) mesin. ③ melaksanakan; menggunakan. 권력을 ~ melaksanakan/menggunakan kekuasaan. ④ (꾀재주를) memainkan; memperagakan.
부리다＜bu/ri/da＞ membongkar (muatan).
부리부리하다＜bu/ri/bu/ri/hada＞ besar dan cemerlang.
부마(駙馬)＜bu/ma＞ suami puteri; menantu raja.
부모(父母)＜bu/mo＞ orang tua (ayah ibu). ~의 (cinta kasih) orang tua.
부목(副木)＜bu/mok＞ belat. ~을 대다 membelat lengan.
부문(部門)＜bu/mun＞ kelompok; cabang; bidang; sektor; bagian. ~으로 나누다 membagi (barang) menjadi klas-klas. ...의 ~에 넣다 mengklasifikasikan (benda).
부복(府伏)＜bu/bok＞ ~하다 bertiarap.
부본(副本)＜bu/bon＞ salinan; rangkap dua.
부부(夫婦)＜bu/bu＞ suami isteri; sejoli; pasangan. ~의 pasangan. ~가 되다 menjadi suami isteri. ~싸움 pertengkaran antara suami isteri. 김씨~ Tuan dan Nyonya Kim. 신혼 ~ penganten baru.
부분(部分)＜bu/bun＞ bagian; porsi; potongan; penggalan; panggu; pecahan. ~적 sebagian; terbatas. ~

식(蝕) gerhana (matahari) sebagian. ~품 perhiasan; perlengkapan.

부빙(浮氷)＜bu/bing＞ es terapung.

부사(副使)＜bu/sa＞ wakil duta; wakil utusan.

부사(副詞)＜bu/sa＞ 『文』 kata keterangan; kata tambahan. ~적(으로) adverbial. ~구 frase keterangan.

부산물(副産物)＜bu/san/mul＞ hasil sampingan; hasil ikutan.

부산하다＜bu/san/hada＞ ribut (gaduh).

부삽＜bu/sab＞ sekop api.

부상(負傷)＜bu/sang＞ luka; cedera; lecet. ~하다 terluka. ~병[자] tentara [orang] yang luka.

부상(浮上)＜bu/sang＞ ~하다 muncul/naik ke permukaan; timbul; terbit; menyembul.

부상(副賞)＜bu/sang＞ hadiah ekstra.

부서(部署)＜bu/seo＞ seksi. ~를 지키다 menjaga seksi.

부서(副署)＜bu/seo＞ keikutsertaan dalam penandatanganan. ~하다 ikut serta menandatangani.

부서지다＜bu/seo/ji/da＞ pecah; putus; reyot; rusak; patah.

부석부석＜bu/seok/bu/seok＞ ~한 agak bengkak.

부선거(浮船渠)＜bu/seon/geo＞ dok terapung.

부설(附設)＜bu/seol＞ ~하다 menambah. ~ 도서관 perpustakaan tambahan.

부설(敷設)＜bu/seol＞ ~하다 memasang (ranjau; kabel). ~권 hak konstruksi. (철도 ~권 hak pemasangan rel). ~기뢰 ranjau kapal selam.

부성애(父性愛)＜bu/seong/ae＞ kasih sayang ayah.

부속(附屬)＜bu/sok＞ ~하다 termasuk (ke); berafiliasi(dengan); menginduk(ke). ~ 국민학교 sekolah dasar yang menginduk. ~물 tambahan; lampiran. ~품 perlengkapan tambahan (mobil).

부수(附随)＜bu/su＞ ~하다 me-

nyertai; disertai (dengan). ~적 ditambahkan kepada. ~사실 fakta tambahan. ~서류 surat lampiran.

부수(部數)＜bu/su＞ jumlah salinan; sirkulasi; lembaran.

부수다＜bu/su/da＞ memecah; merusak; membantingkan; meruntuhkan.

부수입(副收入)＜bu/su/ib＞ penghasilan tambahan (sampingan).

부스러기＜bu/seu/reo/gi＞ sisa-sisa; rimah; ampas.

부스러뜨리다＜bu/seu/reo/teu/ri/da＞ memecahkan; merusak; menghancurkan.

부스러지다＜bu/seu/reo/ji/da＞ pecah berkeping-keping.

부스럭거리다＜bu/seu/reok/geo/ri/da＞ berkeresek; menggerisik.

부스럼＜bu/seu/reom＞ bengkak; tumor; benjol; bintul; jendol.

부슬부슬＜bu/seul/bu/seul＞ (비가) ~ 내린다 hujan gerimis.

부시＜bu/si＞ potongan logam (untuk menyalakan api). ~치다 membuat percikan api (dengan logam dan batu api).

부시다＜bu/si/da＞ (눈이) menyilaukan.

부시다＜bu/si/da＞ (그릇을) mencuci (mangkok).

부시장(副市長)＜bu/si/jang＞ wakil pembantu wali kota. 제 1[2] ~ pembantu senior [junior] wali kota.

부식(扶植)＜bu/sik＞ ~하다 menanam; memelihara; membesarkan; membina. 세력을 ~하다 membina (meluaskan) pengaruh.

부식(副食)＜bu/sik＞ ☞ 부식물(副食物).

부식(腐蝕)＜bu/sik＞ pengkaratan. ~하다 berkarat. ~제 benda korosif; kaustik.

부식물(副食物)＜bu/sik/mul＞ lauk pauk.

부식성(腐食性)＜bu/sik/seong＞ ~의 saprofagus; pemakan bangkai.

부신(副腎)＜bu/sin＞ kelenjar adrenal.

부실(不實)＜bu/sil＞　～하다　① tidak setia; tidak jujur; tidak dapat dipercaya.　～기업 perusahaan bangkrut/pailit.　② (부족.불충실) tidak lengkap; tidak memadai; kekurangan.　③ lemah; rapuh.　몸이 ～하다 lemah badan.

부심(副審)＜bu/sim＞ wasit pembantu.

부심(腐心)＜bu/sim＞　～하다 resah.

부썩＜bu/sseok＞　☞ 바싹.

부아＜bu/a＞　① (허파) paru-paru.　② rasa marah.　～가 나다, ～를 내다 menjengkelkan; membuat marah.

부양(扶養)＜bu/yang＞　pemeliharaan; dukungan.　～하다 memelihara; mendukung.　～가족 keluarga yang masih bergantung (belum bisa mandiri).　～(가족)수당 tunjangan keluarga.　～(가족) 공제 pengurangan pajak untuk tanggungan.

부양(浮揚)＜bu/yang＞　～하다 terapung; mengambang.　경기를 ～시키다 menggalakkan usaha.　～력(力) daya apung.　～작업(作業) operasi penyelamatan kapal.

부언(附言)＜bu/eon＞ perkataan tambahan.　～하다 menambahkan (bahwa …).

부업(副業)＜bu/eob＞ pekerjaan sampingan/sambilan.　～으로(서) sebagai sambilan.

부엉이＜bu/eong/i＞　『鳥』 burung hantu.

부엌＜bu/eokh＞ dapur.　～데기 pelayan dapur.　～세간 alat-alat dapur.　～일 pekerjaan dapur.

부여(附與)＜bu/yeo＞　～하다 memberi; menghadiahi; menganugerahkan.

부여(賦與)＜bu/yeo＞　～하다 menganugerahi (dengan).

부역(賦役)＜bu/yeok＞ kerja paksa.　～을 과하다 mengenakan kerja paksa.

부연(敷衍)＜bu/yeon＞　～하다 mengeraskan (memperkuat) (suara).

부영사(副領事)＜bu/yeong/sa＞ wakil konsul.

부옇다＜bu/yeot/tha＞ keputih-putihan; keabu-abuan.

부예지다＜bu/ye/ji/da＞ kusam; kabur.

부용(芙蓉)＜bu/yong＞ teratai.

부원(部員)＜bu/won＞ anggota; staf.

부유(浮遊)＜bu/yu＞　～하다 terapung; mengambang.　～기뢰 ranjau terapung.　～물 benda-benda terapung.　～생물 plankton.

부유(富裕)＜bu/yu＞　～하다 kaya; makmur.　☞ 유복(裕福).

부유스름하다＜bu/yu/seu/reum/ha/da＞ agak keputih-putihan.

부음(訃音)＜bu/eum＞ berita kematian; berita duka cita.

부응하다(副應-)＜bu/eung/hada＞ memenuhi.

부의(附議)＜bu/eui＞　～하다 menyerahkan (untuk dimusyawarahkan).

부의(賻儀)＜bu/eui＞ sumbangan duka cita.　～금 uang duka.

부의장(副議長)＜bu/eui/jang＞ wakil ketua.

부익부빈익빈(富益富貧益貧)＜bu/ik/bu/bin/ik/bin＞ yang kaya makin kaya; yang miskin makin miskin.

부인(夫人)＜bu/in＞ istri; nyonya.

부인(否認)＜bu/in＞ pengingkaran; penyangkalan.　～하다 mengingkari; tidak mengakui; mungkir.

부인(婦人)＜bu/in＞ nyonya. (☞ 여성).　～과 gineakologi. (～과 의사 gineakolog).　～병 penyakit perempuan.　～회 perkumpulan wanita.

부임(赴任)＜bu/im＞　～하다 mendapat jabatan baru.　～지(地) tempat penempatan; jabatan baru.

부자(父子)＜bu/ja＞ ayah dan anak.

부자(富者)＜bu/ja＞ orang kaya; orang mampu; orang mapan; hartawan.　(큰) ～가 되다 menjadi kaya.

부자연(不自然)＜bu/ja/yeon＞　～한, ～스러운 tidak alami; buatan.

부자유(不自由)＜bu/ja/yu＞ tidak ada kebebasan.　～하다 tidak bebas;

terkekang.

부작용(副作用) <bu/jak/yong> reaksi yang merugikan; efek sampingan. ~을 일으키다 menimbulkan efek sampingan.

부잔교(浮棧橋) <bu/jan/gyo> dermaga apung.

부장(部長) <bu/jang> kepala bagian.

부장품(副葬品) <bu/jang/fum> barang yang ikut dikubur.

부재(不在) <bu/jae> ketidakhadiran. ~하다 tidak hadir. ~자 orang yang tidak hadir. (~자 투표 pemberian suara orang yang tidak hadir). 현장 ~ 증명 alibi.

부적(符籍) <bu/jeok> jimat.

부적격(不適格) <bu/jeok/gyeok> ~의 tidak memenuhi syarat. ~이다 tidak memenuhi syarat(sebagai) ~이 되다 didiskwalifikasi.

부적당(不適當) <bu/jeok/tang> ~한 tidak sesuai; tidak layak.

부적임(不適任) <bu/jeok/im> ~의 tidak memadai; tidak sesuai; tidak kompeten. ~자 orang yang tidak kompeten.

부적절(不適切) <bu/jeok/jeol> ~한 tidak cocok. ~하게 dengan cara yang tidak cocok.

부전(不全) <bu/jeon> 『醫』 ~마비 lumpuh sebagian. ~ 색맹증 buta warna sebagian. ~ 실어증(失語症) dispasia.

부전승(不戰勝) <bu/jeon/seung> kemenangan tanpa tanding. ~하다 mendapat kemenangan tanpa tanding. ~이 되다 mendapat bye.

부전자승(父傳子承) <bu/jeon/ja/seung> ~하다 pewarisan dari ayah ke anak lelaki.

부전자전(父傳子傳) <bu/jeon/ja/jeon> ☞ 부전자승.

부전조약(不戰條約) <bu/jeon/jo/yak> pakta anti perang.

부절(不絶) <bu/jeol> ~하다 tidak berhenti.

부절제(不節制) <bu/jeol/je> berlebihan. ~하다 melampaui batas.

부젓가락 <bu/jeot/ga/rak> penjepit arang.

부정(不正) <bu/jeong> kecurangan; ketidakadilan. ~한 tidak adil; curang. ~을 하다 berbuat curang. ~선거 pemilihan yang curang. ~수단 cara yang melanggar hukum. ~ 축재자 koruptor. ~품 barang hasil penipuan.

부정(不定) <bu/jeong> ~한 tidak tentu; tidak tetap. ~관사 kata sandang tidak tentu. ~법 bentuk infinitif. ~수입 penghasilan tidak tetap.

부정(不貞) <bu/jeong> ketidaksetiaan. ~한 tidak setia.

부정(不淨) <bu/jeong> ~한 kotor; haram. ~한 돈[재물] uang [kekayaan] haram. ~타다 menderita kemalangan.

부정(否定) <bu/jeong> pengingkaran; penyangkalan; penidakan. ~하다 mengingkari; menyangkal; menidakkan. ~적 negatif. ~할 수없는 tidak dapat diingkari. ~문 kalimat negatif.

부정공무원(不正公務員) <bu/jeong/gong/mu/won> pejabat korup.

부정기(不定期) <bu/jeong/gi> ~의 tidak teratur; ireguler. ~선(船) kapal ireguler.

부정당(不正當) <bu/jeong/dang> ~한 tidak pantas.

부정대부(不正貸付) <bu/jeong/dae/bu> peminjaman yang tidak sah.

부정맥(不整脈) <bu/jeong/maek> 『醫』 detak nadi yang tidak teratur (arithia).

부정직(不正直) <bu/jeong/jik> ketidakjujuran. ~한 tidak jujur.

부정확(不正確) <bu/jeong/hwak> ketidaktepatan. ~한 tidak tepat.

부조(父祖) <bu/jo> nenek moyang. ~ 전래의 mengenai nenek moyang.

부조(不調) <bu/jo> kekacauan; keadaan yang buruk. ~하다 tidak teratur; kacau; dalam kondisi buruk.

부조(扶助)＜bu/jo＞　①　bantuan. ～하다 membantu. 상호～ saling bantu. ②　(금품) hadiah ucapan selamat.

부조(浮彫)＜bu/jo＞　relief; pahatan; gambar timbul. ～세공 pekerjaan relief; pengukiran; pemahatan.

부조리(不條理)＜bu/jo/ri＞　kemusykilan.

부조화(不調和)＜bu/jo/hwa＞ ketidakharmonisan. ～한 tidak harmonis.

부족(不足)＜bu/jok＞ kekurangan; defisiensi; paceklik. ～하다 kurang; tidak cukup; kekurangan. 천원 ～하다 kurang seribu won. ～한 점이 없다 tidak kekurangan sesuatu apapun. ～액 jumlah kekurangan/defisit. 중량～ bobot yang kurang.

부족(部族)＜bu/jok＞ suku bangsa.

부존(賦存)＜bu/jon＞ ～하다 dikaruniai (dengan). ～자원 sumber daya alam. (～ 자원이 많다 dikaruniai dengan sumber daya alam).

부주의(不注意)＜bu/ju/eui＞ ketidakhati-hatian; kecerobohan. ～하다 tidak hati-hati; ceroboh (dalam). ～하게 tidak hati-hati; ceroboh. ～로 dengan ceroboh.

부증(浮症)＜bu/jeung＞ edema; pembengkakan.

부지(扶支)＜bu/ji＞ ～하다 menabahkan diri.

부지(敷地)＜bu/ji＞ tempat; situs.

부지기수(不知其數)＜bu/ji/gi/su＞ ～이다 tidak terhitung.

부지깽이＜bu/ji/kaeng/i＞ pengorek api.

부지런하다＜bu/ji/reon/hada＞ rajin.

부지불식간(不知不識間)＜bu/ji/bul/sik/gan＞ ～에 dengan tidak sadar; dengan tidak sengaja.

부지중(不知中)＜bu/ji/jung＞ ☞ 부지불식간.

부지하세월(不知何歲月)＜bu/ji/ha/se/wol＞ ～이다 tidak tahu kapan akan selesai.

부진(不振)＜bu/jin＞ stagnasi; ketidakaktifan. ～하다 stagnan; tidak aktif.

부진(不進)＜bu/jin＞ ～하다 tidak ada kemajuan.

부질없다＜bu/jil/eob/ta＞ sia-sia; tidak berguna; remeh.

부집게＜bu/jib/ge＞ penjepit arang.

부쩍＜bu/ceok＞ dengan kentara/mencolok.

부차적(副次的)＜bu/cha/jeok＞ kedua; sekunder.

부착(附着)＜bu/chak＞ ～하다 menempel; merekat. ～력 daya rekat.

부창부수(夫唱婦隨)＜bu/chang/bu/su＞ Isteri menari suami menabuh gendang.

부채＜bu/chae＞ kipas. ～질하다 berkipas-kipas, (선동) mengipas-ngipasi. 불는 불에 ～질하는 격이다 Seperti menambah minyak ke dalam api.

부채(負債)＜bu/chae＞ hutang; tanggung jawab. ～가 있다 berhutang. ～자 orang yang berhutang.

부처＜bu/cheo＞ Budha; patung Budha. ～ 같은 사람 orang suci.

부처(夫妻)＜bu/cheo＞ suami isteri. 김씨 ～ Tuan dan Nyonya Kim.

부총리(副總理)＜bu/chong/ri＞ wakil perdana menteri. ～ 겸경제기획원장관 Wakil Perdana Menteri merangkap Menteri Badan Perencanaan Ekonomi.

부추＜bu/chu＞ 『植』 ganda (sejenis sayuran).

부추기다＜bu/chu/gi/da＞ menghasut.

부축하다＜bu/chuk/hada＞ memayang; mengampu; memapah; menyanggah.

부치다＜bu/chi/da＞ (힘에) diluar kemampuan.

부치다＜bu/chi/da＞ (부채로) mengipasi (api).

부치다＜bu/chi/da＞ ① (보내다) mengirim. ② mengirim; mengajukan. 인쇄에 ～ mengirim untuk dicetak. 재판에 ～ mengajukan ke pengadilan. ③ (심정을) menyampaikan (perasaan).

부치다＜bu/chi/da＞　(논밭을) mengerjakan tanah; membudidayakan.

부치다＜bu/chi/da＞　(번철에) wajan ceper.

부칙(附則)＜bu/chik＞　aturan tambahan.

부침(浮沈)＜bu/chim＞　jatuh bangun (kehidupan).

부타놀＜bu/tha/nol＞　『化』butanol.

부탁(付託)＜bu/thak＞　permintaan; permohonan.　～하다 membuat permohonan; memohon; meminta. ～을 들어주다 [거절하다] memenuhi [menolak] permohonan. ～이 있다 (saya) ada permintaan (kepada anda).

부탄＜bu/than＞　『化』butan.

부터＜bu/theo＞　① dari; melalui. 친구로～ 온 편지 surat dari teman. ② dari. 서울～ 인천까지 dari Seoul ke Incheon. ③ dari; sejak. 세시 ～다섯 시까지 dari pukul 3 sampai pukul 5. 그 때 ～ sejak saat itu. 지금 ～ mulai dari sekarang. ④ dari; dengan. 이러한 사실로～ 판단하면 menilai dari fakta-fakta ini. ⑤ (berkisar) dari …ke… . 대체로 2만원 ～ 3만원 사이 semua berkisar dari 20.000 won sampai 30,000 won. ⑥ mulai dengan; bermula dari. 무엇 ～ 할까 Apa yang harus saya mulai dulu?.

부통령(副統領)＜bu/thong/ryeong＞ wakil presiden (wapres).

부패(腐敗)＜bu/fae＞　dekomposisi; pembusukan. ～하다 menjadi busuk/buruk; membusuk. ～한 busuk; rusak; basi; tengik. ～하기 쉬운 mudah rusak (busuk). 정치의 ～ kebusukan politik. ～ 공무원 pejabat busuk (korup). ～균 baksil saprogen.

부표(否票)＜bu/fyo＞　suara "tidak"; suara menentang. ～를 던지다 memberi suara "tidak".

부표(浮漂)＜bu/fyo＞　～하다 mengapung; mengambang.

부표(浮標)＜bu/fyo＞　pelampung; pengapung. ～등 lampu pelampung.

부풀다＜bu/ful/da＞　① (팽창) membengkak; memuai; membesar; melembung. ☞ 보풀다.

부풀리다＜bu/ful/li/da＞　① (팽창) menggelembungkan; membuncitkan; mengembangkan. ② (보풀을) mengusutkan.

부품(部品)＜bu/fum＞　bagian; komponen; elemen; onderdil.

부프다＜bu/feu/da＞　① (크다) besar; gemuk. ② (성급하다) cepat marah.

부피＜bu/fi＞　ukuran isi; volume. ～있는 berukuran besar.

부하(負荷)＜bu/ha＞　① (짐) beban; muatan. ② muatan listrik. ～ 전류 [율,시험] arus [faktor, uji] muatan.

부하(部下)＜bu/ha＞　bawahan; anak buah. ～ 사병(士兵) tentara dibawah komando. ～3,4명을 거느리고 dengan tiga atau empat orang di bawah komando.

부합(符合)＜bu/hab＞　kesesuaian; kecocokan; pertepatan. ～하다 sesuai dengan; klop/cocok (dengan). …의 말과 ～하다 cocok dengan cerita(seseorang).

부형(父兄)＜bu/hyeong＞　orang tua dan saudara-saudara lelaki.

부호(符號)＜bu/ho＞　tanda; lambang; simbul; isyarat; kode; sandi.

부호(富豪)＜bu/ho＞　orang kaya; jutawan; milyarder.

부화(孵化)＜bu/hwa＞　pemeraman; penetasan. ～하다 menetaskan; mengeramkan. ～기 inkubator. ～장 penetasan buatan. 인공 ～(법) inkubasi buatan.

부화뇌동(附和雷同)＜bu/hwa/noe/dong＞　～하다 ikut secara membabi buta.

부활(復活)＜bu/hwal＞　～하다 lahir kembali; bangkit kembali. ～절 Paskah. ～절 전야 malam Paskah.

부회장(副會長)＜bu/hoe/jang＞　wakil

ketua.

부흥(復興)＜bu/heung＞ rekonstruksi; pengembalian; pemulihan; rehabilitasi; pemugaran. ～하다 merekonstruksi; menyusun kembali; mengatur kembali; memugar (☞ 복구). ～사업(事業) pekerjaan rekonstruksi (rehab). 경제 ～ rehabilitasi ekonomi. 문예 ～ renaisance.

북＜buk＞ 『樂』 genderang; tamtam; rebana; tambur. ～을 치다 memukul genderang. ～치는 사람 drumer (pemukul genderang).

북＜buk＞ (베틀의) kumparan; gelendong.

북＜buk＞ (흙) tanah yang ditimbun sekitar tanaman. ～(을) 주다 menimbun tanah sekitar tanaman.

북(北)＜buk＞ utara. ～의 utara; bagian utara. ～으로 ke arah utara. ...의 ～에 di sebelah utara (dari).

북경(北京)＜buk/gyeong＞ Peking.

북광(北光)＜buk/gwang＞ cahaya di langit bagian utara.

북괴(北傀)＜buk/goe＞ Korea Utara (Komunis); regim boneka Korea Utara.

북구(北歐)＜buk/gu＞ Eropa Utara. ～의 Skandinavia. ～인종 ras Nordik.

북국(北國)＜buk/guk＞ negara bagian utara.

북극(北極)＜buk/geuk＞ kutub utara. ～의 tentang kutub utara. ～곰 beruang kutub. ～광 ☞ 북광. ～권 lingkaran Artika. ～성(星) bintang kutub. ～양 laut kutub utara. ～지방 daerah kutub utara. ～탐험 ekspedisi Artika; ekspedisi kutub utara.

북녘(北 -)＜buk/nyeokh＞ ke arah utara; bagian utara.

북단(北端)＜buk/tan＞ ujung bagian utara; ujung utara.

북대서양(北大西洋)＜buk/tae/seo/yang＞ (samudra) Atlantik Utara. ～ 조약 기구 Pakta Pertahanan Atlantik Utara (NATO).

북더기＜buk/teo/gi＞ jerami buangan.

북돋우다＜buk/to/du/da＞ ① (북주다) menimbun tanah di sekitar tanaman. ② menyoraki; memberi semangat. 사기를 ～ meningkatkan moral/semangat pasukan.

북동(北東)＜buk/tong＞ timur laut. ～풍 angin timur laut.

북두칠성(北斗七星)＜buk/tu/chil/seong＞ Beruang Besar.

북미(北美)＜buk/mi＞ Amerika Utara. ～의 berkenaan dengan Amerika Utara. ～합중국 Amerika Serikat.

북반구(北半球)＜buk/ban/gu＞ belahan bumi utara.

북받치다＜buk/bat/chi/da＞ ☞ 복받치다.

북방(北方)＜buk/bang＞ utara; daerah utara. ～의 bagian utara. ～에, ～으로 ke arah utara. ～정책 kebijakan utara.

북부(北部)＜buk/bu＞ bagian utara.

북북＜buk/buk＞ menggaruk dengan keras.

북북동(北北東)＜buk/buk/dong＞ utara timur laut.

북북서(北北西)＜buk/buk/seo＞ utara barat-laut.

북빙양(北氷洋)＜buk/bing/yang＞ samudra (laut) Artika.

북상(北上)＜buk/sang＞ ～하다 pergi ke utara.

북새＜buk/sae＞ keramaian; kehiruk pikukan. ～놓다 hiruk pikuk. ～통에 kacau dalam kegaduhan.

북서(北西)＜buk/seo＞ barat laut. ～풍 angin barat laut.

북슬개＜buk/seul/gae＞ anjing berbulu lebat; anjing pudel.

북슬북슬＜buk/seul/buk/seul＞ ～한 berewok.

북안(北岸)＜buk/an＞ pantai utara.

북양(北洋)＜buk/yang＞ laut utara.

북어(北魚)＜buk/eo＞ ikan polak kering.

북위(北緯)＜buk/wi＞ garis lintang

utara. ~ 37도 30분 37⁰ 30' LU.

북적거리다 <buk/jeok/geo/ri/da> ramai; penuh sesak; galau.

북적북적 <buk/jeok/buk/jeok> gaduh; ramai.

북주다 <buk/ju/da> menumpuk; menimbun. ☞ 북.

북진(北進) <buk/jin> ~하다 pergi (berlayar) ke utara.

북쪽(北 -) <buk/cok> bagian utara; paksina. (☞ 북). ~의 utara. ~ 으로 ke arah utara. ~에 di utara.

북채 <buk/chae> tongkat pemukul genderang.

북풍(北風) <buk/fung> angin utara; angin kelambu. 살을 에는~ angin utara yang menggigit (beku).

북한(北韓) <buk/han> Korea Utara.

북해(北海) <buk/hae> laut utara.

북향(北向) <buk/hyang> ala utara. ~집 rumah yang menghadap utara.

북회귀선(北回歸線) <buk/hoe/gwi/seon> garis balik utara/sartan.

분(分) <bun> ① menit (1/60 jam; 60 detik). 15~ seperempat (jam); lima belas menit. ☞ 푼수. ② (1의 1/10) persen; 0,1 %. (☞ 푼). 1할 5~ lima belas persen.

분(忿.憤) <bun> rasa berang. ~이 나다 berang.

분(盆) <bun> pot bunga.

분(粉) <bun> bedak; pupur; puyer; bubukan; tepung. ~을 바르다 membedaki wajah. ~내 aroma bedak. 물~ bedak cair.

…분(分) <bun> ① bagian. 3~의 1 sepertiga bagian. ② porsi; bagian. 2일~의 양식 makanan untuk dua hari. 식사 5인~ makanan untuk lima orang. ③ bahan; komponen. 알코올~ kadar (persentase) alkohol.

분가(分家) <bun/ga> keluarga baru. ~하다 membentuk keluarga baru.

분간(分揀) <bun/gan> pembedaan; diskriminasi. ~하다 membedakan; memilih bulu. ~하기 어려운 sulit/sukar dibedakan.

분갑(粉匣) <bun/gab> kotak bedak.

분개(分介) <bun/gae> 『簿』 pembukuan; pencatatan dalam jurnal. ~하다 membukukan; mencatat dalam jurnal. ~장 jurnal.

분개(憤慨) <bun/gae> perasaan berang; kedongkolan. ~하다 sangat marah; mendendamkan; mendongkol. ~하여 dengan berang (marah). ~시키다 menggusarkan.

분격(奮激) <bun/gyeok> ☞ 분기(奮起).

분견(分遣) <bun/gyeon> pemisahan. ~하다 memisahkan. ~대 detasemen; satuan terpisah.

분결(粉 -) <bun/gyeol> ~같은 lembut dan tanpa noda; mulus. 살결이 ~같다 mempunyai kulit yang mulus.

분계(分界) <bun/gye> (한계) penentuan perbatasan; (지계)perbatasan; demarkasi. ~하다 menentukan batas; mendemarkasi. ~선 garis perbatasan. 군사 ~선 garis demarkasi militer.

분골쇄신(粉骨碎身) <bun/gol/swae/sin> ~하다 berbuat sebaik-baiknya.

분공장(分工場) <bun/gong/jang> pabrik cabang.

분과(分科) <bun/kwa> bagian; cabang. ~위원회 sub panitia; sub komite.

분관(分館) <bun/gwan> bangunan tambahan.

분광(分光) <bun/gwang> spektrum; prisma. ~기 spektroskop. ~사진 spektrogram. ~학 spektroskopi.

분교(分校) <bun/gyo> sekolah cabang.

분국(分局) <bun/guk> kantor cabang.

분권(分權) <bun/kwon> desentralisasi (kekuasaan). ~주의 desentralisme.

분규(紛糾) <bun/gyu> kerumitan; kekacauan; komplikasi; kebingungan, perselisihan; pertengkaran. ~를 일으키다 menimbulkan kekacauan, menimbulkan pertengkaran.

분극(分極)＜bun/geuk＞ 『電』 polarisasi.

분기(分岐)＜bun/gi＞ ～하다 bercabang; mencabang. ～선 jalur cabang. ～점 titik percabangan; persimpangan jalan.

분기(奮起)＜bun/gi＞ ～하다 memberanikan diri; tampil kemuka. ～시키다 memberanikan; menyemangati; membesarkan nyali(orang).

분김(憤 -)＜bun/kim＞ ～에 dalam luapan amarah; karena dendam.

분납(分納)＜bun/nab＞ pembayaran cicilan. ～하다 mencicil.

분노(憤怒)＜bun/no＞ kemarahan; kegusaran; kemurkaan. ～하다 marah; murka; gusar; berang.

분뇨(糞尿)＜bun/nyo＞ tahi; tinja. ～차(車) truk tinja.

분단(分團)＜bun/dan＞ cabang.

분단(分斷)＜bun/dan＞ ～하다 membagi. ～국 negara yang terbagi.

분담(分擔)＜bun/dam＞ pembagian kerja (tanggung jawab); andil kerja (tanggung jawab). ～하다 berbagi kerja (tanggung jawab); ikut andil (dalam). ～시키다 membagi kerja (tanggung jawab). ～금 uang andil. 비용을 ～ berpatungan; berbagi ongkos.

분당(分黨)＜bun/dang＞ ～하다 memisahkan diri (dari partai politik).

분대(分隊)＜bun/dae＞ regu; skuad. ～장 pimpinan skuad.

분란(紛亂)＜bul/lan＞ kekacauan. ～을 일으키다 mengacaukan; merumitkan masalah.

분량(分量)＜bul/lyang＞ jumlah; dosis. ～이 늘다[줄다] bertambah [berkurang] dalam jumlah.

분류(分流)＜bul/lyu＞ aliran cabang; anak sungai. ～하다 bercabang (dari).

분류(分溜)＜bul/lyu＞ 『化』 fraksinasi. ～관 (管) tabung fraksinasi. ～ 분해 penguraian fraksional. ～ 장치 fraksinator.

분류(分類)＜bul/lyu＞ klasifikasi; penggolongan. ～하다 menggolong-golongkan; mengklasifikasi. ～번호 nomor kelas. ～표 daftar klasifikasi. ～학(學) taksonomi.

분류(奔流)＜bul/lyu＞ arus yang deras.

분리(分離)＜bul/li＞ pemisahan; penceraian; segregasi. ～하다 memisahkan (benda) dari; menceraikan. ～할 수 없는 tidak dapat dipisahkan. ～과세 pemajakan terpisah.

분리수거(分離收去)＜bul/li/su/geo＞ pengumpulan terpisah. 쓰레기 ～ pengumpulan sampah terpisah.

분립(分立)＜bul/lib＞ ～하다 memisah (dari); menjadi bebas; menyisih.

분만(分娩)＜bun/man＞ kelahiran anak. ～하다 melahirkan (bersalin). ～실 ruang (kamar) bersalin.

분말(粉末)＜bun/mal＞ bubuk; puyer; tepung; serbuk. ～의 (berbentuk) bubuk.

분망(奔忙)＜bun/mang＞ kesibukan. ～하다 sibuk.

분매(分賣)＜bun/mae＞ ～하다 menjual terpisah (barang).

분명(分明)＜bun/myeong＞ kejelasan. ～하다 jelas; terang; nyata. ～히 dengan jelas; dengan terang. ～한 증거 bukti nyata. ～히 하다 memperjelas. 태도를 ～ memperjelas sikap.

분모(分母)＜bun/mo＞ 『數』 penyebut.

분묘(墳墓)＜bun/myo＞ kuburan; makam.

분무(噴霧)＜bun/mu＞ ～하다 menyemprot. ～기 semprotan; alat penyemprot. ～도장(塗裝) pengecatan semprot.

분문(噴門)＜bun/mun＞ 『解』 liang esofagus.

분바르다(粉-)＜bun/ba/reu/da＞ membedaki (wajah).

분발(奮發)＜bun/bal＞ ～하다 berdaya upaya. ～심(心) semangat berupaya keras.

분방(奔放)＜bun/bang＞　～하다 be-bas dan tidak terkekang.

분배(分配)＜bun/bae＞　pembagian; distribusi; penjatahan.　～하다 membagi-bagikan; mendistribusikan; menjatahkan.　～를 받다 menerima bagian/andil (dalam).　～액 bagian; jatah.

분변(分辨)＜bun/byeon＞　☞ 분별.

분별(分別)＜bun/byeol＞　① (구별) pembedaan; diskriminasi; klasifika-si.　～하다 membedakan.　② (분변) kebijaksanaan.　～있는 bijak-sana.　～없는 tidak bijaksana.

분부(吩咐)＜bun/bu＞　perintah; su-ruhan; aba-aba; komando.　～하다 menyuruh; memerintah; memberi instruksi.　～대로 하다 berbuat se-perti yang diperitahkan.

분분하다(紛紛-)＜bun/bun/hada＞　제설(諸說)이 ～ Ada beragam penda-pat.

분비(分泌)＜bun/bi＞　sekresi; penge-luaran.　～하다 mengeluarkan; mengekskresikan.　～기관 organ sekresi.　～물 eksudat.　～선(腺) kelenjar sekresi.　～액 cairan sek-resi.

분사(分詞)＜bun/sa＞『文』 waktu se-lesai.　～구문 susunan (konstruksi) kalimat partisipel. 현재 [과거] ～ waktu selesai sekarang [lampau].

분사(憤死)＜bun/sa＞　～하다 mati karena kemarahan yang berlebihan.

분사(噴射)＜bun/sa＞　～하다 me-nyembur; memancar.　～추진식의 (berbaling-baling) jet.

분산(分散)＜bun/san＞　pemencaran; penyebaran.　～하다 memecah; memencarkan. 인구를 ～하다 me-nyebarkan penduduk.

분상(粉狀)＜bun/sang＞　～의 bu-buk.

분석(分析)＜bun/seok＞　analisa; pe-nyelidikan; pemeriksaan; penelitian; kajian; penelaahan; ujian.　～하다 menganalisa; menguraikan; mengu-pas; mengulas; menafsirkan; mene-liti; menyelidiki; menguji.　～적인

analitik.　～학 ilmu analitis.　～학자 analis.　～화학 kimia analitik.

분설(分設)＜bun/seol＞　～하다 mem-bentuk/mendirikan cabang.

분성(分性)＜bun/seong＞『理』 divisi-bilitas; kemampubagian.

분손(分損)＜bun/son＞『經』 kerugian sebagian.

분쇄(粉碎)＜bun/swae＞　～하다 me-lumatkan; menumbuk; menggiling.　～기(機) penumbuk (gilingan).

분수(分數)＜bun/su＞　① kebijak-sanaan; kepantasan.　～없다 tidak bijaksana; tidak pantas.　② ke-dudukan (status); status sosial.　～에 맞게 [안 맞게] sesuai dengan [di atas] status sosial.　～를 지키다 menjaga batas sesuai dengan status.　～를 모르다 tidak dapat mengenal diri sendiri.

분수(分數)＜bun/su＞『數』 pecahan; bilangan pecahan.　～의 pecahan.　～식 persamaan pecahan.

분수(噴水)＜bun/su＞　air mancur.　～기(器) alat pemancar air.

분수령(分水嶺)＜bun/su/ryeong＞　gu-nung batas air.

분승(分乘)＜bun/seung＞　～하다 mengendarai terpisah.

분식(扮飾)＜bun/sik＞　perhiasan; de-korasi.　～하다 mendekorasi; meng-hiasi.

분식(粉食)＜bun/sik＞　makanan te-pung.

분신(分身)＜bun/sin＞　①『佛』 in-karnasi Budha.　② (제2의 나) diri yang lain; anak; alter ego.

분신(焚身)＜bun/sin＞　～하다 mem-bakar diri sampai mati.　～자살하다 ＝분신하다.　～자살 pembakaran diri sampai mati.

분실(分室)＜bun/sil＞　kantor tam-bahan; kantor terpisah.

분실(紛失)＜bun/sil＞　kehilangan.　～하다 hilang.　～물 barang-barang yang hilang.　～(물) 신고 laporan barang-barang yang hilang.

분압(分壓)＜bun/ab＞『機』 tekanan parsial.

분야(分野)＜bun/ya＞ bidang; lapangan. ~가 다르다 berbeda bidang. 연구 ~ lapangan penelitian.

분양(分讓)＜bun/yang＞ ~하다 menjual (tanah) per kapling. ~주택 rumah petak. ~지 tanah kapling.

분업(分業)＜bun/eob＞ pembagian kerja; spesialisasi. ~하다 membagi pekerjaan.

분연(憤然)＜bun/yeon＞ ~히 dengan marah.

분연(奮然)＜bun/yeon＞ ~히 dengan berani.

분열(分列)＜bun/yeol＞ ~하다 memencarkan barisan. ~식 parade; baris-berbaris.

분열(分裂)＜bun/yeol＞ pembagian; pemecahan; pemencaran. ~하다 membagi; memecah-mecahkan. 세포~ segmentasi. 핵~ fisi nuklir.

분요(粉擾)＜bun/yo＞ ☞ 분란. ~를 일으키다 menambah kerumitan/kesukaran.

분원(分院)＜bun/won＞ gedung terpisah; rumah sakit cabang.

분위기(雰圍氣)＜bun/wi/gi＞ suasana. 자유 ~에서 dalam suasana kebebasan. ~를 조성하다 [깨뜨리다] menciptakan [merusak] suasana.

분유(粉乳)＜bun/yu＞ susu bubuk. 탈지~ susu bubuk tanpa lemak.

분자(分子)＜bun/ja＞ ① molekul. ~량 berat molekul. ~생물학 biologi molekuler. ~식 rumus molekul. ② orang; unsur. 불평~ orang yang mengeluh; unsur yang tidak puas.

분잡(紛雜)＜bun/jab＞ kekacauan. ~한 kacau; penuh sesak.

분장(分掌)＜bun/jang＞ ~하다 berbagi tugas; membagi tugas.

분장(扮裝)＜bun/jang＞ penyamaran; samaran; dandanan; make up. ~하다 berperan sebagai; menyamar sebagai. ~실 kamar rias.

분재(分財)＜bun/jae＞ ~하다 membagi warisan.

분재(盆栽)＜bun/jae＞ tanaman pot. ~하다 menanam (tanaman) di dalam pot.

분쟁(紛爭)＜bun/jaeng＞ percekcokan; pertengkaran; permusuhan; sengketa; perpecahan; pertikaian. ~의 씨 bibit pertengkaran. 국제~ perselisihan internasional.

분전(奮戰)＜bun/jeon＞ perkelahian sengit. ~하다 berkelahi (bertempur) dengan sengit.

분점(分店)＜bun/jeom＞ toko cabang.

분젠등(- 燈)＜bun/jen/teung＞ lampu bunden.

분주(奔走)＜bun/ju＞ ~하다 sibuk. ~하게 dengan sibuk; dengan buru-buru.

분지(盆地)＜bun/ji＞ basin.

분지르다＜bun/ji/reu/da＞ pecah.

분책(分冊)＜bun/chaek＞ volume terpisah.

분첩(粉貼)＜bun/cheob＞ pengoles bedak.

분초(分秒)＜bun/cho＞ saat (detik).

분출(噴出)＜bun/chul＞ ~하다 memancur; menyemprot; melesat; muncrat; mengucur. ~물 letusan; erupsi.

분침(分針)＜bun/chim＞ jarum panjang.

분탄(粉炭)＜bun/than＞ bubuk batu bara.

분탕질(焚蕩 -)＜bun/thang/jil＞ ~하다 memboroskan harta keluarga.

분통(憤痛)＜bun/thong＞ kemarahan; kedongkolan; kejengkelan. ~터지다 marah; dongkol; jengkel.

분투(奮鬪)＜bun/thu＞ perjuangan keras. ~하다 berjuang dengan keras; berusaha dengan keras.

분파(分派)＜bun/fa＞ sekte; faksi; golongan; kelompok. ~활동 kegiatan faksi; kegiatan golongan.

분패(憤敗)＜bun/fae＞ ☞ 석패(惜敗).

분포(分布)＜bun/fo＞ distribusi; penyebaran; pemencaran. ~하다 terdistribusi; tersebar. ~도 peta distribusi; peta penyebaran.

분풀이(憤 -)＜bun/fu/ri＞ ~하다 melepaskan kemarahan (dendam);

melampiaskan kemarahan.

분필(粉筆)＜bun/fil＞ kapur tulis.

분하다(扮 -)＜bun/hada＞ ☞ 분장(扮裝).

분하다(憤 -)＜bun/hada＞ ① (원통) menjengkelkan; mengesalkan. ② (아깝다) (patut) disesalkan; menyesalkan.

분한(分限)＜bun/han＞ ① (한계) batas; limit. ② (실용성.경제성) kegunaan; kemanfaatan; penggunaan ekonomis. ~있다 [없다] hemat/ekonomis [boros]. ③ ☞ 분수(分數).

분할(分割)＜bun/hal＞ pembagian; pembelahan; penceraian. ~하다 membagi; membelah. ~상환 pembayaran dengan mencicil. ~지배 membagi dan menguasai.

분할(分轄)＜bun/hal＞ ~하다 membagi untuk tujuan administratif.

분해(分解)＜bun/hae＞ analisis; resolusi; dekomposisi; penguraian; disintegrasi; pembagian. ~하다 menganalisis; memisah-misahkan; menguraikan. ~작용 disintegrasi; katabolisme; penguraian.

분향(焚香)＜bun/hyang＞ ~하다 membakar kemenyan.

분홍(粉紅)＜bun/hong＞ warna merah jambu.

분화(分化)＜bun/hwa＞ diferensiasi; spesialisasi/pengkhususan. ~하다 mengkhususkan; membedakan/mendiferensiasi.

분화(噴火)＜bun/hwa＞ erupsi; letusan; aktivitas gunung berapi. ~하다 meletus; mengeluarkan lahar. ~구 kawah; lubang kepundan. ~산 gunung berapi; gunung api.

붇다＜but/ta＞ ① (물에 젖어) basah kuyup. ② meningkatkan; bertambah. 강물이 ~ sungai itu meluap.

불＜bul＞ ① api; nyala; jago merah. ~붙기 쉬운 mudah terbakar. ~(이) 붙다 terbakar. ~을 붙이다 menyalakan; membakar. ~을 일으키다 membuat api; menyalakan api.

~을 끄다 memadamkan api; memadamkan kebakaran. ② lampu; lampu listrik. ~을 켜다 menyalakan/menghidupkan lampu. ~을 끄다 mematikan lampu. 전깃~ lampu listrik. ③ kebakaran. ~을 내다 menimbulkan kebakaran; menyebabkan kebakaran. ~이 나다 kebakaran. ~조심하다 Hati-hati terhadap kebakaran.; Awas api! ~바다 lautan api.

불＜bul＞ skrotum; buah pelir; pelancin.

불(弗)＜bul＞ dollar. ☞ 달러.

불(佛)＜bul＞ (부처님) Budha, (프랑스) Negeri Perancis.

불…(不)＜bul＞ tidak …; bukan …

불가(不可)＜bul/ga＞ ~하다 salah; keliru; buruk; tidak patut.

불가(佛家)＜bul/ga＞ ① (불문) kependetaan (Budha), pendeta Budha. ② (절) kuil Budha.

불가결(不可缺)＜bul/ga/gyeol＞ ~하다 sangat diperlukan; esensial.

불가능(不可能)＜bu/ga/neung＞ ketidakmungkinan; kemustahilan. ~한 tidak mungkin; tidak dapat dicapai; tidak dapat dilaksanakan. ~한 일 perkara yang mustahil; hal yang tidak mungkin.

불가래＜bul/ga/rae＞ sodok/sekop api.

불가리아＜bul/ga/ria＞ Bulgaria. ~의 berkenaan dengan Bulgaria. ~사람 orang Bulgaria.

불가분(不可分)＜bul/ga/bun＞ indivisibilitas ;ketidakmampu bagian. ~의 tidak dapat dibagi; tidak dapat dipisahkan. ~의 관계에 있다 berhubungan secara tidak terpisahkan.

불가불(不可不)＜bul/ga/bul＞ tidak terhindarkan; mau tidak mau; tak terelakkan. ~해야(만) 하다 tidak ada pilihan; mau tidak mau.

불가사리＜bul/ga/sa/ri＞ 『動』 bintang laut; tapak-tapak.

불가사의(不可思議)＜bul/ga/sa/eui＞ misteri; keajaiban; mukjijat. ~한 misterius; aneh; ajaib.

불가시(不可視)＜bul/ga/si＞ invisibilitas. ～의 tidak terlihat; kasat mata. ～광선 sinar kasat mata.

불가역성(不可逆性)＜bul/ga/yeok/seong＞ ireversibilitas (ketidak-mampu-balikan).

불가역현상(不可逆現象)＜bul/ga/yeok/hyeon/sang＞ fenomena yang ireversibel.

불가침(不可侵)＜bul/ga/chim＞ non-agresi; inviolabilitas. ～의 tidak dapat diganggu gugat. ～권 (權) hak yang tak dapat diganggu gugat. ～조약 pakta non agresi.

불가피(不可避)＜bul/ga/fi＞ ～한 tak terhindarkan; tidak dapat dielakkan; tak terelakkan.

불가항력(不可抗力)＜bul/ga/hang/nyeok＞ kekuatan yang tidak dapat ditahan; force majeure. ～의 tidak terkendalikan; tidak dapat dikontrol. ～이다 tidak dapat dielakkan; diluar kekuasaan kita.

불가해(不可解)＜bul/ga/hae＞ ～한 misterius; aneh; tak dapat dipahami. ～한일 sebuah misteri; enigma.

불간섭(不干涉)＜bul/gan/seob＞ non-intervensi. ～하다 tidak ikut campur; tidak campur tangan. ～주의 (主義) kebijakan non intervensi.

불감증(不感症)＜bul/gam/jeung＞ 『醫』 frigiditas; ketiadaan napsu birahi; hati dingin. ～의 여자 wanita yang frigid/dingin. ～이 되다 menjadi frigid.

불개미＜bul/gae/mi＞『蟲』semut merah; semut abang.

불개입(不介入)＜bul/gae/ib＞ non intervensi (tidak campur tangan). ～정책 kebijakan non intervensi/tidak campur tangan.

불거지다＜bul/geo/ji/da＞ ① (비어지다) menonjol keluar; menyembul. ② (숨겼던 것이) muncul; tampil; tampak kelihatan.

불건전(不健全)＜bul/geon/jeon＞ ～한 tidak sehat; tidak waras. ～한 정신 jiwa yang tidak sehat

불결(不潔)＜bul/gyeol＞ ～하다 kotor; tidak bersih; tidak sehat. ～물 kotoran; najis.

불경(不敬)＜bul/gyeong＞ ～한 kurang ajar; kasar; tidak sopan; lancang.

불경(佛經)＜bul/gyeong＞ kitab-kitab suci agama Budha; sutra.

불경기(不景氣)＜bul/gyeong/gi＞ masa-masa sulit; kemerosotan/kemunduran usaha/bisnis; depresi; masa kesempitan. 심각한 ～ depresi yang parah.

불경제(不經濟)＜bul/gyeong/je＞ pemborosan. ～적(인) tidak ekonomis.

불계승(不計勝)＜bul/gye/seung＞ permainan satu pihak; pertandingan yang berat sebelah. ～하다 menang dengan selisih yang besar; menang mutlak.

불고(不顧)＜bul/go＞ ～하다 mengabaikan; melecehkan; tidak mengacuhkan.

불고기＜bul/go/gi＞ daging bakar; daging panggang; *bulgogi*.

불공(不恭)＜bul/gong＞ ～한 kurang ajar; kasar; tidak sopan.

불공(佛供)＜bul/gong＞ sembahyang agama Budha.

불공대천지수(不共戴天之讐)＜bul/gong/dae/cheon/ji/su＞ musuh yang garang.

불공정(不公正)＜bul/gong/jeong＞ ～하다 tidak adil; tidak jujur; memihak; berat sebelah.

불공평(不公平)＜bul/gong/fyeong＞ ～하다 memihak; tidak adil; berat sebelah. ～한 짓을 하다 berlaku tidak adil. ～하게 다루다 memperlakukan tidak adil.

불과(不過)＜bul/gwa＞ hanya; tidak lebih dari; tidak lain hanya. 동창에 ～하다 tidak lebih hanya teman sekolah.

불과(佛果)＜bul/gwa＞ 『佛』 nirwana.

불교(佛敎)＜bul/gyo＞ Budhisme (agama Budha). ～의 budhistis

(bersifat Budhisme). ~믿다 mengimani agama Budha. ~ 문화 peradaban [kebudayaan] Budha. ~ 청년회 Perhimpunan Pemuda Budha.

불구(不具)<bul/gu> ~의 cacat; buntung; pincang; lumpuh; cacat bentuk. ~자(者) orang yang cacat (lumpuh, buntung).

불구(不拘)<bul/gu> ~하고 meskipun; walaupun; kendatipun.

불구대천(不俱戴天)<bul/gu/dae/cheon> ☞ 불공대천지수.

불구속(不拘束)<bul/gu/sok> non penahanan. ~으로 tanpa penahanan. ~입건 pencatatan tanpa detensi/penahanan.

불굴(不屈)<bul/gul> ~의 gigih; berani; sukar dikekang/ ditundukkan; kukuh; kokoh. ~의 정신 semangat yang gigih. 불요~ kegigihan.

불귀(不歸)<bul/gwi> ~의 객이 되다 mangkat; meninggal.

불규칙(不規則)<bul/gyu/chik> ketidakteraturan; iregularitas; ketidakberesan. ~하다 tidak teratur; tidak sistematis. ~하게 secara tidak teratur; secara tidak sistematis. ~한 생활을 하다 menjalani hidup yang tidak teratur.

불균형(不均衡)<bul/gyun/hyeong> ketidakseimbangan; ketimpangan. ~하다 tidak seimbang; tidak proporsional; timpang. 경제적인 ~을 시정하다 memperbaiki ketimpangan ekonomi.

불그데데하다<bul/geu/de/de/hada> suram kemerah-merahan.

불그레하다<bul/geu/re/hada> kemerah-merahan.

불그스름하다<bul/geu/seu/reum/hada> ☞ 불그레하다.

불그죽죽하다<bul/geu/juk/juk/hada> ☞ 불그데데하다.

불급(不急)<bul/geub> ~한 tidak sangat penting; tidak mendesak. 불요 ~한 산업 industri non esensial (tidak menguasai hajat hidup orang banyak).

불긋불긋<bul/geut/bul/geut> ~하다 berbintik-bintik merah.

불기(- 氣)<bul/ki> rasa api. ~없는 tidak dipanaskan; tidak dihangatkan. ~없는 방 kamar yang tidak dipanaskan/dihangatkan.

불기둥<bul/gi/dung> tiang api (nyala).

불기소(不起訴)<bul/gi/so> non-prosekusi. ~로 하다 membatalkan perkara/kasus. ~가 되다 dibebaskan (dari tuntutan). ~처분 disposisi untuk tidak melakukan penuntutan.

불긴(不緊)<bul/gin> tidak dibutuhkan secara mendesak; tidak esensial.

불길<bul/kil> lidah api; jilatan api. ~에 휩쌔다 terkurung dalam jilatan api. ~을 잡다 memadamkan kebakaran; mengendalikan/ mengatasi api.

불길(不吉)<bul/gil> ~한 malang; celaka; sial; nahas. ~한 예감 firasat yang tidak menyenangkan; firasat yang tidak baik. ~한 전조 pertanda buruk.

불김<bul/kim> kehangatan api.

불까다<bul/ka/da> mengebiri; mengkastrasi.

불꽃<bul/kot> nyala api; cetusan/ percikan bunga api; kembang api. ~이 튀다 mencetuskan api. ~놀이 pertunjukan kembang api.

불끈<bul/keun> dengan tiba-tiba; dengan cepat. ~화내다 menjadi marah; marah hati. 주먹을 ~쥐다 mengepalkan tinju.

불나다<bul/na/da> terjadi kebakaran.

불나방<bul/na/bang> ngengat macan.

불난리(- 亂離)<bul/nal/li> dalam kekacauan kebakaran.

불놀이<bul/no/ri> permainan dengan api. ~하다 bermain dengan api.

불놓다<bul/not/tha> membakar.

불능(不能)＜bul/leung＞　☞　불가능, 무능(력).　지금~ ketidakmampuan (untuk membayar); keadaan bangkrut.

불다＜bul/ta＞　(바람이) berhembus; bertiup; bernapas.

불다＜bul/ta＞　① (입으로) menghembuskan; meniup; (숨을) menghembuskan napas.　② (악기를) meniup (suling).　③ (죄를) mengaku (dosa).

불단(佛壇)＜bul/tan＞ altar Budha.

불당(佛堂)＜bul/tang＞ kuil Budha.

불덩어리＜bul/teong/eo/ri＞ bola api, (고열))demam yang tinggi.

불도(佛徒)＜bul/to＞ penganut agama Budha; orang Budha.

불도(佛道)＜bul/to＞ ajaran Budha; Budhisme.

불도저＜bul/do/jeo＞ buldoser.　~로 땅을 밀다 meratakan tanah dengan buldoser.

불독＜bul/dok＞ anjing bulldog.

불때다＜bul/tae/da＞ membuat api.

불똥＜bul/tong＞ bunga api; lelatu.

불란서(佛蘭西)＜bul/lan/seo＞ Perancis.

불량(不良)＜bul/lyang＞　~하다 buruk; hina; rendah (mutu).　~화하다 menjadi rusak.　~도체 non konduktor/bukan penghantar; insulator.　~배 bajingan; bangsat; penjahat; bandit.　~소년 소녀 kenakalan remaja.　~품 barang yang rendah mutunya.　~학생 siswa yang nakal.

불러내다＜bul/leo/nae/da＞ memanggil keluar; memanggil (lewat telepon); memancing keluar (dari).

불러오다＜bul/leo/o/da＞ memanggil; menyeru.

불러일으키다＜bul/leo/il/eu/khi/da＞ membangkitkan; menimbulkan.　여론을~ membangkitkan opini umum.　주의를~ meminta perhatian.

불려가다＜bul/lyeo/ga/da＞ diminta; diperintahkan.　사장에게~ dipanggil/diminta menghadap pimpinan.

불로(不老)＜bul/lo＞ awet muda; keawetmudaan.　~불사 keawetmudaan dan kekekalan.　~장생 rahasia awet muda.　~초 obat awet muda.

불로소득(不勞所得)＜bul/lo/so/deuk＞ penghasilan/pendapatan yang diterima tanpa bekerja.　~생활자 orang yang hidup dari penghasilan tanpa bekerja.

불룩하다＜bul/luk/hada＞ membengkak.

불륜(不倫)＜bul/lyun＞ pelanggaran susila; perbuatan asusila.　~의 (perbuatan yang) asusila.

불리(不利)＜bul/li＞ keadaan yang merugikan; keadaan yang tidak menguntungkan.　~한 merugikan; tidak menguntungkan.　~한 입장에 서다 berada pada keadaan yang tidak menguntungkan.

불리다＜bul/li/da＞ (배를) mengenyangkan (perut sendiri),(사복채우다) memperkaya diri sendiri.

불리다＜bul/li/da＞　① (쇠를) menempa; mengeraskan.　☞ 까부르다.

불리다＜bul/li/da＞ (부름받다) dipanggil; diminta (diperintahkan).

불리다＜bul/li/da＞ (바람에) bertiup; meniup.

불리다＜bu/li/da＞　① (물에) merendam; mencelupkan; melunakkan; membasahi.　② (늘리다) meningkatkan; menambahkan.

불림＜bu/lim＞ (쇠붙이의) penempaan.

불만(不滿),불만족(不滿足)＜bul/man, bul/man/jok＞ ketidakpuasan; ketidaksenangan; pengaduan; keluhan.　~의 tidak memuaskan; tidak memenuhi harapan; tidak menyenangkan.　~으로여기다 tidak puas; tidak senang.

불만스럽다(不滿-)＜bul/man/seu/reob/ta＞ tidak memuaskan.

불매운동(不買運動)＜bul/mae/un/dong＞ mogok (boikot) konsumen; kampanye untuk memboikot sejumlah produk.

불면불휴(不眠不休)＜bul/myeon/bul/

hyu> ~로 bekerja siang dan malam.

불면증(不眠症)<bul/myeon/ceung> imsonia (penyakit tidak bisa tidur). ~환자 pasien imsonia.

불멸(不滅)<bul/myeol> kekekalan; keabadian; kelestarian; kebakaan. ~의 kekal; abadi.

불명(不明)<bul/myeong> ① kurang kecerdasan. ~하다 bodoh; dungu; tolol. ② ☞불명료. 원인~이다 tidak diketahui; tidak terjelaskan; merupakan misteri.

불명료(不明瞭)<bul/myeong/nyo> ~하다 tidak jelas; samar; kabur.

불명예(不名譽)<bul/myeong/ye> aib; malu; noda; cela; cacat; nista. ~한 memalukan. ~제대 pembebastugasan dengan tidak hormat; pemberhentian dengan tidak hormat.

불모(不毛)<bul/mo> ~의 tandus; gersang; tidak subur. ~지(地) tanah yang tandus; tanah gurun; tanah kosong.

불문(不問)<bul/mun> …을 ~하고 tidak menghiraukan; terlepas dari. ~에 부치다 mengabaikan; melewatkan.

불문(佛門)<bul/mun> kependetaan; Budhisme. ~에 들다 menjadi seorang Budhis; masuk kependetaan.

불문가지(不問可知)<bul/mun/ga/ji> ~이다 menjadi jelas/terang/nyata; terbukti sendiri.

불문곡직(不問曲直)<bul/mun/gok/jik> ~하다 tidak menimbang benar atau salah.

불문율(不文律)<bul/mun/yul> hukum yang tidak tertulis; hukum adat.

불미(不美)<bul/mi> ~한 [스러운] buruk; menjijikkan; memalukan. ~스러운 일 skandal; kasus yang memalukan.

불민(不敏)<bul/min> kebodohan; ketololan. ~한 tidak cakap; bebal.

불발(不發)<bul/bal> ~하다 ma-

cet; gagal. 계획은 ~로 끝났다 rencana gagal. ~탄 granat yang tidak meledak.

불법(不法)<bul/peob> ilegalitas; ketidaksyahan; hal melanggar hukum. ~의 ilegal; gelap; tidak syah; melanggar hukum. ~소지 pemilikan ilegal; pemilikan tidak syah. ~외국인 근로자 pekerja asing ilegal; pekerja gelap. ~입국 imigrasi gelap. ~입국자 imigran gelap; pendatang gelap. ~집회 perakitan ilegal; perakitan gelap. ~행위[감금] tindak [pengurungan] ilegal.

불법(佛法)<bul/beob> agama Budha.

불벼락<bul/byeo/rak> ① (번갯불) ledakan petir. ② (비유적) titah (perintah) tirani.

불변(不變)<bul/byeon> ~의 tidak dapat dirubah; tetap; kekal; abadi; konstan. ~색(色) warna permanen. ~성 keabadian; kekekalan. ~수 konstanta.

불볕<bul/byeoth> sinar matahari yang membakar.

불복(不服)<bul/bok> ketidaktundukan; ketidakpatuhan; pengingkaran; keberatan; protes. ~하다 tidak mematuhi (peraturan); mengingkari kesalahan; berkeberatan; memprotes.

불복종(不服從)<bul/bok/cong> ketidakpatuhan; ketidaktundukan.

불분명(不分明)<bul/bun/myeong> ~한 tidak jelas; samar; kabur.

불붙다<bul/buth/ta> terbakar.

불붙이다<bul/bu/chi/da> menyalakan; menghidupkan.

불비(不備)<bul/bi> ~한 tidak lengkap; defisien/kurang. ☞ 미비.

불빛<bul/bit> sinar.

불사(不死)<bul/sa> ~의 kekal; abadi; baka. ~조(鳥) burung foenik.

불사(佛事)<bul/sa> kebaktian Budha.

불사르다<bul/sa/reu/da> membakar; memanggang; memanaskan.

불사신(不死身) <bul/sa/sin> ~의 kebal; tidak dapat dikalahkan.

불사하다(不辭-) <bul/sa/hada> tidak menolak; tidak kuasa menolak. ... 하기를 ~ (sangat) ingin untuk (melakukan).

불상(不祥) <bul/sang> ~사 perkara yang memalukan; skandal.

불상(佛像) <bul/sang> patung Budha; arca Budha. 금속 ~ arca Budha dari logam; arca Budha dari kuningan.

불상놈 <bul/sang/nom> orang yang sangat vulgar/ kasar.

불서(佛書) <bul/seo> kitab-kitab agama Budha.

불선명(不鮮明) <bul/seon/myeong> ☞ 선명(鮮明).

불성립(不成立) <bul/seong/rib> ~하다 batal; urung; gagal; tidak jadi.

불성실(不誠實) <bul/seong/sil> ketidaktulusan. ~한 tidak tulus.

불성인사(不省人事) <bul/seong/in/sa> ~한 hilang kesadaran.

불세지재(不世之才) <bul/se/ji/jae> orang yang berbakat istimewa; orang yang berbakat langka.

불세출(不世出) <bul/se/chul> kelangkaan. ~의 luar biasa; istimewa; tak ada tandingan. ~의 위인 orang besar yang istimewa dalam sejarah.

불소(不少) <bul/so> ~하다 tidak sedikit; banyak.

불소(拂素) <bul/so> 『化』 fluor (F).

불손(不遜) <bul/son> kesombongan; keangkuhan; keangkaraan. ~한 angkuh ; sombong; besar kepala.

불수(不隨) <bul/su> lumpuh; kelumpuhan; paralisis. 반신[전신]~ lumpuh sebagian [total].

불수의(不隨意) <bul/su/eui> ~근 (筋) [운동,작용] otot [gerakan, aksi] refleks.

불순(不純) <bul/sun> ~하다 tidak murni; kotor; busuk; curang. ~한 동기 motif yang tidak jujur. ~물

noda. ~분자 unsur yang tidak murni.

불순(不順) <bul/sun> ~하다 (일기가) berubah-ubah; tidak teratur; tidak tetap.

불승인(不承認) <bul/seung/in> pencelaan; ketidaksetujuan.

불시(不時) <bul/si> ~의 sebelum waktunya; tidak diduga-duga; tidak dikira-kira. ~에 secara tidak terduga; tanpa peringatan terlebih dahulu; mendadak. ~의 공격 serangan mendadak. ~의 변(變) kecelakaan (yang tidak terduga). ~에 방문하다 mengunjungi (seseorang) secara tidak diduga-duga. ~의 재난을 당하다 mengalami bencana yang tidak terduga; mengalami kecelakaan.

불시착(不時着) <bul/si/chak> pendaratan darurat.

불식(佛式) <bul/sik> upacara agama Budha. ~에 따라 sesuai dengan tata cara agama Budha.

불식(拂拭) <bul/sik> ~하다 menghilangkan; menyapu bersih; menyingkirkan.

불신(不信) <bul/sin> ketidakpercayaan; kehilangan kepercayaan; kecurigaan. ~하다 tidak mempercayai. ~풍조 kecenderungan saling mempercayai. ~행위 melanggar kepercayaan.

불신감(不信感) <bul/sin/gam> ketidakpercayaan; kecurigaan. ~을 품다 menaruh kecurigaan; curiga. ~을 일으키다 menimbulkan kecurigaan.

불신임(不信任) <bul/sin/im> ketidakpercayaan. ~하다 tidak mempercayai. ~안을 제출[결의]하다 mengajukan [menerima] mosi tidak percaya. ~결의 resolusi ketidakpercayaan; suara mengecam. ~투표 mosi tidak percaya.

불심(不審) <bul/sim> ~검문 pemeriksaan tiba-tiba.

불쌍하다 <bul/ssang/hada> malang; menyedihkan; kasihan.

불쏘시개＜bul/sso/si/gae＞ penyala api; ranting-ranting kayu kecil.

불쑥＜bul/ssuk＞ dengan tiba-tiba; tiba-tiba saja; tahu-tahu.

불쑥하다＜bul/suk/hada＞ menonjol; mengembung.

불씨＜bul/ssi＞ menyalakan arang untuk membuat api. 분쟁의～ benih perselisihan.

불안(不安)＜bu/ran＞ rasa gelisah; kekhawatiran; kegelisahan; kecemasan. ～하다 gelisah; khawatir; cemas; risau. ～하게 여기다 merasa cemas (tentang); mencemaskan/merisaukan (tentang); merasa khawatir.

불안정(不安定)＜bu/ran/jeong＞ ketidakstabilan; ketidakmantapan. ～한 tidak stabil; tidak mantap; goyah; tidak aman.

불알＜bu/ral＞ buah pelir; biji kemaluan.

불야성(不夜城)＜bu/rya/seong＞ kawasan (kota) tanpa malam.

불어(佛語)＜bu/reo＞ bahasa Perancis.

불어나다＜bu/reo/na/da＞ naik; bertambah; meningkat; berkembang biak. 냇물이～ air sungai naik.

불여의(不如意)＜bul/yeo/eui＞ ～하다 berjalan tidak sesuai dengan keinginan; keliru.

불연(不然)＜bu/ryeon＞ ～이면 sebaliknya; jika tidak demikian.

불연성(不燃性)＜bu/ryeon/seong＞ inkombustibilitas; hal tahan api. ～의 tahan api; tidak terbakar; tidak dapat menyala. ～물질 bahan tahan api. ～필름 selaput pelindung.

불연속선(不連續線)＜bu/ryeon/sok/seon＞ 『氣』 garis ketidaksinambungan.

불온(不穩)＜bu/ron＞ keresahan; kegelisahan; ketidaktenangan; kerusuhan. ～한 meresahkan; mengancam; mengganggu; menggelisahkan. ～문서 surat edaran/sirkuler yang menghasut; dokumen yang berbahaya (subversif). ～분자 unsur-unsur pengganggu; unsur-unsur yang meresahkan. ～사상 pendapat yang meresahkan.

불완전(不完全)＜bu/rwan/jeon＞ ketidaksempurnaan; ketidaklengkapan; kekurangan. ～한 tidak sempurna; tidak lengkap. ～자[타]동사 kata kerja transitif [intransitif] tidak lengkap.

불요불굴(不撓不屈)＜bu/ryo/bul/gul＞ ～의 gigih; keras hati; keras; berani; sukar dikekang.

불요불급(不要不急)＜bu/ryo/bul/geub＞ ～의 tidak mendesak; tidak (sangat) penting; tidak penting. ～의 사업 [산업] perusahaan [industri] non-esensial; perusahaan [industri] yang tidak menguasai hajat orang banyak.

불용(不用)＜bu/ryong＞ ～의 tidak berguna/ bermanfaat; tidak penting. ～물[품] barang tidak di pakai.

불용성(不溶性)＜bu/ryong/seong＞ ketidaklarutan/ insolubilitas. ～의 tidak larut.

불우(不遇)＜bu/ru＞ kemalangan; ketidak beruntungan. ～한 malang; tidak beruntung; tidak menentu. ～하게 지내다 mengalami kehidupan yang tidak menentu. ～한 처지에 있다 (berada) dalam keadaan yang tidak menguntungkan. ～이웃 돕기 운동 kampanye "Marilah kita bantu tetangga yang membutuhkan".

불운(不運)＜bu/run＞ kemalangan; ketidakberuntungan; ketidakmujuran; kesialan. ～한 malang; tidak beruntung; bernasib jelek; sial; apes. ～하게도 sayang sekali.

불원(不遠)＜bu/rwon＞ tidak jauh; tidak lama lagi. ～천리하고 meskipun jauh. ～한 장래에 pada waktu yang tidak begitu lama lagi.

불유쾌(不愉快)＜bul/yu/khwae＞ ☞ 불쾌.

불응(不應)＜bul/eung＞ ～하다 tidak mengikuti/memenuhi (tidak menyetujui).

불의(不意)<bul/eui> ~의 tidak terduga; tiba-tiba; mendadak. ☞ 불시.

불의(不義)<bul/eui> immoralitas; pelanggaran susila; hubungan gelap; penyelewengan. ~의 asusila; tidak pantas; gelap; tidak sopan; melanggar aturan. ~의 씨 anak haram. ~의 사랑 cinta gelap.

불이익(不利益)<bu/ri/ik> mudarat; kerugian. ☞ 불리.

불이행(不履行)<bu/ri/haeng> pelanggaran (janji); kegagalan memenuhi (kontrak). ~자(者) pelanggar kontrak.

불인가(不認可)<bul/in/ga> ketidaksetujuan; penolakan.

불일간(不日間)<bul/il/gan> ☞ 불일내.

불일내(不日內)<bul/il/nae> ~에 tidak lama; segera; dalam beberapa hari.

불일듯하다<bul/il/deut/hada> berkembang baik; maju. 장사가~ usaha berkembang dengan pesat sekali.

불일치(不一致)<bul/il/chi> ketidaksesuaian; ketidakcocokan; ketidakselarasan. ~한 tidaksesuai; tidak selaras. 언행~ ketidakselarasan antara kata dan perbuatan.

불임증(不姙症)<bul/im/jeung> sterilitas/pemandulan.

불입(拂入)<bul/ib> pembayaran; penyetoran. ~하다 membayar. ~금 uang pembayaran. ~자본 modal.

불잉걸<bul/ing/geol> bara.

불자동차(-自動車)<bul/ja/dong/cha> mobil pemadam kebakaran.

불잡다<bul/jab/ta> memadamkan kebakaran; mengendalikan kebakaran.

불장(佛葬)<bul/jang> pemakaman (menurut tata cara agama) Budha.

불장난<bul/jang/nan> ~하다 bermain api; bermain cinta. 사랑의~ petualangan cinta.

불전(佛典)<bul/ceon> kitab Agama Budha.

불전(佛殿)<bul/ceon> tempat suci agama Budha.

불조심(-操心)<bul/jo/sim> tindakan pencegahan terhadap bahaya kebakaran. ~하다 waspada terhadap api.

불종(佛鐘)<bul/jong> lonceng kuil.

불좌(佛座)<bul/cwa> tempat duduk patung Budha.

불지르다<bul/ji/reu/da> membakar.

불지피다<bul/ji/fi/da> membuat api.

불질하다<bul/jil/hada> menyalakan api (untuk memasak), menembakkan (senapan).

불집<bul/cib> ~을 건드리다 menepuk sarang tabuhan (menimbulkan keributan).

불집게<bul/cib/ge> ☞ 부집게.

불쬐다<bul/coe/da> berdiang (menghangatkan diri dekat api); menghangatkan (sesuatu).

불착(不着)<bul/chak> ketidakdatangan.

불찬성(不贊成)<bul/chan/seong> ketidaksetujuan; ketidaksepakatan; keberatan. ~하다 menentang; tidak setuju; keberatan.

불찰(不察)<bul/chal> kesembronoan; kealpaan; pengabaian; kelalaian.

불참(不參)<bul/cham> ketidakhadiran; kemangkiran. ~하다 tidak hadir; tidak muncul; mangkir; absen. ~자 orang yang tidak hadir.

불철저(不徹底)<bul/cheol/jeo> ~하다 tidak meyakinkan; tidak sempurna; tidak konsisten; setengahsetengah.

불철주야(不撤晝夜)<bul/cheol/ju/ya> ~로 (bekerja) siang dan malam; (bekerja) dua puluh empat jam.

불청객(不請客)<bul/cheong/gaek> tamu tak diundang.

불초(不肖)<bul/cho> tidak berbakti, Saya ～자식 anak yang tidak berbakti.

불출(不出)＜bul/chul＞ orang bodoh; orang tolol.

불충(不忠)＜bul/chung＞ ketidaksetiaan; ketidakpatuhan; kedurhakaan. ～의 tidak setia; tidak patuh; durhaka.

불충분(不充分)＜bul/chung/bun＞ ketidakcukupan; kekurangan. ～한 tidak cukup; kurang; tanggung; kurang sempurna; tidak memadai. 증거 ～으로 무죄가 되다 dibebaskan karena tidak cukup bukti.

불충실(不充實)＜bul/chung/sil＞ ketidaksetiaan; ketidakpatuhan. ～한 tidak setia.

불측(不測)＜bul/cheuk＞ ～하다 tidak terkira-kira; tidak terduga.

불측지변(不測之變)＜bul/cheuk/ji/byeon＞ kecelakaan yang tidak terduga; bencana yang tidak terduga.

불치(不治)＜bul/chi＞ ～의 tidak tersembuhkan; fatal; mematikan. ～의 환자 pasien yang tidak·ada harapan. ～병 penyakit yang tidak tersembuhkan.

불친소＜bul/chin/so＞ sapi/lembu jantan.

불친절(不親切)＜bul/chin/jeol＞ ketidakbaikan; ketidakramahan. ～한 tidak baik; tidak ramah; tidak bersahabat.

불침번(不寢番)＜bul/chim/beon＞ jaga malam, penjaga malam. ～을 서다 berjaga sepanjang malam.

불켜다＜bul/khyeo/da＞ menyalakan; menghidupkan.

불쾌(不快)＜bul/khwae＞ ketidaksenangan; ketidaknyamanan; kegelisahan; perasaan tidak senang. ～하다 merasa tidak senang (tidak nyaman). ～지수 indeks ketidaknyamanan; indeks kelembaban-temperatur.

불타(佛陀)＜bul/tha＞ Budha.

불타다＜bul/tha/da＞ terbakar; menyala; melalak; berapi.

불통(不通)＜bul/thong＞ ① (교통

통신의) interupsi; pemutusan; penyetopan; penghentian. ～하다 diputuskan; dihentikan; diinterupsi; dihambat. ② (모르다) ketidakmengertian; ketidakpahaman; ketidaktahuan. ～하다 tidak mengerti; tidak paham; tidak mengetahui. 언어 ～ kesulitan bahasa.

불퇴전(不退轉)＜bul/thoe/jeon＞ ～의 gigih; tekun; kukuh.

불투명(不透明)＜bul/thu/myeong＞ keburaman; kekusaman. ～한 buram; suram; keruh; kental.

불퉁불퉁＜bul/thung/bul/thung＞ ① (표면) ketidakrataan; kekasaran. ～하다 tidak datar; tidak rata. ② (퉁명스럽게) kekasaran; kekakuan; keterusterangan. ～하다 kasar; terus terang; kaku.

불퉁스럽다＜bul/thung/seu/reob/ta＞ kasar; kaku; keras; tidak ramah; terus terang.

불퉁하다＜bul/thung/hada＞ menonjol; mengembung.

불티＜bul/thi＞ percikan bara api; nyala terbang; kembang api. ～같다[나다] menjual dengan laris.

불편(不便)＜bul/fyeon＞ ① (몸 따위가) ketidaknyamanan; ketidakenakan. ～하다 merasa tidak enak; merasa ketidaknyamanan. ② (편리치 않음) kesusahan; ketidakenakan. ～하다 tidak menyenangkan; susah; sukar. ～을 느끼다 merasa tidak enak; merasa terganggu; merasa gelisah. ～을 끼치다 menyebabkan kesusahan; menyusahkan.

불편부당(不偏不黨)＜bul/fyeon/bu/dang＞ sikap/sifat tidak memihak. ～의 adil; tidak memihak; netral.

불평(不平)＜bul/fyeong＞ ketidakpuasan; keluhan; keluh kesah; ketidaksenangan. ～하다 mengeluh; menggerutu; mengomel; mencomel; bersungut-sungut; memberengut. ～이다 tidak puas. ～가[객] pengomel; perengut. ～분자 orang-orang yang tidak puas.

불평등(不平等)＜bul/fyeong/deung＞ ketidaksamaan; ketaksamaan; ketidakadilan; ketidakmerataan. ~한 tidak sama; tidak adil; tidak merata. ~조약 perjanjian yang tidak adil.

불포화(不飽和)＜bul/fo/hwa＞ tidak jenuh. ~기(基) radikal tidak jenuh. ~화합물 senyawa tidak jenuh; campuran tidak jenuh.

불피우다＜bul/fi/u/da＞ membuat api.

불필요(不必要)＜bul/fi/ryo＞ ~한 tidak diperlukan; tidak esensial.

불하(拂下)＜bu/ra＞ pelelangan. ~하다 melelang. ~품 barang-barang yang dilelang oleh pemerintah.

불학무식(不學無識)＜bul/hak/mu/sik＞ kebutahurufan. ~한 buta huruf; tuna aksara.

불한당(不汗黨)＜bul/han/dang＞ kelompok penjahat; gangster; bangsat.

불합격(不合格)＜bul/hab/gyeok＞ kegagalan; penolakan. ~하다 gagal; ditolak; tidak memenuhi standar. ~자 calon yang tidak berhasil; calon yang gagal. ~품 barang-barang yang ditolak/dikembalikan.

불합리(不合理)＜bul/ham/ni＞ ~한 tidak masuk akal; tidak logis; tidak rasional.

불행(不幸)＜bu/rhaeng＞ ketidakbahagiaan; kesengsaraan; nasib buruk; kesialan; kemalangan. ~한 tidak bahagia; tidak beruntung; malang; gagal; sial; nahas; apes; sengsara. ~히(도) sayang sekali; malang benar; sangat disayangkan. ~중 다행 pelipur dalam kesedihan; pelipur lara,

불허(不許)＜bul/heo＞ ~하다 tidak mengijinkan; tidak menyetujui. ~복제(複製) "Dilarang mencetak kembali".

불현듯이＜bul/hyeon/deut/i＞ (dengan) tiba-tiba; seketika.

불협화(不協和)＜bul/hyeo/fhwa＞ ketidakselarasan; perselisihan (fa-ham); pertentangan. ~의 tidak selaras; penuh pertentangan.

불협화음(不協和音)＜bu/ryeob/hwa/eum＞ 『樂』 ketidakselarasan; bunyi sumbang.

불호령(- 號令)＜bul/ho/ryeong＞ ~을 내리다 mengeluarkan perintah yang keras/garang.

불혹(不惑)＜bu/rhok＞ umur empat puluh.

불화(不和)＜bu/roa＞ perselisihan; pertentangan; pertengkaran; ketidakrukunan; perseteruan. ~하다 berselisih; berselisih faham; berseteru. ~하게 되다 bertengkar; bersengketa. 가정~ perselisihan keluarga; pertengkaran keluarga.

불화(弗化)＜bu/roa＞ 『化』 fluoridasi. ~수소(水素)[칼슘] hidrogen fluorida [kalsium fluorida].

불화(弗貨)＜bu/roa＞ dollar.

불화(佛畵)＜bu/roa＞ lukisan Budha.

불확대(不擴大)＜bu/rwak/dae＞ ~방침 kebijakan non-ekspansi; kebijakan lokalisasi.

불확실(不確實)＜bu/rwak/sil＞ ~한 tidak pasti; tidak dapat diandalkan. ☞ 확실.

불확정(不確定)＜bu/rwak/ceong＞ ~한 tidak pasti; ragu-ragu/bimbang. ☞ 확정.

불환지폐(不換紙幣)＜bu/rwan/ji/fye＞ uang kertas yang tidak dapat dikonversi/ditukar.

불활성(不活性)＜bu/rwal/seong＞ ~가스 gas lembam.

불황(不況)＜bu/rwang＞ depresi; kemerosotan; resesi. ~의 tidak aktif; lamban; stagnan/mandek. ~시대 masa depresi; masa-masa sulit.

불효(不孝)＜bu/ryo＞ ketidakpatuhan. ~한 tidak patuh; membangkang; tidak menurut. ~자 anak yang tidak patuh/tidak menurut; anak tak berbakti.

불후(不朽)＜bu/rhu＞ ☞ 불멸.

붉다＜buk/ta＞ merah; merah tua;

(사상이) komunis.
붉덩물 <buk/deong/mul> sungai yang berlumpur.
붉디붉다 <buk/di/buk/ta> merah sekali.
붉히다 <pul/khi/da> menjadi merah padam; terangsang kemarahan; menjadi merah muka (karena malu).
붐 <bum> ① bum (sangat laku). ② bom (perintang pelabuhan).
붐비다 <bum/bi/da> penuh sesak; ramai; berjejal-jejal; berdesak; berjubel.
붓 <but> kuas; pena celup; mopit. ~을 들다 menulis; mengarang; mengangkat pena (membuat tulisan/karangan). ~을 놓다 berhenti menulis; berhenti mengarang. ~집 kotak kuas (pena). ~통 tempat kuas (pena).
붓꽃 <but/kot> 『植』 bunga iris.
붓끝 <but/keuth> ① (붓의) ujung kuas/pena celup. ② (필봉) goresan pena; manipulasi pena.
붓다 <but/ta> ① (살이) membengkak; sembab. 얼굴이 ~ muka sembab. ② (성나서) mendongkol; merajuk; merongseng.
붓다 <but/ta> ① (쏟다) menuangkan; mengisi; mencurahkan. ② (씨앗을) menabur (benih). ③ (돈을) mencicil.
붓대 <but/tae> batang kuas tulis.
붓두껍 <but/du/keob> tutup kuas tulis.
붓순 <but/sun> 『植』 adas Jepang.
붓질 <but/jil> pelukisan. ~하다 menyapu kuas; membuat sapuan dengan kuas; melukis.
붕괴(崩壞) <bung/goe> keruntuhan; keambrukan; kerobohan. ~하다 ambruk; runtuh; roboh; gugur; hancur.
붕굿하다 <bung/geut/hada> ① (언덕.산봉우리가) sedikit tinggi; agak tinggi. ② (들뜨다) sedikit longgar; agak longgar. ③ (배가) gendut; buncit.

붕당(朋黨) <bung/dang> faksi; kelompok; klik/ golongan kecil.
붕대(繃帶) <bung/dae> kain pembalut; balutan; perban; pembebat. ~를 감다 membalut; memperban; memalut.
붕붕거리다 <bung/bung/geo/ri/da> dengungan; deruman.
붕사(硼砂) <bung/sa> boraks.
붕산(硼酸) <bung/san> 『化』 asam boraks.
붕소(硼素) <bung/so> 『化』 unsur boron (B).
붕어 <bung/eo> 『魚』 ikan karper.
붕어(崩御) <bung/eo> kematian.
붕장어(- 長魚) <bung/jang/eo> 『魚』 ikan sidat (sejenis belut laut).
붕정(鵬程) <bung/jeong> perjalanan panjang; perjalanan jauh. ~만리의 비행 penerbangan jauh.
붙다 <buth/ta> ① melekat; menempel; bergabung; berdekatan/berhampiran. 철썩 ~ melekat dengan kuat. ② (딸리다) digabungkan; ditempelkan. ③ 이자가 ~ menghasilkan bunga; berbunga. 버릇이 ~ menjadi kebiasaan. 별명이 ~ bernama panggilan; memiliki nama panggilan. 살이 ~ bertambah gemuk. 취미가 ~ memiliki selera (akan); berminat. 영어 실력이 ~ menjadi mahir dalam bahasa Inggris. ④ (좇아 따르다) mengikuti; menyertai; menemani; (편들다) menyeberang; membelot. 적에게 ~ menyeberang/membelot ke musuh. ⑤ (의지하다) tergantung kepada. ⑥ (불이) dihidupkan; dinyalakan; dibakar. ⑦ (시험) lulus ujian. ⑧ (싸움이) mulai; dimulai; berkembang menjadi. ⑨ (마귀가) dirasuki; keranjingan. ⑩ (교미) menjantan. ⑪ ☞ 간통하다.
붙들다 <buth/deul/da> ① ☞ 잡다. ② (만류) melerai; menahan. ③ (도와 주다) menolong; membantu.
붙들리다 <buth/teul/li/da> ditangkap; ditahan; ditawan.
붙박이 <buth/ba/gi> peralatan tetap;

barang tetap.　~의 terpasang tetap; imbo.

붙박이다<buth/ba/gi/da> dipasang tetap; (집에) dikurung (dalam kamar).

…붙이<bu/chi> ① handai taulan dan sanak keluarga. 일가~ kerabat; sanak keluarga. ② barang-barang terbuat dari … . 쇠~ barang dari besi.

붙이다<bu/chi/da> ① menempatkan; memasang; melekatkan; mengencangkan; melekatkan; menempelkan; mencantumkan. 우표를~ menempelkan perangko. 꼬리표를~ memasang etiket. 책상을 벽에~ menempatkan meja didekat dinding. ② menambahkan; memberikan. 의견을~ membuat komentar tambahan. 조건을~ memberikan persyaratan. ③ (몸을) mengandalkan pada; menggantungkan pada. ④ (불을) menyalakan; menghidupkan. ⑤ (두 사이를) menjadi perantara; mengantarai; menengahi. 싸움을~ membuat bertengkar. 흥정을~ mengadakan tawar menawar. ⑥ (이름 따위를) memberikan nama; menamai; memberi judul. ⑦ menyertai; menemani. 감시를~ menempatkan di bawah penjagaan. ⑧ (memberikan) tamparan; menampar. (뺨)따귀를~ meninju telinga. ⑨ mengawinkan. ⑩ 재미를~ menemukan kesenangan (dalam); tertarik/senang (dengan). 취미를~ memiliki selera (akan); memiliki minat (dalam); berminat (dengan).

붙임성(- 性)<bu/chim/seong> keramah-tamahan; kebaikan hati; kesopanan. ~있는 ramah tamah; baik hati; bersahabat.

붙잡다<bu/cab/ta> ① meraih; merenggut; menangkap; merebut; mengeduk; mencengkam; menjawat; mencekal. ☞잡다. ② (일자리를) mendapat pekerjaan. ③ (돕다) membantu; menolong.

붙잡히다<bu/ca/fi/da> ditangkap;

ditahan.

붙장(- 欌)<buth/cang> lemari yang dipasang tetap.

브라스밴드<beu/ra/seu/baen/deu> orkes alat musik tiup.

브라우닝<beu/ra/u/ning> (repolper) Browning.

브라운관(-管)<beu/ra/un/gwan> 『TV』 tabung gambar; tabung katoda; kineskop.　~에 등장하다 muncul di televisi; tampil di televisi.

브라질<beu/ra/jil> Brazil.　~의(사람) orang Brazil.

.브래저<beu/rae/jeo> kutang; bra; beha.

브랜디<beu/raen/di> brendi; jenewer.

브러시<beu/reo/si> sikat.

브레이크<beu/re/i/kheu> rem; kendali; pekam.　~를 걸다 mengerem.

브레이크<beu/re/i/kheu> 『拳』 pisah (dalam tinju).

브레인트러스트<beu/re/in/theu/reo/seu/theu> gabungan otak; tenaga pemikir.

브로마이드<beu/ro/ma/i/deu> bromida; kertas bromida.

브로치<beu/ro/chi> bros; peniti dada.

브로커<beu/ro/kheo> broker; pialang; makelar.

브롬<beu/rom> 『化』 bromin (a).　~칼리 potasium bromida.　~화 brominasi (reaksi dengan bromin).　~화(化)하다 mereaksikan dengan bromida.　~화물(化物) senyawa bromida.

브리지<beu/rit/ci> ① (다리) jembatan. ② (트럼프놀이) (main) bridge.

브리튼<beu/ri/theun> Inggris (raya).　~사람 orang Inggris.

브라우스<beul/la/u/seu> blus; baju wanita.

블랙리스트<beul/laek/li/seu/theu> daftar hitam.

블록<beul/lok> blok.　~경제 blok

ekonomi. 달러[금]~ blok dollar [blok emas].

블루머<beul/lu/meo> celana pof; celana pendek yang diikat dekat lutut.

블루진<beul/lu/jin> celana blue jean.

비<bi> hujan. ~가 많은 banyak hujan. ~가 많이 오는 계절 musim hujan. ~가 오다 [멎다] hujan turun [reda].

비<bi> sapu.

비(比)<bi> nisbah/rasio; proporsi; perbandingan. ☞ 비(比)하다.

비(妃)<bi> permaisuri; isteri putra mahkota.

비(碑)<bi> batu nisan; monumen/tugu peringatan.

비…(非)<bi> bukan; tidak; anti.

비가(悲歌)<bi/ga> elegi; syair ratapan; nyanyian/lagu penguburan.

비각<bi/gak> perselisihan; konflik. ~이다 berselisih; konflik.

비각(碑閣)<bi/gak> rumah monumen.

비감(悲感)<bi/gam> perasaan sedih; suka cita; nestapa.

비강(鼻腔)<bi/gang> 『解』 rongga hidung.

비걱거리다<bi/geok/geo/ri/da> berciut; berbunyi; k(er)iat-k(er)iut (pada waktu membuka pintu).

비겁(卑怯)<bi/geob> ~한 (bersifat) pengecut; hina; curang. ~한 자 pengecut; orang yang pengecut. ~한 짓을 하다 berbuat pengecut (seseorang).

비견(比肩)<bi/gyeon> ~하다 setingkat; sama; sebanding.

비결(秘訣)<bi/gyeol> rahasia; kunci (untuk); kiat. 성공의 ~ kiat sukses.

비경(秘境)<bi/gyeong> kawasan yang belum pernah dijelajahi.

비경(悲境)<bi/gyeong> kesengsaraan; penderitaan. ~에 빠지다 jatuh dalam kesengsaraan/penderitaan.

비계<bi/gye> lemak; lemak babi.

비계<bi/gye> 『建』 perancah; tang-

ga-tangga.

비계(秘計)<bi/gye> rencana rahasia; kartu truf.

비고(備考)<bi/go> catatan; referensi; keterangan. ~난 kolom referensi/keterangan.

비곡(秘曲)<bi/gok> musik rahasia.

비곡(悲曲)<bi/gok> nyanyian sedih/lagu sedih.

비공개(非公開)<bi/gong/gae> ~의 pribadi; informal; tertutup.

비공식(非公式)<bi/gong/sik> ~적(으로) (secara) tidak resmi.

비공인(非公認)<bi/gong/in> ~의 tidak resmi; tidak sah; tidak diakui. ~세계 기록 rekor dunia yang belum diakui.

비과세(非課稅)<bi/gwa/se> pembebasan pajak. ~품 barang bebas pajak.

비과학적(非科學的)<bi/gwa/hak/ceok> tidak ilmiah.

비관(悲觀)<bi/gwan> pesimisme; kekecewaan. ~하다 pesimis; memiliki pandangan yang suram; kecewa. ~적 pesimistis. ~론자 orang pesimis.

비교(比較)<bi/gyo> perbandingan. ~하다 membandingkan; memperbandingkan. ~적(으로) (secara) komparatif; (secara) perbandingan. …와 ~하면 jika dibandingkan dengan… . ~가 안 되다 lebih dari (sekedar) tandingan. ~급『文』 (tingkat) komperatif. ~문학 pustaka/literatur pembanding. ~연구 studi perbandingan.

비구니(比丘尼)<bi/gu/ni> biarawati; rahib wanita.

비구승(比丘僧)<bi/gu/seung> biksu; pendeta Budha.

비국민(非國民)<bi/guk/min> orang yang tidak patriotik.

비군사(非軍事)<bi/gun/sa> ~적 non militer; bukan militer. ~화 demilitarisasi.

비굴(卑屈)<bi/gul> ~한 bersikap merendahkan diri.

비극(悲劇)<bi/geuk> tragedi; sandiwara sedih.　~적 tragis.　가정의 ~ tragedi keluarga; cerita sedih tentang keluarga.　~배우 pelaku lakon sedih.

비근(卑近)<bi/geun>　~한 umum; lazim; biasa; (평이) datar; sederhana.

비근거리다<bi/geun/geo/ri/da>　goyang-goyang; reyot.

비금속(非金屬)<bi/geum/sok>　bukan logam; metaloid.

비금속(卑金屬)<bi/geom/sok>　logam dasar.

비기다<bi/gi/da>　① (무승부) berakhir seri.　② (상쇄) mengimbangi; memperseimbangi; menutup (kekurangan); mengimpas.

비기다<bi/gi/da>　(비유.견줌) menyamakan (dengan); membandingkan (dengan).

비꼬다<bi/ko/da>　① (끈을) memelintir; memilin.　② (말을) membuat ucapan yang sinis.

비꼬이다<bi/ko/i/da>　terpilin; terbelit-belit; kusut; menjadi kacau.

비꼿거리다<pi/keut/geo/ri/da>　① (잘 안되다) berjalan salah.　② (어긋나다) bekerja longgar.

비난(非難)<bi/nan>　penyalahan; kecaman; celaan; dakwaan; tuduhan; gugatan.　~하다 menyalahkan; menuduh; menimpakan kesalahan; mengeritik; mencela.

비너스<bi/neo/seu>　venus.

비녀<bi/nyeo>　jepit rambut hiasan.

비논리적(非論理的)<bi/nol/li/jeok>　tidak logis; tidak sesuai dengan jalan pikiran yang sehat.

비뇨기(泌尿器)<bi/nyo/gi>　organ uriner.　~과 bagian uriner.

비누<bi/nu>　sabun.　~로 씻다 mencuci dengan sabun dan air.　얼굴에 ~질을 하다 menyabuni muka.　가루~ sabun bubuk.　세수[빨랫]~ sabun toilet [sabun cuci].

비늘<bi/neul>　sisik.　~이 있다 bersisik.　~을 벗기다 menyisiki ikan.　~구름 sirokomulus.

비능률(非能率)<bi/neung/nyul>　in-

efisiensi; ketidakefisienan.　~적 tidak efisien.

비닐<bi/nil>　vinil.　~수지 resin vinil.　~하우스 rumah kaca plastik vinil.

비닐론<bi/nil/lon>　vinilon.

비다<bi/da>　kosong; hampa; lowong.　뱃속이 ~ lapar.

비단(緋緞)<bi/dan>　tenunan sutra; kain sutra.　~결 같다 lembut seperti sutra.

비단(非但)<bi/dan>　tidak hanya... tetapi juga...

비당파적(非黨派的)<bi/dang/fa/jeok>　tidak memihak; tidak berpartai.

비대(肥大)<bi/dae>　~한 gemuk; tambun; buntal; gembrot.　심장~ pembesaran jantung.

비동맹(非同盟)<bi/dong/maeng>　~국 negara non blok.　~국 회의 konferensi negara non blok.

비둘기<bi/dul/gi>　merpati; burung dara.　~장 kandang merpati.　~파(派) aliran garis lunak (dalam partai).

비듬<bi/deum>　sindap; ketombe; kelumumur.　~투성이의 머리 rambut yang berketombe.　~약 obat anti ketombe.

비등(比等)<bi/deung>　~하다 hampir sama; sebanding; setara.

비등(沸騰)<bi/deung>　~하다 menindih; mengelegak.　~점 titik didih.

비디오<bi/di/o>　~카셋트 kaset vidio.　~테이프 vidio tape.　~테이프에 녹화하다 merekam pada video tape.

비뚜로<bi/tu/ro>　miring; mencong; mencondong.

비뚤름하다<bi/tu/reum/hada>　miring; mencong.

비뚝거리다<bi/tuk/geo/ri/da>　goyang; goyah; timpang.

비뚤다<bi/tul/da>　mencong; miring.

비뚤어지다<bi/tul/eo/ji/da>　① (사물이) menjadi mencong; menyimpang; serong; miring; sendeng; ke-lok; mengsol. ② (마음 등이) men-jadi kusut (pikiran).

비래(飛來)＜bi/rae＞　～하다 datang dengan pesawat terbang.

비럭질＜bi/reok/cil＞　～하다 memin-ta-minta; mengemis.

비련(悲戀)＜bi/ryeon＞　cinta yang tragis.

비례(比例)＜bi/rye＞　proporsi; nis-bah/rasio.　～하다 sebanding (de-ngan). …에 ～하여 dalam perban-dingan dengan… .　～대표(제) (sis-tim) perwakilan sebanding.　～식 persamaan bagi. 정[반]～ perban-dingan lurus [terbalik]. 정[반]　～ 하다 berbanding lurus [terbalik].

비례(非禮)＜bi/rye＞　ketidaksopan-an; kekurangajaran; kelancangan.

비로소＜bi/ro/so＞　baru (setelah sesuatu terjadi); tidak…sampai…

비록(秘錄)＜bi/rok＞ catatan rahasia.

비록＜bi/rok＞ meskipun; sekalipun; biarpun; walaupun. ～비가 오더라 도 sekalipun turun hujan.

비롯하다＜bi/rot/hada＞　memulai; mengawali; bertolak; berpangkal.

비료(肥料)＜bi/ryo＞ pupuk; rabuk; kompos.　～를 주다 memupuki; merabuk.　～공장 pabrik pupuk. 화학 ～ pupuk buatan/ kimia.

비루＜bi/ru＞ kedal.

비루(鄙陋)＜bi/ru＞　～한　vulgar; hina.

비리(非理)＜bi/ri＞ irasionalitas; ke-musykilan.

비리다＜bi/ri/da＞　(생선이)　amis; (피가) bau darah; (아니 꼽다) men-jijikkan.

비린내＜bi/rin/nae＞ bau amis; bau darah; anyir.　～나다 berbau amis.

비릿하다＜bi/rit/hada＞ agak amis.

비만(肥滿)＜bi/man＞　～하다　ge-muk; gendut; montok.　～아 anak yang terlalu gemuk.　～형 tipe ge-muk.

비말(飛沫)＜bi/mal＞ percikan; sem-protan.

비망록(備忘錄)＜bi/mang/nok＞　me-morandum; memo.

비매품(非賣品)＜bi/mae/fum＞　ba-rang yang tidak untuk dijual.

비명(非命)＜bi/myeong＞　～에 죽다 [가다] mati tidak wajar.

비명(悲鳴)＜bi/myeong＞　jeritan. 지르다 menjerit.

비명(碑銘)＜bi/myeong＞　tulisan/ ukiran di batu nisan (monumen).

비몽사몽(非夢似夢)＜bi/mong/sa/ mong＞　～간에 antara tidur dan jaga.

비무장(非武裝)＜bi/mu/jang＞　～의 didemiliterisasi; terbuka.　～화(化) 하다 mendemiliterisasi; mengosong-kan dari pasukan militer.　～지대 zona demiliterisasi.

비문(碑文)＜bi/mun＞ inskripsi; pra-sasti.

비민주적(非民主的)＜bi/min/ju/jeok＞ tidak demokrasi.

비밀(秘密)＜bi/mil＞　kerahasiaan, rahasia; misteri.　～의 rahasia pri-badi.　～히 dengan rahasia; dengan tertutup. 다 아는 ～ rahasia yang terbuka.　～로 하다 merahasiakan; menyembunyikan.　～을　지키다 menjaga　rahasia.　～을　밝히다 membuka　rahasia;　membocorkan rahasia.　～ 결사[단체,조약] orga-nisasi [perkumpulan, perjanjian] ra-hasia.　～서류 dokumen rahasia. ～회의 pertemuan pintu tertutup; pertemuan rahasia.

비바람＜bi/ba/ram＞　hujan　dan angin; hujan badai.　～을 무릅쓰고 menempuh hujan dan badai.

비바리＜bi/ba/ri＞ penyelam wanita; *bibari*.

비방(秘方)＜bi/bang＞ metode (re-sep) rahasia; rumus rahasia/simpan-an.

비방(誹謗)＜bi/bang＞ umpat; maki-an; fitnah; jujat.　～하다 mengum-pat; memaki; menjayat; memfitnah; mempergunjingkan.

비번(非番)＜bi/beon＞　～이다 pe-rai; tidak berdinas; tidak bertugas. ～날 hari tidak berdinas; hari perai.

비범(非凡) <bi/beom>　～한 luar biasa; istimewa; tidak biasa; langka.

비법(秘法) <bi/peob>　metode rahasia.

비법인(非法人) <bi/beob/in>　～의 bukan PT.

비보(悲報) <bi/bo> berita duka; berita duka cita.

비복(婢僕) <bi/bok>　pelayan (rumah); pembantu (rumah tangga).

비본(秘本) <bi/bon> kitab pusaka.

비분(悲憤) <bi/bun>　kemarahan; kedongkolan; kejengkelan; kesebalan.　～강개하다 mendongkol.

비브라폰 <bi/beu/ra/fon> vibrafon.

비비(狒狒) <bi/bi>　『動』babon (sejenis kera).

비비꼬다 <bi/bi/ko/da>　① memilin-milin; membelit-belit; memutar-mutar.　② ☞ 비꼬다.

비비꼬이다 <bi/bi/ko/i/da>　dibelit-belit; dijalin-jalin; diputar-putar; dipilin.

비비다 <bi/bi/da>　① (문지르다) goleskan; menggosok-gosok.　② (둥글게) membuat gulungan; menggulung.　③ (뒤섞다) mencampur.　④ (송곳을) membor; mengebor.

비비대기치다 <bi/bi/dae/gi/chi/da> berputar-putar.

비비송곳 <bi/bi/song/got> bor.

비비적거리다 <bi/bi/jeok/geo/ri/da> menggosok-gosok.

비비틀다 <bi/bi/theul/da>　memutar dengan keras.

비빈(妃嬪) <bi/bin>　ratu dan keluarga kerajaan.

비빔국수 <bi/bim/guk/su>　mi campur.

비빔밥 <bi/bim/pab> nasi campur.

비사(秘史) <bi/sa> sejarah rahasia.

비사교적(非社交的) <bi/sa/gyo/jeok> tidak dapat bermasyarakat; tidak sosial.

비산(飛散) <bi/san>　～하다 menyebarkan; menyerakkan.

비산(砒酸) <bi/san> 『化』asam ar--

senik.

비상(非常) <bi/sang>　① keluarbiasaan; keistimewaan.　～하다 tidak umum; luar biasa; istimewa.　～한 인물 orang yang istimewa.　～한 솜씨 keterampilan istimewa.　② darurat; bencana.　～시에는 dalam (kasus) darurat.　～경보 sinyal bahaya; tanda bahaya.　～계단 tangga darurat.　～구 pintu keluar darurat.　～소집 panggilan darurat.　～수단 tindakan darurat.　～시국에 situasi darurat.

비상(砒霜) <bi/sang> racun arsenik.

비상(飛翔) <bi/sang>　～하다 terbang; membubung.

비상근(非常勤) <bi/sang/geun>　～의 paruh waktu.　～직 jabatan paruh waktu.

비상사태(非常事態) <bi/sang/sa/thae> keadaan darurat.　～를 선포하다 pernyataan keadaan darurat.

비상선(非常線) <bi/sang/seon> barisan penjagaan; garis patroli.　～을 펴다 menempatkan barisan penjagaan; membuat barisan penjagaan.

비상시(非常時) <bi/sang/si>　darurat; krisis.

비상장주(非上場株) <bi/sang/jang/ju> 『證』saham tak terdaftar.

비생산적(非生産的) <bi/saeng/san/jeok> tidak produktif.

비서(秘書) <bi/seo>　① (책) buku pusaka.　② sekretaris (pribadi).　～실 kantor sekretariat.

비석(碑石) <bi/seok>　tugu batu; monumen; tugu peringatan; nisan.　～을 세우다 mendirikan monumen.

비소(砒素) <bi/so> arsenik; warangan; tuba tikus.

비속(卑俗) <bi/sok>　～한 vulgar; rendah.

비수(匕首) <bi/su> pisau belati.

비술(秘術) <bi/sul>　seni rahasia; muslihat.

비스듬하다 <bi/seu/deum/hada>　miring; tidak rata; tidak datar; tidak tegak; tidak lurus; mencong; con--

dong.

비스름하다＜bi/seu/reum/hada＞ agak serupa; sedikit mirip.

비스코스＜bi/seu/kho/seu＞ 『化』 viskos.

비스킷＜bi/seu/khit＞ biskuit; kue kering.

비스타비전＜bi/seu/tha/bi/jeon＞ 『映』 vista vision.

비슥거리다＜bi/seuk/geo/ri/da＞ bermalas-malasan; menunda-nunda.

비슬거리다＜bi/seul/geo/ri/da＞ terhuyung-huyung; limbung.

비슷비슷하다＜bi/seut/bi/seut/hada＞ berjenis sama; sangat mirip; banyak kesamaan.

비슷하다＜bi/seut/hada＞ serupa; mirip; tak ubah dengan; semacam; seperti; seiras.

비시지＜bi/si/ji＞ BCG (Bacillus Colmette Guerin). ~접종 suntikan BCG.

비신사적(非紳士的)＜bi/sin/sa/jeok＞ tidak jentelmen. ~행위 perilaku yang tidak jentelmen.

비실제적(非實際的)＜bi/sil/ce/jeok＞ tidak praktis.

비싸다＜bi/ssa/da＞ mahal. 비싸게 사다 membeli dengan harga mahal.

비아냥거리다＜bi/a/nyang/geo/ri/da＞ sinis; membuat ungkapan yang sarkastik/sindiran kasar.

비애(悲哀)＜bi/ae＞ duka cita; kesedihan; belasungkawa; kesengsaraan; kenestapaan; penderitaan. ~를 느끼다 merasa sedih.

비애국적(非愛國的)＜bi/ae/guk/ceok＞ tidak patriotik.

비약(秘藥)＜bi/yak＞ obat ajaib/langka.

비약(飛躍)＜bi/yak＞ lompatan; loncatan. 논리의~ lompatan dalam argumen. ~적인 발전을 하다 maju dengan pesat.

비양(飛揚)＜bi/yang＞ ~하다 terbang; membubung.

비어(卑語)＜bi/eo＞ slang; ungkapan kasar; ungkapan sehari-hari.

비어＜bi/eo＞ bir. ~홀 gudang bir.

비어지다＜bi/eo/ji/da＞ ① (쏙내밀다) menonjol keluar. ② (드러나다) terungkap.

비업무용(非業務用)＜bi/eob/mu/yong＞ tujuan non bisnis. ~토지를 백만 평이나 소유하다 memiliki satu juta pyong lahan menganggur. ~부동산 lahan menganggur.

비역＜bi/yeok＞ sodomi. ~하다 melakukan sodomi.

비열(比熱)＜bi/yeol＞ 『理』 panas jenis.

비열(卑劣)＜bi/yeol＞ ~한 rendah; hina; kotor; jorok; mesum; cabul; nista. ~한 놈 pengecut; berhati tungau.

비영리(非營利)＜bi/yeong/ni＞ nirlaba; tidak mencari keuntungan. ~법인[사업] perusahaan [usaha] nirlaba.

비예술적(非藝術的)＜bi/ye/sul/ceok＞ tidak artistik.

비옥(肥沃)＜bi/ok＞ ~한 subur; kaya; biak.

비올라＜bi/ol/la＞ biola.

비옷＜bi/ot＞ jas hujan; mantel hujan.

비용(費用)＜bi/yong＞ biaya; ongkos; belanja; bea. ~이 드는 mahal. ~에 관계없이 berapapun biayanya. ~이 얼마나 드나 Berapa biayanya?

비용절감운동(費用節減運動)＜bi/yong/jeol/gam/un/dong＞ gerakan penghematan biaya.

비우다＜bi/u/da＞ mengosongkan; melengangkan; meluangkan.

비우호적(非友好的)＜bi/u/ho/jeok＞ tidak ramah; tidak bersahabat.

비운(悲運)＜bi/un＞ kemalangan; nasib buruk.

비웃＜bi/ut＞ ikan haring. ☞ 청어.

비웃다＜bi/ut/ta＞ sinis; tertawa dengan mencemooh; tertawa mengejek; mencemoohkan; mencibirkan.

비웃음＜bi/u/seum＞ tertawaan; ejekan; olok-olok; cemoohan; sindiran; lelucon.

비원(秘苑)<bi/won> taman istana Korea; *biwon*.

비위(脾胃)<bi/wi> ① cita rasa; selera; kesuka an; kegemaran. ~에 맞다 sesuai dengan selera. ② tabiat/keadaan marah. ~를 거스르다 [건드리다] membuat menjadi marah; menjengkelkan hati. ~를 맞추다 menyenangkan; membuat menjadi senang. ~(가)상하다 merasa jijik. ~가 좋다 memiliki keberanian; berani.

비위생적(非衛生的)<bi/wi/saeng/jeok> tidak memenuhi syarat kesehatan.

비유(比喩.譬喩)<bi/yu> kata kiasan; tamsil(an); kiasan; metafora; perumpamaan; ibarat. ~하다 mengibaratkan; mengiaskan; mentamsilkan. ~적(으로) (secara) kiasan; arti kiasan.

비육우(肥肉牛)<bi/yuk/u> sapi pedaging.

비율(比率)<bi/yul> proporsi; tingkat/kadar; nisbah; presentase. ...의 ~로 pada tingkat (rasio).

비율빈(比律賓)<bi/yul/bin> ☞ 필리핀.

비음<bi/eum> ~하다 memakai pakaian pesta.

비음(鼻音)<bi/eum> suara hidung; bunyi sengau.

비익(裨益)<bi/ik> ~하다 beruntung; mendapatkan keuntungan.

비인간적(非人間的)<bi/in/gan/jeok> tidak manusiawi.

비인도(非人道)<bi/in/do> ~적 tidak berperikemanusiaan; brutal; kejam.

비일비재(非一非再)<bi/il/bi/jae> ~하다 banyak kasus yang demikian; tidak jarang terjadi.

비자<bi/ja> visa. ~를 얻다 mendapat visa.

비잔틴<bi/jan/thin> Romawi Timur.

비장(秘藏)<bi/jang> ~하다 menghargai; menjaga dengan perhatian penuh. ~의 berharga; favorit.

~품 harta; barang berharga.

비장(悲壯)<bi/jang> ~한 menyentuh; tragis; heroik.

비장(脾臟)<bi/jang> 『解』 limpa (kecil); anak limpa.

비재(菲才)<bi/jae> ketidakmampuan; ketidakcakapan. ~를 불고하고 meskipun tidak mampu.

비전(秘傳)<bi/jeon> pusaka resep rahasia.

비전<bi/jeon> bermasa depan. ~이 있는 사람 orang yang bermasa depan (cerah).

비전략물자(非戰略物資)<bi/jeol/lyak/mul/ja> barang-barang non strategis.

비전투원(非戰鬪員)<bi/jeon/thu/won> anggota militer yang tidak ikut perang.

비접<bi/jeob> ~나가다 pindah ketempat lain (untuk kesehatan).

비정(非情)<bi/jeong> ~한 berhati dingin; tidak berperasaan; kejam.

비정(秕政)<bi/jeong> politik yang jahat.

비정규군(非正規軍)<bi/jeong/gyu/gun> tentara ireguler.

비정상(非正常)<bi/jeong/sang> ketidaknormalan; ketidakteraturan. ~의 tidak normal; tidak biasa; istimewa. ~아(兒) anak yang abnormal. ~자『心』orang yang tidak normal.

비조(鼻祖)<bi/jo> ☞ 시조.

비좁다<bi/job/ta> sempit dan rapat/terkurung; kesempitan; sesak; bertumpuk-tumpuk.

비종교적(非宗敎的)<bi/jong/gyo/jeok> non religius.

비주룩하다<bi/ju/ruk/hada> menjulur; mencuat; menonjol.

비주류(非主流)<bi/ju/ryu> bukan kelompok utama; kelompok sisi/pinggiran.

비죽거리다<bi/juk/geo/ri/da> mencibir.

비죽비죽<bi/juk/bi/juk> ~한 penonjolan.

비준(批准)<bi/jun> ratifikasi; persetujuan; pengesahan.　~하다 me-ratifikasi (perjanjian); mengesahkan; mengakui; menyetujui.　~의 교환 pertukaran ratifikasi.

비중(比重)＜bi/jung＞　『理』 gravitas jenis.　~계(計) keseimbangan hidrostatis.

비지＜bi/ji＞ ampas tahu.

비지땀＜bi/ji/tam＞　~을　흘리다 berkeringat banyak.

비질＜bi/jil＞　penyapuan.　~하다 menyapu; membersihkan.

비집다＜bi/jib/ta＞　① (틈을) membelah; membuka; mendorong terbuka; menyeruakkan.　② (눈을) menggosok mata terbuka.

비쭉＜bi/cuk＞　~내밀다 mencibir.

비쭉거리다＜bi/cuk/geo/ri/da＞　mencibir.

비참(悲慘)＜bi/cham＞　~한 menyedihkan; tragis; sengsara; melarat; hina; mendukakan.　~한　생활 kehidupan yang menyedihkan; kehidupan yang celaka.　~　광경 tontonan yang menyedihkan.

비책(秘策)＜bi/chaek＞ rencana rahasia.　~을 짜다 melaksanakan rencana rahasia.

비척거리다＜bi/cheok/geo/ri/da＞ ☞ 비틀거리다.

비천(卑賤)＜bi/cheon＞　~한 rendah; hina dina.　~한 몸 orang dengan kelahiran yang rendah.

비철금속(非鐵金屬)＜bi/cheol/geum/sok＞ logam non fero.

비추다＜bi/chu/da＞　① (빛이) menyinari; menerangi.　② (그림자를) mencerminkan.　③ (비교.참조) membandingkan.　④ mengisyaratkan.　사직할 뜻을~ mengisyaratkan pengunduran diri.

비축(備蓄)＜bi/chuk＞ pencadangan; tumpukan persediaan; cadangan.　~하다　mencadangkan.　~미(米) cadangan beras.

비취(翡翠)＜bi/chwi＞　① 『鳥』 burung pekakak.　② 『鑛』 nefrit; jade lumut.　~색 hijau jade; hijau lumut.

비치(備置)＜bi/chi＞　~하다 melengkapi; menyediakan; menyiapkan.

비치다＜bi/chi/da＞　① (빛이) bersinar; memancar; menyorotkan.　② (그림자가) tercermin; terpantul.　③ (통해 보이다) menunjukkan; memperlihatkan.

비칭(卑稱)＜bi/ching＞ nama rendah; nama ejekan.

비켜나다＜bi/kyeo/na/da＞ menyingsut kesisi; menyisi; minggir.

비켜서다＜bi/khyeo/seo/da＞ melangkah kesisi; melangkah minggir.

비키니＜bi/khi/ni＞ Bikini.　~스타일로 dengan gaya bikini.　~수영복 bikini.

비키다＜bi/khi/da＞ menyisikan; menghindari; menolak; menangkal; menampik; pergi menjauh.

비타민＜bi/tha/min＞ vitamin; zat makanan.　~결핍증 vitaminosis. 종합~ multivitamin.

비타협적(非妥協的)＜bi/tha/hyeob/ceok＞　~인 tidak kompromi.　~태도 sikap tanpa kompromi.

비탄(悲嘆)＜bi/than＞ duka cita; belasungkawa; perkabungan; ratap tangis.　~하다 berduka cita; berbela sungkawa; berkabung; meratap.

비탈＜bi/thal＞ lereng; kemiringan; dakian.

비통(悲痛)＜bi/thong＞ duka cita; belasungkawa; perkabungan; kedukaan.　~한 menyedihkan; menyentuh; memilukan.

비틀거리다＜bi/theul/geo/ri/da＞ limbung; terhuyung-huyung; gelayaran; terseok-seok.

비틀다＜bi/theul/da＞ memuntir; memelintir; memutar; memulas; memilin. 팔을~ memelintir tangan.

비틀리다＜bi/theul/li/da＞ ☞ 비틀어지다.

비틀어지다＜bi/theu/reo/ji/da＞ dipelintir.

비파(琵琶)＜bi/fa＞ mandolin Korea.

비판(批判) <bi/fan> kritikan; tanggapan; komentar; bahasan; diskusi; ~하다 mengeritik; mengomentari; membahas; membicarakan. ~적 (으로) (secara) kritis. ~력 daya kritis. ~안(眼) mata yang kritis; pandangan yang kritis. ~자 kritikus. 자기~ kritik diri.

비평(批評) <bi/fyeong> kritikan; tanggapan; komentar; ulasan; pendapat; teguran. ~하다 mengeritik; mengkritik; mengomentari; mengusik; mendebat. ~가 kritikus; komentator peninjau. 문예~ kritik sastra.

비폭력(非暴力) <bi/fok/nyeok> ahimsa; non kekerasan. ~의 bersifat non kekerasan.

비품(備品) <bi/fum> perabot; perabotan; perlengkapan; perkakas; alat.

비프스테이크 <bi/feu/seu/the/i/kheu> steak daging sapi; bistik.

비하(卑下) <bi/ha> ~하다 menghinakan diri sendiri; merendahkan diri sendiri.

비하다(比-) <bi/hada> membandingkan; memperbandingkan. ☞비교.

비학술적(非學術的) <bi/hak/sul/jeok> tidak ilmiah; tidak akademis.

비합법적(非合法的) <bi/hab/beob/jeok> tidak syah; ilegal; haram; melanggar hukum.

비핵(非核) <bi/haek> ~무장국 negara yang tidak memiliki kekuatan nuklir. ~무장 지대 zona bebas nuklir. ~화(化) denuklirisasi. ~화하다 membebaskan dari nuklir.

비행(非行) <bi/haeng> perbuatan jahat; perilaku jahat/buruk. ~소년 kenakalan remaja.

비행(飛行) <bi/haeng> penerbangan. ~하다 terbang; berpergian dengan pesawat terbang. ~복 seragam penerbangan. ~사[가] penerbang; pilot; juru terbang. ~장 lapangan terbang; bandara/bandar udara. ~장교 perwira penerbangan. 세계일주 [장거리, 연습] ~ penerbangan keliling dunia [jarak jauh latihan]. 정기~ pelayanan udara reguler.

비행기(飛行機) <bi/haeng/gi> pesawat udara; pesawat terbang; kapal terbang. ~로 dengan pesawat terbang. 단엽 [복엽] ~ pesawat sayap tunggal [ganda]. 여객[수송]~ pesawat penumpang [angkut].

비행선(飛行船) <bi/haeng/seon> kapal udara.

비행정(飛行艇) <bi/haeng/jeong> aeroboat; perahu sayap.

비현실적(非現實的) <bi/hyeon/sil/jeok> tidak nyata; khayal.

비호(庇護) <bi/ho> perlindungan; proteksi; patronase. ~하다 melindungi; menutupi; memayungi; mengasuh; menjaga.

비호(飛虎) <bi/ho> macan terbang. ~같이 secepat kilat.

비화(秘話) <bi/hwa> cerita rahasia.

비화(飛火) <bi/hwa> ~하다 menyala; menjilat.

비화(悲話) <bi/hwa> cerita sedih; kisah sedih.

빅수(- 手) <bik/su> berakhir seri.

빈 <bin> Wina. ~사람 orang Wina.

빈객(賓客) <bin/gaek> tamu kehormatan; tamu terhormat; orang datang; tetamu.

빈곤(貧困), 빈궁(貧窮) <bin/gon, bin/gung> kemiskinan; kemelaratan; kepapaan; kesengsaraan. ~한 miskin; melarat; papa. ~에서 벗어나다 keluar dari kemiskinan; bangkit dari kesengsaraan.

빈농(貧農) <bin/nong> petani miskin; petani gurem.

빈대 <bin/dae> kutu busuk; kepinding; bangsat.

빈도(頻度) <bin/do> frekuensi; keseringan. 높은[낮은] ~수 frekuensi tinggi [rendah].

빈둥거리다 <bin/dung/geo/ri/da> luntang-lantung; bermalas-malasan; berlengah-lengah; menganggur; berkeliaran.

빈들거리다 <bin/deul/geo/ri/da> ☞

빈둥거리다.
빈말＜bin/mal＞ pembicaraan kosong; omong kosong; janji kosong. ～하다 berbicara kosong; membuat janji kosong; menjual petai hampa.
빈민(貧民)＜bin/min＞ orang miskin; kaum miskin. ～굴 pemukiman kumuh. ～복지 사업 usaha kesejahteraan sosial bagi kaum miskin.
빈발(頻發)＜bin/bal＞ kejadian berulang; kemunculan berulang. ～하다 terjadi berulang kali; muncul berulang kali.
빈방(- 房)＜bin/bang＞ ruang/kamar kosong.
빈번(頻繁)＜bin/beon＞ ～한 sering. ～히 sering kali.
빈병(- 瓶)＜bin/byeong＞ botol kosong.
빈부(貧富)＜bin/bu＞ kekayaan dan kemiskinan; kaya dan miskin. ～의 차 kesenjangan antara kaya dan miskin. ～의 차별 없이 kaya dan miskin sama saja.
빈사(瀕死)＜bin/sa＞ ～의 sekarat. ～상태에 있다 dalam keadaan sekarat.
빈소(殯所)＜bin/so＞ tempat dimana peti jenazah disemayamkan sebelum pemakaman.
빈속＜bin/sok＞ perut kosong. ～에 술을 마시다 minum air dengan perut kosong.
빈손＜bin/son＞ tangan kosong; tangan hampa. ～으로 dengan tangan kosong.
빈약(貧弱)＜bin/yak＞ ～한 miskin; lemah.
빈자(貧者)＜bin/ja＞ orang miskin; kaum miskin.
빈자리＜bin/ja/ri＞ lowongan; kekosongan.
빈정거리다＜bin/jeong/geo/ri/da＞ sinis; sarkastis; membuat perkataan/ungkapan yang sarkastik.
빈주먹＜bin/ju/meok＞ ☞빈손.
빈집＜bin/jib＞ rumah kosong; rumah yang tidak dihuni.
빈차(- 車)＜bin/cha＞ mobil kosong; taksi kosong.
빈천(貧賤)＜bin/cheon＞ kemiskinan (dan keterbelakangan). ～한 miskin dan terbelakang.
빈촌(貧村)＜bin/chon＞ desa miskin.
빈축(嚬蹙)＜bin/chuk＞ ～하다 memandang dengan muka suram; tidak menyukai. (남의) ～을 사다 dipandang dengan muka masam; tidak disukai.
빈탕＜bin/thang＞ kekosongan; lowongan.
빈털터리＜bin/theol/theo/ri＞ orang yang tidak punya uang; orang bokek. ～가 되다 menjadi bokek.
빈틈＜bin/theum＞ ① (간격) celah; gap. ～없이 dengan rapat; dengan padat. ② (불비) ketidaksiapan; sisi buntu. ～없는 사람 orang yang tidak bercela.
빈한(貧寒)＜bin/han＞ ☞ 가난.
빈혈(貧血)＜bin/hyeol＞ anemia. ～증에 걸리다 menderita anemia. 악성 ～ anemia pernisius.
빌다＜bil/da＞ ① (차용) meminjam; menyewa. ② (힘을) mendapat bantuan.
빌다＜bil/da＞ ① (구걸) memohon; meminta dengan sangat. ② (간청) meminta; memohon. ③ (기원) berdoa. ④ (사죄) minta maaf; mohon maaf.
빌딩＜bil/ding＞ bangunan kantor; gedung.
빌려주다＜bil/ryeo/ju/da＞ ☞빌리다.
빌로도＜bil/lo/do＞ beludru; beludu.
빌리다＜bil/li/da＞ ① (대여) meminjam. 이름 [힘]을～ meminjam nama [bantuan]. ② (임대 부동산을) menyewa.
빌리어드＜bil/li/eo/deu＞ bola sodok; bilyard.
빌미＜bil/mi＞ sebab penyakit. ～붙다 mengutuk. ～잡다 melantarkan (kepada); menganggap berasal dari.
빌붙다＜bil/buth/ta＞ merayu; menyobatkan.
빌어먹다＜bi/reo/meok/ta＞ hidup

meminta-minta.

빗<bit> sisir. ~살 gigi sisir. ~솔 sikat; sisir.

빗각(- 角)<bit/kak> 『數』 sudut miring.

빗금<bit/keum> ☞ 사선(斜線).

빗기다<bit/gi/da> menyisiri.

빗나가다<bit/na/ga/da> menyimpang; nyasar; melenceng; tidak mengenai sasaran.

빗다<bit/ta> menyisir; bersisir.

빗대다<bit/dae/da> ① (비꼬다) menyindir. ② (틀리게) bersumpah palsu; membuat pernyataan yang palsu.

빗돌(碑 -)<bit/tol> tugu batu.

빗듣다<bit/deut/ta> keliru dengar; salah mendengarkan.

빗디디다<bit/di/di/da> ☞ 헛디디다.

빗맞다<bit/mat/ta> ① (빗나가다) luput. ② (뜻한 일이) gagal; keliru.

빗먹다<bit/meok/ta> (톱이) memotong miring.

빗물<bit/mul> air hujan.

빗발<bit/pal> ~치듯하다 jatuh seperti hujan. ~같이 쏟아지는 총알 hujan peluru.

빗방울<bit/pang/ul> tetesan hujan. ~소리 tetes hujan.

빗변(- 邊)<bit/byeon> 『幾』 hipotenusa; sisi miring segitiga.

빗장<bit/cang> palang. 문에 ~을 걸다 memalang gerbang; memalang pintu.

빗접<bit/jeob> kotak sisir.

빗질하다<bit/jil/hada> menyisir.

빗치개<bit/chi/gae> alat untuk membagi rambut dan membersihkan sisir.

빙<bing> ~돌다 berputar berkeliling; berayun.

빙고(氷庫)<bing/go> gudang es batu.

빙과(氷菓)<bing/gwa> es krim; es.

빙괴(氷塊)<bing/goe> balok es; bongkah es; batangan es.

빙그레<bing/geu/re> ~웃다 ter-

senyum; berseri-seri.

빙그르르<bing/geu/reu/reu> berputar-putar.

빙글거리다<bing/geul/geo/ri/da> tersenyum; berseri-seri.

빙긋거리다<bing/geut/geo/ri/da> ☞ 빙글거리다.

빙낭(氷囊)<bing/nang> kantong es.

빙부(聘父)<bing/bu> ☞ 장인.

빙벽(氷壁)<bing/byeok> puncak es.

빙빙<bing/bing> ~돌다 berputar-putar; beredar; berkeliling.

빙산(氷山)<bing/san> gunung es. ~의 일각 bongkah es terapung.

빙상(氷上)<bing/sang> ~에서 di atas es. ~경기 ski es.

빙설(氷雪)<bing/seol> es dan salju.

빙수(氷水)<bing/su> air es.

빙원(氷原)<bing/won> padang es.

빙자(憑藉)<bing/ja> ~하다 berdalih; berbuat dalih; membuat alasan yang dicari-cari. ...을 ~하여 dengan berdalih...

빙점(氷點)<bing/ceom> titik beku.

빙초산(氷醋酸)<bing/cho/san> 『化』 asam asetat glasial; biang cuka.

빙충맞다<bing/chung/mat/ta> canggung; kikuk.

빙충맞이, 빙충이<bing/chung/ma/ji, bing/chung/i> orang yang canggung.

빙탄(氷炭)<bing/than> ~불상용 (不相容)이다 seperti anjing dan kucing; tidak dapat didamaikan; bagai minyak dan air.

빙퉁그러지다<bing/thung/geo/reo/ji/da> memiliki watak yang jahat/curang.

빙판(氷板)<bing/fan> jalan ber es; jalan beku.

빙하(氷河)<bing/ha> glasier. ~시대 zaman es. ~작용 glasiasi.

빚<bit> hutang; pinjaman; sangkut paut. ~을 지다 berhutang. ~을 갚다 melunasi hutang. ~장이 pemungut hutang; kolektor.

빚거간(- 居間)<bit/geo/gan> ~하다 bertindak sebagai agen pemberi

pinjaman.
빚꾸러기 <bit/ku/reo/gi> orang yang terjerat hutang.
빚내다 <bit/nae/da> meminjam uang; mendapat pinjaman.
빚놀이 <bit/no/ri> peminjaman uang.
빚놓다 <bit/not/tha> meminjamkan uang.
빚다 <bit/ta> ① (술을 만두 송편 따위를) membuat minuman keras. ② ☞ 빚어내다.
빚돈 <bit/ton> hutang; pinjaman.
빚물이하다 <bit/mu/ri/hada> membayar hutang orang lain.
빚어내다 <bi/jeo/nae/da> menimbulkan; mengakibatkan; menyebabkan. 분쟁을~ menimbulkan kesulitan; menimbulkan pertengkaran.
빚쟁이 <bit/jaeng/i> pemberi pinjaman.
빚주다 <bit/ju/da> meminjamkan uang.
빚지다 <bit/ji/da> berhutang.
빛 <bit> ① (광명) sinar; cahaya; kilatan; seri; semarak; kilau gemerlap; nur. ② (색채) warna; corak. ③ (안색 따위) roman; warna; rupa; air muka. 피곤한 ~을 나타내다 menunjukkan tanda-tanda kelelahan.
빛깔 <bit/kal> pewarnaan. ☞ 빛. ☞ 색채(色彩).
빛나다 <pit/na/da> ① (광선이) bersinar; memancar. ② (광휘가) bercahaya; berkilau; berkilap; gemerlap. ③ (영광스럽게) cemerlang; terang; cerah.
빛내다 <pit/nae/da> mengkilapkan; menerangkan/menjadikan terang; memarakkan. 이름을~ termasyhur; mendapatkan kemasyhuran.
빛살 <pit/sal> sinar cahaya.
빠개다 <pa/gae/da> ① membelah; memotong; menetak. 장작을~ membelah kayu bakar. ② merusak; menggagalkan. 계획을 ~ menggagalkan rencana (orang).
빠개지다 <pa/gae/ji/da> terbelah.

…빠듯 <pa/deut> sedikit kurang dari; sedikit di bawah. 두자~ sedikit di bawah dua kaki (panjang).
빠듯하다 <pa/deut/hada> ① (겨우 미침) hampir-hampir cukup. ② (꼭 낌) ketat; sempit.
빠뜨리다 <pa/teu/ri/da> ① (누락) menghilangkan; tidak memasukkan; mengeluarkan. ② (잃다) menjatuhkan; kehilangan. ③ (물속 따위에) menjatuhkan/melemparkan (ke dalam sungai); (함정에) memerangkap; menjerat; (유혹 등에) menggoda.
빠르다 <pa/reu/da> ① cepat; pesat; segera; lekas. 발이 ~ cepat berjalan. 진보가~ membuat kemajuan yang pesat; maju pesat. ② (시간이) dini; prematur; lebih awal.
빠빠 <pa/pa> papa; bapa.
빠이빠이 <pa/i/pa/i> dadah; bai-bai.
빠지다 <pa/ji/da> ① (허방 따위에) jatuh; (물에) tenggelam; karam. ② (탐닉) tenggelam dalam…; (어떤 상태에) menyerahkan diri (kepada); jatuh (ke dalam). 주색에~ kecanduan nafsu syahwat; tenggelam dalam minuman keras dan wanita. 위험 상태에~ jatuh ke dalam bahaya. ③ rontok; menipis. 털이 ~ rambut rontok; rambut menipis. ④ (탈루) dikeluarkan; dihilangkan; hilang. ⑤ (살이) menjadi kurus; mengurus. ⑥ (물 등이) mengering; menyusut. ⑦ (빛.힘.김 따위가) dibuang; dikeluarkan. ⑧ lewat; melalui. 골목으로~ lewat jalan setapak. ⑨ (탈출) terhindar dari; lolos dari; lari; menghindari; mengelak; menyingkiri. ⑩ (탈퇴) meninggalkan; menarik diri (dari). ⑪ (…만 못하다) inferior; tertinggal. ⑫ (제비뽑히다) menarik/memenangkan (undian).
빠짐없이 <pa/jim/eob/si> tanpa penghilangan; secara penuh; secara menyeluruh; satu dan seluruhnya.

~ 투표하다 memberikan suara tanpa pengecualian.

빡빡 <pak/pak> ① ~얽은 bopeng di seluruh wajah. ② ~깎다 memotong pendek rambut.

빡빡하다 <pak/pak/hada> ① (꽉차다) rapat; dikemas rapat. ② (두름성이) kaku; rigid. ③ (엄식 따위가) kering dan keras.

빡작지근하다 <pak/jak/ji/geun/hada> ☞ 뻑적지근하다.

반드르르 <pan/deu/reu/reu> ~한 licin dan mengkilap.

반들거리다 <pan/deul/geo/ri/da> licin; lihai.

반들반들 <pan/deul/pan/deul> dengan licin dengan mengkilap.

반작거리다 <pan/jak/geo/ri/da> berkelap-kelip.

반질거리다 <pan/jil/geo/ri/da> ☞ 반질거리다.

반하다 <pan/hada> ☞ 번하다.

반히 <pan/hi> ① (분명히) dengan jelas; dengan terus terang. ② (뚫어지게) dengan tajam; dengan roman menyelidik.

빨간 <pal/gan> kentara. ~거짓말 kebohongan yang kentara.

빨강 <pal/gang> merah; merah tua.

빨강이 <pal/gang/i> ① (물건) benda yang berwarna merah. ② (공산당원) orang komunis; kaum komunis.

빨갛다 <pal/gat/tha> merah tua.

빨개지다 <pal/gae/ji/da> memerah.

빨그스름하다 <pal/geu/seu/reum/hada> kemerah-merahan.

빨다 <pal/da> menghisap; mereguk; mencucup; menyedot; mengulum; mengemut.

빨다 <pal/da> mencuci; mendobi.

빨대 <pal/tae> penyedot.

빨딱거리다 <pal/tak/geo/ri/da> berdebar-debar; berdetum-detum; berdenyut.

빨랑빨랑 <pal/lang/pal/lang> dengan cepat; dengan segera; dengan tergesa-gesa.

빨래 <pal/lae> cuci; pencucian. ~

하다 mencuci; membersihkan. ~감 cucian. ~집게 jepit pakaian. ~통 tempat cucian. ~터 tempat mencuci. ~판 papan cucian.

빨리 <pal/li> segera; dengan segera/seketika; dengan cepat; dengan tergesa-gesa. 걸음을 ~하다 mempercepat langkah. ~가라 pergi cepat. ~해라 Cepatlah! .

빨리다 <pal/li/da> ① (흡수당함) dihisap; diserap; dihirup. ② (착취당하다) diperas. ③ (빨아먹이다) meneteki.

빨병(- 瓶) <pal/pyeong> botol air; tempat air.

빨아내다 <pal/a/nae/da> menghirup; menghisap; menyerap; merembes; meresap. 연기를~ menghirup asap rokok.

빨아먹다 <pal/a/meok/ta> ① (음식을) menghirup; minum. ② (우려내다) memeras.

빨치산 <pal/chi/san> gerilya.

빳빳하다 <pat/pat/hada> kaku; lurus dan kaku; kejang; tegang.

빵 <pang> roti. 버터[잼] 바른~ roti dan mentega. ~한 조각 sepotong roti. ~을 굽다 membakar roti.

빵 <pang> bunyi letusan; dentur; degam.

빵꾸 <pang/ku> keausan. ~나다 aus.

빵집 <pang/cib> toko roti.

빻다 <pat/tha> menumbuk; menggiling; menggerus; membubuk; menggilas; melumatkan. 가루를 ~ menggiling tepung.

빼각거리다 <pae/gak/geo/ri/da> ☞ 삐걱거리다.

빼기 <pae/gi> 『數』 pengurangan. ~를 하다 mengurangi.

빼내다 <pae/nae/da> ① (골라내다, 뽑다) memilih; mengeluarkan; menghunus; mencabut; melucutkan; meloloskan; melepaskan. ② (돌려내다) mencuri; mencopet. ③ (매인 몸을) melepas; membebaskan.

빼놓다 <pae/not/tha> ① (젖혀 놓

다) menghilangkan; tidak memasuk-kan; mengeluarkan. ② (뽑아 놓다) menarik keluar; mencabut; menge-luarkan. ③ (골라 놓다) memilih; mengambil satu.

빼다 <pae/da> ① (빼내다) meng-hunus; mencabut. ② (얼룩을) menghilangkan; menghapus; mencu-ci; mengeluarkan. ③ (생략) meng-hapus; meniadakan; mengeluarkan. ④ (감산) mengurangi; memotong. 10에서 5를 ~ sepuluh dikurangi lima. ⑤ menghindari; menyingkir (dari); mengelakkan; mengingkari. 꽁무니를~ mengelak tanggung jawab. ⑥ (차려입다) berdandan.

빼먹다 <pae/meok/ta> ① (빠뜨리다) menghilangkan; tidak memasuk-kan. ② (돌려내다) mencuri; men-copet. ③ 학교를~ bolos; mang-kir.

빼물다 <pae/mul/da> menyombong; mencibir.

빼쏘다 <pae/so/da> tepat; serupa; persis sama.

빼앗기다 <pae/at/gi/da> ① (탈취) kecurian; kehilangan; kecopetan; kemalingan. ② (정신을) tenggelam (dalam); asyik; khusuk.

빼앗다 <pae/at/ta> ① (탈취) me-rampas; merampok; menjarah; menggarong; menyamun; membe-gal; mencuri. ② (정신을) menarik (perhatian).

빼어나다 <pae/eo/na/da> melebihi; mengatasi; lebih unggul (dari); mengungguli; melampaui.

빽 <paek> pendukung; patron; tu-lang punggung; patronase.

빽 <paek> ~소리지르다 berteriak; menjerit.

빽빽이 <paek/pae/gi> dengan ketat; dengan padat; dengan rapat.

빽빽하다 <paek/paek/hada> rapat; padat; dikemas penuh; munjung.

뺀둥거리다 <paen/dung/geo/ri/da> melengahkan waktu.

뺀들거리다 <paen/deul/geo/ri/da> ☞ 뺀둥거리다.

뺄셈 <pael/sem> pengurangan. ~하다 mengurangi.

뺑 <paeng> berkeliling; mengeli-lingi. ~둘러싸다. mengelilingi se-luruhnya.

뺑그르르 <paeng/geu/reu/reu> ☞ 뺑그르르.

뺑소니 <paeng/so/ni> pelarian. ~치다 melarikan diri; pukul dan lari. ~차 [운전사, 사건] mobil [sopir, kasus] tabrak lari.

뺨 <pyam> pipi. ~을 때리다 me-nampar pipi; menempeleng; meng-gaplok. ~을 맞다 ditampar; di gaplok; di tempeleng. ~을 비비다 menggosok-gosokkan pipi.

뺨치다 <pyam/chi/da> ① (때리다) menampar di pipi; menggaplok. ② (무색케 하다) melebihi.

뻐근하다 <peo/geun/hada> merasa berat; pegal-pegal.

뻐기다 <peo/gi/da> menyombong; membangga-banggakan diri; omong besar.

뻐꾸기 <peo/ku/gi> 『鳥』 cuko.

뻐끔하다 <peo/keum/hada> terbuka; dalam dan luas.

뻐드렁니 <peo/deu/reong/ni> gigi tonggos.

뻑뻑 <peok/peok> 담배를 ~피우다 mengepulkan rokok.

뻑뻑하다 <peok/peok/hada> ☞ 빡빡하다.

뻑적지근하다 <peok/jeok/ji/geun/ha-da> merasa pegal dan nyeri. 어깨가~ merasa kaku di bahu; mera-sa pegal di bahu.

뻔뻔하다 <peon/peon/hada> tidak punya malu; lancang; kurang ajar; tidak sopan.

뻔하다 <peon/hada> ☞ 번하다.

뻔하다 <peon/hada> hampir; men-dekati. (하마터면) 죽을~ ham-pir mati.

뻔히 <pe/ni> ☞ 빤히.

뻗다 <peot/ta> ① memanjangkan; menyebarkan; mengembangkan; merentangkan. 뿌리가[를] ~ me-nyebarkan akar. ② memanjang;

merentang. 동서로~ memanjang sejauh… . ③ membentangkan; merentangkan; mengulurkan. 손을 ~ merentangkan tangan; mengulurkan tangan. ④ (발전) memajukan; mengembangkan; memperluas. ⑤ (죽다) mati.

뻗대다 <peot/tae/da> berkeras; bersikeras; mempertahankan.

뻗치다 <peot/chi/da> ☞ 뻗다.

뻘 <peol> ~이다 berada dalam hubungan (keponakan).

뻣뻣하다 <peot/peot/hada> kaku; keras; teguh; gigih. 목이~ menderita leher kaku.

뻥 <peong> ① letusan. ~하고 dengan letusan. ② ~뚫어지다 melobangi. ③ ☞ 거짓말.

뻥글거리다 <peong/geul/geo/ri/da> tersenyum berseri-seri.

뻥긋거리다 <peong/geut/geo/ri/da> ☞ 뻥글거리다.

뻥뻥하다 <peong/peong/hada> bingung; kehilangan akal.

뻥실거리다 <peong/sil/geo/ri/da> tersenyum tipis; berseri-seri.

뼁끼 <peng/ki> ☞ 페인트.

뼈 <pyeo> ① tulang; abu; sisa. 생선 ~를 바르다 menulangi ikan. ~가 부러지다 memecahkan tulang. ② makna yang tersembunyi; makna tersirat. ~있는 말 kata-kata yang penuh dengan makna tersirat.

뼈다귀 <pyeo/ta/gwi> sepotong tulang.

뼈대 <pyeo/dae> rangka; fisik; bentuk; kerangka; bangun. ~가 단단한 kekar.

뼈저리다 <pyeo/jeo/ri/da> mengiris hati; melukai hati.

뼈지다 <pyeo/ji/da> padat; tegas; keras.

뼘 <pyeom> jengkal. ~으로 재다 menjengkal.

뼘다 <pyeom/ta> menjengkal.

뽀얗다 <po/yat/tha> keputih-putihan.

뽐내다 <pom/nae/da> sombong; menyombong; membangga-bangga-kan diri.

뽑다 <pob/ta> ① (박힌 것을) mencabut; menghunus. ② (선발) memilih. ③ (모집) merekrut.

뽕 <pong> (daun) mulberi. ~나무 pohon mulberi.

뽀로통하다 <pyo/ro/thong/hada> murung; muram.

뾰족탑(- 塔) <pyo/jok/thab> menara; menara lancip.

뾰족하다 <pyo/cok/hada> tajam; runcing; lancip.

뿌리 <pu/ri> akar. ~깊은 berakar dalam. ~를 박다 mengakar; berakar. ~를 빼다 mengakari.

뿌리다 <pu/ri/da> memercikkan; menaburkan; menebarkan; menyebarkan; menyemaikan; menciprat-kan. 씨를~ menabur benih.

뿌리치다 <pu/ri/chi/da> menolak; membuang; mencampakkan. 손목을~ menepis tangan.

뿌옇다 <pu/yeot/tha> keputih-putihan; keabu-abuan.

뿐 <pun> melulu; hanya; saja. 이름 ~인 의사 namanya saja dokter. …할 ~만 아니라 tidak hanya… tetapi juga…

뿔 <pul> tanduk; cula. ~로 받다 menanduk; menyundul. ~세공 kerajinan tanduk.

뿔뿔이 <pul/pu/ri> berserakan; terpisah-pisah; tersebar. ~흩어지다 disebarkan; diserakkan.

뿜다 <pum/ta> menghembuskan; memuntahkan; mengeluarkan. 연기(煙氣)를 ~ menghembuskan asap. 용암을 ~ memuntahkan lava.

삐걱거리다 <pi/geok/geo/ri/da> berkeretak.

삐다 <pi/da> mengalihkan; memuntir; memutar-balikkan.

삐다 <pi/da> tenggelam; karam.

삐딱거리다 <pi/tak/geo/ri/da> lemah; lunglai.

삐딱하다 <pi/tak/hada> agak miring; membelok; menyimpang.

삐라 <pi/ra> selebaran. ~를 뿌리다 menebarkan selebaran. ~를 붙

이다 menempelkan selebaran.
삐악삐악 <pi/ak/pi/ak> ~울다 ciak-ciak (bunyi anak ayam).
삐죽거리다 <pi/juk/geo/ri/da> me- rajuk. 성이 나서~ cemberut. 울려고~ merengek.

삥 <ping> keliling. ~둘러싸다 mengelilingi.
삥땅 <ping/tang> penggelapan. ~하다 menggelapkan; mengantongi dengan tidak syah.

사<sa> setip kancing baju. ☞ 사 뜨다.

사<sa> 『樂』 sol.

사(巳)<sa> shio Ular.

사(四)<sa> empat; ke empat. ~차원 dimensi ke empat.

사(私)<sa> kerahasiaan; kedirian; kepentingan pribadi. ~가있는 mementingkan diri sendiri. ~가 없는 tidak mementingkan diri sendiri.

사(邪)<sa> kejahatan; kebusukan; kecurangan.

사(社)<sa> perusahaan; firma; kantor.

사(紗)<sa> sutera tipis; gosamer.

…사(史)<sa> sejarah. 국[세계]~ sejarah Korea [dunia].

…사(辭)<sa> pidato. 환영~ pidato sambutan.

사가(史家)<sa/ga> sejarawan; ahli sejarah.

사가(私家)<sa/ga> kediaman pribadi; rumah sendiri.

사각(四角)<sa/gak> persegi empat. ~의 persegi empat. ~형 tetragon; bangun segi empat.

사각(死角)<sa/gak> sudut mati.

사각(射角)<sa/gak> sudut tembakan; elevasi.

사각(斜角)<sa/gak> 『植』 sudut miring.

사각사각<sa/gak/sa/gak> ~먹다 memamah.

사감(私憾)<sa/gam> dendam; benci.

사감(舍監)<sa/gam> pengawas asrama; matron asrama; kepala asrama.

사거리(四 -)<sa/geo/ri> perempatan jalan.

사거리(射距離)<sa/geo/ri> jarak tembak.

사건(事件)<sa/keon> (큰) kejadian; peristiwa; (사소한) insiden; (사고) kecelakaan; (소송) kasus; urusan; perkara. ~을 떠맡다 menangani kasus. 간통~ skandal penyelewengan.

사격(射擊)<sa/gyeok> penembakan. ~하다 menembak. ~대회 pertandingan menembak. ~술(術) seni menembak. ~연습 latihan menembak. ~장 lapangan tembak; galeri menembak.

사격전(射擊戰)<sa/gyeok/jeon> pertempuran senapan. ~을 벌이다 tembak menembak (dengan).

사견(私見)<sa/gyeon> pendapat pribadi. ~으로는 menurut pendapat saya.

사경(死境)<sa/gyeong> situasi yang berbahaya; situasi krisis. ~을 헤매다 terkatung-katung antara hidup dan mati.

사경제(私經濟)<sa/gyeong/je> perekonomian swasta.

사계(四季)<sa/gye> empat musim.

사계(斯界)<sa//gye> bidang terkait; bidang. ~의권위 yang berwenang dalam bidang terkait.

사고(四顧)<sa/go> ~ 무친하다 tidak memiliki seorangpun untuk minta tolong; tidak ada sanak saudara.

사고(社告)<sa/go> pengumuman (dari suatu instansi)

사고(事故)<sa/go> kecelakaan; peristiwa; kejadian; perkara. ~를 일으키다 menyebabkan kecelakaan; menimbulkan kecelakan. 철도 [교통]~ kecelakaan kereta api [lalu lintas].

사고(思考)<sa/go> pemikiran; pertimbangan. ~하다 memikirkan; mempertimbangkan; menganggap. ~력 daya pikir; daya pertimbangan. ~방식 cara pikir.

사공(沙工)<sa/gong> tukang pera-

hu; pendayung; awak kapal.
사과(沙果) <sa/gwa> apel.　~나무 pohon apel.　~산(酸) asam malat.　~술 anggur apel.
사과(謝過) <sa/gwa> permintaan maaf.　~하다 meminta maaf.　~장 [편지] permintaan maaf tertulis; surat permintaan maaf.
사관(士官) <sa/gwan> perwira militer.　~학교 akademi militer.　~후보생 kadet perwira; calon perwira; taruna.
사관(史觀) <sa/gwan> segi sejarah.
사교(社交) <sa/gyo> interaksi sosial; pergaulan.　~적인 sosial.　~가 orang yang mudah bergaul.　~계 dunia pergaulan.　~계의여왕 ratu dunia pergaulan.　~술 seni pergaulan; seni bergaul.　~춤 dansa pergaulan.
사교(邪教) <sa/gyo> bid'ah; klenik.　~도 penganut klenik.
사구(砂丘) <sa/gu> bukit pasir.
사군자(四君子) <sa/gun/ja> 『美術』 Empat Tanaman Bernilai (plum, anggrek, krisan, dan bambu).
사권(私權) <sa/kwon> 『法』 hak pribadi.
사귀(邪鬼) <sa/gwi> roh jahat; iblis setan.
사귀다 <sa/gwi/da> bergaul (dengan); berteman (dengan); berhubungan (dengan).
사귐성 <sa/gwim/seong> afinitas; sosiabilitas; kemudahan bergaul.　~있는 simpatik; mudah bergaul.
사그라지다 <sa/geu/ra/ji/da> mengurai; larut; mencair.
사극(史劇) <sa/geuk> drama sejarah.
사근사근하다 <sa/geun/sa/geun/ha/da> ramah-tamah; menyenangkan.
사금(砂金) <sa/geum> debu emas; emas pasir.　~채집 penambangan emas pasir.
사금융(私金融) <sa/geum/yung> pinjaman swasta (utang pribadi).
사금파리 <sa/geum/fa/ri> pecahan; serpihan.

사기(士氣) <sa/gi> semangat (tempur); moral; keyakinan.　~가 떨어지다 patah semangat.　~를 고무하다 membangkitkan semangat.　~왕성하다 bersemangat tinggi.
사기(史記) <sa/gi> buku sejarah; karya sejarah; babad.
사기(死期) <sa/gi> waktu kematian.
사기(沙器) <sa/gi> keramik; tembikar; porselin; barang-barang pecah belah.
사기(詐欺) <sa/gi> tipu; penipuan; tipu daya.　~하다 menipu; mengecoh; menyilap.　~를 당하다 tertipu; terpedaya; kena tipu.　~꾼 penipu.　~혐의자 tersangka penipuan.
사기업(私企業) <sa/gi/eob> perusahaan swasta; perusahaan pribadi.
사나이 <sa/na/i>　① (남자) pria; laki-laki.　② (남성) kelakian; jenis kelamin laki-laki.　③ kejantanan.　~다운 jantan; bersifat laki-laki; perkasa.　~답게 secara jantan.
사나토리움 <sa/na/tho/ri/um> sanatorium; sanitorium.
사날 <sa/nal> tiga atau empat hari; beberapa hari.
사날 <sa/nal>　~좋다 semaunya; semena-mena.　~좋게 dengan semau-maunya; dengan semena-mena; tanpa menyisakan.
사납금(社納金) <sa/nab/geum> setoran.
사납다 <sa/nab/ta> buas; liar; galak; kasar; ganas.
사낭(砂囊) <sa/nang> tembolok.
사내 <sa/nae>　① ☞ 사나이.　~아이 anak laki-laki.　~종 budak laki-laki.　② (남편) suami.
사내(社內) <sa/nae>　~의[에] [di] perusahaan (kantor).
사냥 <sa/nyang> perburuan.　~하다 berburu.　~가다 pergi berburu.　~감 hewan buruan.　~개 anjing pemburu　~꾼 pemburu.　~터 padang perburuan.
사념(邪念) <sa/nyeom> pikiran jahat; pikiran keji.

사농공상(士農工商)＜sa/nong/gong/sang＞ pelajar, petani, seniman dan pedagang.
사다＜sa/da＞ ① membeli. 싸게[비싸게]~ membeli murah [mahal]. 외상[현금]으로~ membeli dengan berhutang [tunai/kontan]. ② mengundang; mendatangkan. 환심을 ~ mengundang simpati. 미움을~ mengundang kebencian. ③ (인정하다) menghargai; mengakui.
사다리＜sa/da/ri＞ ☞ 사닥다리. ~꼴『幾』trapezoid. ~ 소방차(車) mobil pemadam kebakaran yang bertangga; truk dengan kait dan tangga.
사다새＜sa/da/sae＞ 『鳥』pelikan (burung udang).
사닥다리＜sa/dak/da/ri＞ tangga. ~를 놓다 menempatkan tangga (pada).
사단(社團)＜sa/dan＞ yayasan. ~법인 badan hukum yayasan.
사단(事端)＜sa/dan＞ asal muasal perkara. ~을 일으키다 membangkitkan kesulitan; menimbulkan masalah.
사단(師團)＜sa/dan＞ divisi (tentara). ~사령부 markas divisi. ~장 komandan divisi.
사담(私談)＜sa/dam＞ pembicaraan pribadi (pembicaraan rahasia). ~하다 berbicara secara pribadi.
사당(私黨)＜sa/dang＞ faksi.
사당(祠堂)＜sa/dang＞ kuil.
사대(事大)＜sa/dae＞ ~ 사상[주의] paham menjilat. ~주의자 penjilat; peleceh.
사대부(士大夫)＜sa/dae/bu＞ keturunan bangsawan.
사도(私道)＜sa/do＞ jalan pribadi.
사도(邪道)＜sa/do＞ cara-cara jahat; jalan setan.
사도(使徒)＜sa/do＞ Rasul; utusan; pesuruh; mursal. ~ 행전(行傳)『聖』Kisah Para Rasul. 십이(十二)~ ke 12 murid Yesus.
사도(斯道)＜sa/do＞ lini; seni; bidang. ~의대가 ahli dalam bidang;

ahli dalam seni.
사돈(査頓)＜sa/don＞ besan. ~의 팔촌 kerabat jauh. ~집 rumah besan.
사동(使童)＜sa/dong＞ pesuruh kantor.
사두마차(四頭馬車)＜sa/du/ma/cha＞ kereta empat kuda.
사들이다＜su/deu/ri/da＞ memasukan barang-barang; menstok (toko dengan barang-barang); membeli.
사디스트＜sa/di/seu/theu＞ sadis; kejam.
사디즘＜sa/di/jeum＞ sadisme.
사뜨다＜sa/teu/da＞ lubang kancing; tusuk kelim; jahitan silang.
사라사＜sa/ra/sa＞ katun cetak (sejenis kain cita).
사라지다＜sa/ra/ji/da＞ menghilang; lenyap; raib; gaib. 어둠속으로 ~ lenyap dalam kegelapan. 연기처럼 ~ menghilang bagai asap.
사람＜sa/ram＞ ① manusia; orang; insan. ~의 떼 kerumunan; keramaian. ~의 일생 waktu hidup manusia; usia. ~을 보내다 mengirim utusan. ~은 만물의 영장 Manusia adalah khalifah di muka bumi ② karakter; sifat; kepribadian. ~이 좋은[나쁜] tabiat baik [buruk]. ~들앞에서울다 menangis di hadapan orang banyak.
사람답다＜sa/ram/dab/ta＞ manusiawi.
사람멀미하다＜sa/ram/meol/mi/ha/da＞ merasa jemu di tengah kerumunan.
사랑＜sa/rang＞ cinta; kasih sayang. ~하다 mencintai; menyukai; tertarik (pada). ~하는 yang dikasihi/dicintai. ~스러운 menarik; molek; cantik; elok. 순결한~ cinta sejati. 불의의~ cinta terlarang. ~하는 이 kekasih. ~의 보금자리 sarang cinta. ~의 표시 tanda cinta. ~에 번민하다 mabuk cinta; kasmaran. ~을 고백하다 menyatakan cinta (kepada). ~에 빠지다 jatuh cinta. ~하는 아내 isteri

tercinta.
사랑(舍廊)＜sa/rang＞ kamar terpisah yang digunakan sebagai ruang laki-laki. ～양반 suamimu. ～채 rumah terpisah.
사랑니＜sa/rang/ni＞ geraham bungsu.
사랑싸움＜sa/rang/sa/um＞ pertengkaran asmara.
사레＜sa/re＞ ～ 들리다 terceguk.
사려(思慮)＜sa/ryeo＞ pemikiran; pertimbangan; kebijaksanaan. ～깊은 bijaksana; penuh pertimbangan; tepo seliro.
사력(死力)＜sa/ryeok＞ ～을 다하다 melakukan usaha mati-matian.
사력(社歷)＜sa/ryeok＞ riwayat perusahaan.
사련(邪戀)＜sa/ryeon＞ cinta terlarang.
사령(司令)＜sa/ryeong＞ komando. ～관 komandan. ～부 markas besar; markas komando. ～선 kapal komando. ～탑 menara komando. 연합군최고～관 Komando Tertinggi Tentara Sekutu.
사령(辭令)＜sa/ryeong＞ ① diksi. 외교～ bahasa diplomasi. ② (사령장) pengangkatan tertulis (perintah tertulis).
사례(事例)＜sa/rye＞ contoh; kasus; preseden. ～연구 studi kasus.
사례(謝禮)＜sa/rye＞ terima kasih; penghargaan; renumerasi; imbalan. ～하다 mengimbali; memberi penghargaan. ～금 imbalan; hadiah; uang jasa; renumerasi.
사로자다＜sa/ro/ja/da＞ tidur gelisah.
사로잠그다＜sa/ro/jam/geu/da＞ mengunci separuh (pintu); membiarkan setengah terkunci.
사로잡다＜sa/ro/jab/ta＞ menangkap hidup-hidup (hewan); menangkap tawanan; menawan.
사로잡히다＜sa/ro/ja/fi/da＞ ditangkap; ditawan.
사론(史論)＜sa/ron＞ esei sejarah; karangan sejarah.

사론(私論)＜sa/ron＞ pendapat pribadi
사뢰다＜sa/roe/da＞ melaporkan ke atasan.
사료(史料)＜sa/ryo＞ bahan-bahan sejarah.
사료(思料)＜sa/ryo＞ ～하다 mempertimbangkan; menganggap.
사료(飼料)＜sa/ryo＞ pakan; makanan ternak; rumputan.
사륙배판(四六倍版)＜sa/ryuk/bae/fan＞ oktavo besar.
사륙판(四六版)＜sa/ryuk/fan＞ dua desimal.
사르다＜sa/reu/da＞ (불을) membakar; menyalakan.
사르다＜sa/reu/da＞ (곡식을) menampi; menyaring.
사리＜sa/ri＞ (국수.새끼 등의) gulungan (mi).
사리(私利)＜sa/ri＞ kepentingan pribadi; keuntungan pribadi. ～를 꾀하다 memperhatikan kepentingan sendiri; mementingkan diri sendiri.
사리(舍利)＜sa/ri＞ sarira; abu jenazah. ～탑 stupa abu. ～함 keranda abu.
사리(事理)＜sa/ri＞ alasan; fakta. ～에 닿다 beralasan; masuk akal; logis. ～에 밝다 bijaksana; peka.
사리다＜sa/ri/da＞ ① (말다) menggulung; melingkar; menggelung; melilit. ② (몸을 아끼다) menjauhkan diri dari bahaya.
사린(四隣)＜sa/rin＞ (negara) tetangga; tetangga sekeliling.
사립(私立)＜sa/rib＞ ～의 swasta; partikelir. ～탐정 detektif swasta. ～학교 [대학] sekolah [perguruan tinggi] swasta.
사립문(- 門)＜sa/rib/mun＞ pintu bilah.
사마귀＜sa/ma/gwi＞ kutil; bintil.
사막(砂漠)＜sa/mak＞ gurun/padang pasir.
사망(死亡)＜sa/mang＞ kematian. ～하다 mati; meninggal; wafat ～신고서 pengumuman kematian; berita duka cita. ～률 mortalitas;

angka kematian. ~자 orang yang mati. ~자명단 daftar kematian. ~ 진단서 sertifikat kematian.

사면(四面)＜sa/myeon＞ ke empat sisi; segala arah. ~ 팔방에 pada semua sisi. ~체 tetrahedron.

사면(斜面)＜sa/myeon＞ kemiringan; bidang miring.

사면(赦免)＜sa/myeon＞ amnesti; pengampunan. ~하다 mengampuni; memberikan amnesti. 일반[특별]~ pengampunan umum [khusus].

사면(辭免)＜sa/myeon＞ ~하다 membebastugaskan; mempensiunkan.

사면초가(四面楚歌)＜sa/myeon/cho/ga＞ ~이다 dikelilingi oleh musuh; terkepung oleh musuh.

사멸(死滅)＜sa/myeol＞ ~하다 punah; musnah; rusak.

사명(社命)＜sa/myeong＞ perintah perusahaan; tugas perusahaan.

사명(使命)＜sa/myeong＞ misi; tugas. ~을 띠다 mengemban tugas/misi; dipercayakan untuk suatu tugas/misi. ~감 rasa tanggung jawab terhadap tugas.

사모(思慕)＜sa/mo＞ ~하다 rindu; mencintakan.

사모(師母)＜sa/mo＞ ~님 ibu; nyonya.

사무(事務)＜sa/mu＞ urusan/pekerjaan kantor. ~를 보다 berdinas; bertugas. ~를 처리하다 melaksanakan urusan/pekerjaan. ~에 쫓기다 sibuk dengan urusan. ~관 sekretaris; juru tulis. ~당국 pejabat yang berwenang. ~소 kantor; markas; jawatan. ~실 ruang kantor ~용품 alat kantor (keperluan kantor). ~원[직원] pegawai kantor; karyawan kantor. ~장 pegawai kepala. ~총장 sekretaris umum; sekretaris jenderal.

사무자동화(事務自動化)＜sa/mu/ja/dong/hwa＞ otomasi pekerjaan. ~기기 mesin otomat pekerjaan.

사무치다＜sa/mu/chi/da＞ berkesan;

membekas dalam pikiran.

사문(死文)＜sa/mun＞ ~화(化)되다 undang-undang yang sudah tidak berlaku lagi tetapi belum dicabut; surat mati.

사문(沙門)＜sa/mun＞ (중) pendeta Budha.

사문(査問)＜sa/mun＞ penyelidikan; pemeriksaan. ~하다 menginterogasi; menyelidiki; memeriksa. ~위원회 komite penyelidik.

사문서(私文書)＜sa/mun/seo＞ dokumen pribadi. ~위조 pemalsuan dokumen pribadi.

사문석(蛇紋石)＜sa/mun/seok＞ 『鑛』 serpentin; ofit.

사물(死物)＜sa/mul＞ benda mati; benda tidak bernyawa. ~기생 『植』 sofrofitisme.

사물(私物)＜sa/mul＞ barang pribadi; milik pribadi.

사물(事物＜sa/mul＞ hal ikhwal; masalah. ~ 관할(管轄) area tanggung jawab.

사물놀이(四物-)＜sa/mul/no/ri＞ *Samulnori* (kuartet perkusi tradisional Korea).

사뭇＜sa/mut＞ sangat banyak.

사바(娑婆)＜sa/ba＞ saba; sabha; dunia ini. ~의 keduniawian; duniawi. ~세계＝사바.

사바사바하다＜sa/ba/sa/ba/hada＞ menyogok; menyuap.

사박거리다＜sa/bak/geo/ri/da＞ memamah.

사박스럽다＜sa/bak/seu/reob/ta＞ kasar.

사반(四半)＜sa/ban＞ seperempat. ~기(期) kuartal. ~세기 seperempat abad.

사발(沙鉢)＜sa/bal＞ mangkuk (porselin). ~ 농사하다 hidup sebagai pengemis. ~시계 jam mangkok.

사방(四方)＜sa/bang＞ semua arah; keempat sisi. ~에 [으로] pada semua sisi; pada setiap sisi; dalam semua arah. ~ 2피트 dua kaki persegi. 삼지 ~으로 dalam semua arah; jauh dan lebar.

사방(砂防)＜sa/bang＞ pengendalian erosi. ～공사 konstruksi pengendali erosi; pekerjaan pengendalian erosi.

사방침(四方枕)＜sa/bang/chim＞ sandaran tangan berupa bantal persegi empat.

사방형(斜方形)＜sa/bang/hyeong＞ belah ketupat. ～의 berbentuk belah ketupat.

사배(四倍)＜sa/bae＞ empat kali; kuadrupel. ～하다 mengalikan dengan empat. ～의 empat kali lipat.

사범(事犯)＜sa/beom＞ pelanggaran; kejahatan. 경제 ～ pelanggaran ekonomi. 선거 ～ pelanggaran pemilihan (ilegalitas pemilihan).

사범(師範)＜sa/beom＞ guru; master; pelatih. ～ 교육학 대학 Institut Keguruan dan Ilmu Pendidikan (IKIP). ～학교 sekolah guru. 검도～ guru anggar.

사법(司法)＜sa/beob＞ kehakiman; peradilan. ～의 judisial; peradilan. ～경찰 polisi peradilan. ～관 pejabat kehakiman. ～관(官) 시보(試補) pengawas terhukum dalam masa percobaan. ～권 kekuatan judisial; kekuatan hukum. ～서사 panitera. ～ 연수생 orang yang praktek hukum. ～ 연수원 Institut Penelitian dan Pelatihan Kehakiman. ～제도 sistim peradilan. ～행정 administrasi peradilan. 국제～재판소 Mahkamah Internasional.

사법(死法)＜sa/peob＞ hukum kadaluarsa.

사법(私法)＜sa/peob＞ 『法』 hukum perdata.

사법고시(司法考試)＜sa/beob/go/si＞ ujian jabatan profesi hukum.

사변(四邊)＜sa/byeon＞ ～형 kuadrilateral.

사변(事變)＜sa/byeon＞ kecelakaan; peritiwa; kejadian; insiden; bencana.

사변(思辨)＜sa/byeon＞ spekulasi; diskriminasi. ～적 spekulatif (bersifat spekulasi). ～철학 filosofi spekulatif.

사변(斜邊)＜sa/byeon＞ 『幾』 hipotenusa; sisi miring. ☞ 빗변.

사별(死別)＜sa/byeol＞ ～하다 bercerai mati.

사병(士兵)＜sa/byeong＞ tamtama; prajurit.

사보타주＜sa/bo/ta/ju＞ sabotase. ～하다 melakukan sabotase; menghalang-halangi; merintang-rintangi.

사복(私服)＜sa/bok＞ pakaian sipil. ～형사[경찰관] detektif [polisi] berpakaian preman.

사복(私腹)＜sa/bok＞ ～을 채우다 memperkaya diri sendiri.

사본(寫本)＜sa/bon＞ manuskrip; duplikat/salinan; transkrip. ～을 만들다 membuat salinan.

사부(四部)＜sa/bu＞ empat bagian. ～작 kuadrilogi. ～ 합주 『樂』 kuartet. ～ 합창 kuartet paduan suara.

사부(師父)＜sa/bu＞ guru; guru dan ayah.

사부(師傅)＜sa/bu＞ guru; tutor; master.

사부랑거리다＜sa/bu/rang/geo/ri/da＞ berceloteh.

사부랑하다＜sa/bu/rang/hada＞ longgar; terikat dengan longgar.

사북＜sa/buk＞ (부채의) poros (pada kipas).

사분(四分)＜sa/bun＞ ～하다 membagi empat. ～의 일 seperempat. ～면(面) 『數』 kuadran. ～음표 『樂』 not seperempat.

사분거리다＜sa/bun/geo/ri/da＞ ① (지근거리다) menggoda dengan jenaka. ② (가만 가만) berbisik.

사분사분＜sa/bun/sa/bun＞ ～한 baik hati; sopan-santun.

사분오열(四分五裂)＜sa/bun/o/yeol＞ ～하다 pecah/hancur berkeping-keping.

사비(私費)＜sa/bi＞ pengeluaran pribadi; biaya sendiri. ～로 dengan biaya sendiri.

사뿐사뿐＜sa/pun/sa/pun＞ dengan

lemah gemulai.

사사(私事)<sa/sa> masalah pribadi.

사사(事事)<sa/sa> ~건건(件件) dalam segala hal.

사사(師事)<sa/sa> ~하다 menjadi murid.

사사롭다(私私 -)<sa/sa/rob/ta> 사사로이 pribadi; personal.

사사오입(四捨五入)<sa/sa/o/ib> ~하다 membulatkan (angka).

사사일(私私 -)<sa/sa/il> masalah pribadi.

사사집(私私 -)<sa/sa/jib> rumah pribadi.

사산(死産)<sa/san> lahir mati. ~하다 melahirkan anak yang telah mati dalam kandungan.

사살(射殺)<sa/sal> ~하다 menembak mati.

사상(史上)<sa/sang> dalam sejarah. ~유례가없는 tidak ada bandingan dengan sejarah.

사상(死相)<sa/sang> tanda kematian pada muka seseorang.

사상(死傷)<sa/sang> ~자 yang mati dan luka; korban.

사상(事相)<sa/sang> aspek; fase; segi.

사상(事象)<sa/sang> fenomena; aspek.

사상(思想)<sa/sang> pemikiran; pendapat; gagasan; buah pikiran. ~가 pemikir besar; filosof; ahli filsafat. ~범 kejahatan (penjahat) politik. (사람)~전 perang ideologi. 자유~ pemikiran liberal. 근대~ pemikiran modern. 신~ gagasan baru. 정치~ ide/gagasan politik. 진보~ ide progresif (pendapat yang maju). 혁명~ ide revolusioner (pendapat yang revolusioner).

사상(絲狀)<sa/sang> ~의 seperti benang; filli-form. ~균(菌) jamur berbentuk filamen (kapang berfilamen).

사색(四色)<sa/saek> empat warna; keempat faksi. ~당쟁 pertengkaran diantara Ke empat Faksi.

사색(死色)<sa/saek> pucat pasi.

사색(思索)<sa/saek> perenungan; tafakur; meditasi. ~하다 merenung; bermeditasi; berspekulasi; memikirkan. ~적인 spekulatif; meditatif. ~에 잠기다 tenggelam dalam meditasi. ~가 pemikir; pertapa.

사생(死生)<sa/saeng> hidup dan [atau] mati. ~결단하고 dengan taruhan nyawa.

사생(寫生)<sa/saeng> sketsa. ~하다 membuat sketsa; menyeket. ~대회 kontes sketsa.

사생아(私生兒)<sa/saeng/a> anak haram; anak jadah. ~로 태어나다 lahir diluar perkawinan.

사생활(私生活)<sa/saeng/hwal> kehidupan pribadi. ~에 참견하다 mencampuri kehidupan pribadi.

사서(司書)<sa/seo> pustakawan; juru pustaka.

사서(史書)<sa/seo> buku sejarah.

사서(私書)<sa/seo> dokumen pribadi; surat pribadi. (우편)~함 kotak pos.

사서(辭書)<sa/seo> ☞ 사전(辭典).

사석(沙石)<sa/seok> pasir dan batu.

사석(私席)<sa/seok> ~에서 pada pertemuan pribadi.

사선(死線)<sa/seon> deadline, krisis hidup dan mati. ~을 넘고 melewati deadline, bertahan hidup setelah krisis.

사선(射線)<sa/seon> trayektori; garis peluru.

사선(斜線)<sa/seon> 『幾』 garis miring.

사설(私設)<sa/seol> ~의 swasta; pribadi. ~학원 kursus swasta.

사설(邪設)<sa/seol> doktrin heretis (doktrin pengingkaran).

사설(社說)<sa/seol> tajuk rencana; induk karangan. ~란 kolom editorial.

사성(四聖)<sa/seong> empat orang suci terkemuka di dunia.

사세(事勢)<sa/se> situasi; keadaan.

~부득이 tak terhindarkan; tak terelakkan.

사소(些少)＜sa/so＞ ~한 remeh; tidak berarti; kecil; ringan; sepele. ~한일 hal-hal remeh; hal-hal sepele.

사수(死守)＜sa/su＞ ~하다 mempertahankan sampai mati.

사수(射手)＜sa/su＞ penembak. 명(名)~ jago tembak.

사숙(私淑)＜sa/suk＞ ~하다 memuja (seseorang) dalam hati; meniru gaya hidup (seseorang).

사숙(私塾)＜sa/suk＞ sekolah swasta.

사순절(四旬節)＜sa/sun/jeol＞ 『基』 Lent (40 hari sebelum paskah).

사슬＜sa/seul＞ rantai. ~에서 풀려나다 membebaskan diri dari rantai. ~고리 mata rantai.

사슴＜sa/seum＞ rusa; menjangan. ~가죽 kulit rusa. ~고기 daging rusa. ~뿔 tanduk rusa (tanduk menjangan). ~사육장 peternakan rusa.

사시(四時)＜sa/si＞ keempat musim. ~내내[를 통하여] sepanjang tahun.

사시(斜視)＜sa/si＞ juling; mata juling. ~의 bermata juling; bermata sipit. ~수술『醫』 strabatomi (bedah mata juling).

사시나무＜sa/si/na/mu＞ 『植』 poplar (sejenis cemara); aspen. ~떨 듯하다 gemetar seperti daun aspen.

사시장춘(四時長春)＜sa/si/jang/chun＞ musim semi abadi. ~하다 (mengalami) musim semi sepanjang tahun.

사식(私食)＜sa/sik＞ makanan yang diberikan secara pribadi kepada tahanan; antaran.

사식(寫植)＜sa/sik＞ ☞ 사진 식자.

사신(私信)＜sa/sin＞ surat pribadi (pesan pribadi).

사신(使臣)＜sa/sin＞ duta; utusan.

사실(史實)＜sa/sil＞ fakta sejarah.

사실(私室)＜sa/sil＞ ruang pribadi; kamar pribadi.

사실(事實)＜sa/sil＞ fakta; kenyataan sebenarnya; kebenaran. ~상 sebe-narnya; sesungguhnya; dalam kenyataannya. ~상의 aktual; praktis. ~무근의 tidak beralasan; tidak berdasar; menyalahi fakta. 움직일 수 없는~ fakta yang mapan. ~에 반하다 bertentangan dengan kenyataan. ~을 왜곡하다 memalsukan fakta. ~조사 penyelidikan fakta.

사실(寫實)＜sa/sil＞ ~적(으로) secara realitis; secara nyata. ~주의 realisme. ~주의자 realis; menganut realisme.

사심(私心)＜sa/sim＞ kepentingan sendiri; motif kepentingan pribadi. ~이 없는 tidak mementingkan diri sendiri; tulus.

사심(邪心)＜sa/sim＞ pikiran jahat; maksud jahat.

사십(四十)＜sa/sib＞ empat puluh. 제~ keempat puluh. ~전의 dibawah empat puluh. ~이 넘은 diatas empat puluh.

사십구재(四十九齋)＜sa/sib/gu/jae＞ peringatan pada hari keempat puluh sembilan setelah kematian.

사악(邪惡)＜sa/ak＞ kejahatan; kekejian; kebusukan. ~한 keji; jahat; busuk; dengki; curang. ~한 사람 orang keji.

사안(私案)＜sa/an＞ ide pribadi.

사암(砂岩)＜sa/am＞ 『地』 batu pasir; batu paras.

사약(賜藥)＜sa/yak＞ ~을 내리다 memberi racun sebagai hukuman mati.

사양(斜陽)＜sa/yang＞ dalam usia senja (kiasan dalam tahap menurun). ~산업 industri yang menurun.

사양(飼養)＜sa/yang＞ ☞ 사육(飼育).

사양(辭讓)＜sa/yang＞ ~하다 menampik; menolak secara halus. ~하지 않고[말고] tidak menampik.

사어(死語)＜sa/eo＞ ☞ 폐어(廢語).

사업(事業)＜sa/eob＞ usaha; bisnis; perusahaan; aktifitas; proyek. ~에 성공[실패]하다 berhasil [gagal] dalam usaha/bisnis. ~가 pengusaha.

~비 biaya kerja. ~소득 pendapatan dari usaha. ~소득세 pajak usaha. ~연도 tahun bisnis. ~자금 modal usaha. 교육~ aktifitas pendidikan. 정부[민간]~ perusahaan negara [swasta].

사에이치클럽(四 -)＜sa/e/i/chi/kheul/reob＞ anggota dari klub 4 - H.

사역(使役)＜sa/yeok＞ ~하다 mempekerjakan; menggunakan. ~동사『文』kata kerja kausatif.

사연(事緣)＜sa/yeon＞ hal ikhwal; perkara.

사열(四列)＜sa/yeol＞ empat jalur (empat baris). ~로 행진하다 berbaris empat-empat.

사열(査閱)＜sa/yeol＞ inspeksi; pemeriksaan. ~하다 menginspeksi; memeriksa. ~관 pemeriksa; inspekstur. ~식 parade; ~식을 갖다 mengadakan parade.

사염화(四鹽化)＜sa/yeom/hwa＞ ~물(物)『化』tetraklorida.

사영(私營)＜sa/yeong＞ ~하다 menjalankan sendiri (mengoperasikan sendiri).

사영(射影)＜sa/yeong＞『數』proyeksi. ~ 기하학 geometri proyektif.

사옥(社屋)＜sa/ok＞ bangunan (perusahaan).

사욕(沙浴)＜sa/yok＞ mandi pasir.

사욕(私慾)＜sa/yok＞ kepentingan sendiri/keuntungan pribadi. ~있는 mementingkan diri sendiri. ~없는 tidak mementingkan diri sendiri; tulus-ikhlas.

사욕(邪慾)＜sa/yok＞ nafsu jahat.

사용(私用)＜sa/yong＞ penggunaan pribadi. ~하다 memakai untuk diri sendiri.

사용(使用)＜sa/yong＞ penggunaan; pemakaian. ~하다 menggunakan; memakai. ~료 ongkos pemakaian. ~법 bagaimana menggunakan. ~인(人) pekerja; karyawan; buruh. ~자 majikan yang memperkerjakan.

사용(社用)＜sa/yong＞ ~으로 untuk kantor.

사우(社友)＜sa/u＞ kolega; rekanan.

사우나＜sa/u/na＞ mandi; sauna; mandi uap.

사우디아라비아＜sa/u/di/a/ra/bi/a＞ Saudi Arabia. ~의 berkenaan dengan Saudi Arabia. ~사람 orang Arab.

사운(社運)＜sa/un＞ ~을 걸다 mempertaruhkan masa depan perusahaan.

사운드＜sa/un/deu＞ suara. ~복스 kotak suara.

사원(寺院)＜sa/won＞ kuil Budha.

사원(私怨)＜sa/won＞ dendam pribadi (permusuhan pribadi). ~을 품다 memendam dendam. ~을 풀다 membalas dendam.

사원(社員)＜sa/won＞ karyawan; pegawai; staf. ~이 되다 menjadi anggota/staf. ~식당 kantin karyawan. 신입 [퇴직]~ karyawan yang masuk [keluar]. 임시~ karyawan sementara/temporer. 정 [종신] ~ anggota tetap [seumur hidup].

사월(四月)＜sa/wol＞ April.

사위＜sa/wi＞ menantu laki-laki.

사위다＜sa/wi/da＞ membakar habis.

사위스럽다＜sa/wi/seu/reob/ta＞ menjijikkan.

사유(私有)＜sa/yu＞ ~의 pribadi. ~물[제산, 지(地)] milik [harta, tanah] pribadi.

사유(事由)＜sa/yu＞ alasan; sebab; prasyarat. 다음과 같은 ~로 untuk alasan tersebut di bawah; dengan alasan berikut.

사유(思惟)＜sa/yu＞ pertimbangan; spekulasi. ~하다 mempertimbangkan; berspekulasi.

사육(飼育)＜sa/yuk＞ peternakan; pemeliharaan; pembudidayaan. ~하다 beternak; memiara; membudidayakan; menternakkan. ~자 peternak; pemelihara. ~장 peternakan (sapi).

사육제(謝肉祭)＜sa/yuk/je＞ karnaval.

사은(謝恩)＜sa/eun＞ ~(대)매출 penjualan syukur. ~회 pesta syu-

kur; pesta penghargaan.
사의(私意)＜sa/eui＞ keinginan pribadi; motif pribadi.
사의(謝意)＜sa/eui＞ ① terima kasih; penghargaan; apresiasi. ~를 표하다 menyatakan terima kasih (penghargaan). ② (사죄의 뜻) permintaan maaf.
사의(辭意)＜sa/eui＞ keinginan untuk mengundurkan diri. ~를 비추다 mengisyaratkan untuk mengundurkan diri. ~를 표명하다 mengumumkan pengunduran diri.
사이＜sa/i＞ ① selang; jarak; ruang. ~에 di antara; ditengah-tengah. ~를 두고 pada selang... ~를 두다 meluangkan; memberi selang. ② selang waktu. ~에 dalam; selama. 외출한 ~에 ketika keluar. 어느 ~에 tidak terasa. ③ hubungan. 정다운~ hubungan yang harmonis. ~가 벌어지다 renggang satu sama lain. ~에 들다 mengantarai antara (dua kelompok); bertindak sebagai penengah. ~를 가르다 merenggangkan. ~가 좋다[나쁘다] hubungan baik [buruk].
사이다＜sa/i/da＞ minuman berkarbon; soda pop. ~병 botol pop.
사이드카＜sa/i/deu/kha＞ pasangan sisi pada sepeda motor.
사이렌＜sa/i/ren＞ sirine; peluit. ~을 울리다 membunyikan sirine.
사이비(似以非)＜sa/i/bi＞ pura-pura; palsu; gadungan. ~학자 sarjana gadungan; ahli gadungan.
사이사이＜sa/i/sa/i＞ ① (공간) ruang; interval; selang. ② (시간) kadang-kadang.
사이언스＜sa/i/eon/seu＞ ilmu.
사이언티스트＜sa/i/eun/thi/seu/theu＞ ilmuwan.
사이즈＜sa/i/jeu＞ ukuran. ~가(안) 맞다 ukuran pas [tidak pas]. ~를 재다 mengukur; mengambil ukuran.
사이참(- 站)＜sa/i/cham＞ ① (휴식) jeda; istirahat. ② "ngopi".
사이클＜sa/i/kheul＞ 『電』 siklus.

사이클로트론＜sa/i/kheul/ro/theu/ron＞ 『理』 siklotron.
사이클링＜sa/i/keul/ling＞ olah raga bersepeda. ~가다 bersepeda (olah raga).
사이펀＜sa/i/feon＞ sifon.
사이프러스＜sa/i/feu/reo/seu＞ Siprus (negara Siprus).
사인(死因)＜sa/in＞ sebab kematian.
사인(私人)＜sa/in＞ ~으로서 sebagai pribadi; secara pribadi.
사인(私印)＜sa/in＞ stempel pribadi.
사인＜sa/in＞ 『數』 dosa.
사인＜sa/in＞ ① (부호.암호) tanda. ② tanda tangan; autograf. ~하다 menandatangani; membubuhi tanda tangan. ~을 받다 mendapat tanda tangan. ~좀 부탁합니다 Mohon tanda tangan.; Tolong ditandatangani. ~북 buku otograf.
사임(辭任)＜sa/im＞ pengunduran diri; peletakan jabatan (☞ 사직(辭職)). ~하다 mengundurkan diri; meletakkan jabatan.
사일로＜sa/il/lo＞ 『農』 silo (gudang untuk menyimpan makanan ternak).
사자(死者)＜sa/ja＞ orang yang mati; almarhum.
사자(使者)＜sa/ja＞ utusan.
사자(獅子)＜sa/ja＞ singa.
사자(嗣子)＜sa/ja＞ ahli waris.
사자(寫字)＜sa/ja＞ salinan; transkripsi.
사자코＜sa/ja/kho＞ hidung pesek.
사자후(獅子吼)＜sa/ja/hu＞ pidato yang berapi-api. ~를 토하다 berpidato dengan fasih.
사장(死藏)＜sa/jang＞ ~하다 menimbun; menyimpan (stok).
사장(社長)＜sa/jang＞ direktur; kepala; pimpinan. 부~ wakil direktur.
사장(射場)＜sa/jang＞ lapangan pemanahan.
사재(私財)＜sa/jae＞ dana (kekayaan) pribadi. ~를 털어 dari kantong sendiri; dengan biaya sendiri. ~를 투자하다 menanamkan modal pribadi.

사저(私邸)<sa/jeo> kediaman pribadi.

사적(史的)<sa/ceok> historis (bersifat sejarah). ～고찰 penelitian sejarah.

사적(史蹟)<sa/jeok> tempat bersejarah.

사적(史籍)<sa/jeok> buku sejarah.

사적(私的)<sa/ceuk> personal; pribadi. ～감정 perasaan sendiri. ～생활 kehidupan pribadi.

사적(事績)<sa/jeok> prestasi; pencapaian; jasa.

사적(射的)<sa/jeok> sasaran; target. ～장(場) galeri tembak.

사전(私錢)<sa/jeon> uang palsu.

사전(事前)<sa/jeon> ～에 terlebih dahulu; sebelum kenyataan; dimuka. ～에 알리다 memberitahukan terlebih dahulu. ～검열 penyensoran awal. ～선거 운동 kampanye prapemilihan. ～통고 pemberitahuan awal; pemberitahuan dimuka.

사전(辭典)<sa/jeon> kamus. ～을 찾다 mencari kata dalam kamus.

사전편집자(辭典編集者)<sa/jeon/fyeon/jib/ca> penyusun kamus.

사전학(辭典學)<sa/jeon/hak> leksikografi.

사전협의(事前協議)<sa/jeon/hyeob/eui> konsultasi awal.

사절(四折)<sa/jeol> ～의 empat kali lipat. ～판 edisi kuarto.

사절(使節)<sa/jeol> misi; duta; utusan. ～단 delegasi. (방한)문화～단 misi kebudayaan (ke Korea).

사절(謝絶)<sa/jeol> penyangkalan; penolakan. ～하다 menyangkal; menolak. 외상～ Besok boleh hutang; Tidak boleh hutang.

사정(司正)<sa/jeong> audit dan inspeksi (pemeriksaan).

사정(私情)<sa/jeong> perasaan pribadi; bias pribadi; sentimen pribadi. ～을 두다 dipengaruhi oleh sentimen pribadi.

사정(邪正)<sa/jeong> benar dan salah; kebenaran dan kejahatan.

사정(事情)<sa/jeong> ① keadaan; kondisi; alasan. 자세한～ rincian; keadaan keseluruhan. ～이 허락하는 한 sepanjang situasi memungkinkan. 부득이한 ～이 있어 untuk alasan yang tak terhindarkan. 식량～ situasi pangan. ② ～하다 mohon pertimbangan. ～없다 tanpa ampun; tidak kenal ampun.

사정(査定)<sa/jeong> penaksiran; revisi; taksiran. ～하다 menaksir; merevisi. ～가격 nilai (harga) taksiran. ～액 jumlah taksiran. 세액～ taksiran pajak.

사정(射程)<sa/jeong> jangkauan (tembak). ～안[밖]에 didalam [diluar] jangkauan. 유효～ jangkauan efektif.

사정(射精)<sa/jeong> ejakulasi. ～하다 mengeluarkan sperma.

사제(司祭)<sa/je> pendeta; pastur.

사제(私製)<sa/je> ～의 buatan sendiri. ～엽서(葉書) foto pribadi. ～품 barang buatan sendiri.

사제(師弟)<sa/je> guru dan murid. ～관계 hubungan guru dan murid.

사조(思潮)<sa/jo> kecenderungan pemikiran; arus pendapat umum. 문예～ kecenderungan literatur/sastra.

사족(四足)<sa/jok> ～의 berkaki empat. ～ 못쓰다 tergila-gila (akan).

사족(蛇足)<sa/jok> superfluitas; keberlebihan yang tidak perlu. ～을 달다 membuat penambahan yang tak perlu.

사죄(死罪)<sa/joe> pelanggaran hukum dengan ancaman hukuman mati.

사죄(赦罪)<sa/joe> ～하다 mengampuni.

사죄(謝罪)<sa/joe> permintaan maaf. ～하다 meminta maaf; mengakui kekeliruan.

사주(四柱)<sa/ju> ～쟁이 peramal nasib; tukang ramal. ～팔자 nasib; takdir.

사주(社主)<sa/ju> pemilik (sebuah

perusahaan).
사주(使嗾)＜sa/ju＞ hasutan. ～하다 menghasut. ...의 ～로 terhasut (oleh); atas hasutan (dari).
사주(砂洲)＜sa/ju＞ delta; lanar.
사주체(斜柱體)＜sa/ju/che＞ 『數』 silinder miring.
사중(四重)＜sa/jung＞ ～주[창] kuartet.
사증(査證)＜sa/ceung＞ visa. 입국[출국]～ visa masuk [keluar].
사지(四肢)＜sa/ji＞ anggota badan; badan kaki dan tangan.
사지(死地)＜sa/ji＞ rahang kematian; posisi yang fatal. ～로 들어가다[를 벗어나다] masuk [lolos dari] mulut buaya.
사지코＜sa/ji/kho＞ ☞ 사자코.
사직(司直)＜sa/jik＞ pejabat pengadilan; hakim. ～당국＝사직(司直).
사직(社稷)＜sa/jik＞ dewa penjaga negara; negara.
사직(辭職)＜sa/jik＞ peletakan jabatan; pengunduran diri. ～하다 meletakkan jabatan; mengundurkan diri. ～을 권고하다 menganjurkan untuk meletakkan jabatan; menganjurkan untuk mengundurkan diri. ～원(을 내다) (mengajukan) permohonan pengunduran diri. ～자 orang yang meletakkan jabatan.
사진(砂塵)＜sa/jin＞ debu pasir.
사진(寫眞)＜sa/jin＞ potret; gambar; fotografi; foto. ～을 찍다 mengambil gambar; memotret. ～을 인화(印畵)[확대]하다 mencetak [memperbesar] foto. ～을 현상하다 mencuci film. ～관 studio foto. ～기 kamera; alat memotret. ～식자 foto komposisi. ～식자기 foto komposer. ～전송 pengiriman foto dengan faksimil. ～첩 album. ～판 fotografura; fototif; fotostat. 전[반]신～ foto penuh [foto setengah badan]. 컬러～ foto berwarna. 흑백～ foto hitam putih.
사차(四次)＜sa/cha＞ keempat. ～원 dimensi keempat.
사차선도로(四車線道路)＜sa/cha/seon/do/ro＞ jalan empat jalur.
사찰(寺刹)＜sa/chal＞ ☞ 절.
사찰(査察)＜sa/chal＞ pemeriksaan; penyelidikan. ～하다 memeriksa; menyelidiki. 세무～ penyelidikan pajak.
사창(私娼)＜sa/chang＞ pelacuran liar; pelacur jalanan. ～굴 rumah pelacuran; rumah bordir.
사채(私債)＜sa/chae＞ utang pribadi (pinjaman pribadi); liabilitas swasta. ～놀이 usaha pinjaman swasta. ～동결 pembekuan pinjaman.
사채(社債)＜sa/chae＞ obligasi/surat utang. ～권(券) bond; obligasi; surat utang. ～발행 penerbitan obligasi/surat utang. ～상환 penebusan surat utang/obligasi. 보증～ jaminan surat utang/obligasi. 장기[단기]～ obligasi jangka panjang [jangka pendek].
사천왕(四天王)＜sa/cheon/wang＞ empat dewa.
사철(四 -)＜sa/cheol＞ empat musim; musim-musim dalam setahun.
사철(私鐵)＜sa/cheol＞ kereta api swasta,
사철나무＜sa/cheol/na/mu＞ 『植』 pohon spindel (tumbuhan dengan batang yang panjang dan kecil).
사체(死體)＜sa/che＞ ☞ 시체.
사초(莎草)＜sa/cho＞ ① ☞ 잔디. ② ～하다 merumputi makam (menutupi dengan lempengan tanah berumput).
사촌(四寸)＜sa/chon＞ sepupu. ～형 saudara sepupu tua.
사춘기(思春期)＜sa/chun/gi＞ masa remaja; masa pubertas. ～의 puber. ～의 남녀 anak laki-laki dan perempuan pada masa pubertas. ～에 달하다 mencapai masa puber.
사출(射出)＜sa/chul＞ ～하다 memancarkan; mengemisi, menuang. ～기(機) mesin tuangan.
사춤＜sa/chum＞ retak; celah.
사취(詐取)＜sa/chwi＞ kecoh; tipu; bohong; dusta. ～하다 mendapatkan (uang) dengan menipu; menca-

tut; membuayai; mengumbuk.
사치(奢侈) <sa/chi> kemewahan. ~하다 bermewah-mewah. ~스러운 mewah. ~에 흐르다 tenggelam dalam kemewahan. ~세(稅) pajak barang mewah. ~품 barang mewah.
사칙(四則) <sa/chik> 『數』 ke empat operasi (kaidah) dalam aritmatik; empat macam operasi aritmatika.
사칙(社則) <sa/chik> peraturan perusahaan.
사친회(師親會) <sa/chin/hoe> P.O.M.G. (perkumpulan orang tua murid dan guru).
사칭(詐稱) <sa/ching> pemakaian nama orang lain/jabatan palsu (pegawai negeri). ~하다 memakai nama samaran orang lain/jabatan palsu. ...라고 ~하여 dengan nama/jabatan gadungan ... .
사카린 <sa/kha/rin> 『化』 sakarin.
사커 <sa/kheo> 『競』 sepak bola Amerika. ☞ 축구.
사타구니 <sa/tha/gu/ni> selangkangan; lipat paha.
사탄 <sa/than> setan; iblis.
사탕(砂糖) <sa/thang> ① gula. ☞ 설탕. ~무 bit gula. ~수수 tebu. 모~ gula batu; gula petak. 얼음~ kembang gula. ② (과자) gula-gula; kembang gula.
사탕발림(砂糖 -) <sa/thang/bal/lim> bujukan; rayuan. ~하다 membujuk; merayu.
사태(沙汰) <sa/thae> ① (산 따위의) tanah longsor; longsoran. ② banjir; banyak. 사람~ kerumunan.
사태(事態) <sa/thae> situasi; keadaan; posisi. 비상~ keadaan darurat.
사택(社宅) <sa/thaek> markas perusahaan.
사토(沙土) <sa/tho> tanah berpasir.
사통(私通) <sa/thong> hubungan intim; penyelewengan. ~하다 hubungan gelap; menyeleweng.
사통오달(四通五達) <sa/thong/o/dal> ~하다 menyebar ke segala arah.

사퇴(辭退) <sa/thoe> ① (사양) penolakan; penampikan. ~하다 menolak (tawaran); menampik. ② (사직) peletakan jabatan; pengunduran diri. ~하다 meletakkan jabatan. 자진~ pengunduran diri sukarela.
사투(死鬪) <sa/thu> perjuangan hidup atau mati. ~하다 berjuang sampai mati; bertempur sampai mati.
사투리 <sa/thu/ri> dialek; aksen; logat.
사특(邪慝) <sa/theuk> ~한 keji; jahat.
사파(娑婆) <sa/fa> ☞ 사바(娑婆).
사파리 <sa/fa/ri> safari. ~대(隊) kelompok safari.
사파이어 <sa/fa/i/eo> 『鑛』 safir; batu nilam; nila kandi.
사팔눈 <sa/fal/lun> juling. ~의 bermata juling.
사팔뜨기 <sa/fal/teu/gi> orang yang bermata juling.
사포(砂布) <sa/fo> kertas amplas.
사표(師表) <sa/fyo> teladan; suri teladan; patron; panutan.
사표(辭表) <sa/fyo> pengunduran diri tertulis; surat pengunduran diri. ~를 제출하다 mengajukan (mengumumkan) pengunduran diri. ~를 반려 [철회]하다 menolak [menarik] surat pengunduran diri.
사푼사푼 <sa/fun/sa/fun> (berjalan) dengan ringan/santai.
사프란 <sa/feu/ran> 『植』 kunyit; kunir; koma-koma.
사필귀정(事必歸正) <sa/fil/gwi/jeong> ~하다 kebenaran akan menang pada akhirnya.
사하다(赦 -) <sa/hada> pengampunan; pemaafan.
사하중(死荷重) <sa/ha/jung> bobot mati.
사학(史學) <sa/hak> sejarah; ilmu sejarah. ~자 ahli sejarah.
사학(私學) <sa/hak> sekolah swasta.
사학(斯學) <sa/hak> bidang ini;

subyek. ~의 권위 yang berwe-nang dalam bidang.
사할린 <sa/hal/lin> Sakhalin.
사항(事項) <sa/hang> masalah; sub-yek; pokok bahasan; item; artikel. 주요~ pokok pikiran utama.
사해(四海) <sa/hae> keempat laut; tujuh samudera; dunia keseluruh-annya. ~동포 persaudaraan umat manusia.
사해(死海) <sa/hae> Laut Mati.
사행(射倖) <sa/haeng> spekulasi. ~심 jiwa spekulatif.
사향(麝香) <sa/hyang> kesturi. ~노루 rusa kesturi. ~수 air kestu-ri. ~초 bunga kesturi.
사혈(瀉血) <sa/hyeol> deplesi; pen-darahan. ~하다 kehabisan darah.
사형(死刑) <sa/hyeong> hukuman mati; hukum kisas. ~에 처(處)하다 mengeksekusi. ~선고 ancaman hukuman mati. ~수 terpidana vo-nis mati. ~장 lapangan eksekusi. ~집행인 algojo.
사형(私刑) <sa/hyeong> hukuman mati tanpa proses pengadilan. ~을가하다 menghukum mati; tanpa mengadili.
사형(舍兄) <sa/hyeong> abang.
사화(士禍) <sa/hwa> pembunuhan besar-besaran para cendekiawan.
사화(史話) <sa/hwa> cerita sejarah; roman sejarah.
사화(私和) <sa/hwa> rekonsiliasi; kerujukan. ~하다 rujuk (dengan); berdamai (dengan).
사화산(死火山) <sa/hwa/san> gu-nung api tidak aktif (mati).
사환(使喚) <sa/hwan> pesuruh kan-tor.
사활(死活) <sa/hwal> hidup dan mati. ~문제 masalah hidup dan mati.
사회(司會) <sa/hoe> kedudukan se-bagai ketua/pembaca acara. ~하다 memimpin (rapat); membawa acara. ~봉(捧) palu (ketua rapat dsb.). ~자 ketua; pemimpin upa-cara; pembawa acara.

사회(社會) <sa/hoe> masyarakat; kominitas; publik. ~적 bersifat sosial(kemasyarakatan). ~의 적 musuh masyarakat. ~적 지위 sta-tus sosial; kedudukan sosial. ~를 위하여 untuk kebaikan umum. ~에 나가다 terjun ke masyarakat. ~개량[도덕,질서] pembaruan/ per-baikan [moralitas, tatanan] sosial. ~과학 ilmu sosial. ~문제[면] masalah [kolom] sosial. ~보장 제도 sistim jaminan sosial. ~사업 pekerjaan sosial; pelayanan masya-rakat. ~사업가 pekerja sosial. ~상 fenomena sosial. ~악 [불안] kejahatan [keresahan] masyarakat. ~인 anggota masyarakat. ~장(葬) pemakaman umum. ~주의 sosial-isme. ~학 sosiologi (ilmu kema-syarakatan). ~학자 ahli sosiologi. 상류[중류,하류]~ kelas atas [mene-ngah, bawah]. 원시[봉건]~ ma-syarakat primitif [feodal]. 일반 ~ masyarakat umum. 현~상을 잘 반영하고 있다 mencerminkan kondisi sosial yang sesungguhnya.
사회기강(社會紀綱) <sa/hoe/gi/ga-ng> disiplin sosial; disiplin ma-syrakat.
사회복지(社會福祉) <sa/hoe/bok/ji> kesejahteraan sosial ~을 꾀하다 melakukan aksi kesejahteraan so-sial. ~를 증진하다 memajukan kesejahteraan sosial.
사회정화(社會淨化) <sa/hoe/jeong/hwa> purifikasi sosial. ~운동 kegiatan purifikasi sosial. ~위원회 komisi reformasi sosial.
사회풍조(社會風潮) <sa/hoe/fung/jo> kecenderungan pendapat umum; arus pendapat umum.
사회현상(社會現狀) <sa/hoe/hyeon/sang> fenomena sosial (fase so-sial).
사회환경(社會環境) <sa/hoe/hwan/gyeong> lingkungan sosial.
사후(死後) <sa/hu> ~의 setelah kematian; pasca mati. ~에 setelah meninggal. ~강직(強直)·kekakuan

setelah kematian; rigor mortis.
사후(事後)＜sa/hu＞　　～의 kenyataan yang lalu.　～에 setelah kenyataan. ～승낙 persetujuan setelah kenyataan.
사흗날＜sa/heut/nal＞　hari ketiga (dari suatu bulan); tanggal 3.
사흘＜sa/heul＞　① tiga hari.　～째 hari ketiga.　② ☞ 사흗날.
삭(朔)＜sak＞ satu bulan.
삭감(削減)＜sak/gam＞ reduksi; pemotongan; pengurangan.　～하다 mengkorting; memotong; mengurangi. 예산을 ～하다 memotong anggaran. 경비를 ～하다 mengurangi/menekan biaya.
삭다＜sak/ta＞　① (소화) mencerna; tercerna.　② (옷 따위가) lusuh.　③ (종기가) mengempes (bisul)　④ (마음이) menjadi tenang.　⑤ (익다) mengembangkan aroma.　⑥ (묽어지다) menjadi jelek; menjadi becek; menjadi encer.
삭도(索道)＜sak/to＞　jalan kabel; jalan tali.
삭막(索莫)＜sang/mak＞　～한 samar-samar (dalam ingatan); (황야 등이) hana; luas dan hampa.
삭망(朔望)＜sang/mang＞ hari pertama dan kelima belas dalam kalender lunar.
삭발(削髮)＜sak/bal＞　～하다 potong rambut.
삭월세(朔月貰)＜sa/gwol/se＞　sewa bulanan. ～방[집] kamar [rumah] sewaan.
삭이다＜sa/gi/da＞ mencernakan.
삭정이＜sak/jeong/i＞　ranting-ranting mati [cabang-cabang mati].
삭제(削除)＜sak/je＞　～하다 mencoret; menghapus. 명부에서 ～하다 mencoret dari daftar.
삭탈관직(削奪官職)＜sak/thal/gwan/jik＞ pemecatan pegawai negeri dari jabatan/tugas.　～하다 memecat dari jabatan.
삭풍(朔風)＜sak/fung＞ angin utara musim dingin.
삭히다＜sa/khi/da＞　mencernakan;

memeram; membuat matang.
삯＜sak＞　～전 upah; bayaran; gaji; harga; ongkos; sewa; biaya pengangkutan.　～품 upah buruh.
삯바느질＜sak/ba/neu/jil＞ pekerjaan jahit-menjahit untuk mendapatkan upah.
산(山)＜san＞ gunung.　～이 많은 bergunung-gunung.
산(酸)＜san＞ asam-asaman.　～의 asam.
…산(山)＜san＞ Gunung. 한라 ～ Gunung Halla. 금강～ Gunung Geumgang. 남～ Gunung Nam.
…산(産)＜san＞ produksi; produk; buatan. 외국 ～ buatan luar negeri.
산가지(算 -)＜san/ga/ji＞ lidi hitung.
산간(山間)＜san/gan＞　～의[에] di antara [di] pegunungan.　～벽지 tempat terpencil di pegunungan.
산개(散開)＜san/gae＞ pengembangan.　～하다 meluas; mengembang.
산계(山系)＜san/gye＞ rantai pegunungan; sistim pegunungan.
산고(産苦)＜san/go＞ sakit waktu melahirkan.
산골(山 -)＜san/kol＞ distrik pegunungan; tempat terpencil.
산골짜기(山 -)＜san/kol/ca/gi＞ ngarai; jurang.
산과(産科)＜san/kwa＞ bagian bersalin.　～병원 rumah bersalin.　～의사 dokter bagian bersalin; bidan.　～학 ilmu kebidanan.
산금(産金)＜san/geum＞ pertambangan emas.　～량 hasil emas.　～지대 ladang emas.
산기(産氣)＜san/ki＞ sakit melahirkan.　～가 돌다[있다] mulai melahirkan (keluarnya janin).
산기(産期)＜san/gi＞ waktu kelahiran.
산기슭(山 -)＜san/gi/seuk＞ kaki pegunungan; dasar pegunungan.
산길(山 -)＜san/kil＞　jalan pegunungan; sela gunung.
산꼭대기(山-)＜san/kok/dae/gi＞ puncak; tertinggi.

산나물(山 -)＜san/na/mul＞ tumbuhan liar yang dapat di makan.

산놓다(算 -)＜san/not/tha＞ menghitung dengan lidi.

산더미(山 -)＜san/teo/mi＞ tumpukan; onggokan. ~같이 쌓인 setumpuk …; seonggok …; segunung …

산돼지(山 -)＜san//dwae/ji＞ 『動』 babi hutan; celeng.

산들거리다＜san/deul/geo/ri/da＞ bertiup nyaman dan lembut; bersilir-silir.

산들바람＜san/deul/ba/ram＞ angin sepoi-sepoi basah.

산들산들＜san/deul/san/deul＞ dengan lembut; dengan bersilir-silir.

산등(山 -)＜san/deung＞ ☞ 산등성이.

산등성이(山 -)＜san/deung/seong/i＞ punggung pegunungan.

산뜻하다＜san/teut/hada＞ (선명) cerah; terang; jelas; (보기 좋다) rapi; apik; bagus.

산란(産卵)＜sal/lan＞ ~하다 bertelur; memijah. ~기 musim bertelur; musim memijah. ~회유(回遊) migrasi peneluran.

산란(散亂)＜sal/lan＞ ~하다 berserakan; centang-perentang. 마음이 ~해지다 kacau; kusut.

산록(山麓)＜sal/lok＞ kaki pegunungan.

산림(山林)＜sal/lim＞ hutan. ~보호 konservasi hutan. ~업 industri kehutanan. ~청(廳) Kantor Kehutanan. ~학 dendrologi kehutanan.

산마루(山-)＜san/ma/ru＞ punggung gunung. ~턱 puncak gunung.

산만(散漫)＜san/man＞ ~한 kusut; kacau; tidak beres; terserak; cerai-berai.

산매(散賣)＜san/mae＞ ☞ 소매(小賣).

산맥(山脈)＜san/maek＞ rantai pegunungan; kawasan pegunungan. 알프스 ~ pegunungan Alpia.

산명수려(山明水麗)＜san/myeong/su/ryeo＞ ☞ 산자수명.

산모(産母)＜san/mo＞ wanita bersalin.

산모롱이(山 -), 산모퉁이(山 -)＜san/mo/rong/i, san/mo/thung/i＞ belokan di punggung gunung.

산목숨＜san/mok/sum＞ kehidupan.

산문(産門)＜san/mun＞ vulva; vagina.

산문(散文)＜san/mun＞ prosa (tulisan; karangan). ~적인 berbentuk prosa (prosaik). ~시 puisi prosa. ~체 gaya prosa; prosaisme.

산물(産物)＜san/mul＞ produk; produksi. 주요 ~ produk utama; produk pokok.

산미(酸味)＜san/mi＞ asiditas/keasaman.

산밑(山 -)＜san/mith＞ kaki gunung.

산발(散發)＜san/bal＞ terjadi secara sporadis. ~하다 sporadis. ~적인 sewaktu-waktu.

산발(散髮)＜san/bal＞ rambut yang kusut masai. ~하다 berambut kusut masai.

산보(散步)＜san/po＞ ☞ 산책.

산복(山腹)＜san/bok＞ sisi pegunungan [sisi bukit].

산봉(山峰), 산봉우리(山 -)＜san/bong, san/bong/u/ri＞ puncak.

산부(産婦)＜san/bu＞ wanita yang bersalin.

산부인과(産婦人科)＜san/bu/in/kwa＞ bagian kebidanan dan penyakit wanita. ~의사 dokter penyakit wanita.

산불(山 -)＜san/pul＞ kebakaran hutan.

산비둘기(山 -)＜san/bi/dul/gi＞ burung tekukur/ketitiran.

산비탈(山 -)＜san/bi/thal＞ lereng curam; lereng terjal.

산사람(山 -)＜san/sa/ram＞ orang gunung.

산사태(山沙汰)＜san/sa/thae＞ tanah longsor; terbis; terban.

산삭(産朔)＜san/sak＞ bulan melahirkan; bulan parturisi.

산산이(散散 -)＜san/sa/ni＞ berkeping-keping; hancur berkeping-keping.

산산조각(散散-) <san/san/jo/gak> ～나다 pecah berkeping-keping; hancur berkeping-keping.

산삼(山蔘) <san/sam> ginseng gunung.

산상(山上) <san/sang> ～의 [에] [di] puncak gunung. ～수훈(垂訓) 『聖』 Khotbah di atas Gunung.

산새(山 -) <san/sae> burung pegunungan.

산색(山色) <san/saek> pemandangan pegunungan.

산성(山城) <san/seong> benteng pegunungan; puri di atas bukit.

산성(酸性) <san/seong> asiditas; keasaman. ～의 asam. ～화하다 mengasamkan. ～반응 reaksi asam. ～산화물 asam oksida.

산소(山所) <san/so> kuburan nenek moyang.

산소(酸素) <san/so> oksigen; zat asam; zat pembakar. ～봄베[통] tabung oksigen. ～요법 perlakuan oksigen. ～용접[땜] pengelasan oksiasitilen. ～화합물 oksida. ～흡입 inhalasi oksigen (penghirupan oksigen).

산소리하다 <san/so/ri/hada> omong besar.

산속(山 -) <san/sok> ceruk pegunungan.

산송장 <san/song/jang> bangkai hidup. ～이다 hidup segan mati tak mau.

산수(山水) <san/su> pemandangan alam. ～화 lukisan pemandangan. ～화가 pelukis pemandangan.

산수(算數) <san/su> aritmatik; ilmu hitung. ～의 aritmatis (berhubungan dengan aritmatik).

산수소(酸水素) <san/su/so> oksihidrogen. ～용접 pengelasan oksihidrogen.

산술(算術) <san/sul> aritmatik; ilmu hitung.

산스크리트 <san/seu/kheu/ri/theu> bahasa Sansekerta.

산식(算式) <san/sik> rumus aritmatik.

산신(山神) <san/sin> ☞ 산신령.

산신령(山神靈) <san/sil/lyeong> dewa gunung.

산실(産室) <san/sil> kamar bersalin.

산아(産兒) <sa/na> bayi yang baru lahir; orok merah. ～제한[조절] keluarga berencana.

산악(山岳) <san/ak> pegunungan. ～병(病) [전] sakit [perang] pegunungan. ～부 klub pendaki gunung. ～지대 daerah yang bergunung-gunung; distrik pegunungan.

산액(産額) <san/aek> hasil produksi; pendapatan.

산야(山野) <san/ya> medan dan pegunungan.

산약(散藥) <san/yak> obat bubuk; puyer.

산양(山羊) <san/yang> ① (염소) kambing gunung. ② (영양) kijang.

산업(産業) <san/eob> industri. ～의 industrial (sehubungan dengan industri). ～계 dunia industri. ～별 노조 perserikatan buruh industri. ～스파이 mata-mata industri. ～재해 보험 asuransi kompensasi kecelakaan kerja. ～합리화 rasionalisasi industri.

산욕(産褥) <san/yok> persalinan. ～에 눕다 bersalin; dalam persalinan. ～열(熱) demam waktu bersalin.

산울림(山 -) <san/ul/lim> ☞ 메아리.

산원(産院) <san/won> rumah bersalin.

산월(産月) <san/wol> ☞ 산삭(産朔).

산유국(産油國) <san/yu/guk> negara penghasil minyak.

산일(散逸.散佚) <san/il> ～하다 tercecer dan hilang; tersesat.

산입(算入) <san/ib> ～하다 memasukkan dalam perhitungan; memperhitungkan.

산자수명(山紫水明) <san/ja/su/myeong> pemandangan yang indah.

산장(山莊)＜san/jang＞ villa pegunungan.

산재(散在)＜san/jae＞ ～하다 berserakan; bertebaran; berpencar; berpencaran.

산재(散財)＜san/jae＞ ～하다 menghabiskan (memboroskan) uang.

산적(山賊)＜san/jeok＞ penyamun.

산적(山積)＜san/jeok＞ ～하다 menumpuk; menggunung.

산전(産前)＜san/jeon＞ ～에 sebelum kelahiran anak. ～ 산후의 휴가 cuti melahirkan.

산전수전(山戰水戰)＜san/jeon/su/jeon＞ ～다 겪다 merasakan pahit-manisnya kehidupan.

산정(山頂)＜san/jeong＞ puncak gunung.

산정(算定)＜san/jeong＞ ～하다 menghitung; menaksir.

산줄기(山 -)＜san/cul/gi＞ rangkaian pegunungan.

산중(山中)＜san/jung＞ ～에(서) di gunung.

산증(疝症)＜san/ceung＞ 『醫』 lumbago (sakit pinggang). ～을 앓다 menderita sakit pinggang.

산지(山地)＜san/ji＞ daerah yang bergunung-gunung.

산지(産地)＜san/ji＞ tempat produksi; (동식물이) habitat.

산지기(山 -)＜san/ji/gi＞ penjelajah hutan, penjaga malam.

산질(散秩)＜san/jil＞ jilid yang kurang. ～하다 berjilid kurang.

산책(散策)＜san/chaek＞ jalan-jalan. ～하다 berjalan-jalan. ～길 jalan-jalan; melancong. ～ 나가다 pergi berjalan-jalan.

산천(山川)＜san/cheon＞ gunung dan sungai. ～초목 alam; pemandangan.

산촌(山村)＜san/chon＞ desa pegunungan.

산출(産出)＜san/chul＞ ～하다 menghasilkan; memproduksi. ～고[량] jumlah hasil produksi; output.

산출(算出)＜san/chul＞ ～하다 menghitung; memperhitungkan.

산탄(霰彈)＜san/than＞ mimis. ～총 senapan mimis.

산토끼(山 -)＜san/tho/ki＞ 『動』 terwelu; kelinci.

산토닌＜san/tho/nin＞ 『藥』 santonin; asam santonat.

산통(産筒)＜san/thong＞ ～ 깨뜨리다 menggagalkan.

산파(産婆)＜san/fa＞ bidan; dukun beranak; paraji (☞ 조산원). ～역을 맡다 berperan dalam (pembentukan Kabinet); menjadi perantara/ penengah.

산판(山坂)＜san/fan＞ hutan cadangan.

산포(散布)＜san/fo＞ ☞ 살포(撒布).

산표(散票)＜san/fyo＞ suara yang terpencar.

산하(山河)＜san/ha＞ gunung dan sungai.

산하(傘下)＜san/ha＞ ～의[에] di bawah pengaruh … ～기업 [조합] perusahan [serikat] yang berafiliasi.

산학협동(産學協同)＜san/hak/hyeob/tong＞ kerjasama pendidikan industri. ～체 kawasan pendidikan industri.

산해(山海)＜san/hae＞ ～진미 segala macam kelezatan.

산허리(山 -)＜san/heo/ri＞ sisi pegunungan.

산협(山峽)＜san/hyeob＞ ☞ 두메.

산호(珊瑚)＜san/ho＞ (batu) karang. ～섬 pulau karang. ～수 karang. ～초[충] bunga [serangga] karang.

산화(山火)＜san/hwa＞ kebakaran hutan.

산화(散華)＜san/hwa＞ kematian yang heroik dalam pertempuran; kepahlawanan. ～하다 mati sebagai pahlawan.

산화(酸化)＜san/hwa＞ 『化』 oksidasi; kombusi; pembakaran. ～하다 mengoksidasi; membakar. ～물 oksida. ～철 baja oksida (baja yang diproses melalui reaksi oksidasi). ～망간 mangan oksida.

산회(散會)＜san/hoe＞ penutupan sidang. ～하다 menutup sidang.

산후(産後)＜san/hu＞　～의[에] pas-ca kelahiran; postpartum; setelah kelahiran anak.　～가 좋다[나쁘다] dalam kondisi baik [buruk] setelah melahirkan.

살＜sal＞ (몸의) daging; otot kulit. ～이 많은 berdaging; berotot.　～이 오르다 [빠지다] bertambah [berkurang] bobot.

살＜sal＞ (벌이) sengat.

살＜sal＞ (뼈대) jari-jari (roda); rangka payung.

살＜sal＞ (어살.화살) panah; lembing.

살＜sal＞ (나이) usia; umur.

살가죽＜sal/ka/juk＞ kulit.

살갑다＜sal/gab/ta＞ ① (속이) berpikiran luas. (다정함) berhati hangat.

살강＜sal/gang＞ rak dapur.

살갗＜sal/kat＞ kulit; warna muka (air muka). ～이 곱다 memiliki air muka jujur.

살거리＜sal/keo/ri＞ keototan.

살결＜sal/gyeol＞ tekstur kulit. ～이 고운 tekstur yang rapat (halus).

살구＜sal/gu＞ buah aprikot.

살균(殺菌)＜sal/gyun＞ sterilisasi; penyucihamaan. ～하다 mensterilkan; mempasteurisasi (susu). ～력 daya sterilisasi. ～제 stelizer; desinfektan.

살그머니＜sal/geu/meo/ni＞ dengan rahasia; diam-diam; sembunyi-sembunyi.

살금살금＜sal/geum/sal/geum＞ dengan mengendap-endap.

살긋하다＜sal/geut/hada＞ miring; bengkok.

살기(殺氣)＜sal/gi＞ nafsu membunuh; haus darah. ～를 띤 bernafsu untuk membunuh. ～를 띠다 menjadi bernafsu untuk membunuh.

살길＜sal/kil＞ jalan hidup; mata pencaharian. ～을 찾다 mencari jalan untuk mendapatkan nafkah (bertahan hidup).

살깃＜sal/git＞ bulu panah.

살내리다＜sal/lae/ri/da＞ menjadi kurus.

살다＜sal/da＞ ① hidup. …을 먹고 ～ hidup mengandalkan pada … ② hidup; bertahan hidup. 잘～ berada; beruntung. ③ (거주) tinggal; menetap; menghuni; mendiami. ④ (생동) hidup (gambar dsb).

살대＜sal/tae＞ (화살대) tangkai panah; batang panah.

살뜰하다＜sal/teul/hada＞ hemat; irit. ☞ 알뜰하다.

살랑거리다＜sal/lang/geo/ri/da＞ berhembus dengan lembut; bertiup dengan lembut.

살래살래＜sal/lae/sal/lae＞ 머리를 ～ 흔들다 menggelengkan kepala.

살려주다＜sal/lyeo/ju/da＞ menyelamatkan; memberikan pertolongan.

살롱＜sal/long＞ rumah minum (salon).

살륙(殺戮)＜sal/lyuk＞ ☞ 살육.

살리다＜sal/li/da＞ ① (목숨을) menyelamatkan; mempertahankan hidup; menyadarkan (seseorang) dari pingsan; mensiumankan. ② (활용) menggunakan (uang) dengan baik. ③ (생기를 주다) menghidupi.

살리실산(- 酸)＜sal/li/sil/san＞ asam salisilat.

살림＜sal/lim＞ rumah tangga; kehidupan; rejeki; nafkah; mata pencaharian; pendapatan. ～하다 berumah tangga; mengelola rumah tangga. ～이 넉넉하다[넉넉지 못하다] hidup berkecukupan [kekurangan]. ～에 찌들다 pusing mengurus rumah tangga. 새 ～을 차리다 mendirikan rumah tangga baru.

살림꾼＜sal/lim/kun＞ ibu rumah tangga yang hemat.

살림맡다＜sal/lim/math/ta＞ mengurus rumah tangga.

살며시＜sal/myeo/si＞ ☞ 슬며시.

살무사＜sal/mu/sa＞ ular biludak; ular kepak.

살벌＜殺伐＞＜sal/beol＞ ～하다 berlumur darah; haus darah; buas; brutal; ganas.

살별＜sal/byeol＞ 『天』 komet.

살붙이＜sal/bu/chi＞ sanak saudara.
살빛＜sal/bit＞ warna daging.　～의 berwarna daging.
살사리＜sal/sa/ri＞ penjilat; orang licik.
살살＜sal/sal＞ dengan diam-diam; dengan lembut.
살상(殺傷)＜sal/sang＞ pertumpahan darah.　～하다 menumpahkan darah.
살생(殺生)＜sal/saeng＞　～하다 membunuh; menyembelih; menjagal; membantai.
살수(撒水)＜sal/su＞　～하다 menyiram; menyemprot.　～기 [장치] penyemprot (spinkler).　～차(車) mobil penyiram jalan.
살신성인(殺身成仁)＜sal/sin/seong/in＞　～하다 menjadi suhada bagi kemanusian.
살아나다＜sal/a/na/da＞　① (소생) menghidupkan kembali (menyadarkan).　② (구명) tertolong; terselamatkan; bertahan hidup.　③ (곤경에서) luput dari (kematian, bahaya); terhindar; lolos dari (bahaya).
살아생전(- 生前)＜sal/a/saeng/jeon＞　～에 selama hidup.
살얼음＜sal/eo/reum＞ es tipis; lapisan es tipis.　～을 밟는 것 같다 merasa bagai berjalan di titian lapuk.
살육(殺戮)＜sal/yuk＞　～하다 menyembelih; menjagal; membantai.　～을 자행하다 membunuh dengan membabi buta; membantai secara brutal.
살의(殺意)＜sal/eui＞ nafsu membunuh.
살인(殺人)＜sa/rin＞ pembunuhan.　～하다 melakukan pembunuhan; membunuh.　～적인 mematikan; maut.　～광선 sinar maut.　～미수 percobaan pembunuhan.　～범 pembunuh.　～사건 kasus pembunuhan.
살점(- 點)＜sal/ceom＞ seiris daging.
살짝＜sal/cak＞ ☞ 슬쩍.

살찌다＜sal/ci/da＞ bertambah gemuk; naik berat badan; (땅위) bertambah subur (bertambah kaya).
살찌우다＜sal/ci/u/da＞ menggemukkan.
살촉(＜sal/chok＞ kepala panah.
살충제(殺蟲劑)＜sal/chung/je＞ insektisida; bubuk serangga/obat serangga.
살코기＜sal/kho/gi＞ daging merah (tidak bergajih).
살팍지다＜sal/fak/ji/da＞ berotot; kekar.
살판나다＜sal/fan/na/da＞ berada dalam keberuntungan.
살펴보다＜sal/fyeo/bo/da＞ melihat-lihat; memeriksa; menyelidiki; memantau; menilik.
살포(撒布)＜sal/fo＞　～하다 menabur; menaburkan; memercikkan.　～약 bubuk.
살풍경(殺風景)＜sal/fung/gyeong＞　① ～한 kering; tandus (pemandangan).　② (정취없는) seram (situasi).
살피다＜sal/fi/da＞　① ☞ 살펴보다.　② (헤아리다) mengira-ngira.
살해(殺害)＜sal/hae＞　～하다 membunuh; mematikan.　～자 pembunuh.
삵괭이＜sak/kwaeng/i＞ kucing hutan; lynx (sejenis harimau di Afrika).
삶＜sam＞ hidup; hayat; perikehidupan.　～을 영위하다 menjalani hidup.
삶다＜sam/ta＞ ① merebus; memasak.　달걀을 ～ merebus telur.　② ☞ 구슬리다.　③ (논밭흙을) menyisir; menggaru.
삼＜sam＞ rami; kain rami.　～씨 biji rami.　～으로 만든 (dari) rami.
삼＜sam＞ (태아의) amnion dan tali pusat.
삼＜sam＞ (눈동자의) semacam penyakit mata.
삼(三)＜sam＞ tiga.　제～(의) yang ketiga.

삼(蔘)＜sam＞ ginseng. ☞ 인삼.

삼가＜sam/ga＞ dengan penuh hormat; dengan rendah hati. ～ 말씀 드립니다 dengan hormat saya beritahukan.

삼가다＜sam/ga/da＞ ① bijaksana; berhati-hati. 언행을 ～ bijaksanan dalam perkataan dan perbuatan. ② berpantangan; mengendalikan diri. 술을 ～ berpantang minum (minuman keras).

삼가르다＜sam/ga/reu/da＞ memotong tali pusar.

삼각(三角)＜sam/gak＞ persegi tiga. ～의 berbentuk segi tiga; bersudut tiga. ～건 pembalut segitiga. ～관계 hubungan (cinta) segitiga. ～근(筋) otot deltoid. ～기 kalimantang; bendera segitiga. ～법 trigonometri; ilmu ukur segitiga. ～익(翼) sayap delta. ～자 siku-siku. ～주(洲) delta. ～함수 fungsi geometri.

삼각(三脚)＜sam/gak＞ tripoda; kaki tiga. ～의 berkaki tiga; tripodal.

삼각형(三角形)＜sam/gak/hyeong＞ segitiga; persegi tiga. ～의 triangular; bersegitiga.

삼간초옥(三間草屋)＜sam/gan/cho/ok＞ pondok ilalang; rumah pondok jerami.

삼강(三綱)＜sam/gang＞ tiga ikrar. ～오륜 tiga ikrar dan lima disiplin moral dalam hubungan manusia.

삼거리(三 -)＜sam/geo/ri＞ pertemuan (persimpangan) tiga jalan; pertigaan.

삼겹실(三 -)＜sam/gyeob/sil＞ benang berpilin tiga.

삼경(三更)＜sam/gyeong＞ tengah malam.

삼계탕(蔘鷄湯)＜sam/gye/thang＞ sup ayam ginseng; sup ayam muda dengan ginseng (dan bahan lain).

삼국(三國)＜sam/guk＞ ～동맹 persekutuan tiga negara. 제 ～ 인 negara ketiga.

삼군(三軍)＜sam/gun＞ angkatan bersenjata; ketiga angkatan. ～을 지휘하다 mengomandoi angkatan bersenjata. ～의장대 pasukan kehormatan ketiga angkatan.

삼권분립(三權分立)＜sam/gwon/bul/lib＞ pemisahan ketiga kekuasaan.

삼남(三南)＜sam/nam＞ tiga propinsi selatan Korea.

삼년(三年)＜sam/nyeon＞ tiga tahun; triwarsa. ～생(학생) pelajar tahun ketiga.

삼다＜sam/ta＞ ① membuat (sesuatu) dari …; mengangkat sebagai …; mempergunakan. 그녀를 며느리로 ～ mengambil jadi menantu perempuan. ② 책을 벗～ berteman dengan buku. ③ (짚신을) membuat (sepatu jerami).

삼단＜sam/dan＞ ～같은 머리 rambut panjang.

삼단논법(三段論法)＜sam/dan/non/peob＞ silogisme.

삼단도(三段跳)＜sam/dan/do＞ lompat jingkat.

삼대(三代)＜sam/dae＞ tiga generasi.

삼동(三冬)＜sam/dong＞ tiga bulan musim dingin; musim dingin.

삼두정치(三頭政治)＜sam/du/jeong/chi＞ pemerintahan atau kekuasaan tiga serangkai.

삼등(三等)＜sam/deung＞ kelas tiga; tempat ketiga. ～차표[석] karcis [tempat duduk] kelas tiga.

삼등분(三等分)＜sam/deung/bun＞ ～하다 membagi kedalam tiga bagian sama; membelah tiga.

삼라만상(森羅萬象)＜sam/ra/man/sang＞ segala sesuatu di alam semesta; semua makhluk.

삼류(三流)＜sam/nyu＞ ～의 tingkat ketiga (kelas ketiga).

삼륜차(三輪車)＜sam/ryun/cha＞ kendaraan beroda tiga.

삼림(森林)＜sam/nim＞ ☞ 산림, 숲.

삼립(森立)＜sam/nib＞ ☞ 임립(林立).

삼매(三昧)＜sam/mae＞ kekhusukan. ～경(에 들다) (mencapai) keadaan pemusatan spiritual yang sempurna; sangat khusuk.

삼면(三面)＜sam/myeon＞ tiga sisi; tiga muka; (신문의) halaman ketiga. ~기사 berita kota (berita lokal); berita halaman ketiga.

삼모작(三毛作)＜sam/mo/jak＞ panen tiga kali setahun.

삼목(杉木)＜sam/mok＞ pohon adas; kriptomeria.

삼민주의(三民主義)＜sam/min/ju/eui＞ Tiga Dasar Rakyat; Sam Min Jui.

삼박자(三拍子)＜sam/bak/ca＞ 『樂』 tiga tempo.

삼발이＜sam/ba/ri＞ tripoid (kaki tiga); trivet.

삼배(三倍)＜sam/bae＞ tiga kali. ~하다 mengalikan dengan tiga. ~의 tiga kali lipat. …의 ~나 되는 tiga kali lipat (lebih banyak, lebih besar) dari … .

삼베＜sam/be＞ kain rami.

삼복(三伏)＜sam/bok＞ periode terpanas dalam musim panas; pertengahan musim panas. ~더위 panas tengah musim panas.

삼부(三部)＜sam/bu＞ tiga bagian ; tiga salinan; tiga volume; tritunggal. ~작 trilogi. ~합창 trio paduan suara.

삼분(三分)＜sam/bun＞ ~하다 membagi menjadi tiga bagian; membelah tiga bagian; membelah tiga. ~의 sepertiga.

삼분오열(三分五裂)＜sam/bun/o/yeol＞ ~하다 pecah berkeping-keping.

삼산염기(三酸鹽基)＜sam/san/yeom/gi＞ basa tiga asam (kimia).

삼산화(三酸化)＜sam/san/hwa＞ 『化』 ~물 trioksida.

삼삼오오(三三五五)＜sam/sam/o/o＞ ~로 dua-dua dan tiga-tiga; dalam kelompok.

삼삼하다＜sam/sam/hada＞ (맛이) tidak asin tapi berasa; (눈에) segar (dalam ingatan).

삼색(三色)＜sam/saek＞ tiga warna. ~의 tiga warna. ~기 bendera tiga warna.

삼승(三乘)＜sam/seung＞ ☞ 세제곱.

삼시(三時)＜sam/si＞ tiga waktu makan harian; (때) pagi, siang dan malam.

삼십(三十)＜sam/sib＞ ketiga puluh; XXX. 제~(의) (yang) ketiga puluh. ~ 대이다 dalam usia tiga puluhan.

삼십육계(三十六計)＜sam/sib/yuk/gye＞ ~놓다 mengambil langkah seribu.

삼엄(森嚴)＜sam/eom＞ ~하다 berjaga-jaga dengan ketat.

삼오야(三五夜)＜sam/o/ya＞ malam bulan purnama.

삼용(蔘茸)＜sam/yong＞ ginseng dan tanduk rusa.

삼원색(三原色)＜sam/won/saek＞ tiga warna pokok.

삼월(三月)＜sam/wol＞ Maret.

삼위일체(三位一體)＜sam/wi/il/che＞ Trinitas (Tritunggal); kosubstansialitas.

삼인(三人)＜sam/in＞ tiga laki-laki/orang. ~조 trio. ~칭 orang ketiga.

삼일(三一)＜sam/il＞ ~운동 Pergerakan Kemerdekaan 1919 (Korea). ~절 Peringatan Pergerakan Kemerdekaan Samil.

삼일(三日)＜sam/il＞ tiga hari; (hari) ketiga. ~동안 untuk tiga hari. ~천하 pemerintahan singkat/tiga hari.

삼중(三重)＜sam/jung＞ ~의 tiga kali lipat; terlipat. ~주[창] trio.

삼지사방(-四方)＜sam/ji/sa/bang＞ ~으로 dalam semua arah.

삼차(三次)＜sam/cha＞ (yang) ketiga; kubik. ~산업 industri tersier. ~식 persamaan kubik (persamaan pangkat tiga). ~원 tiga dimensi. ~원의 berdimensi tiga.

삼차신경(三叉神經)＜sam/cha/sin/gyeong＞ 『解』 trigemini.

삼창(三唱)＜sam/cang＞ tiga sorakan. ~하다 memberikan 3 kali sorakan.

삼촌(三寸)＜sam/chon＞ paman; ma-

mang; mamak.
삼총사(三銃士)＜sam/chong/sa＞ trio; tiga serangkai.
삼추(三秋)＜sam/chu＞ tiga bulan musim gugur; tiga tahun.
삼층(三層)＜sam/cheung＞ tingkat tiga. ～집 rumah bertingkat tiga.
삼치＜sam/chi＞ 『魚』 tenggiri luding.
삼칠일(三七日)＜sam/chi/ril＞ hari ke-12 setelah kelahiran anak.
삼키다＜sam/khi/da＞ ① menelan; menggelogok. 통째 ～ menelan (biskuit) sekaligus. ② menahan. 눈물을 ～ menahan air mata. ③ (횡령) menggelapkan (uang).
삼태기＜sam/thae/gi＞ keranjang bawaan.
삼투(滲透)＜sam/thu＞ peresapan; penjenuhan. ～하다 menembus; meresap; menjenuhkan. ～성 osmosis; permeabilitas.
삼파전(三巴戰)＜sam/fa/jeon＞ pertandingan segitiga (pertempuran tiga kubu). ～을 벌이다 berkobarnya pertempuran tiga pihak.
삼팔선(三八線)＜sam/fal/seon＞ garis 38⁰ derajat LU (garis yang memisahkan Korea Utara dan Korea Selatan).
삼포(蔘圃)＜sam/fo＞ ladang ginseng.
삼하다＜sam/hada＞ liar; susah dikendalikan; susah diatur; galak.
삼한사온(三寒四溫)＜sam/han/sa/on＞ bergiliran tiga hari dingin dan empat hari panas.
삼항식(三項式)＜sam/hang/sik＞ 『數』 rumus trinominal; persamaan pangkat tiga.
삽＜sab＞ sekop; sodok. ～ 질하다 menyekop; menyodok.
삽자리, 삽살개＜sab/ja/ri, sab/sal/gae＞ anjing yang berbulu panjang.
삽시간＜sab/si/gan＞ ～에 dalam sekejap mata; dengan seketika; sekelebat.
삽입(挿入)＜sa/bib＞ ～하다 menyisipkan; menyelakan. ～ 적으로

dengan menyisipkan. ～구 kalimat sisipan. ～부『樂』 episode.
삽화(挿畵)＜sa/fwa＞ ilustrasi; gambar. ～화가 ilustrator.
삿갓＜sat/gat＞ topi bambu (berbentuk kerucut); topi cetok.
삿대＜sat/dae＞ ☞ 상앗대.
삿자리＜sat/ja/ri＞ anyaman bambu; tikar bambu.
상(上)＜sang＞ (윗부분) atas; (등급) yang pertama; terbaik; superior; (상권) jilid pertama.
상(床)＜sang＞ meja (makan); meja kecil. 밥 한～ hidangan di atas meja. ～을 차리다 menyiapkan meja (untuk makan). ～을 치우다 membereskan meja.
상(相)＜sang＞ aspek; fase; wujud; citra; rupa. ～을 찌프리고 dengan mengerutkan dahi.
상(商)＜sang＞ 『數』 hasil bagi.
상(喪)＜sang＞ berduka cita; berkabung; bela sungkawa. ～을 입다 berkabung. ～ 중이다 sedang berkabung.
상(像)＜sang＞ patung; arca; gambar; poster.
상(賞)＜sang＞ hadiah; penghargaan; imbalan. 1등 ～ hadiah pertama; penghargaan pertama. ～타다 memenangkan hadiah.
상가(商家)＜sang/ga＞ toko; kedai.
상가(商街)＜sang/ga＞ pusat kota (pusat bisnis; kawasan bisnis).
상가(喪家)＜sang/ga＞ rumah duka.
상각(償却)＜sang/gak＞ ～하다 membayar kembali; melunasi; menebus. ～자금 dana penebusan; dana cadangan untuk membayar hutang atau mengganti aktiva tertentu. 감가 ～ depresiasi (penyusutan).
상감(上監)＜sang/gam＞ Baginda Yang Mulia.
상감(象嵌)＜sang/gam＞ tatahan; penatahan. ～하다 menatah.
상감세공(象嵌細工)＜sang/gam/se/gong＞ kerajinan tatahan.
상갑판(上甲板)＜sang/gab/fan＞ dek

atas; geladak.

상객(上客)＜sang/gaek＞ tamu kehormatan; tamu terhormat.

상객(常客)＜sang/gaek＞ pelanggan tetap; pengunjung tetap.

상거(相距)＜sang/geo＞ ～하다 jauh.

상거래(商去來)＜sang/geo/rae＞ transaksi dagang.

상견(相見)＜sang/gyeon＞ ～하다 bertemu satu sama lain; berwawancara; bertukar pandangan.

상경(上京)＜sang/gyeong＞ ～하다 pergi ke (Seuol) ibukota.

상고(上古)＜sang/go＞ Zaman Kuno. ～의 kuno; antik. ～사 sejarah kuno.

상고(上告)＜sang/go＞ ① 『法』 permohonan banding. ～하다 memohon banding (ke pengadilan yang lebih tinggi); petisi untuk revisi (tinjauan ulang). ～를 기각하다 menolak pemohonan banding. ～인 pemohon banding. ② laporan. ～하다 melapor.

상고(尚古)＜sang/go＞ ～주의 klasisisme; aliran klasik.

상고(詳考)＜sang/go＞ ～하다 merujuk dengan teliti pada … .

상고대＜sang/go/dae＞ embun beku (pada pohon).

상고머리＜sang/go/meo/ri＞ rambut potongan kru (potongan persegi).

상공(上空)＜sang/gong＞ udara atas; langit. …의 ～을[에] [di] atas; [di] udara.

상공(商工)＜sang/gong＞ perdagangan dan industri. ～부 Departemen Perdagangan dan Industri. 대한 ～회의소 Kamar Dagang dan Industri. 중소～업자 pedagang dan pengusaha kecil dan menengah.

상과(商科)＜sang/kwa＞ jurusan niaga. ～대학 Sekolah Tinggi Niaga; Fakultas Niaga.

상관(上官)＜sang/gwan＞ pegawai tinggi; kepala.

상관(相關)＜sang/gwan＞ ① (상호관계) korelasi; hubungan timbal balik. ～하다 berkorelasi; berhu-

bungan (dengan). ② (관련) relasi; koneksi; (관여) keikutsertaan; ketertiban; (관심.개의) kepedulian. ～하다 mengambil bagian; ikut serta; terlibat (dalam). ～않다 tidak berkeberatan; tidak peduli dengan. ～없다 tidak ada hubungan dengan; tidak masalah. 네가 ～할 게아니다 Ini bukan urusanmu. ③ (남녀의) hubungan seksual. ～하다 berhubungan seksual dengan … .

상관습(商慣習)＜sang/gwan/seub＞ praktek dagang; kebiasaan bisnis.

상궁(尚宮)＜sang/gung＞ dayang-dayang.

상권(上卷)＜sang/gwon＞ volume satu (vol: 1); jilid satu.

상권(商權)＜sang/gwon＞ supremasi dagang; hak dagang.

상궤(常軌)＜sang/gwe＞ arah normal. ～를 벗어나다 keluar dari jalur; (menjadi) abnormal.

상규(常規)＜sang/gyu＞ aturan-aturan yang mapan.

상그레웃다＜sang/geu/re/ut/da＞ tersenyum berseri-seri.

상극(相剋)＜sang/geuk＞ pertentangan; persaingan; ketidakcocokan. ～이다 saling bertentangan; tidak cocok (dengan).

상근(常勤)＜sang/geun＞ waktu penuh. ～자 pekerja waktu penuh.

상금(賞金)＜sang/geum＞ hadiah; uang hadiah. ～을 타다 [내걸다] memenangkan [menawarkan] hadiah.

상금(尚今)＜sang/geum＞ sampai sekarang; sampai kini; masih; lagi; sedang sementara.

상급(上級)＜sang/geub＞ pangkat tinggi; peringkat atas. ～의 atas; tinggi; superior; senior. ～관청 penjabat tinggi. ～생 pelajar kelas lanjut. ～직 kedudukan senior. ～학교 sekolah dengan peringkat tinggi; sekolah top.

상긋거리다＜sang/geut/geo/ri/da＞ tersenyum berseri-seri.

상기(上氣)＜sang/gi＞ ～하다 malu.

상기(上記)＜sang/gi＞　~의 (yang) telah dikemukakan sebelumnya.
상기(想起)＜sang/gi＞　~하다 mengingat. …을 ~시키다 mengingatkan akan … .
상기(詳記)＜sang/gi＞　~하다 mengemukakan secara terperinci; menguraikan; menjelaskan.
상길(上 -)＜sang/gil＞　mutu tertinggi.
상납(上納)＜sang/nab＞　~하다 menyogok; menyuap.
상냥하다＜sang/nyang/hada＞　sopan; baik; manis budi; baik hati; ramah.
상념(想念)＜sang/nyeom＞　gagasan; ide; konsepsi.
상놈(常 -)＜sang/nom＞　orang kasar; orang yang berselera rendah.
상단(上端)＜sang/dan＞　pucuk; ujung atas.
상담(相談)＜sang/dam＞　konsultasi. ~에 응하다 memberikan konsultasi/nasihat (kepada). ~난 kolom konsultasi (bagian konsultasi). ~소 kantor informasi [konsultasi]. 결혼 ~소 kantor penasihat perkawinan.
상담(商談)＜sang/dam＞　pembicaraan bisnis. ~을 매듭짓다 menyelesaikan pembicaraan bisnis.
상당(相當)＜sang/dang＞　~한 (적당한) cocok; sesuai; pas; patut; (어울리는) selaras; pantas; (훌륭한) terhormat; (합당) masuk akal; wajar. ~히 cukup; lumayan. ~한 보수 ganjaran setimpal. ~한 교육[수입] pendidikan [pendapatan] yang baik. ~한 인물 orang terhormat. ~한 값 harga yang masuk akal; harga yang wajar.
상대(相對)＜sang/dae＞　① (마주 대함) berhadapan satu sama lain. ~하다 bertentangan (dengan); berhadapan (dengan). ~하여 앉다 duduk berhadap-hadapan; beradu muka. ② teman; rekan. ~하다 berteman (dengan). ③ (상대방) tandingan; seteru; penentang; oposisi. ~하다 bersaing dengan. ~가 안

되다 tidak ada tandingan. ④ (절대에 대한) relativitas; kenisbian. ~성 원리 [이론] prinsip [teori] relativitas.
상대역(相對役)＜sang/dae/yeok＞　pasangan main; (춤의) rekanan. ~을 하다 memainkan (peran) antagonis.
상도(常道)＜sang/do＞　arah reguler.
상도(想到)＜sang/do＞　~하다 mempertimbangkan.
상도덕(商道德)＜sang/do/deok＞　moralitas dagang (moralitas bisnis)
상도의(商道義)＜sang/do/eui＞　☞ 상도덕.
상되다(常 -)＜sang/doe/da＞　vulgar; rendah; hina.
상등(上等)＜sang/deung＞　~의 kelas utama; kelas satu (terbaik). ~품 barang kelas satu.
상등병(上等兵)＜sang/deung/byeong＞　☞ 상병(上兵).
상량(上樑)＜sang/nyang＞　~하다 membangun kerangka rumah; meletakkan balok bubungan. ~식 upacara peletakan bubungan.
상례(常例)＜sang/nye＞　~의 reguler; biasa; kebiasaan. …을 ~로하다 terbiasa; membuat sebagai kebiasaan.
상록(常綠)＜sang/nok＞　~의 selalu hijau. ~수 pohon yang selalu hijau.
상론(詳論)＜sang/non＞　~하다 menyatakan secara rinci.
상류(上流)＜sang/nyu＞　(강이) hulu; (사회에서의) kelas atas. ~의 [에] hulu sungai. ~사회 masyarakat kelas atas; kalangan atas. ~생활 (生活) kehidupan kelas atas.
상륙(上陸)＜sang/nyuk＞　pendaratan. ~하다 mendarat; berlabuh. ~부대 [지점] unit/satuan [titik] pendaratan. ~작전 operasi pendaratan.
상말(常 -)＜sang/mal＞　kata-kata kasar (tidak sopan, cabul).
상면(相面)＜sang/myeon＞　~하다 bertemu untuk pertama kali; bertatap muka.
상무(尙武)＜sang/mu＞　~의 기상

semangat kepahlawanan; semangat jihad.

상무(常務)＜sang/mu＞ bisnis reguler; (회사간부) direktur pengelola.

상무(商務)＜sang/mu＞ urusan dagang. ~관 atase perdagangan.

상미(上米)＜sang/mi＞ beras kelas satu; beras terbaik; beras kepala.

상미(賞味)＜sang/mi＞ ~하다 menikmati.

상민(常民)＜sang/min＞ orang awam; rakyat jelata.

상박(上膊)＜sang/bak＞ 『解』 lengan atas; pangkal lengan.

상반(相反)＜sang/ban＞ ~하다 bertentangan; konflik.

상반기(上半期)＜sang/ban/gi＞ pertengahan pertama (dari setahun); semester pertama.

상반신(上半身)＜sang/ban/sin＞ separuh atas dari tubuh; setengah badan. ~을 벗고 melucuti sampai pinggang. ~을 내밀다 menyandarkan ke depan.

상배(喪配)＜sang/bae＞ ☞ 상처(喪妻).

상배(賞杯)＜sang/bae＞ piala; trofi.

상벌(賞罰)＜sang/beol＞ imbalan dan hukuman. ~없음 tidak ada imbalan dan hukuman.

상법(商法)＜sang/peob＞ hukum dagang.

상병(上兵)＜sang/byeong＞ Kopral.

상보(床褓)＜sang/bo＞ alas meja; taplak meja.

상보(詳報)＜sang/bo＞ laporan terperinci; laporan lengkap. ~하다 melaporkan secara terperinci.

상복(喪服)＜sang/bok＞ pakaian berkabung. ~을 입고(있다) memakai pakaian berkabung.

상봉(相逢)＜sang/bong＞ ~하다 bertemu ; berjumpa.

상부(上部)＜sang/bu＞ bagian atas; (기관.직위) atasan. ~구조 struktur atasan/kepemimpinan.

상부상조(相扶相助)＜sang/bu/sang/jo＞ saling ketergantungan (interdependensi); gotong royong.

상비(常備)＜sang/bi＞ ~하다 mencadangkan; menyiagakan. ~군 tentara siaga. ~약 obat persediaan keluarga.

상사(上士)＜sang/sa＞ Sersan Satu. 특무~ Sersan Mayor.

상사(上司)＜sang/sa＞ atasan; pejabat tinggi.

상사(相似)＜sang/sa＞ ~의 serupa; mirip; sepancaran.

상사(相思)＜sang/sa＞ saling cinta. ~병 penyakit cinta. ~병에 걸린 mabuk cinta; mabuk kepayang. ~병을 앓다 merindukan cinta.

상사(商社)＜sang/sa＞ perusahan (komersial); perusahaan dagang.

상사(商事)＜sang/sa＞ ~회사 perusahaan dagang; usaha dagang.

상사람(常 -)＜sang/sa/ram＞ orang biasa; awam.

상상(想像)＜sang/sang＞ imajinasi; khayalan; peranganan. ~하다 membayangkan; menduga; mengkhayalkan; mengandaikan. ~의 imajiner; imajinatif (bersifat khayalan). ~이 맞다 sesuai perkiraan; menduga tepat; sesuai dengan dugaan. ~력 daya khayal. ~임신 kehamilan imajiner.

상상봉(上上峰)＜sang/sang/bong＞ puncak tertinggi.

상서(上書)＜sang/seo＞ surat untuk atasan. ~하다 mengirim surat ke atasan; menyurati atasan.

상서(祥瑞)＜sang/seo＞ pertanda baik. ~로운 (pertanda) menguntungkan.

상석(上席)＜sang/seok＞ senioritas; kedudukan atas; tempat duduk kehormatan.

상석(床石)＜sang/seok＞ meja batu di depan makam.

상선(商船)＜sang/seon＞ kapal dagang; kapal niaga. ~대 armada niaga.

상설(常設)＜sang/seol＞ ~하다 mendirikan secara permanen. ~의 permanen; tetap.

상설(詳說)＜sang/seol＞ ~하다

menjelaskan secara rinci.

상세(詳細) <sang/se> ～한 mendetil; terperinci; lengkap. ～히 secara terperinci; secara lengkap.

상소(上訴) <sang/so> permohonan (naik banding). ～하다 memohon banding (ke peradilan yang lebih tinggi). ～를 포기[취하]하다 membatalkan permohonan banding. ～권(權) hak mohon naik banding.

상속(相續) <sang/sok> suksesi; pewarisan. ～하다 mewarisi; menggantikan. ～세 pajak warisan. ～인 pengganti; pewaris. ～재산 warisan.

상쇄(相殺) <sang/swae> ～하다 menutupi satu sama lain (mengimbangi). ～계정 anggaran berimbang.

상수(上手) <sang/su> unggul; superior. ～이다 bukan tandingan (bagi seseorang).

상수(常數) <sang/su> 『數』 konstanta.

상수도(上水道) <sang/su/do> pelayanan air; penyediaan air.

상수리나무 <sang/su/ri/na/mu> 『植』 pohon ek.

상순(上旬) <sang/sun> sepuluh hari pertama dari satu bulan; suku bulan pertama.

상술(上述) <sang/sul> ☞ 상기(上記).

상술(商術) <sang/sul> seni berdagang; kemampuan bisnis.

상술(詳述) <sang/sul> ～하다 menjelaskan secara terperinci (secara lengkap); memerincikan.

상스럽다(常-) <sang/seu/reob/ta> vulgar; rendah; tidak sopan; cabul; kasar.

상습(常習) <sang/seub> ～적인 kebiasaan. ～범 kejahatan kebiasaan.

상승(上昇) <sang/seung> ～하다 naik membumbung; memanjat; begar. ～기류 aliran udara yang naik.

상승(相乘) <sang/seung> ～하다 mengalikan. ～비 nisbah geometri;

rasio geometri. ～작용 sinergisme.

상승(常勝) <sang/seung> ～의 tak terkalahkan.

상시(常時) <sang/si> ① ☞ 평상시(平常時). ② ☞ 항시(恒時).

상시고용(常時雇用) <sang/si/go/yong> pekerjaan tetap; penggunaan tetap.

상식(常食) <sang/sik> makanan pokok; makanan sehari-hari. ～으로 하다 (beras) sebagai makanan pokok.

상식(常識) <sang/sik> akal sehat; pikiran sehat. ～적인 berpikiran sehat; praktis. ～을 벗어난 eksentrik; tidak berakal sehat. ～적으로 생각하여 berdasarkan akal sehat, menurut akal sehat.

상신(山申) <sang/sin> ～하다 melaporkan (ke atasan). ～서(書) laporan tertulis.

상실(喪失) <sang/sil> ～하다 kehilangan; kematian; rugi.

상심(傷心) <sang/sim> ～하다 patah hati; berduka cita.

상심(喪心) <sang/sim> ～하다 merasa suram; masgul; murung; berlarut.

상아(象牙) <sang/a> gading. ～세공 kerajinan gading. ～질(質) benda gading. ～탑 menara gading. ～조각 ukiran gading.

상악(上顎) <sang/ak> 『解』 rahang atas.

상앗대 <sang/at/dae> dayung.

상어 <sang/eo> ikan hiu. ～가죽 kulit ikan hiu.

상업(商業) <sang/eob> perdagangan; usaha; bisnis; perniagaan. ～의 bersifat (ada hubungannya dengan) dagang. ～화하다 mengkomersialkan; memperdagangkan. ～에 종사하다 terjun ke dalam bisnis. ～고교 Sekolah Menengah Niaga. ～미술 seni berdagang. ～어음 nota dagang. ～영어 bahasa Inggris untuk perniagaan.

상업방송(商業放送) <sang/oeb/bang/song> siaran niaga; siaran komersial. ~을 개시하다 memulai/membuka siaran niaga. ~국 stasiun radio (TV) komersial.

상여(喪輿)＜sang/yeo＞ usungan (jenazah); keranda. ~를 메다 memikul keranda. ~꾼 pembawa keranda.

상여금(賞與金)＜sang/yeo/geum＞ bonus; hadiah; imbalan; uang jasa. 연말 ~을 타다 mendapat bonus akhir tahun.

상연(上演)＜sang/yeon＞ pertunjukan; pemanggungan; pementasan. ~하다 mementaskan; mempertunjukkan (drama).

상영(上映)＜sang/yeong＞ pertunjukan film. ~하다 mempertunjukan film. ~중 dalam pertunjukan; dalam pemutaran. 곧 ~될 영화 film yang akan datang. ~시간 waktu putar.

상오(上午)＜sang/o＞ sebelum pukul 12 siang; sebelum tengah hari. ☞ 오전.

상온(常溫)＜sang/on＞ temperatur normal.

상완(賞玩)＜sang/wan＞ ~하다 menghadiahi; menghargai; mengagumi.

상용(商用)＜sang/yong＞ ~으로 dalam bisnis; untuk urusan bisnis (dinas kantor dll). ~으로 방문하다 melakukan kunjungan bisnis; melakukan kontak bisnis (dengan). ~문 surat-menyurat komersial; surat bisnis. ~어 istilah komersial; istilah dagang.

상용(常用)＜sang/yong＞ penggunaan umum; penggunaan sehari-hari. ~하다 menggunakan sehari-hari. ~어(語) perkataan sehari-hari; kata-kata umum. ~영어 bahasa Inggris sehari-hari. ~자 pengguna tetap; pemakai tetap; pecandu.

상원(上院)＜sang/won＞ Majelis Perwakilan Tinggi; Senat. ~의원 anggota Majelis; senator (di Amerika).

상위(上位)＜sang/wi＞ pangkat tinggi; kedudukan tinggi. ~에 있다 berpangkat lebih tinggi (dari). ~를 차자하다 menduduki pangkat tinggi.

상위(相違)＜sang/wi＞ perbedaan; variasi; kelainan. ~하다 berbeda (dengan); bervariasi; tidak sama (dengan). ~점 titik perbedaan; tikah.

상응(相應)＜sang/eung＞ ① ~하다 bertindak sesuai (dengan); memberikan respon; menanggapi. ② ~하다 menjawab; berkenaan (dengan); menanggapi (atas). ③ ~한 sesuai; cocok; pantas.

상의(上衣)＜sang/eui＞ jaket; baju luar; pakaian atas.

상의(上意)＜sang/eui＞ ~ 하달하다 membawa keinginan dan ide yang memerintah kepada yang diperintah.

상의(相議.商議)＜sang/eui＞ konsultasi (konferensi). ~하다 berkonsultasi; berunding dengan; bernegosiasi; berbicara; berembuk; berapat.

상이(傷痍)＜sang/i＞ ~의 cacat; terluka. ~군인 serdadu yang terluka/cacat.

상인(商人)＜sang/in＞ pedagang; pemilik toko; orang dagang; saudagar. ~근성 semangat berdagang; jiwa dagang.

상인방(上引枋)＜sang/in/bang＞ 『建』 bendul; ambang pintu atau jendela.

상일(常 -)＜sang/il＞ kerja kasar. ~꾼 buruh kasar; pekerja manual.

상임(常任)＜sang/im＞ ~의 tetap; reguler. ~위원(회) (anggota) komite tetap. ~지휘자 pelaksana reguler.

상자(箱子)＜sang/ja＞ peti; kotak. 포도주 한~ satu peti anggur.

상자성(常磁性)＜sang/ja/seong＞ paramagnetisme.

상잔(相殘)＜sang/jan＞ ~하다 bertempur (satu sama lain); bermusuhan. 동족~ dendam kesumat; permusuhan.

상장(上場)＜sang/jang＞ ～하다 mendaftarkan (saham). ～되다 terdaftar. [비] ～주 saham terdaftar [tidak terdaftar]. ～폐지 penghapusan dari daftar.

산장(喪章)＜san/jang＞ kain perkabungan.

상장(賞狀)＜sang/cang＞ sertifikat penghargaan; sertifikat kehormatan.

상재(商才)＜sang/jae＞ kemampuan bisnis.

상쟁(相爭)＜sang/jaeng＞ ～하다 dendam satu sama lain; bermusuhan satu sama lain.

상적(商敵)＜sang/jeok＞ saingan dagang.

상전(上典)＜sang/jeon＞ majikan; orang yang mempekerjakan.

상전(相傳)＜sang/jeon＞ ～하다 mewariskan; memindahkan; menurunkan.

상전(桑田)＜sang/jeon＞ ladang mulberi. ～벽해 perubahan-perubahan di alam; konvulsi alam.

상점(商店)＜sang/jeom＞ toko. ～가 jalan pertokoan.

상접(相接)＜sang/jeob＞ 『數』 kontak persentuhan. ～하다 bersentuhan.

상정(上程)＜sang/jeong＞ ～하다 mengajukan (rancangan undang-undang); membawa ke Majelis.

상정(常情)＜sang/jeong＞ tabiat manusia; sifat manusia.

상정(想定)＜sang/jeong＞ ～하다 menduga; mengasumsikan; memperkirakan. ～한 hipotesis; imajiner.

상제(上帝)＜sang/je＞ ☞ 하느님.

상제(喪制)＜sang/je＞ orang yang berkabung.

상조(尙早)＜sang/jo＞ ～의 terlalu dini; prematur; terlalu awal. 시기 ～다 terlalu dini untuk melakukan (hal itu sekarang).

상조(相助)＜sang/jo＞ bantuan timbal balik. saling bantu. ～하다 membantu sama lain; saling membantu; bekerja sama. ～적인 bersifat kerja sama.

상종(相從)＜sang/jong＞ ～하다 bergaul; berteman; berhubungan (dengan).

상종가(上終價)＜sang/jong/ka＞ nilai tertinggi harian yang diijinkan (saham).

상좌(上座)＜sang/jwa＞ kedudukan tertinggi; kedudukan atas.

상주(上奏)＜sang/ju＞ ～하다 melapor ke raja.

상주(常住)＜sang/ju＞ ～인구 penduduk yang bermukim.

상주(常駐)＜sang/ju＞ ～하다 ditempatkan (di).

상주(喪主)＜sang/ju＞ orang pertama yang berkabung (anak laki-laki tertua).

상주(詳註)＜sang/ju＞ catatan yang banyak sekali (bertumpuk-tumpuk).

상중(喪中)＜sang/jung＞ ～이다 dalam perkabungan; dalam suasana berkabung.

상중하(上中下)＜sang/jung/ha＞ kelas utama; kedua dan ketiga; tiga tingkat kualitas (baik, sedang dan jelek).

상지상(上之上)＜sang/ji/sang＞ yang terbaik.

상징(象徵)＜sang/jing＞ simbol; lambang; emblem. ～하다 menyimbolkan; melambangkan; simbol (dari). ～적인 simbolis (bersifat lambang). ～주의 simbolisme; perlambangan.

상찬(賞讚)＜sang/chan＞ kekaguman. ～하다 mengagumi; menghargai. ～할 만한 mengagumkan; pantas dihargai.

상찰(詳察)＜sang/chal＞ ～하다 meneliti dengan cermat; membahas secara mendetil; mempertimbangkan dengan cermat.

상책(上策)＜sang/chaek＞ rencana utama; kebijakan terbaik.

상처(喪妻)＜sang/cheo＞ ～하다 kehilangan istri; ditinggalkan istri.

상처(傷處)＜sang/cheo＞ luka; memar; parut luka. ～를 입히다 menyebabkan luka. ～가 남다 me-

ninggalkan parut luka.
상체(上體)＜sang/che＞ bagian atas tubuh.
상추＜sang/chu＞ 『植』 selada.
상춘(常春)＜sang/chun＞ menikmati musim semi. ~객 orang yang menikmati musim semi.
상층(上層)＜sang/cheung＞ (지층 따위) lapisan atas; (하늘) udara atas; (건물의) tingkat atas (bangunan); (사회) kelas atas. ~기류 aliran udara atas.
상치(相値)＜sang/chi＞ konflik; pertentangan. ~하다 bertentangan.
상쾌(爽快)＜sang/khwae＞ ~한 menyegarkan; segar.
상큼상큼＜sang/kheum/sang/kheum＞ dengan langkah ringan.
상탄(賞嘆)＜sang/than＞ kekaguman. ☞ 상찬.
상태(狀態)＜sang/thae＞ kondisi; keadaan; situasi. 현~로는 pada kondisi sekarang. 건강~ kondisi kesehatan; keadaan kesehatan. 생활 ~ kondisi kehidupan. 정신 ~ kondisi mental. 경제 ~ kondisi ekonomi. 재정 ~ kondisi keuangan.
상태(常態)＜sang/thae＞ ☞ 정상(正常).
상통(相通)＜sang/thong＞ ① (연락) ~하다 berkomunikasi (berhubungan). ② (의사 소통) ~하다 saling memahami. 의사가 ~하다 memahami satu sama lain; saling mengerti. ③ (공통) ~하다 memiliki kesamaan (dengan).
상투＜sang/thu＞ sanggul. ~를 틀다 bersanggul; menggelung rambut.
상투(常套)＜sang/thu＞ ~적(인) konvensional; sudah basi; lazim. ~수단 trik yang sudah basi. ~어(語) ekspresi basi; ekspresi yang sudah lazim.
상팔자(上八字)＜sang/fal/ca＞ nasib sangat baik.
상패(賞牌)＜sang/fae＞ medali.
상편(上篇)＜sang/fyeon＞ volume pertama; jilid pertama.

상표(商標)＜sang/fyo＞ merek dagang; label; etiket. ~를 도용하다 membajak merek dagang. ~권 hak atas merek dagang. ~도용 pembajakan merek dagang.
상품(上品)＜sang/fum＞ barang kualitas terbaik; barang kelas satu.
상품(商品)＜sang/fum＞ komoditas; mata dagangan; barang dagangan. ~견본 contoh; sampel; pola. ~권 sertifikat hadiah/pemberian. ~목록 katalog. ~진열실 [진열장] ruang pamer. ~학 ilmu dagang; ilmu niaga.
상품(賞品)＜sang/fum＞ hadiah; imbalan; ganjaran.
상피(上皮)＜sang/fi＞ 『生』 epitelium (kulit luar).
상피병(象皮病)＜sang/fi/pyeong＞ 『醫』 penyakit kaki gajah; elefantiasis.
상피붙다(相避-)＜sang/fi/buth/ta＞ melakukan hubungan seksual terlarang.
상하(上下)＜sang/ha＞ ① (위와 아래) atas dan bawah; puncak dan dasar. ② (귀천) kelas atas dan bawah; atasan dan bawahan. ③ (책) jilid pertama dan kedua. ④ ☞ 관민(官民).
상하(常夏)＜sang/ha＞ ~의 나라 negeri dengan musim panas yang abadi.
상하다(傷 -)＜sang/hada＞ ① (다치다) terluka; rusak; (썩다) busuk; menjadi masam. ② (마음이) terluka; khawatir (tentang); resah; cemas (akan). ③ (야윔) menjadi kurus.
상학(商學)＜sang/hak＞ ilmu dagang; ilmu niaga.
상한(象限)＜sang/han＞ 『數』 kuadran. ☞ 사분면(四分面).
상한선(上限線)＜sang/han/seon＞ maksimum; tertinggi. ~을 두다[정하다] menetapkan nilai maksimum; menentukan batas.
상항(商港)＜sang/hang＞ pelabuhan komersial; pelabuhan dagang; ban-

dar dagang.

상해(傷害)＜sang/hae＞ luka badan; kerugian jasmani; cedera. ～하다 melukai. ～보험 asuransi kecelakaan. ～죄 penganiayaan. ～치사(致死) luka badan yang mengakibatkan kematian; luka fatal.

상해(詳解)＜sang/hae＞ ～하다 menjelaskan secara rinci.

상해(霜害)＜sang/hae＞ rusak akibat temperatur yang sangat dingin; rusak beku. ～를 입다 menderita beku.

상행(上行)＜sang/haeng＞ ～의 arah atas; arah ke kota. ～선 [열차] [kereta api] arah atas.

상행위(商行爲)＜sang/haeng/wi＞ transaksi bisnis.

상현(上弦)＜sang/hyeon＞ kuartal pertama. ～달 bulan muda.

상형문자(象形文字)＜sang/hyeong/mun/ca＞ huruf lambang.

상호(相互)＜sang/ho＞ timbal balik; satu sama lain. ～의 saling; balas-berbalas. ～의 합의로 dengan persetujuan kedua belah pihak. ～관계 [작용] hubungan [aksi] saling berbalasan. ～부조 saling bantu. ～의존 saling ketergantungan. ～조직 sistim kerjasama; sistim koperatif.

상호(商號)＜sang/ho＞ nama perusahan (nama toko).

상혼(商魂)＜sang/hon＞ jiwa dagang. ～이 악착 같은 gigih dalam bisnis.

상환(相換)＜sang/hwan＞ ～하다 menukarkan; mengganti; mengembalikan. …～과 ～으로 sebagai ganti untuk …; sebagai tukaran untuk. ～권 kupon; karcis penukaran.

상환(償還)＜sang/hwan＞ pembayaran kembali; pelunasan. ～하다 membayar kembali; melunasi (hutang). ～금 bayaran kembali; uang yang dibayarkan kembali. ～기한 jangka waktu pelunasan.

상황(狀況)＜sang/hwang＞ keadaan; situasi; hal ihwal; peristiwa; perihal; kejadian. 현 ～으로는 pada kondisi sekarang. ～판단 penilaian menurut keadaan.

상황(商況)＜sang/hwang＞ kondisi pasar; keadaan pasar. ～은 부진[활발]하다 Perdagangan (pasar) lesu [ramai].

상회(上廻)＜sang/hoe＞ ～하다 lebih dari; di atas dari; melebihi.

상회(商會)＜sang/hoe＞ perusahaan; firma.

샅＜sath＞ selangkangan; kunci paha.

샅바＜sath/pa＞ ikat paha pada pegulat.

샅샅이＜sath/sath/chi＞ semua penjuru; segala arah.

새＜sae＞ burung; unggas. ～의 똥 tahi unggas (guano).

새＜sae＞ ☞ 사이.

새＜sae＞ baru; terbaru; segar.

새가슴＜sae/ga/seum＞ ～의 berdada busung.

새골＜sae/gol＞ 『魚』 rangka brankial (tulang-tulang brankial).

새근거리다＜sae/geun/geo/ri/da＞ (뼈마디가) merasa ngilu di persendian; (숨을) mengap-mengap; dengkur (bayi).

새근하다＜sae/geun/hada＞ mengalami nyeri ringan.

새기다＜sae/gi/da＞ ① mengukir; memahat. 도장을 ～ mengukir stempel. ② (마음에) menanggung (sesuatu) dalam pikiran; memasukkan ke dalam hati. ③ (해석함) menafsirkan; menerjemahkan. ④ (반추) memamah biak.

새기어듣다＜sae/gi/eo/deut/ta＞ mendengar dengan penuh perhatian; menyimak.

새김＜sae/gim＞ (뜻의) penafsiran; penjelasan; interpretasi; (조각) pengukiran; pemahatan. ～칼 pisau pengukir; pahat ukir.

새김질＜sae/gim/jil＞ (조각) pengukiran; pemahatan; (반추) pemamahbiakan.

새까맣다 <sae/ka/mat/tha> hitam pekat; hitam legam.

새끼 <sae/ki> tambang jerami (kasar). ~를 꼬다 membuat (menjalin) tambang.

새끼 <sae/ki> ① anak hewan. ~를 낳다 beranak; melahirkan anak. ~를 배다 bunting. ② (자식) anak; putra; putri. ③ (욕) anak binatang (memaki). 저 ~ anak binatang itu.

새끼발가락 <sae/ki/bal/ka/rak> kelingking jari kaki.

새끼손가락 <sae/ki/son/ka/rak> kelingking jari tangan.

새나다 <sae/na/da> bocor.

새노랗다 <sae/no/rat/tha> kuning cerah; kuning terang.

새다 <sae/da> ① (날이) fajar menyingsing. ② (기체.액체 따위가) bocor; mengalir keluar. ③ (비밀이) bocor (rahasia); terungkap.

새달 <sae/dal> bulan berikut; bulan mendatang.

새댁 <sae/daek> ☞ 새색시.

새들다 <sae/deul/da> bertindak sebagai perantara/comblang.

새들새들 <sae/deul/sae/deul> ~하다 agak layu.

새뜻하다 <sae/teut/hada> segar dan cerah; rapi dan bersih.

새로 <sae/ro> lagi; baru-baru ini; yang baru.

새롭다 <sae/rob/ta> baru; terbaru; segar.

새마을 <sae/ma/eul> ~금고 [사업] Dana [Proyek] Masyarakat Baru Saemael. ~운동 gerakan Saemael; gerakan masyarakat baru. ~정신 semangat masyarakat baru.

새매 <sae/mae> 『鳥』 elang Asia.

새물 <sae/mul> ① (과일.생선 따위) produk pertama dari musim. ② (옷) pakaian yang baru dicuci.

새벽 <sae/byeok> waktu subuh; dinihari; waktu fajar. ~같이 pagi-pagi sekali. ~에 pada waktu fajar.

새봄 <sae/bom> awal musim semi.

새빨갛다 <sae/pal/gat/tha> merah tua; krimson.

새사람 <sae/sa/ram> ① (신인) figur baru (muka baru). ② (신부) pengantin baru. ③ manusia baru. ~이 되다 memulai kehidupan yang baru; menjadi manusia baru.

새삼스럽다 <sae/sam/seu/reob/ta> ingat dengan tiba-tiba hal yang sudah lama.

새색시 <sae/saek/si> pengantin perempuan; anak dara.

새알 <sae/al> telur burung gereja.

새암 <sae/am> kecemburuan; kejelusan; keirihatian. ~하다 cemburu; iri; jelus.

새앙 <sae/ang> 『植』 jahe; halia.

새앙쥐 <sae/ang/jwi> 『動』 mencit.

새옹지마(塞翁之馬) <sae/ong/ji/ma> 인간 만사~ Kemisteriusan adalah jalan surga; Hidup bagai roda pedati.

새우 <sae/u> 『動』 udang. ~로 잉어를 낚다 memancing gurami dengan udang (mengorbankan sesuatu yang kecil untuk mendapatkan yang lebih besar). ~젓 cencaluk.

새우다 <sae/u/da> (밤을) berjaga/begadang semalam suntuk.

새우다 <sae/u/da> (시기) cemburu; iri; jelus.

새우등 <sae/u/deung> punggung udang. ~의 (seperti) punggung udang.

새우잠 <sae/u/jam> ~자다 tidur meringkuk.

새장(- 欌) <sae/jang> sangkar burung. ~에 갇힌새 burung dalam sangkar.

새전(賽錢) <sae/jeon> sumbangan uang; derma. ~함(函) peti derma; kotak sumbangan.

새조개 <sae/jo/gae> 『貝』 remis.

새집 <sae/jib> (가옥) rumah baru.

새집 <sae/jib> (새의) sarang burung.

새총(- 銃) <sae/chong> senapan angin; katepel.

새출발(- 出發) <sae/chul/bal> awal

baru. ~하다 membuat awal baru.
새치<sae/chi> ubanan dini. ~가 나다 tumbuh/keluar uban.
새치기<sae/chi/gi> ① (일) ~하다 melakukan pekerjaan tidak tetap. ② (차례) ~하다 menyelonong; memintas antrian.
새치름하다<sae/chi/reum/hada> muram dengan dingin.
새침하다<sae/chim/hada> ☞ 새치름하다.
새카맣다<sae/kha/mat/tha> hitam legam; hitam pekat.
새큼하다<sae/kheum/hada> asam; masam.
새털<sae/theol> bulu burung.
새파랗다<sae/fa/rat/tha> biru tua; (안색이) pucat pias; pucat pasi; seputih kertas.
새하얗다<sae/ha/yat/tha> putih murni (putih salju).
새해<sae/hae> tahun baru. ~복 많이 받으십쇼 Selamat Tahun Baru. ~문안 ucapan Selamat Tahun Baru.
색(色)<saek> warna; ragam; kelir; corak; rupa. 진한[흐린] ~ warna gelap [terang].
색<saek> kantung; (피임구) kondom.
색각(色覺),색감(色感)<saek/gak, saek/gam> cita warna.
색골(色骨)<saek/gol> hidung belang; pencangak; buaya darat.
색광(色狂)<saek/gwang> erotomaniak (penderita erotomania); seksual maniak (penderita seksual-mania). ~증 erotomania (nafsu seksual yang berlainan); seksual-mania.
색다르다(色 -)<saek/da/reu/da> baru; segar; tidak biasa.
색도(色度)<saek/do> kromatisitas; tingkat warna. ~측정(測定) pengukuran warna.
색동(色 -)<saek/dong> ~ 저고리 jaket dengan lengan bersetrip warna-warni.
색마(色魔)<saek/ma> petualang seks; hidung belang; buaya darat.

색맹(色盲)<saek/maeng> kebutawarnaan. ~이다 buta warna. 적(赤) ~ buta warna merah. 전(全)~ akromatopsia; buta warna total.
색색<saek/saek> ~ 거리다 bernapas dengan ringan. ~ 잠들다 tidur dengan damai.
색소(色素)<saek/so> bahan pewarna; zat warna; pigmen. ~체 kromatofera; kromatogen.
색소폰<saek/so/fon> 『樂』 saksofon.
색스혼<saek/seu/hon> 『樂』 sakshorn.
색시<saek/si> (신부) pengantin perempuan; mempelai wanita; (아내) istri; (처녀) gadis; (술집의) pelayan bar; pramuria.
색실(色 -)<saek/sil> benang celupan.
색안경(色眼鏡)<saek/an/gyeong> kacamata berwarna. ~으로 보다 memandang melalui kacamata berwarna; memandang dengan penuh prasangka.
색연필(色鉛筆)<saek/yeon/fil> pensil berwarna.
색옷(色 -)<saek/ot> ☞ 무색옷.
색욕(色慾)<saek/yok> nafsu birahi.
색유리(色琉璃)<saek/yu/ri> kaca berwarna.
색인(索引)<saek/in> indeks (penunjuk); daftar petunjuk. ~을 달다 memberi indeks (buku).
색정(色情)<saek/jeong> cinta birahi; kegairahan. ~광(狂). ☞ 색광.
색조(色調)<saek/jo> tingkat warna; corak; warna; kelir. 갖가지 ~의 푸른색 berbagai tingkatan warna biru.
색종이(色 -)<saek/jong/i> kertas berwarna.
색주가(色酒家)<saek/ju/ga> warung remang-remang.
색채(色彩)<saek/chae> warna; corak; kelir. ...한 ~를 띤 dengan sentuhan warna ... 종교적 ~를 띠다 bercorak religius. ~감각 rasa

warna.

색출(索出) <saek/chul>　~하다 mencari; memburu; melacak. 간첩(의) ~작전 operasi pencarian terhadap agen spionase.

색칠(色漆) <saek/chil>　pewarnaan; pengecatan. ~하다 mewarnai; mengecat.

샌드위치 <saen/deu/wi/chi>　sandwich (roti yang dilapisi daging, keju dll). ~맨 orang yang disewa untuk membawa papan reklame.

샌들 <saen/deul> sandal; terompah; selop.

샐녘 <sael/lyeokh>　(여명) (pada) waktu munculnya fajar.

샐러드 <sael/leo/deu>　salad (salada). ~유(油) minyak selada.

샐러리 <sael/leo/ri> gaji. ~맨 orang gajian.

샘 <saem> (물) mata air; sumber air.

샘 <saem> ☞ 새암.

샘물 <saem/mul> air mata air; air sumber.

샘바르다 <saem/ba/reu/da>　cemburu; jelus; iri.

샘솟다 <saem/sot/ta>　memancar keluar; keluar/berupa mata air. 눈물이 ~ air mata bercucuran.

샘터 <saem/theo>　tempat sumber air; kawasan sumber air.

샘플 <saem/feul> contoh; sampel.

샛길 <saet/kil> jalan sempit; jalan kecil; jalan lintas.

샛밥 <saet/bab>　penganan untuk pekerja di sawah.

샛별 <saet/byeol>　bintang pagi; bintang kejora.

샛서방(- 書房) <saet/seo/bang>　kekasih gelap; gendak.

생(生) <saeng> kehidupan; hidup. ~을 받다 hidup; terlahir.

생(生) <saeng> aku.

생...(生) <saeng> (조리하지 않은) mentah; belum dimasak; (자연 그대로의) kasar; mentah; (신선한) segar; (익지않은) hijau; (살아있는) mentah. ~고무 karet mentah. ~밥 nasi setengah matang. ~울타리 pagar hidup. ~우유 susu mentah.

생가(生家) <saeng/ga>　rumah tempat lahir; rumah orang tua.

생가죽(生 -) <saeng/ga/cuk>　kulit mentah; kulit yang belum disamak.

생각 <saeng/gak> ① (사고) pikiran; perasaan; pemikiran; konsepsi; gagasan. ② opini (pandangan); kepercayaan. 내 ~으로는 menurut pendapat saya. ③ maksud; keinginan; tujuan; rencana; motif. 좋은~ gagasan yang baik. 그렇게 할 ~은 없다 tidak bermaksud untuk melakukan. ④ harapan; pengharapan; kehendak; keinginan. ~밖의 tidak diharapkan; tidak terduga. ~이 어그러지다 mengecewakan harapan. ⑤ pertimbangan; kebijaksanaan. ~있는 bijaksana; arif. ⑥ imajinasi; khayalan; pengandaian. ~도 못할 tidak dapat dibayangkan; tidak dapat dikhayalkan. ⑦ pertimbangan; pemikiran; penenggangan. ~에 넣다 [안 넣다] mempertimbangkan [tidak mempertimbangkan]. ⑧ (숙고) konsiderasi; deleberasi; refleksi; (추억) restropeksi. ⑨ (각오) resolusi. ☞ 생각하다.

생각나다 <saeng/gak/na/da>　teringat; terkenang; terlintas.

생각컨대 <saeng/gak/kheon/dae> Menurut saya ...; Tampak bagi saya bahwa ...; Saya pikir ... .

생각하다 <saeng/gak/hada> ① berpikir (tentang); mempertimbangkan; memikirkan. 다시 ~ memikirkan kembali; mempertimbangkan kembali. ② (믿다) percaya; meyakini. 옳다고 ~ meyakini (bahwa) hal itu adalah benar. ③ (간주) menganggap (sebagai); mengelirukan (sesuatu) sebagai 명예로 ~ menganggap sebagai suatu kehormatan. ④ (의도) bermaksud; merencanakan. ⑤ (예기) mengharapkan; menduga. ⑥ (상상) menganggap; membayangkan; memperkirakan. ⑦ (회

상) mengingat; memikirkan kembali; mempertimbangkan kembali. ⑧ (희망) ingin; mau; berharap; berkeinginan. ⑨ (관심) berpikir (tentang); (사랑) tertarik (dengan); (사모) rindu (akan). ☞ 생각.

생각해내다 ＜saeng/gak/hae/nae/da＞ merancang; menyusun; merencanakan; mengingat.

생강(生薑)＜saeng/gang＞ ☞ 새앙.

생것(生 -)＜saeng/geot＞ ☞ 날것.

생견(生絹)＜saeng/gyeon＞ sutera kasar.

생경(生硬)＜saeng/gyeong＞ ～하다 mentah; kasar.

생계(生計)＜saeng/gye＞ hidup; nafkah; rezeki. ～를 세우다 mencari nafkah. ～비 biaya hidup.

생과(生果)＜saeng/gwa＞ buah-buahan hijau (mentah).

생과부(生寡婦)＜saeng/gwa/bu＞ istri yang terabaikan; istri yang ditinggal suami.

생과자(生菓子)＜saeng/gwa/ja＞ pasti.

생굴(生 -)＜saeng/gul＞ tiram mentah (tiram segar).

생글거리다 ＜saeng/geul/geo/ri/da＞ tersenyum (dengan ramah).

생금(生金)＜saeng/geum＞ emas mentah.

생금(生擒)＜saeng/geum＞ menangkap hidup-hidup; menawan. ☞ 생포.

생긋거리다 ＜saeng/geut/geo/ri/da＞ ☞ 생글거리다.

생기(生氣)＜saeng/gi＞ daya hidup; vitalitas. ～있는 hidup; vital; penuh semangat. ～를 주다 menyemangati; menghidupkan; menyemarakkan; meramaikan.

생기다 ＜saeng/gi/da＞ (발생) terjadi; berlangsung; terwujud; (야기함) menimbulkan; menyebabkan; (유래함) berasal dari; (얻다) menghasilkan; mendapatkan; (얼굴이) ada rupa.

생김새 ＜saeng/gim/sae＞ penampilan; penampilan pribadi.

생나무(生 -)＜saeng/na/mu＞ kayu hijau; kayu basah.

생남(生男)＜saeng/nam＞ kelahiran anak laki-laki. ～하다 melahirkan anak laki-laki. ～턱 perayaan kelahiran anak laki-laki.

생녀(生女)＜saeng/nyeo＞ kelahiran anak perempuan. ～하다 melahirkan anak perempuan.

생년(生年)＜saeng/nyeon＞ ～월일 (시) tanggal (dan jam) kelahiran.

생니(生 -)＜saeng/ni＞ gigi sehat.

생담배(生 -)＜saeng/dam/bae＞ puntung yang menyala.

생도(生徒)＜saeng/do＞ 사관 ～ kadet; taruna.

생돈(生 -)＜saeng/don＞ uang yang dihamburkan tanpa tujuan.

생동(生動)＜saeng/dong＞ ～하다 bergerak hidup.

생동생동하다 ＜saeng/dong/saeng/dong/hada＞ penuh semangat seperti biasanya.

생득(生得)＜saeng/deuk＞ ～의 alamiah; dibawa sejak lahir. ～권 hak azasi (hak-hak yang dibawa sejak lahir).

생떼(거리)＜saeng/te(geo/ri)＞ ～쓰다 bersikeras; berkukuh; berkeras kepala.

생래(生來)＜saeng/nae＞ ～의 alamiah; dibawa sejak lahir.

생략(省略)＜saeng/nyak＞ penyingkatan; penghapusan sebagian; peringkasan. ～하다 mempersingkat; menghapus sebagian; meringkas; menyingkatkan; memendekkan. ～한 [된] disingkatkan; diringkas. ～법 elipsis (penghilangan kata dalam kalimat yang artinya telah dipahami). ～부호 apostrop 이하~ Bagian lainnya dihilangkan.

생력화(省力化)＜saeng/nyeok/hwa＞ eliminasi/reduksi/pengurangan tenaga kerja. ～장치 perangkat yang menghemat tenaga kerja.

생령(生靈)＜saeng/nyeong＞ jiwa; orang.

생리(生理)＜saeng/ni＞ fisiologi (ilmu tentang fungsi dan proses organisme hidup). ~적(的)인 fisik; fisiologis. ~학(學) fisiologi. ~학자 ahli fisiologi. ~현상 fenomena fisiologis. ~휴가 hari libur wanita.

생리일(生理日)＜saeng/ni/il＞ periode haid; hari-hari datang bulan.

생매장(生埋葬)＜saeng/mae/jang＞ ~하다 menguburkan hidup-hidup.

생맥주(生麥酒)＜saeng/maek/cu＞ bir tahang; bir kran

생면(生面)＜saeng/myeon＞ ~하다 bertemu (bertatap muka) untuk pertama kali. ~부지 orang yang asing sama sekali.

생명(生命)＜saeng/myeong＞ hidup; jiwa; nyawa. ~을 걸고 dengan taruhan nyawa. ~을 희생으로 하여 dengan pengorbanan jiwa. ~을 내던지다 mengorbankan hidup (untuk). ~을 노리다 mengincar nyawa. ~보험 asuransi jiwa; pertanggungan jiwa. ~ 보험에 들다 mengasuransikan jiwa. ~선 garis kehidupan. ~수 air kehidupan; maulhayat.

생명주(生明紬)＜saeng/myeong/ju＞ kain sutera kasar.

생모(生母)＜saeng/mo＞ ibu kandung.

생모시(生 -)＜saeng/mo/si＞ kain rami kasar.

생목(生木)＜saeng/mok＞ kain katun yang belum diputihkan.

생목숨(生 -)＜saeng/mok/sum＞ ① (산) kehidupan; hidup. ② (죄없는) kehidupan yang lugu.

생무지＜saeng/mu/ji＞ orang baru; orang yang belum berpengalaman.

생물(生物)＜saeng/mul＞ benda hidup; makhluk hidup. ~계(界) dunia kehidupan; dunia flora dan fauna. ~학 biologi (ilmu hayat). ~학자 ahli biologi. ~학적 biologis. ~화학 biokimia.

생방송(生放送)＜saeng/bang/song＞ siaran langsung. ~하다 menyiarkan secara langsung.

생벼락(生 -)＜saeng/byeo/rak＞ kemarahan yang tidak masuk akal (tidak pada tempatnya); bencana yang tak terduga.

생부(生父)＜saeng/bu＞ bapak kandung.

생불(生佛)＜saeng/bul＞ Budha hidup.

생사(生死)＜saeng/sa＞ hidup dan (atau) mati; keselamatan. ~에 관계되는 vital; sangat penting. ~ 불명의 hilang tak tentu rimbanya. ~를 같이하다 sehidup semati. ~지경을 헤매다 terkatung-katung antara hidup dan mati.

생사(生絲)＜saeng/sa＞ sutera mentah. ~ 검사소 rumah pemeriksaan sutera.

생사람(生 -)＜saeng/sa/ram＞ orang yang tak bersalah. ~잡다 membunuh orang yang tak berdosa.

생산(生産)＜saeng/san＞ produksi; pengolahan. ~하다 menghasilkan; memproduksi. ~고[액] output [keluaran]. ~과잉 kelebihan produksi. ~관리 pengendalian produksi. ~력 kapasitas produksi; jumlah produksi. ~목표 sasaran produksi. ~물(物) produk. ~비 biaya produksi. ~자 produsen; pembuat. ~자 가격 harga produsen. ~제한 pembatasan output; pembatasan hasil produksi. ~지 distrik yang memproduksi; daerah produsen. 국내~ produksi domestik/dalam negeri.

생살여탈(生殺與奪)＜saeng/sal/yeo/thal＞ ~권을 쥐다 berkuasa atas hidup dan mati (seseorang).

생색(生色)＜saeng/saek＞ ~나다 bertindak sebagai dewa penolong; berbuat budi. ~을 내다 berlagak sebagai dewa penolong.

생생하다(生生-)＜saeng/saeng/hada＞ segar; hidup; penuh semangat.

생석회(生石灰)＜saeng/seok/hoe＞ kapur mentah.

생선(生鮮)＜saeng/seon＞ ikan segar. ~가게 toko ikan. ~구이

ikan bakar.　~장수 penjual ikan. ~회 irisan ikan mentah.

생성(生成)＜saeng/seong＞　~하다 menciptakan; membentuk; menghasilkan; tercipta (terbentuk).

생소(生疏)＜saeng/so＞　~한 tidak terbiasa; tidak berpengalaman (dalam).

생소리(生 -)＜saeng/so/ri＞ absurditas; pernyataan yang tidak berdasar; pembicaraan yang tak masuk akal.

생시(生時)＜saeng/si＞　① (난 시간) waktu (jam) kelahiran.　② (생전) waktu hidup; usia.

생식(生食)＜saeng/sik＞　~하다 makan mentah; makan makanan mentah.

생식(生殖)＜saeng/sik＞ reproduksi; perkembangbiakan.　~하다 bereproduksi; melahirkan; beranak.　~기 organ-organ seksual; organ kelamin.　~력 daya generatif; fekunditas.　~세포 sel benih.　~작용 [기능] fungsi reproduktif.

생신(生辰)＜saeng/sin＞　☞ 생일(生日).

생안손＜saeng/an/son＞ paronikia; jari sakit bengkak.

생애(生涯)＜saeng/ae＞ hidup; karir; waktu hidup/kehidupan.

생약(生藥)＜saeng/yak＞ obat-obatan dari tumbuhan.　~학 farmakognosi.

생억지(生 -)＜saeng/eok/ji＞　~쓰다 mengatakan hal-hal yang sangat tidak masuk akal; berpegang pada pendapat yang tidak benar.

생업(生業)＜saeng/eob＞ pekerjaan. ...을 ~으로 하다 mencari nafkah dengan ...; hidup dengan (mengerjakan).　~자금 dana rehabilitasi.

생육(生肉)＜saeng/yuk＞ daging mentah.

생으로(生 -)＜saeng/eu/ro＞　① (날짜로) mentah.　~먹다 makan mentah-mentah.　② (억지로) secara paksa; dengan paksa.

생이별(生離別)＜saeng/i/byeol＞　~하다 berpisah terpaksa.

생일(生日)＜saeng/il＞ hari ulang tahun.　~케이크 kue ulang tahun.

생장(生長)＜saeng/jang＞ pertumbuhan.　☞ 성장.

생장작(生長斫)＜saeng/jang/jak＞ kayu bakar basah.

생전(生前)＜saeng/jeon＞ (masa) hidup/kehidupan.　~에 dalam masa hidup.

생존(生存)＜saeng/jon＞ eksistensi; keberadaan; kehidupan.　~하다 hidup; ada; hayat.　~경쟁 perjuangan untuk eksistensi; perjuangan untuk mempertahankan kehidupan. ~권 hak untuk hidup.　~자 orang yang hidup; survivor.

생죽음(生 -)＜saeng/juk/eum＞ kematian akibat kekerasan; kematian berdarah.　~하다 mati akibat kekerasan; mati akibat kecelakaan.

생지옥(生地獄)＜saeng/ji/ok＞ neraka dunia.

생질(甥姪)＜saeng/jil＞ kemenakan laki-laki; keponakan laki-laki.

생짜(生 -)＜saeng/ca＞ makanan yang tidak dimasak; buah mentah (buah hijau).

생채(生菜)＜saeng/chae＞ selada sayur.

생채기＜saeng/chae/gi＞ goresan; luka bekas garukan.

생철(- 鐵)＜saeng/cheol＞　☞ 양철.

생청붙이다＜saeng/cheong/bu/chi/da＞ mengatakan sesuatu yang tidak masuk akal; bertentangan sendiri.

생체(生體)＜saeng/che＞ makhluk hidup; jasad hidup.　~공학 bionik.　~해부 pembedahan makhluk hidup (untuk tujuan ilmiah).

생태(生態)＜saeng/thae＞ mode hidup.　~변화 adaptasi ekologi.　~학(學) ekologi.

생트집(生 -)＜saeng/theu/jib＞ tuduhan/dakwaan yang keliru.　~하다 menuduh secara keliru.

생판(生板)＜saeng/fan＞ sama sekali; sangat.　~ 다르다 berbeda sama sekali.

생포(生捕)＜saeng/fo＞ penangkapan. ~하다 memenjarakan; menangkap (hidup-hidup); menawan.

생호령(生號令)＜saeng/ho/ryeong＞ ~하다 memarahi tanpa alasan.

생화(生花)＜saeng/hwa＞ bunga alami (bunga segar).

생화학(生化學)＜saeng/hwa/hak＞ biokimia. ~자 ahli biokimia.

생환(生還)＜saeng/hwan＞ ~하다 kembali hidup. ~자 survivor; orang yang bertahan hidup.

생활(生活)＜saeng/hwal＞ kehidupan; eksistensi, nafkah; rezeki. ~하다 hidup; menjalani hidup. ~이 안정되다 menyelamatkan hidup. ~이 어렵다 tidak mampu memenuhi nafkah (untuk hidup). ~개선 peningkatan kondisi hidup. ~고 pahit getirnya hidup; kesulitan hidup. ~난 hidup (kehidupan) yang keras. ~력 vitalitas; daya hidup. ~보호 perlindungan hidup. ~보호를 받다 hidup sejahtera. ~비 biaya hidup. ~상태 kondisi hidup. ~수준 standar hidup. ~양식 metode hidup; cara hidup. ~필수품 kebutuhan hidup. ~환경 lingkungan hidup.

생후(生後)＜saeng/hu＞ sejak lahir; setelah kelahiran. ~3개월의 아이 bayi usia 3 bulan.

샤워＜sya/wo＞ mandi.

샴페인＜syam/fe/in＞ sampanye.

샴푸＜syam/fu＞ langir; keramas.

샹들리에＜syang/deul/li/e＞ kandelir (tempat lilin gantung).

서(西)＜seo＞ barat.

서(序)＜seo＞ pendahuluan; pembukaan; kata pegantar.

서(署)＜seo＞ ① ☞ 관서. ② ☞ 경찰.

서가(書架)＜seo/ga＞ lemari buku; rak buku.

서가(書家)＜seo/ga＞ pelukis kaligrafi.

서간(書簡)＜seo/gan＞ surat. ~문 penulisan surat.

서거(逝去)＜seo/geo＞ kematian; kewafatan. ☞ 사망.

서경(西經)＜seo/gyeong＞ bujur barat (BB). ~20도 20 derajat BB.

서고(書庫)＜seo/go＞ gudang buku.

서곡(序曲)＜seo/gok＞ musik pengantar; musik pembuka.

서관(書館)＜seo/gwan＞ toko buku.

서광(曙光)＜seo/gwang＞ fajar. 평화의 ~ fajar perdamaian.

서구(西歐)＜seo/gu＞ Eropa Barat; barat. ~문명 peradaban Barat.

서글서글하다＜seo/geul/seo/geul/ha/da＞ berhati terbuka; murah hati; suka bergaul; ramah.

서글프다＜seo/geul/feu/da＞ sedih dan sendu.

서기(西紀)＜seo/gi＞ sanat masehi (SM).

서기(書記)＜seo/gi＞ sekretaris. ~국 sekretariat. ~장(長) sekretaris kepala. (일등) ~관 sekretaris (pertama).

서기(瑞氣)＜seo/gi＞ pertanda baik; pertanda keberuntungan.

서까래＜seo/ka/rae＞ kaso; kasa.

서남(西南)＜seo/nam＞ barat daya. ~의 (arah/bagian) barat daya. ~풍 angin barat daya.

서낭＜seo/nang＞ 3 dewa pelindung. ~당 tempat pemujaan dewa pelindung.

서너＜seo/neo＞ tiga atau empat; sedikit.

서너너덧＜seo/neo/neo/deot＞ tiga atau empat; sejumlah kecil … .

서느렇다＜seo/neu/reot/tha＞ ☞ 서늘하다.

서늘하다＜seo/neul/hada＞ ① (온도가) sejuk; menyegarkan; agak dingin. ② (마음이) kedinginan.

서다＜seo/da＞ ① (기립) berdiri; bangun; bangkit. ② (정지) berhenti. 갑자기 ~ berhenti tiba-tiba. ③ (건립) didirikan; dibangun. ④ (장이) dibuka; diadakan. ⑤ (칼날이) ditajamkan; diasah. ⑥ (명령이) dipatuhi; diikuti; dilaksanakan; (질서가) teratur; tertata. ⑦

(조리가) diperbaiki; dibuat baik; (이유가) lulus; dapat diterima. ⑧ (계획이) disusun. ⑨ (위신.체면이) menyelamatkan (muka). ⑩ (잉태함) 아이 ~ menjadi hamil. ⑪ (결심이) memutuskan; membuat keputusan.

서당(書堂)＜seo/dang＞ sekolah desa.

서도(書道)＜seo/do＞ kaligrafi; seni-tulis indah.

서독(西獨)＜seo/dok＞ Jerman Barat; Rep.Federal Jerman.

서두르다＜seo/du/reu/da＞ (급히) buru-buru; terburu-buru; tergesa-gesa; (재촉) memburu-buru. 일을 ~ memburu-buru kerja.

서랍＜seo/rab＞ laci meja.

서러워하다＜seo/reo/wo/hada＞ bersedih; berduka; berduka cita.

서럽다＜seo/reob/ta＞ sedih; berduka cita; bermuram durja.

서력(西曆)＜seo/ryeok＞ ☞ 서기(西紀).

서로＜seo/ro＞ saling; satu sama lain; silih.

서론(序論)＜seo/ron＞ pendahuluan; kata sambutan; (kata) pengantar.

서론(緒論)＜seo/ron＞ pendahuluan; pembukaan.

서류(書類)＜seo/ryu＞ dokumen; surat-surat (penting). ~가방 tas kantor/dokumen. ~함 *filing cabinet*. 관계~ dokumen terkait; surat-surat yang dibutuhkan.

서류전형(書類銓衡)＜seo/ryu/jeon/hyeong＞ penyaringan/seleksi kandidat (calon) dengan memeriksa surat-suratnya.

서른＜seo/reun＞ tiga puluh.

서름(서름)하다＜seo/reum/(seo/reum)hada＞ ① (익숙잖다) tidak familier; tidak berpengalaman. ② (태도가) canggung.

서리(seo/li＞ embun beku. ~가 내리다 embun beku turun. 된~ embun beku berat. 첫~ embun beku pertama dari musim itu.

서리(署理)＜seo/ri＞ jabatan sebagai wakil direktur. ~하다 menjabat wakil direktur. 국무총리 ~ wakil perdana menteri.

서리다＜seo/ri/da＞ ① (김이) menjulang tinggi; naik; mengabut. ② (기가) kecewa; putus asa.

서리다＜seo/ri/da＞ (새끼 따위를) melingkar-lingkar; (뱀이) membelit.

서리맞다(seo/ri/mat/ta) ① (내리다) kena embun beku. ② (기운이) dikecewakan.

서리서리＜seo/ri/seo/ri＞ melingkar-lingkar.

서막(序幕)＜seo/mak＞ adegan pembuka.

서머타임＜seo/meo/tha/im＞ pemendekan waktu siang hari pada musim panas.

서머하다＜seo/meo/hada＞ (낯없다) malu sendiri

서먹서먹하다＜seo/meok/seo/meok/hada＞ merasa canggung.

서면(書面)＜seo/myeon＞ surat; surat menyurat; dokumen. ~으로 melalui surat; dengan tulisan.

서명(書名)＜seo/myeong＞ judul buku.

서명(署名)＜seo/myeong＞ tanda tangan. ~하다 menandatangani; membubuhkan tanda tangan; meneken. ~ 날인하다 menandatangani dan mencap. ~운동 kampanye pengumpulan tanda tangan. ~자 penandatangan; orang yang menandatangani.

서모(庶母)＜seo/mo＞ ibu tiri.

서몽(瑞夢)＜seo/mong＞ mimpi firasat.

서무(庶務)＜seo/mu＞ (bagian) masalah umum.

서문(序文)＜seo/mun＞ kata pengantar; pembukaan.

서민(庶民)＜seo/min＞ orang awam. ~적 populer; umum. ~금융 pinjaman untuk kaum lemah.

서반구(西半球)＜seo/ban/gu＞ belahan bumi bagian barat.

서반아(西班牙)＜seo/ba/na＞ ☞ 스페인.

서방(西方)＜seo/bang＞ bagian barat. ~의 berhubungan dengan barat. ~에 di sebelah barat dari. ~세계 dunia Barat.

서방(書房)＜seo/bang＞ ① suami. ~맞다 dapat suami. ② (호칭) tuan (Kim).

서방질(書房 -)＜seo/bang/jil＞ penyelewengan. ~하다 menyeleweng.

서법(書法)＜seo/peob＞ (gaya) tulisan tangan.

서부(西部)＜seo/bu＞ (bagian) barat; barat. ~의 berhubungan dengan barat. ~극 film barat.

서북(西北)＜seo/buk＞ ① (서와 북) utara dan barat. ② barat laut. ~의 (arah/bagian) barat laut. ~풍 angin barat laut.

서브＜seo/beu＞ 『테니스』 servis; pukulan pertama.

서비스＜seo/bi/seu＞ pelayanan; servis. ~가 좋다 [나쁘다] memberikan servis yang baik [buruk]. ~료 tip; persenan. ~업 industri jasa.

서사(敍事)＜seo/sa＞ narasi (cerita); deskripsi (penggambaran). ~적 deskriptif; naratif. ~문 deskripsi. ~시 epik.

서사(書寫)＜seo/sa＞ ~하다 menyalin.

서산(西山)＜seo/san＞ pegunungan barat. ~에 지는 해 matahari yang tenggelam di pegunungan barat.

서생(書生)＜seo/saeng＞ pelajar; siswa; murid.

서서히(徐徐 -)＜seo/seo/hi＞ dengan lambat; dengan perlahan; dengan berangsur-angsur.

서설(序說)＜seo/seol＞ ☞ 서론(序論).

서설(瑞雪)＜seo/seol＞ salju.

서성거리다＜seo/seong/geo/ri/da＞ mondar-mandir dengan gelisah.

서수(序數)＜seo/su＞ bilangan pokok.

서술(敍述)＜seo/sul＞ deskripsi; penggambaran. ~하다 menggambarkan; menguraikan; menceritakan. ~적(인) deskriptif; naratif. ~어『文』 predikatif.

서스펜스＜seo/seu/fen/seu＞ ketegangan; keadaan tegang. ~에 넘치는 menegangkan; penuh tegangan.

서슬＜seo/seul＞ ① (칼날) mata pisau yang tajam. ② (기세 따위) semangat tinggi.

서슴다＜seo/seum/tha＞ ragu-ragu; bimbang.

서슴없다＜seo/seum/eob/ta＞ tidak ragu-ragu.

서식(書式)＜seo/sik＞ formulir. ~에 따라 menurut formulir.

서식(棲息)＜seo/sik＞ ~하다 hidup (dalam). ~에 적합한 layak ditempati; dapat dihuni. ~지 habitat (tempat hidup).

서신(書信)＜seo/sin＞ (편지 왕래) surat menyurat; (편지) surat.

서악(序樂)＜seo/ak＞ musik pembuka.

서약(誓約)＜seo/yak＞ sumpah; janji; kaul; niat. ~하다 bersumpah; berkaul; bernazar; berjanji. ~을 지키다 [어기다] menepati [mengingkari] janji. ~서 sumpah tertulis.

서양(西洋)＜seo/yang＞ Barat. ~의 berkenaan dengan Barat. ~화하다 membaratkan; menjadi seperti barat. ~문명 [사상] peradaban [paham] barat. ~사 sejarah Eropa. ~사람 orang Barat; orang Eropa. ~식 gaya Barat; cara Barat. ~화(畵) lukisan cat minyak.

서언(序言)＜seo/eon＞ pembukaan; kata pengantar.

서언(緒言)＜seo/eon＞ pendahuluan; pembukaan; kata pengantar.

서열(序列)＜seo/yeol＞ peringkat; ranking; urutan.

서운하다＜seo/un/hada＞ mengecewakan; patut disesalkan.

서울＜seo/ul＞ Seoul; ibu kota; metropolis. ~내기 orang Seoul.

서원(書院)＜seo/won＞ auditorium;

ruang kuliah.

서원(署員)＜seo/won＞ anggota staf. 세무~ pegawai kantor pajak.

서인도제도(西印度諸島)＜seo/in/do/je/do＞ India barat.

서임(敍任)＜seo/im＞ pengangkatan; pelantikan; penunjukan. ~하다 mengangkat; melantik; menunjuk.

서자(庶子)＜seo/ja＞ anak dari istri kedua; anak haram.

서장(書狀)＜seo/jang＞ surat.

서장(署長)＜seo/jang＞ komandan. 경찰~ komandan polisi.

서재(書齋)＜seo/jae＞ taman pustaka; taman bacaan.

서적(書籍)＜seo/jeok＞ buku-buku; terbitan (majalah dll); buku. ~상 penjual buku; toko buku.

서점(西漸)＜seo/jeom＞ perjalanan ke arah barat (dengan mobil).

서점(書店)＜seo/jeom＞ toko buku.

서정(庶政)＜seo/jeong＞ administrasi; pelayanan sipil. ~쇄신(刷新) pembaruan administrasi.

서정(敍情.抒情)＜seo/jeong＞ lirisisme. ~적 liris (bersifat lirik). ~시 puisi lirik; puisi lagu. (~시인) pencipta lirik.

서지(書誌)＜seo/ji＞ bibliografi; daftar pustaka. ~학 bibliografi. ~학자 ahli bibliografi (bibliografer).

서진(書鎭)＜seo/jin＞ penindih kertas (agar tidak bertebaran).

서쪽(西 -)＜seo/cok＞ barat. ~의 berkenaan dengan barat. ~으로 ke arah barat.

서책(書冊)＜seo/chaek＞ buku; karya.

서체(書體)＜seo/che＞ gaya tulisan tangan; gaya kaligrafi.

서체(署滯)＜seo/che＞ gangguan/sakit (yang disebabkan) oleh cuaca panas.

서출(庶出)＜seo/chul＞ ~의 haram; dilahirkan diluar ikatan perkawinan yang sah; jadah.

서치라이트＜seo/chi/ra/i/theu＞ lampu sorot.

서캐＜seo/khae＞ telur kutu.

서커스＜seo/kheo/seu＞ sirkus.

서클＜seo/kheul＞ kelompok (kecil). ~활동 kegiatan kelompok. 독서~ kelompok membaca.

서투르다＜seo/thu/reu/da＞ tidak terampil; canggung; kaku; kagok. … 이~ tidak terampil dalam …; tidak baik dalam … .

서평(書評)＜seo/fyeong＞ tinjauan buku; ulasan buku; resensi.

서표(書標)＜seo/fyo＞ petunjuk halaman.

서풍(西風)＜seo/fung＞ angin barat.

서한(書翰)＜seo/han＞ ☞ 서간.

서해(西海)＜seo/hae＞ laut bagian barat; Laut Kuning.

서해안(西海岸)＜seo/hae/an＞ pantai barat. ~ 간선도로 jalan raya di pantai barat.

서행(徐行)＜seo/haeng＞ ~하다 melambat.

서향(西向)＜seo/hyang＞ menghadap ke barat.

서혜(鼠蹊)＜seo/hye＞ 『解』 selangkang; kunci paha. ~의 inguinal (berkenaan dengan daerah sekitar kunci paha). ~부 daerah sekitar kunci paha (selangkang).

서화(書畵)＜seo/hwa＞ lukisan dan tulisan.

서훈(敍勳)＜seo/hun＞ (penganugerahan) tanda jasa ~하다 menganugerahi tanda jasa.

석(石)＜seok＞ ① batu (jewel). 15 ~의 시계 jam 15 batu. ② (섬) satu seog (= 4.9629 gantang).

석＜seok＞ ☞ 세. ~달 tiga bulan.

석가(釋迦)＜seok/ga＞ ☞ 석가모니.

석가모니(釋迦牟尼)＜seok/ga/mo/ni＞ Sakyamuni; Budha.

석가산(石假山)＜seok/ga/san＞ bukit buatan.

석각(石刻)＜seok/gak＞ batu pahatan; batu ukir. ~하다 mengukir batu.

석간(夕刊)＜seok/gan＞ surat kabar sore; edisi sore.

석경(石鏡)＜seok/gyeong＞ kaca pembesar.

석고(石膏)＜seok/go＞ gipsum; plaster; dempul. ~세공 karya dempul; kerajinan dempul.

석공(石工)＜seok/gong＞ ☞ 석수(石手).

석광(錫鑛)＜seok/gwang＞ pertambangan timah.

석굴(石窟)＜seok/gul＞ gua karang; gua batu.

석권(席捲)＜seok/kwon＞ ~하다 menaklukkan; menundukkan.

석기(石器)＜seok/ki＞ perkakas batu. ~시대 zaman batu. 구[신]~ 시대 zaman batu awal [baru].

석남(石南)＜seok/nam＞ 『植』 rhododendron (dendron merah).

석류(石榴)＜seok/nyu＞ 『植』 pohon delima. ~석(石) 『鑛』 garnet (batu delima).

석면(石綿)＜seok/myeon＞ 『鑛』 asbes.

석명(釋明)＜seok/myeong＞ ~하다 menjelaskan; memberikan penjelasan.

석문(石門)＜seok/mun＞ gerbang batu.

석물(石物)＜seok/mul＞ pahatan batu yang diletakkan didepan kuburan; nisan berukir.

석반(夕飯)＜seok/ban＞ makan malam.

석방(釋放)＜seok/bang＞ pembebasan; pelepasan. ~하다 membebaskan; memerdekakan; melepaskan.

석벽(石壁)＜seok/byeok＞ ① (절벽) dinding karang. ② (벽) dinding batu.

석별(惜別)＜seok/pyeol＞ ~하다 enggan berpisah. ~의 정 keengganan berpisah; kasih sayang perpisahan.

석부(石斧)＜seok/bu＞ kampak batu.

석불(石佛)＜seok/pul＞ patung Budha dari batu.

석비(石碑)＜seok/bi＞ tugu batu.

석비레(石 -)＜seok/bi/re＞ batu gneiss yang lapuk.

석사(碩士)＜seok/sa＞ master. ~과정 [학위] program studi [tingkat] master. 이학~ MS (master sains).

석상(石像)＜seok/sang＞ arca batu; patung batu.

석상(席上)＜seok/sang＞ ~에서 di pertemuan; di rapat. 회의 ~에서 dikonferensi.

석쇠＜seok/soe＞ panggangan; salaian.

석수(石手)＜seok/su＞ pemahat batu; tukang batu.

석수(汐水)＜seok/su＞ pasang (pada malam hari).

석순(石筍)＜seok/sun＞ 『鑛』 stalagmit.

석양(夕陽)＜seok/yang＞ matahari yang terbenam.

석연(釋然)＜seok/yeon＞ ~하다 puas; memuaskan. ~치 않다 tidak puas.

석영(石英)＜seok/yeong＞ 『鑛』 kwarsa. ~암(岩) batu kwarsa.

석유(石油)＜seok/yu＞ minyak; minyak bumi; minyak tanah (kerosin). ~갱 sumur minyak. ~난로 pemanas minyak. ~ 생산국 negara penghasil minyak; negara produsen minyak. ~시추 pengeboran minyak. ~위기 krisis minyak. ~풍로 kompor minyak (untuk memasak). 대한 ~ 공사 Perusahaan Minyak Korea.

석유수출국기구(石油輸出國機構) ＜seok/yu/su/chul/guk/gi/gu＞ Organisasi Negara-Negara Pengekspor Minyak (OPEC).

석유안정기금(石油安定基金)＜seok/yu/an/jeong/gi/geum＞ dana stabilisasi harga minyak bumi.

석유자원(石油資源)＜seok/yu/ja/won＞ sumber daya minyak bumi; kekayaan minyak bumi. ~을 개발하다 mengeksploitasi sumberdaya minyak.

석유제품(石油製品)＜seok/yu/je/fum＞ produksi minyak.

석유화학(石油化學)＜seok/yu/hwa/hak＞ petrokimia. ~공업 industri petrokimia. ~제품 barang-barang petrokimia. ~ 콤비나트 kawasan petrokimia.

석인(石人) <seok/in> patung batu.

석재(石材) <seok/jae> bangunan batu.

석전(石戰) <seok/jeon> perang-perangan dengan batu.

석전(釋奠) <seok/jeon> upacara keagamaan untuk mengenang Konfusius.

석조(石造) <seok/co> ~의 (di bangun dari) batu. ~건물 bangunan batu; rumah batu.

석존(釋尊) <seok/con> Budha; Sakyamuni.

석종유(石鍾乳) <seok/cong/yu> 『鑛』 stalaktit.

석주(石柱) <seok/cu> pilar batu.

석차(席次) <seok/cha> (자리의) urutan kedudukan; (성적의) peringkat kelas. ~가 오르다 [내리다] naik [turun] peringkat kelas.

석탄(石炭) <seok/than> batu bara; batu arang. ~을 캐다 menambang batu bara. ~가스 gas batu bara. ~갱[광] tambang batu bara; galian batu bara. ~갱부 penambang batu bara; pekerja tambang batubara. ~산 asam karbolat. ~상 penyalur batu bara. ~선 kapal pengangkut batu bara. ~층 pelata batu bara. ~통 kotak batu bara. 대한 ~ 공사 perusahaan batu bara Dai Han.

석탑(石塔) <seok/thab> pagoda batu.

석판(石板) <seok/fan> batu tulis.

석판(石版) <seok/fan> litografi (seni membuat tulisan atau gambar di atas batu atau logam).

석패(惜敗) <seok/fae> ~하다 kalah tipis.

석필(石筆) <seok/fil> pensil batu tulis; anak batu tulis.

석학(碩學) <seo/khak> orang yang terpelajar.

석화(石火) <seo/khwa> percikan api, sangat cepat.

석회(石灰) <seo/khoe> kapur. ~질의 kalsik (sehubungan dengan ka-

pur). ~석 batu kapur. ~수 air kapur.

섞갈리다 <seok/kal/ri/da> bingung; kusut pikiran.

섞다 <seok/ta> bercampur.

섞바꾸다 <seok/ba/ku/da> mencampurkan; mengocok; menggoncangkan; mengacau; mengucek-ngucek.

섞바뀌다 <seok/ba/kwi/da> dicampurkan; diaduk; dikucek-kucek.

섞이다 <seok/ki/da> tercampur.

섰 <seot> marah; curiga. ~삭다 rada marah/curiga.

선 <seon> temu muka dengan tujuan untuk menikah; temu ahad. ~보다 bertanya jawab dengan calon pengantin wanita [pria]; bertemu ahad.

선(先) <seon> langkah pertama (dalam permainan catur).

선(善) <seon> kebajikan; kebaikan; peribudi. ~과 악 kebajikan dan kejahatan.

선(腺) <seon> 『解』 kelenjar.

선(線) <seon> jalur; rute. 경부~ jalur Gyeongbu. ...~을 따라 sejalur dengan. ~을 이루어 dengan berbaris. 38 도~ garis lintang utara 38 derajat.

선(選) <seon> seleksi; pemilihan. ~에 (못)들다 terpilih [tidak terpilih].

선(禪) <seon> meditasi religius; *Dhyana.*

선가(禪家) <seon/ga> kuil Seon (pendeta Seon).

선각자(先覺者) <seon/gak/ja> perintis; pionir.

선객(船客) <seon/gaek> penumpang kapal. ~명부 daftar penumpang. 1 [2]등 ~ penumpang kelas satu [kelas dua].

선거(船渠) <seon/geo> ☞ 도크.

선거(選擧) <seon/geo> pemilihan umum; pemungutan suara. ~하다 memilih; memberikan suara. ~를 실시하다 mengadakan pemilihan. ~에 이기다 menang dalam pemilihan. ~ 관리 위원회 komite tituensi; daerah pemilihan. ~권 hak memilih; hak pilih. ~방해 hambatan pemilihan. ~ 사무소 kantor kampanye pemilihan. ~연설 pidato kampanye. ~운동 kampanye pemilihan. ~ 운동하다 berkampanye. ~위반 ketidakteraturan pemilihan. ~유세 tour mencari suara (kampanye). ~인 pemilih. ~인 명부 daftar pemilih. ~참관인 pengawas (pengabdi) dalam suatu pemilihan. 공명~ pemilihan yang jujur/adil. 보궐~ pemilihan lanjut. 중간 ~ pemilihan lepas tahun. 대[소]~구제 sistim elektorat besar [kecil].

선거법(選擧法) < seon/geo/peob > undang-undang pemilihan. ~개정 pembaruan pemilihan. ~위반 pelanggaran undang-undang pemilihan. ~ 위반자 pelanggar hukum pemilihan.

선거위원(選擧委員) < seon/geo/wi/won > anggota komite pemilihan. ~장 ketua kampanye; ketua komite pemilihan. ~회 komite pemilihan.

선견(先見) < seon/gyeon > pandangan masa depan; ramalan. ~지명이 있는 berpandangan jauh ke depan. ~ 지명이 있다[없다] memiliki [tidak memiliki] pandangan masa depan.

선견(先遣) < seon/gyeon > ~부대 pasukan terdepan.

선결(先決) < seon/gyeol > ~문제 prasyarat.

선경(仙境) < seon/gyeong > negeri peri; negeri dongeng.

선고(先考) < seon/go > almarhum bapa.

선고(宣告) < seon/go > hukuman; vonis; keputusan pengadilan; putusan. ~하다 menjatuhkan hukuman; menghukum; memvonis.

선공(先攻) < seon/gong > ~하다 menyerang pertama kali.

선광(選鑛) < seon/gwang > bijih besi bersih. ~하다 membersihkan bijih besi. ~부 mesin pembersih bijih besi.

선교(宣敎) < seon/gyo > pekerjaan misionari. ~사 misionari.

선교(船橋) < seon/gyo > ① ☞ 배다리. ② jembatan.

선구(先驅) < seon/gu > ☞ 선구자.

선구자(先驅者) < seon/gu/ja > pelopor; pionir; perintis jalan.

선구(船具) < seon/gu > tali temali kapal; perlengkapan kapal.

선글라스 < seon/geul/ra/seu > kaca mata berwarna (untuk melindungi dari sinar matahari).

선금(先金) < seon/geum > uang muka; persekot; panjar. ~을 치르다 memberikan uang muka; mempersekoti; memberi panjar.

선급(先給) < seon/geub > pembayaran di muka.

선급(船級) < seon/geub > klasifikasi (kapal). ~증서 sertifikat klasifikasi. ~협회 masyarakat klasifikasi.

선남선녀(善男善女) < seon/nam/seon/nyeo > orang shaleh; orang alim.

선납(先納) < seon/nab > pembayaran dimuka. ~하다 membayar dimuka.

선녀(仙女) < seon/nyeo > peri; bidadari; dewi.

선다형(選多型) < seon/da/hyeong > sistim pilihan ganda. ~문제 soal pilihan ganda.

선단(船團) < seon/dan > armada; kesatuan kapal.

선대(先代) < seon/dae > pendahulu.

선대(船臺) < seon/dae > dek; dok.

선도(先渡) < seon/do > penyerahan dimuka.

선도(先導) < seon/do > ~하다 memandu; memimpin. ~자 pemandu.

선도(善導) < seon/do > bimbingan yang baik. ~하다 membimbing dengan baik.

선도(鮮度) < seon/do > kesegaran. ~가 높은 sangat segar. ~가 낮은 tidak segar. ~가 떨어지다 menjadi kurang segar.

선동(煽動)＜seon/dong＞ penghasutan; agitasi. ～하다 menghasut; mengagitasi; merangsang emosi. ～적 berapi-api; terhasut. ～자 agitator; penghasut.

선두(先頭)＜seon/du＞ posisi terdepan. ～에 서다 berdiri di posisi terdepan; memimpin; mempelopori. ～부대 satuan terdepan. ～자 pelopor.

선두(船頭)＜seon/du＞ bagian depan kapal; busur kapal.

선두르다＜seon/du/reu/da＞ memberi pinggiran (bordil); meminggir; mengelim.

선득하다＜seon/deuk/hada＞ dingin; merasa dingin; menggigil.

선들거리다＜seon/deul/geo/ri/da＞ (terasa) dingin; bertiup sepoi-sepoi.

선뜩하다＜seon/teuk/hada＞ ☞ 선득하다.

선뜻＜seon/teut＞ (가볍게) dengan ringan; dengan mudah; dengan segera; (쾌히) dengan senang hati.

선뜻하다＜seon/teut/hada＞ ☞ 산뜻하다.

선량(善良)＜seol/lyang＞ ～한 baik; baik hati; jujur. ～한 사람 orang baik. ～한 시민 warga negara yang baik.

선량(選良)＜seol/lyang＞ wakil rakyat.

선려(鮮麗)＜seol/lyeo＞ ～한 hidup; cemerlang.

선령(船齡)＜seol/lyeong＞ umur kapal.

선례(先例)＜seol/lye＞ presenden (sesuatu yang terjadi lebih dahulu yang dijadikan ibarat). ☞ 전례.

선로(線路)＜seol/lo＞ jalur kereta api. ～공사 konstruksi jalan kereta api.

선류(蘚類)＜seol/lyu＞ 『植』 lumut.

선린(善隣)＜seol/lin＞ persahabatan; ketetanggaan. ～관계 hubungan bertetangga yang baik. ～정책 kebijakan ketetanggaan yang baik.

선망(羨望)＜seon/mang＞ iri. ～하다 mengiri. ～의 대상이 되다 menjadi keirian dari.

선매(先賣)＜seon/mae＞ penjualan dimuka.

선매권(先買權)＜seon/mae/gwon＞ hak praemsi (hak untuk membeli lebih dahulu).

선명(宣明)＜seon/myeong＞ ～하다 mengumumkan; mengumumkan secara resmi; memaklumatkan.

선명(鮮明)＜seon/myeong＞ ～하다 jelas; terang. ～한 영상 gambar yang jelas/terang. ～도 tingkat kejelasan.

선무(宣撫)＜seon/mu＞ penenangan. ～공작 operasi penenangan. ～반 pasukan penenangan.

선물(先物)＜seon/mul＞ barang yang akan datang. ～거래 future trading; perdagangan spekulasi.

선물(膳物)＜seon/mul＞ buah tangan; hadiah; souvenir; cindera mata; oleh-oleh.

선박(船舶)＜seon/bak＞ kapal; perkapalan; pelayaran. ～사용료 ongkos carter kapal. ～업 industri pengangkutan dengan kapal. ～업자 [회사] pengusaha [perusahaan] perkapalan.

선반＜seon/ban＞ rak. ～에 얹다 menempatkan di atas rak.

선반(旋盤)＜seon/ban＞ mesin bubut; bubutan. ～공 orang yang membubut; tukang bubut. ～공장 pabrik pembubutan.

선발(先發)＜seon/bal＞ ～하다 mendahului. ～대 kelompok depan. ～투수 pelempar bola awal.

선발(選拔)＜seon/bal＞ pemilihan; pilihan. ～하다 memilih; menyeleksi. ～시험 pemeriksaan yang selektif. ～팀 tim terpilih; tim semua bintang.

선배(先輩)＜seon/bae＞ senior; kawakan; lebih tua. 3년 ～이다 (kakak) yang lebih senior 3 tahun. ～티를 내다 berlagak sebagai senior.

선별(選別)＜seon/byeol＞ penyortiran; pemilihan. ~용자 peminjaman selektif.

선병(腺病)＜seon/byeong＞ ~질(質)의 limpatik (berkenaan dengan limpa).

선봉(先鋒)＜seon/bong＞ barisan depan (tentara).

선부(先夫)＜seon/bu＞ suami yang dulu; mantan suami.

선분(線分)＜seon/bun＞ 『幾』 ~AB garis bagi AB.

선불＜seon/bul＞ peluru nyasar.

선불(先拂)＜seon/bul＞ pembayaran di muka. ~하다 membayar di muka. 운임(運賃) ~ ongkos angkut di bayar dimuka.

선비＜seon/bi＞ cendekiawan; orang terpelajar.

선비＜seon/bi＞ almarhumah ibu.

선사(善事)＜seon/sa＞ ~하다 memberikan hadiah; mengirimkan hadiah/kado.

선사(禪師)＜seon/sa＞ pendeta Zen.

선사시대(先史時代)＜seon/sa/si/dae＞ prasejarah. ~의 berkenaan dengan prasejarah.

선산(先山)＜seon/san＞ perkuburan nenek moyang.

선생(先生)＜seon/saeng＞ (교사) guru; dosen; pengajar,(의사) dokter; (호칭) Tuan; Nona. 음악~ guru musik. 김 ~님 Tuan [Nona] Kim.

선서(宣誓)＜seon/seo＞ sumpah; ikrar; janji. ~하다 bersumpah; ber-ikrar. ~시키다 mengambil sumpah. ~문 sumpah tertulis; ikrar tertulis. ~식 upacara pengambilan sumpah.

선선하다＜seon/seon/hada＞ ① (날씨가) sejuk; nyaman. ② (성질이) terus terang; berdada terbuka.

선셈(先 -)＜seon/sem＞ pembayaran dimuka.

선소리＜seon/so/ri＞ omong kosong; bualan.

선손(先-)＜seon/son＞ ~쓰다 mengambil inisiatif; memulai; mengawali. ~걸다 memukul pertama kali; memukul lebih dahulu.

선수(先手)＜seon/su＞ ~쓰다 memulai; mengawali.

선수(船首)＜seon/su＞ ☞ 이물.

선수(選手)＜seon/su＞ atlit; pemain; regu; kesebelasan. ~권 gelar juara. ~권 보유자 pemegang gelar juara; juara bertahan. ~권 시합 pertandingan memperebutkan gelar juara. ~촌 perkampungan atlit. 후보 ~ pengganti; cadangan.

선술집＜seon/sul/cib＞ bar; kedai minum; warung minum.

선승(先勝)＜seon/seung＞ ~하다 memenangkan pertandingan pertama.

선실(船室)＜seon/sil＞ kabin. 3등 ~ kabin kelas 3. ~을 예약하다 memesan tempat (di kapal; di kereta api dll.).

선심(善心)＜seon/sim＞ ① (착한 마음) kebajikan. ② (큰 마음) kemurahan hati; kedermawanan. ~쓰다 melakukan kebaikan; bermurah hati.

선심(線審)＜seon/sim＞ 『競』 penjaga garis.

선악(善惡)＜seon/ak＞ baik dan buruk; benar dan salah. ~을 가릴 줄 알다 tahu membedakan antara yang baik dan buruk.

선약(仙藥)＜seon/yak＞ obat dewa.

선약(先約)＜seon/yak＞ janji sebelumnya; perjanjian sebelumnya.

선양(宣揚)＜seon/yang＞ ~하다 menaikkan; meningkatkan.

선언(宣言)＜seon/eon＞ deklarasi; proklamasi; pernyataan (secara resmi). ~하다 memproklamirkan; mengumumkan secara resmi; memaklumatkan. ~서 surat deklarasi.

선열(先烈)＜seon/yeol＞ martir; syuhada. 순국 ~ martir bagi negara; syuhada bagi tanah air.

선외(選外)＜seon/oe＞ ~의 tidak terseleksi; tidak terpilih. ~가작 karya baik yang tidak terseleksi.

선용(善用)＜seon/yong＞ ~하다 mendayagunakan dengan baik; me-

manfaatkan dengan bijaksana.
선웃음 ＜seon/u/seum＞ senyum yang terpaksa. ~치다 memaksakan untuk tersenyum.
선원(船員) ＜seon/won＞ awak kapal; pelaut; kelasi. ~수첩 buku saku pelaut. ~실 markas kru; geladak awak kapal. 고급~ perwira kapal. 하급~ pelaut.
선유(船遊) ＜seon/yu＞ bersampan-sampan.
선율(旋律) ＜seon/yul＞ melodi; nyanyian; lagu.
선의(船醫) ＜seon/eui＞ dokter kapal.
선의(善意) ＜seon/eui＞ makna yang baik; itikad baik. ~로 dengan maksud baik; tanpa prasangka. ~로 해석하다 menanggapi tanpa prasangka; berprasangka baik.
선인(仙人) ＜seon/in＞ pertapa.
선인(先人) ＜seon/in＞ ① ☞ 선친. ② (전대 사람) pendahulu; leluhur.
선인(善人) ＜seon/in＞ orang baik; orang yang berbudi luhur.
선인선과(善因善果) ＜seon/in/seon/gwa＞ pahala; buah dari amal yang baik; imbalan.
선인장(仙人掌) ＜seon/in/jang＞ 『植』 kaktus.
선일 ＜seon/il＞ pekerjaan berdiri.
선임(先任) ＜seon/im＞ senioritas; kesenioran. ~의 senior. ~순 dalam urusan senioritas. ~자 anggota senior.
선임(船賃) ＜seon/im＞ ☞ 뱃삯.
선임(選任) ＜seon/im＞ ~하다 memilih; menunjuk; mengangkat; melantik.
선입감(先入感) ＜seon/ib/gam＞ ☞ 선입견.
선입견(先入見) ＜seon/ib/gyeon＞ prasangka; praduga; purbasangka. ~을 품다 berprasangka; berpraduga. ~을 버리다 menghilangkan prasangka.
선입관(先入觀) ＜seon/ib/gwan＞ ☞ 선입견.
선잠 ＜seon/jam＞ ngaso; tidur ayam.

선장(船長) ＜seon/jang＞ kapten kapal, nakhoda.
선적(船積) ＜seon/jeok＞ pengapalan; pengangkutan dengan kapal. ~하다 mengapalkan (muatan); memuati kapal (dengan). ~송장(送狀) daftar barang-barang yang dikapalkan. ~항 pelabuhan pengapalan; bandar muat. ~비용 biaya pengapalan.
선적(船籍) ＜seon/jeok＞ kebangsaan dari kapal. ~항 pelabuhan register.
선전(宣傳) ＜seon/jeon＞ propaganda; publisitas; pengiklanan; pariwara. ~하다 mempropagandakan; mengiklankan. 자기 ~을 하다 mengiklankan diri sendiri. ~부 bagian publikasi; departemen publikasi. ~비(費) biaya publikasi; ongkos iklan. ~삐라 surat edaran; selebaran; sirkuler. ~업자(業者) agen publikasi. ~원(員) orang publikasi; agen persuratkabaran; agen pers. ~차 truk dengan pengeras suara untuk mengiklankan sesuatu; mobil iklan. ~효과 dampak iklan; dampak propaganda; efek propaganda.
선전(宣戰) ＜seon/jeon＞ ~하다 menyatakan/mengumumkan perang(terhadap). ~포고 pernyataan perang; pengumuman perang.
선전(善戰) ＜seon/jeon＞ ~하다 bertempur dengan baik; bertanding dengan baik.
선점(先占) ＜seon/ceom＞ pendudukan awal. ~취득 penguasaan dengan jalan pendudukan.
선정(善政) ＜seon/jeong＞ pemerintah(an) yang baik; aturan yang adil. ~을 베풀다 memerintah dengan bijaksana.
선정(煽情) ＜seon/jeong＞ ~적 sensasional; sugestif; menggairahkan; menarik.
선정(選定) ＜seon/jeong＞ ~하다 memilih; menyeleksi.
선제(先制) ＜seon/je＞ skor pertama. ~점을 올리다 mendapat skor per-

tama.
선제공격(先制攻擊) <seon/je/gong/gyeok> serangan pertama; serangan lebih dahulu. ~하다 menyerang lebih dahulu; menyerang pertama kali.
선조(先祖) <seon/jo> ☞ 조상.
선종(禪宗) <seon/jong> sekte seon.
선주(先主) <seon/ju> ~민족 penduduk asli; pribumi; aborigin. ~자 penghuni terdahulu.
선주(船主) <seon/ju> pemilik/juragan kapal.
선지 <seon/ji> darah hewan segar; getih segar.
선진(先陳) <seon/jin> barisan depan.
선진(先進) <seon/jin> ~의 maju. ~국 negara maju.
선집(選集) <seon/jib> karya pilihan.
선착(先着) <seon/chak> ~순(順)으로 berdasarkan urutan kedatangan.
선창(先唱) <seon/chang> ~하다 memimpin paduan suara; (비유적) memimpin penyerbuan.
선창(船窓) <seon/chang> tingkapan (di sisi kapal).
선창(船艙) <seon/chang> (부두의) dermaga; palka; (배의) limbungan kapal. ~에 대다 meminggirkan kapal ke dermaga.
선책(善策) <seon/chaek> rencana yang baik; kebijakan yang baik.
선처(善處) <seon/cheo> ~하다 mengambil tindakan (langkah) yang tepat.
선천(先天) <seon/cheon> ~적 inheren; yang menjadi sifat asli; dibawa sejak lahir; herediter. ~설 『哲』 apriorisme (faham apriori).
선철(銑鐵) <seon/cheol> besi gubal; besi lunak.
선체(船體) <seon/che> lambung kapal; badan bahara; kapal.
선출(選出) <seon/chul> pemilihan. ~하다 memilih.
선취(先取) <seon/chwi> ~하다 mengambil pertama kali. ~득점을

올리다 『野』 membuat skor pertama. ~특권 『法』 hak preferensial.
선취권(先取權) <seon/chwi/kwon> hak pra pendudukan.
선측(船側) <seon/cheuk> ~인도 bebas bongkar muat disisi kapal.
선친(先親) <seon/chin> almarhum ayahanda.
선탁(宣託) <seon/thak> wahyu Allah; Firman Tuhan.
선탄(選炭) <seon/than> pencucian batu bara. ~하다 mengkonsentrat (mencuci) batu bara. ~기 mesin pencuci batu bara.
선태(蘚苔) <seon/thae> 『植』 lumut.
선택(選擇) <seon/thaek> pemilihan; seleksi. ~하다 memilih; pilihan. ~의 자유 kebebasan memilih; opsi. ~에 갈팡거리다 bingung untuk memilih. ~을 그르치다 membuat pilihan yang buruk. ~과목 pilihan; opsional. ~권(權) opsi (hak memilih).
선팽창(線膨脹) <seon/faeng/chang> 『理』 pemuaian panjang.
선편(船便) <seon/fyeon> jasa pengapalan; jasa pengangkutan dengan kapal. ~으로 dengan kapal.
선포(宣布) <seon/fo> proklamasi; pengumuman resmi; maklumat. ~하다 memproklamirkan; mengumumkan; memaklumatkan. 계엄령을 ~하다 mengumumkan hukum darurat perang.
선표(船票) <seon/fyo> tiket kapal.
선풍(旋風) <seon/fung> topan; angin puyuh; selembubu. ~을 일으키다 menimbulkan sensasi.
선풍기(扇風機) <seon/fung/gi> kipas angin.
선하(船荷) <seon/ha> muatan; kargo. ~증권 konosemen; surat angkutan; surat muatan.
선하다 <seon/hada> masih terbayang-bayang. 그 광경이 눈에 ~ Pemandangan itu masih terbayang-bayang di mata.
선행(先行) <seon/haeng> ~하다 mendahului. ~조건 prasyarat ha-

kiki.
선행(善行)＜seon/haeng＞ perbuatan yang baik; perilaku yang baik.
선향(仙鄉)＜seon/hyang＞ tanah peri; tempat yang sangat indah dan menyenangkan.
선험(先驗)＜seon/heom＞『哲』 ~적 transendentalisme; apriori. ~론 transendental (faham transendental).
선헤엄＜seon/he/eom＞ renang berdiri. ~치다 berenang berdiri.
선현(先賢)＜seon/hyeon＞ orang-orang bijak zaman dahulu.
선혈(鮮血)＜seon/hyeol＞ darah segar. ~이 낭자하다 bergelimang darah; tertutup oleh darah.
선형(扇形)＜seon/hyeong＞ bentuk kipas. ~의 berbentuk kipas.
선호(選好)＜seon/ho＞ preferensi. ~하다 lebih suka; berkenan. 남아 ~사상 pendapat lebih suka anak laki-laki dari pada anak-anak perempuan.
선화(線畫)＜seon/hwa＞ penarikan garis.
선회(旋回)＜seon/hoe＞ revolusi; perkisaran; perputaran; perubahan; pergerakan; pertukaran; pergantian; peredaran. ~하다 berputar; berkisar; berpusar; beredar. ~비행 penerbangan sirkuler.
선후(先後)＜seon/hu＞ (앞과 뒤) depan dan belakang; (순서) urutan; sekuen.
선후책(善後策)＜seon/hu/chaek＞ usaha/tindakan pemulihan. ~을 강구하다 melaksanakan tindakan pemulihan.
섣달＜seot/dal＞ bulan ke-12; Desember.
섣불리＜seot/pul/li＞ dengan canggung/kikuk/janggal; (부주의하게) dengan ceroboh.
설＜seol＞ (새해) Hari Tahun Baru. (을)~쇠다 merayakan Hari Tahun Baru.
설(說)＜seol＞ (의견) opini; pandangan; pendapat; teori; doktrin. ~을 굽히다 berubah pendapat. ~

을 같이 [달리]하다 sependapat [tidak sependapat].
설겅거리다＜seol/geong/geo/ri/da＞ setengah matang; separo masak.
설겆이＜seol/geo/ji＞ cuci piring. ~하다 mencuci piring; membasuh piring.
설경(雪景)＜seol/gyeong＞ pemandangan salju.
설계(設計)＜seol/gye＞ rencana; rancangan; disain; kerangka; tata ruang. ~하다 merencanakan; merancang; merangkakan; menata ruangkan. ~도 cetak biru; gambar rancangan; skema. ~서 spesifikasi; perincian. ~자 perancang; desainer.
설교(設敎)＜seol/gyo＞ khotbah; wejangan; kuliah. ~하다 berkhotbah; menasehati. ~단 mimbar; podium. ~사 khotib; pengkhotbah.
설기＜seol/gi＞ kue lapis beras kukus.
설날＜seol/nal＞ Hari Tahun Baru.
설다＜seol/da＞ ① (서투르다) tidak terampil; tidak terbiasa; tidak mahir. ② (덜익다) setengah matang; tidak diasamkan sepenuhnya.
설다루다＜seol/da/ru/da＞ keliru tangani; salah urus.
설대＜seol/tae＞ tangkai cerutu dari bambu; tangkai pipa bambu.
설득(說得)＜seol/teuk＞ persuasi; bujuk rayu. ~하다 membujuk; mendesak; meyakinkan. ~력 daya persuasi. ~력 있는 persuasif.
설렁탕(- 湯)＜seol/leong/thang＞ sup tulang dan jeroan sapi (dan nasi); sollongt'ong.
설렁하다＜seol/leong/hada＞ agak dingin; sedikit dingin.
설레다＜seol/le/da＞ (가슴이)) berdebar-debar keras; (움직이다) merasa gelisah; mondar-mandir dengan gelisah.
설레설레＜seol/le/seol/le＞ ~흔들다 menggeleng-gelengkan kepala.
설령(設令)＜seol/lyeong＞ sekalipun; meskipun; bahkan jika. ~어떤 일

이 있더라도 apapun yang mungkin terjadi.

설립(設立)＜seol/lib＞ pendirian; pembentukan. ～하다 mendirikan; membentuk; mengorganisir. ～자 pendiri; pembentuk; pembangun. ～취지서 prospektus.

설마＜seol/ma＞ masa; masakan; mana boleh; tidak mungkin.

설맞다＜seol/mat/ta＞ tidak mengenai bagian vital; meleset (tembakan).

설맹(雪盲)＜seol/maeng＞ buta salju; 『醫』 nifablesia.

설면하다＜seol/myeon/hada＞ menjadi asing dari; tidak familier; tidak akrab.

설명(說明)＜seol/myeong＞ penjelasan; uraian; gambaran; paparan. ～하다 menjelaskan; menggambarkan; menguraikan; memaparkan. ～적 (bersifat) penjelasan. ～도(圖) diagram; bagan. ～서 surat keterangan; catatan penjelasan. ～자 ekspositor. ～자막 teks bawah pada film.

설문(說問)＜seol/mun＞ pertanyaan; soal. ～하다 mengajukan pertanyaan; mengemukakan soal.

설법(說法)＜seol/peob＞ khotbah; wejangan. ～하다 berkhotbah.

설복(說服)＜seol/bok＞ ☞설득(說得).

설봉(舌鋒)＜seol/bong＞ 날카로운 ～으로 dengan lidah yang tajam; dengan ungkapan yang menyinggung perasaan.

설비(設備)＜seol/bi＞ perlengkapan; fasilitas; akomodasi. ～하다 melengkapi dengan; menyediakan. ～가 좋은 dilengkapi dengan baik. ～투자 investasi dalam pabrik dan peralatan.

설빔＜seol/bim＞ baju baru; baju lebaran; baju yang dipakai pada Hari Tahun Baru.

설사(泄瀉)＜seol/sa＞ mencret; murus; diare; berak air; moncor. ～하다 menderita diare; mencahar; memurus; mencirit. ～약 obat mencret; obat pencahar.

설사(設使)＜seol/sa＞ ☞ 설령(設令).

설산(雪山)＜seol/san＞ gunung yang diliputi salju.

설상가상(雪上加霜)＜seol/sang/ga/sang＞ ～으로 memperburuk; memperparah.

설선(雪線)＜seol/seon＞ batas salju (garis salju).

설설＜seol/seol＞ hangat-hangat kuku; suam-suam kuku. 물이 ～ 끓다 air mendidih dengan perlahan-lahan.

설설기다＜seol/seol/gi/da＞ dibawah ketiak (kias); di bawah kekuasaan; dibawah pengaruh.

설암(舌癌)＜seo/ram＞ kanker lidah.

설염(雪炎)＜seol/yeom＞ 『醫』 glossitis.

설왕설래(說往說來)＜seol/wang/seol/lae＞ ～하다 berbantah-bantahan; bersilang kata.

설욕(雪辱)＜seol/yok＞ ～하다 membalas kekalahan; menebus malu. ～전 pertandingan balas dendam.

설움＜seo/rum＞ duka cita; kesedihan; kemalangan.

설원(雪原)＜seol/won＞ padang salju.

설원(雪冤)＜seol/won＞ ～하다 membersihkan diri dari tuduhan palsu.

설유(設諭)＜seol/yu＞ admonisi; peringatan; teguran; nasehat. ～하다 memperingatkan; menegur; menasehati.

설음(舌音)＜seo/reum＞ suara lidah.

설익다＜seol/ik/ta＞ setengah matang; separuh masak.

설전(舌戰)＜seol/ceon＞ perang kata; perang mulut. ～하다 berperang kata; berperang mulut.

설정(設定)＜seol/ceong＞ ～하다 menetapkan; membuat. 기금을 ～하다 menetapkan dana. 저당권 ～ penetapan hak hipotek.

설중(雪中)＜seol/cung＞ ～에 di dalam salju. ～행군 baris berba-

ris/perjalanan di salju.
설치(設置) <seol/chi> pendirian; pembentukan; pembukaan; pengadaan; pemasangan. ~하다 mendirikan; mengadakan; membentuk.
설치다 <seol/chi/da> (못마침) mengerjakan setengah-setengah; meninggalkan setengah jadi; (날뜀) mengamuk.
설치류(齧齒類) <seol/chi/ryu> hewan pengerat.
설탕(雪糖) <seol/thang> gula. ~물 air gula. 정제 [백] ~ gula murni [putih]. 흑~ gula kasar; muscovado.
설태(舌苔) <seol/thae> 『醫』 sariawan. ~가 낀 혀 lidah sariawan.
설파(說破) <seol/fa> ① (명시) ~하다 mengemukakan dengan jelas = menguraikan. ② (논파) ~하다 menyangkal; membantah.
설퍼제(- 劑) <seol/feo/je> 『藥』 obat sulfa.
설피다 <seol/fi/da> kasar; tenunan longgar.
설핏하다 <seol/fit/hada> rada kasar; agak longgar (tenunan).
설하선(舌下腺) <seol/ha/seon> 『解』 kelenjar bawah lidah.
설해(雪害) <seol/hae> rusak akibat salju; kerusakan salju.
설형(楔形) <seo/ryeong> ~의 (tulisan kuno) berbentuk baji. ~문자 huruf baji.
설혹(設惑) <seo/rok> ☞ 설령.
설화(舌禍) <seo/rwa> keseleo lidah yang patut disayangkan.
설화(雪花) <seo/rwa> ① (눈송이) bunga salju. ② (나뭇가지의) salju cair yang berwarna keperakan.
설화(說話) <seo/rwa> cerita; kisah; hikayat; dongeng. ~적 bergaya cerita; naratif. ~문학 sastra hikayat.
섬 <seom> (용기) jas jerami; kantong jerami; (용량) *som* (= 5-12 gangtang).
섬 <seom> pulau. ~의 yang berhubungan dengan pulau. 외딴 ~

pulau terpencil. ~사람 orang pulau.
섬거적 <seom/geo/jeok> tikar jerami; lapik.
섬게 <seom/ge> 『動』 babi laut.
섬광(閃光) <seom/gwang> sinar; kilatan; cahaya; kilat. ~전구 lampu kilat (lampu potret).
섬기다 <seom/gi/da> melayani; meladeni.
섬나라 <seom/na/ra> negara pulau. ~근성 semangat/jiwa pulau.
섬돌 <seom/dol> tangga batu; undak-undakan batu.
섬뚝하다 <seom/teuk/hada> tercengang; kaget; terperanjat; kecut hati.
섬망(贍忘) <seom/mang> 『醫』 delirium; kegila-gilaan; igauan.
섬멸(殲滅) <seom/myeol> ~하다 menghancurkan; membinasakan; membasmi; menghapuskan. ~전 operasi pembasmian; operasi penghancuran.
섬섬(纖纖) <seom/seom> ~옥수 tangan yang lembut; tangan yang halus.
섬세(纖細) <seom/se> ~한 lembut; halus; lampai; renik-renik; lemah lembut.
섬약(纖弱) <seom/yak> ~한 lemah lembut (hati).
섬유(纖維) <seom/yu> serat; serabut. ~질의 berserat; berserabut. ~공업 industri tekstil. ~소 selulosa; 『動』 fibrin. ~제품 barang-barang tekstil. 인조~ serat buatan.
섬쩍지근하다 <seom/ceok/ji/geun/hada> merasa ngeri/seram; ketakutan.
섭금류(涉禽類) <seom/geum/nyu> 『鳥』 burung-burung penjelajah.
섭렵(涉獵) <seom/nyeob> ~하다 membaca secara luas.
섭리(攝理) <seom/ni> Firman Tuhan. ~에 맡기다 percaya Firman Tuhan.
섭섭하다 <seob/seob/hada> menye-

sal; sedih; kecewa; remuk hati; masgul. 헤어지기가 ~ sedih/menyesal berpisah (dengan seseorang).

섭씨(攝氏) <seob/ssi> celsius (C). ~온도계 thermometer berskala 100 derajat. ~15도 lima belas derajat celcius; 15^0.

섭외(涉外) <seob/oe> hubungan masyarakat/humas. ~계원 pegawai humas; perwira penghubung.

섭정(攝政) <seob/jeong> bupati; regen. ~하다 menjabat sebagai bupati.

섭취(攝取) <seob/chwi> ~하다 mengasimilasi.

성(姓) <seong> nama keluarga.

성(性) <seong> seks; jenis kelamin. ~적 seksual (berhubungan dengan seks). ~에 눈뜨다 kesadaran secara seksual. ~교육 pendidikan seks. ~도덕 moralitas seksual. ~문제 masalah seks. ~행위 hubungan seksual; hubungan kelamin; persetubuhan; senggama; jimak.

성(城) <seong> benteng; kastil; puri.

성(省) <seong> (내각) departemen; kementerian; (행정구역) propinsi. 국무~ Departemen Luar Negeri. 산동~ propinsi Shantung.

성(聖) <seong> ~스러운 suci; kudus; keramat; muharram. ~바울 St. Paul.

성가(聖歌) <seong/ga> lagu kudus; himne. ~대 paduan suara (di gereja). ~집 buku nyanyian pujian.

성가(聲價) <seong/ga> reputasi; kemasyhuran; nama baik; ketenaran. ~를 높이다 [잃다] meningkatkan [kehilangan] popularitas.

성가시다 <seong/ga/si/da> menyusahkan; mengganggu; menjengkelkan.

성감(性感) <seong/gam> rasa berahi. ~을 높이다 membangkitkan berahi. ~대(帶) daerah erogen (daerah yang peka terhadap rangsangan seksual).

성격(性格) <seong/kyeok> watak; karakter; kepribadian; individualitas. 강한 ~의 사람 orang yang berkarakter kuat. ~묘사 gambaran watak; diskripsi karakter.

성결(聖潔) <seong/gyeol> ~한 suci dan murni. ~교(敎) gereja suci.

성경(聖經) <seong/gyeong> Injil Bibel; Kitab Suci; Alkitab. 구약 [신약] ~ Perjanjian Lama [Baru].

성공(成功) <seong/gong> keberhasilan; kesuksesan; prestasi/pencapaian. ~하다 berhasil; sukses; terlaksana; tercapai; berjaya; lulus; menang. ~한 사람 orang yang sukses. ~할 가망 peluang sukses.

성공회(聖公會) <seong/gong/hoe> 『宗』 gereja Anglikan.

성과(成果) <seong/kwa> hasil; buah; perolehan; kesudahan; pendapatan. ~를 올리다 mendapatkan hasil yang baik.

성곽(城郭) <seong/gwak> (성) kastil; benteng; (곽) tembok kastil; (성채) kubu.

성교(性交) <seong/gyo> senggama; persetubuhan; jimak; hubungan seksual. ~하다 bersenggama; bersetubuh; berhubungan seksual; menggauli; menyetubuhi; menjimak. ~불능 impotensi; lemah syahwat; mati pucuk.

성교육(性敎育) <seong/gyo/yuk> pendidikan [penerangan] seks.

성구(成句) <seong/gu> frase idiom.

성군(星群) <seong/gun> 『天』 asterisme; kumpulan bintang.

성글성글 <seong/geul/seong/geul> dengan senyum yang lemah lembut; dengan berseri-seri.

성금(誠金) <seong/geum> kontribusi; sumbangan; derma. 방위~ sumbangan bagi dana pertahanan nasional.

성급(性急) <seong/geub> ~한 tergesa-gesa; terburu-buru; tidak sabar; tergopoh-gopoh.

성기(性器) <seong/ki> kelamin; organ kelamin; kemaluan.

성기다 <seong/gi/da> tipis; jarang;

longgar.

성깔＜seong/kal＞ watak yang tajam; lekas marah; tipis telinga. ～을 부리다 hilang kesabaran; menjadi marah; murka; naik pitam.

성나다＜seong/na/da＞ menjadi marah; hilang kesabaran; marah (kepada …).

성내다＜seong/nae/da＞ ☞ 성나다.

성냥＜seong/nyang＞ korek api; geretan; pematik api. ～을 긋다 [켜다] mengores [menyalakan] korek api. ～갑 kotak korek api. ～개비 batang korek api; anak korek api.

성년(成年)＜seong/nyeon＞ usia penuh; dewasa. ～이 되다 menjadi dewasa; mencapai kedewasaan. ～자 orang dewasa.

성능(性能)＜seong/neung＞ kemampuan; kapasitas; efisiensi; kinerja. ～이 좋은 efisien; berhasil guna. ～검사 uji kinerja; uji efisiensi; uji kemampuan.

성단(星團)＜seong/dan＞ 『天』 kelompok bintang; kumpulan bintang; rasi.

성단(聖壇)＜seong/dan＞ altar; mimbar.

성당(聖堂)＜seong/dang＞ gereja.

성대＜seong/dae＞ 『魚』 ikan gurnet.

성대(盛大)＜seong/dae＞ ～한 meriah; megah. ～히 dengan meriah.

성대(聲帶)＜seong/dae＞ pita suara. ～모사 cara menirukan suara (seseorang). ～모사를 하다 menirukan suara; memimikkan.

성도(聖徒)＜seong/do＞ orang suci; Rasul; utusan.

성량(聲量)＜seong/nyang＞ volume suara. ～이 풍부하다 memiliki suara yang kaya.

성력(誠力)＜seong/nyeok＞ pengabdian yang tulus.

성령(聖靈)＜seong/nyeong＞ roh kudus; arwah suci. ～ 강림절 hari-hari Pantekosta.

성례(成禮)＜seong/nye＞ ～하다 mengadakan upacara pernikahan.

성루(城樓)＜seong/ru＞ menara kecil; benteng menara kecil di tembok kastil.

성루(城壘)＜seong/ru＞ benteng; kubu.

성립(成立)＜seong/nib＞ ① (실현) realisasi; perwujudan; penjelmaan. ～하다 menjelma; diwujudkan; direalisir. ② (조성) pembentukan; pengorganisasian. ～하다 dibentuk; diorganisir. ③ (체결) kesimpulan; penyelesaian; konklusi; pemecahan. ～하다 diselesaikan; disimpulkan.

성만찬(聖晚餐)＜seong/man/chan＞ Perjamuan Suci; Jamuan Suci.

성망(聲望)＜seong/mang＞ reputasi; nama baik; popularitas; ketenaran; kemasyuran. ～이 있는 terkenal; termasyhur; (memiliki) reputasi yang tinggi.

성명(姓名)＜seong/myeong＞ nama lengkap. ～ 미상의 tidak teridentifikasi; tidak bernama.

성명(盛名)＜seong/myeong＞ kemasyhuran; ketenaran; reputasi. ～을 떨치다 membuat nama terkenal.

성명(聲明)＜seong/myeong＞ deklarasi; pernyataan; statemen; proklamasi; maklumat; permakluman. ～하다 menyatakan; mengumumkan; memberitahukan secara resmi; memproklamasikan. ～서(를 발표하다) (mengeluarkan) surat pernyataan.

성모(聖母)＜seong/mo＞ Bunda Maria; Ibu Suci. ～ 마리아 Bunda Maria; Perawan Suci; Siti Mariam.

성묘(省墓)＜seong/myo＞ ～하다 berziarah; mengunjungi makam leluhur. ～객 penziarah; peziarah.

성문(成文)＜seong/mun＞ ～의 tertulis; tersurat. ～ 화하다 mengkodifikasi; mengundang-undangkan. ～법 undang-undang tertulis.

성문(城門)＜seong/mun＞ gerbang kastil/istana/benteng.

성문(聲門)＜seong/mun＞ 『解』 celah suara; glottis. ～ 폐쇄음 hamzah; hambat glotal.

성미(性味)＜seong/mi＞ watak; pembawaan; sifat; temperamen. ~급한 lekas marah; lekas naik darah. ~가 못된 jahat; keji; sempit hati. ~에 맞는 (pekerjaan) yang menyenangkan.

성범죄(性犯罪)＜seong/beom/joe＞ pelanggaran seks.

성벽(性癖)＜seong/byeok＞ watak asli; kebiasaan mental; pembawaan alami; kecenderungan.

성벽(城壁)＜seong/byeok＞ tembok benteng; tembok kastil.

성별(性別)＜seong/byeol＞ pembedaan jenis kelamin.

성병(性病)＜seong/pyeong＞ penyakit kelamin/penyakit kotor.

성복(成服)＜seong/bok＞ ~하다 berkabung; berduka cita.

성부(成否)＜seong/bu＞ keberhasilan (atau kegagalan); hasil akhir.

성분(成分)＜seong/bun＞ bahan; komponen; unsur/elemen; ramuan.

성불(成佛)＜seong/bul＞ ~하다 mencapai nirwana.

성불성(成不成)＜seong/bul/seong＞ keberhasilan (atau kegagalan); hasil akhir.

성사(成事)＜seong/sa＞ kesuksesan; keberhasilan. ~하다 berhasil sukses.

성산(成算)＜seong/san＞ peluang sukses; keyakinan sukses. ~이 있다 [없다] berpeluang [tidak berpeluang] sukses.

성상(星霜)＜seong/sang＞ kurun; masa. 십개~ masa sepuluh tahun.

성상(聖上)＜seong/sang＞ Yang Mulia; Baginda.

성상(聖像)＜seong/sang＞ ikon; ukiran suci; perlambangan suci.

성상학(性相學)＜seong/sang/hak＞ fisiognomi/ilmu firasat.

성서(聖書)＜seong/seo＞ ☞ 성경(聖經).

성선(性腺)＜seong/seon＞ 『解』 kelenjar kelamin; gonad.

성선설(性善說)＜seong/seon/seol＞ ajaran etika bahwa watak asli manusia adalah baik.

성성이(猩猩-)＜seong/seong/i＞ 『動』 orang utan.

성성하다(星星-)＜seong/seong/hada＞ beruban; (berambut) tipis.

성쇠(盛衰)＜seong/soe＞ naik dan turun; ke atas dan ke bawah; pergantian/perubahan.

성수(星宿)＜seong/su＞ 『天』 konstelasi; perbintangan.

성수(聖水)＜seong/su＞ air suci. ~반 mangkuk untuk air suci.

성수기(盛需期)＜seong/su/gi＞ musim permintaan tinggi. ~를 맞다 sangat diminati/sangat laris.

성숙(成熟)＜seong/suk＞ ~하다 mencapai pertumbuhan penuh; mencapai kematangan; menjadi masak (matang). ~한 matang; masak; dewasa. ~기 umur pancaroba; usia pubertas.

성스럽다(聖-)＜seong/seu/reob/ta＞ suci; kudus; keramat; muharam.

성시(城市)＜seong/si＞ kota benteng; kota yang dikelilingi tembok benteng.

성신(星辰)＜seong/sin＞ bintang-bintang. ~숭배 pemujaan bintang.

성신(聖神)＜seong/sin＞ roh kudus.

성실(誠實)＜seong/sil＞ ketulusan; ketulusan hati; kejujuran; keikhlasan. ~한 tulus; jujur; lurus hati; setia. ~성 kejujuran; ketulusan; kesetiaan; ketulus ikhlasan.

성심(誠心)＜seong/sim＞ ketulusan hati; keikhlasan hati; ketaatan. ~껏, ~성의 dengan tulus; dengan ikhlas; dengan sepenuh hati.

성싶다＜seong/sif/ta＞ kelihatan; tampak; rupanya. 비가 올 ~ tampaknya seperti akan turun hujan; mungkin akan turun hujan.

성악(聖樂)＜seong/ak＞ musik kudus.

성악(聲樂)＜seong/ak＞ musik vokal. ~가 vokalis; penyanyi vokal. ~과(科) jurusan musik vokal.

성악설(性惡說)＜seong/ak/seol＞ ajaran etika bahwa tabiat asli manusia adalah jahat.

성안(成案)＜seong/an＞ rencana yang pasti.

성애(性愛)＜seong/ae＞ cinta birahi.

성야(星夜)＜seong/ya＞ malam penuh bintang.

성업(成業)＜seong/eob＞ penyelesaian pekerjaan; perampungan pekerjaan.

성업(盛業)＜seong/eob＞ ～중(中)이다 menjalankan perdagangan yang berkembang dengan baik.

성에＜seong/e＞ (lapisan) embun beku; gumpalan es yang terapung. 냉장고의 ～를 없애다 menghilangkan bekuan es dalam kulkas.

성역(聖域)＜seong/yeok＞ tempat suci; daerah suci.

성연(盛宴)＜seong/yeon＞ pesta akbar; pesta besar/meriah.

성염(盛炎)＜seong/yeom＞ panas pertengahan musim panas.

성외(城外)＜seong/oe＞ ～에 diluar (tembok) benteng; diluar kastil.

성욕(性慾)＜seong/yok＞ nafsu birahi; hasrat seksual. ～도착(倒錯) perbuatan seks yang tidak wajar. ～ 도착자 penyeleweng dalam hubungan seksual.

성우(聲優)＜seong/u＞ aktor radio.

성운(星雲)＜seong/un＞ ～(모양)의 nebula (sekelompok bintang di langit yang nampak seperti kabut bercahaya).

성원(成員)＜seong/won＞ kuorum. ～이 되다 mencapai kuorum. ～미달 tidak mencapai kuorum.

성원(聲援)＜seong/won＞ dorongan; dukungan moril. ～하다 mendorong; mendukung.

성은(聖恩)＜seong/eun＞ anugerah kerajaan.

성음(聲音)＜seong/eum＞ suara vokal. ～학 fonetik.

성의(誠意)＜seong/eui＞ ketulusan; keikhlasan. ～있는 tulus; setia; ikhlas. ～가 없는 tidak ikhlas; tidak tulus. ～를 보이다 menunjukkan keikhlasan.

성인(成人)＜seong/in＞ (orang) dewasa. ～교육 pendidikan masyarakat (untuk orang dewasa). ～ 관람용 영화 film orang dewasa. ～병 penyakit-penyakit geriatrik.

성인(聖人)＜seong/in＞ orang suci; orang bijak.

성자(聖者)＜seong/ja＞ orang suci.

성장(成長)＜seong/jang＞ pertumbuhan; perkembangan. ～하다 tumbuh; berkembang; bertumbuh. ～ 이 빠르다 tumbuh dengan pesat; tumbuh dengan cepat. ～률 laju pertumbuhan; tingkat pertumbuhan. ～호르몬 hormon pertumbuhan.

성장(盛裝)＜seong/jang＞ ～하다 berpakaian lengkap.

성적(成績)＜seong/jeok＞ hasil; nilai; rekor. ～순으로 dalam urutan nilai. ～이 좋다 [나쁘다] mendapat nilai yang baik [jelek]; menunjukkan hasil usaha yang baik [buruk]. ～표 daftar nilai siswa. 학교～ nilai sekolah; angka rapor sekolah.

성적(性的)＜seong/jeok＞ seksual. ～매력 ketertarikan seksual. ～충동 dorongan seks.

성전(聖典)＜seong/jeon＞ ☞ 성경.

성전(聖戰)＜seong/jeon＞ perang suci.

성전환(性轉換)＜seong/jeon/hwan＞ perubahan kelamin; ganti kelamin. ～수술 operasi ganti kelamin.

성조기(星條旗)＜seong/jo/gi＞ bendera Amerika Serikat.

성좌(星座)＜seong/jwa＞ konstelasi; kedudukan bintang. ～도(圖) peta bintang.

성주＜seong/ju＞ dewa penjaga rumah.

성중(城中)＜seong/jung＞ ～에 dalam benteng; dalam kastil.

성지(城址)＜seong/ji＞ reruntuhan benteng.

성지(聖地)＜seong/ji＞ tanah suci; Mekkah. ～순례 naik haji ke Tanah Suci.

성직(聖職)＜seong/jik＞ kependetaan; sistim kependetaan. ~자 pendeta; pastur; penghulu agama.

성질(性質)＜seong/jil＞ (기질) perangai; kelakuan; tingkah laku; (특성) ciri; (소질) kodrat. ~이 좋은 [못된] 사람 orang baik [jahat]. 문제의 ~상 karena sifat masalah.

성찬(盛饌)＜seong/chan＞ makan malam mewah.

성찬(聖餐)＜seong/chan＞ Jamuan Suci. ~배(杯) piala yang dipakai dalam misa suci.

성찰(省察)＜seong/chal＞ refleksi; introspeksi; mawas diri.

성채(城砦)＜seong/chae＞ benteng; kubu.

성책(城柵)＜seong/chaek＞ kastil dan benteng.

성충(成蟲)＜seong/chung＞ 『動』 imago.

성취(成就)＜seong/chwi＞ pencapaian; prestasi. ~하다 mencapai (hasil akhir); mewujudkan (keinginan); berhasil.

성취(成娶)＜seong/chwi＞ ~하다 menikahi seorang wanita.

성층(成層)＜seong/cheung＞ ~광맥 urat tambang. ~권 stratosfir. ~권 비행기 pesawat strato. ~암 batu bertingkat-tingkat; batu berundak. ~화산 strato-volkano.

성큼성큼＜seong/kheum/seong/kheum＞ dengan langkah-langkah panjang.

성탄(聖誕)＜seong/than＞ kelahiran orang suci. ~목(木) pohon natal. ~절 ☞ 크리스마스.

성토(聲討)＜seong/tho＞ ~하다 mencela; mengecam; menyalahkan. ~대회 rapat umum.

성패(成敗)＜seong/fae＞ kena atau luput; berhasil atau gagal.

성폭행(性暴行)＜seong/fok/haeng＞ pelanggaran seksual; pelecehan seksual.

성품(性品)＜seong/fum＞ sifat; watak; tabiat; karakter.

성하(盛夏)＜seong/ha＞ pertengahan musim panas.

성하다＜seong/hada＞ ① (온전하다) utuh; tidak cacat; tidak rusak. ② (탈없다) sehat; dalam kesehatan yang baik.

성하다(盛-)＜seong/hada＞ ① (초목이) padat; tebal; rimbun. ② (사회.국가 따위가) maju; berkembang dengan baik.

성함(姓銜)＜seong/ham＞ gelar; nama kehormatan; julukan.

성행(性行)＜seong/haeng＞ watak dan kelakuan.

성행(盛行)＜seong/haeng＞ ~하다 berlaku; lazim; umum; merata.

성향(性向)＜seong/hyang＞ kecondongan (disposisi); kehendak hati; inklinasi; kecenderungan. 소비 [저축] ~ kecenderungan untuk mengkonsumsi [menghemat].

성현(聖賢)＜seong/hyeon＞ orang suci; orang bijaksana. ~의 가르침 ajaran dari orang suci.

성형(成形)＜seong/hyeong＞ 『醫』 perbaikan kelainan-kelainan bentuk/cacat; (얼굴의) pengangkatan kulit. ~병원 rumah sakit bedah plastik. ~수술 operasi/bedah plastik. ~외과 bagian bedah plastik.

성혼(成婚)＜seong/hon＞ perkawinan; pernikahan.

성홍열(猩紅熱)＜seong/hong/yeol＞ penyakit jengkering.

성화(星火)＜seong/hwa＞ ① ☞ 운성(隕星). ② (불빛) cahaya meteor; cahaya bintang jatuh. ③ ~같다 mendesak; sangat penting. ~같이 재촉하다 mendesak (untuk ...); menekan dengan sangat.

성화(聖火)＜seong/hwa＞ api suci; obor olimpiade. ~대 kaldron. ~주자 pembawa obor.

성황(盛況)＜seong/hwang＞ ~을 이루다 ramai dihadiri/dikunjungi.

섶＜seof/＞ (버팀) sangga; tiang; cagak; penyokong.

섶＜seof＞ (옷의) pinggir baju.

섶,섶나무＜seof, seof/na/mu＞ hutan belukar.

세(稅)＜se＞ pajak (kewajiban), bea;

cukai. ~를 거두다 memungut pajak. ~를 과하다 mengenakan pajak.

세(貰)<se> sewa menyewa; penyewaan. ~놓다 menyewakan. ~들다 menyewa.

세<se> tiga; tri.

세간<se/gan> perabot rumah tangga; perlengkapan rumah tangga; alat rumah tangga.

세간(世間)<se/gan> dunia rakyat.

세간나다<se/gan/na/da> berpisah rumah setelah menikah.

세간내다<se/gan/nae/da> mendirikan rumah yang terpisah (untuk).

세거리<se/geo/ri> jalan bercabang tiga; jalan bersimpang tiga.

세계(世系)<se/gye> garis keturunan; silsilah.

세계(世界)<se/gye> dunia; bumi; alam semesta. ~적 (seluruh) dunia; universal; internasional; global. 온 ~에[의] di seluruh dunia. ~각지에서 dari semua penjuru dunia. ~를 일주하다 mengelilingi dunia. ~관(觀) pandangan tentang dunia. ~기록 rekor dunia. ~사 sejarah dunia. ~어 bahasa universal. ~연방 federasi dunia. ~은행(銀行) Bank Dunia. ~일주 여행 perjalanan keliling dunia. ~주의 kosmopoloitanisme (faham kosmopolitan). ~지도 peta dunia.

세공(細工)<se/gong> karya; kerajinan. ~하다 mengerjakan; membuat. ~품 hasil karya; barang kerajinan. ~인 seniman; pengrajin. 금속~ kerajinan logam.

세관(稅關)<se/gwan> pabean; (kantor) pabean. ~원 pegawai bea cukai; petugas pabean. 인천~ kantor pabean *incheon*.

세광(洗鑛)<se/gwang> pencucian bijih besi. ~하다 mencuci bijih besi; membilas. ~부(夫) mesin pencuci bijih besi.

세균(細菌)<se/gyun> bakteri; kuman; basil. ~검사 pemeriksaan bakteriologis. ~병기 senjata bakteriologis; senjata kuman. ~성 질환 penyakit kuman. ~전 perang kuman. ~학 bakteriologi. ~학자 ahli bakteriologi.

세금(稅金)<se/geum> pajak; cukai; bea (☞ 세). ~공제급료 membayar setelah pajak.

세기(世紀)<se/gi> abad; zaman. 20~ abad ke-20. ~말 akhir abad. ~말적인 seperti akhir zaman. 몇 ~동안 selama berabad-abad yang lampau.

세나다<se/na/da> menjual laris; sangat disukai/laris.

세납(稅納)<se/nab> pembayaran pajak. ☞ 납세(納稅).

세내다(貰 -)<se/nae/da> menyewakan.

세네갈<se/ne/gal> Senegal. ~의 berkenaan dengan Senegal. ~사람 orang Senegal.

세뇌(洗腦)<se/noe> cuci otak.

세다<se/da> (강력) kuat; perkasa; berotot; kekar.

세다<se/da> (머리털이) beruban; mulai ubanan.

세다<se/da> (계산) menghitung; menjumlah; mengkalkuasi. 잘못~ salah hitung; keliru hitung.

세단<se/dan> (mobil) sedan.

세대(世代)<se/dae> generasi; angkatan. 젊은 ~ generasi muda; angkatan muda. ~교체 alih generasi. ~차 kesenjangan antar generasi.

세대(世帶)<se/dae> ☞ 가구(家口).

세도(勢道)<se/do> kekuasaan; pengaruh (politik); wewenang. ~하다 meraih kekuasaan politik. ~부리다 menggunakan wewenang; melaksanakan wewenang. ~싸움[다툼] perjuangan untuk meraih kekuasaan; perjuangan kekuasaan.

세레나데<se/re/na/de> 『樂』 serenande; rayuan musik.

세력(勢力)<se/ryeok> pengaruh; kekuatan; kekuasaan; energi; tenaga. ~있는 berpengaruh; kuat; berkuasa; berkekuatan. ~없는 tidak berpengaruh; tidak berkuasa; lemah. ~이 강해지다 menjadi kuat; meningkat dalam kekuasaan. ~을 부리다 menggunakan kekuasaan. ~을 펴다 mengembangkan pengaruh. ~가 orang yang berpengaruh. ~권 lingkungan pengaruh. ~균형 keseimbangan kekuatan.

세련(洗練)＜se/ryeon＞　　~하다 memperhalus (budi pekerti); memoles; menghaluskan. ~된 halus; mengkilap; halus (budi pekerti).

세례(洗禮)＜se/rye＞　　pembabtisan; pemandian; pengkristenan. 포화의 ~ berondongan tembakan. ~를 받다 dibabtis. ~명 nama babtis; nama kristen. ~식 upacara pembaptisan.

세로＜se/ro＞ panjang; ketinggian; secara vertikal. ~ 2피트 가로 30피트 dua kali tiga puluh kaki.

세론(世論)＜se/ron＞ pendapat umum; opini publik. ☞ 여론.

세루(世累)＜se/ru＞ perhatian duniawi.

세루＜se/ru＞ kain kepar (dari) sutra atau wol. ~옷 pakaian dari kain kepar.

세룸＜se/ryum＞『化』 serium. ~금속 logam serium.

세리(稅吏)＜se/ri＞ pegawai pajak/petugas pajak.

세립(細粒)＜se/rib＞ granula; butir infinitesimal.

세말(歲末)＜se/mal＞ ☞ 세밑.

세면(洗面)＜se/myeon＞　　~하다 membasuh muka; mencuci muka. ~기 tempat cuci muka; wastafel. ~대 meja cuci muka. ~소 kamar kecil; kamar mandi.

세모(歲暮)＜se/mo＞ ☞ 세밑.

세목(細目)＜se/mok＞ perincian; rincian; seluk beluk; fakta-fakta; keterangan-keterangan. ~으로 나누다 merinci(kan); memperbaiki; memerinci.

세목(稅目)＜se/mok＞ item-item perpajakan.

세무(世務)＜se/mu＞　　masalah-masalah duniawi.

세무(稅務)＜se/mu＞ urusan perpajakan. ~사 akuntan pajak berlisensi. ~서 kantor pajak. ~서원 pegawai kantor pajak. ~서장 inspektur kantor pajak.

세물(貰物)＜se/mul＞ barang untuk disewakan. ~전 toko sewa.

세미(細微)＜se/mi＞　　~한 halus; kecil; lembut.

세미나＜se/mi/na＞ seminar.

세미다큐멘터리＜se/mi/da/khyu/men/theo/ri＞ semi dokumenter.

세미콜론＜se/mi/khol/lon＞ titik koma.

세밀(細密)＜se/mil＞　　~한 terperinci; teliti; mendetail. ~히 dengan teliti; dengan seksama; secara terperinci; dengan hati-hati. ~한 검사 pemeriksaan yang teliti. ~히 조사하다 menyelidiki dengan seksama; memeriksa dengan teliti; menyelidiki sampai sekecil-kecilnya; mengkhasiati.

세밑(歲 -)＜se/mith＞ akhir tahun.

세발(洗髮)＜se/bal＞ cuci rambut. ~하다 mencuci rambut; berlangir; melangir. ~제 shampo; pencuci rambut; langir; keramas.

세배(歲拜)＜se/bae＞ soja pada hari Tahun Baru. ~하다 bersoja pada hari Tahun Baru.

세법(稅法)＜se/peob＞　　hukum perpajakan.

세별(細別)＜se/byeol＞ ~하다 membagi-bagi; memerinci.

세부(細部)＜se/bu＞ rincian; perincian; seluk-beluk.

세부득이(勢不得已)＜se/bu/deuk/i＞ terpaksa oleh keadaan.

세분(細分)＜se/bun＞　　~하다 membagi-bagi; memerincis.

세비(歲費)＜se/bi＞ pembelanjaan tahunan.

세사(世事)＜se/sa＞ masalah-masalah duniawi.

세상(世上)＜se/sang＞ dunia; kehidupan; masyarakat. ~에 di dunia.

~일 urusan/masalah duniawi. ~일에 훤하다 mengetahui banyak tentang dunia; banyak makan asam garam kehidupan. ~을 모르다 tidak mengetahui tentang dunia. ~에 나가다 lahir kedunia; muncul ke dunia. ~에 알리다 tersiar; terungkap. ~을 떠나다 meninggal dunia; mangkat; mati.

세상살이(世上-)＜se/sang/sa/ri＞ kehidupan. ~하다 hidup; menjalani kehidupan.

세상없어도(世上-)＜se/sang/eob/seo/do＞ dalam kondisi apapun; dengan cara bagaimanapun; apapun yang terjadi.

세세하다(細細-)＜se/se/hada＞ terperinci; mendetil; teliti.

세속(世俗)＜se/sok＞ adat istiadat/kebiasaan umum, keduniawian. ~적 duniawi. ~을 떠난 tidak mementingkan soal-soal duniawi. ~을 초월하다 menjauhkan diri dari urusan duniawi.

세수(洗手)＜se/su＞ ~하다 mencuci muka. ~대야 wastafel; mangkok cuci; baskom. ~수건 handuk muka.

세수(税收)＜se/su＞ penerimaan pajak.

세슘＜se/syum＞ 『化』 sesium (Cs).

세습(世襲)＜se/seub＞ ~의 turun menurun; patrimonial; pewarisan. ~재산 harta pusaka.

세심(細心＜se/sim＞ ~하다 cermat; teliti; seksama; hati-hati. ~한 주의를 기울이다 memberikan perhatian yang penuh; memberikan perhatian yang seksama.

세쌍동이(-雙童-)＜se/ssang/dong/i＞ kembar tiga. ~를 낳다 melahirkan anak kembar tiga.

세안(洗眼)＜se/an＞ ~하다 mencuci mata. ~약 obat cuci mata.

세안(歲-)＜se/an＞ ~에 dalam tahun sekarang; sebelum tahun berakhir.

세액(税額)＜se/aek＞ jumlah pajak. ~을 정하다 menaksir/menetapkan jumlah pajak.

세우(細雨)＜se/u＞ hujan gerimis.

세우다＜se/u/da＞ ① (일으키다) menegakkan; mendirikan. ② (정지) menghentikan; menghalangi; menahan. ③ (건조) menegakkan; membangun; mendirikan (bangunan). ④ (설립) membentuk; mendirikan. ⑤ (조직) mengorganisir; membentuk; mengadakan. ⑥ (정하다) menetapkan; membuat; menyusun. ⑦ (공훈 등을) melakukan; berbuat. ⑧ (날을) menajamkan; mengasah (gergaji). ⑨ (체면을) menyelamatkan (muka). ⑩ (생계를) memperoleh/mendapat (nafkah).

세원(税源)＜se/won＞ sumber pajak; obyek pajak.

세월(歲月)＜se/wol＞ waktu; waktu dan musim. ~이 감에 따라 dengan berjalannya waktu; dengan berlalunya waktu. ~없다 berlangsung buruk.

세율(税率)＜se/yul＞ tingkat pajak; tarif. ~을 올리다 [내리다] menaikan [menurunkan] tarif.

세인(世人)＜se/in＞ khalayak ramai; orang banyak; publik.

세일러＜se/il/leo＞ ~복 gaun pelaut (untuk wanita).

세일즈맨＜se/il/jeu/maen＞ wiraniaga; salesman.

세입(税入)＜se/ib＞ penerimaan pajak.

세입(歲入)＜se/ib＞ pendapatan tahunan. ~세출 pendapatan dan pembelanjaan; penerimaan dan pengeluaran.

세자(世子)＜se/ja＞ putra mahkota.

세정(世情)＜se/jeong＞ tabiat manusia.

세정(税政)＜se/jeong＞ administrasi pajak.

세정(洗淨)＜se/jeong＞ pencucian; pembilasan; pembersihan. ~하다 mencuci; membersihkan.

세제(洗劑)＜se/je＞ bahan pembersih; deterjen. 합성[중성] ~ bahan pembersih buatan [alami].

세제(稅制)＜se/je＞ sistim perpajakan.

세제곱＜se/je/gob＞ 『數』 pangkat tiga. ～하다 memangkatkan tiga. ～근 akar pangkat tiga.

세족(勢族)＜se/jok＞ marga (keluarga) yang berkuasa.

세존(世尊)＜se/jon＞ Budha; Sakyamuni.

세주다(貰 -)＜se/ju/da＞ menyewakan; mengontrakkan.

세째＜se/cae＞ ketiga; yang ketiga.

세차(洗車)＜se/cha＞ ～하다 mencuci mobil.

세차다＜se/cha/da＞ kuat; garang; bengis; keras.

세찬(歲饌)＜se/chan＞ hadiah akhir tahun.

세책(貰冊)＜se/chaek＞ buku sewaan. ～집 taman bacaan.

세척(洗滌)＜se/cheok＞ ～하다 mencuci; membersihkan. ～기(器) alat pencuci; mesin cuci. ～약 losion; air pembersih.

세출(歲出)＜se/chul＞ pembelanjaan/ pengeluaran tahunan.

세칙(細則)＜se/chik＞ peraturan-peraturan rincian. 시행 ～ aturan pelaksanaan.

세탁(洗濯)＜se/thak＞ cuci; pencucian. ～하다 mencuci; membinatu; menerima cucian. ～기 mesin cuci. ～물 cucian. ～비누 sabun cuci. ～소 binatu. ～솔 sikat cuci. ～업자 tukang binatu.

세태(世態)＜se/thae＞ kondisi masyarakat; kondisi sosial.

세톱(細 -)＜se/thob＞ gergaji bergigi halus.

세트＜se/theu＞ ① perangkat. 응접실 ～ perangkat ruang tamu. 커피 ～ perangkat (penyajian) kopi. ② (영화의) latar. ③ (수신기) pesawat penerima; perangkat penerima. ④ (퍼머의) set (rambut). 머리를 ～하다 mensetkan rambut. ⑤ (테니스 따위의) set (dalam permainan).

세파(世波)＜se/fa＞ badai kehidupan; pahit getir kehidupan. ～에 시달리다 mengalami pahit getir kehidupan.

세편(細片)＜se/fyeon＞ potongan kecil.

세평(世評)＜se/fyeong＞ pendapat umum; opini publik. ～에 오르다 diperbincangkan; menjadi buah bibir. ～에 무관심하다 tidak peduli apa yang dikatakan orang.

세포(細胞)＜se/fo＞ ① sel. ～의 seluler/berkenaan dengan sel. ～분열 pembelahan sel. ～조직 jaringan sel. ～질 sitoplasma; cairan luar inti sel. ～학 ilmu tentang sel (sitologi). ② (조직의) sel komunal.

세표(稅表)＜se/fyo＞ ☞ 관세율표.

섹스＜sek/seu＞ (남녀별의) seks; (성교) hubungan kelamin.

센머리＜sen/meo/ri＞ uban; rambut putih.

센물＜sen/mul＞ air keras.

센세이션＜sen/se/i/syeon＞ sensasi; kegemparan; kegegeran. ～을 일으키다 menimbulkan kegemparan; menggemparkan; menggegerkan.

센스＜sen/seu＞ perasaan. ～있는 peka. ～가 없다 tidak peka.

센트＜sen/theu＞ sen.

센티미터＜sen/thi/mi/theo＞ sentimeter.

셀로판＜sel/lo/fan＞ (kertas) selofan.

셀룰로이드＜sel/lul/lo/i/deu＞ ～(제품)의 seluloid.

셀프서비스＜sel/feu/seo/bi/seu＞ ～식(式)(toko) swalayan.

셈＜sem＞ ① (계산) kalkulasi; perhitungan; penghitungan (☞ 셈하다). ～이 빠르다 [느리다] cepat [lambat] dalam berhitung. ② (지불) pembayaran rekening (☞ 셈하다). ③ (분별) kebijaksanaan; kearifan. ～이 나다 (menjadi) dewasa/arif. ④ (의도) maksud; harapan. ...할 ～으로 dengan maksud; dengan harapan ... ⑤ ☞ 셈판.

셈본＜sem/bon＞ ☞ 산수.

셈속＜sem/sok＞ keadaan/duduk

perkara sebenarnya.

셈치다＜sem/chi/da＞ menduga; memperkirakan; menganggap (bahwa).

셈판＜sem/fan＞ ① kondisi; situasi; keadaan; hal ikhwal. ~을 모르다 tidak mengetahui duduk perkaranya. ② ☞ 주판(籌板).

셈(평)펴이다＜sem/(fyeong)/fyeo/i/da＞ hidup menjadi senang.

셈하다＜sem/hada＞ menghitung; mengkalkulasi. ☞ 셈.

셋＜set＞ tiga; tri.

셋돈(貰 -)＜set/ton＞ uang sewa.

셋방(貰房)＜set/pang＞ kamar sewaan; kamar untuk disewakan. ~살이하다 tinggal di kamar sewaan. ~을 얻다 menyewa kamar.

셋집(貰-)＜set/jib＞ rumah sewaan; rumah untuk disewakan. ~을 얻다 menyewa rumah.

셔츠＜syeo/cheu＞ pakaian dalam; rompi; baju kaos/dalam. ~ 바람으로 dengan baju harian.

셰이커＜sye/i/kheo＞ pengocok (koktail).

셰퍼드＜sye/feo/deu＞ anjing gembala Jerman; Alsatian.

소＜so＞ 『動』 sapi.

소＜so＞ (떡의) isian; pengisi. 팥 ~ selai kacang.

소(小)＜so＞ kecil; sedikit; minor; lebih kecil; miniatur.

소(少)＜so＞ kecil; sedikit; muda.

소각(燒却)＜so/gak＞ ~하다 membakar; memusnahkan dengan membakar.

소간(所幹),소간사(所幹事)＜so/gan, so/gan/sa＞ urusan.

소갈머리＜so/gal/meo/ri＞ ~없는 tidak bijaksana; sembrono; berpikiran sempit.

소감(所感)＜so/gam＞ kesan-kesan (tentang); pendapat; opini.

소강(小康)＜so/gang＞ ~ 상태가 되다 mereda.

소개(紹介)＜so/gae＞ pengenalan; rekomendasi. ~하다 memperkenalkan; merekomendasikan. 자기를 ~하다 memperkenalkan diri. ~자 orang yang memperkenalkan. 직업 ~소 agen penyaluran tenaga kerja.

소개(疏開)＜so/gae＞ penggusuran; pengosongan; evakuasi. ~하다 menggusur; mengevakuasi; mengosongkan. 공장을 ~하다 membongkar pabrik. 강제 ~ evakuasi paksa; penggusuran paksa.

소거(消去)＜so/geo＞ ~하다 mengeliminasi; membersihkan; mengeluarkan. ~법『數』eliminasi.

소격(疏隔)＜so/gyeok＞ ☞ 소원(疏遠).

소견(所見)＜so/gyeon＞ pandangan [opini] tentang … .

소경＜so/gyeong＞ orang buta; tuna netra. ☞ 장님.

소계(小計)＜so/gye＞ total; jumlah. ~…가 되다 berjumlah …; jumlah keseluruhan … .

소계(小憩)＜so/gye＞ istirahat sejenak; reses singkat.

소곡(小曲)＜so/gok＞ cuplikan pendek (musik).

소곤거리다＜so/gon/geo/ri/da＞ berbisik; berbicara berbisik-bisik.

소관(所管)＜so/gwan＞ kewenangan. ~사항(事項) masalah-masalah (hal-hal) yang berada dalam kewenangan. ~청(廳) pejabat yang berwenang.

소관(所關)＜so/gwan＞ yang terkait. ~사 hal-hal yang terkait.

소국(小國)＜so/guk＞ negara kecil; kekuatan kecil. ~민 bangsa/negara kecil.

소굴(巢窟)＜so/gul＞ liang; gua; sarang; tempat persembunyian. 범죄 ~ sarang kejahatan.

소권(訴權)＜so/kwon＞ 『法』hak untuk memperkarakan.

소규모(小規模)＜so/gyu/mo＞ skala kecil; kecil-kecilan. ~의 berskala kecil. ~로 pada skala kecil; secara kecil-kecilan.

소극(消極)＜so/geuk＞ ~적(으로) (secara) negatif (secara) konservatif; (secara) pasif. ~성 pasifitas;

ketidakpedulian; ketidakacuhan. ~주의 negatifisme (faham yang meninjau segala sesuatunya dari sisi negatif/segi buruknya.
소극(笑劇)＜so/geuk＞ pertunjukan jenaka; sandiwara pelawak/lelucon.
소금＜so/geum＞ garam. ~에 절이다 mengasinkan; mengacar. ~기 rasa asin.
소금물＜so/geum/mul＞ air asin; air garam.
소급(遡及)＜so/geub＞ ~하다 berlaku surut. ~법 hukum yang berlaku surut.
소기(小朞)＜so/gi＞ ☞ 소상(小祥).
소기(沼氣)＜so/gi＞ metan; gas paya.
소기(所期)＜so/gi＞ ~의 diperkirakan; diduga; diharapkan; diperkirakan. ~의 성적을 올리다 mencapai hasil yang diharapkan.
소꿉질＜so/kub/cil＞ main rumah-rumahan. ~하다 bermain rumah-rumahan.
소나기＜so/na/gi＞ hujan tiba-tiba; hujan mendadak. ~를 만나다 kehujanan. ~구름 awan komulonimbus.
소나무＜so/na/mu＞ pohon pinus, pohon cemara/eru.
소나타＜so/na/tha＞ 『樂』 sonata (biola).
소네트＜so/ne/theu＞ soneta.
소녀(少女)＜so/nyeo＞ anak gadis; perawan, pelayan wanita/dayang; dara. ~시절에 dalam masa gadis/masa remaja putri. ~같은 kegadis-gadisan; seperti anak perempuan; kegenit-genitan.
소년(少年)＜so/nyeon＞ anak laki-laki, bujang; pelayan laki-laki. ~시절에 dalam masa kanak-kanak; dalam masa remaja putra. ~단 (團) kepanduan; kepramukaan. ~단원 pandu; pramuka. ~문학 ☞ 아동문학 / ~범죄 kenakalan remaja. ~소녀 가장 kepala keluarga muda. ~원(院) Lembaga Pemasyarakatan Anak Nakal.

소농(小農)＜so/nong＞ petani kecil; petani gurem.
소농가(小農家)＜so/nong/ga＞ petani kecil; petani lahan sempit.
소뇌(小腦)＜so/noe＞ 『解』 serebellum; otak kecil.
소다＜so/da＞ soda. ~공업 industri soda. ~수 air soda; air belanda. 세탁용 ~ soda cuci; soda abu.
소담스럽다＜so/dam/seu/reob/ta＞ ☞ 소담하다.
소담하다＜so/dam/hada＞ menggiurkan; tampak lezat.
소대(小隊)＜so/dae＞ peleton. ~장 komandan peleton.
소독(消毒)＜so/dok＞ desinfeksi; pencucihamaan; sterilisasi; pasteurisasi. ~하다 mendesinfeksi/mensucihamakan; mempasteurisasikan;mensterilkan. ~기 alat sterilisasi. ~액 larutan antiseptik; larutan anti kuman. ~약 [제] desinfektan; obat pembasmi kuman; obat desinfeksi.
소독저(消毒箸)＜so/dok/jeo＞ sumpit bebas kuman.
소동(騷動)＜so/dong＞ gangguan; kerusuhan; kekacauan; kemelut; keributan; keonaran; kebisingan. ~을 일으키다 menimbulkan gangguan; menimbulkan kekacauan; membuat keributan.
소두(小斗)＜so/du＞ ukuran 1/2 mal.
수득(所得)＜so/deuk＞ pendapatan; perolehan; nafkah; penghasilan. ~세 pajak pendapatan; pajak penghasilan. (종합) ~세 pajak pendapatan komposit. 국민~ pendapatan nasional. 근로 [불로]~ pendapatan hasil kerja [tidak kerja]. 순(純)~ pendapatan bersih. 실질 ~ pendapatan nyata.
소등(消燈)＜so/deung＞ ~하다 memadamkan; mematikan (lampu).
소라＜so/ra＞ 『貝』barai; siput. ~게『動』kumang-kumang. ~고둥『貝』trifon; keong terompet.

소란(騷亂)＜so/ran＞ kekacauan; kerusuhan; gangguan; agitasi; keributan; kegegeran. ～한 gegap gempita; riuh rendah; ramai sekali; hiruk pikuk. ～을 피우다 membuat keributan; merecokkan; menghebohkan.

소량(少量)＜so/ryang＞ sejumlah kecil; sedikit; semiang; sekutil. ～의 sedikit ...; sejumlah kecil.

소련(蘇聯)＜so/ryeon＞ Uni Soviet; Rusia. ～사람 orang Soviet.

소령(少領)＜so/ryeong＞ mayor; perwira menengah; komandan skuadron.

소로(小路)＜so/ro＞ jalan sempit; jalan kecil; jalan setapak.

소론(所論)＜so/non＞ pendapat; pandangan; opini.

소루(疎漏)＜so/ru＞ ～하다 ceroboh; sembrono; serampangan; lalai.

소름＜so/reum＞ tegak bulu roma; tegak bulu kuduk; seram kulit. ～이 끼치는 menyeramkan; mengerikan; menakutkan. ～이 끼치다 berdiri bulu roma; merasa seram.

소리＜so/ri＞ ① bunyi; suara. ～가 나다 berbunyi; bersuara. ～를 내다 membuat gaduh. ② suara; teriakan; jeritan. 맑은~ suara yang jernih (nyaring). 큰[작은] ～로 dengan suara keras [rendah]. ③ percakapan; perbincangan; pembicaraan. 이상한 ～같지만 memang kedengarannya aneh tapi ... ④ desas-desus; kabar angin; selentingan. 터무니없는 ～ desas-desus yang tidak berdasar. ⑤ lagu; nyanyian. ～하다 menyanyikan lagu.

소리(小利)＜so/ri＞ keuntungan kecil. 눈앞의 ～에 눈이 어두워지다 dibutakan oleh keuntungan kecil.

소리개＜so/ri/gae＞ 『鳥』 burung layang-layang.

소리결＜so/ri/gyeol＞ ☞ 음파(音波).

소리지르다＜so/ri/ji/reu/da＞ berteriak; menjerit; memekik; bergembar-gembor.

소리치다＜so/ri/chi/da＞ ☞ 소리지르다.

소망(所望)＜so/mang＞ harapan; karsa; hasrat; cita-cita; keinginan; kehendak. ～스럽다 dikehendaki; diinginkan; dihasratkan.

소매＜so/mae＞ lengan baju. ～가 긴 berlengan panjang. ～가 없는 tidak berlengan. ～를 걷어붙이다 menggulung lengan baju; menyingsingkan lengan baju. ～를 끌다 menarik lengan baju; memohon. ～통 lebar lengan baju.

소매(小賣)＜so/mae＞ penjualan eceran; penjualan ketengan. ～하다 mengecer; mengeteng. ～로 dieceran; diketeng. ～상인 pengecer; retailer; pedagang eceran. ～점 toko pengecer.

소매치기＜so/mae/chi/gi＞ copet; pencopet. ～하다 mencopet; merogoh. ～ 당하다 kecopetan; kena copet.

소맥(小麥)＜so/maek＞ ☞ 밀.

소멸(消滅)＜so/myeol＞ ～하다 menghilang; lenyap; hangus; hapus; punah. ～ 시키다 meniadakan; menghilangkan; menghapus; menghanguskan. 자연 ～하다 punah dengan sendirinya.

소멸(燒滅)＜so/myeol＞ ～하다 membumihanguskan.

소멸시효(消滅時效)＜so/myeol/si/hyo＞ masa berlaku habis; masa kadaluarsa.

소명(召命)＜so/myeong＞ panggilan kerajaan.

소모(消耗)＜so/mo＞ konsumsi; pemakaian. ～하다 mengkonsumsi; memakai; menghabiskan. ～된 menjadi habis. ～전 perang/bertempur dengan menghabiskan tenaga lawan. ～품 barang konsumsi.

소목장이(小木-)＜so/mok/cang/i＞ tukang mebel; tukang lemari.

소몰이＜so/mo/ri＞ penggembalaan ternak, penggembala.

소묘(素描)＜so/myo＞ sketsa kasar; bagan kasar.

소문(所聞)＜so/mun＞ kabar angin; selentingan; desas-desus; sas-sus;

kasak-kisik. 사실 무근한 ~ laporan yang tidak berdasar. ~을 퍼뜨리다 menyebarkan desas-desus. ~을 내다 menghembuskan kabar angin. ~에 듣다 mendengar selentingan.

소문만복래(笑門萬福來)<so/mun/man/bok/rae> Tertawa mendatangkan bahagia

소박(素朴)<so/bak> ~한 sederhana; bersahaja; naif.

소박(疎薄)<so/bak> perlakuan yang buruk terhadap istri. ~하다 memperlakukan istri dengan buruk; menyia-nyiakan istri. ~맞다 disia-siakan oleh suami; ditinggalkan oleh suami. ~데기 istri yang disia-siakan.

소반(小盤)<so/ban> meja makan kecil.

소방(消防)<so/bang> pemadam kebakaran; dinas pemadam kebakaran. ~대 pasukan pemadam kebakaran. ~사 anggota pemadam kebakaran. ~서 stasiun pemadam kebakaran. ~연습 latihan pemadam kebakaran. ~ 자동차 [펌프] mobil [pompa] pemadam kebakaran.

소변(小便)<so/byeon> air seni; air kencing; urine. ~보다 kencing; buang air kecil.

소복(素服)<so/bok> pakaian putih (berkabung).

소비(消費)<so/bi> konsumsi; pemakaian; penggunaan. ~하다 mengkonsumsi; membelanjakan; memakai; menggunakan. ~ 경제 penghematan konsumsi. ~량 jumlah konsumsi. ~세(稅) pajak konsumsi; pajak pemakaian. ~자 konsumen; pelanggan; pemakai. ~자 가격(지수) (indeks) Harga Konsumen. ~재 barang konsumen; barang yang dipakai sehari-hari. ~조합 masyarakat konsumen.

소비에트<so/bi/e/theu> Soviet.

소비자보호법(消費者保護法)<so/bi/ja/bo/ho/peob> hukum perlindungan konsumen.

소비자보호협회(消費者保護協會)<so/bi/ja/bo/ho/hyeob/hoe> organisasi perlindungan konsumen.

소사(掃射)<so/sa> senapan mesin. ~하다 memberondong; menembak beruntun dengan senapan angin.

소사(燒死)<so/sa> ~하다 dibakar sampai mati. ~자 orang yang dibakar sampai mati.

소산(所産)<so/san> hasil; produk; buah; perolehan.

소산(消散)<so/san> ~하다 menghilang; lenyap; raib; menguap; meruap.

소상(小祥)<so/sang> peringatan tahun pertama kematian.

소상(小像)<so/sang> arca/patung kecil.

소상(塑像)<so/sang> gambar-gambar tanah liat/plastik; cemen.

소생(小生)<so/saeng> aku; saya; saya sendiri.

소생(所生)<so/saeng> anak; keturunan.

소생(蘇生)<so/saeng> hidup kembali; penyadaran; reanimasi; kebangkitan. ~하다 sadar; siuman; hidup kembali; bangun kembali.

소석고(燒石膏)<so/seok/go> gips kapur; batu tahu.

소석회(消石灰)<so/seok/hoe> kapur mati.

소선거구(小選擧區)<so/seon/geo/gu> daerah pemilihan kecil. ~제(制) sistim konstitusi anggota tunggal.

소설(小說)<so/seol> cerita; novel; fiksi. ~적인 romantis; khayalan. ~가 penulis novel; novelis. 단편~ cerita pendek (cerpen); novelet. 역사 [심리, 신문, 통속] ~ novel sejarah [psikologi, surat kabar, populer]. 현상~ cerita pilihan.

소성(塑性)<so/seong> 『理』 kekenyalan; plastisitas. ~이 있다 plastik; liat; kenyal.

소소하다(小小 -)<so/so/hada> tidak

penting; remeh; sepele.
소속(所屬)＜so/sok＞ ～하다 masuk bilangan. ～의 termasuk. ～시키다 memasukkan.
소송(訴訟)＜so/song＞ tuntutan perkara; gugatan. ～하다 menuntut; menggugat; memperkarakan. ～을 일으키다 berperkara; bersengketa. ～대리인 pokrol bambu. ～사건 perkara legal; perkara hukum. ～의뢰인 klien (orang yang dibela oleh pengacara). ～인 penggugat; penuntut. ～절차(를 밟다) (mengikuti) prosedur penuntutan.
소수(小數)＜so/su＞ 『數』 (pecahan) desimal; (pecahan) persepuluhan.
소수(少數)＜so/su＞ minoritas; bagian kecil; golongan kecil. ～당 [파] partai [alliran] minoritas. ～민족 ras minoritas. ～의견 pendapat minoritas.
소수(素數)＜so/su＞ 『數』 bilangan pokok.
소스＜so/seu＞ saus. ～를 치다 menuangkan saus.
소슬하다(蕭瑟 -)＜so/seul/hada＞ suram; dingin.
소승(小乘)＜so/seung＞ 『佛』 *Hinayana*; Wahana kecil. ～적 berpandangan sempit.
소시(少時)＜so/si＞ masa kanak-kanak.
소시민(小市民)＜so/si/min＞ ～계급 kelas menengah bawah.
소시지＜so/si/ji＞ sosis.
소식(少食.小食)＜so/sik＞ ～하다 tidak makan banyak. ～가 orang yang makan sedikit.
소식(素食)＜so/sik＞ makanan tanpa daging; hidangan sederhana.
소식(消息)＜so/sik＞ berita; warta; informasi; kabar. ～이 있다 [없다] mendengar [tidak mendengar] khabar (dari). ～을 가져오다 membawa berita; membawa khabar. ～통 nara sumber.
소신(所信)＜so/sin＞ keyakinan; kepercayaan; pandangan; opini. ～을 밝히다 menyatakan pendapat; me-

ngemukakan pandangan.
소실(小室)＜so/sil＞ gundik; kekasih gelap.
소실(消失)＜so/sil＞ ～하다 menghilang; lenyap; raib.
소실(燒失)＜so/sil＞ ～하다 terbakar habis. ～가옥(家屋) rumah yang habis terbakar.
소심(小心)＜so/sim＞ ～한 penakut; pengecut; tidak berani; gamang; nyali kecil.
소아(小我)＜so/a＞ 『哲』 ego; kedirian.
소아(小兒)＜so/a＞ bayi; kanak-kanak. ～마비 kelumpuhan kanak-kanak; poliomyelitis. ～병 penyakit kelumpuhan masa kanak-kanak.
소아과(小兒科)＜so/a/kwa＞ bagian penyakit anak-anak. ～의사 dokter spesialis anak. ～의원 rumah sakit anak-anak.
소아시아(小 -)＜so/a/si/a＞ Asia Kecil.
소액(少額)＜so/aek＞ jumlah kecil (uang). ～지폐 uang kertas receh; uang kecil.
소야곡(小夜曲)＜so/ya/gok＞ serenade; rayuan musik.
소양(素養)＜so/yang＞ pengetahuan; pencapaian; pendidikan. ～이 있는 terdidik; berbudaya. ...의 ～이 있다 memiliki pengetahuan tentang ...
소연(騷然)＜so/yeon＞ ～한 gaduh; ribut; rusuh; bergolak; resah.
소염제(消炎劑)＜so/yeom/je＞ antiflogistik.
소외(疎外)＜so/oe＞ ～ 당하다 dijauhi; diasingkan; diabaikan. ～감 rasa terasing.
소요(所要)＜so/yo＞ ～의 dibutuhkan; diperlukan.
소요(逍遙)＜so/yo＞ ～하다 jalan-jalan; melancong; makan angin.
소요(騷擾)＜so/yo＞ ☞ 소동, 소란.
소용(所用)＜so/yong＞ keperluan; kebutuhan. ～되는 perlu; dibutuhkan; penting; berguna. ～없다 tidak berguna; tidak diperlukan.
소용돌이＜so/yong/do/ri＞ pusaran

air; kolam berpusar; olakan air.
~치다 berpusar; berolak.

소원(所願)＜so/won＞ keinginan; ke-
hendak; kemauan; do'a; karsa; has-
rat; maksud. ~이 성취되다 me-
wujudkan keinginan. ~을 들어 주
다 memenuhi keinginan seseorang.

소원(疎遠)＜so/won＞ ~하다 asing.
~해지다 terasing; terkucil.

소원(訴願)＜so/won＞ petisi; permo-
honan banding. ~하다 mengajukan
petisi; mengajukan permohonan.

소위(少尉)＜so/wi＞ Letnan Dua
(Letda).

소위(所爲)＜so/wi＞ perbuatan; tin-
dakan; kelakuan.

소위(所謂)＜so/wi＞ biasa disebut;
apa yang disebut … ; apa yang an-
da sebut.

소위원회(小委員會)＜so/wi/won/
hoe＞ sub komite.

소유(所有)＜so/yu＞ milik; kepunya-
an; kagungan. ~하다 memiliki;
mempunyai; memegang. …~의
milik …; dimiliki oleh …; kepu-
nyaan …. ~격 hal posesif/milik
(tata bahasa). ~권 hak kepemilik-
an. ~물 barang milik; kepunyaan.
~자((者) [주] pemilik; yang empu-
nya.

소유욕(所有慾)＜so/yu/yok＞ ke-
inginan untuk memiliki.

소음(騷音)＜so/eum＞ suara; bunyi;
ribut. ~방지의 anti suara; anti
bunyi. ~공해 polusi suara; polusi
bunyi.

소음기(消音器)＜so/eum/gi＞ pere-
dam suara; peredam bunyi.

소이(所以)＜so/i＞ (alasan) menga-
pa.

소이탄(燒夷彈)＜so/i/than＞ bom
pembakar.

소인(小人)＜so/in＞ kerdil; cebol;
anak kecil; orang yang berpikir
sempit; saya; saya sendiri.

소인(消印)＜so/in＞ setempel pos;
cap pos. ~이 찍힌 dicap pos.

소인(素因)＜so/in＞ sebab utama.

소일(消日)＜so/il＞ ~하다 mele-

ngahkan waktu; menghabis-habiskan
waktu. ~거리 pelengah waktu;
perintang-rintang waktu.

소임(所任)＜so/im＞ tugas; kewajib-
an. ~을 다하다 memenuhi tugas;
melaksanakan tugas. ~을 맡다
memikul tugas/kewajiban.

소입자(素粒子)＜so/ib/ca＞ partikel
elementer; partikel unsur.

소자(素子)＜so/ja＞ 『電子』 elemen;
(listrik). 발광 ~ dioda peman-
car cahaya.

소작(小作)＜so/jak＞ sewa menyewa
lahan; pertanian bagi hasil. ~하다
menyewakan lahan garapan. ~농
usaha tani dengan lahan yang dise-
wa; usaha tani bagi hasil. ~료
sewa lahan. ~인 petani penyewa.

소장(小腸)＜so/jang＞ usus kecil;
usus halus.

소장(少壯)＜so/jang＞ ~의 muda;
pemuda. ~파 aliran pemuda.

소장(少將)＜so/jang＞ (육군) Mayor
Jendral; (해군) Marsekal Madya;
(공군) Laksamana Madya.

소장(所長)＜so/jang＞ kepala ca-
bang.

소장(所藏)＜so/jang＞ ~의 kepu-
nyaan/milik (dari). 씨 ~의 kepu-
nyaan Mr…

소장(訴狀)＜so/jang＞ petisi; keluhan
tertulis.

소재(所在)＜so/jae＞ letak; keduduk-
an; tempat. ~를 감추다 menghi-
lang; menyembunyikan diri. ~불
명이다 hilang. ~지 tempat; kedu-
dukan.

소재(素材)＜so/jae＞ materi; bahan.

소전(小傳)＜so/jeon＞ biografi sing-
kat; ringkasan biografi.

소전제(小前提)＜so/jeon/je＞ 『論』
minor premise.

소정(所定)＜so/jeong＞ ~의 terten-
tu; ditetapkan; telah pasti; mapan.
~의 절차를 밟다 berlangsung se-
suai tata cara yang telah digaris-
kan.

소제(小題)＜so/je＞ sub judul; anak
judul.

소제(掃除)＜so/je＞ ☞ 청소.
소조(小潮)＜so/jo＞ air perbani.
소주(小註)＜so/ju＞ catatan terperinci.
소주(燒酒)＜so/ju＞ arak; minuman keras yang disuling; soju.
소중(所重)＜so/jung＞ ~한 penting; berharga; bernilai. ~히 dengan hati-hati; dengan cermat. ~히 여기다 menghargai. ~히 하다 menjaga; memelihara; memperhatikan; merawat.
소지(所持)＜so/ji＞ barang milik; milik; kepunyaan; pemilikan. ~하다 memiliki; mempunyai; membawa. ~금 uang di tangan (dalam saku). ~자 pemilik; pemegang. 면허증 ~자 pemegang lisensi. ~품 barang-barang milik; barang-barang pribadi.
소지(素地)＜so/ji＞ dasar; landasan; fondasi.
소진(消盡)＜so/jin＞ ~하다 lenyap; menghilang; raib.
소진(燒盡)＜so/jin＞ ~하다 terbakar habis.
소질(素質)＜so/jil＞ bakat. ~이 있다 berbakat (dalam).
소집(召集)＜so/jib＞ panggilan; seruan; imbauan. ~하다 memanggil; menyeru; mengumpulkan; menghimpunkan; mengerahkan. ~나팔 panggilan dengan terompet. ~령(令) panggilan wajib militer. ~영장 maklumat wajib militer.
소쩍새＜so/ceok/sae＞ 『鳥』 burung terkukur; burung elang malam.
소차(小差)＜so/cha＞ perbedaan kecil; selisih kecil.
소찬(素饌)＜so/chan＞ menu sederhana.
소창(消暢)＜so/chang＞ hiburan; perintang waktu. ~하다 mengasyikkan diri; menghibur diri; melengahkan waktu.
소채(蔬菜)＜so/chae＞ sayur-sayuran. ~밭 kebun dapur.
소책자(小冊子)＜so/chaek/ca＞ selebaran; brosur; pamflet; surat selebaran; poster.
소철(蘇鐵)＜so/cheol＞ 『植』 pohon sagu.
소청(所請)＜so/cheong＞ permintaan; permohonan. ~을 들어주다 memenuhi permohonan.
소총(小銃)＜so/chong＞ senapan; senjata ringan. ~탄 peluru; pelor; anak bedil. 엠원 ~ senapan M-1. 카빈 ~ karaben.
소추(訴追)＜so/chu＞ penuntutan; pendakwaan; dakwaan; pengusutan. ~하다 menuntut; mendakwa; menuduh; mengusut.
소출(所出)＜so/chul＞ hasil panen; produk. ~이 많은 sangat produktif; berproduksi tinggi.
소치(所致)＜so/chi＞ akibat; hasil; konsekuensi; efek. ...의 ~이다 disebabkan oleh ...; diakibatkan oleh ...; akibat ... .
소켓＜so/khet＞ 『電』 ~에 까우다 stop kontak. 쌍~ stop kontak dua jalur; stop kontak dua arah.
소쿠리＜so/khu/ri＞ keranjang bambu.
소크백신＜so/kheu/baek/sin＞ 『藥』 vaksin polio.
소탈(疏脫)＜so/thal＞ ~하다 (watak) sewajarnya.
소탐대실(小貪大失)＜so/tham/dae/sil＞ ~하다 menderita rugi besar setelah memperoleh sedikit keuntungan.
소탕(掃蕩)＜so/thang＞ ~하다 menyapu bersih; mengganyang; membersihkan. ~(작)전 operasi sapu bersih.
소택(沼澤)＜so/thaek＞ rawa-rawa; paya-paya. ~지 tanah rawa; daerah paya; tanah bancah.
소통(疏通)＜so/thong＞ ~하다 memahami satu sama lain; sampai pada kesalingpahaman.
소파(so/fa＞ (긴 의자) sofa.
소포(小包)＜so/fo＞ bingkisan; paket. ~우편 pos paket; bingkisan pos.
소품(小品)＜so/fum＞ barang-barang

kecil/remeh. ～담당원 pemelihara alat.

소풍(消風)＜so/fung＞ jalan-jalan; piknik; darmawisata; tamasya; pelesir. ～하다 berjalan-jalan; berpiknik; melancong; berdarmawisata. 학교의 ～ piknik sekolah; darmawisata sekolah. ～객 penyelenggara darmawisata.

소프라노 ＜so/feu/ra/no＞ 『樂』 soprano.

소프트 ＜so/feu/theu＞ lunak; ringan. ～드링크 minuman ringan. ～볼 soft ball. ～웨어 『電』 perangkat lunak. ～칼라 kerah lunak.

소피(所避)＜so/fi＞ ～보다 kencing; mengeluarkan air seni.

소피스트 ＜so/fi/seu/theu＞ orang yang tersesat pandangannya.

소하다(素 -)＜so/hada＞ diet vegetarian.

소하물(小荷物)＜so/ha/mul＞ ☞ 소화물.

소할(所轄)＜so/hal＞ ☞ 관할(管轄).

소해(掃海)＜so/hae＞ penyapuan ranjau. ～하다 menyapu ranjau. ～작업 operasi penyapuan ranjau. ～정(艇) kapal penyapu ranjau.

소행(所行)＜so/haeng＞ tindakan; perbuatan; amal.

소행(素行)＜so/haeng＞ perilaku; kelakuan; tingkah laku. ～이 못되다 orang yang berkelakuan buruk.

소형(小型.小形))＜so/hyeong＞ ukuran kecil; ukuran kantong. ～의 berukuran kecil; mungil; mini. ～권총 pistol mini; pistol kantong. ～자동차 mobil mini; mobil berukuran kecil. ～카메라 kamera mini.

소홀(疏忽)＜so/hol＞ ～하다 lalai; sembrono; alpa; ceroboh; sembarangan; serampangan; gegabah. ～히 하다 melalaikan; mengabaikan; menyia-nyiakan; melengahkan.

소화(消火)＜so/hwa＞ ～하다 memadamkan api; memadamkan kebakaran. ～기 alat pemadam api; pemadam kebakaran; racun api. ～

전(栓) kran kebakaran; hidran. ～호스 selang pemadam kebakaran.

소화(消化)＜so/hwa＞ pencernaan; konsumsi. ～하다 mencerna; mengkonsumsi; menyerap; menelan; menghancurkan; melembutkan. ～하기 쉬운 [어려운] mudah [susah] dicerna. ～기관 alat pencernaan. ～력 daya cerna. ～불량 salah cerna. ～제 digestif; obat pencerna.

소화(笑話)＜so/hwa＞ cerita lucu; lelucon.

소화물(小貨物)＜so/hwa/mul＞ bingkisan; paket; hadiah. ～로 부치다 mengirim melalui pos. ～취급소 kantor titipan; kantor paket.

소환(召喚)＜so/hwan＞ panggilan; seruan; himbauan. ～하다 memanggil; menyeru. ～되다 dipanggil. ～장 surat panggilan.

소환(召還)＜so/hwan＞ pemanggilan kembali. ～하다 memanggil kembali; menarik kembali. 본국(本國)에 ～되다 dipanggil pulang (diperintahkan pulang).

속＜sok＞ ① interior; bagian dalam; tengah-tengah. ～에 di dalam; di tengah-tengah. ～에서 dari dalam. ② isi; pengisi. 요에 ～을 넣다 mengisi kasur. ③ inti; teras; hati. ～까지 썩다 busuk sampai ke teras. ④ inti; dasar; hati. ～검은 jahat; keji. ～으로(는) dihati. ～을 떠보다 menduga (hati). ⑤ isi perut; jeroan. ～이 비다 lapar. ～이 거북하다 merasa berat di perut.

속(屬)＜sok＞ 『生』 genus.

속(續)＜sok＞ kelanjutan; terusan, seri kedua.

속(贖)＜sok＞ ☞ 속(贖)하다.

속가(俗歌)＜sok/ga＞ lagu rakyat; balada.

속간(續刊)＜sok/gan＞ ～하다 meneruskan publikasi.

속개(續開)＜sok/gae＞ pembukaan lagi; penerusan. ～하다 melanjutkan; meneruskan; memulai lagi.

속결(速決)＜sok/gyeol＞ ☞ 즉결.

속계(俗界)＜sok/gye＞ kehidupan duniawi.

속고(續稿)＜sok/go＞ manuskrip berikutnya; naskah berikutnya.

속곳＜sok/kot＞ rok dalam; pakaian dalam. ～바람으로 tanpa mengenakan apapun selain rok dalam.

속공(速攻)＜sok/gong＞ serangan yang cepat. ～하다 menyerang dengan cepat.

속구(速球)＜sok/gu＞ 『野』 bola cepat. ～투수 pelempar bola cepat.

속국(屬國)＜sok/guk＞ negara jajahan; negara taklukan.

속기(速記)＜sok/gi＞ stenografi; tulisan cepat. ～하다 menulis cepat; menulis steno. ～록 catatan stenografis. ～사 penulis cepat; stenografer. ～술 stenografi; seni menulis cepat.

속내평＜sok/nae/fyeong＞ keadaan sesungguhnya; kenyataan dalam.

속념(俗念)＜sok/nyeom＞ keinginan duniawi; hasrat duniawi. ～을 떠나다 membebaskan diri dari nafsu duniawi.

속눈썹＜sok/nun/sseob＞ bulu mata. 인조 ～ bulu mata palsu.

속다＜sok/ta＞ ditipu; dicurangi; dikerjai; dibodohi.

속닥…＜sok/dak＞ ☞ 숙덕….

속단(速斷)＜sok/dan＞ ～하다 memutuskan dengan tergesa-gesa.

속달(速達)＜sok/dal＞ pengiriman khusus; pengiriman kilat. ～하다 mengirim surat dengan kilat. ～료 bea kirim kilat; biaya pengiriman kilat. ～우편 surat kilat.

속달다＜sok/dal/da＞ cemas; khawatir; gelisah.

속담(俗談)＜sok/dam＞ pepatah; peribahasa; bidal; pemeo; petitih. ～에도 있듯이 seperti kata pepatah.

속도(速度)＜sok/to＞ kecepatan; laju; tempo; derap. ～를 내다 mempercepat; menambah kecepatan. ～를 줄이다 melambat; mengurangi kecepatan. 매시 600마일의 ～로 pada kecepatan 600 mil perjam. ～계 spedometer; pengukur kecepatan; indikator laju; autometer. ～위반 pelanggaran batas kecepatan. ～제한 batas kecepatan. 경제～ kecepatan ekonomis.

속독(速讀)＜sok/dok＞ baca cepat. ～하다 membaca dengan cepat.

속돌＜sok/dol＞ 『鑛』 batu apung.

속되다(俗 -)＜sok/doe/da＞ vulgar; kasar; biasa; populer; duniawi.

속등(續騰)＜sok/deung＞ kemajuan yang berkesinambungan/berkelanjutan. ～하다 terus naik; terus maju.

속락(續落)＜song/nak＞ kejatuhan yang terus menerus/berkelanjutan. ～하다 terus jatuh; terus merosot.

속력(速力)＜song/nyeok＞ ☞ 속도. ～이 빠른 [느린] pesat [lambat] dalam kecepatan. 전 ～으로 dengan kecepatan penuh. 최대～ kecepatan maksimum; kecepatan tertinggi.

속령(屬領)＜song/nyeong＞ tanah jajahan; negeri jajahan. ～지 dominion.

속론(俗論)＜song/non＞ pendapat awam.

속립결핵(粟粒結核)＜song/nib/gyeol/haek＞ 『醫』 tuberkulosismiliari.

속마음＜song/ma/eum＞ hati kecil; hati sanubari. ～을 꿰뚫어 보다 melihat melalui hati; membaca pikiran orang; menyelami. ～을 떠보다 menduga perasaan.

속말＜song/mal＞ pembicaraan rahasia.

속명(俗名)＜song/myeong＞ ① (통속적인) nama umum; nama lazim. ② (법명에 대한) nama duniawi.

속명(屬名)＜song/myeong＞ 『生』 nama generik.

속문학(俗文學)＜song/mun/hak＞ sastra populer.

속물(俗物)＜song/mul＞ orang awam. ～근성 jiwa keduniawian.

속박(束縛)＜sok/bak＞ kekangan; kendali; kuk; belenggu. ～하다 mengekang; membelenggu; mengikat; menambat. ～을 받다 dikendalikan; dikekang. ~을 벗어나다 melepaskan kuk; melepaskan kekangan. 일에 ~되다 terbelenggu pada pekerjaan.

속발(續發)＜sok/bal＞ kejadian yang berulang. ~하다 terjadi bergantian; terjadi secara bergantian.

속배포(- 排布)＜sok/bae/fo＞ perasaan yang paling dalam; kemauan yang sebenarnya; kata hati.

속병(- 病)＜sok/byeong＞ penyakit dalam yang kronis; penyakit dalam yang akut.

속보(速步)＜sok/bo＞ langkah cepat.

속보(速報)＜sok/bo＞ laporan cepat; berita kilat; warta kilat; siaran kilat. ~하다 membuat laporan kilat. ~판 papan warta kilat.

속보(續報)＜sok/bo＞ berita lebih lanjut; tindak lanjut; laporan lanjutan.

속보이다＜sok/bo/i/da＞ terselami.

속사(速射)＜sok/sa＞ penembakan cepat. ~하다 menembak dengan cepat. ~포 meriam penembak cepat.

속사(速寫)＜sok/sa＞ (사진의) foto cepat (snapshot). ~하다 mengambil snapshot. ~카메라 kamera foto cepat.

속삭이다＜sok/sa/gi/da＞ berbisik-bisik. 귀에 대고 ~ berbisik di telinga.

속산(速算)＜sok/san＞ hitung cepat.

속살＜sok/sal＞ bagian kulit yang ditutupi pakaian.

속상하다(-傷-)＜sok/sang/hada＞ merasa jengkel; mendongkol.

속설(俗說)＜sok/seol＞ pepatah; peribahasa umum; (전설) adat istiadat.

속성(速成)＜sok/seong＞ penguasaan yang cepat; penguasaan kilat. ~하다 merampungkan dengan cepat; memberikan latihan kilat. ~과 kursus kilat. ~법 metode kilat.

속성(屬性)＜sok/seong＞ 『論』 atribut; lambang.

속세(俗世)＜sok/se＞ duniawi; kehi-

dupan duniawi; alam fana. ~를 떠난 akherat. ~를 버리다 meninggalkan hal-hal duniawi.

속세간(俗世間)＜sok/se/gan＞ ☞ 속세.

속셈＜sok/sem＞ ① pikiran dalam; hasrat terpendam. ② ☞ 암산.

속셔츠＜sok/sye/cheu＞ pakaian dalam; baju dalam.

속속(續續)＜sok/sok＞ secara bergiliran; secara bergantian.

속속곳＜sok/sok/got＞ pakaian dalam wanita; rok dalam.

속속들이＜sok/sok/deu/ri＞ keseluruhan; secara menyeluruh. ~썩다 busuk sampai ke dalam; busuk sampai ke inti. ~젖다 basah sampai ke kulit; basah kuyup.

속수무책(束手無策)＜sok/su/mu/chaek＞ ~이다 tidak berdaya; tidak satupun yang dapat dilakukan.

속아넘어가다＜so/ga/neo/meo/ga/da＞ tertipu; terpedaya. 감쪽같이 ~ tertipu mentah-mentah.

속앓이＜sok/a/ri＞ ☞ 속병.

속어(俗語)＜sok/eo＞ bahasa pasaran; bahasa pergaulan.

속어림＜sok/eo/rim＞ dugaan; terkaan; perkiraan. ~으로 dengan terkaan; secara perkiraan; menurut perkiraan.

속옷＜so/kot＞ pakaian dalam.

속요(俗謠)＜sok/yo＞ lagu pop; lagu rakyat.

속이다＜so/gi/da＞ menipu; memperdaya; membodohi; mencurangi; mengibuli. 사람의 눈을 ~ menyilap; mengelabui mata. 감언으로 ~ memperdaya dengan kata-kata yang manis. 나이를 ~ menipu umur. 대학생이라고 ~ menyaru sebagai mahasiswa.

속인(俗人)＜sok/in＞ orang awam.

속인(屬人)＜sok/in＞ ~의 pribadi; individu. ~특권 hak-hak pribadi. ~주의 『法』 prinsip pribadi.

속임수＜so/gim/su＞ tipuan; tipu daya; tipu muslihat. ~를 쓰다 menipu; memperdaya; mengecoh;

mengelabui mata.

속잎＜sok/nif＞ daun dalam.

속전속결(速戰速決)＜sok/jeon/sok/gyeol＞ rencana perang sinar. ～전법 taktik pencet tombol.

속절없다＜sok/jeol/eob/ta＞ tidak berdaya; tak ada harapan; mati kutu; sia-sia.

속죄(贖罪)＜sok/joe＞ taubat; tobat; penebusan; penyelamatan; minta ampun. ～하다 bertobat; menebus (dosa); menyesal; mengaku salah. ～할 수없는 tidak terampuni; tidak tertebuskan. 죽음으로써 ～하다 menebus kejahatan dengan kematian.

속주다＜sok/ju/da＞ membuka hati (untuk).

속지(屬地)＜sok/ji＞ jajahan; tanah jajahan; wilayah kekuasaan. ～주의『法』prinsip kewilayahan.

속진(俗塵)＜sok/jin＞ keduniaan; perkara duniawi. ～을 씻다 membebaskan pikiran dari perkara duniawi.

속창＜sok/chang＞ sol dalam.

속출(續出)＜sok/chul＞ kejadian yang berturut-turut. ～하다 muncul berturut-turut.

속치마＜sok/chi/ma＞ rok dalam.

속칭(俗稱)＜sok/ching＞ nama umum; nama populer. ～하다 dikenal secara luas sebagai ...; biasa disebut ... .

속타다＜sok/tha/da＞ khawatir; dongkol; jengkel; cemas; sedih.

속탈＜sok/thal＞ gangguan perut.

속태우다＜sok/thae/u/da＞ ① (남을) mengesalkan; menyakiti; mendongkolkan; mengganggu; mengesalkan. ② (스스로) kesal; dongkol; terganggu.

속티(俗 -)＜sok/thi＞ penampilan yang vulgar; penampilan yang seronok; vulgaritas.

속편(續篇.續編)＜sok/fyeon＞ sambungan; volume kedua; jilid kedua; terusan; lanjutan.

속필(速筆)＜sok/fil＞ penulisan ce-

pat.

속하다(速 -)＜sok/hada＞ cepat; pesat (☞ 빠르다).

속하다(屬 -)＜sok/hada＞ termasuk (ke dalam).

속하다(贖 -)＜sok/hada＞ bertobat; menebus (dosa).

속행(續行)＜sok/haeng＞ ～하다 melanjutkan; meneruskan; melangsungkan terus.

속화(俗化)＜sok/hwa＞ vulgarisasi; penduniaan. ～하다 memvulgarisir; mendunia.

속효(速效)＜sok/hyo＞ ☞즉효.

속회(續會)＜sok/hoe＞ ～하다 melanjutkan/melangsungkan kembali sidang. ☞ 속개(續開).

숙다＜sok/ta＞ memperjarang; menjarangkan.

손＜son＞ ① tangan; lengan. 바른 ～ tangan kanan. ～을 마주잡고 bergandengan tangan. ～으로 만든 buatan tangan; manual. ～을 들다 mengangkat tangan, menyerah. ～을 잡다 menggenggam tangan. ～을 불에 쬐다 menghangatkan tangan di atas api; mendiangkan tangan. ～을 뻗치다 membentangkan tangan. ② tangan; bantuan. ～을 빌리다 membantu; memberikan pertolongan; menolong. ～이 비다 bebas tugas. ～이 모자라다 kekurangan tenaga. ③ ketrampilan; kecakapan tangan; kemahiran. ～에 익다 menguasai; terampil (dalam). ④ gangguan; kesulitan. ～이 많이 가는 rumit. ～을 덜다 mengurangi tenaga. ⑤ milik. ～에 넣다 mendapatkan; memenangkan; memperoleh. ～에 들어 오다 menjadi milik. 남의 ～에 넘어가다 jatuh ke tangan orang lain. ⑥ 남의 일에 ～을 대다 campur tangan urusan orang lain. ...에서 ～을 떼다 cuci tangan. ...와 ～을 끊다 putus hubungan. ⑦ ～을 거쳐서 melalui perantara. 아무의 ～을 거쳐(서) 사 다 membeli lewat tangan kedua.

손＜son＞ ☞ 손님.

손(損)＜son＞ rugi; hilang; rusak; susut.

손가락＜son/ka/rak＞ jari tangan. ~에 끼다 memakai cincin di jari. 엄지 ~ ibu jari; jempol. 집게 [가운뎃, 약, 새끼] ~ jari telunjuk [jari tengah, jari manis, jari kelingking].

손가락질＜son/ka/rak/cil＞ ~하다 menunjuk; menuding; menyalahkan. ~받다 dituding.

손가방＜son/ka/bang＞ tas tangan; tas kantor; kopor kecil.

손거울＜son/geo/ul＞ kaca tangan.

손거칠다＜son/geo/chil/da＞ panjang tangan.

손겪다＜son/gyeok/ta＞ (대접함) menjamu tamu; bertindak sebagai tuan rumah.

손곱다＜son/gob/ta＞ kaku; kebas.

손금＜son/keum＞ garis-garis tangan; suratan tangan; rajah tangan. ~을 보다 membaca garis-garis tangan; membaca rajah tangan. ~쟁이 peramal nasib; pembaca garis tangan.

손금(損金)＜son/keum＞ kerugian uang.

손길＜son/kil＞ bantuan tangan, jangkauan. 따뜻한 구원의 ~ bantuan; pertolongan. ~이 닿는 곳에 dalam jangkauan.

손꼽다＜son/kob/ta＞ (셈하다) membilang jari tangan. 손꼽아 기다리다 menunggu-nunggu dengan membilang jari tangan.

손꼽아치다＜son/kob/a/chi/da＞ diperhitungkan; terkemuka; istimewa.

손끝＜son/keuth＞ ujung jari. ~ (이) 여물다 hemat; irit.

손끝맺다＜son/keuth/maet/ta＞ berpangku tangan; diam menganggur.

손넘기다＜son/neom/gi/da＞ ① (시기를 놓치다) kehilangan kesempatan; kehilangan peluang. ② (잘못 세다) salah perhitungan; keliru hitung.

손녀(孫女)＜son/nyeo＞ cucu perempuan.

손놓다＜son/not/tha＞ menelantarkan pekerjaan.

손님＜son/nim＞ ① tamu. 사업상의 ~ tamu bisnis. ~을 대접하다 menjamu tamu. ~을 맞다 menerima tamu. ~이 있다 mendapat tamu; ada tamu. ~ 접대가 좋다 [나쁘다] penjamuan baik [buruk]. ② pelanggan; konsumen; patron. 단골~ langganan; pelanggan. ~이 없다 tidak punya langganan. ~이 늘다 [줄다] bertambah [berkurang] langganan. ~을 끌다 menarik pelanggan; menarik konsumen. ~ 서비스가 좋다 [나쁘다] memberikan pelayanan yang baik [buruk]. ③ (승객) menumpang.

손대다＜son/dae/da＞ ① (건드리다) menyentuh; memegang; menjamah; meraba. ② ikut campur; campur tangan; turut serta. 정치에 ~ turut serta dalam gerakan politik. ③ (손찌검) memukul; menampar.

손대중＜son/dae/jung＞ pengukuran tangan; penimbangan tangan. ~으로 menurut ukuran tangan.

손도끼＜son/do/ki＞ kampak tangan; beliung.

손도장(- 圖章)＜son/do/jang＞ cap jempol; cap ibu jari. ~찍다 mencap dengan jempol.

손독(- 毒)＜son/tok＞ ~이 오르다 terinfeksi akibat sentuhan; rusak akibat di sentuh.

손득(損得)＜son/deuk＞ ☞ 손익(損益).

손들다＜son/deul/da＞ mengangkat tangan; menyerah.

손등＜son/teung＞ punggung tangan.

손때＜son/tae＞ noda tangan; pengotoran oleh tangan. ~묻은 ternoda tangan; bercap tangan.

손떼다＜son/te/da＞ cuci tangan; menarik diri.

손맑다＜son/mak/ta＞ ① (생기는 것이 없다) tidak ada pendapatan sampingan. ② (다랍다) kikir; pelit; lokek; bakhil.

손모(損耗)＜son/mo＞ aus.

손목＜son/mok＞ pergelangan tangan.

~을 잡다 memegang pergelangan tangan; mencekal pergelangan tangan.

손바느질 <son/ba/neu/jil> jahit tangan.

손바닥 <son/ba/dak> telapak (tangan). ~을 뒤집듯이 tanpa kesulitan sedikitpun; seperti membalikkan telapak tangan. ~으로 때리다 menampar; menempeleng.

손발 <son/bal> tangan dan kaki; anggota badan.

손버릇 <son/beo/reut> ~(이) 나쁜 panjang tangan; sifat suka mencuri.

손보다 <son/bo/da> (돌보다) memelihara; mengurus; merawat; (수리) memperbaiki.

손봐주다 <son/bwa/ju/da> memberikan bantuan; mengulurkan tangan.

손빌다 <son/bil/da> mendapat pertolongan; menerima bantuan.

손뼉치다 <son/pyeok/chi/da> bertepuk tangan.

손상(損傷) <son/sang> kerusakan; luka-luka; kecederaan. ~하다 merusak; melukai. ~을 주다=손상하다 / ~을 입다 dirusaki; dilukai; mengalami kerugian; cacat.

손색(遜色) <son/saek> inferioritas; kebawahan. ~없다 sebanding; setara.

손서투르다 <son/seo/thu/reu/da> tidak mahir; (서술적) canggung; kikuk.

손수 <son/su> dengan tangan sendiri; secara pribadi.

손수건(- 手巾) <son/su/geon> sapu tangan; selampai.

손수레 <son/su/re> gerobak tangan; gerobak dorong.

손쉽다 <son/swib/ta> mudah; sederhana.

손실(損失) <son/sil> kerugian; kehilangan. 국가적인 ~ kerugian nasional. ~을 주다 [입다] menimbulkan [mengalami] kerugian.

손쓰다 <son/sseu/da> mengambil tindakan; mengambil langkah-langkah. 미리 ~ mengambil tindakan pencegahan.

손아귀 <so/na/gwi> ~에 넣다 menguasai. ~에 들다 jatuh ke tangan (seseorang); dikuasai.

손아래 <son/a/rae> ~의 yunior; (yang) lebih muda; adik. 세살 ~이다 yunior dengan selang tiga tahun; yang lebih muda 3 tahun.

손어림 <son/eo/rim> ukuran tangan. ~하다 (membuat) taksiran dengan tangan.

손위 <son/wi> ~의 kakak; abang; yang lebih tua.

손익(損益) <son/ik> laba dan rugi; keuntungan dan kerugian. ~계산서 lembaran pernyataan laba dan rugi.

손익다 <son/ik/ta> mahir; terbiasa; familier.

손일 <son/il> pekerjaan tangan; kerajinan tangan.

손자(孫子) <son/ja> cucu laki-laki.

손잡이 <son/ja/bi> pegangan; tangkai gagang; engkol. ~끈 tali pegangan; ambin.

손재주 <son/cae/ju> ~있는 cekatan; bertangan terampil; tangkas.

손질 <son/jil> ~(을)하다 memelihara; merawat (pohon, taman dll), memperbaiki. ~이 잘 된 [되지 않은] terpelihara [tidak terpelihara].

손짓 <son/jit> isyarat tangan. ~하다 (memberi) isyarat tangan.

손찌검하다 <son/ci/geom/hada> memukul; menampar; menempeleng.

손치다 <son/chi/da> (여관 따위) memasukkan; memberikan pemondokan; mengijinkan menginap.

손치르다 <son/chi/reu/da> menjamu tamu; menjadi tuan rumah (bagi).

손크다 <son/kheu/da> royal; murah hati; dermawan.

손톱 <son/thob> kuku tangan. ~을 깎다 memotong kuku. ~으로 할퀴다 menggaruk dengan kuku; mencakar; menggores dengan kuku. 빨갛게 물들인 ~ kuku yang dicat merah. ~깎이 gunting kuku; alat pemotong kuku. ~자국 goresan kuku; gurat.

손풍금(- 風琴) <son/fung/geum> akordion; harmonika tangan.

손해(損害) <son/hae> kerusakan; kerugian. ~를 주다 merusak; merugikan; melukai; membahayakan. ~를 입다 mengalami rugi (besar). ~배상 ganti rugi; kompensasi untuk kerusakan. ~배상을 요구하다 meminta ganti rugi; mengklaim adanya kerusakan. ~보험 mempertanggungkan terhadap kerugian/kehilangan. ~액 jumlah kerugian.

손회목 <son/hoe/mok> pergelangan tangan.

솔 <sol> (터는) sikat; sol; berus. ~로 털다 menyikat.

솔 <sol> (나무) (pohon) pinus; cemara; tusam; eru. ~가지 cabang pinus. ~방울 kerucut pinus. ~밭 hutan cemara. ~잎 daun cemara; daun jarum.

솔기 <sol/gi> kelim; pelipit; setik balik. ~없는 tanpa kelim.

솔깃하다 <sol/git/hada> tertarik (dengan).

솔다 <sol/da> ① (말라 죄어들다) menjadi ketat; mengkerut. ② (소쿠라지다) menggelombang; menggelora. ③ (무솔다) rusak akibat kelembaban; lapuk.

솔다 <sol/da> (귀가 아프다) bosan mendengar; jenuh mendengar; jemu.

솔다 <sol/da> ① ☞ 좁다. ② gatal tetapi terlalu sakit untuk di garuk.

솔로 <sol/lo> 『樂』 solo; nyanyian tunggal; tunggal. ~가수 penyanyi solo. 피아노 ~ piano solo.

솔선(率先) <sol/seon> ~하다 mengambil inisiatif; mempelopori; memberi contoh (kepada yang lain).

솔솔 <sol/sol> dengan lembut; dengan ringan; secara lunak.

솔직(率直) <sol/cik> ~한[히] (dengan) terus terang; jujur; tulus; po-

los. ~한 대답 jawaban yang terus terang. ~한 사람 orang yang berterus terang; orang yang terbuka/jujur. ~히 말하면 terus terang …; terus terang saja.

솔질 <sol/jil> penyikatan. ~하다 menyikat; memberus; menguas; menggosok; menyerit.

솜 <som> kapuk; kapas pengisi. ~타기 pemukulan kapas. ~을 두다 mengisi (bantal) dengan kapuk. ~을 타다 memukul kapas; menguraikan kapas. ~을 틀다 memisahkan biji kapas.

솜사탕 <som/sa/thang> gula-gula kapas; gulali.

솜씨 <som/ssi> kemahiran; keterampilan; keahlian; kecekatan; kecakapan. ~있는 mahir; terampil; cekatan; mampu; cakap. ~가 좋다 cakap (dalam); mahir (dalam). ~를 보이다 memperlihatkan kemahiran (kemampuan).

솜옷 <som/ot> pakaian yang diisi (dengan kapas); pakaian yang diberi lapisan empuk.

솜저고리 <som/jeo/go/ri> baju yang diisi kapas.

솜털 <som/theol> bulu kalong; remang.

솜틀 <som/theul> mesin pemisah biji kapas.

솟구다 <sot/ku/da> melompat; meloncat; berjingkat.

솟다 <sot/ta> ① membumbung; menjulang tinggi; naik; memuncak. 구름 위로 (치)~ menjulang di atas awan. ② (샘 등이) memancar; menyembur. ③ (불길이) menyala.

솟아나다 <so/sa/na/da> ① (샘이) memancar; menyembur; menyimbah. ② (여럿 중에서) menyolok mata.

솟을대문(- 大門) <so/seul/dae/mun> gerbang yang tinggi; gapura yang tinggi.

송가(頌歌) <song/ga> lagu pujian; lagu/nyanyian gereja.

송골매 <song/gol/mae> 『鳥』 rajawali kelabu besar.

송곳＜song/got＞ gerek kayu; bor kayu. ～으로 구멍을 뚫다 membor; membuat lubang dengan bor.

송곳니＜song/got/ni＞ gigi taring.

송곳칼＜song/got/khal＞ bor pisau kombinasi.

송구(送球)＜song/gu＞ ① ☞ 핸드볼. ② (던지다) ～하다 melempar bola.

송구(悚懼)＜song/gu＞ ～스럽다 sangat menyesal.

송구영신(送舊迎新)＜song/gu/yeong/sin＞ Tahun lama berakhir dan tahun baru datang.

송금(送金)＜song/geum＞ pengiriman uang. ～하다 mengirim uang. ～수수료 biaya kirim uang. ～수취인 penerima (kiriman). ～수표 cek pengiriman. ～액 jumlah kiriman. ～인 pengirim.

송기(送氣)＜song/gi＞ suplai udara; persediaan udara. ～하다 menyediakan udara; menyuplai udara. ～관(管) pipa udara.

송년(送年)＜song/nyeon＞ tahun lama berakhir.

송달(送達)＜song/dal＞ pengantaran; pengiriman. ～하다 mengirim; mengantar; mengirimkan; menerusi; meneruskan. ～부(簿) buku bon.

송당송당＜song/dang/song/dang＞ ～자르다 memotong; mencincang.

송덕(頌德)＜song/deok＞ eulogi (pidato atau kata-kata pujian tentang seseorang yang sudah meninggal). ～비(碑) tugu peringatan.

송독(誦讀)＜song/dok＞ ～하다 menceritakan (dari ingatan).

송두리째＜song/du/ri/cae＞ keseluruhan; utuh; akar dan cabang; secara keseluruhan. ～없애다 mencabut; menumbangkan; membasmi. 배를 ～ 먹다 memakan habis buah pir.

송료(送料)＜song/nyo＞ bea kirim; perangko. ～선불 bea kirim dibayar dimuka. ～포함 1,000원 1000 won termasuk bea kirim.

송림(松林)＜song/nim＞ hutan cemara.

송별(送別)＜song/byeol＞ melepas keberangkatan; memberangkatkan. ～사(辭) pidato perpisahan; pidato pemberangkatan. ～회 pesta perpisahan; pesta pelepasan.

송부(送付)＜song/bu＞ ～하다 mengirim; mengantar.

송사(訟事)＜song/sa＞ perkara hukum; gugatan; tuntutan hukum.

송사(頌辭)＜song/sa＞ eulogi (= pidato pujian tentang seseorang yang telah meninggal).

송송＜song/song＞ ～썰다 mencincang ke dalam potongan-potongan kecil; memotong menjadi kepingan-kepingan.

송수(送水)＜song/su＞ ～하다 menyediakan air. ～관 pipa air.

송수신기(送受信機)＜song/su/sin/gi＞ (라디오) pengirim (sinyal); pemancar.

송수화기(送受話機)＜song/su/hwa/gi＞ gagang telepon.

송신(送信)＜song/sin＞ trasmisi; pengiriman; pengantaran; penghantaran. ～하다 mengirimkan; menghantar. ～국 [탑] stasiun [menara] pemancar. ～기 transmiter; pemancar.

송아지＜song/a/ji＞ anak sapi. ～를 낳다 melahirkan anak (sapi). ～가죽 kulit anak sapi. ～고기 daging sapi muda.

송알송알＜song/al/song/al＞ ～땀이 나다 berkeringat; berpeluh.

송어(松魚)＜song/eo＞ 『魚』 ikan trout.

송영(送迎)＜song/yeong＞ penyambutan dan pelepasan dengan sebaik-baiknya. ～하다 menyambut dan melepaskan.

송영(誦詠)＜song/yeong＞ ～하다 membaca (puisi).

송유(送油)＜song/yu＞ persediaan minyak; suplai minyak. ～하다 menyediakan/menyuplai minyak. ～관(管) pipa suplai minyak.

송이<song/i> (꽃.과실의) serang-kaian; sekelompok; (눈의) seikat; setandan; sesisir. 포도 한 ~ setandan buah anggur.

송이<song/i> jamur *song-i*.

송장<song/cang> jenazah; mayat; bangkai. 산~ mayat hidup.

송장(送狀)<song/cang> faktur; faktir; paktur; pengiriman. ~을 작성하다 membuat faktur. ~대장 buku faktur. 내국 [수출, 수입]~ pengiriman lokal [ekspor, impor].

송전(送電)<song/jeon> ~하다 menghantar listrik; mentransmisi arus listrik. ~선 saluran listrik; kawat listrik; kabel listrik. ~소 kawasan transmisi; tempat transmisi. ~탑 menara listrik.

송죽(松竹)<song/juk> pinus dan bambu; cemara dan bambu.

송지(松脂)<song/ji> ☞ 소진. ~유(油) minyak gala.

송진(松津)<song/jin> resin tusan; getah kayu pinus.

송청(送廳)<song/cheong> ~하다 menyerahkan (tersangka) ke kantor kejaksaan.

송축(頌祝)<song/chuk> ~하다 memuja dan memuji; memuliakan; memberkahi.

송충이(松蟲 -)<song/chung/i> ulat cemara; ulat pinus; ulat pohon. 인간 ~ orang yang hidup seperti ulat (suka menggerogoti orang lain).

송치(送致)<song/chi> ~하다 mengirim (tersangka). 검찰에 ~하다 mengirim (berkas perkara) ke kantor jaksa.

송판(松板)<song/fan> papan eru; papan kayu pinus.

송편(松 -)<song/fyeon> kue beras yang diisi dengan selai kacang; putu kacang.

송풍(送風)<song/fung> ventilasi; peranginan; peredaran hawa. ~관 pipa udara; lubang angin. ~기 ventilator; kipas angin.

송화(松花)<song/hwa> bunga cemara (serbuk cemara).

송화(送話)<song/hwa> transmisi; penghantaran; pengiriman. ~하다 mengirimkan; menghantar. ~구(口) corong bicara. ~기 pemancar.

송환(送還)<song/hwan> pemulangan; repatriasi; pengiriman pulang. ~하다 memulangkan; merepatriasi. (부상병으로) 본국에 ~되다 dipulangkan ke negara asal (dengan cacat). ~자 orang yang dideportasi; deportan.

솥<soth> periuk; dandang besar. 한~밥을 먹다 hidup dari periuk. ~뚜껑 tutup periuk.

쏼쏼<swal/swal> ~흐르다 mengalir tiada henti; mengalir tak henti-hentinya.

쇄골(鎖骨)<swae/gol> 『解』 tulang selangka; klavikel.

쇄광기(碎鑛機)<swae/gwang/gi> mesin penghancur.

쇄국(鎖國)<swae/guk> isolasi/pemisahan nasional; pemencilan nasional. ~하다 menutup pintu (bagi orang asing). ~시대 periode isolasi. ~정책 kebijakan isolasi nasional. ~주의 sekluisionisme-isolasionisme (faham pemencilan/pemisahan).

쇄도(殺到)<swae/do> banjir; kelimpahruahan; keramaian. ~하다 membanjir; membludak masuk; berjubel; berjejal. 주문이 ~하다 menerima order yang membanjir; order membanjir.

쇄빙선(碎氷船)<swae/bing/seon> pemecah batu es, kapal pemecah es.

쇄신(刷新)(swae/sin> perbaikan; renovasi; pembaharuan. ~하다 memperbaiki; memperbarui; merenovasi; memperbaharui. 정계의 ~ pembaharuan politik. 일대 ~을 단행하다 mengadakan pembaharuan yang radikal.

쇄편(碎片)<swae/fyeon> pecahan; serpih; penggalan; fragmen.

쇠<soe> ① besi (Fe); logam.

~로 만든 dari besi. ~갈고리 kait besi; kail besi; cantelan besi. ② kunci. ~ 채우다 mengunci.

쇠가죽<soe/ga/juk> kulit sapi.

쇠고기<soe/go/gi> daging sapi.

쇠고랑<soe/go/rang> belenggu; borgol. ~ 채우다 membelenggu.

쇠고리<soe/go/ri> cincin besi; simpai/gelindingan besi.

쇠공이<soe/gong/i> penumbuk besi; pengentak.

쇠귀<soe/gwi> ~에 경읽기 berkhotbah ke telinga tuli.

쇠기름<soe/gi/reum> lemak daging sapi; gemuk.

쇠꼬리<soe/ko/ri> ekor/buntut sapi. 닭벼슬이 될 망정 ~는 되지마라 Lebih baik jadi kepala keledai dari pada jadi ekor kuda.

쇠꼬챙이<soe/ko/chaeng/i> tusuk besi.

쇠다<soe/da> ① memperingati; merayakan. 명절을 ~ memuliakan hari raya; merayakan hari raya. 설을~ merayakan Tahun Baru. ② (채소가) menjadikan liat (dan berserabut); menjadi keras/kasar. ③ (병이 덧나다) memarah; memburuk.

쇠똥<soe/tong> (소의 똥) tahi sapi; kotoran sapi.

쇠똥<soe/tong> (쇳부스러기) terak; ampas bijih.

쇠망(衰亡)<soe/mang> ~하다 jatuh; mundur; turun negara).

쇠망치<soe/mang/chi> martil/palu besi.

쇠멸(衰滅)<soe/myeol> ☞ 쇠망.

쇠몽둥이<soe/mong/dung/i> batang(an) besi; batang logam; balok besi.

쇠뭉치<soe/mung/chi> massa besi.

쇠미(衰微)<soe/mi> ~하다 pada (tahap) penurunan; pada (tahap) kemunduran/dekadensi.

쇠버짐<soe/beo/jim> sejenis kurap/kadas.

쇠붙이<soe/bu/chi> barang-barang logam.

쇠비름<soe/bi/reum> 『植』 gelang; bilang-bilang; kerokot.

쇠뼈<soe/pyeo> tulang sapi; tulang jawi.

쇠뿔<soe/pul> ~도 단김에 빼랫다 pukullah besi ketika masih panas.

쇠사슬<soe/sa/seul> rantai. ~로 매다 merantai. ~을 풀다 membuka rantai.

쇠새<soe/sae> 『鳥』(burung) pekakak.

쇠스랑<soe/seu/rang> 『農』 penggaru; canggah.

쇠약(衰弱)<soe/yak> pelemahan; pengurusan. ~한 lemah. 병으로 ~해지다 tumbuh lemah akibat sakit. 전신~ pelemahan total.

쇠운(衰運)<soe/un> nasib yang menurun. ~에 접어들다 mulai menurun; mulai mundur; pada (tahap) penurunan.

쇠잔(衰殘)<soe/jan> ~하다 menjadi lemah; kehilangan kekuatan; melemah.

쇠줄<soe/jul> kawat besi; kabel; rantai.

쇠진(衰盡)<soe/jin> kelelahan; keletihan; kepayahan. ~하다 lelah.

쇠코뚜레<soe/kho/tu/re> cincin hidung.

쇠톱<soe/thob> gergaji logam/besi.

쇠퇴(衰退.衰頹)<soe/thoe> ~하다 ambruk; menurun.

쇠푼<soe/fun> sejumlah kecil uang; sedikit uang.

쇠하다(衰 -)<soe/hada> menjadi lemah; hilang kekuatan; melemah.

쇳내<soet/nae> rasa logam. ~가 나다 merasai logam.

쇳물<soet/mul> tahi besi; karat besi.

쇳소리<soet/so/ri> bunyi logam.

쇳조각<soet/jo/gak> sepotong besi.

쇳줄<soet/jul> pembuluh mineral.

쇼<syo> pertunjukan; tontonan; peragaan; demonstrasi. ~를 보러 가다 pergi melihat pertunjukan. ~걸 gadis panggung. 퀴즈~ pertunjukan kuis.

쇼룸＜syo/rum＞ ruang pamer(an); kamar pajangan.

쇼맨＜syo/maen＞ pemain sandiwara/pertunjukan. ～십[기질] kecakapan memainkan pertunjukan.

쇼비니즘＜syo/bi/ni/jeum＞ savinisme; sifat patriotik yang berlebih-lebihan.

쇼윈도＜syo/win/do＞ jendela pamer; jendela pajangan; etalase. ～를 장식하다 menata etalase.

쇼케이스＜syo/khe/i/seu＞ lemari kaca/kodok (untuk pameran).

쇼크＜syo/kheu＞ "shock" (☞충격). ～를 받다 mengalami "shock". ～를 주다 memberi "shock".

쇼핑＜syo/fing＞ perbelanjaan. ～하다 berbelanja. ～가다 pergi belanja. ～백 [센터] kantong belanjaan [pusat perbelanjaan].

숄(syol＞ selendang; syal; mafela. ～을 걸치다 memakai selendang.

숄더백＜syol/deo/baek＞ tas sandang; ransel.

숄커트＜syol/kheo/theu＞ potongan pendek.

수(手)＜su＞ ① langkah (catur). 나쁜 ～ langkah yang jelek. 한 ～ 두다 memainkan langkah. ② trik; tipuan; muslihat. ～에 넘어가다 terpedaya; jatuh ke dalam perangkap; terperangkap.

수(壽)＜su＞ (나이) usia; umur; usia panjang; usia lanjut; (장수) dirgahayu. ～를 누리다 menikmati usia panjang. ～를 다하다 meninggal secara alamiah.

수(數)＜su＞ ① bilangan; nomor; angka. ～많은 sejumlah besar; banyak. ～없는 tak terhitung; tak terkira banyaknya; banyak sekali. ～를 세다 menghitung; membilang. ～에 넣다 terhitung; terbilang. ② ☞ 운수, 행운. ～사납다 tidak beruntung; sial; nahas.

수(繡)＜su＞ sulaman; bordil; tekat. ～실 benang sulam. ～놓다 menyulam.

수＜su＞ ① sarana; cara; sumber daya; perangkat/alat. 가장 좋은 ～ cara terbaik (metode terbaik). 무슨 ～를 써서라도 dengan cara apapun; dengan resiko apapun; apapun resikonya. …하는 ～밖에 없다 tidak dapat berbuat apa-apa; tidak punya pilihan kecuali … 별 ～ 없다 hal itu tidak dapat dicegah lagi. ② (가능성.능력) kemungkinan; kecenderungan; kemampuan. ☞ 수없다, 수있다.

수(首)＜su＞ kepala, pertama, gagang, muncul, bait.

수…(數)＜su＞ beberapa. ～일 beberapa hari.

…수(囚)＜su＞ 미결～ tahanan luar. 사형～ narapidana vonis mati.

수감(收監)＜su/gam＞ pemenjaraan. ～하다 memenjarakan; memasukkan ke dalam bui; mengeram.

수갑(手匣)＜su/gab＞ belenggu; borgol. ～을 재우다 membelenggu; memborgol.

수강(受講)＜su/gang＞ ～하다 kuliah; mengikuti kuliah. ～생 siswa; peserta latihan.

수개(數個)＜su/gae＞ ～의 beberapa. ～월 beberapa bulan.

수갱(竪坑)＜su/gaeng＞ terowongan; lubang.

수건(手巾)＜su/geon＞ (h)anduk; tuala. ～걸이 rak/gantungan handuk. 세수～ handuk muka.

수검(受檢)＜su/geom＞ ～자 orang yang diperiksa.

수결(手決)＜su/gyeol＞ tanda tangan. ～(을) 두다 menandatangani; membubuhkan tanda tangan.

수고(手苦)＜su/go＞ susah payah; daya upaya; kerja keras. ～하다 bekerja keras; bersusah payah; berpenat-penat. ～스러운 sukar; susah; keras; sulit. ～를 아끼지 않다 tidak keberatan bekerja. ～를 끼치다 [시키다] menyusahkan; memberi kerja keras. ～를 덜다 membebaskan dari kesusahan; membantu kerja. ～스럽지만 Maaf mengganggu anda, tapi … .

수공(手工)＜su/gong＞ kerajinan/pekerjaan tangan; pertukangan; keperigelan. ~업 usaha kerajinan tangan; usaha pertukangan. ~업자 pengrajin; pekerja tangan. ~품 barang kerajinan.

수괴(首魁)＜su/goe＞ pemimpin (gerombolan); biang keladi.

수교(手交)＜su/gyo＞ ~하다 mempertukar; bertukar. 각서(覺書)를 ~하다 mempertukar memorandum; bertukar nota.

수교(修交)＜su/gyo＞ persahabatan; hubungan baik (☞ 수호(修好). ~훈장(勳章) Bintang Jasa Kwanghwa Agung.

수구(水球)＜su/gu＞ 『競』 polo air.

수구(守舊)＜su/gu＞ ☞ 보수(保守).

수국(水菊)＜su/guk＞ 『植』 hidrangea.

수군거리다＜su/gun/geo/ri/da＞ berbisik-bisik; kasak-kisik.

수군수군＜su/gun/su/gun＞ berbisik-bisik; dengan suara rendah; dengan rahasia/diam-diam.

수굿하다＜su/gut/hada＞ agak terkulai; menggantung.

수그러지다＜su/geu/reo/ji/da＞ ① (머리가) merendah; jatuh; terkulai; turun. ② (바람 따위가) turun; surut; reda; mengurang. ③ (병세가) mereda; memulih (sakit).

수그리다＜su/geu/ri/da＞ ☞ 숙이다.

수금(收金)＜su/geum＞ pemungutan utang. ~하다 memungut utang. ~원 kolektor utang; penagih utang.

수급(需給)＜su/geub＞ permintaan dan penawaran. ~계획 program permintaan dan penawaran. ~조절 penyesuaian permintaan-penawaran.

수긍(首肯)＜su/geung＞ persetujuan; pengabulan; pengiyaan. ~하다 menyetujui; mengabulkan; mengiakan.

수기(手記)＜su/gi＞ nota; laporan; memorandum; catatan pendek; surat peringatan.

수기(手旗)＜su/gi＞ bendera. ~신호 pemberian isyarat bendera (semafor).

수꽃＜su/kot＞ 『植』 bunga jantan.

수난(水難)＜su/nan＞ bencana banjir.

수난(受難)＜su/nan＞ penderitaan; cobaan berat; siksaan; kesusahan. ~을 겪다 menderita; mengalami cobaan hidup. ~일 『聖』 Jum'at berkah.

수납(收納)＜su/nab＞ penerimaan. ~하다 menerima; mendapat. ~계원 penerima.

수납(受納)＜su/nab＞ ~하다 menerima (baik); menyetujui. ~자 penerima; resipien.

수냉식(水冷式)＜su/naeng/sik＞ ~의 didinginkan air.

수녀(修女)＜su/nyeo＞ biarawati; rahib wanita. ~가 되다 masuk biara; menjadi biarawati. ~원 biara.

수년(數年)＜su/yeon＞ beberapa tahun.

수뇌(首腦)＜su/noe＞ pimpinan; pemimpin. ~부 badan pengelola; manajemen puncak. ~회담 konferensi puncak; pembicaraan tingkat atas.

수뇨관(輸尿管)＜su/nyo/gwan＞ 『解』 saluran kencing; ureter.

수다＜su/da＞ ocehan; obrolan; omong kosong. ~스럽다 banyak omong; bawel; cerewet; gatal mulut. ~떨다 mengobrol; mengoceh; beromong-omong. ~쟁이 pengoceh; pembual; tukang ngobrol.

수단(手段)＜su/dan＞ cara; jalan; langkah; tindakan; perbuatan. 목적을 위한 ~ langkah-langkah ke tujuan akhir; cara mencapai tujuan. 부정한 ~ cara-cara yang curang. ~을 안 가리고 dengan segala cara; dengan cara apapun. 최후의 ~으로 sebagai usaha terakhir. ~이 다하다 kehabisan akal. ~을 그르치다 mengambil langkah yang salah. 비상 ~을 쓰다 mengambil tindakan yang drastis. 온갖 ~을 다 쓰다

mencoba semua cara yang memungkinkan.

수달(水獺)〈su/dal〉『動』berang-berang air; anjing air. ～피(皮) kulit berang-berang.

수당(手當)〈su/dang〉tunjangan; bonus; uang jasa. ～을 주다[받다] memberi [mendapat] tunjangan. 가족 [특별, 퇴직]～ tunjangan keluarga [khusus, pensiun]. 연말 ～ bonus akhir tahun. 출산～ tunjangan bersalin.

수더분하다〈su/deo/bun/hada〉bersahaja; sederhana; wajar.

수도(水道)〈su/do〉penyediaan air bersih; pelayanan air. ～를 틀다 [잠그다] membuka [menutup] keran. ～를 놓다 berlangganan air; mendapat suplai air. ～공사 bangunan suplai air. ～국 Perusahaan Air Minum. ～꼭지 kran; keran. ～료 bea air; harga/tarif air. ～관 pipa air. ～물 air kran (air pipa); air ledeng.

수도(首都)〈su/do〉ibu kota; metropolis; kota besar; megapura. ～의 metropolitan (berkenaan dengan kota besar). ～경찰 polisi ibu kota.

수도(修道)〈su/do〉～하다 menjalani kehidupan biarawan. ～생활 kehidupan biarawan/monastik. ～승 biarawan; pendeta; rahib. ～원 biara.

수도권(首都圈)〈su/do/kwan〉daerah ibu kota. ～방위 pertahanan kota besar. ～ 전철화 elektrifikasi kereta api ibu kota.

수동(手動)〈su/dong〉～의 dioperasi tangan; dijalankan dengan tangan. ～펌프 pompa tangan.

수동(受動)〈su/dong〉～적(으로) dengan pasif. ～태 『文』 bentuk pasif.

수두(手痘)〈su/du〉『醫』 cacar air.

수두룩하다〈su/du/ruk/hada〉melimpah; banyak sekali; berlimpah-ruah; berlebih-lebihan. 할 일이 ～ memiliki setumpuk pekerjaan yang harus diselesaikan; banyak kerja yang harus diselesaikan.

수득수득〈su/deuk/su/deuk〉～한 mengering; layu.

수들수들〈su/deul/su/deul〉☞ 수득 수득.

수라(水刺)〈su/ra〉makanan mewah; menu mewah.

수라장(修羅場)〈su/ra/jang〉porak poranda; berantakan. ～이 되다 menjadi porak poranda; menjadi kacau/berantakan.

수락(受諾)〈su/rak〉penerimaan; persetujuan. ～하다 menerima (baik); menyetujui.

수란관(輸卵管)〈su/ran/gwan〉『解』 saluran telur.

수량(水量)〈su/ryang〉volume/isi air. ～계 meteran air.

수량(數量)〈su/ryang〉kuantitas/ jumlah isi/volume. ～이 늘다 bertambah dalam jumlah.

수렁〈su/reong〉tanah berbencah/ becek; tanah berlumpur. ～에 빠지다 terperosok kedalam lumpur.

수렁배미〈su/reong/bae/mi〉sawah rawa.

수레〈su/re〉kereta; gerobak. ～바퀴 roda kereta.

수려(秀麗)〈su/ryeo〉～한 indah; cantik; elok; molek; permai.

수력(水力)〈su/ryeok〉tenaga air. ～발전 pembangkitan listrik tenaga air. ～발전소 stasiun hidroelektrik. ～터빈 turbin hidraulik.

수련(修練)〈su/ryeon〉praktek. ～하다 berpraktek. ～의(醫) dokter praktek.

수련(睡蓮)〈su/ryeon〉『植』 (bunga) bakung; teratai; padma; seroja.

수렴(收斂)〈su/ryeom〉① ☞ 추렴. ②『理』 konvergensi; penciutan; 『醫』 pemusatan. ～하다 memusat; menciut. ～렌즈 lensa konvergen. ～제 zat penciut.

수렴청정(垂簾聽政)〈su/ryeom/cheong/jeong〉memerintah dari balik tirai.

수렵(狩獵)〈su/ryeob〉berburu (☞

사냥). ~가 pemburu. ~금지 [해제] 기 musim dilarang [boleh] berburu. ~기 musim berburu. ~지 kawasan perburuan.

수령(受領)＜su/ryeong＞ ~하다 menerima; menyetujui. ~인 penerima; resipien.

수령(首領)＜su/ryeong＞ pimpinan; kepala; ketua; bos.

수령(樹齡)＜su/ryeong＞ umur pohon.

수로(水路)＜su/ro＞ jalan air; terusan; anak sungai; saluran. ~도(圖) peta hidrografi.

수로안내(水路案內)＜su/ro/an/nae＞ pemanduan (kapal); pemandu/pilot. ~하다 memandu kapal. ~료 (iuran) pemanduan. ~선 kapal pemandu.

수록(收錄)＜su/rok＞ ~하다 menghimpun; mencatat.

수뢰(水雷)＜su/roe＞ (어뢰) torpedo; (기뢰) ranjau; bom kambang. ~정 kapal torpedo; kapal nyamuk.

수료(修了)＜su/ryo＞ ~하다 menamatkan; menyelesaikan; merampungkan. 3학년 (과장)을 ~하다 menyelesaikan kuliah tiga tahun.

수류(水流)＜su/ryu＞ arus (air); aliran.

수류탄(手榴彈)＜su/ryu/than＞ granat tangan.

수륙(水陸)＜su/ryuk＞ darat dan air. ~양서(兩棲)의 bersifat ampibi; hidup di dua alam. ~양서 동물 ampibi; hewan yang hidup di dua alam. ~양용 비행기 [전차] pesawat [tank] ampibi. ~양용(지동)차 mobil/kendaraan ampibi.

수리＜su/ri＞ 『鳥』 elang.

수리(水利)＜su/ri＞ suplai air; pengairan; pengangkutan air. ~시설[사업] fasilitas [proyek] irigasi. ~조합 perkumpulan pengairan.

수리(水理)＜su/ri＞ ~학 hidraulik; hidrolis.

수리(受理)＜su/ri＞ ~하다 menerima; menyetujui; meluluskan. 원서 [사표]를 ~하다 menerima lamaran

[pengunduran diri].

수리(修理)＜su/ri＞ perbaikan; reparasi; pemugaran. ~하다 memperbaiki; mereparasi. ~ 중이다 sedang direparasi; sedang diperbaiki. ~할 수 없다 tidak bisa direparasi. ~공 tukang reparasi; tukang perbaiki. ~공장 bengkel reparasi. ~비 biaya reparasi.

수리(數理)＜su/ri＞ prinsip matematik/ilmu pasti. ~적(으로) (secara) matematis. ~경제학 ekonomi matematika.

수림(樹林)＜su/rim＞ hutan; rimba.

수립(樹立)＜su/rib＞ ~하다 mendirikan; membentuk.

수마(水魔)＜su/ma＞ banjir; penggenangan.

수마(睡魔)＜su/ma＞ kantuk. ~와 싸우다 melawan kantuk.

수만(數萬)＜su/man＞ puluhan ribu.

수매(收買)＜su/mae＞ pembelian; pengadaan. ~하다 membeli. 정부의 쌀 ~ 가격 harga beli beras pemerintah.

수맥(水脈)＜su/maek＞ pembuluh air.

수면(水面)＜su/myeon＞ permukaan air. ~에 떠오르다 naik ke permukaan.

수면(睡眠)＜su/myeon＞ tidur. ~을 (충분히) 취하다 tidur (dengan cukup). ~을 방해하다 mengganggu tidur. ~병[시간] sakit [jam] tidur. ~부족 kurang tidur. ~제 obat tidur (pil tidur).

수명(壽命)＜su/myeong＞ umur; usia; jangka waktu hidup. 기계의 ~ umur mesin. 현정부의 ~ umur pemerintahan sekarang. 평균 ~ umur rata-rata.

수모(受侮)＜su/mo＞ keaiban; kehinaan. ~하다 dihina; dicemooh.

수모자(首謨者)＜su/mo/ja＞ ☞ 주모자.

수목(樹木)＜su/mok＞ pohon-pohonan (dan semak-semak); punjung/anjang-anjang; tumbuhan besar; pokok kayu.

수몰(水没)＜su/mol＞ ～하다 tergenang; banjir. ～지역 daerah yang tergenang; daerah banjir.

수문(水門)＜su/mun＞ pintu air.

수문수답(随問隨答)＜su/mun/su/dab＞ penyusulan pertanyaan dengan jawaban. ～하다 menyusuli pertanyaan dengan jawaban; menjawab dengan segera.

수미(首尾)＜su/mi＞ awal dan akhir; alfa dan omega.

수미(愁眉)＜su/mi＞ ～(를) 펴다 merasa lega.

수밀도(水蜜桃)＜su/mil/to＞ (buah) persik.

수박＜su/bak＞ semangka. ～겉 핥기 pengetahuan yang dangkal.

수반(首班)＜su/ban＞ kepala; ketua. 내각의 ～ kepala kabinet; perdana menteri.

수반(随伴)＜su/ban＞ ～하다 mengiringi; menyertai; menemani.

수배(手配)＜su/bae＞ ～하다 mencari pelaku kejahatan. ～사진 foto pelaku kejahatan yang dicari.

수배(數倍)＜su/bae＞ ～의 beberapa kali lebih (banyak; cepat; baik) dari … .

수백(數百)＜su/baek＞ ～의 beberapa ratus; ratusan; beratus-ratus. ～마일 beberapa ratus mil.

수범(垂範)＜su/beom＞ ～하다 memberikan teladan; mencontohkan/menyontohkan.

수법(手法)＜su/peob＞ teknik; gaya; cara; laku; metode. 새 ～의 사기 penipuan gaya baru.

수병(水兵)＜su/byeong＞ pelaut. ～복 seragam pelaut.

수보다(數 -)＜su/bo/da＞ beruntung; ketiban pulung.

수복(收復)＜su/bok＞ ～하다 mendapatkan kembali (wilayah yang hilang). ～지구 daerah yang diperoleh kembali.

수복(壽福)＜su/bok＞ umur panjang dan kebahagiaan. ～강녕 umur panjang; kebahagiaan dan kesehatan.

수부(水夫)＜su/bu＞ pelaut; anak kapal; kelasi. ～장 kepala kelasi; mandor kapal; serang. ☞ 선원.

수부(首府)＜su/bu＞ ibu kota; kota besar.

수북하다＜su/buk/hada＞ bertumpuk; bertimbun; bengkak/membengkak.

수분(水分)＜su/bun＞ air; cairan; jus. ～이 많은 berair; encer; mengandung banyak air. ～을 흡수하다 menyerap (menghisap) air.

수분(受粉.授粉)＜su/bun＞ 『植』 penyerbukan/polinasi. ～하다 menyerbuki.

수비(守備)＜su/bi＞ pertahanan; pembelaan; penjagaan; perlindungan. ～하다 mempertahankan; menjaga; melindungi. ～를 강화하다 memperkuat pertahanan. ～대 pasukan pengawal; penjaga. ～병 tentara pengawal.

수사(手寫)＜su/sa＞ penyalinan. ～하다 menyalin (dengan tangan).

수사(修士)＜su/sa＞ pendeta; rahib; biarawan.

수사(修辭)＜su/sa＞ kata kiasan seperti metafora. ～학 retorik; kepandaian berbicara/berpidato. ～학자 ahli pidato.

수사(搜査)＜su/sa＞ penyelidikan kejahatan; pengusutan. ～하다 menyelidiki; menyelisik; mencari keterangan; mengusut; memeriksa. ～에 착수하다 mengadakan penyelidikan. ～과 seksi penyelidikan kejahatan. ～망 jaring (polisi). ～본부 markas penyelidikan. 합동 ～반 tim penyelidik bersama.

수사(數詞)＜su/sa＞ 『文』 angka; numeral; kata bilangan.

수사납다(數 -)＜su/sa/nab/ta＞ sial; malang; nahas; tidak beruntung.

수산(水産)＜su/san＞ ～국 negara perikanan. ～대학 Sekolah Tinggi Perikanan; Akademi Perikanan. ～물 produk perairan; hasil perairan. ～업 industri perikanan/ penangkapan ikan. ～업 협동조합중앙회 Federasi Pusat Koperasi Perikanan.

~청 Direktorat Jendral Perikanan.
수산(蓚酸)＜su/san＞ 『化』 asam oksalat. ~염 oksalat.
수산화(水酸化)＜su/san/hwa＞ 『化』 hidrasi. ~나트륨 sodium hidroksida. ~물 hidroksida.
수삼(水蔘)＜su/sam＞ ginseng hijau; ginseng basah.
수상(水上)＜su/sang＞ ~경기 olah raga air; olah raga bahari. ~경찰 polisi perairan. ~(비행)기 pesawat terbang air. ~스키 ski air. ~스키를 하다 main ski air.
수상(手相)＜su/sang＞ ~술 seni meramal berdasarkan rajah tangan.
수상(受像)＜su/sang＞ ~하다 menerima siaran. ~기 perangkat penerima TV; televisi.
수상(受賞)＜su/sang＞ ~하다 memenangkan (mendapat) hadiah. ~소설 novel terpilih.
수상(首相)＜su/sang＞ perdana menteri; konselor. ~서리 wakil perdana menteri; pejabat perdana menteri (Pj. PM).
수상(殊常)＜su/sang＞ ~한 meragukan; mencurigakan. ~하게 여기다 mencurigai; merasa curiga.
수상(授賞)＜su/sang＞ ~하다 menghadiahi; memberikan hadiah. ~식 upacara pemberian hadiah.
수상(隨想)＜su/sang＞ pikiran yang kadang-kadang timbul. ~록 karangan/esei.
수색(搜索)＜su/saek＞ penyelidikan; pemburuan (penjahat) investigasi. ~하다 mencari; menggeledah; menggerayangi; menggerebek. ~원을 내다 memohon ke polisi untuk menyelidik. ~대 kelompok pencari; rombongan pencari. ~영장 surat kuasa penggeledahan.
수색(愁色)＜su/saek＞ roman murung; roman khawatir.
수생(水生)＜su/saeng＞ ~의 akuatik. ~식물 tumbuhan air.
수서(手書)＜su/seo＞ surat tulis tangan.
수서(水捿)＜su/seo＞ ~의 akuatik;

hidup dalam air. ~동물 hewan air.
수석(首席)＜su/seok＞ (사람) pimpinan; ketua; kepala; (석차) peringkat teratas. ~의 memimpin; mengepalai. ~을 차지하다 mendapat peringkat teratas. ~으로 졸업하다 lulus peringkat pertama. ~대표 ketua delegasi.
수선＜su/seon＞ pertengkaran; keributan; percekcokan; perselisihan. ~스럽다 gaduh; ribut; ramai-ramai; riuh. ~부리다 [떨다] membuat keributan; bertengkar; cekcok. ~장이 tukang ribut.
수선(修繕)＜su/seon＞ perbaikan; reparasi. ~하다 memperbaiki; mereparasi. ~중 sedang diperbaiki. ~이 안되다 belum diperbaiki. ~비 biaya perbaikan; biaya reparasi.
수선화(水仙花)＜su/seon/hwa＞ 『植』 bunga bakung.
수성(水性)＜su/seong＞ ~가스 [도료] gas [cat] air.
수성(水星)＜su/seong＞ Merkuri.
수성(獸性)＜su/seong＞ kebuasan; kebinatangan; kebrutalan.
수성암(水成岩)＜su/seong/am＞ batu berair.
수세(水勢)＜su/se＞ arus air; kekuatan/daya air.
수세(守勢)＜su/se＞ sikap bertahan; pembelaan diri. ~적인 bertahan.
수세공(手細工)＜su/se/gong＞ pekerjaan tangan; kerajinan tangan. ~의 buatan tangan. ~품(品) barang buatan tangan; barang kerajinan tangan.
수세미＜su/se/mi＞ penggosok dari sepon. ~외 ketola.
수세식(水洗式)＜su/se/sik＞ ~변소 kakus sistim alir.
수소＜su/so＞ sapi jantan.
수소(水素)＜su/so＞ hidrogen; zat air. ~의 hidrik; berhidrogen. ~가스 gas hidrogen. ~산(酸) hidrasi. ~폭탄 bom hidrogen; bom-H. ~이온 ion hidrogen.
수소문(搜所聞)＜su/so/mun＞ ~하다

bertanya keliling.

수속(手續) <su/sok> ☞ 절차.

수송(輸送) <su/song> transportasi; pengangkutan. ~하다 mengangkut; membawa. ~기 [선(船)] pesawat [kapal] angkut. ~량 volume pengangkutan; daya angkut. 국내 [해외] ~ angkutan lokal [luar negeri]. 육상 [행상] ~ pengangkutan lewat darat [laut]. 철도[항공] ~ pengangkutan/angkutan kereta api [udara].

수쇠 <su/soe> poros; pasak; paksi; sumbu.

수수 <su/su> 『植』 milet India.

수수(授受) <su/su> pengiriman dan penerimaan. ~하다 memberi (mengantar) dan menerima.

수수께끼 <su/su/ke/ki> teka-teki; tebakan; cangkriman; terkaan. ~같은 membingungkan; misterius; seperti teka-teki. ~의 인물 orang misterius. ~를 던지다 [풀다] mengajukan [menerka] tebakan.

수수료(手數料) <su/su/ryo> bea; komisi.

수수방관(袖手傍觀) <su/su/bang/gwan> ~하다 memandang dengan berpangku tangan.

수수하다 <su/su/hada> sederhana; bersahaja; seadanya; datar; biasa.

수술 <su/sul> 『植』 benang sari; serbuk sari.

수술(手術) <su/sul> operasi; pembedahan. ~하다 mengoperasi; melakukan operasi/pembedahan. ~을 받다 dioperasi; mengalami pembedahan. ~실 [대, 복, 의] kamar [meja, pakaian, ahli] bedah. 대~ operasi besar.

수습(收拾) <su/seub> kontrol; kendali; pengawasan. ~하다 mengendalikan; mengatasi; menangani. 난국을 ~하다 mengatasi situasi yang sukar. ~ 못하게 되다 lepas dari kendali; tidak terkendali.

수습(修習) <su/seub> masa percobaan; magang. ~하다 mendapat pelatihan/training; berpraktek. ~

간호사 perawat dalam masa percobaan; perawat prabosioner. ~기간 periode percobaan. ~기자 wartawan yunior.

수시(隨時) <su/si> ~로 setiap saat; sepanjang waktu.

수식(水蝕) <su/sik> 『地』 erosi; pengikisan tanah.

수식(修飾) <su/sik> ~하다 menghias; mendandani; memperindah. ~어 modifier.

수신(水神) <su/sin> peri; bidadari; dewa air; peri air.

수신(受信) <su/sin> penerimaan pesan; resepsi. ~하다 menerima (pesan). ~국 [안테나] stasiun [antene] penerima. ~기 pesawat/perangkat penerima. ~인 orang/alamat yang dituju. ~인 불명의 편지 surat mati/buntu.

수신(修身) <su/sin> pembinaan moral. ~ 제가하다 menata diri sendiri dan rumah tangga.

수심(水深) <su/sim> kedalaman air. ~계 hidrobarometer/alat pengukur tekanan air.

수심(垂心) <su/sim> 『數』 ortosenter.

수심(愁心) <su/sim> kecemasan; kekhawatiran. ~에 잠기다 tenggelam dalam kecemasan.

수십(數十) <su/sib> puluhan; berpuluh-puluh. ~년간 berpuluh-puluh tahun.

수압(水壓) <su/ab> tekanan air. ~기[계] kempa [meteran] air.

수액(樹液) <su/aek> getah pohon. ~을 채취하다 menyadap; mengambil getah.

수양(收養) <su/yang> adopsi; pengangkatan anak. ~하다 mengadopsi; mengangkat anak. ~딸로 주다 menyerahkan putri untuk di adopsi. ~부모(父母) orang tua angkat. ~아들[딸] putra [putri] angkat.

수양(修養) <su/yang> pemupukan/pembinaan (budi pekerti). ~하다 membina; memperbaiki (diri sendiri). ~을 쌓은 사람 orang yang telah terbina (budi pekertinya).

수업(修業) <su/eob> sekolah; studi; kuliah. ～하다 bersekolah; menuntut ilmu. ～연한 lama sekolah; lama kuliah. ～증서 ijazah; Surat Tanda Tamat Belajar.

수업(授業) <su/eob> pengajaran; instruksi; pelajaran. ～하다 mengajar; memberikan instruksi; memberikan pelajaran. ～을 받다 diajarkan; belajar/mendapat pelajaran. ～이 없다 Tidak ada kuliah (hari ini). ～료 uang sekolah. ～시간 jam sekolah. ～일수 jumlah hari sekolah/belajar.

수없다 <su/eob/ta> (불가능) tidak mampu; tidak dapat; (힘겹다) tidak sanggup.

수없이(數 -) <su/eob/si> tak terhitung banyaknya; bertaburan.

수에즈운하(- 運河) <su/e/jeu/un/ha> Terusan Suez.

수여(授與) <su/yeo> ～하다 memberikan; menghadiahi; menganugerahkan.

수여리 <su/yeo/ri> 『蟲』 lebah betina.

수여식(授與式) <su/yeo/sik> upacara penganugerahan. 상품～ pemberian (pembagian) hadiah. 졸업증서 ～ upacara kelulusan; wisuda.

수역(水域) <su/yeok> perairan. 경제～ zona ekonomi (lepas pantai). 중립～ perairan bebas; perairan netral.

수역(獸疫) <su/yeok> penyakit ternak.

수연(壽宴) <su/yeon> pesta ulang tahun untuk orang tua (untuk merayakan usia panjangnya).

수염(鬚髥) <su/yeom> cambang; jenggot; janggut. ～이 있는 [난] berjenggot; bercambang. ～이 텁수룩한 berjenggot lebat. ～을 깎다 mencukur cambang/jenggot. ～을 기르다 memelihara cambang. 가짜 ～ memakai jenggot palsu. 옥수수 ～ jenggot jagung.

수영(水泳) <su/yeong> renang. ～

하다 berenang. ～하러 가다 pergi berenang. ～을 잘하다 mahir berenang. ～경기 perlombaan renang. ～선수 perenang. ～장 tempat berenang; kolam renang. ～팬츠 celana renang.

수예(手藝) <su/ye> seni menyulam/bordir. ～품 barang sulaman.

수온(水溫) <su/on> temperatur/suhu air.

수완(手腕) <su/wan> kemampuan; kecakapan; talenta/bakat. ～있는 mampu; cakap; berkemampuan; berbakat. ～을 발휘하다 menunjukkan kemampuannya. ～가 orang yang berkemampuan. 외교(적) ～ kemampuan diplomasi.

수요(需要) <su/yo> permintaan; tuntutan; keperluan. ～가 있다 dibutuhkan; diminta; laris; laku. ～를 채우다 memenuhi permintaan. ～공급 permintaan dan penawaran. ～과다(過多) [감소] permintaan yang berlebih [kurang]. ～가 permintaan spekulatif.

수요일(水曜日) <su/yo/il> Rabu.

수욕(獸慾) <su/yok> nafsu hewani; nafsu lawamah.

수용(水溶) <su/yong> ～성의 larut air (dapat larut dalam air). ～액 larutan.

수용(收用) <su/yong> ekspropriasi (hak negara untuk mengambil alih tanah atau milik swasta lainnya terutama untuk kepentingan umum dengam memberi ganti rugi kepada pemiliknya). ～하다 mengambil alih (untuk kepentingan umum/negara). 토지～ pembebasan tanah. 토지 ～법 Undang-Undang tentang pembebasan tanah.

수용(收容) <su/yong> penampungan. ～하다 menampung. 수재민을 ～하다 menampung korban banjir. ～력 kapasitas penampungan. ～소 barak-barak penampungan.

수용(受容) <su/yong> penyambutan. ～하다 menerima; menyambut. ～태세 persipan-persiapan penyambut-

an.

수용(需用) ＜su/yong＞ konsumsi; pemakaian. ~자 konsumen; pemakai/pengguna; pelanggan.

수운(水運) ＜su/un＞ transportasi/angkutan air.

수원(水源) ＜su/won＞ hulu sungai; sumber air. ~지(池) waduk.

수원(受援) ＜su/won＞ ~국 negara penerima (bantuan).

수월찮다 ＜su/wol/chan/tha＞ tidak mudah; tidak sederhana; sukar.

수월하다 ＜su/wol/hada＞ mudah; sederhana; ringan. 하기가 ~ tidak sukar untuk … .

수월히 ＜su/wol/hi＞ dengan mudah.

수위(水位) ＜su/wi＞ tinggi permukaan air. ~표(標) tanda muka air. 위험~ tinggi permukaan yang berbahaya.

수위(守衛) ＜su/wi＞ penjaga; penjaga pintu; Satpam. ~실 kantor penjaga. ~장 kepala penjaga.

수위(首位) ＜su/wi＞ posisi memimpin; tempat pertama. ~를 차지하다 berada pada peringkat pertama. ~타자『野』pemukul terbaik (baseball).

수유(授乳) ＜su/yu＞ ~하다 menyusui; meneteki. ~기(期) laktasi; masa menyusui.

수유관(輸乳管) ＜su/yu/gwan＞ 『解』 saluran air susu.

수유자(受遺者) ＜su/yu/ja＞ 『法』 ahli waris.

수육(獸肉) ＜su/yuk＞ daging.

수은(水銀) ＜su/eun＞ air raksa; merkuri. ~등 lampu merkuri. ~주 [온도계] kolom [termometer] air raksa. ~중독 keracunan air raksa.

수음(手淫) ＜su/eum＞ masturbasi; onani; rancap.

수의(壽衣) ＜su/eui＞ kain kafan.

수의(隨意) ＜su/eui＞ ~의 sukarela. ~로 dengan sukarela; secara sukarela. ~계약 kontrak pribadi. ~근(筋) otot reflek.

수의(獸醫) ＜su/eui＞ dokter hewan.

~과 대학 Fakultas Kedokteran Hewan (FKH). ~학 ilmu kedokteran hewan.

수익(收益) ＜su/ik＞ perolehan; laba; untung. ~을 올리다 membuat laba. ~세 pajak keuntungan.

수인(囚人) ＜su/in＞ tahanan; narapidana; orang hukuman.

수인성(水因性) ＜su/in/seong＞ ~지병 penyakit-penyakit yang ditularkan/berasal dari air.

수임(受任) ＜su/im＞ ~하다 dinominasikan; diangkat sebagai calon. ~자 orang yang dinominasikan/dicalonkan.

수입(收入) ＜su/ib＞ pendapatan; perolehan; penerimaan; hasil; pemasukan. ~과 지출 penerimaan dan pengeluaran. ~이 많다 [적다] berpendapatan besar [kecil]. ~의 길이 막히다 kehilangan sumber pendapatan; kehilangan mata pencaharian. ~인지 materai pajak. 고정 [월] ~ pendapatan tetap [bulanan]. 실제 ~ pendapatan bersih. 국가 ~ pendapatan nasional.

수입(輸入) ＜su/ib＞ impor; pemasukan. ~하다 mengimpor; memasukkan (barang). ~가격 harga impor. ~감시 품목 item-item yang diimpor. ~결제 어음 Impor Settlement Bill (I.S.B.) ~계약 kontrak impor; perjanjian impor. ~ 과징금 bea tambahan impor barang. ~국 negara pengimpor; negara importir. ~규제 batasan-batasan impor (larangan-larangan impor). ~금지 pelarangan impor. ~ 담보율 persentase jaminan impor. ~대리점 agen impor. ~ 대체산업 industri substitusi impor. ~량 volume impor; jumlah impor. ~면장 surat izin impor. ~무역 perdagangan impor. ~상 [업자] importir; pedagang pengimpor. ~상사 perusahan pengimpor. ~성향(性向) kecenderungan mengimpor. ~세 pajak impor; pajak atas barang-barang impor. ~ 쇠고기 daging impor. ~수속 prosedur impor. ~신고(서) (surat) pemberitahuan impor barang. ~ 신용장 L/C [letter of credit]. ~액 jumlah impor; jumlah barang yang diimpor. ~어음 impor bill. ~ 억제 [금지] 품목 barang yang dibatasi [dilarang] untuk diimpor. ~의 존도 tingkat ketergantungan terhadap impor. ~ 자유화 kebebasan mengimpor. ~제한 pembatasan impor. ~초과 kelebihan impor atas ekspor (neraca perdagangan yang tidak menguntungkan). ~품 barang-barang yang diimpor. ~할당 kuota impor. ~할당 제도 sistem kuota impor. ~항 pelabuhan impor. ~ 허가서 izin impor. ~ 허가제 sistim lisensi impor. 직접 [간접]~ impor langsung [tidak langsung].

수입절차(輸入節次)＜su/ib/jeol/cha＞ proses impor; prosedur pengimporan.

수있다＜su/it/ta＞ (능력) dapat; mampu; sanggup.

수자원(水資源)＜su/ja/won＞ sumberdaya perairan. ~개발 pengembangan sumberdaya perairan.

수작(授爵)＜su/jak＞ pengangkatan sebagai bangsawan. ~하다 menganugerahkan gelar kebangsawanan.

수작(酬酌)＜su/jak＞ ~하다 bertukar kata rahasia; bertukar cangkir. 허튼 ~을 하다 berhandai-handai; membual.

수잠＜su/jam＞ tidur sejenak; tidur ayam. ~들다 tidur sejenak.

수장(水葬)＜su/jang＞ penguburan di laut. ~하다 menguburkan di laut.

수장(收藏)＜su/jang＞ ~하다 mengumpulkan; mengoleksi.

수장(綬章)＜su/jang＞ barisan penjaga. 대~ Pengawal Agung.

수재(水災)＜su/jae＞ banjir; bencana banjir. ~민 korban banjir.

수재(秀才)＜su/jae＞ jenius; orang berbakat; siswa yang sangat cerdas. ~교육 pendidikan anak berbakat.

수저＜su/jeo＞ sendok; sendok makan; sendok dan sumpit.

수저(水底)＜su/jeo＞ dasar perairan. ~어(魚) ikan yang hidup di dasar perairan.

수적(手迹)＜su/jeok＞ ☞ 필적.

수전(水田)＜su/jeon＞ sawah.

수전(水戰)＜su/jeon＞ pertempuran laut. ☞해전.

수전노(守錢奴)＜su/jeon/no＞ orang kikir; orang pelit.

수전증＜su/jeon/jeung＞ 『漢醫』 kelumpuhan pada tangan; gemetaran pada tangan.

수절(守節)＜su/jeol＞ ~하다 mempertahankan kesetian (janda).

수정(水晶)＜su/jeong＞ kristal; hablur. ~같은 seperti kristal. ~시계 jam kristal. ~체 lensa kristal; lensa hablur; kanta. 자~ ametis.

수정(受精)＜su/jeong＞ 『生』 pembuahan; fertilisasi; 『植』 penyerbukan. ~하다 dibuah; diserbuki. ~시키다 membuahi; menyerbuki. ~란(卵) telur yang dibuahi. 인공~ pembuahan buatan. 체외~ pembuahan luar.

수정(修正)＜su/jeong＞ modifikasi; revisi; perbaikan. ~하다 merubah; memodifikasi; merevisi; mengoreksi. ~신고 laporan yang direvisi. ~안 rancangan yang direvisi. ~예산 anggaran yang direvisi. ~자본주의 kapitalisme yang dimodifikasi. ~주의 revisionisme.

수정(修整)＜su/jeong＞ ~하다 menyesuaikan; mencocokkan. 사진 원판을 ~하다 mengoreksi foto negatif.

수정관(輸精管)＜su/jeong/gwan＞ 『解』 saluran sperma; tali sperma/mani.

수제(手製)＜su/je＞ ~의 buatan tangan; buatan sendiri. ~품 barang buatan tangan; kerajinan tangan.

수제비＜su/je/bi＞ *sujebi* (sejenis mi pangsit).

수제자(首弟子)＜su/je/ja＞ murid terbaik.

수조(水槽)＜su/jo＞ tangki air; wadah penampungan air.
수조(水藻)＜su/jo＞ rumput laut.
수족(手足)＜su/jok＞ tangan dan kaki; anggota badan. (남의) ~처럼 일하다 melayani tanpa kenal lelah.
수족관(水族館)＜su/jok/gwan＞ akuarium. 해양~ oseanorium.
수주(受注)＜su/ju＞ ~하다 menerima order/pesanan. ~고 [액] jumlah pesanan yang diterima.
수준(水準)＜su/jun＞ tingkat permukaan; standar. 지적~ tingkat kecerdasan ~에 (도)달하다 [을 놓이다] mencapai [menaikan] level/standar. ~이상 [이하]이다 di atas [di bawah] tingkat rata-rata. ~기(器) alat pengukur tinggi muka air. 문화~ tingkat budaya. 문화 ~이 높다 memiliki tingkat budaya yang tinggi. 생활~ standar hidup. 최고~ tingkat tertinggi.
수줍다＜su/jub/ta＞ malu; segan.
수중(水中)＜su/jung＞ ~의 bawah air; dalam air. ~에 di bawah permukaan air. ~안경 kacamata renang; hidroskop. ~ 작업원 pekerja bawah laut. ~촬영 fotografi bawah air.
수중(手中)＜su/jung＞ ~에 들어가다 jatuh ke tangan (seseorang). ~에 넣다 menjadikan milik.
수증기(水蒸氣)＜su/jeung/gi＞ uap.
수지(- 紙)＜su/ji＞ ☞ 휴지.
수지(收支)＜su/ji＞ pendapatan dan pengeluaran; penerimaan dan pembelanjaan; laba. ~ 맞는 menguntungkan. ~가 맞다 mencapai impas; beruntung. ~가 안 맞다 pendapatan tidak dapat menutupi pengeluaran. ~를 맞추다 membuat impas; mengimpaskan. ~를 결산하다 mencapai keseimbangan.
수지(樹脂)＜su/ji＞ resin; rosin; getah damar. ~(질)의 berresin; bergetah. ~가공 plastisisasi; pengolahan resin. 합성 ~ plastik.
수지(獸脂)＜su/ji＞ lemak/gemuk hewan.

수직(手織)＜su/jik＞ ~의 tenunan tangan. ~기 alat tenun tangan.
수직(垂直)＜su/jik＞ ~의 tegak lurus; vertikal. ~선 [강하 (비행기 의)] garis [penurunan] tegak lurus. ~ 이 착륙기 pesawat yang dapat mendarat dan lepas landas dengan tegak lurus.
수질(水質)＜su/jil＞ mutu air; kualitas air. ~검사 analisa (pengujian) air. ~오염 pencemaran/polusi air.
수집(蒐集)＜su/jib＞ koleksi; pengumpulan. ~하다 mengoleksi; mengumpulkan. ~가 kolektor; pengumpul. ~벽 mania koleksi.
수차(水車)＜su/cha＞ kincir air; penggilingan tenaga air.
수차(收差)＜su/cha＞ 『理』 aberasi. 구면(球面) ~ aberasi sperik.
수채＜su/chae＞ saluran buang; selokan pembuangan.
수채움(數 -)＜su/chae/um＞ ~하다 menggenapi.
수채화(水彩畵)＜su/chae/hwa＞ lukisan cat air. ~가 pelukis cat air. ~물감 cat air.
수척(瘦瘠)＜su/cheok＞ ~한 kurus kering (muka).
수천(數千)＜su/cheon＞ ribuan; beribu-ribu.
수첩(手帖)＜su/cheob＞ buku catatan; buku saku; buku memo.
수초(水草)＜su/cho＞ tanaman air; rumput air.
수축(收縮)＜su/chuk＞ pengerutan; pemendekan; kontraksi. ~하다 mengkerut; mengerut; memendek. 통화의 ~ kontraksi mata uang. ~근(筋)『解』kontraktor. ~성(性) daya kontraksi; kontraktabilitas.
수축(修築)＜su/chuk＞ ~하다 memperbaiki; merehabilitasi; membangun kembali.
수출(輸出)＜su/chul＞ ekspor; pengiriman barang dan jasa ke luar negeri. ~ 가격 [면장, 장려금, 항] harga [izin, premi, pelabuhan] ekspor. ~공업 단지 kawasan industri

ekspor; kawasan berikat. ~세 pajak ekspor; cukai ekspor. ~ 시장 다변화 diversifikasi pasar ekspor. ~업 usaha (perdagangan) ekspor. ~초과 kelebihan ekspor (neraca perdagangan yang menguntungkan). ~품 barang-barang ekspor.

수출경쟁력(輸出競爭力)＜su/chul/gyeong/jaeng/ryeok＞ daya saing ekspor.

수출국(輸出國)＜su/chul/guk＞ negara pengekspor.

수출금융(輸出金融)＜su/chul/geum/yung＞ pembiayaan ekspor.

수출금지(輸出禁止)＜su/chul/geum/ji＞ embargo; hambatan/larangan ekspor. ~하다 mengenakan embargo.

수출상[업자](輸出商[業者])＜su/chul/sang [eob/ca]＞ pedagang ekspor; eksportir.

수출송장(輸出送狀)＜su/chul/song/cang＞ surat pemberitahuan ekspor.

수출신용보험(輸出信用保險)＜su/chul/sin/yong/bo/heom＞ pertanggungan kredit ekspor.

수출신용장(輸出信用狀)＜su/chul/sin/yong/cang＞ L/C eskpor.

수출실적(輸出實績)＜su/chul/sil/ceok＞ kinerja ekspor; jumlah ekspor sebenarnya.

수출액(輸出額)＜su/chul/aek＞ jumlah ekspor (dalam nilai uang). 총~ ekspor total.

수출입(輸出入)＜su/chul/ib＞ impor dan ekspor. ~의 차액 keseimbangan perdagangan. ~은행 bank ekspor impor. ~ 금제품 barang selundupan.

수취(受取)＜su/chwi＞ penerimaan. ~하다 menerima. ~인 penerima; resipien.

수치(羞恥)＜su/chi＞ malu; aib; noda; cela. ~스런 memalukan. ~를 당하다 dipermalukan; kena malu.

수치(數値)＜su/chi＞ nilai numerik; nilai angka. ~를 구하다 menilai; mengevaluasi.

수캉아지＜su/khang/a/ji＞ anak anjing jantan.

수캐＜su/khae＞ anjing jantan.

수컷＜su/kheot＞ pejantan. ~의 jantan.

수코양이＜su/kho/yang/i＞ kucing jantan.

수키와＜su/khi/wa＞ ganteng; cembung.

수탁(受託)＜su/thak＞ penerimaan titipan. ~하다 dititipi. ~금 uang titipan. ~물 barang titipan. ~인 penerima titipan.

수탈(收奪)＜su/thal＞ eksploitasi. ~하다 mengeskploitasi.

수탉＜su/thak＞ ayam jago.

수태(受胎)＜su/thae＞ kehamilan; kebuntingan. ~하다 hamil; bunting. ~고지(告知) anunsiasi. ~조절 kontrol kehamilan.

수통(水筒)＜su/thong＞ termos; botol minum tentara.

수태지＜su/thwae/ji＞ babi jantan.

수틀(繡 -)＜su/theul＞ bordir bersulam.

수펄＜su/feol＞ lebah jantan.

수평(水平)＜su/fyeong＞ ~의 mendatar; horizontal. ~으로 secara mendatar; secara horizontal. ~으로 하다 ketinggian; level; tingkat. ~면 bidang datar; permukaan datar. ~비행 terbang mendatar. ~선 garis ufuk.

수포(水泡)＜su/fo＞ buih; gelembung. ~로 돌아가다 gagal; berakhir seperti asap.

수포(水疱)＜su/fo＞ 『醫』 lepuh; pupuk.

수폭(水爆)＜su/fok＞ ☞ 수소폭탄. ~실험 uji termonuklir (bom-H).

수표(手票)＜su/fyo＞ cek. 5만 원짜리 ~ cek senilai 50.000 won. ~로 지불하다 membayar dengan cek. ~를 떼다 menarik cek. ~를 현찰로 바꾸다 menguangkan cek; menukarkan cek. ~장 buku cek. 부도~ cek yang ditolak. 분실 [위조, 변조]~ cek yang hilang [palsu, yang dirubah nilainya].

수풀 < su/ful > hutan; rimba.

수프 < su/feu > sup.　～접시 piring sup.

수피(樹皮) < su/fi > kulit pohon.

수피(獸皮) < su/fi > kulit hewan.

수피둘기 < su/fi/dul/gi > merpati jantan.

수필(隨筆) < su/fil > esei; karangan singkat; buah pena.　～가 penulis esei.　～집 kumpulan esei.

수하(手下) < su/ha > bawahan.

수하(受荷) < su/ha > penerimaan barang-barang.　～인 penerima barang.

수하(誰何) < su/ha >　① teguran (penjaga).　～하다 menegur.　② ～를 막론하고 setiap orang; siapa(pun).

수하다(壽 -) < su/hada > hidup lama; menikmati usia panjang.

수하물(手荷物) < su/ha/mul > barang-barang; bagasi.　～을 맡기다 memeriksa bagasi.　～일시 보관소 tempat simpan bagasi sementara.　～취급소 kantor bagasi.

수학(修學) < su/hak >　～하다 belajar; studi.　～여행 wisata sekolah.

수학(數學) < su/hak >　matematika; ilmu pasti.　～의 matematis.　～자 ahli matematika; pakar matematika.　고등～ matematika lanjut.

수학능력시험(修學能力試驗) < su/hak/neung/nyeok/si/heom > uji bakat.

수해(水害) < su/hae >　kerusakan akibat banjir; bencana banjir.　～를 입다 mengalami bencana banjir; menderita akibat banjir.　～대책 tindakan pengendalian banjir.　～지[가옥] kawasan [rumah] yang terkena banjir.

수행(修行) < su/haeng >　pelatihan; latihan; praktek; training.　～하다 mendapat pelatihan; melatih diri sendiri.

수행(遂行) < su/haeng >　～하다 melaksanakan; mewujudkan; melangsungkan; menjalankan.

수행(隨行) < su/haeng >　～하다 mengikuti; menemani; mengiringi.

~원 pengiring.

수험(受驗) < su/heom >　～하다 ikut ujian.　～준비를 하다 mempersiapkan diri untuk ujian.　～과목 mata pelajaran yang diuji; bahan ujian.　～료 biaya ujian.　～번호 nomor ujian.　～생 peserta ujian.　～자격 persyaratan ikut ujian.　～표 isian masuk untuk ujian.

수혈(輸血) < su/hyeol >　～하다 mentransfusi darah.　～을 받다 menerima transfusi darah.

수형(受刑) < su/hyeong >　～하다 menjalani hukuman.　～자 narapidana.

수호(守護) < su/ho >　～하다 melindungi; menjaga; membela; mengawasi.　～신 dewan pelindung.

수호(修好) < su/ho >　persahabatan.　～조약 perjanjian persahabatan.

수화(水化) < su/hwa >　『化』 hidrasi; kehilangan air.　～물 hidrat.

수화기(受話器) < su/hwa/gi > pesawat penerima; alat penerima telepon.　～를 놓다 [들다] meletakkan [mengangkat] alat penerima telepon.

수화법(手話法) < su/hwa/peob >　bahasa isyarat.　～으로 이야기하다 berkomunikasi dengan jari tangan/ bahasa isyarat.

수확(收穫) < su/hwak >　(일) pemanenan, (수확물)) panenan; hasil panen.　～하다 memanen; menuai.　～이 많다 [적다] mendapat panen yang baik [buruk].　～기(期) waktu pemanenan; masa panen.　(예상) ～량 (taksiran) hasil panen.

수회(收賄) < su/hoe > korupsi.　～하다 menerima suap/sogokan.　～공무원 pegawai yang korup.　～혐의로 dengan tuduhan menerima suap/ sogokan; dengan tuduhan korupsi.　～사건 kasus penyuapan; perkara korupsi.　～자 penerima suap.

수효(數爻) < su/hyo > nomor.

수훈(垂訓) < su/hun >　ajaran; perintah; petunjuk.　산상(山上)～ Khotbah di Atas Bukit.

수훈(殊勳)＜su/hun＞ jasa luar biasa. ~을 세우다 membuat jasa. ~타(打) 『野』 pukulan kemenangan. 최고 ~ 선수 pemain yang paling diandalkan.

숙고(熟考)＜suk/go＞ pertimbangan; pemikiran; peninjauan. ~하다 mempertimbangkan (dengan teliti). ~한 끝에 setelah dipertimbangkan.

숙군(肅軍)＜suk/gun＞ restorasi disiplin militer.

숙녀(淑女)＜suk/nyeo＞ nyonya. ~다운 seperti nyonya.

숙다＜suk/ta＞ ☞ 수그러지다.

숙달(熟達)＜suk/dal＞ ~하다 menjadi mahir; menguasai. ~되어 있다 mahir; ahli; terlatih.

숙당(肅黨)＜suk/dang＞ mengeluarkan unsur yang tidak setia dari suatu partai.

숙덕(淑德)＜suk/deok＞ kepribudian wanita.

숙덕거리다＜suk/teok/geo/ri/da＞ berbisik-bisik.

숙덕이다＜suk/teo/gi/da＞ ☞ 숙덕거리다.

숙독(熟讀)＜suk/dok＞ pembacaan dengan teliti. ~하다 membaca dengan teliti.

숙려(熟慮)＜sung/nyeo＞ ☞ 숙고(熟考).

숙련(熟練)＜sung/nyeon＞ kecakapan; ketrampilan; kepiawaian; kemahiran. ~된 cakap; mahir; ahli; pakar; terlatih; piawai. 미~의 tidak cakap; tidak berpengalaman; tidak mahir. ~공 pekerja trampil.

숙망(宿望)＜sung/mang＞ keinginan yang didamba-dambakan.

숙맥(菽麥)＜sung/maek＞ tolol; dungu; pandir.

숙면(熟眠)＜sung/myeon＞ tidur nyenyak. ~하다 tidur dengan nyenyak.

숙명(宿命)＜sung/myeong＞ takdir; nasib; suratan tangan. ~적인 sudah takdir. ~론 fatalisme (kepercayaan kepada takdir). ~론자 orang yang percaya kepada takdir.

숙모(叔母)＜sung/mo＞ bibi; etek; tante.

숙박(宿泊)＜suk/bak＞ penginapan; pemondokan. ~하다 menginap; mondok (di); tinggal (di). ~료 biaya hotel; biaya peginapan. ~부 buku (tamu) hotel. ~소 penginapan; hotel; pesanggrahan. ~인 tamu; penginap.

숙부(叔父)＜suk/bu＞ paman; mamak.

숙사(宿舍)＜suk/sa＞ asrama. ~를 마련하다 menyediakan asrama.

숙성(夙成)＜suk/seong＞ ~한 prematur; terlalu dini.

숙소(宿所)＜suk/so＞ tempat tinggal; alamat pondokan. ~를 잡다 mendapat tempat tinggal/pondokan.

숙수(熟手)＜suk/su＞ ahli masak.

숙시(熟視)＜suk/si＞ ~하다 menatap; memandang lekat-lekat.

숙식(宿食)＜suk/sik＞ ~하다 makan dan menginap. ~비 ongkos makan dan penginapan.

숙어(熟語)＜su/geo＞ ungkapan; idiom. ~집 buku frase; buku ungkapan.

숙연(肅然)＜su/gyeon＞ ~한 ketenangan; kekaleman. ~히 dengan tenang; dengan kalem; diam-diam.

숙영(宿營)＜su/gyeong＞ ~하다 diasramakan. ~지 tempat menginap.

숙원(宿怨)＜su/kwon＞ dendam kesumat; permusuhan yang mendalam.

숙원(宿願)＜su/kwon＞ keinginan yang didamba-dambakan.

숙의(熟議)＜su/keui＞ ~하다 mempertimbangkan; merundingkan. ~(한) 끝에 setelah dirundingkan.

숙이다＜su/gi/da＞ menundukkan (kepala).

숙적(宿敵)＜suk/ceok＞ musuh lama; musuh bebuyutan.

숙정(肅正)＜suk/jeong＞ regulasi; pemaksaan; pemurnian; pembersihan; pemberantasan; perbaikan. ~하다 meregulasi; membersihkan;

membereskan; memperbaiki. 공무
원 ~ 작업 tindakan pembersihan
pegawai negeri.

숙정작업(肅正作業) ＜suk/jeong/jak/
eob＞ tindakan pembersihan/pembe-
rantasan (korupsi).

숙제(宿題) ＜suk/ce＞ pekerjaan ru-
mah (PR); tugas rumah. 오랜~
pertanyaan yang sukar; masalah
yang tidak terpecahkan. ~를 내다
memberikan pekerjaan rumah. ~
를 봐 주다 membantu pekerjaan ru-
mah. ~로 남기다 membiarkan
untuk penyelesaian nantinya.

숙주(宿主) ＜suk/ju＞ 『生』 inang.
중간~ inang perantara.

숙주(나물) ＜suk/ju/(na/mul)＞ tauge.

숙지(熟知) ＜suk/ji＞ ~하다 menge-
tahui dengan baik; mengenali baik;
menginsafi; menyadari.

숙직(宿直) ＜suk/jik＞ tugas malam;
ronda. ~하다 berjaga malam;
berdinas malam; bertugas malam;
meronda. ~실 ruang dinas ma-
lam; pos ronda. ~원 orang yang
bertugas malam; peronda.

숙질(叔姪) ＜suk/jil＞ paman dan ke-
menakan/keponakan.

숙청(肅淸) ＜suk/cheong＞ perbaikan;
pemberesan; pembersihan; pembe-
rantasan. ~하다 membereskan;
memperbaiki; membersihkan; mem-
berantas.

숙취(宿醉) ＜suk/chwi＞ keterawang-
awangan; agak mabuk; agak pe-
ning.

숙폐(宿弊) ＜suk/fye＞ kejahatan la-
ma.

숙환(宿患) ＜su/khwan＞ penyakit
kronis; penyakit yang sudah parah.

순(旬) ＜sun＞ (10일) (jangka waktu)
sepuluh hari; (10년) dasa warsa
(jangka waktu 10 tahun).

순(筍) ＜sun＞ (싹) tunas; kecambah.

순(純) ＜sun＞ murni; asli; sejati;
bersih. ~거짓말 bohong sama se-
kali. ~수입 pendapatan bersih.
~ 한국식 gaya asli Korea.

...순(順) ＜sun＞ urutan; giliran; or-

der. 가나다 [번호] ~ urutan abjad
[angka]. 성적 [나이] ~ urutan ni-
lai [umur].

순간(旬刊) ＜sun/gan＞ ~의 diterbit-
kan sepuluh hari sekali.

순간(瞬間) ＜sun/gan＞ sesaat; sede-
tik; sekejab; seketika; sekelebat.
~적 sekejab mata; tak lama; seju-
rus lamanya. 그를 본~ saat (keti-
ka) aku memandangnya. ~최대
풍속 kecepatan angin sesaat mak-
simum.

순검(巡檢) ＜sun/geom＞ perjalanan
pemeriksaan/inspeksi.

순견(純絹) ＜sun/gyeon＞ sutra mur-
ni; sutra tulen.

순결(純潔) ＜sun/gyeol＞ kemurnian;
kesucian. ~한 murni; suci; ber-
sih. ~한 사람 cinta platonik (cin-
ta sejati). ~한 처녀 perawan suci.
~을 빼앗기다 kehilangan suci. ~
교육 pendidikan dalam moralitas
seksual.

순경(巡警) ＜sun/gyeong＞ polisi.

순경(順境) ＜sun/gyeong＞ kondisi/
keadaan yang menguntungkan. ~
에 처해 있다 berada dalam kondisi
yang menguntungkan.

순교(殉敎) ＜sun/gyo＞ kesyahidan;
mati syahid. ~하다 mati syahid;
mati sebagai syuhada. ~자 syu-
hada; orang yang mati syahid.

순국(殉國) ＜sun/guk＞ ~하다 mati/
gugur untuk negara; gugur demi
tanah air. ~선열 syuhada tanah
air; pahlawan. ~정신 semangat
kepahlawanan.

순금(純金) ＜sun/geum＞ emas mur-
ni.

순난(殉難) ＜sun/nan＞ ~하다 gugur
demi tanah air.

순대 ＜sun/dae＞ sosis usus babi.

순도(純度) ＜sun/do＞ tingkat kemur-
nian; karat.

순라(巡邏) ＜sul/la＞ patroli; ronda.
~돌다 meronda; berpatroli. ~꾼
orang yang berpatroli/meronda.

순량(純良) ＜sul/lang＞ ~한 mur-
ni; asli; sejati.

순량(順良)＜sul/lyang＞　~한 baik; jujur; taat.

순력(巡歷)＜sul/lyeok＞　~하다 bepergian; membuat perjalanan.

순례(巡禮)＜sul/lye＞ pergi naik haji. ~하다 berziarah; naik haji. ~자 peziarah; orang yang naik haji. ~지 tempat berziarah.

순록(馴鹿)＜sul/lok＞ 『動』 rusa kutub.

순리(純理)＜sul/li＞ logika; jalan pikiran. ~적(인) rasional; logis; masuk akal; mantiki. ~론 rasionalisme (paham rasionalis).

순리(順理)＜sul/li＞ ~적 masuk akal; rasional; wajar; benar. ~적으로 secara rasional; menurut akal sehat.

순면(純綿)＜sun/myeon＞ katun murni; katun tulen. ~의 murni dari kapas; murni katun.

순모(純毛)＜sun/mo＞ wool murni; wool sejati. ~의 murni dari wool; murni wool. ~제품 barang-barang dari wool murni.

순무＜sun/mu＞ 『植』 sejenis lobak.

순문학(純文學)＜sun/mu/nak＞ literatur sejati.

순박(淳朴.醇朴)＜sun/bak＞ ~한 bersahaja dan jujur.

순방(巡訪)＜sun/bang＞ perjalanan/kunjungan keliling. ~하다 beranjangsana; melakukan kunjungan keliling. 각국을 ~하다 beranjangsana ke pelbagai negara.

순배(巡杯)＜sun/bae＞ ~하다 mengedarkan cangkir.

순백(純白)＜sun/baek＞ ~의 putih murni (putih salju).

순번(順番)＜sun/beon＞ urutan; giliran. ~으로 secara berurutan; menurut urutan. ~을 기다리다 menunggu giliran.

순보(旬報)＜sun/bo＞ laporan 10 harian (majalah/surat kabar sepuluh harian).

순분(純分)＜sun/bun＞ kehalusan; kemurnian; karat.

순사(殉死)＜sun/sa＞ patigeni. ~하다 berpatigeni.

순산(順産)＜sun/san＞ kelahiran yang mudah. ~하다 melahirkan dengan mudah.

순색(純色)＜sun/saek＞ warna sejati; warna murni.

순서(順序)＜sun/seo＞ urutan; prosedur/langkah-langkah; deretan; susunan. ~ 바르게 dalam urutan yang baik; dalam urutan yang terakhir; sistematis. ~가 틀리다 dalam urutan yang keliru; kacau. ~를 세우다 mengurutkan; mengurut. ~를 바로잡다 memperbaiki urutan; membenarkan urutan. ~를 밟다 mengikuti prosedur/formalitas.

순수(純粹)＜sun/su＞ kemurnian; kesejatian; keaslian. ~한 murni; tulen; sejati; tidak bercampur. ~한 동기 motif sebenarnya. ~한 서울나기 orang Seoul tulen. ~ 과학 [시] ilmu murni [puisi sejati].

순순하다(順順-)＜sun/sun/hada＞ lembut; lemah lembut; taat; patuh.

순시(巡視)＜sun/si＞ ~하다 melakukan inspeksi/pemeriksaan; berpatroli. 공장 내부를 ~하다 menginspeksi pabrik. ~선 kapal patroli. ~인 orang yang berpatroli. 연두~ perjalanan inspeksi tahun baru.

순식간(瞬息間)＜sun/sik/gan＞ ~에 dalam sekejab; dengan seketika; dalam sekejab mata.

순양(巡洋)＜sun/yang＞ ~하다 berlayar; menjelajah. ~전함 kapal perang. ~함 kapal penjelajah; kapal pesiar.

순연(純然)＜sun/yeon＞ ~한 murni (dan sederhana); mutlak/absolut.

순연(順延)＜sun/yeon＞ ~하다 menangguhkan; menunda; mengundurkan. 우천시 ~ penundaan waktu hujan.

순열(順列)＜sun/yeol＞ 『數』 permutasi; penyusunan linier.

순위(順位)＜sun/wi＞ peringkat; tingkat; order. ~를 정하다 memutuskan peringkat. ~ 결정전

play-off.
순유(巡遊)＜sun/yu＞ ☞ 순력(巡歷).
순은(純銀)＜sun/eun＞ perak murni.
순음(脣音)＜sun/eum＞ 『音聲』 kalium.
순응(順應)＜sun/eung＞ ~하다 menyesuaikan diri; beradaptasi. 시대에 ~하다 mengikuti arus zaman. ~성(性) adaptasi; daya menyesuaikan diri.
순(이)익(純(利)益)＜sun/(i)/ik＞ keuntungan bersih. 연간 1만 달러의 ~을 올리다 keuntungan bersih 10.000 dollar per tahun. ~금 ＝ 순(이)익.
순일(旬日)＜sun/il＞ (jangka waktu) sepuluh hari.
순잎(筍 -)＜sun/if＞ daun yang menyulur.
순전(純全)＜sun/jeon＞ ~한 mutlak; sempurna; paripurna; lengkap; utuh. ~히 dengan sempurna; sama sekali; secara murni. ~한 개인 문제 masalah yang murni pribadi; masalah yang benar-benar pribadi.
순정(純正)＜sun/jeong＞ ~한 murni; sejati.
순정(純情)＜sun/jeong＞ hati yang murni (pikiran yang murni). ~의 berhati murni; naif. ~을 바치다 memberikan hati yang murni. ~소설 roman cinta monyet.
순조(順調)＜sun/jo＞ ~로운 menguntungkan; baik; memuaskan; mulus; normal. ~롭게 dengan menguntungkan; dengan baik; dengan mulus; dengan lancar.
순종(純種)＜sun/jong＞ ~의 berdarah murni; turunan sejati.
순종(順從)＜sun/jong＞ ~하다 menurut; patuh/tunduk; pasrah; nrimo.
순직(純直)＜sun/jik＞ ~한 murni dan jujur; sederhana dan lurus.
순직(殉職)＜sun/jik＞ ~하다 gugur dalam tugas. ~경찰관 polisi yang gugur dalam tugas. ~자 orang gugur dalam tugas.
순진(純眞)＜sun/jin＞ ~한 naif; murni; polos; tidak berdosa; lugu. ~한 어린아이 anak yang tidak berdosa. ~한 처녀 perawan yang murni.
순차(順次)＜sun/cha＞ urutan; giliran. ~적으로 dalam urutan yang teratur.
순찰(巡察)＜sun/chal＞ patroli; perondaan. ~하다 berpatroli; meronda. ~대 kelompok patroli; rombongan patroli. ~대원 anggota patroli; peronda. ~차 mobil patroli.
순치(馴致)＜sun/chi＞ ① ~하다 menjinakkan. ② ~하다 mengakibatkan; menimbulkan; melahirkan.
순탄(順坦)＜sun/than＞ ~한 rata; datar. ~한 길 jalan yang datar dan lebar.
순풍(順風)＜sun/fung＞ angin yang menguntungkan. ~에 돛을 달다 berlayar mengikuti angin.
순하다(順 -)＜sun/hada＞ ① (성질이) taat; patuh; penurut; lemah lembut. ② (맛이) lemah; ringan (rasa). ③ (일이) mudah; lancar (kerja).
순항(巡航)＜sun/hang＞ pelayaran; penjelajahan. ~하다 berlayar; berpesiar (dengan naik kapal); menjelajah. ~선 kapal penjelajah; kapal pesiar. ~속도 kecepatan penjelajahan.
순행(巡行)＜sun/haeng＞ ~하다 berkeliling; pergi berkeliling. ☞ 순회.
순행(巡幸)＜sun/haeng＞ perjalanan raja.
순혈(純血)＜sun/hyeol＞ darah murni; darah sejati; keturunan sejati/murni. ~의 berdarah murni; turunan sejati.
순화(醇化)＜sun/hwa＞ ~하다 memurnikan; membersihkan. 국어 ~운동 kampanye untuk memurnikan bahasa Korea.
순환(循環)＜sun/hwan＞ peredaran; perputaran; sirkulasi; daur; rotasi. ~하다 beredar; berputar; berotasi.

혈액 ~을 좋게 하다 memperbaiki peredaran darah. ~곡선 kurva perputaran. ~기(器) 『醫』 organ sirkulasi (sistim peredaran). ~선 jalur sabuk; rel melingkar. 경기~ siklus bisnis.

순회(巡廻)<sun/hoe> patroli; ronda; perjalanan inspeksi. ~하다 berkeliling; meronda; berpatroli. ~강연 tur kuliah. ~공연 pertunjukan keliling. ~구역 daerah patroli. ~대사 duta besar keliling. ~ 도서관 [진료소] pustaka [klinik] keliling. ~ 재판소 pengadilan keliling.

순후(淳厚.醇厚)<sun/hu> ~한 ramah; baik hati; berhati hangat/ramah.

숟가락<sut/ka/rak> sendok. ~으로 뜨다 menyendok. 한 ~의 설탕 sesendok penuh gula. 밥~ sendok makan. 찻~ sendok teh.

술<sul> ☞ 숟가락.

술<sul> minuman keras; anggur. 독한 [약한]~ anggur keras [lunak]. ~김에 karena pengaruh minuman. ~김에 하는 싸움 pertengkaran karena mabuk. ~버릇이 나쁘다 kebiasaan minum buruk. ~로 시름을 달래다 menghibur hati dengan minum. ~에 물을 타다 mencampurkan anggur dengan air. ~을 만들다 membuat minuman keras. ~을 마시다 minum minuman keras. ~을 끊다 berhenti minum. ~에 취하다 mabuk minuman keras. ~이 세다 [약하다] kuat [lemah] dalam minum. ~값 harga (biaya) minuman. ~고래 peminum berat. ~친구 teman minum.

술<sul> (책의 부피) ketebalan buku; kertas atau kain.

술<sul> (장식용의) jumbai; rumbai-rumbai.

술(戌)<sul> tanda zodiak anjing; sio anjing. ~년 tahun anjing.

술구더기<sul/gu/deo/gi> sebutir beras yang mengambang diatas minuman keras.

술꾼<sul/kun> peminum berat; pecandu minuman keras; pemabuk.

술래<sul/lae> orang yang main petak umpet.

술래잡기<sul/lae/jab/ki> pat-pat gulipat; petak umpet.

술렁거리다<sul/leong/geo/ri/da> bising; gaduh; mengganggu.

술망나니<sul/mang/na/ni> pemabuk; peminum berat.

술법(術法)<sul/peob> ilmu hitam; sihir; tenung; teluh.

술병(- 瓶)<sul/pyeong> botol minuman.

술부대(- 負袋)<sul/bu/dae> ☞ 술고래.

술상(- 床)<sul/sang> meja minum. ~을 차리다 menyiapkan meja untuk minum.

술수(術數)<sul/su> ① ☞ 술법. ② ☞ 술책.

술술<sul/sul> dengan lancar; tanpa tersendat-sendat; dengan mulus. 어려운 문제를 ~ 풀다 memecahkan pertanyaan yang sukar dengan mudah.

술어(述語)<su/reo> 『文』 predikat.

술어(術語)<su/reo> ☞ 학술어. 의학상의 ~ istilah medis.

술자리<sul/ca/ri> pesta minum.

술잔(- 盞)<sul/can> cangkir (gelas) anggur. 이 별의~ cangkir perpisahan. ~을 권하다 [받다] menawarkan minum/cangkir [menerima cangkir]. ~을 비우다 meminum habis isi cangkir.

술집<sul/jib> bar; rumah minum. ~ 여자[여급] pelayan bar. ~주인 pemilik rumah minum.

술책(術策)<sul/chaek> taktik; strategi; trik; tipu daya. ~을 부리다 menggunakan taktik. ~에 걸리다 jatuh ke dalam perangkap; terperangkap.

술청<sul/cheong> tempat minuman keras.

술추렴하다<sul/chu/ryeom/hada> berbagi biaya minuman.

술타령(- 打令)<sul/tha/ryeong> ~

하다 tidak meminta apapun kecuali minuman.

술통(- 桶)<sul/thong> tong anggur.

술회(述懷)<sul/hoe> ~하다 berbicara masa lalu/isi hati.

숨<sum> napas; bernapas. ~을 헐떡이며 terengah-engah; kehabisan napas. ~을 거두다 menghembuskan napas terakhir; meninggal. ~을 죽이다 menahan napas. ~(을) 돌리다 mengambil napas; menghirup udara.

숨<sum> (야채 따위의) daya kesegaran.

숨결<sum/kyeol> napas; pernafasan. ~이 가쁘다 terengah-engah. 봄의 ~을 느끼다 merasakan napas musim bunga.

숨구멍<sum/gu/meong> batang tenggorok; trakhea.

숨기다<sum/gi/da> menyembunyikan; melindungi; merahasiakan; menutupi fakta; menyamarkan. 나이를~ merahasiakan umur. 본색을~ mengenakan topeng; menyembunyikan sifat asli.

숨김없다<sum/gim/eob/ta> terus terang; berhati terbuka.

숨다<sum/ta> ① (피신) menyembunyikan diri; menghilang; berlindung (dalam). ② (은둔) mengasingkan diri (dari dunia).

숨막히다<sum/ma/khi/da> tercekik.

숨바꼭질<sum/ba/kok/cil> petak umpet.

숨소리<sum/so/ri> napas; debas. ~를 죽이고 menahan napas.

숨숨<sum/sum> ~ 얽은 bopeng.

숨쉬다<sum/swi/da> bernapas; mengambil napas.

숨지다<sum/ji/da> menghembuskan napas yang penghabisan; meninggal dunia.

숨차다<sum/cha/da> terengah-engah; kehabisan nafas.

숨통<sum/thong> batang tenggorok; trakhea.

숫구멍<sut/ku/meong> 『解』 ubun-

ubun.

숫기(- 氣)<sut/ki> ~없는 malu; tersipu-sipu; malu-malu. ~좋은 lancang; tidak malu-malu.

숫돌<sut/tol> batu gerinda; batu canai. 가죽~ asahan kulit.

숫되다<sut/doe/da> polos; lugu; naif; berpikiran sederhana.

숫색시<sut/saek/si> ☞ 숫처녀.

숫자(數字)<sut/ca> angka; bilangan; nomer. 세자리 ~ tiga angka. 천문학적 ~ angka astronomis. ~적으로 secara numerik. ~상의 착오 galat numerik. ~로 나타내다 menyatakan dalam angka. 로마 [아라비아] ~ angka romawi [arab].

숫제<sut/ce> lebih baik; alih-alih; sama sekali.

숫지다<sut/ji/da> sederhana dan jujur; naif; polos; lugu.

숫처녀(- 處女)<sut/cheo/nyeo> perawan yang lugu.

숫총각(- 總角)<sut/chong/gak> bujang.

숭고(崇高)<sung/go> ~한 mulia; terhormat; luhur. ~한 이상 ide yang mulia.

숭늉<sung/nyung> minuman air kerak.

숭덩숭덩<sung/deong/sung/deong> ~ 자르다 memotong-motong agak tebal.

숭배(崇拜)<sung/bae> pemujaan. ~하다 memuja. ~자 pemuja. 영웅 [조상]~ pemujaan pahlawan [nenek moyang].

숭상(崇尙)<sung/sang> ~하다 menghormati; menghargai.

숭숭<sung/sung> ① ☞ 숭덩숭덩. ② (바느질) dengan tisikan kasar (jahitan).

숭어<sung/eo> 『魚』 sejenis ikan.

숭엄(崇嚴)<sung/eom> ~한 luhur; mulia; akbar.

숯<sut> arang. ~을 굽다 membakar (membuat) arang. ~불을 피우다 menyalakan api arang. ~가마 tungku arang. ~불 [검정] api arang; nyala arang.

숯내＜sut/nae＞ ～말다 menghirup gas karbon.

숯등걸＜sut/deung/geol＞ terak arang.

숯머리＜sut/meo/ri＞ sakit kepala yang disebabkan oleh gas karbon.

숯장수＜sut/cang/su＞ ① penjual arang. ② (얼굴이 검은) orang bermuka arang.

숱＜suth＞ ketebalan; kepadatan. ～이 많은 머리 rambut yang tebal. (머리) ～이 적다 berambut tipis.

숱하다＜suth/hada＞ banyak.

숲＜suf＞ ☞ 수풀. 소나무～ hutan cemara; hutan pinus. ～길 jalan hutan cemara.

쉬, 쉬이＜swo, swo/i＞ (새.닭 쫓는 소리) Shh!; Hus!

쉬＜swi＞ (피리 알) telur lalat.

쉬＜swi＞ (미구에) segera; tidak lama; dengan cepat; dengan mudah.

쉬＜swi＞ (조용히) Hus!; Sttt!

쉬다＜swi/da＞ (상하다) basi; busuk; masam.

쉬다＜swi/da＞ (목이) menjadi parau/serak; memarau; menyerak.

쉬다＜swi/da＞ ① (결석.결근) libur; absen. 병으로 하루～ libur sehari karena sakit. ② istirahat. 잠시～ beristirahat sejenak. 누워서 ～ mengaso. 조용히 ～ beristirahat dengan tenang. ③ (중지) menunda; menangguhkan. ④ (취침) tidur; masuk keperaduan. 일찍～ tidur lebih awal; tidur siang-siang.

쉬다＜swi/ta＞ (숨을) bernapas; menghirup napas.

쉬쉬하다＜swi/swi/hada＞ merahasiakan (sesuatu); menutupi (fakta); menyembunyikan.

쉬슬다＜swi/seul/da＞ bertelur (lalat).

쉬엄쉬엄＜swi/eom/swi/eom＞ bekerja santai.

쉬파리＜swi/fa/ri＞ lalat hijau.

쉬하다＜swi/hada＞ kencing; mengeluarkan air seni.

쉰＜swin＞ lima puluh.

쉼표＜swim/fyo＞ 『樂』 istirahat;

jeda. 온 [2분, 4분] ～ tanda istirahat penuh [setengah, seperempat].

쉽다＜swib/ta＞ ① mudah; sederhana; ringan. 깨지기 ～ mudah pecah. ② cenderung (untuk). 잘못을 저지르기 ～ cenderung khilaf; cenderung membuat kesalahan. 감기 들기 ～ mudah terserang demam.

쉽사리＜swib/sa/ri＞ dengan mudah; tanpa kesulitan.

슈미즈＜syu/mi/jeu＞ rok/baju dalam perempuan.

슈즈＜syu/jeu＞ sepatu.

슈크림＜syu/kheu/rim＞ kue sus.

슈트케이스＜syu/theu/khe/i/seu＞ koper; kopor.

슈퍼마켓＜syu/feo/ma/khet＞ supermarket; toko serba ada.

슛하다＜syut/hada＞ menembak (bola).

스낵바＜seu/naek/ba＞ kedai kopi.

스냅사진(-寫眞)＜seu/naeb/sa/jin＞ snap (shot). ～을 찍다 mengambil potret.

스님＜seu/nim＞ ① (사숭(師僧)) guru pendeta Budha. ② (중) pendeta Budha; biksu.

스라소니＜seu/ra/so/ni＞ 『動』 lynx (sejenis binatang buas).

…스럽다＜seu/reob/ta＞ seperti; tampak; memberikan kesan… 바보 ～ ketololan; seperti orang tolol. 촌～ kampungan.

스르르＜seu/reu/reu＞ dengan mulus; dengan mudah; dengan lembut.

스리랑카＜seu/ri/rang/kha＞ Srilangka.

스마트＜seu/ma/theu＞ ～한 bergaya; tampan; gagah; baik.

스매시하다＜seu/mae/si/hada＞ 『테니스』 memukul; menyemes.

스매싱＜seu/mae/sing＞ 『테니스』 smes; pukulan.

스멀거리다＜seu/meol/geo/ri/da＞ gatal; gatal-gatal.

스모그＜seu/mo/geu＞ asbut; kabut; asap.

스모킹＜seu/mo/khing＞ merokok.

~룸 ruang merokok.
스무<seu/mu> dua puluh; ke-20.
스무드<seu/mu/deu> ~한 mulus; licin. ~하게 dengan; mulus.
스물<seu/mul> dua puluh; skor.
스미다<seu/mi/da> menembus; menyerap; meresap.
스스럼<seu/seu/reom> ~없이 dengan tanpa takut dan malu-malu.
스스로<seu/seu/ro> sendiri. ~의 pribadi; sendiri.
스승<seu/seung> guru. ~의 은혜 utang budi kepada guru. ~으로 받들다 menghormati sebagai guru.
스웨덴<seu/we/den> Swedia. ~사람 orang Swedia.
스웨터<seu/we/theo> baju rajutan.
스위스<seu/wi/seu> negara Swiss. ~제(製)의 buatan Swiss. ~사람 orang Swiss.
스위치<seu/wi/chi> alat pemindah aliran; saklar. ~를 넣다 [끄다] menyalakan [mematikan] saklar.
스윙<seu/wing> ① 『樂』 (musik) lenggang. ② ayunan. ~하다 berayun.
스쳐보다<seu/chyeo/bo/da> melirik (kepada); melihat dari sudut mata; mengerling.
스치다<seu/chi/da> menyerempet.
스카프<seu/kha/feu> syal; selendang.
스카우트<seu/kha/u/theu> pembajakan (manajer, pemain dsb). ~하다 membajak (pemain).
스카이다이빙<seu/kha/i/da/i/bing> terjun payung. ~(을)하다 (melakukan) terjun payung.
스카치<seu/kha/chi> ~위스키 wiski scoth. ~테이프. pita isolasi; isolasi ban.
스칸디나비아<seu/khan/di/na/bi/a> Skandinavia. ~사람 orang Skandinavia.
스캔들<seu/khaen/deul> skandal; perkara keji.
스커트<seu/kheo/theu> rok. ~를 입다 [벗다] mengenakan [membuka] rok. 롱 [플레어] ~ rok pan-

jang [kembang]. 타이트 ~ rok ketat.
스컹크<seu/kheong/kheu> 『動』 tengkorak.
스케이트<seu/khe/i/theu> (olah raga) skate. ~타다 bermain skate. . ~타러 가다 pergi bermain skate. ~장 lapangan skate.
스케일<seu/khe/il> skala. ~이 큰 [작은] berskala besar [kecil].
스케줄<seu/khe/jul> jadwal; skedul; rencana; rancangan; program. ~대로 sebagaimana yang dijadwalkan; menurut jadwal. 꽉 짜인 ~ jadwal yang padat (ketat).
스케치<seu/khe/chi> sketsa; bagan; sket. ~하다 menyeket; membuat sket. ~북 buku sketsa.
스코어<seu/kho/eo> skor; angka; nilai. 2대 1의 ~로 dengan skor 2 lawan 1. ~보드 papan skor.
스코틀랜드<seu/kho/theul/laen/deu> Skotlandia. ~사람 orang Skotlandia.
스콜<seu/khol> hujan badai yang mendadak.
스콜라철학(-哲學)<seu/khol/la/cheol/hak> skolatikisme (faham kepengajaran).
스쿠터<seu/khu/theo> sepeda motor; otoped; skuter.
스쿨<seu/khul> sekolah. ~버스 bis sekolah.
스쿼시<seu/khwo/si> squash.
스크랩북(seu/kheu/raeb/buk> buku tempel; buku kliping.
스크린<seu/kheu/rin> layar. ~테스트 uji layar.
스키<seu/khi> ski. ~타다 main ski. ~타러 가다 pergi bermain ski. ~복 pakaian ski. ~장 kawasan bermain ski. ~화(靴) sepatu ski; setiwel ski.
스키어<seu/khi/eo> pemain ski.
스킨다이빙<seu/khin/da/i/bing> terjun ski.
스타<seu/tha> bintang film; bintang layar perak. ~가 되다 menjadi bintang. 일류~ bintang kelas

satu.

스타디움＜seu/tha/di/um＞ stadium; tahap.

스타일＜seu/tha/il＞ gaya; perawakan ~이 좋다 [나쁘다] memiliki perawakan badan yang baik [jelek]. 최신 (유행의) ~ gaya terbaru. ~북 buku mode.

스타카토＜seu/tha/kha/tho＞ 『樂』 staccato.

스타킹＜seu/tha/king＞ kaus kaki panjang; stoking.

스타트＜seu/tha/theu＞ awal; permulaan. ~하다 memulai. ~가 좋다 [나쁘다] memulai dengan baik [buruk]; membuat awal/start yang baik [buruk]. ~라인 garis awal; garis start.

스태미나＜seu/thae/mi/na＞ stamina; ketahanan tubuh. ~를 기르다 membina stamina.

스탠드＜seu/thaen/deu＞ ① (관람석) bangku stadion. ② (전등) lampu meja.

스탬프＜seu/thaem/feu＞ stempel; cap; cap pos. ~를 찍다 membubuhi stempel; mencap.

스테레오＜seu/the/re/o＞ ~의 stereo. ~로 듣다 mendengarkan dengan stereo ~ 레코드 rekaman stereo (cakram stereo). ~전축 stereofon.

스테이지＜seu/the/i/ji＞ panggung.

스테이크＜seu/the/i/kheu＞ bistik.

스테인리스스틸＜seu/the/in/li/seu/seu/thil＞ baja tahan karat.

스텐슬＜seu/then/seul＞ stensil.

스텝＜seu/theb＞ langkah. ~을 밟다 melangkah; menari.

스토리＜seu/tho/ri＞ cerita; kisah.

스토브＜seu/tho/beu＞ tungku pemanas; perapian.

스토아＜seu/tho/a＞ ~주의 Stoikisme. ~학파 aliran Stois.

스톡＜seu/thok＞ stok; persediaan.

스톱＜seu/thob＞ berhenti. ~워치 jam henti (stopwatch).

스튜디오＜seu/thyu/di/o＞ studio; sanggar.

스튜어디스＜seu/thyu/eo/di/seu＞ pramugari.

스트라이크＜seu/theu/ra/i/kheu＞ pemogokan kerja. ~중이다 (sedang) mogok kerja. ~를 중지하다 menghentikan pemogokan.

스트레스＜seu/theu/re/seu＞ stress; tekanan. ~가 쌓이다 stress meningkat. ~를 해소하다 menghilangkan stress; meredakan stress.

스트레이트＜seu/theu/re/i/theu＞ 『券』pukulan lurus.

스트렙토마이신＜seu/theu/reb/tho/ma/i/sin＞ 『藥』streptomisin.

스트로＜seu/theu/ro＞ penyeruput.

스트립쇼＜seu/theu/rib/syo＞ pertunjukan tarian telanjang; striptis.

스틸＜seu/thil＞ baja.

스팀＜seu/thim＞ uap; pemanasan uap; kukus. ~을 넣은 dipanasi uap.

스파게티＜seu/fa/ge/thi＞ spagheti.

스파르타＜seu/fa/reu/tha＞ Sparta. ~사람 orang Sparta. ~식의 spartan.

스파링＜seu/fa/ring＞ 『券』latih tanding. ~파트너 lawan latih tanding.

스파이＜seu/fa/i＞ ☞간첩. ~노릇을 하다 memata-matai; bertindak sebagai agen rahasia. 산업~ mata-mata perusahaan. ~망 jaringan mata-mata; jaringan spionase.

스파이크＜seu/fa/i/kheu＞ sepatu berduri.

스파크＜seu/fa/kheu＞ percikan; cetusan; bunga api. ~하다 mencetuskan bunga api.

스패너＜seu/fae/neo＞ kunci inggris; kunci pas.

스페어＜seu/fe/eo＞ serap; serep. ~타이어 ban serap; ban serep.

스페인＜seu/fe/in＞ Spanyol. ~사람 orang Spanyol.

스펙터클＜seu/fek/theo/kheul＞ tontonan yang spektakuler. ~영화 film yang spektakuler.

스펙트럼＜seu/fek/theu/reom＞ spek-

trum. ~분석 analisa spektrum.
스펠(링)＜seu/fel(ling)＞(peng)ejaan.
스포츠＜seu/fo/cheu＞ olah raga; sport. ~를 좋아하는 gemar berolah raga. ~계(界) dunia olah raga. ~난 kolom olah raga. ~맨 olahragawan. ~신문 kolom olah raga. ~정신 semangat olahragawan. ~카 mobil sport.
스포트＜seu/fo/theu＞ spot. ~뉴스 [방송] warta [siaran] spot. ~라이트 lampu sorot.
스폰서＜seu/fon/seo＞ sponsor. ~가 되다 mensponsori; menjadi sponsor.
스폰지＜seu/fon/ci＞ sepon; bunga karang. ~고무 karet spon.
스푼＜seu/fun＞ sendok.
스프링＜seu/feu/ring＞ pegas; per. ~보드 papan loncat.
스프링코트＜seu/feu/ring/kho/theu＞ jas luar yang panjang.
스프링클러＜seu/feu/ring/kheul/leo＞ alat penyemprot.
스피드＜seu/fi/deu＞ kecepatan (☞ 속도, 속력). ~광 maniak kecepatan. ~시대 abad kecepatan.
스피츠＜seu/fi/cheu＞ anjing spit.
스피커＜seu/fi/kheo＞ pengeras suara.
스핑크스＜seu/fing/kheu/seu＞ Sphinx (patung singa berkepala manusia). ·
슬개골(膝蓋骨)＜seul/gae/gol＞ tempurung lutut.
슬그머니＜seul/geu/meo/ni＞ diam-diam; sembunyi-sembunyi. ~나가다 [들어가다] keluar [masuk] kamar diam-diam.
슬금슬금＜seul/geum/seul/geum＞ diam-diam; sembunyi-sembunyi.
슬기＜seul/gi＞ kebijaksanaan; kecendekiaan. ~로운 bijak; bijaksana; cendekia; berakal; cerdik.
슬다＜seul/da＞ bertelur; memijah.
슬라브＜seul/la/beu＞ Slavia. ~말 bahasa Slavia. ~민족 bangsa Slavia. ~사람 orang Slavia.
슬라이드＜seul/la/i/deu＞ slide len-

tera; gambar sorot. 칼라~ slide warna.
슬라이딩＜seul/la/i/ding＞ 『野』 sliding (dalam olah raga).
슬랙스＜seul/laek/seu＞ celana panjang (untuk wanita).
슬랭＜seul/laeng＞ logat/ucapan populer; slang.
슬럼＜seul/leom＞ kumuh. ~가 daerah kumuh.
슬럼프＜seul/leom/feu＞ ~에 빠지다 [에서 벗어나다] jatuh ke dalam [ke luar dari] kemerosotan.
슬레이트＜seul/le/i/theu＞ (atap) batu tulis. ~로 지붕을 이다 membuat atap dengan batu tulis.
슬로＜seul/lo＞ lambat. ~모션 gambar gerak lambat. ~볼 bola lambat.
슬로건＜seul/lo/geon＞ slogan; motto; semboyan. …라는 ~을 내걸고 dengan semboyan … .
슬리퍼＜seul/li/feo＞ sandal; terompah; sandal jepit.
슬며시,슬멋슬멋＜seul/myeo/si, seul/myeot/seul/myeot＞ dengan rahasia; diam-diam; dengan sembunyi-sembunyi.
슬슬＜seul/seul＞ ① (가볍게) dengan lunak; dengan ringan; dengan lembut. ② dengan membujuk-bujuk. ~ 달래다 membujuk-bujuk.
슬쩍＜seul/ceok＞ ① (몰래) dengan rahasia; diam-diam. ② (쉽게) dengan ringan; dengan mudah.
슬프다＜seul/feu/da＞ menyedihkan; mendukakan; patetik.
슬픔＜seul/feum＞ kedukaan; kesedihan. ~에 잠기다 tenggelam dalam kedukaan.
슬피＜seul/fi＞ dengan menyedihkan.
슬하(膝下)＜seul/ha＞ lindungan orang tua. 부모 ~에서 자라다 tumbuh dibawah lindungan orang tua. 부모 ~를 떠나다 lepas dari tanggungan orang tua.
습격(襲擊)＜seub/gyeok＞ serangan;

serbuan. ~하다 meyerang; menyerbu; memerangi.

습관(習慣) <seub/gwan> kebiasaan; adat kebiasaan. 평소의 ~ kebiasaan yang lazim. ~을 들 [붙]이다 membentuk kebiasaan (yang baik). ~성 의약품 obat-obatan yang membentuk kebiasaan.

습기(濕氣) <seub/gi> kelembaban; kebasahan udara.

습도(濕度) <seub/do> kelembaban (udara). ~계 higrometer; alat pengukur kelembaban udara.

습득(拾得) <seub/deuk> ~하다 memungut; mendapatkan. ~물 barang pungutan.

습득(習得) <seub/deuk> ~하다 belajar.

습성(習性) <seub/seong> kebiasaan; cara-cara seseorang.

습성(濕性) <seub/seong> basah; lembab. ~ 늑막염 radang selaput dada basah.

습속(習俗) <seub/sok> adat; kebiasaan; adat istiadat.

습자(習字) <seub/ca> kaligrafi. ~책 buku kaligrafi.

습작(習作) <seub/jak> latihan menulis/mengarang.

습작(襲爵) <seub/jak> ~하다 mewarisi gelar (kebangsawanan).

습전지(濕電池) <seub/jeon/ji> baterai galvanik.

습지(濕地) <seub/ji> rawa-rawa; paya; pandau; tanah berbencah.

습진(濕疹) <seub/jin> 『醫』 eksim basah.

습하다(濕 -) <seub/hada> lembab; basah.

승(升) <seung> ☞ 되.

승(乘) <seung> perkalian; penggandaan. ☞ 승하다.

승(勝) <seung> kemenangan. 3~1 패 menang 3 lawan 1.

..승(乘) <seung> tempat duduk. 5인~ 비행기 pesawat dengan 5 tempat duduk. 9인~ 자동차 mobil sembilan penumpang.

승강(昇降) <seung/gang> ~하다 naik dan turun. ~구 pintu elevator. ~기 elevator.

승강이 <seung/gang/i> pertengkaran kecil. ~하다 bertengkar.

승객(乘客) <seung/gaek> penumpang.

승격(昇格) <seung/gyeok> ~하다 dipromosikan; naik status.

승경(勝景) <seung/gyeong> pemandangan yang indah.

승계(承繼) <seung/gye> pewarisan. ☞ 계승.

승급(昇級) <seung/geub> promosi; kenaikan pangkat. ~하다 dipromosikan; naik pangkat.

승급(昇給) <seung/geub> kenaikan gaji. ~ 시키다 menaikkan gaji.

승기(勝機) <seung/gi> peluang kemenangan.

승낙(承諾) <seung/nak> persetujuan; izin; perkenaan. ~하다 setuju (dengan); menyetujui.

승냥이 <seung/nyang/i> 『動』 anjing liar.

승단(昇段) <seung/dan> kenaikan dan (taekwondo, baduk dll). ~하다 naik dan.

승려(僧侶) <seung/nyeo> ☞ 중.

승률(勝率) <seung/nyul> persentase kemenangan; peluang berhasil.

승리(勝利) <seung/ni> kemenangan. ~하다 menang; meraih kemenangan. 최후의 ~를 얻다 meraih kemenangan akhir. ~자 pemenang; sang pemenang. ~투수 pelempar bola yang menentukan kemenangan.

승마(乘馬) <seung/ma> tunggang kuda. ~하다 menunggang kuda. ~바지 celana joki. ~복 pakaian joki. ~술 seni menunggang kuda. ~화(靴) sepatu bot untuk menunggang kuda.

승무(僧舞) <seung/mu> tarian Budha.

승무원(乘務員) <seung/mu/won> awak kereta api; awak bis; kondektur.

승방(僧房) <seung/bang> biara rahib.

승법(乘法) ＜seung/peob＞ 『數』 perkalian; penggandaan.

승벽(勝癖) ＜seung/byeok＞ semangat bersaing; semangat kompetitif.

승복(承服) ＜seung/bok＞ ~하다 tunduk; menyerah.

승복(僧服) ＜seung/bok＞ jubah pegawai [jubah pendeta].

승부(勝負) ＜seung/bu＞ kemenangan atau kekalahan; pertandingan; permainan. 단판~ permainan satu ronde. ~를 짓다 bertempur sampai akhir. ~에 이기다 [지다] menang [kalah] dalam pertandingan. ~는 끝났다 permainan telah usai.

승산(勝算) ＜seung/san＞ prospek kemenangan; peluang berhasil. ~없는 tidak ada harapan menang. ~이 있다 [없다] ada [tidak ada] peluang untuk menang.

승상(丞相) ＜seung/sang＞ ☞ 정승(政丞).

승선(乘船) ＜seung/seon＞ embarkasi. ~하다 naik kapal.

승소(勝訴) ＜seung/so＞ ~하다 memenangkan perkara.

승수(乘數) ＜seung/su＞ 『數』 bilangan pengganda.

승승장구(乘勝長驅) ＜seung/seung/jang/gu＞ ~하다 kemenangan terus menerus.

승압기(昇壓器) ＜seung/ab/gi＞ transformeter penaik (tegangan).

승용차(乘用車) ＜seung/yong/cha＞ mobil; mobil penumpang. 4인승~ mobil empat penumpang. 고급~ mobil mewah.

승원(僧院) ＜seung/won＞ biara Budha.

승인(承認) ＜seung/in＞ pengakuan; persetujuan. ~하다 mengakui; menyetujui. ~을 얻다 mendapat persetujuan. ~서 pengakuan tertulis.

승자(勝者) ＜seung/ja＞ pemenang.

승적(僧籍) ＜seung/jeok＞ silsilah pendeta.

승전(承前) ＜seung/jeon＞ lanjutan.

승전(勝戰) ＜seung/jeon＞ ~하다

memenangkan perang (pertempuran). ~고(鼓) gendang kemenangan.

승제(乘除) ＜seung/je＞ 『數』 perkalian dan pembagian.

승직(僧職) ＜seung/jik＞ kependetaan; jabatan pendeta.

승진(昇進) ＜seung/jin＞ kenaikan pangkat/peringkat. ~하다 naik pangkat/jabatan.

승차(乘車) ＜seung/cha＞ ~하다 menumpangi; naik mobil. ~구 jalan masuk mobil. ~권 tiket; karcis. ~권 매표소 loket.

승천(昇天) ＜seung/cheon＞ kenaikan. ~하다 naik ke surga. ~축일 Hari Kenaikan Isa Almasih.

승패(勝敗) ＜seung/fae＞ kemenangan atau kekalahan. ~를 다투다 berebut kemenangan.

승하(昇遐) ＜seung/ha＞ kemangkatan. ~하다 mangkat; wafat; tutup usia; berpulang.

승하다(乘 -) ＜seung/hada＞ ☞ 곱하다.

승합(乘合) ＜seung/hab＞ ☞ 합승.

승홍(昇汞) ＜seung/hong＞ 『化』 sublimat korosif. ~수 larutan sublimat korosif (yang menyebabkan berkarat).

승화(昇華) ＜seung/hwa＞ 『化』 sublimasi; penguapan (untuk memperhalus). ~하다 menguapkan (untuk memperhalus); mensublimasikan.

시(市) ＜si＞ kota. ~당국 pemerintah kota praja; penguasa kota.

시(時) ＜si＞ jam; waktu; pukul. 8~ pukul 8. 3~ 15분 pukul 3.15. 2~ 20분이다 dua puluh menit lewat dari pukul dua (pukul 2 lewat 20 menit). 5~ 5분 전이다 lima menit kurang dari pukul lima (pukul 5 kurang 5 menit).

시(詩) ＜si＞ puisi; sajak; syair.

시가(市街) ＜si/ga＞ jalanan kota. ~전(戰) pertempuran jalanan. ~지 daerah kota.

시가(市價) ＜si/ka＞ harga pasar (harga sekarang). ~변동 fluktuasi/

turun naiknya harga.

시가(時價)＜si/ka＞ harga sekarang (harga pasar). ～로쳐서 (taksiran) dalam harga sekarang.

시가(媤家)＜si/ga＞ ☞ 시집(媤-).

시가(詩歌)＜si/ga＞ puisi; puisi dan lagu. ～선집 antologi.

시가＜si/ga＞ cerutu; lisong.

시각(時刻)＜si/gak＞ waktu; jam.

시각(視角)＜si/gak＞ sudut pandang.

시각(視覺)＜si/gak＞ (indra) penglihatan; pandangan; visi. ～교육 pendidikan visual. ～기관 organ penglihatan; organ visual

시간(時間)＜si/gan＞ waktu; jam. 영어～ jam pelajaran bahasa Inggris. 제～에 pada waktunya; tepat pada waktunya. ～에 늦다 telat; terlambat. ～을 벌다 mengulur waktu. ～을 시키다 menepati waktu. ～제로 하다 bekerja per jam. ～이 (많이)걸리다 membutuhkan (banyak) waktu; makan waktu. ～강사 pengajar/dosen paruh waktu. ～급 upah yang dihitung berdasarkan jam kerja; upah jam-an. ～엄수 ketepatan waktu; keakuratan waktu. ～외근무 [수당] kerja [upah] lembur. ～외근무를 하다 bekerja lembur. ～표 daftar waktu. 소요～ waktu yang dibutuhkan. 수업 [영업, 집무]～ jam sekolah [buka, kerja]. 식사～ waktu makan; jam makan.

시거렛＜si/geo/ret＞ rokok.

시경찰국(市警察局)＜si/gyeong/chal/guk＞ Biro Kepolisian Kota. ～장 Kepala Polisi Kota.

시계(時計)＜si/gye＞ jam; arloji. ～를 맞추다 menyetel jam; mencocokkan jam. ～를 보다 melihat jam. ～탑 menara jam. 자동～ jam otomatis. 탁상～ jam meja.

시계(視界)＜si/gye＞ medan [jangkauan] penglihatan. ☞ 시야.

시골＜si/gol＞ kampung; pedesaan; pinggir kota; pedusunan. ～서 자라난 besar di kampung. ～구석 desa terpencil. ～길 jalan desa. ～내기 orang desa. ～뜨기 orang udik; orang canggung/kikuk. ～말 [사투리] dialek daerah. ～사람 orang desa; orang kampung. ～생활 kehidupan desa. ～풍경 pemandangan desa.

시공(施工)＜si/gong＞ ～하다 membangun; membuat konstruksi. ～자『建』pemborong.

시구(市區)＜si/gu＞ daerah kota praja.

시구(詩句)＜sit/gu＞ baris sajak; ayat; stanza.

시구(始球)＜si/gu＞ ～하다 melempar bola pertama. …의 ～로 dengan bola pertama dilempar oleh … .

시국(時局)＜si/guk＞ situasi; keadaan. ～의 추의 perkembangan situasi. ～을 수습하다 membereskan situasi. ～에 대처하다 menghadapi situasi. 중대～ situasi gawat.

시굴(試掘)＜si/gul＞ ～하다 memprospek (pertambangan); membor (untuk menyelidiki kandungan minyak). ～권 hak prospeksi. ～자 prospektor (pertambangan). ～정(井) sumur uji.

시궁창＜si/gung/chang＞ parit; got; selokan; saluran.

시그널＜si/geu/neol＞ rambu-rambu.

시극(詩劇)＜si/geuk＞ drama puitis.

시근거리다＜si/geun/geo/ri/da＞ (숨을) mengah-mengah; engah-engah; mengih-mengih; kembang kempis napasnya. (뼈마디가) ngilu tulang.

시글시글＜si/geul/si/geul＞ dalam kerumunan; dalam keramaian.

시금(試金)＜si/geum＞ uji emas. ～석 batu uji.

시금떨떨하다＜si/geum/teol/teol/hada＞ keasam-asaman dan kecut.

시금치＜si/geum/chi＞ bayam.

시금털털하다＜si/geum/theol/theol/hada＞ ☞ 시금떨떨하다.

시급(時急)＜si/geub＞ ～한 mendesak; amat perlu; darurat.

시기(時期)＜si/gi＞ musim; masa; periode; ketika. 이 중대한 ～에

pada periode yang genting ini.
시기(時機)＜si/gi＞ peluang; kesempatan; ketika. ～에 적합한 pas waktunya. ～를 기다리다 menunggu peluang yang baik. ～를 포착하다 meraih peluang. ～ 상조이다 terlalu dini.
시기(猜忌)＜si/gi＞ iri hati; cemburu; jelus. ～하다 iri; cemburu; beriri hati. ～심 ＝ 시기.
시꺼멓다＜si/keo/meot/tha＞ hitam pekat; hitam legam.
시끄럽다＜si/keu/reob/ta＞ ① (소란함) ribut; riuh; ramai; gaduh; hingar-bingar. ② (여론이) banyak dibahas. ③ (귀찮다) parah; keras; sukar; mengganggu.
시나리오＜si/na/ri/o＞ skenario. ～작가 penulis skenario.
시나브로＜si/na/beu/ro＞ lambat laun.
시난고난＜si/nan/go/nan＞ ～하다 memburuk secara berangsur-angsur.
시내＜si/nae＞ anak sungai; terusan; selokan.
시내(市內)＜si/nae＞ (dalam) kota. ～ 거주자 penduduk kota. ～배달 pengiriman dalam kota. ～버스 bis kota. ～판 edisi kota.
시네라마＜si/ne/ra/ma＞ sinerama.
시네마＜si/ne/ma＞ bioskop. ～스코프 Sinema Skop.
시녀(侍女)＜si/nyeo＞ pewara; dayang-dayang.
시누이(媤 -)＜si/nu/i＞ saudari suami; ipar perempuan.
시늉＜si/nyung＞ mimikri; penyamaran; penyaruan; peniruan. ～하다 menyaru; menyamar; berpura-pura; berlagak; berpura-pura; meniru. 죽은 ～을 하다 berpura-pura mati.
시다＜si/da＞ ① (맛이) masam; kecut; sepat; asam. ② (뼈마디가) ngilu tulang.
시단(詩壇)＜si/dan＞ dunia puisi.
시달(示達)＜si/dal＞ ～하다 menginstruksikan; memberikan pengarahan.

시달리다＜si/dal/li/da＞ diganggu (oleh); diusik (oleh); menderita. 가난에 ～ menderita kemiskinan. 빚장이에게 ～ diganggu oleh pemberi utang.
시대(時代)＜si/dae＞ periode; masa; abad; era; jaman. ～의 총아 anak emas dari jaman. ～에 뒤떨어진 ketinggalan jaman. ～에 역행하다 berenang melawan arus. ～감각 rasa waktu. ～상(相) [정신] fase [semangat] jaman. ～착오 anakronisme. ～ 착오의 anakronistik. 원자력 ～ abad atom.
시도(試圖)＜si/do＞ usaha; percobaan; upaya. ～하다 berusaha; mencoba; berupaya.
시동(始動)＜si/dong＞ pengawalan; starting. ～하다 menghidupkan (mesin kendaraan); menyetater. ～을 걸다 menghidupkan mesin. ～장치 perangkat penyala.
시동생(媤 -)＜si/dong/saeng＞ adik laki-laki suami; ipar laki-laki.
시들다＜si/deul/da＞ ① (초목이) layu; kering; mengering; meluyut; melelai; melayu. ② melemah; menurun; memudar. 인기가 ～ memudar kemasyhuran.
시들하다＜si/deul/hada＞ tidak memuaskan; setengah hati; tidak tertarik; remeh.
시디시다＜si/di/si/da＞ sangat asam.
시뜻하다＜si/teut/hada＞ ① ☞ 시들하다. ② (싫증나다) jemu; bosan.
시래기＜si/rae/gi＞ daun lobak ～국 sup daun lobak.
시량(柴糧)＜si/ryang＞ bahan bakar dan makanan; bekal.
시럽＜si/reob＞ sirup.
시렁＜si/reong＞ rak; rak-rak (dinding).
시력(視力)＜si/ryeok＞ daya lihat; penglihatan. ～이 좋다 [약하다] memiliki penglihatan yang baik [buruk]. ～을 잃다 [회복하다] kehilangan [mendapatkan kembali] penglihatan. ～감퇴 amblyopia. ～검사 uji penglihatan; pemeriksaan

mata. ~(검사)표 peta uji mata.

시련(試鍊)＜si/ryeon＞ ujian; cobaan. 가혹한 ~ cobaan berat; cobaan yang pahit. ~을 겪은 teruji. ~에 견디다 menahan cobaan.

시론(時論)＜si/ron＞ komentar tentang kejadian/peristiwa terbaru; opini umum (tentang peristiwa hari tersebut).

시론(詩論)＜si/ron＞ esei tentang puisi; kritik puisi.

시료(施療)＜si/ryo＞ pengobatan gratis. ~하다 mengobati cuma-cuma.

시루＜si/ru＞ periuk/tanah; belanga. ~떡 kue beras yang ditanak.

시류(時流)＜si/ryu＞ arus zaman; mode (terbaru). ~에 따르다 mengikuti mode; mengikuti arus zaman. ~에 순응 [역행]하다 mengikuti [menentang] arus.

시르죽다＜si/reu/juk/da＞ lemah/kurang semangat.

시름＜si/reum＞ kecemasan; kekhawatiran. 한~ 놓다 pulih dari kecemasan; lega.

시름없이＜si/reum/eob/si＞ dengan bengong; ternganga-nganga.

시리다＜si/ri/da＞ merasa kedinginan.

시리아＜si/ri/a＞ Siria. ~사람 orang Siria.

시리즈＜si/ri/jeu＞ seri; rangkai. ~로 출판하다 menerbitkan dalam bentuk serial. ~물 cerita bersambung. 월드~ Seri Dunia.

시립(市立)＜si/rib＞ ~의 (didirikan oleh) kota. ~ 도서관 perpustakaan kota. ~병원 rumah sakit kota.

시말서(始末書)＜si/mal/seo＞ permintaan maaf tertulis.

시멘트＜si/men/theu＞ semen. ~를 바르다 menyemen. ~공장 [기와, 벽돌] pabrik [genteng, bata] semen.

시모(媤母)＜si/mo＞ ☞ 시어머니.

시무(時務)＜si/mu＞ masalah mendesak.

시무(視務)＜si/mu＞ ~하다 bekerja.

시무룩하다＜si/mu/ruk/hada＞ muram; rongseng; merengut.

시무식(始務式)＜si/mu/sik＞ upacara pembukaan kerja.

시문(試問)＜si/mun＞ pertanyaan; ujian; wawancara. ~하다 menanyai; mewawancarai; menginterview.

시민(市民)＜si/min＞ warga negara; warga. ~권 kewarganegaraan. ~대회 rapat massal warga.

시발(始發)＜si/bal＞ ~역 stasiun pemberangkatan.

시범(示範)＜si/beom＞ model/contoh untuk yang lainnya; teladan. ~하다 memberikan contoh; menjadi teladan(bagi). ~경기 pertandingan ekshibisi. ~농장(農場) [학교] usaha tani [sekolah] teladan.

시베리아＜si/be/ri/a＞ Siberia. ~의 berkenaan dengan Siberia.

시보(時報)＜si/bo＞ ① (시간의 알림) tanda waktu; pengumuman waktu. ② (보도) berita hangat; buletin; tinjauan.

시보(試補)＜si/bo＞ probasioner (orang yang berpraktek dalam masa percobaan). 사법관 ~ orang yang praktek hukum (masa percobaan).

시부(媤父)＜si/bu＞ ☞ 시아버지.

시부렁거리다＜si/bu/reong/geo/ri/da＞ ocehan; gerutuan.

시부모(媤父母)＜si/bu/mo＞ orang tua suami; mertua.

시비(市費)＜si/bi＞ pembelanjaan kota; pengeluaran kota.

시비(是非)＜si/bi＞ baik dan [atau] buruk; benar dan [atau] salah. ~하다 bertengkar mulut.

시비(施肥)＜si/bi＞ pemupukan; perabukan; fertilisasi. ~하다 memupuki; memberi pupuk; merabuk.

시비(詩碑)＜si/bi＞ monumen bersurat.

시뻘겋다＜si/peol/geot/tha＞ merah tua.

시쁘다＜si/peu/da＞ ☞ 시들하다.

시사(示唆)＜si/sa＞ isyarat. ~하다 memberi isyarat. ~적 sugestif.

시사(時事)＜si/sa＞ kejadian-kejadian terbaru; peristiwa terakhir. ～문제 [영어] topik [bahasa Inggris] terbaru. ～해설 ulasan tentang topik terbaru. ～ 해설가 komentator berita.

시사(試射)＜si/sa＞ uji penembakan. ～하다 menguji (senapan); menguji tembakan.

시사(試寫)＜si/sa＞ pertunjukan perdana. ～하다 mempertunjukkan pertama kali; melakukan pertunjukan perdana. ～회 komite pertunjukan perdana.

시산(試算)＜si/san＞ uji coba (trial). ～표 neraca uji coba.

시삼촌(媤三寸)＜si/sam/chon＞ paman dari suami; paman luar.

시상(施賞)＜si/sang＞ ～하다 memenangkan hadiah. ～식 upacara pemberian hadiah.

시상(詩想)＜si/sang＞ khayalan puitis.

시새(우)다＜si/sae/(u)/da＞ sangat cemburu; sangat iri.

시선(視線)＜si/seon＞ mata; tatapan; pandangan. ～을 돌리다 mengalihkan pandangan. ～을 피하다 menghindari tatapan mata; membuang muka.

시선(詩選)＜si/seon＞ antologi; kumpulan puisi terpilih.

시설(施設)＜si/seol＞ sarana; perlengkapan; fasilitas. ～하다 memberikan fasilitas. ～투자 investasi dalam peralatan. 공공～ fasilitas umum. 군사～ fasilitas militer. 산업 [항만] ～ fasilitas [pelabuhan] industri.

시성(詩聖)＜si/seong＞ pujangga besar.

시세(詩世)＜si/se＞ waktu; hari; masa; jaman.

시세(時勢)＜si/se＞ ① (그때의 형세) kecenderungan waktu. ② harga sekarang; harga pasar. ～의 변동 fluktuasi dalam pasar. ～가 오르다 [내리리다] naik [turun] harga. 개장 [폐장]～ penentuan harga buka [tutup]. 달러～ nilai tukar dolar. 쌀～ harga beras. 증권～ harga bursa. 최고 [최저]～ harga maksimum [minimum].

시소＜si/so＞ papan ungkit. ～를 타고놀다 bermain papan ungkit. ～게임 permainan papan ungkit.

시속(時俗)＜si/sok＞ kebiasaan/adat istiadat jaman itu.

시속(時速)＜si/sok＞ kecepatan per jam. ～ 24마일 24 mil per jam.

시스템＜si/seu/them＞ sistem. ～공학 rekayasa sistem.

시승(試乘)＜si/seung＞ uji coba kendaraan. ～하다 mengujicobakan kendaraan.

시시(時時)＜si/si＞ ～로 kadang-kadang.

시시각각(時時刻刻)＜si/si/gak/gak＞ ～으로 setiap jam.

시시덕거리다＜si/si/deok/geo/ri/da＞ ngobrol sambil ketawa.

시시비비(是是非非)＜si/si/bi/bi＞ ～하다 menyatakan yang putih adalah putih, yang hitam adalah hitam. ～주의 kebijakan yang bebas dan tidak memihak.

시시콜콜＜si/si/khol/khol＞ dengan selidik. ～ 캐묻다 menanyakan secara rinci.

시시하다＜si/si/hada＞ membosankan; menjemukan; tidak menarik; sepele; remeh; tidak berharga.

시식(試食)＜si/sik＞ ～하다 mencicipi. ～회 panel pencicip makanan.

시신경(視神經)＜si/sin/gyeong＞ saraf mata.

시아버지(媤 -)＜si/a/beo/ji＞ mertua laki-laki (ayah suami).

시아주버니(媤 -)＜si/a/ju/beo/ni＞ abang ipar (kakak suami).

시안(試案)＜si/an＞ rencana coba-coba.

시야(視野)＜si/ya＞ medan penglihatan; jangkauan penglihatan. ～에 들어오다 masuk jangkauan penglihatan. ～를 벗어나다 keluar dari jangkauan penglihatan. ～를 넓히

다 memperluas jangkauan pengli-hatan.

시약(施藥)＜si/yak＞ ～하다 membe-ri obat dengan gratis.

시약(試藥)＜si/yak＞ 『化』 reagen; bahan reaksi.

시어(詩語)＜si/eo＞ kata puitis.

시어머니(媤 -)＜si/eo/meo/ni＞ ibu mertua.

시업(始業)＜si/eob＞ ～하다 memu-lai kerja. ～식 upacara pembuka-an kerja.

시여(施與)＜si/yeo＞ ～하다 me-nyumbang; memberi derma; berse-dekah.

시역(市域)＜si/yeok＞ daerah kota.

시역(弒逆)＜si/yeok＞ kejahatan membunuh raja. ～하다 membu-nuh.

시연(試演)＜si/yeon＞ pertunjukan perdana.

시영(市營)＜si/yeong＞ tata laksana oleh kota. ～의 (dibawah tata lak-sana) kota. ～으로 하다 menem-patkan dibawah pengelolaan peme-rintahan kota. ～버스 bus yang di-kelola oleh pemerintah kota. ～주택 rumah yang dikelola oleh peme-rintah kota.

시오니즘＜si/o/ni/jeum＞ zionisme.

시온＜si/on＞ Israel.

시외(市外)＜si/oe＞ pinggiran kota; luar kota. ～의 di luar kota. ～거주자 orang yang tinggal di luar kota. ～전화 interlokal.

시용(試用)＜si/yong＞ ～하다 men-coba; mengujicobakan.

시우(時雨)＜si/u＞ hujan musiman.

시우쇠＜si/u/soe＞ besi gubal.

시운(時運)＜si/un＞ peruntungan waktu.

시운전(試運轉)＜si/un/jeon＞ uji co-ba kendaraan/mesin.

시원섭섭하다＜si/won/seob/seob/ha-da＞ merasakan campuran emosi kegembiraan dan kesedihan.

시원스럽다＜si/won/seu/reob/ta＞ terus terang; berhati terbuka.

시원시원하다＜si/won/si/won/hada＞

☞ 시원수럽다.

시원찮다＜si/won/chan/tha＞ ① (기분이) tidak senang/enak. ② (언행 따위가) tidak terang. ③ (형세) ti-dak menguntungkan.

시원하다＜si/won/hada＞ ① (온도가) merasa nyaman (segar). ② (상쾌) merasa lega. ③ ☞ 시원스럽다.

시월(十月)＜si/wol＞ Oktober.

시위＜si/wi＞ (활의) tali panah.

시위＜si/wi＞ (홍수) banjir. ～나다 sungai banjir.

시위(示威)＜si/wi＞ (운동) demons-trasi; unjuk rasa. ～하다 berde-monstrasi; melakukan unjuk rasa. ～적 demonstratif. ～자 demons-tran; pengunjuk rasa.

시위(侍衛)＜si/wi＞ ～하다 penga-wal; pengiring. ～대 kelompok pengawal raja.

시유(市有)＜si/yu＞ ～의 (dimiliki) kota. ～로 [화]하다 mengkotakan; menjadikan milik kota. ～재산 ke-kayaan kota. ～지 tanah kota.

시음(試飮)＜si/eum＞ ～하다 men-cicipi minuman. ～회 panel penci-cip minuman.

시읍면(市邑面)＜si/eub/myeon＞ kota kecamatan dan kelurahan.

시의(時宜)＜si/eui＞ ～에 맞는 te-pat pada waktunya. ～에 맞다 te-pat waktu.

시의(猜疑)＜si/eui＞ kecurigaan; ke-cemburuan. ～하다 mencurigai.

시의회(市議會)＜si/eui/hoe＞ dewan kota madya. ～의 사당 balai kota. ～의 원선거 pemilihan dewan kota-madya.

시인(是認)＜si/in＞ perkenaan; per-setujuan. ～하다 menyetujui.

시인(詩人)＜si/in＞ penyair.

시일(時日)＜si/il＞ waktu; tanggal; hari. ～문제 masalah waktu. ～과 장소[를 정하다] [menetapkan] wak-tu dan tempat. ～의 경과에 따라 sejalan dengan waktu. ～이 걸리다 memerlukan banyak waktu; makan waktu.

시작(始作)＜si/jak＞ permulaan;

awal. ~하다 memulai. 사업을 ~
하다 memulai bisnis/usaha. 하기
~하다 mulai melaksanakan.
시작(試作)＜si/jak＞ produksi perco-
baan. ~하다 memproduksi untuk
percobaan.
시작(詩作)＜si/jak＞ penggubahan/
pengarangan syair. ~하다 menulis
puisi; mengarang puisi.
시장＜si/jang＞ ~하다 lapar. ~
기 rasa lapar. ~기를 느끼다 me-
rasa lapar.
시장(市長)＜si/jang＞ wali kota. 서
울 ~ wali kota Seoul. 보고르 ~
walikota Bogor. ~직 jabatan wali
kota.
시장(市場)＜si/jang＞ pasar; pekan.
~에 나오다[나와 있다] masuk pa-
sar [sudah dipasarkan]. ~을 개척
하다 mencari pasar (untuk). ~분
석[점유율] analisa [pangsa] pasar.
~성 marketabilitas; daya pasar.
~성이 없는 tidak dapat dipasarkan.
~조사[조작] survei [operasi] pasar.
공설 ~ pasar umum. 국내[해외]
~ pasar dalam negeri [luar nege-
ri]. 자본[증권] ~ pasar modal
[bursa]. 현물 ~ pasar jual beli di
tempat.
시재(詩在)＜si/jae＞ ~돈[액] uang
tunai di tangan.
시재(詩才)＜si/jae＞ jenius di bidang
puisi.
시적(詩的)＜sit/ceok＞ puitis. ~감
정 perasaan puitis.
시절(時節)＜si/jeol＞ musim; masa.
~에 맞지 않는 tidak sesuai musim.
그 ~에(는) pada waktu itu; pada
masa itu. 젊은 ~에 sewaktu masih
muda. 학생 ~에 semasa sekolah.
시점(時點)＜sit/ceom＞ ketika. 이
~에서 pada ketika ini; pada akhir-
akhir ini.
시정(市政)＜si/jeong＞ pemerintahan
tingkat kota madya.
시정(是正)＜si/jeong＞ koreksi. ~
하다 mengoreksi.
시정(施政)＜si/jeong＞ pemerintah-
an. ~방침 kebijakan pemerintah-

an. ~연설 pidato tentang politik
pemerintahan.
시정(詩情)＜si/jeong＞ perasaan pui-
tis.
시정아치(市井-)＜si/jeong/a/chi＞ pe-
dagang pasar.
시제(市制)＜si/je＞ sistem kota mad-
ya.
시제(時制)＜si/je＞ 『文』masa.
시조(始祖)＜si/jo＞ pendiri; pemula;
nenek moyang. 인류의 ~ nenek
moyang manusia.
시조(時調)＜si/jo＞ syair pujian Ko-
rea.
시종(始終)＜si/jong＞ dari permula-
an sampai akhir.
시종(侍從)＜si/jong＞ pengurus ru-
mah tangga raja.
시주(施主)＜si/ju＞ persembahan.
~하다 memberikan persembahan/
derma; mempersembahkan.
시준(視準)＜si/jun＞ membuat pa-
ralel cahaya. ~기 alat untuk
membuat paralel cahaya.
시중＜si/jung＞ pelayanan; perawat-
an; pemeliharaan. ~하다 melaya-
ni; merawat; memelihara; memban-
tu; menolong. ~꾼 pelayan; pe-
rawat.
시중(市中)＜si/jung＞ di dalam kota.
~금리 tingkat bunga pasar ter-
buka. ~은행 bank kota.
시즌＜si/jeun＞ musim. ~이 아닌
tidak musim. 야구~ musim bis-
bol.
시진(視診)＜si/jin＞ inspeksi dengan
melihat langsung.
시집(媤-)＜si/jib＞ keluarga dari
suami. ~가다 menikah. ~(을)보
내다 menikahkan.
시집(詩集)＜si/jib＞ kumpulan sajak.
시차(時差)＜si/cha＞ perbedaan wak-
tu.
시차(視差)＜si/cha＞ 『天』 objek
yang berubah jika dilihat dari dua
tempat berbeda.
시찰(視察)＜si/chal＞ inspeksi; peni-
likan. ~하다 melakukan inspeksi.
~단 rombongan inspeksi. ~여행

perjalanan inspeksi.

시채(市債)＜si/chae＞ pinjaman kotamadya.

시책(施策)＜si/chaek＞ tindakan. ~을 강구하다 bertindak tegas.

시청(市廳)＜si/cheong＞ kantor kota madya.

시청(視聽)＜si/cheong＞ melihat dan mendengar. ~각 indra penglihatan dan pendengaran. ~각 교육[교재] [alat bantu] pendidikan pandang dengar. ~율 tingkat pemirsaan. ~자 pemirsa TV.

시청(試聽)＜si/cheong＞ ruangan percobaan bagi penyanyi/pemusik.

시체(屍體)＜si/che＞ mayat; jenazah. ~로 발견되다 ditemukan sudah jadi mayat. ~부검(剖檢) otopsi.

시체(時體)＜si/che＞ gaya puisi.

시초(始初)＜si/cho＞ permulaan; pokok; asal mula; awal.

시추(試錐)＜si/chu＞ pengeboran. ~선 anjungan pengeboran minyak. 해저(海底) 석유 ~ pengeboran minyak lepas pantai.

시취(屍臭)＜si/chwi＞ bau mayat.

시취(詩趣)＜si/chwi＞ kegemaran puisi. ~가 있는 puitis.

시치미떼다＜si/chi/mi/te/da＞ pura-pura tidak tahu.

시침(時針)＜si/chim＞ jarum pendek (jam).

시커멓다＜si/kheo/meot/tha＞ hitam pekat.

시큼시큼하다＜si/kheum/si/kheum/hada＞ keasam-asaman.

시키다＜si/khi/da＞ memesan. 잡채를 ~ memesan capcai.

시트＜si/theu＞ ① (침대의) sprei; alas. ② (우표의) lembar.

시판(市販)＜si/fan＞ pemasaran. ~하다 memasarkan. ~되고 있다 sedang dijual. ~품 barang-barang yang dipasarkan. 공동~ pemasaran bersama.

시퍼렇다＜si/feo/reot/tha＞ biru tua.

시편(詩篇)＜si/fyeon＞ 『聖』 kitab Zabur.

시평(時評)＜si/fyeong＞ komentar tentang kejadian/peristiwa terbaru. ~난(欄) kolom editor. 문예~ kolom sastra.

시폐(時弊)＜si/fye＞ kejahatan masa kini.

시하(侍下)＜si/ha＞ (부사적) tinggal bersama orang tua serta kakek-nenek (perempuan setelah menikah).

시하(時下)＜si/ha＞ sekarang; kini; pada masa ini.

시하다(視 -)＜si/hada＞ menganggap; memandang. 위험 ~ menganggap berbahaya.

시학(詩學)＜si/hak＞ seni puisi.

시한(時限)＜si/han＞ batas waktu. ~부 파업 pemogokan dengan batas waktu. ~폭탄 bom waktu. 법적 ~ batas waktu resmi/syah.

시할머니(媤 -)＜si/hal/meo/ni＞ nenek dari suami.

시할아버지(媤-)＜si/hal/a/beo/ji＞ kakek dari suami.

시합(試合)＜si/hab＞ ☞ 경기(競技).

시해(弑害)＜si/hae＞ ☞ 시역(弑逆).

시행(施行)＜si/haeng＞ pemberlakuan. ~하다 memberlakukan. ~되고 있다 berlaku. ~령 Peraturan Pelaksanaan. ~세칙 peraturan pelaksanaan secara rinci.

시행착오(試行錯誤)＜si/haeng/chak/o＞ coba-coba.

시험(試驗)＜si/heom＞ ujian; tes; pengujian. ~하다 memeriksa; menguji; mengetest. ~삼아 sementara; percobaan. ~에 합격[실패]하다 lulus [gagal] ujian. ~을 치다 mengikuti ujian. ~과목[장] mata pelajaran [ruang] uji. ~관(管) tabung percobaan; tabung kimia. ~관 아기 bayi tabung. ~답안지 kertas ujian. ~대(臺) meja ujian. ~발사 [비행] peluncuran [penerbangan] uji coba. ~지옥 neraka ujian.

시현(示現)＜si/hyeon＞ ~하다 menyatakan.

시호(時好)＜si/ho＞ mode.

시호(諡號)＜si/ho＞　　nama/pangkat anumerta.

시화(視話)＜si/hwa＞　　pembacaan (bahasa) bibir. ~법 metode pembicaraan bibir.

시화(詩畵)＜si/hwa＞ puisi dan gambar. ~전 pertunjukan ilustrasi puisi.

시황(市況)＜si/hwang＞ keadaan pasar. ~보고 laporan pasar. 주식 ~ pasar bursa.

시효(時效)＜si/hyo＞ 『法』 masa berlaku. ~에 걸리다 terkena masa berlaku. ~기간 jangka waktu berlaku. ~정지[중단] penangguhan [pemutusan] ketentuan.

시흥(詩興)＜si/heung＞　　inspirasi membuat puisi.

식(式)＜sik＞　① (식전) upacara. ~ 장례 upacara penguburan. ~ 결혼 upacara perkawinan. ② bentuk; tipe; model. 한국 ~의 model gaya Korea. ③ 『數.化』 rumus. ~으로 나타내다 merumuskan; menunjukkan dengan rumus.

식간(食間)＜sik/gan＞　~에 diantara jam makan.

식객(食客)＜sik/gaek＞ orang yang menumpang. ~노릇을 하다 menumpang hidup.

식견(識見)＜sik/gyeon＞　　pandangan pengetahuan.

식곤증(食困症)＜sik/gon/ceung＞ ngantuk setelah makan.

식구(食口)＜sik/gu＞ keluarga; anggota keluarga. 많은[적은] ~ keluarga besar [kecil].

식권(食券)＜sik/gwon＞ karcis makan.

식기(食器)＜sik/ki＞　　perlengkapan makan.

식다＜sik/ta＞ ① (냉각) jadi dingin. ② (감퇴) berkurang. 열의가 ~ berkurang minat.

식단(食單)＜sik/dan＞ daftar makanan; tarif makanan; menu.

식당(食堂)＜sik/dang＞ rumah makan; restoran; kafetaria. ~차 kereta makan.

식도(食刀)＜sik/do＞ ☞ 식칼.

식도(食道)＜sik/do＞ 『解』 kerongkongan; lekum. ~암 『醫』 kanker esopagus. ~염 『醫』 radang esopagus.

식도락(食道樂)＜sik/do/rak＞ kegemaran makan enak. ~가 penggemar makanan.

식량(食糧)＜sing/nyang＞ pangan. ~부족[통제] kekurangan [pengendalian] pangan. ~사정[문제] situasi [masalah] pangan.

식료(食料)＜sing/nyo＞ makanan. ~품 bahan makanan. ~품상(商) penjual bahan makanan. ~품점 toko penjual bahan makanan.

식림(植林)＜sing/nim＞ penanaman hutan; penghutanan. ~하다 menghutankan.

식모(食母)＜sing/mo＞ pembantu (di dapur) (☞ 가정부). ~살이(하다) kehidupan (hidup sebagai) pembantu.

식목(植木)＜sing/mok＞ penanam pohon. ~하다 menanam pohon. ~일 Hari Penghijauan.

식물(植物)＜sing/mul＞ tanaman. ~(성)의 nabati. ~계 dunia tumbuhan. ~성 단백질 albumin nabati. ~원 kebun raya. ~지(誌) majalah flora. ~채집 pengkoleksian tumbuhan. ~학 ilmu tumbuh-tumbuhan. ~학자 ahli tumbuh-tumbuhan.

식민(植民)＜sing/min＞ pendudukan; penjajahan. ~하다 menduduki; menjajah. ~지 daerah jajahan. ~지 정책 politik penjajahan. ~지화(化)하다 kolonialisasi. 구(舊) ~지 bekas jajahan. 해외 ~지 jajahan di seberang lautan. (반)~지주의 paham (anti) penjajahan.

식별(識別)＜sik/byeol＞ diskriminasi; perbedaan. ~하다 membedakan; menilik; memperbedakan. ~할수 있는[없는] [tidak] dapat dibedakan.

식비(食費)＜sik/bi＞ ongkos makan; biaya makan.

식빵(食 -)＜sik/pang＞ roti. ~한

개 [조각] [sepotong] roti.
식사(式辭)＜sik/sa＞ pidato pembuka.
식사(食事)＜sik/sa＞ makanan. ~하다 bersantap; makan. 가벼운 ~ makanan ringan. ~ 중이다 sedang makan. ~대접을 하다 menjamu makan. ~준비를 하다 menyiapkan makanan. ~시간 waktu makan. ~예법 tata krama waktu makan.
식산(殖産)＜sik/san＞ kenaikan produksi.
식상(食傷)＜sik/sang＞ ~하다 bosan; jemu; muak.
식생활(食生活)＜sik/saeng/hwal＞ kehidupan (yang berkaitan dengan) makanan. ~을 개선하다 memperbaiki menu makanan.
식성(食性)＜sik/seong＞ makanan yang disenangi dan yang tidak disenangi. ~에 맞다 sesuai dengan selera. ~이 까다롭다 sangat pemilih dalam makanan.
식수(食水)＜sik/su＞ air minum.
식수(植樹)＜sik/su＞ ☞ 식목.
식순(式順)＜sik/sun＞ susunan acara.
식식거리다＜sik/sik/geo/ri/da＞ mengap-mengap; terengah-engah.
식언(食言)＜sik/eon＞ ~하다 tidak menepati janji; mengingkari pembicaraan; menelan kembali kata-kata.
식염(食鹽)＜sik/yeom＞ garam dapur. ~수(水) larutan garam. ~주사 suntikan air garam.
식욕(食慾)＜sik/yok＞ napsu makan. ~이 있다[없다] bernapsu makan baik [buruk]. ~을 잃다 hilang napsu makan. ~감퇴[증진] menghilangkan [meningkatkan] selera makan. ~증진제 perangsang napsu makan.
식용(食用)＜sik/yong＞ ~의 untuk dimakan. ~으로 하다 menggunakan untuk makanan. ~ 개구리 kodok betung. ~유 minyak makan. ~품 bahan-bahan makanan.
식육(食肉)＜sik/yuk＞ daging (yang dapat dimakan). ~류 『動』 pemakan daging.

식은땀＜sik/eun/tam＞ keringat dingin. ~을 흘리다 berkeringat dingin.
식음(食飮)＜sik/eum＞ ~을 전폐하다 tidak makan dan minum.
식이(食餌)＜sik/i＞ ~요법(을 하다) (ber)diet.
식인(食人)＜sik/in＞ ~의 pemakan manusia. ~종 suku pemakan manusia.
식자(植字)＜sik/ca＞ 『印』 penyusunan huruf. ~하다 menyusun huruf. ~공 penyusun huruf.
식자(識者)＜sik/ja＞ cendekiawan.
식자우환(識者憂患)＜sik/ja/u/hwan＞ Ketidaktahuan adalah kebahagiaan.
식장(式場)＜sik/jang＞ gedung upacara.
식전(式典)＜sik/jeon＞ upacara; ritual.
식전(食前)＜sik/jeon＞ ~에 sebelum makan; sebelum sarapan. ~30분에 복용 Diminum 30 menit sebelum makan.
식중독(食中毒)＜sik/jung/dok＞ keracunan makanan. ~에 걸리다 teracuni makanan.
식지(食指)＜sik/ji＞ ☞ 집게손가락.
식체(食滯)＜sik/che＞ salah cerna; gangguan pencernaan.
식초(食醋)＜sik/cho＞ cuka; asam asetat.
식충(食蟲)＜sik/chung＞ ① 『生』 ~류(類) pemakan serangga; insektivora. ② (사람) orang rakus; pelahap.
식칼＜sik/khal＞ pisau dapur.
식탁(食卓)＜sik/thak＞ meja makan. ~에 앉다 duduk di meja makan. ~보 taplak meja; alas meja.
식탈(食脫)＜sik/thal＞ penyakit karena kelebihan makan.
식품(食品)＜sik/fum＞ bahan makanan. ~공업 industri makanan. ~위생 kebersihan makanan. ~점 ☞ 식료품점 / 불량~ bahan makanan yang jelek.
식피(植皮)＜sik/fi＞ 『醫』 okulasi;

cangkokan. ~하다 mencangkok. ~술 =식피.

식혜(食醢)＜sik/hye＞ minuman manis dari beras yang difermentasi.

식후(食後)＜sik/hu＞ ~에 setelah makan.

식히다＜sik/khi/da＞ mendinginkan. 머리를 ~ mendinginkan kepala.

신＜sin＞ (신발) sepatu; lapik kaki; pembungkus kaki. ~을 신은 채로 dengan memakai sepatu. ~을 신다[벗다] memakai [membuka] sepatu.

신＜sin＞ (신명) semangat besar; antusias.

신(申)＜sin＞ (십이지) tanda kesembilan dari 12 macam waktu; shio monyet.

신(神)＜sin＞ Tuhan. ~의 가호[은총] perlindungan [berkat] Tuhan.

신＜sin＞ adegan drama. 러브 ~ adegan cinta.

신가정(新家庭)＜sin/ga/jeong＞ rumah baru.

신간(新刊)＜sin/gan＞ terbitan baru. ~의 baru; baru terbit. ~서적 buku yang baru terbit. ~소개 tinjauan buku; resensi buku.

신개발지(新開發地)＜sin/gae/bal/ci＞ tanah yang baru dibuka.

신격화(神格化)＜sin/kyeok/hwa＞ pendewaan. ~하다 mendewakan.

신경(神經)＜sin/gyeong＞ syaraf. ~성(의) berhubungan dengan syaraf. ~이 예민한 peka syaraf. ~이 둔한 tidak peka syaraf. ~이 굵다 berani. ~계통 sistem syaraf. ~과민 kegugupan. ~과(전문) 의사 ahli syaraf. ~병 penyakit syaraf. ~세포 sel syaraf. ~쇠약 lemah syaraf. ~염(炎) radang urat syaraf. ~전(戰) perang urat syaraf. ~질 berwatak gugup. ~통 neuralgia. ~학 neurologi; ilmu tentang syaraf

신경지(薪境地)＜sin/gyeong/ji＞ ~를 개척(開拓)하다 membuka tanah (lahan) baru.

신경향(新傾向)＜sin/gyeong/hyang＞ kecenderungan baru.

신고(申告)＜sin/go＞ laporan; pemberitahuan. ~하다 memberitahukan; melaporkan. ~납세 pembayaran pajak dengan penaksiran sendiri. ~서 surat laporan. ~자 pembawa laporan. ~제 sistem pelaporan. 소득세 ~ laporan pajak pendapatan. 전입[전출]~ pemberitahuan perpindahan. 출생 ~ laporan kelahiran. 확정[예정] ~ pelaporan akhir [sementara].

신고(辛苦)＜sin/go＞ kesukaran. ~하다 menderita kesukaran.

신곡(新曲)＜sin/gok＞ lagu baru.

신곡(新穀)＜sin/gok＞ tanaman baru.

신관(信菅)＜sin/gwan＞ sumbu. ~을 끊다[장치하다] memotong [memasang] sumbu. 시한[격발] ~ bom waktu.

신관(新館)＜sin/gwan＞ bangunan baru.

신교(信敎)＜sin/gyo＞ ☞ 신앙.

신교(新敎)＜sin/gyo＞ aliran protestan. ~도 protestan.

신구(新舊)＜sin/gu＞ ~의 lama dan baru. ~사상의 충돌 pertentangan antara ide yang lama dan baru.

신국면(新局面)＜sin/guk/myeon＞ fase baru; aspek baru.

신권(神權)＜sin/kwon＞ hak Tuhan. ~정치 teokrasi.

신규(新規)＜sin/gyu＞ ~의 baru. ~로 dengan baru. ~로 채용하다 mempekerjakan pegawai baru. ~사업[예금] perusahaan [tabungan] baru.

신극(新劇)＜sin/geuk＞ drama modern. ~운동 gerakan drama modern.

신기(神技)＜sin/gi＞ keahlian yang mengagumkan.

신기(神奇)＜sin/gi＞ ~한 luar biasa. ~하게 secara luar biasa.

신기다＜sin/gi/da＞ memakaikan sepatu.

신기록(新記錄)＜sin/gi/rok＞ rekor baru.

신기루(蜃氣樓)＜sin/gi/ru＞ fatamor-

gana.
신기원(新紀元)＜sin/gi/won＞ zaman baru. ~을 이루는 사건 kejadian yang membuka zaman baru. ~을 이룩하다 membuat zaman baru.
신기축(新機軸)＜sin/gi/chuk＞ cara/ sistim baru.
신나＜sin/na＞ bahan pengecer.
신나다＜sin/na/da＞ semangat tinggi; gembira sekali.
신남(信男)＜sin/nam＞ 『佛』 penganut pria.
신녀(信女)＜sin/nyeo＞ 『佛』 penganut wanita.
신년(新年)＜sin/nyeon＞ tahun baru. 근하(謹賀) ~ Selamat Tahun Baru.
신념(信念)＜sin/nyeom＞ kepercayaan; keyakinan. 정치적 ~ keyakinan politik. ~이 강한[약한]사람 orang yang mempunyai keyakinan yang kuat [lemah]. ~이 없다 tidak ada keyakinan.
신다＜sin/ta＞ memakai. 구두를[양말을] ~ memakai sepatu [kaos kaki].
신당(新黨)＜sin/dang＞ partai politik baru.
신대륙(新大陸)＜sin/dae/ryuk＞ Benua baru; Dunia baru.
신도(信徒)＜sin/do＞ ☞ 신자(信者).
신동(神童)＜sin/dong＞ anak ajaib; anak jenius.
신뒤축＜sin/dwi/chuk＞ hak sepatu.
신디케이트＜sin/di/khe/i/theu＞ sindikat.
신랄(辛辣)＜sil/lal＞ ~한 tajam; pedas. ~한 풍자 sindiran yang pedas.
신랑(新郎)＜sil/lang＞ pengantin pria; mempelai pria. ~감 calon pengantin pria. ~신부 pengantin pria dan wanita; pasangan baru.
신력(神力)＜sin/yeok＞ kuasa ketuhanan; kuasa yang hebat.
신력(新曆)＜sil/lyeok＞ kalender baru.
신령(神靈)＜sil/lyeong＞ ① (신성한) roh rahmani. ② (죽은 이의) jiwa orang yang meninggal.

신례(新例)＜sil/lye＞ contoh baru; teladan yang baru.
신록(新綠)＜sil/lok＞ hijau segar.
신뢰(信賴)＜sil/loe＞ kepercayaan; keyakinan. ~하다 percaya (pada); mempercayai. ~할 만한 layak dipercaya; dapat dipercaya. ~를 저버리다 mengkhianati kepercayaan.
신망(信望)＜sin/mang＞ kepercayaan. ~을 잃다 hilang kepercayaan. ~이 있다 menikmati kepercayaan dari.
신명(身命)＜sin/myeong＞ hidup; nyawa. ~을 바치다 mengorbankan hidup.
신명(神明)＜sin/myeong＞ Tuhan; Allah. ~의 가호 perlindungan Tuhan.
신묘(神妙)＜sin/myo＞ ~한 yang bersifat misteri.
신문(訊問)＜sin/mun＞ pemeriksaan; interogasi. ~하다 memeriksa; menginterogasi; menguji. ~조서 『法』 BAP. 반대 ~ 『法』 pemeriksaan ulang.
신문(新聞)＜sin/mun＞ surat kabar; koran; harian. 헌 ~ surat kabar bekas; koran bekas. ~에 나다 muncul dalam koran. ~에서 얻어맞다 diserang dalam surat kabar. ~배달(을) 하다 mengantar surat kabar. ~을 편집[발행]하다 meng-edit [menerbitkan] surat kabar. ~가판대 kios surat kabar. ~광고 iklan dalam koran. ~구독료 biaya langganan surat kabar. ~ 구독자 pembaca/pelanggan surat kabar. ~기사 artikel surat kabar. ~기자 wartawan surat kabar; kuli tinta. ~ 기자단 asosiasi pers. ~ 기자석 bangku wartawan. ~사[보급소] kantor [agen] surat kabar. ~소설 cerita bersambung di surat kabar. ~ 스크랩 kliping/guntingan surat kabar; kliping koran. ~용지 kertas koran. 일간[주간] ~ surat kabar harian [mingguan]. 조간[석간] ~ surat kabar pagi [sore].

신물<sin/mul> ~(이) 나다 jemu dan muak.

신바닥<sin/ba/dak> tapak sepatu; sol.

신바람<sin/pa/ram> kegembiraan.

신발명(新發明)<sin/bal/myeong> penemuan baru. ~의 baru ditemukan.

신발족(新發足)<sin/bal/cok> awal baru.

신방(新房)<sin/bang> kamar pengantin.

신변(身邊)<sin/byeon> ~의 위험 ancaman pribadi. ~을 걱정하다 mencemaskan keselamatan. ~잡기 kisah pribadi.

신병(身柄)<sin/byeong> badan. ~의 구속 pengekangan/penahanan fisik. ~을 인수하다 mengambil alih tahanan.

신병(身病)<sin/byeong> penyakit.

신병(新兵)<sin/byeong> rekrut; tentara baru. ~훈련(訓練) latihan tentara yang baru masuk. ~훈련소 pusat latihan tentara.

신봉(信奉)<sin/bong> ~하다 percaya (pada).

신부(神父)<sin/bu> pastor; paderi.

신부(新婦)<sin/bu> pengantin wanita. ~의상 pakaian pengantin wanita. ~학교 sekolah calon pengantin wanita.

신분(身分)<sin/bun> status sosial; kedudukan sosial; jati diri; identitas. ~을 밝히다 [숨기다] membuka [menyembunyikan] jati diri. ~에 알맞게 [지나치게]살다 hidup sesuai [di luar] kemampuan. ~증(명서) kartu tanda pengenal (KTP).

신불(神佛)<sin/bul> dewa-dewa dan Budha. ~의 가호 perlindungan Yang Maha Kuasa.

신비(神秘)<sin/bi> misteri; kegaiban; rahasia. ~한 mistik; penuh rahasia; misterius. ~에 싸여 있다 terliput oleh misteri. ~경 tanah dengan pemandangan yang sangat bagus. ~주의 paham kebatinan.

신빙(信憑)<sin/bing> ~하다 mem-percayai; percaya (kepada). ~성 kredibilitas. ~성이 있다 otentik; dapat dipercaya.

신사(神祠)<sin/sa> biara; tempat suci.

신사(紳士)<sin/sa> jentelman; pria; laki-laki. ~적 jentelman; sopan. ~적으로 secara jentelman; dengan cara yang sopan. 비 ~적인 tidak jentelman. ~도 moral jentelman. ~복 pakaian pria. ~협정 perjanjian yang jentelman. 시골[청년] ~ pria kampung [muda].

신산(辛酸)<sin/san> kesukaran; kesusahan; asam garam kehidupan.

신상(身上)<sin/sang> tubuh; badan. ~문제 masalah pribadi. ~상담난 kolom konsultasi pribadi. ~조사서[명세서] kartu keluarga.

신색(神色)<sin/saek> roman muka; air muka.

신생(新生)<sin/saeng> hidup baru; kelahiran kembali. ~국(가) negara yang baru bangkit. ~대 『地』 era Cenozoic.

신생명(新生命)<sin/saeng/myeong> hidup baru.

신생아(新生兒)<sin/saeng/a> bayi; anak yang baru lahir.

신생애(新生涯)<sin/saeng/ae> hidup baru.

신생활(新生活)<sin/saeng/hwal> kehidupan baru. ~운동 gerakan hidup baru.

신서(信書)<sin/seo> buku baru.

신석기(新石器)<sin/seok/gi> ~시대 zaman batu baru.

신선(神仙)<sin/seon> pertapa sakti di atas gunung; pertapa suci. ~경 tanah peri.

신선(新選)<sin/seon> ~의 baru terpilih.

신선(新鮮)<sin/seon> ~한 segar; sejuk; nyaman. ~하게 하다 menyegarkan; menyejukkan. ~한 공기[채소] udara [sayuran] segar. ~가 떨어지다 berkurang kesegaran.

신설(新設)<sin/seol> ~하다 membangun baru. ~의 baru dibangun.

~학교[공장] sekolah [pabrik] yang baru dibangun.

신설(新說)＜sin/seol＞ teori/doktrin yang baru.

신성(神性)＜sin/seong＞ Ketuhanan.

신성(神聖)＜sin/seong＞ kesucian; kekudusan. ~한 suci; kudus; keramat; sakral. ~불가침이다 tak dapat diganggu gugat. ~로마 제국(帝國) kerajaan Roma yang suci.

신세＜sin/se＞ utang budi. ~를 지다 berhutang budi; menerima bantuan. ~를 갚다 membalas kebaikan; membalas budi.

신세(身世)＜sin/se＞ kondisi nasib. 가련한 ~ hidup yang merana/celaka. ~ 타령을 하다 mengeluhkan nasib.

신세계(新世界)＜sin/se/gye＞ dunia baru.

신세대(新世代)＜sin/se/dae＞ generasi baru.

신소리＜sin/so/ri＞ jawaban yang jenaka/pintar.

신속(迅速)＜sin/sok＞ ~한 cepat; lekas; laju; pesat. ~히 dengan cepat.

신수(身手)＜sin/su＞ rupa; penampilan. ~가 훤하다 berpenampilan bagus.

신수(身數)＜sin/su＞ keberuntungan; bintang. ~를 보다 meramalkan nasib (ke dukun).

신시(新詩)＜sin/si＞ sajak/syair yang baru.

신시대(新時代)＜sin/si/dae＞ era baru/zaman baru. ~를 이루는 yang membuka zaman baru.

신식(新式)＜sin/sik＞ gaya (metode; tipe, cara) baru. ~의 baru; modern.

신신부탁(申申付託)＜sin/sin/bu/thak＞ ~하다 meminta dengan sungguh-sungguh.

신실(信實)＜sin/sil＞ ketulusan. ~한 tulus.

신심(信心)＜sin/sim＞ iman. ☞ 믿음.

신안(新案)＜sin/an＞ mode baru; rancangan baru. ~ 특허(를 신청하다) (meminta) hak paten atas rancangan baru.

신앙(信仰)＜sin/ang＞ kepercayaan; keimanan. ~이 두터운 tebal iman. ~이 없는 tidak beriman. ~의 자유 kebebasan beragama. ~을 깊이하다[버리다] meneguhkan [membuang] kepercayaan. ~생활 kehidupan yang religius (soleh). ~요법 penyembuhan oleh iman. ~자 orang yang percaya.

신약(神藥)＜sin/yak＞ obat yang ajaib/sangat mujarab.

신약(新藥)＜sin/yak＞ obat yang baru.

신약성서(新約聖書)＜sin/yak/seong/seo＞ Perjanjian Baru.

신어(新語)＜sin/eo＞ kota yang baru.

신여성(新女性)＜sin/yeo/seong＞ gadis modern.

신역(新譯)＜sin/yeok＞ ~의 baru diterjemahkan.

신열(身熱)＜sin/yeol＞ suhu badan; demam.

신예(新銳)＜sin/ye＞ ~의 baru. ~기(機) pesawat yang baru keluar.

신용(信用)＜sin/yong＞ kepercayaan; keandalan; reputasi. ~하다 mempercayakan; mengandalkan; berkeyakinan pada. ~있는 dapat dipercaya; bonafide. ~없는 tak dapat dipercaya; tak dapat diandalkan. ~으로 돈을 꾸다 meminjam uang atas dasar kepercayaan. ~을 얻다[잃다] mendapat [kehilangan] kepercayaan. ~거래 penjualan secara kredit. ~대부 pinjaman (secara) kredit. ~보험 asuransi kredit. ~장 letter of credit (L/C). ~조사[상태] penyelidikan [kondisi] kredit.

신용도(信用度)＜sin/yong/do＞ angka kredit. 그의 ~는 높다[낮다] Dia memiliki angka kredit yang tinggi [rendah].

신우(腎盂)＜sin/u＞ 『解』 pelvis ginjal. ~염(炎) 『醫』 radang ginjal.

신원(身元) ＜sin/won＞ identitas; jati diri; ciri-ciri pribadi. ~불명의 yang tidak dikenal; yang tidak teridentifikasi. ~을 조사하다 memeriksa identitas. ~보증 penjaminan (tentang orang). ~보증인 sponsor; penjamin.

신음(呻吟) ＜sin/eum＞ ~하다 mengerang; merintih. ~소리 erangan; rintihan.

신의(信義) ＜sin/eui＞ kesetiaan. ~있는 setia; taat. ~를 지키다[깨다] mempertahankan [memecahkan] kesetiaan.

신의(神意) ＜sin/eui＞ kehendak Ilahi/Tuhan.

신의(神醫) ＜sin/eui＞ dokter ahli.

신인(神人) ＜sin/in＞ Allah dan manusia. ~공노 할 죄 kejahatan yang menentang Tuhan dan kemanusiaan.

신인(新人) ＜sin/in＞ penampilan baru; wajah baru; orang baru; aktor baru.

신임(信任) ＜sin/im＞ kepercayaan. ~하다 percaya. ~이 두터운 dipercayai. ~을 얻다 mendapat kepercayaan. ~장 surat kepercayaan. ~투표 suara kepercayaan.

신임(新任) ＜sin/im＞ ~의 baru dipilih. ~자 orang yang baru dipilih.

신입(新入) ＜sin/ib＞ ~의 baru masuk. ~생 siswa baru. ~자 orang yang baru masuk.

신자(信者) ＜sin/ja＞ orang yang percaya; penganut. 기독교 ~가 되다. menganut agama kristen; menjadi penganut agama kristen.

신자(新字) ＜sin/ja＞ huruf baru.

신작(新作) ＜sin/jak＞ karya baru. ~소설 novel karya baru.

신작로(新作路) ＜sin/jak/ro＞ jalan baru; jalan raya.

신장(- 欌) ＜sin/jang＞ rak sepatu.

신장(身長) ＜sin/jang＞ postur; tinggi. ~이 5피트 6인치다 tinggi 5 kali 6 inci.

신장(伸張) ＜sin/jang＞ ~하다 mengembangkan; memperpanjang. ~성 daya pengembangan; ekspansibilitas.

신장(新裝) ＜sin/jang＞ pakaian baru.

신장(腎臟) ＜sin/jang＞ ginjal; buah pinggang. ~결석(結石) batu ginjal. ~병 penyakit ginjal; gangguan ginjal. ~염(炎) pembengkakan ginjal.

신저(新著) ＜sin/jeo＞ karya baru.

신전(神前) ＜sin/jeon＞ ~에 dihadapan Tuhan.

신전(神殿) ＜sin/jeon＞ rumah Tuhan.

신접살이(新接-) ＜sin/jeob/sa/ri＞ kehidupan rumah tangga baru. ~하 다 mendirikan rumah tangga baru.

신정(神政) ＜sin/jeong＞ negara agama.

신정(新正) ＜sin/jeong＞ tahun baru.

신정(新訂) ＜sin/jeong＞ ~판 edisi yang baru direvisi.

신정권(新政權) ＜sin/jeong/kwon＞ penguasa baru.

신제(新制) ＜sin/je＞ sistem baru. ~대학 universitas dengan sistem baru.

신제(新製) ＜sin/je＞ ~의 baru dibuat. ~품 produk baru.

신조(信條) ＜sin/jo＞ prinsip; ajaran; paham; kredo. 생활~ prinsip hidup.

신조(新造) ＜sin/jo＞ ~하다 membuat baru. ~의 baru dibuat. ~어(語) kata baru.

신종(新種) ＜sin/jong＞ (종류) jenis baru; varitas baru; (수법) gaya baru. ~사기 penipuan gaya baru.

신주(新株) ＜sin/ju＞ saham baru. ~를 공모하다 menawarkan saham untuk umum.

신중(愼重) ＜sin/jung＞ perhatian; kebijaksanaan. ~한 hati-hati; bijaksana. ~한 태도를 취하다 berlaku/bertindak hati-hati.

신지식(新知識) ＜sin/ji/sik＞ ide-ide baru; pengetahuan baru/maju.

신진(新進) ＜sin/jin＞ ~의 baru

muncul.　~기예의 yang muda dan bersemangat.　~작가 penulis baru.
신진대사(新陳代謝)＜sin/jin/dae/sa＞ pembaruan; regenerasi; 『生』 pertukaran zat; metabolisme.　~하다 diperbarui.
신착(新着)＜sin/chak＞　~의 baru tiba.　~품 barang yang baru tiba.
신찬(新撰)＜sin/chan＞　~의 baru disusun.
신참(新參)＜sin/cham＞　~의 baru; hijau.　~자 pendatang baru; orang baru.
신창＜sin/chang＞ sol sepatu.
신천옹(信天翁)＜sin/cheon/ong＞ 『鳥』 burung unta.
신천지(新天地)＜sin/cheon/ji＞ dunia baru.　~를 개척하다 membuka dunia baru.
신청(申請)＜sin/cheong＞ permohonan; pelamaran; mosi; petisi.　~하다 melamar; meminta; memohon.　~서(書) surat lamaran.　~인 orang yang melamar; pelamar.
신청마감[기한]＜sin/cheong/ma/gam＞ batas waktu untuk melamar.
신체(身體)＜sin/che＞ tubuh; badan; jasmani; raga; jasad; awak; fisik.　~의 jasmaniah; badaniah.　~의 결함 cacat tubuh.　~의 자유 kebebasan pribadi.　~검사 pemeriksaan badan.　~장애자 orang cacat.
신체시(新體詩)＜sin/che/si＞ sajak/syair yang baru.
신체제(身體制)＜sin/che/je＞ orde baru.
신축(伸縮)＜sin/chuk＞ ~하다 elastis.　~자재의 elastis; fleksibel.　~성 keelastisan.
신축(新築)＜sin/chuk＞ ~하다 membangun baru.　~가옥 rumah baru.
신춘(新春)＜sin/chun＞ tahun baru; musim semi baru.　~문예 sayembara mengarang pada musim semi.
신출귀몰(神出鬼沒)＜sin/chul/gwi/mol＞　~하는 seperti siluman.
신출내기(新出-)＜sin/chul/nae/gi＞ orang baru; pemula.

신코＜sin/kho＞ ujung sepatu.
신탁(信託)＜sin/thak＞ titip; penitipan.　~하다 menitipkan.　~물 barang titipan.　~업 usaha penitipan.　~자 orang yang dititipi.　~재산 harta yang dititipkan.　~증서[회사] akta [perusahaan] penitipan.　~통치 (dibawah) perwalian (PBB).　~통치 지역 wilayah perwalian.
신탁(神託)＜sin/thak＞ Wahyu; Firman Tuhan.
신통(神通)＜sin/thong＞　~한 aneh; ajaib.　~력(力) kejadian.
신트림＜sin/theu/rim＞ bersendawa.
신파(新派)＜sin/fa＞ aliran baru; faksi baru.　~극[배우] drama [aktor] aliran baru.
신판(新版)＜sin/fan＞ terbitan baru.　~의 baru diterbitkan.
신편(新編)＜sin/fyeon＞ edisi (versi) baru.
신품(新品)＜sin/fum＞ barang baru.　~의 merk baru.
신하(臣下)＜sin/ha＞ bawahan raja.
신학(神學)＜sin/hak＞ teologi.　~교[생] Sekolah [siswa] Teologi.　~자 ahli ilmu agama.
신학기(新學期)＜sin/hak/gi＞ semester baru.
신학문(新學問)＜sin/hak/mun＞ ilmu pengetahuan modern.
신형(新型)＜sin/hyeong＞ gaya/tipe baru.
신호(信號)＜sin/ho＞ tanda; rambu-rambu; sinyal.　~하다 memberi tanda; memberi sinyal.　~기[등] bendera [lampu] tanda/sinyal.　~수 orang yang memberi tanda/sinyal. 경계[위험] ~ tanda bahaya [peringatan]. 적[청] ~ lampu merah [hijau]. 조난 ~ isyarat darurat (SOS).
신혼(新婚)＜sin/hon＞　~의 baru menikah.　~부부[생활] [kehidupan] pengantin baru.　~여행 bulan madu.　~여행자 orang yang berbulan madu.
신화(神化)＜sin/hwa＞　~하다 mendewakan; menuhankan.

신화(神話)＜sin/hwa＞ dongeng; mitologi. ～적인 dongengan. ～시대 zaman/era mitologi.

신환자(新患者)＜sin/hwan/ja＞ pasien baru.

신흥(新興)＜sin/heung＞ ～의 baru naik/muncul. ～계급 kelas yang baru muncul. ～국 bangsa/negeri yang baru muncul. ～도시(都市) kota yang sedang berkembang pesat. ～아프리카 제국(諸國) negara-negara Afrika yang baru muncul. ～종교 agama baru.

싣다＜sit/ta＞ ① (적재) memuat; mengapalkan. ② menerbitkan; mencantumkan. 신문에 소설을 ～ menerbitkan cerita roman di surat kabar. ③ (논에 물을) mengairi (sawah).

실＜sil＞ benang. 바늘귀에 ～을 꿰다 membenangi jarum. ～을 실패에 감다 menggulung benang. ～을 잣다 memintal benang. ～오라기 하나 걸치지 않고 telanjang bulat; tidak memakai sehelai benangpun. ～토리 segulung benang.

실(實)＜sil＞ bersih. ～중량 berat bersih.

실가(實價)＜sil/ka＞ ① (진가) nilai hakiki. ② ☞ 원가.

실각(失脚)＜sil/gak＞ kehilangan jabatan. ～하다 hilang jabatan. ～한 정치가 politikus yang kehilangan jabatan.

실감(實感)＜sil/gam＞ perasaan sebenarnya. ～하다 merasa sebenarnya. ～이 나다 rasa alami.

실감개＜sil/gam/gae＞ gulungan.

실개천＜sil/gae/cheon＞ selokan; tali air.

실격(失格)＜sil/gyeok＞ ～하다 didiskualifikasi. ～자 orang yang didiskualifikasi.

실경(實景)＜sil/gyeong＞ pemandangan yang alamiah.

실고추＜sil/go/chu＞ cabe iris.

실과(實果)＜sil/gwa＞ ☞ 과실(果實).

실과(實科)＜sil/kwa＞ mata pelajaran praktis.

실국수＜sil/guk/su＞ mi halus.

실권(失權)＜sil/kwon＞ ～하다 kehilangan haknya.

실권(實權)＜sil/kwon＞ kekuasaan sebenarnya. ～을 쥐다 memegang kendali pemerintahan; memegang kekuasaan. ～파 partai berkuasa.

실기(失期)＜sil/gi＞ ～하다 gagal menepati waktu.

실기(失機)＜sil/gi＞ ～하다 hilang kesempatan.

실기(實技)＜sil/gi＞ ketrampilan praktis. ～시험 ujian praktek.

실기(實記)＜sil/gi＞ sejarah; catatan sebenarnya.

실꾸리＜sil/ku/ri＞ gulungan benang.

실날＜sil/nath＞ seutas benang.

실내(室內)＜sil/nae＞ ～의 dalam ruangan. ～에서 di dalam ruangan. ～를 장식하다 mendekorasi kamar/ruangan. ～악 ruangan musik. ～운동 olah raga dalam ruangan. ～장식 dekorasi ruangan.

실농(失農)＜sil/nong＞ ～하다 gagal panen.

실눈＜sil/nun＞ mata sipit.

실답다(實 -)＜sil/dab/ta＞ benar dan dapat dipercaya.

실랑이질＜sil/lang/i/jil＞ ～하다 bertengkar mulut.

실력(實力)＜sil/lyeok＞ kesanggupan; kemampuan, kekuasaan. 어학～ kemampuan bahasa. ～있는 sanggup; cakap; mampu. ～을 기르다 membina kemampuan. ～자(者) orang yang kuat/berpengaruh. ～행사 penggunaan kekuasaan. ～행사에 들어가다 melangsungkan pemogokan.

실례(失禮)＜sil/lye＞ kekasaran; perilaku yang jelek; pelanggaran etiket. ～되는 kasar; tidak hormat. ～되는 말을 하다 berbicara kasar. ～되는 짓을 하다 berkelakuan/ bertindak secara kasar. ～지만 permisi...tapi. ～했읍니다 maafkan saya.

실례(實例)＜sil/lye＞ contoh; teladan

실로(實 -)＜sil/lo＞　　sungguh sebenarnya.

실로폰＜sil/lo/fon＞　『樂』gambang.

실록(實錄)＜sil/lok＞　sejarah (catatan) otentik.

실룩거리다＜sil/luk/geo/ri/da＞ menggerenyet.

실리(實利)＜sil/li＞　keuntungan sebenarnya/bersih.　～적　berfaedah; bermanfaat.　～외교　diplomasi yang bermanfaat.　～주의　utilitarianisme.　～주의자 pengguna.

실리다＜sil/li/da＞　muncul (di koran).

실리콘＜sil/li/khon＞　『化』　silikon. ☞ 규소.

실린더＜sil/lin/deo＞　silinder.

실링＜sil/ling＞　shilling.

실마리＜sil/ma/ri＞　permulaan.　… 의　～를　찾다[놓치다] menemukan [kehilangan] jawaban untuk … .

실망(失望)＜sil/mang＞　kekecewaan; kesesalan.　～하다 kecewa; berkecil hati; menyesal; hancur hati; kecele; patah hati.　～하여 dengan kecewa.　～시키다 mengecewakan.

실명(失名)＜sil/myeong＞　～의　tanpa nama; tidak dikenal.　～씨 orang yang tidak dikenal.

실명(失明)＜sil/myeong＞　　～하다 kehilangan penglihatan; menjadi buta.　～자 orang buta.

실명제(實名制)＜sil/myeong/je＞　sistim transaksi finansial dengan nama asli/sebenarnya.

실무(實務)＜sil/mu＞　urusan/masalah praktis.　～적 praktis.　～에 종사하다 melaksanakan urusan praktis.　～에 어둡다 tidak mahir dengan urusan praktis.　～가 pegawai pelaksana.　～자(급)회담 pembicaraan pada tingkat pelaksana.

실물(實物)＜sil/mul＞　barang asli; barang sebenarnya.　～크기 ukuran sebenarnya.　～거래 transaksi di tempat.

실밥＜sil/pab＞　sisa benang; benang sisa.

실비(實費)＜sil/bi＞　harga pokok;

ongkos sebenarnya.　～로　팔다 menjual dengan harga pokok.　～ 제공 penjualan dengan harga pokok.

실사(實查)＜sil/sa＞　　～하다 memeriksa secara nyata.

실사(實寫)＜sil/sa＞　gambar yang diambil di lokasi.

실사회(實社會)＜sil/sa/hoe＞　dunia/ keadaan sehari-hari.　～에　나가다 terjun ke masyarakat.

실상(實狀)＜sil/sang＞　kondisi sebenarnya; duduk perkara sebenarnya.

실상(實相)＜sil/sang＞　kenyataan sebenarnya.　사회의～　gambaran hidup sebenarnya.

실색(失色)＜sil/saek＞　　～하다 memucat; hilang warna (muka).

실생활(實生活)＜sil/saeng/hwal＞　hidup sebenarnya; realitas kehidupan.

실성(失性)＜sil/seong＞　～하다 menjadi gila.

실소(失笑)＜sil/so＞　　～하다 ketawa terbahak-bahak.　～를　금치못하다 tidak dapat menahan ketawa.

실속(實 -)＜sil/sok＞　～있는 berisi; substansial; berbobot.　～없는 tidak substansial; tidak berisi; kosong. 겉보다 ～을　취하다 lebih mementingkan isi dari pada penampilan.

실수(失手)＜sil/su＞　kesalahan; kekeliruan.　～하다　membuat kesalahan.　큰 ～ kesalahan besar.

실수(實收)＜sil/su＞　pendapatan bersih; hasil bersih.

실수(實數)＜sil/su＞　angka/jumlah sebenarnya.

실수요(實需要)＜sil/su/yo＞　permintaan sebenarnya.　～자　pemakai akhir.　～자　증명　surat bukti pemakai akhir.

실습(實習)＜sil/seub＞　praktek; latihan.　～하다 berpraktek; latihan. ～생 siswa praktek.　～시간 jam praktek.

실시(實施)＜sil/si＞　pelaksanaan; pemberlakuan.　～하다　memberlakukan; melaksanakan.

실신(失神)＜sil/sin＞ ～하다 pingsan; tidak sadar.

실액(實額)＜sil/aek＞ jumlah yang sebenarnya.

실어증(失語症)＜sil/eo/ceung＞ aphasia. ～환자 pasien/penderita aphasia.

실언(失言)＜sil/eon＞ keseleo lidah. ～을 사과하다 meminta maaf atas keseleo lidah.

실업(失業)＜sil/eob＞ pengangguran. ～하다 hilang pekerjaan. ～ 구제[보험] bantuan [asuransi] kehilangan pekerjaan. ～수당 tunjangan kehilangan pekerjaan. ～율 angka pengangguran. ～자 penganggur; tuna karya; tidak bekerja. 계절적 ～ pengangguran musiman. 잠재～(자) pengangguran tak kentara.

실업(實業)＜sil/eob＞ bisnis; usaha. ～에 종사하다 berusaha terjun ke bisnis. ～가 wiraswastawan; pengusaha. ～계(界) dunia usaha. ～교육 pendidikan ketrampilan. ～(고등)학교 Sekolah Menengah Ekonomi Atas (SMEA).

실없다＜sil/eob/ta＞ tidak sungguh-sungguh.

실연(失戀)＜sil/yeon＞ kekecewaan; patah hati. ～하다 kecewa dalam bercinta. ～한 patah hati.

실연(實演)＜sil/yeon＞ pertunjukan panggung. ～하다 berakting di panggung.

실외(室外)＜sil/oe＞ ～의 luar ruangan. ～에서 di luar ruangan.

실용(實用)＜sil/yong＞ penggunaan praktis. ～적 praktis; berguna. ～신안 model penggunaan. ～주의 『哲』 aliran/faham pragmatis. ～품(品) barang-barang yang berguna; barang-barang kebutuhan.

실의(失意)＜sil/eui＞ kekecewaan.

실익(實益)＜sil/ik＞ keuntungan bersih.

실인(實印)＜sil/in＞ materai/cap legal.

실재(實在)＜sil/cae＞ realitas; kenyataan; wujud. ～하다 nyata; benar. ～적(인) nyata. ～론 『哲』 realisme.

실적(實績)＜sil/ceok＞ hasil nyata. ～을 올리다 memberikan hasil yang memuaskan. ～제(制) sistim penilaian jasa.

실전(實戰)＜sil/ceon＞ perang sebenarnya. ～에 참가하다 ikut perang yang sebenarnya. ～경험 pengalaman berperang.

실정(失政)＜sil/ceong＞ kesalahan politik.

실정(實情)＜sil/jeong＞ keadaan yang sebenarnya.

실제(實際)＜sil/ce＞ (사실) kebenaran; kenyataan; (실정) praktek; (현실) keadaan. ～로 sebenarnya; sesungguhnya. 이론과 ～ teori dan praktek. ～로 일어난 일 kejadian yang sebenarnya.

실족(失足)＜sil/cok＞ ～하다 mengambil langkah yang keliru.

실존(實存)＜sil/con＞ ～주의 eksistensialisme. ～주의자 eksistensialis.

실종(失踪)＜sil/cong＞ hilang; kehilangan. ～하다 hilang. ～ 신고 laporan orang hilang. ～자 orang yang hilang.

실증(實證)＜sil/ceung＞ bukti nyata. ～하다 membuktikan. ～적(으로) (secara) positif. ～론[주의] positivisme.

실지(失地)＜sil/ci＞ wilayah yang hilang. ～를 회복하다 mendapatkan wilayah yang hilang.

실지(實地)＜sil/ci＞ praktek; kenyataan; realitas; aktualitas. ～의 nyata; praktis; aktual. ～로 dalam praktek; secara praktis. ～경험 pengalaman praktis. ～조사 survei nyata (survei di tempat).

실직(失職)＜sil/cik＞ ▷ 실업(失業).

실질(實質)＜sil/jil＞ isi; bobot; kualitas. ～적(으로) secara substansial; pada hakekatnya. 비～적 tidak penting; tidak berisi. ～ 소득[임금] pendapatan [upah] nyata.

실쭉하다＜sil/cuk/hada＞ cemberut.

실책(失策)＜sil/chaek＞ kesalahan; galat. ~하다 membuat kesalahan; membuat galat. 대~ kesalahan besar; galat kasar.

실천(實踐)＜sil/cheon＞ praktek. ~하다 mempraktekkan. ~적 praktis. ~이성[도덕] alasan [moralitas] praktis.

실체(實體)＜sil/che＞ anasir; substansi; sari pati. ~화(化) substansialisme. ~ 화하다 mensubstansialisir. ~론『哲』 doktrin realitas nyata yang menjadi dasar keadaan.

실총(失寵)＜sil/chong＞ ~하다 kehilangan perhatian.

실추(失墜)＜sil/chu＞ ~하다 kehilangan prestis/ harga diri.

실측(實測)＜sil/cheuk＞ survei nyata. ~하다 memeriksa; mengadakan survei. ~도 map survei nyata.

실컷＜sil/kheot＞ sepuas hati. ~먹다[울다] makan [menangis] sepuas hati.

실크해트＜sil/kheu/hae/theu＞ topi sutera.

실탄(實彈)＜sil/than＞ peluru. ~을 발사하다 menembakkan peluru. ~ 사격 penembakan peluru.

실태(失態)＜sil/thae＞ kesalahan besar. ~를 부리다 membuat kesalahan besar.

실태(實態)＜sil/thae＞ realitas; keadaan sebenarnya. ~조사 penelitian terhadap kondisi sesungguhnya. ~조사 위원회 komite pencari fakta.

실토(實吐)＜sil/tho＞ ~하다 mengakui.

실파＜sil/fa＞ bawang berserat.

실팍지다＜sil/fak/ji/da＞ kuat.

실패＜sil/fae＞ gelondongan; kumparan; gulungan. ~에 감다 menggulung.

실패(失敗)＜sil/fae＞ kegagalan. ~하다 gagal. 사업[시험]에 ~하다 gagal dalam [ujian] bisnis. ~자 orang yang gagal.

실하다(實 -)＜sil/hada＞ ① (실팍) kuat. ② (재산 등이) kaya. ③ (내용이) lengkap; penuh.

실행(實行)＜sil/haeng＞ praktek; pengerjaan; pelaksanaan; penunaian; pengamalan; perbuatan. ~하다 mempraktekkan; melaksanakan; melakukan. ~상의 praktisi; eksekutif. ~할 수 없는 tidak dapat dipraktekkan. ~력 kemampuan pelaksanaan. ~예산 anggaran kerja.

실험(實驗)＜sil/heom＞ percobaan; uji; test; eksperimen. ~하다 membuat percobaan. ~ 적(으로) (secara) percobaan/eksperimen. ~과학[극장] ilmu [theater] eksperimental. ~단계 masa percobaan. ~대(臺) bangku percobaan; kelinci percobaan. ~식『化』 rumus empiris. ~실 laboratorium. ~주의 『哲』 ekperimentalisme. ~ 주의자 eksperimentalis. 핵 ~ percobaan nuklir. 화학 ~ percobaan kimia.

실현(實現)＜sil/hyeon＞ realisasi; perwujudan. ~하다 memujudkan; merealisir. ~(불)가능한 tidak dapat direalisasikan.

실형(實刑)＜sil/hyeong＞ hukuman tanpa percobaan.

실화(失火)＜sil/hwa＞ kebakaran yang tidak disengaja.

실화(實話)＜sil/hwa＞ kisah nyata.

실황(實況)＜sil/hwang＞ kondisi nyata. ~녹음 rekaman langsung. ~녹화 rekaman televisi secara langsung. ~방송 siaran langsung. ~ 방송을 하다 menyiarkan secara langsung.

실효(失效)＜sil/hyo＞ ~하다 hilang efek.

실효(實效)＜sil/hyo＞ akibat; efek. ~있는 efektif.

싫다＜sil/tha＞ tidak menyenangkan; menjijikkan; enggan; tidak suka.

싫어하다＜sil/eo/hada＞ tidak suka; sungkan; tidak mau.

싫증(- 症)＜sil/ceung＞ tidak enak; kelelahan; kejemuan. ~나다 jemu; lelah; capek; memegalkan; bosan. ~나게 하다 membosankan;

menjemukan (orang).
심＜sim＞ (심줄) urat daging sapi.
심(心)＜sim＞ ① (핵심) inti, (나무의) teras. ② (양초의) sumbu. ③ (사람의) hati; kalbu.
심(審)＜sim＞ pengadilan. 제1 ~ pengadilan pertama.
심각(深刻)＜sim/gak＞ ~한 serius; berat. ~ 해지다 menjadi serius. ~한 얼굴을 하다 kelihatan serius. ~하게 생각하다 berpikir dengan serius.
심경(心境)＜sim/gyeong＞ keadaan pikiran. ~의 변화를 가져오다 berubah pikiran. ~을 토로하다 mengungkapkan perasaan.
심계항진(心悸亢進)＜sim/gye/hang/jin＞『醫』debaran jantung; akselerasi jantung.
심근(心筋)＜sim/geun＞ 『解』 otot jantung. ~경색 『醫』 kematian otot jantung karena tidak adanya suplai darah.
심금(心琴)＜sim/geum＞ hati sanubari; perasaan hati. ~을 울리다 menyentuh hati sanubari.
심기(心氣)＜sim/gi＞ perasaan.
심기(心機)＜sim/gi＞ ~일전(一轉)하다 berubah hati.
심낭(心囊)＜sim/nang＞『解』selaput jantung.
심녹색(深綠色)＜sim/nok/saek＞ hijau tua.
심다＜sim/ta＞ menanam (pohon); menabur (benih); membudidayakan.
심대(甚大)＜sim/dae＞ ~하다 sangat banyak/besar.
심덕(心德)＜sim/deok＞ kepribudian; watak moral.
심도(深度)＜sim/do＞ (mengukur) kedalaman. ~계 ukuran kedalaman.
심드렁하다＜sim/deu/reong/hada＞ tidak segera; enggan; tidak tertarik.
심란(心亂)＜sim/nan＞ kebuncahan; kekusutan pikiran. ~해서 karena kusut pikiran.
심려(心慮)＜sim/nyeo＞ kekhawatir-

an. ~하다 khawatir (tentang). ~를 끼치다 menyusahkan (orang); membuat khawatir.
심려(深慮)＜sim/nyeo＞ kebijaksanaan.
심력(心力)＜sim/nyeok＞ kekuatan mental.
심령(心靈)＜sim/nyeong＞ jiwa; roh. ~술 spiritualisme. ~현상 gejala kejiwaan.
심로(心勞)＜sim/no＞ kecemasan; kekhawatiran.
심리(心理)＜sim/ni＞ mentalitas; psikologi; keadaan batin. ~적(으로) (secara) psikologis (kejiwaan). 범죄자의 ~ psikologi kejahatan. ~상태 keadaan mental. ~소설[현상] novel [gejala] psikologi. ~작용 proses mental. ~전[묘사] perang [gambaran] psikologi. ~학 psikologi; ilmu jiwa. ~학자 ahli ilmu jiwa. 교육[범죄,이상[異常] ~학 psikologi pendidikan [kejahatan abnormal]. ~현상 gejala psikologi.
심리(審理)＜sim/ni＞ pengadilan; pemeriksaan. ~하다 memeriksa; mengadili. ~ 중이다 sedang diadili.
심마니＜sim/ma/ni＞ pencari ginseng liar.
심문(審問)＜sim/mun＞ pengusutan; pemeriksaan; pengadilan. ~하다 mengusut; memeriksa. ~을 받다 kena usut; kena periksa.
심방(心房)＜sim/bang＞『解』serambi atas jantung.
심방(尋房)＜sim/bang＞ kunjungan. ☞ 방문.
심벌＜sim/beol＞ simbol.
심벌즈＜sim/beol/jeu＞『樂』canang; bende; bendir.
심보(心 -)＜sim/po＞ ☞ 마음보.
심복(心服)＜sim/bok＞ ~하다 setia (kepada).
심복(心腹)＜sim/bok＞ orang kedua; acang-acang. ~부하 orang yang dipercaya; tangan kanan.
심부름＜sim/bu/reum＞ suruhan; pe-

san. ~하다 pergi untuk suruhan; mengerjakan suruhan. ~보내다 mengirim suruhan. ~꾼 pesuruh.

심사(心思) <sim/sa> ~부리다 merintangi; menghalangi. ~사나운 dengki; jahat.

심사(深謝) <sim/sa> ~하다 berterima kasih dengan setulus hati; meminta maaf dengan setulus hati.

심사(審査) <sim/sa> inspeksi; pemeriksaan; penyelidikan; penelitian; penelaahan. ~하다 memeriksa; menyelidiki; menelaah; mengkaji. ~에 합격하다 lulus pemeriksaan; diterima; lulus ujian. ~관[원] pemeriksa. ~위원 anggota komite penilai. ~제도 sistem penyaringan.

심사숙고(深思熟考) <sim/sa/suk/go> ~하다 mempertimbangkan dengan cermat. ~끝에 setelah pertimbangan yang cermat.

심산(心算) <sim/san> maksud. ...할 ~이다 bermaksud untuk melakukan ... .

심산(深山) <sim/san> jantung gunung. ~유곡 gunung yang terpencil dan lembah yang gelap.

심상(心象) <sim/sang> kesan; bayangan.

심상(尋常) <sim/sang> ~한 biasa. ~치 않은 tidak biasa.

심성(心性) <sim/seong> sifat; watak.

심술(心術) <sim/sul> usil; usik. ~궂은 usilan. ~부리다 mengusik. ~꾸러기 pengusik. ~내기 anak yang pengusik.

심신(心身) <sim/sin> pikiran dan tubuh; jiwa dan raga; mental dan fisik. ~의 피로 lelah fisik dan mental. ~을 단련하다 melatih tubuh dan jiwa. ~장애자[아] orang yang cacat mental dan fisik.

심실(心室) <sim/sil> 『解』bilik jantung.

심심(深甚) <sim/sim> ~한 (terima kasih yang) dalam. ~한 사의를 표하다 menyatakan terima kasih yang dalam.

심심소일(- 消日) <sim/sim/so/il> ☞ 심심풀이.

심심풀이 <sim/sim/fu/ri> pengisi waktu. ~하다 mengisi waktu; melewatkan waktu. ~로 untuk mengisi waktu. ~로 바둑을 두다 bermain baduk untuk mengisi waktu.

심심하다 <sim/sim/hada> bosan; merasa jemu.

심심하다 <sim/sim/hada> kurang asin.

심악스럽다(甚惡 -) <sim/ak/seu/reob/ta> ☞ 심악하다.

심악하다(甚惡 -) <sim/ak/hada> kasar.

심안(心眼) <sim/an> mata hati.

심야(深夜) <sim/ya> tengah malam. ~까지 sampai larut malam. ~방송[작업] siaran [kerja] tengah malam.

심약(心弱) <sim/yak> ~하다 takut-takut; malu-malu.

심연(深淵) <sim/yeon> lubuk; tempat yang dalam; palung.

심오(深奧) <sim/o> ~한 dalam dan rumit. ~한 뜻 arti yang dalam dan rumit.

심원(心願) <sim/won> keinginan hati.

심원(深遠) <sim/won> ~하다 dalam; amat sangat.

심의(審議) <sim/eui> pertimbangan; kupasan; bahasan. ~하다 mempertimbangkan; merundingkan; membahas. ~중이다 dalam pertimbangan; sedang dipertimbangkan. ~에 부치다 menyerahkan masalah pada komite. ~회 dewan pertimbangan. 교육 ~회 dewan pendidikan.

심이(心耳) <si/mi> 『解』serambi jantung.

심장(心臟) <sim/jang> jantung. 서울의 ~부 jantung kota Seoul. ~의 고동(鼓動) detak jantung. ~이 강한 berani. ~이 약하다 lemah jantung. ~ 마비(痲痺) serangan jantung; gagal jantung. ~병(病) sakit jantung. ~염 radang jantung. ~외과 bagian bedah jantung. ~이식[수술] [operasi] pencangkokan jantung. ~판막증 penyakit katup jantung.

심장(深長)＜sim/jang＞ ~한 dalam. 의미 ~하다 arti yang dalam.

심적(心的)＜sim/ceok＞ mental. ~현상[작용] fenomena [aksi] mental.

심전계(心電計)＜sim/jeon/gye＞ 『醫』 elektrokardiograf.

심전도(心電圖)＜sim/jeon/do＞ 『醫』 grafik debar jantung.

심정(心情)＜sim/jeong＞ perasaan. ~을 헤아리다 [이해하다] merasakan perasaan orang lain; bersimpati dengan. 울고 싶은 ~이다 Saya merasa mau menangis.

심줄＜sim/cul＞ urat daging.

심중(心中)＜sim/jung＞ hati. ~에 di hati; dalam hati. ~을 털어놓다 mengungkapkan isi hati.

심중(深重)＜sim/jung＞ ~하다 bijaksana.

심증(心證)＜sim/jeung＞ 『法』 keyakinan. ~을 얻다 mendapatkan keyakinan. ~을 굳히다 kuat dalam keyakinan bahwa … .

심지(心 -)＜sim/ji＞ sumbu. ~를 돋우다 [내리다] menaikkan [menurunkan] sumbu.

심지(心地)＜sim/ji＞ watak asli.

심지어(甚之於)＜sim/ji/eo＞ pun; bahkan.

심청(深青)＜sim/cheong＞ biru tua.

심취(心醉)＜sim/chwi＞ ~하다 sangat bertekun; sangat tertarik dengan. ~자 penggemar berat; pemuja.

심판(審判)＜sim/fan＞ perwasitan; penjurian. ~하다 mewasiti; menjadi juri. 최후의 ~ Pengadilan Terakhir. ~관[원] wasit; juri.

심포니＜sim/fo/ni＞ simfoni.

심포지엄＜sim/fo/ji/eom＞ simposium.

심하다(甚 -)＜sim/hada＞ parah; keras; berlebih-lebihan.

심해(深海)＜sim/hae＞ laut dalam. ~어 ikan laut dalam. ~어업(漁業) usaha penangkapan ikan laut dalam.

심혈(心血)＜sim/hyeol＞ ~을 기울여 dengan segenap hati. ~을 기울인 작품 pekerjaan yang membutuhkan banyak ketekunan. ~을 기울이다 melakukan dengan sepenuh hati.

심호흡(深呼吸)＜sim/ho/heub＞ bernapas dengan dalam. ~하다 mengambil napas yang dalam.

심혼(心魂)＜sim/hon＞ jiwa. ☞ 심혈.

심홍(深紅)＜sim/hong＞ merah tua.

심화(心火)＜sim/hwa＞ api kemarahan.

심화(深化)＜sim/hwa＞ ~하다 memperdalam.

심황(- 黃)＜sim/hwang＞ 『植』 kunyit; koma-koma.

심황(深黃)＜sim/hwang＞ kuning tua.

심히(甚 -)＜si/mhi＞ sangat; keras; parah.

십(十)＜sib＞ sepuluh.

십각형(十角形)＜sib/gak/hyeong＞ segi sepuluh. ~의 bersegi sepuluh.

십계명(十誡命)＜sib/gye/myeong＞ 『聖』 Sepuluh Firman Tuhan.

십구(十九)＜sib/gu＞ sembilan belas. ~공탄 briket berlobang sembilan belas. ~세기 abad ke-19.

십년(十年)＜sib/nyeon＞ sepuluh tahun; dasa warsa. ~간의 sepuluh tahunan.

십대(十代)＜sib/tae＞ belasan tahun. ~의아이 remaja; anak belasan tahun.

십만(十萬)＜sib/man＞ seratus ribu.

십면체(十面體)＜sib/myeon/che＞ 『幾』 segi sepuluh.

십분(十分)＜sib/bun＞ ① (시간) sepuluh menit. ② (충분히) cukup. ③ (십등분) bagi sepuluh. ~의 일 sepersepuluh.

십사(十四)＜sib/sa＞ empat belas.

제(第) ~ ke-14.
십삼(十三)＜sib/sam＞ tiga belas. 제(第) ~ ke-13.
십상＜sib/sang＞ tepat; (dengan) sempurna.
십상팔구(十常八九)＜sib/sang/fal/gu＞ ☞ 십중팔구.
십억(十億)＜si/beok＞ satu milyar.
십오(十五)＜si/bo＞ lima belas. 제 ~ ke-15. ~분(分) lima belas menit.
십육(十六)＜sib/yuk＞ enam belas. 제 ~ ke-16. ~밀리 film 16 milimeter. ~분 음표 not musik seperenambelas.
십이(十二)＜si/bi＞ dua belas; satu lusin. 제 ~ ke-12. ~각형 segi dua belas.
십이월(十二月)＜si/bi/wol＞ Desember.
십이지(十二支)＜si/bi/ji＞ dua belas tanda zodiak.
십이지장(十二指腸)＜si/bi/ji/jang＞ 『解』 usus dua belas jari. ~궤양 borok pada usus dua belas jari. ~충 cacing tambang.
십인십색(十人十色)＜sib/in/sib/saek＞ Sepuluh orang sepuluh warna; Rambut sama hitam pendapat berbeda-beda.
십일(十一)＜sib/il＞ sebelas. 제 ~ ke-11.
십일월(十一月)＜si/bil/wol＞ November.
십자(十字)＜sib/ca＞ tanda silang. ~형의 berbentuk silang. ~형으로 menyilang; bersilang. ~를 긋다 membuat tanda salib. ~가(架) salib. ~가에 못박다 menyalibkan. ~가를 지다 memikul salib. ~군 tentara salib. ~로(路) persilangan; prapatan; simpang empat. ~포화 tembakan bersilangan.
십자매(十姉妹)＜sib/ca/mae＞ 『鳥』 burung nuri.
십장(什長)＜sib/jang＞ mandor.
십종경기(十種競技)＜sib/cong/gyeong/gi＞ dasa lomba.
십중팔구(十中八九)＜sib/cung/fal/gu＞ sembilan diantara sepuluh.
십진(十進)＜sib/jin＞ ~의 desimal. ~법 sistem desimal.
십칠(十七)＜sib/chil＞ tujuh belas.
십팔(十八)＜sib/fal＞ delapan belas. ~금 emas 18 karat.
싱겁다＜sing/geob/ta＞ ① kurang garam; kurang berasa. 간[맛]이 ~ kurang garam; tidak digarami merata. ② (언행이) bebal; tumpul hati.
싱그래＜sing/geu/rae＞ ~웃다 tersenyum lebar.
싱글＜sing/geul＞ tempat tidur untuk satu orang.
싱글거리다＜sing/geul/geo/ri/da＞ meringis.
싱글벙글＜sing/geul/beong/geul＞ ~하다 tersenyum; berseri-seri.
싱긋＜sing/geut＞ ~웃다 meringis.
싱긋거리다＜sing/geut/geo/ri/da＞ ☞ 싱글거리다.
싱긋벙긋＜sing/geut/beong/geut＞ ☞ 싱글벙글.
싱숭생숭하다＜sing/sung/saeng/sung/hada＞ gelisah; kebat-kebit; risau.
싱싱하다＜sing/sing/hada＞ segar.
싱크로트론＜sing/kheu/ro/theu/ron＞ 『理』 sinkrotron.
싶다＜sif/ta＞ ingin; mau; berharap.
싸개＜ssa/gae＞ pembungkus.
싸구려＜ssa/gu/ryeo＞ barang murah. ~시장 pasar murah.
싸늘하다＜ssa/neul/hada＞ ☞ 써늘하다.
싸다＜ssa/da＞ membungkus; mengepak. 한데 ~ menempatkan dalam satu bungkus.
싸다＜ssa/da＞ buang air. 바지에 오줌을 ~ ngompol.
싸다＜ssa/da＞ ① (입이) gatal mulut. ② (걸음이) tangkas. ③ (불이) berkobar-kobar (api).
싸다＜ssa/da＞ ① murah. 아주 ~ sangat murah. ② pantas; patut; layak. 벌받아 ~ Kamu layak dihukum. 그래 ~ Pantas bagimu.
싸다니다＜ssa/da/ni/da＞ jalan kemana-mana; berkeluyuran.

싸라기 < ssa/ra/gi > lemukut; menir; busi-busi; recak. ~눈 salju recak.

싸우다 < ssa/u/da > berkelahi; bertengkar; bercedera; bercekcok; berperang.

싸움 < ssa/um > perang; pertempuran; pertengkaran. ~하다 (☞ 싸우다). ~에 나가다 pergi berperang; pergi ke garis depan. ~에 이기다[지다] menang [kalah] perang.

싸움꾼 < ssa/um/kun > orang yang suka berkelahi/bertengkar.

싸움터 < ssa/um/theo > arena pertempuran; medan perang.

싸움판 < ssa/um/fan > adegan pertempuran.

싸움패 < ssa/um/fae > gerombolan.

싸이다 < ssa/i/da > dibungkus. 수수께끼에 ~ diselimuti teka-teki.

싸전(- 廛) < ssa/jeon > toko beras.

싹 < ssak > ① pucuk; tunas; bakal cabang; taruk; semi; kuntum bunga. ~트다 bertunas; bertaruk; berkecambah. ② ☞ 싹수.

싹 < ssak > sekali pukul; seluruhnya; sekaligus. ~베다 sekali potong. ~변하다 berubah tiba-tiba. ~쓸다 menyapu bersih.

싹독거리다 < ssak/dok/geo/ri/da > mengiris-iris; mencincang; menggunting-gunting.

싹수 < ssak/su > pertanda baik. ~가 노랗다 tidak ada harapan.

싹싹 < ssak/ssak > ~빌다 memohon maaf dengan menggosok-gosokkan tangan.

싹싹하다 < ssak/ssak/hada > ramah.

쌀 < ssal > beras. ~가게 toko beras. ~가루 tepung beras. ~가마니 karung beras. ~겨 kulit padi. ~밥 nasi. ~알 sebutir beras. ~장사 dagang beras. ~장수 pedagang beras. ~풍작 panen padi yang melimpah ruah.

쌀보리 < ssal/bo/ri > gandum hitam.

쌀쌀 < ssal/ssal > ~아프다 mulasmulas.

쌀쌀하다 < ssal/ssal/hada > ① (냉정)

dingin; berhati dingin; tidak acuh. ② (일기가) dingin.

쌈 < ssam > lalap; ulam. 상치 ~ lalap daun selada.

쌈지 < ssam/ji > kantong tembakau. ~담배 tembakau pipa.

쌀쌀하다 < ssal/ssal/hada > rasa kepahit-pahitan.

쌍(雙) < ssang > sepasang; sejoli; seperangkap. ~의 kembar. 잘어울리는 한 ~의 부부 pasangan yang serasi. ~을 만들다 menjodohkan.

쌍곡선(雙曲線) < ssang/gok/seon > 『幾』 hiperbola.

쌍꺼풀(雙 -) < ssang/kkeo/ful > kelopak mata yang dobel.

쌍동이(雙童 -) < ssang/dong/i > anak kembar. ~를 낳다 melahirkan anak kembar. 세 ~ kembar tiga.

쌍두(雙頭) < ssang/du > ~의 berkepala dua. ~마차 kereta yang ditarik oleh dua kuda.

쌍무계약(雙務契約) < ssang/mu/gye/yak > kontrak yang disetujui oleh kedua belah pihak.

쌍바라지(雙 -) < ssang/ba/ra/ji > pintu yang berdaun dua.

쌍발(雙發) < ssang/bal > ~의 bermesin ganda. ~비행기 pesawat bermesin ganda.

쌍방(雙方) < ssang/bang > kedua belah pihak.

쌍벽(雙壁) < ssang/byeok > kedua penguasa yang terbesar.

쌍분(雙墳) < ssang/bun > kuburan yang berisi dua mayat.

쌍생(雙生) < ssang/saeng > ~의 kembar. ~아 anak kembar.

쌍수(雙手) < ssang/su > kedua tangan. ~를 들어 찬성하다 menyokong dengan segenap hati.

쌍시류(雙翅類) < ssang/si/ryu > 『蟲』 serangga yang bersayap dua.

쌍심지(雙 -) < ssang/sim/ji > bersumbu dua. ~(가)나다 terbakar/dibakar nafsu amarah.

쌍쌍이(雙雙 -) < ssang/ssang/i > duadua; berpasang-pasangan.

쌍안(雙眼) < ssang/an > ~의 tero-

pong. ~경(鏡) meneropong.
쌍자엽(雙子葉)<ssang/ja/yeob> ~식물 dikotiledon.
쌍창(雙窓)<ssang/chang> jendela yang berdaun dua.
쌍태(雙胎)<ssang/thae> janin kembar.
쌓다<ssat/tha> ① (포개다) menumpuk (bata, jerami). ② (구축) membangun; mendirikan (tembok, menara, dsb). ③ (축적) menimbun; menimba (pengalaman).
쌓이다<ssa/i/da> bertumpuk; menimbun; bertambun; membukit.
쌔고쌨다<ssae/go/ssaet/ta> melimpah ruah.
써늘하다<sseo/neul/hada> ① (차다) dingin. ② (놀라서) takut.
써다<sseo/da> surut; susut.
써레<sseo/re> sisir tanah; garu; penggaruk. ~질하다 menyisir tanah; menggaru; menyisir; menyikat.
써리다<sseo/ri/da> penyisiran tanah.
썩<sseok> ① segera. ~물러나라 Keluar segera. ② sangat. ~좋은 기회 kesempatan yang sangat menguntungkan.
썩다<sseok/ta> ① (부패) membusuk; lapuk; rusak; usang. ② (활용 안된) berkarat.
썩이다<sseo/gi/da> ① (부패) membiarkan busuk; membusukkan. ② mengkhawatirkan; mencemaskan. 남의 속을 ~ menyusahkan orang lain.
썰다<sseol/da> memotong; menetak; mencincang; membacok; menggal.
썰매<sseol/mae> papan luncur. ~를 타다 main papan luncur. ~타기 permainan papan luncur.
썰물<sseol/mul> air surut.
쏘개질하다<sso/gae/jil/hada> menjelek-jelekkan.
쏘다<sso/da> ① (발사함) menembak; menjepret. ② (말로) mengeritik. ③ (벌레가) menggigit; me-

nyengat.
쏘다니다<sso/da/ni/da> berkeliaran kesana kemari.
쏘삭거리다<sso/sak/geo/ri/da> menghasut.
쏘아올리다<sso/a/ol/ri/da> meluncurkan. 인공 위성을 ~ meluncurkan satelit buatan ke angkasa.
쏜살같다<sson/sal/gath/tha> secepat anak panah.
쏟다<ssot/ta> ① (물건을) menumpahkan; mencurahkan. ② memusatkan (pikiran); berkonsentrasi. 마음을 ~ menekuni; bertekun (dalam). 전력을 ~ mencurahkan tenaganya.
쏟아지다<sso/da/ji/da> mencurah; tumpah. 비가 ~ hujan turun lebat.
쏠다<ssol/da> menggerit; menggerogoti; merongsong.
쏠리다<ssol/li/da> ① (기울다) condong. ② (경향이 있다) condong; cenderung (untuk).
쐐기<sswae/gi> paji; tangsel; pating; pasak; paku kayu. ~를 박다 menangsel; memasang pasak; memating.
쐬다<ssoe/da> ① (바람 따위를) berangin-angin. ② (벌레 따위에) disengat.
쑤다<ssu/da> memasak (bubur).
쑤석거리다<ssu/seok/geo/ri/da> ① (쑤시다) menyolok-nyolok; menusuk-nusuk. ② (선동) menghasut.
쑤시개<ssu/si/gae> tusuk; tusukan. 이 ~ tusuk gigi.
쑤시다<ssu/si/da> menusuk. 이를 ~ menusuk gigi.
쑤시다<ssu/si/da> (아프다) linu; ngilu; nyeri.
쑥<ssuk> 『植』 ssuki; mugwort.
쑥<ssuk> (바보) tolol; bodoh.
쑥<ssuk> ~뽑다 mencabut dengan sentakan; menyentak. ~들어가다 membenamkan; memasukkan. ~내밀다 menonjol; mencuat.
쑥대밭<ssuk/tae/bath> ~이 되다

menjadi hancur total.
쑥덕거리다＜ssuk/teok/geo/ri/da＞
☞ 숙덕거리다.
쑥덕공론(-公論)＜ssuk/teok/gong/
non＞ pembicaraan rahasia. ~하
다 berbicara secara rahasia.
쑥스럽다＜ssuk/seu/reob/ta＞ cang-
gung; kikuk.
쓰다＜sseu/da＞ menulis; menyurat;
mengarang. 잉크로 ~ menulis de-
ngan tinta. 잘 ~ menulis dengan
baik.
쓰다＜sseu/da＞ ① memakai; meng-
gunakan. 너무~ memakai berle-
bihan. 약으로 ~ menggunakan
untuk obat. 수단을 ~ mengambil
tindakan. ② (고용) mempekerja-
kan. ③ memakai; membelanjakan.
돈을 ~ membelanjakan uang. 다
~ habis terpakai. ④ (술법 따위)
mempraktekkan. ⑤ (약을) mem-
beri (obat). ⑥ menggunakan. 머
리를 ~ menggunakan otak. 폭력
을 ~ menggunakan kekerasan. ⑦
mengedarkan. 가짜돈을 ~ meng-
edarkan uang palsu. ⑧ (색을)
berhubungan seks. ⑨ berbicara.
영어를 ~ bicara bahasa Inggris.
쓰다＜sseu/da＞ ① (머리에) menge-
nakan (topi). ② (안경을) memakai
(kacamata). ③ (들쓰다) menyiram
(tubuh). ④ (우산) berpayung. ⑤
(이불을) menarik (selimut). ⑥ (누
명 등을) dituduh (secara keliru).
쓰다＜sseu/da＞ (맛이) pahit.
쓰다＜sseu/da＞ 뫼를 ~ menggali
kuburan.
쓰다듬다＜sseu/da/deum/ta＞ menge-
lus-elus; mengurut; meraba-raba.
쓰디쓰다＜sseu/di/sseu/da＞ pahit
sekali.
쓰라리다＜sseu/ra/ri/da＞ sakit; pa-
hit; menyakitkan.
쓰러뜨리다＜sseu/reo/teu/ri/da＞ me-
robohkan; menebang; menumbang-
kan; membunuh.
쓰러지다＜sseu/reo/ji/da＞ ① (전도.
도괴) rubuh; roboh; runtuh; re-
bah; jatuh; kalah. ② (죽다) mati;

tergeletak; terkapar. ③ (도산.몰
락) hancur; gagal.
쓰레기＜sseu/re/gi＞ sampah; bua-
ngan; kotoran; sempelan. ~버리
는 곳 tempat pembuangan sampah.
~분리수거 memisah-misahkan tum-
pukan sampah. ~차 truk sampah;
gerobak sampah. ~통 keranjang
sampah; tong sampah. 부엌 ~
sampah makanan; sampah rumah
tangga.
쓰레받기＜sseu/re/bat/gi＞ pengki;
sedokan debu/sampah.
쓰레질하다＜sseu/re/jil/hada＞ me-
nyapu.
쓰르라미＜sseu/reu/ra/mi＞ 『蟲』
jengkerik.
쓰리다＜sseu/ri/da＞ menusuk; pe-
dih; sakit; perih. 가슴이 ~ nyeri
ulu hati.
쓰이다＜sseu/i/da＞ (글씨) menulis-
kan.
쓰이다＜sseu/i/da＞ ① (사용) dipa-
kai; digunakan. ② (소용) dibu-
tuhkan; dikonsumsi; dibelanjakan.
쓴맛단맛＜sseun/mat/dan/mat＞ 인
생의 ~을 다 보다 merasakan pahit
manisnya kehidupan.
쓴웃음＜sseun/u/seum＞ senyum ge-
tir. ~을 짓다 tersenyum getir.
쓸개＜sseul/gae＞ empedu; nyali.
~빠진 사람 orang yang tidak ber-
nyali.
쓸까스르다＜sseul/ka/seu/reu/da＞
mempermainkan; membuat jadi ba-
han tertawaan; memperolokkan.
쓸다＜sseul/da＞ (쓰레질) menyapu
bersih.
쓸다＜sseul/da＞ (줄로) mengikir.
쓸데없다＜sseul/te/eob/ta＞ tidak
penting; sepele; tidak ada guna;
sia-sia; tawar.
쓸리다＜sseul/li/da＞ (비로) tersapu
habis; pupus; lenyap; binasa; pu-
nah; hilang.
쓸리다＜sseul/li/da＞ (줄에) dikikir.
쓸리다＜sseul/li/da＞ (살갗이) tergo-
res.
쓸만하다＜sseul/man/hada＞ bergu-

na.
쓸모 <sseul/mo>　guna; faedah; manfaat; maslahat.　～가 있다 berguna; dapat dipakai; bermanfaat; praktis.　～없다 tidak berguna/terpakai.
쓸쓸하다 <sseul/seul/hada>　sepi; terpencil; terisolasi; terasing; sunyi.
쓸어버리다 <sseu/reo/beo/ri/da> membersihkan; menyapu; memupuskan; menghilangkan; menghapuskan.
씀씀이 <sseum/sseu/mi>　～가 헤프다 menghambur-hamburkan uang.
씁쓸하다 <sseub/sseul/hada>　kepahit-pahitan.
씌우다 <sseui/u/da>　① (덮다) memakai; menutupi; melingkupi; menekapi.　② (죄를) menimpakan kesalahan; menuduh secara keliru.
씨 <ssi>　① biji; bibit.　～뿌릴때 masa penyemaian; masa penaburan bibit.　～없는 tanpa biji.　밭에 ～를 뿌리다 menabur benih di kebun.　～를 받다 mengumpulkan biji.　～가 생기다 berbiji.　～장수 pedagang bibit.　② benih; bibit.　～가 좋다 berbibit baik.　③ darah pihak ayah.　불의의 ～ anak haram.　④ penyebab; sumber.　불평의 ～ sumber keluhan.
씨 <ssi>　☞ 품사(品詞).
씨 <ssi>　(피륙의) pakan.　～와 날 pakan dan bujur.
씨(氏) <ssi>　tuan; nona; nyonya.
씨근 <ssi/geun>　～거리다 megap-megap.　～벌떡 dengan megap-megap.
씨닭 <ssi/dak> ayam pembibit.
씨름 <ssi/reum>　gulat.　～하다 bergulat; bermain gulat dengan;

bergumul; bergelut.　～꾼 pemain gulat; pegulat.
씨명(氏名) <ssi/myeong> nama.
씨아 <ssi/a>　mesin pemisah biji kapas.　～질 pemisahan biji kapas.
씨암탉 <ssi/am/thak>　induk; ayam pembibit.
씨앗 <ssi/at>　biji/bibit.　☞씨 ①.
씨족(氏族) <ssi/jok>　keluarga; kaum; suku; marga; kerabat; sanak saudara.　～정치 politik kesukuan.　～제도 sistem kekeluargaan.
씨종 <ssi/jong> buruh turunan.
…씩 <ssik>　조금 ～ sedikit demi sedikit.　하나 ～ satu demi satu.　두 사람 ～ dua-dua; sekali dua.　1주 2회 ～ dua kali seminggu.
씩씩하다 <ssik/ssik/hada>　berani; jantan; gagah.
씹 <ssib>　① (음부) rahim; vagina.　②berhubungan seks.　☞ 씹하다.
씹다 <ssib/ta>　mengunyah; memamah; menyepah; menggayem.
씹하다 <ssib/hada>　berhubungan seks (dengan).
씹히다 <ssi/fi/da> dikunyah.
씻가시다 <ssit/ga/si/da>　membersihkan; mencuci.
씻기다 <ssit/gi/da>　dibersihkan; mencucikan.
씻다 <ssit/ta>　① cuci; mencuci; mengosek; mengumbah; mengurah; membilas.　손과 얼굴을 ～ mencuci tangan dan muka.　(잔)등을 ～ menggosok punggung.　② membersihkan (dosa).　치욕을 ～ mengembalikan nama baik.　③ 이마의 땀을 ～ mengusapkan keringat dari dahi.
씻은듯이 <ssi/seun/deu/si>　keseluruhannya; semuanya.
씽 <ssing>　～불다 berkesiur.

아<a> Astaga; Ah!; Oh!.
아(亞)<a> Asia. ~주(洲)의 benua Asia.
아(阿)<a> Afrika. ~아(亞) 블록 blok Asia-Afrika.
아가<a/ga> ☞ 아기.
아가미<a/ga/mi> insang.
아가씨<a/ga/ssi> gadis; nona.
아교(阿膠)<a/gyo> lem; perekat. ~질의 koloid. ~로 붙이다 menempel dengan lem; merekat.
아국(我國)<a/guk> negara kita.
아군(我軍)<a/gun> tentara kita.
아궁이<a/gung/i> tungku perapian; tanur.
아귀<a/gwi> ① sela; sudut; celah. 입 ~ celah mulut. ② 씨가 ~트다 bibit bertunas; bibit merekah. ③ (옷의 터놓은 것) belah samping (pada baju).
아귀(餓鬼)<a/gwi> 『佛』 orang yang tamak. ~다툼 perselisihan.
아귀세다<a/gwi/se/da> teguh; kukuh; gigih.
아그레망<a/geu/re/mang> agrimen; persetujuan; penerimaan.
아기<a/gi> ① (어린애) bayi; orok. ② (딸) panggilan sayang kepada anak/menantu perempuan.
아기서다<a/gi/seo/da> menjadi hamil. ☞ 임시.
아기자기하다<a/gi/ja/gi/hada> menarik; mempesona; penuh daya tarik.
아기작거리다<a/gi/jak/geo/ri/da> tertatih-tatih.
아기집<a/gi/jib> rahim; kandungan.
아까<a/ka> sesaat yang lalu; tadi. ~부터 dari tadi.
아깝다<a/kab/ta> sayang sekali.
아끼다<a/ki/da> ① irit. 비용(費用)을 ~ irit biaya. ② menghargai; menyayangi. 시간을 ~ meng-

hargai waktu. 목숨을 ~ menyayangi kehidupan.
아낌없이<a/kim/eob/si> tidak irit; royal. ~주다 memberikan dengan royal.
아나운서<a/na/un/seo> penyiar.
아낙<a/nak> kamar rias wanita. ~네 wanita; ibu. ~네들 kaum wanita; kaum ibu.
아내<a/nae> istri. ~를 얻다 beristeri; mendapat istri. 훌륭한 ~가 되다 menjadi istri yang baik.
아네모네<a/ne/mo/ne> 『植』 anemon.
아녀자(兒女子)<a/nyeo/ja> ibu dan anak.
아뇨<a/nyo> tidak; bukan.
아늑하다<a/neuk/hada> menyenangkan; enak.
아는체하다<a/neun/che/hada> sok tahu.
아니<a/ni> ① tidak; bukan; tidak sama sekali. ~라고 대답하다 menidakkan; menjawab tidak. ~그렇지 않다 Bukan, bukan demikian. ② apa; astaga. ~이게 웬 일이냐 Astaga, apa yang terjadi? /~ 또 늦었니 Apa, kamu terlambat lagi?
아니<a/ni> tidak ~하다 tidak (melakukan). ~가다 tidak pergi.
아니꼽다<a/ni/kob/ta> muak; memuakkan; membosankan; menjemukan; menjijikkan.
아니나다를까<a/ni/na/da/reul/ka> seperti yang diduga. ~그는 나타나지 않았다 Seperti yang diduga, dia tidak muncul.
아니다<a/ni/da> bukan; tidak. 그는 바보가 ~ Dia tidak bodoh.
아니면<a/ni/myeon> kalau tidak.
아닌게아니라<a/nin/ge/a/ni/ra> sungguh, betul, benar.
아닌밤중<a/nin/bam/cung> ~에 홍두깨 내미는 격으로 tiba-tiba.

아다지오＜a/da/ji/o＞ 『樂』 adagio; perlahan-lahan.

아담(雅淡)＜a/dam＞ ～한 mungil.

아데노이드＜a/de/no/i/deu＞ 『醫』 amandel.

아동(兒童)＜a/dong＞ anak-anak; remaja. ～추학 전의 ～ anak pra sekolah ～교육 pendidikan anak-anak. ～ 문학 bacaan anak-anak. ～심리학 psikologi anak-anak. 국민 학교 ～ anak sekolah dasar. ～병원 rumah sakit anak-anak.

아둔하다＜a/dun/hada＞ bodoh; lamban.

아득하다＜a/deuk/hada＞ jauh. 갈 길이 ～ perjalanan masih jauh.

아들＜a/deul＞ anak laki-laki; putra.

아뜩(아뜩)하다＜a/teuk/(a/teuk)/hada＞ pusing.

아라비아＜a/ra/bi/a＞ Arabia. ～사람 orang Arab. ～숫자 angka Arab.

아랍＜a/rab＞ Arab. ～국가 negara Arab. ～어(語) bahasa Arab.

아랑곳＜a/rang/got＞ ～하다 mencampuri; ikut campur. ～없다 tidak ikut campur.

아래＜a/rae＞ ① bagian bawah; dasar. ～의 bawah. ～에(서) dibawah. ～로 내려가다 [내려오다] pergi [datang] ke bawah. ～와 같다 seperti di bawah. ② ～의 bawahan; di bawah. …의 지휘 [지도] ～ dibawah perintah [arahan]…

아래위＜a/rae/wi＞ atas dan bawah.

아래윗벌＜a/rae/wit/beol＞ pakaian atas dan bawah.

아래쪽＜a/rae/cok＞ arah ke bawah; di bawah.

아래채＜a/rae/chae＞ pavilyun (rumah).

아래층(- 層)＜a/rae/cheung＞ lantai bawah.

아래턱＜a/rae/theok＞ rahang bawah.

아래통＜a/rae/thong＞ ukuran lingkaran tubuh bagian bawah.

아랫니＜a/raet/ni＞ gigi bagian bawah.

아랫도리＜a/raet/do/ri＞ bagian bawah dari tubuh.

아랫목＜a/raet/mok＞ bagian ruangan rumah dekat perapian (rumah gaya Korea).

아랫방(- 房)＜a/raet/pang＞ kamar terpisah.

아랫배＜a/raet/bae＞ perut bagian bawah.

아랫사람＜a/raet/sa/ram＞ bawahan.

아랫수염(- 鬚髥)＜a/raet/su/yeom＞ jenggot.

아랫입술＜a/raet/ib/sul＞ bibir bawah.

아량(雅量)＜a/ryang＞ kemurahan hati; toleransi; kesabaran. ～있는 murah hati; sabar; toleran.

아련하다＜a/ryeon/hada＞ samar-samar; hilang timbul.

아령(啞鈴)＜a/ryeong＞ dumbel. ～체조 latihan dengan dumbel.

아로새기다＜a/ro/sae/gi/da＞ mengukir. 마음에 ～ mengukir dalam hati.

아롱아롱하다＜a/rong/a/rong/hada＞ bercorak ragam.

아뢰다＜a/roe/da＞ melaporkan.

아류(亞流)＜a/ryu＞ pengikut.

아르바이트＜a/reu/ba/i/theu＞ pekerjaan sambilan.

아르헨티나＜a/reu/hen/thi/na＞ Argentina. ～의 tentang Argentina. ～ 사람 orang Argentina.

아른거리다＜a/reun/geo/ri/da＞ ☞ 어른거리다.

아름＜a/reum＞ serangkul kayu bakar (sepikul kayu bakar).

아름답다＜a/reum/dab/ta＞ cantik; indah.

아름드리＜a/reum/deu/ri＞ ～나무 pohon yang ukurannya lebih dari serangkul.

아리다＜a/ri/da＞ ① (맛이) pedas; menyengat lidah. ② (상처 따위) nyeri; pedih.

아리땁다＜a/ri/tab/ta＞ cantik; manis; menarik.

아리송하다＜a/ri/song/hada＞ kabur; lupa-lupa ingat.

아리아＜a/ri/a＞　　『樂』　nyanyian tunggal; Aria.

아리안＜a/ri/an＞ orang Aria.　~족 [인종] suku Aria.

아릿하다＜a/rit/hada＞ pedas; menyengat lidah.

아마(亞麻)＜a/ma＞ 『植』 rami halus.　~의 terbuat dari rami.　~사 (絲) benang rami.　~유 minyak biji rami.　~천 linan.

아마＜a/ma＞ barangkali; boleh jadi; rupanya; kelihatannya.

아마존강(- 江)＜a/ma/jon/gang＞ sungai Amazon.

아마추어＜a/ma/chu/eo＞ orang yang tidak berpengalaman; amatir.　~의 amatir.

아말감＜a/mal/gam＞ 『化』 logam campuran.

아메리카＜a/me/ri/kha＞ Amerika.　☞ 미국.　~대륙 benua Amerika.

아메바＜a/me/ba＞ amuba.

아멘＜a/men＞ amin!.

아명(兒名)＜a/myeong＞ nama waktu anak-anak; nama kecil.

아무＜a/mu＞ ① siapa saja; siapapun.　~라도 할 수 있다 Siapa saja bisa melakukan itu.　② tidak seorangpun.　~도 …이라는 것은 의심할 수 없다 Tidak seorangpun yang meragukan bahwa…

아무개＜a/mu/gae＞ seseorang; si anu. 김 ~ seseorang yang bernama Kim.

아무것＜a/mu/geot＞ apa saja.　~이나 좋아하는 것 apa saja yang disukai. 할 일이 ~도없다 tidak ada yang dikerjakan.

아무데＜a/mu/de＞ disuatu tempat.　~나 dimana saja.　~도 tidak ada dimanapun.

아무때＜a/mu/tae＞　~나 setiap waktu; kapan saja.

아무래도＜a/mu/rae/do＞ ① walaupun demikian.　~ 그것은 해야 한다 Walaupun demikian saya harus melakukan itu.　② (결국) pada akhirnya.　③ dalam segala segi.　~부부라고 밖에 볼 수 없다

Mereka, dalam segala segi adalah suami dan isteri.　④ (싫건 좋건) suka tidak suka.　⑤ (결코) bagaimanapun; apapun caranya.　⑥ 그 까짓 일은 ~좋다 Itu tidak apa-apa.

아무러면＜a/mu/reo/myeon＞ tidak menjadi soal; itu tidak membuat perbedaan; apapun itu. 옷이야 ~ 어떠냐 penampilan pakaianmu tidak menjadi masalah.

아무런＜a/mu/reon＞ sedikitpun.　~사고 없이 tanpa kecelakaan sedikitpun.

아무렁거나＜a/mu/reot/kheo/na＞ bagaimanapun.　~해 보세 Bagaimanapun, mari kita coba.

아무렁게나＜a/mu/reot/khe/na＞ dengan sembarangan; dengan seenaknya.　~말하다 bicara seenaknya; bicara sembarangan.

아무렁게도＜a/mu/reot/khe/do＞ tidak sedikitpun; tidak apa-apa.　~ 생각 안하다 tidak ragu-ragu; tidak mempedulikan.

아무렁든지＜a/mu/reot/theun/ji＞ bagaimanapun juga.

아무렴＜a/mu/ryeom＞ tentu saja.

아무리＜a/mu/ri＞　~…해도 entah bagaimanapun.　~돈이 많아도 Entah bagaimanapun kayanya.

아무말＜a/mu/mal＞ bicara sepatahpun.　~없이 tanpa bicara sepatah katapun.

아무일＜a/mu/il＞ sesuatu hal.　~ 없이 tanpa sesuatu hal.

아무짝＜a/mu/cak＞　~에도 못 쓰 겠다 sesuatu yang tidak berguna.

아무쪼록＜a/mu/co/rok＞ semaksimal mungkin; sebaik-baiknya, silahkan, dengan senang hati.　~몸 조심하십시오 Jagalah dirimu baik-baik.

아물거리다＜a/mul/geo/ri/da＞ berkedip.

아물다＜a/mul/da＞ sembuh; bertaut; menutup kembali (luka).

아물리다＜a/mul/li/da＞ menyembuhkan (luka).

아뭇든지＜a/mut/theun/ji＞ bagaimamanapun juga.

아미(蛾眉)＜a/mi＞ alis mata yang lentik.

아미노산(- 酸)＜a/mi/no/san＞ 『化』 asam amino.

아미타(阿彌陀)＜a/mi/tha＞ amithaba.

아버지＜a/beo/ji＞ bapak; ayah. ～다운 kebapakan. ～를 닮다 mirip bapak. ～를 잃다 anak yatim.

아베마리아＜a/be/ma/ri/a＞ Bunda Maria.

아베크＜a/be/kheu＞ dua sejoli. ～하다 berkencan.

아부(阿附)＜a/bu＞ ～하다 menjilat; menyanjung.

아비＜a/bi＞ bapak.

아비규환(阿鼻叫喚)＜a/bi/gyu/hwan＞ jerit tangis yang mengenaskan. ～의 참상(慘狀) pemandangan yang mengenaskan.

아비산(亞砒酸)＜a/bi/san＞ 『化』 asam arsenik. ～염 racun arsenik.

아빠＜a/pa＞ papa; papi.

아뿔싸＜a/pul/ssa＞ astaga!.

아사(餓死)＜a/sa＞ mati kelaparan. ～하다 mati karena lapar. ～시키다 membiarkan mati kelaparan.

아삭아삭＜a/sak/a/sak＞ ～씹다 mengunyah-ngunyah.

아서라＜a/seo/ra＞ Berhenti!; Jangan!.

아성(牙城)＜a/seong＞ benteng.

아성층권(亞成層圈)＜a/seong/cheung/kwon＞ substratosfir.

아세테이트＜a/se/the/i/theu＞ 『化』 asam cuka.

아세톤＜a/se/thon＞ 『化』 aseton.

아세틸렌＜a/se/thil/len＞ 『化』 gas karbit (asetilen).

아쉬워하다＜a/swi/wo/hada＞ kurang puas; merasa kekurangan.

아쉰대로＜a/swin/dae/ro＞ meskipun tidak cukup; sebagai ganti sementara.

아쉽다＜a/swib/da＞ kurang puas; merasa kekurangan.

아스파라거스＜a/seu/fa/ra/geo/seu＞ 『植』 asparagus.

아스팍＜a/seu/fak＞ Dewan Asia dan Pasifik (ASPAK)

아스팔트＜a/seu/fal/theu＞ aspal. ～길 jalan aspal. ～를 깔다 meng-aspal.

아스피린＜a/seu/fi/rin＞ 『藥』 aspirin.

아슬아슬＜a/seul/a/seul＞ ～한 menegangkan. ～하게 hampir saja; nyaris. ～한 승부 pertandingan yang menegangkan. ～한 때에 saat-saat yang menegangkan. ～하게 이기다 menang dengan menegangkan.

아시아＜a/si/a＞ Asia. ～의 tentang Asia. ～개발 은행 Bank Pembangunan Asia (ADB). ～경기대회 pertandingan se-Asia; Asean Games. ～사람 orang Asia.

아식축구(-式蹴球)＜a/sik/chuk/gu＞ persatuan sepak bola.

아씨＜a/ssi＞ nyonya.

아아(阿亞)＜a/a＞ ～블록 blok Asia Afrika.

아아＜a/a＞ ① Aduh!; Oh!; Wahai!; Amboi!; Alangkah. ～기쁘다 Aduh senang sekali. ～그렇군 Oh saya tahu; Oh begitu. ② Yah… . ～이제 다 왔군 Yah, sudah sampai.

아악(雅樂)＜a/ak＞ musik klasik.

아야＜a/ya＞ aduh.

아양＜a/yang＞ penjilatan; rayuan. ～떨다[부리다] menjilat; merayu; memuji-muji.

아어(雅語)＜a/eo＞ ungkapan yang sopan.

아역(兒役)＜a/yeok＞ peran anak; aktor anak-anak.

아연(亞鉛)＜a/yeon＞ seng. ～을 입힌 berlapis seng. ～도금 pelapisan dengan seng. ～판(板) pelat seng. ～화 연고(軟膏) salep timah sari.

아연(俄然)＜a/yeon＞ tiba-tiba. ～활기를 띠다 mulai menunjukkan tanda-tanda keaktifan dengan tiba-tiba.

아연(啞然)＜a/yeon＞ ternganga; tertegun. ～케 하다 menakjubkan.

아열대(亞熱帶)＜a/yeol/dae＞ subtropis. ～식물 tanaman subtropis.
아예＜a/ye＞ dari permulaan.
아옹다옹하다＜a/ong/da/ong/hada＞ berselisih dengan.
아우＜a/u＞ adik.
아우성＜a/u/seong＞ teriak; hiruk pikuk. ～을 치다 membuat keributan; berteriak.
아욱＜a/uk＞ 『植』 mallow.
아이＜a/i＞ anak. ～보는 이 pengasuh anak. ～를 가지다 [배다] mengandung; hamil. ～를 보다 menjaga (mengasuh) anak.
아이고＜a/i/go＞ aduh; ah!; oh!.
아이누＜a/i/nu＞ Ainu. ～어 bahasa Ainu.
아이디어＜a/i/di/eo＞ ide; pendapat. ～를 모집하다 mengumpulkan ide (pendapat).
아이러니＜a/i/reo/ni＞ ejekan; ironi.
아이론＜a/i/ron＞ seterika.
아이스＜a/i/seu＞ es. ～링크 gelanggang es. ～캔디 es mambo. ～케이크 es loli. ～하키 hoki es.
아이스크림＜a/i/seu/kheu/rim＞ es krim. ～제조기 mesin pembuat es krim.
아이슬란드＜a/i/seul/lan/deu＞ Islandia (negeri Islandia). ～의[말] bahasa Islandia. ～사람 orang Islandia.
아이오시＜a/i/o/si＞ Komite Olimpiade Internasional (IOC).
아이큐＜a/i/khyu＞ angka intelegensi; tingkat kecerdasan.
아일랜드＜a/il/laen/deu＞ Irlandia. ～말 bahasa Irlandia. ～사람 orang Irlandia.
아장거리다＜a/jang/geo/ri/da＞ bertatih; bertatah (bayi).
아전(衙箭)＜a/jeon＞ bawahan.
아전인수(我田引水)＜a/jeon/in/su＞ ～격의 mementingkan diri sendiri.
아주＜a/ju＞ seantero; sangat; sama sekali; serba; belaka; seluruhnya; semuanya. ～피곤하다 kelelahan sekali; capek sekali. 관계를 ～끊다 memutuskan hubungan sama se-

kali.
아주(亞洲)＜a/ju＞ benua Asia.
아주(阿洲)＜a/ju＞ benua Afrika.
아주까리＜a/ju/ka/ri＞ 『植』 jarak. ～기름 minyak jarak.
아주머니＜a/ju/meo/ni＞ tante; etek.
아주버니＜a/ju/beo/ni＞ ipar (saudara ipar).
아지랑이＜a/ji/rang/i＞ uap (dari tanah waktu musim bunga). ～가 끼었다 beruap.
아지작거리다＜a/ji/jak/geo/ri/da＞ mengunyah; mengerkah; memamah.
아지트＜a/ji/theu＞ tempat persembunyian; sarang penjahat.
아직＜a/jik＞ ① (아직…(않다)) belum; masih; belum pernah. ② (더) masih; lagi. ③ hanya. …한 지 ～3년밖에 안 된다 hanya tiga tahun sejak…
아질산(亞窒酸)＜a/jil/san＞ asam sendawa; asam nitrit. ～염 nitrit.
아집(我執)＜a/jib＞ mementingkan diri; egois.
아찔하다＜a/cil/hada＞ pusing; mabuk.
아차＜a/cha＞ aduh!; Cialat!. ～속았구나 Aduh, saya telah ditipu.
아첨(阿諂)＜a/cheom＞ bujukan; penjilatan. ～하다 memelet; memikat; membujuk; memuji-muji; mengalem. ～꾼 perayu; pemuji; penjilat.
아취(雅趣)＜a/chwi＞ cita rasa yang tinggi. ～있는 bercita-rasa tinggi.
아치＜a/chi＞ busur; lengkung. ～형의 membusur; melengkung.
아침＜a/chim＞ ① pagi. ～에 diwaktu pagi. ～나절 sebelum tengah hari. ～안개 kabut pagi. 오늘 ～ pagi ini. ～일찍 pagi sekali. 3일날 ～ pagi yang ketiga. ～부터 밤까지 dari pagi sampai malam. ② sarapan. ～을 먹다 makan pagi.
아침저녁＜a/chim/jeo/nyeok＞ pagi dan sore.
아침참＜a/chim/cham＞ istirahat ma-

kan pagi.

아카데미 <a/kha/de/mi> akademi. ~상 The Academy Award; piala Oscar.

아카시아 <a/kha/si/a> 『植』 pohon akasia.

아케이드 <a/khe/i/deu> los.

아코디언 <a/kho/di/eon> akordion.

아퀴 <a/khwi> ~짓다 menyelesaikan; merampungkan.

아크등(-橙) <a/kheu/deung> lampu bulat.

아킬레스건(-腱) <a/khil/le/seu/geon> otot achilles.

아트지(- 紙) <a/theu/ji> kertas seni.

아틀리에 <a/theul/li/e> studio; sanggar.

아파트 <a/fa/theu> apartemen; rumah susun. ~군(群) blok apartemen; blok rumah susun. 임대[분양] ~ apartemen yang disewakan (dijual).

아편(阿片) <a/fyeon> opium; madat; candu. ~굴[상용자] rumah madat [pemadat]. ~중독 keracunan opium/candu. ~전쟁 perang candu.

아폴로 <a/fol/lo> 『希神』 apolo. ~계획 rencana apolo.

아프가니스탄 <a/feu/ga/ni/seu/than> Afganistan. ~사람 orang Afganistan.

아프다 <a/feu/da> rasa sakit. 이 [머리] 가 ~ sakit gigi [kepala]. 배가 ~ cemburu; iri hati.

아프리카 <a/feu/ri/kha> Afrika. ~사람 orang Afrika.

아프트식(- 式) <a/feu/theu/sik> ~철도 sistem jalan kereta api Abt.

아픔 <a/feum> sakit; nyeri. 상처의 ~ luka yang terasa sakit. 이별의 ~ sedih berpisah. 격심한 ~ rasa sakit sekali. ~을 참다 menahan rasa sakit.

아하 <a/ha> Oh!; Aha!. ~ 이제 생각이 나는군 Oh! Sekarang saya ingat.

아한대(亞寒帶) <a/han/dae> wilayah

bawah kutub.

아호(雅號) <a/ho> nama samaran.

아홉 <a/hob> sembilan. ~째 ke-9.

아흐레 <a/heu/re> ① (아흐렛날) hari yang ke-9 (didalam bulan). ② (아홉 날) sembilan hari.

아흔 <a/heun> sembilan puluh.

악 <ak> ① teriakan. ~쓰다 berteriak. ② rangsangan kemarahan. ~이 바치다 menjadi marah sekali.

악(惡) <ak> kejahatan; kedurjanaan; keburukan. (☞ 악하다). ~에 물(이) 들다 menjadi jahat. ~을 선으로 갚다 membalas kebaikan terhadap kejahatan.

악 <ak> astaga; oh!.

악감(惡感) <ak/gam> perasaan benci; dendam. ~을 품다 menanggung benci; menanggung dendam.

악곡(樂曲) <ak/gok> melodi lagu.

악공(樂工) <ak/gong> musisi; pemusik.

악귀(惡鬼) <ak/gwi> roh jahat; jembalang; perdom; iblis; setan.

악극(樂劇) <ak/geuk> opera. ~단 rombongan opera.

악기(樂器) <ak/gi> instrumen musik. ~점 toko penjual alat musik. 관 [현, 건반, 타] ~ alat musik tiup [petik, pencet, pukul].

악녀(惡女) <ak/nyeo> wanita jahat; perempuan jahanam.

악다구니하다 <ak/da/gu/ni/hada> menyanggah.

악단(樂團) <ak/dan> orkestra. 교향 ~ orkes simponi.

악단(樂壇) <ak/dan> dunia musik.

악담(惡談) <ak/dam> makian; seranak; kutuk; serapah; sumpah. ~하다 memaki; memarahi.

악대(樂隊) <ak/dae> orkes alat musik tiup. ~원 pemain orkes.

악덕(惡德) <ak/deok> kecurangan. ~기업주 pengusaha yang curang. ~기자 wartawan korup. ~상인[업자] pedagang yang curang.

악독(惡毒) <ak/dok> ~한 kejam.

악랄(惡辣) <ang/nal> ~한 buruk;

rendah; hina.

악력(握力)＜ang/nyeok＞ kekuatan memegang. ~계 dinamo pengukur kekuatan memegang.

악례(惡例)＜ang/nye＞ contoh yang tidak baik.

악마(惡魔)＜ang/ma＞ roh jahat; iblis; setan. ~같은 seperti setan. ~파 aliran setan.

악명(惡名)＜ang/myeong＞ reputasi yang jelek. ~높은 terkenal dengan reputasi yang jelek.

악몽(惡夢)＜ang/mong＞ mimpi buruk. ~같은 seperti mimpi buruk. ~에서 깨어나다 bangun dari mimpi buruk.

악물다＜ang/mul/da＞ menggertakkan gigi.

악바리＜ak/ba/ri＞ orang yang gigih.

악보(樂譜)＜ak/bo＞ not lagu; titi nada. ~를 보고 [안 보고] 연주하다 bermain musik sambil lihat [tidak lihat] not lagu.

악사(樂士)＜ak/sa＞ pemain musik.

악서(惡書)＜ak/seo＞ buku yang membahayakan. ~를 추방하다 melarang beredar buku-buku yang membahayakan.

악선전(惡宣傳)＜ak/seon/jeon＞ propaganda palsu; kabar bohong. ~하다 menyebarkan berita bohong; menyebarkan propaganda palsu.

악성(惡性)＜ak/seong＞ ~의 ganas; jahat. ~감기 pilek yang ganas.

악성(樂聖)＜ak/seong＞ musisi ternama.

악센트＜ak/sen/theu＞ aksen; tekanan suara. ~를 붙이다 memberi tekanan suara.

악수(握手)＜ak/su＞ jabat tangan. ~하다 berjabat tangan; bersalaman. 굳은 ~ jabat tangan yang erat. ~를 청하다 mengulurkan tangan.

악순환(惡循環)＜ak/sun/hwan＞ lingkaran setan. 물가와 임금의 ~ lingkaran setan harga dan gaji.

악습(惡習)＜ak/seub＞ kebiasaan jelek.

악식(惡食)＜ak/sik＞ makanan yang jelek. ~하다 makan makanan yang jelek.

악어(鰐魚)＜ak/eo＞ 『動』 buaya; bajul. ~가죽 kulit buaya. ~핸드백 tas tangan kulit buaya.

악업(惡業)＜ak/eob＞ karma.

악역(惡役)＜ak/yeok＞ peran penjahat. ~을 맡(아하)다 memainkan peran penjahat.

악연(愕然)＜ak/yeon＞ ~히 dengan keheranan. ~실색하다 menjadi pucat karena ketakutan.

악연(惡緣)＜ak/yeon＞ takdir yang buruk; perkawinan yang tidak bahagia.

악영향(惡影響)＜ak/yeong/hyang＞ pengaruh yang jelek; bahagia. ~을 미치다 menimbulkan pengaruh yang jelek.

악용(惡用)＜ak/yong＞ ~하다 menyalahgunakan. 권력을 ~하다 menyalahgunakan kekuasaan.

악우(惡友)＜ak/u＞ teman yang jelek/tidak baik. ~와 사귀다 bersahabat dengan orang yang tidak baik.

악운(惡運)＜ak/un＞ nasib buruk; nasib malang.

악의(惡意)＜ak/eui＞ maksud jahat. ~있는 bermaksud jahat; dengki. ~없는 tanpa bermaksud jahat. ~에서 karena maksud jahat; karena dengki.

악의악식(惡衣惡食)＜ak/eui/ak/sik＞ ~하다 makan dan berpakaian yang jelek.

악인(惡人)＜ak/in＞ orang jahat; durjana.

악장(樂長)＜ak/jang＞ konduktor; pemimpin orkestra.

악장(樂章)＜ak/jang＞ 『樂』 bagian simfoni. 제 1~ bagian pertama.

악장치다＜ak/jang/chi/da＞ bertengkar dengan sengit.

악전고투(惡戰苦鬪)＜ak/jeon/go/thu＞ pertempuran sengit. ~하다

bertempur dengan sengit.

악정(惡政)<ak/jeong> ☞ 비정(秕政).

악조건(惡條件)<ak/jo/keon> keadaan yang merugikan.

악종(惡種)<ak/jong> bajingan.

악질(惡疾)<ak/jil> penyakit yang jahat.

악질(惡質)<ak/jil> ~의 jahat; jelek. ~분자 unsur jahat.

악착(齷齪)<ak/chak> ~같이 dengan gigih. ~같이 일하다 bekerja dengan gigih. ~같이 돈을 벌다 mencari uang dengan gigih.

악처(惡妻)<ak/cheo> isteri yang jelek.

악천후(惡天候)<ak/cheon/hu> cuaca buruk. ~를 무릅쓰고 walaupun cuaca buruk.

악취(惡臭)<ak/chwi> bau tidak sedap. ~가 나는 berbau tidak sedap.

악취미(惡趣味)<ak/chwi/mi> selera rendah.

악평(惡評)<ak/fyeong> reputasi yang jelek, kritikan yang merugikan. ~하다 menjelek-jelekkan; mengkritik tajam.

악폐(惡幣)<ak/fye> kebiasaan buruk. ~를 일소하다 menghilangkan kebiasaan buruk.

악풍(惡風)<ak/fung> kebiasaan jelek.

악필(惡筆)<ak/fil> tulisan yang jelek. ~가 penulis yang jelek.

악하다(惡 -)<ak/hada> jahat.

악한(惡漢)<ak/han> bajingan; bandit; penjahat.

악행(惡行)<ak/haeng> perbuatan yang buruk.

악형(惡刑)<ak/hyeong> hukuman yang berat; hukuman yang kejam.

악화(惡化)<ak/hwa> perubahan menjadi buruk. ~하다 memburuk.

악화(惡貨)<ak/hwa> uang buruk. ~는 양화를 구축한다 Uang buruk mendesak habis yang baik.

안<an> ① dalam. ~으로부터 dari dalam. ② ~에 [으로] di-

dalam. 그날 ~으로 dalam hari itu. 기한 ~에 dalam batas waktu. ③ (이면) sisi yang salah; sisi lain. ④ puring (pelapis dalam pakaian). ~을 대다 memberi puning; melapisi. ⑤ (내실) kamar pribadi; kamar wanita. ⑥ (아내) isteri. ⑦ ~부모 ibu. ~손님 tamu wanita. ~주인 nyonya rumah.

안(案)<an> rencana; usul; anjuran; konsepsi; rancangan. 결의 ~ resolusi. 정부~ rancangan pemerintah.

안간힘쓰다<an/kan/him/sseu/da> berusaha keras.

안감<an/kam> pelapis dalam; puring.

안개<an/gae> kabut. 짙은 ~ kabut tebal. ~가 짙은 berkabut. ~에 싸이다 diselubungi kabut. ~가 끼다 [걷히다] kabut menyelubung [menyingsing].

안건(案件)<an/keon> masalah; perkara. 주요~ hal yang penting.

안경(眼鏡)<an/gyeong> kacamata. ~을 쓰다 [벗다] memakai [membuka] kaca mata. ~을 쓰고 dengan memakai kaca mata. ~다리 gagang kaca mata. ~방(房) toko kaca mata. ~알 lensa kaca mata. ~장이 orang yang berkaca mata. ~집 tempat (wadah) kaca mata. ~테 rangka kaca mata.

안계(眼界)<an/gye> ☞ 시계(視界).

안고나다<an/go/na/da> melaksanakan tanggung jawab orang lain; mengambil alih tugas seseorang.

안고지다<an/go/ji/da> terperangkap oleh kelicikan sendiri.

안공(眼孔)<an/gong> rongga mata.

안과(眼科)<an/kwa> 『醫』 rumah sakit bagian mata; klinik mata. ~병원 rumah sakit mata. ~의사 dokter ahli mata.

안광(眼光)<an/gwang> mata yang cemerlang; cahaya mata; kecemerlangan mata.

안구(眼球)<an/gu> bola mata. ~은행 bank bata.

안기다＜an/gi/da＞ ① (팔에) dipeluk. ② (알을 닭에) dieramkan.

안기다＜an/gi/da＞ ① (물건을) mengoper. ② (책임을) menyerahkan tanggung jawab. 빚을 ~ membebani utang.

안남(安南)＜an/nam＞ Annam.

안내(案內)＜an/nae＞ tuntunan; bimbingan; panduan; petunjuk. ~하다 menuntun; memimpin; menuntun; membimbing; mendorong; menjuruskan. 응접실로 ~하다 memimpin ke ruang tamu. ~소 bagian informasi/penerangan. ~인[자] pemandu. ~장 surat undangan.

안녕(安寧)＜an/nyeong＞ ① kesejahteraan umum. ~질서 kedamaian dan ketenteraman. ② kesehatan yang baik. ~하다 baik; dalam kesehatan yang baik. ~하십니까 Bagaimana (apa) kabar? ③ selamat tinggal. ~히 가십시오 selamat jalan.

안다＜an/ta＞ ① merangkul; memondong. ② (새가 알을) mengerami. ③ (떠맡다) memikul (tanggung jawab). 남의 부채를 ~ memikul hutang orang lain.

안단테＜an/dan/the＞ 『樂』 andante.

안달하다＜an/dal/hada＞ tidak sabaran; resah. 가지 못해 ~ resah karena tak bisa pergi; tidak sabaran mau pergi.

안대(眼帶)＜an/dae＞ penutup mata.

안데스산맥(-山脈)＜an/de/seu/san/maek＞ pegunungan Andes.

안도(安堵)＜an/do＞ kelegaan. ~하다 merasa lega. ~의 한숨을 쉬다 menghela napas kelegaan.

안되다＜an/doe/da＞ ① (금지) seharusnya tidak. ② (불성공) tidak berhasil. ③ (유감) menyayangkan.

안뜰＜an/teul＞ halaman dalam rumah. ☞ 안마당.

안락(安樂)＜al/lak＞ kenyamanan; ketentraman; kesenangan. ~한 nyaman; tentram. ~하게 dalam kenyamanan. ~사(死) tindakan mengakhiri hidup seseorang untuk

meringankan penderitaannya ~의자 kursi malas; kursi goyang.

안력(眼力)＜al/lyeok＞ penglihatan; daya penglihatan.

안료(顏料)＜al/lyo＞ pewarna; pigmen.

안마(按摩)＜an/ma＞ urut; pijit. ~하다 mengurut; memijat. ~장이 tukang urut; tukang pijat.

안마당＜an/ma/dang＞ halaman dalam rumah.

안면(安眠)＜an/myeon＞ tidur nyenyak. ~하다 tidur dengan nyenyak. ~방해 gangguan tidur. ~방해하다 mengganggu tidur.

안면(顏面)＜an/myeon＞ ① muka; wajah; paras. ~의 yang berhubungan dengan muka. ~ 신경통 sakit muka; nyeri muka. ② perkenalan. ~이 있다 berkenalan dengan; kenal dengan.

안목＜an/mok＞ luas ruangan (ukuran ruangan).

안목(眼目)＜an/mok＞ mata yang selidik. ~이 있다 bermata selidik.

안무(按舞)＜an/mu＞ penataan tarian; koreografi. ~하다 menata tarian.

안방(- 房)＜an/pang＞ kamar orangtua.

안배(按排)＜an/bae＞ ~하다 membagi rata.

안벽(岸壁)＜an/byeok＞ dermaga.

안보(安保)＜an/bo＞ ☞ 안전보장. 집단 ~ keamanan bersama. 한미 ~조약 Perjanjian Keamanan antara Korea dan Amerika serikat.

안부(安否)＜an/bu＞ keadaan kesehatan (seseorang). ~를 묻다 menanyakan keadaan kesehatan. ~를 염려[걱정]하다 cemas terhadap keselamatan. …에게 ~전해주십시오 Sampaikan salam saya kepada…

안색(顏色)＜an/saek＞ ① warna muka; corak muka. ~이좋다 [나쁘다] corak muka yang buruk [jelek]. ~이 변하다 berubah warna muka. ② air muka; roman muka. ~에 나타내다 muncul pada air

muka.
안성맞춤(安城-) <an/seong/mat/chum> ～의 cocok. 그것이면 나에게 ～이다 Itu cocok sekali untuk saya.
안손님 <an/son/nim> tamu wanita.
안식(安息) <an/sik> ～하다 beristirahat. 종교에서 마음의 ～을 찾다 menemukan ketenangan dalam agama. ～교회 Gereja Adven Hari Ketujuh. ～일 Hari Sabat. ～처 tempat yang damai.
안식(眼識) <an/sik> arif; kearifan. ～있는 사람 orang yang arif.
안식향(安息香) <an/sik/hyang> 『化』 kapur barus.
안심(安心) <an/sim> kelegaan. ～하다 merasa lega. ～시키다 melegakan; melapangkan; menyenangkan; mengenakkan. ～찮다 rasa tidak aman; cemas. 그 소식을 듣고 ～했다 Saya merasa lega sesudah mendengar kabar itu.
안심부름 <an/sim/bu/reum> suruhan (untuk keperluan) rumah.
안아맡다 <a/na/math/ta> menanggung; memikul.
안약(眼藥) <an/yak> obat mata. ～을 넣다 memakai obat mata.
안염(眼炎) <an/yeom> 『醫』 radang mata.
안온(安穩) <an/on> perdamaian. ～한 [히] (dengan) damai.
안위(安危) <an/wi> keamanan; ketentraman. 국가의 ～ krisis nasional.
안이(安易) <a/ni> ～한 mudah; gampang. ～하게 dengan mudah. ～하게 생각하다 menggampangkan; menganggap mudah.
안일(安逸) <an/il> kelambanan. ～한 lamban; kelesa; malas-malas; segan-segan. 무사 ～주의 prinsip mengutamakan keselamatan.
안장(安葬) <an/jang> ～하다 mengubur. ～지 makam; kuburan.
안장(鞍裝) <an/jang> pelana. ～을 지우다 mempelanai kuda.
안전(安全) <an/jeon> keamanan;

kesentosaan; ketentraman. ～한 aman; sentaosa; sentaosa. ～히 dengan aman. ～등(燈) lampu pengaman (lampu tambang). ～제일 mengutamakan keselamatan. ～지대 daerah aman. ～책 rencana yang aman. ～책을 강구하다 mengambil tindakan yang aman.
안전(眼前) <an/jeon> ～에서 didepan mata.
안전보장(安全保障) <an/jeon/bo/jang> keamanan. (유엔) ～이사회 Dewan Keamanan. ☞ 안보(安保).
안전점검(安全點檢) <an/jeon/jeom/geom> pemeriksaan keamanan.
안절부절못하다 <an/jeol/bu/jeol/mot/hada> resah; gelisah.
안정(安定) <an/jeong> kestabilan; stabilisasi. ～하다 menjadi stabil. ～을 유지하다 [잃다] mempertahankan [kehilangan] keseimbangan. 통화를 ～시키다 menstabilkan nilai uang. ～감 rasa kestabilan. ～도[성] keseimbangan; stabilitas. ～성장 pertumbuhan yang stabil. ～세력 daya penstabilan. ～제(劑) obat penenang.
안정(安靜) <an/jeong> istirahat. ～을 유지하다 beristirahat; berbaring dengan tenang. ～요법 penyembuhan dengan cara istirahat; tetirah. 절대 ～ istirahat total (penuh).
안정(眼睛) <an/jeong> bola mata.
안주(安住) <an/ju> ～하다 hidup dengan damai.
안주(按酒) <an/ju> makanan kecil.
안주머니 <an/ju/meo/ni> saku dalam.
안주인(- 主人) <an/ju/in> nyonya rumah, induk semang.
안중(眼中) <an/jung> ～에 없다 diluar perhitungan (pertimbangan).
안중문(- 中門) <an/jung/mun> pintu sebelah dalam.
안질(眼疾) <an/jil> penyakit mata. ～을 앓다 sakit mata.
안집 <an/cib> rumah induk.
안짝 <an/cak> ① ～의 tak lebih

dari. 만원 ~의 수입 pendapatan yang tak lebih dari sepuluh ribu won. ② (글귀의) baris pertama (dari satu bait).

안짱다리 <an/cang/da/ri> pengkar keluar. ~로 걷다 berjalan dengan pengkar.

안쪽 <an/cok> dalam; bagian dalam. ~의 dalam. ~에서 dari arah dalam.

안착(安着) <an/chak> kedatangan yang selamat. ~하다 tiba dengan selamat.

안창 <an/chang> sol dalam.

안치(安置) <an/chi> ~하다 membaringkan dengan tenang.

안치다 <an/chi/da> menyiapkan beras untuk memasak.

안타깝다 <an/tha/kab/da> sayang; kasihan; malang.

안테나 <an/the/na> antene; kabel udara.

안팎 <an/fak> ① bagian dalam dan luar. ~으로[에] [di] ke dalam dan luar. ② (표리) yang benar dan yang salah; kedua pihak. ③ kira-kira …; sekitar. 열흘~ kira-kira sepuluh hari.

안표(眼慓) <an/fyo> tanda. ~하다 menandai.

안하(眼下) <an/ha> ~에 di depan mata.

안하무인(眼下無人) <an/ha/mu/in> kesombongan; keangkuhan. ~의 sombong; angkuh. ~으로 dengan sombong; dengan angkuh.

앉다 <an/ta> ① duduk. 의자에 ~ duduk di kursi. 편히 ~ duduk dengan tenang. 바로 ~ duduk dengan lurus. 책상다리하고 ~ bersila. ② (지위에) dilantik. ③ (새 따위가) hinggap; bertengger.

앉은뱅이 <an/jeun/baeng/i> lumpuh.

앉은일 <an/jeun/il> pekerjaan duduk; kerja duduk.

앉은자리 <an/jeun/ja/ri> ~에서 dengan segera; di tempat.

앉은장사 <an/jeun/jang/sa> dagang

dengan duduk.

앉은저울 <an/jeun/jeo/ul> timbangan duduk; timbangan kecil.

앉은키 <an/jeun/khi> tinggi duduk.

않다 <an/ta> tidak.

알 <al> telur. ~을 낳다 menetaskan telur; memijah.

알 <al> ① (낟알) butir; bijian. ② manik; butir kecil-kecil. 눈 ~ bola mata.

알… <al> telanjang. ~몸 tubuh telanjang.

알거지 <al/geo/ji> orang melarat.

알곡(- 穀) <al/gok> serealia; bijian (yang telah dikupas).

알다 <al/da> ① mengetahui; menyaksikan. 신문을 보고 ~ mengetahui dari surat kabar. ② mengerti; memaklumi. 잘못~ memaklumi kesalahan. 음악을 ~ mengerti musik. ③ (인지) mengakui. ④ (낯이 익다) mengenal. ⑤ menyadari. 위험을 ~ menyadari bahaya. ⑥ (기억) mengingat. ⑦ (관여) berhubungan; berkaitan dengan. ⑧ mengalami. 여자를 ~ mengenal perempuan.

알뜰하다 <al/teul/hada> hemat.

알라 <al/la> Allah.

알랑거리다 <al/lang/geo/ri/da> menyanjung; memuji-muji; menjilat. 웃사람에게 ~ menjilat atasan.

알랑쇠 <al/lang/soe> penyanjung; pemuji; penjilat.

알랑알랑 <al/lang/al/lang> dengan sanjungan; dengan menjilat.

알래스카 <al/lae/seu/kha> Alaska. ~의 berkenaan dengan Alaska.

알량하다 <al/lyang/hada> remeh.

알레그로 <al/le/geu/ro> 『樂』 Alegro.

알레르기 <al/le/reu/gi> 『醫』 alergi. ~성의 berhubungan dengan alergi. 항(抗)~(의) anti alergi.

알려지다 <al/lyeo/ji/da> diketahui; terungkap.

알력(軋轢) <al/lyeok> pertengkaran; permusuhan; perpecahan; ketidakrukunan; perselisihan. ~을 초래하다

[피하다] menimbulkan [menghindari] perpecahan.

알로하셔츠＜al/lo/ha/syeo/cheu＞ kemeja aloha.

알록달록＜al/lok/dal/lok＞ ☞ 얼룩덜룩.

알록알록＜al/lok/al/lok＞ ☞ 알록달록.

알루미늄＜al/lu/mi/nyum＞ aluminium. ～새시 kusen jendela yang terbuat dari aluminium. ～제품 barang-barang aluminium.

알리다＜al/li/da＞ memberitahukan; mengumumkan; mengabarkan. 넌지시 ～ memberitahu diam-diam; mengisyaratkan.

알리바이＜al/li/ba/i＞ alibi. ～를 입증하다 membuktikan alibi. ～를 깨다[꾸미다] memecahkan [memalsukan] alibi.

알맞다＜al/mat/ta＞ sedang; pantas; cocok; sesuai; layak; patut.

알맹이＜al/maeng/i＞ isi; inti; pati; pokok; sari. ～없는 tak berisi; kosong.

알몸＜al/mom＞ ～의 telanjang bulat. ～으로 dengan telanjang. ～이 되다 menjadi telanjang.

알몸뚱이＜al/mom/tung/i＞ tubuh telanjang. ☞ 안몸.

알밤＜al/bam＞ buah berangan.

알배기＜al/bae/gi＞ ikan yang penuh telur.

알부랑자(-浮浪者)＜al/bu/rang/ja＞ bajingan.

알부민＜al/bu/min＞ 『生化』 albumin; putih telur.

알선(斡旋)＜al/seon＞ perantaraan; rekomendasi. ～하다 merekomendasi. …의 ～으로 dengan perantaraan…; dengan rekomendasi… . ～자 perantara; pemberi rekomendasi.

알슬다＜al/seul/da＞ meletakkan telur; bertelur.

알싸하다＜al/ssa/hada＞ sedikit pedas.

알쏭달쏭＜al/ssong/dal/ssong＞ ① ～한 beraneka ragam model. ②

～한 samar-samar; meragukan; tidak dapat dipahami. ～한 말을 하다 berbicara samar-samar; mengelak dari pokok masalah.

알아내다＜al/a/nae/da＞ mendeteksi; mendapat; mengetemukan; melacak.

알아듣다＜al/a/deut/ta＞ mengerti; memahami.

알아맞히다＜al/a/ma/chi/da＞ menerka dengan benar.

알아보다＜al/a/bo/da＞ mencari tahu; menyelidik; menanyakan.

알아주다＜al/a/ju/da＞ ① menghargai. 진가를 ～ menghargai nilai yang sebenarnya. ② (이해) memaklumi.

알아차리다＜al/a/cha/ri/da＞ menyadari sebelumnya.

알아채다＜a/ra/chae/da＞ menyadari.

알아하다＜a/ra/hada＞ melakukan tanpa disuruh.

알은체＜a/reun/che＞ ① keikutcampuran. ～하다 ikut campur; mencampuri. ② pengenalan. ～하다 mengenali.

알짜＜al/ca＞ inti; sari pati.

알칼리＜al/kha/li＞ 『化』 alkali. ～성의 berhubungan dengan alkali.

알코올＜al/kho/ol＞ alkohol. ～성의 bersifat alkohol. ～중독 alkoholisme. ～중독자 pecandu alkohol.

알토＜al/tho＞ 『樂』 nada suara alto. ～가수 penyanyi alto.

알파＜al/fa＞ alfa. ～선[입자] sinar [partikel] alfa.

알파벳＜al/fa/bet＞ abjad; alfabet. ～순의[으로] menurut abjad.

알파카＜al/fa/kha＞ 『動』 alpaka.

알프스＜al/feu/seu＞ Alpen. ～의 berhubungan dengan Alpen. ～산맥 pegunungan Alpen.

알피니스트＜al/fi/ni/seu/theu＞ pendaki gunung.

알현(謁見)＜al/hyeon＞ temu muka dengan raja. ～하다 menghadap raja.

앓는소리하다＜al/neun/so/ri/hada＞

mengeluh; mengerang; berpura-pura sakit.

앓다＜al/tha＞ ① (병을) sakit. ② pusing. 골치를 ~ menderita pusing.

암＜am＞ betina.

암＜am＞ Tentu saja; Mengapa tidak?.

암(癌)＜am＞ ①『醫』kanker. ~의 tentang kanker. 위[폐] ~ kanker perut [paru-paru]. ② (화근) sumber penderitaan.

암거(暗渠)＜am/geo＞ selokan di bawah jalan. ~배수 pembuangan air melalui selokan di bawah jalan.

암거래(暗去來)＜am/geo/rae＞ transaksi gelap; pencaturan; perdagangan gelap. ~하다 berjual beli secara gelap.

암굴(岩窟)＜am/gul＞ gua.

암기(暗記)＜am/gi＞ ~하다 menghafal. ~하고 있다 hafal. ~과목 pelajaran hafalan. ~력(力) daya ingat. ~력이 좋다[나쁘다] daya ingat yang baik [buruk].

암꽃＜am/kot＞『植』putik bunga (bunga betina).

암나사(- 螺絲)＜am/na/sa＞ mur.

암내＜am/nae＞ ① (곁땀내) bau ketiak (badan). ② bau betina yang birahi. ~(가) 나다 memasuki masa birahi. ~(를) 내다 sedang birahi.

암달러(暗 -)＜am/dal/leo＞ dollar pasar gelap. ~상인 pedagang dollar di pasar gelap.

암담(暗澹)＜am/dam＞ ~한 suram; muram.

암류(暗流)＜am/nyu＞ arus bawah.

암만해도＜am/man/hae/do＞ dari segala sudut pandang; dalam segala hal.

암매상(暗賣商)＜am/mae/sang＞ pedagang gelap; pedagang di pasar gelap.

암매장(暗埋葬)＜am/mae/jang＞ ☞ 암장(暗葬).

암모늄＜am/mo/nyum＞『化』amonium.

암모니아＜am/mo/ni/a＞『化』amonia. ~수(水) amonia cair.

암묵(暗黙)＜am/muk＞ ~의 diam-diam. ~리에 persetujuan dengan diam-diam.

암반(岩盤)＜am/ban＞ tebing.

암벽(岩壁)＜am/byeok＞ tebing; dinding karang. ~등반 pemanjatan tebing.

암산(暗算)＜am/san＞ hitung luar kepala. ~하다 menghitung di luar kepala.

암살(暗殺)＜am/sal＞ pembunuhan. ~하다 membunuh. ~을 기도하다 usaha pembunuhan. ~계획 rencana pembunuhan. ~자 pembunuh.

암상부리다＜am/sang/bu/ri/da＞ menunjukkan kecemburuan.

암상스럽다＜am/sang/seu/reob/ta＞ cemburu; iri hati.

암상피우다＜am/sang/fi/u/da＞ ☞ 암상부리다.

암석(岩石)＜am/seok＞ wadas; cadas. ~이 많은 bercadas; berbatu-batu.

암송(暗誦)＜am/song＞ hafalan. ~하다 menghafalkan.

암수＜am/su＞ jantan dan betina. ~를 가려내다 menentukan jenis kelamin.

암수(暗數)＜am/su＞ ☞ 속임수. ~에 걸리다 terjebak; terpancing; terpikat.

암술＜am/sul＞『植』putik; bakal buah.

암시(暗示)＜am/si＞ isyarat; bisikan; ilham; sugesti. ~하다 mengisyaratkan. ~적 sugestif. ~를 주다 memberi isyarat. 자기~ sugesti pada diri sendiri.

암시세(暗時勢)＜am/si/se＞ harga pasar gelap.

암시장(暗市場)＜am/si/jang＞ pasar gelap.

암실(暗室)＜am/sil＞ kamar gelap.

암암리(暗暗裡)＜am/am/ni＞ ~에 secara rahasia.

암야(暗夜)＜am/ya＞ malam yang

gelap.

암염(岩鹽)＜am/yeom＞ 『鑛』 garam batu.

암영(暗影)＜am/yeong＞ bayangan yang sangat gelap. …의 전도에 ~을 던지다 memberi bayangan masa depan yang gelap.

암운(暗雲)＜am/un＞ kabut (awan) hitam. ~이 감돌고 있다 Awan hitam menyelubungi.

암유(暗喩)＜am/yu＞ 『文』 metafora. ~적 bersifat metafora.

암자(庵子)＜am/ja＞ candi kecil.

암자색(暗紫色)＜am/ja/saek＞ ungu tua.

암장(暗葬)＜am/jang＞ ~하다 mengubur secara diam-diam (sembunyi).

암죽(- 粥)＜am/juk＞ bubur nasi encer.

암중(暗中)＜am/jung＞ ~ 모색하다 meraba-raba dalam kegelapan.

암초(暗礁)＜am/cho＞ batu karang. ~에 걸리다 membentur batu karang.

암치질(- 痔疾)＜am/chi/jil＞ pendarahan di dalam.

암캐＜am/khae＞ anjing betina.

암컷＜am/kheot＞ betina.

암키와＜am/khi/wa＞ genteng cembung.

암탉＜am/thak＞ ayam betina.

암태지＜am/thwae/ji＞ babi betina.

암투(暗鬪)＜am/thu＞ permusuhan rahasia.

암펄＜am/feol＞ lebah betina; ratu lebah.

암펌＜am/feom＞ harimau betina.

암페어＜am/fe/eo＞ amper. ~계 alat pengukur amper.

암평아리＜am/fyeong/a/ri＞ anak ayam betina.

암표상(暗票商)＜am/fyo/sang＞ calo karcis.

암행(暗行)＜am/haeng＞ ~하다 melakukan perjalanan secara diam-diam. ~어사 pengawas kerajaan secara diam-diam.

암호(暗號)＜am/ho＞ sandi; kode; tanda; isyarat. ~를 풀다 membaca sandi. ~로 쓰다 menulis dengan huruf sandi. ~장 buku sandi. ~전보 telegram sandi. ~통신 sinyal. ~해독 pemecahan kode/sandi.

암흑(暗黑)＜am/heuk＞ kegelapan. ~의 gelap. 사회의 ~면 sisi gelap dari masyarakat. ~가 dunia penjahat. ~시대 zaman kegelapan.

압도(壓倒)＜ab/do＞ ~하다 mengungguli; melebihi; mengatasi. ~적 sangat unggul. ~적 승리 menang sapu bersih; menang mutlak.

압력(壓力)＜ab/nyeok＞ tekanan. ~을 가하다 menekan; memberi tekanan. ~계 manometer.

압록강(鴨綠江)＜ab/rok/gang＞ Sungai Yalu.

압류(押留)＜ab/nyu＞ penyitaan. ~하다 menyita. ~를 당하다 kena sita harta. ~영장 surat perintah penyitaan. ~품 barang sitaan.

압박(壓迫)＜ab/pak＞ tekanan; tindasan. ~하다 menekan; menindas; memaksa. 생활의 ~ tekanan hidup. ~감 perasaan tertekan. 피 ~ 민족 orang-orang yang tertindas.

압사(壓死)＜ab/sa＞ ~하다 mati tertimpa. 축대가 무너져 ~하다 mati tertimpa dinding yang roboh.

압송(押送)＜ab/song＞ ~하다 mengirim dalam kawalan.

압수(押收)＜ab/su＞ penyitaan; pembeslahan. ~하다 menyita. ~물(物) barang sitaan. ~수색 영장 surat keputusan penggeledahan dan penyitaan.

압승(壓勝)＜ab/seung＞ kemenangan yang gemilang. ~하다 menang dengan gemilang.

압정(押釘)＜ab/jeong＞ paku payung; paku rebana.

압정(壓政)＜ab/jeong＞ tirani; pemerintahan yang lalim.

압제(壓制)＜ab/je＞ penindasan; kelaliman. ~하다 menindas; menzalimi. ~적 lalim; kejam. ~자

penindas. ~ 정치 politik penindasan rakyat.

압착(壓搾)<ab/chak> tekanan. ~하다 menekan. ~기 alat penekan.

압축(壓縮)<ab/chuk> pemampatan. ~하다 memampatkan. ~가스[공기] gas [udara] mampat. ~계 alat pengukur pemampatan udara. ~기 kompresor; pemampat.

앗다<at/ta> ① ☞ 빼앗다. ② (씨빼다) memisahkan biji kapas.

앗아가다<at/a/ga/da> menjambret.

앗아라<a/sa/ra> Jangan!; Hentikan!.

앙갚음<ang/ga/feum> balas dendam. ~하다 membalas dendam.

앙금<ang/geum> endapan; ampas; sempelah.

앙금앙금<ang/geum/ang/geum> ~기다 merangkak.

앙등(昂騰)<ang/deung> kenaikan; naiknya ; apresiasi. ~하다 naik; mem bubung. ~하는 생활비 biaya hidup naik. 땅값[집세]의 ~ kenaikan harga tanah [sewa rumah].

앙망(仰望)<ang/mang> ~하다 berharap; mengharapkan.

앙모(仰慕)<ang/mo> ~하다 mengagumi; memuja.

앙상블<ang/sang/beul> ensembel.

앙상하다<ang/sang/hada> kurus kering (☞ 엉성하다). 말라서 뼈만 ~ kurus tinggal tulang.

앙숙(怏宿)<ang/suk> ~이다 hidup seperti anjing dan kucing.

앙심(怏心)<ang/sim> dendam kesumat. ~먹다 menanggung dendam kesumat.

앙증스럽다<ang/jeung/seu/reob/ta> mungil.

앙증하다<ang/jeung/hada> ☞ 앙증스럽다.

앙천대소(仰天大笑)<ang/cheon/dae/so> ~하다 tertawa terbahak-bahak.

앙칼스럽다<ang/khal/seu/reob/ta> judes.

앙칼지다<ang/khal/ji/ta> ☞ 앙칼스럽다.

앙케트<ang/khe/theu> kuisioner; angket; daftar pertanyaan. ~를 내다 menyebarkan angket.

앙코르<ang/kho/reu> nyanyian ulang. ~를 청하다 [받다] meminta [menerima] nyanyian ulang.

앙탈부리다<ang/thal/bu/ri/ta> ☞ 앙탈하다.

앙탈하다<ang/thal/hada> meronta.

앙화(殃禍)<ang/hwa> bencana.

앞<af> ① masa depan; masa datang. ~으로 di masa depan. 이 ~으로 setelah sekarang; nanti; kemudian. ② depan. ~으로[에] di depan. ③ hadapan. (아무가 있는) ~에서 di hadapan. ④ yang utama (pertama). ~에 서다 berdiri di depan; memimpin. ☞ 앞서. ⑤ (먼저) bagian terdahulu. ⑥ (편지) dialamatkan (ditujukan) ke … ⑦ bagian; jatah. 한사람 ~에 2개 masing-masing dua.

앞가슴<af/ga/seum> dada.

앞길<af/gil> (가길) jalan yang harus ditempuh; (전도)masa depan.

앞날<af/nal> masa depan. ~을 염려하다 cemas tentang masa depan.

앞니<af/ni> gigi depan; gigi seri; gigi pengiris; gigi manis.

앞다리<af/da/ri> kaki depan.

앞대문(- 大門)<af/dae/mun> pintu gerbang depan.

앞뒤<af/dwi> depan dan belakang; urutan; konsekuensi. ~가 맞지 않는 tidak konsisten; tidak konsekuen. ~를 생각지 않는 nekad. (말이) ~가 맞다 konsisten; konsekuen.

앞뒷집<af/dwit/jib> tetangga.

앞뜰<af/teul> taman depan.

앞못보다<af/mot/bo/da> buta.

앞문(- 門)<af/mun> pintu gerbang depan.

앞바다<af/ba/da> laut lepas. ~에 di laut lepas; lepas pantai.

앞바퀴<af/ba/khwi> roda depan.

앞발<af/bal> kaki depan.

앞서<af/seo> ① sebelumnya. ~

말한 발와 같이 seperti yang dikata-kan sebelumnya. ② mendahului. 남보다 ~가다 pergi mendahului yang lainnya.

앞서다＜af/seo/da＞ mendahului.

앞세우다＜af/se/u/da＞ mendahulu-kan.

앞앞이＜af/ba/fi＞ ① (각 사람의 앞) di depan setiap orang. ② (몫몫이) masing-masing.

앞에총(- 銃)＜a/fe/chong＞ Angkat senjata!

앞이마＜af/i/ma＞ dahi; kening.

앞일＜af/il＞ hal yang akan datang. ~을 생각하다 berpikir tentang masa depan.

앞잡이＜af/jab/i＞ ① (선도자) penunjuk jalan; pemandu. ② kaki tangan. 경찰의 ~ kaki tangan polisi. ~로 쓰다 menggunakan sebagai kaki tangan.

앞장＜af/jang＞ kepala; pemimpin. ~서다 berdiri di depan; memimpin.

앞정강이＜af/jeong/gang/i＞ punggung kaki; garas.

앞지르다＜af/ji/reu/da＞ mendahului yang lain.

앞집＜af/jib＞ rumah di depan.

앞차(- 車)＜af/cha＞ mobil di depan.

앞채＜af/chae＞ bangunan di depan.

앞치마＜af/chi/ma＞ rok kerja; celemek.

애＜ae＞ (수고) kerja keras; daya upaya; usaha; (걱정) kekhawatiran; kecemasan.

애＜ae＞ ☞ 아이. ~밴 hamil.

애가(哀歌)＜ae/ga＞ elegi.

애개(개)＜ae/gyae/(gyae)＞ Astaga.

애걸(哀乞)＜ae/geol＞ ~하다 meminta; memohon.

애걸복걸(哀乞伏乞)＜ae/geol/bok/geol＞ ~하다 meminta dengan sungguh-sungguh.

애견(愛犬)＜ae/gyeon＞ anjing peliharaan; anjing kesayangan. ~가 pecinta anjing.

애고머니＜ae/go/meo/ni＞ Masya Allah!.

애교(愛嬌)＜ae/gyo＞ keatraktifan; daya tarik. ~있는 atraktif; menarik; menawan hati. ~를 떨다 menarik; memikat.

애교심(愛校心)＜ae/gyo/sim＞ cinta almamater.

애국(愛國)＜ae/guk＞ cinta tanah air. ~적 patriotik. ~선열 patriot yang gugur. ~심 semangat patriotik. ~자 patriot; pecinta tanah air.

애국가(愛國歌)＜ae/guk/ga＞ lagu kebangsaan; lagu patriotik.

애금가(愛禽家)＜ae/geum/ga＞ pecinta burung.

애꾸(눈이)＜ae/ku/(nu/ni)＞ orang bermata satu; orang picak.

애끓다＜ae/keul/tha＞ khawatir; resah.

애달프다＜ae/dal/feu/da＞ sakit hati.

애도(哀悼)＜ae/do＞ duka cita; bela sungkawa; perkabungan. ~하다 berkabung; berduka cita. ~의 뜻을 표하다 menyatakan bela sungkawa.

애독(愛讀)＜ae/dok＞ ~하다 membaca dan menikmati. ~서 [작가] buku [pengarang] favorit. ~자 pembaca setia (tetap).

애드벌룬＜ae/deu/beol/lun＞ balon reklame. ~을 띄우다 menerbangkan balon reklame.

애련(哀憐)＜ae/ryeon＞ keharuan. ~하다 kasihan; mengharukan.

애로(隘路)＜ae/ro＞ masalah. ~를 타개하다 mengatasi masalah.

애림(愛林)＜ae/rim＞ konservasi hutan.

애마(愛馬)＜ae/ma＞ kuda kesayangan.

애매(曖昧)＜ae/mae＞ ~한 samar-samar; meragukan. ~한 태도를 취하다 bersikap meragukan.

애매하다＜ae/mae/hada＞ dikeliru sangkakan; dituduh/dicurigai secara keliru; bersikap meragukan.

애먹다＜ae/meok/ta＞ diganggu.

애모(愛慕)＜ae/mo＞ ~하다 me-

rindukan cinta.
애무(愛撫)＜ae/mu＞　～하다 membelai.
애벌＜ae/beol＞ pertama kali.　～갈이 pembajakan tanah yang pertama.
애벌레＜ae/beol/le＞ larva.
애사(哀史)＜ae/sa＞ cerita sedih; kisah sedih; sejarah sedih.
애사(愛社)＜ae/sa＞　～정신 semangat cinta perusahaan.
애서가(愛書家)＜ae/seo/ga＞ pecinta buku.
애석(哀惜)＜ae/seok＞　～하다 berduka dan sayang.
애석(愛惜)＜ae/seok＞　～하다 cinta dan sayang.
애송(愛誦)＜ae/song＞　～하다 gemar bersyair/berpantun.　～시집 kumpulan sajak yang digemari.
애송이＜ae/song/i＞ pemuda yang belum berpengalaman.　～시절 masa belum pengalaman.
애수(哀愁)＜ae/su＞ kesedihan dan kekhawatiran.　～를 느끼다 merasa sedih dan khawatir.　～를 자아내다 membuat sedih dan khawatir.
애쓰다＜ae/sseu/da＞ berdaya; berpayah-payah; berjerih payah; berikhtiar.
애연가(愛煙家)＜ae/yeon/ga＞ perokok.
애완(愛玩)＜ae/wan＞　～하다 menyayangi (binatang).　～동물 binatang peliharaan.
애욕(愛慾)＜ae/yok＞ cinta dan nafsu.
애용(愛用)＜ae/yong＞　～하다 menggunakan selalu; memakai secara tetap.　～하는 kegemaran; favorit. 국산품을 ～하다 menggemari buatan dalam negeri.　～자[가] pemakai tetap; pelanggan.
애원(哀願)＜ae/won＞ permohonan.　～하다 memohon.　～자 pemohon.
애육(愛育)＜ae/yuk＞　～하다 mengasuh (membesarkan) anak dengan kasih sayang.
애음(愛飮)＜ae/eum＞　～하다 suka minum.

애인(愛人)＜ae/in＞ kekasih; pacar. 그의 ～ kekasihnya (kekasih dari pria). 그녀의 ～ kekasihnya (kekasih dari wanita).　～이 생기다 mendapat kekasih.
애절하다(哀切-)＜ae/jeol/hada＞ mengharukan; menyentuh; mendukakan.
애정(愛情)＜ae/jeong＞ cinta; muhibah; kasih sayang.　～이 있는 rasa cinta.　～이 없는 tanpa rasa cinta.
애제자(愛弟子)＜ae/je/ja＞ siswa kesayangan.
애조(哀調)＜ae/jo＞ melodi sedih.
애족(愛族)＜ae/jok＞ 애국～ cinta kepada nusa dan bangsa.
애주(愛酒)＜ae/ju＞　～하다 suka minuman keras.　～가 orang yang suka minum.
애증(愛憎)＜ae/jeung＞ cinta dan benci.
애지중지(愛之重之)＜ae/ji/jung/ji＞　～하다 sangat menyayangi.
애착(愛着)＜ae/chak＞ kasih sayang. …에 ～을 느끼다 mengasihi; tertambat hati.
애창(愛唱)＜ae/chang＞　～하다 suka menyanyikan.　～곡 lagu kesayangan.
애처(愛妻)＜ae/cheo＞ isteri yang disayangi.　～가 suami yang setia.
애처롭다＜ae/cheo/rob/ta＞ mengharukan; mendukakan; menyedihkan.
애첩(愛妾)＜ae/cheob＞ istri simpanan yang disayangi.
애초＜ae/cho＞ yang pertama.　～에 pada awal; pada mulanya.
애칭(愛稱)＜ae/ching＞ nama kesayangan.
애타(愛他)＜ae/tha＞　～적 bersifat mementingkan orang lain.　～심 [주의] faham mementingkan kepentingan orang lain; altruisme.　～주의자 orang yang altruistik.
애타다＜ae/tha/da＞ khawatir; cemas.
애태우다＜ae/thae/u/da＞　① (스스로) khawatir; cemas (akan).　② mengkhawatirkan; membuat khawa-

tir. 부모를 ~ membuat khawatir orang tua.
애통(哀痛)＜ae/thong＞ ~하다 meratapi; menyesali. ~할 patut disesalkan; patut diratapi.
애티＜ae/thi＞ ~가 나다 kekanak-kanakan.
애프터서비스＜ae/feu/theo/seo/bi/seu＞ pelayanan purna jual.
애향(愛鄕)＜ae/hyang＞ ~심 kecintaan terhadap kampung halaman.
애호(愛好)＜ae/ho＞ gemar; suka (akan). ~하다 menggemari. ~가 pecinta; penggemar.
애호(愛護)＜ae/ho＞ pengayoman. ~하다 mengayomi.
애호박＜ae/ho/bak＞ labu muda.
애화(哀話)＜ae/hwa＞ cerita sedih.
애환(哀歡)＜ae/hwan＞ suka dan duka.
액(厄)＜aek＞ malang.
액(液)＜aek＞ cairan.
…액(額)＜aek＞ jumlah. 생산 [소비]~ jumlah produksi [konsumsi].
액년(厄年)＜aek/nyeon＞ tahun buruk.
액달＜aek/dal＞ bulan buruk.
액때우다(厄 -)＜aek/tae/u/da＞ meloloskan diri dari nasib buruk.
액때움(厄 -)＜aek/tae/um＞ lolos dari nasib buruk.
액땜(厄 -)＜aek/taem＞ ☞ 액때움.
액량(液量)＜aek/ryang＞ ukuran cair.
액막이(厄 -)＜aek/ma/gi＞ pangkah; tepung tawar. ~하다 menepung tawari; memangkah.
액면(額面)＜aek/myeon＞ nilai nominal. ~이하로 [이상으로] di bawah [di atas] nilai nominal. ~에 달하다 mencapai nilai nominal. ~대로 받아들이다 menerima dengan nilai nominal.
액모(腋毛)＜aek/mo＞ bulu ketiak.
액사(縊死)＜aek/sa＞ ~하다 menggantung diri.
액세서리＜aek/se/seo/ri＞ perhiasan. ~를 달다 memakai perhiasan.
액셀러레이터＜aek/sel/leo/re/i/theo＞

pedal gas. ~를 밟다 menginjak pedal gas.
액수(額數)＜aek/su＞ jumlah.
액운(厄運)＜aek/un＞ nasib buruk; kesialan.
액일(厄日)＜aek/il＞ hari yang naas.
액자(額子)＜aek/ca＞ bingkai foto.
액자(額字)＜aek/ja＞ gentel.
액체(液體)＜aek/che＞ cairan. ~공기 [연료] udara [bahan bakar] cair.
액취(腋臭)＜aek/chwi＞ ☞ 암내.
액화(液化)＜aek/hwa＞ 『化』 pencairan. ~하다 mencairkan. ~가스 gas yang dicairkan.
앨범＜ael/beom＞ album (buku poto).
앰풀＜aem/ful＞ ampul.
앰프＜aem/feu＞ amplifier.
앵＜aeng＞ ~소리를 내다 suara mengaung.
앵글로색슨＜aeng/geul/lo/saek/seun＞ Anglo Saxon. ~민족 ras Anglo Saxon.
앵두＜aeng/du＞ buah ceri. ~같은 입술 bibir merah seperti ceri. ~나무 『植』 pohon ceri.
앵무새(鸚鵡 -)＜aeng/mu/sae＞ nuri.
앵속(罌粟)＜aeng/sok＞ ☞ 양귀비.
앵앵거리다＜aeng/aeng/geo/ri/da＞ suara mengaung.
야＜ya＞ Astaga!; Masya Allah!; Hui!.
야(野)＜ya＞ ~에 있다 dalam kehidupan pribadi; dalam oposisi.
야간(夜間)＜ya/gan＞ waktu malam. ~에 pada malam hari. ~경기 [비행] pertandingan [penerbangan] malam hari. ~근무 ☞ 야근 / ~부 kelas malam. ~부 학생 murid sekolah malam. ~영업 buka malam hari (dagang).
야견(野犬)＜ya/gyeon＞ anjing liar.
야경(夜景)＜ya/gyeong＞ pemandangan pada malam hari.
야경(夜警)＜ya/gyeong＞ jaga malam. ~하다 menjaga pada malam hari. ~꾼 penjaga malam.
야광(夜光)＜ya/gwang＞ ~의 kilau malam hari. ~도료 cat berkilau

(bercahaya). ~시계 jam berkilau (bercahaya). ~충(蟲) kunang-kunang.

야구(野球)＜ya/gu＞ bisbol. ~시합을 하다 bertanding bisbol. ~선수[부, 팬] pemain [klub, penggemar] bisbol. ~장 lapangan bisbol. 직업 ~단 tim bisbol profesional.

야근(夜勤)＜ya/geun＞ kerja malam; tugas malam. ~하다 bekerja pada malam hari; lembur. ~수당 tunjangan kerja malam; tunjangan lembur.

야금(冶金)＜ya/geum＞ metalurgi. ~학[술] ilmu (teknik) metalurgi. ~학자 ahli metalurgi.

야금(野禽)＜ya/geum＞ ayam mutiara.

야금야금＜ya/geum/ya/geum＞ sedikit demi sedikit.

야기(夜氣)＜ya/gi＞ udara malam, dinginnya malam.

야기(惹起)＜ya/gi＞ ~하다 menyebabkan; mengakibatkan.

야뇨증(夜尿症)＜ya/nyo/ceung＞ 『醫』 mengompol (waktu tidur).

야단(惹端)＜ya/dan＞ ① kegemparan; kegaduhan; huru-hara. ~하다 membuat kegemparan; membuat kegaduhan. ② teguran. ~하다 menegur. ~을 맞다 ditegur; menerima teguran. ③ permasalahan; kesulitan. ~나다 dalam kesulitan/ kesusahan.

야담(野談)＜ya/dam＞ versi cerita sejarah yang tidak resmi. ~가 orang yang bercerita.

야당(野黨)＜ya/dang＞ partai oposisi. ~당수 [기관지] pemimpin [organ] oposisi. 제1~ oposisi utama.

야드＜ya/deu＞ yard.

야드르르하다＜ya/deu/reu/reu/hada＞ lembut dan halus; licin dan mengkilat.

야들야들하다＜ya/deul/ya/deul/ hada＞ ☞ 야드르르하다.

야료(惹鬧)＜ya/ryo＞ ~하다 menginterupsi; memotong pembicaraan;

mencemooh; meneriaki.

야릇하다＜ya/reut/hada＞ aneh; ganjil.

야만(野蠻)＜ya/man＞ ~적 biadab. ~인 orang biadab. ~행위 tindakan biadab.

야말로＜ya/mal/lo＞ sungguh-sungguh. 그~ memang; sungguh.

야망(野望)＜ya/mang＞ ambisi. ~이 있는 berambisi; ambisius. ~을 품다 mempunyai ambisi (akan).

야맹증(夜盲症)＜ya/maeng/ceung＞ 『醫』 rabun senja.

야멸스럽다＜ya/myeol/seu/reob/ta＞ hati dingin.

야멸치다＜ya/myeol/chi/da＞ ☞ 야멸스럽다.

야무지다＜ya/mu/ji/da＞ teguh; kuat; tegas.

야바위＜ya/ba/wi＞ kelicikan; tipu daya. ~치다 menipu; mengelabui. ~꾼 orang yang licik; penipu; pembohong.

야박(野薄)＜ya/bak＞ ~하다 kejam; tidak berperasaan; tidak acuh; dingin hati. ~한 세상 dunia yang kejam.

야반(夜半)＜ya/ban＞ ~에 ditengah malam. ~도주하다 melarikan diri ditengah malam.

야밤중(夜 -)＜ya/bam/jung＞ ☞ 한밤중.

야비(野卑)＜ya/bi＞ ~한 kasar; tidak sopan.

야사(野史)＜ya/sa＞ sejarah yang tidak resmi.

야산(野山)＜ya/san＞ bukit; bukit kecil.

야생(野生)＜ya/saeng＞ ~의 liar; tidak jinak; buas; jalang. ~식물 [동물] tumbuhan [hewan] liar.

야성(野性)＜ya/seong＞ sifat liar. ~적 liar; kasar; buas. ~미(美) kecantikan alami.

야속(野俗)＜ya/sok＞ ~하다 tidak berperasaan; berhati dingin.

야수(野獸)＜ya/su＞ binatang buas; satwa liar. ~같은 seperti binatang; kejam; bengis. ~성 kebuas-

an.
야습(夜襲)＜ya/seub＞ serbuan di malam hari. ～하다 menyerbu/menyerang di malam hari.
야시(夜市)＜ya/si＞ pasar malam.
야식(夜食)＜ya/sik＞ makan tengah malam; sahur.
야심(夜深)＜ya/sim＞ ～하다 larut malam; tengah malam.
야심(野心)＜ya/sim＞ ambisi; hasrat; cita-cita. ～있는 berambisi; ber-cita-cita. ～가 orang yang berambisi.
야업(夜業)＜ya/eob＞ ▷ 야근.
야영(野營)＜ya/yeong＞ perkemahan. ～하다 berkemah. ～지 bumi perkemahan.
야옹＜ya/ong＞ ngeong; meong. ～하고 울다 mengeong.
야외(野外)＜ya/oe＞ lapangan; halaman yang luas; lapangan terbuka. ～의 luar rumah; terbuka. ～에서 di luar rumah; di lapangan terbuka. ～극장 teater terbuka. ～운동 olah raga lapangan ～작업[연습] kerja [latihan] lapangan. ～촬영 lokasi; tempat.
야위다＜ya/wi/da＞ ▷ 여위다.
야유(野遊)＜ya/yu＞ piknik. ～회 rombongan piknik. ～회를 가다 berpiknik; pergi piknik.
야유(揶揄)＜ya/yu＞ cemoohan; e-jekan. ～하다 mencemoohkan; mengejek; meneriaki.
야음(夜陰)＜ya/eum＞ ～을 틈타 di bawah lindungan kegelapan.
야인(野人)＜ya/in＞ ① (시골 사람) orang desa; orang kampung. ② (재야의) warga netral (tidak masuk partai).
야자(椰子)＜ya/ja＞ 『植』 pohon kelapa; pohon nyiur; kerambil. ～기름 minyak kelapa. ～열매 buah kelapa.
야전(野戰)＜ya/jeon＞ operasi lapangan/medan. ～군[병원] tentara [rumah sakit] lapangan/medan.
야조(夜鳥)＜ya/jo＞ burung malam.
야채(野菜)＜ya/chae＞ sayur-mayur; sayur-sayuran yang hijau. ～를 가꾸다 menanam sayur-sayuran. ～가게 kedai sayur. ～밭 kebun sayuran. ～샐러드 [수프] selada [sup] sayur. ～요리 masakan sayur.
야틈하다＜ya/theum/hada＞ agak dangkal.
야포(野砲)＜ya/fo＞ artileri medan. ～대(隊) satuan artileri/bantuan tempur.
야하다(冶 -)＜ya/hada＞ ① (난하다) (pakaian yang) menyolok; menor. ② (속되다) rendah; vulgar; kasar.
야학(夜學)＜ya/hak＞ sekolah malam; kelas malam. ～에 다니다 bersekolah malam. ～생(生) siswa sekolah malam.
야합(野合)＜ya/hab＞ hubungan gelap; penyelewengan. ～하다 mengadakan hubungan gelap; menyeleweng.
야행(夜行)＜ya/haeng＞ ～하다 berjalan malam hari. ～성(性) 『動』 kebiasaan nokturnal. ～성 동물 binatang malam.
야회(夜會)＜ya/hoe＞ pesta malam. ～복 gaun pesta malam.
약(葯)＜yak＞ 『植』 kepala putik.
약(藥)＜yak＞ ① obat. ～을 먹다 [바르다] minum [mengoles] obat. ～을 주다 [먹이다] memberi [meminumkan] obat. ～을 조제하다 memberi resep. ② kebaikan; manfaat. ～이 되다 menjadi obat. ③ suap; sogokan. uang pelicin. ～을 쓰다 memakai uang pelicin.
약(約)＜yak＞ kira-kira; hampir; lebih kurang. ～ 5마일 kira-kira lima mil.
…약(弱)＜yak＞ ▷…빠듯. 5마일～ kurang sedikit lima mill.
약가심(藥 -)＜yak/ga/sim＞ ～하다 menghilangkan rasa yang tertinggal (obat).
약간(若干)＜yak/gan＞ beberapa; sedikit; sejumlah. ～의 돈 sedikit uang.

약값(藥 -)＜yak/kab＞ ongkos obat.

약골(弱骨)＜yak/kol＞　～이다 berkesehatan rapuh.

약과(藥菓)＜yak/gwa＞　① ☞ 과줄. ② perkara mudah/sepele. 그것쯤은 ～다 Itu perkara gampang.

약관(約款)＜yak/gwan＞ surat persetujuan; klausa.

약관(弱冠)＜yak/gwan＞ umur dua puluh tahun; masa muda. ～에 pada masa muda.

약국(藥局)＜yak/guk＞ apotik; toko obat; farmasi.

약기(略記)＜yak/gi＞　～하다 membuat uraian singkat/garis besar.

약다＜yak/ta＞ cerdik; lihai.

약대＜yak/dae＞ ☞ 낙타(駱駝).

약도(略圖)＜yak/to＞ denah; peta sketsa; rancangan kasar; denah.

약력(略歷)＜yang/nyeok＞ riwayat singkat; riwayat hidup.

약리(藥理)＜yang/ni＞　～작용 tindakan medis.　～학 ilmu tentang obat-obatan.

약물(藥物)＜yak/mul＞ obat-obatan. ～요법 perawatan medis.　～중독 keracunan obat.

약밥(藥 -)＜yak/pab＞ penganan nasi pulut.

약방(藥房)＜yak/pang＞ apotik; toko obat.

약방문(藥方文)＜yak/bang/mun＞ resep. 사후～ tindakan yang terlambat.

약병(藥瓶)＜yak/pyeong＞ botol obat.

약복(略服)＜yak/bok＞ pakaian sederhana.

약봉지(藥封紙)＜yak/bong/ji＞ bungkus obat.

약분(約分)＜yak/bun＞ 『數』 penyederhanaan; penjabaran.　～하다 menyederhanakan; mempermudah pecahan; menjabarkan. ～할 수 없는 tidak dapat disederhanakan.

약빠르다＜yak/pa/reu/da＞ ☞ 약삭빠르다.

약사(略史)＜yak/sa＞ sejarah singkat.

약사발(藥沙鉢)＜yak/sa/bal＞　～을 내리다 memberi racun sebagai hukuman mati.

약사법(藥事法)＜yak/sa/peob＞ Undang-Undang tentang Obat, Kosmetik dan Peralatan Medis.

약삭빠르다＜yak/sak/pa/reu/da＞ cerdik; lihai.

약설(略說)＜yak/seol＞ ringkasan. ～하다 meringkas; menyimpulkan.

약소(弱少)＜yak/so＞　～한 kecil dan lemah.　～국(가) negara (kekuasaan) yang lemah.　～민족 bangsa yang berkekuasaan kecil dan lemah.

약소(略少)＜yak/so＞　～한 sedikit; tidak berarti.

약속(約束)＜yak/sok＞ janji; akad; kontrak; persetujuan.　～하다 membuat janji; menyanggupkan. ～시간 [장소] waktu [tempat] yang dijanjikan (ditetapkan).　～대로 seperti yang dijanjikan.　～을 지키다 [어기다] menepati [ingkar] janji.

약속어음(約束 -)＜yak/sok/eo/eum＞ promes.　～발행인 orang yang membuat promes.

약손가락(藥 -)＜yak/son/ka/rak＞ jari manis.

약솜(藥 -)＜yak/som＞ ☞ 탈지면.

약수(藥水)＜yak/su＞ air mineral. ～터 sumur mineral.

약술(略述)＜yak/sul＞　～하다 membuat garis besar; membuat sketsa kasar.

약시(弱視)＜yak/si＞ 『醫』 penglihatan yang lemah.　～의 berpenglihatan lemah.

약식(略式)＜yak/sik＞　～의 tidak formal.　～으로 tanpa formalitas. ～재판 pengadilan kilat.　～절차 acara tidak formal.

약식(藥食)＜yak/sik＞ ☞ 약밥.

약어(略語)＜yak/eo＞ singkatan; kependekan.　～풀이 kunci untuk singkatan.

약언(略言)＜yak/eon＞　～하다 meringkaskan.　～하면 secara singkat; untuk menyingkatkan.

약연＜yak/yeon＞ lumpang/mortal obat.

약오르다(藥 -)＜yak/o/reu/da＞ tersinggung; pedas hati; menggatalkan.

약올리다(藥 -)＜yak/ol/li/da＞ menyinggung perasaan.

약용(藥用)＜yak/yong＞ ~의 medis. ~에 쓰다 memakai untuk tujuan medis. ~비누 sabun untuk pengobatan. ~식물 tumbuhan obat.

약육강식(弱肉强食)＜yak/yuk/gang/sik＞ ~하다 Yang lemah menjadi mangsa yang kuat.

약자(弱者)＜yak/ca＞ kaum lemah. ~의 보호 perlindungan bagi kaum lemah. ~의 편을 들다 berpihak kepada kaum lemah.

약자(略字)＜yak/ja＞ huruf yang disederhanakan.

약장(略章)＜yak/jang＞ dekorasi miniatur.

약장(藥欌)＜yak/jang＞ lemari obat.

약재(藥材)＜yak/jae＞ bahan-bahan obat.

약저울(藥 -)＜yak/jeo/ul＞ timbangan obat.

약전(弱電)＜yak/jeon＞ arus listrik lemah. ~기기(器機) alat-alat listrik arus lemah.

약전(略傳)＜yak/jeon＞ ringkasan riwayat hidup; biografi ringkas.

약전(藥典)＜yak/jeon＞ buku daftar obat-obatan dan cara pemakaiannya; farmakope.

약점(弱點)＜yak/ceom＞ kelemahan; cela; cacat; titik lemah. ~을 지니고 있다 mempunyai kelemahan. ~을 찔리다 terkena pada titik lemah. ~을 잡히다 menunjukkan titik lemah.

약정(約定)＜yak/jeong＞ ~하다 berjanji; membuat persetujuan/kontrak. ~서 surat perjanjian.

약제(藥劑)＜yak/je＞ obat-obatan. ~사 ahli obat; pandai obat.

약조(約條)＜yak/co＞ ~하다 berjanji; bersumpah; berikrar. ~금 simpanan berdasarkan kontrak.

약종(藥種)＜yak/jong＞ obat-obatan. ~상 penjual obat; toko obat.

약주(藥酒)＜yak/ju＞ ① (약용) minuman keras untuk obat. ② (술) anggur.

약진(弱震)＜yak/jin＞ goncangan lemah.

약진(躍進)＜yak/jin＞ ~하다 membuat terobosan.

약질(弱質)＜yak/jil＞ orang yang lemah.

약체(弱體)＜yak/che＞ ~의 lemah. ~화하다 menjadi lemah; melemah. ~내각 kabinet yang lemah.

약초(藥草)＜yak/cho＞ tumbuh-tumbuhan obat. ~밭 kebun obat-obatan.

약칭(略稱)＜yak/ching＞ penyingkatan.

약탈(略奪)＜yak/thal＞ penjarahan; perampasan; pencurian. ~하다 menjarah; merampas. ~자 perampok; pencuri. ~품 barang-barang rampasan; hasil jarahan.

약탕관(藥湯罐)＜yak/thang/gwan＞ ceret belanga untuk merebus obat-obatan.

약포(藥圃)＜yak/fo＞ kebun obat; apotik hidup.

약품(藥品)＜yak/fum＞ obat-obatan; jamu. 불량~ obat-obatan yang jelek.

약하다(弱 -)＜yak/hada＞ lemah. 몸이 ~ badan lemah/sakit-sakitan. 술에 ~ mudah mabuk.

약하다(略 -)＜yak/hada＞ ☞ 생략(省略).

약학(藥學)＜yak/hak＞ farmasi; ilmu tentang obat-obatan. ~과 jurusan farmasi. ~대학 akademi farmasi. ~사 [박사] sarjana [dokter] farmasi. ~자 ahli obat-obatan.

약해(略解)＜yak/hae＞ penjelasan ringkas.

약호(略號)＜yak/ho＞ kode alamat. 전신 ~ kode alamat telegram.

약혼(約婚)＜yak/hon＞ pertunangan. ~하다 bertunangan. ~반지 cincin

pertunangan. ~선물 hadiah pertu-nangan. ~식 upacara pertunang-an. ~자 tunangan.

약화(弱化)＜yak/hwa＞ ~하다 me-lemah; menjadi lemah.

약화(略畫)＜yak/hwa＞ sketsa.

약효(藥效)＜yak/hyo＞ efek obat. ~를 나타내다 menunjukkan efek.

얄따랗다＜yal/ta/rat/tha＞ agak ti-pis.

얄밉다＜yal/mib/ta＞ menjijikkan; menimbulkan benci.

얄타＜yal/tha＞ ~협정 persetujuan (deklarasi) Yalta.

야팍하다＜yal/fak/hada＞ agak tipis.

얇다＜yal/ta＞ tipis.

얌전하다＜yam/jeon/hada＞ ① (단정.침착) sopan; beradab; tahu adat. ② (솜씨.모양) baik; rapi; bagus.

얌치＜yam/chi＞ rasa malu.

양(羊)＜yang＞ biri-biri; domba. 길 잃은 ~ biri-biri (domba) yang ke-sasar. ~가죽 kulit biri-biri (dom-ba). ~고기 daging biri-biri (dom-ba). ~떼 kawanan domba. ~털 wol. ~같이 순한 jinak seperti domba.

양(良)＜yang＞ baik; B (peringkat).

양(洋)＜yang＞ samudra; lautan.

양(量)＜yang＞ ① jumlah; banyak-nya; kuantitas. ~적 kuantitatif. ~적으로 menurut banyaknya; seca-ra kuantitatif. ~이 적다 [많다] se-dikit [banyak] jumlahnya. ~보다 질 Mutu lebih penting dari pada jumlah. ② kesanggupan makan. ~껏 sekenyangnya. ~이 크다 pe-lahap; orang yang makan banyak.

양(陽)＜yang＞ positif. 음으로 ~으로 secara terbuka dan tertutup; se-cara tersurat dan tersirat.

양…(洋)＜yang＞ asing; barat; Ero-pa. ~요리 makanan asing.

…양(孃)＜yang＞ nona; encik.

양가(良家)＜yang/ga＞ keluarga ter-hormat. ~ 태생이다 lahir dari ke-luarga baik-baik.

양가(兩家)＜yang/ga＞ keluarga ke-dua belah pihak.

양가(養家)＜yang/ga＞ keluarga ang-kat.

양각(陽刻)＜yang/gak＞ pahatan; gambar timbul; relif. ~하다 membuat relif/gambar timbul.

양각기(兩脚器)＜yang/gak/gi＞ kom-pas; pedoman.

양계(養鷄)＜yang/gye＞ peternakan ayam. ~하다 memelihara ayam; beternak ayam. ~업자 peternak ayam. ~장 tempat beternak a-yam.

양곡(糧穀)＜yang/gok＞ bahan ma-kanan; biji-bijian. ~도입 pengim-poran biji-bijian. ~수급 계획 ren-cana kebutuhan dan suplai biji-biji-an.

양과자(洋菓子)＜yang/gwa/ja＞ kue-kue barat.

양국(兩國)＜yang/guk＞ kedua ne-gara.

양군(兩軍)＜yang/gun＞ kedua ang-katan.

양궁(洋弓)＜yang/gung＞ panah ala barat.

양귀비(楊貴妃)＜yang/gwi/bi＞ 『植』 pohon apium.

양극(兩極)＜yang/geuk＞ kedua ku-tub; kutub positif dan negatif. ~의 dwi kutub. ~지방 daerah ku-tub. ~화(化) bipolarisasi.

양극(陽極)＜yang/geuk＞ 『電』 kutub positif; anoda.

양극단(兩極端)＜yang/geuk/dan＞ kedua ujung.

양기(陽氣)＜yang/gi＞ ① (햇볕) si-nar matahari. ② (남자의) vitali-tas; daya hidup.

양날(兩 -)＜yang/nal＞ ~의 ber-mata dua (pedang).

양녀(養女)＜yang/yeo＞ anak angkat perempuan.

양념＜yang/nyeom＞ penyedap rasa; bumbu. ~을 한 berbumbu. ~을 치다 membumbui; memberi bumbu.

양다리(兩 -)＜yang/da/ri＞ ~걸치 다 membunglon; bermuka dua. ~(를) 걸치는 사람 orang yang ber-muka dua.

양단(兩端)＜yang/dan＞ kedua u-jung.

양단(兩斷)＜yang/dan＞ pembelahan dua. ~하다 membelah dua.

양단(洋緞)＜yang/dan＞ kain satin.

양단간(兩端間)＜yang/dan/gan＞ bagaimanapun.

양달(陽 -)＜yang/dal＞ tempat yang banyak kena sinar matahari. ~쪽 bagian yang banyak kena sinar.

양담배(洋 -)＜yang/dam/bae＞ rokok asing.

양당(兩當)＜yang/dang＞ dua partai politik. ~정치 [제도] politik [sistim] dua partai.

양도(糧道)＜yang/do＞ suplai kebutuhan; penyediaan kebutuhan. ~를 끊다 memotong suplai musuh.

양도(讓渡)＜yang/do＞ penyerah-terimaan; pemindahan; timbang terima; transfer. ~하다 menyerah-terimakan; menimbangterimakan; mentransfer. ~할 수 있는 dapat diserah terimakan. ~가격 harga serahterima; harga transfer. ~소득 keuntungan dari penyerahterima-an; keuntungan transfer. ~소득세 pajak keuntungan transfer. ~인 o-rang yang mengadakan serah te-rima/transfer. 피~인 orang yang menerima penyerahterimaan. ~중서 surat penyerahterimaan; surat transfer. 무상~ hibah.

양도체(良導體)＜yang/do/che＞ penghantar yang baik.

양돈(養豚)＜yang/don＞ peternakan babi. ~하다 memelihara babi; beternak babi. ~가 peternak babi. ~장 tempat peternakan babi.

양동이(洋 -)＜yang/dong/i＞ ember.

양동작전(陽動作戰)＜yang/dong/jak/jeon＞ taktik pura-pura.

양두(兩頭)＜yang/du＞ ~의 dua kepala (pemimpin). ~정치 peme-rintahan dua kepala.

양두구육(羊頭狗肉)＜yang/du/gu/yuk＞ srigala berbulu domba.

양떼구름(羊-)＜yang/te/gu/reum＞ a-wan altokomulus.

양력(陽曆)＜yang/nyeok＞ kalender matahari.

양력(揚力)＜yang/nyeok＞ daya ang-kat.

양로(養老)＜yang/no＞ ~보험 asu-ransi masa tua. ~연금 pensiun masa tua. ~원 rumah jompo.

양론(兩論)＜yang/non＞ kedua ar-gumen; argumen kedua belah pi-hak.

양륙(揚陸)＜yang/nyuk＞ pendaratan. ~하다 mendarat; bongkar muatan. ~비 biaya bongkar muat. ~장(場) tempat pendaratan; tempat bongkar muat.

양립(兩立)＜yang/nib＞ ~하다 ber-diri bersama. ~할 수 없다 tidak bisa berdiri bersama.

양막(羊膜)＜yang/mak＞ 『解』 ketu-ban.

양말(洋襪)＜yang/mal＞ kaus kaki; sarung kaki.

양면(兩面)＜yang/myeon＞ kedua muka; kedua sisi. ~의 bermuka dua; bersisi dua. ~작전 taktik da-ri dua sisi.

양명(揚名)＜yang/myeong＞ ~하다 mendapat kemasyhuran.

양모(羊毛)＜yang/mo＞ wol; bulu domba. ~제품 barang-barang wol ~의 dari wol.

양모(養母)＜yang/mo＞ ibu angkat.

양모제(養毛劑)＜yang/mo/je＞ pe-nyubur rambut; obat penguat ram-but.

양미간(兩眉間)＜yang/mi/gan＞ ~을 찌푸리다 mengerutkan dahi.

양민(良民)＜yang/min＞ rakyat (warga) yang baik. ~학살 pem-bunuhan orang yang tidak bersalah.

양반(兩班)＜yang/ban＞ kebangsa-wanan; (사람) bangsawan/priyayi; (자기 남편) suami saya.

양배추(洋 -)＜yang/bae/chu＞ kol; kubis.

양버들(洋 -)＜yang/beo/deul＞ 『植』 pohon poplar.

양변(兩邊)＜yang/byeon＞ kedua si-si.

양병(養兵)＜yang/byeong＞ pembina-an angkatan bersenjata. ～하다 membina angkatan bersenjata.

양보(讓步)＜yang/bo＞ pengalahan; konsesi; kerelaan; kompromi. ～하다 mengalah; berkompromi. 서로 ～하다 saling mengalah.

양복(洋服)＜yang/bok＞ pakaian ala barat. ～을 마추다 menampah/menjahitkan pakaian. ～감 [지] kain untuk pakaian ala barat. ～걸이 gantungan pakaian. ～장 lemari pakaian. ～점(店) toko penjahit pakaian.

양봉(養蜂)＜yang/bong＞ peternak-an/budidaya lebah. ～하다 mem-budidayakan/beternak lebah. ～가 peternak lebah. ～업 usaha peter-nakan lebah. ～장(場) kebun lebah.

양부(良否)＜yang/bu＞ bagus atau jelek.

양부(養父)＜yang/bu＞ ayah angkat; bapak angkat.

양부모(養父母)＜yang/bu/mo＞ orang tua angkat.

양분(兩分)＜yang/bun＞ ～하다 membelah dua; mengeping.

양분(養分)＜yang/bun＞ gizi. ～이 있다 bergizi.

양산(陽傘)＜yang/san＞ payung. ～을 펴다 [접다, 쓰다] membuka [menutup, memakai] payung.

양산(量産)＜yang/san＞ produksi skala besar. ～하다 memproduksi secara besar-besaran.

양상(樣相)＜yang/sang＞ segi; as-pek; fase. 새로운 ～을 띠게 되다 memasuki fase baru.

양상군자(梁上君子)＜yang/sang/gun/ja＞ perampok; pencuri.

양생(養生)＜yang/saeng＞ pemeliha-raan kesehatan. ～하다 menjaga kesehatan. ～법 peraturan kesehat-an; hygiene.

양서(良書)＜yang/seo＞ buku bagus; karya yang baik.

양서(洋書)＜yang/seo＞ buku ber-bahasa asing.

양서동물(兩棲動物)＜yang/seo/dong/mul＞ hewan ampibi.

양서류(兩棲類)＜yang/seo/ryu＞ 『動』 ampibi; hidup di dua alam.

양성(兩性)＜yang/seong＞ dua jenis kelamin (bunga). ～의 berjenis ke-lamin ganda (biseksual). ～생식 gemogenesis.

양성(陽性)＜yang/seong＞ kepositif-an. ～의 positif. ～이다 terbukti positif. ～화 pengesahan. (정치자금의 ～화 pengesahan dana poli-tik).

양성(養成)＜yang/seong＞ pelatihan; pembinaan. ～하다 mendidik; me-latih; membina. ～소 sekolah pe-latihan.

양속(良俗)＜yang/sok＞ adat istiadat yang baik; kebiasaan yang baik.

양손(兩 -)＜yang/son＞ kedua ta-ngan. ～에 꽃 bunga di kedua ta-ngan.

양송이＜yang/song/i＞ jamur me-rang. ～ 재배 budidaya jamur me-rang.

양수(羊水)＜yang/su＞ 『醫』 ☞ 모래집물.

양수(兩手)＜yang/su＞ dengan kedua belah tangan. ～걸이 skak ganda. ～잡이 ＝양수걸이.

양수(揚水)＜yang/su＞ ～기 pompa air.

양수(陽數)＜yang/su＞ 『數』 angka positif.

양수(讓受)＜yang/su＞ perolehan de-ngan pemindahtanganan. ～하다 memperoleh dengan memindah-tangankan; mewarisi. ～인 pewa-ris; penerima pemindahtanganan.

양순(良順)＜yang/sun＞ ～한 patuh; taat. ～한 백성 rakyat yang taat hukum.

양식(良識)＜yang/sik＞ pengetahuan yang baik. ～있는 사람 orang ber-pengetahuan yang baik.

양식(洋式)＜yang/sik＞ ～의 gaya Barat; gaya Eropa.

양식(洋食)＜yang/sik＞ makanan a-tau masakan Eropa. ～집 restoran Eropa.

양식(樣式)＜yang/sik＞ bentuk; gaya; model. 건축~ model (gaya, bentuk) bangunan.

양식(養殖)＜yang/sik＞ pembudidayaan; pemeliharaan. ~하다 beternak; memelihara; membudidayakan. ~장 tempat pembudidayaan. ~진주 mutiara piaraan. 굴~ budidaya tiram; pemeliharaan tiram; peternakan tiram. 진주~ budidaya mutiara; peternakan mutiara; pemeliharaan mutiara. 진주 ~장(場) tempat pembudidayaan tiram mutiara.

양식(糧食)＜yang/sik＞ makanan; santapan; perbekalan; sangu. 마음의 ~ santapan rohani.

양식기(洋食器)＜yang/sik/gi＞ barang pecah belah gaya barat.

양심(良心)＜yang/sim＞ kesadaran; kata hati. ~적 dengan suara hati. ~이 없는 tidak ada kesadaran. ~의 소리 suara/kata hati. ~의 가책 penyesalan kata hati. ~의 가책을 받다 merasakan penyesalan kata hati. 일편의 ~ secercah kata hati. ~에 호소하다 mohon kesadaran. ~에 어긋나다 bertentangan dengan kata hati. ~의 자유 kebebasan kata hati. ~선언 pernyataan kata hati.

양심수(良心囚)＜yang/sim/su＞ tahanan kata hati (orang yang ditahan karena mengungkapkan kecurangan/penyimpangan yang terjadi).

양아들(養 -)＜yang/a/deul＞ anak angkat.

양아버지(養 -)＜yang/a/beo/ji＞ ayah angkat.

양악(洋樂)＜yang/ak＞ musik aliran Barat; musik Barat.

양안(兩岸)＜yang/an＞ kedua sisi/pinggir.

양안(兩眼)＜yang/an＞ kedua mata.

양약(良藥)＜yang/yak＞ obat mujarab. ~은 입에 쓰다 obat yang mujarab rasanya pahit.

양약(洋藥)＜yang/yak＞ obat Barat.

양양(洋洋)＜yang/yang＞ ~한 luas; lapang. ~한 전도 masa depan yang cerah (gemilang).

양양(揚揚)＜yang/yang＞ ~한 gagah berani.

양어(養魚)＜yang/eo＞ budidaya ikan. ~가 peternak ikan; orang yang menternakkan ikan. ~장 tempat peternakan ikan.

양어머니(養-)＜yang/eo/meo/ni＞ ibu angkat.

양언(揚言)＜yang/eon＞ ~하다 mengumumkan.

양여(讓與)＜yang/yeo＞ transfer; konsesi; pemindahtanganan. ~하다 memindahtangankan; mentransfer.

양옥(洋屋)＜yang/ok＞ rumah gaya Barat; rumah model Barat.

양요리(洋料理)＜yang/yo/ri＞ ☞ 양식(洋食).

양용(兩用)＜yang/yong＞ fungsi ganda.

양웅(兩雄)＜yang/ung＞ ~은 병립할 수 없다 Orang besar tidak dapat membiarkan saingan.

양원(兩院)＜yang/won＞ kedua dewan. ~의원 anggota kedua dewan. ~제도 sistem dua kamar.

양위(讓位)＜yang/wi＞ turun tahta. ~하다 melepaskan tahta.

양유(羊乳)＜yang/yu＞ susu domba; susu biri-biri.

양육(羊肉)＜yang/yuk＞ daging domba.

양육(養育)＜yang/yuk＞ ~하다 membesarkan; memelihara; mengasuh. ~비 biaya pemeliharaan (anak). ~원 rumah yatim piatu; panti asuhan. ~자 orang yang memelihara yatim piatu.

양은(洋銀)＜yang/eun＞ nikel.

양의(良醫)＜yang/eui＞ dokter yang baik.

양의(洋醫)＜yang/eui＞ dokter gaya Barat (modern).

양이(攘夷)＜yang/i＞ pengusiran orang asing. ~론자 orang yang diusir.

양이온(陽 -)＜yang/i/on＞ 『理』 ion positif.

양익(兩翼)＜yang/ik＞ kedua sayap.
양일(兩日)＜yang/il＞ dua hari.
양자(兩者)＜yang/ja＞ kedua (orang, pihak dsb). ~택일 pemilihan diantara dua.
양자(陽子)＜yang/ja＞ 『理』 proton (＋).
양자(量子)＜yang/ja＞ 『理』 kwantum. ~물리학 fisika kwantum. ~역학 mekanika (dinamika) kwantum.
양자(養子)＜yang/ja＞ pengangkatan anak; pemungutan anak; adopsi; anak pungut; anak angkat. ~로 삼다 mengangkat anak. ~로 가다 diadopsi/diangkat ke dalam keluarga.
양자강(揚子江)＜yang/ja/gang＞ sungai Yangtse.
양잠(養蠶)＜yang/jam＞ pemeliharaan ulat sutera. ~하다 memelihara ulat sutera. ~농가 peternakan ulat sutera. ~업 usaha pemeliharaan ulat sutera.
양장(洋裝)＜yang/jang＞ ① pakaian model asing (Barat). ~하다 memakai pakaian model Barat. ~한 여성 wanita berpakaian asing/barat. ~점 toko penjahit gaya Barat. ② jilidan bergaya asing. ~한 책 buku bergaya asing.
양재(良材)＜yang/jae＞ bahan yang bagus; orang yang berkemampuan.
양재(洋裁)＜yang/jae＞ membuat (menjahit) pakaian. ~사 tukang jahit; orang yang menjahit pakaian. ~학원 kursus menjahit; sekolah menjahit.
양재기(洋 -)＜yang/jae/gi＞ barangbarang porselin.
양잿물(洋 -)＜yang/jaet/mul＞ soda api.
양전기(陽電氣)＜yang/jeon/gi＞ arus positif.
양전자(陽電子)＜yang/jeon/ja＞ 『理』 positron.
양젖(羊 -)＜yang/jeot＞ ☞ 양유(羊乳).
양조(釀造)＜yang/jo＞ pembuatan

minuman keras. ~하다 membuat minuman keras. ~업자 orang yang membuat minuman keras. ~장 tempat pembuatan minuman keras. ~학 cara pembuatan minuman keras.
양주(兩主)＜yang/ju＞ suami isteri; pasangan suami isteri.
양주(洋酒)＜yang/ju＞ minuman keras buatan luar negeri; minuman keras impor.
양지(洋紙)＜yang/ji＞ kertas model Barat; kertas impor.
양지(陽地)＜yang/ji＞ daerah yang kena sinar matahari. ~에 di bawah sinar matahari. ~가 음지(陰地)되고 음지가 ~되다 Hidup bagai bergantinya siang dan malam; Ada pasang ada surut.
양지(諒知)＜yang/ji＞ ~하다 mengetahui; memahami.
양지바르다(陽地-)＜yang/ji/ba/reu/da＞ cerah; banyak sinar.
양지쪽(陽地 -)＜yang/ji/cok＞ sisi yang kena sinar.
양진영(兩陣營)＜yang/jin/yeong＞ kedua kubu; kedua pihak yang bertentangan. 동서(東西) ~ pihak barat dan timur.
양질(良質)＜yang/jil＞ ~의 bermutu baik.
양쪽(兩 -)＜yang/cok＞ kedua-duanya; kedua belah pihak.
양차(兩次)＜yang/cha＞ dua kali. ~대전 kedua perang dunia.
양찰(諒察)＜yang/chal＞ ~하다 mempertimbangkan; memikirkan.
양책(良策)＜yang/chaek＞ rencana yang bagus; rencana yang matang.
양처(良妻)＜yang/cheo＞ istri yang baik.
양철(洋鐵)＜yang/cheol＞ kaleng. ~가위 gunting seng. ~공(工) tukang kaleng. ~깡통 kaleng; belek.
양초(洋 -)＜yang/cho＞ lilin. ~심지 sumbu lilin.
양추(凉秋)＜yang/chu＞ musim gugur yang dingin.
양춘(陽春)＜yang/chun＞ musim se-

mi.
양측(兩側)＜yang/cheuk＞ dua belah pihak; pihak yang mana saja. ～의 사상자 kerugian kedua belah pihak.
양치(養齒)＜yang/chi＞ ～하다 menggosok gigi; membersihkan mulut; berkumur. ～물 air kumur.
양치기(羊 -)＜yang/chi/gi＞ pengembala biri-biri (domba).
양치류(羊齒類)＜yang/chi/ryu＞ 『植』 pakis; paku.
양친(兩親)＜yang/chin＞ orang tua; ayah dan ibu. ～ 슬하에서 dibawah pengawasan orang tua.
양키＜yang/khi＞ orang Amerika; Yankee.
양탄자(洋 -)＜yang/than/ja＞ karpet; permadani; tikar; alas lantai. ～를 깔다 menggelar karpet di lantai.
양토(養兎)＜yang/tho＞ pemeliharaan kelinci; budidaya kelinci. ～하다 memelihara (beternak) kelinci. ～장(場) tempat peternakan kelinci.
양파(洋 -)＜yang/fa＞ bawang merah.
양팔(兩 -)＜yang/fal＞ kedua lengan.
양편(兩便)＜yang/fyeon＞ kedua belah pihak.
양푼＜yang/fun＞ mangkok kuningan.
양품(洋品)＜yang/fum＞ barang perhiasan ala barat. ～점 toko barang-barang ala barat.
양풍(良風)＜yang/fung＞ kebiasaan yang baik. ～미속 kebiasaan yang baik dan terpuji.
양풍(洋風)＜yang/fung＞ gaya Eropa Barat.
양피(羊皮)＜yang/fi＞ kulit biri-biri. ～구두 sepatu kulit biri-biri. ～지 sampul kulit biri-biri; kertas kulit.
양학(洋學)＜yang/hak＞ pengetahuan barat.
양항(良港)＜yang/hang＞ pelabuhan yang baik.
양해(諒解)＜yang/hae＞ persetujuan.

～하다 setuju dengan. 상호 ～하에 dengan persetujuan kedua belah pihak. ～를 얻다 mendapat persetujuan. ～사항 hal-hal yang disetujui.
양행(洋行)＜yang/haeng＞ ① ～하다 pergi ke luar negeri; berpergian ke luar negeri. ② (점포) toko gaya barat.
양형(量刑)＜yang/hyeong＞ penilikan perkara.
양호(良好)＜yang/ho＞ ～하다 baik; memuaskan; baik sekali.
양호(養護)＜yang/ho＞ ～교사 guru perawat. ～시설 sarana perawatan kesehatan.
양화(良貨)＜yang/hwa＞ uang baik. 악화는 ～를 구축한다 Uang buruk mendesak habis yang baik.
양화(洋靴)＜yang/hwa＞ ☞ 구두. ～점 toko sepatu.
양화(洋畵)＜yang/hwa＞ ① (서양화) lukisan gaya Barat. ② (영화) film barat; film asing.
양회(洋灰)＜yang/hoe＞ semen putih.
얕다＜yath/tha＞ ① (깊이가) dangkal; datar; ceper; piring ceper. ② (생각이) dangkal (pikiran). ③ (정도가) sedikit; enteng; dangkal; ringan. ④ rendah. 지위가 ～ berkedudukan rendah.
얕보다＜yath/bo/da＞ merendahkan; memandang rendah.
얕잡다＜yath/jab/ta＞ ☞ 얕보다.
얘＜yae＞ Anakku!; Nak!
어＜eo＞ (감탄) Oh!; Aduh!; (대답) Baik!.
어간(語幹)＜eo/gan＞ akar kata.
어감(語感)＜eo/gam＞ rasa bahasa.
어개(魚介)＜eo/gae＞ hasil laut/perairan.
어거하다＜eo/geo/hada＞ menunggang; (제어) mengendalikan.
어구(語句)＜eo/gu＞ kata dan frase.
어구(漁具)＜eo/gu＞ alat-alat penangkapan ikan.
어구(漁區)＜eo/gu＞ daerah ikan.
어군(魚群)＜eo/gun＞ kawanan ikan.

~탐지기 alat penemu ikan.

어군(語群)＜eo/gun＞ 『文』 kelompok kata.

어귀＜eo/gwi＞ mulut; jalan masuk. 강의 ~ mulut sungai.

어그러지다＜eo/geu/reo/ji/da＞ berlawanan dengan; bertentangan dengan (hukum). 기대에 ~ bertentangan dengan harapan.

어근(語根)＜eo/geun＞ kata dasar.

어근버근＜eo/geun/beo/geun＞ ① (느슨하다) ~하다 longgar; tidak pas. ② (불화) ~하다 berselisih; tidak cocok.

어금니＜eo/geum/ni＞ geraham.

어긋나다＜eo/geut/na/da＞ ① (엇걸리다) menyilang satu sama lain. ② (길이) berselisih jalan. ③ luput; gagal; menyimpang. 계획이 ~ gagal dalam rencana. ④ (틀리다.위반되다) berlawanan; bertentangan dengan hukum/undang-undang. ⑤ (뼈 따위가) salah tempat (tulang); terkilir.

어긋매끼다＜eo/geut/mae/ki/da＞ menyilangkan.

어긋물리다＜eo/geut/mul/li/da＞ saling bersilangan.

어긋버긋하다＜eo/geut/beo/geut/ha/da＞ terlepas; lepas; longgar.

어기(漁期)＜eo/gi＞ musim menangkap ikan.

어기다＜eo/gi/da＞ tidak menurut; melanggar; menentang. 명령을 ~ bertindak menyalahi perintah. 규칙을 ~ melanggar peraturan.

어기대다＜eo/gi/dae/da＞ tidak menurut; melanggar.

어기적거리다＜eo/gi/jeok/geo/ri/da＞ berjalan dengan menyeret kaki.

어기중하다＜eo/gi/jung/hada＞ tanggung.

어기차다＜eo/gi/cha/da＞ kuat; kokoh; berani.

어김＜eo/gim＞ ~없는 tidak mungkin salah; pasti. ~없이 pasti. ~없이 ...하다 pasti melakukan...

어깨＜eo/kae＞ bahu. ~가 넓은 [떡벌어진] orang yang berbahu lebar [bidang]. ~에 메다 memikul; memanggul. ~를 으쓱하다 mengangkat bahu. ...과 ~를 나란히 하다 bersendel bahu; sederajat.

어깨넘엇글＜eo/kae/neom/eot/geul＞ pengetahuan pungutan.

어깨동무＜eo/kae/dong/mu＞ ~하다 saling memeluk bahu.

어깨뼈＜eo/kae/pyeo＞ tulang belikat.

어깨춤＜eo/kae/chum＞ ~을 추다 berdansa dengan bahu naik dan turun.

어깻죽지＜eo/kaet/cuk/ji＞ bahu.

어느＜eo/neu＞ ① satu; suatu; sesuatu. ~날 suatu hari. ~정도 tingkat tertentu. ② yang mana; apa. ~날 [책] hari [buku] yang mana. ③ yang mana saja; apa saja. ~모로 보아도 dari segala sudut pandang.

어느것＜eo/neu/geot＞ yang mana; apa saja; mana saja. ~이든지 mana saja. ~이나 yang mana saja. ~이나 하나 apakah ini atau... ~도 ...하지 않다 kedua-duanya tidak.

어느덧＜eo/neu/deot＞ tidak sadar; tak disadari.

어느때＜eo/neu/tae＞ kapanpun.

어느새＜eo/neu/sae＞ ☞ 어느덧.

어느쪽＜eo/neu/cok＞ yang mana; mana saja. ~이든 간(間)에 dalam setiap perkara. ~이라도 좋다 salah satu bisa; yang mana saja bisa.

어두컴컴하다＜eo/du/kheom/kheom/hada＞ gelap; malam gelap.

어둑(어둑)하다＜eo/duk/(eo/duk)/hada＞ kabur; buram; remang-remang.

어둠＜eo/dum＞ kegelapan. ~속에(서) di tempat yang gelap; di kegelapan. ~을 틈타 dibawah lindungan malam.

어둠침침하다＜eo/dum/chim/chim/hada＞ kabur; tidak jelas; suram.

어둡다＜eo/dub/ta＞ ① (암흑) kabur; samar-samar. ② kurang jelas; kurang paham; kurang peduli. 국제 사정에 ~ kurang paham mengenai masalah internasional. 세상 일에 ~ sedikit mengetahui mengenai masalah dunia. 이 곳 지리에 ~ (saya) kurang paham tentang daerah sini. ③ 눈이 ~ mempunyai penglihatan yang kabur; buta senja. 귀가 ~ sukar mendengar; sedikit tuli.

어디 <eo/di> (장소) kemana; dimana. ~까지 seberapa jauh; sejauh mana. ~에나 dimana saja. ~에서 dari mana. 너는 ~까지 가느냐 Seberapa jauh kamu pergi?. 그 남자의 ~가좋은가 Kebaikan apa yang kamu lihat pada orang yang seperti itu?. 인정은 ~나 마찬가지다 Sifat dasar manusia itu sama dina-mana.

어디 <eo/di> (감탄사) Yah!; Ayo!. ~ 산책이나 할까 Yah; boleh kita jalan?

어디까지나 <eo/di/ka/ji/na> sampai akhir; dalam segala hal; keseluruhannya.

어딘가,어딘지 <eo/din/ga,eo/din/ji> bagaimanapun. ~이상 하다 Bagaimanapun juga, hal itu tampak aneh.

어떠한, 어떤 <eo/teo/han, eo/teon> ① apa; bagaimana. ~...이라도 apa saja; apapun. ~이유로 mengapa; untuk alasan apa; untuk apa. ~사람 siapa; apa. ~사람(이라)도 siapa saja. ~일이 있어도 dalam segala hal; dalam kondisi apapun. ② suatu; sesuatu. ~날 suatu hari. ~마을 suatu desa. ~사람 seseorang. ~곳에서 disuatu tempat. ~의미로 dalam makna; dalam artian.

어떻게 <eo/teo/khe> bagaimana. ~보아도 dalam segala hal. ~해서라도 bagaimanapun. (이 편지를) ~할까요 Apa yang harus saya lakukan (dengan surat ini)? 요즈음 ~지내십니까 Apa kabar akhir-akhir ini?. ~되겠지 Sesuatu akan terjadi. ~된건가 Apa yang terjadi

(dengan kamu).

어떻든(지) <eo/teot/theun/(ji)> walaupun demikian; bagaimanapun. ~간에 =어떻든.

어란(魚卵) <eo/ran> telur ikan.

어레미 <eo/re/mi> ayakan; saringan.

어련하다 <eo/ryeon/hada> tidak mungkin keliru; pasti; tentu; masuk akal.

어련히 <eo/ryeon/hi> tentu saja. 내버려 둬. ~ 알아서 할라구 Biarkan dia sendiri. Dia bisa menjaga diri.

어렴풋하다 <eo/ryeom/fut/hada> samar-samar; tidak jelas; lamat-lamat.

어렴푸이 <eo/ryeom/fu/si> secara samar-samar; lupa-lupa ingat.

어렵(漁獵) <eo/ryeob> penangkapan ikan perikanan.

어렵다 <eo/ryeob/ta> ① sulit; sukar. 믿기 ~ sulit untuk dipercaya. ② (가난) miskin. ③ (거북하다) merasa canggung.

어령칙하다 <eo/ryeong/chik/hada> samar-samar; tidak jelas; lamat-lamat.

어로(漁撈) <eo/ro> penangkapan ikan; perikanan. ~과(科) jurusan perikanan. ~보호 구역 daerah konservasi perikanan. ~전관 수역 perairan perikanan/penangkapan ikan. ~협정 persetujuan tentang perikanan.

어로불변(魚魯不辯) <eo/ro/bul/byeon> ketidaktahuan; buta huruf.

어록(語錄) <eo/rok> biografi. 처칠 ~ biografi dari Winston Churchill.

어뢰(魚雷) <eo/roe> terpedo. ~발사관 ·tabung terpedo. ~정(艇) kapal terpedo.

어루더듬다 <eo/ru/deo/deum/ta> meraba-raba; mencari-cari.

어루만지다 <eo/ru/man/ji/da> ① (쓰다듬다) mengusap; mengelus. ② (위무하다) menenangkan.

어룽더룽하다 <eo/rung/deo/rung/hada> beraneka ragam.

어류(魚類)＜eo/ryu＞ jenis ikan; ikan. ~학 ilmu tentang ikan. ~학자 ahli ikan.

어르다＜eo/reu/da＞ memanjakan; menimang.

어른＜eo/reun＞ ① dewasa. ~의 dewasa; besar. ~답지 않은 kekanak-kanakan. ~이 되다 menjadi dewasa. ② (웃사람) yang lebih tua.

어른거리다＜eo/reun/geo/ri/da＞ terbayang-bayang; menghantui. 눈앞에 ~ terbayang-bayang di depan mata; menghantui pikiran.

어른스럽다＜eo/reun/seu/reob/ta＞ kedewasaan.

어름거리다＜eo/reum/geo/ri/da＞ ① (언행을) berbicara putar balik; berbicara serampangan. ② (일을) sembrono; ceroboh.

어리＜eo/ri＞ (병아리의) kandang ayam; songkok ayam.

어리광＜eo/ri/gwang＞ ~부리다 berkelakuan seperti anak manja.

어리다＜eo/ri/da＞ muda; remaja; kekanak-kanakan; hijau; belum berpengalaman. 생각하는 것이 ~ mempunyai pikiran yang kekanak-kanakan.

어리다＜eo/ri/da＞ ① (눈물이) (air mata) menggenang di mata. ② (눈에) menghantui; dihantui. ③ (엉기다) menggumpal; mengental. ④ (눈이) silau.

어리둥절하다＜eo/ri/dung/jeol/hada＞ bingung; kalut; linglung.

어리벙벙하다＜eo/ri/beong/beong/hada＞ bengong.

어리석다＜eo/ri/seok/ta＞ bodoh; tolol.

어린것＜eo/rin/geot＞ anak.

어린애＜eo/rin/ae＞ anak-anak; orok. ~같은 seperti anak-anak; kekanak-kanakan. ~가 없는 tanpa anak. ~장난 permainan anak-anak. ~장난 같은 kekanak-kanakan. ~ 취급을 하다 memperlakukan seperti anak-anak.

어린이＜eo/ri/ni＞ anak-anak (☞ 어린애). ~공원 taman untuk anak-anak. ~교육 pendidikan anak. ~날 Hari Anak-anak. ~방 kamar anak-anak. ~시간 acara untuk anak-anak. ~은행 bank anak-anak. ~헌장 piagam anak-anak. ~ 영화 film anak-anak.

어림＜eo/rim＞ perkiraan anak-anak; taksiran kasar. ~하다 [잡다] mengira; menduga-duga; menaksir. ~치다 =어림하다. ~셈 perkiraan; perhitungan kasar. ~수(數) angka perkiraan.

어림없다＜eo/rim/eob/ta＞ jauh dari perkiraan.

어릿광대＜eo/rit/gwang/dae＞ badut.

어마＜eo/ma＞ Astaga!; Oh!; Ya, ampun!

어마어마하다＜eo/ma/eo/ma/hada＞ agung; akbar.

어망(漁網)＜eo/mang＞ jala untuk menangkap ikan.

어머(나)＜eo/meo/(na)＞ Astaga!; Ya, Tuhan!; Aduh!; Ya, ampun.

어머니＜eo/meo/ni＞ ① ibu; emak; mama; mami; ina; umi; mandeh; bunda. ~의 사랑 kasih ibu. ~다운 [같은] keibuan. ~날 hari ibu. ② sebab; motivasi. 필요는 발명의 ~ Kebutuhan adalah ibu dari penemuan.

어멈＜eo/meom＞ pembantu rumah tangga yang sudah tua; amah.

어명(御命)＜eo/myeong＞ perintah raja; titah.

어물(魚物)＜eo/mul＞ ikan kering. ~전 toko penjual ikan kering.

어물(쩍)거리다＜eo/mul/(ceok)/geo/ri/da＞ berdalih; berbicara putar balik.

어미＜eo/mi＞ induk; indung; biang. ~새 induk burung.

어미(語尾)＜eo/mi＞ akhiran kata. ~변화 perubahan/nada suara; infleksi.

어민(漁民)＜eo/min＞ nelayan. ~조합 himpunan koperasi nelayan.

어버이＜eo/beo/i＞ orang tua.

어법(語法)＜eo/peob＞ tata bahasa.

어부(漁夫)＜eo/bu＞ nelayan; pemukat; penangkap ikan.
어분(魚粉)＜eo/bun＞ makanan ikan.
어불성설(語不成說)＜eo/bul/seong/seol＞ perkataan yang tidak masuk akal. ~이다 tidak masuk diakal; tidak logis.
어비(魚肥)＜eo/bi＞ pupuk ikan.
어사(御史)＜eo/sa＞ inspektur rahasia kerajaan yang mengadakan perjalanan secara menyamar.
어사리(漁 -)＜eo/sa/ri＞ penangkapan ikan dengan jala. ~하다 menjala ikan.
어살(魚 -)＜eo/sal＞ bubu; pemayang; lukah.
어색(語塞)＜eo/saek＞ ~하다 kaku; canggung.
어서＜eo/seo＞ ① (빨리) Cepat; Cepatlah. ② silakan. ~ 들어오십쇼 Silakan masuk!
어선(漁船)＜eo/seon＞ perahu/kapal penangkap ikan. ~단[대(隊)] armada penangkapan ikan.
어설프다＜eo/seol/feu/da＞ ① (성기다) kasar; longgar. ② (탐탁찮다) keengganan.
어세(語勢)＜eo/se＞ menekankan; menitik beratkan.
어수룩하다＜eo/su/ruk/hada＞ lugu.
어수선하다＜eo/su/seon/hada＞ tidak teratur; kacau; porak poranda.
어순(語順)＜eo/sun＞ 『文』 susunan kata yang teratur.
어스＜eo/seu＞ 『無電』 bumi; tanah. ~선 kabel tanah.
어스레하다＜eo/seu/re/hada＞ kehitam-hitaman; samar-samar.
어슬렁거리다＜eo/seul/leong/geo/ri/da＞ berkeliling-keliling; berkeluyuran.
어슴푸레하다＜eo/seum/fu/re/hada＞ samar-samar; tidak jelas; kabur.
어슷비슷하다＜eo/seut/bi/seut/hada＞ hampir sama.
어슷하다＜eo/seut/hada＞ miring; mencong.
어시장(魚市場)＜eo/si/jang＞ pasar ikan.

어안(魚眼)＜eo/an＞ ~렌즈 lensa mata ikan.
어안이벙벙하다＜eo/an/i/beong/beong/hada＞ terpesona; tercengang.
어언간(於焉間)＜eo/eon/gan＞ tanpa disadari.
어업(漁業)＜eo/eob＞ perikanan. ~권 hak menangkap ikan. ~전관수역 batas penangkapan ikan. ~협동 조합 Himpunan Koperasi Nelayan. ~협정 persetujuan perikanan. 원양 [근해]~ penangkapan ikan di laut dalam [pantai].
어여차＜eo/yeo/cha＞ hiaat!
어엿하다＜eo/yeot/hada＞ terhormat; baik-baik.
어용(御用)＜eo/yong＞ ~신문 pers yang dikontrol/dikendalikan; corong pemerintah. ~조합 serikat yang dikendalikan. ~학자 cendekiawan yang dikendalikan pemerintah.
어울리다＜eo/ul/li/da＞ ① cocok; sejodoh; sepadan; serasi; sesuai; setuju; seimbang; setakar; setanding. (옷이) 잘~ cocok dengan baik; sangat sepadan. ② bergabung; bergaul. 불량 소년의 무리에 ~ bergaul dengan kelompok anak-anak yang jahat.
어원(語源)＜eo/won＞ asal kata. ~을 찾다 mencari asal kata. ~학(學) ilmu asal kata; etimologi.
어유(魚油)＜eo/yu＞ minyak ikan.
어육(魚肉)＜eo/yuk＞ daging ikan.
어음＜eo/eum＞ 『商』 nota. 3개월불(拂) ~ nota tiga bulanan. ~으로 지급하다 dibayar dengan cek. ~ 교환소 tempat penyelesaian cek-cek antar bank. ~ 발행인 [수취인] penulis [penerima] cek/nota. 개인~ cek pribadi. 상업~ cek komersil/dagang. 약속 ~ nota perjanjian.
어의(語義)＜eo/eui＞ arti kata.
어이＜eo/i＞ hai; hoi; wahai; wah.
어이구＜eo/i/gu＞ wah!; wow!
어이없다＜eo/i/eob/ta＞ terkejut.
어장(漁場)＜eo/jang＞ kawasan penangkapan ikan. 정치(定置) ~

tempat menangkap ikan bagi penangkapan dengan jala tetap.
어적거리다＜eo/jeok/geo/ri/da＞ memamah.
어정거리다＜eo/jeong/geo/ri/da＞ berjalan santai.
어정쩡하다＜eo/jeong/ceong/hada＞ tanggung.
어제＜eo/je＞ kemarin. ～아침 kemarin pagi.
어조(語調)＜eo/jo＞ intonasi; aksen; logat; nada. ～를 누그러뜨리다 melunakkan suara.
어조사(語助辭)＜eo/jo/sa＞ 『文』 partikel.
어족(魚族)＜eo/jok＞ bangsa ikan.
어족(語族)＜eo/jok＞ rumpun bahasa.
어줍다＜eo/jub/ta＞ lamban; canggung.
어중간(於中間)＜eo/jung/gan＞ ～하다 setengah jalan; tanggung-tanggung.
어중되다(於中-)＜eo/jung/doe/da＞ terlalu kecil atau terlalu besar (tanggung).
어중이떠중이＜eo/jung/i/teo/jung/i＞ siapa saja dan semuanya.
어지간하다＜eo/ji/gan/hada＞ cukup.
어지럽다＜eo/ji/reob/ta＞ ① pusing; pening. 머리가 ～ kepala pusing. ② (어수선) tidak teratur; kacau.
어지르다＜eo/ji/reu/da＞ menyerakkan; membiarkan berserakan.
어질다＜eo/jil/da＞ bijaksana.
어질어질하다＜eo/jil/eo/jil/hada＞ merasa pening. 머리가 ～ Kepala saya pening.
어째서＜eo/cae/seo＞ mengapa; untuk alasan apa.
어쨌든＜eo/caet/deun＞ walaupun demikian; setidak-tidaknya; sekurang-kurangnya; biar bagaimanapun.
어쩌다＜eo/ceo/da＞ kebetulan.
어쩌면＜eo/ceo/myeon＞ bagaimana; barangkali; boleh jadi.
어쩐지＜eo/ceon/ji＞ ① entah ba-

gaimana; entah kenapa. ～무섭게 느껴지다 mengalami ketakutan yang tidak diketahui sebab-sebabnya. ② tidak heran. ～기쁜 얼굴을 하고 있더라 Tidak heran dia gembira sekali.
어쭙지않다＜eo/cub/ji/an/tha＞ hina; pantas dicela.
어찌나＜eo/ci/na＞ begitu; demikian. ～기쁜지 begitu gembira sehingga…
어찔(어찔)하다＜eo/cil/(eo/cil)/hada＞ pusing; pening.
어차피(於此彼)＜eo/cha/fi＞ bagaimanapun juga; walau bagaimana.
어처구니없다＜eo/cheo/gu/ni/eob/ta＞ terkejut; terperanjat.
어촌(漁村)＜eo/chon＞ kampung nelayan.
…어치＜eo/chi＞ seharga; senilai. 달걀을 천원 ～ 사다 membeli telur seharga seribu won.
어투(語套)＜eo/thu＞ cara berbicara.
어퍼컷＜eo/feo/kheot＞ 『拳』 pukulan ke atas; uppercut.
어폐(語弊)＜eo/fye＞ ～가 있다 (bicara) menyesatkan.
어포(魚脯)＜eo/fo＞ potongan ikan asin/kering.
어프로치＜eo/feu/ro/chi＞ pendekatan.
어필＜eo/fil＞ permohonan. ～하다 memohon.
어학(語學)＜eo/hak＞ pelajaran mengenai bahasa; ilmu bahasa. ～교육 pendidikan bahasa. ～자 [교사] ahli [guru] bahasa.
어항(魚缸)＜eo/hang＞ basin ikan.
어항(漁港)＜eo/hang＞ pelabuhan ikan.
어허＜eo/heo＞ ☞ 아하.
어험＜eo/heom＞ hem; ehem.
어형(語形)＜eo/hyeong＞ bentuk kata. ～변화 『文』 perubahan nada suara; infleksi.
어회(魚膾)＜eo/hoe＞ irisan ikan segar.
어획(漁獲)＜eo/hoek＞ penangkapan ikan. ～고 tangkapan. ～ 할당량

jumlah kuota ikan.

어휘(語彙)＜eo/hwi＞ perbendahara-an kata; kosa kata.

억(億)＜eok＞ seratus juta. 10~ satu milyar (seribu juta).

억누르다＜eok/nu/reu/da＞ menekan; menjejalkan; memadatkan; mena-han; mengekang. 눈물을 ~ me-nahan air mata. 웃음을 ~ mena-han tertawa.

억류(抑留)＜eok/nyu＞ penahanan; interniran; pengasingan. ~하다 menahan internir; menginternirkan. ~자 tahanan; interniran; tawanan.

억만(億萬)＜eok/man＞ seratus juta. ~장자 milyarder.

억병＜eok/byeong＞ peminum berat. 술이 ~이다 minum banyak sekali (minuman keras). ~으로 취하다 mabuk berat.

억설(臆說)＜eok/seol＞ dugaan tanpa alasan. ~하다 menduga tanpa ala-san.

억세다＜eok/se/da＞ ① (체격이) ku-at; kukuh; kekar. ② (뻣뻣하다) keras; kaku.

억수＜eok/su＞ hujan lebat. ~같이 퍼붓다 hujan turun sangat lebat.

억압(抑壓)＜eo/gab＞ tekanan; ania-ya; penghimpitan; gencatan; depre-si; penindasan. ~하다 menekan; memerangi; menindas. ~된 감정 perasaan yang tertekan.

억양(抑揚)＜eo/gyang＞ intonasi; te-kanan; aksen. ~있는 berintonasi; bertekanan. ~을 붙이다 memberi intonasi.

억울(抑鬱)＜eo/gul＞ ~하다 mera-sa tertekan. ~하게 죄를 쓰다 di-tuduh secara keliru.

억제(抑制)＜eok/je＞ pengendalian; pengekangan; penekanan; penindas-an. ~하다 mengontrol; menahan; mengendalikan. ~할 수 없는 tidak dapat dikontrol/dikendalikan. 감정을 ~하다 menahan/menekan pera-saan. 충동을 ~하다 menahan do-rongan (untuk). 인플레를 ~하다 mengendalikan inflasi. ~력 me-

ngontrol kekuasaan.

억지＜eok/ji＞ pemaksaan. ~ 부리다 [쓰다] memaksakan kehendak. ~웃음 tertawa terpaksa.

억지로＜eok/ji/ro＞ dengan paksa; dengan terpaksa; bertentangan de-ngan keinginan.

억척스럽다＜eok/cheok/seu/reob/ta＞ tabah.

억측(臆測)＜eok/cheuk＞ dugaan tanpa alasan; prakira. ~하다 menduga tanpa alasan.

억패듯＜eok/fae/deut＞ dengan ke-jam.

억하심정(抑何心情)＜eok/ha/sim/jeong＞ Sukar sekali dimengerti, kenapa…? 무슨 ~으로 …하느냐 Mengapa demikian?; Kenapa begi-tu? 무슨 ~으로 그런 짓을 했을까? Apa gerangan yang membuat dia berbuat seperti itu?

언감생심(焉敢生心)＜eon/gam/saeng/sim＞ ~…하느냐 Berani amat kamu…?

언급(言及)＜eon/geub＞ ~하다 me-nyebutkan; mengatakan; merujuk (pada). 위[앞]에 ~한 seperti di-kemukakan di atas.

언니＜eon/ni＞ kakak perempuan; yu; mbak yu; uni.

언더라인＜eon/deo/ra/in＞ garis ba-wah. ~을 긋다 menggaris bawahi kata.

언덕＜eon/deok＞ lereng; bukit. 가파른 ~ lereng curam. ~이 되다 melereng; membukit. ~을 오르다 [내리다] naik [turun] bukit.

언도(言渡)＜eon/do＞ hukuman; pu-tusan hukuman; vonis. ~하다 memvonis; menghukum. 판결을 ~하다 memberi hukuman; mem-berikan putusan hukuman. 사형~ hukuman mati; vonis mati.

언동(言動)＜eon/dong＞ perkataan dan perbuatan.

언뜻＜eon/teut＞ sepintas lalu. ~보다 memperhatikan sepintas lalu.

언론(言論)＜eol/lon＞ berbicara. ~의 자유 kebebasan berbicara. ~계

dunia media massa. ~기관 sarana pernyataan (opini umum).

언명(言明)＜eon/myeong＞ ~하다 mengumumkan; membuat pernyataan. ~을 피하다 jangan memberi komentar.

언문(言文)＜eon/mun＞ ~일치 gabungan bahasa lisan dan tulisan.

언변(言辯)＜eon/byeon＞ bakat berbicara; kefasihan. ~이 좋다 fasih; lancar berbicara/berpidato.

언사(言辭)＜eon/sa＞ perkataan; pembicaraan; bahasa; ucapan.

언성(言聲)＜eon/seong＞ intonasi suara; nada suara. ~을 높이다 menaikkan suara.

언약(言約)＜eon/yak＞ janji lisan. ☞ 약속.

언어(言語)＜eon/eo＞ bahasa lisan; ucapan; wicana; wicara. ~가 통하다 ucapan dimengerti. ~ 능력 kemampuan berbicara. ~ 장애(障碍) afasia; cacat wicara; patah lidah. ~ 장애자 penderita afasia. ~학 ilmu bahasa; filologi. ~학자 ahli bahasa.

언어도단(言語道斷)＜eon/eo/do/dan＞ ~의 tidak dapat dibenarkan; buruk sekali.

언재(言才)＜eon/jae＞ bakat berbicara; kefasihan.

언쟁(言爭)＜eon/jaeng＞ pertengkaran mulut. ~하다 bertengkar mulut.

언저리＜eon/jeo/ri＞ tepi; pinggir. 입 ~에 di pinggir mulut.

언제＜eon/je＞ kapan; suatu waktu; suatu hari. ~부터 sejak kapan. 그건 ~됩니까 Kapan selesainya? ~한 번 (놀러) 오너라 Datang dan temuilah saya kapan-kapan.

언제까지＜eon/je/ka/ji＞ berapa lama; sampai kapan; seberapa cepat. ~나 selama yang disenangi; selamanya.

언제나＜eon/je/na＞ selalu; setiap waktu; senantiasa; selamanya; sediakala.

언제든지＜eon/je/deun/ji＞ kapan saja; bilamana juga.

언젠가＜eon/jen/ga＞ kapan-kapan; suatu hari; suatu ketika.

언죽번죽＜eon/juk/beon/juk＞ dengan tidak merasa malu.

언짢다＜eon/can/ta＞ ① (기분이) tidak senang. ② (불길) buruk; sial. ③ (나쁘다) jelek; buruk. ④ (해로움) berbahaya; merugikan. ⑤ (열등) rendah; hina.

언청이＜eon/cheong/i＞ bibir sumbing. ~의 berbibir sumbing.

언치＜eon/chi＞ (마소의) selimut kuda.

언행(言行)＜eon/haeng＞ perkataan dan perbuatan. ~이 일치하다 berbuat sesuai dengan yang diucapkan. ~록 memoir. ~일치 keselarasan antara perkataan dan perbuatan.

얹다＜eon/ta＞ meletakkan; menempatkan; memuati.

얹히다＜eon/chi/da＞ ① (놓이다) diletakkan. ② (좌초) terdampar. ③ (음식이) tidak tercerna. ④ (붙어살다) bergantung pada; menumpang hidup.

얻다＜eot/ta＞ ① (획득) mendapat; memperoleh; (이득을) beruntung; (배우다) belajar (dari). ② (결혼) mengambil istri. ③ (줍다) mengambil; memungut. ④ (병을) jatuh sakit; mendapat sakit.

얻어듣다＜eo/deo/deut/ta＞ dengar dari orang lain.

얻어맞다＜eo/deo/mat/ta＞ menerima pukulan; dipukul.

얻어먹다＜eo/deo/meok/ta＞ ① (음식을) ditraktir; meminta; mengemis. ② (욕 따위를) dimaki; mendapat makian.

얼＜eol＞ ① goresan; cakaran. ~이 가다 tercakar; tergores. ② jiwa; semangat. 한국의 ~ semangat Korea.

얼간＜eol/gan＞ (간의) acar sedikit asin; (사람) orang bodoh. ~ 고등어 ikan mackarel yang sedikit asin.

얼간이＜eol/ga/ni＞ orang bodoh.

얼거리＜eol/geo/ri＞ garis besar;

struktur umum.

얼결＜eol/gyeol＞ ☞ 얼떨결.

얼굴＜eol/gul＞ ① wajah; muka; paras. ~이 잘나다 wajah yang tampan. ~을 내밀다 menampilkan diri; menampakkan wajah. ② raut wajah; air muka. 실망한 ~ penampilan yang mengecewakan. ③ muka; kehormatan; harga diri. ~이 깎이다 kehilangan muka. ~에 똥칠하다 mempermalukan diri sendiri; mencoreng arang dimuka. ④ kenalan; berkenalan. ~이 잘 알려져 있다 terkenal.

얼근하다＜eol/geun/hada＞ ① (술이) mabuk. ② (매워서) kepedasan.

얼기설기＜eol/gi/seol/gi＞ ~ 얽히다 menjadi rumit; menjadi kusut.

얼김＜eol/kim＞ ~에 secara mendadak tanpa dipikirkan terlebih dahulu; atas dorongan.

얼다＜eol/da＞ membeku; kebas karena dingin. …에 얼음이 ~ es terbentuk di…

얼떨결＜eol/teol/gyeol＞ ~에 dalam kebingungan sesaat.

얼떨떨하다＜eol/teol/teol/hada＞ bingung.

얼뜨기＜eol/teu/gi＞ bodoh; tolol.

얼뜨다＜eol/teu/da＞ lamban; (겁이 많다) pengecut.

얼렁뚱땅＜eol/leong/tung/tang＞ ~하다 berbicara putar balik; bekerja serampangan/asal jadi.

얼레＜eol/le＞ rol; gulung; kumparan; gelendong; gulungan.

얼레빗＜eol/le/bit＞ sisir besar.

얼룩＜eol/luk＞ noda; lumuran; coreng; telau; karah. ~진 bernoda; berlumur; bercoreng; berkarah. ~을 빼다 menghilangkan noda. ~고양이 kucing belang. ~말 zebra.

얼룩덜룩＜eol/luk/deol/luk＞ ~한 berbintik; berbelang-belang.

얼룩얼룩＜eol/luk/eol/luk＞ ☞ 얼룩덜룩.

얼룩지다＜eol/luk/ji/da＞ kena noda.

얼른＜eol/leun＞ dengan cepat; seketika. ~해라 Cepatlah!; Segeralah!.

얼리다＜eol/li/da＞ pembekukan. 얼음을 ~ membekukan. 생선을 ~ membekukan ikan.

얼마＜eol/ma＞ ① berapa. 이게 ~요 berapa harganya ini? ② seberapa banyak. ~든지 원하는 대로 sebanyak yang diinginkan. ③ beberapa saat; berapa. ~ 있다가 setelah beberapa saat. ~되지 않는 곳에 tidak jauh. 몸무게가 ~냐 Berapa beratmu?

얼마나＜eol/ma/na＞ ① (값.금액) berapa banyak. ② (정도) berapa (jauh, besar, dalam, tinggi, panjang, umur dsb). ③ betapa. ~기쁠까 Betapa senangnya saya!.

얼마만큼＜eol/ma/man/kheum＞ berapa (banyak, panjang, jauh, tinggi, berat).

얼마쯤＜eol/ma/ceum＞ ☞ 얼마만큼.

얼버무리다＜eol/beo/mu/ri/da＞ berdalih; berbicara putar balik.

얼보이다＜eol/bo/i/da＞ ① (흐릿하게) kelihatan kabur. ② (바로 안보이다) kelihatan berubah bentuk/kacau.

얼부풀다＜eol/bu/ful/da＞ membengkak; mengembang karena dingin.

얼빠지다＜eol/pa/ji/da＞ kesemaran; kasmaran.

얼싸안다＜eol/ssa/an/ta＞ berpelukan.

얼씨구＜eol/ssi/gu＞ Hore!

얼씬＜eol/ssin＞ ~하다 tampil. ~거리다 sering muncul. ~(도)아니하다 sedikitpun tidak muncul. ~못하다 tidak bisa muncul/tampil.

얼어붙다＜eol/eo/buth/ta＞ membeku.

얼음＜eol/eum＞ es; air beku. ~같은 seperti es. ~이 언 beku; membeku. ~으로 차게하다 mendinginkan dengan es. ~에 채우다 mengemas dalam es. ~장 같다 sedingin es. ~과자 es mambo.

~덩이 es balok.　~물 air es.　~베개 bantal es.　~주머니 kantong es.　~집 depot es.　~판 lapangan es. 인조~ es buatan.

얼음지치다＜eol/eum/ji/chi/da＞ bermain sepatu luncur.

얼추＜eol/chu＞ hampir.

얼추잡다＜eol/chu/jab/ta＞ membuat perkiraan kasar.

얼치기＜eol/chi/gi＞ diantara; setengah-setengah. ~의 setengah jalan; setengah terlatih. ~로 dengan setengah jalan.

얼토당토않다＜eol/tho/dang/tho/an/tha＞ tidak relevan; jauh sekali; jauh panggang dari api.

얽다＜eok/ta＞ ① (엮다) mengikat. ② (꾸미다) mengarang-ngarang; memalsukan.

얽다＜eok/ta＞ (얼굴 등이) bopeng.

얽매다＜eok/mae/da＞ mengikat dengan kencang.

얽매이다＜eok/mae/i/da＞ diikat; terikat. 규칙에 ~ terikat oleh peraturan.

얽히다＜eok/khi/da＞ kusut; berbelit-belit; bersaur.

엄격(嚴格)＜eom/gyeok＞ ~한 [히] tegas; keras. ~한 부친 ayah yang tegas. ~한 규칙 peraturan yang keras.

엄금(嚴禁)＜eom/geum＞ larangan keras. ~하다 melarang keras. 소변~ Dilarang Kencing.

엄동(嚴冬)＜eom/dong＞ musim dingin yang parah.

엄두＜eom/du＞ ~를 못 내다 terpikirpun tidak.

엄마＜eom/ma＞ mama; ibu; ema.

엄명(嚴命)＜eom/myeong＞ perintah yang keras/ketat. ~하다 memberi perintah yang keras/ketat.

엄밀(嚴密)＜eom/mil＞ ~한 [히] secara rahasia; secara sembunyi-sembunyi. ~한 의미로 dalam arti yang tersembunyi.

엄벌(嚴罰)＜eom/beol＞ hukuman yang keras. ~하다 menghukum dengan keras. ~주의 disiplin ke-

tat; tindakan keras/tegas.

엄벙덤벙＜eom/beong/deom/beong＞ acak-acakan; dengan ceroboh. ~하다 bertindak semena-mena/ceroboh.

엄부(嚴父)＜eom/bu＞ ayah yang tegas; ayah.

엄살＜eom/sal＞ ~하다 melebih-lebihkan. ~부리다 ＝엄살하다. ~꾸러기 orang yang suka melebih-lebihkan.

엄선(嚴選)＜eom/seon＞ pemilihan yang cermat. ~하다 memilih dengan cermat.

엄수(嚴守)＜eom/su＞ ~하다 menjaga dengan ketat (peraturan, janji dsb). 시간을 ~하다 tepat waktu; menjaga waktu dengan ketat.

엄숙(嚴肅)＜eom/suk＞ ~한[히] [dengan] khidmat.

엄습(掩襲)＜eom/seub＞ ~하다 menyerang secara tiba-tiba/mendadak.

엄연(嚴然)＜eom/yeon＞ ~한 tidak dapat dibantah. ~히 dengan sungguh-sungguh. ~한 사실 secara tak terbantah; fakta yang tidak dapat dibantah.

엄정(嚴正)＜eom/jeong＞ ~한[히] [dengan] ketat/tegas/keras. ~중립 netralitas yang tegas.

엄중(嚴重)＜eom/jung＞ ~한[히] (secara) keras/ketat. ~한 경계 pengawasan yang ketat.

엄지(가락)＜eom/ji/(ga/rak)＞ jempol; ampu tangan; ibu jari. ~발가락 ibu jari kaki. ~발톱 kuku ibu jari. ~손가락 jempol. ~손톱 kuku jempol.

엄책(嚴責)＜eom/chaek＞ ~하다 menegur dengan kasar.

엄청나다＜eom/cheong/na/da＞ hebat; luar biasa.

엄칙(嚴飭)＜eom/chik＞ ~하다 menegur dengan keras.

엄친(嚴親)＜eom/chin＞ bapak saya.

엄탐(嚴探)＜eom/tham＞ ~하다 mencari dengan teliti.

엄폐(掩蔽)＜eom/fye＞ ~하다 me-

nyembunyikan.　~호(壕) parit perlindungan yang tertutup.
엄포＜eom/fo＞ gertakan; ancaman. ~놓다 mengancam; menggertak.
엄하다(嚴 -)＜eom/hada＞ ketat; tegas; keras.
엄한(嚴寒)＜eom/han＞ sangat dingin.
엄호(掩護)＜eom/ho＞ ~하다 mendukung; melindungi.　~사격 tembakan perlindungan.
업(業)＜eob＞ pekerjaan; profesi; usaha. 의사를 ~으로 하다 berprofesi dokter.
업(業)＜eob＞ 『佛』 karma.
업계(業界)＜eob/gye＞ perdagangan; perindustrian.　~지 warta perdagangan.
업다＜eob/ta＞ menggendong.
업무(業務)＜eob/mu＞ kerja.　~에 힘쓰다 bekerja dengan rajin.　~관리 pengelolaan kerja.　~상 과실 치사 pembunuhan akibat kecelakaan kerja.　~시간 jam-jam kantor; jam kerja.　~용(用) untuk keperluan usaha.
업보(業報)＜eob/bo＞ 『佛』 pahala atas kebajikan dalam kehidupan lampau.
업신여기다＜eob/sin/yeo/gi/da＞ menganggap hina/rendah.
업어치기＜eob/eo/chi/gi＞ ~로 넘기다 membanting.
업자(業者)＜eob/ca＞ pedagang; perdagangan.　~단체 serikat perdagangan.
업적(業績)＜eob/jeok＞ keberhasilan; pencapaian; prestasi.
업종(業種)＜eob/jong＞ jenis usaha/industri.　~별 penggolongan/klasifikasi industri.　~별로 하다 menggolongkan jenis usaha.
업히다＜eo/fi/da＞ digendong.
없다＜eob/ta＞ ① (존재하지 않다) tidak ada; hilang. ② (갖지 않다) tidak punya; tidak memiliki. ③ (가난하다) miskin.
없애다＜eob/sae/da＞ melepaskan; membuang; menghilangkan. 장애

물을~ menghilangkan rintangan.
없어지다＜eob/seo/ji/da＞ hilang.
없이살다＜eob/si/sal/da＞ hidup dalam kemiskinan.
엇가다＜eot/ga/da＞ menyimpang; kesasar.
엇갈리다＜eot/gal/li/da＞ berselisih. 길이 ~ berselisih di jalan. 희비가 ~ perasaan sedih campur senang.
엇대다＜eot/dae/da＞ memakai dengan serong.
엇바꾸다＜eot/ba/ku/da＞ menukar satu dengan yang lain.
엇베다＜eot/be/da＞ memotong miring/serong.
엇보(- 保)＜eot/bo＞ jaminan kedua belah pihak.
엇비슷하다＜eot/bi/seut/hada＞ hampir sama; hampir serupa.
엉거주춤하다＜eong/geo/ju/chum/hada＞ ① (자세) setengah berdiri; setengah duduk. ② (주저) ragu-ragu.
엉겅퀴＜eong/geong/khwi＞ 『植』 tumbuh/tanaman berduri; jeruju.
엉금엉금＜eong/geum/eong/geum＞ merangkak.
엉기다＜eong/gi/da＞ mengental; menggumpal.
엉덩방아＜eong/deong/bang/a＞ ~를 찧다 jatuh pada pantat.
엉덩이＜eong/deong/i＞ pantat; pinggul.　~짓 하다 menggoyangkan pantat/pinggul.
엉덩춤＜eong/deong/chum＞ tari pinggul.
엉덩판＜eong/deong/fan＞ bokong; pantat; pinggul.
엉뚱하다＜eong/tung/hada＞ berlebihan; gila-gilaan; fantastis; keliru.
엉망(진창)＜eong/mang(jin/chang)＞ ~이 되다 berantakan; campur aduk; kacau.　~을 만들다 mencampur adukkan; mengacaukan.
엉성하다＜eong/seong/hada＞ ① (여위다) kurus; ceking. ② (째이지 않다) longgar; kedodoran. ③ (탐탁잖다) tidak memuaskan; jelek; asal jadi.

엉엉거리다 <eong/eong/geo/ri/da> menangis sejadi-jadinya.

엉클다 <eong/kheul/da> membelit; mengusutkan.

엉클어지다 <eong/kheul/eo/ji/da> dibelit; terbelit; kusut.

엉큼스럽다 <eong/kheum/seu/reob/ta> ☞ 엉큼하다.

엉큼하다 <eong/kheum/hada> pikiran kotor; curang; culas.

엉터리 <eong/theo/ri> ① kepalsuan; kepura-puraan. ~의 palsu; tiruan; gadungan. ~의사 dokter palsu; dokter gadungan. ~회사 perusahaan palsu; perusahaan gadungan. ② kerangka kerja; rencana kerja. 일의 ~가 잡히다 rencana kerja secara keseluruhan diparparkan. ③ ~없는 tanpa dasar; tidak beralasan. ~없는 짓 tindakan yang bodoh.

엊그저께 <eot/geu/jeo/ke> beberapa hari yang lalu. ~아침 pagi dua hari yang lalu.

엊저녁 <eot//jeo/nyeok> tadi malam; semalam.

엎다 <eof/ta> menangkupkan; membalikkan; menggagalkan.

엎드러지다 <eof/deu/reo/ji/da> jatuh tertelungkup.

엎드리다 <eof/deu/ri/da> tengkurap; menelungkup; tiarap; telungkup.

엎어지다 <eo/feo/ji/da> jatuh tersungkur; jatuh tiarap; roboh; runtuh; rebah.

엎지르다 <eof/ji/reu/da> menumpahkan; menggelogok; memburai.

엎치락뒤치락 <eof/chi/rak/dwi/chi/rak) ~하다 guling ke kiri dan ke kanan; gelisah, jungkat-jangkit. ~하는 경기 permainan jungkat-jangkit.

엎친데덮치다 <eof/chin/de/deof/chi/da> menambah persoalan; memperburuk persoalan.

에 <e> ① di; pada; dalam. 2시 5분~ pada pukul dua lewat dua puluh menit. 1주일~ dalam satu minggu. 8월 10일~ pada tanggal 10 bulan Agustus. ② pada; dalam; di. 50페이지 ~ di halaman 50. 용산 ~있는 학교 sekolah yang di Yongsan. 한국~ di Korea. 10번지 ~ 살다 tinggal di nomor 10. ③ ke; dalam; di; untuk. 학교 ~가다 pergi sekolah. ④ dengan (harga); pada (harga). 백 원 ~ dengan harga 100 won; seharga 100 won. ⑤ pada; di. 20대~ pada umur dua puluh. 30~ pada umur 30. ⑥ sebuah; satu; per; untuk; tiap. 한 다스 ~ 5백 원 500 won perlusin. 백원 ~ 팔다 menjual dengan harga 100 won. ⑦ karena; sebab. 추위 ~떨다 menggigil karena kedinginan. ⑧ dengan; pada; ke; dalam. 물~ 담그다 mencelup kedalam air. ⑨ dengan; oleh; ke; di; pada. 시계를 시보 ~ 맞추다 mencocokkan jam dengan standar waktu. ⑩ ke; dengan; pada; dari. 어떤 일 ~관계하다 berhubungan dengan hal tertentu.

에게 <e/ge> ke; untuk; dengan; dari; kepada; pada. 아무 ~말을 걸다 berbicara dengan seseorang. 영어를 영국 사람 ~배우다 belajar bahasa Inggris dari orang Inggris.

에게로 <e/ge/ro> ke; kepada; untuk. ☞ 에게.

에게서 <e/ge/seo> dari; sampai. 먼 데 있는 친구~ 온 편지 surat dari teman yang jauh.

에고이즘 <e/go/i/jeum> mementingkan diri.

에끼 <e/ki> Aduh!; Teganya kamu!.

에끼다 <e/ki/da> saling hapus. (= 에기다)

에나멜 <e/na/mel> enamel. ~을 칠하다 melapisi enamel. ~ 가죽 [구두] kulit [sepatu] yang dienamel.

에너지 <e/neo/ji> tenaga; energi. ~가 많은 berenergi. ~ 불멸의 법칙 hukum kekekalan energi. 열 ~ energi panas. 운동~ energi kinetik. 잠재~ energi laten. ~절약

운동 gerakan/kampanye penghematan energi.

에네르기 ＜e/ne/reu/gi＞ ☞ 에너지.

에누리 ＜e/nu/ri＞ potongan harga; diskon; reduksi. ~하다 memotong harga. 이야기를 ~해서 듣다 mendengarkan cerita yang disangsikan kebenarannya.

에다 ＜e/da＞ mencungkil.

에다(가) ＜e/da(ga)＞ kepada; dengan; pada; di. 5~ 6을 보태라 Tambahkan 6 dengan 5.

에덴동산 ＜e/den/dong/san＞ taman Eden; taman Firdaus.

에델바이스 ＜e/del/ba/i/se＞ 『植』 edelweis.

에도 ＜e/do＞ (까지도) rata; (…도 또한) genap.

에두르다 ＜e/du/reu/da＞ (둘러싸다) melingkungi; mengelilingi; (말을) mengisyratkan.

에러 ＜e/reo＞ kesalahan.

에로 ＜e/ro＞ erotisme. ~책 buku cabul/porno.

에메랄드 ＜e/me/ral/deu＞ zamrud; permata zamrud; batu permata; ratna wilis.

에보나이트 ＜e/bo/na/i/theu＞ ebonit.

에서 ＜e/seo＞ ① di; pada; di atas. 부산~ di Busan. 서울역~ di stasiun Seoul. ② dari; lepas. 서울 ~부산까지 dari Seoul ke Busan. ③ dari; karena. 호기심 ~ dari keingintahuan. ④ dari; menurut. 사회적 견지~ 보면 dari sudut pandang sosial. ⑤ dari 대략 2만 원 ~ 3만 원 사이 dari 20.000 won menjadi 30.000 won. 한 시 ~ 네 시 사이에 antara pukul satu dan empat.

에세이 ＜e/se/i＞ karangan; risalat; artikel.

에스오에스 ＜e/seu/o/e/seu＞ Selamatkan Jiwa Kami (SOS).

에스컬레이터 ＜e/seu/kheol/le/i/theo＞ tangga berjalan; eskalator.

에스키모 ＜e/seu/khi/mo＞ Eskimo. ~의 tentang Eskimo.

에스페란토 ＜e/seu/fe/ran/tho＞ bahasa Esparanto. ~학자 ahli bahasa Esparanto.

에어컨 ＜e/eo/kheon＞ alat pendingin udara; AC.

에어컴프레서 ＜e/eo/kheom/feu/re/seo＞ alat kempa udara.

에어포켓 ＜e/eo/fo/khet＞ kantong udara.

에우다 ＜e/u/da＞ memagari; mengelilingi.

에움길 ＜e/um/gil＞ jalan memutar.

에워싸다 ＜e/wo/ssa/da＞ mengelilingi; mengepung. 요새를 ~ membentengi.

에이에프피 ＜e/i/e/feu/fi＞ AFP (kantor berita Perancis).

에이커 ＜e/i/kheo＞ acre (= 0,4646 ha).

에이프런 ＜e/i/feu/reon＞ rok kerja; baju masak.

에이피 ＜e/i/fi＞ assosiasi pers; persatuan pers (A.P).

에잇 ＜e/it＞ Puah!. ~빌어먹을 Jahanam!.

에콰도르 ＜e/khwa/do/reu＞ Ekuador. ~사람 orang Ekuador.

에크(나) ＜e/kheu/(na)＞ Astaga!.

에테르 ＜e/the/reu＞ 『化』 eter.

에티오피아 ＜e/thi/o/fi/a＞ Etiopia. ~사람 orang Etiopia.

에티켓 ＜e/thi/khet＞ tata cara; etiket; basa-basi; etika. 식사의 ~ etika di meja makan.

에틸렌 ＜e/thil/len＞ 『化』 etilene.

에틸알코올 ＜e/thil/al/kho/ol＞ 『化』 etil alkohol.

에페 ＜e/fe＞ 『펜싱』 pedang untuk olah raga anggar.

에펠탑(- 塔) ＜e/fel/thab＞ menara Eiffel.

에프엠 ＜e/feu/em＞ ~방송 siaran FM.

에피소드 ＜e/fi/so/deu＞ petilan; episode.

에필로그 ＜e/fil/lo/geu＞ bagian terakhir; epilog.

에헴 ＜e/hem＞ dehem; daham.

엑스 ＜ek/seu＞ jumlah yang tidak diketahui. ~(광)선 sinar X; sinar ronsen. ~선 사진 gambar sinar X; gambar hasil ronsen. ~선 요법 pengobatan dengan sinar X. ~형 bentuk X.

엑스 <ek/seu> sari.

엑스트라 <ek/seu/theu/ra> (bagian) extra; tambahan.

엔간하다 <en/gan/hada> sesuai; cocok.

엔담 <en/dam> pagar.

엔들 <en/deul> juga; bahkan. 명공 ~실수가 없으랴 Sepandai tupai melompat kadang-kadang jatuh juga.

엔지니어 <en/ji/ni/eo> insinyur.

엔진 <en/jin> mesin.

엔트로피 <en/theu/ro/fi> 『理』 entropi.

엔트리 <en/theu/ri> pintu masuk. ~를 마치다 mendaftarkan diri; masuk ke dalam.

엘레지 <el/le/ji> syair ratapan.

엘리베이터 <el/li/be/i/theo> lift; tangga berjalan; elevator. ~로 올라(내려)가다 naik [turun] dengan lift.

엘리트 <el/li/theu> elite; kalangan atas. ~ 의식 elitisme.

엘피지 <el/fi/ji> bahan bakar gas alam cair; elpiji.

엠피 <em/fi> polisi militer.

...여(餘) <yeo> diatas; lebih dari. 3마일 ~ lebih tiga mil.

여가(餘暇) <yeo/ga> waktu senggang; waktu luang. ~에 pada waktu senggang. ~가 없다 tidak ada waktu luang.

여각(餘角) <yeo/gak> 『幾』 sudut komplementer.

여간(如干) <yeo/gan> ~아니다 tidak biasa; luar biasa; bukan tugas (perkara) mudah. 아이를 기르기는 ~어려운 일이 아니다 Mengasuh anak bukan merupakan perkara yang mudah.

여감(女監) <yeo/gam> ruangan penjara wanita; sel wanita.

여객(旅客) <yeo/gaek> penumpang. ~열차[기] penumpang kereta api

[kapal terbang].

여걸(女傑) <yeo/geol> pahlawan wanita; wanita pemberani.

여겨듣다 <yeo/gyeo/deut/ta> mendengar dengan penuh perhatian.

여겨보다 <yeo/gyeo/bo/da> memperhatikan dengan seksama.

여계(女係) <yeo/gye> barisan wanita.

여공(女工) <yeo/gong> buruh wanita (di pabrik).

여과(濾過) <yeo/gwa> penyaringan. ~하다 menyaring; menapis. ~기 saringan; alat penyaring. ~성 daya saring. ~성 병원체 virus yang dapat disaring. ~액 air tapisan. ~지(紙) kertas penyaring.

여관(旅館) <yeo/gwan> hotel; losmen; pesangerahan; pondokan; penginapan. ~에 묵다 menginap di hotel. ~손님 tamu hotel. ~주인 pemilik hotel.

여광(餘光) <yeo/gwang> sisa cahaya yang tertinggal; sisa sinar yang tertinggal.

여교사(女敎師) <yeo/gyo/sa> guru wanita.

여권(女權) <yeo/gwon> hak wanita. ~확장론자 pendukung gerakan yang memperjuangkan hak-hak wanita. ~확장 운동 gerakan yang menuntut kesamaan hak bagi wanita.

여권(旅券) <yeo/gwon> paspor. ~을 신청 [발부] 하다 meminta [mengeluarkan] paspor.

여권법(旅券法) <yeo/gwon/beob> hukum tentang paspor.

여권사증(旅券査證) <yeo/gwon/sa/jeung> visa pasport. ~을 받다 mendapat visa pasport.

여급(女給) <yeo/geub> pelayan.

여기 <yeo/gi> sini. ~에(서) di sini; di tempat ini. ~서부터 dari sini. ~로 kesini.

여기(餘技) <yeo/gi> hobi; kegemaran.

여기다 <yeo/gi/da> menganggap; memandang; meyakini. 진실로 ~

menganggap serius.

여기자(女記者) <yeo/gi/ja> wartawati.

여기저기 <yeo/gi/jeo/gi> mondar-mandir; hilir mudik; kian kemari.

여뀌 <yeo/kwi> 『植』 rumput liar yang tajam.

여난(女難) <yeo/nan> kesusahan (melalui) wanita.

여남은 <yeo/nam/eun> lebih dari sepuluh. ~ 사람 kira-kira selusin orang.

여념(餘念) <yeo/nyeom> (...에)~ 이 없다 tekun; tenggelam (dalam); asyik (dalam).

여단(旅團) <yeo/dan> brigade.

여닫다 <yeo/dat/ta> membuka dan menutup.

여담(餘談) <yeo/dam> penyimpangan (bicara). ~은 그만두고 kembali kepada masalah semula; kembali kepada pokok semula.

여당(與黨) <yeo/dang> partai pemerintah; partai yang berkuasa. ~ (측)의 (pihak) partai pemerintah.

여당(餘黨) <yeo/dang> sisa-sisa partai.

여대(女大) <yeo/dae> perguruan tinggi/universitas wanita. ~생 mahasiswi.

여덕(餘德) <yeo/deok> pengaruh kebajikan yang besar.

여덟 <yeo/deob> delapan. ~째 kedelapan.

여독(餘毒) <yeo/dok> efek sisa dari racun.

여동생(女同生) <yeo/dong/saeng> adik perempuan.

여드레 <yeo/deu/re> delapan hari.

여드름 <yeo/deu/reum> jerawat. ~난 berjerawat; jerawatan.

여든 <yeo/deun> delapan puluh. ~째 kedelapan puluh.

여러 <yeo/reo> banyak; beberapa; berbagai. ~달 beberapa bulan. ~사람 banyak orang; beberapa orang. ~해 beberapa tahun. ~사람 앞에서 dihadapan orang banyak.

여러가지 <yeo/reo/ga/ji> berjenis-jenis; berbagai jenis; serbaneka. ~로 berbagai cara.

여러번(-番) <yeo/reo/beon> beberapa kali; berulang-ulang; lagi dan lagi.

여러분 <yeo/reo/bun> hadirin; saudara-saudara.

여럿 <yeo/reot> banyak; banyak orang.

여력(餘力) <yeo/ryeok> cadangan energi.

여로(旅路) <yeo/ro> perjalanan.

여론(輿論) <yeo/ron> pendapat umum; konsensus; anggapan umum. ~에 호소하다[을 불러 일으키다] meminta [membangkitkan] pendapat umum. ~ 조사 survei pendapat umum.

여류(女流) <yeo/ryu> ~(의) (penerbang, penulis, reporter) wanita.

여름 <yeo/reum> musim panas. ~용(用)의 untuk musim panas. ~날 hari musim panas. ~방학 liburan musim panas. ~옷 pakaian musim panas. ~철 waktu musim panas; masa musim panas.

여름내 <yeo/reum/nae> sepanjang musim panas.

여름타다 <yeo/reum/tha/da> kena musim panas.

여리다 <yeo/ri/da> ① (안질기다) lembut; lembek; lemah. ② (부족) tidak cukup; kurang; kekurangan.

여망(輿望) <yeo/mang> kepopuleran; kepercayaan. ~을 짊어지다 dipercayai.

여명(餘命) <yeo/myeong> hari-hari terakhir dalam hidup; sisa hidup. ~이 얼마 남지 않다 hidupnya hanya sebentar lagi.

여명(黎明) <yeo/myeong> fajar. ~에 pada waktu fajar.

여무지다 <yeo/mu/ji/da> kukuh; cerdas; cerdik; lihai.

여물 <yeo/mul> sekam; dedak; pakan sapi. ~통 palung; palungan.

여물다 <yeo/mul/da> ① (열매가) matang; masak. ② (일이) berlangsung dengan baik; berjalan lancar. ③ (사람이) kokoh; tetap; tidak mudah goyah.

여미다 <yeo/mi/da> mematut-matut. 옷깃을 ~ mematut-matut pakaian.

여반장(如反掌) <yeo/ban/jang> ~이다 pekerjaan yang mudah; pekerjaan yang gampang. ~으로 tanpa susah; dengan mudah.

여배우(女俳優) <yeo/bae/u> wanita pemain film; aktris. ☞ 여우.

여백(餘白) <yeo/baek> spasi; jalur-jalur kosong; pias; kelapangan; kelonggaran. ~을 남기다 menyisakan ruang. ~을 메우다 mengisi yang kosong.

여벌(餘 -) <yeo/beol> sisa; kelebihan; cadangan. ~옷 pakaian ganti; pakaian cadangan.

여병(餘病) <yeo/byeong> komplikasi. ~이 병발하다 terjadi komplikasi.

여보 <yeo/bo> ① hallo; hai. ② (부부간) panggilan antara suami-isteri.

여보세요 <yeo/bo/se/yo> ① hallo; hai. ☞ 여보. ② (전화) hallo; kamu disana?.

여부(與否) <yeo/bu> ya atau tidak. 성공 ~ sukses atau gagal. ~없다 sudah tentu; tidak diragukan.

여북 <yeo/buk> betapa; alangkah. ~좋을까 Betapa senangnya!; Alangkah senangnya!. 그걸 보고 ~ 놀랐겠느냐 Betapa herannya setelah melihat itu?.

여분(餘分) <yeo/bun> kelebihan; ekstra; sisa; kelebihan; bekas; restan.

여불비례(餘不備禮) <yeo/bul/bi/rye> Hormat kami.

여비(旅費) <yeo/bi> biaya perjalanan.

여사(女史) <yeo/sa> nyonya.

여사(如斯) <yeo/sa> ~한 seperti ini; sejenis ini. ~히 seperti ini.

여사무원(女事務員) <yeo/sa/mu/won> pegawai wanita.

여상(女相) <yeo/sang> tampang se-

perti wanita; kewanita-wanitaan.

여색(女色) <yeo/saek> kecantikan wanita; daya tarik wanita. ~에 빠지다 jatuh ke dalam pelukan wanita.

여생(餘生) <yeo/saeng> sisa hidup.

여섯 <yeo/seot> enam. ~째 keenam.

여성(女性) <yeo/seong> kewanitaan; perempuan; wanita. ~적(인) feminim. ~관 pandangan tentang wanita. ~미 kecantikan feminin. ~해방론 feminisme.

여성(女聲) <yeo/seong> ~합창 paduan suara wanita.

여세(餘勢) <yeo/se> tenaga lebih; daya gerak; momentum. ~를 몰아 menghabiskan sisa tenaga.

여송연(呂宋煙) <yeo/song/yeon> rokok; cerutu; serutu; lisong.

여수(女囚) <yeo/su> tahanan wanita.

여수(旅愁) <yeo/su> kejenuhan perjalanan. ~를 달래다 mengatasi kejenuhan dalam perjalanan dengan.

여승(女僧) <yeo/seung> biarawati.

여식(女息) <yeo/sik> anak perempuan; putri.

여신(女神) <yeo/sin> dewi; batari. 자유의 ~ Dewi Kebebasan.

여신(與信) <yeo/sin> piutang; kredit. ~을 주다 memberikan kredit. ~등급 angka kredit. ~상태 keadaan piutang; kondisi kredit. ~한도 batas pinjaman; batas kredit. ~한도를 늘리다 memperpanjang batas peminjaman.

여신공급량(與信珙給量) <yeo/sin/gong/geub/nyang> jumlah pinjaman.

여신관리(與信管理) <yeo/sin/gwan/ni> pengelolaan kredit. ~를 받다 di bawah pengawasan bank (kredit).

여신규제(與信規制) <yeo/sin/gyu/je> pengawasan kredit. 엄격한 ~ mengetatkan pengawasan kredit.

여신업무(與信業務) <yeo/sin/eob/

mu> urusan kredit.
여실(如實)<yeo/sil> ~하다 sungguh; benar. ~히 sebenarnya; seperti sebenarnya.
여아(女兒)<yeo/a> anak perempuan.
여앙(餘秧)<yeo/ang> ganti rugi; retribusi.
여야(與野)<yeo/ya> yang masuk dan yang keluar.
여염(閭閻)<yeo/yeom> kawasan pemukiman; komunitas klas menengah. ~집 keluarga terhormat. ~집여자 wanita dari keluarga terhormat.
여왕(女王)<yeo/wang> raja wanita; maharani. ~벌[개미] lebah [semut] ratu.
여우<yeo/u> ① rubah. ~굴 lubang rubah. ~목도리 sal bulu rubah. ② penipu; orang yang memiliki akal bulus. ~ 같은 licik; lihai; seperti rubah.
여우(女優)<yeo/u> pemeran wanita (dalam film); aktris.
여운(餘韻)<yeo/un> gaung. ~있는 bergaung.
여울<yeo/ul> arus yang deras; jeram.
여위다<yeo/wi/da> menjadi kurus; kurus kering.
여윈잠<yeo/win/jam> tidur ayam.
여유(餘裕)<yeo/yu> kelebihan; surplus; marjin; sisa. ~가 있다 memiliki cadangan; mempunyai persediaan; ada sisa. 시간 ~가 없다 dikejar-kejar waktu. ~작작하다 tenang dan dapat menguasai diri.
여의(女醫)<yeo/eui> dokter perempuan.
여의(如意)<yeo/eui> ~하다 berakhir sesuai keinginan. ~치(가)않다 bertentangan dengan keinginan.
여의다<yeo/eui/da> ① kematian; kehilangan. 아버지를 ~ ditinggal mati Bapak; kehilangan Bapak. ② (출가) menikahkan putri.
여의대(女醫大)<yeo//eui/dae> sekolah kedokteran wanita.

여인(女人)<yeo/in> wanita; perempuan. ~금제(禁制) Wanita dilarang masuk.
여인숙(旅人宿)<yeo/in/suk> penginapan.
여일(如一)<yeo/il> ~한 tetap; tidak berubah. ~하게 secara terusmenerus; dengan tetap.
여자(女子)<yeo/ja> wanita; anak gadis. ~다운 seperti wanita; kewanita-wanitaan. ~답지 않은 tidak seperti wanita. ~용의 untuk perempuan. ~같은 kewanita-wanitaan.
여장(女裝)<yeo/jang> dandanan wanita. ~하다 berdandanan seperti wanita.
여장(旅裝)<yeo/jang> perlengkapan perjalanan. ~을 챙기다 mempersiapkan untuk perjalanan. ~을 풀다 menginap(di).
여장부(女丈夫)<yeo/jang/bu> ☞ 여걸(女傑).
여전(如前)<yeo/jeon> ~하다 seperti semula; tetap tidak berubah. ~히 sebagaimana biasanya; seperti sebelumnya.
여점원(女店員)<yeo/jeom/won> pramuniaga wanita; wanita penjaga toko.
여정(旅情)<yeo/jeong> kejenuhan perjalanan.
여정(旅程)<yeo/jeong> jarak yang harus ditempuh; (hari) perjalanan.
여존(女尊)<yeo/jon> ~남비 mengutamakan wanita.
여좌(如左)<yeo/jwa> ~하다 seperti yang tertera di bawah ini; sebagai berikut.
여죄(餘罪)<yeo/joe> kejahatan lainnya. 다른 ~도 있을 것 같다 dicurigai terlibat kejahatan lainnya.
여중군자(女中君子)<yeo/jung/gun/ja> wanita berbudi baik.
여지<yeo/ji> 『植』 lengkeng; kelengkeng.
여지(餘地)<yeo/ji> celah. 개량[발전]의 ~ celah untuk perbaikan [peningkatan]. ~가 있다 [없다] a-

da [tidak ada] tempat untuk (keragu-raguan). ~없이 패하다 kalah secara mutlak. 변명의 ~가 없다 Tidak ada alasan yang terkecil sekalipun.

여진(餘震) <yeo/jin> sisa shock; siasa kejutan.

여쭈다 <yeo/cu/da> menanyakan.

여차(如此) <yeo/cha> ~하다 seperti ini. ~한 seperti ini. ~(즉) 하면 pada saat terakhir; jika terpaksa; dalam keadaan terdesak.

여차여차(如此如此) <yeo/cha/yeo/cha> ~한 begini-begitu. ~한 이유로 untuk alasan begini-begitu.

여축(餘蓄) <yeo/chuk> simpanan; stok; persediaan; cadangan. ~하다 menyimpan; mencadangkan.

여치 <yeo/chi> 『蟲』 tonggeret.

여탈(與奪) <yeo/thal> 생살 ~권을 쥐다 memegang kuasa (hidup dan mati).

여탕(女湯) <yeo/thang> (pemandian) bagian wanita.

여태(까지) <yeo/thae/(ka/ji)> sampai sekarang; namun; masih; pula. ~없(었)던 belum pernah terjadi sebelumnya. ~어디있었느냐 Dimana saja kamu selama ini?.

여파(餘波) <yeo/fa> efek sisa.

여편네 <yeo/fyeon/ne> ① (아내) istri. ② (기혼녀) wanita yang telah menikah.

여필(女筆) <yeo/fil> tulisan tangan wanita.

여필종부(女必從夫) <yeo/fil/jong/bu> Istri mesti tunduk kepada suami.

여하(如何) <yeo/ha> apa; bagaimana. ~한 apa; jenis apa. ~히 bagaimana; dengan jalan apa. ~한 이유로 mengapa; untuk alasan apa. ~한 경우에도 setiap waktu; selalu. ~하 회생을내더라도 berapapun harganya. ~한 일이 있더라도 apapun yang terjadi; dalam keadaan apapun. ~한 부자라도 tidak perduli bagaimanapun kayanya. 연습 ~로 tergantung latihan. 사정 ~에

달리다 tergantung keadaan.

여하간(如何間) <yeo/ha/gan> walaupun demikian.

여하튼(如何一) <yeo/ha/theun> ☞ 여하간.

여학교(女學校) <yeo/hak/gyo> sekolah wanita; sekolah putri.

여학생(女學生) <yeo/hak/saeng> murid wanita; pelajar putri.

여한(餘恨) <yeo/han> sesal berkepanjangan.

여한(餘寒) <yeo/han> dingin berkepanjangan.

여행(旅行) <yeo/haeng> perjalanan; pelancongan; perlawatan; turne; darma wisata. ~하다 mengadakan perjalanan; melancong; berwisata. ~중에 sewaktu (mengadakan) perjalanan; dalam perjalanan. ~준비를 하다 persiapan perjalanan. ~가방 tas untuk perjalanan. ~기 catatan perjalanan. ~사 agen perjalanan; informasi turis. ~안내 pemanduan bagi turis, buku panduan wisata. ~일정 jadwal perjalanan; rencana perjalanan. ~자(者) turis; wisatawan. 수학~ wisata sekolah. 출장~ perjalanan resmi.

여행(勵行) <yeo/haeng> pelaksanaan; pemberlakuan. ~하다 melaksanakan; memberlakukan.

여향(餘響) <yeo/hyang> gaung; gema.

여호와 <yeo/ho/wa> Tuhan.

역(逆) <yeok> perlawanan; pertentangan. ~으로 sebaliknya. ~은 반드시 진(眞)이 아니다 Hal-hal yang bertentangan tidak selamanya benar.

역(驛) <yeok> stasiun kereta api. 서울 ~ stasiun Seoul.

역(役) <yeok> peran. 어린이 ~ peran anak muda. 햄릿의 ~을 하다 berperan sebagai Hamlet.

역(譯) <yeok> penerjemahan.

역(亦) <yeok> juga.

역결(逆一) <yeok/gyeol> serat sunsang.

역겹다(逆一) <yeok/gyeob/ta> merasa muak/jijik.

역경(逆境)＜yeok/gyeong＞ kesengsaraan; kesulitan. ～에 있다 [빠지다] berada dalam [jatuh ke dalam] kesengsaraan. ～을 이겨내다 mengatasi situasi yang sulit.

역광선(逆光線)＜yeok/gwang/seon＞ melawan sinar; mengarah ke sinar. ～으로 melawan arah sinar. ～사진 foto bayangan.

역군(役軍)＜yeok/gun＞ pekerja terampil; orang yang mampu; tokoh.

역기(力技)＜yeok/gi＞ ☞ 역도(力道).

역대(歷代)＜yeok/dae＞ ～의 berturut-turut.

역도(力道)＜yeok/do＞ angkat besi. ～ 선수 atlet angkat besi.

역도(逆徒)＜yeok/do＞ para pemberontak.

역량(力量)＜yeong/nyang＞ kesanggupan; kapasitas; kekuatan; kemampuan; kecakapan. ～있는 sanggup; mampu; cekatan.

역력하다(歷歷一)＜yeong/nyeok/ha-da＞ nyata; jelas; tak dapat disangkal. 역력히 dengan jelas; dengan nyata.

역류(逆流)＜yeong/nyu＞ arus yang berlawanan; arus balik. ～하다 mengalir ke arah hulu; mengalir berlawanan arah.

역마차(驛馬車)＜yeong/ma/cha＞ kereta kuda.

역모(逆謀)＜yeong/mo＞ rencana pemberontakan. ～하다 merencanakan pemberontakan.

역무원(驛務員)＜yeong/mu/won＞ pegawai kereta api, tukang angkat.

역문(譯文)＜yeong/mun＞ penerjemahan.

역반응(逆反應)＜yeok/ban/eung＞ reaksi yang berlawanan.

역방(歷訪)＜yeok/bang＞ ～하다 mengunjungi beberapa tempat.

역병(疫炳)＜yeok/byeong＞ wabah.

역불급(力不及)＜yeok/bul/geub＞ ～하다 diluar kesanggupan/kemampuan.

역비례(逆比例)＜yeok/bi/rye＞ per-

역사(力士)＜yeok/sa＞ orang yang kuat.

역사(役事)＜yeok/sa＞ pekerjaan pembangunan; pekerja umum.

역사(歷史)＜yeok/sa＞ ① sejarah; babad; tambo; riwayat. ～상의 [적인] bersejarah. 한국의 ～ sejarah Korea. ～이전의 yang berhubungan dengan pra-sejarah. ～에 남다 tinggal sejarah. ～를 더듬다 menelusuri sejarah (dari). ～가 ahli sejarah; sejarawan. ～소설 novel sejarah. ② sejarah; tradisi. ～있는 학교 sekolah yang bersejarah panjang.

역사(轢死)＜yeok/sa＞ ～하다 mati tergilas (mobil).

역산(逆産)＜yeok/san＞ ① 『醫』 kelahiran sunsang. ② (재산) harta/milik seorang pengkhianat.

역산(逆算)＜yeok/san＞ ～하다 menghitung mundur.

역선전(逆宣廛)＜yeok/seon/jeon＞ propaganda tandingan. ～하다 membuat propaganda tandingan.

역설(力說)＜yeok/seol＞ ～하다 menekankan; menitik beratkan.

역설(逆說)＜yeok/seol＞ paradoks; lawan asas. ～적 berlawanan asas. ～적으로 말하면 pembicaraan yang berlawanan asas.

역성＜yeok/seong＞ kepemihakan; parsialitas. ～하다[들다] memihak kepada.

역수입(逆輸入)＜yeok/su/ib＞ pengimporan kembali. ～하다 mengimpor kembali; memasukkan kembali.

역수출(逆輸出)＜yeok/su/chul＞ pengeksporan kembali. ～하다 mengekspor kembali; mengirim kembali.

역습(逆襲)＜yeok/seub＞ serangan balasan. ～하다 mengadakan serangan balasan.

역시(亦是)＜yeok/si＞ juga; biarpun begitu; biar begitupun.

역어(譯語)＜yeok/eo＞ terjemahan.

역연(歷然)＜yeok/yeon＞ ～한[히] [dengan] jelas; [dengan] nyata; [dengan] terus terang.

역용(逆用)＜yeok/yong＞ ～하다 membalik gunakan.

역원(役員)＜yeok/won＞ pegawai.

역원(驛員)＜yeok/won＞ pegawai stasiun.

역임(歷任)＜yeok/im＞ ～하다 memegang jabatan secara bergantian. 여러 관직을 ～하다 memegang beberapa jabatan di pemerintahan.

역자(譯者)＜yeok/ja＞ penterjemah.

역작(力作)＜yeok/jak＞ karya besar.

역작용(逆作用)＜yeok/jak/yong＞ reaksi; aksi berlawanan.

역장(驛長)＜yeok/cang＞ kepala stasiun. ～실 ruang kepala stasiun.

역저(力著)＜yeok/jeo＞ karya sastra yang baik.

역적(逆賊)＜yeok/jeok＞ pembangkang; pengkhianat; pendurhaka.

역전(力戰)＜yeok/jeon＞ ～하다 bertempur dengan keras/gigih.

역전(逆轉)＜yeok/jeon＞ ～하다 berbalik (situasi). ～승하다 menang secara tidak terduga.

역전(歷戰)＜yeok/jeon＞ ～의 용사 pejuang veteran.

역전경주(驛傳競走)＜yeok/jeon/gyeong/ju＞ lari beranting jarak jauh; perlombaan estafet jarak jauh.

역점(力點)＜yeok/ceom＞ penekanan, titik dinamika. …에 ～을두다 menekankan pada … .

역정(逆情)＜yeok/jeong＞ ☞ 성나다, 성내다.

역조(逆調)＜yeok/co＞ keadaan yang merugikan. 무역의 ～ keseimbangan perdagangan yang merugikan.

역주(力走)＜yeok/ju＞ ～하다 berlari dengan cepat.

역진(力盡)＜yeok/jin＞ ～하다 capek; lelah; terkuras.

역청(歷清)＜yeok/cheong＞ 『鑛』 aspal. ～탄 batu bara muda.

역코스(逆一)＜yeok/kho/seu＞ arah yang berlawanan.

역투(力投)＜yeok/thu＞ ～하다

『野』 melempar dengan keras.

역풍(逆風)＜yeok/fung＞ angin yang berlawanan.

역하다(逆-)＜yeok/hada＞ mabuk; mual; muak.

역학(力學)＜yeok/hak＞ 『理』 dinamika.

역할(役割)＜yeok/hal＞ bagian; peranan. 중대한 ～을하다 memainkan peranan utama/penting.

역행(力行)＜yeok/haeng＞ ～하다 berusaha; berdaya upaya.

역행(逆行)＜yeok/haeng＞ ～하다 membalik.

역효과(逆效果)＜yeok/hyo/gwa＞ akibat yang berlawanan/merugikan.

엮다＜yeok/ta＞ ① (얽어서) menjalin; merajut; menganyam; mengikat. ② (편찬) menyusun; mengedit.

연(年)＜yeon＞ setahun; satu tahun. ～1회 satu kali setahun. ～수입 pendapatan per tahun.

연(鳶)＜yeon＞ layangan; layang-layang. ～을 날리다 bermain layangan; menerbangkan layangan.

연(鉛)＜yeon＞ timah hitam. ☞ 납.

연(連)＜yeon＞ teratai; padma; tunjung; seroja. ～꽃 bunga teratai.

연(連)＜yeon＞ satu rim (kertas).

연(延)＜yeon＞ jumlah. ～인원 jumlah orang. ～일수 jumlah hari.

연가(戀歌)＜yeon/ga＞ nyanyian cinta.

연간(年間)＜yeon/gan＞ ～계획 program tahunan; acara tahunan. ～생산량 hasil per tahun; hasil tahunan.

연감(年鑑)＜yeon/gam＞ buku tahunan; almanak.

연갑(年甲)＜yeon/gab＞ teman sebaya.

연거푸(連 -)＜yeon/geo/fu＞ berturut-turut.

연결(連結)＜yeon/gyeol＞ hubungan; kopeling; pertalian; ikatan; kaitan; sambungan. ～하다 menghubungkan; mengikat; mengaitkan.

연고(軟膏)＜yeon/go＞ salep; boreh;

param.
연고(緣故) < yeon/go >　①　(까닭) alasan; sebab.　②　hubungan; kenalan.　~채용하다 mempekerjakan (seseorang) melalui seorang kenalan.　~자 kerabat.
연골(軟骨) < yeon/gol >　『解』 tulang rawan; tulang halus; tulang muda.
연공(年功) < yeon/gong >　dinas lama; pengalaman kerja yang panjang.　~을 쌓다 mempunyai pengalaman kerja/dinas yang lama.　~가봉(加俸) tunjangan dinas lama.　~서열 senioritas.
연공(年貢) < yeon/gong >　upeti tahunan.
연관(沿管) < yeon/gwan >　pipa.　~공 tukang pipa; tukang ledeng.
연관(聯關) < yeon/gwan >　☞ 관련.
연구(研究) < yeon/gu > studi; penelitian; riset; kajian.　~하다 mempelajari; meneliti; menelaah.　~가(자) peneliti; periset.　~논문 karangan ilmiah.　~발표회 pertemuan ilmiah.　~보고 laporan penelitian.　~비 dana penelitian.　~생 siswa peneliti.　~소 lembaga penelitian.　~실 laboratorium; seminar.
연구개(軟口蓋) < yeon/gu/gae >　langit-langit lunak.
연구개발(研究開發) < yeon/gu/gae/bal > penelitian dan pengembangan.　~자금 dana untuk penelitian dan pengembangan.
연구활동(研究活動) < yeon/gu/hwal/tong > kegiatan penelitian.
연극(演劇) < yeon/geuk >　① sandiwara; pertunjukan; tonil; drama.　~을 하다 bermain sandiwara.　~을 상연하다 menyuguhkan pertunjukan/sandiwara.　~계 dunia sandiwara.　~비평 kritik drama/sandiwara.　~애호가 penonton sandiwara; penggemar sandiwara.　~학교 tempat pendidikan drama; sekolah drama. 토막 ~ lakon pendek dan lucu.　② kepura-puraan. 꾸민 ~ sandiwara palsu.　~을 꾸미다 [부리다] bermain sandiwara;

membuat tipuan.
연근(連根) < yeon/geun >　akar teratai.
연금(年金) < yeon/geum >　tunjangan hidup; pensiun.　~을 받다 menerima tunjangan hidup tahunan.　~수령자 penerima tunjangan.
연금(軟禁) < yeon/geum >　tahanan rumah.　~하다 mengenakan tahanan rumah.
연금술(鍊金術) < yeon/geum/sul >　alkimia.　~사 ahli alkimia.
연기(延期) < yeon/gi >　penundaan; pengunduran; penangguhan; pertangguhan; tempo.　~하다 menunda; menangguhkan.　~되다 ditunda; ditangguhkan.
연기(演記) < yeon/gi >　~하다 menulis pada kartu suara.　~제 sistim kartu suara jamak.
연기(煙氣) < yeon/gi >　asap.　~가 나는 berasap.　~를 (내)뿜다 mengeluarkan asap; berasap.　~에 숨이 막히다 sesak karena asap.　~에 휩싸이다 diliputi oleh asap.
연기(演技) < yeon/gi >　penampilan; akting. 훌륭한 ~를 보이다 mempertunjukkan akting yang baik.　~자 pelakon; pelaku.
연내(年內) < yeon/nae >　~에 dalam tahun ini.
연년(年年) < yeon/nyeon >　tiap tahun; dari tahun ke tahun.
연년(蓮年) < yeon/nyeon >　tahun berturutan.　~생이다 kakak beradik lahir dalam dua tahun yang berturutan.
연놈 < yeon/nom > jantan dan betina (bicara kasar).
연단(演壇) < yeon/dan > mimbar; tribun;panggung.　~에 오르다 [에서 내려가다] naik [turun] mimbar.
연달다(蓮 -) < yeon/dal/da >　bersambung-sambung; berturutan.
연대(年代) < yeon/dae > zaman; masa; abad.　~순의(으로) (secara) kronologis.　~기 sejarah; tarikh; tambo.　~표 tabel kronologis.
연대(連帶) < yeon/dae >　kesetiaka-

wanan; kekompakan; solidaritas. ~의(로) (dengan) bersama-sama. ~보증 penjaminan bersama. ~보증인 penjamin bersama. ~채무 kewajiban bersama. ~ 책임 tanggung jawab bersama.

연대(聯隊)<yeon/dae> resimen. ~병력 tentara resimen. ~장(본부, 기) komandan [markas, bendera] resimen.

연도(年度)<yeon/do> tahun; periode. 회계~ tahun pembukuan.

연도(沿道)<yeon/do> ~의(에) sepanjang jalan; di sisi jalan.

연독(沿毒)<yeon/dok> keracunan timah.

연동(聯動)<yeon/dong> perseneling; sambungan; hubungan. ~하다 berhubungan; bersambungan. ~기 kopling. ~장치 alat perangkai.

연동<yeon/dong> gerak peristaltik.

연두(年頭)<yeon/du> awal tahun; kepala tahun. ~교서 pidato tahunan. ~사 pidato tahun baru; amanat tahun baru.

연두(軟豆)<yeon/du> hijau muda.

연락(連絡)<yeol/nak> ① hubungan; perhubungan. ~하다 berhubungan (dengan). ~을 유지하다 menjaga hubungan. ~병 satuan penghubung. ~ 사무소 kantor penghubung. ~선 kapal feri; kapal penghubung. ~ 장교 perwira penghubung. ② (통신) perhubungan; komunikasi. ~하다 berkomunikasi. ~을 끊다 memutuskan hubungan/ komunikasi.

연래(年來)<yeol/lae> bertahun-tahun.

연령(年齡)<yeol/lyeong> umur; tahun; usia. ~에 비해 untuk umur. ~을 불문하고 tidak memandang umur. ~제한 batas umur. 결혼 ~ umur menikah.

연례(年例)<yeol/lye> ~의 tiap tahun; tahunan. ~보고 laporan tahunan. ~행사 peristiwa/upacara/ acara tahunan.

연로(年老)<yeol/no> ~한 tua; berumur lanjut.

연료(燃料)<yeol/nyo> bahan bakar. ~보급 pengisian bahan bakar. ~비 ongkos bahan bakar. ~소비량 pemakaian bahan bakar. 고체 [기체, 액체] ~ bahan bakar padat [gas, cair].

연루(連累)<yeol/lu> ~하다 terlibat (dalam); terembet; tersangkut (dalam). ~자 sekongkol; sekutu; komplotan; makar; kawan berbuat.

연륜(年輪)<yeol/lyun> cincin tahunan; umur.

연리(年利)<yeol/li> bunga pertahun.

연립(聯立)<yeol/lib> koalisi; persekutuan; aliansi. ~내각 kabinet gabungan; kabinet koalisi. ~방정식 persamaan berganda. ~주택 rumah petak.

연마(研磨.鍊磨)<yeon/ma> ① ~하다 menyemir; mengkilapkan; menggosok; mengasah. ~기 penggosok; penyemir; pengasah; asahan; gerinda. ~분 bubuk penggosok; pengempelas. ② ~하다 mengasah otak.

연마(鍊磨)<yeon/ma> ~하다 melatih; meningkatkan. 기술을 ~하다 melatih keahlian/ketrampilan.

연막(煙幕)<yeon/mak> tabir asap. ~을 치다 menurunkan tirai asap.

연만(年滿)<yeon/man> ~한 tua.

연말(年末)<yeon/mal> akhir tahun. ~의 berkenaan dengan akhir tahun. ~에 diakhir tahun. ~보너스 bonus akhir tahun.

연맹(聯盟)<yeon/maeng> perserikatan; persekutuan; perhimpunan; persatuan; pergabungan; liga. ~에 가입하다 menjadi anggota liga/perserikatan.

연면(連綿)<yeon/myeon> ~한 terus menerus; berkesinambungan.

연명(延命)<yeon/myeong> ~하다 hidup pas-pasan.

연명(連名)<yeon/myeong> penandatanganan bersama. ~하다 me-

nandatangani bersama. ~으로 se-
cara bersama-sama. ~진정서 peti-
si bersama.

연모<yeon/mo> peralatan; bahan;
material.

연모(戀慕)<yeon/mo> kasih sa-
yang; rindu dendam. ~하다 me-
rindukan.

연목구어(緣木求魚)<yeon/mok/gu/
eo> ~하다 mencari sesuatu yang
mustahil.

연못(連 -)<yeon/mok> kolam;
tambak; empang; tebat; lupak.

연무(烟霧)<yeon/mu> kabut.

연무(演武)<yeon/mu> latihan tenta-
ra/militer. ~하다 ikut latihan mi-
liter. ~장 lapangan latihan mili-
ter.

연무(鍊武)<yeon/mu> latihan tenta-
ra/militer. ~하다 melaksanakan
latihan militer.

연문(戀文)<yeon/mun> surat cinta.

연미복(燕尾服)<yeon/mi/bok> jas
malam pria; jas berekor/berbuntut;
bajang.

연민(憐憫)<yeon/min> belas kasih-
an; keibaan. ~의 정을 느끼다[일
으키다] merasa iba [kasihan].

연발(延發)<yeon/bal> keberangkat-
an yang terlambat. ~하다 ber-
angkat terlambat.

연발(連發)<yeon/bal> ~하다
memberondong/menghujani (dengan
tembakan, pertanyaan). ~총 sena-
pan mesin. 6~총 pistol berpeluru
enam. 2~총 senapan berlaras
dua.

연방(聯邦)<yeon/bang> federal;
persekutuan; perserikatan; perse-
makmuran. ~정부 pemerintah fe-
deral. ~주의 federalisme.

연방<yeon/bang> ☞ 연해(連 -).

연변(年邊)<yeon/byeon> bunga per
tahun.

연변(沿邊)<yeon/byeon> daerah
sepanjang (sungai, jalan, dsb)

연병(練兵)<yeon/byeong> latihan
tentara; latihan militer. ~하다
mengadakan latihan; berparade. ~

장 lapangan latihan/parade tentara.

연보(年報)<yeon/bo> laporan ta-
hunan.

연보(年譜)<yeon/bo> sejarah yang
dicatat sesuai dengan urutan tahun;
sejarah kronologis; catatan biogra-
fis.

연보(捐補)<yeon/bo> sumbangan;
derma. ~하다 menyumbang; ber-
derma.

연봉(年俸)<yeon/bong> gaji tahun-
an.

연봉(連峰)<yeon/bong> jajaran gu-
nung; barisan gunung; puncak…

연부(年賦),연불(年拂)<yeon/bu,yeon
/bul> cicilan per tahun; angsuran
tahunan.

연분(緣分)<yeon/bun> ikatan sebe-
lum ditasbiskan; hubungan sebelum
diberkati. 부부의 ~을 맺다 meng-
ikat hubungan perkawinan; mene-
tapkan/mensahkan ikatan perkawin-
an. 천생~ pasangan yang sejo-
doh; pasangan yang serasi.

연분홍(軟粉紅)<yeon/bun/hong>
merah muda.

연불(年拂)<yeon/bul> pembayaran
yang ditangguhkan. ~방식으로
berdasarkan pembayaran yang di-
tangguhkan. ~수출 pembayaran
ekspor yang ditangguhkan.

연사(演士)<yeon/sa> pembicara;
penceramah.

연산(年産)<yeon/san> hasil per ta-
hun; hasil produksi pertahun.

연산(演山)<yeon/san> jajaran/ba-
risan pegunungan.

연상(年上)<yeon/sang> ~이다 le-
bih tua (dari). ~의 lebih tua; se-
nior.

연상(聯想)<yeon/sang> asosiasi.
~하다 mengingatkan akan; meng-
asosiasikan (A) dengan (B). …을
~시키다 mengingatkan.

연서(連署)<yeon/seo> tanda tangan
bersama. ~하다 menanda tangani
bersama. ~로 dibawah tanda
tangan bersama. ~인 penanda-
tangan bersama.

연석(宴席)＜yeon/seok＞ perjamuan; pesta. ~을 베풀다 mengadakan pesta; mengadakan perjamuan.

연선(沿線)＜yeon/seon＞ ~의[에] sepanjang rel kereta api.

연설(演說)＜yeon/seol＞ pidato; ceramah; kuliah. ~하다 berpidato; berbicara; berceramah. ~을 잘하다 [이 서투르다] pembicara yang baik [jelek]. ~자 pembicara; orator. ~회 pertemuan pidato. 즉석 ~ pidato yang mendadak.

연성하감(軟性下疳)＜yeon/seong/ha/gam＞ 『醫』 puru koci; koci lembik.

연세(年歲)＜yeon/se＞ umur; usia. ☞ 나이.

연소(年少)＜yeon/so＞ ~한 muda; remaja. ~자 anak muda.

연소(延燒)＜yeon/so＞ ~하다 menyebar; terbakar.

연소(撚燒)＜yeon/so＞ pembakaran. ~하다 membakar; menyalakan. ~물(物) barang mudah terbakar. (불)완전 ~ pembakaran sempurna [tidak sempurna]. 자연 ~ pembakaran spontan.

연속(連續)＜yeon/sok＞ kelanjutan; kesinambungan; susulan; turutan; rentetan; seri. ~하다 meneruskan; melanjutkan. ~적(으로) dengan terus menerus; berendeng-rendeng; berangkaian. ~3주간 berlangsung selama tiga minggu. ~만화 buku komik serial. ~물(物) untaian; rantaian; rangkaian; deretan; rentetan. ~방송극 drama bersambung; drama seri. ~소설 cerita bersambung; cerita seri.

연속상연(連續上演)＜yeon/sok/sang/yeon＞ ~하다 bersambung sampai sekarang.

연속상영(連續上映)＜yeon/sok/sang/yeong＞ ~하다 terus menampilkan/mempertunjukkan.

연쇄(連鎖)＜yeon/swae＞ rantai; rangkaian. ~반응 reaksi berantai. ~상구균 bakteri streptokokus. ~점(店) toko berantai; toko yang mempunyai banyak cabang.

연쇄충돌(連鎖衝突)＜yeon/swae/chung/dol＞ tabrakan beruntun.

연수(年收)＜yeon/su＞ pendapatan pertahun.

연수(年數)＜yeon/su＞ jumlah tahun.

연수(軟水)＜yeon/su＞ air lunak.

연수(研修)＜yeon/su＞ ~하다 meneliti. ~생 orang yang dilatih. ~원 lembaga pelatihan.

연습(演習)＜yeon/seub＞ latihan; perang-perangan. ~하다 berlatih; mengadakan latihan. ~림(林) perkebunan percontohan.

연습(練習)＜yeon/seub＞ praktek; latihan. ~하다 berlatih. ~을 쌓았다 terlatih baik. ~부족이다 kurang latihan. ~기[선] pesawat [kapal] latih. ~문제 soal latihan. ~생 peserta latihan. ~소 sekolah pelatihan. ~시합 permainan latihan. 기본 ~ latihan dasar.

연승(連勝)＜yeon/seung＞ kemenangan terus menerus. ~하다 menang berturut-turut.

연시(年始)＜yeon/si＞ permulaan tahun.

연시(軟柿)＜yeon/si＞ kesemek yang matang dan lembut.

연식(軟式)＜yeon/sik＞ ~비행선 kapal balon. ~야구 bisbol bola lunak. ~정구 tenis.

연안(沿岸)＜yeon/an＞ pantai; pesisir. ~의 di (sepanjang) pantai. ~국[항] negara [pelabuhan] pantai. ~무역[어업] perdagangan [perikanan] pantai. ~항로 pelayanan sepanjang pantai. ~항로선(船) kapal pantai.

연애(戀愛)＜yeon/ae＞ cinta; kerinduan; asmara; cinta kasih; mahibah. ~하다 jatuh cinta dengan; mengasihi; berkasih-kasihan. 정신적 ~ cinta persaudaraan. ~결혼 perkawinan cinta. ~결혼하다 kawin atas dasar cinta. ~사건 perkara cinta. ~소설 cerita roman.

연액(年額)＜yeon/aek＞ jumlah per tahun.

연야(連夜)＜yeon/ya＞ dari malam ke malam.

연약(軟弱)＜yeon/yak＞ ～한 lemah; melanjai; rapuh; bokoh. ～외교 diplomasi yang lemah.

연어(蓮魚)＜yeon/eo＞ ikan salem.

연역(演繹)＜yeon/yeok＞ deduksi. ～하다 mengembangkan; mendeduksi. ～적(으로) (secara) deduktif.

연연(戀戀)＜yeon/yeon＞ ～하다 terbayang-bayang.

연예(演藝)＜yeon/ye＞ hiburan. ～계 dunia hiburan. ～난 kolom hiburan. ～방송 program hiburan. ～인 penghibur; penyenang; entertainer. ～장 panggung hiburan; tempat hiburan.

연옥(煉獄)＜yeon/ok＞ neraka.

연와(煉瓦)＜yeon/wa＞ batu bata. ☞ 벽돌.

연원(淵源)＜yeon/won＞ sumber; asal. ～하다 berasal dari.

연월일(年月日)＜yeon/wol/il＞ hari, bulan dan tahun; tanggal.

연유(煉乳)＜yeon/yu＞ susu kental.

연유(緣由)＜yeon/yu＞ asal; sumber; alasan. ～하다 berasal dari; bersumber dari.

연인(戀人)＜yeon/in＞ kekasih; pacar. 한쌍의 ～ sepasang kekasih.

연일(連日)＜yeon/il＞ tiap hari; dari hari ke hari. ～연야 siang malam; siang dan malam.

연임(連任)＜yeon/im＞ ～하다 diangkat kembali; dipilih kembali.

연잇다(連 -)＜yeon/it/ta＞ menggabungkan; mengikat bersama; melanjutkan.

연자매(研子 -)＜yeon/ja/mae＞ penggilingan batu yang ditarik oleh lembu.

연장＜yeon/jang＞ peralatan; alat-alat; perkakas; perabot; perlengkapan.

연장(年長)＜yeon/jang＞ ～의 yang lebih tua; yang lebih senior. ～자 orang yang lebih dihormati (tua).

연장(延長)＜yeon/jang＞ pemanjangan; perpanjangan. ～하다 memperpanjang; merentangkan; mengulur; meregangkan. ～선 garis perpanjangan; meregangkan. ～전 permainan yang diperpanjang.

연재(連載)＜yeon/jae＞ penerbitan bersambung. ～하다 menerbitkan secara bersambung. ～되다 terbit secara bersambung. ～소설 cerita bersambung; cerbung.

연적(硯滴)＜yeon/jeok＞ kotak tinta cair.

연적(戀敵)＜yeon/jeok＞ saingan dalam cinta.

연전(年前)＜yeon/jeon＞ ～에 beberapa tahun lalu.

연전(連戰)＜yeon/jeon＞ ～하다 bertempur dalam serangkaian pertempuran. ～연승하다 memenangkan pertempuran demi pertempuran. ～연패하다 mengalami kekalahan dari satu pertempuran ke pertempuran lain.

연접(連接)＜yeon/jeob＞ ～하다 menghubungkan; mempertalikan; menyatukan.

연정(戀情)＜yeon/jeong＞ perasaan cinta/sayang. ～을 느끼다 menyayangi/mencintai.

연제(年祭)＜yeon/je＞ hari peringatan; hari jadi; hari ulang tahun.

연제(演題)＜yeon/je＞ pokok (pembicaraan).

연좌(連坐)＜yeon/jwa＞ ～하다 terlibat (dalam). ～데모 demonstrasi duduk.

연주(演奏)＜yeon/ju＞ pertunjukan/ pagelaran musik. ～하다 mengadakan pertunjukan. ～곡목 program musik. ～자 pemain musik. ～회(會) konser.

연주창(連珠瘡)＜yeon/ju/chang＞ penyakit kelenjar; semacam penyakit TBC.

연줄(緣 -)＜yeon/cul＞ koneksi; hubungan. ～ ～ melalui koneksi yang satu ke koneksi yang lain. ...의 ～로 melalui pengaruh (dari).

~을 찾다 mencari koneksi. ~이 있다 ada koneksi.

연중(年中)＜yeon/jung＞ setahun penuh; sepanjang tahun. ~무휴 Buka Sepanjang Tahun. ~행사 even tahunan.

연지＜yeon/ji＞ pemerah pipi/pemerah bibir; gincu. ~를 찍다[바르다] memakai alat pemerah pipi/bibir; bergincu; memakai lipstik.

연차(年次)＜yeon/cha＞ ~의 tahunan. ~적으로 sesuai dengan urutan tahun; secara kronologis. ~계획 program/rencana tahunan. ~보고 laporan tahunan. ~총회 pertemuan umum tahunan.

연착(延着)＜yeon/chak＞ tiba terlambat; ketertundaan; keterlambatan. ~하다 tiba terlambat. ~될 예정이다 diperkirakan tiba terlambat.

연착(軟着)＜yeon/chak＞ pendaratan yang mulus. 달에 ~하다 mengadakan pendaratan yang mulus di bulan.

연창(- 窓)＜yeon/chang＞ jendela sebelah luar.

연천(年淺)＜yeon/cheon＞ ~하다 tidak lama; singkat.

연철(鍊鐵)＜yeon/cheol＞ 『冶』 besi tempa; besi tempaan.

연체(延滯)＜yeon/che＞ penunggakan; penundaan; kelambatan. ~하다 ditunggak. ~금(金) uang tunggakan. ~이자 bunga tungakan; bunga keterlambatan membayar.

연체동물(軟體動物)＜yeon/che/dong/mul＞ moluska; binatang lunak.

연초(煙草)＜yeon/cho＞ ☞ 담배.

연출(演出)＜yeon/chul＞ pementasan; pemanggungan; penyutradaraan. ~하다 mementaskan; memanggungkan; menyutradarai. ~자 sutradara. ~효과 efek panggung.

연충＜yeon/chung＞ cacing.

연탄(煉炭)＜yeon/than＞ briket batu bara. ~가스중독 keracunan gas briket. ~가스 중독으로 죽다 mati akibat keracunan gas briket. ~난로 pemanas briket.

연탄공장(煉炭工場)＜yeon/than/gong/jang＞ pabrik briket.

연탄불(煉炭-)＜yeon/than/bul＞ nyala briket.

연탄재(煉炭 -)＜yeon/than/jae＞ briket sisa.

연통(煙筒)＜yeon/thong＞ corong asap; cerobong asap.

연판(連判)＜yeon/fan＞ penandatanganan bersama. ~하다 menandatangani bersama. ~장 surat perjanjian di bawah tanda tangan bersama.

연판(鉛版)＜yeon/fan＞ klise; stereotip; tiruan. ~을 뜨다 meniru; membuat tiruan. ~공 peniru; orang yang suka meniru. ~인쇄 gambar tiruan.

연패(連敗)＜yeon/fae＞ kekalahan yang berturut-turut; kekalahan beruntun. ~하다 menderita kekalahan yang beruntun.

연포(緣布)＜yeon/fo＞ kain yang diputihkan.

연표(年表)＜yeon/fyo＞ susunan yang diatur sesuai dengan urutan tahun; daftar kronologis.

연필(鉛筆)＜yeon/fil＞ pinsil; pensil; potlot. ~로 쓰다 menulis dengan pensil. ~을 깎다 menajamkan pensil. ~깎개 alat penajam pensil; serutan. ~심 isi pensil. 색~ pensil warna.

연하(年下)＜yeon/ha＞ ~이다 lebih muda dari.

연하(年賀)＜yeon/ha＞ ucapan Selamat Tahun Baru. ~우편 취급 pelayanan pengiriman khusus untuk kartu natal dan Tahun Baru. ~장 kartu ucapan Selamat Tahun Baru.

연하다(軟 -)＜yeon/hada＞ ① (안질기다) lembut; halus.

연하다(連 -)＜yeon/hada＞ berhubungan; berkaitan dengan.

연한(年限)＜yeon/han＞ masa; periode. ~을채우다 memenuhi masa dinas. 수업[복무] ~ masa belajar [jabatan].

연합(聯合)<yeon/hab> ~하다 bersekutu; berserikat; bergabung; berasosiasi. ~국[군] negara [tentara] sekutu.

연해(沿海)<yeon/hae> laut sepanjang pantai. ~어업 perikanan/penangkapan ikan di dekat pantai. ~항로 pelayaran di sepanjang pantai.

연해(連 -)<yeon/hae> dengan terus menerus.

연해주(沿海州)<yeon/hae/ju> 『地』 Propinsi Maritim.

연행(連行)<yeon/haeng> ~하다 membawa (ke kantor polisi).

연혁(沿革)<yeon/hyeok> sejarah; kisah; cerita; riwayat. ~지(誌) buku; sejarah.

연호(年號)<yeon/ho> sanat; nama era.

연화(軟化)<yeon/hwa> ~하다 menjadi lembut; melembut.

연화(軟貨)<yeon/hwa> mata uang yang tidak stabil.

연회(宴會)<yeon/hoe> pesta; perjamuan.

연후(然後)<yeon/hu> ~에 setelah itu; sesudah itu.

연휴(連休)<yeon/hyu> hari libur yang berurutan/ berturut-turut.

열<yeol> sepuluh.

열(列)<yeol> baris; sap; lapis; deret; jejer; lajur; larik; banjar. ~을 짓다 membentuk barisan/antrian; berbaris; mengantri.

열(熱)<yeol> ① panas; kalor. ~의 termal; kalorik. ~을 가하다 memanaskan. ~을 발생하다 menimbulkan panas. ~교환기 penukar panas. ~기관 musim panas. ~오염 polusi termal. ~팽창 [전도] perambatan [penghantaran] panas. ② temperatur/suhu badan. 높은 [낮은] ~ suhu badan tinggi [rendah]. ~을 재다 mengukur suhu badan. ~이 있다 demam. ~이 내리다 panas badan turun. ③ antusiasme; semangat besar;

kegairahan. ...~이 식다 bergairah terhadap... . ...에 ~을 올리다 tergila-gila akan... . ~이 없다 tidak berantusias. 야구~ demam bisbol; gila bisbol. 투기~ maniak spekulasi.

열가소성(熱可塑性)<yeol/ga/so/seong> 『理』 termoplastisitas. ~의termoplastis. ~재료 bahan termoplastik.

열강(列強)<yeol/gang> negara adidaya.

열거(列舉)<yeol/geo> perincian; uraian. ~하다 memerinci; mendaftarkan; menguraikan.

열광(熱狂)<yeol/gwang> semangat besar; semangat yang berapi-api; kepanatikan; kegila-gilaan. ~하다 tergila-gila; fanatik (dengan). ~적(으로) (dengan) semangat yang berapi-api; (dengan) fanatik.

열기(列記)<yeol/gi> ~하다 menyebut satu demi satu; mendaftarkan.

열기(熱氣)<yeol/ki> panas; udara panas; kalor.

열김(熱 -)<yeol/kim> ~에 dalam luapan amarah.

열나다(熱 -)<yeol/na/da> ① (신열이) menjadi panas; mendapat demam. ② (열중 열심) menjadi bersemangat. ③ (화나다) menjadi panas hati/marah; meradang.

열녀(烈女)<yeol/yeo> istri teladan.

열다<yeol/da> ① membuka. 비틀어 [부숴] ~ memutar buka [mendobrak]. ② membuka; memulai; mendirikan. 가게를 ~ membuka toko. ③ mengadakan; membuka. 운동회를 ~ mengadakan perlombaan atletik. ④ membuka. 길을 ~ membuka jalan.

열다<yeol/da> berubah.

열대(熱帶)<yeol/tae> daerah khatulistiwa; daerah tropis; daerah beriklim panas. ~의 tropis. ~성 저기압 tekanan udara yang rendah di daerah tropis. ~식물 tumbuhan daerah tropis. ~어 ikan daerah tropis.

열댓＜yeol/daet＞ lebih kurang/kira-kira lima belas.

열도(列島)＜yeol/to＞ gugusan pulau-pulau; nusantara; kepulauan.

열독(閱讀)＜yeol/tok＞ pembacaan.

열등(劣等)＜yeol/teung＞ keadaan/sifat yang rendah; inferioritas. ~한 inferior. ~감 perasaan rendah diri. ~생 siswa terbelakang. ~품 barang-barang yang bermutu rendah.

열락(悅樂)＜yeol/lak＞ kegembiraan; kesenangan.

열람(閱覽)＜yeol/lam＞ pembacaan; penelaahan. ~하다 membaca...; menelaah. ~권 tiket masuk; karcis masuk. ~실 ruangan/kamar baca.

열량(熱量)＜yeol/lyang＞ kalori. ~계 alat pengukur kalori; kalori meter.

열렬(熱烈)＜yeol/lyeol＞ ~한[히] (dengan) bernafsu; (dengan) berahi; (dengan) bersemangat.

열리다＜yeol/li/da＞ ① (닫힌 것 잠긴 것이) dibuka;terbuka. ② diadakan; berlangsung; mulai. ...주최로 ~ diadakan atas bantuan dari... ③ (개화 발전) dimodernisir; diperbarui. ④ diberi kesempatan; terbuka (kesempatan). 승진의 길이 ~ diberikan kesempatan untuk naik pangkat. ⑤ (열매가) berbuah.

열망(熱望)＜yeol/mang＞ keinginan yang kuat; hasrat yang kuat. ~하다 menginginkan dengan sungguh-sungguh; mendahagakan.

열매＜yeol/mae＞ buah; biji. ~를 맺다 menghasilkan buah; berbuah.

열반(涅槃)＜yeol/ban＞ nirwana; sorga.

열변(熱辯)＜yeol/byeon＞ pidato yang bersemangat (berapi-api).

열병(閱兵)＜yeol/byeong＞ pemeriksaan pasukan. ~하다 memeriksa pasukan. ~식 pawai barisan tentara; parade; pawai.

열병(熱病)＜yeol/pyeong＞ demam; sakit panas. ~에 걸리다 mendapat demam.

열분해(熱分解)＜yeol/bun/hae＞ 『化』 pirolisis.

열사(烈士)＜yeol/sa＞ pecinta tanah air; orang yang mempunyai pendirian yang teguh; patriot.

열사병(熱射病)＜yeol/sa/pyeong＞ stroke karena panas.

열상(裂傷)＜yeol/sang＞ luka goresan.

열석(列席)＜yeol/seok＞ ~하다 menghadiri. ~자 para hadirin.

열선(熱線)＜yeol/seon＞ sinar panas.

열성(熱誠)＜yeol/seong＞ kesetiaan; minat/semangat besar. ~적인 setia; sangat berminat/bersemangat. ~을 담아 dengan semangat. ~가 pengikut setia; peminat; penggemar; pencandu. ~분자 unsur-unsur yang setia.

열세(劣勢)＜yeol/se＞ kekuatan lemah.

열쇠＜yeol/soe＞ kunci. 사건의 ~ kunci pemecahan masalah. ~를 채우다 mengunci. ~로 열다 membuka dengan kunci. ~구멍 lubang kunci.

열심(熱心)＜yeol/sim＞ ketekunan; kesungguhan; antusiasme. ~인 bersemangat; tekun; antusias. ~히 dengan sungguh-sungguh; dengan tekun. ~히 공부하는 학생 siswa yang tekun.

열십자(- 十字)＜yeol /sim/ca＞ salib. ~의 berbentuk silang/salib. ~로 dengan bersilang; dengan potong memotong.

열쌔다＜yeol/ssae/da＞ cepat; cekatan.

열악(劣惡)＜yeol/ak＞ ~한 inferior.

열애(熱愛)＜yeol/ae＞ ~하다 mencintai yang penuh gairah.

열어젖뜨리다＜yeol/eo/jeot/teu/ri/da＞ membiarkan terbuka; membuka.

열없다＜yeol/eob/ta＞ ① (열적다) canggung;malu. ② (성질이) tidak

bersemangat/bergairah.

열역학(熱力學) <yeol/yeok/hak> thermodinamika.

열연(熱演) <yeol/yeon> penampilan/ akting yang bergairah. ~하다 tampil dengan bergairah.

열용량(熱容量) <yeol/yong/nyang> kapasitas panas.

열원(熱源) <yeol/won> sumber panas.

열의(熱意) <yeol/eui> hasrat yang besar; kesetiaan. ~있는 berhasrat; bersemangat; antusias. ~없는 tidak bersemangat. ~를 보이다 menunjukkan semangat (terhadap); menunjukkan hasrat yang besar (terhadap).

열자기(熱磁氣) <yeol/ja/gi> termomagnetisme.

열전(列傳) <yeol/ceon> biografi/riwayat hidup.

열전(熱戰) <yeol/ceon> pertarungan yang sengit, pertandingan yang ketat.

열전기(熱電氣) <yeol/jeon/gi> termo elektrisitas.

열전도(熱傳導) <yeol/jeon/do> konduksi panas; penghantaran panas.

열전류(熱電流) <yeol/jeon/ryu> arus panas.

열정(劣情) <yeol/ceong> hasrat (nafsu) yang kurang.

열정(熱情) <yeol/ceong> nafsu/hasrat yang besar. ~적인 bernafsu; bersemangat. ~가 orang yang bersemangat tinggi; orang yang bernafsu; orang yang berdarah panas.

열중(熱中) <yeol/cung> ~하다 mencurahkan perhatian; bersungguh-sungguh; bertekun.

열차(列車) <yeol/cha> kereta api. (☞기차). ~자동 정지 장치 peralatan kontrol otomatis kereta api. 광주행 [발] ~ kereta api ke [dari] GwangJu. ~사고 kecelakaan kereta api. ~시간표 jadwal kereta api. 급행~ kereta api ekspres; kereta api cepat. 보통 [완행] ~ kereta api biasa/ekonomi [lambat].

임시[특별] ~ kereta api tambahan [khusus].

열탕(熱湯) <yeol/thang> air mendidih/panas. ~소독을 하다 mensucihamakan dengan air mendidih.

열파(熱坡) <yeol/fa> gelombang panas.

열풍(烈風) <yeol/fung> angin kencang; angin topan.

열풍(熱風) <yeol/fung> angin panas; samun.

열하다(熱 -) <yeol/hada> memanaskan; membuat panas.

열하루 <yeol/ha/ru> sebelas hari, hari kesebelas.

열학(熱學) <yeol/hak> 『理』 termotika.

열핵(熱核) <yeol/haek> ~반응 [융합] reaksi [fusi] termonuklir. ~병기 senjata nuklir. ~전쟁 perang nuklir.

열혈(熱血) <yeol/hyeol> ~아(兒), ~한(漢) orang yang berdarah panas.

열호(劣弧) <yeol/ho> 『數』 busur kecil.

열화(烈火) <yeol/hwa> api yang besar. ~같이 노하다 mengamuk marah.

열화학(熱化學) <yeol/hwa/hak> termokimia.

열흘 <yeol/hol> sepuluh hari.

엷다 <yeol/ta> ① (두께가) tipis. ☞ 얇다. ② (빛이) redup; lembut.

염(鹽) <yeom> garam. ~류 garam-garaman.

염(殮) <yeom> ☞ 염습(殮襲).

염가(廉價) <yeom/ka> harga murah; harga bantingan. ~로 dengan harga murah. ~로 팔다 menjual dengan harga murah. ~판매 penjualan dengan harga murah. ~품 barang-barang murah.

염광(鹽鑛) <yeom/gwang> tambang garam.

염교 <yeom/gyo> 『植』 sejenis bawang.

염기(厭忌) <yeom/gi> ~하다 benci dan jijik.

염기(鹽基)＜yeom/gi＞ 『化』 basa. ~성의 bersifat basa.

염두(念頭)＜yeom/du＞ ~에 두다 mempedulikan (diri). ~에 두지 않다 tidak perduli. ~에 떠오르다 mengingat; ingat. ~에서 떠나지 않다 tidak dapat melupakan.

염라대왕(閻羅大王)＜yeom/na/dae/wang＞ Yama; malaikat maut.

염려(念慮)＜yeom/nyeo＞ kecemasan; kekhawatiran; kemasygulan. ~하다 mencemaskan; mengkhawatiri. …을 ~하여 karena khawatir …; karena takut…

염료(染料)＜yeom/nyo＞ bahan pencelup; celupan.

염료공업(染料工業)＜yeom/nyo/gong/eob＞ industri pencelupan.

염매(廉賣)＜yeom/mae＞ penjualan dengan harga murah. ~하다 menjual murah.

염모제(染毛劑)＜yeom/mo/je＞ cat rambut.

염문(艶聞)＜yeom/mun＞ perkara cinta.

염밭(鹽 -)＜yeom/bath＞ ladang garam.

염병(染病)＜yeom/byeong＞ ① ☞ 장티푸스. ~할 Persetan!. ② ☞ 전염병.

염복(艶福)＜yeom/bok＞ keberuntungan dalam percintaan/asmara. ~가 pria yang digemari wanita.

염분(鹽分)＜yeom/bun＞ kegaraman; salinitas. ~있는 bergaram. ~을 없애다 menghilangkan kegaraman.

염불(念佛)＜yeom/bul＞ do'a (orang Budha). ~하다 berdo'a (kepada Budha).

염산(鹽酸)＜yeom/san＞ 『化』 asam garam; asam hidroklorat.

염색(染色)＜yeom/saek＞ pencelupan. ~하다 mencelup. ~집 rumah pencelupan. ~체 kromosom.

염서(炎暑)＜yeom/seo＞ panas terik.

염세(厭世)＜yeom/se＞ pesimisme. ~적 pesimistis; bersifat pesimis. ~가 orang yang pesimis. ~관(觀) pandangan hidup yang pesimis. ~ 자살 bunuh diri oleh karena pesimis. ~주의 pesimisme.

염소＜yeom/so＞ kambing. ~가 울다 kambing mengembik. ~가죽 kulit kambing. ~수염 janggut kambing.

염소(鹽素)＜yeom/so＞ 『化』 klorin. ~산 asam klorat (muriatat).

염수(鹽水)＜yeom/su＞ air asin.

염습(殮襲)＜yeom/seub＞ ~하다 memandikan dan mengkafani mayat.

염열(炎熱)＜yeom/yeol＞ panas yang tajam.

염오(厭惡)＜yeom/o＞ kemalasan; keengganan; keseganan. ~하다 malas; enggan; segan.

염원(念願)＜yeom/won＞ keinginan hati; kemauan; ambisi. ~하다 ingin; mau.

염전(鹽田)＜yeom/jeon＞ ladang garam. ☞ 염밭.

염좌(捻挫)＜yeom/jwa＞ keseleo. ☞ 삐다.

염주(念珠)＜yeom/ju＞ rosari; tasbih. ~알 biji tasbih. ~알을 굴리다 menggelindingkan biji tasbih.

염증(炎症)＜yeom/ceung＞ pembengkakan; peradangan. ~을 일으키다 membengkak; meradang.

염증(厭症)＜yeom/ceung＞ kemuakan; ketidaksenangan; kejemuan; keengganan. ~이 나다 muak (dengan); jemu (dengan); enggan (dengan).

염직(染織)＜yeom/jik＞ ~하다 mencelup dan menenun.

염천(炎天)＜yeom/cheon＞ cuaca panas; matahari yang membakar.

염출(捻出)＜yeom/chul＞ ~하다 (berusaha untuk) mendapatkan uang.

염치(廉恥)＜yeom/chi＞ rasa kehormatan; rasa malu. ~없는 tidak bermuka; tebal muka; tidak tahu malu. ~를 모르다[가 없다] tidak punya rasa malu.

염탐(廉探)＜yeom/tham＞ ~하다 memata-matai; mengintai. ~꾼

mata-mata; agen rahasia.
염통 <yeom/thong> jantung.
염화(鹽化) <yeom/hwa> khloridasi. ~하다 proses khloridasi. ~나트륨 sodium khlorida. ~물 khlorida; bahan campuran khlor. ~비닐 vinyl khlorida.
엽견(獵犬) <yeob/gyeon> anjing pemburu.
엽관(운동)(獵官(運動)) <yeob/gwan/(un/dong)> perburuan jabatan. ~하다 memburu jabatan.
엽궐련(葉　-) <yeob/gwol/lyeon> se-rutu; cerutu; lisong.
엽기(獵奇) <yeob/gi> ~적인 petualangan. ~소설 cerita petualangan. ~심 keingintahuan.
엽렵하다(獵獵-) <yeom/nyeob/hada> pintar; cerdas.
엽록소(葉綠素) <yeom/nok/so> 『植』 zat hijau daun; khlorofil.
엽맥(葉脈) <yeom/maek> 『植』 tulang/pembuluh daun.
엽색(獵色) <yeob/saek> penyelewengan. ~가 penyeleweng.
엽서(葉書) <yeob/seo> kartu pos. 그림 ~ kartu pos bergambar.
엽전(葉錢) <yeob/jeon> koin kuningan.
엽초(葉草) <yeob/cho> daun tembakau.
엽초(葉稍) <yeob/cho> 『植』 liang peranakan.
엽총(獵銃) <yeob/chong> senapan angin.
엿 <yeot> enam.
엿듣다 <yeot/deut/ta> menguping; menyadap pembicaraan.
엿보다 <yeot/bo/da> (기회를) mengintai; (안을) mengintip; (슬쩍) mencuri pandang.
엿새 <yeot/sae> hari keenam.
영(令) <yeong> perintah. ~을 내리다 memerintahkan. ~을 어기다 tidak mematuhi perintah.
영(零) <yeong> nol; kosong. ~점을 맞다 mendapat nol.
영(嶺) <yeong> punggung bukit.
영(靈) <yeong> jiwa; roh; nyawa.

~적 batin; rohani; spiritual.
영감(令監) <yeong/gam> tuan; bapak; orang tua; suami saya.
영감(靈感) <yeong/gam> inspirasi; ilham. ~을 받다 mendapat ilham.
영걸(英傑) <yeong/geol> orang besar; pahlawan. ~스럽다, ~하다 gagah; perkasa; heroik.
영겁(永劫) <yeong/geob> ☞ 영원(永遠).
영결(永訣) <yeong/gyeol> perpisahan terakhir. ~하다 berpisah selamanya. ~식 upacara penguburan.
영계(- 鷄) <yeong/gye> ayam muda. ~백숙 ayam rebus.
영계(靈界) <yeong/gye> dunia rohani; dunia spiritual.
영고(榮姑) <yeong/go> jatuh bangun; pergantian; perubahan. ~성쇠 =영고.
영공(領空) <yeong/gong> wilayah; udara. ~을 날다 terbang di atas wilayah udara. ~침범 pelanggaran wilayah udara.
영관(領官) <yeong/gwan> perwira menengah. ~급 장교 pangkat perwira menengah.
영관(榮冠) <yeong/gwan> mahkota.
영광(榮光) <yeong/gwang> kehormatan; kemuliaan; kejayaan; kebesaran; kemegahan; izzat; adikara. ~스러운 mulia; agung; hormat; berjaya. ...의 ~을 가지다 mendapat kehormatan untuk.
영구(永久) <yeong/gu> ☞ 영원(永遠). ~성 ketetapan; keabadian; kepermanenan; kelanggengan; kekekalan. ~치(齒) gigi permanen; gigi tetap; gigi sejati. ~자석 magnet permanen.
영구(靈柩) <yeong/gu> peti mayat; peti mati. ~차(車) mobil jenazah; kereta jenazah.
영국(英國) <yeong/guk> Inggris. ~의 tentang Inggris. ~기 bendera Inggris. ~사람 orang Inggris. ~연방 Negara Persemakmuran Inggris Raya.

영내(營內) ＜yeong/nae＞　　　～의[에] [di] dalam barak.　～거주 tinggal di barak.　～근무 pelayanan di barak.　～생활 kehidupan di dalam barak.

영농(營濃) ＜yeong/nong＞　pertanian.　～하다 bertani.　～기계화 mekanisasi pertanian.　～인구 penduduk yang bertani.　～자금 dana pertanian.

영단(英斷) ＜yeong/dan＞　langkah yang pasti.　～을 내리다 mengambil langkah yang pasti.

영달(榮達) ＜yeong/dal＞　kemajuan.　～을 바라다 mendambakan kemajuan.

영도(零度) ＜yeong/do＞　titik beku.　☞ 영하.

영도(領導) ＜yeong/do＞　kepemimpinan.　～하다 memimpin; mengepalai.　...의 ～하에 dibawah pimpinan... .　～자 pemimpin.

영락(零落) ＜yeong/nak＞　kehancuran; kerubuhan; keruntuhan.　～하다 rubuh; hancur; runtuh.

영락없다(零落-) ＜yeong/nak/eob/ta＞　sempurna; tidak salah sedikitpun.

영령(英靈) ＜yeong/nyeong＞　jiwa yang agung.　～이여 고이 잠드소서 Semoga jiwamu yang agung dapat istirahat dengan damai.

영롱(玲瓏) ＜yeong/nong＞　～한 cemerlang; jelas dan terang.

영리(怜利) ＜yeong/ni＞　～한 bijaksana; pintar; pandai; cerdik; cakap; cerdas; bestari; arif; cendekia.

영리(營利) ＜yeong/ni＞　laba; perolehan.　～적(인) komersial; bersifat mencari untung.　～사업 perusahaan komersil.　～주의 komersialisme.　비～단체 organisasi nirlaba.

영림(營林) ＜yeong/nim＞　kehutanan.　～서 kantor kehutanan daerah.　(～서원 pegawai kehutanan).

영마루(嶺-) ＜yeong/ma/ru＞　puncak gunung.

영매(靈媒) ＜yeong/mae＞　cenayang; media (fisik).

영면(永眠) ＜yeong/myeon＞　kematian; kemangkatan.　～하다 mati; meninggal; mangkat; wafat.

영명(令名) ＜yeong/myeong＞　☞ 명성(名聲).

영명(英明) ＜yeong/myeong＞　～한 pintar; cerdas.

영묘(靈妙) ＜yeong/myo＞　～한 ajaib dan misterius.

영문 ＜yeong/mun＞　① keadaan; hal ikhwal.　무슨 ～인지 모르다 tidak tahu apa-apa.　② sebab musabab; alasan.　～도없이 tanpa alasan.

영문(英文) ＜yeong/mun＞　tulisan bahasa Inggris; kalimat bahasa Inggris.　～으로[의] dalam bahasa Inggris.　～을 잘 쓰다 menulis bahasa Inggris yang baik.　～타이피스트 juru ketik (dalam) bahasa Inggris.　～타자 ketikan bahasa Inggris.　～편지 surat dalam bahasa Inggris.　～학 bahan bacaan (dalam) bahasa Inggris.　～(학)과 jurusan/departemen bahasa Inggris.　～학자 sarjana (dalam) bahasa Inggris.　～한역 terjemahan dari bahasa Inggris ke bahasa Korea.

영문(營門) ＜yeong/mun＞　pintu barak.

영물(靈物) ＜yeong/mul＞　mahluk gaib.

영미(英美) ＜yeong/mi＞　negara Inggris/Britania dan negara Amerika.

영민(英敏) ＜yeong/min＞　～한 pintar; cerdas.

영별(永別) ＜yeong/byeol＞　～하다 berpisah selamanya.

영봉(靈峰) ＜yeong/bong＞　gunung keramat.

영부인(令夫人) ＜yeong/bu/in＞　istrimu/istrinya yang terhormat/mulia; nyonya yang dihormati.

영사(映寫) ＜yeong/sa＞　proyeksi; penyorotan.　～하다 menyorot.　～기 proyektor.　～막 layar.　～시간 waktu putar film.　～실 kamar proyeksi.

영사(領事) ＜yeong/sa＞　konsul.　～

관원 staf konsulat. 총~ konsul jendral. (총) ~ 관 konsulat.

영상(映像)＜yeong/sang＞ bayangan; refleksi; citra.

영상(領相)＜yeong/sang＞ perdana menteri.

영생(永生)＜yeong/saeng＞ keabadian; kekekalan. ~하다 hidup kekal.

영선(營繕)＜yeong/seon＞ perbaikan. ~과(課) bagian perbaikan. ~비 ongkos perbaikan.

영성(靈性)＜yeong/seong＞ keagamaan; ketuhanan; spiritualisme.

영세(永世)＜yeong/se＞ kekekalan; keabadian. ~불망하다 ingat selamanya. ~중립 kenetralan yang permanen. ~ 중립국 negara yang netral secara permanen.

영세(零細)＜yeong/se＞ ~한 kecil; remeh. ~기업 usaha kecil. ~농 (農) petani kecil; petani gurem. ~민 kaum miskin. ~업자 pengusaha kecil.

영속(永續)＜yeong/sok＞ ~하다 bertahan lama; bertahan secara permanen. ~ 적(인) abadi; kekal; permanen.

영솔(領率)＜yeong/sol＞ ~하다 memimpin; memerintahkan.

영송(迎送)＜yeong/song＞ ~하다 menjemput dan mengantar.

영수(領收.領受)＜yeong/su＞ penerimaan. ~하다 menerima. 일금 1만원정 확실히 ~함 Diterima sejumlah 10.000 won. ~증 kwitansi; tanda terima. ~필 Lunas.

영수(領袖)＜yeong/su＞ pemimpin; ketua; bos.

영시(英詩)＜yeong/si＞ puisi (dalam) bahasa Inggris.

영시(零時)＜yeong/si＞ pukul 0.00.

영식(令息)＜yeong/sik＞ putramu; putranya.

영아(瓔兒)＜yeong/a＞ anak bayi. ~살해 pembunuh anak bayi.

영악(獰惡)＜yeong/ak＞ ~한 sengit; buas; galak; hebat.

영악하다＜yeong/ak/hada＞ pintar; cerdas.

영안실(靈安室)＜yeong/an/sil＞ kamar mayat; kamar mati. ~에 안치하다 menempatkan mayat di kamar mayat (di rumah sakit).

영애(令愛)＜yeong/ae＞ putri(mu); putri(nya).

영약(靈藥)＜yeong/yak＞ obat ajaib; obat yang sangat mujarab.

영양(令孃)＜yeong/yang＞ anak perempuan(mu); anak perempuan(nya).

영양(羚羊)＜yeong/yang＞ antelop.

영양(營養)＜yeong/yang＞ nutrisi; gizi. ~상태가 좋은 [나쁜] bergizi baik [buruk]. ~가 nilai gizi. ~물 makanan bergizi. ~불량 [과다] kekurangan [kelebihan] gizi. ~사 ahli gizi. ~실조 buruk gizi. ~학 ilmu gizi.

영어(囹圄)＜yeong/eo＞ penjara. ~의 몸 badan dibalik jeruji. ~의 몸이되다 dipenjarakan; dikurung dalam penjara.

영어(英語)＜yeong/eo＞ bahasa Inggris. ~로 dalam bahasa Inggris. ~ 의 실력 pengetahuan bahasa Inggris. ~를 하다 dapat berbahasa Inggris. ~를 잘하다 [가 서투르다] baik [kurang] dalam bahasa Inggris. ~로 쓰다 menulis dalam bahasa Inggris. ~로 번역하다 menterjemahkan ke dalam bahasa Inggris. ~교사 guru bahasa Inggris. ~국민 orang yang berbahasa Inggris. ~학 ilmu bahasa Inggris. 시사 ~ bahasa Inggris yang digunakan sekarang. 일상~ bahasa Inggris sehari-hari.

영어(營魚)＜yeong/eo＞ perikanan. ~자금 dana perikanan. ~자금을 방출하다 mengeluarkan dana perikanan (untuk).

영업(營業)＜yeong/eob＞ usaha; perdagangan; bisnis. ~하다 berusaha; membuka usaha. ~용의 untuk kepentingan usaha. ~중 Buka. ~과목 bidang usaha. ~방식 metode-metode usaha. ~방침 kebijakan usaha.　～방해 hambatan usaha.　～보고[부,세] laporan [bagian, pajak] usaha.　～소 tempat usaha.　～시간 waktu kegiatan usaha.　～자본[비] modal [biaya] kerja.　～정지 penundaan kegiatan usaha.　～허가 surat izin usaha.

영업권(營業權) ＜yeong/eob/kwon＞ hak untuk berdagang.　상점의 ～을 넘기다 menghibahkan hak berdagang.　～을 팔다 menjual hak berdagang.

영역(英譯) ＜yeong/yeok＞ terjemahan dalam bahasa Inggris.　～하다 menterjemahkan ke dalam bahasa Inggris.

영역(領域) ＜yeong/yeok＞ ① ☞ 영토. ② bidang lingkungan; lapangan.　전문 ～이 아닌 diluar bidang.　…의 ～ 이다 berada dalam bidang.

영역(靈域) ＜yeong/yeok＞ tanah suci; tempat yang keramat.

영영(永永) ＜yeong/yeong＞ selama-lamanya.

영예(榮譽) ＜yeong/ye＞ kemuliaan; kehormatan; harga diri; kejayaan; kebesaran.　～로운 berjaya; terhormat.

영웅(英雄) ＜yeong/ung＞ pahlawan.　～적인 wirawan; gagah berani.

영원(永遠) ＜yeong/won＞ kelestarian; kebakaan; keabadian; kekekalan.　～한[히] selama-lamanya; abadi; kekal; baka.　～성 sifat abadi.

영위(營爲) ＜yeong/wi＞ ～하다 menjalankan; mengoperasikan.

영유(領有) ＜yeong/yu＞ ～하다 memiliki.

영육(靈肉) ＜yeong/yuk＞ jiwa dan raga.　～일치 persatuan antara tubuh dan jiwa.

영인(英人) ＜yeong/in＞ orang Inggris.

영일(寧日) ＜yeong/il＞ ～이 없다 sibuk setiap waktu.

영자(英字) ＜yeong/ca＞ huruf bahasa Inggris.　～신문 surat kabar bahasa Inggris.

영장(令狀) ＜yeong/cang＞ surat perintah; surat penahanan.　～을 발부하다 mengeluarkan surat perintah.　구속 ～ surat perintah penahanan.　소집 ～ surat panggilan.

영장(靈長) ＜yeong/jang＞ 만물의 ～ khalifah dimuka bumi.　～류 『動』 primata.

영재(英才) ＜yeong/jae＞ jenius; orang yang berbakat.　～교육 pendidikan khusus untuk orang berbakat.

영전(榮轉) ＜yeong/jeon＞ ～하다 dipromosikan kejabatan yang lebih tinggi; dinaik pangkatkan.

영전(靈前) ＜yeong/jeon＞ ～에 dihadapan roh orang yang meninggal.　～에 바치다 mempersembahkan sesuatu kepada roh orang yang meninggal.

영점(零點) ＜yeong/ceom＞ nilai nol; nilai kosong.

영접(迎接) ＜yeong/jeob＞ ～하다 menyambut.

영정(影幀) ＜yeong/jeong＞ potret almarhum.

영제(令弟) ＜yeong/je＞ adik laki-lakimu yang terhormat.

영존(永存) ＜yeong/jon＞ ～하다 tetap selamanya; ada selamanya.　～성 sifat kekal; kekekalan.

영주(永住) ＜yeong/ju＞ tempat tinggal tetap.　～하다 tinggal secara permanen; tinggal menetap.　～권 hak tinggal secara permanen/tetap.　～지 tempat tinggal permanen.

영주(英主) ＜yeong/ju＞ penguasa yang bijaksana.

영주(領主) ＜yeong/ju＞ sultan.

영지(領地) ＜yeong/ji＞ wilayah kesultanan.

영지(靈地) ＜yeong/ji＞ tanah suci; tempat yang keramat.

영진(榮進) ＜yeong/jin＞ ～하다 dipromosikan; naik pangkat.

영차 ＜yeong/cha＞ Holopis kontul baris!; Tu-wa-ga!

영창(詠唱) ＜yeong/chang＞ 『樂』 nyanyian tunggal.

영창(營倉) <yeong/chang> kerpus; rumah tutupan bagi serdadu.

영철(英哲) <yeong/cheol> ~한 arif bijaksana.

영치(領置) <yeong/chi> ~하다 me-menitipkan barang. ~물 barang titipan tahanan.

영탄(永嘆) <yeong/than> deklamasi; pembacaan (puisi). ~하다 men-deklamasikan (sajak/puisi).

영토(領土) <yeong/tho> wilayah; teritorial. ~권(權) hak-hak wila-yah. ~확장 perluasan wilayah. ~ 확장 정책 politik perluasan wi-layah.

영특하다(英特-) <yeong/theuk/hada> bijaksana; cendekia.

영판 <yeong/fan> ① (맞힘) per-amalan nasib yang benar. ② (꼭) mirip; cocok; pas.

영패(零敗) <yeong/fae> ~하다 ti-dak memperoleh angka.

영하(零下) <yeong/ha> dibawah nol; dibawah titik beku.

영합(迎合) <yeong/hab> rayuan; bujukan. ~하다 merayu; membu-juk; menjilat. ~주의 faham; o-portunis.

영해(領海) <yeong/hae> perairan teritorial; laut tertutup.

영향(影響) <yeong/hyang> peng-aruh; akibat. …의 ~으로 dibawah pengaruh… ~을 미치다 mem-pengaruhi; menimbulkan pengaruh (terhadap).

영험(靈驗) <yeong/heom> ☞ 영검.

영형(令兄) <yeong/hyeong> abang-mu yang terhormat.

영혼(靈魂) <yeong/hon> jiwa; roh; arwah; nyawa; sukma. ~불멸(설) kekekalan jiwa; keabadian jiwa.

영화(映畵) <yeong/hwa> bioskop; gambar hidup; film. ~보러 가다 pergi ke bioskop; menonton bios-kop. ~를 개봉[상영]하다 me-nayangkan [mempertunjukkan] film. ~화 하다 memfilemkan. ~각본 skenario. ~감독 sutradara. ~검 열 penyensoran film. ~계 dunia perfilman. ~관 gedung bioskop; theater. ~배우 pemain film. ~제 festival film. ~촬영소 studio film. ~팬 penonton/penggemar fi-lm. 천연색 [흑백] ~ film berwar-na [hitam-putih].

영화(榮華) <yeong/hwa> kemak-muran; kejayaan; kemuliaan. ~롭다 makmur; jaya; mulia. ~를 극하다 hidup dalam kemakmuran/ke-mewahan.

옆 <yeof> sisi; pinggir; samping; tepi; belah; hadap. ~에(서) di pinggir; di samping. 문 ~에서 di dekat pintu; di samping pintu. ~으로 ke sisi; arah sisi. ~방 ru-angan sebelah. ~모습 raut muka. 길 ~의 집 rumah di pinggir jalan. ~을 지나가다 lewat samping. ~으로 비키다 minggir ke sisi; me-nyisi.

옆구리 <yeof/ku/ri> lambung; lam-bungan.

옆바람 <yeof/ba/ram> angin sisi.

옆질 <yeof/jil> ~하다 beroleng-oleng.

옆집 <yeof/jib> rumah sebelah. ~사람 tetangga.

옆쪽 <yeof/cok> sisi.

옆찌르다 <yeof/ci/reu/da> menyikut kesisi.

옆폭 <yeof/fok> lebar sisi.

예 <ye> zaman dulu; waktu dulu; masa lampau. ~나 지금이나 dulu ataupun sekarang.

예 <ye> ① ya, betul. ~알았읍니다 Ya, baik. ② (반문) Maaf?; Apa?.

예(例) <ye> ① contoh; tiru tela-dan; tamsil; misal; umpama; am-sal. ~를 들면 sebagai contoh. ~를 들다 memberikan contoh; mencontohkan. ② (경우) hal; ma-salah; perkara. 유사한 ~ masalah yang serupa. ③ (관례) kebiasaan; prosedur; (cara) pemakaian. ~의 건 urusan-urusan yang kamu tahu.

예(禮) <ye> ① (경례) hormat; sa-lut; tabik; soja. ② (예법) etiket;

tatacara; kesopansantunan; kepan-tasan. ~를 다하다 menunjukkan rasa hormat.
예각(銳角)＜ye/gak＞ 『幾』 sudut lancip.
예감(豫感)＜ye/gam＞ alamat; per-tanda; firasat. ~하다 mempunyai firasat. 불길한 ~ firasat buruk.
예견(豫見)＜ye/gyeon＞ ~하다 me-ramalkan.
예고(豫告)＜ye/go＞ peringatan; pemberitahuan sebelumnya. ~하다 memperingatkan; memberi tahu se-belumnya. ~없이 tanpa peringat-an; tanpa pemberitahuan. ~편 cuplikan film mendatang; preview.
예과(豫科)＜ye/kwa＞ jurusan/kelas persiapan. ~생 siswa kelas per-siapan.
예광탄(曳光彈)＜ye/gwang/than＞ peluru berapi.
예규(例規)＜ye/gyu＞ peraturan yang mapan.
예금(預金)＜ye/geum＞ simpanan; tabungan; deposito. ~하다 me-nyimpan uang; menabung uang. ~을 찾다 mengambil uang simpan-an; menarik tabungan. ~계 kasir. ~액 jumlah simpanan/tabungan. ~이자 bunga uang simpanan. ~통장 buku tabungan. 당좌 [보통,정기] ~ rekening koran [tabungan; deposito]. 신탁~ simpanan/titipan tanpa jaminan.
예기(銳氣)＜ye/gi＞ kekuatan; se-mangat. ~를 꺾다 menggoyahkan semangat.
예기(豫期)＜ye/gi＞ harapan; cita-cita; asa. ~하다 mengharapkan; menantikan. ~치 않은 tidak di-harapkan; tidak disangka. ~한 대로 sebagaimana yang diharapkan; seperti yang diduga.
예납(豫納)＜ye/nab＞ pembayaran dimuka. ~하다 membayar dimu-ka.
예년(例年)＜ye/nyeon＞ tahun biasa. ~보다 2할 감 dua puluh persen dibawah normal. ~대로 sebagai-

mana biasanya; seperti dalam ta-hun-tahun lainnya. ~의 행상 pe-rayaan tahunan; even tahunan.
예능(藝能)＜ye/neung＞ seni. ~과 (科) jurusan seni. ~인 seniman.
예니레＜ye/ni/re＞ enam atau tujuh hari.
예닐곱＜ye/nil/gob＞ enam atau tu-juh.
예단(豫斷)＜ye/dan＞ ☞ 예측(豫測).
예령(豫令)＜ye/ryeong＞ (구령의) aba-aba.
예리(銳利)＜ye/ri＞ ~한 tajam.
예매(豫買)＜ye/mae＞ pembelian di muka. ~하다 membeli dimuka.
예매(豫賣)＜ye/mae＞ penjualan di-muka; booking. ~하다 menjual di muka. ~권 tiket yang dijual di-muka; tiket pesanan.
예명(藝名)＜ye/myeong＞ nama panggung; julukan.
예모(禮帽)＜ye/mo＞ topi upacara.
예모(禮貌)＜ye/mo＞ etiket; tata krama. ~바른 bersikap sopan.
예문(例文)＜ye/mun＞ kalimat con-toh.
예물(禮物)＜ye/mul＞ hadiah; pem-berian.
예민(銳敏)＜ye/min＞ ~한 tajam; peka.
예바르다(禮 -)＜ye/ba/reu/da＞ so-pan; santun.
예방(禮訪)＜ye/bang＞ kunjungan kehormatan. ~하다 mengadakan kunjungan kehormatan (kepada).
예방(豫防)＜ye/bang＞ pencegahan; penangkalan. ~하다 mencegah; menangkal. ~의 preventif; bersi-fat pencegahan. ~약 obat penang-kal. ~의학 ilmu pencegahan pe-nyakit. ~접종 pencacaran; vaksi-nasi. ~주사 suntikan pencegah. ~주사를 맞다 diinokulasi (terha-dap).
예배(禮拜)＜ye/bae＞ penyembahan; perbaktian; pemujaan; ibadah. ~하다 menyembah; mengagungkan. ~당 gereja; tempat ibadah. ~자 penyembah; orang yang berbakti.

아침~ kebaktian pagi.
예법(禮法)＜ye/peob＞ kesopan-san-tunan; etiket; tatakrama. ~에 맞다 [어긋나다] sesuai [bertentangan] dengan etiket.
예보(豫報)＜ye/bo＞ peramalan; ramalan; prakiraan. ~하다 meramal. 일기~ ramalan cuaca; prakiraan cuaca.
예복(禮服)＜ye/bok＞ pakaian leng-kap; pakaian upacara.
예봉(銳鋒)＜ye/bong＞ ujung tombak; ujung pena. ~을 꺾다 mematahkan ujung tombak; menumpulkan serangan.
예비(豫備)＜ye/bi＞ ~하다 mempersiapkan; menyediakan; mencadangkan. ~공작 persiapan. ~군 pasukan cadangan. 향토 ~군 pasukan cadangan daerah. ~금, ~비 dana cadangan (darurat). ~병 tentara cadangan. ~선거 pemilihan awal. ~역 (perwira) dinas cadangan. ~타이어 ban serep. ~회담, ~교섭 perundingan awal. 대학 ~고사 ujian kualifikasi awal.
예쁘다＜ye/peu/da＞ cantik; menarik; molek.
예쁘장하다[스럽다]＜ye/peu/jang/ha-da/[seu/reob/ta]＞ agak cantik; manis.
예사(例事)＜ye/sa＞ kebiasaan seha-ri-hari; kejadian sehari-hari. ~롭다 biasa. ~가 아닌 luar biasa; tidak biasa.
예산(豫算)＜ye/san＞ anggaran. ~을 짜다 membuat anggaran. ~을 초과하다 melebihi anggaran. ~안 (을 의회에 제출하다) (menyerahkan) rencana anggaran. ~위원회 komite anggaran. ~편성 penyusunan anggaran. 본~ anggaran dasar. 수정[잠정,추가] ~ anggaran penyesuaian [sementara, tambahan].
예상(豫想)＜ye/sang＞ pengharapan; ramalan; perkiraan. ~하다 mengharapkan; meramalkan. ~외의[로] diluar dugaan; tidak diharapkan.

~대로 되다 sesuai dengan yang diharapkan. ~수확고 hasil panen yang diharapkan. ~액 taksiran.
예선(豫選)＜ye/seon＞ eliminasi; pertandingan/pemilihan awal. ~하다 mengadakan pertandingan pendahuluan. ~대회 pertandingan eliminasi.
예속(隸屬)＜ye/sok＞ ~하다 dibawah pengawasan (kekuasaan). ~국 negara jajahan.
예수＜ye/su＞ Yesus (Kristus); Isa Almasih. ~교 agama Kristen; kaum Kristen; Kekristenan. ~교 신자 orang Kristen. ~그리스도 Yesus Kristus.
예순＜ye/sun＞ enam puluh.
예술(藝術)＜ye/sul＞ seni; kesenian. (비) ~적 artistik [tidak artistik]. ~가 artis; seniman. ~작품 benda/barang seni.
예습(豫習)＜ye/seub＞ persiapan untuk belajar. ~하다 mempersiapkan untuk belajar; mengulang pelajaran. ~시간 jam mengulang pelajaran; jam belajar di rumah.
예시(例示)＜ye/si＞ ilustrasi; pemberian contoh; penjelasan. ~하다 menjelaskan; memberikan gambaran.
예시(豫示)＜ye/si＞ ~하다 menyiratkan; mengindikasikan; menunjukkan.
예식(例式)＜ye/sik＞ bentuk yang mapan.
예식(禮式)＜ye/sik＞ perbasaan; upacara. ~장 gedung upacara.
예심(豫審)＜ye/sim＞ pemeriksaan awal.
예약(豫約)＜ye/yak＞ (좌석 배 따위) pemesanan. (출판물) perlangganan. ~하다 memesan. 좌석을 ~하다 memesan tempat duduk. ~금 uang pemesanan. ~모집 undangan untuk berlangganan. ~석 tempat duduk yang telah dipesan. ~자 pemesan; orang yang memesan. ~출판[판매] penerbitan [penjualan] dengan berlangganan.

예언(豫言)＜ye/eon＞ ramalan; nubuat; nujum; nujuman. ～하다 meramalkan; bernubuat. ～자 Nabi; Rasul.

예외(例外)＜ye/oe＞ pengecualian. ～의 luar biasa; istimewa. ～없이 tanpa kecuali. …은～로 하고 dengan pengecualian…

예우(禮遇)＜ye/u＞ pesta ramah tamah. ～하다 menerima dengan ramah tamah; menyambut dengan ramah.

예의(禮儀)＜ye/eui＞ kesopansantunan; rasa hormat; sila; adab; akhlak; kelakuan; sopan santun; etiket. ～바른 sopan; beradab. ～를 지키다 memperhatikan kepantasan; menjaga kesopansantunan. ～범절 tata cara etiket.

예인망(曳引網)＜ye/in/mang＞ jala seret; pukat; jaring besar.

예인선(曳引船)＜ye/in/seon＞ kapal penyeret/penarik.

예장(禮狀)＜ye/jang＞ surat tanda terima kasih; surat penghargaan.

예장(醴裝)＜ye/jang＞ ～하다 berpakaian lengkap; memakai pakaian upacara.

예전＜ye/jeon＞ masa lampau. ～부터 dari dulu; dari zaman dulu. ～에는 dahulu; dahulu kala. ～대로 sebagaimana biasanya; seperti dahulu.

예절(禮節)＜ye/jeol＞ kesopanan; etiket; kelakuan; tata krama; adat; basa-basi; adab; santun. ～을 중히 여기다 mengutamakan etiket.

예정(豫定)＜ye/jeong＞ rencana; jadwal. ～하다 merencanakan. ～한 시간에 pada waktu yang telah direncanakan/dijadwalkan. ～대로 seperti yang direncanakan/diharapkan. ～신고 pemberitahuan sementara. ～액 jumlah yang diperkirakan. ～일 tanggal/waktu yang telah direncanakan/ditetapkan. (졸업) ～자 (lulusan) yang diperkirakan. ～표 jadwal. ～행동 개시 시각 『事』 jam nol; jam dimulainya aksi.

예제＜ye/je＞ disini dan disana. ～없이 disini maupun disana.

예제(例題)＜ye/je＞ contoh.

예증(例證)＜ye/jeung＞ ilustrasi; contoh; penjelasan; teladan; gambaran. ～하다 menjelaskan; memberi contoh.

예지(豫知)＜ye/ji＞ ～하다 meramalkan.

예지(叡智)＜ye/ji＞ kebijaksanaan.

예진(豫診)＜ye/jin＞ pemeriksaan (badan) pendahuluan. ～하다 mengadakan diagnosa awal.

예진(豫震)＜ye/jin＞ getaran awal.

예찬(禮讚)＜ye/chan＞ kekaguman. ～하다 mengagumi. ～자(者) pengagum; orang yang mengagumi.

예측(豫測)＜ye/cheuk＞ ramalan; dugaan; perkiraan; rabaan; terkaan; taksiran. ～하다 meramal; menduga; menaksir.

예치금(預置金)＜ye/chi/geum＞ setoran; simpanan.

예치물(預置物)＜ye/chi/mul＞ barang yang dititipi.

예탁(預託)＜ye/thak＞ ～하다 menyetor; menyimpan; menabung. ～금 setoran; simpanan.

예탐(豫探)＜ye/tham＞ ～하다 menyelidiki; mencari.

예편(豫編)＜ye/fyeon＞ ～하다 memindahkan/mentransfer ke cadangan. ～되다 ditempatkan (dimasukkan) dalam daftar cadangan.

예포(禮砲)＜ye/fo＞ tembakan kehormatan. ～를 쏘다 memberikan tembakan penghormatan.

예행연습(豫行演習)＜ye/haeng/yeon/seub＞ gladiresik. ～하다 mengadakan gladiresik.

옛＜yet＞ lama; dulu. ～상처 luka lama. ～친구 sahabat lama; teman lama.

옛날＜yet/nal＞ zaman purbakala; zaman tandun; zaman dahulu; kuno; baheula. ～에 pada zaman dulu. ～이야기 cerita dahulu kala. ～옛적 dahulu kala.

옛말＜yet/mal＞ ① (고어) kata

yang tidak dipakai lagi.　② (격언) pepatah lama.

옛모습＜yet/mo/seub＞　wajah dulu.

옛사람＜yet/sa/ram＞　manusia purbakala.

옛이야기＜yet/i/ya/gi＞　hikayat/kisah/cerita lama.

옛일＜yet/il＞　kejadian/peristiwa yang telah berlalu; kejadian di masa silam.

옛추억(- 追憶)＜yet/chu/eok＞　kenangan lama.

옜다＜yet/ta＞　ini; ini dia.

오(五)＜o＞　lima. 제~ kelima. ~ 배(의) lima kali lipat. ~분의 seperlima.

오(午)＜o＞　kuda. ~년 tahun kuda. ~시 siang.

오＜o＞　Oh!; Kok!; Aha!; Wah!.

오가다＜o/ga/da＞　datang dan pergi; lalu lalang.

오각형(五角形)＜o/gak/hyeong＞　segi lima.

오개년(五個年)＜o/gae/nyeon＞　~ 계획 rencana lima tahun.

오계(五戒)＜o/gye＞　kelima hukum Tuhan.

오곡(五穀)＜o/gok＞　kelima jenis biji-bijian. ~밥 nasi dicampur dengan empat jenis biji-bijian lainnya.

오관(五官)＜o/gwan＞　lima indra; panca indra.

오구(烏口)＜o/gu＞　pena gambar.

오그라들다＜o/geu/ra/deul/da＞　menggulung; menciut; mengerut; mengkeret; mengkerat; mengecut.

오그라뜨리다＜o/geu/ra/teu/ri/da＞　☞ 오그리다.

오그라지다＜o/geu/ra/ji/da＞　① (오그라들다) menggulung; mengerut. ② (찌그러지다) diremas; diremukkan.

오그리다＜o/geu/ri/da＞　① (몸 발을) membungkuk; meringkuk; mendekam; mengkeret. ② (물건을) mematahkan; menghancurkan; meremukkan.

오글거리다＜o/geul/geo/ri/da＞　☞ 우글거리다.

오금＜o/geum＞　lekuk lutut; lekukan lutut.

오금뜨다＜o/geum/teu/da＞　berkeluyuran.

오기(傲氣)＜o/gi＞　semangat yang pantang menyerah. ~ 부리다 maju terus; pantang menyerah; berusaha menyaingi. ~가 나서 karena semangat bersaing.

오기(誤記)＜o/gi＞　kesalahan penulisan. ~하다 salah tulis.

오나가나＜o/na/ga/na＞　selalu; setiap saat.

오냐＜o/nya＞　ya; boleh.

오뇌(懊惱)＜o/noe＞　cemas; susah; sedih; khawatir. ~하다 merasa susah; merasa cemas.

오누이, 오뉘＜o/nu/i, o/nwi＞　saudara-saudari.

오뉴월(五六月)＜o/nyu/wol＞　bulan lima dan bulan enam; bulan Mei dan Juni. ~ 긴긴해 musim panas yang panjang.

오는＜o/neun＞　yang akan datang; mendatang. ~ 일요일에 pada hari Minggu/mendatang.

오늘＜o/neul＞　hari ini; sekarang. ~부터 dari hari ini. ~까지 sampai/hingga hari ini; sampai sekarang. ~안에 sewaktu-waktu pada hari ini. ~저녁 sore ini. ~밤 malam ini. ~이 며칠[무슨 요일]이냐 Hari ini tanggal berapa [hari apa]?.

오늘날＜o/neul/nal＞　saat ini; sekarang ini; dewasa ini; jaman sekarang. ~의 청년 anak muda masa kini.

오다＜o/da＞　① datang. 가지러[데리러] ~ datang mengambil [menjemput]. ② (도착) datang; tiba; sampai. ③ (방문) mengunjungi; berkunjung. ④ datang; turun. 비가 [눈이] ~ hujan [salju] turun. ⑤ (다가) menghampiri; mendatangi. ⑥ (되다) menjadi; bertambah; berkembang. ⑦ (전래) datang dari; berasal dari. ⑧ (유래함 원인) bersumber/berasal dari; disebabkan oleh.

오다가다＜o/da/ga/da＞ sekali-sekali; kadang-kadang. ～만난 부부 pasangan kumpul kebo. ～들르다 kadang-kadang mampir.

오달지다＜o/dal/ji/da＞ keras; padat; ketat dan kuat; kukuh.

오대양(五大洋)＜o/dae/yang＞ Lima Samudra.

오대주(五大洲)＜o/dae/ju＞ Lima Benua.

오독(誤讀)＜o/dok＞ ～하다 salah baca; salah membaca.

오동(烏銅)＜o/dong＞ 『鑛』 tembaga yang dioksidasi.

오동나무(梧桐-)＜o/dong/na/mu＞ 『植』 pohon polonia.

오동통하다＜o/dong/thong/hada＞ montok; gemuk padat; sintal.

오두막(-幕),오두막집＜o/du/mak,o/du/mak/jib＞ pondok; gubuk. ～을 짓다 mendirikan/membuat pondok.

오들오들떨다＜o/deul/o/deul/teol/da＞ menggigil.

오디＜o/di＞ bebesaran (pohon tempat ulat sutera).

오똑＜o/tok＞ ☞ 우뚝.

오똑이＜o/tu/gi＞ otugi (boneka yang bisa bangun sendiri).

오라＜o/ra＞ tali pengikat penjahat. ～지다 diikat tangan di belakang.

오라기＜o/ra/gi＞ sobekan; robekan; potongan-potongan (benang, kain).

오라버니＜o/ra/beo/ni＞ abang.

오락(娛樂)＜o/rak＞ hiburan; rekreasi; pelesiran; pengisi waktu. ～가(街) pusat hiburan. ～ 기관[시설] sarana hiburan; fasilitas rekreasi. ～잡지 majalah hiburan. ～장(場) tempat hiburan; arena hiburan. ～산업 usaha hiburan.

오락가락하다＜o/rak/ga/rak/hada＞ datang dan pergi; mondar-mandir. 비가 ～ Hujan sebentar-sebentar; Hujan hilang timbul. 정신이 ～ menerawang.

오랑캐＜o/rang/khae＞ orang biadab/liar.

오래＜o/rae＞ lama; jangka waktu yang lama. ～전 dahulu kala. ～전부터 sejak lama. ～된 lama. ～걸리다 membutuhkan waktu yang lama; makan waktu lama. ～가다 tahan lama. ～끌다 berlarut-larut.

오래간만＜o/rae/gan/man＞ ～에 sudah lama. ～일세 Sudah lama sekali kita tidak bertemu.

오래다＜o/rae/da＞ lama; waktu yang lama.

오래도록＜o/rae/to/rok＞ lama sekali; selamanya.

오래오래＜o/rae/o/rae＞ selamanya; kekal.

오랫동안＜o/raet/dong/an＞ cukup lama.

오레오마이신＜o/re/o/ma/i/sin＞ 『藥』 obat anti biotik.

오렌지＜o/ren/ji＞ jeruk. ～주스 air jeruk.

오려내다＜o/ryeo/nae/da＞ memotong pola.

오로라＜o/ro/ra＞ aurora.

오로지＜o/ro/ji＞ sendiri; satu saja; jua; hanya; pun; cuma; belaka. ～너때문에 demi kamu saja.

오류(誤謬)＜o/ryu＞ kesalahan; kekeliruan. ～를 범하다 membuat kesalahan; melakukan kekeliruan.

오륜(五倫)＜o/ryun＞ kelima azas pokok mengenai moralitas/kesusilaan.

오륜대회(五輪大會)＜o/ryun/dae/hoe＞ ☞ 올림픽.

오르간＜o/reu/gan＞ organ; orgel. 리드 ～ organ bambu; hormonium. 파이프 ～ organ pipa. ～ 연주가 pemain organ/orgel.

오르내리다＜o/reu/nae/ri/da＞ ① (고저) naik turun; berfluktuasi. ② dibicarakan; digosipkan. 남의 입에 ～ dibicarakan orang; menjadi buah bibir.

오르다＜o/reu/da＞ ① naik; mendaki; memanjat. 산에～ naik gunung; mendaki gunung. 지붕에 ～ naik ke atap. 기세가 ～ naik semangat. ② (상륙) mendarat. ③ dipromosikan; naik (pangkat).

지위가 ~ naik pangkat. ④ naik; bertambah baik; meningkat. 성적이 ~ angka rapor sekolah naik. ⑤ (효과가) menghasilkan; mencapai. ⑥ dihadapkan (kepada); disajikan; disuguhkan. 생선이 상에 ~ ikan disajikan di atas meja. ⑦ (입에) dibicarakan; menjadi bahan pembicaraan. ⑧ (값이) naik (harga). ⑨ (출발) berangkat. 귀로에 ~ berangkat pulang. ⑩ (즉위) naik (tahta). ⑪ didaftarkan ; dimasukkan . 요시찰인 명부에 ~ dimasukkan daftar hitam. ⑫ naik; menunggang. 기차에 ~ naik kereta api. ⑬ terjangkit. 옴이 ~ kena penyakit gatal; terjangkit penyakit gatal. ⑭ (살찌다) naik (berat badan) ⑮ naik; mumbul. ⑯ merambat naik. 나무에 물이 ~ air dalam batang pohon merambat naik. ⑰ (약이) memedas; menjadi pedas, (성이) naik pitam; meradang.

오르락내리락＜o/reu/rak/nae/ri/rak＞ kenaikan dan penurunan.

오르막＜o/reu/mak＞ pendakian. ~길 jalan mendaki.

오른＜o/reun＞ kanan. ~손 tangan kanan.

오름세＜o/reum/se＞ kecenderungan untuk naik; kecendrungan kenaikan. ~를 보이다 menunjukkan kecenderungan naik.

오리＜o/ri＞ 『鳥』 itik/angsa liar.

오리(汚吏)＜o/ri＞ pegawai negeri yang korup.

오리나무＜o/ri/na/mu＞ 『植』 pohon alder.

오리다＜o/ri/da＞ memotong (pola).

오리무중(五里霧中)＜o/ri/mu/jung＞ ~이다 tidak tahu arah karena kabut tebal.

오리발＜o/ri/bal＞ kaki itik.

오리엔탈＜o/ri/en/thal＞ Oriental.

오리온자리＜o/ri/on/ja/ri＞ 『天』 gugusan bintang orion.

오리지날＜o/ri/ji/nal＞ asli; buku asli; karya asli.

오막살이＜o/mak/sa/ri＞ pondok; gubuk.

오만(五萬)＜o/man＞ ① (수) lima puluh ribu. ② banyak sekali; tidak terkira banyaknya. ~걱정 banyak sekali kecemasan (kesusahan).

오만(傲慢)＜o/man＞ ~한 sombong; angkuh; congkak; marwah; bangga; pongah.

오매불망(寤寐不忘)＜o/mae/bul/mang＞ ~하다 melekat dalam ingatan siang dan malam.

오면체(五面體)＜o/myeon/che＞ 『數』 pentahedron; segi lima.

오명(汚名)＜o/myeong＞ ☞ 누명. ~을 남기다 meninggalkan nama buruk; meninggalkan aib.

오목＜o/mok＞ ~거울 [렌즈] cermin [lensa] cekung.

오목(오목)하다＜o/mok/(o/mok)/ha/da＞ cekung; kimpus.

오묘(奧妙)＜o/myo＞ ~한 dalam dan pelik.

오물(汚物)＜o/mul＞ kotoran; sampah; tahi; tinja; cemar; noda. ~수거인 tukang sampah.

오물거리다＜o/mul/geo/ri/da＞ ① (벌레 등이) mengeriap. ② (입을) komat-kamit; mengunyah-ngunyah; memamah.

오므라들다＜o/meu/ra/deul/da＞ menggulung; mengerut; menciut.

오므라지다＜o/meu/ra/ji/da＞ menyempit.

오므리다＜o/meu/ri/da＞ menutup; mengatup.

오믈렛＜o/meul/let＞ telur dadar.

오밀조밀하다(奧密稠密-)＜o/mil/jo/mil/ha/da＞ ① (면밀) sangat teliti; sangat rinci. ② (솜씨가) halus; rumit.

오발(誤發)＜o/bal＞ tembakan yang nyasar. ~하다 menembak tanpa disengaja; salah tembak.

오버＜o/beo＞ ① (외투) mantel. ② ~하다 melampaui; melebihi.

오변형(五邊形)＜o/byeon/hyeong＞ ☞ 오각형.

오보(誤報)＜o/bo＞ kesalahan infor-

masi. ~하다 salah melaporkan; salah memberikan informasi.
오보에<o/bo/e> 『樂』 obo. ~연주자 pemain obo.
오불관언(吾不關焉)<o/bul/gwan/eon> sikap tidak peduli. ~이다 bersikap acuh tak acuh; tidak memperdulikan.
오붓하다<o/but/hada> lumayan; memadai.
오븐<o/beun> kompor; tungku; perapian.
오빠<o/pa> kakanda; kangmas; abang.
오산(誤算)<o/san> kesalahan hitung. ~하다 salah hitung.
오색(五色)<o/saek> lima warna.
오선지(五線紙)<o/seon/ji> 『樂』 lembaran musik.
오세아니아<o/se/a/ni/a> Oseania.
오손(汚損)<o/son> noda; selekeh; cemaran; kotoran. ~하다 menodai; mengumuhkan; mencemari; mencemarkan.
오솔길<o/sol/gil> jalan setapak. 숲속의 ~ jalan setapak di hutan.
오수(午睡)<o/su> tidur siang. ☞ 낮잠.
오수(汚水)<o/su> air comberan; air selokan. ~관 pipa comberan.
오순도순<o/sun/do/sun> dengan ramah; dengan bersahabat; dengan rukun.
오스트레일리아<o/seu/theu/re/il/li/a> Australia. ~사람 orang Australia.
오스트리아<o/seu/theu/ri/a> Austria. ~사람 orang Austria.
오슬오슬<o/seul/o/seul> ~하다 merasa dingin; menggigil.
오식(誤植)<o/sik> kesalahan cetak. ~하다 salah cetak. ~정 정표 daftar salah cetak.
오신(誤信)<o/sin> ~하다 salah percaya.
오심(誤審)<o/sim> kesalahan perwasitan. ~하다 salah mewasiti.
오십(五十)<o/sib> lima puluh. ~대에 dalam usia lima puluhan. ~

보 백보 sedikit saja perbedaan di-antara mereka.
오싹오싹하다<o/ssak/o/ssak/hada> menggigil kedinginan.
오아시스<o/a/si/seu> oasis.
오얏<o/yat> pohon prem.
오언절구(五言絶句)<o/eon/jeol/gu> syair empat baris dengan 5 suku kata pada masing-masing baris.
오역(誤譯)<o/yeok> kesalahan penerjemahan. ~하다 salah menerjemahkan.
오열(五列)<o/yeol> mata-mata; agen rahasia. (제)~ 대원 anggota agen rahasia.
오열(嗚咽)<o/yeol> sedu-sedan; isak tangis. ~하다 tersedan-sedan; terisak-isak.
오염(汚染)<o/yeom> ~하다 mencemarkan; menularkan; mengkontaminasi. 콜레라 ~지구 daerah yang terjangkit kolera. 대기 [수질, 환경] ~ pencemaran udara [air; lingkungan]. 방사능 ~ kontaminasi radioaktif.
오욕(汚辱)<o/yok> aib; malu. ~을 참다 menanggung aib.
오용(誤用)<o/yong> penyalahgunaan. ~하다 menyalahgunakan.
오월(五月)<o/wol> Mei; bulan lima.
오유(烏有)<o/yu> ~로 돌아가다 menjadi abu; menjadi sia-sia.
오의(奧義)<o/eui> makna yang dalam.
오이<o/i> ketimun; mentimun. ~를 거꾸로 먹어도 제멋 Lain orang lain selera. ~생채 lalap ketimun. ~ 소박이 kimchi ketimun. ~지 asinan ketimun; acar ketimun.
오인(吾人)<o/in> ① (나) saya. ② (우리) kita; kami.
오인(誤認)<o/in> ~하다 mengkelirukan.
오일(五日)<o/il> lima hari, hari kelima.
오일<o/il> minyak, bensin. ~스토브 kompor minyak.
오입(誤入)<o/ib> perzinahan. ~

하다 berzinah. ~장이 penjangak; penzinah.

오자(誤字)＜o/ca＞ ralat; salah cetak.

오장(五臟)＜o/jang＞ organ dalam rongga perut (hati, jantung, limpa, usus, ginjal).

오전(午前)＜o/jeon＞ pagi hari.

오전(誤傳)＜o/jeon＞ ☞ 오보.

오점(汚點)＜o/ceom＞ noda; coreng; pecak; percik; cacat; bintik; titik; kurik; seleleh. ~을 남기다 meninggalkan noda; mencoreng nama baik.

오정(午正)＜o/jeong＞ tengah hari.

오조＜o/jo＞ 『植』 Varitas milet yang cepat masak.

오존＜o/jon＞ ozon. ~의 ozonik. ~계(計) alat pengukur kadar ozon. ~ 발생기 peralatan penghasil ozon.

오종경기(五種競技)＜o/jong/gyeong/gi＞ panca lomba. 근대~ panca lomba modern.

오죽＜o/juk＞ sangat; sungguh.

오줌＜o/jum＞ air kencing; air seni; kemih; ompol. ~을 누다 kencing; buang air kecil. ~싸개 pengompol. ~통 tempat untuk kencing.

오지(奧地)＜o/ji＞ daerah pedalaman; pelosok; udik; desa; dusun.

오직＜o/jik＞ hanya; semata-mata; saja; cuma; melulu; melainkan; sekedar; hanya saja. ~ 돈벌이만 생각하다 semata-mata untuk mencari uang. ~ 울기만 하다 tidak melakukan apa-apa hanya menangis.

오진(誤診)＜o/jin＞ diagnosis yang keliru. ~하다 membuat diagnosis yang keliru.

오징어＜o/jing/eo＞ ikan sotong; cumi-cumi. ~포 ikan sotong kering.

오차(誤差)＜o/cha＞ galat; error.

오찬(午餐)＜o/chan＞ makan siang.

오체(五體)＜o/che＞ seluruh tubuh; sekujur tubuh.

오케스트라＜o/khe/seu/theu/ra＞ orkestra; panca ragam.

오케이＜o/khe/i＞ ya; jadilah.

오토메이션＜o/tho/me/i/syeon＞ otomatisasi. ~ 화하다 otomatisasi (pabrik).

오토바이＜o/tho/ba/i＞ sepeda motor.

오톨도톨＜o/thol/do/thol＞ ~한 tidak rata; kasar.

오트밀＜o/theu/mil＞ bubur gandum.

오판(誤判)＜o/fan＞ perkiraan yang salah; perhitungan yang keliru, kekeliruan pengadilan. ~하다 salah hitung; salah menilai; salah mengadili.

오팔＜o/fal＞ 『鑛』 mata kucing; opal.

오퍼＜o/feo＞ 『商』 penawaran. ~상 agen komisi. 구매[판매] ~ tawaran pembelian [penjualan]. 확정[기한부] ~ penawaran tetap [berjangka].

오페라＜o/fe/ra＞ opera; komidi bangsawan. ~가수 penyanyi opera.

오페레타＜o/fe/re/tha＞ operet.

오펙＜o/fek＞ Organisasi Negara-negara Pengekspor Minyak (OPEC).

오프셋＜o/feu/set＞ 『印』 offset. ~인쇄 cetakan offset.

오픈게임＜o/feum/ke/im＞ pertandingan terbuka.

오한(惡寒)＜o/han＞ meriang. ~이 나다 merasa meriang.

오합지졸(烏合之卒)＜o/hab/ji/jol＞ kawanan yang kacau balau.

오해(誤解)＜o/hae＞ kesalahfahaman; kesalahmengertian; kesalahterimaan. ~하다 salah mengerti; salah faham; salah terima; keliru faham.

오호츠크해(-海)＜o/ho/cheu/kheu/hae＞ 『地』 laut Okhotsk.

오호호＜o/ho//ho＞ ha-ha-ha!.

오후(午後)＜o/hu＞ sore ; petang. 오늘 [어제] ~ sore ini [kemarin].

오히려＜o/hi/ryeo＞ ① (차라리) malah; alih-alih. ② dari pada (sebaliknya). ~해가 되다 menjadi lebih banyak mudarat daripada mamfaat.

옥(玉)＜ok＞ jade; nefrit/lumut.

옥(獄)＜ok＞ ☞ 감옥. ~에 가두다 memasukkan ke dalam penjara.

옥고(獄苦)＜ok/go＞ kesengsaraan hidup dalam penjara. ~ 치르다 menjalani hukuman dalam penjara.

옥내(屋內)＜ok/nae＞ ~의 dalam ruangan. ~에서 di dalam ruangan. ~경기 permainan dalam ruangan. ~배선『電』 pemasangan kawat di dalam rumah.

옥니＜ok/ni＞ gigi yang bengkok ke arah dalam. ~박이 orang yang bergigi bengkok ke dalam.

옥답(沃畓)＜ok/dab＞ persawahan yang subur.

옥당목(玉唐木)＜ok/dang/mok＞ belacu murahan.

옥도(沃度)＜ok/do＞ yodium. (☞ 요드) ~정기 larutan yodium.

옥돌(玉 -)＜ok/dol＞ batu jade; batu nefrit/lumut.

옥동자(玉童子)＜ok/dong/ja＞ anak yang dikasihi.

옥바라지(獄 -)＜ok/ba/ra/ji＞ ~하다 mengirimi tahanan (dengan kebutuhan pribadi).

옥사(獄死)＜ok/sa＞ ~하다 meninggal di penjara.

옥상(屋上)＜ok/sang＞ atap; puncak gedung. ~정원 taman gantung; taman di puncak gedung. ~주택 rumah di puncak gedung.

옥새(玉璽)＜ok/sae＞ segel raja; materai kerajaan.

옥색(玉色)＜ok/saek＞ hijau lumut.

옥석(玉石)＜ok/seok＞ ① ☞ 옥돌. ② batu jade dan batu-batuan; baik atau buruk. ~구분(俱焚) penghancuran secara keseluruhan; penghancuran tanpa pilih bulu.

옥셈＜ok/sem＞ ~하다 salah hitung yang merugikan.

옥소(沃素)＜ok/so＞ jodium/yodium. ☞ 요드.

옥쇄(玉碎)＜ok/swae＞ kematian yang terhormat ~하다 mati terhormat; mati demi kehormatan.

옥수(玉手)＜ok/su＞ ① (임금의 손) tangan raja; tangan yang berkuasa; tangan bangsawan. ② (고운 손) tangan wanita; tangan yang cantik dan halus.

옥수수＜ok/su/su＞ jagung.

옥신각신하다＜ok/sin/gak/sin/hada＞ bertengkar; berselisih; adu mulut; bercekcok.

옥신거리다＜ok/sin/geo/ri/da＞ ① (움직이다) saling mendorong; berdesak-desakan. ② (쑤시다) berdenyut-denyut; rasa sakit yang menusuk.

옥안(玉顏)＜ok/an＞ ① (용안) roman muka bangsawan. ② (미인의) wajah yang cantik; wajah rupawan.

옥양목(玉洋木)＜ok/yang/mok＞ kain belacu; kain mori mentah; kain keci.

옥외(屋外)＜ok/oe＞ ~의 luar rumah; udara terbuka. ~에서 di luar rumah; di udara terbuka. ~집회 pertemuan di lapangan terbuka.

옥좌(玉座)＜ok/jwa＞ tahta; kursi kerajaan.

옥죄이다＜ok/joe/i/da＞ terlalu ketat; mengetat.

옥중(獄中)＜ok/jung＞ ~의[에] dalam penjara. ~기 catatan harian dalam penjara.

옥체(玉體)＜ok/che＞ badan raja; raga terhormat; badan anda.

옥타브＜ok/tha/beu＞ 『樂』 satu oktaf. 한 ~ 올리다 [내리다] menaikkan [menurunkan] satu oktaf.

옥탄가(- 價)＜ok/than/ka＞ ukuran oktaf.

옥토(沃土)＜ok/tho＞ tanah yang subur.

옥토끼(玉 -)＜ok/tho/ki＞ kelinci putih.

옥편(玉篇)＜ok/fyeon＞ kamus bahasa Cina - Korea.

온＜on＞ seluruh; semua; segenap; sekalian; sekujur. ~ 세계(에) seluruh dunia. ~몸 sekujur tubuh. ~백성 sekalian orang; semua rakyat.

온감(溫感)＜on/gam＞ rasa hangat.

온갖＜on/gat＞ semua; setiap; rupa-rupa; bermacam-macam; berjenis-jenis. ~수단 segala kemungkinan; setiap langkah. ~ 준비를 갖추다 menyiapkan semua keperluan; membuat segala persiapan.

온건(穩健)＜on/geon＞ ~한 sedang-sedang; cukupan; moderat. ~주의 sikap yang tak berlebih-lebihan; moderatisme. ~파(派) aliran moderat.

온고지신(溫古知新)＜on/go/ji/sin＞ belajar dari pengalaman; membawa pengetahuan yang didapat kedalam bidang baru.

온기(溫氣)＜on/gi＞ kehangatan.

온난(溫暖)＜on/nan＞ ~한 hangat. ~전선『氣』 muka massa hawa panas.

온당(穩當)＜on/dang＞ ~한 cocok; tepat; benar; pantas; wajar. ~치 않은 tidak pantas; tidak cocok; tidak wajar.

온대(溫帶)＜on/dae＞ daerah beriklim sedang. ~식물 [동물] flora [fauna] daerah beriklim sedang.

온도(溫度)＜on/do＞ temperatur; suhu. ~를 재다 mengukur suhu/temperatur. ~ 조절 장치 alat pengontrol panas; termostat. 실내 [평균] ~ temperatur ruang [rata-rata].

온도계(溫度計)＜on/do/gye＞ thermometer. 섭씨 [화씨] ~ thermometer berkala 100 derajat [Fahrenhaeit].

온돌(溫突)＜on/dol＞ sistem pemanas bawah lantai ala Korea.

온라인＜on/na/in＞ ~방식 sistem pemrosesan informasi langsung.

온상(溫床)＜on/sang＞ tempat tidur hangat; kamar anak-anak/ruang perawatan yang hangat. 악의 ~ tempat yang rawan kejahatan.

온수(溫水)＜on/su＞ air panas/hangat.

온순(溫順)＜on/sun＞ ~한 sopan; lembut; lemah hati.

온스＜on/seu＞ ons.

온실(溫室)＜on/sil＞ rumah kaca. ~식물 tanaman rumah kaca. ~재배 pertumbuhan di rumah kaca. ~재배하다 menanam/memelihara tanaman di rumah kaca.

온아(溫雅)＜o/na＞ ~한 halus; lembut; sopan; ramah.

온유(溫柔)＜on/yu＞ ~한 sopan; lembut; manis.

온음(- 音)＜on/eum＞ 『樂』 nada penuh. ~계 kunci G. ~표 not penuh.

온장(- 張)＜on/jang＞ selembar utuh.

온장고(溫藏庫)＜on/jang/go＞ lemari pemanas.

온전(穩全)＜on/jeon＞ ~한 utuh.

온정(溫情)＜on/jeong＞ perasaan yang hangat/ramah. ~있는 berhati hangat.

온종일(- 終日)＜on/jong/il＞ sepanjang hari.

온집안＜on/jib/an＞ seluruh keluarga.

온채＜on/chae＞ seluruh rumah.

온천(溫泉)＜on/cheon＞ air panas. ~요법 pengobatan dengan mandi air panas/belerang. ~장 pemandian air panas.

온통＜on/thong＞ seluruhnya; semuanya.

온폭(- 幅)＜on/fok＞ lebar seluruhnya.

온혈동물(溫血動物)＜on/hyeol/dong/mul＞ binatang berdarah panas.

온화(溫和)＜on/hwa＞ ~한 lembut; sedang. ~한 기후 cuaca yang sedang.

온후(溫厚)＜on/hu＞ ~한 sifat yang baik; orang yang perasa.

올＜ol＞ tekstur; serat; lapis; pilin; untai. ~이 고운 직물 tenunan/tekstur yang rapat.

올＜ol＞ ☞ 올해. ~여름 musim panas tahun ini.

올…＜ol＞ dini. ~벼 panenan (padi) dini.

올가미＜ol/ga/mi＞ ① tali jerat; lasso. ~를 씌우다 menjerat de-

ngan tali. ② perangkap; jebakan.
~를 놓다 memasang perangkap.
③ (꾀) tipu; akal busuk; muslihat.
올곧다＜ol/got/ta＞ ① (정직) jujur.
② (줄이) lurus.
올되다＜ol/doe/da＞ ① (피륙의 올
이) ketat; rapat; halus. ② (조숙하
다) dewasa dini. ③ (곡식이) ma-
tang/masak dini.
올드미스＜ol/deu/mi/seu＞ perawan
tua.
올라가다＜ol/la/ga/da＞ ① naik;
menaiki; memanjat; mendaki. 산
[나무]에 ~ mendaki gunung [me-
manjat pohon]. 연단에 ~ naik ke
mimbar/podium. 지붕에 ~ naik
ke atap; memanjat ke atap. ② (상
경) pergi (ke ibukota). ③ naik
(pangkat); dipromosikan. 지위가
~ naik pangkat. ④ naik. 성적이
~ angka rapor naik. ⑤ naik
(harga). ⑥ (강을) memudiki (su-
ngai).
올라서다＜ol/la/seo/da＞ naik ke
tempat yang lebih tinggi; menjejak
naik.
올라오다＜ol/la/o/da＞ naik/datang
(ke Seoul).
올리다＜ol/li/da＞ ① mengangkat;
mengerek; menaikkan. 손을 ~
mengangkat tangan. 기를 ~
mengerek bendera. ② menaikkan.
값을 [세율을, 온도를] ~ menaik-
kan harga [tarif, temperatur]. ③
memanjatkan. 기도를 ~ meman-
jatkan do'a. ④ (기록) mendaftar-
kan; mencatatkan (rekor). ⑤ (병
을) dijangkiti oleh (penyakit). ⑥
(점수 성과 효과를) memperoleh;
mendapatkan (nilai). ⑦ (칠 도금)
melapisi (cat dll). ⑧ menaikkan
(suara). 환성을 ~ berteriak gem-
bira. ⑨ menyelenggarakan; mera-
yakan. 결혼식을 ~ menyelengga-
rakan pesta perkawinan; merayakan
pernikahan.
올리브＜ol/li/beu＞ buah zaitun. ~
유 minyak zaitun.
올림＜ol/lim＞ persembahan; penye-

rahan.
올림픽＜ol/lim/fik＞ olimpiade. 국
제 기능 ~ Olimpiade Keterampilan
Internasional. 국제 ~ 위원회 Ko-
miite Olimpiade Internasional (IOC)
한국 ~ 위원회 Komite Olimpiade
Korea (KOC).
올망(-網)＜ol/mang＞ jala untuk me-
mancing di laut dalam.
올바로＜ol/ba/ro＞ dengan jujur; de-
ngan sebenarnya; dengan baik.
올밤＜ol/bam＞ buah berangan yang
matang dini.
올벼＜ol/byeo＞ padi yang masak
dini.
올빼미＜ol/pae/mi＞ burung hantu;
kukuk beluk.
올새＜ol/sae＞ tenunan.
올차다＜ol/cha/da＞ kekar; padat.
올챙이＜ol/chaeng/i＞ berudu; ce-
bong. ~기자 wartawan baru.
올케＜ol/khe＞ ipar perempuan.
올콩＜ol/khong＞ kacang yang ma-
tang dini.
올팥＜ol/fath＞ kacang merah yang
matang dini.
올해＜ol/hae＞ tahun ini.
옭걸다＜ok/geol/da＞ mengikat dan
menggantung.
옭다＜ok/da＞ ① (잡아매다) meng-
ikat. ② (올가미씌우다) menjerat;
memasang ban leher. ③ menje-
bak.
옭매다＜ok/mae/da＞ mengikat ken-
cang.
옮기다＜om/gi/da＞ ① memindah-
kan; pindah. 교외로 ~ pindah ke
daerah pinggiran kota. ② (그릇 따
위에) mengosongkan; menuangkan.
③ membawa; meneruskan. 사건
을 대법원으로 ~ membawa/mene-
ruskan perkara kepada Mahkamah
Agung. ④ (감염) menjangkitkan
(penyakit). ⑤ menyampaikan;
meneruskan. 말을 남에게 ~ me-
nyampaikan ke orang lain. ⑥ (번
역) menerjemahkan. ⑦ mengalih-
kan; membelokkan; mengarahkan.
집으로 발을 ~ mengarahkan

langkah ke rumah.
옮다＜om/ta＞ ① (이전) pindah ke. ② (전염) dijangkiti; terjangkit.
옮아가다＜ol/ma/ga/da＞ ① (이사 전근하다) pindah dari. ② (퍼져가다) meluas; menyebar. ③ (넘어감) lewat; melintas.
옳다＜ol/tha＞ ① (정당) benar. ② (정의) adil. ③ (정직) jujur. ④ (적절) pantas. ⑤ (틀림없음) tepat; akurat. ⑥ (합법적) syah; berhak.
옳다＜ol/tha＞ Benar!; Baik! ~됐다 Baiklah.
옳은길＜ol/eun/gil＞ jalan yang benar.
옳은말＜ol/eun/mal＞ perkataan yang benar.
옳지＜ol/chi＞ baik!; benar.
옴＜om＞ 『醫』 gatal; kudis; kurap; kadas. ~딱지 keropeng kudis. ~장이 orang yang menderita gatal.
옴＜om＞ lingkaran cahaya.
옴＜om＞ 『理』 ohm (satuan tahanan listrik). ~의 법칙 hukum ohm. ~계 alat pengukur tahanan listrik (ohm meter).
옴쭉달싹＜om/cuk/dal/ssak＞ ~않다 tidak mau mengalah sedikitpun.
옴츠리다＜om/cheu/ri/da＞ mengkerut. ☞ 옴츠리다.
옷＜ot＞ pakaian. ~한 벌 setelan pakaian. ~을 입다 [벗다] memakai [membuka] pakaian.
옷가슴＜ot/ga/seum＞ penutup dada.
옷감＜ot/kam＞ kain; bakal; bahan pakaian.
옷걸이＜ot/geo/ri＞ gantungan pakaian.
옷고름＜ot/go/reum＞ tali dada baju perempuan.
옷깃＜ot/git＞ kerah baju; kerah mantel.
옷단＜ot/dan＞ baju luar; baju kurung.
옷자락＜ot/ca/rak＞ rok bawah.
옷장(- 欌)＜ot/jang＞ lemari pakaian; rak pakaian.
옷차림＜ot/cha/rim＞ pakaian.
…옹(翁)＜ong＞ orang yang sudah tua. 도산(島山) ~ pak tua Tosan.
옹고집(甕固執)＜ong/go/jib＞ sifat keras kepala; kekukuhan; orang yang keras kepala. ~부리다 berkeras kepala; berkukuh.
옹기(甕器)＜ong/gi＞ ☞ 오지그릇. ~장수[전] penjual [toko] keramik. ~장이 pembuat/pengrajin keramik.
옹기종기＜ong/gi/jong/gi＞ kelompok-kelompok kecil.
옹달…＜ong/dal＞ kecil dan dangkal. ~샘 sumur yang kecil.
옹립(擁立)＜ong/rib＞ ~하다 menyokong; mendukung.
옹벽(擁壁)＜ong/byeok＞ 『土』 tembok tanah.
옹색(壅塞)＜ong/saek＞ ① (비좁다) sempit; sesak. ② terdesak; kesulitan. 돈이 ~하다 kesulitan uang; terdesak uang.
옹생원(- 生員)＜ong/saeng/won＞ orang yang berpikiran sempit ; orang picik.
옹위(擁衛)＜ong/wi＞ ~하다 mengawal; mengiring.
옹이＜ong/i＞ bonggol; mata kayu. ~있는 monggol; berkenjal-kenjal.
옹잘거리다＜ong/jal/geo/ri/da＞ bersungut-sungut.
옹졸(壅拙)＜ong/jol＞ ~한 picik; berpikiran sempit.
옹주(翁主)＜ong/ju＞ putri selir.
옹호(擁護)＜ong/ho＞ perlindungan; sokongan; bantuan. ~하다 menyokong; melindungi. ~자 pelindung; pembela; penyokong.
옻＜ot＞ rengas. ~오르다 diracuni dengan rengas. ~나무 pohon rengas.
옻칠(- 漆)＜ot/chil＞ ~하다 membubuhi pernis; melapisi dengan pernis. ~한 dilapisi pernis.
와＜wa＞ (및) dan; dengan; seperti.
와글거리다＜wa/geul/geo/ri/da＞ berdesak-desakan, riuh rendah; hiruk pikuk.
와니스＜wa/ni/seu＞ pernis; minyak rengas.
와당탕(퉁탕)＜wa/dang/thang/(thung/

thang)＞ berdentang-dentang; dengan gaduh.

와들와들＜wa/deul/wa/deul＞ ～떨다 gemetar; menggigil.

와병(臥病)＜wa/pyeong＞ ～하다 terbaring sakit di tempat tidur.

와신상담(臥薪嘗膽)＜wa/sin/sang/dam＞ ～하다 mengalami berbagai kesukaran dan kemelaratan yang tak terlukiskan.

와언(訛言)＜wa/eon＞ kabar angin/desas-desus yang tak beralasan; laporan palsu.

와음(訛音)＜wa/eum＞ pengucapan yang keliru.

와이더블유시에이＜wa/i/deo/beul/yu/si/e/i＞ Perkumpulan Pemuda Kristen.

와이셔츠＜wa/i/syeo/cheu＞ kemeja.

와이어로프＜wa/i/eo/ro/feu＞ tali kawat.

와이엠시에이＜wa/i/em/si/e/i＞ Perkumpulan Pemuda Kristen.

와이프＜wa/i/feu＞ istri; bini.

와인＜wa/in＞ minuman anggur.

와전(訛傳)＜wa/jeon＞ informasi yang keliru; laporan palsu; salah informasi. ～하다 salah menginformasikan; memberikan laporan palsu.

와중(渦中)＜wa/jung＞ pusaran air; olakan air; pusaran. …의 ～에 휩쓸려 들다 tenggelam dalam pusaran.

와지끈＜wa/ji/keun＞ dengan berderak. ～거리다 berderak.

와트＜wa/theu＞ 『電』 watt.

와해(瓦解)＜wa/hae＞ ～하다 rubuh; ambruk; runtuh; hancur; berkeping-keping.

왁스＜wak/seu＞ lilin; malam.

왁자(지껄)하다＜wak/ja/(ji/keol)/ha/da＞ riuh rendah; ribut.

완강(頑強)＜wan/gang＞ ～한 keras kepala; bandel; kukuh. ～한 저항 perlawanan yang keras. ～히 부정하다 menyangkal dengan keras.

완결(完結)＜wan/gyeol＞ ～하다 menyelesaikan; merampungkan;

menyempurnakan. ～되다 diselesaikan; dirampungkan. 사건을 ～짓다 menyelesaikan permasalahan.

완고(頑固)＜wan/go＞ kekukuhan; kefanatikan. ～한 kukuh; fanatik.

완곡(婉曲)＜wan/gok＞ ～한 tidak langsung; sindiran. ～히 secara tidak langsung; dengan menyindir.

완구(玩具)＜wan/gu＞ mainan. ～점 toko mainan.

완급(緩急)＜wan/geub＞ ① (늦고 빠름) gerakan yang cepat dan lambat. ② (위급) darurat.

완납(完納)＜wan/nab＞ ～하다 membayar lunas/tunai.

완두(豌豆)＜wan/du＞ kacang polong.

완력(腕力)＜wal/yeok＞ kekerasan; paksaan; kekuatan. ～으로 dengan cara kekerasan. ～을 쓰다 menggunakan paksaan.

완료(完了)＜wal/yo＞ ～하다 menyelesaikan; menyempurnakan. ～시제 bentuk kata kerja selesai. 현재 [과거] ～ bentuk kata kerja selesai sekarang [lampau].

완만(緩慢)＜wan/man＞ ～한 lambat; tidak aktif; landai. ～한 경사 lereng landai.

완벽(完璧)＜wan/byeok＞ kesempurnaan. ～한 sempurna; tanpa cacat. ～을 기하다 menuju kepada kesempurnaan.

완보(緩步)＜wan/bo＞ jalan lambat. ～하다 berjalan lambat.

완본(完本)＜wan/bon＞ satu set lengkap buku-buku.

완비(完備)＜wan/bi＞ ～하다 menyempurnakan; melengkapkan; membuat sempurna (tentang kesiapan). ～된 sempurna; lengkap. 냉난방 ～ dilengkapi alat pendingin.

완상(玩賞)＜wan/sang＞ penghargaan; penikmatan. ～하다 menghargai; menikmati; mengagumi.

완성(完成)＜wan/seong＞ penyelesaian; penyempurnaan; perampungan (tentang buat). ～하다 menyelesaikan; menyempurnakan; menyiapkan. ~품 barang jadi.

완수(完遂)＜wan/su＞　~하다 menuntaskan; menyelesaikan (tentang tugas).

완승(完勝)＜wan/seung＞　~하다 menang sapu bersih.

완역(完譯)＜wan/yeok＞ terjemahan lengkap.

완연하다(宛然-)＜wan/yeon/hada＞ jelas; nyata; kentara.

완자＜wan/ca＞ salib berkait.

완장(腕章)＜wan/jang＞ ban lengan. ~을 두르다 memakai ban lengan.

완전(完全)＜wan/jeon＞ kesempurnaan; kelengkapan. ~한 menyempurnakan; melengkapi. ~ 무결한 sempurna tanpa cacat. ~히 dengan sempurna. ~하게 하다 membuat sempurna; menyempurnakan. ~에 가깝다 hampir sempurna. ~가동 kegiatan penuh; kapasitas penuh. ~범죄 kejahatan yang sempurna.

완주하다(完走-)＜wan/ju/hada＞ berlari menempuh jarak seluruhnya.

완충(緩衝)＜wan/chung＞　~국 negara penyangga. ~기 bamper. ~장치 alat penyangga; piranti peredam kejut. ~지대 daerah netral; zona penyangga.

완치(完治)＜wan/chi＞　~하다 menyembuhkan secara keseluruhan. ~되다 sembuh total; pulih total.

완쾌(完快)＜wan/khwae＞　~하다 sembuh secara keseluruhan.

완행(緩行)＜wan/haeng＞　~하다 berjalan lambat. ~열차 kereta api lambat.

완화(緩和)＜wan/hwa＞ kelonggaran; keringanan; dispensasi; peredaan. ~하다 melonggarkan; meringankan; meredakan.

왈가닥＜wal/ga/dak＞ wanita kelaki-lakian.

왈가왈부(曰可曰否)＜wal/ga/wal/bu＞ ~하다 berdebat setuju tidak setuju.

왈츠＜wal/cheu＞ irama waltz. ~곡(曲) lagu berirama waltz.

왈칵＜wal/khak＞ tiba-tiba; seketika.

~ 성내다 marah seketika.

왈패(曰牌)＜wal/fae＞ orang yang kasar.

왔다갔다하다＜wat/ta/gat/ta/hada＞ datang dan pergi; mondar-mandir; bergelandangan.

왕(王)＜wang＞ raja; sultan; baginda.

왕가(王家)＜wang/ga＞ keluarga kerajaan.

왕개미＜wang/gae/mi＞ 『蟲』 semut raksasa; semut raja.

왕거미＜wang/geo/mi＞ laba-laba raksasa.

왕겨＜wang/gyeo＞ sekam; kulit padi.

왕관(王冠)＜wang/gwan＞ mahkota.

왕국(王國)＜wang/guk＞ kerajaan; kesultanan.

왕궁(王宮)＜wang/gung＞ istana raja; puri; keraton.

왕권(王權)＜wang/gwon＞ kekuasaan raja; wewenang raja. ~ 신수설 teori kekuasaan raja yang berasal dari Tuhan.

왕녀(王女)＜wang/nyeo＞ putri kerajaan.

왕년(往年)＜wang/nyeon＞ tahun-tahun yang lampau; masa lalu.

왕눈이＜wang/nu/ni＞ orang yang bermata besar.

왕대＜wang/dae＞ bambu besar.

왕대비(王大妃)＜wang/dae/bi＞ ibu suri.

왕도(王都)＜wang/do＞ ibu kota kerajaan.

왕도(王道)＜wang/do＞ undang-undang raja.

왕래(往來)＜wang/nae＞ ① lalu lalang; lalu lintas. ~하다 datang dan pergi; berlalu lalang. ~가 잦은 거리 jalanan ramai. ~를 금하다 menghambat lalu lintas. ② korespondensi/surat menyurat. ~하다 berhubungan dengan; berkorespondensi.

왕릉(王陵)＜wang/neung＞ makam kerajaan.

왕림(枉臨)＜wang/nim＞ ~하다

tang berkunjung.
왕명(王命)＜wang/myeong＞ perintah kerajaan.
왕모래＜wang/mo/rae＞ pasir kasar.
왕밤＜wang/bam＞ buah berangan yang besar.
왕방울＜wang/bang/ul＞ lonceng yang besar. ～눈 mata yang besar.
왕벌＜wang/beol＞ 『蟲』 tawon besar; tabuhan.
왕복(往復)＜wang/bok＞ kepergian dan kedatangan. ～하다 pergi dan kembali; pulang pergi; bolak-balik; pulang balik; berulang-alik. ～엽서 kartu pos balasan. ～차비 ongkos pulang pergi. ～차표 tiket pulang pergi.
왕복운동(往復運動)＜wang/bok/un/dong＞ 『機』 gerakan berbalasan/bolak-balik.
왕봉(王蜂)＜wang/bong＞ 『蟲』 lebah ratu.
왕비(王妃)＜wang/bi＞ permaisuri.
왕새우(王 -)＜wang/sae/u＞ 『動』 udang besar.
왕생극락(往生極樂)＜wang/saeng/geuk/nak＞ tindakan mematikan orang untuk meringankan penderitaan sekarat; jalan mudah ke abadian. ～하다 mati dengan damai.
왕성(旺盛)＜wang/seong＞ ～한 bersemangat; berkobar-kobar; meluap-luap. 혈기 ～한 청년 pemuda yang bersemangat. 원기가 ～하다 penuh dengan semangat.
왕세손(王世孫)＜wang/se/son＞ putra sulung dari putra mahkota.
왕세자(王世子)＜wang/se/ja＞ putra mahkota. ～비 istri putra mahkota.
왕손(王孫)＜wang/son＞ cucu raja; keturunan raja.
왕실(王室)＜wang/sil＞ ruangan raja.
왕업(王業)＜wang/eob＞ kekuasaan raja.
왕왕(往往)＜wang/wang＞ sering; seringkali.

왕위(王位)＜wang/wi＞ tahta; mahkota; singgasana; keprabuan; kiani. ～에 오르다 naik tahta. ～를 물러나다 turun tahta. ～계승 pewarisan singgasana.
왕자(王子)＜wang/ja＞ pangeran.
왕자(王者)＜wang/ja＞ raja.
왕정(王政)＜wang/jeong＞ kerajaan; pemerintahan yang berbentuk kerajaan.
왕조(王朝)＜wang/jo＞ dinasti. ～의 yang berhubungan dengan dinasti.
왕족(王族)＜wang/jok＞ keluarga bangsawan; keluarga raja.
왕좌(王座)＜wang/jwa＞ tahta; singgasana; gita; kiani.
왕지네＜wang/ji/ne＞ lipan besar.
왕진(往診)＜wang/jin＞ kunjungan dokter ke rumah pasien. ～하다 mengunjungi pasien di rumahnya. ～료 biaya/pembayaran untuk dokter yang berkunjung. ～시간 jam berkunjung ke orang sakit; waktu besuk.
왕콩(王 -)＜wang/khong＞ kacang yang besar.
왕통(王統)＜wang/thong＞ keturunan bangsawan/raja.
왕후(王后)＜wang/hu＞ isteri raja; permaisuri.
왕후(王侯)＜wang/hu＞ raja dan raja muda.
왜(倭)＜wae＞ Jepang; orang Jepang.
왜＜wae＞ mengapa; bagaimana; untuk apa; sebab apa; apa sebabnya. ～냐 하면 oleh karena. ～그런지 tanpa mengetahui mengapa.
왜가리＜wae/ga/ri＞ 『鳥』 burung bangau; burung ranggung.
왜간장(倭艮醬)＜wae/gan/jang＞ kecap asin Jepang.
왜곡(歪曲)＜wae/gok＞ ～하다 memutarbalikkan; menyampaikan dengan keliru. ～된 해석 pandangan yang keliru; penafsiran yang bias.
왜구(倭寇)＜wae/gu＞ perampok/pembajak Jepang.

왜색(倭色)＜wae/saek＞ tata cara Je-pang. ～을 일소하다 menyapu bersih tata cara Jepang.

왜소(矮小)＜wae/so＞ ～한 kecil dan pendek; kerdil.

왜식(倭式)＜wae/sik＞ gaya Jepang.

왜식(倭食)＜wae/sik＞ makanan/ menu Jepang. ～집 restoran Je-pang.

왜인(倭人)＜wae/in＞ orang Jepang.

왜인(矮人)＜wae/in＞ orang kerdil/ kate.

왜정(倭政)＜wae/jeong＞ penjajahan Jepang.

왜태(- 太)＜wae/thae＞ ikan polak besar.

왱왱＜waeng/waeng＞ dengungan.

외＜oe＞ ☞ 오이.

외(外)＜oe＞ ① kecuali; diluar; disamping; selain. ～에는 kecuali. 그 ～ selebihnya; lainnya. ② di-luar; luar; asing. 시 ～ 에 di luar kota. 전문 ～ 이다 di luar bidang.

외＜oe＞『建』 bilah; belebas; be-lebat.

외…＜oe＞ hanya; tunggal; satu saja. ～눈(박)이 orang yang ber-mata satu.

외가(外家)＜oe/ga＞ rumah ibu; ru-mah nenek di pihak ibu.

외각(外角)＜oe/gak＞ 『幾』 sudut luar.

외각(外殼)＜oe/gak＞ kulit luar.

외견(外見)＜oe/gyeon＞ ☞ 외관.

외겹＜oe/gyeob＞ ～의 tunggal; sa-tu lapis; satu lipat.

외경(畏敬)＜oe/gyeong＞ ～하다 memuja-muja; mentakzimkan.

외계(外界)＜oe/gye＞ dunia luar; angkasa luar.

외고집(- 固執)＜oe/go/jib＞ ～의 keras kepala; kepala batu; bandel. ～장이 orang yang keras kepala; orang yang bandel.

외곬＜oe/gol＞ ～으로 dengan te-kad yang bulat.

외과(外科)＜oe/kwa＞ bagian bedah. ～(술)의 yang berhubungan dengan pembedahan. ～ 병원 rumah sakit

bagian bedah. ～수술 operasi pem-bedahan; operasi bedah. ～의사 ahli bedah.

외과피(外果皮)＜oe/gwa/fi＞ 『植』 eksokarpus.

외곽(外廓)＜oe/gwak＞ garis bentuk/ luar; lingkaran/ cincin luar; blok luar. ～단체 badan ekstra departe-men; asosiasi gabungan.

외관(外觀)＜oe/gwan＞ penampilan luar; pandangan luar; semu. ～상 dari luar; nampaknya; rupanya; ke-lihatannya.

외교(外交)＜oe/gyo＞ diplomasi; hu-bungan diplomatik. ～상의 diplo-matik. ～관 diplomat. ～문서 do-kumen diplomat. ～ 사절단 misi diplomat. ～ 정책 [방침] kebijakan luar negeri. ～특권 hak istimewa diplomatik. 공개 [비밀, 무력] ～ diplomasi terbuka [rahasia, bersen-jata].

외구(外寇)＜oe/gu＞ musuh luar.

외국(外國)＜oe/guk＞ luar negeri; negeri seberang; negara asing. ～ 의 asing; luar negeri. ～ 제의 buatan luar negeri. ～에 가다 [서 돌아오다] pergi ke [kembali dari] luar negeri. ～무역 perdagangan luar negeri. ～시장 pasar luar negeri. ～어 bahasa asing. ～인 orang asing. ～환(換)(시세) (nilai tukar) mata uang asing.

외근(外勤)＜oe/geun＞ tugas luar. ～하다 melaksanakan tugas luar. ～ 기자 wartawan; reporter. ～자 orang yang bertugas luar.

외기(外氣)＜oe/gi＞ upacara terbu-ka. ～권(圈) angkasa luar.

외기노조(外機勞組)＜oe/gi/no/jo＞ Serikat Pekerja Perusahaan Asing.

외길＜oe/gil＞ jalan tunggal.

외김치＜oe/gim/chi＞ asinan keti-mun; acar ketimun.

외나무다리＜oe/na/mu/da/ri＞ jem-batan dari sebatang kayu.

외날의＜oe/nal/eui＞ pisau bermata satu.

외다＜oe/da＞ menghafal; mengingat-ingat.

외도(外道)＜oe/do＞ ① ☞ 오입(誤入). ② (나쁜 길) jurusan yang salah; arah yang keliru. ～하다 kesasar; tersasar; tersesat.

외등(外燈)＜oe/deung＞ lampu luar.

외따로＜oe/ta/ro＞ sendirian; terpencil.

외딴＜oe/tan＞ terpencil; terisolir; terasing. ～집 rumah yang terasing. ～섬 pulau terpencil.

외딸다＜oe/tal/da＞ jauh; terpencil.

외람(猥濫)＜oe/ram＞ ～한 [된] sombong; angkuh.

외래(外來)＜oe/rae＞ ～의 asing; luar negeri. ～어 kata pinjaman; kata asing. ～품 barang-barang impor. ～환자 pasien berobat jalan.

외로이＜oe/ro/i＞ sendirian; kesepian; sebatangkara. ～ 지내다 hidup sendiri; menjalani hidup sendirian.

외롭다＜oe/rob/ta＞ kesepian; sepi; sunyi; terpencil.

외마디소리＜oe/ma/di/so/ri＞ suara yang nyaring/ melengking; jeritan.

외면(外面)＜oe/myeon＞ penampilan luar; eksterior.

외면하다(外面-)＜oe/myeon/hada＞ buang muka.

외모(外貌)＜oe/mo＞ penampilan luar; tampang; raut muka; bentuk muka; ciri-ciri luar.

외무(外務)＜oe/mu＞ urusan luar negeri. ～부 Departemen Luar Negeri. ～부 장관 Menteri Luar Negeri. ～(분과) 위원회 Sub Komite Luar Negeri.

외미(外米)＜oe/mi＞ beras impor.

외박(外泊)＜oe/bak＞ ～하다 menginap di luar (hotel dll).

외방(外方)＜oe/bang＞ daerah asing; tanah asing.

외벽(外壁)＜oe/byeok＞ dinding sebelah luar.

외부(外部)＜oe/bu＞ sebelah luar; latar; permukaan. ～의 luar; ekstern. ～사람 orang luar.

외분비(外分泌)＜oe/bun/bi＞ 『醫』

sekresi luar. ～선 kelenjar sekresi luar.

외빈(外賓)＜oe/bin＞ tamu asing; wisatawan asing.

외사(外事)＜oe/sa＞ masalah (urusan) luar. ～과 bagian urusan luar.

외사촌(外四寸)＜oe/sa/chon＞ saudara sepupu (dari pihak ibu).

외삼촌(外三寸)＜oe/sam/chon＞ mamak; paman (dari pihak ibu).

외상＜oe/sang＞ kredit; utang. ～으로 dengan berhutang. ～거래 transaksi kredit; jual beli dengan berhutang. ～사절 tidak diberikan kredit. ～판매 penjualan kredit.

외상(外相)＜oe/sang＞ Menteri Luar Negeri. ～회의 Konferensi Menteri Luar Negeri.

외상(外傷)＜oe/sang＞ luka luar.

외서(外書)＜oe/seo＞ buku asing; buku produksi luar negeri.

외설(猥褻)＜oe/seol＞ ～하다 cabul; mesum; porno. ～문학 bacaan porno. ～죄 kejahatan cabul. ～행위 perbuatan cabul.

외세(外勢)＜oe/se＞ pengaruh (kekuatan) asing/luar. ～에 의 존하다 bergantung kepada kekuasaan negara asing.

외손＜oe/son＞ ～의 satu tangan.

외손(外孫)＜oe/son＞ cucu dari anak perempuan.

외숙(外叔)＜oe/suk＞ mamak; paman (dari pihak ibu). ～모(母) isteri paman.

외식(外食)＜oe/sik＞ ～하다 makan di luar; makan di restoran. ～자 orang yang makan di luar.

외식(外飾)＜oe/sik＞ ☞ 면치레.

외신(外信)＜oe/sin＞ berita (kawat, telefon) dari luar negeri; berita luar negeri. ～부(장) (editor) bagian berita luar negeri.

외심(外心)＜oe/sim＞ 『幾』 lingkungan luar. ～점(點) metasenter.

외아들＜oe/a/deul＞ putra tunggal.

외양(外洋)＜oe/yang＞ laut lepas; samudra; laut bebas.

외양(外樣)＜oe/yang＞ penampilan

luar. ~을 꾸미다 berdandan; me-matut-matut diri.

외양간＜oe/yang/kan＞ kandang. 소 잃고 ~ 고친다 Bagaikan membuat pintu kandang setelah sapi dicuri.

외연(外延)＜oe/yeon＞ 『論』 perluas-an. ~적 luas.

외연기관(外然機關)＜oe/yeon/gi/gwan＞ 『幾』 mesin pembakaran diluar.

외용(外用)＜oe/yong＞ penggunaan luar. ~하다 menggunakan untuk bagian luar. ~약 obat luar.

외우(外憂)＜oe/u＞ ☞ 외환(外患).

외유(外遊)＜oe/yu＞ ~하다 meng-adakan perjalanan keluar negeri; melawat keluar negeri.

외유내강(外柔內剛)＜oe/yu/nae/gang＞ orang yang keras tetapi ber-perangai lembut; tangan besi dalam sarung beludru (kiasan).

외이(外耳)＜oe/i＞ 『解』 telinga bagi-an luar; daun telinga.

외인(外人)＜oe/in＞ orang asing. ~부대 legiun asing.

외자(外資)＜oe/ja＞ dana/bantuan luar negeri; modal asing. ~도입 penanaman modal asing.

외적(外的)＜oe/jeok＞ luar; sebelah luar.

외적(外敵)＜oe/ceok＞ musuh luar.

외전(外電)＜oe/jeon＞ kabar luar negeri; berita luar negeri.

외제(外製)＜oe/je＞ ~의 buatan luar negeri; produksi luar. ~차 mobil luar negeri; mobil buatan luar. ~품 barang-barang impor.

외조모(外祖母)＜oe/jo/mo＞ nenek di pihak ibu.

외조부(外祖父)＜oe/jo/bu＞ kakek dipihak ibu.

외종(外從)＜oe/jong＞ sepupu dari pihak ibu.

외지(外地)＜oe/ji＞ negara asing; luar negeri; negeri seberang. ~근무 tugas/dinas luar negeri. ~수당 tunjangan dinas luar negeri.

외지다＜oe/ji/da＞ terpencil; teriso-lasi.

외채(外債)＜oe/chae＞ pinjaman luar

negeri; utang luar negeri. ~를 모집하다 mencari pinjaman luar ne-geri.

외척(外戚)＜oe/cheok＞ hubungan keluarga dengan pihak ibu; kerabat dari pihak ibu.

외청도(外聽道)＜oe/cheong/do＞ 『解』 saluran telinga sebelah luar.

외출(外出)＜oe/chul＞ keluar. ~하다 keluar (rumah). ~중이다 se-dang keluar. ~금지 pengurungan; penahanan. ~날 hari keluar. ~복(服) pakaian keluar. ~시간 waktu keluar.

외치다＜oe/chi/da＞ berteriak; ber-seru; bersorak; menjerit; memekik; berkoar. "도둑이야" 하고 ~ ber-teriak "Maling!" 목청껏 ~ ber-teriak sekuat tenaga.

외탁(外-)＜oe/thak＞ ~하다 menu-runi sifat/ciri ibunya.

외토리＜oe/tho/ri＞ orang yang ke-sepian.

외투(外套)＜oe/thu＞ mantel; baju luar; jas luar.

외판원(外販員)＜oe/fan/won＞ pra-muniaga.

외풍(外風)＜oe/fung＞ (바람) angin luar, (외듣풍) gaya asing.

외피(外皮)＜oe/fi＞ kulit luar; se-kam; kutikula.

외할머니(外 -)＜oe/hal/meo/ni＞ ☞ 외조모.

외할아버지(外-)＜oe/hal/a/beo/ji＞ ☞ 외조부.

외항(外港)＜oe/hang＞ pelabuhan lu-ar negeri.

외항선(外航船)＜oe/hang/seon＞ ka-pal untuk pelayaran luar negeri.

외해(外海)＜oe/hae＞ lautan bebas.

외향성(外向性)＜oe/hyang/seong＞ 『心』 keceriaan. ~의 ceria. ~의 사람 orang yang ceria.

외형(外形)＜oe/hyeong＞ bagian lu-ar; bentuk luar; tampang; bangun. ~(상)의 keadaan luar; luar. ~은 dalam keadaan yang baik.

외화(外貨)＜oe/hwa＞ mata uang a-sing. ~ 가득율(率) tingkat pendapatan devisa. ~ 보유고 simpanan devisa. ~준비 cadangan devisa. ~획득 pendapatan mata uang asing.

외화(外畵)＜oe/hwa＞ film asing.

외환(外換)＜oe/hwan＞ devisa. ~은행 bank devisa.

외환(外患)＜oe/hwan＞ ketakutan terhadap serangan luar/gangguan luar negeri.

왼＜oen＞ kiri.

왼소리＜oen/so/ri＞ kabar duka cita.

왼손＜oen/son＞ tangan kiri. ~잡이 orang kidal. ~잡이 투수 pelempar kidal.

왼쪽＜oen/cok＞ (sebelah) kiri. ~에 sebelah kiri (dari).

왼편(- 便)＜oen/fyeon＞ pihak kiri.

요(要)＜yo＞ ~는 [컨대] yang penting adalah; secara singkat; singkat kata.

요＜yo＞ alas tidur; tikar; kasur. ~를 깔다 [개다] mempersiapkan [membereskan] alas tidur.

요＜yo＞ ① yang kecil ini. ~까짓 … sekecil ini. ~놈 orang ini. ② ini; dekat. ~근처에 dekat sini; tidak jauh dari sini.

요가＜yo/ga＞ yoga. ~의 수련자 orang yang mempraktekkan yoga; yogi.

요강＜yo/gang＞ bejana tempat air kencing; pispot.

요강(要綱)＜yo/gang＞ garis besar; prinsip utama.

요건(要件)＜yo/keon＞ faktor terpenting; faktor yang esensial.

요격(邀擊)＜yo/gyeok＞ ~하다 serangan tiba-tiba. ~기(機) (pesawat) penyerang cepat. ~ 미사일 peluru kendali anti peluru kendali.

요괴(妖怪)＜yo/goe＞ hantu; sesuatu yang aneh dan muncul tiba-tiba. ~스러운 jahat; misteri; aneh.

요구(要求)＜yo/gu＞ permintaan; penuntutan; gugatan; sanggahan; tuntutan; keperluan. ~하다 meminta; menuntut. ~에 따라 sesuai dengan permintaan; atas permintaan.

시대의 ~ kebutuhan zaman. ~에 응하다 mengabulkan/memenuhi permintaan. ~자 orang yang meminta; orang yang menuntut.

요구르트＜yo/gu/reu/theu＞ susu asam.

요귀(妖鬼)＜yo/gwi＞ hantu; sesuatu yang muncul tiba-tiba.

요금(料金)＜yo/geum＞ tarif; pembayaran; ongkos biaya. ~표 daftar harga. 가스 [수도, 전기] ~ tarif gas [air, listrik]. 기본 ~ tarif dasar.

요기(妖氣)＜yo/gi＞ suasana yang menyeramkan.

요기(療飢)＜yo/gi＞ ~하다 memuaskan selera.

요긴(要緊)＜yo/gin＞ ~한 penting; vital; berbobot.

요녀(妖女)＜yo/nyeo＞ kuntilanak; peri.

요다음＜yo/da/eum＞ yang berikut. ~의 berikut; selanjutnya. ~에 nanti.

요담(要談)＜yo/dam＞ ~하다 berbicara mengenai hal-hal penting.

요도(尿道)＜yo/do＞ 『解』 perkencingan; uretra. ~관 saluran kencing. ~염(炎) radang saluran kencing.

요독증(尿毒症)＜yo/dok/ceung＞ 『醫』 keracunan air kencing.

요동(搖動)＜yo/dong＞ ~하다 berayun; terombang-ambing; ungkat-angkit; jungkat-jungkit; berombak-ombak.

요란(擾亂)＜yo/ran＞ ~한, ~스런 ribut; keras; onar; gaduh; gempar. ~하게 dengan ribut; dengan gaduh.

요람(要覧)＜yo/ram＞ garis besar; pedoman.

요람(搖籃)＜yo/ram＞ (흔드는)ayunan ; buaian. ~지 tempat lahir; tanah tumpah darah. ~에서 무덤까지 dari buaian sampai ke liang lahat.

요략(要略)＜yo/yak＞ ringkasan.

요량(料量)＜yo/ryang＞ rencana;

maksud; niat.   ~하다 merencanakan.

요런<yo/reon> seperti ini; macam ini.

요령(要領)<yo/ryeong> (요점) intisari; (개략) ringkasan; garis besar; (비결) kunci/rahasia; kiat.   ~있는 berpikir sehat; bijaksana.   ~있는 연설 pembicaraan yang langsung keintinya.   ~이 좋은 사람 orang bijak.

요령(搖鈴)<yo/ryeong> lonceng tangan.

요로(要路)<yo/ro> (길) jalan utama; (요직) kedudukan penting; (당국) yang berwenang.   ~에 있는 사람들 orang yang berwenang.

요론(要論)<yo/ron> uraian/penjelasan yang penting.

요리(料理)<yo/ri>   ① masak-memasak.   ~하다 memasak.   ~를 잘 [못] 하다 memasak dengan baik [jelek].   ~기구 peralatan masak-memasak.   ~대 meja dapur.   ~법 seni masak memasak.   ~사 juru masak.   ~책 buku masak.   ~학원 sekolah memasak. 고기 [야채] ~ hidangan daging [sayur-sayuran]. 중국 [서양] ~ masakan/ makanan Cina [Barat].   ② pengelolaan; penanganan.   ~하다 mengelola; menangani.

요리조리<yo/ri/jo/ri> disana-sini; cara ini dan itu.   ~핑계를 대다 mencari alasan ini dan itu.

요마(妖魔)<yo/ma> hantu; siluman.

요만<yo/man> begitu sedikit (remeh).   ~ 큼 yang sedikit ini.   ~것[일] yang kecil ini; yang remeh ini.

요망(妖妄)<yo/mang>   ~ 스러운, ~한 (perempuan yang berkelakuan) seperti siluman.   ~떨다 [부리다] berlaku seperti siluman.

요망(要望)<yo/mang> keinginan; hajat; kehendak; niat; maksud; keperluan; kebutuhan; pengharapan.   ~하다 ingin; mengingini; berke-

hendak.

요면(凹面)<yo/myeon> kecekungan.   ~경 cermin cekung.

요목(要目)<yo/mok> hal-hal penting; pokok pikiran. 교수~ silabus.

요물(妖物)<yo/mul> hantu; setan; jin; peri; siluman.

요법(療法)<yo/peob> pengobatan; terapi; perawatan; penyemburan. 가정 [정신] ~ pengobatan di rumah [fisik]. 민간 ~ pengobatan tradisional.

요부(妖婦)<yo/bu> wanita penggoda.

요부(要部)<yo/bu> bagian utama; bagian terpenting; pokok acara; pokok pangkal.

요부(腰部)<yo/bu> pinggang.

요사(夭死)<yo/sa>   ☞ 요절(夭折).

요사(妖邪)<yo/sa>   ~스럽다 (perempuan yang berkelakuan) seperti siluman.   ~떨다, ~부리다 berlaku seperti siluman.

요사이<yo/sa/i>   ☞ 요새.

요산(尿酸)<yo/san> 『化』 asam urat.

요새<yo/sae> baru-baru ini; akhir-akhir ini.

요새(要塞)<yo/sae> benteng; perkubuan; pertahanan; bawarti.   ~화 하다 membentengi.   ~지대 zona strategis.

요소(尿素)<yo/so> 『化』 urea.

요소(要所)<yo/so> posisi penting; titik kunci.

요소(要素)<yo/so> unsur; bahan asal; zat asal; inti; komponen; anasir. ...의 ~를 이루다 diperlukan; esensial.

요술(妖術)<yo/sul> sulap; sihir.   ~을 부리다 bermain sulap.   ~장이 pemain sulap.

요시찰인명부(要視察人名簿)<yo/si/ chal/in/myeong/bu> daftar hitam.

요식(要式)<yo/sik>   ~의 resmi.   ~계약 [행위] perjanjian [tindakan] resmi.

요식업(料食業)<yo/sik/eob> usaha

restoran.　~자(者) pemilik restoran.

요약(要約)＜yo/yak＞　~하다 menyingkatkan; meringkaskan; mengikhtisarkan.　~해서 말하면 secara singkat; secara ringkas.

요양(療養)＜yo/yang＞ penyembuhan; pemulihan; tetirah.　~하다 memulihkan diri; bertetirah.　~소 sanatorium; petirahan.

요업(窯業)＜yo/eob＞ industri keramik/tembikar.　~미술 seni keramik.　~소 pabrik keramik.　~제품 barang-barang keramik.

요연(瞭然)＜yo/yeon＞　~한 jelas; nyata. 그것은 일목 ~하다 Hal itu jelas sekalipandang.

요염(妖艶)＜yo/yeom＞　~하다 mempesona; menggoda; menarik hati; memikat.　~한 모습 bentuk badan yang mempesona.

요오드＜yo/o/deu＞ yodium.　~포름 bentuk yodium.　~칼리 yodium dari kalium.

요원(要員)＜yo/won＞ personil yang diperlukan. 기간~ anggota dinas rahasia.

요원(燎原)＜yo/won＞ padang rumput yang terbakar.　~의 불길처럼 퍼지다 menyebar seperti kebakaran yang ganas.

요원(遼遠)＜yo/won＞　~한 jauh; panjang. 전도 ~하다 masa depan panjang.

요인(要人)＜yo/in＞ orang penting.

요인(要因)＜yo/in＞ faktor; unsur; sebab utama.

요일(曜日)＜yo/il＞ hari. 오늘 무슨 ~ 이지 Hari apa sekarang?

요전(- 前)＜yo/jeon＞ ① (요전날) baru-baru ini. ② (전) yang lalu; waktu yang lalu; kemarin-kemarin.　~ 일요일 hari minggu yang lalu.

요절(夭折)＜yo/jeol＞ kematian dini.　~하다 mati muda.

요절나다＜yo/jeol/na/da＞ ① (못쓰게 되다) hancur; rusak; kacau. ② (일이) sia-sia.

요절내다＜yo/jeol/nae/da＞ merusak-

kan; menghancurkan.

요점(要點)＜yo/ceom＞ maksud utama; pangkal pokok; pokok; ikhtisar; bagian penting; isi.

요정(了定)＜yo /jeong＞　~나다 diputuskan; disimpulkan.　~짓다 memutuskan; menyimpulkan.

요정(妖精)＜yo/jeong＞ peri; bidadari; dewi.

요정(料亭)＜yo/jeong＞ warung remang-remang.

요조(窈窕)＜yo/jo＞　~숙녀 wanita baik-baik; wanita suci.

요즈음＜yo/jeu/eum＞ akhir-akhir ini; baru-baru ini; barusan ini; kini dewasa ini; saat ini.　~의 청년 orang muda masa kini.

요지(要地)＜yo/ji＞ tempat yang penting; pangkal pokok.

요지(要旨)＜yo/ji＞ sari pati; intisari; pati; isi.

요지경(瑤池鏡)＜yo/ji/gyeong＞ kaca wasit.

요지부동(搖之不動)＜yo/ji/bu/dong＞　~하다 teguh; tabah; tegar.

요직(要職)＜yo/jik＞ jabatan penting.　~에 있다 memegang jabatan penting.

요처(要處)＜yo/cheo＞ tempat strategis.

요철(凹凸)＜yo/cheol＞　~있는 lekak-lekuk.

요청(要請)＜yo/cheong＞ permintaan.　~하다 meminta; menuntut.

요충(要衝)＜yo/chung＞ tempat strategis.　~지 = 요충.

요충(蟯蟲)＜yo/chung＞ cacing pita; cacing kremi.

요컨대(要 -)＜yo/kheon/dae＞ ringkasnya; secara singkat.

요통(腰痛)＜yo/thong＞ 『醫』 sakit pinggang.

요트＜yo/theu＞ kapal pesiar.

요하다(要 -)＜yo/hada＞ membutuhkan; memerlukan; menghendaki.

요항(要項)＜yo/hang＞ hal-hal yang penting; pokok-pokok.

요항(要港)＜yo/hang＞ pelabuhan angkatan laut strategis.

요해(要害)＜yo/hae＞ ☞ 요충.
요행(僥倖)＜yo/haeng＞ nasib baik; keberuntungan. ～으로 oleh nasib baik. ～을 바라다 mengharapkan nasib baik.
요혈(尿血)＜yo/hyeol＞ 『醫』 kencing darah.
욕(辱)＜yok＞ ① makian; ejekan. ☞ 욕하다. ② (치욕) penghinaan; penistaan. ③ (고난) kesukaran; kesulitan.
욕(慾)＜yok＞ keinginan; kemauan; hasrat.
욕구(欲求)＜yok/gu＞ keinginan; hasrat; kemauan; kehendak; maksud; aspirasi; rindu dendam; harapan. ～하다 menginginkan; berkehendak; berhasrat. 생의 ～ kemauan hidup. ～불만 『心』 frustasi.
욕기부리다(慾氣-)＜yok/gi/bu/ri/da＞ menginginkan; haus (akan).
욕념(欲念)＜yok/yeom＞ keinginan; hasrat; nafsu.
욕되다(辱 -)＜yok/doe/da＞ penghinaan.
욕망(慾望)＜yong/mang＞ keinginan; cita-cita; hasrat; kemauan; kehendak; aspirasi; syarah; hawa nafsu; rindu; selera. ～을 채우다 [억채하다] memuaskan [mengendalikan] hawa nafsu.
욕먹다(辱-)＜yong/meok/ta＞ ① (욕설당하다) dihina. ② (악평을 듣다) dijelek-jelekkan.
욕보다(辱 -)＜yok/bo/da＞ ① (곤란을 겪다) melalui keadaan yang sukar. ② (치욕당하다) dipermalukan. ③ (겁간) diperkosa; digagahi.
욕보이다(辱 -)＜yok/bo/i/da＞ dipermalukan; arang dimuka; diperkosa.
욕설(辱說)＜yok/seol＞ kutukan; umpatan; damprat; makian; omong kasar. ～하다 mengutuki; mengumpat; memaki.
욕실(浴室)＜yok/sil＞ kamar mandi. ～이 있다 ada kamar mandi; dilengkapi kamar mandi.

욕심(慾心)＜yok/sim＞ kerakusan; ketamakan; hawa nafsu. ～많은 rakus; tamak. ～ 꾸러기 orang yang rakus.
욕쟁이(辱 -)＜yok/jaeng/i＞ orang yang suka bicara kotor.
욕정(慾情)＜yok/jeong＞ nafsu syahwat.
욕조(浴槽)＜yok/jo＞ bak mandi; kulah.
욕지거리(辱 -)＜yok/ji/geo/ri＞ makian. ～하다 memaki.
욕지기＜yok/ji/gi＞ mual; muak; nausea. ～나다 merasa mual; merasa nausea.
욕하다(辱 -)＜yok/hada＞ memaki.
용(龍)＜yong＞ ular naga.
…용(用)＜yong＞ untuk digunakan di … 가정 ～ untuk digunakan di rumah.
용감(勇敢)＜yong/gam＞ keberanian; keperkasaan; kegagahan; keperwiraan; kepahlawanan. ～한 berani; gagah perkasa. ～히 dengan berani.
용건(用件)＜yong/keon＞ urusan; perkara.
용골(龍骨)＜yong/gol＞ kayu/baja untuk kerangka kapal. ～대(臺) balok kayu/baja.
용공(容共)＜yong/gong＞ ～의 pro-komunis. ～정책 kebijakan pro-komunis.
용광로(鎔鑛爐)＜yong/gwang/ro＞ tanur tinggi; relau.
용구(用具)＜yong/gu＞ alat; perabot; instrumen; perkakas; perabot; perlengkapan.
용궁(龍宮)＜yong/gung＞ istana naga.
용기(用器)＜yong/gi＞ alat; perkakas. ～화 penggambaran alat/mesin.
용기(勇氣)＜yong/gi＞ keberanian; keperkasaan; kegagahan; keperwiraan. ～있는 berani. ～없는 pengecut; tidak berani. ～를 내다 memberanikan diri.
용기(容器)＜yong/gi＞ wadah.

용기병(龍騎兵)＜yong/gi/byeong＞ logender.

용꿈(龍 -)＜yong/kum＞ ～꾸다 bermimpi melihat naga (bermimpi baik).

용납(容納)＜yong/nab＞ ～하다 mengizinkan; memperkenankan; memperbolehkan. ～할 수 없는 tidak dapat diampuni.

용단(勇斷)＜yong/dan＞ keputusan yang berani. ～을 내리다 membuat keputusan yang pasti/berani.

용달(用達)＜yong/dal＞ pelayanan pengantaraan. ～하다 mengantarkan barang. ～사(社) agen pengantar. ～업 bisnis/usaha pengantaran. ～차 mobil pengantar.

용도(用度)＜yong/do＞ pembelanjaan; pengadaan.

용도(用途)＜yong/do＞ faedah; guna; manfaat. ～가 많다 serbaguna.

용돈(用 -)＜yong/ton＞ uang saku; uang jajan.

용두사미(龍頭蛇尾)＜yong/du/sa/mi＞ awal yang bagus dan akhir yang jelek. ～로 끝나다 naik seperti roket dan jatuh seperti tongkat.

용두질＜yong/du/jil＞ masturbasi; onani; rancap. ～하다 melakukan masturbasi; merancap.

용량(用量)＜yong/yang＞ dosis; takaran.

용량(容量)＜yong/yang＞ muatan; isi; kapasitas.

용력(用力)＜yong/yeok＞ ～하다 ① (마음을) memusatkan pikiran. ② (힘을) mengerahkan tenaga.

용례(用例)＜yong/rye＞ contoh. ～를 들다 memberi contoh.

용마루(龍 -)＜yong/ma/ru＞ bubungan; bubung; perabung(an); karpus; wuwungan.

용매(溶媒)＜yong/mae＞ 『化』 pelarut; pencair.

용맹(勇猛)＜yong/maeng＞ ～한, ～스런 berani; gagah berani; jantan. ～심 semangat yang berani.

용명(勇名)＜yong/myeong＞ kemasy-

huran oleh karena keberanian. ～을 떨치다 tersohor/terkenal karena keberanian.

용모(容貌)＜yong/mo＞ rupa; wajah; paras; air muka; durja. ～가 추한 사람 wajah yang tidak bagus; rupa yang jelek.

용무(用務)＜yong/mu＞ urusan. ～를 띠고 sedang berurusan. ～를 마치다 menyelesaikan urusan.

용법(用法)＜yong/peob＞ pemakaian; penggunaan; cara pakai.

용변(用便)＜yong/byeon＞ ～보다 buang air.

용병(用兵)＜yong/byeong＞ taktik; strategi.

용병(傭兵)＜yong/byeong＞ tentara bayaran; serdadu bayaran.

용사(勇士)＜yong/sa＞ pemberani; pahlawan; ksatria; jagoan.

용상(龍床)＜yong/sang＞ tahta kerajaan.

용색(用色)＜yong/saek＞ ～하다 bersetubuh.

용서(容恕)＜yong/seo＞ pengampunan; pemaafan. ～하다 mengampuni; memaafkan. ～ 없이 tanpa ampun. ～를 빌다 meminta maaf.

용선(傭船)＜yong/seon＞ pencarteran; kapal carteran. ～하다 mencarter (menyewa) kapal. ～계약 (서) perjanjian carter kapal. ～료 biaya/tarif carter kapal.

용솟음＜yong/so/seum＞ ～치다 menggelegak; bersemburan; menyembur.

용수(用水)＜yong/su＞ air; air hujan; air irigasi. ～로(路) saluran air. ～지(池) waduk. ～통 tangki air.

용수철(龍鬚鐵＜yong/su/cheol＞ pegas; per; bilah baja.

용신(容身)＜yong/sin＞ ① ～하다 bergerak dengan susah. ② ～하다 hidup dengan susah payah.

용심부리다(用心-)＜yong/sim/bu/ri/da＞ mendengki.

용쓰다＜yong/sseu/da＞ mengerahkan tenaga.

용안(龍顔)＜yong/an＞ muka raja.
용암(熔岩)＜yong/am＞ 『地』 batuan cair; lava.
용액(溶液)＜yong/aek＞ pelarutan; pelarut.
용약(勇躍)＜yong/yak＞ ～ (하여) (dengan) bersemangat.
용어(用語)＜yong/eo＞ istilah; terminologi; penyusunan kata-kata; diksi. 관청 ～ bahasa resmi. 전문～ istilah teknis. 학술～ istilah ilmiah.
용언(用言)＜yong/eon＞ 『言』 tasrif.
용역(用役)＜yong/yeok＞ pelayanan; tugas. (민간) ～ 단(團) kesatuan tugas.
용왕(龍王)＜yong/wang＞ raja naga.
용의(用意)＜yong/eui＞ kesediaan; kesiapan; kesanggupan. ～ 주도한 berhati-hati. ～가 있다 bersedia.
용의자(容疑者)＜yong/eui/ja＞ orang yang dicurigai; si tersangka. 유력한 ～ yang paling dicurigai; tersangka kunci.
용이(容易)＜yong/i＞ ～한 mudah; gampang; sederhana. ～하지 않은 sulit; sukar. ～하게 dengan mudah.
용인(容認)＜yong/in＞ ～하다 mengakui; menyetujui.
용장(勇將)＜yong/jang＞ prajurit yang hebat, jenderal yang gagah berani.
용재(用材)＜yong/jae＞ bahan bangunan.
용적(容積)＜yong/jeok＞ kapasitas; isi; volume. ～량 ukuran kapasitas. ～톤 ukuran ton.
용전(勇戰)＜yong/jeon＞ ～하다 bertempur dengan berani.
용점(熔點)＜yong/ceom＞ titik leleh; titik lebur.
용접(鎔接)＜yong/jeob＞ las. ～하다 mengelas. ～공 pengelas; tukang las. ～기 mesin las. 전기[가스] ～ pengelasan listrik [gas].
용제(溶劑)＜yong/je＞ cairan/bahan pelarut; pencair.
용지(用地)＜yong/ji＞ situs; tanah. 건축～ situs bangunan. 주택～ tanah perumahan. 철도～ tanah untuk rel kereta api.
용지(用紙)＜yong/ji＞ kertas formulir. 시험～ kertas ujian. 신청[주문] ～ formulir lamaran [pesanan]. 전보～ formulir telegram.
용진(勇進)＜yong/jin＞ ～하다 maju dengan berani.
용질(溶質)＜yong/jil＞ 『化』 zat terlarut.
용출(湧出)＜yong/chul＞ ～하다 memancar; menyembur; mancur.
용퇴(勇退)＜yong/thoe＞ pengunduran diri atas kemauan sendiri/sukarela. ～하다 mengundurkan diri secara sukarela.
용트림＜yong/theu/rim＞ ～하다 bersendawa keras.
용품(用品)＜yong/fum＞ barang persediaan/keperluan. 가정～ barang-barang keperluan rumah tangga. 사무～ barang-barang kantor. 학(교)～ barang keperluan sekolah.
용하다＜yong/hada＞ ① (재주가) mahir. ② (장하다) membanggakan. ③ (특출) luar biasa.
용해(溶解)＜yong/hae＞ pelarutan; pencairan; pengenceran. ～하다 mencairkan; melarutkan. ～력 daya larut. ～액 larutan. ～점 titik cair. ～제 bahan pelarut.
용해(鎔解)＜yong/hae＞ peleburan. ～하다 melebur. ～로(爐) pembakaran untuk peleburan. ～성 keleburan.
용호상박(龍虎相搏)＜yong/ho/sang/bak＞ pertempuran naga dan harimau.
용화(熔化)＜yong/hwa＞ peleburan; pelelehan. ～하다 melebur; meleleh.
용훼(容喙)＜yong/hwe＞ ～하다 ikut campur; campur tangan.
우(右)＜u＞ kanan. ～회전 금지 dilarang belok kanan.
우(優)＜u＞ Baik; B.
우각(牛角)＜u/gak＞ tanduk lembu.
우거(寓居)＜u/geo＞ ① gubuk. ② tempat tinggal sementara. ～하다

tinggal untuk sementara.
우거지 <u/geo/ji> daun luar kol.
우거지다 <u/geo/ji/da> tumbuh lebat/subur.
우거지상(- 相) <u/geo/ji/sang> muka mengerut.
우겨대다 <u/gyeo/dae/da> bersikeras; bersikukuh. 콩을 팥이라고 ~ bersikukuh yang putih adalah hitam.
우격다짐 <u/gyeok/da/jim> ~하다 memaksa. ~으로 dengan sewenang-wenang; dengan paksa.
우격으로 <u/gyeok/eu/ro> bertentangan dengan keinginan.
우견(愚見) <u/gyeon> pendapat saya (yang rendah).
우경(右傾) <u/gyeong> ~하다 berpihak kepada kelompok kanan; condong kekanan. ~파(派) aliran sayap kanan.
우국(憂國) <u/guk> patriotisme; kecintaan pada tanah air. ~지사 patriot. ~지심 jiwa patriot; semangat juang. ~충정 patriotisme yang kuat.
우군(友軍) <u/gun> angkatan bersenjata kawan/sekutu.
우그러뜨리다 <u/geu/reo/teu/ri/da> mengerunyutkan.
우그러지다 <u/geu/reo/ji/da> dikerunyut.
우그르르 <u/geu/reu/reu> berkerumun.
우그리다 <u/geu/ri/da> mengerunyutkan.
우글거리다 <u/geul/geo/ri/da> ① (물이) menggelembung; meluapluap; mendidih. ② (생물) berkeriapan; mengeriap.
우글우글 <u/geul/u/geul> ① dalam kerumunan; berkerumun. ~하다 mengerumuni. ② ☞ 우글쭈글.
우글쭈글 <u/geul/cu/geul> ~하다 kusut; keriput; berkerunyut.
우금(于今) <u/geum> sampai sekarang.
우굿하다 <u/geut/hada> melengkung ke dalam.

우기(右記) <u/gi> ~의 tersebut di atas.
우기(雨氣) <u/gi> tanda-tanda hujan mau turun.
우기(雨期) <u/gi> musim hujan.
우기다 <u/gi/da> bersikeras; berkukuh.
우는소리 <u/neun/so/ri> keluhan. ~하다 mengeluh; mengomel.
우단(羽緞) <u/dan> beludu; beludru.
우당탕 <u/dang/thang> dentang; dentuman. ~하다 [거리다] berdentang-dentang; berdentum.
우대(優待) <u/dae> perlakuan khusus. ~하다 memperlakukan secara khusus. ~권 tiket preferensial.
우두(牛痘) <u/du> vaksin cacar. ~를 놓다 mencacar; memberi vaksin. ~를 맞다 divaksin; dicacar.
우두머리 <u/du/meo/ri> kepala; pemimpin; bos.
우두커니 <u/du/kheo/ni> kosong; hampa; linglung. ~ 바라보다 melihat dengan pandangan hampa.
우둔(愚鈍) <u/dun> ~한 bodoh; lamban; pandir.
우듬지 <u/deum/ji> pucuk pohon; carang/rating.
우등(優等) <u/deung> peringkat atas/tertinggi. ~상(賞) hadiah peringkat tertinggi. ~생 [졸업생] siswa [lulusan] peringkat atas.
우뚝 <u/tuk> bentuk yang tinggi menjulang. ~하다 tinggi; menjulang; agung.
우라늄 <u/ra/nyum> 『化』 uranium. 천연[농축] uranium alami [diperkaya].
우락부락하다 <u/rak/bu/rak/hada> kasar.
우란 <u/ran> ☞ 우라늄.
우랄 <u/ral> Ural. ~ 알타이어족 bangsa Ural. ~ 산맥 pegunungan Ural.
우람스럽다 <u/ram/seu/reob/ta> mengesankan; agung; megah.
우량(雨量) <u/ryang> curah hujan. ~계 alat pengukur curah hujan.

우량(優良)＜u/ryang＞　～한 ung-gul; superior; pilihan.　～도서 buku pilihan.　～아(兒) bayi sehat.　～아 선발 대회 perlombaan bayi sehat.　～주(柱) saham yang unggul.　～품 barang-barang pilihan.

우러나다＜u/reo/na/da＞　menyerap (seperti rasa daging ke dalam air waktu dimasak).

우러나오다＜u/reo/na/o/da＞　keluar dari hati (tentang ucapan).

우러러보다＜u/reo/reo/bo/da＞　① (쳐다보다) melihat ke atas; menengadah.　② (존경하다) memandang tinggi; menghormati.

우러르다＜u/reo/reu/da＞　memandang ke atas; menengadah.

우렁이＜u/reong/i＞　siput.

우레＜u/re＞　☞ 천둥.　～같은 bergemuruh.　～와 같은 박수 tepuk tangan bergemuruh.

우레탄＜u/re/than＞　『化』 uretan.

우려(憂慮)＜u/ryeo＞　cemas; prihatin; khawatir.　～하다 mencemaskan sesuatu; khawatir tentang.　～할 만한 serius; mengkhawatirkan.

우려내다＜u/ryeo/nae/da＞　menyerkai, memeras.

우려먹다＜u/ryeo/meok/ta＞　☞ 우려내다.

우롱(愚弄)＜u/rong＞　ejekan; cemoohan.　～하다 mengejek; mencemooh.

우루과이＜u/ru/gwa/i＞　Uruguay.　～사람 orang Uruguay.

우르르＜u/reu/reu＞　① berdesak-desakan.　～몰려오다 datang bergerombol.　② (우뢰소리) bergemuruh.

우리＜u/ri＞　(동물의) sangkar; kurung; kandang; kerangkeng.

우리＜u/ri＞　kita; kami.　～의 kita/kami (kepunyaan).　～에게 kami/kita (obyek).　～나라 negara kita.

우리다＜u/ri/da＞　① (물에 담가서) meresap keluar.　② ☞ 우려내다.

우마(牛馬)＜u/ma＞　sapi dan kuda.　～차 kereta kuda; pedati.

우매(愚昧)＜u/mae＞　～한 bodoh; bebal.

우모(羽毛)＜u/mo＞　bulu burung.

우무＜u/mu＞　agar-agar.

우묵우묵하다＜u/muk/u/muk/hada＞　berlobang sana-sini.

우묵하다＜u/muk/hada＞　cekung; berlobang.

우문(愚問)＜u/mun＞　pertanyaan yang bodoh.　～우답 pembicaraan yang tidak berguna.　～현답 jawaban yang bijak atas pertanyaan yang bodoh.

우물＜u/mul＞　sumur; perigi; luak; sendang.　～안 개구리 katak dalam tempurung.　～을 쳐내다 membersihkan sumur.　～물 air sumur.

우물거리다＜u/mul/geo/ri/da＞　berkeriapan; mengeriap. 벌레들이 ～ ulat-ulat mengeriap.

우물거리다＜u/mul/geo/ri/da＞　(씹다 말하다) mengomel; komat-kamit.

우물우물＜u/mul/u/mul＞　berkeriapan; mengeriap.　～ 말하다 [씹다] [mengunyah-ngunyah] berkomat-kamit.

우물지다＜u/mul/ji/da＞　① (보조개가 팸) lesung pipit.　② (우묵패다) melesak kedalam; berlubang kecil.

우물쭈물＜u/mul/cu/mul＞　dengan ragu-ragu.　～하다 ragu-ragu; bimbang.　～하다가 기회를 놓치다 menyia-nyiakan kesempatan.

우뭇가사리＜u/mut/ga/sa/ri＞　『植』 agar-agar.

우미(優美)＜u/mi＞　～한 anggun.

우민(愚民)＜u/min＞　rakyat jelata.　～정치 politik rakyat jelata.

우박(雨雹)＜u/bak＞　hujan batu; hujan beku; hujan es.　～이 온다 Hujan batu turun.

우발(偶發)＜u/bal＞　kebetulan.　～하다 terjadi secara kebetulan.　～적(으로) (secara) kebetulan.　～사건 kecelakaan.　～전쟁 peperangan yang tidak disengaja.

우방(友邦)＜u/bang＞　bangsa yang bersahabat; negara sekutu.

우범(虞犯)＜u/beom＞　～소년 anak muda yang cenderung berbuat jahat.　～지대　daerah yang rawan kejahatan.

우비(雨備)＜u/bi＞ pelindung terhadap hujan.

우비다＜u/bi/da＞ menggali; mengorek; mencungkil.

우비적거리다＜u/bi/jeok/geo/ri/da＞ mengorek-ngorek.

우산(雨傘)＜u/san＞ payung. ～쓰다 memakai/memasang payung. ～살 kerangka payung.

우상(偶像)＜u/sang＞ berhala; arca; reca; patung. ～화하다 memberhalakan; memuja. ～숭배 penyembahan berhala; pemujaan berhala. ～파괴 penentangan pemujaan berhala; penghancuran berhala.

우생(優生)＜u/saeng＞ perbaikan turunan; pemuliaan. ～결혼 perkawinan yang bertujuan untuk memperbaiki keturunan. ～학 ilmu pemuliaan turunan. ～학자 ahli pemuliaan.

우선(于先)＜u/seon＞ ① (첫째로) pertama-tama; pertama sekali; terlebih dahulu. ② (좌우간) bagaimanapun juga.

우선(優先)＜u/seon＞ prioritas; pengutamaan. ～하다 mengutamakan. ～의 istimewa. ～적으로 secara istimewa. ～권(權) hak prioritas. ～배당 devidens preferens. ～순위 urutan prioritas. ～주 saham preferensial.

우성(優性)＜u/seong＞ dominasi; karakter dominan. ～의 dominan. ～유전 prepotensi. ～형질 karakter dominan.

우세＜u/se＞ ～하다 dipermalukan. ～스럽다 memalukan.

우세(優勢)＜u/se＞ keunggulan; kemenangan; keutamaan; keistimewaan. ～한 unggul. ～를 차지하다 mengungguli. ～를 보이다 menunjukkan keunggulan. ～를 유지하다 menguasai. ～해지다 mendapat kekuasaan (pengaruh).

우송(郵送)＜u/song＞ ～하다 mengirim lewat pos. ～료 bea kirim.

우수(牛手)＜u/su＞ tangan kanan.

우수(偶數)＜u/su＞ ☞ 짝수.

우수(憂愁)＜u/su＞ sifat pemurung.

우수(優秀)＜u/su＞ ～한 bagus; memuaskan; istimewa. ～한 학생 siswa yang mampu/pandai. ～한 성적으로 dengan hasil yang memuaskan. ～성 keistimewaan.

우수리＜u/su/ri＞ ① kembalian. ～를 내주다 [받다] memberikan [mendapat] kembalian. ② pecahan. ～를 버리다 menghilangkan pecahan.

우수수＜u/su/su＞ berguguran. ～하다 mengersik; mendesir; berdesau. ～떨어지다 jatuh berguguran.

우스개＜u/seu/gae＞ lelucon.

우스꽝스럽다＜u/seu/kwang/seu/reob/ta＞ lucu; menggelikan.

우습게보다[여기다]＜u/seub/ge/bo/da/[yeo/gi/da]＞ ① (경멸) menganggap/memandang rendah. ② (경시) menganggap enteng; meremehkan; menyepelekan.

우습다＜u/seub/ta＞ ① (재미있다) lucu; menggelikan. ② (하찮다) sepele; remeh; kecil. ③ (기이하다) ganjil; aneh dan langka.

우승(優勝)＜u/seung＞ kemenangan. ～하다 memenangkan pertandingan. ～기 bendera kemenangan. ～자 pemenang; juara. ～컵 piala kemenangan. ～팀 tim/grup pemenang. ～후보 calon pemenang.

우시장(牛市場)＜u/si/jang＞ pasar sapi.

우아(優雅)＜u/a＞ keanggunan; keelokan. ～한 anggun; molek; elok; bagus sekali. 몸가짐이 ～하다 mempunyai pembawaan yang anggun.

우악(愚惡)＜u/ak＞ ～스러운[한] tidak berpendidikan dan kasar.

우애(友愛)＜u/ae＞ kasih sayang persaudaraan. ～결혼 perkawinan yang serasi.

우엉＜u/eong＞ 『植』 sejenis tumbuhan liar dengan daun yang lebar.

우여곡절(迂餘曲折)＜u/yeo/gok/jeol＞ liku-liku; jatuh bangun. ~끝에 setelah banyak liku-liku.
우연(偶然)＜u/yeon＞ hal yang kebetulan. ~한 kebetulan. ~히 secara kebetulan. ~의 일치(一致) kebersamaan yang kebetulan. ~론 aksidentalisme.
우열(優劣)＜u/yeol＞ superioritas dan inferioritas. ~을 다투다 berjuang untuk superioritas/keunggulan.
우왕좌왕(右往左往)＜u/wang/jwa/wang＞ ~하다 mondar-mandir; kebingungan.
우울(憂鬱)＜u/ul＞ kemurungan jiwa; semangat rendah. ~한 murung;kesal; sedih; patah hati. ~해지다 dicekam kemurungan. ~증 hipokondria.
우월(優越)＜u/wol＞ keunggulan; keistimewaan. ~한 unggul; tertinggi. ~감 rasa tinggi hati. ~감을 갖다 merasa diri unggul.
우위(優位)＜u/wi＞ keunggulan; keulungan. ~에 서다 berada pada keadaan menguntungkan.
우유(牛乳)＜u/yu＞ susu lembu. 상한 ~ susu asam. ~로 기르다 memberi susu lembu (kepada bayi). ~를 짜다 memerah susu lembu. ~ 가게 toko susu. ~ 장수 [배달꾼] pedagang [pengantar] susu.
우유부단(優柔不斷)＜u/yu/bu/dan＞ ~한 bimbang; ragu-ragu. ~한 사람 orang yang ragu-ragu.
우육(牛肉)＜u/yuk＞ daging sapi.
우의(友誼)＜u/eui＞ persahabatan. ~를 돈독하게 하다 mempererat persahabatan.
우의(雨衣)＜u/eui＞ mantel hujan.
우이(牛耳)＜u/i＞ ~잡다 menjadi pemimpin; memimpin. ~독경 [송경] berkhotbah kepada orang yang tuli.
우익(右翼)＜u/ik＞ ① (열) sayap kanan. ② sayap kanan; lapangan sebelah kanan. ~수 pemain sayap kanan. ③ kelompok kanan; sayap kanan. ~단체 organisasi sayap kanan. ~운동 pergerakan kelompok kanan.
우자(愚者)＜u/ja＞ orang bodoh.
우장(雨裝)＜u/jang＞ mantel hujan; jas hujan. ☞ 우비.
우정(友情)＜u/jeong＞ persahabatan. ~있는 ramah tamah; baik hati; bersahabat. ~을 맺다 mengikat persahabatan.
우정(郵政)＜u/jeong＞ pelayanan pos.
우주(宇宙)＜u/ju＞ alam semesta; kosmos; angkasa luar. ~의 semesta; sedunia; keseluruhan; seluruh dunia. ~ 개발경쟁 perlombaan ruang angkasa. ~ 개발 계획 proyek pengembangan ruang angkasa. ~공항 pelabuhan angkasa luar. ~ 과학 ilmu angkasa luar. ~ 과학자 ilmuwan angkasa luar. ~ 복 pakaian angkasa luar. ~선(線) sinar kosmik. ~선 pesawat angkasa luar. ~여행 [비행] penjelajahan [penerbangan] angkasa luar. ~ 인[비행사] orang luar angkasa [astronot]. ~ 학 kosmologi(ilmu tentang angkasa luar). ~협정 persetujuan angkasa luar.
우죽＜u/juk＞ ranting.
우중(雨中)＜u/jung＞ ~에 pada waktu hujan. ~에도 불구하고 walaupun hujan.
우중충하다＜u/jung/chung/hada＞ muram; suram.
우지＜u/ji＞ bayi cengeng.
우지(牛脂)＜u/ji＞ gemuk; lemak.
우직(愚直)＜u/jik＞ ~한 lugu.
우짖다＜u/jit/ta＞ menjerit; berteriak.
우쭉우쭉＜u/cuk/u/cuk＞ ~걷다 berjalan dengan gerakan badan naik turun. ~ 자라다 tumbuh dengan cepat.
우쭐거리다＜u/cul/geo/ri/da＞ berjalan dengan congkak.
우쭐하다＜u/cul/hada＞ congkak; sombong; angkuh.
우차(牛車)＜u/cha＞ pedati.

우천(雨天)＜u/cheon＞ cuaca mendung/hujan. ～순연(順延) Bila hujan ditunda sampai hari cerah pertama.

우체(郵遞)＜u/che＞ ～국 kantor pos: ～ 국장 kepala kantor pos. ～국원 pegawai kantor pos. ～부 ☞ 우편 집배원 / ～ 통 kotak surat.

우측(右側)＜u/cheuk＞ sebelah kanan. ～통행 Selalu Jalur kanan.

우툴두툴하다＜u/thul/du/thul/hada＞ tidak rata; kasar.

우파(右派)＜u/fa＞ sayap kanan. ～사회당 partai sosialis sayap kanan.

우편(右便)＜u/fyeon＞ sebelah kanan.

우편(郵便)＜u/fyeon＞ pos surat; pelayanan surat. ～으로 보내다 dikirim melalui surat/pos. ～낭 kantong surat. ～번호 kode pos. ～사서함(函) kotak surat di kantor pos. ～요금 bea kirim. ～ 집배원 tukang pos. ～함(函) kotak surat. 외 국[국내] ～ surat luar negeri [dalam negeri].

우편물(郵便物)＜u/fyeon/mul＞ benda-benda pos. 제일종 ～ benda pos kelas satu.

우편환(郵便換)＜u/fyeon/hwan＞ pos wesel.

우표(郵票)＜u/fyo＞ perangko; materai surat. ～수집 koleksi perangko. ～ 수집가 kolektor perangko. ～ 수집광 gila perangko.

우피(牛皮)＜u/fi＞ kulit lembu.

우향(右向)＜u/hyang＞ ～우(右) Hadap kanan! ～ 앞으로 가 Belok kanan!

우현(右舷)＜u/hyeon＞ 『海』 Haluan kanan.

우호(友好)＜u/ho＞ persahabatan. ～적 ramah tamah; bersahabat. ～ 관계(關係) hubungan baik. ～조약 perjanjian persahabatan. ～ 협력조약 perjanjian kerjasama persahabatan.

우화(寓話)＜u/hwa＞ dongeng perumpamaan. ～작가 penulis dongeng perumpamaan/fabel.

우환(憂患)＜u/hwan＞ penyakit; gangguan; musibah. 집안에 ～이 있어서 dikarenakan ada musibah dalam keluarga.

우회(迂回)＜u/hoe＞ ～하다 mengambil jalan memutar. ～로(路) jalan (rute) memutar.

우회전(右回轉)＜u/hoe/jeon＞ ～하다 belok kanan. ～금지 dilarang belok kanan.

우후(雨後)＜u/hu＞ sesudah turun hujan. ～ 죽순처럼 나오다 Muncul bagai rebung sesudah hujan.

욱기(- 氣)＜uk/ki＞ pemarah.

욱다＜uk/ta＞ ① (굽다) bengkok ke dalam. ② (기운이) kecil hati; takut.

욱대기다＜uk/dae/gi/da＞ ① (위협) menakut-nakuti. ② ☞ 우기다.

욱신거리다＜uk/sin/geo/ri/da＞ sakit yang menusuk-nusuk/berdenyut-denyut.

욱이다＜u/gi/da＞ membengkokkan; melekukkan.

욱적거리디＜uk/jeok/geo/ri/da＞ berdesak-desakan.

욱하다＜uk/hada＞ meradang tiba-tiba.

운(運)＜un＞ untung; nasib; rejeki. ～(이)좋은 beruntung; bernasib baik. ～나쁜 tidak beruntung; bernasib jelek. ～좋게 mujurlah; untunglah. ～나쁘게 malang sekali; sayang sekali. ～이 좋으면 kalau nasib mujur. ～이 좋아 ...하다 beruntung sekali dapat ... ～이 다 하다 kemujuran menjauh. ～이 트이다 memulai nasib baik. ～에 맡기다 menyerahkan kepada nasib.

운(韻)＜un＞ bait sajak. ～을 맞추다 menyajakkan.

운동(運動)＜un/dong＞ ① gerakan; gerak. ～하다 bergerak. ～의 법칙 hukum gerak. ～량 momentum. ② olah raga. ～하다 berolah raga. ～가 [선수] atlit; olahragawan. ～경기 olah raga atletik. ～구 peralatan olah raga. ～복

pakaian olah raga. ～ 부족 kurang olah raga. ～신경 syaraf pergerakan. ～장 lapangan olah raga. ～화 sepatu olah raga. ～회 pertemuan atletik. 실내～ pertandingan di ruang tertutup. 옥외 [야외] ～ olahraga luar ruangan [lapangan]. ③ usaha; kegiatan; aksi; krida; kampanye; lobi. ～하다 berusaha; melakukan kegiatan/kampanye/lobi. ～을 하다 berusaha untuk mendapatkan jabatan. ～원 orang yang berkampanye. 노동 [정치, 학생] ～ gerakan buruh [politik, pelajar]. 모금 ～ kampanye pengumpulan dana.

운명(運命)＜un/myeong＞ takdir; suratan; kodrat; peruntungan. ～의 장난 liku-liku kehidupan; ironi kehidupan. …과 ～을 같이하다 berbagi nasib dengan… . ～에 맡기다 menyerahkan kepada nasib. ～론 fatalisme.

운명(殞命)＜un/myeong＞ ～하다 mati; berakhir; kiamat.

운모(雲母)＜un/mo＞ 『鑛』mika. 백～ mika putih. 흑～ mika hitam.

운무(雲霧)＜un/mu＞ awan dan kabut.

운문(韻文)＜un/mun＞ bait sajak/ puisi/syair/pantun.

운반(運搬)＜un/ban＞ pengangkutan; pengiriman. ～하다 mengangkut. ～비 ongkos angkut. ～인 pengangkut barang; kuli angkut.

운산(運算)＜un/san＞ operasi; perhitungan. ～하다 berhitung.

운석(隕石)＜un/seok＞ batu bintang; tahi bintang.

운송(運送)＜un/song＞ pengangkutan. ～하다 mengangkut. ～료 ongkos angkut. ～비(費) biaya transport/pengangkutan. ～업 usaha pengangkutan. ～업자 agen pengangkutan. 해상[육상] ～ pengangkutan melalui laut [darat].

운수(運數)＜un/su＞ bintang seseorang (kiasan); keberuntungan; untung ☞ 운(運). ～가 좋은 [나쁜]

untung baik [buruk].

운수(運輸)＜un/su＞ angkutan; pengangkutan ☞ (운송). ～ 노조(勞組) serikat buruh angkutan. ～(사)업 usaha pengangkutan.

운신(運身)＜un/sin＞ ～도 못 하다 tidak dapat bergerak.

운영(運營)＜un/yeong＞ pengelolaan; manajemen; pengusahaan. ～하다 mengelola; mengusahakan. 호텔을 ～하다 mengelola hotel. ～비 [자금] biaya [dana] pengelolaan. ～ 위원회 komite pengelolaan.

운용(運用)＜un/yong＞ pemakaian; penggunaan; aplikasi. ～하다 memakai; menggunakan. ～자본 modal kerja.

운운(云云)＜un/un＞ dan seterusnya. ～하다 memperbincangkan; mengeritik.

운율(韻律)＜un/yul＞ irama; matra. ～에 맞다 berirama.

운임(運賃)＜un/im＞ tarif barang-barang; ongkos angkutan. ～을 환불해 주다 mengembalikan ongkos angkut. ～표 daftar tarif. 여객 ～ ongkos penumpang. 초과 ～ ongkos kelebihan. 편도 [왕복] ～ ongkos sekali jalan [pulang-pergi].

운전(運轉)＜un/jeon＞ pengoperasian (mesin); pengemudian ～하다 menjalankan; mengoperasikan; mengemudikan. 자동차를 ～하다 mengemudikan mobil. ～계통 rute; sistim operasi. ～(기)사 operator; sopir; pengemudi. ～대 tempat duduk sopir. ～면허(증) surat izin mengemudi (SIM). ～자본 modal kerja.

운지법(運指法)＜un/ji/peob＞ 『樂』 cara memainkan jari.

운집(雲集)＜un/jib＞ ～하다 berkumpul; berkerumun; mengerumun.

운철(隕鐵)＜un/cheol＞ 『鑛』 besi meteor.

운치(韻致)＜un/chi＞ kesyahduan; kesedapan; keanggunan. ～있는 syahdu; anggun.

운필(運筆)＜un/fil＞ sapuan kuas.

운하(運河)＜un/ha＞ terusan; kanal. ~를 파다 menggali terusan. ~ 통과료(料) bea terusan. 파나마 [수에즈] ~ terusan Panama [Suez].

운항(運航)＜un/hang＞ pelayanan kapal; pelayanan udara; pelayaran. ~하다 berlayar.

운행(運行)＜un/haeng＞ (천제의) revolusi; peredaran; (차량의) operasi (kendaraan). ~하다 berevolusi; beredar; beroperasi. ~정지 penghentian operasi.

운휴(運休)＜un/hyu＞ penghentian pelayanan (bus).

울＜ul＞ pagar; pembatas. ~을 치다 memagari; membentengi.

울걱거리다＜ul/geok/geo/ri/da＞ berkumur.

울근불근하다＜ul/geun/bul/geun/ha-da＞ tidak cocok dengan; berselisih faham dengan.

울긋불긋하다＜ul/geut/bul/geut/ha-da＞ berwarna-warni.

울다＜ul/da＞ ① menangis; meratap. 아파서 ~ menangis karena kesakitan. 비보에 접하여 ~ meratapi kabar sedih. 마음속으로 ~ menangis dalam hati. ② (동물이) melolong (suara-suara binatang). ③ (종 따위) berdering. ④ (귀가) mendengung. ⑤ (옷 장판 따위가) mengkerut.

울대＜ul/tae＞ (울타리의) tiang pagar.

울대＜ul/tae＞ (조류의) tembolok.

울렁거리다＜ul/leong/geo/ri/da＞ (가슴) berdebar-debar; dag-dig-dug; (메슥 거림) merasa mual; (물결이) mengombak.

울리다＜ul/li/da＞ ① membuat menangis; mendukakan hati. 아이를 ~ membuat menangis anak. ② (소리를 내다) membunyikan. 경적을 ~ membunyikan klakson. ③ (들리다) bergema; bergaung. ④ bergema (nama). 명성이 전국에 ~ bergema ke seluruh tanah air.

울림＜ul/lim＞ suara; bunyi; getaran; echo.

울보＜ul/bo＞ cengeng; penangis.

울부짖다＜ul/bu/jit/da＞ menggerung.

울분(鬱憤)＜ul/bun＞ kemarahan; dendam; kebencian. ~을 풀다 melampiaskan amarah (pada). ~을 참다 menahan amarah.

울상(- 相)＜ul/sang＞ muka mau menangis. ~을 하다 [짓다] membuat muka mau menangis.

울새＜ul/sae＞ 『鳥』 burung murai.

울쑥불쑥＜ul/ssuk/bul/ssuk＞ menjulang tinggi disana-sini.

울음＜ul/eum＞ ratapan; tangisan. ~을 터뜨리다 meledak tangisan. ~을 참다 menahan air mata.

울음소리＜u/leum/so/ri＞ tangis; suara tangisan.

울적(鬱寂)＜ul/ceok＞ ~한 bermuram durja. ~한 기분으로 dengan hati yang berat.

울짱＜ul/cang＞ pagar kayu runcing.

울창(鬱蒼)＜ul/chang＞ ~한 [하게] [dengan] rimbun; [dengan] lebat.

울타리＜ul/tha/ri＞ pagar (penyekat, pendinding, pembatas).

울퉁불퉁하다＜ul/thung/bul/thung/ha-da＞ tidak rata; kasar.

울혈(鬱血)＜ul/hyeol＞ penyumbatan darah.

울화(鬱火)＜ul/hwa＞ amarah yang tertahan. ~가 치밀다 merasakan gelora amarah yang tertahan. ~통이 처져서 karena ledakan amarah yang tertahan. ~병 penyakit karena menahan amarah.

움＜um＞ tunas; kecambah; pucuk. ~이돋다 [트다] bertunas; berkecambah.

움＜um＞ (땅속광) lobang galian. ~묻다 membuat liang.

움막(- 幕)＜um/mak＞ gubuk tanah. ~살이 hidup di gubuk tanah.

움실거리다＜um/sil/geo/ri/da＞ berkerumun; mengeriap.

움쑥하다＜um/ssuk/hada＞ berlubang; cekung.

움씰하다＜um/ssil/hada＞ mengkirik.

움죽거리다＜um/juk/geo/ri/da＞ bergerak.

움직이다＜um/jik/i/da＞ ① (변동하다 변경시키다) berubah; beralih. ② (이동하다) pindah; (기계등이) beroperasi; jalan. ③ menyentuh hati. 청중을 ～ menyentuh hati pemirsa. ④ terpengaruh. 감정에 ～ terbawa emosi. 돈에 ～ dipengaruhi oleh uang. ⑤ menggerakkan; menjalankan; mengoperasikan. 기계를 ～ mengoperasikan mesin.

움직임＜um/jik/im＞ pergerakan; operasi; (동향) kecenderungan; arus.

움집＜um/jib＞ gubuk tanah.

움츠러들다＜um/cheu/reo/deul/da＞ meringkuk; mengkeret.

움츠러뜨리다＜um/cheu/reo/teu/ri/da＞ memengkeretkan; membuat mengkeret (membuat takut).

움츠리다＜um/cheu/ri/da＞ 목을 ～ memengkeretkan leher. 몸을 ～ mengukulkan badan.

움켜잡다＜um/khyeo/jab/ta＞ memegang; mencengkeram; meraih.

움켜쥐다＜um/khyeo/jwi/da＞ menggenggam; menggemal; menguasai.

움큼＜um/kheum＞ segenggam; sejumpluk.

움파다＜um/fa/da＞ menggali.

움패다＜um/fae/da＞ menjadi cekung; melesak kedalam.

움펑눈＜um/feong/nun＞ mata yang cekung. ～이 orang yang bermata cekung.

움푹하다＜um/fuk/hada＞ cekung; melesak ke dalam.

웃기다＜ut/gi/da＞ menggelikan; membuat tertawa.

웃녘＜ut/nyeokh＞ bagian/sisi atas.

웃니＜ut/ni＞ gerigi atas.

웃다＜ut/ta＞ ① tertawa; ketawa; gelak. 하하 [허허] ～ ha-ha. 킥킥 ～ terkikih-kikih. ② (비웃다) menertawakan; mencemooh.

웃도리＜ut/do/ri＞ badan bagian atas.

웃돈＜ut/don＞ uang ekstra; premium.

웃돌다＜ut/dol/da＞ lebih dari; melebihi. 평년작을 ～ melebihi hasil rata-rata.

웃목＜ut/mok＞ tempat di atas lantai jauh dari perapian.

웃물＜ut/mul＞ (상류) hulu.

웃사람＜ut/sa/ram＞ atasan; senior.

웃옷＜ut/ot＞ baju.

웃음＜u/seum＞ tawa; gelak; (미소) senyum; (조소) seringai; cemooh. ～을 띄우고 dengan senyum. ～을 터뜨리다 meledakkan tawa. ～을 사다 menimbulkan cemooh. ～을 참다 menahan ketawa. ～ 소리 suara tertawa.

웃음거리＜u/seum/keo/ri＞ bahan tertawaan. ～가 되다 menjadi bahan tertawaan.

웃자리＜ut/ja/ri＞ (높은 지위) pangkat yang tinggi, (상좌) tempat duduk kehormatan.

웃통＜ut/thong＞ bagian atas badan. ～을 벗다 membuka baju atas; bertelanjang dada.

웅거(雄據)＜ung/geo＞ ～하다 mempertahankan daerah kekuasaan.

웅그리다＜ung/geu/ri/da＞ berjongkok.

웅기중기＜ung/gi/jung/gi＞ ☞ 웅기종기.

웅담(熊膽)＜ung/dam＞ empedu beruang.

웅대(雄大)＜ung/dae＞ ～한 agung; besar; hebat. ～한 구상 gagasan besar.

웅덩이＜ung/deong/i＞ genangan air.

웅도(雄圖)＜ung/do＞ ambisi.

웅변(雄辯)＜ung/byeon＞ kepandaian berpidato; kefasihan. ～을 토하다 berbicara dengan fasih. ～가 pembicara yang mahir. ～대회 perlombaan pidato. ～술 seni berpidato.

웅비(雄飛)＜ung/bi＞ ～하다 menonjolkan diri; memainkan peran yang penting.

웅성거리다＜ung/seong/geo/ri/da＞ ribut; gaduh.

웅숭그리다＜ung/sung/geu/ri/da＞ berjongkok.

웅숭깊다＜ung/sung/gif/ta＞ dalam; (berpikiran) luas.

웅얼거리다＜ung/eol/geo/ri/da＞ komat-kamit; bergumam.

웅자(雄姿)＜ung/ja＞ bentuk/gaya yang megah.

웅장(雄壯)＜ung/jang＞ ~한 agung; megah. ~한 건물 bangunan yang megah.

웅크리다＜ung/kheu/ri/da＞ merangkang; bertinggung; berjongkok; berlangkung; menggerumuk.

웅편(雄篇)＜ung/fyeon＞ karya agung.

워낙＜wo/nak＞ pada awalnya; memang; sungguh-sungguh; tentu saja.

워밍업＜wo/ming/eob＞ pemanasan badan. ~하다 melakukan pemanasan.

워키토키＜wo/khi/tho/khi＞ walkie-talkie.

워터＜wo/theo＞ air. ~탱크 tangki air.

원(員)＜won＞ anggota.

원(圓)＜won＞ lingkaran; keliling; bulatan; bundaran; lingkungan; kalangan. ~운동 gerakan melingkar.

원(願)＜won＞ keinginan; kemauan. 평생의 ~ keinginan seumur hidup.

원＜won＞ *won* (mata uang Korea).

원…(元.原)＜won＞ asal mula; permulaan; sumber.

원가(原價)＜won/ka＞ harga pokok. ~로 [이하로] 팔다 menjual pada [di bawah] harga pokok. ~계산 perhitungan biaya. 생산 ~ biaya produksi.

원거리(遠距離)＜won/geo/ri＞ jarak jauh. ~에 pada jarak jauh.

원격(遠隔)＜won/kyeok＞ ~한 jauh. ~조작 [조종] alat pengontrol jarak jauh. ~측정 pengukuran jarak jauh.

원경(遠景)＜won/gyeong＞ pandangan jauh; perspektif.

원고(原告)＜won/go＞ penuntut; penggugat; penuduh.

원고(原稿)＜won/go＞ naskah; tulisan; artikel; skrip. ~료 pembayaran untuk naskah; honor naskah. ~(용)지 kertas naskah. 강연 ~ naskah pidato.

원광(原鑛)＜won/gwang＞ bijih besi.

원광(圓光)＜won/gwang＞ lingkaran cahaya.

원교(遠郊)＜won/gyo＞ daerah pinggiran kota; kota satelit.

원군(援軍)＜won/gun＞ bala bantuan. ~을 보내주다 mengirimkan bala bantuan.

원근(遠近)＜won/geun＞ ~의 [에] jauh dekat; jauh dan dekat. ~법(法) metode (penyajian) perspektif.

원금(元金)＜won/geum＞ uang pokok; modal.

원급(原級)＜won/geub＞ 『文』 derajat positif.

원기(元氣)＜won/gi＞ kekuatan; tenaga; semangat. ~ 왕성한 giat; penuh semangat. ~부족 kurang semangat.

원기둥(圓 -)＜won/gi/dung＞ ☞ 원주(圓柱).

원내(院內)＜won/nae＞ ~의[에서] [di] dalam Dewan Perwakilan Rakyat. ~총무 ketua fraksi.

원년(元年)＜won/nyeon＞ tahun pertama.

원단(元旦)＜won/dan＞ hari tahun baru.

원당(原糖)＜won/dang＞ gula mentah.

원대(原隊)＜won/dae＞ kesatuan (seseorang). ~ 복귀하다 kembali ke kesatuan.

원대(遠大)＜won/dae＞ ~한 besar; berjangkauan jauh; ambisius. ~한 계획 rencana besar; rencana berjangkauan jauh.

원도(原圖)＜won/do＞ lukisan asli.

원동(原動)＜won/dong＞ penyebab gerakan; motif aksi. ~기 motor penggerak.

원동력(原動力)＜won/dong/nyeok＞

daya penggerak. 활동의 ~ daya penggerak aktivitas.

원두막(園頭幕)＜won/du/mak＞ dangau/gubuk jaga dikebun.

원둘레(圓 -)＜won/dul/le＞ ☞ 원주(圓周).

원래(元來.原來)＜wol/nae＞ pada mulanya; sedianya; sebetulnya; sesungguhnya; pada hakekatnya.

원로(元老)＜wol/no＞ negarawan kawakan, usahawan kawakan. 문단의 ~ sastrawan kawakan.

원로(遠路)＜wol/no＞ jarak yang jauh; jalan yang panjang. ~의 여행 perjalanan panjang.

원론(原論)＜wol/non＞ teori; prinsip. 경제학 ~ prinsip-prinsip ekonomi.

원료(原料)＜wol/yo＞ bahan-bahan; material; bakal.

원리(元利)＜wol/li＞ pokok dan bunga. ~금 jumlah pokok dan bunga.

원리(原理)＜wol/li＞ prinsip; azas; pokok. 근본 ~ prinsip dasar.

원만(圓滿)＜won/man＞ keserasian; kerukunan; keselarasan; kesempurnaan. ~한 harmonis; rukun; selaras. ~히 dengan serasi; dengan rukun. ~한 가정 keluarga yang harmonis. ~한 인격 sifat/tabiat yang ramah. ~한 해결 penyelesaian yang ramah tamah. ~치 못하다 tidak rukun (dengan).

원망(怨望)＜won/mang＞ penyesalan. ~하다 menyesalkan; menyesali. ~스러운 sesal; penuh sesal. ~스럽게 [스러운 듯이] dengan sesal. 하늘을 ~하다 menyesali langit.

원망(願望)＜won/mang＞ keinginan; kemauan.

원맨쇼＜won/maen/syo＞ pertunjukan tunggal; penampilan tunggal.

원면(原綿)＜won/myeon＞ katun/kapas kasar.

원명(原名)＜won/myeong＞ nama asli.

원모(原毛)＜won/mo＞ bahan wool; wool yang belum diolah.

원목(原木)＜won/mok＞ kayu gelondongan.

원무(圓舞)＜won/mu＞ tarian melingkar; wals. ~곡 『樂』 irama wals.

원문(原文)＜won/mun＞ teks; karangan asli; naskah. (번역이) ~에 충실하다 hampir menyerupai aslinya.

원반(圓盤)＜won/ban＞ cakram. ~던지기 lempar cakram.

원방(遠方)＜won/bang＞ tempat yang jauh. ~의 jauh.

원병(援兵)＜won/byeong＞ bala bantuan. ☞ 원군.

원본(原本)＜won/bon＞ tulisan asli; naskah.

원부(怨府)＜won/bu＞ ~가 되다 menjadi sasaran penyesalan.

원부(原簿)＜won/bu＞ 『簿』 buku besar; buku kas induk.

원불교(圓佛教)＜won/bul/gyo＞ Won Budhism.

원뿔(圓 -)＜won/pul＞ ☞ 원추.

원사(寃死)＜won/sa＞ ~하다 dibawah mati geram (karena difitnah).

원사이드게임＜won/sa/i/deu/ke/im＞ pertandingan sepihak.

원산물(原産物)＜won/san/mul＞ produksi utama.

원산지(原産地)＜won/san/ji＞ negara asal; tempat asal; habitat. ~증명(서) surat keterangan asal.

원상(原狀)＜won/sang＞ kondisi semula; keadaan semula. ~으로 복구[회복]되다 dipulihkan ke kondisi semula.

원색(原色)＜won/saek＞ warna dasar. ~사진 foto berwrna. 3 ~ tiga warna dasar.

원생(原生)＜won/saeng＞ ~동물 hewan bersel tunggal; protozoa. ~림(林) hutan perawan. ~식물 protofita.

원서(原書)＜won/seo＞ karya asli. ~로 읽다 membaca dalam karya asli.

원서(願書)＜won/seo＞ surat lamar-

an kerja; formulir lamaran kerja.
~를 내다 memasukkan surat la-
maran kerja; melamar kerja.
원석(原石)＜won/seok＞ batu yang
belum diasah; permata tulen; bijih
kasar. 다이아몬드~ intan yang be-
lum diasah; intan tulen.
원성(怨聲)＜won/seong＞ keluhan;
gerutuan.
원소(元素)＜won/so＞ 『化』 unsur;
anasir; elemen. ~기호 simbol un-
sur kimia. ~ 주기율 rumus ber-
kala dari unsur kimia.
원수(元首)＜won/su＞ penguasa; ke-
pala negara.
원수(元帥)＜won/su＞ (육군) jende-
ral; (해군) laksamana; (공군) mar-
sekal.
원수(怨讐)＜won/su＞ musuh. ~지
간 saling bermusuhan. ~를 갚다
membalas dendam (terhadap). 은혜
를 ~로써 갚다 membalas kebaik-
an dengan kejahatan.
원수(員數)＜won/su＞ jumlah orang.
원수폭(原水爆)＜won/su/fok＞ bom
atom dan hidrogen.
원숙(圓熟)＜won/suk＞ ~하다 de-
wasa, matang. ~해지다 tumbuh
dewasa.
원숭이＜won/sung/i＞ monyet.
원시(原始)＜won/si＞ asal mula; ge-
nesis. ~적(인) asli; primitif. ~
림 hutan perawan; hutan purba. ~
시대 jaman purbakala. ~인(人)
manusia purba.
원시(遠視)＜won/si＞ pandangan ja-
uh; terang jauh (rabun dekat). ~
경 kacamata rabun dekat (plus).
원심(原審)＜won/sim＞ putusan se-
mula. ~을 파기하다 berbalik dari
putusan semula.
원심(圓心)＜won/sim＞ pusat ling-
karan.
원심력(遠心力)＜won/sim/nyeok＞
『理』 gaya sentrifugal.
원아(園兒)＜won/a＞ anak taman
kanak-kanak.
원안(原案)＜won/an＞ rancangan
awal.

원앙(鴛鴦)＜won/ang＞ 『鳥』 itik
mandarin. 한 쌍의~ sepasang ke-
kasih; dua sejoli. ~금침 pelamin-
an.
원액(元額.原額)＜won/aek＞ jumlah
semula.
원액(原液)＜won/aek＞ larutan asli;
larutan yang tidak diencerkan.
원양(遠洋)＜won/yang＞ lautan; sa-
mudra; laut dalam. ~어선 kapal
samudra. ~어업(漁業) penangkap-
an ikan laut dalam. ~항로 [항해]
rute [pelayaran] samudra.
원어(原語)＜won/eo＞ bahasa asli.
원영(遠泳)＜won/yeong＞ renang ja-
rak jauh.
원예(園藝)＜won/ye＞ berkebun;
hortikultur. ~가(家) pembudidaya
tanaman. ~식물 tanaman kebun.
~학교 sekolah perkebunan.
원외(員外)＜won/oe＞ ~의 cadang-
an. ~자 bukan anggota.
원외(院外)＜won/oe＞ ~의 diluar
Dewan Perwakilan Rakyat. ~투쟁
di luar perjuangan majelis.
원유(原油)＜won/yu＞ minyak men-
tah; minyak kasar. ~가격 harga
minyak mentah. ~ 생산국 negara
penghasil minyak mentah.
원유회(園遊會)＜won/yu/hoe＞ pesta
taman.
원음(原音)＜won/eum＞ suara asli.
원의(原意)＜won/eui＞ maksud sebe-
narnya; niat semula.
원의(原義)＜won/eui＞ arti dasar;
arti semula.
원의(院議)＜won/eui＞ keputusan
majelis.
원인(原因)＜wo/nin＞ sebab; kausa;
lantaran; bibit; sumber. ~과 결과
sebab dan akibat. ~불명의 tidak
diketahui penyebabnya. ...에 그 ~
이 있다 bersumber/bermula (dari):
disebabkan oleh... . ~을 따지다 [
규명하다] menyelidiki sebab. 간접
[직접] ~ penyebab tidak langsung
[langsung]. 실패의 ~ sebab
kegagalan.
원인(遠因)＜wo/nin＞ penyebab tak

langsung.
원인(願人)＜wo/nin＞ pelamar; pemohon.
원일점(遠日點)＜won/il/jeom＞ 『天』 kubah tinggi.
원자(原子)＜won/ja＞ atom; zarah. ～가 nilai atom; valensi. ～량 berat atom. ～로 reaktor atom. ～물리학 fisika nuklir. ～번호 nomor atom. ～병기 senjata atom; senjata nuklir. ～병 (환자) penyakit (yang disebabkan oleh) nuklir. ～설[론] teori atom. ～전 perang nuklir. ～탄두 hulu nuklir. ～(폭)탄(彈) bom atom. ～핵(核) inti atom.
원자력(原子力)＜won/ja/ryeok＞ tenaga atom/nuklir. ～ 국제관리 pengendalian tenaga nuklir internasional. ～ 발전소 pabrik nuklir. ～시대 zaman nuklir. ～ 잠수함 kapal selam tenaga nuklir. ～평화 이용 pemakaian tenaga nuklir untuk tujuan damai. ～평화 이용 tenaga nuklir untuk perdamaian.
원자재(原資材)＜won/ja/jae＞ bahan baku.
원작(原作)＜won/jak＞ karya asli. ～자 pengarang.
원장(元帳)＜won/cang＞ buku besar; buku kas induk.
원장(院長)＜won/jang＞ direktur (rumah sakit, sekolah pelatihan, dan lain-lain).
원장(園長)＜won/jang＞ kepala (kebun binatang, taman kanak-kanak).
원저(原著)＜won/jeo＞ karya asli.
원적(原籍)＜won/jeok＞ tempat tinggal asal.
원전(原典)＜won/jeon＞ naskah; buku sumber.
원점(原點)＜won/ceom＞ titik awal.
원정(遠征)＜won/jeong＞ ekspedisi; perlawatan. ～하다 melakukan ekspedisi. ～경기 pertandingan keluar kandang. ～군[대] pasukan ekspedisi.
원조(元祖)＜won/jo＞ pendiri negara/kerajaan; nenek moyang.

원조(援助)＜won/jo＞ bantuan; pertolongan. ～하다 menolong; membantu. ～를 요청하다 meminta bantuan. ～국 negara yang membantu. ～물자 barang-barang bantuan. ～자 penyokong; pendukung. 재정 ～ bantuan keuangan.
원족(遠足)＜won/jok＞ darmawisata; pesiar. ☞ 소풍.
원죄(原罪)＜won/joe＞ dosa asal.
원죄(冤罪)＜won/joe＞ tuduhan palsu.
원주(圓柱)＜won/ju＞ kolom; silinder; tabung. ～상(狀)의 berbentuk kolom; berbentuk silinder/tabung.
원주(圓周)＜won/ju＞ keliling. ～율 『數』 konstanta lingkaran (pi).
원주민(原住民)＜won/ju/min＞ pribumi; penduduk asli; bumi putera.
원지(原紙)＜won/ji＞ kertas stensil; kertas telor.
원지(遠地)＜won/ji＞ tempat yang jauh.
원지(遠志)＜won/ji＞ ambisi yang besar.
원지점(遠地點)＜won/ji/jeom＞ 『天』 titik terjauh dari bumi dalam peredaran satelit.
원질(原質)＜won/jil＞ protil. 유전 ～ 『生』 gen.
원천(源泉)＜won/cheon＞ sumber; asal. ～과세 pemajakan atas pendapatan asal. ～소득세 pajak pendapatan asal.
원촌(原寸)＜won/chon＞ ～의 sebesar aslinya.
원추(圓錐)＜won/chu＞ kerucut. ～형의 berbentuk kerucut. ～곡선 (irisan) kerucut.
원추리＜won/chu/ri＞ 『植』 bunga bakung.
원칙(原則)＜won/chik＞ aturan/prinsip dasar. ～적으로 secara prinsip. ～을 세우다 menetapkan dasar/asas.
원컨대(願 -)＜won/kheon/dae＞ saya harap.
원탁(圓卓)＜won/thak＞ meja bun-

dar. ~회의 konferensi meja bundar.
원통(冤痛)＜won/thong＞ ~한 patut disesali; patut diratapi.
원통(圓筒)＜won/thong＞ silinder; tabung.
원판(原版)＜won/fan＞ film/plat negatif; klise.
원폭(原爆)＜won/fok＞ bom atom. ~기지 pangkalan (bom) atom. ~실험 percobaan bom atom. ~희생자 korban (bom) atom.
원피스＜won/fi/seu＞ baju terusan.
원하다(願 -)＜won/hada＞ keinginan; kemauan; harapan. 평화를 ~ keinginan akan kedamaian.
원한(怨恨)＜won/han＞ dendam kesumat; kasam; dendam (hati). ~에 의한 살인 pembunuhan balas dendam. ~을 품다 menanggung dendam. ~을 사다 menyebabkan sakit hati. ~이 뼈[골수]에 사무치다 mempunyai dendam kesumat (terhadap).
원항(遠航)＜won/hang＞ pelayaran laut. ~하다 berlayar; mengadakan pelayaran laut.
원해어(遠海魚)＜won/hae/eo＞ ikan laut dalam.
원행(遠行)＜won/haeng＞ perjalanan jauh. ~하다 mengadakan perjalanan jauh.
원형(原形)＜won/hyeong＞ bentuk asli. ~을 보존하다 mempertahankan bentuk asli.
원형(原型)＜won/hyeong＞ model; percontohan; prototipe.
원형(圓形)＜won/hyeong＞ lingkaran; bundaran. ~의 bundar; bulat. ~극장 amphiteater.
원형질(原形質)＜won/hyeong/jil＞ 『生』 protoplasma.
원호(援護)＜won/ho＞ bantuan; sokongan. ~하다 membantu; mendukung; menyokong. ~기금[성금] dana [sumbangan] bantuan. ~대상자 penerima bantuan. ~처 kantor veteran.
원호(圓弧)＜won/ho＞ lengkungan.

원혼(冤魂)＜won/hon＞ arwah gentayangan.
원화(- 貨)＜won/hwa＞ *won* (uang Korea).
원화(原畵)＜won/hwa＞ gambar asli.
원활(圓滑)＜won/hwal＞ ~한 harmonis; lancar. ~히 dengan lancar. (일이) ~하게 되어 가다 berjalan lancar.
원흉(元兇)＜won/hyung＞ pemimpin gerombolan; biang keladi.
월＜wol＞ (문장) kalimat.
월(月)＜wol＞ bulan. ~평균 rata-rata perbulan.
월간(月刊)＜wol/gan＞ terbit tiap bulan. ~의 perbulan; bulanan. ~잡지 majalah bulanan.
월경(月經)＜wol/gyeong＞ haid; datang bulan; mens. ~이 있다 dapat haid. ~중이다 sedang haid. ~기 masa haid. ~대 pembalut wanita. ~불순 ketidakteraturan datang bulan. ~폐쇠기 menopause.
월경(越境)＜wol/gyeong＞ penyeberangan perbatasan. ~하다 menyeberangi perbatasan. ~비행 penerbangan di atas wilayah asing. ~사건 perselisihan perbatasan.
월계(月計)＜wol/gye＞ perhitungan jumlah perbulan.
월계(月桂)＜wol/gye＞ pohon salam. ~관 mahkota daun salam. 승리의 ~관을 쓰다 dimahkotai dengan daun salam sebagai tanda kemenangan.
월광(月光)＜wol/gwang＞ sinar bulan. ~곡 "Sonata Sinar Bulan".
월권(越權)＜wol/kwon＞ tindakan diluar wewenang. ~(행위를) 하다 bertindak diluar wewenang.
월급(月給)＜wol/geub＞ gaji perbulan. 5십만 원의 ~으로 dengan gaji 500.000 *won*. ~을 받다 menerima gaji. ~이 오르다 naik gaji. ~날 hari gajian. ~봉투 amplop gaji. ~장이 pegawai kantor; karyawan; orang gajian.
월남(越南)＜wol/nam＞ negara Vietnam. ~의 (사람) tentang Vietnam;

(orang Vietnam).

월남(越南)＜wol/nam＞ ～하다 melintasi garis perbatasan (dari Korea Utara ke Korea Selatan).

월내(月內)＜wol/nae＞ ～에 dalam bulan.

월동(越冬)＜wol/tong＞ kehidupan musim dingin. ～하다 melewati musim dingin. ～ 준비를 하다 bersiap untuk musim dingin.

월등(越等)＜wol/teung＞ ～한 luar biasa; istimewa. ～히 dengan luar biasa; secara istimewa. ～히 낫다 jauh lebih bagus.

월례(月例)＜wol/lye＞ ～의 bulanan; perbulan. ～회 pertemuan bulanan.

월리(月利)＜wol/li＞ bunga perbulan.

월말(月末)＜wol/mal＞ ～에[까지] di akhir bulan; habis bulan. ～계산(計算) pembayaran di akhir bulan.

월면(月面)＜wol/myeon＞ permukaan bulan. ～보행 jalan di bulan.

월변(月邊)＜wol/byeon＞ bunga perbulan.

월보(月報)＜wol/bo＞ laporan bulanan.

월부(月賦)＜wol/bu＞ ～로 dengan cicilan bulanan. 피아노의 ～ cicilan bulanan untuk pembelian piano. 6개월 ～로 사다 membeli dengan cicilan enam bulan. ～판매 penjualan dengan cicilan bulanan.

월북(越北)＜wol/buk＞ ～하다 pergi ke Korea Utara.

월산(月産)＜wol/san＞ hasil produksi perbulan.

월색(月色)＜wol/saek＞ sinar bulan; terang bulan.

월세(月貰)＜wol/se＞ sewa per bulan. ～가 5십만 원이다 menyewa 500.000 *won* per bulan.

월세계(月世界)＜wol/se/gye＞ dunia bulan. ～여행 perjalanan ke bulan.

월수(月收)＜wol/su＞ ① pendapatan perbulan. ～가 900.000 원이다 berpenghasilan sebanyak 900.000

won sebulan. ② (빚) pinjaman cicilan perbulan.

월식(月蝕)＜wol/sik＞ 『天』 gerhana bulan. 개기[부분] ～ gerhana bulan total [sebagian].

월액(月額)＜wol/aek＞ jumlah perbulan.

월여(月餘)＜wol/yeo＞ ～간(間)이나 sebulan lebih. ～ 전(前)에 lebih dari sebulan lalu.

월요일(月曜日)＜wol/yo/il＞ Senin.

월일(月日)＜wol/il＞ tanggal; hari dan bulan.

월전(月前)＜wol/jeon＞ ～에 sebulan lalu.

월정(月定)＜wol/ceong＞ ～의 perbulan; bulanan. ～구독료 [구독자] uang langganan [pelanggan] perbulan.

월초(月初)＜wol/cho＞ ～에 pada awal bulan.

월평(月評)＜wol/fyeong＞ tinjauan bulanan.

월하(月下)＜wol/ha＞ ～에서 dibawah sinar bulan.

웨딩＜we/ding＞ pesta pernikahan. ～ 드레스 [마치] gaun [lagu] pesta pernikahan.

웨이터＜we/i/theo＞ pelayan; bujang; pembantu; kacung.

웨이트리스＜we/i/theu/ri/seu＞ pelayan wanita; pramusaji.

웬＜wen＞ apa. ～ 까닭으로 mengapa. ～ 사람이냐 Siapa pria itu?, Untuk apa dia disini?

웬걸＜wen/geol＞ Astaga!; Ya, ampun!

웬만큼＜wen/man/kheum＞ sedang; hampir; agak baik. (음식이) ～익다 hampir matang.

웬만하다＜wen/man/hada＞ agak baik; boleh juga.

웬셈＜wen/sem＞ ～인지 나도 모르겠다 Saya juga tidak tahu ada apa.

웬일＜wen/il＞ apa (masalahnya); apa urusannya. ～인지 untuk suatu alasan (yang tidak jelas). ～이냐 Ada apa?; Apa yang terjadi. ～로 왔니 Apa urusanmu disini?

웰컴＜wel/kheom＞ selamat datang.
웰터급(- 級)＜wel/theo/keub＞ kelas welter. ~선수 petinju kelas welter.
웽그렁뎅그렁＜weng/geu/reong/deng/geu/reong＞ gemerincing.
웽웽＜weng/weng＞ mendengung.
위＜wi＞ ① atas; bagian atas; permukaan. ~의 atas; bagian atas. ~에 di atas. ~에 말한 바와 같이 seperti yang disebutkan di atas. ~를 쳐다보다 melihat ke atas. 머리 ~를 날다 terbang di atas kepala. ② puncak; kepala. 맨 ~의 paling atas; puncak tertinggi. ~에서 아래까지 dari atas ke bawah; dari puncak ke dasar. ~에서 다섯째 줄(에) (pada) baris kelima dari atas. ③ ~의 lebih tinggi; lebih dari. 제일 ~의 누나 kakak perempuan yang tertua. 훨씬 ~이다 jauh lebih atas. 한 학년 ~다 satu kelas lebih tinggi. ~를 쳐다보면 한이 없다 Jangan bandingkan dirimu dengan yang diatasmu. ④ ~의 atas(an). ~로부터의 명령 perintah dari atas(an). 남의 ~에서다 memimpin yang lain; atasan dari yang lainnya.
위(位)＜wi＞ ① pangkat; kedudukan. 2~ orang kedua. ② 영령 9 ~ sembilan roh agung.
위(胃)＜wi＞ perut; lambung. ~가 튼튼 [약]하다 memiliki perut yang kuat [lemah].
위경련(胃痙攣)＜wi/gyeong/nyeon＞ 『醫』 kejang perut. ~을 일으키다 terserang kram perut.
위계(位階)＜wi/gye＞ pangkat; kedudukan.
위계(僞計)＜wi/gye＞ rencana yang memperdayakan. ~를 쓰다 menggunakan rencana yang licik.
위관(尉官)＜wi/gwan＞ perwira pertama.
위광(威光)＜wi/gwang＞ kekuasaan; pengaruh; kekuatan.
위구(危懼)＜wi/gu＞ keperihatinan. ~하다 takut; prihatin.

위국(危局)＜wi/guk＞ situasi krisis.
위국(爲國)＜wi/guk＞ ~하다 membaktikan diri kepada negara.
위궤양(胃潰瘍)＜wi/gwe/yang＞ 『醫』 borok perut.
위급(危急)＜wi/geub＞ masa gawat/genting; darurat. ~한 genting; krisis; gawat. ~시에 disaat darurat. ~ 존망지추 saat darurat; saat kritis.
위기(危機)＜wi/gi＞ krisis; kegentingan; kemelut; ketegangan; darurat; bahaya; bencana. ~에 처해 있다 di saat bahaya. ~를 벗어나다 melewati krisis. ~일발 saat genting/krisis. ~ 일발로 모면하다 lolos pada saat krisis.
위기(圍碁)＜wi/gi＞ permainan baduk. ☞ 바둑.
위난(危難)＜wi/nan＞ berbahaya.
위대(偉大)＜wi/dae＞ kebesaran; keagungan. ~한 besar; agung; akbar. ~한 국민 bangsa yang besar.
위덕(威德)＜wi/deok＞ pribudi dan martabat.
위도(緯度)＜wi/do＞ garis lintang. 고 [저] ~ garis lintang tinggi [rendah].
위독(危篤)＜wi/dok＞ ~하다 parah; kritis; gawat. ~ 상태에 빠지다 jatuh kedalam kondisi yang parah.
위락시설(慰樂施設)＜wi/rak/si/seol＞ sarana hiburan.
위력(威力)＜wi/ryeok＞ kekuasaan; wewenang. ~있는 berkuasa. 돈의 ~ kekuasaan uang/kekayaan.
위력(偉力)＜wi/ryeok＞ kekuasaan yang besar; pengaruh yang besar.
위령(慰靈)＜wi/ryeong＞ ~제 upacara penghiburan arwah. 합동 ~제 upacara penghiburan arwah bersama. ~탑 tugu penghiburan arwah.
위로(慰勞)＜wi/ro＞ ① ~하다 menghargai jasa-jasa. ~회를 열다 mengadakan pesta penghargaan atas jasa-jasa. ~금 uang duka; uang jasa. ② penghiburan; pelipur lara.

~하다 menghibur. ~의 말 kata-kata penghiburan. 불행을 ~하다 menghibur kedukaan. 환자를 ~하다 menghibur pasien.

위막(胃膜)＜wi/mak＞ selaput lambung.

위명(威名)＜wi/myeong＞ kemashuran; nama baik; ketenaran.

위명(僞名)＜wi/myeong＞ nama palsu.

위무(慰撫)＜wi/mu＞ ~하다 menenangkan; menghibur.

위문(慰問)＜wi/mun＞ kunjungan ke orang sakit; kunjungan bela sungkawa. ~하다 menjenguk/mengunjungi orang sakit; berbela sungkawa. ~문 [편지] surat penghiburan; surat ucapan semoga lekas sembuh. ~품 oleh-oleh (untuk tentara, orang yang dibesuk).

위반(違反)＜wi/ban＞ pelanggaran; ketidakpatuhan; pengingkaran. ~하다 melanggar; mengingkari. …에 ~하여 pelanggaran terhadap… . 선거법 ~으로 atas pelanggaran terhadap undang-undang pemilihan. 규칙 ~이다 Itu melanggar peraturan. ~자 pelanggar; orang yang melanggar. 교통 [법률] ~ pelanggaran peraturan [undang-undang] lalu lintas. 주차 ~ pelanggaran parkir.

위배(違背)＜wi/bae＞ pertentangan; pelanggaran; kesalahan. ☞ 위반.

위법(違法)＜wi/beob＞ pelanggaran hukum; ketidaksyahan. ~의 melanggar hukum; tidak syah. ~자 pelanggar hukum. ~처분 penanganan yang tidak syah. ~행위 tindakan yang melanggar hukum.

위벽(胃壁)＜wi/byeok＞ selaput lambung.

위병(胃病)＜wi/byeong＞ sakit perut; gangguan perut.

위병(衛兵)＜wi/byeong＞ prajurit jaga. ~근무 tugas jaga. ~소 gardu jaga.

위산(胃散)＜wi/san＞ puyer untuk sakit perut.

위산(胃酸)＜wi/san＞ asam lambung. ~과다증 kelebihan asam lambung. ~결핍증 kekurangan asam lambung.

위상(位相)＜wi/sang＞ harkat; martabat.

위생(衛生)＜wi/saeng＞ kesehatan; sanitasi. ~적 bersih; sehat. ~상 untuk alasan kesehatan/kebersihan; demi kesehatan/kebersihan. ~에 해로운 tidak baik bagi kesehatan; merugikan kesehatan. ~관념 pemikiran tentang kesehatan. ~병 tentara bagian kesehatan. ~시설 sarana kesehatan. 공중 ~ kesehatan umum. ~실 kamar bebas kuman. ~학 ilmu kesehatan. 정신 ~ kesehatan mental.

위서다＜wi/seo/da＞ (혼인때) mengiringi pengantin.

위선(胃腺)＜wi/seon＞ 『解』 kelenjar peptik.

위선(僞善)＜wi/seon＞ kemunafikan; hipokrasi. ~적 munafik; hipokrit. ~자 orang yang hipokrit.

위선(緯線)＜wi/seon＞ garis lintang.

위성(衛星)＜wi/seong＞ satelit. ~국 negara satelit. (소련 ~국 negara satelit dari Soviet). ~도시 kota satelit.

위세(威勢)＜wi/se＞ pengaruh; kekuasaan. ~를 부리다 menggunakan pengaruh (atas).

위세척(胃洗滌)＜wi/se/cheok＞ 『醫』 cuci perut.

위수(衛戍)＜wi/su＞ garnisun. ~령 Dekrit Garnisun. ~사령관 komandan garnisun. ~지 kota garnisun.

위스키＜wi/seu/khi＞ wiski. ~소다 soda wiski.

위시(爲始)＜wi/si＞ ~하다 mulai dari; bermula (dari). 대통령을 ~하여 Presiden mulai dari.

위신(威信)＜wi/sin＞ harga diri; gengsi; martabat; perbawa; pengaruh. ~에 관계되다 mempengaruhi harga diri/kehormatan. ~이 떨어지다 jatuh harga diri; hilang per-

bawa.
위안(慰安)＜wi/an＞ hiburan; pengo-
bat hati; pelipur lara. ~하다 ter-
hibur. 다소의 ~ sedikit hiburan.
~을 주다 menghibur. …에서 ~을
얻다 mendapat hiburan dari… . ~
부 wanita penghibur.
위암(胃癌)＜wi/am＞ kanker lam-
bung.
위압(威壓)＜wi/ab＞ paksaan; penin-
dasan. ~하다 memaksa; menin-
das. ~ 적(으로) (secara) paksa.
위액(胃液)＜wi/aek＞ 『解』 getah
lambung. ~선(腺) kelenjar getah
lambung.
위약(胃弱)＜wi/yak＞ gangguan pen-
cernaan.
위약(違約)＜wi/yak＞ pelanggaran
janji kontrak. ~하다 melanggar
janji kontrak. ~금 denda pelang-
garan kontrak.
위엄(威嚴)＜wi/eom＞ martabat; ke-
muliaan; keagungan. ~있는 mu-
lia; agung; bermartabat. ~없는 o-
rang yang tidak mempunyai marta-
bat. ~을 지키다 [손상하다] mem-
pertahankan [menjatuhkan] martabat
seseorang.
위업(偉業)＜wi/eob＞ karya besar;
prestasi besar. ~을 이루다 meng-
hasilkan karya besar.
위염(胃炎)＜wi/yeom＞ 『醫』 radang
lambung.
위요(圍繞)＜wi/yo＞ ~하다 berpu-
sar. …을 ~하고 berpusar sekitar;
sehubungan dengan.
위용(偉容.威容)＜wi/yong＞ penam-
pilan yang berwibawa.
위원(委員)＜wi/won＞ panitia; komi-
te; anggota; komisi. ~장(長) ke-
tua panitia. 여성~ anggota komite
wanita.
위원회(委員會)＜wi/won/hoe＞ komi-
te; badan; rapat; sidang. 7인 ~
komite tujuh orang. ~를 열다
membuka sidang/rapat. ~에 회부
되다 dibawa ke sidang. 군사 정전
~ Komisi Genjatan Senjata Mili-
ter. 조사 [집행, 창립] ~ komite

penyelidik [pelaksana, pendiri].
위의(威儀)＜wi/eui＞ martabat; wi-
bawa. ~를 갖추고 dengan berwi-
bawa.
위인(偉人)＜wi/in＞ orang besar;
pahlawan. ~전 buku riwayat
orang besar.
위인(爲人)＜wi/in＞ kepribadian; si-
fat; watak.
위임(委任)＜wi/im＞ mandat. ~하
다 memberi mandat; melimpahkan
wewenang. ~장 surat kepercaya-
an. ~통치 pemerintahan mandata-
ris.
위임권(委任權)＜wi/im/kwon＞ kua-
sa; kuasa usaha.
위임권한(委任權限)＜wi/im/gwon/
han＞ batas mandat.
위임제도(委任制度)＜wi/im/je/do＞
sistem mandat.
위자료(慰藉料)＜wi/ja/ryo＞ uang
penghibur; uang penggantian. ~를
청구하다 meminta uang penggan-
tian.
위장(胃腸)＜wi/jang＞ lambung dan
usus. ~이 튼튼하다 [약하다]
mempunyai pencernaan yang kuat
[lemah]. ~병 penyakit usus besar.
~약 obat sakit perut. ~염 radang
usus besar. ~장애 gangguan usus
besar.
위장(僞裝)＜wi/jang＞ penyamaran.
~하다 menyamar. ~수출 eksport
gelap.
위정자(爲政者)＜wi/jeong/ja＞ ne-
garawan.
위조(僞造)＜wi/jo＞ pemalsuan. ~
하다 memalsukan. ~단 jaringan
pemalsuan. ~ 지폐 uang kertas
palsu. ~품 barang palsu; tiruan;
imitasi. 문서 ~죄 pemalsuan do-
kumen.
위주(爲主)＜wi/ju＞ ~로 하다
membuat sebagai tujuan utama. 남
성 ~의 법질서 aturan yang meng-
utamakan laki-laki. 영리 ~의 학교
sekolah yang mengutamakan keun-
tungan.
위중(危重)＜wi/jung＞ ~한 parah.

위증(僞證) <wi/jeung> bukti palsu; kesaksian palsu. ~하다 memberikan kesaksian palsu. ~자 saksi palsu. ~죄 kejahatan kesaksian palsu.

위촉(委嘱) <wi/chok> amanat. ~하다 mengamanatkan; meminta. ~에 의해[따라] sesuai amanat.

위축(萎縮) <wi/chuk> pengerutan; pengecutan. ~하다 mengerut; mengecut.

위층(- 層) <wi/cheung> lantai/tingkat atas. ~에 [에서, 으로] di [dari; ke] lantai atas.

위치(位置) <wi/chi> posisi; letak; situasi; kedudukan. ~하다 bertempat; terletak (di). ~가 좋다 [나쁘다] letak baik [jelek].

위탁(委託) <wi/thak> titipan; penitipan; konsinyasi. ~하다 menitipkan. ~가공 pengolahan titipan. ~금 dana titipan. ~ 수수료 biaya penitipan. ~자 orang yang menitipkan; penitip. ~판매 penjualan konsinyasi. ~ 판매인 penjual titipan. ~품 barang-barang titipan.

위태(危殆) <wi/thae> ~한[로운] berbahaya. ~롭게 하다 membahayakan. 생명이 ~롭다 Jiwa terancam maut.

위통(胃痛) <wi/thong> sakit perut.

위트 <wi/theu> lelucon. ~있는 lucu; jenaka.

위폐(僞幣) <wi/fye> uang palsu. ~범 pemalsu uang.

위풍(威風) <wi/fung> kewibawaan. ~ 당당한 berwibawa.

위필(僞筆) <wi/fil> tulisan tangan palsu, lukisan palsu.

위하다(僞 -) <wi/hada> berbakti. 부모를 ~ berbakti pada orang tua. 조상을 ~ berbakti pada nenek moyang.

위하수(胃下垂) <wi/ha/su> 『醫』 (penyakit) lambung turun.

위하여(爲 -) <wi/ha/yeo> ① demi; untuk. 조국을 ~ demi tanah air; demi ibu pertiwi. 나라를 ~ 죽다 berkorban demi negara; mati untuk negara. ② demi; untuk; supaya. …하기 ~ supaya… . …하지 않기 ~ agar tidak… . 경고하기 ~ dengan cara memperingatkan. 사업을 ~ untuk usaha.

위해(危害) <wi/hae> celaka; bahaya. ~를 가하다 mencelakakan; menyakiti.

위헌(違憲) <wi/heon> pelanggaran undang-undang. ~이다 melanggar hukum/undang-undang.

위험(危險) <we/heom> bahaya; resiko. ~한 berbahaya. 직업상의 ~ resiko kerja. ~을 무릅쓰고 menghadapi bahaya. ~이 따르다 beresiko; mempunyai resiko. ~한 고비를 넘기다 sudah melewati krisis; krisis telah berlalu. 생명이 ~하다 hidup dalam bahaya. ~시하다 menganggap berbahaya. ~물 benda yang berbahaya. ~부담 beban resiko. ~사상 pemikiran yang berbahaya. ~상태 kondisi yang berbahaya. ~신호[지대] tanda [zona] bahaya. ~인물 orang yang berbahaya.

위협(威脅) <wi/hyeob> ancaman; gertakan; intimidasi. ~하다 mengancam. 평화에 대한~ ancaman terhadap perdamaian. ~적(으로) secara mengancam. ~하여 dengan ancaman. 죽이겠다고 ~하다 mengancam bunuh. ~사격 tembakan peringatan. ~수단 tindakan intimidasi.

위화감(違和感) <wi/hwa/gam> rasa keterasingan.

위확장(胃擴張) <wi/hwak/cang> 『醫』 pengembungan lambung.

윗니 <wit/ni> gigi atas.

윙 <wing> 『蹴』 sayap (tentang sepak bola).

윙크 <wing/kheu> kerdipan; kerjap. ~하다 mengerdip; mengerjap.

유(有) <yu> keberadaan. 무(無)에서 ~는 생기지 않는다 tidak ada yang datang dari yang tidak ada.

유(類) <yu> ① (종류) jenis; macam. ② (유례) bandingan; kasus

sebanding.
유가(有價)＜yu/ga＞ ~의 berharga. ~물 barang-barang berharga. ~증권 surat-surat berharga.
유가(儒家)＜yu/ga＞ ~서(書) karya Konfusius.
유가족(遺家族)＜yu/ga/jok＞ keluarga yang tersisa. 전몰자 [군경] ~ keluarga yang tersisa setelah perang.
유감(遺憾)＜yu/gam＞ kemenyesalan; sesalan; penyesalan; perasaan tidak senang. ~된[스러운] menyedihkan; disesalkan; tidak memuaskan. ~없이 sepenuh hati; tidak ada yang disesalkan. 실력을 ~없이 발휘하다 mengerahkan seluruh kemampuan. ~으로 생각하다 merasa menyesal. ~의 뜻을 표(명)하다 menunjukkan penyesalan. ...은 ~ 천만이다 Sangat menyesal bahwa... . ~이지만... Maafkan saya tapi...
유감지진(有感地震)＜yu/gam/ji/jin＞ 『地』 gempa bumi yang terasa.
유개(有蓋)＜yu/gae＞ ~의 tertutup. ~화차 mobil boks.
유개념(類概念)＜yu/gae/nyeom＞ 『論』 genus.
유건악기(有鍵樂器)＜yu/geon/ak/gi＞ alat musik pencet.
유격(遊擊)＜yu/gyeok＞ serangan gerilya. ~대 pasukan gerilya. ~병[대원] gerilyawan. ~전 perang gerilya.
유고(有故)＜yu/go＞ musibah. ~하다 mengalami musibah. ~시에 dalam waktu musibah.
유고(遺稿)＜yu/go＞ surat wasiat.
유고(諭告)＜yu/go＞ ① (타이름) nasehat. ② (관청의) pemberitahuan resmi.
유고슬라비아＜yu/go/seul/la/bi/a＞ negara Yugoslavia. ~사람 orang Yugoslavia.
유곡(幽谷)＜yu/gok＞ lembah yang dalam.
유골(遺骨)＜yu/gol＞ abu pembakaran mayat.

유공(有功)＜yu/gong＞ jasa. ~한 berjasa. ~자 orang yang berjasa. ~장(章) medali atas jasa-jasa.
유곽(遊廓)＜yu/gwak＞ tempat bersenang-senang; daerah pelacuran.
유괴(誘拐)＜yu/goe＞ penculikan. ~하다 menculik. ~범 penculik. ~사건 kasus penculikan.
유교(儒敎)＜yu/gyo＞ Kong Hu Cu. ~사상 ide-ide konfusius.
유구(悠久)＜yu/gu＞ ~한 kekal; abadi.
유구무언(有口無言)＜yu/gu/mu/eon＞ ~이다 tidak ada alasan sepatah katapun.
유권자(有權者)＜yu/kwon/ja＞ pemilih.
유권해석(有權解釋)＜yu/kwon/hae/seok＞ penafsiran; autoritatif.
유금류(游禽類)＜yu/geum/nyu＞ 『鳥』 burung perenang.
유급(有給)＜yu/geub＞ ~의 bergaji; dibayar; digaji. ~휴가 cuti yang dibayar.
유급(留級)＜yu/geub＞ ~하다 tinggal kelas. ~생 siswa yang tinggal kelas.
유기(有期)＜yu/gi＞ ~의 terbatas; berjangka. ~공채 pinjaman berjangka. ~징역 hukuman berjangka.
유기(有機)＜yu/gi＞ ~의 organik. (☞ 유기적). ~물 zat-zat organik. ~체 organisme. ~화학 kimia organik.
유기(遺棄)＜yu/gi＞ penelantaran; hal menelantarkan. ~하다 menelantarkan. ~물 barang yang ditelantarkan. ~시체 mayat yang terlantar. ~자 orang yang menelantarkan. 직무 ~ tugas yang ditelantarkan.
유기(鍮器)＜yu/gi＞ barang kuningan
유기음(有氣音)＜yu/gi/eum＞ 『音聲』 bunyi aspirasi.
유기적(有機的)＜yu/gi/jeok＞ sistematis; tidak terpisah. ~으로 secara tidak terpisah; secara utuh. ~ 세계관 pandangan terhadap dunia secara utuh.

유난스럽다＜yu/nan/seu/reob/ta＞ luar biasa.

유네스코＜yu/ne/seu/kho＞ UNESCO (Badan PBB yang menangani Bidang Pendidikan, Ilmu Pengetahuan dan Kebudayaan).

유년(幼年)＜yu/nyeon＞ masa kanak-kanak. ～기[시대]에 dalam masa kanak-kanak.

유념하다(留念-)＜yu/nyeom/hada＞ ingat; mengingat.

유뇨증(遺尿症)＜yu/nyo/ceung＞ 『醫』 ketidaksanggupan mengatur kencing.

유능(有能)＜yu/neung＞ ～한 mahir; cekatan; mampu. ～한 사람 orang yang mampu/sanggup.

유니버시아드＜yu/ni/beo/si/a/deu＞ 『競』 pertandingan antar universitas. 1987년 ～ 서울대회 pertandingan antar universitas Seoul 1987.

유니언＜yu/ni/eon＞ gabungan; persatuan; serikat. ～잭 bendera kebangsaan Inggris.

유니폼＜yu/ni/fom＞ seragam; pakaian dinas. ～을 입은 berseragam.

유다르다(類 -)＜yu/da/reu/da＞ tidak biasa; aneh; janggal.

유단자(有段者)＜yu/dan/ja＞ pemegang *dan*.

유당(乳糖)＜yu/dang＞ gula susu; laktosa.

유대(紐帶)＜yu/dae＞ ikatan; hubungan. 국가간의 ～ hubungan antar negara. 긴밀한 ～를 맺다 berhubungan erat (dengan).

유대＜yu/dae＞ Yahudi. ～(인)의 orang Yahudi; tentang Yahudi. ～계 asal Yahudi. ～교 agama Yahudi. ～민족 bangsa Yahudi; bangsa Ibrani. ～ 민족주의 Zionisme. ～인 orang Yahudi; orang Ibrani.

유덕(有德)＜yu/deok＞ ～한 berperibudi; bajik.

유덕(遺德)＜yu/deok＞ kebajikan almarhum.

유도(柔道)＜yu/do＞ judo; jujitsu. ～가 ahli judo. ～사범 pelatih judo.

유도(誘導)＜yu/do＞ pengarahan; pengendalian; 『電』 pengimbasan (induksi). ～하다 mengarahkan; mengendalikan; mengimbas. ～장치 sistim pengendalian. ～ 전류 arus imbasan. ～체 『化』 turunan; derivatif (kimia). ～ 코일 kumparan induksi. ～탄 peluru kendali.

유도신문(誘導訊問)＜yu/do/sin/mun＞ pertanyaan yang mengarahkan. ～하다 mengajukan pertanyaan yang mengarahkan.

유독(有毒)＜yu/dok＞ ～한 beracun. ～가스 gas beracun.

유독(唯獨)＜yu/dok＞ hanya; satu-satunya.

유동(流動)＜yu/dong＞ ～하다 mengalir; beredar. ～상태 keadaan cair. ～성 kemudahcairan; fluiditas; mobilitas. ～식 makanan cair. ～자본 modal yang berputar. ～자산 aset yang berputar; aset lancar. ～체 cairan.

유두(乳頭)＜yu/du＞ puting susu. ～염(炎) radang puting susu.

유두(流頭)＜yu/du＞ hari yang ke-15 pada bulan yang ke-6 (dari kalender bulan).

유들유들＜yu/deul/yu/deul＞ ～한 tebal muka.

유람(遊覽)＜yu/ram＞ tamasya; rekreasi; pelancongan; darmawisata. ～하다 bertamasya; melancong; berdarmawisata. ～객 wisatawan; orang yang bertamasya. ～선 kapal untuk tamasya; kapal pesiar; ～지 tempat wisata.

유랑(流浪)＜yu/rang＞ pengembaraan. ～하다 mengembara. ～민 (民) pengembara; ～ 생활 hidup mengembara.

유래(由來)＜yu/rae＞ asal; permulaan; pangkal; asal-usul; riwayat; tradisi; sejarah; galur. ～하다 berasal (dari); bermula (dari); diturunkan (dari).

유량(流量)＜yu/ryang＞ 『理』 fluks.

~계 pengukur fluks.
유러달러<yu/reo/tal/leo> dollar Eropa.
유럽<yu/reob> Eropa. ~사람 orang Eropa.
유려(流麗)<yu/ryeo> ~한 lancar dan bagus.
유력(有力)<yu/ryeok> ~한 berpengaruh; kuat; terkemuka. ~한 우승 후보 calon pemenang yang kuat. ~한 증거 bukti yang sah/kuat. ~자 orang yang berpengaruh; tokoh terkemuka. ~지(紙) surat kabar yang terkemuka.
유령(幽靈)<yu/ryeong> hantu; siluman. ~같은 seperti hantu. ~의 집 rumah hantu. ~도시 kota hantu. ~선 kapal hantu. ~인구 penduduk gadungan. ~회사 perusahaan gadungan.
유례(類例)<yu/ryeo> kasus yang sebanding; kasus bandingan. ~없는 tidak ada bandingan.
유료(有料)<yu/ryo> ~의 dibayar; kena bea. ~도로 jalan tol. ~변소 kamar kecil yang dibayar ~주차장 tempat parkir yang dibayar.
유루(遺漏)<yu/ru> penghilangan; pengabaian. ~없이 tanpa penghilangan; seluruhnya.
유류(油類)<yu/ryu> berbagai jenis minyak.
유류절약운동(油類節約運動)<yu/ryu/jeol/yak/un/dong> gerakan penghematan BBM.
유류파동(油類波動)<yu/ryu/fa/dong> krisis bahan bakar minyak.
유류품(遺留品)<yu/ryu/fum> barang peninggalan; barang-barang yang hilang.
유리(有利)<yu/ri> ~한 menguntungkan; bermanfaat. ~하게 secara menguntungkan. ~한 조건 syarat-syarat yang menguntungkan.
유리(有理)<yu/ri> ~의 rasional. ~식[수]『數』 persamaan [bilangan] rasional.
유리(琉璃)<yu/ri> kaca; gelas; beling; kristal. 흐린 ~ kaca buram. 색~ kaca berwarna. ~를 끼우다 mengacai; memasang kaca. ~가게 toko kaca. ~공장 pabrik kaca. ~그릇 barang pecah belah. ~문 [병, 칼] pintu [botol, pemotong] kaca. ~장수[장이] pedagang [tukang] kaca.
유리(遊離)<yu/ri> pemisahan; penyendirian; isolasi; pemencilan. ~하다 memisahkan; mengisolasi.
유린(蹂躪)<yu/rin> ~하다 menginjak-injak; melanggar; memperkosa. 국토를 ~당하다 tanah air diinjak injak. 인권~ pelanggaran atas hak seseorang.
유림(儒林)<yu/rim> pengikut Konfusius.
유망(有望)<yu/mang> ~한 memberi harapan; menjanjikan; cemerlang. ~주 saham yang penuh harapan.
유머<yu/meo> humor. ~를 알다 memiliki rasa humor. ~소설 [작가] novel [pengarang] humor.
유명(有名)<yu/myeong> ~한 terkenal; termasyhur; ternama. ~해지다 menjadi terkenal. ~세 resiko ketenaran. ~인 orang terkenal.
유명(幽明)<yu/myeong> ~을 달리하다 meninggal dunia.
유명무실(有名無實)<yu/myeong/mu/sil> ~하다 pada namanya saja; nominal; tituler. ~한 회장 ketua hanya nama.
유모(乳母)<yu/mo> ibu susu; pengasuh; emban-emban. ~차 kereta bayi.
유목(遊牧)<yu/mok> pengembaraan. ~하다 mengembara. ~민 suku pengembara. ~생활 hidup mengembara.
유무(有無)<yu/mu> keberadaan. ~상통하다 saling memenuhi kebutuhan.
유묵(遺墨)<yu/muk> riwayat hidup almarhum.
유문(幽門)<yu/mun> 『解』 pilorus.
유문(遺文)<yu/mun> tulisan yang

diterbitkan setelah penulisnya meninggal.

유물(唯物)＜yu/mul＞ 『哲』 ～적 materialistis; kebendaan. ～론(論) materialisme; faham kebendaan. ～론자 materialis; penganut faham materialisme. ～사관 konsepsi materi sejarah. 변증법적 ～론 materialisme dialektika.

유물(遺物)＜yu/mul＞ barang peninggalan; pusaka; warisan.

유미(唯美)＜yu/mi＞ ～적 menghargai yang cantik/indah; estetik. ～주의 faham menghargai keindahan.

유민(流民)＜yu/min＞ orang terlantar.

유발(乳鉢)＜yu/bal＞ mortar; penumbuk; alu.

유발(誘發)＜yu/bal＞ ～하다 menyebabkan; menimbulkan; melahirkan.

유방(乳房)＜yu/bang＞ payudara; buah dada; susu. 축 늘어진 ～ payudara kendor. ～염 radang payudara.

유배(流配)＜yu/bae＞ pengasingan. ～하다 mengasingkan.

유백색(乳白色)＜yu/baek/saek＞ ～의 putih susu.

유별(有別)＜yu/byeol＞ ～난 berbeda; ganjil; luar biasa. ～나게 secara berbeda; khususnya. 남녀 ～하다 Ada perbedaan antara pria dan wanita.

유별(類別)＜yu/byeol＞ klasifikasi; penggolong-golongan. ～하다 mengklasifikasi; menggolong-golongkan.

유보(留保)＜yu/bo＞ penangguhan. ～하다 menangguhkan.

유복(有福)＜yu/bok＞ ～한 diberkati; beruntung; bahagia.

유복(裕福)＜yu/bok＞ ～한 kaya; mampu. ～한 집안에 태어나다 lahir dikeluarga kaya.

유복자(遺腹子)＜yu/bok/ja＞ anak yang lahir setelah ayahnya meninggal.

유부(油腐)＜yu/bu＞ tahu goreng.

～국수 mi dengan tahu goreng.

유부녀(有夫女)＜yu/bu/nyeo＞ wanita yang telah menikah.

유비무환(有備無患)＜yu/bi/mu/hwan＞ bersiapsedialah, maka kamu tidak akan menyesal.

유사＜yu/sa＞ (시계의) per rambut.

유사(有史)＜yu/sa＞ ～이전의 prasejarah. ～이래(의) sejak fajar sejarah; dalam sejarah.

유사(類似)＜yu/sa＞ persamaan; padanan; imbangan; persesuaian. ～하다 menyerupai; sepadan (dengan). ～한 sama; serupa. ～사건 kasus yang serupa ～점 titik persamaan. ～품 imitasi; tiruan.

유사시(有事時)＜yu/sa/si＞ ～에 pada saat darurat. ～에 대비하다 mempersiapkan untuk keadaan darurat.

유산(有産)＜yu/san＞ ～의 kaya. ～계급 kaum kaya. ～자 orang kaya.

유산(乳酸)＜yu/san＞ 『化』 asam laktat. ～균 bakteri asam laktat; laktobasillus. ～균 음료 minuman asam laktat.

유산(流産)＜yu/san＞ pengguguran kandungan; aborsi. ～하다 menggugurkan kandungan.

유산(遺産)＜yu/san＞ harta warisan; harta peninggalan. ～상속 pewarisan harta. ～상속인 pewaris.

유상(有償)＜yu/sang＞ kompensasi; konsiderasi. ～원조 bantuan yang berupa pinjaman.

유상(油狀)＜yu/sang＞ ～의 berminyak.

유상무상(有象無象)＜yu/sang/mu/sang＞ ① (어중이떠중이) segala jenis dan keadaan manusia. ② (삼라만상) semua yang ada di dunia ini; alam semesta; makhluk.

유색(有色)＜yu/saek＞ ～의 berwarna. ～인종 bangsa kulit berwarna.

유생(儒生)＜yu/saeng＞ sarjana Kon-

fusius.
유서(由緖)＜yu/seo＞ sejarah. ～깊은 bersejarah. ～깊은 곳 tempat yang bersejarah.
유서(遺書)＜yu/seo＞ surat wasiat. ～를 쓰다 [작성하다] menulis [menyusun] surat wasiat.
유서(類書)＜yu/seo＞ buku-buku sejenis.
유선(有線)＜yu/seon＞ kawat; kabel. ～방송 [전신, 전화] penyiaran [telegraf; telepon] kabel. ～식 sistem kabel. ～TV televisi kabel.
유선(乳腺)＜yu/seon＞ 『解』 kelenjar susu. ～염(炎)『醫』radang kelenjar susu.
유선텔레비전방송(有線-放送)＜yu/seon/thel/le/bi/jeon/bang/song＞ siaran televisi melalui kabel.
유선통신(有線通信)＜yu/seon/thong/sin＞ komunikasi menggunakan kabel.
유선형(流線型)＜yu/seon/hyeong＞ model langsir. ～ 자동차 mobil langsir.
유설＜yu/seol＞ pandangan yang keliru; pernyataan yang keliru.
유성(有性)＜yu/seong＞ ～의 seksual. ～생식 reproduksi seksual.
유성(流聲)＜yu/seong＞ ～의 suara; bunyi. ～ 영화 film bersuara. ～음[자음] bunyi bersuara [bunyi konsonan].
유성(油性)＜yu/seong＞ ～의 berminyak. ～ 페니실린 minyak penisilin. ～ 페인트 cat minyak.
유성(流星)＜yu/seong＞ meteor; bintang jatuh. ～우(雨) hujan meteor.
유성(遊星)＜yu/seong＞『天』 planet. 대[소] ～ planet yang besar [kecil].
유성기(留聲機)＜yu/seong/gi＞ ☞ 축음기.
유세(有稅)＜yu/se＞ ～의 kena bea cukai; kena pajak. ～품 barang-barang kena pajak.
유세(有勢)＜yu/se＞ ① ☞ 유력(有力). ② (세도부림) ～하다 menggunakan kekuasaan.
유세(遊說)＜yu/se＞ tur kampanye. ～하다 melakukan perjalanan kampanye. 선거구를 ～하다 berkampanye ke daerah pemilihan.
유소(幼少)＜yu/so＞ masa kanak-kanak. ～한 kanak-kanak.
유속(流速)＜yu/sok＞ kecepatan arus. ～계(計) alat pengukur kecepatan arus.
유수(有數)＜yu/su＞ ～의 terkemuka; terkenal.
유수(流水)＜yu/su＞ aliran. 세월은 ～와 같다 Waktu berlalu (bagaikan anak panah).
유숙(留宿)＜yu/suk＞ ～하다 menginap di. ☞ 숙박.
유순(柔順)＜yu/sun＞ ～한 penurut; patuh; taat.
유스호스텔＜yu/seu/ho/seu/thel＞ asrama pemuda.
유습(遺習)＜yu/seub＞ adat istiadat turun temurun.
유시(幼時)＜yu/si＞ masa kanak-kanak.
유시(諭示)＜yu/si＞ instruksi; amanat; pesan. ～하다 memberi amanat. 대통령의 ～ amanat presiden.
유식(有識)＜yu/sik＞ ～한 terpelajar; terdidik. ～한 사람 orang yang terpelajar; cendikiawan.
유신(遺臣)＜yu/sin＞ orang berjasa yang masih hidup.
유신론(有神論)＜yu/sin/non＞ aliran Ketuhanan. ～자 orang yang menganut aliran Ketuhanan.
유실(流失)＜yu/sil＞ ～하다 hanyut. ～가옥 rumah-rumah yang hanyut dibawa banjir.
유실(遺失)＜yu/sil＞ ～하다 hilang. ～ 물 barang yang hilang. ～ 물신고 laporan barang yang hilang. ～ 물(신고)센터 kantor pelaporan barang yang hilang.
유심(唯心)＜yu/sim＞ ～히 cermat; penuh perhatian. ～히 듣다 mendengarkan dengan penuh perhatian.
유심론(唯心論)＜yu/sim/non＞ 『哲』 spritualisme; idealisme. ～자 spritualis; idealis.
유아(幼兒)＜yu/a＞ bayi. ～ 사망율

tingkat kematian bayi.

유아(乳兒)＜yu/a＞ bayi yang masih menyusu. ～식(食) makanan bayi

유아등(誘蛾燈)＜yu/a/deung＞ lampu pemikat; perangkap lampu.

유안(琉安)＜yu/an＞ amonium sulfat.

유암(乳癌)＜yu/am＞ kanker payudara.

유압(油壓)＜yu/ab＞ tekanan minyak. ～계 alat pengukur tekanan minyak.

유액(乳液)＜yu/aek＞ ① 『植』 getah; lateks. ② (화장품) susu pembersih.

유야무야(有倻無倻)＜yu/ya/mu/ya＞ ～가 되다 menjadi sia-sia. ～로 덮어버리다 mendiamkan masalah.

유약(幼弱)＜yu/yak＞ ～한 muda dan lemah.

유약(柔弱)＜yu/yak＞ ～한 lemah.

유약＜yu/yak＞ lapisan; enamel. ～을 칠하다 melapisi.

유어(幼魚)＜yu/eo＞ anak ikan; burayak. ～사육조(槽) tangki pemeliharaan anak ikan.

유어(類語)＜yu/eo＞ sinonim.

유언(遺言)＜yu/eon＞ wasiat. ～하다 berwasiat. ...의 ～에 의해 sesuai wasiat. ～없이 죽다 meninggal tanpa berwasiat. ～자 orang yang berwasiat. ～장 surat wasiat. ～집행자 pelaksana wasiat.

유언(비어)(流言(蜚語))＜yu/eon/(bi/eo)＞ kabar yang tidak berdasar; kabar angin. ～를 퍼뜨리다 menyebarkan kabar angin.

유업(乳業)＜yu/eob＞ perusahaan susu.

유업(遺業)＜yu/eob＞ pekerjaan yang belum terselesaikan. ～을 잇다 mewarisi pekerjaan yang belum terselesaikan.

유엔＜yu/en＞ PBB (Perserikatan Bangsa-Bangsa). ～군 tentara PBB. ～군 사령부 komando PBB. ～총회 rapat umum PBB.

유역(流域)＜yu/yeok＞ lembah sungai. ～한강 lembah sungai Han.

유연(柔軟)＜yu/yeon＞ ～한 lembut; lentur; fleksibel.

유연(悠然)＜yu/yeon＞ ～한 pendiam; tenang; kalem. ～히 dengan tenang; dengan kalem; selela-lelanya.

유연탄(有煙炭)＜yu/yeon/than＞ batu bara muda.

유영(遊泳)＜yu/yeong＞ ～하다 berenang. ～동물 hewan yang berenang (nektor). ～술(術) seni berenang.

유예(猶豫)＜yu/ye＞ penangguhan; pertangguhan; penundaan waktu; tempo. ～하다 memberi tempo. 3일간의 (지불) ～를 주다 memberi tempo 3 hari. ～기간 masa tempo.

유용(有用)＜yu/yong＞ ～한 berharga; berguna; bermanfaat. 국가에 ～한 인물 orang yang berguna bagi negara. 돈을 ～하게쓰다 menggunakan uang dengan baik.

유용(流用)＜yu/yong＞ penyalahgunaan. ～하다 menyalahgunakan; menyelewengkan.

유원지(遊園地)＜yu/won/ji＞ taman hiburan.

유월＜yu/wol＞ Juni; bulan ke 6.

유월절(踰越節)＜yu/wol/ceol＞ paskah.

유위(有爲)＜yu/wi＞ ～한 sanggup; mampu; efisien.

유위전변(有爲轉變)＜yu/wi/jeon/byeon＞ naik turun; pasang surut (kehidupan, keberuntungan).

유유(悠悠)＜yu/yu＞ ～한 tenang; kalem. ～히 dengan tenang; dengan kalem; selela-lelanya.

유유상종(類類相從)＜yu/yu/sang/jong＞ "Burung sejenis berkumpul bersama".

유유자적(悠悠自適)＜yu/yu/ja/jeok＞ ～하다 hidup yang tenang pada saat pensiun.

유의(留意)＜yu/eui＞ ～하다 menjaga diri; memperhatikan. 건강에 ～하다 menjaga diri baik-baik. ～해서 듣다 mendengarkan baik-baik. ～사항 masalah/hal yang membu-

tuhkan perhatian khusus.
유익(有益) <yu/ik> ~한 menguntungkan; berfaedah; berguna; bermanfaat. ~하게 dengan bermanfaat; secara berguna. 젊은이에게 ~한 책 buku yang berguna bagi orang muda.
유인(有人) <yu/in> ~의 dikemudikan; berpilot. ~위성 satelit berpilot.
유인(柔靭) <yu/in> ~한 elastis; fleksibel; lentur. ~성 keelastisan; kefleksibelan.
유인(誘引) <yu/in> rayuan; bujukan. ~하다 merayu; membujuk.
유인(誘因) <yu/in> penyebab; perangsang; insentif; pendorong. …의 ~이 되다 menyebabkan; merangsang; mendorong.
유인물(油印物) <yu/in/mul> selebaran.
유인원(類人猿) <yu/in/won> antropoid.
유일(唯一) <yu/il> ~의 hanya; esa; tunggal. ~ 무이한 hanya satu; satu-satunya.
유임(留任) <yu/im> ~하다 tetap dalam jabatan. ~운동 lobi supaya tetap dalam jabatan.
유입(流入) <yu/ib> pemasukan; pengaliran masuk. ~하다 masuk; mengalir masuk. 외자 ~ pemasukan modal asing.
유자(柚子) <yu/ja> 『植』 jeruk sitrun.
유자격자(有資格者) <yu/ja/gyeok/ja> orang yang berkompeten. 교원 ~ guru berizin.
유자녀(遺子女) <yu/ja/nyeo> anak almarhum. K씨의 ~ anak almarhum bapak "K".
유작(遺作) <yu/jak> karya yang penciptanya telah meninggal.
유장(悠長) <yu/jang> ~한 panjang; berlama-lama; santai.
유저(遺著) <yu/jeo> karya yang penulisnya telah meninggal. 김 박사의 ~ tulisan/karangan dari almarhum Dr. Kim.

유적(幽寂) <yu/jeok> ~한 terasing.
유적(遺跡) <yu/jeok> sisa; peninggalan; reruntuhan.
유전(油田) <yu/jeon> ladang minyak. ~ 탐사 [개발] pencarian [eksplorasi] minyak.
유전(流轉) <yu/jeon> pengembaraan. ~하다 mengembara.
유전(遺傳) <yu/jeon> pewarisan; penurunan. ~하다 diturunkan. ~성의 turun temurun. ~적으로 bawaan; diturunkan. ~병 penyakit yang diturunkan. ~(인)자 gen. ~학 ilmu keturunan.
유정(有情) <yu/jeong> kasih sayang sesama manusia; perikemanusiaan.
유정(油井) <yu/jeong> sumur minyak.
유정(遺精) <yu/jeong> mimpi basah.
유제(乳劑) <yu/je> 『化』 emulsi.
유제(油劑) <yu/je> obat gosok; (연고) salep.
유제품(乳製品) <yu/je/fum> produk susu.
유조(油槽) <yu/jo> tangki minyak. ~선 tangker; kapal minyak. 대형 ~선 kapal tangker induk; kapal tangker raksasa. ~차 mobil tangki.
유족(裕足) <yu/jok> ~하다 berada; mampu.
유족(遺族) <yu/jok> keluarga yang tertinggal; keluarga yang tersisa. 전사자 ~ keluarga yang tertinggal setelah perang.
유종(有終) <yu/jong> ~의 미를 거두다 mengakhiri dengan baik.
유종(乳腫) <yu/jong> 『醫』 radang payudara.
유죄(有罪) <yu/joe> kesalahan; kebersalahan. ~의 bersalah. ~를 선고하다 menyatakan bersalah. ~관결 penghukuman.
유증(遺贈) <yu/jeung> warisan; pusaka. ~하다 meninggalkan warisan; mewariskan. ~물 harta wa-

risan. ~자 orang yang mewariskan; pewaris. 피 ~자 orang yang mewarisi.

유지(有志)＜yu/ji＞ orang yang terkemuka. ~일동 semua orang yang terkemuka (dalam masyarakat). 지방 ~ orang yang terkemuka setempat.

유지(油紙)＜yu/ji＞ kertas minyak.

유지(油脂)＜yu/ji＞ minyak dan lemak. ~공업 industri minyak dan lemak.

유지(維持)＜yu/ji＞ pemeliharaan; penegakan; penjagaan. ~하다 memelihara; mempertahankan; menjaga; menegakkan. 질서를 ~하다 mempertahankan tatanan. 체면을 ~하다 menjaga penampilan. ~비 biaya pemeliharaan. ~책 tindakan pemeliharaan.

유지(遺志)＜yu/ji＞ keinginan/kemauan sebelum meninggal; wasiat. 고인의 ~를 받들다 menuruti kemauan almarhum.

유지(遺止)＜yu/ji＞ reruntuhan; sisa-sisa.

유진무퇴(有進無退)＜yu/jin/mu/thoe＞ maju terus pantang mundur. ~하다 maju terus.

유징(油徵)＜yu/jing＞ indikasi adanya minyak; tanda/petunjuk adanya minyak.

유착(癒着)＜yu/chak＞ penggabungan; perapatan. ~하다 menggabung; merapat; bersatu.

유찬(琉瓚)＜yu/chan＞ koleksi buku yang diklasifikasikan.

유창(流暢)＜yu/chang＞ ~한 lancar; fasih. ~하게 dengan lancar; dengan fasih.

유체(流體)＜yu/che＞ 『理』 cairan; fluida. ~역학 hidrodinamika.

유추(類推)＜yu/chu＞ analogi; persamaan; tamsilan; kias. ~하다 menganalogikan; mengetahui secara perbandingan. ~적 analogis. ...으로 ~하여 berdasarkan analogi...; dengan tamsilan... ~해석 penafsiran analogi.

유축농업(有畜農業)＜yu/chuk/nong/eob＞ peternakan.

유출(流出)＜yu/chul＞ aliran keluar; pancaran. ~하다 mengalir keluar; memancar. 두뇌 ~ hijrahnya kaum intelektual.

유충(幼蟲)＜yu/chung＞ larva; tempayak; jentik-jentik. ~기 tahap larva.

유취(類聚)＜yu/chwi＞ ~하다 mengumpulkan sesuai dengan jenisnya/kelasnya.

유층(油層)＜yu/cheung＞ lapisan minyak.

유치(幼稚)＜yu/chi＞ ~한 kekanak-kanakan. ~한 생각 pemikiran yang kekanak-kanakan. ~원 taman kanak-kanak.

유치(乳齒)＜yu/chi＞ gigi susu.

유치(留置)＜yu/chi＞ ① (억류) penahanan; pengurungan. ~하다 menahan; mengurung. ~장 tahanan; penjara; kurungan. ② (우편의) ~하다 dibiarkan/ditinggalkan sampai dipanggil.

유치(誘致)＜yu/chi＞ ~하다 mengundang; menarik. 관광객을 ~하다 menarik wisatawan. 공장을 ~하다 mengundang (untuk mendirikan) pabrik.

유쾌(愉快)＜yu/khwae＞ ~한 suka hati; senang; riang; gembira; girang. ~히 [하게] dengan senang [gembira].

유탄(流彈)＜yu/than＞ peluru yang nyasar; periuk api.

유태(猶太)＜yu/thae＞ ☞ 유대.

유택(幽宅)＜yu/thaek＞ makam; kuburan; peristirahatan terakhir.

유토피아＜yu/tho/fi/a＞ negara idaman/impian; utopia. ~의 bersifat khayalan.

유통(流通)＜yu/thong＞ ① sirkulasi; perputaran; peredaran. ~하다 berputar; beredar. ~기구[구조] perlengkapan [struktur] distribusi. ~성 negosiabilitas. ~자본 modal yang berputar. ~증권 saham yang beredar. ~화폐 uang yang beredar. ② (공기의) ventilasi; sirkulasi. ～하다 bersirkulasi.

유폐(幽閉)＜yu/fye＞ penahanan; pemenjaraan. ～하다 menahan; memenjarakan.

유포(油布)＜yu/fo＞ pakaian yang diminyaki supaya tahan air.

유포(流布)＜yu/fo＞ ～하다 menyebarluaskan; mengedarkan. ～되고 있다 sedang beredar.

유품(遺品)＜yu/fum＞ peninggalan.

유풍(遺風)＜yu/fung＞ kebiasaan lama; tradisi.

유피＜yu/fi＞ kulit yang disamak. ～업 usaha penyamakan kulit.

유하다(柔 -)＜yu/hada＞ halus; lemah lembut.

유하다(留 -)＜yu/hada＞ menginap (di); tinggal (di).

유학(留學)＜yu/hak＞ belajar di luar negeri. ～하다 pergi belajar ke luar negeri. ～생 mahasiswa/pelajar yang belajar di luar negeri. 외국인 ～생 mahasiswa asing. 재미한국 ～생 mahasiswa Korea di Amerika Serikat.

유학(遊學)＜yu/hak＞ ～하다 belajar jauh dari rumah.

유학(儒學)＜yu/hak＞ ～자 pengikut Konfusius.

유한(有限)＜yu/han＞ ～한 terbatas. ～급수 deret terbatas. ～책임 tanggung jawab terbatas.

유한(遺恨)＜yu/han＞ dendam. ～을 풀다 membalas dendam.

유해(有害)＜yu/hae＞ ～한 berbahaya; beracun. ～ 무익하다 lebih banyak mudarat dari pada manfaat. ～물 benda yang membahayakan. ～식품 makanan beracun.

유해(遺骸)＜yu/hae＞ sisa mayat; abu jenazah.

유행(流行)＜yu/haeng＞ mode. ～하다 sedang mode. ～ 시키다 memperagakan mode. 최신 ～의 mode terakhir; mode mutakhir. 대 ～이다 sangat populer; sangat digemari. ～의 첨단을 걷다 mempelopori mode. ～에 뒤지다 ketinggalan mode. ～을 따르다 mengikuti mode. ～가 lagu populer. ～가가수 penyanyi pop. ～병 penyakit wabah. ～성 감기 pilek; salesma. ～성 뇌염 wabah penyakit otak. ～어 ungkapan populer. ～작가 penulis populer. ～지 daerah yang tertular. ～형 bentuk populer. 최신 ～형 mode terbaru; mode populer.

유현(幽玄)＜yu/hyeon＞ ～한 dalam dan rumit.

유현(儒賢)＜yu/hyeon＞ pengikut Konfusius.

유혈(流血)＜yu/hyeol＞ pertumpahan darah. ～의 참극을 빚다 menciptakan adegan pertumpahan darah. ～ 사태로 번지다 berlanjut dengan pertumpahan darah.

유형(有形)＜yu/hyeong＞ ～의 nyata. ～ 무형의 lahir dan batin; nyata dan tidak nyata. ～무역 perdagangan nyata. ～ 문화재 benda budaya nyata. ～물 benda nyata. ～자본 modal fisik. ～재산 [자산] aset nyata/fisik.

유형(流型)＜yu/hyeong＞ pembuangan; pengasingan; pengusiran. ～지 tempat pembuangan.

유형(類型)＜yu/hyeong＞ tipe; jenis; corak; model; ciri; tanda keistimewaan; kekhususan. ～적 khas.

유혹(誘惑)＜yu/hok＞ godaan; rayuan; bujukan; pancingan. ～하다 merayu; menggoda; membujuk. 바다의 ～ godaan laut. ～에 빠지다 jatuh dalam godaan. 돈으로 ～하다 menggoda/memancing dengan uang. ～과 싸우다 menahan/melawan godaan. ～자(者) penggoda.

유화(乳化)＜yu/hwa＞ emulsifikasi.

유화(油畫)＜yu/hwa＞ lukisan cat minyak. ～가 pelukis cat minyak. ～채료 cat minyak.

유화(柔和)＜yu/hwa＞ ～한 lembut; lemah lembut.

유화(宥和)＜yu/hwa＞ penentraman. ～하다 menentramkan. ～론자 orang yang menentramkan. ～정책

kebijakan penentraman.
유황(硫黃)＜yu/hwang＞ 『化』 ☞ 황
(黃). ～천 mata air belerang;
sumber air belerang.
유회(流會)＜yu/hoe＞ penundaan ra-
pat. ～되다 ditunda.
유효(有效)＜yu/hyo＞ keabsahan;
kesahihan; keberlakuan. ～하다
berlaku; sahih; absah. ～하게 de-
ngan syah; dengan sahih. ～적절
한 berguna dan terarah. ～기간
masa berlaku. ～기간 3개월 berla-
ku selama 3 bulan. ～ 사거리 [수
요] jangkauan [permintaan] efektif.
～증명 tanda keabsahan; sertifikat
keabsahan. ～ 투표 kartu suara
yang sah.
유훈(遺訓)＜yu/hun＞ nasehat almar-
hum.
유휴(遊休)＜yu/hyu＞ ～의 meng-
anggur; tidak digunakan; tidak di-
usahakan. ～시설 sarana yang
menganggur. ～자본 modal yang
menganggur. ～지 lahan mengang-
gur.
유흥(遊興)＜yu/heung＞ main; se-
nang-senang; hiburan. ～하다 ber-
senang-senang. ～가 kawasan/tem-
pat bersenang-senang. ～비 biaya
hiburan. ～ 음식세 pajak hi-
buran (makanan). ～장 tempat hi-
buran.
유희(遊戲)＜yu/heui＞ main; per-
mainan. ～하다 bermain.
육(肉)＜yuk＞ daging; raga. 영과
～ jiwa dan raga.
육(六)＜yuk＞ 6 (enam).
육각(六角)＜yuk/gak＞ persegi e-
nam. ～의 bersegi enam. ～형
bangun segi enam.
육감(六感)＜yu/gam＞ indera ke-
enam. ～ 으로 알다 mengetahui
melalui indera keenam/intuisi. ～
이 예민하다 [무디다] daya mema-
hami cepat [lambat].
육감(肉感)＜yuk/gam＞ sensualitas.
～적 sensual. ～적인 미인 Si Can-
tik yang sensual yang menggairah-
kan.

육계(肉桂)＜yuk/gye＞ kayu manis;
kulit manis.
육괴(肉塊)＜yu/goe＞ segumpal da-
ging.
육교(肉交)＜yuk/gyo＞ persetubuhan;
senggama.
육교(陸橋)＜yuk/gyo＞ jembatan pe-
nyeberangan.
육군(陸軍)＜yuk/gun＞ angkatan da-
rat; militer. ～대학 Sekolah Staf
Komando Angkatan Darat (SESKO-
AD). ～무관 atase militer. ～병
원 rumah sakit tentara. ～ 사관학
교 Akademi Militer. ～장교 per-
wira angkatan darat. ～ 참모총장
Kepala Staf Angkatan Darat (KA-
SAD).
육대주(六大洲)＜yuk/dae/ju＞ ke
enam benua.
육도(陸稻)＜yuk/do＞ padi ladang;
padi huma.
육로(陸路)＜yung/no＞ jalan/rute da-
rat. ～로 melalui jalan darat.
육류(肉類)＜yung/nyu＞ bermacam-
macam daging.
육면체(六面體)＜yung/myeon/che＞
sisi enam.
육모(六 -)＜yung/mo＞ ☞ 육각. ～
방망이 pentung yang bersisi enam.
～정(亭) paviliun yang bersudut e-
nam.
육미(肉味)＜yung/mi＞ rasa daging.
～붙이 daging.
육박(肉薄)＜yuk/bak＞ ～하다 me-
nekan dengan keras; mendesak de-
ngan keras. ～전 pertempuran ja-
rak dekat.
육발이(六 -)＜yuk/ba/ri＞ orang ber-
jari kaki enam.
육배(六培)＜yuk/bae＞ enam kali.
육법(六法)＜yuk/peob＞ enam un-
dang-undang. ～전서 Kitab Enam
Undang-Undang.
육보(肉補)＜yuk/bo＞ ～하다 ma-
kan daging.
육봉(肉蜂)＜yuk bong＞ kelasa; po-
nok; punuk.
육산(陸産)＜yuk/san＞ hasil pertani-
an; hasil dari tanah. ～물(物) ＝

육산.
육삼삼제(六三三制)＜yuk/sam/sam/je＞『敎』sistem pendidikan 6-3-3 (SD- SMP-SMA).
육상(陸上)＜yuk/sang＞ darat. ~근무 tugas darat. ~경기 olah raga lintasan. ~경기 대회 perlombaan atletik. ~수송 pengangkutan darat.
육서(陸棲)＜yuk/seo＞ ~동물 binatang darat.
육성(肉聲)＜yuk/seong＞ suara alami (manusia).
육성(育成)＜yuk/seong＞ pemeliharaan. ~하다 memelihara; membesarkan. ~재배 pemeliharaan dan pembudidayaan. ~회비 biaya pemeliharaan sekolah.
육손이(六-)＜yuk/so/ni＞ orang yang berjari enam.
육송(陸送)＜yuk/song＞ pengangkutan darat.
육수(肉水)＜yuk/su＞ sup daging; kuah daging.
육순(六旬)＜yuk/sun＞ umur enam puluh tahunan. ~노인 orang yang berumur enam puluh tahunan.
육시(戮屍)＜yuk/si＞ pemenggalan leher. ~ 처참(處斬) =육시.
육식(肉食)＜yuk/sik＞ makan daging. ~하다 memakan daging. ~가 pemakan daging. ~ 수[동물] binatang pemakan daging; hewan karnivora. ~조 burung buas. ~충 serangga pemakan binatang.
육신(肉身)＜yuk/sin＞ tubuh; raga.
육십(六十)＜yuk/sib＞ 60 (enam puluh). 제~ ke enam puluh. ~분의 일 seperenam puluh. ~대의 사람 orang yang berumur enam puluhan.
육아(育兒)＜yuk/a＞ pemeliharaan anak; pengasuhan anak. ~하다 memelihara anak; mengasuh anak. ~법 seni mengasuh anak. ~비 biaya pemeliharaan anak. ~원 panti asuhan.
육안(肉眼)＜yuk/an＞ mata telanjang. ~으로 보이는 [안 보이는]

곳에 dalam [diluar] jangkauan penglihatan. ~으로 보다 melihat dengan mata telanjang.
육영(育英)＜yuk/yeong＞ pendidikan. ~하다 mendidik. ~사업 usaha pendidikan. ~회 kalangan terpelajar.
육욕(肉慾)＜yuk/yok＞ nafsu hewani; nafsu kelamin. ~주의 sensualisme.
육우(肉牛)＜yu/gu＞ sapi pedaging.
육운(陸運)＜yu/gun＞ transportasi/pengangkutan darat. ~회사 perusahaan angkutan darat.
육전(陸戰)＜yuk/jeon＞ pertempuran darat. ~하다 bertempur di darat.
육종(肉腫)＜yuk/jong＞ sarkoma.
육종(育種)＜yuk/jong＞ pembibitan; pemuliaan.
육중(肉重)＜yuk/jung＞ ~하다 bertubuh besar; besar; berbobot.
육즙(肉汁)＜yuk/jeub＞ kuah daging; kaldu.
육지(陸地)＜yuk/ji＞ daratan; tanah; bumi. ~쪽으로 menuju ke darat; ke arah daratan. ~의 동물 binatang darat. ~를 떠나다 berlayar ke tengah samudra. ~로 둘러 싸이다 terkurung daratan.
육척(六尺)＜yuk/cheok＞ enam kaki. ~ 장신의 남자 pria yang tingginya 6 kaki.
육체(肉體)＜yuk/che＞ tubuh; jasmani; badan; raga; jasad. ~의[적] badaniah. ~적 쾌락 kenikmatan hawa nafsu/badaniah. ~ 관계 hubungan badan; bersetubuh. ~노동 kerja kasar. ~미 kecantikan badaniah; kecantikan lahir. ~ 미인 wanita yang bertubuh molek.
육촌(六寸)＜yuk/chon＞ saudara dua pupu.
육친(肉親)＜yuk/chin＞ hubungan darah.
육탄(肉彈)＜yuk/than＞ peluru manusia (bom manusia). ~십용사(十勇士) sepuluh bom manusia. ~전(戰) pertempuran satu lawan satu.
육태(陸汰)＜yuk/thae＞ kargo; muat-

an. ~ 질하다 membongkar muatan.

육포(肉脯)＜yuk/fo＞ dendeng.

육풍(陸風)＜yuk/fung＞ angin darat.

육필(肉筆)＜yuk/fil＞ tulisan tangan langsung.

육해공(陸海空)＜yuk/hae/gong＞ darat, laut dan udara. ~군(軍) angkutan darat, laut dan udara. ~군 합동작전 operasi gabungan angkatan darat, laut dan udara.

육해군(陸海軍)＜yuk/hae/gun＞ angkatan darat dan laut.

육혈포(六穴砲)＜yuk/hyeol/fo＞ pistol berpeluru enam.

육회(肉膾)＜yuk/hoe＞ makanan daging cincang mentah.

윤(潤)＜yun＞ permukaan yang halus/mengkilat; polesan. ~나다 mengkilat. ~ 내다 mengkilatkan; melicinkan; memoles.

윤간(輪姦)＜yun/gan＞ perkosaan ramai-ramai. ~ 하다 memperkosa wanita secara bergilir.

윤곽(輪廓)＜yun/gwak＞ garis bentuk; raut. 얼굴의 ~ raut muka. ~을 파악하다 mendapat gambaran umum (tentang).

윤기(潤氣)＜yun/ki＞ ☞ 윤. ~ 도는 머리 rambut yang mengkilat. ~가 돌다 [흐르다] mempunyai kulit yang bagus.

윤년(閏年)＜yun/nyeon＞ tahun kabisat.

윤달(閏 -)＜yun/dal＞ bulan kabisat.

윤독(輪讀)＜yun/dok＞ ~하다 membaca secara bergilir.

윤락(淪落)＜yul/lak＞ pelacuran. ~하다 melacur. ~가 daerah pelacuran. ~여성 wanita tuna susila; .

윤리(倫理)＜yul/li＞ etika; tata susila; akhlak. ~적 etis. ~학(學) ilmu etika. ~학자 ahli etika. 한국방송 [신문] ~ 위원회 Komite Etik Penyiaran [Pers] Korea.

윤번(輪番)＜yun/beon＞ pergantian; pergiliran. ~으로 secara bergantian; dengan bergiliran. ~제 sistim perputaran; sistim pergiliran. ~제로 의장을 하다 menggilirkan kedudukan ketua.

윤색(潤色)＜yun/saek＞ penghiasan; pembubuhan warna. ~하다 menghiasi; mewarnai. ~자 penghias; pewarna.

윤일(閏日)＜yun/il＞ hari kabisat.

윤작(輪作)＜yun/jak＞ pergiliran tanaman. ~하다 menggilir jenis tanaman.

윤전(輪轉)＜yun/jeon＞ perputaran; rotasi. ~하다 memutar. ~기 mesin pemutar.

윤축(輪軸)＜yun/chuk＞ roda dan as roda.

윤택(潤澤)＜yun/thaek＞ ① ☞ 윤. ② (살림이) ~한 kaya; berada; mampu. ③ (풍부) ~한 berlimpah; banyak. 자금이 ~하다 memiliki dana yang melimpah.

윤필(潤筆)＜yun/fil＞ ~료 honor tulisan.

윤허(允許)＜yun/heo＞ izin kerajaan. ~하다 mengizinkan; memberikan persetujuan.

윤형(輪形)＜yun/hyeong＞ bentuk lingkaran.

윤화(輪禍)＜yun/hwa＞ kecelakaan lalu lintas. ~를 입다 mengalami kecelakaan lalu lintas.

윤활(潤滑)＜yun/hwal＞ pelumasan; pemberian pelumas. ~한 licin; lancar. ~유 minyak pelumas. ~유의 구실을 하다 melancarkan; melicinkan.

윤회(輪廻)＜yun/hoe＞ 『佛』 samsara; pemindahan jiwa.

율(律)＜yul＞ ① hukum; undang-undang; peraturan. 도덕 ~ hukum moral. ② (시의) irama.

율(率)＜yul＞ angka; tingkat; nisbah; perbandingan; 『理』 indeks. …의 ~로 pada tingkat … 굴절 ~ indeks refraksi. 출산 [투표, 사망] ~ angka kelahiran [suara, kematian].

율동(律動)＜yul/tong＞ irama; gerak berirama. ~적인 berirama; ritmis. ~미 kecantikan ritmis. ~체조 senam irama.

율법(律法)＜yul/peob＞ hukum; peraturan.

융(絨)＜yung＞ bahan katun yang dibuat seperti flanel.

융기(隆起)＜yung/gi＞ jendol; bengkak; tonjol; jenggul. ~하다 menjendol; menojol; menjenggul.

융단(絨緞)＜yung/dan＞ karpet; permadani; babut; hamparan; ambal. ~을 깔다 menggelar karpet; mengkarpet (lantai). ~폭격 pemboman total.

융모(絨毛)＜yung/mo＞ wol.

융비술(隆鼻術)＜yung/bi/sul＞ operasi hidung plastik.

융성(隆盛)＜yung/seong＞ kemakmuran. ~한 makmur.

융숭(隆崇)＜yung/sung＞ ~한 baik; sopan; ramah tamah; pemurah. ~한 대접을 받다 menerima sambutan yang hangat.

융열(融熱)＜yung/yeol＞ panas peleburan.

융자(融資)＜yung/ja＞ peminjaman. ~하다 meminjami. ~신청 permohonan pinjaman. 단기~ pinjaman jangka pendek. 조건부 ~ pinjaman bersyarat.

융점(融點)＜yung/ceom＞ ☞ 융해점.

융통(融通)＜yung/thong＞ ① peminjaman. ~하다 meminjami. ~력 (力) kemampuan peminjaman. ② penyesuaian; adaptasi. ~성 있는 fleksibel. ~성 없는 tidak fleksibel.

융합(融合)＜yung/hab＞ peleburan; perpaduan; peluluhan. ~하다 bercampur; melebur; berasimilasi.

융해(融解)＜yung/hae＞ peleburan; leburan. ~하다 melebur; meleleh. ~열 panas peleburan. ~점 titik lebur; titik cair.

융화(融化)＜yung/hwa＞ pelunakan. ~하다 melunakkan.

융화(融和)＜yung/hwa＞ keselarasan; kerukunan; kesepakatan; harmoni. ~하다 menyelaraskan; merukun-

kan.

윷＜yut＞ permainan yut. ~놀이하다 bermain yut.

으깨다＜eu/kae/da＞ meremas; melumatkan.

으드득＜eu/deu/deuk＞ ~ 깨물다 mengerkah. ~이를 갈다 menggertakkan gigi.

으뜸＜eu/teum＞ ① (첫째) (tempat) pertama; utama. ~가는 yang utama/terbaik. ② (근본) dasar; akar.

으레＜eu/re＞ ① (응당) sudah tentu; tentu saja. ② (어김없이) selalu; tanpa gagal.

으로＜eu/ro＞ (☞ 로) ① dengan. 500 원권 ~ dengan uang lima ratus won. ② karena; dikarenakan; oleh karena. 병 ~ 누워 있다 terbaring di tempat tidur karena sakit. ③ per. 홉 ~ 팔다 menjual per hob (hob = 0,2 l). ④ dari. 헌 궤짝 ~ 책상을 만들다 membuat meja dari peti bekas. ⑤ melalui dengan. 배편 ~ dengan kapal. ⑥ dari; melalui. 안색 ~ dari penglihatannya. ⑦ ke; untuk; menuju. 부산 ~가는 차 kereta api ke Busan. ⑧ ☞ 으로서.

으로서＜ue/ro/seo＞ sebagai; dalam kapasitas sebagai. (☞ 로서). 통역 ~ sebagai penterjemah.

으로써＜eu/ro/sseo＞ dengan; dengan (jalan).

으르다＜eu/reu/da＞ mengancam; mengintimidasi; menakut-nakuti.

으르대다＜eu/reu/dae/da＞ menggertak; mengintimidasi.

으르렁거리다＜eu/reu/reong/geo/ri/da＞ mengeram; menggarung.

으름장＜eu/reum/cang＞ intimidasi; gertakan; ancaman. ~놓다 menggertak; mengancam; menakut-nakuti.

으리으리하다＜eu/ri/eu/ri/hada＞ megah; agung.

…으면＜eu/myeon＞ (☞ …면). 천만원 있 ~ Seandainya saya punya sepuluh juta won.

…으면서＜eu/myeon/seo＞ (☞ …면

서) ① sambil. 생긋 웃 ~ sambil tersenyum. ② walaupun; meskipun. 돈이 있 ~ walaupun punya uang.

으스러뜨리다<eu/seu/reo/teu/ri/da> melumatkan; meremukkan.

으스러지다<eu/seu/reo/ji/da> remuk; hancur.

으스름달<eu/seu/reum/dal> bulan yang redup. ~밤 malam dengan sinar bulan yang redup.

으스스<eu/seu/seu> ~한 dingin. ~춥다 kedinginan.

으슥하다<eu/seuk/hada> lengang; sunyi.

으슬으슬<eu/seul/eu/seul> ~한 dingin. ~춥다 merasa dingin.

으슴푸레하다<eu/seum/fu/re/hada> sedikit gelap; redup.

으썩<eu/sseok> ~ 깨물다 menggerogot.

욱박지르다<euk/bak/ji/reu/da> menggertak; mengancam; mengintimidasi.

은(銀)<eun> perak. ~(제)의 dari perak. ~ 같은 keperak-perakan. ~을 입힌 berlapis perak. ~그릇 barang-barang dari perak; alat makan dari perak. ~시계 arloji perak.

은거(隱居)<eun/geo> pengasingan diri. ~하다 mengasingkan diri.

은고(恩顧)<eun/go> perlindungan. ~를 입다 mendapat perlindungan (dari).

은공(恩功)<eun/gong> jasa.

은광(銀鑛)<eun/gwang> tambang perak, bijih perak.

은괴(銀塊)<eun/goe> perak batangan.

은근(慇懃)<eun/geun> ① ~한[히] (dengan) sopan; (dengan) hormat. ② ~한[히] (secara) pribadi; diam-diam; (secara) rahasia.

은기(銀器)<eun/gi> bejana perak.

은니(銀泥)<eun/ni> cat perak.

은닉(隱匿)<eu/nik> penyembunyian; perahasiaan. ~하다 menyembunyikan; merahasiakan. ~물자 barang sembunyian. ~처 tempat persembunyian.

은덕(恩德)<eun/deok> kebaikan; kebajikan. ~을 베풀다 berbuat kebajikan (kepada).

은덕(隱德)<eun/deok> kebajikan dengan sembunyi-sembunyi.

은도금(銀鍍金)<eun/do/geum> pelapisan dengan perak. ~하다 melapisi dengan perak.

은둔(隱遁)<eun/dun> pengasingan diri; khalawat. ~하다 mengasingkan diri; berkhalawat. ~생활 hidup menyendiri.

은막(銀幕)<eun/mak> layar perak.

은메달(銀 -)<eun/me/dal> medali perak.

은밀(隱密)<eun/mil> ~한 rahasia; tersembunyi; pribadi. ~히 secara rahasia. ~히 조사하다 menyelidiki/menanyakan secara rahasia.

은박(銀箔)<eun/bak> tatahan perak. ~지 kertas perak.

은반(銀盤)<eun/ban> ① (쟁반) piring perak. ② (스케이트장) gelanggang es. ~의 여왕 ratu skating.

은발(銀髮)<eun/bal> rambut yang berwarna perak.

은방(銀房)<eun/bang> toko perak.

은배(銀杯)<eun/bae> piala perak.

은백(銀白)<eun/baek> ~ (색의) putih perak.

은분(銀粉)<eun/bun> bubuk perak.

은붙이(銀 -)<eun/buth/chi> barang-barang perak.

은빛(銀 -)<eun/bit> ~의 warna keperak-perakan.

은사(恩師)<eun/sa> mantan guru.

은사(隱士)<eun/sa> pertapa.

은세계(銀世界)<eun/se/gye> pemandangan salju yang luas.

은세공(銀細工)<eun/se/gong> kerajinan perak. ~인(人) pengrajin perak.

은수저(銀 -)<eun/su/jeo> sendok dan sumpit perak.

은신(隱身)<eun/sin> ~하다 menyembunyikan diri. ~처 tempat persembunyian.

은실(銀 -)＜eun/sil＞ benang perak.

은어(隱語)＜eun/eo＞ bahasa kiasan.

은연(隱然)＜eun/yeon＞ ~중 secara rahasia; secara diam-diam. ~중 …하기를 바라다 mengharapkan secara diam-diam. 친구를 ~에 돕다 membantu teman secara diam-diam.

은옥색(銀玉色)＜eun/ok/saek＞ hijau muda.

은유(隱喩)＜eun/yu＞ 『修』 metafora; kiasan. ~적(으로) secara kiasan.

은은하다(隱隱 -)＜eun/eun/hada＞ ① (아련함) remang-remang; kabur; samar-samar. ② (소리가) sayup-sayup; sesayup sampai.

은인(恩人)＜eun/in＞ penolong; dewa penolong; penyelamat. 그는 내 생명의 ~ 이다 Dia penyelamat jiwa saya.

은인(隱忍)＜eun/in＞ ~하다 menahan; mengalami. ~ 자중하여 dengan sabar dan tekun.

은자(隱者)＜eun/ja＞ pertapa.

은잔(銀盞)＜eun/jan＞ cangkir perak; piala perak.

은장도(銀粧刀)＜eun/jang/do＞ pisau bertatah perak.

은저울(銀 -)＜eun/jeo/ul＞ timbangan permata.

은전(恩典)＜eun/jeon＞ hak istimewa.

은전(銀錢)＜eun/jeon＞ mata uang perak.

은정(恩情)＜eun/jeong＞ kasih sayang penuh kebajikan.

은종이(銀 -)＜eun/jong/i＞ kertas perak.

은총(恩寵)＜eun/chong＞ karunia; rakhmat. 하느님의 ~ karunia/rahmat Tuhan. ~을 입다 mendapat karunia.

은테(銀 -)＜eun/the＞ ~안경 kacamata yang bergagang perak.

은퇴(隱退)＜eun/thoe＞ pengunduran diri; pensiun. ~하다 mengundurkan diri; pensiun dari. 정계 [무대] 에서 ~하다 mengundurkan dari

politik aktif [panggung]. ~경기 pertandingan perpisahan.

은파(銀波)＜eun/fa＞ ombak yang putih keperakan.

은폐(隱蔽)＜eun/fye＞ penyembunyian; perahasiaan. ~하다 menyembunyikan; merahasiakan. 사실을 ~하다 menutupi fakta.

은하(銀河)＜eun/ha＞ galaksi. ~계 (係) sistem galaksi. ~수 = 은하.

은합(銀盒)＜eun/hab＞ rantang perak.

은행(銀行)＜eun/haeng＞ bank. ~과 거래를 트다[끊다] membuka [menutup] rekening bank. ~가 bankir. ~권 cek bank. ~ 금리 suku bunga bank. ~영업 시간 jam buka bank. ~원 pegawai bank. ~ 이자 bunga bank. ~장 [총재] direktur bank. ~주 saham bank. 시중[지방] ~ bank kota [daerah]. 중앙 ~ Bank Sentral. 한국 외환 ~ Bank Devisa Korea. 한국 ~ Bank Korea.

은혜(恩惠)＜eun/hye＞ karunia; berkat; pemberian; kasih; anugerah; kebajikan. 어버이의 ~ kasih sayang orang tua. 스승의 ~ kebajikan guru. ~를 잊지않는 [모르는] tidak lupa [tidak tahu] kebajikan. ~를 입다 berhutang budi (kepada). ~를 베풀다 melimpahkan kemurahan (kepada); memberikan perhatian kepada. ~를 갚다 membalas kebaikan; membalas budi.

은혼식(銀婚式)＜eun/hon/sik＞ kawin perak.

은홍색(隱紅色)＜eun/hong/saek＞ merah muda.

은화(銀貨)＜eun/hwa＞ mata uang perak.

은회색(銀灰色)＜eun/hoe/saek＞ abu-abu keperakan.

을(乙)＜eul＞ yang ke 2; B.

을러메다＜eul/leo/me/da＞ mengancam; menggertak.

…을망정＜eul/mang/jeong＞ walaupun; sekalipun.

을씨년스럽다＜eul/ssi/nyeon/seu/reob /ta＞ ① (가난) kelihatan miskin. ② (쓸쓸하다) sengsara.

을종(乙種)＜eul/cong＞ kelas B; kelas dua.

…을지언정＜eul/ji/eon/jeong＞ ☞…을망정.

읊다＜euf/ta＞ berdeklamasi; membacakan sajak.

읊조리다＜euf/jo/ri/da＞ membacakan (puisi).

음(音)＜eum＞ ① (소리) bunyi; intonasi; suara. ② (한자의) pengucapan.

음(陰)＜eum＞ negatif; kerahasiaan; kegelapan. ~으로 양으로 secara tersirat dan tersurat.

음각(陰刻)＜eum/gak＞ ukiran yang dikorek. ~하다 mengukir dengan mengorek.

은감교육(音感教育)＜eun/gam/gyo/yuk＞ latihan pendengaran suara/bunyi.

음경(陰莖)＜eum/gyeong＞ zakar; batang pelir; batang kemaluan laki-laki.

음계(音界)＜eum/gye＞ 『理』 medan suara/bunyi.

음계(音階)＜eum/gye＞ 『樂』 tangga nada. 온 [장, 단] ~ not penuh [mayor, minor].

음곡(音曲)＜eum/gok＞ pagelaran musik.

음공(陰功)＜eum/gong＞ kebaikan yang tersembunyi.

음극(陰極)＜eum/geuk＞ kutub negatif; katoda. ~선 sinar katoda.

음기(陰氣)＜eum/ki＞ rasa dingin.

음낭(陰囊)＜eum/nang＞ kantung buah pelir; kantung kemaluan.

음녀(淫女)＜eum/yeo＞ wanita cabul.

음담패설(淫談悖說)＜eum/dam/fae/seol＞ pembicaraan kotor/cabul.

음덕(陰德)＜eum/deok＞ perbuatan amal yang tidak diketahui orang lain. ~을 베풀다 melakukan kebajikan dengan diam-diam.

음덕(蔭德)＜eum/deok＞ kebajikan nenek moyang. (조상의) ~을 입다 berhutang budi kepada (nenek moyang).

음독(音讀)＜eum/dok＞ ~하다 membaca dengan bersuara.

음독(飲毒)＜eum/dok＞ ~하다 minum racun. ~자살 bunuh diri minum racun.

음란(淫亂)＜eum/nan＞ ~한 cabul.

음랭(陰冷)＜eum/naeng＞ ~한 mendung dan dingin.

음량(音量)＜eum/yang＞ volume (suara).

음력(陰曆)＜eum/yeok＞ kalender bulan (komariah). ~ 8월 보름 tanggal 15 bulan Agustus.

음료(飲料)＜eum/nyo＞ minuman. ~수 air minum. 알콜 [비알콜성] ~ minuman beralkohol [ringan].

음률(音律)＜eum/nyul＞ irama; nada.

음매＜eum/mae＞ lenguhan. ~울다 melenguh.

음모(陰毛)＜eum/mo＞ rambut kemaluan.

음모(陰謀)＜eum/mo＞ komplotan; sekongkol; kongkalikong; makar; gerombolan; komplotan; femupakatan. ~하다 bersekongkol; berkomplot; bermufakat; bersekutu. ~에 가담하다 terlibat dalam komplotan. ~자 orang yang berkomplot.

음문(陰門)＜eum/mun＞ kemaluan wanita.

음미(吟味)＜eum/mi＞ penikmatan. ~하다 menikmati.

음반(音盤)＜eum/ban＞ piringan hitam; plat gramapon.

음복(飲福)＜eum/bok＞ ~하다 makan sesajen.

음부(音符)＜eum/bu＞ ☞ 음표.

음부(陰部)＜eum/bu＞ daerah kemaluan.

음부(淫婦)＜eum/bu＞ ☞ 음녀(淫女).

음부기호(音部記號)＜eum/bu/gi/ho＞ 『樂』 ☞ 음자리표.

음산(陰散)＜eum/san＞ ~한 mendung dan dingin. ~한 날씨 cuaca yang buruk. ~한 묘지 kuburan yang suram.

음색(音色)＜eum/saek＞ warna bunyi. ~이 좋다 memiliki warna bunyi yang bagus.

음서(淫書)＜eum/seo＞ buku cabul.

음성(音聲)＜eum/seong＞ suara. ~기관 alat pembentuk suara. ~터스트 uji suara. ~학 Ilmu fonetik.

음성(陰性)＜eum/seong＞ ~의 [적] 『電』 negatif; 『醫』 pasif; (거래 따위) gelap. ~수입 penghasilan tambahan yang gelap. ~ 콜레라 kolera pasif.

음소(音素)＜eum/so＞ fonem.

음속(音速)＜eum/sok＞ kecepatan suara. ~ 이하의 dibawah kecepatan suara. ~의 3배로 pada tiga kali kecepatan suara; pada mach 3. ~ (의 벽)을 돌파하다 memecahkan tembok suara; melewati kecepatan suara. 초~ (kecepatan) supersonik.

음수(陰數)＜eum/su＞ angka minus.

음순(陰脣)＜eum/sun＞ labium (labia).

음습(陰濕)＜eum/seub＞ ~한 terlindung/gelap dan lembab.

음식(飲食)＜eum/sik＞ makanan. ~에 손도 대지 않다 membiarkan makanan tidak disentuh; tidak makan sedikitpun. ~을 절제하다 menghemat makanan. ~점 restoran; rumah makan. 명절 ~ hidangan lebaran/perayaan.

음신(音信)＜eum/sin＞ berita; surat menyurat; komunikasi.

음심(淫心)＜eum/sim＞ nafsu birahi.

음악(音樂)＜eum/ak＞ musik; seni musik. ~적 musikal. ~을 이해하다 [못하다] gemar [tidak gemar] musik. ~가 musisi. ~계 dunia musik. ~당 gedung konser. ~회 pagelaran; konser. 고전 ~ musik klasik. 교회 ~ musik gereja.

음양(陰陽)＜eum/yang＞ (음과 양) gaya ganda semesta; (남성과 여성) prinsip laki-laki dan wanita; (소극과 적극) positif dan negatif; aktif dan pasif; (태양과 달) matahari dan bulan; (그늘과 양지) gelap dan terang. ~가 peramal; tukang ramal.

음영＜eum/yeong＞ ~하다 membacakan; mendeklamasikan.

음영(陰影)＜eum/yeong＞ bayangan; penggelapan.

음욕(淫慾)＜eum/yok＞ hawa nafsu. ~을 채우다 memuaskan hawa nafsu.

음용(飲用)＜eum/yong＞ ~의 untuk diminum; dapat diminum. ~수 air minum.

음운(音韻)＜eum/un＞ suara vokal. ~학 fonologi; ilmu yang mempelajari bunyi suara. ~학자 ahli fonologi.

음울(陰鬱)＜eum/ul＞ ~한 murung; bersedih.

음위(陰委)＜eum/wi＞ impotensi; lemah syahwat. ~의 impoten.

음자리표(音-標)＜eum/ja/ri/fyo＞ 『樂』 kunci musik.

음전기(陰電氣)＜eum/jeon/gi＞ arus negatif.

음전자(陰電子)＜eum/jeon/ja＞ elektron negatif.

음절(音節)＜eum/jeol＞ suku kata. ~로 나누다 membagi kedalam suku kata; menguraikan kedalam suku kata. 단[2,3] ~어 suku kata tunggal [dua, tiga].

음정(音程)＜eum/jeong＞ interval (musik). ~이 맞다 [틀리다] seirama [tidak seirama].

음조(音調)＜eum/jo＞ nada; lagu; laras; suara; not.

음주(飲酒)＜eum/ju＞ minuman. ~하다 minum. ~가 peminum. ~벽 kebiasaan minum (alkohol). ~운전하다 mengemudi dalam keadaan mabuk. ~ 운전자 pengendara/pengemudi yang mabuk.

음지(陰地)＜eum/ji＞ ☞ 응달. ~가 양지된다 Setelah hujan datanglah cuaca yang cerah.

음질(音質)＜eum/jil＞ mutu suara. ~ 조정기 pengatur suara.

음차(音叉)＜eum/cha＞ penala; gar-

putala.
음충맞다＜eum/chung/mat/ta＞ ☞ 음충하다.
음치(音痴)＜eum/chi＞ buta nada. ~이다 tidak dapat mengikuti pola titi nada; buta nada.
음침(陰枕)＜eum/chim＞ ~한 mendung; gelap.
음탕(淫蕩)＜eum/thang＞ ~한 tidak senonoh; cabul. ~한 계집 perempuan cabul.
음파(音波)＜eum/fa＞ gelombang bunyi. ~ 탐지기 sonar.
음표(音標)＜eum/fyo＞ 『樂』 not (musik). 2 [4, 8, 16, 32]분 ~ not 1/2 [1/4, 1/8, 1/16, 1/32].
음표문자(音標文字)＜eum/fyo/mun/ca＞ tanda fonetis. 만국~ abjad fonetik internasional.
음해(陰害)＜eum/hae＞ ~하다 menikam dari belakang.
음핵(陰核)＜eum/haek＞ 『解』 kelentit; itil; klitoris.
음향(音響)＜eum/hyang＞ suara; bunyi. ~ 조절 kontrol suara. ~학 ilmu suara. ~효과 efek suara.
음험(陰險)＜eum/heom＞ ~한 licik; penuh akal; khianat.
음화(陰畵)＜eum/hwa＞ gambar porno.
음훈(音訓)＜eum/hun＞ pengucapan dan arti (huruf Cina).
음흉(陰凶)＜eum/hyung＞ ~한 licik; lihai; akal bulus; khianat.
읍(邑)＜eub＞ kecamatan. ~사무소 kantor kecamatan.
읍민(邑民)＜eub/min＞ warga kecamatan.
읍소(泣所)＜eub/so＞ ~하다 memohon dengan air mata di pipi; memohon dengan sangat.
읍장(邑長)＜eub/cang＞ camat.
읍지(邑誌)＜eub/ji＞ surat kabar kecamatan.
읍하다(揖 -)＜eub/hada＞ bersojah.
응＜eung＞ ya; baik. ~꼭 같게 Ya, Saya pasti datang.
응결(凝結)＜eung/gyeol＞ pembekuan; pengentalan; penggumpalan. ~하

다 membeku; mengental; menggumpal. ~물 gumpalan; hasil pengentalan. ~시간 waktu pembekuan. ~점 titik beku.
응고(凝固)＜eung/go＞ pengerasan; pemadatan; penggumpalan. ~하다 mengeras; memadat; menggumpal. ~제 pembeku/pengental.
응급(應急)＜eung/geub＞ ~의 pertolongan pertama pada saat kecelakaan; darurat. ~수리 perbaikan sementara. ~조치 [수단] tindakan [metode] darurat. ~치료(하다) (memberikan) pertolongan pertama.
응낙(應諾)＜eung/nak＞ penerimaan; persetujuan; izin. ~하다 menerima; mengizinkan. 즉석에서 [기꺼이] ~하다 memberikan persetujuan yang segera (dengan senang hati).
응달＜eung/dal＞ naungan; tempat bayangan. ~에서 di tempat teduh. ~이 지다 dinaungi; diteduhi.
응답(應答)＜eung/dab＞ jawaban; sambutan; balasan; sahutan. ~하다 menjawab; menyahut. ~자 orang yang menjawab; responden. 질의 ~ tanya jawab.
응당(應當)＜eung/dang＞ ☞ 으레, 마땅히.
응대(應對)＜eung/dae＞ ① (응답) balasan; jawaban; tanggapan. ~하다 membalas; menjawab; menanggapi. ② (면담) wawancara; tanya jawab. ~하다 berwawancara. ③ (응접) penyambutan. ~하다 menyambut.
응모(應募)＜eung/mo＞ langganan; abonemen; lamaran. ~하다 berlangganan; melamar. ~가격[액] harga langganan. ~신청 permintaan untuk berlangganan. ~원고 pemasukan naskah. ~자(者) pelanggan. 현상 ~ 원고 naskah yang di masukkan untuk mendapatkan hadiah.
응보(應報)＜eung/bo＞ balas jasa; ganti rugi.
응분(應分)＜eung/bun＞ ~의 layak; pantas; sesuai. ~의 대우

perlakuan yang pantas.

응사(應射) <eung/sa> tembakan balasan. ~하다 membalas tembak.

응석 <eung/seok> ~받다 manja. ~부리다 memanjakan (anak). ~받이로 기르다 mengasuh dengan memanjakan.

응소(應召) <eung/so> ~하다 mematuhi panggilan. ~자 [병] tentara yang dipanggil.

응수(應手) <eung/su> ~하다 langkah balasaan.

응수(應酬) <eung/su> jawaban; balasan; tanggapan. ~하다 menjawab; menanggapi.

응시(凝視) <eung/si> tatapan. ~하다 menatap.

응시(應試) <eung/si> ~하다 mendaftar untuk ujian. ~자 peserta ujian.

응아응아 <eung/a/eung/a> rengekan. ~울다 merengek.

응어리 <eung/eo/ri> (근육의) otot yang kejang; (맺힌 감정) rasa dendam kesumat. ~지다 menjadi kejang; mengejang.

응얼거리다 <eung/eol/geo/ri/da> menggerutu; berkomat-kamit.

응용(應用) <eung/yong> penerapan; praktek; pemakaian. ~하다 mempraktekkan; menerapkan. ~적 terapan; praktis. ~할 수 있는[없는] [tidak] dapat diterapkan; [tidak] praktis. ~범위가 넓은 berpenerapan luas. ~과학 [화학] ilmu [kimia] terapan. ~문제 soal terapan. ~식물학 botani praktis.

응원(應援) <eung/won> dukungan; sorakan; pertolongan; bantuan. ~하다 membantu; menolong; mendukung; menyorak. ~가[기] lagu [bendera] pendukung. ~단 kelompok pendukung/simpatisan. ~단장 pemimpin kelompok pendukung.

응응 <eung/eung> ~울다 menangis keras.

응전(應戰) <eung/jeon> ~하다 menerima tantangan.

응접(應接) <eung/jeob> wawanca-ra; penyambutan. ~하다 mengadakan tanya jawab/wawancara; menyambut. ~실 kamar tamu. ~실로 안내하다 mengantar ke kamar tamu.

응집(凝集) <eung/jib> ~하다 memadu; mengkohesi. ~력 kepaduan; daya kohesi. ~력이 있는 bersatu; berpadu; kohesif. ~소 『醫』 aglutinin.

응징(膺懲) <eung/jing> pembalasan. ~하다 membalas.

응축(凝縮) <eung/chuk> kondensasi. ~하다 mengalami kondensasi. ~기(器) kondensor.

응하다(應 -) <eung/hada> menjawab; menyahut; menimpali; menerima; memenuhi. 도전에 ~ menerima tantangan. 주문에 ~ memenuhi pesanan.

응혈(凝血) <eung/hyeol> darah yang beku; gumpalan darah. ~하다 menggumpal; membeku(darah).

의 <eui> (소유.소속) kepunyaan; dari; (장소) di; di atas; (...에 대한) untuk; (...에 의한) oleh; (사이의) antara. 아버지 ~ 모자 topi ayah. 상자 ~ 빛깔 warna sebuah kotak. 총리 ~ 비서 sekretaris pribadi perdana menteri. 서울 ~ 여름 musim kemarau/panas di Seoul. 강변 ~ 집 rumah di atas sungai. 지난 달 ~ 계산서 tagihan untuk bulan lalu. 생물학 ~ 권위 keahlian dalam biologi. 고호 ~ 그림 lukisan oleh Goch. 두 사람 ~ 관계 hubungan antara mereka berdua.

의(義) <eui> (정의) keadilan; kebenaran; (결연) hubungan; ikatan; (뜻) makna; arti. ~를 위하여 죽다 mati mempertahankan kebenaran.

의(誼) <eui> hubungan; keintiman. ~좋은 부부 pasangan yang intim. ~좋게 serasi; seperti berteman; akrab. ~가 좋다 berteman baik dengan; akrab dengan. ~가 상하다 bertengkar; bertentangan.

의거(依據) <eui/geo> ~하다 berdasar (pada); bergantung (pada). …에 ~ 하여 sesuai dengan…; berdasarkan… .

의거(義擧)<eui/geo> perbuatan yang mulia/agung.

의걸이(衣 -)<eui/geo/ri> lemari pakaian. ~장(藏) = 의걸이.

의견(意見)<eui/gyeon> pendapat; pertimbangan; buah pikiran; konsepsi. ~의 대립[충돌] pertentangan pendapat. 내 ~으로는 menurut pendapat saya. ~이 같다 sependapat; satu pendapat dengan … ~이 다르다 berbeda pendapat. ~교환을 하다 bertukar pendapat. ~서(書) pendapat tertulis.

의결(議決)<eui/gyeol> keputusan. ~하다 memutuskan. ~권(權) hak memilih. ~기관 badan legislatif.

의고(擬古)<eui/go> imitasi gaya kuno. ~적 klasik. ~문 gaya klasik semu.

의곡 <eui/gok> ☞ 왜곡.

의과(醫科)<eui/kwa> bagian kedokteran. ~대학 fakultas kedokteran. ~ 대학생 mahasiswa kedokteran.

의관(衣冠)<eui/gwan> pakaian dan topi. ~을 갖추다 berpakaian lengkap.

의구(依舊)<eui/gu> ~하다 tetap seperti keadaan semula; tidak berubah.

의구심(疑懼心)<eui/gu/sim> waswas; keraguan; syak wasangka. ~을 품다 menaruh syak wasangka.

의기(意氣)<eui/gi> akal; jiwa; semangat. ~ 양양한 semangat tinggi. ~왕성 [소침] 하다 bersemangat tinggi [rendah].

의기(義氣)<eui/gi> jiwa yang berani; jiwa pahlawan. ~있는 berjiwa pahlawan.

의논(議論)<eui/non> konsultasi; musyawarah. ~하다 berkonsultasi; bermusyawarah.

의당(宜當)<eui/dang> tentu saja. ~하다 biasa. ~ …해야 하다 tentu saja harus. ~받을 것을 받다 menerima yang pantas diterima.

의도(意圖)<eui/do> tujuan; maksud; kehendak; hasrat. ~하다 bermaksud; berkehendak; bertujuan (untuk). …할 ~로 dengan maksud…; dengan tujuan…

의례(依例)<eui/rye> ~하다 mengikuti pendahulu. ~히 ☞ 으레. ~건 praktek yang biasa.

의례(儀禮)<eui/rye> upacara. ~적 bersifat upacara; seremonial. 외교적 ~ etika diplomasi. ~적 방문 kunjungan kehormatan. 가정 ~ 준칙 aturan ritual keluarga.

의론(議論)<eui/non> diskusi; tukar pendapat. ~하다 berdiskusi; bertukar pendapat.

의롭다(儀 -)<eui/rob/da> adil.

의뢰(依賴)<eui/roe> ① permohonan; kepercayaan. ~하다 memohon; mempercayakan. 변호사에게 ~하다 menyerahkan (masalah) kepada pengacara. ~서[장] permohonan tertulis. ~인 orang yang dibela. ② ketergantungan; keandalan. ~하다 bergantung kepada. ~심 sifat ketergantungan. ~심이 강하다 mengandalkan terlalu banyak kepada orang lain.

의료(醫療)<eui/ryo> pengobatan; perawatan. ~기관 lembaga kesehatan. ~ 기구 alat kedokteran; alat-alat medis. ~반(班) tim kesehatan. ~보험 asuransi kesehatan. ~비 biaya kesehatan. ~ 수가(酬價) biaya pengobatan. ~ 시설[품] sarana [barang-barang] kesehatan. ~실 ruang klinik. ~ 혜택 keuntungan kesehatan.

의류(衣類)<eui/ryu> pakaian; aneka ragam pakaian.

의리(義理)<eui/ri> ① keadilan; kebenaran; kesetiaan. ~가 있다 adil; setia. ~가 없다 tidak memiliki rasa keadilan. ② hubungan; ikatan. 친구간의 ~ ikatan persahabatan.

의모(義母)<eui/mo> ☞ 의붓어미, 양어머니.

의무(義務)＜eui/mu＞ kewajiban; tugas; tanggung jawab.　～적 wajib. …할 ～가 있다 berkewajiban untuk… .　～를 게을리 하다 [다하다] mengabaikan [melaksanakan] kewajiban.　～감 [관념] rasa tanggung jawab.　～교육 pendidikan wajib. ～연한 masa dinas wajib.

의무(醫務)＜eui/mu＞ perkara kesehatan.　～실 ruang medis; klinik.

의문(疑問)＜eui/mun＞ pertanyaan; keraguan.　～의 diragukan; dipertanyakan.　～의 죽음 kematian yang aneh/misterius.　～을 품다 meragukan; menaruh keraguan.　～의 여지가 없다 tak ada yang perlu diragukan.　～문 [대명사] kalimat [kata] tanya.　～부 tanda tanya.　～사 (詞) introgatif.　～점 hal yang diragukan.

의뭉스럽다＜eui/mung/seu/reob/ta＞ busuk pikiran.

의미(意味)＜eui/mi＞ arti;　makna. ～하다 berarti.　～있는 [심장한] penting; penuh arti; berarti.　～없는 tidak berarti. 엄격 [막연]한 ～에 있어서 dalam arti yang tegas [samar].　～를 잘못 해석하다 salah mengartikan.

의법(依法)＜eui/beob＞　～ 처리하다 menangani sesuai dengan hukum. ～처단 penghukuman sesuai dengan hukum.

의병(義兵)＜eui/byeong＞ tentara sukarela; sukarelawan.

의복(衣服)＜eui/bok＞ pakaian; busana.

의부(義父)＜eui/bu＞　☞ 의붓아비, 양아버지.

의분(義憤)＜eui/bun＞　kemarahan atas ketidakadilan.　～을 느끼다 merasa marah atas ketidakadilan.

의붓딸＜eui/but/tal＞ putri tiri.

의붓아들＜eui/but/a/deul＞ putra tiri.

의붓아비＜eui/but/a/bi＞ ayah tiri.

의붓어미＜eui/but/eo/mi＞ ibu tiri.

의붓자식(- 子息)＜eui/but/ja/sik＞ anak tiri.

의사(義士)＜eui/sa＞ syuhada tanah air; martir.

의사(意思)＜eui/sa＞ maksud; kehendak; pandangan.　～표시 pernyataan kehendak.　～ 소통이 되다 sampai pada kesalingpahaman.　～가 없다 tidak bermaksud untuk.

의사(擬似)＜eui/sa＞　～증[환자] kasus yang mencurigakan/dicurigai.　～ 콜레라 kolera semu.

의사(醫師)＜eui/sa＞ dokter.　～ 노릇을 하고 있다 praktek dokter.　～의 치료를 받다 mendapat pengobatan dari dokter.　～의 진찰을 받다 mendapat pemeriksaan dari dokter. ～면허 surat izin praktek. 단골 ～ dokter langganan.

의사(議事)＜eui/sa＞　persidangan. ～당 ruang sidang. 국회 ～ 당 gedung DPR.　～록 laporan sidang. ～봉 palu sidang.　～일정 agenda sidang. ～진행 kemajuan persidangan.　～진행 방해 hambatan persidangan.

의상(衣裳)＜eui/sang＞ pakaian; busana.

의서(醫書)＜eui/seo＞ buku kesehatan; buku kedokteran.

의석(議席)＜eui/seok＞ kursi parlemen.　～을 보유 하다 mendapat kursi.

의성(擬聲)＜eui/seong＞ pembentukan kata yang meniru suara.　～어 bentuk kata yang meniru suara.

의수(義手)＜eui/su＞ tangan palsu.

의술(醫術)＜eui/sul＞ keahlian kedokteran.　～을 업으로 하다 praktek dokter; praktek medis.

의식(衣食)＜eui/sik＞　pangan dan sandang.　～ 주(住) pangan, sandang dan perumahan.

의식(意識)＜eui/sik＞ kesadaran.　～하다 sadar.　～적(으로) secara sadar.　～을 잃다 hilang kesadaran.　～을 회복하다 [되찾다] pulih kesadaran.

의식(儀式)＜eui/sik＞ upacara.

의심(疑心)＜eui/sim＞ keraguan; kecurigaan; kesangsian; syak wasangka. ~하다 ragu; curiga; sangsi. ~ 스러운 meragukan; mencurigakan. ~없는 tak diragukan. ~없이 tanpa keraguan. ~이 많은 penuh kecurigaan. ~을 품다 mencurigai; menaruh kecurigaan. ~이 생기다 [나다] timbul keraguan. ~받다 dicurigai.

의아(疑訝)＜eui/a＞ ~하다 [스럽다] mencurigakan; meragukan. ~ 스러운 듯이 secara mencurigakan; secara meragukan.

의안(義眼)＜eui/an＞ mata palsu.

의안(議案)＜eui/an＞ rancangan undang-undang. ~에 찬성[반대] 하다 mendukung [menentang] rancangan undang-undang. ~을 제출하다 menyerahkan rancangan undang-undang. ~을 부결하다 [통과시키다] menolak [meluluskan/menyetujui] rancangan undang-undang.

의약(醫藥)＜eui/yak＞ obat. ~분업 pemisahan apotik dengan praktek dokter. ~품 obat-obatan; persediaan obat.

의업(醫業)＜eui/eob＞ profesi medis.

의역(意譯)＜eui/yeok＞ terjemahan bebas. ~하다 menterjemahkan secara bebas.

의연(依然)＜eui/yeon＞ ~히 seperti semula. 구태 ~하다 tetap tidak berubah.

의연(義捐)＜eui/yeon＞ ~금 sumbangan.

의연히(毅然 -)＜eui/yeon/hi＞ dengan berani.

의예과(醫豫科)＜eui/ye/kwa＞ jurusan paramedis.

의옥(疑獄)＜eui/ok＞ skandal.

의외(意外)＜eui/oe＞ ~의 tidak diharapkan; tidak terduga; kejutan. ~로 berlawanan dengan yang diharapkan. ~의 일 kejutan. ~로 빨리 lebih cepat dari yang diperkirakan. ~로 여기다 kaget; terkejut.

의욕(意慾)＜eui/yok＞ kemauan; semangat. ~적 ambisius. …에 대한 ~이 대단하다 kemauan yang kuat dalam… . 생활 ~ kemauan hidup.

의용(義勇)＜eui/yong＞ keberanian berkorban. ~병[군] tentara sukarela, sukarelawan.

의용(義容)＜eui/yong＞ sikap; pembawaan.

의원(依願)＜eui/won＞ ~면직 berhenti atas kemauan sendiri.

의원(醫院)＜eui/won＞ tempat praktek dokter, rumah sakit. Y ~ ruangan dokter Y.

의원(醫員)＜eui/won＞ dokter.

의원(議院)＜eui/won＞ Dewan Perwakilan Rakyat; parlemen. ~ 내각제 sistim pemerintahan parlementer.

의원(議員)＜eui/won＞ anggota Dewan Perwakilan Rakyat; anggota parlemen. ~으로 당선되다 terpilih menjadi anggota Dewan Perwakilan Rakyat.

의의(意義)＜eui/eui＞ arti; makna. ~있는 berarti; bermakna.

의인(擬人)＜eui/in＞ personifikasi. ~ 화하다 mempersonifikasi. ~법 『修』 = 의인.

의자(椅子)＜eui/ja＞ kursi; bangku. 긴 ~ kursi panjang. ~에 앉다 duduk di atas kursi. ~를 권하다 memberikan kursi.

의장(衣欌)＜eui/jang＞ lemari pakaian.

의장(意匠)＜eui/jang＞ rancangan. ~가 perancang. ~등록 pendaftaran rancangan.

의장(議長)＜eui/jang＞ ketua; kepala; pemimpin. ~이 되다 menjadi ketua. ~(직)을 맡아보다 bertindak sebagai ketua. ~직권 wewenang ketua.

의장(議場)＜eui/jang＞ ruang pertemuan.

의장대(儀仗隊)＜eui/jang/dae＞ pengawal kehormatan.

의적(義賊)＜eui/jeok＞ maling budiman.

의전(儀典)＜eui/jeon＞ protokol. ~비서 sekretaris protokol. ~실 ruang protokol.

의절(義絶)＜eui/jeol＞　~하다 memutuskan hubungan. 「wa

의젓하다＜eui/jeot/hada＞ berwiba-

의정(議定)＜eui/jeong＞ ~하다 berunding dan menyetujui. ~서 surat perjanjian.

의제(義弟)＜eui/je＞ adik angkat.

의제(議題)＜eui/je＞ topik pembicaraan; pokok perbincangan; agenda. ~에 오르다 [올리다] menjadi [diangkat untuk] topik pembicaraan.

의족(義足)＜eui/jok＞ kaki palsu; kaki buatan.

의존(依存)＜eui/jon＞ ketergantungan. ~ 하다 bergantung kepada; mengandalkan kepada; bersandar kepada. 상호 ~ saling bergantung; sandar-menyandar.

의중(意中)＜eui/jung＞ ~의 인물 pilihan hati; orang yang ada di hati. ~을 떠보다 menjajaki hati.

의지(依支)＜eui/ji＞ (기댐) ketergantungan, (의뢰) kepercayaan; keandalan. ~하다 bergantung pada. ~할 만한 친구 teman yang dapat diandalkan. ~할 곳이 없는 tidak ada tempat bersandar. ~가 되다 menjadi tempat bersandar.

의지(意志)＜eui/ji＞ kemauan; kehendak; tekad. ~가 강[약] 하다 berkemauan kuat [lemah]. ~가 강 [약]한 사람 orang yang berkemauan keras [lemah]. ~력 daya kemauan.

의지(義肢)＜eui/ji＞ tangan dan kaki palsu.

의지가지없다＜eui/ji/ga/ji/eob/ta＞ tidak ada tempat bergantung.

의처증(疑妻症)＜eui/cheo/ceung＞ kecurigaan terhadap kesucian istri.

의치(義齒)＜eui/chi＞ gigi palsu.

의탁(依託)＜eui/thak＞ ~하다 bergantung kepada ~할 곳 없다 tanpa bantuan; tidak ada tempat meminta tolong.

의하다(依 -)＜eui/hada＞ bergantung pada; berdasarkan pada...

의학(醫學)＜eui/hak＞ ilmu kedokteran; ilmu medis. ~적(으로) (secara) medis. ~계 dunia medis; dunia kedokteran. ~도 mahasiswa kedokteran. ~계의 큰 업적 prestasi besar dalam dunia medis.

의향(意向)＜eui/hyang＞ maksud; niatan; tujuan; hasrat. ~이 있다 bermaksud. ~을 비치다 mengungkapkan maksud.

의협(義俠)＜eui/hyeob＞. kekesatriaan; keberanian; keperwiraan; kepahlawanan. ~심 jiwa ksatria.

의형제(義兄弟)＜eui/hyeong/je＞ saudara angkat. ~를 맺다 mengangkat jadi saudara.

의혹(疑惑)＜eui/hok＞ keragu-raguan; kecurigaan. ~을 품다 menaruh kecurigaan; mencurigai. ~의 눈으로 보다 melihat dengan mata curiga.

의회(議會)＜eui/hoe＞ Dewan Perwakilan Rakyat; parlemen. ~를 해산[소집]하다 membubarkan [memulai] sidang DPR. ~ 민주주의 demokrasi parlementer. ~정치 sistem pemerintahan parlementer.

이＜i＞ ① gigi. ~없는 tidak ada gigi; tanpa gigi. ~를 닦다 menyikat gigi. ~가 나다 tumbuh gigi. ~를 빼다 mencabut gigi. ~를 쑤시다 menusuk/mencungkil gigi. ~가 좋다[나쁘다] gigi bagus [jelek]. ~가 아프다 gigi sakit. ② sumbing. ~ 빠진 찻잔 cangkir yang sumbing.

이＜i＞ 『蟲』kutu. ~가 꾀다 berkutu. ~잡듯 하다 menisik kutu.

이(利)＜i＞ ① untung; keuntungan. ~가 있는 menguntungkan. ~를 보다 beruntung. ~가 박하다 menghasilkan sedikit untung. ② (이자) bunga (uang).

이(里)＜i＞ ① (거리) ri (= 0,4 km). ② (행정구역) desa.

이(理)＜i＞ sebab; alasan; dasar. ~에 닿지 않는 말을 하다 berbicara bertentangan dengan akal.

이＜i＞ ini; kini. ~달 bulan ini. ~같은 seperti ini. ~같이 oleh sebab itu.

이(二)＜i＞ dua; kedua.

이가(二價)＜i/ka＞ ~의 『化』 dwi atom.

이간(離間)＜i/gan＞ perenggangan; pemisahan; pengasingan. ~하다 [붙이다] memisahkan [merenggang-kan]. ~책(策) tindakan pengasing-an.

이갈다＜i/gal/da＞ menggertakkan gigi.

이것＜i/geot＞ ① ini; yang ini. ~으로 dengan ini. ② ~좀 봐 lihat sini (waktu memanggil).

이것저것＜i/geot/jeo/geot＞ ini dan itu; satu lain hal. ~ 생각한 끝에 setelah memikirkan baik-baik.

이견(異見)＜i/gyeon＞ pandangan yang berbeda; keberatan.

이겹실＜i/gyeob/sil＞ benang berpi-lin dua.

이경(二更)＜i/gyeong＞ sekitar pukul 10 malam.

이골나다＜i/gol/na/da＞ terbiasa. 일에 ~ menjadi terbiasa dengan pekerjaan.

이곳＜i/got＞ tempat ini; disini. ~에(서) di tempat ini. ~으로(부터) dari sini.

이공(理工)＜i/gong＞ ilmu pengeta-huan dan rekayasa. ~ 과[학부] jurusan [fakultas] ilmu pengetahuan alam dan rekayasa.

이과(理科)＜i/kwa＞ jurusaan ilmu pengetahuan alam.

이관(移管)＜i/gwan＞ pemindahan. ~하다 memindahkan. 군원 ~ pemindahan program bantuan mili-ter.

이교(異教)＜i/gyo＞ keingkaran; ke-kafiran. ~의 ingkar. ~도 orang yang ingkar; kafir.

이구동성(異口同聲)＜i/gu/dong/seo-ng＞ ~으로 dengan suara bulat.

이국(異國)＜i/guk＞ negara asing. ~의 asing. ~인 orang asing. ~ 정취 suasana asing.

이궁(離宮)＜i/gung＞ istana terpisah.

이권(利權)＜i/kwon＞ konsesi. ~운동 lobi untuk mendapatkan konsesi. ~ 운동자 orang yang melobi untuk konsesi.

이글이글＜i/geul/i/geul＞ ~하다 berkobar; menyala. ~타는 불 api yang berkobar. 정욕으로 ~ 불타는 눈 mata yang berkobar dengan nafsu. 숯불이 ~ 피다 arang ter-bakar menyala.

이기(利己)＜i/gi＞ hal mementingkan diri sendiri. ~적 mementingkan diri sendiri; egois. ~심 jiwa ego-is. ~주의 egoisme; faham me-mentingkan diri sendiri. ~ 주의자 orang yang mementingkan diri; orang yang egois.

이기(利器)＜i/gi＞ kemudahan fasili-tas. 문명의 ~ kemudahan per-adaban; fasilitas peradaban.

이기다＜i/gi/da＞ menang; mendapat kemenangan. 논쟁에 ~ menang perdebatan. 자기를 ~ menakluk-kan diri sendiri. 겨우 ~ menang tipis.

이기다＜i/gi/da＞ ① (반죽) mera-mas; mengadoni. ② (칼로) men-cincang-cincang.

이기죽거리다＜i/gi/juk/geo/ri/da＞ membuat komentar yang menyakit-kan hati.

이까짓＜i/ka/jit＞ demikian sepele; begitu remeh. ~ 것 yang sepele ini.

이끌다＜i/keul/da＞ membimbing; mengepalai; memimpin; mempelo-pori; merintis; menggiring; meman-du.

이끌리다＜i/keul/li/da＞ dipimpin; dipandu; dikepalai; dibimbing.

이끼＜i/ki＞ 『植』 lumut. ~가 끼다 lumut tumbuh. ~낀 berlumut; di-tumbuhi lumut.

이나＜i/na＞ ① (그러나) namun; tetapi; walaupun; mending(an). ② sebanyak. 다섯 번~ sebanyak li-ma kali. ③ (선택) atau; apakah ini atau itu; apakah begini atau be-gitu.

이나마＜i/na/ma＞ ☞ ..나마.

이날＜i/nal＞ ① hari ini. 작년[내

년]의 ~ tahun yang lalu [akan datang] hari ini. ② (당일) hari itu.
이날저날 <i/nal/jeo/nal> hari ini dan hari itu; dari hari ke hari.
이남(以南) <i/nam> Korea Selatan.
이남박 <i/nam/bak> wadah untuk mencuci beras.
이내(以內) <i/nae> tidak lebih dari. 500원 ~ 의 금액 harga yang tidak lebih dari 500 won.
이내 <i/nae> (곧) segera.
이냥 <i/nyang> seperti ini.
이네, 이네들 <i/ne, i/ne/deul> mereka; orang-orang ini.
이년(二年) <i/nyeon> dua tahun. ~생(生) murid tahun kedua; murid kelas dua.
이념(理念) <i/nyeom> ideologi; doktrin. ~ 적(으로) (secara) ideologis. ~분쟁 pertentangan ideologi.
이노베이션 <i/no/be/i/syeon> inovasi.
이농(離農) <i/nong> ~하다 berhenti bertani.
이니시어티브 <i/ni/si/eo/thi/beu> ~를 잡다 mengambil inisiatif; mendahului.
이다 <i/da> (머리에) menjunjung.
이다 <i/da> (지붕을) mengatapi.
이다지 <i/da/ji> sebanyak ini; banyak sekali. ~도 오래 sepanjang ini; selama ini.
이단(異端) <i/dan> kekafiran; keingkaran. ~적 kafir; ingkar. ~자 orang ingkar.
이달 <i/dal> bulan ini. ~ 10일 pada tanggal 10 bulan ini. ~호 (號) (잡지 따위의) nomor sekarang.
이대로 < i/dae/ro> seperti ini. ~ 가면 kalau terus seperti ini.
이데올로기 <i/de/ol/lo/gi> ideologi. ~ 의[적인] ideologis. ~논쟁 pertengkaran idelogis. ~대립 pertentangan ideologi.
이도(吏道) <i/do> tugas pegawai. ~쇄신 perombakan kepegawaian.
이동(以東) <i/dong> sebelah timur dari...; ...dan kearah timur.

이동(移動) <i/dong> perpindahan; pergerakan. ~하다 pindah; berpindah. ~식 sistim pindah. ~경찰 polisi patroli. ~ 도서관 perpustakaan keliling. ~무대 panggung bergerak. ~병원 PUSKESMAS keliling. ~성 고기압 tekanan udara tinggi yang berpindah-pindah. ~신고 [증명] laporan [surat keterangan] pindah. ~주택 rumah mobil; karavan. ~ 진료소 klinik keliling. ~촬영 syuting keliling. 인구 ~ perpindahan penduduk.
이동(異動) <i/dong> pergantian jabatan.
이득(利得) <i/deuk> untung; laba. 부당 ~ untung yang berlebihan. 부당 ~자 orang yang mengambil untung berlebihan.
이든(지) <i/deun/(ji)> apakah..., atau. 정말 ~ 거짓말 ~ apakah itu benar atau tidak. 무엇 ~ apa saja.
이들이들하다 <i/deul/i/deul/hada> mengkilat.
이듬 <i/deum> berikutnya. ~해 tahun berikutnya.
이등(二等) <i/deung> kelas kedua, peringkat kedua. ~을 타고 여행하다 bepergian naik kelas dua. 경주에서 ~이 되다 menjadi pemenang kedua dalam perlombaan. ~병 prajurit dua. ~상 hadiah kedua; hadiah nomor dua. ~승객 [차표, 차, 선실] penumpang [karcis, mobil, kabin] kelas dua.
이등변삼각형(二等邊三角形) <i/deung/byeon/sam/gak/hyeong> segitiga sama kaki.
이등분(二等分) <i/deung/bun> ~하다 membagi dua sama. ~선 garis bagi dua.
이디오피아 <i/di/o/fi/a> ☞ 에티오피아.
이따금 <i/ta/geum> kadang-kadang.
이때 <i/tae> saat ini.
이똥 <i/tong> tahi gigi.
이라크 <i/ra/kheu> Irak. ~사람

orang Irak.

이란＜i/ran＞ Iran.　～사람 orang Iran.　～어 bahasa Parsi.

이란성(二卵性)＜i/nan/seong＞　～쌍생아 kembar tidak identik.

이랑＜i/rang＞ (밭의)galengan dan alur.　～을 짓다 membuat alur.

이랑＜i/rang＞ (조사) dan; atau.　기쁨 ～ 부끄러움으로 dengan gembira dan malu; dengan gembira bercampur malu.

이래(以來)＜i/rae＞ sejak; mulai; semenjak; (se) sudah; (se) habis.　그때 ～ sejak itu.

이래저래＜i/rae/jeo/rae＞ dengan ini dan itu.　～ 바쁘다 Saya sedang sibuk dengan ini dan itu.

이랬다저랬다＜i/raet/ta/jeo/raet/ta＞　～하다 plin-plan.

이러구러＜i/reo/gu/reo＞ tidak terasa.　～10 년의 세월을 보냈다 Tidak terasa sudah sepuluh tahun.

이러나저러나＜i/reo/na/jeo/reo/na＞ bagaimanapun juga.

이러니저러니＜i/reo/ni/jeo/reo/ni＞　～하다 mengatakan sesuatu; memberi komentar; mengomentari.　～ 할 것 없이 tanpa dalih/alasan ini dan itu.

이러이러하다＜i/reo/i/reo/hada＞ begini begitu.

이러쿵저러쿵＜i/reo/khung/jeo/reo/khung＞ ☞ 이러니저러니.

이러하다＜i/reo/hada＞ seperti ini; begini.　사실은 ～ kenyataannya begini; terus terang saja.

이럭저럭＜i/reok/jeo/reok＞ entah bagaimana; tidak terasa.　～하는 동안에 sementara itu.　～ 대학을 마치다 tidak terasa sudah lulus perguruan tinggi.

이런＜i/reon＞ ① (이러한) semacam ini; seperti ini.　～책 buku semacam ini.　～때에 seperti waktu ini; saat seperti ini. ② (놀람) Ya, ampun!

이렇게＜i/reot/ke＞ begini.　～많은 begini banyak.

이렇다＜i/reot/tha＞ ☞ 이러하다.

～할 tertentu.　～ 할이유 alasan tertentu. 이 일에 내가 ～ 저렇다 할 자격은 없다 Saya tidak bisa bicara begini begitu tentang hal ini.

이레＜i/re＞ hari yang ketujuh; tujuh hari.

이력(履歷)＜i/ryeok＞ riwayat hidup.　～이 좋다 [나쁘다] reputasi baik [buruk].　～서 surat riwayat hidup.

이례(異例)＜i/rye＞ pengecualian.　～적 luar biasa.

이론(異論)＜i/ron＞ keberatan; perbedaan pendapat (☞ 이의(異議)).　～없이 dengan suara bulat.　～을 제기하다 menyatakan keberatan.

이론(理論)＜i/ron＞ teori.　～적 teoritis.　～상 [적으로] dalam teori; secara teoritis.　～과 실천[실제] teori dan praktek.　～가 teorisi; ahli teori.　～ 물리학 fisika teoritis.　～투쟁 pertentangan teori.

이롭다(利 -)＜i/rob/ta＞ menguntungkan; bermanfaat.

이루(耳漏)＜i/ru＞ 『醫』 congek.

이루＜i/ru＞ tidak dapat di… .　～ 말할 수 없는 tak terlukiskan.　～ 헤아릴 수(도) 없는 tak terhitung.　～ 형용할 수 없다 sukar sekali melukiskannya.

이루다＜i/ru/da＞ menyelesaikan; mewujudkan; melaksanakan; mendirikan.　뜻을 ～ mewujudkan keinginan.　가정을 ～ mendirikan rumah tangga baru.

이루어지다＜i/ru/eo/ji/da＞ diwujudkan; dicapai; diselesaikan.

이룩하다＜i/ruk/hada＞ mendapatkan; mendirikan; mencapai; membangun.

이류(二流)＜i/ryu＞ ～ 의 kelas dua.　～호텔 hotel kelas dua.

이륙(離陸)＜i/ryuk＞ lepas landas; tinggal landas.　～하다 mengudara; tinggal landas.　～시간 waktu tinggal landas.　～지점 [활주] titik tinggal landas [landasan].

이륜(二輪)＜i/ryun＞ roda dua.　～차 kendaraan roda dua.

이르다＜i/reu/da＞ (시간적) pagi sekali; pagi-pagi buta.

이르다<i/reu/da> (도착) sampai; tiba; mencapai. 결론에 ~ sampai pada kesimpulan.

이르다<i/reu/da> ① (…라고 하다) berkata; mengatakan. ② (알리다) memberitahukan; mengatakan; mengadukan; menyarankan. 공부를 열심히 하라고 ~ menyarankan untuk belajar keras. 아버지한테 ~ mengadukan kepada ayah.

이른바<i/reun/ba> biasa disebut. 이것이야말로 ~ 민주주디다 Inilah yang disebut demokrasi.

이를테면<i/reul/the/myeon> boleh dikata; dapat disebut. 그는 ~ 산 사전이다 Dia boleh dikata kamus berjalan.

이름<i/reum> ① nama. …의 ~ 으로 atas nama. ~을 부르다 memanggil nama. ~짓다 membuat nama; menamai. ~을 대다 menyebutkan nama. ~을 속이다 menipu nama. ② sebutan; gelar. ~ 만의 pada gelarnya saja. 그 ~대로 seperti yang dinyatakan oleh gelarnya. ③ nama baik; nama yang terkenal. ~난 terkenal. ~없는 tanpa nama; tak dikenal. ~을 얻다 mendapat nama. ~을 남기다 meninggalkan nama. ④ dalih. 자선이라는 ~아래 dengan dalih beramal

이름씨<i/reum/ssi> 『文』 kata benda.

이름표(- 標)<i/reum/fyo> plat nama.

이리<i/ri> (물고기의) sperma ikan.

이리<i/ri> (짐승) serigala.

이리<i/ri> ① (이렇게) dengan cara ini; seperti ini; begini. ② (이곳으로) jalan ini; arah ini.

이리듐<i/ri/dyum> 『化』 iridium.

이리저리<i/ri/jeo/ri> sana-sini; atas bawah; ini itu; maju mundur; kian kemari; pulang balik.

이리하다<i/ri/hada> lakukan seperti ini.

이마<i/ma> dahi; kening; jidat.

이마적<i/ma/jeok> baru-baru ini; akhir-akhir ini.

이만<i/man> sekian. 오늘은 ~ 합시다 Cukup sekian hari ini.

이만저만<i/man/jeo/man> tidak sedikit. ~ 놀라지 않다 sangat kaget.

이만큼<i/man/kheum> sebanyak ini; segini; segini besarnya; sekian. ~이면 된다 Sebanyak ini cukup.

이만하다<i/man/hada> sebanyak ini; sebesar ini.

이맘때<i/mam/tae> saat seperti ini; waktu seperti ini.

이맛살<i/mat/sal> ~을 찌푸리다 mengerutkan kening.

이면(二面)<i/myeon> ① (두 면) dua muka. ② halaman kedua. ~ 기사 artikel/berita di halaman (yang ke) dua.

이면(裏面)<i/myeon> bagian belakang; sebalik; sisi lain; (내막) cerita dalam; latar belakang. ~에 di dalam; di sisi lain. ~의 사실 fakta dalam; latar belakang. ~ 에서 조종하다 mengendalikan dari belakang. ~공작 rencana gelap; manuver belakang panggung. ~사 cerita dalam.

이면<i/myeon> (조사) jikalau; seandainya. 내가 당신 ~ jika saya kamu; seandainya saya kamu.

이명(異名)<i/myeong> nama lain; nama samaran.

이모(姨母)<i/mo> bibi; tante.

이모부(姨母夫)<i/mo/bu> paman (suaminya bibi).

이모작(二毛作)<i/mo/jak> dua kali panen pertahun. ~지대 daerah dua kali musim tanam.

이모저모<i/mo/jeo/mo> tiap sudut.

이목(耳目)<i/mok> mata dan telinga; perhatian. ~을 끌다 menarik perhatian umum. 세인의 ~을 놀라게 하다 menggegerkan dunia.

이목구비(耳目口鼻)<i/mok/gu/bi> tampang; muka. ~가 반듯한 얼굴 muka yang tampan.

이무기<i/mu/gi> ular sanca.

이문(利文)＜i/mun＞ keuntungan.　☞ 이익.

이물＜i/mul＞ haluan; kapal.

이미＜i/mi＞ ① sudah; telah. 그것은 ~ 끝났다 Sudah selesai. 수업은 ~ 시작됐나? Sudahkah masuk sekolah? ② sebelumnya; semula. ~ 언급한 바와 같이 Seperti yang telah dikemukakan.

이미지＜i/mi/ji＞ kesan.

이민(移民)＜i/min＞ perpindahan; pengungsian; pengungsi.　~하다 berpindah-pindah; mengungsi.　~선 [알선자] kapal [agen] imigran.

이바지하다＜i/ba/ji/hada＞ membaktikan diri.

이반(離叛)＜i/ban＞ peralihan hati.　~하다 beralih hati.

이발(理髮)＜i/bal＞ pemangkasan rambut.　~하다 memangkas rambut; memotong rambut.　~기 alat potong rambut.　~사 tukang potong rambut; tukang cukur.　~소 salon; tempat potong rambut.

이밥＜i/bab＞ nasi putih.

이방인(異邦人)＜i/bang/in＞ orang asing; orang pendatang.

이배(二倍)＜i/bae＞ dua kali; dua kali lipat.　~하다 menduakalikan; menggandakan.

이번(- 番)＜i/beon＞ sekarang; saat ini; kali ini.　~의 baru; berikut; mendatang.　~만은 hanya sekali ini saja.

이번(二番)＜i/beon＞ nomor dua; kedua.　~저당 penggadaian kedua.

이변(異變)＜i/byeon＞ perubahan luar biasa; bencana. 기후의 ~ perubahan cuaca yang tidak normal.

이별(離別)＜i/byeol＞ perpisahan; perceraian.　~하다 berpisah; bercerai.　~가 nyanyian perpisahan.　~잔 cangkir perpisahan.　~주 minuman perpisahan.

이병(二兵)＜i/byeong＞ prajurit dua (PRADA).

이병(罹病)＜i/byeong＞ ☞ 이환(罹患).

이보다＜i/bo/da＞ dari pada ini.　~앞서 sebelum ini.

이복(異腹)＜i/bok＞ ~형제 [자매] saudara [saudari] seayah.

이부(二部)＜i/bu＞ (두부분) dua bagian; (제이부) bagian II.　~수업 sistim sekolah pagi petang.　~제 sistem dua giliran.　~합창 duet.

이부(異父)＜i/bu＞ beda ayah.　~형제 saudara beda ayah.

이부자리＜i/bu/ja/ri＞ sprei dan selimut.

이북(以北)＜i/buk＞ Korea Utara. 그는 ~ 사람이다 Dia orang Korea Utara.

이분(二分)＜i/bun＞ ~하다 membagi dua; memaruh.　~의 일 setengah.　~음표 『樂』 setengah nada; not setengah.

이분자(異分子)＜i/bun/ja＞ unsur asing.

이불＜i/bul＞ selimut dan sprei.　~속에서 활개치는 사람 Hulubalang dalam selimut; pengecut.　~을 덮다 menarik selimut kapas.

이브닝드레스＜i/beu/ning/deu/re/seu＞ gaun malam; pakaian malam/pesta.

이비(耳鼻)＜i/bi＞ ~인후과 bagian THT (Tenggorokan, Hidung dan Telinga). ~인후과 병원 [의사] rumah sakit [dokter] spesialis THT.

이사(理事)＜i/sa＞ direktur; komisaris.　~관 pegawai negeri pangkat penata.　~장 komisaris kepala.　~회(會) dewan direktur.

이사(移徙)＜i/sa＞ pindah rumah.　~하다 pindah.　~비용 ongkos pindah rumah.　~짐 운반업자 pengusaha angkut pindah.　~짐(운반)차 truk pengangkut barang untuk pindah.　~턱 selamatan memasuki rumah baru.

이삭＜i/sak＞ bulir.　~이 나오다 keluar bulir. 벼 ~ bulir padi.

이산(離散)＜i/san＞ ~하다 berserakan; tercerai-berai.　~가족 keluarga yang terpencar.　~가족 찾기 운동 kampanye untuk memper-

satukan kembali anggota keluarga.
이산화(二酸化)＜i/san/hwa＞　　『化』
~물 dioksida. ~탄소 karbondiok-
sida.
이상(以上)＜i/sang＞　① lebih; me-
lebihi. 2 마일 ~ lebih dari dua
mil. 6세 ~의 소아 anak diatas
umur 6 tahun. 3 분의 2 ~의 다수
mayoritas paling sedikit dua per
tiga. ② ~과같이 seperti yang di-
sebutkan di atas (s.d.a). ③ sejak.
살고 있는 ~은 selama masih hi-
dup. ④ (끝) sekian.
이상(異狀)＜i/sang＞ kecelakaan; ke-
kacauan; perubahan. ~이 있다 ti-
dak normal; kacau. ~없다 nor-
mal; waras. 정신~ penyakit jiwa/
gila; kekacauan mental.
이상(異常)＜i/sang＞ keanehan; keti-
daknormalan; keganjilan. ~스러운
[한] aneh; ganjil; tidak normal. ~
하게 dengan cara yang aneh. ~하
게 들리다 kedengaran aneh. ~건
조 kemarau yang tidak normal. ~
난동 dingin yang tidak normal. ~
아(兒) anak yang cacat.
이상(理想)＜i/sang＞ idaman; cita-
cita. ~적(으로) menurut idaman/
cita-cita; secara ideal. 높은 ~
cita-cita yang tinggi. ~을 품다
mempunyai cita-cita. ~을 실현하
다 mewujudkan cita-cita. ~가 o-
rang yang idealis. ~주의 idealis-
me. ~향 idaman.
이색(異色)＜i/saek＞　　　corak/warna
yang berbeda. ~적 unik; khas;
khusus. ~ 작가 [작품] pencipta
[karya] yang unik.
이서(以西)＜i/seo＞ sebelah barat
(dari Seoul).
이서(裏書)＜i/seo＞ ☞ 배서(背書).
이설(異說)＜i/seol＞ pendapat yang
berbeda.
이성(異性)＜i/seong＞ lain jenis; la-
wan jenis. ~간의 hubungan antar
jenis kelamin. ~을 알다 kenal la-
wan jenis. ~을 알 만한 나이가 되
다 mencapai umur pubertas.
이성(理性)＜i/seong＞ daya nalar;

rasionalitas. ~적 masuk akal; ra-
sional; beralasan. ~이 없는 tidak
masuk akal; tidak rasional. ~을
잃다 hilang daya nalar. ~론 ra-
sionalisme. 순수 ~ alasan semata-
mata.
이세(二世)＜i/se＞ yunior; generasi
kedua. ~국민 anak-anak dari ge-
nerasi berikut. 제임스 ~ James
II. 미국의 한국인 ~ orang Korea
kelahiran Amerika.
이솝＜i/sob＞　　　~ 이야기 dongeng
Aesop.
이송(移送)＜i/song＞　　　pemindahan
perkara.　　~하다　　memindahkan
perkara. 사건의 ~ perkara yang
dipindahkan.
이수(履修)＜i/su＞　　~하다　mena-
matkan sekolah.
이스라엘＜i/seu/ra/el＞ Israel.　~사
람 orang Israel.
이스트＜i/seu/theu＞ (효모) ragi.
이슥하다＜i/seuk/hada＞ larut (ma-
lam).
이슬＜i/seul＞ embun.　~맺힌　(꽃)
(bunga) yang berembun.
이슬람＜i/seul/lam＞　　Islam.　~교
agama Islam. ~교도 orang Islam;
muslim. ~문화 kebudayaan Islam.
이슬비＜i/seul/bi＞　　hujan　rintik-
rintik; hujan gerimis; hujan renai.
이슬점(- 點)＜i/seul/ceom＞ 『理』 ti-
tik embun.
이승＜i/seung＞ dunia ini; kehidup-
an ini. ~의 괴로움 cobaan kehi-
dupan ini.
이식(利息)＜i/sik＞ ☞ 이자(利子).
이식(移植)＜i/sik＞　　pencangkokan;
transplantasi. ~하다 mencangkok.
~수술 operasi pencangkokan.
이신론(理神論)＜i/sin/non＞　　『哲』
mempercayai adanya Tuhan tapi ti-
dak beragama.
이심(二心)＜i/sim＞　~있는 bermu-
ka dua; khianat. ~을 품다 bermu-
ka dua.
이심(異心)＜i/sim＞ maksud khianat.
이심전심(以心傳心)＜i/sim/jeon/
sim＞ mengetahui isi pikiran orang

lain; telepati. ~으로 secara tele-pati.
이십(二十)<i/sib> dua puluh. ~번째 keduapuluh. ~대의 여자 wa-nita umur dua puluhan. ~세기 a-bad keduapuluh.
이쑤시개<i/ssu/si/gae> tusuk gigi.
이앓이<i/a/ri> sakit gigi.
이앙(移秧)<i/ang> pindah tanam padi. ~하다 memindahkan padi dari persemaian.
이야기<i/ya/gi> ① pembicaraan. ~하다 berbicara; melakukan pem-bicaraan. 장사 ~ pembicaraan bisnis. ~를 잘하다 [못하다] pem-bicara yang baik [buruk]. ② cerita. ~하다 bercerita. 꾸민 ~ cerita yang dikarang-karang; fiksi. ③ pokok (pembicaraan). ~를 바꾸다 mengalihkan pokok pembica-raan. ④ kabar angin; isu; desas-desus; selentingan. ~하다 membi-carakan; menggosipkan. 그렇게들 ~한다 Didesas-desuskan bahwa. ⑤ konsultasi; perundingan. ~하다 membicarakan mengenai; memba-has tentang. ~가 되다 sampai pa-da kesepakatan. ⑥ pernyataan. ~하다 menyatakan. 의견을 ~하다 menyatakan pendapat. ~꾼 juru dongeng. ~책 buku cerita.
이야말로<i/ya/mal/lo> (부사) me-mang ini.
이야말로<i/ya/mal/lo> (조사) sung-guh; tepat sekali.
이양(移讓)<i/yang> ~하다 meng-oper; memindahtangankan. 정권을 ~하다 mengoper kendali pemerin-tahan.
이어링<i/eo/ring> sepasang anting-anting/subang.
이어서<i/eo/seo> berikut; setelah; kemudian.
이어폰<i/eo/fon> alat pendengar; earfon.
이언정<i/eon/jeong> walaupun; se-kalipun.
이에<i/e> dalam hal ini.
이에서<i/e/seo> dari ini.

이에짬<i/e/cam> penghubung.
이역(二役)<i//yeok> peran ganda.
이역(異域)<i/yeok> negara asing; luar negeri.
이열(二列)<i/yeol> dua baris. ~로 dalam dua baris.
이열치열(以熱治熱)<i/yeol/chi/yeol> Keras dilawan keras, Lunak dilawan lunak.
이염(耳炎)<i/yeom> radang te-linga. 중(中) ~ radang telinga te-ngah.
이염화물(二鹽化物)<i/yeom/hwa/mul> 『化』 biklorida.
이온<i/on> 『化』 ion. ~층 ionos-fir. 양 [음] ~ ion positif [nega-tif].
이완(弛緩)<i/wan> pengendoran; relaksasi. ~하다 rileks; mengen-dorkan otot.
이왕(已往)<i/wang> kalau demiki-an halnya. ~이면 영어를 배우겠다 Kalau demikian halnya, saya akan belajar bahasa Inggris. ~지사(之事) yang sudah-sudah. ~지사는 따지지[묻지] 말자 yang sudah ber-lalu biarlah berlalu.
이외(以外)<i/oe> kecuali. 일요일 ~에는 kecuali Minggu.
이욕(利慾)<i/yok> tamak. ~을 떠나서 tidak memperhitungkan ke-untungan pribadi.
이용(利用)<i/yong> pemakaian; penggunaan; penerapan. ~하다 memakai; menggunakan. ~가치 nilai guna. ~자 pemakai. 폐물 ~ pemanfaatan barang buangan.
이용(理容)<i/yong> ~사 tukang cukur; penata rambut. ~업 usaha salon. ~학원 sekolah penata ram-but.
이웃<i/ut> tetangga. ~돕기 운동 kampanye untuk menolong tetangga (yang memerlukan/miskin). ~사촌 tetangga yang baik lebih baik dari pada saudara yang jauh. ~집 rumah/tetangga sebelah.
이원(二元)<i/won> 『哲』 rangkap dua. ~적 secara ganda/rangkap

dua. ~론 dualisme. ~방송 disiarkan serentak oleh dua stasiun.

이원제(二院制)<i/won/je> sistem dua kamar.

이월(二月)<i/wol> bulan dua; Februari.

이월(移越)<i/wol> pemindahan saldo. ~하다 memindahkan/mentransfer saldo. 전기 ~금 saldo yang dipindahkan.

이유(理由)<i/yu> alasan; sebab musabab; lantaran; kausa. ~없이 tanpa alasan. ~를 묻다 menanyakan alasan. ~서 surat kausa.

이유(離乳)<i/yu> ~하다 menyapih. ~기 masa penyapihan. ~식 makanan bayi.

이윤(利潤)<i/yun> keuntungan; laba. ☞ 이익.

이율(利率)<i/yul> suku bunga; bunga. 법정 ~ suku bunga resmi. 은행 ~ suku bunga bank.

이율배반(二律背反)<i/yul/bae/ban> dikotomi yang mempertentangkan.

이윽고<i/euk/go> tidak lama; sejurus; baru-baru ini.

이음매<i/eum/mae> sambungan. ~가 없는 tanpa sambungan.

이의(異意)<i/eui> opini/pendapat yang berbeda.

이의(異義)<i/eui> arti yang berbeda.

이의(異議)<i/eui> sanggahan; protes; keberatan; bantahan; perbedaan pendapat. ~없이 dengan suara bulat. ~를 제기하다 menyanggah; memprotes. ~신청 keberatan resmi.

이익(利益)<i/ik> ① keuntungan; laba. ~이 있는 menguntungkan. 많은 ~을 올리다 dapat untung yang besar. ~금 keuntungan. 총 ~금 keuntungan kotor. 순 ~금 keuntungan bersih. ~배당 pembagian keuntungan; deviden. ② (편익) faedah; maslahat; guna; kepentingan. ~있는 berfaedah; menguntungkan. ...의 ~을 위하여 demi kepentingan dari; demi kemanfaatan

dari.

이인(二人)<i/in> dua orang. ~삼각(三脚) balap kaki tiga. ~승(乘) tempat duduk dua orang. ~조 pasangan; dua.

이인(異人)<i/in> orang yang berbeda; orang yang istimewa. 동명 ~ orang yang berbeda dengan nama yang sama.

이입(移入)<i/ib> ~하다 memasukkan.

이자<i/ja> 『解』 pankreas; kelenjar ludah perut.

이자(利子)<i/ja> bunga. 1 할의 ~로 dengan bunga 10 persen. 비싼 [싼] ~로 dengan bunga tinggi [rendah]. 무~로 tanpa bunga. ~가 붙다 berbunga. ~를 받고 돈을 꾸어 주다 membungakan uang (pinjaman). ~소득 pendapatan dari bunga.

이자택일(二者擇一)<i/ja/thaek/il> ~하다 memilih diantara dua.

이장(里長)<i/jang> kepala kampung.

이장(移葬)<i/jang> ~하다 memindahkan kuburan.

이재(理財)<i/jae> keuangan; ekonomi. ~에 밝다 [능하다] mahir dalam mendatangkan uang. ~국 biro (pengelolaan) keuangan.

이재(罹災)<i/jae> bencana; malapetaka. ~구호 기금 dana bantuan kemanusiaan. ~민 korban bencana. ~지(地) daerah bencana.

이적(利敵)<i/jeok> ~하다 menguntungkan musuh. ~행위 tindakan yang menguntungkan musuh.

이적(移籍)<i/jeok> ~하다 mentransfer. ~료 biaya transper.

이적(離籍)<i/jeok> ~하다 memindahkan nama dari kartu keluarga.

이전(以前)<i/jeon> ~의 sebelumnya; dahulu. ~에 yang lalu; dahulu. ~대로 seperti semula; seperti dahulu.

이전(移轉)<i/jeon> kepindahan; pemindahan. ~하다 pindah; memindahkan. ～공고 [통지] pemberitahuan pindah. ～처(處) alamat baru. 권리 ～ pemindahan hak.

이점(利點)＜i/ceom＞ segi keuntungan; kelebihan; keunggulan.

이정(里程)＜i/jeong＞ jarak mil. ～표(表) daftar jarak tempuh. ～표(標) pal; batu pancang.

이제＜i/je＞ sekarang. ～막 baru saja; barusan.

이조(李朝)＜i/jo＞ dinasti Yi.

이종(二種)＜i/jong＞ ～ 우편물 surat kelas dua.

이종(姨從)＜i/jong＞ sepupu dari pihak ibu.

이종(異種)＜i/jong＞ jenis lain. ～교배 perkawinan silang; hibridisasi.

이주(移住)＜i/ju＞ transmigrasi; perpindahan; imigrasi; emigrasi. ～하다 pindah; mengungsi; bertransmigrasi. ～민 emigran/imigran; transmigran.

이죽거리다＜i/juk/geo/ri/da＞ ☞ 이기죽거리다.

이중(二重)＜i/jung＞ ～의 dobel; ganda; jamak. ～으로 dua kali; dengan ganda. ～으로 하다 menggandakan. ～ 가격(제(制)) sistem harga ganda. 결혼 kawin dua kali. ～과세(課稅) pajak ganda. ～생활 kehidupan ganda. ～인격 [국적] kepribadian [kewarganegaraan] ganda. ～ 인격자 orang yang bermuka dua. ～창 [주]『樂』 duet. ～창(窓) jendela ganda. ～촬영 tumpang tindih. ～턱 berdagu dua; orang yang kegemukan.

이중고(二重苦)＜i/jung/go＞ penyiksaan ganda.

이중곡가제(二重穀價制)＜i/jung/gok/ga/je＞ sistem harga ganda bijibijian makanan pokok.

이즈음, 이즘＜i/jeu/eum,i/jeum＞ ☞ 요즈음.

이즘＜i/jeum＞ aliran; faham; isme.

이지(理智)＜i/ji＞ intelek; kecerdasan; daya nalar. ～적 intelektual. ～주의 intlektualisme.

이지러지다＜i/ji/reo/ji/da＞ sumbing.

이직(離職)＜i/jik＞ ～하다 pindah jabatan; meletakkan jabatan; berhenti kerja. ～율 tingkat perpindahan jabatan.

이질(姨姪)＜i/jil＞ kemenakan dari pihak istri.

이질(異質)＜i/jil＞ keanekaragaman. ～의 beraneka ragam; berbedabeda.

이질(痢疾)＜i/jil＞ disentri; sariawan usus; mejan; berak darah.

이집트＜i/jib/theu＞ Mesir. ～사람 orang Mesir.

이쪽＜i/cok＞ ① arah ini; pihak kita. ～저쪽 arah ini dan itu. ～으로 오십시오 mari kesini. ② kelompok kita; kita. ～저쪽 kita dan mereka.

이차(二次)＜i/cha＞ ～의 kedua; sekunder;『數』kwadrat. ～방정식 persamaan kwadrat. ～산품 hasil sekunder/tambahan. 제 ～ 세계 대전 Perang Dunia II.

이차피(以此彼)＜i/cha/fi＞ ☞ 어차피.

이착(二着)＜i/chak＞ tempat kedua; juara kedua.

이착륙(離着陸)＜i/chak/ryuk＞ tinggal landas dan mendarat.

이채(異彩)＜i/chae＞ kecemerlangan; kemenonjolan. ～를 띠다 cemerlang; menonjol.

이처럼＜i/cheo/reom＞ seperti ini; sebegini; sekian ini. ～많이 banyak sekali; sebegini banyaknya. ～와 주셔서 고맙습니다 Terima kasih atas kedatangannya.

이첩(移牒)＜i/cheob＞ ～하다 menyampaikan ke yang berwenang.

이체동심(異體同心)＜i/che/dong/sim＞ dua tubuh satu pikiran.

이촉＜i/chok＞ akar gigi.

이층(二層)＜i/cheung＞ tingkat dua; lantai dua. ～에서 di atas; di lantai atas. ～에 올라가다 naik ke lantai dua. ～버스 bis bertingkat. ～집 rumah yang berlantai dua; rumah yang bertingkat dua.

이치(理致)＜i/chi＞ alasan; prinsip.

자연의 ~ hukum alam.　~에 맞다 masuk akal; beralasan.

이칭(異稱)<i/ching> nama samaran; nama lain; alias.

이커서니<i/kheo/seo/ni> Hiya!.

이키나<i/khi/na> Wah!; Aduh!.

이타(利他)<i/tha> ~적 mementingkan kepentingan orang lain.　~주의 altruisme; faham mementingkan kepentingan orang lain.　~주의자 orang yang menganut altruisme.

이탈(離脫)<i/thal> ~하다 berpisah dari; menyimpang; lari (dari); memencilkan diri.　~자 orang yang memisahkan diri.

이탈리아<i/thal/li/a> Italia.　~사람 orang Italia.　~어 [말] bahasa Italia.

이탓저탓<i/that/jeo/that> ~하여 dengan alasan ini itu.

이태<i/thae> dua tahun.

이탤릭<i/thael/lik> tulisan miring.　~으로 하다 menulis miring.

이토(泥土)<i/tho> ☞ 진흙.

이토록<i/tho/rok> begini banyak; seperti ini.　~ 부탁(을)하는데도 Sudah demikian bermohon, tapi…

이튿날<i/theut/nal> hari berikutnya; besoknya.

이틀<i/theul> ① (초이틀) hari kedua; (이틀째) tanggal dua. ② (두날) dua hari.　~마다 setiap dua hari; dua hari sekali.

이틀<i/theul> gip gigi.

이팔(二八)<i/fal> enam belas.　~청춘 remaja umur 16 tahun.

이편<i/fyeon> ① pihak kita.　~의 잘못 kesalahan pihak kita. ② (이쪽) arah ini; sebelah sini.

이핑계저핑계<i/fing/gye/jeo/fing/gye> ~하여 dengan alasan ini-itu.

이하(以下)<i/ha> ~의 kurang dari; dibawah.　평년작 ~ dibawah hasil panen rata-rata. 10세 ~의 어린이 anak berumur di bawah 10 tahun.　~다음 호(號)에 bersambung.　~ 동문(同文) dan seterus-

nya.　~ 생략 Sisanya diabaikan.

이학(理學)<i/hak> ilmu alam.　~박사(博士) doktor ilmu alam.　~부 fakultas IPA.　~사 sarjana ilmu alam.

이한(離韓)<i/han> ~하다 meninggalkan Korea.

이합(離合)<i/hab> pertemuan dan perpisahan. 정당의 ~ 집산 perubahan jajaran partai.

이항(二項)<i/hang> 『數』 ~(식)의 binominal.　~ 방정식 persamaan binominal.

이항(移項)<i/hang> perubahan.　~하다 mengubah.

이해(利害)<i/hae> keuntungan dan kerugian; kepentingan; kepedulian.　~의 충돌 pertentangan kepentingan.　~에 관계되다 mempengaruhi kepentingan.　~관계를 가지다 berkepentingan terhadap/dalam…　~관계자 orang yang berkepentingan.　~득실 keuntungan dan kerugian.

이해(理解)<i/hae> pemahaman; pengertian.　~하다 mengerti; memahami; memaklumi. ~성 있는 남편 suami yang berpengertian.　~성 없는 아내 isteri yang tidak berpengertian.　~가 빠르다 [더디다] cepat [lambat] memahami. 음악을 ~하다 menghargai musik.　~력 daya pemahaman.

이행(移行)<i/haeng> ~하다 pindah; berubah.

이행(履行)<i/haeng> ~하다 melaksanakan; menunaikan; melakukan; memenuhi; melunasi. 약속을 ~ memenuhi janji. 채무를 ~ melunasi hutang. ~자 pelaksana.

이향(離鄕)<i/hyang> ~하다 meninggalkan kampung halaman.

이혼(離婚)<i/hon> perceraian.　~하다 menceraikan; bercerai (dengan).　~소송 perkara perceraian.　~신고 pemberitahuan perceraian.　~절차 proses perceraian. 법정 ~ perceraian melalui pengadilan. 합의 [협의] ~ perceraian atas kesepakatan.

이화학(理化學)＜i/hwa/hak＞ fisika dan kimia. ～ 연구소 Lembaga Penelitian Fisika dan Kimia.

이환(罹患)＜i/hwan＞ ～하다 dijangkiti penyakit. ～율(率) tingkat kejangkitan. ～ 자(者) penderita; orang yang dijangkiti.

이회(二回)＜i/hoe＞ dua kali. 월 ～ dua kali satu bulan. 연 ～ dua kali setahun.

이후(以後)＜i/hu＞ setelah ini; kemudian; kelak; sedari. 8월 15일 ～ mulai/pada tanggal 15 Agustus dan seterusnya. 그 ～ setelah itu; sejak itu.

익년(翌年)＜ik/nyeon＞ tahun depan; tahun berikutnya.

익다＜ik/ta＞ ① (과실.기회 등이) matang; tua; masak; menguning (tentang buah dll). ② masak; matang (tentang makanan). 너무 ～ terlalu matang. ③ (익숙) menjadi terbiasa; menjadi terampil; (tentang pekerjaan). ④ (장.술이) matang (tentang tapai, anggur dll).

익명(匿名)＜ik/myeong＞ anonimitas; tanpa nama; anonim. ～으로 dengan tanpa membubuhi nama; dengan cara tidak bernama. ～투고 [투서] surat kaleng.

익사(溺死)＜ik/sa＞ mati karena tenggelam. ～하다 mati tenggelam; mati hanyut.. ～할 뻔하다 nyaris mati tenggelam. ～자 orang yang mati tenggelam.

익살＜ik/sal＞ humor; lelucon; banyolan. ～(을) 떨다 [부리다] membuat lelucon; membanyol; berkelakar; berogak-ogak. ～ 스럽다 [맞다] lucu. ～꾼 orang yang jenaka; pelawak.

익숙하다＜ik/suk/hada＞ mahir; terlatih; telah biasa; paham.

익일(翌日)＜ik/il＞ hari berikut.

익조(益鳥)＜ik/jo＞ burung yang berguna.

익조틱＜ik/jo/thik＞ aneh; asing; luar biasa.

익충(益蟲)＜ik/chung＞ serangga yang berguna/menguntungkan.

익히다＜ik/hi/da＞ ① (익숙하게 하다) membiasakan diri; belajar; melatih diri. ② (음식을) memasak; menggodok; merebus (tentang makanan). ③ (과실을) mematangkan; memeram (tentang buah). ④ (술.장을) memeram; mematangkan (tentang tapai dll).

인(仁)＜in＞ kebaikan; kebajikan.

인(印)＜in＞ cap; stempel. ☞ 도장.

인(寅)＜in＞ shio Harimau.

인(燐)＜in＞ fosfor. ～의 posforik.

…인(人)＜in＞ 문화 ～ orang yang berbudaya. 한국 ～ orang Korea.

인가(人家)＜in/ga＞ tempat tinggal; pemukiman. ～가 드문 berpenduduk jarang; berpemukiman yang jarang.

인가(認可)＜in/ga＞ perizinan; perkenan. ～ 하다 mengizinkan; mengesahkan; membenarkan. ～를 얻다 memperoleh izin.

인각(印刻)＜in/gak＞ ～하다 mengukir.

인간(人間)＜in/gan＞ manusia; insan. ～의 tentang manusia. ～다운 생활 nilai hidup manusia ～개조 pembaharuan kemanusiaan. ～ 문화재 aset kebudayaan manusia. ～미 perikemanusiaan. ～성 [사회, 애(愛)] sifat [masyarakat, kasih sayang] manusia. ～ 쓰레기 sampah masyarakat. ～ 폭탄 [어뢰] bom [torpedo] manusia.

인감(印鑑)＜in/gam＞ cap pribadi. ～을 등록하다 mengesahkan cap pribadi. ～도장 cap pribadi resmi. ～증명 [등록] sertifikat [registrasi/ pengesahan] cap pribadi.

인갑(鱗甲)＜in/gab＞ sisik dan cangkang.

인건비(人件費)＜in/keon/bi＞ biaya tenaga kerja.

인걸(人傑)＜in/geol＞ orang penting; orang besar; pahlawan.

인격(人格)＜in/kyeok＞ kepribadian; karakter; sifat. ～을 합양 [도야] 하다 membina kepribadian/karakter.

~교육 pembinaan kepribadian. ~자 orang yang bertabiat baik.

인견(人絹)＜in/gyeon＞ ☞ 인조견(人造絹). ~사 benang rayon.

인견(引見)＜in/gyeon＞ ~하다 bertatap muka; mengadakan temu wicara.

인경＜in/gyeong＞ lonceng malam.

인계(引繼)＜in/gye＞ ~하다 mengoper; memindahtangankan. ~받다 mengambil alih (tugas seseorang).

인공(人工)＜in/gong＞ karya manusia; buatan manusia. ~의 buatan; tidak alami. ~ 강우 hujan buatan. ~수태 [수정] pembuahan buatan. ~영양 gizi buatan. ~위성 satelit buatan. ~피임 kontrasepsi buatan. ~호흡 pernapasan buatan.

인과(因果)＜in/gwa＞ sebab dan akibat; kausalitas. 피할 길없는 ~ retribusi yang tidak dapat dihindari. ~관계 hubungan sebab akibat. ~율 hukum sebab akibat. ~응보 karma.

인광(燐光)＜in/gwang＞ fosforesensi.

인광석(燐鑛石)＜in/gwang/seok＞ bijih fosfat.

인구(人口)＜in/gu＞ penduduk. ~가 조밀 [희박]한 곳 daerah yang berpenduduk padat [jarang]. ~ 800만의 도시 kota yang berpenduduk delapan juta. ~가 많다 [적다] penduduk banyak [sedikit]. ~과잉 penduduk yang terlalu padat. ~문제 masalah kependudukan. ~정책 kebijakan kependudukan. ~조사 sensus penduduk. ~통계 statistik kependudukan. ~폭발 ledakan penduduk. 낚시 [골프] ~ populasi pemancing [pemain golf]. 주간 [야간] ~ populasi siang hari [malam hari].

인권(人權)＜in/kwon＞ hak azasi manusia. 기본적 ~ hak azasi yang mendasar. ~ 문제 masalah hak azasi manusia. ~선언 Deklarasi Hak Azasi Manusia. ~옹호 운동 pergerakan kebebasan. ~유린 penindasan hak azasi.

인근(隣近)＜in/geun＞ kedekatan; sekitaran. ~ 주민들 penghuni sekitar.

인기(人氣)＜in/ki＞ kepopuleran; kemasyhuran; ketenaran. ~있는 populer; terkenal; tenar; termasyhur. ~없는 tidak terkenal. ~를 얻다 mendapatkan popularitas. ~가 떨어지다 kehilangan kepopuleran. ~배우 aktor yang terkenal. ~선수 [작가] pemain [penulis] termasyhur. ~소설 novel termasyhur; novel terkenal. ~투표 pemilihan yang paling digemari. ~투표를 실시하다 melaksanakan pemilihan yang paling digemari.

인기척(人 -)＜in/ki/cheok＞ ~이 있다 [없다] ada [tidak ada] tanda-tanda kehadiran manusia.

인꼭지(印 -)＜in/kok/ji＞ gagang stempel.

인내(忍耐)＜in/nae＞ ketabahan; kesabaran; ketahanan. ~하다 bersabar; bertekun; menempuh dengan tabah. ~심이 강한 sabar; tabah; tahan.

인덕(人德)＜in/deok＞ ~이 있다 mendapat kebajikan dari orang lain.

인덕(仁德)＜in/deok＞ kebajikan; pribudi.

인덱스＜in/dek/seu＞ indeks; penunjuk.

인도(人道)＜in/do＞ ① kemanusiaan. ~ 적견지에서 dari segi kemanusiaan. ~주의 humanisme. ~주의자 humanis; penganut paham humanisme. ~ 문제 masalah kemanusian ② trotoar. ~교(橋) jembatan penyeberangan.

인도(引渡)＜in/do＞ ~하다 memindahtangankan; menyerahkan. 본선(本船) ~ FOB (Free On Board). 선측(船側)~ FAS (Free Alongside Ship). 화차 ~ FOR (Free On Rail).

인도(引導)＜in/do＞ pemanduan; bimbingan; pengarahan. ~하다 memandu; membimbing; mengarahkan. ~자 pemandu; pembimbing.

인도(印度)＜in/do＞ negara India. ~사람 orang India. ~어 bahasa Hindustan. ~양 lautan Hindia. 동[서]~ 제도(諸島) Kepulauan Hindia Timur [Barat]. ~지나 Indo Cina.

인도네시아＜in/do/ne/si/a＞ Indonesia. ~사람 orang Indonesia. ~어 bahasa Indonesia.

인두＜in/du＞ sejenis seterika kecil. ~질 penyeterikaan. ~질하다 menyeterika. ~판 meja seterika.

인두(咽頭)＜in/du＞ pangkal kerongkongan. ~염『醫』radang tenggorokan.

인두겁(人 -)＜in/du/keob＞ bentuk manusia. ~을 쓴 악마 setan berwujud manusia.

인두세(人頭稅)＜in/du/se＞ pajak kepala.

…인들＜in/deul＞ sungguhpun demikian; sekalipun demikian.

인디언＜in/di/eon＞ orang Indian.

인력(人力)＜il/lyeok＞ tenaga manusia; kemampuan manusia; tenaga kerja. ~으로는 할 수 없다 diluar kemampuan manusia. ~감사 inspeksi tenaga kerja. ~수출 pengiriman tenaga kerja keluar negeri.

인력(引力)＜il/yeok＞ grafitasi/daya tarik. 만유[지구] ~ gaya tarik bumi.

인력거(人力車)＜il/lyeok/geo＞ rickshaw; bendi hela. ~꾼 penarik rickshaw.

인류(人類)＜il/lyu＞ manusia; umat manusia. ~사회 masyarakat manusia. ~애 perikemanusiaan. ~학(學) ilmu yang mempelajari tentang manusia; antropologi. ~학자 ahli antropologi.

인륜(人倫)＜il/lyun＞ moralitas; prinsip moral; kewajiban kemanusian. ~에 어그러지다 bertentangan dengan moralitas; tidak manusiawi. ~도덕 etika dan moralitas.

인마(人馬)＜in/ma＞ manusia dan kuda.

인망(人望)＜in/mang＞ popularitas; ketenaran; kemasyhuran. ~이 있는 populer; terkenal; termasyhur. ~이 없는 tidak terkenal; tidak termasyhur. ~을 얻다[잃다] mendapatkan [kehilangan] popularitas/kemasyhuran.

인맥(人脈)＜in/maek＞ jalur hubungan pribadi.

인면수심(人面獸心)＜in/myeon/su/sim＞ setan berwujud manusia.

인멸(湮滅)＜in/myeol＞ pemusnahan. ~하다 memusnahkan. 증거를 ~하다 memusnahkan bukti.

인명(人名)＜in/myeong＞ nama orang. ~록 daftar nama; Apa dan Siapa. ~사전 kamus orang terkenal.

인명(人命)＜in/myeong＞ hidup manusia; nyawa manusia. ~의 손실 kerugian nyawa. ~을 건지다 menyelamatkan nyawa. ~에 관계되다 berhubungan dengan nyawa.

인문(人文)＜in/mun＞ peradaban; kebudayaan. ~과학 ilmu budaya ~주의 faham kemanusiaan. ~지리 geografi deskriptif. ~학파 aliran humanis.

인물(人物)＜in/mul＞ ① (사람) orang; pribadi; tokoh; pelopor. 큰 ~ orang besar; orang terkemuka. 세계적 ~ tokoh dunia. 위험한 ~ tokoh berbahaya. ~을 보다 menelaah karakter orang. ~시험 [고사] tes/uji karakter ~평 kritik pribadi. ~화 potret pribadi. ② air muka; wajah; rupa. ~이 못생긴 사람 orang yang berwajah jelek.

인민(人民)＜in/min＞ rakyat. ~의, ~에 의한, ~을 위한 정치 pemerintahan dari rakyat, oleh rakyat dan untuk rakyat. ~공사 komuni rakyat. ~공화국 republik rakyat. ~위원회 dewan rakyat. ~전선 front rakyat. ~재판 pengadilan rakyat.

인박이다＜in/ba/gi/da＞ ketagihan; kecanduan.

인발(印 -)＜in/bal＞ tanda sah.

인복(人福)＜in/bok＞ keuntungan

memiliki kenalan yang baik.
인본(印本)＜in/bon＞ buku cetak.
인본주의(人本主義)＜in/bon/ju/eui＞ faham kemanusian; humanisme.
인부(人夫)＜in/bu＞ pekerja kasar; kuli; tukang angkat.
인분(人糞)＜in/bun＞ kotoran manusia; tinja. ～비료 pupuk kandang.
인사(人士)＜in/sa＞ orang yang berpendidikan; cendekiawan. 재야 [야당] ～ oposan [partai oposisi]. 정계 ～ tokoh politik.
인사(人事)＜in/sa＞ ① masalah manusia; hal ikhwal manusia. ～를 다하다 mencoba segala kemungkinan. ～과 bagian personalia. ～난 (欄) kolom personalia. ～이동 perubahan personalia. ～행정 administrasi personalia. ② hormat; salut; tabik; salam. ～하다 memberi hormat; bertabik; memberi salam. ～를 주고 받다 saling memberi hormat. ～ 시키다 memperkenalkan. ～성 keramahtamahan; kesopansantunan. ～ 성(性)이 밝다 memiliki sopan santun yang baik. ～장(狀) kartu ucapan selamat.
인사교류(人事交流)＜in/sa/gyo/ryu＞ pertukaran personil. 부처간의 ～ pertukaran personil antar departemen kabinet.
인사불성(人事不省)＜in/sa/bul/seong＞ ～의(인) tidak sadar. ～이 되다 hilang kesadaran; menjadi tidak sadar.
인산(燐酸)＜in/san＞ 『化』 asam posfat. ～비료(肥料) pupuk posfat. ～석회 posfat kapur. ～칼슘 kalsium posfat.
인산인해(人山人海)＜in/san/in/hae＞ kerumunan orang.
인삼(人蔘)＜in/sam＞ ginseng; jinsom; kolesom.
인상(人相)＜in/sang＞ roman; ciri-ciri. ～이 좋지 않은 roman jelek. ～서(書) diskripsi orang. ～학 ilmu firasat.
인상(引上)＜in/sang＞ ① ～하다 naik; meningkat. 운임을 ～하다 menaikkan ongkos transport. 물가 [임금] ～ kenaikan harga [gaji]. ② (끌어 올림) ～하다 mencabut.
인상(印象)＜in/sang＞ kesan; impresi. ～적 mengesankan. 좋은 ～을 주다 memberi kesan yang baik. ～주의 impresionisme. ～파 aliran impresionis. 첫 ～ kesan pertama.
인상(鱗狀)＜in/sang＞ ～의 seperti sisik.
인색(吝嗇)＜in/saek＞ ～한 kikir; pelit. ～한 사람 orang yang kikir.
인생(人生)＜in/saeng＞ hidup; kehidupan manusia. ～관 pandangan hidup. ～철학 filsafat hidup. ～항로 jalan hidup seseorang.
인선(人選)＜in/seon＞ pemilihan orang (yang tepat). ～하다 memilih orang (yang tepat).
인성(人性)＜in/seong＞ kemanusiaan; sifat manusia. ～학(學) ethologi (ilmu tentang sifat manusia).
인성(人聲)＜in/seong＞ suara manusia.
인세(印税)＜in/se＞ royalti.
인솔(引率)＜in/sol＞ ～하다 memimpin; mengepalai. ～자(者) pemimpin; kepala.
인쇄(印刷)＜in/swae＞ percetakan; pencetakan. ～하다 mencetak. ～중이다 sedang dicetak. ～공 orang yang mencetak; pencetak. ～기 mesin cetak. ～물 barang cetakan. ～소(所) usaha percetakan. ～술 seni cetak.
인수(人數)＜in/su＞ jumlah orang.
인수(引受)＜in/su＞ pengambil alihan; penerimaan. ～하다 mengambil alih; menerima. ～어음 nota yang diterima. ～인(人) penerima.
인수(因數)＜in/su＞ 『數』 faktor. ～분해 penguraian ke dalam faktor. ～ 분해하다 menguraikan ke dalam faktor. 소 ～ faktor pokok.
인술(仁術)＜in/sul＞ seni penyembuhan; kepandaian mengobati.
인슐린＜in/syul/lin＞ 『藥』 insulin.
인스턴트＜in/seu/theon/theu＞ instan. ～식품 makanan instan.

인스피레이션＜in/seu/fi/re/i/syeon＞ inspirasi; ilham. ～을 받다 mendapat inspirasi/ilham.

인습(因襲)＜in/seub＞ kelaziman; tata cara. ～적(으로) (secara) yang biasa/lazim. ～을 타파(打破)하다 menghilangkan kelaziman/tata cara/kebiasaan.

인식(認識)＜in/sik＞ pemahaman; penghargaan; pengertian. ～하다 memahami; mengerti; menyadari. 바르게 ～하다 beroleh pengertian yang tepat. ～론(論) epistemologi. ～부족 kurang pengertian.

인신(人身)＜in/sin＞ tubuh manusia. ～ 공격을 하다 menyerang pribadi. ～매매 perdagangan budak.

인심(人心)＜in/sim＞ hati orang. ～이 좋은 berhati baik. ～이 나쁜 berhati jelek. ～을 얻다 [잃다] merebut [kehilangan] hati orang.

인심(仁心)＜in/sim＞ kemurahan hati; kedermawanan. ～쓰다 bermurah hati.

인애(仁愛)＜in/ae＞ prikemanusiaan; cinta kasih; belas kasihan.

인양(引揚)＜in/yang＞ pengangkatan; penyelamatan. ～하다 mengangkat; menyelamatkan; mengambangkan.

인어(人魚)＜in/eo＞ puteri laut; puteri duyung.

인연(因緣)＜in/yeon＞ sebab dan akibat; karma; hubungan. ～을 맺다 menjalin hubungan. ～을 끊다 memutuskan hubungan. ～이 깊다 hubungan erat. ～이 멀다 hubungan jauh. 돈과는 ～이 없다 tidak ada keberuntungan tentang uang.

인영(印影)＜in/yeong＞ tanda cap.

인용(引用)＜in/yong＞ kutipan; petikan; pungutan; nukilan. ～하다 mengutip; memetik; menukil; mencuplik. ～문 kutipan. ～부 tanda kutip. ～서적 buku kutipan.

인원(人員)＜in/won＞ jumlah orang/ staf. ～ 부족이다 kekurangan staf/ pegawai. ～을 제한하다 membatasi jumlah staf/pegawai. ～점호 apel. ～정리 pengurangan pegawai. ～정리를 하다 mengurangi jumlah pegawai.

인위(人爲)＜in/wi＞ buatan manusia. ～적(으로) (secara) buatan. ～도태 seleksi buatan.

인의(仁義)＜in/eui＞ perikemanusiaan dan keadilan.

인자(仁者)＜in/ja＞ orang yang penuh kebaikan/kebajikan.

인자(仁慈)＜in/ja＞ (kasih sayang dan) kebajikan. ～한 penuh kebaikan.

인자(因子)＜in/ja＞ faktor. 결정적 ～ faktor penentu. 유전 ～ gen; plasma pembawa sifat.

인장(印章)＜in/jang＞ stempel; cap; tanda. (☞ 도장). ～위조 pemalsuan stempel. 위조 ～ stempel palsu.

인재(人材)＜in/jae＞ orang yang berbakat. ～를 등용하다 membuka pekerjaan bagi orang yang berbakat. ～를 구하다 mencari orang yang berbakat. ～주의 paham yang mendasarkan kepada kemampuan.

인적(人的)＜in/ceok＞ ～손해 kerugian tenaga kerja. ～자원 tenaga kerja; sumber daya manusia.

인적(人跡)＜in/jeok＞ jejak manusia. ～ 미답의 belum diselidiki. ～이 드문 jarang ditempuh manusia.

인접(隣接)＜in/jeob＞ ～한 berdekatan; berdampingan. ～지 tanah yang bersebelahan.

인정(人情)＜in/jeong＞ kemanusiaan; simpati; kebaikan. ～의 기미(機微) rahasia sifat alami manusia. ～이 있다 baik hati. ～이 없다 hati yang dingin; sifat yang tidak baik; tidak berperasaan. ～미 daya tarik manusia; sentuhan kemanusiaan.

인정(仁政)＜in/jeong＞ penguasa/pemerintahan yang baik.

인정(認定)＜in/jeong＞ pengakuan; pengesahan; pembenaran. ～하다 mengakui; membenarkan; mengesahkan. ～서 pengakuan tertulis.

인제＜in/je＞ (이제) sekarang; (앞으로) setelah ini.

인조(人造)＜in/jo＞ ~의 tiruan; imitasi; buatan. ~고무 karet buatan. ~비료 pupuk buatan. ~빙 es buatan. ~섬유 serat buatan. ~인간 robot. ~진주 mutiara tiruan.

인조견(人造絹)＜in/jo/gyeon＞ rayon; sutera tiruan. ~사 benang rayon.

인종(人種)＜in/jong＞ ras; bangsa; kaum; suku. ~적 편견 prasangka rasial. ~적 차별 diskriminasi rasial; pembedaan warna kulit. ~문제 masalah perbedaan ras. ~학 ilmu bangsa-bangsa; etnologi. 황[백, 흑]색 ~ bangsa kulit kuning [putih, hitam].

인주(印朱)＜in/ju＞ bantalan stempel. ~합 kotak bantal stempel.

인증(引證)＜in/jeung＞ kutipan; ilustrasi. ~하다 mengutip; mengilustrasikan.

인증(認證)＜in/jeung＞ pembuktian pengesahan. ~하다 membuktikan; mengesahkan.

인지(人智)＜in/ji＞ pengetahuan manusia. ~가 미치지 못하는 diluar jangkauan pengetahuan manusia.

인지(印紙)＜in/ji＞ perangko. ~를 붙이다 membubuhi perangko; menempelkan perangko.

인지(認知)＜in/ji＞ pengakuan; pengenalan. ~하다 mengakui; mengenal; mengetahui; memahami. 사생아를 ~하다 mengakui anak yang tidak sah itu sebagai anaknya sendiri.

인지상정(人之常情)＜in/ji/sang/jeong＞ sifat alamiah manusia.

인질(人質)＜in/jil＞ sandera. ~로 잡다 menyandera. ~로 잡히다, ~이 되다 disandera.

인찰지(印札紙)＜in/chal/ji＞ kertas bergaris.

인책(引責)＜in/chaek＞ ~하다 memikul tanggung jawab. ~사직하다 berhenti bekerja karena tanggung jawab.

인척(姻戚)＜in/cheok＞ hubungan (saudara) oleh karena perkawinan; keluarga semenda.

인체(人體)＜in/che＞ tubuh manusia. ~구조 susunan tubuh manusia. ~모형 anatomi (ilmu urai/susunan tubuh). ~실험 tes/percobaan terhadap makhluk hidup (tubuh manusia). ~해부 anatomi tubuh manusia.

인축(人畜)＜in/chuk＞ manusia dan hewan. ~무해 tidak berbahaya bagi manusia dan hewan.

인출(引出)＜in/chul＞ pengambilan; penarikan. ~하다 menarik. 은행에서 예금을 ~하다 mengambil/menarik uang dari bank.

인치(引致)＜in/chi＞ penahanan. ~하다 menahan.

인치＜in/chi＞ inci.

인칭(人稱)＜in/ching＞ 『文』 orang. 제 1 [2,3] ~ orang pertama [kedua, ketiga]. ~대명사 kata ganti orang.

인터뷰＜in/theo/byu＞ tanya jawab; wawancara. …와 ~하다 mengadakan tanya jawab dengan…; berwawancara dengan…

인터체인지＜in/theo/che/in/ji＞ jalan belokan/simpangan.

인터폰＜in/theo/fon＞ interpon.

인터폴＜in/theo/fol＞ Polisi Internasional; Interpol.

인토네이션＜in/tho/ne/i/syeon＞ intonasi; tekanan.

인파(人波)＜in/fa＞ kerumunan orang.

인편(人便)＜in/fyeon＞ ~으로 melalui orang.

인품(人品)＜in/fum＞ penampilan orang; karakter; kepribadian. ~이 좋다 berpenampilan baik.

인플레(이션)＜in/feul/le/(i/syeon)＞ 『經』 inflasi. ~경향 kecenderungan inflasi. ~대책 kebijakan/tindakan anti inflasi. 악성 ~ inflasi yang tinggi.

인플루엔자＜in/feul/lu/en/ja＞ 『醫』

pilek; flu; salesma.

인하(引下)<in/ha> ~하다 menurunkan; mengurangi; memotong. 물가 ~ pengurangan harga. 임금 ~ pemotongan gaji.

인하다(因 -)<in/hada> oleh karena.

인해전술(人海戰術)<in/hae/jeon/sul> taktik gelombang manusia; taktik tameng manusia.

인허(認許)<in/heo> ~하다 mengizinkan; membenarkan; mengakui.

인형(人形)<in/hyeong> boneka; anak-anakan; golek. ~같은 seperti boneka. ~극 pertunjukan boneka.

인형(仁兄)<in/hyeong> anda; sahabatku.

인화(人和)<in/hwa> keharmonisan sesama manusia. ~를 도모하다 meningkatkan kerukunan sesama manusia.

인화(引火)<in/hwa> pengapian; penyalaan. ~하다 menyalakan. ~성(性)의 mudah menyala/terbakar. ~물질 barang/benda yang mudah terbakar. ~점 titik nyala (api).

인화(印畵)<in/hwa> cetakan. ~하다 mencetak. ~지(紙) kertas cetakan.

인화물(燐化物)<in/hwa/mul> fosfida.

인후(咽喉)<in/hu> tenggorokan; kerongkongan. ~염(炎) radang tenggorokan.

일<il> ① masalah; kejadian; hal. 좋은 ~ hal yang baik; peristiwa bahagia. 무슨 ~이 있어도 dalam hal yang bagaimanapun. 위급한 ~이 있을 때에는 dalam keadaan darurat. 아무 ~없이 tanpa masalah; dengan lancar. ~을 저지르다 mendatangkan masalah. 내가 관여할 ~이 아니다 Itu bukan urusan saya. ② kerja; pekerjaan; tugas; usaha. ~하다 bekerja. ~하는 시간 jam kerja. 나날의 ~ pekerjaan rutin; pekerjaan sehari-hari. 하루치의 ~ pekerjaan satu hari. 힘든 ~ pekerjaan yang sukar; tugas yang sukar. ~자리를 구하다 men-

cari pekerjaan. ~하러 가다 pergi bekerja. ~을 시작하다 mulai bekerja. ~에 몰리다 terdesak oleh pekerjaan. 할 ~이 있다 ada urusan. ~이 없다 tidak ada urusan. ③ urusan. 회사 ~로 dalam urusan kantor. 무슨 ~인가 묻다 menyelidiki urusan. ④ (계획) rencana; program; (음모) muslihat. ~을 꾀 [도모]하다 membuat muslihat; merencanakan. ~을 진행시키다 menjalankan program. ⑤ pengalaman. …한 ~이 있다 pernah melakukan. …한 ~이 없다 tidak pernah melakukan. ⑥ (hasil) pencapaian; jasa. 훌륭한 ~을 하다 melakukan jasa yang istimewa.

일(一)<il> satu; pertama.

일가(一家)<il/ga> ① (가정) rumah tangga; keluarga. ② kerabat; sanak saudara. 먼 ~ kerabat jauh. ③ marga. ~를 이루다 membentuk marga sendiri.

일가(一價)<il/ga> 『化』 monovalensi; univalensi. ~의 monovalen. ~원소 monad; unsur monovalen.

일가견(一家見)<il/ga/gyeon> pandangan pribadi.

일가족(一家族)<il/ga/jok> satu (se) keluarga.

일각(一角)<il/gak> satu bagian; satu sudut. ~을 무너뜨리다 menghancurkan satu bagian.

일각(一刻)<il/gak> sejurus; sesaat. ~이 여삼추다 merasa sedetik seolah-olah tiga tahun. ~을 다투다 berlomba dengan waktu.

일간(日刊)<il/gan> terbitan harian; warta harian. ~신문 surat kabar harian.

일간(日間)<il/gan> suatu hari.

일갈(一喝)<il/gal> ~하다 berteriak sekali.

일개(一介)<il/gae> hanya; saja; cuma. ~상인 cuma pedagang.

일개(一個)<il/gae> satu. ~년 satu tahun. ~월 satu bulan. 만 ~년 setahun penuh.

일개인(一個人)<il/gae/in> per-

orangan; individu. ~의 pribadi; individual.
일거(一擧)＜il/geo＞ ~에 sekaligus. ~ 양득이다 membunuh dua burung dengan satu batu.
일거리＜il/keo/ri＞ pekerjaan; tugas; hal yang harus dilakukan. ~가 있다 mempunyai pekerjaan/tugas. ~가 없다 tidak ada yang mau dikerjakan.
일거수일투족(一擧手一投足)＜il/geo/su/il/thu/jok＞ segala sesuatu yang dilakukan seseorang.
일거일동(一擧一動)＜il/geo/il/tong＞ setiap gerakan seseorang.
일건(一件)＜il/keon＞ perkara; masalah; kasus; hal. ~서류 dokumen yang berhubungan dengan perkara.
일격(一擊)＜il/gyeok＞ sekali pukul. ~에 dengan sekali pukul.
일견(一見)＜il/gyeon＞ sekilas; sepintas lalu. ~하다 melihat sekilas. ~하여 dengan sekilas; dengan sepintas lalu. 백문이 불여 ~이다 Melihat adalah mempercayai.
일계(日計)＜il/gye＞ pengeluaran sehari-hari. ~표 saldo pengeluaran harian.
일고(一考)＜il/go＞ ~하다 mempertimbangkan. ~의 여지가 있다 ada kesempatan mempertimbangkan.
일고(一顧)＜il/go＞ perhatian. ~의 가치도 없다 tak perlu diperhatikan. ~도 않다 tidak memperhatikan.
일곱＜il/gob＞ tujuh. ~번째 ketujuh.
일과(日課)＜il/gwa＞ pekerjaan sehari-hari. ~를 주다 memberikan pekerjaan sehari-hari (pada seseorang). ~를 마치다 menyelesaikan pekerjaan sehari-hari. ~표 jadwal sehari-hari.
일관(一貫)＜il/gwan＞ ~하다 konsisten; tetap; konsekwen. ~하여 secara konsisten. ~성 kekonsistenan; konsistensi; ketetapan. ~성 있는 konsisten; koheren. ~성 없는 tidak konsisten; tidak koheren.

일관작업(一貫作業)＜il/gwan/jak/eob＞ proses terus(an); sistim alir.
일괄(一括)＜il/gwal＞ ~하다 memaket; membuat dalam satu paket. ~하여 dalam satu paket. ~계약 kontrak borongan. ~구입 pembelian borongan. ~사표 surat pengunduran diri massal. ~안(案) rencana paket.
일광(日光)＜il/gwang＞ sinar matahari. ~에 쐬다 menjemur di bawah sinar matahari. ~소독 pensucihamaan dengan menjemur. ~욕 mandi sinar matahari.
일구이언(一口二言)＜il/gu/i/eon＞ lidah yang bercabang. ~하다 bercabang lidah; mendua kata.
일군(一軍)＜il/gun＞ ① (전군) semua angkatan (tentara). ② (제 1 군) Angkatan pertama.
일그러지다＜il/geu/reo/ji/da＞ kerut merut.
일급(一級)＜il/geub＞ kelas satu ; kelas pertama. ~의 mutu yang terbaik; kelas satu.
일급(日給)＜il/geub＞ upah harian. ~으로 일하다 bekerja dengan upah harian. ~ 노동자 pekerja harian.
일긋거리다＜il/geut/geo/ri/da＞ goyang; reyot.
일기(一期)＜il/gi＞ ① (기간) satu periode. ② seumur hidup. 50세를 ~로 죽다 meninggal pada umur lima puluh tahun.
일기(一騎)＜il/gi＞ ~ 당천의 용사 ksatria yang kuat.
일기(日記)＜il/gi＞ catatan harian. ~를 쓰다 menulis catatan harian. ~장 buku harian.
일기(日氣)＜il/gi＞ cuaca (☞날씨). ~개황 kondisi/keadaan cuaca secara umum. ~예보 prakiraan cuaca.
일기죽거리다＜il/gi/juk/geo/ri/da＞ menggoyang pinggul.
일깨우다＜il/kae/u/da＞ menyadarkan; membangunkan.
일껏＜il/keot＞ dengan segala daya upaya.
일꾼＜il/kun＞ ① (품팔이) pekerja

kasar; kuli; buruh. ② (역량있는 사람) orang yang cakap.

일년(一年)<il/nyeon> setahun. ~(에 한번)의 tahunan; pertahun. ~중 sepanjang tahun. ~걸러 dua tahun sekali; setiap dua tahun.

일년생(一年生)<il/nyeon/saeng> ① (학생) murid tahun pertama. ② 『植』 ~식물 tanaman semusim; tanaman setahun.

일념(一念)<il/nyeom> tekad yang bulat; pikiran terpusat.

일다<il/da> ① naik; melambung; mengepul. 물결이 ~ ombak melambung. 먼지가 ~ debu mengepul naik. ② berkobar (☞일어나다). 불길이 ~ api berkobar.

일다<il/da> (쌀 따위를) mengayak.

일단(一端)<il/tan> satu ujung; satu bagian.

일단(一團)<il/tan> serombongan; sekelompok. ~의 관광객 serombongan wisatawan.

일단(一旦)<il/tan> untuk sesaat; untuk sementara. ~ 유사시엔 pada saat darurat.

일단락(一段落)<il/tan/nak> penyelesaian satu tahapan. ~짓다 menyelesaikan satu tahapan.

일당(一堂)<il/tang> ~에 모이다 berkumpul dalam satu ruangan.

일당(一黨)<il/tang> ① (동류) kelompok; gang; grup; komplotan; gerombolan. ② partai; golongan. ~국회 badan legislatif satu partai. ~독재 kediktatoran satu partai.

일당(日當)<il/tang> upah harian. ~으로 일하다 kerja harian. ~ 5만 원을 지불하다 dibayar sebanyak lima puluh ribu won perhari.

일당백(一當百)<il/tang/baek> lawan seimbang untuk seratus.

일대(一代)<il/tae> satu generasi; jangka waktu hidup. ~기 riwayat hidup; biografi.

일대(一帶)<il/tae> sekeliling; seluruh area. 서울 ~에 seluruh Seoul.

일대(一大)<il/tae> besar. ~ 성황

을 이루다 sukses besar.

일더위<il/deo/wi> panas dini di musim panas.

일도(一刀)<il/do> ~ 양단하다 mengambil tindakan yang menentukan/memutuskan.

일동(一同)<il/tong> semua; seluruh. 가내 ~ seluruh keluarga. 회원 ~ semua anggota. ~(이) 모두 semuanya; seluruhnya.

일되다<il/doe/da> matang dini; dewasa dini.

일득(一得)<il/deuk> satu keuntungan; suatu manfaat. ~일실 keuntungan dan kerugian.

일등(一等)<il/teung> peringkat pertama; kelas utama. ~을 타고 여행하다 bepergian naik kelas utama. ~국 negara adidaya. ~병 prajurit satu (PRATU). ~상 hadiah pertama. ~(승)객 penumpang kelas utama. ~품 barang kelas satu. ~항해[기관]사 nahkoda kepala [juru mesin pertama].

일떠나다<il/teo/na/da> (일찍 떠나다) berangkat pagi-pagi.

일란성(一卵性)<il/nan/seong> ~의 satu telur; monovular. ~쌍생아 kembar dari satu telur; kembar identik.

일람(一覽)<il/nam> ikhtisar; rangkuman. ~하다 mengikhtisar; merangkum. ~불(拂) dibayar atas unjuk. ~불 어음 wesel atas unjuk. ~표 daftar; tabel; jadwal.

일러두기<il/leo/du/gi> catatan penjelasan; kata pengantar/pembukaan.

일러두다<il/leo/du/da> mengarahkan; menyuruh; meminta. 단단히 ~ memberi perintah keras; meyakinkan.

일러바치다<il/leo/ba/chi/da> mengadu.

일러주다<il/leo/ju/da> ① (알려주다) memberitahukan; menyampaikan. ② (가르치다) mengajar; menunjukkan; menginstruksikan.

일렉트론<il/lek/theu/ron> 『理』 elektron.

일렁거리다＜il/leong/geo/ri/da＞ berombak-ombak; terapung-apung; terombang-ambing.

일력(日曆)＜il/yeok＞ kalender harian.

일련(一連)＜il/yeon＞ ① serangkaian; serentetan. ~의 사건(事件) serentetan kejadian; serangkaian kejadian. ~의 실험 serangkaian test. ~번호 nomor yang berurut. ② (종이) satu rim.

일련탁생(一連托生)＜il/yeon/thak/saeng＞ janji sehidup semati. ~이다 sehidup semati.

일렬(一列)＜il/yeol＞ sebaris; sebanjar; sederet; selajur. ~로 dalam satu barisan/berbaris. ~로 줄서다 membentuk antrian; mengantri.

일례(一例)＜il/lye＞ satu contoh. ~를 들면 sebagai contoh; contohnya.

일로(一路)＜il/lo＞ langsung.

일루(一縷)＜il/lu＞ ~의 희망 secercah harapan. ~의 희망을 품다 bergantung kepada harapan satu-satunya/terakhir.

일류(一流)＜il/lyu＞ ~의 kelas utama; kelas satu; peringkat atas. ~가수 penyanyi top. ~교 sekolah ternama. ~극장 bioskop kelas satu. ~병 maniak yang terbaik. ~신문 surat kabar terkemuka. ~호텔 hotel bintang lima. ~회사 perusahaan terkemuka.

일류미네이션＜il/lyu/mi/ne/i/syeon＞ penerangan; pencahayaan. ~장치를 한 diterangi.

일률(一律)＜il/yul＞ ~적 sama rata; seragam. ~적으로 secara seragam; secara menyeluruh.

일리(一理)＜il/li＞ ada benarnya. 그의 말에는 ~가 있다 Apa yang dia bilang ada benarnya.

일리일해(一利一害)＜il/li/il/hae＞ ☞ 일득일실.

일막(一幕)＜il/mak＞ satu adegan; adegan pertama.

일말(一抹)＜il/mal＞ ~의 sedikit. ~의 불안을 느끼다 merasa sedikit kurang aman.

일망타진(一網打盡)＜il/mang/tha/jin＞ ~하다 melakukan penahanan secara besar-besaran; menggulung (kawanan perampok).

일매지다＜il/mae/ji/da＞ sama; seragam.

일맥(一脈)＜il/maek＞ …과 ~상통하는 점이 있다 memiliki kesamaan dengan…

일면(一面)＜il/myeon＞ ① satu sisi; satu segi. 시대상(相)의 ~ satu sisi jaman. 성격의 ~ satu sisi karakter. ~에 있어서는 pada satu sisi. 또 ~에 있어서는 pada sisi lain; sebaliknya. ② (신문의) halaman pertama; halaman depan.

일면식(一面識)＜il/myeon/sik＞ kenalan sepintas. ~도 없는 사람 orang yang asing sama sekali.

일명(一名)＜il/myeong＞ seseorang; nama samaran; nama panggilan.

일모(日暮)＜il/mo＞ senja.

일모작(一毛作)＜il/mo/jak＞ satu kali musim tanam.

일목(一目)＜il/mok＞ sepandangan. ~요연하다 jelas sekali pandang.

일몰(日沒)＜il/mol＞ senja. ~후[전] setelah [sebelum] matahari terbenam. ~에서 일출까지 dari senja sampai fajar.

일문(一門)＜il/mun＞ ① (일족) satu keluarga; satu marga. ② (집안) satu kerabat.

일문일답(一問一答)＜il/mun/il/dab＞ prosedur tanya dan jawab. ~하다 bertanya dan menjawab.

일미(一味)＜il/mi＞ rasa paling lezat.

일박(一泊)＜il/bak＞ ~하다 menginap semalam. ~여행 perjalanan satu malam.

일반(一般)＜il/ban＞ ① ~의 lazim; umum; kebiasaan. ~적으로 secara umum; pada galibnya. ~적 교양 sopan santun yang lazim; budaya yang lazim. ~적으로 말하면 berbicara secara umum. ~화하다

melazimkan; menggeneralisir. ~
교양과목 pengetahuan budaya yang
lazim. ~대중 masyarakat umum.
~독자 pembaca umum. ~의(醫)
dokter umum. ~회계 perhitungan
umum. ② ~의 biasa; lumrah.
~ 사람들 orang biasa. ③ (같음)
sama. ☞ 한가지.
일반사면(一般赦免)＜il/ban/sa/
myeon＞ amnesti; pengampunan u-
mum.
일발(一發)＜il/bal＞ satu tembakan.
일방(一方)＜il/bang＞ satu sisi; satu
pihak; satu kelompok. ~적 sepi-
hak. ~적 승리 kemenangan sepi-
hak. ~통행 jalan satu arah.
일번(一番)＜il/beon＞ pertama; no-
mor satu; nomor wahid. ~의 per-
tama; top; utama.
일벌＜il/beol＞ 『蟲』 lebah pekerja.
일변(一邊)＜il/byeon＞ ① (한쪽)
satu sisi; sebelah. ② (일방) satu
tangan.
일변(一變)＜il/byeon＞ perubahan
secara keseluruhan. ~하다 ber-
ubah secara keseluruhan. 태도를
~하다 merubah sikap.
일변(日邊)＜il/byeon＞ bunga hari-
an.
일변도(一邊倒)＜il/byeon/do＞ meng-
abdi sepenuhnya pada. 대미 ~이
다 sepenuhnya pro Amerika. ~정
책 kebijakan bersandar pada satu
pihak.
일별(一瞥)＜il/byeol＞ pandangan
sekilas. ~하다 melihat sekilas.
일병(一兵)＜il/byeong＞ ☞ 일등병.
일보(一步)＜il/bo＞ selangkah; satu
langkah. ~ ~ langkah demi
langkah. ~전진 [후퇴] 하다 maju
[mundur] selangkah. ~도 양보하
지 않다 tidak mundur selangkah-
pun.
일보(日報)＜il/bo＞ laporan harian;
berita/warta harian.
일보다＜il/bo/da＞ menjalankan tu-
gas.
일본(日本)＜il/bon＞ Jepang. ~국
민 bangsa Jepang. ~말 bahasa Je-

pang. ~인 orang Jepang.
일봉(一封)＜il/bong＞ satu amplop
uang.
일부(一夫)＜il/bu＞ satu suami. ~
종신하다 setia kepada suami se-
umur hidup. ~일처 monogami.
~다처 poligami; permaduan.
일부(一部)＜il/bu＞ sebagian. ~의
sebagian; parsial. ~의 사람들 se-
bagian orang.
일부(日賦)＜il/bu＞ pencicilan hari-
an. ~금 cicilan harian. ~판매
penjualan berdasarkan cicilan hari-
an.
일부러＜il/bu/reo＞ disengaja; me-
mang dikehendaki; memang diniat-
kan. ~ 오시게 해서 미안합니다
Maaf telah menyusahkan saudara
sengaja datang sejauh ini.
일부분(一部分)＜il/bu/bun＞ sebagi-
an; sekerat; sepenggal.
일사(一事)＜il/sa＞ satu hal. ~부
재리(不再理)의 원칙 prinsip satu
keputusan.
일사병(日射病)＜il/sa/pyeong＞ ke-
lengar matahari. ~에 걸리다 me-
ngalami kelengar matahari.
일사분기(一四分期)＜il/sa/bun/gi＞
triwulan pertama.
일사불란(一絲不亂)＜il/sa/bul/nan＞
~하다 dalam tatanan yang sempur-
na.
일사천리(一瀉千里)＜il/sa/cheol/li＞
~로 dengan cepat. ~로 일을 처
리하다 mengerjakan pekerjaan de-
ngan cepat.
일산(日産)＜il/san＞ hasil produksi
sehari, produk Jepang; buatan Je-
pang.
일산화(一酸化)＜il/san/hwa＞ ~물
monoksida. ~질소 nitrogen mo-
noksida. ~탄소 karbon monoksi-
da.
일삼다＜il/sam/ta＞ membuat jadi
urusan; melibatkan diri (dalam).
술마시기를 ~ tidak melakukan
apa-apa kecuali minum.
일상(日常)＜il/sang＞ tiap hari;
biasanya. ~의 harian; biasa; la-

zim; wajar.   ~하는 일 pekerjaan sehari-hari.   ~ 일어나는 일 kejadian tiap hari; kejadian-kejadian harian.   ~생활 kehidupan sehari-hari.   ~업무 pekerjaan harian.   ~회화 percakapan sehari-hari.

일색(一色)＜il/saek＞ ① (한빛) satu warna. ② (미인) kecantikan yang langka. ③ ~으로 dengan semata-mata; secara eksklusif. 공화당 ~이다 hanya diduduki oleh anggota partai republik.

일생(一生)＜il/saeng＞ seumur hidup.   ~의 사업 pekerjaan seumur hidup.   ~ 일대의 좋은 기회 kesempatan seumur hidup.   ~에 한 번 sekali seumur hidup.

일석이조(一石二鳥)＜il/seok/i/jo＞ ~이다 sekali lempar kena dua.

일선(一線)＜il/seon＞ garis depan.   ~근무 dinas lapangan.   ~ 외교관들 diplomat pembuka jalan; diplomat garis depan.

일설(一說)＜il/seol＞   ~로는 [에 의하면] menurut satu pendapat.

일세(一世)＜il/se＞   ① waktu; jaman.   ~를 풍미하다 memerintah jaman. ② generasi; abad. 헨리 ~ Hendri yang pertama; Hendri I.

일소(一笑)＜il/so＞ seketawa.   ~에 부치다 mengabaikan dengan tertawa.

일소(一掃)＜il/so＞   ~하다 membersihkan; menghapuskan; menghilangkan; meniadakan.

일손＜il/son＞   ① (하고있는 일) pekerjaan yang ditangani. ② (일솜씨) ketrampilan dalam pekerjaan.   ~이 오르다 meningkat dalam ketrampilan. ③ (일하는 사람) tenaga kerja.   ~이 모자라다 kekurangan tenaga kerja.   ~이 필요하다 membutuhkan tenaga kerja.

일수(日收)＜il/su＞ pinjaman (yang dikembalikan dengan) cicilan harian.   ~장이 rentenir yang menagih melalui cicilan harian.

일수(日數)＜il/su＞   ① (날수) jumlah hari-hari. ② (날의 운수) ke-

beruntungan sehari.   ☞ 일진(日辰).

일순간(一瞬間)＜il/sun/gan＞ segera; sekejab; sejenak; sebentar; sekilas.   ~의 sebentar.

일습(一襲)＜il/seub＞ seperangkat; satu stel.

일승일패(一勝一敗)＜il/seung/il/fae＞ satu kemenangan dan satu kekalahan.

일시(一時)＜il/si＞ pada satu waktu; satu ketika; untuk sementara.   ~적 sebentar.   ~에 pada waktu yang sama.   ~적으로 secara sementara.   ~적 인기 kemasyhuran sementara.   ~적 현상 fenomena sementara.   ~적 방편 tindakan sementara.   ~모면하다 lewat krisis sementara.   ~불(拂) pembayaran sekaligus.   ~차입금 pinjaman sementara.

일시(日時)＜il/si＞ waktu; tanggal; tanggal dan jam.

일시금(一時金)＜il/si/geum＞ jumlah bulat; jumlah uang sekaligus.   ~을 받고 퇴직하다 pensiun dibayar sekaligus.

일식(日蝕)＜il/sik＞   『天』 gerhana matahari.

일신(一身)＜il/sin＞ diri sendiri.   ~상의 사정(事情)으로 karena alasan pribadi.

일신(一新)＜il/sin＞   ~하다 memperbaharui; merenovasi; merubah seluruhnya. 면목을 ~하다 mengalami perubahan yang menyeluruh.

일신교(一神敎)＜il/sin/gyo＞ agama satu Tuhan.

일심(一心)＜il/sim＞   ① satu jiwa; satu hati.   ~동체 sehati sebadan; ikatan batin yang kuat. ② sepenuh hati.   ~으로 dengan sepenuh hati.   ~으로 …하다 mengabdi dengan sepenuh hati kepada…

일심(一審)＜il/sim＞ pengadilan tingkat pertama.   ~에서 패소하다 kalah dalam pengadilan tingkat pertama.

일쑤＜il/ssu＞ kebiasaan. 그는 남을 비웃기 ~다 Dia selalu mencemoohkan orang lain.

일약(一躍)＜il/yak＞ dengan sekali loncat. ～유명해지다 menjadi terkenal dengan sekali loncat. 평사원에서 ～사장이 되었다 menjadi kepala dari pegawai biasa dengan sekali loncat.

일어(日語)＜il/eo＞ bahasa Jepang.

일어나다＜il/eo/na/da＞ ① (기상) bangun. ② (일어서다) bangkit; berdiri. 간신히 ～ berdiri dengan sulit. ③ (자지 않고 있다) jaga. ④ (발생) terjadi; berlaku; timbul; pecah. ⑤ (발흥) makmur; maju. 경제적 으로 다시 ～ bangkit kembali secara ekonomi. ⑥ (불이) dinyalakan; dikobarkan. ⑦ (열.전기가) dibangkitkan (listrik). ⑧ (기인) timbul (dari); berasal (dari).

일어서다＜il/eo/seo/da＞ ① berdiri; tegak. 벌떡 ～ berdiri tiba-tiba. ② bangun; bangkit. 무기를 들고 ～ angkat senjata. 단결하여 ～ bangkit bersatu.

일언(一言)＜il/eon＞ satu kata; sepatah kata. ～반구의 사과도 없이 tanpa maaf sepatah katapun. ～지하에 거절하다 menolak mentah-mentah.

일언이폐지(一言以蔽之)＜il/eon/i/fye/ji＞ ～하면 secara singkat.

일언일행(一言一行)＜il/eon/il/haeng＞ satu perkataan dan perbuatan.

일없다＜il/eob/ta＞ tidak perlu. 이렇게 많이는 ～ Saya tidak perlu sebanyak ini.

일엽편주(一葉片舟)＜il/yeob/fyeon/ju＞ kapal kecil.

일요(日曜), 일요일(日曜日)＜il/yo, il/yo/il＞ hari Minggu. ～판(版) edisi hari Minggu.

일용(日用)＜il/yong＞ penggunaan sehari-hari. ～품 barang keperluan sehari-hari. ～ 식료품 bahan makanan sehari-hari.

일원(一元)＜il/won＞ ～적 sendiri; tunggal. ～론 yang bersifat tunggal. ～화 penyatuan. ～화하다 menyatukan.

일원(一員)＜il/won＞ anggota; satu anggota.

일원(一圓)＜il/won＞ ☞ 일대(-帶).

일원제(一院制)＜il/won/je＞ sistim kamar tunggal.

일월(一月)＜il/wol＞ bulan Januari.

일월(日月)＜il/wol＞ matahari dan bulan.

일위(一位)＜il/wi＞ peringkat pertama; tempat pertama. ～를 차지하다 mendapat peringkat pertama; menduduki peringkat pertama.

일으키다＜il/eu/khi/da＞ ① (세우다) mendirikan. ② (깨우다) membangunkan. ③ memulai; membentuk; mendirikan. 새로운 사업을 ～ mendirikan perusahaan baru. 반공운동을 ～ memulai gerakan anti komunis. ④ menyebabkan; menimbulkan. 말썽을 ～ menimbulkan kesulitan. 분쟁을 ～ menyebabkan pertengkaran. 폭동을 ～ menimbulkan kerusuhan. ⑤ naik; bangkit. 비천한 처지에서 몸을 ～ bangkit dari kedudukan yang rendah. ⑥ (불) menyalakan (api). ⑦ (발생) menghasilkan; membangkitkan. 전기를 ～ membangkitkan listrik. ⑧ (송사를) 소송을 ～ menggugat. ⑨ jatuh sakit. 뇌빈혈을 ～ terserang anemia otak.

일의대수(一衣帶水)＜il/eui/dae/su＞ selat sempit.

일익(一翼)＜il/ik＞ bagian; peranan. ～을 담당하다 memainkan peranan.

일익(日益)＜il/ik＞ harian; dari hari kehari.

일인(一人)＜il/in＞ satu orang. ～독재 kediktatoran satu orang. ～이역 peran ganda. ～자 tokoh utama.

일인(日人)＜il/in＞ orang Jepang.

일인당(一人當)＜il/in/dang＞ per orang; perkapita. 국민 ～ tiap penduduk; per penduduk.

일일(一日)＜i/ril＞ satu hari; (초하루) hari pertama (dari satu bulan).

일일이＜il/li/ri＞ (일마다) segala sesuatu; segala hal. ～ 간섭하다 ikut campur dalam segala hal.

일일이(一一 -)＜il/li/ri＞ ① (하나씩) satu persatu. ② (상세히) secara detail/terperinci. ～ 보고하다 melaporkan secara detail/terperinci.

일임(一任)＜il/im＞ ～하다 menyerahkan semuanya (kepada). 그런 것은 나에게 ～해 주십시오 Serahkan semuanya kepada saya.

일자(日字)＜il//ca＞ ☞ 날짜.

일자리＜il/ca/ri＞ posisi; pekerjaan; jabatan. ～가 없는 tidak bekerja; nganggur. ～를 잃다 kehilangan pekerjaan. ～를 얻다 mendapat pekerjaan. ～를 주다 memberi pekerjaan. ～를 찾다 mencari pekerjaan.

일자무식(一字無識)＜il/ca/mu/sik＞ ketidaktahuan; kebodohan; kebutahurufan. ～꾼 orang yang buta huruf.

일잠＜il/jam＞ ～자다 tidur cepat.

일장(一場)＜il/cang＞ ① (연극의) satu adegan; adegan pertama. ② sekaligus. ～의 연설을 하다 berpidato sekaligus.

일장일단(一長一短)＜il/cang/il/tan＞ bermanfaat dan bermudarat.

일장춘몽(一場春夢)＜il/cang/chun/mong＞ mimpi hampa. ～이 되다 menjadi mimpi hampa.

일전(一戰)＜il/ceon＞ satu pertempuran; satu perkelahian. …와 ～을 겨루다 melakukan satu pertempuran dengan…

일전(日前)＜il/ceon＞ beberapa hari yang lalu; kemarin-kemarin. ～부터 sejak beberapa yang lalu.

일절(一切)＜il/ceol＞ seluruhnya; semuanya. ～…하지 않다 tidak sekali-kali. ～ 관계가 없다 tak ada hubungan sama sekali (dengan).

일점홍(一點紅)＜il/ceom/hong＞ ☞ 홍일점.

일정(一定)＜il/ceong＞ ～한 tertentu; pasti; tetap. ～불변의 tidak berubah; konstan; tetap.

일정(日程)＜il/ceong＞ program sehari. ～표 jadwal.

일제(一齊)＜il/ce＞ ～히 sekaligus; secara serempak. ～검거 penangkapan sekaligus. ～사격 berondongan.

일조(一朝)＜il/co＞ ～에 dalam sehari. ～ 유사시에 dalam keadaan darurat. ～일석에 sehari penuh.

일족(一族)＜il/jok＞ sanak saudara; marga.

일종(一種)＜il/cong＞ sejenis…; satu jenis. ～의 sejenis…

일주(一周)＜il/cu＞ satu ronde; satu putaran. ～하다 mengelilingi. (세계) ～여행(旅行) perjalanan keliling dunia.

일주(一週)＜il/cu＞ ① ☞ 일주(-周). ～기(忌) peringatan tahun pertama kematian. ～년(年) setahun penuh. ～년 기념일 ulang tahun pertama (dari). ② seminggu. ～일회(의) seminggu sekali.

일지(日誌)＜il/ci＞ catatan harian; buku harian.

일직(日直)＜il/jik＞ tugas harian. ～하다 sedang bertugas harian.

일직선(一直線)＜il/jik/seon＞ garis lurus. ～으로 dalam garis lurus.

일진(一陣)＜il/cin＞ ① (군사의) perkemahan militer. ② (선봉) rombongan terdepan untuk menjaga serangan tiba-tiba. ③ ～광풍(狂風) hembusan angin keras. ～청풍 hembusan angin sepoi-sepoi.

일진(日辰)＜il/cin＞ keberuntungan satu hari. ～이 좋다[사납다] hari baik [sial].

일진월보(日進月步)＜il/cin/wol/bo＞ ～하다 maju dengan cepat.

일진일퇴(一進一退)＜il/jin/il/thoe＞ ～하다 maju dan mundur; naik dan turun. ～의 접전 pertandingan kejar mengejar skor.

일찌감치＜il/ci/gam/chi＞ lebih awal; dini. ～ 떠나다 berangkat lebih awal. ～ 저녁을 먹다 makan malam lebih awal.

일찍이＜il/ci/gi＞ ① (이르게) dini; (아침일찍) pagi-pagi. ② suatu kali; dulunya; pernah. 그 여자는 ～ 여배우 노릇을 한 일도 있다 Dulunya dia adalah seorang aktris. 이러한 일은 ~ 들어본 일[적]이 없다 Saya tidak pernah mendengar hal seperti itu... .

일차(一次)＜il/cha＞ (한번)suatu kali; suatu ketika; 『數』 linier; (첫번) pertama. 제 ~ 처칠내각 kabinet Churchil yang pertama. ~방정식 persaman linier. ~시험 ujian pertama.

일차원(一次元)＜il/cha/won＞ ~의 berdimensi satu; satu dimensi.

일착(一着)＜il/chak＞ ① (경주의) kedatangan pertama. ~하다 datang pertama. ② (옷의) ☞ 벌.

일책(一策)＜il/chaek＞ satu rencana.

일처다부(一妻多夫)＜il/cheo/da/bu＞ poliandri (bersuami lebih dari satu).

일천(日淺)＜il/cheon＞ ~하다 singkat; tidak lama.

일체(一切)＜il/che＞ semuanya; segala sesuatu. ~의 semua. ~의 관계를 끊다 memutuskan semua hubungan (dengan).

일체(一體)＜il/che＞ satu tubuh; satu raga. ~가 되어 seperti satu tubuh. 부부는 ~다 Suami dan istri adalah satu tubuh. ~화 penyatuan.

일촉즉발(一觸卽發)＜il/chok/jeuk/bal＞ situasi genting.

일축(一蹴)＜il/chuk＞ ~하다 menendang; (거절) menolak mentah-mentah.

일출(日出)＜il/chul＞ matahari terbit.

일취월장(日就月將)＜il/chwi/wol/cang＞ ~하다 maju dengan pesat. ☞ 일진월보.

일층(一層)＜il/cheung＞ ① lantai satu. ~집 rumah bertingkat satu. ② (한결) lebih.

일치(一致)＜il/chi＞ kerukunan; persepakatan; kesesuaian; persetujuan; solidaritas; keselarasan. ~하다 berkenaan; bertepatan; sesuai dengan. ~하여 dengan bersatu. 의견의 ~를 보다 mencapai persetujuan.

이상과 현실과는 항상 ~하지 않는다 kenyataan selalu berbeda dengan yang ideal. ~단결 persatuan; solidaritas. ~점 titik temu. ~협력 usaha gabungan.

일탈(逸脫)＜il/thal＞ ~하다 menyimpang; menyeleweng.

일터＜il/theo＞ tempat kerja. ~로 가다 pergi bekerja.

일파(一派)＜il/fa＞ satu aliran; satu faksi.

일패도지(一敗塗地)＜il/fae/do/ji＞ ~하다 menderita kekalahan mutlak.

일편(一片)＜il/fyeon＞ sedikit; sepotong; secercah. ~의 양심 secercah kesadaran. ~단심 ketulusan.

일편(一篇)＜il/fyeon＞ sepenggal (sajak).

일평생(一平生)＜il/fyeong/saeng＞ ☞ 한평생.

일폭(一幅)＜il/fok＞ segulung.

일표(一票)＜il/fyo＞ satu suara. 1인 ~주의 prinsip satu orang satu suara.

일품(一品)＜il/fum＞ barang satu-satunya. 천하 ~의 unik; satu-satunya. ~요리 masakan paling lezat.

일품(逸品)＜il/fum＞ barang yang istimewa; karya istimewa.

일필휘지(一筆揮之)＜il/fil/hwi/ji＞ ~하다 menulis dengan kuas.

일하다＜il/hada＞ bekerja; berkarya; berusaha. ☞ 일.

일한(日限)＜il/han＞ waktu yang ditetapkan.

일할(一割)＜il/hal＞ sepuluh persen.

일행(一行)＜il/haeng＞ ① rombongan. 한씨 ~ Bapak Han dan rombongan. ~에 끼다 bergabung dengan rombongan. ② (한줄) sebaris.

일화(逸話)＜il/hwa＞ anekdot; episode. ~집 buku anekdot.

일확천금(一攫千金)＜il/hwak/cheon/geum＞ ~하다 membuat keuntungan dalam sekejap. ~을 꿈꾸다 berkhayal memperoleh keuntungan dalam sekejab.

일환(一環)<il/hwan> mata rantai. …의 ~ 을 이루다 membuat mata rantai dari… .

일회(一回)<il/hoe> suatu kali; satu kali. 주 ~ sekali seminggu. ~ 전 ronde pertama.

일흔<il/heun> tujuh puluh.

일희일비(一喜一悲)<il/heui/il/bi> ~하다 senang dan sedih silih berganti.

읽다<ik/ta> membaca; mengucapkan; melapalkan. 정신들여 ~ membaca dengan cermat. 다 ~ membaca seluruhnya. 소리내어 ~ membaca dengan bersuara. 급히 ~ membaca dengan cepat.

읽히다<ik/khi/da> menyuruh bacakan.

잃다<il/tha> hilang; kehilangan. ..의 신용을 ~ hilang kepercayaan. 아버지를 ~ kehilangan ayah. 기회를 ~ hilang kesempatan. 길을 ~ hilang jejak; menyasar. 시계를 ~ kehilangan jam tangan.

임<im> kekasih.

임간(林間)<im/gan> ~학교 sekolah di perkemahan; sekolah di udara terbuka.

임검(臨檢)<im/geom> inspeksi resmi; pemeriksaan resmi. ~하다 menginspeksi; memeriksa.

임계(臨界)<im/gye> ~의 kritis; batas. ~각 [온도, 압력] sudut [temperatur, tekanan] kritis.

임관(任官)<im/gwan> pengangkatan; wisuda; pelantikan. ~하다 diangkat; ditunjuk; dilantik. 소위로 ~하다 dilantik menjadi letnan dua.

임균(淋菌)<im/gyun> gonokokus.

임금<im/geum> raja; kepala negara; penguasa.

임금(賃金)<im/geum> upah. ~생활자 penerima upah. ~인상 kenaikan upah. ~인하 penurunan upah. 기준 ~ upah dasar. 실질 [명목] ~ upah nyata [nominal]. 최저 [최고] ~ upah minimum [maksimum]. 최저 ~ 제 sistim u-

pah minimum resmi.

임기(任期)<im/gi> masa dinas; masa kerja. ~를 끝내다 [채우다] menyelesaikan masa dinas.

임기응변(臨機應變)<im/gi/eung/byeon> ~하다 bertindak sesuai dengan keadaan.

임대(賃貸)<im/dae> ~하다 menyewakan. ~가격 harga sewa. ~료 uang sewa. ~인 orang yang menyewakan. ~(차) 계약 kontrak sewa.

임대아파트(賃貸一)<im/dae/a/fa/theu> rumah susun sewa.

임면(任免)<im/myeon> ~하다 mengangkat dan memberhentikan. ~권 kekuasaan untuk mengangkat dan memberhentikan.

임명(任命)<im/myeong> pengangkatan; penunjukan. ~하다 mengangkat; mencalonkan. 시장으로 ~하다 mengangkat jadi walikota. ~권 kekuasaan pengangkatan.

임무(任務)<im/mu> tanggung jawab; pekerjaan; peranan; tugas; kewajiban; misi. 특별 ~를 띠고 dalam misi khusus. ~를 수행하다 melaksanakan tugas/tanggung jawab; menunaikan tugas.

임박(臨迫)<im/bak> ~하다 mendekati. ~한 mendekat; hampir. 죽을 때가 ~하다 mendekati ajal.

임부(姙婦)<im/bu> ibu hamil. ~복 baju hamil.

임산물(林産物)<im/san/mul> hasil hutan.

임산부(姙産婦)<im/san/bu> ibu hamil dan paraji/bidan.

임상(臨床)<im/sang> ~의 klinis. ~강의 kuliah klinis. ~의(醫) dokter klinik. ~의학 ilmu pengobatan klinik. ~일지 catatan dokter.

임석(臨席)<im/seok> ~하다 menghadiri; hadir. 아무의 ~하에 dengan kehadiran seseorang. ~경관 polisi hadir.

임시(臨時)<im/si> ~의 khusus; tambahan; luar biasa; sementara.

~로 secara khusus; secara semen-tara/temporer. ~국회 sidang khu-sus MPR. ~비 pengeluaran insi-dentil; pengeluaran tak terduga. ~열차 kereta api khusus. ~예산 anggaran belanja sementara. ~정부 pemerintahan sementara. ~중간 edisi tambahan. ~총회 rapat umum luar biasa.

임시변통(臨時變通)＜im/si/byeon/thong＞ ~하다 melakukan tindak-an sementara. ~의 방책 tindakan sementara.

임신(姙娠)＜im/sin＞ kehamilan. ~하다 hamil. ~중에 waktu keha-milan; saat mengandung. ~중이다 sedang hamil/berbadan dua. ~6개월이다 hamil bulan keenam. ~시키다 menghamili. ~중절 peng-guguran disengaja.

임야(林野)＜im/ya＞ hutan dan la-dang.

임어(臨御)＜im/eo＞ ~하다 ber-kunjung (raja).

임업(林業)＜im/eob＞ kehutanan. ~시험장 Balai Percobaan Kehu-tanan.

임용(任用)＜im/yong＞ penugasan; pengangkatan. ~하다 menugas-kan.

임원(任員)＜im/won＞ pegawai; staf; eksekutif. ~석 kedudukan pega-wai. ~회 rapat staf/pegawai.

임의(任意)＜im/eui＞ ~의 bebas; sukarela; sengaja. ~로 secara be-bas; secara sukarela. ~선택 pilih-an bebas; opsi. ~출두 kedatangan sukarela; kemunculan sukarela.

임자＜im/ja＞ ① pemilik. ~없는 tanpa pemilik; tidak dimiliki siapa-pun. ~없는 집 rumah kosong; ru-mah tanpa pemilik . ② (당신) an-da.

임전(臨戰)＜im/jeon＞ ~하다 pergi perang; maju bertempur. ~태세 persiapan untuk pertempuran. ~태세를 갖추다 bersiap sedia.

임정(臨政)＜im/jeong＞ ⇨ 임시정부 (臨時政府). ~요인 tokoh kunci

dari pemerintah sementara.

임종(臨終)＜im/jong＞ ① ajal; ba-tas hidup. ~의 말 wasiat terakhir. ~이 다가오다 diambang kematian; mendekati ajal. ② (임종의 배석) ~하다 hadir disaat orang tua menghembuskan napas terakhir.

임지(任地)＜im/ji＞ tempat tugas. ~로 떠나다 berangkat ke tempat tugas (yang baru).

임질(淋疾)＜im/jil＞ 『醫』 kencing nanah. ~에 걸리다 menderita kencing nanah.

임차(賃借)＜im/cha＞ penyewaan. ~료 sewa. ~인(人) penyewa.

임치(任置)＜im/chi＞ deposito. ~하다 mendepositokan; menyimpan uang. ~인 pendeposit; penyimpan uang.

임파(淋把)＜im/fa＞ 『解』 limfa. ~선(염) (radang) kelenjar getah be-ning. ~액 getah bening.

임하다(臨—)＜im/hada＞ ① meng-hadap. 바다에 ~ menghadap ke laut. ② (당하다) menghadap(i). ③ (임석) menghadiri.

임학(林學)＜im/hak＞ ilmu kehutan-an. ~자 ahli kehutanan.

임해(臨海)＜im/hae＞ ~의 tepi laut; pesisir. ~공업 지대 kawasan in-dustri di pesisir.

입＜ib＞ ① mulut. ~이 큰 besar mulut. 한 ~에 sesuap; satu gigit-an. ~에서 구린 내가 나다 mulut berbau busuk. ~을 다물다 me-nutup mulut. ② lidah; pembicara-an; kata-kata. ~이 무거운 sedikit berbicara; pendiam; berat mulut. ~이 가벼운 ringan mulut. ~이 험하다 mulut kotor. ~을 열다 membuka mulut; mulai bicara. ~밖에 내다 membuka rahasia. ~밖에 내지 않다 menjaga rahasia; me-nutup mulut. (욕설을)~에 담다 mengata-ngatai. ③ (미각) rasa; se-lera. ~에 맞다 sesuai dengan sele-ra. ④ (부리) paruh (tentang bu-rung). ⑤ (식구) tanggungan.

입가＜ib/ga＞ ~에 sekitar mulut.

~에 미소를 띄우고 dengan senyum simpul.

입가심＜ib/ga/sim＞　~하다 menghilangkan sisa rasa.　~으로 untuk menghilangkan sisa rasa di mulut.

입각(入閣)＜ib/gak＞　~하다 masuk kabinet.

입각(立脚)＜ib/gak＞　~하다 berdasarkan; berlandaskan pada. ...에 ~하여 dengan dasar... . 사실에 ~하다 berdasarkan fakta.

입감(入監)＜ib/gam＞　pengurungan; pemenjaraan.　~중이다 sedang dipenjara.

입거(入渠)＜ib/geo＞　~하다 masuk galangan.　~료(料) ongkos masuk dok; ongkos galangan.

입건하다(立件一)＜ib/keon/hada＞ menjadikan perkara.

입경(入京)＜ib/gyeong＞　~하다 masuk ibu kota.

입고(入庫)＜ib/go＞　penggudangan. ~하다 menggudangkan.

입관(入棺)＜ib/gwan＞　pemasukan ke peti jenazah. ~하다 memasukkan ke peti jenazah.

입교(入敎)＜ib/gyo＞　~하다 masuk agama.

입구(入口)＜ib/gu＞　pintu masuk. ~에서 di pintu masuk; di ambang pintu.　~를 막다 menutup pintu masuk.

입국(入國)＜ib/guk＞ masuk ke suatu negara.　~하다 memasuki satu negara.　~을 허가하다 mengijinkan masuk kedalam suatu negara. ~을 거절하다 tidak mengijinkan memasuki negara.　~사증 visa masuk.　~절차 prosedur masuk suatu negara.　~ 허가장 surat izin masuk (ke suatu negara). 불법 ~ masuk tanpa izin (ke suatu negara).

입궐(入闕)＜ib/gwol＞　~하다 masuk istana raja.

입금(入金)＜ib/geum＞　penerimaan uang; uang masuk.　~하다 menerima uang.　~전표 slip penerimaan.

입길＜ib/gil＞　gosip; pergunjingan.

남의　~에 오르내리다 digosipkan orang; dipergunjingkan orang.

입김＜ib/gim＞ napas.

입납(入納)＜ib/nab＞ Kepada.　김씨댁 ~ Kepada Tuan Kim.

입내＜ib/nae＞ peniruan.　~를 내다 meniru cara berbicara orang lain. ~쟁이 peniru; orang yang suka meniru.

입다＜ib/ta＞　① memakai; meletakkan; mengenakan. 저고리를 ~ mengenakan baju.　② berhutang (budi). 은혜를 ~ berhutang budi. ③ menderita; mengalami. 상처를 ~ mengalami luka/cedera.　④ 상을 ~ sedang berkabung; dirundung malang.

입담＜ib/dam＞ kemahiran berbicara.　~이 좋다 mahir dalam berbicara/berpidato. .

입당(入黨)＜ib/dang＞　~하다 bergabung dengan partai; masuk partai.

입대(入隊)＜ib/dae＞　~하다 masuk tentara.　~자 orang yang baru masuk tentara.

입덧＜ib/deot＞ mual (waktu mulai hamil).　~나다 merasa mual.

입도(立稻)＜ib/do＞　~ 선매(先賣) penjualan padi sebelum panen.

입동(立冬)＜ib/dong＞　kedatangan musim dingin.

입뜨다＜ib/teu/da＞ pendiam; tidak banyak bicara; berat mulut.

입맛＜ib/mat＞ selera; nafsu makan. ~이 있다 [없다] selera baik [kurang]. ~ 떨어지다 hilang selera makan.　~을 돋우다 membangkitkan selera.

입맛다시다＜ib/mat/da/si/da＞ menjilat bibir; mengecap.

입맛쓰다＜ib/mat/sseu/da＞ pahit selera.

입맛추다＜ib/mat/chu/da＞ mencium; mengecup.

입멸(入滅)＜ib/myeol＞ masuk nirwana.　~하다 mati masuk nirwana.

입목(立木)＜ib/mok＞ pohon yang

bertumbuh.

입문(入門)＜ib/mun＞ ① ~하다 menjadi murid ② petunjuk; penuntun; pedoman. 골프~ petunjuk untuk bermain golf. 문학 ~ pendahuluan kesusasteraan.

입밖＜ib/bak＞ ~에 내다 membuka; mengungkapkan (rahasia). ~에 내지 않다 menyimpan; menutupi (rahasia).

입방(立方)＜ib/bang＞ 『數』 pangkat tiga; kubik. 3미터 ~ kubus sisi 3 meter. 1~미터 satu meter kubik. ~근(根) akar pangkat tiga. ~체 kubik.

입방아찧다＜ib/bang/a/cit/tha＞ membuat komentar yang sembrono; berbicara tidak karuan.

입버릇＜ib/beo/reut＞ kebiasaan bicara. ~처럼 말하다 selalu menyatakan.

입법(立法)＜ib/peob＞ penyusunan undang-undang. ~하다 menyusun undang-undang. ~기관 badan legislatif; DPR. ~자 pembuat undang-undang.

입사(入社)＜ib/sa＞ ~하다 masuk suatu perusahaan; bergabung dengan suatu perusahaan. ~시험 ujian masuk perusahaan.

입산(入山)＜ib/san＞ 『佛』 ~하다 (산에) naik gunung; mendaki gunung; (절간에) menjadi pendeta Budha.

입상(入賞)＜ib/sang＞ menang hadiah. ~하다 memenangkan hadiah. ~자 pemenang hadiah.

입상(立像)＜ib/sang＞ patung; arca.

입상(粒狀)＜ib/sang＞ ~의 butiran; berbutir.

입선(入選)＜ib/seon＞ ~하다 dipilih. ~자 pemenang. ~작 karya terpilih/pemenang.

입성＜ib/seong＞ pakaian. ☞ 옷.

입성(入城)＜ib/seong＞ ~하다 masuk benteng (sesudah menang perang).

입소(入所)＜ib/so＞ masuk penjara.

입수(入手)＜ib/su＞ ~하다 menda-

pat; memperoleh.

입술＜ib/sul＞ bibir. 윗 [아랫] ~ bibir atas [bawah]. ~을 깨물다 menggigit bibir. ~을 오므리다 mengatupkan bibir.

입시(入試)＜ib/si＞ ☞ 입학시험.

입신(立身)＜ib/sin＞ ~양명 [출세] kesuksesan dalam hidup. ~양명하다 sukses/berhasil dalam hidup.

입심＜ib/sim＞ kesukaan berbicara. ~이 좋다 suka berbicara

입씨름＜ib/sim/neum＞ pertengkaran; percekcokan. ~하다 bertengkar; cekcok.

입씻기다＜ib/ssit/gi/da＞ memberi uang tutup mulut.

입씻이＜ib/ssi/ji＞ ① (금품) uang tutup mulut. ② ☞ 입가심.

입아귀＜ib/a/gwi＞ sudut mulut

입안(立案)＜ib/an＞ ~하다 merencanakan; merancang. ~자 perancang; perencana.

입양(入養)＜ib/yang＞ adopsi; pengangkatan anak. ~하다 mengangkat anak.

입어(入漁)＜ib/eo＞ ~권 hak masuk ke tempat pemancingan. ~료 biaya mancing di pemancingan.

입영(入營)＜ib/yeong＞ ~하다 masuk tentara.

입욕(入浴)＜ib/yok＞ pemandian. ~하다 mandi.

입원(入院)＜ib/won＞ ~하다 masuk rumah sakit. ~중이다 sedang di rumah sakit. ~료 biaya rumah sakit. ~환자 pasien inap/opname.

입자(粒子)＜ib/ca＞ 『理』 partikel.

입장(入場)＜ib/jang＞ ~하다 masuk. ~권 tiket/karcis masuk. ~권 매표소 loket karcis masuk. ~금지 Dilarang Masuk ~료 biaya masuk. ~무료 bebas masuk. ~식 upacara pembukaan.

입장(立場)＜ib/cang＞ posisi; kedudukan; keadaan; situasi. 괴로운 ~에 있다 berada dalam posisi/keadaan yang menyulitkan. 자기 ~을 밝히다 memperjelas kedudukan diri.

입장단＜ib/jang/dan＞ ~을 맞추다 meningkahi.

입적(入寂)＜ib/jeok＞ ☞ 입멸.

입적(入籍)＜ib/jeok＞ ~하다 masuk dalam kartu keluarga.

입전(入電)＜ib/jeon＞ telegram yang diterima.

입정(入廷)＜ib/jeong＞ ~하다 memasuki ruang pengadilan. ~시키다 mengizinkan masuk keruang pengadilan.

입정눌리다＜ib/jeong/nol/li/da＞ mengemil.

입정사납다＜ib/jeong/sa/nab/da＞ bermulut kotor; suka bicara kotor.

입주(入住)＜ib/ju＞ ~하다 tinggal di rumah majikan. ~가정부 pembantu yang menginap. ~자 penghuni baru. ~점원 karyawan toko yang menginap.

입증(立證)＜ib/ceung＞ ~하다 membuktikan.

입지(立地)＜ib/ji＞ lokasi; tempat. ~조건 kondisi lokasi; keadaan tempat/letak. ~조건이 좋다 letak yang menyenagkan.

입지(立志)＜ib/ji＞ ~하다 menetapkan tujuan dalam hidup. ~전(傳) kisah orang yang sukses. ~전적인 인물 orang yang sukses seperti dalam cerita.

입직(入直)＜ib/jik＞ giliran ronda di kantor. ~하다 mendapat giliran ronda di kantor.

입질(ib/jil＞ gigitan; tarikan. ~하다 menggigit; menarik umpan.

입짧다＜ib/cal/ta＞ nafsu makan buruk; selera makan kurang.

입찰(入札)＜ib/chal＞ penawaran; tender. ~하다 menawar; mentenderkan. ~로 dengan tender; melalui penawaran. ~에 부치다 menjual melalui penawaran; mengadakan tender. ~보증금 surat obligasi penawaran. ~자 penawar. 경쟁 [지명] ~ penawaran umum [pribadi].

입천장(- 天障)＜ib/cheon/jang＞ langit-langit.

입체(立體)＜ib/che＞ benda tiga dimensi. ~감 rasa perspektif. ~교차 jembatan layang. ~기하학 ilmu ukur ruang. ~방송 siaran radio streofon. ~영화 film tiga dimensi. ~음악 musik stereo. ~음향(音響) suara stereo. ~전 perang tiga pihak. ~주차장 tempat parkir bertingkat. ~파 『美術』 aliran kubisme.

입초(入超)＜ib/cho＞ kelebihan impor.

입초(立哨)＜ib/cho＞ penjagaan berdiri. ~서다 menjaga. ~병 tentara penjaga berdiri.

입추(立秋)＜ib/chu＞ hari pertama musim gugur.

입추(立錐)＜ib/chu＞ ~의 여지도 없다 dipadati; di isi penuh.

입춘(立春)＜ib/chun＞ hari pertama musim semi.

입하(入荷)＜i/fha＞ kedatangan bahan-bahan.

입하(立夏)＜i/fha＞ hari pertama musim panas.

입학(入學)＜i/fhak＞ masuk sekolah. ~하다 masuk sekolah. ~을 지원하다 melamar untuk masuk disatu sekolah. ~금(金) uang pendaftaran; biaya masuk. ~시험 ujian masuk. ~식 upacara masuk. ~원서 formulir masuk. ~지원자 pelamar.

입항(入港)＜i/fhang＞ kedatangan (kapal). ~하다 masuk pelabuhan; berlabuh. 인천에 ~하다 berlabuh di Incheon. ~신고 pemberitahuan masuk/kedatangan. ~절차 prosedur masuk.

입향순속(入鄕循俗)＜ib/hyang/sun/sok＞ Dimana bumi berpijak, disana langit dijunjung.

입헌(入憲)＜i/fheon＞ konstitusionalisme. ~적 konstitusional. ~정체 pemerintahan konstitusional. ~주의 faham konstitusi.

입회(入會)＜i/fhoe＞ masuk anggota; penggabungan. ~하다 bergabung; masuk; menjadi anggota. ~

금 uang masuk. ~ 신청자 pela-mar masuk anggota. ~자 ang-gota baru.

입회(立會)<i/fhoe> ☞ 참여(參與).

입후보(立候補)<i/fhu/bo> ~하다 mencalonkan diri. 서울에서 ~하다 mencalonkan diri dari seoul. ~를 신고하다 mendaftarkan diri untuk pencalonan. ~ [예정]자 calon [ba-kal calon].

입히다<i/fi/da> ① (옷을) mema-kaikan baju. ② (올리다) melapisi; menutupi ③ (해 따위를) mencela-kakan; menciderai.

잇<it> sarung. 베갯 ~ sarung bantal.

잇다<it/ta> ① menghubungkan; mempertalikan memperhubungkan; menyambung; menalikan. 줄을 ~ menyambung tali. ② (계승) me-wariskan. ③ (목숨을) memperta-hankan (hidup).

잇달다<it/dal/da> berkesinambung-an; terus menerus.

잇닿다<it/dat/tha> disambungkan; dihubungkan; digabungkan.

잇대다<it/dae/da> ① (계속) me-neruskan; melanjutkan. ② meng-hubungkan; menempatkan bersama; merapatkan. 두 책상을 ~ mera-patkan dua meja.

잇따르다<it/ta/reu/da> ☞ 잇달다.

잇몸<it/mom> gusi.

잇속<it/sok> sebaris gigi.

잇속(利 -)<it/sok> keuntungan pri-badi. ~이 밝다 tanggap terhadap keuntungan.

잇솔<it/sol> sikat gigi.

잇자국<it/ja/guk> bekas gigitan.

있다<it/ta> ① ada. 그것은 지금도 ~ Masih ada. ② ada; terletak; berada. 한국은 중국의 동쪽에 ~ Korea terletak di sebelah timur Ci-na. ③ memiliki; punya. 명성이 ~ memiliki nama baik. ④ (부속) diperlengkapi (dengan). 그 집에는 목욕탕이 ~ rumah itu diperleng-kapi dengan kamar mandi. ⑤ ber-isikan; termasuk. 이 책엔 재미있는 얘기가 많이 ~ Buku ini berisikan banyak cerita-cerita yang menarik. ⑥ jumlah. 학생이 2천명 이상 ~ jumlah lebih dari 2000 orang. ⑦ pernah. 거기 가본 일이 있는가 Pernahkah kamu disana?. ⑧ (발생) ada; terjadi. 경부선에서 열차의 충돌이 있었다 Terjadi tabrakan kereta api di jalur Gyeongbu. ⑨ dilaksanakan; diadakan. 내일 영어 시험이 ~ Besok ada ujian bahasa Inggris.

잉꼬<ing/ko> 『鳥』 burung serin-dit; nuri; kesturi.

잉어<ing/eo> 『魚』 ikan gurami. 보리 밥알로 ~를 낚다 memberikan yang kecil untuk mendapatkan yang besar.

잉여(剩餘)<ing/yeo> surplus; sisa; saldo. ~가치(설) (teori) nilai sur-plus. ~금 dana surplus.

잉카<ing/kha> Inka. ~문명[제국] peradaban [kerajaan] Inka. ~족 orang Inka.

잉크<ing/kheu> tinta; dawat. ~병 (瓶) botol tinta. ~ 스탠드 tempat tinta. 불변색 [안전] ~ tinta yang tidak berubah warna [tidak dapat dihapus]. 활관[등사]용 ~ tinta ce-tak [salin].

잉태(孕胎)<ing/thae> ☞ 임신(姙娠).

잊다<it/ta> ① lupa. 잘~ pelupa. ② melupakan; membebaskan dari pikiran. 술로 슬픔을~ melupakan (sesuatu) dengan minum. ③ (놓고 오다) kelupaan; ketinggalan.

잊히다<it/chi/da> dilupakan.

잎<if> ① daun. 새 ~ daun muda. ~이 우거진 berdaun rim-bun. ~이 없는 tidak berdaun. ~이 나(오)다 berdaun; keluar daun. ~이 지다 kehilangan daun. ② (단위) keping.

잎나무<if/na/mu> hutan belukar; semak belukar.

잎담배<if/dam/bae> tembakau da-un.

잎사귀<if/sa/gwi> daun.

자〈ja〉 ① 1 *ja* (= 0.994 kaki). ~를 재다 mengukur. ② penggaris; mistar. ~로 재다 mengukur dengan mistar. 삼각 ~ penggaris segi tiga; siku-siku. T ~ penggaris berbentuk T. ③ (척도.표준) standar.

자(子)〈ja〉 (shio) Tikus.

자(字)〈ja〉 ① ☞ 글자. ② (이름) alias.

자(者)〈ja〉 orang. …이라는 ~ seseorang bernama…

자〈ja〉 ayo. ~ 빨리 가십시다 Ayo, mari kita cepat pergi. ~ 드시지요 Ayo, silakan makan.

자…(自)〈ja〉 dari. 집무시간, ~ 오전 9시 지 오후 4시 Jam kerja, dari pukul 9 pagi sampai pukul 4 sore.

…자〈ja〉 segera setelah; ketika; pada saat. 집에 들어가~(마자) pada saat memasuki rumah. 소식을 듣 ~ pada saat mendengar kabar.

…자〈ja〉 ayo; ayuh. 이젠 가 ~ Ayo, mari kita pergi.

자가(自家)〈ja/ga〉 (집) rumah sendiri; (자기) pribadi. ~시설 fasilitas pribadi. ~중독 meracuni diri sendiri.

자가당착(自家撞着)〈ja/ga/dang/chak〉 pertentangan/penyangkalan sendiri. ~하다 bertentangan sendiri.

자가용(自家用)〈ja/ga/yong〉 pemakaian pribadi, mobil pribadi.

자각(自覺)〈ja/gak〉 kesadaran diri; keinsafan diri. ~하다 sadar; insyaf. ~증상 gejala yang subyektif. ~ 증상이 없다 tidak ada keinsyafan.

자갈〈ja/gal〉 kerikil; koral. ~을 깔다 memberi koral; mengkerikilkan. ~길 jalan yang berkerikil. ~밭 tempat yang berkerikil.

자갈색(紫褐色)〈ja/gal/saek〉 coklat ke ungu-unguan.

자개〈ja/gae〉 hiasan kulit kerang. ~를 박다 menatah hiasan kulit kerang. ~그릇 bejana kayu yang bertatahkan kulit kerang.

자객(刺客)〈ja/gaek〉 pembunuh bayaran. ~의 손에 쓰러지다 menjadi korban pembunuh bayaran.

자격(資格)〈ja/gyeok〉 persyaratan; kapasitas; hak. ~이 있다 [없다] ada [tidak ada] syarat. ~을 주다 [잃다] memberi [hilang] syarat. …의 ~으로 dalam kapasitas… . 개인 ~으로 dalam kapasitas pribadi. ~(검정) 시험 ujian kualifikasi. ~상실 kehilangan syarat; diskualifikasi. ~심사 pemeriksaan persyaratan. 무 ~자 orang yang tidak memenuhi syarat. 유 ~자 orang yang memenuhi syarat. 입학 ~ syarat-syarat untuk diterima masuk sekolah.

자격지심(自激之心)〈ja/gyeok/ji/sim〉 rasa bersalah; rasa berdosa.

자결(自決)〈ja/gyeol〉 ① (자기결정) penentuan sendiri. ~하다 memutuskan/menentukan sendiri. ② (자살) bunuh diri. ~하다 membunuh diri sendiri.

자고로(自古 -)〈ja/go/ro〉 dari dulu; dari dulu kala.

자구(字句)〈ja/gu〉 kata dan frase; ungkapan. ~를 수정하다 memperbaiki kata dan frase.

자국〈ja/guk〉 tanda; jejak; tapak; bekas. 긁힌 ~ bekas garutan/goresan. 물린 ~ bekas gigitan. 손가락 ~ sidik jari. ~이 나다 berbekas; meninggalkan bekas.

자국(自國)〈ja/guk〉 tanah air. ~민 saudara setanah air.

자궁(子宮)〈ja/gung〉 『解』 rahim; peranakan; kandungan. ~구(口)

leher rahim. ~병 penyakit rahim. ~암 kanker leher rahim. ~외 임신 kehamilan di luar rahim.

자귀＜ja/gwi＞ beliung.

자귓밥＜ja/gwit/pab＞ serpih kayu.

자그마치＜ja/geu/ma/chi＞ ① (적게) agak kecil; kecil-kecilan. ② (반어적(的)) tidak lebih kecil dari; tidak kurang dari.

자그마하다＜ja/geu/ma/hada＞ berukuran agak kecil.

자극(刺戟)＜ja/geuk＞ perangsang; pendorong; motivasi. ~하다 merangsang; mendorong; memotivasi. ~성(性)의 merangsang. ~적인 menggairahkan; merangsang. ~이 없는 tidak menggairahkan; monoton. ~이 되다 menjadi perangsang. ~을 찾다 mencari rangsangan. ~제 perangsang.

자극(磁極)＜ja/geuk＞ 『理』 kutub magnet.

자금(資金)＜ja/geum＞ modal; pokok; dana. ~이 있다 [끊기다] ada [putus] modal. ~을 융통하다 meminjami modal. ~난 kesulitan modal. ~부족 kurang dana. 장학~ dana bea siswa. ~동결 pembekuan asset.

자급(自給)＜ja/geub＞ pemenuhan sendiri. ~하다 memenuhi sendiri. ~자족 swasembada.

자긍(自矜)＜ja/geung＞ memuji diri sendiri; berbangga diri.

자기(自己)＜ja/gi＞ diri; ego. ~스스로 secara pribadi. ~ 본위의 egois; egosentris. ~만족 [선전, 소개, 반성, 도취, 변호] pemuasan [pengiklanan, pengenalan, pencerminan, perenungan, pembenaran] diri. ~암시 [비판] sugesti [kritik] diri. ~유도 『電』 pengimbasan/induksi sendiri. ~최면 hipnotis diri (sendiri). ~ 최면에 걸리다 menghipnotis diri (sendiri).

자기(自記)＜ja/gi＞ pencatatan otomatis.

자기(磁氣)＜ja/gi＞ kemagnetan. ~를 띤, ~의 magnetik; bermagnet. ~를 띠게 하다 memagnetkan; membuat magnet. ~ 감응[저항] induksi [hambatan] magnet. ~권 medan magnet. ~녹음 perekaman magnetik. ~디스크 장치 unit cakram magnetik. ~측정 magnetometer. ~ 테이프 pita magnetik. ~학 ilmu tentang magnet.

자기(瓷器)＜ja/gi＞ porselin; keramik.

자기부상열차(磁氣浮上列車)＜ja/gi/bu/sang/yeol/cha＞ kereta api magnet.

자기유도(磁氣誘導)＜ja/gi/yu/do＞ induksi magnet.

자꾸＜ja/ku＞ (여러번) seringkali; (끊임없이) terus menerus; (몹시) sangat.

자내깨나＜ja/nae/kae/na＞ siang malam; jaga dan tidur; selalu.

자네＜ja/ne＞ kamu.

자녀(子女)＜ja/nyeo＞ anak; putra dan putri.

자다＜ja/da＞ ① tidur. 잘 [잘못] ~ tidur nyenyak [tidak nyenyak]. 너무 ~ kebanyakan tidur. ② merata. 머리가 ~ rambut (diset) merata. ③ (가라앉다) reda; turun; tenggelam. ④ (시계가) berhenti (jam).

자단(紫檀)＜ja/dan＞ 『植』 kayu rengat.

자담(自擔)＜ja/dam＞ ~하다 menanggung sendiri biaya.

자당(自黨)＜ja/dang＞ partai sendiri.

자당(慈堂)＜ja/dang＞ ibu anda.

자독(自瀆)＜ja/dok＞ merancap. ☞ 자위.

자동(自動)＜ja/dong＞ aksi otomatis. ~적인 bergerak sendiri; otomatis. ~ 적으로 secara otomatis. ~문 pintu otomatis. ~소총 senjata otomatis. ~전화 telepon otomatis. ~제어 pengontrol otomatis. ~ 판매기(機) mesin jual otomatis (mesin swalayan). ~휴회 reses spontan.

자동변속장치(自動變速裝置)＜ja/dong/byeon/sok/jang/chi＞ pemindah gigi otomatis (kendaraan).

자동사(自動詞) <ja/dong/sa> kata kerja intransitif.

자동식(自動式) <ja/dong/sik> ~의 otomatis. 반 ~의 semi otomatis. ☞ 자동.

자동조작(自動操作) <ja/dong/jo/jak> operasi otomatis.

자동조종장치(自動操縱裝置) <ja/dong/jo/jong/jang/chi> 『航空』 autopilot.

자동차(自動車) <ja/dong/cha> mobil; oto. ~ 로가다 pergi dengan mobil. ~를 몰다 [운전하다] mengemudikan mobil. ~를 타다 naik mobil. ~에 태워 주다 memberikan tumpangan. ~공업 industri otomotif. ~도로 jalan mobil. ~번호판 plat nomor mobil. ~ 운전사 pengemudi; sopir. ~정비공 montir mobil. ~ 주차장 tempat parkir. ~차고 garasi. 영업용(用) ~ mobil niaga. 화물 ~ truk.

자동차보험(自動車保險) <ja/dong/cha/bo/heom> asuransi kecelakaan mobil.

자동차부품(自動車部品) <ja/dong/cha/bu/fum> komponen mobil; bagian-bagian mobil.

자동차사고(自動車事故) <ja/dong/cha/sa/go> kecelakaan mobil.

자동차학원(自動車學院) <ja/dong/cha/hak/won> sekolah mengemudi.

자두 <ja/du> 『植』 prem. ~나무 pohon prem.

자득(自得) <ja/deuk> ~하다 mengerti, berpuas diri.

자디잘다 <ja/di/jal/da> sangat kecil. ☞ 잘다.

자라 <ja/ra> 『動』 penyu penggigit. ~보고 놀란 가슴 소댕 보고 놀란다 Anak yang pernah terbakar takut terhadap api.

자라다 <ja/ra/da> ① bertumbuh; dibesarkan. 빨리 ~ bertumbuh dengan cepat. ② (증가) bertambah; meningkat.

자라다 <ja/ra/da> ① (충분) cukup; memadai. ② (미치다) mencapai; sampai.

자락 <ja/rak> bawahan; ujung kain.

☞ 옷자락.

자랑 <ja/rang> kebanggaan. ~하다 membanggakan. ~은 아니지만 Tidak bermaksud membanggakan, tapi. 제 ~을 하다 membanggakan diri sendiri.

자랑스럽다 <ja/rang/seu/reob/ta> bangga; bermegah hati.

자력(自力) <ja/ryeok> ~으로 dengan upaya sendiri; swadaya. ~갱생(更生)하다 memperbaiki diri dengan upaya sendiri.

자력(資力) <ja/ryeok> sarana; sumber daya; dana.

자력(磁力) <ja/ryeok> 『理』 gaya magnet; kemagnetan. ~의 bermagnet. ~계(計) alat pengukur kekuatan magnet.

자료(資料) <ja/ryo> bahan-bahan; data.

자루 <ja/ru> karung; sak. 쌀 ~ karung beras. ~에 담다 mengisi ke karung.

자루 <ja/ru> (손잡이) pegangan; gagang; hulu.

자루 <ja/ru> (단위) sepotong; sepasang; sebatang; sepucuk. 분필 한 ~ sepotong kapur. 소총 세 ~ tiga pucuk senapan. 연필 다섯 ~ lima batang pensil.

자르다 <ja/reu/da> memotong; memenggal; mengerat; mengiris; mencencang.

자리 <ja/ri> ① tempat duduk; bangku. ~에 앉다 duduk di bangku. ~에서 일어나다 berdiri dari tempat duduk. ~를 뜨다 [양보하다] meninggalkan [menawarkan] tempat duduk. ~를 잡아두다 mencadangkan tempat duduk. ② (여지) ruang. ~를 내다 menyediakan ruang untuk. ③ (현장) tempat kejadian. 그 ~에서 di tempat kejadian. ④ (위치) letak; kedudukan; tempat. ~가 좋다 [나쁘다] letak baik [buruk]. ⑤ (지위) kedudukan; jabatan; posisi. 중요한 ~ posisi yang penting; kedudukan yang baik/penting. 장관 ~ jabatan menteri. ⑥ (깔개) tikar. ⑦ tempat tidur. ~를 깔다[펴다] menyiapkan tempat tidur. ⑧ (계수의) bilangan (satuan, puluhan, ratusan, dst).

자리끼 <ja/ri/ki> air minum persediaan di malam hari.

자리옷 <ja/ri/ot> pakaian/gaun tidur; piyama.

자리잡다 <ja/ri/jab/ta> mengambil tempat duduk; memapankan diri; mengambil ruang.

자립(自立) <ja/rib> kemandirian. ~하다 berdiri sendiri; mandiri. ~하여 dengan mandiri. ~ 경제 ekonomi mandiri. ~ 성장 pertumbuhan yang mandiri.

자릿자릿하다 <ca/rit/ca/rit/hada> gelenyar; kesemutan; rasa kesetrum; rasa tersengat lebah.

자막(字幕) <ja/mak> tulisan di bawah gambar. 대화 ~ dialog terjemahan.

자만(自慢) <ja/man> kecongkakan; keangkuhan; panggak; kelantaman. ~하다 congkak; angkuh.

자매(姉妹) <ja/mae> saudara perempuan; saudari. ~의 [같은] [seperti] bersaudari.

자매결연(姉妹結緣) <ja/mae/gyeol/yeon> pembentukan hubungan saudara angkat. ~을 하다 membentuk hubungan saudara angkat.

자멸(自滅) <ja/myeol> penghancuran sendiri. ~하다 menghancurkan diri sendiri.

자명(自明) <ja/myeong> ~하다 aksiomatis; terbukti sendiri. ~한 이치 aksioma; kebenaran yang terbukti sendiri.

자명종(自鳴鍾) <ja/myeong/jong> jam beker/weker.

자모(字母) <ja/mo> abjad.

자모(慈母) <ja/mo> ibu yang penuh kasih sayang.

자모음(字母音) <ja/mo/eum> huruf hidup dan huruf mati.

자못 <ja/mot> sangat; sungguh. ~ 놀라다 sangat kaget.

자문(自問) <ja/mun> ~하다 bertanya pada diri sendiri. ~자답 percakapan seorang diri. ~ 자답하다 bicara pada diri sendiri.

자문(諮問) <ja/mun> ~하다 berkonsultasi; menanyakan; meminta nasehat; berunding. ~기관 badan penasehat. ~위원 dewan penasehat.

자물쇠 <ja/mul/soe> gembok; induk kunci; kunci. ~를 채우다 [열다] mengunci [membuka] kunci. ~가 채워져 [열려] 있다 terkunci [tidak terkunci].

자바 <ja/ba> Jawa. ~사람 orang Jawa.

자반 <ja/ban> ikan asin.

자반뒤집기 <ja/ban/dwi/jib/gi> ~하다 menggeliat kesakitan di tempat tidur.

자발(自發) <ja/bal> ~적 spontan; sukarela. ~적으로 secara spontan; dengan sukarela. ~성 spontanitas.

자발없다 <ja/bal/eob/ta> tidak sabaran.

자방(子房) <ja/bang> 『植』 indung telur.

자배기 <ja/bae/gi> mangkok besar dan bundar.

자백(自白) <ja/baek> pengakuan. ~하다 mengakui.

자복(自服) <ja/bok> ☞ 자백(自白).

자본(資本) <ja/bon> modal; dana; pokok. ~의 축적 penimbunan modal. ~을 투입하다 menanamkan modal. ~가 kapitalis. ~과세 pajak/retribusi modal. ~금 uang pokok. 총 ~금 modal seluruhnya. ~재 barang-barang modal. ~주(主) pemilik modal. ~주의 kapitalisme; paham kapitalis. ~주의 경제(經濟) ekonomi kapitalis. 독점 [공칭, 금융] ~ modal monopoli [nominal, uang]. 운전[고정] ~ modal kerja [tetap]. 납입 ~ modal yang disimpan.

자본회전율(資本回轉率) <ja/bon/hoe/jeon/yul> tingkat perputaran modal.

자봉틀(自縫 -)＜ja/bong/theul＞ ☞ 재봉틀.

자부(子婦)＜ja/bu＞ menantu perempuan.

자부(自負)＜ja/bu＞ kebanggaan diri. ~하다 bangga; percaya diri.

자부심(自負心)＜ja/bu/sim＞ rasa bangga diri. ~이 강한 percaya diri; harga diri tinggi. ~을 손상하다 melukai harga diri.

자비(自費)＜ja/bi＞ ~로 dengan biaya sendiri. ~생 siswa yang bersekolah atas biaya sendiri.

자비(慈悲)＜ja/bi＞ kebajikan; kerahiman. ~로운 rahim; penyayang; pengasih. ~를 베풀다 berbuat kebajikan. ~심 hati yang rahim; hati yang pemurah.

자빠뜨리다＜ja/pa/teu/ri/da＞ menjatuh telentangkan; memukul jatuh.

자빠지다＜ja/pa/ji/da＞ ① (넘어지다) jatuh telentang. ② (눕다) menelentang.

자산(資産)＜ja/san＞ harta; modal; kapital; aset. 고정 [동결, 현금] ~ aset tetap [yang dibekukan, tunai]. 유동 ~ aset lancar. ~ 평가 penaksiran aset.

자살(自殺)＜ja/sal＞ bunuh diri. ~하다 membunuh diri. ~을 꾀하다 melakukan percobaan bunuh diri. ~자 orang yang bunuh diri. ~미수(자) percobaan bunuh diri yang gagal.

자상스럽다(仔詳-)＜ja/sang/seu/reob/ta＞ lengkap; penuh; terperinci.

자상하다(仔詳 -)＜ja/sang/hada＞ ☞ 자상스럽다.

자새＜ja/sae＞ gelondongan; kumparan. ~질 penggulungan; pengumparan.

자색(姿色)＜ja/saek＞ kecantikan wanita.

자색(紫色)＜ja/saek＞ ungu.

자생(自生)＜ja/saeng＞ pertumbuhan liar. ~하다 tumbuh liar. ~식물 tanaman liar.

자서(自序)＜ja/seo＞ kata pengantar; kata pendahuluan (dari penulis).

자서(自署)＜ja/seo＞ ☞ 서명(署名).

자서전(自敍傳)＜ja/seo/jeon＞ riwayat hidup; autobiografi. ~을 쓰다 menulis riwayat hidup sendiri. ~작자 penulis riwayat hidup sendiri.

자석(磁石)＜ja/seok＞ magnet; besi berani; sembrani. 막대 [밀굽] ~ magnet batang [tapal kuda].

자석영(紫石英)＜ja/seok/yeong＞ ☞ 자수정.

자선(自選)＜ja/seon＞ ~하다 memilih sendiri.

자선(慈善)＜ja/seon＞ kebajikan; amal; derma. ~의 murah hati. ~가 orang yang suka berderma; orang yang pemurah. ~남비 kotak amal. ~단체 [심] badan [semangat] amal. ~병원 rumah sakit yang gratis. ~사업 yayasan amal. ~바자 bazar amal. ~쇼 pertunjukan amal.

자설(自設)＜ja/seol＞ pandangan/pendapat pribadi. ~을 굽히지 않다 berkukuh kepada pendapat sendiri.

자성(自省)＜ja/seong＞ ☞ 반성(反省).

자성(資性)＜ja/seong＞ sifat; watak.

자성(磁性)＜ja/seong＞ 『理』 kemagnetan. ~의 magnetik. ~을 주다 memagnetkan; memberi magnet. ~체(體) benda bermagnet.

자세(仔細)＜ja/se＞ ~한 terperinci; teliti. ~히 dengan teliti/seksama.

자세(姿勢)＜ja/se＞ sikap; gaya; tingkah laku; postur. 앉은 ~로 dalam sikap duduk. ~를 취하다 berpose; bergaya. ~를 바로하다 menegakkan badan. ~가 좋다 [나쁘다] memiliki postur tubuh yang bagus [jelek].

자세(藉勢)＜ja/se＞ ~하다 menggunakan pengaruh orang lain.

자속(磁束)＜ja/sok＞ 『理』 fluks magnetik.

자손(子孫)＜ja/son＞ keturunan; anak cucu.

자수(自手)＜ja/su＞ ~성가하다 sukses atas usaha sendiri. ~성가한

사람 orang yang sukses atas usaha sendiri.

자수(自首)＜ja/su＞ penyerahan diri. ~하다 menyerahkan diri.

자수(自修)＜ja/su＞ ☞ 자습.

자수(刺繡)＜ja/su＞ sulaman; jaruman; tekat; bordir; suji. ~하다 menyulam; membordir; menekat.

자수정(紫水晶)＜ja/su/jeong＞ 『鑛』 batu nilam lembayung.

자숙(自肅)＜ja/suk＞ ~하다 mengendalikan diri sendiri.

자습(自習)＜ja/seub＞ ~하다 belajar sendiri. ~문제 pekerjaan rumah (PR). ~시간 jam belajar. ~실 kamar/ruang belajar.

자습서(自習書)＜ja/seub/seo＞ buku pedoman belajar sendiri.

자승(自乘)＜ja/seung＞ ☞ 제곱.

자승자박(自繩自縛)＜ja/seung/ja/bak＞ ~하다 masuk ke perangkap yang dibuat sendiri.

자시(子時)＜ja/si＞ tengah malam.

자식(子息)＜ja/sik＞ (자녀) anak; putra; putri; (욕) anak jadah (maki).

자신(自身)＜ja/sin＞ sendiri; aku; seorang diri. ~의 milik pribadi. ~이(직접, 친히) oleh diri sendiri; secara pribadi. ~이 하다 mengerjakan sendiri.

자신(自信)＜ja/sin＞ kepercayaan diri. ~하다 mempercayai diri. ~있는 percaya diri. ~만만한 penuh kepercayaan diri. ~을 가지고 dengan percaya diri. ~을 얻다 [잃다] mendapatkan [hilang] kepercayaan diri. ~이 없다 tidak percaya diri.

자실(自失)＜ja/sil＞ ~하다 hilang kesadaran.

자심(滋甚)＜ja/sim＞ ~하다 parah.

자아(自我)＜ja/a＞ diri; ego. ~가 센 mementingkan diri sendiri; egois. ~의식 kesadaran diri.

자아내다＜ja/a/nae/da＞ ① (실을) memintal. ② (느낌을) membangkitkan; menimbulkan. 눈물을 ~ menimbulkan tangis.

자애(自愛)＜ja/ae＞ ~하다 mengasihi diri.

자애(慈愛)＜ja/ae＞ kasih sayang; cinta. ~깊은 penuh kasih sayang.

자약(自若)＜ja/yak＞ ~한 tenang; kalem. ~하게 dengan tenang; dengan kalem.

자양(滋養)＜ja/yang＞ gizi; nutrisi; zat makanan. ☞ 영양.

자업자득(自業自得)＜ja/eob/ja/deuk＞ konsekuensi alami dari perbuatan sendiri (karma).

자연(自然)＜ja/yeon＞ alam. ~의 alamiah; spontan. ~스러운 alami; asli; natural. ~히 secara alamiah; secara spontan. ~을 벗삼다 bersahabat dengan alam. ~에 어그러지다 bertentangan dengan alam. ~의 추세에 맡기다 membiarkan sesuatu terjadi secara alamiah. ~계 dunia alamiah. ~공원 cagar alam. ~과학 ilmu alam. ~도태[식품] seleksi [makanan] alamiah. ~미 kecantikan alamiah. ~발생[발화] kejadian [pembakaran] spontan. ~보호 pelestarian alam. ~색[요법] warna [perawatan] alami. ~자원[증가] sumberdaya [kenaikan] alami. ~현상 fenomena alam.

자연(紫煙)＜ja/yeon＞ asap tembakau.

자엽((子葉)＜ja/yeob＞ 『植』 daun benih; kotiledon.

자영(自營)＜ja/yeong＞ ~하다 berwiraswasta; berusaha sendiri. ~의 berdikari; independen. ~으로 atas usaha sendiri.

자오선(子午線)＜ja/o/seon＞ 『天』 garis bujur.

자외선(紫外線)＜ja/oe/seon＞ sinar ultraviolet/ultra ungu. ~요법 perawatan ultraviolet.

자우(慈雨)＜ja/u＞ hujan rahmat.

자욱하다＜ja/uk/hada＞ tebal (kabut).

자웅(雌雄)＜ja/ung＞ laki-laki dan perempuan; kelamin; (승패) kemenangan atau kekalahan. ~을 결하다 melawan dengan sekuat tenaga.

~을 다투다 bertanding mencari yang paling unggul.
자원(自願)＜ja/won＞　~하다 bersukarela.　~하여 dengan sukarela.　~자 sukarelawan.
자원(資源)＜ja/won＞ sumberdaya.　~이 풍부한 penuh sumberdaya.　~을 개발[보호]하다 menggali [melestarikan] sumberdaya.　~ 보호 pelestarian sumberdaya. 인력 ~ sumberdaya manusia. 지하[천연]~ sumberdaya bawah tanah [alam].
자원봉사자(自願奉仕者)＜ja/won/bong/sa/ja＞ pekerja sukarela.
자위＜ja/wi＞ ☞ 흰자위, 노른자위.
자위(自慰)＜ja/wi＞ ① penghiburan diri.　~하다 menghibur diri sendiri. ② merancap. ☞ 수음(手淫).
자위(自衛)＜ja/wi＞ pembelaan diri.　~하다 membela diri.　~권 hak bela diri.
자유(自由)＜ja/yu＞ kebebasan; kemerdekaan.　~의[로운] bebas; tidak terkekang; merdeka.　~로(이) dengan bebas.　~로운 몸이 되다 dibebaskan; dimerdekakan.　~결혼 perkawinan bebas.　~경쟁 persaingan bebas.　~경제 [무역, 시. 토론, 행동] ekonomi [perdagangan, puisi, diskusi, tindakan] bebas.　~ 노동자 buruh lepas.　~방임 aktifitas pribadi tanpa kontrol pemerintah.　~선택 pemilihan bebas.　~세계 dunia bebas.　~업(業) profesi yang tidak terikat.　~의사 keinginan bebas.　~인 manusia bebas.　~재량 keleluasaan.　~주의 faham liberal.　~ 주의자 orang yang liberal.　~ 중국 Cina Taiwan.　~항 pelabuhan bebas.　~형 renang gaya bebas.
자유왕래(自由往來)＜ja/yu/wang/rae＞ perjalanan bebas melewati perbatasan.
자유자재(自由自在)＜ja/yu/ja/jae＞　~한 bebas; tidak terkekang.　~로 dengan bebas.
자유화(自由化)＜ja/yu/hwa＞ liberalisasi.　~하다 meliberalkan.　~

조처 tindakan liberalisasi.
자율(自律)＜ja/yul＞ otonomi; pengawasan sendiri.　~적 otonom.　~신경 syaraf otonom.　~ 신경 실조증 ketidakseimbangan otonom.
자음(子音)＜ja/eum＞ huruf mati.
자의(字義)＜ja/eui＞ arti kata.　~대로 secara harfiah.
자의(自意)＜ja/eui＞ keinginan sendiri.
자의(恣意)＜ja/eui＞　~로 sesuai dengan keinginan.
자의식(自意識)＜ja/eui/sik＞ kesadaran diri.　~이 강한 kesadaran diri kuat.
자이로스코프＜ja/i/ro/seu/kho/feu＞ giroskop.
자이르＜ja/i/reu＞ Zaire.　~사람 orang Zaire.
자인(自認)＜ja/in＞　~하다 mengakui.
자인력(磁引力)＜ja/il/lyeok＞ 『理』 daya tarik magnet.
자일＜ja/il＞ tali untuk memanjat.
자임(自任)＜ja/im＞　~하다 menganggap diri (sebagai); menghayalkan diri (sebagai).
자자(藉藉)＜ja/ja＞　~하다 tersebar luas; dibicarakan orang. 명성이 ~하다 sangat terkenal.
자자손손(子子孫孫)＜ja/ja/son/son＞ keturunan.
자작(子爵)＜ja/jak＞ gelar kebangsawanan di Inggris (pria).　~부인 gelar kebangsawanan di Inggris (wanita).
자작(自作)＜ja/jak＞ karya sendiri.　~농 petani mandiri.　~시 sajak karangan sendiri.
자작(自酌)＜ja/jak＞　~하다 minum minuman keras dengan melayani sendiri.
자작나무＜ja/jak/na/mu＞ 『植』 sejenis pohon putih.
자잘하다＜ja/jal/hada＞ kecil.
자장(磁場)＜ja/jang＞ 『理』 medan magnet.
자장가(- 歌)＜ja/jang/ga＞ nina bobok; nyanyian penidur.

자장면<ja/jang/myeon> mi kuah kacang (ala cina).

자재(自在)<ja/jae> ~의 bebas; tidak terkekang. ~로 dengan bebas.

자재(資材)<ja/jae> bahan; materi. ~과(課) bagian pengadaan. 건축~ bahan bangunan.

자적(自適)<ja/jeok> ~하다 menjalani hidup yang tenang; hidup bebas dari perkara duniawi.

자전(字典)<ja/jeon> kamus.

자전(自轉)<ja/jeon> rotasi; perputaran. ~하다 berputar; berotasi.

자전거(自轉車)<ja/jeon/geo> sepeda; kereta angin. ~타기 bersepeda. ~를 타다 naik sepeda. ~로 가다 pergi dengan sepeda. ~경기 balap sepeda.

자정(子正)<ja/jeong> tengah malam.

자정향(紫丁香)<ja/jeong/hyang> 『植』 pohon kecil yang bunganya seperti bunga bungur.

자제(子弟)<ja/je> anak-anak.

자제(自制)<ja/je> pengendalian diri. ~하다 mengendalikan diri. ~력 daya pengendalian diri.

자제(自製)<ja/je> buatan sendiri.

자조(自助)<ja/jo> ~하다 berdikari. ~정신 semangat berdikari.

자조(自嘲)<ja/jo> pencemoohan diri. ~하다 mencemoohkan diri sendiri.

자족(自足)<ja/jok> swasembada. 경제 ~을 이루다 mencapai ekonomi mandiri; mencapai swasembada.

자존(自尊)<ja/jon> kehormatan diri.

자존심(自尊心)<ja/jon/sim> bangga diri. ~ 있는 punya harga diri. ~을 상하다 melukai harga diri.

자주(自主)<ja/ju> otonomi; independensi. ~적 independen; otonom. ~적으로 secara independen. ~국 negara yang berdaulat. ~국방 pertahanan nasional mandiri. ~ 독립 kemerdekaan.

자주(紫朱), 자줏빛(紫朱 -)<ja/ju, ja/ju/pit> merah jingga.

자주<ja/ju> sering; kerap; acap; berulangkali. ~오다 [가다] datang [pergi] berulangkali.

자중(自重)<ja/jung> ~하다 menghargai diri sendiri.

자중지난(自中之亂)<ja/jung/ji/nan> perang saudara.

자지<ja/ji> zakar; kontol; kemaluan laki-laki; ciceh.

자진(自進)<ja/jin> ~하여 secara sukarela.

자질(資質)<ja/jil> pembawaan; kecakapan; kemampuan. 공무원의 ~을 향상시키다 meningkatkan kemampuan pegawai negeri.

자질구레하다<ja/jil/gu/re/hada> kecil merata.

자찬(自讚)<ja/chan> pengaguman diri sendiri. ~하다 mengagumi diri sendiri.

자책(自責)<ja/chaek> penyalahan diri; penyesalan diri. ~하다 menyalahkan diri sendiri; menyesali diri. ~감(感) perasaan berdosa; perasaan bersalah. ~감을 느끼다 merasa bersalah.

자처(自處)<ja/cheo> ① ☞ 자살(自殺). ② ~하다 menganggap diri (sebagai); berlagak (seperti).

자천(自薦)<ja/cheon> ~하다 memuji diri sendiri; mengajukan diri sendiri.

자철(磁鐵)<ja/cheol> besi sembrani; magnet.

자청(自請)<ja/cheong> ~하다 bersukarela. ~해서 힘든 일을 맡다 mengerjakan tugas yang sukar dengan sukarela.

자체(字體)<ja/che> bentuk huruf/karakter.

자체(自體)<ja/che> diri sendiri; sendiri. ~ 감사 penilikan sendiri. ~사업 usaha pribadi. ~조사 penyelidikan sendiri.

자초지종(自初至終)<ja/cho/ji/jong> rincian; cerita secara rinci.

자촉반응(自觸反應)<ja/chok/ban/eung> 『化』 katalisis sendiri.

자축(自祝)＜ja/chuk＞　～하다 merayakan sendiri.

자취＜ja/chwi＞ bekas; tanda; runut; jejak. 진보의 ～ tanda-tanda kemajuan. ～를 남기다 meninggalkan jejak. ～를 감추다 menutupi jejak; menghilangkan jejak.

자취(自取)＜ja/chwi＞ ～하다 mengundang sendiri (bahaya).

자취(自炊)＜ja/chwi＞ ～하다 masak sendiri.

자치(自治)＜ja/chi＞ otonomi; pemerintahan sendiri. ～하다 memerintah sendiri. ～의 swatantra; otonom. ～권 hak otonom; otonomi. ～(단)체 badan otonom. ～령 dominion. ～회 senat (mahasiswa).

자치기＜ja/chi/gi＞ main gatrik.

자친(慈親)＜ja/chin＞ ibu.

자침(磁針)＜ja/chim＞ jarum magnet. ～ 검파기 pendeteksi magnet.

자칭(自稱)＜ja/ching＞ berlagak sendiri. ～하다 menganggap diri sebagai; berlagak (seperti). ～시인 berlagak penyair.

자크＜ja/kheu＞ ☞ 지퍼.

자켓＜ja/khet＞ ☞ 재킷.

자타(自他)＜ja/tha＞ diri sendiri dan orang lain. ～가 모두 baik diri sendiri maupun orang lain. ～가 모두 인정하다 diterima secara umum.

자탄(自嘆)＜ja/than＞ ～하다 menyesali diri. 신세를 ～하다 menyesali nasib.

자태(姿態)＜ja/thae＞ potongan badan. 요염한 ～ potongan badan yang mempesona.

자택(自宅)＜ja/thaek＞ rumah sendiri. ～에 있다 [없다] ada [tidak ada] di rumah. ～요법(療法) pengobatan rumah.

자토(磁土)＜ja/tho＞ tanah liat untuk porselin; kaolin.

자퇴(自退)＜ja/thoe＞ ～하다 meletakkan jabatan secara sukarela; meninggalkan bangku sekolah dengan sengaja.

자투리＜ja/thu/ri＞ sisa kain; perca.

자파(自派)＜ja/fa＞ partai sendiri; aliran sendiri.

자판(自判)＜ja/fan＞ 『法』 keputusan pribadi.

자포자기(自暴自棄)＜ja/fo/ja/gi＞ keputusasaan. ～하다 berputus asa. ～가 되어 karena putus asa.

자폭(自爆)＜ja/fok＞ ～하다 meledakkan dengan diri sendiri.

자필(自筆)＜ja/fil＞ tulisan tangan sendiri. ～의 ditulis sendiri. ～로 dengan tulisan sendiri. ～ 이력서 riwayat hidup yang ditulis sendiri.

자학(自虐)＜ja/hak＞ penyiksaan diri. ～하다 menyiksa diri sendiri. ～행위 kekejaman terhadap diri sendiri.

자해(自害)＜ja/hae＞ ① ☞ 자살. ② ～하다 menyakiti diri sendiri.

자행(恣行)＜ja/haeng＞ ～하다 bertindak sesuka hatinya; bertindak semaunya.

자형(姉兄)＜ja/hyeong＞ ☞ 매형(妹兄).

자혜(慈惠)＜ja/hye＞ amal; derma. ～병원 rumah sakit amal.

자화(磁化)＜ja/hwa＞ 『理』 magnetisasi. ～하다 memagnetkan.

자화상(自畵像)＜ja/hwa/sang＞ potret diri.

자화수정(自花受精)＜ja/hwa/su/jeong＞ 『植』 pembuahan sendiri.

자화자찬(自畵自讚)＜ja/hwa/ja/chan＞ pemujian diri sendiri. ～하다 memuji diri sendiri.

자활(自活)＜ja/hwal＞ berdikari; mandiri. ～하다 berdiri sendiri; hidup berdikari.

자획(字畵)＜ja/hoek＞ sapuan dalam tulisan Cina.

작(勺)＜jak＞ satu *jag* (＝0,038 US pint).

작(作)＜jak＞ produksi; hasil kerja. ☞ 작품.

작가(作家)＜jak/ga＞ penulis; pengarang; seniman.

작고(作故)＜jak/go＞ ～하다 mati; meninggal dunia. ～한 almarhum.

작곡(作曲)＜jak/gok＞ gubahan musik. ~하다 mengubah lagu. ~가[자] pengarang lagu; penggubah; komponis.

작금(昨今)<jak/geum> baru-baru ini; belum lama ini. ~의 baru; belakangan.

작년(昨年)<jak/nyeon> tahun lalu. ~봄 musim semi lalu. ~오늘 hari ini pada tahun yang lalu.

작다<jak/ta> kecil; mungil.

작다리<jak/da/ri> orang yang berperawakan pendek.

작달막하다<jak/tal/mak/hada> agak pendek.

작당(作黨)<jak/dang> ~하다 membentuk komplotan/kelompok. ~하여 dalam satu grup/kelompok.

작대기<jak/dae/gi> tiang; tongkat.

작도(作圖)<jak/do> rancangan konstruksi. ~하다 menggambar; merancang.

작동(作動)<jak/tong> ~하다 menjalankan; mengoperasikan.

작두(斫 -)<jak/du> pemotong iris.

작량(酌量)<jang/nyang> ☞ 참작(參酌).

작렬(炸裂)<jang/yeol> ledakan. ~하다 meledak.

작명(作名)<jang/myeong> ~하다 menamai.

작문(作文)<jang/mun> karangan; komposisi. ~을 짓다 menulis karangan; mengarang. 영[자유] ~ karangan bahasa Inggris [bebas].

작물(作物)<jang/mul> hasil pertanian.

작배(作配)<jak/bae> ~하다 menjodohkan.

작법(作法)<jak/peob> cara menanam.

작벼리<jak/byeo/ri> pasir kerikil.

작별(作別)<jak/byeol> perpisahan; pamitan; mohon diri. ~의 (인사)말 ucapan perpisahan; kata perpisahan. ~인사를 하다 mengucapkan selamat tinggal/selamat jalan; berpamitan. ~을 고하다 mengucapkan selamat berpisah.

작보(昨報)<jak/bo> ~한 바와 같이 seperti yang dilaporkan kemaren.

작부(酌婦)<jak/bu> pelayan bar wanita.

작부면적(作付面積)<jak/bu/myeon/jeok> area yang ditanami.

작사(作詞)<jak/sa> K씨 ~ L씨 작곡 lirik oleh K dan musik oleh L.

작살<jak/sal> tombak; seruit; sanggamara; tikpi; kuju.

작성(作成)<jak/seong> penyusunan. ~하다 menyusun.

작시(作詩)<jak/si> ~하다 menulis/mengarang syair (sajak). ~법 seni penggubahan syair.

작심(作心)<jak/sim> ~하다 memutuskan; menentukan; menetapkan. ~삼일 keputusan yang bertahan 3 hari.

작야(昨夜)<jak/ya> tadi malam.

작약(芍藥)<jak/yak> 『植』 pohon peoni.

작약(雀躍)<jak/yak> ~하다 menari-nari kegirangan; melompat-lompat kegirangan.

작업(作業)<jak/eob> kerja; pekerjaan. ~하다 bekerja. ~중(에) waktu kerja. ~능률 efisiensi kerja. ~량 volume kerja. ~복 pakaian kerja. ~시간 jam kerja. ~장 tempat kerja. 공동 ~ pekerjaan yang dilakukan bersama-sama.

작열(灼熱)<jak/yeol> panas yang membara/marak. ~하는 memarak.

작용(作用)<jak/yong> daya; fungsi; faal; aksi. ~하다 beraksi; beroperasi; bekerja. 산(酸)의 ~ aksi asam. 심장의 ~ fungsi jantung. 심리 ~ proses mental. 화학 ~ aksi kimia.

작은곰자리<jak/eun/gom/ja/ri> 『天』 Beruang Kecil.

작은아버지<jak/eun/a/beo/ji> paman; om.

작은어머니<jak/eun/eo/meo/ni> bibi; tante.

작은집<jak/eun/jib> ① (분가) keluarga cabang. ② ☞ 적은집.

작자(作者)<jak/ja> ① (저작자) penulis; pengarang. ② (살 사람) pembeli. ~가 없다 tidak ada pembeli.

작작<jak/jak> tidak terlalu banyak; cukupan saja. 농담좀 ~ 해라 Jangan bercanda keterlaluan.

작전(作戰)<jak/jeon> operasi militer; strategi; tak-tik. ~을 짜다 menguraikan rencana operasi. ~ 계획 rencana operasi. 공동 ~ operasi yang direncanakan bersama.

작정(作定)<jak/jeong> (결정.결심) keputusan; ketetapan; (의향) maksud; rencana; (목적) tujuan; (예기) harapan. ~하다 memutuskan; merencanakan; menetapkan; menentukan. ...할 ~으로 dengan maksud untuk...; dengan harapan...

작주(昨週)<jak/ju> minggu lalu.

작폐(作弊)<jak/fye> ~하다 membuat keributan.

작품(作品)<jak/fum> komposisi; gubahan; karangan; karya; ciptaan.

작풍(作風)<jak/fung> gaya penulisan.

작황(作況)<jak/hwang> hasil panen.

잔(盞)<jan> gelas; cangkir; piala. 포도주 한 ~ segelas anggur. ~을 돌리다 mengedarkan cangkir (anggur).

잔걸음<jan/geo/reum> ~치다 mondar-mandir.

잔고(殘高)<jan/go> saldo; sisa. ~표 lembaran saldo. 이월 ~ saldo yang dipindahkan (ke bulan berikutnya).

잔교(殘僑)<jan/gyo> dermaga. ☞ 선창(船艙)

잔글씨<jan/geul/ssi> huruf yang kecil. ~로 쓰다 menulis dengan huruf yang kecil-kecil.

잔금<jan/geum> kerut yang halus/kecil; garis-garis kecil.

잔금(殘金)<jan/geum> uang sisa/ saldo.

잔기(殘期)<jan/gi> waktu yang tersisa.

잔기침<jan/gi/chim> batuk-batuk kecil.

잔당(殘黨)<jan/dang> sisa gerombolan.

잔돈<jan/don> uang kembalian; uang kecil; uang receh; uang pecah. ~으로 바꾸다 menukarkan ke dalam uang kecil.

잔돈푼<jan/don/fun> ① (소소하게 쓰이는) uang saku. ② (소액) sejumlah kecil uang.

잔돌<jan/dol> batu kerikil; koral.

잔디<jan/di> lapangan rumput. ~ 깎는 기계 mesin pemotong rumput. ~밭 halaman berumput.

잔뜩<jan/teuk> ① sepenuhnya; sekenyangnya; sepuasnya. ~먹다[마시다] makan sekenyangnya [minum sepuasnya]. 빚을 ~지다 berhutang banyak sekali. ② sangat; dengan kuat; dengan teguh. ~ 찌푸린 날씨 langit yang sangat mendung. ...을 ~믿다 percaya dengan teguh bahwa...

잔루(殘壘)<ja/nu> 『野』 pelari yang tinggal di bidai. ~하다 tertinggal di bidai.

잔류(殘留)<jan/nyu> ~하다 tertinggal; tersisa. ~물 sisa; ampas.

잔말<jan/mal> keluhan. ~하다 mengeluh.

잔명(殘命)<jan/myeong> sisa hidup.

잔무(殘務)<jan/mu> tunggakan/sisa pekerjaan. ~를 정리하다 menyelesaikan permasalahan/urusan.

잔물결<jan/mul/gyeol> riak. ~이 일다 beriak.

잔병(- 病)<jan/byeong> sakit ringan. ~치레 sering mendapatkan penyakit. ~이 잦다 sakit-sakitan.

잔상(殘像)<jan/sang> bayang-bayang sisa.

잔서(殘署)<jan/seo> panas musim panas yang masih terasa.

잔설(殘雪)<jan/seol> salju yang tersisa.

잔소리＜jan/so/ri＞ ① ☞ 잔말. ② damprat; omelan; hardikan. ～하다 mengomel; memarahi; mendamprat. ～를 듣다 didamprat; diomeli; dihardik.

잔손＜jan/son＞ kerja rinci; penanganan rinci. ～이 많이 가다 memerlukan penanganan yang terperinci. ～이 많이 가는 pekerjaan yang rumit.

잔술집(盞 -)＜jan/sul/jib＞ rumah minum (yang menjual minuman per gelas).

잔심부름＜jan/sim/bu/reum＞ suruhan yang kecil-kecil.

잔악(殘惡)＜jan/ak＞ ～한 kejam; buas.

잔액(殘額)＜jan/aek＞ uang saldo/sisa.

잔약(孱弱)＜jan/yak＞ ～한 rapuh (kesehatan).

잔업(殘業)＜jan/eob＞ kerja lembur. ～하다 bekerja lembur. ～수당 upah kerja lembur.

잔여(殘餘)＜jan/yeo＞ sisa; yang tertinggal. ～의 sisa; bekas.

잔월(殘月)＜jan/wol＞ bulan waktu pagi; bulan sabit.

잔인(殘忍)＜jan/in＞ ～한 kejam; lalim; sadis; berdarah dingin; bengis. ～무도 kekejaman; kebengisan; kesadisan.

잔잔하다＜jan/jan/hada＞ tenang; reda.

잔재(殘滓)＜jan/jae＞ sisa-sisa. 봉건주의의 ～ sisa-sisa feodalisme.

잔재미＜jan/jae/mi＞ ～있는 사람 orang yang disenangi kehadirannya. ～를 보다 mendapat keuntungan yang lumayan.

잔재주＜jan/jae/ju＞ taktik; tipuan kecil. ～부리다 menggunakan cara/taktik; memainkan tipuan kecil.

잔적(殘敵)＜jan/jeok＞ sisa-sisa musuh. ～을 소탕하다 menyapu bersih sisa-sisa musuh.

잔존(殘存)＜jan/jon＞ ～하다 bertahan hidup.

잔주름＜jan/ju/reum＞ garis-garis halus; kerutan halus.

잔챙이＜jan/chaeng/i＞ tangkapan yang kecil; ikan kecil.

잔치＜jan/chi＞ pesta. ～를 베풀다 mengadakan pesta.

잔칼질하다＜jan/khal/jil/hada＞ mencincang.

잔품(殘品)＜jan/fum＞ barang yang sisa; restan. ～정리 penjualan restan.

잔학(殘虐)＜jan/hak＞ ～한 kejam; buas; bengis.

잔해(殘骸)＜jan/hae＞ sisa-sisa; reruntuhan.

잔혹(殘酷)＜jan/hok＞ ☞ 잔인(殘忍).

잘＜jal＞ (모피) rase.

잘＜jal＞ secara keseluruhan; secara memuaskan; dengan baik; dengan cermat; dengan seksama; dengan benar; sering kali; biasanya. ～떠드는 사람 orang yang suka bicara/cerewet. ～되다 berjalan dengan baik. ～안 되다 tidak berjalan dengan baik; menjadi gagal. …을 ～하다 terampil dalam… . 아무에게 ～해주다 baik kepada. ～모르다 tidak mengetahui dengan baik. ～듣다 mendengar dengan seksama. ～살다 hidup berkecukupan. ～생각하다 mempertimbangkan dengan baik. ～보다 melihat dengan cermat. ～맞다 cocok.

잘강잘강＜jal/gang/jal/gang＞ ～씹다 mengunyah.

잘그랑＜jal/geu/rang＞ dengan dentingan.

잘나다＜jal/na/da＞ ① (사람됨이) terpandang; terkemuka. ② (잘생김) ganteng; tampan.

잘다＜jal/da＞ ① (크기가) kecil; mungil (tentang ukuran). ② (인품이) rewel dan kikir.

잘라먹다＜jal/la/meok/ta＞ ① (음식을) memotong dan memakan. ② (갚을 것을) mengemplang (hutang).

잘록하다＜jal/lok/hada＞ ramping (pinggang).

잘리다＜jal/li/da＞ ① (절단) dipotong; diputuskan. ② (떼어먹히다) dikemplang (hutang).

잘못＜jal/mot＞ ① kesalahan; kekeliruan; dosa. ～하다 berbuat kesalahan. 큰 ～ kesalahan besar. 문법상의 ～ kesalahan tata bahasa. 판단을 ～하다 salah mempertimbangkan. ～을 인정하다 mengakui kesalahan. ② oleh karena kesalahan. ～보다 salah mengenali. ～알다 salah mengerti.

잘생기다＜jal/saeng/gi/da＞ ganteng; tampan.

잘잘＜jal/jal＞ ① dengan tergopohgopoh. ～ 거리다, ～ 쏘다니다 berkeliling dengan tergopoh-gopoh. ② menggelegak. 방바닥이 ～끓다 lantainya dialiri pipa panas/pemanas. ③ menyeret. 치맛 자락을 ～끌다 berjalan dengan rok menyeret.

잘잘못＜jal/jal/mot＞ benar dan salah. ～을 가리다 membedakan antara yang benar dan yang salah.

잘하다＜jal/hada＞ ahli (dalam); mahir (dalam). 말을 ～ pembicara yang baik. 영어를 ～ mahir dalam bahasa Inggris.

잠＜jam＞ tidur. ～을 못 이루다 tidak bisa tidur. ～을 험하게자다 mempunyai kebiasaan tidur yang tidak teratur. ～이 쉽게 들다 gampang tidur. ～에 취해 있다 setengah tidur. ～을 설치다 tidak nyenyak tidur.

잠결＜jam/gyeol＞ ～에 ketika tidur; dalam tidur. ～에 듣다 mendengar dalam tidur.

잠귀＜jam/gwi＞ ～밝다 mudah terbangun. ～가 어둡다 susah dibangunkan; penidur lelap.

잠그다＜jam/geu/da＞ mengunci; mengencangkan. 문을 ～ mengunci pintu. 수도(꼭지)를 ～ mengencangkan kran.

잠그다＜jam/geu/da＞ (물에) merendam; membasahi.

잠기다＜jam/gi/da＞ ① (물 따위에) dibasahi; direndam. ② (골똘)

tenggelam. 생각에 ～ tenggelam dalam pikiran. 비탄에 ～ tenggelam dalam kedukaan. ③ (빠짐) tenggelam. 술에 ～ tenggelam dalam minuman.

잠기다＜jam/gi/da＞ ① (자물쇠 등이) dikunci; terkunci. ② (목이) menjadi serak.

잠깐＜jam/kan＞ sebentar; sejenak; sejurus. ～ 있으면 sebentar saja. ～ 기다리시오 Tunggu sebentar.

잠꼬대＜jam/ko/dae＞ igauan. ～하다 mengigau; meracau; mengelindur.

잠꾸러기＜jam/ku/reo/gi＞ orang yang bangun kesiangan; penidur; tukang tidur.

잠들다＜jam/deul/da＞ tertidur. 깊이 ～ tertidur nyenyak.

잠망경(潛望鏡)＜jam/mang/gyeong＞ periskop.

잠바＜jam/ba＞ jaket; baju sweater.

잠복(潛伏)＜jam/bok＞ penyembunyian diri. ～하다 menyembunyikan diri; mengumpet; dorman. 기 ～ masa inkubasi.

잠사(蠶絲)＜jamsa＞ benang sutera. ～업 usaha pemintalan sutera.

잠상(潛商)＜jam/sang＞ penyelundup; pedagang gelap.

잠세력(潛勢力)＜jam/se/ryeok＞ tenaga potensial.

잠수(潛水)＜jam/su＞ penyelaman. ～하다 menyelam. ～모함 induk kapal selam. ～병 penyakit menyelam. ～복 pakaian menyelam. ～부 penyelam. ～함 kapal selam.

잠시(暫時)＜jam/si＞ sebentar; sementara; beberapa lama. ～동안 untuk sementara; sebentar saja. ～후에 segera setelah itu.

잠식(蠶食)＜jam/sik＞ ～하다 menggerogoti.

잠업(蠶業)＜jam/eob＞ budidaya ulat sutera.

잠열(潛熱)＜jam/yeol＞ panas laten.

잠입(潛入)＜jam/ib＞ ～하다 menyelinap; menyelusup; menyelundup.

잠자다＜jam/ja/da＞ tidur; tertidur. ☞ 자다.

잠자리＜jam/ja/ri＞ 『蟲』 capung; si-patung; sibur-sibur. 고추 ~ ca-pung merah.

잠자리＜jam/ja/ri＞ ① tempat ti-dur. ~에 들다 masuk ke pera-duan; naik ke tempat tidur. ~를 보다 mempersiapkan tempat tidur. ② tidur bersama; seketiduran. ~하다 berseketiduran. ~를 같이 하다 tidur (dengan).

잠자코＜jam/ja/kho＞ tanpa sepatah katapun; dengan diam. ~ 있다 berdiam diri.

잠잠하다(潛潛-)＜jam/jam/hada＞ he-ning; senyap; tenang.

잠재(潛在)＜jam/jae＞ ~하다 ter-sembunyi; dorman; potensial. ~세력 tenaga yang tersembunyi. ~실업자 pengangguran tak kentara. ~의식 bawah sadar.

잠정(暫定)＜jam/jeong＞ ~ 적인[으로] (untuk) sementara waktu. ~예산 anggaran sementara. ~조치 tindakan sementara.

잠투세하다＜jam/thu/se/hada＞ me-rengek sebelum tidur.

잠투정하다＜jam/thu/jeong/hada＞ ☞ 잠투세하다.

잠항(潛抗)＜jam/hang＞ pelayaran di dasar laut. ~하다 menjelajahi da-sar laut. ~정(艇) kapal selam.

잠행(潛行)＜jam/haeng＞ ~하다 mengadakan perjalanan secara sem-bunyi-sembunyi.

잡가(雜歌)＜jab/ga＞ nyanyian yang populer; lagu pop.

잡거(雜居)＜jab/geo＞ ~하다 ting-gal bersama.

잡것(雜 -)＜jab/geot＞ (물건) aneka barang; barang-barang remeh; (사람) orang yang hina.

잡곡(雜穀)＜jab/gok＞ biji-bijian; serelia. ~밥 nasi campur biji-bijian. ~상(商) penjual bijian.

잡귀(雜鬼)＜jab/gwi＞ roh-roh jahat.

잡기(雜技)＜jab/gi＞ aneka permain-an judi.

잡기(雜記)＜jab/gi＞ catatan yang serbaneka. ~장 buku catatan.

잡년(雜 -)＜jab/yeon＞ wanita cabul.

잡념(雜念)＜jab/yeom＞ pikiran-pi-kiran keduniawian.

잡놈(雜 -)＜jab/nom＞ laki-laki ca-bul.

잡다＜jab/ta＞ ① memegang; men-cengkam; menggenggam. 손목을 ~ mecengkam pergelangan. ② menangkap; menawan; meringkus. 도둑을 ~ menangkap pencuri. ③ mendapat; menangkap. 고기[쥐]를 ~ menangkap ikan [tikus]. 많이 ~ mendapat tangkapan yang ba-nyak. ④ memegang; meraih. 권력을 ~ memegang kekuasaan. 기회를 ~ meraih kesempatan. ⑤ (증거를) mendapat bukti. ⑥ (담보로) mengambil (sebagai jaminan). ⑦ menilai; menaksir. 대충 ~ menilai secara kasar. ⑧ mendu-duki; menempati. 장소를 ~ me-nempati ruang. ⑨ (정하다) me-netapkan; menentukan; memutus-kan; memilih. 날을 ~ menentu-kan tanggal. 방향을 ~ menentu-kan arah. ⑩ memerlukan; mem-butuhkan. 시간을 ~ memerlukan waktu. ⑪ membunuh; menyem-belih. 돼지를 ~ menyembelih ba-bi. ⑫ (모해) memasang perang-kap; menjebak. ⑬ (불을) mema-damkan (kebakaran). ⑭ (주름 따위) melipat; membuat lipatan. ⑮ (마음을) menahan diri. ⑯ men-cari-cari. 탈을 ~ mencari-cari ke-salahan.

잡다(雜多)＜jab/ta＞ ~한 berma-cam-macam.

잡담(雜談)＜jab/tam＞ omong-omo-ng; obrolan. ~하다 mengobrol.

잡도리하다＜jab/do/ri/hada＞ meng-awasi dengan ketat.

잡동사니＜jab/dong/sa/ni＞ campur-an; rampai.

잡되다(雜 -)＜jab/doe/da＞ hina; rendah; kotor.

잡록(雜錄)＜jam/nok＞ catatan ser-

baneka; catatan rupa-rupa.
잡맛(雜 -)＜jab/mat＞ cita rasa yang bukan alami.
잡목(雜木)＜jab/mok＞ belukar. ~숲 hutan belukar.
잡무(雜務)＜jab/mu＞ urusan yang beraneka ragam. ~에 쫓기다 sibuk dengan segala urusan.
잡문(雜文)＜jab/mun＞ varia; puspa ragam; kumpulan berbagai tulisan. ~가 penulis serba bisa; penulis puspa ragam.
잡물(雜物)＜jab/mul＞ serba-serbi.
잡배(雜輩)＜jab/bae＞ orang kelas teri.
잡병(雜病)＜jab/byeong＞ berbagai penyakit ringan.
잡보(雜報)＜jab/bo＞ aneka berita.
잡부금(雜賦金)＜jab/bu/geum＞ biaya yang kecil-kecil. ~을 거두다 mengumpulkan biaya yang kecil-kecil.
잡비(雜費)＜jab/bi＞ pengeluaran lain-lain. ~계정 rekening pengeluaran lain-lain.
잡살뱅이＜jab/sal/baeng/i＞ barang rombengan.
잡상인(雜商人)＜jab/sang/in＞ pedagang kelontong; pedagang aneka barang.
잡색(雜色)＜jab/saek＞ warna campuran.
잡소리(雜 -)＜jab/so/ri＞ pembicaraan yang tidak berguna.
잡수다, 잡숫다＜jab/su/da, jab/sut/ta＞ ☞ 먹다.
잡수입(雜收入)＜jab/su/ib＞ penghasilan dari berbagai sumber; pendapatan kecil-kecilan.
잡스럽다(雜 -)＜jab/seu/reob/ta＞ ☞ 잡되다.
잡식성(雜食性)＜jab/sik/seong＞ 『動』 pemakan segala-galanya.
잡신(雜神)＜jab/sin＞ roh-roh jahat.
잡아가다＜jab/a/ga/da＞ menyerahkan (seseorang ke kantor polisi).
잡아내다＜jab/a/nae/da＞ ① ☞ 꺼내다. ② (잘못을) mencari kesalahan.

잡아당기다＜jab/a/dang/gi/da＞ (끌다) menarik; (팽팽하게) merentang. 귀를 ~ menarik telinga. 홱 ~ menyentak.
잡아들이다＜jab/a/deul/i/da＞ menangkap (penjahat).
잡아떼다＜jab/a/te/da＞ ① (손으로) memisahkan; menarik terpisah. ② (부인) menyangkal mentah-mentah.
잡아매다＜jab/a/mae/da＞ mengikat.
잡아먹다＜jab/a/meok/ta＞ ① (먹다) menyembelih; (짐승이) memangsa. ② (괴롭히다) menyiksa.
잡역(雜役)＜ja/byeok＞ pekerjaan tidak tetap. ~부(夫) pekerja tidak tetap; buruh. ~부(婦) pembantu.
잡음(雜音)＜jab/eum＞ ① (라디오) bising. ② (방해) suara yang mengganggu.
잡인(雜人)＜jab/in＞ orang luar.
잡일(雜一)＜jab/il＞ masalah/hal-hal yang kecil-kecil. ☞ 잡무(雜務).
잡종(雜種)＜jab/cong＞ turunan silang; peranakan.
잡죄다＜jab/joe/da＞ ① ☞ 잡도리하다. ② (죄치다) menekan; mendorong; mempergesakan.
잡지(雜誌)＜jab/ci＞ majalah. ~를 보다 melihat-lihat majalah. ~에 기고하다 menyumbangkan artikel di majalah. ~월간 [계간] majalah bulanan [tiga bulanan]. 종합 ~ majalah umum.
잡지출(雜支出)＜jab/ji/chul＞ pengeluaran lain-lain.
잡채(雜菜)＜jab/chae＞ capcai.
잡초(雜草)＜jab/cho＞ rumput; gulma. ~를 뽑다 mencabut rumput; menyiangi rumput.
잡치다＜jab/chi/da＞ gagal; jatuh; kalah.
잡화(雜貨)＜ja/phwa＞ aneka barang. ~상 pedagang aneka barang. ~점 toko rupa-rupa; toko aneka.
잡히다＜ja/fi/da＞ ① diambil; dipegang; ditangkap; dicengkeram. 경찰에 ~ ditangkap oleh polisi. ② bentuk. 모양이 ~ mengambil

bentuk. ③ (불이) dipadamkan. ④ menjaminkan; menggadaikan. 토지를 ~ menggadaikan tanah; memborohkan tanah. ⑤ 균형이 ~ seimbang; cocok. 트집 ~ dicari-cari kesalahan. 주름이 ~ dilipat-lipat; dikerutkan.

잣 <jat> biji cemara. ~나무 pohon cemara. ~죽 bubur biji cemara.

잣다 <jat/ta> ① (물을) memompa; mengisap. ② memintal. 솜에서 실을 ~ memintal benang dari kapas.

잣송이 <jat/song/i> buah cemara.

장(長) <jang> ① (우두머리) kepala; pemimpin; ketua. ② ☞ 장처, 장점. 일 ~일단이 있다 memiliki kemanfaatan maupun kemudaratan.

장(章) <jang> babak; era; pasal. 새로운 ~ era baru; zaman baru. 새로운 ~을 열다 membuka era baru.

장(場) <jang> (시장) pasar; pekan. 대목 ~ pasar waktu malam lebaran. ~거리 tempat jual beli; pasar. ~날 hari pekan. ~보다 berbelanja. ~보러 가다 pergi belanja.

장(場) <jang> (장소) tempat; lokasi.

장(腸) <jang> usus; perut. ~이 나쁘다 mengalami gangguan usus. ~ 결석 penyakit batu usus. ~ 궤양 borok usus.

장(醬) <jang> (간장) kecap asin.

장(欌) <jang> lemari pakaian.

장(丈) <jang> ① (척도) 10 *jang* (= 9,904 kaki). ② (경칭) orang yang dihormati.

장(張) <jang> selembar; sehelai. 종이 한 ~ selembar kertas.

장가 <jang/ga> perkawinan sunting. ~ 가다[들다] mempersunting. ~ 들이다 mengawinkan anaknya (kepada seorang wanita).

장갑(掌甲) <jang/gab> sarung tangan.

장갑(裝甲) <jang/gab> ~부대 sa-

tuan lapis baja.

장거리(長距離) <jang/geo/ri> jarak jauh. ~경주 [선수] perlombaan lari [pelari] jarak jauh. ~버스 bis jarak jauh. ~비행 penerbangan jarak jauh. ~전화 telepon jarak jauh. ~포 [탄도탄, 폭격기] senapan [rudal, pembom] jarak jauh.

장검(長劍) <jang/geom> pedang panjang.

장골(壯骨) <jang/gol> badan kekar.

장과(漿果) <jang/gwa> 『植』 strawberi.

장관(壯觀) <jang/gwan> pemandangan yang bagus sekali.

장관(長官) <jang/gwan> menteri. 문교부 ~ Menteri Pendidikan. 지방 ~ gubernur.

장광설(長廣舌) <jang/gwang/seol> pidato yang panjang.

장교(將校) <jang/gyo> perwira. 육군 [해군] ~ perwira angkatan darat [angkatan laut].

장구 <jang/gu> *janggu* (sejenis gendang Korea). ~채 tongkat pemukul gendang.

장구(長久) <jang/gu> kekekalan. ~한 kekal. ~한 실일을 요하다 membutuhkan jangka waktu yang lama.

장구(裝具) <jang/gu> perlengkapan.

장구대가리, 장구머리 <cang/gu/dae/ga/ri, cang/gu/meo/ri> kepala menonjol/benjol.

장구벌레 <jang/gu/beol/le> jentik-jentik nyamuk.

장국(醬 -) <jang/guk> sup yang dibumbui kecap. ~밥 nasi dengan sup daging sapi.

장군(將軍) <jang/gun> jendral.

장군풀 <jang/gun/ful> 『植』 tanaman semacam kelembak.

장금(場 -) <jang/geum> harga pasar.

장기(長技) <jang/ki> keahlian seseorang. ...을 ~로 하다 ahli/mahir (dalam)...

장기(長期) <jang/gi> jangka waktu yang panjang. ~의 jangka panjang. ~계획 [예보] rencana [ramalan] jangka panjang. ~근속 dinas lama. ~대부 [거래] pinjaman [transaksi] jangka panjang. ~신용 kredit jangka panjang. ~신용은행 bank kredit jangka panjang. ~전 perang berkepanjangan. ~흥행 pertunjukan jangka panjang.

장기(將棋)＜jang/gi＞ catur. ~를 두다 main catur. ~짝 rekan main catur. ~판 papan catur.

장꾼(場 -)＜jang/kun＞ para penjual dan pembeli.

장끼＜jang/ki＞ ayam pegar.

장난＜jang/nan＞ permainan; olok-olok; lawakan. ~하다 bermain; mengolok-olok; mempermainkan. ~으로 untuk senang-senang. ~꾸러기, ~꾼 orang yang suka mengolok-olok.

장난감＜jang/nan/kam＞ mainan.

장남(長男)＜jang/nam＞ putra sulung.

장내(場內)＜jang/nae＞ ~에서 di dalam ruang (sidang).

장녀(長女)＜jang/nyeo＞ putri sulung.

장년(壯年)＜jang/nyeon＞ usia matang. ~이 되다 mencapai usia matang.

장뇌(樟腦)＜jang/noe＞ kapur barus. ~유(油) minyak kapur barus.

장님＜jang/nim＞ orang buta; buta. 눈뜬 ~ orang yang buta huruf/tuna aksara. ~이 되다 menjadi buta.

장다리＜jang/da/ri＞ tangkai bunga (lobak, selada). ~가 나다 menjadi biji.

장단(長短)＜jang/dan＞ ① (길이의) panjang relatif; (장점 단점) manfaat dan mudarat. ② tempo; ritme. ~을 맞추다 membuat tempo. 손~을 치다 membuat tempo dengan pukulan tangan.

장담(壯談)＜jang/dam＞ penjaminan. ~하다 menjamin; meyakinkan.

장대(長 -)＜jang/tae＞ galah; tiang. ~ 높이뛰기 loncat galah.

장대(壯大)＜jang/dae＞ ~하다 be-

sar dan kekar. 기골이 ~ 한 사람 orang yang kuat dan tegap.

장도(壯途)＜jang/do＞ kepergian yang gagah berani. ~에 오르다 berangkat dengan gagah berani.

장도(壯圖)＜jang/do＞ percobaan yang gagah berani.

장도(長途)＜jang/do＞ jarak jauh.

장도(粧刀)＜jang/do＞ pisau berukir.

장도리＜jang/do/ri＞ palu; (노루발) kuku kambing. ~로 치다 memalu; memukul dengan palu. ~로 못을 박다 memaku dengan palu. ~로 못을 뽑다 mencabut paku dengan palu bercagak.

장독대(醬-臺)＜jang/tok/dae＞ tempat pajangan guci.

장돌림(場 -)＜jang/dol/lim＞ pedagang keliling.

장딴지＜jang/tan/ji＞ betis.

장래(將來)＜jang/nae＞ masa depan; belakang hari; hari depan. 가까운 [먼] ~에 dalam waktu dekat [jauh]. ~가 있는 masa depan yang cerah. ~를 생각 [예언] 하다 melihat [meramalkan] masa depan. ~ 성 kemungkinan-kemungkinan; prospek.

장려(壯麗)＜jang/nyeo＞ ~한 semarak; megah.

장려(奬勵)＜jang/nyeo＞ dorongan. ~하다 memberi semangat; mendorong. ~금 subsidi; bantuan.

장력(張力)＜jang/yeok＞ 『理』 tegangan. ~계 pengukur tegangan. ~시험 uji tegangan. 표면 ~ tegangan permukaan.

장렬(壯烈)＜jang/yeol＞ ~한 gagah berani; heroik.

장렬(葬列)＜jang/yeol＞ pawai pemakaman.

장례(葬禮)＜jang/nye＞ upacara pemakaman. ~를 거행하다 mengadakan upacara pemakaman. ~에 참석하다 menghadiri acara penguburan.

장롱(欌籠)＜jang/nong＞ lemari yang berlaci.

장마＜jang/ma＞ hujan berkepanjangan. ~지다 datang musim hujan. ~가 걷히다 musim hujan telah berlalu/berakhir. ~전선 gelombang udara hujan. ~철 musim hujan.

장막(帳幕)＜jang/mak＞ tirai. 철[죽]의 ~ tirai besi [bambu]. ~을 치다 memasang tirai; menggantungkan tirai.

장만하다＜jang/man/hada＞ menyiapkan; mencari; mendatangkan; mendapatkan. 돈을 ~하다 mencari uang. 집을 ~하다 mendapat(kan) rumah.

장면(場面)＜jang/myeon＞ lokasi; adegan. 연애 ~ adegan cinta.

장모(丈母)＜jang/mo＞ ibu mertua; ibu istri.

장목(長木)＜jang/mok＞ kayu. ~전 tempat penjualan kayu.

장문(長文)＜jang/mun＞ tulisan yang panjang. ~의 기사 artikel yang panjang.

장물(臟物)＜jang/mul＞ barang curian. ~아비 penadah barang curian. ~취득 penadahan barang curian.

장미(薔薇)＜jang/mi＞ mawar; ros. ~빛의 berwarna mawar. 들~ mawar hutan.

장발(長髮)＜jang/bal＞ ~의 berambut panjang. ~족 orang yang berambut panjang.

장벽(腸壁)＜jang/byeok＞ dinding usus.

장벽(障壁)＜jang/byeok＞ tembok; pagar; alangan; hambatan. ~을 쌓다 membangun/membuat pagar. ~이 되다 menjadi penghalang. 관세 ~ hambatan cukai. 언어 ~ hambatan bahasa.

장변(場邊)＜jang/byeon＞ bunga pasar. ~ 놀이하다 meminjamkan uang dengan bunga pasar.

장병(長病)＜jang/byeong＞ penyakit yang sudah lama.

장병(將兵)＜jang/byeong＞ serdadu; tentara.

장복(長服)＜jang/bok＞ ~하다 minum obat secara terus menerus.

장본(張本)＜jang/bon＞ penyebab utama. ~인 biang keladi.

장부(丈夫)＜jang/bu＞ laki-laki dewasa.

장부(帳簿)＜jang/bu＞ buku kas induk. ~에 기 입하다 mencatat di buku kas induk/buku besar. ~를 속이다 memalsukan pembukuan. ~계원 pemegang buku. ~정리 penyesuaian pembukuan. 이중 ~ pembukuan ganda.

장비(裝備)＜jang/bi＞ peralatan; perlengkapan; perangkatan. ~ 하다 memperlengkapi.

장사＜jang/sa＞ perdagangan; perniagaan; usaha. ~하다 berdagang; berusaha; berniaga. ~가 번창하다 usaha/ dagang maju. ~가 (안) 되다 usaha menghasilkan [tidak menghasilkan]. ~를 시작하다 memulai usaha. ~를 그만두다 menghentikan usaha. ~꾼 pedagang.

장사(壯士)＜jang/sa＞ orang kuat; Herkules. 힘이 ~ 다 sekuat Herkules.

장사(葬事)＜jang/sa＞ penguburan. ~지내다 menguburkan; memakamkan.

장사(아)치＜jang/sa/(a)/chi＞ pedagang.

장사진(長蛇陳)＜jang/sa/jin＞ antrian panjang. ~을 이루다 membentuk antrian panjang.

장삼(長衫)＜jang/sam＞ jubah berlengan panjang.

장삿속＜jang/sat/sok＞ semangat dagang; motif mencari untung.

장서(藏書)＜jang/seo＞ koleksi buku. 3만의 ~가 있다 memiliki koleksi 30.000 buku. ~가(家) kolektor buku. ~목록 daftar koleksi buku. ~인(印) stempel pemilik.

장성(長成)＜jang/seong＞ ~하다 tumbuh dewasa.

장성(長城)＜jang/seong＞ tembok panjang. 만리 ~ tembok besar China.

장성(將星)＜jang/seong＞ jendral.

장소(場所)＜jang/so＞　①　tempat; posisi; kedudukan. ～가 좋다[나쁘다] letak yang baik [jelek]. ② ruang. ～를 차지하다 menempati (banyak) ruang.

장손(長孫)＜jang/son＞ cucu laki-laki yang tertua.

장송(長松)＜jang/song＞ pohon pinus yang tinggi.

장송곡(葬送曲)＜jang/song/gok＞ arak-arakan penguburan; prosesi pemakaman.

장수＜jang/su＞ pedagang. 생선 ～ pedagang ikan.

장수(長壽)＜jang/su＞ umur yang panjang. ～하다 berumur panjang. ～법 rahasia umur panjang.

장수(將帥)＜jang/su＞ panglima. ～벌 lebah ratu.

장승(長 -)＜jang/seung＞ tonggak setan; (키다리) laki-laki yang tinggi besar. ～같다 tinggi seperti tiang listrik.

장시간(長時間)＜jang/si/gan＞ ber-jam-jam.

장시세(場時勢)＜jang/si/se＞ harga pasar.

장시일(長時日)＜jang/si/il＞ waktu yang panjang. ～에 걸치다 diper-panjang sampai waktu yang lama.

장식(裝飾)＜jang/sik＞ dekorasi. ～하다 menghias; mendekor. ～적(的)인 hiasan; dekoratif. ～용의 untuk hiasan. ～품(品) barang-barang hiasan. 실내 ～ dekorasi interior/ruangan.

장신(長身)＜jang/sin＞ ～의 tinggi; jangkung.

장신구(裝身具)＜jang/sin/gu＞ perhi-asan; asesori.

장아찌＜jang/a/chi＞ acar.

장악(掌握)＜jang/ak＞ ～하다 me-nguasai; memerintah; menggeng-gam; memegang. 실권을 ～하다 memegang tampuk kekuasaan.

장안(長安)＜jang/an＞ ibu kota. 서울 ～ Seoul;ibu kota. 온 ～에 di seluruh ibu kota.

장애(障碍)＜jang/ae＞ rintangan; ba-tu sandungan; aral; hambatan; ken-dala. ～가 되다 menghalangi; me-rintangi. ～를 극복하다 mengatasi rintangan. ～물 halang; rintang. ～물 경주 lari halang rintang; lari gawang.

장액(漿液)＜jang/aek＞ serum; air darah.

장어(長魚)＜jang/eo＞ 『魚』 belut. ～구이 belut salai.

장엄(莊嚴)＜jang/eom＞ ～하다 a-gung; mulia; megah.

장염(腸炎)＜jang/yeom＞ 『醫』 ra-dang usus.

장외(場外)＜jang/oe＞ ～의[에] [di] luar ruangan (gedung, parlemen) ～정치 politik di luar parlemen. ～주 saham luar bursa. ～투쟁 perjuangan di luar parlemen.

장원(壯元)＜jang/won＞ juara perta-ma.

장원(莊園)＜jang/won＞ tanah di ba-wah pengendalian sistim feodal.

장유(長幼)＜jang/yu＞ muda dan tua; tua muda.

장음(長音)＜jang/eum＞ suara yang panjang.

장음계(長音階)＜jang/eum/gye＞ 『音』 tangga nada mayor.

장의(葬儀)＜jang/eui＞ ☞ 장례. ～사(社) usaha jasa pemakaman.

…장이＜jang/i＞ tukang. 구두 ～ tukang sepatu.

장인(丈人)＜jang/in＞ mertua; bapak istri.

장자(長子)＜jang/ja＞ putra sulung. ～ 상속권 hak warisan putra su-lung.

장자(長者)＜jang/ja＞ ① (덕망가) orang berpengaruh/disegani. ② (부자) orang kaya.

장작(長斫)＜jang/jak＞ kayu bakar. ～을 패다 memotong kayu bakar. ～개비 sepotong kayu bakar.

장장추야(長長秋夜)＜jang/jang/chu/ya＞ malam panjang musim gugur.

장장하일(長長夏日)＜jang/jang/ha/il＞ hari yang panjang di musim panas.

장전(裝塡) < jang/jeon > pengisian senjata. ~하다 mengisi peluru di senjata.

장점(長點) < jang/ceom > keunggulan; titik kuat.

장정(壯丁) < jang/jeong > laki-laki dewasa, wajib militer.

장정(裝幀) < jang/jeong > penjilidan. ~하다 menjilid.

장조(長調) < jang/jo > 『樂』 kunci mayor.

장조림(醬 -) < jang/jo/rim > semur daging.

장조카(長 -) < jang/jo/kha > putra sulung dari abang sulung.

장족(長足) < jang/jok > ~의 진보를 하다 membuat kemajuan yang besar/pesat.

장졸(將卒) < jang/jol > perwira dan anak buah.

장죽(長竹) < jang/juk > pipa rokok yang panjang; cangklong.

장중(莊重) < jang/jung > ~한 hikmat. ~한 어조로 dengan suara hikmat.

장중(掌中) < jang/jung > ~에 di tangan; dalam genggaman. ~보옥 permata dalam genggaman.

장지(障 -) < jang/ji > pintu sorong kertas. ~틀 kerangka pintu sorong.

장지(長指) < jang/ji > jari tengah.

장지(葬地) < jang/ji > tempat pemakaman.

장질부사(腸窒扶斯) < jang/jil/bu/sa > ☞ 장티푸스.

장차(將次) < jang/cha > kelak; suatu hari.

장차다(長 -) < jang/cha/da > ① (길다) lurus dan panjang. ② (멀다) jauh.

장창(長槍) < jang/chang > tombak yang panjang.

장처(長處) < jang/cheo > keunggulan; titik kuat.

장총(長銃) < jang/chong > senapan laras panjang.

장취(長醉) < jang/chwi > ~하다 selalu mabuk.

장취(將就) < jang/chwi > ~하다 berkembang; maju.

장치(裝置) < jang/chi > peralatan; perlengkapan; perkakas; piranti. ~하다 memperlengkapi (dengan). 냉방 [난방] ~ alat pendingin [pemanas]. 스테레오 ~ peralatan stereo. 안전 ~ alat pengaman.

장침(長針) < jang/chim > ☞ 분침.

장쾌(壯快) < jang/khwae > ~한 menyegarkan sekali.

장탄(裝彈) < jang/than > ~하다 mengisi/memuati (senapan).

장탄식(長嘆息) < jang/than/sik > napas yang dalam. ~하다 menghela napas yang dalam.

장터(場 -) < jang/theo > pasar; tempat jual beli.

장티푸스(腸 -) < jang/thi/fu/seu > demam tipus. ~예방 주사 suntikan anti tipus. ~환자 penderita tipus.

장파(長波) < jang/fa > gelombang panjang.

장판(壯版) < jang/fan > lantai yang ditempeli kertas. ~방 kamar yang lantainya di tempeli kertas. ~지 (紙) kertas minyak untuk lantai.

장편(長篇) < jang/fyeon > (karya) yang panjang. ~소설 buku cerita yang panjang. ~영화 film yang panjang.

장하다(壯 -) < jang/hada > (훌륭하다) besar; agung; megah; (갸륵함) terpuji; membanggakan; (놀랍다) mengagumkan.

장학(獎學) < jang/hak > ~금 bea siswa. ~금을 만들다[타다] mendanai [mendapat] beasiswa. ~기금 dana beasiswa. ~생 penerima beasiswa.

장해(障害) < jang/hae > ☞ 장애(障碍).

장화(長靴) < jang/hwa > sepatu bot.

장황(張皇) < jang/hwang > ~한 panjang lebar. ~한 설명 penjelasan yang panjang lebar/membosankan.

잦다 < jat/ta > (물이) mengering.

잦다 < jat/ta > (빈번) sering.

잦뜨리다 < jat/teu/ri/da > mendongak

ke belakang.

잦아지다＜ja/ja/ji/da＞ mengering-kan.

잦은걸음＜jat/eun/geol/eum＞ langkah yang cepat.

잦혀놓다＜ja/chyeo/not/tha＞ ① (뒤집다) membalikkan; menelungkup-kan. ② (열다) membiarkan terbuka.

잦혀지다＜ja/chyeo/ji/da＞ ① (뒤집히다) dibalikkan; terbuka. ② (열리다) terbuka.

잦히다＜ja/chi/da＞ ① (뒤집다) membalikkan. ② (열다) membuka. ③ (몸을) menarik diri ke belakang.

잦히다＜ja/chi/da＞ mematangkan nasi dengan api kecil.

재＜jae＞ (타고남은) abu. ～같은 seperti abu. ～가 되다 menjadi abu.

재＜jae＞ (고개) pendakian.

재(齋)＜jae＞ upacara (misa) pemakaman Budha.

재…(再)＜jae＞ lagi.

재가(再嫁)＜jae/ga＞ ～하다 kawin lagi; menikah lagi (wanita).

재가(裁可)＜jae/ga＞ persetujuan; pensahan; ratifikasi; pengakuan. ～하다 menyetujui; mengesahkan; mengakui.

재간(才幹)＜jae/gan＞ kemampuan; bakat. ☞ 재능.

재간(再刊)＜jae/gan＞ cetak ulang. ～하다 mencetak ulang.

재갈＜jae/gal＞ kekang. ～ 먹이다 [물리다] menyumpal [mengekang].

재갈매기＜jae/gal/mae/gi＞『鳥』camar laut.

재감(在監)＜jae/gam＞ ～하다 berada di penjara. ～자(者) narapidana; orang hukuman; tahanan.

재감염(再感染)＜jae/gam/yeom＞ penjangkitan ulang (kembali). ☞ 잠염.

재강＜jae/gang＞ ampas minuman keras.

재개(再開)＜jae/gae＞ pembukaan kembali. ～하다 membuka kembali.

재개발(再開發)＜jae/gae/bal＞ pembangunan kembali. ～하다 membangun kembali. ～ 지역 daerah yang dibangun kembali.

재건(再建)＜jae/geon＞ pembangunan ulang; rekonstruksi. ～하다 membangun kembali; mendirikan kembali; merekontruksi. ～비 biaya untuk membangun ulang. 산업 [경제] ～ pemulihan industri [ekonomi].

재검사(再檢査)＜jae/geom/sa＞ pemeriksaan ulang. ～하다 mengecek ulang; memeriksa ulang.

재검토(再檢討)＜jae/geom/tho＞ penilaian ulang; peninjauan ulang. ～하다 menilai kembali; meninjau ulang.

재결(裁決)＜jae/gyeol＞ keputusan; penilaian. ～하다 memberikan keputusan/penilaian. ～을 바라다 meminta keputusan.

재결합(再結合)＜jae/gyeol/hab＞ penyatuan kembali. ～하다 bersatu kembali. 이산가족의 ～ pertemuan kembali anggota keluarga yang telah terpencar.

재경(在京)＜jae/gyeong＞ ～하다 berada di Seoul.

재경기(再競技)＜jae/gyeong/gi＞ pertandingan ulang.

재계(財界)＜jae/gye＞ dunia bisnis. ～의 거물 usahawan terkemuka. ～인 usahawan.

재계(齋戒)＜jae/gye＞ 목욕 ～ wudu. (목욕 ～하다 berwudu).

재고(再考)＜jae/go＞ peninjauan ulang. ～하다 meninjau ulang/kembali. ～의 여지가 없다 tidak ada peninjauan ulang.

재고(在庫)＜jae/go＞ persediaan; cadangan. ～량 jumlah cadangan/persediaan. ～ 조사 pemeriksaan persediaan. ～ 품 barang-barang persediaan/cadangan. ～ 품목록 daftar persediaan barang-barang.

재고정리(在庫整理)＜jae/go/jeong/ni＞ cuci gudang. ～ 대매출 penjualan cuci gudang. ～품 barang-barang yang diobral.

재교부(再交付)＜jae/gyo/bu＞ perpanjangan; pembaruan. ～하다 memperpanjang (paspor).

재교육(再敎育)＜jae/gyo/yuk＞ pendidikan ulang; pelatihan ulang. ～하다 mendidik kembali; melatih ulang. 현직 교사 ～ pelatihan guru.

재구속(再拘束)＜jae/gu/sok＞ pengiriman kembali (ke penjara). ～하다 mengirim kembali (ke penjara).

재군비(再軍備)＜jae/gun/bi＞ ☞ 재무장.

재귀(再歸)＜jae/gwi＞ ～대명사 [동사] kata ganti [kata kerja] refleksi. ～열 『醫』 demam yang kambuh kembali.

재근(在勤)＜jae/geun＞ ☞ 재직(在職).

재기(才氣)＜jae/gi＞ kepintaran; talenta; bakat. ～있는 pintar; berbakat.

재기(再起)＜jae/gi＞ pemulihan; kebangkitan kembali. ～하다 pulih; bangkit kembali.

재깍＜jae/kak＞ klik-klik (suara jam beker); dengan segera.

재깍거리다＜jae/kak/geo/ri/da＞ berbunyi klik-klik.

재난(災難)＜jae/nan＞ bencana; musibah; celaka; malang; sial. ～을 당하다 mengalami kecelakaan; kena musibah. ～을 면하다 lolos dari marabahaya/bencana.

재능(才能)＜jae/neung＞ kemampuan; kesigapan; ketangkasan; kelihaian; kecakapan; bakat. ～있는 berbakat; mampu; sigap; cakap. ～을 발휘하다 memperagakan kemampuannya.

재다＜jae/da＞ ① (길이·용량 따위) mengukur; mengajuk; mendacing; menakar(i); menimbang; mengeti; menjengka(kan). ② (장탄하다) memuat; mengisi (senapan). ③ (앞뒤를) mempertimbangkan; memperhitungkan sepenuhnya. ④ (재우다) memadatkan. ⑤ (으스대다)

berlagak/angkuh.

재다＜jae/da＞ ① (재빠르다) cepat; tangkas; cekatan. ② (입이) cerewet; suka bicara.

재단(財團)＜jae/dan＞ yayasan. ～법인 badan hukum yayasan. 록펠러 ～ Yayasan Rockefeller.

재단(裁斷)＜jae/dan＞ ① keputusan; pengadilan. ～하다 memutuskan; mengadili. ② pemotongan (pola). ～하다 memotong pola. ～사 tukang potong pola.

재담(才談)＜jae/dam＞ kelucuan; kelakar; bodor; banyolan.

재덕(才德)＜jae/deok＞ kemampuan dan pribudi. ～을 겸비(兼備) 한 cakap dan berpribudi.

재동(才童)＜jae/dong＞ anak yang pintar/cerdas.

재두루미＜jae/du/ru/mi＞ 『鳥』 burung bangau bertengkuk putih.

재떨이＜jae/teo/ri＞ asbak; tempat abu rokok.

재래(在來)＜jae/rae＞ ～의 biasa; konvensional. ～식 tipe yang lajim/biasa. ～종(種) jenis yang asli.

재래(再來)＜jae/rae＞ penitisan. ～하다 menitis.

재략(才略)＜jae/ryak＞ akal; taktik.

재량(裁量)＜jae/ryang＞ kebijaksanaan; keleluasaan. ...의 ～으로 atas kebijaksanaan. ～에 맡기다 menyerahkan kepada kebijaksanaan.

재력(財力)＜jae/ryeok＞ kekuasaan harta/kekayaan.

재롱(才弄)＜jae/rong＞ ～ 부리다 berlucu-lucu.

재료(材料)＜jae/ryo＞ bahan; bekal; material.

재류(在留)＜jae/ryu＞ ～하다 menetap; bertempat tinggal.

재림(再臨)＜jae/rim＞ ～하다 datang kembali. 그리스도의 ～ kedatangan Kristus yang kedua kali.

재목(材木)＜jae/mok＞ kayu. ～상 pedagang kayu.

재무(財務)＜jae/mu＞ masalah keuangan. ～감사 pemeriksaan keuangan. ～관 komisaris keuangan.

~부 Departemen Keuangan. ~(부) 장관 Menteri Keuangan.
재무장(再武裝) <jae/mu/jang> remiliterisasi; persenjataan kembali. ~하다 memiliterkan kembali; mempersenjatai kembali.
재물(財物) <jae/mul> milik; harta; sarana; barang.
재미 <jae/mi> ① kegembiraan; kesenangan. ~(가) 있다[나다] menarik [menyenangkan]. ~없다 tidak menarik. ~를 보다 bergembira; bersenang-senang. ~있어 하다 menyenangkan diri (dengan). …에 ~를 붙이다 tertarik (dengan). ② kesenangan;kepuasan; keuntungan. …으로 ~를 보다 mendapat keuntungan (dengan).
재미(在美) <jae/mi> ~의 di Amerika. ~교포 pemukim Korea di Amerika.
재민(災民) <jae/min> korban; penderita.
재발(再發) <jae/bal> kekambuhan. ~하다 kambuh.
재발급(再發給) <jae/bal/geub> ~하다 mengeluarkan; menerbitkan.
재발족(再發足) <jae/bal/cok> memulai kembali.
재방송(再放送) <jae/bang/song> penyiaran kembali; penayangan kembali. ~하다 menyiarkan kembali; menayangkan kembali.
재배(再拜) <jae/bae> ~하다 bersoja dua kali.
재배(裁培) <jae/bae> pembudidayaan; penanaman. ~하다 menanam; membudidayakan. ~법 cara menanam (bunga ros). ~자(者) petani; penanam; pembudidaya. 속성[촉성] ~ budidaya paksa [intensif]. 채소 ~ bercocok tanam sayur-sayuran.
재배치(再配置) <jae/bae/chi> pengalokasian kembali; penempatan kembali. ~하다 mengalokasikan kembali; menempatkan kembali.
재벌(財閥) <jae/beol> multimilyarder; kelompok keuangan. 삼성(三

星) ~ kelompok keuangan Samseong.
재범(再犯) <jae/beom> pelanggaran kembali.
재변(災變) <jae/byeon> bencana alam.
재보(財寶) <jae/bo> harta; kekayaan; khasanah; perbendaharaan.
재보험(再保險) <jae/bo/heom> reasuransi. ~하다 mengasuransikan kembali.
재복무(再服務) <jae/bok/mu> pendaftaran kembali (militer). ~하다 mendaftar kembali (militer).
재봉(裁縫) <jae/bong> jahit menjahit. ~하다 menjahit. ~사 penjahit.
재봉틀(裁縫-) <jae/bong/theul> mesin jahit. ~로 박다 menjahit dengan mesin jahit.
재분배(再分配) <jae/bun/bae> pembagian kembali. ~하다 membagikan kembali.
재빠르다 <jae/pa/reu/da> cepat; sigap; tangkas.
재사(才士) <jae/sa> orang yang bertelenta.
재산(財産) <jae/san> harta; milik; kepunyaan. ~을 모으다 [없애다] mengumpulkan [menghabiskan] harta. ~가 hartawan. ~목록 daftar kekayaan. ~상속 pewarisan harta. ~세 pajak kekayaan. 사유(私有)[공공] ~ milik pribadi [umum].
재삼(再三) <jae/sam> ~재사(再四) berulangkali; lebih dari satu kali.
재상(宰相) <jae/sang> perdana menteri.
재상영(再上映) <jae/sang/yeong> pengulangan; pemutaran kembali. ~하다 mengulangi; memutar kembali.
재색(才色) <jae/saek> ~이 겸비한 cantik dan pintar.
재생(再生) <jae/saeng> ① (소생) kehidupan kembali. ~하다 hidup kembali. ② (다시 태어남) kelahiran kembali. ~하다 lahir kembali. ③ (폐품의) pengolahan kembali.

~하다 mengolah kembali. ~고무 karet yang diolah kembali. ~품 barang-barang yang diolah kembali.

재생산(再生産)＜jae/saeng/san＞ reproduksi. ~하다 memproduksi kembali; mereproduksi.

재선(再選)＜jae/seon＞ ~하다 memilih kembali. ~되다 dipilih kembali; terpilih kembali.

재세(在世)＜jae/se＞ ~시에 semasa hidup.

재소자(在所者)＜jae/so/ja＞ narapidana; tahanan.

재수(再修)＜jae/su＞ ~하다 belajar keras untuk masuk perguruan tinggi. ~생(生) tamatan SMA yang sedang menunggu kesempatan ulang untuk masuk perguruan tinggi.

재수(財數)＜jae/su＞ nasib; peruntungan; kemujuran. ~(가) 있다[좋다] bernasib [baik]; mujur. ~없다 tidak bernasib baik; tidak beruntung; malang. ~없게 malang sekali.

재수입(再輸入)＜jae/su/ib＞ ~하다 mengimpor kembali. ~품 barang-barang yang diimpor kembali.

재수출(再輸出)＜jae/su/chul＞ ~하다 mengekspor kembali. ~품 barang-barang yang diekspor kembali.

재시험(再試驗)＜jae/si/heom＞ ujian kembali. ~하다 menguji kembali.

재심(再審)＜jae/sim＞ pengadilan ulang. ~하다 mengadili ulang. ~을 청구하다 memohon pengadilan ulang.

재심사(再審査)＜jae/sim/sa＞ ☞ 재심(再審).

재앙(災殃)＜jae/ang＞ bencana; bahaya; kerama; malapetaka; kesusahan; kemalangan. ~을 초래하다 menimbulkan bencana; mendatangkan kesengsaraan.

재액(災厄)＜jae/ak＞ ☞ 재난, 재앙.

재야(在野)＜jae/ya＞ ~의 di luar kekuasaan; dalam oposisi. ~인사 orang terkemuka di luar birokrasi.

재연(再演)＜jae/yeon＞ ~하다 mementaskan kembali; menayangkan kembali; merekontruksi (kejahatan).

재연(再燃)＜jae/yeon＞ ~하다 mengungkit kembali. 문제의 ~ pengungkitan kembali permasalahan.

재열(再熱)＜jae/yeol＞ pemanasan kembali.

재예(才藝)＜jae/ye＞ bakat dan seni.

재외(在外)＜jae/oe＞ ~의 (di tempatkan/tinggal) di luar negeri. ~공관 pembukaan hubungan diplomatik luar negeri. ~교포 orang Korea yang tinggal di luar negeri. ~자산(資産) harta/aset diluar negeri.

재우＜jae/u＞ dengan cepat; dengan gesit; dengan sigap.

재우다＜jae/u/da＞ ① (숙박) menyilahkan menginap. ② (잠을) menidurkan.

재우치다＜jae/u/chi/da＞ menggesakan; memburu-buru; mempergesa.

재원(才媛)＜jae/won＞ wanita yang berbakat.

재원(財源)＜jae/won＞ sumber penghasilan.

재위(在位)＜jae/wi＞ ~하다 berkuasa. ~시에 selama berkuasa; pada saat berkuasa.

재음미(再吟味)＜jae/eum/mi＞ ~하다 menikmati kembali; menelaah kembali.

재인(才人)＜jae/in＞ orang yang mahir.

재인식(再認識)＜jae/in/sik＞ pemahaman baru; pengertian baru. ~하다 mempunyai pemahaman/pengertian yang baru.

재일(在日)＜jae/il＞ ~의 (ditempatkan) di Jepang. ~교포 penduduk Korea di Jepang. ~한국 거류민단(團) asosiasi masyarakat Korea di Jepang.

재임(在任)＜jae/im＞ ~하다 memegang jabatan. ~중에 selama memegang jabatan.

재임(再任)＜jae/im＞ pengangkatan kembali. ~하다 mengangkat kembali

재입국(再入國)＜jae/ib/guk＞ masuk kembali kesuatu negara. ～하다 memasuki kembali suatu negara.

재입학(再入學)＜jae/i/pak＞ masuk sekolah kembali. ～을 허락하다 menerima masuk kembali.

재자(才子)＜jae/ja＞ laki-laki yang bertalenta.

재작년(再昨年)＜jae/jak/yeon＞ tahun yang baik.

재작일(再昨日)＜jae/jak/il＞ ☞ 그저께.

재잘거리다＜jae/jal/geo/ri/da＞ berceloteh; mengobral; berkicau.

재재거리다＜jae/jae/geo/ri/da＞ ☞ 재잘거리다.

재적(在籍)＜jae/jeok＞ ～하다 terdaftar. ～자 [학생] orang [siswa] yang terdaftar. ～자수 jumlah siswa yang terdaftar.

재전환(再轉換)＜jae/jeon/hwan＞ perombakan ulang.

재정(再訂)＜jae/jeong＞ ～하다 merevisi kembali. ～판 edisi revisi kedua.

재정(財政)＜jae/jeong＞ keuangan; masalah keuangan; ekonomi. ～(상)의 tentang keuangan/ekonomi. ～이 풍부 [곤란] berkecukupan [dalam kesulitan] keuangan. ～상태 keadaan keuangan. ～ 전문가(專門家) ahli keuangan. ～학 ilmu keuangan. 건전 [적자] ～ keuangan yang seimbang [tidak seimbang].

재정(裁定)＜jae/jeong＞ keputusan. ～하다 memutuskan. ～안 naskah keputusan.

재정규모(財政規模)＜jae/jeong/gyu/mo＞ neraca keuangan.

재정난(財政難)＜jae/jeong/nan＞ kesulitan keuangan.

재제(再製)＜jae/je＞ ～하다 memproduksi kembali; membuat kembali. ☞ 재생.

재조사(再調査)＜jae/jo/sa＞ pemeriksaan ulang; penyelidikan kembali. ～ 하다 memeriksa/menyelidiki kembali.

재주＜jae/ju＞ kemampuan; talenta; kecerdasan; kemahiran; ketrampilan. ～있는 mampu; bertalenta.

재주꾼＜jae/ju/kun＞ orang yang berbakat tinggi; orang yang cakap/mahir.

재주넘다＜jae/ju/neom/ta＞ berjungkir balik.

재주문(再注文)＜jae/ju/mun＞ pembaharuan pesanan; pesanan ulangan. ～하다 memperbaharui pesanan.

재중(在中)＜jae/jung＞ ～의 berisi. 견본 ～ berisi contoh. 사진(寫眞) ～ ada foto.

재즈＜jae/jeu＞ 『樂』 jazz; musik jazz. ～밴드 orkes jazz.

재직(在職)＜jae/jik＞ ～하다 memegang jabatan. ～중에 selama menjabat.

재질(才質)＜jae/jil＞ bakat alami; talenta; fitrah; pembawaan. ～이 풍부(豊富)하다 berbakat besar. ～을 살리다 menggunakan bakat sebaik mungkin.

재차(再次)＜jae/cha＞ dua kali; kembali; berulang kali; lagi.

재채기＜jae/chae/gi＞ bersin. ～하다 bersin.

재천(在天)＜jae/cheon＞ ～의 di langit; di surga. 인명(人命)은 ～이라 Hidup dan mati sudah ditakdirkan Tuhan.

재청(再請)＜jae/cheong＞ permintaan kedua. ～하다 meminta kedua kali.

재촉＜jae/chok＞ pendesakan; pemburu-buruan; penekanan. ～하다 mendesak; memburu-buru; menekan.

재출발(再出發)＜jae/chul/bal＞ ～하다 memulai kembali.

재취(再娶)＜jae/chwi＞ ～하다 kawin lagi; menikah lagi; beristeri lagi.

재치(才致)＜jae/chi＞ kepintaran; kecerdasan; kecerdikan; kelihaian. ～있는 cerdas; pintar; cerdik.

재침(再侵)＜jae/chim＞ penyerangan kembali. ～하다 menyerang kem-

bali.
재킷 <jae/khit> jaket; sweter.
재탕(再湯) <jae/thang> ~하다 menggodok kembali; mengulangi.
재투자(再投資) <jae/thu/ja> penanaman modal kembali. ~하다 menanamkan modal kembali.
재투표(再投票) <jae/thu/fyo> pemilihan ulang. ~하다 memilih kembali.
재판(再版) <jae/fan> pencetakan ulang. ~하다 mencetak ulang.
재판(裁判) <jae/fan> pengadilan. ~하다 mengadili. ~을 받다 diadili. ~에 부치다 membawa (kasus) ke pengadilan. ~에 이기다 [지다] menang [kalah] perkara. ~중이다 sedang di adili; dalam pengadilan. ~관 hakim. ~권(權) wewenang hukum. ~장(長) hakim ketua. ~절차 proses peradilan. 결석 ~ pengadilan in absentia.
재판소(裁判所) <jae/fan/so> ☞ 법원.
재편성(再編成) <jae/fyeon/seong> pengorganisasian kembali. ~하다 mengatur kembali.
재평가(再評價) <jae/fyeong/ga> penilaian kembali; penaksiran kembali. ~하다 menilai kembali; menaksir kembali.
재하(在荷) <jae/ha> persediaan.
재하자(在下者) <jae/ha/ja> bawahan.
재학(在學) <jae/hak> ~하다 di sekolah. ~중(에) selama berada di sekolah. ~생 siswa; mahasiswa. ~증명서 ijazah.
재합성(再合成) <jae/hab/seong> sintesa ulang. ~하다 mensintesa kembali.
재해(災害) <jae/hae> bencana; bahala; penderitaan; kecelakaan. ~를 입다 mengalami bencana. ~대책 tindakan (yang diambil menghadapi) bencana. ~방지 pencegahan (terjadinya) bencana. ~보상[보험] ganti rugi [asuransi] kecelakaan/bencana. ~지 daerah yang

dilanda bencana.
재향군인(在鄉軍人) <jae/hyang/gun/in> mantan tentara.
재현(再現) <jae/hyeon> ~하다 kemunculan kembali; kebangkitan.
재혼(再婚) <jae/hon> perkawinan kedua. ~하다 kawin lagi. ~자 orang yang kawin lagi.
재화(災禍) <jae/hwa> kecelakaan; kemalangan; bencana.
재화(財貨) <jae/hwa> barang-barang; komoditi.
재확인(再確認) <jae/hwak/in> ~하다 menegaskan kembali.
재회(再會) <jae/hoe> ~하다 bertemu kembali. ~를 기약하다 berjanji untuk bertemu kembali.
재흥(再興) <jae/heung> kebangkitan kembali. ~하다 bangkit kembali.
잭 <jaek> 『機』 dongkrak.
잭나이프 <jaek/na/i/feu> pisau lipat yang besar.
잼 <caem> selei. ~(을) 바른 빵 roti selei.
잽 <caeb> 『拳』 jab (dalam tinju).
잽싸다 <jaeb/ssa/da> cepat; tangkas; cekatan.
잿더미 <jaet/deo/mi> gumpalan abu. ~가 되다 menjadi abu. ~에서 일어서다 bangkit dari abu.
잿물 <jaet/mul> soda abu.
잿밥(齋 -) <jaet/bab> nasi yang dipersembahkan kepada Budha.
잿빛 <jaet/pit> warna abu-abu; abu-abu.
쟁강, 쟁그랑 <jaeng/gang, jaeng/geu/rang> dentingan; bunyi dentingan. ~거리다 berdenting.
쟁기 <jaeng/gi> bajak; luku; tenggala. ~질하다 membajak; meluku.
쟁론(爭論) <jaeng/non> perselisihan; percekcokan; pertengkaran. ~하다 berselisih; bertengkaran.
쟁반(錚盤) <jaeng/ban> baki; talam; tatakan; nampan.
쟁의(爭議) <jaeng/eui> perselisihan; pertengkaran; pertikaian; pemogokan. ~를 일으키다 melakukan pe-

mogokan. ~를 해결하다 menyelesaikan perselisihan. 노동 ~ pemogokan buruh.

쟁의권(爭議權)＜jaeng/eui/kwon＞ hak-hak untuk mengadakan pemogokan.

쟁이다＜jaeng/i/da＞ menumpuk.

쟁쟁(爭爭)＜jaeng/jaeng＞ ~하다 mendengung (dalam telinga).

쟁쟁(錚錚)＜jaeng/jaeng＞ ~하다 terkemuka; terpandang.

쟁점(爭點)＜jaeng/ceom＞ pokok perselisihan.

쟁탈(爭奪)＜jaeng/thal＞ ~하다 bertanding; bersaing. ~전(戰) pertandingan; perebutan.

쟁패전(爭覇戰)＜jaeng/fae/jeon＞ pertandingan kejuaraan.

저＜jeo＞ 『樂』 suling; seruling.

저＜著＞＜jeo＞ karya tulisan.

저(箸)＜jeo＞ (젓가락) penjepit; sumpit/supit.

저＜jeo＞ ① (나) saya; aku; beta; hamba. ~로서는 bagi saya. ② (자기) diri sendiri. ③ (지칭으로) itu. ~사람 orang itu. ~따위 orang seperti itu.

저＜jeo＞ (감탄사) aaa... (jeda dalam pembicaraan).

저개발(低開發)＜jeo/gae/bal＞ ~국 negara terbelakang. ~지역 daerah yang masih terbelakang.

저간(這間)＜jeo/gan＞ waktu itu; belakangan ini. ~의 사정 keadaan waktu itu.

저것＜jeo/geot＞ itu; yang itu.

저격(狙擊)＜jeo/gyeok＞ penembakan gelap. ~하다 menembak secara gelap. ~병(兵) penembak gelap.

저고리＜jeo/go/ri＞ jaket; baju luar (ala Korea).

저공(低空)＜jeo/gong＞ ketinggian yang rendah. ~비행 penerbangan rendah. ~비행하다 terbang rendah.

저금(貯金)＜jeo/geum＞ penyimpanan; penabungan; tabungan; simpanan. ~하다 menyimpan uang.

~이 있다 mempunyai simpanan (di bank). ~을 찾다 mengambil simpanan. ~통 kotak/peti simpanan. ~통장 buku tabungan.

저금리(低金利)＜jeo/geum/ri＞ bunga yang rendah. ~정책 kebijakan keuangan yang longgar.

저급(低級)＜jeo/geub＞ ~하다 (mutu) rendah.

저기＜jeo/gi＞ tempat itu; sana; situ.

저기압(低氣壓)＜jeo/gi/ab＞ tekanan rendah.

저널리스트＜jeo/neol/li/seu/theu＞ wartawan.

저널리즘＜jeo/neol/li/jeum＞ kewartawanan.

저녁＜jeo/nyeok＞ ① sore; senja. ~(때)에 pada (waktu) senja. ~놀 sinar matahari senja. ② (식사) makan malam.

저능(低能)＜jeo/neung＞ ~한 kecerdasan rendah. ~아(兒) anak dengan kecerdasan yang rendah.

저다지＜jeo/da/ji＞ sebanyak itu; begitu banyak.

저당(抵當)＜jeo/dang＞ hipotik; gadai; tanggungan. ~하다 menggadaikan; menjadikan sebagai tanggungan. ~잡다 mengambil sebagai jaminan. ~권 hak hipotik. ~권자(權者) penggadai. ~물 barang gadaian.

저돌(猪突)＜jeo/dol＞ ~하다 maju dengan nekat. ~적(인) nekat. ~적(的)으로 secara nekat.

저따위＜jeo/ta/wi＞ (orang) semacam itu. ~는 처음 본다 Saya tidak pernah melihat orang semacam itu.

저락(低落)＜jeo/rak＞ kejatuhan; penurunan. ~하다 jatuh; menurun; turun.

저러하다＜jeo/reo/hada＞ seperti itu!

저런＜jeo/reon＞ semacam itu; seperti itu. ~책 buku seperti itu.

저런＜jeo/reon＞ (감탄사) Astaga!; Busyet!

저력(底力)＜jeo/ryeok＞ energi laten; kekuatan tersembunyi.　～있는 kuat; penuh energi.

저렴(低廉)＜jeo/ryeom＞　～한 murah.

저류(低流)＜jeo/ryu＞ arus bawah.

저리(低利)＜jeo/ri＞ bunga rendah. ～대부 pinjaman dengan bunga rendah. ～자금 dana yang berbunga rendah.

저리＜jeo/ri＞ (저쪽으로) sana; arah sana; arah itu.

저리＜jeo/ri＞ (저렇게) seperti itu; cara itu.

저리다＜jeo/ri/da＞ (마비되다) kesemutan; senyar; merasa nyeri.

저마다＜jeo/ma/da＞ masing-masing.

저만큼＜jeo/man/kheum＞ sebanyak itu; sejauh itu.

저만하다＜jeo/man/hada＞ sebegitu banyak; sebegitu besar.

저맘때＜jeo/mam/tae＞ kala itu; masa itu. 내 나이 ～에는 Ketika saya seumur dia.

저명(著名)＜jeo/myeong＞　～한 ulung; terkemuka; terkenal. ～인사 tokoh terkemuka.

저물가(低物價)＜jeo/mul/ka＞ harga yang murah. ～정책 kebijakan harga murah.

저물다＜jeo/mul/da＞ menjadi gelap. 해가 ～ malam turun.

저미다＜jeo/mi/da＞ menyayat; mengiris; memotong tipis-tipis.

저버리다＜jeo/beo/ri/da＞ (신의.기대.약속 따위를) berlawanan; (돌보지 않음) mengingkari; mengelak. 은혜를 ～ mengelak dari kewajiban. 호의를 ～ menolak tawaran baik.

저벅＜jeo/beok＞　～거리다 berjalan dengan langkah yang berat.

저번＜jeo/beon＞ waktu yang lalu.

저변(底邊)＜jeo/byeon＞ ☞ 밑변.

저상(沮喪)＜jeo/sang＞　～하다 kecewa; kecil hati; patah semangat. 의기를 ～ 시키다 mengecewakan. 의기 ～하여 karena patah semangat.

저서(著書)＜jeo/seo＞ buku hasil karya.

저성(低聲)＜jeo/seong＞ suara rendah.

저속(低俗)＜jeo/sok＞　～한 kasar; rendah; vulgar. ～한 취미 selera rendah; hobi yang rendah.

저속도(低速度)＜jeo/sok/to＞ kecepatan rendah. ～로 dalam kecepatan rendah. ～기어 gigi rendah.

저수(貯水)＜jeo/su＞　～지 waduk. ～량 kapasitas waduk.

저수위(低水位)＜jeo/su/wi＞ permukaan air yang dangkal.

저술(著述)＜jeo/sul＞ ☞ 저작(著作). ～가 penulis; pengarang. ～업 profesi penulis/pengarang.

저습(低濕)＜jeo/seub＞　～하다 rendah dan lembab. ～지(地) tempat/daerah yang tergenang.

저승＜jeo/seung＞ akhirat. ～으로 가다 meninggal. ～길 perjalanan ke akhirat.

저압(低壓)＜jeo/ab＞ tegangan rendah. ～전류 arus tegangan rendah.

저액(低額)＜jeo/aek＞ jumlah yang kecil. ～ 소득층 golongan berpenghasilan rendah.

저어하다＜jeo/eo/hada＞ takut (akan).

저열(低劣)＜jeo/yeol＞　～한 rendah; kasar; hina; vulgar.

저온(低溫)＜jeo/on＞ temperatur yang rendah. ～ 공학 rekayasa kriogenik. ～살균 pasteurisasi. ～진열장 lemari pendingin.

저울＜jeo/ul＞ timbangan; skala. ～에 달다 menimbang. ～을 속이다 menipu timbangan. ～이 후하다 memberikan timbangan yang baik. ～눈 garis timbangan. ～대 batang timbangan. ～추(錘) pemberat; batu timbangan. ～판 skala timbangan.

저육(猪肉)＜jeo/yuk＞ daging babi.

저율(低率)＜jeo/yul＞ harga/tingkat/laju yang rendah.

저음(低音)＜jeo/eum＞ nada yang rendah; suara yang rendah.

저의(底意)＜jeo/eui＞ maksud tersembunyi; motif yang mendasari. ~를 알아채다 memahami maksud tersembunyi.

저이 <jeo/i> orang itu; dia. ~들 mereka.

저인망(底引網) <jeo/in/mang> pukat; jala tarik. ~어업 usaha penangkapan dengan pukat.

저임금(低賃金) <jeo/im/geum> gaji rendah. ~ 근로자 [정책] buruh [kebijakan] gaji rendah.

저자 <jeo/ja> ☞ 장(場).

저자(著者) <jeo/ja> penulis; pengarang.

저자세(低姿勢) <jeo/ja/se> ~를 취하다 merendahkan diri

저작(咀嚼) <jeo/jak> ~하다 mengunyah; mencerna.

저작(著作) <jeo/jak> penulisan buku. ~하다 menulis buku. ~권 hak cipta. ~권 침해 pembajakan buku. ~권을 침해하다 membajak buku. ~자 penulis.

저장(貯藏) <jeo/jang> penyimpanan; penggudangan. ~하다 menyimpan. ~고 gudang penyimpanan. ~미 beras gudang. ~실 ruang penyimpanan. ~품(品) simpanan; cadangan; persediaan.

저절로 <jeo/jeol/lo> sendiri; secara spontan.

저조(低調) <jeo/jo> ~한 tidak aktif; tidak mencapai sasaran; lemah; sepi (dagang). ~한 기록 rekor yang jelek. 사업이 ~하다 usaha sedang turun.

저조(低潮) <jeo/jo> pasang surut.

저주(咀呪) <jeo/ju> kutukan; sumpah; tulah; laknat. ~하다 mengutuk; menyumpahi. ~받은 terkutuk.

저주파(低周波) <jeo/ju/fa> frekwensi rendah.

저지(低地) <jeo/ji> dataran rendah,

저지 <jeo/ji> ~하다 menghalangi; menghambat; merintangi.

저지르다 <jeo/ji/reu/da> melakukan (kesalahan).

저쪽 <jeo/cok> seberang sana; se-

belah sana. ~에 있는 집 rumah di seberang sana.

저촉(抵觸) <jeo/chok> ~하다 bertentangan dengan.

저축(貯蓄) <jeo/chuk> tabungan; simpanan; penyimpanan. ~하다 menyimpan; menyisihkan; menabung. ~심이 있는 [없는] hemat [tidak hemat]. ~ 성향 kecenderungan untuk menabung. ~운동 kampanye penabungan. ~채권 surat obligasi penabungan.

저탄(貯炭) <jeo/than> persediaan batu bara. ~소[장] ladang/depot batu bara.

저택(邸宅) <jeo/thaek> istana; kediaman.

저편 <jeo/fyeon> ☞ 저쪽.

저하(低下) <jeo/ha> ~하다 jatuh; turun; menyusut. 능률이 ~하다 ~ efisiensi turun. ~ 시키다 mengurangi; menurunkan.

저학년(低學年) <jeo/hak/nyeon> kelas rendah; mutu yang jelek.

저항(抵抗) <jeo/hang> penahanan; perlawanan; pertentangan; resistensi; hambatan. ~하다 melawan; menahan; menghambat. ~하기 어려운 tak dapat ditahan. ~기 penghambat; penahan; resistor. ~력 daya penahan/penghambatan. 내 [외]~ resistensi dalam [luar].

저해(沮害) <jeo/hae> ~하다 merintangi; menghambat.

저혈압(低血壓) <jeo/hyeol/ab> tekanan darah rendah; hipotensi.

저희(들) <jeo/heui/(deul)> kita. ~들의 kita (kepunyaan). ~들을 kita (objek).

적(敵) <jeok> musuh; seteru; lawan. ~을 만들다 membuat musuh. ~에게 등을 보이다 membelakangi musuh.

적(積) <jeok> 『數』 hasil kali; luas.

적(籍) <jeok> daftar keluarga; kartu keluarga; keanggotaan. ~에 넣다 [~에서 빼다] memasukkan [menghapuskan] nama dari kartu keluarga. ~두다 menjadi anggota;

terdaftar.

적＜jeok＞ waktu; kesempatan; (경험) pengalaman. …할 ～에 ketika; pada waktu itu. 필요할 ～에 pada saat butuh.

적갈색(赤褐色)＜jeok/gal/saek＞ coklat kemerah-merahan.

적개심(敵愾心)＜jeok/gae/sim＞ rasa permusuhan. ～을 불러일으키다 mengobarkan rasa permusuhan.

적격(適格)＜jeok/gyeok＞ kwalifikasi; persyaratan. ～의 memenuhi syarat/kompeten. ～자 orang yang memenuhi syarat. ～품 barang-barang yang memenuhi syarat.

적국(敵國)＜jeok/guk＞ negara musuh.

적군(亦軍)＜jeok/gun＞ tentara Merah.

적군(敵軍)＜jeok/gun＞ tentara/pasukan musuh.

적권운(積卷雲)＜jeok/gwan/un＞ komulosirus.

적극(積極)＜jeok/geuk＞ ～적(인) aktif; konstruktif. ～적으로 secara positif. ～적으로 원조하다 memberikan bantuan yang positif. ～성 semangat positif. ～성이 없다 tidak memiliki semangat positif.

적금(積金)＜jeok/geum＞ tabungan cicilan. ～하다 menabung secara cicilan.

적기(赤旗)＜jeok/gi＞ bendera merah.

적기(摘記)＜jeok/gi＞ ringkasan.

적기(適期)＜jeok/gi＞ waktu yang tepat/cocok. ～의 tepat waktu.

적기(敵機)＜jeok/gi＞ pesawat musuh.

적꼬치(炙 -)＜jeok/ko/chi＞ sate daging.

적나나(赤裸裸)＜jeok/na/na＞ ～한 telanjang. ～한 사실 kenyataan telanjang. ～하게 secara nyata.

적다＜jeok/ta＞ (기입) menulis; mencatat; mengarang.

적다＜jeok/ta＞ sedikit; jarang; langka.

적당(適當)＜jeok/tang＞ ～한 cok-cok/pantas; patut; layak; sesuai. ～히 dengan pantas/layak.

적대(敵對)＜jeok/tae＞ ～하다 bermusuhan dengan. ～행위 permusuhan.

적대시(敵對視)＜jeok/tae/si＞ ～하다 menganggap musuh.

적도(赤道)＜jeok/to＞ garis lintang tengah; ekuator. ～를 횡단하다 melewati/melintasi khatulistiwa. ～무풍대 daerah angin mati. ～의(儀) teleskop khatulistiwa. ～저압대 palung khatulistiwa.

적동(赤銅)＜jeok/dong＞ tembaga merah. ～광(鑛) tambang tembaga.

적란운(積亂雲)＜jeong/nan/un＞ ☞ 소나기구름.

적량(適量)＜jeong/nyang＞ jumlah (dosis) yang tepat.

적량(積量)＜jeong/nyang＞ pemuatan.

적령(適齡)＜jeong/nyeong＞ umur yang cocok. 결혼 ～ umur yang cocok untuk kawin.

적례(適例)＜jeong/nye＞ contoh yang baik.

적록(摘錄)＜jeong/nok＞ ringkasan; resume.

적리(赤痢)＜jeong/ni＞ disentri.

적린(赤燐)＜jeong/nin＞ fosfor merah.

적립(積立)＜jeong/nib＞ ～하다 menyimpan; mencadangkan; menyisihkan. ～금 dana cadangan. 별도 ～금 cadangan khusus. ～ 배당금 deviden yang terakumulasi.

적막(寂寞)＜jeong/mak＞ ～한 kesepian. ～감 rasa sepi.

적모(嫡母)＜jeong/mo＞ ibu sah.

적바르다＜jeok/ba/reu/da＞ cukup-cukupan saja.

적바림＜jeok/ba/rim＞ catatan; ringkasan. ～하다 membuat catatan; meringkaskan.

적반하장(賊反荷杖)＜jeok/ban/ha/jang＞ Anjing membawa penggebuk.

적발(摘發)＜jeok/pal＞ pengungkapan; pembeberan. ～하다 menelanjangi; mengungkapkan; membeber-kan.

적법(適法)＜jeok/peob＞　～의 sah. ～행위 tindakan yang sah.

적병(敵兵)＜jeok/pyeong＞ tentara musuh.

적부(適否)＜jeok/bu＞ kecocokan; kesesuaian; kelayakan. ～를 결정[판단]하다 memutuskan [memper-timbangkan] kelayakan.

적분(積分)＜jeok/bun＞ 『數』 kalkulus integral. ～하다 mengintegral-kan. ～법 metode integral.

적빈(赤貧)＜jeok/bin＞ kemiskinan yang parah.

적산(敵産)＜jeok/san＞ harta musuh.

적색(赤色)＜jeok/saek＞ warna me-rah; Merah (komunis). ～ 리터머스(지) lakmus merah. ～분자 un-sur-unsur Merah. ～테러 teroris Merah; pengacau komunis.

적서(嫡庶)＜jeok/seo＞ anak istri pertama dan anak istri kedua.

적선(敵船)＜jeok/seon＞ kapal mu-suh.

적선(積善)＜jeok/seon＞ ～하다 me-mupuk kebajikan.

적선구역(赤線區域)＜jeok/seon/gu/yeok＞ daerah pelacuran.

적설(積雪)＜jeok/seol＞ salju yang turun. (교통이) ～로 불통이 되다 menjadi macet karena salju; ter-hambat salju. ～이 120cm에 달했다 salju setebal 120 cm.

적설초(積雪草)＜jeok/seol/cho＞ 『植』 ivy menjalar.

적성(適性)＜jeok/seong＞ bakat. ～을 보이다 menunjukkan bakat. ～검사 uji bakat. 직업 ～ bakat ker-ja/keterampilan.

적성(敵性)＜jeok/seong＞ permusuh-an ～국(가) negara yang bermu-suhan.

적세(敵勢)＜jeok/se＞ kekuatan mu-suh.

적소(適所)＜jeok/so＞ tempat yang cocok. ☞ 적재.

적송(赤松)＜jeok/song＞ 『植』 ☞ 소나무.

적송(積送)＜jeok/song＞ ～하다 mengirimkan; mengapalkan. ～인 pengirim. ～품 barang kiriman.

적쇠(炙 -)＜jeok/soe＞ alat pemang-gang.

적수(敵手)＜jeok/su＞ lawan; pe-nyanggah; penentang; oposisi. ～가 못[안]되다 tidak setanding. 호 ～ lawan yang setanding.

적수공권(赤手空拳)＜jeok/su/gong/kwon＞ tangan kosong; modal dengkul. ～으로 dengan tangan kosong; dengan modal dengkul. ～으로 사업을 시작하다 memulai u-saha dengan modal dengkul.

적습(敵襲)＜jeok/seub＞ serangan musuh.

적시(適時)＜jeok/si＞ ～의 tepat pada waktunya.

적시(敵視)＜jeok/si＞ ～하다 meng-anggap sebagai musuh.

적시다＜jeok/si/da＞ membasahi; merendam.

적신호(赤信號)＜jeok/sin/ho＞ lampu merah.

적실(嫡室)＜jeok/sil＞ istri sah.

적십자(赤十字)＜jeok/sib/ca＞ Palang Merah. ～병원 Rumah Sakit Pa-lang Merah. ～사 Kantor Palang Merah. 남북 ～ 회담 Pembicaraan antara Masyarakat Palang Merah Korea Utara dan Selatan.

적악(積惡)＜jeok/ak＞ ～하다 ber-buat kejahatan.

적약(適藥)＜jeok/yak＞ obat yang cocok; obat yang mujarab.

적어도＜jeok/eo/do＞ paling sedikit; sedikitnya.

적역(適役)＜jeo/kyeok＞ peran yang cocok; kedudukan yang sesuai. 그 일엔 그가 가장 ～이다 Dia adalah orang cocok untuk pekerjaan itu.

적역(適譯)＜jeo/kyeok＞ terjemahan yang baik.

적열(赤熱)＜jeo/kyeol＞ panas mem-bara.

적외선(赤外線)＜jeok/oe/seon＞ sinar infra merah. ～사진 pemotretan infra merah. ～요법 terapi infra

merah.
적요(摘要)＜jeok/yo＞ ringkasan; rangkuman; ikhtisar; persarian.
적용(適用)＜jeok/yong＞ penerapan. ~하다 menerapkan. ~할 수 있는 [없는] dapat diterapkan [tidak dapat diterapkan].
적운(積雲)＜jeok/un＞ ☞ 뭉게구름.
적원(積怨)＜jeok/won＞ dendam kesumat.
적은집＜jeok/eun/jib＞ istri simpanan; gundik.
적응(適應)＜jeok/eung＞ ~하다 menyesuaikan diri. ~ 시키다 menyesuaikan; menyelaraskan.
적응성(適應性)＜jeok/eung/seong＞ penyesuaian; keselarasan; kesesuaian. ~이 있는 dapat menyesuaikan diri.
적응증(適應症)＜jeok/eung/ceung＞ penyakit untuk mana suatu obat berkhasiat; indikasi.
적의(適宜)＜jeok/eui＞ ~한 cocok; sesuai.
적의(敵意)＜jeok/eui＞ permusuhan; rasa dendam. ~있는 bermusuhan.
적이＜jeok/i＞ agak; sedikit.
적임(適任)＜jeok/im＞ ~의 cocok; tepat. ~자 orang yang tepat. 부~자 orang yang tidak cocok.
적자(赤字)＜jeok/ca＞ kerugian; defisit; angka merah. ~를 내다 menunjukkan kerugian. ~를 내고 있다 berada dalam kerugian/angka merah. ~를 메우다 menutupi kerugian. ~ 경영 [운영] operasi yang merugi. ~공채 obligasi defisit. ~예산 anggaran belanja defisit. ~재정 keuangan yang defisit.
적자(嫡子)＜jeok/ca＞ anak istri pertama.
적자(適者)＜jeok/ca＞ orang yang tepat/cocok. ~생존 kelangsungan hidup dari yang paling cocok.
적장(敵將)＜jeok/cang＞ komandan musuh.
적재(摘載)＜jeok/jae＞ ~하다 membuat ringkasan dari.

적재(適才)＜jeok/jae＞ orang yang tepat untuk tugas/jabatan. ~적소 orang yang tepat dalam tempat yang tepat.
적재(積載)＜jeok/jae＞ ~하다 memuat; membawa; mengangkut. ~량 daya angkut. ~톤수 tonasi muatan. ~화물 muatan di atas kapal.
적적하다(寂寂-)＜jeok/jeok/hada＞ kesepian.
적전(敵前)＜jeok/ceon＞ ~ 상륙하다 mendarat di hadapan musuh.
적절(適切)＜jeok/jeol＞ ~한 cocok; tepat; layak. ~히 dengan pantas/layak. ~한 예 teladan yang cocok; contoh yang pantas. ~한 조치를 취하다 mengambil langkah yang tepat.
적정(適正)＜jeok/jeong＞ ~한 tepat; cocok; pantas. ~가격 harga yang pantas.
적정(敵情)＜jeok/jeong＞ gerakan musuh. ~을 살피다 memata-matai gerakan musuh.
적중(的中)＜jeok/cung＞ ~하다 mengenai sasaran; menerka dengan tepat; menjadi kenyataan.
적지(敵地)＜jeok/ji＞ daerah musuh; wilayah musuh.
적진(敵陣)＜jeok/jin＞ pangkalan musuh; garis pertahanan musuh. ~을 돌파하다 melintasi garis pertahanan musuh.
적처(嫡妻)＜jeok/cheo＞ istri sah/ pertama.
적철광(赤鐵鑛)＜jeok/cheol/gwang＞ 『鑛』 bijih besi; hematit.
적출(摘出)＜jeok/chul＞ ~하다 memilah.
적출(嫡出)＜jeok/chul＞ lahir dari istri pertama.
적출(積出)＜jeok/chul＞ ~하다 mengirim; mengapalkan. ~통지서 surat pemberitahuan pengiriman. ~항 pelabuhan pengiriman.
적치(積置)＜jeok/chi＞ ~하다 menumpuk; menyimpan (dalam tumpukan). ~장(場) lapangan/tempat

penumpukan.

적침(赤沈)＜jeok/chim＞　～검사 uji pengendapan darah.

적탄(敵彈)＜jeok/than＞ peluru musuh.

적평(適評)＜jeok/fyeong＞ komentar yang tepat/ cocok.

적폐(積弊)＜jeok/fye＞ kebiasaan buruk.

적하(積荷)＜jeo/kha＞ (적재) pemuatan; pengapalan; (짐) muatan; kargo. ～량 berat muatan. ～명세서 daftar muatan/pengangkutan. ～목록 surat keterangan pengiriman. ～보험 asuransi muatan.

적함(敵艦)＜jeo/kham＞ kapal musuh.

적합(適合)＜jeo/khab＞ ～한 cocok; pantas; sesuai. 기질에 ～하다 cocok dengan watak.

적혈(赤血)＜jeo/khyeol＞ ～구(球) sel darah merah. ～구 침강속도 laju pengendapan darah.

적화(赤化)＜jeo/khwa＞ ～하다 menjadi komunis. ～를 방지하다 mencegah penyebaran komunisme. ～운동 gerakan Merah; aktivitas komunis.

적화(積貨)＜jeo/khwa＞ ☞ 적하(積荷).

적확(的確)＜jeo/khwak＞ ～한 [하게] [dengan] tepat/akurat; [secara] persis.

적히다＜jeo/khi/da＞ dicatat; termaktub; tercantum.

전＜jeon＞ (그릇 따위) pelebaran bibir (setoples dll).

전(前)＜jeon＞ ① (시간적) sebelum; (과거) lalu; sejak. ～에 dahulu. 오래 ～부터 sejak dulukala. 열시 15분전 ～ (pukul) 10 kurang 15 menit. ～에 말한 바와 같이 seperti yang disebutkan sebelumnya. 3일 ～의 신문 3 hari yang lalu. ～처럼 seperti sediakala. ～처럼 건강해지다 menjadi sehat seperti sediakala. ② sebelum; lebih dahulu; lebih awal dari. 이틀 ～에 (미리) dua hari sebelumnya. 그가

도착하기 ～에 sebelum kedatangannya. 출발하기 ～에 sebelum keberangkatan.

전(煎)＜jeon＞ semacam martabak.

전(廛)＜jeon＞ toko.

전(錢)＜jeon＞ (단위) jeon (= 1/100 won).

전…(全)＜jeon＞ semua; seluruh; segenap. ～한국 seluruh Korea. ～세계 seluruh dunia.

전…(前)＜jeon＞ (이전의) mantan; eks; (앞 부분의) bagian muka/depan. ～남편 mantan suami. ～대통령 케네디 mendiang presiden Kennedy. ～페이지 halaman depan.

…전(傳)＜jeon＞ (전기) buku riwayat hidup; biografi. 위인 ～ biografi orang-orang besar.

전가(傳家)＜jeon/ka＞ ～의 보도를 휘두르다 memainkan kartu truf.

전가(轉嫁)＜jeon/ga＞ ～하다 menyalahkan; mengalihkan (tanggung jawab).

전각(殿閣)＜jeon/gak＞ istana raja.

전간(癲癎)＜jeon/gan＞ 『醫』 ayan; epilepsi. ☞ 지랄(병).

전갈＜jeon/gal＞ 『蟲』 kalajengking. ～자리 『天』 bintang scorpio.

전갈(傳喝)＜jeon/gal＞ pesan; berita; amanat. ～하다 mengirim pesan.

전개(展開)＜jeon/gae＞ ～하다 membentangkan; membeberkan.

전거(典據)＜jeon/geo＞ landasan; dasar; acuan; referensi. ～가 확실한 landasan yang pasti. ～를 들다 memberi landasan.

전거(轉居)＜jeon/geo＞ perpindahan. ～하다 pindah alamat. ～지 alamat baru.

전격(電擊)＜jeon/kyeok＞ kejutan listrik. ～요법 terapi kejutan listrik. ～전 serangan kilat.

전경(全景)＜jeon/gyeong＞ pemandangan keseluruhan; panorama.

전곡(田穀)＜jeon/gok＞ hasil ladang; hasil kebun.

전곡(錢穀)＜jeon/gok＞ uang dan biji-bijian.

전굴(煎 -)＜jeon/gol＞ tumis daging dan sayur.

전공(前功)＜jeon/gong＞ jasa yang dulu.

전공(專攻)＜jeon/gong＞ jurusan; bidang studi. ～하다 mengambil bidang studi. ～분야 bidang studi utama/pokok.

전공(電工)＜jeon/gong＞ tukang listrik.

전공(戰功)＜jeon/gong＞ jasa perang yang istimewa. ～을 세우다 berjasa dalam perang.

전과(全科)＜jeon/kwa＞ mata kuliah keseluruhan.

전과(前科)＜jeon/kwa＞ catatan kriminal. ～3범(犯) orang yang memiliki catatan kriminal 3 kali. ～가 있다 memiliki catatan kriminal. ～자 mantan narapidana.

전과(戰果)＜jeon/kwa＞ hasil perang.

전과(轉科)＜jeon/kwa＞ ～하다 pindah jurusan.

전관(前官)＜jeon/gwan＞ (전임자) pendahulu; (자기의 전직) jabatan sebelumnya. ～예우 hak istimewa jabatan sebelumnya.

전관(專管)＜jeon/gwan＞ ～수역 zona ekonomi ekslusif.

전광(電光)＜jeon/gwang＞ cahaya listrik; kilat. ～석화와 같이 secepat kilat. ～뉴스 papan berita neon.

전교(全校)＜jeon/gyo＞ sekolah keseluruhannya. ～생 semua murid sekolah itu.

전교(轉交)＜jeon/gyo＞ melalui perantaraan; dengan alamat (d/a). 한국 대사관 ～ 김선생 귀하 Mr.Kim, d/a kedutaan Korea.

전교(轉校)＜jeon/gyo＞ ～하다 pindah sekolah.

전구(前驅)＜jeon/gu＞ barisan depan.

전구(電球)＜jeon/gu＞ lampu pijar. 백열 ～ bola lampu pijar.

전국(全 -)＜jeon/guk＞ belum diencerkan; mentah. ～술 anggur mentah.

전국(全國)＜jeon/guk＞ seluruh negeri; seantero negeri. ～적 secara nasional. ～에 di seluruh tanah air. ～적으로 dalam skala nasional. ～대회 konferensi nasional. ～방송 siaran radio pada jaringan nasional. ～중계 siaran langsung ke seluruh negeri. ～지(紙) surat kabar nasional.

전국(戰局)＜jeon/guk＞ aspek peperangan; situasi perang.

전국(戰國)＜jeon/guk＞ ～시대 masa perang.

전국민(全國民)＜jeon/guk/min＞ rakyat keseluruhan. ～의 nasional. 그 사건은 ～의 주목을 끌었다 Peristiwa yang menarik perhatian seluruh rakyat.

전군(全軍)＜jeon/gun＞ seluruh angkatan darat.

전권(全卷)＜jeon/gwon＞ seluruh (isi) buku.

전권(全權)＜jeon/kwon＞ kekuasaan penuh; mandat penuh. ～을 위임하다 memberi mandat. ～대사 duta besar berkuasa penuh.

전권(專權)＜jeon/kwon＞ hak ekslusif.

전극(電極)＜jeon/geuk＞ elektroda.

전근(轉勤)＜jeon/geun＞ pindah tugas. ～하다 dipindah tugaskan.

전기(前記)＜jeon/gi＞ ～의 yang disebut di atas/sebelumnya.

전기(前期)＜jeon/gi＞ semester pertama. ～결산 penyelesaian rekening semester pertama. ～대학 universitas grup pertama. ～이월금 saldo yang dipindahkan dari periode sebelumnya.

전기(傳奇)＜jeon/gi＞ ～적 romantis.

전기(傳記)＜jeon/gi＞ biografi; riwayat hidup. ～작가 penulis biografi.

전기(電氣)＜jeon/gi＞ listrik. ～가 오르다 menerima kejutan listrik. ～가 통해 있다 bermuatan listrik. ～를 통하다[끊다] mengalirkan [memutuskan] arus listrik. ～를 일

으키다 membangkitkan tenaga listrik. ~를 켜다[끄다] menyalakan [mematikan] lampu listrik. ~공업 perusahaan listrik. ~공학 keteknikan listrik. ~기관차 lokomotif listrik. ~기구 perangkat listrik; perkakas listrik. (~기구점 toko barang-barang listrik). ~난로 pemanas listrik. ~냉장고 kulkas listrik. ~다리미 [담요, 밥솥] seterika [selimut, penanak] listrik. ~도금 galvanisasi; pelapisan listrik. ~면도기 [시계, 풍로] alat cukur [jam, hotplate] listrik. ~분해 elektrolisa. (~분해물 elektrolit). ~세탁기 mesin cuci listrik. ~스탠드 lampu meja; lampu duduk. ~역학 elektro dinamika. ~요금 biaya listrik. ~요법[의자] terapi [kursi] listrik. ~용접 las listrik. ~자동차 mobil listrik. ~자석 magnet listrik. ~장치 peralatan listrik. ~제품 barang-barang listrik. ~집진기(集塵機) presipitator listrik. ~철도 rel kereta api listrik. ~청소기 alat penghisap debu listrik. ~통신 komunikasi listrik. 한국 ~통신 공사 Perusahaan Umum Telekomunikasi Korea. ~회로 rangkaian listrik.

전기(電機)<jeon/gi> mesin dan peralatan listrik. ~공업 industri mesin listrik.

전기(戰機)<jeon/gi> situasi perang; waktu perang.

전기(轉記)<jeon/gi> ~하다 memindah tuliskan; membukukan.

전기(轉機)<jeon/gi> titik balik.

전깃불(電氣 -)<jeon/git/pul> lampu listrik.

전깃줄(電氣 -)<jeon/git/jul> kawat listrik; kabel listrik.

전나무<jeon/na/mu> 『植』 pohon eru.

전날(前 -)<jeon/nal> beberapa hari lalu; suatu hari yang lalu.

전남편(前男便)<jeon/nam/fyeon> mantan suami.

전납(全納)<jeon/nab> ~하다 membayar penuh.

전납(前納)<jeon/nab> ~하다 membayar di muka.

전년(前年)<jeon/yeon> tahun sebelumnya; tahun kemarin.

전념(專念)<jeon/yeom> ~하다 menekankan diri; bertekun (dalam).

전능(全能)<jeon/neung> ~의 maha kuasa. ~하신 하나님 Tuhan Yang Maha Kuasa.

전능력(全能力)<jeon/neung/yeok> kapasitas penuh.

전단(專斷)<jeon/dan> keputusan sewenang-wenang. ~하다 bertindak sewenang-wenang/semaunya. ~적 sewenang-wenang. ~으로 secara sewenang-wenang.

전단(傳單)<jeon/dan> selebaran; surat siaran. ~을 돌리다 membagikan selebaran. ~을 뿌리다 menghamburkan selebaran.

전단(戰端)<jeon/dan> permusuhan; perang. ~을 열다 membuka permusuhan.

전달(前 -)<jeon/dal> bulan sebelumnya; bulan kemarin.

전달(傳達)<jeon/dal> komunikasi; pemberitaan. ~하다 mengirimkan; memberitakan.

전담(全擔)<jeon/dam> ~하다 bertanggung jawab sepenuhnya (atas).

전담(專擔)<jeon/dam> ~하다 bertanggung jawab eksklusif (atas).

전답(田畓)<jeon/dab> sawah dan ladang.

전당(全黨)<jeon/dang> ~대회 musyawarah nasional partai.

전당(典當)<jeon/dang> gadai; gadaian. ~잡다 menerima gadaian. ~잡히다 menggadaikan. ~물 barang gadaian. ~물을 찾다 menebus barang gadaian. ~물이 유질되다 hilang barang gadaian. ~포 (tempat) pegadaian. ~표 surat gadai.

전당(殿堂)<jeon/dang> istana.

전대(前代)<jeon/dae> jaman dulu. ~미문의 tidak pernah terdengar; belum pernah terjadi.

전대(戰隊)＜jeon/dae＞ kesatuan; armada.

전대(轉貸)＜jeon/dae＞ penyewaan ulang. ~하다 menyewakan kembali. ~인 penyewa ulang.

전대협(全大協)＜jeon/dae/hyeob＞ Dewan Perwakilan Siswa Tingkat Nasional.

전도(全島)＜jeon/do＞ seluruh pulau.

전도(全圖)＜jeon/do＞ peta lengkap; peta keseluruhan.

전도(前途)＜jeon/do＞ masa depan. ~ 유망하다 mempunyai masa depan yang cerah. ~가 요원하다 masa depan masih panjang.

전도(前渡)＜jeon/do＞ pembayaran di muka. ~금 uang muka.

전도(前導)＜jeon/do＞ ☞ 선도(先導).

전도(傳道)＜jeon/do＞ penyiaran agama. ~하다 menyiarkan agama. ~사 penyiar agama. ~(사업)에 종사하다 terlibat dalam (pekerjaan) missionari/penyiaran agama.

전도(傳導)＜jeon/do＞ 『理』 konduksi; penghantaran. ~하다 menghantarkan; mentransmisikan. ~력[율] daya konduksi; daya hantar. ~체 konduktor.

전도(顚倒)＜jeon/do＞ pemutarbalikan; pembalikan. 하다 membalikkan; memutarbalikkan. 본말을 ~하다 membalikkan kereta di depan kuda.

전동(電動)＜jeon/dong＞ pergerakan tenaga listrik. ~의 bertenaga listrik. ~기 motor listrik. ~력(力) tenaga listrik. ~ 발전기 dinamo. ~자(子) angker dinamo.

전동(箭筒)＜jeon/dong＞ tempat anak panah.

전두(前頭)＜jeon/du＞ 『解』 kepala bagian depan. ~골 tulang wajah. ~부 bagian wajah. ~엽(葉) lobus depan.

전등(電燈)＜jeon/deung＞ lampu listrik. ~을 켜다[끄다] menyalakan [mematikan] lampu listrik. ~을 가설(架設)하다 memasang lampu listrik.

전라(全裸)＜jeol/la＞ ~의 telanjang bulat.

전락(轉落)＜jeol/lak＞ kemerosotan. ~하다 merosot.

전란(戰亂)＜jeol/lan＞ perang. ~의 도가니 adegan maut.

전람(展覽)＜jeol/lam＞ pertunjukan; tontonan; peragaan. ~하다 memamerkan; memperagakan. ~중이다 sedang dalam pameran/pertunjukan. ~물[품] barang-barang yang dipamerkan. ~회 pameran; eksibisi. ~회장 ruang pameran. 미술 ~회 pameran kesenian. ~회에 출품하다 memamerkan (hasil karya) dalam pameran.

전래(傳來)＜jeol/lae＞ pemindahan; penurunan. ~하다 dipindahkan; diturunkan.

전략(前略)＜jeol/lyak＞ bagian yang terdahulu dihilangkan.

전략(戰略)＜jeol/lyak＞ strategi; siasat; muslihat; taktik. ~상 secara strategis; dari sudut strategis. ~적인 strategis. ~가 ahli strategi. ~무기 senjata strategis. ~무기 감축 회담[조약] Pembicaraan [Perjanjian] Pengurangan Senjata Strategis. ~ 무기 제한 회담 Pembicaraan Pembatasan Senjata Strategis. ~무역 정책 kebijakan perdagangan strategis. ~ 물자 barang-barang strategis. ~수립자 [가] perancang strategi. ~이론 teori strategi. ~적 계획[책정] perencanaan strategi. ~적 후퇴 penarikan strategis. ~핵무기 senjata nuklir strategis. ~회의 rapat strategi. 국제 ~연구소 Lembaga Kajian Strategis Internasional.

전략공군(戰略空軍)＜jeol/yak/gong/gun＞ angkatan udara strategis.

전략산업(戰略産業)＜jeol/yak/san/eob＞ industri strategis. ~ 으로서 집중적으로 육성되다 dibina secara intensif sebagai industri strategis.

전략수출품목(戰略輸出品目)＜jeol/yak/su/chul/fum/mok＞ barang-barang ekspor strategis.

전략폭격(戰略爆擊)＜jeol/yak/fok/gyeok＞ pemboman strategis. ～기 pembom strategis.

전량(全量)＜jeol/yang＞ jumlah seluruhnya.

전량(錢糧)＜jeon/nyang＞ uang dan perbekalan.

전량계(電量計)＜jeol/yang/gye＞ alat pengukur voltase.

전력(全力)＜jeon/yeok＞ segenap kekuatan; segenap kemampuan. ～을 다하여 dengan seluruh kekuatannya. ～을 다하다 melakukan dengan segenap kemampuan. …에 ～을 기울이다 mencurahkan seluruh tenaga (untuk).

전력(前歷)＜jeol/leok＞ riwayat hidup.

전력(專力)＜jeol/lyeok＞ ～하다 memusatkan pikiran (pada).

전력(電力)＜jeol/lyeok＞ tenaga listrik. ～계 meteran listrik. ～공급 suplai tenaga listrik. ～부족 [회사] kekurangan [perusahaan] tenaga listrik. ～사정 kondisi tenaga listrik. ～요금 (biaya) pembayaran listrik; tarif listrik. ～제한 [소비, 통제] pembatasan [pemakaian, pengendalian] tenaga listrik.

전력(戰力)＜jeol/lyeok＞ potensi perang. ～증강 penguatan potensi perang.

전령(傳令)＜jeol/lyeong＞ (사람) pembawa berita; utusan; (명령) pesan resmi.

전령(電鈴)＜jeol/lyeong＞ bel listrik.

전례(典禮)＜jeol/lye＞ upacara.

전례(前例)＜jeol/lye＞ teladan. ～ 없는 yang tak ada teladan. ～가 있다 ada teladan. ～를 만들다 [깨뜨리다] membuat [melanggar] contoh.

전류(電流)＜jeol/lyu＞ arus listrik. ～를 통하다 mengalirkan arus listrik. ～를 끊다 memutuskan arus listrik. ～가 흐르고 있다 [흐르지 않다] Arus mengalir [tidak mengalir]. ～계 alat pengukur arus; amperemeter. 고압 [저압] ～ arus tegangan tinggi [rendah]. 교류 [작류] ～ arus bolak-balik [searah].

전리(電離)＜jeol/li＞ 『理』 ionisasi. ～하다 mengionisasikan. ～층(層) ionosfir.

전리품(戰利品)＜jeol/li/fum＞ tanda kenang-kenangan (waktu perang).

전립선(前立腺)＜jeol/nib/seon＞ 『解』 kelenjar prostat. ～ 비대(肥大) pembengkakkan kelenjar prostat. ～염(炎) radang kelenjar prostat.

전말(顚末)＜jeon/mal＞ keterangan lengkap; kejadian seluruhnya; rincian. ～서 laporan rincian.

전망(展望)＜jeon/mang＞ pandangan; pemandangan; prospek; tinjauan; pengawasan. ～하다 meninjau; memandang. 정치계의 ～ pandangan tentang dunia politik. 앞으로의 ～ prospek masa depan. ～이 좋다 masa depannya bagus; pemandangannya bagus. ～대 observatorium. ～차 mobil pengawas. ～탑 menara pengawas; menara peninjau.

전매(專賣)＜jeon/mae＞ monopoli; monopolisasi. ～하다 memonopoli. ～권 hak monopoli. ～제도 sistem monopoli. ～ (정부의) ～품 barang-barang yang dimonopoli (pemerintah).

전매(轉賣)＜jeon/mae＞ penjualan kembali. ～하다 menjual kembali. ～할 수 있는 dapat dijual kembali.

전매특허(專賣特許)＜jeon/mae/theuk/heo＞ hak paten. ～를 얻다 mendapat hak paten. ☞ 특허.

전면(全面)＜jeon/myeon＞ seluruh permukaan. ～적인 keseluruhan; umum; skala penuh. ～적으로 secara umum. ～강화 perdamaian umum. ～ (핵)전쟁 perang total [nuklir].

전면(前面)＜jeon/myeon＞ bagian depan; hadapan; muka. ～에 di depan (dari).

전멸(全滅)＜jeon/myeol＞ penghancuran total; pemusnahan. ～하다

dihancurkan; dimusnahkan. ～시키다 menghancurkan seluruhnya; memusnahkan.

전모(全貌)＜jeon/mo＞ aspek keseluruhan; gambar keseluruhan. ...의 ～를 밝히다 memberikan gambaran secara keseluruhan; menerangkan aspek keseluruhan.

전몰(戰歿)＜jeon/mol＞ kematian di medan pertempuran. ～하다 tewas dalam perang. ～장병 orang yang mati dalam perang.

전무(全無)＜jeon/mu＞ ～하다 tidak ada sama sekali.

전무(專務)＜jeon/mu＞ (사무) tugas khusus; (사람) direktur pengelola; wakil presiden eksekutif/pelaksana. 여객 ～ kondektur kereta api.

전무후무(全無後無)＜jeon/mu/hu/mu＞ ～하다 yang pertama dan terakhir. ～한 대발견 penemuan besar yang pertama dan terakhir.

전문(全文)＜jeon/mun＞ seluruh pernyataan; naskah lengkap.

전문(前文)＜jeon/mun＞ kalimat yang diatas; pembukaan.

전문(專門)＜jeon/mun＞ spesialisasi; vak; kejuruan. ～으로 하다 mengambil spesialisasi (dalam). ～밖이다 bukan dalam bidangnya. ～가 ahli; pakar. ～ 교육(教育) pendidikan kejuruan. ～어 istilah teknik. ～위원 ahli teknik. ～의 spesialis. ～학교 sekolah kejuruan. ～화 spesialisasi; pengkhususan. (～ 화하다 mengkhususkan).

전문(電文)＜jeon/mun＞ telegram.

전문(傳聞)＜jeon/mun＞ ～하다 mendengar selentingan. ～한 바에 의하면 menurut kabar angin; dari apa yang saya dengar.

전반(全般)＜jeon/ban＞ seluruhnya; keseluruhan. ～의 [적인] seluruh; umum.

전반(前半)＜jeon/ban＞ pertengahan pertama. ～기 pertengahan pertama dari satu tahun; semester pertama. ～전 pertengahan pertama pertandingan.

전반사(全反射)＜jeon/ban/sa＞ 『理』 pemantulan total; refleksi total.

전방(前方)＜jeon/bang＞ (garis) depan. ～의 depan; muka. 100 미터 ～에 seratus meter di depan. ～기지 pangkalan terdepan. ～ 지휘소 pos komando terdepan.

전번(前番)＜jeon/beon＞ beberapa waktu yang lewat. ～의 lalu; lampau. ～에 sebelum ini; di waktu yang lalu. ～에 만났을 때 pada waktu terakhir bertemu.

전범(戰犯)＜jeon/beom＞ (죄) kejahatan perang; (사람) penjahat perang. ～용의자 tersangka penjahat perang.

전법(戰法)＜jeon/peob＞ taktik; strategi.

전변(轉變)＜jeon/byeon＞ mutasi; keperubahan. 유위(有爲) ～ perubahan kehidupan.

전별(餞別)＜jeon/byeol＞ pelepasan. ～하다 melepas keberangkatan.

전보(電報)＜jeon/bo＞ telegram; surat kawat. ～치다 menelegram; mengirim telegram. ～로 dengan telegram. ～료 biaya telegram. ～용지 blanko telegram.

전보(轉補)＜jeon/bo＞ ～하다 memindahkan; mentransfer. ～되다 dipindahkan; ditransfer.

전복(全鰒)＜jeon/bok＞ 『貝』 tiram; kerang laut.

전복(顚覆)＜jeon/bok＞ penggulingan. ～하다 menggulingkan; membalikkan.

전봇대(電報 -)＜jeon/bot/tae＞ ☞ 전주(電柱).

전부(全部)＜jeon/bu＞ semuanya; segala; sekalian; seluruh; segenap; kesemuanya; lingkup.

전부(前夫)＜jeon/bu＞ mantan suami.

전분(澱粉)＜jeon/bun＞ zat tepung; pati. ～질 kepatian.

전비(前非)＜jeon/bi＞ kesalahan di masa lalu. ～를 뉘우치다 bertobat dari kesalahan masa lalu.

전비(戰費)＜jeon/bi＞ biaya perang.

전사(戰士)＜jeon/sa＞ pejuang; prajurit; pemberani. 산업 ～ pekerja industri.

전사(戰史)＜jeon/sa＞ sejarah militer (perang). ～에 남다 tercatat dalam sejarah perang.

전사(戰死)＜jeon/sa＞ kematian dalam pertempuran. ～하다 mati dalam peperangan. ～자 orang yang mati dalam peperangan.

전사(轉寫)＜jeon/sa＞ ～하다 menyalin.

전상(戰傷)＜jeon/sang＞ luka perang. ～하다 terluka dalam peperangan. ～병 tentara yang luka. ～자 orang yang luka dalam perang.

전색맹(全色盲)＜jeon/saek/maeng＞ buta warna total.

전생(前生)＜jeon/saeng＞ kehidupan yang lampau keberadaan sebelumnya. ～의 인연 [연분] karma.

전생애(全生涯)＜jeon/saeng/ae＞ hidup seluruhnya.

전서(全書)＜jeon/seo＞ karya lengkap; koleksi lengkap. 요리(料理) ～ buku masak lengkap.

전서(篆書)＜jeon/seo＞ huruf stempel.

전서구(傳書鳩)＜jeon/seo/gu＞ merpati pembawa surat.

전선(前線)＜jeon/seon＞ ① garis depan. ～기지 pangkalan terdepan. ② muka massa (hawa). 강우 ～ muka massa hujan. 한랭[온난] ～ muka massa hawa dingin [panas].

전선(電線)＜jeon/seon＞ kabel; kawat.

전선(戰線)＜jeon/seon＞ garis pertempuran; front pertempuran. 서부 ～에 di garis depan barat. 공동 ～ front bersatu.

전설(傳說)＜jeon/seol＞ legenda; babad; hikayat. ～적 bersifat legenda. ～시대 masa legenda.

전성(全盛)＜jeon/seong＞ puncak kejayaan/kemakmuran. ～하다 berada pada puncak kemakmuran/kejayaan. ～기 [시대] masa jaya.

전성(展性)＜jeon/seong＞ 『理』 kelunakan.

전성관(傳聲管)＜jeon/seong/gwan＞ pembuluh suara.

전세(前世)＜jeon/se＞ ① (전생) keberadaan sebelumnya; kehidupan yang lampau. ② (전대) generasi sebelumnya; abad lampau.

전세(專貰)＜jeon/se＞ ～내다 mencarter; menyewa; mengontrak. ～버스[비행기] bus [pesawat] carteran/sewaan.

전세(傳貰)＜jeon/se＞ penyewaan rumah dengan menyimpan uang. ～놓다 menyewakan rumah dengan menyimpan uang. ～계약 perjanjian sewa rumah dengan uang simpanan yang dapat diambil bila keluar. ～금 uang simpan untuk sewa rumah (kamar). ～금 융자 pinjaman untuk membayar sewa rumah. ～집 rumah yang mau disewakan; rumah sewaan.

전세(戰勢)＜jeon/se＞ perkembangan perang; situasi perang.

전세계(全世界)＜jeon/se/gye＞ seluruh dunia; seantero dunia; sedunia. ～에 di seluruh dunia.

전세기(前世紀)＜jeon/se/gi＞ abad sebelumnya.

전소(全燒)＜jeon/so＞ pembumihangusan. ～하다 hancur luluh terbakar.

전속(專屬)＜jeon/sok＞ ～하다 milik eksklusif (dari). ～의 eksklusif; khusus. ～가수 penyanyi khusus. ～악단 orkestra khusus.

전속(轉屬)＜jeon/sok＞ pemindahan. ～하다 dipindahtugaskan.

전속력(全速力)＜jeon/sok/yeok＞ kecepatan penuh. ～으로 dengan kecepatan penuh. ～을 내다 mengerahkan kecepatan penuh.

전송(傳送)＜jeon/song＞ ～하다 mengirimkan; mengantarkan; meneruskan.

전송(電送)＜jeon/song＞ penghantaran listrik; transmisi listrik. ～하다 mengirimkan; mentransmisikan. ～

사진 telefoto.
전송(餞送)＜jeon/song＞　mengantar (seseorang) pergi.
전송(轉送)＜jeon/song＞　～하다 mengirimkan; meneruskan.
전수(全數)＜jeon/su＞　keseluruhan; jumlah total.
전수(專修)＜jeon/su＞　～하다 mengambil spesialisasi (dalam). ～과 bidang studi khusus.
전수(傳受)＜jeon/su＞　～하다 mewarisi.
전수(傳授)＜jeon/su＞　mewariskan; menurunkan.
전술(前述)＜jeon/sul＞　～한 tersebut di atas. ～한 바와 같이 seperti yang tersebut di atas; sebagaimana yang telah dikemukakan.
전술(戰術)＜jeon/sul＞　taktik; seni perang; siasat. ～상의 taktis. ～가 ahli siasat. ～공군 angkatan udara taktis.
전술핵무기(戰術核武器)＜jeon/sul/haek/mu/gi＞ senjata nuklir taktis.
전승(全勝)＜jeon/seung＞　～하다 menang sapu bersih.
전승(傳承)＜jeon/seung＞　～하다 mewariskan; menurunkan; memindahkan.
전승(戰勝)＜jeon/seung＞　kemenangan perang. ～하다 memenangkan perang. ～국 negara pemenang. ～기념일 hari perayaan kemenangan.
전시(全市)＜jeon/si＞ seluruh kota.
전시(展示)＜jeon/si＞　～하다 mengadakan pameran; memamerkan; mempertontonkan; memperagakan. ～물 barang peragaan. ～회 pameran. ～효과 pengaruh peragaan.
전시(戰時)＜jeon/si＞　masa perang. ～중(에) (pada) masa perang. ～경제 ekonomi masa perang. ～내각 kabinet perang. ～상태 kondisi masa perang.
전시대(前時代)＜jeon/si/dae＞　zaman lampau.
전신(全身)＜jeon/sin＞ tubuh keseluruhannya. ～에 di sekujur tubuh.

～의 힘 segenap kekuatan/tenaga. ～의 힘을 다하여 dengan segenap kekuatan. ～마취 pembiusan total. ～불수 kelumpuhan total. ～사진 foto seluruh badan.
전신(前身)＜jeon/sin＞ cikal bakal.
전신(電信)＜jeon/sin＞　telegraf; surat kawat. ～으로 dengan telegraf. ～국 kantor telegram. ～약호 singkatan telegrafis. ～환 pengiriman telegrafis. 무선 ～ telegrafi tanpa kabel.
전실(前室)＜jeon/sil＞　mantan istri. ～자식 anak mantan istri.
전심(全心)＜jeon/sim＞　sepenuh hati. ～을 기울여 dengan sepenuh hati. ～전력을 다하다 memusatkan perhatian dan tenaga (pada).
전심(專心)＜jeon/sim＞　～하다 memusatkan perhatian (pada).
전아(典雅)＜jeon/a＞　～한 anggun.
전압(電壓)＜jeon/ab＞　tegangan listrik; voltase. ～을 높이다 [낮추다] menaikkan [menurunkan] tegangan listrik. ～계 meteran listrik; volt meter.
전액(全額)＜jeon/aek＞ jumlah seluruhnya. ～담보 jumlah jaminan penuh. ～보험 asuransi penuh. ～불입 pembayaran penuh.
전야(前夜)＜jeon/ya＞　malam sebelumnya. ～제(祭) pesta malam (Tahun Baru, dsb). 크리스마스 ～ malam Natal.
전언(前言)＜jeon/eon＞　ucapan sebelumnya.
전언(傳言)＜jeon/eon＞　kabar; berita. ～하다 memberi kabar.
전업(專業)＜jeon/eob＞　spesialisasi; keahlian. ...을 ～으로하다 mengambil spesialisasi (dalam).
전업(電業)＜jeon/eob＞　perusahaan listrik.
전업(轉業)＜jeon/eob＞　～하다 beralih pekerjaan/ usaha. ～자금 dana peralihan pekerjaan/usaha.
전역(全域)＜jeon/yeok＞　seluruh daerah.
전역(全譯)＜jeon/yeok＞　terjemahan

lengkap. ~하다 menterjemahkan secara lengkap.

전역(戰役)＜jeon/yeok＞ perang; pertempuran.

전역(戰域)＜jeon/yeok＞ zona perang; wilayah operasi.

전역하다(轉役-)＜jeon/yeok/hada＞ bebas tugas (dari ketentaraan).

전연(全然)＜jeon/yeon＞ ☞전혀.

전열(電熱)＜jeon/yeol＞ pemanasan listrik. ~기 alat pemanas listrik.

전열(前列)＜jeon/yeol＞ baris depan.

전열(戰列)＜jeon/yeol＞ garis pertempuran. ~에 참가하다 bergabung dengan barisan tempur.

전염(傳染)＜jeon/yeom＞ penularan; penjangkitan. ~하다 (병이) menular; menjangkit; (사람이) kejangkitan. ~성의 menular. ~계통 asal wabah.

전염병(傳染病)＜jeon/yeom/pyeong＞ penyakit menular. ~환자 pasien penyakit menular.

전와(轉訛)＜jeon/wa＞ ~하다 berubah dari mulut ke mulut.

전용(專用)＜jeon/yong＞ penggunaan sendiri/khusus. ~의 pribadi; eksklusif; khusus. ~기[차] kapal terbang [mobil] pribadi. 자동차 ~도로 jalan mobil.

전용(轉用)＜jeon/yong＞ pengalihan. ~하다 menggunakan untuk tujuan lain.

전우(戰友)＜jeon/u＞ kawan seperjuangan.

전운(戰雲)＜jeon/un＞ awan peperangan. 아시아에 ~이 감돌다 Awan peperangan menggantung di atas Asia.

전원(田園)＜jeon/won＞ daerah luar kota; pedesaan; pedusunan. ~도시 kota pedesaan. ~생활 kehidupan pedesaan. ~시 syair yang menggambarkan keindahan alam. ~시인 penyair keindahan alam.

전원(全員)＜jeon/won＞ seluruh anggota. ~일치(-致)로 dengan suara bulat.

전원(電源)＜jeon/won＞ sumber tenaga. ~개발 pengembangan sumber tenaga.

전월(前月)＜jeon/wol＞ bulan yang lalu.

전위(前衛)＜jeon/wi＞ penjaga terdepan; pemain depan. ~를 맡아보다 main di depan.

전위(傳位)＜jeon/wi＞ ~하다 turun tahta.

전위(電位)＜jeon/wi＞ potensial listrik. ~강하 penurunan potensial listrik. ~계(計) alat pengukur tenaga listrik. ~차(差) beda potensial. 양(陽) [음(陰)] ~ potensial positip [negatif].

전유(專有)＜jeon/yu＞ ~하다 memonopoli; mendapat hak kepemilikan sendiri. ~권 hak monopoli.

전율(戰慄)＜jeon/yul＞ ~하다 gemetar ketakutan; bergidik. ~할(만한) mengerikan.

전음(顫音)＜jeon/eum＞ 『樂』 bunyi bergetar.

전의(戰意)＜jeon/eui＞ semangat berjuang. ~를 잃다 hilang semangat berjuang.

전의(轉義)＜jeon/eui＞ arti kiasan.

전이(轉移)＜jeon/i＞ pertukaran; perubahan. ~하다 menukar; merubah.

전인(全人)＜jeon/in＞ ~교육 pendidikan manusia seutuhnya.

전인(前人)＜jeon/in＞ leluhur; nenek moyang. ~미답의 belum terjamah; perawan.

전일(前日)＜jeon/il＞ hari sebelumnya.

전임(前任)＜jeon/im＞ ~자 pendahulu. ~지(地) tempat tugas sebelumnya.

전임(專任)＜jeon/im＞ kerja penuh. ~교사 guru penuh/tetap.

전임(轉任)＜jeon/im＞ ~하다 dipindahkan ke tempat tugas lain. ~지 tempat tugas yang baru.

전입(轉入)＜jeon/ib＞ ~하다 pindah. ~생 siswa pindahan. ~신고 pemberitahuan pindah.

전자(前者)＜jeon/ja＞ pendahulu;

pertama.

전자(電子)＜jeon/ja＞ elektron. ～계산기 [두뇌] mesin hitung [otak] elektronik. ～공업 [산업] industri elektronik. ～(공)학 elektronika. ～레인지 mikrowave oven. ～오락실 tempat ding dong ～오락업 usaha ding dong. ～오르간 organ elektronik. ～음악 musik elektronik. ～전 perang elektronika. ～전기제품 상가 pusat penjualan barang elektronik. ～정보처리 시스템 sistim pemrosesan data elektronik. ～핵공학 nukleonika. ～현미경 mikroskop elektron.

전자(電磁)＜jeon/ja＞ elektromagnetik. ～기(氣) kemagnetan listrik. ～석[철] magnet listrik. ～파 gelombang elektromagnetik. ～학 elektromagnetisme.

전자(篆字)＜jeon/ja＞ huruf stempel.

전작(前酌)＜jeon/jak＞ ～이 있다 telah minum sedikit.

전장(全長)＜jeon/jang＞ panjang seluruhnya. ～백 피트이다 panjang keseluruhannya 100 kaki.

전장(前章)＜jeon/jang＞ bab sebelumnya.

전장(電場)＜jeon/jang＞ 『理』 medan listrik.

전장(戰場)＜jeon/jang＞ medan pertempuran; kancah peperangan. ～의 이슬로 사라지다 tewas dalam peperangan.

전재(戰災)＜jeon/jae＞ kerusakan perang; bencana perang. ～민 pengungsi perang.

전쟁(戰爭)＜jeon/jaeng＞ perang; konflik; pertentangan; perselisihan; pertikaian; pertempuran. ～하다 mengadakan peperangan. ～의 참화 bencana perang. ～중이다 sedang berperang (dengan). ～에 이기다 [지다] menang [kalah] perang. ～을 일으키다 menimbulkan peperangan. ～고아 anak yatim yang kehilangan orang tua karena perang. ～상태 keadaan perang. 전면 ～ perang total; perang ha-

bis-habisan. 제한[국지] ～ perang terbatas [lokal]. 침략 ～ perang yang agresif.

전적(全的)＜jeon/ceok＞ semuanya; seluruhnya; sepenuhnya; selengkapnya; segenap. ～으로 secara keseluruhan.

전적(戰跡)＜jeon/jeok＞ pemandangan sisa/bekas perang.

전적(戰績)＜jeon/jeok＞ keberhasilan militer; prestasi militer; (경기의) hasil; rekor.

전적(轉籍)＜jeon/jeok＞ ～하다 memindahkan daftar keluarga.

전전(戰前)＜jeon/jeon＞ ～의 sebelum perang. ～파 generasi sebelum perang.

전전(轉轉)＜jeon/jeon＞ ～하다 berpindah-pindah (alamat).

전전긍긍(戰戰兢兢)＜jeon/jeon/geung/geung＞ ～하다 gemetar ketakutan.

전전일(前前日)＜jeon/jeon/il＞ dua hari sebelumnya; dua hari yang lalu.

전정(前程)＜jeon/jeong＞ ☞ 앞길.

전정(剪定)＜jeon/jeong＞ ～하다 memangkas; menggunting. ～가위 gunting pemangkas.

전제(前提)＜jeon/je＞ 『論』 dasar pikiran. ～조건 prasyarat. 대[소]～ dasar pemikiran utama [minor].

전제(專制)＜jeon/je＞ kelaliman; kesewenangan; otokrasi. ～적 lalim; sewenang-wenang; otokrat. ～국 monarki absolut. ～군주 raja lalim. ～정치 pemerintahan yang lalim. ～주의 depotisme; absolutisme. ～주의자 orang yang lalim.

전조(前兆)＜jeon/jo＞ pertanda; alamat; gejala. ～가 되다 menjadi pertanda/alamat.

전조(前條)＜jeon/jo＞ artikel sebelumnya.

전조(轉調)＜jeon/jo＞ 『樂』 transmisi; modulasi.

전조등(前照燈)＜jeon/jo/deung＞ lampu besar.

전족(纏足)＜jeon/jok＞ pembalutan

kaki.　~하다 membalut kaki.
전죄(前罪)＜jeon/joe＞ kejahatan sebelumnya.
전주(前奏)＜jeon/ju＞『樂』 musik pembuka.　~곡 melodi pembuka.
전주(前週)＜jeon/ju＞ minggu lalu.　~의 오늘 hari ini minggu lalu.
전주(電柱)＜jeon/ju＞ tiang listrik; tiang telegraf.
전주(錢主)＜jeon/ju＞ penyandang dana; kreditor.
전중이＜jeon/jung/i＞ orang tahanan; burung dalam sangkar.
전지(田地)＜jeon/ji＞ ☞ 전답(田畓).
전지(全知)＜jeon/ji＞ ~의 maha mengetahui.　~ 전능한 Maha Kuasa.　~ 전능하신 하나님 Tuhan Yang Maha Kuasa.
전지(全紙)＜jeon/ji＞ selembar penuh.
전지(剪枝)＜jeon/ji＞ ~하다 memangkas; menggunting.
전지(電池)＜jeon/ji＞ sel aki; batere. 건[축]~ batere kering [penyimpan]. 광(光) ~ sel foto. 태양 ~ sel surya.
전지(戰地)＜jeon/ji＞ medan peperangan.
전지(轉地)(jeon/ji＞ ~하다 pindah untuk pergantian suasana.　~요양 pergantian suasana untuk kesehatan.　~요법 perawatan melalui pertukaran suasana.
전직(前職)＜jeon/jik＞ jabatan sebelumnya.　~장관 mantan menteri.
전직(轉職)＜jeon/jik＞ ~하다 ganti pekerjaan.
전진(前進)＜jeon/jin＞ ~하다 maju; bergerak maju　~기지 pangkalan terdepan.
전진(戰陣)＜jeon/jin＞ medan pertempuran; garis depan.
전질(全帙)＜jeon/jil＞ set yang komplit (buku).
전집(全集)＜jeon/jib＞ karya lengkap.　~물 seri karya lengkap.
전차(電車)＜jeon/cha＞ trem.
전차(戰車)＜jeon/cha＞ tank; mobil lapis baja.　~병(兵) sopir tank.

~부대 satuan mobil lapis baja; satuan tank.　~포 meriam tank. 대 ~ 포 meriam tank besar.　~호(壕) jebakan anti tank. 수륙 양용 ~ tank ampibi. 중[경]~ tank berat [ringan].
전차(轉借)＜jeon/cha＞ ~하다 meminjam dari tangan kedua.　~인(人) penyewa melalui tangan kedua.
전채(前菜)＜jeon/chae＞『料理』 pembangkit selera; makanan kecil.
전처(前妻)＜jeon/cheo＞ mantan istri.
전천후(全天候)＜jeon/cheon/hu＞ ~기 [전투기] pesawat terbang [pesawat tempur] segala cuaca.　~ 농업(農業) pertanian untuk semua iklim.
전철(前轍)＜jeon/cheol＞ ~을 밟다 mengikuti teladan; mengulangi kekeliruan yang sama seperti…
전철(電鐵)＜jeon/cheol＞ rel kereta api listrik.
전철(轉轍)＜jeon/cheol＞ pemindahan rel.　~기(機) alat pemindah rel.　~수(手) orang yang mengatur perpindahan rel.
전체(全體)＜jeon/che＞ kesemuanya; keseluruhan; keseutuhan.　~의 semua; seluruh; total.　~ 적으로 secara keseluruhan.　~주의 paham totaliter.　~주의 국가 negara totaliter.
전초(前哨)＜jeon/cho＞ pangkalan/pos yang terdepan.　~부대 tentara barisan depan.　~전 pertempuran di baris depan.
전축(電蓄)＜jeon/chuk＞ gromafon listrik. 스테레오 ~ gramafon stereo.
전출(轉出)＜jeon/chul＞ ~하다 pindah.　~신고 pemberitahuan keluar/pindah.
전취(戰取)＜jeon/chwi＞ ~하다 meraih; mendapat; memperoleh.
전치(全治)＜jeon/chi＞ ~하다 sembuh total.
전치사(前置詞)＜jeon/chi/sa＞『文』 kata depan.

전통(傳統)＜jeon/thong＞ tradisi; adat; kebiasaan. ~적(으로) (secara) tradisional. ~을 따르다 [깨뜨리다] mengikuti [melanggar] tradisi.

전퇴직율(轉退職率)＜jeon/thoe/jik/yul＞ angka perpindahan dan berhenti kerja.

전투(戰鬪)＜jeon/thu＞ pertempuran; bentrokan senjata; peperangan; pertarungan. ~하다 berkelahi; bertempur; bertarung. ~를 개시 [중지] 하다 memulai [menghentikan] permusuhan. ~경찰대 satuan polisi tentara. ~기 pesawat tempur. ~대형 formasi pertempuran. ~준비 persiapan untuk bertempur. ~태세 kesiapan bertempur. ~훈련 latihan perang. 차세대 ~기 pesawat tempur generasi mendatang.

전파(全破)＜jeon/fa＞ penghancuran total. ~하다 menghancurleburkan; memusnahkan. ~가옥 rumah yang hancur total.

전파(電波)＜jeon/fa＞ gelombang listrik. ~에 실리어 melalui radio. ~를 타다 disiarkan melalui radio. ~ 망원경 teleskop radio. ~방해 gangguan gelombang listrik. ~ 탐지기 radar.

전파(傳播)＜jeon/fa＞ transmisi; penyebaran. ~하다 menyebar.

전판(全 -)＜jeon/fan＞ semua; keseluruhan.

전패(全敗)＜jeon/fae＞ kekalahan total. ~하다 dikalahkan secara total; kalah total.

전편(全篇)＜jeon/fyeon＞ buku seluruhnya.

전편(前篇)＜jeon/fyeon＞ jilid pertama; volume pertama.

전폐(全廢)＜jeon/fye＞ penghapusan total; pengenyahan; pembatalan. ~하다 menghapus seluruhnya.

전폭(全幅)＜jeon/fok＞ ~적인 penuh. ~적으로 secara penuh.

전폭기(戰爆機)＜jeon/fok/gi＞ pembom tempur.

전표(傳票)＜jeon/fyo＞ slip. ~를 떼다 memberikan slip. 수납 [지급, 대체] ~ slip penerimaan [pembayaran, transfer].

전하(電荷)＜jeon/ha＞ 『理』 muatan listrik.

전하(殿下)＜jeon/ha＞ Yang Mulia; Seripaduka.

전하다(傳 -)＜jeon/hada＞ ① menyampaikan; memberitahukan; meneruskan. 비보를 ~ menyampaikan kabar buruk. ② mengajar; menurunkan. 지식을 ~ menurunkan ilmu (ke). ③ menurunkan; mewariskan. 후세에 ~ menurunkan kepada anak cucu. ④ menghantarkan; menyebarkan. 진동을 ~ menyebarkan getaran. ⑤ (도입) memperkenalkan.

전학하다(轉學-)＜jeon/hak/hada＞ pindah sekolah.

전함(戰艦)＜jeon/ham＞ kapal perang; kapal meriam.

전항(前項)＜jeon/hang＞paragraf sebelumnya.

전해(前 -)＜jeon/hae＞ tahun sebelumnya; tahun lalu.

전해(電解)＜jeon/hae＞ elektrolisis. ~하다 mengelektrolisis.

전향(轉向)＜jeon/hyang＞ ~하다 beralih; berganti. ~자 orang yang beralih.

전혀(全 -)＜jeon/hyeo＞ semuanya; seluruhnya; (조금도 …않다) sama sekali; sekali-kali. ~ 모르는 사람 orang yang asing sama sekali.

전형(典型)＜jeon/hyeong＞ tipe; model; ciri; pola; kekhasan. ~적인 khas.

전형(銓衡)＜jeon/hyeong＞ pilihan; pemilihan. ~하다 memilih. ~에 누락되다 menjadi tidak terpilih. ~시험 ujian saringan. ~위원 anggota komite pemilihan.

전호(前號)＜jeon/ho＞ nomor/terbitan sebelumnya.

전화(電化)＜jeon/hwa＞ elektrifikasi. ~하다 mengelektrifikasi. ~사업 pekerjaan elektrifikasi.

전화(電話)＜jeon/hwa＞ telepon. ～로 melalui telepon; dengan telepon. ～를 걸다 menelepon. ～를 끊다 menutup telepon; memutuskan pembicaraan telepon. ～를 받다 menjawab telepon; mengangkat telepon. ～ 가입자 pelanggan telepon. ～번호 nomor telepon. ～ 번호부 (簿) buku (daftar nama) telepon. 공충 ～ telepon umum. 시외 ～ telepon antar kota.

전화(戰火)＜jeon/hwa＞ perang; api peperangan.

전화(戰禍)＜jeon/hwa＞ bencana perang. ～를 입은 terlanda bencana perang. ～에서 구하다 menyelamatkan dari bencana perang.

전화(轉化)＜jeon/hwa＞ ～하다 berubah.

전화위복(轉禍爲福)＜jeon/hwa/wi/bok＞ ～하다 kemalangan berubah menjadi kemujuran.

전환(轉換)＜jeon/hwan＞ ～하다 merubah; mengubah; mengganti; mengalihkan. ～기(期) titik perubahan/peralihan. 기분 ～ pengalihan. 성(性) ～ perubahan kelamin.

전황(戰況)＜jeon/hwang＞ perkembangan pertempuran; keadaan pertempuran. ～뉴스 berita perang.

전회(前回)＜jeon/hoe＞ waktu/kesempatan yang lalu. ～의 terakhir; sebelumnya.

전회(轉回)＜jeon/hoe＞ ～하다 berputar; berotasi; berkisar.

전횡(專橫)＜jeon/hoeng＞ kelaliman; kesewenang-wenangan. ～하다 bertindak dengan semena-mena/sewenang-wenang. ～적인 lalim; semena-mena; sewenang-wenang.

전후(前後)＜jeon/hu＞ ① urutan. ～의 생각도 없이 dengan serampangan. ～의 관계 konteks; hubungan kata-kata. ② (앞과 뒤) muka belakang. ～하여 kira-kira pada waktu yang sama. 대전 ～ sebelum dan sesudah perang dunia. ③ kira-kira; sekitar. 40(대) ～의 남자 orang yang berumur sekitar 40-an. 7시 ～ sekitar jam tujuh.

전후(戰後)＜jeon/hu＞ ～의 pasca perang. ～파 generasi pasca perang.

절＜jeol＞ (사찰) kuil/Budha; tapekong; biara; klenteng-klenteng; rumah berhala.

절＜jeol＞ (인사) penghormatan (dengan membungkukkan badan); sojah. (☞ 절하다). 큰 ～ soja besar.

절(節)＜jeol＞ 『文』 bagian; alinea; ayat; bait.

…절(折)＜jeol＞ 8～의 책 perdelapan (tentang lembaran kertas). 12 ～ perduabelas.

…절(節)＜jeol＞ musim; perayaan. 성탄 ～ Hari Natal.

절감하다(切感-)＜jeol/gam/hada＞ merasakan sungguh-sungguh.

절감(節減)＜jeol/gam＞ pengurangan; pemotongan. ～하다 mengurangi; memotong.

절개(切開)＜jeol/gae＞ pembedahan. ～하다 membedah. ～수술 operasi pembedahan. 제왕 ～수술 operasi caesar.

절개(節槪)＜jeol/gae＞ kesetiaan; kesucian. ～를 지키다 menjaga kesetiaan; menjaga kesucian.

절경(絶景)＜jeol/gyeong＞ pemandangan yang bagus.

절교(絶交)＜jeol/gyo＞ pemutusan persahabatan; keretakan persahabatan. ～하다 memutuskan persahabatan.

절구＜jeol/gu＞ alu. ～질하다, ～에 찧다 menumbuk biji-bijian dengan alu. ～통 lesung.

절구(絶句)＜jeol/gu＞ syair (4 baris)

절규(絶叫)＜jeol/gyu＞ teriakan; pekikan; jeritan; seruan. ～하다 berteriak; memekik; berseru.

절기(節氣)＜jeol/gi＞ bagian dari musim.

절다＜jeol/da＞ (소금에) diasinkan; diacarkan.

절다＜jeol/da＞ (발을) berjalan timpang.

절단(切斷.截斷)＜jeol/tan＞ ～하다

memotong; mengamputasi. ～기 mesin pemotong. ～면 irisan; potongan. ～환자 pasien yang diamputasi.

절대(絶對)＜jeol/tae＞ kemutlakan. ～의 [적인] mutlak; tanpa syarat. ～로 dengan mutlak; secara positif. ～의 진리 kebenaran mutlak. ～군주제 monarki absolut. ～권력[온도] kekuasaan [temperatur] mutlak. ～다수 mayoritas mutlak. ～안정 istirahat total. ～음감 lemparan sempurna. ～주의 faham absolut; absolutisme.

절도(節度)＜jeol/to＞ ～를 지키다 menjaga tidak berlebihan.

절도(竊盜)＜jeol/to＞ pencuri; pencilok. ～범[죄] pencurian.

절뚝거리다＜jeol/tuk/geo/ri/da＞ berjalan timpang.

절뚝발이＜jeol/tuk/bal/i＞ orang timpang/lumpuh.

절량농가(絶糧農家)＜jeol/yang/nong/ga＞ petani yang kekurangan pangan. ～의 구호 대책을 세우다 mencari jalan keluar menolong petani yang kurang pangan.

절레절레＜jeol/le/jeol/le＞ menggelengkan kepala.

절륜(絶倫)＜jeol/yun＞ ～한 tanpa tandingan.

절름거리다＜jeol/leum/geo/ri/da＞ pincang; timpang.

절름발이＜jeol/leum/ba/ri＞ orang yang timpang/ pincang.

절망(絶望)＜jeol/mang＞ keputusasaan. ～하다 berputus asa; berpatah hati. ～적인 putus asa; patah hati. ～한 나머지 karena putus asa.

절명(絶命)＜jeol/myeong＞ ～하다 menghembuskan nafas yang terakhir; meninggal.

절묘(絶妙)＜jeol/myo＞ ～한 indah sekali; bagus sekali.

절무(絶無)＜jeol/mu＞ tidak ada; nol; nihil.

절미(節米)＜jeol/mi＞ penghematan beras. ～하다 menghemat beras. ～ 계획(計劃) program penghemat-

an beras. ～운동 gerakan/kampanye penghematan beras.

절박(切迫)＜jeol//bak＞ ～하다 ① (급박) mendesak; menekan. ～한 mendesak; urgen. ② (정세.사태) dalam keadaan terjepit; serius.

절반(折半)＜jeol/ban＞ sebelah; separuh; setengah; seperdua. ～하다 membelah dua; memaruh.

절벅거리다＜jeol/beok/geo/ri/da＞ mencebur-ceburkan.

절벙거리다＜jeol/beong/geo/ri/da＞ mencebur.

절벽(絶壁)＜jeol/byeok＞ ngarai; tebing yang curam.

절삭(切削)＜jeol/sak＞ pemotongan. ～공구 alat pemotong.

절색(絶色)＜jeol/saek＞ wanita yang cantik sekali.

절세(絶世)＜jeol/se＞ ～의 tanpa tandingan. ～의 미인 kecantikan yang langka.

절손(絶孫)＜jeol/son＞ ～하다 membiarkan garis keturunannya hilang; tidak mempunyai keturunan.

절수(節水)＜jeol/su＞ penghematan air. ～하다 menghemat air.

절승(絶勝)＜jeol/seung＞ pemandangan yang permai. ☞ 절경.

절식(絶食)＜jeol/sik＞ ☞ 단식(斷食).

절식(節食)＜jeol/sik＞ penghematan makanan; pertarakan. ～하다 menghemat makanan; bertarak.

절실(切實)＜jeol/sil＞ ～한 penting; serius; mendesak. ～히 dengan mendesak/serius.

절약(節約)＜jeol/yak＞ penghematan. ～하다 menghemat. 시간[비용] ～ penghematan waktu [biaya].

절연(絶緣)＜jeol/yeon＞ ① 『理』 isolasi; penyekatan. ～하다 mengisolasikan; menyekat. ～기 alat penyekat. ～선 kabel isolator. ～체 isolator. ～ 테이프 isolasi ban. ② (관계의) ～ 하다 memutuskan hubungan (dengan).

절의(節義)＜jeol/eui＞ ketaatan kepada prinsip.

절이다＜jeo/ri/da＞ mengacarkan;

mengasinkan.

절전(節電)＜jeol/ceon＞ penghematan listrik. ～하다 menghemat listrik.

절절＜jeol/jeol＞ ① (끓는 모양) mendidih; mengelegak. ② (흔드는 모양) menggeleng.

절절이(節節 -)＜jeol/jeo/ri＞ kata demi kata; setiap kata.

절정(絕頂)＜jeol/ceong＞ puncak.

절제(切除)＜jeol/ce＞ 『醫』 pembedahan ulang. ～하다 membedah; memotong. 위 ～(술) gastrektomi. 폐 ～ pembedahan paru-paru.

절제(節制)＜jeol/ce＞ pertarakan. ～하다 bertarak. ～가(家) orang yang bertarak.

절조(節操)＜jeol/jo＞ kesetiaan; ketetapan. ～있는 [없는] ada [tidak ada] kesetiaan. ～를 지키다 mempertahankan prinsip.

절지동물(節肢動物)＜jeol/ji/dong/mul＞ artropoda.

절주(節酒)＜jeol/cu＞ pertarakan minum minuman keras. ～하다 bertarak minum minuman keras.

절차(節次)＜jeol/cha＞ prosedur; urutan. ～를 밟다 mengikuti prosedur. ～법 kaidah urutan. 소송 ～ prosedur yang syah.

절찬(絕讚)＜jeol/chan＞ ～하다 memuji. ～을 받다 dipuji.

절창(絕唱)＜jeol/chang＞ nyanyian [penyanyi] yang istimewa.

절충(折衷)＜jeol/chung＞ kompromi; persetujuan; jalan tengah. ～하다 mengadakan kompromi. ～안 rencana kompromi. ～주의, ～설 faham kompromi.

절충(折衝)＜jeol/cung＞ negosiasi; perundingan. ～하다 bernegosiasi (mengenai). ～중이다 sedang dinegosiasikan.

절취(竊取)＜jeol/chwi＞ pencurian. ～하다 mencuri.

절취선(切取線)＜jeol/chwi/seon＞ garis titik-titik.

절치부심(切齒腐心)＜jeol/chi/bu/sim＞ ～하다 geregetan dengan ke

sal.

절친하다(切親-)＜jeol/chin/hada＞ kerab; akrab; erat.

절토(切土)＜jeol/tho＞ ～하다 mendatarkan permukaan tanah.

절통(切痛)＜jeol/thong＞ ～한 paling disesalkan.

절판(絕版)＜jeol/fan＞ ～되다 sudah tidak dicetak lagi.

절품(絕品)＜jeol/fum＞ barang langka.

절필(絕筆)＜jeol/fil＞ tulisan yang terakhir.

절하(切下)＜jeol/ha＞ pengurangan; devaluasi. ～하다 mengurangi; memotong; menurunkan. 평가를 ～하다 mendevaluasi.

절하다＜jeol/hada＞ (dengan menundukkan kepala); bersoja.

절해(絕海)＜jeol/hae＞ ～의 고도 pulau yang terpencil.

절호(絕好)＜jeol/ho＞ ～의 terbaik; terbagus.

절후(節候)＜jeol/hu＞ ☞ 절기.

젊다＜jeom/ta＞ muda; masa muda. 나이에 비해 ～ kelihatan muda daripada umurnya.

젊은이＜jeol/meu/ni＞ anak muda; muda-mudi.

점(占)＜jeom＞ peramalan. (☞ 점치다). ～장이 peramal.

점(點)＜jeom＞ ① noda; bintik-bintik. 검은 ～ noda hitam. ② titik; noktah. ～을 찍다 menitik; menandai dengan titik. ③ ponten; nilai. ～을 매기다 menilai; memberi angka. ④ (경기의 득점) nilai; skor (olahraga). ⑤ sudut pandang. …한 ～에서 보면 dari sudut pandang… . ⑥ titik. 출발 ～ titik awal. ⑦ helai; potong. 의류 10～ sepuluh potong pakaian. ⑧ koma desimal; koma desimal. 4～65 4,65 (empat koma enam puluh lima). ⑨ titik. 비등 [융해] ～ titik didih [lebur]. ⑩ (바둑의) batu (dalam permainan baduk). ⑪ (피부의) tanda lahir; tahi lalat. ⑫ ☞ 시(時).

점감(漸減)＜jeom/gam＞　　～하다 mengurangi berangsur-angsur.

점거(占據)＜jeom/geo＞ pendudukan. ～하다 menduduki. 불법(不法) ～ pendudukan tidak sah.

점검(點檢)＜jeom/geom＞　　～하다 memeriksa; menginspeksi.

점괘(占卦)＜jeom/kwae＞ tanda peramalan.

점도(粘度)＜jeom/do＞ kekentalan; viskositas.

점두(店頭)＜jeom/du＞ depan toko; etalase ～장식 hiasan etalase. ～ 장식사 penata etalase.

점등(點燈)＜jeom/deung＞ penerangan. ～하다 menerangi; menyalakan lampu. ～시간 waktu penerangan.

점등(漸騰)＜jeom/deung＞ kenaikan secara bertahap. ～하다 naik secara bertahap.

점락(漸落)＜jeom/nak＞ kejatuhan secara bertahap. ～하다 jatuh secara bertahap.

점령(占領)＜jeom/yeong＞ pendudukan. ～하다 menduduki. ～ 하에 있다 dibawah pendudukan. ～ 군(軍) tentara yang menduduki. ～ 정책 politik pendudukan. ～지 daerah pendudukan.

점막(粘膜)＜jeom/mak＞ 『生』 selaput lendir; mukosa.

점멸(點滅)＜jeom/myeol＞ ～하다 mematihidupkan (lampu sen). ～기 knop/tombol.

점묘(點描)＜jeom/myo＞ sketsa. ～ 화법 metoda sketsa.

점박이(點 -)＜jeom/ba/gi＞ orang yang ada tanda lahirnya.

점선(點線)＜jeom/seon＞ garis titik-titik.

점성(占星)＜jeom/seong＞ perbintangan; ramalan bintang. ～가 ahli perbintangan. ～술 [학] ilmu perbintangan; astrologi.

점성(粘性)＜jeom/seong＞ kekentalan; viskositas.

점수(點數)＜jeom/su＞ nilai; ponten; angka. ～를 매기다 memberi ponten. 좋은 ～를 따다 mendapat ponten yang baik. ～가 후하다 [짜다] murah [pelit] dalam memberi ponten.

점술(占術)＜jeom/sul＞ seni peramalan.

점심(點心)＜jeom/sim＞ makan(an) siang. ～을 먹다 makan siang.

점안(點眼)＜jeom/an＞ ～하다 memakai pembersih mata. ～기 obat tetes mata. ～수(水) air pembersih mata.

점액(粘液)＜jeom/aek＞ lendir. ～ 성(性)의 berlendir.

점원(店員)＜jeom/won＞ pramuniaga.

점유(占有)＜jeom/yu＞ pendudukan; penempatan. ～하다 menduduki. ～자 orang yang menduduki.

점입가경(漸入佳境)＜jeom/ib/ga/gyeong＞ ～하다 semakin menarik.

점자(點字)＜jeom/ca＞ huruf Braille. ～서(書) buku huruf Braille. ～읽 기 membaca huruf Braille.

점잔부리다＜jeom/jan/bu/ri/da＞ ☞ 점잔빼다.

점잔빼다＜jeom/jan/pae/da＞ bersikap jentelman.

점잖다＜jeom/jan/tha＞ jentel.

점점(漸漸)＜jeom/jeom＞ sedikit demi sedikit; lambat laun; semakin.

점점이(點點 -)＜jeom/jeo/mi＞ disana-sini.

점주(店主)＜jeom/ju＞ pemilik toko.

점증(漸增)＜jeom/jeung＞ pertambahan yang bertahap. ～하다 bertambah secara bertahap.

점진(漸進)＜jeom/jin＞ ～하다 maju sedikit demi sedikit. ～적인 bertahap. ～주의 paham moderat.

점차(漸次)＜jeom/cha＞ secara bertahap; berangsur-angsur; perlahan-lahan; sedikit demi sedikit.

점착(粘着)＜jeom/chak＞ kohesi; adhesi; viskositas. ～하다 melekat; berkohesi. ～력 daya kohesi; viskositas. ～성 kelekatan; adhesi; viskositas.

점철(點綴) <jeom/cheol>　　～하다 menatah.

점치다(占 -) <jeom/chi/da>　meramal nasib.

점토(粘土) <jeom/tho>　tanah liat; lempung.　～질의 terbuat dari tanah liat.　～세공 kerajinan tanah liat. 내화 ～ bata tahan api.

점포(店鋪) <jeom/fo> toko.

점호(點呼) <jeom/ho>　apel.　～하다 mengadakan apel. 일조[일석] ～ 『軍』 apel pagi [malam].

점화(點火) <jeom/hwa>　pencetusan; penyulutan; penyalaan.　～하다 menyalakan; menyulut; memasang api; menghidupkan.　～약 bubuk mesiu.　～장치 『電』 alat pembakar.　～전(栓) busi.

접(接) <jeob>　pencangkokan; okulasi.　～붙이다 mencangkok; mengokulasi.

접 <jeob> (과일.채소의) seratus buah.

접각(接角) <jeob/gak>　『幾』 sudut yang bersebelahan.

접객(接客) <jeob/gaek>　～하다 menerima; menjamu; menyambut (tamu).

접객업(接客業) <jeob/gaek/eob> usaha penyambutan tamu; usaha hotel dan restoran.　～자 pemilik hotel dan restoran.

접견(接見) <jeob/gyeon>　resepsi; penerimaan.　～하다 menerima; melayani.

접경(接境) <jeob/gyeong>　garis perbatasan; daerah perbatasan.　～하다 berbatasan (dengan).

접골(接骨) <jeob/gol>　pemulihan letak tulang.　～하다 mengembalikan tulang pada letak semula.　～사 tukang urut.

접근(接近) <jeob/geun>　～하다 mendekati; mengarah; menuju; menghampiri; mengakrabi.　～한 dekat; rapat; akrab.　～해 있다 dekat satu sama lain.　～전 『拳』 perkelahian jarak rapat.

접다 <jeob/ta>　melipat; menekuk; menggulung; menguncup. 우산을 ～ menguncup payung. 종이를 네 겹으로 ～ melipat empat kertas.

접대(接待) <jeob/tae>　resepsi perjamuan; penyambutan; pelayanan.　～하다 menjamu; memperbasakan; menjamui.　～부 pelayan; pramusaji.　～비 biaya perjamuan/resepsi.　～실 ruangan resepsi.　～위원 panitia resepsi/penyambutan.

접두어(接頭語) <jeob/du/eo>　『文』 awalan.

접때 <jeob/tae> beberapa hari yang lalu.

접목(接木) <jeob/mok>　cangkokan; pencangkokan.　～하다 mencangkok; mengokulasi.

접미어(接尾語) <jeob/mi/eo>　『文』 akhiran.

접본(接本) <jeob/bon>　pohon yang dicangkok; bibit.

접선(接線) <jeob/seon>　① 『幾』 garis singgung; garis tangen.　② (접촉) persinggungan; persentuhan.　～하다 bersentuhan; bersinggungan.

접속(接續) <jeob/sok>　hubungan; koneksi; pertalian; pertambatan.　～하다 menyambung (dengan); menghubungkan (dengan).　～곡 『樂』 rampai-rampai.　～역 stasiun penghubung.　～사 『文』 kata penghubung; kata perangkai.

접수(接收) <jeob/su>　～하다 mengambil alih.　～가옥 rumah yang diambil alih.　～해제 pengambil alihan kembali.

접수(接受) <jeob/su>　penerimaan.　～하다 menerima.　～계원 penerima tamu; resepsionis.　～구(口) loket.　～번호 nomor penerimaan.　～처 kantor informasi.

접시 <jeob/si>　① piring. 굴 한 ～ sepiring tiram.　② (저울의) piring timbangan.

접안(接岸) <jeo/ban>　～하다 berlabuh; merapat ke dermaga. 동시 ～ 능력 kapasitas pelabuhan.

접안경(接眼鏡) <jeo/ban/gyeong> lensa okuler.

접어(接語)＜jeo/beo＞ imbuhan.
접어들다＜jeo/beo/deul/da＞ mende-kat; datang. 장마철에 ～ musim hujan tiba.
접어주다＜jeo/beo/ju/da＞ ① (못한 사람을) mengabaikan. ② merin-tangi; menghalangi. 다섯 점 ～ memberikan handikap lima batu (main *baduk*).
접의자(摺倚子)＜jeob/eui/ja＞ kursi lipat.
접자(摺 -)＜jeob/ja＞ peraturan ber-sama.
접전(接戰)＜jeob/jeon＞ perkelahian jarak dekat. ～하다 berkelahi ja-rak dekat.
접점(接點)＜jeob/jeom＞ 『幾』 titik singgung.
접종(接種)＜jeob/cong＞ 『醫』 inoku-lasi; vaksinasi; suntikan. ～하다 menginokulasi; mencacar. ～요법 suntikan vaksin. 비시지 ～ suntik-an BCG. 예방 ～ suntikan pence-gahan.
접종(接踵)＜jeob/jong＞ ～하다 ter-jadi secara berurutan/beruntun.
접지(接地)＜jeob/ji＞ 『電』 tanah; bumi. ～선 konduktor (dalam) ta-nah.
접지(接枝)＜jeob/ji＞ cangkokan.
접지(摺紙)＜jeob/ji＞ pelipatan lem-baran. ～하다 melipat kertas. ～기(機) mesin pelipat.
접질리다＜jeob/jil/li/da＞ keseleo.
접착제(接着劑)＜jeob/chak/je＞ pere-kat.
접촉(接觸)＜jeob/chok＞ persentuh-an; kontak; persinggungan. ～하다 menyentuh; menyinggung. ～ 각 [면] sudut [permukaan] kontak. ～ 감염 penularan. ～반응 『化』 kata-lisis.
접칼(摺 -)＜jeob/khal＞ pisau lipat.
접피술(接皮術)＜jeob/fi/sul＞ ☞ 피부이식술.
접하다(接 -)＜jeob/hada＞ ① (접촉) menyentuh; menjamah; bersen-tuhan. ② (인접) bersebelahan; ber-batasan. ③ mendapat. 부고에 ～

mendapat berita duka. ④ (부닥침) bertemu; bertabrakan. ⑤ (결합) menghubungkan.
접합(接合)＜jeob/hab＞ ① (접속) ～하다 menyatukan; menggabung-kan; menghubungkan; merekatkan. ～제 lem; perekat. ② (생식 세포의) ～하다 mentasrifkan; menkon-jugasikan. ～자(子) [체] 『植』 ja-nin.
접히다＜jeo/fi/da＞ ① (접어지다) terlipat; dilipat. ② (하수가) men-dapat handikap (golf, main, dsb).
젓＜jeot＞ ikan yang diacar.
젓가락, 젓갈＜jeot/ga/rak, jeot/gal＞ sumpit.
젓다＜jeot/ta＞ ① (배를) menda-yung. ② (휘젓다) mengocok. ③ (손을) melambaikan; menggoyang.
정＜jeong＞ (연장) pahat.
정＜jeong＞ 『醫』 bisul.
정(情)＜jeong＞ kasih sayang. 부부간의 ～ kasih sayang suami istri. ～이 많다 hati yang penuh kasih sayang. ～에 무르다 perasa. ～을 통하다 berhubungan intim (secara gelap).
정(町)＜jeong＞ *jeong* (＝120 yard); *jeong* (2,45 acre).
정＜jeong＞ sungguh-sungguh; me-mang. ～ 그렇다면 kalau (kamu) sungguh-sungguh.
정…(正)＜jeong＞ ① naskah asli. ～부 2통 asli dan salinan. ② (자격의) biasa; tetap. ～회원 anggota tetap. ③ (올바름) benar.
…정(整)＜jeong＞ jumlah bersih 5만 원 ～ 50.000 won bersih.
…정(錠)＜jeong＞ tablet.
정가(正價)＜jeong/ka＞ harga ber-sih.
정가(定價)＜jeong/ka＞ harga baku; harga mati. ～에 (menjual) de-ngan harga mati. ～표 daftar har-ga.
정가극(正歌劇)＜jeong/ga/geuk＞ grand opera.
정각(正刻)＜jeong/gak＞ waktu yang tepat. ～에 tepat waktu. ～ 5시

에 tepat pukul lima.

정각(定刻)＜jeong/gak＞ waktu yang telah ditetapkan. ~에 도착하다 tiba pada waktunya.

정각(頂角)＜jeong/gak＞ 『幾』 sudut tegak lurus.

정간(停刊)＜jeong/gan＞ penghentian penerbitan. ~하다 menghentikan penerbitan.

정갈스럽다＜jeong/gal/seu/reob/ta＞ ☞ 정갈하다.

정갈하다＜jeong/gal/hada＞ rapi dan apik.

정강(政綱)＜jeong/gang＞ prinsip-prinsip politik.

정강이＜jeong/gang/i＞ garis; tulang kering. ~를 까다 menyepak tulang kering. ~뼈 tulang kering.

정객(政客)＜jeong/gaek＞ politikus.

정거(停車)＜jeong/geo＞ ~하다 berhenti. 5분간 ~ berhenti selama 5 menit. ~장 stasiun; tempat pemberhentian; setopan; halte. ~장 구내 halaman stasiun.

정격(正格)＜jeong/kyeok＞ keteraturan. ~의 teratur. ~활용 konjugasi yang teratur.

정견(定見)＜jeong/gyeon＞ pandangan yang pasti/tertentu.

정견(政見)＜jeong/gyeon＞ pandangan politik. ~ 발표회 kampanye politik.

정결(貞潔)＜jeong/gyeol＞ ~한 suci; murni.

정결(精潔.淨潔)＜jeong/gyeol＞ ~한 bersih; apik; rapi.

정경(政經)＜jeong/gyeong＞ ~분리 정책 kebijakan pemisahan ekonomi dan politik. ~유착 kolusi pengusaha-pemerintah. ~학부 fakultas ekonomi dan politik.

정경(情景)＜jeong/gyeong＞ pemandangan yang menyedihkan/mengerikan.

정계(定界)＜jeong/gye＞ batas yang ditetapkan.

정계(政界)＜jeong/gye＞ dunia politik. ~의 거물 tokoh politik terkemuka. ~의 움직임 kecende-

rungan politik. ~로 진출하다 berpolitik; terjun ke dunia politik.

정곡(正鵠)＜jeong/gok＞ sasaran. ~을 찌르다 mengenai sasaran; menerka dengan benar. ~을 찔리다 diterka dengan benar.

정공법(正攻法)＜jeong/gong/peob＞ serangan dari depan.

정과(正果)＜jeong/gwa＞ manisan buah.

정관(定款)＜jeong/gwan＞ anggaran dasar.

정관(精管)＜jeong/gwan＞ 『解』 saluran mani. ~ 절제술 vasektomi.

정관(靜觀)＜jeong/gwan＞ ~하다 mengawasi dengan tenang; tunggu dan lihat. ~주의 kebijakan tunggu dan lihat.

정관사(定冠詞)＜jeong/gwan/sa＞ 『文』 kata sandang tertentu.

정교(正敎)＜jeong/gyo＞ ortodoksi; kekolotan; sifat ortodok. ~회 gereja ortodok.

정교(政敎)＜jeong/gyo＞ ① agama dan politik. ~ 일치[분리] penggabungan [pemisahan] agama dan politik. ② (정치와 교육) politik dan pendidikan.

정교(情交)＜jeong/gyo＞ ① (친교) persahabatan. ② (육체 관계) hubungan gelap/haram. ~하다 berhubungan gelap (dengan).

정교(精巧)＜jeong/gyo＞ ~한 rinci dan rumit.

정교사(正敎師)＜jeong/gyo/sa＞ guru tetap.

정구(庭球)＜jeong/gu＞ tenis. ~장 lapangan tenis.

정국(政局)＜jeong/guk＞ situasi politik. ~의 위기 krisis politik. ~을 수습하다 [안정시키다] mengamankan [menstabilkan] situasi politik.

정권(政權)＜jeong/kwon＞ kekuasaan politik. ~을 잡다 meraih kekuasaan politik. ~쟁탈 berebut kekuasaan politik. 괴뢰 ~ pemerintahan boneka.

정규(正規)＜jeong/gyu＞ ~의 tetap; normal; biasa; reguler. ~군

tentara reguler.
정근(精勤)＜jeong/geun＞ kerajinan; kehadiran tetap. ~하다 rajin; hadir terus.
정글＜jeong/geul＞ hutan; rimba; belantara.
정기(定期)＜jeong/gi＞ waktu tertentu. ~의 tetap; reguler; teratur; berkala. ~적으로 pada selang tertentu. ~간행물 terbitan berkala. ~검사 pemeriksaan berkala. ~승차권 karcis abonemen. ~예금 rekening deposito. ~항공기 pesawat reguler. ~항로 [운행] penerbangan [rute] reguler.
정기(精氣)＜jeong/gi＞ intisari; semangat; roh.
정나미(情 -)＜jeong/na/mi＞ ~떨어지다 jijik.
정남(正南)＜jeong/nam＞ tepat selatan.
정낭(精囊)＜jeong/nang＞ 『解』 kantong sperma.
정년(停年)＜jeong/nyeon＞ batas umur; umur pensiun. ~으로 퇴직하다 pensiun pada batas umur. ~법[제] hukum [sistem] batas usia.
정녕(丁寧)＜jeong/nyeong＞ tentu saja; yakin. ~ (코)그러냐 Apakah kamu yakin?.
정다각형(正多角形)＜jeong/da/gak/hyeong＞ sisi banyak teratur.
정다면체(正多面體)＜jeong/da/myeon/che＞ polihidron teratur.
정담(政談)＜jeong/dam＞ pembicaraan politik.
정담(情談)＜jeong/dam＞ pembicaraan cinta.
정담(鼎談)＜jeong/dam＞ pembicaraan di antara tiga orang.
정답다(情 -)＜jeong/dab/ta＞ penuh kasih sayang; baik hati; bersahabat.
정당(正當)＜jeong/dang＞ ~한 benar; tepat; sah. ~히 secara tepat; secara sah. ~한 이유 없이 tanpa alasan yang tepat. ~한 사유 alasan yang tepat. ~ 화하다 membenarkan; mensahkan. ~방위 『法』 pembelaan diri yang sah. ~ 방위

로 dalam pembelaan diri.
정당(政黨)＜jeong/dang＞ partai politik. ~에 적을 두다 menjadi anggota partai politik. ~정치 politik partai; kebijakan partai. 보수 [혁신] ~ partai konservatif [progresif]. 양대 ~주의 sistim dua partai.
정당(精糖)＜jeong/dang＞ pemurnian gula. ~공장 pabrik pemurnian gula.
정대(正大)＜jeong/dae＞ ~한 benar; adil.
정도(正道)＜jeong/do＞ jalan yang benar; (jalan) kebenaran. ~에서 벗어나다 menyimpang dari jalan yang benar. ~를 밟다 menempuh jalan yang benar. ~를 밟게 하다 menempatkan pada jalan yang benar.
정도(程度)＜jeong/do＞ tingkat; derajat; kadar; taraf; mutu; ukuran; standar. ~가 높은 [낮은] standar tinggi [rendah]. 손해의 ~ tingkat kerugian. ~를 높이다 [낮추다] menaikkan [menurunkan] standar. 지능 ~ tingkat kecerdasan.
정독(精讀)＜jeong/dok＞ ~하다 membaca dengan teliti.
정돈(停頓)＜jeong/don＞ kebuntuan; jalan buntu. ~하다 menemui jalan buntu; sampai pada kebuntuan.
정돈(整頓)＜jeong/don＞ pembenahan; pengaturan; penyusunan. ~하다 mengapikkan; membenahi; menyusun. ~이 잘된 rapi; tersusun; apik.
정동(正東)＜jeong/dong＞ tepat timur.
정동(精銅)＜jeong/dong＞ tembaga murni.
정동사(定動詞)＜jeong/dong/sa＞ 『文』 kata kerja tertentu.
정들다(情 -)＜jeong/deul/da＞ menjadi intim; menjadi akrab.
정들이다(情-)＜jeong/deul/i/da＞ mengakrabi; membiasakan diri.
정떨어지다(情-)＜jeong/teol/eo/ji/da＞ jijik.

정략(政略)＜jeong/nyak＞ politik; strategi politik; siasat politik. ~적 politis. ~가(家) ahli siasat politik.

정량(定量)＜jeong/nyang＞ jumlah yang tepat. ~분석 analisa kwantitatif.

정려(精勵)＜jeong/nyeo＞ ~하다 bekerja keras; bertekun (dalam).

정력(精力)＜jeong/nyeok＞ tenaga; gaya; energi; daya; semangat. ~이 왕성한 bersemangat; energik. ~이 다하다 habis tenaga. ~을 쏟다 mencurahkan tenaga (pada). ~가 orang yang energik.

정련(精鍊)＜jeong/nyeon＞ ~하다 memurnikan. ~소 pabrik pemurnian.

정렬(整列)＜jeong/nyeol＞ ~하다 berdiri dalam barisan; berbaris.

정령(政令)＜jeong/nyeong＞ susunan kabinet.

정령(精靈)＜jeong/nyeong＞ jiwa; roh.

정례(定例)＜jeong/nye＞ pemakaian; kebiasaan. ~의 biasa; tetap. ~에 의하여 sesuai dengan pemakaian. ~국무 회의 [기자 회견] pertemuan kabinet [konferensi pers] reguler.

정론(正論)＜jeong/non＞ argumentasi yang tepat.

정론(定論)＜jeong/non＞ teori yang mapan; pandangan yang mapan.

정론(政論)＜jeong/non＞ diskusi/ pembicaraan politik.

정류(停留)＜jeong/nyu＞ ~하다 berhenti. ~소 tempat berhenti; halte.

정류(精溜)＜jeong/nyu＞ pemurnian; penyulingan. ~하다 memurnikan; menyuling. ~주정 minuman keras yang dimurnikan.

정률(定律)＜jeong/nyul＞ hukum/undang-undang yang mapan.

정률(定率)＜jeong/nyul＞ tingkat yang tetap. ~세 perpajakan proporsional.

정리(定理)＜jeong/ni＞『幾』 teorema.

정리(整理)＜jeong/ni＞ pembenahan; pemberesan; pengaturan; penyesuai-an. ~하다 menyesuaikan; membereskan; mengatur; mengapikkan; menertibkan; membenahi. ~안(案) rencana penyesuaian.

정립(鼎立)＜jeong/nib＞ ~하다 berdiri bersama 3 orang.

정말(正 -)＜jeong/mal＞ sungguh; benar.

정맥(精麥)＜jeong/maek＞ pembersihan gandum.

정맥(靜脈)＜jeong/maek＞ vena; pembuluh balik. ~류(瘤) varises; urat darah yang membengkak. ~주사 suntikan kedalam pembuluh darah.

정면(正面)＜jeong/myeon＞ bagian depan; yang di depan. ~의 depan; muka. ~에 di depan. ~에서 본 얼굴 muka depan seluruhnya. ~공격 serangan dari depan. ~도 (圖) pandangan/pemandangan dari depan. ~입구 pintu masuk depan. ~충돌 bentrokan kepala/depan.

정명(定命)＜jeong/myeong＞ ajal; takdir.

정모(正帽)＜jeong/mo＞ topi resmi.

정묘(精妙)＜jeong/myo＞ ~한 halus.

정무(政務)＜jeong/mu＞ masalah politik/negara. ~차관 wakil menteri parlementer.

정문(正門)＜jeong/mun＞ gerbang depan; gapura.

정문(頂門)＜jeong/mun＞ ☞ 정수리. ~에 일침을 가하다 memberi teguran langsung.

정물(靜物)＜jeong/mul＞ benda mati. ~사진 potret benda mati. ~화 lukisan benda mati.

정미(正味)＜jeong/mi＞ bersih. ~중량 berat bersih.

정미(精米)＜jeong/mi＞ penggilingan beras, beras putih. ~하다 menggiling beras; melepas kulit ari beras. ~소 penggilingan beras.

정밀(精密)＜jeong/mil＞ ketepatan; keseksamaan. ~한 [히] tepat; teliti; cermat. ~검사 pemeriksaan secara cermat. ~공업 industri ketelitian. ~ 과학(科學) ilmu eksak-ta. ~ 기계 [기기] mesin [alat] yang teliti.

정박(碇泊)＜jeong/bak＞ perlabuhan. ~하다 berlabuh; membuang sauh; berjangkar. ~기간 hari berlabuh. ~료(料) bea pelabuhan. ~ 지[항] pelabuhan.

정박아(精薄兒)＜jeong/bak/a＞ anak yang terhambat mental. ~수용 시설 rumah penampungan anak yang terhambat mental.

정반대(正反對)＜jeong/ban/dae＞ lawan langsung. ~의 berlawanan. ~로 secara langsung berlawanan.

정방형(正方形)＜jeong/bang/hyeong＞ ☞ 정사각형.

정백(精白)＜jeong/baek＞ ~당(糖) gula putih; gula halus. ~미 beras putih.

정벌(征伐)＜jeong/beol＞ ~하다 menaklukkan.

정범(正犯)＜jeong/beom＞ 『法』 pelanggaran [pelanggar] hukum.

정변(政變)＜jeong/byeon＞ perubahan politik/pemerintahan, kudeta.

정병(精兵)＜jeong/byeong＞ orang pilihan; tentara pilihan. ~ 3천 tentara pilihan 3,000 orang.

정보(情報)＜jeong/bo＞ informasi; laporan; keterangan; kabar. ~를 얻다 [제공하다] mendapat [memberikan] informasi. ~를 누설하다 membocorkan informasi. ~기관 dinas rahasia. ~원 agen rahasia. ~망 jaringan kerja informasi. ~산업 bisnis informasi. ~ 수집 pengumpulan informasi. ~원(源) sumber berita/informasi. ~정치 politik rahasia; politik intelegensi. ~처리『컴퓨터』 pemrosesan informasi; pengolahan data. ~처리 산업 industri pemrosesan data. ~활동 kegiatan mata-mata. ~화 사회 masyarakat yang berorientasi informasi.

정복(正服)＜jeong/bok＞ pakaian formil/lengkap; pakaian seragam. ~ 경찰관 polisi dengan pakaian lengkap.

정복(征服)＜jeong/bok＞ penaklukan; penundukan. ~하다 menaklukkan; menundukkan. ~욕 nafsu untuk menaklukkan. ~자 penakluk.

정복(整復)＜jeong/bok＞ 『醫』 pengurangan; reduksi. ~하다 mengurangi; mereduksi.

정본(正本)＜jeong/bon＞ asli.

정부(正否)＜jeong/bu＞ benar atau salah.

정부(正副)＜jeong/bu＞ kepala dan bawahan; asli dan salinan. ~의장 pembicara utama dan tambahan; ketua dan wakil ketua.

정부(政府)＜jeong/bu＞ pemerintahan; kabinet. ~(측)의 (pihak) pemerintah/kabinet. ~당국 wewenang/kekuasaan pemerintahan. ~보조금 subsidi pemerintah. ~안 rancangan pemerintah.

정부(情夫)＜jeong/bu＞ kekasih gelap (laki-laki).

정부(情婦)＜jeong/bu＞ kekasih gelap; isteri piaraan.

정북(正北)＜jeong/buk＞ utara tepat.

정분(情分)＜jeong/bun＞ persahabatan yang intim; keintiman. ~이 두 텁다 sangat intim.

정비(整備)＜jeong/bi＞ perbaikan; pelengkapan. ~하다 melengkapi; memperbaiki. 자동차 ~공 montir mobil. (항공) ~원 mekanik pesawat.

정비례(正比例)＜jeong/bi/rye＞ 『數』 perbandingan lurus. ~하다 berbanding lurus.

정사(正史)＜jeong/sa＞ sejarah otentik.

정사(正邪)＜jeong/sa＞ benar dan salah.

정사(政事)＜jeong/sa＞ masalah politik.

정사(情死)＜jeong/sa＞ bunuh diri sepasang kekasih. ~하다 melakukan bunuh diri bersama.

정사(情事)＜jeong/sa＞ masalah cinta. 혼외 ~ hubungan seks diluar pernikahan.

정사(精査)＜jeong/sa＞ pemeriksaan secara teliti; penyelidikan secara cermat. ～하다 memeriksa secara teliti; menyelidiki secara cermat.

정사각형(正四角形)＜jeong/sa/gak/hyeong＞ bentuk bujur sangkar. ～의 berbentuk bujur sangkar.

정사면체(正四面體)＜jeong/sa/myeon/che＞ tetrahedron sama sisi.

정사영(正射影)＜jeong/sa/yeong＞ 『幾』 projeksi ortogonal.

정사원(正社員)＜jeong/sa/won＞ anggota tetap.

정산(精算)＜jeong/san＞ perhitungan tepat; pemberesan rekening. ～하다 melakukan perhitungan tepat; membereskan rekening.

정삼각형(正三角形)＜jeong/sam/gak/hyeong＞ segitiga sama sisi.

정상(正常)＜jeong/sang＞ keadaan normal/biasa; kegaliban. ～의 biasa; normal. ～화하다 menormalkan. ～을 되찾다 dipulihkan ke kondisi semula. ～적으로 행동하다 bertindak secara normal. ～상태 keadaan normal.

정상(政商)＜jeong/sang＞ usahawan yang berafiliasi politik. ～배(輩) politikus.

정상(頂上)＜jeong/sang＞ puncak. ～에 pada puncak; di puncak. ～회담 pertemuan puncak.

정상(情狀)＜jeong/sang＞ hal-hal; hal ikhwal. ～을 참작하여 dengan pertimbangan hal-hal yang meringankan.

정상파(定常派)＜jeong/sang/fa＞ 『理』 gelombang stasioner.

정색(正色)＜jeong/saek＞ roman muka yang serius/sungguh-sungguh. ～하다 memperlihatkan roman muka yang serius.

정색(正色)＜jeong/saek＞ 『理』 warna dasar.

정서(正西)＜jeong/seo＞ barat tepat.

정서(正書)＜jeong/seo＞ ～하다 menulis dengan gaya persegi; menulis dengan baik.

정서(淨書)＜jeong/seo＞ ～하다 membuat salinan yang baik.

정서(情緒)＜jeong/seo＞ emosi; perasaan; suasana hati. ～교육 pendidikan emosi. 이국 ～ suasana asing.

정석(定石)＜jeong/seok＞ rumus; bentuk yang mapan. ～대로 menurut teksbuk.

정선(停船)＜jeong/seon＞ penghentian kapal. ～하다 menghentikan kapal. ～을 명하다 memerintahkan untuk berhenti.

정선(精選)＜jeong/seon＞ ～하다 memilih dengan teliti. ～된 pilihan.

정설(定說)＜jeong/seol＞ teori yang sudah mapan. ～을 뒤엎다 menggulingkan teori yang sudah mapan.

정성(精誠)＜jeong/seong＞ keikhlasan. ～껏 dengan ikhlas. ～들이다 mengabdi dengan ikhlas.

정성분석(定性分析)＜jeong/seong/bun/seok＞ 『化』 analisa kualitatif.

정세(情勢)＜jeong/se＞ keadaan; situasi; kondisi. 국내 [국제] ～ situasi dalam negeri [internasional].

정소(精巢)＜jeong/so＞ 『解』 kelenjar testis.

정수(正數)＜jeong/su＞ 『數』 bilangan positif.

정수(定數)＜jeong/su＞ ① angka/jumlah yang ditetapkan; kuorum; konstanta. ～비례『理.化』 perbandingan yang konstan. ② (운명) takdir.

정수(淨水)＜jeong/su＞ air bersih. ～장 tempat penyaringan air bersih.

정수(精粹)＜jeong/su＞ ～의 tulen; asli.

정수(精髓)＜jeong/su＞ ① (뼈속의) sum-sum. ② (사물의) intisari; pokok; isi; biang.

정수(靜水)＜jeong/su＞ air tenang.

정수(整數)＜jeong/su＞ 『數』 bilangan bulat.

정수리(頂 -)＜jeong/su/ri＞ ubun-ubun.

정숙(貞淑)＜jeong/suk＞ kesucian.

~한 suci.

정숙(静肅)＜jeong/suk＞ ketenangan; keheningan. ~한 hening; tenang. ~히 dengan tenang.

정시(正視)＜jeong/si＞ ~하다 melihat dengan mata kepala; melihat langsung.

정시(定時)＜jeong/si＞ jam-jam yang telah ditetapkan; waktu yang dijadwalkan. ~의[에] (secara) tetap; (secara) reguler. ~ 제(制) 『數』 sistim paruh waktu.

정식(正式)＜jeong/sik＞ formalitas; bentuk mapan. ~의 formal; resmi. ~으로 secara formal. ~결혼 perkawinan yang sah. ~재판 pengadilan resmi. ~ 절차(節次) urutan formalitas.

정식(定式)＜jeong/sik＞ bentuk yang mapan.

정식(定食)＜jeong/sik＞ makan biasa/tetap.

정식(整式)＜jeong/sik＞ 『數』 persamaan integral.

정신(艇身)＜jeong/sin＞ panjang perahu. 3~의 차로 이기다 menang 3X panjang perahu.

정신(精神)＜jeong/sin＞ jiwa; semangat; mental; moral. ~(적)으로 secara mental; secara kejiwaan. ~적인 원조 dukungan moral. ~적인 사랑 cinta persaudaraan. ~적인 타격 pukulan mental. ~(을) 차리다 pulih kesadaran. …에 ~이 팔리다 tenggelam dalam… . ~일도하사 불성 (精神 一到 何事 不成) Dimana ada kemauan disitu ada jalan. ~감정 tes psikiater. ~교육 pendidikan moral. ~력(力) kekuatan mental. ~ 박약아 anak yang terhambat mental; anak terbelakang. ~분석 psiko analisa. ~신경과 bagian neuropsikiatri. ~연령 umur mental. ~요법 psikoterapi.

정신기능(精神機能)＜jeong/sin/gi/neung＞ fungsi mental. ~의 쇠퇴 penurunan fungsi mental.

정신병(精神病)＜jeong/sin/pyeong＞ penyakit jiwa.

정신분열증(精神分裂症)＜jeong/sin/bun/yeol/ceung＞『醫』 penyakit jiwa berupa suka mengasingkan diri; schizofrenio. ~ 환자 penderita schizofrenia.

정신이상(精神異狀)＜jeong/sin/i/sang＞ gangguan mental. ~자 ☞ 정신병자.

정실(正室)＜jeong/sil＞ istri sah.

정실(情實)＜jeong/sil＞ pertimbangan pribadi. ~에 흐르다 dipengaruhi oleh pertimbangan pribadi. ~을 배제하다 terlepas dari pertimbangan pribadi. ~ 인사(人事) perubahan personalia dengan pertimbangan pribadi.

정액(定額)＜jeong/aek＞ jumlah yang tetap. ~소득 pendapatan tetap. ~제(制) sistem jumlah tetap.

정액(精液)＜jeong/aek＞ ① 『生』 sperma; mani. ~사출 pemancaran sperma. ② (엑스) intisari; esensi.

정양(靜養)＜jeong/yang＞ istirahat. ~하다 beristirahat.

정어리＜jeong/eo/ri＞『魚』 ikan sardencis.

정언적(定言的)＜jeong/eon/jeok＞『論』 menurut golongan/kelompok.

정업(正業)＜jeong/eob＞ pekerjaan yang jujur/sah.

정업(定業)＜jeong/eob＞ pekerjaan tetap.

정연(整然)＜jeong/yeon＞ ~한 teratur; rapi; baik; apik; tertib; cermat. ~히 secara teratur; dengan rapi.

정열(情熱)＜jeong/yeol＞ nafsu; antusiasme; gairah. ~적인 bernafsu; bergairah; antusias. ~을 쏟다 memusatkan perhatian.

정염(情炎)＜jeong/yeom＞ kobaran asmara.

정예(精銳)＜jeong/ye＞ pilihan; elite. ~부대 tentara pilihan; unit pilihan.

정오(正午)＜jeong/o＞ tengah hari; batang hari. ~에 pada tengah hari.

정오(正誤) <jeong/o> perbaikan. ~표 daftar kesalahan tulis/cetak; daftar errata.

정온(定溫) <jeong/on> temperatur tetap; suhu tetap. ~동물 binatang yang bersuhu badan tetap.

정욕(情慾) <jeong/yok> nafsu; gairah. ~의 노예 budak nafsu.

정원(定員) <jeong/won> (직원의) staf tetap; (수용력) kapasitas (tempat duduk); (정원수) jumlah yang ditetapkan; kuorum. ~외(外)의 cadangan; figuran; ekstra. ~ 미달로 kurang dari kuorum. ~에 달하다 mencapai batas jumlah; mencapai kuorum. ~이상의 손님을 태우다 membawa penumpang lebih banyak dari kapasitas tempat duduk.

정원(庭園) <jeong/won> kebun; taman; ladang. ~사(師) tukang kebun; tukang taman. ~석 batu taman. ~석의 배치 penataan batu-batuan dalam taman. ~수(樹) pohon hias/taman. ~수를 손질하다 memangkas pohon di taman. ~술(術) seni pertamanan.

정월(正月) <jeong/wol> Januari.

정위치(定位置) <jeong/wi/chi> posisi tetap.

정유(精油) <jeong/yu> penyulingan minyak; perminyakan. ~공장 kilang minyak.

정육(精肉) <jeong/yuk> daging segar. ~상 tukang daging. ~점(店) toko penjual daging.

정육면체(正六面體) <jeong/yuk/myeon/che> kubus.

정은(正銀) <jeong/eun> perak murni.

정의(正義) <jeong/eui> keadilan; kebenaran. ~의 adil; benar. ~를 위해서 싸우다 berjuang demi keadilan. ~감 rasa keadilan. ~감이 강하다 memiliki rasa keadilan yang kuat.

정의(定義) <jeong/eui> definisi; batasan. ~하다 mendefinisikan. ~를 내리다 memberi definisi.

정의(情意) <jeong/eui> perasaan dan keinginan. ~가 상통하다 memiliki perasaan dan keinginan yang sama.

정의(情誼) <jeong/eui> keramahtamahan; rasa bersahabat; kasih sayang. ~가 두텁다 ramah; penuh kasih sayang.

정의(精義) <jeong/eui> arti yang sebenarnya.

정자(正字) <jeong/ca> huruf sebenarnya/tidak disederhanakan.

정자(亭子) <jeong/ja> paviliun; rumah musim panas. ~나무 pohon yang rindang.

정자(精子) <jeong/ja> sperma. ~낭 spermatogenesis. ~은행 bank sperma.

정자형(丁字形) <jeong/ca/hyeong> bentuk T. ~자 penggaris bentuk T.

정작 <jeong/jak> sebenarnya; tepat.

정장(正裝) <jeong/jang> pakaian lengkap. ~하다 berpakaian lengkap.

정장(艇長) <jeong/jang> kapten kapal.

정장석(正長石) <jeong/jang/seok> 『鑛』 semacam kalium karbonat.

정장제(整腸劑) <jeong/jang/je> obat untuk gangguan perut/usus.

정쟁(政爭) <jeong/jaeng> persaingan politik; perjuangan politik. ~의 도구로 삼다 membuat issu politik.

정적(政敵) <jeong/jeok> lawan politik; saingan politik.

정적(靜的) <jeong/jeok> statis; pasif.

정적(靜寂) <jeong/jeok> ketenangan; keheningan. ~을 깨뜨리다 memecahkan keheningan.

정전(正殿) <jeong/jeon> ruang perjamuan kerajaan.

정전(停電) <jeong/jeon> pemutusan arus listrik. ~하다 memutuskan arus listrik.

정전(停戰) <jeong/jeon> gencatan senjata. ~하다 mengadakan gencatan senjata. ~회담 perundingan gencatan senjata.

정전(靜電)＜jeong/jeon＞ ~감응 imbasan elektrostatik. ~계 medan elektrostatik. ~용량 kapasitansi. ~학 elektrostatika.

정전기(靜電氣)＜jeong/jeon/gi＞ 『電』 listrik statis.

정절(貞節)＜jeong/jeol＞ kesucian. ~을 지키다 menjaga kesucian.

정점(定點)＜jeong/ceom＞ titik yang pasti.

정점(頂點)＜jeong/ceom＞ titik puncak.

정정(訂正)＜jeong/jeong＞ perbaikan; revisi. ~하다 memperbaiki; merevisi. ~ [증보]판 edisi yang telah direvisi [diperluas].

정정(政情)＜jeong/jeong＞ keadaan politik. ~의 안정 [불안정] kestabilan [ketidakstabilan] politik.

정정당당(正正堂堂)＜jeong/jeong/dang/dang＞ ~한 jujur dan terus terang. ~히 secara terbuka; dengan jujur.

정정하다(亭亭-)＜jeong/jeong/hada＞ masih kuat (dalam usia lanjut).

정제(精製)＜jeong/je＞ penghalusan; penyaringan; penghilangan. ~하다 menghaluskan; menyaring; memurnikan. ~공장 penyulingan; perkilangan. ~당 [염] gula [garam] halus. ~법 proses penghalusan/pemurnian.

정제(整除)＜jeong/je＞ 『數』 kemampubagian; divisibilitas. ~되는 dapat dibagi. ~수 hasil bagi yang tepat.

정제(錠劑)＜jeong/je＞ tablet; pil.

정조(貞操)＜jeong/jo＞ kesucian; kemurnian; keperawanan. ~를 바치다 menyerahkan kesucian. ~를 잃다 [팔다] hilang [menjual] kesucian. ~를 지키다 mempertahankan kesucian. ~유린 pelanggaran kesucian.

정족(鼎足)＜jeong/jok＞ standar kaki tiga. ~지세(之勢) posisi segitiga; situasi tiga pihak.

정족수(定足數)＜jeong/jok/su＞ kuo-

rum. ~ 미달로 유회되다 ditunda karena tidak mencapai kuorum.

정종(正宗)＜jeong/jong＞ sake.

정좌(正坐)＜jeong/jwa＞ ~하다 duduk tegak.

정좌(靜坐)＜jeong/jwa＞ ~하다 duduk dengan tenang.

정중(鄭重)＜jeong/jung＞ ~한 sopan santun. ~히 dengan sopan.

정지(停止)＜jeong/ji＞ penghentian; penyetopan; pelarangan; pemutusan. ~하다 menghentikan; melarang; memutuskan. ~선 garis pemberhentian. ~신호 tanda berhenti.

정지(靜止)＜jeong/ji＞ ~하다 mandek; terhenti.

정지(整地)＜jeong /ji＞ penyiapan tanah. ~하다 mempersiapkan tanah/kebun. ~작업 pekerjaan meratakan tanah.

정직(正直)＜jeong/jik＞ kejujuran. ~한[하게] jujur.

정직(停職)＜jeong/jik＞ pemberhentian dari jabatan.

정진(精進)＜jeong/jin＞ ketekunan untuk maju. ~하다 bertekun untuk maju.

정차(停車)＜jeong/cha＞ ☞ 정거(停車). ~시간 waktu berhenti.

정착(定着)＜jeong/chak＞ permukiman; penetapan. ~하다 menetap; bermukim. ~금 [수당] dana [tunjangan] permukiman kembali. ~액(液) larutan perekat. ~제 agent perekat.

정찬(正餐)＜jeong/chan＞ makan malam.

정찰(正札)＜jeong/chal＞ etiket harga; label harga. ~을 붙이다 menempel label harga; melabeli harga. ~제 sistem harga tetap.

정찰(偵察)＜jeong/chal＞ pengintaian; pengintipan; perondaan. ~하다 mengintai; mengawasi; mematamatai; berpatroli; mengamati; meronda. ~기 pesawat pengintai. ~대 kelompok pengintai. ~비행 penerbangan pengintaian.

정채(精彩)＜jeong/chae＞ kecemerlangan.

정책(政策) <jeong/chaek> kebijakan; program politik. ~강령 prinsip umum kebijakan. ~노선 garis kebijakan (partai). ~ 입안자 pembuat kebijakan. 외교 [경제, 사회] ~ kebijakan luar negeri [ekonomi, sosial].

정처(定處) <jeong/cheo> ~없이 돌다 mengembara dari satu tempat ke tempat lain.

정체(正體) <jeong/che> sifat alami; watak asli. ~모를 aneh; misterius. ~를 드러내다 menunjukkan sifat asli.

정체(政體) <jeong/che> sistem politik; bentuk pemerintahan. 공화 ~ sistim pemerintahan berbentuk republik.

정체(停滯) <jeong/che> penumpukan; pengumpulan; stagnasi. ~하다 menumpuk; stagnan; macet.

정초(正初) <jeong/cho> sepuluh hari pertama bulan Januari; awal tahun baru. ~에 di awal tahun baru.

정초(定礎) <jeong/cho> ~하다 meletakkan batu pertama.

정충(精蟲) <jeong/chung> ☞ 정자 (精子).

정취(情趣) <jeong/chwi> suasana hati; keadaan hati; sentimen.

정치(定置) <jeong/chi> ~하다 memasang tetap. ~의 tetap; stasioner. ~망 jala tetap. ~망 어업 penangkapan ikan jala tetap.

정치(政治) <jeong/chi> politik. 밝은 ~ politik yang bersih. ~가 politikus; negarawan. ~문제 isu politik. ~범 pelanggaran politik; pelanggar politik. ~사찰 pengawasan politik. ~ 자금(資金) [헌금] dana [sumbangan] politik. ~학(學) ilmu politik. ~학자 ahli ilmu politik. 관료(官僚) ~ pemerintahan birokrasi. 지방 ~ politik/pemerintahan lokal.

정치깡패(政治-) <jeong/chi/kang/fae> penjahat politik.

정치력(政治力) <jeong/chi/ryeok> kekuasaan (pengaruh) politik. ~의 빈곤 lemah pengaruh/kekuasaan politik.

정치풍토(政治風土) <jeong/chi/fung/tho> suasana politik; iklim politik. ~쇄신 pembaharuan iklim politik.

정치활동(政治活動) <jeong/chi/hwal/tong> kegiatan politik. ~을 하다 terjun ke politik.

정칙(正則) <jeong/chik> sistem reguler; sistem yang teratur.

정칙(定則) <jeong/chik> undang-undang; peraturan yang mapan.

정크 <jeong/kheu> (중국의 배) perahu junk.

정탐(偵探) <jeong/tham> ~하다 memata-matai; mengintai. ~꾼 mata-mata.

정태(靜態) <jeong/thae> ~의 statis. ~ 경제학 ekonomi yang statis.

정토(淨土) <jeong/tho> sorga.

정통(正統) <jeong/thong> ortodoksi. ~의 ortodoks. ~주의 legitimisme. ~(학)파 aliran ortodoks.

정통(精通) <jeong/thong> ~하다 mengetahui dengan sebaik-baiknya; benar-benar mengetahui (tentang). ~한 소식통 sumber berita yang dapat dipercaya.

정평(定評) <jeong/fyeong> reputasi yang dikenal baik. ~있는 dikenal dengan baik. ~이 있다 memiliki reputasi yang baik.

정표(情表) <jeong/fyo> tanda cinta.

정풍(整風) <jeong/fung> ~운동 gerakan pembaruan.

정하다(定 -) <jeong/hada> menentukan; memutuskan; menetapkan; memilih; memecahkan.

정하다(淨 -) <jeong/hada> bersih; murni.

정학(停學) <jeong/hak> pengeluaran dari sekolah; pemecatan dari sekolah. ~ 당하다 dikeluarkan dari sekolah.

정해(正解) <jeong/hae> jawaban yang tepat/benar. ~하다 memberikan jawaban yang benar. ~자 orang yang memberikan jawaban yang benar.

정해(精解)＜jeong/hae＞ keterangan lengkap; penjelasan lengkap. ~하다 menerangkan secara lengkap.

정해지다(定 -)＜jeong/hae/ji/da＞ diselesaikan; diputuskan; ditetapkan.

정형(定形)＜jeong/hyeong＞ bentuk tetap.

정형(定型)＜jeong/hyeong＞ gaya yang khas. ~적 khas; tipikal. ~시 sajak dengan gaya khas.

정형(整形)＜jeong/hyeong＞ ~수술 operasi plastik. ~외과 bagian bedah plastik. ~ 외과의(醫) ahli bedah plastik; ahli bedah kecantikan.

정혼(定婚)＜jeong/hon＞ ~하다 mengurus perkawinan.

정화(淨火)＜jeong/hwa＞ api suci.

정화(淨化)＜jeong/hwa＞ pembersihan; pemurnian. ~하다 membersihkan; membeningkan; memurnikan. ~기[장치] pemurni. ~운동 gerakan pemurnian. ~조(槽) tangki kotoran/kakus.

정화(情火)＜jeong/hwa＞ ☞ 정염(情炎).

정화수(井華水)＜jeong/hwa/su＞ air sumur yang jernih.

정확(正確)＜jeong/hwak＞ kebenaran; ketepatan; ketelakan. ~한 benar; tepat; persis. ~히 말하면 bicara sesungguhnya. ~한 발음 pengucapan yang tepat. 시간을 ~히 지키다 menjaga tepat waktu.

정확(精確)＜jeong/hwak＞ ketelitian; kecermatan; keseksamaan. ~한 teliti; tepat; cermat; seksama; sempurna.

정황(情況)＜jeong/hwang＞ ☞ 상황. ~ 증거『法』 bukti tidak langsung.

정회(停會)＜jeong/hoe＞ penundaan rapat. ~하다 menunda rapat.

정회원(正會員)＜jeong/hoe/won＞ anggota tetap; anggota penuh. ~의 자격 keanggotaan penuh.

정훈(政訓)＜jeong/hun＞ informasi dan pendidikan tentara.

정휴일(定休日)＜jeong/hyu/il＞ liburan rutin.

정히(正 -)＜jeong/hi＞ sungguh-sungguh; sangat.

젖＜jeot＞ susu. ~빛의 warna susu. ~을 빨다 menetek; menyusui. ~을 물리다 menyusui (bayi). ~을 떼다 menyapih. ~을 짜다 memerah susu (sapi). ~가슴 payudara. ~꼭지 puting susu; pentil susu. ~니 gigi susu. ~ 먹이 bayi yang masih menyusu. ~ 멍울 gumpalan dalam susu. ~ 병 botol susu. ~소 sapi perah.

젖내나다＜jeot/nae/na/da＞ bau susu.

젖다＜jeot/ta＞ basah. 비에 ~ basah kena hujan. 땀에 ~ basah oleh keringat.

젖몸살＜jeot/mom/sal＞ pembengkakan susu. ~을 앓다 menderita pembengkakan susu.

젖혀지다＜jeot/cheo/ji/da＞ dibalikkan.

젖히다＜jeot/chi/da＞ membalikkan.

제＜je＞ ① diri sendiri; sendiri. ~ 마음대로 atas kemauan sendiri. ~ 생각만 하다 hanya memikirkan diri sendiri. ② saya; saya sendiri. ~생각으로는 menurut pendapat saya; bagi saya.

제＜je＞ sana.

제(弟)＜je＞ saya; saya (objektif); adik.

제(帝)＜je＞ kaisar.

제(祭)＜je＞ upacara peringatan nenek moyang/leluhur. 기념 ~ perayaan; peringatan. 50년 ~ peringatan ke-50 tahun. 백년 ~ ulang tahun ke seratus; peringatan 100 tahun.

제(題)＜je＞ ☞ 제목.

제(諸)＜je＞ beberapa; banyak; berbagai.

제…(第)＜je＞ ke. ~일 yang pertama; kesatu.

…제(制)＜je＞ sistem; institusi. 8시간 ~ sistem delapan jam.

…제(製)＜je＞ buatan. 외국 ~

buatan luar negeri.

제(劑)＜je＞ obat-obatan.

제각기(- 各其)＜je/gak/ki＞ masing-masing. ～ 방이 있다 masing-masing memiliki kamar sendiri; ada kamar masing-masing.

제강(製鋼)＜je/gang＞ pembuatan baja. ～소 pabrik baja. ～업 industri baja.

제거(除去)＜je/geo＞ ～하다 menyingkirkan; menghilangkan.

제것＜je/geot＞ milik/harta. ～으로 만들다 membuat menjadi milik; menjadikan milik. ～이 되다 menjadi milik; jatuh ke tangan.

제격(-格)＜je/gyeok＞ sesuai untuk kedudukan. 그일엔 그가 ～이다 Dia adalah orang yang tepat untuk pekerjaan itu.

제고하다(提高-)＜je/go/hada＞ mengangkat; mengungkit.

제곱＜je/gob＞ kuadrat; pangkat dua. ～하다 mengkuadratkan. ～근 akar kuadrat. ～수 angka kuadrat.

제공(提供)＜je/gong＞ penyediaan; penawaran. ～하다 menyediakan; menawarkan. ～가격(價格) harga yang ditawarkan.

제공권(制空權)＜je/gong/kwon＞ penguasaan udara. ～을 장악하다 menguasai udara/angkasa.

제과(製菓)＜je/gwa＞ kue-kue. ～업자 penjual aneka kue. ～점 toko aneka kue. ～회사 perusahaan pembuat aneka kue.

제관(帝冠)＜je/gwan＞ mahkota.

제관(製罐)＜je/gwan＞ pengalengan. ～공장 pabrik pengalengan.

제구(祭具)＜je/gu＞ peralatan yang dipergunakan pada upacara keagamaan.

제구실＜je/gu/sil＞ tugas; kewajiban; fungsi. ～하다 melaksanakan tugas.

제국(帝國)＜je/guk＞ kerajaan; kekaisaran. ～주의 imperialisme. ～주의적 imperialis. ～주의자 kaum imperialis.

제국(諸國)＜je/guk＞ semua negara.

제군(諸君)＜je/gun＞ saudara.

제금(提琴)＜je/geum＞ biola. ～가 pemain biola.

제기＜je/gi＞ (유희) *jegi* (semacam shuttle cock Korea).

제기＜je/gi＞ (제기랄) Sial!; Sial kamu!.

제기(祭器)＜je/gi＞ wadah yang digunakan untuk upacara keagamaan.

제기(提起)＜je/gi＞ ～하다 mengemukakan; memaparkan; mengungkit. (문제를) 회의에 ～하다 mengemukakan (permasalahan) di depan rapat. 이의를 ～하다 mengemukakan keberatan.

제꺽＜je/keok＞ denting; dengan cepat.

제네바＜je/ne/ba＞ Jenewa.

제단(祭壇)＜je/dan＞ mimbar; altar.

제당(製糖)＜je/dang＞ pembuatan gula. ～공장 pabrik gula. ～업 industri pembuatan gula. ～회사 perusahaan produksi gula.

제대(除隊)＜je/dae＞ pemberhentian/pembebasan dari dinas militer. ～하다 bebas dari dinas militer. ～병 tentara yang bebas dari dinas militer. 만기 ～ pemberhentian dengan hormat. 불명예 ～ pemberhentian dengan tidak hormat. 의병 ～ pemberhentian/pembebasan karena sakit. 의병 ～하다 bebas/keluar dari dinas ketentaraan karena sakit.

제대로＜je/dae/ro＞ (사실대로) seperti semula; utuh; belum disentuh; (잘 순조로이) baik; lancar; (변변히) cukup. ～ 생각지도 않고 tanpa pertimbangan yang baik. ～잘되다 berjalan lancar. ～잠을 못자다 tidur tidak nyenyak.

제도(制度)＜je/do＞ sistem. ～상의 kelembagaan. 의회 ～ sistem parlementer. 현행 ～ sistem yang berlaku.

제도(製陶)＜je/do＞ pembuatan porselin; pembuatan keramik. ～술 seni keramik.

제도(製圖)＜je/do＞ gambaran; denah.　～하다 membuat denah/gambaran.　～가 pembuat denah/gambaran.　～기 alat menggambar.

제도(諸島)＜je/do＞ gugusan pulau; kepulauan; nusantara.

제도(濟度)＜je/do＞ penebusan; penyelamatan.　～하다 menebus; menyelamatkan.

제독(制毒)＜je/dok＞　～하다 menghilangkan pengaruh racun; menawarkan racun.

제독(提督)＜je/dok＞ Laksamana.

제동(制動)＜je/dong＞ pengereman.　～을 걸다 mengerem; menghentikan; menyetop.　～기 rem.　～장치 peralatan pengerem.

제등(提燈)＜je/deung＞ lentera kertas; lampion.

제등수(諸等數)＜je/deung/su＞ 『數』 angka kompleks.

제때＜je/tae＞ waktu yang dijadwalkan.

제라늄＜je/ra/nyum＞ 『植』 geranium (semacam bunga).

제련(製鍊)＜je/ryeon＞ pelelehan/ pemurnian logam.　～하다 melelehkan/memurnikan logam.　～소 pabrik pemurnian logam.

제령(制令)＜je/ryeong＞ perundang-undangan.

제례(祭禮)＜je/rye＞ upacara keagamaan; kenduri arwah.

제로＜je/ro＞ nol; kosong.

제마(製麻)＜je/ma＞ pakaian dari kain rami.

제막(除幕)＜je/mak＞　～하다 membuka; meresmikan.　～식 upacara pembukaan/peresmian.

제멋＜je/meot＞ selera sendiri. 오이를 거꾸로 먹어도 ～ Lain orang lain selera.

제멋대로＜je/meot/dae/ro＞ sesukanya; semaunya; terserah diri.　～굴다 bertindak semaunya.

제면(製綿)＜je/myeon＞　～하다 memisahkan biji kapas.

제면(製麵)＜je/myeon＞　～하다 membuat mi.　～기 mesin pembuat mi.

제명(除名)＜je/myeong＞ penghapusan (dari daftar).　～하다 mengeluarkan/menghapus (dari daftar).　～ 처분을 당하다 dikeluarkan dihapus dari daftar.

제명(題名)＜je/myeong＞ pangkat; gelar; sebutan.

제모(制帽)＜je/mo＞ topi seragam.

제목(題目)＜je/mok＞ judul; subyek; tema; pokok pikiran.　～을 붙이다 memberi judul.

제문(祭文)＜je/mun＞ syair/lyris penguburan.

제물(祭物)＜je/mul＞ sedekah; selamatan.

제물에＜je/mul/e＞ secara spontan; dengan sendirinya.

제반(諸般)＜je/ban＞　～의 berjenis-jenis; rupa-rupa.

제발＜je/bal＞ sudilah kiranya; harap; mohon.

제방(堤防)＜je/bang＞ tanggul; pematang; galengan; tebing.　～공사 pekerjaan tanggul.

제법＜je/beob＞ lebih (baik; bagus; kuat; hangat dll).　～이다 lebih bagus dari pada dugaan.　～ 덥다 (cuaca) agak panas.

제법(製法)＜je/peob＞ proses/metode pembuatan.

제복(制服)＜je/bok＞ seragam; pakaian seragam.

제복(祭服)＜je/bok＞ jubah waktu pemujaan.

제본(製本)＜je/bon＞ penjilidan buku.　～하다 menjilid buku.　～중이다 dalam penjilidan.　～소 tempat penjilidan.

제분(製粉)＜je/bun＞ penggilingan.　～하다 menggiling.　～기 mesin giling.　～업 usaha penggilingan. (～업자 penggiling).

제불이＜je/bu/chi＞ ☞ 제살붙이.

제비＜je/bi＞ lotere; undian.　～를 뽑다 menarik undian; menarik lotere.

제비＜je/bi＞ 『鳥』 burung layang-layang.

제비꽃 ＜je/bi/kot＞ 『植』 bunga violet.

제비족(- 族) ＜je/bi/jok＞ pelacur pria; gigolo.

제비추리 ＜je/bi/chu/ri＞ daging has dalam…

제빙(製氷) ＜je/bing＞ pembuatan es. ~공장 pabrik es. ~기 mesin pembuat es. ~ 회사 perusahaan es.

제사(第四) ＜je/sa＞ ke empat. ~계급 kaum murba. ~세대 항생제 antibiotika generasi ke empat.

제사(祭祀) ＜je/sa＞ upacara peringatan leluhur. ~를 지내다 mengadakan upacara peringatan leluhur.

제사(製絲) ＜je/sa＞ pemintalan sutera. ~하다 memintal sutera. ~공장 pabrik pemintalan sutera. ~기계 mesin pemintal. ~업 usaha pemintalan sutera.

제살붙이 ＜je/sal/bu/chi＞ kerabat; sanak saudara.

제살이 ＜je/sa/ri＞ ~하다 berdikari.

제삼(第三) ＜je/sam＞ ke tiga. ~계급 kaum borjuis; lapis ketiga. ~국 negara dunia ketiga. ~자 orang ketiga.

제상(祭床) ＜je/sang＞ meja upacara peringatan leluhur.

제석(除夕) ＜je/seok＞ ☞ 제야.

제설(除雪) ＜je/seol＞ ~하다 membersihkan salju. ~기(관차) mobil pembersih salju. ~작업 pekerjaan membersihkan salju.

제세(濟世) ＜je/se＞ penyelamatan dunia. ~하다 menyelamatkan dunia.

제소(提訴) ＜je/so＞ ~하다 memperkarakan; membawa ke pengadilan; memperdakwakan.

제수(弟嫂) ＜je/su＞ adik ipar; isteri adik.

제수(除數) ＜je/su＞ pembagi; penyebut.

제수(祭需) ＜je/su＞ ① sesajen. ② ☞ 제물.

제스처 ＜je/seu/cheo＞ (gerak) isyarat. ~에 불과하다 hanya isyarat.

제습(除濕) ＜je/seub＞ ~하다 menghilangkan lembab. ~기(器) mesin penghilang lembab.

제시(提示) ＜je/si＞ presentasi; penyajian; pembeberan; pengemukakan. ~하다 mempresentasikan; menyajikan; mengemukakan; membeberkan; mengedepankan; mengetengahkan.

제시간(- 時間) ＜je/si/gan＞ waktu yang tepat; waktu yang dijadwalkan. ~에 tepat waktu; sesuai jadwal.

제씨(諸氏) ＜je/ssi＞ tuan; saudara.

제안(提案) ＜je/an＞ proposal; usul; anjuran; saran. ~하다 mengusulkan; mengajukan; menganjurkan. ~자 pengusul.

제안설명(提案說明) ＜je/an/seol/myeong＞ pengajuan proposal; mengajukan usulan.

제암성(制癌性) ＜je/am/seong＞ ~의 anti penyebab kanker; karsinolitik.

제압(制壓) ＜je/ab＞ ~하다 mengendalikan; mendominasi.

제야(除夜) ＜je/ya＞ malam tahun baru.

제약(制約) ＜je/yak＞ pembatasan; pelarangan. ~하다 membatasi.

제약(製藥) ＜je/yak＞ farmasi; pembuatan/peracikan obat. ~공장 [회사] pabrik [perusahaan] obat.

제어(制御) ＜je/eo＞ ~하다 mengatur; mengurus; memimpin; mengendalikan. ~하기 쉬운 [어려운] mudah [sukar] dikendalikan.

제염(製鹽) ＜je/yeom＞ pembuatan garam. ~소 pabrik garam.

제오(第五) ＜je/o＞ yang kelima. ~열 pasukan kelima (mata-mata).

제왕(帝王) ＜je/wang＞ kaisar; raja. ~ 절개술 『醫』 seni operasi kaisar.

제외(除外) ＜je/oe＞ ~하다 mengecualikan; mengeluarkan.

제요(提要) ＜je/yo＞ ringkasan; ikhtisar.

제우스＜je/u/seu＞　『希神』　Dewa Zeus.

제위(帝位)＜je/wi＞　☞ 왕위(王位).

제위(諸位)＜je/wi＞　tuan; saudara.

제유(製油)＜je/yu＞　pengilangan minyak.　~소 pabrik minyak; kilang minyak.

제육＜je/yuk＞　daging babi.

제육감(第六感)＜je/yuk/gam＞　indera ke enam.　☞ 육감.

제의(提議)＜je/eui＞　usulan; saran; anjuran.　~하다 mengusulkan; menyarankan (☞ 제안).　(…의) ~로 atas usulan (dari)…

제이(第二)＜je/i＞　kedua; sekunder. ~로 tempat kedua.　~인칭 orang kedua.　~종 우편물 barang pos kelas dua.

제일(第一)＜je/il＞　pertama.　~먼저 pertama-tama.　~류의 kelas satu. ~당 partai yang memimpin.　~방송 siaran nomor satu.　~보 langkah pertama.　(~ 보를 내디디다 membuat langkah pertama; memulai).　~선 barisan pertama; garis depan.　~심 pengadilan pertama. ~야당 partai oposisi yang utama. ~위 peringkat pertama; ranking pertama.　~인자 penulis terkemuka.　~착 nomor satu dalam perlombaan. 안전 ~ mengutamakan keselamatan.

제자(弟子)＜je/ja＞　murid; pengikut. ~가 되다 menjadi murid.

제자(諸子)＜je/ja＞　guru; orang bijaksana.

제자(題字)＜je/ja＞　motto pembukaan.

제자리걸음하다＜je/ja/ri/geo/reum/ hada＞ jalan ditempat.　평사원으로 ~ tetap pegawai biasa.

제작(製作)＜je/jak＞　produksi; fabrikasi; pembikinan; pembuatan.　~ 하다　memproduksi;　membuat; menghasilkan.　~비 biaya produksi.　~소 pabrik.　~자 pembuat; produsen; penghasil.

제재(制裁)＜je/jae＞　hukuman; sanksi.　~하다 menghukum.　경제적 ~를 가하다 mengenakan sanksi ekonomi.

제재(製材)＜je/jae＞　penggergajian. ~하다 menggergaji.　~소 pabrik gergajian.

제재(題材)＜je/jae＞　tema.

제적(除籍)＜je/jeok＞　~하다 menghapus nama (dari daftar); mengeluarkan (dari sekolah).

제전(祭典)＜je/jeon＞　perayaan.

제절(諸節)＜je/jeol＞　seluruh keluarga. 댁내(宅內) ~이 무고하신지요 Bagaimana keadaan keluargamu?

제정(制定)＜je/jeong＞　~하다 mengundang-undangkan; memberlakukan hukum.

제정(帝政)＜je/jeong＞　pemerintahan kerajaan.　~ 러시아 kekaisaran Rusia.　~시대 masa kerajaan.

제정(祭政)＜je/jeong＞　~일치 kesatuan agama dan negara.

제정신(- 精神)＜je/jeong/sin＞　kesadaran.　~의 sadar; siuman.　~이 아니다 tidak sadar.　~이 들다 menjadi sadar.　~이 들게하다 menyadarkan.

제조(製造)＜je/jo＞　produksi; pengolahan; pembuatan.　~하다 memprodusir;　menghasilkan; membuat. ~능력 kapasitas produksi.　~법 proses produksi.　~업 industri pembuatan.　~업 경쟁력 daya saing dalam pembuatan/manufaktur. ~자 [인] produsen; pembuat.　~ (공)장 pabrik.

제주(祭主)＜je/ju＞　orang yang berkabung pertama.

제주(祭酒)＜je/ju＞　anggur suci; anggur perkabungan.

제주도(濟州島)＜je/ju/do＞　pulau Jeju.

제지(制止)＜je/ji＞　kontrol; kendali. ~하다 mengontrol; mengendalikan. ~할 수 없다 diluar kontrol.

제지(製紙)＜je/ji＞　pembuatan kertas.　~ 공장[업자] pabrik [pembuat] kertas.　~업(業) [회사] usaha [perusahaan] pembuatan kertas.　~원료(原料) pulp; bubur kertas.

제차(諸車)＜je/cha＞ ～통행 금지 (通行禁止) Mobil Dilarang Masuk.

제창(提唱)＜je/chang＞ (제의) proposal; usulan; (창도) pembelaan. ～하다 mengusulkan; membela. ～자 pengacara.

제창(齊唱)＜je/chang＞ paduan suara. ～하다 menyanyikan dengan paduan suara.

제척(除斥)＜je/cheok＞ ～하다 menolak; mengeluarkan; menentang.

제철＜je/cheol＞ musim yang cocok.

제철(製鐵)＜je/cheol＞ pembuatan besi. ～소 pabrik besi. ～업 industri logam. 종합 ～공장 pengerjaan besi terpadu.

제쳐놓다＜je/chyeo/not/tha＞ menyisihkan; mengesampingkan.

제초(除草)＜je/cho＞ ～하다 menyiangi; mencabuti. ～기 alat penyiang rumput. ～제(劑) obat pembasmi rumput liar.

제출(提出)＜je/chul＞ presentasi; penyajian. ～하다 menyodorkan; menyajikan; menganjurkan; mengusulkan.

제충(除蟲)＜je/chung＞ ～하다 membasmi ulat. ～분 bubuk/obat pembasmi serangga. ～제 obat pembasmi serangga; insektisida.

제충국(除蟲菊)＜je/chung/guk＞ 『植』 bunga pyrethrum (yang bisa untuk membasmi serangga). ～가루 bubuk pyrethum.

제칠(第七)＜je/chil＞ ke tujuh. ～천국 surga ke tujuh. ～함대 armada ke tujuh.

제트＜je/theu＞ ～여객 [전투, 폭격] 기 penerbangan [pesawat tempur, pengebom] jet. ～기류 lintasan jet. ～엔진 mesin jet. 점보 ～기 pesawat jumbo jet.

제판(製版)＜je/fan＞ 『印』 pembuatan plat. ～하다 membuat plat. 사진 ～ pengukiran foto. ～소 pembuat plat.

제팔(弟八)＜je/fal＞ yang ke delapan.

제패(制覇)＜je/fae＞ penaklukan; dominasi; penguasaan. ～하다 menguasai; menaklukkan; mendominasi.

제폐(除弊)＜je/fye＞ ～하다 menghapus kebiasaan buruk.

제풀＜je/ful＞ ～로[에] dengan spontan; dengan sendirinya.

제품(製品)＜je/fum＞ barang buatan; produk.

제하다(除 -)＜je/hada＞ ① (제외) mengecualikan; mengeluarkan. ② (나누다) membagi.

제한(制限)＜je/han＞ pembatasan. ～하다 membatasi; memperhinggakan. ～없이 tanpa batas. 연령[시간, 속도]의 ～ batas umur [waktu, kecepatan] ～속도 batas kecepatan. ～전쟁 perang terbatas. 군비 ～ pembatasan persenjataan. 생산 ～ pembatasan output. 수입 ～ pembatasan impor.

제해권(制海權)＜je/hae/kwon＞ penguasaan laut; supremasi laut. ～을 장악 하다[잃다] memegang [kehilangan] komando atas laut.

제헌(制憲)＜je/heon＞ ～국회 dewan konstitusi. ～절 hari konstitusi.

제혁(製革)＜je/hyeok＞ penyamakan. ～소 pabrik penyamakan kulit.

제현(諸賢)＜je/hyeon＞ ibu-ibu dan bapak-bapak.

제형(梯形)＜je/hyeong＞ 『幾』 trapezoid. ☞ 사다리꼴.

제형(蹄形)＜je/hyeong＞ ～의 bentuk U; bentuk ladam. ☞ 말굽.

제호(題號)＜je/ho＞ judul buku.

제화(製靴)＜je/hwa＞ ～공장 pabrik sepatu. ～업 industri sepatu.

제후(諸侯)＜je/hu＞ sultan; raja; baginda.

제휴(提携)＜je/hyu＞ koalisi; konsersium; persekutuan. ～하다 bekerja sama; bersekutu; berkoalisi ～회사 perusahaan gabungan. 기술 ～ kerja sama teknis.

젠장＜jen/jang＞ Sialan!; Diamput!

젠틀맨＜jen/theul/maen＞ jentelmen.

젤라틴＜jel/la/thin＞ 『化』 agar-agar.

젤리＜jel/li＞ selai; sele.
젯밥(祭 -)＜jet/pab＞ nasi sesajen.
젱그렁＜jeng/geu/reong＞ gemerin-cing. ～거리다 bergemerincing.
조＜jo＞ 『植』 millet Itali.
조(條)＜jo＞ pasal. 제5 ～ Pasal 5.
조(組)＜jo＞ kelompok; gerombolan; kawanan. 3인 ～ 강도 kawanan 3 orang perampok.
조(調)＜jo＞ ① lagu. 장[단] ～ kunci mayor [minor]. ② nada suara. 비난 ～로 dengan nada ke-ras/mencela.
조(朝)＜jo＞ dinasti, pagi. 이 ～ dinasti Yi.
조(兆)＜jo＞ trilyun.
조＜jo＞ yang kecil itu. ～놈 orang kecil itu; sekecil itu.
조가(弔歌)＜jo/ga＞ lagu pemakam-an.
조가비＜jo/ga/bi＞ kulit kerang. ～세공 pekerjaan/kerajinan kulit ke-rang.
조각＜jo/gak＞ suban; pecahan ke-cil-kecil; potongan-potongan; ser-pihan. ～달 bulan sabit. ～보 kain dari perca. 유리 ～ pecahan gelas. 종잇 ～ sobekan kertas.
조각(彫刻)＜jo/gak＞ pemahatan; pengukiran. ～하다 mengukir; me-mahat. ～가 pemahat; pengukir. ～도 pahat; alat ukir. ～물 barang ukiran/pahatan.
조각(組閣)＜jo/gak＞ pembentukan kabinet. ～하다 membentuk ka-binet.
조각나다＜jo/gak/na/da＞ pecah ber-keping-keping; hancur lebur.
조각조각＜jo/gak/jo/gak＞ berke-ping-keping.
조간(朝刊)＜jo/gan＞ surat kabar pa-gi.
조갈(燥渴)＜jo/gal＞ haus; dahaga. ～이 나다 merasa haus.
조감도(鳥瞰圖)＜jo/gam/do＞ pan-dangan dari atas.
조강(粗鋼)＜jo/gang＞ baja mentah.
조강(糟糠)＜jo/gang＞ ～지처 isteri yang dinikahi pada waktu miskin;

istri tua.
조개＜jo/gae＞ kerang-kerangan. ～탄 briket oval.
조객(弔客)＜jo/gaek＞ orang yang turut berkabung.
조건(條件)＜jo/keon＞ syarat; keten-tuan; kondisi. ～부로 dengan ber-syarat. ～반사 『生』 respon terkon-disi. ～법 『文』 bentuk pengandai-an.
조경(造景)＜jo/gyeong＞ arsitektur pertamanan. ～사(師) arsitek per-tamanan.
조공(朝貢)＜jo/gong＞ upeti. ～하다 memberi upeti. ～국 negara yang dijajah.
조관(條款)＜jo/gwan＞ ☞ 약관(約款).
조광권(粗鑛權)＜jo/gwang/kwon＞ hak (konsesi) penambangan; royalti pertambangan.
조교(助敎)＜jo/gyo＞ asisten dosen.
조교(調敎)＜jo/gyo＞ ☞ 조마(調馬).
조교수(助敎授)＜jo/gyo/su＞ asisten profesor.
조국(祖國)＜jo/guk＞ tanah air; ta-nah tumpah darah; persada. ～애 cinta tanah air.
조규(條規)＜jo/gyu＞ ketentuan; pa-sal-pasal; syarat.
조그마하다＜jo/geu/ma/hada＞ kecil; pentar; lemah.
조그만큼＜jo/geu/man/kheum＞ sedi-kit saja.
조금＜jo/geum＞ ～씩 sedikit demi sedikit; sedikit-sedikit; sekiting; ba-rang sedikit. ～더 sedikit lagi. ～전에 baru saja; barusan; saat la-lu. ～떨어져 sedikit jauh. ～도 (tidak) sedikitpun. …와 ～도 틀리지 않다 tidak berbeda sedikitpun; sedikitpun tidak berbeda.
조금(潮 -)＜jo/geum＞ 『地』 air per-bani; air pasang surut.
조급(躁急)＜jo/geub＞ ～한 tidak sabar; tergesa-gesa. ～히 dengan tergesa-gesa.
조기＜jo/gi＞ 『魚』 ikan kuning.
조기(弔旗)＜jo/gi＞ bendera se-

tengah tiang; bendera berkabung.

조기(早起)＜jo/gi＞ bangun pagi-pagi. ~회 klub olahraga pagi-pagi.

조기(早期)＜jo/gi＞ tahap dini. ~발견 deteksi dini. ~진단 [치료] diagnosis [pengobatan] dini. ~진단을 받다 berkonsultasi dengan dokter pada tahap dini.

조끼＜co/ki＞ rompi.

조끼＜jo/ki＞ guci. 맥주 한 ~ se-guci bir.

조난(遭難)＜jo/nan＞ kecelakaan kapal. ~하다 mengalami kecelakaan; karam. ~ 구조선 kapal penyelamat. ~선 kapal yang kena bencana. ~신호 sinyal darurat; SOS. ~자 korban kecelakaan kapal.

조달(調達)＜jo/dal＞ pengadaan; penyediaan; penyiapan. ~하다 menyediakan; mempersiapkan; mengadakan. ~과(課) seksi perbekalan; seksi pengadaan.

조당(組糖)＜jo/dang＞ gula mentah.

조대＜jo/dae＞ pipa bambu.

조도(照度)＜jo/do＞ daya penerangan.

조동사(助動詞)＜jo/dong/sa＞ 『文』 kata kerja bantu.

조락(凋落)＜jo/rak＞ pelapukan. ~하다 layu; busuk; lapuk. ~의 길을 걷다 menuju kehancuran.

조력(助力)＜jo/ryeok＞ pertolongan; bantuan; penyelamatan. ~하다 menolong; membantu; meringankan; menyelamatkan. ~자 penolong.

조력(潮力)＜jo/ryeok＞ ~ 발전소 pembangkit listrik tenaga gelombang.

조련(調練)＜jo/ryeon＞ latihan militer. ~하다 melatih.

조령모개(朝令暮改)＜jo/ryeong/mo/gae＞ arah tindakan yang berubah-ubah; tidak punya prinsip. ~ (식)의 정책 kebijakan yang berubah-ubah.

조례(弔禮)＜jo/rye＞ tatakrama bela-sungkawa.

조례(條例)＜jo/rye＞ peraturan; undang-undang. 시 ~ peraturan kotamadya. 신문 ~ undang-undang pers.

조례(朝禮)＜jo/rye＞ apel pagi.

조로(早老)＜jo/ro＞ ~의 tua lebih awal. ~현상 gejala usia tua lebih awal.

조롱(嘲弄)＜jo/rong＞ olok; ejekan; olok-olokan; jengekan. ~하다 mengejek; mengolok; berolok-olok; menjengek.

조롱박＜jo/rong/bak＞ ① 『植』 kundur; labu. ② (바가지) gayung labu.

조루(早漏)＜jo/ru＞ ejakulasi dini.

조류(鳥類)＜jo/ryu＞ unggas; burung. ~학 ilmu (yang mempelajari mengenai) burung. (~학자 ahli burung).

조류(潮流)＜jo/ryu＞ arus; kecenderungan. 시대 ~를 따르다 mengikuti arus zaman. 시대 ~에 거스르다 menentang arus zaman.

조류(藻類)＜jo/ryu＞ 『植』 alga; ganggang. ~의 tentang alga. ~학 ilmu mengenai alga.

조륙(造陸)＜jo/ryuk＞ ~운동 pergerakan kulit bumi.

조르다＜jo/reu/da＞ ① (죄다) mencekik; mengetatkan. ② (요구) mendesak; mempersegera(kan); menyegerakan; memohon.

조르르＜jo/reu/reu＞ 물이 ~나오다 air keluar bercucuran. ~ 따라다니다 mengekor.

조리＜jo/ri＞ saringan bambu; ayak-bambu; tapisan.

조리(條理)＜jo/ri＞ logika; alasan. ~가 선 masuk akal; beralasan; logis.

조리(調理)＜jo/ri＞ ① (조섭(調攝)) pemeliharaan kesehatan; penjagaan kesehatan. ~하다 menjaga kesehatan. ② (요리) masak-memasak. ~하다 memasak; menyiapkan makanan. ~대(臺) meja dapur; bupet.

조리<jo/ri> disana. ☞ 저리.

조리개<jo/ri/gae> ① (끈) tali pengikat. ② (사진기의) selaput pelangi; diafragma.

조리다<jo/ri/da> merebus sampai sangat matang.

조리차하다<jo/ri/cha/hada> menghemat; berhemat.

조림<jo/rim> makanan yang direbus sampai sangat matang.

조림(造林)<jo/rim> penanaman hutan; penghutanan. ~하다 menanami hutan; menghutankan. ~학 ilmu kehutanan.

조립(組立)<jo/rib> perakitan. ~하다 merakit. ~공 perakit. ~공장 pabrik perakitan. ~(식) 주택 rumah rakitan. ~(식) 책장 rak buku rakitan.

조마(調馬)<jo/ma> pelatihan kuda. ~사 pelatih kuda.

조마조마하다<jo/ma/jo/ma/hada> resah; rusuh.

조막손이<jo/mak/so/ni> orang kikir.

조만간(早晚間)<jo/man/gan> cepat atau lambat (akan datang).

조망(眺望)<jo/mang> pandang. ~하다 memandang; meninjau. ~이 좋다 pemandangan indah.

조명(照明)<jo/myeong> penerangan; penyuluhan; penyinaran; penyorotan. ~하다 menerangi; menyinari; memancarkan cahaya kepada; menyuluh; menyoroti. ~탄 bom nyala/pencrang. ~효과 efek/pengaruh cahaya.

조모(祖母)<jo/mo> nenek.

조목(條目)<jo/mok> pasal; klausa; item.

조무래기<jo/mu/rae/gi> (물건) barang-barang kecil; (아이) anak-anak kecil.

조문(弔文)<jo/mun> surat tanda bela sungkawa.

조문(弔問)<jo/mun> kunjungan belasungkawa. ~하다 melawat; mengunjungi; bertakziah. ~사절단 misi belasungkawa.

조문(條文)<jo/mun> pasal; bab; artikel; fatsal.

조물주(造物主)<jo/mul/cu> Pencipta; Khalik.

조미(調味)<jo/mi> ~하다 membumbui. ~료 bumbu; rempah-rempah; rencoh.

조밀(稠密)<jo/mil> kepadatan. ~한 padat; penuh sesak; penuh tumpat. 인구가 ~하다 berpenduduk padat.

조바심하다<jo/ba/sim/hada> khawatir; resah; gelisah; tidak sabaran.

조반(朝飯)<jo/ban> sarapan pagi. ~을 먹다 sarapan.

조밥<jo/bab> nasi juwawut.

조방농업(粗放農業)<jo/bang/nong/eob> pertanian ekstensif.

조변석개(朝變夕改)<jo/byeon/seok/gae> ☞ 조령모개.

조병창(造兵廠)<jo/byeong/chang> gudang senjata.

조복(朝服)<jo/bok> toga.

조부(祖父)<jo/bu> kakek; engkong; datuk.

조부모(祖父母)<jo/bu/mo> kakek dan nenek.

조붓하다<jo/but/hada> sedikit sempit.

조사(弔辭)<jo/sa> pidato perkabungan.

조사(助詞)<jo/sa> kata bantu.

조사(祖師)<jo/sa> pendiri sekte.

조사(照射)<jo/sa> penyinaran. X선을 ~하다 memberi sinar X.

조사(調査)<jo/sa> penyelidikan; penjajakan; pemeriksaan; penelaahan. ~하다 menyelidiki; menjajaki. ~관 penyelidik; pemeriksa. ~대상 sasaran penyelidikan. ~부 seksi penyelidikan. ~위원회 komite penyelidikan.

조산(早産)<jo/san> kelahiran dini/prematur. ~하다 melahirkan bayi prematur. ~아(兒) bayi lahir dini.

조산(助産)<jo/san> kebidanan. ~부[원] bidan; paraji; dukun beranak. ~술 ilmu kebidanan.

조산(造山)<jo/san> bukit buatan.

조상(弔喪)＜jo/sang＞ bela sungkawa. ~하다 turut bela sungkawa.

조상(祖上)＜jo/sang＞ nenek moyang; leluhur; pitarah.

조상(彫像)＜jo/sang＞ patung; arca.

조색(調色)＜jo/saek＞ warna campuran.

조생종(早生種)＜jo/saeng/jong＞ varietas cepat berbuah; padi cere; padi lekas.

조서(詔書)＜jo/seo＞ dekrit raja.

조서(調書)＜jo/seo＞ 『法』 berita acara pemeriksaan (BAP). ~의 작성 penyusunan berita acara. ~를 꾸미다 memberita acarakan.

조석(朝夕)＜jo/seok＞ pagi dan sore.

조선(造船)＜jo/seon＞ pembuatan kapal. ~하다 membuat kapal. ~ 기사 insinyur kelautan. ~능력 kapasitas pembuatan kapal. ~대 tempat peluncuran kapal. ~소 galangan kapal. ~업 industri pembuatan kapal. ~학 arsitektur kelautan.

조섭(調攝)＜jo/seob＞ ☞ 조리(調理).

조성(助成)＜jo/seong＞ ~하다 menolong; membantu; menyokong; berderma. ~금(金) subsidi; bantuan.

조성(造成)＜jo/seong＞ produksi; konstruksi. ~하다 membuat; memproduksi; menyiapkan. 택지를 ~하다 menyiapkan lahan perumahan.

조성(組成)＜jo/seong＞ pembentukan; penyusunan. ~하다 menyusun; membentuk. ~분 komponen.

조세(租稅)＜jo/se＞ pajak; perpajakan. ~를 부과하다 mengenakan pajak (kepada).

조소(彫塑)＜jo/so＞ pemahatan dan pemodelan, model tanah liat.

조소(嘲笑)＜jo/so＞ cemoohan; kecimus. ~하다 mencemooh; mengkecimus. ~ 거리가 되다 menjadi bahan cemoohan.

조속(早速)＜jo/sok＞ ~히 secepat mungkin; segera.

조수(助手)＜jo/su＞ asisten; pembantu; wakil; kernet. ~석 tempat duduk di samping sopir. 외과(의) ~ asisten ahli bedah.

조수(鳥獸)＜jo/su＞ burung dan binatang buas.

조수(潮水)＜jo/su＞ air pasang. ~ 의 간만 pasang dan surutnya air. ~처럼 밀려들다 menggelombang.

조숙(早熟)＜jo/suk＞ kedewasaan dini. ~하다 dewasa dini. ~한 prematur; dini.

조식(粗食)＜jo/sik＞ makanan sederhana. ~하다 makan makanan sederhana.

조신(操身)＜jo/sin＞ sikap yang berhati-hati. ~하다 bersikap hati-hati.

조실부모(早失父母)＜jo/sil/bu/mo＞ ~하다 kehilangan orang tua waktu masih kecil.

조심(操心)＜jo/sim＞ kehati-hatian. ~하다 berhati-hati; waspada.

조심성(操心性)＜jo/sim/seong＞ sifat berhati-hati. ~이 없다 tidak hati-hati; ceroboh.

조아리다＜jo/a/ri/da＞ menunduk dalam-dalam.

조아팔다＜jo/a/fal/da＞ menjual ketengan.

조악(粗惡)＜jo/ak＞ ~한 kasar; bermutu rendah. ~품 barang bermutu rendah; barang kasar.

조암광물(造岩鑛物)＜jo/am/gwang/mul＞ mineral pembentuk batu.

조야(粗野)＜jo/ya＞ ~한 kasar; kersang; rampas; ramput; kasap; kesat.

조야(朝野)＜jo/ya＞ pemerintah dan rakyat.

조약(條約)＜jo/yak＞ persetujuan; perjanjian; kesepakatan; pakta. ~을 지키다 [어기다, 폐기하다] melaksanakan [melanggar, membatalkan] persetujuan. ~국 negara yang membuat pakta. ~규정 ketentuan persetujuan; syarat persetujuan.

조약돌＜jo/yak/dol＞ batu kerikil;

batu koral; batu-batu kecil.
조어(造語)＜jo/eo＞ penciptaan kata baru.
조언(助言)＜jo/eon＞ saran; nasehat; petuah; pendapat; fatwa; pelajaran; peringatan.　～하다 menyarankan; menasehati; berpetuah.　～자 penasehat.
조업(操業)＜jo/eob＞ kerja; pengoperasian.　～하다 menjalankan; mengoperasikan.　～단축 pengurangan jam kerja. 완전 ～ operasi penuh.
조역(助役)＜jo/yeok＞ pembantu; asisten.
조연(助演)＜jo/yeon＞　～하다 memainkan peran pembantu; mendukung.　～자 pemain pembantu/figuran.
조예(造詣)＜jo/ye＞ pencapaian; kesarjanaan; keahlian. ...에 ～가 깊다 memiliki pengetahuan yang dalam (tentang)...
조용하다＜jo/yong/hada＞ tenang; diam; tidak bergerak; reda; teduh; sunyi; senyap; lengang; hening.
조우(遭遇)＜jo/u＞　～하다 bertemu; berjumpa; bersua.
조위(弔慰)＜jo/wi＞　☞　조의(弔意).　～금(金) uang duka.
조율(調律)＜jo/yul＞ penyetelan; penalaan.　～하다 menyetel; menala; menyetalakan.　～사 penyetel (piano).
조의(弔意)＜jo/eui＞ belasungkawa; perkabungan.　～를 표(表)하다 turut berduka cita; menyatakan belasungkawa.
조인(鳥人)＜jo/in＞ pilot kapal terbang.
조인(調印)＜jo/in＞ penandatanganan.　～하다 menandatangani; mengecap.　～국 negara penandatangan.　～식 upacara penandatanganan.　～자 orang yang menandatangani; penandatangan. 가 ～ penandatanganan awal.
조작(造作)＜jo/jak＞ pembuatan.　～하다 membuat.

조작(操作)＜jo/jak＞ operasi; penanganan.　～하다 mengerjakan; menangani; memanipulasi. 금융[시장] ～ manipulasi [pasar] moneter.
조잡(粗雜)＜jo/jab＞　～한 kasar; bermutu rendah.
조장(助長)＜jo/jang＞　～하다 menyokong; mendorong. 악폐를 ～하다 mendorong kejahatan.
조장(組長)＜jo/jang＞ kepala regu.
조전(弔電)＜jo/jeon＞ telegram belasungkawa.
조절(調節)＜jo/jeol＞ pengaturan; penyesuaian; penyelarasan; pengendalian.　～하다 mengatur; mengendalikan; menyelaraskan.　～기(器) pengatur; regulator; modulator.　～판(瓣) katup pengontrol.
조정(朝廷)＜jo/jeong＞ istana raja.
조정(漕艇)＜jo/jeong＞ mendayung.　～경기 perlombaan mendayung.
조정(調停)＜jo/jeong＞ pengantaraan; perantaraan; peleraian; penengahan.　～하다 mengantarai; melerai; menengahi.　～안(案) rencana penengahan.　～자 pengantara; penengah; pelerai.
조정(調整)＜jo/jeong＞ penyesuaian; pengaturan; regulasi; modulasi.　～하다 menyesuaikan; mengatur; mengendalikan; memodulasi.　～기(器) regulator; pengatur.
조제(粗製)＜jo/je＞ pembuatan barang-barang kasar.　～품 barang-barang kasar.
조제(調製)＜jo/je＞ pembuatan; produksi.　～하다 membuat; memproduksi.
조제(調劑)＜jo/je＞ peracikan obat.　～하다 meracik obat.　～실 kamar peracikan obat.
조조(早朝)＜jo/jo＞ pagi sekali.
조종(弔鐘)＜jo/jong＞ lonceng kematian.
조종(祖宗)＜jo/jong＞ nenek moyang raja.
조종(操縱)＜jo/jong＞ pengelolaan; manajemen; pelaksanaan; operasi.　～하다 mengelola; mengurus; men-

jalankan; mengoperasikan. ~간
(桿) tongkat pengendali/pilot. ~사
pilot; penerbang. ~석 『空』 tem-
pat duduk pilot; kokpit.

조준(照準)＜jo/jun＞　pembidikan.
~하다 membidik. ~기(器) alat
pembidik.

조지다＜jo/ji/da＞　① (사개 따위)
mengencangkan; mengetatkan. ②
(단속함) mengontrol ketat.

조직(組織)＜jo/jik＞ organisasi; sis-
tim; formasi; struktur. ~하다
membentuk; mengorganisasi(kan);
menyusun; mengadakan. ~적인
sistematis; teratur; metodis; ter-
organisir. ~망(網) sistem jaring-
an. ~책 kepala pengurusan; pe-
nanggung jawab organisasi. ~표
(票) bagan organisasi. ~학 『生』
ilmu jaringan tubuh. ~화 sistema-
tisasi. 근육 ~ jaringan otot.

조짐(兆朕)＜jo/jim＞ tanda; gejala;
alamat; pertanda.

조차(租借)＜jo/cha＞ penyewaan wi-
layah. ~하다 menyewakan wila-
yah; mengontrakkan. ~권 hak pe-
nyewaan wilayah. ~지 wilayah
yang disewa.

조차(操車)＜jo/cha＞ 『鑛』 kordinasi;
pengkordinasikan. ~원 orang
yang mengatur pemberangkatan
(kereta api). ~장 tempat pembe-
rangkatan/pelepasan.

조차＜jo/cha＞ bahkan; pun.

조찬(朝餐)＜jo/chan＞ makan pagi;
sarapan.

조처(措處)＜jo/cheo＞ tindakan; ge-
rakan; langkah; aksi. ~하다 ber-
tindak; mengambil tindakan. ~를
그르치다 mengambil tindakan yang
keliru.

조척(照尺)＜jo/cheok＞ ☞ 가늠자.

조청(造淸)＜jo/cheong＞ sirup biji-
an.

조졸하다＜jo/chol/hada＞ rapih;
apik; mungil.

조총(弔銃)＜jo/chong＞ tembakan
penghormatan/salvo.

조총련(朝總聯)＜jo/chong/nyeon＞

federasi penduduk Korea di Jepang
yang pro Pyongyang.

조치(措置)＜jo/chi＞ ☞ 조처. 단호
한 ~를 취하다 mengambil tindakan
yang drastis.

조카＜jo/kha＞ keponakan; kemena-
kan. ~딸 kemenakan perempuan.

조타(操舵)＜jo/tha＞ ~하다 menge-
mudikan kapal. ~기[실] roda [ru-
mah] pengemudian. ~수 juru mu-
di.

조탁(彫琢)＜jo/thak＞ pengukiran
dan pemahatan. ~하다 memahat
dan mengukir; memoles/menghalus-
kan.

조탄(粗炭)＜jo/than＞ batu bara mu-
tu rendah.

조탕(潮湯)＜jo/thang＞ mandi air
laut.

조퇴(早退)＜jo/thoe＞ ~하다 pu-
lang lebih cepat.

조판(組版)＜jo/fan＞ penyusunan hu-
ruf. ~하다 menyusun huruf. ~
공(工) penyusun huruf; tukang se-
ter.

조폐(造幣)＜jo/fye＞ percetakan
uang.

조포(弔砲)＜jo/fo＞ tembakan peng-
hormatan (meriam).

조합(組合)＜jo/hab＞ ① persatuan;
perserikatan; organisasi; perhim-
punan; perkumpulan. ~간부 para
pimpinan perserikatan/perkumpulan.
~비(費) iuran organisasi/perkum-
pulan. ~원 anggota perkumpulan.
② 『數』 kombinasi (matematik).

조항(條項)＜jo/hang＞ fatsal; pasal;
klausul.

조해(潮解)＜jo/hae＞ 『化』 proses
peleburan. ~하다 melebur.

조혈(造血)＜jo/hyeol＞ pembentukan
darah; hematolisis. ~하다 mem-
buat/membentuk darah. ~기능
fungsi hematogen. ~제 obat pem-
bentuk darah.

조형(造形)＜jo/hyeong＞ pencetakan;
penuangan. ~미술 seni percetak-
an; seni tuang.

조혼(早婚)＜jo/hon＞ perkawinan dini. ~하다 kawin muda.

조화(弔花)＜jo/hwa＞ karangan bunga berkabung.

조화(造化)＜jo/hwa＞ ciptaan; alam. ~의묘 keanehan/keajaiban alam. ~의 장난 permainan alam.

조화(造花)＜jo/hwa＞ bunga tiruan; bunga palsu.

조화(調和)＜jo/hwa＞ kecocokan; kesesuaian; kepantasan; kepatutan; kelayakan; keselarasan. ~하다 cocok dengan; sepadan; serasi; sesuai; setuju. ~된 rukun; harmonis. ~되지 않다 tidak cocok.

조회(朝會)＜jo/hoe＞ rapat pagi; pertemuan pagi.

조회(照會)＜jo/hoe＞ pemeriksaan; verifikasi; penyelidikan. ~하다 memeriksa; menyelidiki. ~장 surat (izin) pemeriksaan.

족(足)＜jok＞ ① (발) kaki; betis. ② (켤레) sepasang kaos kaki.

…족(族)＜jok＞ suku; marga; klan; bangsa. 티베트 ~ bangsa Tibet.

족대기다＜jok/dae/gi/da＞ memaksa; menyiksa.

족두리＜jok/du/ri＞ kerudung penganten.

족발(足 -)＜jok/bal＞ kaki babi rebus.

족벌(族閥)＜jok/beol＞ keluarga. ~정치 pemerintahan keluarga. ~주의 nepotisme.

족보(族譜)＜jok/bo＞ silsilah keluarga; setambuk; asal-usul keluarga.

족생(簇生)＜jok/saeng＞ ~하다 tumbuh mengelompok. ~식물 tanaman yang tumbuh mengelompok.

족속(族屬)＜jok/sok＞ kerabat; sanak saudara.

족쇄(足鎖)＜jok/swae＞ belenggu; kongkong; sengkela; pasung; pengikat; borgol. ~를 채우다 membelenggu; mengongkong; memborgol; mengikat.

족자(簇子)＜jok/ja＞ gambar gulung (ala Cina).

족자리＜jok/ja/ri＞ telinga periuk.

족장(族長)＜jok/jang＞ penghulu; kepala adat; kepala suku.

족적(足跡)＜jok/jeok＞ jejak kaki. ~을 남기다 meninggalkan jejak kaki.

족제비＜jok/je/bi＞ 『動』 menturung; cerpelai.

족족＜jok/jok＞ (찢는 모양) cabik-cabik (kertas).

족족＜jok/jok＞ (마다) setiap saat/waktu; kapanpun. 오는 ~ setiap kali datang.

족집게＜jok/jib/ge＞ catut; pencabut uban/duri.

족척(族戚)＜jok/cheok＞ sanak saudara; kerabat.

족치다＜jok/chi/da＞ ① (자름) memotong; menetak. ② (결딴냄) menghancurkan; memusnahkan. 살림을 ~ memusnahkan harta benda. ③ ☞ 족대기다.

족친(族親)＜jok/chin＞ kerabat.

족하다(足 -)＜jok/hada＞ ① cukup; alakadarnya. 2천원이면 ~ dua ribu won sudah cukup. ② (만족) puas (dengan).

족히(足 -)＜jok/hi＞ cukup; memadai. ~2 마일 cukup dua mil.

존＜jon＞ zona. ~ 디펜스 pertahanan zona. 스트라이크 ~ 『野』 zona serangan.

존경(尊敬)＜jon/gyeong＞ keseganan; penghormatan; pemujaan; penghargaan. ~하다 menghormati; mempermuliakan; mengnakzimkan; bersewaka. ~할 만한 terhormat.

존귀(尊貴)＜jon/gwi＞ ~한 tinggi dan agung.

존대(尊待)＜jon/dae＞ ~하다 memperlakukan dengan hormat. ~어 sebutan hormat; istilah penghormatan.

존득존득하다＜con/deuk/con/deuk/hada＞ elastis; kenyal.

존망(存亡)＜jon/mang＞ hidup mati; keberadaan. 국가 ~ 지추에 pada saat krisis nasional seperti ini.

존비(尊卑)＜jon/bi＞ kelas atas dan bawah. ~귀천 kaya miskin; yang

terhormat dan yang hina.
존속(存續)＜jon/sok＞ bertahan; berdiri; tetap hidup. ～하다 bertahan; berdiri; tetap hidup. ～시키다 mempertahankan. ～기간 jangka hidup; masa keberadaan.
존속(尊屬)＜jon/sok＞ 『法』 turunan satu garis. ～살해 pembunuhan turunan satu garis.
존숭(尊崇)＜jon/sung＞ penghormatan. ～하다 menghormati; memberikan penghormatan.
존엄(尊嚴)＜jon/eom＞ martabat. ～한 bermartabat. 법의 ～(성) martabat hukum. 인간의 ～ martabat manusia.
존의(尊意)＜jon/eui＞ pendapatmu; pendapat saudara.
존장(尊長)＜jon/jang＞ yang lebih tua; senior.
존재(存在)＜jon/jae＞ keberadaan; eksistensi. ～하다 ada; berdiri; hidup. 신은 ～한다 Tuhan ada. ～론 filosofi keberadaan. ～이유 alasan keberadaan.
존절하다＜jon/jeol/hada＞ hemat.
존중(尊重)＜jon/jung＞ kehormatan; penghormatan; penyanjungan. ～하다 menghormati; menjunjung tinggi; menyanjung. ～할 만한 terhormat.
존체(尊體)＜jon/che＞ kesehatan saudara.
존칭(尊稱)＜jon/ching＞ gelar kehormatan; sebutan kehormatan.
존폐(存廢)＜jon/pye＞ kelangsungan; keberadaan; keberlakuan.
존함(尊銜)＜jon/ham＞ nama anda.
졸(卒)＜jol＞ pion; bidak.
졸고(拙稿)＜jol/go＞ karya saya (yang tidak berharga).
졸깃졸깃하다＜col/git/col/git/hada＞ kenyal; liat.
졸년(卒年)＜jol/yeon＞ tahun kematian.
졸다＜jol/da＞ (졸려서) terkantuk-kantuk.
졸다＜jol/da＞ (줄다) mengkerut; mengecil; (끓어서) direbus (sampai airnya) kering.

졸도(卒倒)＜jol/to＞ pingsan. ～하다 kelenger; jatuh pingsan.
졸때기＜jol/tae/gi＞ ① (작은 일) kerja kecil-kecilan. ② (사람) orang picik.
졸라대다＜jol/la/dae/da＞ ☞ 조르다.
졸라매다＜jol/la/mae/da＞ mengikat dengan kencang. 허리띠를 ～ mengencangkan tali pinggang.
졸렬(拙劣)＜jol/yeol＞ ～한 picik.
졸리다＜jol/li/da＞ (남에게) didesak-desak; dipaksa; disegerakan.
졸리다＜jol/li/da＞ (매어지다) diketatkan.
졸리다＜jol/li/da＞ (잠오다) rasa ngantuk.
졸막졸막하다＜jol/mak/jol/mak/hada＞ berukuran kecil-kecil.
졸망졸망＜jol/mang/jol/mang＞ ① ～한 kasar; tidak rata. ② ～한 kecil dan tidak sama bentuk/ukurannya.
졸문(拙文)＜jol/mun＞ karangan yang jelek.
졸병(卒兵)＜col/byeong＞ prajurit.
졸보(拙甫)＜jol/bo＞ orang yang tidak berguna.
졸부(猝富)＜jol/bu＞ kaya mendadak.
졸속주의(拙速主義)＜jol/sok/ju/eui＞ metode yang kasar dan segera.
졸아들다＜jo/ra/deul/da＞ mengerut; mengecil; (끓어서) direbus (sampai airnya) kering.
졸업(卒業)＜jol/eob＞ kelulusan; penamatan. ～하다 tamat (dari); lepas sekolah. 대학을 갓 ～한 청년 anak muda yang baru lulus perguruan tinggi. ～논문 tesis kelulusan. ～생 tamatan; lulusan. ～시험 ujian kelulusan. ～식(式) upacara kelulusan. (～식을 거행하다 mengadakan upacara kelulusan). ～장 sertifikat kelulusan; diploma.
졸음＜jol/eum＞ kantuk. ～이오다 mengantuk.
졸이다＜jo/ri/da＞ ① (마음을) cemas; gelisah; khawatir. ② (끓여

서) merebus (sampai airnya) ke-ring.
졸작(拙作)＜jol/cak＞　①　(졸렬한) karya yang jelek.　②　☞　졸저(拙著).
졸장부(拙丈夫)＜jol/cang/bu＞　orang yang berkaliber kecil/rendah; orang yang picik.
졸저(拙著)＜jol/jeo＞　karya saya yang rendah.
졸졸＜jol/jol＞　suara aliran air; ge-mercak.
졸중(卒中)＜jol/cung＞　『醫』 kelum-puhan otak.
졸지에(猝地 -)＜jol/ji/e＞　tiba-tiba.
졸책(拙策)＜jol/chaek＞　rencana (ke-bijakan) yang kurang baik.
졸필(拙筆)＜jol/fil＞　①　(악필) tu-lisan tangan yang jelek.　②　(악필가) penulis yang jelek.　③　(자기필적) tulisan tangan saya.
졸하다(卒 -)＜jol/hada＞　meninggal; mati.
좀＜jom＞　『蟲』 ngengat; kutu pa-kaian/buku.　~ (이) 먹은 dimakan ngengat. (…하고 싶어) ~이 쑤시다 gatal; ingin sekali; tidak sabar (un-tuk).
좀＜jom＞　(그 얼마나) berapa; bera-pa banyak.
좀＜jom＞　①　(조금) sedikit; agak. ~ 피로하다 agak capek.　②　(제발) tolong (tolong jangan pergi).
좀것＜jom/geot＞　①　(사람) pikiran yang sempit; pikiran yang picik. ②　(물건) barang-barang yang sepe-le/remeh.
좀더＜jom/deo＞　sedikit lagi; sedikit lama lagi.
좀도둑＜jom/do/duk＞　pencuri/ma-ling kecil.　~질 pencurian kecil-kecilan; maling kecil-kecilan.
좀먹다＜jom/meok/ta＞　①　(벌레가) dimakan ngengat; digerogoti.　② (비유적으로) menggerogoti.　동심을 ~ menggerogoti hati anak.
좀스럽다＜jom/seu/reob/ta＞　①　(마음이) berpikiran sempit.　②　(규모가) kecil; remeh.

좀약＜jom/yak＞　kapur barus.
좀처럼＜jom/cheo/reom＞　~…하지 않다 jarang.
좀팽이＜jom/faeng/i＞　orang picik.
좁다＜job/ta＞　(폭 범위가) sempit; (면적이) kecil; terbatas; (갑갑하게) ketat; (도량 소견 따위가) picik.
좁다랗다＜job/da/rat/tha＞　sempit dan rapat; agak sempit.
좁쌀＜job/ssal＞　biji juwawut.　~뱅이 orang picik; orang yang berpi-kiran sempit.　~영감 orang tua berpikiran sempit.
좁히다＜jo/fi/da＞　mempersempit; membatasi; memperpicik.
종＜jong＞　(노비) babu; jongos; bu-dak.
종＜cong＞　(마늘 따위의) tangkai (bawang putih).
종(種)　＜jong＞　①　『生』 spesies. ~의 기원 Asal Usul Spesies.　② ☞ 종류.　3 ~ 우편 pos kelas tiga. ③ bangsa; turunan; bibit. 몽고 ~ 의 말 kuda turunan Mongolia.
종(鐘)＜jong＞　bel; bel pintu; lon-ceng.　~을 울리다 [치다] membu-nyikan [memukul] lonceng.　~소리 bunyi lonceng.　~지기 pemukul lonceng; orang yang memukul bel.
종가(宗家)＜jong/ga＞　keluarga uta-ma.
종가래＜jong/ga/rae＞　sekop kecil.
종각(鐘閣)＜jong/gak＞　menara lon-ceng.
종견(種犬)＜jong/gyeon＞　anjing tu-runan/blesteran.
종결(終結)＜jong/gyeol＞　penutupan; penyelesaian.　~ 하다 menutup; mengakhiri; berakhir.
종곡(終曲)＜jong/gok＞ ＞　『幾』 mu-sik penutup.
종관(從貫)＜jong/gwan＞　~하다 melintasi.　~철도(鐵道) jalan kere-ta api melintasi…
종교(宗敎)＜jong/gyo＞　agama; ke-percayaan.　~ 상의 berhubungan dengan agama.　~를 믿다 meng-anut suatu agama.　~가 orang yang beragama.　~개혁 pembaha-

ruan; reformasi. ~계(界) dunia keagamaan. ~단체 organisasi keagamaan.

종국(終局)＜jong/guk＞ akhir; penutupan; kesimpulan. ~의 akhir; final; terakhir. ~에 가서는 pada akhirnya; dalam jangka panjang. ~을 고하다 berakhir; sudah selesai.

종군(從軍)＜jong/gun＞ ~하다 mengikuti tentara; maju ke garis depan. ~ 기자 [기장] wartawan [medali] perang.

종극(終極)＜jong/geuk＞ penutupan; pengakhiran. ~의 akhir; terakhir.

종기(終期)＜jong/gi＞ akhir; penghabisan.

종기(腫氣)＜jong/gi＞ pembengkakan; buhuk; bisul; puru.

종내(終乃)＜jong/nae＞ pada akhirnya; akhirnya.

종다래끼＜jong/da/rae/ki＞ keranjang penangkap ikan; tangguk.

종다수(從多數)＜jong/da/su＞ ikut pendapat mayoritas.

종단(宗團)＜jong/dan＞ golongan keagamaan.

종단(縱斷)＜jong/dan＞ ~하다 memotong memanjang/vertikal; melintasi. ~면 irisan memanjang.

종달거리다＜jong/dal/geo/ri/da＞ bersungut-sungut; berkomat-kamut.

종답(宗畓)＜jong/dab＞ sawah yang hasilnya diperuntukkan untuk tujuan upacara penghormatan leluhur; sawah warisan.

종당(從當)＜jong/dang＞ pada akhirnya.

종대(縱隊)＜jong/dae＞ kolom. 4열 ~로 dengan empat kolom. 2열 ~로 행진하다 berbaris maju dua-dua.

종돈(種豚)＜jong/don＞ babi bibit.

종두(種痘)＜jong/du＞ ☞ 우두(牛痘).

종래(從來)＜jong/nae＞ ~의 yang lalu; biasa. ~에는 sejauh ini. ~대로 seperti biasa; seperti yang sebelumnya.

종렬(縱列)＜jong/yeol＞ kolom.

종료(終了)＜jong/nyo＞ penghabisan; penutupan; kesimpulan; pengakhiran. ~하다 habis; putus; selesai; berakhir; tamat.

종루(鐘樓)＜jong/ru＞ menara lonceng.

종류(種類)＜jong/yu＞ macam; bangsa; ragam; jenis; corak; rupa; keadaan; kategori. 이런 ~의 사람 orang macam ini. 이런 ~의 사건 kejadian semacam ini. ~가 다른 berbeda jenis. 세 ~로 나누다 membagi kedalam tiga kelas.

종마(種馬)＜jong/ma＞ kuda pejantan.

종막(終幕)＜jong/mak＞ adegan terakhir; penutup. ~이 다가오다 mendekati akhir.

종말(終末)＜jong/mal＞ penghabisan; penutupan; kesimpulan; penyudahan; penyelesaian. ~을 고하다 sampai ke bagian terakhir.

종매(從媒)＜jong/mae＞ kemenakan wanita.

종목(種目)＜jong/mok＞ event; item.

종묘(宗廟)＜jong/myo＞ kuil leluhur raja.

종묘(種苗)＜jong/myo＞ tanaman bibit. ~장 kebun pembibitan.

종물(從物)＜jong/mul＞ barang hiasan.

종반전(終盤戰)＜jong/ban/jeon＞ permainan terakhir; tahap terakhir.

종발(鐘鉢)＜jong/bal＞ mangkuk kecil.

종배(終 -)＜jong/bae＞ seperindukan terakhir.

종범(從犯)＜jong/beom＞ ikut serta dalam kejahatan.

종별(種別)＜jong/byeol＞ klasifikasi. ~하다 mengklasifikasikan.

종복(從僕)＜jong/bok＞ pembantu; pengiring.

종사(宗嗣)＜jong/sa＞ keturunan keluarga utama.

종사(從死)＜jong/sa＞ ~하다 ikut serta mati.

종사(從事)＜jong/sa＞ ~하다 ikut serta; bertekun; mengejar; mengikuti.

종산(宗山) <jong/san> kuburan keluarga; gunung keluarga.

종서(縱書) <jong/seo> ~하다 menulis vertikal.

종선(縱線) <jong/seon> garis vertikal; garis tegak.

종성(宗姓) <jong/seong> marga raja.

종성(鐘聲) <jong/seong> bunyi lonceng.

종속(從屬) <jong/sok> subordinasi. ~하다 tergantung (pada); subordinat (pada). ~적인 subordinat; bawahan. ~시키다 mensubordinasikan; mengebawahkan. ~구[절] frase kalimat [anak kalimat]. ~국 negara subordinat.

종손(宗孫) <jong/son> cucu laki-laki tertua.

종손(從孫) <jong/son> cucu kemenakan laki-laki.

종손녀(從孫女) <jong/son/nyeo> cucu kemenakan perempuan.

종시(終是) <jong/si> ☞ 끝끝내.

종시속(從時俗) <jong/si/sok> ~하다 mengikuti adat kebiasaan.

종식(終熄) <jong/sik> penghentian (perang). ~하다 berhenti; berakhir. ~시키다 menghentikan.

종신(終身) <jong/sin> ① seumur hidup. ~의 seumur hidup. ~연금 pensiun seumur hidup. ~직(職) pejabat seumur hidup. ~징역 [형] pemenjaraan seumur hidup. ~회원 anggota seumur hidup. ② (임종) ~하다 melayani orang tua sampai wafat.

종실(宗室) <jong/sil> keluarga raja.

종심(終審) <jong/sim> 『法』 pengadilan akhir.

종씨(宗氏) <jong/ssi> saudara semarga.

종씨(從氏) <jong/ssi> kemenakan saya (kamu; dia/nya) yang paling tua.

종아리 <jong/a/ri> betis. ~를 맞다 dicambuk pada betis. ~를 때리다 mencambuk betis.

종아리뼈 <jong/a/ri/pyeo> tulang betis.

종아리채 <jong/a/ri/chae> cambuk.

종알거리다 <jong/al/geo/ri/da> merenyeh; bersungut; berkomat-kamit.

종양(腫瘍) <jong/yang> 『醫』 tumor. 뇌 ~ tumor otak. 악성[양성] ~ tumor ganas [jinak].

종언(終焉) <jong/eon> penghabisan; penutupan. ~을 고하다 sampai ke bagian akhir.

종업(從業) <jong/eob> ~하다 dipekerjakan; bekerja. ~시간 jam-jam kerja. ~원 pekerja; karyawan.

종업(終業) <jong/eob> akhir kerja; perampungan kerja. ~하다 menyelesaikan pekerjaan. ~시간 jam terakhir; jam penghabisan. ~식 upacara penutupan.

종연(終演) <jong/yeon> akhir pertunjukan. ~하다 berakhir; selesai; tamat. 오후 10시 ~ pertunjukan berakhir pada pukul 10 malam.

종요롭다 <jong/yo/rob/ta> penting; perlu.

종용(慫慂) <jong/yong> ~하다 menasehati; menganjurkan; menekankan; menyarankan. 아무의 ~으로 atas usul dari...; atas saran dari...

종우(種牛) <jong/u> lembu pejantan.

종유동(鐘乳洞) <jong/yu/dong> gua stalaktit.

종유석(鐘乳石) <jong/yu/seok> 『鑛』 stalaktit.

종이 <jong/i> kertas. ~한 장 [연] selembar [segulung] kertas. ~로 만든 dari kertas.

종일(終日) <jong/il> sepanjang hari; sehari penuh.

종자(宗子) <jong/ja> putra tertua dari keluarga batang.

종자(從者) <jong/ja> pengikut; pengiring; penganut; pengekor.

종자(種子) <jong/ja> benih; bibit. ☞ 씨.

종자매(從姉妹) <jong/ja/mae> kemenakan perempuan.

종잡다＜jong/jab/ta＞ memahami se-cara kasar; mengerti pokok-pokok (dari).

종장(終場)＜jong/jang＞ 『證』 penu-tupan pasar. ～ 가격 [시세] harga [kecendrungan harga] penutupan.

종적＜jong/jeok＞ ～을 감추다 menghilang; menutupi jejak.

종전(從前)＜jong/jeon＞ ～의 yang dahulu. ～에 dahulu; sebelum. ～과 같이 seperti biasa; seperti du-lu.

종전(終戰)＜jong/jeon＞ akhir dari perang; akhir dari permusuhan. ～후의 sesudah perang; pasca pe-rang. ～이 되다 perang berakhir.

종점(終點)＜jong/ceom＞ terminal; perhentian. 버스 ～ terminal bis.

종제(從弟)＜jong/je＞ adik sepupu.

종조(宗祖)＜jong/jo＞ pendiri (sek-te).

종족(種族)＜jong/jok＞ (인류의) bangsa; suku bangsa; (동식물의) fa-mili; genus. ～보존 pelestarian spesies.

종졸(從卒)＜jong/jol＞ pembantu tentara.

종종(種種)＜jong/jong＞ ① (가지가지) jenis yang berbeda. ② (가끔) sekali-sekali; kadang-kadang; se-ring; berulangkali; acapkali; kerap kali; ada kalanya.

종종걸음＜jong/jong/geo/leum＞ langkah pendek dan cepat; langkah yang terburu-buru. ～치다 berja-lan dengan terburu-buru.

종주(宗主)＜jong/ju＞ Yang Diper-tuan Agung. ～국 negara pertuan-an. ～권 pertuanan.

종중(宗中)＜jong/jung＞ keluarga dari marga yang sama.

종지＜jong/ji＞ mangkok kecil.

종지(宗指)＜jong/ji＞ arti mendasar.

종지부(終止符)＜jong/ji/bu＞ ☞ 마침표. ～를 찍다 mengakhiri; mem-beri titik akhir.

종지뼈＜jong/ji/pyeo＞ tempurung lutut.

종질＜jong/jil＞ perbudakan. ～하

다 menjadi budak.

종질(從姪)＜jong/jil＞ anak kemena-kan (laki-laki).

종질녀(從姪女)＜jong/jil/yeo＞ anak kemenakan (perempuan).

종착역(終着驛)＜jong/chak/yeok＞ terminal; stasiun akhir.

종축(種畜)＜jong/chuk＞ pembibitan ternak; ternak bibit. ～장 tempat pembibitan ternak.

종친(宗親)＜jong/chin＞ keluarga ra-ja.

종탑(鐘塔)＜jong/thab＞ menara bel.

종파(宗派)＜jong/fa＞ mazhab; sek-te. ～심 sekterianisme. ～싸움 perselisihan antar sekte.

종피(種皮)＜jong/fi＞ 『植』 kulit biji.

종합(綜合)＜jong/hab＞ generasisasi; penyamarataan; sintesis. ～하다 menyamaratakan. ～적 sintesis; komposit; sama rata; umum. ～적으로 secara sama rata. ～과세 perpajakan sama rata. ～대학 uni-versitas; perguruan tinggi. ～병원 rumah sakit umum. ～ 소득세 pa-jak pendapatan komposit. ～예술 seni sintetik. ～ 잡지(雜誌) ma-jalah umum.

종횡(縱橫)＜jong/hoeng＞ ～으로 arah panjang dan arah lebar; se-mua arah; dalam segala arah. ～무진으로 dengan bebas; semau-maunya.

좇다＜cot/ta＞ ① (뒤를) mengejar. ② (따르다) mengikuti; meneladani. ③ mematuhi; memenuhi; mengiku-ti. 남의 뜻을 ～ memenuhi kehen-dak orang lain.

좋다＜jot/tha＞ ① (양호) bagus; baik (fenomena). ② (날씨.경치 따위가) bagus; baik (cuaca dan pe-mandangan). ③ (적당) sesuai; co-cok; pas; sedang. ④ (귀중) ber-harga (tentang barang). ⑤ (운) baik; mujur; beruntung. 운이 ～ bernasib baik. ⑥ (효능) baik/ menguntungkan (bagi). 몸에 ～ baik untuk kesehatan. ⑦ (용이) mudah (di baca). ⑧ (친밀) akrab;

karib; intim. 사이가 ~ berteman akrab (dengan). ⑨ (…해도 괜찮다) boleh; dapat. 가도 ~ kamu boleh pergi. ⑩ (소원) saya harap.

좋다＜jo/tha＞ Bagus!; Baik!; Baiklah!

좋아지다＜jo/a/ji/da＞ ① (상태가) menjadi lebih baik; membaik. ② (좋아하게되다) menjadi suka; menjadi gemar.

좋아하다＜jot/a/hada＞ ① senang; gembira; riang. 뛰며~ menari-nari kegirangan. ② (사랑) mencintai; menyayangi; (기호) menggemari; (선택) lebih menyukai.

좋이＜jo/i＞ cukup. ~ 10마일 cukup sepuluh mil.

좋지않다＜jot/chi/an/tha＞ ① jelek, buruk. 품질이 ~ bermutu jelek. 머리가 ~ bodoh. ② (도덕상) mesum; buruk. ③ (악하다) jahat. ④ berbahaya; merusak; buruk. 눈에 ~ berbahaya untuk mata. ⑤ tidak sehat. 위가 ~ memiliki perut yang lemah. 기분이 ~ merasa tidak sehat. ⑥ (불길) sial; tidak beruntung; nahas.

좌(左)＜jwa＞ kiri. ~향~ Hadap kiri!

좌(座)＜jwa＞ jabatan; kedudukan. 권력의 ~에 있는 사람들 orang yang berkedudukan.

…**좌(座)**＜jwa＞ 『天』 perbintangan.

좌경(左傾)＜jwa/gyeong＞ kecenderungan ke kiri; radikalisasi. ~하다 memihak ke kiri; cenderung ke kiri. ~적(인) pemihakan ke kiri; radikal; Merah. ~문학 literatur berbau komunis. ~분자 unsur radikal. ~사상 pemikiran yang bersifat ke kiri-kirian.

좌고(坐高)＜jwa/go＞ ☞ 앉은키.

좌골(坐骨)＜jwa/gol＞ 『解』 tulang pinggul. ~ 신경통 encok pinggul.

좌기(左記)＜jwa/gi＞ ~의 yang berikut ini.

좌담(座談)＜jwa/dam＞ pertukaran pikiran; sarasehan. ~하다 ber-

tukar pikiran. ~회(會) simposium; pertemuan diskusi.

좌불안석(坐不安席)＜jwa/bul/an/seok＞ ~하다 gelisah; tidak tentram; resah.

좌상(坐商)＜jwa/sang＞ ☞ 앉은장사.

좌상(坐像)＜jwa/sang＞ patung duduk.

좌상(座上)＜jwa/sang＞ senior dalam kelompok; tertua dalam golongan.

좌석(座席)＜jwa/seok＞ tempat duduk; bangku. ~을 양보하다 menawarkan tempat duduk. ~권 karcis. ~만원 tempat duduk penuh. ~버스 bus khusus duduk. ~수 kapasitas tempat duduk.

좌선(坐禪)＜jwa/seon＞ meditasi. ~하다 bermeditasi.

좌시(坐視)＜jwa/si＞ ~하다 tidak peduli; tinggal diam. 차마 ~할 수 없다 tidak dapat tinggal diam.

좌안(左岸)＜jwa/an＞ pinggir kiri sungai.

좌약(坐藥)＜jwa/yak＞ obat yang dimasukkan ke dubur. ~을 넣다 menggunakan obat yang dimasukkan ke dubur.

좌욕(坐浴)＜jwa/yok＞ cuci pantat.

좌우(左右)＜jwa/u＞ kanan dan kiri. ~하다 menguasai; mengendalikan; menentukan. ~로 dari sisi ke sisi. 운명(運命)을 ~하다 memutuskan nasib. ~를 돌아보다 melihat sekeliling. ~되다 tergantung (pada).

좌우간(左右間)＜jwa/u/gan＞ bagaimanapun.

좌우명(座右銘)＜jwa/u/myeong＞ motto; semboyan.

좌우익(左右翼)＜jwa/u/ik＞ sayap kiri dan kanan.

좌익(左翼)＜jwa/ik＞ sayap kiri. ~분자 unsur sayap kiri. ~수 『野』 pemain sayap kiri. ~운동 gerakan haluan kiri.

좌절(挫折)＜jwa/jeol＞ keputusasaan; kegagalan. ~하다 gagal; putus asa; jatuh.

좌정(坐定)＜jwa/jeong＞ ~하다 du-

duk.
좌지우지(左之右之)<jwa/ji/u/ji> ~하다 memerintah dengan sangat berpengaruh.
좌천(左遷)<jwa/cheon> ~하다 turun kedudukan.
좌초(坐礁)<jwa/cho> ~하다 kandas (kapal).
좌충우돌(左衝右突)<jwa/chung/u/dol> ~하다 menyerang kanan-kiri.
좌측(左側)<jwa/cheuk> sebelah kiri. ~통행 Tetap di sebelah kiri.
좌파(左派)<jwa/fa> sayap kiri; kaum merah. ~의 kekiri-kirian; sayap kiri.
좌판(坐板)<jwa/fan> papan tempat duduk.
좌편(左便)<jwa/fyeon> samping kiri.
좌표(座標)<jwa/fyo> 『數』 koordinat.
좌향(左向)<jwa/hyang> ~좌 Hadap kiri! ~ 앞으로 가 Belok kiri!.
좌현(左舷)<jwa/hyeon> sisi kiri kapal. ~으로 기울다 condong ke sisi kiri; oleng ke kiri.
좌회전(左回轉)<jwa/hoe/jeon> belok kiri. ~하다 membelok ke kiri. ~금지 Dilarang belok kiri.
좍<jwak> ① secara luas. 소문이 ~퍼지다 Desas-desus menyebarluas. ② lebar-lebar. 문을 ~ 열다 membuka pintu lebar-lebar.
좍좍<jwak/jwak> ① (비가 내림) dengan lebat. ② (글을) dengan lancar.
좔좔<jwal/jwal> bunyi aliran anak sungai.
죄(罪)<joe> kejahatan; dosa. ~(가) 있는 bersalah; berdosa. ~없는 tidak bersalah; tidak berdosa. ~를 범하다 melakukan kejahatan. ~를 용서하다 memaafkan dosa.
죄과(罪科)<joe/kwa> kejahatan; pelanggaran.
죄과(罪過)<joe/kwa> kejahatan; dosa; maksiat.
죄다<joe/da> ① mengencangkan. 나사를 (바싹) ~ mengencangkan baut. ② merasa gelisah/resah. 결과가 어찌 될까 마음을 ~ cemas tentang hasil.
죄다<joe/da> seluruhnya; semua. ~ 자백하다 mengakui semuanya.
죄명(罪名)<joe/myeong> nama kejahatan; tuduhan.
죄목(罪目)<joe/mok> ☞ 죄명.
죄받다(罪 -)<joe/bat/ta> menerima hukuman.
죄상(罪狀)<joe/sang> kejahatan. ~을 조사하다 menyelidiki kejahatan.
죄송(罪悚)<joe/song> ~하다 menyesal. ~합니다 Mohon maaf. 오래 기다리게 해서 ~합니다 Mohon maaf telah membuat anda menunggu lama.
죄수(罪囚)<joe/su> narapidana; orang hukuman; orang rantai; orang tutupan.
죄악(罪惡)<joe/ak> dosa; kejahatan. ~감 rasa berdosa.
죄어들다<joe/eo/deul/da> menyempit; mengetat.
죄어치다<joe/eo/chi/da> (바싹) mengetatkan; memaksa; (재촉) memburu-buru; menekan.
죄업(罪業)<joe/eob> 『佛』 dosa.
죄이다<joe/i/da> diketatkan; (마음이) merasa sempit.
죄인(罪人)<joe/in> penjahat; kriminal.
죄증(罪證)<joe/jeung> bukti kejahatan.
죄짓다(罪 -)<joe/jit/ta> berbuat kejahatan; berbuat dosa.
죄책(罪責)<joe/chaek> pertanggungjawaban terhadap kejahatan.
죔쇠<joem/soe> penjepit buku; pengapit; kapitan.
죔틀<joem/theul> catok; kepitan.
주(主)<ju> ① (주인) majikan. ② yang terpenting/utama. ~되는 utama; prinsip.
주(州)<ju> propinsi; negara bagian.
주(洲)<ju> benua.

주(株)＜ju＞ ① saham. 은행~ saham bank. 인기~ saham aktif. ② 나무 한 ~ sebatang pohon.

주(註)＜ju＞ catatan; keterangan. ~를 달다 membubuhi keterangan.

주(週)＜ju＞ seminggu; satu minggu.

주가(株價)＜ju/ka＞ harga saham. ~가 오르다 harga saham naik. ~지수(指數) indeks bursa. 종합 ~지수 indeks harga saham gabungan. 평균 ~ rata-rata harga saham.

주간(主幹)＜ju/gan＞ editor kepala.

주간(週刊)＜ju/gan＞ terbitan mingguan.

주간(週間)＜ju/gan＞ minggu; pekan. 교통 안전 ~ Pekan Keselamatan Lalu Lintas.

주간(晝間)＜ju/gan＞ siang hari. ~에 pada siang hari.

주객(主客)＜ju/gaek＞ tuan rumah dan tamu. ~을 전도하다 bertukar tamu jadi tuan rumah; melakukan sesuatu yang menyalahi kebiasaan.

주객(酒客)＜ju/gaek＞ peminum.

주거(住居)＜ju/geo＞ tempat tinggal; kediaman. ~를 서울로 옮기다 pindah tempat tinggal ke Seoul. ~비 biaya tempat tinggal/perumahan.

주걱＜ju/geok＞ centong nasi.

주검＜ju/geom＞ mayat; bangkai; jenazah.

주격(主格)＜ju/kyeok＞ 『文』 kasus nominatif.

주견(主見)＜ju/gyeon＞ pandangan diri.

주경야독(晝耕夜讀)＜ju/gyeong/ya/dok＞ ~하다 bekerja siang hari belajar malam hari.

주고도(走高跳)＜ju/go/do＞ loncat tinggi.

주고받다＜ju/go/bat/ta＞ saling tukar.

주공(鑄工)＜ju/gong＞ tukang besi.

주관(主管)＜ju/gwan＞ ~하다 menyelenggarakan. ~사항 masalah penyelenggaraan.

주관(主觀)＜ju/gwan＞ subyektivitas. ~적(으로) (secara) subyektif. ~론 subyektifisme. ~식 문제 soal subyektif. ~화 subyektifikasi.

주광(酒狂)＜ju/gwang＞ pemabuk berat.

주광색(晝光色)＜ju/gwang/saek＞ ~전구 lampu siang hari.

주교(主敎)＜ju/gyo＞ uskup. 대~ uskup agung.

주교(舟橋)＜ju/gyo＞ jembatan ponton.

주구(走狗)＜ju/gu＞ alat; kakitangan. 공산당의 ~ kakitangan komunis.

주권(主權)＜ju/kwon＞ kedaulatan. ~재민(在民) kedaulatan rakyat. ~국 negara berdaulat. ~자 yang berkuasa; penguasa.

주권(株券)＜ju/kwon＞ sertifikat saham. 기명 ~ saham yang terdaftar. 무기명 ~ saham tidak terdaftar.

주근깨＜ju/geun/kae＞ bintik-bintik hitam.

주금(株金)＜ju/geum＞ uang saham.

주금(鑄金)＜ju/geum＞ penuangan.

주금류(走禽類)＜ju/geum/nyu＞ 『鳥』 burung pelari.

주급(週給)＜ju/geub＞ upah mingguan.

주기(酒氣)＜ju/gi＞ rasa mabuk. ~가 있다 ada rasa mabuk.

주기(週期)＜ju/gi＞ waktu berkala; periodisitas. ~적 berkala. ~율 hukum periodisitas.

주기도문(主祈禱文)＜ju/gi/do/mun＞ 『基』 do'a pujaan ajaran Kristus; do'a Bapa Kami.

주네브＜ju/ne/beu＞ ☞ 제네바.

주년(周年)＜ju/nyeon＞ ulang tahun. 5~ ulang tahun ke-5.

주눅들다＜ju/nuk/deul/da＞ malu-malu; takut-takut.

주눅좋다＜ju/nuk/jot/tha＞ tanpa takut-takut; tanpa malu-malu.

주다＜ju/da＞ (일반적으로) memberi; mengasih. 타격을 ~ memberi pukulan. 암시를 ~ memberi isyarat. 상을 ~ memberi hadiah.

주다＜ju/da＞ (해주다) melakukan (untuk). 책을 사 ~ membelikan buku.

주단(紬緞)＜ju/dan＞ sutera dan satin.

주도(主導)＜ju/do＞ ~하다 memimpin. ~권 kepemimpinan. ~권을 잡다 mengambil kepemimpinan.

주도(周到)＜ju/do＞ ~한 berhati-hati.

주독(酒毒)＜ju/dok＞ alkoholisme; keracunan alkohol.

주동(主動)＜ju/dong＞ kepemimpinan; kepeloporan. ~하다 memimpin. ~자 pelopor; pemimpin. ~자가 되다 menjadi pelopor.

주둔(駐屯)＜ju/dun＞ penempatan. ~하다 ditempatkan. ~군 pasukan yang ditempatkan dalam satu daerah.

주둥이＜ju/dung/i＞ mulut; moncong; paruh.

주량(酒量)＜ju/ryang＞ kemampuan minum. ~이 크다 peminum berat.

주렁주렁＜ju/reong/ju/reong＞ bertandan-tandan; berkelompok-kelompok.

주력(主力)＜ju/ryeok＞ kekuatan utama. ~을 집결하다 memusatkan kekuatan utama (pada). ~부대 unit kekuatan utama. ~업종[업체] bisnis inti; bisnis pokok. ~주(株) saham utama. ~함대 armada utama.

주력(注力)＜ju/ryeok＞ ~하다 mencurahkan tenaga (untuk).

주렴(珠簾)＜ju/ryeom＞ tirai manik-manik.

주례(主禮)＜ju/rye＞ memimpin upacara pernikahan. ~목사 pendeta yang memimpin.

주로(主 -)＜ju/ro＞ terutama.

주로(走路)＜ju/ro＞ lintasan.

주룩주룩＜ju/ruk/ju/ruk＞ ① ~주름진 kusut. ② ~오는 비 hujan yang mencurah.

주류(主流)＜ju/ryu＞ arus utama. ~파 faksi terkemuka.

주류(酒類)＜ju/ryu＞ aneka minuman keras.

주르륵＜ju/reu/reuk＞ mengucur.

주름＜ju/reum＞ keriput; kerut; kisut; pelisir; kerimut. ~잡다 melipat. ~잡히다 menjadi keriput. ~잡힌 얼굴 wajah yang berkeriput. ~을 펴다 meratakan.

주름잡다＜ju/reum/jab/ta＞ ① ☞주름. ② (지배) mendominasi; menguasai.

주리다＜ju/ri/da＞ lapar.

주리틀다＜ju/ri/theul/da＞ menyiksa dengan alat pemilin.

주립(州立)＜ju/rib＞ ~의 (didirikan oleh) negara bagian.

주마가편(走馬加鞭)＜ju/ma/ga/fyeon＞ ~하다 mencambuk kuda; mendorong bekerja lebih keras.

주마간산(走馬看山)＜ju/ma/gan/san＞ ~하다 memandang sekilas.

주마등(走馬燈)＜ju/ma/deung＞ kaladoskop; lentera berputar. ~같은 senantiasa berubah dengan cepat.

주막(酒幕)＜ju/mak＞ rumah minum kecil.

주말(週末)＜ju/mal＞ akhir pekan. ~여행 tamasya akhir pekan. ~여행자 orang yang berakhir pekan.

주머니＜ju/meo/ni＞ kantong; saku, dompet. ~에 넣다 mengantongi; menaruh dalam saku. ~에서 꺼내다 mengeluarkan dari kantong.

주머니칼＜ju/meo/ni/khal＞ pisau saku.

주먹＜ju/meok＞ kepalan tangan; bogem. ~을 쥐다 mengepalkan tinju. ~밥 bola nasi.

주먹구구(-九九)＜ju/meok/gu/gu＞ kaidah ibu jari; perhitungan kasar.

주먹다짐＜ju/meok/da/jim＞ ~하다 meninju. ~으로 dengan kekerasan.

주먹질하다＜ju/meok/jil/hada＞ saling meninju; bertukar pukulan.

주명곡(奏鳴曲)＜ju/myeong/gok＞ 『樂』 sonata.

주모(主謀)＜ju/mo＞ ~하다 memimpin; mendalangi. ~자 peng-

gerak utama; dalang; biang keladi.
주모(酒母)＜ju/mo＞ ragi; (작부) pe-milik bar.
주목(注目)＜ju/mok＞ perhatian. ~하다 memperhatikan; menanggap; menggubris; memperdulikan; meng-indahkan; menghiraukan. ~할 만한 perlu diperhatikan; penting.
주무(主務)＜ju/mu＞ ~장관 [관청] Menteri [dinas] yang terkait.
주무르다＜ju/mu/reu/da＞ ① (물건을) meremas-remas; memijit. ② (농락) mempermainkan; menyandi-warakan.
주문(主文)＜ju/mun＞ teks; induk kalimat.
주문(注文)＜ju/mun＞ ① pesanan; pemesanan; order. ~하다 meme-san. ~을 받다 menerima pesanan. ~에 따라 만들다 membuat untuk pesanan. ...의 ~이 많다 pesanan banyak. ~서(書)[장] surat [buku] pesanan. ~품 barang-barang yang dipesan; pesanan; bestelan. ② (요구) permohonan; permintaan.
주문(呪文)＜ju/mun＞ mantera; jam-pi; kaji; sihir; guna-guna; daya ta-rik; teluh; tenung; aji.
주물(鑄物)＜ju/mul＞ barang-barang logam tuang; penuangan. ~공장 pabrik penuangan/pengecoran lo-gam.
주물럭거리다＜ju/mul/leok/geo/ri/da＞ meremas-remas.
주미(駐美)＜ju/mi＞ ~의 bermu-kim di Amerika. ~한국 대사 Du-ta Besar Korea untuk Amerika Se-rikat.
주민(住民)＜ju/min＞ penduduk. ~동록 pendaftaran penduduk. ~등록 번호 nomor pendaftaran pendu-duk. ~ 등록증 kartu tanda pendu-duk (KTP). ~세 pajak penduduk.
주밀(周密)＜ju/mil＞ ~한 cermat; teliti; seksama.
주발(周鉢)＜ju/bal＞ mangkuk nasi kuningan.
주방(廚房)＜ju/bang＞ dapur. ~장 koki kepala; juru masak kepala.

주번(週番)＜ju/beon＞ tugas minggu-an. ~사관 perwira jaga minggu.
주범(主犯)＜ju/beom＞ pelanggar utama; biang keladi.
주법(走法)＜ju/peob＞ cara berlari.
주법(奏法)＜ju/peob＞ gaya bermain musik.
주벽(酒癖)＜ju/byeok＞ ~이 나쁘다 kebiasaan mabuk buruk.
주변＜ju/byeon＞ fleksibelitas. ~이 있는 사람 orang yang fleksibel.
주변(周邊)＜ju/byeon＞ selingkung; keliling; sekitar; seputar. ...의 ~에 di sekeliling ... ; di seputar...
주병(駐兵)＜ju/byeong＞ ~하다 me-nempatkan pasukan.
주보(週報)＜ju/bo＞ laporan minggu-an; buletin mingguan; koran ming-guan.
주보(酒保)＜ju/bo＞ 『軍』 kantin ten-tara.
주봉(主峰)＜ju/bong＞ puncak ter-tinggi.
주부(主部)＜ju/bu＞ 『文』 subyek; pokok kalimat.
주부(主婦)＜ju/bu＞ ibu rumah tang-ga.
주부코＜ju/bu/kho＞ hidung yang bulat dan merah.
주빈(主賓)＜ju/bin＞ tamu agung; tamu kehormatan.
주사(主事)＜ju/sa＞ pegawai muda; pegawai rendah.
주사(注射)＜ju/sa＞ suntikan; pe-nyuntikan. ~하다 menyuntik; menjarum; menginjeksi. ~기(器) alat suntik. ~약 obat suntik. ~침[바늘] jarum suntik. 예방 ~ suntikan pencegahan. 정맥[근육,피하] ~ suntikan ke pembuluh vena [ke otot, ke bawah kulit].
주사(酒邪)＜ju/sa＞ ~가 있다 ber-kebiasaan buruk waktu mabuk.
주사위＜ju/sa/wi＞ dadu. ~를 던지다 melempar dadu. ~놀이 per-mainan dadu.
주산(珠算)＜ju/san＞ perhitungan de-ngan sipoa/dekak-dekak. ~경기 perlombaan sipoa.

주산물(主産物)＜ju/san/mul＞ produk utama; hasil utama.

주산지(主産地)＜ju/san/ji＞ daerah penghasil utama; sentra produksi.

주상(主上)＜ju/sang＞ raja.

주색(酒色)＜ju/saek＞ ～에 빠지다 tenggelam dalam kenikmatan hawa nafsu. ～잡기 minuman keras, wanita dan judi.

주서(朱書)＜ju/seo＞ ～하다 menulis dengan tinta merah.

주석(主席)＜ju/seok＞ ketua; kepala.

주석(朱錫)＜ju/seok＞ kaleng; timah; belik. ～을 입히다 melapisi timah ～박(箔) tatahan timah.

주석(柱石)＜ju/seok＞ ☞ 기둥.

주석(酒石)＜ju/seok＞ 『化』 tartar/ kotoran kuning yang keras. ～산 asam tartar.

주석(酒席)＜ju/seok＞ pesta minum.

주석(註釋)＜ju/seok＞ catatan. ～을 달다 memberi catatan. ～자 juru ulas; orang yang membuat catatan-catatan.

주선(周旋)＜ju/seon＞ perantaraan; pengantaraan. ～하다 bertindak selaku perantara. …의 ～으로 melalui perantaraan; dengan perantaraan. ～인 agen; perantara.

주섬주섬＜ju/seom/ju/seom＞ ～줍다 [입다] memungut [mengenakan] satu persatu.

주성분(主成分)＜ju/seong/bun＞ bahan utama; bahan dasar.

주세(酒稅)＜ju/se＞ pajak minuman keras.

주소(住所)＜ju/so＞ ① tempat tinggal; kediaman. ～가 일정치 않다 tidak memiliki tempat tinggal tetap. ② alamat. ～록 buku/daftar alamat. ～불명 alamat tidak diketahui. 현～ alamat sekarang.

주스＜ju/seu＞ jus; sari buah.

주시(注視)＜ju/si＞ pengamatan secara dekat. ～하다 mengamati lekat-lekat.

주식(主食)＜ju/sik＞ makanan pokok. 쌀을 ～으로 하다 makanan pokok beras.

주식(株式)＜ju/sik＞ saham; andil. ～발행 menerbitkan saham. ～배당 keuntungan saham. ～ 청약서 permohonan saham. ～ 회사 Perseroan Terbatas (PT).

주식(晝食)＜ju/sik＞ makan siang.

주식공개(株式公開)＜ju/sik/gong/gae＞ penawaran saham untuk umum.

주식거래(株式去來)＜ju/sik/geo/rae＞ perdagangan saham.

주심(主審)＜ju/sim＞ 『野』wasit ketua.

주악(奏樂)＜ju/ak＞ ～하다 bermain musik.

주안(主眼)＜ju/an＞ tujuan utama. …에 ～을 두다 menempatkan tujuan utama (pada); menekankan (pada)… . ～점 titik tujuan utama.

주야(晝夜)＜ju/ya＞ siang malam. ～ 교대로 dengan bergilir siang dan malam. ～장천 secara terus menerus; sepanjang siang dan malam.

주어(主語)＜ju/eo＞ 『文』 pokok kalimat; subyek.

주역(主役)＜ju/yeok＞ tokoh utama; peran utama.

주연(主演)＜ju/yeon＞ ～하다 memainkan peran utama. ～자 pemeran utama.

주연(周延)＜ju/yeon＞ 『論』 distribusi.

주연(酒宴)＜ju/yeon＞ pesta minum. ～을 베풀다 mengadakan pesta minum.

주영(駐英)＜ju/yeong＞ ～의 bermukim (ditugaskan) di Inggris. ～ 한국 대사 Duta Besar Korea untuk Inggris.

주옥(珠玉)＜ju/ok＞ permata. ～같은 글 permata sastera.

주요(主要)＜ju/yo＞ ～한 penting; utama; pokok; kunci. ～도시 kota utama. ～산물 produk/hasil utama. ～산업 industri kunci. ～ 수입품 barang impor utama. ～ 수출품 barang ekspor utama. ～ 원인(原因) alasan utama; penyebab pokok.

~인물 tokoh utama.
주워담다＜ju/wo/dam/ta＞ memungut dan memasukkan.
주워듣다＜ju/wo/deut/ta＞ mendengar selentingan.
주워모으다＜ju/wo/mo/eu/da＞ mengumpulkan.
주워섬기다＜ju/wo/seom/gi/da＞ menceritakan semua yang didengar dan yang dilihat.
주위(周圍)＜ju/wi＞ sekeliling; sekitar; selingkung. ~에 di sekeliling; di sekitar.
주유(注油)＜ju/yu＞ penyediaan minyak; suplai minyak/bahan bakar. ~하다 mengisi bahan bakar. ~소 tempat isi bahan bakar; pompa bensin.
주유(周遊)＜ju/yu＞ ~하다 berkelana; berkeliling.
주은(主恩)＜ju/eun＞ (임금의) kebajikan raja; (주인의) kebajikan majikan; (천주의) kebajikan Tuhan.
주의(主意)＜ju/eui＞ arti yang terpenting. ~론『哲』voluntarisme.
주의(主義)＜ju/eui＞ doktrin; ajaran; teori; pokok; dasar; dasar tindakan; prinsip.
주의(注意)＜ju/eui＞ ① perhatian; kepedulian. ~하다 memperhatikan; mengindahkan; menghiraukan; memperhatikan; memperdulikan. ~를 게을리 하다 melalaikan; tidak mengindahkan. ~를 환기하다 meminta perhatian. ~를 딴데로 돌리다 mengalihkan perhatian (dari). ~사항 masalah yang memerlukan perhatian khusus. ~인물 orang yang diwaspadai. ② kewaspadaan; kehati-hatian. ~하다 berhati-hati; memperingatkan; berwaspada; mewaspadai. ~깊은 hati-hati; waspada. ~하여 dengan hati-hati; dengan waspada.
주익(主翼)＜ju/ik＞ sayap utama.
주인(主人)＜ju/in＞ (가장) kepala keluarga; induk semang; (고용주) junjungan; juragan; majikan; (손님에 대하여) tuan rumah; (임자)

pemilik. ~공 pelakon/pelaku utama. ~집 rumah majikan. 가게 ~ pemilik toko.
주인(主因)＜ju/in＞ sebab utama; alasan pokok.
주일(主日)＜ju/il＞ hari Minggu; Ahad. ~학교 sekolah minggu.
주일(週日)＜ju/il＞ (se)minggu. 이번[지난, 오는] ~ minggu ini [lalu, datang].
주일(駐日)＜ju/il＞ ~의 bertugas di Jepang. ~한국 대사관 Kedutaan Republik Korea untuk Jepang.
주임(主任)＜ju/im＞ penanggung jawab utama. ~교수 guru besar utama. ~기사 insinyur kepala. 영업부 ~ manajer pemasaran. 회계 ~ kepala keuangan.
주입(注入)＜ju/ib＞ ① (부어넣기. 고취) pengisian; pemasukan. ~하다 memasukkan (kedalam); mengisi. ② (공부 따위) pemasukan secara paksa; penjejalan. ~하다 memasukkan dengan paksa; menjejalkan. ~식 교육 pendidikan dengan menjejalkan.
주자(走者)＜ju/ja＞ 『野』pelari.
주장(主張)＜ju/jang＞ tuntutan; gugatan; penyanggahan. ~하다 menuntut; menggugat; menyanggah. 권리를 ~하다 menuntut hak. 판권을 ~하다 menuntut hak cipta. ~자 penuntut; penggugat.
주장(主將)＜ju/jang＞ kapten. 야구팀 ~ kapten tim bisbol.
주재(主宰)＜ju/jae＞ ~하다 menyelenggarakan; memimpin. ~자 penyelenggara; pemimpin.
주재(駐在)＜ju/jae＞ ~하다 berdomisili; bermukim/ditugaskan (di). ~국 negara domisili.
주저(躊躇)＜ju/jeo＞ keragu-raguan; kebimbangan. ~하다 ragu-ragu; bimbang. ~하면서 dengan ragu-ragu. ~없이 tanpa ragu-ragu; tak segan-segan.
주저앉다＜ju/jeo/an/ta＞ duduk; tenggelam; menetap/tinggal.
주저앉히다＜ju/jeo/an/chi/da＞ me-

maksa duduk; mendudukkan.

주전(主戰)＜ju/jeon＞　～론 pembelaan perang; pendapat pro-perang. ～론자 pendukung perang.

주전부리＜ju/jeon/bu/ri＞　～하다 makan penganan antar waktu makan; "ngopi".

주전자(酒煎子)＜ju/jeon/ja＞　ceret; teko; ketel. 물～ teko air.

주절(主節)＜ju/jeol＞　『文』 kalimat pelaku.

주점(酒店)＜ju/jeom＞　bar; rumah minum.

주접들다＜ju/jeob/deul/da＞ kerdil.

주접스럽다＜ju/jeob/seu/reob/ta＞ rakus.

주정(酒酊)＜ju/jeong＞　kegila-gilaan dalam mabuk. ～하다 berlaku kegila-gilaan dalam mabuk. ～꾼 pemabuk buruk.

주정(酒精)＜ju/jeong＞　alkohol. ～계 pengukur kadar alkohol. ～음료 minuman beralkohol.

주제＜ju/je＞　penampilan yang lusuh; jembel. 돈도 없는 ～에 sekalipun lusuh dan tak punya uang. ～ 사납다 sangat jembel.

주제(主題)＜ju/je＞　pokok; subjek; tema. ～가 lagu tema.

주제넘다＜ju/je/neom/ta＞　tidak sopan; lancang. 주제넘게 secara tidak sopan; dengan lancang.

주조(主調)＜ju/jo＞　『樂』 kunci utama.

주조(主潮)＜ju/jo＞ arus utama.

주조(酒造)＜ju/jo＞ penyulingan minuman keras.

주조(鑄造)＜ju/jo＞ pencetakan logam; penuangan. ～하다 menuang; mencetak (logam). ～소 pabrik penuangan logam.

주종(主從)＜ju/jong＞　tuan dan pelayan. ～관계 hubungan antara tuan dan pelayan.

주주(株主)＜ju/ju＞ pemegang saham. ～ 배당금 dividen untuk pemegang saham. ～총회(總會) rapat umum pemegang saham. 대[소]～ pemegang saham mayoritas [minoritas].

주지(住持)＜ju/ji＞ pendeta kepala.

주지(周知)＜ju/ji＞　～의 terkenal; termasyhur. ～하는 바와 같이 seperti yang umum diketahui.

주지설(主知設)＜ju/ji/seol＞　intelektualisme; kecendekiawan.

주지육림(酒池肉林)＜ju/ji/yuk/rim＞ pesta pora.

주차(駐車)＜ju/cha＞　parkir. ～하다 memarkir. ～금지 dilarang parkir. ～위반 pelanggaran parkir. ～장 tempat parkir.

주창(主唱)＜ju/chang＞　penganjuran; peloporan. ～하다 menganjurkan; mempelopori; mempromotori. ～자 penganjur; pelopor; penegak pendapat; promotor.

주철(鑄鐵)＜ju/cheol＞ besi cor; pengecoran besi. ～소 pabrik pengecoran besi.

주청(奏請)＜ju/cheong＞　～하다 memohon ke raja.

주체＜ju/che＞　～하다 dapat ditangani. 그는 ～ 못할 만큼 돈이 많다 Dia memiliki banyak uang sehingga tidak dapat ditangani.

주체(主體)＜ju/che＞　pokok; inti. ～성 identitas. 민족 ～성 identitas nasional. ～세력 aliran utama.

주체(酒滯)＜ju/che＞ gangguan pencernaan akibat minuman keras.

주체스럽다＜ju/che/seu/reob/ta＞　sukar ditangani.

주최(主催)＜ju/choe＞　…의(공동) ～로 dengan sponsor… . ～국 negara tuan rumah/sponsor. ～자 sponsor; promotor; penaja.

주추(柱 -)＜ju/chu＞ batu dasar; batu pertama.

주축(主軸)＜ju/chuk＞ poros utama.

주춤거리다＜ju/chum/geo/ri/da＞　ragu-ragu; bimbang.

주춤주춤＜ju/chum/ju/chum＞　dengan ragu-ragu; dengan bimbang.

주춧돌＜ju/chut/dol＞ ☞ 주추.

주치(主治)＜ju/chi＞　～의(醫) dokter pribadi; dokter langganan.

주택(住宅)＜ju/thaek＞　tempat tinggal; rumah; domisili. ~난 masalah/kekurangan perumahan. ~지(地) kawasan perumahan. 공영 ~ rumah yang dibangun oleh pemerintah. 조립(組立) ~ rumah jadi; rumah rakitan. 호화 ~ rumah mewah. 대한 ~ 공사 Perusahaan Perumahan Nasional Korea. ~조합 [제도] pengadaan rumah [sistem] koperasi.

주택가(住宅街)＜ju/thaek/ga＞ jalan perumahan.

주택문제(住宅問題)＜ju/thaek/mun/je＞ masalah perumahan.

주파(走破)＜ju/fa＞ ~하다 lari.

주파(周波)＜ju/fa＞『電』siklus. ~계 pengukur frekuensi. ~변조 modulasi frekuensi (FM). ~수 frekuensi.

주판(籌板.珠板)＜ju/fan＞ sempoa; sipoa; dekak-dekak; abakus. ~을 놓다 menghitung sempoa. ~알 biji sipoa.

주폭도(走幅跳)＜ju/fok/do＞ lompat jauh.

주피터＜ju/fi/theo＞『羅神』jupiter.

주필(主筆)＜ju/fil＞ editor kepala.

주필(朱筆)＜ju/fil＞ ~을 가하다 memperbaiki; merevisi.

주한(駐韓)＜ju/han＞ ~의 bertugas di Korea. ~미군 Angkatan Bersenjata Amerika di Korea. ~외교사절단 korps diplomatik di Korea.

주항(周航)＜ju/hang＞ pelayaran keliling. ~하다 berlayar keliling.

주해(註解)＜ju/hae＞ catatan; keterangan. ~하다 membubuhi keterangan. ~서(書) buku kunci.

주행(走行)＜ju/haeng＞ ~하다 menjalani; melalui; menempuh. ~거리 jarak tempuh. ~거리계(計) alat pengukur jarak tempuh.

주형(鑄型)＜ju/hyeong＞ cetakan; tuangan; acuan; bentukan.

주호(酒豪)＜ju/ho＞ peminum berat.

주홍(朱紅)＜ju/hong＞ merah tua.

주화(鑄貨)＜ju/hwa＞ koin; uang logam.

주화론(主和論)＜ju/hwa/ron＞ peng-

anjuran perdamaian; penyokongan perdamaian. ~자 penganjur perdamaian.

주황(朱黃)＜ju/hwang＞ warna oranye.

주효(奏效)＜ju/hyo＞ ~하다 mujarab.

주효(酒淆)＜ju/hyo＞ makanan kecil dan minuman.

주흥(酒興)＜ju/heung＞ bersuka ria waktu minum anggur. ~에 겨워 dirangsang oleh minuman keras.

죽(粥)＜juk＞ bubur. 식은 ~먹기 다 tugas yang gampang.

죽＜juk＞ sepuluh potong.

죽＜juk＞ ① dalam barisan. ~늘어놓다 membuat deretan; menderet. ② sepanjang; terus. 아침부터 ~ terus sejak pagi. 일년 동안 ~ sepanjang tahun.

죽기(竹器)＜juk/gi＞ barang-barang dari bambu.

죽는소리＜juk/neun/so/ri＞ ① bicara yang melebih-lebihkan. ~하다 berbicara melebih-lebihkan. ~좀 그만 해라 jangan bicara melebih-lebihkan. ② teriakan. ~를 지르다 berteriak.

죽다＜juk/ta＞ ① meninggal; menemui ajal; mati; wafat; gugur. 병으로 ~ meninggal karena sakit. 철도 사고로 ~ meninggal dalam kecelakaan kereta api. ② (초목이) gugur; mati (tumbuhan). ③ (기(氣)가) patah semangat. ④ (풀기가) habis kanji (pakaian). ⑤ (정지) berhenti; mati (jam). ⑥ (불이) mati; padam (api). ⑦ (장기 바둑 등) mati (buah catur, dll).

죽담＜juk/dam＞ tembok batu.

죽도(竹刀)＜juk/do＞ pedang bambu.

죽도화나무＜juk/do/hwa/na/mu＞『植』mawar kuning.

죽림(竹林)＜juk/rim＞ belukar bambu.

죽마(竹馬)＜juk/ma＞ kuda bambu. ~고우(故友) teman dimasa kecil; sahabat kandung.

죽순(竹筍)＜juk/sun＞ rebung; anak

buluh. 우후 ~ 같이 seperti re-bung sesudah hujan.

죽어지내다＜ju/geo/ji/nae/da＞ hidup tertindas.

죽울둥살둥＜ju/geul/dung/sal/dung＞ mati-matian.

죽울병(- 病)＜ju/geul/byeong＞ penyakit yang mematikan.

죽울상(- 相)＜ju/geul/sang＞ muka seperti mayat.

죽울힘＜ju/geul/him＞ ~을 다하여 mati-matian.

죽음＜ju/geum＞ kematian; kemang-katan; kewafatan; ajal. ~의 재 debu radioaktif.

죽의장막(竹-帳幕)＜juk/eui/jang/mak＞ ☞ 장막.

죽이다＜ju/gi/da＞ ① membunuh; menyembelih. 때려~ memukul mati. 독약을 먹여 ~ membunuh dengan racun; meracuni mati. ② (잃다) kehilangan (anak). ③ mengekang; menahan. 숨을 ~ menahan napas.

죽일놈＜ju/gil/nom＞ bangsat. 이 ~아 Bangsat!.

죽자꾸나하고＜juk/ca/ku/na/ha/go＞ mati-matian.

죽장(竹杖)＜juk/cang＞ tongkat bam-bu.

죽죽＜juk/juk＞ ☞ 쭉쭉.

죽지＜juk/ji＞ 날갯~ sendi sayap. 어깻~ persendian lengan/bahu.

죽창(竹槍)＜juk/chang＞ bambu run-cing.

죽책(竹柵)＜juk/caek＞ benteng bambu.

죽치다＜juk/chi/da＞ mengurung diri dalam rumah.

죽피(竹皮)＜juk/fi＞ seludang bam-bu.

준…(準)＜jun＞ semi. ~회원 ang-gota luar biasa.

준거(準據)＜jun/geo＞ ~하다 ber-dasarkan (pada); berpatokan (pada). …에 ~하여 sesuai (dengan).

준걸(俊傑)＜jun/geol＞ orang besar; pahlawan.

준결승(準決勝)＜jun/gyeol/seung＞ (pertandingan) semi final. ~에 진출하다 masuk semi final.

준결승전(準決勝戰)＜jun/gyeol/seung/jeon＞ ☞ 준결승.

준공(竣工)＜jun/gong＞ penyelesai-an; perampungan. ~하다 selesai; rampung. ~식(式) perayaan untuk perampungan.

준교사(準敎師)＜jun/gyo/sa＞ guru bantu.

준금치산(準禁治産)＜jun/geum/chi/san＞ ☞ 한정치산.

준급행(準急行)＜jun/geub/haeng＞ kereta api semi ekspres.

준동(蠢動)＜jun/dong＞ pergolakan. ~하다 bergolak; aktif.

준령(峻嶺)＜jul/lyeong＞ puncak yang tinggi dan curam.

준마(駿馬)＜jun/ma＞ kuda yang ce-pat.

준말＜jun/mal＞ kependekan; sing-katan.

준법(遵法)＜jun/peob＞ kepatuhan hukum. ~정신 semangat kepatuh-an hukum.

준봉(峻峰)＜jun/bong＞ puncak yang curam.

준비(準備)＜jun/bi＞ persiapan; ke-siapsediaan; kesiagaan. ~하다 bersiap; mempersiapkan ; beran-cang-ancang; bersiap sedia. ~의 persiapan; pendahuluan. ~없는 ti-dak bersedia; tidak siap. 식사 ~를 하다 mempersiapkan makan (malam). ~교육 pendidikan per-siapan. ~금(金) dana persediaan. ~단계 tahap persiapan. ~운동 gerakan persiapan; pemanasan. 시험 ~ persiapan ujian. 여행 ~ persiapan perjalanan.

준설(浚渫)＜jun/seol＞ ~하다 mengeruk. ~선 kapal keruk. 대한 ~ 공사 Perusahaan Pengerukan Korea.

준수(俊秀)＜jun/su＞ ~한 terkemu-ka; berwibawa.

준수(遵守)＜jun/su＞ ketaatan; kepa-tuhan. ~하다 menaati; mematuhi.

준엄(俊嚴)＜jun/eom＞ ~한 tegas;

kaku; keras.

준용(準用)＜jun/yong＞　～하다 menerapkan sesuai (dengan).

준우승(準優勝)＜jun/u/seung＞ kemenangan di semi final.　～자 pemenang pada semi final.

준위(准尉)＜jun/wi＞ letnan muda.

준장(准將)＜jun/jang＞ brigadir jendral (brigjen).

준족(駿足)＜jun/jok＞　① (말) kuda cepat.　② (사람) pelari cepat.

준준결승(準準決勝)＜jun/jun/gyeol/seung＞ (pertandingan) perempat final.

준치＜jun/chi＞ 『魚』 sejenis ikan haring.　썩어도 ～ Seekor elang tua lebih baik dari pada gagak muda.

준칙(準則)＜jun/chik＞ kriteria.

준하다(準 -)＜jun/hada＞ sesuai dengan; mengikuti; sebanding dengan.

준험(峻險)＜jun/heom＞　～한 curam; tinggi.

준회원(準會員)＜jun/hoe/won＞ anggota luar biasa.

줄＜jul＞　① tali; tambang;senar; kabel.　～을 치다 merentangkan tali.　～에 걸리다 terjerat tambang. 전화～ kabel telepon.　② garis. ～을 긋다 menarik garis.　③ baris. ～을 지어 dalam barisan.　④ baris (tulisan).　～을 바꾸다 mengganti baris.

줄＜jul＞ kikiran.　～질하다 mengikir.

줄＜jul＞ 『植』 gandum air.

줄＜jul＞　① bagaimana cara (melakukan). 사진찍을 ～(을) 모르다 tidak tahu cara memotret.　② pengiraan. 여기서너 와 만날 ～은 몰랐다 Saya tidak mengira bertemu ditempat ini.

줄거리＜jul/geo/ri＞　① (가지) cabang; tangkai.　② (얘기의) garis besar; ringkasan.

줄걷다＜jul/geot/ta＞ (줄타다) berjalan diatas tambang.

줄곧＜jul/got＞ sepanjang waktu.

줄기＜jul/gi＞　① (식물의) batang tangkai.　② garis.　한 ～의 광선 seberkas cahaya.　③ (물 등의) arus; aliran; vena.　④ (산의) deretan pegunungan.　⑤ (비 따위의) curah hujan.

줄기차다＜jul/gi/cha/da＞ terus menerus; kukuh.

줄넘기＜jul/neom/ki＞ lompat tali. ～하다 bermain lompat tali.

줄다＜jul/da＞　① berkurang; merosot; menyusut; susut. 체중이 ～ susut berat badan.　② (축소) mengkerut; memendek.

줄다리기＜jul/da/ri/gi＞ tarik tambang.

줄달다＜jul/dal/da＞ sambung menyambung; terus menerus.

줄달음질＜jul/da/reum/jil＞　～하다 [치다] berlari cepat; tergesa-gesa.

줄담배＜jul/dam/bae＞　～를 피우다 merokok sambung-menyambung. ～ 피우는 사람 perokok berat.

줄대다＜jul/dae/da＞ meneruskan; melanjutkan.

줄모＜jul/mo＞ semaian yang dipindah dalam barisan.　～심다 memindahkan tanaman dalam barisan.

줄목＜jul/mok＞ hal yang penting; titik kunci.

줄무늬＜jul/mu/neui＞ belang; strip; barik-barik; coreng; corak; loreng. ～진 bercoret; bersetrip; berbarik-barik.

줄사닥다리＜jul/sa/dak/da/ri＞ tangga tali.

줄어들다＜jul/eo/deul/da＞　① (감소) berkurang; meluak; menyusut. ② (축소) mengecil; menyingsut.

줄어지다＜jul/eo/ji/da＞ ☞ 줄어들다.

줄이다＜jul/i/da＞ menyusuti; mengurangkan; menipiskan; menurunkan; mengecilkan; mengurangi. 3분의 2로(2로) ～ mengurangi (menjadi) dua pertiga. 속력 [비용]을 ～ mengurangi kecepatan [biaya].

줄자＜jul/ja＞ meteran tali.

줄잡다＜jul/jab/ta＞ menaksir rendah.

줄줄＜jul/jul＞ ☞ 졸졸. ～호르다
mengalir keluar. 땀을 ～ 흘리다
berkeringat banyak.

줄줄＜jul/jul＞ dengan lancar.

줄짓다＜jul/jit/ta＞ mengantri; mem-
buat antrian.

줄치다＜jul/chi/da＞ menarik garis;
menggarisi.

줄타다＜jul/tha/da＞ berjalan diatas
tambang.

줄행랑(- 行廊)＜jul/haeng/nang＞ ～
을 치다 kabur; melarikan diri.

줌＜jum＞ (분량) segenggam; seke-
pal.

줍다＜jub/ta＞ memungut; mengum-
pulkan.

줏대(主 -)＜jut/dae＞ prinsip yang
pasti; pendapat yang pasti. ～없는
tanpa prinsip yang pasti.

중＜jung＞ pendeta Budha.

중(中)＜jung＞ ① rata-rataan; me-
dium. ～의 sedang; rata-rata. ～
이상[이하]이다 di atas [di bawah]
rata-rata. ② (중앙부) pertengahan;
pusat. ③ selama. 전시 ～ selama
perang. ④ dalam proses; sedang.
건축 ～ sedang dibangun. 식사 ～
이다 sedang makan. ⑤ diantara;
dari. 십 ～팔구 sembilan dari se-
puluh. ⑥ (내내 죽) seluruhnya.

…중(重)＜jung＞ ① lipat. 2～의
dua kali lipat. ② (무게) berat; bo-
bot.

중간(中間)＜jung/gan＞ pertengahan;
sementara; tengah; antara. …의 ～
쯤에 di pertengahan. ～보고 la-
poran sementara. ～상인 peran-
tara. ～색 warna netral. ～시험
ujian pertengahan semester. ～착
취 eksploitasi antara. ～파(派)
partai netral.

중간(重刊)＜jung/gan＞ ～하다 men-
cetak kembali; menerbitkan kem-
bali.

중간자(中間子)＜jung/gan/ja＞ 『理』
mesotron.

중간치(中間 -)＜jung/gan/chi＞ ba-
rang medium.

중갑판(中甲板)＜jung/gab/fan＞ dok

tengah.

중개(仲介)＜jung/gae＞ perantaraan;
keagenan. ～하다 mengantarai.
～자(者) perantara; pialang. ～업
usaha perantaraan.

중거리(中距離)＜jung/geo/ri＞ ～경
주 [선수] perlombaan [pelari]; ja-
rak sedang. ～ 탄도탄(彈) peluru
kendali jarak sedang.

중견(中堅)＜jung/gyeon＞ tulang be-
lakang; tulang punggung. ～수 pe-
main tengah. ～인물 pemimpin;
tokoh terkemuka. ～작가 penulis
ternama.

중계(中繼)＜jung/gye＞ ～하다 me-
relai; menyambungpancarkan; me-
nyiarkan secara nasional. ～국(局)
stasiun relai/sambung pancar. ～
무역 perdagangan transit. ～방송
penyiaran sambung pancar. ～항
(港) pelabuhan transit. 무대 ～
siaran sambung pancar pertunjukan.
실황 ～ menyiarkan kondisi nyata.
현장 ～ menyiarkan dari tempat
kejadian.

중고(中古)＜jung/go＞ ～의 bekas
pakai; tangan kedua. ～차 mobil
bekas. ～품 barang bekas; rong-
sokan; barang rombengan. ～품상
penjual barang bekas.

중공(中共)＜jung/gong＞ Komunis
Cina.

중공업(重工業)＜jung/gong/eob＞ in-
dustri berat.

중과(衆寡)＜jung/gwa＞ ～부적이다
kalah dalam jumlah.

중구(衆口)＜jung/gu＞ ～ 난방이다
sulit untuk menghentikan suara rak-
yat.

중국(中國)＜jung/guk＞ Cina; Tiong-
kok. ～인 orang Cina; Orang
Tionghoa. ～어 bahasa Tiongkok.

중궁(中宮)＜jung/gung＞ ratu; per-
maisuri.

중궁전(中宮殿)＜jung/gung/jeon＞ ☞
중궁(中宮).

중금속(重金屬)＜jung/geum/sok＞ lo-
gam berat.

중급(中級)＜jung/kueb＞ nilai me-

nengah; tingkat menengah. ~품
kualitas menengah.

중기관총(重機關銃)＜jung/gi/gwan/
chong＞ senjata mesin berat.

중길(中 -)＜jung/gil＞　barang ber-
kualitas menengah.

중년(中年)＜jung/yeon＞　umur per-
tengahan. ~의 setengah baya. ~
을 넘은 여자 wanita tua. ~기
masa setengah baya. ~신사 pria
setengah baya.

중노동(重勞動)＜jung/no/dong＞ ker-
ja berat.

중농(中農)＜jung/nong＞ petani kelas
menengah.

중농(重農)＜jung/nong＞ ~정책 ke-
bijakan yang mengutamakan perta-
nian. ~주의 fisiokrasi (doktrin
yang menyatakan bahwa tanah dan
alam adalah kekayaan yang sebe-
narnya). ~ 주의자 penganut dok-
trin fisiokrasi.

중뇌(中腦)＜jung/noe＞　『解』 otak
bagian tengah; mesenfalon.

중늙은이(中-)＜jung/neul/geu/ni＞　o-
rang setengah baya.

중단(中斷)＜jung/dan＞　　~하다
menginterupsi; menghentikan. 시효
~『法』 penghentian masa berlaku.

중대(中隊)＜jung/dae＞　kompi. ~
장(長) komandan kompi.

중대(重大)＜jung/dae＞　~한　pen-
ting; serius. ~한 과실 kesalahan
besar. ~화하다 menjadikan se-
rius. ~사건 masalah yang serius.
~성 bobot; arti penting; keserius-
an. ~성명 (mengumumkan) per-
nyataan penting.

중대시(重大視)＜jung/dae/si＞　~하
다 menganggap penting.

중도(中途)＜jung/do＞　　~에서　di
tengah jalan; di pertengahan.

중도(中道)＜jung/do＞　~정책 kebi-
jakan jalan tengah. ~파 aliran ja-
lan tengah.

중독(中毒)＜jung/dok＞　　keracunan.
~되다 keracunan. ~성 beracun.
~증상 gejala keracunan. 식 ~
keracunan makanan. 아편 ~

keracunan ganja. 알콜 ~ keracun-
an alkohol.

중동(中 -)＜jung/dong＞ bagian te-
ngah.

중동(中東)＜jung/dong＞ Timur Te-
ngah.

중동무이(中 -)＜jung/dong/mu/i＞　~
하다 mengerjakan setengah-sete-
ngah.

중등(中等)＜jung/deung＞　~의 me-
nengah. ~교육 pendidikan mene-
ngah. ~품 barang mutu mene-
ngah. ~학교 sekolah menengah.

중략(中略)＜jung/nyak＞　penghilang-
an kata. ~하다 menghilangkan;
mengabaikan.

중량(重量)＜jung/yang＞　berat; bo-
bot. ~급 kelas berat. ~급(의)
권투 선수 petinju kelas berat. ~
부족[초과] berat kurang [berlebih].
~톤 tonasi berat mati. 총(總)~
berat kotor.

중력(重力)＜jung/yeok＞ 『理』 gravi-
tasi; gaya tarik bumi. ~의 법칙
[중심] hukum [pusat] gravitasi. 무
~상태 keadaan bebas gravitasi.

중령(中領)＜jung/yeong＞ letnan ko-
lonel.

중론(衆論)＜jung/non＞ opini publik.

중류(中流)＜jung/nyu＞ ① (강의) te-
ngah sungai. ② kelas menengah.
~가정 keluarga kelas menengah.
~계급 kalangan menengah.

중립(中立)＜jung/nib＞ keadaan net-
ral; netralitas. ~적 netral; tidak
berpihak; sama tengah. ~노선 ke-
bijakan netral/tidak memihak. ~
지대 [국] zona [negara] netral. ~
화 netralisasi. 무장[엄정] ~ net-
ralitas bersenjata [tegas].

중매(仲買)＜jung/mae＞ perantaraan.
~하다 bertindak sebagai perantara.
~구전 komisi perantara. ~인 pe-
rantara; makelar.

중매(仲媒)＜jung/mae＞ penjodohan.
~하다 menjodohkan. ~결혼 per-
kawinan yang dijodohkan oleh pe-
rantara. ~인[장이] pejodoh; com-
blang.

중문(中門)＜jung/mun＞ gerbang dalam.

중문(重文)＜jung/mun＞ 『文』 kalimat majemuk.

중미(中美)＜jung/mi＞ Amerika Tengah.

중반전(中盤戰)＜jung/ban/jeon＞ permainan di pertengahan; fase pertengahan. ～에 들(어가)다 dalam tahap pertengahan.

중벌(重罰)＜jung/beol＞ hukuman berat. ～에 처하다 menghukum berat.

중범(重犯)＜jung/beom＞ kejahatan besar.

중병(重病)＜jung/byeong＞ sakit keras; sakit parah. ～에 걸리다 jatuh sakit keras. ～환자 pasien gawat.

중복(中伏)＜jung/bok＞ periode pertengahan dari hari-hari terpanas dalam musim panas.

중복(中腹)＜jung/bok＞ lereng tengah gunung. ～에 ditengah lereng.

중복(重複)＜jung/bok＞ ～하다 tumpang tindih.

중부(中部)＜jung/bu＞ bagian tengah. ～지방 distrik tengah.

중뿔나다(中-)＜jung/pul/na/da＞ ingin tahu; ikut campur.

중사(中士)＜jung/sa＞ sersan satu.

중산계급(中産階級)＜jung/san/gye/geub＞ kalangan kelas menengah.

중상(中傷)＜jung/sang＞ fitnah; jujat; umpat; penghinaan; hujat; hojah; hasut; gunjing. ～하다 mempergunjingkan; mengumpat; menghujah; memfitnah. ～적 bersifat fitnah. ～적 보도 laporan yang memfitnah. ～자 pemfitnah.

중상(重傷)＜jung/sang＞ luka parah. ～을 입다 kena luka parah. ～자 orang yang mendapat luka parah.

중생(衆生)＜jung/saeng＞ duniawi; kemanusiaan.

중생대(中生代)＜jung/saeng/dae＞ zaman Mesozoik.

중서부(中西部)＜jung/seo/bu＞ Barat Tengah.

중석(重石)＜jung/seok＞ 『鑛』 tungsten.

중성(中性)＜jung/seong＞ ① 『文』 jenis netral. ② 『化』 kenetralan. ～의 netral. ～반응 reaksi netral. ～자(子) neutron.

중세(中世)＜jung/se＞ abad pertengahan; zaman madya. ～기 zaman pertengahan. ～사 sejarah zaman pertengahan.

중세(重稅)＜jung/se＞ pajak yang berat.

중소(中蘇)＜jung/so＞ Cina-Soviet.

중소기업(中小企業)＜jung/so/gi/eob＞ perusahaan kecil dan menengah. ～은행 Bank Industri Menengah.

중소상공업자(中小商工業者)＜jung/so/sang/gong/eob/ca＞ pedagang dan pemproduksi kecil dan menengah.

중수(重水)＜jung/su＞ 『化』 air berat.

중수(重修)＜jung/su＞ perbaikan. ～하다 memperbaiki.

중수소(重水素)＜jung/su/so＞ 『化』 hidrogen berat; deuterium.

중순(中旬)＜jung/sun＞ pertengahan bulan. ～에 dipertengahan bulan.

중시(重視)＜jung/si＞ ～하다 memandang penting; menganggap penting.

중신(重臣)＜jung/sin＞ negarawan senior.

중심(中心)＜jung/sim＞ tengah; pusat; sentral; inti; poros; sumbu. 금융의 ～ poros operasi keuangan. ～인물 tokoh sentral. ～점 titik sentral. ～지 pusat.

중심(重心)＜jung/sim＞ 『理』 pusat gravitasi; titik berat. 몸의 ～을 잡다[잃다] mempertahankan [kehilangan] keseimbangan badan.

중압(重壓)＜jung/ab＞ tekanan berat. ～을 가하다 memberi tekanan (pada). ～감 perasaan tertekan; perasaan tertindas.

중앙(中央)＜jung/ang＞ pusat; sentral. ～의 pusat. 도시 ～에 di pusat kota; di jantung kota. ～으

로 모이다 memusatkan. ～기상대 Kantor Meteorologi Pusat. ～냉난방 pusat pendingin dan pemanas udara. ～분리대 jalur pembatas jalan. ～선 garis tengah jalan raya. ～선거 관리 위원회 Komite Manajemen Pemilihan Pusat. ～아시아 Asia Tengah. ～우체국(局) Kantor Pos Pusat. ～정보부 Badan Koordinasi Intelijen Negara. ～정부 pemerintah pusat. ～집행 위원회 komite eksekutif pusat.

중앙집권(中央集權)＜jung/ang/jib/kwon＞ sentralisasi kekuasaan. ～제 sistem sentralisasi. ～제로 하다 mensentralisasikan.

중언부언(重言復言)＜jung/eon/bu/eon＞　～하다 mengulangi pernyataan.

중얼거리다＜jung/eol/geo/ri/da＞ bersungut-sungut.

중역(重役)＜jung/yeok＞ direktur; pimpinan. ～회(會) dewan direktur. ～회의 pertemuan para direktur.

중역(重譯)＜jung/yeok＞ penerjemahan kembali. ～하다 menerjemahkan kembali.

중엽(中葉)＜jung/yeob＞ pertengahan jangka waktu. 19세기 ～ pertengahan abad ke sembilan belas.

중외(中外)＜jung/oe＞　～에 dalam dan luar negeri.

중요(重要)＜jung/yo＞　～한 penting; bernilai; berbobot. ～문화재 aset budaya yang penting ～사항 perkara yang penting. ～서류 surat-surat penting. ～성 pentingnya; arti penting; bobot.

중요시(重要視)＜jung/yo/si＞ ☞ 중시.

중용(中庸)＜jung/yong＞ sikap moderat. ～의 moderat. ～을 지키다 bersikap moderat.

중용(重用)＜jung/yong＞　～하다 mempromosikan (jabatan yang penuh tanggung jawab). ～되다 dipercayakan.

중위(中尉)＜jung/wi＞ letnan satu.

중유(重油)＜jung/yu＞ minyak mentah.

중음부(中音部)＜jung/eum/bu＞ 『樂』 alto.

중의(衆意)＜jung/eui＞ pendapat umum; opini publik.

중의(衆議)＜jung/eui＞ pembahasan umum. ～에 의하여 결정하다 memutuskan berdasarkan suara terbanyak.

중이(中耳)＜jung/i＞ telinga tengah. ～염(炎) radang telinga tengah.

중인(衆人)＜jung/in＞ publik; rakyat. ～ 앞에서 di depan publik.

중임(重任)＜jung/im＞ ① tanggung jawab yang berat. ～을 맡다 menerima (memikul) tanggung jawab yang berat. ② (재임) pemilihan kembali; pengangkatan kembali. ～하다 terpilih kembali; diangkat kembali.

중장(中將)＜jung/jang＞ (육군) letnan jendral; (해군)laksamana madya; (공군) marsekal madya.

중장비(重裝備)＜jung/jang/bi＞ alat berat.

중재(仲裁)＜jung/jae＞ pengantaraan; penengahan. ～하다 mengantarai; menengahi. ～인 penengah; mediator. ～재판 arbitrasi.

중전(中殿)＜jung/jeon＞ ☞ 중궁전(中宮殿). ～마마 Sang permaisuri.

중절(中絶)＜jung/jeol＞ pengguguran; pemutusan. ～하다 menggugurkan; memutuskan. 임신 ～ pengguguran kandungan.

중절모(中折帽)＜jung/jeol/mo＞ topi.

중점(中點)＜jung/ceom＞ 『數』 nilai tengah; titik tengah.

중점(重點)＜jung/ceom＞ penekanan; titik berat; prioritas. ～ 적으로 secara prioritas. …에 ～을 두다 menekankan (pada); memperprioritaskan (pada); menitik beratkan (pada). ～주의 [생산] kebijaksanaan [produksi] prioritas.

중정(重訂)＜jung/jeong＞ revisi kedua.

중조(重曹)＜jung/jo＞ 『化』 tepung

soda pengembang kue; soda bikarbonat.

중죄(重罪)＜jung/joe＞ kejahatan/pelanggaran berat. ～인 pelanggar berat.

중증(重症)＜jung/ceung＞ penyakit parah.

중지(中止)＜jung/ji＞ penghentian. ～하다 berhenti (melakukan). ～되다 dihentikan; diberhentikan.

중지(中指)＜jung/ji＞ jari tengah.

중지(衆智)＜jung/ji＞ kebijaksanaan umum. ～를 모으다 meminta nasehat umum.

중진(重鎭)＜jung/jin＞ pemimpin; tokoh terkemuka.

중진국(中進國)＜jung/jin/guk＞ negara sedang berkembang.

중창(中 -)＜jung/chang＞ sol sepatu bagian dalam.

중책(重責)＜jung/chaek＞ tanggung jawab yang berat; tugas (misi) penting. ～을 맡다 memikul tanggung jawab yang berat.

중첩(重疊)＜jung/cheob＞ ～하다 bertumpuk; menumpuk.

중추(中樞)＜jung/chu＞ pusat; poros; tulang belakang/punggung. ～적 pusat; sentral. ～산업 industri poros. ～신경(神經) saraf pusat. ～인물 tokoh sentral.

중추(仲秋)＜jung/chu＞ pertengahan musim rontok. ～의 명월 bulan panen.

중축(中軸)＜jung/chuk＞ poros; sumbu.

중치(中 -)＜jung/chi＞ ☞ 중간치.

중크롬산(重-酸)＜jung/kheu/rom/san＞ 『化』 asam dikromat. ～염(鹽) dikromat.

중키(中 -)＜jung/khi＞ tingginya sedang.

중탄산(重炭酸)＜jung/than/san＞ ～소다 sodium bikarbonat. ～염(鹽) bikarbonat.

중태(重態)＜jung/thae＞ kondisi serius; kondisi kritis. ～에 빠지다 jatuh dalam kondisi kritis.

중턱(中 -)＜jung/theok＞ pertengah-

an lereng gunung. ～에 di pertengahan lereng gunung.

중토(重土)＜jung/tho＞ 『化』 barium oksida.

중퇴(中退)＜jung/thoe＞ ～하다 putus sekolah. ～자 orang yang putus sekolah/drop out.

중파(中波)＜jung/fa＞ 『無電』 gelombang medium.

중판(中判)＜jung/fan＞ 『寫』 ukuran medium (foto).

중판(重版)＜jung/fan＞ cetakan berikutnya.

중편(中篇)＜jung/fyeon＞ ① (제 2 권) bagian (jilid) kedua. ② cerita setengah panjang. ～소설 novelet.

중평(衆評)＜jung/fyeong＞ opini publik; pendapat umum.

중포(重砲)＜jung/fo＞ senjata berat. ～병(兵) tentara artileri berat.

중폭격기(重爆擊機)＜jung/fok/gyeok/gi＞ pesawat pengebom berat.

중품(中品)＜jung/fum＞ kualitas pertengahan.

중풍(中風)＜jung/fung＞ penyakit lumpuh; kelumpuhan. ～에 걸리다 terkena kelumpuhan.

중하(重荷)＜jung/ha＞ beban berat; muatan berat.

중하다(重 -)＜jung/hada＞ serius; kritis; parah; berat.

중학교(中學校)＜jung/hak/gyo＞ Sekolah Menengah Pertama.

중학생(中學生)＜jung/hak/saeng＞ siswa Sekolah Menengah Pertama.

중합(重合)＜jung/hab＞ 『化』 polimerisasi. ～체 polimer.

중형(中形.中型)＜jung/hyeong＞ ukuran sedang. ～의 berukuran sedang/medium.

중형(仲兄)＜jung/hyeong＞ abang kedua.

중형(重刑)＜jung/hyeong＞ hukuman berat. ～에 처하다 mengenakan hukuman berat.

중혼(重婚)＜jung/hon＞ kawin dua kali. ～하다 menikah kedua kali. ～자 orang yang kawin dua kali.

중화(中和)＜jung/hwa＞ ～하다 menetralkan; menawarkan. ~제 obat penawar.

중화(中華)＜jung/hwa＞ ~민국 Republik Rakyat Cina (RRC).

중화기(重火器)＜jung/hwa/gi＞ senjata api berat.

중화학공업(重化學工業)＜jung/hwa/hak/gong/eob＞ industri kimia berat.

중환자(重患者)＜jung/hwan/ja＞ pasien gawat.

중후(重厚)＜jung/hu＞ ~한 sifat serius dan baik hati.

중흥(中興)＜jung/heung＞ perbaikan; pemulihan. ~하다 memperbaiki; memulihkan.

중히(重 -)＜jung/hi＞ ☞ 소중히. ~여기다 menghargai; menilai tinggi.

쥐＜jwi＞ 『動』 tikus; mencit. ~잡기 운동 kampanye anti tikus. 독안에 든 ~와 같다 Bagai tikus dalam perangkap.

쥐＜jwi＞ (경련) kram; kejang. 다리에 ~가나다 kena kram pada kaki.

쥐구멍＜jwi/gu/meong＞ lobang tikus. ~을 찾다 mencari lobang tikus. ~에도 볕들 날이 있다 Suatu hari ke lobang tikus pun masuk sinar matahari.

쥐꼬리＜jwi/ko/ri＞ ekor tikus. ~만한 월급 gaji yang kecil.

쥐다＜jwi/da＞ menggenggam; mencengkram; mengepal; menepam; menangkap. 주먹을 ~ mengepalkan tangan/tinju.

쥐덫＜jwi/deot＞ perangkap tikus.

쥐뿔같다＜jwi/pul/gath/tha＞ sepele; remeh; tidak berharga.

쥐약(- 藥)＜jwi/yak＞ racun tikus; tuba tikus.

쥐어뜯다＜jwi/eo/teut/ta＞ merobek; merenggut; mengoyakkan; merabak.

쥐어박다＜jwi/eo/bak/ta＞ meninju.

쥐어주다＜jwi/eo/ju/da＞ menyelipkan/memberi uang kedalam tangan (seseorang); menyogok; memberi

persen.

쥐어지르다＜jwi/eo/ji/reu/da＞ ☞ 쥐어박다.

쥐어짜다＜jwi/eo/ca/da＞ meremas; memulas.

쥐어흔들다＜jwi/eo/heun/deul/da＞ memegang dan menggoyang. 어깨를 ~ menggoncangkan bahunya.

쥐잡듯이＜jwi/jab/deu/si＞ satu per satu; semua.

쥐젖＜jwi/jeot＞ kutil kecil.

쥐죽은듯＜jwi/ju/geun/deut＞ ~하다 sangat sepi; sepi seperti kuburan.

즈음＜jeu/eum＞ waktu (ketika). 요~은 akhir-akhir ini; belakangan ini. 어려운 때에 ~하여 pada saat darurat.

즉(即)＜jeuk＞ ① (곧) yaitu; yakni. ② (바로) tegasnya; jelasnya; terangnya. ③ (그러할 때는) kemudian.

즉각(即刻)＜jeuk/gak＞ dengan segera; seketika; ditempat.

즉결(即決)＜jeuk/gyeol＞ keputusan yang segera; pengadilan di tempat/pengadilan kilat. ~하다 mengadili ditempat. ~재판 [처분] keputusan [pengakuan] segera.

즉답(即答)＜jeuk/dab＞ jawaban yang segera. ~하다 menjawab dengan cepat.

즉사(即死)＜jeuk/sa＞ kematian di tempat. ~하다 mati di tempat (kecelakaan).

즉석(即席)＜jeuk/seok＞ ~의 segera; seketika. ~에서 di tempat; dengan segera. ~연설 pidato tanpa teks.

즉시(即時)＜jeuk/si＞ sekaligus; segera; serta merta; kontan; selekas; spontan. ~불(拂) pembayaran kontan. ~불 어음 cek atas unjuk. ~인도 antar di tempat.

즉위(即位)＜jeuk/wi＞ naik tahta; penobatan. ~하다 menaiki tahta; menobatkan. ~식 upacara penobatan; upacara pelantikan.

즉응(即應)＜jeuk/eung＞ ~하다 setuju dengan serta merta; memenuhi. …에 ~하여 sesuai (dengan); sebagai respon terhadap…

즉일(即日)＜jeuk/il＞ (pada) hari yang sama.

즉효(即效)＜jeuk/hyo＞ efek yang segera. ~가 있다 menghasilkan efek yang segera. ~약 obat dengan efek segera.

즉흥(即興)＜jeuk/heung＞ ~의[적] improvisasi; mendadak. ~곡 『樂』 musik improvisasi. ~시 puisi improvisasi.

즐거움＜jeul/geo/um＞ kegembiraan; suka cita; kegirangan; kesenangan; lega hati; suka ria; senda gurau.

즐거이＜jeul/geo/i＞ dengan gembira; dengan suka cita.

즐겁다＜jeul/geob/ta＞ gembira; senang; suka hati. 즐겁 ☞ 즐거이.

즐기다＜jeul/gi/da＞ menikmati; bersuka-suka. 인생을 [자연을] ~ menikmati hidup [alam].

즐비(櫛比)＜jeul/bi＞ ~하다 berdiri berdekatan satu sama lain; berbaris.

즙(汁)＜jeub＞ sari buah; jus. ~이 많은 berair banyak. ~을 내다 memeras sari buah. 포도~ sari buah anggur.

증(症)＜ceung＞ gejala; tanda-tanda. 허기 ~이 나다 merasa lapar. 무서움~이 나다 menunjukkan tanda-tanda ketakutan.

증(證)＜ceung＞ bukti; tanda; sertifikat. 학생~ kartu siswa.

증가(增加)＜jeung/ga＞ kenaikan; pertambahan; peningkatan. ~하다 naik; meningkat. ~되고 있다 berada dalam peningkatan. 수가 ~하다 bertambah dalam jumlah. ~액 jumlah kenaikan. ~율 tingkat kenaikan. 자연 ~ kenaikan secara alami.

증간(增刊)＜jeung/gan＞ nomor khusus; nomor ekstra (majalah).

증감(增減)＜jeung/gam＞ kenaikan dan penurunan. ~하다 naik dan (atau) turun.

증강(增强)＜jeung/gang＞ penguatan; bala bantuan. ~하다 menguatkan; memperkuat.

증거(證據)＜jeung/geo＞ bukti; tanda; kesaksian; hujah. 결정적인 [확실한] ~ bukti yang memutuskan [pasti]. 물적인 ~ bukti materi; bukti nyata. ~불충 분으로 karena kurang bukti. ~를 수집하다 mengumpulkan bukti. ~를 제출하다 mengemukakan bukti. ~물 barang bukti. ~보전 penjagaan bukti; pengamanan bukti. ~인멸 penghancuran/penghilangan bukti. ~ 인멸하다 menghilangkan bukti.

증결하다(增結-)＜jeung/gyeol/hada＞ menambah gerbong (kereta api).

증권(證券)＜jeung/kwon＞ saham; obligasi. ~ 거래소 pasar bursa. ~시세 harga bursa. 국고 ~ surat obligasi perbendaharaan negara. 선하 ~ konosemen (B/L). 정부 발행 ~ surat berharga/obligasi pemerintah.

증권투자(證券投資)＜jeung/kwon/thu/ja＞ penanaman modal obligasi/saham.

증기(蒸氣)＜jeung/gi＞ uap. ~기관 mesin uap. ~ 기관차 lokomotif uap. ~난방 장치 sistem pemanasan dengan uap. ~선 kapal uap.

증대(增大)＜jeung/dae＞ ~하다 memperbesar; memperluas. ~판 (版) edisi yang diperluas.

증류(蒸溜)＜jeung/nyu＞ penyulingan; distilasi. ~하다 menyuling; menguapkan; mendistilasi. ~기 (器) alat penyulingan; distiler. ~수 air sulingan.

증명(證明)＜jeung/myeong＞ bukti; keterangan; kesaksian; verifikasi. ~하다 membuktikan; menunjukkan; mendalilkan; menyungguhkan. ~서 sertifikat; ijazah; surat keterangan; surat tanda bukti. 신분 ~서 kartu tanda penduduk; kartu identitas.

증모(增募)＜jeung/mo＞ ~하다 menerima pendaftaran yang lebih besar.

증발(蒸發)＜jeung/bal＞ penguapan. ～하다 menguap. ～성 sifat menguap.

증발(增發)＜jeung/bal＞ (열차의) pengoperasian kereta api tambahan; (통화의) pengeluaran (uang kertas) tambahan. ～하다 mengeluarkan uang kertas tambahan; mengoperasikan kereta api tambahan.

증배(增配)＜jeung/bae＞ peningkatan keuntungan saham. ～하다 menyatakan peningkatan keuntungan saham; menaikkan jatah.

증보(增補)＜jeung/bo＞ ～하다 melengkapi; memperbesar. 개정 ～판 edisi baru yang direvisi dan dilengkapi.

증빙(證憑)＜jeung/bing＞ bukti. ～서류 surat bukti.

증산(增産)＜jeung/san＞ peningkatan produksi. ～하다 meningkatkan produksi. ～계획 program peningkatan produksi.

증상(症狀)＜jeung/sang＞ gejala-gejala; simtom.

증서(證書)＜jeung/seo＞ akta; surat ijazah; sertifikat tambera; diploma. 예금 ～ sertifikat deposito. 차용(借用) ～ surat hutang.

증설(增設)＜jeung/seol＞ ～하다 meningkatkan; mendirikan lebih banyak; memasang lebih banyak.

증세(症勢)＜jeung/se＞ gejala-gejala (kondisi pasien). …의 ～를 나타내다 menunjukkan gejala…

증세(增稅)＜jeung/se＞ peningkatan pajak. ～하다 meningkatkan pajak.

증손(曾孫)＜jeung/son＞ cicit laki-laki.

증손녀(曾孫女)＜jeung/son/nyeo＞ cicit perempuan.

증수(增水)＜jeung/su＞ ～하다 naik (air). ～기(期) periode banjir tahunan.

증수(增收)＜jeung/su＞ peningkatan pendapatan; peningkatan hasil. ～하다 meningkat (pendapatan).

증수회(贈收賄)＜jeung/su/hoe＞ korupsi; penyuapan. ～사건 kasus penyuapan.

증식(增殖)＜jeung/sik＞ ～하다 membiakkan. ～로(爐) reaktor pembiak; tabung pembiak.

증액(增額)＜jeung/aek＞ peningkatan; perbanyakan; pergandaan; penambahan; tambahan (uang). ～하다 meningkat; memperbesar.

증언(證言)＜jeung/eon＞ saksi; bukti saksi; persaksian; (pen)tegasan. ～하다 bersaksi; memperteguhkan; menandaskan; menegaskan. ～대(臺) kedudukan saksi.

증여(贈與)＜jeung/yeo＞ sumbangan; infak; donasi; hibah; pemberian. ～하다 memberikan; mendermakan; menghibah. ～세 pajak dopasi. ～자 pemberi; donator; dermawan. ～재산 harta donasi.

증오(憎惡)＜jeung/o＞ kebencian; antipati; dendam kesumat. ～하다 membenci; dendam kepada.

증원(增員)＜jeung/won＞ ～하다 menambah personil.

증원(增援)＜jeung/won＞ ～하다 memperkuat. ～대(隊) unit bala bantuan.

증인(證人)＜jeung/in＞ saksi. ～이 되다 menjadi saksi. ～석 bangku saksi.

증자(增資)＜jeung/ja＞ peningkatan modal. ～하다 meningkatkan modal. ～주 saham tambahan. 무상 ～ penerbitan gratis saham baru. 유상 ～ mengeluarkan saham baru untuk diperjualbelikan.

증정(增訂)＜jeung/jeong＞ revisi dan perlengkapan. ～하다 merevisi dan melengkapi. ～판 edisi yang direvisi dan dilengkapi.

증정(贈呈)＜jeung/jeong＞ presentasi; persembahan; penganugerahan. ～하다 mempersembahkan; menghadiahkan. ～본(本) salinan presentasi. ～품 barang persembahan.

증조모(曾祖母)＜jeung/jo/mo＞ buyut perempuan.

증조부(曾祖父)＜jeung/jo/bu＞　buyut laki-laki.

증진(增進)＜jeung/jin＞　~하다 meningkatkan; memajukan; mendorong.

증축(增築)＜jeung/chuk＞　perluasan bangunan.　~하다 memperbesar bangunan.

증파(增派)＜jeung/fa＞　~하다 mengirim lebih banyak (tentara; kapal perang).

증폭(增幅)＜jeung/fok＞　pengerasan.　~하다 memperkeras (suara).　~기 pesawat pengeras.

증표(證票)＜jeung/fyo＞　tanda bukti.

증회(贈賄)＜jeung/hoe＞　~하다 menyuap; menyogok.　~사건 kasus penyuapan.　~자 pemberi suap.　~죄 penyuapan.

증후(症候)＜jeung/hu＞　gejala-gejala.

지＜ji＞　sejak; dari; setelah.　떠난 ~두 시간 dua jam setelah keberangkatan.

지…(至)＜ji＞　ke; sampai.

…지＜ji＞　① 어떻게 하는 것인 ~ 가르쳐 주세요 Beritahukan kepada saya bagaimana melakukan itu.　② 오늘은 누가 오겠 ~ Seseorang mungkin menemui saya hari ini.　③ 저 배엔 사람이 타고 있~ 않다 Kapal uap itu tidak ada penumpang.

지가(地價)＜ji/ka＞　harga tanah.

지가(紙價)＜ji/ka＞　harga kertas.

지각(地殼)＜ji/gak＞　kulit bumi; kerak bumi.

지각(知覺)＜ji/gak＞　① persepsi; perasaan.　~하다 merasa.　~기관 alat perasa.　~력 daya persepsi.　~신경 saraf perasa.　② kebijaksanaan; kedewasaan.　~하다 mencapai usia yang dapat memberi pertimbangan/alasan (☞ 철들다, 철없다).　~있는 bijaksana.　~망나니 orang yang tidak bijaksana.

지각(遲刻)＜ji/gak＞　~하다 terlambat.　학교에 ~하다 terlambat ke sekolah.　~자 pendatang terlambat.

bat.

지갑(紙匣)＜jib/gab＞　dompet; pundi; kantong kecil; tempat uang.

지게＜ji/ge＞　jangki gaya Korea.　~를 지다 membawa jangki gaya Korea.　~꾼 pembawa jangki.

지게미＜ji/ge/mi＞　ampas anggur.

지겹다＜ji/gyeob/ta＞　muak.

지경(地境)＜ji/gyeong＞　① (경계) batas; perbatasan.　② situasi; hal ikhwal.　…할 ~에 있다 hampir; nyaris.

지계(地階)＜ji/gye＞　lantai dasar.

지고(至高)＜ji/go＞　~의 tertinggi.

지골(指骨.趾骨)＜ji/gol＞　『解』 tulang jari; ruas jari.

지공(至公)＜ji/gong＞　~무사(無私)하다 sangat adil.

지관(地官)＜ji/gwan＞　ahli letak kubur.

지구(地球)＜ji/gu＞　bumi; dunia; jagad; mayapada.　~ 물리학 geofisika.　~의(儀)[본] bola dunia.

지구(地區)＜ji/gu＞　distrik; wilayah; daerah; kawasan.　경인 ~ distrik Seoul Incheon.　상업[주택] ~ kawasan usaha [pemukiman].

지구(地溝)＜ji/gu＞　『地』 lembah yang renggang.

지구(持久)＜ji/gu＞　~력 ketahanan; daya tahan.　~전 perjuangan (perang) panjang.

지국(支局)＜ji/guk＞　kantor cabang.

지그시＜ji/geu/si＞　① pelan-pelan.　눈을 ~ 감다 menutup mata dengan perlahan.　② (참는 모양) dengan sabar; dengan tabah.

지극(至極)＜ji/geuk＞　~하다 paling; ekstrim; berlebihan.　~히 sangat.

지근거리다＜ji/geun/geo/ri/da＞　① (귀찮게 굴다) mengganggu; menjengkelkan; menggoda.　② (머리가) sakit kepala.　③ (씹다) mengunyah perlahan.

지근덕거리다＜ji/geun/deok/geo/ri/da＞　☞ 지근거리다.

지글거리다＜ji/geul/geo/ri/da＞　mendesis.

지글지글＜ji/geul/ji/geul＞ desisan; dengan mendesis.

지금(只今)＜ji/geum＞ ① sekarang; kini; waktu ini; saat ini. ~까지 sampai sekarang; hingga kini. ~부터 dari sekarang. ② (지금 막) baru saja; barusan. ③ (지금 곧) segera; seketika.

지금(地金)＜ji/geum＞ logam.

지금거리다＜ji/geum/geo/ri/da＞ mengunyah-ngunyah.

지급(支給)＜ji/geub＞ pembayaran. ~하다 membayar; memberikan. ~기일 tanggal pembayaran. ~능력 kesanggupan melunaskan hutang. ~어음 bill yang dapat dibayar. ~인 pembayar. ~품 barang yang disediakan.

지급(至急)＜ji/geub＞ ~의 segera; mendesak; kilat. ~전보 [전화] telegram [telepon] segera.

지긋지긋하다＜ji/geut/ji/geut/hada＞ ① (넌더리나다) muak. ② (지겹다) memuakkan; menjijikkan.

지기(地氣)＜ji/gi＞ penguapan dari bumi.

지기(知己)＜ji/gi＞ teman dekat.

지기지우(知己之友)＜ji/gi/ji/u＞ ☞ 지기(知己).

…지기＜ji/gi＞ petak sawah yang siap ditanami. 닷마 ~ petak sawah yang cukup untuk penaburan 5 *mal* benih.

…지기＜ji/gi＞ penjaga. 문 ~ penjaga gerbang.

지껄거리다＜ji/keol/geo/ri/da＞ bercakap-cakap; beromong-omong.

지껄이다＜ji/keo/ri/da＞ ☞ 지껄거리다.

지끈지끈＜ji/keun/ji/keun＞ ① (부러지는 소리) berderak. ② 골치가 ~ 아프다 sakit kepala.

지나(支那)＜ji/na＞ Cina. ~해(海) Laut Cina.

지나가다＜ji/na/ga/da＞ ① lewat. 문 앞을 ~ lewat pintu. ② ☞ 지나다.

지나다＜ji/na/da＞ ① (기한이) kadaluwarsa. ② lewat; melintasi.

숲 속을 ~ melewati hutan. ③ (경과) lewat; berlalu (waktu).

지나새나＜ji/na/sae/na＞ selalu; setiap waktu.

지나오다＜ji/na/o/da＞ melewati.

지나치다＜ji/na/chi/da＞ ① (과도) berlebihan. ② (통과) melewati; melampaui; melalui; melintas.

지난(至難)＜ji/nan＞ ~한 sangat sukar; paling sukar.

지난＜ji/nan＞ lalu; lampau; sudah-sudah. ~가을 musim rontok yang lalu. ~날 hari-hari yang lalu. ~번 waktu yang lalu.

지날결＜ji/nal/gyeol＞ dalam perjalanan.

지남철(指南鐵)＜ji/nam/cheol＞ magnet.

지남침(指南針)＜ji/nam/chim＞ jarum magnet.

지내다＜ji/nae/da＞ ① melewatkan waktu; hidup. 독서로 ~ melewatkan waktu dengan membaca. 행복하게 ~ hidup bahagia. ② melangsungkan. 장사를 ~ melangsungkan upacara penguburan. ③ (겪다) menjalani karir; mengalami.

지내듣다＜ji/nae/deut/ta＞ tidak memperhatikan; tidak memperdulikan.

지내보다＜ji/nae/bo/da＞ berhubungan dengan; berteman dengan.

지네＜ji/ne＞ 『動』 lipan; kaki seribu.

지노(紙 -)＜ji/no＞ tambang kertas. ~를 꼬다 memintal kertas menjadi tambang.

지느러미＜ji/neu/reo/mi＞ sirip. 등 [가슴, 꼬리] ~ sirip punggung [perut, ekor].

지능(知能)＜ji/neung＞ kepintaran; kecerdasan; intelejensi. ~적 intelektual. ~검사 uji kecerdasan. ~범(犯) kejahatan intelektual. ~지수 tingkat kecerdasan (I Q).

지니다＜ji/ni/da＞ (보전) memelihara; menjaga, (품다) memendam, (가지다) mengenakan; membawa. 몸에 ~ mengenakan di badan.

지다<ji/da> ① kalah; dikalahkan; ditaklukkan; ditundukkan. 경쟁에 ～ kalah dalam pertandingan. 경주에 ～ kalah dalam perlombaan. 논쟁에 ～ kalah argumentasi. 선거에 ～ kalah dalam pemilihan. 소송에 ～ kalah dalam pengadilan; kalah dalam perkara. ② menyerah. 유혹에 ～ menyerah pada godaan.

지다<ji/da> ① (등에) memikul; menanggung (beban). ② (빚을) menanggung (hutang). ③ (책임을) memegang/menanggung (tanggung jawab). ④ (신세 따위를) berhutang budi; menanggung (budi).

지다<ji/da> ① (해 달이) tenggelam (matahari; bulan). ② (잎 꽃이) gugur (bunga, daun). ③ (때따위가) keluar; hilang; bersih (daki). ④ (숨이) meninggal; menghembuskan napas terakhir.

지다<ji/da> 그늘이 ～ diteduhi; dinaungi; teduh. 얼룩이 ～ menjadi bernoda. 장마가 ～ musim hujan telah tiba.

지다<ji/da> menjadi. 좋아 [나빠, 추워, 더워] ～ menjadi baik [buruk, dingin, panas].

지다위<ji/da/wi> ① (의지) ～하다 bergantung pada; mengandalkan pada. ② (전가) ～하다 menimpakan (kejahatan kepada seseorang).

지당(至當)<ji/dang> ～한 layak; benar; masuk akal.

지대(至大)<ji/dae> ～한 sangat; hebat; besar; penting.

지대(地代)<ji/dae> sewa tanah.

지대(地帶)<ji/dae> daerah; wilayah; kawasan; zona. 공장 ～ kawasan pabrik. 안전 [위험, 중립] ～ zona aman [berbahaya, netral].

지대공(地對空)<ji/dae/gong> ～미사일 peluru kendali darat ke udara.

지대지(地對地)<ji/dae/ji> ～미사일 peluru kendali darat kedarat.

지덕(智德)<ji/deok> pengetahuan dan pribudi.

지도(地圖)<ji/do> map; peta; atlas. 거는 ～ peta dinding. 5만 분의 1 ～ peta dengan skala 1 : 50.000. ～를 그리다 [보다] menggambar [melihat] peta.

지도(指導)<ji/do> bimbingan; kepemimpinan; arahan; penuntunan. ～하다 membimbing; memimpin; menuntun; mempelopori; mengarahkan. ～교사 guru pembimbing. ～교수 dosen pembimbing. ～방침 [원리] kebijakan [prinsip] penuntun. ～서 buku tuntunan. ～자 pemimpin; pengetua; pengarah. 집단 ～ kepemimpinan kelompok.

지독(至毒)<ji/dok> ～하다 ① ganas; kejam; sadis. ～한 모욕 penghinaan yang kejam. ② parah; ganas; mengerikan. ～한 추위 dingin yang parah.

지동(地動)<ji/dong> ～설 teori Copernicus.

지둔(遲鈍)<ji/dun> ～한 bodoh; bebal.

지등롱(紙燈籠)<ji/deung/nong> lentera kertas; lampion.

지라<ji/ra> 『解』 kura limpa; limpa kecil.

지랄<ji/ral> ① ～하다 histeris. ② ☞ 지랄병(病). ～하다 jatuh sawan. ～장이 penderita ayan.

지랄병(- 病)<ji/ral/pyeong> epilepsi; ayan; sawan.

지략(智略)<ji/ryak> ～이 풍부하다 banyak akal. ～이 풍부한 사람 orang yang banyak akal.

지렁이<ji/reong/i> 『動』 cacing tanah. ～도 밟으면 꿈틀거린다 semut juga akan menggigit bila diinjak.

지레<ji/re> (물건 움직이는) pengungkit; pengungkil; pengumpil; tuas.

지레<ji/re> (미리) terlebih dulu; sebelumnya.

지레질하다<ji/re/jil/hada> memindahkan dengan tuas.

지레짐작하다<ji/re/jim/jak/hada> mengambil kesimpulan yang tergesa-gesa.

지력(地力)<ji/ryeok> kesuburan

(tanah).

지력(智力)＜ji/ryeok＞ kekuatan pikiran; daya intelektual.

지력선(指力線)＜ji/ryeok/seon＞ lengkungan magnetis.

지령(指令)＜ji/ryeong＞ perintah; instruksi. ～하다 memerintahkan; memberi instruksi. ～서 instruksi tertulis. 비밀 ～ perintah rahasia.

지령(紙齡)＜ji/ryeong＞ nomor terbitan majalah.

지론(持論)＜ji/ron＞ pendapat yang selalu dipegang.

지뢰(地雷)＜ji/roe＞ ranjau darat. ～를 묻다 menanam ranjau. ～밭 [지대] ladang ranjau. ～ 탐지기 pendeteksi ranjau.

지루하다＜ji/ru/hada＞ membosankan.

지류(支流)＜ji/ryu＞ anak sungai; simpang sungai.

지르다＜ji/reu/da＞ ① (발로) menendang; menyepak; memukul. ② (꽂아 넣다) menusuk. ③ 불을 ～ membakar. ④ (자르다) menyingkatkan; memotong. ⑤ (질러가다) mengambil jalan pintas; memintas; melintas. ⑥ (돈을) bertaruh.

지르다＜ji/reu/da＞ menjerit. 고함을 ～ berteriak.

지르되다＜ji/reu/doe/da＞ bertumbuh lambat.

지르르＜ji/reu/reu＞ ① (물기.기름기가) mengkilap dengan minyak. ② (뼛마디가) ngilu (di persendian).

지르코늄＜ji/reu/kho/nyum＞ zirkonium.

지르콘＜ji/reu/khon＞ 『化』 zirkon.

지름＜ji/reum＞ diameter; garis tengah.

지름길＜ji/reum/gil＞ jalan pintas; jalan terdekat; jalan singkat. ～로 가다 mengambil jalan pintas; memintas.

지리(地利)＜ji/ri＞ keuntungan geografi.

지리(地理)＜ji/ri＞ topografi; geografi. ～(학)상의 geografis. ～책 buku geografi; ilmu bumi. 상업[인

문] ～ ilmu bumi perniagaan [deskriptif].

지리다＜ji/ri/da＞ bau kencing; hancing.

지리다＜ji/ri/da＞ terkincit.

지리멸렬(支離滅裂)＜ji/ri/myeol/ryeol＞ ～하다 kacau. ～이 되다 menjadi kacau.

지린내＜ji/rin/nae＞ bau kencing; hancing.

…지마는＜ji/ma/neun＞ tetapi; meskipun.

지망(志望)＜ji/mang＞ pilihan; penuju. ～하다 memilih; menujui. ～자 pelamar; calon. ～학과 jurusan yang dipilih; jurusan pilihan. ～학교 sekolah yang dipilih; sekolah pilihan. 제1 [제2] ～ pilihan pertama [kedua].

지망지망＜ji/mang/ji/mang＞ dengan lalai; dengan ceroboh.

지맥(地脈)＜ji/maek＞ lapisan bumi.

지면(地面)＜ji/myeon＞ permukaan tanah/bumi.

지면(紙面)＜ji/myeon＞ (신문의) surat kabar; (여백) ruang. ～관계로 dikarenakan ruang yang terbatas.

지면(誌面)＜ji/myeon＞ kolom di majalah. ～을 통해 melalui majalah.

지명(地名)＜ji/myeong＞ nama tempat. ～사전 kamus geografis; kamus ilmu bumi.

지명(知名)＜ji/myeong＞ ～의 terpandang; ternama. ～인사 orang yang ternama.

지명(知命)＜ji//myeong＞ ① (천명을 앎) mengetahui kehendak Langit. ② (50세) umur lima puluh tahun.

지명(指名)＜ji/myeong＞ penunjukan; pengangkatan. ～하다 menunjuk; mengangkat. ～된 사람 orang yang ditunjuk. ～수배 pencarian penjahat. ～자 orang yang menunjuk.

지모(知謀)＜ji/mo＞ kepintaran; kecerdikan.

지목(地目)＜ji/mok＞ klasifikasi lahan/tanah. ~변경 klasifikasi kembali lahan; perubahan kategori lahan.

지목(指目)＜ji/mok＞ ~하다 menunjukkan.

지문(指紋)＜ji/mun＞ sidik jari; bekas jari; cap jari. ~을 남기다 meninggalkan sidik jari. ~을 채취하다 mengambil sidik jari. ~날인 문제 masalah sidik jari.

지문학(地文學)＜ji/mun/hak＞ fisiografi.

지물(紙物)＜ji/mul＞ barang kertas. ~포 toko kertas.

지반(地盤)＜ji/ban＞ ① (토대) dasar; landasan. ② tempat berpijak. 확실한 ~ tempat berpijak yang pasti. ~을 닦다 membentuk/meratakan tempat berpijak. ③ lingkungan pengaruh. (선거의) ~을 닦다 memelihara lingkungan pengaruh.

지방(地方)＜ji/bang＞ daerah; wilayah. ~의, ~적인 lokal; kedaerahan. ~의 사람 orang daerah. ~적인 편견 kedaerahan. 서울 ~ Seoul dan daerah sekitarnya. 서북~ wilayah barat laut. 이 ~ wilayah ini. ~에 가다 pergi ke daerah. ~에서 올라오다 datang dari daerah. ~검사 jaksa wilayah. ~검찰청 kantor jaksa wilayah. ~공공단체 badan kemasyarakatan daerah. ~ 공무원 pegawai daerah. ~공연 pertunjukan daerah. ~관청 pemerintah daerah. ~기사 berita daerah. ~도시 kota daerah; kota kecil. ~법원 pengadilan wilayah. ~분권(分權) desentralisasi kekuasaan. ~ 사투리 logat daerah. ~색 semangat kedaerahan; warna daerah. ~신문 surat kabar daerah. ~의회[의원] DPRD (anggota DPRD). ~자치 pemerintahan sendiri (otonomi). ~ 자치단체 badan pemerintahan otonom. ~장관 gubernur. ~재정 keuangan daerah. ~판(版) warta daerah. ~행정 administrasi daerah.

지방(脂肪)＜ji/bang＞ lemak. ~과다 kelebihan lemak. ~질 lemak. ~조직 jaringan lemak.

지배(支配)＜ji/bae＞ pemeriksaan; pengawasan; pengendalian; penguasaan. ~하다 memerintah; menguasai; mengendalikan; mengawasi; memeriksa. ~를 받다 dibawah kontrol dari. ~계급 kelas yang memerintah. ~권 hak pengawasan/penguasaan. ~자 pengatur; penguasa; pengurus; pengelola.

지배인(支配人)＜ji/bae/in＞ manajer; pengelola; pemimpin usaha; pengurus; penyelenggara. ~대리 pejabat manajer. 부~ asisten manajer. 총~ manajer umum.

지벅거리다＜ji/beok/geo/ri/da＞ berjalan dengan terhuyung-huyung.

지번(地番)＜ji/beon＞ nomor petak (tanah).

지변(地變)＜ji/byeon＞ 천재 ~ bencana alam.

지병(持病)＜ji/byeong＞ penyakit kronis; penyakit menahun.

지보(至寶)＜ji/bo＞ harta yang paling berharga. 국가의 ~ aset nasional yang paling besar.

지부(支部)＜ji/bu＞ kantor cabang. ~장 manajer cabang/pemimpin cabang.

지분(脂粉)＜ji/bun＞ pemerah dan bedak.

지불(支拂)＜ji/bul＞ pembayaran. ~하다 membayar. ☞ 지급.

지불보증(支拂保證)＜ji/bul/bo/jeung＞ jaminan pembayaran. ~수표 cek yang dijamin.

지불청구(支拂請求)＜ji/bul/cheong/gu＞ penagihan pembayaran. ~를 하다 menagih pembayaran.

지붕＜ji/bung＞ atap. ~을 이다 mengatapi. ~물매 lereng atap. 기와 ~ atap genteng. 둥근 ~ kubah. 초가 ~ atap lalang.

지사(支社)＜ji/sa＞ kantor cabang.

지사(志士)＜ji/sa＞ 우국 ~ patriot; pencinta Tanah Air.

지사(知事)＜ji/sa＞ gubernur (propinsi).

지상(地上)＜ji/sang＞ tanah; darat; bumi. ~의 tentang darat/bumi. ~의 낙원 surga di dunia. ~80피트 80 kaki di atas tanah. ~권 hak permukaan tanah. ~근무 pelayanan darat. ~부대 unit darat. ~전(戰) perang darat. ~ 정비원 kru di darat. ~포화 penembakan ke darat.

지상(至上)＜ji/sang＞ ~의 tertinggi. ~권 kekuasaan tertinggi. ~ 명령 perintah tertinggi. 예술 ~주의 prinsip seni untuk seni.

지상(紙上)＜ji/sang＞ ~에 di surat kabar. ~의 논전 polemik. ~으로 melalui pers. ~ 상담난 kolom konsultasi pribadi.

지상(誌上)＜ji/sang＞ ~에 dalam majalah.

지새다＜ji/sae/da＞ fajar menyingsing.

지새우다＜ji/sae/u/da＞ tidak tidur sepanjang malam.

지서(支署)＜ji/seo＞ kantor polisi cabang.

지성(至誠)＜ji/seong＞ kesungguhan. ~으로 jiwa dan raga; dengan segala kesungguhan. ~이면 감천이라 dengan kesungguhan langitpun akan tergerak.

지성(知性)＜ji/seong＞ kecendekiawanan. ~인 cendekiawan; intelektual.

지세(地貰)＜ji/se＞ sewa tanah.

지세(地稅)＜ji/se＞ pajak tanah.

지세(地勢)＜ji/se＞ topografi.

지속(持續)＜ji/sok＞ ~하다 meneruskan; melangsungkan; melanjutkan. ~적 berkesinambungan; kontinyu. ~기간 lamanya; jangka waktu. ~력 daya kesinambungan. ~성 daya tahan.

지수(指數)＜ji/su＞ indeks. 물가[불쾌] ~ indeks harga [ketidaknyamanan].

지시(指示)＜ji/si＞ petunjuk; perintah; suruhan; aba-aba; komando. ~하다 menunjukkan; menerangkan; menandakan; menyuruh; memerintahkan. ~ 대명사 [형용사] kata ganti [kata sifat] penunjuk. ~서 surat perintah.

지식(知識)＜ji/sik＞ pengetahuan; pelajaran; penyelidikan. 전문적 ~ keahlian. 해박한 ~ pengetahuan yang luas. 경제학의 초보 ~ pengetahuan dasar ilmu ekonomi. ~계급 golongan berpendidikan; kaum terpelajar. ~욕 keinginan belajar. ~인 cendekiawan. 예비 ~ pengetahuan pendahuluan.

지실(知悉)＜ji/sil＞ ~하다 mengetahui dengan baik.

지심(地心)＜ji/sim＞ pusat bumi.

지아비＜ji/a/bi＞ suamiku.

지압요법(指壓療法)＜ji/ab/yo/peob＞ metode pengobatan dengan mengurut.

지어내다＜ji/eo/nae/da＞ membuat-buat; mengarang-ngarang.

지어미＜ji/eo/mi＞ istriku.

지엄(至嚴)＜ji/eom＞ ~하다 sangat keras/tegas.

지에밥＜ji/e/bab＞ nasi yang dikukus.

지엔피＜ji/en/fi＞ produk nasional kotor (GNP).

지역(地域)＜ji/yeok＞ daerah; wilayah; rayon; zona. ~적 lokal; kedaerahan. ~별로 dengan pengelompokan wilayah. ~단체 organisasi kedaerahan. ~대표 utusan daerah. ~사회 masyarakat daerah

지연(遲延)＜ji/yeon＞ penundaan; penangguhan. ~하다 menunda; menangguhkan; mengulur-ulur waktu. 오래 ~된 penangguhan yang lama. ~작전 taktik mengulur-ulur waktu.

지연단체(地緣團體)＜ji/yeon/dan/che＞ organisasi kedaerahan.

지열(地熱)＜ji/yeol＞ panas bumi.

지엽(枝葉)＜ji/yeob＞ ① (가지와 잎) cabang dan daun. ② ~적인 tidak penting; minor.

지옥(地獄)＜ji/ok＞ neraka. ~에 떨어지다 jatuh ke neraka. 교통 ~

neraka (kemacetan) lalu lintas. 생 ~ neraka dunia. 입시 ~ neraka ujian masuk.

지용(智勇)<ji/yong> kebijaksanaan dan keberanian.

지우(知友)<ji/u> teman dekat.

지우개<ji/u/gae> penghapus; setip.

지우다<ji/u/da> ① membebani. 무거운 짐을 ~ memberi beban yang berat. ② (부담) membebani (tanggung jawab).

지우다<ji/u/da> (없어지게) menghapus.

지우다<ji/u/da> ① membentuk. 그늘 ~ menaungi; membentuk bayangan. ② menumpahkan. 눈물 ~ menumpahkan air mata. ③ (물 따위) menuang sedikit.

지우다<ji/u/da> (이기다) mengalahkan.

지우다<ji/u/da> (아이를) keguguran; (숨을) meninggal.

지우산(紙雨傘)<ji/u/san> payung kertas.

지원(支援)<ji/won> sokongan; tunjangan; bantuan; dukungan. ~하 다 memberi dukungan; menyokong. ~부대 unit pendukung. ~자 pendukung; penunjang.

지원(志願)<ji/won> pelamaran; permohonan. ~하다 melamar; memohon. ~병 sukarelawan. ~ 서 lamaran tertulis; surat lamaran. ~자 pelamar; pemohon. 입학 ~ 자 pelamar masuk sekolah.

지위(地位)<ji/wi> posisi; kedudukan; status. ~ 있는 사람 orang yang berkedudukan. 좋은 ~를 얻 다 mendapat kedudukan yang baik.

지육(知育)<ji/yuk> pembinaan mental; pendidikan mental.

지은이<ji/eu/ni> ☞ 저자(著者).

지인(知人)<ji/in> kenalan.

지자(知者)<ji/ja> ahli; pakar.

지자(智者)<ji/ja> orang yang bijaksana.

지자기(地滋氣)<ji/ja/gi> kemagnetan bumi.

지장(支障)<ji/jang> kesukaran; rin-

tangan; halangan; gangguan; kesulitan. ~이 없으면 jika tidak mengganggu…

지장(指章)<ji/jang> cap jempol. ~을 찍다 membubuhi cap jempol; mencap dengan jempol.

지저귀다<ji/jeo/gwi/da> menyanyi; berkicau; mencicit; menciap; mengoceh.

지저분하다<ji/jeo/bun/hada> kotor; kacau.

지적(地積)<ji/jeok> luas tanah. ~측량 pengukuran luas tanah.

지적(地籍)<ji/jeok> pendaftaran tanah. ~도 peta pendaftaran tanah.

지적(知的)<ji/ceok> intelektual. ~능력 kemampuan intelektual. ~ 생활 kehidupan intelektual. ~ 소 유권 보호 perlindungan hak karya intelektual. ~ 재산권 hak properti karya intelektual.

지적(指摘)<ji/jeok> ~하다 menyatakan; mensinyalir; memperingati; menjelaskan. 위에서 ~한 바와 같 이 seperti yang dinyatakan di atas.

지전(紙錢)<ji/jeon> uang kertas.

지절거리다<ji/jeol/geo/ri/da> beromong-omong; mengobrol; berceloteh.

지점(支店)<ji/jeom> kantor/toko cabang. ~장 kepala cabang. 한 국은행 부산 ~ Bank Korea Cabang Busan. 해외(海外) ~ cabang luar negeri.

지점(支點)<ji/jeom> ① 『理』 titik tumpu. ②『建』 pembebanan.

지점(地點)<ji/jeom> tempat; posisi.

지정(指定)<ji/jeong> penentuan; penetapan.. ~하다 menentukan; menetapkan. ~한 대로 seperti yang dinyatakan. 별도 ~이 없는 한 kecuali ditentukan lain. ~석 tempat duduk yang dipesan. ~시 간[장소] waktu [tempat] yang ditentukan. ~일 tanggal yang ditentukan.

지정학(地政學)<ji/jeong/hak> geopolitik. ~자 ahli geopolitik.

지조(地租)＜ji/jo＞ pajak bumi/tanah.

지조(志操)＜ji/jo＞ ketetapan; kesetiaan. ~를 굳게 지키다 menjaga teguh kesetiaan.

지족(知足)＜ji/jok＞ ~하다 puas (dengan).

지존(至尊)＜ji/jon＞ Baginda; Yang Mulia.

지주(支柱)＜ji/ju＞ tiang penyangga; sandaran; tumpangan; topang; tonggak; pilar; tugu. 한 집안의 ~ tiang keluarga.

지주(地主)＜ji/ju＞ tuan tanah; pemilik tanah. ~계급 golongan pemilik tanah. 대~ pemilik tanah yang luas. 부재 ~ pemilik tanah yang bukan penduduk setempat.

지주(持株)＜ji/ju＞ saham seseorang. 종업원 ~제도 sistim pembagian saham untuk karyawan.

지중(地中)＜ji/jung＞ ~의 bawah tanah. ~에 di bawah tanah.

지중해(地中海)＜ji/jung/hae＞ laut tengah.

지지(支持)＜ji/ji＞ dukungan. ~하다 mendukung. 국민의 ~를 얻다 didukung oleh rakyat. ~자 pendukung.

지지(地誌)＜ji/ji＞ topografi.

지지난달＜ji/ji/nan/dal＞ dua bulan lalu.

지지난밤＜ji/ji/nan/bam＞ dua malam yang lalu.

지지난번＜ji/ji/nan/beon＞ dua kali yang lalu.

지지난해＜ji/ji/nan/hae＞ dua tahun yang lalu.

지지다＜ji/ji/da＞ (끓이다) mendidih.

지지리＜ji/ji/ri＞ sangat; ngeri. ~못나다 tampak sangat jelek. ~(도) 고생하다 mengalami kesukaran yang parah.

지지부진(遲遲不進)＜ji/ji/bu/jin＞ ~하다 maju dengan lambat.

지지하다＜ji/ji/hada＞ (부진) tidak berguna; sepele; remeh.

지진(地震)＜ji/jin＞ gempa bumi; linu; tanah goyang; lindu. ~의 중심 pusat gempa; episentrum. ~계 seismograf. ~관측 pengamatan gempa bumi. ~대 daerah gempa bumi. ~학 ilmu gempa bumi. ~학자 ahli ilmu gempa bumi.

지진아(遲進兒)＜ji/jin/a＞ anak cacat mental.

지질(地質)＜ji/jil＞ geologi. ~분석 analisa tanah. ~연구소 kantor survei geologi. ~조사 survei geologi. ~학 geologi. ~학자 ahli geologi.

지참(持參)＜ji/cham＞ ~하다 membawa serta. ~금 mas kawin; mahar; uang di kantong. ~인 pembawa. ~인불 dapat dibayar kepada pembawa. ~인불 어음 cek yang dibayar atas unjuk.

지참(遲參)＜ji/cham＞ ~하다 datang (tiba) terlambat. ~자 orang yang datang terlambat.

지척(咫尺)＜ji/cheok＞ jarak yang amat dekat. ~에 있다 ada di dekat.

지척거리다＜ji/cheok/geo/ri/da＞ tertatih-tatih.

지청(支廳)＜ji/cheong＞ kantor wilayah.

지체＜ji/che＞ keturunan; kelahiran. ~가 높다[낮다] keturunan bangsawan [rakyat jelata].

지체(肢體)＜ji/che＞ anggota badan dan tubuh. ~부자유아 anak cacat.

지체(遲滯)＜ji/che＞ penundaan; kelambatan. ~하다 terlambat; tertunda. ~없이 tanpa penundaan.

지축(地軸)＜ji/chuk＞ poros bumi. ~을 뒤흔드는 듯한 굉음 suara gemuruh seperti menggoncangkan bumi.

지출(支出)＜ji/chul＞ pengeluaran; pembelanjaan. ~하다 membelanjakan; membiayai; mengeluarkan. 예산외 ~ pengeluaran tak direncanakan. 수입과 ~ pendapatan dan pengeluaran. ~액 jumlah pengeluaran.

지층(地層)＜ji/cheung＞ lapisan bumi; strata; petala.

지치다＜ji/chi/da＞ (피로하다) lelah; capek; kehabisan tenaga. 일에 ～ lelah bekerja.

지치다＜ji/chi/da＞ (미끄름을) meluncur; menggelincir; bermain sepatu es. 얼음을 ～ meluncur di atas es.

지치다＜ji/chi/da＞ (문을) menutup (pintu) tanpa mengunci.

지친(至親)＜ji/chin＞ sanak saudara dekat.

지침(指針)＜ji/chim＞ (자석의) jarum kompas; (시계의) jarum jam; (기계의) jarum penunjuk; (길잡이) pemandu. ～면(面) lempeng jam; cakramangka. ～서 buku penunjuk; buku pedoman. (수험 ～서 petunjuk ujian).

지칭(指稱)＜ji/ching＞ ～하다 menamakan; menyebut; memanggil.

지키다＜ji/khi/da＞ ① membela; mempertahankan. 나라를 ～ membela negara. ② mewaspadai. 엄중히 ～ mewaspadai dengan cermat. ③ (고수) berpegang teguh (pada). ④ menjaga. 충성을 ～ menjaga kesetiaan. ⑤ menepati; mentaati. 약속을 ～ menepati janji. 법을 ～ mentaati undang-undang/hukum. ⑥ memelihara; mempertahankan; menjaga. 신용을 ～ menjaga kepercayaan.

지탄(指彈)＜ji/than＞ ～하다 menyalahkan; mengkritik; menyesalkan; mengutuk. ～을 받다 disalahkan; dikritik; disesali.

지탱(支撑)＜ji/thaeng＞ ～하다 menjaga; memelihara. 건강을 ～하다 menjaga kesehatan.

지통(止痛)＜ji/thong＞ ～하다 menghilangkan/meredakan rasa sakit. ～제 obat penghilang rasa sakit.

지팡이＜ji/fang/i＞ tongkat. ～를 짚고 bertongkat. ～같이 의지하는 사람 orang tempat bergantung.

지퍼＜ji/feo＞ resleting. ～를 채우다 mengatupkan resleting. ～를 끄르다 membuka resleting.

지편(紙片)＜ji/fyeon＞ selembar kertas.

지평(地平)＜ji/fyeong＞ permukaan tanah. ☞수평.

지평선(地平線)＜ji/fyeong/seon＞ ufuk; kaki langit; horizon. ～상에 di atas horizon; di atas ufuk.

지폐(紙幣)＜ji/fye＞ uang kertas. ～발행 penerbitan uang kertas. 천원 짜리 ～ uang kertas 1000 won. 태환 ～ uang yang dapat ditukar.

지표(地表)＜ji/fyo＞ permukaan bumi.

지표(指標)＜ji/fyo＞ indeks; indikasi; barometer. 경기 ～ barometer perdagangan. 선행 ～『經』 indikator utama.

지푸라기＜ji/fu/ra/gi＞ jerami.

지피다＜ji/fi/da＞ menyalakan; membuat api. 난로에 불을 ～ menyalakan api di kompor.

지필묵(紙筆墨)＜ji/fil/muk＞ kertas, pulpen dan tinta.

지하(地下)＜ji/ha＞ ～의[에, 에서] di bawah tanah. ～이층 lantai dua bawah tanah. ～에 잠입하다 bersembunyi di bawah tanah. ～경(莖) pipa bawah tanah. ～도 jalan bawah tanah. ～수 air di bawah tanah. ～실 ruangan bawah tanah. ～운동 gerakan bawah tanah. ～자원 sumberdaya bawah tanah. ～조직 organisasi bawah tanah. ～철(鐵) jalan kereta api bawah tanah.

지학(地學)＜ji/hak＞ geografi fisik.

지함(紙函)＜ji/ham＞ karton.

지핵(地核)＜ji/haek＞ inti bumi.

지향(志向)＜ji/hyang＞ tujuan; maksud. ～하다 bertujuan (untuk); bermaksud (untuk).

지향(指向)＜ji/hyang＞ ～하다 menunjuk (ke); mengarah (ke). ～성 안테나 antena pengarah.

지혈(止血)＜ji/hyeol＞ ～하다 menghentikan pendarahan. ～대(帶) balutan/ikatan untuk menghentikan pendarahan. ～제 obat penghenti pendarahan.

지협(地峽)＜ji/hyeob＞ tanah genting.

지형(地形)＜ji/hyeong＞ bentuk geografis; topografi. ~도 peta topografi. ~학 ilmu topografi.

지혜(智慧)＜ji/hye＞ kebijaksanaan; kearifan; kepandaian. ~있는 bijaksana; arif. ~가 생기다 mendapat kebijaksanaan/kearifan. ~를 짜내다 memeras otak.

지호(指呼)＜ji/ho＞ ~지간에 있다 berada dalam jarak panggil.

지화(指話)＜ji/hwa＞ bahasa tangan. ~법 metode bahasa tangan.

지휘(指揮)＜ji/hwi＞ perintah; arahan; instruksi; pimpinan. ~하다 memerintahkan;mengarahkan; membimbing; memimpin. ~를 받다 di bawah pimpinan. ~관 komandan. ~권 hak memimpin. ~대 podium. ~봉 tongkat komando. ~자 direktur; pimpinan; konduktor; pengarah.

직(職)＜jik＞ pekerjaan; tugas; jabatan.

직각(直角)＜jik/gak＞ sudut tegak lurus. ...과 ~으로 pada sudut tegak lurus terhadap... . ~을 이루다 membuat sudut 90 (dengan). ~삼각형 segitiga siku-siku.

직각(直覺)＜jik/gak＞ intuisi; naluri. ~하다 mengetahui secara intuisi. ~적으로 secara intuisi; secara naluriah.

직간(直諫)＜jik/gan＞ ~하다 menyarankan langsung.

직감(直感)＜jik/gam＞ intusi; naluri. ~하다 mengetahui secara intuisi. ~적으로 secara intuisi; secara naluriah.

직거래(直 -)＜jik/geo/rae＞ transaksi langsung/ditempat; jual beli di tempat.

직격(直擊)＜jik/gyeok＞ kena langsung. ~탄 bom kena langsung.

직결(直結)＜jik/gyeol＞ hubungan langsung. ~하다 menghubungkan langsung. ~돼 있다 berhubungan langsung.

직경(直徑)＜jik/gyeong＞ diameter; garis tengah. ~ 1미터 garis tengah satu meter.

직계(直系)＜jik/gye＞ ~의 langsung. ~가족 keluarga garis keturunan langsung. ~ 존속[비속] penurun [keturunan] langsung. ~회사 perusahaan yang berafiliasi langsung.

직계(職階)＜jik/gye＞ kelas jabatan/kedudukan. ~제도 sistim klasifikasi jabatan/kedudukan.

직고(直告)＜jik/go＞ ~하다 memberitahu langsung.

직공(職工)＜jik/gong＞ pekerja; buruh.

직관(直觀)＜jik/gwan＞ ☞ 직각(直覺).

직교역(直交易)＜jik/gyo/yeok＞ perdagangan barter langsung.

직구(直球)＜jik/gu＞ 『野』 bola lurus.

직권(職權)＜jik/kwon＞ wewenang; kekuasaan. ~으로써 dengan wewenang dari jabatan. ~을 행사[남용]하다 melaksanakan [menyalahi] wewenang. ~남용 penyalahgunaan wewenang/kekuasaan.

직녀(織女)＜jik/nyeo＞ ① (사람) penenun wanita. ② ☞ 직녀성.

직녀성(織女星)＜jik/nyeo/seong＞ 『天』 Vega (satu diantara 20 bintang yang paling terang).

직능(職能)＜jik/neung＞ fungsi. ~급(給) upah berdasarkan evaluasi kerja. ~대표 utusan fungsi.

직답(直答)＜jik/dab＞ jawaban segera; jawaban langsung. ~하다 menjawab langsung.

직렬(直列)＜jik/yeol＞ 『電』 (rangkaian) seri. ~회로 [변압기] rangkaian [transformer] seri.

직류(直流)＜jik/nyu＞『電』 arus searah (D.C). ~전동기 [발전기] motor [dinamo] arus searah. ~회로 rangkaian arus searah.

직립(直立)＜jik/rib＞ ~하다 berdiri tegak. ~의 tegak lurus.

직매(直賣)＜jik/mae＞ penjualan

langsung. ~하다 menjual secara langsung. ~소[점] toko [depot] yang menjual secara langsung.
직면(直面)＜jik/myeon＞ ~하다 menghadapi; berhadapan (dengan).
직무(職務)＜jik/mu＞ tanggung jawab; tugas; dinas. ~상의 resmi; *ex-officio*. ~를 수행하다 melaksanakan tanggung jawab/tugas. ~를 게을리 하다 mengabaikan tanggung jawab/tugas. ~규정 peraturan dinas. ~수당 tunjangan dinas. ~집행 kinerja pelaksanaan tugas. ~태만 pengabaian tugas.
직물(織物)＜jik/mul＞ kain; tekstil. ~공업 industri tekstil. ~류 bahan tekstil. ~상 penjual kain.
직분(職分)＜jik/bun＞ tanggung jawab; tugas. ~을 다하다 melaksanakan tanggung jawab.
직사(直射)＜jik/sa＞ (포화의) tembakan langsung; (일광의) sinar langsung. ~하다 menembak langsung; menyinari langsung. 일광의 ~를 받다[피하다] kena [menghindar] sinar matahari langsung. ~포 senjata api tembak langsung.
직사각형(直四角形)＜jik/sa/gak/hyeong＞ empat persegi panjang.
직삼각형(直三角形)＜jik/sam/gak/hyeong＞ segitiga siku-siku.
직선(直線)＜jik/seon＞ garis lurus. ~으로 dalam garis lurus. ~거리 jarak lurus. ~거리로 dalam jarak garis lurus. ~미(美) keindahan garis lurus. ~코스 jalan lurus.
직설법(直說法)＜jik/seol/peob＞ 『文』 indikatif.
직성(直星)＜jik/seong＞ ~ 풀리다 merasa puas. ~이안 풀리다 tidak puas; merasa tidak puas.
직소(直訴)＜jik/so＞ petisi langsung; permohonan langsung.
직속(直屬)＜jik/sok＞ ~하다 di bawah pengawasan langsung (dari). ~부하 bawahan langsung. ~상관 atasan langsung.
직송(直送)＜jik/song＞ pengiriman langsung. ~하다 mengirim lang-

sung.
직수입(直輸入)＜jik/su/ib＞ pengimporan langsung; impor langsung. ~하다 mengimpor langsung. ~상 importir langsung. ~품 barang impor langsung.
직수출(直輸出)＜jik/su/chul＞ pengeksporan langsung; ekspor langsung. ~하다 mengekspor barang langsung. ~품 barang ekspor langsung.
직시(直視)＜jik/si＞ ~하다 menatap langsung.
직언(直言)＜jik/eon＞ ~하다 berbicara terus terang; berbicara tanpa tedeng aling-aling.
직업(職業)＜jik/eob＞ pekerjaan; profesi; usaha. ~적(인) profesional. ...을 ~으로 삼다 menjadi... sebagai profesi. ~을 바꾸다 beralih profesi. ~경력 karir profesi. ~교육 pendidikan kejuruan. ~군인 tentara profesional. ~별 전화번호부 buku telepon berdasarkan usaha. ~별 조합 serikat keahlian; ikatan profesi. ~병 penyakit (yang berhubungan dengan) pekeran. ~보도 pelatihan kerja. ~소개소 kantor tenaga kerja. ~야구 bisbol profesional. ~여성 wanita karir. ~학교 sekolah kejuruan. ~훈련 [윤리] pelatihan [etika] kejuruan.
직역(直譯)＜jik/yeok＞ terjemahan harfiah. ~하다 menterjemahkan secara harfiah.
직영(直營)＜jik/yeong＞ ~하다 mengelola langsung. 정부의 ~사업 perusahaan dibawah pengelolaan pemerintah.
직원(職員)＜jik/won＞ pegawai; karyawan; staf. ~실 ruang staf. ~회의 rapat staf.
직유(直喩)＜jik/yu＞ kiasan; tamsil; ungkapan.
직인(職印)＜jik/in＞ cap/materai resmi.
직임(職任)＜jik/im＞ tugas/tanggung jawab resmi.

직장(直腸)＜jik/jang＞ 『解』 anus.

직장(職場)＜jik/cang＞ tempat kerja. ～을 지키다 tetap pada tempat kerja. ～을 이탈하다 meninggalkan tempat kerja. ～대회 rapat umum lokakarya.

직재(直裁)＜jik/jae＞ keputusan langsung. ～하다 memutuskan langsung; memutuskan sendiri.

직전(直前)＜jik/jeon＞ ～에 segera sebelum.

직접(直接)＜jik/jeob＞ (secara) langsung; tangan pertama. ～의 segera; langsung. ～관계가 [영향이]있다 berhubungan [berakibat] langsung. ～듣다 mendengar langsung. ～만나다 bertemu langsung. ～교섭 negosiasi langsung. ～매매 penjualan langsung. ～배달 pengiriman langsung. ～선거 pemilihan langsung. ～세 pajak langsung. ～원인 sebab langsung. ～행동 tindakan langsung. ～화법 『文』 penceritaan langsung.

직제(職制)＜jik/je＞ organisasi jabatan. ～를 개편하다 mengorganisir kembali jabatan.

직조(織造)＜jik/jo＞ tenun menenun. ～하다 bertenun; menenun.

직종(職種)＜jik/jong＞ jenis pekerjaan; kategori pekerjaan. ～별(로) (mengklasifikasikan) menurut pekerjaan.

직직＜jik/jik＞ (신발을 끎) suara seretan kaki; (찢음) suara merobek kertas; (긁힘) suara menggaruk.

직진(直進)＜jik/jin＞ ～하다 pergi terus.

직책(職責)＜jik/chaek＞ tanggung jawab; tugas.

직통(直通)＜jik/thong＞ ～하다 berkomunikasi langsung. ～전화[열차] pelayanan telepon [kereta api] langsung.

직필(直筆)＜jik/fil＞ ～하다 menulis apa adanya.

직할(直轄)＜ji/khal＞ pengawasan langsung. ～이다 dibawah kontrol langsung (dari).

직함(職銜)＜ji/kham＞ pangkat/gelar/ titel resmi.

직항(直航)＜ji/khang＞ ～하다 berlayar langsung. ～로[선] pelayaran langsung.

직행(直行)＜ji/khaeng＞ ～하다 pergi langsung; melantas. ～버스 bus patas. ～열차 kereta api langsung.

직후(直後)＜ji/khu＞ ～에 segera setelah.

진(辰)＜jin＞ (shio) Naga. ～년[시] tahun [jam] Naga.

진(津)＜jin＞ (나무의) resin; damar; (담배의) nikotin; ter.

진(陳)＜jin＞ formasi tempur. ～을 치다 mengambil posisi. 교수 ～ staf dosen. 보도 ～ korps wartawan.

진＜jin＞ (술) jenewer; sopi.

진가(眞假)＜jin/ga＞ ☞ 진위(眞僞).

진가(眞價)＜jin/ka＞ nilai sejati. ～를 발휘하다 menunjukan kemampuan yang sebenarnya.

진갑(進甲)＜jin/gab＞ ulang tahun ke-61.

진개(塵芥)＜jin/gae＞ abu; kotoran; sampah.

진객(珍客)＜jin/gaek＞ tamu tak terduga.

진걸레＜jin/geol/le＞ kain pel basah.

진격(進擊)＜jin/gyeok＞ penyerangan; penyerbuan. ～하다 menyerang; menyerbu. ～령 perintah untuk maju; perintah menyerbu. ～부대 satuan penyerbu.

진공(眞空)＜jin/gong＞ hampa udara; vakum. ～관 tabung hampa udara. ～방전 pemuatan hampa udara. ～청소기 penyedot abu.

진구렁＜jin/gu/reong＞ lumpur. ～에 빠지다 terperosok kedalam lumpur.

진국(眞 -)＜jin/guk＞ ① (사람) orang yang sungguh-sungguh. ② ☞ 전국(全 -).

진군(進軍)＜jin/gun＞ barisan maju. ～하다 berbaris maju. ～중이다 dalam baris maju.

진귀(珍貴)＜jin/gwi＞ ~한 langka; bernilai tinggi.

진급(進級)＜jin/geub＞ promosi; kenaikan pangkat. ~하다 dipromosikan; naik pangkat. ~시키다 mempromosikan; menaikkan pangkat. ~시험 [상신] ujian [rekomendasi] kenaikan pangkat.

진기(珍奇)＜jin/gi＞ ~한 langka; tidak biasa; aneh; ganjil.

진날＜jin/nal＞ hari yang berhujan.

진노(震怒)＜jin/no＞ kemarahan; kemurkaan. ~하다 murka.

진눈＜jin/nun＞ radang mata.

진눈깨비＜jin/nun/kae/bi＞ hujan bersalju. ~가 내린다 Hujan bersalju turun.

진단(診斷)＜jin/dan＞ diagnosis; pemeriksaan. ~하다 memeriksa; mendiagnosis. ~을 받다 pergi ke dokter; konsultasi ke dokter. ~서 surat keterangan dokter. 건강 ~ pemeriksaan medis; check-up. 조기 ~ diagnosis dini.

진달래＜jin/dal/lae＞ 『植』 azalea.

진담(眞談)＜jin/dam＞ pembicaraan serius. 농담을 ~으로 듣다 menganggap serius gurauan.

진대붙이다＜jin/dae/bu/chi/da＞ mengganggu terus menerus; membengkengi.

진도(進度)＜jin/do＞ kemajuan. 학과의 ~ kemajuan belajar. ~표 jadwal mengajar.

진도(震度)＜jin/do＞ intensitas gempa.

진동(振動)＜jin/dong＞ getaran. ~하다 bergetar. ~을 일으키다 membuat getaran. ~계(計) ukuran getaran. ~자 alat pembuat getaran. ~주파수 frekuensi getaran. ~파 gelombang getaran. ~회수 frekuensi.

진동(震動)＜jin/dong＞ goncangan; gegaran. ~하다 bergoncang. ~시키다 menggoncangkan; menggoyangkan; menggetarkan. ~계 visroskop. ~수 jumlah getaran. ~시간 lamanya goncangan. ~파 gelombang gempa bumi.

진두(陳頭)＜jin/du＞ ~에 서다 berdiri di depan. ~ 지휘하다 mengomando di depan.

진드기＜jin/deu/gi＞ kutu; sengkenit.

진득거리다＜jin/deuk/geo/ri/da＞ lengket.

진득이＜jin/deu/gi＞ dengan sabar; dengan tabah.

진득하다＜jin/deuk/hada＞ sabar; tabah.

진디＜jin/di＞ 『蟲』 kutu daun.

진땀(津 -)＜jin/tam＞ keringat dingin. ~나다 berkeringat dingin. ~빼다 mengalami saat yang sulit.

진력(盡力)＜jil/yeok＞ ~하다 berusaha keras; berdaya upaya; berjerih payah. …의 ~으로 atas upaya dari…

진력나다＜jil/yeok/na/da＞ jemu; bosan.

진로(進路)＜jil/no＞ jalan; arah; jurusan; aliran. ~를 열어 주다 memberi jalan.

진료(診療)＜jil/yo＞ pemeriksaan dan perawatan medis (☞ 진찰, 치료). ~소 klinik; balai pengobatan. ~시간 jam konsultasi. ~실(室) ruang konsultasi.

진리(眞理)＜jil/li＞ kebenaran. 일면(一面)의 ~ ada benarnya. ~의탐구 pencarian kebenaran. ~를 탐구하다 mencari kebenaran.

진맥(診脈)＜jin/maek＞ ~하다 merasakan denyut nadi.

진면목(眞面目)＜jin/myeon/mok＞ tabiat sebenarnya. ~을 발휘하다 menunjukkan tabiat sebenarnya.

진묘(珍妙)＜jin/myo＞ ~한 aneh; ganjil.

진무르다＜jin/mu/reu/da＞ memborok.

진문(珍聞)＜jin/mun＞ berita; cerita yang ganjil.

진문진답(珍問珍答)＜jin/mun/jin/dab＞ pertanyaan yang tidak dipahami dan jawaban yang putar balik.

진물＜jin/mul＞ luka yang berair.

진미(珍味)＜jin/mi＞ makanan yang lezat. 산해 ~ segala macam makanan yang lezat.

진미(眞味)＜jin/mi＞ cita rasa sejati. 음악의 ~ cita rasa sejati dari musik. 인생의 ~ kegembiraan hidup yang sebenarnya.

진발＜jin/bal＞ kaki berlumpur.

진배없다＜jin/bae/eob/ta＞ sebaik; seperti. 새거나 ~ seperti baru.

진버짐＜jin/beo/jim＞ kadas.

진범(眞犯)＜jin/beom＞ penjahat yang sebenarnya.

진보(進步)＜jin/bo＞ kemajuan; peningkatan. ~하다 membuat kemajuan; maju; meningkat. ~적(인) maju; progresif. 과학의 ~ kemajuan ilmu pengetahuan. 장족의 ~ kemajuan besar. 학문이 ~하다 membuat kemajuan dalam belajar. ~주의 progresifisme. ~주의자 orang yang berpikiran maju. ~파(派) aliran progresif; kelompok berpikiran maju.

진본(珍本)＜jin/bon＞ buku yang langka.

진본(眞本)＜jin/bon＞ buku asli; karya asli.

진부(眞否)＜jin/bu＞ kebenaran atau kepalsuan; fakta sebenarnya; akurasi. ~를 확인하다 memastikan kebenaran.

진부(陳腐)＜jin/bu＞ ~하다 basi; lumrah.

진사(陳謝)＜jin/sa＞ permintaan maaf. ~하다 meminta maaf; menyatakan penyesalan.

진상(眞相)＜jin/sang＞ kebenaran. ~을 구명하다 menyelidiki duduk perkara sebenarnya. ~을 밝히다 mengungkapkan kebenaran. ~조사 pencarian fakta.

진상(進上)＜jin/sang＞ ~하다 mempersembahkan hasil daerah sebagai upeti.

진선미(眞善美)＜jin/seon/mi＞ yang benar; yang baik dan yang cantik.

진성(眞性)＜jin/seong＞ tabiat yang sebenarnya; sifat asli; kesejatian. ~의 benar; asli; sejati. ~ 콜레라 kolera sejati.

진세(塵世)＜jin/se＞ dunia yang kotor ini.

진솔＜jin/sol＞ baju baru.

진수(珍羞)＜jin/su＞ masakan yang enak. ~성찬 makanan mewah.

진수(眞髓)＜jin/su＞ intisari; hakekat.

진수(進水)＜jin/su＞ peluncuran. ~하다 diluncurkan. ~대 landasan peluncuran. ~식 upacara peluncuran.

진술(陳述)＜jin/sul＞ pernyataan. ~하다 menyatakan; mengutarakan; mengetengahkan. ~서 pernyataan tertulis.

진실(眞實)＜jin/sil＞ kebenaran; kenyataan; kesejatian; hakiki; kesungguhan. ~한 benar; sejati; asli; sungguh; benar. ~로 bahwasanya; pada hakekatnya; sesungguhnya. ~을 말하면 kenyataannya (adalah); terus terang saja; bicara sesungguhnya.

진실성(眞實性)＜jin/sil/seong＞ kebenaran; kredibilitas. ~을 의심하다 meragukan kebenaran.

진심(眞心)＜jin/sim＞ kesungguhan hati. ~으로 dengan sesungguhnya.

진압(鎭壓)＜jin/ab＞ penekanan; penindasan. ~하다 menekan; menindas; mendesak.

진액(津液)＜jin/aek＞ getah; resin.

진언(進言)＜jin/eon＞ nasehat; bimbingan; saran. ~하다 memberi nasehat; menasehati; menyarankan.

진역(震域)＜jin/yeok＞ daerah gempa.

진열(陳列)＜jin/yeol＞ pemajangan. ~하다 memajangkan. ~되어 있다 dipajangkan. ~관 galeri musium. 미술 ~관 galeri lukisan. ~대 tempat pertunjukan; tempat pameran. ~실[장, 창] ruang pajangan [lemari pajangan, etalase]. ~품 pajangan; barang yang dipamerkan.

진영(眞影)＜jin/yeong＞ lukisan;

gambar.

진영(陣營)＜jin/yeong＞ kubu. 동서양~ kubu timur dan barat. 보수~ kubu konservatif.

진용(陣容)＜jin/yong＞ formasi tempur. ~을 갖추다 bersiap untuk bertempur.

진원(震源)＜jin/won＞ pusat gempa. ~지 ＝진원.

진위(眞僞)＜jin/wi＞ kebenaran; kesungguhan.

진의(眞意)＜jin/eui＞ maksud yang sebenarnya.

진의(眞義)＜jin/eui＞ arti yang sebenarnya.

진인(眞因)＜jin/in＞ sebab yang sebenarnya.

진일＜jin/il＞ kerja dapur.

진입(進入)＜jin/ib＞ ~하다 memasuki. 고속 도로로 ~하다 masuk jalur cepat.

진자(振子)＜jin/ja＞ 『理』 bandul; pendulum.

진작(振作)＜jin/jak＞ ~하다 mendorong; membangkitkan semangat.

진작＜jin/jak＞ dahulu; suatu waktu; dulu-dulu.

진저리＜jin/jeo/ri＞ ~나다 muak; jijik. ~치다 gemetar; menggigil; bergidik.

진전(進展)＜jin/jeon＞ kemajuan; perkembangan. ~하다 maju; berkembang. ~이 빠르다 membuat kemajuan yang pesat. 큰 ~을 보다 membuat kemajuan yang besar.

진절머리＜jin/jeol/meo/ri＞ ☞ 진저리.

진정(眞正)＜jin/jeong＞ ~한 sejati. ~한 사랑 cinta sejati.

진정(眞情)＜jin/jeong＞ kesungguhan hati; ketulusan hati. ~의 sungguh-sungguh; benar-benar. ~으로 dengan sesungguhnya; dari hati. ~을 토로하다 mengemukakan isi hati.

진정(陳情)＜jin/jeong＞ pernyataan; petisi; permohonan; memorandum. ~하다 membuat pernyataan; mengajukan petisi. ~을 받아들이다 menerima permohonan. ~서 surat pernyataan; petisi. ~자 pengaju petisi.

진정(進呈)＜jin/jeong＞ ☞ 증정(贈呈).

진정(鎭靜)＜jin/jeong＞ ~하다 menenangkan. ~제 obat penenang.

진종일(盡終日)＜jin/jong/il＞ sepanjang hari.

진주(眞珠)＜jin/ju＞ mutiara. ~빛 abu-abu mutiara. ~조개 tiram mutiara. 모조 [양식] ~ mutiara imitasi [budidaya]. 흑 ~ mutiara hitam.

진주(進駐)＜jin/ju＞ ~하다 menduduki. ~군 tentara pendudukan.

진중(珍重)＜jin/jung＞ ~하다 menilai tinggi; menghargai.

진중(陣中)＜jin/jung＞ di gugus depan; dalam kamp; di front. ~생활 kehidupan di kamp. ~일기 buku harian perang.

진중(鎭重)＜jin/jung＞ ~하다 serius.

진지＜jin/ji＞ makan (bentuk hormat).

진지(陣地)＜jin/ci＞ posisi; kedudukan pasukan; steling. ~를 사수하다 mempertahankan posisi sampai akhir. ~를 탈환하다 mendapatkan posisi kembali. ~전(戰) posisi dalam perang. ~철수 membongkar tenda; membubarkan posisi.

진지(眞摯)＜jin/ji＞ ~한 serius; sungguh-sungguh; benar-benar. ~하게 dengan sungguh-sungguh. ~한 표정을 짓다 kelihatan serius. ~하게 생각하다 menganggap serius.

진짜＜jin/ca＞ benda asli; barang asli. ~의 asli; murni; tulen.

진찰(診察)＜jin/chal＞ pemeriksaan medis. ~하다 memeriksa (pasien). ~을 받다 mendapat pemeriksaan. ~권 tiket konsultasi. ~료 ongkos dokter. ~시간 jam konsultasi. ~실 ruang konsultasi.

진창＜jin/chang＞ lumpur; tanah belek; lunau; jeblok; lumur; bencah.

~에 빠지다 terperosok ke lumpur. ~길 jalan berlumpur.

진척(進陟)＜jin/cheok＞ ~하다 maju; berlangsung. ~되고 있다 sedang berlangsung.

진출(進出)＜jin/chul＞ ~하다 bergerak maju.

진취(進取)＜jin/chwi＞ ~적(인) maju. ~의 기상 semangat maju.

진치다(陣 -)＜jin/chi/da＞ mengambil posisi.

진탕＜jin/thang＞ gegar; goncangan. 뇌 ~『醫』 gegar otak.

진탕(- 宕)＜jin/thang＞ sepenuh hati; sepuas hati. ~먹다 [마시다] makan [minum] sepuasnya.

진통(陣痛)＜jin/thong＞ sakit melahirkan. ~중 sedang sakit mau melahirkan. ~을 느끼다 mengalami sakit melahirkan.

진통(鎭痛)＜jin/thong＞ penghilangan rasa sakit; peredaan rasa sakit. ~에 즉효가 있다 mujarab langsung meredakan sakit. ~제 obat penghilang rasa sakit; obat pemati rasa.

진퇴(進退)＜jin/thoe＞ pergerakan; maju dan mundur; gerak-gerik; sikap. ~를 같이하다 bertindak selaras (dengan).

진퇴양난(進退兩難)＜jin/thoe/yang/nan＞ dilema. ~이다 [에 처하다] berada dalam dilema.

진퇴유곡(進退維谷)＜jin/thoe/yu/gok＞ ☞ 진퇴양난.

진펄＜jin/feol＞ tanah berlumpur.

진폐증(塵肺症)＜jin/fye/ceung＞ 『醫』 sakit paru-paru karena menghirup abu; pneumokoniosis.

진폭(振幅)＜jin/fok＞ amplitudo (getaran).

진품(珍品)＜jin/fum＞ barang yang langka.

진품(眞品)＜jin/fum＞ benda asli; barang tulen.

진필(眞筆)＜jin/fil＞ tulisan asli.

진하다＜jin/hada＞ ① (색이) tua; gelap; pekat (tentang warna). ② (국물따위) kental (tentang masakan dll).

진학(進學)＜jin/hak＞ ~하다 melanjutkan ke jenjang pendidikan yang lebih tinggi. (대학) ~코스 kursus persiapan masuk (perguruan tinggi).

진항(進航)＜jin/hang＞ ~하다 maju; berlayar. ~속도 kecepatan maju.

진해(震駭)＜jin/hae＞ teror; horor. ~하다 ketakutan; ngeri.

진행(進行)＜jin/haeng＞ kemajuan; kelangsungan. ~하다 membuat kemajuan; melanjut; terus berlangsung. ~성의 maju; progresif. ~중 sedang berlangsung. ~시키다 melangsungkan; memajukan. ~을 방해하다 menghalang/menghambat kemajuan. ~(계)원 pegawai pelaksana. ~형(形)『文』 bentuk progresif.

진형(陣形)＜jin/hyeong＞ formasi perang.

진혼(鎭魂)＜jin/hon＞ ketenangan arwah. ~곡 lagu kematian.

진홍(眞紅)＜jin/hong＞ warna merah tua. ~의 merah tua.

진화(進化)＜jin/hwa＞ evolusi. ~하다 berevolusi. ~적인 evolusional. ~론 teori evolusi. ~론자 penganut teori evolusi.

진화(鎭火)＜jin/hwa＞ ~하다 padam (kebakaran).

진흙＜jin/heuk＞ lumpur; lanau; jeblok. ~의, ~투성이의 berlumpur; becek; lecak; beluk; berluluk. ~투성이가 되다 menjadi berlumpur.

진흥(振興)＜jin/heung＞ ~하다 mendorong; membangkitkan; memajukan. ~책(策) tindakan untuk memajukan.

질(帙)＜jil＞ satu set buku.

질(質)＜jil＞ zat; bahan; kadar; mutu; martabat; taraf. ~이 좋은[나쁜] mutu tinggi [rendah].

질(膣)＜jil＞ vagina. ~구(口) [벽(壁)] liang [dinding] vagina. ~염(炎)『醫』 radang vagina.

질겁하다＜jil/geob/hada＞ terperanjat ngeri.

질겅질겅＜jil/geong/jil/geong＞　～씹다 mengunyah-ngunyah.

질고(疾苦)＜jil/go＞ menderita sakit.

질곡(桎梏)＜jil/gok＞ belenggu. ～에서 벗어나다 membebaskan diri (dari); mematahkan belenggu.

질권(質權)＜jil/kwon＞ 『法』 hak gadai. ～설정자 penggadai. ～자 penerima gadaian.

질그릇＜jil/geu/reut＞ barang tembikar.

질근질근＜jil/geun/jil/geun＞ ① ～꼬다 memilin tambang dengan longgar. ② (씹는 모양) mengunyah.

질금거리다＜jil/geum/geo/ri/da＞ hujan sebentar-sebentar.

질급하다(窒急 -)＜jil/geub/hada＞ ☞ 질겁하다.

질기다＜jil/gi/da＞ kuat; tahan lama; ulet; gigih.

질기와＜jil/gi/wa＞ genteng yang tidak diglasir.

질깃질깃하다＜jil/git/jil/git/hada＞ kuat; ulet; gigih.

질녀(姪女)＜jil/yeo＞ kemenakan perempuan.

질다＜jil/da＞ (반죽.밥이) lunak; lembek; (땅이) berlumpur; becek.

질동이＜jil/dong/i＞ guci tanah liat.

질뚝배기＜jil/tuk/bae/gi＞ mangkok besar dari tanah liat.

질량(質量)＜jil/lyang＞ 『理』 massa. ～불변의 법칙 hukum kekekalan massa.

질러＜jil/leo＞ ～가다 mengambil jalan pintas; memintas; melintas. ～오다 datang dengan memintas.

질름…＜jil/leum＞ ☞ 찔름…

질리다＜jil/li/da＞ ① (채이다) ditendang; tertendang. ② (기가) terperanjat; kaget; pucat pasi. ③ (싫증남) muak; jemu; bosan.

질문(質問)＜jil/mun＞ pertanyaan; penyelidikan. ～하다 bertanya; mengajukan pertanyaan; menanyai. ～에 답하다 menjawab pertanyaan. ～을 퍼붓다 menghujani dengan pertanyaan. ～공세를 받다 dihujani pertanyaan. ～서 daftar pertanyaan; kuisioner.

질박(質樸)＜jil/bak＞ ～한 sederhana; lugu.

질벅거리다＜jil/beok/geo/ri/da＞ ☞ 질척거리다.

질번질번하다＜jil/beon/jil/beon/hada＞ berada; mampu.

질병(疾病)＜jil/byeong＞ penyakit.

질빵＜jil/pang＞ ambung; ambin.

질산(窒酸)＜jil/san＞ 『化』 asam nitrat; asam sendawa. ～염 garam nitrat. 아(亞) ～ asam bernitrat.

질색(窒塞)＜jil/saek＞ ～하다 jijik; benci (akan).

질서(秩序)＜jil/seo＞ tatanan; disiplin; sistim. ～있는 (dengan) teratur; (dengan) sistematis. ～없는 tidak teratur; tidak sistematis. ～정연하게 dalam urutan yang baik; dengan tertata baik. ～를 유지하다 [어지럽히다] menjaga [mengganggu] tatanan umum.

질소(窒素)＜jil/so＞ nitrogen. ～공해 pencemaran nitrogen. ～비료 pupuk nitrogen.

질시(嫉視)＜jil/si＞ ～하다 mengiri; mendengki.

질식(窒息)＜jil/sik＞ ～하다 lemas; tercekik. ～시키다 mencekik; membuat lemas. ～사(死) mati lemas/tercekik.

질의(質疑)＜jil/eui＞ pertanyaan; penyelidikan. ～하다 menanyai; menyelidiki. ～응답 pertanyaan dan jawaban. ～전 interpelasi.

질적(質的)＜jil/ceok＞ kualitatif. ～으로 dalam kualitas/mutu.

질주(疾走)＜jil/cu＞ ～하다 berlari kencang.

질질＜jil/jil＞ ～ 끌다 menunda-nunda; menyeret; menghela; menarik.

질책(叱責)＜jil/chaek＞ teguran; sentilan. ～하다 menegur (seseorang); mengkritik; menyentil.

질척거리다＜jil/cheok/geo/ri/da＞ berlumpur; becek; basah.

질컥거리다＜jil/kheok/geo/ri/da＞　☞ 질척거리다.

질타(叱咤)＜jil/tha＞　(꾸짖음) hardikan; teguran; (격려) dorongan. ～하다 memarahi; mendorong; menghardik.

질투(嫉妬)＜jil/thu＞ kecemburuan; keirian; kedengkian. ～하다 mencemburui; beriri hati. ～한 나머지 karena cemburu. ～가 많은 cemburu; iri hati. ～심 rasa cemburu.

질퍽거리다＜jil/feok/geo/ri/da＞　☞ 질척거리다.

질펀하다＜jil/feon/hada＞ ① (넓다) datar; rata. ② (게으르다) lamban; melempem.

질풍(疾風)＜jil/fung＞ angin kencang; angin topan. ～같이 dengan cepat; seperti angin topan.

질항아리＜jil/hang/a/ri＞ guci tanah liat.

질환(疾患)＜jil/hwan＞ penyakit; gangguan; keluhan.

질흙＜jil/heuk＞ ① (진흙) lumpur. ② (질그릇 만드는) tanah liat.

짊어지다＜jil/meo/ji/da＞ ① (짐을) memikul; menyandang; memanggul; membahu. ② menanggung. 빚을 ～ berutang; menanggung hutang. 책임을 ～ memikul tanggung jawab.

짐＜jim＞ ① beban; muatan; bagasi; gotongan. ～을 싣다 memuati; menaikkan muatan. ～을 부리다 menurunkan muatan. ② beban. ～이 되다 menjadi beban. ～을 벗은 기분이다 merasa lega; merasa lepas dari beban.

짐꾸리기＜jim/ku/ri/gi＞ pengepakan; pengemasan.

짐꾼＜jim/kun＞ tukang angkat; kuli angkut.

짐마차(- 馬車)＜jim/ma/cha＞ pedati; gerobak; kereta beban.

짐바리＜jim/ba/ri＞ muatan.

짐스럽다＜jim/seu/reob/ta＞ membebani; menyusahkan.

짐승＜jim/seung＞ binatang; hewan; marga satwa; sato.

짐작＜jim/jak＞ terkaan; tebakan; rabaan; dugaan; taksiran; kiraan. ～하다 mengira; menerka; meraba; menduga; mengagak-agak; menebak.

짐짐하다＜jim/jim/hada＞　☞ 찜찜하다.

짐짓＜jim/jit＞ dengan sengaja.

짐짝＜jim/cak＞ bungkusan; bendela; bingkisan; bundel.

집＜jib＞ ① rumah; wisma; pondokan; tempat tinggal; rumah tangga. ～없는 사람들 tuna wisma. ～에 있다 ada di rumah. ～에 없다 tidak ada di rumah. ② (동물의) sarang; kandang. ③ (물건의) sarang; kotak.

집게＜jib/ge＞ penjepit; tang; kepitan; kakatua.

집게발＜jib/ge/bal＞ capit.

집게손가락＜jib/ge/son/ka/rak＞ jari telunjuk.

집결(集結)＜jib/gyeol＞ ～하다 mengumpulkan; menghimpun. ～지 tempat pertemuan; ruang rapat.

집계(集計)＜jib/gye＞ jumlah keseluruhan. ～하다 menjumlahkan. ～표 tabulasi.

집권(執權)＜jib/kwon＞ perebutan kekuasaan. ～하다 meraih kekuasaan; mengambil kendali pemerintahan. ～당 partai yang berkuasa.

집기(什器)＜jib/gi＞ alat; perkakas; perabot. 사무(실)용 ～ peralatan kantor.

집념(執念)＜jib/nyeom＞ ketekunan; kegigihan; keuletan. ～이 강한 gigih kemauan.

집다＜jib/ta＞ mengambil; memungut.

집단(集團)＜jib/dan＞ group; kumpulan; rombongan; golongan; umat; kelompok; regu; massal. ～적인 kolektif. ～을 이루어, ～ 적으로 secara berkelompok; dalam rombongan. ～을 이루다 membentuk kelompok. ～결근 ketidakhadiran kelompok/massal. ～결혼 perkawinan massal. ～경기 permainan kelompok. ~노동 kerja kelompok. ~발생 ledakan massal. ~수용소 kamp konsentrasi. ~심리 [식중독] psikologi [keracunan makanan] masa. ~안전 보장 [지도제] keamanan [kepemimpinan] kolektif. ~의식 kesadaran kelompok. ~이민 emigrasi massal. ~폭행 keroyokan massa.

집단농장(集團農場) <jib/dan/nong/jang> pertanian kolektif.

집달리(執達吏) <jib/dal/li> juru sita.

집대성(集大成) <jib/dae/seong> ~하다 membuat himpunan secara luas/umum.

집도(執刀) <jib/do> pelaksanaan operasi/pembedahan. ~하다 melaksanakan operasi (terhadap).

집들이 <jib/deu/ri> kenduri/selamatan rumah baru.

집무(執務) <jib/mu> ~하다 kerja; berdinas. ~시간 jam kerja; jam dinas.

집문서(- 文書) <jib/mun/seo> akte rumah. ~를 잡히고 돈을 차용하다 meminjam dengan jaminan akte rumah.

집물(什物) <jib/mul> peralatan; perabot. ☞ 집기.

집배(集配) <jib/bae> ~하다 mengumpulkan dan mengantar. 우편 ~원 tukang pos (pak pos).

집비둘기 <jib/bi/dul/gi> merpati; burung dara.

집사(執事) <jib/sa> pengurus rumah/wisma; samas.

집산(集散) <jib/san> ~하다 mengumpulkan dan menyalurkan. ~지 pusat penyaluran; pusat pendistribusian.

집성(集成) <jib/seong> ~하다 mengumpulkan; menghimpun; mengoleksi.

집세(- 貰) <jib/se> sewa rumah. ~가 밀리다 menunggak sewa rumah. ~를 올리다[내리다] menaikkan [menurunkan] sewa rumah. ~가 비싸다 [싸다] sewanya mahal [murah].

집시 <jib/si> ① (서양의) Gypsi. ② (방랑자) pengembara.

집안 <ji/ban> ① keluarga; rumah tangga; sanak saudara; kedudukan sosial keluarga. ~이 좋다[나쁘다] keturunan bangsawan [rendah]. ~식구 anggota keluarga. ~싸움 pertengkaran keluarga. ② (옥내) dalam rumah. ~에(서) di dalam rumah.

집약(集約) <ji/byak> ~하다 melakukan secara intensif. ~적인 intensif. ~농업 pertanian intensif.

집어넣다 <ji/beo/neot/tha> ① ☞ 넣다. ② (투옥) memasukkan ke penjara; memenjarakan.

집어먹다 <ji/beo/meok/ta> ① ambil dan makan. 손으로 ~ makan pakai tangan. 젓가락으로 ~ makan pakai sumpit. ② (착복하다) mengantongi; menggelapkan uang.

집어삼키다 <ji/beo/sam/khi/da> ① (음식을) menelan. ② (남의 것을) mengantongi; menggelapkan uang; makan suap.

집어주다 <ji/beo/ju/da> ① (주다) memberi; mengasihkan. ② (뇌물을) menyuap; menyogok.

집어치우다 <ji/beo/chi/u/da> menyerah; berhenti; membiarkan.

집오리 <jib/o/ri> bebek; itik.

집요(執拗) <jib/yo> ~한 gigih. ~하게 dengan gigih.

집장사 <jib/jang/sa> usaha perumahan. ~의 집 rumah jualan.

집적(集積) <jib/jeok> akumulasi; penumpukan; penimbunan. ~하다 mengakumulasi; menumpuk; menimbun. ~회로 sirkuit terpadu.

집적거리다 <jib/jeok/geo/ri/da> ① (손대다) campur tangan. ② (건드리다) menggoda; menjengkelkan.

집주름 <jib/ju/reum> agen perumahan.

집주인(- 主人) <jib/ju/in> ① (임자) pemilik rumah. ② (가장) kepala keluarga.

집중(集中) <jib/cung> pemusatan;

konsentrasi.　~하다 memusatkan (pikiran); mengumpulkan/memusatkan (pada).　~공격 serangan terpusat.　~포화 tembakan terpusat.　~호우 hujan lebat lokal.

집집<jib/jib>　~마다[이] dari pintu ke pintu; setiap rumah.

집착(執着)<jib/chak>　perpautan; anutan; kegigihan.　~하다 berpaku; tetap melekat; bertekun; bergigih.

집채<jib/chae>　~만하다 sebesar rumah.

집치장(- 治粧)<jib/chi/jang>　~하다 menghias rumah; menata rumah.

집터<jib/theo> situs rumah.

집필(執筆)<jib/fil> penulisan.　~하다 menulis.　~료 honor tulisan.　~자 penulis.

집하(集荷)<ji/fha>　pengumpulan muatan.

집합(集合)<ji/fhab>　perhimpunan; pertemuan; pengelompokan; penghimpunan.　~하다 berkumpul; berhimpun; berkelompok.　~ 명사 『文』kata benda majemuk.　~지 tempat bertemu/berkumpul.　~체 kumpulan.

집행(執行)<ji/fhaeng> pelaksanaan.　~하다 melaksanakan. 형을 ~하다 melaksanakan hukuman.　~기관 badan pelaksana.　~명령 [영장] perintah [surat perintah] pelaksanaan hukuman.　~부 eksekutif; pelaksana.　~위원 anggota komite eksekutif.　~유예(猶豫) hukuman percobaan.　~유예 3년으로 dengan hukuman percobaan 3 tahun.

집회(集會)<ji/fhoe> pertemuan; rapat.　~하다 mengadakan pertemuan.　~의 자유 kebebasan berkumpul.　~신고 pemberitahuan pertemuan. 불법 ~ rapat gelap. 옥외 ~ pertemuan di lapangan terbuka; rapat massal.

집히다<ji/fi/da> dipungut.

짓<jit> (행위) tindakan; perbuatan; aksi; laku; gerakan.

짓궂다<jit/gut/ta> nakal; badung.

짓다<jit/ta> ① mendirikan; membangun. 집을 ~ mendirikan rumah. ② membuat; memproduksi. 구두를 ~ membuat sepatu. 새옷을 ~ menjahitkan pakaian. ③ menulis; mengarang; menggubah. 작문을 ~ menulis karangan. ④ merebus; masak. 밥을 ~ masak nasi. ⑤ (약을) meracik; meramu. ⑥ membentuk; membuat. 줄을 ~ membentuk/membuat barisan. ⑦ memelihara; menanam. 보리 농사를 ~ menanam gandum. ⑧ melakukan. 죄를 ~ melakukan kejahatan. ⑨ (꾸며냄) membuat-buat; mengarang-ngarang. ⑩ menunjukkan; memperlihatkan. 미소를 ~ tersenyum; memperlihatkan senyuman. ⑪ (결정.결말을) memutuskan; menetapkan.

짓다<jit/ta> (유산) keguguran.

짓밟다<jit/bal/ta> menginjak-injak.

짓밟히다<jit/bal/fi/da> diinjak-injak.

짓부수다<jit/bu/su/da> menghancurkan; merobohkan.

짓씹다<jit/ssib/ta> mengunyah hancur.

짓이기다<jit/i/gi/da> meremas-remas; mengadon; mencincang-cincang.

짓찧다<jit/cit/tha> menggiling; menggerus.

징<jing> (악기) gong.

징<jing> (구두의) paku sepatu.　~을 박다 memakukan sepatu.

징검다리<jing/geom/da/ri> batu loncatan.

징계(懲戒)<jing/gye> hukuman disipliner.　~하다 menghukum; mendisiplinkan.　~동의 mosi untuk tindakan disipliner.　~위원회 panitia tetap untuk tindakan disipliner.　~처분 tindakan disipliner.　~처분을 받다 menerima hukuman.　~파면 pemecatan.　~ 파면되다 dipecat sebagai hukuman disipliner.

징그럽다<jing/geu/reob/ta> menjijikkan.

징모(徵募) <jing/mo> ~하다 meng-himpun untuk wajib militer.

징발(徵發) <jing/bal> ~하다 meng-ambil alih. ~ 당하다 diambil alih (oleh pemerintah). ~ 대 badan pengambil alih.

징벌(懲罰) <jing/beol> disiplin; hu-kuman; setrap; siksaan. ~하다 mendisiplin; menghukum; mengha-jar; menyiksa.

징병(徵兵) <jing/byeong> wajib mi-liter. ~검사 pemeriksaan untuk wajib militer. ~기피 penghindar-an wajib militer. ~적령 usia wa-jib militer. ~제도 sistim wajib militer.

징세(徵稅) <jing/se> pemungutan pajak. ☞ 징수.

징수(徵收) <jing/su> pemungutan. ~하다 memungut (pajak); membe-bani (bea). ~액 jumlah pungutan.

징악(懲惡) <jing/ak> ~하다 meng-hukum kejahatan.

징역(懲役) <jing/yeok> hukuman penjara. ~살다 menjalani hukum-an penjara. ~에 처해지다 dipen-jarakan.

징역살이(懲役-) <jing/yeok/sa/ri> pemenjaraan. ~ 하다 menjalani hukuman dalam penjara.

징용(徵用) <jing/yong> rodi; penge-rahan. ~하다 mengerahkan. 피~자 pekerja rodi; orang yang di-kerahkan.

징조(徵兆) <jing/jo> tanda; gejala; isyarat. ...의 ~가 있다 menunjuk-kan gejala...

징집(徵集) <jing/jib> perekrutan wajib militer; pengerahan. ~하다 merekrut; mengerahkan. ~되다 direkrut untuk wajib militer. ~령 perintah untuk pengerahan. ~면제 pembebasan dari wajib militer. ~연기 penundaan untuk wajib mili-ter.

징크스 <jing/kheu/seu> hal yang membawa sial.

징후(徵候) <jing/hu> tanda; gejala.

짖다 <jit/ta> menggonggong; me-nyalak; melolong; meraung.

짙다 <jith/ta> (색이) gelap; tua; pekat; (안개) tebal.

짚 <jif> jerami; merang. ~으로 싸다 membungkus dengan jerami. ~을 깔다 menebarkan jerami. ~단, ~뭇 seikat jerami. ~단[뭇]을 만들다 mengikat jerami. ~북더기 menumpuk jerami. ~신 se-patu jerami.

짚가리 <jif/ga/ri> tumpukan jerami.

짚다 <jif/ta> ① (맥을) meraba/merasakan (denyut nadi). ② ber-topang/bertumpu (pada). 지팡이를 ~ menggunakan tongkat. ③ men-duga; mengira-ngira. 잘못 ~ sa-lah duga.

짚이다 <ji/fi/da> (마음에) teraba.

짜개다 <ca/gae/da> membelah.

짜다 <ca/da> ① (피륙을) menge-nyam; menjalin; melapih; meyusun; mengepang; (뜨개질) menenun. ② (상투를) memakai (jambul).

짜다 <ca/da> ① membuat. 나무로 책상을 ~ membuat meja dari kayu. ② membentuk. 클럽을 ~ membentuk klub. ③ (활자를) me-nyusun. ④ (계획) mempersiapkan (rencana). ⑤ (공모) berkomplot. ⑥ memeras. 수건을 ~ memeras handuk. ⑦ (머리를) memeras otak.

짜다 <ca/da> asin. 간이 ~ rasa asin.

짜증 <ca/jeung> perangsangan; ke-jengkelan. ~을 내다, ~이 나다 jengkel; kesal.

짜하다 <ca/hada> (소문이) tersebar luas.

짝 <cak> (쌍을 이루는) pasangan; sekutu; rekan. ~이 맞다 cocok satu sama lain; serasi. ~이 맞지 않는 ganjil; tidak serasi. ~을 맞추다 membuat pasangan.

짝 <cak> ① (갈비의) seiris tulang iga/rusuk. ② 아무 ~에도 쓸모가 없다 tidak berguna.

짝 <cak> (찢는소리) bunyi mero-

bek.
짝사랑＜cak/sa/rang＞ cinta sebelah pihak; cinta bertepuk sebelah tangan. ～하다 mencintai sebelah pihak; bertepuk sebelah tangan.
짝수(-數)＜cak/su＞ angka genap. ～의 genap. ～날 tanggal genap.
짝없다＜cak/eob/ta＞ tiada tara; tak terkira 기쁘기 ～ senang tak terkira.
짝짓다＜cak/jit/ta＞ menjodohkan.
짝짜꿍＜cak/ca/kung＞ tepuk tangan bayi.
짝짝＜cak/cak＞ ～ 다시다 (입맛을) menjilat bibir. ～ 달라붙다 (makan) enak sekali. ～찢다 merobek.
짝짝이＜cak/ca/gi＞ pasangan yang tidak cocok. ～가 되다 menjadi pasangan yang ganjil.
짝채우다＜cak/chae/u/da＞ memasangkan; menjodohkan.
짝패＜cak/fae＞ pasangan.
짝하다＜cak/hada＞ menjadi pasangan; berpasangan (dengan).
짠물＜can/mul＞ air asin; air garam.
짤그랑거리다＜cal/geu/rang/geo/ri/da＞ berdenting.
짤막하다＜cal/mak/hada＞ agak pendek; singkat.
짧다＜cal/ta＞ singkat; pendek.
짬＜cam＞ ① (겨를) waktu; waktu luang. ～나다 bebas. ～이 없다 tidak ada waktu. ～을 내다 meluangkan waktu. ② (기회) kesempatan; peluang. ③ (틈) celah; sela.
짭짤하다＜cab/cal/hada＞ ① (맛 따위가) enak dan gurih. ② (값지다) mahal berharga.
…째＜cae＞ ① semuanya; seluruhnya. 배를 통 ～먹다 makan buah bersama kulitnya; makan buah per seluruhnya. 뿌리 ～뽑다 mencabut bersama akar-akarnya. ② ke. 두 번 ～결혼 perkawinan kedua. 닷새 ～ 에 pada hari yang kelima.
째다＜cae/da＞ (칼로) memotong; mengerat; melukai.

째다＜cae/da＞ (꼭끼다) ketat.
째다＜cae/da＞ (부족하다) kekurangan. 살림이 ～ hidup kekurangan.
째(어)지다＜cae/(eo)/ji/da＞ belah; robek; sobek.
짹소리＜caek/so/ri＞ ☞ 찍소리.
짹짹거리다＜caek/caek/geo/ri/da＞ berciak.
쨍＜caeng＞ berdenting.
쨍쨍＜caeng/caeng＞ terang; cerah. ～쬐다 bersinar; menyorot.
쩌렁쩌렁＜ceong/ceong＞ ① ～울리다 tenar; termashur. ② (갈라지는 소리) suara pecah.
쪼개다＜co/gae/da＞ membelah; mengeping.
쪼그리다＜co/geu/ri/da＞ ☞ 쭈그리다.
쪼글쪼글＜co/geul/co/geul＞ ☞ 쭈글쭈글.
쪼다＜co/da＞ (부리 따위로) mematuk; memacuk; mencotok; (정 따위로) memahat.
쪼들리다＜co/deul/li/da＞ sangat butuh; kekurangan. 돈에 ～ sangat membutuhkan uang. 빚에 ～ dikejar hutang. 생활에 ～ hidup susah; hidup kekurangan.
쪼아먹다＜co/a/meok/ta＞ mematuk; mencotok.
쪽＜cok＞ 『植』 tanaman nila. ～빛 biru gelap; nila.
쪽＜cok＞ arah; jurusan; sebelah. 서 ～ 에 disebelah barat. 맞은 ～ 에 di sisi yang sebelah.
쪽＜cok＞ (여자의) sanggul; gelungan rambut. ～찌다 menyanggul/menggelung rambut.
쪽＜cok＞ (조각) sepotong; sehelai.
쪽＜cok＞ ① ☞ 죽 ①. ② suara merobek. 종이를 ～찢다 merobek sehelai kertas. ③ ～ 고르다 merata; rata; seragam.
쪽마루＜cok/ma/ru＞ teras; beranda.
쪽박＜cok/bak＞ gayung kecil.
쪽지＜cok/ji＞ catatan kecil.
쫀득쫀득＜con/deuk/con/deuk＞ ～한 lengket.
쫄깃쫄깃＜col/git/col/git＞ ～한 ke-

nyal.
쫄딱<col/tak> seluruhnya; semua-nya. ~ 망하다 bangkrut total.
쫓기다<cot/ki/da> ① (일에) ter-tekan. ② (뒤쫓기다) diburui; dike-jar. ③ (내쫓기다) diusir; dipecat.
쫓다<cot/ta> ① mengusir; meng-halau. 파리를 ~ menghalau lalat. ② (뒤쫓다) mengejar; memburu; (따르다) mengikuti.
쫓아가다<co/cha/ga/da> ① menge-jar; memburu; menguber. ② (함께 가다) menemani; mengikuti. ③ (따라잡다) menyusul.
쫓아내다<co/cha/nae/da> mengelu-arkan; mengusir; mengenyahkan.
쫓아오다<co/cha/o/da> mengikuti; mengejar.
쫙<cwak> (소문이) (secara) luas.
쬐다<coe/da> menghangatkan tu-buh. 불을 ~ berdiang; mengha-ngatkan tubuh di perapian.
쭈그러뜨리다<cu/geu/reo/teu/ri/da> meremukkan; menghancurkan.
쭈그러지다<cu/geu/reo/ji/da> dire-mukkan.
쭈그렁이<cu/geu/reong/i> ① (늙은이) orang tua yang sudah ke-riput. ② (물건) barang yang re-muk.
쭈그리다<cu/geu/ri/da> ① ☞ 쭈그러뜨리다. ② (몸을) berjongkok; mengkeret.
쭈글쭈글<cu/geul/cu/geul> ~한 peot; keriput.
쭈뼛쭈뼛<cu/pyeot/cu/pyeot> de-ngan ragu-ragu; dengan takut-takut.
쭈뼛하다<cu/pyeot/hada> mengeri-kan; ngeri.
쭉<cuk> ① (늘어선 모양) ☞ 죽 ①. ② (내내) ☞ 죽 ②. ③ (곧장) langsung; lurus. ④ seluruhnya; sama sekali; sepenuhnya. 기운이 ~빠지다 terkuras sama sekali. 물이 ~빠졌다 air terkuras habis. ⑤ (찢는 모양) suara robek.
쭉정이<cuk/jeong/i> padi hampa.
쭉쭉<cuk/cuk> ① baris demi ba-ris; bergaris-garis. 줄을 ~긋다

menarik garis demi garis. ② (비가) dengan lebat. ③ dengan tanpa takut-takut; dengan cepat. ~나아가다 pergi duluan dengan langkah cepat. 나무를 ~훑다 menggunduli (daun) dengan cepat. ④ (찢다) beserpihan.
…쯤<ceum> lebih kurang; kira-kira; sekitar. 네 시 ~에 sekitar pukul empat. …의 중간 ~에 di pertengahan; setengah jalan.
찌그러…<ci/geu/reo> ☞ 쭈그러…
찌긋거리다<ci/geut/geo/ri/da> ① (눈을) mengerdipkan/mengerlipkan mata. ② (당기다) menarik pada lengan baju.
찌꺼기,찌끼<ci/keo/gi, ci/ki> sisa remah-remah; ampas; kerdak; sem-pelan; renceh.
찌다<ci/da> (살이) menjadi ge-muk; tambah gemuk.
찌다<ci/da> (더위가) panas meng-uap.
찌다<ci/da> (음식을) mengukus.
찌들다<ci/deul/da> ① (물건이) ternoda; menjadi kotor. ② (고생으로) prihatin.
찌르다<ci/reu/da> ① (날붙이로) menusuk; menonjok; menikam; membacok. ② (비밀을) melapor-kan; memberitahukan. ③ (냄새가) tajam; menusuk (bau). ④ (마음 속을) menusuk (hati). ⑤ menye-rang. 적의 배후를 ~ menyerang musuh dari belakang.
찌부러뜨리다<ci/bu/reo/teu/ri/da> menghancurkan; meremukkan.
찌뿌드드하다<ci/pu/deu/deu/hada> merasa kurang enak; merasa sakit.
찌푸리다<ci/fu/ri/da> ① (얼굴을) mengerutkan dahi; menyeringai me-ringis. ② (날씨) mendung.
찍다<cik/ta> (도끼 따위로) mem-belah; mengampak.
찍다<cik/ta> ① (도장을) mencap; membubuhi cap. ② (인쇄) men-tak. ③ (틀에) menuang ke cetak-an. ④ (점을) menandai; memberi tanda. ⑤ (뾰족한 것으로) menu-

suk; mencoblos.
찍다＜cik/ta＞　①(사진을) memot-
ret.　②(묻히다) mencelupkan.
찍소리＜cik/so/ri＞　~못하다 diam;
membisu.　~못하게 하다 men-
diamkan.　~없이 tanpa berkata-
kata.
찐빵＜cin/pang＞ bakpau; cunyen.
찔끔거리다＜cil/keum/geo/ri/da＞
menetes (air mata).
찔끔하다＜cil/keum/hada＞　kaget;
terkejut.
찔레나무＜cil/re/na/mu＞　『植』 ma-
war liar.
찔리다＜cil/ri/da＞　(가시·날붙이에)
tertusuk.
찜＜cim＞ masakan yang dikukus.
찜질＜cim/jil＞ pengompresan.

~하다 mengompres; mendemah.
찡그리다＜cing/geu/ri/da＞　mereng-
ut; mengerenyutkan dahi; meringis.
찡긋거리다＜cing/geut/geo/ri/da＞
(눈을) mengedipkan mata.
찡얼거리다＜cing/eol/geo/ri/da＞　①
(불평함) bersungut-sungut.　②(애
가) rewel; merengek-rengek.
찢기다＜cit/gi/da＞ robek; sobek.
찢다＜cit/ta＞　merobek; mencobek;
mencabik; mengoyak.　갈가리 ~
mencabik-cabik; menyerpih menjadi
potongan-potongan kecil.
찢어지다＜ci/jeo/ji/da＞　robek; so-
bek; sompong; cabik; carik; koyak;
serpih; terbelah.
찧다＜cit/tha＞　menumbuk; melu-
matkan; menumbuk halus-halus.

차(車)＜cha＞ kendaraan; mobil. ~를 타다 naik mobil. ~로 가다 pergi dengan mobil.

차(茶)＜cha＞ teh. 진한[묽은] ~ teh kental [encer]. ~를 (새로) 끓이다 menyiapkan teh (segar). ~를 대접하다 menyuguhi teh. ~를 마시며 이야기하다 ngobrol sambil minum teh.

차(差)＜cha＞ perbedaan; keragaman; kesenjangan. ~가 있다 ada perbedaan (antara); berbeda (dengan).

차(次)＜cha＞ ① (순서) urutan. ② (다음의) berikut. ③ (…김에) sambil.

…차(次)＜cha＞ ① (하기 위하여) dengan tujuan…; dengan maksud… 연구 ~ dengan tujuan belajar. ② 『數』 pangkat.

차가다＜cha/ga/da＞ (빼앗아) menjarah; menjambret; (유괴) menculik.

차감(差減)＜cha/gam＞ ~하다 mengurangi. ~잔액 saldo.

차갑다＜cha/gab/ta＞ dingin.

차고(車庫)＜cha/go＞ garasi.

차곡차곡＜cha/gok/cha/gok＞ dengan rapih/teratur; satu demi satu.

차관(次官)＜cha/gwan＞ menteri muda. ~보 asisten menteri muda.

차관(借款)＜cha/gwan＞ pinjaman. ~을 얻다 memperoleh pinjaman. 단기[장기] ~ pinjaman jangka pendek [panjang]. 상업[민간] ~ pinjaman komersial [swasta]. 연불 ~ pinjaman yang di tunggak. 현금~ pinjaman tunai.

차광(遮光)＜cha/gwang＞ ~하다 menabiri; menaungi. ~막 tirai. ~장치 penaung.

차근차근＜cha/geun/cha/geun＞ secara metodis; tahap demi tahap.

차기(次期)＜cha/gi＞ waktu berikut. ~정권 pemerintahan berikut.

차남(次男)＜cha/nam＞ putra kedua.

차내(車內)＜cha/nae＞ ~애서 dalam kendaraan.

차녀(次女)＜cha/yeo＞ putri kedua.

차다＜cha/da＞ penuh. 꽉[빽빽이] 들어 ~ padat/penuh sekali; berjejal. 마음에 [안] ~ puas [tidak puas] (dengan).

차다＜cha/da＞ ① (발로) menyepak; menendang; menerjang. ② mengecap. 혀를 ~ mengecapkan lidah.

차다＜cha/da＞ memakai; mengenakan. 훈장을 ~ mengenakan atribut.

차다＜cha/da＞ dingin; dingin (hati). 얼음장같이 ~ sedingin es.

차단(遮斷)＜cha/dan＞ ~하다 memutuskan; memencilkan; menghambat. ~기 pemutus rangkaian (listrik); palang pintu/lintasan. 교통 ~ penghambatan lalu lintas.

차대(車臺)＜cha/dae＞ kasis.

차도(車道)＜cha/do＞ jalan kendaraan.

차도(差度)＜cha/do＞ kepulihan; kemajuan (kesehatan). ~가 있다 ada kemajuan (kesehatan); memulih.

차등(差等)＜cha/deung＞ tingkat; pertingkatan; perbedaan. ~세율 tarif bertingkat.

차디차다＜cha/di/cha/da＞ sangat dingin.

차라리＜cha/ra/ri＞ lebih baik. 이렇게 사는것 보다, ~죽는것이 낫다 Lebih baik mati dari pada hidup seperti ini.

차량(車輛)＜cha/ryang＞ kendaraan. ~검사 pemeriksaan (pemeliharaan) kendaraan. ~고장 kerusakan mobil; gangguan mobil. ~등록 pendaftaran kendaraan. ~번호판 nomor plat. ~십부제 운행 pembatasan penggunaan kendaraan setiap 10 hari. ~정비 pemeliharan kendaraan. ~통행 금지 Dilarang masuk kendaraan.

차례(次例)<cha/rye> ① urutan; giliran; aturan. ~로 dengan berurutan. ~를 기다리다 menunggu giliran. ~가 뒤바뀌다 tidak teratur. ② kali. 몇 ~ berulang kali.

차례(茶禮)<cha/rye> upacara peringatan nenek moyang.

차례차례(次例次例)<cha/rye/cha/rye> teratur; satu persatu.

차륜(車輪)<cha/ryun> roda.

차리다<cha/ri/da> ① (장만 갖춤) mempersiapkan; membuka. 가게를 ~ membuka toko. 밥상을 ~ menyiapkan meja makan. ② (정신을) sadar; siuman. ③ menjaga. 인사를 ~ menjaga etika/kepantasan. 체면을 ~ menjaga penampilan. ④ (입다) berdandan.

차림새<cha/rim/sae> pakaian; dandanan; penampilan.

차림표<cha/rim/fyo> menu; daftar makanan.

차마<cha/ma> ~볼 수 없는 menjijikkan. ~…할 수 없다 tidak sanggup (untuk); tidak tega (untuk).

차멀미(車 -)<cha/meol/mi> mabuk kendaraan. ~하다 menderita mabuk kendaraan.

차반(茶盤)<cha/ban> baki; talam.

차버리다<cha/beo/ri/da> menolak.

차변(借邊)<cha/byeon> debet; lajur debet/piutang. ~에 기입하다 mendebet; mempiutangi.

차별(差別)<cha/byeol> pembedaan; diskriminasi. ~하다 membeda-bedakan. ~없이 tanpa pembedaan. ~관세 tarif yang dibedakan. ~대우 perlakuan yang dibedakan. ~대우를 하다 memperlakukan dengan cara berbeda. 인종 ~ perbedaan warna kulit; diskriminasi rasial.

차분하다<cha/bun/hada> tenang; kalem.

차비(車費)<cha/bi> ongkos; mobil.

차석(次席)<cha/seok> posisi berikut. ~검사 wakil jaksa. ~자 pejabat di bawah.

차선(車線)<cha/seon> jalur. 6 ~ 고속 도로 jalan bebas hambatan 6 jalur. ~분리대 jalur/garis pemisah.

차압(差押)<cha/ab> ☞ 압류.

차액(差額)<cha/aek> selisih; sisa.

차양(遮陽)<cha/yang> pinggir pelindung; pet.

차용(借用)<cha/yong> ~하다 meminjam; berhutang. ~증 surat hutang.

차원(次元)<cha/won> 『數』 dimensi. 3 ~의 tiga dimensi.

차월(借越)<cha/wol> penarikan hutang berlebihan. ~하다 menarik hutang terlalu banyak.

차위(次位)<cha/wi> posisi kedua; kedudukan kedua.

차이(差異)<cha/i> perbedaan; selisih. 연령[신분] 의 ~ perbedaan umur [kedudukan sosial]. ~가 있다 ada perbedaan; berbeda (dari).

차익(差益)<cha/ik> keuntungan marjinal.

차일(遮日)<cha/il> pelindung dari sinar matahari; tenda peneduh.

차일피일(此日彼日)<cha/il/fi/il> ~하다 menunda dari hari ke hari.

차입(差入)<cha/ib> ~하다 mengirim kepada tahanan. ~물 barang yang dikirim kepada tahanan.

차자(次子)<cha/ja> putra kedua.

차장(次長)<cha/jang> asisten manajer.

차장(車掌)<cha/jang> kondektur. 버스의 여 ~ kondektris bis.

차점(次點)<chat/ceom> rangking kedua. ~이 되다 mendapat ranking kedua. ~자 pemenang kedua.

차주(借主)<cha/ju> peminjam; debitur.

차지(借地)<cha/ji> tanah sewaan. ~료(料) sewa tanah.

차지다<cha/ji/da> lengket; pulen.

차지하다<cha/ji/hada> menduduki;

menjabat; memangku; menempati. 수석을 ~ menduduki juara satu dalam kelas. 과반수를 ~ mendapat mayoritas (dalam). 제2위를 ~ mendapat ranking kedua.

차질(蹉跌) <cha/jil> kegagalan; kemunduran. 일에 ~이 생기다 gagal dalam usaha. ~을 가져오다 membawa/berakibat kegagalan.

차차(次次) <cha/cha> sedikit demi sedikit; berangsur-angsur; tahap demi tahap; pada waktunya.

차창(車窓) <cha/chang> jendela mobil.

차체(車體) <cha/che> kerangka/badan mobil.

차축(車軸) <cha/chuk> as; gandar; poros.

차츰차츰 <cha/cheum/cha/cheum> sedikit demi sedikit; bertahap; berangsur-angsur.

차탄(嗟嘆) <cha/than> ① (개탄) ratapan; keluhan. ~하다 meratapi; mengeluh. ② (감탄) kekaguman. ~하다 mengagumi.

차표(車票) <cha/fyo> karcis/tiket (mobil, kereta api). ~파는 데 loket karcis/tiket. ~를 끊다 membeli karcis. 편도 [왕복] ~ tiket sekali jalan [pulang pergi].

차호(次號) <cha/ho> nomor berikutnya. ~완결 tamat. 이하 ~ (에) bersambung.

차회(次回) <cha/hoe> kali berikut; waktu berikut. ~에 pada kali berikut.

차후(此後) <cha/hu> setelah ini; selanjutnya.

착 <chak> rapat; kencang; ketat. ~붙다 menempel rapat (pada).

착각(錯覺) <chak/gak> ilusi; tipuan mata; halusinasi. ~하다 mengalami halusinasi.

착공(着工) <chak/gong> ~하다 memulai pekerjaan. ~식(式) upacara peletakan batu pertama.

착란(錯亂) <chak/nan> kebingungan; gangguan. ~하다 bingung/terganggu. ~상태 kondisi terganggu

gu mental. 정신 ~ gangguan mental.

착륙(着陸) <chak/yuk> pendaratan. ~하다 mendarat. ~장 lapangan pendaratan. 연 ~ pendaratan yang mulus. 무 ~비행 penerbangan langsung.

착복(着服) <chak/bok> penggelapan; pencatutan. ~하다 menggelapkan; mencatut.

착상(着想) <chak/sang> ide; gagasan. ~하다 mendapat gagasan.

착색(着色) <chak/saek> ~하다 mewarnai. ~유리 kaca berwarna. ~제 bahan pewarna.

착석(着席) <chak/seok> ~하다 duduk; berduduk. ~ 시키다 mendudukkan.

착수(着水) <chak/su> ~하다 mendarat di permukaan air.

착수(着手) <chak/su> ~하다 memulai pekerjaan; bermula. ~ 금 uang panjar.

착실(着實) <chak/sil> ~하다 rajin dan jujur. ~히 dengan rajin dan jujur.

착안(着眼) <chak/an> ~하다 mendapat ilham. ~이 좋다 ilham baik. ~점 fokus ilham.

착암기(鑿岩機) <chak/am/gi> bor karang.

착오(錯誤) <chak/o> kesalahan; kekeliruan. 시대 ~ penempatan kejadian pada waktu yang salah.

착용(着用) <chak/yong> ~하다 memakai; berpakaian; berbaju.

착유기(搾油機) <chak/yu/gi> alat pemeras minyak.

착유기(搾乳機) <chak/yu/gi> mesin pemeras susu.

착잡(錯雜) <chak/jab> ~한 ruwet; berbelit-belit; berseluk-beluk. ~한 표정 ekspresi perasaan yang ruwet.

착착(着着) <chak/chak> langkah demi langkah; bertahap. ~진척하다 membuat kemajuan bertahap.

착취(搾取) <chak/chwi> penghisapan; eksploitasi; pemerasan. ~하다 menghisap; mengeksploitasi; meme-

ras.
착탄(着彈) <chak/than> ~거리 jarak (tembak). ~지점 titik tubrukan.
착하(着荷) <chak/ha> kedatangan barang-barang. ~인도[불] pengambilan [pembayaran] waktu kedatangan.
착하다 <chak/hada> baik hati.
찬(饌) <chan> ☞ 반찬. ~거리 bahan untuk lauk pauk.
찬가(讚歌) <chan/ga> lagu/syair pujian.
찬동(贊同) <chan/dong> persetujuan; dukungan. ~하다 setuju; mendukung; memberi persetujuan. ~을 얻다 mendapat persetujuan. ~을 얻어 dengan persetujuan.
찬란(燦爛) <chal/lan> ~한[히] cemerlang; berkilau; bersinar-sinar; semarak; gemilang.
찬물 <chan/mul;> air dingin. 남에게 ~을 끼얹다 memercikkan air dingin; merusak suasana.
찬미(讚美) <chan/mi> pemuliaan; pemujian; penyanjungan. ~하다 memuliakan; memuji-muji; menyanjung. ~자 pengagum; pemuji.
찬반(贊反) <chan/ban> ~양론 yang menyetujui dan yang tidak menyetujui.
찬부(贊否) <chan/bu> setuju atau tidak. ~를 묻다 menanyakan kesetujuan.
찬사(讚辭) <chan/sa> pujian; pidato pujian. ~를 보내다 memuji.
찬상(讚賞) <chan/sang> ~하다 mengagumi.
찬성(贊成) <chan/seong> dukungan; persetujuan. ~하다 menyetujui; mendukung. ~을 구하다 [표명하다] meminta [menyatakan] persetujuan. ~을 얻다 mendapat persetujuan. ~연설 pidato persetujuan. ~자 orang yang menyetujui/merestui. ~투표 suara setuju. ~투표하다 memberi suara setuju.
찬송(讚頌) <chan/song> ☞ 찬미. ~가 lagu pujian; nyanyian gereja.

찬스 <chan/seu> peluang; kesempatan. ~를 잡다 [놓치다, 만들다, 얻다] meraih [kehilangan, membuat, mendapat] kesempatan.
찬양(讚揚) <chan/yang> ~하다 memuji; mengagumi. ~할 만한 patut dipuji; patut dikagumi.
찬의(贊意) <chan/eui> persetujuan.
찬장(饌欌) <chan/jang> bopet; lemari makan.
찬조(贊助) <chan/jo> dukungan; sokongan. ~하다 mendukung; menyokong. ~를 얻다[청하다] memperoleh [meminta] dukungan/sokongan. ~금 konstribusi; sumbangan. ~연설 pidato dukungan. ~출연 kehadiran sebagai tamu; tampil sebagai bintang tamu. ~회원 anggota penyokong/pendukung.
찬찬하다 <chan/chan/hada> penuh perhatian; waspada; metodis; cermat.
찬탄(讚歎) <chan/than> ~하다 mengagumi; menghargai.
찬탈(簒奪) <chan/thal> ~하다 merebut/merampas (tahta). ~자 orang yang merebut (tahta).
찬합(饌盒) <chan/hab> kotak makanan.
찰… <chal> lengket; melekat.
찰가난 <chal/ga/nan> kemiskinan yang mengerikan.
찰거머리 <chal/geo/meo/ri> 『動』 pacet; lintah. ~같다 lengket bagaikan pacet.
찰과상(擦過傷) <chal/gwa/sang> goresan; parut.
찰나(刹那) <chal/na> sekejapan mata. ~적(인) sekejap mata; sekelebatan. ~주의 paham mementingkan kesenangan sementara.
찰떡 <chal/teok> kue beras ketan.
찰랑거리다 <chal/lang/geo/ri/da> riak.
찰밥 <chal/bab> nasi ketan.
찰벼 <chal/byeo> padi ketan; padi pulut.
찰싹 <chal/ssak> ☞ 철썩.
찰찰 <chal/chal> ☞ 철철.

찰흙＜chal/heuk＞ tanah liat.　☞ 점토(粘土).

참＜cham＞ kebenaran; realitas; kenyataan; keaslian. ～사람 orang jujur. ～사람이 되다 menjadi manusia baru.

참＜cham＞ sungguh; sangat; benar-benar. ～좋다 sungguh bagus.

참가(參加)＜cham/ga＞ partisipasi; keikutsertaan. ～하다 ambil bagian; ikut serta; turut serta; hadir. ～를 신청하다 meminta ikut serta. ～국 negara yang ikut serta. ～자 peserta; hadirin.

참견(參見)＜cham/gyeon＞ campur tangan. ～하다 mencampuri; turut campur; nimbrung. ～ 잘하는 suka mencampuri urusan orang. ～말아 uruslah urusanmu; jangan ikut campur.

참경(慘景)＜cham/gyeong＞ pemandangan yang menyilukan.

참고(參考)＜cham/go＞ referensi; rujukan. ～하다 merujuk pada. ～로 untuk rujukan. ～가 되다 berguna sebagai rujukan. ～서 buku rujukan. ～서목(書目) daftar bacaan; daftar pustaka; bibliografi. ～인 saksi. ～자료 bahan rujukan.

참관(參觀)＜cham/gwan＞ ～하다 mengunjungi. ～이 허용되다 [되지 않다] terbuka [tertutup] bagi pengunjung. ～인 pengunjung.

참극(慘劇)＜cham/geuk＞ bencana; malapetaka; tragedi.

참기름＜cham/gi/reum＞ minyak wijen.

참깨＜cham/kae＞ 『植』 wijen; bijan; lenga

참나무＜cham/na/mu＞ pohon oak.

참다＜cham/ta＞ menahan; bertanggung; menanggung; menekang. 웃음을 꾹 눌러 ～ menahan ketawa. 억지로 ～ menanggung diluar kekuatan.

참담(慘憺)＜cham/dam＞ ～하다 tragis; menimbulkan kasihan; menyedihkan.

참답다, 참되다＜cham/dab/ta, cham/doe/da＞ benar; sejati; asli benar; ikhlas; tulus hati.

참뜻＜cham/teut＞ arti sebenarnya; maksud sebenarnya.

참례(參禮)＜cha/rye＞ ～하다 menghadiri; hadir (di).

참말＜cham/mal＞ cerita sebenarnya; kebenaran; fakta. ～로 dengan sebenarnya/sungguh-sungguh. ～로 여기다 menganggap dengan serius.

참모(參謀)＜cham/mo＞ staf; perwira staf; penasehat. ～(총) 장 kepala staf. 합동 ～본부 kepala staf gabungan.

참배(參拜)＜cham/bae＞ ☞ 참예(參詣).

참변(慘變)＜cham/byeon＞ bencana; kejadian yang tragis. ～을 당하다 mengalami bencana; mengalami kejadian yang tragis.

참빗＜cham/bit＞ sisir bergigi halus.

참사(參事)＜cham/sa＞ sekretaris. (대사관) ～관 konselor (kedutaan).

참사(慘死)＜cham/sa＞ kematian yang tragis. ～하다 mati dalam kecelakaan; meninggal secara tragis.

참사(慘事)＜cham/sa＞ bencana; kecelakaan; malapetaka; tragedi.

참살(慘殺)＜cham/sal＞ pembunuhan; pembantaian. ～하다 membunuh; membantai. ～(시) 체 tubuh yang bergelimpangan.

참상(慘狀)＜cham/sang＞ pemandangan yang menyilukan. ～을 드러내다 menyuguhkan pemandangan yang menyilukan.

참새＜cham/sae＞ burung gereja/pipit.

참석(參席)＜cham/seok＞ kehadiran; keikutsertaan. ～하다 menghadiri; menyertai; mengikut.

참선(參禪)＜cham/seon＞ ～하다 melakukan meditasi Zen. ～자 orang yang bermeditasi Zen.

참수(斬首)＜cham/su＞ ～하다 memenggal (kepala). ～를 당하다 dipenggal.

참숯＜cham/sut＞ arang yang keras/ bagus.

참신(斬新)＜cham/sin＞ ～한 baru; orisinil.

참언(讒言)＜cham/eon＞ tuduhan palsu; fitnahan. ～하다 memfitnah; mempertuduhkan palsu.

참여(參與)＜cham/yeo＞ partisipasi; keikutsertaan. ～하다 berpartisipasi; ikut serta. 중인 ～하에 dibawah kehadiran saksi. ～인 orang yang berpartisipasi; pengikut; peserta.

참예(參詣)＜cham/ye＞ ～하다 mengunjungi biara/candi.

참외＜cham/oe＞ melon.

참으로＜cham/eu/ro＞ dengan sungguh-sungguh.

참을성(- 性)＜cham/eul/seong＞ kesabaran; keuletan. ～있는 sabar; telaten; teliti; keras hati. ～있게 dengan sabar.

참의원(參議院)＜cham/eui/won＞ ☞ 상원(上院).

참작(參酌)＜cham/jak＞ ～하다 mempertimbangkan; mengingatkan; memperhitungkan. ～하여 dengan pertimbangan.

참전(參戰)＜cham/jeon＞ ～하다 ikut perang.

참정(參政)＜cham/jeong＞ ～하다 ikut serta dalam pemerintahan. ～권 hak pilih. ～권을 주다 memberi hak suara.

참조(參照)＜cham/jo＞ perbandingan; rujukan. ～하다 membandingkan; merujuk (pada). ～하라 lihat rujukan.

참패(慘敗)＜cham/fae＞ kekalahan yang menghancurkan. ～하다 menderita kekalahan yang menghancurkan.

참하다＜cham/hada＞ cantik dan bagus.

참해(慘害)＜cham/hae＞ kerusakan berat. ～를 주다 menimbulkan kerusakan berat. ～를 입다 menderita kerusakan hebat.

참호(塹壕)＜cham/ho＞ parit; selokan. ～생활 [전] kehidupan parit perlindungan [perang].

참혹(慘酷)＜cham/hok＞ ～하다 mengerikan; tragis; buas.

참화(慘禍)＜cham/hwa＞ bencana yang mengerikan; bahaya. 전쟁의 ～ kengerian perang.

참회(懺悔)＜cham/hoe＞ pengakuan; taubat. ～하다 mengakui dosa/kesalahan; bertaubat. ～의 눈물 air mata pengakuan. ～자 orang yang bertaubat.

찹쌀＜chab/ssal＞ beras ketan; pulut.

찻길(車 -)＜chat/gil＞ jalan kendaraan.

찻삯(車 -)＜chat/sak＞ ongkos mobil.

찻잔(茶盞), 찻종(茶鍾)＜chat/jan, chat/jong＞ cangkir teh.

찻집(茶 -)＜chat/jib＞ kedai minum; kedai kopi.

창＜chang＞ tapak sepatu; sol sepatu. ～을 갈다 mengganti sol sepatu. ～을 대다 mengesol sepatu.

창(窓)＜chang＞ jendela. ～밖을 보다 melihat keluar jendela. ～유리 kaca jendela.

창(槍)＜chang＞ tombak; lembing. ～끝 mata tombak. ～으로 찌르다 menombak. ～던지기 lempar lembing.

창가(唱歌)＜chang/ga＞ menyanyi; lagu.

창간(創刊)＜chang/gan＞ ～하다 mulai terbit. 1920년 ～ terbit pertama kali pada tahun 1920. ～호 edisi/nomor pertama.

창건(創建)＜chang/geon＞ ～하다 mendirikan; membuat.

창고(倉庫)＜chang/go＞ gudang; bangsal; barak; lumbung. ～에 넣다 menggudangkan. ～계원 penjaga gudang. ～료 biaya/ongkos gudang. ～업 usaha pergudangan. ～증권 surat obligasi pergudangan.

창공(蒼空)＜chang/gong＞ langit biru; cakrawala; angkasa biru.

창구(窓口)＜chang/gu＞ loket. 매표

~ loket karcis. 출납(出納) ~ loket pembayaran.

창궐(猖獗)＜chang/gwol＞　～하다 mengganas.

창극(唱劇)＜chang/geuk＞ opera klasik Korea.

창기(娼妓)＜chang/gi＞ wanita penghibur kelas tinggi.

창기병(槍騎兵)＜chang/gi/byeong＞ ksatria bertombak; langsir.

창녀(娼女)＜chang/yeo＞ pelacur; perempuan cabul; loktong; lanji.

창달(暢達)＜chang/dal＞ ~하다 berkembang; maju; meningkat.

창당(創黨)＜chang/dang＞ ～하다 membentuk partai (politik). ~정신 semangat yang mendasari pembentukan partai.

창도(唱導)＜chang/do＞ ～하다 membela; menganjurkan; menyokong. ~자 pembela.

창립(創立)＜chang/nib＞ pendirian; pembentukan. ～하다 mendirikan; membentuk. ~30 주년 peringatan hari jadi ke-30. ~ 기념일 hari berdiri. ~ 사무소 [의원] kantor [komite] pendiri. ~자 pendiri. ~총회 pertemuan/komite pengukuhan.

창문(窓門)＜chang/mun＞ ☞ 창(窓).

창백(蒼白)＜chang/baek＞ ～한 pucat; layu; merana; manai; kucam; suram; muram. ~ 해지다 memucat; jadi pucat.

창부(娼婦)＜chang/bu＞ ☞ 창녀.

창살(窓 -)＜chang/sal＞ kisi-kisi; terali; kasa; jeruji. ~이 달린 berkisi-kisi. ~없는 감옥 penjara tanpa jeruji.

창상(創傷)＜chang/sang＞ luka.

창설(創設)＜chang/seol＞ ☞ 창립(創立).

창성(昌盛)＜chang/seong＞ kemakmuran; kesejahteraan. ~ 하다 makmur; sejahtera.

창세(創世)＜chang/se＞ 『聖』 penciptaan dunia. ~기(記) Kejadian.

창시(創始)＜chang/si＞ pemulaian;

pembukaan; pendirian. ～하다 mendirikan; memulai. ~자 pendiri.

창안(創案)＜chang/an＞ ide orisinil. ～하다 menemukan. ~자 penemu.

창업(創業)＜chang/eob＞ ～하다 memulai usaha. ~이래 sejak pendirian. ~비(費) modal dasar. ~자 pendiri.

창연＜chang/yeon＞ ～히 dengan sedih; dengan putus asa.

창연(蒼鉛)＜chang/yeon＞ bismut.

창의(創意)＜chang/eui＞ kekreatifan; ide orisinil. ~가 풍부한 kreatif. ~를 발휘하다 menggunakan kekreatifan.

창자＜chang/ja＞ usus; jeroan. ~를 빼다 membersihkan isi perut (ikan).

창작(創作)＜chang/jak＞ ciptaan; hasil ciptaan; kreasi; karya asli. ~하다 menciptakan; menghasilkan karya. ~적 kreatif; memiliki daya cipta. ~가 pengarang cerita. ~력 daya cipta.

창조(創造)＜chang/jo＞ penciptaan, ～하다 menciptakan; membuat. ~적 memiliki daya cipta; kreatif. ~력 daya cipta. ~물 ciptaan; makhluk. ~자 pencipta; Sang Pencipta.

창졸(倉卒)＜chang/jol＞ ~간에 tiba-tiba; serta-merta.

창창(蒼蒼)＜chang/chang＞ ～하다 biru tua; cerah (masa depan). ~한 장래 masa depan yang cerah. 앞길이 ~하다 masih muda; memiliki masa depan yang cerah.

창파(滄波)＜chang/fa＞ ombak yang besar.

창포(菖蒲)＜chang/fo＞ 『植』 deringo; jerangan.

창피(猖披)＜chang/fi＞ rasa malu; penghinaan. ~하다, ~ 스럽다 memalukan; hina; buruk; rendah. ~ 해하다 malu. ~를 당하다 mempermalukan diri; dapat penghinaan. ~를 주다 mempermalukan; mengaibkan; memberi malu.

창해(滄海)＜chang/hae＞　～일속(-粟) setetes air di samudra.

창호(窓戸)＜chang/ho＞ jendela dan pintu. ～지 kertas jendela.

창황(倉皇)＜chang/hwang＞　～히 dengan cepat/terburu-buru.

찾다＜chat/ta＞ ① mencari; meraih-raih. 일자리를 ～ mencari pekerjaan. 거리를 샅샅이 ～ menyisiri jalanan. ② (찾아내다) menemukan; mendapat. ③ (저금을) menarik; mengambil (uang dari bank). ④ (전당물 등을) menebus (gadaian). ⑤ (방문) mengunjungi; mendatangi. 이군을 ～ mengunjungi Lee. 사무소를 ～ mendatangi kantor.

채＜chae＞ (북 장구의) tongkat pemukul genderang.

채＜chae＞ cemeti.

채＜chae＞ (야채의) sayur-sayuran yang diiris.

채＜chae＞ (얼룩) tambalan. ～진 tidak rata.

채＜chae＞ (집의) bangunan. 본 ～ bangunan utama.

채＜chae＞ (그대로 그냥) apa adanya. 신을 신은 ～ dengan memakai sepatu. 손을 안댄 ～ 두다 membiarkan seperti apa adanya. 불을 켠 ～자다 tidur dengan lampu menyala.

채＜chae＞ (미처) masih; belum.

채광(採光)＜chae/gwang＞ penyinaran. ～이 잘 된 [잘안 된] cukup [kurang]. ～창(窓) jendela sinar; kaca atap; tingkap atap.

채광(採鑛)＜chae/gwang＞ penambangan. ～하다 menambang. ～권 hak penambangan.

채굴(採掘)＜chae/gul＞ penambangan; eksploitasi; penggalian. ～하다 mengeksploitasi; menambang; menggali. ～권(權) hak penambangan.

채권(債券)＜chae/kwon＞ surat hutang; surat obligasi. ～을 발행하다 menerbitkan surat obligasi. ～을 상환하다 menebus obligasi.

채권(債權)＜chae/kwon＞ kredit; tagihan; piutang. ～이 있다 memiliki piutang. ～국 negara pemberi pinjaman; negara kreditor. ～양도 pengalihan piutang; pemindahan hutang. ～자 peminjam; kreditor.

채다＜chae/da＞ (알아채다) merasa; membaui; mencurigai.

채다＜chae/da＞ (당기다) merenggut; merampas.

채다＜chae/da＞ ☞ 채우다.

채독(菜毒)＜chae/dok＞ racun sayuran.

채료(彩料)＜chae/ryo＞ cat; pewarna.

채마(菜麻)＜chae/ma＞ ～밭 kebun sayur (di belakang rumah).

채무(債務)＜chae/mu＞ (h)utang; kewajiban. ～가 있다 berhutang. ～를 청산하다 melunasi hutang. ～를 보증하다 menjaminkan hutang. ～불이행 pelalaian kewajiban. ～자 orang yang berhutang.

채비(- 備)＜chae/bi＞ persediaan; persiapan; perlengkapan. ～하다 menyediakan; memperlengkapkan; mempersiapkan.

채산(採算)＜chae/san＞ keuntungan; laba. ～이 맞다 [맞지 않다] menguntungkan [tidak menguntungkan]. 독립 ～제 sistim akuntansi mandiri.

채색(彩色)＜chae/saek＞ pewarnaan. ～하다 mengelir; memberi warna; mewarnai. ～화 gambar berwarna; lukisan.

채석(採石)＜chae/seok＞ ～하다 menggali. ～장 tempat penggalian.

채소(菜蔬)＜chae/so＞ ☞ 야채, 푸성귀.

채송화(菜松花)＜chae/song/hwa＞ 『植』 lumut merah.

채식(菜食)＜chae/sik＞ ～하다 makan sayur-mayur; makan tumbuh-tumbuhan. ～동물 hewan pemakan tumbuh-tumbuhan. ～주의 vegetarianisme; faham berpantang makan hewan/hanya makan bahan nabati. ～주의자 orang yang berpantang makan daging; vegetarian.

채용(採用)＜chae/yong＞ ① pilih-an; prarasa (☞ 채택). ② pengker-jaan; penerimaan. ～하다 mempe-kerjakan; menerima. 임시 ～하다 mempekerjakan sementara. ～시험 pemeriksaan penerimaan. ～조건 persyaratan penerimaan. ～통지 pemberitahuan penerimaan.

채우다＜chae/u/da＞ ① (자물쇠를) mengunci; mengencangkan. ② (단추 따위) mengancingkan.

채우다＜chae/u/da＞ (물에) mendi-nginkan; merendam dalam air.

채우다＜chae/u/da＞ mengisi; me-menuhi; menjejali. 사복을 ～ mengisi kantong sendiri.

채유(採油)＜chae/yu＞ pengeboran minyak. ～하다 mengebor mi-nyak. ～권 hak (konsesi) penam-bangan minyak.

채자(採字)＜chae/ja＞『印』pemilih-an huruf. ～하다 memilih huruf.

채잡다＜chae/jab/ta＞ memimpin.

채점(採點)＜chae/ceom＞ penilaian. ～하다 menilai; memonten; mem-beri nilai. ～자 penilai. ～표 daftar nilai.

채집(採集)＜chae/jib＞ ～하다 mengumpulkan; mengoleksi; meng-himpun. 곤충 ～ pengkoleksian serangga. 약초 ～ pengumpulan tanaman obat.

채찍＜chae/cik＞ cemeti; cambuk; pecut. ～질 pencambukan; peme-cutan; penderaan. ～질하다 men-cambuk; melecut; mendera; meme-cut.

채취(採取)＜chae/chwi＞ ～하다 mengambil; mengumpulkan (con-toh).

채치다＜chae/chi/da＞ (재촉) men-dorong; mendesak.

채치다＜chae/chi/da＞ (썰다) meng-iris.

채칼(菜 -)＜chae/khal＞ pisau iris.

채탄(採炭)＜chae/than＞ penambang-an batu bara. ～하다 menambang batu bara. ～량 hasil batu-bara. ～부 penggali/penambang batu ba-ra.

채택(採擇)＜chae/thaek＞ pilihan; prarasa. ～하다 memilih; mempra-rasa.

채플＜chae/feul＞ kapel.

채필(彩筆)＜chae/fil＞ kuas cat; kuas.

책(冊)＜chaek＞ buku; pustaka; ki-tab. ～으로 내다 menerbitkan da-lam bentuk buku. ～을 많이 읽었 다 banyak membaca buku. ～가방 tas buku. ～꽂이 rak buku. ～뚜 껑 sampul buku. ～받침 alas bu-ku.

책(責)＜chaek＞ ① ☞ 책임. ② ☞ 책망.

책갑(冊匣)＜chae/kab＞ rak buku.

책동(策動)＜chaek/tong＞ kasak ku-suk. ～하다 mengerahkan; meng-atur siasat; berkasak-kusuk.

책략(策略)＜chaek/yak＞ tipu daya; muslihat; akal kancil. ～을 쓰다 mengadakan tipu daya; berkilah-(-kilah) ～가 orang yang mengatur muslihat.

책력(冊曆)＜chaek/yeok＞ almanak buku.

책망(責望)＜chaek/mang＞ celaan; kecaman; sesalan; sanggahan; omelan; umpatan. ～하다 menye-salkan; mencela; mengecam.

책무(責務)＜chaek/mu＞ tugas; ke-wajiban; tanggung jawab.

책방(冊房)＜chaek/pang＞ ☞ 서점.

책보(冊褓)＜chaek/bo＞ ① (책 싸 는) pembungkus buku. ② (싼 보퉁 이) kemasan buku.

책사(冊肆)＜chaek/sa＞ ☞ 서점.

책사(策士)＜chaek/sa＞ orang yang penuh muslihat.

책상(冊床)＜chaek/sang＞ meja. ～ 에 앉다 duduk di meja. ～보 tap-lak meja; kain meja.

책상다리(冊床 -)＜chaek/sang/da/ri＞ kaki meja.

책상물림(冊床-)＜chaek/sang/mul/lim＞ kutu buku semata.

책임(責任)＜chaek/im＞ tanggung ja-wab; kewajiban. ～을 묻다 meminta pertanggungjawaban. ~을 다하다 melaksanakan tanggung jawab. ~을 전가하다 memindahkan tanggung jawab. ~을 지다 menerima tanggung jawab. ~을 회피하다 mengelakkan tanggung jawab. ~이 있다 bertanggung jawab. ~관념 rasa tanggung jawab. ~자 orang yang bertanggung jawab; penanggung jawab.

책자(冊子)<chaek/ca> brosur; buku kecil; pamflet; selebaran.

책장(冊欌)<chaek/jang> rak buku; lemari buku.

책정(策定)<chaek/jeong> penetapan; penyesuaian. ~하다 menetapkan; menyesuaikan. 가격을 ~하다 menetapkan harga. 봉급 ~ penetapan gaji.

챙<chaeng> ☞ 차양(遮陽).

챙기다<chaeng/gi/da> menyusun; membenahi; mengatur; mengemasi.

처(妻)<cheo> istri; bini. ☞ 아내.

처(處)<cheo> tempat; departemen. 근무 ~ tempat kerja; departemen seseorang.

처가(妻家)<cheo/ga> rumah istri.

처결(處決)<cheo/gyeol> ~하다 memutuskan; menetapkan.

처남(妻男)<cheo/nam> ipar.

처넣다<cheo/neot/tha> menjejali; memadati.

처네<cheo/ne> (아이 업는) gendongan bayi.

처녀(處女)<cheo/nyeo> gadis; anak dara; perawan; (처녀성) keperawanan. ~의 perawan. ~를 잃다 hilang keperawanan; hilang kesucian. ~막 selaput dara; himen. ~작[항해] karya [pelayaran] pertama. ~지[림] tanah [hutan] perawan.

처단(處斷)<cheo/dan> pemutusan; penghukuman. ~하다 memutuskan; menghukum.

처량하다(凄凉 -)<cheo/ryang/hada> sepi; sunyi; sedih; muram.

처럼<cheo/reom> seperti; sebegitu; bak; bagai; sebagaimana. 여느때 ~ sebagaimana biasanya.

처리(處理)<cheo/ri> pengelolaan; pengaturan; perlakuan; keputusan; transaksi. ~하다 mengelola; mengatur; mengerjakan; menyiapkan. 미 ~의 belum selesai.

처마<cheo/ma> cucuran atap. ~ 밑에 di bawah cucuran atap.

처먹다<cheo/meok/ta> makan dengan rakus.

처방(處方)<cheo/bang> resep. ~하다 memberi resep. ~대로 seperti yang dianjurkan. ~전(箋) kertas resep. ~조제 peracikan obat sesuai resep.

처벌(處罰)<cheo/beol> hukuman. ~하다 menghukum.

처분(處分)<cheo/bun> penyelesaian ~하다 menyelesaikan; melepaskan. 토지를 ~하다 melepaskan tanah dengan menjual. 매각 ~ pelepasan dengan menjual.

처사(處事)<cheo/sa> pelaksanaan; tindakan.

처세(處世)<cheo/se> tingkah laku/ sikap hidup. ~하다 menjalani hidup; bersikap (baik) dalam hidup. ~술 seni pergaulan. ~훈 pelajaran tingkah laku hidup.

처소(處所)<cheo/so> tempat; lokasi; kediaman.

처시하(妻侍下)<cheo/si/ha> suami yang dikuasai istri.

처신(處身)<cheo/sin> tingkah laku; perilaku. ~하다 bertingkah laku; bertindak.

처우(處遇)<cheo/u> perlakuan. ~하다 memperlakukan. 근로자의 ~ 개선 perbaikan kondisi pekerja. ~를 개선하다 memperbaiki perlakuan.

처음<cheo/eum> permulaan; asal; pokok; pangkal; ~의 awal; mula-mula; pertama. ~에 pada awal mulanya; sebermula; yang pertama sekali. ~부터 dari semula; terlebih dahulu. ~으로 untuk pertama kali. ~은 mula-mula. ~부터 다시하다 memulai lagi.

처자(妻子)<cheo/ja> keluarga; istri

dan anak.

처절(悽絶) <cheo/jeol> ~한 sangat menyedihkan.

처제(妻弟) <cheo/je> saudari ipar.

처지(處地) <cheo/ji> situasi; keadaan; kedudukan. 곤란한 ~ situasi yang sulit.

처지다 <cheo/ji/da> ① (늘어지다) tergantung; terkulai; melentur; melempai; melontai. ② (뒤처지다) tertinggal. ③ (못하다) tidak bagus; kurang bagus.

처참(悽慘) <cheo/cham> ~ 한 memilukan; menyedihkan.

처처(處處) <cheo/cheo> berbagai tempat. ~에 di mana-mana.

처치(處置) <cheo/chi> ① (처리) tindakan; penyelesaian. ~하다 menyelesaikan; mengambil tindakan. ② (살인) ~하다 menghabiskan; membunuh.

처하다(處 -) <cheo/hada> ① dihadapkan (dengan). 위기에 ~ menghadapi krisis. 곤란한 처지에 ~ dalam kesulitan. ② (형에) menghukum; memvonis.

처형(妻兄) <cheo/hyeong> kakak ipar perempuan.

처형(處刑) <cheo/hyeong> penghukuman; penghukuman mati. ~하다 menghukum; menghukum mati. ~되다 dihukum mati; dieksekusi. ~장 tempat penghukuman mati.

척(尺) <cheok> cheog (= 0,994 kaki).

척(隻) <cheok> satuan kapal. 배 한 ~ satu kapal.

척 <cheok> ① rapat; ketat; lekat. ~ 들러붙다 melekat kuat. ② (선뜻) tanpa ragu-ragu.

척골(脊骨) <cheok/gol> tulang punggung/ belakang.

척도(尺度) <cheok/do> ukuran; standar; tolak ukur. ...의 ~가 되다 menjadi ukuran ...; menjadi tolak ukur ... .

척살(刺殺) <cheok/sal> ~하다 menusuk mati.

척수(脊髓) <cheok/su> urat saraf tulang belakang. ~마비 kelumpuhan tulang belakang. ~병 penyakit urat syaraf tulang belakang. ~신경 saraf tulang belakang. ~염 radang tulang sumsum.

척식(拓殖) <cheok/sik> kolonisasi.

척주(脊住) <cheok/ju> 『解』 ruas tulang belakang. ~만곡 lengkungan tulang punggung.

척척 <cheok/cheok> ① dengan cepat; dengan segera. ~박사 kamus berjalan. ~일을 하다 bekerja dengan cekatan. ~대답하다 menjawab dengan cepat. ②. rapat; ketat. ~들러붙다 lengket; melekat erat. ③. lipatan demi lipatan; tumpukan demi tumpukan; lapis demi lapis; dengan rapi. 이불을 ~ 개키다 melipat selimut. ~쌓다 menumpuk-numpukkan.

척척하다 <cheok/cheok/hada> basah; lembab.

척추(脊椎) <cheok/chu> tulang belakang; tulang punggung. ~동물 hewan bertulang belakang; vertebrata. ~염 kelainan tulang belakang. ~카리에스 pembusukan tulang belakang.

척출(剔出) <cheok/chul> ~하다 memilah; menyisihkan.

척후(斥候) <cheo/khu> pengintaian; tugas patroli. ~대 kelompok pengintai.

천 <cheon> kain.

천(千) <cheon> seribu. ~배의 seribu kali lipat. ~분의 일 seperseribu. 몇 ~ 씩 ribuan; beriburibu. 수 ~ beberapa ribu.

천거(薦擧) <cheon/geo> rekomendasi; anjuran. ~하다 merekomendasi; menganjurkan. ...의 ~로 atas rekomendasi (dari) ... .

천격(賤格) <cheon/gyeok> ~ 스러운 hina; rendah.

천견(淺見) <cheon/gyeon> pandangan yang dangkal/sempit.

천계(天界) <cheon/gye> dunia langit; surga.

천고마비(天高馬肥) <cheon/go/ma/

bi> ~의 계절 musim gugur dengan langit yang cerah dan biru dan kuda-kuda bertambah gemuk.

천공(穿孔)<cheon/gong> ~하다 mengebor. ~기 mesin bor.

천국(天國)<cheon/guk> ☞ 천당. 지상 ~ surga dunia.

천군만마(千軍萬馬)<cheon/gun/man/ma> kuda dan tentara dalam jumlah yang besar; serangkaian pertempuran.

천궁도(天宮圖)<cheon/gung/do> perbintangan; horoskop.

천금(千金)<cheon/geum> ~으로도 바꿀 수 없는 tak ternilai.

천기(天氣)<cheon/gi> ☞ 일기(日氣), 날씨.

천기(天機)<cheon/gi> rahasia alam yang sangat dalam.

천단(擅斷)<cheon/dan> keputusan sewenang-wenang. ~하다 memutuskan dengan sewenang-wenang. ~으로 dengan sewenang-wenang.

천당(天堂)<cheon/dang> surga. ~에 가다 masuk surga; wafat.

천대(賤待)<cheon/dae> perlakuan yang merendahkan/menghina. ~하다 memperlakukan dengan hina. ~받다 diperlakukan secara hina.

천더기(賤 -)<cheon/deo/gi> orang yang hina.

천도(遷都)<cheon/do> ~하다 memindahkan ibu-kota.

천동설(天動說)<cheon/dong/seol> teori Ptolemy.

천둥<cheon/dung> guruh; guntur; geledek; petir; geleduk.

천둥벌거숭이<cheon/dung/beol/geo/sung/i> orang yang berani tapi ceroboh.

천둥지기<cheon/dung/ji/gi> sawah tadah hujan.

천랑성(天狼星)<cheol/lang/seong> 『天』 bintang yang paling terang; Sirius.

천량<cheon/nyang> uang dan makanan; harta.

천려(淺慮)<cheon/nyeo> ketidakbijaksanaan. ~의 tidak bijaksana.

천렵(川獵)<cheon/nyeob> penangkukan ikan. ~하다 menangkuk ikan.

천륜(天倫)<cheol/lyun> kaidah moral. ~에 어그러지다 melanggar kaidah moral.

천리(千里)<cheol/li> seribu li; jarak yang jauh sekali. ~마 kuda yang larinya cepat. ~안(眼) ahli ramal.

천막(天幕)<cheon/mak> kemah; tenda. ~을 치다 [걷다] memasang [membongkar] tenda. ~생활 kehidupan perkemahan. ~ 생활하다 hidup berkemah.

천만(千萬)<cheon/man> sepuluh juta; banyak sekali. ~ 뜻밖에 tidak diharapkan sama sekali. ~의 말씀입니다 tidak sama sekali.

천만년(千萬年)<cheon/man/nyeon> waktu yang tak terhitung.

천만다행(千萬多幸)<cheon/man/da/haeng> kemujuran; keberuntungan. ~으로 untunglah. ~이다 sangat beruntung.

천만뜻밖(千萬-)<cheon/man/teut/bak> ~의 tak disangka-sangka. ~에 dengan tak di sangka-sangka.

천만부당(千萬不當)<cheon/man/bu/dang> ~하다 sangat tidak masuk akal. ~한 말 komentar yang tidak beralasan sama sekali.

천만사(千萬事)<cheon/man/sa> semuanya; segala sesuatu.

천만세(千萬世)<cheon/man/se> generasi yang tak terhingga/terhitung; segala zaman.

천만의외(千萬意外)<cheon/man/eui/oe> ☞ 천만뜻밖.

천명(天命)<cheon/myeong> ① (수명) hidup. ② kehendak Tuhan; takdir. ~으로 알다 pasrah terhadap nasib.

천명(闡明)<cheon/myeong> ~하다 menerangkan; menjelaskan.

천문(天文)<cheon/mun> ilmu perbintangan; astronomi; ilmu falak. ~학적 astronomis. ~대 observatorium. ~학자 ahli perbintang-

an; astronom.
천민(賤民)＜cheon/min＞ rakyat je-lata; kaum marhaen.
천박(淺薄)＜cheon/bak＞ ～하다 dangkal; cetek; rendah.
천방지축(天方地軸)＜cheon/bang/ji/chuk＞ dengan sembarangan/cero-boh.
천벌(天罰)＜cheon/beol＞ ～을 받다 menerima kutukan; dikutuk.
천변(川邊)＜cheon/byeon＞ tepi sungai; pinggir sungai. ～에 di tepi sungai. ～에서 dari pinggir su-ngai.
천변(天變)＜cheon/byeon＞ bencana alam. ～지이(地異) bencana.
천변만화(千變萬化)＜cheon/byeon/man/hwa＞ perubahan yang banyak sekali. ～하다 berubah secara te-rus menerus. ～의 senantiasa ber-ubah.
천복(天福)＜cheon/bok＞ berkat/rah-mat Tuhan.
천부(天賦)＜cheon/bu＞ ～의 ala-miah; alami. ～의 재능 bakat ala-mi.
천분(天分)＜cheon/bun＞ ～이 있다 mempunyai bakat … ～이 있는 bertalenta; berbakat.
천사(天使)＜cheon/sa＞ malaikat; pesuruh Allah.
천생(天生)＜cheon/saeng＞ ～의 ala-miah. ～ 배필 pasangan yang di-takdirkan. ～연분 perkawinan yang sudah jodoh.
천성(天性)＜cheon/seong＞ pemba-waan; tabiat. ～의 alamiah.
천세나다＜cheon/se/na/da＞ laris.
천수(天水)＜cheon/su＞ air hujan. ～답(沓) ☞ 천둥지기.
천시(天時)＜cheon/si＞ kesempatan baik.
천시(賤視)＜cheon/si＞ ～하다 me-nganggap hina; memandang rendah.
천식(喘息)＜cheon/sik＞ 『醫』 penya-kit asma; bengek. ～환자 penderi-ta asma.
천신(天神)＜cheon/sin＞ dewa-dewi.
천신만고(千辛萬苦)＜cheon/sin/man/

go＞ ～하다 mengalami berbagai kesukaran hidup.
천심(天心)＜cheon/sim＞ ① (하늘 뜻) kehendak Tuhan. ② (하늘 복판) Zenith.
천애(天涯)＜cheon/ae＞ ① (하늘 끝) kaki langit; ufuk; horison. ② ne-geri yang jauh; tempat yang jauh. ～의 고아 orang asing di negara asing; orang yang sebatang kara.
천양지차(天壤之差)＜cheon/yang/ji/cha＞ ☞ 천양지판.
천양지판(天壤之判)＜cheon/yang/ji/fan＞ perbedaan besar. ～이다 berbeda sama sekali.
천언만어(千言萬語)＜cheon/eon/man/eo＞ argumen yang tiada putus-putusnya.
천업(賤業)＜cheon/eob＞ pekerjaan yang tidak layak.
천역(賤役)＜cheon/yeok＞ tugas/pe-kerjaan/yang rendah.
천연(天然)＜cheon/yeon＞ alam. ～의 [적인] alami. ～적으로 secara alami. ～ 가스[자원] gas [sumber daya] alam. ～ 기념물 monumen alam.
천연(遷延)＜cheon/yeon＞ penunda-an. ～하다 menunda.
천연두(天然痘)＜cheon/yeon/du＞ campak; cacar.
천연색(天然色)＜cheon/yeon/saek＞ warna asli; warna alami. ～사진 foto warna. ～영화 film warna.
천연스럽다(天然-)＜cheon/yeon/seu/reob/ta＞ tidak terpengaruh; tidak peduli.
천왕성(天王星)＜cheon/wang/seong＞ 『天』 Uranus.
천우신조(天佑神助)＜cheon/u/sin/jo＞ karunia Tuhan.
천운(天運)＜cheon/un＞ nasib; tak-dir.
천은(天恩)＜cheon/eun＞ rahmat Tu-han.
천의(天意)＜cheon/eui＞ kehendak Tuhan.
천인(天人)＜cheon/in＞ ～ 공노(共怒)할 죄 dosa terhadap Tuhan dan

manusia.
천인(賤人)＜cheon/in＞ orang ren-
dahan.
천일염(天日鹽)＜cheon/il/yeom＞ ga-
ram asli.
천자(千字)＜cheon/ja＞ 1000 huruf.
~문 naskah seribu huruf (huruf ci-
na).
천자(天子)＜cheon/ja＞ kaisar.
천자(天資)＜cheon/ja＞ ~ 총명하다
diberkati dengan kebijaksanaan.
천자만홍(千紫萬紅)＜cheon/ja/man/
hong＞ berjenis-jenis bunga.
천장(天障)＜cheon/jang＞ langit-
langit; plafon. 반자 ~ langit-
langit papan.
천장(遷葬)＜cheon/jang＞ ~하다
memindahkuburkan.
천재(千載)＜cheon/jae＞ ~ 일우의
호기 kesempatan emas.
천재(天才)＜cheon/jae＞ genius. ~
적인 berbakat; bertalenta. ~교육
pendidikan anak jenius.
천재(天災)＜cheon/jae＞ bencana.
~지변(地變) bencana alam.
천적(天敵)＜cheon/jeok＞ musuh
alami; musuh bebuyutan.
천정(天井)＜cheon/jeong＞ ☞ 천장.
~부지의 membumbung tinggi; me-
langit. ~시세 harga yang mela-
ngit.
천주(天主)＜cheon/ju＞ Tuhan.
천주교(天主敎)＜cheon/ju/gyo＞ Ka-
tolik Roma. ~교회 gereja Katolik
Roma. ~도 orang Katolik.
천지(天地)＜cheon/ji＞ ① dunia;
alam semesta; langit dan bumi; ja-
gat. ~의 차 (☞ 천양지판). ~의
진동 ledakan alam semesta. ~만
물 semua ciptaan; seluruh alam
semesta; makhluk. ② daratan; ta-
nah. 자유의 ~ tanah kebebasan.
③ (많음) …~다 melimpah; ada
dimana- mana.
천지개벽(天地開闢)＜cheon/ji/gae/
byeok＞ penciptaan. ~하다 men-
ciptakan langit dan bumi.
천지신명(天地神明)＜cheon/ji/sin/
myeong＞ Tuhan semesta alam.

천직(天職)＜cheon/jik＞ misi; pang-
gilan.
천진(天眞)＜cheon/jin＞ ~한 lugu;
tidak berdosa; naif.
천진난만(天眞爛漫)＜cheon/jin/nan/
man＞ kenaifan. ~한 naif.
천차만별(千差萬別)＜cheon/cha/man/
byeol＞ ~의 bermacam ragam.
천천히＜cheon/cheon/hi＞ pelan-pe-
lan. ~하다 berlena-lena; berlelai-
lelai.
천체(天體)＜cheon/che＞ bintang di
langit. ~관측 observasi bintang.
~도 peta angkasa. ~ 망원경 te-
ropong bintang. ~ 물리학 astrofi-
sika.
천추(千秋)＜cheon/chu＞ seribu ta-
hun; bertahun-tahun. ~의 한이되
는 일 masalah yang sangat disesal-
kan. 하루를 ~ 같이 기다리다 me-
nunggu dengan tidak sabar.
천치(天癡)＜cheon/chi＞ idiot.
천태만상(千態萬象)＜cheon/thae/man/
sang＞ ☞ 천차만별.
천편일률(千篇一律)＜cheon/fyeon/il/
ryul＞ ~적 ketunggalnadaan; se-
tereotif; monoton.
천품(天稟)＜cheon/fum＞ pembawa-
an; tabiat.
천하(天下)＜cheon/ha＞ dunia; alam
semesta. ~에 di bawah kolong la-
ngit. ~ 일품의 tidak ada duanya;
unik. ~를 잡다 memerintah selu-
ruh negara. ~ 무적이다 tiada ta-
ranya di seluruh dunia. ~명창
penyanyi yang tiada tandingannya.
~일색 wanita dengan kecantikan
yang tiada taranya. ~장사 pria
yang paling kuat.
천하다(賤 -)＜cheon/hada＞ ① (신분
이) rendahan. ② kasar; sumbang;
tidak sedap didengar. 말씨가 ~
gaya bicara kasar. ③ (지천) me-
limpah.
천학(淺學)＜cheon/hak＞ belajar
dangkal.
천행(天幸)＜cheon/haeng＞ nasib
baik.
천형병(天刑病)＜cheon/hyeong/

pyeong> penyakit kutukan.
천혜(天惠)<cheon/hye> berkat; rahmat; karunia.
철<cheol> musim. ~아닌 diluar musim. ~지난 lewat musim.
철<cheol> akal sehat. ☞ 철나다, 철들다, 철모르다, 철없다.
철(鐵)<cheol> besi; logam; baja. (☞ 쇠). ~을 함유한 mengandung besi.
…철(綴)<cheol> arsip; berkas (☞ 철하다). 서류 ~ berkas surat. 신문 ~ berkas surat kabar.
철갑(鐵甲)<cheol/gab> baju besi; baju zirah. ~선 kapal lapis besi.
철강(鐵鋼)<cheol/gang> baja. ~업 industri besi dan baja.
철거(撤去)<cheol/geo> pengosongan; evakuasi; penarikan mundur. ~하다 mengosongkan; mengevakuasi; menarik mundur.
철골(鐵骨)<cheol/gol> kerangka besi.
철공(鐵工)<cheol/gong> pekerja besi. ~소 pabrik besi.
철관(鐵管)<cheol/gwan> pipa besi.
철광(鐵鑛)<cheol/gwang> bijih besi.
철교(鐵橋)<cheol/gyo> jembatan besi; jembatan kereta api.
철군(撤軍)<cheol/gun> ~하다 menarik mundur (tentara); mengevakuasi.
철권(鐵拳)<cheol/gwon> tinju; kepalan tangan; ketupat bengkulu; jotos. ~을 가하다 memukul dengan tinju; meninju; menjotos. ~제재 sanksi yang keras.
철근(鐵筋)<cheol/geun> besi beton. ~콘코리트 beton bertulang.
철기(鐵器)<cheol/gi> barang besi. ~시대 zaman besi.
철꺽<cheol/keok> ☞ 찰칵.
철나다<cheol/na/da> ☞ 철들다.
철도(鐵道)<cheol/to> jalan kereta api; rel kereta api; jalan sepur. ~를 놓다 memasang jalan kereta api. ~자살하다 bunuh diri di rel kereta api. ~편으로 dengan ke-

reta api. ~국 Perumka. ~망 jaringan rel. ~사고 kecelakaan kereta api. ~선로 jalur kereta api. ~안내소 biro informasi kereta api. ~운임 ongkos kereta api. ~종업원[공안원] petugas [pegawai pengawas] kereta api. ~청 Perusahaan Kereta Api Korea. 광궤[협궤] ~ rel lebar [sempit]. 교외 ~ jalur kereta api pinggiran kota.
철두철미(徹頭徹尾)<cheol/tu/cheol/mi> dari awal sampai akhir; setiap inci; secara rinci.
철들다<cheol/deul/da> tumbuh pemahaman; sudah berakal sehat.
철렁거리다<cheol/leong/geo/ri/da> ☞ 찰랑거리다.
철로(鐵路)<cheol/lo> rel kereta api; jalan kereta api.
철리(哲理)<cheol/li> falsafah.
철망(鐵網)<cheol/mang> ① kasa kawat. ~을 치다 memasang kawat kasa. ② ☞ 철조망.
철매<cheol/mae> jelaga; sulang. ☞ 검댕, 그을음.
철면(凸面)<cheol/myeon> permukaan cembung.
철면피(鐵面皮)<cheol/myeon/fi> kelancangan; kekurangajaran. ~한 tidak tahu malu; tebal muka.
철모(鐵帽)<cheol/mo> topi baja.
철모르다<cheol/mo/reu/da> tidak mempunyai pengertian/akal sehat.
철문(鐵門)<cheol/mun> pintu besi.
철물(鐵物)<cheol/mul> barang besi. ~상(商) toko besi; tukang besi.
철바람<cheol/ba/ram> angin musim.
철버덕거리다<cheol/beo/deok/geo/ri/da> berkecipak.
철벽(鐵壁)<cheol/byeok> tembok besi. ~같은 진(陣) benteng yang tidak bisa ditembus.
철병(撤兵)<cheol/byeong> ☞ 철군(撤軍).
철봉(鐵捧)<cheol/bong> batang besi; palang besi.
철부지(- 不知)<cheol/bu/ji> orang

yang tidak mempunyai pengertian/ akal sehat.

철분(鐵分) <cheol/bun> zat besi. ~이 있다 mengandung bahan mineral.

철사(鐵絲) <cheol/sa> pemasangan kawat, kawat. 가시 ~ kawat berduri.

철삭(鐵索) <cheol/sak> kabel; kawat besi.

철새 <cheol/sae> burung pengembara.

철석(鐵石) <cheol/seok> ~같은 kukuh; keras. ~ 간장(肝腸) tekad yang keras.

철선(鐵線) <cheol/seon> kawat besi.

철수(撤收) <cheol/su> penarikan mundur; evakuasi; pengosongan. ~하다 menarik mundur; menghijrahkan; mengevakuasi. ~자 pengungsi.

철시(撤市) <cheol/si> ~하다 menutup toko; menghentikan usaha.

철썩 <cheol/sseok> ① (물소리) berdeburan. ~하다 berdebur. ② (때림) ~하다 menempeleng.

철야(徹夜) <cheol/ya> ~하다 jaga sepanjang malam; bergadang. ~작업 kerja sepanjang malam.

철없다 <cheol/eob/ta> ☞ 철모르다.

철옹성(鐵瓮城) <cheol/ong/seong> benteng yang tidak dapat ditembus. ~같다 tak dapat direbut/ ditembus.

철인(哲人) <cheol/in> orang bijaksana; filsuf.

철자(綴字) <cheol/ca> ejaan; sepelan. ~하다 mengeja; menyepel. ~법 sistim ejaan.

철재(鐵材) <cheol/jae> bahan besi.

철저(徹底) <cheol/jeo> ~한 seksama; teliti. ~히 sepenuhnya.

철제(鐵製) <cheol/je> ~의 besi; baja.

철제(鐵劑) <cheol/je> pembuatan besi.

철조망(鐵條網) <cheol/co/mang> jalinan kawat berduri.

철주 <cheol/cu> ~하다 menge-

kang.

철쭉 <cheol/chuk> 『植』 bunga azalia.

철창(鐵窓) <cheol/chang> jendela yang berjeruji besi; penjara. ~생활 kehidupan penjara.

철책(鐵柵) <cheol/chaek> pagar besi.

철천지원(徹天之冤) <cheol/cheon/ji/won> ☞ 철천지한.

철천지한(徹天之恨) <cheol/cheon/ji/han> penyesalan panjang; dendam yang mendalam. ~을 품다 menaruh dendam yang mendalam; memendam penyesalan panjang.

철철 <cheol/cheol> ~ 넘치다 melimpah-limpah. ~ 넘도록 sampai melimpah.

철추(鐵推) <cheol/chu> ☞ 철퇴.

철칙(鐵則) <cheol/chik> aturan yang keras.

철통(鐵桶) <cheol/thong> ~같은 방어진 lingkaran penjagaan yang tidak dapat ditembus. ~같은 경계망 pengawalan polisi yang ketat. ~같은 경계망을 펴다 menjaga secara ketat.

철퇴(撤退) <cheol/thoe> penarikan mundur. ~하다 menarik mundur.

철퇴(鐵槌) <cheol/thoe> palu besi. ~를 내리다 memerintah dengan keras.

철판(凸板) <cheol/fan> ~인쇄 cetakan timbul.

철판(鐵板) <cheol/fan> plat besi; lempeng besi.

철편(鐵片) <cheol/fyeon> sepotong besi.

철폐(撤廢) <cheol/fye> ~하다 menghapus.

철필(鐵筆) <cheol/fil> pena; kalam. ~대 tangkai pena.

철하다(綴 -) <cheol/hada> membundel. 서류를 ~ membundel surat-surat.

철학(哲學) <cheol/hak> filsafat. ~적(으로) (secara) filosofis. ~박사 doktor filsafat. ~자 ahli filsafat; ahli tahkik. 인생 ~ filsafat hidup.

철혈(鐵血)＜cheol/hyeol＞ darah dan besi; tentara dan senjata.

철회(撤回)＜cheol/hoe＞ penarikan. ～하다 menarik mundur; menarik kembali.

첨가(添加)＜cheom/ga＞ ～하다 menambah. ～물 tambahan.

첨단(尖端)＜cheom/dan＞ puncak; kesudahan; modern; ujung tombak. ～적인 ekstrim; ultra modern. 시대의 ～을 걷다 menjadi pelopor era baru. 유행의 ～을 걷다 memelopori mode.

첨벙＜cheom/beong＞ berdeburan.

첨병(尖兵)＜cheom/byeong＞ satuan perintis/pengintai.

첨부(添附)＜cheom/bu＞ ～하다 melampirkan. ～서류 dokumen lampiran.

첨삭(添削)＜cheom/sak＞ ～하다 memperbaiki; mengoreksi.

첨예(尖銳)＜cheom/ye＞ ～화하다 menjadi radikal. ～분자 orang yang radikal.

첨탑(尖塔)＜cheom/thab＞ puncak menara.

첩(妾)＜cheob＞ gundik; bini muda. ～을 두다 memelihara gundik.

첩(貼)＜cheob＞ sebungkus (obat).

...첩(帖)＜cheob＞ album. 견본 ～ album percontohan.

첩경(捷徑)＜cheob/gyeong＞ ① (지름길) jalan potong; pintasan. ② (부사적) dengan mudah; paling mungkin.

첩보(捷報)＜cheob/bo＞ kabar kemenangan.

첩보(諜報)＜cheob/bo＞ intelijen. ～기관 dinas rahasia. ～망 jaringan kerja intelijen. ～부 biro intelijen. ～원 intelijen; agen rahasia. ～활동 kegiatan pengintaian.

첩부(貼付)＜cheob/bu＞ ☞ 붙이다.

첩약(貼藥)＜cheob/yak＞ sebungkus jamu/obat.

첩첩(疊疊)＜cheob/cheob＞ ～산중 pelosok pegunungan.

첫＜cheot＞ perdana; pertama; baru. ～공연 pertunjukan perdana.

～글자 huruf awal. ～서리 embun beku pertama (dimusim itu). ～아이 anak sulung. ～항해 pelayaran perdana.

첫걸음＜cheot/geo/reum＞ langkah pertama; ABC.

첫길＜cheot/gil＞ perjalanan pertama.

첫날＜cheot/nal＞ hari pertama.

첫날밤＜cheot/nal/pam＞ malam pengantin; malam pertama.

첫눈＜cheot/nun＞ pandangan pertama. ～에 pada pandangan pertama. ～에 반하다 jatuh cinta pada pandangan pertama.

첫눈＜cheot/nun＞ salju pertama.

첫돌＜cheot/tol＞ ulang tahun pertama.

첫마디,첫말＜cheot/ma/di,cheot/mal＞ kata sambutan.

첫머리＜cheot/meo/ri＞ awal; pendahuluan.

첫무대(- 舞臺)＜cheot/mu/dae＞ penampilan pertama; debut. ～를 밟다 mengadakan penampilan pertama; membuat debut.

첫물＜cheot/mul＞ ～옷 ① baju baru. ② ☞ 맏물.

첫밖＜cheot/bak＞ permulaan. ～에 pada (hari) permulaan.

첫배＜cheot/bae＞ anak seperindukan pertama.

첫사랑＜cheot/sa/rang＞ cinta pertama.

첫새벽＜cheot/sae/byeok＞ subuh; fajar. ～에 pada waktu subuh.

첫선＜cheot/seon＞ pengenalan pertama; penampilan pertama. ～을 보이다 tampil pertama kali; memperkenalkan pertama kali.

첫술＜cheot/sul＞ sendok pertama. ～에 배부르랴 Jangan terlalu banyak pada percobaan pertama.

첫여름＜cheot/yeo/reum＞ awal musim panas.

첫인상(- 印象)＜cheot/in/sang＞ kesan pertama. ～이 좋다 memberikan kesan pertama yang baik.

첫정(- 情)＜cheot/jeong＞ kasih sayang pertama.

첫째＜cheot/cae＞ nomor satu. ～로 mula-mula. ～가 되다 menjadi nomor satu. ～를 차지하다 mendapat juara satu.

첫추위＜cheot/chu/wi＞ dingin pertama musim dingin.

첫출발(-出發)＜cheot/chul/bal＞ permulaan; awal. 인생의 ～ awal kehidupan.

첫판＜cheot/fan＞ (경기 따위의) ronde pertama.

첫판(- 版)＜cheot/fan＞ (초판) terbitan pertama; edisi pertama.

첫해＜cheot/hae＞ tahun pertama.

첫행보(-行步)＜cheot/haeng/bo＞ kunjungan pertama.

청＜cheong＞ selaput.

청(請)＜cheong＞ permintaan; permohonan. ～에 의하여 atas permintaan. ～을 넣다 meminta melalui … ～을 들어주다 mengabulkan permintaan. ～이 있다 ada permintaan (kepada).

청가뢰＜cheong/ga/roe＞ 『蟲』 kumbang hijau.

청각(聽覺)＜cheong/gak＞ indra pendengaran. ～신경 saraf pendengaran.

청강(聽講)＜cheong/gang＞ ～하다 menghadiri (kuliah). ～료 (uang) masuk. 무료 ～ bebas hadir.

청개구리(靑-)＜cheong/gae/gu/ri＞ 『動』 kodok pohon.

청결(淸潔)＜cheong/gyeol＞ kebersihan; kesucian; kejernihan. ～하다 bersih; rapi. ～히 하다 membersihkan. ～히 해두다 menjaga (sesuatu) tetap bersih.

청과(靑果)＜cheong/gwa＞ sayur-sayuran dan buah-buahan. ～시장 pasar buah dan sayuran. ～점 toko sayur dan buah.

청관(聽官)＜cheong/gwan＞ 『解』 alat-alat pendengaran.

청교도(淸敎徒)＜cheong/gyo/do＞ orang yang berpegang teguh pada peraturan tata susila; puritan.

청구(請求)＜cheong/gu＞ permintaan; klaim; tuntutan. ～하다 meminta; mengklaim; menuntut. ～가 있는 대로 sedang dibutuhkan. ～에 응하다 memenuhi permintaan. ～권 tuntutan. ～권을 포기하다 membatalkan tuntutan. ～서 surat tuntutan. ～액 jumlah yang dituntut. ～인 orang yang menuntut.

청기와(靑 -)＜cheong/gi/wa＞ genteng biru.

청널(廳 -)＜cheong/neol＞ lantai.

청년(靑年)＜cheong/nyeon＞ anak muda; jejaka; teruna; remaja; pemuda. ～단(團) persatuan pemuda. ～시절 masa muda.

청대＜cheong/dae＞ 『植』 varitas bambu beruas pendek.

청대콩(靑-)＜cheong/dae/khong＞ buncis hijau.

청동(靑銅)＜cheong/dong＞ perunggu; kuningan; kangsa. ～기 barang perunggu. ～시대 zaman perunggu.

청동오리＜cheong/dung/o/ri＞ 『鳥』 bebek liar.

청람(晴嵐)＜cheong/nam＞ ☞ 아지랑이.

청량(淸凉)＜cheong/yang＞ ～한 sejuk; nyaman; segar. ～음료 minuman segar.

청력(聽力)＜cheong/nyeok＞ daya pendengaran. ～검사 tes pendengaran. ～계 alat pengukur pendengaran. ～측정 pengukuran pendengaran.

청렴(淸廉)＜cheong/nyeom＞ kejujuran. ～한 jujur. ～결백＝청렴.

청명(淸明)＜cheong/myeong＞ ～한 cerah.

청바지(靑 -)＜cheong/ba/ji＞ blue jean.

청백(淸白)＜cheong/baek＞ ～한 jujur dan bersih.

청병(請兵)＜cheong/byeong＞ ～하다 meminta bala bantuan.

청부(請負)＜cheong/bu＞ ☞ 도급(都給). ～살인 pembunuhan kontrak. ～업 kerja borongan. ～업자 kontraktor; pemborong. ～인 orang

yang memborongkan pekerjaan.
청빈(淸貧)＜cheong/bin＞ kemiskinan jujur.
청사(靑史)＜cheong/sa＞ sejarah. ～에 길이 남다 tertulis dalam sejarah.
청사(廳舍)＜cheong/sa＞ bangunan pemerintah.
청사진(靑寫眞)＜cheong/sa/jin＞ cetak biru; gambaran bagan. ～을 제시하다 mengemukakan rencana.
청산(靑酸)＜cheong/san＞ 『化』 asam prusik; asam hidroksianat. ～염 racun sianida. ～칼리 potasium sianida.
청산(淸算)＜cheong/san＞ pembubaran; penghapusan; penutupan. ～하다 membubarkan; menghapuskan. 과거를 ～하다 mengubur masa lalu. ～서 lembaran saldo. ～인 pelikuidasi. ～회사 perusahaan yang dilikuidasi.
청산유수(靑山流水)＜cheong/san/yu/su＞ kefasihan. ～같다 berbicara dengan fasih.
청상과부(靑孀寡婦)＜cheong/sang/gwa/bu＞ janda muda; janda kembang.
청색(靑色)＜cheong/saek＞ biru.
청소(淸掃)＜cheong/so＞ pembersihan. ～하다 membersihkan. ～기 alat pembersih. ～부 tukang sapu jalan. ～차 gerobak sampah; truk sampah.
청소년(靑少年)＜cheong/so/nyeon＞ remaja. ～범죄 kenakalan remaja.
청순(淸純)＜cheong/sun＞ kemurnian; kebersihan; kesucian. ～하다 murni; bersih; suci.
청승＜cheong/seung＞ sengsai. ～떨다 berlaku sengsai.
청승맞다,청승스럽다＜cheong/seung/mat/ta, cheong/seung/seu/reob/ta＞ sengsai.
청신(淸新)＜cheong/sin＞ ～한 baru dan segar.
청신경(聽神經)＜cheong/sin/gyeong＞ saraf pendengaran.
청신호(靑信號)＜cheong/sin/ho＞

lampu hijau.
청아(淸雅)＜cheong/a＞ keanggunan. ～한 anggun.
청약(請約)＜cheong/yak＞ pemesanan di muka; perlangganan. ～하다 berlangganan. ～ 순으로 dalam urutan langganan. ～이 쏟아져 들어오다 dibanjiri langganan. ～금 uang langganan. ～인 pelanggan; langganan.
청어(靑魚)＜cheong/eo＞ 『魚』 ikan haring. ～알 telur ikan haring.
청와대(靑瓦臺)＜cheong/wa/dae＞ istana presiden Korea.
청우계(晴雨計)＜cheong/u/gye＞ barometer.
청운(靑雲)＜cheong/un＞ ～의 뜻 ambisi waktu muda; ambisi yang tinggi.
청원(請援)＜cheong/won＞ ～하다 meminta bantuan; memohon bantuan.
청원(請願)＜cheong/won＞ permohonan; petisi. ～하다 mengajukan petisi; memohon. ～경찰(관) polisi dengan tugas pengawalan khusus. ～서 permohonan tertulis; petisi tertulis. ～자 pemohon; pengaju petisi.
청음기(聽音機)＜cheong/eum/gi＞ pelacak suara.
청일(淸日)＜cheong/il＞ ～전쟁 perang Cina-Jepang.
청자(靑瓷)＜cheong/ja＞ porselen seladon. ～색의 warna seladon.
청정(淸淨)＜cheong/jeong＞ kemurnian; kebersihan. ～한 murni; bersih. ～야채 sayur-sayuran yang bersih. ～재배 budidaya sanitasi.
청주(淸酒)＜cheong/ju＞ sake. 특급 ～ sake bermutu istimewa.
청중(聽衆)＜cheong/jung＞ hadirin; pemirsa. 많은 [적은] ～ hadirin yang banyak [sedikit]. ～석 auditorium.
청진(聽診)＜cheong/jin＞ 『醫』 pendengaran dengan alat. ～하다 mendengarkan (dengan alat). ～기 stetoskop. ～기를 대다 mengguna-

kan stetoskop.

청질(請 -) <cheong/jil> ～하다 memohon/meminta jasa baik; memohon (seseorang) untuk menggunakan pengaruhnya.

청천(青天) <cheong/cheon> langit biru. ～벽력 petir disiang bolong.

청천(晴天) <cheong/cheon> cuaca baik; hari cerah.

청천백일(青天白日) <cheong/cheon/baek/il> ～의 몸이 되다 dibebaskan dari tuntutan; dipulihkan nama baik.

청첩(請牒) <cheong/cheob> surat undangan.

청청하다(青青-) <cheong/cheong/hada> segar dan hijau.

청초(清楚) <cheong/cho> ～한 rapi dan bersih.

청춘(青春) <cheong/chun> (masa) muda. ～의 muda; remaja. 꽃다운 ～ muda seperti bunga. ～기 masa puber. ～시대 masa muda.

청출어람(青出於藍) <cheong/chul/eo/nam> lebih cemerlang dari gurunya.

청취(聽取) <cheong/chwi> ～하다 mendengar; mendengarkan. 증언을 ～하다 mendengarkan kesaksian. ～율 penilaian pemirsa. 라디오 ～자 pendengar radio.

청컨대(請-) <cheong/kheon/dae> Sudikah kiranya … .

청탁(清濁) <cheong/thak> ～을 가리지 않다 tidak pilih bulu.

청탁(請託) <cheong/thak> permintaan; permohonan. ～하다 meminta; memohon. ～을 거절하다 menolak permohonan.

청태(青苔) <cheong/thae> lumut laut.

청풍(清風) <cheong/fung> angin sepoi-sepoi basah. ～명월 angin sepoi-sepoi dan bulan yang terang.

청하다(請 -) <cheong/hada> ① (부탁) meminta/memohon (untuk melakukan). ② (달라다) meminta (sesuatu). ③ (초빙) mengundang.

청허(聽許) <cheong/heo> ～하다 mengijinkan; mengabulkan; merestui.

청혼(請婚) <cheong/hon> lamaran untuk menikah; peminangan. ～하다 melamar; meminang. ☞ 구혼.

청훈(請訓) <cheong/hun> ～하다 minta instruksi/petunjuk.

체<che> ayakan; saringan. ～로 치다 menyaring; mengayak.

체(滯) <che> gangguan pencernaan.

체(體) <che> badan; rangka; rancangan; bagian.

체<che> (거짓태) pura-pura; sok aksi. ☞ 체하다.

체<che> (경멸) bah!; cih!.

체감(遞減) <che/gam> penyusutan berturut-turut. ～하다 menyusut secara berturut-turut. 수확 ～의 법칙 kaidah penyusutan.

체감(體感) <che/gam> rangsangan tubuh. ～온도 temperatur yang efektif.

체격(體格) <che/gyeok> perawakan; bentuk tubuh; sikap; sosok. ～이 좋은 perawakan yang bagus.

체결(締結) <che/gyeol> kesimpulan; keputusan. ～하다 memutuskan (kontrak).

체경(滯京) <che/gyeong> ～하다 tinggal di Seoul.

체경(體鏡) <che/gyeong> cermin panjang.

체계(體系) <che/gye> sistim. ～적(으로) (secara) sistematis. ～화하다 mensistematiskan.

체공(滯空) <che/gong> ～하다 tinggal di udara/angkasa. ～비행(기록) (rekor) ketahanan di angkasa. ～시간 lama terbang.

체구(體軀) <che/gu> ☞ 체격.

체기(滯氣) <che/gi> rasa terganggu pencernaan.

체납(滯納) <che/nab> penunggakan. ～하다 menunggak. ～금 tunggakan. ～자 penunggak. ～처분 penagihan paksa.

체내(體內) <che/nae> ～의[에] [di] dalam tubuh/badan. ～의 당분 gula badan.

체념(諦念)＜che/yeom＞ ① pemahaman kebenaran; pencerahan rohani. ～하다 memahami kebenaran; melihat dengan jelas. ② pemasrahan. ～하다 pasrah. 없어진 것으로 ～하다 pasrah dengan apa yang hilang.

체능(體能)＜che/neung＞ kecakapan (kemampuan) fisik. ～검사 uji kecakapan fisik.

체당(替當)＜che/dang＞ ～하다 menalangi; meminjami; meminjamkan.

체대(體大)＜che/dae＞ ～한 berbangun besar; berperawakan besar.

체득(體得)＜che/deuk＞ ～하다 menyadari; mengetahui; memahami; menguasai.

체력(體力)＜che/ryeok＞ kekuatan fisik; stamina. ～을 기르다 membina kekuatan fisik. ～이 떨어지다 kekuatan menurun. ～검정 uji kekuatan; uji stamina.

체류(滯留)＜che/ryu＞ ～하다 berdiam; tinggal; menetap; bertempat tinggal; berdomisili; bermukim.

체리＜che/ri＞ buah ceri.

체면(體面)＜che/myeon＞ (명예) kehormatan; (명성) kewibawaan; harga diri; (외관) penampilan; (위신) kebanggaan. ～상 demi kehormatan. ～이 서다 menyelamatkan muka (kehormatan). ～을 유지하다 menjaga kehormatan/penampilan. ～에 관계되다 mempengaruhi kehormatan. ～을 손상하다 merusak harga diri; menjatuhkan harga diri.

체모(體貌)＜che/mo＞ ☞ 체면(體面).

체미(滯美)＜che/mi＞ ～하다 tinggal di Amerika.

체벌(體罰)＜che/beol＞ hukuman jasmani (badani).

체불(滯拂)＜che/bul＞ penangguhan dalam pembayaran; pembayaran dengan menunggak. ～임금 upah tunggakan.

체소(體小)＜che/so＞ ～한 berbangun kecil; berperawakan kecil.

체스＜che/seu＞ catur.

체신(遞信)＜che/sin＞ pos dan telekomunikasi. ～부 Departemen pos dan telekomunikasi. ～업무 pelayanan pos dan telegram.

체언(體言)＜che/eon＞ 『文』 kata benda.

체온(體溫)＜che/on＞ suhu panas badan. ～을 재다 mengukur suhu tubuh. ～계 termometer klinik.

체위(體位)＜che/wi＞ sikap badan; postur tubuh.

체육(體育)＜che/yuk＞ latihan fisik; keolahragaan; pendidikan jasmani. ～과 jurusan pendidikan jasmani; jurusan olah raga. ～관 gimnasium. ～청소년부 Kementrian Olah raga dan Kepemudaan. ～특기자 orang yang berjasa dibidang olah raga. 대한 ～회 Perhimpunan Atletik Amatir Korea.

체재(滯在)＜che/jae＞ ☞ 체류(滯留). ～객 tamu; penginap. ～비 biaya hotel. ～일수 lama kunjungan.

체재(體裁)＜che/jae＞ bentuk; gaya. ～가 좋은 pantas; selaras. ～가 나쁜 tidak pantas.

체적(體積)＜che/jeok＞ kapasitas; volume.

체제(體制)＜che/je＞ organisasi; sistim; struktur; orde. 경제 ～ struktur ekonomi. 기성 ～ sistim yang mapan. 신[구] ～ orde baru [lama]. 전시 ～ (하에 있다) diorganisir atas dasar keadaan perang. 정치 ～ sistim politik.

체조(體操)＜che/jo＞ senam. ～기구 peralatan senam. 기계 ～ senam alat. 라디오 ～ senam radio.

체중(體重)＜che/jung＞ berat; bobot. ～이 늘다[줄다] bertambah [kehilangan] berat. ～을 달다 menimbang badan. ～이 50킬로이다 berberat 50 kg.

체증(滯症)＜che/ceung＞ gangguan pencernaan. 교통 ～ kemacetan lalu lintas.

체질＜che/jil＞ penyaringan; pengayakan. ～하다 menyaring; mengayak.

체질(體質)＜che/jil＞ keadaan jasma-

ni.　~ 적(으로) secara jasmaniah.
~이 (허)약하다 keadaan jasmani
lemah.
체취(體臭) <che/chwi> bau badan.
체코슬로바키아 <che/kho/seul/ro/ba/
khi/a>　　Cekoslowakia.　　~의
mengenai Cekoslowakia.　~사람
orang Cekoslowakia.
체크 <che/kheu>　　① petak-petak.
~ 무늬의 berpetak-petak. ② per-
bandingan;　pengecekan.　~하다
memberi tanda; mengecek.
체통(體統) <che/thong>　harga diri;
kehormatan; muka. ~을 잃다 ke-
hilangan muka.　☞ 체면.
체포(逮捕) <che/fo> penahanan; pe-
nangkapan.　~하다 menahan; me-
nangkap; membekuk.
체하다(滯 -) <che/hada>　　terganggu
pencernaan.
체하다 <che/hada>　　berpura-pura;
berbuat seolah-olah.　모르는　~
berpura-pura tidak tahu.
체험(體驗) <che/heom>　　~하다
mengalami.　~담 riwayat penga-
laman.
체형(體刑) <che/hyeong>　　hukuman
badan/jasmani.
체화(滯貨) <che/hwa>　　penimbunan
muatan.
첼로 <chel/lo> selo.　~ 연주가
pemain selo.
쳐가다 <chyeo/ga/da>　　mengumpul-
kan dan mengangkut (sampah).
쳐내다 <chyeo/nae/da>　　membuang;
menyingkirkan.
쳐다보다 <chyeo/da/bo/da>　　meman-
dang; mendongak; menjelengak.
쳐들다 <chyeo/deul/da>　　① (올리
다) mengangkat. ② (초들다) me-
nunjukkan; menyebutkan.
쳐들어가다 <chyeo/deul/eo/ga/da>
menyerbu; menyerang.
쳐주다 <chyeo/ju/da>　　① (값을)
menaksir; menilai. ② (인정) meng-
akui (berterima kasih).
쳐죽이다 <chyeo/ju/gi/da>　　memukul
mati.
초 <cho> lilin. ~ 를 켜다[끄다]

menyalakan [memadamkan]　　lilin.
~심지 sumbu lilin.
초(秒) <cho> ☞ 초록(秒錄).
초(草) <cho> ☞ 기초. ~를 잡다
mengonsep; membuat konsep.
초(醋) <cho> cuka.　~를 치다
mencukai.
초(秒) <cho> detik.
초(初) <cho>　　permulaan;　tahap
awal.
초…(超) <cho> super; ultra; adi.
~ 자연적 super natural; adi kodra-
ti.
초가(草家) <cho/ga> gubuk beratap
jerami.
초가을(初 -) <cho/ga/eul>　　musim
gugur awal.
초강대국(超強大國) <cho/gang/dae/
guk> adidaya; negara adi daya.
초개(草芥) <cho/gae> sehelai jera-
mi; hal yang tidak berguna.　죽음
을 ~같이 여기다 menganggap nya-
wa tidak berarti (untuk membela
negara).
초겨울(初 -) <cho/gyeo/ul>　　musim
dingin awal.
초경험(超經驗) <cho/gyeong/heom>
~적 berdasarkan kerokhanian.
초계(哨戒) <cho/gye>　~하다 ber-
patroli.　~기[정] pesawat [kapal]
patroli.
초고(草稿) <cho/go>　konsep;　nas-
kah.　~를 작성하다 membuat kon-
sep; mengonsep.
초고속도(超高速度) <cho/go/sok/to>
kecepatan maksimum (ultra tinggi).
~ 촬영기 kamera berkecepatan ul-
tra tinggi.
초고주파(超高周波) <cho/go/ju/fa>
frekwensi super tinggi (ultra ting-
gi).
초과(超過) <cho/gwa>　　kelebihan.
~하다 melebihi; melecar; bersisa.
~ 근무수당 tunjangan (bayaran)
lembur. ~액 surplus. 수입[수출]
~ kelebihan impor [ekspor].
초근목ㅍ(草根木皮) <cho/geun/mok/
fi> akar rumput dan kulit pohon;
(악식) makanan kasar dan jelek;

(한약) bahan obat (jamu).

초급(初級)＜cho/geub＞ kelas pemula. ~ 영문법 tata bahasa Inggris untuk pemula.

초기(初期)＜cho/gi＞ tahap awal. ~의 awal; permulaan.

초년(初年)＜cho/nyeon＞ ① (첫해) tahun pertama; tahun-tahun pertama. ~병 tentara baru masuk. ~생 pemula; plonco. ② (인생의) masa muda.

초단(初段)＜cho/dan＞ tingkat pertama; tingkat *dan* (dalam taekwondo).

초단파(超短波)＜cho/dan/fa＞ gelombang ultra pendek.

초당파(超黨派)＜cho/dang/fa＞ ~적 (konsesus) suprapartai. ~ 외교 diplomasi suprapartai.

초대(初代)＜cho/dae＞ pendiri; generasi pertama. ~의 pertama.

초대(招待)＜cho/dae＞ undangan. ~하다 mengundang. ~에 응하다 [를 사절하다] menerima [menolak] undangan. ~권 karcis undangan. ~석 tempat duduk undangan. ~작가 artis undangan. ~장 kartu undangan; surat undangan. ~전 (展) prapameran.

초대작(超大作)＜cho/dae/jak＞ super produksi; produksi kolosal.

초대형(超大型)＜cho/dae/hyeong＞ ~의 ekstra besar; ukuran super. ~ 여객기 pesawat super.

초동(樵童)＜cho/dong＞ anak-anak pengumpul kayu bakar.

초두(初頭)＜cho/du＞ permulaan; awal.

초들다＜cho/deul/da＞ menyebut; mengacu; menukil; mengutip.

초등(初等)＜cho/deung＞ ~의 dasar. ~과 jurusan untuk sekolah dasar. ~교육 pendidikan dasar.

초라하다＜cho/ra/hada＞ gembel; lusuh; kotor. 옷이 ~ berpakaian gembel.

초래(招來)＜cho/rae＞ ~하다 menyebabkan; menimbulkan; mengakibatkan. 결과를 ~하다 menimbulkan akibat.

초례(醮禮)＜cho/rye＞ upacara perkawinan. ~청 tempat upacara perkawinan.

초로(初老)＜cho/ro＞ awal masa tua. ~의 신사 jentelmen awal masa tua.

초로(草露)＜cho/ro＞ embun di atas rumput. ~ 같은 인생 kehidupan yang fana.

초록(秒錄)＜cho/rok＞ ekstrak; abstrak; sari. ~하다 menyarikan.

초록(草綠),**초록색**(草綠色)＜cho/rok, cho/rok/saek＞ warna hijau. ~의 hijau.

초롱＜cho/rong＞ kaleng. 석유 ~ kaleng minyak tanah.

초롱(- 籠)＜cho/rong＞ lentera tangan; lampion.

초롱꽃(- 籠 -)＜cho/rong/kot＞ 『植』 bunga genta bertitik-titik.

초름하다＜cho/reum/hada＞ ① (넉넉지 못하다) tidak banyak. ② (모자라다) kekurangan.

초립(草笠)＜cho/rib＞ topi jerami.

초립동(草笠童)＜cho/rib/tong＞ anak muda (lelaki).

초막(草幕)＜cho/mak＞ gubuk jerami.

초만원(超滿員)＜cho/man/won＞ ~이다 terisi penuh.

초면(初面)＜cho/myeon＞ ~ 이다 bertemu untuk pertama kali. ~의 사람 orang asing; orang yang bertemu pertama kali. ~인사 salam perkenalan.

초목(草木)＜cho/mok＞ tanaman (dan pohon-pohon); vegetasi. 산천 ~ alam; pemandangan alam.

초미(焦眉)＜cho/mi＞ ~의 mendesak; penting. ~지급(急) kebutuhan mendesak.

초반(初盤)＜cho/ban＞ bagian pembukaan (permainan).

초밥(醋 -)＜cho/bab＞ nasi dan ikan yang diberi cuka.

초배(初褙)＜cho/bae＞ lapisan pertama kertas dinding.

초벌(初 -)＜cho/beol＞ ☞ 애벌.

초범(初犯)＜cho/beom＞ pelanggaran

pertama; pelanggar pertama.

초벽(初壁) ＜cho/byeok＞ plester kertas dinding.

초병(哨兵) ＜cho/byeong＞ pengawal; penjaga. ～근무 tugas mengawal (menjaga).

초보(初步) ＜cho/bo＞ dasar-dasar; tahap dasar. ～의 dasar. 수학의 ～ dasar ilmu hitung. ～자 pemula.

초복(初伏) ＜cho/bok＞ permulaan hari-hari terpanas.

초본(抄本) ＜cho/bon＞ abstrak; ekstrak.

초본(草本), 초본경(草本莖) ＜cho/bon, cho/bon/gyeong＞ tunas.

초봄(初 -) ＜cho/bom＞ awal musim semi.

초봉(初俸) ＜cho/bong＞ gaji permulaan.

초부(樵夫) ＜cho/bu＞ penebang (pemotong) kayu.

초빙(招聘) ＜cho/bing＞ undangan. ～하다 mengundang. ...의 ～으로 atas undangan (dari). 강사를 ～하다 mengundang penceramah (pembicara).

초사(焦思) ＜cho/sa＞ 노심 ～하다 berkhawatir.

초사흗날(初-) ＜cho/sa/heun/nal＞ tanggal tiga.

초산(初産) ＜cho/san＞ kelahiran anak pertama. ～부 perempuan yang sudah melahirkan anak pertama.

초산(醋酸) ＜cho/san＞ 『化』 asam asetat; asam sendawa. ～염(鹽) asetat.

초상(初喪) ＜cho/sang＞ perkabungan. 아버지의 ～을 당(當)하다 berkabung untuk ayah. ～을 치르다 menjalani perkabungan. ～집 rumah (keluarga) duka.

초상(肖像) ＜cho/sang＞ potret. ～화 lukisan potret. ～화가 pelukis potret. ～화를 그리게 하다 dilukis potret.

초생(初生) ＜cho/saeng＞ ☞ 초승.

초서(草書) ＜cho/seo＞ gaya penulis-

an cepat (huruf Cina).

초석(硝石) ＜cho/seok＞ 『化』 sendawa. 칠레 ～ sendawa Chili.

초석(礎石) ＜cho/seok＞ batu pondasi; batu sendi.

초성(初聲) ＜cho/seong＞ suara permulaan (awal).

초속(秒速) ＜cho/sok＞ kecepatan per detik.

초속도(超速度) ＜cho/sok/to＞ kecepatan super (ultra) tinggi.

초순(初旬) ＜cho/sun＞ ～에 di awal; pada permulaan.

초승(初 -) ＜cho/seung＞ awal bulan. ～달 bulan muda. ～달 모양의 seperti bulan sabit.

초식(草食) ＜cho/sik＞ pemakan rumput; herbivora. ～동물 hewan pemakan rumput.

초심(初心) ＜cho/sim＞ ① (처음마음) hati yang masih pelonco. ② (미숙) ～의 masih hijau; tidak berpengalaman. ③ (사람) pelonco; orang baru; pramadara. ～자(者)＝초심.

초심(初審) ＜cho/sim＞ pemeriksaan pertama; pengadilan pertama.

초아흐렛날(初-) ＜cho/a/heu/ret/nal＞ hari ke sembilan; tanggal sembilan.

초안(草案) ＜cho/an＞ konsep; rancangan; naskah. ～을 기초하다 membuat konsep/rancangan. 민법 ～ Rancangan Undang-Undang Hukum Perdata.

초야(草野) ＜cho/ya＞ tempat terpencil. ～에 묻혀 살다 hidup di tempat terpencil.

초여드렛날(初-) ＜cho/yeo/deu/ret/nal＞ hari ke delapan; tanggal delapan.

초여름(初 -) ＜cho/yeo/reum＞ awal musim panas.

초역(抄譯) ＜cho/yeok＞ ～하다 membuat terjemahan ringkas.

초연(初演) ＜cho/yeon＞ pertunjukan umum pertama.

초연(超然) ＜cho/yeon＞ ～하다 menyisihkan diri; menjauhkan diri. ～히 dengan menyisihkan diri.

초연(硝煙) ＜cho/yeon＞ asap mesiu.

초열흘날(初-) ＜cho/yeor/heul/nal＞ hari ke sepuluh; tanggal sepuluh.

초엽(初葉) ＜cho/yeob＞ permulaan; masa-masa awal. 20 세기 ～에 awal abad kedua puluh.

초엿샛날(初-) ＜cho/yeo/saen/nal＞ hari ke enam tanggal enam.

초옥(草屋) ＜cho/ok＞ gubuk jerami.

초원(草原) ＜cho/won＞ padang rumput.

초월(超越) ＜cho/wol＞ ～하다 menjauhkan diri (dari urusan dunia).

초유(初有) ＜cho/yu＞ ～의 pertama; awal.

초음속(超音速) ＜cho/eum/sok＞ kecepatan supersonik. ～비행 penerbangan supersonik. ～ 제트기 pesawat jet supersonik.

초음파(超音波) ＜cho/eum/fa＞ gelombang supersonik.

초이렛날(初 -) ＜cho/i/ret/nal＞ ① (아기의) hari ke tujuh setelah lahir. ② (그달의) hari ke tujuh; tanggal tujuh.

초이튿날(初-) ＜cho/i/theun/nal＞ hari kedua; tanggal dua.

초인(超人) ＜cho/in＞ manusia super. ～주의 supermanisme.

초인종(招人鐘) ＜cho/in/jong＞ bel pintu.

초일(初日) ＜cho/il＞ hari pertama/ hari pembukaan.

초읽기(秒 -) ＜cho/ik/ki＞ hitungan mundur; hitungan detik-detik terakhir. ～하다 menghitung mundur.

초임(初任) ＜cho/im＞ pengangkatan pertama. ～급(給) gaji permulaan; gaji awal.

초입(初入) ＜cho/ib＞ ① (어귀) pintu masuk. ② (처음들어감) pintu masuk pertama.

초자연(超自然) ＜cho/ja/yeon＞ ～적 adi kodrati; supernatural. ～주의 supernaturalisme.

초잡다(草 -) ＜cho/jab/ta＞ membuat konsep/rancangan; mengkonsep.

초장(初章) ＜cho/jang＞ bagian pertama; bait pertama.

초장(醋醬) ＜cho/jang＞ saus ala Korea.

초저녁(初 -) ＜cho/jeo/nyeok＞ ～에 menjelang malam.

초점(焦點) ＜cho/ceom＞ titik api; fokus. ～을 맞추다 mengambil fokus (titik api). ～거리 jarak (panjang) titik api.

초조(初潮) ＜cho/jo＞ haid pertama.

초조(焦燥) ＜cho/jo＞ ～하다 resah; tidak sabaran. ～ 해하다 resah; tidak sabar; gugup; tidak tenang.

초주검되다(初-) ＜cho/ju/geom/doe/da＞ setengah mati; hampir mati.

초지(初志) ＜cho/ji＞ maksud/niat semula. ～를 관철하다 melaksanakan niat semula.

초진(初診) ＜cho/jin＞ pemeriksaan kesehatan pertama. ～환자 pasien baru.

초창(草創) ＜cho/chang＞ ～기 masa pioner; jaman awal. 인류의 ～기 jaman awal kemanusiaan.

초청(招請) ＜cho/cheong＞ undangan. ～하다 mengundang; memperbasakan. ～받다 diundang; diperbasakan. ～경기 pertandingan undangan. ～국 negara yang mengundang; negara tuan rumah. ～장 surat undangan; kartu undangan.

초췌(憔悴) ＜cho/chwe＞ ～하다 kurus dan cekung; kerempeng.

초치(招致) ＜cho/chi＞ ～하다 mengundang; menarik (turis).

초침(秒針) ＜cho/chim＞ jarum detik.

초콜릿 ＜cho/khol/lit＞ coklat.

초토(焦土) ＜cho/tho＞ ～화하다 dibumihanguskan; musnah jadi abu. ～전술 taktik bumi hangus.

초특가(超特價) ＜cho/theuk/ka＞ penawaran khusus.

초특급(超特急) ＜cho/theuk/geub＞ (kereta) super cepat.

초특작품(超特作品) ＜cho/theuk/jak/fum＞ (film) super; produksi super.

초판(初版) ＜cho/fan＞ edisi pertama.

초피(貂皮) ＜cho/fi＞ kulit babi.

초하다(抄 -) ＜cho/hada＞ menyalin;

(초록하다) menyarikan; membuat abstrak (dari).

초하다(草 -)＜cho/hada＞ ☞ 초잡다.

초하룻날(初 -)＜cho/ha/rut/nal＞ hari pertama; tanggal satu.

초학(初學)＜cho//hak＞ ～의 dasar. ～자 pemula.

초학＜cho/hak＞ serangan pertama malaria.

초행(初行)＜cho/haeng＞ perjalanan pertama. ～길 jalan yang pertama ditempuh.

초현실주의(超現實主義)＜cho/hyeon/sil/ju/eui＞ surealisme. ～자 surealis.

초호(礁湖)＜cho/ho＞ danau di pinggir laut (lagun).

초혼(初婚)＜cho/hon＞ pernikahan pertama.

초혼(招魂)＜cho/hon＞ kebaktian untuk memanggil arwah. ～제(祭) kebaktian (doa) peringatan untuk orang yang gugur dalam perang.

초회(初回)＜cho/hoe＞ ronde pertama; masa pertama.

촉＜chok＞ (화살촉) kepala panah; mata panah.

촉(燭)＜chok＞ ☞ 촉광(燭光). 60 ～ 짜리전구 bola lampu berdaya 60 lilin.

촉각(觸角)＜chok/gak＞ 『蟲』 sungut; antena.

촉각(觸覺)＜chok/gak＞ indera peraba.

촉감(觸感)＜chok/gam＞ rasa rabaan. ～이 좋다 terasa lembut.

촉관(觸官)＜chok/gwan＞ alat peraba.

촉광(燭光)＜chok/gwang＞ 『電』 kekuatan (daya) lilin; kekuatan cahaya.

촉구(促求)＜chok/ku＞ ～하다 mendesak (melakukan); memaksa; meminta. 주의를 ～하다 meminta perhatian.

촉대(燭臺)＜chok/tae＞ ☞ 촛대.

촉망(囑望)＜chok/mang＞ pengharapan; harapan. ～하다 menaruh harapan. ～되는 청년 pemuda harapan masa depan.

촉매(觸媒)＜chok/mae＞ 『化』 katalis; katalisator. ～반응 katalisis. ～법 proses kontak (katalitik).

촉모(觸毛)＜chok/mo＞ sungut; antena.

촉박(促迫)＜chok/bak＞ ～하다 mendesak. 시간이 ～하다 terdesak waktu; diburu waktu. 시험이 ～해졌다 ujian sudah mendesak.

촉발(觸發)＜chok/bal＞ detonasi kontak; peledakan kontak. ～장치 peralatan detonasi kontak.

촉성재배(促成栽培)＜chok/seong/jae/bae＞ kultur paksa; budidaya paksa. ～하다 mengkulturpaksakan; membudidayapaksakan. ～용(用) 온실 [온상] rumah [semaian] kultur paksa. ～의 야채 sayuran budi daya paksa.

촉수(觸手)＜chok/su＞ ① 『動』 sungut; antena. ② (손을 댐) perabaan. ～엄금 tidak boleh disentuh.

촉수(觸鬚)＜chok/su＞ peraba; sungut; palpus.

촉진(促進)＜chok/jin＞ ～하다 mempercepat; mendorong. ～제 pemercepat.

촉진(觸診)＜chok/jin＞ 『醫』 palpasi. ～하다 memeriksa dengan rabaan.

촉촉하다＜chok/chok/hada＞ lembab.

촉탁(囑託)＜chok/thak＞ kerja paruh waktu; pekerja paruh waktu.

촌(寸)＜chon＞ ① ☞ 치. ② derajat kekerabatan (tentang hubungan kekeluargaan). 삼 ～ paman.

촌(村)＜chon＞ desa; pedesaan; kampung.

촌가(寸暇)＜chon/ga＞ waktu luang sedikit.

촌각(寸刻)＜chon/gak＞ saat. ～을 다투다 perlu perlakuan segera.

촌극(寸劇)＜chon/geuk＞ pertunjukan drama kecil.

촌놈(村 -)＜chon/nom＞ orang desa; orang kampung; orang udik.

촌뜨기(村 -)＜chon/teu/gi＞ ☞ 촌놈.

촌락(村落)＜chol/lak＞ dukuh; dusun; udik; kampung.

촌민(村民)＜chon/min＞ penduduk dusun; warga kampung.

촌백충(寸白蟲)＜chon/baek/chung＞ cacing pita. ☞ 촌충.

촌보(寸步)＜chon/bo＞ beberapa langkah.

촌부(村婦)＜chon/bu＞ perempuan desa.

촌사람(村 -)＜chon/sa/ram＞ orang desa.

촌수(寸數)＜chon/su＞ derajat kekerabatan (tentang hubungan kekeluargaan).

촌스럽다(村-)＜chon/seu/reob/ta＞ udik; seperti orang udik.

촌음(寸陰)＜chon/eum＞ ☞ 촌각. ~을 아끼다 hati-hati setiap menit.

촌지(寸志)＜chon/ji＞ hadiah tanda terima kasih.

촌충(寸蟲)＜chon/chung＞ cacing pita.

촌평(寸評)＜chon/fyeong＞ tinjauan singkat; komentar singkat.

촐랑거리다＜chol/lang/geo/ri/da＞ ① ☞ 찰랑거리다. ② (행동을) berlaku semberono.

촐랑이＜chol/lang/i＞ orang yang berlaku sembrono.

촐랑촐랑＜chol/lang/chol/lang＞ ① dengan sembrono. ~ 돌아다니다 berkeluyuran dengan sembrono. ② ☞ 찰랑찰랑.

촐싹거리다＜chol/ssak/geo/ri/da＞ bertindak semberono.

촐촐＜chol/chol＞ ~하다 agak lapar. ~굶다 sangat kelaparan.

촘촘하다＜chom/chom/hada＞ rapat; lebat.

촛농(- 膿)＜chon/nong＞ lilin yang meleleh turun.

촛대(- 臺)＜chot/dae＞ tempat lilin. ~에 초를 꽂다 memasang lilin di tempat lilin.

촛불＜chot/pul＞ cahaya lilin. ~을 켜다 [끄다] menyalakan [memadamkan] lilin.

총＜chong＞ (말총) rambut kuda.

총(銃)＜chong＞ senapan; bedil.

총…(總)＜chong＞ keseluruhan; total; kotor. ~소득 penghasilan kotor.

총가(銃架)＜chong/ga＞ tempat (rak) senapan.

총각(總角)＜chong/gak＞ bujangan; jejaka.

총검(銃劍)＜chong/geom＞ senapan dan pedang; sangkur; bayonet. ~술 teknik bayonet.

총격(銃擊)＜chong/gyeok＞ tembakan senapan. ~전(戰) pertarungan senjata.

총결산(總決算)＜chong/gyeol/san＞ penyelesaian total rekening. ~하다 menyelesaikan rekening seluruhnya.

총경(總警)＜chong/gyeong＞ inspektur polisi senior.

총계(總計)＜chong/gye＞ jumlah total; banyaknya; keseluruhan. ~하다 menjumlahkan; mentotalkan. ~…이 되다 berjumlah … .

총공격(總攻擊)＜chong/gong/gyeok＞ serangan umum.

총괄(總括)＜chong/gwal＞ ~하다 meringkaskan; mengikhtisarkan. ~적인 ringkasan; ikhtisar.

총구(銃口)＜chong/gu＞ moncong senapan.

총기(銃器)＜chong/gi＞ senjata ringan. ~고[실] gudang senjata ringan.

총기(聰氣)＜chong/gi＞ kecemerlangan; kecerdasan. ~가 있다 cemerlang; cerdas.

총대(銃 -)＜chong/tae＞ pelocok senapan.

총독(總督)＜chong/dok＞ gubernur jendral. ~부 pemerintahan gubernur jendral.

총동원(總動員)＜chong/dong/won＞ mobilisasi umum. 국가 ~ mobilisasi nasional. ~령 perintah untuk mobilisasi seluruh angkatan darat.

총득점(總得點)＜chong/deuk/ceom＞ skor (nilai) total.

총량(總量)＜chong/yang＞ jumlah

total; berat kotor.

총력(總力)＜chong/nyeok＞ segenap tenaga. ~안보 keamanan nasional secara total. ~외교 diplomasi total. ~전 perang total.

총렵(銃獵)＜chong/nyeob＞ olah raga berburu; perburuan. ~하다 berburu.

총론(總論)＜chong/non＞ pernyataan umum; garis besar; pendahuluan.

총리(總理)＜chong/ni＞ ① (내각의) perdana menteri. ② (총관리) pengawasan umum. ~하다 mengawasi.

총망(忽忙)＜chong/mang＞ ~하다 buru-buru; tergesa-gesa.

총명(聰明)＜chong/myeong＞ ~한 bijaksana; intelektual; cerdik.

총반격(總反擊)＜chong/ban/gyeok＞ serangan balik total. ~하다 menyerang balik secara total.

총본산(總本山)＜chong/bon/san＞ candi pusat.

총부리(銃 -)＜chong/pu/ri＞ moncong senapan. ~를 들이대다 menodongkan moncong senapan.

총사냥(銃-)＜chong/sa/nyang＞ ☞ 총렵(銃獵).

총사령관(總司令官)＜chong/sa/ryeong/gwan＞ komando tertinggi.

총사령부(總司令部)＜chong/sa/ryeong/bu＞ 『軍』 markas besar.

총사직(總辭職)＜chong/sa/jik＞ pengunduran diri umum. ~하다 mengundurkan diri secara umum. 내각 ~ pengunduran umum kabinet.

총살(銃殺)＜chong/sal＞ penembakan mati. ~하다 menembak mati.

총상(銃傷)＜chong/sang＞ luka peluru (tembak).

총생(叢生)＜chong/saeng＞ pertumbuhan yang lebat. ~하다 tumbuh lebat.

총서(叢書)＜chong/seo＞ seri buku. 국문학 ~ seri kesusasteraan Korea.

총선거(總選擧)＜chong/seon/geo＞ pemilihan umum; Pemilu. ~하다 menyelenggarakan pemilihan umum.

총설(總說)＜chong/seol＞ ☞ 총론(總論).

총성(銃聲),총소리(銃-)＜chong/seong, chong/so/ri＞ suara tembakan.

총수(總帥)＜chong/su＞ 『軍』 panglima; komando tertinggi; (재) presiden komisaris.

총수(總數)＜chong/su＞ jumlah total; seluruhnya. ~ 500이 되다 berjumlah seluruhnya lima ratus.

총수입(總收入)＜chong/su/ib＞ penghasilan total.

총신(銃身)＜chong/sin＞ ☞ 총열(銃-).

총아(寵兒)＜chong/a＞ favorit. 문단의 ~ pengarang populer; favorit dunia sastra.

총알(銃 -)＜chong/al＞ peluru; pelor. ~구멍 lubang peluru.

총애(寵愛)＜chong/ae＞ perlakuan (cinta) istimewa. ~하다 memperlakukan secara istimewa. ~를 받다 mendapat perlakuan (cinta) istimewa.

총액(總額)＜chong/aek＞ jumlah total; jumlah keseluruhan.

총열(銃 -)＜chong/yeol＞ laras senapan.

총영사(總領事)＜chong/yeong/sa＞ konsul jendral. ~관 konsulat jenderal.

총원(總員)＜chong/won＞ personil seluruhnya. ~ 50명 seluruhnya lima puluh (anggota).

총의(總意)＜chong/eui＞ konsesus; pendapat (kemauan) umum.

총장(總長)＜chong/jang＞ ① (학교의) rektor. ② (사무총장) sekretaris jendral.

총재(總裁)＜chong/jae＞ presiden; ketua. 부 ~ wakil presiden/ketua.

총점(總點)＜chong/ceom＞ jumlah nilai; nilai total; skor total.

총지배인(總支配人)＜chong/ji/bae/in＞ manajer umum; general manager.

총지출(總支出)＜chong/ji/chul＞

pengeluaran kotor (total).

총지휘(總指揮)＜chong/ji/hwi＞ komando tertinggi. ~하다 memegang komando tertinggi (angkatan darat).

총질(銃 -)＜chong/jil＞ penembakan. ~하다 menembakkan senjata.

총채＜chong/chae＞ penyapu debu; kamoceng. ~ 질하다 menyapu debu.

총총(悤悤)＜chong/chong＞ ~히 dengan buru-buru. ~걸음 langkah-langkah cepat.

총총(葱葱)＜chong/chong＞ ~히 dengan lebat; dengan rapat.

총총하다(叢叢-)＜chong/chong/ha-da＞ bertaburan.

총출동(總出動)＜chong/chul/tong＞ mobilisasi umum. ~하다 dimobilisasi secara umum.

총칙(總則)＜chong/chik＞ peraturan umum; pasal-pasal umum. 민법 ~ pasal-pasal umum hukum perdata.

총칭(總稱)＜chong/ching＞ nama umum; istilah generik. ~하다 menamakan secara umum.

총칼(銃 -)＜chong/khal＞ senapan dan pedang. ~로 다스리다 memerintah dengan senapan dan pedang.

총탄(銃彈)＜chong/than＞ peluru; pelor.

총톤수(總 - 數)＜chong/thon/su＞ tonase kotor.

총파업(總罷業)＜chong/fa/eob＞ pemogokan umum. ~으로 돌입하다 mengadakan pemogokan umum.

총판(總販)＜chong/fan＞ agen tunggal. ~하다 menjadi agen tunggal.

총평(總評)＜chong/fyeong＞ survei umum; tinjauan umum.

총포(銃砲)＜chong/fo＞ senapan.

총할(總轄)＜chong/hal＞ ~하다 menyelia; mengawasi.

총화(總和)＜chong/hwa＞ konsesus keseluruhan. ~정치 politik integrasi. 국민 ~ konsensus nasional.

총회(總會)＜chong/hoe＞ rapat umum. 정기[임시] ~ rapat umum biasa [luar biasa]. 주주 ~ rapat

umum pemegang saham.

촬영(撮影)＜chwal/yeong＞ syuting; fotografi. ~하다 memotret (mengambil gambar). ~기 kamera. ~기사 kameraman; juru kamera. ~소 produksi. 고속도 ~ fotografi kecepatan tinggi. 야외 ~ lokasi pemotretan.

최…(最)＜choe＞ paling; maksimum. ~우수품 barang pilihan; barang paling bagus.

최강(最強)＜choe/gang＞ yang terkuat/paling kuat. ~의 terkuat. ~팀 tim terkuat.

최고(最高)＜choe/go＞ maksimum. ~의 tertinggi. ~가격 harga tertinggi. ~기록 rekor terbaik. ~도 tingkat tertinggi; puncak. ~속도 kecepatan maksimum (tertinggi). ~음『樂』 soprano; suara tertinggi. ~임금 upah maksimum. ~점 nilai tertinggi. ~조 tanda air tertinggi/pemuncak. ~학부 tingkat pendidikan tertinggi.

최고(催告)＜choe/go＞ pemberitahuan; permintaan; panggilan. ~하다 memanggil. 공시 ~『法』 panggilan (undangan) umum.

최고봉(最高峰)＜choe/go/bong＞ puncak tertinggi.

최근(最近)＜choe/geun＞ mutakhir; modern. ~에 baru-baru ini; belakangan ini; akhir-akhir ini.

최다수(最多數)＜choe/da/su＞ jumlah terbesar/maksimum.

최단(最短)＜choe/dan＞ ~ 거리[시일] jarak terpendek [waktu tersingkat].

최대(最大)＜choe/dae＞ terbesar; paling besar; maksimum. ~공약수『數』 faktor persekutuan terbesar. ~량 jumlah terbesar/maksimum. ~속력 kecepatan maksimum. ~한(도) (batas) maksimum. ~허용량 dosis maksimum yang di ijinkan.

최루(催淚)＜choe/ru＞ ~가스 gas air mata. ~탄 bom gas air mata.

최면(催眠)＜choe/myeon＞ hipnotis.

~상태 keadaan hipnotis; hipnotisme. ~요법 penyembuhan hipnotis; terapi hipnotis. ~학 hipnologi. 자기 ~ hipnotisme diri.

최면술(催眠術) ＜choe/myeon/sul＞ seni hipnotis. ~의 hipnotis; mesmeris. ~을 걸다 menghipnotis. ~사 juru hipnotis.

최상(最上) ＜choe/sang＞ ~의 terbaik; paling baik; kelas satu. ~급 『文』 tingkat superlatif. ~품 barang bermutu terbaik.

최상등(最上等) ＜choe/sang/deung＞ ~의 yang terbaik; yang terbagus.

최상층(最上層) ＜choe/sang/cheung＞ lapisan teratas.

최선(最善) ＜choe/seon＞ yang terbaik. ~의 노력 usaha maksimal. ~을 다하다 melakukan sebaik-baiknya.

최성기(最盛期) ＜choe/seong/gi＞ puncak kemakmuran; zaman emas; musim. ~이다 sedang musim.

최소(最小) ＜choe/so＞ terkecil; paling kecil. ~ 공배수 『數』 faktor persekutuan terkecil. ~ 공분모 『數』 pembagi umum terkecil. ~한도 minimum.

최소(最少) ＜choe/so＞ paling sedikit; minimum; terkecil. ~량 jumlah minimum.

최신(最新) ＜choe/sin＞ ~의 terbaru; mutakhir. ~식 mode mutakhir; gaya terbaru.

최악(最惡) ＜choe/ak＞ terburuk; paling buruk. ~의 terburuk. ~의 경우에는 kasus terburuk. ~에 대비하다 bersiap untuk yang terburuk.

최음제(催淫劑) ＜choe/eum/je＞ obat perangsang.

최장(最長) ＜choe/jang＞ ~의 terpanjang. ~거리 jarak terpanjang.

최저(最低) ＜choe/jeo＞ ~의 terendah; paling rendah; minimum; dasar. ~가격 harga terendah. ~생활 standar hidup minimum. ~생활비 biaya hidup minimum. ~임금 upah minimum. ~ 임금제 sis-

tim upah minimum.

최적(最適) ＜choe/jeok＞ optimum. ~의 optimum; yang paling cocok. ~온도 suhu optimum. ~조건 『生』 kondisi optimum.

최전선(最前線) ＜choe/jeon/seon＞ garis depan.

최종(最終) ＜choe/jong＞ terakhir; penghabisan. ~의 terakhir. ~결정 [안] keputusan [rencana] terakhir.

최초(最初) ＜choe/cho＞ pertama; permulaan. ~에 mula-mula; pada mulanya.

최하(最下) ＜choe/ha＞ ~의 terendah. ~급 nilai (tingkat) terendah. ~등 kelas (tingkat, lapisan) terendah. ~위 peringkat terendah. ~품 barang bermutu terburuk (terendah).

최혜국(最惠國) ＜choe/hye/guk＞ negara yang diistimewakan. ~대우 perlakuan terhadap negara yang diistimewakan. ~ 대우를 하다 memperlakukan sebagai negara yang diistimewakan. ~ 조관(條款) klausa negara yang diistimewakan.

최후(最後) ＜choe/hu＞ ① yang terakhir; kesimpulan; kemudian; belakang; akibat; hasil; penghabisan. ~의 terakhir; di belakang sekali; kemudian sekali; nomor buncit. ~로 akhirnya; kesimpulan; kesudahannya. ~의 한 사람까지 sampai akhirnya. ~까지 싸우다 berjuang sampai titik darah terakhir. ~의 승리를 얻다 menang dalam jangka panjang. ② saat-saat terakhir. ~의 말 wasiat. 비참한 ~를 마치다 berakhir tragis.

최후수단(最後手段) ＜choe/hu/su/dan＞ cara terakhir.

최후통첩(最後通牒) ＜choe/hu/thong/cheob＞ ultimatum.

추(錘) ＜chu＞ anak timbangan; batu timbang; pemberat. ~를 달다 menimbang (benda).

추가(追加) ＜chu/ga＞ tambahan; pelengkap; lampiran; susulan; tampalan. ～하다 menambah; melengkapi. ～의 tambahan; pelengkap. ～ (경정)예산 anggaran tambahan. ～ 비용 [신청] biaya [permohonan] tambahan. ～시험 ujian susulan.

추격(追擊)<chu/gyeok> perburuan; pengejaran. ～하다 memburu; mengejar. ～기 pesawat pemburu. ～전(戰) pertempuran perburuan.

추경(秋耕)<chu/gyeong> ☞ 가을갈이.

추경예산(追更豫算)<chu/gyeong/ye/san> anggaran tambahan (untuk tahun ini).

추계(秋季)<chu/gye> musim gugur. ～ 운동회 pertemuan atletik musim gugur.

추계(推計)<chu/gye> ～하다 memperkirakan; menaksir. ～학 statistik induktif.

추고(推敲)<chu/go> ☞ 퇴고(堆敲).

추곡(秋穀)<chu/gok> bijian musim gugur. ～ 수매 (가격) (harga) beli beras pemerintah.

추구(追求)<chu/gu> pengejaran; pemburuan; pencarian. ～하다 mengejar; memburu; mencari. 행복의 ～ pengejaran kebahagiaan. ...을 ～하여 dalam mengejar ... .

추구(追究)<chu/gu> ～하다 menyelidiki dengan teliti; menyelidiki secara menyeluruh.

추구(推究)<chu/gu> ～하다 menarik kesimpulan.

추궁(追窮)<chu/gung> ～하다 menekan keras. 책임을 ～하다 meminta pertanggungjawaban.

추기(追記)<chu/gi> tulisan tambahan.

추기경(樞機卿)<chu/gi/gyeong> Kardinal. ～회의 Rapat Dewan Gereja.

추기다<chu/gi/da> ☞ 부추기다.

추남(醜男)<chu/nam> laki-laki buruk/jelek.

추녀(醜女)<chu/nyeo> wanita buruk/jelek.

추념(追念)<chu/nyeom> ～하다 mengenangkan yang telah wafat. ～사(辭) pidato pengenangan yang telah wafat.

추다<chu/da> ☞ 추어주다.

추다<chu/da> menari.

추단(推斷)<chu/dan> ① (죄상을) pengadilan; penghukuman. ～하다 menyelidiki dan menghukum; mengadili. ② (추측.판단) deduksi; inferensi; pengiraan. ～하다 mengira-ngira; menduga.

추대(推戴)<chu/dae> ～하다 mengangkat.

추도(追悼)<chu/do> perkabungan. ～하다 berkabung. ～가(歌) nyanyian pemakaman. ～사[식] pidato [kebaktian] pemakaman.

추돌(追突)<chu/dol> ～하다 menabrak di belakang. ～사고 tabrakan sisi belakang.

추락(墜落)<chu/rak> jatuh. ～하다 jatuh. ～사(死) mati jatuh.

추레하다<chu/re/hada> jembel; lusuh; kotor.

추려내다<chu/ryeo/nae/da> memilah; menjeniskan.

추렴<chu/ryeom> patungan. ～하다 berpatungan. 소풍가는 비용을 ～하다 berpatungan untuk piknik.

추록(追錄)<chu/rok> pelengkap; tambahan. ～하다 menambah; melengkapi.

추론(推論)<chu/ron> ～하다 menyimpulkan; mendeduksi. ～식(式) 『論』 silogisme.

추리(推理)<chu/ri> penalaran. ～하다 bernalar. ～력 daya nalar. ～소설 buku cerita dedektif (misteri). 귀납[연역] ～ kesimpulan induktif [deduktif].

추리다<chu/ri/da> memilih.

추맥(秋麥)<chu/maek> barlei musim gugur.

추명(醜名)<chu/myeong> nama buruk.

추모(追慕)<chu/mo> ～하다 mengenang yang meninggal.

추문(醜聞)<chu/mun> skandal; aib; cela; nama buruk. ～이 돌다

skandal tersebar.
추물(醜物)＜chu/mul＞　(물건) noda; kotoran; (사람) orang cacat rupa.
추방(追放)＜chu/bang＞　pengusiran; deportasi; pembuangan.　～하다 mengusir; membuang; mengasingkan; menyingkirkan; mengeluarkan. ～령 perintah deportasi.　～자 orang yang dideportasi; orang buangan. 국외 ～ deportasi.
추분(秋分)＜chu/bun＞　waktu siang dan malam musim gugur yang sama.
추비(追肥)＜chu/bi＞　pupuk tambahan.
추산(推算)＜chu/san＞　perhitungan; perkiraan.　～하다 memperkirakan; memperhitungkan.
추상(抽象)＜chu/sang＞　abstraksi; keniskalaan.　～적(으로) setara abstrak.　～론(에 빠지다) (terlibat dalam) argumentasi abstrak.　～명사 kata benda abstrak.　～예술 seni abstrak.　～파(派) aliran abstrak. ～화(畵) lukisan abstrak.
추상(秋霜)＜chu/sang＞　① (가을 서리) embun beku musim gugur.　② kekerasan.　～ 같은 keras.
추상(追想)＜chu/sang＞　kenangan kembali.　～하다 ingat kembali. ～록(錄) buku kenang-kenangan.
추상(推想)＜chu/sang＞　～하다 menebak; mengira-ngira; membayangkan.
추색(秋色)＜chu/saek＞　pemandangan musim gugur.
추서(追書)＜chu/seo＞　catatan tambahan.
추서(追敍)＜chu/seo＞　～하다 memberi penghargaan anumerta (pada).
추서다＜chu/seo/da＞　sembuh lagi; pulih.
추석(秋夕)＜chu/seok＞　(Perayaan) Hari Bulan Panen.
추세(趨勢)＜chu/se＞　kecenderungan; arus. 세상 ～에 따르다 mengikuti arus zaman.　～에 맡기다 meninggalkan untuk mengambil arah sendiri.

추수(秋收)＜chu/su＞　panen.　～하다 memanen; menuai; mengetam.　～ 감사절 hari bersyukur.
추스르다＜chu/seu/reu/da＞　meluruskan (karung beras).
추신(追伸)＜chu/sin＞　catatan tambahan; notabene (NB).
추심(推尋)＜chu/sim＞　kliring.　～하다 mengkliring.　～료(料) ongkos (biaya) kliring.　～어음 cek dagang kliring.　～위임 배서 pengesahan kliring.　～은행 bank kliring.
추썩거리다＜chu/sseok/geo/ri/da＞　mengangkat bahu; menarik-narik ke atas (baju).
추악(醜惡)＜chu/ak＞　～한 buruk; cemar; cabul; keji; lacur.
추앙(推仰)＜chu/ang＞　～하다 memuja; memuji; menghormati.
추어올리다＜chu/eo/ol/li/da＞　① (위로) mengangkat.　② ☞ 추어주다.
추어주다＜chu/eo/ju/da＞　memuji; membujuk; menjilat; menggula.
추억(追憶)＜chu/eok＞　kenang-kenangan; ingatan; pikiran.　～하다 mengenang.
추워하다＜chu/wo/hada＞　merasa dingin; peka terhadap dingin.
추월(追越)＜chu/wol＞　～하다 menyalip; mendahului.　～금지 dilarang mendahului.　～금지 구역 zona dilarang mendahului.
추위＜chu/wi＞　kedinginan. 심한 ～ sangat dingin. 살을 에는 듯한 ～ dingin yang menggigit.　～(를) 타다 peka terhadap dingin.
추이(推移)＜chu/i＞　perubahan; pengisaran; runtunan; perobahan.　～하다 berubah; mengalami perubahan; beralih.
추인(追認)＜chu/in＞　～하다 memperkuat/meratifikasi (hal yang lalu).　～자 orang yang meratifikasi.
추잡(醜雜)＜chu/jab＞　～하다 kotor; lacur; mesum; kaji.　～한 말 perkataan kotor.
추장(酋長)＜chu/jang＞　kepala suku.
추장(推獎)＜chu/jang＞　rekomendasi.
추저분하다＜chu/jeo/bun/hada＞　ko-

tor.
추적(追跡)＜chu/jeok＞ pengekoran; pemburuan; penguberan. ～하다 mengejar; menyusul; memburu; menguber. ～중이다 dalam pengejaran.
추접스럽다＜chu/jeob/seu/reob/ta＞ kotor; mesum; rendah.
추정(推定)＜chu/jeong＞ anggapan; dugaan; perkiraan; perhitungan. ～하다 menganggap; menyanakan; mengira-ngira; menduga. ～량 volume taksiran.
추종(追從)＜chu/jong＞ ～하다 mengikuti; meneladani. ～을 불허하다 tidak ada taranya.
추증(追贈)＜chu/jeung＞ ～하다 menganugerahkan secara anumerta.
추진(推進)＜chu/jin＞ ～하다 mendorong. ～기 baling-baling; kitir. ～력 daya dorong. ～용 연료 bahan bakar pendorong.
추징(追徵)＜chu/jing＞ ～하다 melakukan pemungutan tambahan. ～금 uang pungutan ～세 pajak pungutan tambahan.
추천(推薦)＜chu/cheon＞ rekomendasi; penganjuran. ～하다 merekomendasikan; menganjurkan. 아무의 ～으로 atas rekomendasi dari seseorang. ～자 yang memberi rekomendasi. ～장 surat rekomendasi.
추첨(抽籤)＜chu/cheom＞ pengundian, undian. ～하다 memperundikan; mengundikan. ～으로 dengan mengundi. ～에 뽑히다 memenangkan undian. ～권(券) karcis undian.
추축(樞軸)＜chu/chuk＞ poros; sumbu; pasak. ～국 kekuatan sumbu.
추출(抽出)＜chu/chul＞ penyarian; ekstraksi. ～하다 menyarikan; ekstraksi. ～물 sari; ekstrak. 임의 ～법 metode contoh acak.
추측(推測)＜chu/cheuk＞ terkaan; dugaan; tebakan; taksiran; periraan. ～하다 menduga; menyangka; mengira; menaksir; mengagak-agak. ～대로 seperti yang diduga. ～이

맞다 [어긋나다] menerka dengan benar [salah]. ～기사 artikel berita spekulatif.
추켜들다＜chu/khyeo/deul/da＞ mengangkat; menaikkan.
추켜잡다＜chu/khyeo/jab/ta＞ mengangkat.
추태(醜態)＜chu/thae＞ tingkah laku yang memalukan. ～부리다 bertingkah memalukan.
추파(秋波)＜chu/fa＞ kerlingan; jeling. ～를 던지다 mengerling mata.
추하다(醜 -)＜chu/hada＞ ① (못생김) jelek; lata; buruk. ② (더러움) kotor. ③ (비루) rendah; kotor; hina.
추해당(秋海棠)＜chu/hae/dang＞ 『植』 tanaman begonia.
추행(醜行)＜chu/haeng＞ hubungan menyeleweng.
추호도(秋毫 -)＜chu/ho/do＞ sedikitpun; sama sekali.
추후(追後)＜chu/hu＞ ～에 berikutnya; nantinya. ～ 통고가 있을 때까지 sampai pemberitahuan berikut.
축(丑)＜chuk＞ shio Sapi. ～년[시] tahun Sapi.
축(祝)＜chuk＞ ☞ 축문(祝文).
축(軸)＜chuk＞ poros; sumbu; gendar roda.
축＜chuk＞ (무리) partai; kelompok; kalangan.
축＜chuk＞ (맥없이) dengan lesu/lemah/lunglai; dengan terkulai. ～늘어지다 berjuntai; menjuntai.
축가(祝歌)＜chuk/ka＞ nyanyian untuk pesta. 결혼 ～ nyanyian untuk perkawinan.
축가다(縮 -)＜chuk/ga/da＞ ☞ 축나다.
축객(逐客)＜chuk/gaek＞ 문전 ～하다 mengusir tamu (di depan pintu).
축구(蹴球)＜chuk/gu＞ sepak bola. ～선수 [팀] pemain [tim] sepak bola. ～장 lapangan bola.
축나다＜chuk/na/da＞ berkurang; merugi; mengurus.
축내다(縮 -)＜chuk/nae/da＞ mengu-

rangi jumlah.

축농증(蓄膿症)＜chuk/nong/jeung＞ 『醫』 empyema.

축대(築臺)＜chuk/tae＞ teras; tanggul. 위험 ~ tanggul bahaya.

축도(縮圖)＜chuk/do＞ lukisan yang dikecilkan. 인생의 ~ lambang kehidupan. ~기 alat pantograf.

축도(祝禱)＜chuk/do＞ doa restu.

축문(祝文)＜chuk/mun＞ tulisan doa untuk arwah nenek moyang.

축배(祝杯)＜chuk/bae＞ sulang. ~를 들다 bersulang.

축복(祝福)＜chuk/bok＞ berkat; restu; berkah. ~하다 merestui. ~ 받은 diberkati; direstui.

축사(畜舍)＜chuk/sa＞ kandang.

축사(祝辭)＜chuk/sa＞ ucapan selamat; pidato ucapan selamat. ~를 하다 mengucapkan selamat. 결혼 ~ ucapan selamat atas pernikahan.

축사(縮寫)＜chuk/sa＞ ~하다 membuat salinan yang lebih kecil. ~ 도(圖) gambaran/lukisan yang diperkecil.

축산(畜産)＜chuk/san＞ peternakan hewan. ~ 시험장 Balai Penelitian Ternak. ~업자 peternak. ~학 ilmu peternakan.

축소(縮少.縮小)＜chuk/so＞ pengurangan; pemotongan; pengecilan. ~하다 mengurangi; memotong; memperkecil. 군비 ~ pengurangan persenjataan.

축쇄(縮刷)＜chuk/swae＞ ~하다 mencetak dalam ukuran yang diperkecil. ~판(版) edisi yang di perkecil.

축수(祝手)＜chuk/su＞ ~하다 berdoa dengan mengatupkan tangan.

축수(祝壽)＜chuk/su＞ ~하다 mendoakan berumur panjang.

축어(逐語)＜chu/keo＞ ~적(으로) (secara) kata perkata; (secara) harfiah. ~역 terjemahan secara harfiah.

축연(祝宴)＜chuk/yeon＞ pesta; perjamuan. ~을 베풀다 mengadakan pesta.

축열(蓄熱)＜chu/kyeol＞ ~식의 regeneratif.

축우(畜牛)＜chu/ku＞ sapi piaraan; sapi ternak.

축원(祝願)＜chuk/won＞ do'a. ~하다 berdoa untuk … .

축음기(蓄音機)＜chuk/eum/gi＞ gramofon; piringan hitam. ~를 틀다 memutar piringan hitam.

축의(祝意)＜chuk/eui＞ ucapan selamat. ~를 표하다 mengucapkan selamat. ~를 표하여 untuk menghormati/merayakan … .

축이다＜chu/gi/da＞ membasahi. 목을 ~. membasahi kerongkongan.

축일(祝日)＜chuk/il＞ hari libur umum; hari raya.

축재(蓄財)＜chuk/cae＞ penimbunan kekayaan. ~하다 menimbun kekayaan; mengumpulkan uang. ~자 penimbun uang; pencari harta. 부정 ~자 (者) pencari kekayaan secara haram.

축적(蓄積)＜chuk/jeok＞ pengumpulan; penghimpunan; penimbunan. ~하다 mengumpulkan harta.

축전(祝典)＜chuk/jeon＞ perayaan. 기념 ~ perayaan peringatan.

축전(祝電)＜chuk/jeon＞ telegram ucapan selamat.

축전기(蓄電器)＜chuk/jeon/gi＞ alat penerima dan penyimpan strom listrik; penghimpun listrik.

축전지(蓄電池)＜chuk/jeon/ji＞ baterai; aki.

축제(祝祭)＜chuk/ce＞ perayaan; perjamuan; sukaria; resepsi. ~를 열다 mengadakan pesta perayaan. ~일 hari raya.

축제(築提)＜chuk/je＞ tambak; tanggul. ~하다 membangun tanggul. ~공사 pekerjaan tanggul.

축조(逐條)＜chuk/jo＞ ~ 심의하다 membahas pasal demi pasal.

축조(築造)＜chuk/jo＞ bangunan; konstruksi. ~하다 membangun; mendirikan.

축지다(縮 -)＜chuk/ji/da＞ ① (사람 가치가) menjelekkan diri sendiri.

② (몸이) bertambah lemah; mengurus.

축척(縮尺)＜chuk/cheok＞ skala. ~천 분의 일 skala 1 - 1,000.

축첩(蓄妾)＜chuk/cheob＞ ~하다 memelihara gundik.

축축＜chuk/chuk＞ terkulai.

축축하다＜chuk/chuk/hada＞ lembab; agak basah; lengas; demek.

축출(逐出)＜chuk/chul＞ pengusiran; pengeluaran secara paksa. ~하다 mengenyahkan; mengusir.

축하(祝賀)＜chu/kha＞ selamat; restu; berkat. ~하다 mengucapkan selamat. ~의 말씀 ucapan selamat. …을 ~하여 dalam merayakan. ~인사를 하다 memberikan ucapan selamat. ~객 orang yang mengucapkan selamat. ~선물 kado sebagai tanda ucapan selamat. ~회 pesta perayaan.

축항(築港)＜chu/khang＞ ~하다 membangun pelabuhan. ~공사 pekerjaan pelabuhan.

춘경(春耕)＜chun/gyeong＞ membajak pada musim semi.

춘경(春景)＜chun/gyeong＞ pemandangan musim semi.

춘계(春季)＜chun/gye＞ musim semi; musim bunga.

춘곤(春困)＜chun/gon＞ kelesuan pada musim semi.

춘궁(春宮)＜chun/gung＞ putra mahkota.

춘궁기(春窮期)＜chun/gung/gi＞ (보릿고개) kurang makanan di musim semi.

춘기발동기(春機發動期)＜chun/gi/bal/tong/gi＞ masa puber.

춘몽(春夢)＜chun/mong＞ mimpi di musim semi. 인생은 일장 ~ 이다 kehidupan adalah mimpi kosong.

춘부장(春府丈)＜chun/bu/jang＞ ayahmu.

춘분(春分)＜chun/bun＞ siang dan malam yang waktunya sama dalam musim semi.

춘사(椿事)＜chun/sa＞ kecelakaan; tragedi; bencana; malapetaka.

춘삼월(春三月)＜chun/sam/wol＞ bulan Maret. ~ 호시절(好時節) masa paling menyenangkan pada musim semi.

춘색(春色)＜chun/saek＞ pemandangan musim semi.

춘설(春雪)＜chun/seol＞ salju pada musim semi.

춘신(春信)＜chun/sin＞ tanda-tanda musim semi; kabar bunga.

춘약(春藥)＜chun/yak＞ zat perangsang nafsu birahi.

춘양(春陽)＜chun/yang＞ sinar matahari pada musim semi.

춘잠(春蠶)＜chun/jam＞ pembiakan ulat sutera musim semi.

춘정(春情)＜chun/jeong＞ keinginan sex; gairah seksual. ☞ 욕정, 정욕.

춘추(春秋)＜chun/chu＞ musim semi dan musim gugur; umur. ~복 pakaian musim semi dan musim gugur.

춘풍(春風)＜chun/fung＞ angin sepoi-sepoi pada musim semi.

춘하(春夏)＜chun/ha＞ ~추동 empat musim; sepanjang tahun.

춘화도(春畵圖)＜chun/hwa/do＞ gambar cabul.

춘흥(春興)＜chun/heung＞ keriangan pada musim semi.

출가(出家)＜chul/ga＞ ~하다 menjadi pendeta Budha.

출가(出嫁)＜chul/ga＞ ~하다 menikah dengan (seorang pria). 딸을 ~ 시키다 menikahkan putri.

출간(出刊)＜chul/gan＞ ☞ 출판.

출감(出監)＜chul/gam＞ bebas/keluar dari penjara. ~하다 dibebaskan. ~자 narapidana yang dibebaskan.

출강(出講)＜chul/gang＞ ~하다 mengajar; memberi kuliah.

출격(出擊)＜chul/gyeok＞ serangan tiba-tiba/mendadak. ~하다 menyerang tiba-tiba.

출고(出庫)＜chul/go＞ ~하다 mengeluarkan barang dari gudang. ~가격 harga pabrik; harga gudang. ~지시 perintah pengeluaran dari gudang.

출구(出口)＜chul/gu＞　jalan keluar; jalan lepas; pintu keluar.

출국(出國)＜chul/guk＞　～하다 meninggalkan negara; merantau keluar negeri. ～허가서 izin keluar/keberangkatan.

출근(出勤)＜chul/geun＞　kehadiran. ～하다 berdinas; masuk kerja. ～이 늦다 terlambat masuk kerja. ～부 buku kehadiran. ～시간 jam kantor; jam kerja.

출금(出金)＜chul/geum＞　pembayaran. ～전표 slip pembayaran.

출납(出納)＜chul/lab＞　penerimaan dan pengeluaran. ～계원 kasir; pemegang kas; bendahara. ～부 buku rekening.

출동(出動)＜chul/tong＞　mobilisasi. ～하다 dimobilisasi. ～명령 perintah mobilisasi. ～준비 kesiapan mobilisasi.

출두(出頭)＜chul/tu＞　～하다 hadir. ～명령 perintah hadir. 자진 [임의] ～ kehadiran sukarela.

출렁거리다＜chul/leong/geo/ri/da＞ menggelombang; menggelora; terombang-ambing.

출력(出力)＜chul/yeok＞　daya pembangkitan tenaga.

출마(出馬)＜chul/ma＞　～하다 mengajukan diri menjadi calon; mencalonkan diri.

출몰(出沒)＜chul/mol＞　～하다 timbul tenggelam; menghantui.

출발(出發)＜chul/bal＞　kepergian; keberangkatan. ～하다 berangkat (dari); melangkah; bertolak; pergi berlayar; membuka; memulai.

출범(出帆)＜chul/beom＞　pelayaran. ～하다 mengadakan pelayaran; berlayar.

출병(出兵)＜chul/byeong＞　～하다 mengirim tentara.

출비(出費)＜chul/bi＞　pengeluaran; pembelanjaan.

출사(出仕)＜chul/sa＞　～하다 menjadi pegawai negeri.

출산(出産)＜chul/san＞　kelahiran anak. ～하다 melahirkan; beranak.

～율 angka kelahiran.

출생(出生)＜chul/saeng＞　lahir; kelahiran. ～하다 dilahirkan. ～신고 laporan kelahiran. ～율(率) angka kelahiran. ～지 tempat kelahiran.

출석(出席)＜chul/seok＞　kehadiran. ～하다 menghadiri; mengunjungi; menghadapi. ～을 부르다 memanggil nama; mengabsen. ～부 (簿) daftar nama. ～자 orang yang hadir; peserta; hadirin. 전원 ～ semua hadir.

출세(出世)＜chul/se＞　kesuksesan dalam hidup. ～하다 meningkat di dunia; sukses dalam hidup. ～한 사람 orang yang sukses/berhasil. ～작(作) karya yang membawa kemasyhuran.

출신(出身)＜chul/sin＞　tempat lahir; tamatan; kelahiran. …의 ～이다 tamat dari; berasal dari. ～교 almamater. ～지 kampung halaman.

출애굽기(出 - 記)＜chul/ae/gub/gi＞ 『聖』 Kitab Keluaran.

출어(出漁)＜chul/eo＞　～하다 berlayar menangkap ikan. ～구역 daerah penangkapan ikan. ～권 hak menangkap ikan.

출연(出捐)＜chul/yeon＞　～하다 menyumbang; menderma. ～금 sumbangan.

출연(出演)＜chul/yeon＞　penampilan di panggung. ～하다 tampil di panggung. ～료(料) bayaran untuk penyanyi/aktor. ～자 orang yang tampil.

출영(出迎)＜chul/yeong＞　penyambut tamu; resepsi. ～하다 menerima tamu; menyambut. ～을 받다 menerima penyambutan; disambut.

출옥(出獄)＜chul/ok＞　～하다 dibebaskan dari penjara. ～자 ☞ 출감자(出監者).

출원(出願)＜chul/won＞　lamaran; permohonan. ～하다 melamar; memohon (hak cipta). ～자 pelamar; pemohon.

출입(出入)＜chu/rib＞　kedatangan dan kepergian; keluar dan masuk.

~하다 masuk dan keluar; datang dan pergi. ~구 pintu masuk. ~국 관리국 biro imigrasi. ~금지 Dilarang masuk. 미성년자 ~ 금지 17 tahun keatas.

출자(出資)＜chul/ca＞ penanaman modal; investasi. ~하다 menanamkan modal. ~금 uang yang ditanamkan/diinvestasikan. ~자 penanam modal.

출장(出張)＜chul/cang＞ perjalanan dinas/bisnis. ~하다 mengadakan perjalanan dinas/bisnis. ~소(所) agen; kantor cabang. ~여비 ongkos perjalanan dinas.

출장(出場)＜chul/cang＞ ~하다 hadir; ikut serta; ambil bagian.

출전(出典)＜chul/jeon＞ sumber (tulisan).

줄전(出戰)＜chul/ceon＞ ~하다 ambil bagian; ikut serta; berangkat ke garis depan.

출정(出廷)＜chul/ceong＞ ~하다 hadir di pengadilan.

출정(出征)＜chul/ceong＞ ~하다 berangkat ke garis depan.

출제(出題)＜chul/ce＞ ~하다 memberi soal.

출중(出衆)＜chul/cung＞ ~하다 luar biasa; istimewa; menonjol.

출찰(出札)＜chul/chal＞ pengeluaran tiket. ~계원 penjual tiket. ~소 [구] loket penjualan tiket.

출처(出處)＜chul/cheo＞ sumber; asal.

출초(出超)＜chul/cho＞ kelebihan ekspor.

출출하다＜chul/chul/hada＞ merasa sedikit lapar.

출타(出他)＜chul/tha＞ ~하다 keluar. ~중에 ketika keluar; pada waktu tidak hadir.

출토(出土)＜chul/tho＞ ~하다 digali. ~품 barang galian.

출판(出版)＜chul/fan＞ penerbitan; pencetakan. ~하다 menerbitkan; mengeluarkan; mencetak. ~계 (界) dunia penerbitan. ~기념회 selamatan penerbitan. ~목록 daf-

tar terbitan. ~물 publikasi ~사 kantor penerbit. ~업 usaha penerbitan. ~자 penerbit.

출품(出品)＜chul/fum＞ ~하다 mempertunjukkan; memamerkan; memperagakan. ~목록 daftar barang yang dipamerkan. ~물 barang yang dipamerkan.

출하(出荷)＜chul/ha＞ pengapalan; pengiriman. ~하다 mengirim (barang-barang); mengapalkan. ~자 pengirim.

출항(出航)＜chul/hang＞ ~하다 meninggalkan pelabuhan; mengangkat sauh; berlayar.

출항(出港)＜chul/hang＞ keberangkatan. ~하다 meninggalkan pelabuhan; berlayar. ~선 kapal yang akan berangkat. ~절차 prosedur keberangkatan. ~정지(를 해제하다) (mencabut) embargo.

출현(出現)＜chul/hyeon＞ penampilan; kehadiran; pemunculan; kedatangan. ~하다 hadir; tampil; maju; menampakkan diri.

출혈(出血)＜chul/hyeol＞ pendarahan; penumpahan darah. ~하다 berdarah; mengalami pendarahan. ~ 과다로 pendarahan berlebihan. ~경쟁 persaingan yang tajam. ~수출 [판매] ekspor [penjualan] dibawah harga.

출회(出廻)＜chul/hoe＞ persediaan. ~하다 muncul di pasaran.

춤＜chum＞ tarian; joget. ~추다 menari; menandak; berjoget; berdansa. ~을 잘추다 menjadi penari yang baik. ~상대 [선생] teman [guru] menari/berdansa.

춤＜chum＞ (운두) ketinggian.

춤＜chum＞ (분량) segenggam.

춥다＜chub/ta＞ dingin.

충(蟲)＜chung＞ ① ☞ 벌레. ② ☞ 회충.

충격(衝擊)＜chung/gyeok＞ goncangan; kejutan. ~적(인) menggoncangkan; mengejutkan. ~을 받다 tergoncang. ~을 주다 memberi kejutan. ~사(死) mati terkejut.

~요법 terapi kejutan (listrik). ~파(波) gelombang kejut.

충견(忠犬)<chung/gyeon> anjing yang setia.

충고(忠告)<chung/go> nasehat; anjuran; saran; peringatan. ~하다 menganjurkan; menyarankan; memperingatkan. ~에 따라 [를 듣지 않고] sesuai [bertentangan] dengan anjuran. ~자 penasehat; penganjur.

충당(充當)<chung/dang> ~하다 menokok; memenuhi.

충돌(衝突)<chung/dol> tabrakan; bentrokan; pertengkaran; pertentangan; perselisihan; pertikaian. ~하다 bertabrakan; bertubrukan; bentrok; beradu; membentur; menentang. 의견[이해]의 ~ pertentangan pendapat [kepentingan]. 이중 [삼중] ~ tabrakan ganda [tiga jurusan]. 정면 [공중] ~ tabrakan muka lawan muka [di udara].

충동(衝動)<chung/dong> ① gerak hati; dorongan hati. ~적으로 atas dorongan hati. ~에 이끌리다 dibimbing oleh dorongan hati. …하고 싶은 ~을 느끼다 merasa terdorong ingin … ② (교사 선동) hasutan. ~하다 menghasut.

충만(充滿)<chung/man> ~하다 penuh (dengan).

충복(忠僕)<chung/bok> abdi yang setia.

충분(充分)<chung/bun> ~한 cukup; genap; lengkap; paripurna. ~히 memuaskan; memadai; mencukupi.

충성(忠誠)<chung/seong> kesetiaan; kebaktian; ketaatan. ~스러운 setia; berbakti; taat.

충신(忠臣)<chung/sin> kaulanegara yang setia.

충실(充實)<chung/sil> ~한 utuh; lengkap. 내용 ~ kekayaan isi/materi. ~한 생활 kehidupan yang utuh.

충실(忠實)<chung/sil> ~한 setia; taat; tetap dan teguh hati. ~히 dengan setia.

충심(衷心)<chung/sim> hati yang tulus. ~으로 dengan hati yang tulus.

충양돌기(蟲樣突起)<chung/yang/dol/gi> 『解』 appendik; usus buntu. ~염(炎) ☞ 맹장염.

충언(忠言)<chung/eon> nasehat yang sungguh-sungguh; saran yang sungguh-sungguh. ~하다 memberi nasehat yang sungguh-sungguh.

충원(充員)<chung/won> tambahan pegawai; bala bantuan. ~하다 menambah pegawai. ~계획 rencana penambahan personil.

충의(忠義)<chung/eui> kesetiaan; loyalitas.

충일(充溢)<chung/il> ~하다 penuh (dengan); melimpah (dengan).

충적(沖積)<chung/jeok> 『地』 ~의 tanah yang ditinggalkan oleh air sesudah surut, tanah baru. ~기 zaman tanah baru.

충전(充電)<chung/jeon> pemuatan listrik/arus. ~하다 mengisi (aki) dengan arus. ~기 alat pengisi arus.

충전(充塡)<chung/jeon> pengisian. ~하다 mengisi.

충절(忠節)<chung/jeol> kesetiaan.

충정(衷情)<chung/jeong> hati yang tulus. ~을 털어놓다 membuka hati.

충족(充足)<chung/jok> ~하다 penuh; memadai; cukup. ~시키다 mengisi; mencukupkan; memadai; memenuhi; melengkapi.

충직(忠直)<chung/jik> ~한 setia; jujur.

충천(衝天)<chung/cheon> ~하다 naik tinggi ke langit; membumbung; melangit. 기가 ~하다 semangat tinggi.

충충하다<chung/chung/hada> suram; muram; murung.

충치(蟲齒)<chung/chi> gigi yang membusuk/berlobang. ~가 먹다 gigi membusuk.

충해(蟲害)<chung/hae> hama serangga. ~를 입다 rusak oleh serangga; kena hama serangga.

충혈(充血)＜chung/hyeol＞ kemacetan aliran darah. ~하다 macet aliran darah. ~한 눈 mata merah.

충혼(忠魂)＜chung/hon＞ jiwa yang setia. ~비 monumen yang didedikasikan untuk prajurit setia.

충효(忠孝)＜chung/hyo＞ kesetiaan dan kebaktian.

췌액(膵液)＜chwe/aek＞ getah pankreas.

췌장(膵臟)＜chwe/jang＞ 『解』 pankreas. ~염 『醫』 radang pankreas. ~절개 (술) operasi/bedah pankreas.

취객(醉客)＜chwi/gaek＞ peminum; pemabuk.

취급(取扱)＜chwi/geub＞ (사람등의) perlakuan; (물건의) penanganan. ~하다 memperlakukan; menangani. 신사로 ~하다 memperlakukan sebagai jentelmen. ~소 agen. ~인 orang yang menangani. 소하물 ~ penanganan pengiriman barang.

취기(醉氣)＜chwi/gi＞ rasa mabuk. ~가 돌다 menjadi mabuk.

취담(醉談)＜chwi/dam＞ ocehan waktu mabuk. ~하다 mengoceh waktu mabuk.

취득(取得)＜chwi/deuk＞ pendapatan; perolehan. ~하다 memperoleh; mendapatkan; menemukan. ~물 barang perolehan. ~세 pajak akuisisi. ~자 orang yang mendapatkan; pengambil.

취락(聚落)＜chwi/rak＞ pemukiman; komunitas; koloni.

취로(就勞)＜chwi/ro＞ ~하다 mendapat pekerjaan. ~사업 proyek padat karya; pembukaan lapangan kerja.

취미(趣味)＜chwi/mi＞ kegemaran; kesenangan; hobi; selera. 고상한 [세련된] ~ selera yang tinggi [halus]. ~가 있는 bercita rasa. ~가 없는 tidak bercita rasa. ~를 갖다 mempunyai kegemaran (dalam); gemar … ~에 맞다 sesuai selera; sesuai kesenangan. ~생활 kehidupan (dalam menikmati) hobi. 골동 [독서, 우표 수집, 음악] ~ hobi barang antik [membaca, koleksi perangko, musik]. 문학 ~ hobi sastera. 악 ~ selera/hobi yang rendah.

취사(炊事)＜chwi/sa＞ masak-memasak; pekerjaan dapur. ~하다 memasak. ~당번 tugas masak. ~도구 peralatan masak. ~장 dapur.

취사(取捨)＜chwi/sa＞ ~선택 pemilihan; penerimaan atau penolakan. ~선택하다 memilih.

취생몽사(醉生夢死)＜chwi/saeng/mong/sa＞ ~하다 hidup lewat bagai mimpi.

취소(取消)＜chwi/so＞ pembatalan; penjadaan; penghapusan; pencabutan. ~하다 membatalkan; menghapuskan; menarik kembali; mengurungkan; menganulir. ~할 수 있는 dapat dibatalkan. ~할 수 없는 tidak dapat dibatalkan. 약속을 ~하다 membatalkan janji. ~명령 perintah pembatalan. 계약 ~ pembatalan kontrak. 판결 ~ pembatalan vonis.

취안(醉眼)＜chwi/an＞ mata pemabuk.

취약(脆弱)＜chwi/yak＞ ~한 rawan. ~지역 [지점] daerah rawan.

취업(就業)＜chwi/eob＞ kerja; pekerjaan. ~하다 dapat kerja. ~중이다 sedang bekerja. ~규칙 peraturan kerja. ~시간 jam kerja. ~율 persentase orang yang bekerja. 해외 ~ pekerjaan luar negeri.

취의(趣意)＜chwi/eui＞ ☞ 취지(趣旨).

취임(就任)＜chwi/im＞ pelantikan; pengangkatan; penobatan. ~하다 dilantik; diangkat; dinobatkan. ~식 upacara pelantikan. ~인사 pidato pelantikan.

취입(吹入)＜chwi/ib＞ ~하다 merekam lagu.

취재(取材)＜chwi/jae＞ pemilihan materi/bahan. ~하다 mengumpulkan bahan (dari). ~기자 pengumpul berita/data; reporter. ~활동 pekerjaan pengumpulan berita.

취조(取調)＜chwi/jo＞ ☞ 문초(問招).

취주(吹奏)＜chwi/ju＞ ~하다 meniup. ~악 musik alat tiup. ~악기 alat tiup. ~악대[악단] kelompok musik alat tiup. ~자 pemain alat musik tiup.

취중(就中)＜chwi/jung＞ di atas segalanya; khususnya; antara lain.

취중(醉中)＜chwi/jung＞ ~에 dibawah pengaruh minuman keras; dalam mabuk. ~운전 mengemudi dalam keadaan mabuk.

취지(趣旨)＜chwi/ji＞ (생각) pendapat; ide; (목적) tujuan; maksud. 질문의 ~ maksud pertanyaan. … 이란 ~의 (surat) yang bertujuan untuk. ~서 prospektus.

취직(就職)＜chwi/jik＞ ~하다 mendapat pekerjaan. ~시켜 주다 mencarikan pekerjaan. ~난 kesulitan mendapatkan pekerjaan. ~시험 ujian kerja. ~운동 pencarian kerja. ~자리 kerja; kedudukan. ~처 tempat kerja.

취침(就寢)＜chwi/chim＞ ~하다 tidur. ~중 sedang tidur. ~나팔 terompet tidur. ~시각 waktu tidur.

취태(醉態)＜chwi/tae＞ kemabukan. ~를 부리다 berlaku mabuk.

취하(取下)＜chwi/ha＞ ~하다 menarik. 소송을 ~하다 menarik perkara hukum.

취하다(取 -)＜chwi/hada＞ ① mengambil. 강경한 태도를 ~ mengambil sikap yang tegas. ② memilih. 여럿 가운데서 하나를 ~ memilih satu dari yang banyak. ③ (섭취) menyerap (zat makanan). ④ (꾸다) meminjam; meminjamkan.

취하다(醉 -)＜chwi/hada＞ ① mabuk. 곤드레만드레 ~ sangat mabuk; mabuk berat. 거나 하게 ~ setengah mabuk. ② teracuni. 담배에 ~ teracuni rokok. ③ mabuk (kesuksesan, kesenangan). 성공에 ~ mabuk kesuksesan. 환희에 ~ mabuk kesenangan. ④ mabuk (waktu perjalanan). 배에 ~ mabuk laut. 차 [비행기]에 ~ mabuk kendaraan [pesawat].

취학(就學)＜chwi/hak＞ ~하다 masuk sekolah. ~시키다 menyekolahkan; memasukkan sekolah. ~률(率) persentase bersekolah. ~아동 anak sekolah. 미 ~아동 anak prasekolah. ~연령 umur masuk sekolah.

취한(取汗)＜chwi/han＞ ~하다 berkeringat waktu sakit.

취한(醉漢)＜chwi/han＞ pemabuk.

취항(就航)＜chwi/hang＞ ~하다 melayani; beroperasi; berlayar. 유럽 항로에 ~하다 melayani jalur Eropa.

취향(趣向)＜chwi/hyang＞ selera. ~에 맞다 sesuai dengan selera.

취흥(醉興)＜chwi/heung＞ senang-senang sambil mabuk. ~에 겨워 dibawah pengaruh minuman keras.

…측(側)＜cheuk＞ sisi; pihak. 양 ~ kedua belah pihak. 유엔 ~ pihak PBB.

측근(側近)＜cheuk/geun＞ ~에 sekitar; dekat. ~자 orang yang dekat (dengan presiden).

측량(測量)＜cheuk/yang＞ pengukuran; survei. ~하다 mengukur; menjangkakan; mensurvei. ~기계 alat survei. ~기사 orang yang mengadakan survei; juru ukur. ~도 peta survei. ~반 rombongan survei. ~선 kapal survei. ~술 teknik survei.

측면(側面)＜cheuk/myeon＞ sisi; tepi; pinggir; samping; rusuk; raut; bidang; segi; garis tepi. ~의 tentang sisi. ~공격 penyerangan samping. ~도 pandangan samping.

측문(仄聞)＜cheuk/mun＞ ~하다 mendengar dari desas-desus/kabar angin.

측백나무(側柏-)＜cheuk/baek/na/mu＞ 『植』 pohon tuja.

측심(測深)＜cheuk/sim＞ pengukuran kedalaman laut. ～하다 mengukur kedalaman laut. ～기 alat pengukur kedalaman laut.

측우기(測雨器)＜cheuk/u/gi＞ ukuran curah hujan.

측은(惻隱)＜cheuk/eun＞ ～한 kasihan; menyedihkan. ～한 마음이 들다 merasa kasihan.

측전기(測電器)＜cheuk/ceon/gi＞ alat pengukur arus listrik; elektrometer.

측정(測定)＜cheuk/jeong＞ ukuran; jangka; takaran. ～하다 mengukur; menera; menakar(i); menimbang. 거리를 ～하다 mengukur jarak. 구경 ～ kalibrasi. 시간 ～법 kronometri.

측지(測地)＜cheuk/ji＞ survei tanah. ～하다 mensurvei tanah. ～학 ilmu yang mempelajari keadaan tanah/bumi.

측후(測候)＜cheu/khu＞ observasi meteorologi; pengamatan cuaca. ～하다 mengadakan observasi meteorologi. ～소(원) (anggota staf) stasiun meteorologi. ～소 기사 ahli meteorologi.

층(層)＜cheung＞ (사회계급) kelas; kategori; jenis; bagian; golongan; pangkat; kalangan; (건물의) tingkat; lantai; (지층) petala; lapisan. 근로자 ～ kelas pekerja/buruh. 석탄 ～ lapisan batubara. 2～ lantai dua; tingkat dua.

층계(層階)＜cheung/gye＞ tangga; undak-undakan. ～를 오르다 naik tangga. ～참 undak-undakan perhentian.

층나다(層 -)＜cheung/na/da＞ digolong-golongkan; dikelaskan; dirangkaikan.

층대(層臺)＜cheung/dae＞ ☞ 층층대.

층돌(層 -)＜cheung/tol＞ batu tangga.

층등(層等)＜cheung/deung＞ pemeringkatan; peringkat.

층면(層面)＜cheung/myeon＞ 『地』 bidang stratifikasi.

층상(層狀)＜cheung/sang＞ ～의 berlapis.

층암절벽(層岩絶壁)＜cheung/am/jeol/byeok＞ tebing bertingkat.

층애(層崖)＜cheung/ae＞ karang bertingkat.

층운(層雲)＜cheung/un＞ lapisan awan paling rendah.

층적운(層積雲)＜cheung/jeok/un＞ strato kumulus.

층지다(層 -)＜cheung/ji/da＞ ☞ 층나다.

층층다리(層層-)＜cheung/cheung/da/ri＞ anak tangga; undak-undakan.

층층대(層層臺)＜cheung/cheung/dae＞ ☞ 층층다리.

층층시하(層層侍下)＜cheung/cheung/si/ha＞ melayani orang tua dan kakek-nenek yang masih hidup.

층하(層下)＜cheung/ha＞ ～하다 membedakan; memilih bulu; memandang rendah.

치(値)＜chi＞ 『數』 nilai angka; nilai numerik.

치＜chi＞ ① bagian; jatah; ransum. 이틀 ～의 식량 makanan jatah dua hari. ② si. 그 ～ si itu.

치＜chi＞ chi (= 3.03030 cm).

치가(治家)＜chi/ga＞ pengelolaan rumah tangga. ～하다 mengelola rumah tangga (dengan baik).

치가떨리다(齒-)＜chi/ga/teol/li/da＞ menggertakkan gigi dengan marah.

치경(齒莖)＜chi/gyeong＞ gusi.

치고＜chi/go＞ 그것은 그렇다 ～ kalau demikian adanya. 학생 ～ 영어 못 읽는 사람이 없다 Setiap murid dapat membaca dalam bahasa Inggris.

치골(恥骨)＜chi/gol＞ 『解』 tulang kemaluan/pubis.

치과(齒科)＜chi/kwa＞ bagian gigi. ～기공 ahli gigi. ～대학 Fakultas Kedokteran Gigi. ～의(사) dokter gigi ～의원 klinik gigi.

치국(治國)＜chi/guk＞ pemerintahan. ～책(策) kebijakan pemerintahan.

치근(齒根)＜chi/geun＞ akar gigi.

치근거리다＜chi/geun/geo/ri/da＞ menggoda; mengganggu.

치기(稚氣)＜chi/gi＞ sifat kekanak-kanakan. ～넘친 kekanak-kanakan.

치기배(- 輩)＜chi/gi/bae＞ perampok, pencuri dan penjambret.

치다＜chi/da＞ ① (때리다) memukul; mengelepak; meninju; menggebuk; menampar. ② memukul (gong/paku); memencet (piano); bertepuktangan. 피아노를 ～ memencet piano; bermain piano. ③ (맞히다) memukul kena; mengenai. 배트로 ～ memukul dengan bat. ④ menumbuk. 떡을 ～ menumbuk nasi untuk adonan. ⑤ (벼락 따위) menyambar (petir).

치다＜chi/da＞ ① (공격 토벌) menyerang; menaklukkan. ② (베어내다) memotong; memangkas. ③ (채를) mencincang; mengiris-iris. ④ (비난하다) menuduh.

치다＜chi/da＞ membersihkan; membuang. 똥을 ～ membuang kotoran.

치다＜chi/da＞ ① (체로) mengayak; menyaring. ② (장난을) bermain-main; iseng. ③ (소리를) berteriak.

치다＜chi/da＞ ① (셈) menilai; menghargai; menaksir; menghitung. 100원으로 ～ menaksir seratus won. ② (여김) mempertimbangkan; mengingat.

치다＜chi/da＞ (액체 가루를) menambahkan; menuangkan; menaburkan (garam).

치다＜chi/da＞ ① (대님 따위를) mengikat (kaki celana). ② (장막 따위를) menggantungkan (tirai); memasang (kelambu; tenda). ③ (줄을) membatasi tali.

치다＜chi/da＞ ① (사육) memelihara. ② (새끼를) membiakkan. ③ 벌이 꿀을～ lebah membuat madu. ④ (손님을) menjamu tamu. ⑤ (가지가 뻗다) bertunas; bercabang.

치다＜chi/da＞ (그물 등을) memasang jala.

치다＜chi/da＞ ① (전보를) mengirim (telegram). ② (시험을) ikut (ujian).

치다＜chi/da＞ (화투를) mengocok (kartu).

치다꺼리＜chi/da/keo/ri＞ ① (일처리) pengelolaan; pengaturan. ～하다 mengelola; mengatur. ② (조력) pertolongan; bantuan. ～하다 menolong; membantu.

치닫다＜chi/dat/ta＞ naik.

치대다＜chi/dae/da＞ menggilas (cucian).

치둔(痴鈍)＜chi/dun＞ ～한 bodoh.

치뜨다＜chi/teu/da＞ mendelik (mata).

치런치런＜chi/reon/chi/reon＞ ① (넘치락말락) penuh sampai ke tepi. ② 치맛자락을 ～늘어뜨리고 걷다 berjalan menyeret rok.

치렁거리다＜chi/reong/geo/ri/da＞ ① (드린 물건이) berayun. ② (시일이) tertunda dari hari kehari.

치레＜chi/re＞ pendandanan; penghiasan. ～하다 mendandani; menghias.

치료(治療)＜chi/ryo＞ pengobatan medis; penyembuhan; penyehatan. ～하다 mengobati; menyembuhkan. ～를 받다 mendapat pengobatan medis; berobat. 암의 ～를 받다 dirawat karena kanker. ～법 metode pengobatan; cara penyembuhan. ～비 biaya dokter. 물리 ～ pengobatan fisik.

치루(痔瘻)＜chi/ru＞『醫』 luka terbuka pada bagian anus.

치르다＜chi/reu/da＞ ① membayar; melunasi; menebus. 값을 ～ membayar harga. ② mengalami; menjalani. 시험을 ～ menjalani ujian. ③ (접대) menjamu (tamu).

치를떨다(齒 -)＜chi/reul/teol/da＞ ① (인색) sangat kikir. ② (격분) menggertak gigi.

치마＜chi/ma＞ rok.

치매＜chi/mae＞『醫』 dimentia.

치명(致命)＜chi/myeong＞ ～적 fatal; mematikan; maut. ～적으로 secara mematikan. ～상 luka yang mematikan. ～상을 입다 luka fatal.

치밀(緻密)＜chi/mil＞ ～한 tepat; rinci; cermat. ～한 계획 rencana yang cermat.

치밀다＜chi/mil/da＞ bergelora; menggelora. 분노가 ～ amarah bergelora.

치받이＜chi/ba/ji＞ pendakian; lereng. ～를 올라가다 naik lereng.

치받치다＜chi/ba/chi/da＞ menggelora.

치부(致富)＜chi/bu＞ ～하다 menimbun harta.

치부(恥部)＜chi/bu＞ bagian rahasia/kemaluan.

치부(置簿)＜chi/bu＞ ～하다 memegang buku. ～책 buku keuangan.

치사(致死)＜chi/sa＞ ～의 fatal; mematikan; letal. ～량 dosis yang mematikan.

치사(致謝)＜chi/sa＞ ～하다 berterima kasih; menyatakan terima kasih.

치사스럽다(恥事-)＜chi/sa/seu/reob/ta＞ memalukan; hina; rendah; kotor.

치사하다(恥事 -)＜chi/sa/hada＞ ☞ 치사스럽다.

치산(治山)＜chi/san＞ konservasi (perlindungan) hutan. ～하다 melestarikan hutan. ～치수 konservasi sungai dan hutan. ～치수 사업 proyek anti erosi.

치산(治産)＜chi/san＞ pengelolaan harta. ～하다 mengelola harta.

치석(齒石)＜chi/seok＞ karang gigi; tahi gigi. ～제거 menyisiki.

치성(致誠)＜chi/seong＞ pengabdian yang tulus; kebaktian yang ikhlas.

치세(治世)＜chi/se＞ pemerintahan; rejim; (태평한 세상) masa-masa damai. ...의 ～에 dibawah kendali ...; dibawah pemerintahan ... .

치수(- 數)＜chi/su＞ ukuran; dimensi. ～대로 sesuai dengan ukuran. ～를 재다 mengukur.

치수(治水)＜chi/su＞ penanggulangan

banjir. ～하다 menanggulangi banjir; mengendalikan banjir. ～공사 pekerjaan penanggulangan banjir.

치수(齒髓)＜chi/su＞ bagian dalam gigi tempat saraf. ～염 『醫』 radang bagian dalam gigi.

치신경(齒神經)＜chi/sin/gyeong＞ saraf gigi.

치신사납다＜chi/sin/sa/nab/ta＞ memalukan; tidak senonoh.

치신없다＜chi/sin/eob/ta＞ tidak ada harga diri.

치아(齒牙)＜chi/a＞ ☞ 이.

치안(治安)＜chi/an＞ keamanan dan ketertiban umum. ～을 유지(維持)하다 menjaga keamanan. ～경찰 polisi keamanan. ～당국 petugas penegak hukum. ～정감 komisaris jendral. ～총감 KPKOM (kepala polisi komisariat).

치약(齒藥)＜chi/yak＞ pasta gigi; tapal gigi; obat gosok gigi.

치열(齒列)＜chi/yeol＞ jajaran gigi; gigi geligi. ～교정 pelurusan gigi.

치열(熾烈)＜chi/yeol＞ ～한 ketat; tajam. ～한 경쟁 persaingan yang ketat.

치외법권(治外法權)＜chi/oe/beob/kwon＞ hak ekstra teritorial.

치욕(恥辱)＜chi/yok＞ noda; aib; cela; cacat; wirang; keaiban; kehinaan. 국가의 ～ aib bagi negara. ～을 참다 menanggung aib.

치우다＜chi/u/da＞ ① (정리) membenahi; membereskan; (제거) menyingkirkan; menjauhkan. ② (딸을) menikahkan; mengawinkan.

치우치다＜chi/u/chi/da＞ memihak (kepada); berat sebelah; cenderung (kepada).

치유(治癒)＜chi/yu＞ penyembuhan; penawaran. ～하다 menyembuhkan.

치음(齒音)＜chi/eum＞ suara gigi/dental.

치이다＜chi/i/da＞ (덫에) terperangkap.

치이다＜chi/i/da＞ (수레바퀴에) tergilas; tergiling.

치이다＜chi/i/da＞ (값이) membu-tuhkan; memerlukan biaya; berhar-ga.

치자(治者)＜chi/ja＞ penguasa.

치자(梔子)＜chi/ja＞ bibit bunga ka-capiring. ～나무 pohon bunga ka-capiring.

치장(治粧)＜chi/jang＞ perhiasan; dekorasi; dan-danan; pemantas; ri-as. ～하다 menghiasi; memperso-lek; mendekor. 몸을 ～하다 menghias diri; berdandan; bersolek. 집을 ～하다 mendekorasi rumah.

치적(治績)＜chi/jeok＞ prestasi pe-merintahan.

치정(痴情)＜chi/jeong＞ cinta nafsu. ～에 의한 범죄 kejahatan hawa nafsu. ～살인 pembunuhan bermo-tif skandal seks.

치조(齒槽)＜chi/jo＞ 『解』 lobang gi-gi di rahang. ～농루(膿漏) 『醫』 paradentosis.

치죄(治罪)＜chi/joe＞ ～하다 meng-usut.

치중(置重)＜chi/jung＞ ～하다 me-nekankan; menitikberatkan (pada).

치즈＜chi/jeu＞ keju.

치질(痔疾)＜chi/jil＞ 『醫』 bawasir; puru sembilit; ambaein.

치켜세우다＜chi/khyeo/se/u/da＞ memuji setinggi langit; mencongak-an; menjengkit.

치키다＜chi/khi/da＞ menaikkan; mengangkat; mendorong.

치킨＜chi/khin＞ daging ayam. ～수프 [라이스] sup ayam [nasi].

치통(齒痛)＜chi/thong＞ sakit gigi. ～이 나다 menderita sakit gigi.

치하(治下)＜chi/ha＞ ～의 dibawah kekuasaan … 공산당 ～의 berpe-merintahan komunis.

치하(致賀)＜chi/ha＞ ucapan sela-mat. ～하다 mengucapkan selamat.

치한(痴漢)＜chi/han＞ buaya darat; pengganggu wanita.

칙령(勅令)＜ching/yeong＞ titah ra-ja.

칙명(勅命)＜ching/myeong＞ perin-tah raja.

칙사(勅使)＜chik/sa＞ utusan raja. ～대접을 하다 memperlakukan de-ngan sangat hormat.

칙살스럽다＜chik/sal/seu/reob/ta＞ ☞ 착살스럽다.

칙칙하다＜chik/chik/hada＞ suram; muram.

친…(親)＜chin＞ ① darah daging; sedarah. ～형제 saudara darah da-ging; saudara sedarah. ② berpi-hak; pro. ～미의 berpihak kepada Amerika; pro-Amerika. ～여 후보 calon pro-pemerintah.

친가(親家)＜chin/ga＞ ☞ 친정(親庭).

친고(親告)＜chin/go＞ ～죄 kejahat-an yang perlu pelaporan.

친교(親交)＜chin/gyo＞ keakraban; keintiman. ～를 맺다 berteman akrab.

친구(親舊)＜chin/gu＞ teman; kon-co; kawan; kanti; sahabat; taulan; rekan; sejawat; sekutu; sobat. 학교 ～ teman sekolah. 낚시질[술] ～ teman mancing [minum]. 여자 ～ teman wanita. 평생의 ～ te-man seumur hidup. …와 ～가 되다 berteman dengan… . 좋은[나쁜] ～와 사귀다 bersahabat dengan te-man yang baik [jelek].

친권(親權)＜chin/kwon＞ hak darah daging; kekuasaan orang tua. ～자 orang yang memiliki hak darah da-ging.

친근(親近)＜chin/geun＞ ～한 ak-rab; mesra; erat. ～한 사이이다 akrab diantara sahabat. ～감 rasa keakraban. ～감을 느끼다 merasa akrab (dengan).

친기(親忌)＜chin/gi＞ upacara pe-ringatan kematian orang tua.

친남매(親男妹)＜chin/nam/mae＞ saudara laki-laki dan perempuan sedarah.

친목(親睦)＜chin/mok＞ persahabatan; kesosialan. 서로의 ～을 도모하다 mempererat persahabatan; membina persahabatan. ～회 pertemuan so-sial.

친미(親美)＜chin/mi＞ ～의 pro

Amerika.　~ 주의자 orang yang pro Amerika.

친밀(親密)<chin/mil>　~한 akrab; intim; dekat; erat; rapat; karib; teguh.　~한 벗 teman dekat.　~한 사이다 akrab diantara sahabat.

친부모(親父母)<chin/bu/mo>　orang tua kandung.

친분(親分)<chin/bun>　persahabatan.　~이 있다 saling mengenal.　~이 생기다 menjadi akrab (dengan).

친불(親佛)<chin/bul>　~의 pro Perancis; berpihak pada Perancis.

친상(親喪)<chin/sang>　perkabungan untuk orang tua.　~을 당하다 meninggal orang tua; berkabung untuk orang tua.

친생자(親生子)<chin/saeng/ja>　anak kandung.

친서(親書)<chin/seo>　surat pribadi.

친선(親善)<chin/seon>　hubungan persahabatan.　국제적 ~ persahabatan internasional.　~을 도모하다 meningkatkan hubungan baik (diantara).　~경기 pertandingan persahabatan.　~사절 misi persahabatan.

친소(親蘇)<chin/so>　~의 berpihak pada Soviet; pro Soviet.

친손자(親孫子)<chin/son/ja>　cucu kandung.

친숙(親熟)<chin/suk>　~하다 akrab (dengan).

친아버지(親 -)<chin/a/beo/ji>　ayah kandung.

친아우(親 -)<chin/a/u>　adik kandung.

친애(親愛)<chin/ae>　~하는 yang terhormat.　~하는 여러분 Saudara-saudara sekalian; Bapak-bapak dan ibu-ibu!

친어머니(親-)<chin/eo/meo/ni>　ibu kandung.

친영(親英)<chin/yeong>　~의 pro Inggris.　~주의 Anglofilisme.

친우(親友)<chin/u>　teman akrab.

친위대(親衛隊)<chin/wi/dae>　satuan pengawal.

친일(親日)<chin/il>　~의 pro-Jepang; berpihak pada Jepang.　~파 aliran pro-Jepang.

친자식(親子息)<chin/ja/sik>　anak kandung.

친전(親展)<chin/jeon>　Rahasia; Pribadi.

친절(親切)<chin/jeol>　kebaikan; simpati.　~한 baik hati; lembut hati; murah hati.　~하게 dengan baik hati; dengan simpati.　…에게 ~히 대하다 baik kepada; memperlakukan dengan baik kepada … .

친정(親政)<chin/jeong>　kekuasaan raja secara langsung.

친정(親庭)<chin/jeong>　rumah waktu gadis.

친족(親族)<chin/jok>　kerabat; sanak saudara; karib; sepersukuan.　~관계 kerabatan.　~법 hukum sepersukuan.　~회의 dewan keluarga.　직계[방계] ~ hubungan langsung [seketurunan].

친지(親知)<chin/ji>　kenalan; sejawat; rekan.

친척(親戚)<chin/cheok>　sanak saudara; keluarga; kerabat; dusanak; karib.　먼[가까운] ~ kerabat jauh [dekat].　~관계 hubungan/pertalian kekeluarga.　일가 ~ sanak saudara sepersukuan.

친친<chin/chin>　bergulung-gulung.

친필(親筆)<chin/fil>　tulisan sendiri.

친하다(親 -)<chin/hada>　① (가깝다) akrab.　② (사귀다) bersahabat; berakrab (dengan).

친할머니(親-)<chin/hal/meo/ni>　nenek kandung.

친할아버지(親-)<chin/hal/a/beo/ji>　kakek kandung.

친형(親兄)<chin/hyeong>　abang kandung.

친화(親和)<chin/hwa>　~력 『化』 afinitas.

친환(親患)<chin/hwan>　penyakit orang tua.

친히(親 -)<chi/ni>　① (친하게) dengan akrab.　② secara pribadi.

~방문하다 berkunjung secara pribadi.

칠(七)＜chil＞ tujuh. 제 ~(의) ketujuh.

칠(漆)＜chil＞ cat; pelitur; pengilap. ~조심 awas cat basah.

칠기(漆器)＜chil/gi＞ barang-barang yang dipernis.

칠렁하다＜chil/leong/hada＞ penuh sampai ke pinggir.

칠레＜chil/le＞ Chili. ~의 tentang Chili. ~사람 orang Chili. ~초석(硝石) sendawa Chili; garam mesiu.

칠면조(七面鳥)＜chil/myeon/jo＞ kalkun; ayam Belanda.

칠변형(七邊形)＜chil/byeon/hyeong＞ segi tujuh.

칠보(七寶)＜chil/bo＞ 『佛』 tujuh harta (emas, perak, lapis, kristal, koral, akik, mutiara). ~세공 kerajinan batu berharga.

칠분도미(七分搗米)＜chil/bun/do/mi＞ beras poles 70 persen.

칠생(七生)＜chil/saeng＞ tujuh kehidupan.

칠석(七夕)＜chil/seok＞ hari yang ketujuh dari bulan ketujuh.

칠순(七旬)＜chil/sun＞ ① (70일) tujuh puluh hari. ② (70살) umur tujuh puluh tahun.

칠십(七十)＜chil/sib＞ tujuh puluh. 제 ~(의) ketujuh puluh.

칠야(漆夜)＜chi/rya＞ malam yang kelam.

칠월(七月)＜chil/wol＞ Juli.

칠장이(漆匠 -)＜chil/jang/i＞ tukang pernis/cat.

칠전팔기(七顚八起)＜chil/ceon/fal/gi＞ tabah dalam kesukaran.

칠칠하다＜chil/chil/hada＞ 칠칠치 못하다 ceroboh.

칠판(漆板)＜chil/fan＞ papan tulis hitam. ~을 지우다 membersihkan papan tulis; menghapus papan tulis. ~지우개 penghapus.

칠하다(漆 -)＜chil/hada＞ mengecat; memelitur; menyungging; mewarnai; mengoles; mengulas. 벽을 희게 ~ mengecat putih dinding.

칠현금(七絃琴)＜chil/hyeon/geum＞ kecapi tujuh dawai.

칠흑(漆黑)＜chil/heuk＞ ~같은 hitam pekat; hitam legam. ~같은 (어둔)밤 malam yang hitam pekat.

칡＜chik＞ 『植』 ararut. ~덩굴 akar jalar ararut.

침＜chim＞ air liur; air ludah. ~을 뱉다 meludah.

침(針)＜chim＞ ① (가시) duri; onak. ② (바늘) jarum jahit; jarum jam.

침(鍼)＜chim＞ jarum (akupuntur). ~을 놓다 menusuk jarum.

침강(沈降)＜chim/gang＞ pengendapan. ~하다 mengendap. ~속도 laju pengendapan.

침공(侵攻)＜chim/gong＞ penyerangan; invasi. ~하다 menyerang; menginvasi.

침구(寢具)＜chim/gu＞ sprei; tikar bantal.

침구(鍼灸)＜chim/gu＞ akupuntur dan moksibusi. ~술 seni akupuntur dan moksibusi. ~술사(師) ahli akupuntur dan moksibusi.

침낭(寢囊)＜chim/nang＞ kantong tidur.

침노하다(侵擄-)＜chim/no/hada＞ ① (침공) menyerang; menginvasi. ② (빼앗다) menaklukkan.

침대(寢臺)＜chim/dae＞ tempat tidur; pelaminan; ranjang; peraduan. ~권 tiket tempat tidur (kereta api). ~차 gerbong kereta api khusus tempat tidur; kereta tidur. 간이 ~ pelbet.

침략(侵略)＜chim/yak＞ agresi; penyerangan; penyerbuan. ~하다 menyerang; menyerbu; menginvasi. ~적 agresif. ~국 negara penyerang; negara agresor. ~군 tentara penyerang. ~자 penyerang; agresor. ~전쟁 perang agresi. ~주의 kebijakan/politik agresi. ~행위 tindakan agresi. 무력 ~ agresi bersenjata.

침례(浸禮)＜chim/nye＞ 『宗』 pembabtisan; pemandian.　~교도 orang yang dibabtis.　~교회 gereja babtis.

침로(針路)＜chim/no＞ jurusan (kapal)　~를 (잘못)잡다 mengambil jurusan (yang salah).　~를 바꾸다 merubah jurusan.

침맞다(鍼 -)＜chim/mat/ta＞ dirawat dengan akupuntur.

침모(針母)＜chim/mo＞ penjahit wanita.

침목(枕木)＜chim/mok＞ 『鍼』 bantalan rel.

침몰(沈没)＜chim/mol＞ tenggelam.　~하다 tenggelam; kelelap; terbenam; karam.　~ 시키다 menenggelamkan.　~선 kapal yang tenggelam.

침묵(沈默)＜chim/muk＞ ketenangan; keheningan; kebisuan.　~하다 menahan lidah; diam.　~시키다 mendiamkan.　~을 지키다 menjaga keheningan.　~을 깨다 memecahkan keheningan.

침방(寢房)＜chim/bang＞ ☞ 침실.

침범(侵犯)＜chim/beom＞ penyerangan; agresi; penyerbuan; pelanggaran.　~하다 menyerang; melakukan agres; melanggar.　국경 ~ pelanggaran perbatasan.

침삼키다＜chim/sam/khi/da＞ ① (침을) menelan; mereguk.　② (먹고 싶어) meneteskan air liur.　③ (욕정으로) bernafsu.

침상(針狀)＜chim/sang＞　~의 berbentuk jarum; meruncing.　~엽(葉) daun jarum.

침상(寢牀)＜chim/sang＞ ☞ 침대.

침소(寢所)＜chim/so＞ ruang tidur; kamar tidur.

침소봉대(針小棒大)＜chim/so/bong/dae＞　~하다 melebih-lebihkan; membesar-besarkan.　~하여 dengan berlebihan.

침수(浸水)＜chim/su＞ penggenangan; pembanjiran; tenggelam.　~하다 dibanjiri; digenangi; tergenang.　~가옥 rumah yang tergenang.

침술(鍼術)＜chim/sul＞ akupuntur; seni tusuk jarum.　~사 ahli akupuntur.

침식(浸蝕)＜chim/sik＞ erosi; pengikisan.　~하다 mengikis.　~작용 erosi; aksi pengikisan.

침식(寢食)＜chim/sik＞　~을 잊고 tanpa makan dan tidur.　~을 같이하다 hidup selapik seketiduran.

침실(寢室)＜chim/sil＞ kamar tidur.

침엽(針葉)＜chim/yeob＞ 『植』 daun jarum.　~수 pohon yang berdaun jarum.

침울(沈鬱)＜chim/ul＞ kemurungan.　~한 murung; muram.　~한 얼굴 wajah yang murung.　~해 있다 merasa murung.

침윤(浸潤)＜chim/yun＞　~하다 dijenuhkan; merembes; menyerap (kedalam).

침의(鍼醫)＜chim/eui＞ ahli akupuntur/tusuk jarum.

침입(侵入)＜chi/mib＞ penyerbuan; invasi; penerobosan; penyusupan.　~하다 menyerbu; mengadakan penyerbuan; menyerang; menyatron; menyelundup; masuk secara gelap.　~군 tentara penyerbu.　~자 penyerbu; penyerang.

침쟁이(鍼 -)＜chim/jaeng/i＞ ① ☞ 침의(鍼醫).　② (아편쟁이) pecandu opium.

침전(沈澱)＜chim/jeon＞ pengendapan.　~하다 mengendap.　~농도 densitas endapan.　~물 endapan.　~지 kolam pengendapan.

침착(沈着)＜chim/chak＞ ketenangan.　~한 tenang.　~하게 dengan tenang; dengan kalem.

침체(沈滯)＜chim/che＞ stagnasi; kemandekan.　~된 시장 pasar yang mati; pasar yang tidak maju.　~해 있다 mandek.

침침하다(沈沈 -)＜chim/chim/hada＞ sayu; kuyu; suram; temaram; kelam kabut.

침통(沈痛)＜chim/thong＞　~한 sedih; sayu.　~한 어조로 dengan nada yang sedih.　~한 얼굴로[표정으로] dengan muka yang sayu.

침투(浸透)＜chim/thu＞　～하다 merembes; meresap; menembus; menyerap; menyelusup. ～성 osmosis; perembesan. ～작전 operasi penyusupan. 경제 ～ penetrasi ekonomi.

침팬지＜chim/faen/ci＞　『動』 simpanse.

침하(沈下)＜chim/ha＞　～하다 surut.

침해(侵害)＜chim/hae＞ pelanggaran. ～하다 melanggar. ～자 pelanggar; orang yang melanggar.

침향(沈香)＜chim/hyang＞　『植』 pohon gaharu.

침흘리개＜chim/heul/li/gae＞ anak yang ileran.

침흘리다＜chim/heul/li/da＞ mengeluarkan air liur; meneteskan air liur.

칩거(蟄居)＜chib/geo＞　～하다 tinggal di rumah saja.

칫솔(齒 -)＜chit/sol＞ sikat gigi

칭병(稱病)＜ching/byeong＞ ☞ 꾀병.

칭송(稱頌)＜ching/song＞ pemujian; pujian; penyanjungan. ～하다 memuji; mengagumi; menyanjung.

칭얼거리다＜ching/eol/geo/ri/da＞ rewel.

칭찬(稱讚)＜ching/chan＞ penyanjungan; pemujian. ～하다 mengagumi; menyanjung; menghargai; memuji. ～의 말 kata-kata pujian. ～할 만한 mengagumkan; terpuji. ～을 받다 dipuji; menerima pujian.

칭탁(稱託)＜ching/thak＞ ～하다 membuat dalih; berdalih. …을 ～하여 dengan dalih … .

칭하다(稱 -)＜ching/hada＞ ① (일컫다) menamai. ② (속이다) berpura-pura.

칭호(稱號)＜ching/ho＞ nama; pangkat; gelar; nama kehormatan. 박사 ～ gelar doktor.

카나리아<kha/na/ri/a> 『鳥』 burung kenari.

카네이션<kha/ne/i/syeon> 『植』 anyelir.

카누<kha/nu> kanu; sampan.

카니발<kha/ni/bal> karnaval; kirab; pesta.

카드<kha/deu> kartu. ～놀이 main kartu.

카드뮴<kha/deu/myun> 『化』 kadmium.

카라반<kha/ra/ban> kafilah; karavan.

카랑카랑하다<kha/rang/kha/rang/ha-da> (날씨가) jernih dan dingin; (목소리가) jernih dan jelas (suara).

카레<kha/re> ～가루 bubuk kari. ～라이스 nasi kari.

카르테<kha/reu/the> 『醫』 peta; grafik; kart.

카르텔<kha/reu/thel> kartel (gabungan perusahaan-perusahaan yang bertujuan monopoli dalam mengatur harga-harga).

카리에스<kha/ri/e/seu> 『醫』 kebusukan pada tulang. 척추 ～ TBC tulang belakang.

카메라<kha/me/ra> kamera. ～맨 juru kamera. ～앵글 sudut kamera.

카메룬<kha/me/run> Kamerun.

카멜레온<kha/mel/le/on> 『動』 bunglon.

카무플라주<kha/mu/feul/la/ju> penyamaran. ～하다 menyamar.

카바레<kha/ba/re> kabaret.

카바이드<kha/ba/i/deu> 『化』 karbit.

카본<kha/bon> karbon. ～복사 salinan karbon. ～지(紙) kertas karbon.

카빈<kha/bin> karaben.

카세트<kha/se/theu> kaset. ～녹음기 tip rekorder kaset. ～테

이프 pita kaset.

카스텔라<kha/seu/thel/la> kue bolu.

카우보이<kha/u/bo/i> koboi.

카운슬링<kha/un/seul/ling> penyuluhan.

카운터<kha/un/theo> juru hitung.

카운트<kha/un/theu> hitungan. ～하다 menghitung.

카이로<kha/i/ro> Kairo.

카이제르수염(-鬚髯)<kha/i/je/reu/su/yeom> kumis kaisar.

카지노<kha/ji/no> kasino; tempat berjudi.

카키색(- 色)<kha/khi/saek> warna keper.

카타르<kha/tha/reu> 『醫』 (penyakit) radang selaput lendir.

카탈로그<kha/thal/lo/geu> katalog.

카테고리<kha/the/go/ri> 『論』 kategori; kelompok.

카톨릭교(-敎)<kha/thol/lik/gyo> gereja Katolik Roma. ～의 Katolik. ～도(徒) orang Katolik.

카투사<kha/thu/sa> tambahan tentara Korea ke tentara Amerika.

카페<kha/fe> kedai kopi; bar.

카페인<kha/fe/in> 『化』 kafein.

카펫<kha/fet> karpet; permadani.

칵칵거리다<khak/khak/geo/ri/da> batuk-batuk (untuk membersihkan tenggorokan).

칵테일<khak/the/il> cocktail. ～파티 pesta cocktail.

칸<khan> ① kan (= 36 kaki persegi). 두 ～방 kamar yang berukuran 72 kaki persegi. ② kamar (satuan hitung). 네 ～집 rumah 4 kamar. ③ ☞ 칸살.

칸나<khan/na> 『植』 bunga kanna.

칸막이<khan/ma/gi> pembagian; penyekatan; penabiran. ～하다 membagi; menyekat. ～벽 dinding pemisah.

칸초나,칸초네＜khan/cho/na,khan/cho/ne＞ lirik Itali.

칸타빌레＜khan/tha/bil/le＞ 『樂』 musik yang bermelodi.

칸타타＜khan/tha/tha＞ 『樂』 nyanyian untuk paduan suara.

칸트＜khan/theu＞ Immanuel Kant (1724-1804) ahli filsafat Jerman. ~ 철학 philosofi Kant. ~ 학파 orang yang mengikuti aliran Kant.

칼＜khal＞ pisau; pedang; rencong; parang; kelewang; kanjal; mandau. ~을 차다 membawa pedang. ~날 mata pedang. ~등 punggung pedang. ~집 sarung pedang.

칼＜khal＞ kuk; tiang penghukuman. ~을 씌우다 menghukum di tiang penghukuman.

칼국수＜khal/guk/su＞ mi tiaw.

칼깃＜khal/git＞ bulu terbang.

칼라＜khal/la＞ kerah baju; leher baju.

칼로리＜khal/lo/ri＞ kalori. ~가 (價) nilai kalori.

칼륨＜khal/lyum＞ kalium.

칼리＜khal/li＞ 『化』 potasium.

칼리지＜khal/li/ji＞ sekolah tinggi.

칼맞다＜khal/mat/ta＞ ditusuk; kena pisau.

칼부림＜khal/bu/rim＞ perkelahian dengan pisau. ~하다 menggunakan pisau; menusuk orang. ~으로 번지다 menjadi pertumpahan darah.

칼슘＜khal/syum＞ kalsium.

칼자국＜khal/ca/guk＞ bekas kena pisau.

칼자루＜khal/ja/ru＞ gagang pisau.

칼잡이＜khal/ja/bi＞ tukang jagal.

칼질＜khal/jil＞ pemotongan. ~하다 memotong.

칼춤＜khal/chum＞ tari pedang; pencak.

칼칼하다＜khal/khal/hada＞ ☞ 컬컬하다.

칼코등이＜khal/kho/deung/i＞ pelindung pedang.

칼판(- 板)＜khal/fan＞ telenan.

캄캄하다＜kham/kham/hada＞ gelap; legam; hitam legam; bodoh.

캉캉＜khang/khang＞ *can can* (dansa ala Perancis).

캐나다＜khae/na/da＞ Kanada. ~사람 orang Kanada.

캐다＜khae/da＞ ① menggali; menambang. 금을 ~ menggali emas. ② menyelidiki. 철저히 ~ menyelidiki (masalah) sampai ke dasar.

캐디＜khae/di＞ 『골프』 caddy; kacung permainan golf. ~ 노릇을 하다 menjadi caddy.

캐러멜＜khae/reo/mel＞ karamel; gula bakar.

캐럿＜khae/reot＞ karat. 18 ~의 금 emas 18 karat.

캐묻다＜khae/mut/ta＞ menyelidiki dengan seksama.

캐비닛＜khae/bi/nit＞ kabinet.

캐비지＜khae/bi/ji＞ kol; kubis.

캐빈＜khae/bin＞ kabin.

캐스터네츠＜khae/seu/theo/ne/cheu＞ 『樂』 kastenyet.

캐스트＜khae/seu/theu＞ para pelaku.

캐스팅보트＜khae/seu/thing/bo/theu＞ pemberian suara.

캐시미어＜khae/si/mi/eo＞ Kasmir.

캐처＜khae/cheo＞ 『野』 penangkap bola.

캐터펄트＜khae/theo/feol/theu＞ ketapel; jepretan.

캐피털리즘＜khae/fi/theol/li/jeum＞ kapitalisme.

캔디＜khaen/di＞ permen; bonbon.

캔버스＜khaen/beo/seu＞ kanvas. ~틀 rangka kanvas.

캠퍼＜khaem/feo＞ kamper. ~주사 suntikan kamper.

캠퍼스＜khaem/feo/seu＞ kampus. ~에서 di kampus.

캠페인＜khaem/fe/in＞ kampanye.

캠프＜khaem/feu＞ tenda. ~생활 kehidupan tenda. ~ 파이어 api unggun.

캠핑＜khaem/fing＞ berkemah. ~가다 pergi berkemah.

캡＜khaeb＞ topi.

캡슐＜khaeb/syul＞ kapsul.

캡틴＜khaeb/thin＞ kapten.

캥거루＜khaeng/geo/ru＞ 『動』 kang-guru.

커녕＜kheo/nyeong＞ jauh dari; jangankan; jangan dikata; alih-alihkan. 즐겁기는 ~ 불쾌하다 Jangan kan senang malah susah.

커닝＜kheo/ning＞ penyontekan pada saat ujian. ~하다 nyontek pada saat ujian. ~ 페이퍼 catatan kecil (contekan).

커다랗다＜kheo/da/rat/tha＞ sangat besar.

커다래지다＜kheo/da/rae/ji/da＞ bertambah besar.

커리큘럼＜kheo/ri/khyul/leom＞ kurikulum.

커미션＜kheo/mi/syeon＞ komisi; panitia.

커버＜kheo/beo＞ pembungkus; sampul; selubung; tekapan; penutup; penudung.

커버하다＜kheo/beo/hada＞ menutupi; menyelungkupi.

커브＜kheo/beu＞ tikungan; lingkungan; bola lengkung. 아웃 ~ lengkungan keluar. 인~ lengkungan kedalam.

커스터드＜kheo/seu/theo/deu＞ puding.

커지다＜kheo/ji/da＞ bertambah besar; membesar.

커트＜kheo/theu＞ ① 『映』 pemotongan; penyensoran. ② (판화 목판화) (gambar) ukiran kayu. ③ (절단) potongan; pemotongan. ~하다 memotong.

커튼＜kheo/theun＞ tirai; gardin; sading; tabir.

커틀릿＜kheo/theul/lit＞ sayatan; potongan. 닭고기 [돼지고기] ~ potongan daging ayam [babi].

커프스＜kheo/feu/seu＞ manset. ~ 버튼 kancing manset.

커피＜kheo/fi＞ kopi. ~를 끓이다 membuat kopi. ~를 블랙으로 마시다 minum kopi pahit. ~세트 peralatan/set untuk minum kopi. ~숍 kedai kopi.

컨덕터＜kheon/deok/theo＞ kondek-tur.

컨디션＜kheon/di/syeon＞ kondisi; keadaan. ~이 좋다 [나쁘다] berada dalam kondisi baik [buruk].

컨베이어＜kheon/be/i/eo＞ sabuk berjalan; konveyor. ~ 시스템 sistem sabuk berjalan; sistim konveyor.

컨트롤＜kheon/theu/rol＞ kontrol. ~타워 menara kontrol.

컬＜kheol＞ keriting. ~이 풀리다 lurus/habis keriting.

컬러＜kheol/leo＞ warna. ~방송 penyiaran berwarna (TV). ~사진 foto warna. ~ 텔레비전 televisi warna. ~필름 film foto warna.

컬컬하다＜kheol/kheol/hada＞ haus; dahaga.

컴컴하다＜kheom/kheom/hada＞ gelap; muram; suram.

컴퍼스＜kheom/feo/seu＞ kompas; kompas laut.

컴퓨터＜kheom/fyu/theo＞ komputer. ~ 화(化)하다 [로 처리하다] mengkomputerisasi.

컴프레서＜kheom/feu/re/seo＞ kompresor; pemampat.

컵＜kheob＞ cangkir; cawan; gelas; piala.

케이블＜khe/i/beul＞ kabel. ~카 kereta kabel.

케이스＜khe/i/seu＞ kotak; peti.

케이에스＜khe/i/e/seu＞ standard Korea (KS). ~마크 cap standard Korea (KS). ~상품 barang-barang standard Korea (KS).

케이오＜khe/i/o＞ KO (knock out).

케이크＜khe/i/kheu＞ kue.

케임브리지＜khe/im/beu/ri/ji＞ Cambridge.

케첩＜khe/cheob＞ kecap. 토마토 ~ saus tomat.

케케묵다＜khe/khe/muk/ta＞ antik; tua; dimakan waktu.

켕기다＜kheng/gi/da＞ ① tegang. 힘줄이 ~ tegang otot. ② (마음이) tegang (hati). ③ (팽팽하게 함) menegangkan; mengetatkan.

켜＜khyeo＞ lapisan.

켜다 <khyeo/da> ① menyalakan; memasang (lampu). 성냥을 ~ menyalakan korek api. ② (잔을) minum; mengeringkan; mengosongkan. ③ (톱으로) menggergaji. ④ (누에고치를) memintal. ⑤ (기지개를) meregangkan otot. ⑥ (악기를) memainkan (biola).

켤레 <khyeol/le> 한 ~ sepasang; sejodoh. 구두 두 ~ dua pasang sepatu.

코 <kho> ① hidung. ~가 막히다 hidung tersumbat. ~를 우비다 mengorek hidung. ② ingus. ~를 흘리다 beringus; ingusan. ~를 풀다 membuang ingus; mengesang; melesit hidung.

코 <kho> (편물(編物)의) jahitan.

코감기(- 感氣) <kho/gam/gi> flu; pilek.

코골다 <kho/gol/da> mendengkur; ngorok. 드르렁드르렁 ~ mendengkur dengan keras.

코끼리 <kho/ki/ri> gajah. 수[암] ~ gajah jantan [betina].

코냑 <kho/nyak> konyak.

코너 <kho/neo> sudut; pojok; penjuru; pelosok.

코넷 <kho/net> 『樂』 semacam terompet.

코대답(- 對答) <kho/dae/dab> ~하다 menjawab dengan acuh tak acuh.

코드 <kho/deu> ① (줄) tali. ② kode. 자동 검사 ~ 『콤퓨터』 kode pengecek otomatis.

코딱지 <kho/tak/ji> upil.

코떼다 <kho/te/da> dipermalukan.

코뚜레 <kho/tu/re> cincin hidung.

코르덴 <kho/reu/den> kodurai. ~ 양복 pakaian kodurai.

코르셋 <kho/reu/set> korset.

코르크 <kho/reu/kheu> gabus; kayu gabus.

코뮤니스트 <kho/myu/ni/seu/theu> orang komunis.

코뮤니즘 <kho/myu/ni/jeum> komunisme.

코뮤니케 <kho/myu/ni/khe> komunike. 공동 ~ komunike bersama.

코뮤니케이션 <kho/myu/ni/khe/i/syeon> komunikasi. 매스 ~ komunikasi massa.

코미디 <kho/mi/di> komedi.

코미디언 <kho/mi/di/eon> pelawak; badut.

코믹 <kho/mik> komik.

코바늘 <kho/ba/neul> jarum sulam.

코발트 <kho/bal/theu> kobalt. ~(색)의 warna kobalt. ~폭탄 bom kobalt.

코방귀뀌다 <kho/bang/gwi/kwi/da> menjengek; mendengusi.

코방아찧다 <kho/bang/a/cit/ta> jatuh tengkurap.

코브라 <kho/beu/ra> 『動』 kobra; ular sendok.

코사인 <kho/sa/in> 『數』 kosinus (cos).

코세다 <kho/se/da> keras kepala.

코스 <kho/seu> jalur (balap).

코스모스 <kho/seu/mo/seu> 『植』 bunga kosmos.

코웃음치다 <kho/ut/eum/chi/da> menyeringai; mencibirkan.

코일 <kho/il> gulungan; lingkar (gelung).

코즈메틱 <kho/jeu/me/thik> kosmetika; kosmetik.

코치 <kho/chi> pelatihan; pelatih. ~하다 melatih.

코카서스 <kho/kha/seo/seu> Kaukasus. ~사람 orang Kaukasus.

코카인 <kho/kha/in> kokain. ~중독 keracunan kokain; kecanduan kokain.

코카콜라 <kho/kha/khol/la> coca cola; coke.

코코넛 <kho/kho/neot> 『植』 kelapa; nyiur.

코코아 <kho/kho/a> coklat.

코크스 <kho/kheu/seu> kokas; batu arang; arang besi.

코탄센트 <kho/than/sen/theu> 『數』 kotangen (cot).

코털 <kho/theol> bulu hidung. ~을 뽑다 mencabut bulu hidung.

코트 <kho/theu> ① (옷) mantel;

baju jas. ② (테니스 따위의) la-pangan (tenis).
코펜하겐＜kho/fen/ha/gen＞　Kopen-hagen.
코프라＜kho/feu/ra＞ kopra.
코피＜kho/fi＞ pendarahan hidung; mimisan. ～를 흘리다 hidung ber-darah.
코피＜kho/fi＞ salinan.
코훌리개＜kho/hol/li/gae＞　anak yang ingusan.
콕＜khok＞ 바늘로 ～ 찌르다 me-nusuk dengan jarum.
콘덴서＜khon/den/seo＞ 『電』 kon-densor.
콘덴스트밀크＜khon/den/seu/theu/mil/kheu＞ susu kental.
콘돔＜khon/dom＞ kondom.
콘비프＜khon/bi/feu＞ daging ka-leng.
콘서트＜kon/seo/theu＞ konser.
콘체르토＜khon/che/reu/tho＞ 『樂』 konserto.
콘크리트＜khon/kheu/ri/theu＞ be-ton; semen beton. ～믹서 pencam-pur semen. 철근 ～ beton bertu-lang.
콘택트렌즈＜khon/thaek/theu/ren/jeu＞ lensa kontak.
콘트라베이스＜khon/theu/ra/be/i/seu＞ 『樂』 kontra bas.
콘트라스트＜khon/theu/ra/seu/theu＞ kontras.
콜걸＜khol/geol＞ wanita panggilan.
콜드크림＜khol/deu/kheu/rim＞ krem pendingin.
콜레라＜khol/le/ra＞ kolera. 진성 ～ kolera yang menular/berbahaya. ～ 예방 주사 suntikan anti kolera.
콜로이드＜khol/lo/i/deu＞ 『化』 ko-loid(a). ～의 yang bersifat koloid.
콜록거리다＜khol/lok/geo/ri/da＞ batuk-batuk.
콜론＜khol/lon＞ titik koma.
콜타르＜khol/tha/reu＞ pelangkin; ter.
콜호스＜khol/ho/seu＞ pertanian ko-lektif.
콤마＜khom/ma＞ koma.

콤바인＜khom/ba/in＞ mesin panen.
콤비＜khom/bi＞ kombinasi. …와 ～ 가되다 berpasangan dengan … 명 ～ kombinasi yang cocok.
콤비나트＜khom/bi/na/theu＞ kom-pleks industri.
콤팩트＜khom/faek/theu＞ bedak pa-dat.
콤플렉스＜khom/feul/lek/seu＞ rasa rendah diri.
콧구멍＜khot/gu/meong＞ lubang hi-dung; rongga hidung; liang hidung.
콧김＜khot/gim＞ napas dari hi-dung.
콧날＜khot/nal＞ ～이 선 hidup mencuat.
콧노래＜khot/no/rae＞ ～를 부르다 bersenandung.
콧대＜khot/tae＞ ～가 높다 ang-kuh; harga diri tinggi. ～가 세다 keras kepala; tidak mau kalah. ～를 꺾다 menjatuhkan harga diri.
콧등＜khot/teung＞ ☞ 콧마루.
콧마루＜khot/ma/ru＞ punggung hi-dung; batang hidung.
콧물＜khot/mul＞ ingus. ～을 흘리다 ingusan.
콧소리＜khot/so/ri＞ suara hidung; sengau. ～로 말하다 berbicara melalui hidung.
콧수염＜khot/su/yeom＞ kumis. ～을 기르다 memelihara kumis.
콩＜khong＞ 『植』 kacang soya; ka-cang kedelai. ～가루 tepung kede-lai; tepung soya. ～기름 minyak soya. ～깍지 ampas kedelai. ～깻묵 pasta kacang. ～꼬투리 po-long kacang. ～노굿 bunga ka-cang.
콩과(- 科)＜khong/kwa＞ 『植』 ka-cang-kacangan; keluarga kacang.
콩국＜khong/guk＞ sop kedelai.
콩나물＜khong/na/mul＞ tauge. ～교실 ruangan kelas yang padat. ～국 sup tauge. ～밥 nasi tauge.
콩밥＜khong/bab＞ nasi campur ka-cang. ～(을) 먹다 makan nasi campur kacang; masuk penjara.
콩버무리＜khong/beo/mu/ri＞ kue

beras campur kacang.

콩새<khong/sae> 『鳥』 burung finch Korea.

콩자반<khong/ja/ban> kacang direbus dengan kecap.

콩쿠르<khong/khu/reu> kontes.

콩튀듯하다<khong/thwi/deut/hada> mencak-mencak marah.

콩트<khong/theu> cerita pendek.

콩팥<khong/fath> ginjal; buah pinggang.

콰르텟<khwa/reu/thet> kwartet.

콸콸<khwal/khwal> menyembur-nyembur. ~ 흘러나오다 mengalir keluar terus menerus; menyembur-nyembur.

광<khwang> bang; bunyi pintu yang ditutup dengan keras. 문을 ~ 닫다 menutup pintu dengan suara keras; membanting pintu. ~하고 떨어지다 jatuh berdebam.

쾌감(快感)<khwae/gam> perasaan yang nyaman/menyenangkan. ~을 느끼다 merasa senang; merasa nyaman.

쾌거(快擧)<khwae/geo> perbuatan besar yang gemilang.

쾌남아(快男兒)<khwae/nam/a> orang yang gagah dan periang.

쾌도(快刀)<khwae/do> pedang yang tajam. ~ 난마하다 mengambil keputusan dengan cepat untuk mengakhiri keraguan.

쾌락(快樂)<khwae/rak> kenikmatan; kesukaan; kesenangan. 육체적 ~ kesenangan jasmani. ~주의[설(設)] hedonisme (faham yang dianut orang-orang yang mencari kesenangan semata-mata). ~ 주의자 hedonis.

쾌락(快諾)<khwae/rak> ~하다 memberi ijin dengan mudah.

쾌보(快報)<khwae/bo> kabar baik.

쾌사(快事)<khwae/sa> hal yang menyenangkan.

쾌속(快速)<khwae/sok> ~한 cepat; segera. ~선 kapal yang cepat.

쾌승(快勝)<khwae/seung> keme-nangan yang gemilang/memutuskan.

쾌유(快癒)<khwae/yu> ☞ 쾌차.

쾌재(快哉)<khwae/jae> ~를 부르다 bersorak gembira.

쾌적(快適)<khwae/jeok> ~한 menyenangkan; nyaman; sedap. ~지수 indeks kenyamanan.

쾌조(快調)<khwae/jo> kondisi yang prima. ~이다 berada dalam kondisi yang paling bagus.

쾌주(快走)<khwae/ju> ~하다 berlayar cepat.

쾌차(快差)<khwae/cha> ~하다 pulih total; sehat seperti semula.

쾌척(快擲)<khwae/cheok> ~하다 menyumbang dengan senang hati/suka rela.

쾌청(快晴)<khwae/cheong> cuaca yang cerah.

쾌하다(快 -)<khwae/hada> ② (쾌차함) sembuh kembali; sehat seperti sediakala. ② ☞ 유쾌.

쾌활(快活)<khwae/hwal> ~한 gembira; riang. ~하게 dengan gembira; dengan riang.

쾌히(快 -)<khwae/hi> dengan senang hati; suka rela; rela hati. ~ 승낙하다 menyetujui dengan senang hati.

킈킈하다<khoe/khoe/hada> bau menyengat; hancing.

쿠냥<khu/nyang> gadis Cina.

쿠데타<khu/de/tha> kudeta; ambil alih kekuasaan; kup. ~를 일으키다 mengadakan kudeta. 군비 ~ kudeta militer. 무혈 ~ kup tak berdarah.

쿠렁쿠렁하다<khu/reong/khu/reong/hada> tidak penuh.

쿠바<khu/ba> Kuba. ~사람 orang Kuba.

쿠션<khu/syeon> bantal.

쿠폰<khu/fon> kupon. ~권 [제] karcis [sistim] kupon.

쿡<khuk> ☞ 콕.

쿡<khuk> (요리인) koki; tukang masak.

쿨롬<khul/lom> 『電』 satuan/unit pengukur listrik.

쿨룩거리다＜khul/luk/geo/ri/da＞ batuk-batuk.
쿨리＜khul/li＞ kuli; buruh angkat.
쿨쿨＜khul/khul＞ dengkur; zzz. ～자다 tidur mendengkur.
쿵＜khung＞ berdentum; berdebam; berdebum. ～하고 떨어지다 jatuh berdebam.
퀸셋＜khwon/set＞ 『建』 pondok tentara.
퀼퀼＜khwil/khwil＞ ☞ 콸콸.
퀘스천마크＜khwe/seu/cheon/ma/kheu＞ tanda tanya.
퀭하다＜khweng/hada＞ (눈이) cekung.
퀴즈＜kwi/jeu＞ kuis. ～프로 acara kuis.
퀴퀴하다＜khwi/khwi/hada＞ bau busuk.
큐＜khyu＞ tongkat bilyar; kiu.
큐비즘＜khyu/bi/jeum＞ 『美術』 aliran kubisme.
큐피드＜khyu/fi/deu＞＞ dewi asmara.
크기＜kheu/gi＞ ukuran; dimensi; volume.
크나크다＜kheu/na/kheu/da＞ besar sekali.
크낙새＜kheu/nak/sae＞ 『鳥』 burung pelatuk kepala merah.
크다＜kheu/da＞ (모양이) besar; kuat; luas.
크다＜kheu/da＞ (자라다) bertumbuh.
크라운＜kheu/ra/un＞ mahkota.
크라이슬러＜kheu/ra/i/seul/leo＞ (자동차) Chrysler.
크래커＜kheu/rae/kheo＞ biskuit yang tidak manis; krekers.
크랭크＜kheu/raeng/kheu＞ engkol. ～ 인하다 『映』 mulai membuat film. ～축 poros engkol.
크레디트＜kheu/re/di/theu＞ kredit. ～카드 kartu kredit.
크레오소트＜kheu/re/o/so/theu＞ semacam cairan seperti minyak yang dibuat dari ter kayu.
크레용＜kheu/re/yong＞ krayon.
크레인＜kheu/re/in＞ derek.

크레졸＜kheu/re/jol＞ kresol. ～비눗물 larutan sabun kresol.
크레파스＜kheu/re/fa/seu＞ pastel krayon.
크렘린＜kheu/rem/lin＞ Kremlin.
크롤＜kheu/rol＞ 『水泳』 gaya bebas (renang). ～로 헤엄을 치다 berenang gaya bebas.
크롬＜kheu/rom＞ khrom (Cr).
크리스마스＜kheu/ri/seu/ma/seu＞ Hari Natal. ～이브 malam natal. ～카드 [선물] kartu [hadiah] natal. ～트리 pohon natal.
크리스천＜kheu/ri/seu/cheon＞ orang Kristen.
크리스트＜kheu/ri/seu/theu＞ (Jesus) Kristus; Isa Almasih. ～교 agama Kristen.
크리켓＜kheu/ri/khet＞ jengkerik.
크림＜kheu/rim＞ krem; krim; sari susu; kepala susu. ～빛의 warna krem.
큰곰자리＜kheun/gom/ja/ri＞ 『天』 Beruang Besar.
큰기침하다＜kheun/gi/chim/hada＞ mendehem.
큰길＜kheun/gil＞ jalan utama.
큰누이＜kheun/nu/i＞ kakak perempuan sulung.
큰달＜kheun/dal＞ bulan panjang.
큰댁(- 宅)＜kheun/daek＞ ☞ 큰집.
큰돈＜kheun/don＞ jumlah yang banyak. ～을 벌다 mendatangkan/ menghasilkan banyak uang.
큰딸＜kheun/tal＞ putri sulung.
큰마음＜kheun/ma/eum＞ ～먹고 …하다 memberanikan diri; memaksakan diri. 나는 큰마음 먹고 새 차를 삿다 Saya dengan memaksakan diri membeli mobil baru.
큰물＜kheun/mul＞ banjir; penggenangan. ～나다 dilanda banjir; tergenang.
큰불＜kheun/bul＞ kebakaran besar.
큰비＜kheun/bi＞ hujan lebat. ☞ 호우.
큰사랑(- 舍廊)＜kheun/sa/rang＞ kamar tamu yang luas.
큰상(- 床)＜kheun/sang＞ meja ma-

kan yang besar; meja prasmanan.

큰소리 <kheun/so/ri> ① suara yang keras. ~로 dengan suara yang keras. ② teriakan; bentakan. 아무한테 ~치다 membentak; berteriak. ③ omong besar. ~치다 beromong besar.

큰솥 <kheun/soth> kawah; kancah; dandang besar.

큰아기 <kheun/a/gi> putri sulung.

큰아버지 <kheun/a/beo/ji> uwak; kakak Bapak.

큰어머니 <kheun/eo/meo/ni> bibi; isteri uwak.

큰언니 <kheun/eon/ni> kakak laki-laki (perempuan).

큰오빠 <kheun/o/pa> abang sulung.

큰일 <kheun/il> ① (큰사업) usaha besar; kerja besar. ~을 계획하다 merencanakan usaha yang besar. ② (중대사) urusan besar; masalah yang serius. ~나다 menjadi urusan besar. ③ (대사) pesta besar; perhelatan besar. ~을 치르다 mengadakan perhelatan besar.

큰절 <kheun/jeol> soja yang dalam.

큰집 <kheun/jib> ① (종가) keluarga batang; keluarga utama. ② (맏형의) rumah abang sulung. ③ (넓은) rumah yang besar; rumah gadang.

큰칼 <kheun/khal> tiang hukuman/ gantungan yang besar.

큰코다치다 <kheun/kho/da/chi/da> mendapat pengalaman pahit.

큰형 <kheun/hyeong> abang sulung.

클라리넷 <kheul/la/ri/net> klarinet. ~주자(奏者) pemain klarinet.

클라이맥스 <kheul/la/i/maek/seu> klimaks; puncak.

클라이밍 <kheul/la/i/ming> memanjat.

클래식 <kheul/lae/sik> klasik.

클랙슨 <kheul/laek/seun> klakson.

클러치 <kheul/leo/chi> 『機』 kopling.

클럽 <kheul/leob> klub; perkumpulan. ~활동 kegiatan klub. ~회비 iuran klub. ~회원 anggota klub. 골프 ~ klub golf.

클레임 <kheul/le/im> 『經』 tuntutan. ~을 제기하다 menuntut; mengajukan tuntutan/klaim.

클로로다인 <kheul/lo/ro/da/in> 『藥』 klorodin.

클로로마이세틴 <kheul/lo/ro/ma/i/se/ thin> 『藥』 kloromisetin.

클로로포름 <kheul/lo/ro/fo/reum> 『藥』 kloroform.

클로르 <kheul/lo/reu> 『化』 klorida. ~산(酸) asam klorida.

클로버 <kheul/lo/beo> cengkeh.

클로즈업 <kheul/lo/jeu/eob> 『映』 pengambilan gambar jarak dekat; close-up. ~되다 di close-up.

클리닝 <kheul/li/ning> pencucian. 드라이 ~ cuci kering.

클린히트 <kheul/lin/hi/theu> 『野』 pukulan yang bagus.

클립 <kheul/lib> jepitan.

큼직하다 <kheum/jik/hada> sangat besar; (마음이) sangat pemurah.

키 <khi> (까부민) penampi; terampah; nyiru. ~질하다 menampi.

키 <khi> (배의) kemudi (kapal). ~를 잡다 mengemudikan (kapal).

키 <khi> tingginya; ketinggian. ~가 크다 [작다] tinggi [pendek]. ~가 자라다 bertumbuh tinggi.

키 <khi> kunci. ~스테이션 [포인트] pos [titik] kunci.

키네마 <khi/ne/ma> bioskop.

키니네 <khi/ni/ne> 『藥』 kina.

키다리 <khi/da/ri> orang yang tinggi.

키순(-順) <khi/sun> ~으로 dalam urutan tinggi. ~으로 서다 berdiri dalam urutan tinggi.

키스 <khi/seu> ciuman; kecupan. ~하다 mencium; mengecup. ~를 던지다 memberikan ciuman jauh.

키우다 <khi/u/da> membesarkan; memelihara; menghidupi; menumbuhkan. 음악의 재능을 ~ mengembangkan bakat musik. 어린애를 우유로 ~ membesarkan (bayi) dengan susu botol.

키잡이＜khi/ja/bi＞ pengemudi; juru
 mudi; tukang jantera.
키퍼＜khi/feo＞ penjaga.　골 ～
 penjaga gawang.
킥＜khik＞ 『蹴』tendangan.
킥오프＜khik/o/feu＞ 『蹴』tindakan
 pembukaan.
킥킥거리다＜khik/khik/geo/ri/da＞
 tertawa terkikih-kikih.
킬로＜khil/lo＞ kilo.　～그램 kilo-
gram (kg).　～리터 kiloliter (kl).
 ～미터 kilometer (km).
킬킬거리다＜khil/khil/geo/ri/da＞
 tertawa terkikih-kikih.
킹사이즈＜khing/sa/i/jeu＞ ukuran
 besar.
킹킹거리다＜khi/khing/geo/ri/da＞
 ngut-ngit; merepek; rengek; ringik;
 ciar-ciar; mendengking; melolong;
 menangis; memekik-mekik.

타(他)＜tha＞ yang lainnya. ~의 추종을 불허하다 tanpa lawan; tiada tara.

타(打)＜tha＞ selusin; dua belas. ☞ 다스.

타개(打開)＜tha/gae＞ pemecahan; solusi. ~하다 mencari jalan keluar; memecahkan. ~책 jalan keluar; solusi.

타격(打擊)＜tha/gyeok＞ pukulan; kerugian. ~을 주다 memberi pukulan; memberi kerugian. ~을 받다 dipukul. 치명적 ~ pukulan yang mematikan.

타결(妥結)＜tha/gyeol＞ persetujuan; kesepakatan. ~을 보다 mencapai persetujuan. ~점 titik temu.

타계(他界)＜tha/gye＞ ~하다 mati; meninggal; mangkat.

타고나다＜tha/go/na/da＞ dilahirkan (dengan); dianugerahi dari lahir (dengan).

타고장(他 -)＜tha/go/jang＞ daerah lain.

타관(他官)＜tha/gwan＞ ☞ 타향(他鄕).

타구(打球)＜tha/gu＞ 『野』 bola yang dipukul.

타구(唾具)＜tha/gu＞ tempolong; tempat ludah.

타국(他國)＜tha/guk＞ luar negeri; negara asing. ~의 asing.

타내다＜tha/nae/da＞ memperoleh; mendapat.

타닌＜tha/nin＞ 『化』 tanin.

타다＜tha/da＞ ① (불에) terbakar. ② (눋다) hangus; gosong. 밥이 ~ nasi gosong. ③ (볕에) terbakar (matahari). ④ (격정으로) terbakar (emosi). ⑤ (목이) terbakar (kehausan).

타다＜tha/da＞ mencampurkan; menambahkan. 술에 물을 ~ mencampurkan air ke minuman keras.

타다＜tha/da＞ ① naik; naik (kenderaan). 이등을 ~ naik kelas dua. ② naik; meraih. 줄을 ~ naik tambang; berjalan di atas tambang. 산을 ~ naik gunung. 기회를 ~ meraih kesempatan.

타다＜tha/da＞ menerima; mendapat; dihadiahi. 노벨상을 ~ menerima hadiah nobel.

타다＜tha/da＞ ① (맷돌로) menggiling (biji-bijian). ② (가르다) membagi; menyibak (rambut).

타다＜tha/da＞ ① mudah merasa. 부끄럼을 ~ mudah merasa malu. 간지럼을 ~ mudah merasa geli. ② sensitif; peka; alergi (terhadap). 추위를 ~ peka terhadap dingin.

타다＜tha/da＞ ① memainkan; memetik. 가야금을 ~ memainkan/memetik kecapi Korea. ② (솜을) menguraikan (kapas).

타당(妥當)＜tha/dang＞ ~한 benar; layak; masuk akal; sejamaknya. (보편) ~성 kesahihan (universal)

타도(打倒)＜tha/do＞ ~하다 menggulingkan; menjatuhkan. 공산주의 ~ penggulingan komunis.

타도(他道)＜tha/do＞ daerah lain; propinsi lain.

타동사(他動詞)＜tha/dong/sa＞ kata kerja transitif.

타락(墮落)＜tha/rak＞ kemerosotan; dikadensi; sumbang langkah. ~하다 merosot; mengalami dikadensi. 예술의 ~ kemerosotan seni. ~한 여자 wanita yang tersesat. ~시키다 menyesatkan; memerosotkan. ~자 orang yang tersesat.

타래＜tha/rae＞ segulung. 실 한 ~ segulung benang.

타래타래＜tha/rae/tha/rae＞ bergulung-gulung. 새끼를 ~ 감다[사리다] menggulung tali.

타력(他力)＜tha/ryeok＞ bantuan da-

ri luar; kekuatan dari luar.
타력(打力)＜tha/ryeok＞ 『野』 tenaga pemukulan.
타력(惰力)＜tha/ryeok＞ kelembaman; inersia; momentum.
타령(打令)＜tha/ryeong＞ (곡조의 하나) balada.
타륜(舵輪)＜tha/ryun＞ 『海』 roda kemudi; roda setir.
타르＜tha/reu＞ ter; aspal; pelangkin. ～를 칠하다 mengecat ter.
타면(打綿)＜tha/myeon＞ pemukulan kapas. ～기 mesin pemisah biji kapas.
타면(他面)＜tha/myeon＞ sisi lain. ～에 있어 pada sisi lain.
타문(他聞)＜tha/mun＞ ～을 꺼리다 menghindari publikasi.
타박＜tha/bak＞ ～하다 mengeluhkan; mengomeli. 음식 ～ mengomel tentang makanan. ～장이 pengomel.
타박(打撲)＜tha/bak＞ ～상 lecet; memar.
타박거리다＜tha/bak/geo/ri/da＞ berjalan tertatih-tatih.
타방(他方)＜tha/bang＞ sisi lain; sebelah lagi.
타봉(打棒)＜tha/bong＞ 『野』 pemukul (bat); pemukulan.
타사(他事)＜tha/sa＞ masalah/hal-hal lain.
타산(打算)＜tha/san＞ perhitungan; kepentingan diri. ～하다 berhitung. ～적 berhitung; mementingkan diri sendiri.
타산지석(他山之石)＜tha/san/ji/seok＞ suri teladan. ～으로 삼다 mengambil hikmah; menjadikan sebagai suri teladan.
타살(他殺)＜tha/sal＞ pembunuhan.
타살(打殺)＜tha/sal＞ ～하다 memukul mati.
타선(唾腺)＜tha/seon＞ 『解』 ☞ 타액선.
타성(惰性)＜tha/seong＞ kelembaman; inersia; momentum. ～으로 dengan inersia; dari (oleh) kebiasaan.

타수(舵手)＜tha/su＞ pengemudi/juru mudi kapal.
타순(打順)＜tha/sun＞ 『野』 urutan pemukulan.
타악기(打樂器)＜tha/ak/gi＞ tabuh-tabuhan; alat perkusi.
타액(唾液)＜tha/aek＞ ludah; air liur; saliva. ～분비 salivasi; pengeluaran saliva/air liur. ～선 [관] kelenjar [saluran] air ludah.
타원(楕圓)＜tha/won＞ bujur telur; oval; elip. ～의 berbentuk elip. ～궤도 orbit bujur telur. ～운동 gerak elip. ～체 benda elip. ～형 bentuk bujur telur; bentuk elip; jorong.
타월＜tha/wol＞ handuk.
타율(他律)＜tha/yul＞ heteronomi. ～적 sifat heteronomi.
타율(打率)＜tha/yul＞ 『野』 rata-rata pukulan.
타의(他意)＜tha/eui＞ ① maksud lain; tujuan tersembunyi; niat jahat. ② bukan mau sendiri. ～없다 tidak ada maksud lain.
타이＜tha/i＞ Thailand. ～말 bahasa Thailand. ～사람 orang Thailand.
타이＜tha/i＞ ① (넥타이) dasi. ② seri. ～기록 rekor sama. ～기록을 세우다 menyamai rekor dunia. ～스코어 angka seri.
타이르다＜tha/i/reu/da＞ menyabarkan; menasehati. 잘못을 ～ menasehati atas kekeliruan.
타이밍＜tha/i/ming＞ ketepatan waktu. ～이 좋다[나쁘다] tepat [tidak tepat] waktu.
타이어＜tha/i/eo＞ ban.
타이츠＜tha/i/cheu＞ kaos kaki panjang.
타이트스커트＜tha/i/theu/seu/kheo/theu＞ rok ketat.
타이틀＜tha/i/theul＞ gelar; titel. ～매치 pertandingan perebutan gelar.
타이프＜tha/i/feu＞ ① (형(型)) tipe; bentuk. ② (활자) huruf cetak. ③ ☞ 타이프라이터. ～용지 kertas

ketikan.
타이프라이터 ＜tha/i/feu/ra/i/theo＞ mesin ketik. ~로 찍은 diketik. ~를 치다 mengetik. ~ 인쇄물 naskah yang diketik.
타이피스트 ＜tha/i/fi/seu/theu＞ tukang ketik; pengetik.
타인(他人) ＜tha/in＞ orang lain.
타일 ＜tha/il＞ ubin. ~을 깐 di ubin.
타임 ＜tha/im＞ waktu. ~을 재다 menghitung waktu. ~을 선언하다 meminta time out. ~ 리코더 pencatat waktu.
타자(打者) ＜tha/ja＞ 『野』 pemain yang memukul. 강 ~ pemukul yang kuat. 대(代) ~ pengganti memukul.
타자기(打字機) ＜tha/ja/gi＞ mesin ketik; mesin tulis.
타자수(打字手) ＜tha/ja/su＞ tukang ketik; juru ketik.
타작(打作) ＜tha/jak＞ penggirikan; perontokkan gabah. ~하다 menggirik; merontokkan gabah. ~마당 lapangan penggirikan.
타전(打電) ＜tha/jeon＞ ~하다 menelegram; mengirim telegram.
타점(打點) ＜tha/ceom＞ ① (붓으로) ~하다 menitik; menandai. ② (마음속으로) ~하다 menentukan pilihan.
타조(駝鳥) ＜tha/jo＞ 『鳥』 burung unta.
타종(打鐘) ＜tha/jong＞ ~하다 memukul lonceng. ~식 upacara pemukulan genta.
타진(打診) ＜tha/jin＞ ① 『醫』 ~하다 memeriksa dengan mengetuk-ngetuk. ~기 pleksor. ② ~하다 menduga-duga; menjajaki. 의향을 ~하다 menduga pendapat seseorang.
타짜(꾼) ＜tha/ca(kun)＞ (pe)main kartu yang curang.
타처(他處) ＜tha/cheo＞ daerah lain. ~사람 orang asing. ~에서 di tempat lain.
타척(打擲) ＜tha/cheok＞ pukulan.

~하다 memukul.
타태(墮胎) ＜tha/thae＞ ☞ 낙태.
타파(打破) ＜tha/fa＞ ~하다 membuang; menghapus; mencampakkan. 계급 ~ penghapusan perbedaan kelas.
타합(打合) ＜tha/hab＞ kesepakatan sebelumnya. ~하다 bersepakat sebelumnya.
타향(他鄕) ＜tha/hyang＞ rantau; daerah lain.
타협(妥協) ＜tha/hyeob＞ kompromi; persetujuan; kata sepakat; musyawarah. ~하다 berkompromi; bermusyawarah. ~적 bersifat kompromi. ~안(案) jalan musyawarah/kompromi. ~점(을 찾다) (mencari) titik temu.
타화수정(他花受精) ＜tha/hwa/su/jeong＞ ☞ 딴꽃가루받이.
탁 ＜thak＞ dengan berdebam.
탁견(卓見) ＜thak/gyeon＞ ide yang bagus; gagasan yang cemerlang.
탁구(卓球) ＜thak/gu＞ pingpong; tenis meja. ~대 meja pingpong.
탁류(濁流) ＜thak/nyu＞ sungai yang berlumpur.
탁마(琢磨) ＜thak/ma＞ peningkatan; pembinaan. ~하다 membina; meningkatkan; memupuk.
탁발(托鉢) ＜thak/bal＞ ~하다 berkeliling mengumpulkan derma. ~승 rahib; biarawan.
탁본(拓本) ＜thak/bon＞ ☞ 탑본(楊本).
탁상(卓上) ＜thak/sang＞ di atas meja. ~계획 [공론] rencana [teori] di atas meja/kertas. ~시계 jam meja. ~전화 telepon meja.
탁설(卓說) ＜thak/seol＞ pendapat/pandangan yang cemerlang.
탁성(濁聲) ＜thak/seong＞ suara serak.
탁송(託送) ＜thak/song＞ pengiriman; penitipan; konsinasi. ~하다 mengirim; menitip. ~품 kiriman; titipan.
탁아소(託兒所) ＜thak/a/so＞ tempat penitipan anak.

탁엽(托葉)＜thak/yeob＞ 『植』 tangkai daun.

탁월(卓越)＜thak/wol＞ ～한 bagus sekali; terutama; luar biasa; terbaik; istimewa. ～한 업적 pencapaian yang memuaskan; prestasi yang luar biasa.

탁자(卓子)＜thak/ja＞ meja. ～에 둘러앉다 duduk di sekeliling meja.

탁절(卓絶)＜thak/jeol＞ ☞ 탁월.

탁주(濁酒)＜thak/ju＞ ☞ 막걸리.

탁하다(濁 -)＜thak/hada＞ keruh; tidak jernih.

탄갱(炭坑)＜than/gaeng＞ lobang galian batubara. ～부(夫) pekerja/kuli di penggalian batubara.

탄고(炭庫)＜than/go＞ bunker batubara.

탄광(炭鑛)＜than/gwang＞ tambang batubara. ～업 industri pertambangan batubara. ～지대 daerah pertambangan. ～회사 perusahaan tambang batu-bara.

탄내＜than/nae＞ bau gosong. ～나다 mencium bau gosong.

탄내(炭 -)＜than/nae＞ asap batu bara.

탄대(彈帶)＜than/tae＞ ☞ 탄띠.

탄도(彈道)＜than/do＞ lintasan peluru. ～계수 koefisien lintasan peluru. ～곡선 kurva balistik. ～비행 penerbangan sub orbital.

탄도탄(彈道彈)＜than/do/than＞ peluru kendali balistik. 대륙간(間) [중거리] ～ peluru kendali antar benua [jarak menengah].

탄두(彈頭)＜than/du＞ hulu ledak. 핵 ～ hulu ledak nuklir.

탄띠(彈 -)＜than/ti＞ isi peluru yang dilingkarkan di pinggang.

탄력(彈力)＜thal/yeok＞ elistisitas; fleksibilitas. ～있는 elastis; memegas; melenting; mulur; gayal. ～이 없어지다 hilang daya pegas; hilang keelastisan.

탄로(綻露)＜thal/lo＞ ～나다 ketahuan; terungkap.

탄미(嘆美)＜than/mi＞ ～하다 mengagumi; memuja.

탄복(歎服)＜than/bok＞ ～하다 mengagumi. ～할 만한 mengagumkan; patut dipuji.

탄산(炭酸)＜than/san＞ 『化』 asam karbonat. ～가스 gas asam arang. ～소다 [석회, 칼륨] sodium [kalsium, potasium] karbonat. ～수 air soda. ～지(紙) kertas karbon. ～천(泉) sumur berkarbon.

탄상(嘆賞)＜than/sang＞ ☞ 타미.

탄생(誕生)＜than/saeng＞ kelahiran. ～하다 lahir; dilahirkan. ～일 ☞ 생일. ～지 tempat lahir.

탄성(彈性)＜than/seong＞ keelastisan; kekaretan; kelentingan (☞ 탄력). ～고무 permen karet. ～체(體) benda yang elastis.

탄성(歎聲)＜than/seong＞ seruan takjub. ～을 발하다 berseru takjub.

탄소(炭素)＜than/so＞ 『化』 karbon; zat arang. ～봉(棒) batang karbon. ～선(전구) (lampu) kawat pijar karbon. 방사성 ～ karbon radio.

탄수(炭水)＜than/su＞ batubara dan air jernih. ～차 gerobak arang lok.

탄수화물(炭水化物)＜than/su/hwa/mul＞ 『化』 karbohidrat; hidrat arang.

탄식(歎息)＜than/sik＞ keluh-kesah; napas panjang; penyesalan. ～하다 mengeluh; menarik napas panjang.

탄신(誕辰)＜than/sin＞ hari lahir.

탄알(彈 -)＜than/al＞ peluru; pelor. ～이 다할 때까지 싸우다 bertempur sampai peluru terakhir.

탄압(彈壓)＜than/ab＞ penekanan; pemaksaan; memaksa. ～하다 menekan; menindas; memaksa. ～적 bersifat menindas. ～정책 tindakan penindasan. 무력 ～ tekanan militer. 언론 ～ tekanan terhadap pers.

탄약(彈藥)＜than/yak＞ amunisi; mesiu; obat bedil; isi senapan. ～고 gudang peluru. ～상자 peti amunisi. ～통 kotak peluru.

탄우(彈雨) < than/u > hujan peluru.

탄원(歎願) < than/won > petisi; permohonan. ~하다 memohon; mengajukan petisi. ~서 permohonan tertulis. ~자 pemohon; pengaju petisi.

탄저병(炭疽病) < than/jeo/pyeong > 『醫』 penyakit antrak.

탄전(炭田) < than/jeon > ladang batu bara.

탄젠트 < than/jen/theu > 『數』 garis singgung; tangen.

탄주(彈奏) < than/ju > ~하다 memainkan; memetik. ~법 『樂』 cara memainkan. ~자 pemain.

탄진(炭塵) < than/jin > debu batubara.

탄질(炭質) < than/jil > mutu batubara. ~이 좋다 [나쁘다] mutu batubara baik [buruk].

탄차(炭車) < than/cha > gerobak batubara.

탄착(彈着) < than/chak > pengenaan; hal kena sasaran. ~거리 jarak tembak. ~관측 pembidikan. ~점 titik kena.

탄창(彈倉) < than/chang > 『軍』 tempat peluru; magazin.

탄층(炭層) < than/cheung > lapisan batubara.

탄탄(坦坦) < than/than > ~대로 jalan raya yang lebar.

탄탄하다 < than/than/hada > teguh; kokoh; tetap; kuat hati; kukuh. ☞ 튼튼하다.

탄폐(炭肺) < than/fye > 『醫』 antrakosis.

탄피(彈皮) < than/fi > selongsong; kelongsong.

탄핵(彈劾) < than/haek > pendakwaan. ~하다 menuduh; mendakwa. ~안 usul pendakwaan. ~재판소 pengadilan pendakwaan.

탄화(炭化) < than/hwa > ~하다 mengkarbonisasi. ~물 karbit. ~수소 hidrokarbon. ~칼슘 kalsium karbit.

탄환(彈丸) < than/hwan > pelor; peluru; peluru meriam.

탄흔(彈痕) < than/heun > bekas peluru.

탈 < thal > (가면) topeng; kedok. ~을 쓰다 memakai topeng.

탈 < thal > ① (사고.고장) masalah; gangguan. ~없이 tanpa masalah; dengan lancar. ② (병) kesakitan; penyakit. ~없이 sehat; dalam kondisi sehat. ③ (흠) cacat. ☞ 탈잡다.

탈각(脫却) < thal/gak > ~하다 bebas dari.

탈각(脫殼) < thal/gak > ~하다 menanggalkan kulit.

탈것 < thal/keot > kendaraan.

탈고(脫稿) < thal/go > ~하다 menyelesaikan tulisan.

탈곡(脫穀) < thal/gok > ~하다 merontokkan gabah; menggirik. ~기 mesin perontok.

탈구(脫臼) < thal/gu > dislokasi; lepas sendi. ~하다 terlepas dari sendi/sambungan.

탈나다 < thal/na/da > (사고) terjadi kecelakaan; rusak; jatuh sakit.

탈당(脫黨) < thal/tang > penarikan diri. ~하다 menarik diri (dari keanggotaan). ~성명(서) pernyataan (tertulis) mengenai penarikan diri dari partai. ~자 orang yang menarik diri.

탈락(脫落) < thal/lak > ~하다 tidak terpilih; tertinggal. ~자 orang yang tidak terpilih/tertinggal.

탈락거리다 < thal/lak/geo/ri/da > berayun-ayun.

탈루(脫漏) < thal/lu > kehilangan akibat bocor. ~하다 hilang karena bocor.

탈모(脫毛) < thal/mo > ~하다 hilang rambut. ~제(劑) obat menghilangkan rambut. ~증 penyakit kerontokan rambut.

탈모(脫帽) < thal/mo > buka topi. ~하다 membuka topi.

탈바꿈 < thal/ba/kum > 『蟲』 ☞ 변태.

탈법행위(脫法行爲) < thal/peob/haeng/wi > pengelakan dari hukum.

탈산(脫酸)＜thal/san＞　『化』　～하다　menghilangkan/mengeluarkan oksigen.

탈상(脫喪)＜thal/sang＞　～하다　mengakhiri masa berkabung.

탈색(脫色)＜thal/saek＞　～하다　memutihkan; memucatkan.　～제　obat pemucat.

탈선(脫線)＜thal/seon＞　penyimpangan dari rel.　～하다　keluar dari rel; menyimpang; menyeleweng.

탈세(脫稅)＜thal/se＞　penghindaran dari pajak.　～하다　menghindari pajak.　～액　jumlah pajak yang dihindari.　～자　penghindar pajak.　～품　barang-barang selundupan.

탈속(脫俗)＜thal/sok＞　～하다　menghindar dari (urusan) duniawi.　～적　tidak mementingkan soal-soal duniawi.

탈수(脫水)＜thal/su＞　『化』　dehidrasi; pengeringan.　～하다　kering; mengalami dehidrasi.　～기　pengering.　～제　bahan pengering.　～중상　pengeringan.

탈습(脫濕)＜thal/seub＞　penghilangan lembab.　～하다　menghilangkan lembab.

탈싹＜thal/ssak＞　terhenyak.　☞ 털썩.

탈영(脫營)＜thal/yeong＞　desersi (dari barak).　～하다　lari dari barak.　～병(兵) tentara yang lari dari barak.

탈옥(脫獄)＜thal/ok＞　pembobolan penjara.　～하다　membobol penjara.　～수　pembobol penjara.

탈의(脫衣)＜thal/eui＞　～하다　membuka pakaian; menanggalkan pakaian.　～실　kamar ganti.　～장　kamar ganti di pinggir kolam renang.

탈자(脫字)＜thal/ca＞　kata yang dihilangkan; penghilangan kata.

탈잡다＜thal/jab/ta＞　mencari-cari kesalahan.

탈장(脫腸)＜thal/cang＞　hernia; turun berok; kondor; burut.　～이 되다　mengidap hernia/burut.　～대(帶) pengikat burut.

탈적(脫籍)＜thal/jeok＞　～하다　dicoret nama dari daftar.

탈주(脫走)＜thal/cu＞　desersi; pelarian.　～하다　melarikan diri; kabur; minggat; meloloskan diri.　～병　tentara yang melarikan diri.　～자　orang yang melarikan diri; buronan; pelarian.

탈지(脫脂)＜thal/ci＞　～하다　menghilangkan lemak (dari).　～면　kapas penghisap/penyerap.　～분유　susu bubuk bebas.　～유(乳) susu bebas lemak; susu skim.

탈출(脫出)＜thal/chul＞　pembebasan diri; pelarian diri.　～하다　membebaskan diri (dari); meloloskan diri.

탈춤＜thal/chum＞　tari topeng.

탈취(脫臭)＜thal/chwi＞　～하다　menghilangkan bau busuk.　～제(劑) obat penghilang bau busuk; pewangi; deodoran.

탈취(奪取)＜thal/chwi＞　～하다　merebut; merampas; mengambil dengan paksa; menjambret.

탈퇴(脫退)＜thal/thoe＞　penarikan diri.　～하다　menarik diri.　～자　orang yang menarik diri.

탈피(脫皮)＜thal/fi＞　penggantian kulit.　～하다　berganti kulit; berubah pendirian.

탈항(脫肛)＜thal/hang＞　『醫』　keluar dubur.

탈환(奪還)＜thal/hwan＞　～하다　menduduki kembali; mendapat kembali (wilayah).

탈황(脫黃)＜thal/hwang＞　『化』　penghilangan sulfur.　～하다　menghilangkan sulfur dari; memurnikan.

탈회(脫會)＜thal/hoe＞　～하다　keluar dari perkumpulan.

탐관오리(貪官汚吏)＜tham/gwan/o/ri＞　pegawai yang korupsi.

탐광(探鑛)＜tham/gwang＞　『鑛』　～하다　memprospek (suatu kawasan untuk tambang).　～자　pemprospek.

탐구(探究)＜tham/gu＞　penelitian; penyelidikan; kejadian; riset.　～하다　meneliti; mengkaji; mencari;

menyelidiki. ～심(心) semangat penyelidikan. ～자 peneliti.
탐나다(貪 -)＜tham/na/da＞ menginginkan; mengiri.
탐닉(耽溺)＜tham/nik＞ ～하다 tenggelam; kecanduan; menyerahkan diri (pada). 주색에 ～하다 tenggelam dalam minuman keras dan nafsu kelamin.
탐독(耽讀)＜tham/dok＞ ～하다 membaca dengan sungguh-sungguh; tenggelam dalam membaca.
탐문(探問)＜tham/mun＞ ～하다 menanya-nanyakan; mencari dengan bertanya-tanya.
탐문(探聞)＜tham/mun＞ ～하다 mencari dengan informasi.
탐미(耽美)＜tham/mi＞ ☞ 심미(審美).
탐방(探訪)＜tham/bang＞ kunjungan; penyelidikan. ～하다 mengadakan penyelidikan pribadi. ～기(記) laporan penyelidikan. ～기자 wartawan penyelidik.
탐방＜tham/bang＞ dengan ceburan. ～ 거리다 mencebur-cebur.
탐사(探査)＜tham/sa＞ ～하다 mengadakan penyelidikan; menyelidiki.
탐색(探索)＜tham/saek＞ ～하다 mencari; menyelidiki.
탐스럽다＜tham/seu/reob/ta＞ menarik; menggoda selera.
탐승(探勝)＜tham/seung＞ ～하다 mencari pemandangan yang bagus; berjalan-jalan melihat pemandangan.
탐식(貪食)＜tham/sik＞ ～하다 makan dengan rakus.
탐욕(貪慾)＜tham/yok＞ kerakusan; ketamakan; keserakahan. ～스런 tamak; rakus; serakah.
탐정(探偵)＜tham/jeong＞ penyelidikan; pemata-mataan, detektif; mata-mata. ～하다 memata-matai. ～을 붙이다 memakai detektif. ～소설 buku cerita detektif. 사설 ～ detektif swasta; detektif partikelir.
탐조등(探照燈)＜tham/jo/deung＞ lampu sorot.

탐지(探知)＜tham//ji＞ ～하다 melacak; mendeteksi. ～기 detektor; alat pendeteksi.
탐측(探側)＜tham/cheuk＞ pengukuran dalamnya air. ～기구 balon pemandu. ～로켓 roket yang membawa alat pengukur.
탐탁스럽다＜tham/thak/seu/reob/ta＞ ☞ 탐탁하다.
탐탁하다＜tham/thak/hada＞ disukai; memuaskan.
탐폰＜tham/fon＞ 『醫』 kapas penghisap.
탐하다(貪 -)＜tham/hada＞ tamak; rakus.
탐험(探險)＜tham/heom＞ penelitian; ekspedisi; penjelajahan. ～하다 meneliti; mengeksploitasi. ～가(家) peneliti; penjelajah. ～대 kelompok penelitian/ekspedisi. ～여행 ekspedisi penelitian.
탑(塔)＜thab＞ menara.
탑본(榻本)＜thab/bon＞ jiplakan. ～을 뜨다 menjiplak.
탑삭부리＜thab/sak/bu/ri＞ orang yang berewokan/berjenggot. ☞ 텁석부리.
탑승(搭乘)＜thab/seung＞ ～하다 naik (kapal dll). ～원 awak. ～자 penumpang.
탑재(搭載)＜thab/jae＞ ～하다 memuat; membebani; mengangkut. ～량 daya angkut.
탓＜that＞ alasan; kekeliruan; pengaruh. 나이 ～으로 dengan alasan umur. 기후(의) ～으로 dengan alasan cuaca. ...의 ～이다 disebabkan oleh ... 남의 ～으로 돌리다 mempersalahkan orang lain.
탓하다＜that/hada＞ mempersalahkan; menimpakan kesalahan pada.
탕＜thang＞ ① bang; bum. ～하다 berdebum. 문을 ～ 닫다 membanting pintu. ② ～빈 kosong; lowong.
탕(湯)＜thang＞ ① (국) sop; kaldu. ② (목간) pemandian air panas. 남～ pemandian umum laki-laki. 여～ pemandian umum wanita.

탕감(蕩減)＜thang/gam＞　　～하다 menghapus (hutang). 빚을 ～해 주다 mengampuni hutang.

탕기(湯器)＜thang/gi＞ mangkok sup.

탕반(湯飯)＜thang/ban＞ ☞ 장국밥.

탕심(蕩心)＜thang/sim＞ jiwa yang sesat.

탕아(蕩兒)＜thang/a＞ orang yang sesat.

탕진(蕩盡)＜thang/jin＞　　～하다 menghabiskan dengan sia-sia; melenyapkan; menandaskan; memboroskan.

탕치(湯治)＜thang/chi＞ pengobatan air panas belerang. ～하다 mandi air panas belerang. ～요양 penyembuhan dengan mandi air panas belerang.

탕치다(蕩 -)＜thang/chi/da＞ ① (재산을) menghambur-hamburkan/menyia-nyiakan. ② (탕감) menghapuskan.

탕탕＜thang/thang＞ dentuman suara keras; omong besar. ～ 거리다 berdentum-dentum. ～ 큰소리치다 beromong besar.

태(胎)＜thae＞ ari-ari; tali pusar. ～를 가르다 memotong tali pusar/ ari-ari.

태가＜thae/ga＞ pengangkutan.

태고(太古)＜thae/go＞ dahulu kala; zaman tandun. ～부터 sejak dahulu kala.

태공망(太公望)＜thae/gong/mang＞ pemancing. ☞ 강태공(姜太公).

태교(胎敎)＜thae/gyo＞ pendidikan pra natal.

태권도(跆拳道)＜thae/kwon/do＞ taekwondo.

태극기(太極旗)＜thae/geuk/gi＞ bendera kebangsaan Korea.

태극선(太極扇)＜thae/geuk/seon＞ kipas rancangan *taegeuk*.

태기(胎氣)＜thae/gi＞ tanda-tanda kehamilan.

태내(胎內)＜thae/nae＞ ～의 [에] dalam kandungan. ～전염 infeksi sebelum melahirkan.

태도(態度)＜thae/do＞ sikap; tingkah; perbuatan; budi pekerti; tabiat; akhlak; watak; tingkah laku; perangai; gaya. 강경한 ～ sikap yang tegas. ～가 좋다[나쁘다] tabiat baik [jelek]. ～를 취하다 bersikap; mengambil sikap. 우호적인 ～로 sikap yang bersahabat.

태독(胎毒)＜thae/dok＞ 『醫』 sipilis bawaan.

태동(胎動)＜thae/dong＞ kemunculan tanda-tanda; gerakan janin. ～하다 menunjukkan tanda-tanda kehamilan. ～기 periode kemunculan tanda-tanda.

태두(泰斗)＜thae/du＞ tokoh terkemuka; cendekiawan besar.

태만(怠慢)＜thae/man＞ kelalaian; kelengahan; kemalasan; keteledoran. ～한 lalai; malas. 직무 ～으로 karena melalaikan tugas.

태몽(胎夢)＜thae/mong＞ mimpi kehamilan.

태무(殆無)＜thae/mu＞ ～하다 jarang sekali; sedikit sekali; hampir tidak ada.

태반(太半)＜thae/ban＞ sebagian besar; mayoritas. ～은 kebanyakan; untuk sebagian besar.

태반(胎盤)＜thae/ban＞ 『解』 ari-ari; tembuni.

태부리다(態-)＜thae/bu/ri/da＞ mengambil sikap.

태부족(太不足)＜thae/bu/jok＞ ～하다 butuh sekali; sangat kekurangan.

태산(泰山)＜thae/san＞ gunung yang tinggi, tumpukan menggunung; jumlah yang besar. ～같이 믿다 memberikan kepercayaan yang besar; sangat percaya. ～준령 gunung yang tinggi dan curam.

태생(胎生)＜thae/saeng＞ ① kelahiran; asal; tempat kelahiran. …～이다 datang dari; berasal dari. ② 『生』 viviparitas; melahirkan anak. ～동물 hewan yang melahirkan anak.

태서(泰西)＜thae/seo＞ Barat.

태세(態勢)＜thae/se＞ sikap; kesiapan.　~를 갖추다 bersedia; siap-siap.

태심(太甚)＜thae/sim＞　~하다 sangat parah; berlebihan; ekstrim; keterlaluan.

태아(胎兒)＜thae/a＞　janin; mudigah; embrio.　~의 yang berhubungan dengan janin.

태양(太陽)＜thae/yang＞　matahari; surya; mentari.　~계 tata surya.　~력 kalender matahari.　~열 panas matahari.　~열 주택 rumah berpemanas tenaga surya.　~전지 baterai/sel tenaga surya.

태어나다＜thae/eo/na/da＞　lahir; muncul di dunia. 다시 ~ memulai hidup baru; lahir kembali.

태업(怠業)＜thae/eob＞　sabotase; penghalang-halangan.　~하다 melakukan sabotase; menghalang-halangi; merintangi.

태없다＜thae/eob/ta＞　sederhana; rendah hati.

태연(泰然)＜thae/yeon＞　~한[히] [dengan] tenang.

태연자약(泰然自若)＜thae/yeon/ja/yak＞　~하다 tenang dan percaya diri.

태엽(胎葉)＜thae/yeob＞　per; pegas.　~이 풀리다 per melonggar.　~장치 peralatan pegas. 시계 ~ per jam; per rambut.

태우다＜thae/u/da＞　① (연소) membakar.　② (그슬리다) menghanguskan; menggosongkan.　③ (애태우다) khawatir; cemas.

태우다＜thae/u/da＞　(탈것에) menaikkan; mengangkut (penumpang).

태우다＜thae/u/da＞　(분배) membagi-bagikan; (상금 등을) menghadiahi; (노름.내기에) bertaruh. 돈을 ~ bertaruh uang.

태음(太陰)＜thae/eum＞　bulan.　~력 [시(時)] kalender [jam] bulan.

태자(太子)＜thae/ja＞　☞ 황태자.

태조(太祖)＜thae/jo＞　raja pertama.

태질치다＜thae/jil/chi/da＞　merontokkan (gabah); membanting.

태초(太初)＜thae/cho＞　permulaan/

asal mula dunia.

태코그래프＜thae/kho/geu/rae/feu＞ catatan ukuran kecepatan; pencatatan kecepatan.

태코미터＜thae/kho/mi/theo＞　alat pengukur kecepatan.

태클＜thae/kheul＞　tackle.　~하다 mentackle.

태평(泰平.太平)＜thae/fyeong＞　① ketenangan; kedamaian.　~한 tenang; damai.　~가 lagu perdamaian.　~성대 dunia yang damai.　② ~한 damai (hati). 마음이 ~한 사람 orang yang berhati damai.

태평양(太平洋)＜thae/fyeong/yang＞ Samudera Pasifik.　~전쟁 [함대] Perang [Armada] Pasifik.　~횡단 비행 penerbangan lintas Pasifik.

태풍(颱風)＜thae/fung＞　angin topan.　~경보(를 발하다) (memberi) peringatan angin topan.　~권(내) (dalam) daerah topan.

태형(笞刑)＜thae/hyeong＞　penderaan; hukuman dera.　~을 가하다 mendera; menghukum dengan penderaan.

태환(兌換)＜thae/hwan＞　penukaran uang; konversi.　~권(券)=태환 지폐.　~은행 bank konversi.　~지폐 mata uang yang dapat dikonversi.

태후(太后)＜thae/hu＞　☞ 황태후.

택시＜thaek/si＞　taksi.　~로 가다 pergi dengan taksi.　~를 타다 [잡다, 부르다] naik [menyetop, memanggil] taksi.　~요금 ongkos taksi.　~ 운전사 supir taksi.

택일(擇日)＜thaek/il＞　~하다 memilih hari baik; menetapkan tanggal.

택지(宅地)＜thaek/ji＞　lokasi perumahan; tanah untuk perumahan.　~를 조성하다 menyiapkan lokasi perumahan.　~료 nilai tanah; harga tanah.　~분양 penjualan per kapling.

택지(擇地)＜thaek/ji＞　~하다 memilih lokasi.

택하다(擇 -)＜thaek/hada＞　memilih.

탤런트＜thael/leon/theu＞aktor (TV).

탬버린＜thaem/beo/rin＞　『樂』 reba-

na.
탭댄스 <thaeb/taen/seu> dansa tep.
탯줄 <thaet/jul> tali pusar.
탱고 <thaeng/go> 『樂』 tango; dansa tango.
탱알 <thaeng/al> 『植』 bunga aster.
탱자 <thaeng/ja> 『植』 jeruk purut.
탱커 <thaeng/kheo> kapal tanker; tanker. 오일 ~ tanker minyak.
탱크 <thaeng/kheu> (전차) tank (kendaraan lapis baja); (기름통) tangki (minyak dll). ~로리 mobil tangki.
탱탱하다 <thaeng/thaeng/hada> ketat; mengencang.
터 <theo> ① (집터) tempat; lokasi; situs. ② dasar pondasi. ~를 다지다 meratakan pondasi. ~를 닦다 menyiapkan pondasi.
터 <theo> rencana; jadwal. …할 ~이다 bermaksud; berencana.
터널 <theo/neol> terowongan. ~을 뚫다 menggali terowongan.
터놓다 <theo/not/tha> ① (막힌 것을) membuka; mengangkat (pintu air). ② (마음을) membuka (hati).
터다지다 <theo/da/ji/da> meratakan/mempersiapkan tanah; mengeraskan tanah.
터닦다 <theo/dak/ta> ① (집터를) mempersiapkan lokasi bangunan. ② (토대를) memperkuat landasan/dasar.
터덕거리다 <theo/deok/geo/ri/da> ① (걸음을) berjalan tertatih-tatih. ② (살림이) hidup melarat/susah. ③ (일을) bergulat dengan kerja keras.
터덜거리다 <theo/deol/geo/ri/da> ① (걸음을) berjalan dengan susah payah. ② (소리가) tergoncang-goncang (sepanjang jalan berbatu).
터득(攄得) <theo/deuk> ~하다 menjadi faham.
터뜨리다 <theo/teu/ri/da> meledakkan; meletuskan; meletupkan. 종기를 ~ memecahkan bisul. 풍선을 ~ meletuskan balon. 폭탄을 ~ meledakkan bom. 노염을 ~

melampiaskan amarah; meledakkan amarah.
터럭 <theo/reok> rambut. ☞ 털.
터무니 <theo/mu/ni> ~없는 tidak masuk akal; tak berdasar. ~없는 거짓말 kebohongan yang tak masuk akal.
터미널 <theo/mi/neol> terminal; stasiun.
터밭 <theo/bath> kebun pekarangan.
터벅거리다 <theo/beok/geo/ri/da> berjalan dengan susah payah.
터벅터벅 <theo/beok/theo/beok> dengan lambat dan berat; dengan tertatih-tatih. ~걷다 berjalan dengan tertatih-tatih.
터부 <theo/bu> tabu. ~시(視)하다 menganggap tabu.
터빈 <theo/bin> turbin.
터수 <theo/su> ① (처지) status; kedudukan. ② (관계) relasi; hubungan.
터울 <theo/ul> senjang umur. ~이 잦다 sering melahirkan anak; senjang umur singkat.
터잡다 <theo/jab/ta> memilih lokasi.
터전 <theo/jeon> lokasi; tempat; lahan.
터주(- 主) <theo/ju> dewa pelindung rumah.
터주다 <theo/ju/da> menghapus larangan.
터지다 <theo/ji/da> ① (폭발) meledak; meletus; pecah (perang). ② hancur; pecah; roboh. 둑이 ~ tanggul roboh. ③ (탄로) dibeberkan; diungkapkan; terungkap. ④ ☞ 얻어맞다.
터키 <theo/khi> Turki. ~의 [말] yang berhubungan dengan Turki [bahasa Turki]. ~사람 orang Turki. ~탕 mandi Turki.
터프 <theo/feu> ~한 tegap; kekar; keras.
턱 <theok> dagu; rahang. ~이 내민 dagu menonjol. ~이 빠지다 melepaskan sendi rahang. ~뼈 tu-

lang rahang. 군 [이중] ~ dagu yang montok; dagu ganda. 위 [아래] ~ rahang atas [bawah].

턱 <theok> (높은데) ketinggian; puncak.

턱 <theok> (대접) penjamuan; traktir (☞ 힌턱). ~을 하다 mentraktir; menjamu.

턱 <theok> ① (까닭) alasan. 내가 알 ~이 있나 Bagaimana saya tahu alasannya? ② (정도) tahap; tingkat. 그저 그 ~이다 biasa-biasa saja; begini-begini saja.

턱걸이 <theok/geo/li> angkat dagu dipalang. ~하다 mengangkat badan di palang.

턱받이 <theok/ba/ji> oto.

턱수염 <theok/su/yeom> jenggot.

턱시도 <theok/si/do> pakaian malam pria.

턱없다 <theok/eob/ta> tidak masuk akal; sangat kurang.

턱짓하다 <theok/jit/hada> membuat isyarat dengan dagu.

턱턱 <theok/theok> ☞ 탁탁.

턴테이블 <theon/the/i/beul> piring putar (pada gramafon).

털 <theol> ① bulu. ~이 있는 berbulu. ~이 많은 berbulu banyak. ~을 뽑다 mencabut bulu. ~구멍 pori-pori. ② (짐승의) bulu binatang; wol. ~을 댄 berlapis bulu. ~내의 pakaian dalam dari wool. ~옷 pakaian wool. ~샤쓰 kemeja wool. ~외투 mantel bulu. ③ (깃) bulu burung. ④ (보풀) bulu kain.

털가죽 <theol/ga/juk> kulit binatang. ☞ 모피(毛皮).

털갈다 <theol/gal/da> berganti bulu.

털갈이 <theol/ga/ri> ~하다 ☞ 털갈다.

털끝 <theol/keuth> ujung rambut. ~만큼도 (tidak) seujung rambutpun.

털다 <theol/da> ① (먼지를) mengebaskan; mengenyahkan debu. ② (내다) mengosongkan. ③ (도둑이)

merampok.

털벙 <theol/beong> berkecipak. ~거리다 mengkecipak-kecipakkan.

털보 <theol/bo> orang yang berewokan.

털북숭이 <theol/buk/sung/i> benda yang berbulu.

털붙이 <theol/bu/chi> ① (모피) kulit; bulu binatang. ② (털로짠) bahan wool.

털실 <theol/sil> benang wool. ~양말 kaus kaki wool. ~로 뜨다 merajut dari wool.

털썩 <theol/sseok> dembam; dembum; terhenyak. ~ 주저앉다 terhenyak di kursi.

털어놓다 <theol/eo/not/tha> ① (속의 것을) membuka; membeberkan. ② (마음속을) mengungkapkan; menyatakan terus terang; mengeluarkan isi hati.

털털거리다 <theol/theol/geo/ri/da> ☞ 터덜거리다.

털털이 <theol/theo/ri> ① ☞ 빈털터리. ② (차량) (mobil) yang berguncang-guncang.

털털하다 <theol/theol/hada> bebas dan lepas; cuek.

텀벙 <theom/beong> deburan. ~거리다 berdebur-debur.

텁석나룻 <theob/seok/na/rut> jambang yang panjang.

텁석부리 <theob/seok/bu/ri> orang yang berjenggot/berewokan.

텁수룩하다 <theob/su/ruk/hada> (jenggot yang) tak terpelihara; bulu lebat; randuk; brewok.

텃세(- 貰) <theot/se> sewa tanah.

텃세(- 勢) <theot/se> ~하다 berbuat seolah-olah berkuasa atas pendatang baru.

텅 <theong> ~빈 kosong; hampa; lowong.

텅스텐 <theong/seu/then> 『化』 tungsten. ~전구 bola lampu tungsten.

텅텅 <theong/theong> (빈 모양) sangat kosong (bentuk).

텅텅 <theong/theong> (총소리) dor!

dor!

테<the> ① (둘린 언저리) kerang-ka; bingkai; simpai. ~를 두르다 menyimpai. ② ☞ 테두리.

테너<te/neo> 『樂』 tenor.

테니스<the/ni/seu> tenis. ~코트 lapangan tenis.

테두리<the/du/ri> ① (윤곽) garis besar; garis luar. ② kerangka kerja; batas; limit. ~ 안에서 dalam limit.

테라마이신<the/ra/ma/i/sin> 『藥』 antibiotika teramisin.

테라스<the/ra/seu> teras; beranda.

테러<the/reo> terorisme. ~단 kelompok teroris. ~리스트 tero-ris.

테레빈유(- 油)<the/re/bin/yu> mi-nyak terpentin.

테마<the/ma> tema. ~음악 mu-sik tema. 연구 ~ mata pelajaran.

테스트<the/seu/theu> ujian; tes. ~하다 menguji. 실력 ~ uji ke-mampuan.

테이블<the/i/beul> meja. ~매너 tata cara makan (di atas meja). ~보 taplak meja.

테이프<the/i/feu> pita. ~를 끊다 memotong pita. ~녹음(錄音) perekaman. ~리코더 tape recor-der.

테일라이트<the/il/la/i/theu> lampu belakang.

테제<the/je> 『哲』 tesis.

텍스트<thek/seu/theu> teks; buku pegangan.

텐트<then/theu> tenda. ~를 치다 [걷다] memasang [membongkar] tenda. ~ 생활을 하다 berkemah. ~촌 desa perkemahan.

텔레비전<thel/le/bi/jeon> televisi (TV). ~을 보다 menonton TV. ~에 출연하다 muncul di TV. ~이 선명(鮮明)하다 gambar jelas. ~뉴스 berita TV. ~ 드라마 drama TV. ~방송 siaran televisi. ~ 방송을 하다 menyiarkan melalui TV; mentelevisikan. ~배우 aktor TV. ~ 시청자 pemirsa televisi. ~영화 film TV. ~전화 video-phone.

텔레타이프<thel/le/tha/i/feu> te-letype. ~로 송신하다 mengirim lewat teletype.

텔렉스<thel/lek/seu> teleks.

템포<them/fo> ~가 빠른 [느린] irama cepat [lambat].

토건(土建)<tho/geon> tehnik sipil dan bangunan. ~업자 kontraktor bangunan. ~회사 usaha konstruk-si.

토관(土管)<tho/gwan> pipa dari tanah liat.

토굴(土窟)<tho/gul> gua; galian.

토기(土器)<tho/gi> barang-barang dari tanah liat; tembikar.

토끼<tho/ki> kelinci; terwelu. ~굴 lobang kelinci; sarang kelinci. ~뜀 lompat kodok. ~장 kandang kelinci.

토너먼트<tho/neo/meon/theu> tur-namen.

토닉<tho/nik> penyubur; tonik. 헤어 ~ penyubur rambut.

토닥거리다<tho/dak/geo/ri/da> me-nepuk-nepuk dengan perlahan.

토담(土 -)<tho/dam> dinding ta-nah. ~집 gubuk yang berdinding tanah.

토대(土臺)<tho/dae> fondasi; da-sar; landasan; alas; pangkal; po-kok; basis. ~를 쌓다 memper-siapkan jalan; melancarkan jalan (untuk sukses).

토라지다<tho/ra/ji/da> (me)ngam-bek.

토란(土卵)<tho/ran> 『植』 taro. ~국 sop taro.

토로(吐露)<tho/ro> ~하다 menge-mukakan (ide); mengutarakan (maksud).

토론(討論)<tho/ron> ~하다 ber-debat; bertukar pikiran; ~회 fo-rum perdebatan. 공개 ~회 forum terbuka.

토륨<tho/ryum> 『化』 thorium (Th).

토르소<tho/reu/so> batang tubuh;

kerangka tubuh.

토리＜tho/ri＞ segulung benang. ～실 benang yang digulung.

토마토＜tho/ma/to＞ tomat. ～케첩 saus tomat.

토막＜tho/mak＞ potongan; keratan. ～치다 memotong; mengerat. ～～ potong demi potong. ～나무 potongan kayu. ～살인 사건 kasus pembunuhan dengan memotong-motong korban. ～시체 mayat yang terpotong-potong.

토멸(討滅)＜tho/myeol＞ ～하다 membasmi; menaklukkan; menghancurkan.

토목(土木)＜tho/mok＞ pekerjaan umum. ～건축(업) teknik (industri) sipil dan bangunan. ～공학 keteknikan sipil. ～기사 insinyur sipil. ～도급업자 kontraktor pekerjaan umum.

토박(土薄)＜tho/bak＞ ～하다 mandul; tandus.

토박이(土 -)＜tho/ba/gi＞ ～의 pribumi. 서울 ～ pribumi Seoul.

토벌(討伐)＜tho/beol＞ ～하다 membasmi. ～대 pasukan pembasmi. ～대를 보내다 mengirim ekspedisi pembasmian.

토벽(土壁)＜tho/byeok＞ dinding tanah.

토사(土沙)＜tho/sa＞ tanah dan pasir. ～붕괴 longsoran.

토사(吐瀉)＜tho/sa＞ ～하다 muntah. ～곽란(癨亂) muntah berak; muntaber.

토산물(土産物)＜tho/san/mul＞ produksi lokal.

토색(討索)＜tho/saek＞ ～하다 memeras; melakukan pemerasan. ～질＝토색.

토성(土星)＜tho/seong＞ 『天』 Saturnus.

토성(土城)＜tho/seong＞ benteng/kubu dari tanah.

토속(土俗)＜tho/sok＞ adat istiadat setempat; adat istiadat daerah. ～학 ilmu adat-istiadat daerah.

토스＜tho/seu＞ lambungan; lemparan. ～하다 melambungkan bola.

토스트＜tho/seu/tho＞ (sepotong) roti panggang.

토시＜tho/si＞ ban tangan yang panjang (untuk kerja di meja).

토신(土神)＜tho/sin＞ dewa tanah.

토실토실＜tho/sil/tho/sil＞ ～한 montok; sintal.

토악질(吐 -)＜tho/ak/jil＞ ① (구토) ～하다 memuntahkan. ② (부정 소득의) ～하다 mengganti/mengembalikan (uang haram).

토양(土壤)＜tho/yang＞ (mutu) tanah. ～조사 penelitian agronomi. ～학 pedologi.

토역(土役)＜tho/yeok＞ pekerjaan tanah. ～꾼 buruh tanah.

토요일(土曜日)＜tho/yo/il＞ Sabtu.

토욕(土浴)＜tho/yok＞ ～하다 berkubang.

토우(土雨)＜tho/u＞ hujan debu.

토의(討議)＜tho/eui＞ diskusi; perdebatan; musyawarah; perundingan. ～하다 berdiskusi; memperundingkan; membicarakan; membahas; memusyawaratkan; bermufakat; berembuk. ～에 부치다 mendiskusikan; membawa kedalam musyawarah. ～중이다 sedang didiskusikan. ～안 pokok bahasan.

토인(土人)＜tho/in＞ penduduk asli; pribumi.

토일렛＜tho/il/let＞ ruangan toilet. ～페이퍼 (kertas) tisu.

토장(土葬)＜tho/jang＞ ～하다 mengubur.

토장(土醬)＜tho/jang＞ tauco.

토지(土地)＜tho/ji＞ tanah; bumi; darat; wilayah. ～개량(사업) (usaha) perbaikan tanah. ～개혁 pembaharuan tanah. ～구획 정리 penyesuaian tanah. ～대장 buku tanah; kadaster. ～매매 jual beli tanah. ～소유권 hak kepemilikan tanah. ～소유자 pemilik tanah. ～제도 sistim pertanahan.

토질(土疾)＜tho/jil＞ (penyakit) endemik.

토질(土質)＜tho/jil＞ keadaan tanah;

mutu tanah.

토착(土着)<tho/chak>　～의 pribumi; asli.　～민 orang pribumi; penduduk asli.

토큰<tho/kheun>　koin.　버스 ～ koin bis.

토키<tho/khi>　film bicara.

토템<tho/them>　totem; gambar yang melambangkan suku.　～숭배 totemisme.

토픽<tho/fik>　pokok bahasan; topik.

토하다(吐 -)<tho/hada>　① (뱉다) muntah.　② (토로) mengutarakan; mengemukakan.

토혈(吐血)<tho/hyeol>　～하다 muntah darah.

톡<thok>　☞ 툭.

톡탁<thok/thak>　adu pukul.　～거리다 beradu pukul; berbaku hantam.　☞ 툭탁거리다.

톡톡하다<thok/thok/hada>　① (액체가) kental.　② (피륙이) rapat.

톡톡히<thok/tho/khi>　cukup banyak/besar.　～벌다 mendapat untung cukup besar.　돈을 ～모으다 mengumpul uang yang cukup banyak.

톤<thon>　ton.　미터 ～ metrik ton.　총 [배수, 적재, 중량] ～수 tonase kotor [pengurasan; pengangkutan; berat mati].

톨<thol>　(낱) butiran.

톱<thob>　gergaji.　～질하다 menggergaji.　～날 bilah/mata gergaji.　～날을 세우다 mengikir gergaji.　～밥 serbuk gergaji; tahi gergaji.

톱<thob>　puncak; penting; utama.　～기사 artikel utama.　～뉴스 berita utama.

톱니<thob/ni>　gigi gergaji; rigi-rigi (☞ 톱날).　～모양의 bergerigi.

톱니바퀴<thob/ni/ba/khwi>　roda gigi.

톱상어(- 魚)<thob/sang/eo>　『魚』 hiu gergaji.

톱톱하다<thob/thob/hada>　(국물이) kental (sup).

통<thong>　gerombolan penjahat.　한 ～이 되다 bersekongkol dengan.

통<thong>　lebar lengan baju; kaliber.　소매 ～이 좁다 lengan baju agak sempit.　～이 작다 berkaliber kecil (orang).

통(桶)<thong>　tong; tahang.

통(筒)<thong>　(대통 등) pipa; tabung; (깡통 따위) kaleng.　석유 ～ kaleng minyak tanah.

통(統)<thong>　rukun warga (RW).　～장 ketua RW.

통<thong>　…～에 ditengah-tengah.　싸움 ～에 휘말리다 terseret di tengah-tengah pertempuran.

통(通)<thong>　(서류의) salinan (surat).

통<thong>　① ☞ 온통.　② (전혀) sama sekali; sedikitpun.

…통(通)<thong>　(전문가) ahli; pakar.　소식 ～ nara sumber.

통각(痛覺)<thong/gak>　rasa sakit.

통감(痛感)<thong/gam>　～하다 menyadari sepenuhnya.

통겨주다<thong/gyeo/ju/da>　membuka; membeberkan.

통겨지다<thong/gyeo/ji/da>　☞ 퉁겨지다.

통격(痛擊)<thong/gyeok>　serangan yang keras; pukulan yang keras.

통계(統計)<thong/gye>　statistik.　～(상)의 statistis.　～를 내다 mengumpulkan data statistik.　～연감[표] buku tahunan [tabel] statistik.　～청 Kantor Statistik Nasional.　～학(學) ilmu statistik.　～학자 ahli statistik; statistikawan.

통고(通告)<thong/go>　pemberitahuan; pengumuman.　～하다 memberitahukan.　～서 pemberitahuan tertulis.　～처분 hukuman peringatan.

통곡(痛哭)<thong/gok>　～하다 meratap.

통과(通過)<thong/gwa>　pelulusan; pelewatan.　～하다 lulus; lewat; melewati.　～시키다 meluluskan.　～세(稅) bea transit/singgah.

통관(通關)<thong/gwan>　pabean; bea cukai.　～하다 melewati pabean. ～ 베이스 dasar pabean. ～ 수수료 bea; cukai. ～절차 persyaratan pabean; prosedur pabean.

통괄(統括)＜thong/gwal＞ ～하다 menggeneralisir.

통권(通卷)＜thong/gwon＞ nomor volum yang berurutan.

통근(通勤)＜thong/geun＞ ～하다 masuk kantor; masuk kerja. ～수당 biaya transportasi. ～시간 waktu masuk kantor. ～자 orang yang masuk pulang kantor.

통금(通禁)＜thong/geum＞ ☞ 통행금지. ～시간 jam malam. ～위반 pelanggaran jam malam. ～위반자 pelanggar jam malam. ～해제 penghapusan jam malam.

통기공(通氣孔)＜thong/gi/gong＞ ☞ 환기공(孔).

통김치＜thong/gim/chi＞ *gimchi* dari kol yang tidak diiris.

통나무＜thong/na/mu＞ log; batang kayu. ～다리 jembatan batang kayu.

통념(通念)＜thong/yeom＞ pendapat yang diterima secara umum.

통단＜thong/dan＞ ikatan besar.

통달(通達)＜thong/dal＞ ～하다 mahir (dalam).

통닭(구이)＜thong/dak(gu/i)＞ ayam panggang.

통독(通讀)＜thong/dok＞ ～하다 membaca semuanya.

통람(通覽)＜thong/nam＞ ～하다 mengikhtisarkan.

통렬(痛烈)＜thong/yeol＞ ～한 keras; tajam. ～히 dengan keras; dengan tajam.

통례(通例)＜thong/rye＞ praktek sehari-hari; kebiasaan. ～로 biasanya.

통로(通路)＜thong/no＞ terusan; gang; lorong.

통론(通論)＜thong/non＞ garis besar; pendahuluan.

통마늘＜thong/ma/neul＞ siung bawang putih.

통매(痛罵)＜thong/mae＞ ～하다 menyalahkan; mengutuk.

통메다(桶 -)＜thong/me/da＞ mengikat dengan simpai.

통밀어＜thong/mil/eo＞ rata-rataan.

통발(笱 -)＜thong/bal＞ bubu; lukah.

통보(通報)＜thong/bo＞ laporan; pemberitahuan; maklumat; pengumuman.

통분(通分)＜thong/bun＞ 『數』 ～하다 menyederhanakan pecahan.

통사정(通事情)＜thong/sa/jeong＞ ～하다 menyatakan pikiran dengan terus terang; memohon dengan sangat.

통산(通算)＜thong/san＞ ～하다 menjumlahkan; mentotalkan.

통상(通常)＜thong/sang＞ ～의 biasa; umum; reguler; sehari-hari. ～복 baju sehari-hari.

통상(通商)＜thong/sang＞ perdagangan; perniagaan; jual beli. ～하다 berdagang (dengan). ～대표부 perwakilan dagang. ～사절단 misi dagang. ～조약 persetujuan perdagangan.

통상(筒狀)＜thong/sang＞ ～의 berbentuk tabung; silindris.

통설(通說)＜thong/seol＞ pandangan yang lazim; pendapat umum.

통성명(通姓名)＜thong/seong/myeong＞ ～하다 saling memperkenalkan diri.

통속＜thong/sok＞ ① (단체) komplotan rahasia. ② (밀약) rencana rahasia; mufakat rahasia.

통속(通俗)＜thong/sok＞ ～적 populer; biasa. ～적(的)으로 secara populer. ～문학 sastra populer. ～소설 novel populer.

통솔(統率)＜thong/sol＞ kepemimpinan; bimbingan; komando; arahan. ～하다 memberi komando; memimpin; memberi aba-aba; membimbing. ～력 kepemimpinan. ～자 pemimpin.

통수(統帥)＜thong/su＞ komando tertinggi. ～권 hak istimewa komando tertinggi.

통신(通信)＜thong/sin＞ komunikasi;

surat menyurat; pemberitahuan; informasi. ~하다 berkomunikasi; mengadakan surat menyurat. 런던발 ~에 의하면 menurut berita dari London. ~강의 [교육] kuliah [pendidikan] korespondensi. ~기관 sarana komunikasi; media komunikasi. ~대(隊) korps penghubung. ~망 jaringan komunikasi. ~사(士) operator telegram. ~사(社) kantor berita. ~사업 pelayanan komunikasi. ~원 wartawan; kulitinta; jurnalis; juru warta; reporter. ~위성 satelit komunikasi.

통심정(通心情)＜thong/sim/jeong＞ ~하다 membuka hati.

통어(統御)＜thong/eo＞ ~하다 memerintah; mengendalikan; mengontrol.

통역(通譯)＜thong/yeok＞ penerjemahanan; alih bahasa. ~자 penterjemah; juru bahasa. ~하다 menterjemahkan; menafsirkan; bertindak sebagai penterjemah; bertindak sebagai juru bahasa. ~관 penterjemah resmi.

통용(通用)＜thong/yong＞ ~하다 berlaku; beredar; lazim digunakan. ~기한 masa berlaku. ~문 pintu samping. ~어 bahasa pengantar.

통운(通運)＜thong/un＞ transportasi; pengiriman. ~회사 agen transportasi; agen pengiriman.

통으로＜thong/eu/ro＞ semua; keseluruhan.

통음(痛飲)＜thong/eum＞ ~하다 minum banyak.

통일(統 -)＜thong/il＞ penyatuan; penggabungan. ~하다 mempersatukan; menggabungkan; menyatupadukan. 남북 ~ penyatuan Korea Utara dan Selatan. ~원 Komite Penyatuan Nasional. ~전선 front bersatu. 정신 ~ konsentrasi pikiran.

통일천하(統一天下)＜thong/il/cheon/ha＞ ~하다 mempersatukan negeri-negeri dibawah satu pemerintah.

통장(通帳)＜thong/jang＞ buku (bank). 예금 ~ buku tabungan.

통절(痛切)＜thong/jeol＞ ~한 pedih; perih; pedih hati. ~히 dengan pedih; dengan tajam.

통정(通情)＜thong/jeong＞ ① ☞ 통심정. ② ☞ 통사정. ③ (간통) perjinahan; penyelewengan.

통제(統制)＜thong/je＞ pengontrolan; pengendalian; pengekangan; pengaturan. ~하다 mengontrol; mengendalikan. ~를 강화하다 mengetatkan pengontrolan; mengetatkan pengendalian. ~를 풀다 melepaskan pengontrolan; melonggarkan pengendalian. ~경제 ekonomi yang dikontrol. ~품 barang-barang yang dikontrol.

통제부(統制府)＜thong/je/bu＞ stasiun pengawasan laut; pangkalan angkatan laut.

통조림(桶 -)＜thong/jo/rim＞ makanan kaleng. ~한 kalengan. ~으로 하다 mengalengkan. ~공업 industri pengalengan. ~공장 pabrik pengalengan. ~식품 bahan makanan kaleng. ~업자 pedagang makanan kaleng. 쇠고기 ~ daging sapi kaleng.

통증(痛症)＜thong/ceung＞ rasa sakit; sakit beranak; nyeri.

통지(通知)＜thong/ji＞ pemberitahuan; laporan; uraian; informasi; pengumuman; pernyataan; permaklumatan. ~하다 memberitahukan; mengemukakan; mengutarakan; mewartakan; mengabarkan; menyampaikan. ~서 surat pemberitahuan. ~예금 deposit dengan pemberitahuan.

통짜다＜thong/ca/da＞ ① (맞추다) menyusun; merakit. ② (동아리가 되다) membentuk kelompok/gang.

통째＜thong/cae＞ semuanya; keseluruhan. ~로 먹다 makan semuanya; memakan habis.

통찰(洞察)＜thong/chal＞ penembusan; penyelaman. ~하다 menembus; menyelami. ~력(이 있다)

(ada) daya pemahaman.

통첩(通牒)＜thong/cheob＞ instruksi; peringatan; edaran. ～하다 menginstruksikan; memperingatkan. 최후 ～ ultimatum; peringatan terakhir.

통촉(洞燭)＜thong/chok＞ ～하다 memahami; mempertimbangkan.

통치(統治)＜thong/chi＞ pemerintahan; penguasaan; pengendalian. ～하다 memerintah; menguasai. ～권 kekuasaan; kedaulatan. ～기관 badan pemerintahan. ～자 penguasa.

통치마＜thong/chi/ma＞ rok tanpa lipatan.

통칙(通則)＜thong/chik＞ peraturan yang lazim.

통칭(通稱)＜thong/ching＞ nama lazim; sebutan umum.

통쾌(痛快)＜thong/khwae＞ ～한 sangat menyenangkan; sangat menggetarkan. ～히 [하게] 여기다 sangat senang; sangat gembira.

통탄(痛嘆)＜thong/than＞ ～하다 menyesali. ～할 disesalkan.

통탕＜thong/thang＞ ☞ 통탕.

통통하다＜thong/thong/hada＞ montok.

통틀어＜thong/theu/reo＞ semuanya.

통폐(通弊)＜thong/fye＞ kejahatan biasa.

통풍(通風)＜thong/fung＞ ☞ 환기(換氣).

통풍(痛風)＜thong/fung＞ 『醫』 encok.

통하다(通 -)＜thong/hada＞ ① (길. 통로.교통) menuju (ke); mengarah (ke); terbuka (untuk). ② (잘 알다) kenal baik (dengan); mengetahui dengan baik. ③ dimengerti; dipahami. 영어가 ～ dapat berbicara bahasa Inggris. 서로 기맥이 ～ tahu sama tahu; saling mengetahui. ④ (…로 알려지다) dikenal sebagai. ⑤ (통용) berlaku; beredar. ⑥ berhubungan; berhubungan intim (dengan). 정을 ～ mengadakan hubungan gelap dengan. ⑦

mengalir. 공기가 잘 ～ udara mengalir baik. ⑧ (거치다) melewati; lewat. ⑨ (매개) melalui (Bapak Kim); atas budi baik.

통학(通學)＜thong/hak＞ ～하다 bersekolah. ～생 siswa yang tidak mondok.

통한(痛恨)＜thong/han＞ penyesalan yang dalam.

통할(統轄)＜thong/hal＞ pengawasan umum. ～하다 mengawasi. ～구역 daerah di bawah pengawasan langsung.

통합(統合)＜thong/hab＞ kesatuan; persatuan; penyatuan. ～하다 menyatukan; mempersatukan; menggabungkan. ～참모 본부 Gabungan Kepala Staf. ～ 참모본부 의장 Ketua Gabungan Kepala Staf.

통행(通行)＜thong/haeng＞ pelintasan; lalu lintas. ～하다 lewat; melintasi. ～ 금지된 tidak dapat dilewati. ～을 금지하다 menutup jalan; menghentikan lalu lintas. ～금지 pelarangan lalu lintas. ～금지지역 daerah yang tidak bisa dilalui. ～세 biaya tol. ～인 pelintas. ～(허가)증 pas jalan. 일방 ～ jalan satu arah.

통혼(通婚)＜thong/hon＞ ～하다 melamar; meminang.

통화(通貨)＜thong/hwa＞ mata uang; uang lancar. ～의 안정 stabilisasi mata uang. ～정책 [위기] kebijakan [krisis] moneter. ～팽창 [수축] inflasi [deflasi].

통화(通話)＜thong/hwa＞ pembicaraan telepon. ～하다 berbicara melalui telepon. 한 ～ 3분간 pembicaraan telepon 3 menit. ～중 telepon sedang dipakai. ～료 biaya telepon.

퇴각(退却)＜thoe/gak＞ pengunduran; penarikan diri. ～하다 mundur dari; surut dari. 총 ～ mundur total.

퇴거(退去)＜thoe/geo＞ pengosongan; pemindahan. ～하다 mengosongkan; memindahkan; pindah.

~를 명하다 menyuruh pindah. ~령 perintah pengosongan; perintah pindah.

퇴고(堆敲)＜thoe/go＞ perbaikan karangan. ~하다 memperbaiki karangan. ~를 거듭하다 memperbaiki karangan terus menerus.

퇴골(腿骨)＜thoe/gol＞『解』 tulang kaki.

퇴교(退校)＜thoe/gyo＞ ☞ 퇴학.

퇴근(退勤)＜thoe/geun＞ ~하다 pulang kantor/kerja. ~시간 jam pulang kantor; jam pulang kerja.

퇴락(頹落)＜thoe/rak＞ ~하다 bobrok.

퇴로(退路)＜thoe/ro＞ jalur mundur. ~를 차단하다 memutus jalur mundur.

퇴물(退物)＜thoe/mul＞ ① (물려 받은) barang bekas. ② (거절된) barang yang ditolak. ③ orang yang pensiun; mantan. 기생 ~ mantan pelacur.

퇴박맞다＜thoe/bak/mat/ta＞ ditolak.

퇴박하다＜thoe/bak/hada＞ menolak.

퇴보(退步)＜thoe/bo＞ kemunduran. ~하다 mundur. ~적인 mundur; terbelakang.

퇴비(堆肥)＜thoe/bi＞ pupuk kandang; kompos.

퇴사(退社)＜thoe/sa＞ ① ~하다 berhenti kerja dari sebuah perusahaan. ② ☞ 퇴근.

퇴색(褪色)＜thoe/saek＞ ~하다 luntur; pudar.

퇴석(堆石)＜thoe/seok＞ tumpukan batu.

퇴세(頹勢)＜thoe/se＞ penurunan; kecenderungan menurun.

퇴역(退役)＜thoe/yeok＞ ~하다 bebas tugas. ~군인 pensiunan; veteran; mantan tentara.

퇴영(退瓔)＜thoe/yeong＞ ~적(인) terbelakang.

퇴원(退院)＜thoe/won＞ ~하다 keluar dari rumah sakit.

퇴위(退位)＜thoe/wi＞ turun tahta. ~하다 turun tahta.

퇴임(退任)＜thoe/im＞ ~하다 ber-

henti dari jabatan.

퇴장(退場)＜thoe/jang＞ ~하다 meninggalkan; keluar (dari). ~을 명하다 menyuruh keluar.

퇴적(堆積)＜thoe/jeok＞ penumpukan; penimbunan; gundukan; longgokan; unggukan; timbunan. ~하다 menumpuk; menimbun; menonggok.

퇴정(退廷)＜thoe/jeong＞ ~하다 keluar dari pengadilan.

퇴직(退職)＜thoe/jik＞ peletakan jabatan. ~하다 berhenti; meletakkan jabatan; bebas tugas. ~공무원 [자] pegawai [orang] yang bebas tugas. ~금 [수당] uang [tunjangan] pensiun. ~연금 pensiun tahunan.

퇴진(退陣)＜thoe/jin＞ ~하다 keluar dari; mundur dari (jabatan).

퇴짜(退 -)＜thoe/ca＞ ~놓다 menolak. ~맞다 ditolak.

퇴청(退廳)＜thoe/cheong＞ ~하다 pulang kantor.

퇴치(退治)＜thoe/chi＞ ~하다 memusnahkan; membasmi; memberantas. 문맹 ~ pemberantasan buta huruf.

퇴침(退枕)＜thoe/chim＞ bantal kayu.

퇴폐(頹廢)＜thoe/fye＞ ~한 rusak/ busuk moral. ~적인 merosot (moral). ~주의 kemerosotan moral; dekadensi.

퇴학(退學)＜thoe/hak＞ ~하다 keluar dari sekolah; putus sekolah. ~시키다 mengeluarkan dari sekolah. ~당하다 dikeluarkan dari sekolah. ~생 siswa yang putus sekolah; siswa yang keluar dari sekolah.

퇴화(退化)＜thoe/hwa＞ ~하다 mendegenerasi. ~한 mengalami degenerasi. ~기관 organ yang direduksi.

툇마루(退 -)＜thoet/ma/ru＞ beranda; serambi.

투(套)＜thu＞ (버릇) kebiasaan; cara; (법식) bentuk; gaya.

투견(鬪犬)＜thu/gyeon＞ (싸움) adu anjing, (개)anjing aduan.

투계(鬪鷄)＜thu/gye＞ (닭쌈) sabung ayam; (쌈닭) ayam adu; ayam sabungan.

투고(投稿)＜thu/go＞ kontribusi; sumbangan artikel. ~하다 menyumbangkan artikel. ~난 kolom pembaca; kolom kontributor. ~자 penyumbang; kontributor.

투광기(投光器)＜thu/gwang/gi＞ proyektor; lampu penyorot.

투구＜thu/gu＞ helm; topi waja.

투구(投球)＜thu/gu＞ 『野』 pelemparan. ~하다 melemparkan.

투기(妬忌)＜thu/gi＞ kecemburuan; kejelusan. ~하다 cemburu; jelus.

투기(投機)＜thu/gi＞ spekulasi. ~하다 mengadu untung; berspekulasi. ~에 손을 대다 mencoba berspekulasi. ~사 [꾼] spekulator. ~사업 usaha spekulatif. ~심 jiwa spekulatif. ~열 maniak spekulasi.

투기(鬪技)＜thu/gi＞ pertandingan.

투덕거리다＜thu/deok/geo/ri/da＞ menepuk-nepuk.

투덜거리다＜thu/deol/geo/ri/da＞ menggerutu; mencomel; bersungut-sungut; merajuk; memberengut; meruntuk.

투망(投網)＜thu/mang＞ jala lempar.

투매(投賣)＜thu/mae＞ dumping. ~하다 mendumping. ~품 barang-barang dumping.

투명(透明)＜thu/myeong＞ ~한 bening; jernih; tembus pandang; transparan. ~도(度) daya tembus cahaya. ~체 benda tembus cahaya.

투묘(投錨)＜thu/myo＞ ~하다 melempar jangkar.

투미하다＜thu/mi/hada＞ bodoh; bebal; dungu.

투박하다＜thu/bak/hada＞ (사람이) kasar; vulgar; (물건이) kasar dan tebal (benda).

투베르쿨린＜thu/be/reu/khul/lin＞ 『醫』 tuberkulin. ~ 반응 [검사] reaksi [uji] tuberkulin.

투병(鬪病)＜thu/byeong＞ perang melawan penyakit. ~생활 hidup perang melawan penyakit.

투사(投射)＜thu/sa＞ proyeksi. ~하다 memproyeksi; menyorot. ~각 sudut proyeksi.

투사(透寫)＜thu/sa＞ ~하다 menjiplak. ~지(紙) kertas jiplak.

투사(鬪士)＜thu/sa＞ pejuang; pendekar. 자유 [노동 운동]의 ~ pejuang kebebasan [gerakan kerja]. 혁명 ~ pejuang revolusi.

투서(投書)＜thu/seo＞ surat tanpa nama; kontribusi. ~하다 mengirim surat tanpa nama. ~함 kotak saran.

투석(投石)＜thu/seok＞ ~하다 melempar bantu; menyelakan.

…투성이＜thu/seong/i＞ penuh (dengan); tertutup (oleh). 먼지 ~다 tertutup debu.

투수(投手)＜thu/su＞ pelempar. ~전(戰) duel pelempar. ~판(板) papan pelempar; mound. 주전(主戰) ~ pelempar utama.

투숙(投宿)＜thu/suk＞ ~하다 menginap. ~객 tamu; penginap.

투시(透視)＜thu/si＞ terus/tembus pandang. ~하다 menerus pandang. ~ 검사(X선의) fluoroskopi. ~도(圖) gambar tembus pandang.

투신(投身)＜thu/sin＞ ① (자살) ~하다 menceburkan diri; menenggelamkan diri. ② (종사) ~하다 ikut serta; terlibat (dalam).

투약(投藥)＜thu/yak＞ ~하다 memberi obat.

투영(投影)＜thu/yeong＞ bayangan; proyeksi. ~하다 merefleksikan; memantulkan. ~도(圖) gambar proyeksi.

투옥(投獄)＜thu/ok＞ ~하다 memenjarakan.

투우(鬪牛)＜thu/u＞ adu sapi; sapi adu. ~사 matador. ~장 gelanggang adu sapi.

투원반(投圓盤)＜thu/won/ban＞ lempar cakram. ~선수 atlit lempar cakram.

투입(投入)＜thu/ib＞ ① ~하다 menanam (modal). ~자본 modal yang ditanamkan; investasi. ② (던져 넣기) ~하다 melempar (sesuatu); melontarkan. ③ 『化』 ~하다 memproyeksikan (pada).

투자(投資)＜thu/ja＞ penanaman modal; investasi. ~하다 menanam(kan); memasukkan. 확실한 ~ investasi yang gamblang. ~가 penanam modal. 공공 ~ investasi umum.

투쟁(鬪爭)＜thu/jaeng＞ perjuangan; pertarungan; perkelahian. ~하다 berjuang; berkelahi; berjuang; bertarung. ~ 위원회 [자금] komite [dana] perjuangan. 계급[권력] ~ pertikaian kelas [kekuasaan].

투전(鬪錢)＜thu/jeon＞ perjudian. ~꾼 penjudi.

투정(질)＜thu/jeong(jil)＞ ~하다 bersungut-sungut; merengek-rengek.

투지(鬪志)＜thu/ji＞ semangat bertarung. ~ 만만하다 penuh semangat bertarung.

투창(投槍)＜thu/chang＞ lempar lembing. ~선수 atlit lempar lembing.

투척(投擲)＜thu/cheok＞ ~하다 melempar; melontarkan; melantingkan; melembing. ~경기 olah raga lempar.

투철(透徹)＜thu/cheol＞ ~한 jelas dan gamblang. ~한 사람 orang yang jelas dan gamblang. ~한 이론 teori yang jelas dan gamblang.

투포환(投砲丸)＜thu/fo/hwan＞ lempar peluru. ~선수 atlit lempar peluru.

투표(投票)＜thu/fyo＞ suara; pemungutan suara; kartu pemilihan; votum. ~하다 memberi suara. ~에 부치다 membawa ke pemungutan suara. ~권 hak memberikan suara. ~소[장] tempat pemungutan suara (TPS). ~용지 kertas suara; surat pemilihan. ~일 hari pemungutan suara. ~자 pemberi suara. ~함 kotak suara.

투피스＜thu/fi/seu＞ setelan/pakaian dua potong.

투하(投下)＜thu/ha＞ ~하다 menjatuhkan (bom); menanamkan modal. ~자본 modal yang ditanam.

투하(投荷)＜thu/ha＞ ~하다 mengeluarkan barang dari kapal.

투함(投函)＜thu/ham＞ ~하다 mengeposkan.

투항(投降)＜thu/hang＞ ~하다 menyerah. ~자 orang yang menyerah.

투해머(投-)＜thu/hae/meo＞ 『競』 lempar martil.

투혼(鬪魂)＜thu/hon＞ semangat bertarung.

툭＜thuk＞ ① (튀어나온 모양) menonjol; menjendol. ② suara tepukan. 어깨를 ~치다 menepuk bahu. ③ suara putus. (실이) ~끊어지다 putus (benang).

툭탁거리다＜thuk/thak/geo/ri/da＞ saling memukul; beradu pukul.

툭툭＜thuk/thuk＞ ☞ 툭.

툭툭하다＜thuk/thuk/hada＞ tebal (kain).

툭하면＜thuk/ha/myeon＞ tanpa alasan; selalu. ~ 사람을 치다 gampang memukul; sering memukul tanpa alasan.

툰드라＜thun/deu/ra＞ 『地』 tundra.

툴툴거리다＜thul/thul/geo/ri/da＞ bersungut-sungut; mengomel; menggerutu.

툼벙＜thum/beong＞ ☞ 텀벙.

퉁명스럽다＜thung/myeong/seu/reob/ta＞ kaku; kasar.

퉁방울＜thung/bang/ul＞ lonceng kuningan; kelenengan kuningan. ~이 orang yang matanya melotot.

퉁소(-簫)＜thung/so＞ seruling bambu.

퉁탕＜thung/thang＞ ① (발소리) suara injakan. ~거리다 menginjak-injak. ② (총성) letusan. ~거리다 meletus terus-terusan.

퉁퉁＜thung/thung＞ ① ~붓다 membengkak. ② ~한 gemuk; montok.

튀기＜thwi/gi＞ darah campuran; blasteran; silangan; hibrid.
튀기다＜thwi/gi/da＞ (손가락으로) menjentikkan; (물 따위를) merecikkan; merencis; memerciki.
튀기다＜thwi/gi/da＞ menggoreng; menggongseng.
튀김＜thwi/gim＞ makanan yang digoreng; gorengan. 새우 ~ udang goreng.
튀다＜thwi/da＞ ① (뛰어오르다) melenting; melambung; mengambul. ② (물이) memercik; menyembur; memancar (air). ③ (불꽃이) memercikkan (api). ④ (달아나다) kabur.
튀밥＜thwi/bab＞ pop corn.
튜너＜thyu/neo＞ tukang setem.
튜브＜thyu/beu＞ benen; ban dalam.
튜튼＜thyu/theun＞ ~족(族) bangsa Teuton.
튤립＜thyul/lib＞ 『植』 bunga tulip.
트다＜theu/da＞ ① (싹이) bertunas. ② (먼동이) menyingsing (fajar). ③ (피부가) pecah (kulit).
트다＜theu/da＞ membuka (jalan). 거래를 ~ membuka jual beli.
트라이앵글＜theu/ra/i/aeng/geul＞ 『樂』 kerincing.
트라코마, 트라홈＜theu/ra/kho/ma, theu/ra/ hom＞ 『醫』 trakhoma.
트랙＜theu/raek＞ trek. ~경기 olah raga trek.
트랙터＜theu/raek/theo＞ traktor.
트랜스＜theu/raen/seu＞ 『電』 alat pengubah arus; transformer.
트랜지스터＜theu/raen/ji/seu/theo＞ 『電』 (radio) transistor.
트랩＜theu/raeb＞ tangga belalai; tangga. ~을 올라 [내려] 가다 naik [turun] tangga belalai.
트러블＜theu/reo/beul＞ pertengkaran. ~을 일으키다 bertengkar; berselisih.
트러스＜theu/reo/seu＞ 『建』 tiang penopang.
트러스트＜theu/reo/seu/theu＞ 『經』 monopoli. ~ 금지법 undang-undang anti monopoli.

트럭＜theu/reok＞ truk; lori; oto; gerobak; prahoto. ~운송 pengangkutan truk.
트럼펫＜theu/reom/fet＞ terompet; serunai; nafiri; sangkakala. ~(연)주자 peniup terompet.
트럼프＜theu/reom/feu＞ (main) kartu.
트렁크＜theu/reong/kheu＞ kopor.
트레몰로＜theu/re/mol/lo＞ 『樂』 main musik dengan cepat.
트레이너＜theu/re/i/neo＞ pelatih.
트레이닝＜theu/re/i/ning＞ pelatihan. ~샤쓰 jaket pelatihan.
트레이드＜theu/re/i/deu＞ ~마크 merk dagang.
트레일러＜theu/re/il/leo＞ kereta gandengan.
트로이＜theu/ro/i＞ Troy. ~의 목마(木馬) kuda kayu Trojan.
트로이카＜theu/ro/i/kha＞ kereta tiga kuda.
트로피＜theu/ro/fi＞ piala; trofi.
트롤＜theu/rol＞ pukat harimau. ~그물 jala pukat harimau. ~선 kapal pukat. ~어업 usaha penangkapan ikan.
트롤리＜theu/rol/li＞ trem listrik.
트롬본＜theu/rom/bon＞ 『樂』 trombon.
트리오＜theu/ri/o＞ 『樂』 trio; tiga serangkai.
트리콧＜theu/ri/khot＞ kain produk dari pabrik.
트릭＜theu/rik＞ akal muslihat; kiat; rahasia; trik. ~을 쓰다 memakai muslihat. ~촬영 trik fotografi.
트림＜theu/rim＞ sendawa. ~하다 bersendawa.
트릿하다＜theu/rit/hada＞ merasa mengkal di perut; samar-samar.
트위스트＜theu/wi/seu/theu＞ dansa twist.
트이다＜theu/i/da＞ ① dibuka; terbuka. 운이 ~ nasib mulai baik. 길이 ~ jalan dibuka. ② (마음이) (hati) terbuka.
트집＜theu/jib＞ kesalahan; perpecahan; perselisihan. ~잡다 men-

cari kesalahan. ~나다 berselisih. ~쟁이 pencari kesalahan.

특가(特價)<theuk/ka> harga khusus. ~판매 jual obral.

특공대(特攻隊)<theuk/gong/dae> komando pasukan khusus.

특과(特科)<theuk/kwa> jurusan khusus.

특권(特權)<theuk/gwon> hak istimewa; hak prerogatif. ~을 누리다 menikmati hak istimewa. ~계급 klas yang menikmati hak istimewa.

특근(特勤)<theuk/geun> ~하다 bekerja lembur. ~수당 tunjangan lembur; upah lembur.

특급(特急)<theuk/geub> kereta api cepat (khusus).

특급(特級)<theuk/geub> mutu istimewa; mutu unggul. ~주 minuman keras mutu istimewa.

특기(特技)<theuk/gi> kemampuan khusus; bakat istimewa.

특기(特記)<theuk/gi> ~하다 menyatakan secara khusus. ~할 만한 bernilai khusus.

특대(特大)<theuk/dae> ~의 ukuran ekstra besar. ~호 edisi khusus yang diperbesar.

특대(特待)<theuk/dae> ~하다 memperlakukan secara khusus. ~생 siswa yang mendapat beasiswa. ~생이 되다 mendapatkan beasiswa.

특등(特等)<theuk/deung> klas khusus; mutu tertinggi. ~석 tempat duduk khusus. ~품 barang yang bermutu tinggi; barang kelas satu.

특례(特例)<theuk/rye> kasus khusus; pengecualian. ~로서 sebagai pengecualian. ~를 만들다 membuat pengecualian.

특매(特賣)<theuk/mae> penjualan khusus; penjualan obral. ~하다 menjual dengan harga khusus. ~장 tempat barang obral. ~품 barang obralan.

특명(特命)<theuk/myeong> perintah khusus; penunjukan khusus. ~을 띠고 dengan misi khusus. ~

전권 대사 duta besar luar biasa dan berkuasa penuh.

특무(特務)<theuk/mu> dinas khusus; tugas khusus. ~기관 dinas rahasia.

특배(特配)<theuk/bae> ransum ekstra. ~하다 membagikan ransum secara khusus.

특별(特別)<theuk/byeol> ~한 khusus; spesial; istimewa; luar biasa; khas; spesifik; tersendiri; tertentu. ~히 secara khusus. ~취급하다 memberi perlakuan khusus/pengecualian. ~기 [예산, 회계, 회원] pesawat [anggaran, akuntansi, anggota] khusus. ~배당 keuntungan saham tambahan. ~보좌관 Penasehat Khusus Presiden. ~석 tempat duduk khusus. ~수당 tunjangan khusus. ~수당을 타다 mendapat tunjangan khusus. ~호 nomor khusus (tentang majalah).

특보(特報)<theuk/bo> berita khusus.

특사(特使)<theuk/sa> utusan khusus. 대통령 ~ utusan khusus presiden.

특사(特赦)<theuk/sa> pengampunan; amnesti. ~하다 memberi pengampunan/amnesti. ~로 출감하다 dibebaskan atas amnesti. ~를 받다 diberikan pengampunan; mendapat amnesti. ~령 dekrit amnesti.

특산(물)(特産(物))<theuk/san(mul)> produk khusus; hasil khusus.

특상(特上)<theuk/sang> ~의 yang terbaik. ~품 barang mutu ekstra.

특상(特賞)<theuk/sang> hadiah khusus.

특색(特色)<theuk/saek> ☞ 특징.

특선(特選)<theuk/seon> pilihan khusus. ~품 barang pilihan.

특설(特設)<theuk/seol> ~하다 memasang secara khusus. ~의 dipasang secara khusus. ~링 ring yang dipasang secara khusus.

특성(特性)<theuk/seong> ☞ 특징. ~을 살리다 mendayagunakan bakat

khusus.
특수(特殊)＜theuk/su＞　～한 khusus; spesial; istimewa; tidak biasa. ～강 baja khusus. ～교육 [학교] pendidikan [sekolah] luar biasa. ～면허 lisensi khusus. ～사정 keadaan khusus. ～성 kekhususan; keistimewaan. ～은행 bank khusus. ～취급 perlakuan khusus/istimewa; penanganan khusus. ～층 kelompok yang menikmati hak istimewa.
특수경기(特需景氣)＜theuk/su/gyeong/gi＞ ledakan pembelian khusus.
특약(特約)＜theuk/yak＞ kontrak khusus; perjanjian khusus. ～점 agen khusus; toko cabang.
특용(特用)＜theuk/yong＞　～작물 tanaman khusus.
특유(特有)＜theuk/yu＞　～의 khusus; istimewa; khas. ～성 kekhususan; keistimewaan.
특이(特異)＜theuk/i＞　～한 unik; khusus; aneh; ganjil. ～성 keunikan; kelainan; keganjilan. ～체질 alergi; kelainan kondisi badan; diatesis.
특작(特作)＜theuk/jak＞ (영화) produksi khusus. ～품 film khusus.
특전(特典)＜theuk/jeon＞ hak istimewa; previlege.
특전(特電)＜theuk/jeon＞ pengiriman khusus.
특정(特定)＜theuk/jeong＞　～의 khusus; spesifik; khas. ～ 외래품(品) barang impor yang dilarang secara khusus; barang terlarang. ～인 orang tertentu.
특제(特製)＜theuk/je＞　～의 diproduksi secara khusus. ～품 barang-barang yang dibuat secara khusus.
특종(特種)＜theuk/jong＞ ① (종류) jenis khusus. ② (기사의) berita khusus; berita eksklusif. ～으로 타사를 앞지르다 mendahului koran lain dengan berita eksklusif.
특지(特志)＜theuk/ji＞ ☞ 독지.
특진(特進)＜theuk/jin＞ naik pangkat luar biasa. 2 계급 ～ naik pangkat

dua tingkat.
특질(特質)＜theuk/jil＞ kwalitas khusus; sifat khusus; kodrat. ☞ 특성.
특집(特輯)＜theuk/jib＞ edisi khusus. ～하다 membuat edisi khusus. ～기사 artikel utama. ～호 terbitan khusus.
특징(特徵)＜theuk/jing＞ kekhasan; ciri-ciri khusus; tanda khusus. ～있는 [적인] khas; berciri khusus. ～없는 biasa; tidak berciri khas. ～있게 하다 mencirikan.
특채(特採)＜theuk/chae＞ pengangkatan khusus. ～하다 mempekerjakan secara khusus.
특출(特出)＜theuk/chul＞　～한 ternama; terkenal; istimewa.
특파(特派)＜theuk/fa＞　～하다 mengirim secara khusus. ～대사 duta besar luar biasa. ～원 perwakilan khusus; koresponden khusus.
특필(特筆)＜theuk/fil＞　～하다 menyebutkan secara khusus.
특허(特許)＜theuk/heo＞ hak paten. ～를 출원하다 memohon hak paten. ～권[료] hak [bea] paten. ～권자 orang yang diberi hak paten. ～권 침해 pelanggaran hak paten. ～법 undang-undang hak paten. ～청 kantor hak paten. ～품 barang yang diberi hak paten; paten.
특혜(特惠)＜theuk/hye＞ preferensi. ～를 주다 memberi preferensi. ～관세 tarif preferensial. ～융자 pinjaman preferensial.
특효(特效)＜theuk/hyo＞ khasiat khusus. ～약 obat yang berkhasiat khusus.
특히(特-)＜theu/khi＞ secara khusus; terkhusus; lebih-lebih; istimewa lagi.
튼튼하다＜theun/theun/hada＞ ① (건강) kuat; sehat. ② (견고) tahan lama; awet.
틀＜theul＞ ① (모형) cetakan; model; acuan; bentuk. ② formalitas; rumus. ～에 박힌 stereotif. ③ (테) kerangka kerja. ④ (기계) mesin; perkakas.

틀니 < theul/ni > gigi palsu; gigi buatan.

틀다 < theul/da > ① menyetel; menghidupkan. 라디오를 ~ menghidupkan radio. ② (비틀) memutar; menyekrup. ③ (일을) mengalihkan (rencana); menghambat. ④ (상투.머리를) mengikat rambut. ⑤ (솜을) menguraikan (kapas).

틀리다 < theul/li/da > ① (비틀림) bengkok. ② (잘못되다) salah; keliru. ③ ☞ 틀어지다. ④ (다르다) berbeda; bersimpang; berlainan. ⑤ (볼장 다봄) bobrok.

틀림 < theul/lim > kesalahan; kekeliruan. ~없이 dengan benar; pasti; tentu; niscaya; tidak boleh tidak; keruan saja; salah satu; jelas-jelas.

틀어넣다 < theu/leo/neot/tha > memadatkan; menjejal.

틀어막다 < theu/leo/mak/ta > ① (구멍을) menyumbat; menyumpal. ② (입을) menyumpal (mulut).

틀어박히다 < theu/leo/ba/khi/da > mengurung diri dalam rumah.

틀어지다 < theu/leo/ji/da > ① (일이) berbuat keliru; gagal. ② (사이가) berselisih. ③ (빗나가다) meleset; tidak kena. ④ (꼬이다) bengkok.

틈 < theum > ① lubang; celah; belah; lekah; retak. 바위의 ~ retak pada batu. ~이 생기다 retak; meretak; berselisih. ② ruang; sela. ~이 없다 tidak ada ruang. ③ kesempatan; peluang. ~을 노리다 menunggu kesempatan. ☞ 틈타다. ④ ketidaksiapan; ketidakwaspadaan. 빈 ~이 없다 dijaga seluruhnya. ⑤ waktu luang; jam santai. ~이 있다 ada waktu luang. ~을 내다 meluangkan waktu.

틈새기 < theum/sae/gi > celah; retak.

틈입 < theum/ib > ☞ 침입(侵入).

틈타다 < theum/tha/da > mengambil keuntungan; memanfaatkan.

틈틈이 < theum/theu/mi > ① (여가마다) pada waktu luang. ② (구멍마다) disetiap lubang.

티 < thi > ① (이질물) debu. ② (흠) cacat; cela; lekeh. 옥 에 ~ cacat pada permata (jade).

티 < thi > sentuhan …; ada roman … 군인 ~가 나는 ada roman tentara.

티 < thi > ① teh. ~룸 tea room. ~스푼 sendok teh. ~파티 pesta teh. ② huruf T. ~셔츠 kaos oblong. ~자 penggaris bentuk T. ③ (골프의) (golf) tee.

티격태격하다 < thi/gyeok/thae/gyeok/hada > bertengkar; berbantah; bercekcok.

티끌 < thi/keul > debu; abu; lebu. ~ 만큼도 …없다 sedebupun tidak. ~모아 태산 Sedikit-sedikit jadi bukit.

티눈 < thi/nun > mata ikan; katimumul. ~이 나다 bermata ikan; berkatimumul.

티뜯다 < thi/teut/ta > mencari kesalahan.

티베트 < thi/be/theu > Tibet. ~말 bahasa Tibet. ~사람 orang Tibet.

티켓 < thi/khet > karcis; tiket.

티크재(- 材) < thi/kheu/jae > kayu jati.

티타늄 < thi/tha/nyum > 『化』 titanium (Ti).

티티새 < thi/thi/sae > 『鳥』 murai kehitam-hitaman.

티푸스 < thi/fu/seu > tipus; demam tipus.

팀 < thim > tim; regu; rombongan; kelompok; kumpulan; kesatuan. ~워크 kerja tim. ~워크가 좋다 kerja tim baik.

팁 < thib > persenan; tip. ~을 주다 memberi persenan.

파＜fa＞『植』 kucai; bawang perai; bawang daun.
파(派)＜fa＞ (족벌) marga; (학파) aliran; (당파) golongan; partai; kelompok; (종파) sekte.
파＜fa＞『樂』 fa.
파격(破格)＜fa/gyeok＞ ～적 khusus; istimewa. ～적인 대우를 받다 mendapat perlakuan khusus.
파견(派遣)＜fa/gyeon＞ pengiriman; pengutusan. ～하다 mengirim; mengutus. ～군 tentara ekspedisi. ～대 kontingen; satuan ekspedisi.
파경(破鏡)＜fa/gyeong＞ perceraian. ～에 이르다 hampir bercerai.
파계(破戒)＜fa/gye＞ ～하다 melanggar hukum (Budha). ～승(僧) biksu yang tersesat.
파고(波高)＜fa/go＞ tinggi gelombang.
파고다＜fa/go/da＞ pagoda.
파고들다＜fa/go/deul/da＞ menyelidiki; menyelidiki dengan cermat; terkesan dalam (dengan).
파과기(破瓜期)＜fa/gwa/gi＞ usia pubertas; usia akil balig.
파괴(破壞)＜fa/goe＞ penghancuran; penumpasan; kebinasaan; pemecahan; pengrusakan; pemusnahan. ～하다 menghancurkan; memusnahkan; menumpas; membinasakan; memecahkan; mengobrak-abrik. ～적 bersifat menghancurkan; destruktif. ～력 daya penghancuran; daya hancur. ～분자 unsur subversif; unsur pemecah belah. ～주의자 penghancur. ～행위 [활동] perbuatan [kegiatan] subversif.
파국(破局)＜fa/guk＞ malapetaka; bencana besar.
파급(波及)＜fa/geub＞ ～하다 menyebar; mempengaruhi. ～효과 『經』 efek reperkusi.
파기(破棄)＜fa/gi＞ ～하다 meng-

hancurkan; memusnahkan; menghapus.
파김치＜fa/gim/chi＞ asinan berambang; kimchi bawang daun. ～가 되다 menjadi sangat capek.
파나마＜fa/na/ma＞ Panama. ～모자 topi Panama; topi pandan; topi jaksi. ～운하 terusan Panama.
파내다＜fa/nae/da＞ menggali.
파노라마＜fa/no/ra/ma＞ pemandangan; panorama. ～같은 panoramik.
파니＜fa/ni＞ santai; bermalas-malasan.
파다＜fa/da＞ ① (땅.구멍을) menggali; menggeruk; mencangkul. ② (새기다) memahat; mencungkil. ③ (이치.진상 등을) menyelidiki; meneliti; menelaah.
파다하다(播多 -)＜fa/da/hada＞ tersebar luas.
파닥거리다＜fa/dak/geo/ri/da＞ mengepakkan sayap; meleting.
파도(波濤)＜fa/do＞ gelombang; ombak; riak. ～소리 bunyi gelombang. ～에 표류하다 terombang-ambing di atas gelombang.
파동(波動)＜fa/dong＞ gerak gelombang; undulasi. ～설 teori gelombang. 경제 ～ krisis ekonomi. 유류 ～ krisis minyak. 정치 ～ pergolakan politik. 증권 ～ naik turun harga saham.
파라과이＜fa/ra/gwa/i＞ Paraguai. ～사람 orang Paraguai.
파라솔＜fa/ra/sol＞ payung panas; parasol. 비치 ～ payung pantai.
파라슈트＜fa/ra/syu/theu＞ parasut.
파라티온＜fa/ra/thi/on＞ paration.
파라티푸스＜fa/ra/ti/fu/seu＞ 『醫』 paratipus.
파라핀＜fa/ra/fin＞ parafin. ～지 [유] kertas [minyak] parafin.
파란(波瀾)＜fa/ran＞ pergolakan; ba-

dai; naik turun. ~많은 penuh kejadian. ~을 일으키다 menyebabkan kesulitan.
파랑<fa/rang> biru. ~새 burung biru; kebahagiaan.
파랑(波浪)<fa/rang> gelombang; ombak.
파랗다<fa/rat/ta> biru; hijau; pucat.
파래<fa/rae> selada laut.
파래지다<fa/rae/ji/da> menjadi hijau (biru); menjadi pucat.
파렴치(破廉恥)<fa/ryeom/chi> ~한 keji; tidak tahu malu. ~범(犯) kejahatan yang keji; penjahat yang keji.
파르르<fa/reu/reu> ~끓다 panas menggelegak. ~화를 내다 menggelegak dengan kemurkaan. ~떨다 menggigil marah.
파릇파릇하다<fa/reut/fa/reut/hada> hijau segar.
파리<fa/ri> lalat; lalat rumah. ~를 쳐 잡다 memukul lalat. ~목숨 hidup seperti lalat; kehidupan yang hina/tidak berarti. ~약 racun lalat. ~채 pemukul lalat.
파리<fa/ri> Paris. ~사람 orang Paris.
파리하다<fa/ri/hada> pucat; kelihatan pucat.
파먹다<fa/meok/ta> menggerogoti. 땅을 ~ hidup dengan bertani.
파면(罷免)<fa/myeon> pemecatan; pemberhentian. ~하다 mengusir; mengeluarkan; memberhentikan.
파멸(破滅)<fa/myeol> kehancuran; kebinasaan. ~하다 dihancurkan; hancur; binasa. ~을 초래하다 menyebabkan kehancuran.
파문(波紋)<fa/mun> riak; olak. ~을 일으키다 menimbulkan riak; menciptakan pergolakan (dalam politik).
파문(破門)<fa/mun> pengucilan. ~하다 mengucilkan.
파묻다<fa/mut/ta> (땅속에) menguburkan; menguruk.
파묻다<fa/mut/ta> (물어보다) ber

tanya-tanya dengan selidik.
파미르고원(-高原)<fa/mi/reu/go/won> Pamir.
파벌(派閥)<fa/beol> faksi; klik; golongan. ~다툼 [싸움] perselisihan antar faksi. ~해소 penghapusan golongan.
파병(派兵)<fa/byeong> pengiriman tentara. ~하다 mengirimkan tentara.
파삭파삭<fa/sak/fa/sak> ~한 garing; keresek.
파산(破産)<fa/san> keadaan bangkrut; kebangkrutan. ~하다 bangkrut. ~선고를 받다 dinyatakan bangkrut. ~자 orang yang bangkrut.
파상(波狀)<fa/sang> ~적 menggelombang. ~공격 serangan bergelombang.
파상풍(破傷風)<fa/sang/fung> 『醫』 tetanus.
파생(派生)<fa/saeng> ~하다 menurunkan (dari); membentuk (dari). ~적인 turunan; bentukan. ~어 kata jadian; kata bersambungan; kata bentukan.
파선(破船)<fa/seon> kecelakaan kapal. ~하다 menjadi terdampar.
파손(破損)<fa/son> kerusakan; kehancuran. ~하다 rusak; hancur. ~부분 bagian yang rusak. ~품(品) barang-barang yang rusak.
파쇄(破碎)<fa/swae> ~하다 menghancurleburkan.
파쇠(破 -)<fa/soe> pecahan besi.
파쇼<fa/syo> fasisme. ~의 (gerakan) fasis. ~화하다 memfasiskan.
파수(把守)<fa/su> pengawalan; penjagaan. ~보다 berjaga. ~꾼 penjaga. ~병 tentara pengawal; satuan pengawal.
파스텔<fa/seu/thel> 『美術』 pastel.
파시(波市)<fa/si> pasar ikan pinggir pantai.
파시즘<pa/si/jeum> fasisme.
파악(把握)<fa/ak> pemahaman. ~하다 mengerti; memahami; me

ngetahui.

파안대소(破顔大笑)＜fa/an/dae/so＞
～하다 tertawa besar; terkekeh-kekeh; terbahak-bahak; gelakak; terpingkal-pingkal.

파약(破約)＜fa/yak＞ ～하다 melanggar persetujuan; melanggar janji.

파양(罷養)＜fa/yang＞ pembatalan adopsi. ～하다 membatalkan adopsi.

파업(罷業)＜fa/eob＞ pemogokan. (☞ 총파업). ～하다 mogok. ～중(中)이다 sedang mogok. ～을 중지하다 menghentikan pemogokan. ～권 hak mogok. ～ 파괴자 pendamai pemogokan. 동정 ～ pemogokan simpatik. 시한 ～ pemogokan berjangka.

파열(破裂)＜fa/yeol＞ ～하다 meledak; pecah. ～음 suara ledakan.

파운데이션＜fa/un/de/i/syeon＞ (기초화장용) alas bedak; (여자의 속옷) puring.

파운드＜fa/un/deu＞ (화폐단위) pound; (무게) pon. ～지역 daerah bermata uang pound.

파울＜fa/ul＞ 『競』 pelanggaran; foul. ～하다 melanggar.

파이＜fa/i＞ pastel (kue). 애플 ～ pastel apel.

파이버＜fa/i/beo＞ serat (yang divulkanisir). ～글라스 serat kaca; fiberglass.

파이프＜fa/i/feu＞ ① pipa; selang. ～ 오르간 organ pipa. ② (담배피는) pipa rokok.

파인애플＜fa/in/ae/feul＞ nanas.

파일(八日)＜fa/il＞ hari lahir Budha; tanggal 8 April kalender bulan.

파일럿＜fa/il/leot＞ pilot.

파자마＜fa/ja/ma＞ piyama; pakaian tidur.

파장(波長)＜fa/jang＞ panjang gelombang. ～을 맞추다 menyetel gelombang (radio). ～계(計) alat ukur panjang gelombang.

파장(罷場)＜fa/jang＞ ～하다 penutupan pasar. ～시세 harga penu-

tupan.

파쟁(派爭)＜fa/jaeng＞ perselisihan antar golongan.

파적(破寂)＜fa/jeok＞ ～하다 mengisi waktu; melengahkan waktu.

파종(破腫)＜fa/jong＞ ～하다 menusuk bisul.

파종(播種)＜fa/jong＞ ～하다 menebar(kan); menaburkan. ～기(期) masa penaburan. ～기(機) mesin penabur.

파죽지세(破竹之勢)＜fa/juk/ji/se＞ kekuatan yang tak tertahankan. ～로 나아가다 menyapu bersih; maju dengan tak tertahankan.

파지(破紙)＜fa/ji＞ sampah kertas; carik kertas.

파출(派出)＜fa/chul＞ ～하다 mengutuskan. ～부 pramuwisma paruh waktu. ～소 pos polisi.

파충(爬蟲)＜fa/chung＞ 『動』 reptil. ～류 reptilia.

파치(破 -)＜fa/chi＞ barang yang cacat; barang buangan.

파키스탄＜fa/khi/seu/than＞ Pakistan. ～사람 orang Pakistan.

파킨슨＜fa/khin/seun＞ ～병[의 법칙] penyakit [hukum] parkinson.

파탄(破綻)＜fa/than＞ kebangkrutan; kegagalan. ～이 일어나다 gagal; bangkrut; jatuh.

파트너＜fa/theu/neo＞ mitra; partner.

파티＜fa/thi＞ pesta.

파파이아＜fa/fa/i/a＞ 『植』 pepaya; kates.

파편(破片)＜fa/fyeon＞ pecahan; penggal; potongan; bongkah; bingkah; gumpal; serpih; belahan. 포탄의 ～ pecahan granat.

파피루스＜fa/fi/ru/seu＞ 『植』 papirus.

파하다(罷 -)＜fa/hada＞ tutup; bubar; usai; selesai. 일을 ～ selesai kerja.

파행(爬行)＜fa/haeng＞ ～하다 merangkak.

파행(跛行)＜fa/haeng＞ ～하다 berjalan dengan susah payah; berjalan

dengan timpang. ～ 경기(景氣) bum ketimpangan.

파혼(破婚)＜fa/hon＞ ～하다 membatalkan pertunangan; memutuskan pertunangan.

파흥(破興)＜fa/heung＞ ～하다 mengganggu kesenangan.

팍팍하다＜fak/fak/hada＞ ① (물기가 없어) kering dan garing. ② (다리가) kaki berat/penat.

판＜fan＞ ① tempat; pemandangan. 난장 ～ pemandangan yang sangat kacau. 노름 ～ tempat berjudi. ② situasi; saat; kesempatan. 막 ～에 pada saat terakhir. 위급한 ～에 pada saat (darurat). ③ permainan; pertandingan. 두 ～(내리) 이기다 [지다] menang [kalah] dua permainan (berturut-turut).

판(板)＜fan＞ papan kayu; palang. 철 ～ lempengan besi.

판(版)＜fan＞ ① (판목) blok cetakan; plat. ② pencetakan; terbitan; cetakan. ～을 거듭하다 mencetak berulang kali. ③ ～에 박은 (듯한) (seperti) pinang dibelah dua.

판(判.版)＜fan＞ ukuran; format.

판(瓣)＜fan＞ (화판)daun bunga; (기기의) katup.

판가름＜fan/ga/reum＞ ～하다 mengadili; memutuskan. ～나다 diputuskan.

판각(板刻)＜fan/gak＞ ukiran kayu. ～하다 mengukir kayu. ～본 buku dari ukiran kayu.

판검사(判檢事)＜fan/geom/sa＞ hakim dan penuntut umum.

판결(判決)＜fan/gyeol＞ vonis; putusan hakim; putusan; dekrit. ～하다 memutuskan; memvonis; mendekritkan. ～문 naskah keputusan. ～이유 alasan penghukuman. 최종 ～ dekrit akhir.

판공비(辦公費)＜fan/gong/bi＞ ☞ 기밀비.

판국(- 局)＜fan/guk＞ situasi; duduk perkara. ☞ 판.

판권(板權)＜fan/kwon＞ hak cipta. (☞ 저작권). ～을 소유하다 meme-gang hak cipta. ～ 소유자(者) pemegang hak cipta. ～장(張) tanda penerbit.

판금(板金)＜fan/geum＞ lempengan logam. ～공 pekerja logam.

판나다＜fan/na/da＞ ① (끝나다) berakhir; usai. ② (없어지다) habis.

판단(判斷)＜fan/dan＞ pertimbangan; penilaian. ～하다 mengadili; mempertimbangkan; menilai. 나의 ～으로는 menurut pertimbangan saya. ～력 daya pertimbangan.

판도(版圖)＜fan/do＞ wilayah; wilayah kekuasaan.

판독(判讀)＜fan/dok＞ ～하다 menguraikan sandi.

판돈＜fan/don＞ uang taruhan; uang bandar.

판례(判例)＜fal/rye＞ kasus bandingan. ～법 hukum kasus. ～집 buku kasus banding.

판로(販路)＜fan/no＞ pasar; jalan dijual.

판막(瓣膜)＜fan/mak＞ 『解』 katup; pentil. ～중(症)『醫』 penyakit katup jantung.

판막다＜fan/mak/ta＞ mengakhiri dengan kemenangan.

판매(販賣)＜fan/mae＞ penjualan. ～하다 menjual. ～ 중이다 sedang dijual. ～가격 harga jual. ～과(課) [망(網)] bagian [jaringan] pemasaran. ～루트 rute pemasaran. ～원 pramuniaga. ～전 perang dagang. ～점 agen penjualan. ～중지 penghentian penjualan.

판명(判明)＜fan/myeong＞ ～되다 diidentifikasikan (sebagai); terbukti adalah … .

판목(版木)＜fan/mok＞ blok cetakan.

판물이하다＜fan/mo/ri/hada＞ menyapu bersih taruhan.

판무식(判無識)＜fan/mu/sik＞ ☞ 일자무식.

판박이＜fan/ba/gi＞ ① (책) buku cetak. ② (모양) klise.

판별(判別)＜fan/byeol＞ ☞ 식별.

판본(版本)＜fan/bon＞ ☞ 판각본.

판사(判事)＜fan/sa＞ hakim; keadilan; peradilan. ~석 kursi hakim. 부장 ~ hakim senior. 주심 [배석] ~ hakim ketua [anggota].

판상(- 上)＜fan/sang＞ yang terbaik.

판새류＜fan/sae/ryu＞『動』moluska berkatub jantung dua.

판설다＜fan/seol/da＞ tidak biasa (dengan); tidak akrab (dengan).

판세(- 勢)＜fan/se＞ situasi; keadaan; prospek.

판소리＜fan/so/ri＞ drama opera solo klasik Korea; pansori.

판수＜fan/su＞ petenung yang buta.

판연(判然)＜fan/yeon＞ ~한 jelas; terang; nyata; kentara. ~히 dengan jelas; dengan terang; dengan kentara.

판유리(板琉璃)＜fan/yu/ri＞ lempeng kaca; kaca lembaran.

판이(判異)＜fa/ni＞ ~한 sangat berbeda.

판자(板子)＜fan/ja＞ papan. ~를 대다 memasang papan. ~집 pondok papan; rumah papan.

판정(判定)＜fan/jeong＞ pemutusan; keputusan. ~하다 memutuskan. ~으로 이기다 menang angka; menang dengan keputusan. ~으로 지다 kalah angka; kalah dengan keputusan. ~승 kemenangan angka.

판지(板紙)＜fan/ji＞ kertas papan; kardus.

판초＜fan/cho＞ mantel terusan.

판치다＜fan/chi/da＞ mengendalikan/ menguasai keadaan.

판판이＜fan/fa/ni＞ setiap permainan.

판판하다＜fan/fan/hada＞ rata; datar.

판화(版畵)＜fan/hwa＞ gambar cetakan kayu.

팔＜fal＞ lengan. ~을 끼고 berjalan bergandengan. ~을 걷어붙이다 menggulung lengan baju.

팔(八)＜fal＞ delapan; kedelapan.

팔각(八角)＜fal/gak＞ segi delapan. ~의 persegi delapan. ~정(亭) paviliun segi delapan. ~형 bentuk segi delapan.

팔걸이＜fal/geo/ri＞ sandaran tangan. ~의자 lengan kursi.

팔꿈치＜fal/kum/chi＞ siku. ~를 펴다 merentangkan siku.

팔난봉＜fal/nan/bong＞ pencangak; playboy.

팔다＜fal/da＞ ① menjual. 싸게 [비싸게] ~ menjual murah [mahal]. 이 익을 보고 [손해를 보고] ~ jual untung [rugi]. 정조를 ~ menjual diri. ② mengkhianati. 나라를 ~ mengkhianati negara. ③ mengalihkan; menyimpangkan. 한 눈(을) ~ mengalihkan mata. 정신을 ~ mengalihkan perhatian. ④ (이름을) memanfaatkan; menjual (nama orang lain). 아버지의 이름을 팔아 장사하다 berusaha dengan memanfaatkan reputasi ayah. ⑤ (곡식을) membeli (bijian).

팔다리＜fal/da/ri＞ tangan dan kaki; anggota badan.

팔도강산(八道江山)＜fal/do/gang/san＞ tanah Korea; seluruh Korea.

팔등신(八等身)＜fal/deung/sin＞ wanita yang cantik sekali.

팔딱팔딱＜fal/tak/fal/tak＞ ~뛰다 berdebar-debar; berdenyut-denyut.

팔뚝＜fal/tuk＞ lengan. ~시계 jam tangan.

팔랑개비＜fal/lang/gae/bi＞ mainan baling-baling kertas.

팔랑거리다＜fal/lang/geo/ri/da＞ berkibar-kibar.

팔레스타인＜fal/le/seu/tha/in＞ Palestina. ~ 해방기구 ☞ 피엘오.

팔레트＜fal/le/theu＞『美術』palet.

팔리다＜fal/li/da＞ ① (…이) terjual. ② asyik; keasyikan. 계집에게 마음이 ~ keasyikan dengan perempuan. ③ (얼굴 이름이) menjadi terkenal (nama dan muka).

팔림새＜fal/lim/sae＞ penjualan. ~가 좋다 menjual laris.

팔매질하다＜fal/mae/jil/hada＞ melempar; melontarkan.

팔면체(八面體)＜fal/myeon/che＞ segi delapan.

팔목<fal/mok> pergelangan tangan. ☞ 팔뚝.

팔방(八方)<fal/bang> semua jurusan; segala segi. ~미인 orang yang serba bisa. ~으로부터(에서) dari segala segi.

팔베개<fal/be/gae> ~를 베다 membuat bantal tangan.

팔불용(八不用)<fal/bul/yong> orang bodoh.

팔불출(八不出)<fal/bul/chul> ☞ 팔불용.

팔삭둥이(八朔-)<fal/sak/dung/i> bayi lahir dini.

팔심<fal/sim> kekuatan otot tangan.

팔십(八十)<fal/sib> delapan puluh. ~노인 orang tua umur 80 tahun.

팔씨름<fal/ssi/reum> (bermain) panco.

팔월(八月)<fal/wol> Agustus. ~한가위 hari kelima belas bulan kedelapan (kalender bulan).

…팔이<fal/i> pedagang asongan. 신문 ~ penjual koran.

팔자(八字)<fal/ca> nasib; takdir. ~가 좋다 bernasib baik. ~가 사납다 bernasib buruk. ~를 잘 타고 나다 lahir dibawah nasib baik.

팔자걸음(八字-)<fal/ca/geo/reum> ~으로 걷다 berjalan dengan jari kaki ke arah luar.

팔죽지<fal/juk/ci> lengan atas.

팔짓하다<fal/jit/hada> melambaikan tangan.

팔짱<fal/cang> ~끼다 melipat tangan; bergandengan tangan. ~을 끼고 dengan tangan terlipat. 서로 ~을 끼고 saling bergandengan tangan.

팔찌<fal/ci> gelang.

팔촌(八寸)<fal/chon> saudara satu buyut (delapan derajat kekerabatan). 사돈의 ~ orang yang berkerabat jauh.

팔팔<fal/fal> ☞ 펄펄.

팔팔하다<fal/fal/hada> (성질이) tidak sabar; cepat marah; (발랄함) segar.

팔회목<fal/hoe/mok> pergelangan tangan.

팜플릿<fam/feul/lit> pamplet; brosur; surat selebaran; surat siaran.

팡파르<fang/fa/reu> musik terompet (waktu olah raga).

팥<fath> kacang merah.

팥고물<fath/go/mul> lumatan kacang merah.

팥밥<fath/bab> nasi campur kacang merah.

팥소<fath/so> selai kacang.

팥죽<fath/juk> bubur nasi dan kacang merah.

패(牌)<fae> ① (푯조각) label; etiket. 나무 ~ label dari kayu. ② (화투 따위의) kartu. ③ kelompok; group; tim. ~거리 gerombolan. ~를 짓다 membentuk kelompok.

패가(敗家)<fae/ga> ~하다 hancur keluarga. ~ 망신하다 merusak diri sendiri.

패검(佩劍)<fae/geom> ~하다 menyandang pedang.

패군(敗軍)<fae/gun> tentara yang kalah.

패권(覇權)<fae/kwon> keunggulan; kepemimpinan; supremasi; hegemoni. ~을 다투다 berjuang untuk supremasi. ~을 잡다 mempertahankan keunggulan. ~주의 hegemonisme.

패기(覇氣)<fae/gi> semangat ambisius; ambisi. ~있는 berambisi. ~있는 사람 orang yang ambisius. ~가 있다 penuh ambisi.

패널<fae/neol> 『建』 panel.

패다<fae/da> ① (장작을) memotong; membelah kayu. ② (때리다) memukul dengan keras.

패다<fae/da> (이삭이) berbulir.

패담(悖談)<fae/dam> bicara yang tidak senonoh.

패덕(悖德)<fae/deok> immoralitas; kebejatan moral. ~한(漢) orang yang tidak bermoral. ~행위 kelakuan tidak bermoral.

패랭이<fae/raeng/i> topi bambu.

패러다이스 ＜fae/reo/da/i/seu＞ surga.

패러독스 ＜fae/reo/dok/seu＞ paradoks.

패류(貝類) ＜fae/ryu＞ kerang-kerangan. ~학 ilmu yang mempelajari tentang kerang-kerangan.

패륜(悖倫) ＜fae/ryun＞ immoralitas; kebejatan moral. ~의 tidak bermoral; bejat. ~아 orang yang tidak bermoral. ~행위 kelakuan tidak bermoral.

패망(敗亡) ＜fae/mang＞ penaklukan; pembasmian. ~하다 ditaklukkan; dibasmi.

패물(佩物) ＜fae/mul＞ perhiasan pribadi; asesori.

패배(敗北) ＜fae/bae＞ kekalahan. ~하다 dikalahkan.

패보(敗報) ＜fae/bo＞ berita kekalahan.

패사(稗史) ＜fae/sa＞ sejarah tidak resmi.

패색(敗色) ＜fae/saek＞ tanda-tanda kekalahan. ~이 짙다 tanda kekalahan sudah jelas.

패석(貝石) ＜fae/seok＞ karang fosil.

패설(悖說) ＜fae/seol＞ pembicaraan yang tidak pantas.

패설(稗說) ＜fae/seol＞ cerita rakyat.

패세(敗勢) ＜fae/se＞ ☞ 패색.

패션 ＜fae/syeon＞ mode.

패소(敗訴) ＜fae/so＞ ~하다 kalah perkara.

패스 ＜fae/seu＞ ① (무료 입장권 승차권) tiket bebas; pas; (정기권) abonemen; (여권) paspor. ② (통과 합격) kelulusan. ~하다 lulus. ③ 『球技』 operan. ~하다 mengoper.

패쌈(牌 -) ＜fae/ssam＞ perkelahian kelompok.

패쓰다(覇 -) ＜fae/sseu/da＞ menggunakan trik.

패인(敗因) ＜fae/in＞ sebab kekalahan.

패자(敗者) ＜fae/ja＞ orang yang kalah.

패자(覇者) ＜fae/ja＞ juara.

패잔(敗殘) ＜fae/jan＞ ~병[군] sisa tentara yang kalah.

패잡다(牌 -) ＜fae/jab/ta＞ membagi kartu; menjadi bandar.

패장(敗將) ＜fae/jang＞ jendral yang kalah.

패적(敗敵) ＜fae/jeok＞ musuh yang kalah.

패전(敗戰) ＜fae/jeon＞ kekalahan perang. ~하다 kalah perang. ~국 negara yang kalah.

패주(敗走) ＜fae/ju＞ ~하다 lari; ngacir.

패총(貝塚) ＜fae/chong＞ tumpukan kerang.

패퇴(敗退) ＜fae/thoe＞ penarikan mundur; kekalahan. ~하다 menarik diri; kalah.

패트런 ＜fae/theu/reon＞ patron.

패트롤 ＜fae/theu/rol＞ patroli. ~카 mobil patroli.

패하다(敗 -) ＜fae/hada＞ dikalahkan; kalah; ditaklukkan; dihancurkan; hancur.

패혈증(敗血症) ＜fae/hyeol/ceung＞ 『醫』 keracunan darah.

팩시밀리 ＜faek/si/mil/li＞ faksimil.

팬 ＜faen＞ penggemar; fan. ~레터 surat penggemar. 영화 ~ penggemar film.

팬둥거리다 ＜faen/dung/geo/ri/da＞ ☞ 핀둥거리다.

팬츠 ＜faen/cheu＞ celana pendek; celana dalam.

팬케이크 ＜faen/khe/i/kheu＞ pancake.

팬터마임 ＜faen/theo/ma/im＞ pantomim. ~배우 aktor pantomim.

팬티 ＜faen/thi＞ celana dalam ketat. ~스타킹 stoking ketat.

팽 ＜faeng＞ ~돌다 berkunang-kunang. 머리가 ~ 돌다 kepala pening. 눈이 ~ 돈다 mata saya berkunang-kunang.

팽개치다 ＜faeng/gae/chi/da＞ ① (던지다) mencampakkan; melontarkan. ② (일을) menyerah; meninggalkan; mengabaikan.

팽그르르 ＜faeng/geu/reu/reu＞ ~돌다 berputar; berpusar; berkisar.

팽글팽글 <faeng/geul/faeng/geul> berputar-putar.

팽대(膨大) <faeng/dae> ～하다 membengkak; menggembung; mengembang.

팽배(澎湃) <faeng/bae> ～하다 meluap; menggelombang.

팽이 <faeng/i> gasing.

팽창(膨脹) <faeng/chang> pengembangan; kenaikan; pemuaian. ～하다 mengembang; memuai; naik; bertambah. 인구 [도시]의 ～ pertumbuhan penduduk [kota]. ～계수 [률] koefisien [tingkat] pemuaian. ～력(力) daya muai.

팽팽하다 <faeng/faeng/hada> ① (켕기어서) ketat; kencang; erat; tegang. ② (성질이) berpikiran sempit; dengkeng; kaku; tidak elastis. ③ (세력이) setara; setanding; sangat ketat.

퍅퍅 <fyak/fyak> dengan tajam; dengan tanpa tedeng aling-aling. ～쏘다 membuat ucapan yang tajam.

퍅하다(愎 -) <fyak/hada> picik dan mudah jengkel.

퍼내다 <feo/nae/da> menimba keluar; memompa keluar.

퍼니 <feo/ni> santai; bermalas-malasan. ～놀다 melewatkan hari dengan santai.

퍼더버리다 <feo/deo/beo/ri/da> duduk santai dengan kaki melunjur.

퍼덕거리다 <feo/deok/geo/ri/da> ① (새가) mengibas-ngibaskan sayap; mengepak-ngepakkan sayap. ② (물고기가) meloncat-loncat; melompat-lompat; melentik-lentik.

퍼드덕거리다 <feo/deu/deok/geo/ri/da> mengepak-ngepakkan sayap dengan ribut; meloncat-loncat dengan riuh.

퍼뜨리다 <feo/teu/ri/da> menyebarluaskan; mengedarkan; menyebarkan; memperbanyak.

퍼뜩 <feo/teuk> dalam sekejap; sekelebat. ～생각나다 muncul tiba-tiba dalam pikiran; terkelebat dalam pikiran.

퍼렇다 <feo/reot/tha> biru (hijau) tua.

퍼레이드 <feo/re/i/deu> parade.

퍼머넌트 <feo/meo/neon/theu> keriting permanen. ～하다 mengeritingkan rambut.

퍼먹다 <feo/meok/ta> ① (퍼서) mengeduk dan melahap. ② (많이) makan dengan lahap.

퍼붓다 <feo/but/ta> ① (비 눈이) mencurah; turun lebat. ② (물을) menuangkan (air) ke. ③ (욕을) menimpakan (kesalahan) pada; (포화를) menghujani tembakan (pada).

퍼석퍼석 <feo/seok/feo/seok> ～한 rapuh; mudah hancur.

퍼센트 <feo/sen/theu> persen.

퍼센티지 <feo/sen/thi/ji> persentase.

퍼지다 <feo/ji/da> ① (벌어지다) meluas; menyebar; melebar. ② (소문등이) menyebar; beredar; (유행이) menjadi mode. ③ (자손.초목이) tumbuh subur; melebat. 가지가 ～ cabang-cabang tumbuh subur; cabang-cabang memanjang. ④ (삶은것이) mengembang; terkukus dengan baik. ⑤ (병이) mewabah; terjangkit luas. ⑥ (구김살이) menjadi licin.

퍼펙트게임 <feo/fek/theu/ke/im> 『野』 permainan yang sempurna.

퍽 <feok> ① (힘있게) dengan kuat. ② (넘어지는 꼴) berdebum; bergedebuk.

퍽 <feok> (매우) sangat.

퍽석 <feok/seok> (앉는 꼴) bergedebuk.

펀둥거리다 <feon/dung/geo/ri/da> ☞ 핀둥거리다.

펀치 <feon/chi> ① (구멍 뚫는) pons; alat pembuat lubang. ② pukulan. ～를 맞다 mendapat pukulan. ～를 먹이다 memukul; mendaratkan pukulan.

펀펀하다 <feon/feon/hada> datar; rata; luas.

편하다 <feon/hada> luas; tak terbatas.

펄 <feol> bentangan tanah yang luas.

펄떡거리다 <feol/teok/geo/ri/da> ① (맥이) berdenyut; berdebar. ② (동물 등이) meloncat; melompat-lompat.

펄럭거리다 <feol/leok/geo/ri/da> berkibar-kibar; terkepak-kepak.

펄렁거리다 <feol/leong/geo/ri/da> ☞ 펄럭거리다.

펄썩 <feol/sseok> ① (먼지 따위가) naik bergumpal-gumpal. ② terhenyak. ~ 의자에 주저앉다 terhenyak di kursi.

펄쩍뛰다 <feol/ceok/twi/da> melompat tiba-tiba; melonjak tiba-tiba.

펄펄 <feol/feol> ~끓다 mendidih; menggelegak. ~ 날리다 berkibar-kibar; mengepak-ngepak.

펄펄하다 <feol/feol/hada> ☞ 팔팔하다.

펄프 <feol/feu> pulp; bubur. ~를 만들다 membuburkan; membuat jadi pulp. ~재(材) bubur kayu. 인견 ~ rayon pulp.

펌프 <feom/feu> pompa. ~질(을) 하다 memompa; menjalankan pompa. ~로 퍼올리다 [퍼내다] memompa (keluar). ~우물 sumur pompa. 공기 ~ pompa angin; pompa udara. 급수 ~ pompa umpan. 소방 ~ pemadam api/kebakaran. 양수 ~ pompa angkat.

펑 <feong> letupan; letusan. ~하다 meletup; meletus. ~하고 dengan meletup.

펑퍼짐하다 <feong/feo/jim/hada> lebar dan bulat.

펑펑 <feong/feong> ① (폭음 소리) bang! bang!; letusan; letupan. ② menyembur-nyembur. ~ 흐르다 mengalir menyembur-nyembur. ~ 나오다 keluar menyembur-nyembur. 눈이 ~ 내리다 salju turun dengan lebat.

페널티킥 <fe/neol/thi/khik> 『蹴』 tendangan pinalti; tendangan dua belas pas.

페니 <fe/ni> peni.

페니실린 <fe/ni/sil/lin> 『藥』 penisilin. ~연고 [주사] salep [suntikan] penisilin.

페달 <fe/dal> pedal; kayuhan. ~을 밟다 mengayuh pedal.

페더급(- 級) <fe/deo/geub> ~의 kelas bulu. ~선수 petinju kelas bulu.

페루 <fe/ru> Peru. ~사람 orang Peru.

페르시아 <fe/reu/si/a> Persia. ~사람 orang Persia.

페리보트 <fe/ri/bo/theu> kapal peri; kapal penyeberang.

페미니스트 <fe/mi/ni/seu/theu> feminis.

페미니즘 <fe/mi/ni/jeum> feminisme.

페소 <fe/so> peso (mata uang Filipina).

페스트 <fe/seu/theu> pes; wabah pes.

페이스 <fe/i/seu> langkah. 자기 ~를 지키다 jangan melangkah terlalu cepat; menjaga langkah.

페이지 <fe/i/ji> halaman. 5 ~에 pada halaman lima. ~를 넘기다 membalikkan halaman. ~를 매기다 memberi halaman.

페이퍼 <fe/i/feo> kertas; ampelas; amril.

페인트 <fe/in/theu> cat. ~를 칠하다 mengecat. ~장이 tukang cat.

페티코트 <fe/thi/kho/theu> rok dalam wanita.

펜 <fen> pena. ~네임 nama samaran. ~대 batang pena. ~습자 keahlian menulis indah. ~촉 mata pena. ~팔 sahabat pena. ~화(畵) sketsa pena.

펜스 <fen/seu> pence (mata uang Inggris). ☞ 페니.

펜싱 <fen/sing> anggar. ~선수 pemain anggar.

펜클럽 <fen/kheul/leob> P.E.N. 한국 ~ Korea P.E.N. club.

펜타건 <fen/tha/geon> Pentagon.

펠트 <fel/theu> laken. ~모자 topi

laken.
펨프＜fem/feu＞ alku; mucikari; germo.
펭귄＜feng/gwin＞ 『鳥』 penguin.
펴놓다＜fyeo/not/tha＞ ① (펴다) membentangkan; membuka; membuka gulungan. ② (마음을) membuka rahasia; membeberkan rahasia.
펴다＜fyeo/da＞ ① membentangkan; membuka; membuka lipatan. 이부자리를 ~ membentangkan (menyiapkan) tempat tidur. ② merentangkan; meregangkan; membusungkan. 가슴을 쑥 ~ membusungkan dada. ③ meluruskan. 구부러진 철사를 ~ meluruskan kawat yang bengkok. ④ membangkitkan (semangat). 기를 못 ~ merasa patah semangat. ⑤ (살림을) meningkatkan (kehidupan). ⑥ menyebarluaskan; mengumumkan dengan resmi; membentangkan jala. 계엄령을 ~ mengumumkan keadaan perang. ⑦ (세력 등을) meluaskan (kekuasaan); memperkuat/memapankan (pengaruh).
펴이다＜fyeo/i/da＞ ① (펴지다) terbuka; terbentang. ② membaik. 셈이 ~ menjadi mapan; menjadi kaya/cukupan.
펴지다＜fyeo/ji/da＞ ① (펼쳐지다) terbentang. ② (주름이) melicin; (굽은 것이) melurus.
편＜fyeon＞ (떡) kue beras.
편(便)＜fyeon＞ ① sisi; sebelah; arah; jalan. 이 ~에 disebelah sini. ② sarana; fasilitas. 철도 [배] ~으로 dengan kereta api [kapal]. 교통 ~ sarana komunikasi/ perhubungan. ③ pihak; partai; faksi. 우리 ~ pihak kita; partai kita; kelompok kita. ④ ☞ 인편. ⑤ …~이 낫다 lebih baik dari … . 작은 ~이다 tergolong kecil; termasuk kecil.
편(編)＜fyeon＞ (편찬) penyusunan; penyuntingan; editing. 김 박사 ~ disunting oleh Dr. Kim.

편(篇)＜fyeon＞ volume; buku; bab; bagian.
편가르다(便-)＜fyeon/ga/reu/da＞ membagi kedalam kelompok-kelompok.
편각(偏角)＜fyeon/gak＞ 『地』 sudut penyimpangan; deklinasi; 『數』 amplitudo.
편견(偏見)＜fyeon/gyeon＞ prasangka; bias; pandangan yang bias. ~있는 memihak; parsial; bias. ~을 가지다 berprasangka.
편곡(編曲)＜fyeon/gok＞ 『樂』 aransemen. ~하다 mengaransir.
편광(偏光)＜fyeon/gwang＞ 『理』 sinar terpolarisasi; sinar terkutub.
편년(編年)＜fyeon/nyeon＞ ~사 kronikal; tawarik. ~체(體) bentuk kronologis.
편달(鞭撻)＜fyeon/dal＞ ~하다 memaksa; mendorong; mencambuk; memacu.
편대(編隊)＜fyeon/dae＞ formasi. ~비행 penerbangan formasi; terbang formasi.
편도(片道)＜fyeon/do＞ sekali jalan. ~ 승차권 tiket sekali jalan. ~요금 ongkos sekali jalan.
편도(扁桃)＜fyeon/do＞ 『植』 almon. ~선 amandel. ~선염 radang amandel. ~선이 붓다 amandel membengkak.
편두통(偏頭痛)＜fyeon/du/thong＞ 『醫』 migrain; sakit kepala satu sisi.
편들다(便 -)＜fyeon/deul/da＞ berpihak (dengan); berdiri dekat; mendukung.
편람(便覽)＜fyeol/nam＞ buku pedoman; buku petunjuk.
편력(遍歷)＜fyeol/yeok＞ ~하다 mengadakan perjalanan; berkeliling-keliling/berkelana. ~자 peziarah.
편리(便利)＜fyeon/ri＞ kemudahan; keuntungan; fasilitas. ~한 berguna; memudahkan. ~상 demi kemudahan. ~하게 하다 memudahkan; mempermudah.
편린(片鱗)＜fyeol/nin＞ pandangan

sekilas. ~을 엿보다 memandang sekilas.

편모(偏母) <fyeon/mo> ibu yang menjanda. ~ 슬하에서 자라다 tumbuh dibawah asuhan ibu yang menjanda.

편무(片務) <fyeon/mu> ~적 sepihak. ~계약 perjanjian sepihak.

편물(編物) <fyeon/mul> ☞ 뜨게질. ~기계 mesin perajut.

편발(編髮) <fyeon/bal> kucir; rambut taucang.

편법(便法) <fyeon/peob> cara/metode yang lebih mudah; jalan pintas.

편벽(偏僻) <fyeon/byeok> ~된 eksentrik; parsial.

편복(便服) <fyeon/bok> pakaian sehari-hari.

편상화(編上靴) <fyeon/sang/hwa> sepatu bot bertali.

편성(編成) <fyeon/seong> (peng)organisasi(an); pembentukan; penyusunan; formasi. ~하다 mengorganisir; membentuk; menyusun.

편수(編修) <fyeon/su> ~하다 mengedit; menyunting. ~관 penyunting; editor.

편술(編述) <fyeon/sul> ☞ 편수(編修).

편승(便乘) <fyeon/seung> ~하다 ① mendapat tumpangan. ② (기회를) mengambil keuntungan dari; memanfaatkan; menggunakan kesempatan.

편식(偏食) <fyeon/sik> menu yang tidak seimbang.

편심(偏心) <fyeon/sim> pikiran satu sisi; eksentrisitas.

편쌈(便 -) <fyeon/ssam> perkelahian antara dua kelompok. ~하다 berkelahi antar dua kelompok.

편안(便安) <fyeon/an> ~한 tenang; hening; damai; sentosa. ~히 dengan tenang; dengan damai.

편애(偏愛) <fyeon/ae> kepemihakan; parsialitas; favoritisme. ~하다 memihak; menunjukkan favoritisme.

편액(偏額) <fyeon/aek> tablet;

gambar yang dibingkai.

편역들다 <fyeon/yeok/deul/da> ☞ 편들다.

편육(片肉) <fyeon/yuk> irisan daging rebus.

편의(便宜) <fyeon/eui> kemudahan; fasilitas. ~상 demi kemudahan; untuk memudahkan semata. ~를 도모하다 memberikan akomodasi; memberikan kemudahan. ~주의 [주의자] oportunisme [oportunis].

편이(便易) <fyeon/i> ~한 mudah; menyenangkan; memudahkan.

편익(便益) <fyeon/ik> keuntungan; faedah; kemudahan.

편입(編入) <fyeon/ib> pendaftaran; penyertaan; pemasukan. ~하다 memasukkan; menyertakan; menugaskan. 시(市)에 ~되다 dimasukkan dalam kota. ~생 siswa yang didaftarkan. ~시험 ujian untuk masuk kelas.

편자 <fyeon/ja> sepatu kuda; ladam. ~를 박다 memakaikan sepatu. ~공(工) tukang sepatu kuda; tukang ladam.

편자(編者) <fyeon/ja> editor; penyunting; penyusun.

편재(偏在) <fyeon/jae> distribusi yang tidak merata. ~하다 terbagi secara tidak merata.

편재(遍在) <fyeon/jae> kehadiran dimana-mana. ~하다 ada dimana-mana; tersebar.

편제(編制) <fyeon/je> ☞ 편성(編成). 평시[전시] ~ pengorganisasian pada masa damai [perang].

편주(片舟.扁舟) <fyeon/ju> perahu; sampan.

편중(偏重) <fyeon/jung> ~하다 mengandalkan pada; menilai terlalu tinggi.

편지(便紙) <fyeon/ji> surat. ~의 사연 isi surat. ~를 내다 mengirim surat; menulis surat. ~를 부치다 mengeposkan surat. ~지 kertas surat.

편집(偏執) <fyeon/jib> kefanatikan. ~광(狂) mononamia.

편집(編輯)＜fyeon/jib＞ penyunting-an; editing; kompilasi. ～하다 mengedit; menyunting. ～자 editor; penyunting. ～장(長) editor kepala. ～후기 komentar editor.

편짜다(便 -)＜fyeon/ca/da＞ membentuk tim (kelompok).

편짝(便 -)＜fyeon/cak＞ pihak; partai. 이 ～ pihak ini.

편차(偏差)＜fyeon/cha＞ 『理』 keragaman; variasi; penyimpangan; deviasi.

편찬(編纂)＜fyeon/chan＞ kompilasi; penyusunan. ～하다 mengkompilasi; menyusun; menyunting. ～자 penyusun; penyunting.

편찮다(便 -)＜fyeon/chan/tha＞ tidak menyenangkan; tidak nyaman; tidak sehat.

편취(騙取)＜fyeon/chwi＞ ～하다 menipu; memperdaya.

편친(偏親)＜fyeon/chin＞ orang tua satu-satunya.

편파(偏頗)＜fyeon/fa＞ ～한 sepihak; satu sisi; tidak adil; bias. ～적으로 secara tidak adil; secara sepihak.

편평(偏平)＜fyeon/fyeong＞ ～한 datar; rata.

편하다(便 -)＜fyeon/hada＞ ① (편리) menyenangkan; memudahkan. ② nyaman; bebas dari khawatir. 마음이 ～ bebas dari kekhawatiran; tidak ada yang dikhawatirkan. ③ (수월함) mudah; ringan; sederhana.

편향(偏向)＜fyeon/hyang＞ penyimpangan; kecenderungan; penyelewengan; defleksi. ～하다 menyimpang. ～교육 pendidikan yang disimpangkan.

편협(偏狹)＜fyeon/hyeob＞ ～한 berpikiran sempit; tidak toleran; cupat pikiran; picik.

편형동물(偏形動物)＜fyeon/hyeong/dong/mul＞ 『動』 cacing pita.

펼치다＜fyeol/chi/da＞ membentangkan; membuka; menggelar.

폄하다(貶 -)＜fyeom/hada＞ menghina; merendahkan; meremehkan.

평(坪)＜fyeong＞ *pyeong* (= 3.954 yard persegi). ～수 luas; area; ruang lantai.

평(評)＜fyeong＞ kritikan; komentar; tinjauan; reputasi; popularitas. (☞ 평하다). ～이 좋은 [나쁜] populer [tidak populer].

평…(平)＜fyeong＞ biasa. ～교사 guru biasa. ～당원 anggota biasa. ～사원 pegawai semata. ～신도 penganut agama biasa.

평가(平價)＜fyeong/ka＞ 『經』 persamaan; kesamaan; tingkat yang sama. ～로 sama harga. ～절상 revaluasi (kearah atas). ～절하 devaluasi.

평가(評價)＜fyeong/ka＞ penilaian; penaksiran; penghargaan. ～하다 menaksir; menghargakan; menilai. 높이 ～하다 memberikan nilai yang tinggi; menilai tinggi. ～액 nilai yang ditaksir; taksiran. ～전 pertandingan uji coba.

평각(平角)＜fyeong/gak＞ 『數』 sudut lurus.

평결(評決)＜fyeong/gyeol＞ keputusan; vonis; putusan. ～하다 memutuskan.

평교(平交)＜fyeong/gyo＞ teman sebaya.

평균(平均)＜fyeong/gyun＞ ① rata-rata; rataan. ～하다 merata-ratakan. ～의 rata-rata. 한 사람 ～ per kepala; rata-rata satu orang. ～하여 secara rata-rata. ～이상[이하]이다 di atas [bawah] rata-rata. ～을 잡다 [내다] mengambil [mencari] rata-rata. ～연령 [점, 수명] usia [nilai, jangka waktu hidup] rata-rata. ～치 nilai rata-rata. 연[월] ～ rata-rata tahunan [bulanan]. ② keseimbangan. ～이 잡힌 seimbang dengan baik. ～대(臺) balok keseimbangan.

평년(平年)＜fyeong/nyeon＞ tahun normal (rata-rata); tahun biasa. ～작 hasil panen normal (rata-rata). ～작 이상 [이하] di atas [bawah] hasil rata-rata.

평등(平等)＜fyeong/deung＞ kesamaan; kesamarataan. ～한[히] (secara) sama; (secara) sama rata. ～주의 prinsip kesamaan.

평론(評論)＜fyeong/non＞ kritikan; tinjauan. ～하다 mengkritik; meninjau. ～가 kritikus; peninjau; pengulas.

평맥(平脈)＜fyeong/maek＞ denyut nadi normal.

평면(平面)＜fyeong/myeon＞ bidang; latar. ～교차 persimpangan. ～기하 geometri bidang; ilmu ukur bidang. ～도 rencana (lantai); gambar bidang.

평미레(平 -)＜fyeong/mi/re＞ tongkat pendatar.

평미리치다(平-)＜fyeong/mi/ri/chi/da＞ meratakan; menyamaratakan.

평민(平民)＜fyeong/min＞ orang biasa; rakyat biasa. ～적인 demokratik.

평방(平方)＜fyeong/bang＞ ☞ 제곱.

평범(平凡)＜fyeong/beom＞ ～한 biasa; umum; datar; monoton. ～한 일 kejadian sehari-hari; kejadian biasa. ～한 인간 orang biasa.

평복(平服)＜fyeong/bok＞ pakaian biasa; pakaian sehari-hari.

평분(平分)＜fyeong/bun＞ ～하다 membagi sama.

평상(平床)＜fyeong/sang＞ bale-bale.

평상(平常)＜fyeong/sang＞ ～의 biasa. ～상태 kondisi biasa. ～시(時) waktu biasa. ～시와 같이 seperti biasa.

평생(平生)＜fyeong/saeng＞ seumur hidup (☞ 일생). ～을 두고 untuk seumur hidup. ～소원 keinginan seumur hidup.

평소(平素)＜fyeong/so＞ ① biasanya (kata keterangan). ～의 sehari-hari; biasa. ～대로 seperti biasa. ～와는 달리 tidak biasanya. ～의 행실 perbuatan sehari-hari. ② (지나간날) di masa lampau. ～의 keinginan yang didamba-damba; keinginan yang lama didamba.

평시(平時)＜fyeong/si＞ masa normal; masa damai. ～엔 biasanya; dalam masa damai. ～산업 industri masa damai. ～편제 pengorganisasian masa damai (biasa).

평안(平安)＜fyeong/an＞ kedamaian; keamanan; ketentraman; ketenangan. ～한 damai; tentram; tenang. ～히 secara damai; dengan damai.

평야(平野)＜fyeong/ya＞ dataran; medan terbuka. 호남 ～ dataran *Honam*.

평열(平熱)＜fyeong/yeol＞ suhu badan normal.

평영(平泳)＜fyeong/yeong＞ gaya dada. ～하다 berenang gaya dada. ～선수 perenang gaya dada.

평온(平溫)＜fyeong/on＞ ① (평균온도) temperatur rata-rata. ② ☞ 평열.

평온(平穩)＜fyeong/on＞ ketenangan; kedamaian. ～한 tenang; damai. ～히 dengan damai; secara damai. ～해지다 menjadi tenang.

평원(平原)＜fyeong/won＞ dataran; padang rumput.

평의(評議)＜fyeong/eui＞ perundingan; konsultasi; pembahasan. ～하다 berunding; berkonsultasi; membahas. ～원(員) anggota dewan. ～회 dewan.

평이(平易)＜fyeong/i＞ ～한 mudah; sederhana.

평일(平日)＜fyeong/il＞ ① hari kerja. ～에(는) pada hari kerja. ② hari biasa. ～에는 pada hari biasa.

평전(評傳)＜fyeong/jeon＞ biografi kritis.

평점(評點)＜fyeong/ceom＞ nilai ujian.

평정(平定)＜fyeong/jeong＞ ～하다 menekan; menundukkan; mengatasi.

평정(平靜)＜fyeong/jeong＞ ～한 tenang. (마음의) ～을 유지하다 tetap tenang. ～을 잃다 hilang akal; hilang ketenangan.

평정(評定)＜fyeong/jeong＞ penilaian; evaluasi. ～하다 menilai;

mengevaluasi. 근무(勤務)~ tingkat efisiensi.

평주(評註)＜fyeong/ju＞ tanggapan; komentar.

평준(平準)＜fyeong/jun＞ kesamarataan; kesamaan. ~점 titik kesamaan; titik datar. ~화(化) ekualisasi; penyamaan; penyamarataan. ~화하다 menyamakan; meratakan.

평지(平地)＜fyeong/ji＞ dataran; tanah rata. ~ 풍파를 일으키다 menimbulkan gangguan/kesulitan yang tidak perlu.

평탄(平坦)＜fyeong/than＞ ~한 datar; rata. ~하게 하다 mendatarkan; meratakan.

평토(平土)＜fyeong/tho＞ ~하다 meratakan tanah.

평판(平版)＜fyeong/fan＞ litograf; tulisan/gambar yang dilukis pada batu yang rata. ~의 litografis. ~인쇄 litografi; cetakan dari batu atau logam yang digambari.

평판(評判)＜fyeong/fan＞ reputasi; kemasyhuran; popularitas; keterkenalan. ~이 난 terkenal; masyhur; populer. ~이 좋다 [나쁘다] memiliki nama baik [buruk]; bereputasi baik [buruk].

평평(平平)＜fyeong/fyeong＞ ~한 datar; rata.

평하다(評 -)＜fyeong/hada＞ mengkritik; meninjau; menanggapi.

평행(平行)＜fyeong/haeng＞ ~하다 sejajar (dengan); bersejajar (dengan). ~봉 [선] palang [garis] sejajar. ~ 사변형 jajaran genjang. ~운동 gerak sejajar.

평형(平衡)＜fyeong/hyeong＞ keseimbangan. ~을 유지하다 [잃다] mempertahankan [hilang] keseimbangan.

평화(平和)＜fyeong/hwa＞ perdamaian. ~스럽다 [롭다] tenang; damai. ~적인 cinta damai. ~적으로 dengan damai; secara damai. ~적 해결 penyelesaian damai. ~를 유지[파괴, 회복] 하다 memelihara [memecahkan, memulihkan] per-

damaian. ~공세 pelanggaran perdamaian. ~공존 hidup bersama secara damai. ~ 봉사단 Pasukan Perdamaian. ~ 봉사단원 anggota Pasukan Perdamaian. ~주의 fasifisme; paham cinta damai. ~ 주의자 orang yang cinta damai. ~ 협상 pembicaraan/perundingan damai. ~회의 [조약] konferensi [perjanjian] perdamaian.

평활(平滑)＜fyeong/hwal＞ ~하다 licin; rata; datar. ~근(筋) otot licin.

폐(肺)＜fye＞ paru-paru. ~가 나쁘다 paru-paru lemah. ~기종 『醫』 paru-paru basah. ~암 kanker paru-paru. ~절제 bedah paru-paru.

폐(弊)＜fye＞ ① ☞ 폐단. ② gangguan. ~를 끼치다 mengganggu.

폐가(廢家)＜fye/ga＞ ① (버려둔 집) rumah yang ditinggalkan. ② (절손) keluarga yang musnah.

폐간(廢刊)＜fye/gan＞ ~하다 berhenti terbit. ~되다 dihentikan terbit; tidak dilanjutkan. ~ 시키다 melarang penerbitan.

폐갱(廢坑)＜fye/gaeng＞ ☞ 폐광(廢鑛).

폐결핵(肺結核)＜fye/gyeol/haek＞ tuberkulosis paru-paru. ~에 걸리다 menderita tuberkulosis paru-paru. ~환자 penderita tuberkulosis paru-paru.

폐경기(閉經期)＜fye/gyeong/gi＞ masa menopause.

폐광(廢鑛)＜fye/gwang＞ tambang mati. ~하다 menelantarkan tambang.

폐교(廢校)＜fye/gyo＞ ~하다 menutup sekolah.

폐기(廢棄)＜fye/gi＞ pencabutan; pembatalan; penghapusan; pengabaian. ~하다 mencabut; membatalkan; mengabaikan; menghapus. ~물 barang buangan; barang rongsokan.

폐농(廢農)＜fye/nong＞ ~하다 berhenti bertani.

폐단(弊端)＜fye/dan＞ kebiasaan buruk. ～을 시정하다 memperbaiki kebiasaan buruk.

폐렴(肺炎)＜fye/ryeom＞ 『醫』 pneumonia; radang paru-paru. 급성 ～ pneumonia akut.

폐롭다(弊 -)＜fye/rob/ta＞ ① (귀찮다) menjengkelkan; menyusahkan; terganggu. ② (성질이) pemilih.

폐막(閉幕)＜fye/mak＞ ～하다 berakhir; selesai; usai; tamat.

폐문(肺門)＜fye/mun＞ hilum paru-paru. ～ 임파선염 adinitis hilum paru-paru.

폐물(廢物)＜fye/mul＞ barang bekas; sampah; rongsokan; barang buangan; limbah. ～이 되다 menjadi sampah; menjadi rongsokan. ～ 이용 pemanfaatan bahan buangan; pemanfaatan limbah.

폐백(幣帛)＜fye/baek＞ persembahan pengantin wanita untuk mertuanya.

폐병(肺病)＜fyet/pyeong＞ ☞ 폐결핵.

폐부(肺腑)＜fye/bu＞ ① ☞ 폐(肺). ② ～를 찌르는 듯한 menusuk. ～를 찌르다 menusuk hati.

폐사(弊社)＜fye/sa＞ perusahaan kami.

폐색(閉塞)＜fye/saek＞ ～하다 memblokade; memblok.

폐선(廢船)＜fye/seon＞ kapal tua; kapal bekas/ rongsokan.

폐쇄(閉鎖)＜fye/swae＞ penutupan. ～하다 menutup. 공장 ～ penutupan pabrik.

폐수(廢水)＜fye/su＞ air buangan; air limbah. ～처리 penanganan air buangan. ～처리 장치(裝置) sistim pembuangan air limbah. 공장 ～ limbah pabrik.

폐습(弊習)＜fye/seub＞ kebiasaan buruk; perbuatan tercela.

폐어(肺魚)＜fye/eo＞ 『魚』 ikan paru-paru.

폐어(廢語)＜fye/eo＞ kata usang.

폐업(廢業)＜fye/eob＞ ～하다 menutup toko; mengakhiri usaha.

폐원(閉院)＜fye/won＞ ～하다 membubarkan dewan; menutup rumah sakit/kursus/taman kanak-kanak. ～식 upaya pembubaran dewan.

폐위(廢位)＜fye/wi＞ ～하다 menurunkan dari tahta; turun tahta.

폐인(廢人)＜fye/in＞ orang yang cacat.

폐일언하고(蔽-言-)＜fye/il/eon/ha/go＞ secara singkat.

폐장(閉場)＜fye/jang＞ ～하다 tutup; bubar; usai (pasar, bioskop, sidang dll).

폐점(閉店)＜fye/jeom＞ ～하다 menutup; tutup (toko). ～시간 waktu tutup.

폐적(廢嫡)＜fye/jeok＞ pencabutan hak waris. ～하다 mencabut hak waris.

폐점(弊店)＜fye/jeom＞ toko kami.

폐정(閉廷)＜fye/jeong＞ ～하다 menunda/menangguhkan sidang pengadilan.

폐정(弊政)＜fye/jeong＞ pemerintahan yang lalim.

폐지(廢止)＜fye/ji＞ penghapusan; abolisi. ～하다 menghapus; tidak melanjutkan.

폐진증(肺塵症)＜fye/jin/ceung＞ 『醫』 ☞ 진폐증(塵肺症).

폐질(廢疾)＜fye/jil＞ penyakit yang tidak dapat disembuhkan. ～자 penderita penyakit yang tidak bisa sembuh.

폐차(廢車)＜fye/cha＞ mobil rongsokan; mobil bobrok. ～ 처분하다 membesituakan mobil. ～장 kuburan mobil.

폐첨(肺尖)＜fye/cheom＞ ujung paru-paru.

폐침윤(肺浸潤)＜fye/chim/yun＞ 『醫』 infiltrasi paru-paru.

폐품(廢品)＜fye/fum＞ barang rongsokan; barang bekas. ～을 회수하다 mengumpulkan barang bekas.

폐풍(弊風)＜fye/fung＞ ☞ 폐습.

폐하(陛下)＜fye/ha＞ Baginda; Yang Mulia.

폐하다(廢 -)＜fye/hada＞ (그만두다)

meninggalkan (bangku sekolah); (철폐) menghapus; (군주를) menurunkan dari tahta; turun tahta.
폐함(廢艦)＜fye/ham＞ ～하다 mengeluarkan dari gugus tugas (kapal perang).
폐합(廢合)＜fye/hab＞ ～하다 menghapus dan menyusun kembali. ～ 정리 penyusunan kembali.
폐해(弊害)＜fye/hae＞ efek buruk; pengaruh buruk/ jahat.
폐허(廢墟)＜fye/heo＞ reruntuhan. ～가 되다 menjadi reruntuhan.
폐활량(肺活量)＜fye/hwal/lyang＞ kapasitas pernapasan (paru-paru). ～계(計) spirometer; alat pengukur kapasitas paru-paru.
폐회(閉會)＜fye/hoe＞ ～하다 menutup (rapat/persidangan). ～사 pidato penutupan. ～식 upacara penutupan.
폐회로(閉回路)＜fye/hoe/ro＞ 『電』 rangkaian tertutup.
포(砲)＜fo＞ meriam; keahlian memakai meriam.
포(脯)＜fo＞ ☞ 포육(脯肉).
포가(砲架)＜fo/ga＞ kereta meriam.
포개다＜fo/gae/da＞ menumpuk.
포갬포갬＜fo/gaem/fo/gaem＞ satu diatas yang lainnya.
포격(砲擊)＜fo/gyeok＞ bombardir. ～하다 menembak. ～을 받다 ditembak; dibombardir.
포경(包莖)＜fo/gyeong＞ fimosis. ～수술 bedah fimosis; khitanan.
피경(捕鯨)＜fi/gyeong＞ penangkapan ikan paus. ～선(船) kapal penangkap ikan paus. ～산업 usaha penangkapan ikan paus.
포고(布告)＜fo/go＞ dekrit; maklumat; pengumuman. ～하다 memaklumatkan; mengumumkan. ～령 dekrit. ～령을 내리다 mengeluarkan pengumuman. ～문 pengumuman resmi; maklumat pemerintah.
포괄(包括)＜fo/gwal＞ ～하다 melibatkan; mencakup; mengandung. ～적(으로) secara keseluruhan.

포고(布敎)＜fo/gyo＞ pekerjaan misionarsi; penyiaran agama. ～하다 berkhotbah; menyiarkan agama.
포구(浦口)＜fo/gu＞ teluk kecil; ceruk; kuala.
포구(砲口)＜fo/gu＞ moncong meriam; kaliber.
포근포근하다＜fo/geun/fo/geun/hada＞ ☞ 포근하다.
포근하다＜fo/geun/hada＞ ① (폭신) lunak dan menyenangkan. ② (날씨가) lembut; hangat.
포기＜fo/gi＞ bungkul; bongkol. 배추도 ～ dua bungkul kubis.
포기(抛棄)＜fo/gi＞ penyerahan. ～하다 menyerahkan; mencampakkan; mengabaikan; meninggalkan.
포달＜fo/dal＞ ～ 부리다 mencerca; menista; mencemooh. ～스럽다 berwatak buruk. ～지다 berlidah kotor.
포대(布袋)＜fo/dae＞ ☞ 부대.
포대(砲臺)＜fo/dae＞ deretan meriam; kubu; benteng.
포대기＜fo/dae/gi＞ bedong bayi.
포도(葡萄)＜fo/do＞ anggur; buah anggur. ～당 gula anggur; glukosa. ～밭 kebun anggur. ～송이 setandan anggur. ～주 minuman anggur. ～즙 sari anggur.
포도(鋪道)＜fo/do＞ jalan aspal; jalan semen.
포동포동하다＜fo/dong/fo/dong/hada＞ montok; sintal; padat.
포드＜fo/deu＞ (차) (mobil) Ford.
포로(捕虜)＜fo/ro＞ tawanan perang. ～가 되다 ditawan; menjadi tawanan perang. ～교환 pertukaran tawanan perang. ～송환 pemulangan tawanan perang. ～수용소 kamp tawanan perang; kamp konsentrasi.
포르노＜fo/reu/no＞ pornografi; porno.
포르말린＜fo/reu/mal/lin＞ formalin. ～소독 disinfeksi formalin.
포르투갈＜fo/reu/thu/gal＞ Portugal. ～어 bahasa Portugal. ～사람 orang Portugal

포름아미드 <fo/reum/a/mi/deu> 『化』 formamid.

포마드 <fo/ma/deu> pomade; minyak rambut. ~를 바르다 meminyaki rambut.

포말(泡沫) <fo/mal> buih; busa; gelembung. ~회사 perusahaan gelembung (perusahaan yang dibentuk dan bubar dalam waktu singkat).

포만(飽滿) <fo/man> ~하다 kenyang (dengan); jenuh (dengan).

포목(布木) <fo/mok> linen dan katun; bahan tekstil; kain-kain baju. ~점 toko bahan pakaian.

포문(砲門) <fo/mun> tingkapan; mulut senjata api. ~을 열다 memulai tembak menembak.

포물선(抛物線) <fo/mul/seon> 『數』 parabola.

포박(捕縛) <fo/bak> ~하다 menahan; menawan.

포병(砲兵) <fo/byeong> tentara artileri; artileri. ~감 inspektur artileri. ~대[단] satuan [korp] artileri. ~전 duel artileri. ~학교 sekolah artileri.

포복(匍匐) <fo/bok> ~하다 merangkak; bergerak pelan-pelan.

포복절도(抱腹絶倒) <fo/bok/jeol/do> ~하다 tertawa terbahak-bahak; meledak dengan tertawa. ~케 하다 menimbulkan ledakan tawa.

포부(抱負) <fo/bu> ambisi; aspirasi. ~를 품다 berambisi (untuk).

포상(褒賞) <fo/sang> hadiah. ~하다 memberi hadiah. ~을 받다 dihadiahi.

포석(布石) <fo/seok> langkah-langkah awal; susunan strategis buah badug. ~하다 menempatkan buah dalam posisi strategis; melancarkan jalan untuk masa depan.

포석(鋪石) <fo/seok> batu ubin.

포섭(包攝) <fo/seob> ~하다 menarik dipihaknya.

포성(砲聲) <fo/seong> suara tembakan; dentuman meriam.

포수(砲手) <fo/su> penembak; pemburu.

포수(捕手) <fo/su> 『野』 penangkap bola.

포술(砲術) <fo/sul> artileri.

포스겐가스 <fo/seu/gen/ga/seu> 『化』 gas fosgen.

포스터 <fo/seu/theo> poster. ~를 붙이다 [떼다] menempel [membuka] poster.

포승(捕繩) <fo/seung> tambang polisi.

포식(捕食) <fo/sik> (잡아먹음) ~하다 memangsa.

포식(飽食) <fo/sik> ~하다 makan sampai kenyang.

포신(砲身) <fo/sin> laras senapan.

포악(暴惡) <fo/ak> ~한 zalim; kejam; bengis; kasar.

포연(砲煙) <fo/yeon> asap meriam.

포옹(抱擁) <fo/ong> pelukan; rangkulan. ~하다 memeluk; merangkul.

포용(包容) <fo/yong> ~하다 bermurah hati. ~력(力) kemurahan hati. ~력이 큰 berjiwa besar; murah hati.

포위(包圍) <fo/wi> pengepungan. ~하다 mengepung. ~를 풀다 membuka kepungan. ~공격 serangan dengan mengepung. ~군 tentara pengepung. ~망 jaring pengepung. ~작전 operasi pengepungan. ~전 pertempuran pengepungan. ~태세 formasi pengepungan. ~태세를 취하다 membentuk formasi pengepungan.

포유(哺乳) <fo/yu> ~동물 mamalia; hewan pemamah biak. ~류 Mamalia. ~병(瓶) ☞ 젖병.

포육(脯肉) <fo/yuk> dendeng.

포의(布衣) <fo/eui> cendekiawan yang tidak memegang jabatan; orang sipil. ~한사(寒士) cendekiawan malang yang tidak memegang jabatan.

포인트 <fo/in/theu> ① (소수점) titik desimal (koma). ② (전철기) titik peralihan kereta api. ③ (활자) poin (ukuran huruf). ④ (득점) nilai; skor; biji; angka. ⑤ (요점)

maksud; pokok.

포자(胞子)＜fo/ja＞ 『植』 spora.　～낭(囊) kotak spora; sporangium.

포장(布張)＜fo/jang＞ kerai linen; gorden linen.　～을 씌우다 [걷다] mengangkat [menurunkan] kerai.

포장(包裝)＜fo/jang＞ pengemasan; pengepakan; pembungkusan.　～하다 mengemas; mengepak; membungkus.　～을 풀다 membuka kemasan; membuka bungkus.　～물(物) paket.　～비(費) bea pengepakan.　～지 kertas kemasan; kertas bungkus.

포장(鋪裝)＜fo/jang＞ pengaspalan.　～하다 mengaspal.　～이 안된 도로 jalan yang tidak diaspal.　～공사 pekerjaan pengaspalan.　～길 jalan aspal.

포장(褒章)＜fo/jang＞ medali.

포좌(砲座)＜fo/jwa＞ 『軍』 panggung senapan/meriam.

포주(抱主)＜fo/ju＞ germo; mucikari.

포즈＜fo/jeu＞ pose; sikap badan.　～를 취하다 berpose; bersikap (badan).

포진(布陣)＜fo/jin＞ barisan; pembarisan.　～하다 berbaris; mengambil posisi; membariskan pasukan untuk pertempuran.

포집다＜fo/jib/ta＞ menumpuk.

포착(捕捉)＜fo/chak＞ ～하다 menangkap; mengejar; meraih. 기회를 ～하다 meraih kesempatan.

포커＜fo/kheo＞ (main) poker.　～페이스 muka poker.

포켓＜fo/khet＞ saku; kantong.　～에 들어가는 dapat disakukan.　～에 넣다 mengantongi.　～머니 uang saku.　～판(版) edisi saku.　～판 사전 kamus saku.

포크＜fo/kheu＞ garpu.

포크＜fo/kheu＞ daging babi.　～촙 cincang daging babi.

포크댄스＜fo/kheu/taen/seu＞ tarian rakyat.

포크송＜fo/kheu/song＞ nyanyian rakyat; lagu rakyat.

포탄(砲彈)＜fo/than＞ peluru meriam.

포탈(逋脫)＜fo/thal＞ penghindaran pajak (☞ 탈세). 세금 ～자 penghindar pajak.

포탑(砲塔)＜fo/thab＞ kupel senapan; kupel meriam. 선회 ～ kupel berputar.

포터블＜fo/theo/beul＞ portabel.

포트와인＜fo/theu/wa/in＞ anggur port.

포플린＜fo/feul/lin＞ popelin.

포피(包皮)＜fo/fi＞ 『解』 kulup; kulit khitan.

포학(暴虐)＜fo/hak＞ ～한 lalim; lazim; kejam.

포함(包含)＜fo/ham＞ ～하다 mengandung; melibatkan.　…을 ～하여 termasuk … .

포함(砲艦)＜fo/ham＞ kapal meriam.

포화(砲火)＜fo/hwa＞ tembakan senapan.　～ 세례를 받다 dihujani tembakan.　～를 주고받다 tembak menembak.　～를 퍼붓다 menghujani tembakan.

포화(飽和)＜fo/hwa＞ penjenuhan.　～하다 jenuh (dengan).　～ 상태다 dalam penjenuhan.　～용액 larutan jenuh.

포획(捕獲)＜fo/hoek＞ ～하다 menangkap.　～고 tangkapan.　～물 rampasan perang.

포효(咆哮)＜fo/hyo＞ ～하다 meraung; mengaum.

폭(幅)＜fok＞ lebarnya; kelebaran.　～이 넓은 lebar; lapang.　～이 좁은 sempit.　～이 …이다 berlebar … .

폭＜fok＞ ☞ 푹.

폭거(暴擧)＜fok/geo＞ pelanggaran; kekerasan; kerusuhan; huru-hara.

폭격(爆擊)＜fok/gyeok＞ pemboman.　～하다 mengebom; membom. (중) ～기 pesawat pengebom berat.

폭군(暴君)＜fok/gun＞ penguasa lalim; tiran.

폭도(暴徒)＜fok/do＞ perusuh; pemberontak.　～의 무리 gerombolan perusuh.　～에게 습격당하다 dibe-

rontaki.
폭동(暴動)＜fok/dong＞ pemberontakan; kerusuhan; huru-hara. ～을 일으키다 memulai kerusuhan/pemberontakan. ～을 진압[선동]하다 menekan [menghasut] pemberontakan. 무장 ～ revolusi bersenjata.
폭등(暴騰)＜fok/deung＞ kenaikan tiba-tiba; kenaikan tajam. ～하다 naik tiba-tiba; membumbung; bum. ～하는 물가 harga yang membumbung.
폭락(暴落)＜fok/nak＞ penurunan tiba-tiba; penurunan tajam. ～하다 menurun dengan tajam; jatuh tiba-tiba. 주식의 ～ penurunan tajam dalam harga saham.
폭력(暴力)＜fok/nyeok＞ kekerasan. ～으로 dengan kekerasan. ～에 호소하다 memohon penggunaan kekerasan. ～을 휘두르다 menggunakan kekerasan. ～단 organisasi kekerasan; gangster. ～배 kelompok perusuh; holigan. ～ 행위 tindakan kekerasan.
폭로(暴露)＜fok/no＞ pembukaan; pengungkapan; pembeberan. ～하다 membuka; mengungkapkan; membeberkan. ～기사 cerita pengungkapan rahasia. ～전술 taktik pembukaan rahasia.
폭리(暴利)＜fok/ni＞ pengambilan untung berlebihan; pencatutan. ～를 단속하다 mengendalikan pengambilan untung berlebihan. ～를 취하다 mengambil untung berlebihan; mencari untung berlebihan. ～배 orang yang mencari untung berlebihan; pencatut.
폭발(爆發)＜fok/bal＞ peledakan; ledakan; letusan. ～하다 meledak; meletus; meledakkan. ～적(으로) (secara) eksplosif. ～적인 인기 popularitas yang meledak; ledakan popularitas. 분노가 ～하다 meledak dengan kemarahan. ～가스 gas eksplosif. ～력 daya eksplosif. ～물 benda yang mudah meledak. ～성(性) daya ledak. ～탄 bom.

폭사(爆死)＜fok/sa＞ ～하다 mati kena bom.
폭서(暴暑)＜fok/seo＞ panas terik.
폭설(暴雪)＜fok/seol＞ salju yang tebal.
폭소(爆笑)＜fok/so＞ ～하다 meledak dalam tawa.
폭식(暴食)＜fok/sik＞ hal makan berlebihan. ～하다 makan berlebihan.
폭신폭신하다＜fok/sin/fok/sin/hada＞ lembut; berongga.
폭약(爆藥)＜fok/yak＞ bahan peledak; bubuk mesiu. 고성능 ～ bahan peledak sensitif.
폭양(曝陽)＜fok/yang＞ matahari yang membakar.
폭언(暴言)＜fok/eon＞ bicara kasar. ～하다 berbicara dengan kasar.
폭우(暴雨)＜fok/u＞ hujan lebat; curahan hujan.
폭음(暴飮)＜fok/eum＞ ～하다 minum banyak; minum seperti ikan. ～폭식하다 makan dan minum berlebihan.
폭음(爆音)＜fok/eum＞ suara ledakan.
폭정(暴政)＜fok/jeong＞ tirani; despotisme; kelaliman; kezaliman. ～을 펴다 bersimaharajalela (atas suatu negara); memerintah dengan sewenang-wenang. ～에 시달리다 merintih dibawah tirani.
폭주(輻輳)＜fok/ju＞ kepadatan berlebihan. ～하다 padat (dengan); ramai (dengan). 교통의 ～ kemacetan lalu lintas. 기사 ～로 disebabkan oleh kemacetan berita.
폭죽(爆竹)＜fok/juk＞ mercon; petasan.
폭탄(爆彈)＜fok/than＞ bom. ～선언 deklarasi bom. ～투하 penjatuhan bom.
폭투(暴投)＜fok/thu＞ 『野』 pelemparan bola yang keras. ～하다 melempar bola dengan keras.
폭파(爆破)＜fok/fa＞ peledakan. ～하다 meledakkan. ～작업 operasi peledakan.

폭포(瀑布)＜fok/fo＞　air terjun; riam; jeram.

폭풍(暴風)＜fok/fung＞ badai; angin keras. ～경보 [주의보] peringatan [sinyal] badai. ～권 zona badai; daerah badai.

폭풍우(暴風雨)＜fok/fung/u＞ badai hujan. ～를 만나다 dilanda badai hujan.

폭한(暴寒)＜fo/khan＞ bajingan; bangsat.

폭행(暴行)＜fo/khaeng＞ (tindak) kekerasan; kekejaman; pemerkosaan. ～하다 menyerang; memperogol; memperkosa. ～을 가하다 melakukan tindakan kekerasan; melakukan perkosaan. ～자 pemerkosa; pelanggar; pelaku tindak kekerasan.

폴라로이드＜fol/la/ro/i/deu＞ ～카메라 kamera polaroid.

폴라리스＜fol/la/ri/seu＞ ～잠수함(艦) kapal selam (bersenjata) polaris.

폴란드＜fol/lan/deu＞ Polandia. ～의[말] tentang [bahasa] Polandia. ～사람 orang Polandia.

폴리에스터＜fol/li/e/seu/theo＞ 『化』 poliester.

폴리에틸렌＜fol/li/e/thil/len＞ 『化』 polietilen.

폴카＜fol/kha＞ polka; tari-tarian.

푄＜foen＞ ～현상 fenomena foehn.

표(表)＜fyo＞ daftar; tabel. ～를 만들다 mendaftarkan; mentabulasikan.

표(票)＜fyo＞ ① tiket; kupon; kartu; label; etiket. ～파는 곳 (☞ 매표구, 매표소). ～를 찍다 melobangi tiket. ～를 달다 menempatkan etiket. ～를 붙이다 merekatkan label; melabeli. 번호～ tiket nomor; plat nomor. ② suara. 한～를 던지다 memberi suara. ～모으기 운동을 하다 kampanye pengumpulan suara.

표(標)＜fyo＞ tanda; tanda mata; bukti; merk; cap (☞ 표하다). 말～ cap Kuda.

표결(表決)＜fyo/gyeol＞ ☞ 의결(議決).

표결(票決)＜fyo/gyeol＞ suara; pemungutan suara. ～하다 memberi suara. ～에 부치다 membawa ke pemungutan suara.

표고＜fyo/go＞ 『植』 Lentinus edodes.

표고(標高)＜fyo/go＞ ☞ 해발(海拔).

표구(表具)＜fyo/gu＞ ～하다 membingkai gambar. ～사 toko bingkai kertas.

표기(表記)＜fyo/gi＞ ～의 (금액) (jumlah) yang tertera. ～의 주소 alamat yang tertera. ～가격 harga/nilai yang tertera. ～법 notasi.

표기(標記)＜fyo/gi＞ penandaan; tanda.

표독(慓毒)＜fyo/dok＞ ～하다 kejam; buas; garang; galak.

표류(漂流)＜fyo/ryu＞ ～하다 terombang-ambing; hanyut. ～물 barang yang terombang-ambing. ～선(船) kapal yang terombang-ambing. ～자 orang yang terombang-ambing di laut.

표리(表裏)＜fyo/ri＞ dalam dan luar; kedua sisi. ～부동한 bermuka dua. ～가 없는 berjiwa tunggal.

표말(慓抹)＜fyo/mal＞ ☞ 푯말.

표면(表面)＜fyo/myeon＞ permukaan. ～적인 superfisial; luar; eksternal. ～상의 변화 perubahan permukaan. ～상의 이유 alasan luar. ～화하다 muncul ke permukaan. ～장력(張力) 『理』 tegangan permukaan.

표면적(表面積)＜fyo/myeon/jeok＞ area permukaan; luas permukaan.

표명(表明)＜fyo/myeong＞ ekspresi; manifestasi; perwujudan; pernyataan. ～하다 menyatakan; mewujudkan

표박(漂泊)＜fyo/bak＞ ～하다 berkeluyuran.

표방(標榜)＜fyo/bang＞ ～하다 membela; berdiri (untuk).

표백(漂白)＜fyo/baek＞ ～하다 memutihkan. ~분 serbuk pemutih. ~액 larutan pemutih. ~제 bahan pemucat.

표범(豹 -) < fyo/beom > 『動』 macan tutul.

표변(豹變) < fyo/byeon > ~하다 berubah seketika; berganti baju.

표본(標本) < fyo/bon > spesimen; sampel; contoh; teladan. 학자의 ~ cendekiawan teladan. ~조사 penyelidikan sampel/contoh. ~추출 pengambilan contoh acak. 동물[식물] ~ spesimen hewan [tumbuh- an]. 박제 ~ spesimen isi. 임의 ~ contoh acak.

표상(表象) < fyo/sang > simbol; lambang; penyajian.

표석(漂石) < fyo/seok > 『地』 batu pancang; pal.

표시(表示) < fyo/si > petunjuk; indikasi; tanda. ~하다 menyatakan; mengemukakan; menunjukan. 감사의 ~로 sebagai tanda terima kasih. ~기 indikator. 의사 ~ pernyataan kehendak.

표어(標語) < fyo/eo > motto; slogan; semboyan.

표연(飄然) < fyo/yeon > ~히 secara tidak bertujuan; secara kasual; dengan tidak mengarah.

표음문자(表音文字) < fyo/eum/mun/ca > alfabet fonetik.

표의문자(表意文字) < fyo/eui/mun/ca > ideograf; tulisan/huruf gambar.

표장(表裝) < fyo/jang > ☞ 표구.

표적(表迹) < fyo/jeok > tanda; bukti.

표적(標的) < fyo/jeok > sasaran; tanda. ~을 벗어나다 jatuh disamping sasaran. ~함 kapal sasaran.

표절(剽竊) < fyo/jeol > pembajakan; plagiarisme. ~하다 membajak; memplagiat. ~자 pembajak; plagiator. ~판 buku yang dibajak.

표정(表情) < fyo/jeong > ekspresim muka; air muka. ~이 풍부한 ekspresif. ~이 없는 얼굴 muka yang tak berekspresi. ~이 굳어지다 mengeraskan muka. ~을 살피다

membaca air muka.

표제(表題.標題) < fyo/je > judul. 작은 ~ anak judul. ~를 달다 memberi judul. ~어 kata kepala. ~음악 musik program.

표주(標註) < fyo/ju > catatan pinggir.

표주박(瓢 -) < fyo/ju/bak > gayung kecil.

표준(標準) < fyo/jun > standar; norma; tolok ukur; kriteria. ~적(인) standar; normal; rata-rata. ~에 달하다 memenuhi standar. ~이상[이하]이다 diatas [dibawah] standar. ~가격 harga standar. ~생활 biaya hidup rata-rata. ~어[시] bahasa [waktu] baku. ~형 tipe standar. ~화 standarisasi; pembakuan. ~화하다 menstandarkan.

표지(表紙) < fyo/ji > sampul. ~를 씌우다 menyampul. ~커버 sampul buku.

표지(標識) < fyo/ji > tanda; rambu; menara api; mercusuar. ~등 lampu mercusuar. 도로 [교통] ~ rambu jalan [lalu lintas].

표징(表徵) < fyo/jing > tanda; simbul; lambang.

표착(漂着) < fyo/chak > ~하다 terdampar.

표찰(標札) < fyo/chal > label; plakat.

표창(表彰) < fyo/chang > penghargaan (resmi). ~하다 menghargai; memberi penghargaan. ~식 upacara pemberian penghargaan. ~장 sitasi; surat penghargaan; tanda penghargaan.

표토(表土) < fyo/tho > tanah permukaan.

표피(表皮) < fyo/fi > 『解』 kutikula; epidermis. ~조직 jaringan epidermis.

표하다(表 -) < fyo/hada > menunjukkan; menyatakan; mengemukakan. 사의를 ~ menyatakan terima kasih. 조의를 ~ menyatakan belasungkawa.

표하다(標 -) < fyo/hada > menandai; memberi tanda.

표현(表現) < fyo/hyeon > ekspresi;

ungkapan perasaan. ~하다 meng-ekspresikan; menyatakan; mengung-kapkan (perasaan). ~상의 ekspre-sional. ~할 수 없는 tidak dapat diungkapkan. ~력 daya ekspresi. ~주의 ekspresionisme; aliran eks-presionis.

풋말(標 -)＜fyot/mal＞ pal; tonggak tanda arah.

푸가＜fu/ga＞ 『樂』 fuga.

푸근하다＜fu/geun/hada＞ ☞ 포근하다.

푸념＜fu/nyeom＞ keluhan; gerutu-an. ~하다 mengeluh; menggeru-tu.

푸다＜fu/da＞ ① (물을) menimba; memompa. ② (음식을) mengisi (mangkok); menyendok.

푸대접(- 待接)＜fu/dae/jeob＞ perla-kuan dingin; perlakuan tidak ber-sahabat. ~하다 memperlakukan dengan dingin. ~받다 mendapat penyambutan yang dingin.

푸드덕거리다＜fu/deu/deok/geo/ri/da＞ mengepak-ngepak.

푸들＜fu/deul＞ (개) pudel.

푸딩＜fu/ding＞ puding; podeng.

푸르다＜fu/reu/da＞ ① (색이) biru langit; hijau. ② (서슬이) (berma-ta) tajam; (bersisi) tajam.

푸르스름하다＜fu/reu/seu/reum/ha-da＞ kebiru-biruan; kehijau-hijauan.

푸른곰팡이＜fu/reun/gom/fang/i＞ 『植』 kapang hijau.

푸릇푸릇＜fu/reut/fu/reut＞ ~한 hi-jau segar.

푸만하다＜fu/man/hada＞ merasa kekenyangan/berat di perut.

푸석돌＜fu/seok/dol＞ batu yang ra-puh.

푸석이＜fu/seok/i＞ benda yang ra-puh; orang yang rapuh (kesehatan).

푸석푸석＜fu/seok/fu/seok＞ ~한 rapuh.

푸성귀＜fu/seong/gwi＞ sayur-sayur-an.

푸접없다＜fu/jeob/eob/ta＞ tidak bersahabat; dingin.

푸주(- 廚)＜fu/ju＞ toko daging. ~한(漢) tukang daging.

푸지다＜fu/ji/da＞ melimpah; ba-nyak.

푸짐하다＜fu/jim/hada＞ limpah me-wah; murah hati.

푹＜fuk＞ cukup; memadai; baik; pulas. ~ 삶다 [끓이다] merebus dengan baik. ~ 잠들다 tertidur pulas.

푹신하다＜fuk/sin/hada＞ lembut; halus; empuk; lunak.

푹푹＜fuk/fuk＞ ~쓰다 memboros-boroskan. ~ 찌르다 menikam berulangkali. ~썩다 menjadi bu-suk keseluruhannya. ~ 쑤시다 menusuk-nusuk. ~찌다 panas pe-ngap.

푼＜fun＞ ① (돈 한닢) peni Korea (1/100 won). ② persentase; per-sen (%). 3 ~ 이자 bunga 3 %. ③ sepersepuluh inci Korea (=chi). ④ berat peni Korea (= 0,375 gram).

푼거리＜fun/geo/ri＞ ~나무 kayu bakar yang dijual per ikat. ~질 pembelian kayu bakar per ikat.

푼돈＜fun/ton＞ sejumlah kecil uang; kas kecil.

푼푼이＜fun/fu/ni＞ sen demi sen; sedikit demi sedikit.

푼푼하다＜fun/fun/hada＞ ① (넉넉하다) memadai; cukup; banyak. ② (활달하다) bebas; berpikiran luas; liberal.

풀＜ful＞ rumput; tumbuhan peng-ganggu; gulma. ~베는 기계 me-sin pembabat rumput. ~을 뽑다 menyiangi rumput; mencabut rum-put. ~을 뜯다 merumput. ~뿌리 akar rumput. ~뿌리 민주주의 demokrasi akar rumput.

풀＜ful＞ lem; pati; kanji. ~먹이다 menganji (pakaian). ~먹인 옷 pakaian yang dikanji. ~을 쑤다 ☞ 풀쑤다. ~로 붙이다 melekat-kan dengan lem; mengelem.

풀＜ful＞ (수영장) kolam renang.

풀＜ful＞ ~ 스피드로 (pada) kece-patan penuh. ~가동 operasi penuh.

풀기(- 氣)＜ful/ki＞ kepatian.　～있는 berpati.

풀다＜ful/da＞　① (끄르다) membuka (simpul); mengurai; mengendorkan.　② (문제를) memecahkan; menjawab. 수수께끼를 ～ memecahkan teka-teki. 암호를 ～ memecahkan sandi.　③ (의심 오해 원한 울적함등을) menghilangkan; mengentaskan; membalas. 오해를 ～ menghilangkan kesalahpahaman.　④ (용해) melarutkan.　⑤ (코를) meniup (hidung).　⑥ (파견) mengutus (orang).　⑦ (논을) mengubah; mengkonversikan (tentang tanah).　⑧ (해제) melucuti (senjata); (구속을) membebaskan (tahanan); mencabut (larangan). 봉쇄를 ～ mencabut blokade.　⑨ mewujudkan. 소원을 ～ mewujudkan keinginan.　⑩ (긴장 피로) memulihkan; mengendorkan.　⑪ menenangkan; meredakan; menawarkan. 노염을 ～ menenangkan/meredakan kemarahan. 갈증을 ～ menawarkan dahaga.

풀리다＜ful/li/da＞　① (매듭이) lepas; terurai; melonggar; terbuka.　② (노여움) dilucuti; tenang; reda.　③ (문제가) dipecahkan; terpecahkan.　④ (의혹 오해가) dihilangkan; dientaskan.　⑤ (피로가) pulih dari …　⑥ menghangat. 추위가 ～ cuaca yang dingin menghangat.　⑦ (해제) dihilangkan; dicabut.　⑧ (용해) larut; melebur.　⑨ diedarkan; beredar. 은행 돈이 ～ uang di bank diedarkan.

풀무＜ful/mu＞　embusan/puputan.　～ 질하다 mengembus api.

풀밭＜ful/bath＞ padang rumput.

풀솜＜ful/som＞ serat sutera.

풀숲＜ful/suf＞ belukar.

풀썩＜ful/sseok＞ naik dalam gumpalan.

풀쐐기＜ful/sswae/gi＞ 『蟲』 ulat bulu.

풀쑤다＜ful/ssu/da＞　① (풀을) membuat lem/pasta.　② (재산을) menghamburkan (harta).

풀어놓다＜ful/eo/not/tha＞　① (놓아줌) melepaskan; membebaskan.　② mengirim; mengutus. 탐정을 ～ mengirim detektif.

풀어지다＜ful/eo/ji/da＞　① (국수.죽이) melembut; melunak.　② (눈이) mengabur.　▷ 풀리다.

풀잎＜ful/if＞ daun rumput.

풀죽다＜ful/juk/ta＞ tawar hati; cabar hati; hilang semangat.

풀쳐생각하다＜ful/chyeo/saeng/gak/hada＞ mengabaikan khawatir/kesulitan. 풀쳐 생각하고 너무 걱정 마시오 Jangan khawatir, lupakan saja hal itu.

풀칠＜ful/chil＞　① (칠하기) ～하다 mengelem; merekat.　② (생계) ～하다 hidup melarat.

풀풀＜ful/ful＞　dengan semangat tinggi; dengan penuh kekuatan.

품＜fum＞　① (옷의) lebar; lingkar. 앞 ～ lebar dada; lingkar dada.　② dada. 자연의 ～에 안기어 dalam rangkulan dada alam.

품＜fum＞ kerja; pekerjaan. 하루 ～ kerja sehari. ～이 들다 membutuhkan (banyak) kerja. ～을 덜다 menghemat kerja. ～을 팔다 bekerja dengan upah harian.

품＜fum＞ penampilan; gaya. 사람된 ～ karakter pribadi; kepribadian. 말하는 ～ gaya berbicara.

품값음하다＜fum/gaf/eum/hada＞ bekerja sebagai balas jasa.

품격(品格)＜fum/gyeok＞　keelokan; kerapian; keanggunan; kebanggaan. ～있는 elok; anggun; rapi; elegan.

품계(品階)＜fum/gye＞ pangkat; peringkat.

품귀(品貴)＜fum/gwi＞　kelangkaan (kekurangan) barang-barang (persediaan). ～ 상태다 langka (barang-barang). ～가 되다 barang-barang (persediaan) menjadi langka.

품다＜fum/ta＞　① (가슴에) memangku; memeluk; mendekap.　② (마음에) menaruh (pengharapan);

menanggung; memendam (kecurigaan). ③ (알을) mengerami.

품등(品等)＜fum/deung＞ mutu; kualitas.

품명(品名)＜fum/myeong＞ nama barang-barang.

품목(品目)＜fum/mok＞ daftar barang; item. ～별로 item demi item. 영업 ～ item-item bisnis. 주요 수출 ～ barang/item utama ekspor.

품사(品詞)＜fum/sa＞ 『文』 pembagian kata (menurut jenis). 팔 ～ delapan pembagian kata.

품삯＜fum/sak＞ upah tenaga kerja. ～을 치르다 membayar upah.

품성(品性)＜fum/seong＞ karakter; tabiat; watak. ～이 훌륭한 [비열한] 사람 orang yang bertabiat baik [rendah].

품성(稟性)＜fum/seong＞ ☞ 천성(天性).

품속＜fum/sok＞ dada. ～에 di dada.

품앗이＜fu/ma/si＞ gotong royong. ～하다 bergotong royong.

품위(品位)＜fum/wi＞ ① kehormatan; kemuliaan. ～있는 mulia; terhormat. ～를 지키다 [떨어뜨리다] menjaga [kehilangan] kehormatan. ② (금속의) kemurnian; karat.

품의(稟議)＜fum/eui＞ ～하다 berkonsultasi; berunding (dengan); meminta persetujuan.

품절(品切)＜fum/jeol＞ tidak ada persediaan/stok; semua terjual. ～되다 habis persediaan; terjual habis.

품종(品種)＜fum/jong＞ jenis; varitas; turunan. ～개량 perbaikan turunan; pemuliaan turunan.

품질(品質)＜fum/jil＞ mutu; kualitas. ～이 좋다 [나쁘다] berkualitas baik [buruk]; bermutu baik [buruk]. ～관리 kendali mutu. ～보증 [본위] mutu dijamin [diutamakan]. ～저하 kemerosotan mutu; penurunan kualitas.

품팔다＜fum/fal/da＞ bekerja untuk upah; menguli.

품팔이＜fum/fa/ri＞ ～하다 (☞ 품팔다). ～꾼 buruh lepas; tenaga kerja harian.

품평(品評)＜fum/fyeong＞ ～하다 mengeritik; menanggapi; mengomentari. ～회 pameran mutu.

품하다(稟 -)＜fum/hada＞ menyerahkan ke atasan (untuk mendapatkan persetujuan).

품행(品行)＜fum/haeng＞ perilaku; kelakuan; tingkah laku. ～이 좋은 [나쁜] berperilaku baik [buruk]; berkelakuan baik [buruk].

풋…＜fut＞ baru; segar; muda; hijau; belum matang; mentah.

풋것＜fut/geot＞ hasil pertama dari suatu musim.

풋곡식(- 穀食)＜fut/gok/sik＞ biji-bijian yang belum masak.

풋과실(- 果實)＜fut/gwa/sil＞ buah hijau/muda.

풋김치＜fut/gim/chi＞ *gimchi* yang dibuat dari sayuran muda.

풋나물＜fut/na/mul＞ daun muda; lalapan.

풋내＜fut/nae＞ bau buah muda. ～나다 belum berpengalaman; tidak mahir.

풋내기＜fut/nae/gi＞ orang baru. ～의 baru; hijau; mentah. ～기자 wartawan yunior.

풋볼＜fut/bol＞ 『競』 sepakbola.

풋사랑＜fut/sa/rang＞ cinta monyet.

풍(風)＜fung＞ bualan; omongan besar; bicara tinggi. ～을 떨다[치다] membual; omong besar.

풍(風)＜fung＞ ☞ 풍병(風病).

…풍(風)＜fung＞ (외양) penampilan; (양식) gaya; (풍습) adat kebiasaan. 미국 ～의 gaya Amerika. 노동자 ～의 berpenampilan seperti buruh.

풍각쟁이(風角 -)＜fung/gak/jaeng/i＞ pengamen jalanan; penyanyi jalanan.

풍경(風景)＜fung/gyeong＞ pemandangan; panorama. ～화(가) (pelukis) gambar pemandangan.

풍광(風光)＜fung/gwang＞ pemandangan; keindahan panorama. ~명미(明媚) pemandangan yang permai.

풍구(風 -) <fung/gu> puputan; embusan.

풍금(風琴) <fung/geum> organ. ~을 치다 memainkan organ.

풍기(風紀) <fung/gi> moral umum; moralitas umum; disiplin masyarakat. ~를 단속하다 menekankan disiplin. ~문란 demoralisasi; korupsi moral masyarakat.

풍기다 <fung/gi/da> mewangikan; mengeluarkan aroma; berbau; beraroma.

풍년(豊年) <fung/nyeon> tahun panen raya. ~이다 mendapat panen raya. ~잔치 pesta panen raya.

풍덩 <fung/deong> gedebur; dengan deburan. ~ 거리다 tetap berdebur.

풍뎅이 <fung/deng/i> kumbang Mei.

풍도(風度) <fung/do> penampilan dan sikap; pembawaan.

풍랑(風浪) <fung/rang> ombak dan badai; laut yang ganas.

풍력(風力) <fung/nyeok> kecepatan angin. ~계(計) alat pengukur kecepatan angin; meteran angin.

풍로(風爐) <fung/no> kompor masak portabel. 석유 ~ kompor minyak portabel.

풍류(風流) <fung/nyu> ① sikap flamboyan. ~있는 bersikap flamboyan. ~를 알다 memiliki kecintaan puitis. ~를 모르다 selera rendah. ~가[객] orang yang bercita rasa tinggi. ② (음악) musik.

풍만(豊滿) <fung/man> ~한 montok; sintal; gemuk padat; berdada montok.

풍모(風貌) <fung/mo> penampilan; tampang; roman; muka.

풍문(風聞) <fung/mun> kabar angin; selentingan; desas-desus. 항간의 ~ pembicaraan orang sekota. ~을 퍼뜨리다 menyebarkan kabar angin; menyebarkan desas-desus. ...라는 ~이다 ada desas-desus bahwa ...; konon ... .

풍물(風物) <fung/mul> panorama; hal-hal yang berbau. 한국의 ~ hal-hal yang berbau Korea.

풍미(風味) <fung/mi> cita rasa; aroma.

풍부(豊富) <fung/bu> ~한 kaya; berlimpah-limpah; banyak; luas. ~한 지식 kaya pengetahuan. 내용이 ~한 substansial. 경험이 ~하다 memiliki pengalaman luas; berpengalaman luas (dalam). ~하게 하다 memperkaya (kandungan/isi).

풍비박산(風飛雹散) <fung/bi/bak/san> ~하다 terbang bertebaran.

풍상(風霜) <fung/sang> angin dan embun beku; (고생) kesukaran; cobaan; penderitaan. ~을 겪다 mengalami kesukaran (hidup); mengalami cobaan-cobaan.

풍선(風船) <fung/seon> balon. ~을 불다 [띄우다] meniup [menerbangkan] balon. ~껌 permen karet balon. 고무 ~ balon karet.

풍설(風雪) <fung/seol> badai salju.

풍설(風說) <fung/seol> ☞ 풍문.

풍성(豊盛) <fung/seong> ~하다 kaya; melimpah; banyak.

풍세(風勢) <fung/se> kekuatan (kecepatan) angin.

풍속(風俗) <fung/sok> adat istiadat; kebiasaan moral masyarakat; tata susila. ~도[화] lukisan genre. ~(사)범 pelanggaran tata susila; pelanggaran moral. ~습관 adat dan kebiasaan.

풍속(風速) <fung/sok> kecepatan angin. ~계 anemometer. 순간 최대 ~ kecepatan angin sesaat maksimum.

풍수(風水) <fung/su> *fengshui*. ~지리설 teori peramalan berdasarkan topografi.

풍수해(風水害) <fung/su/hae> kerusakan akibat hujan lebat dan angin.

풍습(風習) <fung/seub> adat istiadat; kebiasaan moral. ~에 따르다 sesuai dengan adat istiadat.

풍식(風蝕)＜fung/sik＞ erosi angin; kerusakan kena hujan dan angin; kehancuran iklim.　~된 dimakan cuaca.

풍신(風神)＜fung/sin＞ ① dewa angin; dewa bayu. ② ☞ 풍채.

풍악(風樂)＜fung/ak＞ musik.　~을 잡히다 menyuruh mainkan musik.

풍압(風壓)＜fung/ab＞ tekanan angin.　~계(計) anemometer tekanan.

풍어(豊漁)＜fung/eo＞ tangkapan besar.

풍요(豊饒)＜fung/yo＞　~한 kaya; subur; melimpah ruah.　~한 사회 masyarakat yang makmur.

풍우(風雨)＜fung/u＞ hujan badai. ☞ 비바람.

풍운(風雲)＜fung/un＞ angin dan kabut; situasi.　~아 orang yang lahir ke dunia dengan nasib baik.

풍월(風月)＜fung/wol＞ angin yang bagus dan bulan yang terang; kecantikan alam; keindahan alam; puisi.　~하다 menikmati (keindahan) alam. 들은 ~ pengetahuan yang didapat dari mendengar.　~객 orang yang bersifat romantis.

풍유(諷喩)＜fung/yu＞ kiasan; sindiran.

풍자(諷刺)＜fung/ja＞ satire; sarkasme; ironi; sindiran tajam.　~하다 menyindir; mengecam dengan sindiran.　~적 satiris; ironis; sarkastik.　~가 penyindir; pengarang satire.　~화 karikatur.　~문학 satire; karangan satire.　~소설[시] novel [puisi] satire.

풍작(豊作)＜fung/jak＞ hasil panen yang banyak.

풍장(風葬)＜fung/jang＞ sepultura (kuburan) udara.

풍재(風災)＜fung/jae＞ kerusakan akibat angin.

풍전등화(風前燈火)＜fung/jeon/deung/hwa＞ telur di ujung tanduk.　~이다 menggantung dengan rambut; sangat genting.

풍조(風潮)＜fung/jo＞ kecenderung-an; arus. 세상 ~를 따르다 [거스르다] sesuai [bertentangan] dengan arus zaman.

풍족(豊足)＜fung/jok＞　~한 melimpah ruah; banyak; kaya.　~ 하게 살다 hidup mapan.

풍차(風車)＜fung/cha＞ kincir angin; kitiran angin.

풍채(風采)＜fung/chae＞ penampilan (pribadi).　~가 초라한 사람 orang yang berpenampilan buruk. 당당한 ~ penampilan yang perkasa.

풍치(風致)＜fung/chi＞ panorama.　~림 hutan panorama.　~지구 kawasan berpanorama indah.

풍토(風土)＜fung/tho＞ iklim. 문화 [정신] 적 ~ iklim budaya [spiritual].　~기(記) topografi.　~병(病) penyakit endemis.

풍파(風波)＜fung/fa＞ ① (파도와 바람) angin dan gelombang; (거친파도) laut yang ganas. ② (불화) pertengkaran; perselisihan; (고초) badai; kesengsaraan hidup.　~를 겪다 mengalami kesukaran/penderitaan. 가정 ~ pertengkaran keluarga. 세상 ~ badai kehidupan. 세상 ~에 시달리다 terpukul oleh gelombang kesengsaraan.

풍해(風害)＜fung/hae＞ kerusakan angin.

풍향(風向)＜fung/hyang＞ arah angin.　~이 바뀌다 berganti arah; berubah arah.

풍화(風化)＜fung/hwa＞ 『地』 pelapukan oleh cuaca.　~하다 melapukkan.　~작용 proses pelapukan.

퓨리턴＜fyu/ri/theon＞ puritan; puritanisme.

퓨즈＜fyu/jeu＞ sekering.　~를 갈다 mengganti sekering.　~를 달다 memasang sekering.　~가 끊어지다 sekering putus.

풀리처상(-賞)＜fyul/li/cheo/sang＞ hadiah pulitzer.

프라우다＜feu/ra/u/da＞ pravda.

프라이＜feu/ra/i＞ gorengan.　~하다 menggoreng.　~팬 penggorengan; kuali; wajan. 새우 ~

udang goreng.

프라이드＜feu/ra/i/deu＞ harga diri; kebanggaan.　~가 센 bangga; harga diri tinggi.

프라이버시＜feu/ra/i/beo/si＞ rahasia pribadi.

프라임레이트＜feu/ra/im/re/i/theu＞ 『經』 suku bunga dasar.

프랑＜feu/rang＞ Franc (mata uang Perancis).

프랑스＜feu/rang/seu＞ negara Perancis.　~인 orang Perancis.　~요리 masakan Perancis.

프래그머티즘＜feu/rae/geu/meo/thi/jeum＞ pragmatisme.

프레스＜feu/re/seu＞ ① (누르기) menekan. ② pers.　~ 복스 kotak pers.

프레젠트＜feu/re/jen/theu＞ hadiah; oleh-oleh.

프렌치＜feu/ren/chi＞ Perancis.　~ 토스트 bersulang ala Perancis.

프로＜feu/ro＞ ① ☞ 프로그램.　~를 짜다 menyusun program/acara.　~에 올리다 memasukkan ke program/acara. ② ☞ 프롤레타리아.　~문학 literatur proletar. ③ ☞ 프로페셔널.　~선수 [야구] pemain [bisbol] profesional.

프로그래머＜feu/ro/geu/rae/meo＞ programer; pembuat program.

프로그래밍＜feu/ro/geu/rae/ming＞ pemograman.

프로그램＜feu/ro/geu/raem＞ program; rancangan.

프로덕션＜feu/ro/deok/syeon＞ produksi film; studio film.

프로듀서＜feu/ro/dyu/seo＞ produser.

프로모터＜feu/ro/mo/theo＞ promotor.

프로세스＜feu/ro/se/seu＞ proses.

프로젝트＜feu/ro/jek/theu＞ proyek.

프로카인＜feu/ro/kha/in＞ 『化』 prokain.

프로테스탄트＜feu/ro/the/seu/than/theu＞ protestan.

프로파간다＜feu/ro/fa/gan/da＞ propaganda; publisitas.

프로판가스＜feu/ro/fan/ga/seu＞ gas propan.

프로페셔널＜feu/ro/fe/syeo/neol＞ profesional.

프로펠러＜feu/ro/fel/leo＞ baling-baling.

프로포즈＜feu/ro/fo/jeu＞ lamaran.　~하다 melamar.

프로필＜feu/ro/fil＞ profil; tampang/raut muka.

프록코트＜feu/rok/kho/theu＞ baju rok.

프론트＜feu/ron/theu＞ meja depan (resepsi).

프롤레타리아＜feu/rol/le/tha/ri/a＞ proletariat; kaum marhaen.　~독재 kediktatoran proletar.　~혁명 revolusi kaum marhaen; revolusi proletar.

프롤로그＜feu/rol/lo/geu＞ prolog; kata pendahuluan.

프리마돈나＜feu/ri/ma/don/na＞ primadona.

프리미엄＜feu/ri/mi/eom＞ premium.　~을 붙이다 menambah premium.

프리즘＜feu/ri/jeum＞ 『理』 prisma.

프리패브＜feu/ri/fae/beu＞ ~주택 rumah jadi.

프린트＜feu/rin/theu＞ cetakan; salinan; mimeograf.　~하다 mencetak.　~합판 kayu lapis cetak.

프토마인＜feu/tho/ma/in＞ 『化』 ptomaine.

플라스마＜feul/la/seu/ma＞ plasma.

플라스크＜feul/ra/seu/kheu＞ 『化』 botol; labu (di laboratorium kimia).

플라스틱＜feul/la/seu/thik＞ plastik.　~제품 barang-barang plastik.

플라이급(- 級)＜feul/la/i/geub＞ kelas terbang.

플라타너스＜feul/la/tha/neo/seu＞ 『植』 platanus.

플라토닉러브＜feul/la/tho/nik/leo/beu＞ cinta platonik.

플란넬＜feul/lan/nel＞ cinta planel.

플랑크톤＜feul/lang/kheu/thon＞ plankton.

플래시＜feul/lae/si＞ kilat.　~를 터

뜨리다 menyalakan lampu kilat. ~ 세례를 받다 dihujani jepretan lampu kilat.

플래카드 <feul/lae/kha/deu> plakat.

플래티나 <feul/lae/thi/na> platinum (Pt).

플랜 <feul/laen> rencana; skema; rancangan. ~을 짜다 membuat rencana.

플랜트 <feul/laen/theu> pabrik. ~수출 ekspor pabrik.

플랫폼 <feul/laet/fom> peron.

플러그 <feul/leo/geu> 『電』 steker. ~를 꽂다 mencolok steker.

플러스 <feul/leo/seu> plus; tambah. ~하다 menambah. 3 ~ 5는 8 tiga tambah lima sama dengan delapan. ~ 알파 tambah lain-lain.

플레어스커트 <feul/le/eo/seu/kheo/theu> rok panjang.

플레이트 <feul/le/i/theu> 『野』 plat pelempar bola. ~를 밟다 mencapai plat.

플루토늄 <feul/lu/tho/nyum> 『化』 plutonium (Pu).

피 <fi> ① darah. ~바다 lautan darah. ~묻은 berdarah; bernoda darah. ~를 흘리다 menumpahkan darah. ~를 뽑다 mengambil darah. ~를 토하다 muntah darah. ~를 보다 berakhir dengan pertumpahan darah. ② (hubungan) darah. ~를 나눈형제 saudara sedarah; saudara kandung. ~를 이어 받다 diturunkan (dari). ③ ~에 굶주린 haus darah. ~가 끓다 darah mendidih.

피 <fi> 『植』 rumput pekarangan.

피 <fi> phuih!; cih!; bah!. ~하다 mencemooh.

피…(被) <fi> ~압박 계급[민족] kelas [ras] yang tertindas.

피검(被檢) <fi/geom> ~되다 ditahan. ~자 orang yang ditahan.

피겨스케이트 <fi/gyeo/seu/khe/i/theu> skat indah. ~를 하다 bermain skat indah. ~선수 pemain skat indah.

피격(被擊) <fi/gyeok> ~되다 di-serang; dibunuh; terbunuh.

피고(被告) <fi/go> tergugat (perdata); terdakwa (tindak pidana). ~석 bangku terdakwa. ~측 변호인 penasehat hukum terdakwa; pembela.

피고름 <fi/go/reum> nanah berdarah.

피고용자(被雇傭者) <fi/go/yong/ja> pekerja; pegawai; karyawan.

피곤(疲困) <fi/gon> kelelahan; keletihan. ~한 lelah; capek; letih.

피골(皮骨) <fi/gol> ~이 상접하다 tinggal kulit pembungkus tulang.

피나무 <fi/na/mu> 『植』 pohon limau.

피난(避難) <fi/nan> pengungsian. ~하다 mencari perlindungan; mengungsi. ~민 pengungsi. ~살이 kehidupan pengungsi. ~처 tempat pengungsian.

피날레 <fi/nal/le> final; penutup.

피납(被拉) <fi/nab> ☞ 납치(拉致).

피눈물 <fi/nun/mul> air mata kepedihan; air mata darah.

피닉스 <fi/nik/seu> fonik.

피다 <fi/da> ① mekar; berkembang; berbunga. 활짝 ~ mekar semerbak. ② (불이) mulai membakar; menyala. ③ (얼굴이) tampak bagus; berseri-seri. ④ ☞ 펴이다.

피대(皮帶) <fi/dae> sabuk kulit.

피동(被動) <fi/dong> ~ 적(으로) (secara) pasif. ~사(詞) kata kerja pasif.

피둥피둥 <fi/dung/fi/dung> ① ~한 montok; sehat. ② ~한 keras kepala; bandel; tidak patuh.

피땀 <fi/tam> darah dan keringat. ~흘려 번돈 uang yang didapat dengan cucuran keringat. ~ 흘리며 일하다 berkeringat darah.

피똥 <fi/tong> berak darah.

피라미 <fi/ra/mi> 『魚』 minnow (semacam ikan yang amat kecil).

피라미드 <fi/ra/mi/deu> piramid. ~형의 berbentuk piramid.

피란(避亂) <fi/ran> pengungsian;

pelarian. ~하다 mengungsi. ~민 pengungsi.

피력(披瀝)<fi/ryeok> ~하다 mengemukakan (pendapat).

피로(披露)<fi/ro> pengumuman. ~하다 mengumumkan; memperkenalkan. 결혼 ~연 pesta (resepsi) pernikahan.

피로(疲勞)<fi/ro> kelelahan; keletihan; keausan. ~한 lelah; letih. 눈의 ~ kelelahan mata. ~를 풀다 beristirahat; melepas lelah. ~를 느끼다 merasa lelah.

피뢰침(避雷針)<fi/roe/chim> 『理』 konduktor/penangkal petir.

피륙<fi/ryuk> barang-barang sandang.

피리<fi/ri> suling; seruling. ~를 불다 meniup seruling.

피리새<fi/ri/sae> 『鳥』 burung finch.

피리어드<fi/ri/eo/deu> titik.

피마자<fi/ma/ja> ☞ 아주까리.

피막(皮膜)<fi/mak> lapisan tipis; selaput.

피맺히다<fi/mae/chi/da> memar.

피보험물(被保險物)<fi/bo/heom/mul> barang/harta yang diasuransikan.

피보험자(被保險者)<fi/bo/heom/ja> orang yang diasuransi.

피보호자(被保護者)<fi/bo/ho/ja> anak yang diwalikan.

피복(被服)<fi/bok> pakaian; busana. ~비(費) biaya pakaian. ~창(廠) depot pakaian.

피복(被覆)<fi/bok> pelapisan; pembungkusan. ~선(線) kawat yang dibungkus.

피부(皮膚)<fi/bu> kulit. ~가 거칠다 [약하다] berkulit kasar [halus]. ~과(科) bagian kulit. ~병 penyakit kulit. ~염(炎) dermatitis; radang/infeksi kulit. ~ 이식술 pencangkokan kulit. ~호흡 respirasi kulit; penguapan kulit.

피사<fi/sa> ~의 사탑 menara Pisa.

피살(被殺)<fi/sal> ~되다 dibunuh; terbunuh. ~된 시체 tubuh orang yang terbunuh.

피상(皮相)<fi/sang> ~적 dangkal.

피상속인(被相續人)<fi/sang/sok/in> pewaris.

피서(避署)<fi/seo> pakansi musim panas. ~하다 melewatkan musim panas (di). ~가다 pergi (ke suatu tempat) untuk liburan musim panas. ~객 [지] wisatawan [tempat] liburan musim panas.

피선(被選)<fi/seon> ~되다 dipilih.

피선거권(被選擧權)<fi/seon/geo/kwon> sifat memenuhi syarat; digabilitas. ~이 있다 memenuhi syarat (untuk dipilih).

피선거인(被選擧人)<fi/seon/geo/in> orang yang memenuhi syarat (untuk dipilih).

피스톤<fi/seu/thon> piston; torak.

피스톨<fi/seu/thol> pistol; revolver.

피습(被襲)<fi/seub> ~ 당하다 diserang.

피승수(被乘數)<fi/seung/su> 『數』 pengali.

피신(避身)<fi/sin> ~하다 melarikan diri; menyembunyikan diri; mengungsi. ~처 tempat mengungsi.

피아(彼我)<fi/a> diri dan orang lain; dia dan saya; mereka dan kita; kedua pihak.

피아노<fi/a/no> piano. ~를 치다 bermain piano. ~를 배우다 belajar piano (dari). ~독주 piano solo.

피아니스트<fi/a/ni/seu/theu> pemain piano; pianis.

피아르<fi/a/reu> humas/P.R. ~하다 mempublikasikan; mengiklankan. ~가 잘 돼 있다 dipublikasikan dengan baik. ~영화 [담당자] film [pegawai] humas/P.R. ~활동 kegiatan humas.

피안(彼岸)<fi/an> ① *Paramita*. ② ☞ 대안(對岸).

피압박(被壓迫)＜fi/ab/pak＞　～민족 rakyat (bangsa) tertindas.

피앙세＜fi/ang/se＞　tunangan.

피어나다＜fi/eo/na/da＞　① (불이) terbakar lagi.　② (소생) hidup kembali; pulih kembali.　③ (꽃이) berkembang; mekar.　④ (형편이) menjadi lebih baik; membaik.

피에로＜fi/e/ro＞　pelawak; badut.

피엘오＜fi/el/o＞　Organisasi Pembebasan Palestina (P.L.O)

피우다＜fi/u/da＞　① (불을) menyalakan api; membuat api.　② merokok; mengepulkan asap; membakar (kemenyan).　한 대 ～ menghisap sebatang rokok.　③ (재주를) menggunakan (trik).　④ (냄새를) mengeluarkan (bau).

피의자(被疑者)＜fi/eui/ja＞　tersangka; orang yang dicurigai.

피임(被任)＜fi/im＞　～되다 ditunjuk; diangkat.　～자 orang yang diangkat.

피임(避妊)＜fi/im＞　pencegahan kehamilan; kontrasepsi.　～하다 mencegah kehamilan.　～법(法) [기구, 수술] metode [alat, operasi] kontrasepsi.　～약(藥) obat kontrasepsi.

피장파장＜fi/jang/fa/jang＞　～이다 serba sama.

피제수(被除數)＜fi/je/su＞　『數』 pembilang.

피지(皮脂)＜fi/ji＞　『生』 sebum; bahan berminyak.　～루(漏) seborihea.　～선 kelenjar minyak.

피차(彼此)＜fi/cha＞　ini dan itu; kedua pihak; satu sama lainnya.　～의 mutual; saling.　～ 일반이다 sama satu sama lain; sama-sama.

피처＜fi/cheo＞　『野』 pelempar bola.　～플레이트 plat pelempar bola.

피천(被薦)＜fi/cheon＞　～되다 direkomendasikan (untuk).

피천한닢없다＜fi/cheon/han/nif/eob/ta＞　tidak ber uang sepeserpun.

피청구인(被請求人)＜fi/cheong/gu/in＞　orang yang dituntut.

피치＜fi/chi＞　① ter; aspal; pe-

langkin.　② kecepatan pendayung.　③ 급 ～로 dengan kecepatan tinggi.　～를 올리다 meningkatkan kecepatan.

피치자(被治者)＜fi/chi/ja＞　yang diperintah; yang dijajah.

피침(被侵)＜fi/chim＞　～하다 dilanggar; diserbu.

피켈＜fi/khel＞　『登』 kapak es.

피콜로＜fi/khol/lo＞　『藥』 pikolo; suling oktaf.

피크＜fi/kheu＞　puncak.　～시(時)에 pada jam-jam puncak.　～시 전력량(量) jumlah energi listrik pada puncak pemakaian.　～출력 kapasitas puncak.

피크닉＜fi/kheu/nik＞　piknik; tamasya; darmawisata.

피크린산(-酸)＜fi/kheu/rin/san＞　『化』 asam pikrat.

피킷＜fi/khit＞　barisan penjagaan.　～라인 barisan penjaga para pemogok.

피타고라스＜fi/tha/go/ra/seu＞　Pythagoras.　～의 정리 teori Pythagoras.

피탈(被奪)＜fi/thal＞　～하다 dirampok; dirampas; dijarahi.

피투성이＜fi/thu/seong/i＞　～의 berdarah.　～가 되어 berlumuran dengan darah.

피트＜fi/theu＞　kaki (= 12 inci).

피폐(疲弊)＜fi/fye＞　～하다 ludes; habis terpakai; terkuras.

피폭(被爆)＜fi/fok＞　～되다 dibom.　원폭의 ～자 korban bom atom.　～지구 zona yang dibom.

피피엠＜fi/fi/em＞　ppm (bagian per sejuta)

피하(皮下)＜fi/ha＞　～의 hipodermik.　～주사 injeksi hipodermik.　～지방(脂肪) lemak bawah kulit.　～출혈 pendarahan hipodermik.

피하다(避 -)＜fi/hada＞　menghindar; mengelak; menjauhkan diri dari.　자전거를 ～ menghindar sepeda.　남의 눈을 ～ menghindari mata khalayak.

피한(避寒)＜fi/han＞　～하다 melewatkan musim dingin (di). ~지 tempat melewatkan musim dingin.

피해(被害)<fi/hae> kecelakaan; kerusakan. ~를 입다 mengalami kecelakaan; dirusakkan (oleh). ~망상 mania penganiayaan. ~액 jumlah kerusakan. ~자 korban.

피험자(被驗者)<fi/heom/ja> orang yang diuji/ditest.

피혁(皮革)<fi/hyeok> kulit. ~공업 industri kulit. ~상(商) pedagang kulit.

픽<fik> ~ 쓰러지다 terkulai. ~웃다 mencibirkan; menyeringai.

픽션<fik/syeon> fiksi.

픽업<fik/eob> truk pickup.

핀<fin> penjepit; jepitan; jepitan rambut. ~을 꽂다 [지르다] menjepit.

핀둥...<fin/dung> ☞ 빈둥...

핀란드<fil/lan/deu> Finlandia. ~의 [어] tentang Finlandia [bahasa Finlandia]. ~사람 orang Finlandia.

핀셋<fin/set> pinset.

핀잔<fin/jan> ~주다 mencerca; memarahi didepan muka; mencomeli. ~먹다 dicerca; dimarahi.

핀트<fin/theu> ① fokus. ~가 맞다 [안 맞다] dalam [diluar] fokus. ~를 맞추다 memfokus kamera (pada). ② maksud; pokok. ~가 어긋나다 menyimpang dari maksud.

필(匹)<fil> ekor. 말 세 ~ tiga ekor kuda.

필(疋)<fil> gulungan kain.

필(畢)<fil> lunas; selesai; OK (☞ 필하다). 지불(支拂) ~ Lunas; Telah Dibayar.

필경(畢竟)<fil/gyeong> ☞ 결국.

필경(筆耕)<fil/gyeong> penyalinan. ~료 bea penyalinan. ~생 penyalin.

필공(筆工)<fil/gong> tukang kuas.

필기(筆記)<fil/gi> pencatatan. ~하다 mencatat. ~시험 ujian tertulis; ujian tulisan. ~장 buku catatan.

필담(筆談)<fil/tam> ~하다 berbicara melalui tulisan.

필답(筆答)<fil/dab> jawaban tertulis. ~하다 menjawab secara tertulis. ~시험 ujian tertulis; ujian tulisan.

필독(必讀)<fil/dok> baca wajib. ~의 서 buku wajib.

필두(筆頭)<fil/du> yang pertama dalam daftar. ...의 ~에 dibagian atas. A 대통령을 ~로 dari presiden A ke bawah.

필라멘트<fil/la/men/theu> 『電』 filamen.

필력(筆力)<fil/lyeok> kekuatan pena.

필름<fil/leum> filem. ~에 담다 memfilemkan.

필리핀<fil/li/fin> Filipina. ~사람 orang Filipina.

필마(匹馬)<fil/ma> kuda tunggal. ~단창(單槍) menunggang sendirian dengan bertombak.

필멸(必滅)<fil/myeol> ~의 fana; mortal. 생자(生者) ~ semua makhluk hidup pasti mati.

필명(筆名)<fil/myeong> nama samaran.

필묵(筆墨)<fil/muk> pena dan tinta; alat-alat kantor.

필법(筆法)<fil/peob> (운필법) keahlian menulis indah; (문체) gaya penulisan.

필봉(筆鋒)<fil/bong> ~이 날카롭다 tajam dalam argumen.

필부(匹夫)<fil/bu> pria biasa.

필사(必死)<filsa> ~의 [적] matimatian. ~적으로 dengan mati-matian; secara mati-matian. ~적인 노력 usaha mati-matian.

필사(筆寫)<fil/sa> penyalinan. ~하다 menyalin. ~료 bea penyalinan.

필산(筆算)<fil/san> kalkulasi dengan angka-angka. ~하다 menghitung pada sehelai kertas.

필살(必殺)<fil/sal> ~의 일격(-擊) pukulan yang mematikan.

필생(畢生)<fil/saeng> ~의 seumur hidup. ~의 사업 pekerjaan seumur hidup.

필생(筆生)＜fil/saeng＞ penyalin.

필설(筆舌)＜fil/seol＞ ~로 다할 수 없다 tidak tergambarkan; tidak terlukiskan; tidak terucapkan.

필세(筆勢)＜fil/se＞ goresan kuas.

필수(必須)＜fil/su＞ ~의 wajib; sangat diperlukan; esensial (bagi). ~과목 mata pelajaran wajib. ~조건 kondisi yang diperlukan. ~조항(條項) klausa wajib.

필수품(必需品)＜fil/su/fum＞ kebutuhan; keperluan. 생활 ~ kebutuhan hidup/sehari-hari.

필승(必勝)＜fil/seung＞ kemenangan yang pasti. ~의 신념 keyakinan kemenangan yang pasti. ~을 기하다 yakin akan kemenangan.

필시(必是)＜fil/si＞ tentu; tidak ada keraguan.

필연(必然)＜fil/yeon＞ keharusan; ketakterelakan; tentu saja. ~적 perlu; tidak dapat dielakkan. ~적으로 secara tak terelakkan. ~성 kebutuhan; keperluan.

필요(必要)＜fil/yo＞ kebutuhan; keperluan. ~한 perlu. ~한 경우에는 bilamana perlu. ~가 없다 tidak perlu. …을 ~로 하다 butuh; memerlukan. ~성(性) kebutuhan. ~악 [조건] kejahatan [kondisi] yang dibutuhkan.

필유곡절(必有曲折)＜fil/yu/gok/jeol＞ Tentunya ada alasan untuk itu.

필자(筆者)＜fil/ca＞ penulis; pengarang.

필적(匹敵)＜fil/jeok＞ ~하다 sebanding; setara. ~할 만한 사람 [것]이 없다 tidak ada bandingan.

필적(筆跡)＜fil/ceok＞ tulisan tangan. 남자[여자]의 ~ tulisan tangan yang maskulin [feminin]. ~을 감정하다 mengidentifikasikan tulisan tangan.

필주(筆誅)＜fil/ju＞ ~를 가하다 mencela melalui tulisan.

필지(必至)＜fil/ji＞ ~의 tidak terelakkan.

필지(必知)＜fil/ji＞ pengetahuan yang diperlukan. ~사항 hal-hal yang harus diketahui.

필지(筆地)＜fil/ci＞ petak tanah.

필진(筆陳)＜fil/cin＞ staf penyuntingan.

필치(筆致)＜fil/chi＞ gaya; goresan pena; sentuhan.

필터＜fil/theo＞ filter. ~(달린) 담배 rokok filter.

필통(筆筒)＜fil/thong＞ kotak pensil.

필하다(畢 -)＜fil/hada＞ menyelesaikan; merampungkan.

필화(筆禍)＜fil/hwa＞ ~를 입다 dituntut karena tulisan/artikel.

필휴(必携)＜fil/hyu＞ ~의 (barang) yang harus dibawa.

핍박(逼迫)＜fil/bak＞ ① ~하다 diketatkan. 금융의 ~ pengetatan uang. ② (박해) ~하다 menekan; memaksa.

핍진(逼眞)＜fib/jin＞ ☞ 박진(迫眞).

핏기＜fit/gi＞ ☞ 혈색(血色). ~없는 seputih kertas; pucat pasi. ~가 가시다 menjadi pucat.

핏대＜fit/dae＞ urat darah. ~를 올리다 menjadi biru karena marah.

핏덩어리, 핏덩이＜fit/deong/eo/ri, fit/deong/i＞ bayi merah; orok baru lahir.

핏발서다＜fit/bal/seo/da＞ naik darah.

핏줄＜fit/jul＞ ① ☞ 혈관. ② hubungan darah. ~이 같은 berhubungan darah.

핑＜fing＞ ① (도는 꼴) berputaran (barang). ② (어찔한 꼴) berputaran; pusing.

핑계＜fing/gye＞ dalih; alasan. (☞ 구실). ~를 대다 berdalih; mencari alasan.

핑그르르＜fing/geu/reu/reu＞ berputar-putar.

핑크＜fing/kheu＞ ~색의 jingga. ~무드 suasana jingga.

핑퐁＜fing/fong＞ pingpong; tenis meja. ☞ 탁구.

핑핑＜fing/fing＞ berputar-putar.

하(下)＜ha＞ ① (하급) kelas [ting-kat] rendah; inferioritas. ② (하권) volume terakhir; jilid terakhir. ③ di bawah. ...의 감독 ～에 dibawah pengawasan (dari).

하강(下降)＜ha/gang＞ ～하다 tu-run; jatuh; menurun. 경기의 ～ penurunan usaha.

하객(賀客)＜ha/gaek＞ pengucap se-lamat; pemberi selamat; tamu. 신년 ～ tamu tahun baru.

하계(下界)＜ha/gye＞ dunia yang hi-na ini; dunia. ～를 굽어보다 me-mandang rendah keduniawian.

하계(夏季)＜ha/gye＞ ☞ 하기(夏期).

하고(ha/go＞ dan; dengan; beserta (dengan).

하고많다＜ha/go/man/tha＞ banyak; tak terhitung; berlimpah-limpah.

하곡(夏穀)＜ha/gok＞ bijian musim panas.

하관(下棺)＜ha/gwan＞ ～하다 me-nurunkan peti mati kedalam ku-buran.

하관＜ha/gwan＞ dagu; rahang. ～이 빨다 berdagu meruncing.

하교(下敎)＜ha/gyo＞ perintah; ins-truksi.

하구(河口)＜ha/gu＞ muara sungai; mulut sungai. ☞ 강어귀.

하권(下卷)＜ha/gwon＞ jilid terakhir [kedua, ketiga].

하극상(下剋上)＜ha/geuk/sang＞ yang bawah mendominasi yang atas; ekor mengibasi badan.

하급(下級)＜ha/geub＞ kelas/tingkat rendah. ～의 rendah; yunior; ba-wahan. ～공무원 pegawai rendah. ～관청 kantor cabang paling ren-dah. ～노동자 buruh. ～법원 pengadilan rendah (negeri). ～생 siswa kelas rendah. ～장교 per-wira pertama. ～품 barang ber-mutu rendah; barang berkualitas rendah.

하기(下記)＜ha/gi＞ ～의 berikut; tersebut dibawah. ～사항 item-item berikut. ～와 같이 sebagai berikut.

하기(夏期)＜ha/gi＞ musim panas. ～학교 [강습회] sekolah [kuliah] musim panas. ～휴가 pakansi [li-buran] musim panas.

하기는＜ha/gi/neun＞ sungguh; be-nar-benar; memang. ～네 말이 옳다 memang anda benar.

하기식(下旗式)＜ha/gi/sik＞ upacara penurunan bendera.

하나＜ha/na＞ ① satu. ～의 satu; se; sama; identik. ～씩 satu per satu; satu demi satu; masing-masing. ～걸러 secara bergantian; secara berurutan. ～에 50원 50 won sepotong. 단 ～뿐인 친구 te-man satu-satunya. ～도 남김 없이 tanpa pengecualian. ～에서 열까지 dari awal sampai akhir; dalam se-gala hal.

하나님＜ha/na/nim＞ ☞ 하느님.

하녀(下女)＜ha/nyeo＞ pembantu; babu; pelayan.

하느님＜ha/neu/nim＞ Tuhan; Tuhan sekalian alam.

하늘＜ha/neul＞ ① langit; udara; angkasa. ～빛(의) biru langit; azu-ra. 갠[흐린] ～ langit cerah [men-dung]. ～의 용사 pahlawan udara. ～높이 tinggi di langit. ～을 찌를 듯한 pencakar langit. ～을 날다 terbang di udara (di angkasa). ～에서 별따기 seperti memetik bin-tang di langit. ② langit; surga; Tuhan. ～이 주신 pemberian Tu-han. ～을 두려워하다 takut pada Tuhan/taqwa. ～은 스스로 돕는 자를 돕는다 Tuhan akan menolong mereka yang menolong dirinya sen-diri.

하늘거리다＜ha/neul/geo/ri/da＞ ayunan; goyangan; getaran.

하늘다람쥐＜ha/neul/da/ram/jwi＞ 『動』 bajing terbang.

하늘소＜ha/neul/so＞ 『蟲』 kumbang bertanduk panjang.

하다＜ha/da＞ ① melakukan; mengerjakan; mencoba; memainkan. 일을 ~ melakukan pekerjaan. 연설을 ~ berpidato. 나쁜 짓을 ~ melakukan kejahatan. 잘 ~ mengerjakan dengan baik. ~ 말고 그만두다 meninggalkan setengah selesai; meninggalkan setengah jadi. 문학을 ~ berkecimpung dalam sastra; bersastra. ② belajar; mempelajari; memahami. 불어를 ~ memahami bahasa Perancis. ③ (연기) memainkan; mempertunjukkan. ④ makan; minum; merokok; mengambil. 한잔더 ~ minum segelas lagi. ⑤ mengalami; menjalani. 고생을 ~ bersusah-susah; mengalami kesukaran-kesukaran. ⑥ bekerja sebagai; menjalankan/mengelola; bertindak sebagai. 책방을 ~ mengelola toko buku. 중매장이 노릇을 ~ bertindak sebagai perantara. ⑦ berharga; bernilai. 90.000원 하는 시계 jam berharga 90.000 won. ⑧ (착용) mengenakan; memakai. ⑨ bernama. X 라고 하는 사나이 orang yang bernama X.

하다못해＜ha/da/mo/thae＞ sampai-sampai. 못된 짓을 ~나중에는 도둑질까지 했다 Dia berbuat jahat terus menerus sampai-sampai mencuri.

하단(下段)＜ha/dan＞ ① (글의) kolom bawah. ② (계단의) tahapan terbawah; anak tangga terbawah.

하달(下達)＜ha/dal＞ ☞ 전달. 상의(上意)를 ~하다 menyampaikan kehendak dan ide para pemimpin kepada yang dipimpin. 명령을 ~하다 memberikan komando; memberikan perintah.

하대(下待)＜ha/dae＞ ~하다 merendahkan; tidak ramah; memanggil orang dengan nama belaka.

하도＜ha/do＞ kebanyakan; terlalu; berlebihan. ~ 기뻐서 karena terlalu senang.

하도롱지(- 紙)＜ha/do/rong/ji＞ kertas coklat; kertas kraft.

하드웨어＜ha/deu/we/eo＞ 『電子』 perangkat keras.

하등(下等)＜ha/deung＞ ~의 rendah; kasar; vulgar. ~동물 [식물] hewan [tumbuhan] tingkat rendah. ~품 barang tidak bermutu; barang inferior.

하등(何等)＜ha/deung＞ sedikitpun. ~의 apapun. ~의 이유도 없이 tanpa alasan apapun. ~ 이상이 없다 tidak satupun yang salah; semuanya oke.

하락(下落)＜ha/rak＞ penurunan; kejatuhan; kemerosotan. ~하다 jatuh; menurun; merosot (harga). 급격한 ~ penurunan tajam. 원화(貨)의 ~ penurunan dalam nilai "won". ~세(勢) kecenderungan menurun.

하략(下略)＜ha/ryak＞ lainnya diabaikan; sisanya diabaikan. ~하다 mengabaikan sisanya.

하렘＜ha/rem＞ harem.

하례(賀禮)＜ha/rye＞ pesta selamatan; perayaan; pengucapan selamat. ~하다 mengucapkan selamat. 신년 ~ perayaan tahun baru.

하루＜ha/ru＞ ① ☞ 하룻날. ② satu hari. ~종일 sepanjang hari; seharian. ~일 kerja satu hari. ~에 perhari; sehari. ~이 틀(에) dalam satu atau dua hari. ~걸러 selang satu hari. ③ ~는 suatu hari.

하루거리＜ha/rut/keo/ri＞ demam malaria tertier.

하루바삐＜ha/ru/ba/pi＞ sesegera mungkin; tanpa menunda seharipun.

하루살이＜ha/ru/sa/ri＞ 『蟲』 serangga yang hidup dan mati dalam sehari. ~같은 인생 kehidupan yang sekejap mata.

하루아침＜ha/ru/a/chim＞　～에 dalam satu hari; dalam sehari.　～에 유명해지다 terkenal dalam sehari.

하루하루＜ha/ru/ha/ru＞ hari ke hari; hari demi hari.　～ 연기하다 menunda dari hari ke hari.　～나아지다 semakin baik dari hari ke hari.

하룻강아지＜ha/rut/kang/a/ji＞　～범 무서운 줄 모른다 Bagai laron terjun ke api.

하룻날＜ha/rut/nal＞ hari pertama (setiap bulan).

하룻밤＜ha/rut/pam＞ satu malam.　～ 사이에 dalam satu malam.　～묵다 menginap satu malam.　～을 지내다 melewatkan satu malam.

하류(下流)＜ha/ryu＞　① hilir sungai. 한강 ～에 di hilir sungai Han.　② (사회의) lapisan sosial yang rendah.　～계급 kelas-kelas yang lebih rendah.　～생활 kehidupan yang hina.

하릴없다＜ha/ril/eob/ta＞ tak terelakkan; tak dapat dihindarkan. 바보라는 말을 들어도 ～ Saya pantas disebut bodoh.

하릴없이＜ha/ril/eob/si＞ secara tak terelakkan; dengan enggan.

하마(下馬)＜ha/ma＞　～하다 turun dari kuda; turun dari tahta.

하마(河馬)＜ha/ma＞『動』 kuda nil.

하마터면＜ha/ma/theo/myeon＞ nyaris.　～ 익사할 [죽을] 뻔했다 nyaris tenggelam [mati].

하명(下命)＜ha/myeong＞ teguran; perintah.　～하다 memerintahkan.

하모니카＜ha/mo/ni/kha＞ harmonika.

하문(下問)＜ha/mun＞　～하다 menanyakan; meminta.

하물(荷物)＜ha/mul＞ ☞ 짐, 화물.

하물며＜mul/myeo＞ apalagi; jangan dikata. 그는 영어도 못 읽는데. ～ 독일어를 어찌하겠는가 Dia membaca bahasa Inggris saja tidak bisa apalagi Jerman.

하박(下膊)＜ha/bak＞『解』 lengan bawah.　～골(骨) tulang lengan bawah.

하반(下半)＜ha/ban＞　～기(期) setengah tahun terakhir; semester kedua.　～신 setengah badan kebawah.

하복(夏服)＜ha/bok＞ pakaian musim panas.

하복부(下腹部)＜ha/bok/bu＞ perut bawah.

하부(下部)＜ha/bu＞ bagian bawah.　～기관 kantor cabang.　～ 조직[구조] struktur bawah.

하비다＜ha/bi/da＞　① (할퀴다) mencakar; menggores.　② ☞ 후비다.

하사(下士)＜ha/sa＞ kopral.　～관 bintara.

하사(下賜)＜ha/sa＞　～하다 memberi; melimpahkan; mendermakan; menganugerahi.　～품 [금] anugerah barang [uang] dari raja.

하산(下山)＜ha/san＞　① (산에서) ～하다 turun gunung.　② (절에서) ～하다 keluar biara.

하상(河床)＜ha/sang＞ dasar sungai.

하선(下船)＜ha/seon＞　～하다 turun dari kapal; naik ke darat.

하선(下線)＜ha/seon＞ garis bawah.

하소연＜ha/so/yeon＞ keluhan.　～하다 mengeluh.

하수(下水)＜ha/su＞ air kotor; air limbah.　～관 pipa kuras; pipa air limbah.　～구(溝) pelimbahan; pecomberan.　～도 saluran; selokan; parit.　～ 도공사 pekerjaan selokan/saluran.　～ 처리장 jaringan pembuangan.

하수(下手)＜ha/su＞ (솜씨) ketidakterampilan; (바둑 장기의) pemain tingkat rendah.

하수(下手)＜ha/su＞ (살인) ～하다 membunuh.　～인 pembunuh.

하숙(下宿)＜ha/suk＞ indekos.　～하다 indekos.　～을 치다 menerima indekos; mengindekoskan.　～비 biaya indekos.　～생 siswa indekos.　～인(人) penyewa rumah; orang indekos.　～집(을 경영하다) (menjalankan) rumah indekos/pemondokan.

하순(下旬)＜ha/sun＞ bagian akhir bulan; akhir bulan. 5월 ~에 akhir bulan Mei; Mei akhir.

하야(下野)＜ha/ya＞ ~하다 turun jabatan.

하얗다＜ha/yat/tha＞ putih murni; putih salju.

하얘지다＜ha/yae/ji/da＞ memutih. 머리가 ~ rambut memutih.

하여간(何如間)＜ha/yeo/gan＞ ☞ 하여튼.

하여튼(何如 -)＜ha/yeo/theun＞ bagaimanapun; bagaimana juga.

하역(荷役)＜ha/yeok＞ pekerjaan bongkar muat. ~하다 memuat dan membongkar. ~인부(人夫) buruh bongkar muat.

하염없다＜ha/yeom/eob/ta＞ melamun; bengong, tak henti-henti.

하오(下午)＜ha/o＞ sore hari. ☞ 오후.

하옥(下獄)ha/ok＞ ~하다 memenjarakan; menjebloskan ke dalam penjara.

하와이＜ha/wa/i＞ Hawaii. ~사람 orang Hawaii.

하원(下院)＜ha/won＞ Majelis Rendah. ~의원 anggota Majelis Rendah.

하위(下位)＜ha/wi＞ rangking bawah. ~의 bawahan.

하의(下衣)＜ha/eui＞ celana.

하이＜ha/i＞ tinggi. ~ 라이트 adegan puncak. ~볼 bola tinggi. ~틴 belasan tahun lanjut. ~힐 sepatu berhak tinggi.

하이잭＜ha/i/jaek＞ pembajakan.

하이칼라＜ha/i/khal/la＞ kepesolekan.

하이킹＜ha/i/khing＞ gerak jalan. ~하는 사람 pejalan kaki. ~가다 berjalan kaki; mendaki.

하이파이＜ha/i/fa/i＞ ~의 fidelitas tinggi. ~재생 장치(裝置) sistem reproduksi suara hifi.

하이포＜ha/i/fo＞ 『化』 hipo; hiposulfit.

하이픈＜ha/i/feun＞ tanda penghubung; tanda penyambung.

하인(下人)＜ha/in＞ pembantu; khadam; pelayan.

하인(何人)＜ha/in＞ ~을 막론하고 siapa saja.

하자(瑕疵)＜ha/ja＞ 『法』 cacat hukum. ~없는 tidak ada cacat hukum.

하자마자＜ha/ja/ma/ja＞ segera; serta merta.

하잘것없다＜ha/jal/geot/eob/ta＞ sepele; dapat diabaikan; kecil; tak penting.

하저(何底)＜ha/jeo＞ dasar sungai.

하전(荷電)＜ha/jeon＞ 『理』 muatan listrik.

하절(夏節)＜ha/jeol＞ musim panas.

하정(賀正)＜ha/jeong＞ salam tahun baru; selamat tahun baru.

하제(下劑)＜ha/je＞ 『藥』 obat pencahar; obat pencuci perut.

하주(荷主)＜ha/ju＞ pengirim barang; pemilik barang.

하중(荷重)＜ha/jung＞ muatan. ~시험 uji muatan/uji petik. 안전 ~ muatan yang aman.

하지(下肢)＜ha/ji＞ anggota bawah; kaki; tungkai bawah.

하지(夏至)＜ha/ji＞ titik balik matahari musim panas.

하지만＜ha/ji/man＞ meskipun; walaupun; kendatipun.

하지않을수없다＜ha/ji/an/eul/su/eob/ta＞ tidak dapat menahan; tidak dapat tidak; tidak dapat membantah.

하지하(下之下)＜ha/ji/ha＞ yang terendah dari jenisnya.

하직(下直)＜ha/jik＞ ~하다 mengucapkan selamat tinggal.

하차(下車)＜ha/cha＞ ~하다 turun (dari kereta, mobil).

하찮다＜ha/chan/tha＞ tidak penting; dapat diabaikan; sepele.

하천(河川)＜ha/cheon＞ kali. ~공사 pekerjaan konservasi kali. ~부지 tanah penyusutan kali. ~수질 기준치 kriteria untuk mengukur kualitas air sungai. ~오염 pencemaran sungai; polusi sungai.

하청(下請)＜ha/cheong＞ subkontrak. ～을 맡다 menerima subkontrak. ～을 주다 mensubkontrakan. ～공사 pekerjaan subkontrak. ～공장 pabrik subkontrak. ～인 subkontraktor.

하체(下體)＜ha/che＞ bagian bawah badan.

하층(下層)＜ha/cheung＞ lapisan bawah; alas; landas. ～계급 kelas bawah. ～사회 masyarakat kelas bawah; rakyat jelata. ～생활 kehidupan masyarakat kelas bawah.

하치(下 -)＜ha/chi＞ barang-barang bermutu rendah.

하치않다＜ha/chi/an/tha＞ ☞ 하찮다.

하치장(荷置場)＜ha/chi/jang＞ lapangan tempat penyimpanan; ruang penyimpanan.

하키＜ha/khi＞ 『競』 permainan hoki.

하퇴(下腿)＜ha/thoe＞ kaki bawah; betis. ～골 tulang kaki. ～동맥 pembuluh nadi bawah.

하편(下篇)＜ha/fyeon＞ ☞ 하권(下卷).

하품＜ha/fum＞ kuap. ～하다 menguap. ～을 참다 menahan kuap.

하품(下品)＜ha/fum＞ ☞ 하치(下 -).

하프＜ha/feu＞ 『樂』 kecapi; harpa.

하필(何必)＜ha/fil＞ dari semua yang ada; mengapa harus. ～이면 그 날에 mengapa harus hari itu. ～너냐 Mengapa harus kamu?

하하＜ha/ha＞ Ha..! ha..!. ～ 웃다 tertawa keras.

하학(下學)＜ha/hak＞ bubaran sekolah. ～하다 sekolah bubar; sekolah usai. ～시간 waktu bubaran.

하한(下限)＜ha/han＞ batas paling rendah.

하항(河港)＜ha/hang＞ pelabuhan sungai.

하행(下行)＜ha/haeng＞ ～열차 kereta dari ibu-kota.

하향(下向)＜ha/hyang＞ arah bawah. ～세(勢) kecenderungan menurun.

하향(下鄕)＜ha/hyang＞ ～하다 mudik; pulang kampung.

하현(下弦)＜ha/hyeon＞ suku akhir bulan. ～달 bulan sabit.

하혈(下血)＜ha/hyeol＞ ～하다 mengalami pendarahan.

하회(下廻)＜ha/hoe＞ ～하다 kurang (dari); dibawah (dari). ☞ 밑돌다.

학(學)＜hak＞ ☞ 학문, 학술, 학업.

학(鶴)＜hak＞ burung bangau.

학감(學監)＜hak/gam＞ dekan.

학계(學界)＜hak/gye＞ lingkungan akademis; dunia akademik.

학과(學科)＜hak/kwa＞ mata pelajaran; pelajaran sekolah; kurikulum. ～시험 uji prestasi.

학과(學課)＜hak/kwa＞ pelajaran; pekerjaan sekolah. ～시간표 daftar pelajaran; jadwal pelajaran.

학관(學館)＜hak/gwan＞ lembaga pendidikan swasta. 영수 ～ lembaga pendidikan matematika dan bahasa Inggris.

학교(學校)＜hak/gyo＞ sekolah. ～에서 di sekolah. ～가 파한 후 sepulang sekolah. ～에 들어가다 masuk sekolah. ～에 다니다 masuk belajar. ～를 쉬다 [빼먹다] tidak sekolah; bolos. ～급식 [생활] makan siang [kehidupan] sekolah. ～대항(의) (pertandingan) antar sekolah. ～성적 rapor sekolah. ～친구 teman sekolah.

학교교육(學校敎育)＜hak/gyo/gyo/yuk＞ pendidikan sekolah. ～을 받다 mendapat pendidikan sekolah. 정규 ～ sekolah formal.

학구(學究)＜hak/gu＞ ～적 terdidik; berilmu; terpelajar. ～정신 semangat mencari ilmu.

학구(學區)＜hak/gu＞ (sistem) rayon sekolah.

학급(學級)＜hak/geub＞ kelas. ～회 pertemuan kelas.

학기(學期)＜hak/gi＞ semester. ～(말)시험 ujian semester.

학년(學年)＜hak/nyeon＞ tahun sekolah; kelas. ～말 시험 ujian akhir. 1 [2,3,4] ～생 pelajar tahun

pertama [kedua, ketiga, keempat].
학당(學堂)<hak/tang> ① ☞ 글방.
② ☞ 학교.
학대(虐待)<hak/tae> kekejaman;
perlakuan buruk; penganiayaan; pe-
nyiksaan. ~하다 menganiaya; me-
nyiksa; menyakiti. 정신적인 ~
penyiksaan batin. ~에 못이겨 ka-
rena tak tahan memikul penga-
niayaan.
학덕(學德)<hak/teok> belajar dan
peribudi.
학도(學徒)<hak/to> siswa; pelajar;
mahasiswa. ~병 tentara pelajar.
~호국단 resimen mahasiswa (men-
wa).
학동(學童)<hak/tong> anak seko-
lah.
학력(學力)<hang/nyeok> prestasi
akademis. 대학 출신 이상의 ~이
있다 melebihi lulusan perguruan
tinggi dalam prestasi. ~고사 uji
prestasi akademis.
학력(學歷)<hang/nyeok> latar bela-
kang pendidikan. ~이 없는 사람
orang yang tidak punya latar bela-
kang pendidikan.
학령(學齡)<hang/nyeong> usia se-
kolah. ~(미만) 아동 anak-anak
(dibawah) usia sekolah.
학리(學理)<hang/ni> teori; prinsip
ilmiah; asas. ~적(으로) (secara)
teoritis.
학명(學名)<hang/myeong> nama il-
miah. ~을 붙이다 memberi nama
ilmiah.
학무(學務)<hang/mu> urusan seko-
lah.
학문(學問)<hang/mun> belajar;
studi; pelajaran; pengetahuan. ~
하다 belajar. ~이 있는 terdidik.
~의 자유 kebebasan akademis.
학벌(學閥)<hak/peol> kelompok
akademis; strata pendidikan.
학보(學報)<hak/po> surat kabar
kampus.
학부(學部)<hak/bu> fakultas.
학부모(學父母)<hak/bu/mo> orang
tua murid. ~회 perkumpulan

orang tua murid.
학비(學費)<hak/bi> biaya sekolah;
~에 곤란을 받다 mendapat kesu-
litan biaya sekolah.
학사(學士)<hak/sa> lulusan univer-
sitas; sarjana. ~호(號) gelar sar-
jana.
학사(學事)<hak/sa> persekolahan.
~보고 laporan pendidikan.
학살(虐殺)<hak/sal> ~하다 mem-
bantai; menyembelih.
학생(學生)<hak/saeng> siswa. ~
소요 huru-hara siswa. ~시절 ma-
sa sekolah. ~증 kartu siswa.
~회 회장 ketua dewan mahasiswa;
ketua senat. ~회관 ruangan de-
wan siswa.
학설(學說)<hak/seol> teori; dokrin.
학수고대(鶴首苦待)<hak/su/go/dae>
~하다 menanti-nanti; menunggu-
nunggu.
학술(學術)<hak/sul> seni dan il-
mu; ilmu pengetahuan. ~상의 il-
miah; akademis. ~강연(회) kuliah
(pertemuan) akademis/ilmiah. ~논
문 [잡지] tesis [jurnal] ilmiah. ~
(용)어 istilah tehnik. 한국 ~회의
Dewan Ilmu Pengetahuan Korea.
학습(學習)<hak/seub> ~하다 bela-
jar; kuliah. ~지도 요령 metode
belajar.
학식(學識)<hak/sik> kecendekia-
wan; kesarjanaan. ~있는 [없는]
terpelajar [tidak terpelajar].
학업(學業)<hak/eob> pelajaran; pe-
kerjaan sekolah. ~에 힘쓰다 bela-
jar keras. ~을 게을리하다 meng-
abaikan pelajaran.
학예(學藝)<hak/ye> seni dan ilmu.
~난(爛) kolom majalah. ~부 unit
kegiatan. ~부장 pimpinan unit
kegiatan. ~회 pentas seni.
학용품(學用品)<ha/gyong/fum>
peralatan sekolah.
학우(學友)<ha/gu> teman sekolah;
kawan sekolah. ~회 himpunan
alumni.
학원(學院)<ha/gwon> lembaga
pendidikan. 입시 ~ kursus bim-

bingan belajar. 자동차 ~ kursus mengemudi.

학원(學園)<ha/gwon> kampus. ~분쟁 pertengkaran kampus. ~사찰 inspeksi aktivitas kampus.

학위(學位)<ha/gwi> gelar; doktorat. ~논문 disertasi. ~ 수여식 upacara wisuda. 명예 ~ gelar kehormatan.

학자(學者)<hak/ca> ilmuwan; sarjana. ~다운 kesarjanaan.

학자금(學資金)<hak/ca/geum> ☞ 학비.

학장(學長)<hak/jang> dekan.

학적(學籍)<hak/jeok> daftar ulang.

학점(學點)<hak/ceom> kredit. ~을 따다 mengambil (30) kredit. ~이 모자라다 tidak memenuhi kredit.

학정(虐政)<hak/jeong> pemerintah yang menindas; tirani. ~에 신음하다 merintih dibawah tirani.

학제(學制)<hak/je> sistim pendidikan.

학질<hak/jil> malaria. ~로 떨다 mendapat serangan malaria. ~떼다 sembuh dari malaria, bebas dari gangguan.

학창(學窓)<hak/chang> ☞ 학교. ~을 떠나다 lulus sekolah. ~생활 kehidupan sekolah.

학칙(學則)<hak/chik> peraturan sekolah.

학파(學派)<hak/fa> aliran; sekte. 헤겔 ~ aliran Hegel.

학풍(學風)<hak/fung> tradisi akademis. ~을 세우다 menegakkan tradisi akademis.

학회(學會)<hak/hoe> lembaga; akademi. 한글 ~ Lembaga (Penelitian) Bahasa Korea.

한(恨)<han> ① (원한) rindu dendam; dendam. ~을 품다 menanggung dendam. ~을 풀다 melampiaskan rindu dendam. ② (한탄) penyesalan; hasrat yang terpendam/tidak terpenuhi. ~많은 penuh sesal. 천추의 ~ penyesalan tiada akhir. ~이 없다 tak ada yang disesalkan. ~많은 일생을 보내다 menjalani hidup yang penuh air mata dan penyesalan.

한(限)<han> ① batas. ② se... mungkin; sejauh. 될 수 있는 ~ sejauh (sebanyak, secepat) mungkin; semampu mungkin. 내가 아는 ~ sejauh yang saya tahu; setahu saya. ③ tidak lebih (lambat) dari pada. 이달 15일 ~ tidak sampai hari ke-15 bulan ini.

한<han> ① satu; tunggal. ~마디 satu kata. ② (대략) sekitar; kira-kira; beberapa.

한...<han> ① (큰) besar; luas; hebat. ② (가장.한창) terbaik (dari); terbanyak (dari). ③ (같은) sama. ~집에 dalam satu rumah.

한가(閑暇)<han/ga> ~하다 tak sibuk; senggang; kosong; nganggur. ~롭다=한가하다.

한가운데<han/ga/un/de> ditengah-tengah.

한가위<han/ga/wi> hari ke-15 bulan Agustus (kalender bulan).

한가을<han/ga/eul> pertengahan musim gugur.

한가지<han/ga/ji> ① (일종) sejenis. ② (동일) hal yang sama; barang yang sama (☞ 마찬가지). 죽은 거나 ~다 sama saja dengan mati.

한갓<han/gat> belaka; hanya.

한갓지다<han/gat/ji/da> tenang; tentram.

한거(閑居)<han/geo> kehidupan yang tenang/tidak sibuk.

한걱정<han/geok/jeong> kekhawatiran yang mendalam.

한걸음<hang/geo/reum> setindak; selangkah. ~에 dalam selangkah. ~ ~ tahap demi tahap. ~앞으로 나오다 maju selangkah.

한겨울<han/gyeo/ul> pertengahan musim dingin.

한결<han/gyeol> menyolok; jauh lebih; khususnya.

한결같다<han/gyeol/gath/tha> selaras; tak berubah; selamanya.

한것<han/gyeot> seperempat hari.

한계(限界)＜han/gye＞ batas; batas waktu; perhinggaan. ~를 정하다 membatasi; menentukan limit. ~속도 kecepatan kritis; kecepatan maksimum. ~점 titik kritis; batas atas. ~효용(설) (teori) utilitas marjinal.

한계(韓系)＜han/gye＞ ~미국인 warga negara Amerika turunan Korea.

한고비＜han/go/bi＞ saat yang sangat serius; klimaks; puncak. ~넘기다 melewati krisis.

한교(韓僑)＜han/gyo＞ penduduk Korea yang di luar negeri.

한구석＜han/gu/seok＞ satu sudut. ~에 di satu sudut.

한국(韓國)＜hang/guk＞ Republik Korea. ~의[어] tentang [bahasa] Korea. ~화하다 Koreanisasi. ~국민 rakyat Korea. ~요리(料理) masakan Korea. ~육군 Angkatan Darat Republik Korea. ~은행 Bank Korea. ~인 orang Korea. ~학 ilmu tentang Korea.

한군데＜han/gun/de＞ satu (suatu) tempat; tempat yang sama.

한근심＜han/geun/sim＞ ☞ 한걱정.

한글＜hang/geul＞ alfabet Korea; Hangeul. ~전용 penggunaan tersendiri alfabet Korea.

한기(寒氣)＜hang/gi＞ rasa dingin; kedinginan.

한길＜hang/gil＞ jalan utama; jalan raya.

한꺼번에＜han/keo/beon/e＞ sekali; suatu saat.

한껏＜han/keot＞ ① sejauh (banyak) mungkin. ~일하다 bekerja semampu mungkin. ② sampai batas atas. ~잡아당기다 menarik sepanjang mungkin. ③ sepuas mungkin. ~먹다 makan sepuas mungkin. ~즐기다 bersenang-senang sepuas mungkin.

한끼＜hang/ki＞ satu kali makan. ~를 거르다 luput satu kali makan.

한나절＜han/na/jeol＞ setengah hari.

한낮＜han/nat＞ tengah hari; siang hari; waktu lohor.

한낱＜han/nath＞ hanya; belaka; cuma.

한눈팔다＜han/nun/fal/da＞ memalingkan mata.

한담(閑談)＜han/dam＞ obrolan; celoteh. ~하다 berbincang-bincang santai; mengobrol (dengan); bercengkerama; berkecek-kecek; kongko.

한대(寒帶)＜han/dae＞ daerah dingin; zona dingin. ~동[식]물 binatang [tumbuhan] kutub.

한댕거리다＜han/daeng/geo/ri/da＞ berayun-ayun; membuai.

한더위＜han/deo/wi＞ panas pertengahan musim panas.

한데＜han/de＞ ☞ 한군데.

한데＜han/de＞ udara terbuka; luar. ~서 di luar; di luar ruangan.

한도(限度)＜han/do＞ batas; limit. …의 ~내에서 dalam batas; dalam limit. ~에 달하다 [를 넘다] mencapai [melewati] batas. 신용 ~ batas kredit. 최대[최소] ~ batas maksimum [minimum].

한독(韓獨)＜han/dok＞ ~의 Jerman-Korea.

한동안＜han/dong/an＞ beberapa lama/waktu.

한되다(恨 -)＜han/doe/da＞ disesalkan; menjadi penyesalan.

한두＜han/du＞ satu atau dua. ~번 satu atau dua kali.

한때＜han/tae＞ suatu waktu; suatu ketika.

한란(寒暖)＜hal/lan＞ panas dan dingin; suhu. ~의 차 perbedaan suhu.

한란계(寒暖計)＜hal/lan/gye＞ ☞ 온도계.

한랭(寒冷)＜hal/laeng＞ ~한 dingin. ~전선『氣』 muka massa hawa dingin.

한량(限量)＜hal/yang＞ limit; batas; batas-batas. ~없는 tak terbatas; tak berakhir.

한량(閑良)＜hal/lyang＞ hidung belang playboy; mata keranjang;

pencangak.

한류(寒流) <hal/yu> arus dingin.

한마디 <han/ma/di> sepatah kata; satu kata. ~하다 berbicara sepatah kata. ~로 말하면 pendek kata; singkatnya. ~도 없이 tanpa sepatah katapun. ~도 없다 diam; membisu.

한마음 <han/ma/eum> hati/pikiran yang sama. ~으로 dengan pikiran yang sama. ~이 되어 일하다 bekerja sama dengan erat.

한모금 <han/mo/geum> sereguk; seteguk.

한목 <han/mok> sekaligus.

한몫 <han/mok> bagian; kuota; andil. ~끼다 memiliki andil (dalam).

한문(漢文) <han/mun> huruf China.

한물 <han/mul> musim (terbaik). ~가다 lewat musim; lewat masa terbaik.

한미(韓美) <han/mi> ~의 (hubungan) Amerika-Korea. ~상호 방위 협정 persetujuan pertahanan bersama Amerika-Korea. ~연합군 사령부 Komando Angkatan Gabungan Korea-Amerika. ~환율 nilai tukar won-dollar.

한밑천 <han/mith/cheon> jumlah modal yang cukup besar. ~잡다 mendapat keuntungan yang cukup besar.

한바닥 <han/ba/dak> kawasan paling sibuk.

한바퀴 <han/ba/khwi> seputaran. ~돌다 mengitari satu keliling.

한발(旱魃) <han/bal> kemarau.

한발짝 <han/bal/cak> selangkah; setindak. ☞ 한걸음.

한밤중(-中) <han/bam/cung> tengah malam. ~까지 sampai larut malam.

한방(漢方) <han/bang> obat-obatan Cina. ~의(醫) sinse.

한방울 <han/bang/ul> setetes. ~씩 tetes demi tetes.

한배 <han/bae> ① (동물) seperanakan. ② ~의 seibu.

한번 <han/beon> sekali; satu kali. ~에 pada waktu yang sama. 다시 ~ sekali lagi. 1 년에 ~ satu tahun sekali; sekali setahun.

한벌 <han/beol> satu setel; seperangkat. 가구 ~ satu set mebel. 겨울옷 ~ satu setel pakaian musim dingin.

한복(韓服) <han/bok> pakaian Korea. ~으로 갈아입다 bersalin pakaian Korea.

한복판 <han/bok/fan> tengah-tengah; pusat; jantung.

한불(韓佛) <han/bul> ~의 Perancis-Korea.

한사코(限死 -) <han/sa/kho> sampai akhir; mati-matian. ~반대하다 menentang mati-matian; menyangkal mati-matian.

한사람 <han/sa/ram> seorang; satu orang. ~ ~ seorang demi seorang. ~도 남김없이 setiap orang; semua orang.

한사리 <han/sa/ri> pasang naik.

한산(閑散) <han/san> ~한 sepi; tidak ramai. ~한 시장 pasar yang sepi. ~기 masa sepi.

한색(寒色) <han/saek> warna dingin.

한서(寒暑) <han/seo> panas dan dingin; suhu.

한서(漢書) <han/seo> buku bahasa Cina.

한선(汗腺) <han/seon> 『解』 kelenjar keringat.

한세상(- 世上) <han/se/sang> ① (한평생) masa hidup. ② (한창때) masa kejayaan; masa terbaik.

한센병(- 病) <han/sen/byeong> penyakit kusta/lepra.

한소(韓蘇) <han/so> ~의 Korea-Soviet.

한속 <han/sok> ~이다 sependapat; sekomplot.

한수(- 手) <han/su> satu langkah (catur, badug). ~높다 [낮다] setingkat di atas [bawah].

한숨 <han/sum> ① (잠) sejenak (tidur). ~자다 tidur sejenak. ②

(탄식) rintih; keluh kesah. ~쉬며 dengan keluh kesah. ~쉬다 [짓다] berkeluh kesah; merintih. ③ (호흡 휴식) napas; istirahat. ~쉬다 beristirahat; mengambil napas.

한시(- 時)＜han/si＞ ~ 도 sesaat pun. ~도 잊지 않다 tidak lupa sesaat pun.

한시(漢詩)＜han/si＞ syair Tionghoa; puisi Cina.

한시름＜han/si/reum＞ kekhawatiran besar. ~놓다 pulih dari kekhawatiran.

한식(韓式)＜han/sik＞ ~의 gaya Korea. ~집 rumah gaya Korea.

한심(寒心)＜han/sim＞ ~하다 patut dikasihani; mengibakan; menyedihkan; memilukan. ~스럽다＝한심하다. ~해지다 merasa sedih. ~한 짓을 하다 berbuat hal yang memalukan.

한쌍(- 雙)＜han/ssang＞ sepasang; sejoli; pasangan. 좋은 ~을이루다 membentuk pasangan yang baik; menjadi pasangan yang baik.

한아름＜han/a/reum＞ sepemeluk; serangkulan (kayu bakar).

한약(漢藥)＜han/yak＞ obat-obatan Cina; obat tradisionil. ~방 [국] apotik/toko obat-obatan Cina.

한양(韓洋)＜han/yang＞ ~ 절충의 gaya semi Eropa.

한없다(限 -)＜han/eob/ta＞ tak terbatas; tidak terhingga; tak ada ujung pangkalnya; berlarat (larat) melarat.

한여름＜han/yeo/reum＞ pertengahan musim panas.

한역(漢譯)＜han/yeok＞ terjemahan bahasa Cina. ~하다 menterjemahkan ke dalam bahasa Cina.

한역(韓譯)＜han/yeok＞ terjemahan bahasa Korea. ~하다 menterjemahkan ke dalam bahasa Korea.

한영(韓英)＜han/yeong＞ ~의 Korea-Inggris. ~사전 kamus Korea Inggris.

한옆＜han/yeof＞ satu pihak. ~에 di sebelah; di tepi. ~으로 비키다 minggir; menyisi.

한옥(韓屋)＜han/ok＞ rumah gaya Korea.

한외발행(限外發行)＜han/oe/bal/haeng＞ pengeluaran melebihi batas.

한움큼＜han/um/kheum＞ segenggam.

한의(漢醫)＜han/eui＞ ☞ 한방의(醫).

한이(韓伊)＜han/i＞ ~의 Italia-Korea.

한인(閑人)＜han/in＞ orang yang mempunyai banyak waktu senggang. ~물입(勿入) Dilarang masuk kecuali yang berkepentingan.

한인(韓印)＜han/in＞ ~의 Indo-Korea.

한일(韓日)＜han/il＞ ~의 Korea-Jepang. ~회담 [각료 회담] pembicaraan [konferensi menteri] Korea-Jepang.

한입＜han/ib＞ sesuap; segigit.

한잔＜han/jan＞ ① (분량) secangkir; segelas. ② sekali minum. ~하다 minum sekali.

한잠＜han/jam＞ sejenak (tidur). ~자다 tidur sejenak. ~도 못자다 tidak dapat tidur sekejappun.

한재(旱災)＜han/jae＞ kekeringan; kemarau. ~를 입다 menderita kekeringan. ~지구 daerah yang menderita kekeringan.

한적(閑寂)＜han/jeok＞ ~한 sepi; terpencil; sunyi; tidak ramai. ~한 곳 tempat yang sunyi.

한정(限定)＜han/jeong＞ pembatasan. ~하다 membatasi; memperbataskan; memperhinggakan. ~판 edisi terbatas.

한조각＜han/jo/gak＞ sepotong; sekelomet; secomot; sekubit; seunting; sekutit. ~의 양심 setitik suara hati.

한족(漢族)＜han/jok＞ suku bangsa Han.

한종일(限終日)＜han/jong/il＞ sepanjang hari.

한줄＜han/jul＞ segaris. ~로 berbaris; berendeng; berjejer.

한줄기＜han/jul/gi＞　① seberkas; secercah.　～의 희망 secercah harapan.　비 ～하다 hujan sekali turun.　② (같은줄기) keturunan yang sama.

한줌＜han/jum＞　segenggam; segemal; sejemput.

한중(寒中)＜han/jung＞　～의 tengah musim dingin.　～훈련 latihan tengah musim dingin.

한중(韓中)＜han/jung＞　～의 Korea-Cina.

한증(汗蒸)＜han/jeung＞　mandi uap.　～막 kamar mandi uap.

한지(寒地)＜han/ji＞　daerah dingin.　～식물 tumbuhan daerah dingin.

한직(閑職)＜han/jik＞　jabatan tidak penting.

한집안＜han/ji/ban＞　sekeluarga; sekerabat.

한쪽＜han/cok＞　satu pihak; pihak lain; salah satu dari pasangan.

한참＜han/cham＞　untuk beberapa waktu; untuk beberapa lama.　～만에 setelah beberapa waktu.

한창＜han/chang＞　puncak; klimaks; mekar penuh.　겨울이 ～일 때 dalam puncak musim dingin.　～전투 중에 ditengah-tengah pertempuran.　～이다 berada dalam puncak.

한창때＜han/chang/tae＞　masa puncak kehidupan; masa muda remaja.　～이다 naik marak; berada dalam masa puncak kehidupan.　～를 지나다 lewat masa puncak kehidupan; lewat masa marak.

핸천(寒天)＜han/cheon＞　☞ 우무.

한촌(寒村)＜han/chon＞　desa miskin.

한추위＜han/chu/wi＞　sangat dingin.

한층(- 層)＜han/cheung＞　lebih; lebih banyak; lebih besar.　～ 노력하다 melakukan usaha yang lebih besar.

한치＜han/chi＞　inci.　～도 물러서지 않다 satu inci pun tidak mundur.

한칼＜han/khal＞　① setebasan pedang.　～에 베다 menebang satu kali tebas.　② (고기의) seiris (daging).

한탄(恨歎)＜han/than＞　keluhan; kesah; rintih.　～하다 berkeluh-kesah; menyesali; menyesalkan.

한턱＜han/theok＞　traktir; penjamuan.　～하다 mentraktir; menjamu.

한테＜han/the＞　☞ 에게.

한통속＜han/thong/sok＞　teman sekomplotan.

한파(寒波)＜han/fa＞　gelombang hawa dingin.

한판＜han/fan＞　sebabak; seronde.　바둑을 ～두다 main baduk sebabak.　～ 승부 pertandingan satu ronde.

한패(- 牌)＜han/fae＞　sekelompok; sekongkol; sekutu.

한편＜han/fyeon＞　① satu pihak.　～에 치우치다 berpihak; memihak.　② (자기편) sekutu; pendukung; konco.　③ (부사적) dilain pihak; sebaliknya; sementara itu.

한평생(-平生)＜han/fyeong/saeng＞　seumur hidup; sepanjang hayat.

한푼＜han/fun＞　seperak; sesen; sepeser.　～없다 tidak punya uang sepeserpun.

한풀꺾이다＜han/ful/keo/ki/da＞　lindap (udara); reda (angin, hujan).

한풀다(恨 -)＜han/ful/da＞　mewujudkan keinginan; melampiaskan rindu dendam.

한풀이하다(限-)＜han/fu/ri/hada＞　membalas dendam.

항풍(寒風)＜han/fung＞　angin dingin.

한하다(限 -)＜han/hada＞　membatasi; memberi batas.

한학(漢學)＜han/hak＞　kesusasteraan Cina.　～자 sarjana bahasa dan kesusasteraan klasik Cina.

한해(旱害)＜han/hae＞　kerusakan akibat kemarau.　～지구 daerah yang menderita kekeringan.

한해(寒害)＜han/hae＞　kerusakan akibat dingin.

한호(韓濠)＜han/ho＞　～의 Korea-Australia.

한화(韓貨)＜han/hwa＞　uang Korea.

할(割)＜hal＞　persentase.　1～ 10

persen.

할거(割據)＜hal/geo＞　～하다 mempertahankan tanah/wilayah. 군웅(群雄) ～ persaingan wilayah para ksatria.

할당(割當)＜hal/tang＞　pembagian; pencatuan; penjatahan. ～하다 memberikan; memberi jatah; membagi; menjatahkan. ～액[량] kuota; jatah; pembagian. ～제 sistim kuota.

할듯할듯하다＜hal/teut/hal/teut/ha-da＞ terlihat seakan-akan mau.

할뚱말뚱하다＜hal/tung/mal/tung/ha-da＞ ragu-ragu; bimbang.

할례(割禮)＜hal/lye＞『宗』sunat rosul; khitanan; sunatan.

할말＜hal/mal＞ ① (하고싶은) yang mau dibicarakan; tuntutan. ② (불평) keluhan; keluh kesah; keberatan.

할머니＜hal/meo/ni＞ nenek; embah; perempuan tua.

할멈＜hal/meom＞ wanita tua; perempuan tua; embah.

할미새＜hal/mi/sae＞『鳥』pipit ekor panjang.

할복(割腹)＜hal/bok＞ ～하다 membelah perut sendiri; harakiri. ～자살 melakukan harakiri.

할부(割賦)＜hal/bu＞ ～하다 mencicil; mengangsur; menjatahkan; menetapkan kuota. ～로 팔다 menjual dengan cicilan. ～금 uang cicilan/angsuran. ～판매 penjualan berdasarkan cicilan.

할아버지＜hal/a/beo/ji＞ ① (조부) kakek; eyang; datuk; aki; engkong. ② (노인) orang tua.

할아범＜hal/a/beom＞ orang tua.

할애(割愛)＜hal/ae＞ ～하다 membagi; berbagi. 지면을 ～하다 menyediakan ruang (untuk).

할양(割讓)＜hal/yang＞ penyerahan. ～하다 menyerahkan (wilayah).

할인(割引)＜hal/in＞ potongan harga; korting; reduksi; pengurangan. ～하다 memotong; memurahkan; memberi diskon/korting. 1 할 ～

potongan harga 10 %. ～하여 dengan potongan harga; dengan diskon. ～가격 harga yang dikurangi. ～권 kupon potongan harga. ～료 komisi potongan harga. ～율 tingkat potongan harga/diskon.

할일＜hal/lil＞ ～이 많다 berhal yang banyak. ～이 없다 tidak ada yang harus dilakukan.

할증(割增)＜hal/ceung＞ ekstra/tambahan; premi; uang jasa; bonus. ～금 premi. ～ 배당금 diveden tambahan; bonus.

할쭉거리다＜hal/cuk/geo/ri/da＞ ☞ 할짝거리다.

할퀴다＜hal/khwi/da＞ mencakar; menggores; menggarit; memarut. 얼굴을 ～ mencakar wajah.

핥다＜hal/ta＞ menjilat. 깨끗이 ～ menjilat bersih.

핥아먹다＜hal/tha/meok/ta＞ ① makan atau minum dengan menjilat. 깨끗이 ～ menjilat (piring) sampai bersih. ② (남의 것을) menipu; membujuk.

함(函)＜ham＞ kotak; peti.

함구(緘口)＜ham/gu＞ ～하다 tetap diam; tutup mulut. ～령 perintah tutup mulut. ～령을 내리다 melarang berbicara; memerintahkan tutup mulut.

함께＜ham/ke＞ bersama; berdampingan; serempak; sembari. 모두 ～ bersama-sama. ～살다 tinggal bersama; menumpang; turut tinggal.

함대(艦隊)＜ham/dae＞ armada. ～사령관 komandan armada. 연합 ～ armada sekutu.

함락(陷落)＜ham/nak＞ ～하다 merebut; menduduki.

함량(含量)＜ham/nyang＞ kadar. 알콜 ～ kadar alkohol.

함몰(陷没)＜ham/mol＞ ～하다 tenggelam; jatuh.

함미(艦尾)＜ham/mi＞ buritan kapal perang. ～닻 jangkar buritan. ～포 meriam buritan.

함박꽃＜ham/bak/kot＞ peoni.

함박꽃나무 ＜ham/bak/kot/na/mu＞ 『植』 pohon magnolia.

함박눈 ＜ham/bak/nun＞ kepingan salju yang besar.

함부로 ＜ham/bu/ro＞ (허가없이) tanpa izin (alasan); (마구) secara sembarang; secara acak; secara ceroboh; (무례하게) dengan kasar.

함빡 ＜ham/pak＞ ☞ 흠뻑.

함상(艦上) ＜ham/sang＞ ～의[에] [di] atas kapal.

함석 ＜ham/seok＞ seng. ～지붕 atap seng. ～판 lempengan seng. 골 ～ lembar/lempengan seng bergelombang.

함선(艦船) ＜ham/seon＞ kapal perang dan kapal-kapal lainnya.

함성(喊聲) ＜ham/seong＞ teriakan (perang).

함수(含水) ＜ham/su＞ ～의 『化』 mengandung air. ～탄소 hidrat arang.

함수(函數) ＜ham/su＞ 『數』 fungsi. ～관계 hubungan fungsional. ～식 rumus fungsi.

함수(鹹水) ＜ham/su＞ air garam; air asin. ～어(魚) ikan laut. ～호(湖) danau air asin.

함수초(含羞草) ＜ham/su/cho＞ 『植』 puteri malu; mimosa.

함씨(咸氏) ＜ham/ssi＞ kemenakan laki-lakimu (nya, dsb).

함양(涵養) ＜ham/yang＞ ～하다 mengembangkan; membina.

함유(含有) ＜ham/yu＞ ～하다 mengandung; berisi. ～량 jumlah isi/kadar. ～성분 komponen.

함자(銜字) ＜ham/ca＞ nama anda.

함장(艦長) ＜ham/jang＞ komandan kapal perang.

함재기(艦載機) ＜ham/jae/gi＞ pesawat kapal perang.

함정(陷穽) ＜ham/jeong＞ jebakan; pelubangan; perangkap; jerat; aring. ～에 빠뜨리다 menjerat; menjebak. ～에 빠지다 jatuh kedalam perangkap; terperangkap. ～에 든범 harimau yang jatuh ke dalam perangkap.

함정(艦艇) ＜ham/jeong＞ kapal angkatan laut.

함지 ＜ham/ji＞ mangkok kayu besar; pasu.

함지박 ＜ham/ji/bak＞ pasu kayu.

함축(含蓄) ＜ham/chuk＞ ～하다 menyiratkan; berkonotasi. ～성 있는 sugestif; bersifat menyiratkan.

함포사격(艦砲射擊) ＜ham/fo/sa/gyeok＞ pemboman dari kapal perang.

함호(鹹湖) ＜ham/ho＞ danau air asin.

함흥차사(咸興差使) ＜ham/heung/cha/sa＞ utusan yang raib.

합(合) ＜hab＞ ① (합계) jumlah; total. ② ☞ 홉.

합격(合格) ＜hab/gyeok＞ ～하다 lulus (dalam ujian). ～자 calon yang lulus. ～점 nilai kelulusan.

합계(合計) ＜hab/gye＞ jumlah; total; banyaknya. ～하다 menjumlahkan. ～하여 secara total. ～…이 되다 berjumlah…

합금(合金) ＜hab/geum＞ logam campuran. ～하다 mencampurkan logam.

합당(合當) ＜hab/dang＞ ～한 cukup; memadai; pantas; serasi.

합당(合黨) ＜hab/dang＞ penggabungan (peleburan) partai politik.

합동(合同) ＜hab/dong＞ ① kombinasi; gabungan; koalisi; fusi; uni; serikat; ikatan; satuan. ～하다 mempersatukan; menggabungkan. ～의 bersatu; bergabung. ～결혼 perkawinan masal. ～관리 pengawasan (manajemen) bersama. ～위령제 upacara peringatan arwah bersama. ～위원회 komite gabungan. ～회의 perundingan bersama. ② 『數』 kongruensi.

합력(合力) ＜hab/yeok＞ usaha bersama; kekuatan gabungan; resultan. ～하다 menggabungkan kekuatan; bekerja sama.

합류(合流) ＜ham/nyu＞ ～하다 bergabung; ikut serta; berpadu; bersatu; merapat; berserikat. ～점 titik

pertemuan (dua sungai).
합리(合理)＜ham/ni＞ ～적 masuk akal; rasional. ～주의 rasionalisme. ～주의자 rasionalis. ～화 rasionalisasi. ～화하다 merasionalisasikan. 경영 [산업] ～화 rasionalisasi manajemen [industri].
합반(合班)＜hab/ban＞ penggabungan kelas; kelas gabungan. ～수업 pengajaran gabungan.
합방(合邦)＜hab/bang＞ ☞ 합병(合倂). ～하다 menganeksasi (suatu negara).
합법(合法)＜hab/peob＞ legalitas; keabsahan. ～적(으로) (secara) sah; (secara) legal. ～적 수단으로 dengan cara yang sah. ～성 keabsahan; kesahan. ～정부 pemerintahan yang sah. ～화 legalisasi; pengesahan. ～화하다 melegalisir; mengesahkan.
합병(合倂)＜hab/pyeong＞ penggabungan; penyatuan; persatuan; kombinasi; peleburan. ～하다 menggabungkan diri; menyatukan. ～증『醫』komplikasi.
합본(合本)＜hab/bon＞ volume ganda; jilid ganda. ～하다 menjilid ganda.
합산(合算)＜hab/san＞ ☞ 합계(合計).
합석(合席)＜hab/seok＞ ～하다 duduk bersama; duduk dengan.
합성(合成)＜hab/seong＞『化』sintetis; persenyawaan. ～하다 mensintesis; mensenyawakan. ～의 sintetik; komponen. ～고무 [주] karet [minuman keras] buatan. ～물 senyawa; campuran. ～어 kata majemuk. ～세제 deterjen sintetik.
합세(合勢)＜hab/se＞ ～하다 menggabungkan kekuatan. ～하여 괴롭히다 mengganggu bersama-sama.
합숙(合宿)＜hab/suk＞ ～하다 menginap bersama; tinggal di asrama. ～소 asrama latihan (T.C).
합심(合心)＜hab/sim＞ ～하다 bersatu hati.
합의(合意)＜hab/eui＞ kesepakatan bersama; persetujuan bersama. ～하다 bersetuju; bersepakat; berpadanan; bersenyawa. ～에 의해 atas persetujuan bersama. ～서 persetujuan tertulis; surat persetujuan. ～이혼 perceraian dengan persetujuan bersama.
합의(合議)＜hab/eui＞ ～하다 berunding; bermusyawarah. ～재판 pengadilan musyawarah. ～제 sistim musyawarah/dewan.
합일(合一)＜hab/il＞ ～하다 bersatu; bergabung; berpadu.
합자(合資)＜hab/ca＞ perkongsian. ～하다 berkongsi (dengan). ～회사 (會社) perseroan komanditer.
합작(合作)＜hab/cak＞ kerja sama; produksi bersama; join venture; manajemen bersama. ～하다 bekerja sama. 한미 ～으로 경영하다 menjalankan di bawah manajemen bersama Korea-Amerika. ～회사 perusahaan patungan. 기술 ～ kerjasama teknik.
합장(合掌)＜hab/jang＞ ～하다 mengatupkan tangan untuk berdo'a.
합장(合葬)＜hab/jang＞ ～하다 mengubur bersama.
합주(合奏)＜hab/ju＞ konser. ～하다 bermain dalam konser.
합죽이＜hab/ju/gi＞ orang yang ompong.
합중국(合衆國)＜hab/cung/guk＞ (Amerika) Serikat.
합창(合唱)＜hab/chang＞ paduan suara. ～하다 bernyanyi bersama-sama. ～대[단] kelompok paduan suara (gereja). 남성[여성] ～ paduan suara pria [wanita]. 2부 ～ paduan suara dalam dua bagian. 혼성 ～ paduan suara campuran.
합치(合致)＜hab/chi＞ ～하다 setuju; sepakat. ☞ 일치(一致).
합치다(合-)＜hab/chi/da＞ ① (하나로) menyatukan; mengumpulkan. ② (섞다) mencampurkan; mengadon. ③ (셈을) menambahkan; menjumlahkan.
합판(合板)＜hab/fan＞ kayu lapis;

papan triplek; papan vinir. 프린트 ~ kayu lapis cetak.

합판화(合瓣花)＜ha/fan/hwa＞ 『植』 bunga majemuk.

합하다(合 -)＜ha/fhada＞ ① (하나로 하다) menyatukan; menggabungkan. ② (하나가 되다) disatukan; digabungkan.

합헌(合憲)＜ha/fheon＞ ~적 konstitusional; menurut undang-undang. ~성 perundang-undangan.

합환주(合歡酒)＜ha/fhwan/ju＞ tukar cangkir waktu menikah.

핫＜hat＞ ~도그 ☞ 핫도그. ~라인 hotline. ~케이크 panekuk.

핫도그＜hat/do/geu＞ hot dog.

핫바지＜hat/ba/ji＞ celana kapas, orang kampung.

항(項)＜hang＞ paragraf; bagian; bab; pasal; alinea. 1조 2~ Pasal 1 Ayat 2.

항거(抗拒)＜hang/geo＞ ~하다 melawan; menentang.

항고(抗告)＜hang/go＞ 『法』 permohonan (banding); protes. ~하다 memohon banding; memprotes. ~기간 batas waktu permohonan banding. ~인 orang yang mohon banding. ~재판 pengadilan banding. 즉시 ~ permohonan banding segera.

항공(航空)＜hang/gong＞ penerbangan. ~의 aeronautik; aerial. ~가 penerbang; pilot. ~기 kapal terbang; pesawat terbang. ~대학 akademi penerbangan. ~로 rute udara. ~모함 kapal induk. ~사진 foto udara. ~수송 trasportasi udara. ~술 teknik penerbangan. ~우편 pos udara. ~표지(標識) rambu udara. ~회사 perusahaan penerbangan. 대한 ~ 주식 회사 the Korean Air Lines (KAL).

항구(恒久)＜hang/gu＞ ~적 abadi; kekal. ~화(化) pengabadian. ~하다 mengabadikan.

항구(港口)＜hang/gu＞ pelabuhan. ~도시 kota pelabuhan.

항균성(抗菌性)＜hang/gyun/seong＞

antibiotik. ~물질 bahan antibiotik.

항내(港內)＜hang/nae＞ ~설비 fasilitas pelabuhan.

항도(港都)＜hang/do＞ ☞ 항구도시.

항독소(抗毒素)＜hang/dok/so＞ antitoksin; anti racun.

항등식(恒等式)＜hang/deung/sik＞ 『數』 persamaan identitas.

항렬(行列)＜hang/yeol＞ tingkat persaudaraan.

항례(恒例)＜hang/nye＞ kebiasaan/adat yang mapan. ~의 kebiasaan. ~에 따라 sesuai dengan adat kebiasaan.

항로(航路)＜hang/no＞ rute laut; rute pelayaran; haluan; trayek. ~부표 pelampung jalan. ~표지 lentera laut; mercusuar.

항만(港灣)＜hang/man＞ pelabuhan; dermaga. ~공사 pekerjaan pembangunan pelabuhan. ~시설 fasilitas pelabuhan.

항명(抗命)＜hang/myeong＞ ketidakpatuhan; pengabaian. ~하다 tidak menuruti; mengabaikan.

항목(項目)＜hang/mok＞ bab; pasal; ayat. ~으로 나누다 membagi dalam bab. ~별 표 daftar yang diitemkan.

항문(肛門)＜hang/mun＞ 『解』 dubur; anus.

항법(航法)＜hang/peob＞ navigasi. 무선 ~ navigasi radio.

항변(抗辯)＜hang/byeon＞ protes; permohonan; bantahan. ~하다 memprotes; membantah.

항복(降伏,降服)＜hang/bok＞ penyerahan. ~하다 menyerah. ~문서 surat penyerahan. 조건부 [무조건] ~ penyerahan bersyarat [tanpa syarat].

항상(恒常)＜hang/sang＞ selalu; setiap saat.

항생(抗生)＜hang/saeng＞ ~물질 antibiotika. ~물질학 ilmu antibiotika.

항설(港設)＜hang/seol＞ kabar angin; isu; desas-desus.

항성(恒星)＜hang/seong＞ bintang

tetap.　~시 [일, 년]　waktu [hari, tahun] bintang tetap.

항소(抗訴)＜hang/so＞　『法』　naik banding; permohonan banding.　~하다 naik banding.　~심 pengadilan kasus/perkara banding.

항속(航續)＜hang/sok＞　~거리 jangkauan pelayaran (penerbang).　~시간 waktu pelayaran (penerbangan).

항시(恒時)＜hang/si＞　☞ 항상(恒常).

항아리(缸 -)＜hang/a/ri＞　kendi; guci; jambangan; tempayan; gentong; buyung; kempit.

항암(抗癌)＜hang/am＞　~의　anti kanker.

항용(恒用)＜hang/yong＞　☞ 항상(恒常).

항원(抗原.抗元)＜hang/won＞　『生』 antigen.

항의(抗議)＜hang/eui＞　keberatan; protes; sanggahan; penentangan; perlawanan; gugatan.　~하다 memprotes; menyanggah; melawan.

항일(抗日)＜hang/il＞　~운동 gerakan anti Jepang.

항쟁(抗爭)＜hang/jaeng＞　perselisihan; pertengkaran; perlawanan; perjuangan.　~하다 berselisih; bertengkar.

항전(抗戰)＜hang/jeon＞　perlawanan.　~하다 melawan.

항정(抗程)＜hang/jeong＞　jangkauan pelayaran (penerbangan).

항진(亢進)＜hang/jin＞　percepatan.　~하다　mempercepat; memburuk (병세가).

항체(抗體)＜hang/che＞　『生』　antibodi.

항해(航海)＜hang/hae＞　pelayaran; penjelajahan.　~하다　berlayar; menjelajah.　~ 중이다 dalam pelayaran.　~사 perwira pelayaran; nahkoda.　1등 [2등] ~사 nahkoda kepala [muda].　~술 seni pelayaran.　~일지 buku pelayaran.　~자 pelaut; navigator. 처녀 ~ pelayaran perdana.

항행(航行)＜hang/haeng＞　pelayaran; penjelajahan.　~하다　berlayar;

menjelajah.

항히스타민(抗-)＜hang/hi/seu/tha/min＞　~의　anti histamik.　~제 (agent) bahan anti histamik.

해＜hae＞　matahari.　~가 진 후 setelah turun matahari.

해＜hae＞　① tahun. 지난 ~ tahun lalu.　② (낮동안) siang hari.

해(亥)＜hae＞　(shio) Babi.　~년(年) tahun Babi.

해(害)＜hae＞　kerusakan; kecelakaan; cedera. …에 ~를 주다 menimbulkan kecelakaan.　~를 입다 mendapat kecelakaan.

해갈하다(解渴-)＜hae/gal/hada＞　menawarkan dahaga; membasahi kerongkongan.

해결(解決)＜hae/gyeol＞　pemecahan; penyelesaian.　~하다 memecahkan; menyelesaikan.　~조건 syarat penyelesaian.　~책 jalan/cara penyelesaian.

해고(解雇)＜hae/go＞　pemberhentian; pemecatan.　~하다 memberhentikan; memecat.　~ 당하다 diberhentikan; dipecat.　~수당 tunjangan pemberhentian.　~통지 pemberitahuan pemberhentian. 집단 ~ pemberhentian massal.

해골(骸骨)＜hae/gol＞　① (전신) rangka.　② (머리) tengkorak.

해괴(駭怪)＜hae/goe＞　~한 ganjil; aneh; keji.　~ 망측하다 sangat keji.

해구(海拘)＜hae/gu＞　☞ 물개.　~신 zakar anjing laut.

해구(海溝)＜hae/gu＞　palung laut.

해군(海軍)＜hae/gun＞　angkatan laut.　~의 tentang angkatan laut.　~기지 pangkalan angkatan laut.　~사관 [장교] perwira angkatan laut.　~사관 학교 akademi angkatan laut.　~참모 총장 kepala operasi angkatan laut.

해금(奚琴)＜hae/geum＞　biola gaya Korea.

해금(解禁)＜hae/geum＞　pencabutan larangan.　~기(期) musim boleh berburu.

해기(海技)＜hae/gi＞ ~ 면(허)장 sertifikat pelaut.

해난(海難)＜hae/nan＞ bencana laut; kecelakaan kapal. ~구조 penyelamatan di laut. (~ 구조선 kapal/perahu penyelamat). ~신호 SOS (selamatkan jiwa kami). ~작업 pekerjaan penyelamatan.

해내다＜hae/nae/da＞ ① (수행 성취) menyelesaikan; merampungkan; mencapai. ② (이겨내다) menang debat.

해넘이＜hae/neo/mi＞ tenggelam.

해녀(海女)＜hae/nyeo＞ penyelam wanita. 진주캐는 ~ penyelam mutiara wanita.

해다리(海-), 해달(海獺)＜hae/da/ri, hae/dal＞ 『動』 singa laut.

해답(解答)＜hae/dab＞ jawaban; pemecahan. ~하다 menjawab; memecahkan. ~자(者) pemecah masalah.

해당(該當)＜hae/dang＞ ~하다 termasuk. ~사항 data yang relevan.

해도(海圖)＜hae/do＞ peta laut.

해독(害毒)＜hae/dok＞ racun; pengaruh jahat. ~을 끼치다 meracuni; menimbulkan pengaruh jahat.

해독(解毒)＜hae/dok＞ ~하다 menawarkan racun. ~제(劑) anti racun.

해독(解讀)＜hae/dok＞ ~하다 menguraikan kode/sandi.

해돋이＜hae/do/ji＞ matahari terbit.

해동(解凍)＜hae/dong＞ pelelehan; pencairan. ~하다 melelehkan; mencairkan.

해득(解得)＜hae/deuk＞ ~하다 memahami; mengerti.

해뜨리다＜hae/teu/ri/da＞ ☞ 해어뜨리다.

해로(海路)＜hae/ro＞ jalur laut; rute laut. ~로 melalui laut.

해로(偕老)＜hae/ro＞ ~하다 tumbuh bersama-sama. 백년 ~의 기약을 맺다 berjanji hidup bersama selamanya.

해롭다(害 -)＜hae/rob/ta＞ membahayakan; buruk (bagi).

해롱거리다＜hae/rong/geo/ri/da＞ ☞ 희롱거리다.

해류(海流)＜hae/ryu＞ arus. ~도(圖) peta arus laut.

해륙(海陸)＜hae/ryuk＞ darat dan laut. ~공의 입체전 perang tiga dimensi.

해리(海里)＜hae/ri＞ knot; mil laut.

해리(海狸)＜hae/ri＞ 『動』 berang-berang.

해리(解離)＜hae/ri＞ 『化』 disosiasi; penguraian. ~하다 mengurai. ~압(壓) tekanan penguraian.

해마(海馬)＜hae/ma＞ 『魚』 kuda laut.

해마다＜hae/ma/da＞ setiap tahun; tahunan.

해머＜hae/meo＞ martil. ~ 던지기 lempar martil.

해먹다＜hae/meok/ta＞ menggelapkan. 은행의 돈을 ~ menggelapkan uang bank.

해면(海面)＜hae/myeon＞ permukaan laut.

해면(海綿)＜hae/myeon＞ bunga karang; spons. ~질[모양]의 [bentuk] bunga karang; berongga. ~동물 Porifera. ~조직 jaringan berongga. ~체 badan berongga.

해명(解明)＜hae/myeong＞ ~하다 memperjelas; menjelaskan; menguraikan.

해몽(解夢)＜hae/mong＞ ~하다 mentakbirkan; menafsirkan (mimpi). ~가 penafsir mimpi.

해무(海霧)＜hae/mu＞ kabut laut.

해묵다＜hae/muk/ta＞ (묵년의) berumur satu tahun, (일) berlarut-larut sampai satu tahun.

해묵히다＜hae/mu/khi/da＞ membiarkan berlarut sampai satu tahun.

해물(海物)＜hae/mul＞ ☞ 해산물.

해미＜hae/mi＞ kabut laut yang tebal.

해바라기＜hae/ba/ra/gi＞ 『植』 bunga matahari.

해박(該博)＜hae/bak＞ ~한 dalam/luas pengetahuan.

해발(海拔)＜hae/bal＞ di atas permukaan laut.

해방(解放)＜hae/bang＞ kebebasan; emansipasi; kemerdekaan. ～하다 membebaskan; memerdekakan. ～전쟁 [운동] perang [pergerakan] kemerdekaan.

해법(解法)＜hae/peob＞ kunci pemecahan.

해변(海邊)＜hae/byeon＞ pantai; pesisir; tepi laut.

해병(海兵)＜hae/byeong＞ marinir. ～대 korps marinir. ～대원 anggota marinir.

해보다＜hae/bo/da＞ mencoba; menjajal; membuat percobaan. 다시 한 번 ～ mencoba lagi.

해부(解剖)＜hae/bu＞ anatomi; pembedahan; otopsi; penguraian. ～하다 membedah; menganalisis; mengurai. ～도(刀) pisau bedah. ～도(圖) gambar anatomi. ～실[대] kamar [meja] bedah. ～학 ilmu urai tubuh; anatomi. ～학자 ahli bedah.

해빙(解氷)＜hae/bing＞ pelelehan; pencairan. ～하다 meleleh; mencair. ～기 musim meleleh.

해사(海事)＜hae/sa＞ masalah kelautan.

해사하다＜hae/sa/hada＞ bersih dan jujur.

해산(海産), 해산물(海産物)＜hae/san, hae/san/mul＞ hasil laut.

해산(解産)＜hae/san＞ kelahiran anak. ～하다 melahirkan anak; lahir.

해산(解散)＜hae/san＞ pembubaran. ～하다 membubarkan. ～을 명하다 memerintahkan untuk bubar. 강제 ～ pembubaran paksa.

해삼(海蔘)＜hae/sam＞ 『動』 teripang; mentimun laut.

해상(海上)＜hae/sang＞ ～의 laut; maritim. ～에(서) di laut. ～근무 dinas laut; pelayanan laut. ～법 hukum kelautan. ～보험 asuransi kelautan. ～봉쇄 blokade angkatan laut. ～생활 kehidupan laut. ～정찰기 pesawat patroli laut.

해상(海床)＜hae/sang＞ dasar laut.

해석(解析)＜hae/seok＞ analisis. ～하다 menganalisis. ～기하학 geometri/ilmu ukur analitik.

해석(解釋)＜hae/seok＞ penafsiran; penjelasan; eksposisi. ～하다 menafsirkan; menginterpretasi; menjelaskan. ～의 차이 perbedaan penafsiran. ～을 잘못하다 salah tafsir. ...을 악의 [선의]로 ～하다 menafsirkan... dari segi buruk [baik]. 법문 ～ penafsiran hukum.

해설(解說)＜hae/seol＞ penjelasan; tanggapan; ulasan. ～하다 menanggapi; menafsirkan; menjelaskan. ～위원 komentator; pengulas.

해소(解消)＜hae/so＞ ① (소멸) ～하다 membatalkan; menghapuskan. ② (해결) ～하다 dipecahkan; diselesaikan.

해손(海損)＜hae/son＞ kerusakan laut. ～계약 [계약서] perjanjian [surat perjanjian] kerusakan laut. ～조항 klausa kerusakan laut.

해수(咳嗽)＜hae/su＞ batuk. ☞ 기침.

해수(海水)＜hae/su＞ air laut (asin).

해수욕(海水浴)＜hae/su/yok＞ mandi laut. ～하다 mandi di laut. ～객(客) orang yang mandi laut. ～장 kawasan mandi laut.

해시계(- 時計)＜hae/si/gye＞ jam matahari.

해식(海蝕)＜hae/sik＞ erosi laut.

해신(海神)＜hae/sin＞ dewa laut.

해쓱하다＜hae/sseuk/hada＞ pucat; pucat pasi.

해악(害惡)＜hae/ak＞ pengaruh buruk; bahaya.

해안(海岸)＜hae/an＞ pantai; pesisir. ～에(서) di pantai; di pesisir. ～경비 pertahanan pantai. (～경비대 satuan penjaga pantai). ～선 garis pantai. ～포대 satuan artileri pantai.

해약(解約)＜hae/yak＞ ～하다 membatalkan (kontrak).

해양(海洋)＜hae/yang＞ samudra; lautan. ～경찰대 Polisi Maritim

Nasional. ～성 기후 iklim samudra. ～소설 buku cerita tentang laut. ～식물 tumbuhan laut. ～학 ilmu kelautan.
해어뜨리다＜hae/eo/teu/ri/da＞ melusuhkan.
해어지다＜hae/eo/ji/da＞ lusuh.
해역(海域)＜hae/yeok＞ area laut; daerah laut.
해열(解熱)＜hae/yeol＞ ～하다 meredakan panas; menghilangkan demam. ～제 obat antifebril.
해왕성(海王星)＜hae/wang/seong＞ 『天』 Neptunus.
해외(海外)＜hae/oe＞ ～의 luar negeri; asing. ～로 ke luar negeri. ～로부터 dari luar negeri. ～무역 [각국] perdagangan [negara-negara] luar negeri. ～방송 siaran luar negeri. ～여행 perjalanan ke luar negeri. ～이민 emigrasi. ～투자 penanaman modal asing. 한국 ～ 개발 공사 perusahaan pengembangan luar negeri Korea.
해우(海牛)＜hae/u＞ 『動』 duyung.
해운(海運)＜hae/un＞ pengangkutan laut; pengapalan. ～업 usaha angkutan laut. ～업자 agen pengapalan; agen pengangkutan laut. 한국 ～ 항만청 Administrasi Kelautan dan Pelabuhan Korea.
해원(海員)＜hae/won＞ pelaut; anak kapal; kru. ～ 숙박소 asrama pelaut.
해이(解弛)＜hae/i＞ pengenduran; pelonggaran. ～하다 mengendur; berkurang; melonggar. 기강이 ～ 하다 disiplin mengendur; disiplin melonggar.
해일(海溢)＜hae/il＞ gelombang pasang.
해임(解任)＜hae/im＞ ～하다 membebastugaskan; memberhentikan; memecat.
해장＜hae/jang＞ ～하다 menghilangkan rasa sakit perut pada waktu bangun pagi karena terlalu banyak minum minuman keras. ～국 sup untuk mengusir rasa sakit

perut waktu bangun pagi setelah terlalu banyak minum. ～술 minuman untuk mengusir rasa sakit perut waktu bangun pagi setelah banyak minum minuman keras.
해저(海底)＜hae/jeo＞ dasar laut; bawah laut. ～유전 ladang minyak bawah laut. ～전선 [화산] kabel [gunung api] bawah laut. ～전신 telegraf bawah laut; kabel bawah laut. ～터널 terowongan bawah laut.
해적(海賊)＜hae/jeok＞ bajak laut; perompak laut. ～선 kapal bajak laut. ～판 edisi bajakan. ～행위 pembajakan.
해전(海戰)＜hae/jeon＞ pertempuran laut; perang di laut.
해제(解除)＜hae/je＞ ～하다 membatalkan; mencabut (larangan); menghapus; melucuti.
해조(害鳥)＜hae/jo＞ burung yang berbahaya.
해조(海鳥)＜hae/jo＞ burung laut. ～분 guano.
해조(海藻)＜hae/jo＞ rumput laut; tumbuhan laut.
해주다＜hae/ju/da＞ melakukan (sesuatu) untuk orang lain; membantu (dengan).
해중(海中)＜hae/jung＞ ～의 di laut; dalam laut. ～으로 ke dalam laut.
해지다＜hae/ji/da＞ ☞ 해어지다.
해직(解職)＜hae/jik＞ ～하다 memberhentikan; mempensiunkan; memecat; mem-PHK. ～수당 tunjangan pemberhentian; tunjangan PHK.
해질녘＜hae/jil/nyeokh＞ waktu senja; waktu terbenam matahari. ～에 menjelang malam; pada waktu senja.
해체(解體)＜hae/che＞ ～하다 mengurai; memisah-misahkan; menceraiberaikan; (해산) membubarkan.
해초(海草)＜hae/cho＞ ☞ 해조(海藻).
해충(害蟲)＜hae/chung＞ serangga

berbahaya; hawar.

해치다(害 -)＜hae/chi/da＞　mencede-rai; mencelakakan; melukai; meru-sak; membahayakan.

해치우다＜hae/chi/u/da＞　menyele-saikan; menuntaskan; menghabis-kan; (죽이다) membunuh.

해탈(解脫)＜hae/thal＞　～하다 be-bas dari nafsu duniawi.

해태(海苔)＜hae/thae＞　☞ 김.

해파리＜hae/fa/ri＞　『動』 ubur-ubur; medusa.

해판(解版)＜hae/fan＞　～하다 meng-uraikan papan huruf.

해하다(害 -)＜hae/hada＞　☞ 해치다.

해학(諧謔)＜hae/hak＞　lelucon; kela-kar; humor.　～적인 bersifat kela-kar.　～가 pelucu; humoris.　～소설 buku cerita humor.

해해거리다＜hae/hae/geo/ri/da＞　ter-tawa riang gembira; tertawa ceki-kikan.

해협(海峽)＜hae/hyeob＞　selat; te-rusan.　～을 건너다 menyeberangi terusan/selat. 대한 ～ Selat Korea.

해후(邂逅)＜hae/hu＞　～하다 berte-mu secara kebetulan; kebetulan bertemu.

핵(核)＜haek＞　① inti; biji; teras; mata. ② inti; nukleus.　～의 nuk-lir.　～가족 keluarga inti.　～무기 senjata nuklir.　～무장 persenjataan nuklir.　～무장하다 mempenjatai nuklir. 비 ～무장 지대 zona bebas nuklir.　～반응 reaksi nuklir; reak-si inti.　～분열 [융합] fisi [fusi] in-ti.　～실험 (금지조약) uji [perjanji-an pelarangan] nuklir.　～안전 협정 persetujuan pengamanan nuk-lir.　～전쟁 perang nuklir.　～폭발 (실험) ledakan [uji] nuklir.　～폭탄 bom nuklir.　～협정 persetujuan senjata nuklir.

핵과(核果)＜haek/gwa＞　buah berbiji tunggal.

핵산(核酸)＜haek/san＞　asam nuk-leat. 리보 ～ asam ribonukleat (RNA).

핵심(核心)＜haek/sim＞　inti; intisari;

pokok. 문제의 ～ pokok masalah.

핵우산(核雨傘)＜haek/u/san＞　pa-yung nuklir.

핵질(核質)＜haek/jil＞　nukleoplasma; plasma inti.

핵폐기물(核廢棄物)＜haek/fye/gi/mul＞　limbah nuklir.　～처리 pem-buangan limbah nuklir.　～ 처리장 kawasan pembuangan limbah nuk-lir.

핸드백＜haen/deu/baek＞　tas tangan.

핸드볼＜haen/deu/bol＞　『競』 bola tangan.　～하다 bermain bola ta-ngan.

핸들＜haen/deul＞　pegangan; ga-gang; setang; kemudi; engkol.

핸디캡＜haen/di/khaeb＞　rintangan; handikap.　～을 주다 merintangi; memberi handikap.

핼쑥하다＜hael/ssuk/hada＞　kelihatan pucat (tidak sehat); roman muka kuyu.

햄＜haem＞　ham.　～ 샐러드 ham dan salad.

햄버거스테이크＜haem/beo/geo/seu/the/i/kheu＞　hamburger steak.

햅쌀＜haeb/ssal＞　beras baru.　～밥 nasi beras baru.

햇…＜haet＞　baru.　～곡식 hasil panen baru (tahun ini).

햇무리＜haet/mu/ri＞　lingkaran ca-haya matahari.

햇볕＜haet/pyeoth＞　panas matahari.　～에 타다 terbakar panas matahari.　～에 말리다 menjemur; mengering-kan di sinar matahari.

햇빛＜haet/pit＞　sinar surya; sinar matahari.　～에 쬐다 menjemur.

햇살＜haet/sal＞　sinar matahari.

햇수(- 數)＜haet/su＞　jumlah tahun.

행(幸)＜haeng＞　kebahagiaan; keber-untungan.　～인지 불행인지 untuk kebaikan atau keburukan(!?); untuk keberuntungan atau kemalangan(!?).

…행(行)＜haeng＞　…～의 jurusan; ke.

행각(行脚)＜haeng/gak＞　～하다 be-pergian jalan kaki; berziarah jalan kaki. 사기 ～을 하다 melakukan

kecurangan; berbuat curang.
행간(行間)＜haeng/gan＞ spasi/ruang antar baris/garis.
행군(行軍)＜haeng/gun＞ baris berbaris. ～하다 berbaris. 강 ～ baris berbaris paksa.
행낭(行囊)＜haeng/nang＞ kantong surat; kantong pos.
행동(行動)＜haeng/dong＞ tindakan; perilaku; kelakuan; tingkah laku; perbuatan. ～하다 bertindak; berlaku . ～을 같이 하다 bertindak sesuai (dengan). ～에 옮기다 melaksanakan; berbuat. ～주의 behaviorisme. 직접 [자유] ～ tindakan langsung [bebas].
행동거지(行動擧止)＜haeng/dong/geo/ji＞ tabiat; pembawaan.
행동대(行動隊)＜haeng/dong/dae＞ kesatuan aksi. 청년 ～ kesatuan aksi pemuda.
행락(行樂)＜haeng/nak＞ pesiar; darmawisata; piknik. ～객(客) orang yang berpiknik/pesiar; pelancong. ～지(地) kawasan wisata [piknik].
행렬(行列)＜haeng/yeol＞ arak-arakan; parade; pawai; antrian.
행로(行路)＜haeng/no＞ jalan; jurusan; perjalanan. 인생 ～ jalan kehidupan.
행방(行方)＜haeng/bang＞ arah pergi. ～을 감추다 menutupi jejak.
행방불명(行方不明)＜haeng/bang/bul/myeong＞ ～의 hilang; lenyap. ～이 되다 menghilang. ～자 orang yang hilang.
행복(幸福)＜haeng/bok＞ kebahagiaan; keberuntungan; keselamatan; kesejahteraan. ～한 berbahagia; beruntung. ～하게 살다 hidup yang bahagia.
행불행(幸不幸)＜haeng/bul/haeng＞ baik dan buruk; bahagia dan sengsara. 인생의 ～ terang dan gelap kehidupan.
행사(行使)＜haeng/sa＞ ～하다 menggunakan; memanfaatkan; melaksanakan (hak).

행사(行事)＜haeng/sa＞ kejadian; fungsi.
행상(行商)＜haeng/sang＞ penjajaan; pedagang keliling. ～하다 berjaja; berjualan keliling; menjaja.
행색(行色)＜haeng/saek＞ penampilan; sikap. ～이 초라 하다 kelihatan jembel/lusuh.
행선지(行先地)＜haeng/seon/ji＞ tujuan perjalanan.
행세(行世)＜haeng/se＞ ～하다 berlaku; bertindak; bersikap; bergaya. 백만 장자로 ～하다 bergaya seperti jutawan.
행세(行勢)＜haeng/se＞ ～하다 menggunakan (melaksanakan) kekuasaan. ～하는 집안 keluarga terkemuka.
행수(行數)＜haeng/su＞ jumlah baris.
행실(行實)＜haeng/sil＞ perilaku; kelakuan; tabiat. ～이 나쁜 사람 orang yang berkelakuan buruk.
행여(幸 -), 행여나(幸 -)＜haeng/yeo, haeng/yeo/na＞ kalau-kalau. 그에 게물어 봐라 ～ 알고 있을 지도 모른다 Tanyalah dia, kalau-kalau dia tahu.
행운(幸運)＜haeng/un＞ keberuntungan; kemujuran. ～의 beruntung; mujur. ～아 orang yang beruntung. ～의 편지 surat berantai.
행원(行員)＜haeng/won＞ pegawai bank.
행위(行爲)＜haeng/wi＞ tindakan; perbuatan; perilaku. ～능력 kapasitas legal. ～자 pelaku. 법률 ～ tindakan hukum. 영웅적 ～ perbuatan heroik.
행인(行人)＜haeng/in＞ orang lewat.
행장(行裝)＜haeng/jang＞ perlengkapan (pakaian) bepergian. ～을 차리다 bersiap untuk bepergian; mempersiapkan (perlengkapan) untuk bepergian. ～을 풀다 melepaskan pakaian bepergian.
행적(行蹟)＜haeng/jeok＞ karya dalam hidup.
행정(行政)＜haeng/jeong＞ adminis-

trasi; pemerintahan; tata usaha negara/ketatanegaraan. ~각부 cabang administrasi. ~관 administrator; pamong praja. ~관청 kantor pemerintah. ~구획 [개혁, 처분, 명령, 협정] daerah [reformasi, tindakan, perintah, persetujuan] administratif. ~법 [권, 감독, 소송] undang-undang [kekuasaan, kontrol, keadilan] pemerintahan. ~부 pelaksana pemerintahan; lembaga eksekutif. ~학 ilmu pemerintahan; ilmu politik.

행정(行程)＜haeng/jeong＞ perjalanan; jarak.

행주＜haeng/ju＞ serbet; kain lap. ~치다 mengelap dengan serbet. ~치마 rok kerja dapur; celemek.

행진(行進)＜haeng/jin＞ arak-arakan; pawai; iring-iringan; parade; taptu. ~하다 berpawai; berparade; berarak-arakan. ~곡 lagu mars. 결혼[장송] ~곡 arak-arakan perkawinan [penguburan].

행차(行次)＜haeng/cha＞ ~하다 pergi; mengunjungi.

행패(行悖)＜haeng/fae＞ kelakuan buruk; kebiadaban. ~를 부리다 melakukan kebiadaban/kelakuan buruk.

행하(行下)＜haeng/ha＞ tip; persenan; uang rokok.

행하다(行 -)＜haeng/hada＞ bertindak; melaksanakan; mengadakan.

향(香)＜hyang＞ dupa; setanggi. ~을 피우다 membakar dupa.

향교(鄕校)＜hyang/gyo＞ aliran Konfisius di desa.

향군(鄕軍)＜hyang/gun＞ ① ☞ 재향 군인. ② ☞ 향토 예비군.

향긋하다＜hyang/geut/hada＞ harum; semerbak.

향기(香氣)＜hyang/gi＞ aroma; bau harum; harum-haruman. ~롭다 harum; beraroma.

향나무(香 -)＜hyang/na/mu＞ 『植』 kelembak.

향내(香 -)＜hyang/nae＞ ☞ 향기. ~나는 harum; beraroma.

향년(享年)＜hyang/nyeon＞ umur kematian. ~칠십 세 meninggal pada umur 70 tahun.

향도(嚮導)＜hyang/do＞ pemimpin; pengarah; pemandu.

향락(享樂)＜hyang/nak＞ kesenangan; kenikmatan. ~하다 menikmati. ~적 pecinta kenikmatan. ~주의 hedonisme (faham pencarian kesenangan hidup semata-mata). ~주의자 hedonis.

향로(香爐)＜hyang/no＞ pedupaan.

향료(香料)＜hyang/nyo＞ ① (식품의) rempah-rempah; bumbu. ② (화장품 따위의) parfum; harum-haruman.

향리(鄕里)＜hyang/ni＞ tanah tumpah darah; tempat kelahiran.

향미(香味)＜hyang/mi＞ citarasa; flavor. ~료 penyedap rasa.

향방(向方)＜hyang/bang＞ arah; jurusan; tujuan.

향배(向背)＜hyang/bae＞ pro dan kontra; kawan atau lawan.

향불(香 -)＜hyang/pul＞ api dupa. ~을 피우다 membakar dupa.

향상(向上)＜hyang/sang＞ peningkatan; kenaikan; kemajuan. ~하다 meningkat; naik; maju. 여성 지위의 ~ peningkatan kedudukan sosial wanita. ~심 aspirasi; ambisi.

향수(享壽)＜hyang/su＞ ~하다 menikmati usia panjang.

향수(香水)＜hyang/su＞ parfum; harum-haruman. ~를 뿌리다 menyemprot parfum. ~뿌리개 penyemprot parfum.

향수(鄕愁)＜hyang/su＞ kerinduan kampung halaman; nostalgia. ~를 느끼다 merasa rindu pada kampung halaman.

향연(饗宴)＜hyang/yeon＞ pesta. ~을 베풀다 mengadakan pesta.

향유(享有)＜hyang/yu＞ ~하다 menikmati; ikut serta.

향유(香油)＜hyang/yu＞ ① (참기름) minyak wijen. ② (머릿기름) minyak rambut harum.

향응(饗應)＜hyang/eung＞ pesta;

perjamuan; traktir. ~하다 menja-mu.

향일성(向日性)＜hyang/il/seong＞ heliotrofisme.

향지성(向地性)＜hyang/ji/seong＞ 『植』 geotropisme positip.

향토(鄕土)＜hyang/tho＞ kampung halaman. ~문학 [음악] sastra [musik] rakyat. ~색(짙은) (kental) warna kedaerahan. ~예술 seni rakyat.

향하다(向-)＜hyang/hada＞ ① menghadap. 바다를 ~ menghadap laut. ② (가다) pergi ke; menuju. ③ (지향) cenderung (ke).

향학심(向學心)＜hyang/hak/sim＞ cinta pengetahuan. ~에 불타다 meluap kemauan untuk belajar.

향후(向後)＜hyang/hu＞ kemudian.

허(虛)＜heo＞ titik lemah; ketidak-siapan. 적의 ~를 찌르다 menye-rang pada titik lemah. ~를 틈타다 memanfaatkan ketidaksiapan.

허가(許可)＜heo/ga＞ izin; ijin; per-setujuan; lisensi. ~하다 mengijin-kan; menyetujui; memberi lisensi. ~를 얻어 atas ijin dari. ~없이 tanpa ijin. ~증(證) lisensi. 건축 ~ ijin bangunan. 입학 ~ ijin masuk sekolah.

허겁지겁＜heo/geob/ji/geob＞ ☞ 허둥지둥.

허공(虛空)＜heo/gong＞ udara ko-song; ruang hampa.

허구(虛構)＜heo/gu＞ karang-karang-an; fiksi; kebohongan; kepalsuan. ~하다 mengarang-ngarang; mem-bohong; memalsukan.

허구렁(虛 -)＜heo/gu/reong＞ celah kosong.

허구하다(許久 -)＜heo/gu/hada＞ sa-ngat lama.

허기(虛飢)＜heo/gi＞ kelaparan. ~지다 lapar; haus; ingin sekali.

허깨비＜heo/kae/bi＞ hantu.

허니문＜heo/ni/mun＞ bulan madu.

허다(許多)＜heo/da＞ ~하다 ba-nyak.

허덕거리다＜heo/deok/geo/ri/da＞

① (숨이차) mengap-mengap; ter-engah-engah. ② (애쓰다) berusaha mati-matian; berjuang.

허두(虛頭)＜heo/du＞ pembukaan (pidato).

허둥거리다＜heo/dung/geo/ri/da＞ tergesa-gesa; tergopoh-gopoh.

허둥지둥＜heo/dung/ji/dung＞ de-ngan tergesa-gesa; dengan tergo-poh-gopoh.

허들＜heo/deul＞ lari gawang. ~레이스 lomba lari gawang.

허락(許諾)＜heo/rak＞ persetujuan; ijin. ~하다 menyetujui; mengijin-kan. ~을 얻어 dengan seijin. ~없이 tanpa ijin.

허랑방탕(虛浪放蕩)＜heo/rang/bang/thang＞ ~하다 jangak.

허례(虛禮)＜heo/rye＞ formalitas. ~를 없애다 menghapus formalitas. ~허식(虛飾) formalitas dan keang-kuhan.

허룩하다＜heo/ruk/hada＞ hampir kosong.

허름하다＜heo/reum/hada＞ ① (낡아서) jembel; lusuh. ② (싸다) murah.

허리＜heo/ri＞ ① pinggang. ~가 날씬하다 berpinggang langsing. ② (옷의) pinggang (pakaian).

허리띠＜heo/ri/ti＞ sabuk; ikat ping-gang.

허리통＜heo/ri/thong＞ ukuran ping-gang.

허릿매＜heo/rit/mae＞ garis ping-gang.

허망(虛妄)＜heo/mang＞ ~한 sia-sia.

허무(虛無)＜heo/mu＞ kesia-siaan; kehampaan. ~한 sia-sia; hampa. ~감 rasa kehampaan. ~주의 ni-hilisme. ~주의자 penganut ni-hilisme.

허무맹랑(虛無孟浪)＜heo/mu/maeng/rang＞ ~한 tidak berdasar; tidak dapat dipercaya.

허물＜heo/mul＞ (살꺼풀) kulit; ke-longsong.

허물＜heo/mul＞ (과실) kekeliruan;

kesalahan. ~을 용서하다 memaaf-kan kekeliruan (seseorang).

허물다 <heo/mul/da> menghancur-kan.

허물벗다 <heo/mul/beot/ta> (뱀 따위가) membuka kulit/selongsong.

허물벗다 <heo/mul/beot/ta> (누명벗다) membersihkan diri dari tuduhan palsu.

허물어지다 <heo/mul/eo/ji/da> han-cur; jatuh.

허물없다 <heo/mul/eob/ta> akrab; tanpa basa-basi (karena terlalu ak-rab).

허방짚다 <heo/bang/jif/ta> salah hi-tung.

허벅다리 <heo/beok/da/ri> paha.

허벅지 <heo/beok/ji> bagian dalam paha.

허비(虛費) <heo/bi> pemborosan. ~하다 memboros-boroskan.

허사(虛事) <heo/sa> kegagalan; usaha yang sia-sia. ~로 돌아가다 berakhir dengan kegagalan.

허상(虛像) <heo/sang> 『理』 ba-yangan sejati.

허세(虛勢) <heo/se> aksi; lagak. ~를 부리다 beraksi; berlagak.

허송세월(虛送歲月) <heo/song/se/wol> ~하다 memboroskan wak-tu.

허수(虛數) <heo/su> 『數』 bilangan imajiner.

허수아비 <heo/su/a/bi> orang-orangan disawah.

허수하다 <heo/su/hada> ☞ 허전하다.

허술하다 <heo/sul/hada> ① (초라하다) jembel; lusuh. ② (헛점이 있다) longgar; lemah; tidak waspada.

허스키 <heo/seu/khi> suara serak/parau.

허식(虛飾) <heo/sik> keangkuhan; penampilan. ~적 angkuh. ~없는 tidak angkuh. ~을 좋아하다 ge-mar penampilan.

허실(虛實) <heo/sil> kebenaran dan kekeliruan.

허심탄회(虛心坦懷) <heo/sim/than/hoe> ~하게 dengan pikiran ter-buka; dengan terus terang.

허약(虛弱) <heo/yak> ~하다 le-mah; rapuh. 몸이 ~하다 berbadan lemah/rapuh. ~자 orang yang berbadan rapuh.

허언(虛言) <heo/eon> kebohongan.

허영(虛榮) <heo/yeong> keangkuh-an. ~ 때문에 demi keangkuhan. ~심(心) jiwa angkuh. ~심이 강한 angkuh.

허옇다 <heo/yeot/ta> putih salju; putih bersih.

허욕(虛慾) <heo/yok> kerakusan; ketamakan. ~많은 rakus; tamak.

허용(許容) <heo/yong> ijin; toleran-si. ~하다 mengijinkan. ~량 jumlah yang diijinkan. ~오차 ga-lat yang diijinkan. ~한도 batas toleransi.

허울 <heo/ul> penampilan (luar). ~만 좋은 물건 barang yang bagus diluar saja.

허위(虛僞) <heo/wi> kebohongan; kepalsuan. ~의 bohong; palsu. ~보고 laporan palsu. ~진술 per-nyataan palsu.

허위적거리다 <heo/wi/jeok/geo/ri/da> menggelepar.

허장성세(虛張聲勢) <heo/jang/seong/se> menggertak.

허전하다 <heo/jeon/hada> merasa hampa.

허점(虛點) <heo/ceom> titik lemah. ~을 노리다 menunggu saat lengah; mencari titik lemah.

허청거리다 <heo/cheong/geo/ri/da> terhuyung-huyung.

허탕 <heo/thang> kerja/usaha yang sia-sia. ~치다 berkerja sia-sia.

허튼계집 <heo/theun/gye/jib> wani-ta cabul.

허튼맹세 <heo/theun/maeng/se> sumpah palsu.

허튼소리,허튼수작(-酬酌) <heo/theun/so/ri, heo/theun/su/jak> omong kosong.

허파 <heo/fa> paru-paru.

허풍(虛風) <heo/fung> bualan; omong besar. ~ 떨다 membual. ~선이 pembual.

허하다(許 -) <heo/hada> mengijinkan; menyetujui.

허하다(虛 -) <heo/hada> kosong; hampa.

허행(虛行) <heo/haeng> ☞ 헛걸음하다.

허허벌판 <heo/heo/beol/fan> dataran yang luas; lapangan yang luas.

허혼(許婚) <heo/hon> ~하다 merestui perkawinan.

헌 <heon> bekas; usang. ~물건 barang bekas.

헌것 <heon/geot> barang-barang bekas.

헌계집 <heon/gye/jib> wanita yang pernah menikah.

헌금(獻金) <heon/geum> sumbangan; uang derma; sedekah. ~하다 menyumbang; berderma; bersedekah. ~자 penyumbang; penderma. ~함 kotak sumbangan; kotak amal.

헌납(獻納) <heon/nab> ~하다 menyumbang. ~자 penyumbang. ~품(品) barang sumbangan.

헌데 <heon/de> pembengkakan; abses.

헌법(憲法) <heob/peob> undang-undang dasar; konstitusi. ~(상)의 konstitusional. ~ 상으로 secara konstitusional; menurut undang- undang. ~을 제정[개정]하다 menyusun [merevisi] undang-undang dasar. 대한 민국 ~ Undang-Undang Dasar Republik Korea (UUD Rep. Korea). 성문[불문] ~ undang- undang tertulis [tidak tertulis].

헌병(憲兵) <heon/byeong> polisi militer (PM). ~사령관 komandan polisi militer. ~ 파견대 detasemen polisi militer.

헌상(獻上) <heon/sang> ~하다 menyumbang; mempersembahkan. ~물 sumbangan; persembahan.

헌신(獻身) <heon/sin> pengabdian; pengorbanan diri; kebaktian. ~하다 membaktikan diri; mengabdikan diri; berkorban (untuk). ~적인 bersifat pengabdian. ~적으로 dengan tulus; dengan rela.

헌신짝 <heon/sin/cak> sepatu tua; sepatu bekas. ~같이 버리다 membuang seperti sepatu tua.

헌옷 <heon/ot> pakaian bekas.

헌장(憲章) <heon/jang> konstitusi; piagam. 대서양 ~ Piagam Atlantik. 대 ~ Magna Charta. 어린이 ~ Piagam Anak-Anak.

헌정(憲政) <heon/jeong> pemerintahan konstitusional.

헌정(獻呈) <heon/jeong> ~하다 mempersembahkan.

헌책(- 冊) <heon/chaek> buku bekas. ~사 toko buku bekas.

헌칠하다 <heon/chil/hada> tinggi dan tampan.

헌혈(獻血) <heon/hyeol> penyumbangan darah. ~하다 menyumbang darah. ~자 donor darah.

헐값(歇 -) <heol/kab> harga murah.

헐겁다 <heol/geob/ta> longgar; tidak kencang.

헐다 <heol/da> (물건이) menjadi tua; menjadi usang. (피부가) menjadi bernanah.

헐다 <heol/da> ① (쌓은 것 등을) merobohkan; meruntuhkan; menghancurkan. ② (남을) menghina; menjelek-jelekkan; memfitnah; mengumpat. ③ (돈을) menukar; memecahkan; merecehkan.

헐떡거리다 <heol/teok/geo/ri/da> mengap-mengap; terengah-engah.

헐뜯다 <heol/teut/ta> memfitnah; menjelek-jelekkan; mengumpat; mengejikan.

헐렁거리다 <heol/leong/geo/ri/da> ① (행동을) bertindak gegabah/sembrono. ② (물건이) longgar; tidak kencang.

헐렁이 <heol/leong/i> orang yang gegabah/sembrono.

헐렁하다 <heol/leong/hada> longgar; loloh.

헐레벌떡 <heol/le/beol/teok> ter-

engah-engah; kehabisan napas.
헐리다＜heol/li/da＞ dirobohkan; diruntuhkan; dihancurkan.
헐벗다＜heol/beot/ta＞ berpakaian compang-camping.
헐하다(歇 -)＜heol/hada＞ ① (값이) murah; tidak mahal (tentang harga). ② (쉽다) ringan; mudah; sederhana (tentang pekerjaan). ③ (가벼운) ringan (tentang hukuman).
험구(險口)＜heom/gu＞ ～하다 memfitnah; mengumpat; menjelek-jelekkan; mencaci-maki. ～가 tukang umpat; orang yang bermulut kotor.
험난(險難)＜heom/nan＞ ～ 한 (험준한) curam; terjal; (어려운) sukar.
험담(險談)＜heom/dam＞ fitnah; fitnahan. ～하다 memfitnah; mengumpat.
험상(險狀)＜heom/sang＞ ～ 궂다, ～스럽다 seram,; menakutkan. ～스러운 얼굴 roman seram; roman menyeringai.
험악(險惡)＜heom/ak＞ ～한 berbahaya; kritis; gawat.
험준(險峻)＜heom/jun＞ ～한 curam; terjal.
험하다(險 -)＜heom/hada＞ ① (산길 따위가) curam; terjal. ② (날씨 따위) keras; buruk (tentang cuaca). ③ (표정 따위) seram; kejam; kasar. ④ (상태가) gawat; kritis; genting.
헙수룩하다＜heob/su/ruk/hada＞ kusut.
헛간(- 間)＜heot/kan＞ lumbung; gudang.
헛걸음하다＜heot/geol/eum/hada＞ kembali dengan tangan kosong.
헛구역(- 嘔逆)＜heot/gu/yeok＞ 『醫』 vomiturisi; perasaan mual.
헛기침하다＜heot/gi/chim/hada＞ batuk-batuk kambing; berdehem-dehem.
헛다리짚다＜heot/da/ri/jif/ta＞ salah perhitungan; salah kira.
헛돌다＜heot/dol/da＞ menggeleser.

헛되다＜heot/doe/ta＞ sia-sia; hampa; kosong.
헛듣다＜heot/deut/da＞ salah dengar; salah tanggap.
헛디디다＜heot/di/di/da＞ salah langkah; mengambil langkah yang keliru; tergelincir.
헛물켜다＜heot/mul/khyeo/da＞ melakukan usaha yang sia-sia.
헛배부르다＜heot/bae/bu/reu/da＞ mengalami kekenyangan semu.
헛소리하다＜heot/so/ri/hada＞ meracau; mengigau; membual.
헛소문(- 所聞)＜heot/so/mun＞ kabar angin yang tidak berdasar.
헛손질하다＜heot/son/jil/hada＞ mengais udara.
헛수＜heot/su＞ langkah yang keliru.
헛수고＜heot/su/go＞ usaha yang sia-sia; pemborosan tenaga. ～하다 melakukan usaha yang sia-sia.
헛웃음＜heot/u/seum＞ senyum pura-pura; senyum dibuat-buat.
헛일＜heot/il＞ usaha yang sia-sia; pemborosan tenaga. ～하다 melakukan usaha yang sia-sia.
헛헛증(- 症)＜heot/heot/ceung＞ kelaparan.
헛헛하다＜heot/heot/hada＞ sangat lapar.
헝가리＜heong/ga/ri＞ Hongaria. ～말 bahasa Hongaria. ～사람 orang Hongaria.
헝겊＜heong/geof＞ sehelai kain; secarik kain.
헝클다＜heong/kheul/da＞ mengusutkan.
헝클어지다＜heong/kheul/eo/ji/da＞ kusut; dikusutkan.
헤게모니＜he/ge/mo/ni＞ hegemoni.
헤드라이트＜he/deu/la/i/theu＞ lampu depan.
헤딩＜he/ding＞ tandukan; sundulan. ～하다 menanduk; menyundul.
헤로인＜he/ro/in＞ heroin.
헤르니아＜he/reu/ni/a＞ 『醫』 hernia.
헤매다＜he/mae/da＞ ① (돌아다니

다) berkeliling-keliling, (이리저리) mundar-mandir; terkatung-katung. ② (어쩔줄 모르다) bingung.

헤모글로빈 <he/mo/geul/lo/bin> 『生』 hemoglobin.

헤벌쭉 <he/beol/cuk> ~하다 terbuka lebar.

헤브라이 <he/beu/ra/i> Hibrani. ~말 bahasa Hibrani.

헤비급(-級) <he/bi/geub> kelas berat. ~선수 petinju kelas berat.

헤아리다 <he/a/ri/da> ① (용량) menimbang; mempertimbangkan. ② (가늠 짐작) menduga. ③ (셈) menaksir; menghitung.

헤어나다 <he/eo/na/da> lolos (dari krisis); melewati (kesulitan).

헤어지다 <he/eo/ji/da> ① (이별) berpisah; bercerai. ② (해산) bubar.

헤어핀 <he/eo/fin> penjepit rambut; jepitan rambut.

헤엄 <he/eom> renang. ~치다 berenang. ~치러 가다 pergi berenang.

헤적이다 <he/jeok/i/da> menggeledah; mengaduk-aduk; membolak-balik.

헤집다 <he/jib/ta> menggali; menguis; mengais.

헤치다 <he/chi/da> ① (속을) menggali. ② (흩뜨리다) membubarkan; mencerai-beraikan. ③ (좌우로) menyeruak; mendorong kanan kiri.

헤프다 <he/feu/da> ① (쓰기에) tidak tahan lama; cepat usang. ② (씀씀이가) tidak ekonomis; boros. ③ (입이) banyak omong; cerewet. ④ (몸가짐이) murahan.

헥타르 <hek/tha/reu> hektar.

헬레니즘 <hel/le/ni/jeum> Helenisme (aliran Yunani kuno).

헬륨 <hel/lyum> helium (He).

헬리콥터 <hel/li/khob/theo> helikopter.

헬리포트 <hel/li/fo/theu> bandara helikopter.

헬멧 <hel/met> topi baja; helm.

헷갈리다 <het/gal/li/da> ① (마음이) bingung; galau. ② (뜻이) bingung; berganduh.

헹가래 <heng/ga/rae> ~치다 melambung-lambungkan.

헹구다 <heng/gu/da> membilas; menggurah. 빨래를 ~ membilas cucian.

혀 <hyeo> lidah. ~를 내밀다 menjulurkan lidah. ~를 차다 mengecap-ngecapkan lidah; mencapak.

혀끝 <hyeo/keuth> ujung lidah.

혀짤배기 <hyeo/cal/bae/gi> orang pelo; orang cadel.

혁대(革帶) <hyeok/dae> sabuk kulit; ikat pinggang.

혁명(革命) <hyeok/myeong> revolusi. ~적인 revolusioner. ~을 일으키다 mencetuskan revolusi. ~가 revolusionis. ~군 [정부] tentara [pemerintah] revolusioner. ~운동 gerakan revolusi. 산업 ~ revolusi industri. 평화[무력, 무혈] ~ revolusi damai [bersenjata, tak berdarah]. 반 ~ 세력 kelompok (angkatan) anti revolusi.

혁신(革新) <hyeok/sin> pembaruan; reformasi; renovasi. ~하다 memperbarui; mengadakan reformasi (renovasi). ~운동 gerakan pembaruan. ~정당 partai reformis/pembaharu. ~파 aliran pembaharu.

혁혁하다(赫赫-) <hyeok/hyeok/hada> gemilang; cemerlang.

현(弦) <hyeon> ① (활시위) tali busur. ② 『幾』 busur lingkaran. ③ (달의) bulan sabit.

현(絃 弦) <hyeon> tali; senar.

현(現) <hyeon> sekarang. ~내각 kabinet yang sekarang.

현가(現價) <hyeon/ka> harga sekarang.

현격(懸隔) <hyeon/gyeok> ~하다 berbeda sekali; terpisah jauh. ~한 차 perbedaan besar.

현관(玄關) <hyeon/gwan> serambi; beranda. 자동차를 ~에 대다 memarkir di serambi.

현관(顯官)＜hyeon/gwan＞ pejabat tinggi; orang terkemuka.

현군(賢君)＜hyeon/gun＞ raja yang bijaksana.

현금(現今)＜hyeon/geum＞ ~의 sekarang; kini. ~에는 saat ini; dewasa ini.

현금(現金)＜hyeon/geum＞ uang kontan; uang tunai. ~으로 치르다 membayar kontan. ~으로 팔다[사다] menjual [membeli] kontan. 수표를 ~으로 바꾸다 menguangkan cek. ~거래 [매매] transaksi [jual beli] tunai. ~상환 인도 bayar tunai waktu antar. ~지불 pembayaran kontan. ~출납원 kasir.

현기(眩氣),현기증(眩氣症)＜hyeon/gi, hyeon/gi/ceung＞ kepusingan; kepeningan.

현대(現代)＜hyeon/dae＞ jaman sekarang; masa kini. ~의 modern; mutakhir. ~적인 modern. ~극 drama modern. ~문 kesusasteraan masa kini. ~어 bahasa modern. ~여성 gadis modern. ~인 orang modern. ~작가 sastrawan modern. ~화 modernisasi. ~화하다 memodernisasi; memodernkan; memperbarukan.

현란(絢爛)＜hyeol/lan＞ ~하다 terang temerang.

현명(賢明)＜hyeon/myeong＞ kebijaksanaan; kearifan. ~한 bijaksana; pandai; cerdik; arif.

현모(賢母)＜hyeon/mo＞ ibu yang bijaksana. ~양처 ibu yang bijaksana sekaligus istri yang baik.

현몽(現夢)＜hyeon/mong＞ ~하다 muncul dalam mimpi.

현묘(玄妙)＜hyeon/myo＞ ~한 halus; dalam; rumit; misterius.

현물(現物)＜hyeon/mul＞ barang yang ada; persediaan. ~로 지급하다 membayar dengan barang. ~거래 [매매] jual beli di tempat. ~급여 gaji dalam bentuk barang. ~세 pajak dalam bentuk barang. ~출자 investasi dalam bentuk barang. ~출자하다 menanam modal dalam bentuk barang.

현미(玄米)＜hyeon/mi＞ beras kasar.

현미경(顯微鏡)＜hyeon/mi/gyeong＞ mikroskop. 백배의 ~ mikroskop dengan pembesaran 100 kali.

현상(現狀)＜hyeon/sang＞ keadaan sekarang; kondisi yang ada. ~을 유지하다 mempertahankan status quo. ~을 타파하다 merubah keadaan sekarang.

현상(現象)＜hyeon/sang＞ fenomena; gejala. ~론(論) fenomenalisme. 사회 [자연] ~ gejala sosial [alami].

현상(現像)＜hyeon/sang＞ pencucian film. ~하다 mencuci film. ~액 cairan pencuci film. ~지(紙) kertas foto.

현상(懸賞)＜hyeon/sang＞ hadiah. ~을 걸다 memberi hadiah. ~금 uang hadiah. ~당선자 pemenang hadiah. ~모집광고 iklan untuk sayembara berhadiah. ~소설 novel pemenang hadiah.

현상태(現狀態)＜hyeon/sang/thae＞ keadaan sekarang (☞ 현상). ~대로 놔두다 membiarkan seperti apa adanya. ~로는 sebagaimana adanya; seperti keadaan sekarang.

현세(現世)＜hyeon/se＞ dunia ini; keduniawian. ☞ 이승.

현손(玄孫)＜hyeon/son＞ canggah; cucu dari cucu.

현송(現送)＜hyeon/song＞ pengiriman uang. ~하다 mengirim.

현수(懸垂)＜hyeon/su＞ gantung. ~막(幕) plakat.

현숙(賢淑)＜hyeon/suk＞ ~한 bijaksana dan berbudi.

현시(現時)＜hyeon/si＞ saat sekarang; dewasa ini.

현시(顯示)＜hyeon/si＞ ~하다 memperlihatkan; mengungkapkan.

현실(現實)＜hyeon/sil＞ realitas; kenyataan. ~의 sebenarnya; nyata. ~적으로 secara nyata. ~화하다 merealisasi; mewujudkan. ~성(性) realitas. ~주의 realisme. ~주의

자 realis.
현악(絃樂)＜hyeon/ak＞ musik petik. ～기 alat musik petik. ～ 사중주 kuartet petik.
현안(懸案)＜hyeon/an＞ masalah yang belum diputuskan/terpecahkan.
현양(顯楊)＜hyeon/yang＞ ～하다 menyanjung; memuji setinggi langit.
현역(現役)＜hyeon/yeok＞ dinas aktif. ～군인 tentara dinas aktif. ～선수 pemain dalam daftar. ～장교 perwira dinas aktif.
현인(賢人)＜hyeon/in＞ orang bijaksana.
현임(現任)＜hyeon/im＞ jabatan sekarang. ～자 pejabat sekarang.
현장(現場)＜hyeon/jang＞ tempat kejadian ～에서 di tempat kejadian. ～에서 잡히다 menangkap basah. ～감독 pengawas lapangan. ～검증 pemeriksaan di tempat kejadian. ～부재 증명 alibi.
현재(現在)＜hyeon/jae＞ waktu kini; dewasa ini. ～의 sekarang; kini. 10월 1일 ～ 1 Oktober ini. ～완료 waktu sekarang selesai.
현저(顯著)＜hyeon/jeo＞ ～한 menyolok; mencolok mata; menonjol. ～하게 [히] dengan mencolok mata.
현존(現存)＜hyeon/jon＞ ～하다 ada. ～의 yang ada. ～작가 pengarang yang masih hidup.
현주(現住)＜hyeon/ju＞ ～민 penduduk sekarang. ～소(所) alamat sekarang.
현지(現地)＜hyeon/ji＞ tempat kejadian. ～방송 siaran di tempat kejadian. ～조사 [보고] survei [laporan] lapangan. ～특파원 koresponden tentang kejadian.
현직(現職)＜hyeon/jik＞ kedudukan sekarang. ～대통령 presiden yang menjabat.
현찰(現札)＜hyeon/chal＞ uang kontan/tunai.
현처(賢妻)＜hyeon/cheo＞ istri bijak-

sana.
현철(賢哲)＜hyeon/cheol＞ orang bijaksana.
현충일(顯忠日)＜hyeon/chung/il＞ hari pahlawan.
현충탑(顯忠塔)＜hyeon/chung/thab＞ tugu peringatan.
현판(懸板)＜hyeon/fan＞ papan gantung.
현품(現品)＜hyeon/fum＞ barang sesungguhnya. ☞ 현물.
현행(現行)＜hyeon/haeng＞ ～의 yang berlaku; yang sekarang. ～교과서 buku pegangan yang sekarang dipakai. ～맞춤법 sistim ejaan yang berlaku. ～범 pelanggar dalam aksi. ～범으로 잡히다 tertangkap dalam perbuatan; tertangkap basah.
현혹(眩惑)＜hyeon/hok＞ ～하다 silau; buta; menyilaukan.
현황(現況)＜hyeon/hwang＞ kondisi yang sekarang.
혈거(穴居)＜hyeol/geo＞ ～하다 tinggal di gua. ～시대 zaman hidup di gua. ～인 orang gua.
혈관(血管)＜hyeol/gwan＞ pembuluh darah; urat darah. ～이식 transplantasi pembuluh darah. ～파열 pecah pembuluh darah.
혈구(血球)＜hyeol/gu＞ sel darah. ～소(素) hemoglobin.
혈기(血氣)＜hyeol/gi＞ darah panas. ～ 왕성한 젊은이 pemuda berdarah panas. 젊은 ～ semangat muda. ～에 이끌리다 terdorong oleh semangat muda.
혈뇨(血尿)＜hyeol/nyo＞ 『醫』 hematuria.
혈담(血痰)＜hyeol/dam＞ lendir berdarah.
혈로(血路)＜hyeol/lo＞ ～를 열다 menerobos musuh; membuka jalan darah.
혈맥(血脈)＜hyeol/maek＞ pembuluh darah; (혈통) hubungan darah.
혈반(血斑)＜hyeol/ban＞ bercak darah.
혈변(血便)＜hyeol/byeon＞ berak da-

rah.

혈색(血色)＜hyeol/saek＞ warna muka; air muka. ～이 좋다 [나쁘다] air muka baik [buruk]. ～이 좋아 [나빠]지다 menjadi baik [buruk] warna muka.

혈색소(血色素)＜hyeol/saek/so＞ hemoglobin.

혈서(血書)＜hyeol/seo＞ ～를 쓰다 menulis dengan darah.

혈세(血稅)＜hyeol/se＞ pajak yang sangat berat.

혈안(血眼)＜hyeol/an＞ mata kemerah-merahan. ～이되어 찾다 mencari mati-matian.

혈압(血壓)＜hyeol/ab＞ tekanan darah. ～을 재다 mengukur tekanan darah. ～이 높다 [낮다] tekanan darah tinggi [rendah]. ～계 sphygmomanometer.

혈액(血液)＜hyeol/aek＞ darah. ～검사 [형] tes [golongan] darah. ～은행 bank darah.

혈연(血緣)＜hyeol/yeon＞ hubungan darah (☞ 혈족). ～관계 pertalian darah.

혈육(血肉)＜hyeol/yuk＞ hubungan darah; anak kandung; darah daging.

혈장(血漿)＜hyeol/cang＞ plasma darah; serum.

혈전(血戰)＜hyeol/jeon＞ pertempuran berdarah.

혈족(血族)＜hyeol/cok＞ hubungan darah; keluarga dan kerabat.

혈청(血淸)＜hyeol/cheong＞ 『醫』 serum. ～간염(肝炎) serum hepatitis. ～주사 injeksi serum.

혈통(血統)＜hyeol/thong＞ silsilah; garis keluarga. ～서 sertifikat keturunan/asal-usul.

혈투(血鬪)＜hyeol/thu＞ perkelahian berdarah.

혈판(血判)＜hyeol/fan＞ ～하다 mengecap dengan darah. ～서 [장] petisi yang dicap dengan darah.

혈행(血行)＜hyeol/haeng＞ peredaran darah.

혈혈(孑孑)＜hyeol/hyeol＞ ～단신

sebatangkara. ～ 단신이다 sebatangkara.

혈흔(血痕)＜hyeol/heun＞ noda darah.

혐기(嫌氣)＜hyeom/gi＞ ～성의 anaerobik. ～성 식물 organisme anaerobik.

혐오(嫌惡)＜hyeom/o＞ kebencian; keengganan; kejijikan. ～하다 benci; jijik. ～할 menjijikkan. ～감을 품다 merasa jijik (terhadap).

혐의(嫌疑)＜hyeom/eui＞ kecurigaan; syak wasangka. …의 ～로 atas kecurigaan (dengan tuduhan)… . ～자 orang yang dicurigai.

협객(俠客)＜hyeob/gaek＞ pendekar.

협격(挾擊)＜hyeob/gyeok＞ ☞ 협공.

협곡(峽谷)＜hyeob/gok＞ jurang; lurah; ngarai; lembah.

협공(挾攻)＜hyeob/gong＞ ～하다 menyerang dari kedua sisi. ～작전 operasi penjepitan (musuh).

협궤(狹軌)＜hyeob/gwe＞ ukuran sempit (rel kereta).

협기(俠氣)＜hyeob/gi＞ semangat ksatria.

협동(協同)＜hyeob/tong＞ usaha bersama; koperasi. ～하다 berkoperasi. ～하여 secara koperasi. ～기업 usaha koperasi. ～정신 semangat koperasi.

협동조합(協同組合)＜hyeob/tong/jo/hab＞ himpunan (masyarakat) koperasi.

협력(協力)＜hyeom/nyeok＞ kerjasama. ～하다 bekerja sama (dengan). …와 ～하여 dalam kerjasama (dengan). ～자 mitra; kolaborator. 경제 ～ kerjasama ekonomi.

협문(夾門)＜hyeom/mun＞ gerbang (pintu) samping.

협박(脅迫)＜hyeob/bak＞ ancaman kekerasan; perkosaan; todongan; paksaan. ～하다 mengancam; menakut-nakuti; menggertak; menggugat; memeras. ～자 intimidator. ～장 surat ancaman (pemerasan). ～죄 intimidasi.

협상(協商)＜hyeob/sang＞ perundingan; permusyawaratan. ～하다 berunding; bermusyawarah.

협소(狹小)＜hyeob/so＞ ～한 sempit; terbatas; picik.

협심(協心)＜hyeob/sim＞ ～하다 bergabung; bersatu. ～하여 일하다 bekerja sama.

협심증(狹心症)＜hyeob/sim/ceung＞ 『醫』 gangguan jantung; penyakit dada.

협약(協約)＜hyeob/yak＞ perjanjian; persetujuan; ikrar (☞ 협정). ～하다 bersetuju; membuat persetujuan. 노동 [단체] ～ kesepakatan kerja [kelompok].

협의(協議)＜hyeob/eui＞ perundingan; musyawarah; permufakatan. ～하다 merembukkan; mendiskusikan; bermufakat. ～사항 pokok pembicaraan. ～이혼 perceraian dengan persetujuan. ～회 konferensi.

협의(狹義)＜hyeob/eui＞ arti sempit; makna terbatas.

협잡(挾雜)＜hyeob/jab＞ penipuan; pencurangan. ～하다 menipu; mencurangi. ～꾼 penipu. ～선거 pemilihan yang curang.

협정(協定)＜hyeob/ceong＞ perjanjian; persetujuan; akad; kontrak; persepakatan; perikatan. ～하다 bersetuju (pada); bersepakat. ～가격 harga yang disetujui. ～ 관세율 tarif persetujuan. ～서 surat persetujuan. ～운임 biaya transport yang disetujui. 잠정 ～ modus vivendi.

협조(協調)＜hyeob/co＞ kerjasama; kolaborasi; konsorsium. ～하다 bekerjasama (dengan). ～적 koperatif. ～심 semangat kerjasama.

협주곡(協奏曲)＜hyeob/ju/gok＞ konserto.

협죽도(夾竹挑)＜hyeob/juk/do＞ 『植』 oleander.

협착(狹搾)＜hyeob/chak＞ 『醫』 kontraksi. 요도 ～ kontraksi uretra.

협찬(協贊)＜hyeob/chan＞ persetujuan; dukungan. ～하다 menyetujui; mendukung; membantu.

협화(協和)＜hyeo/fhwa＞ ～음 『樂』 konsonansi.

협회(協會)＜hyeo/fhoe＞ himpunan; organisasi; asosiasi; perkumpulan. 농구 ～ Liga Bolabasket.

헛바늘＜hyeot/ba/neul＞ ～이 돋다 kena sariawan pada lidah.

헛바닥＜hyeot/ba/dak＞ sisi pipih lidah.

헛소리＜hyeot/so/ri＞ 『碁聲』 suara lidah.

형(兄)＜hyeong＞ ① (동기간) kakak lelaki; kakanda; kangmas; uda; abang. ② (친구간) saudara (panggilan antara teman).

형(刑)＜hyeong＞ hukuman. ～을 받다 dihukum; menerima hukuman. ～을 선고하다 memutuskan hukuman.

형(形)＜hyeong＞ bentuk.

형(型)＜hyeong＞ gaya; pola; model; ragam. 1981년 ～의 자동차 mobil model 1981.

형광(螢光)＜hyeong/gwang＞ 『理』 perpendaran. ～도료(塗料) cat berpendar. ～등[판] lampu [lempengan] berpendar.

형기(刑期)＜hyeong/gi＞ masa hukuman. ～를 마치다 menjalani masa hukuman.

형무소(刑務所)＜hyeong/mu/so＞ ☞ 교도소.

형벌(刑罰)＜hyeong/beol＞ hukuman; siksa. ～을 가하다 menghukum; menyiksa.

형법(刑法)＜hyeong/peob＞ hukum pidana. ～상의 pidana.

형부(兄夫)＜hyeong/bu＞ ipar lelaki; suami kakak perempuan.

형사(刑事)＜hyeong/sa＞ (사건) kasus pidana; (사람) detektif; reserse. ～상의 pidana. ～문제 [사건] perkara pidana. ～범(犯) pelanggaran pidana. ～소송 tindak pidana. ～소송법(訴訟法) hukum pidana. ～재판 pengadilan pidana. ～ 피고인 tertuduh tindak pidana.

형상(形狀)＜hyeong/sang＞ bentuk.

형상(形象)＜hyeong/sang＞ bentuk; figur; perawakan; sosok.

형설(螢雪)＜hyeong/seol＞ ～의 공을 쌓다 belajar keras; belajar dengan tekun.

형성(形成)＜hyeong/seong＞ pembentukan; perwujudan. ～하다 membentuk; mewujudkan. ～기(期) masa pembentukan.

형세(形勢)＜hyeong/se＞ ① situasi; keadaan. 지금 ～로는 sebagaimana adanya. ～를 관망하다 mengamati perkembangan keadaan. ～를 지켜보다 melihat keadaan. ② keadaan; hal ikhwal. ～가 넉넉[곤란] 하다 keadaan baik [buruk].

형수(兄嫂)＜hyeong/su＞ istri kakak lelaki.

형식(形式)＜hyeong/sik＞ bentuk; formalitas; pola; model; gaya. ～적인 formil; resmi. ～적으로 dengan resmi. ～을 차리지 않고 tanpa formalitas. 논문 ～으로 dalam bentuk risalah. ～에 구애되다 terikat dengan formalitas. ～논리 logika formal. ～주의 formalisme. ～주의자 formalis.

형안(炯眼)＜hyeong/an＞ ～의 berpandangan (bermata) tajam.

형언(形言)＜hyeong/eon＞ ～하다 memerikan; menjelaskan; melukiskan; menguraikan. ～할 수 없다 tidak terperikan.

형용(形容)＜hyeong/yong＞ metafora; modifikasi; deskripsi. ～하다 menjelaskan secara metaforis. ～할 말이 없다 tidak dapat dijelaskan; tidak terperikan. ～사『文』 ajektif (kata sifat/keadaan).

형이상(形而上)＜hyeong/i/sang＞ ～의 metafisis; abstrak. ～학(學) metafisika; filsafat metafisika.

형이하(形而下)＜hyeong/i/ha＞ ～의 fisik; konkrit; materi. ～학 ilmu konkrit (fisik).

형장(刑場)＜hyeong/jang＞ tempat pelaksanaan hukuman mati. ～의 이슬로 사라지다 mati di atas panggung hukuman mati.

형적(形迹)＜hyeong/jeok＞ tanda; petunjuk; bukti.

형정(刑政)＜hyeong/jeong＞ administrasi hukuman.

형제(兄弟)＜hyeong/je＞ saudara lelaki; saudara perempuan; sanak kandung. ～의 secara persaudaraan. ～의 사랑 kasih sayang saudara. ～자매 saudara-saudara; sanak.

형질(形質)＜hyeong/jil＞ bentuk dan sifat. 유전 ～ sifat yang diwariskan (diturunkan).

형체(形體)＜hyeong/che＞ bentuk; badan; perwujudan; sosok.

형태(形態)＜hyeong/thae＞ bentuk; bangun; raut; roman. …의 ～를 취하다 berbentuk… . ～소(素) morfem. ～학 morfologi.

형통(亨通)＜hyeong/thong＞ ～하다 berlangsung dengan baik. 만사가 ～하다 semuanya berlangsung baik.

형편(形便)＜hyeong/fyeon＞ ① situasi; keadaan; hal ikhwal; kondisi. ～에 의해 untuk alasan tertentu. ～이 닿는 대로 sesegera mungkin. 재정(財政) ～ keadaan keuangan. ② ☞ 형세.

형편없다(形便-)＜hyeong/fyeon/eob/ta＞ sangat buruk.

형평(衡平)＜hyeong/fyeong＞ ～의 원칙 prinsip pemerataan.

형형색색(形形色色)＜hyeong/hyeong/saek/saek＞ ～의 berbagai; panca rona; bermacam-macam.

혜서(惠書)＜hye/seo＞ surat anda.

혜성(彗星)＜hye/seong＞ komet. ～과 같이 나타나다 muncul tiba-tiba (dari kegelapan).

혜안(慧眼)＜hye/an＞ mata yang tajam.

혜택(惠澤)＜hye/thaek＞ manfaat; kegunaan; faedah; keuntungan. ～을 입다 diuntungkan. ～을 주다 memberi manfaat. 문명의 ～을 받다 mendapat manfaat peradaban.

호(戶)＜ho＞ pintu (dalam penghitungan rumah).

호(號)＜ho＞ gelar; nama pena; no-mor; ukuran.

호가(呼價)＜hot/ka＞ ～하다 mena-warkan harga; memberi harga.

호각(呼角)＜ho/gak＞ peluit; sem-prit.

호감(好感)＜ho/gam＞ simpati; ke-san yang baik; nuraga. ～을 주다 bersimpati; memberi kesan baik. ～을 가지다 merasa simpati. ～을 사다 mendapat simpati.

호강＜ho/gang＞ ～하다 hidup da-lam kemewahan. ～스럽다 me-wah; menyenangkan.

호객(呼客)＜ho/gaek＞ memikat. ～하다 memikat langganan.

호걸(豪傑)＜ho/geol＞ pahlawan; pe-juang. ～풍의 kepahlawanan.

호경기(好景氣)＜ho/gyeong/gi＞ ke-makmuran.

호구(戶口)＜ho/gu＞ ～조사 sensus; cacah jiwa. ～조사(를)하다 menca-cah; menyensus.

호구(虎口)＜ho/gu＞ ～를 벗어나다 lolos dari bahaya.

호구(糊口.瑚口)＜ho/gu＞ ～하다 mencari nafkah. ～지책 mata pen-caharian.

호국(護國)＜ho/guk＞ membela ta-nah air (ibu pertiwi). ～의 영령 arwah pahlawan.

호기(好機)＜ho/gi＞ kesempatan baik (emas). ～를 포착하다 [잡다] me-raih [mendapat] kesempatan. ～를 놓치다 kehilangan kesempatan.

호기(豪氣)＜ho/gi＞ (기상) semangat kepahlawanan; (선심) kemurahan hati. ～롭다 gagah berani; murah hati. ～(를) 부리다 menunjukkan keberanian; menunjukkan kemurah-an hati.

호기심(好奇心)＜ho/gi/sim＞ keingin-tahuan. ～이 많은[강한] ingin ta-hu. ～으로 karena keingintahuan.

호남아(好男兒)＜ho/nam/a＞ laki-laki yang baik; lelaki ganteng.

호놀룰루＜ho/nol/lul/lu＞ Honolulu.

호농(豪農)＜ho/nong＞ petani kaya.

호다＜ho/da＞ menjahit dengan ti-sikan yang besar.

호담(豪膽)＜ho/dam＞ ～한 berhati berani; gagah berani.

호도(糊塗)＜ho/do＞ ～하다 menu-tupi (kesalahan).

호되다＜ho/doe/da＞ keras; pedas; tajam. 호되게 dengan keras; de-ngan tajam.

호두(胡 -)＜ho/du＞ 『植』 kenari. ～를 까다 memecah kenari.

호드득거리다＜ho/deu/deuk/geo/ri/da＞ bertindak buru-buru/ceroboh.

호들갑떨다＜ho/deul/gab/teol/da＞ berlaku cerewet dan ceroboh.

호들갑스럽다＜ho/deul/gab/seu/reob/ta＞ cerewet dan ceroboh.

호떡(胡 -)＜ho/teok＞ penekuk isi.

호락호락＜ho/rak/ho/rak＞ dengan mudah; dengan gampang. ～하다 mudah; gampang.

호랑나비＜ho/rang/na/bi＞ kupu-ku-pu macan.

호랑이＜ho/rang/i＞ ① harimau; macan. ～도 제말하면 온다 Bicara tentang harimau dan dia akan mun-cul. ② (사람) orang galak.

호령(號令)＜ho/ryeong＞ ① aba-aba. ～하다 memberi aba-aba. ② bentakan. ～하다 membentak.

호르몬＜ho/reu/mon＞ hormon.

호른＜ho/reun＞ 『樂』 terompet.

호리다＜ho/ri/da＞ menggoda; me-rayu; memikat.

호리병(葫 - 甁)＜ho/ri/byeong＞ ke-lalang; gamuh; labu tanah. ～박 『植』 kundur; kubu.

호리호리하다＜ho/ri/ho/ri/hada＞ langsing; (tinggi dan) ramping.

호명(呼名)＜ho/myeong＞ ～하다 memanggil nama; mengabsen. ～점호를 하다 apel dengan nama.

호미＜ho/mi＞ cangkul.

호밀(胡 -)＜ho/mil＞ 『植』 gandum hitam.

호박＜ho/bak＞ 『植』 labu kundur. 굴러온 ～ durian runtuh; rejeki nomplok. ～씨 biji labu.

호박(琥珀)＜ho/bak＞ 『鑛』 ambar; kahrab. ～색의 berwarna ambar.

~산 asam sucsinat.

호반(湖畔)＜ho/ban＞ pantai danau. ~의 호텔 hotel pinggir danau. ~시인 penyair danau.

호반새(湖畔 -)＜ho/ban/sae＞ 『鳥』 burung undang; burung pekakak.

호방(豪放)＜ho/bang＞ ~하다 berpikiran luas; berhati bebas (terbuka).

호배추(胡-)＜ho/bae/chu＞ kobis.

호별(戶別)＜ho/byeol＞ ~로 dari rumah ke rumah; dari pintu ke pintu. ~ 방문[조사]하다 berkunjung [menyelidik] dari rumah ke rumah.

호봉(號俸)＜ho/bong＞ tingkat upah.

호부(好否),호불호(好不好)＜ho/bu, ho/bul/ho＞ ~간에 suka atau tidak suka.

호사(豪奢)＜ho/sa＞ kemewahan. ~하다 hidup mewah. ~스러운 mewah. ~바치 pesolek.

호사가(好事家)＜ho/sa/ga＞ orang yang berselera tinggi.

호사다마(好事多魔)＜ho/sa/da/ma＞ hal yang baik biasanya diikuti oleh hal yang buruk.

호상(豪商)＜ho/sang＞ saudagar (pedagang) kaya.

호상(護床)＜ho/sang＞ 『土』 celemek.

호상(護喪)＜ho/sang＞ orang yang mengurus penguburan. ~소 kantor yang mengurus penguburan.

호색(好色)＜ho/saek＞ ~의 gangsang; mata keranjang; rambang mata; hidung belang. ~가 orang yang mata keranjang; sensualis.

호선(互選)＜ho/seon＞ pemilihan bersama. ~하다 memilih dengan suara bersama.

호선(弧線)＜ho/seon＞ lengkungan (lingkaran).

호소(呼訴)＜ho/so＞ permohonan; petisi; panggilan; keluhan. ~하다 naik banding; mengapel; membanding; memohon. 법 [여론]에 ~하다 memohon pada hukum [publik]. 아픔을 ~하다 mengeluh kesakitan.

호소(湖沼)＜ho/so＞ danau dan rawa-rawa.

호송(護送)＜ho/song＞ pengiring; pengawal. ~하다 mengawal; mengiring. ~선 kapal pengiring. ~차 mobil patroli.

호수(戶數)＜ho/su＞ jumlah rumah (keluarga).

호수(湖水)＜ho/su＞ danau; telaga; tasik; situ.

호수(號數)＜ho/su＞ nomor pendaftaran (seri).

호스＜ho/seu＞ selang. 소방 ~ selang pemadam kebakaran.

호스텔＜ho/seu/thel＞ asrama (anak muda).

호스티스＜ho/seu/thi/seu＞ pelayan bar.

호시절(好時節)＜ho/si/jeol＞ musim baik.

호시탐탐(虎視眈眈)＜ho/si/tham/tham＞ ~하다 menunggu kesempatan.

호신(護身)＜ho/sin＞ ~용의 untuk perlindungan (pembelaan) diri. ~술 seni bela diri.

호심(湖心)＜ho/sim＞ tengah danau.

호안공사(護岸工事)＜ho/an/gong/sa＞ pekerjaan perlindungan pantai.

호양(互讓)＜ho/yang＞ ~하다 membuat konsesi bersama. ~정신 으로 dengan semangat konsoliasi.

호언(豪言)＜ho/eon＞ ~하다 omong besar.

호연(好演)＜ho/yeon＞ pertunjukan bagus.

호연지기(浩然之氣)＜ho/yeon/ji/gi＞ ~를 기르다 menyegarkan diri sendiri; membangkitkan semangat.

호열자(虎列刺)＜ho/yeol/ca＞ ☞ 콜레라.

호외(戶外)＜ho/oe＞ ~의 udara terbuka; di luar.

호외(號外)＜ho/oe＞ (edisi) ekstra (surat kabar).

호우(豪雨)＜ho/u＞ hujan lebat. ~주의보 peringatan hujan lebat. 집중 ~ hujan lebat setempat.

호위(護衛)＜ho/wi＞ penjaga; pengawal; pengiring. ~하다 menjaga; mengawal; mengiringi; mengikuti. ~병 pengawal pribadi.

호유(豪遊)＜ho/yu＞ ~하다 berfoya-foya.

호응(呼應)＜ho/eung＞ ① (기맥상통) ~하다 bertindak selaras dengan; bersimpati (dengan). ② 『文』 persesuaian (tata bahasa).

호의(好意)＜ho/eui＞ itikad baik; budi baik; kebaikan. ~적 baik hati. …의 ~로 atas jasa baik… . ~를 가지다 cenderung (kepada).

호의호식(好衣好食)＜ho/eui/ho/sik＞ ~하다 hidup mewah.

호인(好人)＜ho/in＞ orang yang bersifat baik.

호인(胡人)＜ho/in＞ orang Manchuria.

호적(戶籍)＜ho/jeok＞ daftar keluarga. ~에 올리다 memasukkan nama kedalam daftar keluarga. ~등 [초]본 salinan [ringkasan] daftar keluarga.

호적(好適)＜ho/jeok＞ ~한 cocok; sesuai; serasi. ~지(地) tempat yang sesuai (untuk).

호적수(好敵手)＜ho/jeok/su＞ pasangan yang baik; tandingan yang seimbang.

호전(好戰)＜ho/jeon＞ ~적 suka perang. ~적인 국민 orang yang suka perang.

호전(好轉)＜ho/jeon＞ perubahan yang baik. ~하다 berubah lebih baik; mengelok.

호젓하다＜ho/jeot/hada＞ sunyi; sepi; terpencil.

호정(瑚精)＜ho/jeong＞ 『化』 dekstrin.

호조(好調)＜ho/jo＞ ~의 baik; menguntungkan; memuaskan. ~를 보이다 berlangsung dengan baik.

호주(戶主)＜ho/ju＞ kepala keluarga. ~상속 pewarisan kepala keluarga. ~ 상속인 pewaris.

호주(濠洲)＜ho/ju＞ Australia. ~의 (사람) tentang (orang) Australia.

호주머니＜ho/ju/meo/ni＞ saku; kan-

tong. ~에 넣다 menaruh ke dalam saku. ~에 손을 넣고 dengan tangan dalam saku.

호출(呼出)＜ho/chul＞ panggilan; penyeruan. ~하다 memanggil ke; menarik ke pengadilan; mendatangkan; menuntut. ~부호 [신호] tanda panggilan. ~장 surat panggilan.

호치키스＜ho/chi/khi/seu＞ stapler; hekter.

호칭(呼稱)＜ho/ching＞ panggilan; sebutan; penamaan. ~하다 memanggil; menyebutkan; menggelari.

호콩(胡 -)＜ho/khong＞ ☞ 땅콩.

호크＜ho/kheu＞ kancing jepret. ~를 채우다 [풀다] mengatupkan [membuka] kancing jepret.

호탕(豪宕)＜ho/thang＞ ~하다 murah hati; berpikiran luas; berhati terbuka.

호텔＜ho/thel＞ hotel. ~에 묵다 tinggal di hotel. ~을 나오다 keluar hotel. ~보이 pesuruh hotel.

호통치다＜ho/thong/chi/da＞ membentak; bertengking.

호평(好評)＜ho/fyeong＞ tanggapan yang mendukung. ~을 받다 mendapat tanggapan yang menguntungkan.

호프＜ho/feu＞ harapan; pemuda harapan.

호피(虎皮)＜ho/fi＞ kulit harimau.

호학(好學)＜ho/hak＞ suka belajar; cinta pengetahuan.

호헌운동(護憲運動)＜ho/heon/un/dong＞ gerakan perlindungan undang-undang dasar.

호협(豪俠)＜ho/hyeob＞ ~한 gagah berani.

호형(弧形)＜ho/hyeong＞ lengkungan.

호혜(互惠)＜ho/hye＞ saling menguntungkan. ~무역 [통상] perdagangan timbal balik. ~조약 [관세율] perjanjian [tarif] timbal balik.

호호백발(- 白髮)＜ho/ho/baek/bal＞ ubanan.

호화(豪華)＜ho/hwa＞ ~ 스러운[로

운] mewah. ~선 kapal mewah. ~주택 rumah mewah. ~생활 hidup mewah. ~판 edisi luks.

호황(好況)＜ho/hwang＞ kemakmuran; bum. ~을 보이다 memperlihatkan tanda-tanda kemakmuran. ~시대 masa makmur; masa bum.

호흡(呼吸)＜ho/heub＞ pernapasan. ~하다 bernapas; menarik napas. ~곤란 sulit bernapas. ~기 organ pernapasan. ~기병 penyakit organ pernapasan. 인공 ~ pernapasan buatan.

혹＜hok＞ ① bengkak; benjol; tonjol; daging lebih. ~이 나다 mendapat benjol. ~떼러 갔다 ~붙여 오다 Pergi mencari wol, pulang dicukur. ② (나무마디) bonggol.

혹＜hok＞ (입김 소리) menghirup.

혹(或)＜hok＞ ① ☞ 간혹. ② ☞ 혹시.

혹간(或間)＜hok/gan＞ ☞ 간혹.

혹독(酷毒)＜hok/tok＞ ~한 kejam; bengis; pedas; tajam; zalim. ~한 비평 kritik yang pedas.

혹부리＜hok/bu/ri＞ orang yang berdaging lebih di wajah.

혹사(酷似)＜hok/sa＞ ~하다 mirip sekali.

혹사(酷使)＜hok/sa＞ ~하다 mempekerjakeraskan. 몸을 ~하다 bekerja berlebihan; memaksa diri.

혹서(酷暑)＜hok/seo＞ panas terik.

혹설(或設)＜hok/seol＞ pandangan tertentu.

혹성(惑星)＜hok/seong＞ 『天』 planet. 대[소] ~ planet besar [kecil].

혹세무민(惑世誣民)＜hok/se/mu/min＞ ~하다 menipu dunia.

혹시(或是)＜hok/si＞ ① jika; kalau-kalau; misalnya. ~비가 오면 jika hujan; kalau-kalau hujan. ② mungkin; barangkali; boleh jadi. ~그가 올지도 모르겠다 Dia boleh jadi datang.

혹심(酷甚)＜hok/sim＞ ~한 sangat; terlalu; ekstrim.

혹자(或者)＜hok/ja＞ orang tertentu.

혹평(酷評)＜hok/fyeong＞ kritik yang pedas. ~하다 mengkritik dengan pedas.

혹하다(惑-)＜hok/hada＞ ① (반함) terpikat; terjerat. ② (...에 빠지다) tenggelam (dalam).

혹한(酷寒)＜hok/han＞ dingin sekali.

혹형(酷刑)＜hok/hyeong＞ hukuman keras.

혼(魂)＜hon＞ roh; jiwa; nyawa; sukma.

혼기(婚期)＜hon/ki＞ usia/masa nikah. ~가 되다 berumur masa nikah. ~를 놓치다 lewat umur masa nikah.

혼나다(魂 -)＜hon/na/da＞ ① (놀라다) takut; terkejut. ② (된통 겪다) mendapat pengalaman pahit; menelan pil pahit.

혼내다(魂 -)＜hon/nae/da＞ ① (놀래다) mengejutkan; menakuti. ② (따끔한 맛) memperlakukan dengan buruk.

혼담(婚談)＜hon/dam＞ penjodohan. ~이 있다 sedang dijodohkan. ~에 응하다[을 거절하다] menerima [menolak] penjodohan. ~을 매듭 짓다 memutuskan perjodohan. ~을 꺼내다 mengajukan penjodohan.

혼돈(混沌)＜hon/don＞ ~한 kacau balau; ruwet; kisruh; kalut; rusuh; kusut; ricuh. ~ 상태에 있다 dalam keadaan kacau.

혼동(混同)＜hon/dong＞ ~하다 mencampuradukan; mengkelirukan; mengkalutkan. 공사(公私) 를 ~하다 mencampuradukan urusan dinas dengan urusan pribadi.

혼란(混亂)＜hol/lan＞ kekacauan; keruwetan; kekalutan; kerusuhan. ~하다 kacau; terserak; rusuh; semrawut. ~시키다 mengacaukan.

혼령(魂靈)＜hol/lyeong＞ ☞ 영혼.

혼레(婚禮)＜hol/lye＞ upacara pernikahan.

혼미(昏迷)＜hon/mi＞ ~하다 bingung; kalap; kalut; merencam; kacau; kusut. (정신이) ~ 해지다 kehilangan kesadaran.

혼방(混紡)＜hon/bang＞ pemintalan

campuran.　~사 benang campuran.

혼백(魂魄)<hon/baek> roh; sukma; arwah.

혼비백산(魂飛魄散)<hon/bi/baek/san> ~하다 takut sekali; ngeri.

혼사(婚事)<hon/sa> urusan pernikahan.

혼색(混色)<hon/saek> warna campuran.

혼선(混線)<hon/seon> kekusutan kawat.　~하다 kusut (kawat).

혼성(混成)<hon/seong> ~의 campuran; jamak.　~물 benda campuran.　~팀 tim gabungan.

혼성(混聲)<hon/seong> suara campuran.　~합창 paduan suara campuran.

혼솔<hon/sol> jahitan setik lebar.

혼수(昏睡)<hon/su> koma.　~상태에 빠지다 jatuh dalam koma.

혼수(婚需)<hon/su> barang (biaya) untuk upacara perkawinan.

혼식(混食)<hon/sik> makanan campuran.

혼신(渾身)<hon/sin> sekujur tubuh.　~의 힘을 다해 dengan segenap kekuatan.

혼신(混信)<hon/sin> 『電』 usikan; gangguan; inferensi.

혼약(婚約)<hon/yak> pertunangan. ☞ 약혼.

혼연(渾然)<hon/yeon> ~일체(一體)가 되다 bersatu (bergabung) bersama; membentuk keseluruhan yang utuh.

혼욕(混浴)<hon/yok> mandi campur (laki-laki dan perempuan).

혼용하다(混用-)<hon/yong/hada> memakai bersama dengan (yang lain); mencampurkan.

혼인(婚姻)<hon/in> pernikahan; perkawinan; naik pelamin (☞ 결혼).　~신고 pendaftaran pernikahan.　~신고를 하다 mendaftarkan pernikahan.

혼자<hon/ja> sendiri.　~살다 tinggal sendiri.　~하다 melakukan sendiri; bekerja sendiri.

혼작(混作)<hon/jak> ~하다 tum-

pang sari; menanam bersama.

혼잡(混雜)<hon/jab> kekacauan; keramaian; kesibukan; kehebohan; kongesti; kemacetan.　~한 kacau; ramai; macet; sibuk; centang perenang.　~속에서 dalam kekacauan. 교통 ~ kemacetan lalu lintas.

혼잣말<hon/jat/mal> monolog.　~하다 berbicara sendiri.

혼잣손<hon/jat/son> ~으로 tanpa bantuan; sendiri saja.

혼전(婚前)<hon/jeon> ~의 sebelum menikah.　~관계 hubungan kelamin sebelum menikah.

혼전(混戰)<hon/jeon> perkelahian bebas/kacau.　~하다 berkelahi dengan bebas/kacau.

혼처(婚處)<hon/cheo> calon pasangan nikah; calon jodoh.

혼탁(混濁)<hon/thak> ~한 keruh; kiruh; berlumpur.

혼합(混合)<hon/hab> ~하다 mencampur; mengaduk; mengarau; mengocok.　~물 campuran; perpaduan.　~비료 pupuk komposit.　~주 minuman campuran; cocktail.

혼혈(混血)<hon/hyeol> darah campuran.　~의 berdarah campuran.　~아 anak berdarah campuran.

혼효(混淆)<hon/hyo> ~하다 bercampur. 옥석 ~ campuran batu dan permata.

홀<hol> gedung. 댄스 ~ gedung tarian.

홀…<hol> tunggal.

홀가분하다<hol/ga/bun/hada> ringan; bebas dan mudah.

홀딱<hol/tak> ① ☞ 홀떡. ② ~반하다 tergila-gila; jatuh cinta; kasmaran. ③ ~속다 tertipu mentah-mentah.

홀랑<hol/lang> telanjang bulat. 옷을 ~ 벗다 bertelanjang bulat.

홀로<hol/lo> sendiri; seorang diri.　~살다 tinggal sendiri; hidup sendiri.

홀리다<hol/li/da> ① (이성에게) terpikat; tertarik; tertawan; terpesona. ② (여우 귀신 등에) kesurupan; terobsesi; keselapan.

홀몸＜hol/mom＞ bujangan; duda/janda.

홀소리＜hol/so/ri＞ ☞ 모음(母音).

홀수(- 數)＜hol/su＞ bilangan ganjil. ~의 ganjil. ~ 일 tanggal ganjil.

홀스타인＜hol/seu/tha/in＞ Holstein.

홀시(忽視)＜hol/si＞ ~하다 mengabaikan; merendahkan.

홀씨＜hol/ssi＞ 『植』 spora. ☞ 포자(胞子).

홀아비＜hol/a/bi＞ duda. ~살림 kehidupan menduda.

홀어미＜hol/eo/mi＞ janda.

홀연(忽然)＜hol/yeon＞ tiba-tiba.

홀짝거리다＜hol/cak/geo/ri/da＞ ☞ 홀쩍거리다.

홀쭉하다＜hol/cuk/hada＞ tinggi dan ramping; langsing.

홀태＜hol/thae＞ ikan yang tidak bertelur, barang yang sempit.

홀태바지＜hol/thae/ba/ji＞ celana ketat.

홀태질하다＜hol/thae/jil/hada＞ menampi.

홈＜hom＞ alur; lurah.

홈＜hom＞ rumah; 『野』 bidai.

홈스펀＜hom/seu/feon＞ tenunan sendiri (rumah).

홈식＜hom/sik＞ rindu kampung halaman; nostalgia.

홈인＜hom/in＞ ~하다 『野』 sampai di bidai.

홈질하다＜hom/jil/hada＞ menjahit dengan setik besar.

홈통(- 桶)＜hom/thong＞ ① (물끄는) talang. ② (창틀 장지의) alur; parit; lekuk; lurah.

홉＜hob＞ 『植』 buah hob.

홉＜hob＞ *hob* (=0,18 liter).

홍당무(紅唐-)＜hong/dang/mu＞ wortel; lobak merah. ~ 가 되다 menjadi merah muka (karena malu).

홍두깨＜hong/du/kae＞ gilingan kayu pelicin cucian. 아닌 밤중에 ~ petir di siang bolong.

홍등가(紅燈街)＜hong/deung/ga＞ daerah lampu merah; tempat berse-

nang-senang.

홍모(鴻毛)＜hong/mo＞ 목숨을 ~ 처럼 가벼이 여기다 menyia-nyiakan hidup.

홍보(弘報)＜hong/bo＞ informasi (umum); publisitas. ~활동(活動) kegiatan publisitas (informasi).

홍보석(紅寶石)＜hong/bo/seok＞ batu delima.

홍삼(紅蔘)＜hong/sam＞ ginseng merah.

홍색(紅色)＜hong/saek＞ merah.

홍소(哄笑)＜hong/so＞ ~하다 tertawa lebar.

홍수(洪水)＜hong/su＞ banjir; bah. ~가 나다 [지다] menderita banjir; kebanjiran. ~경보 peringatan banjir. ~지역 daerah yang kebanjiran.

홍순(紅脣)＜hong/sun＞ bibir merah; bunga setengah mekar.

홍시(紅柿)＜hong/si＞ kesemak lewat matang.

홍안(紅顏)＜hong/an＞ ~의 berpipi kemerah-merahan; bermuka merah segar. ~의 미소년 pemuda cakap (gagah).

홍어(洪魚)＜hong/eo＞ ikan pari.

홍업(洪業.鴻業)＜hong/eob＞ pencapaian (prestasi) yang gemilang; usaha besar (pendirian negara).

홍역(紅疫)＜hong/yeok＞ 『醫』 penyakit campak.

홍염(紅焰)＜hong/yeom＞ nyala merah dari api.

홍엽(紅葉)＜hong/yeob＞ daun-daun merah.

홍예(虹霓.虹倪)＜hong/ye＞ ~문(門) lengkungan pintu.

홍옥(紅玉)＜hong/ok＞ 『鑛』 batu delima; batu merah; mirah.

홍은(鴻恩)＜hong/eun＞ kebajikan yang tinggi.

홍익인간(弘益人間)＜hong/ik/in/gan＞ pengabdian kepada kesejahteraan umat manusia.

홍인종(紅人種)＜hong/in/jong＞ ras kulit merah.

홍일점(紅一點)＜hong/il/ceom＞ satu-satunya perempuan dalam kelompok.

홍조(紅潮)<hong/jo> merah muka; haid. ~를 띠다 bersemu merah.

홍차(紅茶)<hong/cha> teh.

홍채(虹彩)<hong/chae> iris; selaput pelangi. ~염 radang selaput pelangi.

홍콩<hong/khong> Hongkong.

홍합(紅蛤)<hong/hab> 『貝』 kijing.

홍해(紅海)<hong/hae> laut merah.

홑…<hoth> tunggal; lipat satu.

홑겹<hoth/gyeob> lapisan tunggal.

홑몸<hoth/mom> ① ☞ 단신(單身). ② (임신하지 않은) perempuan yang tidak hamil.

홑실<hoth/sil> benang pilin tunggal.

홑옷<ho/dot> pakaian tanpa lapisan.

홑이불<hoth/i/bul> alas kasur; kemul; selimut.

홑치마<hoth/chi/ma> rok tanpa lapisan.

화(火)<hwa> ① (불) api. ② (노염) kemarahan.

화(禍)<hwa> bencana; kemalangan; kejahatan. ~를 당하다 mengalami bencana (kemalangan). ~를 부르다 membawa sial; mengundang bencana.

화가(畫架)<hwa/ga> kuda-kuda.

화가(畫家)<hwa/ga> pelukis. 동양 ~ pelukis ketimuran. 서양 ~ seniman lukisan barat.

화간(和姦)<hwa/gan> zinah suka sama suka. ~하다 berzinah suka sama suka.

화강석(花崗石)<hwa/gang/seok> ☞ 화강암.

화강암(花崗岩)<hwa/gang/am> granit.

화객선(貨客船)<hwa/gaek/seon> kapal penumpang muatan.

화경(火鏡)<hwa/gyeong> kacamata hitam (dipakai siang hari waktu panas).

화공(火攻)<hwa/gong> serangan api. ~하다 menyerang dengan api/membakar.

화공(畫工)<hwa/gong> pelukis; seniman.

화관(花冠)<hwa/gwan> ① 『植』 mahkota bunga. ② (여자의) mahkota kecil untuk upacara perempuan.

화관무(花冠舞)<hwa/gwan/mu> tarian mahkota bunga.

화광(火光)<hwa/gwang> cahaya api.

화교(華僑)<hwa/gyo> penduduk Cina di luar negeri.

화구(火口)<hwa/gu> ① (아궁이) lubang api. ② kepundan. ~원(原) kawah. ~원호(湖) danau kawah.

화근(禍根)<hwa/geun> sumber (akar) kejahatan (bencana). ~을 없애다 membuang (menghilangkan) sumber bencana.

화급(火急)<hwa/geub> ~한 penting sekali; mendesak.

화기(火氣)<hwa/gi> ① ☞ 화(火). ② api. ~엄금 Awas Mudah Terbakar; Awas Api.

화기(火器)<hwa/gi> senjata api. 소(小) ~ senjata api ringan. 자동(自動) ~ senjata api otomatis. 중(重) ~ senjata berat.

화기(和氣)<hwa/gi> kedamaian; keharmonisan. ~ 애애한 가정 keluarga yang bahagia.

화끈거리다<hwa/keun/geo/ri/da> merasa panas; terbakar.

화끈달다<hwa/keun/dal/da> marah; murka.

화나다(火 -)<hwa/na/da> marah; murka; jengkel; geram.

화내다(火 -)<hwa/nae/da> marah; palak; gusar; geram.

화냥년<hwa/nyang/yeon> perempuan cabul.

화냥질<hwa/nyang/jil> ☞ 서방질. 홧김에 ~하다 menyeleweng karena marah (isteri).

화농(化膿)<hwa/nong> pernanahan. ~하다 bernanah. ~성의 nanah. ~균 kuman nanah.

화닥닥＜hwa/dak/dak＞ ☞ 후닥닥.

화단(花壇)＜hwa/dan＞ persemaian bunga (kebun).

화단(畵壇)＜hwa/dan＞ dunia pelukisan.

화대(花代)＜hwa/dae＞ bayaran untuk layanan pramuria.

화덕＜hwa/deok＞ tungku perapian; tanur; kompor.

화독내(火毒 -)＜hwa/dok/nae＞ bau gosong.

화동(和同)＜hwa/dong＞ (dalam) keharmonisan.

화락(和樂)＜hwa/rak＞ harmonis. ~하다 harmonis; damai.

화란(和蘭)＜hwa/ran＞ ☞ 네덜란드.

화랑(畵廊)＜hwa/rang＞ galeri lukisan.

화려(華麗)＜hwa/ryeo＞ ~한 cemerlang; serba baik; berseri.

화력(火力)＜hwa/ryeok＞ daya panas. ~발전 pembangkit tenaga uap (panas). ~발전소 stasiun tenaga panas.

화로(火爐)＜hwa/ro＞ anglo; perapian.

화룡점정(畵龍點睛)＜hwa/ryong/jeom/jeong＞ sentuhan akhir.

화류(樺榴)＜hwa/ryu＞ kayu sandal merah. ~장 lemari yang dibuat dari kayu sandal merah.

화류계(花柳界)＜hwa/ryu/gye＞ dunia pramuria. ~여자 perempuan dari dunia pramuria.

화류병(花柳病)＜hwa/ryu/pyeong＞ penyakit kelamin.

화면(畵面)＜hwa/myeon＞ adegan. (영화의) ~에서 dalam adegan. ~이 넓은 layar lebar.

화목(和睦)＜hwa/mok＞ keharmonisan; keakuran; keselarasan. ~하다 harmonis; damai; runtut; akur.

화문(花紋)＜hwa/mun＞ rancangan bunga; disain bunga. ~석(席) tikar berdisain bunga.

화물(貨物)＜hwa/mul＞ muatan; barang; beban. ~보관증 surat muatan. ~선(船) kapal barang; kapal muatan. ~열차(列車) kereta barang. ~요금 tarif angkutan. ~자동차 truk; mobil gerobak; prahoto. ~취급소 kantor muatan. 철도 ~ muatan kereta.

화방수(- 水)＜hwa/bang/su＞ pusaran.

화백(畵伯)＜hwa/baek＞ pelukis besar. 김 ~ pelukis besar Kim.

화법(話法)＜hwa/peob＞ 『文』 penceritaan.

화법(畵法)＜hwa/peob＞ seni lukis.

화병(花瓶)＜hwa/byeong＞ vas; jambangan.

화보(畵報)＜hwa/bo＞ berita bergambar. 시사 ~ berita dalam gambar.

화복(禍福)＜hwa/bok＞ kemujuran dan kemalangan; baik atau buruk.

화부(火夫)＜hwa/bu＞ stoker.

화분(花盆)＜hwa/bun＞ pot bunga; tempat bunga.

화분(花粉)＜hwa/bun＞ serbuk sari.

화불단행(禍不單行)＜hwa/bul/dan/haeng＞ kemalangan tidak pernah datang sendirian.

화사(華奢)＜hwa/sa＞ ~한 mewah; indah.

화산(火山)＜hwa/san＞ gunung api. ~대(帶) sabuk (zona) gunung api. ~맥 rantai (barisan) gunung api. ~학 volkanologi. ~학자 ahli gunung api (volkanis). ~회(灰) abu gunung api. 활[휴, 사] ~ gunung api aktif [tidur, mati].

화살＜hwa/sal＞ anak panah; anak busur. ~을 먹이다 memasang anak panah. ~을 쏘다 menembakkan anak panah; melepaskan anak panah. ~처럼 빠르다 cepat seperti anak panah. ~대 batang anak panah. ~촉 mata panah. ~표 tanda panah.

화상(火傷)＜hwa/sang＞ luka bakar. ~을 입다 terbakar.

화상(和尙)＜hwa/sang＞ pendeta Budha.

화상(華商)＜hwa/sang＞ pedagang luar negeri Cina.

화상(畵商)＜hwa/sang＞ pedagang

lukisan.

화상(畵像)＜hwa/sang＞ lukisan/gambar muka.

화색(和色)＜hwa/saek＞ air muka damai.

화생방전(化生放戰)＜hwa/saeng/bang/jeon＞ 『軍』perang kimia, biologis dan radiologi.

화석(化石)＜hwa/seok＞ fosilisasi; fosil. ～학 ilmu tentang fosil. ～학자 ahli fosil.

화섬(化纖)＜hwa/seom＞ serat sintetis; serat buatan. ～직물 kain sintetis.

화성(化成)＜hwa/seong＞ perubahan kimia. ～하다 berubah secara kimia.

화성(火星)＜hwa/seong＞ Mars. ～인 penghuni planet Mars.

화성(和聲)＜hwa/seong＞ 『樂』keselarasan; harmoni. ～학 pengetahuan tentang bunyi musik.

화성암(火成岩)＜hwa/seong/am＞ 『地』batu karang yang terbentuk oleh panas yang besar dari gunung berapi.

화수회(花樹會)＜hwa/su/hoe＞ reuni marga.

화술(話術)＜hwa/sul＞ seni bertutur/berbicara. ～에 능한 사람 orang yang pandai bertutur kata.

화식(火食)＜hwa/sik＞ ～하다 makan makanan yang dimasak. ～조 『鳥』burung kasuari.

화신(化身)＜hwa/sin＞ penjelmaan; inkarnasi; penitisan. 악마의 ～ jelmaan setan.

화신(花信)＜hwa/sin＞ kabar bunga. ～풍(風) angin musim bunga.

화실(畵室)＜hwa/sil＞ studio gambar.

화씨(華氏)＜hwa/ssi＞ Fahrenheit. ～ 75도 75 derajat Fahrenheit. ～ 온도계 termometer Fahrenheit.

화약(火藥)＜hwa/yak＞ serbuk mesiu; obat bedil. ～고 gudang mesiu. ～공장 pabrik mesiu. ～취급인 penangan mesiu.

화열(火熱)＜hwa/yeol＞ panas; kalo-ri.

화염(火焰)＜hwa/yeom＞ nyala; kobaran api; lidah api. ～에 휩싸이다 terkurung kobaran api. ～방사기 penyemprot api. ～병 granat api.

화요일(火曜日)＜hwa/yo/il＞ hari selasa.

화용월태(花容月態)＜hwa/yong/wol/thae＞ wajah cantik dan sikap yang manis.

화원(花園)＜hwa/won＞ kebun bunga.

화음(和音)＜hwa/eum＞ paduan suara harmonis. 기초 ～ dasar paduan suara harmonis. 5도 ～ suara kelima.

화의(和議)＜hwa/eui＞ ① perundingan perdamaian; konferensi perdamaian; rekonsiliasi. ～하다 mengadakan perdamaian. ② komposisi. ～하다 membuat komposisi. ～법 hukum komposisi.

화인(火因)＜hwa/in＞ asal api; sebab kebakaran. ～ 불명의 화재 kebakaran yang tidak diketahui sebabnya. ～을 조사하다 menyelidiki penyebab kebakaran.

화장(- 長)＜hwa/jang＞ panjang lengan baju.

화장(化粧)＜hwa/jang＞ dandanan; make up. ～하다 berdandan; berhias; bersolek. 엷은 [짙은] ～ make up tipis [tebal]. ～을 고치다 menata wajah; memperbaiki make up. ～대 meja rias; meja dandan. ～도구 alat-alat rias. ～도구 상자 kotak rias. ～실(室) kamar rias, kamar kecil. ～품 kosmetik; pemanis. ～품가게 toko kecantikan; toko kosmetik.

화장(火葬)＜hwa/jang＞ pembakaran mayat. ～하다 membakar mayat. ～장[터] tempat membakar mayat.

화재(火災)＜hwa/jae＞ kebakaran. ～ 경보기 alarm kebakaran. ～보험 asuransi kebakaran. ～ 보험에 들다 mengasuransikan terhadap kebakaran. ～보험 회사 perusahaan

asuransi kebakaran.
화재(畵才)＜hwa/jae＞ bakat melukis.
화전(火田)＜hwa/jeon＞ ladang yang dibakar untuk penanaman. ~민(民) peladang berpindah.
화제(畵題)＜hwa/je＞ tema lukisan.
화제(話題)＜hwa/je＞ topik/tema/pokok pembicaraan. 오늘의 ~ topik hangat; topik hari ini. ~에 오르다 menjadi pokok pembicaraan.
화주(貨主)＜hwa/ju＞ pemilik barang.
화차(貨車)＜hwa/cha＞ kereta api barang.
화창(和暢)＜hwa/chang＞ ~한 terang; cerah; jernih. ~한 날씨 cuaca yang cerah.
화채(花菜)＜hwa/chae＞ es buah campur.
화첩(畵帖)＜hwa/cheob＞ album foto.
화초(花草)＜hwa/cho＞ tanaman yang berbunga. ~밭 taman bunga. ~장이 tukang bunga. ~재배 budidaya bunga. ~ 전시회 pameran bunga.
화촉(華燭)＜hwa/chok＞ ~을 밝히다 merayakan perkawinan. ~동방 kamar pengantin.
화친(和親)＜hwa/chin＞ hubungan bersahabat. ~하다 membuat/mengadakan perdamaian (dengan). ~조약 perjanjian damai.
화톳불＜hwa/thot/bul＞ api unggun.
화통(火筒)＜hwa/thong＞ cerobong asap.
화투(花鬪)＜hwa/thu＞ kartu bunga ala Korea. ~치다 bermain kartu bunga.
화판(畵板)＜hwa/fan＞ papan gambar.
화평(和平)＜hwa/fyeong＞ perdamaian. ~하다 damai; tenang.
화폐(貨幣)＜hwa/fye＞ uang; mata uang; valuta. ~가치 nilai uang. ~단위 unit moneter. ~본위 [제도] standar [sistem] monener. 법정 ~ tender resmi. 위조(偽造) ~ uang

palsu.
화포(畵布)＜hwa/fo＞ kanvas.
화폭(畵幅)＜hwa/fok＞ gambar; lukisan.
화풀이(火 -)＜hwa/fu/ri＞ ~하다 melepaskan amarah.
화풍(畵風)＜hwa/fung＞ gaya lukisan. 라파엘의 ~ gaya lukisan Rafael.
화피(花被)＜hwa/fi＞ 『植』 kelopak bunga.
화필(畵筆)＜hwa/fil＞ kuas gambar; potlot.
화하다(化 -)＜hwa/hada＞ berubah (menjadi); menjelma (menjadi).
화하다(和 -)＜hwa/hada＞ ① (섞다) mencampur. ② (온화) lembut; ramah.
화학(化學)＜hwa/hak＞ kimia. ~적 (으로) (secara) kimia. ~공업 industri kimia. ~기호 [식(式), 방정식] lambang [rumus, persamaan]. ~변화 [반응] perubahan [reaksi] kimia. ~병기 [전] senjata [perang] kimia. ~비료 pupuk kimia. ~섬유 serat sintetis. ~약품 senyawa kimia. ~자 ahli kimia. ~조미료 bumbu kimia. 유기[무기] ~ kimia karbon [bukan karbon].
화합(化合)＜hwa/hab＞ campuran kimia. ~하다 bersenyawa (dengan). ~물 persenyawaan kimia; campuran kimiawi.
화합(和合)＜hwa/hab＞ keselarasan; keserasian; persatuan; kesatuan; penggabungan. ~하다 harmonis; selaras.
화해(和解)＜hwa/hae＞ perdamaian; penyelesaian damai; perujukan. ~하다 berkompromi; berdamai; didamaikan.
화형(火刑)＜hwa/hyeong＞ pembakaran hidup-hidup. ~ 당하다 dibakar hidup-hidup.
화환(花環)＜hwa/hwan＞ karangan bunga. ~을 바치다 meletakkan karangan bunga.
화훼(花卉)＜hwa/hwe＞ tanaman yang berbunga. ~ 산업 usaha

budidaya bunga. ～원예 budidaya bunga.

확＜hwak＞ (절구) lesung; lumpang.

확＜hwak＞ (빨리) dengan cepat; seketika.

확고(確固)＜hwak/go＞ ～한 kukuh; teguh; tetap; tahan; tangguh; mantap; tegap; tegas.

확답(確答)＜hwak/dab＞ jawaban yang tegas.

확대(擴大)＜hwak/dae＞ pembesaran. ～하다 memperbesar. ～경 (鏡) kaca pembesar. ～기 alat pembesar. ～율 daya pembesaran. ～재생산 reproduksi dengan skala diperbesar.

확론(確論)＜hwak/non＞ argumen yang kuat.

확률(確率)＜hwak/yul＞ kemungkinan; probabilitas.

확립(確立)＜hwak/nib＞ pendirian; penegakkan; pemantapan. ～하다 mendirikan; menegakkan.

확보(確保)＜hwak/bo＞ ～하다 memelihara; mempertahankan; mengamankan.

확산(擴散)＜hwak/san＞ penyebaran; penyebarluasan. ～하다 menyebarkan; menyebarluaskan. 핵 ～ penyebaran senjata nuklir; proliferasi senjata nuklir. 핵 ～ 금지 조약 perjanjian nonproliferasi nuklir.

확성기(擴聲器)＜hwak/seong/gi＞ pengeras suara; alat pengeras suara.

확신(確信)＜hwak/sin＞ keyakinan/ kepercayaan yang kuat. ～하다 yakin; percaya benar. ～하여 dengan yakin; dengan keyakinan yang kuat. ～을 얻다 mendapat kepercayaan.

확실(確實)＜hwak/sil＞ ～한 pasti; yakin; percaya; maklum; handal. ～히 dengan pasti; tentu saja. ～치 않은 tidak yakin; tidak pasti; tidak dapat dipercaya; merasa ragu-ragu. ～한 증거 bukti yang pasti. ～한 대답 jawaban yang pasti. ～한 사업[투자] usaha [investasi] yang pasti. ～성 kepastian; keper-

cayaan; kehandalan.

확약(確約)＜hwak/yak＞ janji yang pasti. ～하다 berjanji; memberi janji yang pasti.

확언(確言)＜hwak/eon＞ pernyataan yang tegas. ～하다 menyatakan dengan tegas; menegaskan.

확연(確然)＜hwak/yeon＞ ～한 jelas; pasti; tepat; positif; tegas.

확인(確認)＜hwak/in＞ penegasan; pengesahan; penentuan. ～하다 membenarkan; menegaskan; mengesahkan; memastikan; menentukan. 미 ～ 의 tidak dikukuhkan; tidak dikuatkan.

확장(擴張)＜hwak/jang＞ perluasan; pengembangan; pelebaran; ekspansi. ～하다 memperluas; mengembangkan; memperbesar. 도로를 ～ 하다 melebarkan jalan. 사업을 [점 포를] ～하다 memperluas usaha [toko]. ～기(器) alat pembesar. 군비 ～ pengembangan persenjataan.

확전(擴戰)＜hwak/jeon＞ perluasan perang. ～하다 memperluas (perang).

확정(確定)＜hwak/jeong＞ keputusan; penentuan; penetapan. ～하다 memutuskan; menentukan; memastikan; menetapkan. ～적(으로) (secara) memutuskan. ～된 diputuskan; ditetapkan. ～신고(를 하다) laporan keputusan. ～안 konsep akhir. ～판결 keputusan pengadilan terakhir.

확증(確證)＜hwak/ceung＞ bukti positip. ～을 잡다 mendapat bukti positif.

확충(擴充)＜hwak/chung＞ pengembangan; peningkatan. ～하다 mengembangkan; meningkatkan.

확확＜hwak/hwak＞ (바람이) menderu-deru; (불길이) berkobar-kobar.

환＜hwan＞ kikiran.

환(丸)＜hwan＞ pulung; pil. ☞ 환약 (丸藥).

환(煥)＜hwan＞ 『經』 valuta. ～시 세 nilai kurs. ～차손 (差損) [투기]

kerugian [spekulasi] nilai tukar. 외국 [국내] ~ valuta asing [dalam negeri]. 우편 ~ wesel. 전신 ~ uang yang dikirim melalui telegraf.

환가(換價)<hwan/ka> konversi; penukaran. ~하다 mengkonversi; menukar.

환각(幻覺)<hwan/gak> halusinasi; ilusi. ~을 일으키다 melihat atau mendengar yang sebenarnya tidak ada. ~제 halusinogen; LSD. (~제 중독자 pecandu LSD).

환갑(還甲)<hwan/gab> ulang tahun ke-60. ~노인 orang tua yang berusia 60 tahunan. ~잔치(를 베풀다) pesta ultah ke-60.

환경(環境)<hwan/gyeong> lingkungan; alam sekeliling. ~공해 ancaman lingkungan. ~보호 perlindungan lingkungan. ~오염 [위생] pencemaran [kesehatan] lingkungan. ~처 Kementrian Lingkungan Hidup. ~파괴 kerusakan lingkungan.

환국(還國)<hwan/guk> ☞ 귀국(歸國).

환금(換金)<hwan/geum> ① penukaran; penguangan. ~하다 menguangkan. ② ☞ 환전(換錢).

환급(還給)<hwan/geub> ~하다 mengembalikan; menyerahkan kembali; memulihkan.

환기(換起)<hwan/gi> ~하다 membangunkan; membangkitkan. 주의를 ~하다 membangkitkan perhatian.

환기(換氣)<hwan/gi> ventilasi; penukaran udara. ~하다 mengedarkan udara. ~가 잘 (안) 되다 berventilasi baik [buruk]. ~공(孔) lubang udara. ~장치[통(筒)] ventilator. ~창 jendela untuk ventilasi.

환난(患難)<hwan/nan> kemalangan; kesukaran.

환담(歡談)<hwan/dam> obrolan. ~하다 mengobrol.

환대(歡待)<hwan/dae> sambutan hangat. ~하다 memberi sambutan yang hangat; menjamu dengan

hangat; menerima dengan ramah tamah.

환도(還都)<hwan/do> ~하다 kembali ke ibu kota.

환등(幻燈)<hwan/deung> slide film. ~기 slide proyektor.

환락(歡樂)<hwal/lak> kesenangan; hiburan. ~가(街) pusat hiburan.

환류(還流)<hwan/nyu> arus balik.

환매(換買)<hwan/mae> barter. ~하다 melakukan barter.

환매(還買)<hwan/mae> pembelian kembali. ~하다 membeli kembali.

환멸(幻滅)<hwan/myeol> kekecewaan. ~을 느끼다 dikecewakan; kecewa. ~의 비애를 느끼다 merasakan pahitnya kekecewaan.

환문(喚問)<hwan/mun> panggilan untuk pemeriksaan. ~하다 memanggil untuk pemeriksaan.

환부(患部)<hwan/bu> bagian yang terkena penyakit.

환부(還付)<hwan/bu> ~하다 menyerahkan kembali; mengembalikan. ~금 uang yang dikembalikan.

환불(還拂)<hwan/bul> pembayaran kembali. ~하다 mengembalikan; membayar kembali.

환산(換算)<hwan/san> ~하다 merubah; mengkonversi. ~율 nilai kurs; nilai konversi. ~표 tabel konversi.

환상(幻想)<hwan/sang> ilusi; khayalan; angan-angan; maya. ~적 bersifat khayalan. ~곡(曲) gubahan sastra atau musik.

환상(幻像)<hwan/sang> fantasi; khayalan.

환상(環狀)<hwan/sang> ~의 berbentuk lingkaran; bundar; melingkar. ~도로 jalan melingkar. ~선 jalur putar/lingkar.

환생(還生)<hwan/saeng> ~하다 dilahirkan kembali; menjelma kembali.

환성(歡聲)<hwan/seong> teriakan gembira; sorak-sorai. ~을 올리다 berteriak gembira.

환송(還送) <hwan/song> ~하다 mengembalikan.

환송(歡送) <hwan/song> pemberangkatan; pelepasan. ~하다 memberangkatkan; melepaskan. ~회 pesta pelepasan.

환시(環視) <hwan/si> 중인 ~리에 dengan setiap orang melihat.

환심(歡心) <hwan/sim> ~을 사다 mendapat dukungan; meraih simpati; memenangkan hati (seorang gadis).

환약(丸藥) <hwan/yak> tablet; tengkel; until.

환언(換言) <hwan/eon> ~하면 dengan kata lain; yakni.

환영(幻影) <hwan/yeong> khayalan; angan-angan.

환영(歡迎) <hwan/yeong> penyambutan; resepsi. ~하다 menyambut; menerima dengan hangat. ~만찬회 resepsi makan malam. ~사 pidato sambutan. ~회 pesta penyambutan; resepsi.

환우기(換羽期) <hwan/u/gi> musim berganti kulit atau bulu.

환원(還元) <hwan/won> ① (복귀) pemulihan. ~하다 memulihkan. ②『化』reduksi; deoksidasi. ~하다 mereduksi. ~제 agen produksi.

환율(換率) <hwan/yul> nilai kurs. ~변동 fluktuasi/turun naik nilai kurs. ~인상 kenaikan dalam nilai kurs. 대미 ~ nilai kurs dalam dolar.

환자(患者) <hwan/ja> pasien; penderita. ~명부 daftar orang sakit; daftar pasien. 입원 [외래] ~ pasien rawat inap [berobat jalan].

환장(換腸) <hwan/jang> ~하다 menjadi gila.

환전(換錢) <hwan/jeon> penukaran uang. ~하다 menukarkan uang. ~상 tempat penukaran uang; money changer. ~수수료 komisi penukaran.

환절(換節) <hwan/jeol> ~기 masa pergantian musim.

환절(環節) <hwan/jeol> bagian; segmen.

환초(環礁) <hwan/cho> atol; pulau laguna.

환표(換票) <hwan/fyo> pengubahan kartu suara. ~하다 mengubah kartu pemungutan suara.

환풍기(煥風機) <hwan/fung/gi> kipas ventilasi.

환하다 <hwan/hada> ① (밝다) cemerlang; terang. ② terbuka; jelas. 길이 ~ jalan terbuka lebar. ③ (얼굴이) terang (muka). ④ kenal (dengan); kenal baik (dengan); mengetahui dengan baik. 법률에 ~ terpelajar dalam bidang hukum.

환형(環形) <hwan/hyeong> ~의 berbentuk lingkaran. ~동물 cacing gelang.

환호(歡呼) <hwan/ho> sorak sorai; sambutan meriah. ~하다 bersorak-sorai; bertempik sorak. ~속에 di tengah sorak sorai. ~성을 울리다 menimbulkan sorak-sorai.

환희(歡喜) <hwan/heui> kegembiraan; kegairahan. ~하다 bergembira; sangat gembira.

활 <hwal> panah; panahan. ~을 쏘다 melepaskan anak panah.

활개 <hwal/gae> ① (사람의 두 팔) lengan; tangan. ~치다 mengayunkan lengan. ② (새의) sayap. ~치다 mengepak-ngepakkan sayap; mengibaskan sayap.

활갯짓하다 <hwal/gaet/jit/hada> berlenggang lengan.

활공(滑空) <hwal/gong> ~하다 meluncur. ~기(機) pesawat terbang layang.

활극(活劇) <hwal/geuk> film aksi. 서부 ~ film Barat; film koboi.

활기(活氣) <hwal/gi> ~있는 giat; aktif; hidup. ~를 띠다 memperlihatkan aktivitas.

활달(豁達) <hwal/tal> ~한 murah hati; berpandangan luas.

활대 <hwal/dae> gerup.

활동(活動) <hwal/tong> kegiatan; aksi; aktivitas; kesibukan; keaktifan. ~하다 memainkan peranan aktif; bergerak; berusaha; beraksi. ~적인 cegak; lincah; cekatan; gesit; giat; tangkas; sigap; tekun. ~가 orang yang aktif. ~력 aktifitas; vitalitas. ~범위 ruang lingkup aktivitas. 정치 ~ aktivitas politik.

활량＜hwal/lyang＞ ① pemanah. ② ☞ 한량.

활력(活力)＜hwal/lyeok＞ vitalitas; daya hidup; semangat hidup. ~소(素) sumber semangat hidup.

활로(活路)＜hwal/lo＞ ~를 열다[찾다] membuka [mencari] jalan keluar.

활무대(活舞臺)＜hwal/mu/dae＞ panggung kehidupan.

활발(活潑)＜hwal/bal＞ ~한 giat; lincah; penuh semangat; bersemangat. ~히 dengan giat; dengan lincah; dengan bersemangat.

활보(闊步)＜hwal/bo＞ ~하다 berjalan dengan semangat. 거리를 ~하다 berjalan-jalan sepanjang jalan.

활석(滑石)＜hwal/seok＞ 『鑛』 batu kapur yang halus dan berlemak; talek.

활성(活性)＜hwal/seong＞ ~의 aktif. ~ 비타민제 preparasi vitamin yang diaktifkan.

활수(滑手)＜hwal/su＞ ~하다 murah hati.

활시위＜hwal/si/wi＞ tali busur.

활약(活躍)＜hwal/yak＞ kegiatan; aktivitas. ~하다 aktif (dalam); memainkan peranan aktif (dalam).

활엽수(闊葉樹)＜hwal/yeob/su＞ pohon berdaun lebar.

활용(活用)＜hwal/yong＞ ① (응용) penerapan; aplikasi. ~하다 menerapkan. ②『文』perubahan bentuk kata kerja (infleksi); perubahan bentuk kata benda (deklensi). ~하다 mengkonjugasikan.

활자(活字)＜hwal/ca＞ huruf cetak. 7호 ~ tipe no. 7. ~ 화하다 mencetak. ~로 짜다 menempatkan dalam tipe. ~를 짜다 menset

tipe. ~판 kotak tipe.

활주(滑走)＜hwal/cu＞ ~하다 meluncur; melayang. ~로 landasan untuk peluncuran.

활집＜hwal/jib＞ kotak busur.

활짝＜hwal/cak＞ ① (secara) luas. ~ 트이다 terbuka; ternganga. ~ 열다 membuka lebar. ② (dengan) berseri; (dengan) cerah. ~갠 하늘 langit yang cerah.

활차(滑車)＜hwal/cha＞ katrol; kerek.

활촉＜hwal/chok＞ mata panah.

활터＜hwal/theo＞ lapangan panahan.

활판(活版)＜hwal/fan＞ papan cetak. ~소 percetakan. ~인쇄 percetakan tipe.

활화산(活火山)＜hwal/hwa/san＞ gunung api aktif.

활활＜hwal/hwal＞ berkobar-kobar.

활항(活況)＜hwal/hang＞ ledakan; bum. ~을 보이다 menunjukkan tanda-tanda aktifitas.

홧김＜hwat/gim＞ ~에 dalam kemarahan.

홧홧하다＜hwat/hwat/hada＞ merasa kepedasan.

황(黃)＜hwang＞ ① (색) warna kuning. ②『鑛』mineral berwarna kuning cerah; belerang. ~의 bersulfur.

황갈색(黃褐色)＜hwang/gal/saek＞ coklat kekuningan.

황감(惶感)＜hwang/gam＞ ~하다 sangat berhutang budi.

황겁(惶怯)＜hwang/geob＞ ~하다 ketakutan.

황고집(- 固執)＜hwang/go/jib＞ sifat keras kepala; orang keras kepala.

황국(黃菊)＜hwang/guk＞ bunga krisan kuning.

황금(黃金)＜hwang/geum＞ emas; uang. ~의 keemasan. ~만능 mamonisme. ~ 만능주의자 mamonis. ~빛 warna keemasan. ~숭배 paham pengejaran kekayaan. ~시대 [분할] masa [pembagian] keemasan.

황급(遑急)＜hwang/geub＞ ~히 ter-gopoh-gopoh; tergesa-gesa; terburu-buru.

황달(黃疸)＜hwang/dal＞ sakit kuning. ~환자 penderita sakit kuning.

황당(荒唐)＜hwang/dang＞ ~(무계) 한 bualan. ~객(客) pembual.

황도(黃道)＜hwang/do＞ 『天』 lintasan orbit matahari tahunan. ~대(帶) zodiak.

황동(黃銅)＜hwang/dong＞ kuningan; loyang. ~색 kuning loyang.

황량(荒凉)＜hwang/nyang＞ ~한 sunyi; sepi; lengang; hana.

황린(黃燐)＜hwang/rin＞ 『化』 fosfor kuning.

황마(黃麻)＜hwang/ma＞ 『植』 rami; yute.

황막(荒漠)＜hwang/mak＞ ~하다 sunyi; sepi; hana.

황망(遑忙)＜hwang/mang＞ ~히 tergopoh-gopoh; terburu-buru.

황망(慌忙)＜hwang/mang＞ ~히 tergopoh-gopoh; terburu-buru.

황무지(荒蕪地)＜hwang/mu/ji＞ tanah gurun; tanah mati; persawangan.

황밤(黃 -)＜hwang/bam＞ buah berangan kering.

황산(黃酸)＜hwang/san＞ 『化』 asam belerang; asam sulfur. ~동[철, 암모니아] tembaga [besi, amonium] sulfat. ~염 sulfat. ~지 kertas sulfat.

황새＜hwang/sae＞ 『鳥』 burung bangau.

황새걸음＜hwang/sae/geo/reum＞ langkah panjang.

황색(黃色)＜hwang/saek＞ kuning. ~인종 ras kuning.

황석(黃石)＜hwang/seok＞ 『鑛』 kalsit kuning.

황성(皇城)＜hwang/seong＞ ibukota kerajaan.

황소(黃 -)＜hwang/so＞ sapi jantan; jawi jantan. ~같이 일하다 bekerja seperti sapi jantan. ~걸음 langkah lambat.

황송(皇悚)＜hwang/song＞ ~한 sangat sungkan dan berterimakasih.

황실(皇室)＜hwang/sil＞ keluarga kerajaan.

황아장수＜hwang/a/jang/su＞ pedagang keliling.

황야(荒野)＜hwang/ya＞ gurun; padang pasir; persawangan.

황옥(黃玉)＜hwang/ok＞ 『鑛』 batu permata berwarna kuning; topas.

황인종(黃人種)＜hwang/in/jong＞ ras kuning.

황제(皇帝)＜hwang/je＞ kaisar; maha raja.

황진(黃塵)＜hwang/jin＞ debu di udara; badai debu.

황차(況且)＜hwang/cha＞ ☞ 하물며.

황천(黃泉)＜hwang/cheon＞ alam baka. ~객 orang yang meninggal. ~객이 되다 menuju alam baka. ~길 jalan ke alam baka. ~길을 떠나다 berpulang ke alam baka.

황체(黃體)＜hwang/che＞ ~ 호르몬 hormon progesteron.

황탄(荒誕)＜hwang/than＞ ☞ 황당(荒唐).

황태자(皇太子)＜hwang/thae/ja＞ putra mahkota; tengku mahkota. ~비(妃) isteri putera mahkota. 영국 ~ Pengeran Wales.

황태후(皇太后)＜hwang/thae/hu＞ ibu suri.

황토(黃土)＜hwang/tho＞ tanah kuning. ~빛 kuning lumpur.

황통(皇統)＜hwang/thong＞ keturunan raja.

황폐(荒廢)＜hwang/fye＞ kekersangan; kehancuran. ~하다 rusak sama sekali; hancur; gersang; tandus; tersaruk; gundul. ~한 rusak; gersang.

황하(黃河)＜hwang/ha＞ sungai Kuning; sungai Hwang Ho.

황해(黃海)＜hwang/hae＞ laut Kuning.

황혼(黃昏)＜hwang/hon＞ senja kala; senja. 인생의 ~기 masa senja kehidupan. ~이지다 [깃들다] senja turun.

황홀(恍惚)<hwang/hol> ~한 menarik; mempesona; memikat. ~히 dalam keterpesonaan. ~해지다 menjadi terpesona. ~경 keadaan seperti mimpi.

황화(黃化)<hwang/hwa> 『化』 sulfurasi. ~고무 karet vulkanisir. ~물 sulfida. ~수소[은] hidrogen [perak] sulfida.

황후(皇后)<hwang/hu> kaisar wanita; ratu.

홰<hwae> (새의) tempat bertengger.

홰<hwae> (횃불의) obor.

홰치다<hwae/chi/da> mengepak-ngepakkan sayap; mengibaskan sayap.

획<hwaek> ① ☞ 획획 ①. ② (갑자기) tiba-tiba; (힘차게) dengan sentakan; (잽싸게) dengan cepat. ~잡아당기다 menarik dengan sentakan. ~던지다 melontarkan dengan cepat. ~열다 mementangkan (pintu).

획획<hwaek/hwaek> ① (빠르게) dengan cepat. ② (던짐) melontar berulang-ulang. ③ (때리다) pukulan demi pukulan.

횃대<hwaet/tae> rak gantungan pakaian. ~밑 사내 Singa di rumah, tikus di luar.

횃불<hwaet/pul> obor; suluh; suar. ~을 들다 membawa obor di tangan; bersuar; bersuluh.

횅댕그렁하다<hwaeng/daeng/geu/reong/hada> kosong; sepi; hampa.

횅하다<hwaeng/hada> ① (통효) menguasai; benar-benar mengetahui (tentang); mengenal baik. ② (공허) kosong; sepi; hampa.

회(灰)<hoe> ☞ 석회(石灰). ~를 바르다 memplaster.

회(蛔)<hoe> cacing gelang. ☞ 회충.

회(會)<hoe> pertemuan; asosiasi; gabungan; perhubungan. ~를 열다 mengadakan pertemuan.

회(膾)<hoe> irisan ikan mentah. ~를 치다 mengiris ikan mentah.

회(回)<hoe> waktu; kali; babak. 1 ~ sekali. 2 ~ dua kali.

회갑(回甲)<hoe/gab> ☞ 환갑.

회개(悔改)<hoe/gae> taubat; tobat; penyesalan. ☞ 뉘우치다.

회견(會見)<hoe/gyeon> wawancara; tatap muka; interview. ~하다 bertemu; bertatap muka; mewawancarai; menginterview. ~기[담] wawancara. ~자 pewawancara. 공식 [비공식] ~ wawancara resmi [tidak resmi].

회계(會計)<hoe/gye> akuntansi; tata buku; keuangan; catatan/rekening. ~하다 menatabukukan. ~감사 auditing; pemeriksaan keuangan. ~과 bagian keuangan. ~(장)부 buku akuntansi. ~연도 tahun fiskal. ~원 pemegang buku; bendahara. ~학 akuntansi. 공인 ~사 akuntan publik. 일반 [특별] ~ akuntan umum [khusus].

회고(回顧)<hoe/go> refleksi. ~하다 mengenang masa lalu; merefleksikan. ~록(錄) (buku) kenang-kenangan.

회고(懷古)<hoe/go> penglihatan ke belakang; retrospeksi. ~하다 mengenang ke belakang. ~담 pembicaraan kenang-kenangan. (~담을 하다 membicarakan masa lalu).

회관(會館)<hoe/gwan> ruangan; ruang sidang. 학생 ~ ruang siswa.

회교(回敎)<hoe/gyo> agama Islam. ~교당 mesjid. ~도 mukminin; muslimin; penganut agama Islam.

회구(懷舊)<hoe/gu> mengenang masa lalu. ☞ 회고(懷古).

회군(回軍)<hoe/gun> ~하다 menarik mundur tentara.

회귀(回歸)<hoe/gwi> ~열 demam yang kambuh. 남[북]~선 garis balik selatan [utara].

회기(會期)<hoe/gi> masa sidang. ~중에 dalam masa sidang. ~를 연장하다 memperpanjang masa sidang.

회담(會談)<hoe/dam> pembicaraan; perundingan; konferensi. ~하다 berbicara; memperbincangkan; merundingkan.

회답(回答)＜hoe/dab＞ jawaban; tanggapan; balasan; sambutan. ~하다 menjawab; menanggapi.

회당(會堂)＜hoe/dang＞ (예배당) gereja; kapel; (공회당) ruang sidang; balai sidang.

회독(回讀)＜hoe/dok＞ ~하다 membaca buku bergiliran. ~회 kelompok baca gilir.

회동(會同)＜hoe/dong＞ ~하다 bertemu; berapat.

회람(回覽)＜hoe/ram＞ peredaran; sirkulasi; pengedaran. ~하다 mengedarkan; beredar. ~잡지[판] majalah [surat] edaran.

회랑(回廊)＜hoe/rang＞ gang; geladeri; koridor.

회례(回禮)＜hoe/rye＞ kunjungan balasan. ~하다 membalas kunjungan; mengadakan kunjungan balasan.

회로(回路)＜hoe/ro＞ ① (귀로) perjalanan pulang. ② 『電』 sirkuit; rangkaian. 고정 [집적] ~ rangkaian stasioner [terpadu]. 병렬 [직렬] ~ rangkaian paralel [seri].

회뢰(賄賂)＜hoe/roe＞ ☞ 뇌물.

회류(會流)＜hoe/ryu＞ ~하다 bertemu; bergabung; mengalir bersama. ~점(點) titik pertemuan (dua sungai).

회반죽(灰 -)＜hoe/ban/juk＞ plaster semen; plasteran.

회백(灰白)＜hoe/baek＞ ~색 abu-abu terang. ~질(質) 『生』 materi abu-abu; otak kecerdasan.

회벽(灰壁)＜hoe/byeok＞ dinding yang diplester.

회보(回報)＜hoe/bo＞ jawaban; balasan; laporan. ~하다 memberi jawaban; melaporkan (tentang).

회보(會報)＜hoe/bo＞ laporan; buletin. 동창회 ~ buletin alumni.

회복(回復.恢復)＜hoe/bok＞ pemulihan; kepulihan; penyembuhan. ~하다 memulihkan; pulih; sembuh. 명

예를 ~하다 memulihkan nama baik. ~기 tahap pemulihan. (~기의 환자 orang yang dalam tahap pemulihan).

회부(回附)＜hoe/bu＞ ~하다 mengirim; meneruskan.

회비(會費)＜hoe/bi＞ iuran anggota. ~를 거두다 [내다] memungut [membayar] iuran. 클럽 ~ iuran klub.

회사(會社)＜hoe/sa＞ perusahaan; perkongsian; perseroan; maskapai; perkumpulan; persekutuan; firma. ~를 만들다 membuka perusahaan; mendirikan perusahaan. ~에 근무하다 bekerja di perusahaan. ~원 pegawai perusahaan. 모(母) ~ perusahaan induk. 자(子)~ perusahaan anak angkat.

회사(回謝)＜hoe/sa＞ ☞ 회례(回禮).

회상(回想)＜hoe/sang＞ pengingatan/kenangan masa lalu. ~하다 mengenang masa lalu. ~록 buku kenangan.

회색(灰色)＜hoe/saek＞ ~(의) abu-abu; kelabu. ~을 띤 keabu-abuan. ~분자 orang yang tidak tetap pendirian; orang yang bersifat bunglon. ~ 차일구름 awan abu-abu.

회생(回生)＜hoe/saeng＞ ☞ 소생(蘇生).

회서(回書)＜hoe/seo＞ jawaban tertulis.

회석(會席)＜hoe/seok＞ tempat pertemuan.

회선(回旋)＜hoe/seon＞ rotasi; perputaran. ~하다 berotasi; berputar. ~운동 gerakan berputar.

회선(回線)＜hoe/seon＞ 『電』 sirkuit. 전화 ~ sirkuit telepon.

회송(回送)＜hoe/song＞ ~하다 mengirim (ke). ☞ 환송(還送).

회수(回收)＜hoe/su＞ pemungutan; penarikan; pendaurulangan. (폐품의). ~하다 mengumpulkan; menarik; mendaur ulang. 외상돈 ~ pemungutan hutang. 폐품 ~ pendaurulangan limbah.

회수(回數)＜hoe/su＞ keseringan;

frekuensi; kekerapan. ~권 buku tiket.

회식(會食)＜hoe/sik＞ ~하다 makan (malam) bersama.

회신(回信)＜hoe/sin＞ ☞ 회답(回答).

회심(回心)＜hoe/sim＞ ~하다 bertobat.

회심(會心)＜hoe/sim＞ ~의 memuaskan. ~의 미소 senyum kepuasan. ~작 pekerjaan yang memuaskan.

회오(悔悟)＜hoe/o＞ penyesalan; tobat. ~하다 bertobat. ~의 눈물 air mata penyesalan.

회오리바람＜hoe/o/ri/ba/ram＞ angin puyuh; angin puting beliung; angin selembubu.

회원(會員)＜hoe/won＞ anggota; keanggotaan. ~이 되다 menjadi anggota. ~명부 [배지, 증] daftar [badge, kartu] anggota. 정 [준, 특별, 명예, 종신] ~ anggota tetap [tidak tetap, istimewa, kehormatan, seumur hidup].

회유(懷柔)＜hoe/yu＞ ~하다 mendamaikan. ~책(을 쓰다) (mengambil) tindakan perdamaian.

회음(會陰)＜hoe/eum＞ 『解』 kerampang; kelangkang; selangkang. ~부 daerah kelangkang.

회음(會飮)＜hoe/eum＞ ~하다 minum bersama.

회의(會議)＜hoe/eui＞ pertemuan; rapat; sidang; dewan; kongres; konferensi; musyawarah. ~하다 bersidang; bermusyawarah; berapat. ~를 열다 membuka sidang/musyawarah. ~록 notulen. ~실 ruang dewan. ~장 balai sidang. 국무 ~ Dewan Kabinet. 국제 ~ konferensi internasional. 본 ~ sidang paripurna. 비밀 ~ sidang tertutup.

회의(懷疑)＜hoe/eui＞ keraguan. ~적(인) skeptis. ~론 skeptisisme. ~론자 peragu; orang yang skeptis.

회자(膾炙)＜hoe/ja＞ ① ~하다 menjadi bahan pembicaraan; menjadi buah bibir. ② irisan ikan men-

tah dan ikan bakar.

회자정리(會者定離)＜hoe/ja/jeong/ri＞ Orang yang bertemu pasti akan berpisah; Ada pertemuan pasti ada perpisahan.

회장(回章)＜hoe/jang＞ surat edaran; selebaran.

회장(回腸)＜hoe/jang＞ 『解』 usus halus.

회장(會長)＜hoe/jang＞ pimpinan; ketua; pemuka; pengarah.

회장(會場)＜hoe/jang＞ tempat pertemuan.

회장(會葬)＜hoe/jang＞ kehadiran di upacara penguburan. ~하다 menghadiri upacara penguburan. ~자 orang yang berkabung.

회전(回電)＜hoe/jeon＞ telegram balasan.

회전(回戰)＜hoe/jeon＞ 『野』 babak.

회전(回轉.廻轉)＜hoe/jeon＞ (per)putaran; (per)edaran. ~하다 mengedari; mengelilingi; memutari. ~계단 tangga putar. ~그네 kincir raksasa. ~도어 pintu putaran. ~목마 komidi putar. ~무대 panggung berputar. ~수(數) putaran per menit. ~의자 kursi putar. ~자금 dana yang berputar.

회전(會戰)＜hoe/jeon＞ peperangan; pertempuran. ~하다 berperang; bertempur.

회절(回折)＜hoe/jeol＞ 『理』 difraksi.

회중(會衆)＜hoe/jung＞ hadirin; audiens; jemaah.

회중(懷中)＜hoe/jung＞ ~시계 jam saku. ~전등 senter; lampu baterai.

회진(回診)＜hoe/jin＞ kunjungan keliling (ke pasien). ~하다 mengunjungi pasien.

회초리＜hoe/cho/ri＞ cambuk; cemeti.

회춘(回春)＜hoe/chun＞ peremajaan kembali; pemulihan; kepulihan. ~하다 diremajakan; pulih.

회충(蛔蟲)＜hoe/chung＞ cacing gelang; biar-biar; cacing karawit. ~이 생기다 cacingan. ~약 obat cacing.

회칙(會則)＜hoe/chik＞ peraturan perkumpulan.

회포(懷抱)＜hoe/fo＞ isi hati. ~를 풀다 mengeluarkan isi hati.

회피(回避)＜hoe/fi＞ pengelakan; penghindaran; penampikan; penolakan. ~하다 mengelak; menghindar; menolak; menampik. ~할 수 없는 tak terelakkan. 책임을 ~하다 mengelakkan tanggung jawab.

회한(悔恨)＜hoe/han＞ penyesalan; taubat. ~의 눈물 air mata penyesalan.

회합(會合)＜hoe/hab＞ pertemuan; perkumpulan; konvensi; rapat; perserikatan. ~하다 bertemu; bersidang; berkumpul; berkonvesi; bersuaan; bermufakat. ~장소 tempat pertemuan.

회항(回航)＜hoe/hang＞ ~하다 membawa kembali kapal.

회향(茴香)＜hoe/hyang＞『植』adas.

회향(懷鄕)＜hoe/hyang＞ kenangan masa lalu. ~의 rindu kampung halaman. ~병 kerinduan pada kampung halaman.

회화(會話)＜hoe/hwa＞ percakapan; dialog (☞ 대화). 영어 ~에 익숙하다 mahir dalam percakapan bahasa Inggris. ~책 buku percakapan.

회화(繪畵)＜hoe/hwa＞ gambar; lukisan. ~전(展) pameran lukisan.

회회교(回回敎)＜hoe/hoe/gyo＞ ☞ 회교(回敎).

획(劃)＜hoek＞ sapuan. 5 ~의 한 자 huruf dengan lima sapuan.

획＜hoek＞ ☞ 획.

획기적(劃期的)＜hoek/gi/jeok＞ yang membuka zaman baru.

획득(獲得)＜hoek/deuk＞ pendapatan; pemilikan; perolehan. ~하다 mendapatkan; memperoleh; menerima; mencapai; memiliki. ~물 perolehan.

획수(劃數)＜hoek/su＞ jumlah sapuan/goresan (dalam huruf Cina).

획연(劃然)＜hoek/yeon＞ ~하다 jelas; tegas. ~히 dengan jelas; de-

ngan tegas.

획일(劃 -)＜hoek/il＞ ~적 seragam; standar. ~적 교육 pendidikan yang seragam. ~주의 [화] standarisasi.

획정(劃定)＜hoek/jeong＞ ~하다 membatasi; menentukan demarkasi.

획책(劃策)＜hoek/chaek＞ ~하다 merancang; merencanakan.

횟돌(灰 -)＜hoet/dol＞ batu kapur.

횡격막(橫隔膜)＜hoeng/gyeok/mak＞『解』diafragma. ~의 yang berhubungan dengan diafragma.

횡단(橫斷)＜hoeng/dan＞ ~하다 menyilang; melintasi. ~로 jalan lintas. ~면 irisan silang; pembelahan melintang. ~보도 penyeberangan.

횡대(橫隊)＜hoeng/dae＞ baris. ~가 되다 berbaris. 이열 ~ baris ganda.

횡듣다(橫 -)＜hoeng/deut/ta＞ salah mendengar.

횡령(橫領)＜hoeng/ryeong＞ penyerobotan; perampasan; pencatutan; penggelapan. ~하다 menyerobot; merebut; merampas; menggelapkan. ~죄 tuduhan penggelapan.

횡보다(橫 -)＜hoeng/bo/da＞ salah baca; salah lihat.

횡사(橫死)＜hoeng/sa＞ kematian kecelakaan/kekerasan. ~하다 mati kecelakaan/kekerasan.

횡서(橫書)＜hoeng/seo＞ ~하다 menulis berjajar/datar.

횡선(橫線)＜hoeng/seon＞ garis sejajar. ~수표 cek garis sejajar.

횡설수설(橫說竪說)＜hoeng/seol/su/seol＞ piuh-pilin; pembicaraan yang bertele-tele. ~하다 bertele-tele; melantur.

횡액(橫厄)＜hoeng/aek＞ kecelakaan yang tak disangka-sangka; kecelakaan yang tak terduga. ~을 만나다 menderita bencana yang tak terduga.

횡재(橫財)＜hoeng/jae＞ rejeki nomplok; durian runtuh. ~하다 mendapat rejeki nomplok; menang undian.

횡포(橫暴)<hoeng/fo> tirani penindasan; kelaliman; kebengisan; kekejaman. ~한 lalim; bengis; kejam; tidak adil.

횡행(橫行)<hoeng/haeng> ~하다 berbuat sewenang-wenang.

효(孝)<hyo> bakti (kepada orang tua).

효과(效果)<hyo/kwa> efek; kemujaraban; keefektifan. ~있는 efektif; berguna; efisien; mempan; mujarab; manjur; makbul; ampuh. ~없는 tidak efektif; tidak berguna; tawar. ~가 없다 tidak menimbulkan efek.

효녀(孝女)<hyo/yeo> putri yang berbakti.

효능(效能)<hyo/neung> kegunaan; efek. 약의 ~ kemanjuran obat. ~있는 [없는] manjur [tidak manjur].

효도(孝道)<hyo/do> bakti. ~를 다하다 berbakti kepada orang tua.

효력(效力)<hyo/ryeok> kegunaan efek; kekuatan; daya; keteguhan. ~있는 [없는] [tidak] efektif. ~을 발생(發生)하다 [잃다] menimbulkan [hilang] efek.

효모(酵母)<hyo/mo> ragi; biang roti. ~균(菌) fungi.

효부(孝婦)<hyo/bu> mantu perempuan yang berbakti.

효성(孝誠)<hyo/seong> bakti (sifat). ~스러운 berbakti. ~을 다하다 berbakti kepada orang tua.

효성(曉星)<hyo/seong> ☞ 샛별.

효소(酵素)<hyo/so> enzim.

효수(梟首)<hyo/su> ~하다 menggal dan menggantung.

효시(嚆矢)<hyo/si> perintis; pionir.

효심(孝心)<hyo/sim> bakti (hati). ~이 있는 berbakti.

효용(效用)<hyo/yong> kegunaan; kemanfaatan. ~이 있다[없다] berguna/bermanfaat [tidak berguna]. 한계 ~ utilitas marjinal.

효율(效率)<hyu/yul> 『理』 efisiensi;

ketepatgunaan.

효자(孝子)<hyo/ja> putra yang berbakti.

효행(孝行)<hyo/haeng> bakti (perbuatan).

효험(效驗)<hyo/heom> kemujaraban; kemustajaban. ~이 있다 manjur; mujarab; muncus; mustajab; makbul; berkhasiat.

후(後)<hu> ① setelah; sesudah. 한 이틀 ~에 sesudah dua tiga hari. 지금부터 10년 ~에 sesudah sepuluh tahun dari sekarang. 흐린 ~에 맑음 Sesudah berawan; cerah. ② setelah; kemudian. 그 ~에 setelah itu; sejak itu.

후<hu> pengepulan; penghembusan. ~불다 mengepulkan; menghembuskan.

후각(嗅覺)<hu/gak> indra penciuman. ~이 예민하다 peka indra penciuman.

후견(後見)<hu/gyeon> 『法』 perwalian. ~하다 mewakilkan; bertindak sebagai wali. ~인 wali; pemangku.

후계(後繼)<hu/gye> suksesi. ~하다 menggantikan; mewarisi. ~내각 kabinet pengganti. ~자 pengganti; pewaris.

후고(後顧)<hu/go> ~의 염려 kecemasan akan masa depan.

후골(喉骨)<hu/gol> 『解』 lekum; halkum.

후관(嗅官)<hu/gwan> organ penciuman.

후광(後光)<hu/gwang> aureola; halo; nimbus; korona.

후굴(後屈)<hu/gul> 『醫』 자궁 ~ uterus terbalik.

후궁(後宮)<hu/gung> harem (gundik) raja.

후기(後記)<hu/gi> catatan tambahan. 편집 ~ catatan tambahan editorial.

후기(後期)<hu/gi> semester kedua; periode kedua. ~대학 kelompok universitas kedua. ~ 인상(주의)파(派) 『美術』 aliran pasca-impresio-

nis.
후끈거리다 <hu/keun/geo/ri/da> merasa panas.
후끈하다 <hu/keun/hada> panas.
후닥닥 <hu/dak/dak> dengan meloncat; tiba-tiba. ~거리다 tergesa-gesa; meloncat-loncat.
후대(後代) <hu/dae> generasi masa depan; anak cucu.
후대(厚待) <hu/dae> ~하다 menyambut dengan hangat.
후두(喉頭) <hu/du> laring; pembuluh kerongkongan. ~결핵 tuberkulosis kerongkongan. ~염 [카타르] radang [kararak] kerongkongan.
후두부(後頭部) <hu/du/bu> luka pada kepala bagian belakang.
후딱 <hu/tak> dengan cepat; dengan segera.
후레아들 <hu/re/a/deul> anak turunan rendah.
후련하다 <hu/ryeon/hada> merasa lega; merasa segar.
후렴(後斂) <hu/ryeom> refrain (ulangan).
후루루 <hu/ru/ru> (호각을) siulan. ~하다 bersiul.
후리후리하다 <hu/ri/hu/ri/hada> tinggi dan kurus (ramping).
후림 <hu/rim> godaan; rayuan; bujukan.
후림불 <hu/rim/bul> pukulan nyasar.
후릿그물 <hu/rit/geu/mul> pukat.
후면(後面) <hu/myeon> bagian belakang; bokong.
후무리다 <hu/mu/ri/da> menggelapkan.
후문(後門) <hu/mun> gerbang belakang; pintu belakang.
후문(後聞) <hu/mun> pembicaraan lanjutan.
후물거리다 <hu/mul/geo/ri/da> mengunyah.
후물림(後 -) <hu/mul/lim> warisan.
후미 <hu/mi> teluk kecil.
후미(後尾) <hu/mi> bagian belakang; ekor; buntut.
후미지다 <hu/mi/ji/da> ① (물가가) membentuk teluk kecil. ② (장소가) terpencil.
후반(後半) <hu/ban> pertengahan kedua. ~기 setengah tahun terakhir. ~전 setengah permainan terakhir. ~전에 들어가다 masuk ke pertengahan kedua.
후방(後方) <hu/bang> belakang; garis belakang. ~의 bagian belakang. ~에 di garis belakang. ~근무 tugas di garis belakang. ~기지 pangkalan di belakang. ~부대 tentara di belakang; barisan belakang.
후배(後輩) <hu/bae> yunior; generasi muda; orang muda. 학교의 ~ adik kelas. ~를 돌보다 melindungi yunior.
후보(後報) <hu/bo> laporan berikut; berita lebih lanjut. ~를 기다리다 menunggu berita lebih lanjut.
후보(候補) <hu/bo> ① pencalonan; calon/kandidat. ~지 tempat yang diusulkan (untuk). 간부 ~생 taruna. 공천 ~자 calon resmi. ② pengganti; cadangan. ~선수 pemain cadangan.
후부(後夫) <hu/bu> suami kedua.
후부(後部) <hu/bu> belakang; pungkur; punggung.
후분(後分) <hu/bun> nasib baik/keberuntungan di masa tua. ~이 좋다 bernasib baik/beruntung di masa tua.
후불(後拂) <hu/bul> pembayaran yang ditunggak/ ditunda.
후비다 <hu/bi/da> mengorek; mencungkil; mencolet.
후비적거리다 <hu/bi/jeok/geo/ri/da> mengorek-ngorek.
후사(後事) <hu/sa> permasalahan setelah kematian; perkara di kemudian hari. ~를 부탁하다 mempercayakan (seseorang) dengan masalah dikemudian hari.
후사(後嗣) <hu/sa> pengganti; pewaris. ~가 끊어지다 putus turunan.
후사(厚謝) <hu/sa> ~하다 berte-

rima kasih/menghargai sepenuh hati.
후산(後産)〈hu/san〉 tembuni; ari-ari.
후살이(後 -)〈hu/sa/ri〉 pernikahan kembali (perempuan). ~하다 menikah lagi.
후생(厚生)〈hu/saeng〉 kesejahteraan sosial. ~과(課) bagian kesejahteraan. ~사업(事業) usaha kesejahteraan sosial. ~시설 fasilitas kesejahteraan; sarana kesejahteraan.
후생(後生)〈hu/saeng〉 yunior; orang muda; kehidupan di masa depan.
후성(後成)〈hu/seong〉 『地』 epigenesis.
후세(後世)〈hu/se〉 generasi mendatang. 이름을 ~에 남기다 meninggalkan nama di dunia.
후속(後續)〈hu/sok〉 ~의 berikut; lanjutan. ~부대 bala bantuan; penguatan. ~조치 tindak lanjut.
후손(後孫)〈hu/son〉 keturunan. ...의 ~이다 keturunan dari; diturunkan dari...
후송(後送)〈hu/song〉 ~하다 memulangkan dari garis depan; mengevakuasi (kegaris belakang); mengungsikan. ~되다 dipulangkan kegaris belakang; diungsikan. ~병원 rumah sakit pengungsian.
후술(後述)〈hu/sul〉 ~하다 menyatakan kemudian; menyebutkan kemudian.
후신(後身)〈hu/sin〉 anak; pewaris.
후신경(嗅神經)〈hu/sin/gyeong〉 『解』 saraf pencium.
후실(後室)〈hu/sil〉 ☞ 후취. ~자식 anak dari istri kedua. ~을 맞아들이다 mengambil sebagai istri kedua.
후안(厚顏)〈hu/an〉 ~무치 tebal muka.
후열(後列)〈hu/yeol〉 garis belakang.
후예(後裔)〈hu/ye〉 ☞ 후손.
후원(後苑.後園)〈hu/won〉 kebun belakang; halaman belakang.

후원(後援)〈hu/won〉 dukungan; sokongan; sanggahan; topangan; tunjangan; bantuan. ~하다 mendukung; menyokong; memperkuat; menyanggah; menunjang; membantu. ...의 ~하에 atas sokongan... . ~자 penyokong; pemuka; penunjang; pembantu; pendorong. ~회 asosiasi pendukung.
후위(後衛)〈hu/wi〉 『競』 pemain belakang; sayap belakang; bek. ~가 되다 memimpin di belakang. ~를 보다 main di belakang.
후유증(後遺症)〈hu/yu/ceung〉 『醫』 efek lanjut.
후은(厚恩)〈hu/eun〉 kebaikan yang banyak.
후의(厚意)〈hu/eui〉 kebaikan; itikad baik; budi baik. ...의 ~로 atas kebaikan; atas budi baik.
후의(厚誼)〈hu/eui〉 persahabatan yang kental/dekat. ~를 입다 menerima budi baik anda.
후일(後日)〈hu/il〉 kemudian; hari depan; masa datang; belakang hari. ~에 di masa mendatang. ~담 pembicaraan masa lalu/ingatan.
후임(後任)〈hu/im〉 pengganti. ...의 ~으로 sebagai pengganti. ...~이 되다 menggantikan.
후자(後者)〈hu/ja〉 yang terakhir. 전자와 ~ yang terdahulu dan terakhir.
후장(後場)〈hu/jang〉 『證』 penjualan sore.
후정(厚情)〈hu/jeong〉 ☞ 후의(厚誼).
후제(後 -)〈hu/je〉 hari yang lain.
후조(候鳥)〈hu/jo〉 burung yang bermigrasi. ☞ 철새.
후주곡(後奏曲)〈hu/ju/gok〉 『樂』 musik penutup.
후줄근하다〈hu/jul/geun/hada〉 basah dan lembek.
후진(後陣)〈hu/jin〉 pengawal belakang.
후진(後進)〈hu/jin〉 ① (후배) yunior; orang muda; generasi muda. ② keterbelakangan. ~의 terbela-

kang. ~국 negara yang belum maju; negara terbelakang. ~성 keterbelakangan; kekolotan. ③ ~하다 mundur kebelakang.

후처(後妻)<hu/cheo> ☞ 후취.

후천적(後天的)<hu/cheon/jeok> pasca kelahiran. ~으로 secara aposteriori

후추<hu/chu> lada. ~를 치다 memberi lada; meladai.

후취(後娶)<hu/chwi> pernikahan kembali; istri kedua. ~를 얻다 mengambil istri kedua; menikah lagi.

후탈<hu/thal> komplikasi pasca kelahiran; efek lanjutan.

후터분하다<hu/theo/bun/hada> agak pengap; pengap dan panas.

후텁지근하다<hu/theob/ji/geun/hada> pengap; pengap dan panas.

후퇴(後退)<hu/thoe> pengunduran; masa sepi; kemunduran; resesi. ~하다 mundur; menyerahkan kembali; menarik diri. 경기 ~ masa sepi dalam usaha.

후편(後便)<hu/fyeon> (뒤쪽) sisi belakang; (나중 인편) utusan kedua.

후편(後篇)<hu/fyeon> volume kedua (terakhir); terusan; sambungan; lanjutan.

후하다(厚 -)<hu/hada> ① (인심이) ramah-tamah; bersahabat. ② dermawan; murah hati. 점수가 ~ murah hati dalam memberi nilai.

후학(後學)<hu/hak> yunior; muda; siswa muda.

후환(後患)<hu/hwan> kesulitan di kemudian hari. ~을 남기다 menebarkan benih kesulitan. ~을 없애다 menghilangkan sumber kesulitan.

후회(後悔)<hu/hoe> penyesalan; perasaan menyesal. ~하다 menyesal; merasa menyesal atas (kejahatan).

후후년(後後年)<hu/hu/nyeon> tiga tahun kemudian.

훅<huk> ① huk (dalam tinju). ~을 넣다 memberi huk. ② (갈고리 단추) kancing jepret; cantelan.

훅<huk> dengan sekali teguk.

훈(訓)<hun> pengajaran moral.

훈감하다<hun/gam/hada> beraroma baik; lezat; harum.

훈계(訓戒)<hun/gye> nasehat; peringatan; teguran; petuah; fatwa; pelajaran. ~하다 menasehati; berpetuah.

훈공(勳功)<hun/gong> jasa; perbuatan terpuji.

훈기(薰氣)<hun/gi> ① (훈훈한 기운) suasana hangat. ② ☞ 훈김.

훈김(薰 -)<hun/gim> ① ☞ 훈기(薰氣). ② (세력) pengaruh; kekuasaan; kekuatan; wewenang.

훈도(薰陶)<hun/do> ~하다 mendidik; mengajar; melatih.

훈련(訓練)<hul/leon> pelatihan; latihan; tata tertib; kepatuhan; disiplin. ~하다 melatih; memberikan latihan ketrampilan; menertibkan; mendisiplinkan. ~교관 pelatih. ~교본 buku latihan; pedoman latihan. ~소 pusat latihan. 육군 신병 ~소 pusat pelatihan calon tentara.

훈령(訓令)<hul/yeong> pengarahan; instruksi. ~하다 menginstruksikan; mengeluarkan perintah; mengarahkan.

훈민정음(訓民正音)<hun/min/jeong/eum> ☞ 한글.

훈방하다(訓放-)<hun/bang/hada> membebaskan dengan peringatan.

훈사(訓辭)<hun/sa> perkataan yang bersifat menegur; teguran.

훈수(訓手)<hun/su> ~하다 nimbrung (dalam permainan).

훈시(訓示)<hun/si> pengajaran; nasehat dan peringatan; perintah; instruksi; fatwa. ~하다 mengajar; memberikan pengajaran; memfatwakan.

훈위(勳位)<hun/wi> tingkatan jasa.

훈육(訓育)<hun/yuk> pendidikan moral.

훈장(訓長)<hun/jang> guru.

훈장(勳章)<hun/jang> bintang jasa;

medali. ~을 수여하다 menganugerahi bintang jasa.

훈제(燻製)<hun/je> ~의 di asapi; asapan. ~연어 ikan salem yang diasapi.

훈증(燻蒸)<hun/jeung> pengasapan; fumigasi. ~하다 mengasapi. ~제 pengasap; fumigan.

훈풍(薰風)<hun/fung> angin musim panas pertama.

훈화(訓話)<hun/hwa> cerita yang mengandung pelajaran; nasehat dan peringatan.

훈훈하다(薰薰-)<hun/hun/hada> hangat.

훌닦다<hul/dak/ta> mengomeli; mencaci-maki.

훌떡<hul/teok> dengan cepat; dengan cekatan; dengan gesit; seluruhnya. ~벗다 bertelanjang bulat. 담을 ~ 뛰어넘다 melompat ke atas pagar dengan gesit.

훌라댄스<hul/la/daen/seu> hula-hula (tarian Hawaii).

훌륭하다<hul/lyung/hada> ① (멋지다) baik; tampan; elok. ② (존경할 만함) terhormat; sopan. ③ (칭찬할 만함) mengagumkan; patut dipuji; terpuji. ④ (고상함) mulia; agung; luhur. ⑤ (위대함) terkemuka; terkenal; terbilang; termasyhur. ⑥ (공정함) jujur; adil. ⑦ (충분함) cukup; memadai.

훌부시다<hul/bu/si/da> membilas; mencuci bersih.

훌쩍<hul/ceok> ① (날쌔게) dengan cepat; dengan cekatan. ② dengan sekali teguk. ~ 마시다 menenggak. ③ 콧물을 ~ 들이마시다 menghisap ingus. ④ (표연히) dengan tanpa tujuan.

훌쩍거리다<hul/ceok/geo/ri/da> (액체를) menyeruput; mengisap; (울다) menangis tersedu-sedu; (콧물을) mendengus-dengus.

훌훌<hul/hul> (불탐) berkobar-kobar; (뛰다) melompat-lompat; (날다) terbang berkepakan.

훑다<hul/ta> melerai; menebah.

훑어보다<hul/theo/bo/da> ① (일독) membaca sepintas lalu. ② menatap lekat-lekat. 아무의 위아래를 ~ memeriksa dengan teliti; memandang (orang) dari kepala sampai kaki.

훑이다<hul/chi/da> dilerai; ditebah.

훔쳐내다<hum/chyeo/nae/da> ① (닦아내다) mengepel; mengelap. ② (도둑질) mencuri; mencopet.

훔치개질하다<hum/chi/gae/jil/hada> (도둑질) mencuri; (닦지) mengelap/melap.

훔치다<hum/chi/da> ① (절도) mencuri; menyolong; menggasak; merampas; mencilok. ② (닦다) membersihkan; menghapuskan. 먼지를 ~ membersihkan debu.

훔켜잡다<hum/khyeo/jab/ta> menggenggam; merebut; meraih.

훗날(後 -)<hut/nal> ☞ 후일.

훤칠하다<hwon/chil/hada> tinggi dan tampan.

훤하다<hwon/hada> ① (흐릿하게 밝다) putih keabu-abuan. ② ☞ 환하다.

훨씬<hwol/ssin> jauh lebih besar; sangat banyak. ~ 이전에 dahulu kala. ~낫다 jauh lebih baik.

훨훨<hwol/hwol> ① ~ 날아가 버리다 terbang jauh. ② 옷을 ~ 벗다 melepas pakaian dengan cepat. ③ ☞ 활활.

훼방(毁謗)<hwe/bang> ① fitnahan; umpat; pemfitnahan. ~하다 memfitnah; mengumpat. ② gangguan; rintangan; hambatan. ~하다 mencampuri; mengganggu; menghalangi.

훼손(毁損)<hwe/son> kerusakan. ~하다 merusak; melemahkan; memfitnah. 명예 ~ fitnah nama baik.

휘감기다<hwi/gam/gi/da> berbelit; menggulung.

휘감다<hwi/gam/ta> membelitkan; melingkarkan.

휘날리다<hwi/nal/li/da> berkibar-kibar.

휘늘어지다 <hwi/neul/eo/ji/da> menggantung; menjuntai.

휘다 <hwi/da> merunduk; melentur; merengkeh; meledung.

휘도(揮度) <hwi/do> kecemerlangan.

휘돌리다 <hwi/dol/li/da> memutarkan.

휘두르다 <hwi/du/reu/da> ① (돌리다) mengocok; memutar-mutarkan. ② (얼빼다) membingungkan. ③ (뜻대로) menggunakan (kekuasaan atas).

휘둥그래지다 <hwi/dung/geu/rae/ji/da> membelalak.

휘말리다 <hwi/mal/li/da> menggulung; bergulung.

휘몰다 <hwi/mol/da> mengemudi dengan cepat; mendorong; memaksa.

휘발(揮發) <hwi/bal> ~하다 menguap. ~성 volatilitas. ~성의 mudah menguap; volatik. ~유 bensin; minyak gas.

휘석(輝石) <hwi/seok> 『鑛』 piroksin.

휘어잡다 <hwi/eo/jab/ta> ① (잡다) menggenggam. ② (사람을) menguasai.

휘어지다 <hwi/eo/ji/da> membengkok.

휘장(揮帳) <hwi/jang> tirai; tedeng; gardin; langsai.

휘장(徽章) <hwi/jang> lencana.

휘젓다 <hwi/jeot/ta> ① (뒤섞다) mengaduk; mengocok. ② (어지럽게) mengacau-balaukan; mengacaukan. ③ (팔둥을) mengayunkan lengan.

휘주근하다 <hwi/ju/geun/hada> ① (맥이 없다) letih; lelah; terkuras. ② ☞ 후줄근하다.

휘지비지(諱之秘之) <hwi/ji/bi/ji> ~하다 mendiamkan; menyembunyikan.

휘청거리다 <hwi/cheong/geo/ri/da> terhuyung-huyung; sempoyongan; bergoyang.

휘파람 <hwi/fa/ram> siulan; suitan. ~불다 bersiul.

휘하(麾下) <hwi/ha> (pasukan) di bawah komando/pimpinan; anak buah.

휘호(揮毫) <hwi/ho> (글씨) tulisan; tulisan tangan; (그림) lukisan; gambar. ~하다 menulis; menggambar; melukis.

휘황찬란하다(輝煌燦爛-) <hwi/hwang/chal/ral/hada> cemerlang; berkilauan; gemerlapan.

휘휘 <hwi/hwi> bergulung-gulung. ~감다 melilitkan; menggulung.

휘휘하다 <hwi/hwi/hada> sunyi; sepi; terasing.

휙 <hwik> ① (돌아가는 꼴) dengan cepat; dengan sentakan. ② (바람이) berdesing; berkesiuran. ③ (던지는 꼴) gesit dan cekatan.

휠체어 <hwil/che/eo> kursi roda.

휩싸다 <hwib/ssa/da> ① (싸다) membungkus. ② (뒤덮다) menutupi; menyelimuti; menyelubungi. ③ (비호하다) melindungi.

휩싸이다 <hwib/ssa/i/da> ditutupi; tertutup; diselimuti. 불길에 ~ diselimuti kobaran api.

휩쓸다 <hwib/sseul/da> menyapu habis; menghanyutkan; menghilangkan.

휴가(休暇) <hyu/ga> hari libur; liburan; cuti; vakansi. ~를 얻다 mendapat cuti. ~를 주다 memberikan cuti. ~여행 darmawisata; perjalanan liburan. ~원(을 내다) (meminta) surat istirahat. 동계 ~ liburan musim dingin. 병~ cuti sakit. 유급 ~ libur yang dibayar.

휴간(休刊) <hyu/gan> penghentian penerbitan. ~하다 berhenti terbit.

휴강(休講) <hyu/gang> ~하다 tidak memberikan kuliah.

휴게(休憩) <hyu/ge> istirahat; reses. ~하다 beristirahat. ~소 tempat istirahat; pengasoan; balai; istirahat. ~시간 waktu beristirahat. ~실 ruang istirahat.

휴관(休館) <hyu/gwan> ~하다 menutup (bioskop). 금일 ~ Hari Ini Tutup.

휴교(休校)＜hyu/gyo＞ penutupan sekolah. ~하다 menutup (sekolah) untuk sementara waktu.

휴대(携帶)＜hyu/dae＞ ~하다 membawa. ~용의 dapat dibawa; dapat di tenteng. ~용 라디오 radio yang dapat ditenteng. ~식량 ransum lapangan. ~품 barang bawaan/tentengan. ~품 보관소(保管所) tempat penitipan barang.

휴등(休燈)＜hyu/deung＞ ~하다 memutus pemakaian listrik.

휴머니스트＜hyu/meo/ni/seu/theu＞ penganut faham humanisme.

휴머니즘＜hyu/meo/ni/jeum＞ perikemanusiaan; humanisme.

휴머니티＜hyu/meo/ni/thi＞ umat manusia; sifat-sifat manusia.

휴식(休息)＜hyu/sik＞ istirahat; reses; masa pengangguran; cuti; jeda. ~하다 beristirahat. 5 분간의 ~ istirahat lima menit. ~시간 reses; waktu beristirahat.

휴양(休養)＜hyu/yang＞ tetirah; penghiburan. ~하다 bertetirah. ~시설 sarana rekreasi. ~지 pusat rekreasi.

휴업(休業)＜hyu/eob＞ penutupan; penangguhan usaha; penutupan (pabrik); pemberhentian buruh. ~하다 istirahat dari pekerjaan; tutup (kantor; pabrik). 금일 ~ Hari Ini Tutup. 임시 ~(일) hari libur istimewa. ~일 hari tutup (usaha).

휴일(休日)＜hyu/il＞ hari libur. ~수당 tunjangan tidak dinas. 법정 [임시] ~ hari libur resmi [khusus].

휴전(休電)＜hyu/jeon＞ penghentian aliran listrik. ~일 hari pemutusan listrik.

휴전(休戰)＜hyu/jeon＞ gencatan senjata. ~하다 mengadakan gencatan senjata. ~기념일 Hari Gencatan Senjata. ~선(線) garis perbatasan gencatan senjata. ~조약 perjanjian gencatan senjata. ~협정 [회담] perjanjian [konferensi] gen-

catan senjata.

휴정(休廷)＜hyu/jeong＞ ~하다 tidak mengadakan sidang. ~일 hari tidak ada pengadilan.

휴지(休止)＜hyu/ji＞ ~하다 berhenti; istirahat; menghentikan.

휴지(休紙)＜hyu/ji＞ tisu; kertas toilet. ~통 keranjang sampah.

휴직(休職)＜hyu/jik＞ pemberhentian sementara dari jabatan/tugas. ~하다 menghentikan dari jabatan untuk sementara waktu. ~급(給) separuh gaji.

휴진(休診)＜hyu/jin＞ ~하다 tidak menerima pasien. 금일 ~ Tidak Ada Konsultasi Hari Ini.

휴학(休學)＜hyu/hak＞ ~하다 menangguhkan sekolah. 동맹 ~ pemogokan siswa.

휴한지(休閑地)＜hyu/han/ji＞ lahan yang menganggur; lahan bero.

휴항(休航)＜hyu/hang＞ ~하다 tidak berlayar.

휴화산(休火山)＜hyu/hwa/san＞ gunung api yang tidur.

휴회(休會)＜hyu/hoe＞ penundaan; pengunduran. ~하다 menunda; mengundurkan. ~ 중이다 dalam masa reses. ~를 선언하다 mengumumkan reses.

휼계(譎計)＜hyul/gye＞ muslihat; tipuan. ~에 빠지다 jatuh dalam muslihat.

흉＜hyung＞ ① parut luka. ~이 있는 얼굴 wajah yang berparut. ② (결점) cacat; kelemahan; kekurangan.

흉가(凶家)＜hyung/ga＞ rumah hantu.

흉계(凶計)＜hyung/gye＞ rencana jahat; muslihat.

흉골(胸骨)＜hyung/gol＞ 『解』 tulang dada.

흉곽(胸廓)＜hyung/gwak＞ dada; rongga dada.

흉금(胸襟)＜hyung/geum＞ ~을 터놓다 mengeluarkan isi hati.

흉기(凶器)＜hyung/gi＞ senjata yang mematikan. 달리는 ~ pembunuh

jalan raya (mobil).
흉내＜hyung/nae＞ peniruan; peniruan gerak-gerik sebagai lelucon; imitasi. ～내다 meniru; menirukan; menjiplak; membebek; mengimak. ～장이 peniru (yang mahir).
흉년(凶年)＜hyung/yeon＞ tahun paceklik.
흉노(匈奴)＜hyung/no＞ 『史』 anggota salah satu masyarakat Asia yang memporak-porandakan benua Eropa pada abad 4 dan 5; bangsa Hun.
흉도(凶徒)＜hyung/do＞ perusuh; pengacau.
흉몽(凶夢)＜hyung/mong＞ mimpi buruk.
흉물(凶物)＜hyung/mul＞ orang yang licik, sifat licik. ～스럽다 penuh tipu daya; licik.
흉벽(胸壁)＜hyung/byeok＞ ☞ 흉장(胸墻).
흉변(凶變)＜hyung/byeon＞ bencana; malapetaka. ～을 당하다 mengalami (menderita) bencana (kehancuran).
흉보(凶報)＜hyung/bo＞ berita yang menyedihkan; berita duka.
흉보다＜hyung/bo/da＞ menjelekjelekkan; merusak nama baik; mengumpat.
흉부(胸部)＜hyung/bu＞ dada.
흉사(凶事)＜hyung/sa＞ kemalangan; bencana; malapetaka.
흉상(凶相)＜hyung/sang＞ wajah yang jahat.
흉상(胸像)＜hyung/sang＞ patung dada.
흉악(凶惡)＜hyung/ak＞ ～한 jahat; kejam; jelek. ～범 penjahat yang kejam.
흉어(凶漁)＜hyung/eo＞ tangkapan ikan yang sedikit.
흉위(胸圍)＜hyung/wi＞ lingkar dada. ～를 재다 mengukur lingkar dada.
흉일(凶日)＜hyung/il＞ hari sial.
흉작(凶作)＜hyung/jak＞ hasil panen yang buruk; kegagalan panen.

흉잡다＜hyung/jab/ta＞ menjelekjelekkan; mengumpat.
흉잡히다＜hyung/ja/fi/da＞ diumpat; dijelek-jelekkan.
흉장(胸墻)＜hyung/jang＞ dinding kota; benteng.
흉조(凶兆)＜hyung/jo＞ pertanda buruk.
흉중(胸中)＜hyung/jung＞ isi hati; perasaan hati. ～을 밝히다 mengeluarkan isi hati.
흉측스럽다(凶測-)＜hyung/cheuk/seu/reob/ta＞ sangat mengerikan (jahat, keji); sangat jelek (kasar).
흉측하다(凶測-)＜hyung/cheuk/ha/da＞ ☞ 흉측스럽다.
흉탄(凶彈)＜hyung/than＞ pembunuh orang-orang terkenal dibidang politik. ～에 쓰러지다 jatuh korban karena peluru pembunuh.
흉터＜hyung/theo＞ codet. ～를 남기다 meninggalkan codet.
흉포(凶暴)＜hyung/fo＞ ～한 sadis; buas; kejam.
흉하다(凶 -)＜hyung/hada＞ ① (사악) jahat; bertabiat buruk. ② (불길함) celaka; malang; sial; buruk; jahat. ③ (보기에) jelek; buruk; tidak sedap dipandang.
흉한(凶漢)＜hyung/han＞ bangsat; bajingan; orang buangan; pembunuh.
흉행(凶行)＜hyung/haeng＞ kekerasan; kekejaman. ～을 저지르다 melakukan kekerasan; melakukan kekejaman.
흉허물＜hyung/heo/mul＞ cacat; cela. ～없다 tidak ada cacat. ～없는 사이다 bersahabat kental.
흐너뜨리다＜heu/neo/teu/ri/da＞ menghancurkan; meruntuhkan; merusak.
흐너지다＜heu/neo/ji/da＞ roboh; runtuh; rusak; hancur.
흐느끼다＜heu/neu/ki/da＞ menangis tersedu-sedu.
흐느적거리다＜heu/neu/jeok/geo/ri/da＞ berayun-ayun; menggelepai; meloyo.

흐늘흐늘＜heu/neul/heu/neul＞　～한 loyo; lepai.

흐들갑스럽다＜heu/deul/gab/seu/reob/ta＞ berlebih-lebihan.

흐려지다＜heu/ryeo/ji/da＞ (날이) memendung; (눈이) menjadi buram.

흐르다＜heu/reu/da＞ ① (액체) mengalir. ② (물결에 떠내려감) hanyut. ③ (세월 등이) berlalu (tahun). ④ tenggelam. 사치에 ～ tenggelam dalam kemewahan.

흐르다＜heu/reu/da＞ (흘레) mengawinkan (hewan).

흐리다＜heu/ri/da＞ ① (혼탁) keruh; berlumpur. ② (날이) mendung; berawan. ③ (희미) buram; kabur; remang-remang. ④ (눈이) buram; kabur.

흐리다＜heu/ri/da＞ ① (지우다) menghapus. ② (혼탁하게 함) mengeruhkan. ③ (불분명케 함) mengaburkan. 대답을 ～ mengaburkan jawaban. ④ (더럽힘) menodai.

흐리멍덩하다＜heu/ri/meong/teong/hada＞ ① (기억 따위가) samar-samar; kabur. ② tidak jelas; membingungkan. 생각이 ～ ide yang membingungkan.

흐릿하다＜heu/rit/hada＞ agak mendung; kurang terang; suram; tidak jernih; tidak jelas.

흐무러지다＜heu/mu/reo/ji/da＞ ① (푹 익어서) terlalu matang; lewat matang. ② (물에 불어서) mengembang; melunak.

흐물흐물＜heu/mul/heu/mul＞ ～한 terlampau masak/matang. ～하게 삶다 memasak sampai menjadi bubur.

흐뭇하다＜heu/mut/hada＞ puas; senang.

흐지부지＜heu/ji/bu/ji＞ ① ～ 끝나 다 berakhir sia-sia. ② (없앰.없어짐) tidak ada hasilnya.

흐트러뜨리다＜heu/theu/reo/teu/ri/da＞ menyerakkan; memberaikan; menebarkan.

흐트러지다＜heu/theu/reo/ji/da＞

berserak-serakan; bertebaran.

흑(黑)＜heuk＞ ① ☞ 흑색. ② batu hitam (dalam permainan badug). ～으로 두다 melangkah pertama.

흑단(黑檀)＜heuk/dan＞ 『植』 kayu arang; eboni.

흑막(黑幕)＜heuk/mak＞ ① (내막) kenyataan rahasia. ② (배후 인물) dalang.

흑맥주(黑麥酒)＜heuk/maek/ju＞ bir hitam.

흑발(黑髮)＜heuk/bal＞ rambut hitam.

흑백(黑白)＜heuk/baek＞ hitam dan putih; salah dan benar. ～을 가리 다 memutuskan mana yang benar; membedakan yang benar dari yang salah. ～논리 logika benar dan salah. ～사진 [영화] foto [film] hitam putih.

흑빵(黑 -)＜heuk/pang＞ roti gandum hitam.

흑사병(黑死病)＜heuk/sa/pyeong＞ 『醫』 sampar; penyakit pes.

흑사탕(黑死糖)＜heuk/sa/thang＞ gula mentah; gula sakar.

흑색(黑色)＜heuk/saek＞ warna hitam. ～의 hitam. ～인종 ras kulit hitam.

흑수(黑穗)＜heuk/su＞ ☞ 깜부기. ～병 jamur hangus. ～병에 걸린 밀 gandum yang terserang jamur hangus.

흑수정(黑水晶)＜heuk/su/jeong＞ 『鑛』 morion.

흑심(黑心)＜heuk/sim＞ maksud jahat. ～을 품은 berhati jahat.

흑연(黑鉛)＜heuk/yeon＞ 『鑛』 grafit.

흑요석(黑曜石)＜heuk/yo/seok＞ 『鑛』 batu granit hitam dari kawah gunung.

흑운모(黑雲母)＜heuk/un/mo＞ 『鑛』 biotite.

흑인(黑人)＜heuk/in＞ orang negro; orang kulit hitam. ～문제 masalah rasial. ～분리정책 politik pemisahan ras kulit hitam. ～여자 perempuan negro. ～종 orang negro; suku bangsa kulit hitam.

흑자(黑字)＜heuk/ca＞ untung. ~를 내다 [유지하다] beruntung [tetap beruntung]

흑점(黑點)＜heuk/ceom＞ bintik hitam. 태양 ~ noda hitam pada matahari.

흑조(黑潮)＜heuk/jo＞ 『地』 Arus Hitam.

흑탄(黑炭)＜heuk/than＞ batu bara hitam.

흑토(黑土)＜heuk/tho＞ tanah hitam.

흑판(黑板)＜heuk/fan＞ papan tulis hitam.

흑해(黑海)＜heuk/hae＞ laut hitam.

흑흑＜heuk/heuk＞ ~울다 menangis tersedu-sedu.

흔덕거리다＜heun/deok/geo/ri/da＞ tidak kokoh; gemetar; bergoyang; berayun; tidak stabil.

흔덕이다＜heun/deok/i/da＞ ☞ 흔덕거리다.

흔드렁거리다＜heun/deu/reong/geo/ri/da＞ berayun; bergoyang; menggetarkan.

흔들거리다＜heun/deul/geo/ri/da＞ ☞ 흔드렁거리다.

흔들다＜heun/deul/da＞ mengayun; mengibas-ngibaskan; menggoyang-goyang.

흔들리다＜heun/deul/li/da＞ bergoncang; berdebar; bergoyang. 이가 ~ gigi goyang. 결심이 ~ goncangan hati.

흔들의자(-椅子)＜heun/deul/eui/ja＞ kursi goyang.

흔들이＜heun/deu/ri＞ 『理』 pendulum.

흔들흔들하다＜heun/deul/heun/deul/hada＞ bergoyang; berayun; goalgail; kontal-kantil.

흔연(欣然)＜heun/yeon＞ ~히 dengan gembira; dengan senang hati; dengan suka rela.

흔적(痕跡)＜heun/jeok＞ jejak; tanda; tapak; bukti. ~을 남기지 않다 tidak meninggalkan jejak.

흔전만전＜heun/jeon/man/jeon＞ dalam jumlah banyak; secara berlebih-lebihan.

흔쾌(欣快)＜heun/khwae＞ ~한 menyenangkan; bahagia.

흔하다＜heun/hada＞ biasa; lumrah; umum.

흔히＜heun/hi＞ biasanya; kebanyakan; sebagian besar; acapkali. ~ 쓰이는 말 kata yang sering digunakan. ~ 있는 peristiwa biasa.

흘겨보다＜heul/gyeo/bo/da＞ memandang tajam ke samping; mengerling; menjeling.

흘금거리다＜heul/geum/geo/ri/da＞ larak-lirik; langak-longok.

흘긋거리다＜heul/geut/geo/ri/da＞ ☞ 흘금거리다.

흘기다＜heul/ki/da＞ menatap tajam.

흘끗＜heul/keut＞ sekilas. ~보다 memandang sekilas.

흘러들다＜heul/leo/deul/da＞ mengering.

흘레＜heul/le＞ perkawinan (hewan); kopulasi. ~하다 kawin. ~ 붙이다 mengawinkan.

흘리다＜heul/li/da＞ ① (떨어뜨림) menumpahkan (sup); mencucurkan (air mata). ② (빠뜨리다) jatuh. ③ (글씨를) menulis dengan tulisan kursif.

흘림＜heul/lim＞ gaya kursif/miring. (☞ 초서). ~으로 쓰다 menulis dengan gaya kursif; menulis dengan gaya miring.

흙＜heuk＞ (토양) bumi; (지면) tanah; (진흙) tanah liat. ~을 덮다 menguruk tanah. ~으로 돌아가다 kembali jadi tanah; mati.

흙구덩이＜heuk/gu/deong/i＞ lubang dalam tanah.

흙덩이＜heuk/deong/i＞ bongkahan tanah.

흙먼지＜heuk/meon/ji＞ awan debu.

흙무더기＜heuk/mu/deo/gi＞ gundukan tanah.

흙받기＜heuk/ba/ki＞ ① (미장이의) papan adukan semen. ② (자동차 등의) alat penahan recik lumpur.

흙비＜heuk/bi＞ kotoran berpasir yang beterbangan kena angin.

흙빛＜heuk/pit＞ ~의 warna tanah.

흙손 <heuk/son> sendok semen; cetok; kulir; sodok.

흙손질 <heuk/son/jil> ~하다 memplester.

흙일 <heuk/il> pekerjaan tanah.

흙칠 <heuk/chil> ~하다 mengotori dengan lumpur.

흙탕물 <heuk/thang/mul> air berlumpur. ~을 뒤집어 쓰다 terpecik air lumpur.

흙투성이 <heuk/thu/seong/i> ~가 되다 tertutup oleh lumpur.

흠(欠) <heum> ① ☞ 흥. ② retak; cacat; memar. ~있는 bercacat. ~없는 tidak bercacat. ③ (결점) cacat; cela; noda.

흠 <heum> (비웃는 소리) (jengekan) heung!.

흠내다(欠 -) <heum/nae/da> merusak; mencacati; menodai.

흠뜯다(欠 -) <heum/teut/ta> memfitnah; mengumpat.

흠모(欽慕) <heum/mo> ~하다 mengagumi; memuja; mencintai.

흠뻑 <heum/peok> dengan sepenuhnya. ~젖다 basah kuyup.

흠씬 <heum/ssin> cukup; secukupnya; sepenuhnya. ~패주다 memukul bertubi-tubi. 고기를 ~ 삶다 merebus secukupnya.

흠잡다(欠 -) <heum/jab/ta> mencari-cari kesalahan; merendahkan.

흠지다(欠 -) <heum/ji/da> mendapat luka; rusak.

흠집(欠 -) <heum/jib> parut; codet.

흠칫 <heum/chit> ~하다 mengkirik; tersentak kaget.

흡사(恰似) <heub/sa> ~하다 mirip; hampir sama.

흡수(吸水) <heub/su> ~관(管) sifon; pipa pemindah zat cair. ~펌프 pompa pengisap.

흡수(吸收) <heub/su> penyerapan; pengisapan. ~하다 menyerap; mengisap. ~성의 dapat menyerap. ~력 daya serap; daya isap. ~제(劑) penyerap.

흡습성(吸濕性) <heub/seub/seong> sifat higroskopis. ~의 higroskopis.

흡연(吸煙) <heub/yeon> ~하다 merokok; mengudut. ~실 ruang merokok. ~자 perokok; pengudut.

흡인(吸引) <heub/in> ~하다 menyerap; mengisap. ~력 daya hisap; daya serap.

흡입(吸入) <heub/ib> ~하다 menarik napas; menghisap; menghirup. (산소) ~기 alat penghisap zat asam.

흡족(洽足) <heub/cok> ~한 cukup; penuh; banyak; memuaskan. ~히 secukupnya; dengan sepenuhnya.

흡착(吸着) <heub/chak> ~하다 menyerap; menghisap. ~성의 sifat menyerap. ~제 penyerap; absorben.

흡혈(吸血) <heub/hyeol> ~귀(鬼) hantu penghisap darah.

흥(興) <heung> kejenakaan; kelucuan; kegembiraan; hiburan. ~이 나다 menyenangkan diri. ~을 더 하다 menambah kegembiraan. ~을 깨다 merusak kegembiraan.

흥 <heung> heung!

흥감 <heung/gam> ~스러운 berlagak sakit berlebihan. ~스럽게 dengan berlebih-lebihan. ~부리다 melebih-lebihkan rasa sakit.

흥건하다 <heung/geon/hada> penuh sampai ke tepi.

흥겹다(興-) <heung/gyeob/ta> riang gembira.

흥김(興 -) <heung/kim> ~에 dalam luapan kegembiraan.

흥망(興亡) <heung/mang> kejayaan dan keruntuhan. ~성쇠=흥망.

흥미(興味) <heung/mi> minat hati; kecenderungan; kepentingan; niat; keinginan. ~있는 [없는] [tidak] menarik. ~본위의 읽을 거리 bacaan yang menarik; bacaan ringan. ~를 느끼다 tertarik. ~ 진진하다 penuh daya tarik. ~를 잃다 kehilangan minat (dalam).

흥분(興奮) <heung/bun> perangsangan; kerecokan; kehebohan. ~하다 merangsang; meradang; panas hati; geram; gusar. ~ 시키다 menggembirakan; mendorong; menghebohkan; menyibukkan; meriangkan. ~을 가라앉히다 meredakan amarah. ~상태 keadaan yang merangsang. ~제 perangsang; stimulans. (~제를 먹다 [먹이다] minum [memberi] obat perangsang).

흥성(興盛) <heung/seong> ~하다 menjadi makmur.

흥얼거리다 <heung/eol/geo/ri/da> bersenandung.

흥업(興業) <heung/eob> pengembangan/peningkatan industri.

흥정 <heung/jeong> tawar menawar. ~하다 melakukan tawar-menawar. 정치적 ~ politik tawar menawar. ~ 붙이다 bertindak sebagai pialang/pengantara. ~이 많다 banyak tawar menawar/jual beli. ~이 없다 sedikit tawar-menawar/jual beli.

흥청거리다 <heung/cheong/geo/ri/da> boros dan royal.

흥청망청 <heung/cheong/mang/cheong> dengan boros.

흥취(興趣) <heung/chwi> daya tarik. ~가 있다 menarik. 아무 ~도 tidak menarik.

흥패(興敗) <heung/fae> ☞ 흥망.

흥하다(興 -) <heung/hada> makmur; berjaya.

흥행(興行) <heung/haeng> dunia pertunjukan; dunia hiburan. ~하다 mempertunjukkan; membuat pertunjukan. ~가치 [수익] nilai [untung] pertunjukan. ~권 hak pertunjukan. ~물 barang yang dipertunjukkan. ~사 penyelenggara pertunjukan. ~성적 rekor nilai pertunjukan. ~장 tempat pertunjukan. ~주 penyelenggara; promotor. 순회 ~ pertunjukan keliling. 야간 ~ pertunjukan malam hari.

흥흥거리다 <heung/heung/geo/ri/da> bersenandung; menggerutu; merengek.

흩날리다 <heuth/nal/li/da> meniup jauh; tertiup-tiup.

흩다 <heuth/ta> berserakan; bertaburan; berhamburan.

흩뜨리다 <heuth/teu/ri/da> menyerakkan; menaburkan; menghamburkan.

흩어지다 <heu/theu/ji/da> berpencar; tersebar; terpencar.

희가극(喜歌劇) <heui/ga/geuk> opera komedi.

희곡(戲曲) <heui/gok> drama; sandiwara. ~ 화하다 mendramakan; melakonkan. ~작가 penulis drama.

희구(希求) <heui/gu> ~하다 berhasrat; bercita-cita.

희귀(稀貴) <heui/gwi> ~한 langka; jarang; aneh. ~조 burung langka.

희극(喜劇) <heui/geuk> komedi; lawakan. ~적 lucu; menggelikan; sangat lucu. ~배우 aktor komedi; badut; pelawak. ~영화 film komedi.

희끄무레하다 <heui/keu/mu/re/ha/da> agak putih; keputih-putihan.

희끗거리다 <heui/keut/geo/ri/da> merasa pusing; menjadi pusing; pening.

희끗희끗 <heui/keut/heui/keut> ~한 beruban.

희노애락(喜怒哀樂) <heui/no/ae/rak> ☞ 희로애락.

희다 <heui/da> putih. 살빛[얼굴]이 ~ berkulit [bermuka] putih.

희대(稀代) <heui/dae> langka; jarang; tidak ada tandingan. ~의 영웅 pahlawan tiada tandingannya.

희디희다 <heui/di/heui/da> putih murni; sangat putih.

희뜩거리다 <heui/teuk/geo/ri/da> merasa pening.

희뜩희뜩 <heui/teuk/heui/teuk> ~한 beruban.

희랍(希臘) <heui/rab/> ☞ 그리스.

희로애락(喜怒哀樂)＜heui/no/ae/rak＞ kegembiraan dan kemarahan bercampur dengan kesedihan dan kesenangan. ~을 얼굴에 나타내지 않다 tidak menunjukkan perasaan.

희롱(戲弄)＜heui/rong＞ ~하다 mempermainkan; mengganggu.

희맑다＜heui/mak/ta＞ putih dan bersih.

희망(希望)＜heui/mang＞ harapan; keinginan; hasrat; maksud; impian. ~하다 mengharapkan; menginginkan; memimpikan; mencita-citakan; mengasakan. ~적인 penuh keinginan atau kehendak. ~에 찬 젊은 이들 pemuda penuh harapan. 절실한 ~ hasrat yang kuat. ~에 살다 hidup dalam harapan. ~을 걸다 menggantungkan harapan (pada). ~자 orang yang mau; pelamar; bakal; calon. ~조건 syarat yang dikehendaki. ~직명 kedudukan yang dilamar.

희망봉(喜望峰)＜heui/mang/bong＞ 『地』 Tanjung Harapan.

희멀쑥하다＜heui/meol/ssuk/hada＞ cerah dan bersih.

희미(稀微)＜heui/mi＞ ~한 samar-samar; guram; suram; muram. ~하게 dengan samar-samar.

희박(稀薄)＜heui/bak＞ ~한 jarang. 인구가 ~한 berpenduduk jarang.

희번덕거리다＜heui/beon/deok/geo/ri/da＞ membelalak-belalakkan mata.

희번덕이다＜heui/beon/deok/i/da＞ membelalakkan mata.

희보(喜報)＜heui/bo＞ berita gembira; khabar baik.

희비(喜悲)＜heui/bi＞ kegembiraan dan kesedihan. ~가 엇갈리다 kegembiraan dan kesedihan bercampur aduk. ~극 drama komedi tragis.

희사(喜捨)＜heui/sa＞ amal; derma; sumbangan. ~하다 beramal; berderma. ~금 uang sumbangan.

희색(喜色)＜heui/saek＞ muka gembira; muka berseri-seri. ~이 만면하다 berseri-seri.

희생(犧牲)＜heui/saeng＞ pengorbanan. ~하다 mengorbankan. ~적 (semangat) pengorbanan. …을 ~하여 dengan mengorbankan… . …의 ~이 되다 menjadi korban (bagi)… . ~자 korban.

희서(稀書)＜heui/seo＞ buku langka.

희석(稀釋)＜heui/seok＞ 『化』 pengenceran. ~하다 mengencerkan (dengan). ~액 larutan encer. ~제 pengencer.

희소(稀少)＜heui/so＞ ~한 langka; sukar didapat. ~가치 nilai kelangkaan. ~물자 benda langka.

희소식(喜消息)＜heui/so/sik＞ berita baik; berita gembira. ~을 전하다 menyampaikan berita baik.

희열(喜悅)＜heui/yeol＞ kegembiraan.

희염산(稀鹽酸)＜heui/yeom/san＞ 『化』 asam hidroklorat encer.

희원소(稀元素)＜heui/won/so＞ 『化』 unsur langka.

희유(稀有)＜heui/yu＞ ~한 langka; jarang didapat; tidak biasa.

희질산(稀窒酸)＜heui/jil/san＞ 『化』 asam sendawa encer.

희한(稀罕)＜heui/han＞ ~한 aneh; langka; ganjil.

희화(戲畵)＜heui/hwa＞ gambar komik; karikatur.

희황산(稀黃酸)＜heui/hwang/san＞ 『化』 asam belerang encer.

희희낙락(喜喜樂樂)＜heui/heui/nak/nak＞ ~하다 riang gembira; gembira ria.

흰개미＜heuin/gae/mi＞ 『蟲』 rayap; anai-anai.

흰나비＜heuin/na/bi＞ 『蟲』 kupu-kupu kubis.

흰자위＜heuin/ja/wi＞ ① (눈이) putih mata. ② (달걀의) putih telur.

힝하다＜heung/hada＞ merasa pening.

히로뽕＜hi/ro/pong＞ 『藥』 pilopon. ~환자 pecandu pilopon.

히말라야산맥(-山脈)＜hi/mal/la/ya/san/maek＞ pegunungan Himalaya.

히스타민＜hi/seu/tha/min＞ 『化』 histamin.

히스테리＜hi/seu/the/ri＞ 『醫』 histeris. ~를 일으키다 menjadi histeris.

히아신스＜hi/a/sin/seu＞ 『植』 sejenis bunga bakung yang harum baunya.

히터＜hi/theo＞ alat pemanas.

히트＜hi/theu＞ ① 『野』 pukulan. ~치다 memukul. ② sukses; jasa. ~하다 mendapat kesuksesan.

히피＜hi/fi＞ hippie.

힌두교(- 敎)＜hin/du/gyo＞ agama Hindu. ~신자 orang Hindu; penganut agama Hindu.

힌트＜hin/theu＞ petunjuk; isyarat. ~를 얻다 mendapat petunjuk (dari).

힐난(詰難)＜hil/nan＞ ~하다 menyalahkan; mencela.

힐문(詰問)＜hil/mun＞ ~하다 memeriksa dengan teliti; memeriksa kembali; mengusut.

힐책(詰責)＜hil/chaek＞ ~하다 memarahi; memaki-maki; memaki.

힘＜him＞ ① tenaga; kekuatan. ~있는 kuat. ~없는 lemah; letih; lesu; loyo. ~껏 dengan sekuat tenaga. ~이 지치다 sangat lelah; terkuras. ~을 내다 mengerahkan kekuatan. ② semangat. ~없는 murung hati; sedih; hilang harapan. ~없는 목소리로 dengan suara lemah. ③ 『理』 daya; tenaga; energi. ④ kemampuan; kesanggupan. ~이 자라는 한(限) semampu mungkin. 어학의 ~ kemampuan bahasa. ⑤ usaha; daya upaya. 자기 ~으로 dengan usaha sendiri. ~을 합하여 dengan bekerja sama; dengan gabungan usaha. ⑥ (효력) pengaruh; kekuasaan; efek. ⑦ (조력) bantuan; dukungan; sokongan. ...의 ~으로 dengan bantuan (dukungan) dari... . ⑧ (어세) penekanan; tekanan. ~을 주어 dengan tegas. ~이 있는 글 kalimat yang kuat. ⑨ (위력) kekuasaan; wewenang; pengaruh; kewibawaan; kekuatan. 돈의 ~ kekuasaan uang. ~의 정치 politik kekuasaan. 여론의 ~ kekuatan pendapat umum. ⑩ (작용) aksi. 눈에 보이지 않는 ~ aksi yang tidak kelihatan.

힘겨룸＜him/gyeo/rum＞ perlombaan kekuatan.

힘겹다＜him/gyeob/ta＞ ☞ 힘부치다.

힘들다＜him/deul/da＞ sukar; melelahkan; menyusahkan; runyam.

힘들이다＜him/deul/i/da＞ berusaha; bersusah-payah. 일에 ~ bersusah-payah dalam pekerjaan.

힘부치다＜him/bu/chi/da＞ melebihi kekuatan (kemampuan); diluar kekuasaan.

힘세다＜him/se/da＞ sangat kuat; kuat hati; tahan menderita; tangguh; tabah; ulet.

힘쓰다＜him/sseu/da＞ ① (노력) berusaha keras; mengupayakan; mengikhtiarkan. ② bertekun. 학업에 ~ bertekun dalam belajar. ③ (고심) bersusah-payah. ④ (조력) menolong; membantu; memberikan bantuan.

힘입다＜him/ib/ta＞ berhutang budi (pada).

힘줄＜him/cul＞ ① otot; urat. ~투성이의 berotot. 고기 ~ serat daging.

힘차다＜him/cha/da＞ sangat kuat; bersemangat; penuh semangat. 힘차게 일하다 bekerja dengan bersemangat; bekerja keras.

부 록
〈건강편〉

인체의 명칭(NAMA ORGAN TUBUH)

ㄱ

가슴	dada	관자놀이	pelipis
가운데손가락	jari tengah	관절	tulang sendi
간장	hati	광대뼈	tulang pipi,
갑상선	kelenjar gondok		pasu-pasu
겨드랑이	ketiak	구강	rongga mulut
견갑골	tulang belikat	구레나룻	cambang
결후	jakun, halkum, lekum	귀	telinga, kuping
결골	tulang kering	귓구멍	liang telinga
경동맥	urat nadi di leher	귓볼	daun telinga
고막	anak telinga	기관	batang tenggorok
고환	buah pelir	기관지	cabang tenggorok
골반	panggul	근육	otot
골수	sumsum	꼬리뼈	tulang tungging

ㄴ

난소	induk telur.	눈썹	kening, alis
내장	isi rongga mulut.	눈자위	pangkal mata
넙적다리	paha.	눈초리	ekor mata,
뇌	otak.		ujung mata
뇌수	benak.	늑골	tulang rusuk, iga
눈꺼풀	kelopak mata,		
	pelupuk mata.		

ㄷ

다리	kaki.	동맥	pembuluh nadi,
담낭	kandung empedu.		urat nadi
대장	usus besar.	두개골	tengkorak
대퇴골	tulang paha.	두발	rambut
동공	manik mata,	등	belakang
	anak mata.	등골	tulang belakang

ㅁ

맥박	denyut nadi.	목젖	anak lidah,
매장	usus buntu, usus buta.		anak tekak
머리	kepala.	몸	badan, tubuh
목	leher.	몸통	batang tubuh
목(구멍)	kerongkongan,	무릎	lutut
	tenggorokan.	무릎뼈	tempurung lutut
목덜미	kuduk, tengkuk.		

ㅂ

발	kaki.	배꼽	puser, pusat
발가락	jari kaki.	뺨	pipi
발뒤꿈치	tumit.	뼈	tulang
발등	telapak kaki.	보조개	lesung pipit
발목	pergelangan kaki.	복사뼈	mata kaki
발바닥	punggung kaki.	비강	rongga hidung
발바닥의 장	lekuk kaki.	비뇨기	alat-alat saluran
발톱	kuku kaki.		kencing
방광	kandung kencing.	비장	limpa, splen
배	perut.		
배수	sumsum tulang		
	belakang.		

ㅅ

사랑니	geraham bungsu	손등	belakang tangan,
사지	anggota badan		punggung tangan
쌔기손가락	kelingking	손목	pergelangan
선	kelenjar	손바닥	t(el)apak tangan
선골	tulang kelangkang	손톱	kuku
성기	alat-alat kelamin	송곳니	gigi susu, taring
소장	usus kecil	시신경	saraf mata
소하기	alat-alat	식도	saluran makanan,
	pencernaan		kerongkongan
쇄골	tulang selangka	신경	(urat) saraf,
속눈썹	bulu mata		syaraf
손	tangan	신경계통	susunan syaraf
손가락	jari	신장	ginjal
신체	badan, tubuh	심장의 고동	denyut jantung
심장	jantung	십이지장	usus 12 jari

ㅇ

아랫팔	lengan bawah	윗입술	bibir atas
아킬레스건	urat keting	유방	buah dada, payudara
안구	bola mata, biji mata	음경	zakar, batang
안와	rongga mata		kemaluan
앞니	gigi seri	음낭	kandung buah pelir
약지	jari manis	음부(여성의)	pukas, kemaluan
어금니	geraham		wanita
어깨	bahu	임파선	kelenjar getah
얼굴	muka		bening
엄지손가락	ibu jari	음핵	kelentit
엉덩이	pantat, pinggul	이(빵)	gigi
영구치	gigi tetap, gigi tak	이마	dahi
	berganti	인두	hulu
옆구리	perut sebelah sisi	인체	tubuh manusia
오줌	kencing, air seni	입	mulut
위	perut besar, lambung	입술	bibir
위팔	lengan atas	잇몸	gusi

ㅈ

자궁	rahim, kandungan	젖니	gigi sulung
장	usus	젖꼭지	punting susu,
장딴지	betis		pentil susu
전립선	kelenjar (berdiri)	좌골	tulang pinggul
	di muka	직장	poros usus
점막	selaput lendir	질	liang jimak
정강이	garas	집게손가락	telunjuk
정맥	pembuluh balik		

ㅊ

체모	bulu	체온	suhu badan, panas
췌장	pankreas		badan

ㅋ

코	hidung	콧물	ingus
코뼈	batang hidung	콧방울	cuping hidung
코피	mimisan	콧수염	kumis
콧구멍	liang hidung		

E

턱	dagu	턱수염	janggut, jenggot

ㅍ

팔	lengan	피	darah
팔꿈치	siku	피부	kulit
폐	paru-paru		

ㅎ

항문	dubur, pelepasan	혈압	tekanan darah
허리	pinggang	호흡	pernafasan
허리뼈	tulang pinggang	호흡기	alat-alat pernafasan
혀	lidah		
혀끝	ujung lidah	후두	pangkal tenggorok
혈관	pembuluh darah		

병 명(NAMA PENYAKIT)

ㄱ

각기	beri-beri, biri-biri	관절염	radang sendi
간경변	sirosis hati	광견병	penyakit anjing gila
간염	radang hati	궤양	borok
결핵	penyakit paru-paru	근시	mata dekat
경련	kejang urat	기관지염	penyakit bronkhitis
골막염	radang selaput tulang	기생충	parasit
골수염	radang sumsum tulang	기생충질환	penyakit cacingan

ㄴ

난시	mata astigmatis	농상	abses
내상	luka di bagian dalam	뇌일혈	pendarahan otak
내출혈	berdarah di bagian dalam	뇌졸증	penyakit pitam
		뇌진탕	geger otak
노안	presbyopi	녹막염	birsam
녹내장	gula Koma, bular hijau		

ㄷ

다래끼	tembel	대하	keputihan
담낭병	radang kandung empedu	뎅그열	demam Kalkuta
담석	penyakit batu empedu	동맥경화	pengerasan nadi
당뇨병	penyakit gula	두드러기	gelegata
대장카타르	radang usus besar		

ㄹ

류머티즘	encok

ㅁ

마비	kebas, mati rasa	마취	mati rasa
마약중독	kecanduan obat bius	만성결막염	trakhoma
말라리아	malaria	맹장염	radang usus buntu
매독	sifilis		

ㅂ

발치	pencabutan gigi	백일해	batuk rejan
방광결석	penyakit batu kandung kencing	백혈병	leukemia
방광염	radang kandung kencing	복막염	radang selaput perut
백내장	bular mata	부스럼	bisul
백선	penyakit kurap	부종	busung
		브릿지	bridge

ㅅ

사시	(mata) juling	신맹염	radang piala ginjal
색맹	buta warna	신장결석	penyakit batu ginjal
신천성매독	sifilis bawaan	신장병	penyakit ginjal
성병	penyakit kelamin	신장염	radang buah pingggang
성홀열	scarlatina	심근경색	baji mati jantung
소화불량	dyspepsia	심장마비	layuh jantung
수두	cacar air	심장병	penyakit jantung
습진	eksim	십이지장궤양	borok usus 12 jari
식중독	keracunan makanan (food poisoning)	신경병	penyakit saraf
신경쇠약	lemah saraf	신경통	nyeri urat syaraf
십이지장충	cacing tambang		

ㅇ

안염	radang mata	월경불순	haid tak teratur
안질환	penyakit mata	알레르기	alergi
위궤양	borok lambung	알콜중독	kecanduan alkohol
위암	kanker lambung	염좌	keseleo
위염	radang perut besar	영양실조	kekurangan gizi
위하수	lambung turun	요충	cacing keremi
유방암	kanker payudara	유행성감기	influensa, flu
일사병	kelengar matahari		

ㅈ

자궁외 임신	hamil di luar kandungan	정신병	penyakit jiwa
잠병	penyakit tidur	정신분열증	schizofrenia
저혈압	tekanan darah rendah (hypotensi)	제왕절개	pembedahan caesaria
		조충	cacing pita
적리	disentri, mejan	종기	bengkak
전간	penyakit ayan	조양	tumor
		중독	keracunan

ㅊ

천식	asma	충혈	kongestio
천연두	cacar	치석	karang gigi
초기매독	sifilis tingkat pertama	치조농염	paradentosis
		치질	bawasir
축농증	empyema	충치	gigi busuk

ㅋ

카리에스	karies	코감기	selesma, pilek

ㅌ

탈구	urai sendi

ㅍ

파상풍	tetanus	폐암	kanker paru-paru
폐렴	radang paru-paru	피부병	penyakit kulit

ㅎ

한센씨병	lepra	후두암	kanker tenggorokan
헤르니아	burut	회충	cacing gelang
협심증	kejang jantung	홍역	campak
후두염	radang tenggorokan	화상	luka terbakar
황달	penyakit kuning	히스테리	penyakit histeria

증 세 (GEJALA)

ㄱ

가래	riak	골절	patah tulang
가렵다	gatal	관절이 부었다	persendian bengkak
가려움증	rasa gatal	관절통	persendian sakit
가슴앓이	rasa panas dalam perut	구역질	mual
		구토	muntah
갈비가 아프다	sakit tulang rusuk	구토증	rasa mual
감기	masuk angin	귀가 아픔/	
감염	penularan	이통	sakit telinga
감염된	ketularan	쥐에서 분비물이	
걷기가 힘들다	berjalan susah	나옴	keluar cairan dari telinga
견통/어깨아픔	bahu sakit		
결막염	infeksi mata	급성질 환	penyakit akut
경증	sakit ringan	기침	batuk
고름/농	nanah		

ㄴ

냉대하증	keputihan	뇨도 분비물	keluar cairan dari saluran kencing
농	nanah		
노양/고름이든		눈이 아픔/안통	mata sakit
종기	bisul	눈꼽	kotoran dari mata
농이 나온다	keluar nanah		

ㄷ

다리가		두통	sakit kepala
마비되다	kaki lumpuh	딸국질	cegukan
다뇨증	banyak kencing	떨리다	bergetar
동통	linu	두두러기	gatal-gatal

ㅁ

목구멍이 아픔	sakit menelan
목이 뻣뻣함	leher kaku
목이 아픔	sakit leher
몸이 여위다	kurus
목마름/갈증	haus
무월경	stop haid
물변	berak air

ㅂ

반점	lebam
반혼수상태	tidak sadar
발작적인 통증	mulas
발진	luka lecet, ruam
빈뇨	sering kencing
배뇨통	kencing sakit
벌레에 물림	gigitan serangga
변비	tidak bisa buang air besar, sembelit
비염	radang hidung
병상	keadaan sakit
발이 아프다	sakit kaki
병에 걸리다	kena sakit
병이 되다	jatuh sakit
배뇨곤란	tidak ada kencing
복부팽만	perut kembung
불면증	tidak bisa tidur, suhad, arik
붓다	bengkak
병든몸, 병들기 쉬운	sakit- sakitan

ㅅ

사산	lahir mati
사지통/팔의 통증	sakit lengan
삭신이 쑤신다	badan pegal-pegal
살이 찢어지다	luka sayat
상처	luka
설사	menceret, murus
성교시 통증	bersenggama sakit
소변을 보아도 또보고싶은 감각	perasaan mau kencing terus-terusan
손변을 자주봄	sering kencing
소변이 많이나옴	banyak kencing
심장발작	serangan jantung
소화불량	pencernaan tidak lancar
속이 쓰리다	hati terasa panas
손가락이 아프다	sakit jari
쇠약감	lemas/lelah
성염	radang lidah
시력장해	penglihatan tidak jelas
식욕부진	tidak ada nafsu makan
실신	pingsan
심잔이 멎는 것같다	jantung terasa berhenti

ㅇ

아프다	sakit	월경통	sakit haid
악성의	ganas	위경련	perut keram
앓고난 병	anamnesa	위산과다	kebanyakan asam lambung
양성의	jinak	위출혈	muntah darah
양수	air ketuban	위통	perut sakit
어지러움/현기증	pusing	유산	keguguran, keluron
어지럼증	pusing terasa berputar	유행병	epidemi, wabah
여드름	jerawat	의식불명	ketidaksadaran
염증	radang	이상	kelainan
열	suhu (tubuh)	인후염	radang/infeksi tenggorokan
오한	demam gigil	임부	wanita hamil
외상	luka dibagian luar	임신	hamil
요통	sakit pinggang	입덧	rasa loyo/mual (wanita hamil)
욱신욱신하다	ngilu		
월경	haid, datang bulan,		
월경이 적게 나옴	haid sedikit		

ㅈ

자궁출혈	pendarahan uterus	졸립다	mengantuk
잠복기간	masa tunas	중이염	infeksi telinga, radang pendengaran telinga
재발하다	kambuh		
재채기	bersin	중증	sakit keras
전염병	penyakit menular	지병	idapan
점액변	berak lendir	진통	sakit bersalin
조산	lahir kurang bulan, lahir muda		

ㅊ

차도가 있다	(penyakitnya) berangsur baik	축농증	radang/infeksi rongga
첫월경	haid pertama	출산하다	bersalin
청력장해	pendengaran tidak jelas	치은염	radang gusi
체중감소	berat badan turun	치통	sakit gigi

ㅋ

| 코막힘 | hidung mampet | 콧물 | ingusan/pilek |
| 코피가 난다 | keluar darah dari hidung | | |

ㅌ

| 타박상 | luka memar | 토증 | sakit, nyeri |
| 탈모 | rontok | | |

ㅍ

편도선염	radang/infeksi tonsil (amandel)	피로감	cape
		피오줌	kencing darah
폐출혈/폐에서 피가나옴	batuk darah		

ㅎ

하혈	pendarahan	혈변/피똥	berak darah
합병증	komplikasi	혈종	memar
햇볕에의한 열상	terbakar matahari	호흡곤란/ 숨이차다	sesak nafas
허기지다	lapar	혹	jendul
혀의 염증	radang lidah	혼수	pingsan mati
현기증	kepeningan	혼수상태	sekarat
혈뇨	kencing darah	휴통/가슴 아픔	sakit menelan
혈담	riak darah		

진단명(DIAGNOSA)

ㄱ

간비대증(간이 부은 상태)	hepatomegali	고환염	orchitis
간염(A,B)	hepatitis	관절염	arthiritis
갑상선 비대증	hyperthiroid	구내염(입속)	stomatitis
갑상선염	thiroiditis	기관지염	bronKhitis (radang cabang tenggoroKan)
결막염	conjuctivitis		
결핵	tuberkulosis	기관지 천식	bronchial asthma
경관염	cervixitis	기관지 폐염	bronco pneumonia
		고혈압	hypertensi

ㄴ

뇌막염	meningitis	뇨석증	urinary stone
뇌염	encephalitis	늑막염	pleuritis
뇨도염	urethritis		

ㄷ

담낭염	colecystitis	대장염	colitis
담석증	colelithiasis	독감	influenza
당뇨병	diabetes mellitus	동맥경화증	arterio sclerosis
댕구열	dengeu fever		(pengerasan pembu-luh nadi)

ㄹ

류마티스	rematiK

ㅁ

맹장염	appendixitis

ㅂ

방광염	cystitis	부고환염	epididymitis
복막염	radang selaput perut	비염	rhinitis

ㅅ

사구체신염	glomerolu nephritis	신장염(콩팥)	nephritis
서포선염	frostatitis	심근경색증	myocardinal infac
설염(혀)	glositis	심장비대증	cardio megali
신경염	nevritis	심장염	cardiatis
신경통	neuralgia	심장혈관병	cardiovascular
신석증	batu ginjal		disease
신우신염	pyelo nephritis	십이지장 궤양	borok usus 12 jari
신우염	pyelitis	십이지장염	duodenitis

ㅇ

안질	conjunctivitas	위궤양	borok lambung
암	cancer	위장염	gastro enteritis
약물중독	keracunan obat	인후염	pharyngitis

ㅈ

자궁내막염	endometritis	직장암	kanker dubur

ㅊ

축농증	sinusitas	치은 염	gingivitas
췌장염	pancreatitis		

ㅍ

편도선염	tonsilitis	포경수술	circumcision
폐염	pneunonia		

ㅎ

협심증	angina pectoris	홍문농양	abses dubur

예방주사(SUNTIKAN ANTI)

간염	hepavax	결핵	B.G.C
디푸테리	D.P.T	마마	small pox
백일기침	D.P.T	볼거리	M.M.R
소아마비	polio	수두	cacar air
장티프스	chotipa	천연두	cacar
콜레라	chotipa (Kolera)	티푸스	tipus
파상풍	D.P.T	풍진	M.M.R
홍역	campak		

염병(PENYAKIT MENULAR)

간염(A,B)	hepatitis	결핵	tuberkulosis
경성하감(매독에서 옴)	chancre	댕구열	dengue fever
디푸테리아	dyptheria	말라리아	malaria
매독	sifilis	백일기침	batuk rejan
불거리	penyakit gondok	소아마비	poliomylitis
수두	varisella	아메바성 질환	amebiasis
에이즈	aids	연성하감	chancroid
이하선염	mumps	임질	kencing nanah
임파육아종	lymph granuloma	장티프스	demam tipus
	inguinalis	천연두	cacar
콜레라	kolera	티푸스	demam tifus
홍역	campak	황달병	demam kuning

KAMUS BAHASA KOREA– INDONESIA

한국어–인도네시아어 사전

1985년	8월 25일	초판 발행		
2001년	1월 10일	개정판 발행		
2007년	2월 10일	개정판 2쇄 인쇄		
2007년	2월 15일	개정판 2쇄 발행		

監修者 　문병식
發行人 　서덕일
發行處 　도서출판 문예림
등록 　1962년 7월 12일 제 2-110호
주소 　서울 광진구 군자동 1-13호
　　　문예하우스 101호
전화 　(02) 499-1281~2
팩스 　(02) 499-1283
http://www.bookmoon.co.kr
Email:book1281@hanmail.net

ISBN 89-7482-308-X　11790

값 35,000원